Manual de

DIREITO PENAL

Volume Único

Parte Geral e Parte Especial

COLEÇÃO
MANUAIS **Dizer o Direito**

Coord.: MÁRCIO CAVALCANTE

Michael Procopio Avelar

Manual de DIREITO PENAL
Volume Único
Parte Geral e Parte Especial

4ª edição
revista, atualizada e ampliada

2025

EDITORA *Jus*PODIVM
www.editorajuspodivm.com.br

Dizer O Direito
www.dizerodireito.com.br

EDITORA *Jus*PODIVM
www.editorajuspodivm.com.br

Rua Canuto Saraiva, 131 – Mooca – CEP: 03113-010 – São Paulo – São Paulo
Tel: (11) 3582.5757
• Contato: https://www.editorajuspodivm.com.br/central-de-relacionamento

Diagramação: Ana Caquetti

Capa: Luiz Fernando Romeu *(lfnando_38@hotmail.com)*

Imagens utilizadas no projeto: www.shutterstock.com/ – 86747443 – 190381094

A949m Avelar, Michael Procopio
Manual de Direito Penal - Volume Único - Parte Geral e Parte Especial / Michael Procopio Avelar – 4.ed., rev., atual. e ampl. - São Paulo: Editora JusPodivm, 2025.

1744 p.

Inclui bibliografia.
ISBN: 978-85-442-5728-9.

1. Direito Penal. I. Avelar, Michael Procopio. II. Título.

CDD 341.5

BIBLIOTECÁRIA RESPONSÁVEL

Ana Carolina Ribeiro Mois – CRB7 – RJ 007348/0

"O juiz que se senta defronte ao criminoso e o fita no rosto, e por um instante reconhece todas as emoções, potencialidades e possibilidade do assassino em sua própria alma de juiz e ouve a voz do assassino como sendo a sua, já no momento seguinte volta a ser uno e indivisível como juiz, volta a encerrar-se no invólucro do seu eu quimérico, cumpre seu dever e condena o assassino à morte".

Herman Hesse

À minha mãe, Adriana Procopio, por me apresentar as letras do alfabeto antes que eu adentrasse uma escola pela primeira vez. Sua companhia nas inúmeras visitas à biblioteca pública – lembrança terna da infância – confirma o poder do exemplo. Minha gratidão e meu amor são eternos.

APRESENTAÇÃO À QUARTA EDIÇÃO

Chegamos à quarta edição, o que me traz uma satisfação docente muito grande e, claro, aumenta o meu compromisso com esse *Manual*. Reitero, como nas edições anteriores, que escrever mais uma apresentação me faz sentir ombreado por valorosos leitores, estudiosos e profissionais, especialmente, mas não apenas, aqueles que me enviaram alguma crítica ou sugestão sobre a obra. Agradeço imensamente a todos que têm confiado no meu trabalho e usado esse *Manual* como instrumento profissional ou como base para preparação de concursos públicos. É por sua causa que cheguei até aqui!

Quero registrar alguns agradecimentos especiais. Inicio por minha família, tão extensa, mas que possui diversas pessoas que foram essenciais na minha formação. Minha mãe, minhas irmãs e meu irmão, Carlos, Ilton, Vera, Orestes, Luzia e tantos outros que apoiaram planos que, no início, pareceram inalcançáveis. Como diz o conterrâneo Ziraldo, talvez seja a ideia do mineiro que sai do interior e precisa "vencer na vida". Depois percebemos que se vence quando se faz o que ama e, neste sentido, tudo valeu a pena.

Ao Ministro Luiz Fux, a quem tanto admirava e já havia prefaciado a obra, pela oportunidade de atuar como Juiz Instrutor em seu Gabinete, acumulando agora, após anos na Justiça Federal e Estadual, a experiência de atuar no Supremo Tribunal Federal. Assessorá-lo no controle de constitucionalidade é uma honra incomparável, um aprendizado acadêmico cotidiano e uma fonte de crescente admiração. É uma alegria trabalhar na equipe de um Magistrado de carreira que galgou cada degrau possível do Poder Judiciário.

Também quero agradecer ao Professor Juliano Escoura, que me inspirou desde a graduação, como seu aluno e estagiário, a estudar com afinco o Direito Penal, além de ser um amigo que até hoje tanto se dispõe a ajudar; ao Professor Doutor Pierpaolo Bottini, pela oportunidade do Mestrado na Universidade de São Paulo e pela convivência no grupo de pesquisa, possibilitando um conhecimento acadêmico que ultrapassa aquele obtido apenas pelos livros; ao Professor César Sabbag, que me inspirou a seguir a carreira da Magistratura Federal e a tomar gosto pela pesquisa.

No campo profissional, agradeço ao Procurador da República Carlos Diogo Garcia, pelos ensinamentos diários e pela experiência inicial de atuar, como estagiário, na área criminal, época em que senti a satisfação acadêmica e me deparei com as agruras da área criminal do dia a dia; ao Promotor de Justiça Herico William Alves Destefani, com quem trabalhei por pouco tempo, mas se tornou um exemplo de retidão, estudo sério e humildade, e ao Desembargador Federal Pedro Felipe, pelo apoio incondicional às aspirações acadêmicas e como paradigma de julgador que concilia humanismo, estudo incansável e inteligência emocional.

Agradeço aos meus alunos de cursos preparatórios para concursos públicos e de pós-graduação, os debates altamente profícuos ajudam a desenvolver meu pensamento sobre o Direito Penal e Processual Penal e me tornam um professor melhor. É a vivência na sala de aula – física e virtual – que originou esse livro e tem possibilitado a sua evolução a cada ano.

Essa edição recebeu revisão doutrinária, foram inseridas mais referências bibliográficas e atualização legislativa. Além disso, houve inserção de julgados recentes dos Tribunais Superiores, considerando que, infelizmente, ainda não há muita estabilidade na aplicação do Direito, levando a constantes revisões e mudanças de entendimento, em prejuízo da segurança jurídica.

A obra continua, assim, em movimento, buscando se adequar às necessidades de seus ilustres leitores.

Permito-me reiterar que esse *Manual* continuará sendo revisto atentamente, tendo no autor o seu principal crítico. Contribuir com a formação e aplicação do Direito Penal no país é uma grande honra e uma imensa responsabilidade: o poder de punir do Estado é uma intervenção estatal paradoxal e complexa, pois precisa proteger pessoas vulneráveis e, ao mesmo tempo, ser contido, intervindo o mínimo possível. Deve ser, sobretudo, mais racional na seleção do que tutela, questionando-se por que o faz. Pune-se, mas muitas vezes se pune mal, pois se pune o menos relevante. Uma geração crítica pode cobrar mudanças, pois livros mudam pessoas e são as pessoas que mudam o mundo, como diz a conhecida frase atribuída ao grande poeta Quintana.

Um forte abraço,

Michael Procopio Avelar

APRESENTAÇÃO DA COLEÇÃO

A Coleção **Manuais Dizer o Direito** é formada por autores, também professores, que têm *o ensinar* como propósito de vida.

A ideia desta coleção é o resultado de uma experiência de mais de 15 anos de trabalho com a preparação para concursos públicos. Nesse período, identificamos que o candidato precisa estudar por meio de obras construídas na medida certa para uma preparação eficiente. Livros que tenham uma profundidade maior do que um resumo, mas que não avancem por discussões que se afastem dos propósitos do concurso público. Enfim, a eterna busca do custo-benefício ideal para conciliar o tempo do candidato com a imensa quantidade de matérias para estudar. Esta foi a tônica dos livros que compõem nossa coleção.

Além de sua extensão, outro cuidado especial foi destinado à atualidade das obras, que se reflete não apenas na abordagem da jurisprudência atual, mas também na intensa e constante análise das provas de concurso público. Nosso objetivo é garantir que os livros estejam em sintonia com as tendências das bancas examinadoras, sendo este um dos pilares da preparação.

Por fim, e talvez o mais importante. Os autores prepararam, com muito esforço e dedicação, livros que têm o objetivo de ser didáticos, claros e fluentes, ao mesmo tempo que se comprometem a ser completos e técnicos. Essa equação é atingida a partir da experiência que os autores possuem com a preparação exitosa de inúmeros candidatos aprovados nos mais difíceis concursos.

Vale ressaltar que essa influência das atividades docentes nos livros é complementada com a experiência profissional dos autores, fazendo com que as obras apresentadas sejam também recomendadas para advogados, Procuradores, Defensores Públicos, Delegados de Polícia, membros do Ministério Público e Magistrados, que encontrarão nas obras da coleção uma fonte de consulta segura, atualizada, de fácil manuseio e preparada para sanar suas dúvidas.

Desse modo, a Coleção **Manuais Dizer o Direito** é indicada para os candidatos a concursos públicos, atendendo também profissionais do Direito que buscam atualização constante.

Márcio André Lopes Cavalcante

COLEÇÃO MANUAIS Dizer o Direito

Coord.: MÁRCIO CAVALCANTE

PREFÁCIO

Para além da salvaguarda de direitos individuais, o Direito Penal tem se mostrado um mecanismo cada vez mais precioso para proteção de relevantes interesses sociais - transindividuais - caros a toda a sociedade brasileira. Questões como o combate à corrupção e a proteção ao meio ambiente, que têm mobilizado intensos esforços nacionais e internacionais, evidenciam que as normas penais constituem parte crucial nessa empreitada.

Neste cenário, faz-se premente o desenvolvimento de estudos sérios da dogmática penal, de modo a permitir que a efetiva tutela dos bens jurídicos mais importantes para a sociedade ocorra em plena sincronia com o respeito aos direitos e garantias fundamentais previstos em nossa Carta Maior. Com efeito, uma dogmática forte é passível de viabilizar, por exemplo, a diferenciação mais clara da esfera da responsabilização penal daquela relativa ao penalmente irrelevante, propiciando assim mais segurança jurídica e eficácia ao nosso sistema de justiça criminal.

É nesse contexto que a substanciosa obra que o leitor tem em mãos representa uma grande contribuição para o Direito brasileiro. Decerto, há excelentes obras na doutrina penalista brasileira produzidas por prestigiados profissionais da acusação e da defesa. Nessa senda, a singularidade do presente livro advém da perspectiva de um *magistrado* de carreira que - comprometido com a técnica jurídica e sensível à apreciação da conduta humana diuturnamente discutida no curso do processo para julgamento judicial - logrou produzir um manual que conjuga profícua densidade teórica a exposições claras e objetivas, voltadas à prática criminal.

Nesse desiderato, destaca-se a análise aprofundada que o autor empreende acerca da teoria do crime, a fornecer ao leitor uma fecunda compreensão dos fundamentos e pilares do Direito Penal. Nesse aspecto, a obra permeia com refino tanto as teorias tradicionais como as discussões mais modernas, a exemplo da teoria da imputação objetiva e do domínio do fato. Expõe-se sobre as estruturas do delito de modo a se elucidar a sua aplicação concreta - seja aos crimes tradicionais, como estupro e homicídio, seja à "nova criminalidade", que envolve o Direito Penal Econômico, o crime organizado e a corrupção estrutural.

Na sequência, os comentários sobre os crimes em espécie trazem as principais considerações doutrinárias sem descuidar da jurisprudência do Supremo Tribunal Federal e do Superior Tribunal de Justiça, aspecto essencial para a devida compreensão e sábia aplicação dos dispositivos legais.

Como resultado, o autor nos brinda com um substancial roteiro de estudos, o qual certamente se mostrará de grande valia tanto para os futuros ocupantes das mais diversas carreiras jurídicas, que ora se preparam aos árduos concursos públicos; como para todos os profissionais do direito que buscam um guia completo e esclarecedor para consultas diárias.

Por isso, honra-me sobremaneira prefaciar este *Manual de Direito Penal*, fruto das intensas pesquisas acadêmicas desenvolvidas pelo autor como professor voluntário na Faculdade de Direito da Universidade do Estado de Minas Gerais e de sua vivência da *práxis* forense no âmbito da magistratura estadual e federal.

O povo brasileiro anseia por decisões técnicas e por um sistema eficaz para lidar com as suas principais mazelas – e tenho a convicção de que, ao nortear a atuação dos operadores do direito na seara penal, esta obra de Michael Procopio Avelar exsurgirá como uma grande contribuição nesse sentido.

Desejo a todos e a todas uma proveitosa leitura!

Brasília, dezembro de 2021.

Luiz Fux

Ministro e Presidente do Supremo Tribunal Federal. Ex-Presidente do Tribunal Superior Eleitoral. Professor Livre-Docente de Processo Civil da Universidade do Estado do Rio de Janeiro (UERJ). Doutor em Direito Processual Civil pela Universidade do Estado do Rio de Janeiro (UERJ). Membro da Academia Brasileira de Letras Jurídicas. Membro da Academia Brasileira de Filosofia.

SUMÁRIO

PARTE GERAL

PARTE ESPECIAL

PARTE GERAL

CAPÍTULO I
INTRODUÇÃO AO ESTUDO DO DIREITO PENAL

O estudo do Direito Penal é a busca de compreensão da intervenção do Estado na vida dos cidadãos, que deve ocorrer de forma limitada, como meio necessário para coibir as violações mais graves que atinjam os bens jurídicos mais importantes da sociedade. É o estudo do monopólio da força pelo Estado e das normas que devem limitar e racionalizar o seu uso para que atenda aos seus fins, de modo a que não haja o seu abuso como meio de controlar dissidentes ou pessoas não desejadas no meio social.

Como todo ramo da ciência jurídica, o Direito Penal será construído a partir da vontade popular, expressa por meio das leis, mas deverá ser contido por alguns princípios e normas constitucionais, sob pena de criminalizarem de formas de vida de grupos minoritários sem efetivo conteúdo de crime. A teoria do bem jurídico, hoje contestada por Günther Jakobs, possuirá relevante papel como parâmetro para a seleção de condutas a serem criminalizadas.

Sob a luz do constitucionalismo, as normas penais devem ser compatíveis com a Constituição, tanto formal quanto materialmente. Desse modo, não basta que a lei criminalizadora obedeça às regras do processo legislativo, mas será imprescindível que as condutas incriminadas não sejam discriminatórias e que as normas penais vedem condutas apenas quando efetivamente necessário para o convívio social. Visões morais do mundo e crenças religiosas, por mais relevantes que sejam para indivíduos e até mesmo para a maioria, não podem nortear o legislador. A liberdade de crença, essa sim protegida criminalmente, deve garantir que as minorias também possam professar a sua fé.

Nota-se, assim, que o Estado Democrático de Direito não se contenta com uma legalidade formal para a incriminação de condutas, mas exige a observância, em seu conteúdo, das regras e dos princípios constitucionais e de um direito penal que intervenha somente quando necessário. No campo criminal, a atuação estatal deve ser sempre excepcional, pois as liberdades públicas, conquista essencial dos povos ante os Estados e seus governos, devem ser garantidas, de modo que a sua restrição seja sempre razoável, proporcional e mínima.

1. CONCEITO E OBJETO

O Direito, ainda que uno, possui uma divisão didática em vários ramos, como o Direito Constitucional e o Direito Penal. Apesar de os seus institutos estarem interligados, essa divisão é últil para o estudo das regras e dos princípios específicos de cada uma das disciplinas. Elas são ainda agrupadas em dois grandes troncos, o do Direito Público e o do Direito Privado. O campo do Direito Privado, representado pelo Direito Civil, cuida das relações entre particulares, como seus contratos, propriedades e transmissão de herança. O Direito Público, por sua vez, regula as interações entre particulares e o Estado.

O Direito Penal é a disciplina que trata das sanções penais, que envolvem as penas e as medidas de segurança. Regulamenta, portanto, a disciplina das infrações penais, gênero de que são espécies os crimes e as contravenções penais. Como todo ramo do Direito, é composto por normas específicas que regulam a sua aplicação. Portanto, o Direito Penal é um ramo do Direito que trata das infrações penais e das suas respectivas sanções.

Com relação à terminologia, adota-se, em diversos países, a expressão **Direito Penal**, mas também é usado o termo **Direito Criminal**, que foi preferido no Brasil e no Direito Continental até meados do Século XIX[1] e atualmente é difundido nos países de tradição do *common law*[2]. Considerando que esse ramo do Direito não trata exclusivamente de penas, como o nome Direito Penal sugere, mas também de medidas de segurança, além de disciplinar as próprias infrações penais, parece mais apropriado o uso da expressão Direito Criminal. Entretanto, a denominação Direito Penal está consagrada na doutrina e na jurisprudência do Brasil, de modo que o estatuto brasileiro, inclusive, é chamado de Código Penal. Eugenio Raúl Zaffaroni e José Henrique Pierangeli advertem, ainda, que a principal coerção penal é a pena, apesar de, para eles, serem a única de suas manifestações[3].

Com relação ao conceito, Bitencourt afirma que[4]:

> *O Direito Penal apresenta-se, por um lado, como um conjunto de normas jurídicas que tem por objeto a determinação de infrações de natureza penal e suas sanções correspondentes – penas e medidas de segurança. Por outro lado, apresenta-se como um conjunto de valorações e princípios que orientam a própria aplicação e interpretação das normas penais.*

Para Zaffaroni, a expressão Direito Penal é equívoca, pois designa duas coisas distintas[5]:

> *Ela é empregada com frequência, para designar parte do objeto do saber do Direito Penal, que é a lei penal. A imprecisão não é inócua, porquanto confunde direito penal (discurso dos juristas) com legislação penal (ato do poder punitivo) e, por conseguinte, direito penal com poder punitivo, conceitos que urge distinguir nitidamente desde o princípio, como passo prévio para um adequado horizonte de projeção do primeiro.*

---

1. Como o *Código Criminal* do Império, de 1830.
2. Como nos EUA e na Inglaterra: *Criminal Law*.
3. Para os autores, chamar algumas sanções de medidas de segurança seria apenas uma ilusão de rótulo, pois não deixaria de ser uma pena: ZAFFARONI, Eugênio Raúl. PIERANGELI, José Henrique. Manual de direito penal brasileiro. 13. ed. São Paulo: Thomson Reuters Brasil, 2019, p. 83-84.
4. BITENCOURT, Cezar Roberto. Parte geral. Coleção Tratado de direito penal, volume 1. 26. ed. São Paulo: Saraiva Educação, 2020, p. 44.
5. ZAFFARONI, Eugenio Raúl, *et al*. Teoria Geral do Direito Penal. 4ª ed. Rio de Janeiro: Revan, 2011, p. 38.

Verifica-se, portanto, que o objeto de estudo do Direito Penal são as infrações penais (crimes e contravenções penais) e as respectivas sanções penais (penas e medidas de segurança). Dentro da tarefa de conceituar o Direito Penal, deve-se passar aos seus **elementos caracterizadores:**

- O Direito Penal é um ramo do **Direito Público**. O Direito Público é aquele que trata de interesses públicos, ou seja, aqueles que tratam da relação entre o Estado e os particulares, sejam pessoas físicas ou jurídicas, ou mesmo relações entre os próprios órgãos que integram o Estado.

  O Direito Penal regulamenta as sanções mais graves que podem ser impostas aos indivíduos, sendo, por isso, considerado a *ultima ratio*. Por tratar de restrição de direitos individuais, como o da liberdade, o Direito Penal representa uma ingerência muito forte na vida das pessoas, razão pela qual se submete a princípios e regras rígidos, que determinam e limitam o direito de punir. Como referido direito pertence exclusivamente ao Estado, referida disciplina é parte do Direito Público.

  Como será estudado oportunamente, há hipóteses em que a punição do acusado exige a promoção da ação penal privada, a cargo do particular vítima do crime, ou de seus descendentes. Nesses casos, ainda que haja essa delegação da atividade persecutória, ou seja, de se acusar o réu no âmbito judicial, o poder-dever de punir continua a cargo do Estado, razão pela qual fica nítido o caráter de Direito Público das normas penais.

- O Direito Penal possui **institutos e normatividade próprios**. Para que uma disciplina seja considerada autônoma, distinta das demais, é necessário que possua institutos e normas próprios, o que lhe garante autonomia científica e didática. São institutos desse ramo do Direito: o crime, a tipicidade, a ilicitude (ou antinormatividade), a culpabilidade, o perdão do ofendido, a renúncia ao direito de queixa, a legítima defesa, a inimputabilidade, dentre vários outros. Os princípios do Direito Penal também são peculiares, ainda que parte deles seja compartilhada com outros ramos. Pode-se citar os princípios da humanidade, da retroatividade da lei penal mais benigna, da ofensividade, da insignificância etc.

  Embora o Direito Penal constitua disciplina autônoma, com princípios, regras e institutos próprios, não se deve concluir que se trata de ramo totalmente independente das demais ramificações do Direito. O Direito Constitucional[6], por exemplo, prevê os princípios a serem observados pela legislação infraconstitucional penal, elencando as penas que são vedadas ao legislador ordinário, dentre outros comandos.

  Além disso, vários institutos tratados por outras disciplinas serão utilizados na interpretação das leis penais, como é o caso dos conceitos do Direito Administrativo de cargo e função públicos, essenciais para a compreensão

6. BITENCOURT, Cezar Roberto. Tratado de Direito Penal: parte geral, volume 1. 10ª ed. São Paulo: Saraiva, 2009, p. 11.

dos Crimes Contra a Administração Pública. Haverá, ainda, casos em que a norma penal necessita de complementação valorativa, dependendo de uma lei, que pode ser de outro ramo do Direito, para sua aplicação. É o caso do crime previsto no artigo 236 do Código Penal, chamado de induzimento a erro essencial e ocultação de impedimento. Para compreendermos o que é um impedimento matrimonial, é imprescindível a análise do Código Civil, o que mostra a dependência em relação a este ramo do Direito.

- O Direito Penal disciplina os **crimes e as contravenções penais** de modo geral. Os crimes e as contravenções penais são espécies do gênero infração penal. O Direito Penal determina como podem e devem ser previstas as infrações penais e quais são os requisitos da lei penal, seja em relação à sua aplicação temporal e espacial, seja no que se refere às pessoas por ela abrangidas. Os princípios constitucionais devem ser observados pelo legislador ao se criar um tipo penal, ou seja, uma norma que preveja um novo crime ou uma nova contravenção penal.
- O Direito Penal regulamenta as **penas e as medidas de segurança**. É o Direito Penal que determina as sanções que devem ser aplicadas para aqueles que cometem crimes ou contravenções penais. As sanções penais se subdividem em penas e medidas de segurança.

Em suma, conclui-se que Direito Penal é **o conjunto de normas** (princípios e regras) **que regulam a determinação das infrações penais** (crimes e contravenções penais) **e as suas respectivas sanções** (penas e medidas de segurança). Seu objeto consiste no estudo das infrações penais e das respectivas sanções para que se imponham limites ao poder de punir do Estado.

Ainda nesse âmbito de estudo da conceituação do Direito Penal, é importante ressaltar que essa denominação pode ser usada em diferentes aspectos:

- **Formal ou estático**: o Direito Penal é o conjunto de normas penais, referindo-se ao chamado Direito Penal positivo ou objetivo.
- **Material**: o Direito Penal se traduz na vedação de comportamentos reprováveis ou danosos, ou seja, das condutas humanas que contrariam os interesses da sociedade e que, dada a sua gravidade, são reprimidas por meio de sua tipificação penal.
- **Sociológico ou dinâmico**: o Direito Penal constitui um dos instrumentos de controle social, assim como as regras de etiqueta. No ordenamento jurídico, o ramo do Direito Penal é o que aplica as sanções mais graves, razão pela qual sua utilização deve ser reservada para se coibirem os comportamentos mais reprováveis do ponto de vista da sociedade.

2. DIREITO PENAL, CRIMINOLOGIA E POLÍTICA CRIMINAL

É importante diferenciar a Ciência do Direito Penal, a Criminologia e a Política Criminal, por possuírem aspectos comuns e outros diferenciadores. De início, vale dizer que o Direito Penal estuda o "dever ser", isto é, as regras penais elaboradas pelo legislador, os princípios explícitos e implícitos e a sua relação com todo o sistema jurídico (normas constitucionais e infraconstitucionais, tratados internacionais etc.):

- **Ciência Penal ou Ciência do Direito Penal**: é o aspecto do Direito Penal que busca exercer uma função criadora, sem se ater apenas ao Direito Positivo. Tem uma visão a respeito do que deve ser alterado, das transformações por que deve passar o Direito Penal, acompanhando a sociedade que regula. Não se limita a um estudo dogmático (os textos normativos em vigor e sua interpretação), mas também abrange uma visão zetética (visão analítica, com busca de solução de problemas teóricos, inclusive de sugerir alterações legislativas ou de desaprovar determinados textos normativos). Cuida-se de um estudo crítico do Direito Penal.
- **Criminologia**: é a ciência empírica (baseada na observação e na experimentação) que busca analisar o crime, o criminoso, a vítima e os meios de controle social. Estuda o "ser", os fatos.
- **Política criminal**: é a ciência que busca a aplicação prática dos estudos da criminologia, valorando-os, para criação e reelaboração de estratégias de intervenção estatal na atividade da repressão dos delitos.

  Busca ser um instrumento para o Estado se utilizar dos estudos criminais para orientação da sua atuação, com elaboração das políticas públicas na área de segurança pública e no trato da população carcerária.

Hoje, muitos autores defendem uma maior interligação entre Direito Penal e Política Criminal, de tal modo que, nessa linha de pensamento, pode-se considerar **ultrapassada** a conhecida afirmação de Franz von Liszt, de que "**o Direito Penal é a barreira intransponível da política criminal**"[7]. Nesse ponto, Claus Roxin, em seu funcionalismo moderado, chega a propor um sistema jurídico-penal permeável às bases político-criminais, de modo que os fins da pena tenham que ser considerados, para além da culpabilidade, como critério de necessidade de sua imposição no caso concreto. Além disso, a própria imputação do resultado passa pela concepção de risco proibido, em decorrência da imputação objetiva, permitindo a valoração pelo juiz, conforme diretrizes de política criminal. Isto não significa corrigir a decisão legislativa por valores de política criminal, mas interpretar os institutos a partir dessa valoração, que inclui os direitos humanos e os princípios do Estado de Direito[8].

3. CARACTERÍSTICAS E CLASSIFICAÇÕES

É necessário um breve estudo sobre as características do Direito Penal[9]:

7. LISZT, Franz von *apud* ALTOÉ, Rafael. Política Criminal e Direitos Fundamentais. Novas tendências penais, força normativa e o horizonte das liberdades individuais na pós-modernidade. Belo Horizonte: Editora D'Plácido, 2017, p. 16.
8. ROXIN, Claus; GRECO, Luís. Direito Penal: parte geral. Tomo I. Fundamentos: a estrutura do crime. São Paulo: Marcial Pons, 2024, p. 414-422.
9. BITENCOURT, Cezar Roberto. Tratado de Direito Penal: parte geral, volume 1. 10ª ed. São Paulo: Saraiva, 2009, p. 2-5.

- **Ciência Cultural**: com isso, afirma-se que o Direito Penal não é uma ciência natural. Isso porque as ciências naturais estudam o "ser", enquanto as ciências culturais estudam o "dever ser".
- **Ciência Normativa**: o Direito Penal é ciência normativa porque se dedica ao estudo das leis penais, bem como das consequências no caso de violação da norma. Diferencia-se, assim, das ciências causais-explicativas, como a Criminologia, que se ocupa das causas da criminalidade, da sua origem, da vítima etc., em um estudo voltado para os fatos, para os acontecimentos.
- **Ciência Valorativa**: o Direito Penal trabalha com valores, possuindo um critério axiológico, inclusive para definição da hierarquia de suas leis. Enfatizando o seu caráter valorativo, a moderna concepção do crime se pauta no desvalor da conduta e do resultado para individualização da pena.
- **Ciência de caráter finalista**: o caráter finalista do Direito Penal diz respeito ao fato de suas normas buscarem um objetivo comum, qual seja, a tutela dos bens jurídicos mais relevantes para a sociedade. Selecionados esses bens, com a observância do princípio da fragmentariedade, a finalidade das normas penais é tutelá-los com vistas a preservar a paz social.
- **Ciência com natureza ético-social**: Segundo Hans Welzel, o Direito Penal possui, além da função preventiva, um caráter ético-social. Essa função ético-social se concretiza na seleção de bens jurídicos a serem tutelados pela norma penal, com atenção aos valores da ética e da sociedade que estão presentes no Direito Positivo, ou seja, nas leis. O valor de cada bem jurídico é analisado em conjunto com os demais, o que forma a ordem social. Essa função do Direito Penal busca manter o vínculo ético-social, garantindo os valores e a segurança da sociedade, reagindo contra aqueles que os violam. Com a proteção dos valores de natureza ético-social, tutelam-se os bens jurídicos, possibilitando assim que o Direito Penal cumpra outra função sua, a preventiva. Essa função busca evitar comportamentos nocivos aos valores da sociedade, almejando a segurança da vida em comunidade[10].
- **Ciência que tem como objeto a conduta humana voluntária**: o ramo do Direito aqui estudado volta-se para o estudo da conduta humana, mais precisamente a voluntária. Conforme será visto na teoria do crime, há situações que excluem a conduta, tornando o fato indiferente para o Direito Penal. Por exemplo, os atos reflexos. Assim, o que o Direito Penal estuda é a conduta dotada de voluntariedade, desde que praticada por um ser humano. Por isso, está fora do objeto de estudo a conduta de um animal, salvo se houver uma conduta humana provocadora do animal, que seria, então, mero instrumento do agente.

Além disso, discute-se sobre a **natureza constitutiva ou sancionadora** do Direito Penal. Para Zaffaroni e Pierangeli, o direito penal é predominantemente sancionador

10. WELZEL, Hans. Derecho penal alemán. Parte general. Santiago: Editorial Jurídica de Chile, 2014, p. 17-24.

e excepcionalmente constitutivo[11]. É sancionador pois traz uma sanção, com finalidade reparadora e preventiva, para condutas que já são consideradas ilícitas. Como exemplo, matar alguém já implica ato ilícito para o Direito Civil, obrigando o causador do dano a indenizar os seus familiares.Em alguns casos, o Direito Penal é constitutivo, pois algumas condutas só são sancionadas devido à previsão contida em normas penais, como ocorre com a omissão de socorro e a conduta de maltratar um animal de sua propriedade.

O Direito Penal ainda pode ser classificado das seguintes formas:

Direito Penal comum é aquele aplicado pela chamada Justiça Comum, que se subdivide em Justiça Federal e Justiça Estadual. O **Direito Penal Especial**, por sua vez, é da competência dos órgãos judiciários ditos especializados. São parte da Justiça Especial a Justiça do Trabalho, a Justiça Eleitoral e a Justiça Militar, sendo que apenas as duas últimas exercem jurisdição criminal. Assim, o Direito Penal Especial abrange o Eleitoral e o Militar.

Direito penal objetivo é o direito posto, positivo, isto é, constitui-se das leis penais vigentes. É também chamado de *jus positum*. Já o **direito subjetivo**, como se estuda na Teoria do Direito, nasce com a violação de um direito positivo. Da violação da norma, nasce a pretensão do sujeito de exigir sua reparação. No campo do Direito Penal, o direito subjetivo corresponde ao chamado *ius puniendi*, pertencente de modo exclusivo ao Estado[12]. Cuida-se do poder estatal de impor a sanção penal, após o devido processo legal, àquele que praticou um crime ou uma contravenção penal.

A classificação do Direito Penal em **substantivo e adjetivo** é antiga e tem caído em desuso. **Direito Penal Substantivo (ou Material)** é o Direito Penal, o que define as infrações penais e suas sanções. Pode também ser considerado o próprio Direito Penal Objetivo, isto é, o conjunto de leis penais vigentes no ordenamento jurídico. O **Direito Penal Adjetivo (ou Formal)**, por sua vez, corresponde ao Direito Processual Penal, ou seja, o conjunto de regras e princípios referentes à forma de aplicação do Direito Penal.

Direito Penal do autor é a denominação que se utiliza para a criminalização da personalidade, ou seja, daquilo que alguém é, e não da conduta, ou seja, daquilo que a pessoa fez. O fato passa a ocupar um segundo plano, sendo considerado como uma exteriorização da forma de ser do autor, como algo sintomático, ou seja, que espelha uma personalidade indesejada.

O modelo aceitável na República Federativa do Brasil, um Estado Democrático de Direito, é o do **Direito Penal do fato**, compatível com um **Direito Penal Liberal**, ou seja, aquele que impacta as liberdades públicas de forma restrita, com limitações principiológicas ao poder de punir. Segundo essa concepção, somente se pode criminalizar e sancionar **o fato cometido pelo autor**, em razão da sua culpabilidade. Não se busca penalizar pessoas por sua natureza, como a sua etnia ou por serem

11. ZAFFARONI, Eugenio Raúl; PIERANGELI, José Henrique. Manual de direito penal brasileiro, parte geral. 13. ed. rev. e atual. São Paulo: Thomson Reuters Brasil, 2019, p. 97.
12. Há visão crítica que considera inadequado se falar em direito penal subjetivo, por se tratar de uma concepção privatística, derivada da teoria contratualista do Estado: EISELE, Andreas. Direito penal: teoria do delito. Salvador: Editora Juspodivm, 2018, p. 48-50.

consideradas perigosas. A incriminação se volta a condutas indesejadas. Penaliza-se o agente, mas em razão de sua responsabilidade penal em relação à conduta por ele apresentada, na medida da sua culpabilidade. Pune-se a conduta, e não essência. Pune-se o agente pelo que ele fez, e não pelo que ele é.

Dualidade a ser compreendida no estudo do funcionalismo sistêmico, Günther Jakobs contrapõe o Direito Penal do Cidadão e o Direito Penal do Inimigo. Ao expor o conceito de **Direito Penal do Cidadão**, menciona o contratualismo de Thomas Hobbes e afirma que os delitos só podem ocorrer em uma comunidade ordenada, já que, fora da sociedade, o ser humano pode fazer tudo, tem direito natural a matar sem causa alguma. Via de regra, o Estado trata os indivíduos como pessoas, ainda que cometam delitos. Esses atos, como o de um sobrinho que mata o tio pela herança, não fazem sucumbir o Estado, ou seja, não é um ato que se volta contra a permanência do Estado ou de suas instituições. O Estado moderno, assim, enxerga no agente, no autor do fato, uma pessoa que causou danos à vigência da norma e, por isso, deve ser penalizado, como equilíbrio a demonstrar a vigência da norma[13].

Entretanto, o legislador também adota, em alguns casos, uma legislação de luta, com menos disposição a tratar o criminoso como pessoa. Isso ocorreria no caso do terrorismo, da criminalidade organizada, nos crimes sexuais, casos em que o Estado vê a necessidade de eliminação de um perigo. Esse **Direito Penal do Inimigo** tem bases no pensamento de Immanuel Kant, que diferencia o estado de cidadania e o estado de natureza[14]. O Direito Penal do Inimigo se expressa no combate a um inimigo, em razão de sua periculosidade social. Resumindo o seu pensamento, Jakobs observa que "quem não presta uma segurança cognitiva suficiente de um comportamento pessoal não só não pode esperar ser tratado ainda como pessoa, mas o Estado não *deve* tratá-lo como pessoa, já que do contrário vulneraria o direito à segurança das demais pessoas"[15].

Cabe, ainda, o estudo de alguns conceitos relevantes para a disciplina:

A expressão **Direito Penal Simbólico** se refere à elaboração de leis penais com o fito de atender à opinião pública do momento, passando a impressão de que o Estado está tomando medidas para melhorar a segurança pública. Com isso, o Estado, em vez de estudar as verdadeiras causas da criminalidade e elaborar políticas públicas voltadas ao combate da violência, passa a imagem à população de que a forma de se trazer paz social é por meio da criação novas infrações penais e de cominação de penas mais rígidas nos tipos existentes. O Direito Penal Simbólico é aquele voltado a atender os reclames midiáticos, geralmente voltados para casos específicos utilizados para causar o clamor social. Volta-se à própria imagem do legislador ou do "empresário moral" bem-sucedido. Passa-se para a sociedade uma falsa ideia de segurança pública, buscando manipular a opinião comum e fraudando

13. JAKOBS, Günther. Direito penal do cidadão e direito penal do inimigo. *In*: JAKOBS, Günther; MELIÁ, Manuel Cancio. Direito penal do inimigo: noções e críticas. Org. e trad. André Luís Callegari; Nereu José Giacomolli. 6. ed., 3. tir. Porto Alegre: Livraria do Advogado, 2018, p. 24-32.
14. JAKOBS, Günther. Ob. Cit., 2018, p. 33-39.
15. JAKOBS, Günther. Ob. Cit., 2018, p. 40.

a sua confiança[16]. É possível invocar como exemplo de Direito Penal Simbólico uma alteração específica do Pacote Anticrime, a Lei n. 13.964/2019, consistente na introdução do parágrafo único do artigo 25 do Código Penal[17], que não altera em nada o ordenamento jurídico, mas busca demonstrar um apoio político aos agentes que atuam na segurança pública.

Há quem subdivida esse aspecto simbólico em um simbolismo positivo e outro negativo. O **simbolismo positivo** seria a eficácia de orientação social que emana das normais penais, obtendo a sua obediência espontânea. Vincular-se-ia à função preventiva da sanção penal, formando um conteúdo ético-social. Por sua vez, o **simbolismo negativo** seria a utilização desse meio de controle social sem condições de eficácia, ou seja, é a elaboração de normas penais sem que o poder público tenha condições de sua implementação concreta. Essa prática levaria ao aumento das cifras ocultas da criminalidade, ou seja, de fatos delitivos que não são conhecidos pelos órgãos de repressão penal[18].

Tema interligado é o **Direito Penal de Emergência**, que traduz a ideia de o Estado legislar sob pressão popular em situações de crise, no calor de fatos que chocam a sociedade. O clamor público leva à criação de lei penais para tranquilizar a sociedade em determinado contexto. Daí surgem leis que seriam, em sua maioria, meramente simbólicas, já que elaboradas apenas para passar uma mensagem de atuação estatal e de maior segurança pública. Entendo, entretanto, que nem sempre o Direito Penal de Emergência leva a leis simbólicas ou, em outros termos, a um simbolismo negativo. No caso da importunação sexual, por exemplo, a introdução do novo tipo penal, ainda que em meio a clamor social após um episódio de ejaculação em passageira de transporte público, foi festejada por vários juristas, por trazer proporção nos crimes contra a dignidade sexual. É um crime, portanto, cuja eficácia e adequação foram referendadas por grandes penalistas, mesmo advindo da emergência.

Direito Penal Promocional é a denominação utilizada para definir o uso, pelo Estado, de normas penais para a realização de suas políticas públicas e para transformação social. A Administração Pública, buscando determinado objetivo de governo, faz uso das leis penais para auxiliar sua implementação. Tal conduta pode violar o princípio da intervenção mínima, que preconiza que o Direito Penal só deve ser utilizado para coibir as condutas mais gravosas e somente quando os demais ramos do Direito não forem suficientes para obter esse objetivo.

Direito de Intervenção é uma ideia defendida por Winfried Hassemer, sobre a criação de um novo sistema punitivo para se combater a criminalidade contemporânea. Cuida-se de um ramo do Direito que se situaria entre o Direito Penal e o Direito Administrativo, aplicando sanções de natureza não penal, mas com flexibilização das garantias processuais e encurtamento dos procedimentos. O Direito Penal deveria

---

16. HASSEMER, Winfried. Direito Penal. Fundamentos, Estrutura, Política. Organização e revisão de Carlos Eduardo de Oliveira Vasconcelos. Tradução: Adriana Backman Meirelles *et. al*. Porto Alegre: Sérgio Antonio Fabris Ed., 2008, p. 229-230.

17. Parágrafo único. Observados os requisitos previstos no *caput* deste artigo, considera-se também em legítima defesa o agente de segurança pública que repele agressão ou risco de agressão a vítima mantida refém durante a prática de crimes.

18. EISELE, Andreas. Direito penal: teoria do delito. Salvador: Editora Juspodivm, 2018, p. 59-62.

ser reservado à criminalidade tradicional, ao seu núcleo duro, como nos casos de homicídio, estupro, roubo. A criminalidade econômica e ambiental, por sua vez, deveria ser combatida por esse ramo intermediário, o da intervenção, com maior celeridade, procedimento mais flexível e sanções menos graves.

Essa resposta estatal possui uma forte vinculação com a ideia de sociedade de risco[19] e de maior sentimento de medo da população. Seria, na visão do referido autor, uma resposta mais adequada do que a crescente criminalização de condutas, com o agigantamento do Direito Penal. Em suas palavras, "tal Direito 'moderno' seria não só normativamente menos grave, como seria também faticamente mais adequado para acolher os problemas especiais da sociedade moderna"[20].

Outro tema mais ligado à Criminologia, mas que vem sendo abordado também no Direito Penal, é o da criminalização primária e secundária. A **criminalização primária** seria aquela exercida pelas agências políticas (Poder Legislativo e Poder Executivo), consistindo no "ato e o efeito de sancionar uma lei penal material que incrimina ou permite a punição de certas pessoas", na lição de Zaffaroni[21]. Já a **criminalização secundária** seria a "ação punitiva exercida sobre pessoas concretas" pelo Poder Judiciário e por aqueles que atuam no sistema de Justiça, como Ministério Público, Defensoria Pública, advogados e policiais.

A **seletividade** do Direito Penal consiste na maior propensão de punição de um indivíduo em virtude de suas características socioeconômicas. Os indivíduos em situação de **vulnerabilidade** estão mais propensos a terem suas condutas enquadradas em uma norma penal incriminadora e a serem punidos. Um sujeito fora dos estereótipos teria que fazer um esforço para ser sancionado, em outras palavras, para se colocar em *situação de risco criminalizante*. Há uma seleção tanto das pessoas que serão criminalizadas quanto das vítimas potencialmente protegidas. Para Zaffaroni, a seletividade se inicia com a criminalização primária, mas se realiza efetivamente com a criminalização secundária, em que as agências de repressão devem optar, ante o imenso número de casos, se permanecem inativas ou se selecionam os casos sobre os quais trabalhar[22].

Há uma nova tendência do sistema criminal em que a seletividade seria menor do que nos crimes patrimoniais. Trata-se da **administrativização do Direito Penal**, com o uso indiscriminado do poder de punir para que os indivíduos cumpram as suas obrigações públicas na área tributária, na atividade econômica (societária) no âmbito previdenciário[23]. Essa utilização das normas penais pode ser exemplificada com o delito previsto no artigo 1º, parágrafo único, da Lei n. 8.137/1990[24].

---

19. Sociedade de risco é um termo que foi elaborado pelo sociólogo Ulrich Beck. Ele se refere ao modo de organização da sociedade moderna, que teria como foco a gestão dos riscos. Caso haja interesse em aprofundamento no tema, pode-se consultar a obra do referido autor alemão.
20. Hassemer, Winfried. Características e Crises do Direito Penal Moderno. Artigo traduzido e disponível em: http://www.mpsp.mp.br/portal/page/portal/documentacao_e_divulgacao/doc_biblioteca/bibli_servicos_produtos/bibli_boletim/bibli_bol_2006/SRC%2008_54.pdf
21. ZAFFARONI, Eugenio Raúl, *et al.* Direito Penal Brasileiro. Teoria Geral do Direito Penal. 4ª ed. Rio de Janeiro: Revan, 2011, p. 38.
22. ZAFFARONI, Eugenio Raúl, *et al*. Ob. Cit., p. 43-49.
23. ZAFFARONI, Eugenio Raúl, *et al*. Ob. Cit., p. 50.
24. A falta de atendimento da exigência da autoridade, no prazo de 10 (dez) dias, que poderá ser convertido em horas em razão da maior ou menor complexidade da matéria ou da dificuldade quanto ao atendimento da exigência, caracteriza a infração prevista no inciso V.

Esse estudo da seletividade também se conecta com o tema da **teoria da reação social ou *labeling approach* (teoria do etiquetamento)**. Diz Alessandro Baratta que a diferença entre o comportamento criminoso e o lícito depende menos de uma atitude interior que seja propriamente boa ou ruim do que de uma escolha feita pela lei aprovada pela sociedade em determinado período. A criminalidade só pode ser compreendida se analisada a atividade das instâncias oficiais (ou agências, como policiais, promotores, juízes), pois é ela que vai dar o *status* de "delinquente" ao indivíduo. Se duas pessoas cometerem um roubo, apenas o que for alcançado pela reação do sistema penal (investigado, denunciado, condenado e punido) receberá a etiqueta, passando a ser considerado "delinquente", com todos os seus efeitos estigmatizantes. Esse etiquetamento levaria, segundo a pesquisa de Howard S. Becker, a uma mudança da identidade social do indivíduo, uma mudança que se inicia quando lhe é atribuído o *status* de desviante, como, no exemplo de sua pesquisa, seria o caso dos usuários de maconha nos EUA[25].

Por fim, cumpre conceituar sistemas penais paralelos e subterrâneos. **Sistema penal paralelo** constituiria uma complexa rede de poder punitivo exercido por agências diversas do sistema penal formal do Estado. São agências cujas funções manifestas ou declaradas são outras, bem diferentes, mas que exercem uma função latente de punição, como os médicos com poder de internação manicomial; sistema de institucionalização de crianças e adolescentes; as autoridades administrativas e corporações que podem suspender o exercício de uma profissão, com efeitos muito fortes; a autoridade militar quanto aos conscritos, que, ao serrem incorporados ao serviço militar obrigatório se submetem ainda a um novo sistema penal, o militar[26].

Sistema penal subterrâneo, por sua vez, corresponde ao exercício do poder punitivo, pelas agências oficiais, fora do poder jurídico, seja à margem da legalidade, seja por meio de questionáveis marcos legais. São os casos de execução sem processo, torturas, desaparecimentos, situações cuja existência é inerente aos sistemas penais de todos os países. Podem ser exemplificados pelos campos de concentração, grupos paraoficiais, como a Ku Klux Klan e as milícias, grupos especiais de inteligência etc.[27]

4. EVOLUÇÃO HISTÓRICA

Ainda que de forma sucinta, é importante ter uma visão geral da evolução histórica do Direito Penal desde seus primórdios. A história do Direito Penal, diz Luis Jimenez de Asúa, está coberta de sangue e sadismo, de modo que houve o esforço de anos para se chegar à fase liberal[28], ou seja, de respeito às liberdades públicas do cidadão e de limitação ao poder de punir do Estado. A sua análise se inicia com a

25. BARATTA, Alessandro. Criminologia crítica e crítica do direito penal: introdução à sociologia do direito penal. Tradução Juarez Cirino dos Santos. 6. ed. Rio de Janeiro: Editora Revan, 2011, p. 85-89.
26. ZAFFARONI, Eugenio Raúl, *et al*. Ob. Cit., p. 69.
27. ZAFFARONI, Eugenio Raúl, *et al*. Ob. Cit., p. 70.
28. ASÚA, Luis Jimenez de. Tratado de derecho penal. Tomo I. Concepto del derecho penal y de la criminologia, historia y legislación penal comparada. 4. Edición, actualizada. Buenos Aires: Editorial Losada, 1964, p. 247.

vingança até a tomada do poder de punir pelo Estado, por meio da pena pública, e da sua humanização.

4.1. Os tempos primitivos e a Vingança

A doutrina aponta que a aplicação de sanções ditas penais remonta à própria história da sociedade. No entanto, quanto a um Direito Penal como um sistema, a sua formação foi gradativa e posterior. Nas origens, a sociedade baseava seu sistema punitivo com base na retribuição e na magia, além da psicologia coletiva. Isso porque o homem dos tempos primitivos não baseava a sua conduta na causalidade e na autoconsciência, mas em pensamento mágico e contraditório, baseado em feitiços e em uma faceta do tabu, crença de que a conduta violadora da vedação acarretaria desgraças[29].

As infrações cometidas eram consideradas pecados contra os deuses, já que as proibições eram leis divinas que não deveriam ser infringidas. Tem-se a fase dos "Totens", o estabelecimento de tabus e a punição para desagravar a ofensa às divindades. As sanções constituíam autênticas vinganças contra quem praticava um mal à sociedade e aos valores religiosos. Nesse âmbito, classificam-se as modalidades ou fases da vingança em divina, privada e pública.

Vingança Divina: A fase da vingança divina é aquela em que as infrações penais eram consideradas uma ofensa às divindades, que deveriam ser corrigidas por um sacrifício, seja da própria vida do transgressor ou de algum objeto ou animal. As oferendas serviam para se aplacar a ira dos deuses, de modo que o banimento dos infratores representava um sacrifício a eles dedicado. À violação do tabu deveria corresponder a expiação do que violou a ordem social, inclusive por meio de ordálias[30], que por vezes possuíam conteúdo sancionatório[31]. A responsabilidade era objetiva e se voltava inclusive contra seres inanimados e animais irracionais. São exemplos dessa fase, além dos Totens, o Código de Manu, da Índia[32]; o Pentateuco ou Torá, do povo hebreu[33], o Avesta, da Pérsia[34]; e o Livro das Cinco Penas, da China[35].

29. ASÚA, Luis Jimenez de. Ob. Cit., 1964, p. 240-241.
30. Espécie de prova judiciária, conhecida também como juízo de Deus, que consistia em impor desafios ou teses ao acusado para verificar a sua inocência ou culpa, com base na concepção de intervenção divina durante esse processo.
31. ASÚA, Luis Jimenez de. Ob. Cit., 1964, p. 242.
32. Manava-Dharma-Sastra, considerado o código criminal mais sofisticado do Antigo Oriente, que derivava o direito de punir de Brahma e considerava o rei o seu delegatário. Entendia que a pena expiava os pecados e purificava ao infrator, que subia limpo aos céus, além de conceituar imprudência, caso fortuito e motivos que levavam a delinquir. Entretanto, estava repleto de preconceitos e tratamentos desiguais em virtude da casta do infrator (ASÚA, Luis Jimenez de. Ob. Cit., 1964, p. 271).
33. Os livros escritos, segundo a tradição judaico-cristã, por Moisés: Gênesis, Êxodo, Levítico, Números e Deuteronômio.
34. Ensinamentos de Ahura Mazda, criador dos bens visíveis, repassados a Zoroastro, com distinção precisa entre intenção, negligência e caso fortuito (ASÚA, Luis Jimenez de. Ob. Cit., 1964, p. 269).
35. O nome seria uma referência aos cinco castigos da legislação primitiva chinesa: amputação do nariz, amputação das orelhas, obturação dos orifícios do corpo, incisões nos olhos e morte, predominava a lei de talião e a vingança, tendo sido imposta no período mítico do Imperador Seinu (ASÚA, Luis Jimenez de. Ob. Cit., 1964, p. 268).

Vingança Privada: Na fase da vingança privada, o mal causado pelo infrator era considerado uma ofensa à própria vítima, ao seu clã ou à própria comunidade. É a luta pessoal, ou seja, a luta do homem contra o homem, que a comunidade transferia à vingança do ofendido ou da sua família[36]. Quando a infração era cometida no seio do clã do seu autor, era comum a pena de banimento, com a expulsão do indivíduo daquele grupo. Se a infração envolvia um terceiro, não pertencente àquele grupo, ocasionava-se a chamada vingança de sangue, que podia gerar guerras entre os grupos envolvidos. Posteriormente, com as mudanças da sociedade, passou-se a adotar a lei de talião, utilizada, por exemplo, no Código de Hamurábi. Apesar de sua leitura, na atualidade, dar a aparência de regras de punições cruéis e rígidas, a lei de talião apresentou uma evolução, por trazer proporcionalidade entre as infrações cometidas e as sanções impostas. Uma regra decorrente de referida lei seria a célebre determinação de olho por olho e dente por dente. Ademais, surgiu também a autocomposição, com a possibilidade de o agressor evitar a pena pessoal com o oferecimento de um pagamento, o que representa a origem das penas de natureza pecuniária.

Vingança Pública: Com o tempo, houve a formação dos Estados e, com isso, a assunção deles, para si, do poder-dever de punir. Inicialmente, o fundamento da punição estatal era religioso. Com a infração penal, havia uma violação das leis das divindades e, dada a interconexão entre o poder temporal e a religião, o soberano deveria punir os transgressores. Apontam-se como exemplo as normas penais das cidades-estados na Grécia. Com a contribuição dos filósofos, o fundamento da punição passou a ser o de dar uma resposta ao indivíduo pelo mal causado ao corpo social. Passa-se a se falar em defesa social, que justificaria a imposição das penas aos indivíduos que violavam seus deveres com a sociedade. Posteriormente, chega-se ao estágio da pena pública, com a retirada do manejo da pena dos particulares e a sua outorga a juízes, para a sua aplicação imparcial, após apreciação de provas.

4.2. Direito Penal Grego

Na Grécia Antiga, a história do Direito deve distinguir as fases lendária, religiosa e histórica. No período lendário, predominava a vingança privada, que se estendia à família do criminoso. Posteriormente, no período dito religioso, o Estado passa a deter o poder de punir, mas como delegação concedida pelo deus Júpiter, como no mito de Prometeu[37]. O crime implicava a necessidade de purificação e havia uma identificação entre a pátria e o sentimento religioso. No terceiro período, o histórico, surge a ideia de responsabilidade, que passa, durante os séculos, do caráter coletivo ao individual. Apesar de a punição pelos crimes comuns sempre ter se voltado apenas ao infrator, durante determinado período as ofensas de caráter religioso e político não eram restritas ao culpado. Havia, por exemplo, a pena de expulsão coletiva da

36. ARAGÃO, Antonio Moniz Sodré. As tres escolas penaes. Classica, anthropológica e crítica (estudo comparativo). Quarta edição desenvolvida e actualisada. Rio de Janeiro: Editora Freitas Bastos, 1938, p. 20.

37. Prometeu, um titã, teria subtraído o fogo dentro de um gigantesco caule de funcho, devolvendo-o à humanidade. Essa conduta teria enraivecido Zeus, que determinou que Prometeu fosse acorrentado no monte Cáucaso, onde todos os dias um pássaro dilacerava o seu fígado, que se regenerava diariamente.

paz, a *atimia*, que permitia a qualquer um que encontrasse o excluído a matá-lo e a se apoderar dos seus bens.

Vale destacar que, composta por distintas cidades-estado, não havia um direito unificado na Grécia. As legislações mais célebres foram, em Esparta, a de Licurgo; e, em Atenas, a de Drácon[38] e de Sólon. A legislação penal ateniense se baseava na vingança e na intimidação, sem base religiosa, e diferenciava os crimes que lesionassem os direitos de todos, com penas mais cruéis, e os que lesionavam um direito individual, com sanções mais benignas. Não havia um rol exaustivo de delitos, de modo que os juízes poderiam punir fatos não previstos em lei, valendo-se da equidade. Por fim, **não havia uma sistematização do direito na Grécia Antiga**, mas um conjunto de pensamentos filosóficos e interpretações orais, como teria advertido Biagio Brugi. O Direito penal ateniense seria o marco da passagem do Direito oriental ao ocidental, o que não impediu que houvesse um sistema grego de justiça que fosse parcial, como se percebe do histórico julgamento de Sócrates, condenado por atentado contra a religião[39].

4.3. Direito Penal Romano

O Direito Penal Romano, de formação milenar, passou pelas fases de vingança privada, divina e pública, apresentando um ciclo jurídico completo, por ter atravessado a transição do mundo antigo para o moderno[40]. No **Direito Romano primitivo**, predominava o direito consuetudinário (baseado nos costumes) e a punição era exercida pelo *pater familias*, espécie de chefe do clã, que exercia diversos poderes em relação à sua família e escravos[41]. Prevalecia, ainda, o caráter público: o crime era violação das leis públicas, enquanto a pena era a reação pública contra ele. Ainda havia reminiscências do caráter sagrado, como a *expiatio*, a expulsão do réu da comunidade religiosa, mas prevaleceu a natureza pública. Enquanto a vingança de sangue e a composição era aplicável aos delitos privados, havia os crimes punidos com pena pública, como a traição e o *parricídio*, o assassinato do chefe da família. Após a queda da Monarquia, sobrevém, na República, a **Lei das XII Tábuas**, legislação sistematizada e que contava com a proporcionalidade da lei de talião. Apesar de rudimentar, eliminava distinções de classe social, não previa tortura para obtenção de confissão e trazia uma determinação prévia dos crimes privados, que permitiam a vingança privada.

No período do **Direito penal público**, fase das *Quaestiones*, surge uma revolta contra os abusos dos governadores das províncias, que tinham o poder de aplicação das penas públicas, por meio da *inquisitio*. Com essa crise, uma Comissão permanente

38. Daí advém o termo draconiano, referente a um direito cruel e desproporcional. Puniam-se todos os delitos com pena de morte, pois Drácon teria dito que as menores culpas mereciam essa pena e não encontrou outra sanção para as culpas mais graves (ASÚA, Luis Jimenez de. Ob. Cit., 1964, p. 276).

39. ASÚA, Luis Jimenez de. Ob. Cit., 1964, p. 277.

40. PRADO, Luiz Regis. Curso de direito penal brasileiro: parte geral e parte especial. 18. ed. Rio de Janeiro: Forense, 2020, p. 12. BITENCOURT, Cezar Roberto. Parte geral. Coleção Tratado de direito penal volume 1. 26. ed. São Paulo: Saraiva Educação, 2020, p. 90-91.

41. BITENCOURT, Cezar Roberto. Ob. Cit., 2020, p. 92-93.

do Senado institui a primeira ***quaestio perpetua***, com competência para julgar exações indevidas ou solicitações de suborno praticadas por magistrados dos governos das províncias, configuradoras do chamado *crimen repetundarum*. As *quaestiones* chegam a configurar um procedimento penal, que foram abarcando outros crimes de caráter preponderantemente político e, por fim, passaram aos crimes comuns. Surge a divisão das infrações em crimes privados (*ius civile*), que ensejavam uma demanda civil, proposta pelo ofendido, com imposição de multas; e uma nova classe, a dos crimes públicos (*crimina publica, ius publicum*), com leis estabelecendo o tipo delitivo e a *poena legitima*. A acusação dessa nova classe de delitos pertencia a todo o povo e o *dolus* era necessário para a responsabilização.

Na **Época do Império**, com fortalecimento do poder estatal, há um aumento da persecução de ofício e a consequente redução da seara dos delitos privados. É a fase da ***cognitio extra ordinem***, o processo extraordinário. O processo é conduzido por órgãos estatais do começo ao fim, independentemente da espécie de delito. Surge, então, uma categoria intermediária, os *crimina extraordinaria*, derivados de normas do Imperador, decisões do Senado e interpretação jurídica. A denúncia era feita pelo ofendido, mas havia julgamento por autoridade pública e imposição de uma pena adaptada, estabelecida por arbítrio judicial, no lugar da *poena ordinaria*. Era exigido o *dolus malus* e já se puniam a modalidade tentada e a participação. Há um abandono do procedimento das *queastiones* e se abre espaço para a analogia. Retoma-se a pena de morte, abolida ao fim da república. Alguns jurisconsultos romanos já se referem, além da função intimidatória da pena, ao objetivo de correção ou emenda do criminoso[42].

4.4. Direito Penal Germânico

O Direito Penal Germânico, em seu **período primitivo**, também era tipicamente consuetudinário, ou seja, sua base eram os costumes, e não leis escritas. Atravessou as fases de vingança divina e privada, a de sangue. Os costumes e as regras sociais representavam uma ordem de paz, enquanto o crime era visto como uma ruptura de referida ordem. Houve também a diferenciação de crimes públicos e crimes privados. No caso de delitos públicos, a privação da paz (*Friedlosigkeit*) implicava a possibilidade de o delinquente ser morto por qualquer pessoa. Nos delitos privados, havia a *Faida*, um estado de inimizade, *inimicitia mortalis*, que levava à vingança privada, não só como direito, mas como dever de sua família (*Sippe*). De início, a responsabilidade era objetiva, ou seja, o Direito Penal Germânico não se importava com o elemento subjetivo (o dolo ou a culpa). Bastava a causalidade material, de modo que a responsabilização se baseava na causação do resultado: ***o fato julga o homem***[43].

Após a invasão bárbara, há um progressivo crescimento do poder estatal e a concessão da paz passa a ser obrigatória e aplicada pela autoridade pública. A vingança de sangue é substituída pela ideia de autocomposição, considerada um legado do

42. ASÚA, Luis Jimenez de. Ob. Cit., 1964, p. 279-284.
43. BITENCOURT, Cezar Roberto. Ob. Cit., 2020, p. 93-94.

Direito Germânico e que abrangia o resgate de sangue ou preço do homem (*Wergeld* ou *Manngeld*). A pena passa a ter caráter de intimidação, em lugar do objetivo de vingança[44]. Sofreu nítida influência do Direito Romano, inclusive com a posterior exigência de elemento psicológico do delito. Houve a aplicação de "ordálias" ou "juízos de deus" no processo penal, com uso de castigos físicos para se apurar se o acusado as suportava, o que provaria sua inocência. Ademais, utilizaram-se duelos judiciários, em que os litigantes decidiam a causa em um combate, seja empreendido entre eles mesmos, seja por mercenários.

4.5. Direito Penal na Idade Média

A Idade Média se caracterizou por um Direito Penal essencialmente ligado à religião. A Igreja Católica possuiu um grande poder, instituindo, inclusive, o Tribunal da Santa Inquisição. As regras religiosas do período integram o chamado Direito Canônico, formado pelas normas do catolicismo. Exemplo de legado desse período é o *Corpus Iuris Canonici*, que possuía um caráter disciplinar e passou a ser aplicado a infrações cometidas por leigos, caso houvesse conexão religiosa. As infrações penais eram consideradas transgressões contra o Estado e contra a religião, sendo classificadas em ***delicta eclesiastica***, consistentes em ofensa ao direito divino e sancionadas exclusivamente pela Igreja por meio das *poenitantiae*; ***delicta mera secularia***, ofensas ao direito laico, punidas com sanções ordinárias pelo Estado, além de imposição religiosa de *poene medicinales*; e ***delicta mixta***, que se voltavam tanto contra a ordem divina quanto contra o poder laico, podendo ser julgadas por tribunais leigos ou religiosos. No caso da punição de *delicta mixta* por tribunais eclesiásticos, impunham-se penas, chamadas de *poene vindicativae*. Vale mencionar que a aplicação de penas por tribunais religiosos é contestada, havendo a posição de que só se aplicavam as penitências, com fins de obtenção do arrependimento, e não penas com caráter vingativo[45].

O Direito Canônico se opôs à responsabilidade objetiva, presente no Direito Germânico, exigindo-se o ***animus*, o elemento subjetivo**, para a configuração do delito. Vigia o princípio *in maleficiis voluntas spectatur non exitus*, segundo o qual, nos crimes, a intenção é considerada, e não o resultado. Exigia-se, todavia, a exteriorização da conduta, admitindo-se a punição da tentativa em alguns casos. Aponta-se ter havido, nesse período, o surgimento da prisão. Da palavra utilizada para se designar a penitência no âmbito religioso, *poenitentiae*, teria surgido o termo "penitenciária". As ideias de correção e emenda do criminoso, presentes na redenção e caridade católicas, teriam influenciado positivamente o Direito Penal, incutindo, inclusive, uma ideia de individualização da pena. Ademais, essa fase teria contribuído para a evolução do elemento subjetivo do delito. Entretanto, também a medida dessas contribuições é bastante contestada, especialmente com a Inquisição, que empregava tortura para obter a confissão dos acusados[46].

44. ASÚA, Luis Jimenez de. Ob. Cit., 1964, p. 286-288.
45. ASÚA, Luis Jimenez de. Ob. Cit., 1964, p. 289-290.
46. BITENCOURT, Cezar Roberto. Ob. Cit., 2020, p. 94-95. ASÚA, Luis Jimenez de. Ob. Cit., 1964, p. 291-194.

4.6. Direito Penal e o Iluminismo

No século XVIII, com o advento do Iluminismo, tomam corpo as preocupações com a crueldade das sanções penais, com a origem de um movimento por sua humanização. As ideias iluministas colocam a **razão como centro do pensamento humano**, o que faz refletir sobre a infração penal e sua punição. Um expoente desse período é a obra Dos Delitos e Das Penas, escrita por Cesare Bonesana, o Marquês de Beccaria. Ainda que suas ideias não tenham sido originais, pois já defendidas por franceses como Montesquieu e Rousseau e a ele repassadas por Verri[47], é festejado por sua luta, que se transformou em uma **campanha contra a opressão e a barbárie** que imperavam no sistema penal[48]. Defende um **caráter humanitário** do Direito Penal, com a proscrição das penas cruéis, das ordálias e dos testemunhos de natureza sigilosa. Apregoa, ainda, que as penas deveriam estar **previstas em lei**, cabendo aos juízes sua aplicação. Diz que a prevenção de crimes está mais ligada à certeza da punição do que ao seu rigor. Por fim, nega sua natureza divina, defendendo que o seu fundamento reside na utilidade comum, ou seja, no bem-estar social.

Também são expoentes desse período John Howard e Jeremias Bentham. Howard é considerado o precursor do penitenciarismo, o estudo dos estabelecimentos prisionais. Um humanista, mais do que homem da ciência, passou pela experiência de encarceramento, ao ser mantido prisioneiro em um corsário francês e, após libertado, visita diversas prisões europeias, publicando, posteriormente, um livro relatando o seu estado. Nele, defende algumas bases para sua modificação: higiene e alimentação; disciplina distinta a detidos e encarcerados; educação moral e religiosa; trabalho, sistema celular menos penoso[49]. Jeremias Bentham, estudioso do tema arquitetura penitenciária, foi o criador do modelo denominado Panóptico, posteriormente adotado em estabelecimentos penais em alguns países, como ocorreu em Cuba.

4.7. As Escolas do Direito Penal

As chamadas escolas do Direito Penal representam a categorização de determinados autores, que defenderam ideias com algum ponto em comum e em determinado intervalo de tempo. Não se trata de autores que frequentavam, necessariamente, os mesmos ambientes de debate, nem de pensadores com ideias totalmente semelhantes. São fases do pensamento do Direito Penal, em que se reúnem doutrinadores de um mesmo período. As maiores escolas, que representam pontos de vista bem delineados e serviram como ponto de partida para as demais, são a Clássica e a Positiva. Posteriormente, surgiram escolas ecléticas ou mistas, que mesclaram ideias das duas principais, como a *Terza Scuola* italiana e a Escola Moderna Alemã. A fase das Escolas Penais é associada indiretamente, por alguns autores, à concepção clássica de delito, ou seja, ao causalismo. Posteriormente, surgiram novas concepções, como o neokantismo e o finalismo[50].

---

47. ASÚA, Luis Jimenez de. Ob. Cit., 1964, p. 253-254.
48. ARAGÃO, Antonio Moniz Sodré. Ob. Cit., 1938, p. 23.
49. ASÚA, Luis Jimenez de. Ob. Cit., 1964, p. 258-259.
50. É o que se depreende da obra de Bitencourt, que aloca as Escolas como primeira fase epistemológica do Direito Penal, de modo que a segunda é iniciada, por ele, com a concepção neoclássica ou neokantista de crime (BITENCOURT, Cezar Roberto. Ob. Cit., 2020, p. 111-145).

A) Escola Clássica

Não havia um grupo com conteúdo homogêneo que se pudesse classificar como uma verdadeira corrente. A denominação de Escola Clássica, pejorativa, foi dada pelos positivistas, que negavam cientificidade às valorações jurídicas dadas ao delito por seus predecessores. Essa doutrina teria partido das contribuições do **Iluminismo**, especialmente na obra de Beccaria, Dos Delitos e das Penas, com a busca de humanização do Direito Penal. O **individualismo**, inspirador da Escola Clássica, adveio de duas correntes originadas com os ideais iluministas: o jusnaturalismo, de Grócio, e o contratualismo, defendido por Rousseau. Ambas têm em comum a defesa de um direito superior e anterior ao Estado, a limitar o seu poder[51].

Para os pensadores que integrariam essa corrente, o crime é visto como uma entidade jurídica, surgida da violação de um direito. A pena, por sua vez, possui natureza retributiva. Usavam o método apriorístico, metafísico e dedutivo, rejeitando o experimental. Partiam da igualdade fundamental de todos os homens, criminosos ou não. A infração é vista como uma **violação contra o ordenamento jurídico realizada por um indivíduo**, o qual deve sofrer a **retribuição pelo mal causado**. A sanção tutela os bens jurídicos violados com a prática de infrações penais. A pena justa é definida pelo jurista, por uma análise metafísica, considerando os efeitos que o delito poderia causar nos homens honestos. Foi a Escola Clássica que iniciou a compreensão do delito a partir de um conceito analítico, pedra angular na construção da dogmática na teoria do crime.

Há quem a divida em duas fases: a **teórico-filosófica**, com base utilitarista e representada por Giovanni Carmignani, Gaetano Filangieri e Gian Domenico Romagnosi; e a **ético-jurídica**, com predomínio da concepção jusnaturalista e acolhimento de uma ideia de retribuição, defendida por Francesco Carrara, Pelegrino Rossi e Enrico Pessina. Seus maiores expoentes foram Cesare Beccaria, considerado o pioneiro do Direito Penal Liberal, e Carrara, considerado o pai da dogmática penal e autor da obra *Programa del corso di Diritto Criminale*. Ele entende o crime como ente jurídico, causado por duas forças, a física e a moral, fundamenta a responsabilização criminal no **livre-arbítrio** e compreende a pena como tutela jurídica, em resposta à culpa moral[52].

B) Escola Positiva

A Escola Positiva surge no apogeu do positivismo, com desenvolvimento das ciências sociais. Subdivide-se em período antropológico, com Cesare Lombroso; fase sociológica, de Enrico Ferri; e fase jurídica, de Raffaele Garofalo[53]. Há, entretanto, quem insira Ferri na fase antropológica[54]. A conjuntura dessa escola abrange o pensamento positivista na filosofia e o surgimento das teorias evolucionistas.

---

51. BITENCOURT, Cezar Roberto. Ob. Cit., 2020, p. 113-114.
52. BITENCOURT, Cezar Roberto. Ob. Cit., 2020, p. 115-117.
53. BITENCOURT, Cezar Roberto. Ob. Cit., 2020, p. 119.
54. ARAGÃO, Antonio Moniz Sodré. Ob. Cit., 1938, p. 31.

Abandonando uma concepção individualista, **a pena passa a ser vista como reação do organismo social**. Assim, deixa de prevalecer uma ideia retributiva absoluta da pena para ganhar espaço uma fundamentação relativa, ou seja, a concepção de que a pena deve ter finalidade preventiva: deve ser aplicada para atingir determinados fins.

Sobre a concepção da pena, a Escola Positiva, com seu *pensamento criminológico*, defendeu a retroatividade absoluta da lei penal. Opondo-se à ideia de livre-arbítrio, negava a liberdade, que era reduzida à ignorância de uma necessidade biopsicológica ou sociológica, concebia a necessidade da reação criminal diante da periculosidade social do criminoso. Assim, determinava-se a pena pela necessidade de defesa da sociedade, possibilitando a aplicação da lei vigente ao tempo da sentença ou, até mesmo, da execução da sanção penal[55].

Há uma valorização dos **interesses sociais**, de modo que a responsabilidade advém da vida social, em uma perspectiva determinista. Essa escola é conhecida como precursora da criminologia, por seus estudos baseados no método empírico fundamentado na experimentação. Os seus integrantes defenderam que a pena seria uma forma de defesa social e que a responsabilidade penal tem natureza social, por ser o crime um fenômeno também social, além de natural.

Fase antropológica: A obra de Lombroso, *L'Uomo Delinquente*, traz a ideia do criminoso nato, atávico, que possui características físicas específicas. Funda a Escola Positivista Biológica e, a partir dela, a Antropologia Criminal. O autor fez uma sistematização das características que seriam comuns aos delinquentes, após estudo experimental realizado em unidades prisionais. Valoriza critérios craneológicos e antropométricos mais do que outros fatores, como os psicológicos, e na primeira edição da obra reúne os criminosos em um só tipo, diferenciando-os, na segunda edição, entre os que praticavam delitos por paixão e os loucos dos verdadeiros delinquentes. Por fim, classifica-os em delinquentes natos, por paixão, loucos, de ocasião e epiléticos[56]. A escola antropológica se baseia no método positivo, por meio da observação dos fatos e tendo como objetivo de estudo o delinquente real. O delito é estudado como fenômeno natural, abrangendo os seus efeitos[57].

Fase sociológica: Ferri, por sua vez, destaca, ao lado das características inatas, a influência social sobre o criminoso. Simplificadamente, o delinquente é alguém doente, que necessita de cura, ou seja, de tratamento. Apenas a minoria seria incorrigível. Daí que se defende uma ideia de pena com perspectiva de prevenção especial. A pena justa é definida pelo psiquiatra, psicólogo ou assistente social, ou seja, pelo cientista natural. Ela depende, em sua mensuração, da capacidade do indivíduo de retornar ao convívio social, o que demonstra a construção da ideia de periculosidade. Prioriza a defesa social como fim da pena, em detrimento da recuperação, apesar de a entender cabível para a maioria dos criminosos. Teria contribuído, ainda, para o tratamento tutelar ou assistente dos menores infratores. Atribui-se a ele, por fim, a definitiva criação da Sociologia Criminal[58].

55. CARVALHO, Américo A. Taipa de. Sucessão de Leis Penais. Coimbra: Coimbra Editora, 2008, p. 129.
56. BITENCOURT, Cezar Roberto. Ob. Cit., 2020, p. 120.
57. ARAGÃO, Antonio Moniz Sodré. Ob. Cit., 1938, p. 27-32.
58. BITENCOURT, Cezar Roberto. Ob. Cit., 2020, p. 122-123.

Fase jurídica: Garofalo parte de uma concepção sociológica do delito. Busca traçar uma definição de delito natural, ainda que as condutas incriminadas não sejam as mesmas em todos os povos diferentes e através dos tempos. Essa conceituação, portanto, deve levar em consideração a evolução do sentido moral, como guia para definição do delito natural[59]. Para ele, o delito significa a falta, total ou parcial, de adaptação à vida social, o que revela uma anomalia moral, curável ou incurável. O delito natural seria incompatível com o sentido moral do indivíduo, de modo que o culpado de um crime não pode ser absolutamente normal e, por isso, sempre haverá a possibilidade de reincidir. O vínculo social comum seria uma presunção de que os membros da sociedade possuem uma medida mínima de certos sentimentos, cuja violação consiste no ato delitivo. Entretanto, entende que nem sempre a eliminação do delinquente é necessária, pois a repreensão pode também tomar a forma de uma simples coerção a reparar a ofensa[60]. A periculosidade seria o fundamento da responsabilidade penal, de modo que o fim da pena seria a prevenção especial. Era cético quanto à readequação do criminoso[61].

C) Escola Crítica

A Escola Crítica também é chamada de Terceira Escola ou Escola Eclética. Teve como uma das suas correntes a chamada *Terza Scuola* Italiana. Quanto ao conceito de crime, os seus pensadores não possuem uma definição única, adotando a da escola clássica ou a antropológica, por ser uma junção da Escola Clássica e da Escola Positiva. Cuida-se de corrente eclética, sem um posicionamento bem definido que caracterize os seus pensadores. É acolhida a definição segundo o qual crime é a ação culposa, ilegal e punível. Entende que a **responsabilidade moral possui diferentes graus** e, por isso, também há gradação na responsabilidade penal.

Como ideias advindas da Escola Positivista, há a **negação do livre-arbítrio**, considerando o crime um **produto do meio** externo[62]; a pena como *defesa social* e finalidade de preservar a sociedade, sem deixar de ter caráter aflitivo; e a concepção do **crime como fato individual e social**. Da influência da Escola Clássica, há a **responsabilidade moral**, com o estudo da imputabilidade, da causalidade do crime e a reforma social do Estado como meio de se combater a criminalidade. A criminalidade é considerada uma anormalidade social, ao mesmo tempo em que é um fenômeno individual. São expoentes Emmanuele Carnevale, Adolf Merkel, Gabriel Tarde, Bernardino Alimena, Giuseppe Impallomeni e Alexandre Lacassagne.

D) Escola Moderna Alemã

Também denominada **Escola da Política Criminal**, entende o crime como ente jurídico e fenômeno social. A pena é um instrumento da segurança e da ordem

---

59. GAROFALO, Raffaele. La criminologia. Estudio sobre el delito y la teoria de la represión. Traducción por Pedro Dorado Montero. Buenos Aires: Editorial B de F, 2014, p. 4-12.
60. GAROFALO, Ob. Cit., 2014, p. 216-217.
61. BITENCOURT, Cezar Roberto. Ob. Cit., 2020, p. 121-122.
62. ARAGÃO, Antonio Moniz Sodré. Ob. Cit., 1938, p. 1109-110.

social, com finalidade preventiva. A sua função, no caso dos delinquentes normais, é de intimidar, enquanto, para os perigosos, anormais e contumazes, assegurar a ordem. Possui, assim, um caráter defensivo, conforme a personalidade do agente. O criminoso é um ser livre, mas que recebe influência do meio. Há **diferenciação entre os imputáveis**, a serem punidos por meio das penas, e os **inimputáveis**, aos quais se reservariam as medidas de segurança, o que contribuiu com ideias sobre o tratamento do menor de idade que praticasse um fato típico. Há, ainda, o desenvolvimento de penas alternativas para substituição das penas privativas de liberdade de curta duração. Apregoa o uso do **método lógico-abstrato** para o Direito Penal, enquanto o indutivo-experimental deveria ser reservado para a Sociologia, Criminologia e Antropologia.

Essa escola foi composta por Gerard van Hammel e Adolphe Prins[63]. Seu maior expoente, entretanto, é Franz von Liszt, que escreveu um importante tratado, iniciou a moderna teoria do delito e defendeu um positivismo com base naturalística, ou seja, com base em um método descritivo. Defendia a prevenção especial e que o Direito Penal deveria se orientar a uma finalidade, ou seja, apresentando um fim útil. Defendia que a pena justa seria a necessária para aquele determinado caso[64]. São deles as emblemáticas afirmações de que o Código Penal seria a Carta Magna do delinquente, bem como de que o Direito Penal seria a barreira intransponível da política criminal[65].

Essa afirmativa célebre de Franz von Liszt trazia uma ideia de que os direitos individuais do cidadão eram garantidos pelo Direito Penal. Esse era o limite para as necessidades sociais que a Política Criminal buscava satisfazer pelas espécies e intensidade das penas. Isto significa que, ainda que houvesse a finalidade preventiva geral (voltada à sociedade) e, principalmente, especial (voltada ao delinquente), o Direito Penal trazia a garantia política de impedir a arbitrariedade do poder de punir. Seu pensamento reforçava, assim, a irretroatividade desfavorável da lei penal, como garantia política já sedimentada. Por outro lado, defendia a retroatividade da lei mais favorável, com base primariamente na prevenção especial, sem se esquecer da prevenção geral. Por isso, pode-se atribuir a esse jurista a fundamentação político-criminal da pena e a defesa fundamentada da retroatividade da lei penal mais benéfica[66].

E) Escola Penal Humanista

Como indica o próprio nome da Escola Penal Humanista, busca-se uma visão mais humanizada do Direito Penal, baseada na **educação do delinquente**, sendo essa a função da pena. O crime é considerado um fato imoral, antes mesmo de ser um ilícito. Haveria a chamada delinquência artificial, aquela que não viola a moral, só a lei. **Só se deve criminalizar o que é imoral**, o que demonstra uma busca de se

63. BITENCOURT, Cezar Roberto. Ob. Cit., 2020, p. 124. Vale consignar que Prado considera Prins um sistematizador do Movimento de Defesa Social (PRADO, Luiz Regis. Ob. Cit., 2020, p. 25).
64. BITENCOURT, Cezar Roberto. Ob. Cit., 2020, p. 125-126.
65. PRADO, Luiz Regis. Ob. Cit., 2020, p. 23.
66. CARVALHO, Américo A. Taipa de. Sucessão de Leis Penais. Coimbra: Coimbra Editora, 2008, p. 131.

fazer coincidir a esfera da moral interna com a da responsabilização penal. Entende-se que a legítima defesa e o estado de necessidade são expressões rudimentares de vingança, defendendo que sempre deve haver pena para quem mata. Assim, esses institutos não deveriam figurar como causas de não responsabilização penal. O homem é tido como o criador do pensamento moral, do fato e das ideias. Ele é guiado pelos sentimentos, e não por ideias. O principal nome dessa escola é Vincenzo Lanza, sendo também adeptos Giuseppe Montalbano e Giuseppino Ferruccio Falchi[67].

F) Escola Técnico-Jurídica

A Escola Técnico-Jurídica, cuja origem remonta a uma palestra proferida por Arturo Rocco em 1905, busca a **valorização da lei**, em sua literalidade, com deferência ao direito positivo. O direito deve possuir uma investigação crítica, com interpretação exegética, dogmática e sistemática da lei penal. Adota-se o **método técnico-jurídico**, afastando-se a filosofia do âmbito penal. Assim, o Direito Penal possui uma **lógica deôntica, do dever ser**, enquanto as demais ciências causal-explicativas possuiriam caráter ôntico, do *ser*[68]. Retoma as ideias de responsabilidade moral e livre-arbítrio, adotadas na Escola Clássica.

O crime é considerado uma relação jurídica individual e social. Compreende-se que a pena possui função preventiva geral e especial, além de se defender a aplicação de medida de segurança aos inimputáveis, com bases de utilidade social e prevenção. O fundamento do Direito Penal está ligado à sua finalidade de **defesa social**, mas em uma vertente conectada à **tutela jurídica**[69]. Essa escola reage à valorização de uma compreensão antropológica e sociológica do crime, buscando redefinir o objeto do Direito Penal. Apesar do reconhecimento da importância das ciências causal-explicativas do delito, entende que o Direito Penal é ciência normativa, com método próprio[70]. Seus principais pensadores são Arturo Rocco, Karl Binding e Vincenzo Manzini.

G) Escola Correcionalista

A Escola Correcionalista teria surgido em 1839, com a publicação da obra "Comentatio an poena malum esse debeat", de Karl David August Röder. Possui bases éticas vinculadas ao cristianismo e ao direito natural. **O crime é considerado um ente jurídico**, ou seja, possui criação no Direito Penal. A **pena deve ser um remédio social**, servindo para a correção da vontade do criminoso, que não deve ser visto como ser prejudicial e perigoso, mas como um indivíduo que necessita de auxílio. Por isso, poderia ser aplicada por tempo indeterminado. O delinquente é um ser considerado anormal, cuja vontade, por sua reprovação, precisa ser retificada. Busca-se a sua **ressocialização**. A responsabilização penal, assim, é compreendida

67. ASÚA, Luis Jimenez de. Tratado de derecho penal. Tomo II. Filosofía y ley penal. 4. Edición, actualizada. Buenos Aires: Editorial Losada, 1964, p. 99-100.
68. PRADO, Luiz Regis. Ob. Cit., 2020, p. 24.
69. ASÚA, Luis Jimenez de. Ob. Cit. Tomo II, 1964, p. 125-127.
70. BITENCOURT, Cezar Roberto. Ob. Cit., 2020, p. 126-127.

como difusa, coletiva e solidária. Possui uma base cristã, com vínculo moral e jusnaturalista[71]. Segundo Taipa de Carvalho, "antes da Escola Positiva, já o *pensamento correcionalista* recusava a concepção ético-retributiva da Escola Clássica, imputando à pena um fim de prevenção especial e, nesta linha, defendendo a retroactividade da lei favorável"[72]. Além de Röder, Pedro Dorado Monteiro e Concepción Arenal são renomados correcionalistas.

H) Movimento de Defesa Social

O Movimento de Defesa Social ou Escola da Nova Defesa Social surge como **resposta ao totalitarismo do nazismo e do fascismo**. A lei não é considerada a única fonte do Direito, assim como se entende que a persecução penal pelo Estado deve ter como bases todos os ramos do conhecimento humano. O crime é algo que desestabiliza o tecido social, sendo que a pena tem a **função de defesa social**, ou seja, defesa da sociedade, dos seus indivíduos, do mal que o crime representa. Para Filippo Gramatica, o delito é um ato humano, de modo que a **culpabilidade é a intencionalidade voluntária e consciente** de violar a lei. Não haveria a diferença entre dolo e culpa, nem possibilidade de se responsabilizar a pessoa jurídica. A tentativa deve ser apenada como crime consumado, com base na intencionalidade, e se defende a punição do crime impossível. Adaptando fórmulas positivistas, forja o conceito de antissociabilidade.

Marc Ancel, por sua vez, propõe uma Nova Defesa Social, como diz o nome de sua obra, cujo subtítulo indicava se tratar de um movimento de **política criminal humanista**. Defende a conservação de um verdadeiro Direito Penal, que não fosse anacrônico. As Ciências Criminais seriam compostas de três ramos essenciais, a Criminologia, com estudo de todos os aspectos do fenômeno da criminalidade; o Direito Penal, que interpreta e aplica o direito positivo; e a Política Criminal, que seria ciência e arte, com objetivo de obter a melhor formulação das regras legislativas, assim como sua melhor aplicação judicial e execução administrativa. O Direito Penal não busca sancionar ou castigar, mas **proteger a sociedade**. A Defesa Social visa a neutralizar o delinquente, inclusive com medidas extrapenais. Assim, a prevenção individual prevalece sobre a geral, adotando-se a ideia de **ressocialização**, com o retorno do delinquente ao meio social. A humanização do Direito Penal passa pelo conhecimento científico sobre a conduta delitiva e a personalidade do criminoso[73].

4.8. Histórico do Direito Penal Brasileiro

A) Período do Brasil Colônia

As populações tradicionais do Brasil, de antes da chegada dos portugueses, adotavam a vingança privada, sendo que há estudiosos que apontam a utilização de regras compatíveis com a lei de talião. Havia a utilização de punições corporais, por meio de regras costumeiras. Com a vinda dos portugueses, passou a vigorar o direito

71. PRADO, Luiz Regis. Ob. Cit., 2020, p. 25. BITENCOURT, Cezar Roberto. Ob. Cit., 2020, p. 127-128.
72. CARVALHO, Américo A. Taipa de. Sucessão de Leis Penais. Coimbra: Coimbra Editora, 2008, p. 128.
73. ASÚA, Luis Jimenez de. Ob. Cit. Tomo II, 1964, p. 109-122.

de Portugal, que na época consistia nas Ordenações Afonsinas[74]. A partir de 1521, passaram a vigorar as chamadas Ordenações Manuelinas, até a superveniência da Compilação de Duarte Nunes de Leão, de 1569. Por fim, vigoraram as Ordenações Filipinas, de 1603 até a edição de um Código Penal pelo Brasil, o que ocorreu em 1830.

Entretanto, aponta-se que não havia a eficácia plena da legislação lusitana, porque os casos no Brasil eram tratados sem muito critério e sistematização. Na prática, os colonos aplicavam suas próprias regras nas suas propriedades, dada a extensão territorial da colônia e a distância do poder central, possibilitando a imposição de severas punições.

B) Período do Brasil Império

Com a independência do Brasil, foi outorgada a Constituição de 1824, a qual determinou a elaboração de um código criminal, tendo sido sancionado, em 1830, o Código Criminal cujo projeto fora apresentado por Bernardo Pereira de Vasconcellos. Houve a consagração do sistema de dias-multa, que muitos doutrinadores apontam ser um pioneirismo brasileiro. O Código Criminal teve inspiração nas ideias de Jeremy Bentham, Cesare de Beccaria e Paschoal José de Mello Freire.

C) Período do Brasil Republicano

Com a Proclamação da República, houve a atribuição do encargo de elaboração de novo código penal ao Conselheiro João Batista Pereira. Foi promulgado como Decreto n. 847, de 11 de outubro de 1890, o primeiro Código Penal da República. Recebeu a crítica de ter sido elaborado às pressas, tendo pouca apuração técnica, além de atraso em relação ao desenvolvimento da Ciência Penal. Por isso, esse estatuto sofreu diversas modificações, que o foram desnaturando. Posteriormente, a partir de um projeto de Vicente Piragibe, as leis penais extravagantes foram reunidas na Consolidação das Leis Penais, promulgada em 1932.

Durante o Estado Novo, na Era Vargas, foi sancionado, em 1940, o atual Código Penal, que passou a viger a partir de 1942 e foi elaborado por José de Alcântara Machado. A maior alteração pela qual passou foi certamente a **Reforma de 1984**, levada a efeito por meio da Lei n. 7.209, que modificou a Parte Geral, tornando-a compatível com o **finalismo**. Além disso, referida lei trouxe uma humanização das sanções penais e a consagração das penas alternativas à prisão.

Houve, ainda, a aprovação do Projeto Nélson Hungria, de 1963, que teve sua vigência postergada a 1969 até ser revogado em 1978, pela Lei n. 6.578, nunca tendo tido eficácia. Atualmente, existe a discussão sobre um novo Código Penal, cujo projeto foi elaborado por uma comissão de juristas, sob a liderança do Ministro Gilson Dipp, do Superior Tribunal de Justiça.

Por fim, cumpre destacar que o Código Penal sofreu várias outras reformas, como a da Lei n. 12.015/2009, que tratou dos antigos crimes contra os costumes,

74. Apesar de terem vigorado no Brasil, a doutrina aponta não haver registros de sua efetiva aplicação, diferentemente das Ordenações Manuelinas e Filipinas (PIERANGELI, José Henrique. Manual de Direito Penal Brasileiro: parte especial (arts. 121 a 234). São Paulo: Editora Revista dos Tribunais, 2005, p. 721).

atualmente denominados de crimes contra a dignidade sexual, a da Lei n. 13.654/2018, que reformulou os dispositivos sobre os crimes patrimoniais, bem como a da Lei n. 13.964/2019, denominada de Pacote Anticrime.

Ademais, há um conjunto de leis penais extravagantes, algumas delas muito importantes e inovadoras, como a Lei n. 11.343, de 23 de agosto de 2006, que instituiu o Sistema Nacional de Políticas Públicas sobre Drogas – Sisnad, além de prescrever medidas para prevenção do uso indevido, atenção e reinserção social de usuários e dependentes de drogas e estabelecer normas para repressão à produção não autorizada e ao tráfico ilícito de drogas, dentre outros dispositivos.

5. FONTES

As fontes do Direito seriam um termo originado do sentido extraído da expressão *fontes de água*. Assim como as fontes designam as origens de cursos d'água, no Direito se referem à origem das normas, sua gênese. Revelam tanto a forma pela qual as normas são elaboradas, quanto as modalidades de sua "roupagem", sua estrutura formal.

5.1. Conceito

Fontes do Direito, portanto, designam tanto os **modos de elaboração** quanto os **de revelação da norma jurídica**. A palavra fonte remete à ideia de origem, de gênese, de nascedouro, de surgimento. Daí podemos extrair o conceito de fonte utilizado no Direito:

> Fonte é o órgão de onde provém o Direito e a origem das normas jurídicas.

Sobre a origem do Direito Penal, aí compreendido o surgimento das normas penais, podemos pensar em Código Penal, Constituição Federal, Lei das Contravenções Penais, dentre outros diplomas. Da mesma forma, podemos apontar o Congresso Nacional, ou, de forma mais ampla, a União, que elabora as leis penais e altera ou revoga as existentes, como fonte do Direito. Entretanto, as fontes de Direito Penal abrangem mais do que isso, vejamos:

5.2. Classificação

As fontes podem ser classificadas em diversas formas, o que facilita a compreensão e o estudo da matéria. São possíveis as seguintes classificações, elaboradas pela doutrina:

A) **Fontes materiais** e **fontes formais**

As fontes **materiais, substanciais ou de produção** representam todos os **fatores que causam a elaboração de uma nova norma penal**. Assim, podem ser enumerados os motivos sociológicos, políticos, os movimentos sociais, etc. Tudo o que impulsiona o processo legiferante, ou seja, que ocasiona a criação de novas normas penais é sua fonte material. Os próprios doutrinadores, por exemplo, podem opinar sobre as alterações legislativas necessárias, sendo sua obra também fonte material do Direito. Ademais, a população, por meio da iniciativa popular, pode impulsionar o processo legislativo de forma direta.

A doutrina majoritária, entretanto, tem uma concepção restritiva e aponta que a fonte material é o Estado, compreendido como a República Federativa do Brasil, que pode elaborar as leis penais. Mais especificamente, compete à **União**, de forma privativa, legislar sobre Direito Penal, nos termos do artigo 22, I, da Constituição da República. Entretanto, **lei complementar federal** pode **autorizar os Estados-Membros** a legislarem sobre **questões específicas de Direito Penal**, consoante prevê o artigo 22, parágrafo único, também da Constituição. A doutrina aponta que essa possibilidade de autorização também abrange o Distrito Federal, que possui as atribuições dos Estados e dos Municípios. Essa autorização, possível em tese, não foi concedida desde a promulgação da Constituição de 1988.

As **fontes formais, de conhecimento ou de cognição**, a seu turno, constituem **o produto das fontes materiais**, ou seja, aquilo que é produzido a partir dos movimentos sociais e políticos de elaboração do Direito. De forma simples, as fontes formais são as próprias normas jurídicas. Dizem respeito **à "roupagem" que as regras e princípios de Direito Penal** apresentam, ou seja, a sua forma.

B) Fontes diretas e **fontes indiretas**

A fonte **direta e imediata** do Direito Penal é a **lei**. Lei, neste ponto, é vista de forma restritiva, de lei em sentido formal. Devido ao princípio da legalidade, a ser analisado oportunamente, as infrações penais e suas sanções devem estar previstas em lei (reserva legal). É o que determina o artigo 1º do CP:

> *Art. 1º – Não há crime sem lei anterior que o defina. Não há pena sem prévia cominação legal.*

O artigo 4º da Lei de Introdução às Normas do Direito Brasileiro (LINDB) elenca outras fontes, denominadas pela doutrina como **indiretas**, **mediatas ou subsidiárias**. São elas os costumes e os princípios gerais de direito.

O **costume** possui dois elementos, um objetivo e um subjetivo. O objetivo é a reiteração da conduta, a habitualidade. O seu elemento subjetivo é a convicção de sua obrigatoriedade. Reconhece-se sua influência na interpretação e na aplicação da norma penal, considerando que há elementos que vão sendo lidos conforme a conjuntura sociocultural. Por exemplo, o crime de ato obsceno abrange o conceito do que é "obsceno", o que varia conforme a época da sociedade. O que era obsceno na década de 1940 pode não ser atualmente.

Há discussão sobre a possibilidade de o costume revogar uma lei penal, o que ocorreria, por exemplo, com a contravenção de jogo do bicho. Questiona-se se, com a aceitação social dessa conduta e a consequente tolerância das autoridades, o ato não teria passado a ser atípico, ou seja, um indiferente penal. Entretanto, como aponta a Lei de Introdução às Normas do Direito Brasileiro (LINDB), a lei terá vigência até que outra a modifique ou revogue, razão pela qual não se pode considerar que um costume revogou a lei.

Classifica-se o costume em *contra legem*, aquele que contraria a lei; *secundum legem*, aquele que não contraria o sentido da lei e é aplicado por determinação dela; e, por fim, o *praeter legem*, aquele que complementa o sentido da lei, sem a contrariar.

Os princípios gerais do direito consubstanciam normas com maior grau de abstração, que exprimem valores e são extraídos do ordenamento jurídico. São valores norteadores do sistema jurídico, que são compreendidos por meio das normas penais, direcionando o intérprete na aplicação da lei penal. Para os positivistas, serviriam para atuar apenas na lacuna da legislação, permitindo a decisão dos casos. Com o reconhecimento de que os princípios são espécies do gênero "norma", não haveria sentido em se referir a princípios gerais como fontes autônomas, já que são extraídos do próprio direito vigente, isto é, da Constituição e das leis penais. Assim, os pós-positivistas entendem que os princípios e as regras compõem o conjunto de normas, de modo que são extraídos diretamente das leis, não servindo apenas para complementar. Eles possuem eficácia jurídica própria e direta.

A **doutrina** e a **jurisprudência** são consideradas, em uma visão tradicional e mais adequada, como formas de se interpretar a norma penal. Assim, não seriam fontes propriamente ditas do Direito[75]. Nesse sentido, Cezar Bitencourt destaca que, apesar de sua extraordinária importância na interpretação do direito, a jurisprudência não pode ser considerada fonte formal do direito, pois o juiz aplica o direito ao caso concreto, e não o cria; caso contrário, na linha crítica de Jiménez de Asúa, o funcionário das prisões também criaria o direito[76]. Parece ser a posição de Nélson Hungria, para quem a "fonte única do direito penal é a norma legal"[77].

Entretanto, **a visão mais moderna inclui a doutrina e a jurisprudência como fontes do Direito**, de modo a considerar, inclusive, que a jurisprudência cria ou recria o direito[78]. Para essa posição, a fonte formal e imediata é a lei em sentido formal. Por outro lado, a Constituição, a jurisprudência, a doutrina, os tratados, as convenções internacionais sobre direitos humanos, os costumes, os princípios gerais do direito e os atos administrativos seriam fontes formais mediatas. É a concepção que tem prevalecido atualmente.

---

75. NORONHA, Edgard Magalhães. Direito Penal, vol. 1. 12. ed. São Paulo: Saraiva, 1972, p. 50-52. JESUS, Damásio de. Direito Penal, volume 1: parte geral. 32. ed. São Paulo: Saraiva, 2011, p. 72-73. CAPEZ, Fernando. Curso de Direito Penal, volume 1: parte geral. 17. ed. São Paulo: Saraiva, 201, p. 52. MIRABETE, Julio Fabbrini; FABBRINI, Renato N. Manual de Direito Penal. 32. ed. São Paulo: Atlas, 2016, p. 28-38. Rogério Sanches Cunha diz ser a posição consolidada pela doutrina tradicional (Manual de direito penal: parte geral. 8. ed. Salvador: Editora Juspodivm, 2020, p. 61-62).

76. BITENCOURT, Cezar Roberto. Parte geral. Coleção Tratado de direito penal volume 1. 26. ed. São Paulo: Saraiva Educação, 2020, p. 200-202. ASÚA, Luis Jimenez de. Tratado de derecho penal. Tomo II. Filosofía y ley penal. 4. Edición, actualizada. Buenos Aires: Editorial Losada, 1964, p. 412-416, 441.

77. HUNGRIA, Nélson. Comentários ao Código Penal, vol. 1, Tomo 1º. Arts. 1º ao 10. Rio de Janeiro: Forense, 1955, p. 11.

78. PRADO, Luiz Regis. Curso de direito penal brasileiro: parte geral e parte especial. 18. Ed. Rio de Janeiro: Forense, 2020, p. 57-59. CUNHA, Rogério Sanches. Manual de direito penal: parte geral. 8. ed. Salvador: Editora Juspodivm, 2020, p. 64. ALVES, Jamil Chaim. Manual de Direito Penal: Parte Geral e Parte Especial. 2. ed. rev., atual. e ampl. Salvador: Editora Juspodivm, 2021, p. 147-149. No mesmo sentido, apesar de recomendar cautela quanto à visão de a doutrina ser considerada fonte: MASSON, Cleber. Direito penal: parte geral (arts. 1º a 120) – vol. 1. 13. ed. São Paulo: Método, 2019, p. 14-16.

Há, ainda, a posição de que a fonte material possui uma configuração estática, referente ao exercício da atividade legislativa, e outra dinâmica, que se relaciona ao exercício da atividade judicial[79].

A **analogia**, mencionada pelo artigo 4º da Lei de Introdução às Normas do Direito Brasileiro (LINDB), não é considerada fonte do direito, mas sim **técnica de integração das normas penais**. A analogia é uma forma de se suprir as lacunas da lei, determinando a aplicação de regras previstas para um caso semelhante. Quando uma situação não está regulada pela legislação, a técnica da analogia implica a utilização de regramento legal de um caso similar para suprir a lacuna existente[80].

No caso do Direito Penal, **só se admite a analogia *in bonam partem***, isto é, para beneficiar o acusado. Isso porque a legalidade exige, como princípio deste ramo do Direito, que haja previsão anterior, em lei em sentido formal, de todos os elementos que caracterizam a infração penal. Só pode ser punido o agente que pratica conduta que, à época de sua prática, já era considerada crime ou contravenção penal, em lei vigente e válida. Não se pode dar uma compreensão elástica à lei penal, diante de uma lacuna, para abarcar situações não abrangidas de forma clara pela norma punitiva, ou seja, aquela norma que prevê qual conduta configura o crime. Não se pode ampliar, assim, o sentido de norma penal incriminadora para além do que ela prevê, razão pela qual é vedada a analogia *in malam partem*.

A **equidade**, por sua vez, é um vetor interpretativo, por se referir ao valor ético-social, de se decidir com Justiça. Não se trata propriamente de fonte do Direito, mas sim de recurso que o juiz deve utilizar quando da interpretação da lei penal. Entretanto, costuma ser elencada como fonte de direito.

C) Fontes primárias e fontes secundárias

As **fontes primárias** são as normas legais, em sentido amplo. Compreendem-se aqui tanto as normas provenientes do Poder Constituinte, quanto as elaboradas pelo Poder Legislativo. Elaborada e reformada pelo Poder Constituinte, a Constituição da República é considerada a fonte da validade de todas as demais de nosso ordenamento jurídico. Por isso, é a principal fonte primária, dada sua posição de prevalência no Direito. As leis ordinárias, complementares e delegadas[81] constituem também o conjunto das fontes primárias. Cabe à lei em sentido formal a previsão dos crimes e contravenções penais, bem como as respectivas sanções. São, assim, fontes primárias do Direito Penal, retirando seu fundamento de validade da própria Constituição. Estão sujeitas, por conseguinte, ao controle de constitucionalidade.

Já as **fontes secundárias** constituem fontes destinadas a regulamentar as primárias, esclarecendo-as, pormenorizando-as ou possibilitando sua aplicação. Seu fundamento de validade reside nas próprias normas primárias a que visam regulamentar. Um exemplo é a aprovação da lei que trata das armas e munições, seu

79. EISELE, Andreas. Direito penal: teoria do delito. Salvador: Editora Juspodivm, 2018, p. 51-52.
80. BOBBIO, Norberto. Teoria do ordenamento jurídico. Tradução de Ari Marcelo Solo; prefácio de Celso Lafer, apresentação de Tércio Sampaio Ferraz Júnior. 2. ed. São Paulo: EDIPRO, 2014, p. 145.
81. Adiante, dir-se-á que não se aceita lei delegada para incriminar condutas. Pode-se defender, todavia, o seu uso para Direito Penal não incriminador, do mesmo modo como de defende em relação às medidas provisórias.

porte e posse. Dada a necessidade de implementar seus institutos, o Poder Executivo pode baixar um decreto, regulamentando as determinações da lei e possibilitando seu cumprimento. Esse Decreto constitui fonte secundária do Direito Penal. Vide, por exemplo, a Lei n. 10.286/2003 e o Decreto n. 9.847/2019.

Por óbvio, não se pode pensar em previsão de crime em uma fonte secundária. Entretanto, não se ignora a possibilidade de um decreto possuir efeitos no direito penal, como, por exemplo, ao prever um prazo para regularização das armas de fogo na posse de particulares no território nacional. Há reflexos no crime de posse de arma de fogo, o que é possível, desde que não se trate de uma norma incriminadora prevista no plano infralegal.

Há, ainda, a posição de que a fonte primária seria a lei, enquanto a analogia, os costumes, os princípios gerais de direito, a jurisprudência e a doutrina seriam fontes formais secundárias. As últimas atuariam de forma acessória, possibilitando a interpretação da lei, a fonte primária do Direito Penal. Dada a sua natureza secundária, aquelas fontes não possuem eficácia autônoma, não podendo revogar ou impedir a eficácia de uma lei[82].

Aspectos mais relevantes sobre as fontes do Direito Penal, na concepção que prevalece:

- Fonte formal: lei.
- Fonte material: União.
- Fonte imediata: lei, em sentido formal.
- Fontes mediatas: Constituição, jurisprudência, tratados, convenções internacionais, costumes, princípios gerais do direito e atos administrativos.
- Não são fontes: analogia e equidade.
- Não são admitidas como fontes de incriminação: medida provisória e lei delegada.

5.3. Competência legislativa em matéria penal

A competência para legislar em matéria penal está prevista no artigo 22 da Constituição da República, que determina **competir à União legislar privativamente sobre Direito Penal**:

> *Art. 22. Compete* ***privativamente*** *à* ***União*** *legislar sobre:*
>
> *I – direito civil, comercial,* ***penal****, processual, eleitoral, agrário, marítimo, aeronáutico, espacial e do trabalho; (...)*

A competência privativa em matéria penal pertence à União.

Entretanto, cumpre ressaltar que o parágrafo único do artigo 22 da CF prevê a possibilidade de a União, por meio de lei complementar, autorizar os Estados a

82. EISELE, Andreas. Direito penal: teoria do delito. Salvador: Editora Juspodivm, 2018, p. 52.

legislarem sobre questões específicas previstas nos incisos do art. 22. Assim prevê o artigo 22, parágrafo único, da Constituição:

> *Parágrafo único. Lei complementar poderá autorizar os Estados a legislar sobre questões específicas das matérias relacionadas neste artigo.*

A doutrina aponta, assim, ser possível que a União delegue competência penal, sobre questões específicas, aos Estados. Assim, caso a União, por meio de lei complementar, delegue tal competência a um Estado-Membro, **é possível haver lei estadual como fonte de Direito Penal**. O mesmo raciocínio se aplica ao Distrito Federal, que reúne as competências dos Estados-Membros e dos Municípios.

Cabe lembrar que a doutrina aponta serem necessários, para a delegação, o **requisito formal**, consistente na edição de lei complementar, o **requisito material**, pois tal lei deve se referir a uma das matérias permitidas pela Constituição, e, por fim, o **requisito implícito**, consistente na vedação de tratamento desigual aos Estados na delegação legislativa, sob pena de se ferir o pacto federativo.

5.4. Lei delegada penal

Uma das espécies de lei, a lei delegada representa uma delegação para que o Chefe do Poder Executivo elabore o texto normativo. Cuida-se de se transferir, para determinada questão, a competência legislativa, que passa do Poder Legislativo para o Poder Executivo.

Devido à excepcionalidade desta forma de elaboração legislativa, há determinadas vedações a respeito da matéria que pode ser tratada por essa modalidade legislativa. Dentre tais limitações, é importante a leitura do art. 68, §1º, II, da CF:

> *Art. 68, § 1º* **Não serão objeto de delegação os atos de competência exclusiva do Congresso Nacional**, *os de competência privativa da Câmara dos Deputados ou do Senado Federal, a matéria reservada à lei complementar, nem a legislação sobre:*
>
> *(...)*
>
> *II – nacionalidade, cidadania,* **direitos individuais**, *políticos e eleitorais; (...)*

O inciso II do § 1º do artigo 68 veda a edição de lei delegada sobre direitos individuais, o que, por via indireta, também impede que se elabore lei delegada em matéria penal. Isso porque o Direito Penal afeta os direitos individuais dos indivíduos, o que faz incidir a vedação de legislação sobre direitos individuais, impedindo a delegação.

> É vedada a edição de Lei Delegada em Matéria Penal, por afetar Direitos Individuais.

É possível, entretanto, a edição de lei delegada em relação ao Direito Penal não incriminador, ou seja, no caso de norma que não criminalize determinada conduta nem enseje tratamento mais rígido em matéria penal. Esse raciocínio será desenvolvido com maior profundidade quando da análise das medidas provisórias em matéria penal.

PARTE GERAL

5.5. Medida provisória penal

As medidas provisórias, por sua vez, são a espécie normativa de elaboração do Chefe do Poder Executivo. São editadas, na esfera federal, pelo Presidente da República. É possível sua instituição também pelos Estados, Distrito Federal e Municípios, hipóteses em que caberá sua edição aos Governadores ou aos Prefeitos. A medida provisória possui validade por 60 dias, prorrogáveis por outros 60 dias. Deve ser elaborada apenas em situações de relevância e de urgência, o que justifica essa excepcional forma de edição de normas pelo Chefe do Executivo, sendo que a atividade é tipicamente da competência do Poder Legislativo.

Passado o período de vigência, a medida provisória pode ser convertida em lei em votação do Congresso Nacional. Caso não o seja, haverá perda de sua eficácia. Isso já demonstra que não há compatibilidade entre as normas penais incriminadoras e as medidas provisórias, já que não se pode pensar na previsão de um crime por uma forma legislativa cuja eficácia será condicional, aguardando sua possível conversão em lei.

Com a Emenda Constitucional n. 32, de 2001, deixou-se clara a questão sobre ser possível ou não a elaboração de medida provisória sobre matéria penal, dada a alteração na redação do artigo 62, § 1º, I, *b*, da Constituição Federal, que passou a prever o seguinte:

> **É vedada** *a edição de medidas provisórias sobre matéria:*
>
> *I – relativa a:*
>
> *b)* ***direito penal****, processual penal e processual civil.*

Com a redação atual da Constituição, ficou claro que não pode ser elaborada medida provisória relativa à matéria penal. Não é possível, assim, que o Presidente da República edite uma medida provisória com a previsão de um novo crime, por incompatibilidade da forma com o conteúdo.

> É vedado à Medida Provisória dispor sobre Direito Penal.

Entretanto, cumpre ressaltar que há a controvérsia sobre a possibilidade de medida provisória dispor sobre Direito Penal, desde que se trate de norma penal não incriminadora. Ainda que se trate de julgado anterior à Emenda Constitucional n. 32, o Supremo Tribunal Federal, no julgamento do RE 254818/PR, **sinalizou ser possível a edição de medida provisória sobre Direito Penal não incriminador**, ou, de forma mais específica, que seja favorável ao réu[83].

Após a vigência da EC n. 32/2001, o Supremo Tribunal Federal, embora sem enfrentar o tema de forma direta, tratou das medidas provisórias que prorrogaram o prazo para entrega das armas de fogo. A Lei n. 10.826/2003 já havia estabelecido o prazo de 180 dias para os possuidores e proprietários de armas de fogo procederem

83. STF, RE 254818, Relator Min. Sepúlveda Pertence, Órgão Julgador: Tribunal Pleno, Julgamento em 08/11/2000.

à sua regularização ou à sua entrega às autoridades competentes. Isso causou consequências para o Direito Penal, em razão de terem sido descriminalizadas, por determinado período, as condutas de possuir ou ser proprietário de arma de fogo sem o atendimento dos requisitos legais. Embora não tenha se pronunciado expressamente sobre a admissão de medida provisória favorável ao réu em matéria penal, o STF tratou das medidas provisórias em vários julgados, considerando que trataram de matéria penal, e não apontou nenhuma inconstitucionalidade[84].

6. DIREITO PENAL E ESTADO DEMOCRÁTICO DE DIREITO

O Estado Democrático de Direito implica uma teoria constitucional do Direito Penal. Como resultado da supremacia da Constituição e de sua força normativa, a Teoria Constitucional preconiza que deve haver controle do Poder Judiciário sobre as leis penais, sob a ótica da Constituição. O Estado Democrático de Direito exige mais do que previsão legal, devendo haver compatibilidade das leis formais com seu fundamento de validade, as normas constitucionais.

É necessário haver conteúdo de crime para que o indivíduo seja responsabilizado criminalmente. Possui relevância, neste âmbito, o princípio da Dignidade da Pessoa Humana, que deve servir de norte para a interpretação de todas as normas infraconstitucionais, notadamente as penais. Portanto, para que se configure um delito, são necessários a subsunção formal da conduta ao tipo penal e a existência de conteúdo material de crime.

Há, ainda, diversos direitos e garantias referentes ao Direito Penal e ao Processo Penal, sendo que no âmbito deste último é que as sanções penais são aplicadas. Referidos direitos penais foram estabelecidos com *status* de direitos fundamentais e, portanto, constituem cláusula pétrea, isto é, não podem ser suprimidos por meio de emendas constitucionais. O artigo 5º possui extenso rol de direitos relacionados ao Direito Penal, sendo importante recordar que vários deles se relacionam diretamente com o Direito Penal, como os incisos XXXIX e XL, por exemplo. Em referido artigo há diversos direitos e garantias que limitam o poder punitivo estatal, como a regra de que a pena não pode passar da pessoa do condenado e de proibição de penas cruéis. Esses direitos serão estudados ao longo dessa obra de forma minuciosa.

Há, ainda, mandados de criminalização do constituinte para o legislador ordinário, com determinação de tratamento mais gravoso para o tráfico ilícito de entorpecentes e drogas afins, o terrorismo e delitos definidos como crimes hediondos, bem como no que se refere à ação de grupos armados, civis ou militares, contra a ordem constitucional e o Estado Democrático.

Uma grande conquista do Estado Democrático de Direito que modifica e define a interpretação das leis penais é a **garantia da legalidade**, prevista no artigo 5º, inciso XXXIX, da Constituição da República. A exigência de lei formal para a definição dos crimes é um imperativo do Estado de Direito, em que a lei deve regular a vida em sociedade. Em um Estado Democrático, a lei formal consubstancia o modo de

84. STF, RHC 117566/SP, Rel. Min. Luiz Fux, Primeira Turma, Julgamento: 24/06/2013.

expressão da vontade popular, por meio dos representantes eleitos pela sociedade, na democracia representativa. A legalidade é, portanto, a garantia de que o povo só se submete ao que ele próprio definiu como lícito ou ilícito.

7. DIREITO PENAL E DIREITOS HUMANOS

Assim como há uma forte conexão entre Direito Penal e Direito Constitucional, também há um estrito vínculo entre os Direitos Humanos e o Direito Penal. Desde o reconhecimento dos direitos humanos, direitos que decorrem do simples fato da natureza humana, o poder punitivo do Estado passou a ser limitado por tal concepção. O maior exemplo é o reconhecimento do princípio da dignidade humana, que culminou no princípio penal da dignidade humana, vedando, inclusive, a imposição de determinadas sanções, como as cruéis.

Entretanto, a ligação entre ambos os ramos do Direito vai além dessa contenção do poder estatal pelo reconhecimento dos direitos humanos, levando Tulkens a visualizar uma relação paradoxal. Ao mesmo tempo em que o Direito Penal tem nos Direitos Humanos seus marcos fronteiriços, com a limitação do *ius puniendi*, a proteção desses direitos, que possuem reconhecimento internacional, muitas vezes depende de normas penais incriminadoras[85]. Nas palavras de Roxin, um Estado de Direito deve proteger o indivíduo não apenas por meio do Direito Penal, mas também do próprio Direito Penal[86].

As próprias Cortes Internacionais de Direitos Humanos, como a europeia e a americana, muitas vezes reconhecem que a proteção de determinados direitos requer a tutela penal, em virtude da relevância do bem jurídico e da necessidade de maior poder dissuasório, ou seja, da função de prevenção geral das sanções penais.

Utilizando a expressão de Christine van den Wyngaert, há uma função de escudo e de espada dos direitos humanos, essa última especialmente na justiça penal internacional[87]. Ou seja, os Direitos Humanos buscam proteger os direitos decorrentes da natureza humana, que todo sujeito possui de forma inata, com a limitação dos poderes do Estado, mas também exigem, no plano internacional, a punição dos responsáveis por crimes de lesa-humanidade.

Como Tulkens bem define, há um papel defensivo dos direitos humanos, mas existe também uma função ofensiva. Os Direitos Humanos defendem cada indivíduo da atuação estatal, com a salvaguarda das liberdades públicas, mas também exigem que o Estado defenda cada pessoa de ofensas e violações a sua dignidade. A eficácia horizontal dos direitos humanos reforça esse papel estatal de proteção dos direitos dos indivíduos mesmo em face da atuação de particulares. É um papel que se torna mais nítido em relação às minorias, mas que envolve cada um dos seres humanos.

85. TULKENS, Françoise. The paradoxical relationship between criminal law and human rights. Journal of International Criminal Justice, vol. 9, no. 3, July 2011, p. 579-589.

86. ROXIN, Claus. Derecho Penal. Parte General, Tomo I. Fundamentos. La estrutura de la teoria del delito. Traducción de la 2ª edición alemana. Madrid: Thomson Reuters, 1997, p. 137.

87. TULKENS, Françoise. Ob. Cit., p. 577-578.

Como se trata de uma relação paradoxal, e não de uma mera contradição, o que se revela necessário não é resolvê-lo, mas sim chegar a um consenso. Na lição de Herbert Packer, o Direito Penal é o primeiro garantidor e a primeira ameaça da liberdade humana, a depender da sua utilização, que pode ser prudente e humana ou indiscriminada e coerciva[88]. A resposta, portanto, pode estar em uma utilização prudente do poder punitivo, que deve ser sempre a *ultima ratio* na proteção dos bens jurídicos, com atenção a todos os seus princípios, reconhecidos doutrinariamente no Direito Comparado.

Por isso, há muitas vozes críticas a decisões das Cortes de Direitos Humanos que impõem aos Estados *obrigações de resultado*, determinando a punição de indivíduo no âmbito interno do país independentemente dos princípios e regras que moldam o poder punitivo[89].

8. DIREITO PENAL CONSENSUAL

Nos EUA, mais de 90% dos casos criminais são resolvidos por meio de negociação entre a acusação e defesa, envolvendo o chamado *plea of guilty*, em que o acusado confessa e o processo se torna mais célere, e, principalmente, o *plea bargaining*, em que a confissão leva a um acordo entre as partes para imposição de uma pena mais branda.

Nesse último caso, a acusação oferta determinada pena ou mesmo se compromete a sugerir determinada pena ao Judiciário em troca de evitar que o caso vá a julgamento pelo procedimento ordinário, que nos EUA envolve o julgamento perante um júri, processo dispendioso e demorado. Assim, foi se difundindo e ganhando espaço um sistema de negociação de penas, que hoje resolve a grande maioria dos casos e evita o colapso do sistema judicial com um expressivo número de julgamentos.

Há um movimento global de incentivo ao consenso no Direito Penal, podendo ser citadas, por exemplo, a recomendação R (87) 18, de 17 de setembro de 1987, do Conselho de Ministros da Europa, que incentivou a adoção de um procedimento abreviado baseado na assunção de culpa; as Regras de Tóquio, com sugestão de retirada de acusação em casos sem gravidade; além de, mais voltadas à colaboração premiada, as Convenções de Palermo e de Mérida[90].

Essa experiência recebe muitas críticas, como as do Professor Albert Aschuler[91], que vê nos acordos um método para menor utilização de recursos por meio de economia para a Administração da Justiça. Ou seja, haveria uma pressão para que o acusado abra mão de ser julgado por meio do devido processo legal em nome de uma economia de recursos na Administração de Justiça, o que não entende razoável. Entretanto, o mesmo penalista parece aceitar melhor uma negociação em que o objeto de transação

88. TULKENS, Françoise. Ob. Cit., p. 578.
89. Por todos: GOMES, Mariângela Gama de Magalhães. Direito penal e direitos humanos: análise crítica da jurisprudência punitivista da Corte Interamericana de Direitos Humanos. Coleção Ciência Criminal Contemporânea. Vol. 11. Coordenação: Cláudio Brandão. Belo Horizonte: Editora D'Plácido, 2018, p. 231.
90. VASCONCELLOS, Vinicius Gomes de. Colaboração premiada. 3. ed. São Paulo: Thomson Reuteurs Brasil, 2020, p. 36-41.
91. ALSCHULER, Albert. Plea Bargaining and its history. Columbia Law Review. Vol. 79, January 1979, n. 1, p. 1-43.

não seria o direito a um devido processo legal, mas a colaboração do acusado com a Justiça, fornecendo dados que auxiliam a desvendar crimes não conhecidos ou não elucidados pelos órgãos públicos. Aí se amoldaria o acordo de colaboração premiada.

Máximo Langer, por sua vez, compreende que nem sempre o sistema será coercitivo, o que dependerá da forma da proposta. Não haverá voluntariedade para a aceitação do acordo em três casos: se a proposta do órgão de acusação envolver como um dos termos a acusação formal de um acusado que não seria condenado, pelo padrão probatório exigido, por um júri razoável (**ausência de justa causa**); se a condenação e a sanção imposta, apresentadas como elementos de negociação, não forem justas no caso específico (**ameaça de pena desproporcional se rejeitada a proposta**); e, por fim, se houver imputação excessiva em relação aos fatos supostamente cometidos (***overcharging***)[92].

Cabe observar, ainda, que há diferentes modelos de justiça penal negociada, em classificação proposta por Françoise Tulkens e Michel van de Kerchove[93]:

- **Justiça imposta**: considera-se o delito uma violação ao direito público. A infração penal leva à condenação por órgãos públicos, em uma decisão unilateral, imposta de forma autoritária. O réu é considerado objeto da acusação, mais que sujeito de direitos. Não há participação da vítima e adota-se o modelo de processo inquisitivo.
- **Justiça participativa**: os Estados normalmente não adotam o inquisitivo puro, mas mesclam traços essenciais, havendo a perda do caráter exclusivamente oficial e unilateral, admitindo a participação ativa de agentes privados. A justiça participativa é habitualmente caracterizada pela possibilidade de crimes de acusação pública e os de acusação privada. Há os crimes de representação, ou seja, aqueles que dependem de manifestação da vítima para ensejarem punição do agente. Há um caráter parcial ou totalmente acusatório.
- **Justiça consensual**: modelo em que se verifica um papel ativo tanto da vítima quanto do autor da infração. Alguns institutos dependem do consentimento do autor da infração, como, por exemplo, transação, prestação de serviços à comunidade, *sursis*, livramento condicional. Entretanto, quando há benefícios consensuais ao réu, só há sua oitiva para sua concordância ou não. Assemelha-se a um contrato de adesão, sem possibilidade de negociação de suas cláusulas.
- **Justiça negociada**: reconhece aos particulares um poder de discussão cujo exercício é suscetível, por meio de concessões recíprocas, de estabelecer o conteúdo de tais proposições e de alcançar, assim, um verdadeiro acordo negociado. Há procedimentos de negociação e de *plea bargaining*, instituto do *common law* que se aproxima do acordo de não persecução penal brasileiro e, em sentido amplo, dos acordos de colaboração premiada. Fala-se em uma **contratualização** da justiça penal.

---

92. LANGER, Maximo. Rethinking Plea Bargaining: The Practice and Reform of Prosecutorial Adjudication. *In*: American Criminal Procedure, 33 American Journal of Criminal Law, 2006, p. 242.
93. TULKENS, Françoise; KERCHOVE, M. van de. La Justice pénale. Justice imposée, justice participative, justice consensuelle ou justice négociée? *In*: Revue de Droit Pénal et de Criminologie. RDPC, n. 5, 1996, p. 445-494.

Feita essa breve introdução teórica, é interessante observar que, na história brasileira mais recente, a primeira experiência com a negociação foi prevista na própria Constituição, em seu artigo 98, inciso I. Esse dispositivo prevê a transação ao determinar a criação de juizados especiais, com competência para julgamento de crimes de menor potencial ofensivo[94].

Após essa previsão constitucional, com o advento da Lei n. 9.099/1995, o ordenamento jurídico brasileiro passou a dispor do instituto da transação penal, previsto no seu artigo 76. Além disso, o artigo 74 da lei passou a regular a possibilidade de composição civil dos danos nos crimes de menor potencial ofensivo. Se houver composição, o parágrafo único do artigo 74 prevê que, sendo o caso de ação penal de iniciativa privada ou de ação penal pública condicionada à representação, o acordo homologado acarreta a renúncia ao direito de queixa ou representação. Ou seja, há a extinção da punibilidade.

Alguns anos depois, a colaboração premiada seria prevista em lei e, no âmbito da Operação Lava Jato, vários acordos foram firmados nos moldes do sistema estadunidense, ou seja, com negociação sobre vários aspectos da persecução penal, apesar de nossa lei não prever tamanha discricionariedade. Ou seja, a introdução de institutos delimitados parece ter permitido que as partes no Processo Penal fizessem acordos de forma ilimitada. Essa forma de atuação teve como resposta legislativa uma maior limitação expressa dos termos em que os acordos de colaboração podem ser realizados, por meio do chamado Pacote Anticrime, a Lei n. 13.964/2019.

Além disso, o próprio Conselho Nacional do Ministério Público, nessa mesma onda de transformação do sistema, editou resolução permitindo que os membros do Ministério Público firmassem acordos de não persecução penal em determinados casos, com aplicação imediata de uma sanção penal aos acusados. Sem base legislativa, o CNMP buscou criar um espaço de negociação fora do que a lei permite, como se o sistema nacional tivesse se transformado com a adoção de mecanismos de consenso. Mais uma vez, a questão foi enfrentada pelo Pacote Anticrime, que passou a prever, desta vez em uma lei formal, o instituto do **acordo de não persecução penal**, com a introdução do artigo 28-A no CPP, também de forma muito mais restrita do que aquela pretendida pelo CNMP com a aprovação de sua resolução.

Por fim, vale mencionar que Alexandre Wunderlich divide a evolução da justiça consensual no Brasil em duas dimensões. A **primeira dimensão** seria a da Lei n. 9.099/1995, com previsão de institutos despenalizadores para as infrações de menor potencial ofensivo, consistentes na composição civil, transação penal e suspensão condicional do processo, sendo importante relembrar que o último instituto não se limita às mencionadas infrações penais, possuindo requisitos próprios. Já a **segunda dimensão** teria surgido com a colaboração premiada, representando uma ruptura do modelo tradicional, buscando alcançar criminosos mais poderosos, como

94. Art. 98. A União, no Distrito Federal e nos Territórios, e os Estados criarão: I – juizados especiais, providos por juízes togados, ou togados e leigos, competentes para a conciliação, o julgamento e a execução de causas cíveis de menor complexidade e infrações penais de menor potencial ofensivo, mediante os procedimentos oral e sumaríssimo, permitidos, nas hipóteses previstas em lei, a transação e o julgamento de recursos por turmas de juízes de primeiro grau; (...).

aqueles conhecidos como infratores "do colarinho branco"[95]. Pode-se pensar em uma **terceira dimensão** hoje, com os acordos de não persecução penal, instituídos inicialmente na Resolução 181, de 7 de agosto de 2017, do CNMP, sem base em lei formal, e posteriormente albergados pela Lei n. 13.964/2019, conhecida como Pacote Anticrime, que passou a regular esse instituto no artigo 28-A do CPP.

Aury Lopes Júnior e Victor Paczek veem uma tendência inexorável de ampliação dos espaços de consenso no processo penal brasileiro, cujo marco inicial, tido como tímido pelos autores, teria ocorrido com a Lei n. 9.099/1995. Os autores possuem uma visão crítica sobre a tendência, considerando que o Ministério Público passa a exercer uma função judicial, adentrando no exercício de um poder constitucionalmente assegurado ao Judiciário[96] .

Vale notar que, para parte da doutrina, haveria uma mitigação do princípio da obrigatoriedade, já que, em determinados casos, o Ministério Público não estaria mais obrigado a oferecer denúncia. Desse modo, haveria dois caminhos no caso de ter sido formada a *opinio delicti* pelo órgão de acusação: a justiça consensual, quando preenchidos os seus requisitos, e a propositura de ação penal, como regra de atuação.

9. DIREITO PENAL E MULTICULTURALISMO

Um desafio atual do Direito Penal é o multiculturalismo, a coexistência de várias culturas em um mesmo território, inter-relacionando-se entre si. É um fenômeno presente em sociedades que recebem muitos imigrantes, que chegam com condutas diversas. Surge uma preocupação, a partir inclusive do fenômeno globalizador, de necessidade de valorizar a autonomia e a peculiaridade das minorias[97].

O multiculturalismo, como ideal de convivência de várias culturais e de uma sociedade enriquecida por traços diferentes de cada grupo que a compõe, seria diverso da pluriculturalidade, em que as culturas, ainda que coincidentes no mesmo espaço, não se inter-relacionam, em razão do etnocentrismo, isto é, da predominância de uma cultura e do desejo de assimilação das demais, muitas vezes tidas como mais primitivas. No Brasil, pode-se exemplificar com a busca, registrada na história nacional, de assimilação dos povos originários, para que aprendessem o idioma português, adotassem o modo de viver da cultura dominante e abandonassem as suas tradições[98].

Delito culturalmente motivado, neste contexto, seria o ato praticado por um integrante de grupo minoritário, dentro do qual a prática é aceita, tolerada ou

95. WUNDERLICH, Alexandre. Colaboração premiada: o direito à impugnação de cláusulas e decisões judiciais atinentes aos acordos. *In*: BOTTINI, Pierpaolo Cruz; MOURA, Maria Thereza de Assis. Colaboração premiada. São Paulo: Editora Revista dos Tribunais, 2017, p. 20-21.

96. LOPES JÚNIOR, Aury; PACZEK, Victor. O Plea Bargaining no Projeto "Anticrime": remédio ou veneno? In: GLOECKNER, Ricardo Jacobsen (Organizador). Plea Barganing. 1. ed. São Paulo: Tirant lo Blanch, 2019, p. 150-151.

97. SANZ MULAS, Nieves. Delitos culturalmente motivados. Tradução: Bruno Henrique Castelo Branco Arena. 1. ed. Porto Alegre: CDS Editora, 2023, p. 13-31.

98. Veja o artigo 1º da Lei n. 6001/1973, o chamado Estatuto do Índio: Art. 1º Esta Lei regula a situação jurídica dos índios ou silvícolas e das comunidades indígenas, com o propósito de preservar a sua cultura e **integrá-los, progressiva e harmoniosamente, à comunhão nacional.**

perdoada, mas que é considerado crime no sistema jurídico vigente, isto é, aquele ligado à cultura dominante. São exemplos os matrimônios incestuosos ou polígamos; os homicídios para lavar a honra da família, como matar a parceira porque ela pediu o divórcio ou traiu; e as mutilações genitais femininas.

Nieves Sans Mulas propõe três requisitos para configuração de delitos culturalmente motivados:

- **Motivação do agente**: o indivíduo deve ter atuado com elemento subjetivo do delito cultural, o que significa que deve comprovar que a causa psíquica de sua conduta pode ser justificada por seus valores culturais.
- **Coincidência de reação com os seus pares**: demonstração de que a sua reação ou conduta foi a esperada de um integrante de seu grupo minoritário;
- **Diferença de tratamento entre os sistemas**: deve haver uma distinção significativa de tratamento da conduta praticada pelo sujeito no seu sistema, minoritário, e no sistema dominante de onde mora e que está submetido[99].

A penalista também diferencia os crimes culturalmente motivados daqueles praticados por um motivo cultural, que não possuem esses requisitos e com eles não se confundem. Exemplo de crimes praticados por um motivo cultural são o de incendiar o corpo de um indígena, isto é, um indivíduo dos povos originários do Brasil enquanto repousa na capital federal ou o ataque de skinheads a pessoas em situação de rua. Neste âmbito, o **autor por convicção** seria aquele que pratica o delito totalmente imbuído de suas convicções e entendendo não ser possível compatibilizá-las com o direito vigente. Ele sabe que infringe a lei penal, que a sua conduta é considerada criminosa, mas confronta o ordenamento jurídico, colocando as suas convicções acima delas.

Os **crimes de honra**, por sua vez, seriam aqueles em que se busca guiar por uma particular (e não cultural, de um grupo minoritário) concepção de honra ou de moral familiar. Por exemplo, o agente acredita que pode matar a sua esposa por ter sido traído. São crimes normalmente premeditados, não justificando tratamento privilegiado nem incidindo excludente de ilicitude, já que a relação entre o bem jurídico que se busca proteger e aquele que se sacrifica não possui razoabilidade nenhuma.

QUADRO SINÓTICO

Introdução ao Direito Penal	
Conceito	Direito Penal é o conjunto de normas (princípios e regras) que regulam a determinação das infrações penais (crimes e contravenções penais) e as suas respectivas sanções (penas e medidas de segurança).
Objeto	O objeto do Direito Penal consiste no estudo das infrações penais e das respectivas sanções, de modo a limitar o poder de punir do Estado.

99. SANZ MULAS, Nieves. Ob. Cit., p. 33-35.

Introdução ao Direito Penal	
Ciências criminais	• **Ciência Penal ou Ciência do Direito Penal**: é o aspecto do Direito Penal que busca exercer uma função criadora, sem se ater ao Direito Positivo. Cuida-se de um estudo crítico do Direito Penal. • **Criminologia**: é a ciência empírica (baseada na observação e na experimentação) que busca analisar o crime, o criminoso, a vítima e os meios de controle social. Estuda o "ser", os fatos. • **Política criminal**: é a ciência que busca a aplicação prática dos estudos da criminologia, valorando-os, para criação e reelaboração de estratégias de intervenção estatal na atividade da repressão dos delitos.
Características	O Direito Penal é ciência cultural, normativa, valorativa, de caráter finalista, com natureza ético-social e que tem como objeto a conduta humana voluntária. Existe divergência sobre a sua natureza constitutiva ou sancionadora.
Classificações	• Direito Penal Comum X Direito Penal Especial • Direito Penal Objetivo X Direito Penal Subjetivo • Direito Penal Substantivo X Direito Penal Adjetivo • Direito Penal do Autor X Direito Penal do Fato • Direito Penal do Cidadão X Direito Penal do Inimigo • Direito Penal Simbólico, Direito Penal de Emergência, Direito Penal Promocional e Direito de Intervenção

Evolução Histórica do Direito Penal	
Tempos primitivos e a vingança	As infrações cometidas eram consideradas pecados contra os deuses, já que as proibições eram leis divinas que não deveriam ser infringidas. Classificam-se as fases da vingança em divina, privada e pública.
Direito Penal Grego	No período lendário, predominava a vingança privada, que se estendia à família do criminoso. No período dito religioso, o Estado passa a deter o poder de punir, mas como delegação concedida pelo deus Júpiter. No período histórico, surge a ideia de responsabilidade, que passa do caráter coletivo ao individual.
Direito Penal Romano	Passou pelas fases de vingança privada, divina e pública, apresentando um ciclo jurídico completo. Tem como marco a Lei das XII Tábuas, legislação sistematizada e que contava com a proporcionalidade da lei de talião.
Direito Penal Germânico	Em seu período primitivo, era tipicamente consuetudinário. Atravessou as fases de vingança divina e privada, a de sangue. De início, a responsabilidade era objetiva: o fato julga o homem. Após a invasão bárbara, a vingança de sangue é substituída pela ideia de autocomposição.
Direito Penal na Idade Média	Caracterizou-se por um Direito Penal essencialmente ligado à religião, tendo como legado o *Corpus Iuris Canonici*. As infrações penais eram consideradas transgressões contra o Estado e contra a religião. Da palavra utilizada para se designar a penitência teria surgido o termo "penitenciária".
Direito Penal e o Iluminismo	As preocupações com a crueldade das sanções penais dão origem a um movimento por sua humanização. É marco do período a obra Dos Delitos e Das Penas, de Beccaria, além dos estudos de John Howard e Jeremias Bentham.

Escola Penal	Expoentes	Características
Clássica	Giovanni Carmignani; Francesco Carrara; Cesare Beccaria	Livre-arbítrio como fundamento da responsabilização. A responsabilização penal tem como base a moral. A medida da pena se baseia no grau de responsabilidade moral, conforme porção de livre-arbítrio. O crime é obra da vontade livre do delinquente. Possui base individualista. O crime é uma violação ao direito por decisão do sujeito e a pena é vista em uma perspectiva retributiva.
Positiva	**Fase antropológica**: Cesare Lombroso **Fase sociológica**: Enrico Ferri **Fase jurídica**: Raffaele Garofalo	O livre-arbítrio é uma ilusão, conforme demonstra a psicologia positiva. Os homens são responsáveis por seus atos, mas não moralmente, e sim legalmente, em formas diferentes. A responsabilidade penal tem base social. O crime se origina de fatores biológicos, físicos e sociais. Passa-se ao pensamento de defesa do corpo social contra as condutas delitivas. Há uma visão determinista, com a negação do livre-arbítrio, e a prevalência de uma concepção preventiva ou finalística da pena. O crime é um fenômeno social.
Crítica	Manuel Carnevale, Gabriel Tarde, Giuseppe Impallomeni	O crime não deriva do livre-arbítrio, mas é um produto do meio externo. A base da responsabilidade penal é a moral. Há diferentes graus de imputabilidade.
Moderna Alemã	Franz von Liszt, Adolphe Prins e Gerard von Hammel	A responsabilidade penal diferencia imputáveis e inimputáveis. O crime é um fato jurídico, mas também fenômeno social. A pena possui finalidade preventiva, notadamente especial.
Humanista	Vincenzo Lanza	Busca de equiparação da moral interna com a da justiça e de responsabilização penal, de modo que a conduta imoral deve ser crime e a que não viola sentimentos morais não pode ser criminalizada. A pena possui função educativa.
Técnico-Jurídica	Arturo Rocco, Karl Binding	A responsabilidade penal é moral, baseada na vontade livre do agente. O crime é uma relação jurídica, com conteúdo individual e social. A pena possui função preventiva geral e especial. Busca separar o método do Direito Penal, técnico-jurídico, dos outros campos e até mesmo da filosofia.
Correcionalista	Karl Röder, Pedro Dorado Monteiro, Concepción Arenal	A responsabilidade penal é coletiva. O livre-arbítrio não possui relevância. O delinquente é um ser com anomalia em sua vontade. O Estado deve corrigir a sua vontade e restringir a sua liberdade por meio de penas de duração indeterminada, especialmente a privativa de liberdade. A pena tem finalidade exclusivamente corretiva, de emenda do criminoso.

Escola Penal	Expoentes	Características
Movimento de Defesa Social	Filippo Gramatica, Marc Ancel	Defende um direito de defesa social, para retornar o delinquente à ordem social. Possui base em uma filosofia humanista, buscando a proteção do ser humano e reconhecimento de garantias. Valorização de ciências humanas na contribuição ao combate à criminalidade.

Direito Penal Brasileiro	
Brasil Colônia	Ordenações Afonsinas e Manoelinas. Compilação de Duarte Nunes de Leão. Regras dos colonos, dadas a extensão territorial e a distância da metrópole.
Brasil Império	Código Penal de 1830.
Brasil República	Primeiro Código Penal da República aprovado em 1890, elaborado às pressas e desnaturado ao longo do tempo. Posteriormente, foi promulgado o Código Penal atual, com vigência a partir de 1942. A sua Parte Geral foi reformada em 1984, atualizando-o. Legislação penal extravagante muito vasta, além de constantes modificações do Código Penal.

Fontes		
Conceito	Fonte é o órgão de onde provém o Direito e a origem das normas jurídicas.	
Classificações	**Fonte material**	União
	Fonte formal	Lei, em sentido formal.
Competência legislativa	União. Pode haver, por meio de lei complementar, a delegação a um Estado-Membro.	
Fontes não admitidas	Medida provisória e lei delegada.	

Direito Penal		
Estado Democrático de Direito	Princípio da dignidade da pessoa humana, leitura constitucional das leis penais, direitos e garantias fundamentais, garantia de legalidade.	
Direitos Humanos	Relação paradoxal: limitação do Direito Penal pelo reconhecimento dos Direitos Humanos e exigência de tutela penal em caso de violação de Direitos Humanos.	
Consensual	**Modelos**	• Justiça imposta • Justiça participativa • Justiça consensual • Justiça negociada
	Dimensões no Brasil	• Juizados: transação penal • Colaboração premiada • Acordos de não persecução penal
Multiculturalismo	Delito culturalmente motivado consiste no ato praticado por um integrante de grupo minoritário, dentro do qual a prática é aceita, tolerada ou perdoada, mas que é considerado crime no sistema jurídico vigente, isto é, aquele ligado à cultura dominante, no Estado em que inserido.	

CAPÍTULO II
PRINCÍPIOS DO DIREITO PENAL

Os princípios são atualmente reconhecidos como normas, que vincularão e orientarão o intérprete e o aplicador do Direito. De início, é preciso entender o que são os princípios e diferenciá-los das regras, um pressuposto para compreensão de cada um dos princípios do Direito Penal.

Vale mencionar que, para os positivistas, os princípios não possuíam grande importância. São expoentes desse pensamento Hans Kelsen e Herbert Hart. Por isso, reconhecia-se a eles um papel subalterno, de colmatar lacunas. Essa visão pode ser visualizada na Lei de Introdução às Normas do Direito Brasileiro (LINDB), atual denominação do Decreto-Lei n. 4.657/1942. O seu artigo 4º refere-se aos *princípios gerais do direito*, ao lado da analogia e dos costumes, como fonte de decisão no caso de omissão da lei. Portanto, não seriam normas propriamente ditas, mas recurso a que se deveria recorrer para suprir uma omissão legislativa.

Com o pós-positivismo, de que são representantes Ronald Dworkin e Robert Alexy, reconhece-se um papel central exercido pelos princípios na teoria de decisão. Assim, eles passam a ser compreendidos como espécies de normas, ao lado das regras, como fontes imediatas do Direito. Extraem-se do texto legal, portanto, regras e princípios, como normas, de modo que não há que se falar em recorrer a eles em caso de omissão legislativa. Os princípios derivam, expressa ou implicitamente, dos textos normativos.

1. A DIFERENCIAÇÃO ENTRE PRINCÍPIOS E REGRAS

O ordenamento jurídico é composto por normas. O direito penal, portanto, é um conjunto de normas que tratam das infrações penais e das respectivas sanções. O termo "normas" abrange as regras e os princípios[1]. A divisão das normas em regras e princípios, entretanto, é controversa. José Afonso da Silva, por exemplo, defende não existir uma distinção precisa entre normas e regras[2]. Eros Grau, por sua vez,

1. Bitencourt fala em normas, valorações e princípios (BITENCOURT, Cezar Roberto. Parte geral. Coleção Tratado de direito penal volume 1. 26. ed. São Paulo: Saraiva Educação, 2020, p. 44). Usam o termo *normas* ao conceituarem Direito Penal, mas enumeram os seus princípios: PRADO, Luiz Regis. Curso de direito penal brasileiro: parte geral e parte especial. 18. ed. Rio de Janeiro: Forense, 2020, p. 4 e 33; NUCCI, Guilherme de Souza. Código Penal Comentado. 15. ed. Rio de Janeiro: Forense, 2015, p. 5 e 11.
2. SILVA, José Afonso da. Curso de direito constitucional positivo. São Paulo: Malheiros, 2007, p. 92.

afirma que princípio é um tipo de regra de direito, discordando veementemente de quem afirma que violar um princípio é mais grave do que violar uma norma[3].

Apesar da divergência, prevalece, hoje, que regras e princípios se diferenciam. As normas constituem gênero, do qual as regras e princípios são espécies. Sua diferenciação, contudo, possui muitas variações entre os juristas, sendo que as principais delas, que serão abordadas na sequência, são a concepção clássica (distinção fraca), a concepção de Ronald Dworkin e Robert Alexy (distinção forte) e a proposição do brasileiro Humberto Ávila[4].

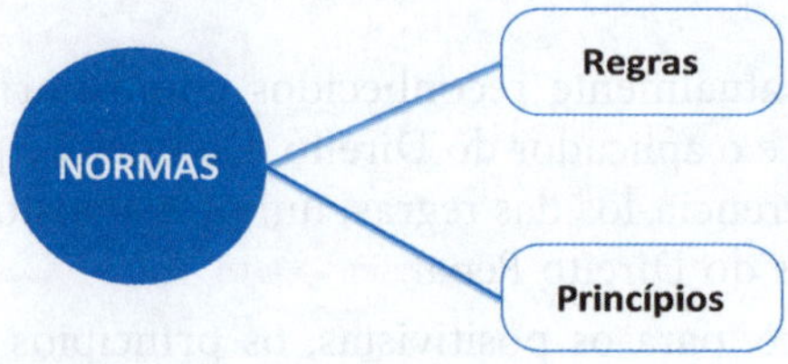

1.1. Distinção Fraca

A concepção clássica define os **princípios** como as normas com **elevado grau de abstração e generalidade**, de modo que o jurista possui um alto grau de subjetividade ao aplicá-la. São os **alicerces**, vigas-mestras ou valores do ordenamento jurídico. As **regras**, nesta distinção denominada de fraca, seriam as normas com **pouco ou nenhum grau de abstração e generalidade**. Na sua aplicação, restaria **pouca ou nenhuma influência de subjetividade do intérprete**. A diferença entre princípios e regras, portanto, refere-se ao grau de abstração e generalidade, bem como ao campo de subjetividade reservada para o aplicador da norma.

1.2. Distinção Forte

A distinção forte, por sua vez, é aquela extraída da obra de Ronald Dworkin e Robert Alexy[5]. Para essa concepção, muito difundida hoje, os **princípios** são aplicados mediante **ponderação**. Assim, incidindo mais de um princípio no caso concreto, deve haver a ponderação entre eles para se analisar qual deles vai incidir de forma prevalente na situação. Os princípios possuem **graus de otimização**, isto é, podem ser realizados em vários graus. O **conflito entre princípios ocorre apenas no plano concreto**, quando é necessário analisar um caso e verificar a aplicação das normas sobre ele.

As **regras**, por sua vez, estabelecem aquilo que é **obrigatório, permitido ou proibido**. Sua aplicação se dá mediante **subsunção**, isto é, como o encaixe do fato

3. GRAU, Eros. Por que tenho medo de juízes: (a interpretação/aplicação do direito e os princípios). 7. ed. São Paulo: Malheiros, 2016, p. 24.
4. ÁVILA, Humberto. Teoria dos princípios: da definição à aplicação dos princípios jurídicos. 14. ed. São Paulo: Malheiros, 2014.
5. ÁVILA, Humberto. Ob. Cit., 2014, p. 55-59.

à norma. Ou o fato se amolda à norma ou não se amolda. Não há meio termo nem ponderação, nem mesmo graus de incidência da norma. É uma **questão de tudo ou nada** (*all or nothing*). O conflito ocorre no **plano abstrato**, bastando a comparação de uma norma com a outra. Assim, sem análise de nenhum caso concreto, decide-se se uma norma revoga a outra, segundo o critério cronológico (a norma posterior revoga a anterior), por exemplo.

1.3. A concepção de Humberto Ávila

Uma concepção bastante interessante para a diferenciação entre princípios e regras é realizada por Humberto Ávila[6]. Os **princípios**, para ele, impõem um dever imediato, mais próximo, de **promoção de um estado ideal de coisas**. Impõem, de forma mais distante (remota), a adoção de uma conduta necessária. Para justificar a aplicação de um princípio, é feita uma **comparação** entre os efeitos da conduta concreta e o estado ideal de coisas que o princípio almeja. Além disso, os princípios contribuem para a formação de uma decisão com complementariedade (buscam contribuir conjuntamente com outras razões) e parcialidade (não possuem a pretensão de indicar uma solução específica, trazem uma parte dos aspectos importantes para a decisão). É o caso do *princípio da dignidade da pessoa humana*, que determina que o ser humano tenha um tratamento digno simplesmente por sua natureza humana, que possua o mínimo existencial e que não seja punido de forma cruel (estado ideal de coisas), mas não indica soluções específicas para os casos concretos.

As **regras**, por sua vez, impõem imediatamente a **adoção da conduta descrita**, como a determinação do limite de 40 anos para as penas privativas de liberdade, do artigo 75 do CP. Apenas de forma mediata, remota, as regras determinam, ainda, a observância da finalidade do sistema e dos princípios (como o da dignidade humana). As regras são aplicáveis ao caso quando há **correspondência** entre o conceito do fato (o que aconteceu no mundo real) e o conceito da norma (a descrição do texto legal). As normas pretendem indicar uma solução específica para a tomada de decisão (por exemplo, o agente não pode cumprir mais de 40 anos de pena privativa de liberdade por um crime que cometeu). Assim, contribuem com exclusividade e abarcância, pois buscam veicular todos os detalhes para definir o tratamento do caso concreto.

Por fim, o autor também defende a existência de **normas de segundo grau** ou postulados normativos. São normas que não são aplicadas diretamente sobre os fatos, mas sobre outras normas. Um importante exemplo é a proporcionalidade, que busca atuar como limite ao poder de punir do Estado na comparação entre duas normas penais. Atua, portanto, na interpretação e aplicação das demais normas[7].

2. PRINCÍPIOS EM ESPÉCIE

As diferentes abordagens sobre os princípios demonstram que a sua própria diferenciação das regras é bastante controversa. Independentemente disso, hoje a

---

6. ÁVILA, Humberto. Ob. Cit., 2014, p. 87-102.
7. ÁVILA, Humberto. Ob. Cit., 2014, p. 163-223. Outros exemplos de postulados seriam: ponderação, concordância prática, proibição do excesso, igualdade e razoabilidade.

doutrina reconhece o seu valor normativo e a sua importância fundamental para limitação do poder de punir. Os princípios do Direito Penal variam muito em nomenclatura e definição entre os doutrinadores, o que não impede a enumeração dos mais consagrados e relevantes.

2.1. Princípio da Dignidade da Pessoa Humana

O princípio da dignidade da pessoa humana possui importância nuclear no nosso sistema jurídico, por orientar e permear todas as demais normas nele presentes. Preconiza um tratamento à pessoa que não lhe prive do mínimo necessário para que possa exercer sua capacidade de autodeterminação. Afasta qualquer tratamento degradante, ou seja, aquele que imponha a um indivíduo uma privação maior que aquela necessária para os fins previstos na norma. No caso de pena, por exemplo, esta deve ser proporcional e necessária, não visando simplesmente a um tratamento cruel ou de vingança.

Trata-se de princípio fundamental da República Federativa do Brasil, ou seja, é um dos princípios que orientam a própria formação do Estado. Desse modo, torna-se **um princípio regente do Direito Penal**, norteando a interpretação de todas as suas normas. Assim prevê a Constituição, no seu artigo 1º, inciso III:

> *Art. 1º* **A República Federativa do Brasil**, *formada pela união indissolúvel dos Estados e Municípios e do Distrito Federal, constitui-se em Estado Democrático de Direito e* **tem como fundamentos**:
>
> *(...)*
>
> *III –* ***a dignidade da pessoa humana****;*
>
> *(...)*

Esse princípio também está previsto no Pacto de São José da Costa Rica, no seu artigo 11, 1, o que denota seu reconhecimento e importância também no nosso **sistema regional de proteção dos Direitos Humanos**:

> *Artigo 11 – Proteção da honra e da dignidade*
>
> *1. Toda pessoa tem direito ao respeito da sua honra e ao reconhecimento de sua dignidade. (...)*

Como aplicação do princípio fundamental da dignidade da pessoa humana no Direito Penal, a doutrina costuma fazer referência a ele como **princípio da humanidade**. Como a humanidade determina que a pessoa humana, independentemente de classe social, origem étnica, gênero ou orientação sexual, seja considerada como detentora de direitos simplesmente em razão de sua natureza, esses direitos também devem ser reconhecidos ao condenado. Como ser humano, ele deve ter uma resposta do Estado que seja compatível com a ideia de que ele possui natureza humana, devendo seus direitos serem restringidos, por meio da sanção, apenas no que for necessário para a repressão e retribuição de sua conduta.

A sanção penal, por sua vez, também sofre restrições, devendo ser proporcional e humanizada. Dado o nosso estágio civilizatório, não se pode conceber qualquer modalidade de sanção penal, tal como o esquartejamento, ainda que a violação das normas de convívio social tenha sido grave. É o que se defende desde a obra emblemática do Marquês de Beccaria, que afirmou: "qualquer excesso de severidade torna a pena supérflua e, por isso mesmo, tirânica"[8].

Desse modo, o princípio da humanidade **veda que o legislador adote sanções penais violadoras da dignidade da pessoa humana**, atingindo de forma desnecessária a incolumidade físico-psíquica do agente. Há efeitos específicos desse princípio previstos no artigo 5º, inciso XLVII, da Constituição:

XLVII – não haverá penas:

a) de morte, salvo em caso de guerra declarada, nos termos do art. 84, XIX;

b) de caráter perpétuo;

c) de trabalhos forçados;

d) de banimento;

e) cruéis;

É, portanto, o princípio da humanidade que **veda a pena de morte (salvo em caso de guerra), as penas de caráter perpétuo, as penas de trabalhos forçados, as de banimento e, de modo geral, as cruéis**. O **banimento ou desterro**, pena vedada pela Constituição, consiste na expulsão do indivíduo do território nacional, enquanto durar a pena.

As **penas perpétuas** também não são admitidas, prevendo nosso ordenamento jurídico limite para a duração das penas, atualmente de **40 anos**, nos termos do artigo 75 do Código Penal. Referido limite, que era de 30 anos, foi modificado com o início de vigência da Lei n. 13.964/2019. Vale destacar que a Constituição não veda a alteração do limite, até porque a própria expectativa de vida se modifica com o passar dos anos. Claro que a possibilidade de modificação não pode violar, por conceber limites altíssimos, a ordem constitucional, mas não é o caso, já que o limite fixado está bem abaixo da expectativa de vida do brasileiro e, além disso, representou uma mudança abaixo do que a proporção entre a mudança da expectativa desde a década de 1940 indicaria.

Por fim, **a Constituição veda qualquer pena que seja cruel**, conceito aberto que visa a evitar penas, atuais ou futuras, que possuam caráter degradante, afrontando a dignidade humana. Podemos imaginar, como exemplo de uma sanção cruel, a decepação de mãos em caso de furto.

É o princípio da humanidade que pode fundamentar o repúdio ao cumprimento de pena em presídios lotados, em que os condenados e presos provisórios precisam se revezar para dormir, bem como aos projetos de imposição de retirada de órgãos *post mortem* a quem tenha sido condenado pela prática de determinada infração penal.

Por fim, cumpre observar que Hans Heirich Jescheck declara que não se pode confundir a natureza do Direito Penal. Cuida-se de ramo do direito que busca punir

8. BECCARIA, Cesare Bonesana, Marchesi di. Dos delitos e das penas. Tradução de Deocleciano Torrieri Guimarães. São Paulo: Rideel, 2003, p. 60.

PARTE GERAL

aquele que causou uma violação da norma penal incriminadora, devendo receber uma resposta social. Deste modo, não se pode subverter a ordem, oferecendo-se um prêmio ao delinquente. A missão da sanção penal não pode ser realizada sem dano ou sofrimento. É dentro dessas balizas que atuaria o princípio da humanidade, presidindo todas as relações humanas disciplinadas pelo Direito Penal[9].

2.2. Princípio do Devido Processo Legal

O devido processo legal é um princípio regente do Direito Penal e do Direito Processual Penal. **É necessário que se respeite todo o procedimento previsto nas leis para que, ao final de um processo condenatório, possa haver a justa punição do acusado**. Do devido processo legal derivam vários subprincípios, como o contraditório, a ampla defesa, o juiz natural, o da imparcialidade, o da vedação das provas ilícitas, o da motivação dos atos decisórios, a publicidade, a duração razoável do processo, dentre outros. Como se nota, seu estudo mais detido, inclusive com análise dos princípios que dele derivam, é matéria de Direito Processual Penal.

Entretanto, cabe, aqui, relembrar que o princípio do devido processo legal possui, além da vertente formal, uma outra, de natureza substancial. Sua origem é apontada como sendo do direito anglo-saxão, de onde proveio a expressão *due process of law*, que, traduzida, equivale ao termo *devido processo legal*.

O **devido processo legal substancial** se refere à limitação do exercício do poder, que deve se amoldar ao que determina a Constituição e, além disso, atender o princípio (ou postulado, conforme a doutrina que se adote) da proporcionalidade. Nesse ponto, segundo parte da doutrina, o devido processo legal permite ao Poder Judiciário o exame da constitucionalidade das leis, seja sob o viés do confronto com as normas constitucionais, seja sob o âmbito do atendimento da proporcionalidade. Essa vertente do princípio também permite o controle das decisões judiciais, também sob o âmbito da proporcionalidade e razoabilidade.

O **devido processo legal formal** consiste no respeito às normas processuais, isto é, às regras e aos princípios que orientam e determinam o procedimento penal, desde o oferecimento da denúncia ou queixa até o trânsito em julgado, abarcando, posteriormente, a execução da pena ou da medida de segurança. Inclui os princípios acima mencionados, que são seus corolários, como contraditório, ampla defesa, juiz natural, imparcialidade do julgador, inadmissibilidade de provas ilícitas, etc. Essa vertente é que a determina que se devem observar garantias mínimas do acusado no decorrer do processo penal.

A previsão do princípio do devido processo penal, na Constituição, está no artigo 5º, LIV, que preconiza: "**ninguém será privado da liberdade ou de seus bens sem o devido processo legal**". O princípio também foi consagrado no Pacto de São José da Costa Rica, a Convenção Americana de Direitos Humanos, de 1969, em seu artigo 8.1: "Toda pessoa terá o **direito de ser ouvida, com as devidas garantias e**

9. JESCHECK, Hans-Heinrich; WEIGEND, Thomas. Tratado de direito penal. Parte General. Granada: Comares Ed., 2002, p. 29-30. O autor também é citado em: BITENCOURT, Cezar Roberto. Ob. Cit., 2020, p. 80.

dentro de um prazo razoável, por um juiz ou Tribunal competente, independente e imparcial, estabelecido anteriormente por lei, na apuração de qualquer acusação penal formulada contra ela, ou na determinação de seus direitos e obrigações de caráter civil, trabalhista, fiscal ou de qualquer outra natureza"

2.3. Princípio da Legalidade

O princípio da legalidade tem sua origem apontada, pela doutrina majoritária, na Magna Carta, da Inglaterra, de 1215. À época, representou a revolta da nobreza contra o Rei João, conhecido como João Sem Terra[10]. Os barões ingleses buscavam uma garantia de que não seriam punidos senão de acordo com a lei, na expressão inglesa, *law of the land* (lei da terra). A lei representava, então, uma garantia contra a tirania do soberano.

Essa versão, bastante disseminada, é contestada por Nilo Batista, que não vê na *Magna Charta* um texto que introduziu o princípio, já que a lei da terra seria uma referência também aos costumes, conforme a tradição inglesa da *common law*. O autor também critica que se impute a sua origem ao Direito Romano. Na visão de Batista, os antecedentes históricos da legalidade remontam à Declaração de Direitos da Virgínia, de 1776, e à própria Constituição dos Estados Unidos, de 1787, além da Declaração dos Direitos do Homem e do Cidadão, de 1789. O primeiro *corpo de leis penais* a incluir o princípio, segundo ele, seria a codificação de D. José II, da Áustria, no ano de 1787[11].

A legalidade possui importância tão fundamental que ficou famosa a frase de Franz von Liszt de que os códigos penais modernos seriam a *Magna Charta Libertatum* dos delinquentes[12], algo como uma Constituição com os direitos assegurados àqueles que violam as leis penais, limitando o poder do Estado de puni-los. Com a disseminação da concepção de Estado Democrático de Direito, as Constituições ganharam grande importância, com o reconhecimento de direitos fundamentais e da separação de poderes. A legalidade, assim, assumiu uma importância ainda maior na contenção dos poderes estatais.

Feuerbach cunhou os termos *nulla poena sine lege, nullum crimen sine poena legali* e *nulla poena sine crimine*[13], que, segundo Nilo Batista[14], demonstram que a sua teoria se funda em uma concepção preventivo-geral da pena. É a idealização da pena como coação psicológica, isto é, como intimidação, ao se demonstrar a todos os membros da sociedade a sua efetiva aplicação a quem viola a lei penal. O professor fluminense destaca as seguintes consequências do princípio da legalidade:

---

10. EISELE, Andreas. Direito penal: teoria do delito. Salvador: Editora Juspodivm, 2018, p. 93-94.
11. BATISTA, Nilo. Introdução Crítica ao Direito Penal Brasileiro. 12. ed. Rio de Janeiro: Revan, 2011, p. 200. No mesmo sentido: ROXIN, Claus. Op. Cit., 1997, p. 142. Essa parece também ser a posição defendida por Welzel: WELZEL, Hans. Derecho penal alemán. Parte general. Santiago: Editorial Jurídica de Chile, 2014, p. 44-45.
12. HUNGRIA, Nélson. Comentários ao Código Penal, vol. 1, Tomo 1º. Arts. 1º ao 10. Rio de Janeiro: Forense, 1955, p. 12.
13. Não há pena sem lei, não há crime sem pena prevista em lei e não há pena sem crime. FEUERBACH, Paul Johann Anselm Ritter von. Op. Cit., p. 51; JAKOBS, Günther. Op. Cit., 2008, p. 102.
14. BATISTA, Nilo. Introdução Crítica ao Direito Penal Brasileiro. 12. ed. Rio de Janeiro: Revan, 2011, p. 202.

- Proibir a retroatividade da lei penal;
- Proibir a criação de crimes e penas pelo costume;
- Proibir o emprego de analogia para criar crimes, fundamentar ou agravar penas;
- Proibir incriminações vagas e indeterminadas.

Na Constituição, de modo genérico, o princípio da legalidade está previsto no inciso II do seu artigo 5º

> *II – **ninguém será obrigado a fazer ou deixar de fazer alguma coisa senão em virtude de lei**;*

Especificamente sobre o Direito Penal, o princípio pode ser encontrado no artigo 5º, inciso XXXIX:

> *XXXIX – **não há crime sem lei anterior que o defina, nem pena sem prévia cominação legal**.*

O Código Penal, quase nos mesmos termos da Constituição, prevê o princípio da legalidade em seu artigo 1º:

> *Art. 1º – **Não há crime sem lei anterior que o defina. Não há pena sem prévia cominação legal**.*

Quanto ao sistema regional de proteção aos direitos humanos de que o Brasil faz parte, pode-se apontar a previsão da legalidade no Pacto de São José da Costa Rica, em seu artigo 9:

> *Artigo 9 – **Ninguém poderá ser condenado por atos ou omissões que, no momento em que foram cometidos, não constituam delito, de acordo com o direito aplicável.** Tampouco poder-se-á impor pena mais grave do que a aplicável no momento da ocorrência do delito. Se, depois de perpetrado o delito, a lei estipular a imposição de pena mais leve, o deliquente deverá dela beneficiar-se.*

O princípio da legalidade possui fundamentação jurídica e política. Roxin se refere às raízes desse princípio, que remontam ao período do Iluminismo, para elencar os pontos de partida que o fundamentam. Como **justificação jurídico-política**, remete ao liberalismo político, com a vinculação do Executivo e do Judiciário às leis aprovadas de forma abstrata. Além disso, radica o princípio na democracia e na separação de poderes. Sob o aspecto de **justificação jurídico-penal**, refere-se à teoria da coação psicológica da pena, de Feuerbach, e da sua função de prevenção geral. Por fim, fundamenta a legalidade, também no aspecto jurídico, no princípio da culpabilidade, que exige a potencial consciência da ilicitude[15].

---

15. ROXIN, Claus. Op. Cit., 1997, p. 141-147. Essa fundamentação política e penal do princípio da legalidade é colocada em xeque por Jakobs, que argumenta contrariamente ao que defende Roxin e a doutrina majoritária: JAKOBS, Günther. Op. Cit., 2008, p. 102-106.

Assim, o princípio da legalidade representa uma conquista política consistente na limitação da atuação do Poder Executivo e até mesmo das decisões judiciais por sua vinculação às leis, elaboradas de forma abstrata e provenientes do Poder Legislativo. Além disso, a separação de poderes e a democracia indicam que o parlamento é o poder mais próximo do povo, por se constituir de representantes eleitos. Por isso, a limitação aos direitos pela incriminação de condutas, como restrição às liberdades públicas, deve ser veiculada por meio de lei.

No aspecto jurídico-penal, Feuerbach, ao formular o conteúdo da legalidade como *nulla poena sine lege*, defendeu que a pena teria como objetivo a intimidação de todos, *possíveis protagonistas de lesões jurídicas*. Como consequência dessa função preventiva geral da pena, o fundamento para a sua imposição é justamente a prévia cominação legal: os indivíduos devem conhecer anteriormente o que é proibido para que possam ser coagidos psicologicamente a obedecer aos seus comandos[16]. Além disso, a pena pressupõe a culpabilidade para ser imposta. Só há culpabilidade se o agente atuar com atual ou, ao menos, potencial consciência da ilicitude. Não é possível que o agente possa ter consciência da ilicitude de seu comportamento se não pôde conhecer o conteúdo da lei penal.

O fundamento jurídico da legalidade se vincula à taxatividade da previsão das condutas incriminadoras, dando-se previsibilidade e segurança jurídica sobre o poder de punir do Estado e a sua extensão, enquanto o seu fundamento político se refere à proteção do indivíduo em relação ao Estado, como conquista do cidadão perante os poderes públicos, ou seja, liberdade pública, classificada como direito fundamental de primeira geração ou dimensão.

Decorrem da legalidade os princípios da anterioridade e da reserva legal.

Princípio da anterioridade: preconiza que a **lei penal deve ser anterior** para incidir sobre o fato. Só pode uma conduta ser considerada infração penal se estiver prevista em uma lei formal anterior. A exceção a esse princípio é a lei penal mais benéfica, que pode retroagir para beneficiar o réu.

Princípio da reserva legal: determina que deve haver **lei formal** para a previsão de crimes e contravenções penais. Isto é, não basta haver um ato normativo que preveja a conduta e lhe comine certa sanção. Para o Direito Penal, é preciso que haja lei, não bastando um decreto ou uma portaria. Alguns doutrinadores, entretanto, consideram como sinônimos a legalidade e a reserva legal[17]. Há ainda quem entenda que o termo reserva legal seria preferível, por ser mais específico e afastar espécies normativas diversas da lei formal para veiculação de normas incriminadoras[18].

Nilo Batista distingue a **reserva absoluta**, que preconiza que a lei sempre advenha do debate democrático levado a efeito no Poder Legislativo e que somente ela estabeleça uma definição de todos os elementos do tipo penal, da **reserva relativa**, que admite a existência de normas penais incriminadoras advindas de outras fontes de produção normativa. Sob o ponto de vista da reserva absoluta, seria questionável

---

16. FEUERBACH, Paul Johann Anselm Ritter von. Op. Cit., p. 50-51.
17. EISELE, Andreas. Direito penal: teoria do delito. Salvador: Editora Juspodivm, 2018, p. 95.
18. MASSON, Cleber. Ob. Cit., 2019, p. 21.

a constitucionalidade das normas penais em branco[19]. Prevalece que se exige apenas a reserva relativa de lei para as normas incriminadoras.

Legalidade formal e material

A legalidade pode ser compreendida, ainda, dos pontos de vista formal e material, nos seguintes termos:

a) **Formal:** a legalidade formal diz respeito ao devido processo legislativo. Não basta que haja lei, é necessário que seja uma **lei vigente**.

b) **Material:** a legalidade material se relaciona ao conteúdo da lei, exigindo que haja respeito à Constituição Federal e aos Tratados Internacionais de Direitos Humanos. Não basta uma lei vigente, é preciso que também seja uma **lei válida**.

Taxatividade e analogia

A lei penal deve ter como atributo a taxatividade, ou seja, prever exatamente aquilo que é considerado infração penal. Essa exigência de que a lei seja taxativa decorre da legalidade e do princípio da segurança jurídica, pois os cidadãos, destinatários da norma, devem ter conhecimento prévio de qual conduta configura uma infração penal e qual comportamento não enseja repressão penal. Exige-se, portanto, que haja lei formal, vigente e válida, mas não basta. Deve existir uma **lei precisa**.

A analogia é técnica de integração em caso de lacuna na legislação. Utiliza-se uma norma que veicula situação distinta para disciplinar caso similar, não compreendido no seu âmbito de regulação. Devido à exigência de taxatividade da norma penal, é vedada a analogia *in malam partem*. Não se pode utilizar uma norma, por analogia, para estender o poder punitivo estatal para além do que a lei efetivamente prevê. Desse modo, só se admite a analogia em favor do réu, ou seja, *in bonam partem*.

Taxatividade, determinação e descrição genérica

Os tipos penais devem ser claros e certos, e não indeterminados, imprecisos, ambíguos. Essa é uma exigência da taxatividade, que decorre do princípio da legalidade. Assim, não respeita o princípio da legalidade um tipo penal que seja vago ou impreciso, em cujo conteúdo se possa incluir conduta não prevista de forma previsível para seus destinatários. **É preciso que a lei penal seja certa**, determinada. Daí a afirmação do finalista Hans Welzel: "O autêntico perigo que ameaça o princípio do *nulla poena sine lege* não é a analogia, mas as leis penais indeterminadas"[20].

O uso de termos vagos pela lei penal incriminadora tornaria difícil para os indivíduos orientarem a sua conduta de modo a evitar a prática de infrações. Considerando que o "decisivo para se decidir entre empregar ou não um termo portador de vagueza é saber se os destinatários da linguagem programam sua forma

19. BATISTA, Nilo. Introdução Crítica ao Direito Penal Brasileiro. 12. ed. Rio de Janeiro: Revan, 2011, p. 70-72.
20. WELZEL, Hans. Derecho penal alemán. Parte general. Santiago: Editorial Jurídica de Chile, 2014, p. 47.

de vida com base no referido termo ou não"[21], é fácil notar o quanto as leis penais interferem na liberdade individual. Essa grande intervenção na esfera dos direitos individuais exige que a lei penal possibilite a correta compreensão do que é vedado e o que é penalmente irrelevante. Só assim cada pessoa pode decidir obedecer à lei ou, conscientemente, violá-la, situação que atrai a possibilidade de responsabilização.

A Corte Interamericana de Direitos Humanos tem decidido que o princípio da legalidade requer formulação da tipificação penal de forma expressa, precisa, taxativa e prévia. Assim, no caso *Castillo Petruzzi e outros contra o Peru*, definiu, de forma didática, que:

> *A Corte entende que na elaboração dos tipos penais* ***é preciso utilizar termos estritos e unívocos, que delimitem claramente as condutas puníveis, dando pleno sentido ao princípio da legalidade penal****. Este enseja uma clara definição da conduta incriminada, que fixe seus elementos e permita afastá-la de comportamentos não puníveis ou conduta ilícitas sancionáveis com medidas não criminais.* ***A ambiguidade na formulação dos tipos penais gera dúvidas e abre espaço para o arbítrio da autoridade****, particularmente indesejável quando se trata de estabelecer a responsabilidade penal dos indivíduos e sancioná-la com penas que afetam severamente bens fundamentais, como a vida ou a liberdade.*[22]

Uma exceção à exigência de taxatividade seriam **os tipos abertos**[23]. Tipos abertos são aqueles que exigem valoração para a sua aplicação, como a maioria dos tipos culposos do Código Penal. Os tipos fechados, por sua vez, seriam os que não exigem essa valoração. Cumpre anotar que essa concepção, de que os tipos culposos são abertos[24], não é unânime na doutrina[25].

De todo modo, para o entendimento majoritário, os delitos culposos na legislação brasileira são previstos por meio de tipos abertos, pois não indicam qual seria a quebra de cuidado que pode ensejar a responsabilização penal. A culpa pode ter como modalidades a imprudência, a imperícia ou a negligência. Pelas modalidades de culpa já se pode notar que não há uma definição muito fechada. O que é imprudência? O que seria um caso de imperícia? Quais são as hipóteses de negligência? O que é matar alguém de maneira culposa?

---

21. ÁVILA, Humberto. Teoria da Indeterminação no Direito: Entre a Indeterminação Aparente e a Determinação Latente. 2 ed. São Paulo: Editora JusPodivm, 2023, p. 59.
22. Tradução livre a partir da versão original em espanhol.
23. WELZEL, Hans. Derecho penal alemán. Parte general. Santiago: Editorial Jurídica de Chile, 2014, p. 205-206.
24. A maioria dos crimes culposos possuiria tipos abertos, como no caso do homicídio culposo, cuja norma se limita a estatuir que: "Se o homicídio é culposo: Pena – detenção, de um a três anos". O tipo não seria aberto no caso da receptação culposa, que possui definição da conduta típica. Alguns doutrinadores utilizam o termo "tipos culposos" para os casos em que a antijuridicidade ou ilicitude já devem ser analisadas em conjunto com o tipo, como nos casos em que se menciona a reprovabilidade (HILGENDORF, Eric; VALERIUS, Brian. Ob. Cit., 2019, p. 123).
25. ROXIN, Claus. Derecho Penal. Parte General, Tomo I. Fundamentos. La estrutura de la teoria del delito. Traducción de la 2ª edición alemana. Madrid: Thomson Reuters, 1997, p. 298-299. Günther Jakobs também não aceita essa definição. Para ele, a proibição de matar na forma culposa e dolosa são determinados na mesma medida, pois é preciso deduzir da norma diversas formas de matar, como matar a golpes ou envenenar (JAKOBS, Günther. Derecho Penal. Parte General. Fundamentos y teoría de la imputación. Traducción: Joaquin Cuello Contreras, Jose Luis Serrano Gonzalez de Murillo. 2ª edición corregida. Madrid: Marcial Ponts, 1997, p. 388).

Não é possível dar uma resposta precisa sobre os limites da negligência, aquilo que a configura e aquilo que não a configura. Mesmo nesse caso, exige-se um mínimo de determinação, um meio-termo. Sendo o elemento subjetivo (a culpa) um termo de definição menos precisa, os demais elementos do tipo devem estar previstos de forma determinada, sem ambiguidades.

Isso significa que os tipos totalmente vagos são vedados, já que se exige lei penal incriminadora que seja certa e determinada. **Admitem-se os tipos abertos**, como os da maioria dos crimes culposos, **mas se exige um mínimo de determinação**. O tipo penal não pode prever ser crime, por exemplo, *uma conduta imprópria em uma audiência judicial*, pois não é possível conceber, com segurança jurídica, que condutas seriam passíveis de responsabilização criminal.

Em suma, da legalidade pode-se retirar as seguintes conclusões quanto à lei penal:

- Deve ser anterior ao fato criminoso, em razão da anterioridade (*lex praevia*);
- Deve ser lei em sentido formal, escrita e publicada, pela reserva legal (*lex scripta*);
- Deve ser estrita, dada a vedação de analogia *in malam partem* (*lex stricta*);
- Deve ser certa, determinada, em nome da taxatividade (*lex certa*).

Por fim, cabe um questionamento interessante: a anterioridade e a não retroatividade abrangem a jurisprudência? Ou seja, é possível que uma interpretação diversa da lei penal retroaja para beneficiar o agente e, por outro lado, uma leitura mais rígida, adotada em determinado julgamento, só se aplique dali em diante?

A visão tradicional não estende a garantia da anterioridade e da não retroatividade à interpretação jurisprudencial. A discussão tem se tornado mais forte atualmente, inclusive em cortes internacionais. O Tribunal Europeu dos Direitos do Homem, a Corte de Estrasburgo, enfrentou o tema no emblemático caso *Dominique Pessino vs. França*, em que um sujeito continuou uma obra de construção de edifício na cidade de Cannes apesar de um impedimento administrativo. Como tinha havido mudança de entendimento sobre a configuração ou não de delito nessa situação, a Corte considerou que a França violou a anterioridade da lei penal ao condenar o sr. Pessino[26].

No Brasil, há divergência doutrinária sobre a retroatividade de mudança de entendimento jurisprudencial. O Superior Tribunal de Justiça tem compreendido que a alteração na interpretação jurisprudencial pode ser aplicada imediatamente, por não se tratar de criação de nova regra, mas mera atividade de interpretar as existentes. Em razão disso, a mudança da jurisprudência não se submete ao princípio da irretroatividade[27].

Tem decidido, assim, que a alteração no posicionamento da jurisprudência após o trânsito em julgado não autoriza, em regra, o manejo de revisão criminal[28].

---

26. Cour Européenne des Droits d L'Homme, Affaire Pessino c. France, Arrêt: Strasbourg, 10 octobre 2006.
27. STF, AgInt no AREsp n. 2.229.621/MG, Rel. Min. Moura Ribeiro, Terceira Turma, julgado em 27/3/2023, DJe de 29/3/2023.
28. STJ, AgRg no HC n. 883.684/SC, Rel. Min. Reynaldo Soares da Fonseca, Quinta Turma, julgado em 13/5/2024, DJe de 15/5/2024; AgRg nos EDcl no RHC n. 179.116/PB, Rel. Des. Conv. Jesuíno Rissato, Sexta Turma, julgado em 16/10/2023, DJe de 19/10/2023.

Excepcionalmente, essa regra já foi afastada em caso de novo entendimento que era favorável ao condenado e por se considerar que esse entendimento era relevante e atual[29].

No caso do julgamento que concluiu pela criminalização da homotransfobia por meio da aplicação da lei contra o racismo, a Lei n. 7.716/1989, o Supremo Tribunal Federal, em deferência à anterioridade penal, determinou que esse entendimento somente seria aplicável a condutas praticadas após a conclusão do julgamento. Assim, acertadamente, a Suprema Corte resguardou o princípio da legalidade, em sua exigência de anterioridade, importante conquista do cidadão, ao dar uma interpretação mais ampla de tipos penais: a nova compreensão sobre o crime de racismo somente pode ser aplicada para fatos praticados após o julgamento. Por outro lado, o julgado é questionável do ponto de vista da interpretação ampliativa, ao flexibilizar a taxatividade do tipo penal.

É preciso ressalvar que esse posicionamento do Supremo Tribunal Federal foi adotado apenas no caso de considerar a homotransfobia crime de racismo. Nos demais casos, a Corte tem decidido que os preceitos constitucionais relativos à irretroatividade da norma mais grave e da retroatividade da mais benéfica não se aplicam aos precedentes:

> *"Os preceitos constitucionais relativos à aplicação retroativa da norma penal benéfica, bem como à irretroatividade da norma mais grave ao acusado, ex vi do artigo 5º, XL, da Constituição Federal, são inaplicáveis aos precedentes jurisprudenciais." (STF, HC 232599 AgR, Rel. Min. Luiz Fux, Primeira Turma, julgado em 30-10-2023).*

> *"Os preceitos constitucionais alusivos à retroatividade da norma penal benéfica e à irretroatividade da mais grave não são aplicáveis a precedentes judiciais que revelam consolidação de entendimento jurisprudencial do Supremo na matéria." (STF, HC 208917, Rel. Min. Ricardo Lewandowski Rel. p/ Acórdão Min. Nunes Marques, Segunda Turma, julgado em 13-06-2023).*

2.4. Princípio da Intervenção Mínima (*ultima ratio*)

O princípio da intervenção mínima preconiza que só se deve criminalizar uma conduta se houver necessidade para a proteção do bem jurídico. O Direito Penal só deve atuar se os outros meios de controle social forem insuficientes, possuindo, portanto, caráter subsidiário, de *ultima ratio*. Isto é, **o Direito Penal só deve ser invocado, com a criação de um tipo penal, se os demais ramos do Direito não forem suficientes para coibir a conduta indesejada**. Ademais, só se deve utilizar uma norma penal para punir condutas que afrontem os bens jurídicos mais importantes para a sociedade, e não para a proteção de qualquer interesse social.

Esse princípio pode ser encontrado em um antigo documento, de grande importância para a História e para o Direito. Ele foi consagrado na Declaração dos Direitos do Homem e do Cidadão, da França, de 1789:

29. STJ, AgRg no HC n. 637.902/SC, Rel. Min.Antonio Saldanha Palheiro, Sexta Turma, julgado em 27/3/2023, DJe de 30/3/2023; STJ; RvCr n. 5.627/DF, Rel. Min. Joel Ilan Paciornik, Terceira Seção, DJe de 22/10/2021.

> *Art. 8º. A lei apenas deve estabelecer* ***penas estrita e evidentemente necessárias*** *e ninguém pode ser punido senão por força de uma lei estabelecida e promulgada antes do delito e legalmente aplicada.*

Nota-se que o histórico documento exige que as penas impostas por lei sejam estritamente necessárias, o que demonstra que, se forem desejadas, mas puderem ser substituídas por meios menos gravosos, o Direito Penal não deve incidir. Exige-se mais, pois o texto também enfatiza que as penas, que são a resposta do Direito Penal aos crimes cometidos por indivíduos imputáveis, devem ser evidentemente necessárias, ou seja, deve ser perceptível por todos a sua necessidade, demonstrando ainda mais o caráter de *ultima ratio* da intervenção criminal. Esse princípio se conecta à concepção de um Direito Penal mínimo, ou seja, que incrimine apenas o necessário.

Aprofundando no estudo do princípio, o alemão Winfried Hassemer faz duras críticas à legislação penal da atualidade, em que não há um estudo para elaborar os tipos penais e aperfeiçoar as penas, mas uma política criminal de intervenção exagerada na liberdade dos cidadãos, cujas razões são "medo do crime, controle de riscos, defesa de conflitos, lentidão processual". Hoje se tutelam bens jurídicos com uma abrangência muito grande, como a saúde do povo, e não apenas aqueles tradicionais, como a vida e a liberdade, o que permite que o sistema penal comporte todo tipo de proibição, até mesmo aquelas que eram do Direito Administrativo. A punição hoje se liga a riscos muitas vezes abstratos, e não mais a danos, o que leva a uma extensão da punibilidade para os atos preparatórios[30].

A partir das crises relacionadas ao Meio Ambiente, ao terrorismo e às drogas, Hassemer afirma que o Direito Penal passou a ser considerado **o principal instrumento de intervenção e de solução dos problemas da sociedade** (*sola ratio* ou *prima ratio*). Entretanto, esse Direito Penal que busca a prevenção de delitos e riscos sociais não atinge os seus objetivos e destrói os fundamentos do sistema penal (como o princípio da intervenção mínima, que ora estudamos). Apesar do aumento do rigor do Direito Penal, quase ninguém é apanhado e os poucos que são apanhados são "peixes pequenos", na maioria das vezes. O Direito Penal, assim compreendido, é simbólico e não protege os bens jurídicos[31].

O autor defende, assim, a elaboração de um **Direito de Intervenção ou Direito Interventivo** em lugar do Direito punitivo. O Direito Interventivo responderia mais apropriadamente aos anseios sociais de combate aos riscos ao mesmo tempo em que deixaria em paz os direitos fundamentais dos cidadãos. Esse Direito interventivo substituiria o Direito Penal nas áreas em que a sociedade busca uma resposta imediata, como na prevenção de riscos. O Direito Penal, assim, restringir-se-ia a um Direito Penal nuclear, com lesões aos bens jurídicos clássicos e perigos graves e visíveis. O Direito de Intervenção, por sua vez, teria garantias e normas processuais menos rígidas do que o Direito Penal, mas, ao mesmo tempo, seria dotado de

---

30. HASSEMER, Winfried. Direito Penal. Fundamentos, Estrutura, Política. Organização e revisão de Carlos Eduardo de Oliveira Vasconcelos. Tradução de Adriana Beckman Meirelles. Porto Alegre: Sergio Antonio Fabris Ed., 2008, p. 287-295.
31. HASSEMER, Winfried. Ob. Cit., p. 295-307.

sanções menos intensas. Seria um direito normativamente menos grave, mas mais adequado para coibir os novos comportamentos indesejáveis na sociedade atual[32].

Decorrem da intervenção mínima os princípios da fragmentariedade e da subsidiariedade.

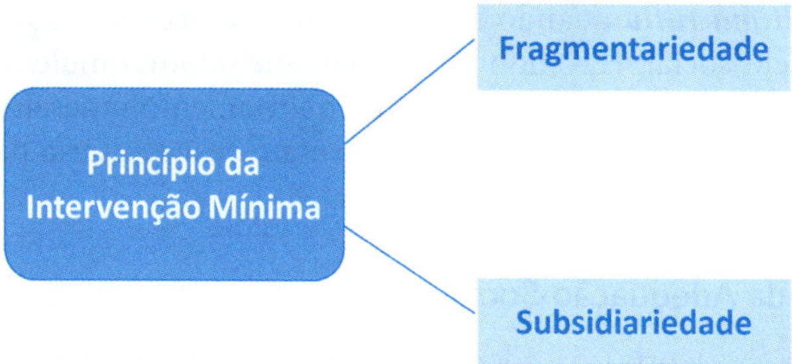

2.5. Princípio da Fragmentariedade

Segundo o princípio da fragmentariedade, o Direito Penal só deve criminalizar as condutas mais graves que sejam praticadas contra os bens jurídicos mais importantes. Possui, portanto, caráter fragmentário. Considerando o conjunto de todos os bens reconhecidos pela sociedade, o Direito Penal deve proteger apenas alguns fragmentos, ou seja, **só parte dos bens jurídicos é tutelada pelas normas penais incriminadoras**.

O Direito Penal não deve se preocupar com a moralidade pública, no sentido de inibir comportamentos tidos como inaceitáveis do ponto de vista da moral particular de determinado grupo social ou de eventual pensamento majoritário. Não devem ser punidas, criminalmente, ações meramente imorais. As sanções penais se prestam a apresentar a resposta estatal aos comportamentos que violem os bens jurídicos mais relevantes da sociedade, aqueles que demonstrem ser de importância primordial para determinada população.

Assim, conclui-se que o Direito Penal deve se dedicar exclusivamente à **proteção dos bens jurídicos mais importantes para a sociedade**. A seleção desses bens, a serem tutelados pelas normas penais, deve ser feita pela lei formal, em consonância, obviamente, com o que estabelece a Constituição da República.

De todo modo, cabe destacar que o STF não reconheceu a incidência desse princípio em processo instaurado pela prática do tipo penal de casa de prostituição. A Corte considerou que há proteção de bens jurídicos pelo tipo penal, consistentes na moralidade sexual e nos bons costumes, considerados de elevada importância social[33].

2.6. Princípio da Subsidiariedade

O princípio da subsidiariedade, decorrente da intervenção mínima, determina que, para coibir condutas consideradas indesejadas pela sociedade, devem ser utilizados,

32. HASSEMER, Winfried. Ob. Cit., p. 308-314.

33. STF, HC 104467/RS, Rel. Min. Cármen Lúcia, DJe 09/03/2011.

com preferência, os demais ramos do Direito, e não o Penal. Por isso, só se deve recorrer à criminalização como forma de coibir determinado comportamento se as demais sanções, como as administrativas, por exemplo, não forem suficientes para a salvaguarda do bem jurídico.

Assim, o Direito Penal é **subsidiário, ou seja, o último recurso do Estado**. Representa a ***ultima ratio*** quando se deseja punir determinada conduta tida por perniciosa no seio social. Havendo a possibilidade de uma multa de trânsito, por exemplo, resolver o problema e inibir um comportamento indesejado, não se deve criar um tipo penal, já que uma pena seria, então, desnecessária para o fim a que se destina.

2.7. Princípio da Adequação Social

O princípio (ou teoria) da adequação social determina que **o Direito Penal só deve considerar criminoso um fato que contrarie o sentimento de justiça da comunidade**. As condutas socialmente aceitas e que não afrontam a Constituição Federal devem ser excluídas do âmbito da norma. Só se punem condutas que tenham certa relevância social. Sua criação é atribuída a Hans Welzel[34].

Serviria, portanto, como um **princípio geral de interpretação**[35], fazendo com que se proceda a uma leitura dos tipos penais de acordo com o seu filtro, analisando se, a despeito de típicas, as condutas encontram ou não adequação ao que a sociedade como um todo entende como justo[36]. Essa teria sido a posição final do próprio Welzel, entendimento que parece ser seguido por Bitencourt[37]. Para outra parte da doutrina, seria uma **causa supralegal de exclusão da tipicidade**, excluindo do âmbito de incidência da norma penal incriminadora condutas aceitas e toleradas pela sociedade[38]. Seria uma exclusão da tipicidade por ausência do desvalor da conduta e do desvalor do resultado, o que afastaria a tipicidade material[39].

A doutrina aponta como exemplo o caso do jogo do bicho, em que se poderia diferenciar o pequeno apontador, que trabalha ilegalmente com o jogo sem grandes lucros, e o banqueiro, que se aproveita de um sistema organizado e dotado de capilaridade para auferir proveitos financeiros vultosos. A conduta do apontador, de módicos ganhos, estaria já aceita pela sociedade, que se acostumou aos jogos do bicho e muitas vezes sabe onde as apostas são feitas, mas que ainda pode se indignar com o banqueiro que se enriquece desse modo. Não se trata de caso com acolhida pela jurisprudência.

34. PRADO, Luiz Regis. Curso de direito penal brasileiro: parte geral e parte especial. 18. ed. Rio de Janeiro: Forense, 2020, p. 49.
35. CAMARGO, Antonio Luis Chaves. Ob. Cit., 2002, p. 67.
36. WELZEL, Hans. Derecho penal alemán. Parte general. Santiago: Editorial Jurídica de Chile, 2014, p. 98-101.
37. BITENCOURT, Cezar Roberto. Ob. Cit., 2020, p. 65-68.
38. ZAFFARONI, Eugenio Raúl; PIERANGELI, José Henrique. Manual de direito penal brasileiro, parte geral. 13. ed. rev. e atual. São Paulo: Thomsom Reuters Brasil, 2019, p. 503-504. PRADO, Luiz Regis. Curso de direito penal brasileiro: parte geral e parte especial. 18. ed. Rio de Janeiro: Forense, 2020, p. 49-50. MASSON, Cleber. Direito penal: parte geral (arts. 1º a 120) – vol. 1. 13. ed. São Paulo: Método, 2019, p. 41.
39. BITENCOURT, Cezar Roberto. Ob. Cit., 2020, p. 65-66.

Um exemplo menos controvertido é o do furo feito na orelha de bebês para aposição de brincos. O bebê não pode dar seu consentimento à prática. Entretanto, não se cogita de lesão corporal nem de maus tratos se a família opta pelos furos nas orelhas do recém-nascido. É um costume social que já possui uma aceitação tão forte na sociedade que sua prática não causa qualquer indignação ou sentimento de afronta. Desse modo, com base no princípio da adequação social, a conduta nem típica seria considerada, já que o tipo penal deve ser relido de acordo com o sentimento de justiça da sociedade.

Por outro lado, o STJ afastou a adequação social no caso de estupro de vulnerável, em que se argumentava existir a aceitação da sociedade quanto ao namoro entre um adulto e uma menor de quatorze anos. Essa concepção posterior levou à aprovação da Súmula 593 da Corte, posteriormente incorporada pelo próprio legislador, que, por meio da Lei n. 13.718/2018, inseriu o parágrafo quinto ao artigo 217-A do Código Penal, determinando que o crime independe do consentimento da vítima ou do fato de ela ter mantido relações sexuais anteriormente ao crime[40].

O STJ também afasta a aplicação do princípio no caso da venda de CDs e DVDs "piratas", falsificados, nos termos da Súmula 502:

> *Presentes a materialidade e a autoria, afigura-se típica, em relação ao crime previsto no art. 184, § 2º, do CP, a conduta de expor à venda CDs e DVDs piratas.*

O princípio da adequação social buscava excluir as ações realizadas com o devido cuidado, mas que produziam um resultado típico. Buscava evitar a responsabilização de condutas praticadas dentro da liberdade de ação, na concepção daquela sociedade em que praticadas, ou, em outros termos, são adequadas a uma vida social ordenada[41]. A sua concepção teria sido englobada pela teoria da **imputação objetiva**, mais técnica e com critérios mais definidos. Há a posição, entretanto, de que poderiam se complementar, de modo que a adequação social, como teoria da interpretação típica, seria compatível com a imputação objetiva[42].

2.8. Princípio da Culpabilidade

O princípio da culpabilidade preconiza que **somente se pode impor a pena a um indivíduo que possa ser pessoalmente censurado pela prática do fato**. A responsabilização com a aplicação de pena exige que seja possível reprovar o agente, de forma pessoal, pelo injusto praticado, isto é, pelo fato típico e ilícito. Vale ressalvar que, por outro lado, as medidas de segurança, podem ser impostas independentemente de culpabilidade, com base na periculosidade, isto é, sob o fundamento de exigência de neutralizar o perigo representado pelo agente[43].

Conforme o entendimento majoritário, esse princípio implica **não haver crime sem dolo ou culpa**. Essa denominação, portanto, foi delineada com base na concepção

---

40. STJ, REsp 1480881/PI, Rel. Min. Rogério Schietti Cruz, Terceira Seção, DJe 10/09/2015.
41. WELZEL, Hans. Derecho penal alemán. Parte general. Santiago: Editorial Jurídica de Chile, 2014, p. 98.
42. CAMARGO, Antonio Luis Chaves. Ob. Cit., 2002, p. 69.
43. HILGENDORF, Eric; VALERIUS, Brian. Ob. Cit., 2019, p. 43-44.

causalista de que dolo e culpa integravam a culpabilidade[44]. Entretanto, atualmente o dolo e a culpa integram a tipicidade, o que não alterou a nomenclatura usual desse princípio. Exige-se, para a responsabilização penal, que haja dolo ou culpa. Nessa concepção, pode-se denominá-lo de **princípio da responsabilidade subjetiva**, em oposição à responsabilidade penal objetiva, vedada em nosso ordenamento jurídico. É imprescindível, então, que haja culpa em sentido amplo, o que abrange o dolo e a culpa em sentido estrito.

É importante enfatizar que culpabilidade pode ser **elemento do crime** (crime, para a teoria tripartida, é fato típico, ilícito e culpável), **elemento de determinação da pena** (a pena deve ser individualizada na medida da culpabilidade de cada sujeito) e **vedação da responsabilidade objetiva** (exigência de dolo ou culpa).

Como princípio, a culpabilidade se refere à vedação da responsabilidade penal objetiva[45], aquela que não exige a análise do elemento subjetivo. Ante tal vedação, só se pode falar em responsabilização criminal no caso de apuração do dolo ou culpa do indivíduo para que haja sua punição. Sem culpa em sentido amplo (que abrange o dolo e a culpa em sentido estrito), não pode haver imposição de sanção penal.

A responsabilidade objetiva estava presente no Direito Canônico, da Igreja Católica Apostólica Romana, em que se desenvolveu a responsabilidade com base em *versari in re illicita*. Segundo esse instituto, ao optar por uma conduta ilícita, o agente deve responder pelas consequências que advierem dela, independentemente de dolo ou culpa.

Um exemplo doutrinário de aplicação do princípio da culpabilidade é o caso de uma facada desferida em um hemofílico, sem que o agente saiba dessa condição. Ora, tendo atingido a vítima de forma não letal, no seu braço, ele pretendia apenas causar lesão corporal. Assim, se não se comprovar que procedeu com dolo ou culpa, não responderá pelo resultado morte, mas apenas pela lesão corporal. O caso concreto deve ser analisado, de toda forma, para se concluir se o agente atuou ou não com alguma modalidade de culpa.

Alguns autores, em uma posição **minoritária**, defendem haver **resquícios de responsabilidade penal objetiva** em nosso ordenamento jurídico, listando três casos:

1) ***Actio libera in causa***: no caso de embriaguez completa não acidental, o agente, no momento da prática do delito, pode não ser capaz de compreender o

---

44. ZAFFARONI, Eugenio Raúl; PIERANGELI, José Henrique. Ob. Cit., 2019, p. 468. No mesmo sentido: PRADO, Luiz Regis. Curso de direito penal brasileiro: parte geral e parte especial. 18. ed. Rio de Janeiro: Forense, 2020, p. 40-41. Lado outro, há quem use a denominação de princípio da culpabilidade de forma mais adequada, conceituando-o como a exigência, para imposição de pena, de que o autor possa ser pessoalmente censurado pela realização do fato. Assim, criticam-se as medidas de segurança, como sanções que se impõem a indivíduos sem a culpabilidade do autor (HILGENDORF, Eric; VALERIUS, Brian. Trad. Orlandino Gleizer. 1. ed. São Paulo: Marcial Pons, 2019, p. 44).

45. De forma bastante próxima: BITENCOURT, Cezar Roberto. Parte geral. Coleção Tratado de direito penal volume 1. 26. ed. São Paulo: Saraiva Educação, 2020, p. 73-74. Também relacionando a culpabilidade com a responsabilidade subjetiva: NUCCI, Guilherme de Souza. Código Penal Comentado. 15. ed. Rio de Janeiro: Forense, 2015, p. 15-16. Prado usa o termo "princípio de culpabilidade e de imputação subjetiva (PRADO, Luiz Regis. Ob. Cit., 2020, p. 40-41). Sanches Cunha, contudo, separa as vertentes em dois princípios: responsabilidade subjetiva e culpabilidade (CUNHA, Rogério Sanches. Manual de direito penal: parte geral (arts. 1º ao 120). 8ª. ed. Salvador: Juspodivm, 2020, p. 118-119).

caráter ilícito do fato ou de determinar-se de acordo com esse entendimento. Com isso, em uma análise consequencial, não haveria, para alguns autores, o próprio elemento subjetivo. Se o agente está totalmente entorpecido, não pode ter atuado com vontade livre e consciente de praticar a conduta típica[46]. Não é, contudo, o entendimento que prevalece. A maior parte dos doutrinadores analisa a culpabilidade e o elemento subjetivo do agente em momento anterior, sendo que a atuação do agente foi livre na sua atuação que desencadeou sua conduta posterior, ou seja, a ação foi livre na causa, quando ele decidiu se embriagar[47]. Hungria, por exemplo, dizia não se tratar de responsabilidade objetiva, mas de responsabilidade por ampliação[48].

2) ***Aberratio ictus***: referida modalidade de erro, que se configura quando por acidente ou erro no uso dos meios de execução, ocorre quando o agente quer atingir uma pessoa, mas atinge outra. É o caso da mulher que envenena a sopa e deixa para sua patroa, mas uma colega chega um dia antes do retorno de férias e consome o alimento, por acidente. Alguns penalistas entendem que seria uma responsabilidade objetiva, já que a mulher não quis matar sua colega e responderá por homicídio doloso, nos termos do artigo 73 do Código Penal. Para outros, haveria um aproveitamento do dolo ou uma unidade de crime[49].

3) **Rixa qualificada**: no caso do crime de rixa, o parágrafo único do artigo 137 do CP determina que, se ocorre morte ou lesão corporal de natureza grave, aplica-se, pelo fato da participação na rixa, a pena de detenção, de seis meses a dois anos. Ou seja, pelo simples fato de que o agente participou do crime de rixa, a ele poderia ser imputado o resultado mais grave, de modo a possibilitar a aplicação de pena pela modalidade qualificada do delito. A responsabilidade, para alguns, seria objetiva. Pode-se argumentar, por outro lado, que a participação na rixa, de forma dolosa, criou condições para o resultado mais grave, o que tornaria possível a punição do agente, sem que se fale em ofensa ao princípio da culpabilidade. Outros, como Luiz Flávio Gomes, defendem que o resultado deve ser atribuído apenas se houver dolo ou culpa do agente com relação a ele[50].

2.9. Princípio da Ofensividade ou da Lesividade

Consoante o princípio da ofensividade ou da lesividade, **não pode haver crime sem que haja conteúdo ofensivo a bens jurídicos**. A repressão penal somente se justifica se houver lesão ou ameaça de lesão a um bem jurídico. Com base nesse

46. ZAFFARONI, E. R.; PIERANGELI, J. H. Ob. Cit., 2019, p. 473-476. PRADO, Luiz Regis. Ob. Cit., 2020, p. 205.
47. CUNHA, Rogério Sanches. Ob. Cit., 2020, p. 118. MASSON, Cleber. Ob. Cit., 2019, p. 48-50.
48. HUNGRIA, Nélson. Comentários ao Código Penal. Vol. I, Tomo 2º. 3. ed. Rio de Janeiro: Revista Forense, 1955, p. 381.
49. HUNGRIA, Nélson. Comentários ao Código Penal. Vol. I, Tomo 2º. 3. ed. Rio de Janeiro: Revista Forense, 1955, p. 243-245.
50. CUNHA, Rogério Sanches. Manual de direito penal: parte geral (arts. 1º ao 120). 8ª. ed. Salvador: Juspodivm, 2020, p. 118.

princípio, há doutrinadores que defendem a inconstitucionalidade dos crimes de perigo abstrato. Não se exige, nesses casos, a comprovação de perigo concreto a um bem jurídico, ou seja, de que o bem foi efetivamente exposto a risco. São exemplos desses crimes o porte ilegal de arma de fogo e a omissão de socorro. Não é necessário que o bem jurídico seja efetivamente posto em perigo, pois o perigo é presumido, possibilitando a punição de quem pratica a conduta típica.

Hassemer, por exemplo, aponta que eles retiram a possibilidade de avaliação da eficácia fática do Direito Penal, já que ele se desvincula da causação de um dano. Além disso, tornam a imputação mais simples, dispensando que se comprove o dano. Com isso, enfraqueceriam a posição do autor do fato, corroendo pilares do Direito Penal Liberal[51]. Essa posição, entretanto, não tem sido acolhida pela jurisprudência, que vem entendendo serem constitucionais os crimes de perigo abstrato. O STF decidiu assim sobre a embriaguez ao volante[52], bem como sobre o tipo penal previsto no art. 16, parágrafo primeiro, inciso IV, da Lei n. 10.826/2003. Nesse último caso, ressaltou ser necessária a sua constrição social, ante a proteção dos bens jurídicos como a segurança pública e a paz social[53].

Nilo Batista, que lhe dá uma conceituação bem abrangente, entende que o princípio da lesividade deve proibir a incriminação:

- de uma atitude interna;
- de uma conduta que não exceda o âmbito do próprio autor;
- de simples estados ou condições existenciais;
- de condutas desviadas que não afetem qualquer bem jurídico[54].

Há autores que fazem referência ao **princípio do fato ou da responsabilidade pelo fato**, o qual está abrangido pelo princípio da lesividade, como exposto acima. De todo modo, cumpre ressaltar que rezaria que o Direito Penal não pode se ocupar dos pensamentos ou intenções. A conduta que deve ser coibida pelo direito penal é o fato que causa lesão ou ameaça de lesão ao bem jurídico, e não planejamentos e intenções presentes no íntimo do sujeito.

2.10. Princípio da Autorresponsabilidade

No âmbito do Direito Penal, a autorresponsabilidade é o princípio que **veda a punição de alguém por estimular outra pessoa, capaz, a praticar uma conduta arriscada**. Não se deve punir terceiros pela conduta que uma pessoa decidiu livremente realizar, mesmo que estimulada ou auxiliada por outrem. A sociedade convive com riscos permitidos, como atividade profissional de limpeza de janelas de prédios muito altos ou a prática de esportes radicais. Atualmente, a maioria da doutrina afasta a responsabilidade penal nesses casos por meio da teoria da imputação objetiva, como elemento do fato típico.

---

51. HASSEMER, Winfried. Direito Penal. Fundamentos, estrutura, política. Org. e rev. Carlos Eduardo de Oliveira Vasconcelos. Tradução: Adriana Backman Meirelles *et. al.* Porto Alegre: Sérgio Antonio Fabris Ed., 2008, p. 228-229.
52. STF, RHC 110258/DF, Rel. Min. Dias Toffoli, Primeira Turma, Julgamento: 08/05/2012.
53. STF, ARE 1237663 AgR-segundo/PB, Rel. Min. Roberto Barroso, Primeira Turma, Julgamento: 13/12/2019.
54. BATISTA, Nilo. Introdução Crítica ao Direito Penal Brasileiro. 12. ed. Rio de Janeiro: Revan, 2011, p.225.

Imagine que João estimule seu desafeto a comprar uma passagem de avião, desejando ardentemente que haja uma pane e ele faleça no acidente. Mesmo que o avião venha a cair, por uma falha do piloto que nem sequer sabia do desejo do João, este último não poderá ser responsabilizado. Isso porque ele incentivou que seu inimigo viajasse, mas os riscos de uma viagem são permitidos e aceitos pela sociedade. Pode-se supor, ainda, que um sujeito presenteie sua namorada com um salto de *bungee jump*. Quando a moça salta, a corda se rompe e ela morre. O namorado, ainda que querendo o mal para sua namorada, não poderá ser responsabilizado, também porque se trata de uma decisão dela, livre e consciente, de assumir os riscos dessa atividade radical.

A ideia da autorresponsabilidade é abarcada pela teoria da imputação objetiva, adotada pelos funcionalistas Günther Jakobs e Claus Roxin. Os casos de autorresponsabilidade são abordados como caso de risco socialmente permitido, dentro da própria análise do fato típico, o que impede a responsabilização do agente pelo resultado produzido.

2.11. Princípio da Individualização da Pena

O princípio da individualização da pena é a exigência de se respeitar a proporção entre a conduta praticada e a pessoa do autor. Veda-se, assim, a padronização de punições. Não pode haver uma pena padrão para todos aqueles que cometem homicídio, mas sim uma consideração das circunstâncias específicas de cada fato e a imposição de uma pena individualizada para cada agente.

A individualização da pena abrange tanto **a fixação da pena na sentença**, dentro dos limites mínimo e máximo de pena, quanto **seu cumprimento (execução)**, com análise do mérito para progressão de regime, livramento condicional, etc. O princípio deve, ainda, nortear o **legislador na definição das sanções penais para os mais variados delitos**, com correlação entre um e outro, e das normas penais que disciplinam a execução da pena. O legislador não pode evitar que o juiz proceda à individualização da pena, tornando-a padronizada. Portanto, são três os âmbitos de incidência do princípio:

- Individualização legislativa: fixação dos limites abstratamente cominados ao tipo;
- Individualização judicial: fixação pelo juiz da pena concreta, com base na lei;
- Individualização executória: cumprimento da pena de forma particularizada.

Esse princípio está previsto no artigo 5º, inciso XLVI, da Constituição:

> *XLVI – a lei regulará a individualização da pena e adotará, entre outras, as seguintes:*
>
> *a) privação ou restrição da liberdade;*
>
> *b) perda de bens;*
>
> *c) multa;*
>
> *d) prestação social alternativa;*
>
> *e) suspensão ou interdição de direitos.*

O STF possui entendimento de que o legislador não pode impedir a individualização da pena pelo juiz, como mandamento constitucional. Esse processo de individualização envolve, assim, o momento legislativo, o judicial e o executivo. Por isso, foi declarada a inconstitucionalidade da vedação de conversão da pena privativa de liberdade em restritiva de direitos, o que estava previsto no artigo 44 da Lei n. 11.343/2006, para os crimes relacionados ao tráfico ilícito de entorpecentes[55]. Também considerou inadmissível a obrigatoriedade do regime inicial fechado para os crimes hediondos e equiparados, com declaração incidental de inconstitucionalidade do § 1º do art. 2º da Lei n. 8.072/1990[56].

O que o STF entendeu em ambos os casos é que **o legislador não pode impedir que o juiz proceda à individualização da pena no caso concreto**, atendendo às particularidades de cada fato e de cada processo em julgamento. Tampouco se pode retirar do Judiciário a possibilidade de analisar o comportamento do executado durante o cumprimento da pena. A execução da pena também deve ser individualizada, com deferimento de benefícios conforme o mérito do condenado.

2.12. Princípio da Confiança

O princípio da confiança funda-se na **legítima expectativa de que os demais indivíduos da sociedade agirão em conformidade com as regras sociais**[57]. Presume-se que todas as pessoas agirão de forma responsável, em razão do dever objetivo de cuidado que incide sobre todos. Foi estudado inicialmente nos casos de crimes **culposos**, em que a quebra de dever de cuidado pelo agente, por negligência, imprudência ou imperícia, deve ser analisada a partir do pressuposto de que ele podia agir esperando que os demais também respeitassem as regras, desde que atuasse em circunstâncias normais e não tivesse motivos para desconfiar de que não haveria o respeito do dever de cuidado por parte de terceiros.

Sua aplicação surgiu, na Alemanha, como limite ao dever de cuidado. Foi aplicado inicialmente a casos de **trânsito viário**, como no caso de preferência do condutor em cruzamentos. Também costuma ser aplicado à área da **medicina**, em que se pode exemplificar como o cirurgião age na legítima expectativa da observância das regras técnicas por sua equipe, como do instrumentador que vai lhe passar um bisturi esterilizado. O instrumentador tem conhecimento técnico e a função específica de cuidar dos instrumentos necessários para a realização da cirurgia.

Atualmente, vem sendo aplicado também ao **Direito Penal Econômico**, especialmente quando há divisão de trabalho. Por exemplo, pode-se imaginar um sistema organizacional de uma empresa, com vários setores diferentes, em que um diretor delega uma atribuição a um funcionário e confia na sua realização. O funcionário não realiza a sua atribuição e isso produz um resultado ilícito. Nessa hipótese, entretanto, há muita controvérsia. Isso porque na delegação resta ao diretor um dever de

55. STF, HC 97256, Rel. Min. Ayres Britto, Pleno, DJ 16/12/2010.
56. STF, HC 111840, Rel. Min. Dias Toffoli, Pleno, DJ 17/12/2013.
57. Para aprofundamento: SIQUEIRA, Flávia. O princípio da confiança no Direito Penal. Belo Horizonte: Editora D'Plácido, 2016.

fiscalização sobre o funcionário, o que torna mais discutível e complexa a aplicação do princípio da confiança[58].

Utilizando-se um exemplo do trânsito, o motorista que trafega pela via preferencial e passa diretamente pelo cruzamento não pode ser responsabilizado por alguém ter desrespeitado a regra de trânsito e, então, ter provocado uma colisão. Obviamente a confiança deve ser afastada se o sujeito tinha razão para desconfiar da não observância da norma pelos outros. É o caso do cruzamento cuja via preferencial foi modificada recentemente, razão pela qual o antigo morador do bairro não deve confiar, logo após a mudança, que os demais motoristas já atuem pela nova regra, após anos de costume em sentido contrário.

Roxin, apesar de mencionar o princípio da confiança no seu estudo sobre a imprudência, termo que utiliza para se referir aos crimes culposos, utiliza-o para definição se houve ou não a criação de um risco não permitido. Vale relembrar que a criação de um risco não permitido é a base ou o passo inicial para se atribuir o resultado ao agente no âmbito da teoria da **imputação objetiva**. O funcionalista moderado menciona a aplicação do princípio no trânsito; na cooperação com divisão de trabalho, incluindo aqui o caso de cirurgia médica; e quanto à regra de se confiar que os outros não cometam delitos dolosos, como na venda de facas ou de álcool[59].

Na concepção de Jakobs, o princípio da confiança atua como elemento ou critério da imputação objetiva. No caso de haver autorização para que o agente confie no comportamento correto dos demais indivíduos não se lhe pode responsabilizar pelo resultado produzido. O funcionalista radical entende que o princípio tanto representa uma espécie de risco permitido quanto de sua concepção de proibição de regresso[60]. Compreendido o princípio da confiança na teoria imputação objetiva, como fazem os funcionalistas, a sua aplicabilidade seria mais ampla, não se restringindo aos crimes culposos, como na concepção finalista.

O STJ julgou caso em que os membros de uma Comissão de Formatura foram processados criminalmente pela morte de um participante, afogado, na piscina. Adotando-se o princípio da confiança como elemento da imputação objetiva, afastou-se a responsabilidade penal, considerando-se que a vítima havia ingerido substâncias psicotrópicas, comportando-se, portanto, de forma contrária aos padrões esperados, o que afastaria a responsabilidade dos pacientes[61]. Posteriormente, em

58. Para aprofundamento: MONTANER FERNÁNDEZ, Raquel. Gestión empresarial y atribuición de responsabilidad penal: a propósito de la gestión medioambiental. Barcelona: Atelier, 2008. ESTELLITA, Heloisa. Responsabilidade penal de dirigentes de empresas por omissão: estudo sobre a responsabilidade omissiva imprópria de dirigentes de sociedades anônimas, limitadas e encarregados de cumprimento por crimes praticados por membros da empresa. São Paulo: Marcial Pons, 2017.

59. ROXIN, Claus. Derecho Penal. Parte General, Tomo I. Fundamentos. La estrutura de la teoria del delito. Traducción de Diego-Manuel Luzón Peña (Director); José Manuel Paredes Castañon, Miguel Días y García Conlledo; Javier de Vicente Remesal. Traducción de la 2ª edición alemana. Madrid: Thomson Reuters, 1997, p. 1004-1008.

60. JAKOBS, Günther. Tratado de direito penal. Teoria do Injusto Penal e Culpabilidade. MOREIRA, Luiz (org.). MENDES, Gercélia B de O.; CARVALHO, G. de (trad.). Belo Horizonte: Del Rey, 2008, p. 295. Esses temas (risco permitido e proibição do regresso) serão estudados na teoria da imputação objetiva.

61. STJ, HC 46525/MT, Rel. Min. Arnaldo Esteves Lima, Quinta Turma, DJ 10/04/2006.

outro julgado, consignou que o princípio da confiança é aceito como forma de se afastar a responsabilidade penal tanto pela jurisprudência do STJ quanto pela do STF[62]. Muitas vezes, a jurisprudência mescla esse princípio com outros institutos, confundindo-os entre si.

2.13. Princípio da Pessoalidade ou Intranscendência da Pena

O princípio da pessoalidade ou da personalidade determina que a pena não pode passar da pessoa do condenado. Ninguém pode, portanto, ser responsabilizado pela conduta de outra pessoa. Também é denominado **princípio da intranscendência da pena**. Alguns doutrinadores o consideram, ainda, um sinônimo do **princípio da responsabilidade pessoal**, segundo o qual a acusação e a pena devem ser individualizadas, dizendo respeito especificamente ao agente a quem se imputa a conduta. Sua previsão está no artigo 5º, inciso XLV, da Constituição:

> *XLV – **nenhuma pena passará da pessoa do condenado**, podendo a obrigação de reparar o dano e a decretação do perdimento de* bens *ser, nos termos da lei, estendidas aos sucessores e contra eles executadas, até o limite do valor do patrimônio transferido;*

Também há previsão na Convenção Americana de Direitos Humanos, conhecida como Pacto de São José da Costa Rica, em seu artigo 5, que trata do direito à integridade pessoal e que se inicia com o reconhecimento do direito ao respeito à integridade física, psíquica e moral:

> *3. A pena não pode passar da pessoa do delinquente.*

Essa é uma conquista ligada à substituição do Estado Absolutista pelo Estado de Direito[63]. Sem essa garantia, seria possível estender a punição de determinado indivíduo à sua estirpe, aos seus descendentes e até mesmo a demais familiares, como uma marca desonrosa pelo crime praticado por um de seus membros. Cuida-se de garantia bastante relevante por trazer a efetiva responsabilidade pessoal, ou seja, apenas por aquilo que a própria pessoa fez, e não pelas condutas alheias.

Obviamente, essa garantia não evita os chamados efeitos reflexos ou indiretos, que as pessoas próximas do condenado sempre sofrerão. Em caso de pena privativa de liberdade, haverá privação do convívio e, até mesmo, diminuição da renda familiar, atingindo inclusive os seus filhos, fundamento da existência, para os segurados do Regime Geral de Previdência Social, do auxílio reclusão. Ainda que se possa questionar o benefício, ele exige contribuição do segurado e não se volta ao delinquente, mas à proteção social de seus dependentes, privados de sua renda durante o seu encarceramento. É, portanto, uma medida de cunho previdenciário, de natureza contributiva, e não assistencial. Volta-se aos dependentes, e não a beneficiar quem foi encarcerado.

62. STJ, REsp 1115641/MG, Rel. Min. Sebastião Reis Júnior, Sexta Turma, DJe 09/05/2012.
63. CARVALHO, Américo A. Taipa de. Sucessão de Leis Penais. Coimbra: Coimbra Editora, 2008, p. 39.

Esse princípio foi consagrado, como visto acima, pela Constituição da República, que fez, entretanto, duas ressalvas: a obrigação de reparar o dano e a decretação do perdimento de bens podem ser estendidas aos sucessores e contra eles executadas. A matéria deve ser regulamentada em lei e respeitar o limite do valor do patrimônio transferido.

A **obrigação de reparar o dano** constitui, no regulamento dado pela legislação infraconstitucional, um efeito extrapenal da condenação. Não se trata, assim, de verdadeira exceção à intranscendência da pena, se analisada com rigor técnico, pois não possui a natureza de sanção penal.

Por sua vez, **o perdimento de bens e valores** é uma pena restritiva de direitos, que pode substituir, em determinados casos, a pena privativa de liberdade cominada ao delito. Pode-se notar que, aqui, há uma nítida exceção ao princípio da intranscendência, pois há uma pena que atingirá os herdeiros, mas dentro dos limites do patrimônio a eles transferido. Há posição, entretanto, de que o perdimento de bens se refere ao efeito extrapenal da condenação, e não a uma modalidade de sanção penal.

2.14. Princípio da Alteridade ou da Transcendentalidade

Conforme o princípio da alteridade ou da transcendentalidade, o Direito Penal **não deve se ocupar de atitudes meramente internas, que não apresentem potencial de lesionar o bem jurídico alheio**. Alteridade deriva da palavra *alter*, que significa *outro*. Não se pode punir as condutas humanas que não saem da **esfera da disponibilidade do agente**. Atribui-se a sua elaboração a Claus Roxin. Por outro lado, em uma concepção mais ampla do princípio da lesividade, como a de Nilo Batista, esse conteúdo estaria abrangido por ele.

O fato típico deve ultrapassar a pessoa do autor e ser capaz de atingir o outro, razão pela qual não se pune a autolesão (ressalvada a intenção de prejudicar outrem) nem o suicídio tentado. Não se deve confundir o princípio da transcendentalidade ou da alteridade com o princípio da intranscendência da pena, também chamado de princípio da pessoalidade ou da personalidade.

Para encerrar o estudo do princípio da alteridade, há um precedente do STJ em que se utilizou o princípio para a conclusão de não haver justa causa para a ação penal. O acusado havia funcionado como emissor de determinação de controle ambiental e, ao mesmo tempo, foi o responsável por seu descumprimento, não podendo, assim, figurar concomitantemente como sujeito ativo e passivo mediato, em razão do princípio da alteridade. Em suma, o acusado, prefeito municipal, teria emitido a norma que trazia uma exigência ambiental e depois, em razão do descumprimento desse dever em um loteamento, foi acusado de ter praticado o delito ambiental em razão da sua omissão[64].

2.15. Princípio da Exteriorização ou Materialização do Fato

O princípio da exteriorização ou materialização do fato preconiza que **o Estado só pode criminalizar condutas humanas voluntárias que se exteriorizem por**

64. STJ, HC 81175/SC, Rel. Min. Maria Thereza de Assis Moura, Sexta Turma, DJe 07/02/2011.

meio de conduta, seja comissiva (ação), seja omissiva (omissão). Por outro lado, em uma concepção mais ampla do princípio da lesividade, como a de Nilo Batista, esse conteúdo estaria abrangido por ele.

Não deve haver tipos penais que imponham sanção por pensamentos ou desejos íntimos. Deste modo, o Estado não deve punir convicções pessoais, ideologias ou a personalidade do cidadão. A exteriorização ou materialização do fato implica a vedação ao Direito Penal do autor, com a consagração do Direito Penal do Fato. Não se pode julgar um caso com fundamento em quem é o acusado, mas sim considerando-se o fato que se lhe imputa.

2.16. Princípio da Presunção de Inocência (ou da não culpa)

De acordo com o princípio da presunção de inocência, **nenhuma pessoa deve ser considerada culpada, senão após o trânsito em julgado da sentença penal condenatória**. Não se veda a prisão cautelar, que deve, entretanto, ser excepcional e, por óbvio, fundamentada. Ademais, conforme determina esse princípio, o ônus da prova incumbe à acusação, sendo que eventual dúvida do juiz deve ser resolvida em favor do réu (*in dubio pro reo*). Está previsto expressamente no artigo 5º, inciso LVII, da Constituição:

> *LVII – **ninguém será considerado culpado até o trânsito em julgado de sentença penal condenatória**,*

Com relação a esse princípio, o STF tem discutido, ao longo de muitos anos, se é possível a prisão após a condenação em segunda instância. Seria, em análise técnica, uma relativização do princípio da presunção de inocência. Até 2019, a Corte havia fixado o entendimento de que a execução provisória da pena imposta em segunda instância não ofenderia o princípio constitucional da presunção de inocência[65].

Entretanto, em novembro de 2019, houve **uma mudança do entendimento**, voltando ao que a Corte estava decidindo anteriormente ao HC 121348. A Corte voltou a entender, no julgamento das ações declaratórias de constitucionalidade 43, 44 e 54, de que o artigo 283 do CPP, que exige o trânsito em julgado da condenação, está de acordo com a garantia da presunção de inocência, prevista no artigo 5º, inciso LVII, da Constituição. Considerou-se que o dispositivo constitucional exige a apuração da culpa, com o esgotamento dos recursos cabíveis, para a execução da sanção penal, que não admite forma provisória[66]. Assim, só se impõe a pena após o trânsito em julgado.

2.17. Princípio da Vedação da Dupla Punição pelo Mesmo Fato

É o princípio que **veda a dupla punição pelo mesmo fato, bem como a dupla valoração de um mesmo fato para agravamento da pena**. Também se **proíbe a**

65. STF, HC 121348/MG, Rel. p/ acórdão Min. Luiz Fux, Primeira Turma, Julgamento: 12/09/2017.
66. STF, ADC 43, Rel. Min. Marco Aurélio, Tribunal Pleno, julgado em 07/11/2019. STF, HC 152919 AgR/MG, Rel. Min. Ricardo Lewandowski, Segunda Turma, Julgamento: 06/12/2019.

execução em dobro de uma pena, bem como que o indivíduo seja processado duas vezes pelo mesmo crime. Também denominado princípio da **proibição do *bis in idem*** ou princípio do ***ne bis in idem***, abrange três planos: o material, com a vedação de que um mesmo fato seja valorado mais de uma vez para imposição da sanção; o processual, pela vedação de o indivíduo ser processado duas vezes; e o executório, por ser defeso que o indivíduo seja punido duas vezes pela mesma conduta, ou seja, que sofra mais de uma execução penal pela mesma causa.

Caso haja uma condenação dupla pelo mesmo fato, surge a divergência, de índole processual, sobre qual deve prevalecer:

- **A sentença condenatória que primeiro transitou em julgado**: a primeira condenação faz coisa julgada, razão pela qual se torna uma garantia ao indivíduo, tornando inválido qualquer processo posterior. É a posição que prevalece, adotada pela jurisprudência do STF e em precedente da Sexta Turma do STJ[67].
- **A sentença condenatória que transitou em julgado por último**: como o Estado permitiu um novo processo, este último deve prevalecer. O STJ já adotou essa posição, mas na esfera cível, razão pela qual esse precedente não parece adequado para discussão criminal: "Em regra, após o trânsito em julgado (que, aqui, de modo algum se preexclui), a nulidade converte-se em simples rescindibilidade. O defeito, arguível em recurso como motivo de nulidade, caso subsista, não impede que a decisão, uma vez preclusas as vias recursais, surta efeito até que seja desconstituída, mediante rescisão" (BARBOSA MOREIRA, José Carlos. Comentários ao Código de Processo Civil)[68].

O artigo 8º do Código Penal, que trata da extraterritorialidade, prevê uma exceção a essa regra:

> *Art. 8º – A pena cumprida no estrangeiro atenua a pena imposta no Brasil pelo mesmo crime, quando diversas, ou nela é computada, quando idênticas.*

Referido artigo é de duvidosa constitucionalidade, mas o STF não apreciou esse tema em ação direta de inconstitucionalidade. O STJ, inclusive, já o aplicou, entendendo que a existência de litígio pendente de julgamento no exterior não pode obstar a formação, a continuidade ou a sobrevivência da ação penal no Brasil[69].

---

67. STF, HC 69003, Rel. Min. Carlos Velloso, Segunda Turma, julgado em 29/10/1991. STJ, RHC n. 69.586/PA, Rel. Min. Sebastião Reis Júnior, Rel. p/ acórdão Min. Rogerio Schietti Cruz, Sexta Turma, julgado em 27/11/2018, DJe de 4/2/2019.
68. STJ, EAREsp n. 600.811/SP, relator Ministro Og Fernandes, Corte Especial, julgado em 4/12/2019, DJe de 7/2/2020.
69. "Não há elementos suficientes nos autos para se afirmar, com certeza, que a investigação realizada no Uruguai envolveu exatamente as mesmas condutas. Ademais, caso se reconheça, na jurisdição ordinária, que o recorrente haja respondido, no Uruguai, pelos mesmos fatos delituosos a que veio a ser condenado no Brasil, dúvidas não há de que incidirá o art. 8º do Código Penal: "A pena cumprida no estrangeiro atenua a pena imposta no Brasil pelo mesmo crime, quando diversas, ou nela é computada, quando idênticas". Tal dispositivo, embora não cuide propriamente da proibição de dupla punição e persecução penais, dispõe sobre o modo como deve ser resolvida a situação de quem é punido por distintos Estados soberanos pela prática do mesmo delito".

Entretanto, em recente acórdão e em controle concreto de constitucionalidade, o Supremo entendeu que o dispositivo deve ser interpretado de forma restritiva, de acordo com os preceitos da Convenção Americana de Direitos Humanos e a interpretação dada pela Corte Interamericana de Direitos Humanos. Com isso, deve ser observada a regra de vedação de dupla persecução penal por fatos idênticos, salvo em caso de violação de deveres de investigação e persecução efetiva por um Estado estrangeiro. Nesse caso, essa persecução anterior pode ser considerada ilegítima, autorizando um novo processo penal com base na mesma acusação[70].

A Convenção Americana de Direitos Humanos prevê o princípio no seu artigo 8.4:

> *4. O acusado absolvido por sentença passada em julgado não poderá ser submetido a novo processo pelos mesmos fatos.*

O Estatuto de Roma, ao qual o Brasil aderiu e que instituiu o Tribunal Penal Internacional, também prevê, no artigo 20, o princípio do *ne bis in idem*:

> *1. Salvo disposição contrária do presente Estatuto, nenhuma pessoa poderá ser julgada pelo Tribunal por atos constitutivos de crimes pelos quais este já a tenha condenado ou absolvido.*

2.18. Princípio da Irretroatividade

Segundo o princípio da irretroatividade, **a lei penal não pode retroagir**, atingindo fatos anteriores a ela, **salvo se para beneficiar o réu**. Não se admite que a modificação da pena, com sanção mais rígida para a prática de determinada infração penal, seja aplicável a fatos ocorridos anteriormente. Por outro lado, a lei nova, que preveja sanção mais benigna, deve retroagir, beneficiando aquele que violou a norma penal. Sua previsão está expressa no artigo 5º, inciso XL, da Constituição:

> *XL – **a lei penal não retroagirá, salvo para beneficiar o réu**.*

Dessa regra sobrevém o entendimento de que a lei posterior que deixa de considerar a conduta como criminosa configura *abolitio criminis*, isto é, faz cessar todos os efeitos penais, ainda que de sentença penal já transitada em julgado. Por sua vez, a *novatio legis in mellius* ou *lex mitior*, ou seja, a lei penal mais recente e que seja mais benigna deve ser aplicável aos fatos anteriores. Assim, a lei com tratamento menos rígido sempre favorece o réu, ainda que seja para determinar a redução da pena de quem já a esteja cumprindo.

Pela norma constitucional, pode-se falar em irretroatividade da lei penal como regra, de modo que a retroatividade da norma penal mais favorável seria exceção. Considerando-se as suas raízes e a sua fundamentação doutrinária, haveria, na realidade, o **princípio da aplicação da lei penal mais favorável**. A sua origem estaria atrelada ao princípio da máxima restrição das normas que afetam direitos

(STJ, AgRg no RHC n. 106.983/SP, Rel. Min. Rogerio Schietti Cruz, Sexta Turma, julgado em 28/4/2020, DJe de 30/4/2020)

70. STF, HC 171118/SP, rel. Min. Gilmar Mendes, Segunda Turma, julgamento em 12/11/2019, Informativo 959.

e garantias fundamentais, o que levaria a uma interpretação restritiva de toda lei penal incriminadora. Seria, assim, uma origem político-criminal.

Haveria, de início, razões humanitárias para a retroatividade da lei mais favorável. Se a pena é um mal, consistente na retribuição a outro mal causado pelo crime, somente deve ser imposta quando absolutamente indispensável. Além disso, o principal fundamento seria a função preventiva da pena. Ao aprovar uma lei mais favorável, seria injusto que o Estado aplicasse as penas da lei antiga, se não entende mais necessária a aplicação da pena mais rígida. Essa elaboração do fundamento político-criminal da pena e, como consequência, da razão para a retroatividade da lei penal mais favorável é atribuída a Franz von Liszt[71].

A doutrina debate o tema da combinação de leis, se é possível ou não combinar normas penais da lei anterior e normas da lei posterior, o que implicaria uma normativa decorrente da mescla de ambas. Apesar dessa divergência, os Tribunais Superiores compreendem não ser possível a combinação de leis penais[72].

2.19. Princípio da Insignificância

O princípio da insignificância, também chamado de bagatela, preconiza que **o Direito Penal não deve se preocupar com bagatelas, isto é, a configuração de uma infração penal exige que haja uma ofensa de alguma gravidade ao bem jurídico protegido**. Tem sua origem apontada no Direito Romano, em que se falava que *de minima non curat praetor*. Nos termos atuais, seria como dizer que o Poder Judiciário não deve se ocupar de coisas mínimas. No campo do Direito Penal, credita-se a Claus Roxin, jurista alemão, sua introdução, o que teria ocorrido em 1964.

A insignificância afasta a tipicidade material da conduta. Isso porque, se a lesão ou ameaça de lesão forem ínfimas, não haverá tipicidade material, por ausência de relevância da lesão ou ameaça ao bem jurídico tutelado. Pode-se exemplificar com a subtração de um clipe ordinário. Do ponto de vista da tipicidade formal, haverá a adequação do fato à norma que tipifica o crime de furto, em um raciocínio de subsunção. Mas, no campo da tipicidade material, nota-se que a mera subtração de um clipe, por ser insignificante, não enseja lesão de alguma relevância ao patrimônio da vítima. Conclui-se, portanto, que tal fato não é típico, por não passar pela barreira da tipicidade material. Portanto, a insignificância afasta a tipicidade material.

A Primeira Turma do Supremo Tribunal Federal, no julgamento do HC 116242[73], estabeleceu requisitos que vêm sendo, desde então, adotados para se aferir a incidência ou não do princípio da insignificância: **mínima ofensividade da conduta do agente;**

71. CARVALHO, Américo A. Taipa de. Sucessão de Leis Penais. Coimbra: Coimbra Editora, 2008, p. 126-138.

72. STF, ARE 703988 AgR-ED/SP, Rel. Min. Dias Toffoli, Primeira Turma, Julgamento em 09/04/2014. Súmula 501 do STJ: "É cabível a aplicação retroativa da Lei n. 11.343/2006, desde que o resultado da incidência das suas dis-posições, na íntegra, seja mais favorável ao réu do que o advindo da aplicação da Lei n. 6.368/1976, sendo vedada a combinação de leis".

73. STF, HC 123533, Rel. Min. Roberto Barroso, Tribunal Pleno, julgado em 03/08/2015. Critérios utilizados posteriormente em vários julgados, tais como: RHC 201102 AgR, Rel. Min. Roberto Barroso, Primeira Turma, julgado em 28/06/2021; RHC 190315, Rel. Min. Edson Fachin, Segunda Turma, julgado em 15/12/2020.

ausência de periculosidade social da ação; reduzido grau de reprovabilidade do comportamento e inexpressividade da lesão jurídica causada.

M	ínima ofensividade
A	usência de periculosidade social da ação
R	eduzido grau de reprovabilidade
I	nexpressiva

Além desses critérios de aplicação, a Segunda Turma da Corte também assinalou, no julgamento do HC 84.412, a necessidade de se analisar a insignificância em conexão com os "postulados" da fragmentariedade e da intervenção mínima[74]. O princípio da intervenção mínima defende que o Direito Penal deve atuar como último recurso, como *ultima ratio* da sociedade para coibir comportamentos indesejados, selecionando aqueles mais gravosos. A fragmentariedade, princípio corolário da intervenção mínima, preconiza que só os bens jurídicos mais relevantes para a sociedade devem ser objeto de tutela penal, e não todo e qualquer interesse social.

Quanto à **reincidência**, a jurisprudência do STF consolidou-se no sentido de se analisar caso a caso, não se entendendo que essa circunstância, por si só, afasta a aplicação do princípio da insignificância[75]. Há, entretanto, precedentes da Suprema Corte em sentido contrário, afastando a possibilidade de reconhecimento da bagatela no caso de habitualidade delitiva específica ou reincidência[76]. O Superior Tribunal de Justiça, por sua vez, vem entendendo que a regra é afastar a aplicação, salvo peculiaridades do caso[77]. No final das contas, os Tribunais Superiores deixam a abertura para uma análise casuística se o réu já cometeu outros delitos, ainda que sem trânsito em julgado.

Pode-se analisar a hipótese do indivíduo que já foi agraciado com o entendimento de crime de bagatela por várias vezes, voltando a furtar pequenas mercadorias de um supermercado, de valor comercial. Nesse caso, pode ser necessário repensar se, com a reiteração de condutas, não estaremos diante de uma lesão jurídica já expressiva, além de maior grau de reprovabilidade do agente. Por outro lado, tome-se o caso de um funcionário de uma grande multinacional que subtraiu uma folha sulfite e foi advertido, tendo sido o caso levado à polícia e considerado insignificante. Ao procurar novo trabalho, repete a conduta. Ainda que se trate de reiteração de conduta formalmente típica, cuida-se de coisas subtraídas cujos valores, mesmo quando somados, continuam inexpressivos, não se demonstrando

74. STF, HC 84412, Relator Min. Celso de Mello, Segunda Turma, julgado em 19-10-2004.
75. STF, HC 201078 AgR, Rel. Min. Ricardo Lewandowski, Relator p/ Acórdão Min. Gilmar Mendes, Segunda Turma, julgado em 24/05/2021.
76. STF, HC 191126, Relator Min. Dias Toffoli, Primeira Turma, julgado em 29/03/2021.
77. STJ, AgRg no AREsp 1793517/SP, Rel. Des. Fed. Olindo Menezes, julgado em 03/08/2021, DJe 09/08/2021. STJ, RHC 118.548/RJ, Sexta Turma, Rel. Min. Rogerio Schietti Cruz, DJe 13/12/2019.

periculosidade do agente. Ademais, nenhuma ofensividade mais relevante pode ser observada em sua conduta.

As várias aplicações do princípio da insignificância devem ser analisadas caso a caso. No furto, o STJ tem adotado um parâmetro próximo a um décimo do salário-mínimo. Para o descaminho e os crimes tributários federais, o STF e o STJ têm adotado o limite de R$ 20.000,00, correspondente à atualização, por portarias, do limite legal estipulado para a desnecessidade de ajuizamento de execução fiscal. Quanto aos crimes tributários estaduais, esse paradigma não se estende automaticamente, dependendo de lei própria[78].

Existe controvérsia sobre o **reconhecimento da atipicidade material pelo delegado de polícia**. O STJ possui **precedente em sentido negativo**. No voto do relator, ficou consignado que a observância do princípio da insignificância no caso concreto é realizada *a posteriori*, pelo Poder Judiciário, com atenção às circunstâncias peculiares de cada caso[79]. Entretanto, cresce a posição doutrinária de que é sim possível[80]. Se manifesta a insignificância da conduta, deve haver o reconhecimento da atipicidade material pela autoridade policial. Se necessária a apuração, o caso deve ser investigado e submetido ao *dominus litis*, ou seja, o titular da ação penal, o membro do Ministério Público, para que forme a sua *opinio delicti*, a sua convicção sobre a ocorrência de crime.

Por fim, não se deve confundir o princípio da insignificância com a **bagatela imprópria**, reservada para aqueles casos em que, ainda que a lesão ou ameaça de lesão se mostrem relevantes, incide o princípio da desnecessidade da pena. São casos em que há uma lesão ou ameaça de lesão significativa a um bem jurídico, mas as circunstâncias que envolvem o caso demonstram que a pena é prescindível naquele caso. Seu fundamento estaria no próprio *caput* do artigo 59, que determina que o juiz fixe a sanção penal "conforme seja **necessário** e suficiente para reprovação e prevenção do crime".

Nota-se, assim, a **irrelevância penal do fato**. Ainda que o fato seja formal e materialmente típico, não se deve aplicar a sanção penal ao sujeito ativo da conduta, dada a desnecessidade de pena. Assim, Luiz Flávio Gomes defende uma visão ampla, com base no funcionalismo de Roxin[81]. O alemão defende que o Direito Penal seja permeado pela política criminal e que, além da culpabilidade, só haja a responsabilidade penal se houver necessidade da pena, o que se verifica pela sua função preventiva.

Em uma visão mais restritiva, só haveria possibilidade de o juiz verificar a desnecessidade da pena quando a lei assim determinar. É a posição de Guilherme Nucci, mais compatível com o sistema penal brasileiro. Seria o caso do perdão judicial

---

78. STJ, RHC 106210/CE, Rel. Min. Ribeiro Dantas, Quinta Turma, DJe 13/08/2019.
79. STJ, HC 318043/MS, Rel. Min. Félix Fischer, Quinta Turma, julgado em 02/06/2015, DJe 23/06/2015.
80. Posição do Delegado Gustavo Brentano: https://www.conjur.com.br/2018-fev-28/gustavo-brentano-uso-principio-insignificancia-delegado, acesso em 09.fev.2021. No mesmo sentido: MASSON, Cleber. Ob. Cit., 2019, p. 38-39.
81. Disponível em: https://professorlfg.jusbrasil.com.br/artigos/180174142/voce-sabe-o-que-e-bagatela-impropria.

previsto no artigo 121, § 5º, do Código Penal[82]. Incide, por exemplo, no caso do pai que, por imprudência ao arrastar um móvel na sua casa, acaba por causar a morte de seu filho que o observava, já que a pesada estante caiu sobre ambos. Processado por homicídio culposo, o juiz percebe que ele, o réu, por causa do ocorrido, ficou tetraplégico e apresenta depressão severa, conforme laudo médico. Nesse caso, o juiz deve deixar de aplicar a pena, se presentes os requisitos da lei, não por causa da insignificância da lesão provocada (bagatela própria), mesmo porque houve a morte de uma criança. O perdão judicial se fundamenta na **desnecessidade da pena**. Em uma visão restritiva, seria uma expressão da bagatela imprópria.

2.20. Princípio da Exclusiva Proteção do Bem Jurídico

O princípio da exclusiva proteção do bem jurídico limita a criminalização de condutas pelo Direito Penal no Estado Democrático de Direito, com a observância das normas constitucionais como requisito de validade de todo o ordenamento jurídico. A identificação do bem jurídico tutelado possibilita a verificação da possível incidência da insignificância, auxilia a solucionar eventual conflito aparente de normas e é útil na determinação da admissibilidade da tentativa e do momento da consumação da infração penal.

Como decorrência do princípio, **só se pode criminalizar condutas que representem uma violação de bens jurídicos tutelados pela sociedade**[83], não se admitindo a criminalização de pensamentos, condutas imorais ou comportamentos que afetem o pensamento ideológico dominante. A falta de tutela de um bem jurídico pela norma penal a torna ilegítima, inválida, pela ausência de proteção de interesse social legítimo. Dentro desse tema, vale recordar que alguns autores defendem que a Constituição é o único documento que pode trazer os bens jurídicos tutelados pelo Direito Penal, enquanto outros, em uma visão mais acertada, entendem que mesmo bens jurídicos não trazidos no texto constitucional podem ser tutelados por normas penais incriminadoras, desde que não incompatíveis com ele.

Além disso, aponta-se uma tendência, analisada com a teoria das velocidades do Professor Silva Sánchez[84], de crescente preocupação social com condutas arriscadas na sociedade, buscando-se, assim, uma antecipação da tutela realizada pelo Direito Penal. Deste modo, buscar-se-ia uma punição de momentos anteriores ao dano[85], como por meio dos crimes de perigo. Essa espécie de infração penal se contenta com a exposição de bens jurídicos à possibilidade de dano para sua configuração. Por outro lado, esses delitos, na maior parte das vezes, tutelariam interesses metaindividuais, o que transcende o chamado núcleo clássico do Direito Penal, de tutela

82. Também alia a bagatela imprópria ao perdão judicial: Samer Agi (https://www.conjur.com.br/2019-mar-21/samer-agi-principio-bagatela-impropria-violencia-domestica).

83. PRADO, Luiz Regis. Curso de direito penal brasileiro: parte geral e parte especial. 18. ed. Rio de Janeiro: Forense, 2020, p. 41-43.

84. SILVA SÁNCHEZ, Jesús María Silva. La expansión del Derecho penal. 3ª. ed. Madrid: Edisofer S.L., 2011, p. 178-188.

85. Para alguns autores, a tipificação de condutas anteriores à violação do bem jurídico, como no caso de petrechos para falsificação de moeda, ocorre por meio de um crime obstáculo (em italiano, *reati ostativi*).

dos bens jurídicos mais relevantes. Com isso, haveria uma expansão da incriminação de condutas, menor controle do legislador penal e mitigação do princípio da lesividade, o que levaria, na opinião de alguns autores, a uma **desmaterialização** do Direito Penal. Referido fenômeno também tem sido chamado de **espiritualização ou liquefação dos bens jurídicos penais**[86].

2.21. Princípio (ou Postulado) da Proporcionalidade

A proporcionalidade consiste na **limitação da ação estatal, com base nos critérios da necessidade e da adequação, ponderando-se os meios utilizados e os fins pretendidos**. Grande parte da doutrina se refere à proporcionalidade como princípio, mas o professor Humberto Ávila ensina que, na verdade, sua natureza é de **postulado**, ou seja, é uma metanorma, que nada mais é do que uma norma que busca possibilitar a aplicação de outras normas[87].

No Direito Penal, a criação, pelo legislador, de tipos penais, deve atender a uma vantagem social relevante (relação de custo-benefício). Ademais, as penas devem guardar a devida proporção quanto aos atos a que visam punir e à importância do bem jurídico tutelado[88]. No Estado Democrático de Direito, a liberdade de cada cidadão é um pressuposto lógico e deve ser presumida. Por isso, toda restrição à liberdade, com ameaça ou imposição de penas, deve ser plenamente justificada, sendo proporcional ao fim buscado, que é a proteção do bem jurídico tutelado por aquela incriminação.

Assim, não se pode admitir:

- Tipos penais de gravidade diversa com a mesma sanção penal;
- Tipos penais de igual gravidade com sanções penais diversas;
- Tipos penais com tratamento excessivamente rígido;
- Tipos penais com sanções desprovidas de qualquer coerção.

O postulado da proporcionalidade pode ser extraído, de forma indireta, do artigo 98, I, da Constituição, em que se determina que haja um procedimento oral e mais abreviado, com possibilidade de transação, para os casos de infrações penais de menor potencial ofensivo:

> *Art. 98. A União, no Distrito Federal e nos Territórios, e os Estados criarão:*
>
> *I – **juizados especiais**, providos por juízes togados, ou togados e leigos, competentes para a conciliação, o julgamento e a execução de causas cíveis de menor complexidade e **infrações penais de menor potencial ofensivo**, mediante os **procedimentos oral e sumaríssimo**, permitidos, nas hipóteses previstas em lei, **a transação** e o julgamento de recursos por turmas de juízes de primeiro grau;*

---

86. MASSON, Cleber. Direito penal: parte geral (arts. 1º a 120) – vol. 1. 13. ed. São Paulo: Método, 2019, p. 48-50.
87. ÁVILA, Humberto. Ob. Cit., 2014, p. 163-223.
88. Para aprofundamento: AVELAR, Michael Procopio Ribeiro Alves. A jurisdição constitucional e o direito penal: a proporcionalidade no controle de constitucionalidade das leis penais. *In*: NASCIMENTO, A. R.; VIEIRA, I. P. P. (org). Democracia e Constituição: reflexões para o debate jurídico no século XXI. São Paulo: Editora Liber Ars, 2020, p. 245-280 (*Ebook* gratuito).

A proporcionalidade pode se desdobrar em cinco elementos: **necessidade, adequação, legitimidade do meio, legitimidade do fim e proporcionalidade em sentido estrito ou ponderação**. Por isso, uma medida estatal que influencie os direitos individuais deve ser necessária, deve ser adequada àquilo que pretende, deve se utilizar de meios legítimos para alcançar um fim legítimo e, por fim, deve haver uma proporcionalidade entre todos esses critérios, ou, em outras palavras, ponderação que demonstre que estão consonantes e compatíveis.

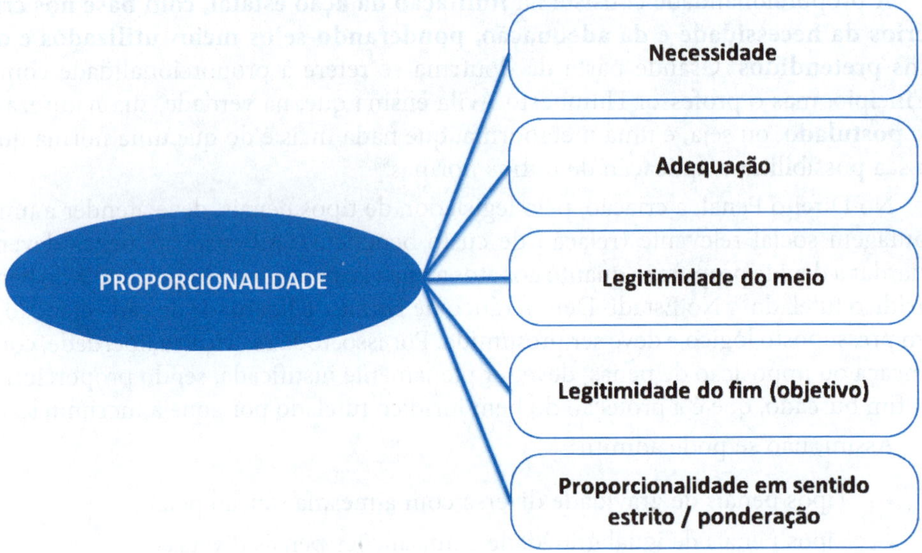

O princípio da proporcionalidade também possui as seguintes balizas: **a proibição do excesso e a vedação da proteção deficiente**. Por vezes, a Constituição determina a criminalização de determinadas condutas, podendo até mesmo preconizar um tratamento mais rígido a algumas infrações penais. Nesses casos, o legislador não pode deixar o bem jurídico sem proteção, sob pena de violar a norma constitucional. É o caso da proteção ao Meio Ambiente, dispondo o artigo 225, § 3º, que os infratores devem se sujeitar a sanções penais, dentre outras formas de responsabilização[89].

No caso do racismo, a Constituição, no seu artigo 5º, inciso XLII, prevê que referido crime é inafiançável e imprescritível, além de estar sujeito à pena de reclusão. Deste modo, o artigo 4º, § 2º, da Lei n. 7.716/1989[90], traz uma proteção deficiente, já que prevê as penas de multa e de prestação de serviços à comunidade, apesar de a Constituição exigir pena de reclusão. Não pode o Poder Judiciário

89. "§ 3º As condutas e atividades consideradas lesivas ao meio ambiente sujeitarão os infratores, pessoas físicas ou jurídicas, a sanções penais e administrativas, independentemente da obrigação de reparar os danos causados."

90. § 2º Ficará sujeito às penas de multa e de prestação de serviços à comunidade, incluindo atividades de promoção da igualdade racial, quem, em anúncios ou qualquer outra forma de recrutamento de trabalhadores, exigir aspectos de aparência próprios de raça ou etnia para emprego cujas atividades não justifiquem essas exigências.

readequar a pena, por não ser possível a incriminação ou a imposição de maior rigor na sanção penal sem lei em sentido estrito. Pode-se, por outro lado, reconhecer uma omissão legislativa inconstitucional, haja vista não ter sido cumprida a determinação constitucional.

Por outro lado, não pode, a pretexto de cumprir a norma superior, prever uma sanção penal desproporcional ao legislar sobre o tema, sob pena de se configurar excesso. Suponha-se uma pena de 30 a 40 anos de reclusão para um delito de sonegação tributária ou para um furto, enquanto o homicídio simples tem pena de 6 a 20 anos de reclusão. Seria nitidamente um caso de excesso punitivo. Essa discussão atualmente envolve as formas equiparadas do crime do artigo 273 do Código Penal, de falsificação, corrupção, adulteração ou alteração de produto destinado a fins terapêuticos ou medicinais, especialmente no § 1º-B. Isso porque se impõe a pena de 10 a 15 anos de reclusão, além de multa, não apenas à falsificação de medicamentos, mas também à venda de cosméticos sem registro, se exigível, no órgão de vigilância sanitária com essa atribuição e à distribuição de saneantes de procedência ignorada, como exemplos[91].

Há uma defesa da proporcionalidade, mesmo que implícita, quando Zaffaroni e Pierangeli defendem que o Direito Penal tem a função de proteção da segurança jurídica, o que deve ser entendido como a proteção de bens jurídicos, de forma a assegurar a coexistência, de viver em sociedade. Isso porque eles ensinam que a "pena, necessariamente, implica uma afetação de bens jurídicos do autor do delito (de sua liberdade, na prisão ou reclusão; de seu patrimônio, na multa; de seus direitos, nas penas restritivas). Esta privação de bens jurídicos do autor deve ter por objeto garantir os bens jurídicos dos demais integrantes da comunidade jurídica. Mas esta privação de bens **não pode exceder determinado limite** (...)"[92].

Há, portanto, limites para ambos os lados. Não se pode deixar de tutelar o bem jurídico, mas, do outro, não se pode causar uma punição excessiva a título de proteção de um bem jurídico protegido por norma constitucional.

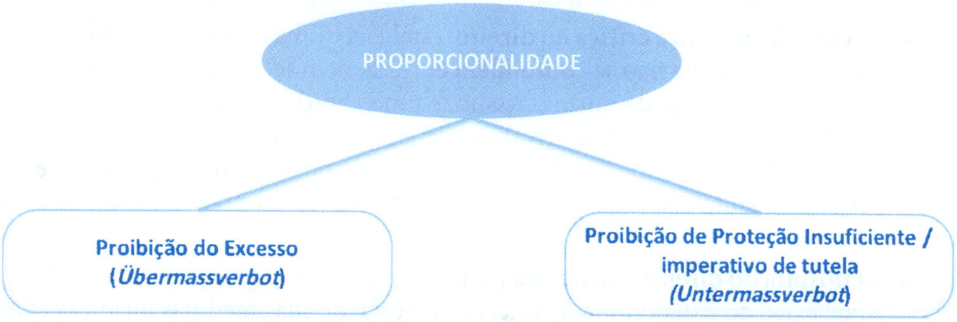

91. O tema será desenvolvido de forma mais detida na Parte Especial do Manual, quando da análise do delito do artigo 273 do CP.

92. ZAFFARONI, Eugenio Raúl; PIERANGELI, José Henrique. Manual de direito penal brasileiro, parte geral. 13. ed. rev. e atual. São Paulo: Thomsom Reuters Brasil, 2019, p. 90.

No âmbito da vedação da proteção deficiente, vale recordar que há, no texto constitucional, **mandados de criminalização**, ou seja, determinações do constituinte ao legislador ordinário no sentido de criminalizar determinadas condutas. É o caso do artigo 5º, inciso XLIII, que determina que "a lei considerará crimes inafiançáveis e insuscetíveis de graça ou anistia a prática da tortura, o tráfico ilícito de entorpecentes e drogas afins, o terrorismo e os definidos como crimes hediondos, por eles respondendo os mandantes, os executores e os que, podendo evitá-los, se omitirem."

Cuida-se de determinação constitucional de criminalização da tortura, do tráfico de drogas e do terrorismo, determinando, ainda, tratamento rigoroso, com vedação de graça ou anistia e de concessão de fiança. Se o legislador infraconstitucional previsse a punição da tortura com pena de multa, cominada de forma isolada, haveria, sem dúvidas, uma proteção deficiente do bem jurídico tutelado, com evidente desproporcionalidade.

3. PRINCÍPIOS DO GARANTISMO

O garantismo consiste em uma teoria elaborada pelo jurista italiano Luigi Ferrajoli. O garantismo consiste em um conjunto de princípios que visam a **legitimar o exercício do poder punitivo do Estado** com observância dos **direitos e garantias dos cidadãos**, tanto do ponto de vista **penal** quanto no âmbito **processual.** É, portanto, uma orientação de sistema penal estabelecida por várias constituições no mundo como "parâmetro de racionalidade, de justiça e de legitimidade da intervenção punitiva"[93].

Ferrajoli explicita que existem três significados para a palavra garantismo[94]:

- **Modelo normativo de direito**: é um modelo de direito penal vinculado, no Estado de Direito, à estrita legalidade, que se caracteriza como um sistema de limitação do poder punitivo e de maximização da liberdade dos indivíduos. Juridicamente, caracteriza-se como um sistema que impõe barreiras ao poder punitivo do Estado com a garantia dos direitos dos cidadãos.
- Assim, um sistema pode ser mais ou menos garantista, já que o garantismo é um parâmetro a ser utilizado para analisar os sistemas penais.
- **Teoria do direito e crítica ao direito**: estabelece uma distinção entre validade e efetividade, que não se confundem entre si, nem se confundem com a existência e a vigência da norma. Assim, é uma abordagem teórica que separa o *ser* (a prática, a praxe operativa) e o *dever ser* (o modelo normativo, previsto na legislação), considerando tanto o caráter normativo (o que o sistema prevê), quanto o realístico (como o sistema opera na prática), analisando a sua legitimidade.
- **Filosofia do direito e crítica da política**: o garantismo é uma filosofia política que exige do Estado uma justificação externa de suas medidas jurídicas com base nos bens e interesses tutelados. Desse modo, atua como uma doutrina de legitimação das normas penais.

---

93. FERRAJOLI, p. Luigi. Diritto e ragione. Teoria del garantismo penale. 11. ed. Bari: Editori Laterza, 2018, p. 891-946.
94. FERRAJOLI, p. Luigi. Ob. Cit., 2018, p. 891-895.

O sistema penal garantista, também chamado de cognitivo ou de estrita legalidade, é um modelo ideal, que deve ser buscado, mas não é perfeitamente alcançado. A sua sistematização pode ser feita por meio de **10 axiomas**, que se traduzem **em princípios**[95]**:**

Axiomas	Princípios
Nulla poena sine crimine	Retributividade/consequencialidade da pena
Nullum crimen sine lege	Legalidade (em sentido estrito)
Nulla lex (poenalis) sine necessitate	Necessidade/ Economia do Direito Penal
Nulla necessitas sine injuria	Lesividade/ofensividade
Nulla injuria sine actione	Materialização/Exteriorização da conduta
Nulla actio sine culpa	Culpabilidade/Responsabilidade pessoal
Nulla culpa sine judicio	Jurisdicionalidade (devido processo legal)
Nulla judicium sine accusatione	Acusatório
Nulla accusatio sine probatione	Do ônus da prova
Nulla probatio sine defensione	Do Contraditório/da ampla defesa

Ferrajoli observa que os axiomas não traduzem o que acontece, mas o que **deve acontecer**, por isso são proposições prescritivas (e não assertivas). Representam aquilo que um sistema penal deve buscar satisfazer, e não aquilo que o sistema penal já observa. Em outras palavras, possuem implicações deônticas, ligadas ao dever ser.

São princípios penais os seguintes: *nulla poena sine crimine, nullum crimen sine lege, nulla lex (poenalis) sine necessitate, nulla necessitas sine injuria, nulla injuria sine actione e nulla actio sine culpa*. São princípios processuais os seguintes: *nulla culpa sine judicio, nulla judicium sine accusatione, nulla accusatio sine probatione* e *nulla probatio sine defensione*[96].

Cada um dos princípios retrata uma **condição necessária** (mas não suficiente, por si só) para se afirmar a **responsabilização penal** e para se **aplicar a pena**. São *conditio sine qua non* para a responsabilização penal, traduzindo-se em **garantias jurídicas**. Os princípios vinculam o poder punitivo e deslegitimam o seu exercício de modo absoluto, ilimitado[97]. São princípios **penais** os que se vinculam a crime, lei, necessidade, ofensa, conduta e culpabilidade. Por outro lado, são princípios **processuais** os que se vinculam a juízo (jurisdicionalidade), acusação, prova e defesa.[98].

Uma visão crítica traz uma ideia de que o garantismo apregoado no Brasil seria **hiperbólico monocular**, ou seja, além de ser excessivo, buscaria tutelar apenas os

95. FERRAJOLI, p. Luigi. Ob. Cit., 2018, p. 69.
96. FERRAJOLI, p. Luigi. Ob. Cit., 2018, p. 68-69.
97. FERRAJOLI, p. Luigi. Ob. Cit., 2018, p. 68.
98. FERRAJOLI, p. Luigi. Ob. Cit., 2018, p. 68-69.

direitos do réu, e não o da sociedade. Um exemplo seria a negativa de que o Ministério Público possa investigar, em nome dos princípios do garantismo, o que não seria afastado pelo próprio Ferrajoli. Assim, o garantismo não poderia ser lido de forma a evitar a impunidade, defendendo-se um **garantismo integral**[99].

Na verdade, embora interessante a crítica, não parece que os direitos dos acusados exijam ou levem à impunidade. O que mais leva à impunidade no Brasil é a ausência de qualquer investigação efetiva, de modo que uma ínfima minoria de crimes graves são levados até a apreciação judicial[100]. Obviamente, há elementos que podem exigir reforma, como o sistema recursal e a morosidade do sistema de justiça, mas isso não se opõe necessariamente ao garantismo. De fato há decisões que reconhecem a nulidade de todo o processo, apesar de o vício eivar apenas um ato específico. Decisões judiciais que reconhecem nulidades de forma indevida, ainda que tachadas de garantistas, não são uma decorrência natural das garantias processuais, mas da interpretação que foi dada às leis no caso concreto – como pode ocorrer em qualquer atividade jurisdicional.

As exigências do garantismo buscam evitar, em primeiro plano, que **inocentes sejam punidos**, ao se exigir o devido processo legal, com respeito das garantias individuais, para a punição. Se observados os direitos do acusado, o processo penal levará à condenação do responsável. A ideia de que se deve evitar a impunidade não pode levar à condenação a qualquer custo ou a punição de inocentes como forma de se mostrar que houve uma atuação estatal. A pequena amostra de delitos levada ao Judiciário deve possuir provas suficientes à condenação, conforme um padrão probatório exigido pelo Estado de Direito, em que se deve preferir a absolvição de um culpado à condenação de um inocente.

QUADRO SINÓTICO

Princípios Penais	
Dignidade da pessoa humana	Preconiza um tratamento à pessoa que não lhe prive do mínimo necessário para que possa exercer sua capacidade de autodeterminação e afasta qualquer tratamento degradante. Veda a pena de morte (salvo em caso de guerra), as penas de caráter perpétuo, as penas de trabalhos forçados, as de banimento e, de modo geral, as cruéis.
Devido processo legal	Em sua faceta substancial se refere à limitação do exercício do poder, que deve se amoldar ao que determina a Constituição. No seu aspecto formal, formal consiste na exigência de respeito às normas processuais.

99. FISCHER, Douglas. Garantismo penal integral (e não o garantismo hiperbólico monocular) e o princípio da proporcionalidade: breves anotações de compreensão e aproximação dos seus ideais. Revista de Doutrina da 4ª Região, Porto Alegre, n. 28, mar. 2009. Disponível em: https://revistadoutrina.trf4.jus.br/artigos/edicao028/douglas_fischer.html. Acesso em: 29 jun. 2020.

100. MISSE, Michel. O inquérito policial no Brasil: resultados gerais de uma pesquisa. *In*: DILEMAS. Revista de Estudos de Conflito e Controle Social. Vol. 3, n. 7. Jan/Fev/Mar, 2010, p. 35-50.

Princípios Penais	
Legalidade	Garantia política e jurídica de exigência de lei formal (reserva legal) e anterior (anterioridade) para que se possa punir alguém.
Intervenção mínima	O Direito Penal deve intervir o mínimo possível na vida dos cidadãos. Decorrem dele os princípios da fragmentariedade e da subsidiariedade.
Fragmentariedade	As normas penais só tutelam os bens jurídicos mais relevantes da sociedade, e não todos.
Subsidiariedade	As normas penais funcionam como *ultima ratio*, só devendo atuar quando os outros ramos do Direito não forem suficientes para coibir o comportamento.
Adequação social	Princípio interpretativo, preconiza que aquilo que a sociedade aceita como adequado não deve ser considerado criminoso.
Culpabilidade	Vedação da responsabilidade penal objetiva, ao se exigir dolo ou culpa para imposição de sanção penal.
Ofensividade ou Lesividade	Exige-se uma lesão ou ameaça de lesão a um bem jurídico tutelado para que se possa punir penalmente.
Autorresponsabilidade	Veda a punição de alguém por ter participado de uma decisão livre e consciente da vítima, com capacidade de decisão.
Individualização da pena	A pena deve ser individualizada em cada caso, na previsão abstrata de delitos e penas, na fixação da pena pelo juiz e até mesmo em sua execução.
Confiança	Não se deve responsabilizar penalmente quem atua na livre expectativa que os demais cumpram o seu dever jurídico de cuidado.
Pessoalidade	A pena não deve passar da pessoa do condenado.
Alteridade	Só podem ser penalizadas condutas que ultrapassem o âmbito de disponibilidade do próprio agente, atingindo outrem.
Exteriorização do fato	Não se punem pensamentos, mas apenas condutas exteriorizadas.
Presunção de inocência	Todos devem ser presumidos inocentes, até prova em contrário.
Ne bis in idem	Ninguém pode ser punido duplamente ou processado mais de uma vez pelo mesmo fato.
Irretroatividade	A lei penal mais gravosa não pode retroagir, enquanto a lei mais benéfica deve retroagir para beneficiar o réu.
Insignificância	O Direito Penal não deve se ocupar de bagatelas, de modo que se exige relevância material da lesão ou ameaça de lesão, sob pena de atipicidade material.
Exclusiva proteção de bens jurídicos	Só se pode criminalizar condutas que representem uma violação de bens jurídicos tutelados pela sociedade.
Proporcionalidade	Postulado, muitas vezes referido como princípio, que exige necessidade, adequação e proporcionalidade em sentido estrito, além de legitimidade dos meios e fins, em toda intervenção estatal na vida dos indivíduos.

CAPÍTULO III
TEORIA DA NORMA PENAL

O estudo do Direito Penal, após a compreensão de aspectos introdutórios, deve perpassar a teoria da norma penal, o que abrange o estudo da interpretação da lei penal, de sua integração, de sua classificação, da lei penal no tempo, no espaço e da lei penal em relação às pessoas. Esse último tema será abordado de forma tangencial, não exaustiva, considerando que o Direito Constitucional e o Direito Internacional tratam das imunidades e prerrogativas.

O profissional da área jurídica deve saber, mais do que memorizar textos normativos, analisar circunstâncias fáticas, ou seja, acontecimentos da realidade e avaliar esse estado de coisas, dando-lhe uma solução jurídica. Para isso, utilizam-se preceitos, formulados de forma genérica, e presentes nos textos normativos. Da interpretação das leis, isto é, dos textos normativos, extraem-se as normas. As normas penais são compostas dos tipos, isto é, a descrição fática abstrata do comportamento censurado, e das consequências jurídicas para o caso de a conduta descrita no tipo ser realizada, ou seja, as sanções penais[1].

1. A INTERPRETAÇÃO DA NORMA PENAL

Para a aplicação da lei penal, é indispensável sua interpretação. Hoje a doutrina questiona até mesmo o aforismo *in claris cessat interpretatio*, ou seja, o entendimento de que a interpretação cessa com a clareza da norma. Renomados doutrinadores defendem que até mesmo para se dizer que a norma é clara é preciso que, antes, haja a interpretação sobre a sua clareza[2].

A interpretação da lei penal e o sentido da lei deram origem, inicialmente, a duas teorias. A **teoria subjetiva** busca atender à vontade do legislador histórico, a finalidade que fundamentou a aprovação da lei. Por sua vez, a **teoria objetiva** é centrada no chamado sentido objetivo da lei, isto é, do que pode ser extraído de seu texto, independentemente da vontade do legislador quando de sua elaboração. A melhor concepção é a reunião dessas duas, concebendo-se que não se pode atender apenas à vontade do legislador, que pode nem mesmo ser conhecida. Ao mesmo

1. HILGENDORF, Eric; VALERIUS, Brian. Trad. Orlandino Gleizer. 1. ed. São Paulo: Marcial Pons, 2019, p. 70.
2. MAXIMILIANO, Carlos. Hermenêutica e interpretação do direito. 20. ed. Rio de Janeiro: Forense, 2011, p. 27-32. HUNGRIA, Nélson. Comentários ao Código Penal, vol. 1, Tomo 1º. Arts. 1º ao 10. Rio de Janeiro: Forense, 1955, p. 51.

tempo, é preciso que o juiz, ao aplicar a lei, se vincule à decisão do legislador, que representa uma valoração de política criminal[3].

A interpretação das leis penais pode ser classificada quanto ao sujeito que interpreta, quanto ao modo pelo qual se interpreta e quanto ao resultado da interpretação.

Quanto à origem ou ao sujeito:

Quanto à origem da interpretação ou ao sujeito que interpreta a norma, classifica-se em autêntica ou legislativa, doutrinária ou científica e judicial ou jurisprudencial.

A interpretação dita **autêntica ou legislativa** é aquela realizada pelo próprio legislador, seja no próprio contexto da elaboração da norma ou posteriormente, por meio de nova lei que dispõe sobre o tema. A interpretação dada é realizada pelo Poder Legislativo, que aponta a forma de se interpretar a norma que ele próprio produz.

A interpretação legislativa pode ser **contextual**, se a interpretação é feita no próprio corpo da norma. É o que ocorre, por exemplo, no caso do artigo 327 do Código Penal, que prevê o conceito de funcionário público a ser adotado para interpretação das normas penais. A interpretação legislativa pode, ainda, ser **posterior**, ou seja, após a elaboração da norma penal, cujo conteúdo pode suscitar dúvidas, o Poder Legislativo edita nova lei para demonstrar a forma de interpretação daquela outra. Não é considerada interpretação autêntica a exposição de motivos que acompanha determinados diplomas legais, como é o caso do Código Penal. Por não compor o texto legal e não possuir caráter vinculante, o que se extrai da exposição de motivos é interpretação doutrinária ou até mesmo histórica, e não legislativa.

A interpretação pode, ainda, ser **doutrinária ou científica**. É a interpretação realizada pelos estudiosos do Direito Penal, que definem conceitos, institutos e dão sentido à interpretação das normas penais. Diz-se que essa interpretação consiste na *communis opinio doctorum*, ou seja, a compreensão que os juristas têm do Direito Penal. Não possui caráter de fonte do Direito, como visto acima, para uma visão tradicional, mas muito influencia na sua aplicação e até mesmo na elaboração das normas penais.

A interpretação pode ser, por fim, **judicial ou jurisprudencial**. É o entendimento dos juízes e dos tribunais a respeito das normas penais, dando-lhes sentido e aplicação prática nos casos que lhes são apresentados. Ainda que para a doutrina tradicional a jurisprudência não seja fonte do Direito Penal, a interpretação jurisdicional revela-se importante referência de interpretação das leis penais. Por isso, estudam-se os posicionamentos do Poder Judiciário sobre as normas, principalmente do Superior Tribunal de Justiça e do Supremo Tribunal Federal. Isso porque a aplicação concreta do Direito Penal compete ao Poder Judiciário, que delimita o alcance das normas penais e lhes esclarece o sentido. Daí advém a chamada jurisprudência, que nada mais é do que a **reiteração de julgados em determinado sentido**. Cuida-se, portanto, da interpretação judicial dotada de certa constância e que serve, assim, de orientação sobre a forma como o Poder Judiciário vem aplicando determinada norma.

---

3. ROXIN, Claus. Op. Cit., 1997, p. 150.

Quanto ao meio ou modo:

A interpretação pode ser **gramatical, literal, filológica ou sintática**. Cuida-se da forma mais simples de se proceder à ilação das normas penais e, por isso, a doutrina aponta que deve ser conjugada com as diversas formas para melhor compreensão das normas. A interpretação gramatical é aquela que se fundamenta no sentido e no significado das palavras, utilizando-se os conhecimentos da língua utilizada na elaboração das leis.

Ainda que seja o modo menos desenvolvido, cuidando-se de mera interpretação do texto normativo pelo sentido das palavras utilizadas, trata-se de importante limite à norma que se pode extrair dele. A interpretação não pode ultrapassar o limite do sentido das palavras utilizadas pelo legislador para incriminar determinada conduta ou agravar a sua pena, sob pena de ofensa ao princípio da legalidade.

A interpretação pode também ser **histórica**, que se volta à análise da conjuntura política e social da época da elaboração da norma. Exploram-se, nesse âmbito, as discussões e proposições realizadas no curso do processo legiferante, ou seja, durante o procedimento de elaboração e de aprovação da lei.

Classifica-se, ainda, em **sistemática**, quando envolve a consideração da norma penal em relação ao seu conjunto. Nesse modo, interpreta-se a lei considerando-se a sua posição no ordenamento jurídico como um todo, além de se considerar o dispositivo normativo em vista dos demais. Leva-se em consideração, então, todo o sistema do Direito Penal para se interpretar determinado dispositivo normativo.

A interpretação **lógica ou teleológica** volta-se para a razão lógica da norma, bem como para a sua finalidade. Busca entender o alcance e o sentido da norma penal, por aquilo que ela busca estabelecer.

Há, ainda, a chamada interpretação **progressiva, adaptativa ou evolutiva**. É a forma de se compreender a norma penal no contexto social, sendo que ela deve acompanhar o desenvolvimento da sociedade e suas transformações. Isso ocorre, por exemplo, com o crime de ato obsceno. O que era considerado ato obsceno quando da promulgação do Código Penal é muito diverso do que se considera atualmente uma obscenidade. Desse modo, a interpretação da norma penal deve levar em conta as mudanças da sociedade para se delimitar o seu alcance e se compreender o seu sentido.

Quanto ao resultado:

Quanto ao resultado da interpretação, ela pode ser **declarativa**. Diz-se declarativa a interpretação, quando o seu produto é exatamente aquilo que a norma prevê, sem que haja elastecimento ou restrição do alcance do seu texto. Chega-se à conclusão, por meio da interpretação, de que a norma diz exatamente aquilo que queria dizer.

A interpretação é **restritiva** quando o intérprete considera que a lei diz mais do que queria. Ocorre quando o texto possui um sentido literal mais amplo do que a finalidade da norma aponta, o que faz com que se restrinja o seu sentido na sua aplicação. Adequa-se o texto da lei penal, dele se extraindo norma mais restrita que a letra da lei previa.

Por fim, diz-se **extensiva** a interpretação que ocorre quando a lei diz menos do que deveria. Assim, amplia-se o sentido da lei para abarcar situação que não estava presente na letra da lei, na sua escrita pura e simples. O intérprete verifica que a norma deve ser compreendida de uma forma mais ampla, por ter exprimido menos do que buscava.

Existe **controvérsia** a respeito de se adotar **interpretação extensiva** de normas penais quando se trata de situação **contrária ao interesse do réu**. São duas as correntes:

1ª Posição: tratando-se de interpretação extensiva, que amplia o alcance da norma penal, só pode ser adotada para beneficiar o réu. Não se admite a alteração do sentido da norma para se abarcar situação nela não prevista, aumentando, por exemplo, o alcance de determinados tipos penais para neles se compreender situações não decorrentes do texto expresso da lei. Em razão do princípio da legalidade e da consequente reserva legal, não se pode incluir no texto da norma o que ela não diz, salvo se para se beneficiar o réu. Assim como se veda analogia *in malam partem*, não se pode admitir interpretação extensiva em desfavor do réu. Há julgados do STF nesse sentido[4].

2ª Posição: a interpretação é forma de se extrair o sentido da norma, não se tratando de sua alteração. Assim, ao se interpretá-la, seja com resultado declarativo, extensivo ou restritivo, nada se faz além de se compreendê-la, extraindo o seu real sentido e significado. Desse modo, não há que se falar em vedação da interpretação extensiva se esta contrariar os interesses do réu. Isso porque a interpretação não inova o ordenamento jurídico, nem altera a norma, mas é o processo de extração da norma penal, do sentido jurídico, do texto legislativo. Não se deve aplicar aqui, para esse posicionamento, o mesmo entendimento acerca da analogia, que é vedada *in malam partem*. Isso porque a analogia é método de integração que faz incidir normas previstas para outra situação, suprindo a lacuna da lei em determinado campo. Na interpretação extensiva, o que se busca é o próprio sentido a lei, não a supressão de lacuna, com aplicação de normas previstas para situação diversa. Com essa posição, Nélson Hungria admite a interpretação extensiva excepcionalmente, exemplificando com a incriminação da poligamia por meio do tipo da bigamia[5]. É considerada a majoritária atualmente[6].

Há alguns casos em que realmente é cabível uma interpretação que vai além do sentido literal da norma, como no exemplo de Hungria. Na verdade, a norma é extraída do texto e nesse processo sempre haverá subjetividade. A verdadeira questão é o limite entre essa interpretação que busca um sentido da norma além do seu texto e o verdadeiro emprego da analogia. Muitas vezes a linha fronteiriça é tênue e se utiliza do termo interpretação para realizar autêntica analogia, como buscar incluir Distrito Federal no tipo penal que só se refere a Estado, compreensão de parte da doutrina no caso do dano qualificado antes da alteração realizada pela Lei n. 13.531/2017. Compreende-se

4. RHC 85026, Rel. Min. Eros Grau, Primeira Turma, julgado em 26/04/2005 e HC 98422, Rel. Min. Gilmar Mendes, Segunda Turma, julgado em 05/10/2010.
5. HUNGRIA, Nélson. Comentários ao Código Penal, vol. 1, Tomo 1º. Arts. 1º ao 10. Rio de Janeiro: Forense, 1955, p. 81-82.
6. MASSON, Cleber. Direito penal: parte geral (arts. 1º a 120) – vol. 1. 13. ed. São Paulo: Método, 2019, p. 102. Parece ser a posição de Sanches Cunha (CUNHA, Rogério Sanches. Manual de direito penal: parte geral (arts. 1º ao 120). 8ª. ed. Salvador: Juspodivm, 2020, p. 133) e de Bitencourt (BITENCOURT, Cezar Roberto. Ob. Cit., 2020, p. 72-73). No Direito Comparado: ROXIN, Claus. Op. Cit., 1997, p. 150.

a falta de lógica do legislador, o que levava à necessidade de correção pelo Legislativo, e não por manobras hermenêuticas, mesmo que voltadas ao *bom senso*.

As boas intenções não são suficientes para salvaguardar as liberdades públicas, por ser um conceito variável. A legalidade é uma conquista social e, a cada interpretação mirabolante para se punir quem se tacha de criminoso, toda a população perde direitos frente ao poder de punir, que nem sempre atua de modo impessoal e ético. Como bem lembra o penalista português Taipa de Carvalho, "mesmo o Estado dito de Direito não está imune à tentação de utilizar o 'direito de punir' em função dos seus objetivos de poder político"[7].

2. INTERPRETAÇÃO EXTENSIVA, ANALOGIA E INTERPRETAÇÃO ANALÓGICA

Como visto no item anterior, há controvérsia sobre o alcance da analogia e da interpretação extensiva. A esses termos deve-se acrescentar a interpretação analógica, de modo a possibilitar a sua diferenciação e a melhor compreensão de suas nuances.

A **analogia** é técnica de integração do Direito, que busca suprir as lacunas da lei com utilização de normas que regulam situação com algumas semelhanças. Como visto, por aumentar o âmbito de aplicação da norma penal, a analogia não pode ser utilizada para normas penais incriminadoras. Assim, só se admite analogia *in bonam partem*, ou seja, para beneficiar o réu. O estudo da analogia se refere à chamada **integração da lei penal**.

A **interpretação extensiva**, por sua vez, é uma classificação da interpretação quanto ao resultado. Diz-se extensiva a interpretação quando se considera que a lei expressa menos do que pretende, diz menos do que queria dizer. Nesses casos, busca-se adequar o sentido da lei para que o seu alcance seja o adequado. Há controvérsia doutrinária quanto ao uso da interpretação extensiva em prejuízo do réu.

De todo modo, enquanto a analogia busca a integração do Direito, com aplicação de regras previstas para uma situação parecida em caso de lacuna da lei, a interpretação extensiva é apenas uma classificação da forma de se extrair o conteúdo da norma. Cuida-se de interpretação que amplia o sentido do texto legal, para se adequar ao sentido que se pretendia com a norma penal. Portanto, são institutos diversos. Interessante é a diferenciação feita por Norberto Bobbio:

> *Creio que o único critério aceitável seja aquele que procura compreender a diferença em relação aos diversos efeitos, respectivamente, da extensão analógica e da interpretação extensiva: o efeito da primeira é a criação de uma nova norma jurídica; o efeito da segunda é a extensão de uma norma a casos não previstos por ela.*[8]

Há, ainda, a chamada **interpretação analógica**, que tampouco se confunde com a analogia ou com a interpretação extensiva. Na interpretação analógica, o legislador utiliza a técnica de, após a enumeração de hipóteses de aplicação da norma,

7. CARVALHO, Américo A. Taipa de. Sucessão de Leis Penais. Coimbra: Coimbra Editora, 2008, p. 43-44.
8. BOBBIO, Norberto. Teoria do ordenamento jurídico. Tradução de Ari Marcelo Solo; prefácio de Celso Lafer, apresentação de Tércio Sampaio Ferraz Júnior. 2. ed. São Paulo: EDIPRO, 2014, p. 145.

abrir a possibilidade de sua aplicação em situações semelhantes, por meio de uma fórmula mais genérica.

Não se confunde com a analogia, pois na interpretação analógica não há lacuna na lei, pois o próprio legislador prevê esse âmbito de aplicação da norma. Demais disso, não se cuida de interpretação dita extensiva, já que aqui não se busca ampliar o sentido do texto porque a norma disse menos do que desejava. Na interpretação analógica, o texto diz exatamente o que pretende, tanto que já prevê um rol de casuísmos e depois se utiliza de uma cláusula mais ampla.

No inciso I do § 2º do artigo 121 do Código Penal, prevê-se que o homicídio será qualificado quando for cometido "mediante paga ou promessa de recompensa, ou por outro motivo torpe". O crime é qualificado quando por alguma circunstância é aplicável uma nova pena cominada de forma abstrata, com novo limite mínimo e novo limite máximo. Se a pena para o homicídio simples é de reclusão de seis a vinte anos, quando referido crime é qualificado sua pena passa a ser de reclusão de doze a trinta anos, nos termos do § 2º do artigo 121 do Código Penal.

Pois bem, o crime então será qualificado, nos termos do inciso I, se for cometido mediante paga, ou seja, o agente mata alguém por ter sido pago para fazê-lo. É o chamado crime mercenário. Será também qualificado se houver promessa de recompensa, ou seja, o agente pratica o crime por lhe ter sido prometida alguma retribuição. Por fim, haverá a incidência da qualificadora no caso de o homicídio ser praticado por "outro motivo torpe", **previsão mais genérica que possibilita a interpretação analógica**. Ao se interpretar o motivo torpe, que é aquele vil, ignóbil, deve-se tomar como parâmetro o crime cometido mediante pagamento ou promessa de recompensa. Pode-se pensar, por exemplo, em crime cometido por causa de uma disputa de herança ou um assassinato em decorrência de disputa de território para venda de drogas. Esse é o processo de interpretação analógica, em que o legislador se vale de um rol de casos de incidência da norma e finaliza com uma fórmula genérica, que deve ser interpretada conforme os casos previstos de forma taxativa.

3. MÉTODO DESCRITIVO DA NORMA PENAL

Quanto à técnica de elaboração dos tipos penais, ou seja, das normas penais que preveem as condutas que serão consideradas criminosas, não se utilizam textos expressamente proibitivos. Não se usam, do mesmo modo, imperativos negativos. Ao prever a punição para o homicídio, o legislador não disse que não se deve matar. Tampouco ele utilizou a forma do mandamento bíblico "não matarás". O preceito primário do artigo 121 do Código Penal consiste na expressão "matar alguém". Utiliza-se o verbo no infinitivo, "matar", com a previsão das demais elementares do tipo, no caso do homicídio apenas um, "alguém", seguido da pena cominada. Essa sanção, que consiste na reclusão, de seis a vinte anos, corresponde ao preceito secundário da norma incriminadora.

Cuida-se da previsão textual da conduta e a cominação, conjuntamente, da sanção prevista para aquele caso. Ernst von Beling diferenciou o tipo, que tem função descritiva daquilo que é incriminado pelo Direito Penal, da figura delitiva, que é o que atualmente se define como crime. Ele exemplifica com o tipo do assassinato, à época "matar um homem", expondo que a figura delitiva, por sua vez, era "matar um homem" com intenção e premeditação. O primeiro elemento da figura típica não é o tipo, mas o fato que se amolda à sua declaração[9], atualmente denominado de fato típico.

O Código Penal não utiliza, nos tipos penais, o imperativo, nem se diz de forma taxativa que aquela conduta é vedada ou ilícita. Apenas se prevê, de forma abstrata, a prática de uma conduta e vincula-se uma pena a ela. Assim, Karl Binding aponta que aquele que pratica homicídio não viola a lei, pois a lei prevê justamente o seu ato, ou seja, "matar alguém". Alguém que o faz cumpre aquilo que está previsto no texto normativo, ou seja, mata alguém quando a lei dispõe justamente assim: "matar alguém"[10]. Para essa concepção, o que ocorre **é a violação da norma, não da lei**. A norma que se extrai, interpretando-se o artigo 121 do Código Penal é que "não se deve matar, sob pena de se sujeitar à pena de reclusão, de seis a vinte anos". A norma que emana do texto é diversa da própria lei e, portanto, devido ao método descritivo de Binding, aquele que comete a infração penal não viola a lei, mas viola a norma penal que dela se extrai. Vale frisar que a diferença entre o texto normativo e a norma dele emanada é ressaltada por vários doutrinadores e é tema integrante da própria teoria do Direito[11].

4. CLASSIFICAÇÃO DAS NORMAS PENAIS

As leis penais possuem diversas classificações, sendo que uma delas, que possui grande relevância, é a que as divide em incriminadoras e não incriminadoras. Sua importância se justifica no diferente tratamento que deve ser dado a essas duas categorias. As normas incriminadoras estão sujeitas ao princípio da legalidade e à reserva legal, não sendo possível o emprego de analogia para abarcar situações não abrangidas expressamente pelo texto legal. Já as normas não incriminadoras, em regra, admitem uma interpretação mais flexível, desde que não aumentem o âmbito das normas incriminadoras, como ocorre com as normas de extensão.

4.1. Lei Penal Incriminadora

A lei penal incriminadora **é aquela que prevê uma infração penal, seja um crime ou uma contravenção**. Também chamada de lei penal em sentido estrito, ela estabelece os tipos penais e as sanções penais a eles cominadas.

Sua estrutura é a seguinte: há o preceito primário e o preceito secundário. O **preceito primário** é aquele em que se prevê a conduta que, se praticada, configurará um crime ou uma contravenção penal. Há uma descrição fática, abstrata, que descreve o comportamento que se considera penalmente relevante por meio do *tipo penal*.

---

9. BELING, Ernst von. Esquema de derecho penal. La doctrina del delito-tipo. Traducción de Sebastián Soler. Buenos Aires: Libreria "El Foro", 2002, p. 273-277.

10. ALLER, Germán. Estudio preliminar. *In*: BINDING, Karl. La culpabilidad en derecho penal. Buenos Aires: Editorial B de F, 2009, p. XXVII.

11. GRAU, Eros. Por que tenho medo de juízes: (a interpretação/aplicação do direito e os princípios). 7. ed. São Paulo: Malheiros, 2016, p. 39-41.

Já o **preceito secundário** é aquele que traz a sanção penal correspondente à infração penal prevista no dispositivo[12]. Trata-se da consequência jurídica para o caso de a conduta descrita no tipo penal ser efetivamente realizada. Pode-se analisar essa estrutura quanto ao tipo do furto, previsto no artigo 155 do Código Penal:

> *Art. 155 – Subtrair, para si ou para outrem, coisa alheia móvel:*
> *Pena – reclusão, de um a quatro anos, e multa.*

O artigo 155 do Código Penal, acima transcrito, traz a previsão do crime de furto. O seu preceito primário é constituído das seguintes elementares: "Subtrair, para si ou para outrem, coisa alheia móvel". Cuida-se do chamado tipo penal, uma moldura para incidência da norma penal. Se houver um fato que se amolde à sua previsão, haverá a sua incidência. Já o preceito secundário do artigo 155 do Código Penal é o seguinte: "reclusão, de um a quatro anos, e multa". Há a previsão concomitante de duas sanções penais, a de reclusão e a de multa. O legislador traz a previsão da pena de forma abstrata, com limite mínimo e máximo da pena privativa de liberdade, competindo ao juiz dosá-la e aplicá-la no caso concreto. Quanto à pena de multa, o julgador deve estabelecer a quantidade de dias-multa e o valor de cada dia-multa na sentença condenatória.

4.2. Lei Penal Não Incriminadora

Há, ainda, leis penais que não preveem crimes nem infrações penais, sendo denominadas leis penais não incriminadoras ou leis penais em sentido amplo. Ao se proceder à leitura do Código Penal, percebe-se sua divisão em Parte Geral e Parte Especial. A Parte Geral cuida das orientações sobre a aplicação das normas incriminadoras, como sua vigência e aplicação no tempo e no espaço, as imunidades, os concursos de crimes, a aplicação e dosagem das penas etc. Nessa parte do estatuto, as normas não são incriminadoras, pois não preveem crimes nem suas respectivas sanções.

A Parte Especial, por sua vez, é a repartição do Código Penal destinada à previsão dos crimes e das respectivas sanções, iniciando-se no artigo 121, com o delito de homicídio. Predominam na Parte Especial do Código as normas penais incriminadoras, mas há também normas não incriminadoras, como é o caso do artigo 327. Esse dispositivo determina quem deve ser considerado funcionário público para fins penais, sendo uma norma de natureza explicativa, não tendo conteúdo incriminador.

As normas penais não incriminadoras se subdividem em permissivas, explicativas ou interpretativas, complementares e de extensão ou integrativas. Há, entretanto, a proposta de dividi-las em permissivas ou estruturais, de modo que as últimas se subdividiriam em descritivas, complementares e as que preveem sanções penais[13].

12. CUNHA, Rogério Sanches. Manual de direito penal: parte geral (arts. 1º ao 120). 8ª. ed. Salvador: Juspodivm, 2020, p. 67.
13. EISELE, Andreas. Direito penal: teoria do delito. Salvador: Editora Juspodivm, 2018, p. 86.

- **Permissivas:**

São as normas que veiculam uma permissão daquilo que, sem elas, seria considerado uma infração penal e sujeitaria seu autor a uma sanção penal. Ou elas deixam de considerar o fato ilícito, por sua previsão, ou estabelecem uma excludente de culpabilidade. As normas permissivas são subdivididas em exculpantes e justificantes.

As normas penais permissivas **exculpantes** são aquelas que veiculam uma excludente de culpabilidade, deixando de haver aplicação de pena. São também chamadas **dirimentes**. Exemplo dessa espécie de norma é o artigo 26 do Código Penal, que trata da inimputabilidade. Consoante estudaremos ao longo do manual, constitui a inimputabilidade uma causa que exclui a culpabilidade. Isso porque a culpabilidade tem como um dos seus elementos justamente a imputabilidade. Por essa razão, ausente a imputabilidade, o agente não será considerado culpável em relação ao fato praticado, razão pela qual a norma que prevê a inimputabilidade é uma norma permissiva exculpante.

As normas penais permissivas **justificantes**, por sua vez, veiculam excludentes de ilicitude, tornando lícitos fatos que, sem sua previsão, seriam considerados ilícitos. Também denominadas de **descriminantes**. Como exemplo, temos os artigos 23, 24 e 25 do Código Penal, que preveem o estado de necessidade, a legítima defesa, o estrito cumprimento do dever legal e o exercício regular do direito. Os quatro institutos mencionados são as excludentes legais de ilicitude, ou seja, causas que tornam os fatos lícitos, mesmo que em tese se amoldem ao tipo penal.

- **Explicativas ou interpretativas:**

As normas penais explicativas ou interpretativas são aquelas que trazem uma explicitação de conceitos, uma explicação para se melhor compreender as demais normas e permitir sua correta aplicação. São exemplos de normas explicativas o artigo 327 e o parágrafo § 4º do artigo 150, todos do Código Penal.

O artigo 327 do Código Penal, já mencionado acima, traz o conceito de funcionário público para fins penais, o que é necessário para a compreensão, dentre outras, das normas que estabelecem os crimes praticados por funcionário público contra a Administração Pública, denominados crimes funcionais[14]. O artigo 150, a seu turno, prevê, no seu parágrafo quarto, o conceito de casa, que se mostra essencial para a compreensão do crime de violação de domicílio. Só se pode delimitar quando há ingresso na casa de alguém, sem seu consentimento, caso se tenha conhecimento do que é considerado casa, razão pela qual referida norma é considerada interpretativa[15].

---

14. Art. 327 – Considera-se funcionário público, para os efeitos penais, quem, embora transitoriamente ou sem remuneração, exerce cargo, emprego ou função pública.
    § 1º – Equipara-se a funcionário público quem exerce cargo, emprego ou função em entidade paraestatal, e quem trabalha para empresa prestadora de serviço contratada ou conveniada para a execução de atividade típica da Administração Pública.
15. § 4º – A expressão "casa" compreende:
    I – qualquer compartimento habitado;
    II – aposento ocupado de habitação coletiva;
    III – compartimento não aberto ao público, onde alguém exerce profissão ou atividade.

- **Complementares**:

As normas penais complementares são aquelas que possibilitam a aplicação das demais, possuindo a função de suplementá-las, permitindo a sua compreensão para utilização nos casos concretos. É exemplo de norma penal complementar o artigo 5º do Código Penal, que trata da territorialidade[16]. Por trazer as normas sobre a Lei Penal no espaço, ou seja, o limite territorial em que vige a lei brasileira, o artigo 5º é norma penal complementar, demonstrando qual a aplicação espacial das demais disposições do Código Penal.

- **De extensão ou integrativas**:

As normas penais de extensão ou integrativas são aquelas que aumentam a abrangência das demais. Ao se integrarem às normas penais incriminadoras, elas aumentam seu campo de incidência, tornando crimes condutas que, por si sós, seriam atípicas, ou seja, indiferentes para o Direito Penal. Note-se que elas não são consideradas incriminadoras por não preverem, em si mesmas, condutas vedadas pelo ordenamento (tipos penais), mas aumentam a incidência do Direito Penal incriminador, devendo, por isso, sujeitarem-se à irretroatividade das normas penais e à vedação de analogia para aumentar o campo da proibição. Não são diretamente incriminadoras, mas indiretamente incrementam o poder de punir do Estado.

É exemplo o artigo 29 do Código Penal, que prevê a punição de todo aquele que contribuir para a realização da infração penal, na medida de sua culpabilidade[17]. Essa é a porta de entrada para a punição daqueles que atuam como partícipes, já que aquele que transporta alguém de carro e o leva embora após a prática de um homicídio não mata alguém. Na verdade, ele apenas atua com auxílio a quem pratica o homicídio. Assim, condutas que não seriam alcançadas pela previsão do artigo 157 do Código Penal são consideradas puníveis em seus termos devido à norma de integração do *caput* do artigo 29.

Também é a classificação do artigo 14, inciso II e parágrafo único, do Código Penal[18]. Essa norma prevê a punição dos crimes em sua forma tentada. Deste modo, aquele que tenta matar alguém não realiza conduta que se amolda ao artigo 121 do Código Penal ("matar alguém"). O dispositivo não prevê a conduta de "tentar matar alguém", o que levaria à impunidade daquele que dispara vários

16. Art. 5º – Aplica-se a lei brasileira, sem prejuízo de convenções, tratados e regras de direito internacional, ao crime cometido no território nacional.
§ 1º – Para os efeitos penais, consideram-se como extensão do território nacional as embarcações e aeronaves brasileiras, de natureza pública ou a serviço do governo brasileiro onde quer que se encontrem, bem como as aeronaves e as embarcações brasileiras, mercantes ou de propriedade privada, que se achem, respectivamente, no espaço aéreo correspondente ou em alto-mar.
§ 2º – É também aplicável a lei brasileira aos crimes praticados a bordo de aeronaves ou embarcações estrangeiras de propriedade privada, achando-se aquelas em pouso no território nacional ou em voo no espaço aéreo correspondente, e estas em porto ou mar territorial do Brasil.
17. Art. 29 – Quem, de qualquer modo, concorre para o crime incide nas penas a este cominadas, na medida de sua culpabilidade.
18. Art. 14 – Diz-se o crime: (...) II – tentado, quando, iniciada a execução, não se consuma por circunstâncias alheias à vontade do agente.

tiros de arma de fogo na direção do seu inimigo, mas não consegue acertá-lo. O que possibilita a punição desse agente é a utilização da norma de extensão do artigo 14, inciso II e parágrafo único, do Código Penal, o qual prevê a tentativa e a sanção correspondente, que é a do homicídio com uma causa de diminuição de pena, de um a dois terços.

5. LEIS PENAIS INCOMPLETAS

Apesar de a regra ser de leis penais taxativas, ou seja, com conteúdo bem definido e adequada delimitação do conteúdo da proibição, há **leis penais incompletas**. São aquelas que dependem de complemento, sendo que a doutrina majoritária defende sua compatibilidade com o princípio da legalidade. As normas com tipos abertos constituem uma das espécies de leis penais incompletas, ao lado das leis penais em branco. Vejamos a subdivisão das normas incompletas:

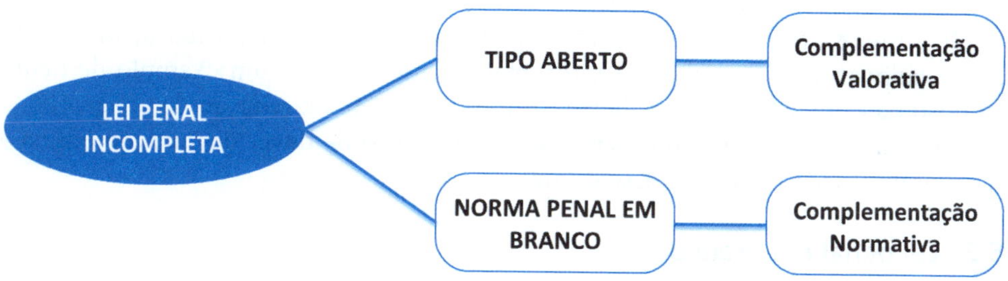

A incompletude da norma pode decorrer de se exigir uma outra norma ou um complemento valorativo para sua aplicação. Por outro lado, se uma norma não exige complementação, nem normativa nem valorativa, tem-se uma lei penal completa.

5.1. Lei penal com previsão de tipo aberto

Se a norma incompleta depende do **complemento valorativo**, tem-se um **tipo aberto**. Apesar de haver divergências, seriam numerosos os exemplos de tipos abertos dentre **os crimes culposos**[19]. Cumpre anotar que essa concepção, de que os tipos culposos são abertos, não é unânime na doutrina[20]. Alguns doutrinadores entendem que o complemento pode ser jurídico, como o conceito de "inalienável" ou mediante análise ético-cultural, como a definição de "obsceno"[21].

O homicídio culposo teria um tipo aberto "Se o homicídio é culposo". A culpa pode ter como modalidades a imprudência, a imperícia ou a negligência. Ainda que essa matéria ainda não tenha sido analisada, pelas modalidades de

---

19. WELZEL, Hans. Derecho penal alemán. Parte general. Santiago: Editorial Jurídica de Chile, 2014, p. 205-206.
20. ROXIN, Claus. Derecho Penal. Parte General, Tomo I. Fundamentos. La estrutura de la teoria del delito. Traducción de la 2ª edición alemana. Madrid: Thomson Reuters, 1997, p. 298-299.
21. EISELE, Andreas. Direito penal: teoria do delito. Salvador: Editora Juspodivm, 2018, p. 185-186.

culpa já podemos perceber que não há uma definição muito fechada. O que é imprudência? O que seria um caso de imperícia? Quais são as hipóteses de negligência? O que é matar alguém de maneira culposa? Não é possível dar uma resposta precisa sobre os limites da negligência, aquilo que a configura e aquilo que não a configura. Mesmo nesse caso, exige-se um mínimo de determinação, um meio-termo. Sendo o elemento subjetivo (a culpa) um termo de definição menos preciso, os demais elementos do tipo devem estar previstos de forma determinada, sem ambiguidades.

Isso significa que os tipos totalmente vagos são vedados, já que se exige lei penal incriminadora que seja certa e determinada, em razão da taxatividade, regra decorrente do princípio da legalidade. **Admitem-se os tipos abertos,** como os da maioria dos crimes culposos, **mas se exige um mínimo de determinação**. O tipo penal não pode prever como crime, por exemplo, *comportar-se de forma inapropriada em uma audiência judicial*, pois não é possível conceber, com segurança jurídica, que condutas seriam passíveis de responsabilização criminal.

Por fim, vale observar que, mesmo nessa concepção majoritária, nem todo crime culposo tem tipo aberto. A receptação culposa seria um exemplo de delito culposo não previsto em tipo aberto, conforme se nota da redação do artigo 180, § 3º, do Código Penal. O tipo descreve qual a violação de dever de cuidado enseja a responsabilização penal por esse crime.

5.2. Lei penal em branco

Por outro lado, se a norma incompleta depende de **complemento normativo**, ou seja, da conjugação com outra norma para ser aplicada, há o que se denomina de **norma penal em branco**. A norma penal em branco é aquela que exige a utilização de outra norma para que seja possível sua aplicabilidade. Binding teria denominado essa espécie de norma como "um corpo errante em busca de alma", considerando que "existem fisicamente no universo jurídico, mas não podem ser aplicadas em razão de sua incompletude".

A utilização de normas penais em branco também é denominada de **técnica de remessa na elaboração legislativa das normas penais**. Denomina-se, por outro lado, de norma penal em preto aquela que não precisa de complementação de outra norma para a sua aplicação. Norma penal em branco, portanto, é aquela que depende de **complementação normativa**. Classifica-se em:

- **Própria, em sentido estrito ou heterogênea**: quando o seu complemento está em **norma de fonte normativa diversa**, ou seja, não está prevista em lei em sentido formal.

Um exemplo é o tipo penal previsto no artigo 33, *caput*, da Lei n. 11.343/2006[22]. Da leitura do tipo penal, é possível perceber que ele não é completo. Não se pode,

22. Art. 33. Importar, exportar, remeter, preparar, produzir, fabricar, adquirir, vender, expor à venda, oferecer, ter em depósito, transportar, trazer consigo, guardar, prescrever, ministrar, entregar a consumo ou fornecer drogas, ainda que gratuitamente, sem autorização ou em desacordo com determinação legal ou regulamentar:

da sua simples leitura, definir se alguém praticou ou não o crime, pois é preciso entender o que são drogas. Somente com a leitura da Portaria SVS/MS n. 344, de 12 de maio de 1998, e suas posteriores modificações, da ANVISA, é possível entender o que é considerado droga para os fins do tipo penal insculpido no artigo 33 da Lei n. 11.343/2006. Por ser o complemento normativo uma portaria, o caso é de norma penal em branco própria, em sentido estrito ou heterogênea.

O fenômeno de crescente utilização de normas penais em branco heterogêneas pode ser denominado de **deslegalização do Direito Penal**, que consiste nessa tendência de uso de normas infralegais para formação do conteúdo da incriminação. Torna-se mais fácil a modificação das normas, o que se compatibiliza com a sociedade atual, denominada de *pós-moderna* ou de *sociedade de risco*, que almeja a celeridade na atualização do conteúdo de proibição para corresponder aos seus anseios, especialmente no que se relaciona com o sentimento generalizado de insegurança.

✓ **Imprópria, em sentido amplo ou homogênea**: é a norma penal incompleta cujo complemento provém da **mesma fonte normativa**, ou seja, de lei em sentido formal. Há uma subdivisão, podendo a norma penal em branco imprópria ser homovitelina ou heterovitelina.

a) **Homovitelina**: caso o **complemento normativo** esteja **no mesmo documento legal**, a norma penal em branco homogênea será denominada homovitelina. Como exemplo, há artigo 312[23], com o tipo penal de peculato, que é complementado pelo art. 327[24], ambos do Código Penal. O conceito de funcionário público, que é o complemento normativo necessário para a aplicação da norma proibitiva do peculato, está previsto no artigo 327. Portanto, a norma penal incompleta, o artigo 312 do CP, e o conceito de funcionário público previsto no artigo 327 do CP estão no mesmo diploma normativo. Por isso, trata-se de uma norma penal em branco **imprópria ou homogênea** (o complemento está em norma da **mesma fonte legislativa**, a lei) e **homovitelina** (o complemento está na **mesma lei**).

b) **Heterovitelina**: caso o **complemento normativo** da lei penal em branco homogênea esteja situado em **documento legal diverso**, será denominada de heterovitelina. Um exemplo que pode ser citado é o do artigo 236 do

---

Pena – reclusão de 5 (cinco) a 15 (quinze) anos e pagamento de 500 (quinhentos) a 1.500 (mil e quinhentos) dias-multa.

23. Art. 312 – Apropriar-se o funcionário público de dinheiro, valor ou qualquer outro bem móvel, público ou particular, de que tem a posse em razão do cargo, ou desviá-lo, em proveito próprio ou alheio: Pena – reclusão, de dois a doze anos, e multa.

24. Art. 327 – Considera-se funcionário público, para os efeitos penais, quem, embora transitoriamente ou sem remuneração, exerce cargo, emprego ou função pública.

§ 1º – Equipara-se a funcionário público quem exerce cargo, emprego ou função em entidade paraestatal, e quem trabalha para empresa prestadora de serviço contratada ou conveniada para a execução de atividade típica da Administração Pública.

§ 2º – A pena será aumentada da terça parte quando os autores dos crimes previstos neste Capítulo forem ocupantes de cargos em comissão ou de função de direção ou assessoramento de órgão da administração direta, sociedade de economia mista, empresa pública ou fundação instituída pelo poder público.

Código Penal[25], que prevê o crime de induzimento a erro essencial e ocultação de impedimento. O seu complemento é encontrado nos artigos 1.521 e 1.557 do Código Civil, que tratam, respectivamente, dos impedimentos matrimoniais[26] e da definição de erro essencial[27]. Assim, verifica-se que a norma penal incompleta (artigo 236 do CP) e os conceitos que ela requer (artigos 1.521 e 1.557 do CC) não estão no mesmo diploma normativo. Por isso, é um caso de norma penal em branco **imprópria ou homogênea** (o complemento está em norma da **mesma fonte legislativa**, a lei) e **heterovitelina** (o complemento está em **lei diversa**: Código Civil, enquanto o tipo está no Código Penal).

✓ **Norma penal em branco de fundo constitucional**: é uma nova classificação que se refere às normas penais cujo complemento normativo advém da própria Constituição. O exemplo seria o homicídio funcional, qualificadora que se refere a autoridades e agentes, da área da segurança pública, arrolados em artigos da Constituição da República. Está previsto no artigo 121, § 2º, VII, do CP[28]. Outro exemplo é o crime de abandono intelectual, previsto no artigo 246 do CP[29], que depende do conceito de instrução primária, extraído do artigo 208, I, da Constituição.

✓ **Norma penal em branco ao quadrado**: é aquela cujo complemento também necessita de complemento de outra norma. O exemplo seria o artigo 38 da Lei n. 9.605/1998, que prevê a conduta de destruir ou danificar floresta considerada de preservação permanente[30]. O complemento

---

25. Art. 236 – Contrair casamento, induzindo em erro essencial o outro contraente, ou ocultando-lhe impedimento que não seja casamento anterior: Pena – detenção, de seis meses a dois anos.

26. Art. 1.521. Não podem casar:
I – os ascendentes com os descendentes, seja o parentesco natural ou civil;
II – os afins em linha reta;
III – o adotante com quem foi cônjuge do adotado e o adotado com quem o foi do adotante;
IV – os irmãos, unilaterais ou bilaterais, e demais colaterais, até o terceiro grau inclusive;
V – o adotado com o filho do adotante;
VI – as pessoas casadas;
VII – o cônjuge sobrevivente com o condenado por homicídio ou tentativa de homicídio contra o seu consorte.

27. Art. 1.557. Considera-se erro essencial sobre a pessoa do outro cônjuge:
I – o que diz respeito à sua identidade, sua honra e boa fama, sendo esse erro tal que o seu conhecimento ulterior torne insuportável a vida em comum ao cônjuge enganado;
II – a ignorância de crime, anterior ao casamento, que, por sua natureza, torne insuportável a vida conjugal;
III – a ignorância, anterior ao casamento, de defeito físico irremediável que não caracterize deficiência ou de moléstia grave e transmissível, por contágio ou por herança, capaz de pôr em risco a saúde do outro cônjuge ou de sua descendência;
IV – (Revogado).

28. VII – contra autoridade ou agente descrito nos arts. 142 e 144 da Constituição Federal, integrantes do sistema prisional e da Força Nacional de Segurança Pública, no exercício da função ou em decorrência dela, ou contra seu cônjuge, companheiro ou parente consanguíneo até terceiro grau, em razão dessa condição:

29. Art. 246 – Deixar, sem justa causa, de prover à instrução primária de filho em idade escolar: Pena – detenção, de quinze dias a um mês, ou multa.

30. Art. 38. Destruir ou danificar floresta considerada de preservação permanente, mesmo que em formação, ou utilizá-la com infringência das normas de proteção: Pena – detenção, de um a três anos, ou multa, ou ambas as penas cumulativamente.
Parágrafo único. Se o crime for culposo, a pena será reduzida à metade.

normativo, com a definição de floresta de preservação permanente, está no Código Florestal. O artigo 6º de referido Estatuto trata da floresta de preservação permanente, mas a define como aquela assim designada por ato do Chefe do Poder Executivo, fazendo referência, portanto, a outra norma[31]. Assim, a norma penal, prevista no Código Penal, faz referência ao Código Florestal, o qual, por sua vez, se refere a um ato do Chefe do Poder Executivo. Por isso, considera-se um exemplo de norma penal em branco ao quadrado.

O complemento normativo da lei penal em branco não precisa advir da União, ainda que seja sua a competência privativa para legislar em matéria penal. Isso porque a norma penal incriminadora deve estar prevista em lei elaborada pelo Congresso Nacional, mas o complemento não precisa ser necessariamente um ato normativo federal. Neste sentido, ao analisar o crime de infração de medida sanitária preventiva, previsto no artigo 268 do Código Penal, o Plenário do Supremo Tribunal Federal decidiu que o complemento dessa lei penal em branco pode ser ato normativo infralegal editado por qualquer dos entes federados, dada a competência compartilhada em matéria de proteção da saúde[32].

✓ **Invertida ou ao revés**: A nomenclatura mais utilizada e mais adequada para essa situação é de **tipo remetido**[33]. É possível encontrar norma penal cujo complemento seja necessário para o seu **preceito secundário**. Também podem ser chamadas de **leis imperfeitas ou leis incompletas em sentido estrito**. Relembrando, o preceito primário da norma é aquele que prevê o tipo penal, a conduta que configura o crime (exemplo: "matar alguém"). O preceito secundário traz a sanção penal cominada para o delito (exemplo: "Pena – reclusão, de seis a vinte anos"). Então, o complemento aqui exigido é para a definição da própria sanção penal. Um exemplo de norma penal em branco ao revés é o crime de genocídio, previsto pela Lei n. 2.889/1956. Seus tipos penais remetem às sanções já previstas para os crimes tratados pelo Código Penal[34]. Neste caso, há a previsão da pena por um complemento, de modo

---

31. Art. 6º Consideram-se, ainda, de preservação permanente, quando declaradas de interesse social por ato do Chefe do Poder Executivo, as áreas cobertas com florestas ou outras formas de vegetação destinadas a uma ou mais das seguintes finalidades:
I – conter a erosão do solo e mitigar riscos de enchentes e deslizamentos de terra e de rocha;
II – proteger as restingas ou veredas;
III – proteger várzeas;
IV – abrigar exemplares da fauna ou da flora ameaçados de extinção;
V – proteger sítios de excepcional beleza ou de valor científico, cultural ou histórico;
VI – formar faixas de proteção ao longo de rodovias e ferrovias;
VII – assegurar condições de bem-estar público;
VIII – auxiliar a defesa do território nacional, a critério das autoridades militares.
IX – proteger áreas úmidas, especialmente as de importância internacional.
32. STF, ARE 1418846 RG, Rel. Min. Rosa Weber, Tribunal Pleno, julgado em 24/03/2023.
33. Utiliza o termo remissão de pena: EISELE, Andreas. Direito penal: teoria do delito. Salvador: Editora Juspodivm, 2018, p. 183-184.
34. Art. 1º Quem, com a intenção de destruir, no todo ou em parte, grupo nacional, étnico, racial ou religioso, como tal:

que o preceito secundário está completamente inserido em norma diversa. Essa norma deve estar contida em lei em sentido formal, considerando que o princípio da legalidade também abrange a pena. Por isso, a norma penal em branco necessariamente será homogênea.

6. LEI PENAL NO TEMPO

Na aplicação das normas, um dos aspectos a serem estudados diz respeito à sua relação com o tempo. Em regra, no Direito, vige o mandamento ou princípio do ***tempus regit actum***, ou seja, aplicam-se ao ato as normas vigentes à época de sua produção. Assim, havendo sucessão de leis penais, deve-se buscar aquela que estava vigente à época da prática do ato.

No caso do Direito Penal, pode-se dizer que o critério da lei vigente ao tempo do ato não é absoluto[35]. De início, vigora a **regra da irretroatividade da lei penal mais gravosa.** Ou seja, a lei que vier a prejudicar a situação do réu, seja aumentando a pena, seja ampliando o prazo prescricional, por exemplo, não pode retroagir para alcançar o fato criminoso ocorrido anteriormente. Além disso, existe uma exceção de grande importância: a lei penal mais benéfica deve retroagir para favorecer aquele que praticou o ilícito penal, que foi condenado e até mesmo aquele que já esteja cumprimento a sanção imposta.

No contexto da irretroatividade da lei penal mais rígida, cabe ressaltar o princípio da segurança jurídica, que impede que os cidadãos sejam surpreendidos com normas que venham a modificar a situação jurídica. Se hoje a substância A não está no rol das entorpecentes e, por isso, sua venda não configura o crime de tráfico de drogas, sua inclusão posterior não pode surpreender quem a vendeu antes dessa alteração. Se assim não fosse, o indivíduo não saberia se o que ele faz ou deixa de fazer configura ou não crime, devendo esperar, no futuro, a decisão do legislador e a possibilidade de uma pena imprevista.

Portanto, **no Direito Penal**, que representa um ramo de maior coerção, com aplicação de sanções penais que atingem os direitos fundamentais dos indivíduos, **a norma incriminadora não pode abranger fatos passados**. Só é crime o que a lei determinar a partir de sua vigência. Da mesma forma, a maior rigidez em qualquer sanção penal só valerá da publicação da lei que a alterou em diante, sem possibilidade de retroação. Assim, a *novatio legis in pejus*, aquela que prejudica a situação do réu, não pode ser usada para fatos ocorridos antes do início de sua vigência. A irretroatividade da lei penal mais gravosa possui fundamento jurídico-político, de

a) matar membros do grupo;

(...)

Será punido:

Com as penas do art. 121, § 2º, do Código Penal, no caso da letra a; (...).

35. ZAFFARONI, Eugenio Raúl. Tratado de Derecho Penal, Parte General I. 1ª ed. 5ª reimp. Buenos Aires: Editora Ediar, 2014. p. 460.

limitação do poder de punir e exigência de previsibilidade para os indivíduos diante do poder de punir do Estado[36].

A regra da irretroatividade da lei penal é excepcionada pela retroatividade da lei penal mais benéfica. A origem dessa regra ou princípio é de política-criminal: se o Estado decidiu que determinada conduta indesejada merece uma pena mais reduzida, não seria justo punir com a pena mais gravosa quem realizou esse comportamento antes do início de vigência da lei. Há até mesmo razões humanitárias, portanto. Além disso, a retroatividade da lei mais benigna se fundamenta na função preventiva da pena. Se a lei penal visa a coibir comportamentos perniciosos e orientar o comportamento dos indivíduos, a nova lei que torna a punição mais branda deve ser imediatamente aplicável a todos os fatos ilícitos praticados[37].

Assim, **a lei penal mais benéfica terá ultra-atividade**, atuando além da sua vigência para os atos praticados durante sua regência. Isso porque, sobrevindo lei mais gravosa, é a lei mais benéfica, ainda que já revogada, que será aplicada, tendo, portanto, ultra-atividade. Ou seja, a lei mais benigna para o réu deve ser aplicada se o ato foi praticado na sua vigência, ainda que ela não integre mais o ordenamento jurídico quando ele for condenado.

A extra-atividade, que é gênero, diz respeito à aplicação da lei fora do período de sua vigência. A retroatividade é uma das suas espécies, sendo vedada em caso de lei penal mais gravosa. Outra de suas espécies é a já analisada ultra-atividade, observada no caso de lei mais benéfica, sucedida por uma mais gravosa. **Não é demais enfatizar que a lei penal pode retroagir para beneficiar o réu**.

Um exemplo de sucessão de leis penais no tempo é o do roubo praticado com emprego de arma branca. Na redação original do Código Penal, o roubo praticado com emprego de qualquer arma, inclusive a branca, era majorado, nos termos do artigo 157, § 2º, inciso I, do Código Penal. Com a Lei n. 13.654, de 23 de abril de 2018, houve a revogação do inciso I do parágrafo 2º do artigo 157 e a inserção do parágrafo 2º-A, com majorante mais grave para os roubos praticados com emprego de arma de fogo. O roubo com emprego de arma branca deixou de ser majorado. Com isso, para os delitos de roubo com emprego de arma branca, como um punhal, a norma penal se tornou mais benéfica, retroagindo para quem praticou a conduta antes de 23 de abril de 2018.

Posteriormente, foi promulgada a Lei n. 13.964, de 24 de dezembro de 2019, mas que entrou em vigor no dia 23 de janeiro de 2020. Essa lei, conhecida como Pacote Anticrime, voltou a prever majorante para o roubo com emprego de arma branca, com a inserção do inciso VII ao artigo 157. Com isso, essa nova alteração é mais gravosa para esse tipo de crime patrimonial, só incidindo para os crimes cometidos a partir do início de sua vigência.

A Lei n. 13.654/2018, portanto, é um exemplo de lei intermediária mais benéfica nos casos de subtração realizada com emprego de arma branca. Ela se aplica aos fatos cometidos em sua vigência, mas também retroage para os crimes praticados

36. CARVALHO, Américo A. Taipa de. Op. Cit., 2008, p. 132.
37. CARVALHO, Américo A. Taipa de. Op. Cit., 2008, p. 132-134.

antes de sua entrada em vigor, por ser menos gravosa e excluir a incidência da majorante. Tem efeito retroativo. Por outro lado, um crime ocorrido em 2018 pode ter sido julgado apenas em 2020, quando a Lei n. 13.654/2018 não estava mais em vigor. Se o juiz verificasse a lei vigente à época da sentença, época em que o Pacote Anticrime já vigia, o roubo com emprego de arma branca era majorado. Entretanto, não pode aplicar essa alteração mais gravosa posterior ao fato praticado pelo réu, devendo aplicar a Lei n. 13.654/2018, lei intermediária mais benéfica e que terá ultra-atividade se considerado o momento de proferir a sentença: ela não está mais em vigor, mas será aplicada por ser mais benéfica e por ser a norma vigente à época da conduta do agente.

6.1. Tempo do Crime

O tempo do crime é a definição de quando a infração penal foi praticada. Com relação a esse tema, a doutrina desenvolveu algumas teorias sobre quando se deve considerar que o crime foi praticado.

Teoria da atividade: A teoria da atividade considera que **o crime é praticado ao tempo da ação ou da omissão do agente**. Ou seja, a infração penal ocorre quando o indivíduo pratica a conduta, seja ela omissiva (um não fazer) ou comissiva (um fazer). Desse modo, adotada essa teoria no caso do homicídio, por exemplo, o crime terá ocorrido quando o indivíduo efetua os disparos de arma de fogo em direção à vítima, e não quando a vítima efetivamente vem a falecer.

Teoria do resultado: Se adotada a teoria do resultado, considera-se **praticado o crime quando o agente obtém a produção do resultado**. Assim, ainda que ele só obtenha o resultado naturalístico dias após a sua conduta, será esse o momento em que se considera praticado o crime. Tomado o exemplo do homicídio, por esta teoria o crime teria sido praticado quando da morte da vítima, e não à época dos disparos de arma de fogo. Note-se que entre a conduta do agente e o resultado morte podem decorrer vários dias. Sob o entendimento desta teoria, só se consideraria praticado o crime quando atingido o resultado.

Teoria da ubiquidade ou mista: A teoria da ubiquidade, também denominada mista, resulta da reunião das duas anteriores. Por seu entendimento, **o crime se considera praticado tanto ao tempo da conduta quanto ao tempo do resultado**. Assim, tanto na época da ação ou omissão quanto da obtenção do resultado, considerar-se-á que o crime foi praticado. No exemplo do homicídio, seriam considerados como data de ocorrência do delito tanto o dia em que houve os disparos de arma de fogo quanto aquele em que a vítima efetivamente veio a óbito.

Sobre o tema, prevê o Código Penal que se deve considerar o tempo da conduta. Caso o Código Penal nada falasse sobre o tempo do crime, essa já seria a solução defendida de forma majoritária na doutrina nacional e estrangeira. Se assim não fosse, consideraríamos um resultado que não mais depende da conduta do agente, como na hipótese de a vítima permanecer por alguns dias no hospital até o seu óbito, contrariando a noção de culpabilidade pelo fato. Além disso, seria possível que o legislador alterasse a lei no intervalo entre a conduta e o resultado, o que seria contrário à ideia de previsibilidade, isto é, de compreender o que é proibido e a pena aplicável quando se decide praticar a conduta[38]. De todo modo, tempo do crime está assim definido no Código, em seu artigo 4º:

> *Art. 4º – Considera-se praticado o crime no momento da ação ou omissão, ainda que outro seja o momento do resultado.*

Assim, fica claro que o ordenamento jurídico brasileiro adota a teoria da atividade quanto ao tempo do crime. Considera-se que o crime foi praticado ao tempo da conduta, ou seja, ao tempo em que o agente agiu ou deixou de agir, sendo indiferente, nesse âmbito, o momento do resultado.

> Quanto ao tempo do crime, o Código Penal adota a teoria da atividade.

Resta abordar a relevância de se definir o tempo do crime, o que não é meramente teórico. O tempo do crime é importante para se definir sua ocorrência, com a presença de todos os seus elementos. Ademais, só se saberá qual a lei que estava vigente quando da prática da infração penal após se definir quando ela foi praticada.

São, portanto, **duas principais aplicações práticas do tempo do crime no Direito Penal**:

- A primeira se consubstancia no **princípio ou regra da coincidência, que determina que os elementos do crime devem estar todos presentes à época da prática da infração penal**. Para a teoria tripartida, crime é fato típico, ilícito e culpável. Exige-se, portanto, culpabilidade para que se configure o crime. O agente deve ser imputável, ou seja, possuir 18 anos completos de idade ou mais à época em que praticado o crime, atuar em circunstâncias normais, além de ter consciência de seus atos e conseguir se portar de acordo com esse entendimento.

  Ocorre que, no exemplo do homicídio, só se saberá se o crime foi praticado quando dos disparos de arma de fogo ou na data da morte da vítima após se definir qual a teoria rege o tempo do crime. No caso brasileiro, o artigo 4º do Código Penal deixa claro que o tempo do crime é o da atividade, ou seja, da conduta do agente. Por isso, no exemplo dado, deve-se considerar praticado o crime à época dos disparos de arma de fogo, sendo esse o momento em que se deve perquirir se o agente era imputável.

- Outro importante desdobramento do tempo do crime é **a definição da lei vigente à época em que ele é praticado**. Só se pode definir qual era a lei vigente à época da prática do crime, por imperativo lógico, após entendermos quando se considera que o crime foi praticado.

  Até o início de vigência da Lei n. 13.964/2019, em 23 de janeiro de 2020, o limite máximo para cumprimento de pena privativa de liberdade era de 30

38. CARVALHO, Américo A. Taipa de. Sucessão de Leis Penais. Coimbra: Coimbra Editora, 2008, p. 113-117.

anos, conforme previsão do artigo 75 do Código Penal. Com a vigência dessa lei, o limite passou a ser de 40 anos. Pode-se ter um caso em que o agente disparou contra a vítima no dia 20 de janeiro de 2020, mas ela morreu apenas em 28 de janeiro de 2020. Considerando que o Código Penal adotou a teoria da atividade, o crime foi praticado quando da conduta delitiva, ou seja, em 20 de janeiro de 2020, vigendo, à época, o limite de 30 anos para cumprimento da pena de reclusão. Assim, o novo limite de 40 anos, mais gravoso, não pode retroagir e se aplicar a esse fato.

6.2. *Abolitio criminis*

Um dos institutos relevantes no âmbito da aplicação da lei penal no tempo é a *abolitio criminis*, chamada também de abolição do crime. Cuida-se da **descriminalização da conduta**, ou seja, advém uma lei que deixa de prever aquela conduta como infração penal.

A *abolitio criminis* **determina a extinção da sanção penal que já tenha sido imposta e dos efeitos penais secundários da condenação**. Quem já foi condenado e está cumprindo pena terá esta imediatamente extinta, por não subsistir mais o crime pelo qual foi condenado. Note-se, portanto, que a *abolitio criminis* não encontra óbice na coisa julgada, surtindo efeitos inclusive em quem se encontra em fase de execução penal, cumprindo pena após definitivamente condenado. É o que diz o artigo 2º do CP:

> *Art. 2º – Ninguém pode ser punido por fato que lei posterior deixa de considerar crime, cessando em virtude dela a execução e os efeitos penais da sentença condenatória.*
>
> *Parágrafo único – A lei posterior, que de qualquer modo favorecer o agente, aplica-se aos fatos anteriores, ainda que decididos por sentença condenatória transitada em julgado.*

Os efeitos extrapenais, a seu turno, permanecem, não sendo afetados. Basta imaginar que os efeitos extrapenais não dependem da criminalização da conduta, razão pela qual a descriminalização não importa na cessação dos efeitos extrapenais, como a obrigação de reparar o dano.

A doutrina discute a **natureza jurídica** da *abolitio criminis*. Parte da doutrina entende se tratar de causa extintiva da punibilidade, enquanto outros doutrinadores defendem que é uma causa extintiva da tipicidade, como Flávio Monteiro de Barros: "dá-se a abolitio criminis quando a nova lei torna atípico o fato incriminado"[39]. O artigo 107 do Código Penal prevê, dentre as causas extintivas da punibilidade, a *abolitio criminis*, razão pela qual, ao menos no plano legal, a discussão possui uma solução[40]. A lei que não considera mais o fato como

39. BARROS, Flávio Augusto Monteiro de. Manual de direito penal: partes geral e especial. Salvador: Editora Juspodivm, 2019, p. 107.
40. Art. 107 – Extingue-se a punibilidade:
(...)
III – pela retroatividade de lei que não mais considera o fato como criminoso; (...).

criminoso é justamente o instituto da *abolitio criminis*, razão pela qual se pode concluir que o legislador lhe atribuiu expressamente a natureza jurídica de causa de extinção da punibilidade.

> Nos termos do artigo 107, inciso III, do Código Penal, a *abolitio criminis* possui natureza de causa extintiva da punibilidade.

É o que ocorreu, por exemplo, com o crime de adultério, revogado pela Lei n. 11.106, de 2005. A conduta que configuraria o adultério deixou de ser crime, passando a ser um indiferente penal. Ademais, a *abolitio criminis* produz efeitos em relação a quem estava sendo processado, sendo que a ação penal deve ser extinta de imediato. Há produção de efeitos também com relação aos que já foram condenados, devendo cessar o cumprimento de pena e qualquer efeito penal da condenação.

Não se deve confundir a *abolitio criminis* com a norma que revoga um tipo penal, mas passa a prever a mesma conduta como crime em outro dispositivo. Apenas a mudança da localização ou da forma de previsão da conduta não gera a extinção da punibilidade, não devendo assim ser interpretada. Cuida-se da incidência do **critério ou da teoria da continuidade normativo-típica**, que ocorre justamente quando uma lei revoga o dispositivo que tipificava a conduta, mas a própria lei revogadora passa a prever a conduta como crime em outro dispositivo[41].

Isso ocorreu no caso do atentado violento ao pudor e do estupro. Foi excluído do Código Penal o atentado violento ao pudor, tipo penal que descrevia a prática de constrangimento, mediante violência ou grave ameaça, para praticar com alguém ou fazer essa pessoa praticar consigo qualquer ato libidinoso. O atentado violento ao pudor não abrangia, entretanto, a conjunção carnal (sexo vaginal), ato este que era punido pelo crime de estupro. O tipo do atentado violento ao pudor estava previsto no artigo 214 do Código Penal[42].

Esse dispositivo foi revogado pela Lei n. 12.015, de 2009. Entretanto, a conduta de se constranger alguém, mediante violência ou grave ameaça, a praticar ou permitir que com ele se pratique ato libidinoso diverso da conjunção carnal passou a ser considerada crime pelo artigo 213 do Código Penal, que traz a figura do estupro, em sua nova redação, dada justamente pela lei acima mencionada[43]: Portanto, quem cumpria pena pelo crime de atentado violento ao pudor não foi beneficiado com a extinção da sua punibilidade. Houve apenas a realocação dos tipos penais, incidindo o princípio da continuidade normativo-típica. O crime de estupro passou a prever também a conduta que antes se subsumia ao delito de atentado violento ao pudor.

---

41. O critério foi proposto em substituição ao critério da continuidade do tipo-de-ilícito, discussão que pode ser aprofundada em: CARVALHO, Américo A. Taipa de. Sucessão de Leis Penais. Coimbra: Coimbra Editora, 2008, p. 216-234.

42. Art. 214 – Constranger alguém, mediante violência ou grave ameaça, a praticar ou permitir que com ele se pratique ato libidinoso diverso da conjunção carnal: Pena – reclusão de dois a sete anos. Parágrafo único. Se o ofendido é menor de catorze anos: Pena – reclusão, de seis a dez anos.

43. Art. 213. Constranger alguém, mediante violência ou grave ameaça, a ter conjunção carnal ou a praticar ou permitir que com ele se pratique outro ato libidinoso: (Redação dada pela Lei nº 12.015, de 2009) Pena – reclusão, de 6 (seis) a 10 (dez) anos.

6.3. *Novatio legis in mellius*

A *novatio legis in mellius* é a **nova lei que beneficia o agente, como, por exemplo, aquela que prevê uma pena menor que a anterior previa**. O réu deve ser beneficiado por essa lei mais benéfica, ainda que já condenado ao tempo da lei antiga. Portanto, a lei penal mais benigna pode ser aplicada inclusive após o trânsito em julgado da condenação. Surge, então, a questão acerca de como deve ocorrer a aplicação da lei nova no caso de o réu, condenado de forma definitiva, estar cumprindo a pena. A súmula 611 do STF pacificou a questão:

> *Transitada em julgado a sentença condenatória, compete ao Juízo das execuções a aplicação de lei mais benigna.*

Portanto, caso se trate de execução criminal de condenação definitiva, é o juízo das execuções que possui a competência para analisar o caso e lhe aplicar a lei nova[44]. Parte da doutrina aponta, entretanto, que caso se trate de hipótese que demande juízo de cognição, ou seja, de necessidade de analisar o caso concreto, com possível produção de provas, para verificar se o caso julgado se amolda à nova previsão legal, seria o caso de revisão criminal. Isso porque a matéria não seria de mera aplicação da lei nova, consistente em uma operação aritmética (novos limites mínimo e máximo de pena privativa de liberdade, por exemplo), mas sim de verificação se o caso se amolda aos requisitos da nova. É importante saber que existe a controvérsia. Entretanto, a súmula acima transcrita não faz essa ressalva.

Além disso, pode surgir dúvida sobre a lei mais benéfica. Em virtude de os aspectos em que as leis se diferenciam não serem equiparáveis, sendo, por exemplo, que uma prevê uma causa de diminuição de pena e outra, duas atenuantes aplicáveis ao réu, pode haver a dúvida sobre qual a lei deve prevalecer. Uma possível solução seria a consulta, pelo juiz, ao réu, para que ele aponte qual lei entende ser mais favorável para si. Nélson Hungria, por sua vez, defende que, se a dúvida for irredutível, a lei nova deve ser aplicada apenas aos casos ainda não julgados[45].

Não há posição unânime na doutrina sobre a combinação de leis penais. Assim, se houver aspectos mais benéficos na lei mais antiga e na lei nova, a doutrina se divide em duas correntes sobre como tratar a situação[46]. Parte dos doutrinadores, dentre os quais Celso Delmanto, Damásio de Jesus e Cezar Bitencourt[47], entende ser possível a aplicação dos aspectos benéficos da lei nova e da lei antiga, combinando-os para beneficiar o réu. É o que se denomina de princípio da ponderação diferenciada. A outra corrente, a qual integram Nélson Hungria[48] e Heleno Fragoso, defende

44. BITENCOURT, Cezar Roberto. Parte geral. Coleção Tratado de direito penal volume 1. 26. ed. São Paulo: Saraiva Educação, 2020, p. 227-229.
45. HUNGRIA, Nélson. Comentários ao Código Penal, vol. 1, Tomo 1º. Arts. 1º ao 10. Rio de Janeiro: Forense, 1955, p. 122.
46. É possível mencionar uma terceira corrente, bastante minoritária, no sentido de se permitir a combinação de leis apenas se houver autonomia ou independência teleológica das duas normas, de modo a não se criar uma terceira: EISELE, Andreas. Direito penal: teoria do delito. Salvador: Editora Juspodivm, 2018, p. 119-122.
47. BITENCOURT, Ob. Cit., 2020, p. 229-230.
48. HUNGRIA, Nélson. Ob. Cit., p. 109-110.

não ser possível ao juiz criar uma terceira lei, resultante da combinação de ambas, da lei revogadora e da revogada. Não cabendo ao Poder Judiciário a edição de leis penais, não lhe competiria, de igual modo, a criação de leis com a combinação das que se sucederam no tempo. Essa posição, denominada de princípio da ponderação unitária, é a que melhor se adéqua à técnica jurídica.

1ª POSIÇÃO: Princípio da ponderação diferenciada	**2ª POSIÇÃO: Princípio da ponderação unitária**
É possível a combinação de leis penais, pois, se o juiz pode aplicar toda a lei mais favorável, também pode lhe aplicar na parte em que favorece o réu.	Não pode o Poder Judiciário combinar leis penais, sob pena de se ingerir na função do Poder Legislativo e se violar o princípio da separação de poderes.
Celso Delmanto, Damásio de Jesus e outros.	Nélson Hungria, Heleno Fragoso e outros. Posição do STJ e do STF.

O Supremo Tribunal Federal tem precedente contrário à possibilidade de combinação de leis penais, ao analisar a impossibilidade da aplicação retroativa do § 4º do art. 33 da Lei n. 11.343/2006 sobre a pena cominada com base na Lei n. 6.368/1976[49]. De igual forma, a posição do Superior Tribunal de Justiça tem sido a de não admitir a combinação de leis penais, como se depreende do conteúdo da Súmula 501:

> *É cabível a aplicação retroativa da Lei n. 11.343/2006, desde que o resultado da incidência das suas disposições, na íntegra, seja mais favorável ao réu do que o advindo da aplicação da Lei n. 6.368/1976, **sendo vedada a combinação de leis**.*

A doutrina também diverge se a lei penal mais benéfica deve ou não ser aplicável durante o período de *vacatio legis*. O intervalo de *vacatio legis* é previsto para o conhecimento das leis pela população, sendo o prazo, previsto pela Lei de Introdução às Normas do Direito Brasileiro, em seu artigo 1º, *caput* e § 1º, de quarenta e cinco dias para o território nacional e de três meses para sua eventual aplicação no exterior:

> *Art. 1º Salvo disposição contrária, a lei começa a vigorar em todo o país quarenta e cinco dias depois de oficialmente publicada.*
>
> *§ 1º Nos Estados, estrangeiros, a obrigatoriedade da lei brasileira, quando admitida, se inicia três meses depois de oficialmente publicada.*

49. STF, ARE 703988 AgR-ED/SP, Rel. Min. Dias Toffoli, Primeira Turma, Julgamento em 09/04/2014.

Nesse ponto, também **há divergência.**

- ✓ Parte dos penalistas **entende não ser possível** a aplicação da lei ainda na *vacatio legis*, considerando que a lei não deve produzir efeitos em alguns aspectos e não o produzir em outros. Se a lei não é aplicável nesse período (inclusive os delitos previstos em lei nova só podem ser considerados configurados após o término desse interregno), não há que se falar em aplicação da lei para favorecer ao réu, afastando-se a aplicação da anterior, menos benigna. É a posição que tem predominado[50], defendida por Hungria[51], Zaffaroni[52] e Damásio de Jesus[53]. É também a mais técnica.
- ✓ Outra parte da doutrina entende que, sendo a finalidade do período de *vacatio legis* o conhecimento da lei pela população, o réu não pode ter esse prazo, que o beneficia, utilizado contra si, para prejudicá-lo, impedindo que a lei mais benéfica seja aplicada para lhe favorecer. É a nova posição de Nucci, após alteração do seu entendimento, também defendida por Luigi Raggi e Paulo José da Costa Júnior[54].

6.4. *Novatio legis in pejus*

A *novatio legis in pejus* é a lei que de qualquer forma prejudica o réu. Como visto, vige o princípio da irretroatividade da lei penal mais gravosa, razão pela qual ela só vai incidir sobre os fatos praticados a partir de sua vigência. A lei penal mais benéfica, se anterior, terá ultra-atividade, regulando os fatos ocorridos durante a sua vigência, mesmo após já ter sido revogada por outra, que lhe seja posterior e se apresente mais gravosa. Como leciona Sanches Cunha:

> *A nova lei que, de qualquer modo prejudica o réu (*lex gravior*) também é irretroativa, devendo ser aplicada a lei vigente quando do tempo do crime. Trata-se, como na hipótese primeira, de observância da lei ao princípio da anterioridade, corolário do princípio da legalidade*[55].

6.5. *Novatio legis* incriminadora

A *novatio legis* incriminadora, por sua vez, **é aquela que passa a prever um novo crime**, tornando infração penal uma conduta que anteriormente era atípica. A nova lei incriminadora é uma lei mais gravosa, ou seja, faz incidir o princípio da irretroatividade. Assim, só serão considerados crimes e, portanto, somente serão punidos os fatos cometidos após o início de sua vigência.

É o caso da Lei n. 13.968, de 26 de dezembro de 2019, que aumentou o âmbito do crime do artigo 122 do Código Penal. Se antes já era punível o induzimento, instigação ou auxílio ao suicídio, também passou a ser conduta típica o induzimento,

50. CUNHA, Rogério Sanches. Ob. Cit., 2020, p. 139. MASSON, Cleber. Ob. Cit., 2019, p. 109.
51. HUNGRIA, Nélson. Ob. Cit., 1955, p. 109, nota 9.
52. ZAFFARONI, Eugenio Raúl. Tratado de Derecho Penal, Parte General I. 1ª ed. 5ª reimp. Buenos Aires: Editora Ediar, 2014. p. 463.
53. JESUS, Damásio de. Direito Penal, volume 1: parte geral. 32. ed. São Paulo: Saraiva, 2011, p. 117-118, nota 5.
54. NUCCI, Guilherme de Souza. Código Penal Comentado. 15. ed. Rio de Janeiro: Forense, 2015, p. 32-34.
55. CUNHA, Rogério Sanches Ob. Cit., 2020, p. 133.

instigação ou auxílio à automutilação. Com relação a essa última figura típica, a norma trouxe um novo conteúdo incriminador, só podendo ser punível a conduta praticada após o início de sua vigência.

6.6. Lei penal no tempo e crimes permanentes e continuados

Quanto à lei penal no tempo, cumpre também tratar dos chamados crimes permanentes e dos continuados, dadas as especificidades que apresentam.

Os crimes permanentes são aqueles cuja consumação se protrai no tempo, ou seja, enquanto o agente persistir na empreitada criminosa, considera-se que ele está em situação de flagrância e que o crime está na fase de consumação. Desse modo, em caso de sucessão de leis penais no tempo, caso a execução prossiga, ultrapassando o início de vigência da nova lei, esta deve ser aplicável, independentemente de ser ou não favorável. Isso porque não se trata de lei posterior maléfica, mas de lei aplicável ao crime por este ter se consumado durante a sua vigência. Não se utiliza, nesse caso, qualquer regra de extra-atividade, pois enquanto a consumação perdurar o crime se considera praticado na vigência das leis que se sucederem.

Um exemplo de crime permanente é o de extorsão mediante sequestro. Enquanto a vítima for mantida em cativeiro, a consumação do crime se prolonga no tempo. Por tal razão, caso a vítima seja levada para o cativeiro durante a vigência da lei A, mas lá permaneça até que entre em vigor a lei B, esta última lhe será aplicável, mesmo que mais gravosa, pois sua vigência se iniciou durante o cometimento do crime. Esta é a posição do Supremo Tribunal Federal, cujo entendimento está expresso em sua Súmula 711:

> ***A Lei penal mais grave aplica-se ao crime continuado ou ao crime permanente, se a sua vigência é anterior à cessação da continuidade ou da permanência.***

Os crimes continuados, por outro lado, constituem uma ficção jurídica. Também chamado de continuidade delitiva, o crime continuado ocorre quando o agente pratica, mediante pluralidade de condutas, dois ou mais crimes da mesma espécie, tidos como continuação um do outro (semelhantes condições de tempo, lugar, modo de execução, etc.). Cuida-se, como dito, de ficção jurídica, em virtude da qual, por razões de política criminal, considera-se que o agente praticou um único delito para fins de aplicação de pena, com a incidência de uma causa de aumento. Está previsto no *caput* do artigo 71, do Código Penal[56].

Havendo a prática de um dos crimes, que deve ser tido como continuidade do primeiro, após a superveniência de nova lei penal, ainda que mais gravosa, ela deverá ser aplicada ao crime continuado. Desse modo, ainda que o primeiro crime seja cometido na vigência da lei A, se os demais (ou mesmo só um deles) sejam cometidos na vigência da lei B, esta será aplicável à continuidade delitiva, mesmo que mais

---

56. Art. 71 – Quando o agente, mediante mais de uma ação ou omissão, pratica dois ou mais crimes da mesma espécie e, pelas condições de tempo, lugar, maneira de execução e outras semelhantes, devem os subsequentes ser havidos como continuação do primeiro, aplica-se-lhe a pena de um só dos crimes, se idênticas, ou a mais grave, se diversas, aumentada, em qualquer caso, de um sexto a dois terços

gravosa que a lei A. Isso porque não há que se falar em extra-atividade de lei penal, pois há a mera incidência da lei vigente quando da prática do crime. Essa posição também está expressa na Súmula 711 do Supremo Tribunal Federal, acima transcrita.

Cumpre ressalvar que, caso a lei mais benéfica seja aquela que sobreveio antes do fim da cessação da permanência ou da continuidade, ela será aplicável. A súmula só menciona a lei mais gravosa para demonstrar que não se trata de aplicação de irretroatividade de lei penal mais grave, **mas sim de aplicação da lei que estava vigente quando se encerrou a continuidade delitiva ou a permanência do crime.**

6.7. Lei penal no tempo e crimes habituais

Caso um crime, cuja configuração exija habitualidade, seja criado por lei nova, não poderão ser aproveitadas condutas anteriores à lei incriminadora para se considerar preenchido o requisito da habitualidade. Antes da lei incriminadora, os fatos eram indiferentes penais e, por isso, não poderão ser considerados para a responsabilização penal do agente.

A questão pode se tornar mais complexa quando a lei for mais gravosa, como a que aumenta a pena do delito. Entretanto, ainda que de início se possa argumentar que um único ato representaria a vontade do agente de manter a atividade delitiva após o início de vigência da *novatio legis in pejus*, o critério deve ser o mesmo do caso da *novatio legis* incriminadora. Assim, só será possível a aplicação de sanção penal mais gravosa ou qualquer tratamento penal mais rígido se, após a superveniência da lei penal que os instituiu, configurar-se a habitualidade, não sendo possível aplicar a lei nova mais gravosa se apenas um ato ocorrer após o seu início de vigência[57].

6.8. Lei Penal no tempo e norma penal em branco

Ainda envolvendo o tema da lei penal no tempo, surge a controvérsia sobre as chamadas leis penais em branco. Leis penais em branco **são aquelas que dependem de complementação normativa para sua aplicação**. São espécie das chamadas leis penais incompletas. Exemplo de lei penal em branco é o artigo 236 do Código Penal, que prevê o crime de induzimento a erro essencial e ocultação de impedimento. Para a interpretação desse tipo penal e sua aplicação, é imprescindível recorrermos ao rol de impedimentos matrimoniais, o que pode ser extraído do artigo 1.521 do Código Civil. Sem recorrermos à norma do Código Civil, não é possível a aplicação do dispositivo penal, razão pela qual temos uma lei penal em branco.

Ocorre que esse complemento da norma penal pode ser modificado por reforma legislativa, o que leva a questionar qual a influência da alteração do complemento da lei penal no que diz respeito ao crime que a norma penal em branco prevê. Basta imaginar o caso de modificação do artigo 1.521 do Código Civil, com a exclusão do impedimento existente para casamento entre e o sogro ou sogra e o genro ou

57. No mesmo sentido: EISELE, Andreas. Direito penal: teoria do delito. Salvador: Editora Juspodivm, 2018, p. 113-114.

nora. Imagine que um indivíduo foi condenado pelo crime previsto no artigo 236 do Código Penal por ter induzido a erro o outro contraente quanto a esse impedimento, posteriormente retirado da norma complementar, ou seja, excluído do Código Civil por alteração legislativa. Esse agente deve ser beneficiado por essa alteração, por meio da qual sua conduta seria atípica, nessa situação hipotética?

Esse questionamento gera divergência na doutrina. Para Nélson Hungria, a modificação do complemento só seria levada em consideração para a aplicação futura da lei[58]. Entretanto, **há a posição de Alberto Silva Franco**, que se mostra mais adequada[59], também defendida, em suas ideias centrais, por Zaffaroni[60]. A modificação benéfica no complemento infralegal da lei penal em branco deve ser analisada em dois grupos. De início, as leis penais em branco cujo complemento é outra lei. Em segundo lugar, aquelas leis penais cujo complemento está em outra fonte normativa, de natureza infralegal:

- **Complemento previsto em lei**: quando o complemento da norma penal em branco se constituir de dispositivo legal, ou seja, o seu complemento for outra lei, a modificação sempre retroage para beneficiar o réu. Assim, no exemplo acima dado, qualquer modificação no rol de impedimentos matrimoniais que os restrinja implicará na *abolitio criminis*, deixando de caracterizar crime de induzimento a erro essencial e ocultação de impedimento. Isso porque o complemento do referido crime está no Código Civil, que possui *status* de lei ordinária.
- **Complemento previsto em ato infralegal**: no caso de complemento previsto em outra fonte normativa, como uma portaria, deve-se analisar se a situação tratada pela norma é excepcional ou se possui caráter permanente:

  Situação de excepcionalidade: caso a norma complementadora regule situação de excepcionalidade, ou seja, algo previsto para durar apenas aquele período determinado, sua modificação não retroage para alcançar situações pretéritas. Isso porque faz parte da própria natureza da norma sua constante modificação para regulamentar situações temporárias. Exemplo que pode ser citado é o do crime que era previsto no artigo 6º, inciso I, da Lei n. 8.137/1990, que foi revogado pela Lei 12.529/2011[61].

---

58. HUNGRIA, Nélson. Comentários ao Código Penal, vol. 1, Tomo 1º. Arts. 1º ao 10. Rio de Janeiro: Forense, 1955, p. 126.
59. Alberto Silva Franco utiliza como referência de sua posição a monografia do Prof. José Henrique Pierangeli, *A norma penal em branco e sua validade temporal*, de 1858, publicada pela Revista dos Tribunais (FRANCO, Alberto Silva; STOCCO, Rui (coord.). Código Penal e sua interpretação: doutrina e jurisprudência. 8. ed. rev. atual. e ampl. São Paulo: Editora Revista dos Tribunais, 2007, p. 79).
60. ZAFFARONI, Eugenio Raúl. Tratado de Derecho Penal, Parte General I. 1ª ed. 5ª reimp. Buenos Aires: Editora Ediar, 2014. p. 465-466.
61. Art. 6° Constitui crime da mesma natureza:
    I – vender ou oferecer à venda mercadoria, ou contratar ou oferecer serviço, por preço superior ao oficialmente tabelado, ao regime legal de controle; (...) Pena – detenção, de 1 (um) a 4 (quatro) anos, ou multa. (Revogado pela Lei nº 12.529, de 2011).

Assim, tome-se por suposição que houvesse um tabelamento estabelecido por Portaria Interministerial prevendo que o botijão de gás só poderia ser vendido por preço até R$ 50,00 no ano de 1998 e o João tenha vendido pelo preço de R$ 55,00. No ano de 1999, é editada nova Portaria Interministerial, complementando o tipo penal do artigo 6º, I, da Lei n. 8.137/1990, estabelecendo o preço máximo do botijão de gás no valor de R$ 60,00. Nesse caso, a conduta do João continuaria a ser considerada crime, pois a norma complementar visava a regulamentar o preço do botijão de gás para valer no ano de 1998, segundo a conjuntura econômico-financeira do momento. A modificação do preço na Portaria era previsível e, inclusive, o curso normal dos fatos, pois o tabelamento de preço era efetuado para perdurar por período determinado, com atualizações periódicas.

Norma editada sem situação temporária ou excepcional: No caso de norma complementar, de fonte normativa diversa de lei, que não se refira a uma situação temporária ou excepcional, a sua modificação deve retroagir e beneficiar os réus já condenados. É o caso, por exemplo, da Portaria do Ministério da Saúde com a lista de substâncias entorpecentes, que é norma que complementa o artigo 33 da Lei n. 11.343/2006[62], lei penal em branco. Para se definir o que é droga, deve-se recorrer à portaria ministerial e verificar o rol das substâncias assim consideradas. Caso haja a alteração do rol, com retirada de uma substância, quem foi condenado por conduta tipificada no artigo 33 da Lei n. 11.343/2006, relacionada com referida substância, deve ser beneficiado, havendo *abolitio criminis*.

Foi o que ocorreu com o caso do cloreto de etila, substância componente do chamado "lança-perfume", que foi retirado da lista e posteriormente reincluído. Quem praticou crime anteriormente à retirada da substância da lista foi beneficiado com a sua remoção (norma posterior mais benéfica), mesmo que posteriormente tenha sido reincluída (norma posterior mais gravosa). O STF já decidiu, nesse sentido, caso similar[63].

A **jurisprudência do STF[64] e a do STJ[65] parecem se alinhar à posição do professor Alberto Silva Franco**, acima exposta. Sanches Cunha leciona no mesmo

62. Art. 33. Importar, exportar, remeter, preparar, produzir, fabricar, adquirir, vender, expor à venda, oferecer, ter em depósito, transportar, trazer consigo, guardar, prescrever, ministrar, entregar a consumo ou fornecer drogas, ainda que gratuitamente, sem autorização ou em desacordo com determinação legal ou regulamentar: Pena – reclusão de 5 (cinco) a 15 (quinze) anos e pagamento de 500 (quinhentos) a 1.500 (mil e quinhentos) dias-multa. (...)

63. STF, HC 68904/SP, Rel. Min. Carlos Velloso, Segunda Turma, Julgamento: 17/12/1991.

64. EMENTA: "Habeas corpus". – Em princípio, o artigo 3. do Código Penal se aplica a norma penal em branco, na hipótese de o ato normativo que a integra ser revogado ou substituído por outro mais benéfico ao infrator, não se dando, portanto, a retroatividade. – Essa aplicação só não se faz quando a norma, que complementa o preceito penal em branco, importa real modificação da figura abstrata nele prevista ou se assenta em motivo permanente, insusceptível de modificar-se por circunstâncias temporárias ou excepcionais, como sucede quando do elenco de doenças contagiosas se retira uma por se haver demonstrado que não tem ela tal característica. "Habeas corpus" indeferido. (STF, HC 73168/SP, Relator Min. Moreira Alves, Órgão Julgador: Primeira Turma, Julgamento em 21/11/1995).

65. HABEAS CORPUS. CRIME CONTRA A ORDEM ECONÔMICA. ART. 1º, I, DA LEI 8.176/91. NORMA PENAL EM BRANCO. REGULAMENTAÇÃO ANTERIOR PELA PORTARIA 248/00 DA AGÊNCIA NACIONAL DO PETRÓLEO.

sentido[66]. Eisele e Masson também adotam essa posição, apesar de não diferenciarem se o complemento é lei ou ato infralegal[67].

7. LEIS DE VIGÊNCIA TEMPORÁRIA

7.1. Conceito

Leis de vigência temporária são **aquelas instituídas para viger em determinado período**. Elas são exceção à regra exposta na Lei de Introdução ao Direito Brasileiro, no *caput* do seu artigo 2º, de que a lei terá vigência até que outra a modifique ou revogue, ou seja, vige por prazo indeterminado:

> *Art. 2º – Não se destinando à vigência temporária, a lei terá vigor até que outra a modifique ou revogue.*

A lei de vigência temporária possui vigor por prazo determinado ou por um evento, regulando os fatos ocorridos durante sua vigência, mesmo após já cessada a sua vigência. A situação excepcional ou o período determinado integram a própria tipificação, de modo que a incidência da norma penal incriminadora depende desse elemento temporal, consistente na prática da conduta no intervalo de tempo que se estende até o seu marco final de vigência ou durante um evento de duração incerta.

Em razão de já possuírem vocação, desde sua elaboração, para vigorarem por um período ou durante a ocorrência de um evento transitório, as leis de vigência temporária se aplicam aos fatos ocorridos em sua vigência mesmo que já não estejam em vigor. Isso porque são direcionadas a viger por um tempo limitado, para abarcar determinados fatos, e sua aplicação a eles garante a sua autoridade.

Assim, se uma lei deve vigorar durante a guerra e pune com reclusão aquele que repassar informações privilegiadas ao inimigo, o agente que cometer tal delito será punido mesmo que pratique a conduta no último dia de sua vigência. Isso porque, caso contrário, todos saberiam que nos últimos dias de guerra, quando já se aproximavam as tratativas de paz, a chance de punição dos crimes então cometidos seria mínima, já que o processo penal não transitaria em julgado até o fim da vigência da lei.

EXIGIBILIDADE DE COLETA DE AMOSTRAS-TESTEMUNHA. REVOGAÇÃO PELA RESOLUÇÃO 9/07 DA ANP. FACULDADE DO REVENDEDOR-VAREJISTA. ABOLITIO CRIMINIS. EXTINÇÃO DA PUNIBILIDADE. ART. 107, III, DO CP. ORDEM CONCEDIDA.1. Como norma penal em branco, o art. 1º, I, da Lei 8.176/91 foi inicialmente regulamentado pela Portaria 248/00 da Agência Nacional do Petróleo. 2. A superveniência da Resolução 9 da ANP revogou expressamente a Portaria 248/00 e estabeleceu faculdade ao revendedor varejista na coleta de amostras-testemunha, procedimento que antes constituía exigibilidade no controle de qualidade do combustível automotivo líquido efetuado pelos órgãos de fiscalização. 3. Não há mais falar em conduta criminosa a subsumir no art. 1º, I, da Lei 8.176/91, ante o advento da abolitio criminis, sendo de rigor, portanto, a extinção da punibilidade, nos termos do art. 107, III, do CP. 4. Ordem concedida para decretar a extinção da punibilidade quanto ao crime previsto no art. 1º, I, da Lei 8.176/91. (STJ, HC 150032/MG, Relator Min. Jorge Mussi, Quinta Turma, DJe 29/08/2011).

66. CUNHA, Rogério Sanches. Ob. Cit., 2020, p. 149-151.
67. MASSON, Cleber. Ob. Cit., 2019, p. 113-115. EISELE, Andreas. Direito penal: teoria do delito. Salvador: Editora Juspodivm, 2018, p. 182-183.

A lei de vigência temporária está prevista no artigo 3º do Código Penal:

> *Art. 3º - **A lei excepcional ou temporária, embora decorrido o período de sua duração ou cessadas as circunstâncias que a determinaram, aplica-se ao fato praticado durante sua vigência.***

Como visto pela própria redação do dispositivo, as leis de vigência temporária se subdividem em duas espécies: leis excepcionais ou leis temporárias em sentido estrito. A lei excepcional ou temporária em sentido amplo é aquela que possui vigência durante determinado evento efêmero, transitório. Por sua vez, a lei temporária em sentido estrito possui prazo temporal previsto em seu próprio corpo normativo, vigorando com termo final já fixado, ou seja, com dia para o fim de sua vigência.

7.2. Lei Excepcional

A lei excepcional, também denominada de lei temporária em sentido amplo, é **aquela produzida para durar durante determinada situação, determinado evento anormal, transitório**. São exemplos de eventos que podem determinar a vigência da lei: uma guerra, uma calamidade pública, uma grave comoção interna com protestos violentos, um período de seca, etc.

7.3. Lei Temporária em sentido estrito

Lei temporária em sentido estrito **é aquela produzida para durar por um determinado período, previsto em si mesma.** Sua vigência já é delimitada no tempo, possuindo um interregno de vigência já estabelecido, razão pela qual vigora por período determinado. Um conhecido exemplo de lei temporária em sentido estrito é a Lei n. 12.663/2012, conhecida também como lei da FIFA, que foi criada para dispor sobre medidas relativas à Copa das Confederações FIFA 2013, à Copa do Mundo FIFA 2014 e à Jornada Mundial da Juventude - 2013, dentre outros assuntos. Em seu artigo 36, há a previsão de sua vigência:

> *Art. 36. Os tipos penais previstos neste Capítulo terão vigência até o dia 31 de dezembro de 2014.*

Nota-se, portanto, que a Lei n. 12.663/2012 possui, em seu próprio texto legal, termo final de vigência, já alcançado. Assim, quando se atingiu a data prevista no dispositivo acima transcrito, referida lei deixou de vigorar no ordenamento jurídico brasileiro, não deixando de incriminar os fatos cometidos durante o período de sua vigência.

7.4. Características comuns

São características comuns das leis de vigência temporária (excepcionais e temporárias em sentido estrito) a ultra-atividade e a autorrevogabilidade:

- **Ultra-atividade**: o fim da vigência da lei não impede sua ultra-atividade para alcançar os fatos cometidos anteriormente, mesmo que a aplicação ultra-ativa da lei prejudique o réu.

- **Autorrevogabilidade**: as leis de vigência temporária são tidas por revogadas no termo final nelas fixado (lei temporária) ou quando cessada a situação anormal (lei excepcional).

É interessante comparar o disposto no artigo 3º do Código Penal brasileiro com o dispositivo da lei alemã: "Uma lei prevista para vigir por determinado período deve ser aplicada ao fato praticado durante a sua vigência mesmo que ela tenha sido revogada. Essa disposição não é válida caso outra lei disponha de modo diverso"[68]. Ainda que não haja uma disposição, no Brasil, sobre lei posterior que disponha de modo diverso, pode-se afirmar que, sobrevindo lei nova que disponha sobre a não aplicação da lei temporária em sentido amplo, os seus dispositivos não se aplicarão ao fato praticado em sua vigência. Isso porque a lei temporária, ainda que ultra-ativa, não é imune à superveniente alteração de sua regulamentação pelo próprio Poder Legislativo.

7.5. (In)constitucionalidade

Zaffaroni e Pierangeli, dentre outros doutrinadores, entendem que a lei de vigência temporária e sua regulação pelo Código Penal **conflitam com o princípio da irretroatividade da lei penal**[69]. Vejamos:

> *O art. 3º do CP estabelece que, nos casos de leis temporárias e excepcionais, não vigora a retroatividade da lei posterior mais benigna estabelecida no art. 2º. Trata-se de uma limitação à regra do art. 2º, que foi consagrada no Código de 1940, e que se mantém no texto vigente. Seu fundamento seria a perda da eficácia intimidatória preventiva destas leis, se não fosse estabelecida a exceção.*
>
> *Esta disposição legal é duvidosa constitucionalidade, posto que constitui exceção à irretroatividade legal que consagra a Constituição Federal ("salvo para beneficiar o réu") e não admite exceções, ou seja, possui caráter absoluto (art. 5º, XL).*

Essa regra ou princípio prevê que a lei penal não pode retroagir para ocasionar a punição de fatos pretéritos. Só pode retroagir a lei que for mais benéfica para o réu. Está previsto no inciso XL do artigo 5º da Constituição da República, com o seguinte teor:

> *XL – a lei penal não retroagirá, salvo para beneficiar o réu;*

O dispositivo constitucional não faz nenhuma exceção para as leis excepcionais ou temporárias em sentido estrito, razão pela qual essa corrente doutrinária entende que não seria possível a punição dos fatos ocorridos na vigência delas após já terem perdido vigência.

Outra parte da doutrina entende que a situação específica, seja o evento transitório, seja o lapso temporal, **faz parte do fato típico**. Sua aplicação posterior garante sua força intimidativa, o que não haveria, por exemplo, se não se admitisse

---

68. HILGENDORF, Eric; VALERIUS, Brian. Trad. Orlandino Gleizer. 1. ed. São Paulo: Marcial Pons, 2019, p. 65-66.
69. ZAFFARONI, Eugenio Raúl; PIERANGELI, José Henrique. Manual de direito penal brasileiro. 13ª. ed. São Paulo: Thomson Reuters Brasil, 2019, p. 210.

a aplicação após o fim de sua vigência. Isso faria com que uma lei temporária em sentido estrito, elaborada para vigorar até 02 de fevereiro de 2018, dificilmente seria observada no dia 1º de fevereiro do referido ano, pois sua punição seria impossível em vista do trâmite do processo penal, imprescindível para a imposição da pena. É o que defende Frederico Marques, citado por Bitencourt[70]:

> *Entendida a lei temporária ou excepcional como descrição legal de figuras típicas onde o* tempus delicti *condiciona a punibilidade ou maior punibilidade de uma conduta, a sua ultra-atividade não atinge os princípios constitucionais do nosso Direito Penal intertemporal. A* lex mitior *que for promulgada ulteriormente para um crime que a lei temporária pune mais severamente não retroagirá porque as situações tipificadas são diversas.*

Há, ainda, a defesa da sua constitucionalidade em razão de não se tratar de conflito temporal de leis, mas de um tipo específico que vige, por determinado período, em paralelo com o tipo comum[71]. Por fim, Nélson Hungria entende que seria um absurdo que a natureza das leis penais se tornasse uma fonte de iniquidades, razão pela qual defendia sua aplicação ultra-ativa independentemente de previsão no texto da lei, pois o Direito Penal não pode ser compreendido como "jogo de disparate"[72]. Essa última posição é a que parece prevalecer na doutrina, com a conclusão de que as leis excepcionais e temporárias (*stricto sensu*) são compatíveis com a nossa Constituição. O STF possui julgados em que o tema foi tratado, direta ou indiretamente, mas seus precedentes são antigos[73]. Nesses casos, a constitucionalidade das leis penais temporárias não foi sequer questionada.

8. LEI PENAL NO ESPAÇO

8.1. Lugar do Crime

O lugar do crime é a definição de qual o lugar em que se considera que a infração penal foi praticada. Com relação a esse tema, a doutrina desenvolveu algumas teorias sobre onde se deve considerar que o crime foi praticado. Foram elaboradas as teorias da atividade, do resultado e da ubiquidade.

Teoria da atividade: A teoria da atividade considera que **o crime é praticado no lugar em que houve a ação ou a omissão do agente**. Ou seja, considera-se como local da infração penal, para aplicação da lei, o local em que o indivíduo pratica a conduta, seja ela omissiva (um não fazer) ou comissiva (um fazer). Deste modo, adotada essa teoria no caso do homicídio, por exemplo, o crime será considerado como praticado no local em que o indivíduo efetua os disparos de arma de fogo em direção à vítima, e não onde a vítima efetivamente vem a falecer.

70. BITENCOURT, Cezar Roberto. Tratado de Direito Penal: parte geral, volume 1. 10ª. ed. São Paulo: Saraiva, 2006, p. 215.
71. EISELE, Andreas. Direito penal: teoria do delito. Salvador: Editora Juspodivm, 2018, p. 184-185.
72. HUNGRIA, Nélson. Ob. Cit., 1955, p. 132-133.
73. RE 71947, julgado pela Primeira Turma em 14/09/1971, e HC 31552, julgado pelo Tribunal Pleno em 31/07/1951.

Teoria do resultado: Do ponto de vista da teoria do resultado, **considera-se praticado o crime no local em que o agente obtém a produção do resultado.** Deste modo, ainda que o resultado naturalístico seja obtido a muitos quilômetros de onde foi praticada a conduta, será aquele o local em que se considera praticado o crime. Utilizando-se novamente o exemplo do homicídio, por essa teoria o crime terá sido praticado no local da morte da vítima, e não onde foram efetuados os disparos de arma de fogo. Sob o entendimento dessa teoria, só se considerará praticado o crime, para fins de aplicação da lei penal, no local em que for atingido o resultado.

Teoria da ubiquidade ou mista: A teoria da ubiquidade, também chamada de mista, é **o resultado da reunião das duas anteriores**, a da atividade e a do resultado. Segundo esta teoria, **o crime se considera praticado tanto no lugar da conduta quanto no do resultado.** Assim, considerar-se-á que o crime foi praticado, para efeito de aplicação da lei penal, tanto no local da ação ou omissão quanto no da obtenção do resultado. Utilizando o exemplo do homicídio, serão considerados como local do crime, para se aplicar a lei penal, tanto o local em que houve os disparos de arma de fogo quanto o lugar onde a vítima efetivamente vier a óbito.

Sobre o tema, prevê o Código Penal, em seu artigo 6º:

> *Art. 6º – Considera-se praticado o crime* ***no lugar em que ocorreu a ação ou omissão****, no todo ou em parte, bem como* ***onde se produziu ou deveria produzir-se o resultado****.*

Deste modo, resta claro que o ordenamento jurídico brasileiro adota a teoria da ubiquidade quanto ao lugar do crime. Considera-se que o crime foi praticado tanto no lugar em que se praticou a conduta (comissiva ou omissiva) quanto no lugar em que se produziu ou se deva produzir o resultado.

> Quanto ao lugar do crime, o Código Penal adota a teoria da ubiquidade.

✓ Qual a importância de se definir o lugar do crime na lei penal?

A teoria da ubiquidade para definição do lugar do crime se aplica aos **crimes à distância, também chamados de crimes de espaço máximo.** São **as infrações penais cujo *iter criminis*** (caminho do crime, com suas fases de cogitação, preparação, execução, consumação e, ao final, eventual exaurimento) **abrange mais de um país.** Ou seja, é aquela infração penal que, em seu desenvolvimento, percorre mais de um território soberano.

Exemplo de crime à distância é o do sujeito que, posicionado em Ciudad Del Este, cidade paraguaia, atira no seu inimigo que andava na cidade brasileira de Foz do Iguaçu e o atinge, causando lesão corporal de natureza grave. Perceba-se que o local da conduta foi o Paraguai, sendo que o resultado foi atingido no Brasil. Como o Direito Penal adota a teoria da ubiquidade, consideraremos o crime praticado no Brasil (e no Paraguai), possibilitando a aplicação da lei brasileira.

Não se deve confundir os crimes à distância com os crimes plurilocais. Os crimes plurilocais são aqueles que percorrem, em sua prática, mais de um lugar, mas dentro do mesmo território soberano. Por exemplo, tem-se o caso do sujeito que desfere golpes de faca no vizinho na cidade de Nova Lima, mas o sujeito vem a ser socorrido em Belo Horizonte, onde vem a óbito. Nesse caso, não há dúvida sobre a aplicação da lei penal brasileira, sendo que o *iter criminis* se desenvolveu totalmente no território brasileiro. Nesse caso, dúvida pode surgir sobre o foro competente para julgamento do delito, o que é resolvido pelo *caput* do artigo 70 do Código de Processo Penal:

> *Art. 70. A competência será, de regra, determinada pelo lugar em que se consumar a infração, ou, no caso de tentativa, pelo lugar em que for praticado o último ato de execução.*

Como visto pelo dispositivo acima transcrito, no caso de crimes plurilocais, a competência para julgamento do crime é do juízo do local da consumação. No caso de crime tentado, a competência será determinada pelo local do último ato de execução. Entretanto, cumpre ressaltar que o STJ tem aceitado, em situações excepcionais, o afastamento dessa regra processual para a fixação da competência para o julgamento do delito no local em que houve o início dos atos executórios, com fundamento na facilidade da coleta de provas e de instrução do processo[74].

L	ugar
U	biquidade
T	empo
A	tividade

8.2. Territorialidade

A territorialidade é **a regra sobre a aplicação da lei brasileira no espaço, ou seja, a lei nacional é aplicável ao território nacional**. Só se aplica, de modo geral, a lei penal brasileira aos crimes cometidos no Brasil. Para saber como se apurar o local de cometimento do crime, vimos no tópico anterior o lugar do crime, sendo que o Código Penal adotou a teoria da ubiquidade. A territorialidade está prevista no artigo 5º da Constituição:

> *Art. 5º – Aplica-se a lei brasileira, sem prejuízo de convenções, tratados e regras de direito internacional, ao crime cometido no território nacional.*

A regra da territorialidade preconiza que a aplicação da lei se restringe ao território do Estado que a promulgou. Pode-se compreender a territorialidade de forma absoluta ou temperada:

- **Territorialidade absoluta**: somente a lei brasileira pode ser adotada no território brasileiro.

74. STJ, CC 151.836/GO, Rel. Min. Reynaldo Soares da Fonseca, Terceira Seção, DJe 26/6/2017. STJ, RHC 93.253/SP, Rel. Min. Ribeiro Dantas, Quinta Turma, julgado em 06/08/2019, DJe 13/08/2019.

- **Territorialidade temperada**: aplica-se aos crimes cometidos no território brasileiro a lei brasileira, com exceção para casos previstos em Tratados Internacionais. É a adotada no Brasil.

A territorialidade se vincula, como visto, ao conceito de território nacional. A lei brasileira é aquela que se aplica quando o crime é cometido no território sob a soberania da República Federativa do Brasil. É importante, então, relembrar o que integra o território brasileiro, que é composto do território físico e do território jurídico. Formam o território físico a extensão de terra dentro dos marcos fronteiriços, as águas territoriais delimitadas pelas nossas fronteiras e o espaço aéreo correspondente a ambos. Já o território jurídico ou por extensão abrange as embarcações e as aeronaves de natureza pública ou a serviço do governo brasileiro.

Portanto, o território nacional é composto do território físico e do território jurídico. O **território jurídico ou por extensão** está previsto no artigo 5º, § 1º, do Código Penal. Apesar de as embarcações e aeronaves brasileiras, de natureza pública ou a serviço do governo, não integrarem o território nacional, são consideradas parte dele em decorrência da extensão realizada pela própria lei penal. Como há previsão expressa na lei, não há ofensa ao princípio da legalidade:

> *§ 1º – Para os efeitos penais, consideram-se como extensão do território nacional as embarcações e aeronaves brasileiras, de natureza pública ou a serviço do governo brasileiro onde quer que se encontrem, bem como as aeronaves e as embarcações brasileiras, mercantes ou de propriedade privada, que se achem, respectivamente, no espaço aéreo correspondente ou em alto-mar.*

Em havendo prática de crime em navio ou aeronave, a competência será, de acordo com o artigo 109, inciso IX, da Constituição da República, da Justiça Federal, ressalvada a competência da Justiça Militar. Assim, não se tratando de delito de competência da Justiça Militar, caberá à Justiça Federal o seu julgamento, mais especificamente o juízo onde se verificar o pouso da aeronave após o delito ou de onde ela partiu, conforme disposto no artigo 90 do Código de Processo Penal.

Segundo o artigo 106 do Código Brasileiro de Aeronáutica (Lei n. 7.565/1986), considera-se aeronave todo aparelho manobrável em voo, que possa sustentar-se e circular no espaço aéreo, mediante reações aerodinâmicas, apto a transportar pessoas ou coisas. Por essa razão, decidiu o STJ que não se enquadra no conceito o balão de ar quente tripulado. Por isso, delitos que não sejam da competência da Justiça Militar e sejam cometidos a bordo de balões de ar quente tripulados devem ser julgados pela Justiça Estadual[75].

Não integram o território físico para fins penais:

- Zona contígua (12 às 24 milhas marítimas – área de fiscalização, sem integrar o território do país);

75. STJ, CC n. 143.400/SP, Rel. Min. Ribeiro Dantas, Terceira Seção, julgado em 24/4/2019, DJe de 15/5/2019.

- Zona econômica exclusiva (12 às 200 milhas marítimas – o Brasil possui exclusividade para exploração e aproveitamento dos recursos naturais, mas tal área não integra nosso território);
- Espaço cósmico (Segundo o Tratado sobre Exploração e Uso do Espaço Cósmico, não está sujeito a apropriação nacional).

Abrangem o chamado território jurídico (por extensão ou por ficção):

- Navios e aeronaves públicos ou a serviço do governo brasileiro;
- Navios e aeronaves privados de bandeira brasileira, desde que estejam em território brasileiro, alto-mar ou no espaço aéreo a eles relativo.

Deve-se atentar, ainda, que se aplica a lei brasileira aos navios e aeronaves **privados** estrangeiros em território brasileiro. Com efeito, estando em um aeroporto brasileiro um Boeing de uma companhia de transporte aéreo, não há motivos para não se aplicar a lei brasileira a um crime ali cometido. Do mesmo modo, se um navio de origem sueca está atracado no porto, no Município de Rio de Janeiro/RJ, em atividade turística, um crime cometido em seu interior deve ser julgado conforme as leis brasileiras. É o que prevê o artigo 5º, § 2º, do Código Penal:

> *§ 2º – É também aplicável a lei brasileira aos crimes praticados a bordo de aeronaves ou embarcações estrangeiras de propriedade privada, achando-se aquelas em pouso no território nacional ou em voo no espaço aéreo correspondente, e estas em porto ou mar territorial do Brasil.*

O Brasil reconhece, por outro lado, que os crimes cometidos em embarcações de natureza pública, com bandeira estrangeira, devem ser julgados por seu país de origem, em respeito à soberania dos demais Estados. Cabe ressalvar, ainda, que se reconhece o **direito de passagem inocente** de **embarcações estrangeiras**, ou seja, de elas passarem pelo mar territorial ao se dirigirem de um ponto a outro, desde que não tenham a intenção de aqui atracar. Assim prevê o artigo 3º da Lei n. 8.617/1993:

> *Art. 3º É reconhecido aos navios de todas as nacionalidades o direito de passagem inocente no mar territorial brasileiro.*
>
> *§ 1º A passagem será considerada inocente desde que não seja prejudicial à paz, à boa ordem ou à segurança do Brasil, devendo ser contínua e rápida.*
>
> *§ 2º A passagem inocente poderá compreender o parar e o fundear, mas apenas na medida em que tais procedimentos constituam incidentes comuns de navegação ou sejam impostos por motivos de força ou por dificuldade grave, ou tenham por fim prestar auxílio a pessoas a navios ou aeronaves em perigo ou em dificuldade grave.*
>
> *§ 3º Os navios estrangeiros no mar territorial brasileiro estarão sujeitos aos regulamentos estabelecidos pelo Governo brasileiro.*

Assim, reconhecida a passagem inocente, não se aplica a lei penal aos crimes praticados na embarcação que atender aos requisitos, como o de não ser prejudicial à paz, à boa ordem ou à segurança do Brasil e que seja contínua e rápida.

8.3. Extraterritorialidade

A extraterritorialidade consiste na **aplicação excepcional da lei brasileira a crimes cometidos exclusivamente no estrangeiro**. Como visto, trata-se de exceção à regra, que é a da territorialidade, ou seja, em regra a lei penal brasileira é aplicada apenas aos crimes cometidos no território brasileiro – aqui compreendido tanto o território físico quanto o jurídico. A extraterritorialidade é subdividida em condicionada e incondicionada. Como o próprio nome indica, a diferença é se haverá condições para essa aplicação excepcional da lei penal brasileira a crimes cometidos fora daqui, sob o ponto de vista da teoria da ubiquidade para definição do lugar do crime.

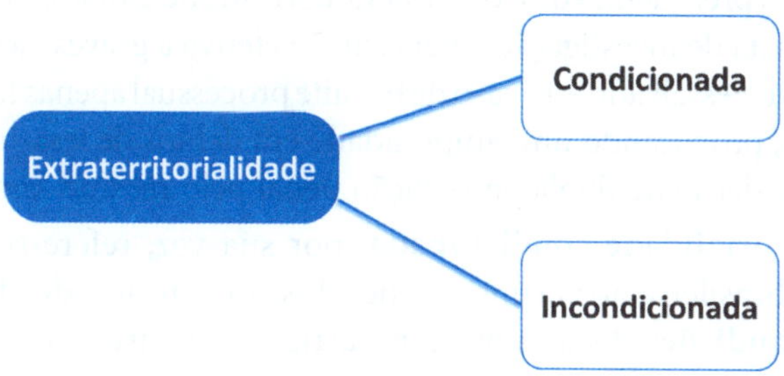

A **extraterritorialidade incondicionada** está prevista no artigo 7º, inciso I e § 1º, do Código Penal. Relaciona-se às hipóteses em que a lei penal é aplicada a um crime cometido no exterior, **independentemente de qualquer condição**:

> *Art. 7º – Ficam sujeitos à lei brasileira, embora cometidos no estrangeiro:*
>
> *I – os crimes:*
>
> *a) contra a vida ou a liberdade do Presidente da República;*
>
> *b) contra o patrimônio ou a fé pública da União, do Distrito Federal, de Estado, de Território, de Município, de empresa pública, sociedade de economia mista, autarquia ou fundação instituída pelo Poder Público;*
>
> *c) contra a administração pública, por quem está a seu serviço;*
>
> *d) de genocídio, quando o agente for brasileiro ou domiciliado no Brasil;*
>
> *(...)*
>
> *§ 1º Nos casos do inciso I, o agente é punido segundo a lei brasileira, ainda que absolvido ou condenado no estrangeiro.*

Dada a gravidade desses crimes e o interesse do Estado Brasileiro em sua punição, são puníveis no Brasil independentemente do implemento de qualquer condição. Portanto, os agentes que cometerem tais crimes devem ser aqui processados, pelo simples fato de terem cometidos uma das infrações penais acima mencionadas.

O parágrafo primeiro do artigo 7º, do Código Penal, prevê a punição do agente segundo a lei brasileira **mesmo que ele tenha sido absolvido ou condenado no exterior**. Em tais casos, o artigo 8º determina que a pena cumprida no estrangeiro atenua a pena imposta no Brasil pelo mesmo crime, quando diversas, ou nela é computada, quando idênticas. Questiona-se a constitucionalidade desse dispositivo, dado o princípio, implícito na Constituição, do *ne bis in idem*, ou seja, a proibição de que o sujeito seja processado, sancionado ou executado duas vezes pelo mesmo fato. Esse princípio está consignado expressamente no Pacto de São José da Costa Rica, sendo também questionável a convencionalidade do artigo 7º, § 1º, e do artigo 8º, ou seja, a sua compatibilidade com a Convenção Americana de Direitos Humanos.

O Supremo Tribunal Federal, em precedente da Primeira Turma, fez uma releitura do artigo 8º, que fala da atenuação das penas impostas no Brasil pela já cumprida no exterior, nos termos da Convenção Americana dos Direitos Humanos. Assim, só seria possível o novo julgamento no caso de o julgamento no estrangeiro ter sido considerado ilegítimo, como em precedentes da Corte Interamericana de Direitos Humanos nos quais se avaliou a ausência de investigação e persecução efetiva a graves violações de direitos humanos. Portanto, ressalvado esse caso de trâmite processual apenas formal, sem efetiva persecução penal, provocando uma impunidade em delitos de lesa-humanidade, deve ser respeitada a vedação de dupla persecução penal pelo mesmo fato[76].

A **extraterritorialidade condicionada**, por sua vez, refere-se às hipóteses de aplicação da lei brasileira aos crimes cometidos no exterior, **desde que atendidas determinadas condições**. Está prevista no artigo 7º, inciso II e §§ 2º e 3º, do Código Penal:

> *Art. 7º – Ficam sujeitos à lei brasileira, embora cometidos no estrangeiro:*
>
> *(...)*
>
> *II – os crimes:*
>
> *a) que, por tratado ou convenção, o Brasil se obrigou a reprimir;*
>
> *b) praticados por brasileiro;*
>
> *c) praticados em aeronaves ou embarcações brasileiras, mercantes ou de propriedade privada, quando em território estrangeiro e aí não sejam julgados.*
>
> *(...)*
>
> *§ 2º – Nos casos do inciso II, a aplicação da lei brasileira depende do concurso das seguintes condições:*
>
> *a) entrar o agente no território nacional;*
>
> *b) ser o fato punível também no país em que foi praticado;*
>
> *c) estar o crime incluído entre aqueles pelos quais a lei brasileira autoriza a extradição;*
>
> *d) não ter sido o agente absolvido no estrangeiro ou não ter aí cumprido a pena;*
>
> *e) não ter sido o agente perdoado no estrangeiro ou, por outro motivo, não estar extinta a punibilidade, segundo a lei mais favorável.*

76. STF, HC 171118/SP, Rel. p/ acórdão Min. Gilmar Mendes, Segunda Turma, Julgamento em 12/11/2019.

> *§ 3º – A lei brasileira aplica-se também ao crime cometido por estrangeiro contra brasileiro fora do Brasil, se, reunidas as condições previstas no parágrafo anterior:*
>
> *a) não foi pedida ou foi negada a extradição;*
>
> *b) houve requisição do Ministro da Justiça.*

A extraterritorialidade condicionada, nos casos previstos no inciso II do artigo 7º do Código Penal, pressupõe as seguintes **condições**:

- entrar o agente no território nacional;
- ser o fato punível também no país em que foi praticado;
- estar o crime incluído entre aqueles pelos quais a lei brasileira autoriza a extradição;
- não ter sido o agente absolvido no estrangeiro ou não ter aí cumprido a pena;
- não ter sido o agente perdoado no estrangeiro ou, por outro motivo, não estar extinta a punibilidade, segundo a lei mais favorável.

No caso do § 3º do artigo 7º, são previstas outras condições, adicionais àquelas previstas para os crimes do inciso II. Ou seja, nos casos do § 3º, são exigidas as condições acima previstas **mais** as condições específicas nele mencionadas. Por isso, alguns doutrinadores denominam a previsão do parágrafo terceiro de **extraterritorialidade hipercondicionada**. São seus **requisitos específicos**, que devem ser cumpridos em conjunto com os da extraterritorialidade condicionada:

- não deve ter sido pedida extradição ou ela deve ter sido negada;
- deve existir requisição do Ministro da Justiça.

Sobre essa hipótese de extraterritorialidade, o STJ analisou habeas corpus e determinou trancamento da ação penal por ausência de requisição do Ministro da Justiça. O réu teria, no período compreendido entre 2006 e 2008, na Bolívia, praticado conjunção carnal e outros atos libidinosos com duas brasileiras menores de 14 anos. Após o acusado ter ingressado no território nacional, o Ministério Público moveu ação penal, com base na extraterritorialidade da ação penal. No entanto, faltou condição de procedibilidade, conforme ressaltado no acórdão:

> *"3. Na espécie, não obstante a condição específica referente à ausência de extradição tenha sido atendida, não houve requisição do Ministro da Justiça, não estando presente, assim, uma das condições de procedibilidade da ação. 4. A requisição do Ministro da Justiça não se confunde com a atuação do Ministério Público como titular da ação penal, nem pode ser por ela suprida, uma vez que se trata de ato discricionário, de natureza administrativa e política, que exterioriza um juízo de conveniência e oportunidade por parte do Estado Brasileiro no tocante ao interesse ou não na punição do estrangeiro. Doutrina. (...) Inexistindo requisição do Ministro da Justiça, e estando ausente uma das condições de procedibilidade, impõe-se o trancamento da presente ação penal, consoante já decidiu o Tribunal de Justiça do Distrito Federal e dos Territórios em caso semelhante." (STJ, HC n. 402.637/DF, Rel. Min. Jorge Mussi, Quinta Turma, julgado em 22/10/2019, DJe de 8/11/2019).*

8.4. Princípios da extraterritorialidade

A extraterritorialidade, como hipótese de aplicação excepcional da lei nacional a crimes cometidos fora do território do Estado, rege-se por princípios que justificam a sua punição:

Princípio da nacionalidade ou personalidade ativa: busca a punição do crime em razão do sujeito ativo do crime, ou seja, aquele que praticou o delito. Tem incidência em relação aos crimes praticados por brasileiros no exterior (art. 7º, II, *b*, do CP).

Princípio da nacionalidade ou personalidade passiva: almeja punir o crime em consideração àquele que foi a vítima do crime, isto é, seu sujeito passivo. Segundo prevalece, é o princípio que determina a extraterritorialidade no caso do crime cometido por estrangeiro contra brasileiro fora do Brasil (art. 7º, § 3º, do CP)[77]. Entretanto, há uma corrente que entende incidir o princípio da defesa[78].

Princípio real, da defesa ou da proteção: determina a punição do crime cometido no exterior pela lei nacional em virtude do interesse nacional, do bem jurídico atingido pelo delito. Abrange as hipóteses de delitos praticados, no exterior, contra a vida ou a liberdade do Presidente da República; contra o patrimônio ou a fé pública da União, do Distrito Federal, de Estado, de Território, de Município, de empresa pública, sociedade de economia mista, autarquia ou fundação instituída pelo Poder Público; e contra a administração pública, por quem está a seu serviço (art. 7º, I, *a*, *b* e *c*, do Código Penal).

Princípio da justiça universal ou cosmopolita: busca a punição do crime em virtude da necessidade de cooperação entre os Estados, no plano das relações internacionais, para se evitar a impunidade. Geralmente tais crimes são selecionados em virtude de sua maior gravidade. Incide nos casos de crimes de genocídio, quando o agente for brasileiro ou domiciliado no Brasil (art. 7º, I, *d*, do Código Penal) e crimes de que, por tratado ou convenção, o Brasil se obrigou a reprimir (art. 7º, II, *a*, do CP). No caso do genocídio, apesar de prevalecer que o princípio respectivo é o da justiça universal ou cosmopolita, Fragoso defende ser o da defesa. Há, ainda, quem defenda a incidência, no caso, do princípio da nacionalidade[79].

Princípio do pavilhão, da bandeira ou da representação: a aplicação da lei penal é determinada pela nacionalidade do navio ou da embarcação. Tem incidência

---

77. CUNHA, Rogério Sanches. Ob. Cit., 2020, p. 159. MASSON, Cleber. Ob. Cit., 2019, p. 133. Defendendo a aplicação do princípio da defesa real, mas ressaltando também ser aplicável o da personalidade passiva: CAPEZ, F. Ob. Cit., 2013, p. 115.

78. Há a posição de que não existiria esse princípio, pois o princípio da nacionalidade ou se expressa quanto ao sujeito ativo ou, ao mesmo tempo, quanto ao sujeito ativo e ao sujeito passivo do delito. A nacionalidade do sujeito passivo não seria critério de natureza pessoal, mas incidência do princípio da defesa, por se voltar ao bem jurídico tutelado pela norma: EISELE, Andreas. Direito penal: teoria do delito. Salvador: Editora Juspodivm, 2018, p. 131-132.

79. CUNHA, Rogério Sanches. Ob. Cit., 2020, p. 159. Defende o da justiça universal: CAPEZ, Fernando. Ob. Cit., 2013, p. 19. Cunha menciona como posição defendida por Masson a de que incide o princípio da nacionalidade ativa, mas, na obra de Masson, consta o genocídio como exemplo de aplicação do princípio do domicílio se o autor do crime não for brasileiro (MASSON, Cleber. Direito penal: parte geral (arts. 1º a 120) – vol. 1. 13. ed. São Paulo: MÉTODO, 2019, p. 133). Defende incidir o princípio da nacionalidade: EISELE, Andreas. Direito penal: teoria do delito. Salvador: Editora Juspodivm, 2018, p. 131.

nos casos de praticados em aeronaves ou embarcações brasileiras, mercantes ou de propriedade privada, quando em território estrangeiro e aí não sejam julgados (art. 7º, II, *c*, do CP).

8.5. Competência no caso de extraterritorialidade

Questão interessante é a definição da competência no caso do crime cometido no exterior. Apreciando um caso de homicídio, o STF decidiu que, em caso de crime praticado por brasileiro no exterior, a competência é da Justiça Estadual mesmo que o Brasil tenha negado a extradição, por considerar que esse delito, por si só, não ofende bens, serviços ou interesses da União[80]. O STJ, entretanto, decidiu, acertadamente, o contrário, ao considerar que se aplica o artigo 109, IV, da Constituição da República, haja vista ter havido a transferência do delito para a jurisdição brasileira em razão da impossibilidade de extradição do agente de nacionalidade brasileira.[81]

De todo modo, persiste a divergência sobre qual a Justiça competente, se o Juízo Comum Estadual ou Federal. Após definido o ramo do Judiciário, que se aponta como o Federal, o juízo é definido pelo artigo 88 do Código de Processo Penal:

> *Art. 88. No processo por crimes praticados fora do território brasileiro, será competente o juízo da Capital do Estado onde houver por último residido o acusado. Se este nunca tiver residido no Brasil, será competente o juízo da Capital da República.*

9. LEI PENAL EM RELAÇÃO ÀS PESSOAS: IMUNIDADES

O princípio da igualdade, proveniente do nosso Direito Constitucional e aplicável a toda nossa ordem jurídica, determina que todos são iguais perante a lei. Isso significa que nem o legislador, nem a Administração Pública e muito menos o juiz podem promover odiosas distinções. Entretanto, em virtude da função que exercem, algumas pessoas possuem tratamento diferenciado em relação à lei penal. **Não se trata de privilégio**[82], que é a diferenciação sem significado, apenas por favorecimento. Cuida-se de **garantia ligada ao cargo**, para atendimento do interesse público que se busca proteger com as respectivas funções. Por isso, denominam-se de **prerrogativas**.

Estuda-se, nesse âmbito, a lei penal em relação às pessoas. Integram este assunto as imunidades diplomáticas, as imunidades parlamentares e as inviolabilidades dos advogados. Em todos os casos há um interesse relevante nas funções confiadas aos indivíduos que justificam a diferente aplicação da lei penal.

No caso dos diplomatas, há a confiança entre os países, sendo que o Estado acreditante, ao enviar seu embaixador para representar seus interesses, espera que o Estado acreditado, que o recebe, não vá comprometer sua independência com a ameaça da lei penal. Já o parlamentar, que é o representante do povo na Democracia

---

80. STF, RE 1175638 AgR, Rel. Min. Marco Aurélio, Primeira Turma, julgado em 02/04/2019.
81. STJ, RHC 110.733/RJ, Rel. Min. Ribeiro Dantas, Quinta Turma, julgado em 18/08/2020, DJe 24/08/2020.
82. Há quem use o termo privilégio, o que não parece adequado: REZEK, Francisco. Direito internacional público: curso elementar. 12. ed. São Paulo: Saraiva, 2010, p. 171-176.

representativa, deve defender os interesses da população, não podendo temer represálias quando destaca as irregularidades da nação, aponta casos de corrupção ou expõe sua opinião, ainda que atingindo interesses de terceiros.

Os advogados, por sua vez, exercem função essencial à justiça, deles dependendo os seus clientes para serem bem orientados e devidamente representados no âmbito jurídico. Os direitos e garantias do cidadão dependem do exercício da advocacia. Deste modo, devem possuir certa liberdade para apontar para a parte contrária, imputando-lhe os fatos narrados pelo seu cliente para buscar o ganho da causa. Portanto, cuida-se de resguardo de funções dos indivíduos em razão de interesses mais amplos que são envolvidos em sua atuação.

9.1. Imunidades diplomáticas

A imunidade diplomática provém do Direito Internacional e visa a garantir a liberdade dos agentes diplomáticos. Isso porque os representantes dos Estados, ao serem enviados a um território estrangeiro, possuem informações sigilosas do seu país e têm a autoridade que corresponde à sua função. Por isso, há muitos anos se consagrou a imunidade dos diplomatas. Cuida-se de uma norma que vincula o Estado acreditante, que envia seu representante, com o Estado acreditado, que o recebe. Funda-se na **reciprocidade** entre os Estados nas suas relações.

Como dito, a imunidade não constitui um privilégio, mas uma prerrogativa funcional, ou seja, é uma garantia para o livre exercício da relevante função de representação internacional. Por se tratar de matéria relacionada à função do sujeito, e não ao indivíduo por si só, **não se trata de caso de ofensa ao princípio da isonomia ou da igualdade**.

Desse modo, o agente diplomático não pode renunciar à imunidade, já que ela não lhe pertence e tem o escopo de proteger os interesses do Estado que ele representa. Por outro lado, o Estado acreditante, o verdadeiro titular da prerrogativa, pode dela abrir mão se entender conveniente.

Portanto, **só ao Estado acreditante cabe renunciar à imunidade**[83].

No informativo nº 601 do STJ consta o julgamento do RHC 87825/ES, pela Sexta Turma, em 05/12/2017[84], no qual se entendeu que, caso o Estado acreditante renuncie apenas à imunidade de jurisdição cognitiva, reservando para si a jurisdição executiva, não pode o juiz brasileiro impor ao agente diplomático a proibição de se ausentar do país sem autorização judicial.

Vejamos: **o Estado acreditante pode optar por renunciar apenas à imunidade cognitiva** (processo de conhecimento, em que o agente pode ser condenado ou absolvido), reservando para si a imunidade da jurisdição executiva (imposição de eventual sanção penal imposta na sentença). Pode, ainda, renunciar a ambas (o agente pode ser condenado e cumprir sanção penal segundo as leis brasileiras,

83. REZEK, Francisco. Direito internacional público: curso elementar. 12. ed. São Paulo: Saraiva, 2010, p. 177-178.
84. Sua transcrição está no tópico Destaques da Legislação e da Jurisprudência.

perante o nosso Poder Judiciário). **Caso o Estado de origem do agente diplomático renuncie apenas à imunidade de jurisdição cognitiva, não pode o juiz brasileiro impor medida cautelar para que o réu não deixe o país sem autorização judicial**. Isso porque eventual sanção penal imposta ao réu somente poderá ser cumprida em seu país de origem, razão pela qual não cabe ao Judiciário brasileiro assegurar o cumprimento de referida sanção, mantendo o agente em nosso território, se não caberá à República Federativa do Brasil a execução da sanção penal.

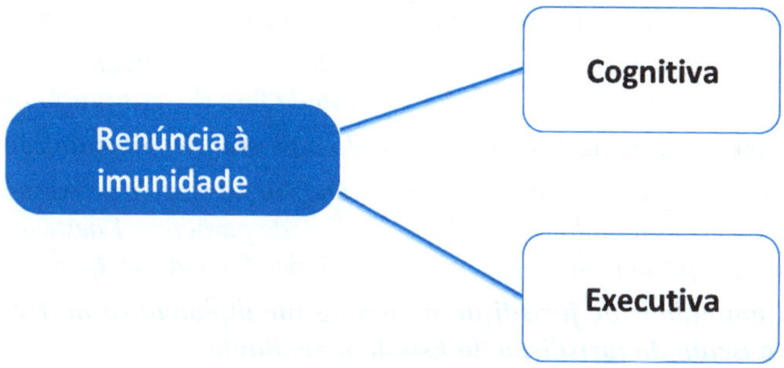

Prosseguindo, deve-se ter em vista que a imunidade afeta a aplicação da lei penal brasileira, por ser um limite em relação a algumas pessoas. Isso não significa impunidade. Significa que a República Federativa do Brasil, ao receber um embaixador estrangeiro, por exemplo, compromete-se a não lhe aplicar suas leis penais, em razão da sua função de representação. Entretanto, confia nosso Estado, o acreditado, que, caso ele pratique algum crime no nosso território, haverá punição no seu país de origem, o Estado acreditante, caso o fato também lá constitua crime. Isso porque, como visto pelo exemplo acima, a **imunidade diplomática não impede que o agente seja processado e punido no seu país de origem**.

Assim, a imunidade não se traduz na conclusão de que o diplomata não deve respeitar as nossas leis – sim ele deve.[85] A imunidade protege os interesses, inclusive segredos de Estado, que ele representa. Caso não houvesse imunidade, governos mal-intencionados poderiam ameaçar os embaixadores de outros países com persecução penal para obter informações ou negociações conforme os seus interesses.

Além disso, a imunidade não impede a investigação dos fatos[86], até mesmo porque é necessário determinar se quem praticou o crime, efetivamente, foi uma pessoa comum ou alguém que possua imunidade pelas funções exercidas, o que uma investigação deve esclarecer. A sua regulação foi feita pela Convenção de Viena, assinada pela República Federativa do Brasil em 18 de abril de 1961 e aprovada pelo Decreto n. 103, de 1964. Seu teor foi promulgado por meio do Decreto n. 56.435, de 8 de junho de 1965. A imunidade aqui tratada está prevista no artigo 31 deste último decreto:

85. REZEK, Francisco. Direito internacional público: curso elementar. 12. ed. São Paulo: Saraiva, 2010, p. 178-179.
86. REZEK, Francisco. Direito internacional público: curso elementar. 12. ed. São Paulo: Saraiva, 2010, p. 176-177.

Artigo 31

*1. **O agente diplomático gozará de imunidade de jurisdição penal do Estado acreditado**. Gozará também da imunidade de jurisdição civil e administrativa, a não ser que se trate de:*

a) uma ação real sobre imóvel privado situado no território do Estado acreditado, salvo se o agente diplomático o possuir por conta do Estado acreditado para os fins da missão.

b) uma ação sucessória na qual o agente diplomático figure, a título privado e não em nome do Estado, como executor testamentário, administrador, herdeiro ou legatário.

c) uma ação referente a qualquer profissão liberal ou atividade comercial exercida pelo agente diplomático no Estado acreditado fora de suas funções oficiais.

*2. **O agente diplomático não é obrigado a prestar depoimento como testemunha.***

3. O agente diplomático não está sujeito a nenhuma medida de execução a não ser nos casos previstos nas alíneas " a ", " b " e " c " do parágrafo 1 deste artigo e desde que a execução possa realizar-se sem afetar a inviolabilidade de sua pessoa ou residência.

*4. **A imunidade de jurisdição de um agente diplomático no Estado acreditado não o isenta da jurisdição do Estado acreditante.***

Inviolabilidade das sedes diplomáticas: As sedes da missão diplomática são invioláveis, assim como a residência do embaixador, como dispõe o artigo 22, 1, e o artigo 30, 1, do Decreto n. 56.435 de 1965:

Artigo 22

*1. **Os locais da Missão são invioláveis**. Os Agentes do Estado acreditado não poderão nêles penetrar sem o consentimento do Chefe da Missão.*

(...)

Artigo 30

1. A residência particular do agente diplomático goza da mesma inviolabilidade e proteção que os locais da missão.

✓ E qual a importância da inviolabilidade das sedes diplomáticas para o Direito Penal?

As regras de inviolabilidade impedem a persecução penal nesses locais, a não ser que o Chefe da Missão Diplomática consinta que ingressem agentes do Estado Brasileiro. Assim, se houver suspeitas de que um indivíduo procurado pela prática de crimes está escondido na Embaixada dos Estados Unidos da América, a polícia brasileira não pode lá ingressar, salvo se o embaixador estadunidense consentir. Tampouco pode haver a busca e apreensão dos documentos da embaixada por ordem judicial.

Não confunda a inviolabilidade das sedes diplomáticas com o incorreto entendimento de que elas são extensão do país de origem. O local das embaixadas instaladas em nosso país são parte do território nacional. Ainda que não se deva adentrar em suas dependências sem autorização do agente diplomático, os crimes ali cometidos devem ser punidos segundo a lei brasileira, salvo nos casos de imunidade diplomática. Assim, se o embaixador é acusado de corrupção, ao cobrar uma propina em tratativas de celebração de um acordo comercial, esse crime não deve ser punido pelas leis brasileiras. Entretanto, se um brasileiro adentra o prédio da embaixada e ali pratica um furto, esse delito deve ser punido segundo as leis brasileiras. Cuida-se de fato praticado em nosso território nacional e não há imunidade penal neste caso.

Os agentes diplomáticos possuem imunidade penal, o que significa que não podem ser submetidos a qualquer forma de prisão ou detenção. Não podem sequer ser processados perante a jurisdição penal. Além disso, não possuem a obrigação de depor como testemunhas.

Quanto às pessoas, **a imunidade diplomática abrange**:

> I – Chefes de governo e de Estado estrangeiro, sua família e comitiva;
>
> II – agentes diplomáticos (embaixador e funcionários);
>
> III – família dos agentes diplomáticos;
>
> IV – funcionários das organizações internacionais.

Os funcionários da ONU, portanto, estão incluídos na imunidade. Os empregados particulares dos agentes diplomáticos, por sua vez, não são abrangidos pela imunidade de jurisdição. Ainda que os funcionários particulares (por exemplo, o jardineiro) sejam da mesma nacionalidade do diplomata, eles não terão imunidade à jurisdição penal.

A situação dos cônsules é outra, regulada pela Convenção de Viena sobre as Relações Consulares. Referido tratado internacional foi assinado em 24 de abril de 1963 e aprovado, no nosso país, pelo Decreto Legislativo n. 6, de 1967. Seu teor foi promulgado por meio do Decreto n. 61.078, de 26 de julho de 1967, que assim prevê em seus artigos 33, 41, item 1 e 43, 1,

> *ARTIGO 33º*
>
> *Inviolabilidade dos arquivos e documentos consulares*
>
> *Os arquivos e documentos consulares serão* ***sempre invioláveis, onde quer que estejam.***
>
> *(...)*
>
> *ARTIGO 41º*
>
> *Inviolabilidade pessoal dos funcionários consulares*
>
> *1. Os funcionários consulares não poderão ser detidos ou presos preventivamente, exceto em caso de crime grave e em decorrência de decisão de autoridade judiciária competente.*
>
> *(...)*
>
> *ARTIGO 43º*
>
> *Imunidade de Jurisdição*
>
> *1. Os funcionários consulares e os empregados consulares não estão sujeitos à Jurisdição das autoridades judiciárias e administrativas do Estado receptor* ***pelos atos realizados no exercício das funções consulares.***

As funções consulares, previstas no artigo 5º, do Decreto n. 61.078/1967, são, dentre outras, as de "proteger, no Estado receptor, os interesses do Estado que envia e de seus nacionais, pessoas físicas ou jurídicas, dentro dos limites permitidos pelo direito internacional" e de "fomentar o desenvolvimento das relações comerciais, econômicas, culturais e científicas entre o Estado que envia o Estado receptor e promover ainda relações amistosas entre eles, de conformidade com as disposições da presente Convenção".

Enquanto os embaixadores cuidam dos interesses políticos dos Estados que representam, os cônsules estão mais ligados às questões econômico-comerciais e cultural-científicas. Nas palavras de Rezek, o diplomata (embaixador) representa o Estado de origem para o trato bilateral de ***assuntos de Estado***, enquanto o cônsul representa o Estado de origem para cuidar de ***interesses privados*** de seus compatriotas e de pessoas do local que queiram negociar com seu Estado, visitá-lo, etc. No Brasil, as carreiras são unificadas, o que não impede o tratamento diferenciado, a depender da função exercida na ocasião[87]. Com essa diferença de interesses que representam no exercício de suas funções, **o Direito Internacional também lhes diferencia no âmbito das imunidades,** concedendo-a de forma **absoluta** aos **embaixadores** e de forma **relativa** aos **agentes consulares.**

Assim, as imunidades penais referentes aos agentes consulares são relativas, isto é, só abrangem o exercício de suas funções[88]. É o caso de o cônsul, dentro do Consulado dos EUA em São Paulo, obter vantagem pessoal na concessão de vistos de entrada no seu país de origem. Se praticarem fatos criminosos fora do exercício de suas funções, podem sofrer persecução penal perante o Poder Judiciário brasileiro. Ademais, esta inviolabilidade, por ser profissional, não se estende à família de referidos agentes.

Embaixador	Cônsul
Imunidade absoluta	Imunidade funcional relativa
Inviolabilidade pessoal (prisão, revista, testemunha) Jurisdição cível, tributária e criminal Inviolabilidade da habitação Família com dependência econômica	Inviolabilidade quanto ao exercício da função Não se estende à família

Prevalece, na doutrina, que a natureza das imunidades diplomáticas é a de **causa pessoal de isenção ou exclusão de pena**, opinião compartilhada, dentre outros, por Cezar Roberto Bitencourt[89]. Luiz Flávio Gomes e Antonio Molina, entretanto, defendem se tratar de causa impeditiva da punibilidade[90].

No caso da ONU, o STF já decidiu, em caso não criminal, que a ONU, seus bens e haveres possuem imunidade da jurisdição, salvo no caso de renúncia em determinado caso. De todo modo, a renúncia não pode compreender, para essa organização internacional, medidas executivas[91].

87. REZEK, Francisco. Direito internacional público: curso elementar. 12. ed. São Paulo: Saraiva, 2010, p. 172-173.
88. REZEK, Francisco. Direito internacional público: curso elementar. 12. ed. São Paulo: Saraiva, 2010, p. 174-176.
89. BITENCOURT, Cezar Roberto. Parte geral. Coleção Tratado de direito penal volume 1. 26. ed. São Paulo: Saraiva Educação, 2020, p. 245.
90. CUNHA, Rogério Sanches. Manual de direito penal: parte geral (arts. 1º ao 120). 8ª. ed. Salvador: Juspodivm, 2020, p. 164.
91. STF, RE 578543, Rel. p/ acórdão Min. Teori Zavascki, Tribunal Pleno, Julgamento: 15/05/13.

9.2. Imunidades parlamentares

Os parlamentares possuem imunidades ligadas ao exercício de suas funções. Assim como no caso das imunidades diplomáticas, não se trata de privilégio, mas sim de **prerrogativa funcional**. Isto é, cuida-se de garantia para o exercício do mandato, e não o tratamento diferenciado de um indivíduo, o que ofenderia o princípio da isonomia. A imunidade parlamentar diz respeito às funções do membro do Poder Legislativo, que possui a incumbência de representar o povo na democracia representativa. Ligam-se umbilicalmente ao cargo, tanto que devem se manter apenas enquanto o parlamentar encontrar-se no exercício de suas funções, não se postergando para após o término do mandato.

As imunidades parlamentares constituem um conjunto de prerrogativas funcionais que podem se subdividir em dois grupos: **a imunidade material ou substantiva** (ou inviolabilidade[92]) e a **imunidade formal ou processual**. Estudaremos cada uma das espécies de imunidade separadamente.

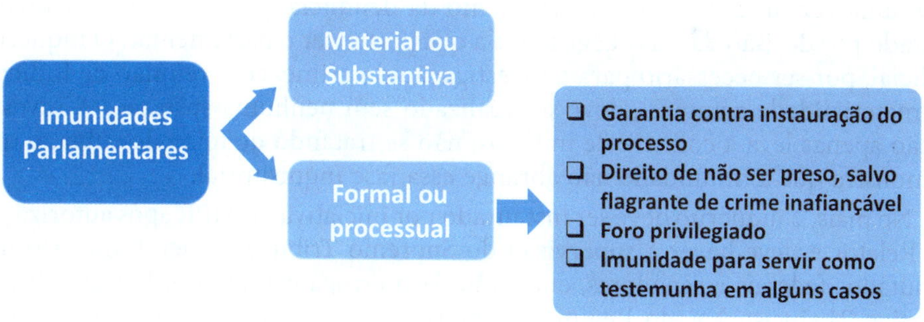

- **Imunidade Parlamentar Processual, Formal ou Relativa**

As imunidades relativas, também chamadas de processuais ou formais, abrangem as garantias relativas ao processo, à prisão, à prerrogativa de foro e ao dever de testemunhar. Mirabete e Fabbrini destacam que, em sentido estrito, só são imunidades as que se relacionam à prisão e ao processo[93].

Garantia contra instauração do processo: essa imunidade relativa diz respeito aos crimes praticados **após a diplomação**. Nesse caso, **a Casa a que pertence o parlamentar pode sustar o andamento do processo**, caso em que **a prescrição ficará suspensa**. Está prevista na Constituição, nos §§ 3º, 4º e 5º do artigo 53:

> *§ 3º Recebida a denúncia contra o Senador ou Deputado, por* ***crime ocorrido após a diplomação****, o Supremo Tribunal Federal dará* ***ciência à Casa*** *respectiva, que, por iniciativa de partido político nela representado e pelo voto da maioria de seus membros, poderá, até a decisão final,* ***sustar o andamento da ação****.*
>
> *§ 4º O pedido de sustação será apreciado pela Casa respectiva no prazo improrrogável de quarenta e cinco dias do seu recebimento pela Mesa Diretora.*
>
> *§ 5º A sustação do processo suspende a prescrição, enquanto durar o mandato.*

92. BITENCOURT, Cezar Roberto. Ob. Cit., 2020, p. 246.
93. MIRABETE, Julio Fabbrini; FABBRINI, Renato N. Manual de Direito Penal. 32. ed. São Paulo: Atlas, 2016, p. 68.

Vale mencionar que a redação atual dos parágrafos 3º e 4º do artigo 53 foi dada pela Emenda Constitucional n. 35, de 2001. Anteriormente, a Constituição dispunha que a garantia abrangia qualquer crime, praticado antes ou depois da diplomação, sendo que o processo só se iniciava após autorização da Casa Legislativa. Havia, assim, uma condição de procedibilidade, o que não há mais[94].

Atualmente, com a alteração promovida pela EC n. 35/2001, a garantia referente ao processo só abrange os crimes praticados após a diplomação. Ademais, **o processo se inicia sem qualquer autorização do Poder Legislativo**. Entretanto, deve ser dada ciência à Casa a que pertencer o deputado ou senador: qualquer partido político com representação na Casa pode requerer a sustação do andamento do processo, o que deve ser aprovado pelo voto da maioria dos seus membros. A votação, então, exige a aprovação por maioria absoluta.

Essa garantia não impede a instauração do inquérito policial. Assim, caso haja a prática de um crime supostamente cometido por parlamentar, o inquérito deve ser instaurado para apuração dos fatos. A imunidade diz respeito ao processo que, uma vez iniciado com o recebimento da denúncia, pode ter seu andamento sustado por decisão da Casa Legislativa a que pertencer o parlamentar. O inquérito policial, por ser necessário para a investigação do crime, com reunião de indícios de materialidade e autoria, deve ser realizado sem nenhuma sustação. A investigação apenas leva à colheita de indícios, não se tratando de juízo de culpa, o que demonstra que a imunidade não abrange essa fase inquisitorial.

No mais, o inquérito deve ser instaurado por iniciativa do MPF, após autorização do Relator e deve haver a supervisão do Supremo Tribunal Federal, no caso dos deputados federais e senadores, em razão da prerrogativa de foro. É o que dispõe o artigo 21, inciso XV, do Regimento Interno do Supremo Tribunal Federal, que dispõe caber ao relator determinar a instauração de inquérito nesses casos, a pedido da PGR. Nos demais casos de prerrogativa de foro, o próprio STF[95] e o STJ[96] não entendem necessária a autorização judicial.

Garantia contra prisão: o parlamentar não pode ser preso, **salvo flagrante de crime inafiançável**, desde a expedição do diploma. Caso ocorra essa prisão em flagrante por crime inafiançável, deve haver a remessa dos autos à Casa em 24 horas. Diz a Constituição, no § 2º do artigo 53:

> *§ 2º **Desde a expedição do diploma, os membros do Congresso Nacional não poderão ser presos, salvo em flagrante de crime inafiançável**. Nesse caso, os autos serão remetidos dentro de vinte e quatro horas à Casa respectiva, para que, pelo voto da maioria de seus membros, resolva sobre a prisão.*

Assim, tendo havido a expedição do diploma, os deputados federais e senadores não podem ser presos, com a exceção de flagrante de crime inafiançável. Nesse caso, deve haver a remessa dos autos à Casa a que pertença o parlamentar, Câmara

94. BITENCOURT, Cezar Roberto. Ob. Cit., 2020, p. 249-250.
95. STF, HC 177992 AgR, Rel. Min. Rosa Weber, Primeira Turma, julgado em 23/08/2021.
96. STJ, HC 400.532/PR, Rel. Min. Reynaldo Soares da Fonseca, Quinta Turma, julgado em 19/02/2019, DJe 01/03/2019.

dos Deputados ou Senado Federal, para que decida sobre a prisão. Esse envio deve ocorrer em vinte e quatro horas.

Interpretando esse artigo, o STF entendeu que o envio dos autos à Casa a que pertence o parlamentar deve ocorrer também no caso de imposição de alguma das medidas cautelares previstas no artigo 319 do Código de Processo Penal[97]. Na ADI, foram questionados os artigos 312 e 319 do CPP, que tratam, respectivamente, da prisão preventiva e das medidas cautelares diversas da prisão. O STF definiu que a Casa a que pertence o parlamentar deve decidir sobre a medida cautelar imposta pelo Poder Judiciário, caso haja interferência no mandato, nos termos do artigo 53, § 2º, da Constituição. No caso Delcídio do Amaral, em que foi declarada a prisão preventiva, o STF afastou a imunidade à prisão com base em circunstâncias particulares daquele caso, invocando a chamada derrotabilidade (ou superabilidade), que leva a uma interpretação baseada nos princípios previstos no ordenamento jurídico[98].

Foro por prerrogativa de função: os parlamentares possuem foro por prerrogativa de função desde a diplomação até o fim do mandato. Desse modo, deputados federais e senadores devem ser julgados, a partir do ato de diplomação, no Supremo Tribunal Federal. Após o fim do mandato, cessa a prerrogativa de foro do membro do Legislativo[99]. Referida imunidade relativa está prevista no § 2º do artigo 53 da Constituição Federal:

> *§ 1º Os Deputados e Senadores, desde a expedição do diploma, serão submetidos a julgamento perante o Supremo Tribunal Federal.*

Em revisão de sua jurisprudência, o STF decidiu sobre a abrangência do foro por prerrogativa de função, tendo sido fixadas duas teses[100]:

> *"O foro por prerrogativa de função aplica-se apenas aos crimes cometidos durante o exercício do cargo e relacionados às funções desempenhadas."*
>
> *"Após o final da instrução processual, com a publicação do despacho de intimação para apresentação de alegações finais, a competência para processar e julgar ações penais não será mais afetada em razão de o agente público vir a ocupar outro cargo ou deixar o cargo que ocupava, qualquer que seja o motivo."*

O STF decidiu que só há imunidade processual no âmbito do foro por prerrogativa de função quanto aos crimes cometidos durante o exercício do cargo e relacionados à função exercida. Decidiu, ainda, que o limite para a modificação da competência, no caso de alteração do cargo ocupado pelo agente ou de fim do exercício da função, é a intimação para apresentação de alegações finais. O STJ já estendeu as regras decorrentes das teses fixadas para os casos de sua competência,

97. STF, ADI 5526/DF, Rel. p/ acórdão Min. Alexandre de Moraes, Tribunal Pleno, Julgamento: 11/10/2017.
98. CUNHA, Rogério Sanches. Ob. Cit., 2020, p. 171.
99. "Depois de cessado o exercício da função, não deve manter-se o foro por prerrogativa de função, porque cessada a investidura a que essa prerrogativa é inerente, deve esta cessar por não tê-la estendido mais além a própria Constituição." (STF, AP 319 QO/DF, Rel. Min. Moreira Alves, Tribunal Pleno, Julgamento: 25/08/1999).
100. STF, AP 937 QO/RJ, Rel. Min. Roberto Barroso, Tribunal Pleno, julgamento em 03/05/2018.

envolvendo governadores e conselheiros de Tribunais de Contas de Estados[101]. Entretanto, o STJ já afastou esse entendimento no caso de outro agente político detentor de prerrogativa de foro, um desembargador, por concluir que nesse caso haveria influência no julgamento devido à hierarquia administrativa do Poder Judiciário[102].

Imunidade quanto ao dever de testemunhar: é uma desobrigação relacionada ao mandato. Essa prerrogativa diz respeito ao dever de testemunhar, do qual os deputados e senadores estão imunes no que diz respeito ao exercício de suas funções. É o que diz o artigo 53, § 6º, da Constituição:

> *§ 6º Os Deputados e Senadores* ***não serão obrigados a testemunhar sobre informações*** *recebidas ou prestadas* ***em razão do exercício do mandato****, nem sobre as pessoas que lhes confiaram ou deles receberam informações.*

De igual modo, sobre as informações que receberam ou forneceram no exercício de suas funções parlamentares, os deputados e senadores não são obrigados a testemunhar, podendo se recusar nesses casos. Ademais, quando são chamados a testemunhar, os parlamentares possuem a prerrogativa de designar dia, hora e local. Isso está previsto no *caput* do artigo 221 do Código de Processo Penal:

> *Art. 221. O Presidente e o Vice-Presidente da República, os senadores e deputados federais, os ministros de Estado, os governadores de Estados e Territórios, os secretários de Estado, os prefeitos do Distrito Federal e dos Municípios, os deputados às Assembleias Legislativas Estaduais, os membros do Poder Judiciário, os ministros e juízes dos Tribunais de Contas da União, dos Estados, do Distrito Federal, bem como os do Tribunal Marítimo* ***serão inquiridos em local, dia e hora previamente ajustados entre eles e o juiz****.*

- **Imunidade Parlamentar Material, Penal, Substancial ou Absoluta**

A imunidade parlamentar material, penal, substancial ou absoluta consiste na **inviolabilidade, civil e criminal, quanto a manifestações proferidas pelo parlamentar no exercício ou desempenho das funções**. Em razão de sua natureza de proteger o parlamentar para que ele possa se manifestar sobre os interesses do povo que representa, sem medo de represálias, essa imunidade é chamada no exterior de *Freedom of Speech* (liberdade de fala ou de manifestação). Sua previsão está no artigo 53, *caput*, da Constituição da República:

> *Art. 53. Os Deputados e Senadores são invioláveis, civil e penalmente, por quaisquer de suas opiniões, palavras e votos.*

Sobre a natureza da imunidade penal ou absoluta sobre a conduta praticada, prevalece ensejar a **atipicidade do fato**, posição de Luiz Flávio Gomes. Para Hungria,

---

101. STJ. APn 857/DF, Rel. p/ acórdão Min. João Otávio de Noronha, Corte Especial, julgado em 20/06/2018. STJ, APn 866/DF, Rel. Min. Luis Felipe Salomão, Corte Especial, julgado em 20/06/2018.

102. STJ, APn 878/DF QO, Rel. Min. Benedito Gonçalves, julgado em 30/05/2016.

há uma causa de exclusão do crime[103]. Assim, quando o parlamentar pratica conduta que se amolda, formalmente, ao crime de difamação, mas o faz em seu discurso na tribuna da Casa Legislativa, sua conduta é atípica.

O entendimento pela atipicidade **vinha** sendo adotado pelo Supremo Tribunal Federal[104]. Entretanto, em 2018 e em 2019, a Corte se manifestou de forma diferente sobre a natureza jurídica das imunidades em geral, demonstrando a controvérsia sobre o tema:

> *"A cláusula da inviolabilidade parlamentar qualifica-se como causa de* ***exclusão constitucional da tipicidade penal*** *da conduta do congressista em tema de delitos contra a honra, afastando, por isso mesmo, a própria natureza delituosa do comportamento em que tenha ele incidido. Doutrina. Precedentes" (STF, Pet 5626 AgR, Rel. Min. Celso de Mello, Segunda Turma, Julgamento 14/12/2018).*
>
> *"A jurisprudência do Supremo Tribunal Federal firmou-se no sentido de que, quando as declarações do parlamentar são proferidas dentro do Congresso Nacional, a imunidade material incide de forma absoluta. 4.* ***Excludente de ilicitude configurada.*** *" (STF, Pet 7634 AgR/DF, Rel. Min. Cármen Lúcia, Segunda Turma, Julgamento 27/09/2019).*

Exige-se, para a incidência da imunidade material, que a manifestação do parlamentar esteja relacionada com o exercício de suas funções, o chamado **nexo funcional**[105]. Entretanto, o vínculo com a função é presumido de forma absoluta no recinto do Parlamento. Sobre as manifestações proferidas no recinto do Poder Legislativo e a presunção do seu nexo com a função parlamentar, há recente julgado do Supremo Tribunal Federal, cujo trecho segue abaixo:

> *"3. A jurisprudência do Supremo Tribunal Federal firmou-se no sentido de que,* ***quando as declarações do parlamentar são proferidas dentro do Congresso Nacional, a imunidade material incide de forma absoluta.*** *4. Excludente de ilicitude configurada." (STF, Pet 7634 AgR/DF, Rel. Cármen Lúcia, Segunda Turma, Julgamento em 27/09/2019).*

Por outro lado, fora da casa exige-se o nexo:

> *"1. A inviolabilidade material, no que diz com o agir do parlamentar* ***fora da Casa Legislativa, exige a existência de nexo de implicação*** *entre as declarações delineadoras dos crimes contra a honra a ele imputados e o exercício do mandato." (STF, Pet 7434 AgR/DF, Rel. Rosa Weber, Primeira Turma, Julgamento em 01/03/2019).*

Para resumir essa diferenciação quanto às manifestações dos deputados e senadores, vejamos o quadro-resumo:

---

103. HUNGRIA, Nélson. Comentários ao Código Penal, vol. 1, Tomo 1º. Arts. 1º ao 10. Rio de Janeiro: Forense, 1955, p. 175.

104. Inq 3948/DF, de 22/11/2016, Primeira Turma, e a Pet 6156/DF, de 30/08/2016, Segunda Turma. Neste sentido: CUNHA, Rogério Sanches. Manual de direito penal: parte geral (arts. 1º ao 120). 8ª. ed. Salvador: Juspodivm, 2020, p. 166. MASSON, Cleber. Direito penal: parte geral (arts. 1º a 120) – vol. 1. 13. ed. São Paulo: MÉTODO, 2019, p. 142.

105. BITENCOURT, Cezar Roberto. Ob. Cit., 2020, p. 249.

Local da manifestação	Nexo com a função parlamentar
No recinto da Casa Legislativa	Presunção absoluta
Fora da Casa Legislativa	Deve ser comprovado

✓ **E se o crime for cometido, dentro da Casa Legislativa, mas pela internet?**

Há um precedente da Primeira Turma do STF, em que se entendeu que o fato de o crime ter sido cometido pela internet, ainda que dentro do recinto da Casa, **afasta a presunção absoluta** de vínculo com a função legislativa. É a posição também de Marcelo Novelino, citado por Sanches Cunha[106]. Deste modo, deve haver prova da relação entre a conduta do parlamentar e a função por ele exercida:

> *"A Turma salientou que o fato de o parlamentar estar na Casa legislativa no momento em que proferiu as declarações não afasta a possibilidade de cometimento de crimes contra a honra, nos casos em que as ofensas são divulgadas pelo próprio parlamentar na Internet." (STF, PET 7174/DF, rel. Min. Alexandre de Moraes, red. p/ o ac. Min. Marco Aurélio, Primeira Turma, julgamento em 10/03/2020).*

No famoso caso do parlamentar que falou que não estupraria uma deputada federal "porque ela não merece", considerou-se que a entrevista foi concedida a veículo de imprensa, razão pela qual o fato de o parlamentar estar no gabinete seria meramente acidental[107]. Apesar das peculiaridades do caso, de 2016, a regra da presunção do nexo dentro da Casa Legislativa foi mantida em julgados posteriores, acima mencionados.

O parlamentar licenciado não mantém a imunidade. Assim, se um deputado federal se afasta de sua função no Legislativo para assumir o cargo de Ministro de Estado, não subsistirão suas imunidades parlamentares durante o seu licenciamento. Esse entendimento do STF, atual, é diferente do que prevalecia na Corte anteriormente, razão pela qual **a Súmula nº 4 foi cancelada** ("Não perde a imunidade parlamentar o congressista nomeado Ministro de Estado")[108]. Nesse sentido:

> *"(...) A licença do cargo gerador da prerrogativa de foro faz cessar esta última." (STF, Inq 3352 AgR-segundo/DF, Rel. Min. Marco Aurélio, Primeira Turma, Julgado em 10/12/2019).*

Deputados Estaduais: têm as mesmas prerrogativas dos deputados federais. Assim, tudo que se disse acima sobre os deputados federais e senadores vale para os deputados estaduais, com as devidas adaptações. É o que prevê o artigo 27, § 1º, da Constituição:

> *§ 1º Será de quatro anos o mandato dos Deputados Estaduais, aplicando- sê-lhes as regras desta Constituição sobre sistema eleitoral, inviolabilidade, **imunidades**, remuneração, perda de mandato, licença, impedimentos e incorporação às Forças Armadas.*

106. CUNHA, Rogério Sanches. Manual de direito penal: parte geral (arts. 1º ao 120). 8ª. ed. Salvador: Juspodivm, 2020, p. 167.
107. Inq. 3.932/DF, Rel. Min. Luiz Fux, DJe 09/09/2016. CUNHA, Rogério Sanches. Ob. Cit., 2020, p. 167.
108. BITENCOURT, Cezar Roberto. Ob. Cit., 2020, p. 249.

Assim, eles possuem, também, imunidade material e formal. Entretanto, não serão julgados no Supremo Tribunal Federal, aqui cabendo a diferenciação. Enquanto os membros do Congresso Nacional são julgados no STF, os deputados estaduais devem ser processados perante o Tribunal de Justiça, Tribunal Regional Federal ou Tribunal Regional Eleitoral, conforme o caso.

As Constituições dos Estados devem prever as imunidades dos deputados estaduais, por serem normas de reprodução obrigatória pelos Estados Membros. A Súmula 3 do STF (A imunidade concedida a deputados estaduais é restrita à Justiça do Estado), ainda considerada válida por Cezar Bitencourt[109], foi **superada**, conforme já decidido pelo próprio STF[110].

Vereadores: os membros do Poder Legislativo Municipal possuem **somente imunidade absoluta**. Logo, os vereadores **não** possuem imunidade processual, formal ou relativa[111]. A imunidade absoluta ou material protege suas manifestações para que os vereadores possam exercer livremente seu mandato, sentindo-se livres para debater sobre qualquer assunto e exporem qualquer situação, sem temor de consequências cíveis e penais.

Os vereadores não possuem imunidade relativa, só possuindo prerrogativa de foro se estiver prevista na Constituição do Estado. Nesse caso, havendo foro por prerrogativa de função fixada pela Constituição do Estado, este não prevalecerá no caso de competência do tribunal do júri. Isso é o que prevê a Súmula Vinculante n. 45 (conversão da antiga Súmula n. 721 do STF):

> *A competência constitucional do Tribunal do Júri prevalece sobre o foro por prerrogativa de função estabelecido exclusivamente pela Constituição Estadual.*

A jurisprudência do STF se firmou no sentido de não ser possível a Constituição Estadual prever foro por prerrogativa de função a autoridades diversas das previstas na Constituição da República. Foi, inclusive, fixada a seguinte tese:

> *É inconstitucional norma de constituição estadual que estende o foro por prerrogativa de função a autoridades não contempladas pela Constituição Federal de forma expressa ou por simetria (STF, ADI 6.515, Rel. Min. Barroso, Tribunal Pleno, julgado em 23/08/2021).*

A exigência de simetria, que não está expressa na Constituição e representa uma leitura centralizadora da Federação, poderia comportar o foro do vereador, considerando a comparação com o Legislativo da União. No entanto, apesar de a tese não ter sido clara a respeito, o STF decidiu expressamente não ser possível o estabelecimento de foro por prerrogativa de função a vereadores[112], modificando entendimento anterior[113]. Essa já era a posição de parte da doutrina[114].

---

109. BITENCOURT, Cezar Roberto. Ob. Cit., 2020, p. 246.
110. RE 456.679, rel. min. Sepúlveda Pertence, P, j. 15-12-2005, DJ de 7-4-2006.
111. BITENCOURT, Cezar Roberto. Ob. Cit., 2020, p. 247.
112. STF, ADI 6.842, Rel. Min. Cármen Lúcia, Tribunal Pleno, julgado em 21/06/2021.
113. STF, RHC 108496, Rel. Min. Cármen Lúcia, Segunda Turma, julgado em 18/02/2014, publicação em 10-03-2014. RE 464935, Rel. Min. Cezar Peluso, Segunda Turma, julgado em 03/06/2008, publicação em 27-06-2008.
114. LIMA, Renato Brasileiro de. Manual de processo civil: volume único. 8. ed. Salvador: Editora Juspodivm, 2020, p. 575-577. MASSON, Cleber. Ob. Cit., 2019, p. 142.

Além disso, no caso dos vereadores, só haverá **imunidade material,** conforme entendimento da Suprema Corte[115], se a manifestação ocorrer:

✓ **Com nexo material com o exercício da função;**

✓ **Na circunscrição do Município**

9.3. Inviolabilidade do advogado

Quanto ao advogado, que exerce **função essencial à Justiça** de acordo com a Constituição, incide a inviolabilidade sobre suas manifestações no exercício de sua profissão. É a imunidade judiciária[116]. Essa garantia é imprescindível para que o advogado possa, sem temor, exercer a defesa dos interesses dos seus representados em juízo, podendo, assim, rechaçar argumentos e acusações da outra parte.

A inviolabilidade possui fonte constitucional:

> *Art. 133. O advogado é indispensável à administração da justiça, sendo inviolável por seus atos e manifestações no exercício da profissão, nos limites da lei.*

É importante notar que a lei pode limitar essa inviolabilidade, tornando-a mais restrita. Portanto, na tradicional classificação das normas constitucionais feita por José Afonso da Silva, estamos diante de uma **norma de aplicabilidade imediata e de eficácia contida**.

No âmbito infraconstitucional, a inviolabilidade foi prevista como uma das formas de exclusão dos crimes de **injúria e difamação** no artigo 142, I, do Código Penal:

> *Exclusão do crime*
>
> *Art. 142 – Não constituem injúria ou difamação punível:*
>
> *I – a ofensa irrogada em juízo, na discussão da causa, pela parte ou por seu procurador; (...)*

Posteriormente, o Estatuto da OAB, Lei n. 8.906/1994, passou a prever os direitos do advogado, dentre os quais se destacava o art. 7º, § 2º, que dava uma abrangência maior à imunidade. O dispositivo determinava que não constituía injúria ou difamação punível qualquer manifestação de sua parte, no exercício de sua atividade, em juízo ou fora dele, sem prejuízo das sanções disciplinares perante a OAB, pelos excessos que cometesse. O desacato, embora previsto na redação original da norma, não estava incluído na imunidade. Isso porque o STF, no julgamento da ADIN 1.127-8/DF, havia declarado a inconstitucionalidade parcial do dispositivo, determinando a exclusão do termo desacato. O entendimento foi de que a imunidade quanto ao crime de desacato implicaria desigualdade entre juiz e advogado, retirando daquele a autoridade que seria necessária para a condução do processo. De todo modo, a Lei n. 14.365/2022 revogou o § 2º do artigo 7º do Estatuto da OAB. A lei visava incluir disposições sobre atividade privativa do advogado e suas prerrogativas. Segundo a

---

115. STF, HC 74201/MG, Rel. Min. Celso de Mello, Primeira Turma, Julgamento em 12/11/1996. STF, ARE 1103498 AgR/MS, Rel. Min. Roberto Barroso, Primeira Turma, Julgamento em 05/10/2018.

116. CAPEZ, Fernando. Curso de Direito Penal, volume 1, parte geral: (Arts. 1º a 120), 17ª edição, São Paulo: Saraiva, 2013, p. 111.

OAB, não teria havido discussão sobre a supressão da inviolabilidade quanto aos crimes contra a honra, de modo que teria havido um erro na tramitação legislativa[117]. Fato é que a norma foi formalmente revogada, restando, entretanto, o artigo 142, I, do CP, como previsão da imunidade judiciária.

Ocorre que o Estatuto da OAB era mais amplo, pois previa imunidade, quanto à injúria e à difamação, em relação às manifestações do advogado, no exercício de sua atividade, tanto em juízo quanto fora dele. **O Código Penal, mais restrito, exige, para incidência da imunidade, que a ofensa seja irrogada em juízo e na discussão da causa.** Portanto, com a alteração legislativa, vige apenas a norma que exige, além do nexo entre a ofensa e a atividade do advogado, que ela seja proferida em juízo, o que deve ser interpretado de modo a abranger as manifestações verbais perante o Judiciário e aquelas lançadas nos autos do processo.

É importante destacar, ainda, que **a inviolabilidade do advogado se vincula à atividade funcional, devendo estar relacionada à discussão da pretensão que o advogado defende no caso**. Abarca, então, as ofensas irrogadas em juízo na defesa de seu representado, mas não as ofensas gratuitas ou desvinculadas do exercício de suas funções ou da defesa dos interesses representados em juízo. Ademais, importante enfatizar que a legislação **não prevê inviolabilidade do advogado quanto à calúnia**, mas somente em relação à injúria e difamação.

10. PRAZO PENAL

A forma de contagem dos prazos, no âmbito do Direito Penal, possui regramento próprio, que **não se confunde com a contagem do Processo Civil nem do Processo Penal.** É importante não se confundir a forma de cálculo dos prazos. Isso porque, dentre outras aplicações, a forma de contagem aqui estudada é utilizada para contagem de prescrição. Assim, utiliza-se a contagem de prazo penal para se verificar se um determinado fato delituoso já prescreveu ou se ainda é possível sua punição. Com relação ao tema, assim prevê o artigo 10 do Código Penal:

> ***Art. 10 – O dia do começo inclui-se no cômputo do prazo. Contam-se os dias, os meses e os anos pelo calendário comum.***

Perceba que, no caso dos prazos penais, **o dia do começo deve ser incluído no cálculo**. Se alguém é preso às 18h30min do dia 5 de maio, referido dia já é computado no prazo como o primeiro dia. De igual forma, se o indivíduo descobre que quem o ofendeu foi Fulano da Silva, no dia 30 de setembro, às 18h30min, o prazo decadencial para oferecimento de queixa se iniciou ali, sendo que, contando os 6 meses, teremos fim do prazo em 29 de março do ano seguinte.

Os dias, meses e anos são contados normalmente, conforme o nosso calendário. É o calendário gregoriano, o comum, e não o calendário forense, por exemplo. Isso significa que os meses não são contados, como prazo penal, pelos dias que representam, diferenciando-se fevereiro de março, por possuírem diferente número de dias.

117. Conforme consta da reportagem: https://www.conjur.com.br/2022-jun-09/oab-aponta-erro-revogacao-regra-imunidade-profisisonal.

Ou seja, **não** se convertem os meses em dias para o cálculo. Calcula-se de mês a mês: se o prazo é de 10 meses a iniciar em janeiro, ele termina em novembro. Se começou em 5 de janeiro de 2018, terminou em 4 de novembro de 2018. Perceba que se conta de mês a mês, **sem** converter os 10 meses em número de dias. Os anos também são contados de ano a ano, e não pelos dias ou meses que contêm. Não há diferença, portanto, se um ano é bissexto ou não para se contar um ano de prazo penal.

Aplica-se a forma de contagem para todos os prazos do direito material, como a duração das penas, a prescrição, a decadência, o *sursis*, a suspensão condicional do processo, etc.

Características: São **fatais e improrrogáveis**, mas suscetíveis de **suspensão e interrupção**.

Vamos aos exemplos:

a) Pena privativa de liberdade de 5 anos de reclusão, com início do cumprimento em 28 de maio de 2018.

Devemos contar os 5 anos de ano a ano, **sem** convertê-los para meses ou dias. Além disso, o dia do começo já deve ser incluído, o que faz com que o prazo penal termine um dia antes do correspondente no outro ano. Vamos à contagem: cinco anos a partir de 2018 nos leva a concluir que a pena se encerrará em 2023. Não há meses de pena, então a pena se encerra em maio. Por fim, por termos que incluir o dia do começo, o dia final do prazo será dia 27. Portanto, a pena será cumprida no dia 27 de maio de 2023.

b) João foi injuriado por Maria no dia 8 de setembro de 2017, que o chamou de corrupto na frente de vários cidadãos. Qual o último dia do prazo para oferecimento da queixa-crime?

Como estudaremos na Parte Especial do Código Penal, o crime de injúria é punido por meio de ação penal privada. Assim, o ofendido deve oferecer queixa-crime ao juiz para início da ação penal, dentro do prazo de 6 meses do conhecimento da autoria. No nosso exemplo, João foi injuriado verbalmente por Maria, o que leva à conclusão de que ele conheceu a autoria no mesmo dia em que a conduta foi praticada. Deste modo, deve-se contar 6 meses a partir de 8 de setembro de 2017. Já sabemos que a inclusão do dia do começo faz com que a data final recaia no dia 7. Ademais, os seis meses devem ser contados mês a mês, iniciando-se em setembro de 2017. Assim, o prazo final para oferecimento da queixa-crime é o dia 7 de março de 2018.

✓ **E se o prazo for aplicado para o Direito Penal e para o Direito Processual Penal?**

Caso o prazo tenha aplicação no direito material e no processual, cuidando-se de prazo de **natureza híbrida**, deve **prevalecer sua natureza material**, ou seja, de Direito Penal. Essa norma também é denominada de heterotópica. A contagem do prazo previsto nessa espécie de norma deve ser feita nos termos do artigo 10 do Código Penal. O exemplo é a decadência, instituto que possui natureza ao mesmo tempo material e processual. A contagem do seu prazo levará em conta seu aspecto material, ocorrendo conforme as regras do Direito Penal. Isto é, inclui-se o dia do começo no cômputo do prazo.

PARTE GERAL

11. CONFLITO APARENTE DE NORMAS

O conflito aparente de normas consiste na **suposta incidência de mais de uma norma, de modo que todas elas seriam aplicáveis a um mesmo fato**. É apenas **aparente** pois, após a solução do (imaginado) conflito, somente uma norma deverá ser efetivamente aplicada. Se fosse possível o efetivo conflito, o direito penal deixaria de ser uma unidade coordenada e harmônica. Caso, entretanto, duas normas devam ser aplicáveis, estaremos diante de um verdadeiro concurso de crimes[118].

Prevalece no Brasil o seu tratamento no âmbito da aplicação e da interpretação das leis penais. Há, entretanto, quem trate do assunto na seara do concurso de crimes, com o título de **unidade de lei**, já que se aplica, ao final da operação, apenas uma norma no caso concreto[119]. São elementos que indicam a ocorrência de conflito aparente de normas:

- Unidade de fato;
- Pluralidade de normas;
- Aparente aplicação dessas normas (e não só de uma);
- Efetiva aplicação de uma só norma.[120]

Para solucionar o suposto conflito, o Direito Penal se vale de quatro critérios, regras ou princípios: o da especialidade, o da subsidiariedade, o da consunção (ou absorção) e o da alternatividade:

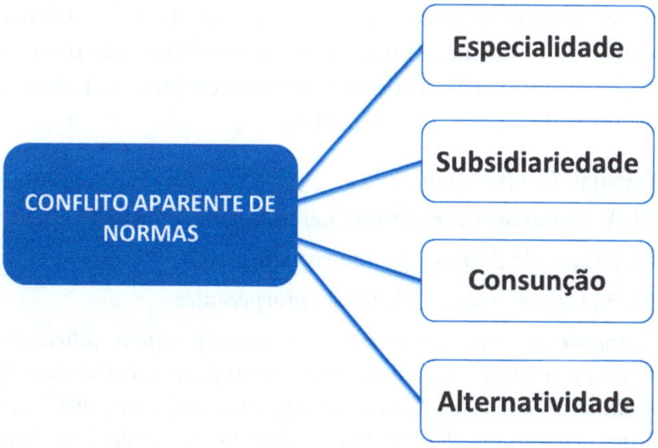

118. HUNGRIA, Nélson. Ob. Cit., 1955, p. 133.

119. JESCHEK, Hans-Heinrich; WEIGEND, Thomas. Tratado de direito penal. Parte General. Granada: Comares Ed., 2002, p. 788-799.

120. No mesmo sentido: CAPEZ, Fernando. Ob. Cit., 2013, p. 89. Sanches Cunha, em versão mais recente de sua obra, fala em unidade do fato, pluralidade de possibilidades de classificações jurídicas do fato, vigência e eficácias concomitantes dos dispositivos legais e unidade do objeto material (Ob. Cit., 2020, p. 190). Masson fala em unidade de fato, pluralidade de normas penais e vigência simultânea de todas elas (Ob. Cit., 2019, p. 115).

11.1. Princípio da Especialidade

O princípio da especialidade pode ser definido pela expressão latina *Lex Specialis Derogat Legi Generali*. Isso significa que a lei especial derroga a lei geral, ou seja, havendo a aparente incidência de uma lei geral e de uma lei especial, esta última prevalecerá, por ser mais adequada ao caso.

E o que torna uma lei especial em relação a outra, considerada geral? Lei especial é aquela que contém todos os elementos da geral, além de um ou mais elementos distintivos, os quais são chamados de **especializantes**.

A determinação desse princípio para solução do conflito aparente é de que a lei especial afasta a aplicação da lei geral. Cuida-se de relação de espécie e gênero.

Um exemplo de aplicação expressa desse critério pode ser colhido do artigo 12 do Código Penal:

> *Art. 12 – As regras gerais deste Código aplicam-se aos fatos incriminados por lei especial, se esta não dispuser de modo diverso.*

Atenção: a comparação entre a norma geral e a norma especial é feita em abstrato. Não se analisa a gravidade em concreto do fato praticado. O tipo especial pode ser mais ou menos severo: o tipo qualificado ou privilegiado afasta o tipo simples, fundamental[121].

Um exemplo que podemos utilizar é o do contrabando e tráfico internacional de entorpecentes. O tráfico internacional de entorpecentes, na modalidade de importar, é uma espécie de contrabando, ou seja, da conduta de se fazer ingressar produtos proibidos em nosso território nacional. Imagine que alguém adentra nossas fronteiras com um quilo de cocaína. Agora, atenção à leitura das normas que preveem o crime de contrabando e o tráfico de entorpecentes (art. 334-A, *caput*, do Código Penal, e art. 33, *caput*, da Lei n. 11.343/2006):

> Código Penal: *Contrabando*
>
> *Art. 334-A.* ***Importar*** *ou exportar* ***mercadoria proibida****:*
>
> *Pena – reclusão, de 2 (dois) a 5 (cinco) anos.*
>
> Lei n. 11.343/2006: *Tráfico ilícito de entorpecentes*
>
> *Art. 33.* ***Importar****, exportar, remeter, preparar, produzir, fabricar, adquirir, vender, expor à venda, oferecer, ter em depósito, transportar, trazer consigo, guardar, prescrever, ministrar, entregar a consumo ou fornecer* ***drogas****, ainda que gratuitamente, sem autorização ou em desacordo com determinação legal ou regulamentar:*
>
> *Pena – reclusão de 5 (cinco) a 15 (quinze) anos e pagamento de 500 (quinhentos) a 1.500 (mil e quinhentos) dias-multa.*

Perceba que droga é uma "mercadoria proibida". Logo, não há como negar que o fato descrito se subsome, ou seja, se encaixa nas duas normas acima mencionadas. Qual prevalece?

---

121. HUNGRIA, Nélson. Ob. Cit., p. 134-135.

Ora, se ambas supostamente incidem sobre o caso, a norma especial prevalecerá. O que é mais específico, mercadoria proibida ou drogas? Droga é apenas uma dentre as diversas mercadorias proibidas no país, razão pela qual o artigo 33 da Lei n. 11.343/2006 é especial em relação ao artigo 334-A do Código Penal, prevalecendo sua aplicação.

Outro exemplo que pode ser citado é o do homicídio e do infanticídio. Vejamos os artigos 121, *caput*, e 123, ambos do Código Penal:

> *Homicídio simples*
>
> *Art. 121.* ***Matar alguém****:*
>
> *Pena – reclusão, de seis a vinte anos.*
>
> *(...)*
>
> *Infanticídio*
>
> *Art. 123 –* ***Matar****, sob a influência do estado puerperal,* ***o próprio filho****, durante o parto ou logo após:*
>
> *Pena – detenção, de dois a seis anos.*

Se ambas as normas, de forma aparente, amoldam-se ao caso concreto, vai prevalecer o artigo 123 do Código Penal. Isso porque o tipo penal do infanticídio descreve um homicídio, pois quem pratica a conduta descrita no artigo 123 do Código Penal efetivamente mata alguém. A diferença é que a situação descrita no tipo penal do infanticídio é mais específica, exigindo que a vítima (objeto material) do crime seja o filho do sujeito ativo, bem como trazendo outras circunstâncias ("sob a influência do estado puerperal" e "durante o parto ou logo após").

Visualizemos essa diferença no seguinte quadro:

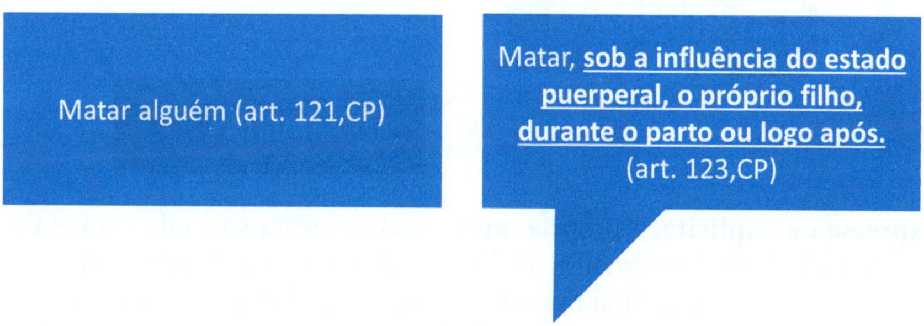

Portanto, uma norma é especial em relação a outra, quando traz os mesmos elementos e, além deles, algum(ns) outro(s), chamado(s) de especializante(s). A norma especial prevalece sobre a geral. Perceba que não há relevância quanto à gravidade das condutas para a aplicação da norma. No primeiro exemplo, o tráfico internacional de drogas, que é mais grave, é o tipo penal especial, enquanto no segundo, a norma especial é a do infanticídio, que prevê sanção mais leve do que a da norma incriminadora do homicídio.

A relação, portanto, é de **norma especial e geral**, sendo que o confronto é feito **em abstrato** e independe da gravidade das condutas descritas.

11.2. Princípio da Subsidiariedade

O princípio da subsidiariedade determina que **a norma primária prevalece sobre a norma chamada subsidiária**. A expressão latina que traduz este princípio é Lex *Primaria Derogat Legi Subsidiariae*, ou seja, a lei primária derroga a lei subsidiária, que sempre é menos grave. **Na relação de subsidiariedade, uma norma contém a outra**.

Diz-se que uma lei é subsidiária em relação a outra quando descreve **um grau menor de violação do bem jurídico. A análise, neste caso, é feita em concreto**, relação de *minus* e de *plus*, ou seja, de maior ou menor intensidade. Então, a solução oferecida para o conflito aparente de normas leva em conta a análise do fato.

O princípio, preconiza, portanto, que a norma primária tem prevalência sobre a norma subsidiária, em análise da maior ou menor gravidade da conduta praticado pelo agente. A norma subsidiária somente vai ser utilizada quando a mais grave não seja aplicável ao caso concreto. Por isso, Nélson Hungria a denominou de **soldado de reserva**[122].

Por exemplo, se um sujeito efetua disparos de arma de fogo em relação a alguém, atingindo-o, podemos, de imediato, pensar no crime de homicídio (tentado ou consumado) e na lesão seguida de morte. Qual vai prevalecer? Vai depender do caso concreto. Havia a intenção de matar (*animus necandi*)? Se sim, teremos a norma mais grave atuando. A intenção era lesionar e, por culpa, a vítima faleceu? Temos, então, a norma subsidiária, menos grave, que vai ser aplicada ao caso concreto.

A subsidiariedade pode ser classificada em expressa (ou explícita) e tácita (ou implícita):

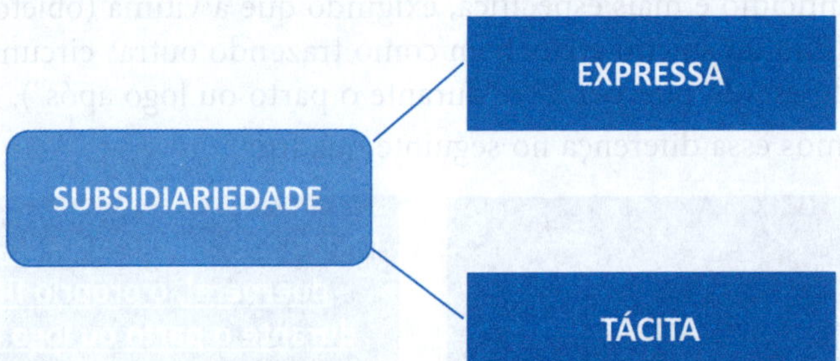

Expressa ou explícita: a própria norma traz expressa sua aplicação em caráter de subsidiariedade. Ocorre quando o tipo penal reserva sua própria aplicação apenas quando não há uma norma mais grave que se amolda à conduta praticada pelo indivíduo. É o caso do artigo 132 do Código Penal, que prevê o crime de perigo para a vida ou a saúde de outrem:

> *Art. 132 – Expor a vida ou a saúde de outrem a perigo direto e iminente:*
>
> *Pena – detenção, de três meses a um ano,* ***se o fato não constitui crime mais grave****.*

Tácita ou implícita: a subsidiariedade não está expressa na norma, sendo a relação analisada no caso concreto em comparação com outras. Para Hungria, neste

122. HUNGRIA, Nélson. Comentários ao Código Penal, vol. 1, Tomo 1º. Arts. 1º ao 10. Rio de Janeiro: Forense, 1955, p. 136.

caso a subsidiariedade ocorre quando a norma subsidiária traz um elemento que compõe ou agrava um fato incriminado por outra norma penal, como no caso do furto qualificado pelo arrombamento (afasta o tipo de dano)[123]. É o caso, por exemplo, de se comparar o crime de constrangimento ilegal (subsidiário) e outro crime que tenha violência, como o de atentado contra a liberdade de trabalho:

> *Art. 146 – Constranger alguém, mediante violência ou grave ameaça, ou depois de lhe haver reduzido, por qualquer outro meio, a capacidade de resistência, a não fazer o que a lei permite, ou a fazer o que ela não manda:*
>
> *Pena – detenção, de três meses a um ano, ou multa.*
>
> *Art. 197 – Constranger alguém, mediante violência ou grave ameaça:*
>
> *I – a exercer ou não exercer arte, ofício, profissão ou indústria, ou a trabalhar ou não trabalhar durante certo período ou em determinados dias:*
>
> *Pena – detenção, de um mês a um ano, e multa, além da pena correspondente à violência;*
>
> *II – a abrir ou fechar o seu estabelecimento de trabalho, ou a participar de parede ou paralisação de atividade econômica:*
>
> *Pena – detenção, de três meses a um ano, e multa, além da pena correspondente à violência.*

Também é subsidiário o crime de constrangimento ilegal em relação ao de extorsão. Os tipos penais já demonstram a possibilidade de aparente conflito de normas. Caso se pense no caso de alguém que tocou outra pessoa no momento da discussão, com o intuito de lhe agredir, pode-se pensar no crime de lesão corporal e na contravenção de vias de fato.

Como saber qual prevalece? O tipo penal de lesão corporal contém o tipo penal de vias de fato. Logo, a análise será sobre a gravidade da conduta do agente. Se ele ofendeu a integridade corporal ou a saúde da vítima, teremos o crime. Caso não se tenha atingido esse grau de ofensa ao bem jurídico, mas apenas um tapa leve, por exemplo, sem efeito na integridade física da vítima, teremos que usar o soldado de reserva. Ou seja, não se configurando o crime de lesão corporal (fato mais grave), utilizaremos a contravenção penal de vias de fato (norma subsidiária).

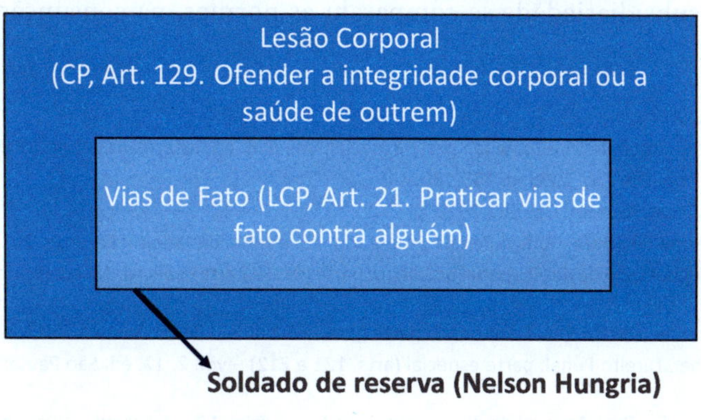

123. HUNGRIA, Nélson. Ob. Cit., p. 135-136.

Os princípios ou critérios para resolução do conflito aparente de normas possuem **limites muito tênues entre si**, sendo que, por exemplo, Rogério Greco entende que o princípio da subsidiariedade é inútil. Entende que os casos abordados pelo princípio da subsidiariedade podem ser resolvidos pelo princípio da especialidade, levando à conclusão de que nem todos os princípios estudados são necessários para a solução do conflito aparente de normas[124].

Questão controversa na doutrina é a relação entre o crime de **dano** e o de **furto qualificado** por destruição ou rompimento de obstáculo:

- **Incide o princípio da subsidiariedade**: segundo Nélson Hungria, uma norma é subsidiária em relação a outra "quando o fato por ela incriminado entra como elemento componente ou agravante especial de fato incriminado pela outra norma, de modo que a presença do último exclui subsidiariamente a aplicação do primeiro (subsidiariedade tácita)". Ele, inclusive, usa o caso como exemplo de aplicação: "furto *qualificado* pelo *arrombamento* em casa de moradia compreende o *dano* e a violação de domicílio, ficando excluída a punição a título de um ou de outra".[125] Posição que parece majoritária, seguida também por Bitencourt[126], Nucci[127], Luiz Regis Prado[128] e Damásio de Jesus[129].
- **Incide o princípio da consunção**: é a posição Masson, no sentido de que "o crime de dano (CP, art. 163) resta absorvido pelo furto qualificado, uma vez que funcionou como crime menos grave para a prática de um crime mais grave. Resolve-se o conflito aparente de leis penais com a utilização do princípio da consunção"[130]. É adotada também por Sanches Cunha[131].

11.3. Princípio da Consunção ou da Absorção

Segundo o princípio da consunção ou absorção, **o crime (fato) previsto por uma norma** (consunta ou consumida) **constitui meio necessário ou fase normal de preparação de outro** crime (previsto na norma consuntiva). Nesse caso, apenas a norma consuntiva será aplicada no caso concreto. Comparando a consunção e a subsidiariedade, Capez diz ser muito tênue a diferenciação, que é de enfoque. Enquanto na subsidiariedade se comparam as normas, na consunção comparam-se os fatos[132].

---

124. GRECO, Rogério. Curso de Direito Penal: parte especial. Vol. II. 6. ed. Niterói: Impetus, 2009, p. 89.
125. HUNGRIA, Nélson. Ob. Cit., 1955, p. 135-136.
126. BITENCOURT, Cezar Roberto. Ob. Cit., 2020, p. 272.
127. NUCCI, Guilherme de Souza. Código Penal Comentado. 15. ed. Rio de Janeiro: Forense, 2015, p. 95.
128. PRADO, Luiz Regis. Curso de direito penal brasileiro: parte geral e parte especial. 18. ed. Rio de Janeiro: Forense, 2020, p. 93.
129. JESUS, Damásio de. Direito Penal, volume 1: parte geral. 32. ed. São Paulo: Saraiva, 2011, p. 154.
130. MASSON, Cleber. Direito Penal: parte especial (arts. 121 a 212) – vol. 2. 12. ed. São Paulo: Método, 2019, p. 328.
131. CUNHA, Rogério Sanches. Manual de direito penal: parte especial. 12. ed. Salvador: Juspodivm, 2020, p. 361.
132. CAPEZ, Fernando. Curso de Direito Penal, volume 1, parte geral: (Arts. 1º a 120), 17ª edição, São Paulo: Saraiva, 2013, p. 95.

Suponha-se que, para a prática de um crime, seja necessário que se pratique um outro, por ser fase normal de sua execução. O agente, nesse caso, só responderá pelo crime que almejava alcançar. Pensemos no exemplo do homicídio. Para matar alguém com vários golpes dados com um porrete, é imprescindível que se pratique lesão corporal contra a vítima. Sem ofender a integridade corporal da vítima, não é possível a execução do homicídio.

A determinação desse princípio é a de que **a norma consuntiva derroga a norma consunta**, como diz a expressão em latim *Lex Consumens Derogat Consumptae*. Deste modo, a norma que prevê uma fase normal ou necessária para execução de um crime prevista em outra será por ela absorvida. Não se esqueça: a norma consuntiva exclui a aplicação da norma consunta. Em outras palavras, como define a doutrina, **o fato menos grave é o absorvido pelo mais grave**. Também como consequência da consunção, o crime consumado absorve o tentado; o homicídio absorve as lesões corporais, o crime de perigo é absorvido pelo crime de dano, etc.

A consunção possui quatro possíveis espécies: o crime progressivo, a progressão criminosa em sentido estrito, o fato anterior não punível e o fato posterior não punível:

Crime progressivo: é o caso do agente que, para atingir o seu objetivo, necessita praticar um crime menos grave que é o caminho para a prática de outro. É o caso do homicida que se utiliza de uma faca para a execução do crime. Ele praticará várias lesões corporais para se atingir o homicídio, respondendo apenas por este último crime (norma consuntiva). Essa hipótese também pode ser denominada de **crime de passagem**.

Progressão criminosa em sentido estrito: neste caso, o agente muda de ideia. Tome-se o exemplo do sujeito que chega até a casa do sujeito para lhe dar uns socos e, lá chegando, resolve matá-lo. Neste caso, há uma **modificação do dolo**. A prática das lesões corporais, previstas na norma consunta, eram o objetivo inicial do agente, que o modifica e, buscando a morte da vítima, torna sua conduta anterior meio de execução da que inicialmente pretendia. Também neste caso o agente responderá apenas pelo homicídio, pois, no caso, prevalece a respectiva norma, que é consuntiva. Temos, nesta hipótese, o **dolo cumulativo**.

Fato anterior (*ante factum*) não punível: aqui o agente pratica **um fato anterior**, que se amolda a um tipo penal, para então praticar a infração penal que é seu escopo. É o que ocorre em quase todos os casos de furtos em residências. Geralmente, o agente não possui acesso à casa. Então, de início, ele precisa invadi-la, o que se amolda à norma que prevê o crime de violação de domicílio. Já dentro da residência, ele pratica o furto, que é o fim almejado. Ele responderá por este último crime, sendo que o delito de violação de domicílio restará absorvido (a norma correspondente será a consunta). Verifique que aqui ele não passa por crime patrimonial menos grave, de passagem, mas pratica um crime de violação de domicílio para a prática do crime patrimonial, de furto.

Fato posterior (*post factum*) não punível: nesta modalidade, o agente pratica uma conduta posterior que não é punível, por estar prevista em uma norma que fica consunta no caso concreto. É o que ocorre quando o furtador danifica a *res furtiva*, ou seja, a coisa furtada. Ele não responderá por ambos os crimes, pois a norma que prevê o furto será a consuntiva, ficando consunta a norma do crime de dano. Em outras palavras, o furto absorve o crime de dano, quando este é praticado em relação à coisa furtada. Ocorre em casos de **exaurimento** de crimes (ofensa ao mesmo bem jurídico posteriormente à consumação).

Quanto ao **antefato e pós-fato impuníveis**, Cezar Bitencourt observa que essas facetas do princípio da consunção demonstram uma abrangência maior do que o mero conflito aparente de normas, por abranger até mesmo a **pluralidade de fatos**:

> *O princípio da consunção tem abrangência maior do que aquela tradicionalmente reconhecida, como simples "conflito aparente de normas", podendo atingir inclusive, a pluralidade dos fatos, adotando critérios valorativos*[133].

Crime Progressivo	Progressão Criminosa		
	Progressão Criminosa em sentido estrito	**Fato Anterior não punível**	**Fato Posterior não punível**
O agente possui um objetivo e, para alcançá-lo, passa por diversos crimes menores (crimes de passagem). Ex.: vários golpes de faca para o homicídio.	Há mudança de dolo do agente. O agente deseja um resultado e, após atingi-lo, prossegue na violação ao bem jurídico para obter resultado mais grave. Ex.: lesão e, após, homicídio.	*Ante factum.* O agente, antes de cometer o crime que pretende, passa por crimes menores (fato-meio), ainda que não necessários para cometer o delito. Ex.: violação de domicílio e furto.	*Post factum.* O agente, após cometer o crime que pretendia, pratica um novo ataque ao bem jurídico. Pode-se considerar um exaurimento do crime. Ex.: furto e dano

Nota-se que, no caso do crime progressivo e da progressão criminosa em sentido estrito, há um avanço no *iter criminis*, ou no caminho que se percorre para a prática do delito. A diferença estará na intenção do agente, no elemento subjetivo. Mesmo nos casos de fato anterior ou posterior não punível, tem-se a prática de um fato para a execução de outro ou após a execução do outro, inclusive como exaurimento do crime. A análise, em todos esses casos, envolve de certo modo o caminho do crime:

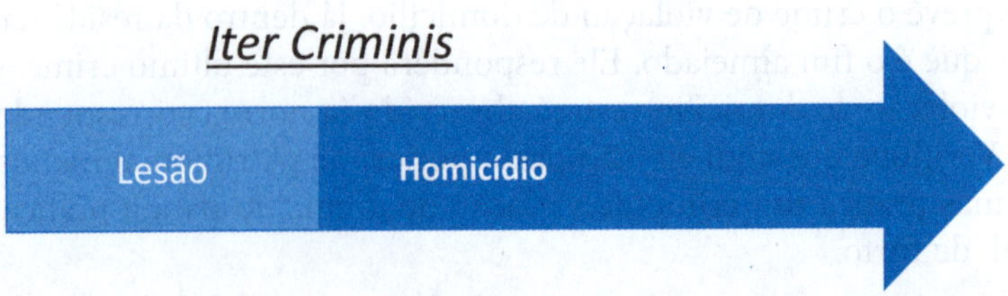

133. BITENCOURT, Cezar Roberto. Tratado de Direito Penal, volume I. 14ª. ed. São Paulo: Saraiva, 2009, p. 213.

É importante, ressaltar, ainda, que alguns autores apontam que há consunção no caso de **crime complexo**, que nada mais é do que justamente a reunião de dois outros tipos penais. Assim, o latrocínio envolve um roubo e um homicídio (culposo ou doloso). O roubo, por sua vez, é a fusão do furto com o crime de constrangimento ilegal, de ameaça ou de lesão corporal.

Cumpre destacar que, no critério de norma consuntiva e norma consunta, o Superior Tribunal de Justiça entende que um crime mais grave pode ser absorvido por outro menos grave. O critério adotado na jurisprudência do STJ é a de que **o crime fim absorve o crime meio**. Vemos o seguinte acórdão, julgado na sistemática dos recursos repetitivos:

> *"(...) **O delito de uso de documento falso, cuja pena em abstrato é mais grave, pode ser absorvido pelo crime-fim de descaminho**, com menor pena comparativamente cominada, desde que etapa preparatória ou executória deste, onde se exaure sua potencialidade lesiva. Precedentes. 3. Delimitada a tese jurídica para os fins do art. 543-C do CPC, nos seguintes termos: Quando o falso se exaure no descaminho, sem mais potencialidade lesiva, é por este absorvido, como crime-fim, condição que não se altera por ser menor a pena a este cominada 4. Recurso especial improvido." (STJ, REsp 1378053/PR, Rel. Min. Nefi Cordeiro, Terceira Seção, DJe 15/08/2016).*

Símbolo desse entendimento é o enunciado da Súmula 17 do STJ:

> *Quando o falso se exaure no estelionato, sem mais potencialidade lesiva, é por este absorvido.*

No caso de falsificação de documento público, vale ressaltar que a pena de referido delito é superior à do estelionato, demonstrando que a Corte admite a absorção de crime mais grave por delito com pena inferior. Vale a leitura, ainda, do seguinte acórdão, que demonstra a admissão da absorção do crime mais grave por outro, menos grave:

> *"(....) 1. A inserção de dados falsos em sistema informatizado da Administração Pública - endereço de corréu e gabarito de prova supostamente realizada por ele - visou a expedição da carteira nacional de habilitação. Daí se afirmar que o crime previsto no art. 313-A se exauriu na prática daquele previsto no art. 299, tendo sido mero instrumento para a execução deste. 2. **Admite esta Corte a consunção de crime mais grave por crime menos grave. Precedentes.** 3. Habeas corpus em que se concede a ordem para reconhecer a absorção do delito previsto no art. 313-A pelo do art. 299, ambos do Código Penal, estando extinta a punibilidade, pela prescrição, quanto ao último delito." (STJ, HC 388543, Rel. Min. Nefi Cordeiro, Sexta Turma, DJe 08/03/2018).*

Lado outro, a Corte não admite a consunção entre o delito de embriaguez ao volante e de condução de veículo automotor sem habilitação, conforme enunciado de sua Súmula de número 664:

> *É inaplicável a consunção entre o delito de embriaguez ao volante e o de condução de veículo automotor sem habilitação.*

O STF, por sua vez, possui precedentes, **não tão recentes**, de ambas as Turmas, mencionando apenas a consunção de crime mais leve por infração mais grave:

> *(...) 2. Com base nesse conceito, em regra geral, a consunção acaba por determinar que a conduta mais grave praticada pelo agente (crime-fim) absorve a conduta menos grave (crime-meio). 3. Na espécie, a aplicabilidade do princípio da consunção na forma pleiteada encontra óbice tanto no fato de o crime de uso de documento falso (art. 304 do CP) praticado pelo paciente não ter sido meio necessário nem fase para consecução da infração de exercício ilegal da profissão (art. 47 do DL nº 3.688/41) quanto na impossibilidade de um crime tipificado no Código Penal ser absorvido por uma infração tipificada na Lei de Contravenções Penais. (...) (STF, HC 121652/SC, Rel. Min. Dias Toffoli,* ***Primeira*** *Turma, Julgamento:* ***22/04/2014****).*
>
> *(...) Só é possível a consunção do crime de roubo pelo de latrocínio (infração mais grave) quando as ações criminosas (subtração do patrimônio e lesão à vida) forem praticadas contra uma mesma vítima. Não havendo homogeneidade de execução na prática dos delitos de roubo e latrocínio, inviável falar-se em crime único quando a ação delituosa atinge bens jurídicos distintos de diferentes vítimas, devendo incidir, à hipótese, a regra do concurso material, tal como ocorreu na espécie. (...) (STF, HC 115580/PR, Rel. Min. Ricardo Lewandowski,* ***Segunda*** *Turma, Julgamento:* ***05/11/2013****).*

Esquematizando, podemos resumir assim os últimos julgados dos Tribunais Superiores sobre os crimes envolvidos na consunção:

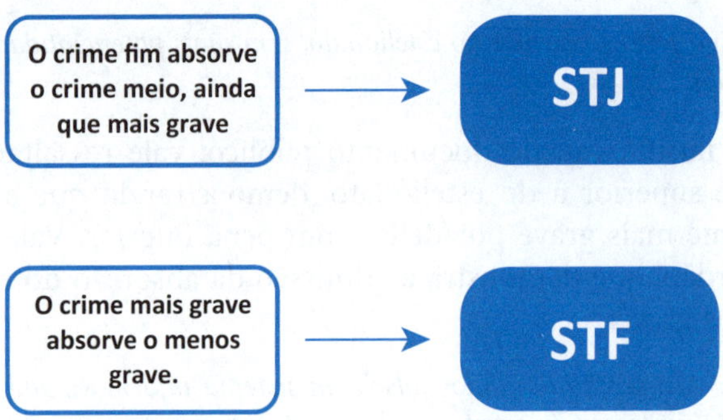

Vale a leitura, por fim, do seguinte trecho de acórdão do Superior Tribunal de Justiça, que trata da consunção e a afasta quando os fatos praticados pelo agente ocorreram em contextos diversos:

> *"(...) 2.* ***Conforme a lição de Guilherme de Souza Nucci, "quando a infração prevista na primeira norma constituir simples fase de realização da segunda infração, prevista em dispositivo diverso, deve-se aplicar apenas a última"*** *(Nucci, Guilherme de Souza. Manual de Direito Penal, 13ª ed. rev. atual e ampl. Rio de Janeiro: Forense, 2017, pág. 117). 3. Reconhecida* ***a autonomia dos desígnios do paciente e a distinção dos bens jurídicos tutelados pelas normas penais****, evidencia-se, no caso,* ***a inaplicabilidade do princípio da consunção****, dada a ocorrência isolada dos crimes, o que torna a inviável a absorção de um delito pelo outro. (...)" (STJ, HC 415900/SP, Rel. Min. Ribeiro Dantas, Quinta Turma, DJe 26/02/2018)*

11.4. Princípio da Alternatividade

O princípio (ou regra) da alternatividade incide quando há a previsão, pelo tipo penal, de várias condutas que consubstanciam um único crime. Trata-se da consunção dentro do mesmo tipo penal. Incide, portanto, nos chamados **tipos penais mistos alternativos**.

Nélson Hungria, por exemplo, não mencionava essa regra dentre as que solucionam o conflito aparente de norma. Ele resolvia o problema pela regra da consunção, como no caso de alguém que instiga e auxilia alguém a se suicidar, respondendo por um crime único do artigo 122 do CP[134].

Os **tipos penais mistos alternativos** são aqueles que possuem mais de um núcleo do tipo, ou seja, mais de um verbo que defina a conduta configuradora da infração penal. Nesses tipos, ainda que a conduta do agente, praticada no mesmo contexto, se amolde a mais de um dos núcleos, subsumindo-se a mais de um verbo nuclear, o sujeito ativo responderá pela prática de um tipo único.

Um exemplo típico é o tipo penal do tráfico de drogas, previsto no artigo 33, *caput*, da Lei n. 11.343/2006:

> *Art. 33. Importar, exportar, remeter, preparar, produzir, fabricar, adquirir, vender, expor à venda, oferecer, ter em depósito, transportar, trazer consigo, guardar, prescrever, ministrar, entregar a consumo ou fornecer drogas, ainda que gratuitamente, sem autorização ou em desacordo com determinação legal ou regulamentar:*
>
> *Pena – reclusão de 5 (cinco) a 15 (quinze) anos e pagamento de 500 (quinhentos) a 1.500 (mil e quinhentos) dias-multa.*

Caso o agente ofereça, tenha em depósito e exponha à venda vários cigarros de maconha em sua casa, que funciona como "boca de fumo", ele não responderá por tantos delitos quantos os núcleos do tipo a que sua conduta se amolda ("oferecer", "expor à venda" e "ter em depósito"). Responderá o agente, em tal caso, por um único crime, em decorrência do princípio da alternatividade. Ademais, não é necessário que o agente pratique todas as condutas para que o crime se configure. Basta, por exemplo, que venda cocaína, conduta que representa um dos vários verbos nucleares do tipo penal. Sobre o tema, há o seguinte precedente, indicativo da jurisprudência do STJ:

> *"(...) O crime de tráfico de drogas é tipo misto alternativo restando consumado quando o agente pratica um dos vários verbos nucleares inserido no artigo 33, caput, da Lei n. 11.343/2006, sendo a venda prescindível ao seu reconhecimento" (HC 382.306/RS, relator Min. Reynaldo Soares da Fonseca, Quinta Turma, julgado em 7/2/2017, DJe de 10/2/2017)." (STJ, AgRg no REsp 1807400/RS, Rel. Min. Antonio Saldanha Palheiro, Sexta Turma, DJe 28/08/2019).*

134. HUNGRIA, Nélson. Comentários ao Código Penal, vol. 1, Tomo 1º. Arts. 1º ao 10. Rio de Janeiro: Forense, 1955, p. 134.

QUADRO SINÓTICO

Interpretação da lei penal	
Quanto à sua origem ou ao sujeito	• **Autêntica**: é aquela realizada pelo próprio legislador, seja no próprio contexto da elaboração da norma (contextual) ou posteriormente, por meio de nova lei que dispõe sobre o tema (posterior). • **Doutrinária**: é a interpretação realizada pelos estudiosos do Direito Penal, que definem conceitos, institutos e dão sentido à interpretação das normas penais. • **Jurisprudencial**: é o entendimento dos juízes e dos tribunais a respeito das normas penais, dando-lhes sentido e aplicação prática nos casos que lhes são apresentados.
Quanto ao meio ou modo	• **Gramatical**: aquela que se fundamenta no sentido e no significado das palavras • **Histórica**: a interpretação que se volta à análise da conjuntura política e social da época da elaboração da norma. • **Sistemática**: aquela que envolve a consideração da norma penal em relação ao seu conjunto. • **Lógica ou teleológica**: volta-se para a razão lógica da norma, bem como para a sua finalidade. • **Progressiva ou evolutiva**: é a forma de se compreender a norma penal no contexto social, sendo que ela deve acompanhar o desenvolvimento da sociedade e suas transformações.
Quanto ao resultado	• **Declarativa**: o seu produto é exatamente aquilo que a norma prevê, sem que haja elastecimento ou restrição do alcance do seu texto • **Restritiva**: o intérprete considera que a lei diz mais do que deveria. • **Extensiva**: a interpretação que ocorre quando a lei diz menos do que deveria.
Analogia	É técnica de integração jurídica, que visa a preencher as lacunas da lei, com utilização de normas previstas para casos com semelhanças com o que se busca regular.
Interpretação extensiva	É classificação da interpretação quanto ao resultado, que é obtido com ampliação do sentido da norma penal. Diz-se cabível quando a lei diz menos do que quer.
Interpretação analógica	É técnica legislativa, em que, após a previsão de hipóteses em que a norma incide, há a estipulação de uma fórmula genérica, a ser compreendida nos termos da exemplificação.

Classificação das leis penais	
Leis Penais Incriminadoras	São aquelas que preveem uma infração penal, seja um crime ou uma contravenção. Também chamadas de leis penais em sentido estrito, elas estabelecem os tipos penais e as sanções penais a eles cominadas.

Classificação das leis penais	
Lei Penal Não Incriminadora	Há, ainda, leis penais que não preveem crimes nem infrações penais, sendo denominadas leis penais não incriminadoras ou leis penais em sentido amplo.
	• **Permissivas**: veiculam uma permissão daquilo que, sem elas, seria considerado uma infração penal e sujeitaria seu autor a uma sanção penal. Podem ser **exculpantes** (aquelas que veiculam uma excludente de culpabilidade, deixando de haver aplicação de pena) ou **justificantes** (veiculam excludentes de ilicitude).
	• **Explicativas ou interpretativas**: são aquelas que trazem uma explicitação de conceitos, uma explicação para se melhor compreender as demais normas e permitir sua correta aplicação.
	• **Complementares**: são aquelas que possibilitam a aplicação das demais, possuindo a função de suplementá-las, permitindo a sua compreensão para utilização nos casos concretos.
	• **Integrativas ou de extensão**: são aquelas que aumentam a abrangência das demais.

Leis penais incompletas		
Lei penal com tipo aberto	Se a norma incompleta depende do complemento valorativo, tem-se um tipo aberto. Apesar de haver divergências, seriam numerosos os exemplos de tipos abertos dentre os crimes culposos. Admitem-se os tipos abertos, como os da maioria dos crimes culposos, mas se exige um mínimo de determinação.	
Lei penal em branco	Conceito	A norma incompleta é a que depende de complemento normativo, ou seja, da conjugação com outra norma para ser aplicada.
	Própria, em sentido estrito ou heterogênea	É aquela cujo complemento está em norma de fonte normativa diversa, ou seja, não está prevista em lei em sentido formal.
	Imprópria, em sentido amplo ou homogênea	É aquela cujo complemento provém da mesma fonte normativa, ou seja, de lei em sentido formal. Pode ser heterovitelina ou homovitelina.
		• **Homovitelina**: caso o complemento normativo esteja no mesmo documento legal, a norma penal em branco homogênea será denominada homovitelina.
		• **Heterovitelina**: caso o complemento normativo da lei penal em branco homogênea esteja situado em documento legal diverso, será denominada de heterovitelina.

Leis penais incompletas		
Lei penal em branco	De fundo constitucional	É aquela cujo complemento normativo advém da própria Constituição.
	Ao quadrado	É aquela cujo complemento também necessita de complemento de outra norma.
	Invertida ou ao revés	É aquela que necessita de complemento para o seu preceito secundário. A nomenclatura mais adequada para essa situação é a de tipo remetido.

Lei penal no espaço	
Lugar do crime	Segundo o art. 6º do CP, considera-se praticado o crime no lugar em que ocorreu a ação ou omissão, no todo ou em parte, bem como onde se produziu ou deveria produzir-se o resultado. Quanto ao lugar do crime, o Código Penal adota a teoria da ubiquidade.
Territorialidade	A territorialidade é a regra sobre a aplicação da lei brasileira no espaço, ou seja, a lei nacional é aplicável ao território nacional. Só se aplica, de modo geral, a lei penal brasileira aos crimes cometidos no Brasil. Foi adotada a **territorialidade temperada**, razão pela qual se aplica aos crimes cometidos no território brasileiro a lei brasileira, com exceção para casos previstos em Tratados Internacionais.
Extraterritorialidade	A extraterritorialidade consiste na aplicação excepcional da lei brasileira a crimes cometidos exclusivamente no estrangeiro.
	A extraterritorialidade incondicionada está prevista no artigo 7º, inciso I e § 1º, do CP. Relaciona-se às hipóteses em que a lei penal é aplicada a um crime cometido no exterior, independentemente de qualquer condição.
	A extraterritorialidade condicionada refere-se às hipóteses de aplicação da lei brasileira aos crimes cometidos no exterior, desde que atendidas determinadas condições. Está prevista no artigo 7º, inciso II e §§ 2º e 3º, do CP.
	A extraterritorialidade hipercondicionada está prevista no § 3º do artigo 7º. São exigidas as condições previstas para a extraterritorialidade condicionada, além das condições específicas nele mencionadas.
Princípios da extraterritorialidade	• **Princípio da nacionalidade ou personalidade ativa**: busca a punição do crime em razão do sujeito ativo do crime, ou seja, aquele que praticou o delito. • **Princípio da nacionalidade ou personalidade passiva**: almeja punir o crime em consideração àquele que foi a vítima do crime, isto é, seu sujeito passivo. • **Princípio real, da defesa ou da proteção**: determina a punição do crime cometido no exterior pela lei nacional em virtude do interesse nacional, do bem jurídico atingido pelo delito.

Lei penal no espaço	
Princípios da extraterritorialidade	• **Princípio da justiça universal ou cosmopolita**: busca a punição do crime em virtude da necessidade de cooperação entre os Estados, no plano das relações internacionais, para se evitar a impunidade. • **Princípio do pavilhão, da bandeira ou da representação**: a aplicação da lei penal é determinada pela nacionalidade do navio ou da embarcação.
Competência no caso de extraterritorialidade	Conforme artigo 88 do CPP, para o julgamento de crimes praticados fora do território brasileiro, será competente o juízo da Capital do Estado onde houver por último residido o acusado. Se este nunca tiver residido no Brasil, será competente o juízo da Capital da República.

Lei penal no tempo	
Tempo do crime	Conforme o artigo 4º do CP, considera-se praticado o crime no momento da ação ou omissão, ainda que outro seja o momento do resultado. Quanto ao tempo do crime, foi adotada a teoria da atividade.
Abolitio criminis	Cuida-se da descriminalização da conduta, ou seja, advém uma lei que deixa de prever aquela conduta como infração penal. A *abolitio criminis* determina a extinção da sanção penal que já tenha sido imposta e dos efeitos penais da condenação. Os efeitos extrapenais, a seu turno, permanecem, não sendo afetados. Nos termos do artigo 107, inciso III, do CP, possui natureza de causa extintiva da punibilidade.
Novatio legis in mellius	É a nova lei que beneficia o agente, como, por exemplo, aquela que prevê uma pena menor que a anterior previa. O réu deve ser beneficiado por essa lei mais benéfica, ainda que já condenado ao tempo da lei antiga. "Transitada em julgado a sentença condenatória, compete ao Juízo das execuções a aplicação de lei mais benigna" (Súmula 611 do STF).
Novatio legis in pejus	É a lei que de qualquer forma prejudica o réu. Vige o princípio da irretroatividade da lei penal mais gravosa, razão pela qual ela só vai incidir sobre os fatos praticados a partir de sua vigência.
Novatio legis incriminadora	É a lei que passa a prever um novo crime, tornando infração penal uma conduta que anteriormente era atípica. A nova lei incriminadora é uma lei mais gravosa, ou seja, faz incidir o princípio da irretroatividade.
Lei penal no tempo e os crimes permanentes e habituais	"A Lei penal mais grave aplica-se ao crime continuado ou ao crime permanente, se a sua vigência é anterior à cessação da continuidade ou da permanência" (Súmula 711 do STF).
Lei penal no tempo e norma penal em branco	• **Complemento previsto em lei**: quando o complemento da norma penal em branco se constituir de dispositivo legal, ou seja, o seu complemento for outra lei, a modificação sempre retroage para beneficiar o réu.

PARTE GERAL

Lei penal no tempo	
Lei penal no tempo e norma penal em branco	• **Complemento previsto em ato infralegal**: no caso de complemento previsto em outra fonte normativa, como uma portaria, deve-se analisar se a situação tratada pela norma é excepcional ou se possui caráter permanente. Caso a norma complementadora regule situação de excepcionalidade, ou seja, algo previsto para durar apenas aquele período determinado, sua modificação não retroage para alcançar situações pretéritas. No caso de norma complementar que não se refira a uma situação temporária ou excepcional, a sua modificação deve retroagir e beneficiar os réus já condenados.

Leis penais de vigência temporária	
Definição	São as instituídas para viger em determinado período. Elas são exceção à regra exposta na Lei de Introdução ao Direito Brasileiro, no caput do seu artigo 2º, de que a lei terá vigência até que outra a modifique ou revogue, ou seja, vige por prazo indeterminado.
Lei excepcional	A lei excepcional, também denominada de lei temporária em sentido amplo, é aquela produzida para durar durante determinada situação, determinado evento anormal, transitório.
Lei temporária em sentido estrito	Lei temporária em sentido estrito é aquela produzida para durar por um determinado período, previsto em si mesma. Sua vigência já é delimitada no tempo, possuindo um interregno de vigência já estabelecido, razão pela qual vigora por período determinado.
Características comuns	• **Ultra-atividade**: o fim da vigência da lei não impede sua ultra-atividade para alcançar os fatos cometidos anteriormente, mesmo que a aplicação ultra-ativa da lei prejudique o réu. • **Autorrevogabilidade**: as leis de vigência temporária são tidas por revogadas no termo final nelas fixado (lei temporária) ou quando cessada a situação anormal (lei excepcional).
(In) constitucionalidade	Zaffaroni e Pierangeli, dentre outros doutrinadores, entendem que a lei de vigência temporária e sua regulação pelo Código Penal conflitam com o princípio da irretroatividade da lei penal. A jurisprudência, entretanto, as considera constitucionais.

Lei penal em relação às pessoas	
Imunidades diplomáticas	Embaixadores: imunidade absoluta. Extensível à família com dependência econômica.
	Cônsules: imunidade relativa, limitada aos atos relativos ao exercício das funções. Não extensível aos familiares.

Lei penal em relação às pessoas	
Imunidades parlamentares	A **imunidade parlamentar material ou absoluta** consiste na inviolabilidade, civil e criminal, quanto a manifestações proferidas pelo parlamentar no exercício ou desempenho das funções. Sua previsão está no artigo 53, *caput*, da Constituição da República
	Garantia contra instauração do processo: essa imunidade relativa diz respeito aos crimes praticados após a diplomação. Nesse caso, a Casa a que pertence o parlamentar pode sustar o andamento do processo, caso em que a prescrição ficará suspensa. Está prevista no artigo 53, §§ 3º, 4º e 5º, da Constituição.
	Garantia contra prisão: imunidade processual ou relativa segundo a qual o parlamentar não pode ser preso, salvo flagrante de crime inafiançável, desde a expedição do diploma. Caso ocorra essa prisão em flagrante por crime inafiançável, deve haver a remessa dos autos à Casa em 24 horas. Prevista no artigo 53, § 2º, da Constituição.
	Foro por prerrogativa de função: imunidade processual que garante aos parlamentares foro por prerrogativa de função desde a diplomação até o fim do mandato. Prevista no artigo 53, §2º, da Constituição.
	Imunidade quanto ao dever de testemunhar: é uma desobrigação relacionada ao mandato. Essa prerrogativa diz respeito ao dever de testemunhar, do qual os deputados e senadores estão imunes no que diz respeito ao exercício de suas funções. É o que diz o artigo 53, § 6º, da Constituição
Inviolabilidade do advogado	O advogado possui inviolabilidade sobre suas manifestações no exercício de sua profissão. É a imunidade judiciária, prevista no artigo 133 da Constituição. A inviolabilidade foi prevista como uma das formas de exclusão dos crimes de injúria e difamação no artigo 142, I, do Código Penal.

Prazo penal	
Artigo 10 do CP	O dia do começo inclui-se no cômputo do prazo. Contam-se os dias, os meses e os anos pelo calendário comum.
	Caso o prazo tenha aplicação no direito material e no processual, cuidando-se de prazo de natureza híbrida, deve prevalecer sua natureza material, ou seja, de Direito Penal.

Conflito aparente de normas penais	
Conceito	O conflito aparente de normas consiste na suposta incidência de mais de uma norma, de modo que todas elas seriam aplicáveis a um mesmo fato. É apenas aparente pois, após a solução do (imaginado) conflito, somente uma norma deverá ser efetivamente aplicada.

<table>
<tr><th colspan="3">Conflito aparente de normas penais</th></tr>
<tr><td>Especialidade</td><td colspan="2">O princípio da especialidade pode ser definido pela expressão latina Lex Specialis Derogat Legi Generali. Isso significa que a lei especial derroga a lei geral, ou seja, havendo a aparente incidência de uma lei geral e de uma lei especial, esta última prevalecerá, por ser mais adequada ao caso. Um exemplo de aplicação expressa desse critério pode ser colhido do artigo 12 do Código Penal "As regras gerais deste Código aplicam-se aos fatos incriminados por lei especial, se esta não dispuser de modo diverso."</td></tr>
<tr><td>Subsidiariedade</td><td colspan="2">O princípio da subsidiariedade determina que a norma primária prevalece sobre a norma chamada subsidiária. A expressão latina que traduz este princípio é Lex Primaria Derogat Legi Subsidiariae, ou seja, a lei primária derroga a lei subsidiária (que sempre é menos grave). Na relação de subsidiariedade, uma norma contém a outra.</td></tr>
<tr><td rowspan="5">Consunção ou Absorção</td><td>Conceito</td><td>O crime (fato) previsto por uma norma (consunta ou consumida) constitui meio necessário ou fase normal de preparação de outro crime (previsto na norma consuntiva). A norma consuntiva derroga a norma consunta, como diz a expressão em latim Lex Consumens Derogat Consumptae.</td></tr>
<tr><td>Crime progressivo</td><td>É o caso do agente que, para atingir o seu objetivo, necessita praticar um crime menos grave que é o caminho para a prática de outro.</td></tr>
<tr><td>Progressão criminosa em sentido estrito</td><td>Neste caso, há uma modificação do dolo. O agente muda de ideia e provoca outra agressão ao bem jurídico tutelado, com intenção diversa.</td></tr>
<tr><td>Fato anterior não punível</td><td>O agente pratica um fato anterior, que se amolda a um tipo penal, para então praticar a infração penal que é seu escopo.</td></tr>
<tr><td>Fato posterior não punível</td><td>O agente pratica uma conduta posterior que não é punível, por estar prevista em uma norma que fica consunta no caso concreto.</td></tr>
<tr><td>Alternatividade</td><td colspan="2">Incide quando há a previsão, pelo tipo penal, de várias condutas que consubstanciam um único crime. Trata-se da consunção dentro do mesmo tipo penal. Incide, portanto, nos chamados tipos penais mistos alternativos.</td></tr>
</table>

CAPÍTULO IV

EVOLUÇÃO DOGMÁTICA DO DIREITO PENAL

A história do Estado Moderno se entrelaça com a do monopólio da força, já que, conforme Weber, toda associação política somente pode ser definida pela coação física, meio específico que lhe é próprio[1]. Em uma concepção ideológica diversa, Trotsky teria inspirado essa afirmação ao afirmar que o Estado se funda na força. Para Bobbio, o uso da força física é necessário para a própria definição do poder político.

Nesse contexto, Franz von Liszt observa que o direito não é apenas uma ordem de paz, mas também uma ordem de combate, já que necessita da força para fazer curvar as vontades individuais relutantes[2]. A própria pena, na visão agnóstica de Zaffaroni, corresponde a um ato de poder que só pode encontrar explicação política[3], o que demonstra a relação umbilical entre o direito penal e a fundação do Estado. Não por outro motivo, o Estado tomou para si os conflitos sociais mais importantes, o que Nils Christie denomina de roubo do conflito. Interessante notar que essa assunção da resolução dos conflitos não se deu para garantia dos direitos dos cidadãos, mas uma necessidade de controle social e como afirmação do poder central do Estado[4].

Por isso, o direito penal e o processo penal são o termômetro do autoritarismo ou dos elementos mais democráticos de uma ordem constitucional, já que representam o maior poder que o Estado dirige contra os seus próprios cidadãos[5]. Ainda que essa lição de Goldschmidt se refira apenas ao processo penal, quando se trata do poder de punir do Estado é imprescindível analisar a justiça criminal como um todo, o que inclui o chamado direito material.

O poder estatal é tão forte que, para limitar os poderes do Leviatã, já se conceberam o contratualismo, como defesa de que há direitos a que o ser humano não

1. OLIVEIRA, Rafael Serra. Consenso no processo penal: uma alternativa para a crise do sistema criminal. São Paulo: Almedina, 2015, p. 21.
2. LISZT, Franz von. Tratado de direito penal alemão. Tradução: José Hygino Duarte Pereira. Ed. fac. sím. Senado Federal, Conselho Editorial Superior Tribunal de Justiça, 2006, p. 97.
3. ZAFFARONI, Eugenio Raúl; Batista, Nilo; ALAGIA, Alejandro; SLOKAR, Alejandro. Direito Penal Brasileiro, volume 1, 4. ed. Rio de Janeiro: Revan, 2011, 3ª reimp., 2017, p. 108.
4. OLIVEIRA, Rafael Serra. Consenso no processo penal: uma alternativa para a crise do sistema criminal. São Paulo: Almedina, 2015, p. 19.
5. GOLDSCHMIDT, James. Problemas Jurídicos y Políticos del Proceso Penal, Buenos Aires: Editorial B de F, 2016, p. 71.

renunciou ao se submeter ao contrato social[6], e o jusnaturalismo, como reconhecimento de que há direitos inatos ao homem e que, por sua natureza, não podem ser limitados ou alcançados pelos poderes públicos. Essa longa história de busca de reconhecimento da necessidade de limitação do poder estatal, que por suas dimensões tem como parâmetro o monstro bíblico, passou inclusive pelo positivismo e a transformação dos juízes em boca da lei *(bouche de la loi)*[7].

Nesse contexto, o direito penal é a expressão maior desse poder estatal, por representar a maior intervenção estatal na vida dos cidadãos. Cumpre, então, analisar a evolução do Direito Penal desde o causalismo, passando-se pelo neokantismo até o finalismo, concepção que norteou a Reforma de 1984, que substituiu a Parte Geral do Código Penal. Deve-se estudar também a teoria social da ação e a teoria da ação significativa, que trazem novas perspectivas à ação penalmente relevante. Trata-se das correntes que estudaram a chamada teoria da ação, ou, sem outros termos, a teoria da conduta.

Em seguida, deve-se passar ao estudo do funcionalismo, que se fundamenta na função que as normas penais possuem. Troca-se o centro de gravidade da análise, que passa da ação ou conduta humana para a criação de um risco proibido que se concretiza em um resultado, com a consagração da chamada teoria da imputação objetiva. Além disso, há um resgate do juízo de valor como elemento relevante para a aplicação das normas penais. A orientação do funcionalismo, entretanto, pode variar desde a compreensão de que as normas do direito penal se voltam à proteção de bens jurídicos, acolhida pela vertente moderada, até o pensamento de que buscam reafirmar a sua própria vigência, preservando o sistema de que fazem parte, como defende a concepção radical.

Por fim, devem ser analisadas tendências modernas e movimentos com menor impacto, mas de grande relevância, como as correntes abolicionistas e a defesa do Direito Penal Mínimo.

1. TEORIAS DA AÇÃO

O estudo deve se iniciar por teorias da ação, ou seja, da conduta humana voluntária, requisito mínimo para a relevância do comportamento para o Direito Penal. As teorias da ação, apesar de focadas nesse elemento do fato típico, influenciaram o pensamento de toda a teoria do crime e, além disso, a própria compreensão desse ramo da Ciência Jurídica.

1.1. Causalismo, Causal-Naturalismo ou Teoria Clássica

A **teoria causalista**, também denominada causal-naturalista, naturalística ou clássica, surgiu na época do **positivismo** e de valorização do mecanicismo das

6. Conectando essa ideia diretamente ao Direito Penal: ROXIN, Claus. Trad. Luis Greco. Estudos de direito penal. 2. ed. Rio de Janeiro: Renovar, 2008, p. 33.
7. MONTESQUIEU, Charles de Secondat, Baron de. O espírito das leis. Apresentação Renato Janine Ribeiro; tradução Cristina Murachco. São Paulo: Martins Fontes, 1996, p. 175.

ciências naturais. Possui, portanto, base na lei da causa e efeito das Ciências Exatas. O sistema clássico é também denominado de **Liszt-Beling-Radbruch**, em razão dos sobrenomes de seus idealizadores: Franz von Liszt, Ersnt von Beling e Gustav Radbruch.

Para o causalismo, **a ação seria o mero processo causal** que a vontade (o impulso voluntário) desencadeia no mundo exterior[8]. Nessa concepção, a ação humana não possui conteúdo de vontade ou finalidade. A conduta é analisada por si só, sem elemento subjetivo. Desse modo, se alguém atropela um pedestre e lhe causa lesões que o levam à morte, praticou a conduta prevista no artigo 121 do Código Penal, ou seja, praticou o fato típico do homicídio. A questão da intenção ou não de matar, por exemplo, só seria analisada na culpabilidade. O fato típico possui uma análise **estritamente objetiva**, descritiva.

Franz von Liszt, um dos seus defensores, define a ação como **"o fato que repousa sobre a vontade humana, a mudança do mundo exterior referível à vontade de homem"** [9]. O autor diz que sem ato de vontade não há ação, mas ressalva que a voluntariedade, para ele, não é livre-arbítrio, em um sentido metafísico, mas simplesmente que o homem agiu sem coação física, seja ela mecânica ou psicofísica[10]. Posteriormente, ele passa a conceituar a ação como "conduta voluntária no mundo exterior; causa voluntária ou não impediente de uma modificação no mundo exterior". Deste modo, com o termo conduta buscou englobar a omissão e a comissão, não se referindo apenas à ação.

Nas palavras críticas de Hans Welzel, a ação, para a concepção clássica, "deve ser o mero processo causal que desencadeia a vontade ('o impulso voluntário' ou a 'enervação') no mundo exterior (= efeito da vontade), independentemente de que o autor o tenha querido ou possa sequer prevê-lo (= conteúdo da vontade)"[11]. Assim, a conduta não possui conteúdo de vontade, é desprovida de finalidade e não abarca o dolo ou a culpa. **O elemento subjetivo, a culpa em sentido amplo, é parte da culpabilidade**, devendo ser analisado apenas naquele substrato do conceito de crime.

Sobre a exigência de **consciência da ilicitude**, havia **divergência** entre os causalistas. Luiz Flávio Gomes também ressalta essa ausência de uniformidade, apontando que alguns autores, como Liszt, rejeitavam a consciência da ilicitude, enquanto outros, como Beling, lhe davam importância[12].

✓ Alguns causalistas consideravam que, como parte da culpabilidade, o dolo seria considerado normativo, possuindo como seu elemento da consciência da ilicitude, nos termos do *dolus malus* do direito romano. Seria a posição

---

8. WELZEL, Hans. Derecho penal alemán. Parte general. Santiago: Editorial Jurídica de Chile, 2014, p. 73.
9. LISZT, Franz von. Tratado de Direlto Penal Allemão. Tradução de José Hygino Duarte Pereira. Tomo I. Rio de Janeiro: F. Briguiet & C. Editores, 1899, p. 193.
10. LISZT, Franz von. Ob. Cit., p. 197.
11. WELZEL, Hans. O Novo Sistema Jurídico-Penal. Tradução de Luiz Regis Prado. 4. ed. São Paulo: Editora Revista dos Tribunais, 2015, p. 40.
12. GOMES, Luiz Flávio. Erro de tipo e erro de proibição. 5. ed. São Paulo: Editora Revista dos Tribunais, 2001, p. 44.

de Carrara[13] e de Beling, sendo que este último penalista defendia que "o conceito de dolo requer que o autor tenha tido consciência da ilicitude de sua ação"[14]. Trata-se de concepção que se difundiu na doutrina como a da teoria causalista, apesar de que nem todo causalista a adotava.

✓ Outros, como Franz von Lizst, entendiam que a consciência da ilicitude não estava inserida no dolo, que deveria ser compreendido não como o *dolus malus*[15], mas consistindo apenas em um elemento volitivo (manifestação de vontade) e um elemento intelectivo (representação sobre o resultado)[16]. Para ele, o erro sobre a ilicitude da ação não afastaria o crime[17].

A **culpabilidade** pode ser dolosa ou culposa, ou seja, é composta pelo elemento subjetivo, o que a torna **psicológica**. Por isso, fala-se em teoria psicológica da culpabilidade. É o vínculo psicológico entre o agente e a sua conduta. Essa concepção é adotada pelo Código Penal Militar, conforme se nota do seu artigo 33, que, ao dispor sobre dolo e culpa, menciona a culpabilidade.

Como **deficiência** da teoria, apontada pelos seus críticos, há dificuldades teóricas envolvendo os **crimes omissivos e culposos**. Decorreriam do esvaziamento da conduta, pois o causalismo não considera o elemento subjetivo como parte da conduta, deixando sua análise para a culpabilidade. Desse modo, não haveria como se diferenciar a conduta culposa da conduta dolosa, já que o elemento subjetivo é estudado apenas na culpabilidade. Também não haveria uma explicação aceitável para os crimes omissivos próprios, já que há uma falta de comportamento do agente (um não fazer, uma omissão), que, sem análise de dolo nem de culpa, apresentaria difícil configuração. Seria tarefa bastante ingrata tentar separar uma omissão criminosa e uma simples abstenção não criminosa, sem qualquer análise do elemento subjetivo. De igual modo, não seria uma teoria satisfatória para se diferenciar uma conduta culposa de outra dolosa, já que a distinção seria possível apenas quando da análise da culpabilidade, e não da tipicidade.

1.2. Neokantismo ou Teoria Causal-Valorativa

A teoria neokantista, neoclássica ou causal-valorativa possui base causalista. Isso quer dizer que, assim como no causalismo, o elemento subjetivo, consistente no dolo ou a culpa, é analisado na culpabilidade. A conduta é estudada sem conteúdo ou finalidade. Conduta não é ação, mas **comportamento**, o que abrange tanto a conduta positiva quanto a negativa, ou seja, tanto a ação quanto a omissão. Essa teoria forma

13. Essa posição já foi adotada pela Banca CESPE, no Concurso 2013 – Polícia Federal – Delegado de Polícia: "Segundo a teoria causal, o dolo causalista é conhecido como dolo normativo, pelo fato de existir, nesse dolo, juntamente com os elementos volitivos e cognitivos, considerados psicológicos, elemento de natureza normativa (real ou potencial consciência sobre a ilicitude do fato)."

14. BELING, Ernst von. Esquema de Derecho Penal. La doctrina del delito-tipo. Buenos Aires, Libreria del foro, 2002, p. 111.

15. LISZT, Franz von. Tratado de Direito Penal Allemão. Tradução de José Hygino Duarte Pereira. Tomo I. Rio de Janeiro: F. Briguiet & C. Editores, 2006, p. 278.

16. BRANDÃO, Cláudio. Teoria jurídica do crime. 6. ed. Belo Horizonte, São Paulo: D'Plácido, 2020, p. 225-226.

17. Liszt, Franz von. Ob. Cit., p. 287-289.

o chamado **sistema neoclássico** do crime. Cuida-se de uma concepção normativa da conduta, com ênfase em elementos valorativos, ou seja, com juízo axiológico, e não meramente ontológico.

Entretanto, aqui já se nota a detecção de **elementos subjetivos do tipo**, o que abre o caminho para se analisar algum conteúdo de vontade do agente já no primeiro substrato do crime (fato típico), e não somente na culpabilidade. Roxin exemplifica com o furto, que exige o *animus rem sibi habendi*, ou seja, a intenção especial do agente de apropriação definitiva (o que torna penalmente irrelevante o chamado furto de uso)[18]. Isso demonstra que os neokantistas tiveram que admitir que a conduta não pode ser vista de forma exclusivamente objetiva, já que há elementos subjetivos que compõem a própria descrição típica.

Além disso, os neokantistas também percebem a existência de **elementos normativos** no tipo, aqueles que dependem de um juízo de valor para a sua constatação. Enquanto os elementos objetivos são facilmente compreendidos pela mera utilização dos sentidos, como "coisa", os elementos normativos exigem um juízo de valor, como no caso de "alheia", "funcionário autorizado" ou "autoridade competente".

O tipo, assim, é tido como norma de cultura, já que traz em si valores estabelecidos previamente, sendo que o texto legal não tem um sentido objetivo, mas deve ser descoberto pelo intérprete. É o que destaca Bitencourt, que ensina que, para os neokantistas, as normas jurídicas são um produto cultural e, por isso, têm como pressupostos valores prévios, aos quais o seu intérprete não pode ficar imune[19].

Essa concepção do Direito Penal como ciência cultural têm sua base na teoria de Kant, que diferencia as ciências da natureza, em que se explica um objeto sem relação com o sujeito que o estuda, e as ciências da cultura, em que se compreende um objeto a partir de uma relação mútua entre o objeto de conhecimento e o sujeito que o estuda. A compreensão do Direito Penal a partir de uma compreensão **valorativa**, própria das ciências culturais, influencia até hoje os penalistas. Essa forma de pensar inspirou tanto o finalismo quanto o funcionalismo[20]. Cuida-se de teoria defendida por Edmund Mezger.

Como inovação em relação à teoria causal, a culpabilidade passa a conter como elemento **a exigibilidade de conduta diversa**. Por isso, **a culpabilidade**, para a teoria neokantista, **é psicológico-normativa**, possuindo como elementos o dolo ou a culpa (elemento psicológico); a exigibilidade de conduta diversa (elemento normativo) e a imputabilidade. Por apresentar elementos normativos e psicológicos, a culpabilidade, nessa concepção, não pode ser concebida apenas como psicológica nem como puramente normativa. Ela é, portanto, psicológico-normativa.

O **dolo**, que é **normativo**, possui como elemento a consciência atual da ilicitude. Assim, ao se analisar a intenção do agente, já se inclui a consciência atual da ilicitude.

18. ROXIN, Claus. Ob. Cit., Tomo I, 1997, p. 198-199.
19. BITENCOURT, Cezar Roberto. Parte geral. Coleção de direito penal volume 1. 26. ed. São Paulo: Saraiva Educação, 2020, p. 282.
20. BRANDÃO, Cláudio. Teoria jurídica do crime. 6. ed. Belo Horizonte, São Paulo: D'Plácido, 2020, p. 48.

Ou seja, verifica-se se o agente atuou com dolo ou culpa, bem como se possuía, à época da conduta, a consciência atual da sua ilicitude[21]. Há uma retomada do ***dolus malus*** dos romanos[22]. Nas palavras de Mezger, o dolo é uma "forma determinada de culpabilidade", que a doutrina e jurisprudência costumam chamar de "*dolo* ou *dolus* (a expressão mais correta seria '*dolus malus*')". O dolo, para o autor, é o cometimento do fato com conhecimento e vontade[23].

Além disso, a ilicitude passa a ser analisada sob o ponto de vista material, não puramente formal. Isso permitiu a consideração de determinadas condutas como não ilícitas, com reconhecimento de descriminantes supralegais, para além das causas excludentes previstas expressamente em lei.

Há uma substituição do método científico, das ciências naturais, pelo axiológico, ou seja, de juízo de valor. O tipo penal passa a ser concebido de uma forma valorativa, em que as próprias normas são dotadas de valores, e não mais de uma forma puramente mecanicista. Vamos analisar as diferenças principais entre causalismo e neokantismo, cumprindo lembrar que a concepção neokantista é feita sobre as bases causalistas, em que o dolo é normativo (*dolus malus)* e concebido como forma de culpabilidade:

Causalismo	Fato típico expressamente objetivo	Culpabilidade dolosa ou culposa, tendo como pressuposto a imputabilidade
Neokantismo	Fato típico com elementos normativos e subjetivos especiais	Culpabilidade composta de dolo ou culpa, imputabilidade e exigibilidade de conduta diversa

Vale destacar que se trata de uma visão global sobre as concepções, que foram defendidas por autores diversos, com variações em suas obras. Como principal crítica, acompanha a teoria neokantista o problema de se conceber a conduta de forma separada do dolo e da culpa, o que não é aceito atualmente. Entretanto, essa concepção representou uma evolução para o Direito Penal, com contribuições para o desenvolvimento atual da teoria do crime.

1.3. Finalismo

Para a teoria finalista, concebida por Hans Welzel, a **"ação humana é o exercício de atividade final"**[24]. Por isso, a ação é um acontecer final, e não apenas causal[25]. Isso significa que toda conduta humana possui uma finalidade, é orientada por um

21. De forma majoritária. Mezger, posteriormente, vai aceitar a potencialidade do conhecimento no dolo (cegueira jurídica).
22. BRANDÃO, Cláudio. Teoria jurídica do crime. 6. ed. Belo Horizonte, São Paulo: D'Plácido, 2020, p. 227.
23. MEZGER, Edmund. Derecho Penal. Libro de Estudio. Parte General. Santiago: Ediciones Olejnik, 2019, p. 186.
24. WELZEL, Hans. O Novo Sistema Jurídico-Penal. Trad. L. R. Prado. 4. ed. São Paulo: Editora Revista dos Tribunais, 2015, p. 30.
25. WELZEL, Hans. Derecho penal alemán. Parte general. Santiago: Editorial Jurídica de Chile, 2014, p. 65.

objetivo. Sob essa concepção, faz parte da conduta o próprio elemento subjetivo do tipo, ou seja, o dolo ou a culpa. A vontade e a finalidade se fundem na conduta.

A direção final da ação ocorre por meio de duas etapas. Primeiro, no pensamento, o agente antecipa o fim que ele quer realizar, seleciona os meios para conseguir alcançar essa finalidade e considera os efeitos concomitantes. Então, ele põe em movimento os meios de ação (os fatores causais), escolhidos antecipadamente, de acordo com um plano, cujo resultado abrange a sua finalidade e os efeitos concomitantes (colaterais)[26]. Assim, para a teoria finalista, a conduta se funda na sua antecipação mental e na seleção dos meios pelo autor, controlando-os para a realização de um objetivo seu, ou seja, com determinação de modo final.

Em relação às teorias anteriores, há a migração do dolo e culpa, que deixam a culpabilidade para integrarem o próprio fato típico. Ou seja, **o dolo e a culpa deixam de fazer parte da culpabilidade**, para serem considerados na conduta, dentro da análise do **fato típico**. O causalismo e o neokantismo concebem a culpa em sentido amplo (dolo ou culpa) como culpabilidade. Para o finalismo, a culpa em sentido amplo é parte da conduta, já que, como visto, ela possui em si mesma uma finalidade.

Por isso, **o dolo**, para o finalismo, **é natural**, chamado, na expressão latina, de *dolus bonus*. Isso porque o dolo é analisado como elemento da conduta, de forma neutra, sem valoração. Não faz parte dele a consciência da ilicitude e ele não integra a culpabilidade. Portanto, sem elemento subjetivo, não há sequer um fato típico. É atípica a conduta de um motorista que, dirigindo de forma cautelosa, acaba por colidir o veículo com um suicida, que se lança de forma inesperada e abrupta em frente aos pneus do automóvel. Não havendo indícios de dolo ou culpa, o fato é penalmente irrelevante, por não ser sequer típico.

Passa-se a se admitir a participação apenas no fato principal que seja doloso, ou seja, só se admite participação em crime doloso, e não em culposo. Além disso, abandona-se a figura do erro de direito, que confundia ignorância da lei com o erro sobre a ilicitude do fato (erro de proibição)[27]. Passa-se a diferenciar as figuras do erro de tipo essencial, que afasta o dolo, e do erro de proibição, que afeta a culpabilidade.

Hans Welzel, ao apresentar seu novo sistema jurídico-penal, consigna que, até então, dolo vinha sendo compreendido "como um elemento da culpabilidade, que compreende (...) não apenas a consciência dos elementos do tipo, como também a da antijuridicidade"[28] (dolo normativo). Então, apresenta a sua concepção de dolo natural, dizendo que o juízo de reprovabilidade da culpabilidade recai sobre a resolução de vontade antijurídica e que ela é reprovável na medida em que ele poderia ter consciência da ilicitude e, assim, ter um motivo contrário à conduta ilícita[29].

Abre-se espaço, assim, para a elaboração de **uma teoria normativa pura da culpabilidade**, na qual se faz um juízo de valoração ou reprovação da conduta

---

26. WELZEL, Hans. Ob. Cit., 2014, p. 66-68.
27. GOMES, Luiz Flávio. Erro de tipo e erro de proibição. 5. ed. São Paulo: Editora Revista dos Tribunais, 2001, p. 90.
28. WELZEL, Hans. Ob. Cit., 2015, p. 146-147.
29. WELZEL, Hans. Ob. Cit., 2015, p. 158.

ilícita do agente. Retira-se o chamado elemento psicológico da culpabilidade, com a migração do dolo e da culpa para a conduta, passando a contar com os elementos: imputabilidade, exigibilidade de conduta diversa e potencial consciência da ilicitude. Welzel entende que a culpabilidade pode ter sua raiz em uma estrutura defeituosa ou na ausência de certo estrato da personalidade, que se forma na vida social, por meio da conduta e da experiência. Exemplos dessa estrutura defeituosa da personalidade, de defeito reprovável do caráter, seriam a do criminoso habitual e do delinquente passional[30].

O dolo, o elemento subjetivo do delito, possui concepções diferentes para o finalismo e para o causalismo e o neokantismo. Para os finalistas, o dolo é natural, enquanto é concebido como normativo para os neokantistas e grande parte dos causalistas:

Dolo	Elementos	Posição
Natural	Consciência sobre os elementos do crime; Vontade.	Fato típico (integra a conduta)
Normativo	Consciência sobre os elementos do crime; Consciência sobre a ilicitude Vontade.	Culpabilidade

O deslocamento do dolo para a conduta é a concepção atualmente adotada pelo Direito Penal moderno. Com efeito, a teoria finalista inspirou a Reforma de 1984, que alterou toda a Parte Geral do nosso Código Penal. Portanto, a base do Código Penal é finalista[31], o que não impede que vários dos penalistas brasileiros hoje se guiem pelo funcionalismo.

Uma crítica realizada à teoria finalista é o conceito de conduta como controle do curso causal, já que, no caso dos **delitos omissivos**, o agente não dirige o curso causal, não atuando de modo final. Isso porque a conduta típica é uma omissão, ou seja, o agente simplesmente fica inerte quando deveria agir. Critica-se também o enfoque no desvalor do resultado em relação aos **crimes culposos**. Como a teoria finalista foca na conduta humana, dotada de finalidade, e, portanto, no desvalor da ação, haveria uma deficiência em relação aos crimes culposos, em que o agente atua com quebra do dever objetivo de cuidado, mas sem a finalidade de atingir o resultado provocado. A conduta é punida em vista do resultado praticado, razão pela qual seria imprescindível a análise do desvalor do resultado. De início, a teoria finalista chega a diferenciar a ação dolosa, em que há uma finalidade efetiva, da ação culposa, em que o agente atua com uma finalidade potencial, uma possível ação final.

30. WELZEL, Hans. Ob. Cit., 2015, p. 134-135.

31. Ainda que se aponte, como argumento a favor da teoria tripartite de crime, que o Código Penal foi concebido por causalistas e que o Código Penal foi criado em 1940, enquanto o finalismo seria de 1970 (ALVES, Jamil Chaim. Ob. Cit., 2021, p. 253), não se pode olvidar da Reforma de 1984, que substituiu completamente a Parte Geral, conjunto de dispositivos que disciplinam crime, norma e sanção penal. É a partir desses dispositivos que se pode extrair eventual adoção de concepção dogmática pelo Código vigente.

1.4. Teoria Cibernética

Considerando as críticas à teoria finalista, Hans Welzel teria declarado, ao final de sua vida, que teria sido melhor denominar a sua teoria de **cibernética (ou modelo de conduta biociberneticamente antecipada)**[32]. Seria, entretanto, apenas uma variação da concepção finalista, buscando compatibilizá-la com os crimes culposos. Parece mais uma troca de nomenclatura do que uma mudança efetivamente teórica. Na esquematização de Zaffaroni: 1) o agente se propõe a um fim; 2) seleciona, em sua mente, os meios necessários para atingir o fim (plano); 3) põe em funcionamento a causalidade e 4) a causalidade produz o resultado[33].

A conduta cibernética é aquela dominada pela vontade humana. O indivíduo só pode ser responsabilizado pela conduta dominável ou dominada por ele (a hipnose, por exemplo, excluiria esse domínio). No caso de crime culposo, ainda que não haja finalidade na conduta do agente no que se refere ao resultado, a conduta era passível de dominação pelo sujeito ativo, o que torna possível a responsabilização criminal. Portanto, essa concepção dá enfoque à conduta sobre a qual o ser humano possui o domínio. A ação (conduta) seria, assim, um **acontecimento controlado e dirigido pela vontade**. Para Welzel, enquanto a causalidade é cega, a finalidade é "vidente", ou seja, atua com previsibilidade sobre possíveis resultados ou consequências da conduta. Em toda conduta há uma programação do agente, que trabalha com uma antecipação do resultado[34].

1.5. Teoria Social da Ação

Para a teoria social da ação, **a ação ou a conduta é o comportamento humano socialmente relevante**. A ação é o comportamento humano socialmente significativo e que seja orientado(dominado) ou orientável(dominável) pela vontade humana[35]. Aponta-se como seu formulador o jurista Eberhard Shmidt, tendo sido defendida por Wessels e Jescheck. Sua definição inicial seria de ação como "conduta arbitrária para o mundo social externo"[36].

A sua concepção inicial parte de uma base finalista, inclusive muitos autores falam em elementos **finais e sociais** na conceituação de ação. Haveria, entretanto, autores de base causalista que defenderiam a teoria social da ação[37]. Por isso, a fala de Maurach de que haveria várias teorias sociais da ação[38]. Para alguns, seria uma "posição de compromisso" entre os modelos causalista e finalista[39], ou seja, uma teoria que busca conciliar as duas correntes.

---

32. ZAFFARONI, Eugenio Raúl. Tratado de Derecho Penal, Parte General III. Buenos Aires: Editora Ediar, 2009, p. 65.
33. ZAFFARONI, Eugenio Raúl. Tratado de Derecho Penal, Parte General III. Buenos Aires: Editora Ediar, 2009, p. 66.
34. ZAFFARONI, Eugenio Raúl. PIERANGELI, José Henrique. Ob. Cit., 2019, p. 375.
35. HILGENDORF, Eric; VALERIUS, Brian. Trad. Orlandino Gleizer. 1. ed. São Paulo: Marcial Pons, 2019, p. 89-91.
36. BITENCOURT, Cezar Roberto. Ob. Cit., 2020, p. 311.
37. JESUS, Damásio de. Direito Penal, volume 1: parte geral. 32. ed. São Paulo: Saraiva, 2011, p. 272-273.
38. BITENCOURT, Cezar Roberto. Ob. Cit., 2020, p. 311.
39. SANTOS, Juarez Cirino dos. Direito Penal: parte geral. 9. ed. São Paulo: Tirant lo Blanch, 2020, p. 125.

Jescheck, partidário da teoria, explica que o comportamento positivo e o negativo – ação e omissão – não podem ser unificados em um nível ontológico (do *ser*), pois a ação tem como categoria básica essencial a finalidade, enquanto a omissão não é final em si mesma. A omissão ocorre quando se espera um comportamento ativo que não acontece, apesar de que esse comportamento seria possível caso se tivesse colocado a finalidade em prática: isso recebe um juízo normativo (*dever ser*) pela expectativa de comportamento. Por isso, Jescheck defende que a síntese de conduta (como ação e omissão) deve ser buscada em um âmbito valorativo, na **relação do comportamento humano com o seu entorno**. De acordo com esse conceito social de ação, ela é "**um comportamento humano com transcendência social**"[40].

Em linhas gerais, a **adequação social**, para a concepção em estudo, integra o fato típico. No conceito de crime, há a **incorporação de um elemento sociológico de interpretação**. A conduta poderia, em tese, deixar de ser punida porque a sociedade não a reputa mais injusta. Busca-se uma maior interação entre o ordenamento jurídico e a realidade social, em razão de a mudança ser mais rápida em relação a esta última. A conduta seria, assim, o comportamento humano socialmente relevante. Um exemplo seria uma luta esportiva, em que várias condutas praticadas configurariam, em tese, o crime de lesão corporal. Entretanto, por incentivo social ao esporte e aceitação geral de sua prática, a conduta, ainda que à primeira vista seja típica, não é assim considerada devido à aceitação de sua prática pela sociedade.

Uma crítica feita à presente teoria seria que as excludentes de ilicitude já abrangem tais conceitos, tornando desnecessária a elaboração de uma teoria apenas para modificar a sua análise para o substrato do fato típico, em vez de sua tradicional análise no âmbito da ilicitude. Ademais, faltaria um conteúdo bem definido e delimitado à teoria.

1.6. Teoria da Ação Significativa

A teoria da ação significativa foi elaborada por Tomás Salvador Vives Antón, tendo sido adotada no Brasil por Paulo Busato. Contrapõe-se às teorias da conduta, mas aqui é tratada junto com elas por propor a sua reformulação. A teoria tem como fundamentos a filosofia da linguagem de Wittgenstein e a teoria da ação comunicativa de Habermas. Vives Antón defende que, para se determinar se houve ação humana, basta uma análise *prima facie* do comportamento externo e de seu contexto. Assim, o autor **exclui pensamentos, sensações e emoções do conceito de ação**, já que, apesar de existirem, não é possível conhecê-los e, assim, não são determinantes para a responsabilidade penal[41].

Ao analisar a doutrina penal e a filosofia da ação, ele rejeita essa distinção entre as condutas a partir do elemento subjetivo do sujeito. Ele compreende que retirar o

---

40. JESCHECK, Hans-Heinrich; WEIGEND, Thomas. Tratado de direito penal. Parte General. Granada: Comares, 2002, p. 238-239.

41. VIVES ANTÓN, Tomás S.; *et al*. Acción significativa, comisión por omissión y dogmática penal. Valencia: Tirant lo Blanch, 2017, p. 18.

significado da conduta humana a partir da interioridade do sujeito não se mostra suficiente ou útil, razão pela qual defende que se abandone a divisão entre dois planos, o físico e o mental. Propõe a **eliminação da separação entre a imputação objetiva e imputação subjetiva** ou, em outros termos, entre a conduta física e o elemento subjetivo do agente. Ele concebe a ação como um **processo simbólico, regido pelas normas, como o significado social da conduta**, que é expresso de forma linguística[42]. De forma mais simples, o que mais importa não é o que o indivíduo fez ou deixou de fazer, mas sim o significado social dado ao seu comportamento.

A ação, assim, reflete um **significado no mundo jurídico**, sendo compreendida por seu **contexto**, da mesma forma como se **compreende a linguagem**. A ação do indivíduo e a norma penal se conectam por meio da **liberdade de ação**, que é um pressuposto da própria ação. Em um abandono de uma concepção ontológica de ação (aquilo que é, âmbito do *ser*), defende-se a compreensão da ação por aquilo que ela significa. A ação humana deve ser **interpretada segundo as normas**. Só existe a ação de furtar porque existe uma norma que define o furto. Assim, cada ação possui um significado próprio, conforme as práticas sociais, com suas regras e normas[43]. Não haveria um modelo universal de conduta típica, mas sim a análise de uma conduta a partir da norma vigente. Assim, não se poderia falar na conduta de lavagem de dinheiro antes da existência da norma penal incriminadora que descreve essa conduta.

A ação humana só possui relevância para o Direito Penal ao ser comparada com a norma, que prevê o tipo penal. A partir da interpretação do que a norma prevê como requisitos para que haja determinado crime, dá-se um significado para a ação humana. Assim, o significado da ação decorre das normas, razão pela qual se fala em tipo de ação, e não apenas em ação ou ação típica[44]. O enfoque deixa de ser a perspectiva subjetiva, que é entendida como algo inescrutável, por estar na mente do agente, dando-se relevância ao *significado social que a conduta possui*.

Criticando as teorias anteriores, Vives Antón observa que a doutrina da ação adotava uma visão cartesiana da mente. A ação era compreendida como um modelo composto: um ato físico, consistente no movimento corporal, e um mental, a vontade do agente. A diferença entre a ação penalmente relevante e outros atos humanos teria origem na sua natureza ontológica (âmbito do *ser*), ou seja, haveria diferença independentemente das normas jurídicas. Vem da filosofia uma mudança de paradigma: o que permite caracterizar algo como ação penalmente relevante é o setor das regras (dever ser), porque é ele que lhes dá essa constituição, concede-lhes esse significado[45]. Apesar de promissora, Bitencourt destaca que se trata de uma teoria que, como consignam os seus próprios autores, **ainda está em construção** e aberta a críticas do sistema penal[46].

42. VIVES ANTÓN, Tomás S. Ob. Cit., 2011, p. 219-221.
43. BITENCOURT, Cezar Roberto. Parte geral. Coleção de direito penal volume 1. 26. ed. São Paulo: Saraiva Educação, 2020, p. 316.
44. BITENCOURT, Cezar Roberto. Ob. Cit., 2020, p. 317.
45. VIVES ANTÓN, Tomás S. Ob. Cit., p. 212-213.
46. BITENCOURT, Cezar Roberto. Ob. Cit., 2020, p. 315.

2. FUNÇÃO DO DIREITO PENAL

Um importante aspecto do estudo do Direito Penal é a função deste ramo do Direito para a sociedade. Como sabemos, o Direito é essencial para a vida da sociedade, o que foi mencionado por Ulpiano com a expressão *Ubi homo ibi societas; ubi societas, ibi jus,* que significa que onde está o homem, está a sociedade; onde está a sociedade, está o Direito. Logo, cumpre entender qual a relevância do Direito Penal para a sociedade.

De início, pode-se apontar a sua **função preventiva**. O Direito Penal serve para coibir e reprimir os comportamentos mais danosos para a sociedade, utilizando a ameaça de suas sanções, que são graves (prestação de serviços para a comunidade, perda de bens, penas privativas de liberdade etc.). É o ramo do Direito instituído para que se coíbam os roubos, os estupros, os homicídios e outras condutas tão gravosas e prejudiciais à vida em sociedade. Entretanto, a função do Direito Penal é mais ampla do que o seu aspecto repressivo, do que uma concepção de finalidade das penas.

Segundo Hans Welzel, o Direito Penal possui, além da função preventiva, um caráter ético-social. Essa função ético-social se concretiza na **seleção de bens jurídicos** a serem tutelados pela norma penal, com atenção aos valores da ética e da sociedade que estão presentes do Direito Positivo, ou seja, nas leis. O valor de cada bem jurídico é analisado em conjunto com os demais, o que forma a ordem social. Essa função do Direito Penal busca manter o vínculo ético-social, garantindo os valores e a segurança da sociedade, reagindo contra aqueles que os violam. Com a proteção dos valores de natureza ético social, tutelam-se os bens jurídicos, possibilitando assim que o Direito Penal cumpra outra função sua, a preventiva. Essa função busca evitar comportamentos nocivos aos valores da sociedade, almejando a segurança da vida em comunidade.

Avançando na concepção da função do Direito Penal, há a corrente de pensamento denominada **funcionalismo**, denominado por alguns de **pós-finalismo**, que também se debruça sobre a função efetivamente desempenhada pelo Direito Penal na atualidade. Cuida-se de teoria que trata da própria concepção do delito, contrapondo-se ao finalismo em seus elementos estruturais. Entretanto, não se trata propriamente de teoria da conduta, mas de uma concepção de todo o Direito Penal a partir da função exercida por suas normas. Em outra perspectiva, pode-se dizer que a teoria da ação (conduta) perde importância com o advento do funcionalismo, passando a ser um critério negativo de imputação, ou seja, analisa-se apenas se há exclusão da conduta como impedimento para a responsabilização penal[47].

O funcionalismo, como teoria do delito, busca compreender o Direito Penal não a partir de realidades ontológicas prévias, como ação e causalidade, mas sim pelas **finalidades buscadas por esse sistema jurídico**. A ação humana, para o funcionalismo, não é uma realidade pré-jurídica que receberá um tratamento penal, ou seja, que existe independentemente do direito. Portanto, diferente do finalismo, o funcionalismo vai compreender a conduta humana a partir de uma compreensão ou um juízo normativo. Ainda que não se negue o conceito de conduta

47. CAMARGO, Antonio Luis Chaves. Ob. Cit., 2002, p. 92.

(ação), compreende-se que a realidade, da qual ela faz parte, pode receber diferentes interpretações e será a interpretação valorativa ou axiológica a que lhe dará um sentido útil, pragmático[48]. O funcionalismo possui duas concepções principais, a de Günther Jakobs e de Claus Roxin.

2.1. Funcionalismo Sistêmico ou Radical

O **Funcionalismo Sistêmico ou Radical** é defendido pelo jurista Günther Jakobs. Todo o Direito Penal é compreendido a partir da ideia de que a **função** do Direito Penal é garantir a **vigência da norma penal**. Assim, coloca-se em xeque a visão de que as normas penais visam à tutela de bens jurídicos, de modo que o bem jurídico penal acaba por se confundir com a própria norma. Quando alguém pratica um homicídio consumado, o bem jurídico já foi violado, pois a vítima morreu. O que a norma vai buscar é reassegurar a sua vigência.

Parte da doutrina aponta que essa vertente do funcionalismo possui base na teoria de **Niklas Luhmann**, que trata dos sistemas[49], embora haja divergências sobre essa influência[50]. Segundo Luhmann, existem sistemas sociais autopoiéticos. Transpondo-se essa visão para o Direito, ele seria um **sistema autopoiético**, ou seja, possui suas próprias unidades de reprodução. Isso quer dizer que o Direito produz e reproduz cada um dos seus elementos. Para Lumann, o Direito só pode ser concebido como um sistema social se for tomado em conta o fato de ser um subsistema da sociedade, ao lado de outros subsistemas. O sistema jurídico cumpre uma função para a sociedade e também participa da construção da realidade que a sociedade efetua.

O sistema jurídico é distinto dos outros sistemas que estão no seu entorno na sociedade, mas segue dependendo do seu entorno. É autônomo quanto a suas operações, e em cada operação que realiza, o Direito reproduz sua capacidade operativa. Ele se torna estável por meio da repetição, usando um código, uma forma de operar, que lhe é própria. Com isso, ele consegue se diferenciar dos outros sistemas sociais para a tarefa específica e consegue provar a sua consistência, com seu fechamento operacional. O próprio sistema jurídico define os seus limites e cria conflitos para gerar a sua própria evolução e aperfeiçoar a sua autopoiese[51].

O funcionalismo de Jakobs também tem raízes na obra de **Hegel**, especialmente quanto à pena. A sua obra, inclusive, traz uma longa explicação sobre as visões desse filósofo e de Kant[52]. Hegel concebe o Estado como a "vontade divina" que organiza o mundo em que vivemos, ou seja, há uma **visão autoritária** de que o Estado é o

48. BRANDÃO, Cláudio. Teoria jurídica do crime. 6. ed. Belo Horizonte, São Paulo: D'Plácido, 2020, p. 74.

49. BITENCOURT, Cezar Roberto. Ob. Cit., 2020, p. 141. EISELE, Andreas. Direito penal: teoria do delito. Salvador: Editora Juspodivm, 2018, p. 45-48. CAMARGO, Antonio Luis Chaves. Ob. Cit., 2002, p. 105.

50. ALFLEN, Pablo Rodrigo. Apresentação. In: JAKOBS, Günther. Proteção de bens jurídicos? Sobre a legitimação do Direito Penal. Tradução, apresentação e notas de Pablo Rodrigo Alflen. 2. ed. Porto Alegre: CDS Editora, 2021, p. 14-15.

51. LUHMANN, Niklas. El derecho como sistema social. In: Teoría de sistemas y derecho penal: fundamentos y posibilidad de aplicación. Perú-Lima: ARA Ed., 2007, p. 99-120.

52. JAKOBS, Günther. Tratado de direito penal. Teoria do Injusto Penal e Culpabilidade. MOREIRA, Luiz (org.). MENDES, Gercélia B de O.; CARVALHO, G. de (trad.). Belo Horizonte: Del Rey, 2008, p. 34-40.

detentor da moralidade objetiva, a verdade moral é elaborada de forma universal na lei e que o Estado representa o saber, o conhecimento[53]. Hegel, portanto, liga a moralidade ao Estado e entende que o Estado busca a verdade racional. A partir disso, concebe que a vingança não tem a forma do Direito e, assim, não é justa em sua essência. Quando o Estado assume a perseguição do crime, "a repressão passa a ser a reconciliação do direito consigo mesmo na pena"[54]. O crime, para Hegel, é uma vontade negativa, a negação da moralidade subjetiva. Em outras palavras, quem comete crime nega vigência às normas sociais. **A pena, por consequência, é a negação da negação**. Isto é, a pena representa uma resposta à violação que o crime representa: se o crime é uma negação (da norma), a pena é a negação da negação[55]. Reafirma-se a validade da norma por meio da aplicação da pena.

Também há, como dito, influência de Kant no pensamento do penalista Jakobs. Vale lembrar que a obra de Kant diz respeito aos fundamentos da ação humana, da atuação do indivíduo, com base na autonomia da moral. Os imperativos categóricos são um dos pontos centrais de seus escritos, sendo que a fómula geral seria: "age segunda a máxima que possa fazer a si mesma lei universal"[56]. Esses imperativos indicam comportamentos que devem ser realizados segundo princípio de uma vontade boa em sentido absoluto, ou seja, em razão de determinação moral. A necessidade de se comportar conforme esses imperativos parece estar presente na noção de (in) fidelidade ao Direito, utilizada por Jakobs como medida da pena. Quanto à liberdade, Kant observa que o indivíduo é livre, liberdade essa que fundamenta o Direito. Essa liberdade, no entanto, encontra seus limites quando se encontra com o início das liberdades dos demais indivíduos. Jakobs analisa a conduta como uma possibilidade de se evitar um resultado típico, além de chamar a atenção para as expectativas de comportamento no convívio social: o ser humano deve organizar o seu âmbito de liberdade de modo a evitar a prática de danos aos outros, além de possuir deveres de solidariedade por integrar determinadas instituições, como a família.

Feita essa breve introdução sobre as bases utilizadas na elaboração do funcionalismo sistêmico, deve-se ter em mente que, para Jakobs, conceitos como o de conduta e de causalidade não têm um conteúdo pré-jurídico, não são realidades prévias, ontológicas (âmbito do *ser*), como no finalismo. Na verdade, o funcionalismo entende que tais conceitos devem ser determinados conforme as necessidades do ordenamento jurídico (*dever ser*). A atribuição de um resultado ao agente, portanto, não deve ser analisado apenas do ponto de vista da causação material, mas por meio da **imputação objetiva**, com conteúdo jurídico.

A **conduta** é conceituada como a **"evitabilidade de uma diferença do resultado"**, ou seja, compreende-se a conduta a partir da possibilidade de que uma atuação diversa do agente poderia ter evitado o resultado. O exemplo usado por ele é simples: o sujeito que joga telhas e atinge a via pública poderia ter escolhido não as jogar, evitando esse

53. HEGEL, Georg Wilhelm Friedrich. Princípios da Filosofia do Direito. Tradução de Orlando Vitorino. 1. ed. São Paulo: Martins Fontes, 1997, p. 231-241.
54. HEGEL, Georg Wilhelm Friedrich. Ob. Cit., p. 196.
55. HEGEL, Georg Wilhelm Friedrich. Ob. Cit., p. 86-91.
56. Fundamentação da metafísica dos costumes e outros escritos.

resultado. A evitabilidade depende de ele saber que ali passa uma via, conhecida por ele, o que mostra que a conduta depende da capacidade de entendimento do agente. A evitabilidade é a chave do atuar doloso e culposo. Em relação ao finalismo, o funcionalismo radical muda o enfoque de compreensão da conduta. A visão se desloca da finalidade relacionada ao resultado para as condições de evitabilidade do resultado[57].

A **causalidade** é analisada dentro da imputação objetiva. Enquanto o finalismo entende que a causalidade é pré-jurídica, analisada do ponto de vista ontológico (*ser*), o funcionalismo sistêmico defende que a causalidade é apenas um dos elementos da imputação objetiva, que é analisada do ponto de vista **normativo** (*dever ser*). A imputação do resultado ao agente não depende apenas da causalidade, mas também de ter havido a criação de risco não permitido e a realização desse risco no resultado[58]. Assim, a imputação objetiva determina se o resultado pode ser imputado ao agente. A causalidade, ou seja, a análise se a conduta do agente é causa do resultado, integra a imputação objetiva.

Quanto ao tipo penal, Jakobs entende que é irrelevante, para o Direito Penal, se o agente atuou de forma comissiva ou omissiva. Todos os crimes se baseiam, para ele, em um dever de garantia que o agente possui[59]. O crime se define pela **lesão da expectativa de observância das normas de comportamento**. O autor classifica os crimes, portanto, a partir do fundamento dessas expectativas. Se o crime deriva da criação ou administração de um risco comum a todos, é chamado de **delito em virtude de organização**. Como cada um tem uma esfera de liberdade, todos devem organizar o seu âmbito de atuação para que não provoque danos aos outros, como ao dirigir o seu carro. Se o crime se origina de um dever especial que o indivíduo tem, cuida-se de um **crime em virtude de uma instituição**. Há um dever de solidariedade em virtude da instituição que o agente representa, como a instituição familiar e o papel de mãe e o dever de alimentar e proteger o filho bebê[60].

Como ponto central, há a ideia de que **a função precípua do Direito Penal é a proteção da norma por si mesma**, e não a proteção dos bens jurídicos. Como um sistema, a função do Direito Penal é demonstrar que sua norma continua vigorando, pois, após o comportamento que desrespeitou a norma, o bem jurídico já foi violado. Há, portanto, uma **mitigação da relevância do bem jurídico**, que deixa de ter importância nuclear e de ser critério norteador do poder punitivo e sua limitação. Para Jakobs, **o bem jurídico é um conceito vazio**, que não serve para legitimar o Direito Penal. O crime representa um desvalor para a sociedade, por ser um comportamento contrário à identidade normativa do grupo social. Cuida-se de uma falta de fidelidade com o direito. Entretanto, o sistema penal não evita a ocorrência do crime. Sua função será manter a confiança nas normas, de modo que

57. JAKOBS, Günther. Tratado de direito penal: teoria do injusto penal e culpabilidade. Luiz Moreira, coordenador e supervisor; Gercélia Batista de Oliveira Mendes e Geraldo de Carvalho, tradutores. Belo Horizonte: Del Rey, 2008, p. 201-219.

58. ROCHA, Ronan. A relação de causalidade no direito penal. Belo Horizonte: Editora D'Plácido, 2016, p. 77.

59. RAMOS, Enrique Peñaranda *et al*. Um novo sistema do direito penal. Considerações sobre a teoria da imputação objetiva de Günther Jakobs. Trad. André Luis Callegari e Nereu José Giacomolli. Porto Alegre: Livraria do Advogado, 2013, p. 87.

60. BOTTINI, Pierpaolo Cruz. Crimes de omissão imprópria. 1. ed. São Paulo: Marcial Pons, 2018, p. 100-102.

a pena representa essa reafirmação da sua vigência. Desse modo, o bem jurídico--penal seria a vigência efetiva da norma[61].

Jakobs desenvolve o interessante raciocínio de que o Direito Penal não protege aquilo que se costuma denominar de bem jurídico, como a vida e o patrimônio. Esses são os *motivos* para a proteção da norma penal. Ele conclui que ***a vigência da norma é, na verdade, o bem jurídico penal***[62]. O que é tutelado pelo Direito Penal é definido pela norma, de modo que o delito é uma agressão contra a estrutura normativa da sociedade. A pena, portanto, passa a ser vista como uma resposta à violação da norma. O relevante da conduta típica, para essa concepção de Jakobs, não é tanto o resultado causal nocivo para a sociedade. O enfoque está na contradição que o rompimento da norma representa. A pena, assim, é uma resposta ao rompimento da norma, demonstrando que **a sociedade pode continuar confiando na norma de comportamento**, mesmo que o agente a tenha violado[63]. Ele diz que "a vigência da norma pode ser defendida, isto é, preservada por meio da pena; mas um bem afetado jamais será reparado por meio da pena"[64]. Vale observar que enquanto Hegel tem uma visão retribucionista da pena, fundamento da teoria absoluta, Jakobs se volta mais a uma teoria de **prevenção geral positiva**, isto é, a pena se destina a passar a mensagem à sociedade de que a lei continua vigente e de que vale a pena respeitá-la[65].

A **culpabilidade**, assim, **se fundamenta nessa ideia de prevenção geral da pena**. A culpabilidade é medida conforme a prevenção, que, por sua vez, se baseia na ideia de **fidelidade ao Direito**. Para Jakobs, "a função a ser desempenhada pela culpabilidade consiste em caracterizar o motivo do conflito como motivação do autor"[66]. A culpabilidade seleciona, dentre as condições que frustraram a expectativa (de observância da lei), aquela que é penalmente relevante. Supõe-se que o autor tinha condições de cumprir o que a norma exige, que ele poderia evitar o resultado criminoso. A sua culpabilidade, portanto, se baseia no defeito da motivação do autor. Não se mede a culpabilidade pelo que o autor "merece", mas sim pela medida necessária para manter a confiança da sociedade na norma[67].

O Direito Penal, portanto, aplica as suas sanções para manter a confiança em sua efetividade. A partir daí, é possível diferenciar os indivíduos que reiteradamente descumprem a norma penal, desviando-se dela. Devem ser vistos como inimigos e como tais combatidos, não sendo mais tratados como cidadãos. Daí a denominação **Direito Penal do Inimigo**, com normas específicas para essa classe de indivíduos. Só seria tratado como pessoa quem oferece uma "garantia cognitiva suficiente de um comportamento pessoal"[68]. Aos que violam direitos humanos, é necessária a

---

61. RAMOS, Enrique Peñaranda *et al.* Ob. Cit., p. 42.
62. JAKOBS, Günther. Proteção de bens jurídicos? Sobre a legitimação do Direito Penal. Tradução, apresentação e notas de Pablo Rodrigo Alflen. 2. ed. Porto Alegre: CDS Editora, 2021, p. 14-15.
63. RAMOS, Enrique Peñaranda *et al.* Ob. Cit., p. 47.
64. JAKOBS, Günther. Ob. Cit., 2021, p. 64.
65. RAMOS, Enrique Peñaranda *et al.* Ob. Cit., p. 25-30.
66. JAKOBS, Günther. Ob. Cit., 2008, p. 687.
67. RAMOS, Enrique Peñaranda *et al.* Ob. Cit., p. 59-61.
68. JAKOBS, Günther; CANCIO MELIÁ, Manuel. Organização e tradução de André Luís Callegari e Nereu José Giacomolli. 6ª. ed. Porto Alegre: Livraria do Advogado Editora, 2018, p. 43.

imposição da pena, não contra "pessoas culpáveis", mas "contra inimigos perigosos". A isso se deve chamar, para Jakobs, Direito Penal do Inimigo[69].

Os criminosos de alta periculosidade devem ser tratados como inimigos do Estado. Só se reserva a efetiva observância das garantias penais e, portanto, um **Direito Penal do Cidadão**, aos indivíduos que praticam infrações penais com menor ofensividade, àqueles que não possuem alta periculosidade. Como exemplos de criminosos de alta periculosidade, podem ser citados os que praticam terrorismo, crimes econômicos, delitos sexuais e os que integram organização criminosa, dentre outros. São considerados pessoas que não possuem capacidade de obedecer à norma penal, de serem destinatários das regras legais de convivência. Possuem **déficit cognitivo** quanto à compreensão da coerção que decorre das normas penais, ou, de forma mais simples, não absorvem a ameaça de pena, como os cidadãos comuns fazem, o que os impede de cometer crimes, ao menos em quase todas as oportunidades.

O Direito Penal do Inimigo se relaciona com a **terceira velocidade do Direito Penal**, nos termos da teoria de Jesús María Silva Sánchez[70]. A adoção dessa teoria levaria a um expansionismo desse ramo, tendente a um "**Direito Penal máximo**". Como críticas, há muitos penalistas que veem sua posição como autoritária e rechaçam a teoria da Jakobs, que acaba destruindo as garantias e princípios do Direito Penal, já que basta ao Estado decidir que o indivíduo é um inimigo e ele já poderia ser punido de forma mais livre, sem as barreiras técnico-jurídicas do Direito Penal do Cidadão.

Cancio Meliá argumenta que o Direito Penal do Inimigo é um **direito penal do autor**, de modo que vulnera o princípio do direito penal do fato. Seria uma consequência dessa teoria a eliminação entre preparação e tentativa, por exemplo, no caso de organização terrorista[71]. Mir Puig critica a posição de Jakobs, que para ele não justifica a pena, pois, se a questão é apenas reafirmar a confiança nas normas e demonstrar que a expectativa social de sua observância persiste, bastaria uma declaração a esse respeito, não sendo necessária a pena. Se a pena não tem finalidade de intimidação, não se justificaria a imposição desse mal apenas para demonstrar a vigência da norma[72].

2.2. Funcionalismo Teleológico ou Moderado

O **funcionalismo teleológico ou moderado**, defendido por Roxin, busca substituir os valores culturais da teoria neokantiana da conduta por outro critério de sistematização, consistente nas **bases da política criminal a respeito dos fins da pena**. As normas penais visam a tutelar os bens jurídicos mais relevantes da sociedade, de modo que todos os institutos penais serão influenciados por essa visão. Assim, a pena deverá ser aplicada apenas quando for necessária para atingir a sua finalidade preventiva.

---

69. JAKOBS, Günther; CANCIO MELIÁ, Manuel. Ob. Cit., p. 46.
70. SANCHES, Jesús María Silva. La expansión del Derecho penal. 3ª. ed. Edisofer s.l, Madrid, 2011, p. 178-188.
71. JAKOBS, Günther; CANCIO MELIÁ, Manuel. Ob. Cit., p. 107-109.
72. RAMOS, Enrique Peñaranda *et al.* Ob. Cit., p. 15-24.

O sistema é concebido como elemento indispensável do Direito Penal em um Estado de Direito, o qual deve ser estruturado teleologicamente, isto é, ser erigido sobre fundamentos valorativos. Esses valores são de política criminal, considerando que os pressupostos para a punibilidade devem se orientar conforme a finalidade do Direito Penal. Por isso, todas as categorias componentes do sistema criminal devem ser compreendidas como instrumento para essa valoração de caráter político-criminal. Esses valores são integrados pelos direitos humanos e pelos princípios do Estado de Direito e do Estado Social[73], ou, adaptando-se ao ordenamento jurídico brasileiro, do Estado Democrático de Direito.

A **função do Direito Penal, para Roxin, é proteger os bens fundamentais da sociedade**, considerados assim os que representam os valores essenciais à convivência do grupo social. Deve-se atenção ao princípio da intervenção mínima, considerando-se como delituosos apenas os fatos que causem lesão ou perigo de lesão ao bem jurídico tutelado. A concepção de que a função do Direito Penal é a proteção dos bens jurídicos mais relevantes vai permear toda a sua teoria e a compreensão de cada um dos institutos desse ramo da ciência jurídica.

Assim, não se deve considerar delito a conduta apenas formalmente típica, sendo necessário se analisar se houve também tipicidade material, ou seja, significativa lesão ou ameaça de lesão ao bem jurídico. Se a função da norma é proteger o bem jurídico, a conduta que não apresenta lesão ou ameaça de lesão relevante não é sequer típica. Isso porque, na falta de significativa lesão ou ameaça de lesão, incide o **princípio da insignificância**. No caso de crimes de bagatela, apesar de haver tipicidade formal, está ausente a tipicidade material da conduta. Além disso, essa corrente defende a leitura das normas penais de acordo com valores advindos da **política criminal**, bem como com a observância das garantias e dos direitos fundamentais dos indivíduos. Reduz-se, portanto, o alcance da tipicidade, com a visão de que as sanções penais não devem ser a solução para todo comportamento indesejado pela sociedade, por ser o Direito Penal a chamada *ultima ratio*.

A **ação** (conduta), para Roxin, é uma **manifestação da personalidade**. Só é ação para o Direito Penal aquilo que se pode atribuir ao ser humano como centro anímico-espiritual de ação. Isso significa que não são conduta para o Direito Penal o movimento decorrente de coação física irresistível, o movimento corporal durante o sono, em um delírio ou um ataque convulsivo, ou mesmo uma reação por reflexo. Essas manifestações não são dominadas pela **vontade e consciência** e, por isso, não são manifestações da personalidade do agente. Também são excluídos do conceito os pensamentos e impulsos, pois, apesar de pertencerem ao "centro anímico-espiritual" de ação, não são manifestações da personalidade[74]. As manifestações da personalidade, as condutas, podem ser dolosas ou culposas, assim como podem ser comissivas ou omissivas.

73. ROXIN, Claus; GRECO, Luís. Op. Cit., 2024, p. 414-415.

74. ROXIN, Claus. Derecho Penal. Parte General, Tomo I. Fundamentos. La estrutura de la teoria del delito. Traducción de Diego-Manuel Luzón Peña (Director); José Manuel Paredes Castañon, Miguel Días y García Conlledo; Javier de Vicente Remesal. Traducción de la 2ª edición alemana. Madrid: Thomson Reuters, 1997, p. 252.

Quanto à imputação do resultado do agente, Roxin defende a adoção da **teoria da imputação objetiva,** que tem como pressuposto o nexo de causalidade. Assim, analisa-se se o resultado foi causado por essa conduta. Após, passa-se ao exame da imputação objetiva, que só permite que se responsabilize o agente pelo resultado caso ele tenha praticado uma conduta que represente um risco proibido ao bem jurídico tutelado. Além disso, é preciso que o risco tenha se realizado no resultado e, por fim, que esse risco esteja no âmbito de proteção da norma. Com fundamento nessas considerações, fica questionável a admissão dos crimes de perigo abstrato, ou seja, aqueles cujo perigo apresentado ao bem jurídico é presumido, não necessitando de provas de sua ocorrência para a configuração do delito.

Assim, só há crime quando o agente cria, com seu comportamento, um risco proibido, do qual decorra o resultado criminoso. A imputação do resultado deixa de se basear apenas em uma categoria científico-natural, de causa e efeito, para conter também um conjunto de regras que se volta à valoração jurídica. Assim, a **imputação do resultado** ao agente passa a ter também um **conteúdo jurídico**. O fundamento teleológico de se imputar um resultado concentra-se na realização de um **perigo não permitido**, conforme se depreende do que a norma visa a proteger. A causalidade material, para Roxin, é um pressuposto da imputação objetiva[75].

Roxin entende que o finalismo teve como contribuição a compreensão do elemento subjetivo como parte da conduta, e não da culpabilidade. Entretanto, de modo bastante crítico, parece reconhecer que a contribuição de referida teoria termina aí, já que não resolveria os problemas do Direito Penal com base na compreensão de que a ação humana é o exercício de atividade final. Para o jurista alemão, é necessário que se aceite que o Direito Penal seja permeado pela **política criminal**, ou seja, que haja influência da realidade, com percepção efetiva da **função preventiva da pena** em cada caso concreto, na própria dogmática desse ramo da ciência jurídica.

O funcionalismo teleológico compreende o crime a partir dos elementos consistentes no **injusto** e na **responsabilização penal**, necessários para a imposição da pena. O **injusto** seria a aglutinação de dois substratos do conceito analítico do crime, o fato típico e a ilicitude. Ele deve ser analisado com um critério de política criminal, consistente na teoria da imputação objetiva. Apesar de Roxin falar em injusto, ele admite que o fato típico e a ilicitude possuem diferenças que implicam o seu estudo em separado, já que a definição do fato típico deve ser estrita, a partir da legalidade, enquanto a ilicitude comporta uma interpretação mais ampla, por ser compreendida a partir de excludentes que beneficiam o agente.

A **responsabilidade**, por sua vez, envolveria a ideia de culpabilidade e o critério de política criminal consistente na necessidade preventiva da punição. Para Roxin, a culpabilidade é condição necessária para a imposição da pena, mas não condição suficiente. Além da culpabilidade, é necessário analisar se a pena é necessária naquele caso, considerando a sua finalidade de caráter preventivo-geral[76]. Como faz Jakobs,

75. ROCHA, Ronan. A relação de causalidade no direito penal. Belo Horizonte: Editora D'Plácido, 2016, p. 76-77.

76. ROXIN, Claus; GRECO, Luís. Op. Cit., 2024, p. 416-417.

Roxin também vincula o seu conceito de culpabilidade à função da pena, apesar das divergências entre eles a esse respeito. A concepção de culpabilidade para Roxin é a realização do injusto **apesar da idoneidade do agente para ser destinatário de normas** e da capacidade de autodeterminação que daí deve decorrer. Ele denomina a sua visão da teoria do delito de concepção de sistema normativo (dever ser), que não seria meramente ontológico (ser), como o finalismo[77].

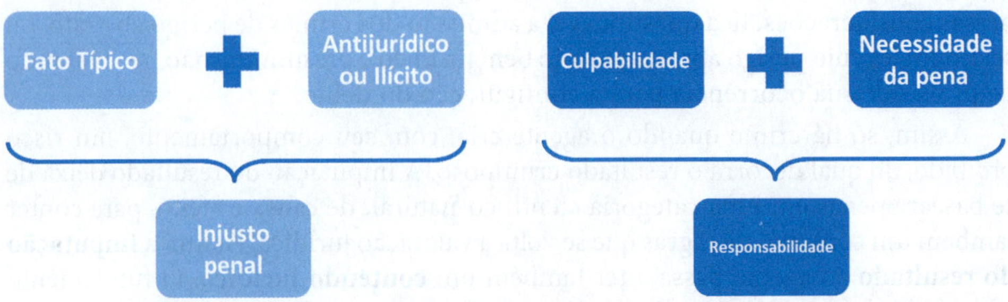

A principal crítica feita a Roxin se baseia na abertura que ele dá à política criminal, o que poderia permear o Direito Penal de visão autoritária que predomine no Estado em determinado período. Haveria uma confiança injustificada na evolução democrática da sociedade e na impossibilidade de retrocessos. Além disso, vários penalistas, especialmente os de base finalista, entendem que os seus institutos são indefinidos, possibilitando maior subjetividade no Direito Penal, com o abandono de definições ontológicas e pré-jurídicas e sobrevaloração dos aspectos normativos.

3. ABORDAGENS CRÍTICAS SOBRE O DIREITO PENAL

3.1. Abolicionismo Penal

Há autores, como Zaffaroni, que defendem que o sistema penal cumpre *uma função substancialmente simbólica* para as minorias, para os setores marginalizados. Vale lembrar que, para o autor, o sistema penal é o *controle social punitivo* institucionalizado, isto é, é a atividade punitiva exercida pelas instituições criadas pela sociedade, abarcando a atividade do público, da Polícia, do Ministério Público, do Judiciário, do Legislativo, dos servidores públicos em geral e da atividade de execução penal[78].

O jurista argentino acredita que o sistema penal serve a uma estrutura de poder, por meio do controle social dos setores excluídos do poder. A função social do sistema penal seria de sustentar a estrutura por meio da violência, que se concretiza na *criminalização seletiva dos marginalizados*. Para ele, há uma influência de todos os envolvidos nessa seleção das camadas mais marginalizadas pelo sistema penal,

77. ROXIN, Claus. Ob. Cit., Tomo I, 1997, p. 788-818.

78. ZAFFARONI, Eugênio Raúl. PIERANGELI, José Henrique. Manual de direito penal brasileiro. 13. ed. São Paulo: Thomson Reuters Brasil, 2019, p. 68-75.

como o policial que escolhe quais delitos investigar e quais indivíduos abordar e o juiz que exige mais provas quando se trata de um delito cometido por alguém mais rico, por exemplo. Até a mídia e o público em geral exercem influência no tipo de alvo preferencial do sistema penal.

Essa função social do direito penal seria simbólica. Assim, a função simbólica de sustentar o poder poderia ser realizada, para uma proposta abolicionista, por meios menos violentos do que o penal. Surgem, então, **propostas radicais de abolir o sistema penal**, substituindo-o por outro meio:

- **Abolicionismo socialista**: pensa-se em um modelo de sociedade em que a estrutura de poder é tão repartida e igualitária que o sistema penal não seria exigido. Com a repartição do poder, os conflitos se reduziriam naturalmente[79]. Vale lembrar que, para Marx e Engels, o Direito é a vontade da classe dominante erigida em lei, com conteúdo advindo de suas condições materiais. Eles adotam uma concepção do Direito como *superestrutura de dominação*, em um viés materialista da história[80]. Marx apregoa o aniquilamento do Estado e do Direito após a formação de uma sociedade comunista. Nas palavras do próprio autor (*In*: Crítica do Programa de Gotha), o aniquilamento do Direito, conjuntamente com o do Estado, ocorre quando "o trabalho não é apenas um meio de viver, mas ele próprio se transforma na primeira necessidade vital"[81].
- **Abolicionismo verde ou ecológico**: a proposta de Louk Hulsman é de que se mantenha uma estrutura de poder, democrática, mas que adote um grau de racionalidade para a solução dos conflitos. A sua proposta, da ideologia verde ou ecológica, conclui que os conflitos permaneceriam, mas a sua solução seria mais racional, substituindo-se o sistema penal[82].

O próprio Zaffaroni, entretanto, apesar de ver um grau considerável de verdade nas teses, entende que elas estão **fora da história**, por condicionamentos da vida real, em que o poder não é uma manifestação meramente racional. O que se pode retirar das visões críticas é a necessidade de se limitar a violência do sistema penal ao mínimo, com a consagração do princípio da intervenção mínima[83].

Ferrajoli, por sua vez, observa que as propostas abolicionistas têm como mérito o favorecimento da autonomia da criminologia crítica e de se opor ao *legitimismo moral* da doutrina penal dominante, além de impor o ônus da justificação à imposição da pena[84]. O italiano destaca que o Direito Penal apenas se justifica se a soma da violência que é capaz de prevenir supera a dos delitos não prevenidos e a resultante da imposição das penas, concluindo que, apesar de esse cálculo não ser possível, o monopólio estatal do poder punitivo é tão justificado quanto mais baixo

79. ZAFFARONI, Eugênio Raúl. PIERANGELI, José Henrique. Ob. Cit., p. 75.
80. MARX, Karl; ENGELS, Friedrich. Manifesto do Partido Comunista. São Paulo: Companhia das Letras, 2018.
81. PACHUNAKIS, E. B. Teoria Geral do Direito e Marxismo. Tradução Silvio Donizete Chagas. São Paulo: Editora Acadêmica, 1998.
82. ZAFFARONI, Eugênio Raúl. PIERANGELI, José Henrique. Ob. Cit., p. 75.
83. ZAFFARONI, Eugênio Raúl. PIERANGELI, José Henrique. Ob. Cit., p. 76-77.
84. FERRAJOLI, Luigi. Diritto e ragione. Teoria del garantismo penale. 11. ed. Bari: Editori Laterza, 2018, p. 238-239.

seja o custo do direito penal em relação ao da *anarquia punitiva*[85]. Em termos mais simples, a intervenção penal, com a incriminação de determinado comportamento, deve se mostrar menos custosa para a sociedade do que seria suportar as condutas que se buscam coibir, como forma de se justificar a restrição à liberdade pública.

3.2. Direito Penal Mínimo

A concepção de Direito Penal Mínimo está interligada com o **princípio da intervenção mínima**, que preconiza que esse ramo do Direito deve intervir o mínimo possível e necessário na vida dos indivíduos. Assim, só se deve criminalizar uma conduta para proteger **os bens jurídicos mais relevantes** para a sociedade das violações mais graves (fragmentariedade) e apenas quando normas de outros campos do Direito não forem suficientes para coibir os comportamentos indesejados (subsidiariedade). O Direito Penal deve ser tratado como o último recurso, a ***ultima ratio***.

É uma concepção ou movimento que busca a discussão e reavaliação do sistema positivo, para evitar a expansão das normas penais a ponto de se atingir uma hipercriminalização. Busca-se evitar a insegurança jurídica e a ineficácia provocadas por esse fenômeno[86]. Esse problema pode ser exemplificado pela discussão, no Congresso Nacional, da incriminação do plágio acadêmico. O que se propõe com o movimento por um Direito Penal Mínimo é o combate a uma **hiperinflação legislativa**, com a proibição de um número infinito de coisas, como já observava Montesquieu. Com isso, deve-se buscar "um conjunto de princípios e regras que reserva a pena criminal para as mais graves lesões aos bens jurídicos"[87].

O Direito Penal Mínimo pode ser vinculado às propostas de descriminalização e de despenalização. A descriminalização é uma abordagem que busca diminuir o âmbito de incriminação, vinculando-se à ideia de um Estado Liberal em detrimento do modelo de Estado Social. Assim, muitas condutas não deveriam ser objeto de proteção penal, dando-se preferência aos crimes de dano, com a eliminação dos delitos de perigo. Por sua vez, a despenalização busca a diminuição, quantitativa e qualitativa, das sanções penais, limitando-se a intervenção estatal após a prática de um delito. O cárcere deve ser visto como recurso excepcional, dada a falência da pena de prisão, inclusive quanto à ressocialização[88].

Essa concepção do Direito Penal se opõe a uma expansão ampla do Direito Penal, que busca solucionar os problemas sociais e lidar com os riscos do novo modelo de sociedade por meio da incriminação de condutas, ainda que outros ramos do Direito sejam suficientes para a sua regulamentação. O movimento conhecido como Lei e Ordem (*Law and Order*), também conhecido como tolerância zero e conectado à teoria das janelas quebradas e o Direito Penal do Inimigo, defendido

85. FERRAJOLI, Luigi. Ob. Cit., 2018, p. 330.
86. DOTTI, René Ariel. Curso de Direito Penal. Parte Geral. 7. ed. São Paulo: Thomson Reuters Brasil, 2020, p. 31.
87. DOTTI, René Ariel. Ob. Cit., 2020, p. 32.
88. O jurista português Taipa de Carvalho entende que há descriminalização quando o legislador deixa de qualificar determinado fato como crime, enquanto a despenalização ocorreria quando o legislador passa a tratar um fato que tinha relevância penal (crime ou contravenção) como ilícito jurídico-administrativo, retirando-lhe o caráter jurídico-penal: (CARVALHO, Américo A. Taipa de. Op. Cit., 2008, p. 141,153).

por Jakobs, são considerados expressões de um Direito Penal Máximo. Também se pode citar o **neopunitivismo**, relacionado à Justiça Penal Internacional. Para Pastor, o neopunitivismo seria uma expressão do *panpenalismo*, ou seja, da busca da incriminação de todas as condutas indesejadas e de evitar a impunidade, buscando-se um Direito Penal absoluto[89].

3.3. Direito Penal Máximo

Como contextualização do tema, é preciso ressaltar que a **ecologia criminal**, tema estudado pela Criminologia, propõe que a redução da criminalidade exige mudanças reais nas condições socioeconômicas das crianças, como pessoas que ainda decidirão os rumos de sua vida. Defende só ser possível reduzir a criminalidade por meio de um esforço conjunto da sociedade, envolvendo-se os clubes de serviços, as igrejas, as escolas, de modo que a operação deve ser realizada tendo em conta a zona, a vizinhança, para ser eficaz. Os programas comunitários devem levar à formação de comitês, formados a partir das organizações da sociedade civil, envolvendo desde desempregados até as famílias, por meio da integração de pais e mães do bairro. Propõem-se, ainda, diretrizes urbanísticas, com atenção às estruturas de moradia e de condições sanitárias, havendo, até mesmo, proposta de construção do bairro ao redor da escola, como ponto de referência. Com essas diretrizes, chegou-se a formar, nos Estados Unidos da América, um projeto bem detalhado, o *Chicago Area Project*, ou seja, o Projeto da Área de Chicago.

Apesar de ser possível criticar essa macroanálise da criminalidade, por desconsiderar o fator moral e a importância da decisão de cada indivíduo, independentemente do local em que reside, fato é que o oferecimento de uma perspectiva de compreensão da criminalidade não exclui outras abordagens e métodos. A ecologia criminal prioriza uma ação mais preventiva, em detrimento da repressão penal. Defende, ainda, o envolvimento da sociedade para redução da criminalidade, dando ênfase ao controle social informal, como o exercido pelo engajamento da vizinhança. Como legado, deixou a lição de que toda política criminal, para ter efetividade, deve levar em conta a cidade, suas regiões e bairros.

Surge, então, um pensamento ligado a uma ideia de Direito Penal Máximo. A **política da tolerância zero**, vertente da ecologia criminal, passou a defender que a intolerância com os pequenos desvios e delitos levaria à redução dos índices de criminalidade. O prefeito de Nova Iorque, Rudolph Giuliani, eleito em 1993, instituiu a sua guerra contra o crime, apregoando a repressão até mesmo contra incivilidades, mesmo que não caracterizassem infração penal. Houve, então, perseguição e prisão de grafiteiros, pessoas em situação de rua, lavadores de para-brisas, além de reprimir prostituição e de até mesmo enviar aos pais alunos fora da escola no horário escolar. Destinou-se mais verba à polícia, além de aumento do efetivo policial e instituição de adicionais de produtividade[90].

---

89. PASTOR, Daniel R. La deriva neopunitivista de organismos y activistas como causa del desprestigio actual de los derechos humanos. Nueva doctrina penal: NDP, [Buenos Aires], n. 1, p. 73-114, 2005. ISSN 1850-9118.

90. OLIVEIRA, Rafael Serra. Consenso no processo penal: uma alternativa para a crise do sistema criminal. São Paulo: Almedina, 2015, p. 46-48.

Após um período de implementação dessas medidas, houve melhora significa nos índices de delitos. Por isso, muitos apregoaram o sucesso da política de repressão, atrelada ao neoliberalismo. Entretanto, Sheicara defende não ter sido essa a causa da redução da criminalidade, mas que isso ocorreu em razão de um conjunto de fatores, especialmente o desenvolvimento econômico do período e a criação de oportunidades para os excluídos, possibilitando a sua integração à sociedade[91].

A **teoria das janelas quebradas** (*Broken Windows Theory*), proposta por James Q.Wilson e George Kelling, em 1982, usou as janelas quebradas como metáfora da desordem em uma determinada vizinhança. A desordem e a incivilidade são relacionadas, por essa concepção, aos índices de criminalidade em determinada localidade. Wilson se tornou assessor de Reagan, Presidente dos EUA, difundindo-a.

Por fim, também representa uma concepção de Direito Penal Máximo o funcionalismo sistêmico de Günther Jakobs, especialmente com a sua ideia de **Direito Penal do Inimigo**. Essa concepção, classificada por Silva Sanchez como uma terceira velocidade no processo de expansão do Direito Penal, tem suas raízes no pensamento de que a função das normas penais é garantir a sua própria vigência, como sistema que visa à sua autopreservação. Assim, aos indivíduos que são criminosos contumazes, como terroristas ou assassinos em série, aos quais falta uma capacidade cognitiva de atender à coerção das normas penais, deve-se aplicar um aparato de guerra, afastando-se as regras do Direito Penal do cidadão. A eles, deve-se aplicar um Direito Penal do inimigo, buscando a sua neutralização.

4. AS VELOCIDADES DO DIREITO PENAL

As velocidades do Direito Penal são extraídas da obra de Jesús-Maria Silva Sánchez, ao tratar do **processo de expansão do direito penal**[92]. De início, o autor já adverte que a expansão não se confunde com o Movimento Lei e Ordem, que defende uma reação mais contundente aos crimes e se vincula ao conflito social entre abastados e marginalizados. O movimento atual de expansão, segundo ele, é uma rara unanimidade, reunindo políticos e governos de diversos espectros e ideologias. A esquerda e o movimento dos Direitos Humanos também se entregam a um fascínio pelo Direito Penal para proteção de minorias e punição dos poderosos, além da tutela do Meio Ambiente.

Sobre as **causas** dessa expansão do Direito Penal, elencam-se os chamados novos interesses, que envolvem as novas realidades sociais, a escassez de bens antes abundantes e a valorização de bens que anteriormente não eram levados em conta. Citam-se, ainda, os novos riscos sociais, riscos produzidos pela própria sociedade tecnológica como fenômeno social estrutural, além do surgimento da *cyberdelinquência* e da criminalidade organizada. Com isso, busca-se institucionalizar a segurança, com o recurso aos crimes de perigo, inclusive presumido, além de se recorrer aos crimes omissivos impróprios, com a imposição de deveres de agir, para se assegurar os bens jurídicos em geral.

---

91. SHEICARA, Sérgio Salomão. Criminologia. 9 ed. rev., atual. e ampl. São Paulo: Thomson Reuters Brasil, 2021, p. 166.
92. SILVA SÁNCHEZ, Jesús María Silva. La expansión del Derecho penal. 3ª. ed. Madrid: Edisofer S.L., 2011, p. 178-188.

O **medo e a insegurança** se disseminam pela população, de modo que os cidadãos passam a se ver como potenciais sujeitos passivos dos crimes, ou seja, passam a se imaginar como possíveis vítimas, e não mais como potenciais autores desses delitos. O crime é visto, ainda, como uma reação aos poderosos, que prejudicam a população com suas condutas ilícitas, levando ao apoio a reformas antigarantistas. Citando Ortega y Gasset, o penalista espanhol observa que os indivíduos têm se visto como sujeitos de direitos ilimitados, sujeitos do Estado de bem-estar social, que buscam garantir a sua proteção por meio da incriminação de condutas. Entregam-se ao Direito Penal as questões de funcionamento da sociedade, que ela própria não pôde resolver.

Como fator colateral, Silva Sánchez observa que os princípios, regras e procedimentos penais são vistos como obstáculos para a punição. Com isso, recorre-se à **justiça penal negociada**, com a aplicação da sanção penal sem que se necessite aguardar o devido processo legal, em sua concepção tradicional. A negociação no âmbito criminal é reforçada e estimulada pelos princípios político-criminais do Direito Penal da Globalização, ou seja, há um movimento internacional de estímulo para que os países adotem mecanismos de consenso, com prevalência da oportunidade sobre os sistemas processuais de busca da verdade. A sociedade internacional busca evitar a existência de paraísos jurídico-penais, ou seja, locais em que os indivíduos possam se furtar da punição por condutas delitivas.

O jurista espanhol entende ser **impossível o retorno ao bom e velho Direito Penal Liberal**, destacando que o real problema é a expansão do Direito Penal do encarceramento. Argumenta ser razoável o caminho de diminuição das garantias penais desde que não se trate de pena privativa de liberdade. A questão seria a combinação de diminuição de garantias e o retorno à priorização do cárcere como resposta penal. Sobre a proposta de um Direito de Intervenção, de Hassemer[93], Silva Sánchez argumenta que o Direito Penal possui uma dimensão comunicativa superior à do Direito Civil e, em relação ao Direito Administrativo, tem como vantagem a neutralidade política e a imparcialidade da jurisdição. Por isso, não seria plausível que a sociedade adotasse esse Direito de Intervenção em substituição à expansão do Direito Penal.

Em suma, as velocidades correspondem às fases por que esse ramo do Direito tem passado. Referem-se implicitamente ao tempo que o Estado leva para punir alguém, conforme o procedimento necessário, relacionando-o à modalidade de pena aplicada. Faz-se uma relação entre a velocidade do processo penal e a maior ou menor preocupação com as garantias do acusado, de um lado, e, de outro, as sanções penais e sua maior ou menor gravidade. O Professor Silva Sánchez tratou, em sua teoria, de três velocidades do Direito Penal, mas da lição de Daniel Pastor surgiu uma concepção da quarta velocidade[94].

4.1. 1ª Velocidade

Essa representa a velocidade inicial, relacionando-se ao chamado **Direito Penal Tradicional**. Trata do núcleo duro do Direito Penal, relacionado aos crimes

93. Tema abordado no item 3 do Capítulo I deste Manual.

94. PASTOR, Daniel. La deriva neopunitivista de organismos y activistas como causa del desprestigio actual de los derechos humanos, in Nueva Doctrina Penal. Buenos Aires: 2005/A, p. 73-114.

tradicionais, como homicídio, estupro, roubo etc. Há um sistema de imputação individual e pessoal, com a valorização do **cárcere**, da pena de prisão, que é a sanção mais grave de aplicação cotidiana no âmbito criminal. Cuida-se de velocidade mais lenta, por ser conectada ao procedimento ordinário. Os prazos são mais longos, com mais incidentes e oportunidade mais ampla de se exercer o contraditório. Está ligada ao exercício do amplo direito de defesa, em razão da sanção mais grave que pode ser imposta ao final do processo.

4.2. 2ª Velocidade

Já a segunda velocidade se relaciona à adoção de **procedimento mais célere**, sendo que alguns doutrinadores apontam haver aqui a **flexibilização das garantias processuais do acusado**. Isso porque os prazos são mais exíguos e há menor âmbito de exercício da ampla defesa, conquanto esta seja indispensável para o devido processo legal. Há, portanto, uma flexibilização do próprio sistema de imputação. Com esse procedimento mais célere, há o contrapeso, consistente na aplicação de penas não-privativas de liberdade. Há a consagração das chamadas **penas alternativas**, que buscam evitar o encarceramento daqueles que cometem crimes menos graves, evitando a superlotação dos presídios e o estímulo à reincidência.

No Brasil, pode ser exemplificada pela Lei n. 9.099/1995. Cuida-se da lei que instituiu os juizados especiais criminais, com procedimento mais célere, possibilidade de transação penal e de suspensão condicional do processo. É aplicável para os chamados crimes de menor potencial ofensivo, ainda que alguns dos seus dispositivos, como é o caso da suspensão condicional do processo, abranja também crimes outros, que não são da competência dos juizados especiais criminais.

4.3. 3ª Velocidade

A terceira velocidade resulta da **reunião das duas velocidades anteriores**. No que se refere à sanção penal, há uma **revalorização da pena de prisão** e do encarceramento como resposta penal efetiva. No âmbito do procedimento, há **relativização dos direitos e garantias do réu**, com prazos mais curtos e menor oportunidade de se exercitar o contraditório.

Por isso, relaciona-se ao **Direito Penal do Inimigo**, teoria defendida pelo penalista alemão Günther Jakobs. Há uma antecipação da resposta penal, ou seja, pune-se antes que o bem jurídico tenha sido violado ou lesado; não há redução da pena em razão dessa antecipação; além de se passar de uma legislação jurídico-penal a uma legislação de luta, com deterioração das garantias processuais. Essa adequação do sistema penal para atos de emergência configura um direito de guerra. Entretanto, essa justificativa, baseada em *atos de emergência*, para a consagração do Direito Penal do Inimigo não impede a propensão de torná-lo uma medida perene. Uma vez aceito o modelo pela população, ele tende a uma ilegítima estabilização e crescimento.

A doutrina traz como exemplo, no Brasil, a Lei n. 9.614/1998 – modificadora do Código Brasileiro de Aeronáutica. Referido diploma introduziu no ordenamento jurídico brasileiro a possibilidade de destruição de aeronave não identificada, o que representaria um julgamento imediato e com aplicação da pena de morte para os ocupantes da aeronave. No âmbito internacional, aponta-se como parte da chamada Terceira Velocidade do Direito Penal o *Patriot Act*, dos Estados Unidos. Referida lei prevê a atuação mais rígida e com procedimentos que não garantem os direitos do acusado, como se faz nas demais situações, quando se trata de suspeita de atos de terrorismo. Foi aprovada logo após os atentados terroristas de 11 de setembro de 2001, o que demonstra o uso de uma situação de emergência para aprovar um ato, que, mesmo após o contexto que justificou a sua aprovação, segue vigendo.

4.4. 4ª Velocidade

Como dito acima, essa velocidade não foi prevista na teoria original de Silva Sánchez. A quarta velocidade se liga ao **Direito Penal Internacional**, que é a punição de indivíduos que cometem crime, mas não no âmbito de seus próprios Estados, mas perante cortes internacionais. Para alguns autores, a quarta velocidade estaria ligada a um neopunitivismo, sendo uma classificação atribuída à obra do jurista argentino Daniel Pastor. O **neopunitivismo**, relacionado à Justiça Penal Internacional, teria como características o seu alto grau de ingerência política e a seletividade na escolha das condutas e da resposta que lhes é dada. Na linha do que defende o autor, o neopunitivismo seria uma expressão do *panpenalismo*, ou seja, da busca da incriminação de todas as condutas indesejadas e de evitar a impunidade, em vias de um Direito Penal absoluto[95].

Marco dessa tendência é o **Tribunal Penal Internacional**, criado em 1998, pelo Estatuto de Roma. Almeja a punição dos chefes de Estado que praticam crimes de "lesa-humanidade", dada a dificuldade de receberem punição adequada no Estado onde exerceram ou exercem a chefia, influenciando os órgãos para garantirem sua impunidade. Os delitos de competência do Tribunal Penal Internacional (TPI) são os seguintes: **crime de genocídio, crimes contra a humanidade, crimes de guerra e crimes de agressão**. O Estatuto de Roma prevê a imprescritibilidade dos crimes e a possibilidade de aplicação de penas perpétuas, o que representa um endurecimento tanto processual, com possibilidade de punição do acusado a qualquer tempo, quanto na cominação de sanção penal, por se prever pena de prisão perpétua.

QUADRO SINÓTICO

Evolução Dogmática do Direito Penal	
Causalismo	A ação seria o mero processo causal que a vontade, o impulso voluntário, desencadeia no mundo exterior. Há uma compreensão mecanicista do delito, surgida em um período de valorização das ciências exatas. O fato típico possui uma análise estritamente objetiva, descritiva. A culpabilidade pode ser dolosa ou culposa, ou seja, é composta pelo elemento subjetivo, o que a torna psicológica.

95. PASTOR, Daniel R. La deriva neopunitivista de organismos y activistas como causa del desprestigio actual de los derechos humanos. Nueva doctrina penal: NDP, [Buenos Aires], n. 1, p. 73-114, 2005. ISSN 1850-9118.

Evolução Dogmática do Direito Penal	
Neokantismo	Conduta não é ação, mas comportamento, o que abrange tanto a conduta positiva quanto a negativa, ou seja, tanto a ação quanto a omissão. O tipo possui elementos subjetivos especiais e elementos normativos, sendo compreendido como norma de cultura, já que traz em si valores estabelecidos previamente. O texto legal não tem um sentido objetivo, mas deve ser descoberto pelo intérprete. A culpabilidade é psicológico-normativa, possuindo como elementos o dolo ou a culpa; a exigibilidade de conduta diversa e a imputabilidade. O dolo, que é normativo, possui como elemento a consciência atual da ilicitude.
Finalismo	Para a teoria finalista, concebida por Hans Welzel, a "ação humana é o exercício de atividade final". Sob essa concepção, faz parte da conduta o próprio elemento subjetivo do tipo, ou seja, o dolo ou a culpa. A vontade e a finalidade se fundem na conduta. Por isso, o dolo, para o finalismo, é natural, chamado, na expressão latina, de *dolus bonus*. Elabora-se teoria normativa pura da culpabilidade, passando a contar com os elementos: imputabilidade, exigibilidade de conduta diversa e potencial consciência da ilicitude.
Teoria Social da Ação	Para a teoria social da ação, a ação ou a conduta é o comportamento humano socialmente relevante. Em linhas gerais, a adequação social integra o fato típico. Portanto, no conceito de crime, há a incorporação de um elemento sociológico de interpretação. A conduta poderia, em tese, deixar de ser punida porque a sociedade não a reputa mais injusta.
Teoria da Ação Significativa	Vives Antón defende que, para se determinar se houve ação humana, basta uma análise prima facie do comportamento externo e de seu contexto. Sua teoria exclui pensamentos, sensações e emoções do conceito de ação, já que, apesar de existirem, não é possível conhecê-los e, assim, não são determinantes para a responsabilidade pena. Propõe a eliminação da separação entre a imputação objetiva e imputação subjetiva ou, em outros termos, entre a conduta física e o elemento subjetivo do agente. A ação é compreendida como um processo simbólico, regido pelas normas, como o significado social da conduta, que é expresso de forma linguística. A ação reflete um significado no mundo jurídico, sendo compreendida por seu contexto, da mesma forma como se compreende a linguagem, e, assim, só possui relevância para o Direito Penal ao ser comparada com a norma, que prevê o tipo penal.
Funcionalismo Sistêmico ou Radical	O crime se define pela lesão da expectativa de observância das normas de comportamento. Todo o Direito Penal é compreendido a partir da ideia de que a função do Direito Penal é garantir a vigência da norma penal. Assim, coloca-se em xeque a visão de que as normas penais visam à tutela de bens jurídicos, de modo que o bem jurídico penal acaba por se confundir com a própria norma. A conduta é compreendida como a "evitabilidade de uma diferença do resultado", ou seja, compreende-se a conduta a partir da possibilidade de que uma atuação diversa do agente poderia ter evitado o resultado. A causalidade é analisada dentro da imputação objetiva. A culpabilidade, assim, se fundamenta nessa ideia de prevenção geral da pena. A culpabilidade é medida conforme a prevenção, que, por sua vez, se baseia na ideia de fidelidade ao Direito. Subdivide o Direito Penal entre aquele voltado ao cidadão e o voltado ao inimigo, como criminosos contumazes e terroristas. Concepção defendida por Günther Jakobs.

Evolução Dogmática do Direito Penal	
Funcionalismo Teleológico ou Moderado	Defendido por Roxin, busca substituir os valores culturais da teoria neokantiana da conduta por outro critério de sistematização, consistente nas bases da política criminal a respeito dos fins da pena. A função do Direito Penal é proteger os bens fundamentais da sociedade, considerados assim os que representam os valores essenciais à convivência do grupo social. A ação (conduta) é uma manifestação da personalidade. Só é ação para o Direito Penal aquilo que se pode atribuir ao ser humano como centro anímico-espiritual de ação. Defende-se, ainda, a adoção da teoria da imputação objetiva, que tem como pressuposto o nexo de causalidade. A culpabilidade é condição necessária para a imposição da pena, mas não suficiente. Além da culpabilidade, é necessário analisar se a pena é necessária naquele caso, considerando a sua finalidade preventiva.

Abordagens críticas sobre o Direito Penal	
Abolicionismo	• **Abolicionismo socialista**: pensa-se em um modelo de sociedade em que a estrutura de poder é tão repartida e igualitária que o sistema penal não seria exigido. Com a repartição do poder, os conflitos se reduziriam naturalmente. Nas palavras de Marx, o aniquilamento do Direito, conjuntamente com o do Estado, ocorre quando "o trabalho não é apenas um meio de viver, mas ele próprio se transforma na primeira necessidade vital".
	• **Abolicionismo verde**: a proposta de Louk Hulsman é de que se mantenha uma estrutura de poder, democrática, mas que adote um grau de racionalidade para a solução dos conflitos. A sua proposta, da ideologia verde ou ecológica, conclui que os conflitos permaneceriam, mas a sua solução seria mais racional, substituindo-se o sistema penal.
Direito Penal Mínimo	Concepção vinculada ao princípio da intervenção mínima, que preconiza que esse ramo do Direito deve intervir o mínimo possível e necessário na vida dos indivíduos. O Direito Penal Mínimo pode ser vinculado às propostas de descriminalização e de despenalização. Essa concepção do Direito Penal se opõe a uma expansão ampla do Direito Penal, que busca solucionar os problemas sociais e lidar com os riscos do novo modelo de sociedade por meio da incriminação de condutas, ainda que outros ramos do Direito sejam suficientes para a sua regulamentação.
Direito Penal Máximo	Concepção de um Direito Penal que deve ser abrangente, de modo a punir todos os desvios, demonstrando a efetiva vigência da norma. São vertentes de uma ideia de Direito Penal Máximo a política da tolerância zero, a teoria das janelas quebradas e o Direito Penal do Inimigo, do funcionalismo sistêmico de Jakobs.

PARTE GERAL

Velocidade	Características	Sanção Penal
1ª	Direitos e Garantias respeitados de forma ampla.	Pena privativa de liberdade.
2ª	Flexibilização dos Direitos e Garantias.	Penas restritivas de direitos e pecuniárias.
3ª	Flexibilização dos Direitos e Garantias.	Pena privativa de liberdade.
4ª	Flexibilização dos Direitos e Garantias. No TPI: imprescritibilidade.	No TPI, é cabível a prisão perpétua.

CAPÍTULO V

TEORIA DO CRIME: FATO TÍPICO

A **teoria do crime** estuda o delito em sua conceituação, suas características, elementos e classificações. A principal conceituação é a analítica, que estuda o crime com base em seus elementos, que majoritariamente são apontados como fato típico, ilícito e culpável. Devido à importância do crime na ciência do Direito Penal, pode-se dizer que o seu estudo é o coração da disciplina. As teorias do crime são teorias do próprio Direito Penal, de modo que a diversa configuração desse instituto modifica a própria configuração de todo esse ramo científico. Inclusive, pode-se afirmar que a teoria do crime deu cientificidade ao Direito Penal.

1. CONCEITO DE CRIME

O crime, instituto que possui importância nuclear no Direito Penal, possui diversos conceitos, a depender do aspecto que se tome como preponderante. O estudo dessas concepções é interessante e possui grande importância, devendo ser o ponto de partida para o estudo da teoria do crime. Vale anotar, como destaca Cláudio Brandão, que **a teoria do crime deu cientificidade ao Direito Penal**[1], razão pela qual se pode concluir que representa o núcleo desse ramo do Direito. Sua conceituação, não por acaso, é de conjunto de normas que regulam a infração penal e sua consequência jurídica, a sanção. Assim, as teorias do crime modificam toda a Ciência Penal e, por isso, são teorias do Direito Penal como um todo.

Sob o ponto de vista **legal**, podemos extrair o conceito de crime do artigo 1º do Decreto-Lei 3.914/1941, denominado de "Lei de Introdução do Código Penal e da Lei das Contravenções Penais":

> *Art. 1º Considera-se* ***crime a infração penal que a lei comina pena de reclusão ou de detenção, quer isoladamente, quer alternativa ou cumulativamente com a pena de multa****;* ***contravenção, a infração penal a que a lei comina, isoladamente, pena de prisão simples ou de multa, ou ambas. alternativa ou cumulativamente****."*

O conceito extraído da lei, portanto, leva em conta a resposta penal prevista, pelo legislador, à infração penal. Vale destacar que crime, assim como contravenção penal, constitui uma espécie de infração penal. Crime seria, assim, a infração penal à qual se comina pena de reclusão ou de detenção, podendo haver a cominação

1. BRANDÃO, Cláudio. Teoria jurídica do crime. 6. ed. Belo Horizonte, São Paulo: D'Plácido, 2020, p. 197.

de pena de multa, seja de forma cumulativa, seja de forma alternativa. Portanto, toda vez que nos deparássemos com uma infração penal em que houvesse previsão de pena de reclusão ou detenção, teríamos um crime, nos termos do que prevê o dispositivo acima transcrito. Referida pena privativa de liberdade pode ou não vir acompanhada da pena de multa, de forma cumulativa (pena privativa de liberdade e multa) ou alternativa (pena privativa de liberdade ou multa).

Esse conceito passou a ser questionado com a entrada em vigor da nova lei de drogas, a Lei n. 11.343/2006, que trouxe modificação na criminalização do usuário. Seu artigo 28, *caput*, localizado no Capítulo III – Dos Crimes e das Penas, prevê o seguinte:

> *Art. 28. Quem adquirir, guardar, tiver em depósito, transportar ou trouxer consigo, para consumo pessoal, drogas sem autorização ou em desacordo com determinação legal ou regulamentar será submetido às seguintes penas:*
>
> *I – advertência sobre os efeitos das drogas;*
>
> *II – prestação de serviços à comunidade;*
>
> *III – medida educativa de comparecimento a programa ou curso educativo.*

Com o advento dessa lei, passou-se a questionar se o conceito do artigo 1º do Decreto-Lei 3.914/41 ficou superado, por ser lei anterior, aplicando-se ocritério cronológico, ou se a figura do artigo 28 da Lei de Drogas não seria efetivamente crime, apesar de constar do capítulo denominado "Dos Crimes e Das Penas". Cuida-se de questão controversa.

O STF de início, afastou a reincidência em virtude da condenação anterior por porte de drogas por consumo próprio. Decidiu, na ocasião, que o "art. 28 da Lei 11.343/2006, por não cominar pena de reclusão ou detenção, não configura crime nos termos da definição contida na Lei de Introdução ao Código Penal, e, assim, não tem a condão de gerar reincidência, instituto disciplinado no Código Penal"[2]. Posteriormente, o STF decidiu que o porte de drogas para consumo próprio, previsto no artigo 28 da Lei n. 11.343/2006, não consiste em infração penal, mas administrativa[3].

Há, ainda, a infração do artigo 4º, § 2º, da Lei n. 7.716/1989 (Lei dos Crimes Raciais), incluído pela Lei n. 12.288/2010. Apesar de a Lei de Racismo só fazer referência a crime, ela contém esse tipo penal que não prevê pena privativa de liberdade, mas apenas multa e prestação de serviços à comunidade, desobedecendo, inclusive, ao mandamento constitucional de punição dos crimes de racismo com pena de reclusão.

Por fim, há os crimes ambientais praticados por pessoa jurídica. A pena privativa de liberdade é claramente incompatível, razão pela qual a Lei n. 9.605/1998 prevê, em seu artigo 21, as sanções de multa, as penas restritivas de direitos e as de prestação de serviços à comunidade. Apesar de tratar as infrações como crimes, não há pena de reclusão ou detenção para as pessoas jurídicas que violarem a lei penal, mas, neste caso, isso decorre de incompatibilidade lógica.

2. STF, RHC 178512 AgR, Rel. Min. Edson Fachin, Segunda Turma, julgado em 22/03/2022.
3. STF, RE 635659, Rel. Min. Gilmar Mendes, Tribunal Pleno, julgado em 26/06/2024.

Conclui-se, de todo modo, que o direito brasileiro **reconhece dois tipos de infração penal: os crimes e as contravenções penais**. É importante compreender o conceito de cada uma dessas espécies de infrações penais e as sanções que a lei comina a cada um delas.

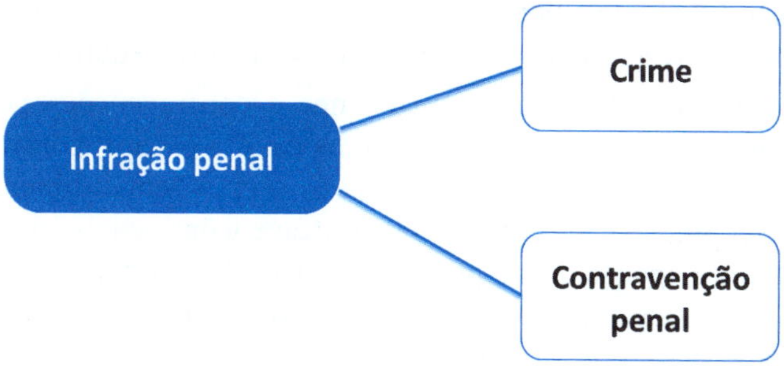

O sistema adotado no Brasil foi o dualista ou binário, com previsão de duas espécies de infração penal, o crime (ou delito) **e a contravenção penal** (delito liliputiano, crime vagabundo ou crime-anão). A diferença entre ambos é de grau, ou seja, de escolha do legislador quanto à gravidade da conduta, de juízo de valor (axiológica). Não há diferenciação de natureza entre ambas as infrações penais, ou seja, não há diversificação de cunho ontológico.

✓ **E qual a diferença entre ambas as espécies de infração penal?**

As diferenças são de opção legislativa. A primeira delas já foi destacada acima e se tornou questionável com o advento da Lei n. 11.343/2006 e, depois, com a aprovação a Lei n. 12.288/2010 (alteradora da lei de crimes de racismo). É a previsão de que crime seria a infração penal a que a lei comina pena de reclusão ou detenção, com cominação cumulativa ou alternativa com pena de multa. Por sua vez, a contravenção penal seria a infração penal a que a lei comina, isoladamente, pena de prisão simples ou de multa, ou ambas, seja de forma alternativa ou de forma cumulativa.

Avançando na diferenciação, no caso dos crimes, é possível a punição da tentativa, em regra, conforme prevê o artigo 14, II, do Código Penal. A Lei das Contravenções Penais, por sua vez, em seu artigo 4º, dispõe não ser punível a tentativa de referida espécie de infração penal. Desse modo, por expressa disposição legal, **não é punível a tentativa de contravenção penal**.

No que se refere à extraterritorialidade, a lei penal brasileira pode ser aplicada a crimes ocorridos fora do território nacional, conforme prevê o artigo 7º do Código Penal. Por sua vez, as **contravenções penais só são puníveis se praticadas no território brasileiro**, por força do artigo 2º do Decreto-Lei n. 3.688/1941.

Quanto ao limite das penas, o artigo 75 do Código Penal, com a redação dada pela Lei n. 13.964/2019, prevê, para os crimes, o máximo de **40 anos**, enquanto a Lei das Contravenções Penais estipula, em seu artigo 10, o **limite de 5 anos de prisão simples**.

No que se refere à ação penal, os crimes podem ser punidos por meio de ação penal pública condicionada, ação penal pública incondicionada e ação penal privada. A persecução penal das **contravenções**, por sua vez, é instrumentalizada por **ação penal pública incondicionada**, nos termos do artigo 17 da Lei das Contravenções Penais. Referido artigo fala que a autoridade deve atuar de ofício. Frise-se, entretanto, que após a Constituição de 1988, não é mais possível o início de referida ação penal de ofício, sendo imprescindível a iniciativa do Ministério Público.

Há, ainda, outras diferenças entre crimes e contravenções penais, como o período de prova do *sursis* (crime: 2 a 4 anos ou 4 a 6 anos; contravenção: 1 a 3 anos); possibilidade de confisco apenas para os crimes (entendimento de parte da doutrina, há divergências); julgamento das contravenções penais sempre pela Justiça Estadual, ressalvado apenas o foro por prerrogativa de função, sendo que os crimes que afetam os interesses e serviços da União são de competência da Justiça Federal; não cabimento de prisão preventiva (falta de previsão no artigo 313 do CPP) e de prisão temporária (ausência no rol do artigo 1º, inciso III, da Lei 7.960/1989) para as contravenções penais, prisões processuais que são cabíveis apenas para os crimes.

O esquema a seguir destaca as **principais diferenças entre crimes e contravenções penais**:

Diferenças	Crimes	Contravenções Penais
Penas	Reclusão ou detenção com aplicação cumulativa ou alternativa com pena de multa (possível exceções: art. 28 da Lei 11.343/2006 e art. 4º, § 2º da Lei 7.716/1989).	Prisão simples com cominação alternativa ou cumulativa com pena de multa.
Tentativa	Punível	Impunível
Extraterritorialidade	Prevista	Não prevista
Limite das penas	40 anos	5 anos
Ação Penal	Ação penal pública condicionada, ação penal pública incondicionada ou ação penal privada.	Ação penal pública incondicionada[4]

Quanto ao seu **conceito material**, crime é a conduta humana contrária aos interesses sociais, representando lesão ou perigo de lesão ao bem jurídico tutelado, tornando necessária a imposição de sanção penal.

Analisando o seu **conceito formal**, crime é toda conduta vedada pela lei, sob a ameaça de pena. Com base nesse critério, considera-se a opção do legislador. Aquilo que o Congresso Nacional decide ser crime, aprovando lei nesse sentido, é o que se pode ter como conduta criminosa.

4. Artigo 17 do Decreto-Lei n. 3.688/1941 (Lei das Contravenções Penais): " A ação penal é pública, devendo a autoridade proceder de ofício".

Entretanto, a forma de se conceituar o crime mais usual na doutrina do Direito Penal, por sua importância científica e didática, é a analítica. É assim denominada porque se analisa o crime por meio de seus substratos, os elementos que devem estar presentes para a configuração do delito. Para se definir o **conceito analítico** do crime, surgiram diferentes teorias. De todo modo, **para a corrente dominante, crime é o fato típico, antijurídico (ilícito) e culpável**. Perceba que, para essa conceituação, há a previsão dos substratos do crime, como o "fato típico", a "ilicitude" (ou "antijuridicidade") e a "culpabilidade".

2. CONCEITO ANALÍTICO DE CRIME

Como já dito, o conceito analítico de crime é definido de formas diversas pelos doutrinadores, a depender da corrente adotada. Os elementos que são geralmente selecionados para a conceituação, conforme a teoria que se adote, são o fato típico, a antijuridicidade ou ilicitude, a culpabilidade e a punibilidade:

- **Fato Típico**: é a ação, ou conduta, que se amolda àquilo que a hipótese de incidência prevê. Isto é, é a ação ou omissão do agente que se encaixa naquilo que dispõe a norma penal, aquela que estipula o que é o tipo penal. Ademais, caso haja resultado naturalístico (modificação no mundo real), é necessário, além da sua ocorrência, que se constate um nexo ou um vínculo causal entre ele e a conduta praticada.
- **Ilicitude ou antijuridicidade**: é a contrariedade da conduta em relação ao ordenamento jurídico. Cuida-se da ilegalidade do ato. Não basta que o agente tenha praticado a conduta que se amolda ao tipo penal. Para haver crime, é imprescindível que tal conduta contrarie o que o Direito dispõe. Como exemplo, não há ilicitude se o indivíduo assim agiu em legítima defesa.
- **Culpabilidade**: é a possibilidade de se atribuir a conduta praticada, bem como seu resultado, ao seu autor, com um juízo de censura. Cuida-se da análise da conduta realizada sob o ponto de vista da reprovação. Não é censurável, por exemplo, a conduta de quem age por estar embriagado, embriaguez que seja completa e decorrente de caso fortuito ou força maior. Ainda que a conduta seja típica e ilícita, a situação de embriaguez completa involuntária afasta a censurabilidade da ação humana. No caso de haver fato típico e ilícito, há uma conduta contrária ao ordenamento jurídico, sendo que a ausência de culpabilidade apenas faz com que o autor não seja punível por ausência de reprovabilidade. No entanto, uma atuação típica e ilícita pode ensejar, por exemplo, a legítima defesa por parte de outra pessoa, já que, mesmo que não seja reprovável essa conduta (ausência de culpabilidade), o fato típico e ilícito demonstra que o agente atua de forma oposta às normas de conduta previstas pelo Estado. O exemplo pode ser o de quem age em embriaguez completa acidental e vai agredir um casal que passa pela rua de sua casa. O casal pode se defender dessa agressão, que é típica e ilícita, ainda que não haja culpabilidade, em razão da inimputabilidade do agente.
- **Punibilidade**: diz respeito à possibilidade de o Estado aplicar ao sujeito ativo a sanção penal prevista para a conduta típica praticada. Há vários fatores que

extinguem a punibilidade, como a morte do agente ou a prescrição. Houve crime, de modo que a punibilidade apenas diz respeito a ser possível ou não aplicar a sanção penal a quem o praticou. Ainda que o agente tenha roubado alguém, a sua morte impossibilitará que haja punibilidade quanto a esse delito patrimonial.

Nesse ponto, tomando como possíveis substratos do crime **o fato típico, a ilicitude, a culpabilidade e a punibilidade**, a divergência repousa em quais desses elementos devem estar presentes para se compreender que há a ocorrência de crime em determinado caso. Vejamos:

- **Teoria bipartida[5] brasileira[6]: crime é o fato típico e antijurídico (ou ilícito)**. Cuida-se de concepção que se aponta ter surgido com o finalismo. Dentre os substratos com que a teoria do crime trabalha ("fato típico", "antijuridicidade", "culpabilidade" e "punibilidade"), o causalismo entendia que o dolo ou a culpa ocupavam o substrato da culpabilidade, o que fazia com que esse elemento fosse imprescindível para a formação do que se entende por crime. Isso porque não se pode admitir a ocorrência de crime sem que haja dolo ou culpa.
- **Com o advento do finalismo**, a culpa em sentido amplo (abrangendo o dolo e a culpa em sentido estrito) deixou de integrar a culpabilidade, passando a fazer parte do fato típico. Com isso, **parte da doutrina passou a entender que crime é o fato típico e antijurídico**. A culpabilidade, por sua vez, passou a ser compreendida como mero pressuposto da pena, ou seja, requisito indispensável para que se aplique a sanção penal, mas não para que exista um crime. Para tal entendimento, existindo um fato típico e ilícito, configurou-se um crime.
- Consoante entendem esses doutrinadores, a culpabilidade não tem nenhum elemento que interessa à definição do crime, já que o finalismo retirou da culpabilidade a culpa em sentido amplo (dolo e culpa *stricto sensu*). Analisa-se, apenas para fins de aplicação da sanção penal, se existe a culpabilidade, exigível para imposição de pena, ou a periculosidade do agente, que deve existir para aplicação da medida de segurança.
- Muitos penalistas entendem que o Código Penal adotou essa concepção, mesmo porque seu defensor, Dotti, participou da elaboração do projeto da Reforma de 1984. Ela melhor explicaria por que basta a prática de fato típico e ilícito para punição do partícipe (acessoriedade limitada). Além disso, justificaria de forma adequada por que o Código se refere a *isenção de pena* nos casos de excludentes de culpabilidade: haveria crime (fato típico e ilícito), mas, por

5. A teoria bipartida aqui tratada não é a mais antiga, de origem europeia (crime é o injusto culpável). Trata-se aqui da teoria bipartida brasileira, concebida por René Ariel Dotti e defendida por Damásio de Jesus (crime é fato típico e ilícito).
6. Há autores que fazem referência à teoria bipartida (modelo bipartido de crime), mas se referem à europeia. Por todos: SANTOS, Juarez Cirino dos. Direito Penal: parte geral. 9. ed. São Paulo: Tirant lo Blanch, 2020, p. 98-100.

falta de culpabilidade (pressuposto de pena), o agente seria isento da sanção penal (veja os artigos 21 e 26 do CP).

- O seu maior expoente é o Professor Damásio de Jesus[7], sendo adotada também por Júlio Fabbrini Mirabete e Celso Delmanto[8]. A elaboração da teoria, entretanto, é atribuída a René Ariel Dotti[9].

➢ **Teoria tripartida**: **crime é o fato típico, antijurídico (ou ilícito) e culpável**. Cuida-se de concepção do crime adotada pelas teorias causalista e neokantista da conduta, assim como por grande parte dos partidários da teoria finalista. É a corrente que **prevalece** atualmente na doutrina brasileira.

- Compreende-se como crime a ação ou omissão que consista em um fato típico, que se apresente como ilícito e que enseje um juízo de reprovabilidade. Com essa compreensão, a censurabilidade da conduta praticada faz parte da definição do delito, sendo imprescindível para sua configuração. A reprovação do fato típico e ilícito deve integrar o conceito de crime como exigência de um Direito Penal liberal[10].
- Cuida-se de concepção compatível tanto com o causalismo (concepção clássica da conduta) quanto com o finalismo.
- É adotada na obra de Nélson Hungria[11], Heleno Fragoso, Guilherme Nucci e Eugenio Raúl Zaffaroni.

➢ **Teoria quadripartida: crime é o fato típico, antijurídico (ou ilícito), culpável e punível**. Para essa concepção de crime, todos os substratos devem estar presentes para configuração do crime. Desse modo, só é crime a conduta típica, ilícita, com agente culpável e que seja punível.

- Seus críticos apontam que a extinção da punibilidade, como por exemplo pela ocorrência de prescrição, faria desaparecer o crime, o que seria incongruente. A simples perda do direito de punir pelo Estado, por exemplo, pelo decurso do prazo máximo previsto para sua persecução, faria com que se não pudesse falar em crime.
- Pouco difundida e aceita no nosso país, foi adotada por doutrinadores como Hassemer e Giulio Battaglini, no exterior, bem como pelo brasileiro Basileu Garcia.

No **causalismo**, ou seja, segundo a teoria clássica da ação, o dolo e a culpa são modalidades de culpabilidade. Por isso, não haveria como conceber crime sem culpabilidade – caso se excluísse a culpabilidade do conceito do crime, haveria um crime

---

7. JESUS, Damásio de. Direito Penal, volume 1: parte geral. 32. ed. São Paulo: Saraiva, 2011, p. 192-196.
8. BRANDÃO, Cláudio. Teoria jurídica do crime. 6. ed. Belo Horizonte, São Paulo: D'Plácido, 2020, p. 53.
9. DOTTI, René Ariel. Curso de direito penal: parte geral. 7. ed. São Paulo: Thomson Reuters Brasil, 2020, p. 520-522.
10. BRANDÃO, Cláudio. Teoria jurídica do crime. 6. ed. Belo Horizonte, São Paulo: D'Plácido, 2020, p. 54.
11. HUNGRIA, Nélson. Comentários ao Código Penal. Vol. I, Tomo 2º. 3. ed. Rio de Janeiro: Revista Forense, 1955, p. 6-7.

sem dolo nem culpa[12]. O crime seria cometido sem qualquer análise do elemento subjetivo presente na conduta do agente, ou, como analisariam os causalistas, sem o vínculo psicológico do agente em relação à sua atuação. Por isso, a teoria bipartida brasileira não seria compatível, cientificamente, com o causalismo.

Com o surgimento do **finalismo**, concepção elaborada por Hans Welzel, passou-se a conceber que dolo e culpa integram a própria conduta e, assim, fazem parte do fato típico. Por isso, a culpabilidade passou a ser concebida em um âmbito normativo. Para Welzel, crime é fato típico, ilícito e culpável (concepção tripartida)[13]. Então, a partir daí, foi pavimentado o caminho para que os brasileiros René Ariel Dotti e Damásio de Jesus defendessem que a culpabilidade não integra o crime. Isso porque, sendo a culpabilidade o juízo de reprovação, a exclusão desse substrato do crime não retira do crime seu elemento subjetivo, consistente no dolo ou culpa.

Por isso, tornou-se possível, com o finalismo, defender que a culpabilidade não pertence ao conceito de crime, surgindo a teoria bipartida brasileira (crime é fato típico e ilícito). Entretanto, vários finalistas, como o próprio Welzel[14], defendem a concepção tripartida, de modo que crime é fato típico, ilícito e culpável. O finalismo permitiu essa divergência brasileira.

3. A TEORIA TRIPARTITE

Segundo a teoria tripartida, crime é o fato típico, antijurídico e culpável. É a concepção que prevalece na doutrina e na jurisprudência pátria, razão pela qual é interessante visualizar e memorizar a estrutura de seu conceito analítico:

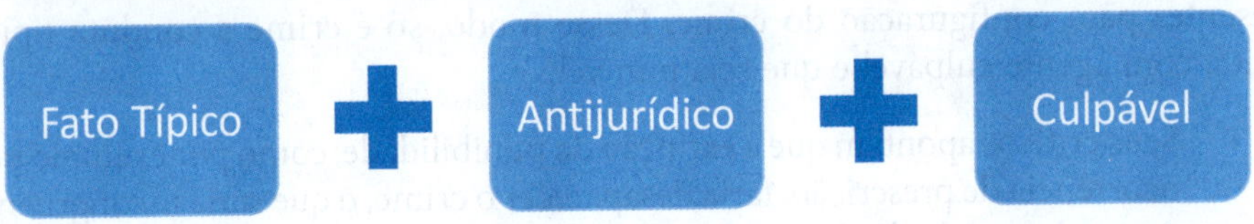

Como já dito, cuida-se de teoria que se compatibiliza tanto com a teoria causal da conduta quanto com a teoria finalista, que passou a prevalecer no Direito Penal. Também se compatibiliza com a teoria neokantista, de base causalista , além de ser utilizada como base para as teorias funcionalistas. Para a concepção tripartida, só é crime o fato típico, ilícito e culpável. **A punibilidade é um mero pressuposto para aplicação da pena, não fazendo parte da conceituação de infração penal**.

Todos os elementos do conceito analítico do crime devem estar presentes ao tempo de sua prática para que haja a sua configuração. É o que parte da doutrina denomina de *princípio da coincidência*[15]. Cada um dos pressupostos do fato típico, da ilicitude e da culpabilidade devem estar presentes ao tempo do crime, que,

12. DOTTI, René Ariel. Curso de direito penal: parte geral. 7. ed. São Paulo: Thomson Reuters Brasil, 2020, p. 521-522.
13. WELZEL, Hans. Derecho penal alemán. Parte general. Santiago: Editorial Jurídica de Chile, 2014, p. 71-76.
14. WELZEL, Hans. Derecho penal alemán. Parte general. Santiago: Editorial Jurídica de Chile, 2014, p. 216-217.
15 HILGENDORF, Eric; VALERIUS, Brian. Ob. Cit., 2019, p. 176-178.

nos termos do artigo 4º do Código Penal, corresponde ao momento da conduta comissiva ou omissiva.

Portanto, são elementos do crime: **fato típico, ilicitude e culpabilidade**. É importante ressaltar que um conceito pressupõe o outro. Só se analisa a ilicitude de um fato típico. Além disso, só será analisada a culpabilidade se houver um fato típico e ilícito. Por isso, não se impõe medida de segurança a um inimputável que agiu em legítima defesa, por exemplo. A punibilidade, na concepção dominante, não é elemento do crime, mas pressuposto de pena.

4. SUJEITOS DO CRIME

O Direito visa a regular a vida em sociedade, sendo objeto do Direito Penal o estudo das infrações penais e suas respectivas sanções, as quais têm o escopo de tutelar os bens jurídicos mais importantes para o convívio social. Interessa a esse ramo do Direito a conduta humana, que, na concepção finalista, possui sempre uma finalidade. É, portanto, a conduta humana finalística e voluntária que interessa para a configuração das infrações penais.

Excluem-se do âmbito de estudo da disciplina as ações praticadas pelos animais, salvo, claramente, se forem utilizados como instrumentos da conduta humana, como no caso do sujeito que solta seu cachorro e o comanda para que ataque seu desafeto. Também não interessam ao estudo do crime as forças da natureza ou as tidas como de origem divina, como nas fases embrionárias do Direito Penal moderno.

Portanto, é a conduta humana que deve merecer atenção do jurista na análise criminalista. Por isso, sujeito do crime é o ser humano. Nesse ponto, discute-se, de forma mais recente, a possibilidade de a pessoa jurídica figurar também como sujeito do crime, o que veremos a seguir.

Ademais, o estudo dos sujeitos do crime abrange a questão de quem sofre a ação ou omissão criminosa. Temos, em um primeiro plano, o Estado, a quem interessa a observância de suas normas. Ademais, há a vítima, o indivíduo que sofre diretamente com a conduta criminosa.

4.1. Sujeito ativo

Sujeito ativo é a pessoa que pratica a conduta prevista na norma penal. Por exemplo, no caso do crime de homicídio, o crime é "matar alguém". Logo, sujeito ativo é aquele que mata alguém. Cuida-se, portanto, da pessoa que pratica a conduta típica prevista em lei.

Entretanto, cabe enfatizar que o sujeito pode atuar de forma isolada ou em concurso com outros agentes. **É sujeito ativo do delito tanto o autor (que pratica o núcleo do tipo) quanto o partícipe (que induz, instiga ou auxilia)**. A diferenciação entre autor e partícipe é matéria a ser estudada quando formos abordar o Concurso de Pessoas, mais à frente.

De todo modo, para a doutrina que prevalece, autor é aquele que pratica a conduta prevista no tipo penal, que executa o núcleo do tipo (o verbo que reflete a conduta punível pela norma). Partícipe, por sua vez, é o indivíduo que auxilia, instiga ou induz outrem a praticar a conduta típica. Pode haver mais de um autor no que se refere ao mesmo crime, caso denominado de coautoria.

Como se destacou, o sujeito ativo é a pessoa humana que pratica a conduta típica. Surge, então, o questionamento se, além de pessoa física ou natural, seria possível que a pessoa jurídica figurasse como sujeito ativo de um crime.

4.2. Pessoa jurídica como sujeito ativo

Importante assunto no estudo dos sujeitos do crime é a possibilidade de a pessoa jurídica figurar como autora de delito. O tema ganhou relevância no âmbito do Direito Penal Econômico, que cuida da incriminação de condutas desvaliosas praticadas no exercício da atividade econômica, envolvendo a lavagem de capitais, crimes tributários, ambientais, financeiros etc.

A discussão ganhou contornos mais relevantes com a Constituição de 1988, que prevê, no seu artigo 225, § 3º, o seguinte:

> *§ 3º – As condutas e atividades consideradas lesivas ao meio ambiente* ***sujeitarão os infratores, pessoas físicas ou jurídicas, a sanções penais e administrativas****, independentemente da obrigação de reparar os danos causados.*

Da redação desse dispositivo, surgiu a celeuma. Parte dos doutrinadores passou a entender que a pessoa jurídica deve responder pelos crimes que praticar, entendendo que a Constituição prevê, na norma acima transcrita, um **mandado de criminalização** no que se refere às atividades lesivas ao Meio Ambiente. Referida ordem constitucional, dirigida ao legislador, determinaria a punição, na seara criminal, tanto das pessoas naturais quanto das jurídicas, por se prever a sujeição a sanções penais em relação a umas e outras, indistintamente. Há quem também aponte a previsão de responsabilização penal da pessoa jurídica no artigo 173, § 5º, da Constituição, que trata dos princípios gerais da atividade financeira e determina a punição dos atos praticados pela pessoa jurídica contra a ordem econômica e financeira e contra a economia popular[16].

Não obstante, outra parte da doutrina continuou entendendo inconciliável a teoria do crime com a pessoa jurídica como sujeito ativo. Em razão de a conduta criminosa envolver conceitos como dolo ou culpa, culpabilidade e conduta voluntária, entende-se não ser possível conciliar a responsabilização criminal com a cominação de sanção a uma sociedade empresária, por exemplo. A leitura que essa corrente faz da Constituição é que se determina sim a punição dos responsáveis por lesão ao Meio Ambiente, mas a previsão de sanções civis, penais e administrativas, aplicáveis às pessoas físicas e jurídicas, deve ser interpretada de acordo com a sua compatibilidade. Desse modo, para as pessoas jurídicas se reservariam tão somente as sanções civis e administrativas, mas não as penais.

Há uma grande divergência doutrinária:

---

16. SALVADOR NETTO, Alamiro Velludo. Responsabilidade penal da pessoa jurídica. 2. ed. São Paulo: Thomson Reuters Brasil, 2020, p. 284.

- **Teoria da ficção**: A pessoa jurídica é uma ficção jurídica, de modo que sua existência é irreal. Por sua existência não ser real, **a pessoa jurídica não possui consciência, vontade nem finalidade**. Não há como se configurar a sua culpabilidade, já que não se lhe pode imputar alguma conduta, nem se falar em potencial consciência da ilicitude. As decisões da pessoa jurídica na verdade são vontade livre e consciente de seus sócios ou diretores, de modo que o crime seria cometido por estes, não pela pessoa jurídica. Essa corrente possui base, para alguns, no aforismo romano *societas delinquere non potest*, ou seja, pessoa jurídica não pode delinquir[17]. Entretanto, é possível ver nela uma responsabilidade a partir da ficção, em que o dirigente ocuparia o cérebro da pessoa jurídica, tornando-a responsável pelas decisões tomadas por aquele. Para os que admitem a responsabilidade penal da pessoa jurídica a partir da teoria da ficção, o tipo de injusto e da culpabilidade residiria na pessoa física[18].

  Ademais, argumenta-se que a pena imputada à pessoa jurídica violaria o princípio da pessoalidade da pena, já que poderia afetar, inclusive, os sócios minoritários, que podem não ter sido favoráveis à conduta que ensejou a condenação da sociedade empresária. A própria pena falharia em sua função preventiva especial ou retributiva, já que não se poderia falar em se coibir a pessoa jurídica de praticar novos delitos (função preventiva especial), já que os sócios e diretores podem se alterar com o passar do tempo, por exemplo, além de a pessoa jurídica não possuir temor em relação à prática delituosa, pelo próprio fato de não ter consciência ou vontade próprias.

  Teve como precursor o renomado autor Friedrich Carl von Savigny.

- **Teoria da realidade**: **A pessoa jurídica possui vontade própria, além de apresentar capacidade**. Ela se torna, com sua criação, uma entidade existente no mundo real e, por isso, possui capacidade de cometer delitos. Argumenta-se que a vontade da pessoa jurídica se diferencia da dos seus membros, individualmente considerados. Assim, em uma votação, um sócio fica vencido e na outra, seu voto é o vencedor; o que demonstra a diferença entre a vontade de ambos: a pessoa jurídica e o seu sócio. A culpabilidade da pessoa jurídica se basearia na exigibilidade de conduta diversa, sendo possível se pensar no que se pode exigir, naquelas circunstâncias, como conduta de uma sociedade empresária.

  Por fim, a pena respeitaria o princípio da intranscendência, já que os efeitos sobre os sócios são financeiros. Tais efeitos, indiretos, seriam os mesmos que ocorrem com relação aos filhos menores de um indivíduo condenado à pena privativa de liberdade. Apesar de a pena não se estender a outras pessoas, ela possui consequências inevitáveis, que atingem terceiros inocentes de forma indireta, como a esposa que se vê sem o auxílio do marido, recolhido ao cárcere, para sustento da família.

---

17. MASSON, Cleber. Direito Penal: parte geral (arts. 1º a 120) – vol. 1. São Paulo: MÉTODO, 2019, p. 161. CAPEZ, Fernando. Curso de Direito Penal, volume 1, parte geral. 17. ed. São Paulo: Saraiva, 2013, p. 168.
18. SANTOS, Juarez Cirino dos. Ob. Cit., p. 691.

Essa concepção foi defendida pelo jurista Otto von Gierke.

- **Teoria eclética**: busca conciliar as duas correntes anteriores. Defende-se que às pessoas jurídicas devem ser aplicadas sanções administrativas, quase penais. Dentre os seus defensores, pode-se citar Winfried Hassemer.

Os vários modelos de responsabilização da pessoa jurídica são divididos em dois grupos, os de heterorresponsabilidade e os relacionados à autorresponsabilidade. Salvador Netto os considera modelos ideais, ou seja, é possível que o modelo efetivado na prática se aproxime mais de um do que de outro, possuindo características de ambos. É o que se diz, por comparação, do sistema processual penal ser acusatório ou inquisitório: é possível que um sistema seja mais ou menos acusatório, de modo que o sistema puramente acusatório seria um modelo ideal, teórico.

A **heterorresponsabilidade ou responsabilidade por atribuição** é uma modalidade de responsabilização em que há a transferência da infração penal cometida por uma pessoa física, que ocupa determinada posição hierárquica na organização empresarial, para a pessoa jurídica. A pessoa natural, atuando como órgão da pessoa jurídica, pode ensejar a sua responsabilização penal. Haveria uma fórmula de *alter ego*, em que o indivíduo empresta o seu corpo à pessoa jurídica, razão pela qual há transferência dos elementos físicos e psicológicos. No *common law* inglês, fala-se em princípio da identificação, a possibilitar atribuir a conduta da pessoa natural à jurídica.

São os seus requisitos:

- O cargo ocupado pela pessoa natural deve lhe dar poder de decisão e de representação. Ele deve ser o presidente, um diretor, administrador, ou seja, aquele que pode atuar em nome da pessoa jurídica.
- A conduta deve ter sido praticada em nome da pessoa jurídica, ou seja, com base na atribuição que lhe foi dada e nos limites dela.
- A pessoa natural deve agir para obter vantagem ou benefício para a pessoa jurídica em nome da qual atua.

Por sua vez, o modelo estrutural da **autorresponsabilidade**, também denominado de **responsabilidade própria ou originária**, funda-se na própria responsabilidade da pessoa jurídica por seus atos. Tem como justificativa a organização da pessoa jurídica para fins de evitação da responsabilização dos indivíduos ou pela própria dificuldade de responsabilização das pessoas físicas atuando em estruturas empresariais. É a concepção que vem sendo mais aceita, por fundar a responsabilidade da pessoa jurídica na violação de deveres que lhe são atribuídos diretamente. Esse modelo seria uma evolução do sistema da heterorresponsabilidade, propiciado pelo abandono de categorias ontológicas pelo funcionalismo, cujo centro de gravitação passa a ser a imputação de responsabilidade.

Cabe, então, analisar a forma de responsabilização adotada pela Lei n. 9.605/1998, que trouxe expressamente a possibilidade de condenação criminal de pessoa jurídica. O seu artigo 3º prevê o seguinte:

> *Art. 3º As pessoas jurídicas serão responsabilizadas administrativa, civil e penalmente conforme o disposto nesta Lei, nos casos em que a infração seja cometida por decisão de seu representante legal ou contratual, ou de seu órgão colegiado, no interesse ou benefício da sua entidade.*
>
> *Parágrafo único. A responsabilidade das pessoas jurídicas não exclui a das pessoas físicas, autoras, coautoras ou partícipes do mesmo fato.*

Do dispositivo, Monteiro de Barros extrai dois requisitos para responsabilização: i) a conduta delitiva deve ter sido cometida por decisão do seu representante legal ou contratual, ou, ainda, do seu órgão colegiado; ii) essa conduta deve ter sido praticada em benefício ou no interesse da pessoa jurídica[19]. Parece compreender, então, que foi adotado um **modelo de heterorresponsabilidade.** Cirino dos Santos divide os requisitos em três: **i) prática de delito; ii) conexão entre o delito cometido e a decisão de representante legal ou contratual, ou de órgão colegiado da pessoa jurídica; iii) existência de interesse ou benefício da pessoa jurídica no delito praticado**[20].

De fato, houve a nítida adoção pela legislação ambiental de um modelo de heterorresponsabilidade da pessoa jurídica, também chamado de *responsabilidade por atribuição.* Isto porque o artigo 3º da Lei n. 9.605/1998 exige um ato cometido por decisão de uma pessoa natural, que seja seu representante legal ou contratual, ou de seu órgão colegiado, em seu benefício ou interesse. Por isso, fala-se em responsabilidade penal *por ricochete, de empréstimo, subsequente ou por procuração*[21]. A lei não previu diretamente um ato punível da pessoa jurídica, mas um ato humano que lhe é imputado porque essa atuação ocorreu no interesse ou benefício da corporação.

Na jurisprudência, o entendimento inicialmente adotado pelos Tribunais Superiores era de que só era possível a responsabilização penal da pessoa jurídica por crime de forma conjunta com uma pessoa física. Cuida-se da chamada **teoria da dupla imputação**, que só permite a responsabilidade criminal de uma pessoa jurídica se houver, de forma concomitante, a denúncia e a punição da pessoa física responsável pelo ato. A exigência surgiria do próprio direito material, o que tornaria impossível imputar o crime ambiental apenas a uma pessoa jurídica, sem imputação a uma pessoa física. Em outros termos, seria uma teoria de exigência da coautoria entre pessoa natural e o ente coletivo[22].

Essa teoria **não é adotada atualmente** pelas Cortes Superiores. O STF, desde o julgamento do RE 548181/PR, em 06/08/2013, tem entendido que a responsabilidade penal da pessoa jurídica não é condicionada à simultânea persecução penal da pessoa física. Compreende, assim, que a Constituição não exige a dupla imputação[23]. O STJ já firmou a posição de que o elemento volitivo não é óbice para a responsabilização

---

19. BARROS, Flávio Augusto Monteiro de. Ob. Cit., 2019, p. 173.
20. SANTOS, Juarez Cirino dos. Ob. Cit., p. 689.
21. GOMES, Luiz Flávio. Crime ambiental e responsabilidade penal de pessoa jurídica de direito público. Migalhas. Disponível em: https://www.migalhas.com.br/depeso/58248/crime-ambiental-e-responsabilidade-penal-de-pessoa-juridica-de-direito-publico.
22. SALVADOR NETTO, Alamiro Velludo. Ob. Cit., 2020, p. 292-297.
23. STF, RE 548181/PR, Rel. Min. Rosa Weber, Primeira Turma, Julgamento em 06/08/2013.

penal da pessoa jurídica[24]. Além disso, passou a seguir o entendimento do STF, no sentido de que em tais casos, não é necessária a responsabilização concomitante da pessoa física que representa a pessoa jurídica[25].

4.3. Sujeito passivo

Sujeito passivo é aquele que sofre as consequências do delito, aquele sobre o qual recai a ação criminosa. A doutrina divide o sujeito passivo em duas categorias:

a) **Formal, corrente, constante ou geral**: o Estado. Como o ente que estabelece as normas jurídicas e possui a titularidade do poder de punir, todo delito representa uma afronta ao Estado. Portanto, ele é sujeito passivo formal de todas as infrações criminais, possuindo essa posição de forma constante.
b) **Material, eventual, acidental ou particular**: é o titular do bem jurídico lesado ou ameaçado de lesão. Além do sujeito passivo formal (o Estado), é possível que haja um indivíduo ou uma pessoa jurídica que sofre as consequências do delito. No estupro, é a pessoa natural que tem sua dignidade sexual violada. No roubo, aquele que possui o patrimônio violado, bem como aquele que sofre a violência ou grave ameaça, caso não seja o próprio titular do patrimônio lesado. Pode figurar como sujeito passivo material do delito a pessoa natural e, em alguns casos, também a pessoa jurídica. O morto não pode ser sujeito passivo de infração penal, sendo que, no caso dos crimes contra o respeito aos mortos e na calúnia, tutela-se a família do morto ou a coletividade.

Por fim, resta a seguinte dúvida: **é possível que alguém figure como sujeito ativo e passivo do delito ao mesmo tempo?**

a) **1ª posição:** é possível que o indivíduo seja, concomitantemente, sujeito ativo e passivo do delito. O exemplo seria o crime de rixa, em que o rixento é, ao mesmo tempo, sujeito ativo e passivo do delito, quando efetua agressão e é agredido na mesma ocasião. É posição de Rogério Greco.
b) **2ª posição:** não é possível que o indivíduo seja sujeito passivo e ativo do crime. Devemos, aqui, relembrar o estudo do princípio da alteridade, que preconiza que só se pode punir a conduta que ultrapassa a esfera jurídica de disponibilidade da pessoa. Assim, não se pune a autolesão, salvo no caso de fraude para recebimento de indenização ou valor do seguro, previsto no artigo 171, § 2º, V do Código Penal, caso em que há uma lesão ao patrimônio de outrem. Entretanto, não se criminaliza, por si só, a lesão praticada contra si próprio. No caso da rixa, o sujeito, que ao mesmo tempo é agredido e agressor, pode ser sujeito ativo e passivo. Entretanto, é sujeito ativo das agressões que praticar e sujeito passivo das

---

24. STJ, AgRg no HC 508036/SC, Rel. Min. Jorge Mussi, Quinta Turma, DJe 04/06/2019.
25. STJ, RMS 56.073/ES, Rel. Min. Ribeiro Dantas, Quinta Turma, julgado em 25/09/2018, DJe 03/10/2018.

lesões que sofrer de terceiros, não de forma concomitante e em relação a uma mesma ação ou omissão. Essa posição prevalece na doutrina, sendo defendida, dentre outros, por Rogério Sanches Cunha[26] e Julio Fabbrini Mirabete e Renato N. Fabbrini[27].

5. OBJETO DO CRIME

Objeto do crime é aquilo contra o que se volta a conduta do sujeito ativo da infração penal. É qualquer coisa, pessoa ou bem jurídico sobre o qual recai a atividade criminosa e que sofre seus efeitos.

5.1. Objeto material e objeto jurídico

O objeto do crime pode ser material ou jurídico:

a) **Objeto material**: é a pessoa ou coisa contra a qual é praticada a infração penal. Por exemplo, no caso do homicídio, o objeto material é a vítima, a pessoa que é assassinada.
b) **Objeto jurídico:** é o bem jurídico tutelado pela norma penal. Utilizando o exemplo do homicídio, o objeto jurídico é a vida, que é o bem jurídico que se tutela e se visa a preservar pela criminalização da conduta.

Em virtude do objeto jurídico, os crimes classificam-se em mono-ofensivos e pluriofensivos.

Crime mono-ofensivo é aquele que só possui um objeto jurídico. É o caso do homicídio, já citado, cujo objeto é a vida. Também é o caso do furto, que busca tutelar o bem jurídico patrimônio.

Crime pluriofensivo é o delito cuja previsão busca tutelar mais de um bem jurídico. Exemplo é o crime de roubo, que tutela a liberdade individual (ou a integridade física) e o patrimônio. Outro exemplo é o crime de latrocínio, cujos objetos jurídicos são a vida e o patrimônio.

Não há crime sem objeto jurídico.

É impossível que haja crime sem objeto jurídico. O princípio da ofensividade ou da lesividade preconiza que **não pode haver crime sem que haja conteúdo ofensivo a bens jurídicos**. A repressão penal, portanto, só se justifica se houver lesão ou ameaça de lesão a um bem jurídico. Por isso, toda infração penal necessariamente possui um objeto jurídico (mono-ofensivo) ou até mesmo mais de um (pluriofensivo). Entretanto, sempre deve haver objeto jurídico para que haja uma infração penal.

---

26. CUNHA, Rogério Sanches. Manual de direito penal, volume único. 8ª. ed. Salvador: Juspodivm, 2020, p. 217.
27. MIRABETE, Julio Fabbrini; FABBRINI, Renato N. Manual de direito penal, Volume I. 32ª. ed. São Paulo: Atlas, 2016, p. 111.

Com relação ao objeto material, é possível que haja crime sem ele:

Existem crimes sem objeto material.

Há crimes cuja conduta não recai diretamente sobre uma vítima nem sobre uma coisa. Podemos pensar, como exemplos, nos crimes de ato obsceno e de falso testemunho, que, portanto, não possuem objeto material.

E se o crime apresentar objeto material, mas, no caso concreto, houver sua impropriedade absoluta? Nesse caso, há crime impossível ou quase-crime, previsto no artigo 17 do Código Penal. Exemplo é o caso do sujeito que, buscando matar seu desafeto, vai até sua casa e o encontra deitado. Desfere vários tiros contra ele e parte em seguida. Ocorre que seu inimigo havia sofrido um ataque cardíaco e não dormia, mas já estava morto. Crime de homicídio não haverá, pois o objeto material ("alguém" - pessoa viva) não havia, por impropriedade absoluta.

5.2. Teoria do bem jurídico

O bem jurídico é uma categoria considerada central para a maioria da doutrina, pois o crime existe para tutelar um bem jurídico, o que justifica e fundamenta a aplicação da pena. Além disso, a pena deve corresponder à lesão ao bem jurídico tutelado pela norma. O bem jurídico é utilizado, ainda, como critério para verificar se há conflito aparente de normas ou se está configurado o concurso de delitos. O seu conceito, entretanto, foi sendo construído ao longo do desenvolvimento da dogmática penal, havendo questionamentos posteriores sobre a sua importância, a sua delimitação e até mesmo sobre a sua existência.

Na Antiguidade, havia uma concepção de delito como uma transgressão da ordem natural das coisas. Posteriormente, na Idade Média, desenvolve-se uma ideia de que o crime consiste em um atentado contra a divindade, o que se altera, em parte, com o Absolutismo. Como o monarca era aquele que estabelecia as leis, não houve total superação da concepção de que o delito representava, também, um pecado, considerando que se considerava a disnatia proveniente de um direito divino. Com a decorrocada do absolutismo, busca-se racionalizar essa fundamentação do crime, compreendendo-o como dano social.

Nilo Batista chama a atenção de que surgiu a importância do conceito de bem jurídico na primeira metade do século XX, a partir da contestação da ideia de crime como ofensa de um direito subjetivo[28]. Essa concepção de **ofensa a direito subjetivo** surgiu, no período iluminista, com a obra de Paul Johann Anselm von Feuerbach, sob influência do jus-racionalismo e da obra de Kant, que defendeu caber ao Estado assegurar o livre exercício da liberdade pessoal de cada um. Assim, só deveria haver criminalização de condutas em caso de violação de direitos subjetivos, o que justificaria a intervenção estatal[29].

28. BATISTA, Nilo. Introdução Crítica ao Direito Penal Brasileiro. 12. ed. Rio de janeiro: Revan, 2011. p. 92.
29. FEUERBACH, Paul Johann Anselm Ritter von. Tratado de derecho penal común vigente en Alemania. Traducción al castellano de la 14ª edicción alemana por Engenio Raúl Zaffaroni e Irma Hagemeier. Buenos Aires:

Posteriormente, em oposição à ideia de Feuerbach, surge a concepção de Johann Michael Franz Birnbaum. Esse penalista compreende que a fundamentação da intervenção estatal, com a incriminação da conduta, não seria a tutela de direitos subjetivos, mas a **tutela de bens** relativos ao sistema social, que, por sua vez, se conectavam a direitos individuais. Assim, compreende o crime como ofensa a bens, o que fomentou a discussão de várias teorias sobre o bem jurídico atingido pela conduta delitiva[30].

Essa compreensão inicial foi desenvolvida, de início, por Karl Binding, que, aproveitando os estudos de Birnbaum, seria o primeiro a utilizar a expressão **bem jurídico**, conceituando-o como tudo aquilo que o legislador considera merecedor de proteção penal[31]. Além disso, ele insere o bem jurídico no núcleo do injusto penal, considerando-o a essência da norma[32].

O **bem jurídico**, segundo Roxin, é a circunstância da realidade ou uma finalidade necessária para uma vida segura e livre, garantindo-se os direitos fundamentais de cada um ou o funcionamento do sistema estatal que se volta a esses objetivos[33]. Para esse penalista, a função das normas penais é a tutela dos bens jurídicos mais relevantes para a sociedade, de modo que devem ser interpretadas com base nesta finalidade.

Aponta a doutrina, ainda, um chamado **substrato subjetivo do bem jurídico**, que consiste no interesse que determinado bem da vida (bem existencial) possui para o ser humano. É esse vínculo, essa relação social, que deve ser valorada pelo legislador para que ele seja selecionado como bem jurídico. Com base no princípio da intervenção mínima, uma norma criminal só deve ser utilizada quando os outros ramos do Direito não forem suficientes para tutela daquele interesse social. O Direito Penal, fragmentário, só deve tutelar os bens jurídicos mais relevantes para a sociedade. Quando, feita tal valoração, conclui-se que o bem jurídico deve ser tutelado por uma norma de Direito Penal e passa-se a denominá-lo **bem jurídico penal**.

Com a força normativa da Constituição e a supremacia das normas constitucionais sobre as demais normas do ordenamento jurídico, passou-se a entender que o Direito Penal deve ser compatível com as normas constitucionais para que sejam válidas. Dentre desse âmbito, uma **teoria mais rígida** passou a preconizar que só os bens jurídicos tutelados diretamente no texto constitucional poderiam ser objeto de tutela penal. De outro turno, uma **teoria genérica ou flexível**, que acabou prevalecendo sobre a outra, passou a defender que a Constituição possui uma função orientadora, permitindo a tutela dos bens jurídicos que não sejam incompatíveis com seus princípios e regras.

Hammurabi, 2022, p. 51. MARTINELLI, João Paulo Orsini; BEM, Leonardo Schmitt de. Direito Penal parte geral: lições fundamentais. 7. ed. Belo Horizonte, São Paulo: D'Plácido, 2022, p. 122.

30. BIRNBAUM, Johann Michael Franz. Sobre lanecesidad de uma lesión de derechos para el concepto de delito. Trad. José Luis Guzmán Dalbora. Montevideo: Editorial B de F, 2018, p. 52-55.

31. MARTINELLI, João Paulo Orsini; BEM, Leonardo Schmitt de. Ob. Cit. 2022, p. 123..

32. CAVALI, Marcelo Costenaro. Manipulação do Mercado de Capitais: Fundamento e Limites da Repressão Administrativa. São Paulo: Quartier Latin, 2018, p. 45-51.

33. ROXIN, Claus. A proteção de bens jurídicos como função do Direito Penal. Porto Alegre: Livraria do advogado, 2018, p. 18-19.

A função da **teoria do bem jurídico**, portanto, se liga ao **princípio da exclusiva proteção de bens jurídicos**. A teoria do bem jurídico apresenta, desse modo, um limite ou uma baliza ao Direito Penal, vedando a criminalização de determinadas condutas, como aquelas que violem a moral ou os costumes de alguém. Serve como limite ao legislador, que deve se atentar à proteção dos bens jurídicos como fundamento necessário para a incriminação das condutas.

Podemos apontar, segundo Luiz Flávio Gomes, que o bem jurídico exerce dois **limites** importantes:

- **De natureza indicativa**: só os bens jurídicos que sejam indispensáveis para o desenvolvimento do ser humano devem ser tutelados pelo Direito Penal;
- **De caráter negativo**: enseja a possibilidade de afirmar, com uma boa margem de segurança, os bens jurídicos que não devem ser objeto de tutela penal, como a moralidade, a ética, a ideologia, as crenças religiosas etc.

Para Zaffaroni e Pierangeli, o bem jurídico cumpre duas **funções** necessárias para que o Direito Penal se mantenha dentro da racionalidade exigida do Estado[34]:

- **Garantidora**: deriva do princípio republicano, exigindo a violação a um bem jurídico para a intervenção penal;
- **Teleológico-sistemática**: justifica (dá sentido) e limita a proibição que o tipo traz.

Para Luiz Regis Prado, há mais funções, que englobam as duas acima[35]:

- Função dogmática: valorização doutrinária do papel central do bem jurídico na formação do delito;
- Função de garantia ou de limitação do poder punitivo (função garantidora);
- Função teleológico ou interpretativa: critério de interpretação conforme o fim de tutela do bem;
- Função de orientação de política criminal: critério de legitimação da norma penal;
- Função individualizadora: fixação da pena com base na lesão ao bem jurídico tutelado;
- Função sistemática ou classificatório: critério de classificação dos crimes na Parte Especial do CP.

Claus Roxin defende que "as fronteiras da autorização de intervenção jurídico--penal devem resultar de uma função social do Direito Penal", que é a de garantir uma existência pacífica, livre e socialmente segura. O penalista menciona que os

---

34. ZAFFARONI, Eugenio Raúl; PIERANGELI, José Henrique. Manual de direito penal brasileiro, parte geral. 13. ed. rev. e atual. São Paulo: Thomsom Reuters Brasil, 2019, p. 418.
35. PRADO, Luiz Regis. Curso de direito penal brasileiro: parte geral e parte especial. 18. ed. Rio de Janeiro: Forense, 2020, p. 43.

bens jurídicos podem sim ser criados pelo legislador, como é o caso da tutela da ordem tributária. Não restringe a sua concepção de bem jurídico a um conceito "pessoal", individual, como a vida ou o patrimônio de alguém. Entretanto, no caso de tutela de bens jurídicos da generalidade, da sociedade como um todo, a sua legitimidade depende de que essa tutela sirva definitivamente ao cidadão, de um modo particular[36].

No entanto, o penalista alemão aponta que alguns juristas discordam de que o Direito Penal deva se limitar a atuar no caso de lesões a bens jurídicos. É o caso de Hirsch, que entende não existir um conceito de bem jurídico predeterminado, que vincule o legislador. O legislador seria livre para tutelar o que entende relevante. Por sua vez, o funcionalista Günther Jakobs defende que a função do Direito Penal, como sistema, é de garantir a validade da norma, ou seja, confirmar a sua vigência. Ele entende que o crime é a negação da norma e que a pena é a resposta a essa negação. Isto é, a pena consiste na demonstração de que a negativa do autor (sobre a vigência da norma) não tem importância e a norma segue vigendo independentemente da sua conduta.

Portanto, na visão do funcionalista sistêmico, caso se admita a existência de bem jurídico a ser tutelado pela norma penal, deveria ser considerado como a própria norma penal, cuja vigência se busca demonstrar por meio da imposição de sanção. Deste modo, o funcionalismo sistêmico questiona a própria existência de um bem jurídico ou de função das normas de tutelá-lo, já que a sanção é aplicada quando esse objetivo jurídico já foi violado. *Caso se admita a existência do bem jurídico*, essa vertente do funcionalismo defende que seria a própria norma penal, cuja vigência se busca garantir com a aplicação da pena, o bem por ela tutelado.

E o que seria o *harm principle*?

Esse princípio, que se traduziria por algo próximo a princípio do dano, não costuma ser traduzido, já que é utilizado especialmente no *common law*. Segundo a sua formulação, uma intervenção estatal contra um indivíduo apenas se justifica se, ao menos, prevenir um dano. O *harm principle* é disseminado, por exemplo, nos Estados Unidos da América. Não se trata de princípio acolhido pelos penalistas brasileiros, a não ser para efeitos comparativos entre a teoria do bem jurídico, nos países de tradição *civil law*, como o Brasil, e o *harm principle*, construído em sistemas jurídicos de tradição *common law*.

Esse princípio costuma ter sua origem atribuída à obra de John Stuart Mill, que é conhecido como expoente do utilitarismo. Utilitarismo, para melhor contextualização, é a corrente filosófica, fundada por Jeremy Bentham, segundo a qual "o mais elevado objetivo da moral é maximizar a felicidade, assegurando a hegemonia da dor sobre o prazer". Fazer a coisa certa, assim, seria optar pela via que maximize a utilidade, ou seja, que produza prazer a diminua a dor. No desenvolvimento do utilitarismo por John Stuart Mill, ele defende que a rejeição a direitos da minoria,

36. ROXIN, Claus. A proteção de bens jurídicos como função do Direito Penal. 2. ed. Porto Alegre: Livraria do advogado, 2018, p. 29-36.

como de uma crença religiosa, tornaria a sociedade pior a longo prazo, razão pela qual a utilidade deve ser analisada no longo prazo, e não caso a caso[37].

Feita a contextualização, o princípio determina que só se pode justificar a intervenção estatal na vida dos indivíduos contra comportamentos que puderem causar algum mal. Não seria possível, assim, proibir a fertilização *in vitro*, orientações sexuais, crenças religiosas ou publicação de livros controversos. Por não causarem danos a outrem, essas atividades não poderiam sofrer intervenção estatal. O dano, vale ressaltar, seria condição necessária, mas não seria suficiente para a intervenção do Estado. Uma das críticas feitas a esse princípio seria de que ele não é acompanhado por um conceito de dano (*harm*), o que o tornaria vazio, ineficaz para tutelar a liberdade dos indivíduos[38].

Greco e Roxin visualizam no *harm principle*, chamado de **princípio do dano**, um esforço similar ao encontrado na Europa Continental para limitar o Direito Penal com a doutrina do bem jurídico. Seria um aliado dos defensores da teoria do bem jurídico. Para compreensão do princípio, os danos seriam entendidos como interesses de outra pessoa. Esses interesses seriam objetos nos quais se faz um investimento. Essa abordagem buscaria limitar o poder de punir e, assim, seria também movida por um espírito liberal, isto é, de preservação da liberdade. Joel Feinberg teria desenvolvido, ao lado do princípio do dano, o princípio da ofensa (offense principle), autônomo, segundo o qual as ofensas _ estados mentais indesejados _ somente poderiam ser criminalizados em condições específicas, com ponderação. Em suma, o modelo anglo-saxão, apesar de trazer contribuições interessantes, seria inferior ao modelo de teoria do bem jurídico que defendem[39].

6. FATO TÍPICO

Sob o viés do conceito analítico de crime, pode-se conceituá-lo, conforme a maioria da doutrina, como fato típico, ilícito e culpável. O primeiro substrato do crime, portanto, é o fato típico. **Fato típico é a ação ou omissão humana que se amolda à conduta prevista na norma como infração penal**. É o fato da realidade que, com todos os seus elementos, se amolda à hipótese de incidência da norma penal incriminadora, ao tipo penal.

Portanto, será típica a conduta que realize a hipótese de incidência da norma penal, ou seja, a hipótese normativa, apresentando significativa lesão ou ameaça de lesão ao bem jurídico tutelado. Basta pensar no furto, cujo tipo é "subtrair coisa alheia móvel". Para que haja fato típico, é preciso que alguém atue de forma a praticar o que prevê a norma penal extraída do artigo 155 do Código Penal. Ou seja, pratica o fato típico do furto quem subtrai coisa alheia móvel, desde que a conduta represente

37. SANDEL, Michael. O que é fazer a coisa certa. Tradução da 15ª edição: Heloísa Matias e Maria Alice Máximo. Rio de Janeiro: Civilização Brasileira, 2014, p. 48-66.

38. FOLLAND, Aanna. The Harm Principle and the Nature of Harm. Utilitas, 34(2), 139-153. Cambridge: Cambridge Press, 2022. doi:10.1017/S0953820821000352.

39. ROXIN, Claus; GRECO, Luís. Direito Penal: parte geral. Tomo I. Fundamentos: a estrutura do crime. São Paulo: Marcial Pons, 2024, p. 173-176.

uma significativa lesão ao patrimônio do sujeito passivo. Nota-se que o princípio da insignificância influencia diretamente o estudo do fato típico.

6.1. Elementos do fato típico

São elementos do fato típico a conduta, o nexo causal, o resultado e a tipicidade.

Conduta: é a ação ou omissão humana, voluntária e consciente, cujo elemento subjetivo é o dolo ou a culpa.

Nexo Causal: é o vínculo etiológico, ou seja, de causa e efeito, entre a conduta e o resultado praticado. A imputação do resultado ao agente também depende, para a doutrina contemporânea, de imputação objetiva, consistente em uma análise jurídica para imputação do resultado para além da causalidade mecânica. Baseia-se na ideia de risco proibido.

Resultado: subdivide-se em normativo e naturalístico. O resultado normativo é a lesão ou ameaça de lesão ao bem jurídico tutelado. Resultado naturalístico, por sua vez, é a modificação realizada na realidade, no mundo exterior, sendo que não está presente em todos os delitos.

Tipicidade: é a correspondência entre a conduta praticada pelo sujeito ativo e a hipótese normativa da lei penal incriminadora, ou seja, o encaixe entre os fatos e a previsão da infração penal pela lei.

6.2. Teoria do tipo penal

O tipo penal é o molde descritivo do que se proíbe no Direito Penal. Em outros termos, é *a moldura da conduta incriminada* pelo Direito Penal, sob a ameaça de pena, como ensina Brandão[40]. O tipo legal se liga intrinsecamente ao princípio da legalidade, pois a exigência de lei formal e prévia leva à exigência da taxatividade, isto é, de uma conduta que seja delimitada pelo Direito Penal, de modo a que todos possam saber, de antemão, quais condutas lhe são proibidas e que acarretarão, se praticadas, a imposição da sanção penal.

No caso do homicídio, o tipo é "matar alguém", como descreve o artigo 121 do Código Penal. Apesar de simples, esse tipo delimita a conduta incriminada, excluindo, daquela norma, por exemplo, a morte de animais não humanos. O núcleo do tipo penal, ao descrever uma conduta que se incrimina, traduz-se em um verbo. No caso do homicídio, o núcleo do tipo é matar alguém.

Há tipos simples, como o do homicídio, e há tipos mistos, com mais de um núcleo do tipo. Estes últimos podem ser alternativos ou cumulativos, conformem tratem de uma matéria de proibição ou mais de uma matéria de proibição, respectivamente[41].

Tipo simples: um núcleo do tipo, como o homicídio: "Matar alguém".

Tipo misto alternativo: vários núcleos do tipo, mas uma matéria de proibição. Como observa Brandão, os verbos se referem à mesma conduta, como no caso de violação de domicílio: "Entrar ou permanecer, clandestina ou astuciosamente, ou

40. BRANDÃO, Cláudio. Tipicidade penal. 2. ed. (O tempo e a norma). Coimbra: Almedina, 2020, p. 231.

41. São utilizadas aqui as lições de: BRANDÃO, Cláudio. Ob. Cit., 2020, p. 101-103.

contra a vontade expressa ou tácita de quem de direito, em casa alheia ou em suas dependências", conforme previsão do artigo 150 do CP. Vale lembrar que esse delito é chamado também de crime de ação múltipla ou de conduta alternativa[42].

Tipo misto cumulativo: vários núcleos do tipo, mas com diferentes matérias de proibição. Na lição de Brandão, os verbos possuem complementos próprios e diferentes, como no crime do artigo 242 do CP: "Dar parto alheio como próprio; registrar como seu o filho de outrem; ocultar recém-nascido ou substituí-lo, suprimindo ou alterando direito inerente ao estado civil". Em outros termos, cada verbo se relaciona a um predicado diferente, não possuindo um ponto comum.

Ademais, o tipo penal, conforme a atual concepção inaugurada pelo finalismo, pode possuir elementos objetivos, subjetivos e normativos:

- **Elementos objetivos**: são os elementos objetivos ou materiais, perceptíveis pelos sentidos[43]. São os dados da realidade exteriores ao agente, de realidade objetiva, ou seja, que independem da intenção do indivíduo. São elementos que permitem um juízo objetivo.
- **Elementos subjetivos**: é possível que o tipo penal exija apenas o dolo, como o homicídio. Tradicionalmente, a doutrina denomina esse elemento subjetivo de dolo genérico. Há, ainda, os que exigem o dolo e um elemento subjetivo especial, uma finalidade específica do agente, como a extorsão mediante sequestro (com o fim de obter, para si ou para outrem, qualquer vantagem, como condição ou preço do resgate) e a importunação sexual (com o objetivo de satisfazer a própria lascívia ou a de terceiro). A doutrina tradicional engloba o dolo e o elemento subjetivo especial e o denominam de dolo específico. Há, ainda, os tipos culposos, em que o elemento subjetivo é a culpa em sentido estrito (negligência, imprudência ou imperícia)[44]. Costuma-se denominar a culpa *stricto sensu* como elemento subjetivo, dada a vedação da responsabilização objetiva no Direito Penal. Há, entretanto, doutrinadores que o consideram um elemento normativo. Por fim, existe doutrina que entende que dolo não é elemento do tipo, mas uma qualidade dele.
- **Elementos normativos**: são os elementos que dependem de um juízo de valor. Podem se subdividir em juízo de valor jurídico e juízo de valor cultural[45]:
  - **Elementos normativos com juízo de valor jurídico**: são aqueles que dependem de uma definição de natureza jurídica, como "cheque", "funcionário

42. BIITENCOURT, Cezar Roberto. Parte especial: crimes contra a pessoa. Coleção Tratado de direito penal volume 2. 20. ed. São Paulo: Saraiva Educação, 2020, p. 594.
43. PRADO, Luiz Regis. Ob. Cit., 2020, p. 159.
44. Em sentido contrário, entendendo que dolo não é elemento subjetivo do tipo, mas instrumento classificatório de definição da tipicidade da conduta ou categoria jurídica que resulta da correspondência entre os elementos do tipo e conteúdo da consciência do sujeito: EISELE, Andreas. Direito penal: teoria do delito. Salvador: Editora Juspodivm, 2018, p. 154.
45. BRANDÃO, Cláudio. Ob. Cit., 2020, p. 111-112. É a mesma classificação seguida por: MASSON, Cleber. Direito Penal: parte geral (arts. 1º a 120) – vol. 1. São Paulo: MÉTODO, 2019, p. 228. Prado, por sua vez, chama os elementos normativos com juízo normativo de "elementos normativos extrajurídicos ou jurídico-culturais": PRADO, Luiz Regis. Ob. Cit., 2020, p. 160.

público", "ordem legal", "warrant", "consumidor", "casa" no contexto do crime de violação de domicílio[46] etc.

- **Elementos normativos com juízo de valor cultural**: são os elementos do tipo que, para sua compreensão, dependem de uma conceituação cultural, ou seja, que advém da experiência social ou dos valores éticos da sociedade: "dignidade", "decoro", "ato obsceno", "pudor" etc.

É possível, ainda, classificar os tipos penais conforme se trate de um tipo básico ou de um tipo que receba um elemento configurador novo e, com isso, receba novos limites mínimo e máximo de pena abstratamente cominados ou dê origem a outra figura delitiva.

Tipo básico: é o tipo que possui os elementos mínimos para a configuração do delito, apresentando apenas as elementares necessárias para configuração daquela conduta incriminada. Sem essas elementares, o fato será atípico.

Tipos derivados: são os tipos formados por um tipo básico e por outros elementos complementares. Subdividem-se em compostos, complexos, qualificados e derivados[47]:

- **Tipo composto**: é o que se forma pela fusão de dois outros tipos, como o crime de roubo, composto pelo furto e pela ameaça ou pelo furto e pela lesão corporal.
- **Tipo complexo**: forma-se a partir de um tipo básico, com o acréscimo de uma circunstância, dando origem a outro delito. É o caso do estupro, que contém o tipo de constrangimento ilegal e a conjunção carnal ou outro ato libidinoso.
- **Tipo qualificado**: é o tipo penal que possui circunstâncias além do tipo básico, além de novos limites mínimo e máximo de pena abstratamente cominada, que são mais altos. Exemplo: feminicídio.
- **Tipo privilegiado**: é o tipo penal que possui circunstâncias além do tipo básico, além de novos limites mínimo e máximo abstratamente cominados, mais baixos. É o caso do infanticídio, que é modalidade privilegiada de homicídio. Entretanto, esse termo é usado sem rigor científico[48], muitas vezes sendo utilizado para causas de diminuição de pena, como o muitas vezes denominado "homicídio privilegiado" do artigo 121, § 1º, do Código Penal.

7. CONDUTA

A configuração do crime, que pode ensejar a aplicação da sanção penal, é realizada a partir de uma conduta que se amolda ao que está descrito em uma norma penal

46. É interessante a observação do caráter relativo da classificação: casa pode ser elemento objetivo se considerado como a construção, mas como elemento normativo se referente ao domínio: EISÉLE, Andreas. Direito penal: teoria do delito. Salvador: Editora Juspodivm, 2018, p. 150.
47. EISELE, Andreas. Direito penal: teoria do delito. Salvador: Editora Juspodivm, 2018, p. 172-173.
48. EISELE, Andreas. Ob. Cit., 2018, p. 175-176.

incriminadora. Assim, a conduta humana possui relevância central para a teoria do crime e para o Direito Penal como um todo. Pode-se conceituar a **conduta como o comportamento humano voluntário, exteriorizado por uma ação ou omissão, dirigido a um fim**. Entretanto, o tema é um dos que mais foram discutidos no âmbito do Direito Penal, sendo espinhoso e controverso. A discussão sobre o que é a conduta deu origem às chamadas *teorias da conduta*, também denominadas, por alguns, de *teorias da ação*. As teorias da conduta foram estudadas acima, no tópico da evolução histórico-dogmática do Direito Penal, de modo que aqui será feita apenas uma breve incursão na modificação da compreensão da conduta na perspectiva das diferentes teorias.

Para o **causalismo**, a ação seria o mero processo causal que a vontade (o impulso voluntário) desencadeia no mundo exterior[49]. Nessa concepção, a ação humana não possui conteúdo de vontade ou finalidade. A conduta é analisada por si só, sem elemento subjetivo. Desse modo, se alguém atropela um pedestre e lhe causa lesões que o levam à morte, praticou a conduta prevista no artigo 121 do Código Penal, ou seja, praticou o fato típico do homicídio. A questão da intenção ou não de matar, por exemplo, só seria analisada na culpabilidade. O fato típico possui uma análise estritamente objetiva.

Já para os **neokantistas**, a conduta continua sendo concebida sem dolo ou finalidade. Para essa teoria, conduta não é ação, mas comportamento, o que abrange tanto a conduta positiva quanto a negativa, ou seja, tanto a ação quanto a omissão. Entretanto, os neokantistas já aceitam a detecção de elementos subjetivos do tipo, o que abre o caminho para se analisar algum conteúdo de vontade do agente já no primeiro substrato do crime (fato típico), e não somente na culpabilidade. Além disso, a teoria causal-valorativa também admite a existência de elementos normativos no tipo, aqueles que dependem de um juízo de valor para a sua constatação. O tipo, assim, é tido como norma de cultura, já que traz em si valores estabelecidos previamente, sendo que o texto legal não tem um sentido objetivo, mas deve ser descoberto pelo intérprete.

Entretanto, é a **teoria finalista** que inspirará a Reforma de 1984, que modificará a Parte Geral do Código Penal. Para o seu criador, Hans Welzel, a **"ação humana é o exercício de atividade final"**[50]. Por isso, a ação é um acontecer final, e não apenas causal[51]. Isso significa que toda conduta humana possui uma finalidade, é orientada por um objetivo. Sob essa concepção, faz parte da conduta o próprio elemento subjetivo do tipo, ou seja, o dolo ou a culpa. Note-se que a vontade e a finalidade se fundem na conduta. A direção final da ação ocorre por meio de duas etapas. Primeiro, no pensamento, o agente antecipa o fim que ele quer realizar, seleciona os meios para conseguir alcançar essa finalidade e considera os efeitos concomitantes. Então, ele põe em movimento os meios de ação (os fatores causais),

49. WELZEL, Hans. Derecho penal alemán. Parte general. Santiago: Editorial Jurídica de Chile, 2014, p. 73.
50. WELZEL, Hans. O Novo Sistema Jurídico-Penal. Trad. L. R. Prado. 4. ed. São Paulo: Editora Revista dos Tribunais, 2015, p. 30.
51. WELZEL, Hans. Ob. Cit., 2014, p. 65.

escolhidos antecipadamente, de acordo com um plano, cujo resultado abrange a sua finalidade e os efeitos concomitantes (colaterais)[52].

Uma grande modificação em relação às teorias anteriores é a migração do dolo e culpa, que passam a integrar a própria conduta. Ou seja, **o dolo e a culpa deixam de fazer parte da culpabilidade**, para serem considerados na conduta, dentro da análise do **fato típico**. Por isso, **o dolo**, para o finalismo, **é natural**, chamado, na expressão latina, de *dolus bonus*. Isso porque o dolo é analisado como elemento da conduta, de forma neutra, sem valoração. Não faz parte dele a consciência da ilicitude e ele não integra a culpabilidade.

Ainda que sem grande aceitação na doutrina, vale lembrar que, para a **teoria social da ação**, a ação ou a conduta é o comportamento humano socialmente relevante. Em linhas gerais, a adequação social, para a concepção em estudo, integra o fato típico. No conceito de crime, há a incorporação de um elemento sociológico de interpretação. A conduta poderia, em tese, deixar de ser punida porque a sociedade não a reputa mais injusta. Busca-se uma maior interação entre o ordenamento jurídico e a realidade social, em razão de a mudança ser mais rápida em relação a esta última. A conduta seria, assim, o comportamento humano socialmente relevante.

Uma concepção inovadora de conduta, ainda em construção, é **teoria da ação significativa**, de Tomás S. Vives Antón. O autor defende que, para se determinar se houve ação humana, basta uma análise *prima facie* do comportamento externo e de seu contexto. Assim, o autor exclui pensamentos, sensações e emoções do conceito de ação, já que, apesar de existirem, não é possível conhecê-los e, assim, não são determinantes para a responsabilidade penal[53]. Ao analisar a doutrina penal e a filosofia da linguagem, há uma rejeição à distinção entre as condutas a partir do elemento subjetivo do sujeito. A ação, para essa concepção, reflete um significado no mundo jurídico, sendo compreendida por seu contexto, da mesma forma que se compreende a linguagem. A ação do indivíduo e a norma penal se conectam por meio da liberdade de ação, que é um pressuposto da própria ação.

Ainda que não se trate de uma teoria da ação, para o **funcionalismo sistêmico**, de Jakobs, a **conduta** é conceituada como a **"evitabilidade de uma diferença do resultado"**, ou seja, compreende-se a conduta penalmente relevante a partir da possibilidade de que uma atuação diversa do agente poderia ter evitado o resultado. A evitabilidade é a chave do atuar doloso e culposo. Em relação ao finalismo, o funcionalismo radical muda o enfoque de compreensão da conduta. A visão se desloca da finalidade relacionada ao resultado para as condições de evitabilidade do resultado.

Por fim, há um conceito próprio no **funcionalismo teleológico**. Roxin define ação como uma manifestação da personalidade e, por isso, pode-se falar em **um modelo pessoal de ação**[54]. Só é ação para o Direito Penal aquilo que se pode atribuir ao ser humano como centro anímico-espiritual de ação. Para o autor, não se incluem nesse

52. WELZEL, Hans. Ob. Cit., 2014, p. 66-68.

53. VIVES ANTÓN, Tomás S.; *et al*. Acción significativa, comisión por omissión y dogmática penal. Valencia: Tirant lo Blanch, 2017, p. 18.

54. SANTOS, Juarez Cirino dos. Ob. Cit., 2020, p. 129.

conceito o movimento decorrente de coação física irresistível, o movimento corporal durante o sono, em um delírio ou um ataque convulsivo, ou mesmo uma reação por reflexo. Essas manifestações não são dominadas pela vontade e consciência e, por isso, não são manifestações da personalidade do agente. O autor também não concebe como ação humana, para fins penais, os pensamentos e impulsos, pois, apesar de pertencerem ao "centro anímico-espiritual" de ação, não são manifestações da personalidade[55]. As manifestações da personalidade, as condutas, podem ser dolosas ou culposas, assim como podem ser comissivas ou omissivas.

7.1. Elementos da conduta

São elementos da conduta a vontade, a exteriorização dessa vontade, a consciência do agente e, em um viés finalista, a sua finalidade.

Vontade: é o desejo do agente de realizar a ação ou de se omitir.

Exteriorização: é a transcendência de sua vontade, que deixa o seu aspecto íntimo e atinge o mundo exterior, com seu comportamento ativo ou negativo.

Consciência: é a sua compreensão sobre sua vontade e sua exteriorização.

Finalidade: é o fim a que o agente visa com seu comportamento. Elemento defendido por Hans Welzel, cuja teoria foi a base da Reforma da Parte Geral do nosso Código Penal, em 1984.

7.2. Causas de exclusão da conduta

São causas de exclusão da conduta: a coação física irresistível, o caso fortuito ou a força maior, o estado de inconsciência completa e os movimentos reflexos.

Coação física irresistível, também denominada *vis absoluta*, representa o impedimento de o sujeito orientar sua conduta livremente. Imagine que um sujeito, muito mais forte, usa a mão de outro, débil, para empurrar um grande vaso de um terraço que atinge um transeunte. O sujeito débil, que teve seu corpo usado como instrumento, não pode ser responsabilizado, pois nem sequer conduta teve.

Caso fortuito ou força maior: são dois institutos que a doutrina não consegue diferenciar de forma unânime, razão pela qual devem ser analisados em conjunto. Representam tanto as forças da natureza quanto algum evento decorrente de conduta humana e que seja imprevisível e inevitável. Pode-se citar, por exemplo, uma guerra ou uma tempestade. Caso algum desses eventos impeça a conduta livre e voluntária do indivíduo, não há que se falar em conduta penalmente relevante. Imagine um sujeito que, tendo o dever de ser o guia de um grupo de turistas na Floresta Amazônica, é surpreendido por um incêndio e não pode, assim, conduzi-los de volta em segurança. Não se pode cogitar de responsabilização penal do sujeito, na condição de garante, se, por exemplo, for atingido pelo incêndio. Não há, assim, conduta com relevância penal.

---

55. ROXIN, Claus. Derecho Penal. Parte General, Tomo I. Fundamentos. La estrutura de la teoria del delito. Traducción de Diego-Manuel Luzón Peña (Director); José Manuel Paredes Castañon, Miguel Días y García Conlledo; Javier de Vicente Remesal. Traducción de la 2ª edición alemana. Madrid: Thomson Reuters, 1997, p. 252.

Estado de inconsciência completa: caso o sujeito não esteja consciente, não há que se falar em conduta, já que um de seus elementos é a vontade. Desse modo, fica excluída a conduta, para o Direito Penal, do indivíduo sujeito à hipnose ou sob o efeito de sonambulismo.

Movimentos reflexos: os movimentos reflexos do corpo, involuntários, são aqueles sobre os quais se toma consciência após sua ocorrência. Cuida-se de uma reação corpórea a um estímulo sensorial. Por serem involuntários, não há, obviamente, voluntariedade e, assim, não se considera a existência de conduta para o Direito Penal. O médico bate com o martelo no joelho do paciente que, por reação automática do corpo, estende a perna e, com isso, derruba o aparelho celular do profissional da saúde. Não pode ser processado pelo crime de dano. Os movimentos reflexos não se confundem com as ações em curto-circuito, atos impulsivos, que podem ser evitados pelo agente[56]. Ações em curto-circuito, condutas automatizadas ou reações espontâneas são disposições aprendidas para serem realizadas automaticamente, como girar o volante do carro de modo a que, havendo um animal na pista, o carro seja atingido do lado do passageiro[57]. São consideradas condutas penalmente relevantes.

7.3. Formas da conduta: ação e omissão

A conduta pode se manifestar por meio de uma ação ou de uma omissão. A **ação** representa um comportamento comissivo, positivo, um *facere*. Para ser penalmente relevante, é necessário que haja a violação de um tipo proibitivo, que preveja uma conduta desvaliosa a ser evitada. Por sua vez, a **omissão** representa um comportamento negativo, omissivo, um *non facere*. Enseja a responsabilização criminal quando representa a desobediência a um tipo mandamental, ou seja, de um tipo que determina, de forma imperativa, a realização de uma conduta valiosa.

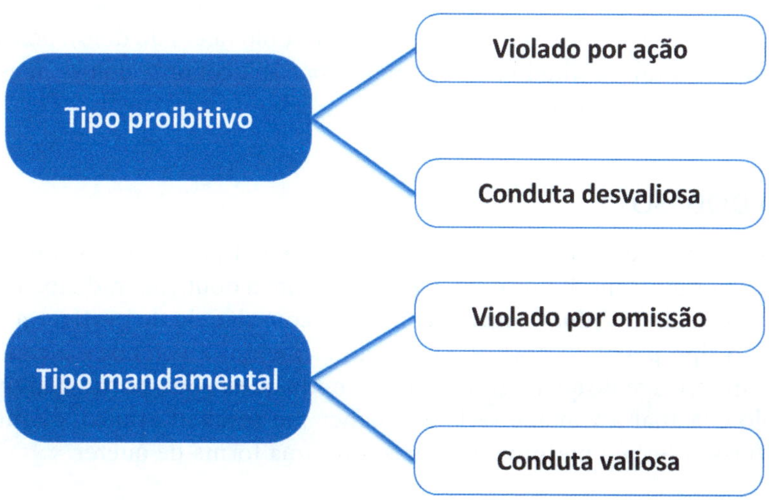

56. CUNHA, Rogério Sanches. Manual de direito penal, volume único. 8ª. ed. Salvador: Juspodivm, 2020, p. 255.
57. SANTOS, Juarez Cirino dos. Ob. Cit., 2020, p. 136.

Exemplo de crime naturalmente cometido por meio de ação é o homicídio. Há um tipo proibitivo, que prevê o crime de homicídio. A norma que se extrai de referido texto legal determina que não devemos matar, sob pena de nos submetermos a uma pena de reclusão. Com o seu descumprimento, deve haver a responsabilização penal por um comportamento positivo.

Por outro lado, o crime de omissão de socorro é uma amostra de tipo mandamental. A norma determina que, encontrando o sujeito alguém em uma das situações previstas no artigo 135 do Código Penal, por exemplo, uma criança abandonada, deve prestar assistência ou, se houver risco pessoal, pedir socorro da autoridade pública. Caso essa norma mandamental e o seu comando não sejam cumpridos, permanecendo o agente inerte, omisso, deixa de apresentar a conduta valiosa que a norma determina. Como consequência, ele se sujeita a uma pena de detenção ou multa.

7.4. Espécies da conduta quanto ao elemento subjetivo

Quanto ao elemento subjetivo, a conduta pode ser dolosa, culposa ou preterdolosa. A culpa em sentido amplo se subdivide em dolo e em culpa *stricto sensu*.

- ✓ **Dolosa**: é considerada dolosa a conduta do sujeito que age com vontade e consciência de praticar o resultado. Também é dolosa a conduta do agente que, prevendo o resultado, assume o risco de produzi-lo.
- ✓ **Culposa**: é culposa a conduta do agente que quebra o dever objetivo de cuidado, que deve manter em sua vida em sociedade. Age assim o sujeito que é negligente, imprudente ou imperito.
- ✓ **Preterdolosa**: a conduta preterdolosa envolve o dolo e a culpa. Na conduta inicial, chamada antecedente, o sujeito atua com dolo, mas produz um resultado (conduta subsequente) que modifica a pena por quebra do dever de cuidado (culposamente). Fala-se em preterdolo (além do dolo), pois o agente produziu um resultado não abrangido por sua conduta dolosa, mas que foi praticado por culpa.

8. TIPO DOLOSO

O tipo doloso é aquele cujo elemento subjetivo do tipo é o dolo. Cumpre, então, iniciarmos por um conceito de dolo. De acordo com a doutrina tradicional, a majoritária, pode-se definir **dolo como a vontade e consciência de praticar a conduta prevista no tipo penal**. O dolo possui como elementos a vontade e a consciência. No dolo direto, o agente quer o resultado, de modo que a vontade fica mais explícita. Já no dolo eventual a vontade seria a anuência ao resultado típico, de modo que assumir o risco seria o mesmo que "consentir, uma forma de querer"[58].

58. BITENCOURT, Cezar Roberto. Parte geral. Coleção de direito penal volume 1. 26. ed. São Paulo: Saraiva Educação, 2020, p. 375.

8.1. Elementos do dolo

Para **a doutrina majoritária**, compõem o dolo a vontade e o conhecimento[59]. São os elementos:

- **Intelectivo**: é a consciência do agente quanto a sua ação ou omissão, ou seja, o conhecimento acerca da forma como ele próprio age e o mundo que o cerca. É o saber.
- **Volitivo**: é a vontade do agente em relação à conduta por ele praticada. É o querer.

É necessário que o agente, antes de tudo, possua conhecimento sobre a realidade, apresentando o elemento cognitivo. Isso porque o sujeito só pode exteriorizar sua vontade livre se ele souber exatamente a realidade em que está inserido. Nelson Hungria, falava, assim, que "dolo é, ao mesmo tempo, vontade e representação"[60].

Uma decorrência dessa concepção do dolo é que a falta de conhecimento das circunstâncias que envolvem a atuação do agente, se constituírem um elemento do tipo penal, afasta sempre o dolo, seja o erro evitável ou inevitável. Isso porque o conhecimento, para o Código Penal, é considerado necessário para que haja a caracterização do dolo. Configura-se o chamado erro de tipo essencial, nos termos do art. 20, *caput*, do CP. Assim, o conceito legislativo de dolo se extrai da leitura dos artigos 18, I, e 20, *caput*, do Código Penal.

8.2. Teorias do dolo

O dolo é um dos temas mais complexos e, por isso, surgiram muitas divergências, inclusive sobre a definição e os contornos de cada teoria. Entre **vontade e conhecimento**, a doutrina discute como definir o dolo e, de forma mais pragmática, como diferenciá-lo da culpa. Isso porque há previsão de penas diferentes para as modalidades dolosa e culposa e, além disso, a punição por culpa é excepcional e depende de previsão expressa na lei. Em razão disso, surgiram diversas teorias[61]:

Teorias Volitivas: dão ênfase à vontade do autor.

- **Teoria da vontade**: exige-se a **efetiva vontade** do agente, em relação ao resultado típico, para configuração da conduta dolosa (dolo direto). Ele quer o resultado. Apesar de muitos a rejeitarem para fundamentar o dolo eventual, há a posição que inclui a aprovação do resultado como vontade (querer como assumir ou como aprovar o resultado)[62].

---

59. Neste sentido: HILGENDORF, Eric; VALERIUS, Brian. Ob. Cit., 2019, p. 107.
60. HUNGRIA, Nélson. Comentários ao Código Penal. Vol. I, Tomo 2º. 3. ed. Rio de Janeiro: Revista Forense, 1955, p. 111.
61. Para Juarez Tavares, entre as teorias do dolo eventual, são teorias intelectivas: a da representação ou possibilidade, a da probabilidade, a do risco e a da evitabilidade. São teorias volitivas a do consentimento ou conformação e a da indiferença (TAVARES, Juarez. Fundamentos de teoria do delito. 2. ed. São Paulo: Tirant lo Blanch, 2020, p. 304-305).
62. PUPPE, Ingeborge. Ob. Cit., 2009, p. 58-60.

- **Teoria do consentimento** (do assentimento ou aprovação): no dolo eventual, o agente atua com vontade[63], por ter uma vinculação emocional com o resultado. Ele incorpora o resultado à sua vontade[64]. Além de prever o resultado, **conforma-se com sua realização** ou aceita a sua produção. É possível traduzir o elemento subjetivo em uma expressão, conhecida por Fórmula de Frank: "Seja assim ou de outro modo, ocorra este ou aquele resultado, em qualquer caso eu atuo"[65]. Essa frase seria a teoria hipotética do consentimento, à qual ele adicionou posteriormente uma outra: "se o agente se diz a si próprio: seja como for, dê no que der, em qualquer caso não deixo de agir, é responsável a título de dolo"[66]. Se o agente aprova o resultado, há dolo. A culpa se configuraria no caso de não aprovação de sua ocorrência pelo autor.
- **Teoria da indiferença**: o agente também possui um sentimento, do qual a vontade deriva. Se o agente atua com **indiferença** em relação ao bem jurídico tutelado, inclusive quanto a consequências de suas ações, atua com dolo[67]. Entretanto, se o agente simplesmente incluir em seu cálculo uma mera esperança de que o resultado não vai ocorrer, não haveria dolo, porque ele não agiu com indiferença[68]. A crítica seria de que o elemento subjetivo não derivaria do fato, mas da personalidade do agente.
- **Teoria da evitabilidade, teoria da não comprovada vontade de evitação do resultado ou da objetificação da vontade de evitação do resultado**: o elemento volitivo se manifesta na inexistência de contrafatores aptos a evitar a violação do bem jurídico. Se o agente não ativou os contrafatores, a conduta é dolosa. Do contrário, se ativou os contrafatores, ou seja, tomou medida para evitar o resultado, pode ser responsabilizado apenas por culpa consciente. Existe dolo quando o agente, apesar de entender possível o resultado, **não toma alguma medida** para evitar que ele ocorra[69]. Essa teoria contrariaria o que ordinariamente ocorre: muitas vezes o agente confia em sua sorte e que o resultado não vai ocorrer, apesar de não tomar medidas especiais de precaução[70].
- **Teoria da decisão contrária ao bem jurídico**: a essência do dolo seria a realização do plano pelo autor. O resultado é produzido dolosamente quando corresponde ao plano elaborado pelo agente, conforme uma valoração objetiva. Essa teoria seria especialmente relevante para diferenciar o dolo eventual e a culpa consciente. Seria dolosa a conduta de, ao atropelar intencionalmente uma pessoa, saber que um terceiro necessariamente será atingido, pois o

---

63. BITENCOURT, Cezar Roberto. Ob. Cit. 2020, p. 380-381.
64. TAVARES, Juarez. Ob. Cit., 2020, p. 310.
65. PUPPE, Ingeborge. Ob. Cit., 2009, p. 65. CAMARGO, Antonio Luis Chaves. Ob. Cit., 2002, p. 170.
66. HUNGRIA, Nélson. Comentários ao Código Penal, Vol. V. Rio de Janeiro: Forense, 1958, p. 51.
67. PRADO, Luiz Regis. Ob. Cit., 2020, p. 166.
68. TAVARES, Juarez. Ob. Cit., 2020, p. 432.
69. TAVARES, Juarez. Ob. Cit., 2020, p. 308-309.
70. ROXIN, Claus. Derecho Penal. Parte General, Tomo I. Fundamentos. La estrutura de la teoria del delito. Trad. de la 2ª edición alemana. Madrid: Thomson Reuters, 1997, p. 436-437.

terceiro foi incluído no plano. Não seria dolosa, por outro lado, a conduta de continuar fumando na cama, apesar de a noiva advertir sobre risco de incêndio, pois não há realização de um plano, ainda quando se ignorem as advertências[71].

Teorias Cognitivas: fundam-se no conhecimento do autor sobre os elementos do tipo para definição do dolo, desconsiderando-se a vontade do agente. São também chamadas teorias intelectivas do dolo.

- **Teoria da representação ou da possibilidade**[72]: há dolo eventual quando o agente representa o resultado **como possível** e, mesmo assim, prossegue na realização da conduta, independentemente de elemento volitivo (vontade). Baseia-se unicamente em um conteúdo intelectual, de o agente atuar após perceber a alta probabilidade de produzir o resultado[73]. Não haveria, a rigor, espaço para culpa consciente, mas somente para a culpa inconsciente. Entretanto, Roxin alerta que seria apenas uma diferença terminológica: caso o agente represente o resultado e confie que tudo sairá bem, os autores dessa corrente entendem que, na realidade, não teria havido uma "verdadeira" representação da causação do resultado[74].
- **Teoria da probabilidade**: há dolo quando o autor representa a ofensa ao bem jurídico **como provável**, e não apenas como possível[75]. Se o agente considera o resultado como provável, haverá dolo eventual. Se o considera meramente possível, haverá culpa consciente.[76] Baseia-se em um cálculo estatístico. Tavares critica a teoria, pois a culpa seria confundida com o dolo, já que ambos os elementos subjetivos seriam compreendidos com base na previsibilidade, sem base psicológica[77]. Realmente, essa teoria equipara dolo a culpa quanto à estrutura, a diferença seria apenas quanto ao grau do perigo causado.
- **Teoria do risco ou da representação de um perigo**: a conduta é dolosa quando o perigo criado pelo agente é de tal **qualidade e quantidade** que uma pessoa sensata só teria tal comportamento se aceitasse o risco como certo. Considera-se uma variante da teoria da probabilidade[78]. Haverá dolo eventual se o agente atua com a consciência de que produz um perigo de dolo, aquele

---

71. ROXIN, Claus. Ob. Cit., Tomo I, p. 414-417.
72. A teoria da representação foi considerada como sinônimo de teoria da possibilidade, como fazem Roxin e Prado. Usam, entretanto, como sinônimos teoria da representação ou probabilidade: OLIVÉ, Juan Carlos Ferré; *et al.* Direito penal brasileiro: parte geral: princípios fundamentais e sistema. 2. ed. São Paulo: Saraiva, 2017, p. 320.
73. OLIVÉ, Juan Carlos Ferré; *et al.* Ob. Cit., p. 320. PRADO, Luiz Regis. Ob. Cit., 2020, p. 166. CAMARGO, Antonio Luis Chaves. Ob. Cit., 2002, p. 169.
74. ROXIN, Claus. Ob. Cit., 1997, p. 433-435. Modernamente, autores defendem que é preciso incluir elementos concretos para além da representação do agente, o que teria tornado essa concepção uma teoria praticamente objetiva (TAVARES, Juarez. Ob. Cit., 2020, p. 305-306).
75. ROXIN, Claus. Derecho Penal. Ob. Cit., 1997, p. 435. CAMARGO, Antonio Luis Chaves. Ob. Cit., 2002, p. 169-170.
76. Neste sentido: "se o agente considerava provável o resultado (dolo eventual), se o agente considerava como meramente possível (culpa consciente)" (PRADO, Luiz Regis. Ob. Cit., 2020, p. 165)
77. TAVARES, Juarez. Ob. Cit., 2020, p. 306. PUPPE, Ingeborge. Ob. Cit., 2009, p. 85.
78. ROXIN, Claus. Derecho Penal. Ob. Cit., 1997, p. 436.

que é idôneo para produzir o resultado e que espelha uma decisão consciente do agente quanto à violação do bem jurídico. Seria o caso de atirar na cabeça ou dar uma facada na região do coração. Busca adotar um critério normativo para definir o dolo: o Direito deve definir se a conduta é dolosa ou culposa[79].

- **Teoria do perigo desprotegido ou a descoberto**: configura-se como dolosa a conduta do autor que atua com consciência da exposição do bem jurídico a um risco desprotegido, ainda que ele torça pela não ocorrência do resultado e que a sua probabilidade seja pequena. Se a superveniência do resultado **depende do acaso, da sorte**, o autor atua com dolo eventual. Haverá dolo, portanto, se o resultado depender do acaso[80]. Entretanto, se era possível, em tese, o controle dos fatores de risco por meio da atuação do autor (perigo protegido), sua conduta será considerada culposa se, mesmo assim, o resultado ocorreu.

8.3. O dolo no Código Penal

De todo modo, o Código Penal, no seu artigo 18, dispõe expressamente sobre a forma de se conceituar o crime doloso, demonstrando quais teorias adota:

> *Art. 18 – Diz-se o crime:*
>
> *Crime doloso*
>
> ***I – doloso, quando o agente quis o resultado ou assumiu o risco de produzi-lo****;*

Quanto ao dolo direto, o Código Penal se refere ao agente que *quis o resultado*, adotando, segundo a compreensão majoritária, a teoria da vontade. No que se refere à *assunção do risco* de produzir o resultado, expressão definidora do dolo eventual, adotou-se a teoria do consentimento ou do assentimento[81]. O Superior Tribunal de Justiça tem entendido que ambas as modalidades de dolo foram equiparadas pelo legislador, de modo que se equivalem para todos os efeitos, inclusive para configuração da tentativa e para elevação da pena com fulcro na motivação do agente[82].

Hungria observa que a fórmula sobre o dolo eventual foi inspirada na legislação alemã, que se referia ao termo *in Kauf nehmen*, que seria traduzida por "estar consciente do risco". Contudo, o legislador nacional decidiu por exigir que o agente tenha assumido o risco, pressupondo, assim, não apenas a consciência do risco, mas também o seu consentimento. Haveria, assim, uma referência a um aspecto volitivo,

---

79. PUPPE, Ingeborge. Ob. Cit., 2009, p. 88-108. TAVARES, Juarez. Ob. Cit., 2020, p. 307-308
80. PRADO, Luiz Regis. Ob. Cit., 2020, p. 166.
81. HUNGRIA, Nélson. Comentários ao Código Penal. Vol. I, Tomo 2º. 3. ed. Rio de Janeiro: Revista Forense, 1955, p. 111. CUNHA, Rogério Sanches. Ob. Cit., 2020, p. 257. MASSON, Cleber. Ob. Cit., p. 234. CAPEZ, Fernando. Ob. Cit., 2013, p. 225. JESUS, Damásio de. Ob. Cit., 2011, p. 328 e 331. PRADO, Luiz Regis. Ob. Cit., 2020, p. 166. Bitencourt reúne ambas as teorias em uma só, ao defender que o legislador manifestou adesão expressa a uma teoria da vontade ou do consentimento (BITENCOURT, Cezar Roberto. Ob. Cit. 2020, p. 376).
82 STJ, AgRg no REsp n. 1.845.152/RS, Rel. Min. Joel Ilan Paciornik, Quinta Turma, julgado em 28/4/2020, DJe de 4/5/2020; RHC n. 75.319/BA, Rel. Min.Nefi Cordeiro, Sexta Turma, julgado em 4/10/2016, DJe de 17/10/2016.

de assunção do risco, não se exigindo o mero conhecimento do perigo para responsabilização a título de dolo eventual.

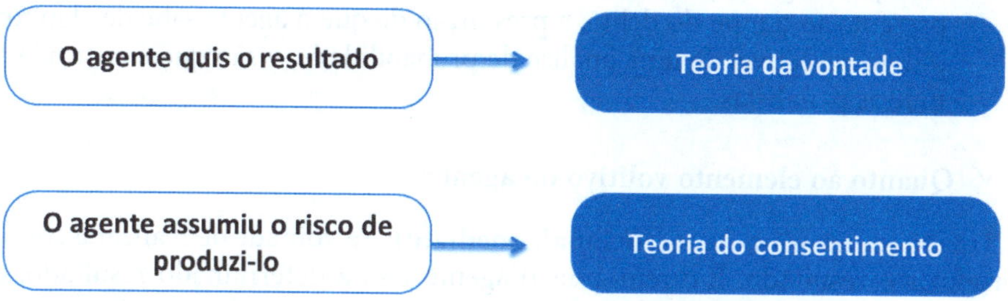

Como se nota da redação do dispositivo, ao mencionar que o crime é doloso quando o agente quis o resultado, o Código Penal adota o entendimento que deriva da teoria da vontade. Além disso, há previsão de que o crime é doloso quando o agente assumiu o risco da produção do resultado, demonstrando que o Código também encampa a teoria do assentimento, no que diz respeito ao dolo eventual.

8.4. Espécies de dolo

A doutrina classifica o dolo em diversas espécies, conforme o enfoque dado ao elemento subjetivo do tipo. Vejamos as principais:

✓ **Quanto à valoração**:

Natural (neutro): é o dolo como elemento psicológico, desprovido de juízo de valor, componente da conduta. Possui como elementos, de acordo com o entendimento majoritário, a vontade e o conhecimento. Adotado pela teoria finalista. De forma mais recente, alguns dizem que o dolo, no finalismo, não tem cor, em contraposição ao dolo normativo, que pode ser chamado de colorido. Essa concepção, de dolo natural, é compatível com as teorias limitada e estrita (normativa pura) da culpabilidade, uma visão penalista chamada por alguns de teorias da culpabilidade. É a adotada pelo Direito brasileiro.

Normativo (híbrido ou colorido): o dolo possui os elementos: consciência sobre a realidade, vontade e **consciência da ilicitude**. É componente da culpabilidade, substrato do conceito analítico do crime em que se faz o juízo de censura sobre a ação típica e ilícita praticada pelo sujeito ativo. Adotado por parte dos causalistas e pelos neokantistas, é compatível com as concepções psicológica e psicológico-normativa da culpabilidade. Seria uma visão do Direito Penal também conhecida pela expressão *teorias do dolo*. Apontam-se duas subdivisões:

- **Teoria Estrita do Dolo**: a consciência **atual** da ilicitude é o elemento normativo do dolo. A consciência da ilicitude, ao integrar o dolo, deveria estar presente ao tempo do delito, de forma concreta, já que o dolo não admite em si elementos incertos, mas sim um conhecimento efetivamente detido pelo agente.

- **Teoria Limitada do Dolo**: a consciência **potencial** da ilicitude é o elemento normativo do dolo. Essa visão seria mais autoritária, já que admite presumir que o agente possuía o conhecimento no dolo. Como o dolo deve estar presente ao tempo do delito, a presunção de que o agente sabe de algo torna o dolo suscetível de uma análise de probabilidade, visão que é criticada por muitos penalistas.

✓ **Quanto ao elemento volitivo do agente**:

Direto (determinado, intencional, imediato): é a vontade de realizar a conduta e produzir o resultado. É direto, pois o agente visa a determinado resultado, que é diretamente desejado por ele. O sujeito determina sua conduta em função dessa finalidade. É o caso do agente que, planejando matar seu chefe, vai até o local, desejando sua morte, e dispara vários projeteis de arma de fogo contra a sua cabeça, provocando o seu falecimento.

Indireto (indeterminado): é a vontade de realizar a conduta, sem que exista o desejo de produzir um resultado certo ou determinado. Subdivide-se em dolo alternativo e dolo eventual[83].

alternativo: é a vontade do agente de produzir qualquer dos resultados previstos. Imagine a ex-mulher que, buscando vingança do seu ex-marido, corta os cabos do freio do seu veículo, desejando que algum mal lhe aconteça. Para ela, seria desejável tanto sua morte quanto que ele se lesionasse. Deste modo, sobrevindo sua morte, o crime deve ser considerado doloso, já que seu dolo era alternativo (morte ou lesões corporais). O dolo alternativo estaria contido na expressão "quis o resultado", já que o agente quis qualquer um dos resultados.

eventual: é o elemento subjetivo presente no agente que, sem desejar o resultado, assume o risco de sua ocorrência. É o caso do sujeito que resolve, para impressionar os amigos, acelerar seu carro por uma movimentada avenida da cidade, passando por vários sinais vermelhos nos semáforos e lhes dizendo que não lhe importa se causará ou não um acidente. Assim agindo, mesmo sem desejar causar lesões corporais nos demais motoristas que por ali circulam, ele assume o risco do resultado que, se ocorrer, deve ensejar sua responsabilização por crime doloso, na modalidade de dolo eventual.

Atualmente, é comum que se adotem apenas os conceitos de **dolo direto** e **dolo eventual**[84].

✓ **Quanto ao resultado**:

De dano: vontade de produzir efetiva lesão ao bem jurídico. É o dolo presente nos chamados crimes de dano, por exemplo, no caso do crime de lesões corporais.

---

83. JESUS, Damásio de. Ob. Cit., 2011, p. 330. MASSON, Cleber. Ob. Cit., 2019, p. 235-236. CUNHA, Rogério Sanches. Ob. Cit., 2020, p. 258-259. CAPEZ, Fernando. Ob. Cit., 2013, p. 226-227.

84. BITENCOURT, Cezar Roberto. Ob. Cit., 2020, p. 378-382. DOTTI, René Ariel. Ob. Cit., 2020, p. 474. ROXIN, Claus. Derecho Penal. Ob. Cit., Tomo I, 1997, p. 453-455.

A vontade do agente é de causar lesão em alguém, o que viola o bem jurídico, no caso, a incolumidade física e mental do indivíduo.

De perigo: vontade de expor o bem jurídico a um risco de dano. É elemento subjetivo que se constata nos crimes de perigo, como no caso do delito de abandono de incapaz. Não é necessário que o indivíduo almeje lesionar o bem jurídico, bastando sua conduta de expô-lo a um risco.

✓ **Quanto à natureza**:

Genérico: vontade de realizar a conduta sem um fim específico. É o caso do constrangimento ilegal. Não é necessário que se demonstre um *animus* ou uma vontade específica do agente para que se configure o crime. Ele pode ter praticado o delito por vingança, por maldade ou por desprezo. Não é necessário que se demonstre uma determinada finalidade do agente, basta ao tipo penal o fim genérico da prática da conduta nele prevista. É também o caso do homicídio, que se configura com a vontade de matar, sem necessidade de uma finalidade específica e determinada do agente.

Específico: vontade de realizar a conduta com um fim específico, que é elementar do tipo penal. É o caso do delito previsto no artigo 134 do Código Penal, de exposição ou abandono de recém-nascido. O tipo prevê ser crime "expor ou abandonar recém-nascido, para ocultar desonra própria". Logo, se alguém abandonar recém-nascido por maldade, sem nenhuma ligação à desonra, não será possível a configuração de referido crime (sem prejuízo da responsabilização criminal por outro delito). Isso porque a expressão "para ocultar desonra própria" constitui **fim especial do tipo**, o que exigiria dolo específico para a configuração do crime. Hoje essa denominação tem sido criticada, de modo que muitos autores defendem a existência de **elemento subjetivo especial do tipo ou do injusto**, e não de um dolo específico, já que todo dolo pressupõe uma finalidade desejada pelo agente[85].

✓ **Quanto a um resultado diverso**:

Geral, erro sucessivo ou *aberratio causae*: o agente supõe ter alcançado o resultado pretendido e, então, pratica nova ação que provoca tal resultado. Em razão desse erro sucessivo, a doutrina aponta que o dolo do sujeito ativo é geral e, assim, mesmo que ele se equivoque quanto a qual conduta sua deu causa ao resultado, sua vontade livre e consciente de produzi-lo é suficiente para sua responsabilização por crime doloso. Imagine um sujeito que, após estrangular seu sogro, pensa que ele já faleceu. Para simular um acidente, joga o corpo do quinto andar, onde mora, sendo que o sogro só efetivamente morre com a queda. Perceba que a conduta que ele praticou com o fim de matar o sogro, o estrangulamento, não causou o resultado desejado. O resultado morte adveio de outra conduta, o lançamento do corpo da janela do apartamento. Por isso, a hipótese é denominada ***aberratio causae***, pois há um equívoco quanto à conduta que teria dado causa ao resultado. Entretanto, dado o chamado dolo geral, ele deve ser responsabilizado pelo homicídio doloso do sogro,

85. BITENCOURT, Cezar Roberto. Ob. Cit., 2020, p. 382. DOTTI, René Ariel. Ob. Cit., 2020, p. 475.

pois, não importa qual conduta dele deu causa ao resultado, se a que ele imaginava ter surtido efeito, ou se a posterior. Por ter agido com intenção, dotado de vontade livre e consciente de praticar o resultado morte, e pelo fato de uma de suas ações ter sido a causa do resultado pretendido, sua conduta é dolosa e penalmente relevante.

Cumulativo: é o dolo que abrange mais de um resultado, na chamada **progressão criminosa**. Como visto no conflito aparente de normas, a progressão criminosa é uma das hipóteses em que se aplica o princípio da consunção. O indivíduo responde por apenas um delito se, após causar determinado grau de violação do bem jurídico, muda de ideia e resolve praticar delito mais grave, contra o mesmo bem jurídico, o que representa um maior grau de lesão. É o caso, por exemplo, do sujeito que vai pedir prestação de contas a um sócio, que acredita ter desviado dinheiro da sociedade empresária de que participam. Já sai de casa com a intenção de lhe causar lesões corporais, imaginando que uma "boa surra" lhe daria a lição necessária. Lá chegando, passa a agredi-lo, quando então ouve a confissão do sócio, que lhe diz não estar arrependido. Por isso, muda sua intenção de lesionar para a de matar, causando-lhe múltiplas lesões que o levam à morte. Esse é o chamado dolo cumulativo, sendo que o agente, no caso, responderá apenas pelo crime de homicídio, em virtude da incidência do princípio da consunção.

✓ **Quanto ao critério cronológico ou à dimensão temporal**:

Antecedente, inicial ou preordenado: é o dolo que existe antes da conduta. Chamado também de *dolus antecedens*. Não é suficiente para a responsabilização penal. Imagine que uma mulher quis furtar um casaco de peles de sua conhecida, por saber que é caríssimo. Depois de já ter abandonado esse intento criminoso, vai a uma festa e confunde seu casaco, falso, com o da outra mulher, verdadeiro e muito valioso. Incorre, claramente, em erro de tipo, não havendo dolo em sua conduta. O dolo anterior, existente antes de sua ação, não pode ser considerado para tipificá-la.

Concomitante: é o dolo que está presente no momento da conduta, sendo o elemento subjetivo necessário para a configuração do crime doloso. Configura-se de forma concomitante com a realização da conduta – comissiva ou omissiva – do agente. **É o dolo que possui relevância para o Direito Penal**. A esse respeito, ensina a penalista Puppe "existir unidade de critério a respeito de que **o dolo tem que estar presente ao tempo** do ato e de que nem *dolus antecedens* nem o *dolus subsequens* fundamentam um delito doloso"[86]. Esse é o entendimento adotado por Roxin[87] e, no Brasil, por Nucci e Prado[88].

86. PUPPE, Ingeborg. La distinción entre dolo e imprudencia. Comentario al § 15 del Código Penal alemán. 1ª. ed. Trad. Marcelo A. Sincinatti. Buenos Aires: Hammurabi, 2009.
87. ROXIN, Claus. Derecho Penal. Ob. Cit., Tomo I, 1997, p. 453-455; HILGENDORF, Eric; VALERIUS, Brian. Ob. Cit., 2019, p. 108-109.
88. NUCCI, Guilherme de Souza. Código Penal Comentado. 15. ed. rev. atual. e ampl. Rio de Janeiro: Forense, 2015, p. 206-207. PRADO, Luiz Regis. Ob. Cit., 2020, p. 162. No mesmo sentido: SANTOS, Juarez Cirino dos. Ob. Cit., 2020, p. 166. CUNHA, Rogério Sanches. Ob. Cit., 2020, p. 261. Entretanto, Masson defende que no crime de apropriação indébita o dolo é subsequente, em compreensão minoritária e, de certo modo, equivocada do ponto de vista dogmático, por não haver uma sustentação científica ou referencial (MASSON, Cleber. Direito Penal: parte geral (arts. 1º a 120) – vol. 1. São Paulo: MÉTODO, 2019, p. 241).

Subsequente: é o dolo posterior à conduta. Também denominado de *dolus subsequens*. Imagine que, sem nenhuma intenção, o sujeito atropela um transeunte. Após identificá-lo como um colega dos tempos da escola que contra ele praticava *bullying*, passa a desejar sua morte. Essa vontade de ver o inimigo morto, surgida após a conduta, não é apta a tornar sua ação dolosa.

Entretanto, cabe anotar a posição de Hungria, que entendia configurar o dolo subsequente ou sucessivo quando o agente praticava uma ação com intuito honesto, mas depois passa a atuar de má-fé e comete o crime. O exemplo seria o caixeiro-viajante que, após receber o dinheiro da clientela para depositar no banco em nome do patrão, muda de ideia e o perde em apostas de jogo. Ora, discorda-se do grande penalista. Em sua narrativa, a conduta criminosa ocorre quando o caixeiro-viajante inverte o título de posse e se comporta como dono, apostando o dinheiro do patrão, razão pela qual o dolo está presente no momento da conduta típica. O que se deve tomar em referência é a conduta típica, e não uma atuação lícita anterior, como o receber pagamento dos clientes. Há outro exemplo na obra de Hungria: o agente passa uma nota falsa a seu cliente e depois fica ciente de sua falsidade[89]. Ora, claramente atuou em erro de tipo essencial, de modo que a responsabilidade por não substituir a nota posteriormente é de natureza cível, e não penal.

A partir dessa posição, com a qual não se concorda, Monteiro de Barros apontou a distinção entre estelionato e apropriação indébita, sendo o primeiro caracterizado pelo dolo *ab initio*, enquanto o último delito se configuraria com o dolo subsequente[90]. Essa posição, que não se sustenta, passou a ser seguida por parte da doutrina brasileira[91]. O adequado seria dizer que o dolo surge posteriormente ao recebimento da coisa no delito de apropriação indébita, mas é, como sempre deve ocorrer, atual quanto à conduta típica de assenhoreamento de coisa alheia móvel. A conduta típica, ou seja, a descrita na norma incriminadora deve ser a referência para se exigir a atualidade do dolo. Receber a coisa de boa-fé não é a conduta relevante para o Direito Penal, mas, se houver a apropriação indébita posteriormente, será o ato de inversão da posse que será o típico. Assim, é nesse momento que se exige o dolo, que deve ser atual.

De forma mais técnica, Pierpaolo Bottini distingue o dolo subsequente do dolo superveniente. O **dolo subsequente** seria o acima descrito, que surge quando já praticada a conduta típica, ou seja, no caso de ter sido encerrada a possibilidade de intervenção do agente sobre o curso causal. Não tem relevância penal. O **dolo superveniente**, por sua vez, seria aquele que surge durante a ação típica, como aquele em que o agente deixa, culposamente, uma vasilha de veneno e, depois, dolosamente, não leva a vítima ao hospital. Esse último caso torna a conduta dolosa, já que o agente ainda poderia agir, estando no âmbito de sua decisão se ele evitará ou não o resultado[92].

---

89. HUNGRIA, Nelson. Comentários ao Código Penal. Volume I, Tomo 2º, 3. ed. Rio de Janeiro: Editora Forense, 1955, p. 178-179.
90. BARROS, Flávio Augusto Monteiro de. Ob. Cit., 2019, p. 268.
91. MASSON, Cleber. Ob. Cit., 2019, p. 241.
92. BOTTINI, Pierpaolo Cruz. Crimes de omissão imprópria. 1. ed. São Paulo: Marcial Pons, 2018, p. 210.

✓ **Quanto ao grau:**

De primeiro grau: é a vontade de produzir o resultado inicialmente pretendido. É a vontade voltada ao resultado que o agente deseja. No caso do furto, é a subtração da coisa almejada pelo sujeito.

De segundo grau: é a vontade que abrange os efeitos colaterais, que se estende aos meios utilizados para se alcançar o resultado inicialmente pretendido. Também denominado de **dolo de consequências necessárias**, é o que abrange os efeitos certos ou necessários do meio de execução escolhido pelo agente, sendo indiferente sua vontade em relação a eles. Ou seja, **o agente aceita produzir consequências** além das que efetivamente deseja de forma primordial, de modo que sua **vontade e consciência abrangem o resultado mais gravoso** por ele produzido.

Imagine que o sujeito foi contratado para matar um ativista do Meio Ambiente por uma grande corporação transnacional. Ao se preparar para matá-lo, resolve atirar uma granada no carro em que ele se desloca da sede de uma ONG para um evento, mesmo sabendo que o motorista e uma colega de trabalho também ocupavam o veículo. Desse modo, temos o dolo de primeiro grau em relação ao ativista e, por ser consequência necessária do meio por ele escolhido para matá-lo, há o dolo de segundo grau em relação à morte da colega e do motorista.

Dolo de terceiro grau: O dolo de terceiro grau seria a consequência necessária, decorrente de se atingir uma outra consequência também necessária. Ou seja, o efeito decorrente de outro efeito indireto da ação do agente, em virtude do meio por ele escolhido. Grande parte da doutrina, acertadamente, não aceita a existência desse dolo de terceiro grau, classificando todas as consequências secundárias e necessárias do meio de execução escolhido pelo agente para obtenção do resultado desejado como parte do dolo de segundo grau.

Retomando-se o exemplo acima citado, do ativista cuja morte foi encomendada, pode-se adicionar à história o fato de que sua colega de trabalho, que ocupava o mesmo carro, estava grávida, sendo que o assassino viu sua barriga e percebeu sua condição. Haveria, assim, dolo de primeiro grau em relação ao ativista, crime que o mercenário objetivava e pelo qual foi pago. Como consequência necessária, haveria a morte da ativista e do motorista, pois ocupavam o mesmo veículo e, necessariamente, a forma de execução planejada pelo assassino (lançamento de uma granada) abrangeria a morte de ambos. Quanto à motorista, o dolo seria de segundo grau. Supondo-se que o feto, no ventre da motorista, vem a falecer em decorrência da morte da genitora, não sendo diretamente afetado pela explosão, sua morte decorreria do dolo de terceiro grau, ensejando a responsabilização penal do agente também de forma dolosa.

8.5. Dolo sem vontade (psicológica)

Essa discussão costuma envolver, na Alemanha, o exemplo do atirador de Lacmann. De forma bem sucinta, dois indivíduos, em uma feira, apostam sobre um deles atirar em uma bola de vidro da moça que atende a barraca de tiro ao alvo, de modo que, se errar, o atirador perde todo o seu patrimônio. Ele erra, fere a moça e perde o seu patrimônio. Ele queria seu resultado, de um ponto de vista psicológico ou lógico-descritivo, compreendendo-se a vontade como desejo? Não, com certeza não, pois não iria querer perder o seu patrimônio na aposta. Houve lesão dolosa? Sim, pois a vontade é compreendida em um sentido atributivo-normativo, ou seja, de acordo com o Direito[93].

A partir dessa questão, Luís Greco defende um dolo não baseado na vontade (teoria volitiva), mas no conhecimento (teoria cognitiva). Sua concepção, tratada em um artigo publicado em Portugal, país cuja legislação também se refere à vontade como elemento do crime doloso, não ignora a opção do legislador, mas a critica do ponto de vista científico. Para ele, o dolo pressupõe conhecimento, em sentido psicológico mesmo, de saber o que está acontecendo, o que implica o domínio sobre a ação e, além disso, representa um fundamento para a punição. Por outro lado, exigir vontade significa deixar quem atua (o agente) decidir se haverá ou não dolo, decisão que deveria ser feita pelo Direito. Dolo, por isso, seria conhecimento, e não vontade. Para Greco, dolo "é o conhecimento de que a ocorrência do resultado é algo provável"[94].

Essa concepção, minoritária, vem ganhando espaço e sendo debatida no Brasil. Há autores que, a despeito de o Código Penal usar expressamente o termo *vontade*, defendem uma concepção atributivo-normativa em detrimento de uma concepção psicológico-descritiva. Essa diferenciação, feita por exemplo pela penalista Ingeborge Puppe, permitiria uma releitura do vocábulo vontade, passando a conceber o dolo não a partir de uma investigação do que se passa na cabeça do agente, em uma análise psicológica, mas sim a partir do que a conduta representa, ou seja, se a atuação do agente demonstra conhecimento do resultado a ponto de se atribuir à conduta praticada a imputação dolosa[95].

8.6. Dolo sem conhecimento: a cegueira deliberada

A cegueira deliberada, teoria da construção das instruções de avestruz ou teoria da evitação da consciência[96] é uma *construção jurisprudencial* inglesa, posteriormente desenvolvida nos EUA, para punir aquele que deliberadamente fecha os olhos para as circunstâncias e fatos que o cercam para não ter conhecimento de que incorre em atividade delitiva. Ele provoca um erro de tipo para evitar ser punido. É uma ignorância sobre os fatos, situação em que o sujeito permanece de propósito, para buscar escapar da responsabilidade penal, por meio do erro de tipo essencial[97].

93. PUPPE, Ingeborg. La distinción entre dolo e imprudencia. Comentario al § 15 del Código Penal alemán. 1. ed. Trad. Marcelo A. Sincinatti. Buenos Aires: Hammurabi, 2009, p. 66-67.

94. GRECO, Luis. Dolo sem vontade, in: Silva Dias e outros (coords.), Liber Amicorum de José de Sousa e Brito, Coimbra, Almedina, 2009, pp. 885-905.

95. GOMES, Enéas Xavier. Dolo sem vontade psicológica: perspectivas de aplicação no Brasil. Belo Horizonte: D'Plácido, 2017.

96. Willful blindness doctrine, ostrich instructions doctrine, conscious avoidance doctrine. Não se ignora, aqui, a problemática tradução do termo doctrine. Entretanto, os termos "teoria" e "construção teórica" foram utilizados em uma acepção bastante ampla, podendo ser compreendidos na acepção de doctrine. (LEAL, Fernando; JORDÃO, Eduardo. Quando a tradução também importa: problemas linguísticos de direito comparado. In: Direitos Fundamentais & Justiça. Ano 8, n. 29, out./dez. 2014, p. 98-99).

97. Para aprofundamento: AVELAR, Michael Procopio Ribeiro Alves; BOTTINI, Pierpaolo Cruz. Cegueira deliberada: a imputação dolosa sem conhecimento. In: Revista de Direito Penal Econômico e Compliance. São Paulo: Revista dos Tribunais, n. 4, out./dez. 2020.

Com base em um precedente judicial estadunidense, pode-se pensar em um indivíduo que conhece um traficante em uma festa, que inclusive lhe oferece cocaína. Ele declina. No outro dia, o traficante o procura e oferece a ele a oportunidade de transportar um carro para outro Estado, dizendo que é um veículo que vendeu a um comprador de lá. Ele aceita a proposta, recebe um alto montante por esse serviço simples e faz uma rápida inspeção no carro, sem nada encontrar, apesar de notar algo de diferente na configuração do porta-malas. Entretanto, não procura bem. Parado pela polícia no caminho, é encontrada uma grande quantidade de cocaína em um fundo falso do porta-malas.

Nesse caso, pode-se discutir se não houve uma ignorância do sujeito por decisão dele, que fez o possível para não descobrir e tinha várias razões para desconfiar. Ou seja, o indivíduo se coloca em uma situação de erro de tipo essencial para que, evitando conhecimento sobre uma elementar do tipo penal, evite a sua responsabilização por crime doloso, conforme previsão do artigo 20, *caput*, do Código Penal. Pois bem, mesmo nos EUA, essa ideia de cegueira deliberada é discutida nos tribunais e não possui contornos totalmente precisos. Há leis criminais no âmbito federal e estadual, de modo que o próprio tratamento legislativo do crime varia muito. . Essa construção, entretanto, não seria originária dos EUA.

A sua origem, na verdade, remontaria ao julgamento, na Inglaterra, do caso *Regina vs. Sleep*, ou seja, da Coroa contra o acusado Sleep. Um comerciante teria embarcado barris de parafusos com a marca das Forças Armadas, cometendo um ilícito penal. Sleep alegou não ter conhecimento da marcação dos parafusos, apesar de ter sido ele quem os colocara nos barris. Foi condenado pelo júri, mas absolvido em apelação. Nos votos dissidentes do julgamento do seu recurso, os julgadores consideraram que o agente agiu com os olhos voluntariosa e deliberadamente fechados à verdade, o que justificaria sua punição. A *mens rea*, o elemento subjetivo do tipo, se verificaria por meio desse intencional fechar de olhos do agente para os fatos ilícitos que o envolvem, ou seja, quando o agente se comportasse de modo a intencionalmente permanecer ignorante sobre aqueles fatos que tornam sua conduta criminosa.

Não se trabalha, no *common law*, com os institutos de dolo e culpa. Há o conceito amplo, proveniente do Direito inglês, de "mente culpada", ***mens rea***, termo que abarca diferentes configurações de elemento subjetivo e que demonstra a exigência da responsabilidade penal subjetiva. Além disso, foram adotados elementos subjetivos diversos no caso das unidades federativas dos EUA que adotaram o conceito do Código Penal Modelo[98]. Essas disposições do Código, mesmo não tendo sido adotadas na esfera federal e em vários sistemas estaduais, passaram a servir de orientação para a jurisprudência.

Denominado de *Model Penal Code*, essa codificação traz quatro elementos subjetivos para a responsabilização penal: *purpose* (a intenção); *knowledge* (o

98. Fala-se em *culpability* como elemento subjetivo, como na teoria psicológica da culpabilidade, adotada pelos causalistas, e em 4 espécies: *purpose, knowledge, recklessness e negligence*. Ainda que haja esforços para correlacioná-los ao modelo do *civil law*, como fizeram Jimenez de Asúa e Spencer Toth Sydow, a própria divergência nos resultados mostra que não há uma correspondência entre os elementos.

conhecimento), *recklessness* (a imprudência, um tipo de culpa grave) e *negligence* (a negligência, um tipo de culpa leve)[99]. Em regra, o crime se configura com os três primeiros elementos subjetivos, de modo que a punição por *negligence* é excepcional, exigindo previsão específica. A cegueira deliberada surge como um substituto para o *knowledge*, o conhecimento. Assim, nos crimes em que se exige conhecimento do agente, passou-se a discutir se seria possível considerar que há o conhecimento quando o agente, de modo deliberado, busca evitar o conhecimento para impedir a sua responsabilização.

O marco da aplicação da cegueira deliberada, nos EUA, é o Caso Spurr, em que foi emitida uma espécie de cheque "garantido" pelo banco, apesar de seu funcionário não ter conferido se havia saldo na conta do cliente. Desse modo, o cheque, com a garantia de fundos pela instituição financeira, foi repassado sem o adequado provisionamento dos valores, possibilitando o prejuízo a terceiro. No julgamento do caso, o magistrado disse aos jurados que poderiam condenar o réu se eles estivessem convencidos de que, deliberadamente, planejadamente e agindo de má-fé, o agente tivesse fechado seus olhos e se abstido de pesquisar com a intenção de evitar o conhecimento, colocando-se em situação de ignorância.

Apesar de não ter sido a primeira menção à cegueira deliberada, Ira P. Robbins destaca que esse julgado sinalizou a sua aceitação, pela Suprema Corte, como substituta do *conhecimento* (o elemento subjetivo "knowledge"), ainda que, no caso concreto, tenha considerado as instruções ao júri como violadoras do direito de defesa[100].

Para alguns doutrinadores, essa construção jurisprudencial seria incompatível com o direito brasileiro. É a posição de Guilherme Lucchesi, que entende que a adoção da teoria permitiria **a punição de conduta culposa como se fosse dolosa**, confundindo dolo e culpa como se fossem uma coisa só[101]. Por outro lado, vale lembrar que o dolo eventual, inclusive, já abrange um conhecimento potencial na sua interpretação dada por grande parte da doutrina. Isso porque muitos penalistas admitem um conhecimento potencial como suficiente para punir por crime doloso, na modalidade de dolo eventual, sendo desnecessário, assim, buscar uma teoria estrangeira para solução de casos nacionais[102].

---

99. As traduções dos termos visam apenas a fins didáticos, para uma compreensão superficial do tema. O objetivo é apenas compreender que os institutos são diversos e que o seu transplante do ordenamento jurídico estrangeiro para o brasileiro é bastante complexo.

100. ROBBINS, Ira P. The Ostrich Instruction: deliberate ignorance as a criminal mens rea. Journal of Criminal Law and Criminology, v. 81, n. 2, 1990, p. 198. Disponível em: [https://papers.ssrn.com/sol3/papers.cfm?abstract_id=2784406]. Acesso em: 23.05.2020.

101. LUCCHESI, Guilherme Brenner. Punindo da culpa como dolo: o uso da cegueira deliberada no Brasil. 1ª. ed. São Paulo: Marcial Pons, 2018.

102. Exemplo dessa compreensão alargada do dolo eventual é a interpretação da expressão "deve saber" em vários tipos penais do Código. A maioria da doutrina compreende a expressão como a determinação de responsabilização penal independentemen-te do conhecimento do agente, desde que ele tenha agido com potencial conhecimento, expondo o bem jurídico a risco. Essa interpretação é dada ao crime de perigo de contágio venéreo, o qual, para muitos penalistas, configura-se se o agente não sabia estar contaminado, mas devesse saber que estava, o que configuraria o dolo eventual. Contrário a esse posicionamento é o penalista Cezar Bitencourt.

De todo modo, a cegueira deliberada foi adotada no voto da Min. Weber na Ação Penal n. 470 (Caso Mensalão) e em vários julgados da Lava Jato, para incriminar o agente que se coloca em erro de tipo para evitar a responsabilização penal a título de dolo. Em seu voto, foram elencados os seguintes requisitos:

- O agente tem ciência da elevada probabilidade de que os bens envolvidos tinham origem delituosa.
- O agente age de forma indiferente quanto à ciência dessa elevada probabilidade.
- O agente escolhe deliberadamente manter-se ignorante a respeito dos fatos, em sendo possível a alternativa.

O STJ também já tem mencionado a cegueira deliberada em seus julgados, determinando que, para a aplicação dessa teoria, "deve restar demonstrado no quadro fático apresentado na lide que o agente finge não perceber determinada situação de ilicitude para, a partir daí, alcançar a vantagem pretendida"[103]. Tem se considerado, a partir da jurisprudência brasileira, que a cegueira deliberada consiste na atuação do sujeito que evita o conhecimento sobre as circunstâncias de sua conduta, apesar de ciente da probabilidade de estar incorrendo na prática de infração penal. Essa escolha pela ignorância caracterizaria o dolo eventual, afastando-se o erro de tipo, haja vista que o agente teria optado por, deliberadamente, evitar o conhecimento para se eximir da responsabilização penal. Isso implicaria, para os julgados que adotam a concepção da cegueira deliberada, uma *assunção do risco* de produção do resultado.

9. TIPO CULPOSO

O tipo culposo é aquele cujo elemento subjetivo é a **culpa *stricto sensu***, ou seja, em sentido estrito. A *culpa em sentido amplo* seria o elemento subjetivo do delito, compreendendo o dolo ou a culpa, o que é exigido para responsabilização penal. A culpa representa a responsabilização subjetiva de menor gravidade e é conceituada, por Bitencourt, da seguinte forma:

> *"É a inobservância do dever objetivo de cuidado manifestada em uma conduta produtora de um resultado não querido, mas objetivamente previsível."*[104]

A culpa, portanto, é a vontade de praticar uma conduta, a qual, por sua vez, causa um resultado não querido nem aceito pelo agente, mas que lhe era previsível ou que foi efetivamente previsto por ele. Em interessante perspectiva histórica, Francesco Magri defendia que no crime culposo haveria uma anomalia no réu, uma deficiência ou alteração no mecanismo de atenção, que o deixaria inapto para a vida civil em seu elevado desenvolvimento. Desacreditando essa generalidade de uma condição que é própria dos enfermos ou pessoas com deficiência mental, Hungria defendia que o crime culposo se configura quando, por grosseira desatenção, um indivíduo

103. STJ, AgREsp 1565832, Rel. Min. Joel Ilan Paciornik, Quinta Turma, DJe 17/12/2018.

104. BITENCOURT, Cezar Roberto. Ob. Cit., 2020, p. 389.

provoca um evento lesivo a um outro, demonstrando deficiência de adaptação às normas jurídicas e sociais[105].

No Código Penal, a previsão do crime culposo está no artigo 18, inciso II:

> *Art. 18 – Diz-se o crime:*
>
> *(...)*
>
> *Crime culposo*
>
> *II – **culposo, quando o agente deu causa ao resultado por imprudência, negligência ou imperícia.***
>
> *Parágrafo único – **Salvo os casos expressos em lei**, ninguém pode ser punido por fato previsto como crime, senão quando o pratica dolosamente.*

Perceba que **só há punição por culpa quando houver previsão expressa por lei**. Portanto, a punição por dolo é a regra, enquanto só tipifica o crime a conduta culposa quando a lei o disser, ou seja, quando houver previsão da modalidade culposa para aquela infração. É o caráter excepcional do crime culposo. É necessário, ainda, que se demonstre a culpa no caso concreto, não havendo mais a chamada culpa presumida no Brasil, que levaria à responsabilidade penal objetiva.

Há autores que chamam a **culpa em sentido estrito** de **negligência**[106] ou, ainda, de **imprudência**[107]. Não será utilizada nenhuma dessas denominações, apesar de bastante interessantes, já que o Código Penal usa esses termos como modalidades de culpa.

9.1. Elementos do crime culposo

São elementos do crime culposo: a conduta humana voluntária, o resultado naturalístico, o nexo causal entre ambos, a tipicidade e a violação de um dever objetivo de cuidado. Vejamos:

- ✓ **Conduta humana voluntária**: como visto, só possui importância para o Direito Penal a conduta humana e voluntária.
- ✓ **Resultado naturalístico involuntário e previsível**: caso o resultado naturalístico (a mudança no mundo exterior) seja voluntário, o caso será de crime doloso. Ademais, é necessário que o resultado seja ao menos previsível. É possível que o resultado não tenha sido previsto pelo agente, o que configura a culpa inconsciente, desde que ele pudesse ter previsto o resultado. Por outro lado, admite-se, ainda, que o resultado tenha sido efetivamente previsto pelo agente, que não aceita sua ocorrência, o que configura a culpa consciente.
- ✓ **Nexo Causal**: é o vínculo de causa e efeito entre a conduta praticada e o resultado causado.

105. HUNGRIA, Nélson. Comentários ao Código Penal. Vol. V. 4. ed. Rio de Janeiro: Revista Forense, 1958, p. 79-81.
106. TAVARES, Juarez. Direito Penal da Negligência: uma contribuição à teoria do crime culposo. São Paulo: RT, 1985.
107. SANTOS, Juarez Cirino dos. Ob. Cit., 2020, p. 179.

- ✓ **Tipicidade**: é a adequação entre a conduta praticada e a lei penal incriminadora.
- ✓ **Violação de um dever objetivo de cuidado**: necessária nos crimes culposos, a violação de um dever objetivo de cuidado é o que caracteriza a culpa em sentido estrito[108]. Pode ocorrer por meio de atuação negligente, imprudente ou imperita do sujeito ativo.

A grande maioria dos crimes culposos possui os chamados **tipos abertos**[109], por dependerem de complementação valorativa, conforme entende a doutrina majoritária[110]. Isso porque a culpa envolve conceitos de imprudência, negligência e imperícia, elementos que requerem carga valorativa para serem decifrados, não trazendo uma definição específica do tipo. O juiz precisa investigar qual era o *dever de cuidado* devido ao agente.

Exemplo é o homicídio culposo, previsto no artigo 121, § 3º, do CP: "Se o homicídio é culposo". Como exceção, o crime de receptação culposa, previsto artigo 180, § 3º, do CP, possui um tipo fechado: "Adquirir ou receber coisa que, por sua natureza ou pela desproporção entre o valor e o preço, ou pela condição de quem a oferece, deve presumir-se obtida por meio criminoso". Esse tipo descreve a quebra do dever objetivo de cuidado que configura o delito.

Exige-se um resultado naturalístico para sua configuração do delito, ou seja, uma alteração no mundo dos fatos. Vale lembrar que não se admite a tentativa de crime culposo[111], salvo se a culpa for imprópria. Ou o sujeito provocou um resultado por quebra de dever objetivo de cuidado ou não responde por delito a título de imprudência, negligência ou imperícia.

Para a configuração do crime culposo, fala-se, ainda, em **resultado previsível**. Imaginemos, somente por suposição, que a vacina inglesa contra COVID-19 seja incompatível, logo após a aplicação, com Omeprazol. Não se sabe disso ao tempo do início de sua aplicação. Um pai ministra o medicamento ao filho adolescente, recém-vacinado quando estava em Londres, e ele sofre efeitos colaterais da mistura das substâncias, o que lhe causa lesão. O pai não responderá por lesão culposa, por não haver previsibilidade de referido resultado.

Foi visto que se exige **previsibilidade objetiva** do agente: se o resultado era ou não previsível ao agente. Enquanto o dolo demanda, no entendimento majoritário da doutrina, o conhecimento das circunstâncias em que o agente atua, a culpa exige a previsibilidade. Resultados imprevisíveis não podem levar à responsabilização culposa do indivíduo.

---

108. A teoria da imputação objetiva acaba aproximando os crimes culposos e dolosos.
109. WELZEL, Hans. Ob. Cit., 2014, p. 205. CAPEZ, Fernando. Ob. Cit., 2013, p. 231. CUNHA, Rogério Sanches. Ob. Cit., 2020, p. 267. MASSON, Cleber. Ob. Cit., 2019, p. 243. ZAFFARONI, Eugenio Raúl; PIERANGELI, José Henrique. Ob. Cit., 2019, p. 400-401.
110. Contra, criticando essa concepção de *tipos abertos* de Welzel: ROXIN, Claus. Derecho Penal. Parte General, Tomo I. Fundamentos. La estrutura de la teoria del delito. Trad. de la 2ª edición alemana. Madrid: Thomson Reuters, 1997, p. 298-299.
111. BRANDÃO, Cláudio. Teoria jurídica do crime. 6. ed. Belo Horizonte, São Paulo: D'Plácido, 2020, p. 148. SANTOS, Juarez Cirino dos. Ob. Cit., 2020, p. 393.

Entretanto, há discussão de parte de doutrina sobre a previsibilidade subjetiva, que levaria em conta as habilidades e circunstâncias concretas do agente[112]. Entretanto, a previsibilidade subjetiva, na verdade, diz respeito não às características do agente ou do homem médio, mas ao fato de o agente ter ou não previsto o resultado[113]. Por isso, prevalece na doutrina que a **previsibilidade subjetiva não é necessária**, mas apenas a objetiva. Nucci, minoritário, defende um critério objetivo-subjetivo[114].

A discussão envolve, então, a análise da capacidade do agente em relação à compreensão do dever jurídico de cuidado e à atuação conforme referido dever. Ou seja: se será analisado um homem médio (generalização) ou o próprio indivíduo (individualização). Para **aprofundamento:**

- **Critério da generalização:** o tipo do injusto (fato típico e antijurídico) não considera eventuais diferenças de capacidade individual. Elas devem ser analisadas na culpabilidade, com observância do nível de escolaridade, condição socioeconômica, capacidade cognitiva e experiências de vida do autor. No tipo do injusto, deve-se considerar a capacidade média.
- **Critério da individualização:** a análise deve respeitar as peculiaridades de cada indivíduo quanto a sua capacidade individual, como escolaridade, condição social, experiência de vida, habilidades etc. Essa análise deve ser feita no injusto penal (fato típico e antijurídico). Para exemplificarmos um caso de capacidade superior e inferior, imaginemos o caso de dois motoristas com diferentes habilidades. Um motorista que possui deficiência motora possui capacidade inferior de atuar com diligência para evitar o acidente, enquanto um dublê de filmes, que dirige carros em manobras arriscadas, possui capacidade superior em relação a evitar uma atuação imprudente. Defendido por Juarez Cirino dos Santos[115].
- **Combinação dos dois critérios:** Os dois critérios, de generalização e da individualização, devem ser combinados, segundo Claus Roxin. Se o sujeito possuir capacidade mais elevada, deve-se utilizar o critério da individualização, pois, se ele tem maior possibilidade de agir com diligência, deve assim atuar. Caso contrário, o bem jurídico ficaria desprotegido. Por outro lado, no caso de capacidade inferior do agente, deve-se adotar o critério da generalização, exigindo-se a capacidade média. Se ele, no caso concreto, não poderia ter agido com maior diligência, o caso deve ser analisado na culpabilidade (juízo de reprovabilidade da conduta do sujeito)[116].

---

112. CUNHA, Rogério Sanches. Ob. Cit., 2020, p. 266-267. MASSON, Cleber. Ob. Cit., 2019, p. 249-250. Luiz Regis Prado entende que a culpabilidade subjetiva faz parte da culpabilidade (PRADO, Luiz Regis. Ob. Cit., 2020, p. 169).
113. BITENCOURT, Cezar Roberto. Ob. Cit., 2020, p. 395-396. SANTOS, Juarez Cirino dos. Ob. Cit., 2020, p. 198-200. DOTTI, René Ariel. Ob. Cit., 2020, p. 481.
114. NUCCI, Guilherme de Souza. Ob. Cit. 2015, p. 209.
115. SANTOS, Juarez Cirino dos. Ob. Cit., 2020, p. 180-183.
116. ROXIN, Claus. Ob. Cit., 1997, p. 1013-1018.

9.2. Modalidades de culpa

A culpa possui como modalidades a imprudência, a negligência e a imperícia:

Imprudência: é ação descuidada, que se manifesta por meio de um comportamento positivo. Também denominada ***culpa in agendo***. A culpa se manifesta concomitantemente com a ação. É o caso do sujeito que resolve passar pelos cruzamentos de uma avenida sem obedecer aos sinais de pare nem às luzes vermelhas do semáforo, por estar com pressa para chegar em casa. Atua sem se atentar para o perigo de sua forma de conduzir o veículo. Causado um acidente, com lesões corporais na vítima, há um típico caso de comportamento culposo.

Negligência: é a ausência de precaução, caracterizada por um comportamento negativo, uma omissão. Pode ser chamada ***culpa in omittendo***. É a modalidade de culpa que se verifica quando alguém resolve viajar, com sua família no carro, sem fazer a necessária manutenção dos freios, causando um acidente e o falecimento de um passageiro do outro veículo, com o qual colide. Incorre no crime de homicídio culposo, com a modalidade de culpa correspondente à negligência.

Imperícia: é a **falta de aptidão técnica** para o exercício da profissão ou atividade, é a ausência de perícia. É a culpa que apresenta o sujeito que, devendo aplicar um conhecimento específico da sua profissão, deixa de fazê-lo e, assim, provoca um resultado criminoso. Denominada também de culpa profissional[117]. Típico exemplo é o do cirurgião, que, não sabendo sobre a obrigatoriedade de exames prévios no seu paciente com problemas cardíacos, ignora a regra profissional e realiza o procedimento cirúrgico sem as precauções. Se causado o óbito do paciente, haverá sua responsabilização por culpa, na modalidade de imperícia.

Ademais, cabe o seguinte questionamento: e se o autor agir com culpa, assim como a vítima? E se, em um acidente de trânsito com lesão corporal da vítima, ambos ultrapassaram o sinal vermelho do semáforo, com clara imprudência?

✓ **Cabe a compensação de culpas no Direito Penal?**

Não cabe. É possível a consideração da culpa da vítima na dosimetria da pena (comportamento da vítima, por exemplo, é uma circunstância judicial do artigo 59 do CP). Entretanto, a culpa da vítima não exclui a culpa do agente, pois **o Direito Penal não admite a compensação de culpas**.

No caso de **concorrências de culpas**, cada um dos agentes responde na medida de sua culpabilidade, como se dois motoristas passam pelo sinal vermelho e ambos atropelam o mesmo pedestre, sem terem combinado previamente, por conduta culposa. Não há concurso de pessoas, mas os dois devem responder pelo resultado.

✓ **Quando não há culpa no Direito Penal?**

Sempre que ausentes os requisitos estudados acima, não se configura a culpa em sentido estrito (negligência, imprudência, imperícia).

117. MASSON, Cleber. Ob. Cit., 2019, p. 246.

Por isso, não há previsibilidade no caso de **caso fortuito e força maior** e, por isso, a conduta não é culposa.

Não há culpa se o agente age na legítima expectativa de que os outros também atuem conforme o dever objetivo de cuidado que se impõe a todos, conforme preconiza o **princípio da confiança**.

Se o **risco criado** pelo autor é **tolerado**, como no caso de contratação de profissionais de limpeza para um arranha-céu, com observância das regras de segurança do trabalho, não há culpa, ainda que seja atividade arriscada por si só. Há quem fale em um "princípio do risco tolerado"[118].

Não há culpa se o risco criado pelo agente não desborda do seu âmbito de disponibilidade, como no caso de colocar em perigo apenas sua própria integridade física, ao fazer manobras arriscadas, isolado em sua fazenda, com uma motocicleta, em razão do que preconiza o **princípio da alteridade**. Essa conclusão também advém da aplicação da teoria da imputação objetiva, não havendo que se responsabilizar alguém pela autocolocação em perigo dolosa, o que não afeta em nada os bens jurídicos alheios.

Não há imperícia se o agente usa todos os recursos científicos disponíveis à época e, ainda assim, a ciência não está à altura de evitar o resultado danoso, o que tem sido denominado de "erro profissional"[119]. A doutrina diferencia a imperícia do chamado **erro profissional**. Enquanto a imperícia seria decorrente do desempenho de uma função pelo agente, para a qual possui autorização de exercício, sem conhecimentos práticos ou teóricos suficientes para exercê-la, o erro profissional derivaria da própria possibilidade de **falha científica**. É possível que, mesmo que o profissional atue com observância das regras técnicas e com o conhecimento científico atual sobre o tema, em decorrência do estágio de progresso da ciência, não seja suficiente para enfrentar o problema. Não há, nesse caso, responsabilização penal. Seria o caso do médico que não consegue tratar um paciente com duas doenças graves, já que a literatura médica não demonstra como se chegar a um tratamento satisfatório de ambas as enfermidades, quando atingem a mesma pessoa concomitantemente.

9.3. Espécies de culpa

Podemos classificar a culpa por diferentes critérios, de modo que analisaremos os principais deles:

✓ **Com relação à previsibilidade do resultado**:

Consciente, com previsão ou *ex lascivia*: o agente prevê o resultado, mas não o aceita, espera que ele não ocorra.

Inconsciente, sem previsão ou *ex ignorantia*: o agente não prevê o resultado, mas este era objetivamente previsível.

118. CAPEZ, Fernando. Ob. Cit., 2013, p. 232.

119. CUNHA, Rogério Sanches. Ob. Cit., 2020, p. 264. MASSON, Cleber. Ob. Cit., 2019, p. 247. NUCCI, Guilherme de Souza. Ob. Cit. 2015, p. 211. Caso chamado por Capez de "erro médico": CAPEZ, Fernando. Ob. Cit., 2013, p. 234.

✓ **Com relação à vontade do agente:**

Própria ou propriamente dita: o agente pratica a conduta, mas, mesmo sendo previsível o resultado, não deseja nem o aceita. Na verdade, ele espera que o resultado não se produza ou nem sequer prevê a possibilidade de produzir o resultado, apesar de sua previsibilidade, caso tivesse atuado com cautela.

Imprópria, por equiparação, por assimilação ou por extensão: o agente, pensando estar acobertado por uma causa excludente de ilicitude, por erro de tipo inescusável, provoca intencionalmente uma determinada conduta típica. Não se trata propriamente de culpa, por isso a doutrina denomina referido elemento subjetivo de culpa **imprópria**. O agente, na verdade, atua com dolo, mas o erro de tipo indesculpável afasta o dolo, possibilitando a sua punição por culpa, caso haja previsão de modalidade culposa do delito praticado. Por tal razão, equipara-se tal conduta a uma ação culposa, de modo que temos uma culpa por assimilação ou por extensão. Seria **o único caso em que se admite tentativa de crime culposo**, por não se tratar de culpa propriamente dita. Deve-se ressalvar que a dogmática moderna rejeita essa nomenclatura, considerando-se que a conduta é dolosa, apesar de o tratamento legislativo ser o mesmo reservado ao delito culposo[120]. Faltaria, nessa situação, o desvalor da atitude interna dos crimes dolosos: o agente atuou daquele modo acreditando estar justificado, ou seja, agindo sob uma causa excludente de ilicitude, razão pela qual não se fundamentaria a punição com a pena reservada para a conduta dolosa[121].

✓ **Existe a chamada culpa mediata ou indireta?**

Culpa mediata ou indireta: ocorre quando um agente, após a produção de um resultado, a partir dele produz um segundo resultado, por culpa. É tratada apenas por parte da doutrina[122]. O típico exemplo citado pelos penalistas é aquele em que o agente mostra a arma de fogo para a vítima, visando a praticar um roubo, mas ela se assusta, corre para a rodovia e é atropelada. O agente deveria responder, com base neste entendimento, por homicídio culposo.

Grande parte da doutrina não aceita essa modalidade, devendo o exemplo ser tratado da seguinte forma: análise se o susto pode ser considerado causa do atropelamento e, do ponto de vista da teoria da imputação objetiva, concluir se o risco não permitido, por meio da grave ameaça que assustou a vítima, concretizou-se na morte por atropelamento. O entendimento predominante será de que, após esse duplo filtro, não se pode responsabilizar o agente pelo atropelamento ocorrido. Especialmente do ponto de vista do risco não permitido, tem-se que o risco criado não é o que se concretizou no falecimento da vítima, que decorreu exclusivamente do atropelamento.

Luiz Flávio Gomes e Antonio García-Pablos de Molina, por sua vez, conceituam a *culpa mediata* como aquela que decorre, indiretamente, de um fato culposo. Assim, o agente que causa um incêndio culposo não deve responder pela posterior morte do bombeiro que tenta apagá-lo. Concluem que a culpa mediata ou indireta

120. BITENCOURT, Cezar Roberto. Ob. Cit., 2020, p. 401-402.
121. JESCHECK, Hans-Heinrich; WEIGEND, Thomas. Ob. Cit., 2002, p. 499-500.
122. CAPEZ, Fernando, Ob. Cit., 2013, p. 237. MASSON, Cleber, Ob. Cit., 2019, p. 252.

não existe para o Direito Penal, pois o agente só deve responder pelo risco por ele criado e pelos resultados advindos diretamente desse risco[123].

✓ **Como diferenciar a culpa consciente do dolo eventual?**

Vistas as espécies de culpa, surge a difícil controvérsia sobre **qual a diferença entre dolo eventual e culpa consciente.** Em termos do entendimento majoritariamente aceito, o que distingue um e outro é exatamente a aceitação do resultado, ou, em outras palavras, a assunção do risco. No dolo eventual, o agente assume o risco da produção do resultado. Na culpa consciente, o agente confia que o resultado não ocorrerá, inclusive se dispõe a atuar para evitá-lo.

Portanto, tanto na culpa consciente quanto no dolo eventual, temos **um resultado previsto pelo agente**. A diferença reside na atitude do sujeito em relação à previsão do resultado: se lhe é indiferente, ou seja, se ele aceita o risco e realiza a conduta, temos um caso de dolo eventual. Se, pelo contrário, o agente acredita que poderá evitar o resultado, o caso é de culpa consciente.

Imagine um sujeito que é jogador de basquete e acredita ser capaz de jogar um tijolo de uma alta construção para outra, já que suas habilidades envolvem a execução de lançamentos difíceis. Seu amigo lhe avisa que o tijolo passará acima de uma calçada movimentada, mas ele afirma que é um exímio jogador e não erraria jamais. Ao fazer o lançamento, acerta um transeunte que lá passava, que morre. Ora, sendo previsto o resultado, referente à possibilidade de ele errar o lançamento e atingir alguém embaixo, sua conduta apresenta como elemento subjetivo a culpa consciente. Isso porque, apesar de previsto o resultado, ele não anuiu com a sua produção, acreditando em suas habilidades.

Por outro lado, pense em um pedreiro que, para se gabar de suas habilidades, diz que vai jogar um tijolo para a construção do outro lado da rua. Ao ouvir isso, o mestre de obras lhe adverte da possibilidade de atingir alguém, dizendo que não quer problemas no ambiente de trabalho. O sujeito, entretanto, dá de ombros e, mostrando-se indiferente em relação ao risco e dizendo não se preocupar com as outras pessoas, joga o tijolo e atinge uma criança que brincava nas proximidades, matando-a. No caso, temos uma conduta cujo elemento subjetivo é o dolo eventual. Configura-se esse elemento subjetivo porque o pedreiro previu o resultado e, apesar disso, assumiu o risco de produzi-lo.

Segue um esquema, com o entendimento doutrinário que prevalece[124]:

Culpa Consciente	Dolo Eventual
Previsão do resultado + Não Aceitação de que ocorrerá	Previsão do resultado + Anuência (assunção do risco)
"É possível, mas não vai acontecer"	"Não importa se vai acontecer"

123. GOMES, Luiz Flávio; MOLINA, Antonio García-Pablos de. Direito Penal, Parte Geral, Volume 2. 2. ed. São Paulo: Editora Revista dos Tribunais, 2009, p. 289-290.

124. BITENCOURT, Cezar Roberto, Ob. Cit., 2020, p. 403-404. JESUS, Damásio de. Ob. Cit., 2011, p. 343. CAPEZ, Fernando. Ob. Cit., 2013, p. 234-235. CUNHA, Rogério Sanches. Ob. Cit., 2020, p. 268-269. MASSON, Cleber, Ob. Cit., 2019, p. 250-251.

10. TIPOS "QUALIFICADOS" PELO RESULTADO

O tipo qualificado pelo resultado **é aquele em que, além da descrição do delito, há a previsão de um resultado que, se ocorrer, torna a sanção penal mais gravosa.**

10.1. Tipos qualificados pelo resultado e seus elementos

Denomina-se tipo qualificado ou majorado pelo resultado como aquele que, para além do tipo simples, prevê uma alteração da pena em razão da produção de um resultado, o que denota maior culpabilidade. O tipo penal se configura independentemente do resulta, mas, em caso de sua superveniência, incidirá uma qualificadora ou uma majorante. O tipo qualificado ou majorado pelo resultado pode ser desmembrado em dois elementos:

- **Fato antecedente**: conduta que se amolda ao tipo penal do delito, configurando-o e já tornando possível a imposição de sanção penal;
- **Fato consequente**: o agente produz um resultado que enseja a imposição de uma sanção penal mais gravosa que aquela prevista para o fato antecedente.

De início, vale ressalvar que a doutrina trata, indistintamente, sob a nomenclatura de crime qualificado pelo resultado tanto o crime efetivamente qualificado por um resultado mais grave, quanto aquele agravado por um resultado mais desvalioso[125]. É uma unidade complexa, formada por dois delitos. Em segundo lugar, é necessário que haja dolo ou culpa do agente quanto ao resultado que qualifica o crime ou agrava a pena. Isso se justifica pela vedação da responsabilidade penal objetiva, conforme determina o artigo 19 do Código Penal:

> *Art. 19 – Pelo resultado que agrava especialmente a pena, só responde o agente que o houver causado* ***ao menos culposamente****.*

O dispositivo evita a responsabilização com base no *versari in re illicita*[126], instituto originado do período medieval. Segundo esse adágio ao optar por uma conduta ilícita, o agente deveria responder pelas consequências que advierem dela, independentemente de dolo ou culpa. Se opta pela conduta ilícita, deve responder por tudo o que lhe for subsequente. O instituto advém do Direito Canônico e implicaria responsabilidade objetiva. Mesmo assim, Roxin e Jescheck veem no crime qualificado pelo resultado um indesejado resquício do instituto[127].

Em virtude da exigência de dolo ou culpa, o resultado deve ter sido previsto ou, ao menos, ser previsível. A previsibilidade é imprescindível, portanto, para a

---

125. NUCCI, Guilherme de Souza. Código Penal Comentado. 15. ed. rev. atual. e ampl. Rio de Janeiro: Forense, 2015, p. 217: "Classificação dos *crimes qualificados pelo resultado*: podemos dividir as figuras típicas previstas na Parte Especial da seguinte maneira: 1) *crimes agravados pelo resultado* (...)".
126. *Versari in re illicita imputantur omnia quae sequuntur ex delicto.*
127. JESCHECK, Hans-Heinrich; WEIGEND, Thomas. Ob. Cit., 2002, p. 279-281.ROXIN, Claus. Ob. Cit., 1997, p. 335. SANTOS, Juarez Cirino dos. Ob. Cit., p. 205-207. A crítica também está presente em: HUNGRIA, Nélson. Comentários ao Código Penal, Vol. V. Rio de Janeiro: Forense, 1958, p. 56.

responsabilização pela modalidade qualificada ou majorada pelo resultado. Caso não previsto, é necessário que o resultado seja previsível para configuração, ao menos, da culpa inconsciente. Se imprevisível, não há como se responsabilizar o agente, pois se violaria o princípio da culpabilidade, admitindo-se responsabilidade penal objetiva.

Hungria também lecionava ser necessário o vínculo causal entre a conduta do agente, omissiva ou comissiva, e o resultado mais grave, o *majus delictum*. Não se pode responsabilizar – adverte a sua obra – pela simples sucessão de fatos após a conduta do agente. Assim, não se poderia responder pela morte da vítima se o agente a feriu e, quando ela se dirigia à farmácia para se medicar, é atropelada por um automóvel. O crime seria de lesão simples, e não de lesão seguida de morte. Também não se poderia responsabilizar o agente pela morte se o sujeito provoca aborto em uma mulher e ela contrai uma infecção e, quando do atendimento médico, há um erro crasso do profissional de saúde e ela falece. Responde pelo aborto, mas sem a duplicação da pena em razão da morte da vítima[128].

O exemplo mais nítido que pode ser dado de delito qualificado pelo resultado é o do crime de latrocínio. Sua prática envolve o fato antecedente referente ao roubo objetivado pelo agente. Seja de forma tentada ou consumada, a sua prática já enseja a responsabilização do agente (fato antecedente). Entretanto, se o sujeito ativo causa a morte de alguém (fato consequente), em decorrência da violência empregada, ele responderá pelo delito qualificado, com sanção penal muito mais gravosa, nos termos da parte final do § 3º, do artigo 157, do Código Penal.

✓ E quais são as espécies de crime qualificado pelo resultado?

Antecedente	Consequente	Hipótese
Dolo	Dolo	Art. 129, § 2º, I, CP (lesão e incapacidade permanente para o trabalho)
Dolo	Culpa	Crime preterdoloso. Art. 129 § 3º, CP (lesão seguida de morte)
Culpa	Culpa	Arts. 250, §2º, e 258, CP (incêndio com resultado morte)
Culpa	Dolo	Arts. 303, § 1º, e 302, §1º, III, CTB (lesão culposa com omissão de socorro)*

*É importante ressaltar que parte da **doutrina não aceita a última modalidade**. É o caso de Nucci, que assim leciona: "Não se admite, por impropriedade lógica, a modalidade culposa na modalidade antecedente e dolo na consequente"[129]. O exemplo dado pela doutrina não parece ser de delito majorado pelo resultado, haja vista que não há resultado material exigido, mas sim uma causa de aumento

---

128. HUNGRIA, Nélson. Ob. Cit., 1958, p. 55-56.
129. NUCCI, Guilherme de Souza. Ob. Cit., 2015, p. 216. Apesar de não mencionar claramente sua visão, Cunha somente se refere às modalidades admitidas por Nucci: CUNHA, Rogério Sanches. Ob. Cit., 2020, p. 273, nota 93.

de pena pela ausência de prestação de socorro posterior à prática de uma lesão corporal no trânsito. Há, entretanto, doutrinadores que defendem a modalidade de crime qualificado ou majorado pelo resultado com conduta culposa e resultado doloso. Parecem compreender que foi uma opção expressa do legislador punir de forma diferenciada, com um tipo majorado, a prática de uma conduta culposa, com posterior omissão dolosa de socorro[130].

Sobre o resultado que modifica a pena, deve-se lembrar do artigo 19 do Código Penal:

> *Art. 19 – Pelo resultado que agrava especialmente a pena, só responde o agente que o houver causado ao menos culposamente.*

Portanto, é necessário o elemento de previsibilidade para que o agente responda pelo resultado mais grave decorrente de sua conduta anterior[131]. Vamos utilizar um exemplo de crime qualificado pelo resultado, a lesão corporal seguida de morte, uma espécie de crime preterdoloso. Se o agente não sabe que a vítima é hemofílica e corta sua mão, com a intenção apenas de feri-la, não pode responder pelo resultado mais grave, porque não atuou de forma culposa com relação à morte[132].

Há, portanto, configurações diversas de crimes qualificados pelo resultado, cuja diferença reside no elemento subjetivo presente no fato antecedente e naquele contido no fato consequente. Deve-se atentar para o fato de que o crime preterdoloso **é uma dessas hipóteses** e, devido à sua maior relevância e nomenclatura própria, essa espécie será analisada separadamente, no tópico a seguir. Portanto, não se deve confundir crime qualificado pelo resultado (gênero) com crime preterdoloso (espécie)[133].

10.2. Crime preterdoloso

Crime preterdoloso é aquele composto de um **fato antecedente**, praticado a título de **dolo**, e de um **resultado culposo**, o qual possui o efeito de tornar a sanção penal mais gravosa. De forma simplificada, preterdolosa é a conduta criminosa que apresenta dolo no antecedente e culpa no consequente. O resultado deve ter sido previsível ao agente, pois, sem previsibilidade, não haveria fundamento dogmático para a sua responsabilização culposa em razão de sua produção. Devem ser consideradas, neste ponto, as suas capacidades pessoais para prever aquele resultado determinado[134].

Portanto, o crime preterdoloso é apenas uma das espécies de **crime qualificado pelo resultado**. O agente pratica uma conduta dolosa, mas, além do dolo (*preterdolo*), pratica um resultado mais grave, que modifica a pena, mas que não queria nem assumiu o risco de produzir:

---

130. MASSON, Cleber. Ob. Cit., 2019, p. 259. CAPEZ, Fernando. Ob. Cit., 2013, p. 240.
131. SANTOS, Juarez Cirino dos. Ob. Cit., 2020, p. 207.
132. No mesmo sentido, usando o exemplo clássico da doutrina: BRANDÃO, Cláudio. Ob. Cit., 2020, p. 140.
133. Posição minoritária diferencia crime preterdoloso e crime qualificado pelo resultado, não se tratando de gênero e espécie: BITENCOURT, Cezar Roberto, Ob. Cit., 2020, p. 405.
134. JESCHECK, Hans-Heinrich; WEIGEND, Thomas. Ob. Cit., 2002, p. 616.

Conduta dolosa + **Resultado praticado culposamente** = **Crime preterdoloso**

Em razão de o resultado não ser desejado pelo agente, já que é provocado a título de culpa (própria), **não se admite tentativa de crime preterdoloso**, conforme entendimento majoritário[135]. Se o agente, que praticou dolosamente a conduta típica, será responsabilizado por um resultado praticado culposamente, isso significa que não quis nem assumiu o risco da produção do resultado, nos termos do artigo 18, inciso I, do CP. Se tivesse desejado ou assumido o risco de produção do resultado, responderia também pelo resultado a título de dolo. Assim, se não desejou nem assumiu o risco, não pode ser apenado pela tentativa desse resultado.

Questão tormentosa que surge a partir dessa afirmativa é o caso de aborto qualificado pela morte ou lesão grave da gestante, em que há o resultado morte da grávida (fato culposo subsequente), mas o feto sobrevive, sem se configurar o aborto (fato doloso antecedente). Parte da doutrina considera uma exceção, sendo um caso de delito preterdoloso tentado, respondendo o médico por tentativa de aborto qualificado pela morte culposa, **posição tida por majoritária**[136]. Outra parte defende que, ainda que o aborto não se consume, o delito qualificado é considerado consumado em virtude da morte da gestante, a exemplo do que se entende acerca do latrocínio[137]. Por fim, é possível defender que o agente deve responder pelo aborto tentado e pelo homicídio culposo consumado, em concurso. Cuida-se de questão bastante controversa, mas cujo registro é importante.

Uma amostra de crime preterdoloso pode ser encontrada no artigo 129, § 3º, do Código Penal, que cuida do delito de **lesão corporal seguida de morte**. O agente visa a lesionar o sujeito passivo e, portanto, causa a lesão corporal (fato antecedente) com intenção, de forma dolosa. Na sequência, produz, por culpa, a morte da vítima (fato consequente). Temos, então, dolo no antecedente e culpa no consequente, formando o tipo preterdoloso.

O latrocínio, por sua vez, pode ou não ser preterdoloso, a depender de o resultado morte ser provocado a título de culpa ou dolo, sendo que ambas as formas configuram esse crime qualificado pelo resultado. Assim, há latrocínio no caso de o agente, com a violência, praticar a morte da vítima, desejando-a ou assumindo o risco de tal resultado. Nesse caso, o latrocínio não é preterdoloso, já que houve dolo no fato antecedente e dolo quanto ao resultado.

Por outro lado, também se configura o latrocínio se o agente, para efetuar a subtração, age com violência para conseguir se apropriar da bolsa da vítima.

135. BITENCOURT, Cezar Roberto. Ob. Cit., 2020, p. 559. MASSON, Cleber. Ob. Cit., 2019, p. 285. CAPEZ, Fernando. Ob. Cit., 2013, p. 242. CUNHA, Rogério Sanches. Ob. Cit., 2020, p. 438. DOTTI, René Ariel. Ob. Cit., 2020, p. 508.

136. CUNHA, Rogério Sanches. Ob. Cit., 2020. O autor cita ser a posição de Luiz Flávio Gomes e Antônio Molina. SANTOS, Juarez Cirino dos. Ob. Cit., 2020, p. 395.

137. CAPEZ, Fernando. Ob. Cit., 2013, p. 242.

Entretanto, perde a medida da força necessária e acaba empurrando-a, o que a faz cair no chão e bater a cabeça em uma pedra pontiaguda. Com isso, a vítima falece. Temos, então, um latrocínio preterdoloso, pois o resultado foi praticado por culpa em sentido estrito (no caso, imprudência).

Por fim, acertadamente, Flávio Monteiro de Barros observa que o reincidente em crime preterdoloso deve ser tratado como reincidente em crime doloso[138]. A estrutura do tipo básico deve prevalecer, de modo que o tratamento deve ser de que a prática foi de um delito doloso. A conduta principal foi praticada a título de dolo, a despeito da responsabilização por um resultado, a título de culpa, que torna a pena mais elevada.

11. TIPO OMISSIVO

O tipo omissivo é aquele cuja conduta consiste em um não fazer, um *non facere*. A conduta do agente consiste em um comportamento negativo. Interessante notar que, ao se optar por uma ação (como ir ao mercado), omite-se outra (não cuidar de uma criança, não enviar os dados necessários à Receita Federal). Cumpre, então, analisar quando um mero comportamento negativo (ou uma opção de realizar um comportamento diferente) tem relevância para o Direito Penal.

Pierpaolo Bottini, em primoroso estudo sobre o tema, destaca que "a *omissão juridicamente relevante* é a *ausência de um comportamento – voluntária e consciente – exigido (e por isso esperado) pela norma jurídica*[139]. Para compreensão da omissão como uma conduta penalmente relevante, a doutrina se debruçou sobre o tema, elaborando duas diferentes teorias sobre responsabilização por um resultado advindo de conduta omissiva. Além disso, a doutrina majoritária classifica os crimes omissivos em omissivos próprios e impróprios. Parte da doutrina entende, ainda, existir uma terceira modalidade, denominada crime omissivo por comissão.

11.1. Teorias da omissão

São teorias sobre a relevância da omissão para o Direito Penal:

✓ **Teoria naturalística**: entende que quem omite faz algo, diverso do que deveria fazer. Portanto, a omissão penalmente relevante não deixa de ser uma ação do agente, mas que destoa da conduta que se esperava dele e à qual ele era juridicamente obrigado. Por ser uma ação diversa do que deveria ser, a omissão pode provocar mudança no mundo exterior, ou seja, pode causar um resultado naturalístico. As condições negativas (como a falta de oxigênio da vítima que morre afogada) e a omissão (o pai que não salva a criança afogada) também compõem o processo causal. Há, portanto, uma relação de causalidade na omissão[140].

---

138. BARROS, Flávio Augusto Monteiro de. Ob. Cit., 2019, p. 287. No mesmo sentido: CUNHA, Rogério Sanches. Ob. Cit., 2020, p. 274.

139. BOTTINI, Pierpaolo. Crimes de omissão imprópria. 1. ed. São Paulo: Marcial Pons, 2018, p. 35.

140. Apesar de o autor entender desnecessária essa discussão, parece ser a sua posição: GRECO, Luís. Problemas de causalidade e imputação objetiva nos crimes omissivos impróprios. 1ª. ed. São Paulo: Marcial Pons, 2018, p. 18-20.

✓ **Teoria normativa**: a omissão é um nada e, por isso, nada causa (*ex nihilo nihil fit*). Não há como se imputar um resultado naturalístico de forma direta a uma conduta omissiva, já que ela não pode causá-lo, por não ser nada. Essa teoria apenas admite que se responsabilize penalmente alguém que apresentou comportamento negativo a partir da ideia do **dever jurídico de agir**. Portanto, para que a omissão seja relevante para o Direito Penal, deve estar acompanhada do *quod debeatur*, ou seja, aquilo que tinha o dever jurídico de fazer. A omissão só interessa ao Direito Penal, portanto, a partir de uma norma que imponha comportamento diverso, um tipo mandamental, como já estudado. Haveria, na omissão, uma *causalidade hipotética* ou uma *quase-causalidade*. Portanto, a fórmula da teoria normativa da omissão é a seguinte:

***Non facere* (comportamento omissivo) + *quod debeatur* (dever jurídico de agir).**

Adotada a segunda teoria, majoritária, a relação de causa e efeito decorre da norma, sendo denominada, portanto, de normativa[141]. Isso porque só se vincula o resultado naturalístico à omissão do agente em decorrência do dever jurídico de agir.

PARTE GERAL

11.2. Crime omissivo próprio ou puro

É o crime cometido em virtude do descumprimento de norma imperativa. O dever jurídico de agir surge da própria previsão da conduta omissiva como crime, da qual decorre a imposição de uma conduta virtuosa a todos, a qual, se descumprida, enseja a punição pelo crime. O dever jurídico de agir não existe, aqui, voltado para um agente, mas decorre da expressa previsão de um **tipo penal, de natureza mandamental, que determina a punição por omissão** em determinados casos. O tipo penal descreve um "não fazer".

O exemplo mais lembrado é o da omissão de socorro:

> *Omissão de socorro*
>
> *Art. 135 – **Deixar de prestar** assistência, quando possível fazê-lo sem risco pessoal, à criança abandonada ou extraviada, ou à pessoa inválida ou ferida, ao desamparo ou em grave e iminente perigo; ou não pedir, nesses casos, o socorro da autoridade pública:*
>
> *Pena – detenção, de um a seis meses, ou multa.*
>
> *Parágrafo único – A pena é aumentada de metade, se da omissão resulta lesão corporal de natureza grave, e triplicada, se resulta a morte.*

Note que o dever jurídico, no caso, decorre do próprio artigo 135 do Código Penal, de modo que, nas circunstâncias ali descritas, **todos têm o dever de agir**. Caso contrário, se o sujeito não agir como deve e como a norma determina, a sua

141. MASSON, Cleber. Ob. Cit., 2019, p. 308-309. CAPEZ, Fernando. Ob. Cit., 2013, p. 164-165. Defendendo ser o nexo causal uma ficção jurídica: BITENCOURT, Cezar Roberto. Ob. Cit., 2020, p. 345-346. É a posição que compreendo da obra de Cunha, apesar de suas ressalvas: CUNHA, Rogério Sanches. Ob. Cit., 2020, p. 309-310. Damásio defendia que foi adotada a teoria naturalística no art. 13, *caput*, mas a normativa foi mencionada no art. 13, § 2º: JESUS, Damásio de. Ob. Cit., 2011, p. 292.

omissão configura o crime omissivo. Se o agente deixar de prestar assistência, ou seja, "não prestar assistência" (não fazer), incorre no tipo penal.

Grande parte da doutrina entende que os crimes omissivos puros não preveem resultado para a sua configuração, sendo crimes de mera conduta[142]. Há quem cite a hipótese do crime de omissão qualificada pelo resultado morte[143], o que não se exige para configurar o crime, pois é circunstância qualificadora. A responsabilização penal por omissão exige os seguintes requisitos[144]:

- **Capacidade física de agir para evitar o resultado**, ou como diz o autor, a "identificação da p*ossibilidade física* de evitar o resultado". Se, mesmo que o agente agisse, não conseguiria evitar o resultado, não se lhe pode imputar penalmente a ocorrência de tal resultado.
- **Conhecimento dos fatos que exigem que ele atue**, ou, usando as palavras do ilustre professor, "a cognoscibilidade do contexto fático diante do qual a ação é esperada". Se o sujeito passa com o carro e não vê, por haver vegetação às margens da rodovia, que há ali um motociclista caído, não pode responder por omissão de socorro. Se a diretora envia um aluno impúbere para a sala da professora e não lhe avisa, a professora não pode ser responsabilizada por eventual lesão sofrida pela criança, se sequer sabia que ela estaria aos seus cuidados, por ser da sua turma.

11.3. Crime omissivo impróprio ou comissivo por omissão

O crime omissivo impróprio ou comissivo por omissão é aquele cujo dever jurídico de agir decorre de uma **cláusula geral**, que, no Código Penal Brasileiro, está previsto em seu artigo 13, parágrafo segundo. O dever jurídico abrange determinadas situações jurídicas e se refere a qualquer crime comissivo. Por isso, tais delitos são chamados comissivos por omissão. **São crimes naturalmente comissivos** aqueles que são praticados por um comportamento positivo, uma ação, como é o caso do homicídio, mas que podem ser praticados por uma conduta omissiva, no caso de o sujeito ter o **dever jurídico de agir previsto na cláusula geral**. Também podem ser chamados de crimes de omissão de ação, denominação mais rara.

Aprofundando o tema, Reale Júnior chama a atenção para o fato de que a omissão, no crime omissivo impróprio, torna-se um componente do tipo penal e um elemento causal. Assim, a omissão, nessa categoria de crime, torna-se causa do resultado e faz com o que o omitente seja o seu autor. O dever de agir é um elemento normativo do tipo, enquanto o poder agir, a seu ver, ou é desnecessário ou é uma hipótese de inexigibilidade de conduta diversa não existente para outros delitos. Por outro lado, segundo o autor, há um "dever de comunidade de vida e perigo" nos crimes

142. ROCHA, Ronan. Ob. Cit., 2016, p. 172. BITENCOURT, Cezar Roberto. Ob. Cit., 2020, p. 345. MASSON, Cleber, Ob. Cit., 208.
143. CUNHA, Rogério Sanches. Ob. Cit., 2020, p. 310.
144. BOTTINI, Pierpaolo. Crimes de omissão imprópria. 1. ed. São Paulo: Marcial Pons, 2018, p. 43-50.

omissivos próprios, como no caso da omissão de socorro (art. 135 do CP), que se configura independentemente do resultado[145].

Garantidor ou garante seria todo aquele que tem o dever específico de cuidado decorrente da cláusula geral (artigo 13, § 2º, CP). A omissão imprópria pode responsabilizar o autor tanto por **conduta dolosa** (quis ou assumiu o risco de produzir o resultado) quanto por **conduta culposa** (imprudência, negligência ou imperícia), a depender do caso concreto.

- **Critérios para definir a posição de garantidor**

A doutrina penal se refere a dois critérios para definição da posição de garantidor, necessária para configuração do crime omissivo impróprio. Esses critérios se referem às fontes do dever de garantia, ou seja, da origem do dever de agir que vincula o agente.

Critério formal ou clássico: são fontes a lei, o contrato e a atuação anterior do agente, que criou o risco. Foi adotado pelo Código Penal, conforme artigo 13, § 2º.

Critério material ou moderno: há dois tipos de fontes. Há as fontes relacionadas à guarda e à proteção de pessoa determinada ou de bem jurídico determinado, que devem ser resguardados de riscos em geral. Há, ainda, fontes de perigo determinadas, relacionadas à segurança ou vigilância, que se voltam à proteção de pessoas ou bens jurídicos indeterminados[146].

- **A posição de garantidor no Código Penal**

O Código Penal prevê a posição de garante ou de garantidor no artigo 13, § 2º. Nesses casos, o agente possui um **dever específico de agir**, decorrente de uma das hipóteses da cláusula geral:

> *Art. 13 – O resultado, de que depende a existência do crime, somente é imputável a quem lhe deu causa. Considera-se causa a ação ou omissão sem a qual o resultado não teria ocorrido.*
>
> *(...)*
>
> *Relevância da omissão*
>
> *§ 2º –* ***A omissão é penalmente relevante quando o omitente devia e podia agir para evitar o resultado. O dever de agir incumbe a quem:***
>
> ***a)*** *tenha por lei obrigação de cuidado, proteção ou vigilância;*
>
> ***b)*** *de outra forma, assumiu a responsabilidade de impedir o resultado;*
>
> ***c)*** *com seu comportamento anterior, criou o risco da ocorrência do resultado.*

O dispositivo legal faz menção a dois requisitos relevantes para a configuração do delito omissivo impróprio, o **dever de agir** e o **poder de agir**, ou seja, deve haver **possibilidade real e efetiva** de o agente evitar o resultado, sob pena de não responder pelo delito. O dever de agir e o poder de agir são referentes à **evitação de um resultado naturalístico**, como diz o próprio dispositivo legal (evitar o resultado).

145. REALE JÚNIOR, Miguel. Teoria do Delito. São Paulo: Revista dos Tribunais, 1998, p. 184-188.

146. SANTOS, Juarez Cirino dos. Ob. Cit., 2020, p. 221-223.

As hipóteses legais de dever específico de agir são a decorrente de dever legal, por assunção e por ingerência:

a) tenha por lei obrigação de cuidado, proteção ou vigilância (dever legal);

O dever aqui deve decorrer de lei, não podendo se responsabilizar alguém com base em dever moral ou religioso. Ademais, por se tratar de responsabilização penal, não se pode interpretar extensivamente para fundamentar a omissão imprópria em decretos ou portarias. O dever deve ser advindo de lei, no sentido de norma proveniente da atividade típica do Poder Legislativo ou, por ser hierarquicamente superior, diretamente do Poder Constituinte. É o caso dos pais, que possuem a responsabilidade sobre os filhos menores em virtude das normas do Direito de Família. Também é o caso do diretor do presídio em relação aos custodiados. Caso um deles deixe de alimentar aquele por quem é responsável, levando-o à morte, pode responder por homicídio por seu comportamento negativo (não fazer). A omissão é penalmente relevante porque o agente, naquelas circunstâncias, possuía o dever específico de agir, decorrente de um dever legal.

b) de outra forma, assumiu a responsabilidade de impedir o resultado (dever por assunção ou dever de garantidor);

Responsabiliza-se, assim, o sujeito que, não sendo obrigado por lei a impedir o resultado, obrigou-se por vontade própria. É o caso do sujeito que se vincula a um contrato, como o vigilante do banco. Imagine que ele veja um sujeito, desarmado, furtar uma quantia do caixa e sair correndo, sendo que ele se abstém de qualquer conduta, mesmo podendo impedir sua fuga. Também aqui se enquadra o salva-vidas, que, podendo salvar uma criança que se afoga na piscina de um clube, assiste à cena inerte. Em razão de o sujeito ter, por vontade própria, assumido o dever de evitar o resultado, sua omissão pode configurar um crime que, via de regra, seria cometido apenas por meio de uma conduta comissiva (homicídio). Outro exemplo bastante utilizado é o do guia turístico que assumiu o compromisso de levar um grupo de volta ao hotel após um passeio na Floresta Amazônica.

c) com seu comportamento anterior, criou o risco da ocorrência do resultado (dever por ingerência na norma ou por situação precedente).

Essa última fórmula abrange aquele que criou o risco e, então, nada faz para evitar o resultado. A lei obriga, desse modo, que o sujeito que deu causa ao risco aja, dentro de suas possibilidades, para evitar o resultado. Assim, se o sujeito causa incêndio em sua fazenda e não acorda seu empregado, que dorme na edícula, mesmo podendo fazê-lo, pode responder por homicídio, se ele vier a morrer. Obviamente, toda a sua conduta deve ser livre e consciente, com o dolo de não agir ou a quebra do dever objetivo de cuidado (dolo ou culpa), apesar de saber ter criado a situação de risco. É o dever que surge do trote de jogar um colega que não sabe nadar na piscina. Quanto ao dever por ingerência, pode-se observar que ele se diferencia das duas modalidades anteriores de dever de agir. Enquanto o dever legal e o dever por assunção se referem à omissão diante de riscos alheios, o dever por ingerência se refere a um **risco criado anteriormente pelo próprio agente** ou, de uma forma mais técnica, o risco decorre do direcionamento do seu próprio âmbito de competência. Por isso, Bottini observa, argutamente, que a alínea c, que traz o dever por ingerência, era desnecessária para responsabilizar o agente, porque é a única modalidade de omissão imprópria já que está abrangida pelos tipos penais comissivos[147]. Em outras palavras, mesmo que não houvesse o dever legal do artigo 13, § 2º, alínea c, do Código Penal, seria possível punir, como sujeito ativo de homicídio, aquele que jogou o amigo que não sabia nadar na piscina e não o salvou.

Em outros termos, quanto à omissão imprópria, tem-se o dever de agir quando a salvaguarda do bem jurídico depende do controle, pelo agente, de determinadas fontes de perigo, já existentes ou geradas por alguma conduta prévia. Justamente por esse dever jurídico específico de agir, que envolve o agente que criou o perigo, é que o estado de necessidade não pode ser invocado pelo causador do risco. Ora, se ele mesmo colocou o bem jurídico em perigo, criando o risco da produção do resultado, tem o dever de evitá-lo. Caso contrário, responde pelo delito que se configure.

Em decorrência dessa previsão legal, parte da doutrina entende que, se após um acidente de trânsito, o agente não socorre a vítima, provocou o risco ao bem jurídico tutelado e, por isso, pode responder pela omissão imprópria. Ficaria afastada, assim, a norma do artigo 302, § 1º, III, do Código de Trânsito Brasileiro, em prol da incidência da norma do homicídio por omissão imprópria, com base no artigo 121, c.c., artigo 13, § 2º, III, do CP[148]. Entretanto, essa conclusão, com base em doutrina proveniente da Alemanha, país no qual há previsão legal semelhante, parece violar a especialidade da norma do CTB. Só parece possível afastar a norma específica se houver dolo por parte do agente, situação em que não se aplica a norma do CTB, que deve ser lida como preterdolosa.

Quanto ao fundamento de se punir a omissão imprópria, existem controvérsias. Beling e Noronha defendiam a **equiparação da omissão à ação**. Isso significaria que o tipo comissivo, como o homicídio, já abrange, por sua descrição, tanto a ação quanto a omissão. Assim, matar alguém envolveria tanto a ação de matar quanto a não evitação do resultado morte[149]. Adotada essa posição, não seria necessário recorrer a uma cláusula geral sobre a posição de garante, como a prevista no artigo 13, §2º, do CP. A crítica principal é que, se entendido que a omissão pode configurar o delito de homicídio sem nenhuma previsão sobre omissão, o seu conteúdo seria muito abrangente ou seria necessário restringir a sua prática a algumas pessoas, sem previsão em lei. A equiparação da omissão à ação levaria a que todos que não evitassem uma morte poderia responder por homicídio ou, em outra solução, seria necessário discriminar quais pessoas poderiam responder, transformando-o em crime próprio, ainda que o legislador o tenha previsto como delito comum[150].

---

147. BOTTINI, Pierpaolo. Ob. Cit., 2018, p.116.

148. SANTOS, Juarez Cirino dos. Ob. Cit., 2020, p. 224-225. Parece ter a mesma conclusão: BOTTINI, Pierpaolo. Ob. Cit., 2018, p. 116.

149. NORONHA, Edgard Magalhães. Ob. Cit., 1972, p. 92-93; 105; BELING, Ernst von. Ob. Cit., 2002, p. 98-99.

150. BOTTINI, Pierpaolo. Ob. Cit., 2018, p. 111-114.

Além da equiparação ontológica, posição que entendia que omissão e ação seriam equiparáveis, outra corrente buscou a solução na norma, ou seja, em um elemento normativo. É a **teoria dos deveres formais**, segundo a qual quem deixou de evitar a morte deve ser punido por ter violado um dever formal, previsto em uma norma penal ou extrapenal, como o dever do pai de alimentar o filho recém-nascido. À época em que criada essa teoria, doutrinadores defendiam uma responsabilidade penal a partir dos deveres formais, mesmo que não houvesse cláusula de equiparação da omissão à ação (a legislação de vários países não possuía uma previsão nos moldes do artigo 13, §2º, do CP). Critica-se, ainda, que o mero dever formal poderia impedir a punição em situações críticas, como a babá que deixasse o bebê se machucar por ter adentrado o seu período de férias, ainda que ele estivesse no momento aos seus cuidados[151].

Surgem, então, propostas que abandonam a ideia de dever formal para buscar **parâmetros materiais** de responsabilização da omissão imprópria, a partir do dever de agir. O dever de garante passa a fazer parte do próprio exame da tipicidade. Assim, defende-se que ele não compõe a ilicitude formal, mas é utilizado para se concluir se o fato é ou não típico. Essas propostas chegaram a ser bem abrangentes, como buscar punir com base em obrigações morais, como a dos pais de alimentar os filhos, independentemente de existir fundamento legal. Posteriormente, alguns penalistas buscaram um critério baseado no dever jurídico, enquanto outros buscaram legitimar a punição da omissão imprópria pela natureza das coisas, ou seja, por uma estrutura ontológica[152]. Assim, grande parte da doutrina entende que está superada a concepção dos deveres formais, exigindo-se, além do critério formal, um conteúdo material para responsabilização da omissão imprópria. Esse conteúdo material se traduz em um dever de proteção do bem jurídico ou de agir para conter um risco, isto é, controlar uma fonte de perigo.

- **Requisitos da omissão imprópria**

Na omissão imprópria, a conduta negativa não estará expressa no tipo, como no homicídio, em que não há a previsão de o pai matar o filho por não o alimentar. Por essa razão, cumpre destacar requisitos de sua configuração, em que se destaca a necessidade de conhecimento da situação que torna o agente "garantidor" em relação ao resultado:

- **Conhecimento da situação que causa perigo**: é imprescindível, sob pena de se admitir a responsabilidade objetiva, que o sujeito tenha consciência da situação de risco ao bem jurídico.
- **Consciência de sua posição de garante**: também como decorrência do próprio princípio da culpabilidade, é imprescindível que o sujeito tenha consciência da sua situação, a qual leva a um dever jurídico de agir, seja ele genérico ou específico.

151. BOTTINI, Pierpaolo. Ob. Cit., 2018, p. 72-73.
152. BOTTINI, Pierpaolo. Ob. Cit., 2018, p. 75-76.

- **Possibilidade real, física, de impedir que o resultado aconteça, de executar a ação exigida**: por fim, a responsabilidade penal só pode ocorrer caso se demonstre que o agente poderia evitar o resultado. **Se ele estava impossibilitado fisicamente de agir, não se pode falar em responsabilização**, mesmo porque, em último caso, seria inexigível conduta diversa.

Sobre os requisitos da omissão, houve célebre caso de uma médica que foi processada pela morte de paciente, por não estar no horário de plantão. Entretanto, o STJ entendeu que, no caso, não ficou demonstrado que ela poderia ter evitado o resultado. A conclusão foi de que não seria "lícito presumir que do simples não comparecimento da médica ao hospital na noite em que fora chamada para o atendimento emergencial tenha resultado, 3 (três) dias depois, o óbito da paciente"[153].

- **A tentativa nos crimes omissivos impróprios**

Atualmente, tem prevalecido a posição de que se admite a tentativa de crimes comissivos por omissão. O que gera grande controvérsia doutrinária é a definição de quando seria admissível a punição pela modalidade tentada. Aliás, a própria concepção de tentativa como acabada ou inacabada gera discussões.

Alguns penalistas adotam a teoria da diferenciação e compreendem que se pode diferenciar a tentativa acabada e a incabada também nos delitos omissivos. A tentativa seria inacabada quando a ação originalmente ainda pode ser realizada e evitado o resultado. Assim, se o salva-vidas não salva a pessoa no primeiro momento, mas ainda é possível salvá-la simplesmente retirando-a da água, a tentativa seria inacabada. Se é necessário hospitalizá-la, a tentativa seria acabada.

Já para a teoria da finalização necessária da tentativa, defende-se que só seriam possíveis tentativas acabadas. Enquanto o agente ainda pudesse atuar para evitar o resultado caberia a desistência voluntária, afastando a responsabilização pela modalidade tentada. Roxin defende essa posição, argumentando que só há tentativa inacabada quando ainda é necessária uma ulterior conduta do agente para obtenção do resultado. Na tentativa omissiva e na tentativa inacabada, não há necessidade dessa atuação posterior. Ele exemplifica a comissão com o caso de o agente conduzir a vítima embriagada até os trilhos, já a omissão pode ser ilustrada com a vítima ser deixada neste mesmo local por quem deveria evitar o resultado, como um pai que deveria retirar dali o seu filho menor de idade. Em ambos os casos, o agente já finalizou a sua atuação, não sendo necessária nova conduta para a consumação. Outro ponto seria a ausência de consequências práticas, pois evitar o resultado afastaria a responsabilidade do agente da mesma forma[154], tal como ocorre no Brasil, em razão do artigo 15 do CP.

Dito isso, é importante analisar as diversas posições sobre o início da tentativa nos delitos omissivos impróprios:

153. STJ, RHC 39.627/RJ, Rel. Min. Rogerio Schietti Cruz, Sexta Turma, julgado em 08/04/2014, DJe 30/04/2014

154. ROXIN, Claus. Ob. Cit., 1997, p. 530.

a) **A saída do âmbito de disponibilidade do omitente e a colocação em risco imediato como critérios alternativos**: a situação do omitente seria a mesma do autor mediato, que determina que outra pessoa cometa o delito e já esgotou a sua contribuição: cabe a ele esperar que o executor, como alguém que ele induziu a erro para levar drogas para outro país, cumpra a sua parte. Nesse momento, em que o agente deixou o curso fático sair de seu âmbito de disponibilidade, ou seja, que já não cabe a ele verificar se o resultado ocorrerá ou não, já pode ser responsabilizado pela tentativa. A possibilidade de punir pelo crime tentado se inicia quando a vítima é imediatamente colocada em risco, aumentando o risco. Exemplifica com o abandono de incapaz. Imaginem que os pais abandonem um filho em uma floresta para morrer de fome. Enquanto permanecem por perto, há apenas preparação. Quando voltam para a cidade, já são puníveis pela tentativa, de modo que o retorno ao local ou o aviso à polícia de onde a criança está poderá configurar desistência voluntária. Também demarca a tentativa o momento em que a criança, apesar de ter os pais próximos, mas sem a alimentar, correr risco de morte. Se a sua vida somente pode ser salva pela alimentação imediata do bebê ou por sua internação em hospital, a tentativa já se configurou. Adotada por Claus Roxin, seria equivalente à concepção de Jakobs, chamada de teoria do incremento do esforço[155].

b) **A teoria da primeira intervenção possível**: haveria tentativa quando o garante, dolosamente, omite adotar a primeira medida possível e idônea para evitar o resultado. A principal crítica é que seria um marco que representa um momento muito cedo para se punir pela tentativa: o agente ainda poderia decidir agir e evitar o resultado, sem maior risco à vítima.

c) **A teoria da última intervenção possível**: a tentativa apenas estaria configurada quando houvesse transcorrido o último momento possível para que o garantidor atuasse e evitasse o resultado. A principal crítica seria a impossibilidade de desistência voluntária, pois, quando passa a ser punível a tentativa, o agente não pode mais atuar para evitar o resultado, já que a última oportunidade de fazê-lo passou.

d) **A fundamentação exclusiva na colocação em perigo imediato**: a tentativa estaria configurada quando o bem jurídico fosse colocado em perigo imediato. Se uma criança é abandonada em uma floresta, pelos pais, que agem com intenção homicida e logo na sequência retornam para casa, ainda não haveria tentativa. Só se configuraria o crime tentado quando houvesse uma situação crítica para o filho. De igual modo, aquele que, após se acidentar, abandona a vítima da colisão de veículos no local, sem prestar assistência, não poderia ainda responder pela tentativa. Somente haveria responsabilização pelo *conatus* quando houvesse evidente risco de morte. A crítica a essa concepção é de que não seria aceitável do ponto da perspectiva criminal, por levar à impunidade de situações em que o omitente efetivamente deixa o bem jurídico em situação de perigo[156].

---

155. ROXIN, Claus. Ob. Cit., 1997, p. 530-536.

156. ROXIN, Claus. Ob. Cit., 1997, p. 530-536. Os exemplos foram adaptados da obra do penalista alemão, dada a compatibilidade da discussão com a lei vigente no Brasil.

- **A distinção entre omissão própria e imprópria**

Sobre a distinção entre crimes omissivos próprios e crimes omissivos impróprios, foi adotada a posição majoritária. Entretanto, há divergências entre os penalistas:

a) **Critério da vinculação a um resultado**: o crime omissivo próprio seria um crime de mera conduta, sem vinculação a qualquer resultado. É caso da omissão de socorro, do artigo 135 do Código Penal, que se configura independentemente de qualquer resultado lesivo. A omissão imprópria, por sua vez, vincular-se-ia a um resultado, sendo componente de um crime material ou de resultado. Adotado por Bitencourt[157].

b) **Existência do dever de garante**: a omissão própria se aplica a qualquer pessoa que se depare com uma situação em que a norma penal a obriga a agir, como no caso da omissão de socorro, que é uma norma mandamental, ou seja, que exige que a pessoa aja, que ela preste socorro a quem necessita. A omissão imprópria, por sua vez, exige um dever especial de agir, a posição de garante, envolvendo uma situação específica que leva a um dever, ao agente, de atuar, de agir e evitar o resultado. Tal posição é encontrada na obra de Franz von Liszt e Basileu Garcia[158].

c) **Critério da norma específica para omissão imprópria**: É, possível, ainda, considerar que o crime omissivo próprio, como a omissão de socorro, possui uma norma específica com definição da conduta criminosa - no caso do exemplo, o artigo 135 do Código Penal. A omissão imprópria, por sua vez, não possui adequação típica imediata, mas mediata, sendo necessária uma norma de extensão causal. Referida norma, no caso do nosso ordenamento jurídico, está no artigo 13, § 2º, do Código Penal. Essa posição parece a mais coerente, sendo adotada por Armin Kaufman e, no Brasil, por Pierpaolo Bottini[159].

- **Situações que afastam a imputação objetiva em relação ao garantidor**

As situações que afastam a imputação objetiva também atuam no caso de omissão imprópria, como o princípio da confiança, que permite confiar que outra pessoa observou as regras conforme lhes competiam. O autor, por outro lado, não responde no caso de incidência do princípio da autorresponsabilidade. Se a vítima, com todas as informações disponíveis sobre o risco, opta pela lesão ao bem jurídico tutelado, não há responsabilização. Imagine que haja um perigo iminente de mergulho e o instrutor o cancele, em virtude da presença de tubarões em águas turvas. Se a vítima ainda assim pula na água, não se pode responsabilizar o instrutor, que se omite em razão da decisão livre do aluno.

---

157. BITENCOURT, Cezar. Tratado de Direito Penal, volume 1: parte geral. 14. ed. rev., atual. e ampl. São Paulo: Saraiva, 2019, p. 249-251.
158. BOTTINI, Pierpaolo. Ob. Cit., 2018, p. 57-58.
159. BOTTINI, Pierpaolo. Ob. Cit., 2018, p. 57-58. No mesmo sentido: ANDRADE, Pedro Dojas Mello. Crimes Omissivos Impróprios: Critérios de Imputação Objetiva. 1ª ed. São Paulo: Quartier Latin, 2023, p.29-65; 269.

Além disso, não se deve responsabilizar o agente se houver compartilhamento do dever de cuidado. Se dois alpinistas compartilham entre si o dever de cuidado, o descumprimento por parte de um deles, que morre em decorrência de sua própria conduta, não levará à imputação objetiva pelo resultado lesivo no tocante ao sobrevivente. Por fim, mesmo que tenha causado o risco ao bem jurídico, o garantidor não responde por desvios no curso causal. Também se denomina essa hipótese de cursos causais aventureiros. Se a vítima foi lesionada de forma leve pelo agente, possui diabetes e decide não se medicar, inclusive recusando socorro médico, o agente só pode responder pela lesão, e não pela morte decorrente do descuido da vítima.

11.4. Crime omissivo por comissão

Parte da doutrina entende existir uma terceira modalidade de delito omissivo, o omissivo por comissão. Para Capez, seria um crime tipicamente omissivo, mas haveria uma ação, um comportamento comissivo, que provocaria a omissão[160]. Daí decorre a sua denominação, de crime omissivo por comissão, pois haveria um delito naturalmente omissivo, mas que seria praticado em razão da conduta positiva de outrem. Essa categoria não deve ser aceita, por trazer uma responsabilidade conjunta, enquanto a vedação à responsabilidade objetiva e mesmo a teoria da imputação objetiva devem levar a uma análise separada de cada conduta e de cada resultado para fins de responsabilização. A maioria da doutrina nem menciona essa categoria de delitos omissivos[161].

O exemplo seria o de um sujeito encontrar uma criança abandonada e, podendo prestar socorro sem risco pessoal, resolva fazê-lo, quando surge um indivíduo que, imbuído de sentimento perverso, o impede de socorrer a criança. O crime que se poderia cogitar, de início, seria a omissão de socorro, mas, no caso, o sujeito impediu, por meio de um comportamento positivo, o socorro que seria dado. Haveria, assim, um delito omissivo por comissão, configurando o crime de homicídio. O caso do exemplo, entretanto, deve ser tratado de outra forma, como um crime comissivo, em que a conduta da pessoa causou o resultado morte. O indivíduo deve responder, portanto, por homicídio por comissão[162].

11.5. Crimes de conduta mista

Há doutrinadores que falam, ainda, em crime de conduta mista, que consistiria no tipo penal em que se prevê uma ação, seguida de uma omissão, sendo que ambos os comportamentos são necessários para a sua configuração. O exemplo é o artigo 169, parágrafo único, inciso II, do Código Penal, que assim prevê:

> *Art. 169 – Apropriar-se alguém de coisa alheia vinda ao seu poder por erro, caso fortuito ou força da natureza:*
>
> *Pena – detenção, de um mês a um ano, ou multa.*

160. CAPEZ, Fernando. Ob. Cit., 2013, p. 165-166.
161. Por todos: MARTINELLI, João Paulo Orsini; BEM, Leonardo Schmitt de. Ob. Cit. 2022, p. 695-716.
162. BATISTA, Nilo. Concurso de agentes: uma investigação sobre os problemas da autoria e da participação no direito penal brasileiro. 5. ed. Rio de Janeiro: Lumen Juris, 2020, p. 87.

Parágrafo único – Na mesma pena incorre:

(...)

Apropriação de coisa achada

II – quem acha coisa alheia perdida e dela se apropria, total ou parcialmente, deixando de restituí-la ao dono ou legítimo possuidor ou de entregá-la à autoridade competente, dentro no prazo de quinze dias.

Há a ação de se apropriar (conduta comissiva), seguida da omissão de restituição ou de entrega à autoridade no prazo legal (conduta omissiva), sendo que ambas são imprescindíveis para a configuração do delito. Por essa conjugação de condutas comissiva e omissiva, a doutrina denomina referido delito de crime de conduta mista.

12. ERRO DE TIPO

Erro para o Direito Penal é a falsa percepção de algo, o engano acerca de alguma coisa. Erro de tipo, por sua vez, é a **falsa percepção, pelo agente, da realidade que o cerca**. Ocorre, portanto, quando o sujeito ativo se equivoca quanto ao mundo exterior, interpretando-o de forma incorreta. O erro de tipo se refere à falsa percepção da realidade pelo agente.

O erro de tipo recai sobre elementares ou circunstâncias do tipo ou outros dados acessórios. Trata-se de erro sobre uma situação da realidade que está descrita em um tipo penal. O exemplo clássico de erro de tipo é o do sujeito que, ao chegar a uma festa, deixa seu chapéu na entrada. Na saída, vê um chapéu similar ao seu e, supondo-o ser aquele de sua propriedade, leva-o para casa. Do ponto de vista formal, o sujeito subtraiu coisa alheia móvel. Entretanto, devemos relembrar que não se admite a responsabilidade penal objetiva e o agente não possuía consciência de uma elementar do crime, consistente em a coisa móvel ser "alheia". Vale recordar que o conhecimento compõe o dolo. Por sua falsa percepção da realidade, ele levou o chapéu como se fosse seu, incidindo no erro de tipo.

12.1. Espécies

O erro de tipo pode ser essencial ou acidental, a depender do elemento sobre o qual recai.

- **Erro de tipo essencial**: recai sobre os elementos principais do tipo penal (elementares).
- **O erro impede o agente de saber que está cometendo um crime**.

Para exemplificarmos, imagine que o sujeito esteja caçando e, um amigo, para lhe pregar uma peça, vista-se de urso, pensando que vai assustá-lo. Ao se deparar com a figura vindo em sua direção, atira, pensando se tratar de um animal. A falsa percepção da realidade não lhe fez perceber que atirava em alguém, um ser humano, e não em um animal irracional.

- **Erro de tipo acidental**: recai sobre dados da figura típica que são **irrelevantes para a configuração ou não do delito**.

Pode incidir sobre o objeto material (*error in persona* e *error in objecto*); sobre o seu modo de execução (*aberratio ictus* e *aberratio criminis*) ou sobre o nexo causal (*aberratio causae*, dolo geral). Cada uma dessas espécies de erro de tipo será estudada, mas, para termos uma ilustração, basta pensar no sujeito que quer matar o centroavante do seu time, decepcionado com sua desclassificação no campeonato, e atira em um sósia. O sujeito sabe que estava atirando em alguém, cometendo o crime de homicídio, só se enganando quanto à vítima (*error in persona*).

Esse erro não impede que o agente saiba que está cometendo um delito.

Tanto o erro de tipo essencial quanto o acidental apresentam subclassificações:

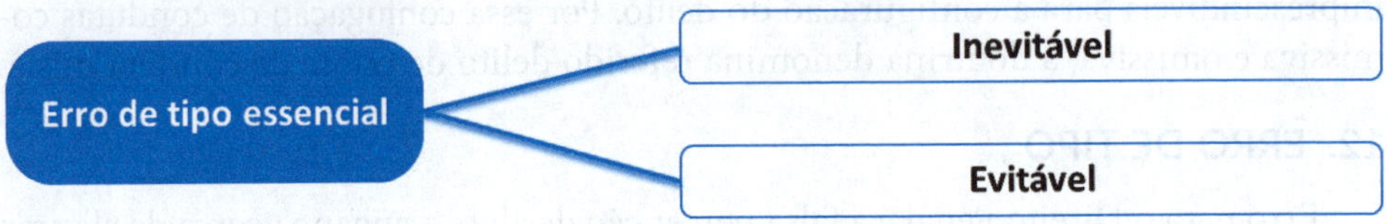

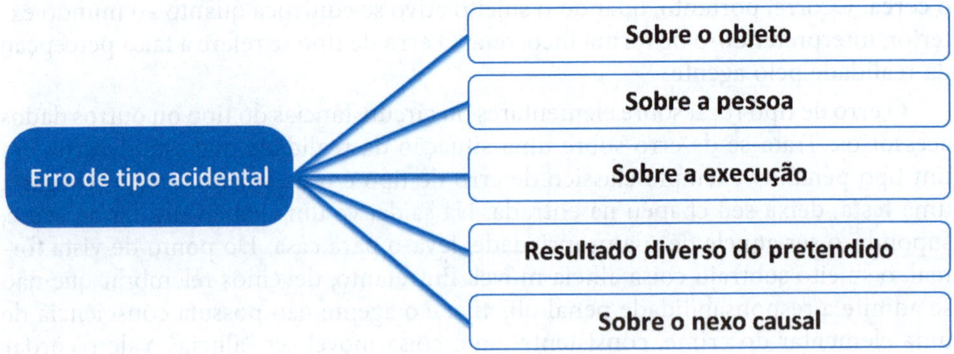

Cumpre destacar, ainda, que Zaffaroni e Pierangeli defendem a existência do **erro de tipo psiquicamente condicionado**. Esse erro ocorreria no caso de um agente, embora imputável, sofrer uma alucinação ou uma ilusão, que o leva a perceber mal a realidade e produzir um resultado. Seria o caso do sujeito que, após trabalhar sob o sol por muitas horas, está destruindo uma casa em ruínas, quando acaba atingindo a casa do lado, provocando o delito de dano. Haveria uma causa psicopatológica que leva à falsa percepção da realidade, sem, no entanto, tornar o agente inimputável. O caso seria de falta de dolo[163].

12.2. Erro de tipo essencial

O erro de tipo essencial é o que recai sobre as elementares e circunstâncias do tipo penal, impedindo o agente de saber que está cometendo uma infração penal. Está previsto no artigo 20 do Código Penal:

Erro sobre elementos do tipo

163. ZAFFARONI, Eugenio Raúl; PIERANGELI, José Henrique. Ob. Cit., 2019, p. 445-446.

Art. 20 – O ***erro sobre elemento constitutivo do tipo legal*** *de crime exclui o dolo, mas permite a punição por crime culposo, se previsto em lei.*

Possui as seguintes formas:

- **Erro de tipo essencial invencível, inevitável, desculpável ou escusável**: trata-se do erro imprevisível, aquele que **não poderia ter sido evitado pelo agente**.

A imprevisibilidade ou invencibilidade do erro sobre uma elementar impede a caracterização da infração penal. **Não há crime doloso** pela ausência de conhecimento, o que afasta o dolo, nem há quebra de dever de cuidado, já que o agente, mesmo que tivesse atuado com mais diligência, não poderia ter evitado o erro, **o que afasta a culpa**.

Podemos pensar no sujeito que, no clássico exemplo da festa, leva um chapéu de outra pessoa, mas de idênticos tamanho, marca e estado de conservação. Nesse caso, seria difícil que ele evitasse a confusão e sua falta percepção da realidade, razão pela qual o erro é considerado escusável.

- **Erro de tipo essencial vencível, evitável, indesculpável ou inescusável**: é o erro previsível, que **poderia ter sido evitado pelo agente com emprego de certa diligência**. Nesse caso, **pune-se a culpa, caso haja previsão da figura culposa**.

Imagine, nesse caso, o sujeito que, ao sair da universidade com raiva de sua reprovação nos exames, resolve quebrar o retrovisor do seu próprio carro em um ataque de ira. Entretanto, para em frente ao carro de outra pessoa e o depreda. Nesse caso, bastaria olhar a placa do veículo ou mesmo se lembrar de onde estacionou o veículo. Pode-se considerar, nesse caso, que o erro foi vencível, possibilitando a responsabilização penal a título de culpa. Entretanto, como o crime de dano não admite a modalidade culposa, não haverá responsabilização penal, restando a solução para o Direito Civil.

Outro exemplo seria o do sujeito que atira em uma pessoa na mata, pensando se tratar de um animal. A pessoa atingida estava vestida com trajes normais, fazendo uma trilha. Logo, se o sujeito que atirou tivesse tido mais diligência, prestado mais atenção, não teria atirado. Caso a vítima sofra lesões corporais, o atirador responderá pela modalidade culposa. Isso porque a lei prevê a modalidade culposa no crime de lesão corporal, possibilitando a sua punição.

- **Definição do erro essencial como evitável ou inevitável**

  E como se determina se o erro é evitável ou inevitável? A doutrina fornece critérios para se determinar se o erro é evitável ou inevitável, sendo que há duas correntes:

- **Tradicional**: leva-se em conta o **"homem médio"**, a previsibilidade de uma forma geral, sem levar em conta a pessoa do agente. Considera-se como uma pessoa "comum" agiria naquela situação e qual o grau de diligência que normalmente se esperaria dela[164].

---

164. MASSON, Cleber. Ob. Cit., 2019, p. 262-263. Damásio fala em "qualquer pessoa" (JESUS, Damásio. Ob. Cit., 2011, p. 352-353), enquanto Capez menciona a "diligência mediana" (CAPEZ, Fernando, Ob. Cit., 2013, p. 247).

- **Moderna**: considera as circunstâncias do caso concreto, **o próprio agente da conduta**. Desse modo, devem ser considerados o seu estado emocional, a sua escolaridade, os seus conhecimentos gerais e assim por diante[165].

- **E quais os efeitos do erro de tipo essencial?**
- O erro de tipo essencial invencível sobre elementares afasta o dolo e a culpa.
- O erro de tipo essencial vencível sobre elementares afasta o dolo, mas não a culpa.

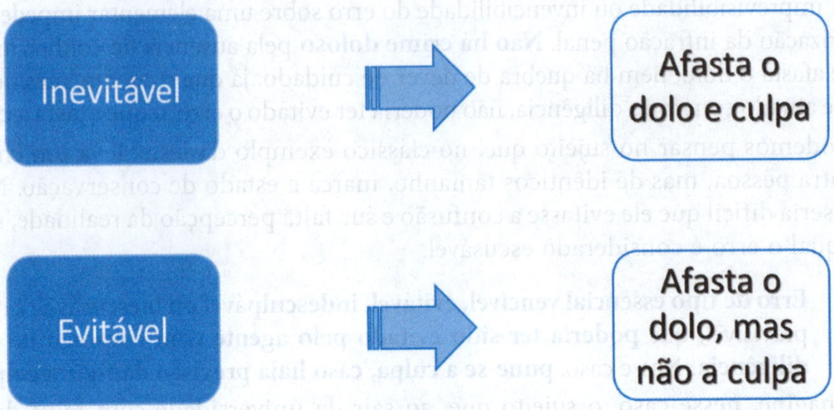

- **Erro de tipo *versus* erro de proibição**

Vale observar que o erro de tipo, matéria de tipicidade, não se confunde com o erro de proibição, questão que envolve o substrato da culpabilidade. Enquanto no erro de tipo o agente se equivoca sobre o mundo que o cerca, sobre um dado da realidade, no erro de proibição o agente interpreta a norma de forma equivocada, não distinguindo o que está no âmbito de proibição e aquilo que é permitido pela norma penal:

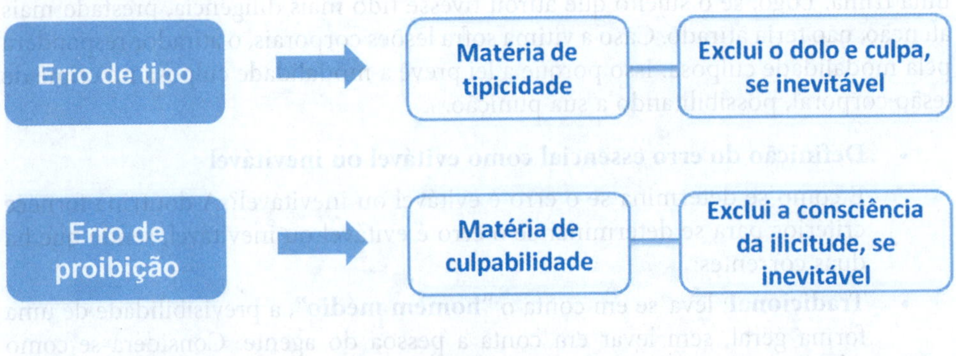

165. Neste sentido: CUNHA, Rogério Sanches. Ob. Cit., 2020, p. 276. Parece ser também a posição de Nucci, Prado, Bitencourt e Dotti, por mencionarem apenas *o próprio agente*: NUCCI, Guilherme de Souza. Ob. Cit., 2015, p. 219. BITENCOURT, Cezar Roberto. Ob. Cit., 2020, p. 532. PRADO, Luiz Regis. Ob. Cit., 2020, p. 214. DOTTI, René Ariel. Ob. Cit., 2020, p. 472.

O **erro de tipo essencial** sempre afasta o dolo. Isso porque é elemento do **dolo** o **conhecimento** sobre os dados da realidade que compõem o delito. Se o agente agiu com quebra do dever de cuidado, percebemos que ele poderia ter evitado o erro com maior diligência (erro evitável), o que possibilita a sua punição por culpa, se houver modalidade culposa do delito (art. 20, *caput*, do CP). A pessoa não sabe o que faz[166].

O **erro de proibição** afeta a culpabilidade, por ser o oposto da **consciência da ilicitude**. A pena deve ser dosada na medida da culpabilidade. Se inevitável, exclui-se a culpabilidade e o agente não é punido. Se evitável, o agente é punido com a pena diminuída (a pena é aplicada na medida da culpabilidade), de um sexto a um terço (art. 21, *caput*, do CP). A pessoa sabe o que faz, mas imagina que não contraria a lei.

12.3. Erro de tipo acidental

O erro de tipo acidental recai sobre elementos secundários do tipo penal e não impede a configuração do crime. Suas hipóteses também são denominadas, por parte da doutrina, de desvios causais[167]. O erro acidental altera a própria estrutura da conduta típica e ilícita, ou seja, do injusto penal, razão pela qual se estende aos coautores e partícipes[168]. Essa espécie de erro possui as seguintes formas:

- **Erro de tipo sobre o objeto (*error in objecto*)**: é aquele em que o agente **confunde o objeto material**, atingindo um que é diverso daquele pretendido. Não há previsão legal, sendo tratado pela doutrina.
- Há divergências se o agente responde pelo objeto que atingiu ou pelo que pretendia atingir. A solução pode ser dada pela regra do *in dubio pro reo*, aplicando-se ao agente a punição menos gravosa. Há quem defenda ser irrelevante se o objeto era equivalente[169].

  Pense em uma mulher que quer danificar o carro de sua concorrente na organização em que trabalham. Ao fim do expediente, lança uma pedra no para-brisa do veículo na frente do prédio, acertando o carro de sua mãe, idosa, que fora lhe fazer uma surpresa, em vez do carro da colega de trabalho. Perceba que o crime seria o mesmo, mas, no caso do dano praticado contra ascendente, a pena teria uma agravante, prevista no artigo 61, II, *e*, do Código Penal. Adotando a regra do *in dubio pro reo*, ela deveria responder como se houvesse danificado o caso de sua inimiga, sem a agravante.

- **Erro de tipo sobre a pessoa (*error in persona*)**: é aquele em que o agente **queria atingir determinada pessoa, denominada vítima virtual, mas vem a atingir outra, chamada de vítima real**. Há um erro na representação, ou seja, o agente vê alguém e pensa se tratar de pessoa diversa.

166. ZAFFARONI, Eugenio Raúl; PIERANGELI, José Henrique. Ob. Cit., 2019, p. 441.
167. SANTOS, Juarez Cirino dos. Ob. Cit., 2020, p. 171-175.
168. Neste sentido: HUNGRIA, Nélson. Comentários ao Código Penal. Vol. I, Tomo 2º. 3. ed. Rio de Janeiro: Revista Forense, 1955, p. 90.
169. SANTOS, Juarez Cirino dos. Ob. Cit., 2020, p. 175.

O Código Penal cuida da hipótese em seu artigo 20, § 3º, que assim dispõe:

> *§ 3º – O erro quanto à pessoa contra a qual o crime é praticado não isenta de pena. Não se consideram, neste caso, as condições ou qualidades da vítima, senão as da pessoa contra quem o agente queria praticar o crime.*

Nota-se, portanto, que o Código determina que a responsabilização penal se dê conforme as características e circunstâncias envolvendo a vítima virtual, e não a real. Portanto, a análise sobre a configuração do delito e a correspondente dosimetria devem ser realizadas como se o agente tivesse atingido quem realmente era sua vítima desejada, a chamada **vítima virtual**. O fundamento teórico dessa regra legislativa é que, no caso do homicídio, por exemplo, o dolo ou *animus necandi* abrange o objeto jurídico, a vida humana, e não ao objeto material, que é o indivíduo efetivamente atingido. O erro abrange apenas o objeto material, não havendo erro sobre o objeto jurídico e, portanto, o dolo permanece intacto[170]. Isto porque o dolo exige apenas uma determinação genérica (matar alguém), e não a concretização do dolo com a identidade do objeto do delito (matar aquela pessoa)[171].

Assim, imagine que Pedro, com nítido propósito de violência doméstica contra a mulher, resolve matar sua esposa, que já havia agredido algumas vezes, e vai ao seu encontro na porta da casa da sogra. Lá, confunde sua esposa com a sua cunhada, já que ambas são gêmeas. Então, dispara contra a cunhada e a mata. Ele deve responder como se tivesse matado sua esposa (a vítima virtual). Desse modo, responderá pelo feminicídio, e não pelo homicídio, apesar de ter efetivamente matado sua cunhada, com quem não tinha quase nenhum contato.

- **Erro de tipo sobre a execução (*aberratio ictus*):** é aquele em que o agente não erra na representação, sabendo exatamente quem quer atingir com sua conduta delituosa. Entretanto, ele falha na execução do crime, por acidente ou por erro relacionado ao meio de execução. Parte da doutrina denomina o caso de crime aberrante[172].

  Nucci defende ser hipótese de responsabilidade penal objetiva[173]. Por sua vez, Juarez Cirino dos Santos diz que o dolo admite um resultado genérico (teoria da equivalência), não precisando se concretizar sobre um objeto determinado (teoria da concretização)[174].

  O Código Penal cuida da hipótese em seu artigo 73, nos seguintes termos:

  > *Art. 73 – Quando, **por acidente** ou **erro no uso dos meios de execução**, o agente, ao invés de atingir a pessoa que pretendia ofender, atinge pessoa diversa, responde como se tivesse praticado o crime contra aquela, atendendo-se ao disposto no § 3º do art.*

---

170. HUNGRIA, Nélson. Comentários ao Código Penal. Vol. V. 4. ed. Rio de Janeiro: Revista Forense, 1958, p. 86-87.
171. HILGENDORF, Eric; VALERIUS, Brian. Ob. Cit., 2019, p. 110.
172. SANTOS, Juarez Cirino dos. Ob. Cit., 2020, p. 575.
173. NUCCI, Guilherme de Souza. Ob. Cit., 2015, p. 546.
174. SANTOS, Juarez Cirino dos. Ob. Cit., 2020, p. 172.

20 deste Código. No caso de ser também atingida a pessoa que o agente pretendia ofender, aplica-se a regra do art. 70 deste Código.

No caso de um só resultado (unidade simples), a lei determina, portanto, que o agente deve responder pela vítima que queria atingir, **a vítima virtual,** e não aquela que atingiu por erro na execução. Por isso, tendo agido dolosamente quanto ao resultado que almejava (vítima virtual), há extensão do dolo em relação à vítima real, aquela efetivamente atingida. Não era a vítima que ele desejava atingir com sua conduta, mas a norma do artigo 73 determina que o dolo abranja o resultado efetivamente atingido: o raciocínio é que o dolo não é analisado quanto à vítima determinada: matar Sérgio ou Paulo configura o *animus necandi* da mesma forma. Por outro lado, a tentativa de homicídio da vítima que realmente era o alvo do agente fica absorvida pelo homicídio consumado da vítima efetivamente atingida[175].

Um exemplo é o da mulher que resolve envenenar o próprio marido para ficar com a herança. De manhã, prepara seu café, já que ele acorda bem cedo para ir trabalhar, e aproveita para despejar uma boa dose de estricnina na bebida. Ocorre que, enquanto se distrai com outros afazeres domésticos, fingindo naturalidade, sua filha acorda antes do habitual e bebe o café, falecendo em virtude da ingestão da bebida. Ela responderá pelo homicídio como se o seu marido tivesse sido a vítima, inclusive com a qualificadora do motivo torpe e a agravante do crime praticado contra o próprio cônjuge. Isso porque deve ser considerada a vítima virtual. Este é um caso de erro **por acidente** (*aberratio ictus* por acidente).

Imagine que o sujeito resolva se vingar do seu vizinho por uma briga banal sobre a limpeza da calçada e, desse modo, resolve jogar uma pedra em sua cabeça quando ele passar perto de sua casa. Entretanto, ao ver o seu vizinho perto da cerca da sua propriedade, lança a pedra, erra o alvo e atinge um transeunte qualquer. Ele deverá responder pelo crime como se tivesse atingido seu vizinho, o que fará com o que o motivo de sua conduta seja considerado na fixação da pena. Cuida-se de um erro **no uso dos meios de execução** (*aberratio ictus* no uso dos meios de execução).

Por outro lado, se o agente atingir tanto a vítima a que visava quanto outra pessoa (unidade complexa), deve-se aplicar a regra do artigo 70 do Código Penal, ou seja, deve responder por ambos os delitos em **concurso formal.** Quando há unidade complexa, o dolo abrange tanto o resultado que o agente queria atingir quanto o que atingiu por erro no uso dos meios de execução ou por acidente. A extensão do dolo ocorre como na unidade simples, mas na unidade complexa abrange ambos os resultados. Por isso, o STJ definiu que: "A norma prevista no art. 73 do Código Penal afasta a possibilidade de

175. Esta solução, que no Brasil decorre da interpretação da lei, é dada pela teoria da equivalência. A teoria da concretização defende que o agente deveria ser punido por tentativa de homicídio da vítima desejada e homicídio culposo da atingida (HILGENDORF, Eric; VALERIUS, Brian. Ob. Cit., 2019, p. 210).

se reconhecer a ocorrência de crime culposo quando decorrente de erro na execução na prática de crime doloso"[176].

O Superior Tribunal de Justiça entende, assim, que a prática de dois resultados por acidente ou erro no uso dos meios de execução, tendo o agente atuado com dolo em relação a um deles, enseja a responsabilização dolosa por ambos, em concurso formal. Assim, se o agente queria atingir João e também atinge o Pedro, por erro, matando a ambos, praticou dois homicídios dolosos. Se tentou, mas não matou João, tendo lesionado a vítima almejada e, por erro, também lesionou Pedro, responde por duas tentativas de homicídio, em concurso formal.

A doutrina majoritária se inclina por resultado diverso quando há *aberratio ictus* com unidade complexa. Entende-se que o agente deve responder dolosamente pelo agente que queria atingir e atingiu, enquanto a responsabilização quanto à vítima atingida por acidente ou erro no uso dos meios de execução deve ser por delito culposo. Não há extensão do dolo para ambas as vítimas, quando o agente atinge quem ele queria e também provoca resultado não desejado[177].

Utilizando um exemplo, suponha-se o caso de uma pessoa sem treinamento com arma de fogo e que adquire uma. Certo dia, discute com um colega de trabalho. Então, no dia seguinte, leva a arma na sua maleta e dispara contra ele, mas, por falha na pontaria (erro no uso dos meios de execução), acerta seu chefe no braço, de raspão, e atinge o colega de quem não gosta, lesionando-o. Portanto, praticou lesão corporal tanto na pessoa que queria atingir quanto em outra, incidindo a regra do **concurso formal**. Se ele agiu com *animus necandi*, com dolo de matar, pela posição do STJ deve responder por tentativa de homicídio doloso em relação a ambas as vítimas, em concurso formal. Pela posição que prevalece na doutrina, deve responder por homicídio tentado quanto ao seu colega e pela lesão corporal culposa quanto ao seu chefe.

- **E se o agente queria ferir a vítima e atinge outra, matando-a?**

Um tormentoso caso é o de o agente que queria apenas ferir a vítima e, ao errar na execução, mata outra. Nelson Hungria aponta ser o caso de responder por lesão seguida de morte. Isso porque, considerando-se o alvo do agente, ele desejava feri-la e, por culpa, provocou a morte, configurando-se o crime preterdoloso[178].

176. STJ, REsp n. 1.853.219/RS, relator Ministro Nefi Cordeiro, Sexta Turma, julgado em 2/6/2020, DJe de 8/6/2020; STJ, AgRg no AREsp n. 1.604.763/MG, relator Ministro Reynaldo Soares da Fonseca, Quinta Turma, julgado em 5/3/2020, DJe de 18/3/2020; STJ, HC n. 210.696/MS, relator Ministro Joel Ilan Paciornik, Quinta Turma, julgado em 19/9/2017, DJe de 27/9/2017. Parece ser também a posição de Nucci (NUCCI, Guilherme de Souza. Manual de direito penal: volume único. 20 ed., rev., atual. e ampl. Rio de Janeiro: Forense, 2024, p. 434).

177. GONÇALVES, Victor Eduardo Rios. Curso de Direito Penal. Parte Geral. 7. ed. São Paulo : Saraiva Jur, 2023, p. 152. ALVES, Jamil Chaim. Op. Cit., 2022, p. 370.

178. HUNGRIA, Nélson. Ob. Cit., vol. V, 1958, p. 91.

Entretanto, se considerada à risca a afirmativa de alguns doutrinadores de que a mudança de bem jurídico configura *aberratio criminis*, instituto a ser analisado na sequência, haveria responsabilidade por homicídio culposo. Entretanto, a melhor definição é de que o erro envolvendo pessoa, ainda que se busque violar a integridade física e se atinja a vida, é um *error in persona*. O resultado diverso do pretendido é reservado para os casos em que se busca atingir uma pessoa, mas se atinge algo diverso da pessoa humana, como um automóvel ou uma vidraça.

- **E se o agente estava em legítima defesa e atinge um terceiro inocente?**

Para a melhor doutrina, o erro sobre a execução **abrange a legítima defesa**, de modo que o agente que atinge terceiro inocente só poderá responder civilmente[179]. Isso porque o agente é sempre julgado conforme a vítima que queria atingir, ou seja, conforme as características da vítima virtual, inclusive a agressão injusta que partia dela. Para Juarez Cirino dos Santos e Paulo José da Costa Jr., o erro sobre a execução **abrange a legítima defesa**, de modo que o agente que atinge terceiro inocente só poderá responder civilmente[180].

- **Resultado diverso do pretendido (*aberratio criminis* ou *aberratio delicti*)**: é aquele em que o agente, querendo atingir uma pessoa provoca, por erro na execução, lesão em objeto material diverso do ser humano. É habitual na doutrina, contudo, definir-se *aberratio criminis* como o erro em que o agente busca atingir um bem jurídico e atinge outro.

O Código Penal trata da hipótese em seu artigo 74:

> *Art. 74 – **Fora dos casos do artigo anterior**, quando, **por acidente ou erro na execução do crime**, sobrevém resultado diverso do pretendido, o agente responde por culpa, se o fato é previsto como crime culposo; se ocorre também o resultado pretendido, aplica-se a regra do art. 70 deste Código.*

Conforme a lei, no caso de *aberratio criminis*, o agente deve responder por culpa, ao produzir resultado diverso do pretendido. O erro, que faz com que o agente atinja resultado diverso do pretendido, pode ocorrer **por acidente** (um infortúnio, como a passagem de um ciclista na frente do disparo, no seu exato momento) ou **por erro na execução** do crime (falha na mira do agente, ao disparar a arma de fogo).

O Código Penal, no seu artigo 74, ressalva, logo de início, os casos de erro na execução, estudado acima (**"fora dos casos do artigo anterior"**). Ou seja, configurado o erro na execução, seja por acidente ou por uso dos meios de

179. É a posição de Nelson Hungria, Juarez Cirino dos Santos e Paulo José da Costa Jr.: HUNGRIA, Nélson. Ob. Cit., vol. V, 1958, p. 91; SANTOS, Juarez Cirino dos. Ob. Cit., 2020, p. 613. COSTA JÚNIOR, Paulo José da. Ob. Cit., 1996, p. 43.

180. SANTOS, Juarez Cirino dos. Ob. Cit., 2020, p. 613. COSTA JÚNIOR, Paulo José da. Ob. Cit., 1996, p. 43.

execução, não será o caso regulado pelo artigo 74 do Código Penal, mas sim pelo artigo 73, que trata de *aberratio ictus*.

Portanto, **só incide o artigo 74 nos casos de *aberratio criminis* ou *aberratio delicti***, ou seja, quando o agente obtém um resultado diverso daquele que pretendia. Ele **busca praticar um delito, mas pratica outro**. Por exemplo, quer praticar o crime de dano, mas pratica lesão corporal. Como o resultado diverso do pretendido não era, por óbvio, desejado pelo agente, o Código Penal afasta o dolo, determinando a punição do agente por culpa.

Caso o agente atinja, além do resultado pretendido, outro, diverso, deverá responder por ambos em **concurso formal**.

Como **exemplo** de resultado diverso do pretendido, pode-se pensar no sujeito que, em uma forma delituosa de indignação, resolve lançar um tijolo na janela do prefeito do Município onde mora, para danificar a casa do político. Entretanto, a janela, de vidro estava entreaberta, sendo que o objeto lançado atinge o rosto do prefeito, causando-lhe lesão corporal. O indignado cidadão deverá responder por lesão corporal culposa, que é o resultado causado, diverso do pretendido.

Usando o mesmo caso acima, suponha-se que o objeto quebra a vidraça e, além disso, atinge o rosto do político, que sofre lesão corporal. Nesse caso, deverá responder pelo crime de dano e pela lesão corporal culposa, em concurso formal. É o que determina a última parte do artigo 74 do Código Penal: no caso de ser atingido, além do resultado diverso, também o resultado pretendido pelo agente, deve incidir a regra do artigo 70 do Código Penal, ou seja, do concurso formal.

Entretanto, se não houver punição a título de culpa quanto ao resultado efetivamente provocado, o fato não ensejaria a responsabilização criminal, caso aplicado o art. 74 em sua literalidade. A doutrina tem feito uma interpretação sistemática, evitando a impunidade do resultado neste caso.

O artigo 74 do Código Penal **deve ser afastado caso não haja previsão de modalidade culposa** do crime efetivamente praticado, sob pena de impunidade, sob pena de não se responsabilizar o agente. É a posição de Flávio Monteiro de Barros, que também defende não incidir o artigo 74 se o resultado almejado pelo agente for mais grave do que aquele por ele produzido[181]. Tome-se o seguinte caso como exemplo: João quer matar Pedro, seu rival na empresa, e dispara contra ele vários projéteis de arma de fogo. Entretanto, por erro de pontaria (erro na execução do crime), ele acerta o vidro da casa do seu desafeto. Pela solução do artigo 74, João não responderia por crime algum, já que não existe modalidade culposa do crime de dano (o resultado, diverso do pretendido, que foi por ele provocado). Por isso, a maioria da doutrina defende que, em tais situações, o agente deve responder pelo crime tentado

181. BARROS, Flávio Augusto Monteiro de. Ob. Cit., 2019, p. 294-295.

(tentativa de homicídio, no exemplo dado)[182], afastando-se a aplicação do artigo 74. Esse dispositivo seria adequado apenas se o resultado diverso do pretendido configurar delito que possua forma culposa, possibilitando sua punição e evitando a total impunidade. Nucci defende, de forma mais ampla, que qualquer resultado mais grave não pode ser absorvido pelo crime culposo a que se refere o art. 74 do CP[183].

Cabe fazer uma diferenciação. O crime aberrante é o que contém em si um erro no uso dos meios de execução ou um acidente no curso da execução. Pode se dar por *aberratio ictus* ou *aberratio criminis*, vejamos a diferença[184]:

Aberratio Ictus	***Aberratio Criminis***
Divergência quanto à pessoa atingida. O agente queria atingir uma pessoa e, por acidente ou erro na execução, atinge outra.	Diversidade de bem jurídico. O agente quer atingir uma coisa, mas por erro atinge uma pessoa.
Artigo 73 do CP: vítima diversa	Artigo 74 do CP: crime diverso
Responde como se tivesse atingido a vítima desejada.	Se o resultado produzido está previsto como crime culposo, responde por culpa.
Atingidos ambos os resultados, aplica-se a regra do concurso formal.	Atingidos ambos os resultados, aplica-se a regra do concurso formal.

- **Erro sobre o nexo causal**: é aquele em que **o agente pratica o resultado pretendido, mas com outro nexo de causalidade**. O sujeito ativo pratica uma conduta visando à produção do resultado, mas não o atinge como imaginava. A doutrina aponta duas hipóteses[185]:

a) **Erro sobre o nexo causal em sentido estrito**: o agente **só pratica um ato**, mas atinge o resultado por causa diversa da que pretendia. É o caso do sujeito que lança a vítima do alto, para que caia no mar e morra afogada, por não saber nadar. Entretanto, ela bate a cabeça numa rocha e morre com o impacto. O agente responde pelo crime de forma dolosa, de todo modo, já que ele pretendia o resultado, não importando se o obteve da forma como imaginava. Mesmo que sua conduta tenha surtido o efeito desejado de forma

182. GOMES, Luiz Flávio. Ob. Cit., 2001, p. 134. NUCCI, Guilherme de Souza. Op. Cit., 2024, p. 435. CAPEZ, Fernando. Ob. Cit., 2013, p. 260. CUNHA, Rogério Sanches. Ob. Cit., 2020, p. 281-282, ALVES, Jamil Chaim. Op. Cit., 2021, p. 372. Essa posição é também defendida na Alemanha: HILGENDORF, Eric; VALERIUS, Brian. Ob. Cit., 2019, p. 210.

183. NUCCI, Guilherme de Souza. Ob. Cit., 2015, p. 548.

184. COSTA JÚNIOR, Paulo José da. O crime aberrante. Belo Horizonte: Editora Del Rey, 1996, p. 26-27.

185. Adotada a mesma classificação de Sanches Cunha (CUNHA, Rogério Sanches. Ob. Cit., 2020, p. 282). Costa Júnior e Capez chamam os dois casos de *aberratio causae* (COSTA JÚNIOR, Paulo José da. Ob. Cit., 1996, p. 78-79; CAPEZ, Fernando. Ob. Cit., 2013, p. 260). Masson denomina, respectivamente, de erro sobre o nexo causal ("aberratio causae") e dolo geral (ou por erro sucessivo).

diferente da projetada, o agente agiu com dolo e obteve o resultado com tal conduta, respondendo pelo delito doloso.

b) **Dolo geral ou *aberratio causae***: há uma **pluralidade de atos,** um *erro sucessivo*. O agente imagina que atingiu o resultado com sua conduta, sendo que, na sequência, pratica outra conduta e somente assim atinge o resultado. Responde pelo resultado da mesma forma, pois se entende que o dolo é geral, isto é, abrange qualquer conduta praticada pelo sujeito que está imbuído do *animus* da prática do delito, da intenção livre e consciente de praticar o resultado[186]. Chama-se essa concepção de *dolus generalis*. É o caso de quem atira no seu inimigo e, imaginando que ele esteja morto, lança-o do penhasco. Se a vítima estava viva e só morre ao ser lançada do penhasco, o autor deve responder por homicídio doloso, pois tinha intenção de matar (mesmo que por outra forma). Há o que podemos chamar de "ocorrência tardia do resultado"[187]. Hungria observava que o segundo evento se liga, mediatamente, à vontade criminosa, razão pela qual o erro sucessivo é irrelevante. Ele advertia, entretanto, que à época era grande o número de penalistas, especialmente alemães, defendendo a ocorrência de uma tentativa de homicídio em concurso com o homicídio culposo[188].

✓ **E se o erro do agente recair sobre uma circunstância que qualifica o crime (qualificadora)?**

Se o erro retira do agente o conhecimento sobre a circunstância qualificadora, ela não pode incidir, pois seria uma responsabilização objetiva do agente. Mesmo que para fins de se aplicar uma pena mais grave, a circunstância somente pode ser utilizada para qualificar o crime **se objetivamente for verificada e se o agente tiver conhecimento dela**. Isso não impede a configuração da modalidade simples do delito.

Caso o autor pense que matou a vítima com o disparo de arma de fogo e depois a jogue no mar, dentro de uma caixa, entendo não ser possível imputar-lhe o homicídio qualificado por asfixia. O dolo geral vai abranger toda sua atuação, tanto a de desferir os disparos quanto de jogar o que pensou ser o cadáver no mar, de modo que responde por homicídio consumado. Entretanto, não se mostra apropriado com o sistema penal liberal, do Estado Democrático de Direito, que ele responda com a qualificadora da asfixia, já que não teve consciência de que estava afogando a vítima, que pensava estar morta.

No mesmo sentido, Flávio Monteiro de Barros observa não se tratar de erro de tipo essencial, mas acidental, afastando-se a qualificadora[189]. Costa Júnior diz

186. BITENCOURT, Cezar Roberto. Ob. Cit., 2020, p. 533.
187. PUPPE, Ingeborg. Estudos sobre imputação objetiva e subjetiva no Direito Penal. Organização: Beatriz Corrêa Camargo e Wagner Marteleto Filho; Tradução: Luís Greco, Beatriz Corrêa Camargo, Wagner Marteleto Filho e Luiz Henrique Carvalheiro Rossetto. 1. ed. São Paulo: Marcial Pons, 2019, p. 117. A autora, com base no direito alemão, aponta que a ideia do *dolo generalis* advém do direito comum medieval, e que o autor, por meio das duas ações, provocou o mesmo resultado, sendo um perigo doloso aquele que se realizou no resultado.
188. HUNGRIA, Nélson. Ob. Cit., vol. V, 1958, p. 91. Representando a doutrina alemã, nos termos apontados por Hungria: HILGENDORF, Eric; VALERIUS, Brian. Ob. Cit., 2019, p. 119-120.
189. BARROS, Flávio Augusto Monteiro de. Ob. Cit., 2019, p. 295.

que a circunstância não prevista nem desejada não pode agravar a sanção penal[190]. Nucci ensina ser necessário analisar se, objetivamente, houve a qualificadora e, ao mesmo tempo, se havia a vontade do agente quanto a ela[191]. Prado diz que se afasta a qualificadora sobre a qual incide o erro, respondendo pelo tipo simples[192]. Mirabete e Fabbrini defendem que a qualificadora deve ser afastada por ausência de dolo[193]. Sanches Cunha defende que o nexo considerado deve ser o mais favorável ao réu[194]. Masson diz haver duas posições: a) o agente responde pelo meio de execução que desejava e b) o agente responde pelo meio de execução que provocou o resultado efetivamente. Não parece tomar posição, mas em passagem anterior da sua obra, diz que a qualificadora deve desaparecer por falta de dolo, com o que se concorda[195].

✓ **No caso de *aberratio ictus*, de quem é a competência?**

A matéria é processual penal, mas a sua abordagem é interessante para uma visão sistêmica do problema. Imagine que um indivíduo idoso, após ter benefício por incapacidade negado, fica furioso e resolve matar o perito do INSS. Vê o seu desafeto em uma festa da cidade e dispara, mas acerta outra pessoa, um padeiro, por erro no uso dos meios de execução, por falha na pontaria. Ele vai responder por crime cometido contra o perito do INSS (vítima virtual), nos termos do artigo 73 do CP. Entretanto, essa determinação é de Direito Penal, relacionando-se ao reconhecimento do crime doloso e à dosimetria da pena.

Isso se estende ao Processo Penal? Será julgado pela Justiça Comum Federal ou Estadual?

O STJ tem entendido que a *aberratio ictus* **não alcança o direito processual**[196]. No exemplo dado, o sujeito seria julgado pela Justiça Comum Estadual, pois não foi vítima o perito federal em razão de suas funções, mas um particular, um padeiro. Para a fixação da pena, considera-se a vítima virtual, inclusive o motivo que o agente tinha para matar o perito do INSS, mas isso não afeta a definição do juízo competente, que levará em conta a vítima real.

12.4. Descriminantes putativas

Descriminante é uma causa excludente de ilicitude, como a legítima defesa; o estado de necessidade; o estrito cumprimento do dever legal e o exercício regular de um direito. **Putativa** é algo que se imagina, que se supõe, derivando do latim *putare*, que significa justamente supor, imaginar. Assim, **descriminante putativa** é a falsa concepção de um indivíduo sobre estar acobertado por uma excludente de ilicitude. Ele supõe estar acobertado por uma excludente de ilicitude, mas não está, em virtude de agir em erro.

190. COSTA JÚNIOR, Paulo José da. Ob. Cit., 1996, p. 79.
191. NUCCI, Guilherme de Souza. Código Penal Comentado. 15. ed. Rio de Janeiro: Forense, 2015, p. 711.
192. PRADO, Luiz Regis. Ob. Cit., 2020, p. 214.
193. MIRABETE, Julio Fabbrini; FABBRINI, Renato N. Ob. Cit., 2016, p. 156-157.
194. CUNHA, Rogério Sanches. Ob. Cit., 2020, p. 283.
195. MASSON, Cleber. Ob. Cit., 2019, p. 268-269.
196. STJ, CC 27268/SP, Rel. Min. José Arnaldo da Fonseca, Terceira Seção, DJ 27/11/2000

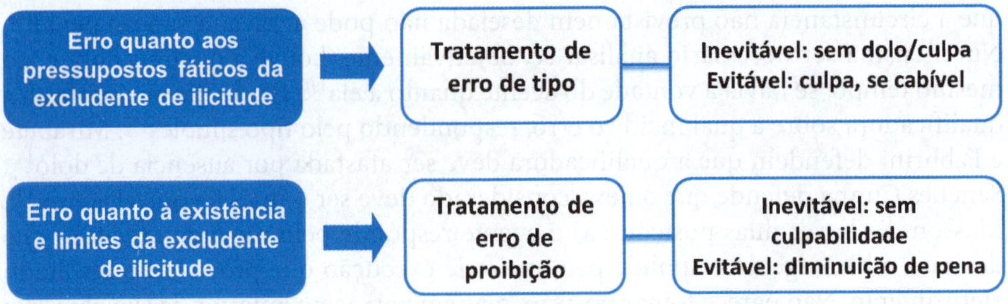

A **descriminante putativa por erro de tipo** ocorre quando o agente imagina que está acobertado por uma excludente de ilicitude por interpretar de modo equivocado a realidade, o mundo que o cerca. É o erro sobre um pressuposto fático de uma excludente de ilicitude (art. 20, § 1º, do CP), de modo que o tratamento será o mesmo do erro de tipo. Se escusável ou inevitável, afastam-se dolo e culpa. Se for inescusável ou evitável, afasta-se o dolo, mas é possível a punição por modalidade culposa, se o crime possuir essa previsão.

É um erro de tipo que recai sobre um tipo permissivo, possuindo o mesmo tratamento, portanto, do erro de tipo essencial. Parte da doutrina denomina tal erro, por conseguinte, de **erro de tipo permissivo**[197]. Vale lembrar que a norma que prevê uma excludente de ilicitude, como a legítima defesa, é uma norma permissiva. O agente, nessa hipótese, equivoca-se sobre a realidade, não sobre os elementos que configuram o crime (erro de tipo), mas sobre os fatos que configuraram a própria excludente de ilicitude (erro de tipo permissivo ou descriminante putativa por erro de tipo).

Como exemplo, pensemos no caso do sujeito que encontra seu inimigo, em uma rua escura, e pensa que ele quer matá-lo. Quando esse inimigo vai retirar o celular do bolso, pensa se tratar de uma arma de fogo e atira, imaginando-se acobertado pela legítima defesa. Ele agiu porque imaginou estar acobertado pela legítima defesa, mas, na verdade, teve uma interpretação equivocada dos fatos, do mundo real. Portanto, configura-se uma descriminante putativa (uma legítima defesa apenas imaginada) por erro de tipo (decorrente de interpretação equivocada da realidade).

A **descriminante putativa por erro de proibição** se configura quando o agente imagina, equivocadamente, estar agindo sob a incidência de uma excludente de ilicitude, mas porque interpreta a norma, que prevê tal excludente, de forma errada (art. 21 do CP). Ele se equivoca sobre a existência ou abrangência da norma permissiva justificante (excludente de ilicitude). A consequência será a mesma do erro de proibição.

Ocorre quando o agente interpreta a norma de forma errada, pensando que está acobertado, sem efetivamente estar. Pode recair sobre a própria **existência** da excludente de ilicitude ou sobre os seus **limites**. Seu tratamento será o de erro de proibição. Se o erro for inevitável ou escusável, o agente não responde criminalmente, ficando totalmente afastada a culpabilidade, por falta de potencial consciência da ilicitude.

197. PRADO, Luiz Regis. Ob. Cit., 2020, p. 215.

Há isenção de pena. Se for evitável ou inescusável, deve ter sua pena diminuída de um sexto a um terço, em razão de sua culpabilidade ser menor.

Parte da doutrina denomina a situação de **erro de permissão**[198] **ou erro de proibição indireto**. Isso porque o agente se equivoca não quanto à norma que prevê o crime (o típico erro de proibição), mas sim sobre a norma que prevê a excludente de ilicitude, a descriminante. Ele interpreta mal a norma que dispõe sobre a legítima defesa; o estado de necessidade; o exercício regular de um direito ou o estrito cumprimento do dever legal.

Um exemplo de **erro de proibição indireto, erro de permissão ou descriminante putativa por erro de proibição**: é a chamada "legítima defesa da honra", que para a maioria da doutrina não existe, não sendo situação acobertada pela excludente de ilicitude, a legítima defesa. Nessa expressão, compreende-se o uso de agressões para "lavar a honra". Ou seja, o agente interpreta mal a norma que prevê a excludente de ilicitude, imaginando que está acobertado pela descriminante da legítima defesa. Entretanto, é um erro dele sobre a abrangência da norma que trata da legítima defesa. Por isso, podemos dizer que seu erro de proibição (má interpretação da norma) foi indireto (não diz respeito à norma penal incriminadora, mas a uma norma que prevê uma excludente de ilicitude).

✓ **E se ocorrer o erro duplo quanto a uma excludente de ilicitude?**

É possível que um indivíduo erre concomitantemente sobre os pressupostos fáticos e sobre a existência ou limites de uma excludente de ilicitude, ou seja, equivoque-se sobre a representação de fatos e sobre a valoração jurídica ao mesmo tempo. Suponha que um indivíduo ouça mal um comentário e acredite que o seu colega de bar falou mal de sua esposa. Com o pensamento de legítima defesa da honra, como homem pouco dado ao conhecimento de normas jurídicas, parte para a agressão.

Verifica-se, do exemplo dado, que o indivíduo não estaria acobertado pela excludente de ilicitude mesmo que o fato que supôs tivesse ocorrido. Ainda que o companheiro de copo houvesse agredido a honra de sua esposa, a agressão já teria acontecido, não sendo mais atual, além de ser questionável a proporção entre a lesão ao bem jurídico e a reação consistente na agressão. Por isso, devem ser aplicadas as regras do erro de proibição, ou seja, incide a norma do artigo 21 do CP. Caso contrário, o indivíduo seria favorecido em comparação ao que age somente em erro de proibição indireto, que pelo menos interpretou corretamente os fatos[199].

12.5. Erro de tipo causado por terceiro

Neste caso, o agente percebe a realidade de forma equivocada por causa de um agente provocador, que o induz em erro. O Código Penal trata da hipótese no artigo 20, § 2º:

> *§ 2º – Responde pelo crime o terceiro que determina o erro.*

198. PRADO, Luiz Regis. Ob. Cit., 2020, p. 215.

199. No mesmo sentido: HILGENDORF, Eric; VALERIUS, Brian. Ob. Cit., 2019, p. 219-220.

O **agente provocador** é considerado o autor mediato, por utilizar outra pessoa como seu instrumento para a conduta típica, desde que o erro impeça o agente de compreender que pratica o delito. Assim, se o terceiro finge que se trata de um saco de farinha e faz a sua avó transportá-lo para um amigo em outro Estado, onde ela visitará familiares, ele deve ser responsabilizado como autor do tráfico ilícito de entorpecentes, enquanto a avó incorreu em erro de tipo que afastará a sua responsabilidade. Ela agiu sem dolo e, ainda que se considere o erro vencível, não há modalidade culposa do delito praticado.

Em outra abordagem, utilizando-se a teoria do domínio do fato, o sujeito que induz o executor a erro possui o domínio da vontade. Ele é aquele que se utiliza de outra pessoa para a prática do delito, devendo responder por ele. É uma forma de manipulação para que outra pessoa faça o trabalho sujo, para que realize o fato típico por suas próprias mãos. O agente provocado, por sua vez, somente responderá se tiver agido com dolo ou culpa.

Assim, o indivíduo induzido a erro deve responder penalmente se o erro não impediu a sua compreensão de que praticava o crime. É o que ocorre no erro quanto à pessoa, em que o terceiro apenas o faz errar quanto à identidade da vítima, mas ele possuía de todo modo o *animus necandi*. O indivíduo sabia que matava, somente não sabia exatamente quem, mas deve responder por homicídio doloso.

Por outro lado, em caso de erro de tipo essencial que era evitável, a pessoa que foi induzida em erro também pode responder por culpa, caso haja modalidade culposa do crime. Nesta hipótese, o indivíduo foi induzido a erro por outra pessoa sobre um elemento constitutivo do delito, razão pela qual não percebia que o praticava. O erro, porém, poderia ter sido evitável. Ainda que o terceiro que induziu a erro deva ser responsabilizado, o sujeito que foi levado a erro também pode ser punido se existir modalidade culposa do crime praticado.

12.6. Diferenciações de erro

Erro de tipo essencial: o agente pratica uma conduta típica, mas por falsa percepção da realidade. Ele se equivoca sobre um elemento essencial para a configuração do delito. É o caso do sujeito que pensa atirar em um urso, mas na verdade atinge um jovem que estava fantasiado para uma festa. Se inevitável, não responde pelo crime, pois ficam afastados o dolo e a culpa. Se evitável, responde pela modalidade culposa do delito, se houver. Art. 20, *caput*, do CP.

Erro de proibição: o agente pratica uma conduta típica por má interpretação da norma. Por exemplo, o sujeito imagina que a licença obtida para matar determinado espécime da vida selvagem também abrange outra espécie da fauna da região. Não se trata de alegação de ignorância da lei (texto). Ele age sabendo que tem a licença, mas interpreta a sua abrangência de forma errada (norma). Se o erro for inevitável, não responde, por falta de potencial consciência de ilicitude e, portanto, ausência de culpabilidade. Se evitável, responde pelo delito previsto no artigo 29 da Lei n. 9.605/1998, com diminuição de pena de um sexto a um terço. Art. 21 do CP.

Delito putativo por erro de tipo: o agente visava a cometer um crime, mas, por falsa percepção da realidade, pratica um fato atípico. Suponha-se que José, querendo entrar para o tráfico, procura um conhecido criminoso da região, que lhe vende talco. Ele, por vários dias, separa o pó em cápsulas e chega a anunciar a venda de cocaína. Entretanto, apesar de ele imaginar estar praticando o delito previsto no artigo 33 da Lei n. 11.343/2006, praticou fato atípico. Vender talco não é uma conduta penalmente relevante. É o erro de tipo ao contrário. Configura-se o crime impossível, conforme o artigo 17 do CP.

Erro de subsunção: o agente sabe que comete uma conduta ilícita, mas pensa que se adéqua a um tipo penal diverso. Por exemplo, ele ignora que duplicata é equiparada a documento público, falsificando-a, pensando praticar crime de falsidade de documento particular. Entretanto, pratica o delito de falsificação de documento público. É irrelevante, salvo para dosimetria da pena[200].

✓ **E se o erro abranger um pressuposto fático de uma causa de isenção de pena? Uma causa de exclusão da punibilidade?**

O relevante para afetar o elemento subjetivo do crime é se o agente se engana sobre um dado da realidade que é elementar do crime (erro de tipo) ou um pressuposto fático de uma excludente de ilicitude (descriminante putativa por erro de tipo ou erro de tipo permissivo). É a falsa representação da realidade que impede a compreensão de que se pratica um injusto penal, isto é, um fato típico e ilícito.

Não é relevante para afetar a punição o fato de o agente se equivocar sobre uma excludente de punibilidade, como no caso do artigo 181, inciso I, do Código Penal. Suponha-se, por exemplo, que Mário, casado com uma rica mulher, acostumou-se a subtrair valores da bolsa da mulher, quando ela se distrai. Sabe que está amparado pela imunidade absoluta quanto ao furto. Um dia, em um evento social, confunde a bolsa de sua esposa por outra da mesma marca, de propriedade de uma amiga dela (não errou sobre a pessoa, mas sobre o objeto, o que traria a imunidade). Não se trata de crime contra a pessoa, mas contra o patrimônio. A dona da bolsa chama a polícia e ele é preso. O erro, no caso, envolveu apenas uma causa de isenção de pena, tornando possível a punição de Mário[201].

13. RESULTADO

De forma genérica, resultado é o que a conduta do agente produz. É o efeito ou a consequência da ação ou omissão do sujeito ativo. De forma simples, resultado é o que o comportamento típico produz. Entretanto, o resultado pode ser concebido do ponto de vista naturalístico ou a partir de uma concepção jurídica.

Mais especificamente, a doutrina possui duas teorias sobre o resultado:

- **Teoria naturalística**: o resultado é a modificação realizada no mundo exterior pela conduta, comissiva ou omissiva, do agente. É o que a conduta produz no mundo dos fatos.

200. CUNHA, Rogério Sanches. Ob. Cit., 2020, p. 284-285.

201. PRADO, Luiz Regis. Ob. Cit., 2020, p. 218. É também a doutrina majoritária alemã: HILGENDORF, Eric; VALERIUS, Brian, 2019, p. 221.

- No caso do homicídio consumado, o resultado é a morte causada pelo agente. Trata-se da teoria mais adotada para a doutrina. Segundo tal concepção, nem toda infração penal possui resultado naturalístico.
- **Teoria jurídica ou normativa**: o resultado é a lesão ou ameaça de lesão ao bem jurídico tutelado pelo Direito Penal. Todo crime possui resultado jurídico, em razão do princípio da ofensividade, segundo o qual só se pode considerar relevante para o Direito Penal a conduta que cause significativa lesão ou ameaça de lesão ao bem jurídico.

No caso do homicídio consumado, por exemplo, o resultado, para a teoria normativa, é a lesão à vida, bem jurídico que a norma visa a tutelar. Há autores que usam as duas concepções, de resultado naturalístico como resultado propriamente dito, presente em alguns crimes, e de desvalor do resultado, necessário em todos os crimes, como uma concepção normativa[202]. O Código Penal prevê o seguinte sobre o resultado:

> *Art. 13 – O* ***resultado, de que depende a existência do crime****, somente é imputável a quem lhe deu causa. Considera-se causa a ação ou omissão sem a qual o resultado não teria ocorrido.*

Nota-se que o Código Penal dispõe sobre a exigência do resultado para a existência de crime. Como dito, de acordo com a teoria naturalística, nem todo crime possui resultado, surgindo a controvérsia:

- **1ª Posição**: somente se compatibiliza perfeitamente com a legislação em vigor a teoria normativa, por preconizar que todo crime possui resultado[203]. É a posição de Nélson Hungria[204], Luiz Flávio Gomes e Antonio Molina[205], de Heloísa Estellita[206] e de Nucci, que inclusive aponta ser a adotada pela legislação, como registra a Exposição de Motivos do Código Penal.
- **2ª Posição**: deve-se interpretar o dispositivo no sentido de que só menciona a dependência do resultado para existência de alguns crimes, os materiais. É defendida por Nilo Batista[207] e Masson[208]. Apesar de sua posição pessoal, Nucci admite ser essa a **majoritária** no Brasil[209].

---

202. BITENCOURT, Cezar Roberto. Parte geral. Coleção de direito penal volume 1. 26. ed. São Paulo: Saraiva Educação, 2020, p. 372.
203. MIRABETE, Julio Fabbrini; FABBRINI, Renato N. Manual de direito penal, Volume I. 32ª. ed. São Paulo: Atlas, 2016, p. 111. DOTTI, René Ariel. Curso de direito penal: parte geral. 7. ed. São Paulo: Thomson Reuters Brasil, 2020, p. 492.
204. HUNGRIA, Nélson. Comentários ao Código Penal. Vol. I, Tomo 2º. 3. ed. Rio de Janeiro: Revista Forense, 1955, p. 10-11.
205. CUNHA, Rogério Sanches. Manual de direito penal, volume único. 8ª. ed. Salvador: Juspodivm, 2020, p. 296.
206. ESTELLITA, Heloisa. Responsabilidade penal de dirigentes de empresas por omissão: estudo sobre a responsabilidade omissiva imprópria de dirigentes de sociedades anônimas, limitadas e encarregados de cumprimento por crimes praticados por membros da empresa. 1. ed. São Paulo: Marcial Pons, 2017, p. 238-239.
207. BATISTA, Nilo. Concurso de agentes: uma investigação sobre os problemas da autoria e da participação no direito penal brasileiro. 5. ed. Rio de Janeiro: Lumen Juris, 2020, p. 42-43.
208. MASSON, Cleber. Direito Penal: parte geral (arts. 1º a 120) – vol. 1. São Paulo: MÉTODO, 2019, p. 201. CAPEZ, Fernando. Curso de Direito Penal, volume 1, parte geral. 17. ed. São Paulo: Saraiva, 2013, p. 177. Apesar de não explícito, o autor conceitua resultado como "modificação no mundo exterior".
209. NUCCI, Guilherme de Souza. Código Penal Comentado. 15. ed. rev. atual. e ampl. Rio de Janeiro: Forense, 2015, p. 123-124.

Para Damásio de Jesus, com base na obra de Antolisei, o resultado pode ser **físico**, como seria o caso do crime de dano; **fisiológico**, tal como ocorre no homicídio; ou **psicológico**, como nos crimes contra a honra. Todos representam uma modificação no mundo exterior[210].

Ainda que se tome a posição de que o Código Penal se adéqua à teoria normativa, a **teoria naturalística** é muito usada pela doutrina, especialmente porque possui grande utilidade no tocante à definição da possibilidade de tentativa dos delitos.

A partir do critério da **teoria naturalística**, há crimes que produzem resultado naturalístico, crimes que podem produzi-lo ou não e, por fim, crimes que jamais provocam modificação no mundo exterior. Em razão disso, há a seguinte classificação das infrações penais:

- **Crime material**: é aquele que prevê a produção de resultado naturalístico, sem o qual o crime não se consuma. Portanto, o resultado, consistente na produção de efeitos no mundo exterior, é imprescindível para a consumação do delito. A conduta e o resultado são realizados em momentos diferentes.

  O exemplo típico é o homicídio, em que o resultado morte é essencial para que o crime se considere consumado.

- **Crime formal**: é o que possui a previsão de resultado naturalístico, mas cuja produção é irrelevante para a consumação do delito. Desse modo, o crime prevê um resultado possível, mas sua ocorrência é indiferente para a sua consumação. Por isso, também é denominado de **crime de consumação antecipada**, já que esta ocorre antes de eventual resultado. As normas penais que preveem crimes formais contêm **tipos incongruentes**, assim chamados por prever que o agente visa a um resultado que não é essencial para a definição dos limites entre o delito consumado e o tentado. Ou seja, o agente deve perseguir determinado resultado, mas sua ocorrência é desnecessária para a consumação do delito.

O caso típico é o da extorsão mediante sequestro. Nesse crime, a obtenção ou não do preço do resgate pelo sujeito ativo do delito não é relevante para configuração da consumação, pois a infração penal se consuma com o sequestro da vítima. O que se exige para que exista o crime é a intenção de obter vantagem com o sequestro (elemento subjetivo especial), e não a própria obtenção da vantagem.

- **Crime de mera conduta**: é aquele em que não se prevê a produção de resultado naturalístico. Não há menção a qualquer resultado naturalístico na norma penal incriminadora. Desse modo, não é possível que haja modificação no mundo exterior decorrente da conduta típica realizada pelo agente.

  São exemplos o crime de desobediência e de omissão de socorro.

Sob o critério da **teoria normativa ou jurídica**, os crimes são classificados segundo o resultado normativo que produzem:

---

210. JESUS, Damásio de. Direito Penal, volume 1: parte geral. 32. ed. São Paulo: Saraiva, 2011, p. 286.

- **Crime de dano:** é aquele que produz um resultado consistente na **lesão ao bem jurídico**.

  Temos como exemplo o homicídio, o próprio crime de dano, o delito de lesão corporal etc.

- **Crime de perigo**: é aquele cuja ocorrência se verifica com a **exposição do bem jurídico a um perigo ou risco**. São considerados subsidiários, já que, havendo a intenção do agente de praticar um crime de dano, deve-se verificar, antes, se o delito de dano se configurou.

  Os crimes de perigo se subdividem, conforme a necessidade ou não de se provar a efetiva exposição do bem jurídico a um risco de dano:

  - **Crime de perigo abstrato**: é aquele em que o legislador presumiu de modo absoluto a ocorrência de perigo ao bem jurídico em determinada situação, como no tráfico de drogas.
  - **Crime de perigo concreto**: é aquele que, para se configurar, exige a demonstração de efetivo risco de dano ao bem jurídico, como no crime de incêndio.

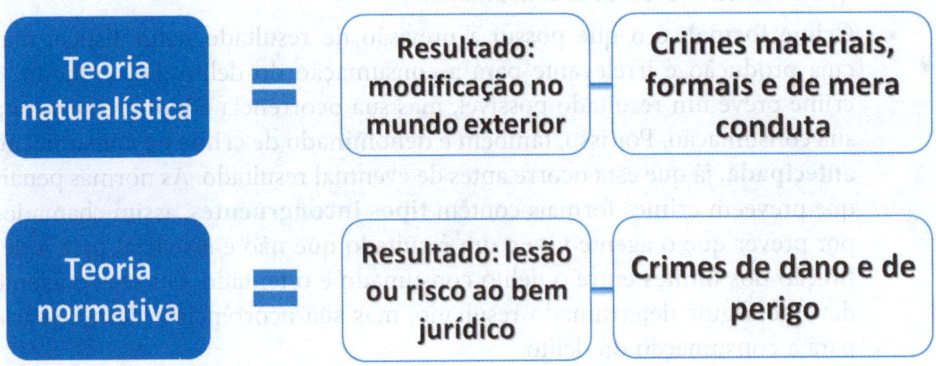

14. NEXO CAUSAL E IMPUTAÇÃO OBJETIVA

Nexo causal é a relação de causalidade entre a conduta e o resultado. É o vínculo ou elo físico, material e natural que permite atribuir objetivamente o resultado ao comportamento do agente. O nexo causal, no que se refere ao resultado naturalístico, é relevante apenas para os crimes materiais. Nos crimes de mera conduta, não há resultado naturalístico. Nos crimes formais, o resultado é irrelevante para a consumação, por se tratar de mero exaurimento do crime.

Nos crimes omissivos, prevalece que o nexo causal é **normativo**, isto é, realizado com o intermédio de uma norma que liga o resultado à conduta do agente, aquela que prevê o dever jurídico de agir. No caso de crime omissivo qualificado ou majorado pelo resultado, como ocorre na omissão de socorro, é imprescindível, entretanto, que se demonstre o nexo de causalidade entre a omissão e referido resultado. O nexo etiológico, isto é, de causa e efeito, deve ser aferido entre o não impedimento do resultado pelo agente e sua efetiva ocorrência[211].

As **teorias de nexo causal** são concepções de causação de um resultado e são estudadas pela teoria do conhecimento. Assim, as bases das teorias puramente causais são provenientes de outros ramos da ciência e são estudados por profissionais de diversas áreas. A equivalência dos antecedentes interessa a filósofos, enquanto, por exemplo, a teoria da condição INUS é estudada por médicos para investigação sobre determinado quadro de saúde do paciente.

As **teorias de imputação objetiva**, por sua vez, buscam dar um conteúdo jurídico à imputação de um resultado. A sua análise é específica da ciência jurídica, por meio de teorias sobre a criação de um risco não permitido a um bem jurídico tutelado penalmente. Alguns juristas defendem, como se estudará adiante, que a imputação objetiva tenha como pressuposto o nexo causal, ou seja, só se analise a questão do risco após a conclusão de que a conduta deu causa ao resultado.

14.1. Teoria da equivalência dos antecedentes

Segundo a teoria da equivalência dos antecedentes, todo e qualquer fator que tenha contribuído para o resultado deve ser considerado sua causa. A não ocorrência de qualquer dos fatores levaria à não produção do resultado. Utiliza-se da fórmula da *conditio sine qua non*, pensada pelo filósofo utilitarista Stuart Mill. Segundo ela, **um antecedente deve ser considerado causa de algo quando, sem sua ocorrência, o resultado não seria produzido.** Essa teoria não estabelece diferença entre causa, condição e concausa. A teoria foi difundida pelo jurista Maximilian Von Buri, apesar de a obra de Julius Glaser ser anterior[212].

Eliminação hipotética dos antecedentes causais: Apesar de alguns autores tratarem a teoria da eliminação hipotética dos antecedentes causais como teoria diversa da teoria da equivalência[213], o mais correto parece ser o seu tratamento como um **sinônimo** da teoria da equivalência[214] ou como processo para a sua aplicação[215]. O processo da eliminação hipotética se baseia na conceituação de que **causa é todo fato que, se for eliminado no campo da suposição, leva à exclusão do resultado**. Desse modo, caso se queira descobrir se determinado antecedente é considerado causa do resultado, basta proceder à sua eliminação hipotética e verificar se, mesmo assim, o resultado ocorreria. Se o resultado não ocorreria sem referido antecedente, este deve ser considerado sua causa.

O professor sueco Johan Thyrén teria sido o responsável por sua elaboração, apesar de, em razão de a obra da Glaser ser também anterior e já adotar esse raciocínio,

---

211. BITENCOURT, Cezar Roberto. Ob. Cit., 2020, p. 328-329.
212. ROCHA, Ronan. A relação de causalidade no direito penal. Belo Horizonte: Editora D'Plácido, 2016, p. 82-83.
213. CUNHA, Rogério Sanches. Ob. Cit., 2020, p. 298-299.
214. ROCHA, Ronan. A relação de causalidade no direito penal. Belo Horizonte: Editora D'Plácido, 2016, p. 80.
215. MIRABETE, Julio Fabbrini. FABBRINI, Renato N. Manual de direito penal, volume 1, parte geral, arts. 1º a 120 do CP. 32. ed. rev. e atual. São Paulo: Atlas, 2016, p. 95. CAMARGO, Antonio Luis Chaves. Imputação objetiva e direito penal brasileiro. São Paulo: Cultural Paulista, 2002, p. 50.

alguns autores apontarem ser uma injustiça histórica atribuir a criação a Thyrén[216]. Seria de Thyrén a expressão "processo de eliminação hipotética" como critério para se encontrar a causa do resultado[217]. Para Sanches Cunha, a aplicação conjunta das teorias da equivalência dos antecedentes causais e da eliminação hipotética geraria a denominada causalidade objetiva ou efetiva do resultado. Somente a causalidade psíquica, entretanto, impede que o regresso seja eterno, por considerar todos os antecedentes como causa do resultado provocado[218].

Uma crítica que foi feita em relação à teoria da equivalência seria a possibilidade de se fazer o ***regressus ad infinitum***, isto é, de se buscar os antecedentes de forma infindável, inclusive antes do nascimento do agente. Desse modo, a atitude dos pais de resolverem ter um filho seria um antecedente, só eliminado com análise de outros elementos, como o subjetivo. É a razão pela qual Hungria disse que só se pode usar a teoria, que em sua visão é *um dado de lógica pura*, caso não se confundam causalidade objetiva e a imputação subjetiva. Sem a restrição do elemento subjetivo do crime, haveria regressão infinita às condições antecedentes[219]. Outra crítica feita à teoria da equivalência é que a eliminação da condição poderia tornar impunes ações que efetivamente deram causa ao resultado. São as hipóteses denominadas de **causalidade hipotética**, reunindo os casos em que, ainda que se elimine a condição que levou a um resultado, ele continua existindo[220].

Clássico exemplo é o do café, envenenado com doses letais por duas pessoas diferentes, sem vínculo subjetivo entre eles (um não sabia da ação do outro, o que afasta o concurso de pessoas). Se eliminada uma conduta de envenenamento, ainda assim a vítima teria morrido, o que pela teoria da equivalência permitiria dizer que nenhum deles deu causa ao resultado morte, só sendo possível a punição pela tentativa. Esse exemplo envolve a chamada **dupla causalidade ou causalidade alternativa**. Há autores que tentam solucionar essa questão por meio de uma fórmula que desconfiguraria a teoria: na causalidade alternativa, seria preciso utilizar a eliminação hipotética de ambas, conjuntamente, para verificar se o resultado seria eliminado[221].

Há uma variação do exemplo que a teoria aponta para a causação do resultado. É caso em que cada pessoa, sem saber da ação da outra, coloca uma dose de veneno no café. A morte só teria sido provocada pela soma das doses. Assim, eliminada uma dose, o resultado morte desaparece. Por isso, as condutas são consideradas, pela teoria da equivalência, causa da morte. Cuida-se da chamada **causalidade cumulativa**. Entretanto, há autores que se desviam da teoria para, com base no argumento de processo causal atípico, defender que os agentes devem responder, cada um deles, pela tentativa de homicídio[222].

---

216. ROCHA, Ronan. A relação de causalidade no direito penal. Belo Horizonte: Editora D'Plácido, 2016, p. 84.
217. HUNGRIA, Nélson. Comentários ao Código Penal, Vol. V. Rio de Janeiro: Forense, 1958, p. 41-42.
218. CUNHA, Rogério Sanches. Manual de Direito Penal. 8ª Ed. Salvador: Juspodivm, 2020, p. 299.
219. HUNGRIA, Nélson. Comentários ao Código Penal, Vol. V. Rio de Janeiro: Forense, 1958, p. 40-41.
220. CAMARGO, Antonio Luis Chaves. Imputação objetiva e direito penal brasileiro. São Paulo: Cultural Paulista, 2002, p. 51.
221. TAVARES, Juarez. Fundamentos de teoria do delito. 2. ed. São Paulo: Tirant lo Blanch, 2020, p. 227.
222. TAVARES, Juarez. Ob. Cit., 2020, p. 227-228.

Uma tentativa de correção dessas situações seria a concepção de Spandel, adotada por Welzel, de que a análise da causalidade deve ser feita conforme as circunstâncias específicas. Assim, deve-se considerar se, da forma como o resultado se produziu e conforme as circunstâncias específicas, o resultado não teria ocorrido. Por outro lado, o regresso ao infinito seria limitado pela imputação subjetiva, ou seja, pela análise do dolo e da culpa. O problema seria resolvido, segundo Frank, por meio da análise apenas das circunstâncias concretas, vedando-se o regresso. Esse critério, contudo, não seria muito bem definido[223].

Para melhor compreensão dos argumentos a favor da teoria, utiliza-se um exemplo de Hilgendorf e Valerius. Um sujeito é envenenado pela esposa e morre à mesa do café da manhã. No entanto, caso ele não tivesse morrido e saído de casa, ele teria sido assassinado de toda forma, considerando ter havido um ataque terrorista no trajeto que faria para o seu trabalho. A teoria da equivalência dos antecedentes, dizem os seus críticos, não permitiria a responsabilização da esposa. Por outro lado, os seus defensores argumentam que não se devem considerar cursos causais hipotéticos, que devem, pelo contrário, ser ignorados. Isto é, deve-se analisar o resultado como ele efetivamente ocorreu, pois o marido morreu pelo envenenamento de sua esposa, e não pelo que hipoteticamente poderia ocorrer, a morte em decorrência do ataque terrorista. Não se deve considerar a causa-reserva insignificante, atentando-se aos fatos, isto é, à realização do resultado tal como efetivamente aconteceu[224].

14.2. Teorias da adequação e da relevância

A teoria da causalidade adequada determina que só deve ser considerada causa a condição que seja idônea para produzir o resultado. Não basta que o antecedente seja uma *conditio sine qua non*, ou seja, que, sem sua ocorrência, o resultado não ocorra. É necessário que o antecedente possua **idoneidade para a produção do resultado.** Tem como base a teoria da regularidade de David Hume[225] e foi elaborada pelo professor alemão Johannes von Kries.

Essa concepção também pode ser denominada de **teoria da adequação.** Ela preconiza que, em sentido jurídico penal, só é causa uma conduta que possui uma tendência geral a produzir o resultado típico, enquanto as condições que, por mera causalidade, houverem provocado o resultado são juridicamente irrelevantes[226]. Essa teoria elimina resultados extravagantes, como a vítima que morre em incêndio no hospital. Além disso, apresenta como vantagem a eliminação do regresso ao infinito[227].

Exigem-se, deste modo, **contribuição causal** e **idoneidade individual mínima**. Não basta que o antecedente seja um daqueles que, se eliminados, o resultado não ocorreria. É necessário que se analise se o antecedente realmente possui idoneidade

223. CAMARGO, Antonio Luis Chaves. Ob. Cit., 2002, p. 54.

224. HILGERNDORF, Eric; VALERIUS, Brian. Trad. Orlandino Gleizer. 1. ed. São Paulo: Marcial Pons, 2019, p. 93-95.

225. TAVARES, Juarez. Ob. Cit., 2020, p. 233.

226. ROXIN, Claus. Derecho Penal. Parte General, Tomo I. Fundamentos. La estrutura de la teoria del delito. Traducción de Diego-Manuel Luzón Peña (Director); José Manuel Paredes Castañon, Miguel Días y García Conlledo; Javier de Vicente Remesal. Traducción de la 2ª edición alemana. Madrid: Thomson Reuters, 1997, p. 359.

227. ROXIN, Claus. Ob. Cit., 1997, p. 360.

para a produção do resultado. Por isso, distinguem-se **causa** (antecedente que é geralmente idôneo, adequado a produzir o resultado) e **condição** (antecedente que não possui idoneidade mínima para contribuir para a produção do resultado)[228].

Imagine o ato de amor dos pais que fez nascer uma pessoa que, quando maior de idade, briga com alguém no trânsito e pratica um homicídio. O ato dos pais – ter um filho – não é um antecedente idôneo a provocar a morte de alguém anos depois. Pode ser condição para o crime, mas não é a sua causa. Assim, os antecedentes causais ficam limitados àqueles que possuam capacidade de **efetivamente causar o resultado**.

Segundo Miguel Reale Junior, a análise da causalidade, na visão de Kries, deveria ocorrer por meio de uma "prognose de acordo com o conhecimento da situação que possuía o agente"[229]. Ou seja, concebia uma **prognose subjetiva**. Por outro lado, outros autores defendem que o conhecimento das causas e condições, no caso concreto, deve se realizar por um meio de um **prognóstico** (previsão do que poderia ocorrer) **póstumo** (realizado posteriormente), sob a perspectiva **objetiva** do juiz, um terceiro observador. Assim, o nexo causal deve ser estabelecido por uma **prognose póstuma objetiva**, e não subjetiva[230].

Critica-se essa teoria em razão de eliminar o nexo causal e, portanto, a imputação causal em casos de mínima probabilidade de a conduta do agente produzir o resultado. Ou seja, quando a chance de a conduta do sujeito produzir o resultado seja mínima, a teoria não lhe imputaria o resultado – o que seria injusto. Pode-se imaginar um indivíduo que dirige o seu carro sem verificar se os pneus já estão gastos. Naquele dia, cai uma chuva inesperada e acima do previsto, tendo havido, ainda, um derramamento de produto escorregadio na pista de rolamento. Ademais, havia obras na pista, sendo que os fortes ventos levaram para o acostamento os cones de sinalização. Nessa mesma ocasião, um pedestre prende o seu pé no buraco feito para conserto do asfalto, o que motiva o atropelamento, já que o veículo freia de forma inadequada e mais lenta pelo estado de conservação dos pneus. O choque não é tão forte, mas o sujeito possui hemofilia e, por isso, acaba por falecer, já que a ambulância, única da região, estava socorrendo outro sujeito e demora chegar ao local. Ainda que muito específico, o exemplo demonstra que a conduta do agente, que dirigia em velocidade reduzida, não se mostra idôneo, a princípio, para a produção do resultado. Segundo os ensinamentos da teoria da causalidade adequada, a doutrina aponta que não seria possível a responsabilização do agente por seu comportamento culposo.

Aponta-se, ainda, que a teoria seria confusa, ao não estabelecer critérios seguros para diferenciar causa de condição. Também há quem considere que a teoria não é exatamente uma teoria da causalidade (de estabelecer simplesmente o nexo causal, sob um ponto de vista de causa e efeito), mas de imputação objetiva, já que traz

---

228. ROCHA, Ronan. Ob. Cit., 2016, p. 100. TAVARES, Juarez. Ob. Cit., 2020, p. 232-233.
229. REALE JÚNIOR, Miguel. Teoria do Delito. São Paulo: Editora Revista dos Tribunais, 1998. ROXIN, Claus. Ob. Cit., 1997, p. 360.
230. O tema será retomado em item abaixo, na análise da imputação objetiva.

critério normativo (valoração da relação de causalidade de acordo com o Direito Penal)[231]. Para muitos, seria um complemento da teoria da equivalência[232].

Reconhecendo a crítica de que a teoria da adequação não seria uma teoria causal, mas da imputação, Mezger a converteu no que se denomina de **teoria da relevância**[233]. De forma sintética, o autor defende que só será causa a condição que seja relevante para o Direito[234]. O autor observa que a teoria da equivalência estende excessivamente o âmbito de responsabilidade do agente, a ponto de ser possível lhe imputar a morte da vítima que, após ser lesionada por ele, muda o caminho de casa e sofre um acidente mortal. Então, diz Mezger, a doutrina desenvolveu a teoria da adequação, limitando o conceito jurídico penal de causalidade apenas às condições apropriadas, segundo as condições da vida e, em alguns casos, valendo-se também da previsibilidade do resultado[235].

Sua teoria da relevância, por outro lado, faz distinção entre **conceito causal** e **conceito de responsabilidade**. O problema da causalidade deve ser resolvido por um conceito científico geral, enquanto o da responsabilidade deve ser resolvido com critérios jurídico-penais. Esses critérios jurídico-penais dizem respeito aos tipos penais. Assim, entre a causalidade e a culpabilidade, situa-se a tipicidade do resultado causado. Edmund Mezger critica que vários autores, à época, se atinham ao *dogma causal*, enquanto a responsabilização por um resultado, no Direito Penal, deve envolver o **plano da tipicidade**. O próprio tipo penal, para ele, refere-se a correlações entre conduta e resultado que limitam a responsabilidade às condições que sejam geralmente apropriadas e, de acordo com a experiência, aptas a causarem aquele resultado (**causalidade típica**[236]). A consideração da tipicidade para responsabilizar o agente pelo resultado é a sua inovação em relação à teoria da adequação[237].

Para Roxin, Mezger busca analisar quais nexos causais seriam relevantes penalmente do ponto de vista do princípio da adequação e, além disso, a partir de uma interpretação baseada no sentido dos tipos penais. Assim, essa visão implicaria uma teoria da imputação autônoma e posterior ao exame da causalidade, mas o autor não a desenvolveu a ponto de obter uma teoria geral da imputação[238]. Essa visão de Mezger se aproxima da teoria do fim da proteção da norma, estudada abaixo no tópico sobre a teoria da imputação objetiva.

14.3. Teoria da condição INUS

O nome da teoria da condição INUS veio de uma expressão em inglês, elaborada pelo filósofo John Leslie Mackie: *an **i**nsufficient but **n**on-redundant part of*

231. ROCHA, Ronan. Ob. Cit., 2016, p. 104.
232. ROXIN, Claus. Ob. Cit., 1997, p. 360-361.
233. MEZGER, Edmund. Derecho Penal. Libro de estudio. Parte General. 1ª. ed. Santiago: Ediciones Olejnik, 2019, p. 122.
234. TAVARES, Juarez. Ob. Cit., 2020, p. 235.
235. MEZGER, Edmund. Derecho Penal. Libro de estudio. Parte General. 1ª. ed. Santiago: Ediciones Olejnik, 2019, p. 96-97.
236. TAVARES, Juarez. Ob. Cit., 2020, p. 235-236.
237. MEZGER, Edmund. Ob. Cit., 2019, p. 97-98.
238. ROXIN, Claus. Ob. Cit., 1997, p. 361-362.

an unnecessary but sufficient condition[239] (**INUS**), que se pode traduzir por parte insuficiente, mas não redundante, de uma condição desnecessária, mas suficiente. Ele defende que normalmente um resultado é provocado por diversas causas, de modo que cada efeito pode ser provocado por um grupo de fatores distintos. Cada grupo é suficiente para provocar o resultado, mas nenhum é necessário. Cada fator é uma condição INUS.

É preciso compreender dois conceitos. O primeiro é o de **condição suficiente**, aquela que, tendo ocorrido, vai provocar o resultado. É a causa que garante que o resultado vai ocorrer. A **condição necessária** é aquela que é imprescindível para que o resultado ocorra, mas ela pode ser insuficiente (depende de outros fatores).

Um exemplo simples é de que curto-circuito é condição INUS para incêndios de casas. Isso significa que é uma condição insuficiente, porque é necessário também haver oxigênio e material inflamável. Mas não é redundante, já que sem o curto as outras condições não causariam o incêndio. É parte de uma condição que, no seu conjunto, é suficiente para o incêndio da casa. Entretanto, esse conjunto de fatores não é necessário, pois há outros conjuntos de fatores que podem provocar o incêndio da casa, como um isqueiro e combustível[240].

Mackie observa que dizemos que um fator causou um resultado com base **em determinadas circunstâncias**. Isso é, mesmo que se fale que o atrito do palito com a caixa causou a chama, isso poderia ter ocorrido, mesmo sem o atrito, caso o palito fosse encostado em uma brasa. Perceba que ele entende serem elementos inerentes à compreensão do fenômeno causal: a **necessidade** e a **suficiência**. Ele entende que uma pluralidade de causas equivale a um antecedente disjuntivo, enquanto um conjunto de condições equivale a um antecedente conjuntivo, levando a uma disjunção de conjunções. Em seu raciocínio, Mackie não se utiliza de uma regra geral da causalidade para concluir se uma causa é condição INUS de determinado resultado[241] (por exemplo, é uma regra geral de causalidade a de que a água ferve a 100° Celsius).

Uma variação muito conhecida da teoria da condição INUS é a da jurista alemã Ingeborge Puppe. Uma diferença apontada na versão da autora é o recurso a regras gerais de causalidade para a análise da causalidade[242]. Na visão de Puppe, há uma ação causadora de um resultado quando ela é "parte necessária de uma condição suficiente do resultado conforme as leis gerais, desde que essa condição também tenha ocorrido na realidade"[243].

Em outros termos, ainda que haja **dupla causalidade** (a eliminação de uma não implica o desaparecimento do resultado), é possível que o agente seja responsabilizado pelo resultado típico se a sua conduta é parte necessária de uma condição (soma dos fatos) que foi suficiente para causar o resultado ocorrido. Desse modo, se dois

---

239. MACKIE, J. L. The Cement of the Universe: a study of causation. Oxford: Claredon Paperbacks, 1980, p. 62.
240. MACKIE, J. L. The Cement of the Universe: a study of causation. Oxford: Claredon Paperbacks, 1980, p. 37-38.
241. ROCHA, Ronan. Ob. Cit., 2016, p. 127-136.
242. ROCHA, Ronan. Ob. Cit., 2016, p. 135-136.
243. PUPPE, Ingeborg. Estudos sobre imputação objetiva e subjetiva no direito penal. 1. ed. São Paulo: Marcial Pons, 2019, p. 23.

genros envenenam o café da sogra com doses que são suficientes para matar, eles respondem igualmente pelo resultado morte.

A penalista alemã também admite a imputação do resultado ao autor no caso de **causalidade cumulativa**. Pode-se explicar essa questão com a variação do exemplo do café. Imagine que duas noras envenenem o café do sogro, sem que uma saiba sobre a ação da outra (não há liame subjetivo, não configurando concurso de pessoas). Cada dose é insuficiente para matar, por si só, mas a soma das duas doses obteve o resultado lesivo, levando o odiado sogro a óbito. Pelo raciocínio de as condutas comporem parte necessária (cada dose foi imprescindível) de uma condição (envenenamento) suficiente para a causação do resultado (morte), as duas devem responder pelo homicídio consumado.

Essa concepção também resolveria o problema do **voto sobressalente em decisões colegiadas**. Pela teoria da imputação objetiva, se era necessária a maioria dos votos da diretoria para tomada da decisão e todos votaram favoráveis à tomada de medidas que configuraram crimes, a eliminação de um dos votos não faz desaparecer o resultado. Assim, a teoria da equivalência não conseguiria estabelecer o nexo causal entre os votos e o resultado. Pela visão da condição INUS, por outro lado, cada voto é parte necessária de uma condição suficiente, sendo, assim, causa do resultado.

14.4. Teoria da imputação objetiva

Para a concepção somente causalista ou de causalidade material, o resultado seria imputado ao agente com base em uma relação de causa e efeito. Um profissional de qualquer área do conhecimento poderia concluir se o resultado foi causado pela forma como o motorista conduzia o carro e isso seria suficiente para imputar o resultado ao agente. Hans Welzel, que adotava a teoria da equivalência das condições, afirmava que o conceito causal não seria um conceito jurídico, mas uma categoria do ser, de modo que o Direito deveria partir de um conceito causal ontológico[244]. Assim, adotava-se uma concepção ontológica (do ser) para definir se algo causou o resultado típico.

A teoria da imputação objetiva, desenvolvida por vários juristas, tem o escopo de trazer uma análise jurídica, um conteúdo normativo à imputação do resultado ao agente. Busca, portanto, abandonar uma ideia de imputação do resultado com fundamento apenas naturalístico, advindo do conhecimento científico geral e baseado em um dogma causal. Para a teoria da imputação objetiva, é necessário verificar se a conduta praticada pelo agente produziu um risco não permitido, o que, portanto, pressupõe uma avaliação normativa. Assim, analisa-se primeiro a causalidade material e, depois, a causalidade normativa. Por isso, a imputação objetiva leva a uma **maior limitação da responsabilidade penal**[245].

A teoria da imputação objetiva requer que a conduta praticada pelo agente represente um risco proibido ao bem jurídico tutelado, risco esse que deve ter sido o produtor do resultado. Para Gimbernat Ordeig, a teoria da imputação objetiva

---

244 WELZEL, Hans. Derecho Penal Alemán. Parte General. 11. ed. Santiago: Editorial Jurídica de Chile, 2014, p. 79.

245 CAMARGO, Antonio Luis Chaves. Imputação objetiva e direito penal brasileiro. São Paulo: Cultural Paulista, 2002, p. 70.

reúne vários critérios excludentes da tipicidade e que, até então, não possuíam, na doutrina, uma localização correta do ponto de vista sistemático. Por isso, ele a considera um elemento normativo do tipo, sem previsão expressa em lei, permeando os tipos penais como um *fantasma*, sem se confundir com ação, com a tipicidade nem com a causalidade. Tampouco se confunde com dolo ou culpa[246].

Há vários critérios em disputa na formatação de uma teoria da imputação objetiva e, por isso, pode-se falar que há várias vertentes da teoria. Por se tratar de uma teoria sem base na lei, mas de construção doutrinária, não há uma resposta única e pronta sobre a imputação do resultado, mas argumentos mais ou menos técnicos sobre a responsabilização do agente pelo resultado.

Entretanto, há um acordo razoável no caso do acidente de ambulância ou do incêndio no hospital. Relacionam-se ao curso causal atípico, que consiste na causação do resultado por um curso causal totalmente incomum[247]. A doutrina majoritária entende que a imputação objetiva impede a responsabilização do agressor que feriu a vítima e fez com que ela estivesse no veículo ou no edifício, conforme o exemplo, pelo resultado ocorrido, consistente na morte[248]. Assim, se o agressor lesiona a vítima com *animus necandi*, com a intenção de matar, e, ela, ao ser transportada para o hospital, morre em um acidente de trânsito, prevalece que o agente responderá por homicídio tentado, já que a morte não lhe é imputável objetivamente. No outro exemplo, a vítima é levada ao hospital, mas lá ocorre um incêndio, razão pela qual ela morre. Também nesse caso, prevalece que, apesar de haver nexo causal (a lesão foi *conditio sine qua non* da morte), não há imputação objetiva do resultado ao agente, que responde pela tentativa. No Brasil, esses dois casos atualmente poderiam ser resolvidos por meio do artigo 13, § 1º, do Código Penal, que já exclui o nexo causal. A teoria, entretanto, excluiria a responsabilização do resultado independentemente de previsão específica em lei.

Do ponto de vista do desvalor da conduta delitiva, pode-se realizar outra abordagem. Enquanto o causalismo e o neokantismo se limitavam ao desvalor do resultado, o finalismo passou a considerar, ao lado do desvalor do resultado, também o desvalor da ação, consistente na finalidade. A causalidade passou a ser "metade da teoria do tipo", de modo que, ao lado dessa parte, denominada de tipo objetivo,

246 Entretanto, existe divergência na fundamentação: Roxin entende que o caso do incêndio está fora do fim de proteção da norma e que o transporte da vítima de ambulância não apresenta risco juridicamente relevante. Puppe entende que a imputação do resultado depende da continuidade ou não dos elementos não permitidos da conduta inicial, ou seja, há interrupção da imputação objetiva se a situação é substituída por uma nova, agora permitida, como incêndio ou transporte, desde que não haja relação. Assim, haverá imputação do resultado se o agente não se salvou do incêndio por dificuldade de locomoção, causada pela lesão inicial. Frisch entende que a responsabilização pelo resultado deve decorrer de que o resultado por produzido por um risco permitido de forma geral na vida, como se arriscar no tráfego viário ou morrer de incêndio em determinado edifício, mesmo que tenha dificuldade de locomoção em virtude da lesão. Para Feijoo, partindo-se do critério da competência por organização, tanto o acidente quanto o incêndio estão na seara de comportamentos imprudentes de terceiros, razão pela qual há a proibição de regresso para imputar o resultado morte ao agente. Por fim, Gimbernat Ordeig defende que os casos devem ser resolvidos com o fim da proteção da norma (GIMBERNAT ORDEIG, Enrique. Imputação objetiva no Direito penal. Organização, traduções e apresentação de Pablo Rodrigo Alflen. Porto Alegre: CDS Editora, 2019, p. 33, 83-94).

247. HILGENDORF, Eric; VALERIUS, Brian. Ob. Cit., 2019, p. 103-104.

248 ALFLEN, Pablo Rodrigo *apud* GIMBERNAT ORDEIG, Enrique. Ob. Cit., 2019, p. 9.

haveria o tipo subjetivo, composto da finalidade do agente. Com a teoria da imputação objetiva, o tipo subjetivo passa a uma importância secundária. O desvalor da ação passa a não ser apenas subjetivo, mas também objetivo, com base no risco proibido. O desvalor do resultado, por sua vez, passa a ter um novo elemento, a realização desse risco no resultado[249].

Desvalor da ação	Desvalor do resultado
• Imputação subjetiva (dolo ou culpa) • Imputação objetiva (risco proibido)	Além da ocorrência do resultado, a sua produção deve ter sido decorrência do risco proibido.

Falar-se em imputação objetiva não significa que o elemento subjetivo não seja analisado na imputação. Não se trata de responsabilidade penal objetiva. A imputação é, portanto, objetiva e subjetiva:

- **Imputação objetiva**: análise da causalidade naturalística, de que o antecedente seja causa do resultado, e com base na criação de um risco não permitido pelo agente. Cuida-se de uma análise de causa e efeito, somada a uma análise jurídica baseada no risco proibido.
- **Imputação subjetiva**: verificação sobre a existência do **dolo ou da culpa**, imprescindível à consideração de que a conduta pode levar à responsabilização do agente pelo resultado.

Cumpre ressalvar que alguns autores entendem que a teoria da imputação objetiva **substitui** as teorias da causalidade natural. Assim, a teoria da equivalência das condições, por exemplo, que se baseia no dogma causal, seria substituída pela ideia do risco não permitido, uma causalidade normativa. É a posição de Damásio de Jesus e Ramírez. Há autores que tratam da **causalidade dentro da imputação objetiva**. Assim, a relação de causalidade seria um elemento da imputação objetiva. É a posição de Jakobs e Frisch, que parece ser seguida por Sanches Cunha.

Entretanto, prevalece que **a causalidade material é um pressuposto da teoria da imputação objetiva**, de modo que, apenas após constatado o nexo de causalidade, deve-se analisar se há imputação objetiva. É o que defende Roxin e parece ser a posição de Nucci, para quem a imputação objetiva "interpõe-se, na verificação da tipicidade, entre o nexo causal naturalístico e o elemento subjetivo". Assim, primeiro se analisa uma relação de causa e efeito e, só depois, a imputação objetiva:

1) Nexo de causalidade (análise mecânica) → **2) Imputação objetiva (análise normativa)**

---

249 GRECO, Luís. Um panorama da teoria da imputação objetiva. 3. ed. São Paulo: Editora Revista dos Tribunais, 2013, p. 19-23.

Sobre as suas origens, cabe mencionar que a teoria da imputação objetiva foi desenvolvida pelo civilista Karl Larenz e foi posteriormente levada ao Direito Penal por Richard Honig. O exemplo usado por Honig seria o do indivíduo que envia o sobrinho para um monte com árvores altas, no meio de uma tempestade, com a esperança de que ele morra atingido por um raio e, assim, ele herde o seu dinheiro. Do ponto de vista da causalidade mecânica, caso o resultado ocorra, ele foi causado pelo tio. Adotada a teoria da equivalência dos antecedentes, a conduta do tio, se eliminada, faria desaparecer o resultado, de modo que foi causado por ele.

Entretanto, analisado o exemplo do sobrinho de uma perspectiva do risco proibido, não é possível imputar o resultado ao tio. Não se pode considerar a ação típica se o comportamento foi objetivamente impecável, ou seja, se ele não possui uma base sobre a qual recaia um juízo de desvalor, de modo que não se pode punir a conduta apenas pela intenção do agente, o que violaria os próprios fundamentos de um Direito Penal do Fato, no qual não se punem intenções maliciosas (*cogitacionis poenam nemo patitur*)[250].

A teoria da imputação objetiva busca trazer um **conteúdo jurídico** à imputação do resultado, não se limitando a uma causação material. A ideia central da imputação objetiva é considerar causa de um resultado típico o comportamento do agente que demonstre um **risco proibido** ao bem jurídico tutelado, além da exigência de que esse risco tenha **se realizado no resultado**. Não basta analisar o antecedente no modo das ciências exatas, da lei de causa e efeito. Desse modo, para a imputação do resultado não deve se limitar a verificar se o antecedente foi necessário para a produção do resultado. É imprescindível que se analise também o conteúdo jurídico do antecedente causal.

Vale lembrar que, conforme prevalece atualmente, a **causalidade** é um **pressuposto** da teoria da imputação objetiva, ou seja, deve ser analisado o nexo causal antes da teoria da imputação objetiva, como requisito para sua verificação.

- **É necessário que haja a criação de um risco proibido**

A teoria da imputação objetiva exige que a conduta crie um **risco proibido** para a produção do resultado. Não é todo risco que enseja a responsabilidade penal, como o fato de o sujeito presentear seu inimigo com uma experiência de *bungee jumping*. Mesmo que se trate de um esporte radical e perigoso, seu eventual falecimento, em decorrência da prática esportiva, não pode ensejar a responsabilização do sujeito por sua conduta. Ele não seria responsável mesmo que tivesse desejado que a corda se rompesse. Isso porque o risco de referida atividade esportiva é permitido socialmente, o que afasta a imputação do resultado ao sujeito.

A identificação do risco, segundo entendimento amplamente adotado pela doutrina, deve ocorrer por meio de uma **prognose póstuma objetiva**. Vale lembrar que a utilização da prognose póstuma objetiva para imputar o resultado ao agente tem origem na teoria da causalidade adequada, que pode ser considerada um embrião da teoria da imputação objetiva, por trazer valoração normativa à relação entre a conduta do agente e o resultado delitivo.

---

250. Esse tipo de caso pode ser também denominado de "riscos gerais da vida", excluindo a responsabilização do sujeito: HILGENDORF, Eric; VALERIUS, Brian. Ob. Cit., 2019, p. 101-102.

Trata-se de um **juízo de prognose**, porque leva em conta o conhecimento que o agente podia ter à época da conduta. É **póstumo**, porque é realizado pelo juiz, depois de a conduta já ter sido praticada e ter sido possível analisar se o risco veio ou não a se concretizar. Por fim, é **objetivo** porque leva em conta os dados conhecidos do ponto de vista de um comportamento de um homem prudente do mesmo contexto social do agente, e não subjetivo, feito com base em critério pessoal do julgador quanto à assunção do risco. Isso seria diferente, claramente, se o indivíduo soubesse que há problemas na corda e que, por problemas de manutenção, havia um risco muito alto de morte com a prática esportiva. Em uma variação da teoria, pode-se imaginar que alguém dê uma passagem de avião a alguém, sabendo que haverá um atentado terrorista e que provavelmente o avião será derrubado. Por isso, **os conhecimentos especiais** que o agente detenha devem ser considerados na identificação de um risco como não permitido. Para quem adota o critério do homem prudente, deve-se considerar um indivíduo que seja prudente e que detenha esses conhecimentos especiais.

Além da criação de um risco, é necessário que o risco seja proibido. Para identificação de um risco como proibido, Luís Greco propõe dois fundamentos. O primeiro consiste em um **núcleo de liberdade de cada cidadão**, considerando-se haver uma esfera de liberdade que não pode ser alcançada pelo Estado. Ele exemplifica com os xingamentos utilizados em uma conversa entre amigos. Haveria essa esfera de liberdade, ainda que se atinja a honra de terceiros, em uma reunião reservada para pessoas muito próximas. A própria natureza humana, em sua visão, exige essa esfera de liberdade para que as pessoas façam o que desejam.

O segundo fundamento seria a **ponderação entre o interesse de proteger bens jurídicos e o interesse geral de liberdade**. Greco observa que devem ser analisados o valor dos bens expostos a risco, a intensidade do risco criado, se as medidas de cuidado ou de prevenção são eficientes e idôneas, se havia uma medida alternativa menos arriscada e qual o curso de sua adoção e, por fim, o próprio postulado da proporcionalidade. Assim, toda vez que se vai analisar se um risco proibido se realizou no resultado típico, deve-se ter em conta que há um interesse geral de limitar o poder de punir do Estado e reconhecer a liberdade dos cidadãos. Somente quando necessário para proteger os bens jurídicos mais relevantes, deve-se reconhecer que a liberdade dos agentes não abarcava aquele risco proibido, que se manifestou no resultado típico.

Greco menciona os três principais critérios para concretização de um risco não permitido: a incidência de normas de segurança no caso; a violação do princípio da confiança e o comportamento contrário a um padrão de conduta geral dos homens prudentes. É comum que haja normas de segurança que regulam a prática de atividades arriscadas, sejam elas jurídicas, sejam elas não jurídicas, as chamadas normas técnicas. As normas de trânsito são exemplos de normas jurídicas, cuja violação é indício de criação de risco proibido. As normas técnicas são exemplificadas pelo penalista brasileiro como aquelas da indústria, no âmbito da engenharia, e sua observância pode afastar a responsabilidade, salvo se comprove uma violação clara de um dever.

O princípio da confiança estipula que ninguém deve ser responsabilizado se atuou na legítima expectativa de que os demais também observariam as regras. É muito invocado em acidentes de trânsito e atuações médicas e deve ser afastado em alguns casos, como se havia razão suficiente para desconfiar que a regra não seria observada por outrem. Por fim, invoca a figura do homem prudente, de modo que se deve analisar, em sua visão, se o homem prudente, naquelas circunstâncias, ainda assim praticaria aquela conduta.

- **É necessário que o risco proibido se realize no resultado**

O risco proibido deve ser aquele que determinou a produção do resultado. Cumpre lembrar que a causalidade material é um pressuposto da imputação objetiva. Ou seja, se não houver nexo causal entre a conduta e o resultado, torna-se desnecessário analisar a imputação objetiva, pois o agente que praticou essa conduta não pode ser responsabilizado pelo resultado. O Direito Penal proíbe condutas para impedir um resultado lesivo ao bem jurídico.

Havendo nexo causal e tendo havido a produção de um risco não permitido pelo ordenamento jurídico pelo agente, é necessário analisar se aquele risco produzido foi o responsável pelo resultado. Greco exemplifica com dois casos. Primeiro, o do incêndio: a vítima é lesionada, levada ao hospital e, por causa de incêndio, falece. O risco que levou à morte não está ligado aos riscos criados pela conduta do agente. Segundo, um caso de trânsito. O agente acelera e, quando volta a dirigir em velocidade regular, atropela uma pessoa, que se lançou repentinamente diante do carro. O resultado não adveio do risco criado pela conduta praticada pelo agente, que criou riscos para outros bens jurídicos, quando violou o limite de velocidade. Esse risco específico criado, no entanto, não se concretizou no resultado ocorrido quando o motorista já conduzia o veículo na velocidade permitida.

A concepção de Roxin sobre a teoria da imputação objetiva

Claus Roxin, expoente do funcionalismo teleológico, é um dos penalistas mais relevantes da atualidade. Por isso, é importante conhecer os critérios por ele desenvolvidos para a imputação do resultado ao agente. Com base na obra dele, pode-se dividir a imputação objetiva em **três passos**:

1) Um **resultado causado pelo agente** só pode ser imputado ao tipo objetivo se a conduta, por ele praticada, houver criado um **perigo para o bem jurídico não coberto por um risco permitido**. No caso de alguém enviar outro a uma tormenta, torcendo para que seja morto por um raio, não há risco proibido. Ele utiliza aqui uma variação do clássico exemplo do sobrinho rico, enviado pelo tio a uma montanha, no meio da tempestade. Não há conduta vedada pela sociedade, pois dizer a alguém para sair de casa quando raios estão caindo do céu não é um comportamento proibido.

2) Esse **perigo deve ter se realizado no resultado concreto**. O jurista alemão exemplifica. Se alguém pratica uma lesão leve e a vítima vai ao hospital, onde morre em um incêndio, houve risco proibido. Entretanto, nesse caso o perigo não se realizou no resultado, ou seja, o risco que foi causado à integridade física não se realizou na morte, causada exclusivamente pelo incêndio. O risco praticado pelo agente seria o de a vítima morrer em consequência da

lesão praticada, e não de ela morrer eventualmente de um incêndio, que ele não poderia sequer prever.

3) Entretanto, **excepcionalmente pode desaparecer a imputação se a abrangência da norma incriminadora não alcança determinados perigos e suas repercussões. É o chamado âmbito de abrangência da norma**. Com esse critério, faz-se uma análise da finalidade da norma. Exemplifica o mestre com alguém que convida outra pessoa a ir escalar uma montanha, desejando um acidente, o qual efetivamente ocorre. Ainda que com fundamentação em direito alemão, o penalista conclui que não está no âmbito de alcance da norma a autocolocação em perigo.

Para muitos doutrinadores, não haveria esse passo, já que os casos devem ser resolvidos com os dois anteriores. O *âmbito de proteção da norma* não teria um conteúdo muito determinado. Para Gimbernat Ordeig, dizer que o resultado está fora do alcance do tipo não é um passo, um critério, mas é a conclusão da teoria da imputação objetiva: toda vez que se conclui que o resultado não é imputável objetivamente ao agente, está se dizendo que ele não é "alcançado pelo tipo", que está fora do âmbito de proteção da norma. Luís Greco considera o fim de proteção da norma um critério meramente formal: depois que um dos critérios da teoria afasta a imputação objetiva do resultado, conclui-se que esse resultado não está no fim de proteção da norma·

Esse fim de proteção da norma é considerado, por Gimbernat Ordeig, como critério interpretativo que integra a teoria da imputação objetiva. Ele dá o seguinte exemplo: um indivíduo trafega a uma velocidade superior à permitida nos arredores de uma escola e atropela um suicida. Não se pode imputar objetivamente o resultado ao autor porque o limite de velocidade nos arredores da escola não foi imposto para o fim de evitar atropelamentos de quem deseja se suicidar. O penalista espanhol também considera que o fim da proteção da norma é o que soluciona o caso do incêndio no hospital, evitando que o agressor responda pela morte da vítima, causada pelas chamas no edifício, e não pela facada que sofreu·

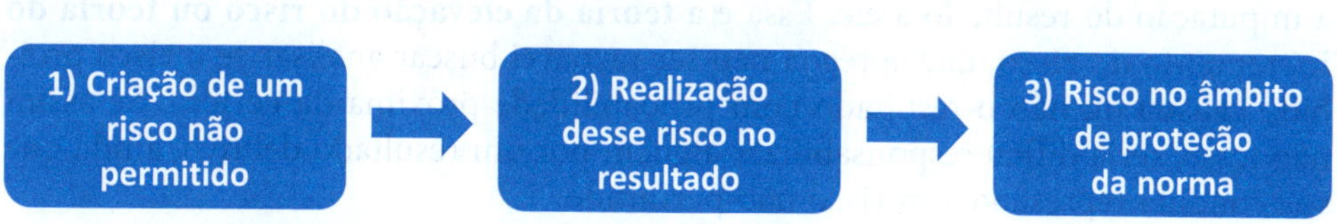

Vale observar, ainda, que Roxin entende que estão indissoluvelmente ligados **o desvalor da conduta e o desvalor do resultado**, de modo que não se pode separar a conduta típica e a imputação do resultado. A censura, o desvalor que se faz quanto à conduta incriminada considera, ao mesmo tempo, a conduta praticada pelo agente e o resultado que ele provocou, de forma conjunta.

Para a imputação objetiva de Claus Roxin, **não há imputação do resultado ao agente se ele diminui o risco ao bem jurídico** tutelado pela norma. Imagine-se o caso de um homem que vai ser atingido por uma facada no tórax por uma traficante rival. Um amigo vê a situação e empurra o homem para que a facada atinja o seu braço, o que causa uma lesão menos grave do que a facada no tórax. Com isso, esse amigo evitou uma lesão mais grave por meio da sua conduta, o que representou uma diminuição do risco. O risco passou a ser de ele morrer por uma facada no tórax a um risco de lesão leve, com facada no braço. Por isso, o resultado lesivo não lhe pode ser imputado, ainda que, do ponto de vista da causalidade mecânica, a sua conduta foi causa da lesão no braço.

Também **não** se imputa um resultado à conduta do agente que, ainda que seja intencional, **não represente um risco juridicamente relevante**. Cansada do seu marido, uma moça lhe incentiva a pular de *bungee jump*, desejando fortemente sua morte, inclusive fazendo meditação para que isso ocorresse. Ainda que ele venha a morrer, não se pode imputar a ela tal morte, considerando que não criou, com sua conduta, um risco juridicamente relevante ao bem jurídico. O risco inerente aos esportes radicais é permitido em nossa sociedade, desde que o agente voluntariamente se submeta a eles.

A partir de um caso alemão, o dos pelos de cabra, é possível analisar uma divergência no âmbito da teoria da imputação objetiva[251].Um empresário recebe uma remessa de pelos de cabra para produção de pinceis. Mesmo havendo regras sanitárias para desinfecção, ele entrega os pelos de cabra para os funcionários, mesmo que, após a sua importação, eles não tenham passado pelo processo de desinfecção. Os funcionários manipulam os pelos, contraem uma doença e morrem. Entretanto, conclui-se, posteriormente, que a contaminação se deu por uma bactéria até então desconhecida na Europa, de modo que a desinfecção provavelmente teria sido ineficaz e não teria evitado as mortes. Pela eliminação hipotética, a exposição dos funcionários teria ocorrido mesmo se empresário tivesse observado a norma sanitária. Isto é, pela teoria da equivalência dos antecedentes, a sua conduta causou o resultado. Cumpre, então, analisar a situação sob o prisma da teoria da imputação objetiva.

Para Roxin, seria possível a imputação do resultado ao agente, já que a conduta do empresário **aumentou o risco permitido**. Ainda que o risco de exposição fosse permitido, considerando a situação de pandemia e a triste constatação de risco aos trabalhadores das atividades essenciais, o incremento do risco torna possível a imputação do resultado a ele. Essa é a **teoria da elevação do risco ou teoria do incremento do risco**, que apregoa não ser razoável buscar analisar se o risco proibido causou ou não o resultado com probabilidade próxima da certeza. Se assim não fosse, seria difícil responsabilizar alguém por um resultado delitivo, ainda que sua conduta represente um risco não permitido.

Essa teoria, da elevação do risco, diverge da teoria da evitabilidade, para a qual o agente não deve ser responsabilizado caso o comportamento diferente, realizado de acordo com as normas vigentes (conforme o Direito), não teria evitado o resultado de qualquer modo. Assim, se o comportamento conforme o Direito provavelmente não teria evitado o resultado delitivo, não há razão para se imputar essa ocorrência ao indivíduo. Agindo de uma forma ou de outra, o sujeito não teria evitado o resultado delitivo, razão pela qual não deve ser responsabilizado.

---

251. PRADO, Luiz Regis. Curso de direito penal brasileiro: parte geral e parte especial. 18. ed. Rio de Janeiro: Forense, 2020, p. 143.

Teoria da elevação do risco	Teoria da evitabilidade
O agente só não será responsabilizado pelo resultado se a sua conduta não elevar o risco de lesão. Se o agente aumenta o risco além do nível permitido, o resultado lhe será imputado, independentemente do fato de que essa lesão provavelmente teria ocorrido mesmo se ele tivesse agido de forma prudente. Essa concepção é denominada por parte da doutrina de teoria do incremento do risco[252].	O agente não será responsabilizado se o comportamento prudente e correto não teria impedido o resultado. Só se deve imputar o resultado ao agente se é certo que o comportamento alternativo conforme o Direito teria evitado o resultado. Mesmo que a probabilidade tenha aumentado, se o comportamento conforme o Direito provavelmente não teria evitado o resultado, o agente não deve ser responsabilizado, ainda que tenha aumentado o risco. Também chamada de teoria do comportamento alternativo conforme o Direito.

Cumpre enfatizar que, caso fique cabalmente comprovado que o comportamento alternativo conforme o direito não teria o condão de evitar o resultado, deve-se concluir pela não responsabilização, independentemente de se acolher a vertente da evitabilidade ou do incremento do risco. Isto porque fica demonstrado, nesta hipótese, que o agente não criou o risco não permitido que se concretizou no resultado. Por isso, não se lhe deve imputá-lo.

Roxin usa ainda um exemplo de Jeschek para tratar da imputação objetiva. Durante a noite, dois ciclistas pedalam, um atrás do outro, sem nenhum farol de iluminação, apesar da obrigatoriedade[253]. Um terceiro ciclista passa e se choca com o primeiro deles, ferindo-se gravemente. Caso o segundo ciclista, não envolvido no acidente, possuísse farolete, o acidente não teria ocorrido, já que ele iluminaria o ciclista que ia à frente. Entretanto, o segundo ciclista, que vinha atrás, não poderia ser responsabilizado. Isso porque não se pode considerar que sua conduta representou um risco proibido ao bem jurídico, considerando **o âmbito de proteção da norma** ou, em outras palavras, o alcance do tipo penal. Essa é a **teoria do fim de proteção da norma**.

Isto é, o dever legal imposto ao ciclista tem o escopo de evitar acidentes com o tráfego do próprio ciclista, ou seja, aqueles que envolvam a sua própria bicicleta. A imposição de tal obrigação não busca evitar acidentes entre terceiros, não é seu dever iluminar a via para garantir o tráfego seguro para que outras pessoas pedalem sem iluminação alguma. Por estar fora do âmbito de proteção da norma, a finalidade do dever imposto ao ciclista que não se envolveu no acidente não permite que se lhe impute o resultado decorrente do choque entre outros dois ciclistas, ainda que o equipamento de iluminação de sua bicicleta – acaso existente – teria evitado o acidente.

Como visto, Gimbernat Ordeig concorda com Roxin sobre a adoção, na teoria da imputação objetiva, do fim de proteção da norma. Ele entende que esse critério

252. Após leituras reiteradas da obra de Roxin, adiciona-se, nesta edição, o advérbio *provavelmente* para deixar o conteúdo mais preciso (ROXIN, Claus. Ob. Cit., 1997, p. 377-378).

253 ROXIN, Claus. Ob. Cit., 1997, p. 377-379.

resolve os problemas referentes aos **danos por choque** sofridos pela própria vítima ou por terceiro. No primeiro caso, pode-se pensar na vítima que é atingida pelo carro dirigido pelo agente e que, em virtude da colisão, sofre um choque, um infarto, que lhe causa a morte. O espanhol afasta a responsabilidade do agente pela morte, considerando que os crimes de perigo previstos na lei abarcam situações que geram riscos físicos à vida de alguém, e não riscos puramente anímicos, como de produção de situações de estresse. No caso de susto por uma ultrapassagem indevida, e consequente ataque do coração da vítima, Roxin afasta a responsabilidade penal, por entender que o aumento do risco é muito pequeno para responsabilização do agente pelo resultado. Quanto ao segundo caso, o de choque de terceiros, Gimbernat Ordeig defende a não imputação do resultado nesses casos, por extensão. Suponha que a mãe do acidentado receba a notícia do fato, sofra um ataque do coração e morra. Se não se responsabiliza o causador do acidente pela morte da própria vítima, com maior razão não se pode imputar o resultado provocado a terceiros pelo choque, como o susto ao receber a má notícia[254].

Gimbernat Ordeig também trabalha com o **caso de reação de pânico**, que pode ser exemplificado em termos parecidos com o que Capez trabalha com a figura da culpa mediata[255]. O indivíduo invade a calçada, atropela três pessoas e uma delas morre. Uma vítima sobrevivente vê o corpo da que faleceu e, em razão disso, sai correndo assustada pela via, sendo então vítima de outro atropelamento. Esse segundo acidente é causado por um veículo que transitava regularmente pela via, tendo a vítima sido atropelada por sair correndo de inopino, de modo que o motorista não pôde evitar o seu atropelamento. A morte teria sido indiretamente causada pelo primeiro acidente, já que, em virtude do pânico sofrido pela vítima, ela correu assustada pela via e deixou de prestar atenção ao tráfego. O penalista concorda com o seu conterrâneo Silva Sanchez, para quem as lesões sofridas pela vítima em decorrência do segundo atropelamento não são abrangidas pelos resultados que a norma queria evitar ao vedar a circulação de automóveis na calçada.

Claus Roxin também **exclui a imputação objetiva** nos seguintes casos, que podem ser vinculados à ideia de ausência de alcance do tipo:

- **Autocolocação dolosa em perigo (participação em uma autocolocação em perigo)**: com base no direito alemão, Roxin afirma que a decisão de colocar a si mesmo em perigo não leva à responsabilidade de outra pessoa pelo resultado. É o caso do indivíduo que adquire heroína de elevado grau de pureza, o que tanto ele quanto o traficante desconheciam, e morre de overdose[256];
- **Colocação em perigo da pessoa com o seu consentimento (heterocolocação em perigo consentida)**: o turista pede para fazer o passeio de barco, mesmo advertido de que há grande perigo pela tempestade, e morre afogado. Um exemplo é o do indivíduo que, sabendo que o motorista não é

254 GIMBERNAT ORDEIG, Enrique. Ob. Cit., 2019, p. 67-76.

255 CAPEZ, Fernando. Ob. Cit., 2013, p. 237. MASSON, Cleber, Ob. Cit., 2019, p. 252.

256. Também se pode denominar a hipótese de autolesão responsável (HILGENDORF, Eric; VALERIUS, Brian. Ob. Cit., 2019, p. 105).

habilitado e não sabe dirigir veículo automotor, aceita ser o seu passageiro e sofre lesões em virtude da imprudência daquele ao volante. Aqui, vale registrar a divergência do espanhol Gimbernat Ordeig. Ele adverte não ser possível utilizar o fim da proteção da norma para não responsabilizar o agente, considerando que não existe regra restringindo a imputação por homicídio ou lesão culposa aos casos em que a vítima observou o dever de cuidado quanto a si mesma, ou seja, se comportou de forma cuidadosa. O homicídio é punível ainda que a vítima agisse de forma descuidada, não havendo compensação de culpas no direito penal. Nessa visão divergente, é possível que o agente não seja responsabilizado, mas com base em outro critério, e não por seu consentimento[257];

– **Resultado cujo impedimento esteja na esfera de responsabilidade alheia**: após o agente provocar um acidente, a vítima morre, no hospital, por erro médico. É um caso polêmico no Direito Penal, mas, para Roxin, o resultado não dependia mais do agente. Foi uma outra atuação, a do médico, que levou à morte, razão pela qual o agente não pode ser responsabilizado penalmente por esse óbito. Essa hipótese também pode ser denominada como intervenção responsável de um terceiro[258].

A concepção de Jakobs

Günther Jakobs, por sua vez, possui uma compreensão diversa sobre a imputação objetiva. Para o defensor do funcionalismo sistêmico, a imputação objetiva deve possuir uma coerência sistemática. Ele parte de uma crítica ao método de Roxin, que seria indutivo, ou seja, usaria casos concretos para, a partir deles, elaborar a sua teoria[259].

Vale destacar que a ideia de sistema, a partir da concepção de Niklas Luhmann, é a base do funcionalismo de Jakobs[260]. Também é fundamental para compreender o funcionalismo radical a ideia de que a função da norma penal é garantir a sua validade, sendo a pena uma reafirmação da validade da norma (o agente, que violou a norma, negava a sua vigência, sendo a pena uma resposta à negativa, a qual demonstra que a norma é válida.). A própria pena, para ele, tem o escopo de manutenção da vigência da norma, em decorrência do contrato social. Assim, enquanto Roxin orienta o Direito Penal para a proteção dos bens jurídicos, Jakobs tem como ideia nuclear a manutenção e garantia de validade e vigência das próprias normas penais.

Para Jakobs, a teoria é construída não apenas com critérios normativos, mas também **elementos sociológicos**. Para ele, o núcleo da imputação objetiva está no conceito sociológico do papel desempenhado pelo indivíduo, como o papel do cliente diante da prostituta que, por sua vez, possui doença sexualmente transmissível. O

---

257 GIMBERNAT ORDEIG, Enrique. Ob. Cit., 2019, p. 46-47.

258. HILGENDORF, Eric; VALERIUS, Brian. Ob. Cit., 2019, p. 106.

259 PRADO, Luiz Regis. Curso de direito penal brasileiro: parte geral e parte especial. 18. ed. Rio de Janeiro: Forense, 2020, p. 146.

260 GIMBERNAT ORDEIG, Enrique. Ob. Cit., 2019, p. 110.

resultado da transmissão não poderia ser imputado objetivamente à prostituta em razão do papel exercido pelo homem que procura um contato sexual pago, que deixa, com isso, de cuidar de sua própria saúde[261].

A sua visão de imputação objetiva, baseada em uma teoria do tipo objetivo e com utilização de método dedutivo (que parte da teoria para os casos concretos), possui **dois níveis**[262]:

O **nível do comportamento** se refere à imputação do comportamento como típico, analisando se o agente, em seu papel, possuía o dever de evitar determinado risco. Nesse nível, a imputação do resultado seria excluída nos casos de:

- **risco permitido,** inclusive os riscos acarretados pelo contato social[263]. Jakobs inclui aqui os riscos concretos agravados que são permitidos, como dirigir com a pista molhada e escorregadia, independentemente do destino da viagem[264]. Nesses casos, eventual resultado não pode ser imputado ao agente. Aqui existe uma interessante crítica de Gimbernat Ordeig: se o risco era permitido, não houve violação ao dever de vigilância. Logo, não há que se falar nem sequer em culpa, razão pela qual não seria necessário recorrer à imputação objetiva para afastar a responsabilidade do agente, nos termos da própria lei[265];
- **princípio da confiança:** é a expectativa legítima de que os demais indivíduos também obedecerão às regras. É o que ocorre no trânsito, quando se confia que o outro motorista freará ao ver o sinal vermelho. Caso se observe a regra e o outro motorista não respeite a luz do semáforo, não será imputado o resultado lesivo ao agente que observou as normas de tráfego e causou a lesão no motorista que não as respeitou;
- **competência da vítima:** há uma esfera de competência da vítima, ou seja, um âmbito de decisões sobre a sua vida e os seus bens jurídicos. Não há imputação ao resultado no caso de consentimento do ofendido, em se tratando de agentes capazes. A doutrina nacional costuma restringir esse consentimento aos bens jurídicos disponíveis, como no fato de se danificar o carro de alguém ou de a pessoa concordar em sofrer lesões leves na prática de sadomasoquismo. Jakobs, entretanto, usa esse critério para resolver os casos de autocolocação da vítima em perigo e da heterocolocação consentida em perigo, exemplificados acima;
- **proibição de regresso[266]:** Jakobs exclui do âmbito da imputação objetiva do resultado o caso do devedor que paga um dinheiro que deve a um indivíduo, sabendo que ele compraria uma arma com a quantia, o que ele efetivamente

261 ALFLEN, Pablo Rodrigo apud GIMBERNAT ORDEIG, Enrique. Ob. Ci., 2019, p. 12-13.

262 PRADO, Luiz Regis. *Ibidem*, p. 146-147.

263 JAKOBS, Günther. Tratado de direito penal. Teoria do Injusto Penal e Culpabilidade. MOREIRA, Luiz (org.). MENDES, Gercélia B de O.; CARVALHO, G. de (trad.). Belo Horizonte: Del Rey, 2008, p. 295.

264 JAKOBS, Günther. *Ibidem*, p. 297.

265 GIMBERNAT ORDEIG, Enrique. Ob. Cit., 2019, p. 34-35.

266 ROCHA, Ronan. A relação de causalidade no direito penal. Belo Horizonte: Editora D'Plácido, 2016, p. 57-58.

> faz, usando a arma comprada para matar alguém[267]. Não seria possível partir da situação do homicídio, em que o indivíduo disparou contra a vítima, para responsabilizar quem lhe pagou uma dívida, por meio da qual comprou a arma. Essa proibição de regresso abrangeria os casos de participação não punível[268]. A sua origem estaria na doutrina de Reinhard Frank, para quem a intervenção dolosa ou culposa de um terceiro proíbe que se regresse à conduta anterior para imputar o resultado ao agente do fato inicial. Alguns doutrinadores reúnem essas situações com a denominação de cursos causais irregulares na imputação objetiva[269].

Por sua vez, **o nível do resultado** se refere à imputação do resultado naturalístico ao autor, o que só se torna relevante nos crimes materiais. Para tais delitos, o resultado produzido se justifica exatamente pelo comportamento (primeiro nível de imputação), que é objetivamente imputável ao autor. Caso tenha havido concorrência de riscos (vários riscos ao bem jurídico), é necessário demonstrar que o risco criado pelo autor foi o que criou o resultado (nexo de causalidade). Por isso, a causalidade é, para Jakobs, condição mínima para a imputação objetiva[270], de modo que o nexo causal é por ele tratado dentro da imputação objetiva[271].

Jakobs também entende que o **risco permitido não implica imputação objetiva**.

Por outro lado, **há imputação objetiva quando o resultado se produziria mesmo sem a conduta** (omissiva ou comissiva) do agente, ou mesmo se o comportamento dele fosse permitido. Jakobs prossegue explicando que a realização do risco não depende daquilo que teria acontecido sem esse risco. Pelo contrário, a realização do risco depende do que aconteceu por causa dele. A consideração de hipóteses levaria ao mesmo erro da ***conditio sine qua non***[272]. As elaborações hipotéticas, no fim das contas, retirariam, do bem jurídico, a sua garantia normativa.

O autor também destaca que o ***não permitido* é relativo**, isto é, depende do risco que levamos em consideração. Exemplifica com o dono de hotel que, se não deixa as luzes acesas para entrada do estabelecimento (ação) ou não as acende quando devia (omissão) produz um risco não permitido de quedas. Entretanto, a mesma conduta não representa risco proibido em relação a assaltos que possam ocorrer na escuridão ou mesmo em relação a transeuntes embriagados que se percam pela falta da iluminação do estabelecimento.

Em sua análise, Jakobs **critica o critério do âmbito de proteção da norma**, dizendo que sempre que faltar um pressuposto do injusto penal, o evento estará fora da abrangência da proteção da norma. Entende que, na verdade, não se pode

---

267 JAKOBS, Günther. *Ibidem*, p. 309.

268 RAMOS, Enrique Peñaranda *et al*. Um novo sistema do direito penal. Considerações sobre a teoria da imputação objetiva de Günther Jakobs. Trad. André Luis Callegari e Nereu José Giacomolli. Porto Alegre: Livraria do Advogado, 2013, p. 80.

269 GIMBERNAT ORDEIG, Enrique. Ob. Cit., 2019, p. 107-108.

270 ROCHA, Ronan. A relação de causalidade no direito penal. Belo Horizonte: Editora D'Plácido, 2016, p. 59.

271 ROCHA, Ronan. A relação de causalidade no direito penal. Belo Horizonte: Editora D'Plácido, 2016, p. 61.

272 JAKOBS, Günther. *Ibidem*, p. 321-322.

conceber como risco proibido o risco geral da vítima, como o que decorre de se viver em um grande centro urbano e se expor ao trânsito viário[273].

Por fim, **critica a teoria da elevação do risco**, ou seja, a imputação do resultado pelo aumento do risco efetuado pelo agente. Jakobs entende que a elevação de um risco serve para definir um comportamento proibido, mas não o nexo de finalidade da norma entre conduta e resultado. As dúvidas sobre essa relação entre o fim da norma e a imputação do resultado, para o autor, são processuais e devem ser resolvidas com base no *in dubio pro reo*. Para ele, essa teoria levaria à transformação dos "delitos culposos de resultado em crimes culposos tentados"[274].

Os casos de **autocolocação e de heterocolocação em perigo** devem ser resolvidos, para o funcionalista radical, com base no critério da **competência por organização**. A competência da organização incumbe a quem tem de assegurar a sua própria organização, adverte Jakobs, de modo que não se produzam riscos além do nível permitido. Por isso, o empresário é garantidor dos riscos produzidos por sua atividade e o dono da casa deve evitar que as telhas caiam sobre quem passa pela calçada. Com base nesse raciocínio, o alemão chega à conclusão de que aquele que se coloca em situação de perigo ou, agindo de forma imputável, dela não se afasta, é competente pelas consequências. Seu raciocínio é de que os terceiros não precisam adaptar sua organização para um grau de cuidado maior do que o desenvolvido pelo próprio titular do bem jurídico.

Gimbernat Ordeig, por sua vez, questiona qual seria o papel pertencente à vítima e qual seria a esfera de competência do agente e da vítima. O penalista espanhol entende que o critério da "competência por organização" tem sentido e conteúdo na omissão imprópria, mas não possui um sentido compreensível quando se trata de participação em uma autocolocação em perigo e de heterocolocação em perigo consentida. Isso porque teria sentido se falar em competência de um fiscal de barreiras pela segurança do tráfego ferroviário ou do médico cirurgião quanto à realização de uma intervenção cirúrgica, mas não de um "papel de vítima" do indivíduo que aceitou ser passageiro de um motorista não habilitado. O autor também não aceita a resolução do problema com base no chamado princípio da autorresponsabilidade, pois ele não traria uma solução: de um lado, haveria a competência da vítima, por sua autorresponsabilidade; de outro, a competência do agente, em razão da vedação jurídico-penal de causação, por dolo ou culpa, de lesão a bens jurídicos alheios. Além disso, questiona a própria validade de um princípio da autorresponsabilidade, considerando que terceiros podem ser responsabilizados ao induzirem uma vítima ao suicídio, imputação que requer que a vítima seja autorresponsável, sob pena de se configurar o delito de homicídio. Por fim, destaca a própria vedação de compensação de culpas no Direito Penal para defender a responsabilização do agente.

Usando argumentos da legislação espanhola, compatível nesse ponto com a brasileira, o penalista Gimbernat Ordeig defende que a participação em uma autocolocação em perigo é, em princípio, impunível. Ele observa que a lei só prevê a punição por participação dolosa no suicídio, e não a conduta culposa, razão pela qual não se pode

273 JAKOBS, Günther. *Ibidem*, p. 323 e 327.

274 RAMOS, Enrique Peñaranda *et al*. Ob. Cit., p. 83.

punir essa última forma de comportamento. Se, na causação mais grave do suicídio, a dolosa, não há a punição de quem participa culposamente, também não pode haver a punição de quem participa culposamente na conduta de um indivíduo, como o usuário de drogas, que causa a sua própria morte culposamente (algo comparável a um suicídio culposo). A autocolocação em perigo só leva à punição do terceiro, na visão do penalista espanhol, se ele tiver a posição de garante em relação à vítima.

Quanto à heterocolocação em perigo consentida, o jurista defende a punibilidade. Ele observa que configura o crime de homicídio tanto a conduta daquele que mata um transeunte, passando inadvertidamente na rua, como a ação do indivíduo que assassina a sua esposa, que vinha sofrendo violência doméstica e, dado o envolvimento emocional, não comunicou as ameaças de morte às autoridades. Por isso, Enrique Gimbernat Ordeig não entende razoável excluir essa conduta do âmbito de incriminação, usando-se o argumento de que a vítima tinha consciência de que o comportamento do terceiro poderia levar à sua morte. A reforçar o seu argumento, ele invoca o entendimento consolidado de que o Direito Penal não admite a concorrência de culpas para eximir o agente de sua responsabilidade penal ou para alterar a sua natureza. Por isso, a vítima ter sido descuidada ou negligente não pode evitar a responsabilidade do agente.

Gimbernat Ordeig critica uma decisão do Tribunal Supremo Espanhol sobre um caso de heterocolocação em perigo consentida, que concluiu pela não responsabilização. O fato se assemelha um pouco ao do atirador de Lacman. A vítima havia desafiado o réu a demonstrar a sua habilidade na pontaria. Ele deveria disparar contra a vítima enquanto ela bebia de uma garrafa. Quando do momento do disparo, entretanto, a vítima teria se movido para limpar a sua roupa do vinho que havia derramado, razão pela qual não haveria imputação do resultado ao agente, com base no fim de proteção da norma. O penalista entende que esse critério não serve para solucionar os casos de heterocolocação em risco consentida, entendendo ser punível o autor dos disparos[275].

Imputação objetiva de Roxin	Imputação objetiva de Jakobs
• criação do risco não permitido; • realização do risco não permitido no resultado; • o resultado deve estar no âmbito de abrangência da norma (**teoria do fim de proteção da norma**).	• criação do risco não permitido; • realização do risco não permitido no resultado[276]. (A concepção majoritária também adota esses dois passos[277].)

A imputação objetiva e os crimes omissivos impróprios

No caso da omissão imprópria, em que o agente é responsabilizado porque devia e podia ter evitado o resultado, a imputação objetiva ganha contornos diferentes.

275 GIMBERNAT ORDEIG, Enrique. Ob. Cit., 2019, p. 48-68.

276 ROCHA, Ronan. Ob. Cit., 2016, p. 77.

277 ROCHA, Ronan. Ob. Cit., 2016, p. 168. SANTOS, Juarez Cirino dos. Ob. Cit., 2020, p. 147-150. Luís Greco aponta que grande parte dos autores despreza o critério do fim da proteção da norma e ele mesmo o adota apenas como *conceito formal* (GRECO, Luís. Um panorama da teoria da imputação objetiva. 3. ed. São Paulo: Editora Revista dos Tribunais, 2013, p. 22 e 99-108).

Como havia a obrigação de agir, será imputado o resultado ao agente se ele poderia ter atuado e não o fez, como pai que deixa de alimentar o seu filho recém-nascido.

Adentrando o tema da teoria da imputação objetiva, Luís Greco usa a seguinte situação hipotética como ponto de partida: o filho recém-nascido está doente, a mãe percebe e nada faz. O bebê, então, falece. Posteriormente, descobre-se que o bebê tinha uma enfermidade rara e não se pode concluir que a conduta de o levar ao hospital teria evitado o resultado.

A primeira corrente defende que só se pode imputar o resultado ao agente se, no caso de ter agido, o resultado teria sido evitado com uma probabilidade que se aproxima da certeza. É a chamada teoria da evitabilidade. Por outro lado, parte da doutrina entende que se a conduta imposta pela norma aumentasse a probabilidade de evitar o resultado, ou seja, se tivesse criado uma chance de salvamento, o resultado deve ser imputado a quem devia agir e se omitiu. É a teoria da diminuição do risco, adaptação para os crimes omissivos da teoria do aumento do risco, de Roxin, que teria sido formulada para os crimes comissivos[278].

Teoria da diminuição do risco	Teoria da evitabilidade
O agente que deveria ter agido e, mesmo podendo agir, se omitiu, deve ser responsabilizado se a sua atuação teria criado uma chance de salvamento do bem jurídico, ou seja, aumentado a chance de o resultado não ocorrer.	O agente será responsabilizado se, caso ele tivesse atuado, o resultado teria sido evitado com uma probabilidade próxima da certeza.

Críticas à teoria da imputação objetiva

Sobre a imputação objetiva, de um modo geral, também são feitas críticas. Cezar Bitencourt já disse que se busca substituir uma análise causal por um critério jurídico, sendo que a causalidade seria um conceito natural, pré-jurídico (não é a norma jurídica que diz se o veneno causou a morte, por exemplo, mas a medicina)[279]. Em versão mais recente da sua obra, o brasileiro focou a sua crítica na imprecisão dos termos, chegando a afirmar que as únicas certezas da teoria consistem na incerteza dos seus enunciados, como a de risco permitido. Entretanto, já chega a admitir o seu caráter complementar, já que a teoria da imputação objetiva admite a teoria da *conditio sine qua non* e propõe critérios normativos que limitem a causalidade[280]. Prado também defende que essa teoria causa confusão metodológica[281].

Ainda que defensor da teoria, Gimbernat Ordeig destaca que os seus críticos argumentam que ela seria um *totum revolutum*, ou seja, uma construção teórica confusa, com critérios que vão sendo inseridos de forma arbitrária. Entretanto, adverte

278 GRECO, Luís. Ob. Cit., 2018, p. 20-23.

279 BITENCOURT, Cezar Roberto. Tratado de direito penal: parte geral: volume 1. 10. ed. São Paulo: Saraiva, 2006, p. 313.

280 BITENCOURT, Cezar Roberto. Ob. Cit., 2020, p. 355-356. Também criticando a imprecisão da teoria: HILGENDORF, Eric; VALERIUS, Brian. Ob. Cit., 2019, p. 100.

281 PRADO, Luiz Regis. Ob. Cit., 2020, p. 150-151.

que o abuso advém de alguns autores, que buscam compreender determinados casos a partir dela, quando se trata, na verdade, de análise de outros elementos do crime, como ausência de dolo ou culpa. As críticas adviriam, frequentemente, de sua má compreensão ou aplicação. A teoria, na realidade, se traduz em um filtro apenas normativo de condutas, dolosas ou culposas, para que sejam consideradas ou não típicas[282].

14.5. O nexo causal no Código Penal Brasileiro

O Código Penal, em relação ao nexo causal, prevê o seguinte, no *caput* seu artigo 13:

> "O resultado, de que depende a existência do crime, somente é imputável a quem lhe deu causa. **Considera-se causa a ação ou omissão sem a qual o resultado não teria ocorrido.**"

Teoria da equivalência das condições

Percebe-se, da leitura do artigo 13 do Código Penal, que houve a adoção da teoria da equivalência das condições[283]. Sua base é a chamada regra da *conditio sine qua non*, isto é, deve ser considerada causa aquele comportamento (comissivo ou omissivo) cuja ausência implicaria na não produção do resultado.

Perceba que, conforme destacado no estudo da teoria da equivalência das condições, a adoção da literalidade da norma levaria ao *regressus ad infinitum*. Poder-se-ia considerar, desse modo, que haveria relação de causalidade entre o latrocínio e a conduta do fabricante da arma de fogo, já que, sem ela, o agente não teria acesso à arma de fogo e, dessa forma, não poderia ter disparado os projéteis em direção à vítima de sua subtração.

Vários autores têm defendido a imputação objetiva como limitação da imputação do resultado, após analisada a causalidade pela equivalência das condições, teoria adotada pelo Código Penal[284]. A teoria tem sido cada vez mais adotada como limitação da responsabilidade penal.

Concausas

É possível que mais de uma causa auxilie na produção do resultado, bem como que uma concausa o produza de forma total e absolutamente independente. Concausas, portanto, são antecedentes causais de um mesmo resultado, são comportamentos cuja não ocorrência eliminaria o resultado.

---

282 GIMBERNAT ORDEIG, Enrique. Ob. Cit., 2019, p. 97-98.

283. NUCCI, Guilherme de Souza. Código Penal Comentado. 15 ed. rev. atual. e ampl. Rio de Janeiro: Forense, 2015, p. 133.

284. Por todos: CAMARGO, Antonio Luis Chaves. Ob. Cit., 2002, p. 138.

Essas condições podem ser **preexistentes, concomitantes ou supervenientes**, conforme a ordem cronológica de sua ocorrência. A concausa pode ocorrer, em relação ao comportamento do agente (ação ou omissão), antes, ao mesmo tempo ou depois. Podem ser, ainda, **absolutamente ou relativamente independentes**:

- **Absolutamente independentes**: a causa do resultado não se origina, direta ou indiretamente, da conduta. Possuem origem totalmente diversa. **Rompem o nexo causal**.

  É o caso do sujeito que envenena sua sogra para se vingar dela. Entretanto, ao deixá-la bebendo o café que preparou, cheio de estricnina, entra a vizinha dela, também sua inimiga, e dispara cinco tiros de fuzil em sua direção, provocando sua morte instantânea. Perceba que a concausa (os tiros de fuzil e os ferimentos por ele causados) são absolutamente independentes do comportamento do agente (envenenamento). Tendo sido preparado ou não o café com substância venenosa, a vizinha entraria para matar sua inimiga, por uma briga com relação à cerca divisória das casas. Por isso, sua independência é absoluta. **Um antecedente não dependia do outro para ocorrer.** Por isso, o nexo causal sempre é rompido, devendo o agente responder pelos atos que já praticou. No caso do sujeito que aplicou veneno no café, deve responder pela tentativa de homicídio.

  Existe, ainda, o clássico exemplo de Franz von Liszt. O agente fere mortalmente o barqueiro. Entretanto, antes que ele morra em decorrência do ferimento, sobrevém um tufão, o barco soçobra e o barqueiro morre afogado. Não havendo conexão entre conduta e resultado, a própria eliminação hipotética afasta a imputação: com ou sem a conduta que causou o ferimento, o barco teria virado e o barqueiro teria morrido afogado[285].

- **Relativamente independentes**: a causa do resultado não se situa na linha de desdobramento causal da conduta. Entretanto, origina-se, mesmo que indiretamente, da conduta do agente.

  É o caso do sujeito que é esfaqueado por outro, gravemente, após uma partida de futebol, por desentendimentos sobre a marcação ou não de um gol. A vítima é socorrida, mas, no hospital, tem complicações, decorrentes de uma infecção hospitalar, e morre. A concausa (infecção hospitalar) não é totalmente independente do antecedente, o comportamento do agente (os golpes de faca). O indivíduo só foi parar no hospital e necessitou ser internado porque foi lesionado pelo sujeito ativo. Deste modo, **um antecedente dependeu do outro para ocorrer**. Se ele tivesse saído da partida de futebol e ido para casa jantar com sua esposa, não teria ido ao hospital e, assim, contraído a infecção. Portanto, temos uma **causa relativamente independente que, em regra, não rompe o nexo causal**.

  No nosso exemplo dado, o sujeito deve responder pelo crime de homicídio consumado, já que a concausa era apenas relativamente independente.

285. HUNGRIA, Nélson. Comentários ao Código Penal, Vol. V. Rio de Janeiro: Forense, 1958, p. 43.

O parágrafo primeiro do artigo 13, do Código Penal, estipula o seguinte a respeito das concausas:

> *A superveniência de causa relativamente independente* ***exclui a imputação quando, por si só, produziu o resultado****; os fatos anteriores, entretanto, imputam-se a quem os praticou.*

Causa relativamente independente superveniente que por si só causa o resultado

Existe, portanto, uma possibilidade de uma **causa relativamente independente romper o nexo causal**, excluindo a imputação. É uma exceção aberta pelo Código no terreno da pura causalidade objetiva, como adverte Hungria. Afasta-se a regra do caput para uma hipótese de independência relativa da causa *superveniens*[286]. Para o rompimento do nexo causal, a causa relativamente independente deve:

- **Ser superveniente;**
- **Produzir por si só o resultado**.

Imaginemos um sujeito que foi ferido em uma briga de bar e, por isso, está em uma ambulância. No caminho para o hospital, cai um meteoro e destrói a ambulância, provocando sua morte. Apesar de exagerado, o exemplo quer mostrar que a queda de um meteoro **não estava na linha natural de acontecimentos** e, por isso, essa concausa rompe o nexo causal e **produz, sozinha, o resultado**. Mesmo assim, devemos perceber que não é absolutamente independente, já que o sujeito só estava na ambulância em razão de ter sido ferido na briga. A concausa é superveniente, pois ocorreu depois. Entretanto, a concausa rompe o nexo causal, por não estar na linha de desdobramento da conduta, não sendo sequer previsível que a ambulância pudesse ser atingida por algo vindo do espaço. Rompido o nexo causal, cuida-se de hipótese em que, mesmo sendo a concausa relativamente independente, o sujeito responde apenas pela tentativa de homicídio, e não pelo resultado morte.

Hungria também exclui a imputação pelo resultado em caso de erro do profissional de saúde quando do atendimento da vítima. Caso, por exemplo, alguém fere mortalmente um indivíduo e, quando de seu atendimento de urgência, a enfermeira lhe aplique, por erro, uma substância tóxica ao invés do medicamento prescrito, haveria substituição do processo causal. Assim, o agressor responderia apenas pela tentativa de homicídio[287].

O Superior Tribunal de Justiça já adotou o critério aqui defendido, em um caso em que o incêndio gerado no veículo, após a sua colisão em uma árvore, não teria produzido o resultado por si só. Por isso, considerou que essa concausa superveniente e relativamente independente não deveria excluir a imputação, nos termos do artigo

286. HUNGRIA, Nélson. Comentários ao Código Penal, Vol. V. Rio de Janeiro: Forense, 1958, p. 43.
287. HUNGRIA, Nélson. Comentários ao Código Penal, Vol. V. Rio de Janeiro: Forense, 1958, p. 44.

13, § 1º, do Código Penal. Responsabilizou-se o agente pelo resultado produzido, por crime da legislação de trânsito[288].

Logo, a **causa absolutamente independente sempre rompe o nexo causal**. No caso das concausas **relativamente independentes,** só haverá o rompimento do nexo causal se ela for **superveniente e produzir, por si só, o resultado**. Desse modo, o agente não responde pelo resultado, respondendo, entretanto, pela tentativa. Assim, tem prevalecido que, nesse caso, há a adoção excepcional da teoria da causalidade adequada[289]. Entretanto, conforme a obra de Hungria, não teria havido opção pela teoria da adequação nem de qualquer outra que mescle causalidade física e causalidade psíquica, mas simples restrição à teoria da equivalência[290]. Parece a posição mais adequada, a despeito da posição crescente de que o Código adotou a causalidade adequada.

Imputação do resultado no Direito Penal Brasileiro (entendimento majoritário)	
Regra (art. 13, *caput*, do CP)	Teoria da equivalência das condições (critério da *conditio sine qua non*)
Exceção: superveniência de causa relativamente independente que, por si só, produziu o resultado (art. 13, § 1º, do CP)	Teoria da causalidade adequada
Doutrina contemporânea: análise, além da causalidade material, da causalidade normativa.	Teoria da imputação objetiva

15. TIPICIDADE

Tipicidade é **o enquadramento ou a sobreposição total de uma conduta praticada no mundo dos fatos ao tipo legal, molde descritivo da lei penal**. Ou seja, há uma conduta praticada no mundo dos fatos, na vida real. De outro lado, existe uma hipótese de incidência na lei penal incriminadora, chamada de tipo penal. O encaixe ou a subsunção entre os fatos e o tipo penal consiste na tipicidade.

Parte da doutrina diferencia tipicidade e adequação típica:

- **Tipicidade**, em princípio, seria a análise de correspondência formal entre a conduta e o tipo penal. Analisaremos que há mais de um conceito de tipicidade, mas, de forma introdutória, podemos adotar este.
- **Adequação típica** seria uma análise mais aprofundada, passando pela subsunção formal e fazendo análise da vontade ou da finalidade do agente.

---

288. STJ, AgRg no AREsp 173804/MG, Rel. Min. Marco Aurélio Bellizze, Quinta Turma, DJe 26/09/2013.
289. MASSON, Cleber. Ob. Cit. 2019, p. 206-207. CUNHA, Rogério Sanches. Ob. Cit., 2020, p. 302. ALVES, Jamil Chaim. Ob. Cit., 2021, p. 278-279. Não defendem essa adoção excepcional da teoria da adequação: BITENCOURT, Cezar Roberto. Ob. Cit., 2020, p. 341-345; MIRABETE, Júlio Fabbrini; FABBRINI, Renato N. Ob. Cit., 2016, p. 94-98. NUCCI, Guilherme de Souza. Ob. Cit., 2015, p. 131-132. Luiz Regis Prado cita a teoria da equivalência e cita que Luiz Flávio Gomes enxerga, no artigo 13, § 1º, uma regra da imputação objetiva. Vale observar que a causalidade adequada não seria uma teoria pura de causalidade, mas uma teoria, ao menos embrionária, de imputação objetiva.
290. HUNGRIA, Nélson. Comentários ao Código Penal, Vol. V. Rio de Janeiro: Forense, 1958, p. 443.

15.1. Teorias da tipicidade

Como já dito, a doutrina diverge sobre a conceituação de tipicidade, qual a correspondência deve haver entre o fato da realidade e a lei penal incriminadora para sua configuração. Há diferentes concepções de tipicidade na doutrina penal:

- **Doutrina Tradicional**: tipicidade consiste na **subsunção** do fato ao tipo penal[291]. O raciocínio é o do silogismo: Matar alguém é crime. Pedro matou Paulo. Logo, Pedro cometeu crime. É como um encaixe em uma fôrma, é meramente formal a análise: basta a correspondência formal entre o tipo penal e a conduta do agente, os fatos da realidade. É chamada de **tipicidade formal**.
- **Doutrina Moderna**: a tipicidade possui um aspecto formal e um material. A tipicidade formal é a subsunção entre os fatos da realidade e o tipo penal previsto na lei penal incriminadora. A tipicidade material consiste em um juízo de valor, referente à **relevância da lesão ou ameaça de lesão**.

  O princípio da insignificância ou da bagatela própria afasta a tipicidade material, quando a conduta acarreta lesão ou ameaça de lesão ao bem jurídico sem relevância alguma. A subtração, com ânimo de domínio definitivo, de um clipe ordinário de papel, é formalmente típica (art. 155 do CP), mas não representa lesão relevante ao patrimônio alheio, sendo materialmente atípica.

  Portanto, para essa teoria, mais atual, só **é típico o fato que apresenta tipicidade formal e tipicidade material**, de forma concomitante.
- **Teoria da Tipicidade Conglobante**: essa teoria, elaborada pelo jurista Eugenio Raúl Zaffaroni, entende que o fato típico engloba **a tipicidade formal** e **a antinormatividade do fato**, incluída aqui a **tipicidade material**. Não basta que haja a tipicidade formal ou *penal* (subsunção do fato à norma) e a tipicidade material (relevância da lesão ou ameaça de lesão ao bem jurídico). É necessário que o fato praticado contrarie o ordenamento típico como um todo.

  Zaffaroni defende que, se um fato for determinado ou fomentado pelo ordenamento jurídico, mesmo que por lei não penal, não pode ser considerado, ao mesmo tempo, como típico. A conduta do agente não pode ser, por um lado, incentivada ou permitida por um ramo do Direito e, de outro, considerada típica[292]. Além disso, entende que o exercício de direitos previstos na própria Constituição estaria excluído da tipicidade independentemente de causa de justificação[293]. Essa teoria busca uniformizar o Direito Penal e, além disso, o próprio ordenamento jurídico como um todo.

---

291. Para Cláudio Brandão, dada a natureza da ciência jurídica, que é normativa, não se trata de método subsuntivo, mas entimemático, já que envolve a retórica: BRANDÃO, Cláudio. Tipicidade penal. 2. ed. (O tempo e a norma). Coimbra: Almedina, 2020.
292. ZAFFARONI, Eugenio Raúl. Tratado de derecho penal. Parte General, vol. III. 1ª. ed. 4ª reimp. Ciudad Autónoma de Buenos Aires: Ediar, 2009, p. 235-238.
293. ZAFFARONI, Eugenio Raúl; PIERANGELI, José Henrique. Manual de direito penal brasileiro, parte geral. 13. ed. rev. e atual. São Paulo: Thomsom Reuters Brasil, 2019, p. 514-515.

Para essa concepção, as causas de exclusão da ilicitude referentes ao estrito cumprimento do dever legal, parte daquelas abrangidas pelo exercício regular do direito e as que se referem ao consentimento do ofendido deixam de integrar a ilicitude, passando a se localizar no âmbito da antinormatividade. Sendo assim, haveria **um esvaziamento do elemento ilicitude para constar principalmente, como suas excludentes, a legítima defesa e o estado de necessidade**. Seria possível, ainda, se falar em algumas hipóteses de exercício regular de um direito como hipótese de justificação[294].

Desse modo, uma lesão praticada em uma luta de boxe, dentro das regras da competição, sequer seria típica, já que o esporte é permitido. Formal e materialmente típica, mas não seria uma conduta antinormativa. Não cabe pensar em ilicitude nem mesmo analisar a culpabilidade. Assim, nem sequer chegaríamos à análise sobre a prática esportiva consistir em exercício regular de um direito, já que, de plano, a conduta não poderia ser considerada típica.

Vistas as teorias acima, pode-se concluir que todas elas passam pela tipicidade formal, seja como suficiente para a configuração da tipicidade (teoria tradicional), seja como uma das etapas para se constatar a tipicidade (teoria moderna e teoria da tipicidade conglobante). Passa-se, então, à análise da tipicidade formal, que pode ser imediata (direta) ou mediata (indireta):

- A tipicidade será **imediata ou direta** quando não depender de outra norma para sua configuração.
- Por outro lado, a tipicidade será **mediata ou indireta** quando depender de uma **norma de extensão**, sem a qual não há subsunção entre o fato e o tipo penal.

As **normas de extensão** são as seguintes:

Extensão temporal: a norma de extensão temporal diz respeito ao *iter criminis*. Sem a norma de extensão, não haveria tipicidade em razão de não se ter atingido a consumação do crime. É **o caso dos crimes tentados**, cuja norma de extensão está no artigo 14, inciso II, e parágrafo único, do Código Penal:

> *Art. 14 – Diz-se o crime:*
>
> *(...)*
>
> *II – **tentado, quando, iniciada a execução, não se consuma por circunstâncias alheias à vontade do agente**.*

Imagine o caso do sujeito que tenta praticar lesões corporais em um colega de trabalho, mas, quando levanta um pedaço de madeira para acertá-lo, é impedido por outro. Por ser o tipo penal "ofender a integridade corporal ou a saúde de outrem", o sujeito não praticou o delito de lesões corporais. Não há tipicidade. Entretanto, se uma outra norma penal previr que é punível a tentativa, essa norma de extensão possibilita a tipicidade da conduta.

294. ZAFFARONI, Eugenio Raúl; PIERANGELI, José Henrique. Ob. Cit., 2019, p. 515.

Extensão pessoal e espacial: a norma de extensão pessoal e especial diz respeito à punição de quem não praticou diretamente a conduta prevista no tipo penal (o verbo, o núcleo do tipo), bem como aquele que sequer estava no local do crime, mas contribuiu para sua prática. É o **caso do concurso de pessoas**, cuja punição de todos os envolvidos só é possível em razão do que prevê o *caput* do artigo 29 do Código Penal:

> *Art. 29 – **Quem, de qualquer modo, concorre para o crime incide nas penas a este cominadas, na medida de sua culpabilidade**.*

Imagine o sujeito que segura a vítima, menor de quatorze anos, para que seu comparsa a estupre. O tipo penal do estupro de vulnerável é o seguinte: "Ter conjunção carnal ou praticar outro ato libidinoso com menor de 14 (catorze) anos". O comparsa que segura a vítima não tem conduta que se amolda totalmente ao tipo penal, pois não tem conjunção carnal nem pratica qualquer outro ato libidinoso. Entretanto, ele concorre para a prática do crime e, portanto, sua conduta somente é típica quando a lei penal que prevê o estupro de vulnerável é conjugada com a norma de extensão do artigo 29 do Código Penal.

Extensão causal: a norma de extensão causal é a que possibilita que um comportamento omissivo seja considerado a causa de um resultado naturalístico. A omissão, se adotada a teoria normativa da omissão, é um nada e, por isso, nada pode causar. Portanto, só se pode considerar que um comportamento omissivo causou um resultado naturalístico, se adotarmos uma norma de extensão. É o caso dos crimes omissivos impróprios, que são também denominados de crimes comissivos por omissão. Como já estudados, são crimes naturalmente comissivos que, devido a um dever jurídico específico do sujeito de impedir o resultado, são praticados por inércia do agente. A cláusula de extensão está prevista no artigo 13, parágrafo segundo, do Código Penal:

> *Art. 13 – O resultado, de que depende a existência do crime, somente é imputável a quem lhe deu causa. Considera-se causa a ação ou omissão sem a qual o resultado não teria ocorrido.*
>
> *(...)*
>
> *§ 2º – **A omissão é penalmente relevante quando o omitente devia e podia agir para evitar o resultado. O dever de agir incumbe a quem:***
>
> ***a) tenha por lei obrigação de cuidado, proteção ou vigilância;***
>
> ***b) de outra forma, assumiu a responsabilidade de impedir o resultado;***
>
> ***c) com seu comportamento anterior, criou o risco da ocorrência do resultado.***

É o caso do diretor de penitenciária, que tem o dever legal de cautela sobre os indivíduos lá presos. Caso ele deixe de alimentar um preso, que está no regime disciplinar diferenciado, e ele morra em razão disso, responderá pelo crime de homicídio. Perceba que sua conduta (deixar de alimentar) não corresponde diretamente ao tipo penal do homicídio (matar alguém). Somente quando sua conduta é somada à norma de extensão causal, verificamos que ele possuía o dever de agir, derivado de lei. Por conseguinte, com a norma de extensão é possível concluir pela existência de tipicidade.

Portanto, a tipicidade formal será direta ou imediata quando realizada diretamente entre o fato e o tipo penal. Por sua vez, a tipicidade indireta ou mediata é aquela que depende de uma norma de extensão, seja ela temporal, pessoal/espacial ou causal.

Cumpre notar que o quadro reflete os elementos adicionados pelas teorias, de modo que a tipicidade material e conglobante pressupõem a tipicidade formal, bem como que a tipicidade conglobante abrange a material.

15.2. Relação entre tipicidade e ilicitude

A relação entre tipicidade e ilicitude passa pelo estudo das chamadas fases do tipo penal. Verificada a ocorrência de um fato típico, cumpre analisar qual a conclusão em relação à ilicitude, o que depende da teoria adotada:

- **Fase da independência ou da autonomia do tipo**: o fato típico não possui relação com a ilicitude, sendo elementos não vinculados entre si. Também se faz referência ao **tipo avalorado**, à **Teoria do Tipo Neutro** ou **Teoria do Tipo Acromático.** Nessa fase inicial, elaborada por Ernst Ludwig von Beling, **a prova do fato típico e a demonstração de sua ilicitude ocorrem em momentos diversos e de forma totalmente desconexa**. A existência de fato típico não induz à ilicitude, nem mesmo à presunção de sua ocorrência. Beling concebeu o tipo penal como meramente objetivo, além de não ser valorativo (o juízo de valor seria feito pela ilicitude sobre o fato típico, de modo que o tipo é objeto de valoração).

Essa fase do tipo se compatibiliza com a **teoria causalista**, sendo que o dolo ou a culpa eram analisados na culpabilidade. Assim, o exame do fato típico carecia de elemento subjetivo, sendo constatado de forma objetiva. A tipicidade era concebida sob um critério formal, de mera subsunção do fato à norma. Assim, condutas como a do motorista que atropelava um suicida, que teria se jogado na frente do carro sem tempo de se desviar dele, seriam típicas. O exame da ilicitude era feito de forma estanque, separada, sem relação com a tipicidade. Essa teoria perdeu prestígio com o advento do finalismo, que alterou a concepção sobre o elemento subjetivo do crime, que passou a integrar a própria conduta, no fato típico.

- **Fase do caráter indiciário do tipo ou da *ratio cognoscendi***: Max Ernst Mayer, jusfilósofo alemão, passa a defender a existência de um vínculo entre fato típico e ilicitude, ambos elementos do conceito analítico de crime. O penalista explica ser ilusória a expectativa de um tipo penal sem valoração ou uma ilicitude puramente objetiva. Primeiro, porque há elementos normativos no tipo ("alheio", no furto; "propalar", na calúnia), que possuem um conteúdo valorativo e que também se relacionam de certo modo com a ilicitude da conduta, sendo circunstâncias que se fixam à tipicidade e à ilicitude. Segundo, porque há elemento subjetivo na ilicitude (*animus defendendi* na legítima defesa)[295].

---

295. MAYER, Max Ersnt. Derecho penal. Parte General. Trad. Sergio Politoff Lifschitz. Buenos Aires: Ed. B de F, 2007, p. 227-235. Antonio Camargo relaciona a *ratio cognoscendi* ao reconhecimento de elementos normativos no tipo: CAMARGO, Antonio Luis Chaves. Ob. Cit., 2002, p. 99.

O fato de alguém praticar uma conduta que se amolda ao previsto na lei penal incriminadora, configurando um fato típico, já representa um comportamento contrário à ordem jurídica, segundo o sentimento social. Já se espera que o fato típico, aquela conduta que se amolda ao que o tipo penal prevê, seja contrário ao ordenamento jurídico. Nessa fase, entende-se que **todo fato típico possui um indício de ilicitude**. Somente se comprovada uma causa de exclusão da ilicitude o fato típico não será ilícito. Isso porque o tipo penal já é uma seleção, feita pelo Direito Penal, dos comportamentos mais reprováveis para a sociedade, razão pela qual sua prática já demonstra, de antemão, uma contradição com o ordenamento jurídico, a violação do Direito. Seria a concepção preferida da teoria finalista[296].

Praticado um fato típico, já se presume que há ilicitude. Só não será ilícito o fato típico se demonstrada a incidência de uma descriminante, uma causa excludente de ilicitude. Por isso, pode-se concluir que o fato típico traz em si a presunção de ilicitude, que só será afastada se comprovada a existência de uma causa excludente da antijuridicidade.

> Para a doutrina majoritária, o Direito Penal Brasileiro adota a teoria da indiciariedade ou da *ratio cognoscendi* do tipo penal.[297]

Uma frase que resume a compreensão da *ratio cognoscendi* é a de que onde há fumaça, há fogo. Por isso, se ouvimos que Pedro esfaqueou João e este último morreu em virtude das facadas (fato típico), já pressupomos que ele contrariou o ordenamento jurídico (ilicitude). Em decisão monocrática, o Min. Celso de Mello já destacou que "As condutas, portanto, são típicas. Sendo a tipicidade indiciária da antijuridicidade (teoria da 'ratio cognoscendi') e ausentes quaisquer das causas de justificação, configurado está o injusto penal (fato típico e antijurídico)."[298].

Claus Roxin indica que essa teoria ganhou um impulso com o pensamento voltado ao valor (critério axiológico) do neokantismo. Adverte o jurista alemão que as críticas se voltaram especialmente à existência de elementos normativos do tipo, que representam uma conexão entre ilicitude e tipicidade. Como exemplo, temos o termo "alheio" no tipo do furto, que representa um juízo de valor, e não uma mera descrição de fato. Por isso, a apreciação de questões voltadas à ilicitude no próprio tipo penal colocaria em xeque a autonomia da categoria do tipo em relação à antijuridicidade, no âmbito do sistema penal.

- **Fase da absoluta dependência, da *ratio essendi* ou do tipo legal como essência da ilicitude:** também chamada de **Teoria da Identidade**[299], preconiza que o tipo penal se funde com a ilicitude, tornando-o uma *ilicitude tipificada*. Nas

---

296. PRADO, Luiz Regis. Ob. Cit., 2020, p. 155.

297. CUNHA, Rogério Sanches. Ob. Cit., 2020, p. 322. PRADO, Luiz Regis. Ob. Cit., 2020, p. 154-155. CAPEZ, Fernando. Ob. Cit., 2013, p. 294-294. MASSON, Cleber. Ob. Cit. 2019, p. 221. Defende a *ratio essendi*: SANTOS, Juarez Cirino dos. Ob. Cit., 2020, p. 343.

298. STF, ARE 1183309, Rel. Min. Celso de Mello, Julgamento: 04/02/2019, Publicação: 14/02/2019.

299. PRADO, Luiz Regis. Ob. Cit., 2020, p. 155.

palavras de Mezger, o tipo de injusto é uma ***antijuridicidade tipificada***[300]. Os elementos fato típico e ilicitude continuam a ter definições próprias. Entretanto, **o fato típico e a antijuridicidade se fundem para a formação do tipo de injusto penal**, em uma reunião indissolúvel.

Edmund Mezger e Wilhelm Sauer, defensores dessa concepção do tipo, entendem que não é possível fazer uma separação temporal na análise do fato típico e da antijuridicidade. Se o fato típico representa um comportamento que viola a lei penal incriminadora, não pode ser analisado, como outro elemento, se há ou não ilicitude em tal conduta. Ou a conduta viola a lei penal e, por isso é ilícita, ou a conduta está acobertada por uma excludente de ilicitude e, por isso, não viola a lei penal, não sendo, portanto, atípica.

Essa fase induz ao que alguns doutrinamos denominam de conceito do **tipo total de injusto**, o qual consiste na reunião do fato típico e da ilicitude em um só elemento, com análise conjunta e concomitante da tipicidade e da ilicitude. Assim, haveria **uma estrutura bipartida do crime (injusto e culpável)**, que, para Welzel, seria só aparentemente bipartida, já que ele entende que haveria um círculo vicioso em que a tipicidade dependeria da ilicitude e vice-versa[301].

- **Teoria dos elementos negativos do tipo:** defende a **existência de elementos negativos no tipo penal, consistentes na ausência das causas excludentes de ilicitude**. Isso é, para que o fato seja típico, não basta que a conduta do agente se amolde àquilo que a lei penal incriminadora prevê, sendo imprescindível a análise sobre a não ocorrência de uma causa justificante, a qual afastaria a configuração do fato típico. Foi preconizada por Adolf Merkel.

Merkel discorda de que as leis penais pressupõem uma ilicitude que tem seu fundamento independente dessas leis. Para ele, quando as leis penais ameaçam com pena as condutas descritas, declaram que elas são proibidas e, portanto, são ilícitas[302]. O tipo penal é, assim, o comportamento que se amolda ao que prevê a lei penal incriminadora e contraria o ordenamento jurídico, de forma concomitante. O tipo penal passa a conter **elementos positivos**, expressos ou explícitos, que estão presentes na lei penal incriminadora, além dos **elementos negativos**, tácitos ou implícitos, referentes à ausência das descriminantes (causas excludentes de ilicitude).

Por exemplo, o tipo penal do furto abrangeria também as excludentes de ilicitude ou descriminantes, que só estão localizadas na Parte Geral do Código por conveniência, não sendo necessário haver sua repetição em cada um dos tipos da Parte Especial. A rigor, o tipo completo seria: "subtrair, para si ou para outrem, coisa alheia móvel, **desde que não atuando em estado de necessidade, legítima defesa, exercício regular de um direito nem estrito cumprimento do dever legal**".

300. MEZGER, Edmund. Derecho Penal. Libro de estudio. Parte General. 1ª. ed. Santiago: Ediciones Olejnik, 2019, p. 122.
301. WELZEL, Hans. Derecho Penal Alemán. Parte General. 11. ed. Santiago: Editorial Jurídica de Chile, 2014, p. 95.
302. MERKEL, Adolf. Derecho penal. Parte general. Trad. Pedro Dorado Montero. Buenos Aires: Ed. B de F, 2019, p. 35.

Os efeitos da teoria dos elementos negativos do tipo são exatamente os mesmos da teoria da *ratio essendi*, razão pela qual alguns autores sequer as abordam separadamente. Haveria assim, um **tipo total ou global de injusto**, abrangendo o fato típico e a ilicitude. Como diferença, aponta Luiz Flávio Gomes que, na teoria da *ratio essendi*, a antijuridicidade abarca a tipicidade, enquanto na teoria dos elementos do tipo é a tipicidade que abarcaria a antijuridicidade (ilicitude)[303].

Com o tipo total do injusto, haveria uma estrutura bipartida do delito (injusto típico e culpabilidade). Não confundir com o **conceito bipartido de delito**, defendido pelo professor Damásio de Jesus e Ariel Dotti[304], de que o crime é **fato típico e ilícito**. A tese do penalista Damásio é de que a culpabilidade não é elemento que compõe o conceito de crime, mas mero pressuposto de pena. Por sua vez, a **tese de tipo global de injusto** entende que a **culpabilidade é elemento do crime**, mas que o fato típico e a ilicitude devem ser reunidos para uma análise conjunta, em que a ilicitude se compõe de elementos negativos cuja ausência se verifica para a formação do injusto. Para essa concepção europeia, também bipartida, crime é **injusto culpável**.

Como **crítica** ao tipo total de injusto, Luiz Flávio Gomes dá o conhecido exemplo de que a teoria equipara o matar um mosquito a matar um ser humano (em legítima defesa), já que em ambos não haveria injusto penal e, portanto, não haveria tipicidade[305]. Claus Roxin, por sua vez, apresenta vantagens interessantes na separação entre tipo penal e ilicitude. Ele aponta que os elementos do tipo estão sujeitos à estrita legalidade, à taxatividade, já que a conduta incriminada deve ser bem delimitada pelo legislador. Por outro lado, as excludentes de ilicitude não se sujeitam a tais regras e, portanto, não devem ser tidas como componentes do tipo, já que comportam uma interpretação mais ampla. Por isso não faria sentido reunir tipicidade e ilicitude como algo único.

Além disso, Roxin aponta que as consequências de um fato ser atípico e estar acobertado por uma descriminante são diversas. Um fato acobertado por uma excludente de ilicitude (descriminante) é permitido pelo ordenamento jurídico, devendo ser suportado, em princípio, pelo afetado (como a legítima defesa). Uma conduta atípica (como um dano a um carro novo, realizado em um acidente automobilístico) não é necessariamente permitida, podendo ser inclusive antijurídica (no caso do exemplo, um ilícito civil). Por isso, analisar conjuntamente fato típico e ilicitude colocaria no mesmo nível categorias com consequências diferentes[306]. O autor alemão parece adotar uma posição intermediária entre *ratio essendi* e *ratio cognoscendi*, adotando o conceito de injusto, mas separando a análise do tipo e da ilicitude como elementos diversos, com suas particularidades.

303. GOMES, Luiz Flávio. Erro de tipo e erro de proibição. 5. ed. São Paulo: Editora Revista dos Tribunais, 2001, p. 81-82.

304. JESUS, Damásio de. Ob. Cit., 2011, p. 192-196. DOTTI, René Ariel. Ob. Cit., 2020, p. 520-522.

305. GOMES, Luiz Flávio. Erro de tipo e erro de proibição. 5. ed. São Paulo: Editora Revista dos Tribunais, 2001, p. 85.

306. ROXIN, Claus. ROXIN, Claus. Derecho Penal. Parte General, Tomo I. Fundamentos. La estrutura de la teoria del delito. Traducción de Diego-Manuel Luzón Peña (Director); José Manuel Paredes Castañon, Miguel Días y García Conlledo; Javier de Vicente Remesal. Traducción de la 2ª edición alemana. Madrid: Thomson Reuters, 1997, p. 283-289.

QUADRO SINÓTICO

Conceito de crime	
Conceito de crime	• **Legal**: crime é a infração penal que a lei comina pena de reclusão ou de detenção, quer isoladamente, quer alternativa ou cumulativamente com a pena de multa. É a definição do artigo 1º do Decreto-Lei 3.914/1941, denominado de Lei de Introdução do Código Penal e da Lei das Contravenções Penais.
	• **Material**: crime é a conduta humana contrária aos interesses sociais, representando lesão ou perigo de lesão ao bem jurídico tutelado, tornando necessária a imposição de sanção penal.
	• **Formal**: crime é toda conduta vedada pela lei, sob a ameaça de pena. Aquilo que o Congresso Nacional decide ser crime, aprovando lei nesse sentido, é o que se pode ter como conduta criminosa.
Conceito analítico de crime	• **Teoria bipartida brasileira**: crime é fato típico e ilícito.
	• **Teoria tripartida**: crime é fato típico, ilícito e culpável. Concepção majoritária.
	• **Teoria quadripartida**: crime é fato típico, ilícito, culpável e punível.

Sujeitos do crime	
Sujeito ativo	**Conceito**: é a pessoa que pratica a conduta prevista na norma penal, compreendendo tanto o autor (que pratica o núcleo do tipo) quanto o partícipe (que induz, instiga ou auxilia).
Sujeito ativo	**Pessoa jurídica como sujeito ativo**: a Constituição de 1988 prevê, no seu artigo 225, § 3º, que as condutas e atividades consideradas lesivas ao meio ambiente sujeitarão os infratores, pessoas físicas ou jurídicas, a sanções penais e administrativas. Para parte da doutrina o dispositivo determinaria a punição, na seara criminal, tanto das pessoas naturais quanto das jurídicas, por se prever a sujeição a sanções penais em relação a umas e outras, indistintamente. Outra parte da doutrina continuou entendendo inconciliável a teoria do crime com a pessoa jurídica como sujeito ativo. O STF e o STJ têm entendido ser possível a responsabilidade penal da pessoa jurídica, a qual não é condicionada à simultânea persecução penal da pessoa física. Portanto, concluem que a Constituição não exige a dupla imputação.
Sujeito passivo	**Conceito**: é aquele que sofre as consequências do delito, aquele sobre o qual recai a ação criminosa.
	• **Formal, corrente, constante ou geral**: o Estado. Por impor as normas jurídicas e ser o titular do poder de punir, todo delito representa uma afronta ao Estado.
	• **Material, eventual, acidental ou particular**: é o titular do bem jurídico lesado ou ameaçado de lesão.

<table>
<tr><th colspan="3">Objeto do crime</th></tr>
<tr><td rowspan="3">Objeto</td><td colspan="2">Conceito: é aquilo contra o que se volta a conduta do sujeito ativo da infração penal. É qualquer coisa, pessoa ou bem jurídico sobre o qual recai a atividade criminosa e que sofre seus efeitos.</td></tr>
<tr><td colspan="2">• Objeto material: é a pessoa ou coisa contra a qual é praticada a infração penal. Existem crimes sem objeto material.</td></tr>
<tr><td colspan="2">• Objeto jurídico: é o bem jurídico tutelado pela norma penal. Não há crime sem objeto jurídico.</td></tr>
<tr><td rowspan="3">Teoria do bem jurídico</td><td colspan="2">Conceito: é uma categoria considerada central para a maioria da doutrina, pois o crime existe para tutelar um bem jurídico, o que justifica e fundamenta a aplicação da pena. Além disso, a pena deve corresponder à lesão ao bem jurídico.</td></tr>
<tr><td>Limites impostos pelo bem jurídico</td><td>• De natureza indicativa: só os bens jurídicos que sejam indispensáveis para o desenvolvimento do ser humano devem ser tutelados pelo Direito Penal;
• De caráter negativo: enseja a possibilidade de afirmar, com uma boa margem de segurança, os bens jurídicos que não devem ser objeto de tutela penal, como a moralidade, a ética, a ideologia, as crenças religiosas etc.</td></tr>
<tr><td>Funções exercidas pelo bem jurídico</td><td>• Garantidora: exige a violação a um bem jurídico para intervenção penal;
• Teleológico-sistemática: justifica e limita a proibição que o tipo traz.</td></tr>
</table>

<table>
<tr><th colspan="2">Fato típico</th></tr>
<tr><td colspan="2">Conceito: é a ação ou omissão humana que se amolda à conduta prevista na norma como infração penal. É o fato da realidade que, com todos os seus elementos, se amolda à hipótese de incidência da norma penal incriminadora, ao tipo penal.</td></tr>
<tr><td>Elementos</td><td>• Elementos objetivos: são os elementos objetivos ou materiais, perceptíveis pelos sentidos, que permitem um juízo objetivo do intérprete.
• Elementos subjetivos: é possível que o tipo penal exija apenas o dolo, como o homicídio. Há, ainda, os que exigem o dolo e um elemento subjetivo especial, uma finalidade específica do agente. Há, ainda, os tipos culposos, em que o crime se configura por negligência, imprudência ou imperícia.
• Elementos normativos: são os elementos que dependem de um juízo de valor. Podem se subdividir em juízo de valor jurídico e juízo de valor cultural. Os elementos normativos com juízo de valor jurídico são aqueles que dependem de uma definição de natureza jurídica, enquanto os elementos normativos com juízo de valor cultural são os elementos do tipo que, para sua compreensão, dependem de uma conceituação cultural</td></tr>
</table>

<table>
<tr><th colspan="2">Teoria do tipo penal</th></tr>
<tr><td>Tipo básico</td><td>• Conduta: é a ação ou omissão humana, voluntária e consciente, cujo elemento subjetivo é o dolo ou a culpa.
• Nexo causal: é o vínculo de causa e efeito entre a conduta e o resultado praticado.
• Resultado: o resultado normativo é a lesão ou ameaça de lesão ao bem jurídico tutelado. Resultado naturalístico é a modificação realizada na realidade, no mundo exterior.
• Tipicidade: é a correspondência entre a conduta praticada pelo sujeito ativo e a hipótese normativa da lei penal incriminadora, ou seja, o encaixe entre os fatos e a previsão da infração penal pela lei.</td></tr>
<tr><td rowspan="4">Tipo derivado</td><td>• Tipo composto: é o que se forma pela fusão de dois outros tipos, como o crime de roubo, composto pelo furto e pela ameaça ou pelo furto e pela lesão corporal.</td></tr>
<tr><td>• Tipo complexo: forma-se a partir de um tipo básico, com o acréscimo de uma circunstância, dando origem a outro delito.</td></tr>
<tr><td>• Tipo qualificado: é o tipo penal que possui circunstâncias além do tipo básico, além de limites mais altos de pena mínima e máxima abstratamente cominada.</td></tr>
<tr><td>• Tipo privilegiado: é o tipo penal que possui circunstâncias além do tipo básico, além de novos limites mínimo e máximo abstratamente cominados, mais baixos. Esse termo tem sido usado sem rigor científico.</td></tr>
</table>

<table>
<tr><th colspan="2">Conduta</th></tr>
<tr><td>Conceito</td><td>• Causalismo: a ação é o processo causal que a vontade (o impulso voluntário) desencadeia no mundo exterior.
• Neokantismo: é comportamento, o que abrange tanto a conduta positiva quanto a negativa, com apreciação, para fins penais, de elementos subjetivos especiais e elementos normativos. Está prevista em uma norma de cultura.
• Finalismo: ação humana é o exercício de atividade final, de modo que a vontade e a finalidade se fundem na conduta. O dolo faz parte da conduta, sendo considerado natural.
• Teoria social da ação: é o comportamento humano socialmente relevante, de modo que a adequação social deve servir para lhe dar relevância penal.
• Teoria da ação significativa: é concebida em uma análise prima facie do comportamento externo e de seu contexto. Reflete um significado no mundo jurídico e é compreendida por seu contexto.
• Funcionalismo sistêmico: é a evitabilidade de uma diferença do resultado, ou seja, compreende-se a conduta a partir da possibilidade de que uma atuação diversa do agente poderia ter evitado o resultado.
• Funcionalismo teleológico: é uma manifestação da personalidade, aquilo que se pode atribuir ao ser humano como centro anímico-espiritual de ação.</td></tr>
</table>

Conduta	
Elementos da conduta	• **Vontade:** é o desejo do agente de realizar a ação ou de se omitir. • **Exteriorização:** é a transcendência de sua vontade, que deixa o seu aspecto íntimo e atinge o mundo exterior, com seu comportamento ativo ou negativo. • **Consciência:** é a sua compreensão sobre sua vontade e sua exteriorização. • **Finalidade:** é o fim a que o agente visa com seu comportamento. Essa é uma concepção finalista, que guiou a reforma do CP em 1984.
Causas de exclusão da conduta	• **Coação física irresistível:** representa o impedimento de o sujeito orientar sua conduta livremente. • **Caso fortuito ou força maior:** representam tanto as forças da natureza quanto algum evento decorrente de conduta humana e que seja imprevisível e inevitável • **Estado de inconsciência incompleta:** caso o sujeito não esteja consciente, não há que se falar em conduta, já que um de seus elementos é a vontade • **Movimentos reflexos:** são os movimentos involuntários do corpo, sobre os quais se toma consciência após sua ocorrência.
Formas da conduta	• **Ação:** representa um comportamento comissivo, positivo, um *fazer*. • **Omissão:** é o comportamento negativo, omissivo, um *não fazer*.
Espécies de conduta	• **Dolosa**: é a conduta do agente que atua com consciência e vontade. Segundo o CP, o agente quis ou assumiu o risco de produzir o resultado. • **Culposa**: é culposa a conduta do agente que quebra o dever objetivo de cuidado. Atua com imprudência, negligência ou imperícia. • **Preterdolosa**: atua com dolo na conduta antecedente, mas produz um resultado por culpa.

Tipo doloso		
Elementos do dolo	• **Intelectivo:** é a consciência do agente quanto a sua ação ou omissão, ou seja, o conhecimento acerca da forma como ele próprio age e o mundo que o cerca. • **Volitivo:** é a vontade do agente em relação à conduta por ele praticada.	
Teorias do dolo	**Volitivas**	• **Teoria da vontade:** exige-se a efetiva vontade do agente, em relação ao resultado típico, para configuração da conduta dolosa • **Teoria do consentimento:** no dolo eventual, o agente, além de prever o resultado, conforma-se com sua realização ou aceita a sua produção. • **Teoria da indiferença:** o agente também possui um sentimento, do qual a vontade deriva. Se o agente atua com indiferença em relação ao bem jurídico tutelado, inclusive quanto a consequências de suas ações, atua com dolo

<table>
<tr><th colspan="3">Tipo doloso</th></tr>
<tr><td rowspan="2">Teorias do dolo</td><td>Volitivas</td><td>• Teoria da evitabilidade: o elemento volitivo se manifesta na inexistência de contrafatores aptos a evitar a violação do bem jurídico. Se o agente não ativou os contrafatores, a conduta é dolosa.
• Teoria da decisão contrária ao bem jurídico: a essência do dolo seria a realização do plano pelo autor. O resultado é produzido dolosamente quando corresponde ao plano elaborado pelo agente, conforme uma valoração objetiva.</td></tr>
<tr><td>Cognitivas</td><td>• Teoria da representação: há dolo eventual quando o agente representa o resultado como possível e, mesmo assim, prossegue na realização da conduta, independentemente de elemento volitivo.
• Teoria da probabilidade: há dolo quando o autor representa a ofensa ao bem jurídico como provável, e não apenas como possível
• Teoria do risco ou da representação de um perigo: a conduta é dolosa quando o perigo criado pelo agente é de tal qualidade e quantidade que uma pessoa sensata só teria tal comportamento se aceitasse o risco como certo.
• Teoria do risco: o agente também possui um sentimento, do qual a vontade deriva. Se o agente atua com indiferença em relação ao bem jurídico tutelado, inclusive quanto a consequências de suas ações, atua com dolo
• Teoria do perigo desprotegido: Teoria do perigo desprotegido ou a descoberto: configura-se como dolosa a conduta do autor que atua com consciência da exposição do bem jurídico a um risco desprotegido, ainda que ele torça pela não ocorrência do resultado e que a sua probabilidade seja pequena.</td></tr>
<tr><td>O dolo no Código Penal</td><td colspan="2">• Direto: o agente quis o resultado. Teoria da vontade.
• Eventual: o agente assumiu o risco de produzir o resultado. Teoria do consentimento.</td></tr>
<tr><td rowspan="2">Espécies de dolo</td><td>Quanto à valoração</td><td>• Natural: é o dolo como elemento psicológico, desprovido de juízo de valor, componente da conduta. Possui como elementos, de acordo com o entendimento majoritário, a vontade e o conhecimento.
• Normativo: é elemento ou modalidade da culpabilidade. o dolo possui os elementos: consciência sobre a realidade, vontade e consciência da ilicitude.</td></tr>
<tr><td>Quanto ao elemento volitivo</td><td>• Direto: é a vontade de realizar a conduta e produzir o resultado, é o querer a sua produção.
• Indireto alternativo: é a vontade do agente de produzir qualquer dos resultados previstos.
• Indireto eventual: é o elemento subjetivo presente no agente que, sem desejar o resultado, assume o risco de sua ocorrência.</td></tr>
</table>

<table>
<tr><th colspan="3">Tipo doloso</th></tr>
<tr><td rowspan="5">Espécies de dolo</td><td>Quanto ao resultado</td><td>• De dano: vontade de produzir efetiva lesão ao bem jurídico. Vincula-se aos crimes de dano.
• De perigo: vontade de expor o bem jurídico a um risco de dano. Está presente nos crimes de perigo.</td></tr>
<tr><td>Quanto à natureza</td><td>• Genérico: vontade de realizar a conduta sem um fim específico.
• Específico: vontade de realizar a conduta com um fim específico, que é elementar do tipo penal. Geral, erro sucessivo ou aberratio causae: o agente supõe ter alcançado o resultado pretendido e, então, pratica nova ação que provoca tal resultado.</td></tr>
<tr><td>Quanto a um resultado diverso</td><td>• Geral: o agente supõe ter alcançado o resultado pretendido e, então, pratica nova ação que provoca tal resultado.
• Cumulativo: é o dolo que abrange mais de um resultado, na chamada progressão criminosa.</td></tr>
<tr><td>Quanto ao critério cronológico</td><td>• Antecedente: é o dolo que existe antes da conduta. Chamado também de dolus antecedens.
• Concomitante: é o dolo que está presente no momento da conduta. É o dolo que possui relevância para o Direito Penal.
• Subsequente: é o dolo posterior à conduta. Também chamado de dolus subsequens.</td></tr>
<tr><td>Quanto ao grau</td><td>• Dolo direto de primeiro grau: é a vontade de produzir o resultado inicialmente pretendido.
• Dolo direto de segundo grau: é a vontade que abrange os efeitos colaterais, que se estende aos meios utilizados para se alcançar o resultado inicialmente pretendido. Também denominado de dolo de consequências necessárias.</td></tr>
</table>

<table>
<tr><th colspan="2">Tipo culposo</th></tr>
<tr><td>Elementos do crime culposo</td><td>• Conduta humana voluntária: só possui importância para o Direito Penal a conduta humana e voluntária.
• Resultado naturalístico involuntário e previsível: caso o resultado naturalístico (a mudança no mundo exterior) seja voluntário, o caso será de crime doloso. Ademais, é necessário que o resultado seja ao menos previsível.
• Nexo causal: é o vínculo de causa e efeito entre a conduta praticada e o resultado causado.
• Tipicidade: é a adequação entre a conduta praticada e a lei penal incriminadora.
• Violação de um dever jurídico de cuidado: pode ocorrer por meio de atuação negligente, imprudente ou imperita do sujeito ativo.</td></tr>
</table>

<table>
<tr><th colspan="3">Tipo culposo</th></tr>
<tr><td>Modalidades de culpa</td><td colspan="2">• Imprudência: é ação descuidada, que se manifesta por meio de um comportamento positivo. Também denominada culpa in agendo.
• Negligência: é a ausência de precaução, caracterizada por um comportamento negativo, uma omissão. Pode ser chamada culpa in omittendo.
• Imperícia: é a falta de aptidão técnica para o exercício da profissão ou atividade, é a ausência de perícia.</td></tr>
<tr><td rowspan="2">Espécies de culpa</td><td>Quanto à valoração</td><td>• Consciente: o agente prevê o resultado, mas não o aceita, espera que ele não ocorra.
• Inconsciente: o agente não prevê o resultado, mas ele era objetivamente previsível. Própria ou propriamente dita: o agente pratica a conduta, mas, mesmo sendo previsível o resultado, não o aceita, espera que ele não ocorra.</td></tr>
<tr><td>Quanto à vontade do agente</td><td>• Própria: o agente pratica a conduta, mas, mesmo sendo previsível o resultado, não o aceita nem o deseja, espera que ele não ocorra.
• Imprópria: o agente, pensando estar acobertado por uma causa excludente de ilicitude, por erro de tipo inescusável, provoca intencionalmente uma determinada conduta típica. Não se trata propriamente de culpa, por isso a doutrina denomina referido elemento subjetivo de culpa imprópria.</td></tr>
</table>

<table>
<tr><th colspan="2">Culpa consciente X Dolo eventual</th></tr>
<tr><th>Elemento comum</th><th>Elemento diferenciador</th></tr>
<tr><td>O agente prevê o resultado.</td><td>• Culpa consciente: o agente acredita que o resultado não ocorrerá.
• Dolo eventual: o agente assume o risco de produzir o resultado.</td></tr>
</table>

<table>
<tr><th colspan="3">Tipos “qualificados” pelo resultado</th></tr>
<tr><th>Antecedente</th><th>Consequente</th><th>Hipótese</th></tr>
<tr><td rowspan="2">Dolo</td><td>Dolo</td><td>Art. 129, § 2º, I, CP (lesão e incapacidade permanente para o trabalho)</td></tr>
<tr><td>Culpa</td><td>Crime preterdoloso. Art. 129 § 3º, CP (lesão seguida de morte)</td></tr>
<tr><td>Culpa</td><td>Culpa</td><td>Arts. 250, §2º, e 258, CP (incêndio com resultado morte)</td></tr>
</table>

Tipos "qualificados" pelo resultado		
Culpa	Dolo	**Não aceito por parte da doutrina.** Arts. 303, § 1º, e 302, §1º, III, CTB (lesão culposa com omissão de socorro).

Tipo omissivo	
Teorias da omissão	• **Teoria naturalística:** entende que quem omite faz algo, diverso do que deveria fazer. Portanto, a omissão penalmente relevante não deixa de ser uma ação do agente, mas que destoa da conduta que se esperava dele e à qual ele era juridicamente obrigado. • **Teoria normativa:** a omissão é um nada e, por isso, nada causa. Não há como se imputar um resultado naturalístico de forma direta a uma conduta omissiva, já que ela não pode causá-lo, por não ser nada.
Espécies de crimes omissivos	• **Omissivo próprio:** é o crime cometido em virtude do descumprimento de norma imperativa. O dever jurídico de agir surge da própria previsão da conduta omissiva como crime, da qual decorre a imposição de uma conduta virtuosa a todos, a qual, se descumprida, enseja a punição pelo crime. • **Omissivo impróprio:** omissão é aquele cujo dever jurídico de agir decorre de uma cláusula geral, que, no Código Penal Brasileiro, está previsto em seu artigo 13, parágrafo segundo. O dever jurídico abrange determinadas situações jurídicas e se refere a qualquer crime comissivo. Por isso, tais delitos são chamados comissivos por omissão. O agente tem o dever de garante, é o garantidor. • **Omissivo por comissão:** parte da doutrina entende existir uma terceira modalidade de delito omissivo, o omissivo por comissão. Para Capez, seria um crime tipicamente omissivo, mas haveria uma ação, um comportamento comissivo, que provocaria a omissão do resultado (dever por ingerência na norma ou por situação precedente).
A posição de garante na omissão imprópria.	• **Por dever legal:** o agente tem por lei obrigação de cuidado, proteção ou vigilância. • **Por assunção:** o agente assumiu, de outra forma, a responsabilidade de impedir o resultado. • **Por ingerência:** o agente, com o seu comportamento anterior, criou o risco da ocorrência do resultado.
Crime de conduta mista	Aquele em cujo tipo penal se prevê uma ação, seguida de uma omissão, sendo que ambos os comportamentos são necessários para a sua configuração.

Erro de tipo	
Espécies	• **Essencial:** recai sobre os elementos principais do tipo penal (elementares). O erro impede o agente de saber que está cometendo um crime. • **Acidental:** recai sobre dados da figura típica que são irrelevantes para a configuração ou não do delito. Esse erro não impede que o agente saiba que está cometendo um delito.

<table>
<tr><th colspan="3">Erro de tipo</th></tr>
<tr><td>Erro de tipo essencial</td><td colspan="2">• Inevitável ou escusável: trata-se do erro imprevisível, aquele que não poderia ter sido evitado pelo agente. Não há crime doloso pela ausência de conhecimento, o que afasta o dolo, nem há quebra de dever de cuidado, já que o agente não poderia ter evitado o erro, o que afasta a culpa.
• Evitável ou inescusável: é o erro previsível, que poderia ter sido evitado pelo agente com emprego de certa diligência. Nesse caso, pune-se a culpa, caso haja previsão da figura culposa.</td></tr>
<tr><td>Erro de tipo acidental</td><td colspan="2">• Erro sobre o objeto (error in objecto): é aquele em que o agente confunde o objeto material, atingindo um que é diverso daquele pretendido. Não há previsão legal, sendo tratado pela doutrina. Há divergências se o agente responde pelo objeto que atingiu ou pelo que pretendia atingir. A solução pode ser dada pela regra do in dubio pro reo.
• Erro sobre a pessoa (erros in persona): é aquele em que o agente queria atingir determinada pessoa, denominada vítima virtual, mas vem a atingir outra, chamada de vítima real. Há um erro na representação, ou seja, o agente vê alguém e pensa se tratar de pessoa diversa. O Código determina que a responsabilização penal se dê conforme as características e circunstâncias envolvendo a vítima virtual, e não a real.
• Erro sobre a execução (aberratio ictus): é aquele em que o agente não erra na representação, sabendo exatamente quem quer atingir com sua conduta delituosa. Entretanto, ele falha na execução do crime, por acidente ou por erro relacionado ao meio de execução. No caso de um só resultado, a lei determina, portanto, que o agente deve responder pela vítima que queria atingir, a vítima virtual. Entretanto, se atingir tanto a vítima a que visava quanto outra pessoa, deve-se aplicar a regra do concurso formal.
• Resultado diverso do pretendido (aberratio criminis): é aquele em que o agente, por erro na execução, provoca lesão em bem jurídico diverso do pretendido. Conforme a lei, no caso de aberratio criminis, o agente deve responder por culpa, ao produzir resultado diverso do pretendido. Caso o agente atinja, além do resultado pretendido, outro, diverso, deverá responder por ambos em concurso formal.
• Erro sobre o nexo causal: é aquele em que o agente pratica o resultado pretendido, mas com outro nexo de causalidade. No erro sobre o nexo causal em sentido estrito, o agente só pratica um ato, mas atinge o resultado por causa diversa da que pretendia. No dolo geral ou aberratio causae, há uma pluralidade de atos, um erro sucessivo, pois o agente imagina que atingiu o resultado com sua conduta, sendo que, na sequência, pratica outra conduta e somente assim atinge o resultado. Em ambos os casos, prevalece na doutrina que o agente responde de forma dolosa, de todo modo, já que ele pretendia o resultado, não importando se o obteve da forma como imaginava.</td></tr>
<tr><td>Descriminantes putativas</td><td>Conceito</td><td>É a falsa concepção de um indivíduo sobre estar acobertado por uma excludente de ilicitude. Ele supõe estar acobertado por uma excludente de ilicitude, mas não está, em virtude de agir em erro.</td></tr>
</table>

Erro de tipo		
Descriminantes putativas	**Espécies**	• **Descriminante putativa por erro de tipo:** É o erro sobre um pressuposto fático de uma excludente de ilicitude (art. 20, § 1º, do CP), de modo que o tratamento será o mesmo do erro de tipo. Se escusável ou inevitável, afastam-se dolo e culpa. Se for inescusável ou evitável, afasta-se o dolo, mas é possível a punição por modalidade culposa, se o crime possuir essa previsão. Também denominada de erro de tipo permissivo. • **Descriminante putativa por erro de proibição:** configura-se quando o agente imagina, equivocadamente, estar agindo sob a incidência de uma excludente de ilicitude, mas porque interpreta a norma, que prevê tal excludente, de forma errada (art. 21 do CP). Ele se equivoca sobre a existência ou abrangência da norma excludente de ilicitude, com as mesmas consequências do erro de proibição. Se o erro for inevitável, há isenção de pena. Se for evitável, deve ter sua pena diminuída de um sexto a um terço. Também denominada de erro de permissão ou erro de proibição indireto.
Erro de tipo causado por terceiro	Neste caso, o agente percebe a realidade de forma equivocada por causa de um agente provocador, que o induz em erro. O Código Penal trata da hipótese no artigo 20, § 2º, determinando que responde pelo crime o terceiro que determina o erro.	

Diferenciação de erro de tipo e erro de proibição		
Erro de tipo essencial	O agente pratica uma conduta típica, mas por falsa percepção da realidade. Ele se equivoca sobre um elemento essencial para a configuração do delito.	Se inevitável, não responde pelo crime, pois ficam afastados o dolo e a culpa. Se evitável, responde pela modalidade culposa do delito, se houver. Previsto no art. 20, *caput*, do CP.
Erro de proibição	O agente pratica uma conduta típica por má interpretação da norma. Afeta a sua consciência sobre a ilicitude. Não se confunde com desconhecimento da lei, que é inescusável, segundo o CP.	Se o erro for inevitável, há isenção de pena, por ausência de consciência da ilicitude. Se evitável, incide a causa de diminuição de pena de um sexto a um terço. Está regulado pelo art. 21 do CP.

Resultado	
Teoria naturalística: é a modificação no mundo exterior, real.	• **Crime material**: é aquele que prevê a produção de resultado naturalístico, sem o qual o crime não se consuma. • **Crime formal**: é o que possui a previsão de resultado naturalístico, mas cuja produção é irrelevante para a consumação do delito. • **Crime de mera conduta**: é aquele em que não se prevê a produção de resultado naturalístico.

Resultado	
Teoria normativa: é a lesão ou ameaça de lesão ao bem jurídico tutelado	• **Crime de dano**: é aquele que produz um resultado consistente na lesão ao bem jurídico. • **Crime de perigo**: é aquele cuja ocorrência se verifica com a exposição do bem jurídico a um perigo ou risco.

Nexo causal	
Conceito de nexo causal	É a relação de causalidade entre a conduta e o resultado. É o vínculo ou elo físico, material e natural que permite atribuir objetivamente o resultado naturalístico ao comportamento do agente.
Teoria da equivalência dos antecedentes	Todo e qualquer fator que tenha contribuído para o resultado deve ser considerado sua causa. A não ocorrência de qualquer dos fatores levaria à não produção do resultado. Utiliza-se da fórmula da *conditio sine qua non*, segundo a qual um antecedente deve ser considerado causa de algo quando, sem sua ocorrência, o resultado não seria produzido. Essa teoria não estabelece diferença entre causa, condição e concausa
Teoria da adequação	Também denominada de teoria da causalidade adequada, determina que só deve ser considerada causa a condição que seja idônea para produzir o resultado. Não basta que o antecedente seja uma conditio sine qua non, ou seja, que, sem sua ocorrência, o resultado não ocorra. É necessário que o antecedente possua idoneidade para a produção do resultado.
Teoria da relevância	Só considera causa a condição que seja relevante para o Direito, diferenciando o conceito causal e o conceito de responsabilidade. O problema da causalidade deve ser resolvido por um conceito científico geral, enquanto o da responsabilidade deve ser resolvido com critérios jurídico-penais. Esses critérios jurídico-penais dizem respeito aos tipos penais. Assim, entre a causalidade e a culpabilidade, situa-se a tipicidade do resultado causado.
Teoria da condição INUS	É considerada causa de um resultado a parte insuficiente, mas não redundante, de uma condição desnecessária, mas suficiente para a sua produção. Defende que normalmente um resultado é provocado por diversas causas, de modo que cada efeito pode ser provocado por um grupo de fatores distintos. Cada grupo é suficiente para provocar o resultado, mas nenhum é necessário. Na visão de Puppe, há uma ação causadora de um resultado quando ela é "parte necessária de uma condição suficiente do resultado conforme as leis gerais, desde que essa condição também tenha ocorrido na realidade".

Teoria da imputação objetiva de Roxin	
Conceituação	Tem o escopo de trazer uma análise jurídica, um conteúdo normativo à imputação do resultado ao agente. Busca, portanto, abandonar uma concepção apenas naturalística, advinda do conhecimento científico geral e baseada em um dogma causal. Assim, analisa-se primeiro a causalidade material e, depois, a causalidade normativa. Por isso, a imputação objetiva leva a uma maior limitação da responsabilidade penal.

Teoria da imputação objetiva de Roxin	
Elementos	• **Criação do risco não permitido**: um resultado causado pelo agente só pode ser imputado ao tipo objetivo se a conduta, por ele praticada, haja criado um perigo para o bem jurídico não coberto por um risco permitido. • **Realização do risco no resultado**: esse perigo deve ter se realizado no resultado concreto. • **Resultado contido no âmbito de abrangência da norma**: excepcionalmente pode desaparecer a imputação se a abrangência da norma incriminadora não alcança determinados perigos e suas repercussões.
Imputação do resultado	• Imputa-se o resultado ao agente se ele elevar o risco, inicialmente admitido, a níveis não permitidos. É a chamada teoria da elevação do risco.
Não imputação do resultado	• Não há imputação do resultado ao agente se ele diminui o risco ao bem jurídico tutelado pela norma. • Não se imputa um resultado à conduta do agente que, ainda que seja intencional, não represente um risco juridicamente relevante. • Autocolocação dolosa, pela vítima, em perigo. • Colocação em perigo da pessoa, com o seu consentimento. • Resultado cujo impedimento esteja na esfera de responsabilidade alheia.

<table>
<tr><th>Concausas</th><th colspan="2">Espécie</th><th>Responsabilização</th></tr>
<tr><td rowspan="3">Absolutamente Independentes</td><td colspan="2">Preexistente</td><td rowspan="3">Rompem o nexo causal. O agente responde somente pelos atos que praticou.</td></tr>
<tr><td colspan="2">Concomitante</td></tr>
<tr><td colspan="2">Superveniente</td></tr>
<tr><td rowspan="4">Relativamente Independentes</td><td colspan="2">Preexistente</td><td rowspan="3">Não rompem o nexo causal. O agente responde pelo resultado provocado.</td></tr>
<tr><td colspan="2">Concomitante</td></tr>
<tr><td rowspan="2">Superveniente</td><td>Que não produz o resultado por si só (soma de energias)</td></tr>
<tr><td>Que por si só produz o resultado (novo nexo causal). Art. 13, § 1º, do Código Penal.</td><td>Rompe o nexo causal</td></tr>
</table>

Tipicidade	
Formal	Método de subsunção.
Material	Subsunção do fato à norma e relevância material da conduta.
Conglobante	Subsunção do fato à norma, relevância material da conduta e antinormatividade

Fases da tipicidade	
Independência	Tipo descritivo, com análise independente da tipicidade e da ilicitude. Adotada especialmente pelos causalistas.
Indiciária (ratio cognoscendi)	A tipicidade é um indício da ilicitude. **Majoritária no Brasil**.
Absoluta dependência (ratio essendi)	Tipicidade inserida na ilicitude. Forma-se o tipo total de injusto, que é uma antijuridicidade tipificada.
Teoria dos elementos negativos do tipo	Ilicitude inserida na tipicidade. Forma-se o tipo total de injusto, em que as excludentes de ilicitude se tornam elementos negativos do tipo.

CAPÍTULO VI
TEORIA DO CRIME: ILICITUDE

1. CONCEITO DE ILICITUDE

A ilicitude, também denominada antijuridicidade, **é a análise de conformidade ou não com o ordenamento jurídico**. Ou seja, verifica-se, nesse substrato do conceito analítico de crime, se a conduta típica, que corresponde ao primeiro substrato do conceito analítico de crime, é permitida pelo ordenamento jurídico ou se é contrária a ele, verificação que integra o segundo substrato do conceito analítico do crime. Trata-se de uma análise sobre eventual causa justificante da conduta típica, que, se estiver presente, afastará a ilicitude da conduta, ainda que ela se amolde ao tipo penal, à conduta incriminada pela norma.

A conduta típica é antinormativa, ou seja, viola o imperativo de comportamento que se extrai do tipo penal. Assim, quem mata alguém realiza a conduta típica de homicídio, prevista no artigo 121 do CP. A norma que se extrai do texto do artigo 121 é: "não se deve matar". Mesmo que haja antinormatividade, é possível que a conduta seja lícita, ou seja, não contrarie o ordenamento jurídico. Se alguém mata em legítima defesa, sua conduta possui **antinormatividade,** mas não possui **antijuridicidade (ilicitude)**. Ou seja, contraria a norma, a proibição que advém do artigo 121, mas não contraria o ordenamento jurídico, pois a legítima defesa é permitida pelo artigo 25 do CP[1].

Em regra, a ação típica é ilícita, mas isso não afasta a possibilidade de a conduta ter justificação no ordenamento jurídico. Presume-se que a conduta típica é também ilícita, mas pode incidir alguma causa excludente de ilicitude que a torne justificada, conforme o ordenamento como um todo. As causas excludentes de ilicitude, se presentes, impedem a configuração do crime, ainda que a conduta praticada corresponda àquela prevista na norma penal incriminadora, isto é, à descrição feita no tipo penal.

Há duas formas de se compreender a ilicitude:

- A ilicitude pode ser concebida sob um **critério ou caráter subjetivo**, em que somente seria contrária ao Direito a conduta daqueles que possuem vontade livre e consciente de praticar a conduta, com capacidade de se determinarem de acordo com a sua finalidade.

1. BRANDÃO, Cláudio. Teoria jurídica do crime. 6. ed. Belo Horizonte, São Paulo: D'Plácido, 2020, p. 207.

- Por outro lado, para outra teoria, a ilicitude deve ser concebida de uma **forma objetiva**, como mera contrariedade da conduta em relação àquilo que o ordenamento jurídico determina, sem valoração do aspecto subjetivo. A inimputabilidade, por exemplo, deve ser analisada na culpabilidade. Esse é o entendimento que prevalece e que será utilizado para o estudo da ilicitude, o segundo substrato do conceito analítico de crime[2].

Alguns autores consideram o termo antijuridicidade impróprio, preferindo a denominação ilicitude. Isso porque ser antijurídico significaria não ser jurídico, sendo que o crime, conquanto uma violação da norma penal, é um instituto nitidamente jurídico, próprio do Direito Penal. Entretanto, o uso dos termos "ilícito" e "antijurídico", de igual modo, é consagrado na doutrina, razão pela qual os termos serão adotados como sinônimos.

De modo geral, conclui-se que a ilicitude é o choque entre a conduta e o ordenamento jurídico. É o segundo elemento do conceito analítico do crime, conforme a teoria tripartida:

A tipicidade, que é elemento do fato típico, possui relação com a ilicitude. Adotada a **teoria da *ratio cognoscendi*** ou a fase do **caráter indiciário do tipo**, aponta-se uma presunção de que o fato típico é ilícito. Onde há fumaça, há fogo, no sentido de que a tipicidade faz presumir a não conformidade com o ordenamento jurídico, a ilicitude da conduta. Praticado um fato típico, presume-se que ele contraria o ordenamento jurídico, a não ser que haja uma causa excludente de ilicitude.

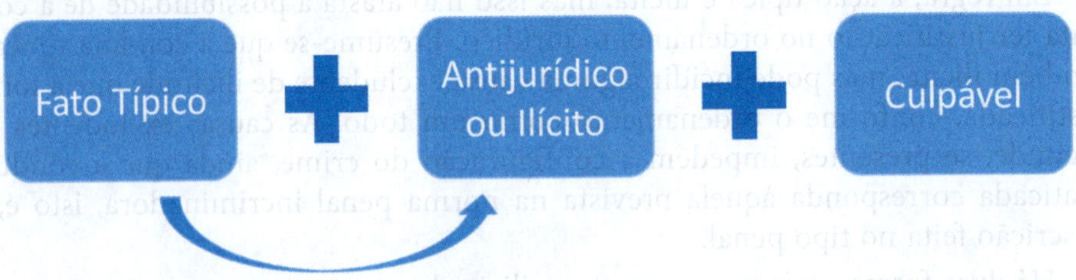

Presunção de que o fato típico é ilícito

---

2. BITENCOURT, Cezar. Ob. Cit., 2020, p. 407-408. CAPEZ, Fernando. Ob. Cit., 2013, p. 297. MASSON, Cleber. Ob. Cit., 2019, p. 312.

PARTE GERAL

1.1. Injusto penal

Julio Fabbrini Mirabete e Renato N. Fabrini lecionam sobre o instituto do injusto penal[3]:

> *Há uma distinção doutrinária entre antijuridicidade e injusto. Neste sentido, a antijuridicidade é a contradição que se estabelece entre a conduta e uma norma jurídica, enquanto o injusto é a conduta ilícita em si mesma, é a ação valorada como antijurídica.*

Dentro dessa concepção, pode-se diferenciar o **tipo legal**, que é o fato típico, primeiro elemento do crime, do **tipo do injusto**, que envolve a análise do fato típico e antijurídico. Isso levaria o primeiro a ser um tipo de injusto condicionado à verificação de ausência de alguma descriminante, da falta de uma excludente de ilicitude. O tipo de injusto, por sua vez, já englobaria os primeiros elementos do conceito de crime, com a configuração de um fato típico e da ilicitude ou antijuridicidade:

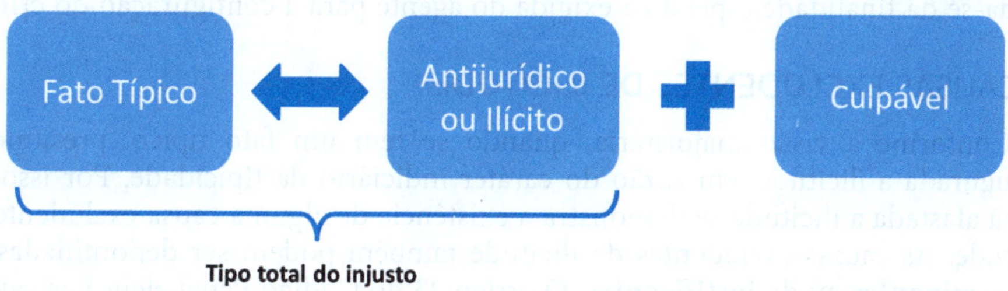

Os autores já mencionados também ensinam que há um **conceito material de antijuridicidade**, segundo o qual se deve considerar um enfoque sociológico da ilicitude. Para essa concepção, afasta-se da ilicitude o comportamento permitido por qualquer ramo do Direito. A ilicitude dependeria de se contrariarem os valores morais, sociais e políticos. Note que referido entendimento possui relação íntima com a chamada teoria social da ação.

A **antijuridicidade formal**, por outro lado, seria a mera contrariedade da conduta à norma penal. Assim, o fato típico é formalmente antijurídico no caso de não estar presente nenhuma descriminante, ou seja, nenhuma causa excludente de ilicitude.

Sob **um conceito unitário**, majoritário, entende-se que não há a dualidade de antijuridicidade material e formal. A contrariedade da conduta ao ordenamento jurídico já enseja a violação a um bem jurídico. A antijuridicidade, portanto, é a contrariedade do fato à norma, em razão de o fato ser típico e não haver excludente de ilicitude. Como as normas penais incriminadoras visam a tutelar os bens jurídicos mais relevantes à sociedade, a antijuridicidade configura um dano ao sentimento de justiça da sociedade, causando lesão ou ameaça de lesão ao bem jurídico tutelado[4].

---

3. MIRABETE, Júlio Fabbrini; FABBRINI, Renato N. Manual de Direito Penal, volume 1: parte geral, arts. 1º a 120 do CP. 32. ed. rev. e atual. São Paulo: Atlas, 2016.
4. BITENCOURT, Cezar. Ob. Cit., 2020, p. 411.

Em uma **concepção subjetiva**, a ilicitude envolve o elemento subjetivo do agente, envolvendo a consciência da ilicitude. Se adotada essa conceituação, o inimputável não pode apresentar uma conduta antijurídica. Sob um ponto de vista **objetivo**, a ilicitude envolve apenas uma análise objetiva, sem consideração do elemento subjetivo que envolveu a conduta do agente. A questão de o sujeito ter ou não consciência da ilicitude é reservada para a culpabilidade, enquanto, para a antijuricidade, basta a análise da contrariedade do fato à norma ou, de forma mais simples, a inexistência de causa excludente de ilicitude. Essa é a concepção que prevalece.

O injusto penal possui, assim, os elementos do **fato típico** (conduta, nexo causal, resultado e tipicidade) e da **ilicitude** (análise de ausência de excludentes de ilicitude – critério negativo). Quando se fala em **elemento subjetivo especial do injusto**, cuida-se do que antes era denominado de *dolo específico*. É a exigência de uma intenção específica do agente, como no caso do crime de perigo de contágio de moléstia grave. Seu tipo penal, previsto no artigo 131 do CP[5], exige que o agente tenha o objetivo de transmitir a outrem moléstia grave de que esteja contaminado. Cuida-se da finalidade específica exigida do agente para a configuração do crime.

2. CAUSAS EXCLUDENTES DE ILICITUDE

Conforme a visão majoritária, quando se tem um fato típico, presume-se configurada a ilicitude, em razão do caráter indiciário da tipicidade. Por isso, só ficará afastada a ilicitude se demonstra a existência de alguma causa excludente de ilicitude. As causas excludentes de ilicitude também podem ser denominadas de **descriminantes** ou de **justificantes**. O artigo 23 do Código Penal elenca as causas excludentes da ilicitude genéricas:

> *Art. 23 – Não há crime quando o agente pratica o fato:*
> *I – em estado de necessidade;*
> *II – em legítima defesa;*
> *III – em estrito cumprimento de dever legal ou no exercício regular de direito.*

Presente alguma das situações acima elencadas, fica afastada a ilicitude do fato típico, ou seja, ele passa a não contrariar a ordem jurídica. A causa excludente de ilicitude torna a conduta compatível com a ordem jurídica, ou seja, leva à conclusão da conformidade do comportamento do agente com o ordenamento jurídico como um todo.

Para a concepção de Zaffaroni de **tipicidade conglobante**, o estrito cumprimento do dever legal e parte do conteúdo presente no exercício regular de um direito deveriam ser analisados no âmbito da própria tipicidade. Isso porque, na sua visão, antinormatividade seria elemento da tipicidade, exigindo-se, para que o fato seja típico, que a conduta não seja permitida ou fomentada por nenhum ramo do Direito. Essa visão, apesar de minoritária, é interessante, pois, na prática, essas duas excludentes, geralmente, afastam de imediato a atuação repressiva do Estado,

5. Praticar, com o fim de transmitir a outrem moléstia grave de que está contaminado, ato capaz de produzir o contágio.

de modo que a violência cometida no esporte, dentro das regras esportivas e legais que permitem o seu emprego, não leva à atuação dos agentes de segurança pública[6], como se a conduta atípica fosse.

Em outra vertente, pode-se analisar que as normas penais podem constituir vedações não presentes em outros ramos do Direito, como no caso do crime tentado ou do delito de omissão de socorro. Assim, o Direito Penal possui um caráter constitutivo, mas que não pode criar antinomias, ou seja, contradições com outros ramos do Direito, não sendo possível ser crime algo que o Direito Civil permite, por exemplo. Por isso, essa **compatibilização** seria realizada pelas normas estruturais que excluem a ilicitude, especialmente o exercício regular do direito e o estrito cumprimento do dever legal[7].

As normas justificantes previstas no artigo 23 no Código Penal são chamadas de **causas legais** excludentes de ilicitude ou de descriminantes. São gerais, não se vinculando a crimes determinados. Além do artigo 23, há outras excludentes de ilicitude específicas, como no caso do aborto legal, denominação das excludentes da ilicitude previstas no artigo 128 do Código Penal, de aplicação restrita ao delito de aborto. Há a discussão, analisada mais adiante, sobre a aceitação de causas **supralegais**, ou seja, que excluem a ilicitude ainda que não previstas em lei, como o consentimento do ofendido.

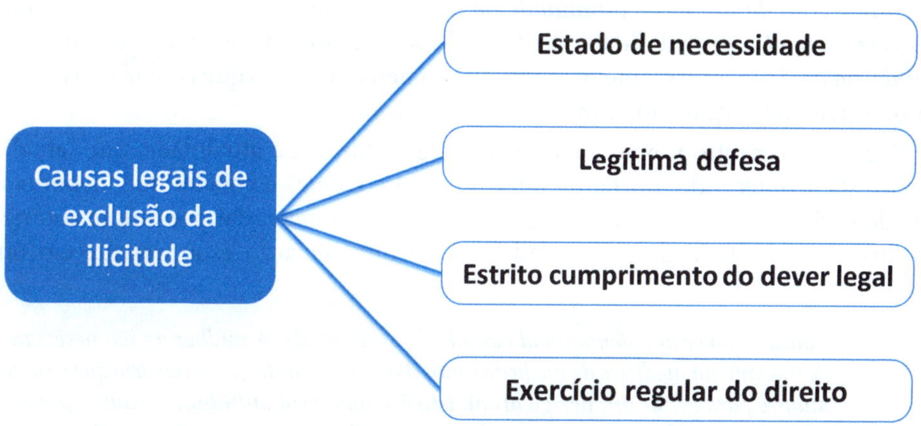

Cabe ressaltar, entretanto, que a presença de nenhuma das causas legais excludentes da ilicitude permite o abuso, como se nota do parágrafo único do artigo 23 do Código Penal. Pelo contrário, o excesso doloso ou culposo é punível:

Excesso punível

Parágrafo único – O agente, em qualquer das hipóteses deste artigo, responderá pelo excesso doloso ou culposo.

---

6. ZAFFARONI, Eugenio Raúl. Tratado de derecho penal. Parte General, vol. III. 1ª. ed. 4ª reimp. Ciudad Autónoma de Buenos Aires: Ediar, 2009, p. 235-238. Apesar de o penalista apenas mencionar o estrito cumprimento do dever legal, o seu raciocínio parece abarcar o exercício regular de um direito, já que o ordenamento jurídico se refere à antinormatividade de forma ampla: ZAFFARONI, Eugenio Raúl; PIERANGELI, José Henrique. Manual de direito penal brasileiro, parte geral. 13. ed. rev. e atual. São Paulo: Thomsom Reuters Brasil, 2019, p. 408-413 e 512-515.
7. EISELE, Andreas. Direito penal: teoria do delito. Salvador: Editora Juspodivm, 2018, p. 87-89.

2.1. Estado de necessidade

Estado de necessidade é a causa excludente de ilicitude que se manifesta **na colisão entre dois interesses jurídicos colocados em perigo, sendo necessário o sacrifício de um para salvar o outro**, por quem não provocou a situação de perigo nem tenha o dever legal de enfrentá-lo.

É uma faculdade do indivíduo, segundo Cezar Roberto Bitencourt, que pode salvar o bem jurídico, com o sacrifício de outro, desde que referido sujeito **não tenha por si mesmo colocado o bem jurídico em risco, nem tenha o dever jurídico de agir**. Nesses casos, de provocação de perigo ou de dever legal do agente, há a incidência da cláusula de dever jurídico de agir, sendo que a inércia do agente em proteger o bem jurídico pode ensejar a configuração do crime comissivo por omissão (crime omissivo impróprio).

Quanto à atualidade do perigo, o Código foi bastante categórico, não abrangendo o perigo futuro nem o pretérito. **O perigo deve ser atual**[8]. Nesse ponto, a lição de Bitencourt é primorosa: "A omissão da lei em relação ao perigo iminente levou Frederico Marques a afirmar que 'não se inclui aqui o *perigo iminente* porque a atualidade se refere *ao perigo e não ao dano*, pelo que é evidente que não pode exigir-se o requisito da iminência da realização do dano'. A nosso juízo, essa afirmação de Frederico Marques deve ser interpretada da seguinte forma: *perigo* não se confunde com *dano*, mas a *atualidade do perigo* engloba a *iminência* do dano, uma vez que *perigo* é a probabilidade de *dano*, ou seja, a *atualidade do perigo* equivale à *iminência de dano*, mormente para um direito penal mínimo que acolhe o princípio da ofensividade, e que não admite o *perigo abstrato*."[9]

No mesmo sentido, Nucci observa, sobre conceito de atualidade, que "atual é o que está acontecendo, portanto, uma situação *presente*" e conclui que "quando se fala de perigo atual, está-se tratando de um dano iminente, daí por que se autoriza a utilização do estado de necessidade"[10]. Essa diferenciação está presente em um precedente do STJ:

> *Aplicável ao caso o denominado estado de necessidade. A mulher do réu necessitava de tratamento médico e de medicamentos. Por conseguinte, foi necessário que o sujeito atuasse para evitar um* ***perigo atual, isto é, com a probabilidade de dano, presente e imediata, ao bem jurídico*** *(saúde de sua mulher), nos termos do art. 24 do Código Penal (causa excludente de antijuricidade). (STJ, AgRg no REsp n. 1.472.834/SC, Rel. Min. Sebastião Reis Júnior, Sexta Turma, julgado em 7/5/2015, DJe de 18/5/2015).*

O posicionamento acima é o mais adequado e técnico, apesar de existir um posicionamento bastante adotado na doutrina e na jurisprudência de que o perigo

8. No mesmo sentido: PRADO, Luiz Regis. Ob. Cit., 2020, p. 182. MARTINELLI, João Paulo Orsini; BEM, Leonardo Schmitt de. Direito Penal parte geral: lições fundamentais. 7. ed. Belo Horizonte, São Paulo: D'Plácido, 2022, p. 755. Sanches Cunha defende ser essa a posição majoritária, a de que o perigo deve ser atual e o perigo iminente não autoriza a descriminante (CUNHA, Rogério Sanches. Ob. Cit., 2020, p. 326).
9. BITENCOURT, Cezar Roberto. Ob. Cit., 2020, p. 435. Também diferenciam atualidade do perigo e o dano imediato: SANTOS, Juarez Cirino dos. Ob. Cit., 2020, p. 255; OLIVÉ, Juan Carlos Ferré *et al*. Ob. Cit. 2017, p. 406-407; Fernando. Ob. Cit., 2013, p. 301-302.
10. NUCCI, Guilherme de Souza. Ob. Cit., 2015, p. 264.

iminente é suficiente para a configuração do estado de necessidade[11], apesar de a lei ser clara ao se referir a perigo atual. Essa posição foi adotada em alguns precedentes do STJ, como o seguinte:

> *"A alegação de dificuldades financeiras, por si só, não é idônea a comprovar o estado de necessidade, principalmente se o acórdão registrou que o crime foi praticado durante mais de cinco anos, situação fática incompatível com a tese de* ***perigo atual ou iminente****, que os recorrentes não podiam de outro modo evitar." (STJ, AgRg no AREsp n. 832.864/SP, Rel. Min. Rogerio Schietti Cruz, Sexta Turma, julgado em 23/8/2016, DJe de 5/9/2016).*

Nota-se do artigo 24 do Código Penal que o sacrifício deve ser **necessário**. Se for possível que o agente fuja e evite o perigo, essa deve ser sua opção, pois referida possibilidade afasta a necessidade de sacrifício do bem jurídico. São dois bens jurídicos em perigo, sendo que um deles precisa ser sacrificado. Há divergência doutrinária sobre a necessidade ou não de o bem jurídico salvo ter valor superior ao do interesse jurídico protegido. Essa discussão levou à elaboração de diferentes teorias para explicação do estado de necessidade, se sempre possui uma mesma natureza jurídica, ou se situações diferentes levam a configurações de situações com efeitos jurídicos de natureza diversa:

- **Unitária**: o estado de necessidade é sempre causa excludente da ilicitude. No Direito Comparado, Jakobs assinala que há também teoria unitária que defende ser sempre causa excludente de culpabilidade. O agente não precisa calcular o valor dos bens em conflito, basta que aja com razoabilidade.

  Foi a adotada pelo Código Penal, que não exige expressamente que o agente proceda à valoração dos interesses jurídicos em conflito. Agindo com razoabilidade, não sendo exigível o sacrifício do direito que foi salvo pelo agente, a configuração será de excludente de ilicitude.

  O Código Penal brasileiro não prevê o estado de necessidade como exculpante.
- **Diferenciadora:** se o bem jurídico sacrificado tiver valor menor ao do protegido, tem-se o estado de necessidade justificante, que é excludente da ilicitude. Se o bem sacrificado tiver valor igual ou maior que o protegido, tem-se o estado de defesa exculpante, cuja natureza jurídica é a de causa supralegal de exclusão da culpabilidade.
- **Equidade:** o fato não deve ser punido por razões de equidade. Possui base na teoria de Immanuel Kant.

Vistas as teorias, cabe verificar o que o Código Penal prevê a respeito, em seu artigo 24:

11. Neste sentido: DOTTI, René Ariel. Ob. Cit., 2020, p. 602; NORONHA, Edgard Magalhães. Direito Penal, vol. 1. 8. ed. São Paulo: Saraiva, 1972, p. 180. Flávio Augusto Monteiro de Barros elabora extensa argumentação no sentido de que o perigo deve ser atual, diferencia perigo atual ou iminente com a iminente realização do dano, mas conclui que para a excludente de ilicitude "basta um perigo atual ou iminente" (Ob. Cit., 2019, p. 353-354). Masson parece não se posicionar, mas observa que o entendimento prevalente seria o de que perigo iminente equivaleria ao atual (MASSON, Cleber. Ob. Cit., 2019, p. 326). Jamil Chaim Alves menciona haver duas correntes, sem tomar partido (Ob. Cit., 2021, p. 305).

> *Art. 24 Considera-se em estado de necessidade quem pratica o fato para salvar de perigo atual, que não provocou por sua vontade, nem podia de outro modo evitar, direito próprio ou alheio, cujo sacrifício, nas circunstâncias, não era razoável exigir-se.*
>
> *§ 1º – Não pode alegar estado de necessidade quem tinha o dever legal de enfrentar o perigo.*
>
> *§ 2º – Embora seja razoável exigir-se o sacrifício do direito ameaçado, a pena poderá ser reduzida de um a dois terços.*

Ensina Cláudio Brandão que, "para a teoria unitária, o estado de necessidade excluirá a antijuridicidade da ação, quer o bem sacrificado seja de mesmo valor que o preservado, quer ele seja de menor valor. O direito brasileiro adota a teoria unitária, conforme se pode verificar no art. 24 supracitado, que fala apenas em exclusão da antijuridicidade"[12].

Portanto, o Código penal não previu a necessidade de valoração dos bens jurídicos em conflito, exigindo apenas um **juízo de razoabilidade**. Não pode, portanto, alegar estado de necessidade um sujeito que visa a evitar o dano ao seu carro novo, em razão de uma moto desgovernada que vem em sua direção, sem perigo de lhe causar danos físicos, e atropela um pedestre. Não é razoável sacrificar a incolumidade físico-psíquica de alguém para a proteção de um automóvel novo.

O que o Código Penal estabelece é que haverá estado de necessidade **se não for razoável exigir o sacrifício do direito que o agente salvou**. Não há referência à valoração dos bens em conflito[13]. Por isso, não há compatibilidade lógica em defender que houve a adoção da teoria unitária e apresentar uma concepção fechada sobre o valor do bem jurídico para reconhecimento do estado de necessidade. Se o legislador exige razoabilidade, não cabe ao intérprete exigir que o valor do bem jurídico salvo seja igual ou superior.

Entretanto, há autores que fazem um raciocínio de razoabilidade e defendem que o bem salvo deve ser valor menor ou igual ao sacrificado[14]. Parece haver uma transposição pura da doutrina alemã para o Brasil, sem se considerarem os diferentes dispositivos legais[15]. Mirabete e Fabbrini, apesar de citarem que o bem não

---

12. BRANDÃO, Cláudio. Teoria jurídica do crime. 6. ed. Belo Horizonte, São Paulo: D'Plácido, 2020, p. 172.
13. JESUS, Damásio de. Ob. Cit., 2011, p. 422. SANTOS, Juarez Cirino. Ob. Cit., 2020, p. 254. PRADO, Luiz Regis. Ob. Cit., p. 182. CAPEZ, Fernando. Ob. Cit., 2013, p. 299. BITENCOURT, Cezar Roberto. Ob. Cit., 2020, p. 427-428 (Apesar de o autor defender a teoria diferenciado, admite que o CP adotou a unitária). Nucci menciona que só se admite que se salve bem de valor igual ou maior do que o sacrificado, mas critica a interpretação da doutrina (NUCCI, Guilherme de Souza. Ob. Cit., 2015, p. 262-265).
14. DOTTI, René Ariel. Ob. Cit., 2020, p. 602. CUNHA, Rogério Sanches. Ob. Cit., 2020, p. 329. MASSON, Ob. Cit., 2019, p. 324. São contrárias a tais ideias as obras de Claus Roxin e Günther Jakobs, ao explicarem os fundamentos da teoria unitária.
15. No mesmo sentido, mas com maestria inigualável: "Admitir, na legislação brasileira, a hipótese *supralegal* de estado de necessidade *exculpante*, nos moldes da teoria diferenciadora alemã, significa mutilar a hipótese *legal* do estado de necessidade *justificante* da teoria *unitária*, reduzindo o alcance de *justificação legal* em favor de hipotética *exculpação supralegal* em prejuízo do acusado" (SANTOS, Juarez Cirino dos. Ob. Cit., 2020, p. 261). Pode-se notar, na tradução feita por Orlandino Gleizer, a expressa menção na lei alemã ao estado de necessidade exculpante: "(1) Aquele que comete um ato antijurídico para afastar de si, de um parente ou de outra pessoa próxima um perigo atual para a vida, o corpo ou a liberdade, que não seja evitável de outra maneira, atua sem culpabilidade". Cuida-se do § 35 StGB. De todo modo, esses autores defendem a impossibilidade de reconhecimento do estado de necessidade contra a vida de alguém, no exemplo da tábua de Carneades,

pode ser de valor maior, admitem que a razoabilidade só pode ser aferida no caso concreto[16]. Por fim, há autores que defendem o reconhecimento do estado de necessidade exculpante[17].

Sobre a adoção da teoria unitária, com todas as suas consequências, não é outra a abalizada opinião de Nelson Hungria, que pontuava que o Código Penal aboliu o critério do *interesse preponderante* e, por isso, a ação não deixa de ser *necessitada* pelo motivo de os interesses em conflito serem de valor idêntico. Advertia o mestre: "Não se exige que o direito sacrificado seja *inferior* ao direito posto a salvo, nem tampouco se reclama a 'falta absoluta de outro meio menos prejudicial'. O critério adotado é outro: identifica-se o estado de necessidade sempre que, nas circunstâncias em que a ação foi praticada, não era razoavelmente exigível o sacrifício do direito ameaçado". Ainda que a obra seja anterior à Reforma da Parte Geral em 1984, os dispositivos relativos a essa excludente de ilicitude eram muito similares aos atualmente vigentes[18].

Tome-se o exemplo do maquinista que, ao perceber um defeito na locomotiva, que saiu dos trilhos, vê-se diante de um dilema moral. Ele possui apenas duas opções, colidir com a área oeste de espera da estação, onde se encontra apenas a sua esposa, que o aguarda, ou atingir a parte leste, onde havia três indivíduos. Apesar de três vidas valerem mais do que uma, em um raciocínio mais utilitarista[19], ou de que não se pode fazer juízo de ponderação de vida contra vida, como se pode defender de uma perspectiva da centralidade da dignidade humana no ordenamento jurídico, não se pode negar razoabilidade na sua decisão de evitar a morte da esposa e sacrificar as três pessoas. A própria lei exige razoabilidade, não trazendo um critério estrito de valoração. O raciocínio de impedir a responsabilização por meio da inexigibilidade de conduta diversa contraria o direito positivo e acaba por se mostrar contraditório com o reconhecimento de que o ordenamento jurídico brasileiro não optou pela teoria diferenciadora.

Via de regra, no conflito de vida contra vida, não se pode sacrificar um bem jurídico de valor superior ou igual para salvar outro, mas há exigências humanas excepcionais, de vínculo pessoal do indivíduo com a vítima potencial, por exemplo, que pode tornar razoável que ele desvie de seu filho e atinja um terceiro. Também pode ser razoável salvar uma criança e se dirigir a um terceiro, adulto, como única forma de salvar a criança. Não se mostra razoável, por outro lado, salvar o criador

---

em que duas pessoas disputam o apoio para não se forgarem, implicaria um direito de legítima defesa e um dever a ser suportado pela outra pessoa, algo impensável (HILGENDORF, Eric; VALERIUS, Brian. Ob. Cit., 2019, p. 187; 168-169).

16. MIRABETE, Júlio Fabbrini; FABBRINI, Renato N. Ob. Cit., 2016, p. 165.

17. ZAFFARONI, Eugenio Raúl; PIERANGELI, José Henrique. Manual de direito penal brasileiro, parte geral. 13. ed. rev. e atual. São Paulo: Thomsom Reuters Brasil, 2019, p. 527-531. DOTTI, René Ariel. Ob. Cit., 2020, p. 603.

18. HUNGRIA, Nélson. Comentários ao Código Penal. Vol. V. 4. ed. Rio de Janeiro: Revista Forense, 1958, p. 95-96.

19. Há muitos autores que veem nessa afirmação uma aplicação do utilitarismo de Bentham ou Stuart Mill em uma área de direitos indisponíveis e de tutela essencial para o Estado Democrático de Direito, com uma visão do ser humano como fim em si mesmo. O que se busca aqui é interpretar a razoabilidade de sacrifício quando o perigo já foi criado e não pode ser contornado, é preciso fazer um raciocínio de contenção de danos no maior nível possível. Muitos dos que não admitem esse raciocínio na Alemanha admitem a exculpação, o que aqui deve ter uma análise diferente por se partir de uma teoria unitária do estado de necessidade.

do perigo, que o fez de forma intencional, e atingir uma pessoa inocente. Pode-se defender alguns parâmetros, mas o Código Penal adotou uma fórmula que exige o enfrentamento de cada caso concreto, com análise de suas especificidades[20].

São **requisitos** do estado de necessidade:

- Perigo atual e inevitável[21];
- Não provocação voluntária do perigo;
- O perigo deve ameaçar direito próprio ou alheio;
- Inevitabilidade do comportamento lesivo;
- Inexigibilidade do sacrifício do interesse ameaçado;
- Finalidade de salvar o bem do perigo, conhecimento da situação de fato exculpante (elemento subjetivo);
- Ausência do dever legal de enfrentar o perigo.

O Código Penal é claro ao dispor que não pode alegar estado de necessidade quem tinha o dever legal de enfrentar o perigo, já que, caso possa agir, deve evitar o resultado, sob pena de responder por crime omissivo impróprio. Deve-se ressaltar, ainda, a exigência de **elemento subjetivo na conduta do agente**. Ele deve possuir consciência de que está em situação de incidência da causa excludente de ilicitude, bem como agir com a vontade de proteger o bem jurídico posto em perigo. Caso não haja esse elemento subjetivo, não se configurará a situação de estado de necessidade.

✓ **Sobre a não provocação voluntária do perigo, há o questionamento: no caso de o perigo ter sido provocado por culpa, pode o agente alegar estado de necessidade?**

Imagine que o sujeito, por culpa, causou uma rachadura no casco do navio em que se encontra. Lançado ao mar com outros passageiros, pode ele provocar o afogamento de alguém que com ele disputa um colete salva-vidas? Há divergência sobre a possibilidade de ele invocar o estado de necessidade.

De nossa parte, como o Código Penal diz que o perigo não pode ser sido praticado por **vontade do agente**, entendemos que só se deve interpretar excluído do estado de necessidade aquele que provocou a situação **dolosamente**. De todo modo, a regra do *in dubio pro reo*, derivado do próprio princípio da presunção de inocência, deve levar à conclusão da possibilidade de se invocar o estado de

20. Com entendimento próximo ao aqui defendido desde a primeira edição: "não há uma fórmula matemática acabada para ponderação de valores, o que conduz à verificação a situação concreta e da consideração de todas as circunstâncias envolvidas" (MARTINELLI, João Paulo Orsini; BEM, Leonardo Schmitt de. Ob. Cit., 2022, p. 757).

21. Além de argumentação acima sobre não mencionar a norma o perigo iminente, mas apenas se inserir o dano imediato (que pode decorrer provavelmente de um perigo já presente), o requisito do "perigo atual, não provocado voluntariamente pelo agente" é utilizado por Hungria, que adverte que o perigo deve ser "presente, concreto, imediato, reconhecida objetivamente, ou segundo *id quod prerumque accidit*, a probabilidade de tornar-se dano efetivo" (HUNGRIA, Nélson. Comentários ao Código Penal. Vol. I. Tomo II. 3. ed. Rio de Janeiro: Revista Forense, 1955, p. 269.

necessidade, caso se tenha provocado a situação de perigo por culpa (negligência, imprudência ou imperícia).

Quanto à inexigibilidade do sacrifício, a ausência desse elemento afasta o estado de necessidade. Entretanto, neste caso, em que o agente atua para salvar um direito, mas o seu sacrifício era razoável, há previsão de **uma causa de diminuição de pena** no artigo 24, § 2º, do CP:

> *§ 2º – Embora seja razoável exigir-se o sacrifício do direito ameaçado, a pena poderá ser reduzida de um a dois terços.*

Logo, ainda que não configure a excludente de ilicitude, a atuação do agente para salvar do perigo um bem, cujo sacrifício era razoável exigir, pode ensejar a incidência de uma minorante, ou seja, de uma causa de diminuição de pena.

Para a corrente que não exige valoração de bens exata pelo agente, mas apenas razoabilidade, a diminuição de pena ocorrerá no caso de falta de razoabilidade. Para os que, apesar de defenderem a teoria unitária, negam o estado de necessidade se o bem sacrificado for de valor maior, a diminuição de pena estaria reservada para esse caso.

✓ Cabe estado de necessidade contra estado de necessidade?

A doutrina reconhece o estado de necessidade recíproco, em que duas pessoas estão em situação de estado de necessidade e buscam o sacrifício do bem jurídico, um do outro, para salvar outro. Exemplo típico é o de dois náufragos, que encontram apenas um salva-vidas. Ambos podem disputar o único colete e seus comportamentos com o intuito de se salvarem estão acobertados pela excludente de ilicitude.

✓ Furto famélico configura estado de necessidade?

O furto famélico é aquele realizado por quem busca se alimentar ou alimentar outrem. É a subtração de algo por aquele que possui fome. Pode sim configurar estado de necessidade. Não se deve confundir a atipicidade, por insignificância, com o estado de necessidade do furto famélico.

Há situações em que, apesar de afastada a insignificância, é possível a incidência do estado de necessidade em relação ao furto praticado por quem busca saciar a fome. Pode-se pensar, por exemplo, no reincidente em crimes dessa natureza ou na subtração de um alimento caro, quando é o único meio encontrado pelo agente para saciar a sua forme. O STF já decidiu que "O furto famélico subsiste com o princípio da insignificância, posto não integrarem binômio inseparável. É possível que o reincidente cometa o delito famélico que induz ao tratamento penal benéfico"[22].

A jurisprudência, entretanto, estipulou alguns requisitos para sua configuração:

a) furto praticado para matar a fome;

22. STF, HC 115850 AgR/MG, Rel. Min. Luiz Fux, Primeira Turma, Julgamento: 24/09/2013. O STF também reconheceu a subsistência do furto famélico e da insignificância no julgamento do HC 119672/SP e do HC 112262/MG.

b) que seja o único recurso do agente;

c) que haja a subtração de bem a ser utilizado diretamente para a situação de emergência;

d) hipossuficiência financeira.

Desse modo, o furto de um pão, por quem está com fome e não possui recurso financeiro para comprá-lo, em situação de urgência, pode configurar o estado de necessidade. Por outro lado, o furto de uma joia, sob a justificativa de não ter o que comer, dificilmente configurará a excludente de ilicitude, nos termos da jurisprudência.

Entretanto, o STJ entendeu que incidia o estado de necessidade, por furto famélico, no caso de subtração de moedas no valor de R$ 12,00. Deve-se ressaltar, no entanto, que o princípio da insignificância, que se relaciona à tipicidade material, também foi considerado para o julgamento do caso[23]. Por outro lado, a Corte afastou o reconhecimento do furto famélico em subtração realizada com a intenção de comprar drogas com a venda dos alimentos[24].

Não se admite, de forma majoritária, a configuração do estado de necessidade **em crimes habituais e permanentes**, dada a exigência de perigo atual, devendo ser analisado se era exigível conduta diversa. Parte da doutrina admite em situações extremas. No caso de reiteração, ressalve-se que o caso pode sim se configurar, como no caso do sujeito que passa por dois naufrágios ou que está em condição invencível de miserabilidade, por exemplo.

O estado de necessidade pode se classificar, conforme os seguintes critérios:

- **Quanto à titularidade do interesse protegido**:
  - **de interesse próprio**: quando o agente busca a proteção de um bem jurídico de sua própria titularidade.
  - **de interesse alheio**: é o estado de necessidade em que o interesse jurídico salvo pelo sujeito é de titularidade de outrem.
- **Quanto ao elemento subjetivo**:
  - **real**: quando o agente busca a proteção de um bem jurídico que efetivamente está em perigo.
  - **putativo**: ocorre quando a situação de perigo do bem jurídico só existe na cabeça do agente, é imaginada ou suposta por ele, ou ele imagina que a excludente de ilicitude alcança situação por ele não abrangida. Incide a descriminante putativa por erro de tipo ou por erro de proibição.
- **Quanto à titularidade do interesse sacrificado**:
  - **defensivo**: quando o agente sacrifica um bem jurídico de sua própria titularidade ou de titularidade de quem provocou o perigo para proteção de um interesse jurídico em perigo.

23. STJ, HC 227474/MG, Rel. p/ acórdão Min. Maria Thereza de Assis Moura, Sexta Turma, DJe 01/07/2014.
24. STJ, HC 463195/SP, Rel. Min. Reynaldo Soares da Fonseca, Quinta Turma, DJe 20/09/2018.

- **agressivo**: ocorre quando o agente sacrifica um bem jurídico alheio para salvar outro bem jurídico que está em risco. É atingido o direito de um terceiro inocente.

Essa última classificação é muito utilizada para a responsabilidade civil do agente que atua em estado de necessidade[25]. Vejamos o que diz o artigo 188 do CP a esse respeito:

> *CC, Art. 188. Não constituem atos ilícitos:*
>
> *I - os praticados em legítima defesa ou no exercício regular de um direito reconhecido;*
>
> *II - a deterioração ou destruição da coisa alheia, ou a lesão a pessoa, a fim de remover perigo iminente.*
>
> *Parágrafo único. No caso do inciso II, o ato será legítimo somente quando as circunstâncias o tornarem absolutamente necessário, não excedendo os limites do indispensável para a remoção do perigo.*

No caso de estado de necessidade agressivo, em que um terceiro tem seu bem jurídico sacrificado em nome da proteção de um bem jurídico em perigo, a jurisprudência tem admitido a responsabilidade do agente. De todo modo, ele pode se voltar, em ação regressiva, contra o causador da situação de risco. Conforme já decidiu o STJ, "o estado de necessidade, por si só, não exime o ocasionador direto do dano de responder pela reparação a que faz jus a vítima, ficando com ação regressiva contra o terceiro que deu origem à manobra determinante do evento lesivo"[26].

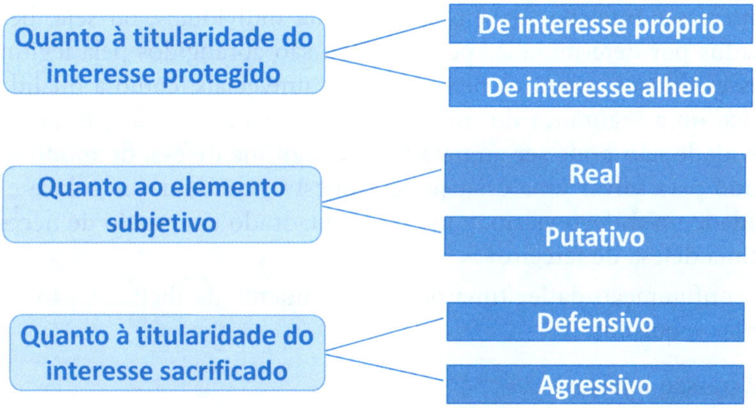

25. Na Alemanha, essa classificação traz consequências diversas por diferenciação legislativa (ESTELLITA, Heloísa; LEITE, Alaor (Organização e Introdução). Veículos autônomos e direito penal. 1. ed. São Paulo: Marcial Pons, 2019, *passim*). Alguns autores brasileiros trazem essa distinção como critério, sem essa ressalva (por todos: MARTINELLI, João Paulo Orsini; BEM, Leonardo Schmitt de. Ob. Cit., 2022, p. 755). Entretanto, entendemos que, ainda que o raciocínio possa ser usado para auxiliar no critério da razoabilidade, ou seja, na ponderação de interesses, não se pode simplesmente transpor a discussão alemã, que parte de um texto legislativo diverso. Aqui, a distinção é tradicionalmente utilizada para responsabilidade civil.
26. STJ, AgInt no AREsp 411909/ES, Rel. Min. Lázaro Guimarães, Quarta Turma, DJe 24/08/2018.

2.2. Legítima defesa

Legítima defesa é a **causa excludente de ilicitude que acoberta a conduta de repelir, de si mesmo ou de outrem, uma injusta agressão, atual ou iminente**. Nesse caso, há uma injusta agressão, a qual torna lícita a conduta que visa a neutralizar tal agressão. Aponta-se, como um dos seus fundamentos, o *princípio da afirmação do direito*, segundo o qual o justo não precisa se curvar ao injusto. O outro fundamento, com enfoque nos direitos individuais, é o *princípio da proteção*, para o qual se deve possibilitar uma efetiva proteção dos bens jurídicos diante de um ataque que almeje lesioná-los[27].

Segundo Giuseppe Maria Bettiol, político e jurista italiano, é uma exigência natural a previsão da legítima defesa como excludente de ilicitude. Como o Estado não pode sempre garantir a segurança dos seus cidadãos, necessita permitir que se defendam de agressão injusta se não houver outro meio de se salvar.

O Código Penal trata da legítima defesa no artigo 25:

> *Art. 25 – Entende-se em legítima defesa quem, usando moderadamente dos meios necessários, repele injusta agressão, atual ou iminente, a direito seu ou de outrem.*

Deste modo, há exclusão da ilicitude na conduta praticada com o fim de, dentro do uso moderado dos meios, rechaçar agressão atual ou iminente ao seu próprio bem jurídico ou a um bem jurídico pertencente a outrem. O direito que é defendido na legítima defesa deve ser compreendido como todo interesse juridicamente tutelado no ordenamento jurídico brasileiro, podendo envolver, por exemplo, a vida, a integridade física e o patrimônio.

Os interesses tutelados devem ser, todavia, individuais, ou seja, bens jurídicos tutelados por determinadas pessoas. Não são abrangidos pela legítima defesa os interesses difusos, como os bens jurídicos universais, como a qualidade do ar atmosférico ou a segurança do trânsito viário[28]. A intervenção em bens jurídicos da coletividade não pode ser amparada pela legítima defesa, de modo que dirigir embriagado para salvar uma criança de sequestro, conduta que coloca em risco a incolumidade no tráfego viário, pode ser enquadrado em estado de necessidade, e não legítima defesa de terceiro[29].

Para configuração da legítima defesa, excludente da ilicitude, são necessários os seguintes requisitos:

- Agressão injusta;
- Agressão atual ou iminente;
- Proteção de direito próprio ou alheio;
- Uso moderado dos meios necessários;
- Conhecimento da situação de fato justificante.

27. HILGENDORF, Eric; VALERIUS, Brian. Ob. Cit., 2019, p. 127.
28. HILGENDORF, Eric; VALERIUS, Brian. Ob. Cit., 2019, p. 128.
29. ROXIN, Claus; GRECO, Luís. Op. Cit., 2024, p. 994.

O conhecimento da situação de fato justificante é o **elemento subjetivo** necessário para a configuração da legítima defesa. É necessário que o agente saiba que está repelindo uma agressão injusta e possua a vontade livre e consciente de neutralizá-la para defender bem jurídico seu ou alheio. Esse elemento subjetivo pode ser denominado de *animus defendendi*.

A agressão deve ser atual ou iminente, mas sempre injusta. Essa concepção se limita à conduta humana, não sendo possível se falar em legítima defesa contra um ataque de um animal, mas sim de estado de necessidade. No entanto, caso o ataque tenha sido provocado por um indivíduo, o animal é considerado mero instrumento da agressão, razão pela qual o caso deve ser enquadrado na legítima defesa, tanto quanto a seus requisitos quanto em relação a seus efeitos.

A legítima defesa se configura quando há necessidade da atuação, como se nota da menção legal aos "meios necessários". Assim, o meio empregado deve ser, dentre os disponíveis e idôneos, o que seja menos gravoso. Deve-se adotar o meio menos gravoso ao se avaliarem os meios disponíveis que tenham eficácia para a proteção do bem jurídico. Além disso, aponta-se que há o requisito da imperatividade, extraído, na leitura do artigo 25 do Código Penal, da ideia de "moderação". Advém do pressuposto de imperatividade a ideia de proporção: ainda que o único meio de se proteger o seu pomar, o indivíduo cadeirante não pode se valer de arma de fogo, disparando e matando pessoas, para impedir esse tipo de lesão, consistente na subtração de frutas.

O requisito da moderação, que traz essa ideia de imperatividade da legítima defesa, traz restrições ético-sociais. Assim, em se tratando de agressão de pessoas inimputáveis, criou-se a teoria dos três níveis para a maior delimitação dessa excludente de ilicitude. Segundo essa concepção, o agente deve passar por **três etapas** para que tenha havido moderação na sua legítima defesa contra um inimputável[30]:

a) **Evitação**: o indivíduo, percebendo a injusta agressão, atual ou iminente, de um inimputável, deve buscar evitar essa agressão, como, por exemplo, por meio de sua retirada furtiva do local;

b) **Manobra defensiva**: caso não seja possível a evitação, o indivíduo deve buscar uma manobra defensiva, como, ao perceber que o inimputável ameaça e persegue pessoas com uma faca, trancar a porta do cômodo em que ele entrou e deixar a porta trancada para que se acalme, comunicando às autoridades;

c) **Manobra ofensiva**: se não bastar a manobra defensiva, é possível que o indivíduo atue de modo ofensivo. Suponha que, após adotados os níveis da evitação e da manobra defensiva, o agente, inimputável, continua disparando a arma de fogo. Torna-se necessário alvejá-lo para que não mate uma pessoa. Como último recurso, a atuação em legítima defesa justifica a ofensa à integridade física do inimputável.

30. HILGENDORF, Eric; VALERIUS, Brian. Ob. Cit., 2019, p. 128-135.

Sobre a agressão involuntária ou advinda de um inimputável, Hungria defendia não configurar a legítima defesa, mas sim o estado de necessidade. A injustiça da agressão pressupõe, para o penalista brasileiro, a voluntariedade e a imputabilidade do agressor[31].

Caso a vítima tenha a opção de fugir ou de ficar e enfrentar o perigo, sua opção de correr da injusta agressão é chamada de ***commodus discessus***. Não se exige o *commodus discessus*, de modo que, se o agente ficar e enfrentar a injusta agressão, não se descaracterizará a excludente de ilicitude.

Existe divergência doutrinária sobre a **provocação** ou o **desafio** da vítima ter ou não o condão de afastar a legítima defesa. Entretanto, prevalece que a provocação ou o desafio não afastam, por si sós, a configuração da excludente de ilicitude. O STJ parece entender que a provocação pode ser seguida de uma conduta de defesa ou não, a depender do caso:

> *"Não há falar-se em incongruência na decisão do corpo de jurados que nega ter o réu agido em defesa própria, afastando a tese da legítima defesa, e, logo após, afirma que o réu praticara o delito sob o domínio de violenta emoção, logo em seguida a injusta provocação da vítima.* ***A emoção provocada não impede que a ação posterior seja realizada sem estar o agente se defendendo.****" (STJ, AgRg no AREsp 463482/SP.*

A Lei n. 13.964/2019, conhecida como **Pacote Anticrime**, inseriu o parágrafo único ao artigo 25 do Código Penal, de seguinte teor:

> *Parágrafo único. Observados os requisitos previstos no* caput *deste artigo, considera-se também em legítima defesa o agente de segurança pública que repele agressão ou risco de agressão a vítima mantida refém durante a prática de crimes.*

Buscou-se destacar uma situação, por razões eminentemente políticas, que **já estava obviamente abrangida pela legítima defesa**, que se configura justamente quando há a necessidade de se repelir injusta agressão, atual ou iminente, a direito de outrem. Nota-se uma expressão do **Direito Penal Simbólico**, pois não há efetividade técnico-jurídica. A norma é um truísmo, ou seja, diz o óbvio: se estiverem atendidos os requisitos da legítima defesa, incide a excludente de ilicitude da legítima defesa! É uma norma que agrada a fins políticos, mas não traz efeitos práticos.

O fato de ser um agente de segurança em defesa de vítima mantida refém não muda nada, já que o dispositivo se inicia exigindo exatamente os mesmos requisitos do *caput*. É o mesmo que dizer que, se um engenheiro estiver em uma situação que preencha todos os requisitos da legítima defesa, atuará sob o manto da excludente de ilicitude. Por fim, elucubrações sobre uma tentativa legislativa de criar uma hipótese alargada de legítima defesa não devem subsistir ante a clareza da redação da norma. Ela diz expressamente que devem ser observados os requisitos previstos no *caput* do artigo 25.

Sobre a legítima defesa, em alguns casos se alega a sua incidência putativa, ou seja, invoca-se o argumento de que o agente interpretou a norma de forma indevida, em

31. HUNGRIA, Nélson. Comentários ao Código Penal. Vol. V. 4. ed. Rio de Janeiro: Revista Forense, 1958, p. 98.

erro de proibição indireto. Essa descriminante putativa passou a ser muito invocada em casos de feminicídio, em que o agente alegava não ter compreendido o caráter ilícito do fato em virtude de pensar que estava justificado pela legítima defesa, em razão de a mulher tê-lo traído, por exemplo. Após decisão monocrática no STJ rejeitando a invocação dessa tese no júri, o STF, analisando a ADPF 779, decidiu ser inadmissível a tese da legítima defesa da honra, que contraria valores inconstitucionais:

Ao apreciar medida cautelar em ADPF, o STF decidiu que:

a) a tese da legítima defesa da honra é inconstitucional, por contrariar os princípios constitucionais da dignidade da pessoa humana (art. 1º, III, da CF/88), da proteção à vida e da igualdade de gênero (art. 5º, da CF/88);
b) deve ser conferida interpretação conforme à Constituição ao art. 23, II e art. 25, do CP e ao art. 65 do CPP, de modo a excluir a legítima defesa da honra do âmbito do instituto da legítima defesa; e
c) a defesa, a acusação, a autoridade policial e o juízo são proibidos de utilizar, direta ou indiretamente, a tese de legítima defesa da honra (ou qualquer argumento que induza à tese) nas fases pré-processual ou processual penais, bem como durante julgamento perante o tribunal do júri, sob pena de nulidade do ato e do julgamento.

STF. Plenário. ADPF 779 MC-Ref/DF, Rel. Min. Dias Toffoli, julgado em 13/3/2021 (Info 1009).

Classificações de legítima defesa

Existem algumas espécies de legítima defesa, assim denominadas pela doutrina:

Legítima defesa real ou própria: é a legítima defesa com todos os pressupostos preenchidos.

Legítima defesa putativa: como já visto, o termo putativo deriva do verbo latim *putare*, que significa imaginar, supor. Portanto, legítima defesa putativa é aquela suposta, imaginada pelo agente. O agente supõe, por erro de tipo ou de proibição, estar acobertado por legítima defesa. Desse modo, repele uma agressão que só é injusta em razão do equívoco do sujeito. É possível que se utilize o termo descriminante putativa apenas para a hipótese de se fundar em erro de tipo, devido à nomenclatura utilizada pelo Código Penal, como título do artigo 20, § 1º. No entanto, grande parte da doutrina diferencia as descriminantes putativas entre as fundadas por erro de tipo e por erro de proibição.

Legítima defesa sucessiva: é a causa de excludente que acoberta o agente que, após provocar a injusta agressão, busca repelir o excesso. Imagine que o sujeito agride um outro com um tapa. O outro, buscando se defender da agressão, pega um facão e começa a atacá-lo. Então, o primeiro agressor, verificando esse excesso, defende-se, pegando um outro facão para se defender. É um caso de legítima defesa sucessiva, em que um agente se defende do excesso praticado pela vítima, a qual busca se defender da agressão injusta daquele primeiro agente.

Legítima defesa subjetiva: é o excesso derivado de erro de tipo escusável ou inevitável. Neste caso, a vítima se excede, ao se defender de uma injusta agressão, por interpretar a realidade de forma equivocada, pensando necessitar de meios mais gravosos do que realmente necessita. Imagine um sujeito que está sendo agredido por um torcedor fanático, apenas por estar com a camisa do time rival. Entretanto, a agressão consiste em alguns tapas. O agredido, a vítima, entra no carro e, então, imaginando que as agressões não vão parar e supondo que o seu agressor está armado, joga o carro em cima dele e o atropela. Na verdade, o torcedor fanático só queria a provocação com tapas e não estava armado, o que tinha na sua cintura era uma buzina usada na torcida. Como a vítima da agressão inicial não poderia imaginar que as agressões cessariam, imaginou que estava ainda em legítima defesa, por erro de tipo que não poderia evitar. O erro de tipo é a falsa representação da realidade pelo indivíduo que dirigiu seu carro. Como o erro de tipo é escusável, neste exemplo, há exclusão do dolo e da culpa. O agente, em conclusão, agiu sob legítima defesa subjetiva.

✓ E se houver erro de execução (*aberratio ictus*) na legítima defesa?

O agente responde como se tivesse atuado contra o agressor, nos termos do artigo 73 do Código Penal. Como estudamos sobre o erro de execução, deve-se considerar a vítima que o agente buscava atingir (**vítima virtual**), e não aquela que efetivamente atingiu (vítima real). Desse modo, considera-se como tendo efetivamente agido em legítima defesa.

Há divergências, pois parte da doutrina defende que há estado de necessidade nesse caso.

✓ Cabe legítima defesa recíproca?

A doutrina **afasta a hipótese**, por ser seu requisito a agressão injusta. Caso o sujeito inicie uma agressão injusta e a vítima se defenda (legítima defesa), não é possível que o sujeito que iniciou a agressão invoque a legítima defesa, pois a agressão da vítima é legítima.

São cabíveis, entretanto, a legítima defesa sucessiva e a legítima defesa putativa recíproca. A legítima defesa sucessiva é aquela em que a vítima da agressão injusta, ao se defender, se excede nos meios, o que enseja ao agente que iniciou a agressão injusta a possibilidade de se defender. Isso porque o excesso configura também agressão ilegítima.

Legítima defesa putativa é aquela suposta, em que o indivíduo imagina que estão configurados os requisitos da legítima defesa. Deste modo, é possível que a agressão de dois sujeitos seja injusta ao mesmo tempo, sendo que ambos imaginam que está em legítima defesa. É o caso de dois indivíduos que possuem porte de arma e brigam por causa de uma namorada. Após se ameaçarem, encontram-se uma semana depois, em uma rua escura, e ambos se assustam, tocam em suas armas e se aproximam para verificar quem está lá. Entretanto, um olha para o outro e imagina que haverá uma agressão injusta, o que faz com que ambos disparem e causem lesões um no outro. Há, portanto, legítima defesa putativa (suposta) da parte dos dois, o que a torna recíproca.

✓ É possível a ocorrência conjunta de estado de necessidade e legítima defesa?

Sim. Um exemplo dado pela doutrina é a do agente que, para se defender de um assaltante, subtrai a arma de fogo do vigilante do banco, deixada no chão, sem autorização. Portanto, age em estado de necessidade para a subtração da arma e, quanto ao assaltante armado, age em legítima defesa ao atirar nele para se defender.

Não é cabível a invocação da legítima defesa real contra:

- **Legítima defesa real**: não cabe legítima defesa recíproca, pois uma das agressões será injusta.
- **Estado de necessidade real**: se o sujeito age em estado de necessidade, não há como se repelir sua agressão a título de legítima defesa, pois a atitude dele não será injusta. É possível, entretanto, estado de necessidade recíproco.
- **Exercício regular do direito**: se alguém está agindo conforme um direito seu, sua conduta não pode ser classificada como injusta agressão e, por isso, não pode ser repelida a título de legítima defesa.
- **Estrito cumprimento do dever legal**: do mesmo modo que o exercício regular de um direito, o agente que atua em estrito cumprimento do seu dever legal não pratica injusta agressão, por agir em conformidade com um dever que lhe é dado. Assim, ausente a agressão injusta, não há que se falar em legítima defesa.

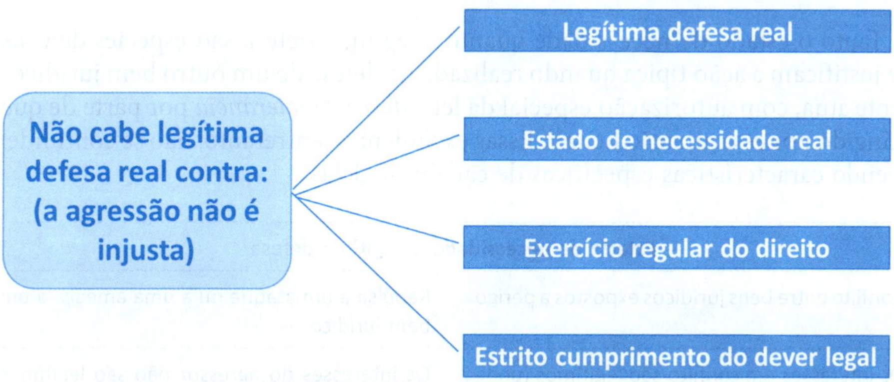

Por outro lado, cabe a análise das hipóteses em que é cabível a legítima defesa:

É cabível	
Legítima defesa	Agressão injusta de inimputável ou acobertado por outra excludente de culpabilidade
Legítima defesa real	Legítima defesa putativa
Legítima defesa putativa	Legítima defesa putativa
Legítima defesa putativa	Legítima defesa real
Legítima defesa real	Legítima defesa putativa por erro de tipo evitável
Legítima defesa real	Legítima defesa subjetiva (excesso)

É cabível a chamada agressão omissiva? Pode o agente defender-se, de forma legítima, de uma omissão que configura uma agressão injusta?

Há divergência na doutrina quanto a isso, sendo que podemos apontar três posições:

- **1ª Posição**: não seria possível a chamada agressão omissiva. A agressão exigiria um comportamento positivo, ou seja, uma conduta comissiva. Por isso, um *non facere* (não fazer) não poderia configurar uma omissão.
- **2ª Posição**: qualquer omissão pode configurar uma agressão injusta. Como decorrência da necessidade de se tutelar o bem jurídico de qualquer lesão ou ameaça de lesão, seria necessário reconhecer que mesmo uma conduta omissiva pode ser agressiva. Desse modo, se injusta, levaria ao reconhecimento do cabimento da legítima defesa.
- **3ª Posição**: admite a agressão omissiva, desde que parta de alguém que está na posição de garante. Se o sujeito está na condição de garantidor, sua omissão pode consubstanciar uma agressão. O exemplo usado pela doutrina seria a do carcereiro que não liberta o executado após o fim do cumprimento da pena. Ele poderia, então, agir para se libertar, já que estaria se defendendo de uma agressão omissiva injusta. É o que defende, dentre outros, o doutrinador Günther Jakobs. **É a posição majoritária**[32].

Tanto o estado de necessidade quanto a legítima defesa são espécies de causas que justificam a ação típica quando realizada na defesa de um outro bem jurídico. O agente atua, com autorização especial da lei e *dever de tolerância* por parte de quem é atingido por essa atuação lícita[33]. Essas excludentes, entretanto, não se confundem, havendo características específicas de cada uma delas:

Estado de necessidade X Legítima defesa	
Conflito entre bens jurídicos expostos a perigo	Repulsa a um ataque ou a uma ameaça a um bem jurídico
Os interesses em conflito são legítimos (pode ser recíproco)	Os interesses do agressor não são legítimos (não pode ser recíproca)
O perigo pode advir da conduta humana ou não	O perigo só pode advir da conduta humana
A conduta pode se dirigir ao causador do perigo ou terceiro inocente	A conduta só pode se voltar contra o agressor
Há um perigo atual, sem destinatário certo	Há uma agressão humana injusta, atual ou iminente, direcionada a alguém

32. Parece ser a posição de Claudio Brandão, que só nega a possibilidade de legítima defesa em caso de omissão própria (Teoria jurídica do crime. 6. ed. Belo Horizonte, São Paulo: D'Plácido, 2020, p. 179).
33. HILGENDORF, Eric; VALERIUS, Brian. Ob. Cit., 2019, p. 124-125.

2.3. Estrito cumprimento do dever legal

O estrito cumprimento do dever legal é **a causa excludente de ilicitude que abrange a conduta de alguém que realiza um fato típico no cumprimento estrito de um dever previsto em lei**. É a situação em que alguém cumpre um dever imposto pela lei, dentro dos limites por ela determinados. O dever legal é aquele imposto pela lei, não se podendo confundir com dever moral ou religioso. Referido dever pode, entretanto, constar de sentença, de decreto ou de qualquer ato normativo infralegal, desde que possua base legal.

Cláudio Brandão observa que esse dever legal deve decorrer de norma de caráter geral. Caso seja uma norma individualizada, pode haver a exclusão da culpabilidade por obediência hierárquica, em que o agente atua em razão de ordem não manifestamente ilegal. O cumprimento de tal dever deve ser estrito, isto é, não abrange excessos ou desvios.

Como as demais causas excludentes de ilicitude, já estudadas, é imprescindível que esteja presente o **elemento subjetivo**. Isto é, o agente deve ter conhecimento da situação que o permite agir em estrito cumprimento de um dever legal. Caso contrário, o fato é ilícito. Desse modo, se um agente público possui o dever de destruir produtos trazidos para o Brasil de forma ilícita e, mesmo ignorando que a garrafa de bebida que seu vizinho trouxe de uma viagem internacional possui teor alcoólico acima do permitido, apreende-a para satisfação pessoal e a destrói. Sua conduta não estará acobertada pelo exercício regular de um direito, em razão de não ter consciência dos elementos que tornavam sua conduta lícita e de ter se portado com outra vontade livre e consciente, que não era a de cumprir seu dever legal.

A excludente do estrito cumprimento do dever legal se estende aos coautores, ou partícipes do fato, desde que esteja presente o elemento subjetivo. Vale lembrar que, para Zaffaroni, a tipicidade engloba a antinormatividade, o que excluiria a tipicidade da conduta de quem age em estrito cumprimento do dever legal.

✓ **O estrito cumprimento do dever legal abrange o particular ou apenas o funcionário público?**

A doutrina diverge a respeito da possibilidade de um particular invocar o estrito cumprimento do dever legal. Para a maioria, o particular pode sim invocar esta excludente da ilicitude. Seria exemplo o caso do advogado que se nega a depor, em juízo, sobre fatos confidenciados pelo cliente. A doutrina também aponta o exemplo de quem, prestando depoimento como testemunha, atinge a honra de terceiro[34]. Também poderiam invocar o estrito cumprimento de dever legal o jurado e o mesário das eleições, dentre outros.

2.4. Exercício regular de um direito

O exercício regular de um direito é a causa excludente de ilicitude que abrange a conduta de qualquer cidadão que é autorizada por lei, que constitui uma prerrogativa

34. BRANDÃO, Claudio. Teoria jurídica do crime. 6. ed. Belo Horizonte, São Paulo: D'Plácido, 2020, p. 185.

legal, desde que exercida com regularidade. Deve-se entender direito como o que é previsto em lei penal ou extrapenal. Tal direito pode constar, ainda, de atos infralegais, como as normas de poder de polícia.

Mais uma vez, cumpre enfatizar a necessidade, como nas demais excludentes de ilicitude, da presença do **elemento subjetivo**. A consciência do agente deve abranger todos os fatos, assim como a situação que autoriza a sua prática, sob pena de ser a conduta ilícita. Se o elemento subjetivo for outro, há crime. São requisitos do exercício regular de um direito:

- Proporcionalidade
- Indispensabilidade
- Elemento subjetivo (conhecimento da situação)

Diferentemente do que ocorre em outros países, no Brasil o legislador, ao elencar as duas causas extintivas da punibilidade, diferenciou o exercício regular do direito e o estrito cumprimento do dever legal. Assim, a doutrina necessita delimitar ambas as excludentes de ilicitude. Na Alemanha, essa diferenciação não é realizada, razão pela qual a doutrina necessita elencar as causas de exclusão da ilicitude, como o direito de correção e o atuar *pro magistratu*, entre outras[35]

O **exercício regular do direito *pro magistratu*** envolve as situações em que o Estado não pode estar presente e possibilita que o particular atue para evitar a lesão ao bem jurídico tutelado ou até mesmo restabelecer a ordem pública. O exemplo seria a prisão em flagrante efetuado por *qualquer pessoa do povo*, nos termos do artigo 301 do Código de Processo Penal.

O **direito de correção** dos pais, em relação aos filhos, consiste no poder familiar exercido para dirigir a criação e a educação36. Assim, é possível que o pai determine que o filho, menor de idade e não emancipado, permaneça de castigo, em seu quarto, por um dia. Isso não configurará o delito de sequestro ou cárcere privado, por haver exclusão da ilicitude pelo que se denomina de *direito de castigo*.

Outro caso discutido é o do **desforço imediato**. Como a lei possibilita o uso da força para garantir o direito à posse, como dispõe o artigo 1.210 do Código Civil, há uma causa de exclusão da ilicitude. Em caso de turbação ou esbulho da posse, o possuidor poderá manter-se ou restituir por sua própria força, desde que o faça logo. Além disso, limitam-se os atos de defesa ou de desforço ao indispensável à manutenção ou restituição da posse.

Como **exemplos** de exercício regular de um direito, podem ser apontados os seguintes:

- Retenção da coisa alheia para ressarcimento de benfeitorias úteis e necessárias (Art. 1.219, CC)

35. BRODT, Luis Augusto Sanzo. Entre o dever e o direito. JURIS - Revista da Faculdade de Direito, [S. l.], v. 11, p. 301–314, 2008. DOI: 10.14295/juris.v11i0.601. Disponível em: https://periodicos.furg.br/juris/article/view/601. Acesso em: 23 jul. 2024.

36. Em sentido contrário, não admite o direito de correção, mas sim o *dever* de dirigir a criação e educação dos filhos: BRODT, Luis Augusto Sanzo. Op. Cit, 2008, p. 309.

- Castigo moderado dos filhos como meio de dirigir a educação (art. 1.634, I, CC; com atenção ao art. 18-A, ECA[37])
- Imunidade judiciária (art. 142, I, CP – crimes contra a honra)
- Intervenção médica ou cirúrgica em caso de iminente risco de vida (art. 146, §3º, I – constrangimento ilegal)
- Coação para impedir suicídio (art. 146, §3º, II – constrangimento ilegal)
- Esportes violentos (art. 3º, Lei n. 9.615/1998 – reconhecimento estatal)

De todo modo, cumpre ressaltar que, em alguns casos, para parte da doutrina, as condutas seriam atípicas. Para a doutrina do jurista Zaffaroni, como já estudado, a tipicidade engloba a antinormatividade. Assim, pelo fato de os exemplos acima serem de condutas permitidas pelo ordenamento jurídico, elas não seriam sequer típicas.

2.5. A questão dos ofendículos

Os ofendículos, também denominados de *offendicula* ou *offensacula*, querem dizer obstáculo ou obstrução. Cuida-se de **aparato predisposto**, que deve estar visível, destinado à proteção de bens jurídicos, como a vida e a propriedade. Note-se que o obstáculo deve ser perceptível, não devendo estar oculto ou articulado para agir de surpresa. São exemplos os cacos de vidro em cima de muros e as cercas elétricas sinalizadas. Há discussão na doutrina, sobre se tratar de exercício regular de um direito[38], o que parece mais adequado, ou legítima defesa, que seria preordenada ou antecipada[39].

Existe, ainda, o problema dos ofendículos não visíveis, como o caso do sujeito que resolve colocar pequenas lanças do lado de dentro da propriedade. Deste modo, um invasor salta e cai sobre as lanças, sofrendo lesão corporal. A conduta do proprietário seria acobertada pela legítima defesa, na modalidade de defesa mecânica predisposta.

2.6. Causas supralegais de exclusão da ilicitude

Há discussão doutrinária sobre a possibilidade de se reconhecerem causas supralegais de exclusão da ilicitude. A controvérsia envolve, por exemplo, a questão do consentimento do ofendido e sua natureza jurídica.

Se o **consentimento do ofendido** for elementar do crime, a análise é de **tipicidade**, não havendo que se falar em excludente de ilicitude[40]. Um exemplo é o delito de violação de domicílio, cujo tipo penal prevê o seguinte:

---

37. Hilgendorf e Valerius defendem a possibilidade de ingerência sobre o corpo da criança que não ultrapasse os limites da insignificância (HILGENDORF, Eric; VALERIUS, Brian. Ob. Cit., 2019, p. 172).
38. BRANDÃO, Cláudio. Teoria jurídica do crime. 6. ed. Belo Horizonte, São Paulo: D'Plácido, 2020, p. 186.
39. HILGENDORF, Eric; VALERIUS, Brian. Ob. Cit., 2019, p. 130-131.Alertam os autores que não se deve confundir **legítima defesa antecipada**, com precauções tomadas antecipadamente para o caso de posterior agressão, como mecanismos de proteção no jardim em caso de invasão da casa, com a legítima defesa preventiva, não admitida, exemplificada com a hipótese de uma mulher, sabendo que o seu marido é extremamente violento, fez diversas ameaças e pode vir a matá-la quando acordar, asfixiá-lo durante o sono.
40. Há quem diferencie as situações com nomenclatura diversa. Quando o tipo exige o dissentimento do titular do bem jurídico, a excludente da tipicidade é o acordo. O consentimento seria a denominação para a excludente supralegal de ilicitude (HILGENDORF, Eric; VALERIUS, Brian. Ob. Cit., 2019, p. 156-157).

- *Art. 150 – Entrar ou permanecer, clandestina ou astuciosamente, ou* ***contra a vontade expressa ou tácita de quem de direito****, em casa alheia ou em suas dependências:*
- *Pena – detenção, de um a três meses, ou multa.*

Da leitura do tipo penal, nota-se claramente que o consentimento do ofendido faz parte dele, é sua elementar. Elementar é um elemento do tipo penal cuja ausência impede a configuração do delito, evita a tipicidade formal. Se há consentimento para entrada no domicílio, a conduta de ingressar nele é atípica.

Se a ausência de consentimento do ofendido **não for elementar do crime**, hipótese em que o consentimento da vítima implica a **atipicidade** do fato, pode-se analisar se a hipótese é de **exclusão da ilicitude**. Cuida-se de matéria doutrinária[41] e, por isso, **não há consenso** sobre sua aplicação, mas é predominante a posição que admite essa excludente. Seriam exemplos de delitos em que o consentimento do ofendido seria uma cláusula excludente de ilicitude: o furto e a lesão corporal leve. Pode haver, por exemplo, o consentimento da vítima para que o agente desconte a fúria, advinda de uma discussão, em algo de sua propriedade, afastando-se a ilicitude do fato típico de dano[42].

Para que o consentimento do ofendido seja considerado causa supralegal de exclusão de ilicitude, apontam-se os seguintes requisitos:

- Capacidade do ofendido;
- Validade do consentimento;
- Disponibilidade do bem (objeto jurídico);
- Titularidade do bem (o ofendido deve ser o titular);
- Antecedência ou simultaneidade do consentimento;
- Forma expressa do consentimento;
- Ciência da situação fática que exclui a ilicitude.

Entretanto, o consentimento do ofendido não possui grande aceitação na jurisprudência. O TJSP já negou a sua aplicação no caso de crime de fornecimento de bebida alcoólica a criança ou adolescente (artigo 243 do ECA)[43]. O STJ, por sua vez, antes da alteração legislativa levada a efeito pela Lei n. 13.718/2018, já possuía o enunciado 593 da sua Súmula do STJ, negando a sua relevância no crime de estupro de vulnerável[44]. De todo modo, esses casos não se enquadrariam nos requisitos

---

41. As raízes dessa concepção de consentimento do ofendido como impedimento à configuração do crime parecem ser bem antigas, como a ideia de que *volenti non fit injuria* (FEUERBACH, Paul Johann Anselm Ritter von. Tratado de derecho penal común vigente en Alemania. Traducción al castellano de la 14ª edicción alemana por Engenio Raúl Zaffaroni e Irma Hagemeier. Buenos Aires: Hammurabi, 2022, p. 57).
42. BRANDÃO, Cláudio. Teoria jurídica do crime. 6. ed. Belo Horizonte, São Paulo: D'Plácido, 2020, p. 187.
43. TJSP, Apelação 0001764-08.2016.8.26.0116, Rel. Laerte Marrone, 14ª Câmara de Direito Criminal, Julgamento em 23/11/2017.
44. "O crime de estupro de vulnerável configura-se com a conjunção carnal ou prática de ato libidinoso com menor de 14 anos, sendo irrelevante o eventual consentimento da vítima para a prática do ato, experiência sexual anterior ou existência de relacionamento amoroso com o agente".

apontados por grande parte da doutrina, dada a ausência de capacidade da vítima em consentir. É minoritária a doutrina que admite o consentimento de menores, admitindo uma mera capacidade de vontade natural, ainda que juridicamente não haja capacidade[45].

Quanto ao crime de descumprimento de medida protetiva, tipificado no artigo 24-A da Lei n. 11.340/2006, o STJ decidiu que o consentimento do ofendido pode afastar a configuração do crime, mas se referiu à tipicidade, e não à ilicitude, o que parece mais adequado, já que o tipo penal não exige o dissenso da vítima:

> *"Consoante o entendimento mais recente das duas Turmas deste STJ especializadas em direito penal, o consentimento da vítima afasta a tipicidade do crime de descumprimento de medida protetiva." (STJ, EDcl no AgRg no AREsp n. 2.408.465/SP, Rel. Min. Ribeiro Dantas, Quinta Turma, julgado em 12/12/2023, DJe de 19/12/2023).*

2.7. Excesso Punível

A conduta acobertada por uma excludente da ilicitude deve ser praticada com razoabilidade, dentro dos limites da lei. Caso contrário, configurar-se-á o excesso, que deve ser punido no âmbito penal. Sobre o tema, prevê o artigo 23 do Código Penal:

> *Excesso punível*
>
> *Parágrafo único – O agente, em qualquer das hipóteses deste artigo, responderá pelo excesso doloso ou culposo.*

O excesso pode ser **doloso ou culposo**. Desse modo, excedendo-se o agente em sua conduta, ainda que justificada por uma excludente de ilicitude, deve por ela responder, tenha ele agido com dolo ou com culpa.

O **excesso doloso** ocorre quando o agente, deliberadamente, decide violar o bem jurídico alheio além dos limites autorizados pela descriminante. É o caso do sujeito que recebe um soco em um bar e não se limita a revidar, mas, cessada a agressão do outro, resolve prosseguir na sua conduta, que era defensiva, até matar o indivíduo que iniciou a briga.

O **excesso é culposo** quando o agente está atuando sob uma descriminante, mas, por imprudência, negligência ou imperícia, se excede. Imagine que, para se defender de uma agressão, o sujeito vai utilizar uma arma que não conhece e, assim, em vez de atirar nas pernas do sujeito que vem atacá-lo, atira em sua cabeça, o que era claramente desnecessário, considerando que o agressor estava desarmado e era mais fraco do que ele. Ele o fez não por desejar matar, mas por não ter conhecimento de técnica de tiro.

O excesso punível pode ser classificado, ainda, em intensivo ou extensivo[46]:

---

45. HILGENDORF, Eric; VALERIUS, Brian. Ob. Cit., 2019, p. 157-160.

46. A classificação aqui trazida, que nos parece majoritária, é também usada por Eric Hilgendorf e Brian Valerius (Direito Penal, Parte Geral., 2019, p. 185), Cleber Masson (Direito Penal, Parte Geral, 13 ed., p. 361) e por Zaffaroni e Pierangeli, ainda que de forma crítica (Manual de Direito Penal Brasileiro, Parte Geral, 8 ed., p. 566).

- **Excesso intensivo (ou próprio)** é aquele que se relaciona com os **meios utilizados** para repelir a agressão ou ao **grau de sua utilização**. O excesso é chamado intensivo devido à intensidade da conduta do agente. Dito de outra forma, os requisitos ainda estão presentes, mas há desproporcionalidade.
- Imagine que um lutador de *jiu-jitsu*, em uma discussão de bar, começa a ser agredido por alguém que possui força física muito inferior à dele e, portanto, que ele pode facilmente conter. Entretanto, o atleta retira uma arma do coldre e dispara até acabar sua munição, levando o outro indivíduo a óbito. Ele responde por esse excesso.
- **Excesso extensivo (ou impróprio)**, por sua vez, configura-se quando a conduta para repelir a agressão **se prolonga no tempo** em período superior ao da própria agressão. Os requisitos da excludente de ilicitude já não estão presentes.

  É o caso da mulher, chamada Joana, que leva vários tapas de sua colega de trabalho. Então, revida. A agressora desiste e, quando está deixando o ambiente, é alcançada por Joana, que resolve agredi-la até lhe causar lesão corporal de natureza grave. Seu excesso é denominado extensivo, pois se estende, no tempo, mais do que dura a injusta agressão. Por isso, Joana deve responder pelo excesso.

Na visão de Juarez Cirino dos Santos[47], excesso intensivo, na legítima defesa, referir-se-ia ao uso de meio desnecessário, o que parece compatível com a ideia de intensidade: o uso de uma arma de fogo para se defender de uma idosa, que ataca com a sua bolsa. O excesso extensivo, por sua vez, diria respeito ao uso imoderado do meio necessário na legítima defesa, o que se configuraria na não coincidência temporal entre a atuação do agente e a agressão. Para Cirino dos Santos, essa hipótese poderia ocorrer no caso de continuar socando o agressor depois de ele já estar caído no chão.

Entretanto, tal classificação é **controversa**[48], razão pela qual muitos autores sequer a utilizam, quer por entenderem confusa, quer por entenderem que o excesso intensivo é uma contradição em termos (os requisitos não estariam presentes se há desproporção). Para exemplificar o problema, Cláudio Brandão relaciona o excesso intensivo ao medo, confusão ou susto do agente, defendendo a exclusão da culpabilidade no caso[49].

Na lei alemã, faz-se uma diferença, já utilizada em discussões sobre o assunto no Brasil, entre emoções **astênicas e estênicas**. Exclui-se a culpabilidade do excesso na legítima defesa se o indivíduo assim atuar por desorientação, terror ou susto. São as emoções astênicas. Por outro lado, as emoções estênicas, como indignação, raiva ou sede de vingança, não excluem a culpabilidade. O Código Penal brasileiro estatui que a emoção não exclui a culpabilidade, conforme previsão do artigo 28, inciso I, de modo que o tema deve ser discutido por meio da teoria do erro[50].

47. SANTOS, Juarez Cirino dos. Direito Penal: parte geral. 9ª ed. rev. atual e ampl. São Paulo: Tirant lo Blanch, 2020, p. 343.
48. CUNHA, Rogério Sanches. Manual de Direito Penal. 8ª ed. Salvador: Juspodivm, 2020, p. 348.
49. BRANDÃO, Cláudio. Teoria jurídica do crime. 6. ed. Belo Horizonte, São Paulo: D'Plácido, 2020, p. 188.
50. HILGENDORF, Eric; VALERIUS, Brian. Ob. Cit., 2019, p. 184-185.

QUADRO SINÓTICO

Ilicitude	
Conceito	É a análise de conformidade ou não com o ordenamento jurídico. Ou seja, verifica-se, nesse substrato do conceito analítico de crime, se a conduta típica (primeiro substrato do conceito analítico de crime) é permitida pelo ordenamento jurídico ou se é contrária a ele (segundo substrato do conceito analítico do crime).
Relação com a tipicidade	Adotada, de forma majoritária, a teoria da *ratio cognoscendi* ou a fase do caráter indiciário do tipo, aponta-se uma presunção de que o fato típico é ilícito.
Causas excludentes gerais	Previstas no artigo 23, são: • estado de necessidade • legítima defesa • estrito cumprimento de dever legal • exercício regular de direito.
Causas excludentes específicas	A lei pode prever excludentes de ilicitude para algum tipo específico, como no caso do aborto legal, denominação que se dá às hipóteses de exclusão do crime de aborto, por ausência de ilicitude, previstas no artigo 128 do Código Penal.
Causas excludentes supralegais	Há discussão doutrinária sobre a possibilidade de se reconhecerem causas supralegais de exclusão da ilicitude. Grande parte da doutrina tem defendido a aceitação do consentimento do ofendido, nos casos em que o dissenso da vítima não é elementar do tipo, ela possui capacidade de consentir e o bem seja disponível. Seriam exemplos de delitos em que o consentimento do ofendido seria uma cláusula excludente de ilicitude: o furto e a lesão corporal leve.
Excesso	O agente responderá pelo excesso doloso ou culposo no caso de qualquer das excludentes de ilicitude do artigo 23 do CP. • **Excesso doloso**: ocorre nas hipóteses em que o agente, deliberadamente, decide violar o bem jurídico alheio além dos limites autorizados pela descriminante. • **Excesso culposo**: ocorre nas hipóteses em que o agente está atuando sob uma descriminante, mas, por imprudência, negligência ou imperícia, se excede. • **Excesso intensivo**: é aquele que se relaciona com os meios utilizados para repelir a agressão ou ao grau de sua utilização. • **Excesso extensivo**: configura-se quando a conduta para repelir a agressão se prolonga no tempo em período superior ao da própria agressão.

Excludentes de ilicitude	
Estado de necessidade	Colisão entre dois interesses jurídicos colocados em perigo, sendo necessário o **sacrifício** de um para salvar o outro, por quem não provocou a situação **atual** de perigo nem tenha o dever legal de enfrentá-lo. Prevalece ter sido adotada a **teoria unitária**.
Legítima defesa	Possibilidade de repelir, em **defesa** de si mesmo ou de outrem, uma **injusta agressão**, **atual ou iminente**. Não se exige o *commodus discessus*.
Exercício regular de um direito	Conduta de alguém que realiza um fato típico no cumprimento estrito de um **dever previsto em lei, decorrente de norma geral**.
Estrito cumprimento do dever legal	Conduta de qualquer indivíduo que seja **autorizada por lei**, que constitui uma prerrogativa legal, desde que exercida com **regularidade**.
Causas supralegais	Há divergência doutrinária, mas a maioria aponta como aceitável, em alguns delitos, o **consentimento do ofendido** como causa supralegal, desde que não seja elementar do crime (caso de atipicidade).

CAPÍTULO VII
TEORIA DO CRIME: CULPABILIDADE

Neste Capítulo, finalizaremos a teoria do crime, com o estudo da culpabilidade. Como foi adotada a teoria tripartida para conceituar infração penal, seus substratos são: fato típico, ilicitude e culpabilidade. Desse modo, a culpabilidade fecha o ciclo dos estudos sobre os elementos que constituem o crime, possibilitando a compreensão do que constitui crime para o entendimento atual dominante.

1. CONCEITO DE CULPABILIDADE

Culpabilidade **é o juízo de reprovação ou censura**, consistindo no terceiro substrato do conceito analítico de crime, consoante preconiza a teoria tripartida. A própria palavra "culpado" já traz o sentido usual de responsabilização de alguém por um fato que se reprova. Em sentido jurídico-penal, culpabilidade é o juízo normativo de reprovação que é pressuposto para a aplicação da pena. Essa reprovação é normativa, isto é, baseada nas normas jurídica vigentes, e não em valores puramente morais ou éticos. Além disso, é a culpabilidade que determinará a medida da pena correspondente ao fato típico e ilícito praticado.

O juízo de censura ou de reprovação tem como base a decisão *livre* pela prática do delito, quando havia outra opção exigível do agente. Só se reprova a conduta do indivíduo que tinha capacidade de compreensão do caráter ilícito de fato e de determinar-se de acordo com esse entendimento e que, além disso, tinha potencial capacidade de compreender que aquela conduta específica violaria alguma norma penal incriminadora. Não se reprovará a sua conduta, no entanto, se não lhe era exigível um comportamento alternativo que fosse compatível com o ordenamento jurídico.

Logo, é a análise se a conduta típica, consistente no primeiro substrato do conceito analítico de crime, e não permitida pelo ordenamento jurídico, o que se traduz no segundo substrato do conceito analítico do crime, é ou não é reprovável, raciocínio correspondente ao terceiro substrato do conceito analítico do crime. A análise é progressiva, ou seja, só se analisa a culpabilidade se já houver a conclusão de que existe um fato típico e ilícito, ou, em outros termos, um injusto penal.

A culpabilidade pode ser compreendida em um aspecto formal e em um aspecto material:

- **Culpabilidade formal**: é o juízo de reprovação realizado pelo legislador, de forma abstrata, para fixação das sanções criminais, inclusive no que se refere aos limites máximo e mínimo das penas. É feita uma análise de censura em relação às mais variadas infrações penais para fixação das penas abstratamente cominadas a cada uma delas.

- **Culpabilidade material**: é o julgamento da reprovação do fato que é realizada pelo juiz, em relação ao caso concreto, para a fixação da pena. É um dos critérios a serem levados em conta para a individualização da sanção penal.

  Sua previsão está expressa no artigo 59 do Código Penal, que traz as chamadas circunstâncias judiciais para a fixação da pena-base, na primeira das três fases da dosimetria. Referidas circunstâncias também são analisadas para a fixação do regime inicial de cumprimento de pena, da possibilidade de substituição da pena privativa de liberdade por penas restritivas de direitos ou pena de multa, bem como para escolha das penas cominadas de forma alternativa. Vale a leitura do referido dispositivo:

> *Art. 59 – O* ***juiz****, atendendo à* ***culpabilidade****, aos antecedentes, à conduta social, à personalidade do agente, aos motivos, às circunstâncias e consequências do crime, bem como ao comportamento da vítima,* ***estabelecerá, conforme seja necessário e suficiente para reprovação e prevenção do crime****:*
>
> *I – as penas aplicáveis dentre as cominadas;*
>
> *II – a quantidade de pena aplicável, dentro dos limites previstos;*
>
> *III – o regime inicial de cumprimento da pena privativa de liberdade*
>
> *IV – a substituição da pena privativa da liberdade aplicada, por outra espécie de pena, se cabível.*

Cláudio Brandão ensina que, enquanto a tipicidade e a antijuridicidade se relacionam ao fato, a culpabilidade se refere ao autor do fato[51]. Para ele, a culpabilidade é um juízo de reprovação pessoal, ou seja, que recai sobre a pessoa, representando o rompimento com a responsabilidade objetiva[52].

A doutrina distingue, ainda, a **culpabilidade pelo fato individual** e a **culpabilidade do autor**. A culpabilidade pelo fato individual se volta ao desvalor do fato praticado, analisando-se o modo de execução e as circunstâncias do crime, por exemplo. Já a culpabilidade do autor valora o sujeito ativo do delito, em razão de sua conduta social, personalidade e antecedentes. Na dosimetria da pena adotada pelo Código Penal, há a adoção de ambas as espécies de culpabilidade, com análise das duas para fixação da sanção penal, como as circunstâncias do crime (fato) e a reincidência (autor).

Culpabilidade do autor, para alguns, seria uma culpabilidade do caráter ou da decisão de vida e levaria em conta a conduta social e a personalidade do agente, por exemplo.

51. BRANDÃO, Cláudio. Tipicidade penal. 2. ed. (O tempo e a norma). Coimbra: Almedina, 2020, p. 146-147.
52. BRANDÃO, Cláudio. Teoria jurídica do crime. 6. ed. Belo Horizonte, São Paulo: D'Plácido, 2020, p. 216.

✓ **Põe-se, então, a seguinte controvérsia: a culpabilidade é do autor ou do fato?**

Prevalece que a culpabilidade é do fato, apesar de seus elementos estarem relacionados à pessoa do autor. A culpabilidade constitui-se da imputabilidade, da potencial consciência da ilicitude e da exigibilidade de conduta diversa. Esses elementos são relacionados à pessoa, ao sujeito ativo da conduta. Entretanto, o autor só deve ser reprovado enquanto agente da conduta, por aquilo que ele fez ou deixou de fazer.

As condições pessoais do agente são consideradas para a dosimetria da pena, mas não podem determinar a reprovabilidade do ato. Desse modo, a censurabilidade relaciona-se ao fato praticado pelo agente, sendo que ele deve ser analisado como o sujeito do fato. A reprovação, portanto, dá-se em relação à gravidade da conduta praticada pelo agente, seja ela omissiva ou comissiva.

Rogério Greco, entretanto, aponta que, com base na lição de Hans-Heinrich Jescheck, é possível defender a união de ambas as concepções, tanto de culpabilidade de ator quanto de culpabilidade do fato. A culpabilidade deve se centrar no fato, ou seja, ter nele seu núcleo, mas é possível levar em conta, em alguns aspectos, a culpabilidade do autor[53].

Luiz Flávio Gomes, por sua vez, defende que o que interessa para o Direito Penal do Fato é o juízo de censura sobre os fatos, sendo que as características do autor são reservadas para fixação da pena, nos termos do artigo 59 do Código Penal. Assim, afasta-se o Direito Penal do Autor, que não é aceito atualmente, por defender a punição e a responsabilização do homem por aquilo que ele é, e não pela ação ou omissão que ele exteriorizou[54].

Em suma:

- **Culpabilidade do autor**: juízo de reprovação que recai sobre o autor, em virtude de sua conduta e com base em sua capacidade de se autodeterminar.
- **Culpabilidade do fato**: é o juízo de reprovação do homem por aquilo que ele fez, a censura recai sobre a conduta praticada pelo agente. Adotada pela doutrina majoritária.

Vista essa controvérsia, reitera-se que a maioria da doutrina entende que a culpabilidade do fato é a que deve ser considerada para análise da configuração ou não do delito. Assim, a culpabilidade do fato é a que preenche a fórmula de que crime é fato típico, ilícito e culpável. Há elementos relacionados à pessoa do autor que podem ser consideradas no exame da culpabilidade como critério definidor da pena. É a culpabilidade como medida da responsabilização dos concorrentes do delito, referida no artigo 29, *caput*, do Código Penal. Cuida-se do terceiro e último substrato do conceito analítico de crime, de acordo com o entendimento da teoria tripartida:

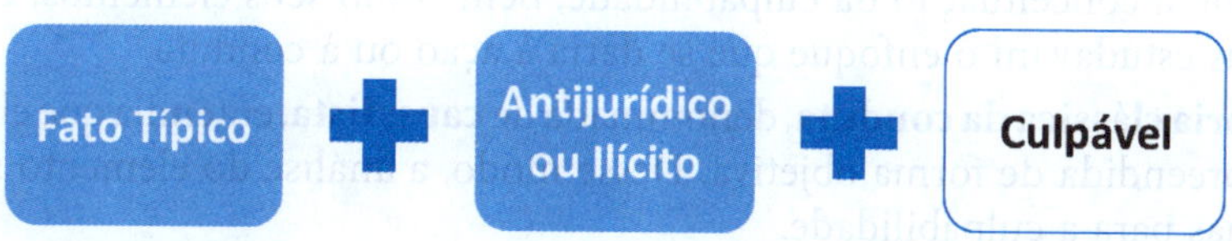

53. GRECO, Rogério. Curso de direito penal. 17. ed. Rio de Janeiro: Impetus, 2015, p. 447.

54. CUNHA, Rogério Sanches. Manual de direito penal: parte geral (arts. 1º ao 120). 8. ed. Salvador: Juspodivm, 2020, p. 358.

A culpabilidade que é elemento do delito não se confunde com a culpabilidade que é a medida da pena. Não se trata, contudo, de elementos totalmente diversos. Não são totalmente isolados um do outro[55]. A culpabilidade que é elemento do crime, que pode ser chamada de **culpabilidade fundamentadora da pena**, consiste no juízo de reprovação do fato típico e ilícito. Atualmente, compreende-se a culpabilidade como composta dos elementos imputabilidade, potencial consciência da ilicitude e exigibilidade de conduta diversa. Essa culpabilidade é o juízo de censura mínimo que deve verificar para que se configura um crime, é pressuposto da existência do delito. Por isso, não se pode aumentar a pena com base em um desses elementos:

> *"A potencial consciência da ilicitude é pressuposto do conceito analítico de crime urdido pela teoria normativa pura da culpabilidade. O conceito de culpabilidade a que remete o art. 59 do Diploma Penal não se refere à sua acepção como pressuposto da responsabilidade penal, mas como juízo de desvalor sobre a conduta perpetrada ou o resultado produzido, de sorte que a gravidade concreta do caso sub judice importaria na necessidade de agravamento da pena. Assim, não é admissível valoração negativa da culpabilidade sob a justificativa de que o Agente tinha plena consciência da ilicitude de suas ações, conforme ocorreu na espécie. (STJ, HC n. 453.169/RS, relatora Ministra Laurita Vaz, Sexta Turma, julgado em 6/6/2019, DJe de 17/6/2019).*
>
> *"Na espécie, as instâncias de origem estabeleceram a reprimenda básica acima do mínimo legal, considerando desfavorável a circunstância judicial relativa à culpabilidade, por ter o réu agido com "grau intenso, ministrando droga por livre e espontânea vontade, ainda que ciente da reprovabilidade da conduta". Entretanto, tal fundamentação não se mostra adequada para a exasperação da pena-base. O art. 59 do Código Penal, ao anunciar a culpabilidade como circunstância judicial, objetiva avaliar o maior ou menor grau de reprovabilidade da conduta do acusado ou menosprezo especial ao bem jurídico violado, parecendo-me, desse modo, carente de fundamentação, no pormenor, o aumento da pena-base. (REsp n. 1.955.041/PA, relator Ministro Antonio Saldanha Palheiro, Sexta Turma, julgado em 14/6/2022, DJe de 23/6/2022.)*

A culpabilidade que é mencionada no *caput* do artigo 29 do Código Penal, que determina que cada um dos concorrentes deve responder na medida de sua culpabilidade, trata do que ultrapassa o juízo de reprovação que é exigido para existência do delito (fato típico, ilícito e culpável). É o juízo de censura mais grave, com base no fato concreto, individualizado, e que denota sua maior gravidade. Trata-se da **culpabilidade da determinação da pena**.

No estudo da teoria da conduta, foi possível concluir que se adotou a base finalista no atual Código Penal brasileiro. Contudo, é importante entender as alterações por que passou a conceituação da culpabilidade, bem como seus elementos, conforme os juristas estudavam o enfoque que se daria à ação ou à conduta.

A **teoria clássica da conduta**, denominada de **causalista**, entendia que ela deveria ser compreendida de forma objetiva. Desse modo, a análise do elemento subjetivo fica apenas para a culpabilidade.

55. ROXIN, Claus; GRECO, Luís. Direito Penal: parte geral. Tomo I. Fundamentos: a estrutura do crime. São Paulo: Marcial Pons, 2024, p. 1184.

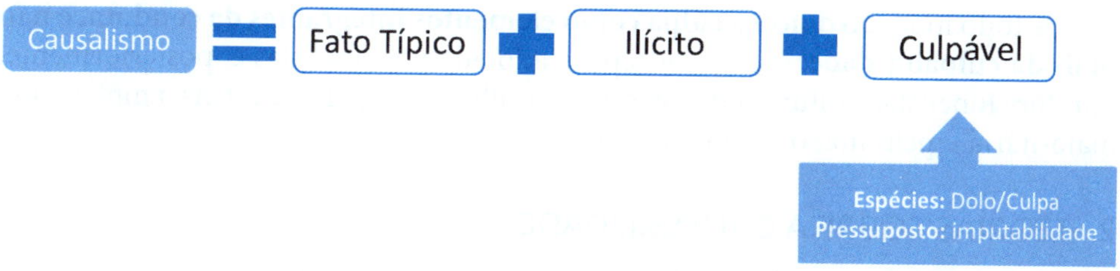

No **neokantismo**, ainda que a conduta passe a contar com elementos subjetivos, o dolo e a culpa continuam a ser estudados na culpabilidade, que passa a contar, para a maioria dos seus partidários, com um novo elemento: a exigibilidade de conduta diversa.

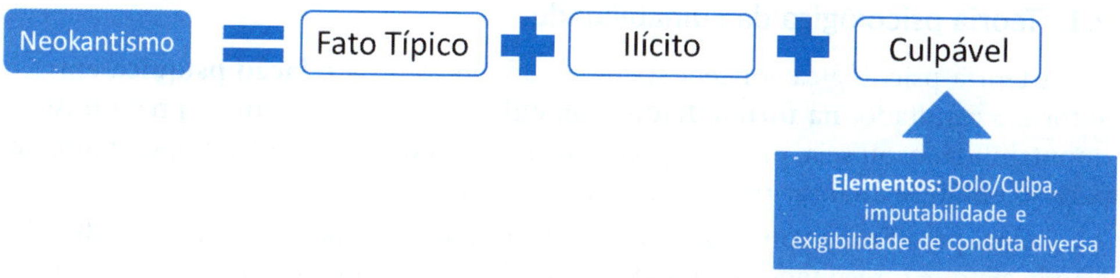

Por fim, o **finalismo** ensejou a migração do dolo e da culpa do substrato da culpabilidade para o substrato do fato típico. A conduta humana, que sempre é dotada de alguma finalidade, não pode ser compreendida sem o seu elemento subjetivo. Por isso, a conduta passa a ser vista em seu conjunto, sendo que, para haver relevância penal, deve ser dolosa ou culposa. A culpabilidade deixa, então, de contar com os elementos subjetivos (dolo ou culpa), passando a ser integrada pela potencial consciência da ilicitude, pela imputabilidade e pela exigibilidade da conduta diversa.

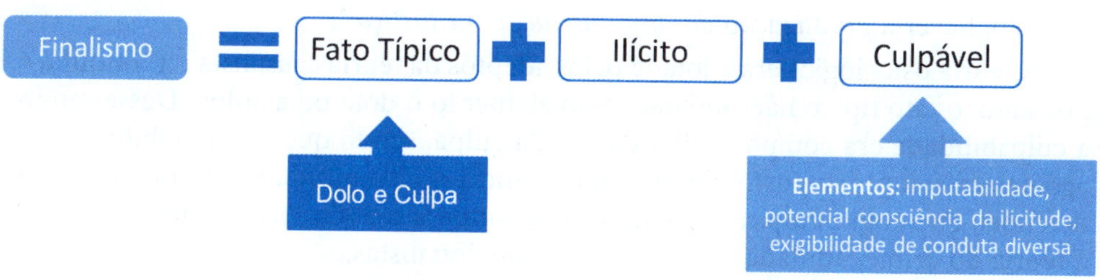

Os elementos indicados pelo finalismo são aqueles usados pelo nosso Código Penal. Além disso, essa estrutura passa a ser usada como base pela grande maioria da doutrina, mesmo que haja algumas modificações pontuais, como no caso do funcionalismo de Roxin[56], que adiciona o elemento "necessidade de pena", ao lado da culpabilidade, para responsabilização penal.

---

56. ROXIN, Claus. Derecho Penal, Parte General, Tomo I. Fundamentos. La Estructura de la Teoria del Delito. Traduccion y notas Diego-Manuel Luzón Peña (Director), Miguel Díaz y García Conlledo, Javier de Vicente Remesal.

De todo modo, **o dolo e a culpa como elementos integrantes da conduta, e não mais da culpabilidade**, é uma concepção adotada por finalistas e, posteriormente, por funcionalistas, difundindo-se e sendo albergada pela doutrina amplamente majoritária e pelo nosso Código Penal.

2. TEORIAS SOBRE A CULPABILIDADE

As teorias da culpabilidade dizem respeito à sua definição e aos elementos que a compõem. Como analisado no tópico anterior, o estudo da culpabilidade foi se alterando, conforme a doutrina passou a conceber a ação ou a conduta de forma diversa. As teorias da conduta, portanto, estão relacionadas com as teorias sobre a culpabilidade.

2.1. Teoria psicológica da culpabilidade

A teoria psicológica concebe a culpabilidade como a **relação psíquica** entre o autor e o resultado, **na forma de dolo ou culpa**. Possui como único pressuposto a imputabilidade, ou seja, parte do ponto inicial de que é necessária a imputabilidade, para só então se analisar o dolo ou a culpa do agente.

Culpa, para Franz von Liszt, seria a responsabilidade pelo resultado produzido. Não basta que o resultado se vincule ao ato de vontade do agente, é necessário encontrar, na *culpa*, a *ligação subjetiva*[57]. Se o agente é inimputável, por exemplo, por um problema mental, não há que se perquirir o dolo ou a culpa, já que não será responsabilizado pela reprovação da sua conduta com base no seu aspecto volitivo.

Parte dos causalistas considerava o dolo como normativo, já que seria seu elemento a atual consciência da ilicitude, ou seja, que, no momento da conduta dolosa, o agente atuasse com vontade, conhecimento e atual consciência da ilicitude. Franz von Liszt, por sua vez, considerava que a consciência da ilicitude não era relevante para o Direito Penal. O autor defende que, se exigíssemos a *consciência da ilegalidade* no dolo, haveria *paralização da administração da Justiça*[58].

A teoria psicológica era adotada pelos adeptos da teoria causalista da conduta, e, portanto, o fato típico não possuía como elemento o dolo ou a culpa. Desse modo, a culpabilidade era composta do dolo ou da culpa, sendo que a imputabilidade do agente era seu pressuposto. Perdeu importância o advento da teoria finalista, que defendeu que dolo e culpa são elementos da conduta e, assim, trouxe nova estrutura à teoria do crime, adotada inclusive pelos funcionalistas.

2.2. Teoria psicológico-normativa da culpabilidade

A teoria psicológico-normativa foi concebida por Reinhard Frank, após o reconhecimento da **existência de elementos normativos e subjetivos no tipo penal**.

Madrid: Civitas, 1997, Reimp. 2008, p.794.

57. LISZT, Franz von. Tratado de Direito Penal Allemão. Tradução de José Hygino Duarte Pereira. Tomo I. Rio de Janeiro: F. Briguiet & C. Editores, 2006, p. 250.

58. LISZT, Franz von. Ob. Cit., 2006, p. 284-289.

Segundo essa teoria, a culpabilidade possui como elementos o dolo ou a culpa, a imputabilidade e a exigibilidade de conduta diversa (a análise das circunstâncias concomitantes)[59]. Assim como a teoria psicológica, essa teoria entende que **o dolo e a culpa integram a culpabilidade**. Entretanto, passa a aceitar a existência de elementos subjetivos e normativos no tipo penal. Portanto, possui compatibilidade com a teoria neokantista da conduta.

A culpabilidade é um juízo de valor, com base no que dispõe a lei penal, sobre a situação psíquica do agente. É uma reprovação baseada entre o que diz a norma e a vontade do agente. Assim, segundo Frank, "culpabilidade é reprovabilidade"[60]. Há um juízo de censura e uma valoração psicológica na culpabilidade[61], pois se exige também uma "relação psíquica do autor com o fato em questão"[62].

Em relação à teoria psicológica da culpabilidade, uma grande diferença da teoria psicológico-normativa é a inserção da **exigibilidade de conduta diversa** como um novo elemento da culpabilidade. Referido elemento advém da **teoria da normalidade das circunstâncias concomitantes**, de Frank, que preconiza só ser culpável determinada conduta desde que pudéssemos, naquelas circunstâncias, exigir uma conduta diferente do agente. A exigibilidade de conduta diversa é um elemento normativo, somando-se aos demais elementos, que são psicológicos e consistem no dolo e na culpa. Por isso, a teoria possui tal denominação, psicológico-normativa.

Frank exemplifica, em sua obra, com a diferença do sujeito que se apropria de dinheiro alheio para sustentar a sua família e o outro que faz isso para se divertir e gastar com vinho: a culpabilidade é diferente. Também há diferentes níveis de culpabilidade quanto ao ferroviário que erra ao fazer o desvio de nível nas linhas de trens, após estar descansado, e aquele que comete esse erro após horas de trabalho. Essas circunstâncias estão além do dolo, o que ele destacava à época em que prevalecia a teoria psicológica da culpabilidade, que era concebida como o vínculo psicológico entre a conduta e o agente[63]. Então, ele demonstra que a culpabilidade varia e isso não tem a ver com o dolo, mas com as circunstâncias do delito. É o que justificava à época, no país dele, e justifica hoje, no Brasil, o tratamento diferenciado do homicídio emocional, apesar de o dolo do agente ser o mesmo dos homicídios em geral.

A inclusão da exigibilidade de conduta diversa possuiu como consequência a solução de questões como a do sujeito que, apesar de atuar com dolo ou culpa e ser imputável, não deve ser considerado responsável pelo delito, ou seja, não deve ser

---

59. FRANK, Reinhard. Derecho Penal. Sobre la estructura del concepto de culpabilidade. Buenos Aires: B de F, 2011, p. 36-37.
60. FRANK, Reinhard. Derecho Penal. Sobre la estructura del concepto de culpabilidade. Buenos Aires: B de F, 2011, p. 39.
61. GOMES, Luiz Flávio. Erro de tipo e erro de proibição. 5. ed. São Paulo: Editora Revista dos Tribunais, 2001, p. 60-61.
62. FRANK, Reinhard. Derecho Penal. Sobre la estructura del concepto de culpabilidade. Buenos Aires: B de F, 2011, p. 41.
63. FRANK, Reinhard. Derecho Penal. Sobre la estructura del concepto de culpabilidade. Buenos Aires: B de F, 2011, p. 28-29.

punido criminalmente. É o caso da coação moral irresistível, que justifica a ausência de responsabilização criminal, mesmo que o agente atue com dolo e seja imputável.

O **dolo**, segundo a teoria psicológico-normativa da culpabilidade, seria **normativo**, em razão de pertencer à culpabilidade e, assim, ter como seu conteúdo a atual **consciência da ilicitude**. É também chamado de *dolus malus*. Só se pode imputar a um agente uma conduta, a título de dolo, se ele possuía consciência, à época, de que seu comportamento era antijurídico, caso contrário, não há o elemento subjetivo da conduta.

Com a consagração do dolo normativo, passa-se a aceitar a escusabilidade do erro de proibição[64]. Entretanto, note-se que o erro sobre os fatos e o erro sobre a ilicitude do fato possuíam igual tratamento, já que tanto o conhecimento (relevante sobre os fatos) quanto a consciência da ilicitude (relevante sobre a interpretação da norma proibitiva) faziam parte do dolo (normativo)[65].

Com a concepção do dolo como integrado pela consciência atual da ilicitude, bem como com a inserção da exigibilidade de conduta diversa como elemento da culpabilidade, ela deixa de ser mero elemento psicológico que conecta a conduta praticada pelo agente e o agente do fato (a censurabilidade do sujeito por aquilo que ele fez). A análise da culpabilidade passa por elementos normativos, ou seja, pela relação do agente com relação à norma. Isto é, é necessário que ele tenha consciência atual da ilicitude e não se possa exigir dele conduta diversa. Posteriormente, com a adoção da teoria finalista, o dolo e a culpa passaram a integrar o fato típico, levando à não adoção da teoria psicológico-normativa.

2.3. Teoria normativa pura da culpabilidade: concepção estrita

A teoria normativa pura ou estrita da culpabilidade foi elaborada com o advento da teoria finalista da conduta, preconizada por Hans Welzel. A teoria finalista passa a entender que a conduta humana é o exercício de uma atividade final, ou seja, funde na conduta a vontade e a finalidade. Com isso, o dolo e a culpa passam a integrar o fato típico, deixando de ser elementos da culpabilidade. Essa foi a grande modificação na teoria da ação que vai influenciar diretamente a concepção da culpabilidade. Isso porque essa mudança retira da culpabilidade o seu elemento psicológico, ou seja, o dolo ou a culpa.

Com isso, a culpabilidade deixa de ser psicológica, já que o dolo e a culpa são concebidos como elementos do fato típico. **Seu conteúdo, então, fica sendo puramente normativo, isto é, exclusivamente o juízo de reprovabilidade ou censurabilidade da conduta praticada pelo autor**. Daí a denominação de teoria normativa pura, pois traz um puro juízo de valor. Com a migração do dolo e da culpa para o fato típico, restam como elementos da culpabilidade: **a imputabilidade, a exigibilidade de conduta diversa e a potencial consciência da ilicitude**[66].

64. GOMES, Luiz Flávio. Erro de tipo e erro de proibição. 5. ed. São Paulo: Editora Revista dos Tribunais, 2001, p. 65.
65. GOMES, Luiz Flávio. Erro de tipo e erro de proibição. 5. ed. São Paulo: Editora Revista dos Tribunais, 2001, p. 68-69.
66. É a posição original de Hans Welzel. Ele teria modificado a teoria depois. GOMES, L. F. Ob. Cit., p. 94.

Para Hans Welzel, o dolo integra a conduta. A conduta dolosa é o objeto de reprovação, ou seja, o juízo de censura (culpabilidade) recai sobre o dolo (a conduta dolosa do agente). Reprova-se o que o agente fez de forma dolosa. A consciência da ilicitude não é o objeto de reprovação, mas sim o motivo de reprovarmos alguém que agiu dolosamente, violando a norma penal. Reprova-se o que o agente fez **porque** ele sabia que era ilícito, que era proibido[67].

Para o finalismo, basta que a consciência da ilicitude seja potencial, não sendo necessário que seja atual[68]. Isso significa que se exige que o agente tenha condições de entender que a sua conduta contraria as normas do ordenamento jurídico, ou seja, que atua de forma ilícita. Não é necessário que o sujeito efetivamente saiba, no momento da sua atuação, que atua de forma antijurídica. Basta a **consciência potencial**, isto é, que se demonstre que ele possuía condições de saber que sua conduta era contrária ao que determinam as leis. Portanto, a consciência da ilicitude deixa de ser elemento do dolo para se manter como elemento autônomo da culpabilidade, enquanto o dolo passa a integrar o fato típico. Ademais, não se exige mais que a consciência da ilicitude seja atual, bastando que seja potencial.

Por fim, cumpre entender como a teoria normativa pura da culpabilidade entende as chamadas descriminantes putativas. As **descriminantes** são as causas excludentes de ilicitude, enquanto **putativo** é um termo derivado do latim que significa suposto ou imaginado. A descriminante putativa é a suposição do agente sobre a configuração de uma causa que exclui a ilicitude do seu comportamento. **Essa imaginação do agente, equivocada, pode ocorrer em virtude de falsa percepção da realidade ou por motivo de interpretação incorreta da norma**.

As descriminantes putativas decorrentes de erro sobre os pressupostos fáticos são tratadas como erro de proibição, assim como as que decorrem da equivocada interpretação do tipo permissivo pelo agente. Desse modo, tanto faz se o agente interpreta a realidade de forma equivocada e se imagina acobertado pela legítima defesa, como se o agente interpreta mal a abrangência da norma que prevê a legítima defesa como excludente de ilicitude. Em ambos os casos, estaríamos diante de um erro de proibição.

Portanto, **todo erro que diz respeito à ilicitude da conduta** (seja por erro de representação quanto aos fatos que lhe são pressupostos, seja por má interpretação da norma), **é considerado um erro de proibição**, já que a consciência da ilicitude integra a culpabilidade. Essa concepção sobre as dirimentes putativas possui consequência prática. Em todos os casos de dirimentes putativas, o tratamento a ser dado deve ser o mesmo do erro de proibição. Deste modo, se a conduta do agente for inevitável ou escusável, haverá isenção de pena, por exclusão da culpabilidade. Se a sua conduta for evitável ou inescusável, a pena deve ser diminuída de um sexto a um terço.

Essa posição é defendida por Eugenio Raúl Zaffaroni, para quem o erro de tipo que se refere a um tipo permissivo (como a legítima defesa) nunca afeta o dolo, mas

---

67. WELZEL, Hans. O novo sistema jurídico-penal. Uma introdução à doutrina da ação finalista. Tradução, prefácio e notas de Luiz Regis Prado. Posfácio José Cerezo Mir. São Paulo: Editora Revista dos Tribunais, 2015, p. 150.
68. GOMES, Luiz Flávio. Erro de tipo e erro de proibição. 5. ed. São Paulo: Editora Revista dos Tribunais, 2001, p. 111.

sempre a consciência da ilicitude (erro de proibição)[69]. Assim, qualquer descriminante putativa, se o erro for invencível, seria excludente da culpabilidade, nunca afetando a tipicidade. Luiz Flávio Gomes denomina essa teoria de **teoria extrema, extremada ou estrita da culpabilidade**, que seria uma das teorias surgidas com a concepção normativa pura[70].

2.4. A vertente limitada da culpabilidade

A teoria limitada da culpabilidade possui os mesmos fundamentos teóricos da teoria normativa pura. Também se concebem como elementos da culpabilidade **a imputabilidade, a exigibilidade de conduta diversa e a potencial consciência da ilicitude**. Para Luiz Flávio Gomes, ela é na verdade uma das teorias que surgem da concepção normativa pura do finalismo[71]. Em uma concepção próxima, Cláudio Brandão destaca que a base da culpabilidade, no Código Penal, é da teoria normativa pura, conforme o desenvolvimento da teoria finalista[72].

Sua grande diferenciação com a teoria normativa pura, em sua vertente estrita, restringe-se à **natureza jurídica das descriminantes putativas sobre os fatos**, ou seja, aquelas que decorrem da incorreta percepção da realidade pelo agente:

- O **erro sobre os fatos, nas descriminantes putativas, é tratado como erro de tipo, um erro de tipo permissivo**. Ou seja, o erro sobre os pressupostos fáticos, sobre a realidade, que faz o agente pensar estar acobertado por uma excludente de ilicitude, deve ser tratado como erro de tipo. É a chamada descriminante putativa por erro de tipo, também denominada de erro de tipo permissivo. Se inevitável, exclui a tipicidade. Se evitável, possibilita a punição da conduta a título de culpa, se a lei previr a modalidade culposa do delito. Com isso, adotado o entendimento tradicional que não aceita participação em crime culposo, não seria possível a participação punível em conduta praticado em erro de tipo permissivo[73];
- Por sua vez, **se o agente acredita estar acobertado por uma causa excludente da ilicitude por incorreta interpretação da norma, temos uma descriminante putativa por erro de proibição ou, como também podemos denominá-lo, um erro de proibição indireto**. Também pode ser denominado de **erro de permissão**[74]. Se a conduta for inevitável, há isenção de pena, por exclusão da culpabilidade. Se a conduta for evitável, a pena deve ser diminuída de um sexto a um terço.

---

69. ZAFFARONI, Eugenio Raúl. Tratado de derecho penal. Parte General. 1ª. ed. 5ª reimp. Ciudad Autónoma de Buenos Aires: Ediar, 2014, p. 230.
70. GOMES, Luiz Flávio. Erro de tipo e erro de proibição. 5. ed. São Paulo: Editora Revista dos Tribunais, 2001, p. 99.
71. GOMES, Luiz Flávio. Erro de tipo e erro de proibição. 5. ed. São Paulo: Editora Revista dos Tribunais, 2001, p. 97-98. Posição compartilhada por Masson, que diz que o CP adotou a teoria normativa pura, em sua vertente limitada (MASSON, Cleber. Direito penal: parte geral (arts. 1º a 120) – vol. 1. 13. ed. São Paulo: MÉTODO, 2019, p. 370).
72. BRANDÃO, Cláudio. Teoria jurídica do crime. 6. ed. Belo Horizonte, São Paulo: D'Plácido, 2020, p. 232.
73. JESCHECK, Hans-Heinrich; WEIGEND, Thomas. Tratado de direito penal. Parte General. Granada: Comares, 2002, p. 499.
74. BITENCOURT, Cezar Roberto. Parte Geral. Coleção tratado de direito penal volume 1. 26. ed. São Paulo: Saraiva Educação, 2020, p. 545.

A teoria limitada da culpabilidade, portanto, diferencia a descriminante putativa de acordo com a espécie de erro em que incorre o agente.

Suponha-se que um sujeito sobrevive a um desastre aéreo e percebe que só ele e outro passageiro estão vivos. Depois de perceberem que estão no meio da Floresta Amazônica e que viajavam em um avião fretado, com poucas chances de serem resgatados, passam a procurar alimentos. Só encontram, depois de procurarem dentre os destroços, uma mochila com duas barras de cereal. Passam, então, a disputar o alimento, imaginando que era o único existente, quando na verdade existia uma caixa cheia de alimentos, suficiente para alimentá-los por vários dias, que era a bagagem de outro passageiro que faleceu com a queda da aeronave. Se, na disputa pelo alimento, o sujeito pratica lesão corporal em outro, imaginando se configurar o estado de necessidade, ele incorreu em erro de tipo permissivo. Isto é, agiu conforme sua falsa percepção da realidade, que o fez crer estarem presentes as condições de uma excludente de ilicitude. Sua conduta deve ser tratada nos moldes do erro de tipo, cujas consequências foram expostas acima.

Por outro lado, tome-se o caso em que João descobre que Maria, sua esposa, está lhe traindo com seu melhor amigo. Ambos residem no sertão, não possuem televisão, em estado de extrema pobreza e difícil comunicação com centros urbanos. Então, João imagina-se acobertado pela legítima defesa. Isso porque, sabendo que pode atuar no caso de referida dirimente, interpreta-a mal. Supõe que a legítima defesa abrange a injusta agressão à sua honra, que está sendo exposta na pequena comunidade rural e levando seu nome a ser depreciado. Ele, então, chega em casa e aplica castigos físicos em seu melhor amigo, praticando lesão corporal leve. Sua conduta deve ser tratada como erro de proibição indireto, por ser o caso de dirimente putativa por erro de proibição. As consequências devem ser aquelas previstas para o erro de proibição, elencadas acima.

Quanto à culpabilidade, o Código Penal adota a **teoria limitada**

Segundo o entendimento dominante e a Exposição de Motivos[75], essa é a teoria adotada pelo Código Penal[76], conforme se depreende das leituras dos seus artigos 20, § 1º, e 21:

Erro sobre elementos do tipo

Art. 20 – O erro sobre elemento constitutivo do tipo legal de crime exclui o dolo, mas permite a punição por crime culposo, se previsto em lei.

---

75. Item 17 da Exposição de Motivos.

76. OLIVÉ, Juan Carlos Ferré *et al*. Direito penal brasileiro: parte geral: princípios fundamentais e sistema. 2. ed. São Paulo: Saraiva, 2017, p. 493. GOMES, Luiz Flávio. Ob. Cit., p. 107-110. PRADO, Luiz Regis. Ob. Cit., 2020, p. 214. MASSON, Cleber. Ob. Cit., 2019, p. 370. CUNHA, Rogério Sanches. Ob. Cit., 2020, p. 356. CAPEZ, Fernando. Ob. Cit., 2013, p. 332. BITENCOURT, Cezar Roberto. Ob. Cit., 2020, p. 530. JESUS, Damásio de. Direito Penal, volume 1: parte geral. 32. ed. São Paulo: Saraiva, 2011, p. 356-357. BRANDÃO, Cláudio. Teoria jurídica do crime. 6. ed. Belo Horizonte, São Paulo: D'Plácido, 2020, p. 244. Em sentido contrário, defendendo que as previsões do Código Penal não são suficientes para concluir por uma ou outra teoria: ZAFFARONI, Eugenio Raúl; PIERANGELI, José Henrique. Manual de direito penal brasileiro, parte geral. 13. ed. rev. e atual. São Paulo: Thomson Reuters Brasil, 2019, p. 572.

> *Descriminantes putativas*
>
> *§ 1º –* ***É isento de pena quem, por erro plenamente justificado pelas circunstâncias, supõe situação de fato que, se existisse, tornaria a ação legítima. Não há isenção de pena quando o erro deriva de culpa e o fato é punível como crime culposo.***
>
> *(...)*
>
> *Art. 21 – O desconhecimento da lei é inescusável.* ***O erro sobre a ilicitude do fato, se inevitável, isenta de pena; se evitável, poderá diminui-la de um sexto a um terço.***
>
> *Parágrafo único – Considera-se evitável o erro se o agente atua ou se omite sem a consciência da ilicitude do fato, quando lhe era possível, nas circunstâncias, ter ou atingir essa consciência.*

Nota-se, da leitura do artigo 20, § 1º, que o tratamento de erro de tipo é reservado às hipóteses de descriminante putativa em que o autor supõe **situação de fato inexistente**, ou seja, só se trata como erro de tipo a descriminante putativa em que o **erro recai sobre os seus pressupostos fáticos**. Portanto, esse é o tratamento dado às descriminantes putativas pelo Código Penal, conforme a teoria limitada:

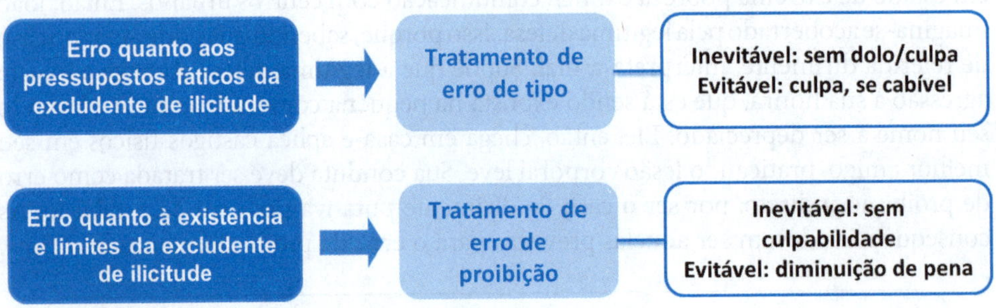

2.5. A vertente extremada *sui generis* da culpabilidade

Sua diferenciação com a teoria normativa pura (vertente estrita) e com a teoria limitada da culpabilidade também se refere à **natureza jurídica das descriminantes putativas sobre os fatos**. Tal como as outras duas, entende serem elementos da culpabilidade: a imputabilidade, a exigibilidade de conduta diversa e a potencial consciência da ilicitude.

Entretanto, concebe que o tratamento da descriminante putativa decorrente da equivocada percepção da realidade deve depender de ser tal erro evitável ou não. Desse modo, o erro sobre a excludente de ilicitude com base nos pressupostos fáticos possui natureza jurídica diversa, caso seja considerado escusável ou inescusável. Parece ser a posição de Luiz Flávio Gomes[77]. Tem a seguinte estrutura:

- Se o erro for inevitável, entende como a teoria extremada, com isenção de pena do agente. O tratamento é o de erro de proibição.

77. GOMES, Luiz Flávio. Erro de tipo e erro de proibição. 5. ed. São Paulo: Editora Revista dos Tribunais, 2001, p. 189-226.

- Se for evitável, segue o entendimento da teoria limitada, punindo o fato a título de culpa, por ter sido descuidada a conduta do agente. Desse modo, segue as consequências do erro de tipo.

Essa concepção, ainda que minoritária, tem como argumento favorável a literalidade do Código Penal. É o que se nota da expressão utilizada pelo Código Penal ao tratar do erro de tipo permissivo, isto é, da descriminante putativa por erro de tipo. O Código prevê que, se o erro for inevitável ou escusável, o agente será isento de pena. Essa expressão é utilizada pelo legislador, talvez orientado pela concepção bipartida brasileira de crime, para excludentes de culpabilidade, as chamadas dirimentes ou exculpantes. Por outro lado, se o erro for evitável ou inescusável, o Código possibilita a responsabilização por culpa. Assim, conforme a evitabilidade do erro, o legislador usou, no artigo 20, § 1º, do CP, um termo relacionado ao fato típico ou uma excludente de culpabilidade, gerando a concepção *sui generis*:

> *§ 1º - É isento de pena quem, por erro plenamente justificado pelas circunstâncias, supõe situação de fato que, se existisse, tornaria a ação legítima. Não há isenção de pena quando o erro deriva de culpa e o fato é punível como crime culposo.*

Nota-se que as teorias limitada e extremada *sui generis* da culpabilidade são **variações da teoria normativa pura da culpabilidade**. A diferenciação entre as três **se limita ao tratamento do erro do agente sobre os pressupostos fáticos das excludentes de ilicitude**.

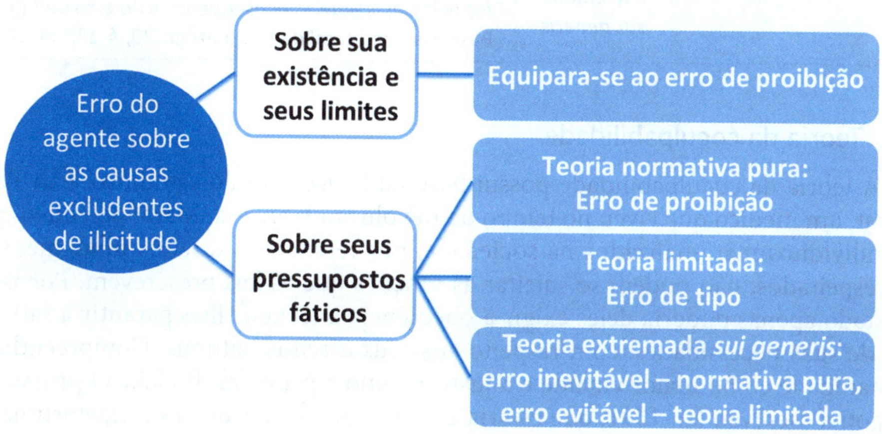

Em suma, as dirimentes putativas se traduzem em erro do agente sobre as causas excludentes de ilicitude. Se o agente interpreta mal a norma, todas as teorias da culpabilidade ligadas ao finalismo (normativa pura ou extremada, limitada e estrita ou extremada *sui generis*) tratam a hipótese como erro de proibição. **A divergência se refere ao caso de o agente se equivocar sobre a realidade, sobre os pressupostos fáticos da excludente de ilicitude**.

A nomenclatura das teorias é a mesma adotada por Luiz Regis Prado[78]. Há várias denominações utilizadas. Fernando Capez, por exemplo, denomina a teoria

78. PRADO, Luiz Regis. Curso de Direito Penal Brasileiro: parte geral e parte especial. 18. ed. Rio de Janeiro: Forense, 2020, p. 211-214.

estrita da culpabilidade como também teoria extremada[79], enquanto Rogério Sanches Cunha[80], em sua obra, usa o termo teoria extremada da culpabilidade para denominar a teoria normativa pura.

<table>
<tr><th colspan="3">Teorias da culpabilidade</th></tr>
<tr><td colspan="2">Teoria psicológica</td><td>É a relação psíquica entre o autor e o resultado, na forma de dolo ou culpa. Possui como único pressuposto a imputabilidade.</td></tr>
<tr><td colspan="2">Teoria psicológico-normativa</td><td>Possui como elementos o dolo ou a culpa, a imputabilidade e a exigibilidade de conduta diversa.</td></tr>
<tr><td rowspan="3">Teoria normativa pura. São elementos da culpabilidade: imputabilidade, exigibilidade de conduta diversa e potencial consciência da ilicitude.</td><td>Vertente estrita</td><td>Todas as descriminantes putativas são tratadas como erro de proibição.</td></tr>
<tr><td>Vertente limitada</td><td>O erro sobre os fatos, nas descriminantes putativas, é tratado como erro de tipo permissivo. O erro sobre a existência ou o limite das descriminantes é tratado como erro de proibição indireto (Compreensão majoritária).</td></tr>
<tr><td>Vertente extremada sui generis</td><td>No caso de erro inevitável sobre a descriminante putativa, o tratamento é o de erro de proibição. Se for evitável, segue as consequências do erro de tipo. Baseia-se na literalidade do artigo 20, § 1º, do CP.</td></tr>
</table>

2.6. Teoria da coculpabilidade

A teoria da coculpabilidade possui base na concepção do estudioso Jean-Paul Marat, um médico que viveu no tempo da Revolução Francesa. Marat defendeu que os indivíduos marginalizados na sociedade, por terem seus direitos fundamentais desrespeitados, não podem se sujeitar às sanções que as leis prescrevem. Por isso, o Estado apenas poderia deles exigir a obediência à lei após lhes garantir a satisfação de suas necessidades, com respeito aos seus direitos naturais. Compreendia a humanidade como maior virtude e a justiça como a primeira das leis. O prussiano chegou a escrever, em 1791, que estaria em seus princípios que um desafortunado sem recursos teria o direito de roubar para viver[81].

Com raízes nessa concepção, o jurista argentino Eugenio Raúl Zaffaroni desenvolve a teoria da coculpabilidade, segundo a qual **o Estado deve compartilhar com os sujeitos excluídos e marginalizados da sociedade parte da responsabilidade pelos atos que se imputam a eles**. As condições de vida em que inseridos os

79. CAPEZ, Fernando. Curso de direito penal, volume 1, parte geral (arts. 1º a 120). 17. ed. São Paulo: Saraiva, 2013.
80. CUNHA, Rogério Sanches. Manual de Direito Penal: Parte Geral. Arts. 1º ao 120. Volume Único. 2. ed. Salvador: Edição Juspodivm, 2014, p. 256-257.
81. ASÚA, Luiz Jimenez de. Tratado de derecho penal. Tomo I. Concepto del derecho penal y de la criminologia, historia y legislación penal comparada. 4. Edición, actualizada. Buenos Aires: Editorial Losada, 1964, p. 262.

membros marginalizados da sociedade limitariam sua liberdade de escolha, tornando a sociedade corresponsável pelos seus atos[82].

A teoria da coculpabilidade não serviria, nesses termos, para impedir a imputação da conduta ao agente, excluindo sua culpabilidade. Sua função seria partilhar a responsabilização entre ele e a sociedade, o que determinaria que sua pena fosse diferenciada em relação a um sujeito que teve ótimas condições de vida, com seus direitos respeitados e o mínimo existencial garantido.

Há uma possibilidade de sua incidência no Direito Penal brasileiro, já que o Código Penal prevê uma atenuante genérica na dosimetria da pena:

> *Art. 66 – **A pena poderá ser ainda atenuada em razão de circunstância relevante, anterior ou posterior ao crime**, embora não prevista expressamente em lei.*

Essa atenuante, a ser considerada na segunda fase da dosimetria, possibilita ao juiz a análise das condições de vida do agente, sendo uma porta para a adoção da teoria da coculpabilidade na diminuição da sanção penal em caso de marginalização do sujeito. A possibilidade de adoção da coculpabilidade já foi analisada pelo Superior Tribunal de Justiça, admitindo que o juiz a considere como embasamento da atenuante genérica[83].

No entanto, mais recentemente, a Corte Superior tem rejeitado a aplicação da coculpabilidade como hipótese que atrai a incidência da atenuante genérica:

> *"Conforme jurisprudência do Superior Tribunal de Justiça, "a teoria da coculpabilidade não pode ser erigida à condição de verdadeiro prêmio para agentes que não assumem a sua responsabilidade social e fazem da criminalidade um meio de vida" (AgRg no REsp n. 1.770.619/PE, relatora Ministra Laurita Vaz, Sexta Turma, julgado em 6/6/2019, DJe 18/6/2019)." (STJ, AgRg no HC n. 752.961/RJ, Rel. Min. Antonio Saldanha Palheiro, Sexta Turma, julgado em 25/9/2023, DJe de 28/9/2023.)*

Por outro lado, a seletividade do Direito Penal, que pune de forma mais frequente e rigorosa as camadas menos favorecidas da sociedade, levou à concepção da **teoria da coculpabilidade às avessas**:

- De início, há uma crítica à seletividade do direito penal, que pune condutas praticadas por pessoas em vulnerabilidade social (como a contravenção penal de mendicância, revogada pela Lei n. 11.983/2009) e que aplica penas mais brandas aos detentores do poder econômico[84].
- Ademais, segundo parte da doutrina[85], haveria um aspecto propositivo: os agentes que possuem grande capacidade financeira e considerável *status* social devem receber sanções penais mais gravosas, proporcionais à sua maior

---

82. ZAFFARONI, Eugenio Raúl. Tratado de derecho penal: parte general. 1. ed. Buenos Aires: Ediar, 2014, p. 65-67.
83. STJ, HC 411243/PE, Rel. Min. Jorge Mussi, Quinta Turma, DJe 19/12/2017.
84. MOURA, Grégore Moreira de. Do princípio da coculpabilidade no direito penal. Belo Horizonte: D'Plácido, 2020, p. 69-73.
85. Nese sentido: CUNHA, Rogério Sanches. Ob. Cit., p. 357-358. MASSON, Cleber. Direito penal: parte geral (arts. 1º a 120) – vol. 1. 13. ed. São Paulo: MÉTODO, 2019, p. 372-373. Contra, não reconhecendo que o princípio fundamente o aumento da reprovação penal: MOURA, Grégore Moreira de. Ob. Cit., 2020, p. 73.

liberdade de escolha de não violarem as normas penais. Seria o caso de um grande empresário que utiliza seu poder econômico para corromper agentes estatais e obter maior lucratividade.

Entretanto, **não há no Código Penal uma agravante genérica**, tal como ocorre com a atenuante do seu artigo 66. Tal previsão, inclusive, feriria o princípio da legalidade. Desse modo, não há base legal para a adoção da teoria, que pode, entretanto, guiar o juiz na primeira fase da dosimetria, em que estão analisadas as circunstâncias judiciais do artigo 59 do Código Penal[86]. Na legislação penal extravagante, apontam-se, como aplicações dessa visão, o art. 76, IV, *a*, do CDC, e o art. 4º, § 2º, da Lei n. 1.521/1951 (crimes contra a economia popular)[87].

O STJ já admitiu a valoração da personalidade do agente sob o prisma da coculpabilidade às avessas, mantendo o incremento na pena-base realizado pelas instâncias ordinárias:

> *"No caso, sob a influência da teoria da coculpabilidade às avessas, as instâncias ordinárias constataram reduzido senso ético-social do paciente, em razão de ter triado o caminho da criminalidade, a despeito das favoráveis condições sócio-econômicas. Tal circunstância, cujos pressupostos fáticos não podem ser alterados nesta sumária via do habeas corpus, sob pena de indevido revolvimento fático probatório, permite concluir pela personalidade criminosa do agente." (STJ, HC n. 443.678/PE, Rel. Min. Ribeiro Dantas, Quinta Turma, julgado em 21/3/2019, DJe de 26/3/2019).*

3. ELEMENTOS DA CULPABILIDADE

Como vimos, o Código Penal adota a teoria limitada da culpabilidade, que possui os mesmos elementos da teoria normativa pura. Desse modo, seus elementos são:

- Imputabilidade;
- Potencial consciência da ilicitude;
- Exigibilidade de conduta diversa.

Referidos elementos devem estar presentes ao tempo do crime, que, segundo a teoria da atividade, considera-se cometido quando o agente pratica o comportamento típico, seja ele comissivo ou omissivo. Por isso, do ponto de vista do juiz, a análise será sempre **retroativa**, buscando verificar o preenchimento dos pressupostos à época do crime.

---

86. Neste sentido: "No caso, sob a influência da teoria da coculpabilidade às avessas, as instâncias ordinárias constataram reduzido senso ético-social do paciente, em razão de ter triado o caminho da criminalidade, a despeito das favoráveis condições socio-econômicas. Tal circunstância, cujos pressupostos fáticos não podem ser alterados nesta sumária via do habeas corpus, sob pena de indevido revolvimento fático probatório, permite concluir pela personalidade criminosa do agente (...)" (STJ, HC 443.678/PE, Rel. Min. Ribeiro Dantas, Quinta Turma, julgado em 21/03/2019, DJe 26/03/2019).
87. MOURA, Grégore Moreira de. Ob. Cit., 2020, p. 71-72.

3.1. Imputabilidade

A imputabilidade é a capacidade de se atribuir a alguém a responsabilidade por uma conduta típica e ilícita. Podemos denominá-la de capacidade de culpabilidade, pois significa que o agente que praticou determinada conduta pode ser responsabilizado por ela. Há doutrinadores que entendem que a capacidade penal é mais ampla que a imputabilidade, por ser gênero que abrangeria também a capacidade de praticar atos como a oferta de representação e o oferecimento de queixa-crime.

Prosseguindo, podemos conceituar a imputabilidade como **a capacidade de compreender o caráter ilícito da conduta e de determinar-se conforme esse entendimento**. Caso o sujeito não tenha capacidade de compreender que sua conduta contraria o ordenamento jurídico, não pode ser considerado imputável e, assim, não pode ser responsabilizado criminalmente. De igual modo, se a pessoa souber que seu comportamento é ilícito, mas não conseguir evitar sua prática, por não ser capaz de se determinar conforme sua consciência e compreensão, não será tida por imputável.

Hans Welzel entende que a imputabilidade é composta de dois momentos, o momento cognoscitivo ou intelectual e o momento volitivo[88]:

- **Momento cognoscitivo**: é a compreensão do agente acerca da conduta que pratica, da sua tipicidade e da sua ilicitude. É a capacidade de entender;
- **Momento volitivo**: é a determinação da sua vontade, orientando sua conduta conforme sua finalidade e compreensão. É a capacidade de querer.

A imputabilidade é presumida em relação a todos os sujeitos, sendo excluída se demonstrada uma causa excludente da culpabilidade. Então, **em regra, todo agente é imputável**.

Há alguns critérios que podem ser adotados para a aferição da culpabilidade:

- **Biológico**: a imputabilidade é aferida de acordo com o desenvolvimento mental, levando em conta eventual doença mental ou a idade do indivíduo.
- **Psicológico**: determina que a imputabilidade deve ser constatada a partir da capacidade de entendimento e autodeterminação da pessoa, isto é, de sua capacidade de compreender o caráter ilícito do fato e de se comportar de acordo com esse entendimento.
- **Biopsicológico**: é o critério que combina os dois anteriores. Consideram-se, para determinação da imputabilidade, tanto a condição mental quanto a capacidade de entendimento e autodeterminação do sujeito. Esse critério, mais amplo, possui três requisitos para que determinada pessoa seja considerada imputável:

  a) **Causal**: exige-se a inexistência de doença mental ou de desenvolvimento mental incompleto ou retardado;

---

88. WELZEL, Hans. Derecho Penal Alemán. Parte General. 11. ed. Santiago: Editorial Jurídica de Chile, 2014, p. 235-236.

b) **Consequencial**: o agente deve possuir a capacidade de entender (momento cognitivo) e da capacidade de querer (momento volitivo). O sujeito deve entender o que faz e ser capaz de se determinar conforme seu entendimento;

c) **Cronológico**: exige que a imputabilidade seja constada ao tempo do crime, ou seja, no momento da ação ou omissão do sujeito (teoria da atividade para a definição do tempo do crime).

> **Como regra, o Código Penal adota o critério biopsicológico.**

Apesar de o Código Penal, **em regra**, acolher o critério **biopsicológico**, também adota o **biológico**, segundo a doutrina, quando se refere à inimputabilidade dos menores de 18 anos de idade[89].

3.2. Potencial consciência da ilicitude

A potencial consciência da ilicitude é a **capacidade do agente de compreender que sua conduta é reprovável**. Exige-se que o agente seja capaz de entender, ao tempo da sua ação ou omissão, que sua conduta viola a norma jurídica, sendo censurável pela sociedade em que vive.

Enquanto a imputabilidade diz respeito à capacidade do agente de ser destinatário das normas penais, de forma geral, a consciência da ilicitude diz respeito à compreensão de uma conduta específica ser proibida pela lei.

Deve-se lembrar que, com o advento da teoria normativa pura da culpabilidade e, posteriormente, a adoção da teoria limitada pelo Direito Penal brasileiro, a consciência da ilicitude deixou de integrar o dolo e passou a ser elemento da culpabilidade, enquanto o dolo migrou para o fato típico. De igual modo, como diferenciação em relação à teoria psicológico-normativa, a teoria limitada pura exige a **consciência potencial da ilicitude**, e não a consciência atual.

Desse modo, não se exige que se comprove que o agente compreendeu, ao tempo do crime, que é o da sua conduta, o caráter ilícito do que praticava. **Basta que seja plenamente capaz de compreender, ou seja, que se demonstre de que naquele momento era capaz de compreender o caráter ilícito do que praticava.**

Além disso, não é necessário o conhecimento técnico pelo agente. Basta, portanto, a chamada **valoração paralela na esfera do profano**, conforme expressão usada por Mezger[90]. A valoração paralela é aquela realizada pelo leigo que, mesmo sem conhecimento técnico-jurídico, possui capacidade de entender o que é lícito e aquilo que não é, em decorrência da sua convivência social.

---

89. HUNGRIA, Nélson. Comentários ao Código Penal. Vol. I. Tomo 2º. 3. ed. Rio de Janeiro: Revista Forense, 1955, p. 315-319.

90. MEZGER, Edmund. Derecho Penal. Libro de Estudio. Parte General. Santiago: Ediciones Olejnik, 2019, p. 204.

A valoração é paralela, pois é feita ao lado do juízo eminentemente jurídico. Sua esfera é a do profano, pois não é a do Direito. É o âmbito do leigo, com recurso a aspectos morais, sociais, escolares, culturais, religiosos, dentre outros. Por isso, consideram-se essas condições do sujeito para valorar se ele possuía ou não condições de entender a reprovabilidade daquilo que ele praticava.

Não devemos confundir a exigência de potencial consciência da ilicitude com a possibilidade de o agente declarar que desconhecia a lei. A **ignorância a respeito da existência da lei** não é causa de exclusão da culpabilidade, pois, como diz o adágio latino, *ignorantia legis neminem excusat*, ou seja, a ignorância da lei não escusa ninguém. Nestes termos, é o que prevê o artigo 3º da Lei de Introdução às Normas do Direito Brasileiro (LINDB):

> *Art. 3º Ninguém se escusa de cumprir a lei, alegando que não a conhece.*

Essa norma é plenamente aplicável no caso dos crimes. Entretanto, **no caso das contravenções penais, existe norma específica**, situada no artigo 8º da Lei das Contravenções Penais:

> *Art. 8º No caso de ignorância ou de errada compreensão da lei, quando escusáveis, a pena pode deixar de ser aplicada.*

Portanto, apenas no caso de contravenções penais, a ignorância sobre a lei, se for escusável ou desculpável, pode ensejar a não aplicação de pena pelo juiz. **No caso dos crimes, como visto, ignorar a existência da lei não exclui a culpabilidade**, pois ninguém pode alegar o desconhecimento da lei para se eximir do seu cumprimento. Entretanto, a ignorância sobre a lei é causa **atenuante** da pena:

> *Art. 65 – São circunstâncias que sempre atenuam a pena:*
>
> *(...)*
>
> *II – o desconhecimento da lei;*

Portanto, ainda que o desconhecimento da existência da lei não exclua a culpabilidade em relação à prática de um crime, deve ser considerado na segunda fase da dosimetria, atenuando a pena do agente.

3.3. Exigibilidade de conduta diversa

Exige-se, para que o agente seja culpável, que tenha a possibilidade de atuar de acordo com o que o ordenamento jurídico prescreve, o que deve ser analisado no momento da prática do crime, ou seja, da sua ação ou omissão (teoria da atividade). Só se pode reprovar a conduta de quem tinha condições, ao tempo de sua conduta, de agir de modo diverso. Se não for possível exigir do sujeito um comportamento diferente, sua ação ou omissão não é reprovável e, desse modo, fica afastada a sua culpabilidade.

Esse elemento da culpabilidade também é denominado de exigibilidade de conduta conforme o Direito. **Segundo esse elemento, não se deve punir condutas**

que não poderiam ser evitadas. Referidos comportamentos não se submetem à reprovabilidade penal. Se o sujeito não podia agir de modo diferente, não se pode fazer um juízo de censura sobre sua conduta – não se pode reprovar a sua conduta.

O jurista Reinhard Frank defende que a normalidade das circunstâncias concomitantes, ou seja, a normalidade das circunstâncias em que o sujeito atua é um elemento da culpabilidade[91]. Desse modo, as circunstâncias em que o agente atua devem acarretar a valoração da sua culpabilidade, com a possibilidade de sua exclusão em determinados casos. Frank conclui, então, que a culpabilidade pode ser excluída se as circunstâncias representam um perigo para o autor ou para terceira pessoa e a ação ilícita pode salvá-los[92].

Sua concepção ficou conhecida como **teoria da normalidade das circunstâncias**. A culpabilidade passa a contar, com sua teoria, com a exigibilidade de conduta diversa. A concepção de Frank modificou a forma como se compreende a culpabilidade. A teoria da normalidade das circunstâncias abre caminho para se excluir a culpabilidade se há circunstâncias que tornam inexigível, do agente, uma conduta diferente, como no caso de coação moral irresistível. Entretanto, a contribuição vai além. Frank defende que a culpabilidade deve variar se um trabalhador comete um crime culposo após estar trabalhando por horas e fio e se ele comete o crime logo após chegar de um descanso de fim de semana. É o reconhecimento da individualização da pena na medida da culpabilidade do agente.

4. CAUSAS EXCLUDENTES DA CULPABILIDADE

Estudamos que o Código Penal, ao adotar a teoria limitada da culpabilidade, prescreve que os elementos da culpabilidade são a imputabilidade, a potencial consciência da ilicitude e a exigibilidade de conduta diversa. O juiz deve fazer uma análise retroativa, verificando se, ao tempo do crime, estavam presentes esses pressupostos e, então, concluir se há ou não culpabilidade.

Como a imputabilidade é elemento próprio da culpabilidade, por exemplo, a inimputabilidade é causa excludente da culpabilidade. Não é demais lembrar que a culpabilidade é um dos substratos do conceito analítico de crime, consoante a teoria tripartida. Por conseguinte, se não há culpabilidade, não existe crime.

Vamos, então, estudar as causas que excluem a culpabilidade, também denominadas de **exculpantes** ou **dirimentes**. São exculpantes previstas na lei, ou seja, **causas legais de exclusão da culpabilidade**: as hipóteses de inimputabilidade; o erro de proibição; a coação moral irresistível e a obediência a ordem não manifestamente ilegal.

---

91. FRANK, Reinhard. Derecho Penal. Sobre la estructura del concepto de culpabilidade. Buenos Aires: B de F, 2011, p. 41.
92. FRANK, Reinhard. Derecho Penal. Sobre la estructura del concepto de culpabilidade. Buenos Aires: B de F, 2011, p. 41.

Elementos da culpabilidade	Excludentes
Imputabilidade	Inimputabilidade (doença mental; desenvolvimento mental incompleto; desenvolvimento mental retardado e embriaguez completa acidental).
Potencial consciência da ilicitude	Erro de proibição escusável ou inevitável.
Exigibilidade de conduta diversa	Coação moral irresistível; Obediência a ordem não manifestamente ilegal; Causas supralegais (objeção de consciência, desobediência civil, falta de condições financeiras e crimes tributários etc.).

4.1. Inimputabilidade

A inimputabilidade, conforme se nota da própria denominação, é a exculpante relacionada à falta de imputabilidade. A imputabilidade pode ser afastada em virtude das seguintes causas:

- Doença mental ou anomalia psíquica;
- Desenvolvimento mental incompleto;
- Desenvolvimento mental retardado e
- Embriaguez completa, decorrente de caso fortuito ou força maior.

Passemos ao estudo de cada uma dessas causas:

- **Doença mental ou anomalia psíquica**: é a anomalia ou perturbação que atinge o aspecto mental ou psíquico do sujeito. Essa situação que acomete o agente o impede de compreender o caráter ilícito do que faz ou de determinar-se de acordo com o seu entendimento.

O Código Penal prevê essa hipótese no seu artigo 26, *caput*:

> *Inimputáveis*
>
> *Art. 26 – É* ***isento de pena*** *o agente que,* ***por doença mental*** *ou desenvolvimento mental incompleto ou retardado,* ***era, ao tempo da ação ou da omissão, inteiramente incapaz de entender o caráter ilícito do fato ou de determinar-se de acordo com esse entendimento****.*

A doença mental envolve esquizofrenia, neurose, paranoias e demais outras desordens psíquicas, além de enfermidades de outras espécies que possam retirar a capacidade de compreensão e de vontade, como um delírio decorrente de febre muito alta.

Pode também ser considerada doença mental a **dependência de drogas**, se atingir um nível que acometa a capacidade do agente, envolvendo os momentos volitivo e cognitivo. Isso deve ser aferido em perícia médica específica. Ademais, a **embriaguez patológica**, que também retire do sujeito sua capacidade de compreender o caráter ilícito de sua conduta ou de se comportar consoante seu entendimento, pode ensejar o afastamento da imputabilidade, por doença mental.

Com relação a essa causa de inimputabilidade, o Código Penal adotou o **critério biopsicológico**. Isso porque **não basta a doença mental**. É necessário, concomitantemente, que ela elimine a capacidade de entender ou a de querer.

O inimputável por doença mental deve ser processado e, ao final, o juiz profere uma **sentença absolutória imprópria**. Isto é, apesar de absolvido, será imposta uma sanção penal, consistente em **medida de segurança**, que pode ser de tratamento ambulatorial ou de internação em hospital psiquiátrico de custódia e tratamento psiquiátrico. A medida de segurança se funda na **periculosidade** do indivíduo.

É possível, ainda, que a anomalia mental ou psíquica não retire totalmente a capacidade do sujeito de entender que sua conduta é ilícita e se determinar de acordo com essa compreensão. Pode ser que o estado mental do sujeito não o deixe plenamente incapaz de entender e de querer. Nesse caso, ele é chamado **semi-imputável ou fronteiriço**. O parágrafo único do artigo 26 do Código Penal prevê a redução de pena, de um a dois terços, para esses casos:

> *Redução de pena*
>
> *Parágrafo único – A pena pode ser reduzida de um a dois terços, se o agente, em virtude de perturbação de saúde mental ou por desenvolvimento mental incompleto ou retardado* ***não era inteiramente capaz*** *de entender o caráter ilícito do fato ou de determinar-se de acordo com esse entendimento.*

A escolha da fração do redutor, de um terço e dois terços, pode ter como critério o grau de perturbação da saúde mental ou da incompletude do desenvolvimento mental do agente.

Entretanto, há uma outra possibilidade de sanção penal para o sujeito. A pena, em vez de ser reduzida, pode ser substituída por medida de segurança, nos termos do artigo 98 do Código Penal:

> *Substituição da pena por medida de segurança para o semi-imputável*
>
> *Art. 98 – Na hipótese do parágrafo único do art. 26 deste Código e necessitando o condenado de especial tratamento curativo,* ***a pena privativa de liberdade pode ser substituída pela internação, ou tratamento ambulatorial****, pelo prazo mínimo de 1 (um) a 3 (três) anos, nos termos do artigo anterior e respectivos §§ 1º a 4º.*

Perceba que a sanção penal será a pena, com a diminuição de um a dois terços, ou a medida de segurança. Só pode ser imposta uma das duas espécies de sanção penal, em razão da adoção do **sistema vicariante ou unitário**. Anteriormente, adotava-se o sistema do duplo binário ou dos dois trilhos, que restou afastado com a Reforma Penal levada a efeito no ano de 1984.

- **Desenvolvimento mental retardado**: é o estado mental que não guarda proporção com a idade cronológica do agente. Verifica-se quando o sujeito não se desenvolveu, no âmbito mental, como seria esperado para o seu estágio físico de vida.

As consequências e características são as mesmas para o caso acima estudado, de doença mental ou anomalia psíquica.

O critério adotado pelo Código Penal foi o biopsicológico.

O sujeito deve ser denunciado, processado e ao final sofrer uma **absolvição imprópria**. Isto é, deve ser imposta a ele uma medida de segurança, baseada em sua **periculosidade** (o agente, por ser inimputável, não apresentou conduta dotada de culpabilidade).

Caso seja **semi-imputável ou fronteiriço**, deve ser imposta a ele a pena correspondente, com redução de um a dois terços, ou essa pena pode ser substituída por medida de segurança. Em razão de o Código Penal ter adotado, depois de reforma por que passou, o **sistema vicariante ou unitário**, só cabe a imposição de uma das espécies de sanção penal, ou pena (reduzida) ou medida de segurança.

- **Desenvolvimento mental incompleto**: é a inimputabilidade em razão da idade. Considera-se aqui o desenvolvimento das faculdades mentais ainda não ter se concluído, em razão da idade do sujeito. Há quem inclua aqui os surdos-mudos[93], o que não parece razoável, considerando que possuem, via de regra, capacidade cognitiva preservada, salvo se, em determinado caso concreto, o indivíduo não for ensinado a se comunicar e viver isolado em seu mundo. Alguns autores também entendem que o desenvolvimento mental pode não ter se completado em razão da falta de convívio social, o que seria o caso dos indígenas, que analisaremos adiante.

A expectativa é de que o indivíduo, ao atingir determinada idade cronológica, seja capaz de compreender o caráter ilícito de determinados comportamentos e de conseguir direcionar seu comportamento conforme seu entendimento.

No caso da inimputabilidade em razão da idade, a Constituição da República adotou o **critério exclusivamente biológico**. Não importa se o sujeito já tem capacidade de compreender e de querer, caso não tenha atingido a idade mínima estabelecida para se atingir o grau de maturidade, que foi fixada de forma absoluta. Se o agente for menor de 18 anos de idade, será sempre inimputável. É o que prevê o artigo 228 da nossa Lei Fundamental:

> *Art. 228.* ***São penalmente inimputáveis os menores de dezoito anos****, sujeitos às normas da legislação especial.*

O Código Penal possui norma de teor similar:

> *Menores de dezoito anos*
>
> *Art. 27 – Os menores de 18 (dezoito) anos são penalmente inimputáveis, ficando sujeitos às normas estabelecidas na legislação especial.*

---

93. BRANDÃO, Cláudio. Teoria jurídica do crime. 6. ed. Belo Horizonte, São Paulo: D'Plácido, 2020, p. 250.

Frise-se que esse limite etário para a inimputabilidade está sendo questionado pela sociedade, com discussão no Congresso Nacional sobre sua alteração. De todo modo, essa questão passa pelo exame do Direito Constitucional, sobre ser ou não possível a sua modificação pelo Poder Constituinte Derivado Reformador. Isso porque, caso se compreenda que o artigo 228 institui um direito ou garantia fundamental, sua modificação esbarra na proibição consistente na natureza de cláusula pétrea. Caso se compreenda que não se trata de direito fundamental, sua alteração é possível por meio de emenda constitucional.

O menor de 18 anos ao tempo do cometimento do delito não deve ser sequer denunciado e, se o for, a denúncia deve ser rejeitada pelo juiz, ante a total inimputabilidade. Ele estará sujeito, contudo, às normas do Estatuto da Criança e do Adolescente (ECA), que assim dispõe:

> *Art. 103. Considera-se ato infracional a conduta descrita como crime ou contravenção penal.*

No caso dos **adolescentes**, serão submetidos a **medidas socioeducativas**. Às **crianças** que praticarem ato infracional serão impostas as **medidas específicas de proteção**. A imposição das medidas não será realizada no juízo criminal, sendo que a coautoria entre um adulto e um adolescente levará à cisão do processo e do julgamento, devendo apenas o primeiro ser processado criminalmente.

O critério para fixação da idade mínima para o indivíduo ser considerado imputável é de política criminal.

O Pacto de São José da Costa Rica não prevê uma idade a ser adotada pelos Estados a fim de estabelecimento da inimputabilidade, conforme seu artigo 5º, 5:

> *5. Os menores, quando puderem ser processados, devem ser separados dos adultos e conduzidos a tribunal especializado, com a maior rapidez possível, para seu tratamento.*

Entretanto, limita a imposição de pena de morte, nos países em que for possível, ao mínimo de 18 anos de idade do agente ao tempo da prática da conduta, em seu artigo 4º, 5:

> *5. Não se deve impor a pena de morte a pessoa que, no momento da perpetração do delito, for menor de dezoito anos, ou maior de setenta, nem aplicá-la a mulher em estado de gravidez.*

O Tribunal Penal Internacional, instituído pelo Estatuto de Roma, por sua vez, limita a imputabilidade a quem possua ao menos 18 anos de idade ao tempo da prática do crime. É o que prevê o artigo 26 do Decreto n. 4.388, de 25 de setembro de 2002, que promulgou referido tratado no Brasil:

> *Artigo 26*
>
> *Exclusão da Jurisdição Relativamente a Menores de 18 anos*
>
> *O Tribunal não terá jurisdição sobre pessoas que, à data da alegada prática do crime, não tenham ainda completado 18 anos de idade.*

- **Embriaguez completa, decorrente de caso fortuito ou força maior**: a embriaguez, quando completa, desde que decorrente de caso fortuito ou força maior, afasta a imputabilidade do agente. Neste caso, considera-se que o agente não tinha a capacidade de entender e de querer nem no início de sua ação, quando ingeriu a substância que o entorpeceu, nem quando realizou efetivamente a conduta típica. Isso porque a própria embriaguez decorreu de caso fortuito ou força maior, ou seja, foi acidental. Deve-se ressaltar que não se refere apenas a bebidas alcoólicas, mas sim a qualquer substância entorpecente, inclusive drogas lícitas, de uso controlado por prescrição médica.

Os conceitos de **caso fortuito e força maior** variam na doutrina, razão pela qual vamos conceituá-los conjuntamente como o evento natural ou o ato humano imprevisível e inevitável. Desse modo, decorre de caso fortuito ou força maior a embriaguez do sujeito que cai em um tonel de cachaça e, sem saber nadar, acaba ingerindo uma grande quantidade da bebida até conseguir sair. Também é acidental a embriaguez se o sujeito, que é religioso e nunca bebeu, resolve participar de uma brincadeira de amigos e consumir bebida alcoólica, desconhecendo seus efeitos e chegando ao estado de bêbado ao final. Por fim, é decorrente de força maior a embriaguez do jovem que é forçado, fisicamente, a beber em um trote decorrente do ingresso em curso de nível superior. Se a embriaguez do indivíduo de algum dos exemplos for completa, ele será considerado inimputável.

Nesse caso, **o sujeito não recebe sanção penal**, por não haver previsão de imposição nesse caso. Se processado, o sujeito deve ser absolvido, pois a ausência de culpabilidade impede a configuração do crime. Não haveria, de fato, fundamento para a penalização do agente. Do ponto de vista retributivo, não se sustentaria a legitimidade de se penalizar alguém que agiu sem imputabilidade. Se analisada a ótica preventiva, não se mostra justificável a punição, por ter se tratado de acidente. Uma ideia de prevenção geral não pareceria eficaz, já que a sociedade não poderia se guiar por um caso acidental para seguir o mau exemplo. Tampouco se poderia legitimar a punição com base na prevenção especial, considerando que o indivíduo foi atingido por um fato puramente acidental e não se evita esse tipo de acontecimento com medidas de ressocialização.

Em suma, para a configuração dessa dirimente, são necessários os seguintes pressupostos:

- **Causal**: a embriaguez deve ter origem em um caso fortuito ou força maior;
- **Consequencial**: a embriaguez deve retirar do agente sua capacidade de entender o caráter ilícito do fato e de se comportar de acordo com seu entendimento;
- **Quantitativo**: a embriaguez deve ser completa;
- **Cronológico**: a embriaguez deve estar presente ao tempo da prática do crime, ou seja, da ação ou da omissão do agente.

Embriaguez

Embora já analisada a embriaguez no que se refere à hipótese de configuração de excludente da causalidade, por inimputabilidade, cumpre estudar a relação entre a prática delitiva e o estado de embriaguez. De início, é interessante anotar que a embriaguez possui algumas fases:

- **Fase da excitação**: representada pelo macaco, destaca-se pelo menor controle do agente sobre seus mecanismos de autocontenção. É marcada por euforia e inconveniência, com perda de equilíbrio e velocidade de resposta pelo reflexo.
- **Fase da depressão**: representada pelo leão, é marcada pela agressividade do agente. O agente se torna mais irritável e mais propenso à confusão dos seus pensamentos, com tendência a se deprimir. Essa seria a fase da embriaguez completa[94].
- **Fase do sono ou comatosa**: representada pelo porco, é marcada pela perda do controle do sujeito sobre seu corpo, inclusive as funções fisiológicas. Passa, assim, a um estado de dormência. Nesse caso, a possibilidade seria de cometimento de crimes por omissão.

Com relação às espécies de embriaguez e as diferentes consequências para o Direito Penal, temos o seguinte esquema:

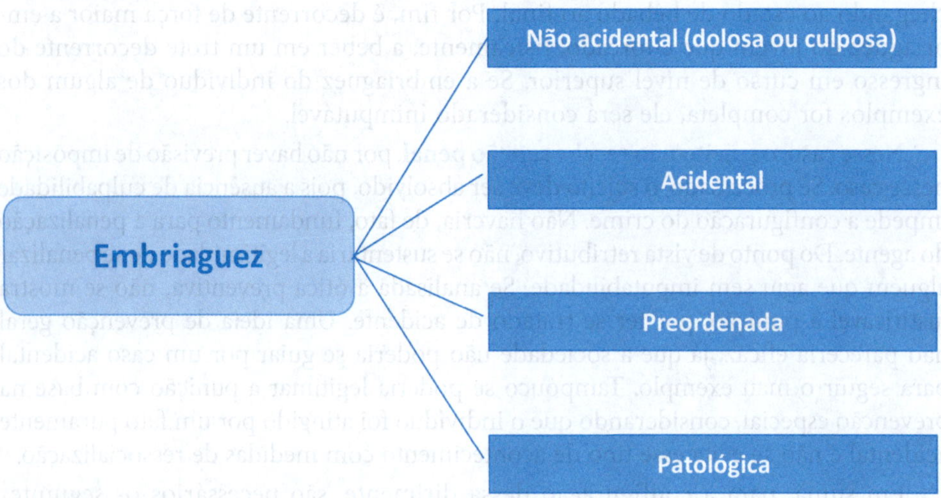

A embriaguez pode ser **patológica**, ou seja, decorrer de uma situação de dependência doentia, retirando a capacidade do agente. Nesse caso, deve ser tratada como doença mental e, desse modo, como excludente da culpabilidade, podendo levar à absolvição imprópria, com a imposição de medida de segurança. Isso se houver a incapacidade de compreensão do caráter ilícito do fato ou de determinar-se de acordo com esse entendimento (critério biopsicológico). Se for o caso de redução da capacidade do agente de entender e de querer, será ele considerado semi-imputável e, assim, terá sua pena reduzida de um a dois terços ou substituída por medida de segurança.

A embriaguez pode ser **acidental**, ou seja, decorrer de caso fortuito ou força maior. Nesse caso, o sujeito não possuiu escolha quando do momento da bebida,

94. BRANDÃO, Cláudio. Teoria jurídica do crime. 6. ed. Belo Horizonte, São Paulo: D'Plácido, 2020, p. 255.

pois a consumiu em decorrência de uma situação de caso fortuito ou de força maior. Apesar de os elementos não possuírem uma distinção clara na doutrina, há quem aponte na força maior uma força externa, a que o agente não pode resistir, enquanto no caso fortuito o agente ignora o efeito que advém da substância que ingere[95].

Se a embriaguez for **acidental e completa**, como vimos, o sujeito será considerado inimputável e, desse modo, a culpabilidade será eliminada. É o que prevê o artigo 28, § 1º, do Código Penal:

> *§ 1º – **É isento de pena o agente que, por embriaguez completa**, proveniente de **caso fortuito ou força maior**, era, **ao tempo da ação ou da omissão, inteiramente incapaz de entender o caráter ilícito do fato ou de determinar-se de acordo com esse entendimento**.*

Por outro lado, se a embriaguez for **acidental e incompleta**, ainda haverá culpabilidade na conduta do indivíduo. Ou seja, sua conduta será considerada socialmente reprovável, mas com consideração dessa questão na dosimetria da pena, por causa da redução na sua capacidade de cognição e de vontade. Deste modo, incidirá uma causa de diminuição de pena:

> *§ 2º – A pena pode ser **reduzida de um a dois terços**, se o agente, por embriaguez, proveniente de caso fortuito ou força maior, não possuía, ao tempo da ação ou da omissão, **a plena capacidade** de entender o caráter ilícito do fato ou de determinar-se de acordo com esse entendimento.*

Se a embriaguez for **voluntária ou culposa**, não sendo acidental, não implicará a inimputabilidade do agente. É o que prevê o artigo 28, inciso II, do Código Penal:

> *Art. 28 – **Não excluem a imputabilidade penal**:*
>
> *(...)*
>
> *Embriaguez*
>
> *II – **a embriaguez, voluntária ou culposa**, pelo álcool ou substância de efeitos análogos.*

Por fim, a **embriaguez preordenada** é aquela em que o agente consome bebida alcoólica ou substância de efeitos análogos com o escopo, com o objetivo de praticar determinada infração penal. É o caso do sujeito que, querendo se vingar de determinada pessoa, bebe para tomar coragem e ir a até sua casa disparar contra ela vários projéteis de arma de fogo. Nesse caso, além de não excluída a imputabilidade, a conduta do sujeito é mais reprovável, razão pela qual incide uma agravante:

> *Art. 61 – São **circunstâncias que sempre agravam a pena**, quando não constituem ou qualificam o crime:*
>
> *(...)*
>
> *II – ter o agente cometido o crime: (Redação dada pela Lei nº 7.209, de 11.7.1984)*
>
> *l) em estado de **embriaguez preordenada**.*

95. BRANDÃO, Cláudio. Teoria jurídica do crime. 6. ed. Belo Horizonte, São Paulo: D'Plácido, 2020, p. 256.

Portanto, o agente que bebe com a finalidade de cometer um delito deve ter sua pena agravada, por ser mais censurável sua conduta.

✓ **Entretanto, como se pode punir um sujeito que, ao tempo da ação ou da omissão, estava embriagado? É possível considerá-lo imputável?**

A tal respeito, há a **teoria da *actio libera in causa***, tratada, dentre outros, pelo jurista Samuel von Pufendorf. Segundo essa teoria, devemos considerar a consciência do agente quanto ao ato anteriormente praticado, consistente na decisão de ingerir a substância alcoólica, seja visando ao estado de embriaguez, seja de forma culposa. O ato posterior, de prática do delito, decorre do ato anterior, que foi praticado com consciência e imputabilidade. É a posição que tem sido adotada pela jurisprudência[96].

Portanto, **considera-se imputável o agente, estando dotado capacidade de entender o caráter ilícito do fato e de se comportar conforme seu entendimento, porque o momento de análise é aquele em que ele ingeriu a substância**. Entretanto, o tempo do crime é o da conduta, ou seja, da ação ou omissão. Nesse momento, o sujeito estava embriagado. Considera-se, portanto, que a ação foi livre na sua causa, ou seja, no ato antecedente, no momento em que o sujeito decidiu pela ingestão da substância e sabia, ou tinha condição de saber, a possibilidade de cometer um crime.

Cria-se uma exceção consuetudinária ao princípio da coincidência. Esse princípio traduz a ideia de que todos os elementos exigidos para a configuração do crime estejam presentes no momento de sua prática. Por isso, no momento da conduta, todos os pressupostos exigidos para a existência de fato típico, de sua ilicitude e da culpabilidade devem estar presentes, não suprindo esse requisito a existência posterior ou anterior ao fato. Adotada a concepção da *actio libera in causa*, entretanto, analisa-se a culpabilidade a partir de um momento anterior ao da conduta típica, correspondente àquele em que o agente se embriaga ou se entorpece.

Outra fundamentação para a *actio libera in causa* é de que o agente se utiliza como instrumento ao se embriagar, o que lhe permite tomar coragem, e depois pratica o delito. Seria uma situação comparável à autoria mediata, mas, ao invés de utilizar outra pessoa para a prática da conduta descrita no tipo penal, ele se intoxica para que ele mesmo a pratique.

Por exemplo, pode-se tomar o caso do indivíduo que, tendo chegado em uma festa e brigado com um desafeto, bebe excessivamente, sabendo que o outro já lhe prometeu briga ao final. Se ele já consome álcool, sabedor de que pode entrar em confusão ao final da festa, sua ação é livre na causa (*actio libera in causa*), sendo responsável se agredir o sujeito, praticando lesões corporais, já inteiramente sob efeito do álcool.

Em razão dessa desconsideração do real estado do sujeito quando da conduta, alguns doutrinadores veem a punição do sujeito que se embriagou de forma não

96. STJ, AgRg no REsp 1247201/DF, Rel. Min. Jorge Mussi, Quinta Turma, DJe 01/06/2018. STJ, AgRg no AREsp 1551160/SP, Rel. Min. Laurita Vaz, Sexta Turma, julgado em 12/05/2020, DJe 28/05/2020.

acidental como resquício da responsabilidade objetiva no Direito Penal brasileiro. Isto porque, ao tempo da conduta, o sujeito não possui efetivamente consciência da ilicitude, especialmente se o estado de embriaguez for completa. Essa posição, entretanto, não prevalece.

A emoção e a paixão

O Código Penal é expresso ao determinar que a paixão e a emoção não tornam o sujeito inimputável. Por isso, subsiste a responsabilidade penal se o sujeito estiver acometido por um deles. A emoção é um estado passageiro e súbito, abrangendo a ira. A paixão, por sua vez, é um estado mais perene e contínuo, lento. É comum, infelizmente, a notícia de crimes passionais, como assassinatos de ex-cônjuges.

Vejamos o que prevê o Código Penal no seu artigo 28, inciso I:

> *Art. 28 – **Não excluem a imputabilidade penal:***
> ***I – a emoção ou a paixão**; (...)*

Entretanto, a emoção pode ser utilizada como causa de diminuição de pena, nos casos de homicídio doloso e lesões corporais dolosas. Essas hipóteses de **minorantes** estão previstas no artigo 121, § 1º, e no artigo 129, § 4º, todos do Código Penal, em relação ao homicídio e às lesões corporais, respectivamente. Em relação aos outros crimes, pode incidir a **atenuante** da pena, prevista no artigo 65, inciso III, alínea *c*:

> *Circunstâncias atenuantes*
>
> *Art. 65 – São circunstâncias que sempre **atenuam a pena**:*
>
> *(...)*
>
> *III – ter o agente:*
>
> *(...)*
>
> *c) **cometido o crime** sob coação a que podia resistir, ou em cumprimento de ordem de autoridade superior, ou **sob a influência de violenta emoção, provocada por ato injusto da vítima**;*

A paixão, por sua vez, segundo alguns doutrinadores, pode se transformar em doença mental. Se o agente possuir doença mental, esta será a causa de sua imputabilidade, caso lhe retire a capacidade de compreender o caráter ilícito do fato ou de determinar-se de acordo com esse entendimento. O estado passional, por sua vez, ainda que seja arrebatador e tire o indivíduo de sua normalidade, como o que o leva a um ciúme anormal, não exclui a sua imputabilidade.

Nesse sentido, Hungria exemplifica o artigo 24 do Código Penal (atual artigo 28), como caso de interpretação restritiva, pois, apesar de a emoção ou a paixão não excluírem a culpabilidade, pode haver **inimputabilidade** no caso de provocarem um **estado psíquico patológico**[97], isto é, aquela que enseje o reconhecimento de uma doença mental.

---

97. HUNGRIA, Nélson. Comentários ao Código Penal, vol. 1, Tomo 1º. Arts. 1º ao 10. Rio de Janeiro: Forense, 1955, p. 80.

Os indígenas

A regra, como foi dito, é de que todos os indivíduos sejam considerados imputáveis. Alguns doutrinadores apontam, entretanto, que os indígenas podem ser considerados inimputáveis, caso haja um laudo pericial, consistente em exame antropológico, que assim o determine. O caso seria de desenvolvimento mental incompleto, já que a falta de seu convívio social, fora dos limites de seu povo, poderia influenciar na sua compreensão do mundo dito civilizado, ou da sociedade não indígena[98].

Outros doutrinadores entendem que, no caso do indígena não integrado, teremos um indivíduo imputável. Admitem, no entanto, a hipótese de falta de potencial consciência da ilicitude ou a configuração de inexigibilidade de conduta diversa. Essa corrente visa a superar o entendimento de desenvolvimento mental incompleto, já que o indígena, mesmo que não integrado, possui capacidade tal qual o não indígena. O que ocorre é que o sujeito que nasce em um povo indígena sem contato com os não-indígenas possui valores e visão de mundo diversos.

Cabe destacar que o Estatuto do Índio, Lei n. 6.001/1973, prevê algumas disposições sobre a matéria penal:

> *Art. 56. No caso de* ***condenação de índio por infração penal, a pena deverá ser atenuada e na sua aplicação o Juiz atenderá também ao grau de integração do silvícola****.*
>
> *Parágrafo único. As penas de reclusão e de detenção serão cumpridas, se possível, em regime especial de semiliberdade, no local de funcionamento do órgão federal de assistência aos índios mais próximos da habitação do condenado.*
>
> *Art. 57.* ***Será tolerada a aplicação, pelos grupos tribais****, de acordo com as instituições próprias, de* ***sanções penais ou disciplinares*** *contra os seus membros, desde que* ***não*** *revistam* ***caráter cruel ou infamante****, proibida em qualquer caso a* ***pena de morte****.*

Na prática, existem casos complexos que envolvem a cultura de um povo indígena e o seu confronto com a legislação penal. Ocorrem algumas prisões, por exemplo, em caso de indígenas que se casam com menores de 14 anos. Para alguns povos originários do nosso país, que aqui estão desde antes da chegada dos portugueses, a mulher já é apta a se casar após a menarca, a primeira menstruação. Com o casamento, passa a manter relações sexuais e, com a gravidez, fica nítida a situação que, formalmente, é tipificada pelo crime de estupro de vulnerável. Com a busca de serviços de saúde fora das terras indígenas, a situação fica notória e geralmente as autoridades são notificadas. A questão é polêmica e controversa, ensejando a discussão a respeito da possibilidade de se aceitar a cultura diferente de determinado povo indígena ou a necessidade de respeito ao Direito Penal em relação a todos, sem exceção.

O juiz deve se valer do laudo antropológico para uma compreensão mais aprofundada dos costumes daquele povo e se a conduta praticada por aquele indivíduo

---

98. É a posição de Cláudio Brandão, para quem "os silvícolas, quando não inculturados, devem ser considerados inimputáveis" (Teoria jurídica do crime. 6. ed. Belo Horizonte, São Paulo: D'Plácido, 2020, p. 250).

é ou não aceita por sua comunidade. Caso não seja aceita, se houve punição ou, caso não tenha havido, qual seria a sanção aplicável. Com isso, poderá julgar o caso com uma compreensão mais ampla das normas sob as quais aquele indivíduo cresceu, se houve potencial compreensão da ilicitude da conduta e se as sanções eventualmente aplicadas por sua comunidade ou as que seriam cabíveis devem ser consideradas na imposição de pena.

Por fim, quanto à constatação da imputabilidade do indígenas no processo penal, o STF já decidiu ser dispensável o laudo pericial, consistente em exame antropológico, se houver outros elementos nos autos que demonstrem que o aborígene possui capacidade de compreender o caráter ilícito do fato e de se comportar conforme esse entendimento[99]. O STJ tem seguido esse entendimento, considerando ser "dispensável a realização de exame pericial antropológico ou sociológico quando, por outros elementos, constata-se que o indígena está integrado à sociedade civil e tem conhecimento dos costumes a ela inerentes"[100].

4.2. Erro de proibição

O erro de proibição ou erro sobre a ilicitude do fato é aquele que recai sobre a interpretação do texto legal, dele se extraindo uma conclusão normativa incorreta. O agente imagina que a sua conduta não adentra o âmbito de incriminação, que não é proibido pelo ordenamento jurídico. Esse erro, se inevitável, afasta a culpabilidade, por ausência de compreensão do caráter ilícito do fato. Se evitável, o agente agiu com culpabilidade diminuída e, por isso, previu o legislador, no artigo 21 do Código Penal, a diminuição de sua pena, de um sexto a um terço, a depender do grau do erro que incorreu o sujeito.

Cumpre fazer um breve histórico sobre essa modalidade de erro. No causalismo, falava-se apenas em erro de fato e **erro de direito**. O erro de direito abrangia tanto o erro sobre a ilicitude do fato quanto a alegação de ignorância da lei. Esse erro não escusava o agente. Portanto, confundiam-se no erro de direito tanto o erro sobre a ilicitude do fato (atual erro de proibição) quanto o desconhecimento da lei. Esse era o tratamento do Código Penal até a Reforma de 1984[101] e é a disciplina do Código Penal Militar[102].

Neste contexto, vale reforçar que um dos elementos da culpabilidade é a **consciência da ilicitude**. Segundo a teoria psicológico-normativa, a consciência da ilicitude era elemento do dolo, que pertencia ao substrato da culpabilidade. Ademais, exigia-se a atual consciência da ilicitude, ou seja, era necessário que se demonstrasse que o agente tinha, ao tempo da ação ou omissão, compreensão sobre o caráter ilícito do fato. Se o agente achasse que o seu comportamento não era proibido, por interpretar

99. STF, HC 85198/MA, Rel. Min. Eros Grau, Primeira Turma, Julgado em 17/11/2005.
100. STJ, AgRg no HC 604.898/MS, Rel. Min. Felix Fischer, Quinta Turma, julgado em 02/02/2021, DJe 08/02/2021.
101. É o erro tratado por Hungria em sua obra: HUNGRIA, Nélson. Comentários ao Código Penal, Vol. V. Rio de Janeiro: Forense, 1958, p. 75-78.
102. GOMES, Luiz Flávio. Erro de tipo e erro de proibição. 5. ed. São Paulo: Editora Revista dos Tribunais, 2001, p. 46-49.

mal a norma, ficaria afastada a sua culpabilidade de acordo com referida teoria, independentemente de seu erro ser evitável ou inevitável. Isso porque se exigia, majoritariamente, que a consciência da ilicitude fosse atual (ou seja, existente ao tempo do crime).

Com o advento do finalismo e a adoção de uma concepção normativa da culpabilidade, o dolo e a culpa deixaram de integrar a culpabilidade. A consciência da ilicitude deixou de ser elemento do dolo e passou a ser **um dos componentes da culpabilidade**, de forma autônoma. Com isso, a exigência da **consciência de ilicitude** deixou de ser a atual para ser **potencial**.[103] Assim, basta que o agente tenha capacidade de compreender que sua conduta é reprovável pelo ordenamento jurídico, não sendo necessário se demonstrar que ele efetivamente compreendeu a reprovabilidade à época da prática do fato. A exclusão da culpabilidade ocorrerá somente se faltar ao agente tal consciência por erro inevitável ou escusável. Se o erro era evitável, ou seja, se o agente poderia ter alcançado a correta compreensão da norma incriminadora, não há que se falar em exclusão da culpabilidade, já que basta a potencial consciência da ilicitude.

A causa excludente da culpabilidade que se refere à falta de potencial consciência da ilicitude é o erro de proibição inevitável. **O erro de proibição é a incorreta interpretação da norma pelo agente, que o impede de entender que sua conduta está abrangida pela vedação da norma.** É o erro sobre a reprovabilidade ou a proibição de sua conduta, recaindo sobre a valoração jurídica do fato.

Cumpre recordar que não há exclusão da culpabilidade em razão de se alegar ignorância sobre a existência da lei. A **ignorância da lei** *(ignorantia legis)* não é causa de exclusão da culpabilidade no tocante aos crimes. A única possibilidade de exclusão da infração penal, como visto acima no estudo da potencial consciência da ilicitude, limita-se às contravenções penais, por expressa previsão legal. Quando aos crimes, a *ignorantia legis neminem excusat*, ou seja, a ignorância da lei não escusa ninguém. **O desconhecimento da lei serve apenas como atenuante da pena**, conforme prevê o artigo 65, inciso II, do Código Penal.

Baseando-se na diferenciação entre **lei** (o texto) e **norma** (a proibição que interpretamos a partir do texto penal) de Binding, Cláudio Brandão observa que "o erro de proibição direto é o desconhecimento da *norma proibitiva*, não da lei"[104]. Desconhecer a lei não isenta o agente de observá-la, como prevê o artigo 3º do Decreto-Lei n. 4.657/1942, a Lei de Introdução às Normas do Direito Brasileiro, e, de forma mais específica para o Direito Penal, a parte inicial do artigo 21 do Código. Isso significa o desconhecimento do texto normativo, publicado no diário oficial, o que enseja, apenas, a incidência de uma atenuante de pena.

O erro de proibição é aquele advindo da extração da norma a partir do texto legal, do processo interpretativo feito por cada indivíduo. Ainda que se conheça a ilicitude de se praticar algo conhecido popularmente por golpe, um estelionato, o

103. GOMES, Luiz Flávio. Erro de tipo e erro de proibição. 5. ed. São Paulo: Editora Revista dos Tribunais, 2001, p. 111.

104. BRANDÃO, Cláudio. Teoria jurídica do crime. 6. ed. Belo Horizonte, São Paulo: D'Plácido, 2020, p. 190.

indivíduo pode interpretar erroneamente a efetiva abrangência da incriminação extraída do artigo 171 do Código Penal. Caso atue sob a convicção de que sua conduta não infringe a norma, de modo que o seu erro não poderia ser evitado, dadas as circunstâncias e suas características pessoais, o agente atuou sem consciência da ilicitude, nem atual nem potencial. Aquela valoração paralela na esfera do profano, que permite a cada ser humano se guiar pelo lícito e pelo ilícito, faltou a ele naquele caso específico, o que afasta a culpabilidade, já que não se pode reprovar uma conduta cuja ilicitude não poderia ter sido percebida pelo agente.

Esse erro de proibição ou sobre a ilicitude do fato, consistente na má interpretação da norma pelo agente, leva-o a não compreender que sua conduta é censurável. Esse erro pode ser **direto** ou **indireto**, conforme recaia sobre a interpretação de uma norma incriminadora, que prevê a conduta considerada delitiva, ou de uma norma permissiva, que afastaria a ilicitude da conduta sob determinadas circunstâncias:

- ✓ **O erro de proibição direto** é aquele em que o agente interpreta a própria norma penal de forma incorreta, imaginando que sua conduta não é alcançada pela lei penal incriminadora. É o caso da dona de casa que, muito idosa e acostumada à sociedade patriarcal, em que o marido cuidava de todos os assuntos da família, usa o CPF do marido como se dela fosse. Isso porque não era costume, antigamente, que mulheres tivessem referido documento. Sua conduta foi realizada por desconhecimento sobre a censurabilidade de sua conduta, já que ela pensava que o uso do documento do marido não era abrangido por nenhuma norma penal incriminadora. O equívoco da idosa diz respeito aos limites da própria lei penal incriminadora, razão pela qual é chamado de erro de proibição direto.
- ✓ O **erro de proibição indireto**, também denominado **descriminante putativa por erro de proibição** ou **erro de permissão**, ocorre quando o agente interpreta a norma que prevê uma excludente de ilicitude de forma errada, pensando que está acobertado, sem efetivamente estar. Podemos pensar como exemplo em um holandês que veio morar no Brasil. Ele, por óbvio, não pode alegar desconhecer que a maconha não é permitida em nosso território. Entretanto, imagine que ele ingresse com um medicamento à base de cocaína, levando ostensivamente no avião, e ao ser abordado no Aeroporto Internacional de Confins/MG, mostra a sua receita médica, dizendo ter direito de portar referido medicamento. Como o exercício regular de um direito está previsto em uma norma permissiva justificante (causa excludente de ilicitude), o erro a seu respeito é denominado de erro de proibição indireto. Ele imagina que a sua conduta tem o respaldo de uma norma justificante, interpretando mal o que prevê o artigo 23, III, do CP.

Há doutrinadores que mencionam uma terceira modalidade, referente à omissão:

- ✓ **O erro de mandamento ou erro mandamental** é aquele em que o agente interpreta a própria norma penal **imperativa** de forma incorreta, imaginando que sua conduta não é alcançada pela lei penal incriminadora. O agente interpreta de forma incorreta uma norma mandamental, incorrendo em crime omissivo próprio ou impróprio[105]. É o caso do médico que acreditou não ter obrigação de notificar compulsoriamente determinada doença, pois estava atuando como médico em órgão público e acredita que o setor administrativo teria esse dever. Incorreu no crime de omissão de notificação de doença, crime **omissivo próprio** previsto no artigo 269 do Código Penal. Na **omissão imprópria** também pode ocorrer esse erro, inclusive quanto à posição de garantidor. Imagine que um sujeito bem rústico é contratado para ser salva-vidas, após ter aprendido a nadar em riachos e ter acabado de se mudar para área urbana. Ele vê um adulto se afogar, mas acredita que só tem a obrigação de salvar crianças e adolescentes, então não o socorre e a vítima sofre lesão corporal. Houve erro mandamental, podendo ter isenção de pena, nos termos do CP, se o erro for escusável ou inevitável. Se for considerado evitável ou inescusável, tem direito à diminuição de pena.

Com relação às consequências do erro de proibição, os efeitos dependem de ser ou não evitável. Isso porque, com a adoção da **teoria limitada da culpabilidade**, basta a potencial consciência da ilicitude, não sendo necessária a consciência atual. Por isso, **só o erro inevitável, escusável ou desculpável afasta a culpabilidade**. É o que determina o Código Penal:

> *Erro sobre a ilicitude do fato*
>
> *Art. 21 – O desconhecimento da lei é inescusável.* ***O erro sobre a ilicitude do fato, se inevitável, isenta de pena; se evitável, poderá diminuí-la de um sexto a um terço.***
>
> *Parágrafo único – Considera-se evitável o erro se o agente atua ou se omite sem a consciência da ilicitude do fato, quando lhe era possível, nas circunstâncias, ter ou atingir essa consciência.*

Se o erro for **inevitável, desculpável ou escusável**, o agente não responde criminalmente. Há isenção de pena, por falta de potencial consciência de ilicitude e, por consequência, ausência da culpabilidade.

Caso o erro seja **evitável, indesculpável ou inescusável**, a pena deve ser diminuída de um sexto a um terço. O erro é evitável se ele poderia ter sido evitado com maior diligência. A pena deve ser diminuída porque, no caso, a culpabilidade do agente é menor, sendo que a pena deve ser fixada na medida de sua culpabilidade.

Quanto ao critério para se verificar se o erro é ou não evitável, o próprio parágrafo único do artigo 21 do Código Penal define sua opção. O erro é considerado evitável quando o agente poderia, nas circunstâncias em que praticou sua conduta, ter ou atingir tal consciência. Deve-se analisar se ele poderia ou não ter

105. BRANDÃO, Cláudio. Teoria jurídica do crime. 6. ed. Belo Horizonte, São Paulo: D'Plácido, 2020, p. 284-285. BITENCOURT, Cezar Roberto. Parte Geral. Coleção tratado de direito penal volume 1. 26. ed. São Paulo: Saraiva Educação, 2020, p. 544.

compreendido o caráter ilícito de sua conduta, em exercício que se denomina de esforço de consciência[106].

Desse modo, a própria lei define que devemos considerar as próprias condições do agente e as circunstâncias em que agiu ou se omitiu. Por isso, é inviável a adoção do critério do homem médio. É o próprio indivíduo que deve ser analisado para a constatação se lhe era possível ter ou não consciência da reprovabilidade ou da proibição da sua conduta.

Zaffaroni e Pierangeli se referem, ainda, **ao erro culturalmente condicionado** como modalidade autônoma de desencontro entre representação e realidade. O erro culturalmente condicionado é exemplificado, pelos autores, com a crença do povo Ahuca, no Equador, de que o "homem branco" sempre os matará quando os vir, razão pela qual sempre deverão se defender quando os encontrar. Assim, configura-se, em caso de violência empregada sob essa ideia de defesa, um erro de proibição. Seria possível, ainda, o erro de tipo se determinadas pessoas, com base na crença de que assim curam um indivíduo, submetem-no a pancadas para livrá-lo de entidades espirituais[107]. A despeito de interessante essa construção doutrinária, parece não se tratar de uma modalidade específica de erro. Na verdade, o indivíduo deve ser considerado com todas as suas características, incluída a sua formação cultural, para se concluir acerca de qualquer classe de erro, seja de tipo, seja de proibição. A sua cultura e compreensão do mundo devem ser levados em conta para a conclusão sobre sua responsabilização penal ou não. A evitabilidade ou inevitabilidade do erro é analisada conforme o sujeito que atuou, e não de acordo como o "*homem médio*", conforme previsão expressa do artigo 21, parágrafo único, do Código Penal, que trata do erro de tipo.

Para melhor visualização das consequências do **erro de proibição**, conforme seja ele evitável ou inevitável, segue um esquema:

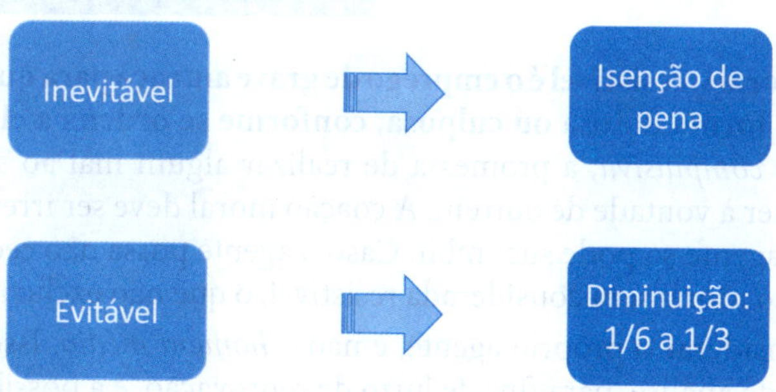

Por fim, **cabe não confundir o erro de proibição com o erro de tipo**, que são figuras diversas, com consequências também diferentes. O erro de tipo consiste na equivocada percepção, pelo agente, da realidade que o cerca. Ocorre, portanto, quando o sujeito ativo se equivoca quanto ao mundo exterior, interpretando-o de

106. HILGERNDORF, Eric; VALERIUS, Brian. Trad. Orlandino Gleizer. 1. ed. São Paulo: Marcial Pons, 2019, p. 212.

107. ZAFFARONI, Eugenio Raúl; PIERANGELI, José Henrique. Manual de direito penal brasileiro, parte geral. 14. ed. rev. e atual. São Paulo: Thomson Reuters Brasil, 2020, p. 571-573.

forma incorreta. O erro de proibição, por sua vez, é a incorreta interpretação da norma penal pelo agente.

4.3. Coação Moral irresistível

A exigibilidade de conduta diversa é um dos elementos da culpabilidade. Não se pode exigir conduta diversa do agente quando ele age sob coação moral irresistível ou em razão de obediência hierárquica. As circunstâncias da atuação do indivíduo devem ser consideradas para o juízo de reprovação ou censura. Cuida-se de herança da teoria da normalidade das circunstâncias concomitantes, elaborada por Reinhard Frank, o qual defendia que, na culpabilidade, deveriam ser avaliadas as circunstâncias nas quais o indivíduo praticou a conduta típica e ilícita. Se não era possível exigir dele conduta diferente, ou seja, que ele cumprisse a lei naquela situação específica, não há sentido em se censurar criminalmente o seu comportamento.

Vejamos no esquema abaixo as duas hipóteses legais de inexigibilidade de conduta diversa:

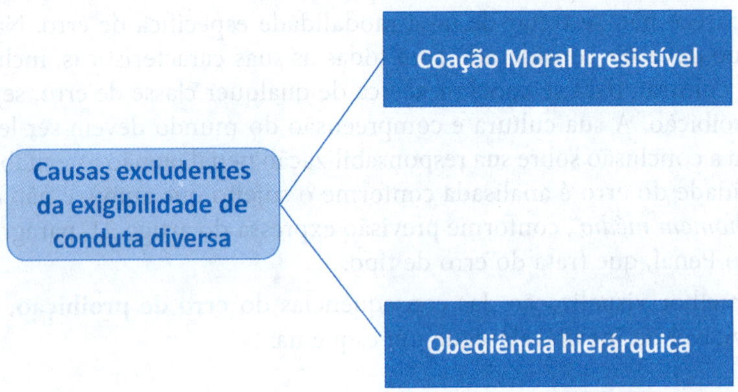

A coação moral irresistível é o emprego de grave ameaça para que determinada pessoa atue, de forma dolosa ou culposa, conforme se ordena a ela. É o emprego da chamada *vis compulsiva*, a promessa de realizar algum mal ao sujeito, o que o leva a se submeter à vontade de outrem. A coação moral deve ser irresistível, ou seja, aquela à qual o agente só pode sucumbir. Caso o agente possa não ceder ou resistir à ameaça, a coação moral será considerada resistível, o que não exclui a culpabilidade.

Deve-se considerar o próprio agente, e não o *homem médio*. Isso porque o que deve ser objeto de análise, para fins de juízo de reprovação, é a possibilidade ou não de o indivíduo sucumbir àquela ameaça, o que pode ser diferente para uma pessoa mais fraca, amedrontada ou vulnerável e diverso para um indivíduo de temperamento mais forte e que, por exemplo, seja agente de segurança pública, treinado para lidar com essas situações. Não se diz que não há coação irresistível no segundo caso, mas que as características pessoais devem ser consideradas para analisar se era ou não possível resistir à ameaça feita.

Não se admite que a coação seja realizada pela sociedade, mas apenas de sujeito determinado ou de um grupo de pessoas. Isto é, não se trata de uma coação difusa, fundamentada no temor do indivíduo sobre a opinião pública. A coação advém de pessoa determinada ou de pessoas determinadas, que retiram a exigibilidade de conduta diversa daquele agente que é coagido. A responsabilidade será do agente coator, e não do coato, que, no caso de não poder resistir à ameaça, não possuirá culpabilidade. Não se deve reprovar criminalmente aquilo que não poderia ser evitado.

O Código Penal assim prevê:

> *Coação irresistível e obediência hierárquica*
>
> *Art. 22 – **Se o fato é cometido sob coação irresistível** ou em estrita obediência a ordem, não manifestamente ilegal, de superior hierárquico, **só é punível o autor da coação ou da ordem**.*

É o caso do sujeito que tem sua casa invadida por um grupo de malfeitores, que ordenam a ele que assalte determinado banco, enquanto eles manterão sua família sob a mira de armas de fogo. Caso ele não cumpra o que foi determinado, dizem que vão matar sua esposa e filhos. Além disso, explicam que ele será seguido por um membro do grupo, para se certificarem que ele não acionará a polícia nem se comunicará com ninguém. Sob essa ameaça grave, em relação à qual não consegue resistir, o indivíduo pratica o roubo ao banco. Sua conduta não é reprovável, por não se poder exigir dele conduta diversa da que praticou. Os agentes que o forçaram, denominados coatores, serão os responsáveis por referido delito. Ele, por sua vez, não será punível, pois ausente a culpabilidade.

O **coator** pode responder pelo crime praticado pelo coato em concurso com o crime de tortura. Há também a hipótese de responder somente pelo crime praticado pelo coato, com a pena agravada, nos termos do artigo 62, II, do Código Penal. O coator é o autor mediato da conduta praticada ou, se adotada a teoria do domínio do fato, ele possui o domínio da vontade, utilizando-se de outra pessoa, sob coação, para realização da conduta típica:

> *Art. 62 – A pena será ainda agravada em relação ao agente que:*
>
> *(...)*
>
> *II – coage ou induz outrem à execução material do crime;*

No caso de **coação moral resistível**, não haverá exclusão da culpabilidade. Isso porque se poderia exigir conduta diversa do agente, que poderia resistir à coação. De todo modo, a reprovação jurídica deve ser reduzida, considerando-se que o indivíduo sofreu coação e atuou sob determinada pressão. Considerando as circunstâncias de sua atuação, a reprovação que recai sobre ele deve ser menor. Por isso, de forma acertada, , o Código Penal prevê a consideração dessa circunstância na dosimetria da pena, com a incidência de uma atenuante:

> *Circunstâncias atenuantes*
>
> *Art. 65 – São circunstâncias que sempre **atenuam a pena**:*
>
> *(...)*
>
> *III – ter o agente:*

> *(...)*
>
> *c)* ***cometido o crime sob coação a que podia resistir****, ou em cumprimento de ordem de autoridade superior, ou sob a influência de violenta emoção, provocada por ato injusto da vítima;*

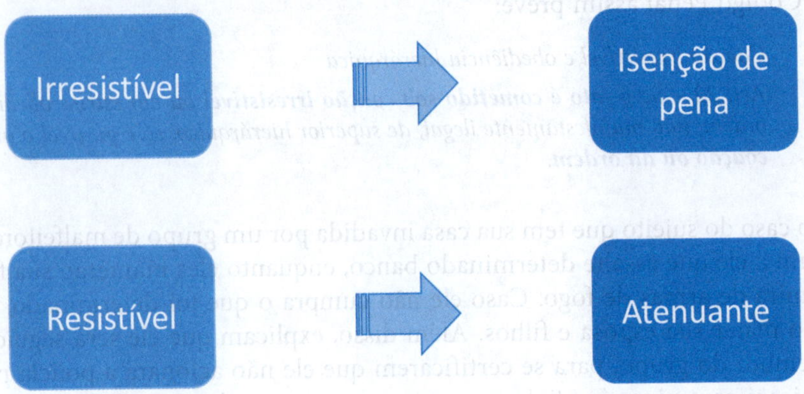

Cumpre diferenciar, que, no caso de **coação física**, o sujeito não terá agido de forma livre e consciente. Seu movimento corporal terá sido determinado por outrem, o que exclui sua conduta. Desse modo, não há crime, por não haver sequer fato típico. A coação física irresistível é causa excludente da própria conduta. A coação moral irresistível, por sua vez, afeta a culpabilidade, por inexigibilidade de conduta diversa, isto é, de comportamento conforme o Direito. Isso significa que não se poderia esperar que o indivíduo cumprisse a lei penal naquelas circunstâncias em que ele atuou.

4.4. Obediência hierárquica

A exigibilidade de conduta diversa também pode ser afastada em caso de obediência hierárquica. Essa excludente da culpabilidade incide quando o agente **age sob uma ordem, proferida por uma superior hierárquico, que não seja manifestamente ilegal**. Ainda que essa dirimente possua fundamento legislativo no Brasil, conforme previsão do artigo 22 do Código Penal, justifica-se o afastamento da culpabilidade pela teoria da normalidade das circunstâncias concomitantes de Reinhard Frank. Segundo ele, não se deve censurar penalmente uma conduta que não poderia ser exigível do indivíduo nas circunstâncias a que ele estava submetido.

A **relação de hierarquia** deve ser de **direito público**, não abrangendo a superioridade moral, religiosa ou de poder familiar. Não implica a inexigibilidade de conduta diversa, de igual modo, a hierarquia de relações de trabalho, em sociedades empresárias. É necessário que haja um superior e um subordinado, ambos com vínculo com a Administração Pública e submetidos à mesma cadeia hierárquica.

Ademais, a ordem não pode ser manifestamente ilegal. Se a ordem não tiver **aparência de legalidade**, o agente não terá afastada a sua responsabilidade criminal, configurando-se a culpabilidade da sua conduta. O subordinado deve agir em cumprimento à ordem, acreditando que ela é legal e que age conforme o direito.

Por fim, o subordinado deve proceder ao **estrito cumprimento da ordem**. Se ele agir além da ordem que recebeu, será responsável por seu excesso, caso ilícito. A excludente de culpabilidade, decorrente da obediência à ordem não manifestamente ilegal, só acoberta a conduta do agente que aja efetivamente nos limites da manifestação de vontade do seu superior hierárquico.

O artigo 22 do Código Penal trata do assunto:

> *Coação irresistível e obediência hierárquica*
>
> *Art. 22 – **Se o fato é cometido** sob coação irresistível ou **em estrita obediência a ordem, não manifestamente ilegal, de superior hierárquico, só é punível o autor da coação ou da ordem**.*

Perceba que deve ser responsabilizado **o superior hierárquico**, como autor da ordem, pela conduta praticada pelo subordinado. **Assim como no caso da coação, o autor é considerado mediato**, ou seja, aquele que atua por trás, usando de uma pessoa sem culpabilidade (por coação moral irresistível ou obediência hierárquica).

Caso **a ordem seja considerada manifestamente ilegal, a conduta do agente será censurável** e, assim, ficará configurada a culpabilidade. Considerando essas circunstâncias, no entanto, o juízo de reprovação deve ser menor do que se o agente tivesse atuado sem cumprir ordem alguma, ou seja, em circunstâncias normais. Se a pena deve ser dosada conforme a culpabilidade do agente, esse menor juízo de censura deve implicar redução na sanção penal. Por isso, acertadamente, o Código Penal, contudo, prevê uma **atenuante** de pena para o caso:

> *Circunstâncias atenuantes*
>
> *Art. 65 – São circunstâncias que sempre, **atenuam a pena**:*
>
> *(...)*
>
> *III – ter o agente:*
>
> *(...)*
>
> *c) **cometido o crime** sob coação a que podia resistir, ou **em cumprimento de ordem de autoridade superior**, ou sob a influência de violenta emoção, provocada por ato injusto da vítima;*

Podemos visualizar as consequências de o agente atuar sob **a ordem de superior hierárquico**, seja ela manifestamente ilegal ou não:

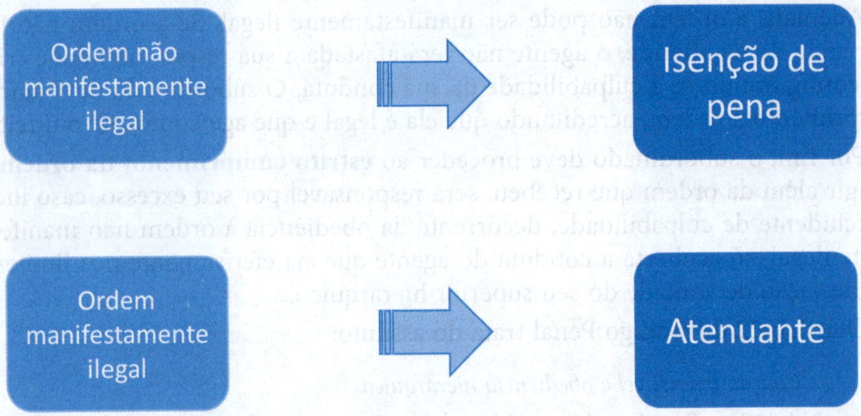

4.5. Causas supralegais de exclusão da culpabilidade

Existe controvérsia na doutrina a respeito da possibilidade de reconhecimento de outras causas dirimentes além das previstas expressamente em lei. São duas as posições:

- **Rol taxativo (*numerus clausus*) das causas de exclusão da culpabilidade**: as causas excludentes de culpabilidade devem estar previstas expressamente em lei, por serem parte da sistemática da legislação sobre o assunto. Deste modo, não se admite analogia *in bonam partem* em matéria de exculpantes. Nélson Hungria defendeu essa posição[108].
- **Rol exemplificativo (*numerus apertus*) das causas de exclusão da culpabilidade**: as causas de exclusão da culpabilidade são previstas em lei por um rol exemplificativo, o que dá abertura à consideração de causas supralegais. A exigibilidade de conduta diversa é o elemento que possibilita a discussão de causas supralegais excludentes da culpabilidade, por consistir em uma espécie de cláusula geral de configuração da culpabilidade. O Direito Penal não pode punir, por não ser reprovável, qualquer conduta se, em tais circunstâncias, não se poderia exigir comportamento diverso do agente. Essas situações não se limitam aos casos de obediência hierárquica e coação moral irresistível. É o entendimento que vem sendo adotado pelo STJ[109].

Como visto, se adotada a concepção de que as causas excludentes da culpabilidade são previstas em lei de forma exemplificativa, as causas supralegais serão extraídas do conceito de inexigibilidade de conduta diversa. São exemplos enumerados pela doutrina:

- **Desobediência Civil**: é a conduta de se insurgir contra a ordem estabelecida para lutar por um direito humano ou fundamental. Tem o escopo de representar um protesto contra determinado estado de coisas na sociedade, não

---

108. HUNGRIA, Nélson. Comentários ao Código Penal. Vol. I. Tomo 2º. 3. ed. Rio de Janeiro: Revista Forense, 1955, p. 22-24.
109. STJ, REsp 1782240/MG, Rel. Min. Nefi Cordeiro, Sexta Turma, julgado em 23/06/2020, DJe 16/12/2020.

devendo acarretar danos graves para sua configuração. O exemplo dado é o das ocupações de prédios públicos, como nos casos de greves estudantis nas universidades.

- **Cláusula de consciência**: é a justificativa para descumprimento de determinado dever com base religiosa, moral ou filosófica. Baseia-se na crença do agente, tornando a sua conduta de contrariar a ordem jurídica não sujeita à reprovação. Há um confronto entre uma crença íntima do agente e a determinação de comportamento extraída da norma penal. Sua admissão é feita com ressalvas. Seria a justificativa de quem se recusa à convocação militar.

  No caso das Testemunhas de Jeová, por exemplo, tem-se entendido que o pai não pode dispor da vida do filho, recusando-se a permitir que ele receba transfusão de sangue em virtude da crença religiosa. No entanto, há doutrinadores que admitem a exculpante se o médico se recusa a realizar determinado procedimento, avisando previamente e possibilitando que outro profissional assista o paciente.

- **Situação financeira da sociedade empresária e crimes tributários**: a situação financeira de uma certa pessoa jurídica tem sido invocada para justificar o não recolhimento de determinados tributos. Em razão da falta de recursos financeiros, a conduta dos administradores da sociedade de não recolher os tributos no prazo legal não seria reprovável, caso houvesse real indisponibilidade financeira. Isso porque, em tais circunstâncias, não se poderia exigir conduta diversa.

Como exemplo de admissão de causa supralegal de exclusão da culpabilidade, no caso a situação financeira da sociedade empresária, há precedentes do Superior Tribunal de Justiça:

> ***"A alegada impossibilidade de repasse de tais contribuições em decorrência de crise financeira da empresa constitui, em tese, causa supralegal de exclusão da culpabilidade – inexigibilidade de conduta diversa –, e, para que reste configurada, é necessário que o julgador verifique a sua plausibilidade, de acordo com os fatos concretos revelados nos autos, não bastando para tal a referência a meros indícios de insolvência da sociedade".*** *(STJ, Resp 888947/PB, Rel. Min. Arnaldo Esteves Lima, Quinta Turma, DJ 07/05/2007).*
>
> *"Ademais, é irretocável o entendimento do acórdão de que a precária condição financeira da empresa e a falta de habilidade técnica do agravante para a elaboração das informações devidas ao Fisco não configuram, sem mais elementos que atestem que a sonegação dos tributos seria a única medida cabível para evitar mal maior, a inexigibilidade de conduta diversa. Tendo os juízes da origem concluído que não estaria comprovada causa de afastamento da responsabilidade criminal do agravante pelas condutas que praticou, a alteração dessa conclusão não tem lugar no mandamus." (STJ, AgRg no HC 468.165/SP, Rel. Min. Reynaldo Soares da Fonseca, Quinta Turma, julgado em 02/06/2020, DJe 15/06/2020)*

Fato Típico	+	**Antijurídico**	+	**Culpável**
Conduta **Resultado** **Nexo causal** **Tipicidade**		**Excludentes legais:** **Legítima defesa** **Estado de necessidade** **Estrito cumprimento do dever legal** **Exercício regular de um direito**		**Imputabilidade;** **Potencial consciência da ilicitude;** **Exigibilidade de conduta diversa**

QUADRO SINÓTICO

Culpabilidade	
Conceito	É o juízo de reprovação ou censura, consistindo no terceiro substrato do conceito analítico de crime, consoante preconiza a teoria tripartida. Assim, trata-se da análise se a conduta típica e não permitida pelo ordenamento jurídico é ou não é reprovável. Sua base é normativa, de modo que o juízo de reprovação não é exclusivamente moral ou ético, mas jurídico. Segundo a doutrina majoritária, adota-se no Brasil a teoria limitada da culpabilidade.
Elementos	• **Imputabilidade**: é a capacidade de se atribuir a alguém a responsabilidade por uma conduta típica e ilícita. • **Potencial consciência da ilicitude**: é a capacidade do agente de compreender que sua conduta é reprovável. • **Exigibilidade de conduta diversa**: só se pode reprovar a conduta de quem tinha condições, ao tempo de sua conduta, de agir de modo diverso, em razão da teoria da normalidade das circunstâncias.
Causas excludentes legais	• **Inimputabilidade**: excluem a culpabilidade a doença mental ou anomalia psíquica, o desenvolvimento mental incompleto, o desenvolvimento mental retardado e a embriaguez completa, decorrente de caso fortuito ou força maior. Nesses casos, é necessário que essa condição física tenha impedido o agente de compreender o caráter ilícito do fato ou de determinar-se de acordo com esse entendimento (critério biopsicológico). A exceção é a menoridade, pois o menor de 18 anos é sempre inimputável (critério biológico). • **Erro de proibição inescusável**: é a incorreta interpretação da norma pelo agente, que o impede de entender que sua conduta está abrangida pela vedação da norma. Se inevitável, isenta de pena, nos termos do artigo 21 do CP.

Culpabilidade	
Causas excludentes legais	• **Coação moral irresistível**: é o emprego de grave ameaça para que determinada pessoa atue, de forma dolosa ou culposa, conforme se ordena a ela. Tem previsão no artigo 22 do CP. • **Obediência hierárquica**: configura-se quando o agente age sob uma ordem, proferida por uma superior hierárquico, que não seja manifestamente ilegal. A relação de hierarquia deve ser de direito público. Tem previsão no artigo 22 do CP.
Causas excludentes supralegais (discutíveis)	• **Desobediência civil**: é a conduta de se insurgir contra a ordem estabelecida para lutar por um direito humano ou fundamental. • **Objeção de consciência**: é a justificativa para descumprimento de determinado dever com base religiosa, moral ou filosófica • **Situação financeira da sociedade empresária e crimes tributários**: a situação financeira de uma certa pessoa jurídica tem sido invocada para justificar o não recolhimento de determinados tributos. Em razão da falta de recursos financeiros, a conduta dos administradores da sociedade de não recolher os tributos no prazo legal não seria reprovável, caso houvesse real indisponibilidade financeira.

CAPÍTULO VIII
PUNIBILIDADE

1. CONCEITO DE PUNIBILIDADE

A punibilidade é a **possibilidade de o Estado aplicar a sanção penal, seja pena ou a medida de segurança, ao sujeito ativo da infração penal**. Portanto, a punibilidade é a perspectiva de aplicação da sanção penal, surgida a partir da prática de um crime ou uma contravenção. Dito de outra forma, a punibilidade é o próprio *ius puniendi*, isto é, o "direito de punir" que pertence ao Estado. Esse direito, segundo a doutrina tradicional, surge quando é praticada uma infração penal, permitindo que se aplique a sanção penal prevista em lei. Parece mais adequado, entretanto, falar-se em poder de punir, que deriva do império do Estado em seu território.

Sua natureza jurídica, segundo a teoria tripartida, é de mero pressuposto para aplicação da sanção penal. Portanto, é uma consequência do crime, não fazendo parte do seu conceito. Em razão de se adotar a teoria tripartida, ser ou não punível a conduta não lhe tira a natureza de crime. Isso porque a punibilidade, como dito acima, não faz parte dos elementos ou substratos da infração penal. Portanto, é possível que haja crime e que não seja possível a aplicação da sanção penal.

Basta imaginar um *serial killer* que, tendo completado 18 anos de idade, invada uma escola, mate vários colegas de sala e se mate logo em seguida. Crime houve. Entretanto, a morte do sujeito impede sua punição. É um caso de infração penal sem punibilidade. Uma situação mais problemática para a teoria seria a das causas de exclusão da punibilidade ou de isenção de pena. Se o indivíduo subtrai dinheiro do seu próprio filho, o artigo 181, inciso II, do Código Penal, isenta-o de pena. Essa ausência de punibilidade não impede a caracterização do crime, para a concepção majoritária, ainda que não se aplique pena em virtude da previsão legal.

A punibilidade pode não estar presente por diversas causas, que costumam ser classificadas pela doutrina da seguinte forma:

- **Causas de exclusão da punibilidade**: são hipóteses que impedem o surgimento do direito de punir do Estado. Em razão de condições pessoais do agente, há hipóteses em que a prática de uma infração penal não implica o direito do Estado de aplicar uma punição, por motivos de política criminal. Nem todos os doutrinadores utilizam essa nomenclatura, sendo que muitos tratam como causas de isenção de pena, imunidades dos crimes contra o patrimônio ou escusas absolutórias.

- **Condições objetivas de punibilidade**: é a condição, externa ao delito, de que depende a imposição da sanção penal pela prática de um crime. As condições objetivas de punibilidade a condicionam, não dependendo da vontade do agente. O direito de punir fica suspenso até o advento dessa condição.
- **Causas de extinção da punibilidade**: são as situações que, após o surgimento do direito de punir do Estado, causam sua extinção. O direito de punir surge, mas deixa de existir por um motivo superveniente. As causas de extinção da punibilidade podem ser comuns ou gerais, referentes a todos os delitos, e especiais ou particulares, quando se limitam a determinadas infrações penais.

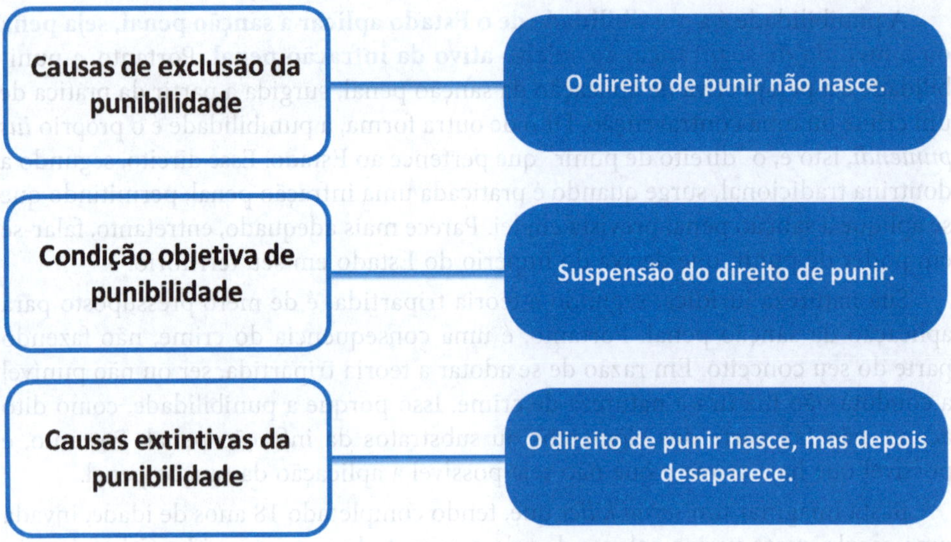

Os exemplos e as hipóteses de cada uma das modalidades de não incidência da punibilidade serão estudados separadamente. As causas de exclusão da punibilidade devem ser estudadas de forma mais detida no estudo dos crimes patrimoniais, por exemplo. Por sua vez, a condições objetivas de punibilidade serão estudadas ao longo de toda a obra, envolvendo também a disciplina de Direito Penal Especial, pois se referem a determinados crimes, com peculiaridades próprias.

As causas extintivas da punibilidade devem ser estudadas aqui, especialmente aquelas listadas no artigo 107 do Código Penal. Entretanto, também existem as causas não elencadas em referido dispositivo, que serão tratadas ao longo deste manual.

De todo modo, o mais relevante é entender a diferença entre as causas de exclusão da punibilidade, as condições objetivas de punibilidade e as causas extintivas de punibilidade, em uma abordagem que busca o entendimento majoritário, considerando que há divergências doutrinárias.

2. CAUSAS DE EXCLUSÃO DE PUNIBILIDADE

Em relação às situações em que há um delito, mas não há punibilidade, encontram-se as chamadas causas de exclusão da punibilidade. **A causa de exclusão da punibilidade impede o surgimento do direito de punir do Estado**. Portanto, apesar de haver a prática de um fato típico, ilícito e culpável, não haverá a punibilidade.

As causas de exclusão da punibilidade delimitam o direito de punir do Estado, determinando que **a prática de delitos por algumas pessoas, em certas circunstâncias, não implica a imposição de sanção penal**. Os motivos são de política criminal, conforme escolha feita pelo legislador e expressa no ordenamento jurídico.

As causas de exclusão da punibilidade são consideradas, por parte da doutrina, como **imunidades absolutas ou escusas absolutórias**. São hipóteses em que, apesar de configurado o delito, não há imposição de pena em razão de condição pessoal do agente, por política criminal. Também podem ser denominadas de **causas de isenção de pena**.

Segundo Luiz Regis Prado, são condições objetivas de punibilidade negativamente formuladas, ou seja, se estiverem presentes não se impõe pena ao agente[1]. René Ariel Dotti, entretanto, observa haver exclusão de culpabilidade, em razão da inexistência de reprovabilidade penal, mas também entende ser possível dizer que são condições de punibilidade do delito, negativamente formuladas[2]. São, assim como as condições objetivas (que suspendem a prescrição) e como o próprio nome diz, de natureza objetiva, não sendo necessário que o dolo ou culpa do agente as alcance. Devem já estar presentes à época do delito, como condição pessoal do agente que impede que surja o direito de punir do Estado.

No caso das **imunidades relativas**, que serão estudadas quando da análise dos crimes patrimoniais, o que se tem é a imposição de uma condição objetiva de punibilidade, consistente na exigência de representação do ofendido em razão de determinada condição pessoal do agente. Portanto, as imunidades relativas não implicam a exclusão da punibilidade e, por isso, não fazem parte do rol de causas de isenção de pena.

2.1. Imunidades absolutas ou escusas absolutórias

As imunidades absolutas ou escusas absolutórias são hipóteses de exclusão da punibilidade em razão da relação existente entre o sujeito ativo e o passivo do delito. O Estado fica impedido de exercer seu direito de punir em determinadas hipóteses, mesmo que tenha havido crime, por opção legislativa de política criminal.

Quando determinados delitos são cometidos no seio familiar, não há interesse social na repressão penal. Isso porque se entende que referida responsabilização seria mais gravosa, interferindo nas relações familiares de forma gravosa.

---

1. PRADO, Luiz Regis. Curso de Direito Penal Brasileiro. Parte Geral e Parte Especial. 18. ed. Rio de Janeiro: Forense, 2020, p. 352.
2. DOTTI, René Ariel. Op. Cit., 2020, p. 636-638.

PARTE GERAL

Existe previsão de escusas absolutórias para delitos patrimoniais, cometidos sem violência, envolvendo membros da mesma família. As hipóteses estão elencadas no artigo 181 do Código Penal:

> *Art. 181 –* ***É isento de pena*** *quem comete qualquer dos crimes previstos neste título, em prejuízo:*
>
> *I – do cônjuge, na constância da sociedade conjugal;*
>
> *II – de ascendente ou descendente, seja o parentesco legítimo ou ilegítimo, seja civil ou natural.*

Essas hipóteses devem ser estudadas de forma mais detalhada na análise dos crimes contra o patrimônio. Entretanto, cumpre aqui entender como essas escusas absolutórias impedem que surja o *ius puniendi*.

Se o marido subtrair dois mil reais da bolsa de sua esposa, sua conduta será típica. Digamos que não haja nenhuma excludente de ilicitude e, por isso, seja antijurídica. Por fim, a culpabilidade está presente, pois ele tinha consciência da ilicitude do que fez, era capaz de querer e entender o que fez, o que torna sua conduta reprovável. Temos, portanto, a prática de um crime (fato típico, ilícito e culpável).

Entretanto, a causa de exclusão da punibilidade impede que o direito de punir do Estado nasça. O artigo 181, inciso I, do Código Penal impede que se imponha sanção penal ao agente, razão pela qual o marido não deve ser processado nem denunciado pelo delito cometido.

O exemplo demonstra que a causa de exclusão da punibilidade, chamada escusa absolutória, não se confunde com a causa de extinção da punibilidade. **A escusa absolutória não permite sequer o nascimento da pretensão estatal de aplicação da sanção**, de modo que o agente não pode ser condenado e ter contra si imposta uma pena em razão da conduta que praticou.

Pensemos em outro exemplo. A prática do crime de furto por João em relação à Maria, sua vizinha, com quem namorou, não está acobertada por nenhuma escusa absolutória. Portanto, com a configuração do delito, o direito de punir do Estado surge. Se a investigação demorar e houver o reconhecimento da prescrição, durante o curso do processo penal, o direito de punir terá nascido, mas será extinto em razão de um evento superveniente.

Na causa de exclusão de punibilidade, não nasce o direito de punir. Já a causa de extinção da punibilidade põe fim ao direito de punir em razão de um fator superveniente.

Por fim, Júlio Fabbrini Mirabete e Renato N. Fabbrini defendem que também há escusa absolutória no caso do artigo 348, § 2º, do Código Penal[3]. Se adotada a denominação de causa de exclusão de punibilidade, teremos outro caso de referida hipótese: "Se quem presta o auxílio é ascendente, descendente, cônjuge ou irmão do criminoso, fica isento de pena".

3. Mirabete, Julio Fabbrini. Manual de Direito Penal, volume 1: parte geral, arts. 1º a 120 do CP. 32. ed. rev. e atual. São Paulo: Atlas, 2016, p. 376.

Portanto, a hipótese de isenção de pena no crime de favorecimento pessoal constitui outro exemplo de exclusão da punibilidade. No caso de o crime ser praticado para favorecer um ascendente, descendente, cônjuge ou irmão do sujeito ativo, não nascerá o direito de punir do Estado. Teremos um fato típico, ilícito e culpável, mas desde sua configuração não haverá a punibilidade. Como a punibilidade é pressuposto da aplicação de pena, não será possível sua imposição.

3. CONDIÇÕES OBJETIVAS DE PUNIBILIDADE

Condições objetivas de punibilidade são **requisitos para a imposição da pena que não integram expressamente o tipo penal**. Tipo penal, como estudaremos adiante, é a previsão da conduta que configura o crime, sendo que, no caso de homicídio, é "matar alguém". A adequação da conduta praticada ao tipo penal (tipicidade) é necessária para que o agente possa ser punido pela conduta (ação ou omissão) que praticou. Atuam de forma objetiva, sem necessidade de que o agente atue com elemento subjetivo com relação a tais condições[4]. Condicionam a aplicação da pena, apesar de o delito estar configurado, com os seus elementos presentes. A punibilidade depende de uma condição futura simplesmente por razões de política criminal.

Essas condições são condições cuja ocorrência não está sujeita ao arbítrio do sujeito ativo, mas depende de fatores externos. São baseadas em política criminal, ou seja, em juízo de oportunidade, conveniência e necessidade ou não de imposição de sanção penal. Sem que se constate a condição objetiva de punibilidade, não se pode intentar a ação penal, pois o fato não é punível. **Em conjunto com as escusas absolutórias, são condições para a imposição da pena de acordo com a política criminal vigente**, permitindo que o legislador adeque eventual necessidade de punição à realidade social do momento.

Entretanto, para parte da doutrina, a condição objetiva de punibilidade integra o próprio tipo penal, constituindo-se um elemento integrante da infração criminalmente punível[5]. Essa posição é a adotada pelo STF quanto ao delito previsto no art. 1º, incisos I a IV, da Lei n. 8.137/1990, já que a sua Súmula Vinculante n. 24 prevê não se tipificar a conduta do agente enquanto não sobrevém a constituição definitiva do crédito tributário.

3.1. Constituição definitiva do débito nos crimes tributários

Ainda que haja divergências, tem prevalecido na doutrina que a constituição definitiva do débito tributário é condição objetiva de punibilidade dos respectivos crimes. Entretanto, prevê a Súmula Vinculante n. 24 que o crime não se tipifica, o que não se compatibiliza perfeitamente com a noção de condição de punibilidade:

> ***Não se tipifica*** *crime material contra a ordem tributária, previsto no art. 1º, incisos I a IV, da Lei nº 8.137/90, antes do lançamento definitivo do tributo.*

---

4. PRADO, Luiz Regis. Curso de Direito Penal Brasileiro. Parte Geral e Parte Especial. 18. ed. Rio de Janeiro: Forense, 2020, p. 351.
5. CARVALHO, Américo A. Taipa de. Sucessão de Leis Penais. Coimbra: Coimbra Editora, 2008, p. 79.

Desse modo, ainda que não haja essa previsão no próprio tipo penal de cada um dos crimes tributários, só se pode punir a conduta formalmente típica após o lançamento definitivo do tributo. A punibilidade dos delitos previstos no artigo 1º, incisos I a IV, da Lei n. 8.137/1990 depende da constituição definitiva do crédito tributário, ficando suspensa até o advento desta condição.

3.2. Sentença de falência, recuperação judicial ou extrajudicial e crimes falimentares

A sentença que decreta a falência, concede a recuperação judicial ou homologa a recuperação extrajudicial é condição objetiva de punibilidade nos crimes falimentares. Neste caso, a própria lei prevê a natureza jurídica desta condição de punibilidade: para aplicação de sanção penal no caso dos crimes falimentares, é necessário que haja decretação da falência, concessão de recuperação judicial ou homologação da recuperação extrajudicial. É o que prevê o artigo 180 da Lei n. 11.101/2005:

> *Art. 180. A sentença que decreta a falência, concede a recuperação judicial ou concede a recuperação extrajudicial de que trata o art. 163 desta Lei é* ***condição objetiva de punibilidade*** *das infrações penais descritas nesta Lei.*

Desse modo, ainda que praticado um crime falimentar, com todos os seus elementos (fato típico, ilícito e culpável), o direito de punir do Estado ficará sob a condição suspensiva da prolação de sentença que decrete a falência, homologue a recuperação extrajudicial ou conceda a recuperação judicial.

3.3. A extraterritorialidade condicionada

A extraterritorialidade representa a aplicação excepcional da lei penal brasileira em casos ocorridos fora do território nacional. Pode ser condicionada ou incondicionada. A extraterritorialidade condicionada diz respeito às hipóteses de aplicação da lei brasileira aos crimes cometidos no exterior, **quando submetida a aplicação a determinadas condições**. Está prevista no artigo 7º, inciso II e §§ 2º e 3º, do Código Penal, tendo sido objeto de estudo no capítulo sobre teoria da norma.

No caso de prática de algum dos crimes previstos no artigo 7º, inciso II, do Código Penal, só haverá a aplicação da lei penal brasileira se implementadas as condições previstas no parágrafo segundo do referido artigo.

Deste modo, se um brasileiro, visitando Londres, pratica o crime de dano, depredando um museu antigo, ele só será punido no Brasil se preenchidas as condições da extraterritorialidade. Assim, será necessário que ele retorne ao território nacional, que haja a dupla punibilidade da conduta segundo as leis brasileiras e britânicas, que o crime praticado seja um daqueles que autoriza a extradição, que o turista não tenha sido absolvido ou cumprido a pena no Reino Unido, que não tenha sido lá perdoado e que sua punibilidade não tenha sido extinta, seja conforme a lei brasileira ou a britânica, a que lhe for mais favorável.

Enquanto não implementadas todas as condições, **o direito de punir fica suspenso**. Caso as condições sejam satisfeitas, o *ius puniendi* surge e será possível a imposição da pena ao sujeito, após o devido processo legal. Se não satisfeitas as condições, o Estado não poderá puni-lo.

Por fim, ressalto que as condições objetivas de punibilidade serão estudadas ao longo da obra, quando for necessário para compreensão de algum tipo penal. Abordamos aqui o conceito e alguns exemplos para demonstrar que a punibilidade pode ser afastada nesses casos. O direito de punir fica sob a condição objetiva, dependendo do seu implemento. A condição objetiva é um elemento de que depende a punição do agente, sem estar diretamente previsto no tipo penal como elementar, como componente da própria definição da infração penal.

4. CAUSAS EXTINTIVAS DA PUNIBILIDADE

As causas de extinção da punibilidade **são as que sobrevêm após o nascimento do direito de punir do Estado**. Após a prática de uma infração penal, surge para o Estado o *ius puniendi*, que lhe permite, após o devido processo legal, a imposição da sanção penal prevista em lei. Entretanto, há **fatos ou eventos cujo advento determina a extinção deste direito de punir**. São justamente as chamadas causas extintivas da punibilidade.

As causas extintivas da punibilidade podem ser:

- **Gerais ou comuns**: são as causas extintivas da punibilidade que se aplicam a todas as infrações penais. É o caso da morte do agente, que determina o desaparecimento do direito de punir do Estado em relação a qualquer crime ou contravenção penal que o falecido tenha cometido em vida.
- **Especiais ou particulares**: são as causas extintivas da punibilidade que se relacionam a infrações penais determinadas. É o caso da reparação do dano antes da prolação da sentença irrecorrível, o que extingue a punibilidade no caso do crime de peculato culposo (artigo 312, § 3º, CP).

Sobre a extinção da punibilidade, o artigo 108 do Código Penal deixa claro que cada delito é considerado por si só:

> *Art. 108 – A extinção da punibilidade de crime que é pressuposto, elemento constitutivo ou circunstância agravante de outro não se estende a este. Nos crimes conexos, a extinção da punibilidade de um deles não impede, quanto aos outros, a agravação da pena resultante da conexão.*

Assim, caso um crime seja pressuposto, elemento constitutivo ou circunstância agravante de outro, a extinção da punibilidade de um deles não afeta a do outro. A extinção da punibilidade do roubo, por exemplo, não impede a punição pelo favorecimento real prestado posteriormente. Ainda que a punibilidade do porte ilegal de arma tenha sido extinta, isso não impede que o agente responda pelo homicídio qualificado pelo emprego de arma de fogo de uso restrito.

O Código Penal traz várias causas de extinção da punibilidade em seu artigo 107. Esse elenco constitui um rol exemplificativo, ou seja, *numerus apertus*. Isso significa que há outras causas de extinção da punibilidade não referidas no mencionado dispositivo. Vejamos o que ele prevê:

> *Art. 107 – Extingue-se a punibilidade:*
> *I – pela morte do agente;*
> *II – pela anistia, graça ou indulto;*
> *III – pela retroatividade de lei que não mais considera o fato como criminoso;*
> *IV – pela prescrição, decadência ou perempção;*
> *V – pela renúncia do direito de queixa ou pelo perdão aceito, nos crimes de ação privada;*
> *VI – pela retratação do agente, nos casos em que a lei a admite;*
> *VII – (Revogado pela Lei nº 11.106, de 2005)*
> *VIII – (Revogado pela Lei nº 11.106, de 2005)*
> *IX – pelo perdão judicial, nos casos previstos em lei.*

Essas causas devem ser estudadas de forma individualizada. Entretanto, é importante frisar de início que **a anistia e a *abolitio criminis*** eliminam a punibilidade e, por serem causas extintivas decorrentes de lei formal específica, ensejam o **desaparecimento da própria infração penal**. São, portanto, causas de extinção da punibilidade com eficácia mais ampla.

Como visto, o artigo 107 do Código Penal não é exaustivo, sendo interessante estudar algumas causas de extinção da punibilidade previstas fora desse rol:

- **Reparação do dano, antes de sentença irrecorrível, no peculato culposo**: esta causa de extinção já foi utilizada como exemplo de causa especial, por se referir a um crime específico. Está prevista no artigo 312, § 2º, do Código Penal:

> *Art. 312 (...)*
> *Peculato culposo*
> *§ 2º – Se o funcionário concorre culposamente para o crime de outrem:*
> *Pena – detenção, de três meses a um ano.*
> *§ 3º – No caso do parágrafo anterior,* ***a reparação do dano, se precede à sentença irrecorrível, extingue a punibilidade****; se lhe é posterior, reduz de metade a pena imposta.*

Portanto, reparado o dano antes do trânsito em julgado, há a extinção da punibilidade do crime de peculato culposo, previsto no artigo 312, § 2º, do Código Penal.

- **Pagamento do débito em relação aos crimes tributários**: o pagamento integral dos débitos tributários e seus acessórios implica a extinção da punibilidade dos crimes previstos nos artigos 1º e 2º da Lei n. 8.137/1990 e nos artigos 168-A e 337-A do Código Penal. É o que prevê o artigo 9º, § 2º, da Lei n. 10.684/2003, que dispõe sobre parcelamento de débitos tributários:

Art. 9º É suspensa a pretensão punitiva do Estado, referente aos crimes previstos nos ***arts. 1º e 2º da Lei nº 8.137, de 27 de dezembro de 1990, e nos arts. 168-A e 337-A do Decreto-Lei no 2.848, de 7 de dezembro de 1940 - Código Penal****, durante o período em que a pessoa jurídica relacionada com o agente dos aludidos crimes estiver incluída no regime de parcelamento.*

§ 1º A prescrição criminal não corre durante o período de suspensão da pretensão punitiva.

§ 2º ***Extingue-se a punibilidade dos crimes referidos neste artigo quando a pessoa jurídica relacionada com o agente efetuar o pagamento integral dos débitos oriundos de tributos e contribuições sociais, inclusive acessórios.***

Em razão dessa previsão legal, o STJ tem entendido que é possível a extinção da punibilidade, pelo pagamento dos tributos e seus acessórios, mesmo após o trânsito em julgado da condenação, no que se refere aos crimes dos artigos 1º e 2º da Lei n 8.137/1990 e artigos 168-A e 337-A do Código Penal[6].

- **Aquisição posterior de renda, em relação ao condenado pela contravenção penal de vadiagem**: a aquisição superveniente de renda extingue o direito de punir do Estado em relação à contravenção penal de vadiagem, nos termos do artigo 59, parágrafo único, da Lei das Contravenções Penais:

Art. 59. Entregar-se alguém habitualmente à ociosidade, sendo válido para o trabalho, sem ter renda que lhe assegure meios bastantes de subsistência, ou prover à própria subsistência mediante ocupação ilícita:

Pena - prisão simples, de quinze dias a três meses.

Parágrafo único. ***A aquisição superveniente de renda, que assegure ao condenado meios bastantes de subsistência, extingue a pena.***

Portanto, a aquisição de renda pelo acusado, após a prática da infração penal de vadiagem, causa a extinção da punibilidade, impedindo a aplicação de pena ao agente.

- **Conciliação nos casos dos crimes contra a honra**: no caso de injúria, calúnia e difamação, o Código de Processo Penal prevê rito especial em que, antes do recebimento da queixa, o juiz ouve as partes sobre a possibilidade de reconciliação. Havendo reconciliação, a queixa deve ser arquivada, o que implica a extinção da punibilidade. É o que prevê o artigo 522 do CPP:

Art. 522. No caso de ***reconciliação****, depois de assinado pelo querelante o termo da desistência,* ***a queixa será arquivada****.*

- **A regularização de imóvel ou posse rural, perante o órgão competente, em relação aos crimes ambientais**: O Código Florestal, no seu artigo 59, prevê a implantação de Programas de Regularização Ambiental. Caso o agente assine

6. STJ, RHC 91237/SP, Rel. Min. Reynaldo Soares da Fonseca, Quinta Turma, DJe 28/02/2018.

termo de compromisso para regularização do imóvel ou posse rural, perante o órgão ambiental competente, a punibilidade dos crimes previstos nos artigos 38, 39 e 48 da Lei n. 9.605/1998 ficará suspensa. Cumprida efetivamente a regularização, a punibilidade será extinta, nos termos do art. 60, § 2º, do Código Florestal:

> *Art. 60. A assinatura de termo de compromisso para regularização de imóvel ou posse rural perante o órgão ambiental competente, mencionado no art. 59, suspenderá a punibilidade dos crimes previstos nos arts. 38, 39 e 48 da Lei nº 9.605, de 12 de fevereiro de 1998, enquanto o termo estiver sendo cumprido.*
>
> *§ 1º A prescrição ficará interrompida durante o período de suspensão da pretensão punitiva.*
>
> *§ 2º* ***Extingue-se a punibilidade com a efetiva regularização prevista nesta Lei.***

Cumpre mencionar que o STF entendeu, com relação à suspensão da punibilidade, que se deve aplicar extensivamente o disposto no § 1º do art. 60 da Lei n. 12.651/2012, segundo o qual "a prescrição ficará interrompida durante o período de suspensão da pretensão punitiva". Desse modo, não corre o prazo prescricional "no decurso da execução dos termos de compromissos subscritos nos programas de regularização ambiental" (ADC 42/DF, Rel. Min. Luiz Fux, Julgamento em 28/02/2018).

- **Cumprimento do acordo de leniência, nos casos de crimes contra a ordem econômica e os relacionados à prática de cartel**: a Lei n. 12.529/2011 estruturou o Sistema Brasileiro de Defesa da Concorrência, dispondo sobre a possibilidade de celebração de acordo de leniência entre o CADE e as pessoas físicas e jurídicas que forem autoras de infração à ordem econômica. Exige-se efetiva colaboração dos autores das infrações, com a identificação dos demais envolvidos e a obtenção de informações e documentos que comprovem a infração noticiada ou sob investigação. Cumprido o acordo de leniência, há extinção da punibilidade dos crimes contra a ordem econômica e dos diretamente relacionados à prática do cartel, como o de associação criminosa. É o que prevê o artigo 87, *caput* e parágrafo único, de referida lei:

> *Art. 87. Nos crimes contra a ordem econômica, tipificados na Lei nº 8.137, de 27 de dezembro de 1990, e nos demais crimes diretamente* relacionados *à prática de cartel, tais como os tipificados na Lei nº 8.666, de 21 de junho de 1993, e os tipificados no art. 288 do Decreto-Lei nº 2.848, de 7 de dezembro de 1940 – Código Penal, a celebração de acordo de leniência, nos termos desta Lei, determina a suspensão do curso do prazo prescricional e impede o oferecimento da denúncia com relação ao agente beneficiário da leniência.*
>
> *Parágrafo único.* ***Cumprido o acordo de leniência pelo agente, extingue-se automaticamente a punibilidade dos crimes a que se refere o caput*** *deste artigo.*

Vistas as causas elencadas no artigo 107 do Código Penal e outras previstas em dispositivos legais diversos, a dúvida que surge é a possibilidade de existência de causas extintivas da punibilidade não previstas expressamente em lei.

- **Causa supralegal de extinção da punibilidade**:

Parte da doutrina aponta existir causa supralegal de extinção da punibilidade, usando como exemplo o entendimento do Supremo Tribunal Federal a respeito do crime de fraude no pagamento por meio de cheque. Essa infração penal está prevista no artigo 171, § 2º, VI, do Código Penal:

> *Art. 171 – Obter, para si ou para outrem, vantagem ilícita, em prejuízo alheio, induzindo ou mantendo alguém em erro, mediante artifício, ardil, ou qualquer outro meio fraudulento:*
>
> *Pena – reclusão, de um a cinco anos, e multa, de quinhentos mil réis a dez contos de réis.*
>
> *(...)*
>
> *§ 2º – Nas mesmas penas incorre quem:*
>
> *Fraude no pagamento por meio de cheque*
>
> *VI – emite cheque, sem suficiente provisão de fundos em poder do sacado, ou lhe frustra o pagamento.*

Com relação a essa figura equiparada ao estelionato, o STF editou o seguinte enunciado da sua Súmula, de n. 554:

> *O pagamento de cheque emitido sem provisão de fundos, após o recebimento da denúncia, não obsta ao prosseguimento da ação penal.*

Assim, a Suprema Corte pacificou o entendimento jurisprudencial de que, após recebida a denúncia, o pagamento do cheque não é obstáculo ao trâmite da ação penal. Interpretando *a contrario sensu*, conclui-se que o pagamento do cheque, antes do recebimento da denúncia pelo juiz, impede o prosseguimento do processo penal.

Pelo entendimento da Suprema Corte, o pagamento do débito, no caso de fraude por meio de cheque, extingue a punibilidade. Só a extinção da punibilidade justifica que o processo penal não possa prosseguir, já que não há nenhuma previsão legal nesse sentido. Portanto, a Súmula 554 consubstancia, por decorrência da sua interpretação, **uma causa supralegal de extinção da punibilidade**, já que sua consagração surge de entendimento jurisprudencial, e não de previsão normativa.

Cabe, então, estudar as hipóteses de extinção da punibilidade previstas no rol do artigo 107 do Código Penal:

4.1. Morte do agente

A morte do sujeito ativo do crime implica a extinção da punibilidade. Conforme a expressão latina, ***mors omnia solvit*, ou seja, a morte solve tudo**. Ou seja, a morte apaga tudo que havia, não havendo mais o que se solver e não restando obrigações a serem adimplidas. Consoante o **princípio da pessoalidade ou da intranscendência da pena**, a pena não pode passar da pessoa do condenado. Assim, os efeitos penais da condenação se extinguem com a morte do agente, permanecendo apenas os extrapenais.

Entretanto, o princípio da intranscendência da pena, previsto na Constituição da República, no seu artigo 5º, inciso XLV, comporta duas exceções:

> *XLV – nenhuma pena passará da pessoa do condenado, podendo* ***a obrigação de reparar o dano e a decretação do perdimento de bens*** *ser, nos termos da lei,* ***estendidas aos sucessores e contra eles executadas, até o limite do valor do patrimônio transferido****;*

As exceções que permitem a extensão dos efeitos penais aos sucessores são as seguintes:

- **Obrigação de reparar o dano**;
- **Decretação de perdimento de bens**.

Em ambos os casos, é necessário que se observe **o limite do valor do patrimônio transferido ao sucessor**. Se as sanções tiverem valor superior ao quinhão recebido pelo sucessor, serão extintas naquilo que ultrapassarem as forças da herança, sendo executadas dentro do limite.

Não é demais destacar que a pena de multa, que não está citada como uma das exceções constitucionais, não pode ser executada contra os herdeiros ou legatários. Deste modo, **a pena de multa sempre se extingue com a morte do condenado**.

Cumpre registrar a posição de Flávio Monteiro de Barros. Para o penalista, a morte extinguirá os efeitos penais e extrapenais da condenação se ocorrer antes do trânsito em julgado. Se o réu falecer após a sua condenação definitiva, entende que estaria extinta apenas a pretensão executória, de modo que subsistiriam os efeitos secundários da condenação[7].

Sobre o critério para a definição de quando ocorre a morte do agente, tem-se adotado o estabelecido pela Lei n. 9.434/1997, que trata da remoção de órgãos, tecidos e partes do corpo humano para transplante e tratamento. Em seu artigo 3º, *caput*, referido diploma legal traz o critério da morte encefálica para a definição de morte, nos seguintes termos:

> *Art. 3º A retirada post mortem de tecidos, órgãos ou partes do corpo humano destinados a transplante ou tratamento deverá ser precedida de* ***diagnóstico de morte encefálica****, constatada e registrada por dois médicos não participantes das equipes de remoção e transplante, mediante a utilização de critérios clínicos e tecnológicos definidos por resolução do Conselho Federal de Medicina.*

A morte do agente, abrangidos nesse conceito o investigado, o réu e o condenado, é causa personalíssima de extinção da punibilidade. A morte de um dos corréus,

7. BARROS, Flávio Augusto Monteiro de. Manual de direito penal: partes geral e especial. Salvador: Editora Juspodivm, 2019, p. 622-623.

por óbvio, não acarretará o fim do *ius puniendi* em relação aos demais, pois sua causa não se comunica a todos.

A morte deve ser provada, judicialmente, por meio de certidão de óbito. Apesar de adotado o sistema do livre convencimento motivado no Código de Processo Penal, há resquícios do sistema das provas legais ou das provas tarifadas em questões específicas. Uma dessas questões é a morte, que deve ser provada necessariamente com a certidão de óbito, não admitindo outros meios de prova, conforme prevê o artigo 62 do referido Estatuto:

> *Art. 62. No caso de morte do acusado, o juiz* ***somente à vista da certidão de óbito****, e depois de ouvido o Ministério Público, declarará extinta a punibilidade.*

Um problema que surge é o caso de falsificação da certidão de óbito, com a decretação da extinção da punibilidade sem que o agente efetivamente tenha morrido.

✓ **E se a extinção da punibilidade for decretada com base em certidão de óbito falsa?**

Há duas posições a respeito da possibilidade ou não de se reverter ou não a extinção da punibilidade do agente com base em certidão de óbito falsificada. A certidão de óbito pode ter sido objeto de falsificação material ou ideológica. O que importa é que o agente continua vivo, tendo sido o juiz induzido em erro para decretar a extinção da punibilidade:

- **1ª posição**: a decisão extintiva da punibilidade não pode ser revista, pois não existe revisão criminal *pro societate*. Logo, só resta ao Estado processar e punir os autores da falsificação da certidão de óbito. É a posição do professor Damásio de Jesus.
- **2ª posição**: a decisão é inexistente, pois baseada em uma premissa falsa. Como a verdadeira causa da extinção da punibilidade é a morte do agente, sem a efetiva ocorrência do seu pressuposto fático a decisão fica sem conteúdo. Essa posição foi acolhida pelo Supremo Tribunal Federal[8].

Por fim, cumpre analisar a possibilidade de decretação da extinção da punibilidade em caso de declaração de ausência. Há diferentes posicionamentos na doutrina:

- **Não é possível decretar a extinção da punibilidade com base decretação de ausência**: não é possível a decisão de extinção da punibilidade com base em morte presumida, pois há a exigência da certidão de óbito e a declaração de ausência só tem efeitos civis. É o que defendem Júlio Fabbrini Mirabete e Renato N. Fabbrini[9].
- **É possível decretar a extinção da punibilidade com base na decretação de ausência**: a morte presumida produz os efeitos jurídicos da morte, podendo

8. STF, HC 104998/SP, Rel. Min. Dias Toffoli, Primeira Turma, Julgamento em 14/12/2010.
9. MIRABETE, Julio Fabbrini; FABBRINI, Renato N. Manual de Direito Penal. 32. ed. São Paulo: Atlas, 2016, p. 379.

servir de fundamento para a extinção da punibilidade. Posição defendida por Nélson Hungria.

- **É possível decretar a extinção da punibilidade apenas nos casos de morte presumida sem decretação de ausência**: há casos de extrema probabilidade de morte do agente, previstas no artigo 7º do Código Civil, em que é possível a decretação da morte por sentença, com fixação da data provável da morte. São as hipóteses de ser extremamente provável a morte de quem estava em perigo de vida, bem como de uma pessoa, desaparecida em campanha ou feita prisioneira, não ser encontrada até dois anos após o fim da guerra. Vejamos o teor da norma:

> *Art. 7º Pode ser declarada a morte presumida, sem decretação de ausência:*
>
> *I – se for extremamente provável a morte de quem estava em perigo de vida;*
>
> *II – se alguém, desaparecido em campanha ou feito prisioneiro, não for encontrado até dois anos após o término da guerra.*
>
> *Parágrafo único. A declaração da morte presumida, nesses casos, somente poderá ser requerida depois de esgotadas as buscas e averiguações, devendo a sentença fixar a data provável do falecimento.*

Há, ainda, a previsão do artigo 88, *caput* e parágrafo único, da Lei n. 6.015/1973, a Lei de Registros Públicos, a respeito de desaparecimento do indivíduo em determinas situações calamitosas:

> *Art. 88. Poderão os Juízes togados admitir justificação para o assento de óbito de pessoas desaparecidas em naufrágio, inundação, incêndio, terremoto ou qualquer outra catástrofe, quando estiver provada a sua presença no local do desastre e não for possível encontrar-se o cadáver para exame.*
>
> *Parágrafo único. Será também admitida a justificação no caso de desaparecimento em campanha, provados a impossibilidade de ter sido feito o registro nos termos do artigo 85 e os fatos que convençam da ocorrência do óbito.*

Nessas hipóteses de catástrofes, como de naufrágio e inundação, o desaparecimento pode ensejar o processo de justificação, se provada a presença do desaparecido no local dos referidos eventos e não for encontrado o seu corpo. Como há o assento do óbito e a expedição da respectiva certidão, é possível a extinção da punibilidade por decisão judicial[10].

4.2. Anistia, graça e indulto

A anistia, a graça e o indulto são formas de renúncia do Estado ao direito de punir, configurando-se como causas de extinção da punibilidade. Fundamentam-se em razões de política criminal, como na diminuição do encarceramento, e de clemência. Segundo Kant, o "direito de *perdoar* o culpado (*aggratiandi*), de mitigar sua pena ou de

10. CAPEZ, Fernando. Curso de Direito Penal. Parte Geral. 17. ed. São Paulo: Saraiva, 2013, p. 598-599.

perdoá-lo inteiramente, é, de todos os direitos do soberano, aquele que dá mais brilho a sua grandeza e em cujo exercício pode também cometer uma grande injustiça"[11].

A anistia se diferencia da graça e do indulto, apesar de serem formas de clemência do Estado, vejamos:

- **Anistia**: é concedida por meio de lei formal, elaborada pelo Congresso Nacional e sancionada pelo Presidente da República (ou com veto derrubado pelos parlamentares).
- **Graça e indulto**: concedidos por decreto do Presidente da República, ato que pode ser delegado aos Ministros de Estado, ao Advogado-Geral da União ou ao Procurador-Geral da República.

Anistia

Anistia é **a causa de extinção da punibilidade, formalizada por ato legislativo, de renúncia estatal ao direito de punir**. É a lei que prevê a anulação dos efeitos penais de uma conduta criminosa.

A anistia **apaga todos os efeitos penais, tanto os principais quanto secundários**[12]. Isso é possível porque sua concessão se dá por meio de lei formal, assim como a própria previsão do crime. Permanecem, entretanto, os efeitos extrapenais, como o dever de reparar os danos decorrentes da responsabilidade civil *ex delicto*. Seus efeitos são *ex tunc*, ou seja, retroativos, voltados para o passado, para delitos que já foram cometidos.

A competência exclusiva pertence à União, sendo privativa do Congresso Nacional. Deste modo, cabe ao Congresso a aprovação da lei que concede anistia, nos termos do artigo 48, VIII, da Constituição da República.

A lei de anistia não pode ser revogada por lei posterior, em razão do princípio da irretroatividade. Tendo sido extinta a punibilidade, não pode ela ser reinstituída por lei posterior mais gravosa, ou seja, *lex gravior*.

Dependendo do momento da sua concessão, a anistia pode ser:

- **Própria**: concedida antes da condenação transitada em julgado.
- **Imprópria**: concedida após a condenação transitada em julgado.

Quanto aos crimes que abrange, a anistia pode ser:

- **Comum**: concedida para os delitos comuns.
- **Especial**: concedida para os crimes políticos.

Pode-se, ainda, classificar a anistia conforme a previsão ou não de requisitos para usufruir do benefício:

11. KANT, Emmanuel. Doutrina do direito. Tradução de Edson Bini. São Paulo: Ícone, 1993, p. 184.
12. No mesmo sentido: BARROS, Flávio Augusto Monteiro de. Op. Cit., 2019, p. 623.

- **Irrestrita ou incondicionada**: não impõe qualquer requisito para sua concessão.
- **Restrita ou condicionada**: exige a prática de algum ato como condição para sua concessão. Como exemplos de requisitos, podemos citar a obrigatoriedade de ressarcimento do dano ou a deposição das armas.

Como exemplo de anistia, há a Lei n. 6.683, de 28 de agosto de 1979. Conhecida como Lei de Anistia, foi aprovada após o fim da ditatura militar, como forma de conciliação dos dois lados dos conflitos armados que ocorreram em tal período.

Graça e indulto

A graça e o indulto **são causas de extinção da punibilidade, formalizadas por Decreto Presidencial,** que representam uma renúncia do Estado ao seu direito de punir, por razões de política criminal ou clemência. Referido ato, de competência do Presidente da República, pode ser delegado aos Ministros de Estado, ao Procurador-Geral da República e ao Advogado-Geral da União.

Tal qual a anistia, **a graça e o indulto apagam os efeitos penais principais**. Entretanto, no caso da graça e do indulto, **permanecem os efeitos penais secundários e os efeitos extrapenais**. Um exemplo de efeito penal secundário é a reincidência. Mesmo que o crime anterior tenha sido indultado, a prática de um novo, dentro do período do trânsito em julgado do fato anterior até cinco anos após a extinção da pena, fará com que o sujeito seja considerado reincidente.

O STJ, inclusive, aprovou o enunciado 631 da sua Súmula sobre o assunto:

> *O indulto extingue os efeitos primários da condenação (pretensão executória), mas não atinge os efeitos secundários, penais ou extrapenais.*

Como visto acima, exemplo de efeito extrapenal é a obrigação de reparar os danos. A responsabilidade civil decorrente da prática da infração penal permanece incólume, não sendo afetada pela concessão da graça ou do indulto. A obrigação de reparar os danos, inclusive, não exige que tenha sido cometido um ilícito penal.

A previsão dessa causa de extinção da punibilidade está no artigo 84, inciso XII e parágrafo único, da Constituição da República:

> *Art. 84. Compete* ***privativamente ao Presidente da República****:*
>
> *(...)*
>
> *XII –* ***conceder indulto e comutar penas, com audiência, se necessário, dos órgãos instituídos em lei****;*
>
> *(...)*
>
> *Parágrafo único. O Presidente da República poderá* ***delegar*** *as atribuições mencionadas nos incisos VI, XII e XXV, primeira parte,* ***aos Ministros de Estado, ao Procurador-Geral da República ou ao Advogado-Geral da União****, que observarão os limites traçados nas respectivas delegações.*

Como se nota do teor das normas constitucionais acima transcritas, não há previsão expressa de graça como ato de competência do Presidente da República. Entretanto, a Constituição menciona a graça ao vedar sua concessão a determinados delitos, no seu artigo 5º, XLIII. Com isso, conclui-se forçosamente que as normas constitucionais reconhecem a existência do instituto em nosso ordenamento jurídico, permitindo a sua concessão pelo Presidente da República.

A doutrina costuma tratar dos dois institutos conjuntamente, dada sua proximidade e em razão de a graça – em sentido amplo – ser o gênero, o qual abarca o indulto e a graça em sentido estrito.

Enumeradas as semelhanças, cabe proceder à diferenciação dos dois institutos:

- **Graça em sentido estrito**: é um benefício individual. Depende de provocação do interessado para sua concessão e, com isso, enseja a extinção da punibilidade. Volta-se a indivíduo determinado ou a indivíduos determinados.
- **Indulto**: é um benefício coletivo. Sua concessão atinge todos aqueles aos quais o decreto se destina, não dependendo de nenhuma provocação. Normalmente, traz requisitos objetivos que, se adimplidos, gerarão direito ao benefício. Há o hábito de se emitir decreto de indulto no período natalino, mas essa tradição não tem caráter vinculante para o Presidente da República.

A graça e o indulto podem ser classificados conforme seus efeitos, sejam eles de extinguir totalmente a pena ou de apenas causar sua diminuição:

- **Plenos**: são assim chamados a graça e o indulto que extinguem totalmente a pena, causando a extinção da punibilidade.
- **Parciais**: concedem apenas uma diminuição da pena, tornando a situação do condenado ou executado mais benéfica. Quando parciais, a graça e o indulto são denominados de **comutação**. Neste caso, não há extinção da punibilidade, mas diminuição da pena. Admite-se a recusa do indulto parcial, nos termos do artigo 739 do Código de Processo Penal:

Art. 739. O condenado poderá recusar a comutação da pena.

Graça e indulto plenos	Graça e indulto parciais
Extinguem totalmente a pena. São causas extintivas da punibilidade.	Concedem uma diminuição na pena imposta. São denominados de **comutação**.

Não há óbice à concessão de graça, indulto ou anistia aos crimes de ação penal privada. Isso porque, nos casos em que somente se procede mediante queixa, o direito de punir (*ius puniendi*) ou poder de punir (*potentia puniendi*) continua pertencendo ao Estado. Apenas a iniciativa da ação penal (*ius persequendi*) é delegada ao particular nos crimes de ação penal privada exclusiva ou personalíssima. O Estado continua detendo o poder de punir, razão pela qual pode dele dispor conforme lhe aprouver, por meio dos instrumentos de renúncia, consistentes na concessão de graça, indulto ou anistia.

Um exemplo de indulto é o concedido por meio do Decreto n. 9.246, de 21 de dezembro de 2017, que foi questionado no Supremo Tribunal Federal, por meio da ADI 5874. Nesse caso, a Corte destacou que a concessão de indulto não possui vinculação à política criminal estabelecida pelo Poder Legislativo, à jurisprudência formada sobre a aplicação da lei penal nem mesmo ao prévio parecer consultivo do Conselho Nacional de Política Criminal e Penitenciária, o que levaria ao esvaziamento do instituto. O Poder Judiciário, portanto, só pode analisar a constitucionalidade, mas não o mérito do decreto de indulto, concedido conforme o juízo conveniência e oportunidade do Presidente da República[13]. Como exemplo de disposição de um decreto de indulto, cabe a leitura do artigo 1º do mencionado decreto:

> *Art. 1º O indulto natalino coletivo será concedido às pessoas nacionais e estrangeiras que, até 25 de dezembro de 2017, tenham cumprido:*
>
> *I – um quinto da pena, se não reincidentes, e um terço da pena, se reincidentes, nos crimes praticados sem grave ameaça ou violência a pessoa; (...)*

Casos de vedação

Nem todos os crimes podem ter sua punibilidade extinta por meio **da anistia, da graça e do indulto**. A Constituição da República impõe limites a esses atos de renúncia ao *ius puniendi*, em seu artigo 5º, inciso XLIII, vedando a extinção da punibilidade de delitos considerados mais graves, isto é, dos hediondos e dos equiparados:

> *XLIII – a lei considerará crimes inafiançáveis e **insuscetíveis de graça ou anistia** a prática da tortura, o tráfico ilícito de entorpecentes e drogas afins, o terrorismo e os definidos como crimes hediondos, por eles respondendo os mandantes, os executores e os que, podendo evitá-los, se omitirem;*

O dispositivo constitucional somente menciona a graça e a anistia, nada prevendo sobre indulto. Por sua vez, a Lei n. 8.072/1990, que dispõe sobre os crimes hediondos, trata do tema no seu artigo 2º, inciso I, fazendo menção aos três institutos ao mencionar a vedação de sua concessão aos hediondos e equiparados:

> *Art. 2º Os crimes hediondos, a prática da tortura, o tráfico ilícito de entorpecentes e drogas afins e o terrorismo são insuscetíveis de:*
>
> *I – **anistia, graça e indulto**;*
>
> *II – fiança.*

Portanto, ao contrário da Constituição, que não menciona a vedação do indulto, a lei é expressa ao proibir sua concessão aos delitos hediondos e aos equiparados (**T**ortura, **T**ráfico de drogas e **T**errorismo). Surge, então, a controvérsia se a lei inovou indevidamente, impondo restrição não prevista na Constituição, ou se apenas especificou

13. STF, ADI 5874, Rel. Min. Roberto Barroso, Rel. p/ acórdão Min. Alexandre de Moraes, Tribunal Pleno, julgado em 09/05/2019.

institutos previstos explícita ou implicitamente na norma constitucional. Formaram-se duas posições sobre a previsão do artigo 2º, *caput* e inciso II, da Lei n. 8.072/1990 ser ou não compatível com a Constituição da República:

- **1ª posição**: não pode lei ampliar o rol, criando limitação não prevista na Constituição e diminuindo atribuições do Presidente da República. Se o texto constitucional menciona apenas graça e anistia, o indulto não deve ser compreendido na vedação. Por isso, a Lei n. 8.072/1990 é materialmente inconstitucional, por limitar a abrangência de institutos previstos na Constituição sem previsão expressa. É o que defende o jurista Alberto Silva Franco[14];
- **2ª posição**: o indulto é modalidade de graça (em sentido amplo). Logo, está abrangido pela vedação constitucional, pois, ao mencionar graça, o constituinte já se referiu a graça e indulto. Ademais, argumenta-se que o legislador infraconstitucional pode sim limitar a abrangência do indulto, já que não há vedação expressa. Esse é o posicionamento defendido por Fernando Capez[15] e que foi adotado pelo STF[16] e pelo STJ[17].Outro tema polêmico diz respeito aos crimes cometidos antes da sua previsão como hediondos ou equiparados. Questiona-se, por exemplo, se a vedação do artigo 2º, II, da Lei n. 8.072/1990, abrange os delitos que, ao tempo da sua prática, eram considerados comuns, submetam-se à vedação.

O **STF** tem entendido que sim, que é possível **estender a vedação** à concessão de indulto, graça e anistia aos crimes praticados **antes da vigência da Lei n. 8.072/1990**. A Corte entendeu que "a vedação de sua concessão aos apenados por crimes hediondos, ainda que cometidos antes da vigência das Leis n. 8.072/1990 e 8.930/1994, não configura violação do princípio da irretroatividade da lei penal mais gravosa"[18]. Portanto, a hediondez ou não do delito deve ser aferida no momento da concessão da anistia, da graça ou do indulto, e não ao tempo do crime (quando ocorreu a conduta do agente)[19]. Se o decreto presidencial já exclui o indulto dos crimes hediondos, são aqueles assim considerados àquela época.

Por outro lado, pode-se argumentar, o que me parece mais correto, que se trata de matéria penal, já que há efeitos nitidamente penais ao se classificar o crime como hediondo. Assim, vige o princípio da **irretroatividade do tratamento mais gravoso**, incluída aí a vedação ao indulto. Esse posicionamento foi adotado pelo **STJ**, considerando que, caso o decreto não disponha de forma diversa, "veda-se o

---

14. FRANCO, Alberto Silva; STOCCO, Rui (coord.). Código Penal e sua interpretação: doutrina e jurisprudência. 8. ed. rev. atual. e ampl. São Paulo: Editora Revista dos Tribunais, 2007, p. 516-517.
15. CAPEZ, Fernando. Curso de direito penal, volume I, parte geral: (art. 1º ao 120). 17ª Ed. São Paulo: Saraiva, 2013. p. 604.
16. STF, HC 115099/SP, Rel. Min. Carmen Lúcia, Segunda Turma, Julgamento em 19/02/2013.
17. STJ, AgRg no HC 486603/SP, Rel. Min. Joel Ilan Paciornik, Quinta Turma, DJe 30/08/2019.
18. STF, HC 117938/SP, Rel. Min. Rosa Weber, Primeira Turma, Julgamento em 10/12/2013. STF, HC 94679, Rel. Min. Joaquim Barbosa, Segunda Turma, julgado em 18/11/2008.
19. Cleber Masson em sentido contrário (Direito Penal, Parte Geral (arts. 1º a 120). 13. ed. São Paulo: Método, 2019, p. 757. O autor cita, no STF, o julgado do RE 274.265/DF, julgado em 2001, e, no STJ, o HC 276.686/SP, de 18/06/2014.

indeferimento da comutação de penas aos condenados por crimes inseridos no rol de crimes hediondos, desde que praticados antes da vigência da Lei n. 8.072/1990"[20].

Cabe destacar que, conforme decidido pelo Pleno do Supremo Tribunal Federal, essas vedações constitucionais de concessão de indulto, graça ou anistia não se estendem ao chamado **tráfico privilegiado**, previsto no artigo 33, § 4º, da Lei n. 11.343/2006. O entendimento foi de que o privilégio não se harmoniza com a hediondez do tráfico ilícito de entorpecentes, haja vista que apresenta "contornos mais benignos, menos gravosos, porque são relevados o envolvimento ocasional do agente com o delito, a não reincidência, a ausência de maus antecedentes e a inexistência de vínculo com organização criminosa"[21]. Esse entendimento foi seguido pelo Superior Tribunal de Justiça[22].

Ademais, o Superior Tribunal de Justiça, por meio de ambas as Turmas com competência criminal, vinha entendendo cabível o indulto humanitário, mesmo nos casos de crimes hediondos e equiparáveis, se assim dispuser o decreto do Presidente da República. O indulto humanitário é dado àqueles que possuem doenças graves, como ato de clemência[23]. Entretanto, o precedente mais recente, da Sexta Turma, adotou entendimento diverso, estatuindo que crime hediondo não pode ser objetivo de indulto, nem mesmo humanitário [24]. O Supremo Tribunal Federal também possui precedente negando a possibilidade de indulto em caso de tráfico de drogas, crime equiparado a hediondo, ainda que o indulto seja humanitário[25].

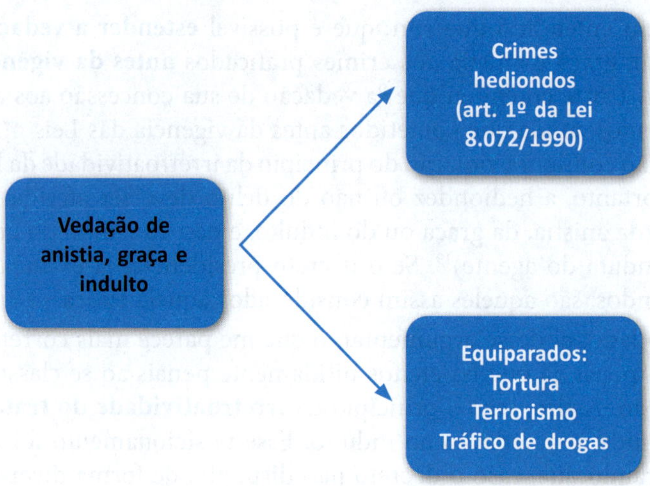

20. STJ, AgRg no HC 370.983/SP, Rel. Mini. Antonio Saldanha Palheiro, Sexta Turma, julgado em 12/02/2019, DJe 01/03/2019. STJ, HC 362.286/SP, Rel. Min. Joel Ilan Paciornik, Quinta Turma, julgado em 13/09/2016, DJe 22/09/2016.
21. STF, HC 118533, Rel. Min. Cármen Lúcia, Tribunal Pleno, julgado em 23/06/2016.
22. STJ, HC 556.273/SP, Rel. Des. Convocado Leopoldo de Arruda Raposo, Quinta Turma, julgado em 20/02/2020, DJe 03/03/2020.
23. STJ, HC 291275/SP, Rel. Min. Moura Ribeiro, Quinta Turma, DJe 14/08/2014. STJ, HC 253.952/MT, Rel. Ministra Maria Thereza de Assis Moura, Sexta Turma, julgado em 12/11/2013, DJe 02/12/2013.
24. STJ, AgRg no HC 538.858/PE, Rel. Min. Laurita Vaz, Sexta Turma, DJe 02/06/2020.
25. STF, HC 118213/SP, Rel. Min. Gilmar Mendes, Segunda Turma, Julgamento em 06/05/2014.

Afora as vedações constitucionais ao indulto e à graça em sentido estrito, prevalecia o entendimento de que esse ato presencial possuiria natureza de ato político, e não de ato administrativo. Por isso, não seria possível a sua sindicabilidade judicial, isto é, a revisão de seus fundamentos pelo Poder Judiciário.

O Supremo Tribunal Federal, entretanto, julgou ser possível a análise do mérito do ato político, considerado, pela Corte, uma espécie de ato administrativo. Com esse fundamento, considerou que a graça em sentido estrito concedida, pelo Presidente da República, a aliado político, que ocupava o cargo de deputado federal, representava *desvio de finalidade*, por ter se fundado no vínculo de afinidade político-ideológica entre ambos:

> *"6. A existência de vício em quaisquer dos elementos constitutivos do ato administrativo permite a sua legítima invalidação pelo Poder Judiciário. 7. O ato de governo ou ato político, espécie do gênero ato administrativo, reveste-se de espectro mais amplo de discricionariedade. Disso não resulta, contudo, sua insindicabilidade absoluta perante o Poder Judiciário, até porque alguns dos elementos do ato administrativo são totalmente vinculados, como, por exemplo, o sujeito, a forma e a finalidade em sentido amplo. 8. Considerados os diferentes graus de vinculação, a menor vinculação do ato de governo faz-se presente no objeto, no motivo e na finalidade restrita, mas, ainda assim, é possível - mesmo que em menor extensão-, o devido controle externo pelo Poder Judiciário sem acarretar qualquer interferência no mérito administrativo e/ou violação da separação funcional de poderes. 9. A teoria do desvio de finalidade aplica-se quando o agente público competente pratica ato aparentemente lícito, mas com objetivo de atingir fim diverso do admitido pelo ordenamento jurídico, importando em violação de princípios constitucionais. 10. Configurado, na espécie, o desvio de finalidade do Decreto de 21 de abril de 2022, porquanto o Presidente da República, a despeito das razões elencada, subverteu a regra e violou princípios constitucionais, produzindo ato com efeitos inadmissíveis para a ordem jurídico. A concessão de perdão a aliado político pelo simples e singelo vínculo de afinidade político-ideológica não se mostra compatível com os princípios norteadores da Administração Pública, tais como a impessoalidade e a moralidade administrativa. 11. Admitir que o Presidente da República, por supostamente deter competência para edição de indulto, possa criar, a seu entorno, um círculo de virtual imunidade penal é negar a sujeição de todos ao império da lei, permitindo a sobreposição de interesses meramente pessoais e subjetivos aos postulados republicanos e democráticos." (STF, ADPF 964, Rel. Min. Rosa Weber, Tribunal Pleno, julgado em 10-05-2023)*

4.3. *Abolitio criminis*

A *abolitio criminis* é **a causa de extinção da punibilidade que consiste na descriminalização da conduta, em decorrência da superveniência de lei que deixa de prever aquela conduta como infração penal**. Está prevista no artigo 2º do Código Penal:

> *Art. 2º – Ninguém pode ser punido por fato que lei posterior deixa de considerar crime, cessando em virtude dela a execução e os efeitos penais da sentença condenatória.*
>
> *Parágrafo único – A lei posterior, que de qualquer modo favorecer o agente, aplica-se aos fatos anteriores, ainda que decididos por sentença condenatória transitada em julgado.*

A lei que revoga a previsão da norma penal incriminadora, seja de forma expressa ou tática, provoca **a extinção da sanção penal imposta, bem como os efeitos penais secundários da condenação**[26]. A coisa julgada não impede os efeitos dessa causa extintiva da punibilidade, que deve abranger quem está sendo investigado ou processado, bem como aquelas que estão cumprindo pena, com imediata cessação de todos os efeitos penais, trancamento do inquérito policial e absolvição do réu.

Flávio Monteiro de Barros parece defender que se trata de causa extintiva da tipicidade, ao apontar que ocorre *abolitio criminis* quando a lei torna atípico o fato incriminado[27]. Entretanto, houve nítida opção do legislador em sentido diverso, pois o Código Penal elencou a *abolitio criminis* dentre as hipóteses de extinção da punibilidade no seu artigo 107. Portanto, a legislação vigente considera que sua natureza é de causa de extinção da punibilidade.

Nota-se que, assim como o crime é previsto em lei formal, a *abolitio criminis* ocorre quando surge lei formal que deixa de prever a conduta como crime. Por isso, a responsabilização criminal não pode subsistir, **desaparecendo os efeitos penais principais e secundários**. **Os efeitos extrapenais, por sua vez, permanecem**. No caso da responsabilidade civil decorrente da prática delitiva, o direito de reparação a que faz jus a vítima ou seus sucessores restará inalterado.

Nesse âmbito, é importante destacar o **princípio da continuidade normativo-típica**, que esclarece não haver *abolitio criminis* no caso de o legislador passar a prever o mesmo tipo penal em outro dispositivo. A mera modificação da localização ou da forma de previsão da conduta como infração penal não gera a extinção da punibilidade.

Por fim, se já houve o trânsito em julgado, compete ao juízo da execução decretar a extinção da punibilidade, se sobrevier lei que não mais considera o fato criminoso. É o que se compreende a partir do enunciado da Súmula n. 611 do STF, já que a *abolitio criminis* não deixa de ser uma lei mais benéfica para o condenado:

> *Transitada em julgado a sentença condenatória, compete ao Juízo das execuções a aplicação de lei mais benigna.*

4.4. Decadência

Decadência é a **causa de extinção da punibilidade que consiste na perda do direito de oferecer queixa-crime** (em ação penal de iniciativa privada) **ou de oferecer representação** (nas ações penais públicas condicionadas), **em razão da inércia do titular durante determinado intervalo de tempo**.

A decadência envolve, então, duas hipóteses:

Primeiro, abrange a perda do direito de oferecer **queixa-crime**, que é a peça inicial acusatória nos casos de crimes de ação penal privada (exclusiva e personalíssima). A queixa também pode ser oferecida nos casos de ação penal privada subsidiária da pública, que o ofendido ou seus familiares podem intentar em razão da inércia

26. No mesmo sentido: BARROS, Flávio Augusto Monteiro de. Op. Cit., 2019, p. 623.
27. No mesmo sentido: BARROS, Flávio Augusto Monteiro de. Op. Cit., 2019, p. 107.

do Ministério Público. Entretanto, neste caso de ação penal privada subsidiária da pública, a decadência impede a propositura da queixa, mas não implica extinção da punibilidade, pois o Ministério Público pode e deve oferecer a denúncia.

Em segundo lugar, a decadência também constitui a perda do direito de oferecer **representação**, que é condição imprescindível para a atuação do Ministério Público nos casos de ação penal pública condicionada.

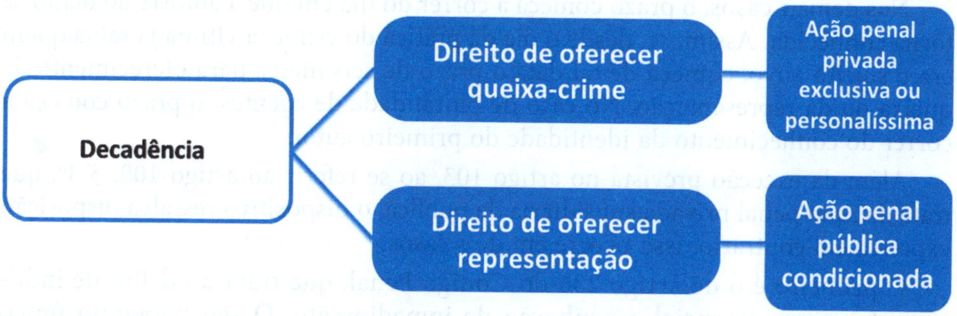

Há doutrinadores que defendem não se tratar de causa extintiva da punibilidade, mas de extinção do direito de promover a ação ou de oferecer representação, o que impede o exercício do direito de punir[28]. No entanto, o Código Penal foi expresso ao prever a decadência como uma das causas extintivas da punibilidade. Pode-se concluir que a decadência consiste na perda do direito de queixa, nas hipóteses de cabimento da ação penal privada exclusiva ou personalíssima, ou de representação, nos casos de ação penal pública condicionada à representação, por decurso de prazo, o que enseja a extinção da punibilidade[29]. A decadência está prevista no artigo 103 do Código Penal:

> *Decadência do direito de queixa ou de representação*
>
> *Art. 103 –* ***Salvo disposição expressa em contrário, o ofendido decai do direito de queixa ou de representação se não o exerce dentro do prazo de 6 (seis) meses, contado do dia em que veio a saber quem é o autor do crime, ou, no caso do § 3º do art. 100 deste Código, do dia em que se esgota o prazo para oferecimento da denúncia.***

A princípio, deve-se destacar que o artigo acima transcrito excepciona o caso de haver disposição expressa em sentido contrário, determinando o início da contagem do prazo de forma diferente. Neste caso, prevalecerá a norma especial sobre a geral, esta última a extraída do artigo 103 do CP.

A referência que o artigo 103 faz ao parágrafo terceiro do art. 100 do Código Penal diz respeito à ação penal privada subsidiária da pública. Neste caso, o ofendido

---

28. CAPEZ, Fernando. Op. Cit., 2013, p. 620; MASSON, Cleber. Op. Cit., 2019, p. 759.
29. PRADO, Luiz Regis. Op. Cit., 2020, p. 363; BARROS, Flávio Augusto Monteiro de. Op. Cit., 2019, p. 641; CUNHA, Rogério Sanches. Ob. Cit.Op. Cit., 2020, p. 392.

ou, no caso de sua morte, o seu cônjuge, ascendente, descendente ou irmão, pode oferecer queixa, se o Ministério Público não agir no prazo legal. O prazo começa a correr do dia em que se esgota o prazo para oferecimento da denúncia pelo Ministério Público. O fim do prazo não implicará a extinção da punibilidade, mas a perda do direito de promover a ação penal privada subsidiária da pública, sem impedir que o Ministério Público o faça, desde que, por outra hipótese, não esteja extinta a punibilidade.

Nos demais casos, o prazo começa a correr do dia em que a autoria do delito se torna conhecida. Assim, se, desde o dia da prática do crime, a vítima já sabia quem era o sujeito ativo, começa de tal data o prazo de seis meses para oferecimento de queixa ou da representação. No caso de pluralidade de agentes, o prazo começa a correr do conhecimento da identidade do primeiro autor.

Além da exceção prevista no artigo 103, ao se referir ao artigo 100, § 3º, que trata da ação penal privada subsidiária da pública, o dispositivo ressalva disposição expressa em contrário. Isso ocorre em dois casos.

O primeiro é o do artigo 236 do Código Penal, que trata do delito de induzimento a erro essencial e ocultação de impedimento. O seu parágrafo único dispõe que a ação penal depende de queixa do contraente enganado, bem como que ela pode ser intentada senão depois de transitar em julgado a sentença que, por motivo de erro ou impedimento, anule o casamento. Por essa especificidade, o prazo decadencial se iniciará apenas com o trânsito em julgado da ação anulatória do casamento.

O segundo caso de disposição expressa em contrário está no artigo 529 do Código de Processo Penal[30]. Segundo esse dispositivo, nos crimes contra a propriedade imaterial de ação privativa do ofendido, não será admitida queixa com fundamento em apreensão e em perícia, se decorrido o prazo de 30 dias, após a homologação do laudo. O prazo é diferente, fixado em 30 dias, além de ter um termo inicial distinto: a sua contagem se inicia com a homologação do laudo sobre a violação de propriedade imaterial.

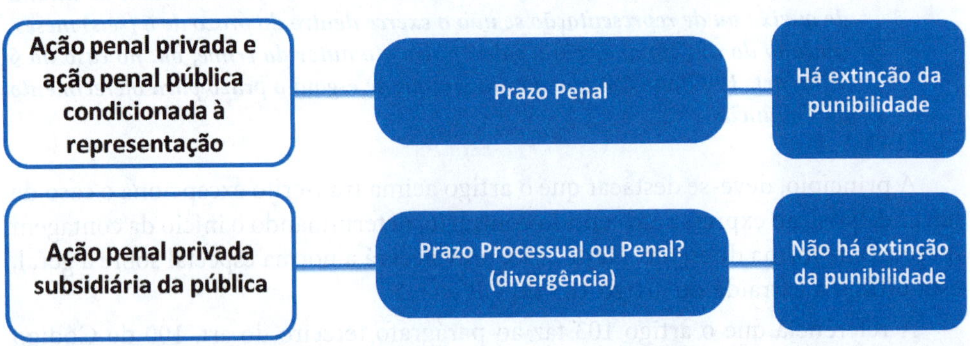

30. Somente menciona esta hipótese como disposição em contrário ao artigo 103 do CP: NUCCI, Guilherme de Souza. Op. Cit., 2015, p. 648.

Note que, no caso de ação penal privada (exclusiva ou personalíssima), se não for oferecida a queixa no prazo legal, haverá a extinção da punibilidade. De igual modo, o não oferecimento da representação, no caso de ação penal pública condicionada, levará à extinção da punibilidade do agente.

Entretanto, **no caso de ação penal privada subsidiária da pública, o não oferecimento da queixa-crime no prazo não acarreta a extinção da punibilidade**. Nessa hipótese, a decadência não é causa de extinção da punibilidade, mas apenas acarreta a perda do direito do ofendido de propor a ação penal. Isso porque o Ministério Público mantém sua legitimidade, podendo (e devendo) oferecer denúncia, mesmo após a decadência do direito de queixa. Portanto, o agente não terá sua punibilidade extinta, conservando o Estado seu *ius puniendi*. O prazo para o órgão acusatório é impróprio e, portanto, ele pode oferecer a denúncia fora do prazo, sem que isso impeça o seu recebimento pelo juiz e o prosseguimento da ação penal.

A **decadência**, por implicar a extinção da punibilidade, tem natureza penal e, portanto, **deve ser contada nos termos do artigo 10 do CP**. Como vimos, ainda que tenha também natureza de norma processual, seu caráter de norma material (de Direito Penal) atrai a contagem nos termos do Código Penal. Isto, é, inclui-se no cômputo do prazo o dia do começo. Além disso, ele não se interrompe em domingos, férias forenses ou feriados.

Cumpre anotar a posição de Capez, minoritária, de que o prazo decadencial deve ser contado como prazo processual em uma única hipótese: no caso de ação penal privada subsidiária da pública. Isso porque, como não há extinção da punibilidade no caso de fruição do prazo sem iniciativa do ofendido, não haveria influência no Direito Penal. Entretanto, não parece estar com a razão, já que o decurso do prazo limita a legitimidade para a ação penal e, assim, implica a abrangência do *ius puniendi*. Por isso, o instituto, mesmo em tais casos, possui natureza híbrida e deve ser contado como prazo penal.

De todo modo, prevalece que todo prazo decadencial (implique ou não na extinção da punibilidade) deve ser computado como um prazo penal, conforme determina o artigo 10 do Código Penal:

> *Art. 10 – O dia do começo inclui-se no cômputo do prazo. Contam-se os dias, os meses e os anos pelo calendário comum.*

O prazo não se interrompe por pedido de explicações em juízo nem por instauração de inquérito policial. Mesmo que as investigações estejam tramitando na delegacia, o conhecimento da autoria já é suficiente para iniciar a contagem do prazo, devendo a vítima oferecer a queixa ou a representação dentro de seis meses da data da ciência.

Há alguns crimes que possuem regramento específico acerca do início da contagem do prazo, por suas peculiaridades:

- **Crime permanente**: é aquele cuja consumação se protrai no tempo. Desse modo, o prazo de decadência só se inicia após cessada a permanência.

- **Crime continuado**: é a ficção jurídica que considera como um crime a prática de vários delitos da mesma espécie, por serem os subsequentes tidos como continuação do primeiro pelas condições de tempo, lugar, maneira de execução e outras semelhantes. Para esses crimes, o prazo flui de cada delito considerado de forma isolada, já que na verdade são vários crimes tratados como se fossem um só por razões de política criminal.
- **Crime habitual**: é aquele cuja configuração exige uma habitualidade, um conjunto de condutas que se amolda ao tipo penal. Para os crimes habituais, o prazo de decadência é contado do último ato praticado pelo agente.

Quanto à titularidade do direito de queixa e de representação e a ocorrência da decadência, vejamos as seguintes situações:

- **Ofendido menor de 18 anos**: neste caso, a titularidade do direito de queixa e de representação pertence ao representante legal do menor. Se o representante legal não oferecer representação ou queixa no prazo, o menor poderá oferecê-la ao atingir a maioridade.

É o que prescreve a Súmula 594 do STF:

> *Os direitos de queixa e de representação podem ser exercidos, independentemente, pelo ofendido ou por seu representante legal.*

Assim tem entendido o Supremo Tribunal Federal, aplicando o seu enunciado:

> *EMENTA Habeas corpus. Penal. Atentado violento ao pudor (CP, art. 214 na redação anterior à Lei nº 12.015/09). Ofendida menor de 18 anos. Representação. Prazo. Contagem. Dualidade. Súmula nº 594 da Suprema Corte. Decadência. Não ocorrência. Ordem denegada. 1. Na ocorrência do delito descrito no art. 214 do Código Penal – antes da revogação pela Lei nº 12.015/2009 –, o prazo decadencial para a apresentação de queixa ou de representação era de 6 meses após a vítima completar a maioridade, em decorrência da dupla titularidade. 2.* ***Esta Suprema Corte tem reconhecido a dualidade de titulares do direito de representar ou oferecer queixa, cada um com o respectivo prazo: um para o ofendido e outro para seu representante legal. Súmula nº 594 do STF. Precedentes.*** *3. Ordem denegada. (STF, HC 115341/SP, Rel. Min. Dias Toffoli, Primeira Turma, Julgamento em 14/10/2014).*

O STJ tem precedente no mesmo sentido, entendendo haver um prazo para o representante legal e, caso não exercido o direito, um outro prazo, a contar da maioridade, para a vítima:

> *I – Os prazos para o exercício do direito de queixa ou representação correm separadamente para o ofendido e seu representante legal (Súmula nº 594/STF).*
>
> *II – Escoado o prazo para o representante de uma das vítimas, conserva-se o direito de representação da ofendida, a ser contado a partir da sua maioridade (Precedentes). (STJ, RHC n. 39.141/SP, Rel. Min. Felix Fischer, Quinta Turma, julgado em 25/11/2014, DJe de 10/12/2014)*

Grande parte da doutrina, entretanto, não aceita essa dualidade de prazos. É o caso de Renato Brasileiro, que entende haver um único prazo decadencial, que incidirá a partir do conhecimento de quem foi o autor do fato. Decorrido o prazo por inércia do representante legal do ofendido, a punibilidade se extinguiria, sem novo prazo para o ofendido após atingida a sua maioridade[31].

- **Ofendido maior de 18 anos**: somente o ofendido pode ofertar a queixa ou a representação. Se for incapaz, como no caso de doença mental, a titularidade passa para o representante legal. Havendo conflito de interesses, o juiz deve nomear curador especial. No caso de morte da vítima, o direito passa para o cônjuge, ascendente, descendente ou irmão.

É o que dispõem os artigos 31, 33 e 36 do Código de Processo Penal:

> *Art. 31. No caso de* ***morte do ofendido ou quando declarado ausente por decisão judicial****, o direito de oferecer queixa ou prosseguir na ação passará ao* ***cônjuge, ascendente, descendente ou irmão****.*
>
> *(...)*
>
> *Art. 33. Se o ofendido for* ***menor de 18 (dezoito) anos, ou mentalmente enfermo, ou retardado mental, e não tiver representante legal, ou colidirem os interesses deste com os daquele****, o direito de queixa poderá ser exercido por* ***curador especial****, nomeado, de ofício ou a requerimento do Ministério Público, pelo juiz competente para o processo penal.*
>
> *(...)*
>
> *Art. 36. Se comparecer mais de uma pessoa com direito de queixa, terá preferência o cônjuge, e, em seguida, o parente mais próximo na ordem de enumeração constante do art. 31, podendo, entretanto, qualquer delas prosseguir na ação, caso o querelante desista da instância ou a abandone.*

- **Ofendido maior de 18 anos e menor de 21 anos de idade**: somente o ofendido pode ofertar a queixa ou a representação.

A dúvida pode surgir em razão do teor do artigo 34 do Código de Processo Penal:

> *Art. 34. Se o ofendido for menor de 21 (vinte e um) e maior de 18 (dezoito) anos, o direito de queixa poderá ser exercido por ele ou por seu representante legal.*

Apesar de referida previsão, a doutrina entende que não há mais essa diferenciação. Isso porque, à época em que entrou em vigor referida norma, a maioridade civil era atingida aos 21 anos. Com o advento do Código Civil de 2002, houve a unificação da maioridade civil aos 18 anos, não havendo mais que falar em representação no processo penal até que o indivíduo complete a idade de 21 anos.

31. LIMA, Renato Brasileiro de. Manual de processo penal: volume único. 8. ed. Salvador: Editora Juspodivm, 2020, p. 337.

Apesar de tratar de hipótese diferente, a unificação da maioridade civil e penal para o marco dos 18 anos de idade pode ser percebida do seguinte trecho de acórdão do STJ:

> *"(...) **2. O Superior Tribunal de Justiça firmou o entendimento de que, "após a edição do Código Civil de 2002, quando a maioridade foi estabelecida em 18 (dezoito) anos, não é mais necessária a nomeação de curador especial, no processo penal, para os acusados com idade entre 18 (dezoito) e 21 (vinte e um) anos"** (AgRg no AREsp n. 404.293/SP, Rel. Min. Marco Aurélio Bellizze, Quinta Turma., DJe 07/4/2014). (...)" (STJ, REsp 1493485/SP, Rel. Min. Rogério Schietti Cruz, Sexta Turma, DJe 06/11/2017).*

4.5. Perempção

A perempção **é a causa de extinção da punibilidade que representa uma sanção processual ao querelante negligente ou inerte**. Só é cabível na ação penal privada exclusiva ou personalíssima, ou, nos termos da lei, nos casos em que se procede mediante queixa.

Apesar de ser uma sanção processual, a perempção gera efeitos para o Direito Penal, pois implica a perda do direito de punir pelo Estado. As hipóteses estão previstas no artigo 60 do Código de Processo Penal:

> *Art. 60. Nos casos em que somente se procede mediante queixa, considerar-se-á **perempta** a ação penal:*
>
> *I – quando, iniciada esta, o querelante deixar de promover o andamento do processo durante 30 dias seguidos;*
>
> *II – quando, falecendo o querelante, ou sobrevindo sua incapacidade, não comparecer em juízo, para prosseguir no processo, dentro do prazo de 60 (sessenta) dias, qualquer das pessoas a quem couber fazê-lo, ressalvado o disposto no art. 36;*
>
> *III – quando o querelante deixar de comparecer, sem motivo justificado, a qualquer ato do processo a que deva estar presente, ou deixar de formular o pedido de condenação nas alegações finais;*
>
> *IV – quando, sendo o querelante pessoa jurídica, esta se extinguir sem deixar sucessor.*

A hipótese de falta de andamento ao processo pressupõe notificação do querelante para agir, como aponta a doutrina. Ademais, não se exige o comparecimento do querelante para atos em que sua presença não seja indispensável, como oitiva de testemunhas. É o que decidiu o STJ no julgamento do RHC 26530/SC, em 08/11/2011.

A falta de pedido final de condenação, como visto no dispositivo normativo acima, implica a perempção. Se houver pedido de justiça e as alegações finais demostrarem que se pede a condenação, não há perempção. Tem-se entendido, ainda, que a apresentação das alegações finais, na forma de memorial, fora do prazo não induz perempção.

Configura-se a perempção quando não apresentadas contrarrazões ao recurso do querelado contra a sentença condenatória. Por outro lado, não se configura perempção se a apresentação das razões recursais for intempestiva. No precedente abaixo transcrito, o STJ também entendeu que não há perempção no caso de as contrarrazões serem apresentadas fora do prazo:

> *"1. De acordo com o artigo 60, inciso I, do Código de Processo Penal, "nos casos em que somente se procede mediante queixa, considerar-se-á perempta a ação penal" quando, "iniciada esta, o querelante deixar de promover o andamento do processo por 30 dias seguidos". 2. No caso dos autos, a querelante deu regular andamento ao processo, que culminou com a condenação do paciente pela prática dos crimes de injúria e difamação,* ***sendo certo que o só fato de haver apresentado contrarrazões à apelação da defesa fora do prazo legal não tem o condão de caracterizar a perempção, pois tal peça processual sequer é obrigatória, sendo plenamente possível o julgamento do recurso sem a sua presença nos autos, desde que a parte tenha sido intimada para ofertá-la, exatamente como ocorreu na espécie. Precedentes do STJ e do STF****. 3. Habeas corpus não conhecido. (STJ, HC 355205/DF, Rel. Min. Jorge Mussi, Quinta Turma, DJe 01/08/2016)*

Em razão da impossibilidade de comparecer alguma pessoa para substituição, a morte do querelante na ação penal privada personalíssima acarreta a extinção da punibilidade. Haverá hipótese análoga à do artigo 60, inciso II, do CPP, em que não haverá quem prossiga no processo, dada a impossibilidade. Isso porque somente o ofendido, no caso de ação penal privada personalíssima, pode figurar no polo ativo do processo.

O STJ entende possível a intimação do querelante, no caso de falta de recolhimento das custas ou sua insuficiência, para suprir a falta. Portanto, não deve ser declarada a perempção e, assim, a extinção da punibilidade em razão da ausência de recolhimento das custas no montante devido, mas sim intimado o querelante a respeito de sua falta ou insuficiência, de modo a oportunizar a regularização[32].

4.6. Renúncia

Renúncia é **a causa de extinção da punibilidade, que consiste em ato unilateral, do ofendido ou de seu representante legal, de abdicação do direito de promover a ação penal privada**. Na renúncia, o ofendido ou seu representante legal abre mão de intentar a ação penal, o que implica a extinção do *ius puniendi*.

Esta causa extintiva da punibilidade é cabível nos casos de ação penal privada exclusiva ou personalíssima, pois a punição, nessas hipóteses, depende de que o ofendido ou seu representante oferte a queixa-crime. A disposição de referido direito, com sua renúncia, impossibilita a imposição de sanção penal ao agente, extinguindo sua punibilidade.

Na **ação penal pública condicionada à representação**, há a possibilidade de **renúncia** apenas em relação aos **crimes de menor potencial ofensivo**. Quanto a tais crimes, a composição entre o sujeito ativo e o passivo sobre os danos causados implica a renúncia ao direito de queixa e de representação. Deste modo, o indivíduo

32. STJ, HC 33.047/MS, Rel. Ministro GILSON DIPP, QUINTA TURMA, julgado em 08/06/2004, DJ 02/08/2004; EDcl no HC 156.230/PE, Rel. Ministro MARCO AURÉLIO BELLIZZE, QUINTA TURMA, julgado em 06/03/2012, DJe 26/03/2012.

que celebrar acordo com seu ofensor, que seja homologado pelo juiz, não poderá mais oferecer representação, no caso de crime de ação penal pública condicionada. É o que prevê o artigo 74, parágrafo único, da Lei n. 9.099/1995:

> *Art. 74. A* ***composição dos danos civis*** *será reduzida a escrito e, homologada pelo Juiz mediante sentença irrecorrível, terá eficácia de título a ser executado no juízo civil competente.*
>
> *Parágrafo único. Tratando-se de ação penal de iniciativa privada ou de ação penal pública condicionada à representação, o acordo homologado acarreta a* ***renúncia ao direito de queixa ou representação****.*

Só cabe a renúncia antes de iniciada a ação penal, pois é pré-processual. Só se renuncia ao direito ainda não exercido, pois a propositura da ação somente permite o perdão, não mais a renúncia. O ato é **unilateral**, o que significa que independe da aceitação ou não do agente. Se o indivíduo não quer oferecer queixa-crime, dispondo desse direito, não se pode obrigá-lo a fazê-lo.

A renúncia pode ser expressa ou tácita:

- **Expressa**: ocorre quando o ofendido declara, de forma explícita, que não intentará a ação penal privada, abrindo mão do seu direito. Pode ser feita pelo ofendido, seu representante legal ou procurador com poderes especiais, nos termos do artigo 50, *caput*, do Código de Processo Penal. Consiste em declaração escrita, assinada por um dos indivíduos que podem oferecer a renúncia.
- **Tácita**: decorre de conduta do ofendido que seja incompatível com o desejo de oferecer queixa contra o agente. É o caso do indivíduo que, após ser vítima do crime, aceita ser padrinho de casamento do seu ofensor. A renúncia tácita admite qualquer meio de prova, nos termos do artigo 57 do Código de Processo Penal.

Não é renúncia tácita o recebimento, pelo ofendido, de indenização do dano causado pelo crime, salvo nos casos de crime de menor potencial ofensivo.

No caso de morte do ofendido, o direito de oferecer queixa passa para alguns familiares, nos termos do artigo 31 do Código de Processo Penal:

> *Art. 31. No caso de morte do ofendido ou quando declarado ausente por decisão judicial, o direito de oferecer queixa ou prosseguir na ação passará ao cônjuge, ascendente, descendente ou irmão.*

Legitimados para o oferecimento de queixa no caso de morte do ofendido:

C	ônjuge
A	scendente
D	escendente
I	rmão

No caso de morte do ofendido, o direito de queixa passa ao seu cônjuge, ascendente, descendente ou irmão. A renúncia de um dos legitimados não impede que os outros ofertem a queixa-crime. Também no caso de haver dois ou mais ofendidos, a renúncia de um não impede o outro de oferecer queixa-crime.

Se houver concurso de agentes, **a renúncia em relação a um deles se estende aos demais**. É uma decorrência do princípio da indivisibilidade: ou o ofendido oferece queixa em relação a todos os agentes ou renuncia ao seu direito de queixa em relação a todos os que concorreram para o delito. Não é possível selecionar, do concurso de pessoas, quais serão processados penalmente pelo mesmo delito. É o teor do artigo 49 do CPP:

> *Art. 49. A renúncia ao exercício do direito de queixa, em relação a um dos autores do crime, a todos se estenderá.*

✓ **Caso o querelante ofereça queixa contra apenas um dos agentes, pode o MP aditar para inclusão dos demais?**

A doutrina diverge sobre essa possibilidade, sendo que parte entende que é possível, pois o Ministério Público deve velar pela indivisibilidade da ação penal e deve impedir que um dos agentes seja deixado de fora pelo querelante.

Outra parte da doutrina entende que, tendo sido oferecida queixa contra apenas parte dos agentes, entender-se-á que houve renúncia em relação ao não incluído. Não caberia, assim, inclusão dos demais pelo Ministério Público, já que a ação é privada. A única solução seria a extensão da renúncia a todos, com a extinção da punibilidade.

4.7. Perdão do ofendido

O perdão do ofendido é **a causa de extinção da punibilidade que consiste em ato pelo qual o ofendido ou seu representante legal manifesta seu desejo de desistir da ação penal privada exclusiva ou personalíssima**. Esse ato exige a concordância do querelado, com a qual o direito de punir se extingue.

É cabível desde o oferecimento da queixa até o trânsito em julgado, ou seja, a oportunidade para o seu exercício é no curso do processo penal. Refere-se aos casos de ação penal privada exclusiva ou personalíssima, não sendo admissível na ação penal privada subsidiária da pública.

Esta causa está prevista no artigo 105 do Código Penal:

> *Art. 105 – O perdão do ofendido, nos crimes em que somente se procede mediante queixa, obsta ao prosseguimento da ação.*

Cuida-se de **ato bilateral**, de forma diferente da renúncia, que é unilateral. Por conseguinte, a aceitação do querelado é imprescindível. Querelado é o termo pelo qual se denomina o réu nas ações penais privadas.

Assim como a renúncia, o perdão pode ser tácito ou expresso:

- **Expresso**: ocorre quando o ofendido declara, de forma explícita, que não deseja prosseguir com a ação penal privada, desistindo do seu prosseguimento. Pode ser feita pelo ofendido, seu representante legal ou procurador com poderes especiais, nos termos do artigo 56, em conjunto com o 50, *caput*, do Código de Processo Penal.
- **Tácito**: decorre de conduta do ofendido que seja incompatível com o desejo de prosseguir com a ação penal contra o agente. Se o agente e a ofendida, por exemplo, iniciam um relacionamento amoroso, haverá perdão tácito em relação à ação penal privada em curso.
- **Judicial**: ocorre quando o ofendido se manifesta nos próprios autos, declarando seu desejo de desistir do prosseguimento do feito.
- **Extrajudicial**: oferecida fora dos autos. Nos termos do artigo 56, combinado com o artigo 50, ambos do Código de Processo Penal, se o perdão for expresso, deverá ser materializado por meio de declaração escrita, assinada pelo ofendido, seu representante legal ou procurador com poderes especiais.

O artigo 106 do Código Penal prevê algumas regras sobre o perdão:

> *Art. 106 – O perdão, no processo ou fora dele, expresso ou tácito:*
>
> ***I – se concedido a qualquer dos querelados, a todos aproveita;***
>
> ***II – se concedido por um dos ofendidos, não prejudica o direito dos outros;***
>
> ***III – se o querelado o recusa, não produz efeito.***
>
> *§ 1º – Perdão tácito é o que resulta da prática de ato incompatível com a vontade de prosseguir na ação.*
>
> *§ 2º – Não é admissível o perdão depois que passa em julgado a sentença condenatória.*

Quanto a quem pode oferecer o perdão:

- **No caso de ofendido menor de 18 anos**: o representante legal pode oferecer o perdão.
- **Se o ofendido for maior ou com idade igual a 18 anos**: ele mesmo pode conceder o perdão. Aqui se inclui o caso do maior de 18 anos e menor de 21, aplicando-se o que foi dito quanto à renúncia.

No que se refere ao procedimento para aceitação do perdão, o artigo 58 do Código de Processo Penal prevê o seguinte:

> *Art. 58. Concedido o perdão, mediante declaração expressa nos autos, o querelado será intimado a dizer, dentro de três dias, se o aceita, devendo, ao mesmo tempo, ser cientificado de que o seu silêncio importará aceitação.*

Portanto, é possível a aceitação do perdão por decurso de prazo.

O perdão **é cabível nas ações penais privadas**, sejam exclusivas ou personalíssimas, em razão do princípio da disponibilidade. Assim, o querelante pode desistir de seu prosseguimento. Se o fizer, haverá a extinção da punibilidade.

Não cabe o perdão em ação penal privada subsidiária da pública.

Estudamos que a renúncia é pré-processual, enquanto o perdão é cabível desde o oferecimento da queixa até o trânsito em julgado. A renúncia é unilateral, já o perdão é bilateral. As diferenças estão destacadas no esquema abaixo:

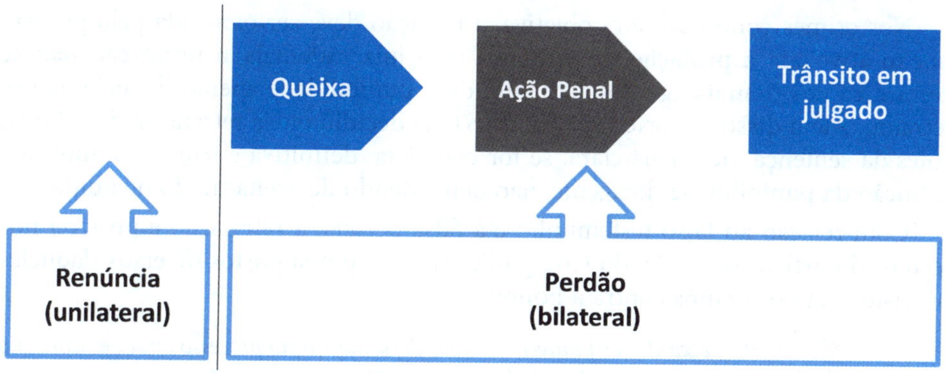

4.8. Retratação

A retratação é **a causa de extinção da punibilidade consistente no ato do agente de retirar totalmente o que disse anteriormente**. Significa desdizer-se, voltar atrás. Em alguns crimes, a lei prevê que o ato de o agente voltar atrás no que fez é suficiente para impedir a sua punição, extinguindo a punibilidade.

Seu cabimento é restrito aos seguintes casos:

- **Calúnia e difamação:** a lei prevê a possibilidade de retração nos crimes contra a honra objetiva, considerando que, nesses delitos, busca-se tutelar a honra objetiva da vítima. Por isso, a retratação do agente pode ter o potencial de diminuir os efeitos deletérios à boa fama ou reputação da vítima. Essa busca de reparação ao bem jurídico é mais relevante, para a lei vigente, do que a punição do ofensor;
- **Falso testemunho e falsa perícia:** nos delitos de falso testemunho e falsa perícia, atenta-se contra a administração da justiça. Isto porque o testemunho falso ou a perícia dissimulada podem atrapalhar a prestação jurisdicional, inclusive induzindo o julgador em erro. Assim, a correção da prova oral ou pericial produzida se mostrou mais relevante para o legislador do que a punição de quem agiu de forma incorreta ao colaborar com a Justiça.

A previsão da retratação, com relação aos crimes contra a honra, está no artigo 143 do Código Penal, com regras específicas para a extinção punibilidade desses delitos:

> *Art. 143 – O querelado que, antes da sentença, se retrata cabalmente da calúnia ou da difamação, fica isento de pena.*
>
> *Parágrafo único. Nos casos em que o querelado tenha praticado a calúnia ou a difamação utilizando-se de meios de comunicação, a retratação dar-se-á, se assim desejar o ofendido, pelos mesmos meios em que se praticou a ofensa.*

Não cabe a retratação na injúria, com a qual se atinge a honra subjetiva do ofendido. É cabível apenas nos casos da **calúnia e da difamação**, que ferem a **honra objetiva** da vítima, sua honra e reputação no meio social. Por isso, não foi incluída a injúria, delito que viola a honra subjetiva do sujeito passivo.

Nos crimes contra a honra objetiva, a retração deve ser oferecida pelo próprio sujeito ativo **até a prolação de sentença** pelo juiz. Ademais, a retratação **não se comunica aos demais agentes**, extinguindo a punibilidade apenas daquele que se retratou. Além disso, a Corte Especial do STJ já decidiu que a retratação da calúnia, antes da sentença, de forma clara, se for completa, definitiva e irrestrita, implica a extinção da punibilidade do agente, não dependendo de aceitação do ofendido[33].

Com relação ao falso testemunho e à falsa perícia, a retratação é possível nos termos do artigo 342, § 2º, do Código Penal, com pressupostos diversos daqueles previstos para os delitos contra a honra:

> *§ 2º O fato deixa de ser punível se, antes da sentença no processo em que ocorreu o ilícito, o agente se retrata ou declara a verdade.*

Nessa hipótese, a retratação pode ser oferecida até a sentença de primeira instância, mas não no processo penal em que o sujeito é acusado do próprio crime de falsa perícia ou falso testemunho. O termo final do prazo é ser proferida **sentença, de primeiro grau, no processo em cujo curso o acusado prestou falso testemunho ou elaborou falsa perícia**.

O Código Penal prevê que a retratação do falso testemunho ou da falsa perícia tem como consequência a extinção da punibilidade do fato. Ora, se o fato deixa de ser punido, esta causa de extinção da punibilidade **se estende aos demais agentes**, coautores ou partícipes. Basta, portanto, que a testemunha se retrate para que a parte, que a induzira a mentir, também não seja punida.

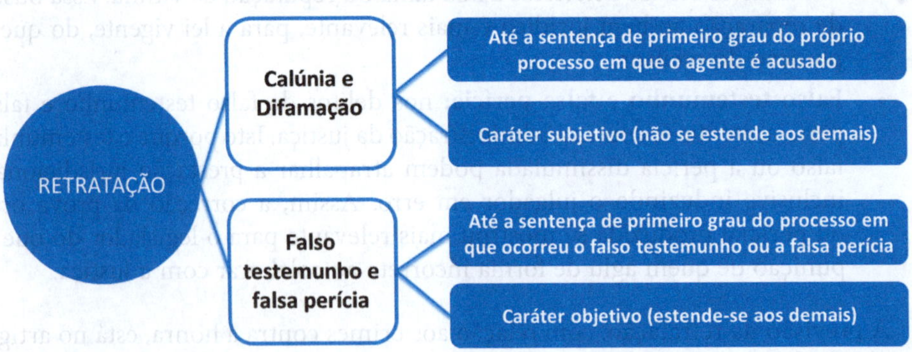

4.9. Perdão judicial

É o instituto, cuja natureza é de causa de extinção da punibilidade, pelo qual o juiz deixa de aplicar a sanção penal, em virtude de circunstâncias específicas

33. STJ, APn 912/RJ, Rel. Min. Laurita Vaz, Corte Especial, julgado em 03/03/2021, DJe 23/03/2021.

do caso. Ocorre nos casos de bagatela imprópria, em que incide o princípio da desnecessidade da pena. O legislador prevê expressamente os crimes e os requisitos a serem analisados pelo juiz para que a pena deixe de ser aplicada, limitando a aplicação desse instituto penal.

Vale notar que, para Roxin, a culpabilidade é condição necessária, mas não suficiente para imposição de pena. Para que haja responsabilidade penal, ele exige, além da culpabilidade, que se analise a **necessidade da pena** para todos os delitos eventualmente praticados, em decorrência dos valores de política criminal que devem orientar a aplicação das normas penais. Assim, independeria de permissão na lei a análise casuística de necessidade ou não da pena. Em uma linha de pensamento similar, Luiz Flávio Gomes defende uma concepção de **bagatela imprópria em um sentido amplo**, independentemente de permissão expressa, do legislador, para que o juiz deixe de aplicar a pena.

No entanto, prevalece que, no Brasil, juiz pode deixar de aplicar a pena, por entendê-la desnecessária, apenas e tão somente quando a lei expressamente permitir. Além de previsão do perdão judicial somente para determinados delitos, a lei penal brasileira traz os pressupostos que devem estar presentes para que o julgador não imponha pena a um indivíduo que cometeu infração penal. Isso ocorre, por exemplo, no caso do homicídio culposo, conforme previsto no artigo 121, § 5º, do CP.

O perdão judicial, que não deve ser confundido com o perdão do ofendido, independe de aceitação. É direito público subjetivo do acusado. Deste modo, satisfeitos os requisitos, o juiz deve conceder o benefício, que extinguirá a punibilidade independentemente de concordância do acusado.

Como visto, a sua admissibilidade depende de previsão na lei. O legislador não concedeu ao juiz a discricionariedade quanto à imposição da pena a quem praticou uma infração penal. Em alguns casos, previu-se a possibilidade de a pena não ser aplicada pelo juiz, desde que presentes determinados requisitos. Esses casos de perdão judicial são excepcionais e previstos, no Código Penal, para crimes específicos. Quando concedido, o perdão judicial extingue os efeitos penais, nos termos da Súmula 18 do STJ:

> *A sentença concessiva do perdão judicial é **declaratória da extinção da punibilidade**, não subsistindo qualquer efeito condenatório.*

Referido enunciado também esclarece que a natureza jurídica desta causa extintiva da punibilidade é declaratória, ou seja, o juiz declara que estão satisfeitos os requisitos e que não há punibilidade no caso. Deste modo, não torna certa a obrigação de reparar o dano. Na realidade, não há nenhum efeito da condenação, considerando que essa sentença é declaratória, e não condenatória.

Na doutrina, a classificação da sentença concessiva do perdão judicial como declaratória da extinção da punibilidade é controversa. Parte entende que é sentença condenatória, com todos os efeitos secundários da condenação, sendo que outra parte entende que é condenatória, mas sem a incidência de tais efeitos. Há doutrinadores que entendem que é absolutória e outra corrente defende que sua natureza é de exclusão facultativa da punibilidade.

Por fim, há a corrente de que se trata de **sentença declaratória de extinção da punibilidade**[34]**, entendimento que foi adotado pelo STJ, como se extrai do enunciado n. 18 da sua Súmula**.

Sobre o perdão judicial e a reincidência, que é efeito penal secundário da condenação, o Código Penal foi claro ao afastar este efeito em seu artigo 120:

> *Perdão judicial*
>
> *Art. 120 – A sentença que conceder perdão judicial* ***não será considerada para efeitos de reincidência****.*

O perdão judicial deve ser concedido no curso do processo penal, pelo juiz. Logicamente, não é cabível seu reconhecimento na investigação, muito menos sua declaração pela autoridade policial. Este instituto deve alcançar todos os crimes praticados no mesmo contexto. No entanto, o STJ tem entendido que as vítimas dos crimes de homicídio culposo e lesão culposa devem ser tomadas separadamente para verificar se estão presentes os requisitos do perdão judicial[35].

O juiz considera as circunstâncias do crime e as consequências que sobrevieram ao agente, conforme o delito praticado e a previsão legislativa de perdão judicial. No delito de receptação dolosa, o artigo 180, § 5º, prevê o perdão judicial se o réu for primário, devendo o juiz ter em consideração as consequências do delito. O juiz pode analisar, por exemplo, se a quebra do dever de cuidado foi mais leve ou menos reprovável, por exemplo. A lei deixou uma ampla margem de discricionariedade para o julgador analisar quando a pena é desnecessária nesse crime.

No caso de homicídio culposo e da lesão culposa, a lei possibilita a não aplicação da pena se as consequências da infração atingirem o próprio agente de forma tão grave que a sanção penal se torne desnecessária. Há precedentes considerando, como consequências da infração a fundamentarem o perdão judicial, as de ordem física e moral, o aleijamento de uma perna, as que atingem a concubina do autor, um amigo íntimo, a noiva ou os seus familiares etc. Para esses crimes, a previsão legislativa é mais delimitada, exigindo consequências que afetem o agente de tal modo que a pena se mostre necessária. Por isso, STF e STJ têm exigido vínculo entre o a agente e vítima, de modo a se concluir que o fato atingiu o agente profundamente, a ponto de a pena se tornar prescindível[36].

É importante enumerar as principais previsões de perdão judicial no direito brasileiro:

---

34. É a posição de René Ariel Dotti, apesar de consignar, anteriormente, que o caráter do perdão judicial é facultativo, mas a prática forense é de sistemática aplicação quando provados os requisitos de sua admissibilidade (DOTTI, René Ariel. Op. Cit., 2020, p. 638).
35. STJ, REsp 1444699/RS, Rel. Min. Rogério Schietti Cruz, Sexta Turma, DJe 09/06/2017.
36. STF, HC 129079, Rel. Min. Marco Aurélio, Primeira Turma, julgado em 06/06/2017; STJ, AgRg no REsp n. 2.018.009/SP, Rel. Min. Messod Azulay Neto, Quinta Turma, julgado em 7/2/2023, Dje de 15/2/2023.

Delito	Dispositivo
Homicídio culposo	Art. 121, § 3º, CP
Lesão culposa	Art. 129, § 8º, CP
Injúria (provocação reprovável, retorsão imediata)	Art. 140, § 1º, do CP
Apropriação indébita previdenciária	Art. 168-A, § 3º, do CP
Outras fraudes	Art. 176, parágrafo único, CP
Receptação culposa	Art. 180, § 5º, CP
Parto suposto. Supressão ou alteração de direito inerente ao estado de recém-nascido	Art. 242, parágrafo único, CP
Subtração de incapazes	Art. 249, § 2º, CP
Sonegação de contribuição previdenciária	Art. 337-A, § 2º, CP
Ignorância da lei sobre contravenções penais	Art. 8º, LCP

5. PRESCRIÇÃO

A última das causas de exclusão da punibilidade enumerada no artigo 107 do Código Penal é a prescrição. Dada a extensão da matéria, o tratamento será dado neste tópico à parte.

5.1. Conceito e fundamentos da prescrição

Prescrição é a causa extintiva da punibilidade decorrente da inércia estatal por determinado lapso temporal. Envolve a perda do direito de punir do Estado ou de executar uma punição imposta. O Estado perde a pretensão concreta de punir quem praticou uma infração penal, devido à sua inação por determinado período.

A prescrição é um instituto ligado à necessidade de segurança jurídica, evitando que o sujeito passe toda a sua vida sem saber se será eventualmente punido por uma conduta praticada nos anos iniciais de sua existência. Utilizando um exemplo de um conto grego, evita-se que o poder de punir do Estado penda, tal qual a espada em relação à cabeça de Dámocles[37], sobre o indivíduo, que fica sem saber se condutas praticadas em um passado remoto algum dia ensejarão a sua punição na esfera criminal.

Também representa uma limitação ao Estado, dando-lhe um prazo para investigação e punição do delito. Mesmo porque o interesse social de punir o delito existe enquanto este está vivo na memória popular, especialmente se considerarmos a função preventiva da pena. Referida função, seja geral (demonstrar a todos que a

37. BITENCOURT, Cezar Roberto. Tratado de Direito Penal. Parte Geral. 10. ed. São Paulo: Saraiva, 2006, p. 873.

prática de crime leva à imposição de uma sanção, funcionando como reafirmação da vigência da lei e coagindo todos à obediência), seja individual (aplicando a sanção ao agente para que ele seja ressocializado e para que não reincida), possui mais relevância se a punição não demorar muito tempo para sua efetivação.

Além disso, o passar do tempo torna mais difícil a produção de provas, levando o fato delituoso ao esquecimento. Testemunhas falecem, o exame de corpo de delito vai se tornando cada vez mais improvável de ser realizado, os próprios elementos de prova vão se dissipando.

São, portanto, **fundamentos a justificar o reconhecimento da prescrição** como causa extintiva da punibilidade, de acordo com Cezar Bitencourt:

- Enfraquecimento do quadro probatório;
- Inconveniência de aplicação da sanção penal muito tempo depois da prática da infração penal;
- Combate à ineficiência do Estado;
- Esquecimento do fato.

5.2. Regras gerais

A prescrição deve ser reconhecida **de ofício** pelo juiz, pois, extinta a punibilidade, não há mais razão para continuidade do processo penal. Ao contrário do Direito Privado, não há possibilidade de o acusado renunciar à prescrição. Observado o transcurso do prazo prescricional, o magistrado deve pronunciá-lo de ofício, por se tratar de **matéria de ordem pública**. Essa regra está no artigo 61 do Código de Processo Penal:

> *Art. 61. Em qualquer fase do processo, o juiz, se reconhecer extinta a punibilidade, deverá declará-lo de ofício.*

Quando um crime for pressuposto, elemento constitutivo (crime complexo) ou circunstância agravante de outro, a extinção da punibilidade dele **não influi** na outra infração penal. Além disso, mesmo que um crime já tenha prescrito, ele pode ser considerado pelo juiz para se agravar a pena de outro devido à conexão existente entre eles. É o que determina o artigo 108 do Código Penal:

> *Art. 108 – A extinção da punibilidade de crime que é pressuposto, elemento constitutivo ou circunstância agravante de outro não se estende a este. Nos crimes conexos, a extinção da punibilidade de um deles não impede, quanto aos outros, a agravação da pena resultante da conexão.*

O roubo é um exemplo de crime complexo, por ser constituído da união de outros dois delitos. Se praticado com violência, ele é composto do furto e da lesão leve. Nesse caso, o decurso do prazo prescricional quanto ao furto em nada prejudica a condenação pelo roubo, ainda que o furto seja elemento constitutivo do roubo.

De igual modo, se o indivíduo mata o namorado da moça para, então, encontrá-la sozinha na casa de campo e cometer o crime de estupro, responde por homicídio qualificado pela conexão teleológica (art. 121, § 2º, V, do CP) e por estupro (art. 213 do CP). Caso ocorra a prescrição do crime de estupro, não há impedimento a que o juiz considere a qualificadora do homicídio. Ainda que o estupro esteja prescrito, pode ser considerado como motivo para a posterior prática do homicídio a fim de se reconhecer a qualificadora.

Tal raciocínio também deve ser seguido no caso de crimes que possuam outro que lhe seja antecedente, como no caso da receptação e da lavagem de dinheiro. O fato de o crime anterior já ter prescrito não impede o reconhecimento do delito posterior, ainda que um seja pressuposto do outro.

No caso das penas restritivas de direito, o prazo prescricional **será o mesmo** das penas privativas de liberdade. É o que determina o parágrafo único do artigo 109 do Código Penal:

> *Parágrafo único – Aplicam-se às penas restritivas de direito os mesmos prazos previstos para as privativas de liberdade.*

Ademais, o artigo 118 do Código Penal reza que as penas mais leves prescrevem com as mais graves:

> *Art. 118 – As penas mais leves prescrevem com as mais graves.*

Esse dispositivo tem uma aplicação limitada no ordenamento jurídico brasileiro. Isso porque, no Código Penal, por exemplo, a cominação conjunta de penas se dá com previsão de pena privativa de liberdade e pena de multa. Com relação às penas de multa, há dispositivo específico no artigo 114 do Código. As penas restritivas de direitos, por sua vez, são aplicadas em substituição às penas privativas de liberdade, e não de forma conjunta. O dispositivo, portanto, restringe-se a casos da legislação penal especial, como o artigo 302 do Código de Trânsito Brasileiro, que comina, cumulativamente, as penas de detenção e de suspensão ou proibição de se obter a permissão ou a habilitação para dirigir veículo automotor. Assim, a segunda pena prescreverá na mesma data correspondente à prescrição da pena de detenção.

Se houver concurso de crimes, os prazos prescricionais deverão ser considerados de forma **individualizada**. Os delitos serão considerados individualmente. Por isso, o juiz deve efetuar a dosimetria dos delitos de forma separada e, após estabelecer a pena de cada infração, realizar o cálculo decorrente do concurso. A regra abrange os casos de concurso material e de concurso formal. A pena isolada de cada um, em seu máximo previsto de forma abstrata, servirá para a estipulação do prazo prescricional, assim como para a incidência do prazo e a extinção da punibilidade em relação a cada um deles. É o que determina o artigo 119 do Código Penal:

> *Art. 119 – No caso de concurso de crimes, a extinção da punibilidade incidirá sobre a pena de cada um, isoladamente.*

No caso de continuidade delitiva, o aumento decorrente do reconhecimento do próprio crime continuado não deve ser utilizado para a estipulação do prazo prescricional. Também o cálculo prescricional deve considerar cada crime isoladamente, na data em que cometido, até porque o crime continuado é uma ficção jurídica, por razões de política criminal. São vários delitos, mas tratados como um, com exasperação da pena. Para o cálculo da prescrição, entretanto, o aumento não pode ser considerado. É o que entende o Supremo Tribunal Federal, conforme a Súmula 497:

> *Súmula 497*
>
> ***Quando se tratar de crime continuado, a prescrição regula-se pela pena imposta na sentença, não se computando o acréscimo decorrente da continuação.***

A prescrição, causa de extinção da punibilidade por inércia do Estado, possui várias modalidades:

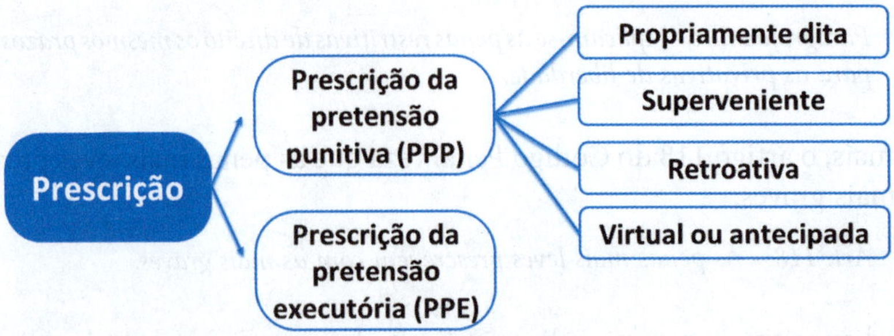

A principal classificação diferencia a prescrição da pretensão punitiva e a prescrição da pretensão executória:

- **Prescrição da pretensão punitiva**: ocorre antes do trânsito em julgado da sentença, extinguindo o direito de punir do Estado.
- **Prescrição da pretensão executória**: ocorre após o trânsito em julgado da sentença para a acusação, impedindo o Estado de executar a punição (pena ou medida de segurança).

5.3. Imprescritibilidade

A regra é a prescritibilidade, ou seja, todos os crimes estão sujeitos à prescrição. Existem, entretanto, hipóteses de **imprescritibilidade** previstas na nossa Constituição, que determinam um tratamento mais gravoso para determinados delitos. O tema é tratado no artigo 5º, incisos XLII e XLIV, da Constituição da República:

> *XLII – a **prática do racismo** constitui crime inafiançável e **imprescritível**, sujeito à pena de reclusão, nos termos da lei;*
>
> *(...)*
>
> *XLIV – constitui **crime** inafiançável e **imprescritível a ação de grupos armados, civis ou militares, contra a ordem constitucional e o Estado Democrático**;*

São, portanto, **crimes imprescritíveis** (e inafiançáveis) o crime de racismo e a ação de grupos armados, civis ou militares, contra a ordem constitucional e o Estado Democrático.

1) **Crime de racismo;**

Os crimes de racismo estão previstos na Lei n. 7.716/1989, sendo que as razões para sua punição com maior rigor dizem respeito à busca do constituinte pela construção de uma sociedade igualitária. Em uma sociedade formada com base na escravidão de indígenas e de negros vindos da África, a discriminação social, que é algo grave e abjeto, deve ser coibida com rigor, demonstrando que a República Federativa do Brasil não compactua com o tratamento discriminatório e preconceituoso contra os seus cidadãos.

Essa lei não se limita a punir o racismo baseado em raça, cor ou etnia, mas também criminaliza o preconceito e a discriminação por motivos religiosos ou de procedência nacional. O STF concluiu que o racismo abrange, ainda, a homotransfobia. Houve, portanto, uma interpretação do termo **racismo** para abranger preconceito e discriminação por diversos fatores, como se nota do artigo 1º da Lei n. 7.716/1989:

> *Art. 1º Serão punidos, na forma desta Lei,* **os crimes resultantes de discriminação ou preconceito de raça, cor, etnia, religião ou procedência nacional.**

Conquanto o termo racismo pareça mais atrelado ao preconceito e à discriminação referentes à etnia ou à cor da pele do indivíduo, a lei, que foi promulgada para definir os crimes resultantes de preconceito de raça e de cor, foi além, cuidando também de preconceito ou discriminação decorrentes da origem ou por motivo religioso.

O Supremo Tribunal Federal já deixou claro que a interpretação dos contornos do racismo, crime mencionado na Constituição, deve ser realizada nos moldes da Lei n. 7.716/1989, e não de forma a limitá-lo a questões apenas de cor, de raça e de grupos étnicos. Assim, são inseridas, por exemplo, condutas exercitadas por razões de ordem religiosa e que são consideradas preconceituosas ou discriminatórias[38]. Portanto, também configura racismo a discriminação religiosa.

No caso Ellwanger, a Corte já havia fixado o entendimento de que "a divisão dos seres humanos em raças resulta de um processo de conteúdo meramente político-social"[39]. Assim, **as condutas previstas como crime na Lei n. 7.716/1989 devem ser consideradas imprescritíveis, como interpretação dada pela Suprema Corte ao termo racismo**, previsto na nossa Constituição.

Nesse ponto, cumpre analisar uma importante questão. A Lei n. 9.459, de 1997, alterou o Código Penal, adicionando uma forma qualificada do crime de injúria. Foi criado o delito de **injúria qualificada por racismo**, também denominada de injúria racial. Consiste na injúria, crime contra a honra subjetiva do sujeito passivo, com elementos de raça, cor, etnia, religião, origem ou a condição de pessoa idosa

---

38. STF, RHC 134682/BA, Rel. Min. Edson Fachin, Primeira Turma, julgado em 29/11/2016.
39. STF, HC 82424, Rel. Min. Moreira Alves, Rel. p/ acórdão Min. Maurício Corrêa, Tribunal Pleno, julgado em 17/09/2003.

ou portadora de deficiência. Referida qualificadora está prevista no artigo 140, § 3º, do Código Penal:

> *Injúria*
>
> *Art. 140 – Injuriar alguém, ofendendo-lhe a dignidade ou o decoro:*
>
> *Pena – detenção, de um a seis meses, ou multa.*
>
> *(...)*
>
> *§ 3º* **Se a injúria consiste na utilização de elementos referentes a raça, cor, etnia, religião, origem ou a condição de pessoa idosa ou portadora de deficiência:**
>
> *Pena – reclusão de um a três anos e multa.*

O advento desse crime fez **grande parte da doutrina** diferenciar o racismo, conduta criminalizada por meio da Lei n. 9.459/1997, da injúria racial, prevista no artigo 140, *caput* e parágrafo terceiro, do Código Penal.

O **racismo** seria o crime imprescritível, que se configura, por exemplo, quando alguém impede ou obsta o acesso de alguém, devidamente habilitado, a qualquer cargo da Administração Direta ou Indireta, bem como das concessionárias de serviços públicos, por motivos de discriminação de raça, cor, etnia, religião ou procedência racial. São condutas que promovem o tratamento discriminatório por motivos inaceitáveis, como a origem étnica do indivíduo. Além disso, abrange o artigo 20 da Lei n. 7.716/1989, que pune a prática, o induzimento ou a incitação de discriminação ou preconceito de raça, cor, etnia, religião ou procedência nacional. Criminaliza-se a discriminação ou preconceito voltados contra pessoas indeterminadas, de caráter genérico.

A **injúria racial**, por sua vez, passou a ser compreendida como a conduta do sujeito que imputa uma qualidade negativa à vítima, desde que haja emprego de elementos referentes à raça, cor, etnia, origem, religião ou condição de pessoa com deficiência. Assim, o sujeito que usa um termo depreciativo contra um judeu, por exemplo, praticando uma ofensa à autoestima do sujeito, sua honra subjetiva, pratica o crime de injúria qualificada por racismo. Para grande parte dos penalistas, a injúria racial, crime diverso do racismo, seria prescritível, já que não foi mencionada como uma das exceções constitucionais à incidência da prescrição.

Sobre o tema, o Supremo Tribunal Federal, apesar de possuir precedente em que se calculou o prazo prescricional da injúria qualificada por racismo[40], fixou entendimento diverso. Ao entender que não há diferença ontológica entre racismo e injúria racial, a Corte decidiu que o delito do artigo 140, § 3º, do CP, é imprescritível, inafiançável e sujeito à pena de reclusão[41]. Esse já era o entendimento consolidado no STJ, que tem decidido que a Lei n. 9.459/1997, ao incluir a forma qualificada da injúria no caso de preconceito, criou "mais um delito no cenário do racismo", que também deve ser considerado imprescritível[42].

---

40. STF, HC 86452/RS, Rel. Min. Joaquim Barbosa, Segunda Turma, Julgamento: 07/02/2006.
41. STF, HC 154.248/DF, Rel. Min. Edson Fachin, Tribunal Pleno, Julgamento: 28/10/2021.
42. STJ, AgRg no AREsp 734236/DF, Rel. Min. Nefi Cordeiro, Sexta Turma, DJe 08/03/2018.

Esse histórico é importante porque a alteração realizada pela **Lei n. 14.532, de 11 de janeiro de 2023**, em regra, não retroage. Isso porque aumentou a pena cominada à injúria racial, de 1 a 3 anos de reclusão para 2 a 5 anos de reclusão, além de mantida a multa. Esse delito passou a ser previso na Lei n. 7.716/1989, conhecida como Lei de Racismo, no artigo 2º-A, enquanto a injúria qualificada pelo preconceito do Código Penal ficou restrita à utilização de elementos referentes à religião ou à condição de pessoa idosa ou com deficiência:

Antes da Lei n. 14.532/2023	Depois da Lei n. 14.532/2023
§ 3º Se a injúria consiste na utilização de elementos referentes a raça, cor, etnia, religião, origem ou a condição de pessoa idosa ou portadora de deficiência: Pena – reclusão de um a três anos e multa.	§ 3º Se a injúria consiste na utilização de elementos referentes a religião ou à condição de pessoa idosa ou com deficiência: Pena - reclusão, de 1 (um) a 3 (três) anos, e multa.

Assim, a injúria racial passou a estar prevista no artigo 2º-A da Lei de Racismo, ao lado dos demais delitos já tradicionalmente conhecidos como prática de racismo, a exemplo da discriminação racial, do artigo 20. Desse modo, fica claro, por opção legislativa, que a injúria racial é uma modalidade de racismo e, portanto, imprescindível e inafiançável, nos termos do artigo 5º, inciso XLII, da Constituição da República. Além disso, passa a ser crime de ação penal pública incondicionada, não lhe sendo mais aplicável o artigo 145, parágrafo único, do Código Penal. Por outro lado, a injúria qualificada do Código Penal não deve mais ser considerada imprescritível nem inafiançável, por não ter conteúdo específico de criminalização do racismo.

2) **Crimes praticados por grupos armados, civis ou militares, contra a ordem constitucional e o Estado democrático**.

Visto o crime de racismo, cabem algumas breves considerações sobre o crime de ação de grupos armados, civis ou militares, contra a ordem constitucional e o Estado Democrático. Há um mandado, na Constituição, de criminalização dessa espécie de conduta. Esse mandado foi cumprido pela Lei n. 14.197, de 1º de setembro de 2021, que inseriu na Parte Especial do Código Penal o Título XII, denominado "Dos crimes contra o Estado Democrático de Direito", especialmente por meio dos artigos 359-L e 359-M do Código, caso praticados por grupos armados.

3) **Os crimes de lesa-humanidade e o Direito Internacional**

No **âmbito do Direito Internacional**, cumpre destacar que o Brasil aderiu ao Estatuto de Roma do Tribunal Penal Internacional (TPI). Com isso, a República Federativa do Brasil passou a reconhecer a competência dessa Corte Internacional para julgamento de crimes de maior gravidade e que afetem a comunidade global em seu conjunto. O Decreto n. 4.388, de 25 de setembro de 2002, promulgou o Estatuto do TPI, cuja competência está definida no seu artigo 5º:

Artigo 5º

Crimes da Competência do Tribunal

1. A competência do Tribunal restringir-se-á aos crimes mais graves, que afetam a comunidade internacional no seu conjunto. Nos termos do presente Estatuto, o Tribunal terá competência para julgar os seguintes crimes:

a) O crime de genocídio;

b) Crimes contra a humanidade;

c) Crimes de guerra;

d) O crime de agressão.

2. O Tribunal poderá exercer a sua competência em relação ao crime de agressão desde que, nos termos dos artigos 121 e 123, seja aprovada uma disposição em que se defina o crime e se enunciem as condições em que o Tribunal terá competência relativamente a este crime. Tal disposição deve ser compatível com as disposições pertinentes da Carta das Nações Unidas.

Para os crimes elencados em seu artigo 5º, o Estatuto de Roma criou a regra da imprescritibilidade em seu artigo 29:

Os crimes da competência do Tribunal não prescrevem.

Desse modo, no âmbito do Direito Penal Internacional, há a previsão de imprescritibilidade para todos os delitos de competência do Tribunal Penal Internacional, com sede na Haia, nos Países Baixos. A própria Constituição determina a submissão do Brasil a Tribunal Penal Internacional a cuja criação tenha aderido, conforme o disposto em seu artigo 5º, § 4º. Entretanto, alguns doutrinadores entendem que referida previsão não encontra guarida na Constituição, já que não está compreendida nas exceções à regra de que todos os crimes são prescritíveis. Cuida-se de matéria controversa na doutrina, sendo que, do ponto de vista de previsão em tratados internacionais, pelo texto do Estatuto de Roma, deve-se ter em vista que os crimes compreendidos na competência do TPI são imprescritíveis.

Também se discute a imprescritibilidade de graves violações de direitos humanos no sistema interamericano de proteção de direitos humanos. Como o Brasil aderiu à Convenção Americana de Direitos Humanos, também conhecida como Pacto de São José da Costa Rica, deve observar as suas disposições no Direito Interno. Além disso, por se submeter à jurisdição da Corte Interamericana, os direitos humanos reconhecidos no sistema interamericano devem ser interpretados conforme a sua jurisprudência, sob pena de cada Estado interpretá-los como lhe aprouver e a proteção não ser internacional, mas local.

Com base nessa concepção, foi aprovado o enunciado 3 da I Jornada de Direito e Processo Penal do CJF, que não possui natureza de jurisprudência, mas doutrinária:

São imprescritíveis e insuscetíveis de anistia, graça ou indulto crimes que caracterizem graves violações de direitos humanos, praticados por agentes públicos ou particulares, diante da Convenção Americana de Direitos Humanos e da pacífica jurisprudência da Corte Interamericana de Direitos Humanos, de observância obrigatória por todos os órgãos e poderes do Estado brasileiro.

De fato, a Corte Interamericana de Direitos Humanos, sediada em São José, na Costa Rica, tem decidido que as graves violações a direitos humanos possuem caráter de delitos no âmbito do Direito Internacional. Por isso, a proibição dessas condutas seria decorrente de *jus cogens*, isto é, normas imperativas, cogentes de Direito Internacional, impondo-se aos Estados, independentemente de sua previsão ou busca de derrogação por tratados. Foi o que decidiu a Corte, por exemplo, no Caso Trabalhadores da Fazenda Brasil Verde vs. Brasil, com sentença proferida em 20 de outubro de 2016:

> *"454. Quanto à imprescritibilidade do delito de escravidão, a Corte concluiu no capítulo VIII1 que a aplicação da figura da prescrição no presente caso representou uma violação ao artigo 2 da Convenção Americana, pois foi um elemento decisivo para manter a impunidade dos fatos constatados em 1997. Além disso, a Corte constatou o caráter imprescritível do delito de escravidão e de suas formas análogas no Direito Internacional, como consequência de seu caráter de delitos de Direito Internacional, cuja proibição alcançou o status de jus cogens (par. 249 supra). Ademais, a Corte recorda que, de acordo com sua jurisprudência constante, os delitos que representem graves violações de direitos humanos não podem ser objeto de prescrição. Consequentemente, o Brasil não pode aplicar a prescrição a este caso e a outros similares".*

5.4. Prescrição da pretensão punitiva

A prescrição da pretensão punitiva é a causa extintiva da punibilidade **que impede a própria formação do título executivo pelo Estado, dada sua inércia por determinado período**. Essa modalidade de prescrição ocorre antes do trânsito em julgado, de forma que não há sequer a imposição definitiva de sanção penal ao acusado e, em alguns casos, ainda nem se iniciou o processo penal.

A ocorrência da prescrição da pretensão punitiva (PPP) impede o início ou a continuidade do processo penal. A prescrição, como visto acima, deve ser declarada de ofício pelo juiz. Deste modo, assim que se constata a prescrição do caso concreto, o trâmite do processo penal deve ser encerrado, com a declaração da extinção da punibilidade. Se, oferecida a denúncia, já se verificar o decurso do prazo prescricional, a peça inicial da acusação deve ser rejeitada, por não haver punibilidade.

Por conseguinte, **o reconhecimento da prescrição da pretensão punitiva afasta tanto os efeitos principais quanto os efeitos secundários da condenação**. Não haverá a imposição de sanção penal, seja ela uma pena, seja uma medida de segurança. Além disso, o fato fulminado pela prescrição da pretensão punitiva não ensejará, por isso, a reincidência do agente, já que não haverá sentença condenatória definitiva a fundamentar esse efeito penal secundário.

Em se tratando de consulta pública, o caso em que houve o reconhecimento dessa modalidade de prescrição não pode constar da folha de antecedentes. Essa informação só deve constar da folha de antecedentes que for fornecida **mediante requisição judicial**.

Essa modalidade de prescrição impede a própria formação do título executivo definitivo do Estado, o que quer dizer que não há sentença penal transitada em julgado. Desse modo, o indivíduo não será julgado inocente ou culpado, ao final do processo, pois será declarada a extinção da punibilidade. Isso porque, diferentemente da prescrição da pretensão executória, a modalidade referente à punitiva impede o exame do mérito da ação penal.

Por isso, se reconhecida anteriormente, o juiz não condena nem absolve o culpado. Deve-se ressalvar que a extinção da punibilidade é uma das causas de "absolvição sumária", entretanto, referida fase processual abrange hipóteses não tratadas no artigo 386 do Código de Processo Penal como de absolvição propriamente dita. Como a prescrição da pretensão punitiva é prejudicial ao mérito, o acusado não deve ser condenado nas custas processuais. Ademais, a fiança deve ser devolvida integralmente ao acusado[43].

A prescrição da pretensão punitiva possui diferentes modalidades, conforme o termo inicial e final do seu prazo, variando também a sua base de cálculo. A base para o cômputo do prazo prescricional pode ser a pena máxima cominada abstratamente ao delito ou a pena aplicada pelo juiz no caso concreto, a depender da espécie de PPP.

São as modalidades de prescrição da pretensão punitiva: a PPP propriamente dita, a PPP superveniente, a PPP retroativa e a PPP virtual. Essa ramificação pode ser mais bem vista abaixo:

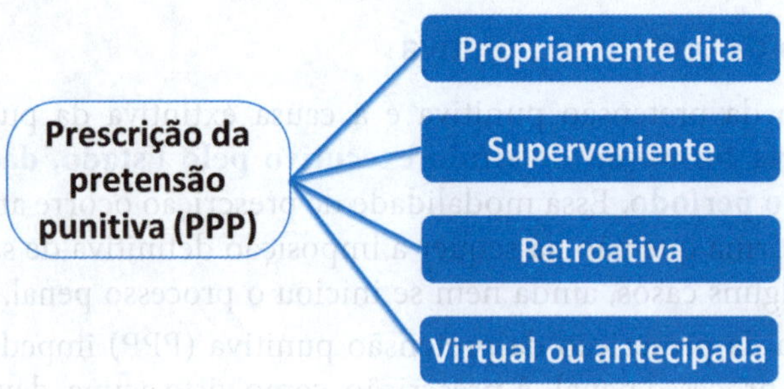

Para a prescrição da pretensão punitiva, da qual a PPP propriamente dita é uma das modalidades, a reincidência não interfere no prazo. O fato de o acusado ser reincidente só causa o aumento do prazo prescricional depois de transitar em julgado a sentença penal condenatória, como prevê o *caput* do artigo 110 do Código Penal. Essa hipótese será vista no estudo da prescrição da pretensão executória. Em relação à PPP, o STJ sumulou o entendimento sobre a não influência da reincidência na definição do prazo:

> *Súmula 220, STJ*
>
> "***A reincidência não influi no prazo da prescrição da pretensão punitiva.***"

Além disso, reincidência é caso de interrupção da prescrição, mas apenas da pretensão executória. Essa causa interruptiva está prevista no artigo 117, VI, do Código Penal.

43. No mesmo sentido: BRASILEIRO, Renato. Manual de processo civil: volume único. 8. ed. Salvador: Editora Juspodivm, 2020, p. 1179. CUNHA, Rogério Sanches. Manual de direito penal: parte geral (arts. 1º ao 120). 8ª. ed. Salvador: Juspodivm, 2020, p. 400.

5.5. Prescrição da pretensão punitiva: causas suspensivas

A prescrição possui causas suspensivas. A suspensão determina que o prazo deixe de fluir, ficando paralisado. Com o fim da suspensão, a prescrição volta a correr de onde parou. Desse modo, se o prazo prescricional é de 10 anos e, ao completar 4 anos do prazo, sobrevém uma causa suspensiva, o prazo ficará congelado nos 4 anos já corridos. Cessada a causa de suspensão do prazo, este voltará a fluir, reiniciando-se nos 4 anos em que havia sido suspenso e correndo pelos 6 anos restantes.

As causas suspensivas da prescrição estão previstas no artigo 116 do Código Penal, com a redação dada pela Lei n. 13.964, de 24 de dezembro de 2019:

> *Art. 116 – Antes de passar em julgado a sentença final, a prescrição não corre:*
>
> *I – enquanto não resolvida, em outro processo, questão de que dependa o reconhecimento da existência do crime;*
>
> *II – enquanto o agente cumpre pena no exterior;*
>
> *III – na pendência de embargos de declaração ou de recursos aos Tribunais Superiores, quando inadmissíveis; e*
>
> *IV – enquanto não cumprido ou não rescindido o acordo de não persecução penal.*
>
> *Parágrafo único – Depois de passada em julgado a sentença condenatória, a prescrição não corre durante o tempo em que o condenado está preso por outro motivo*

As modificações levadas a efeito pela Lei n. 13.964/2019, conhecida como Pacote Anticrime, só podem ser aplicadas para os **crimes cometidos após o início da vigência da Lei**, já que a prescrição tem natureza penal, por limitar o poder de punir. Desse modo, as novas hipóteses, previstas nos incisos III e IV do artigo 116, só podem ser aplicadas aos crimes cometidos a partir de 23 da janeiro de 2020. Vale mencionar que o inciso II só teve sua redação modificada, sem alteração de conteúdo da norma que dele se extrai. O parágrafo único trata de causa suspensiva aplicável apenas à prescrição da pretensão executória.

I – enquanto não resolvida, em outro processo, questão de que dependa o reconhecimento da existência do crime

Da leitura do dispositivo, percebe-se que a prescrição não corre enquanto, em outro processo, não for resolvida questão de que depende a existência do crime. Cuida-se da chamada questão prejudicial obrigatória, como a ação de anulação de casamento em relação ao processo criminal por bigamia.

II – enquanto o agente cumpre pena no exterior

Também há suspensão do prazo prescricional enquanto o agente estiver cumprindo pena no exterior. A alteração da Lei n. 13.964/2019 foi meramente terminológica, trocando a expressão "no estrangeiro" por "no exterior". A eficácia jurídica é a mesma, razão pela qual não há que se falar de aplicação da modificação no tempo.

III – na pendência de embargos de declaração ou de recursos aos Tribunais Superiores, quando inadmissíveis

O inciso III foi inserido pelo Pacote Anticrime, aplicando-se para os delitos cometidos após o início de sua vigência. A prescrição não corre durante a pendência de embargos de declaração, bem como de recursos aos Tribunais Superiores, quando inadmissíveis. Ou seja, deve-se analisar a não admissibilidade dos recursos para que haja a suspensão do prazo prescricional. A não admissibilidade significa que o recurso não passou pelo juízo de admissibilidade, ou seja, não se analisou o mérito[44].

O fato de a prescrição não correr apenas se os recursos forem inadmissíveis é pressuposto tanto dos recursos aos Tribunais Superiores quanto dos embargos de declaração, apesar da redação dúbia do dispositivo legal. Se houver erro do juízo no cálculo da pena, por exemplo, os embargos são admissíveis e, então, o acusado não deu causa a esse incidente, não podendo ser penalizado com a suspensão da prescrição.

A ideia que rege a suspensão nos casos do inciso III é evitar que o réu consiga prolongar o processo por meio de instrumentos meramente protelatórios, em razão da sua não admissibilidade. Por isso, os recursos devem ter sido interpostos pela defesa[45].

IV – enquanto não cumprido ou não rescindido o acordo de não persecução penal.

O inciso VI, inserido também pelo Pacote Anticrime, aplica-se para os crimes cometidos após a sua entrada em vigor. Celebrado o acordo de não persecução penal, fica suspensa a prescrição enquanto ele não for cumprido ou rescindido. Vale lembrar que esse instrumento de justiça negocial foi instituído sem base legal, por uma resolução do CNMP e, posteriormente, efetivamente criado pela Lei n. 13.964/2019. Antes do advento dessa lei, os acordos firmados não suspendiam a prescrição, por falta de previsão legal para tanto.

Outras causas suspensivas:

Há outras causas suspensivas da prescrição fora do artigo 116 do Código Penal, que, portanto, traz um rol não exaustivo. De todo modo, para que haja suspensão da prescrição, é imprescindível que haja dispositivo constitucional ou legal específico, sob pena de se ferir o princípio da legalidade. Isso porque a suspensão da prescrição amplia o poder punitivo do Estado, dependendo de base legal. Cumpre enumerar algumas causas suspensivas da prescrição além das analisadas no Código Penal:

- Suspensão de processo contra parlamentares (art. 53, § 5º, da Constituição da República);
- Suspensão condicional do processo (art. 89, § 6º, da Lei n. 9.099/1995);
- Réu citado por edital (art. 366 do Código de Processo Penal);

---

44. LIMA, Renato Brasileiro de. Pacote Anticrime. Salvador: Editora Juspodivm, 2020, p. 62-63. No mesmo sentido, só admitindo a suspensão da prescrição se não admitido o recurso: JUNQUEIRA, Gustavo *et al*. Lei Anticrime. São Paulo: Saraiva Educação, 2020, p. 30.
45. JUNQUEIRA, Gustavo *et al*. Lei Anticrime. São Paulo: Saraiva Educação, 2020, p. 30-31.

- Suspensão durante o cumprimento de carta rogatória (art. 368 do Código de Processo Penal);
- Acordo de leniência (art. 87 da Lei n. 12.529/2011);
- Parcelamento dos débitos tributários (art. 83, § 3º, da Lei n. 9.430/1996).

Limitação

A suspensão do curso do prazo prescricional não possui, na legislação, um limite expresso. A esse respeito, o Superior Tribunal de Justiça editou o enunciado 415 da sua Súmula, entendendo que se deve respeitar o máximo da pena cominada ao delito para delimitação do período de suspensão da prescrição:

> *O período de suspensão do prazo prescricional é regulado pelo máximo da pena cominada.*

Desse modo, superado o prazo prescricional que corresponda ao máximo da pena cominada, o prazo prescricional deve voltar a fluir, estando ou não superada a causa suspensiva. Portanto, a prescrição fica suspensa pelo prazo que corresponda à pena máxima abstratamente cominada ao delito, ou seja, pelo mesmo prazo da prescrição da pretensão punitiva em abstrato, cujo cálculo é realizado com base na pena máxima abstratamente cominada. Isso porque o STJ pacificou o entendimento de que a suspensão do prazo prescricional não é ilimitada, devendo ter como limite de duração o prazo decorrente do limite máximo da pena abstratamente cominada ao delito, em seu máximo:

> *1. Estabelece a Súmula n.º 415 do STJ que "[o] período de suspensão do prazo prescricional é **regulado pelo máximo da pena cominada**". **Após o transcurso do prazo de suspensão, a prescrição volta a fluir.** 2. No caso, o crime de atentado violento ao pudor supostamente praticado pelo Recorrente ocorreu em 1998, na vigência do art. 214 do Código Penal (revogado pela Lei n.º 12.015/2009), que previa **a pena de 6 (seis) a 10 (dez) anos** de reclusão, **com um prazo prescricional de 16 (dezesseis) anos**, nos termos do art. 109, inciso II, do Código Penal. 3. Assim, não procede a alegação de prescrição da pretensão punitiva, uma vez que a denúncia foi recebida em 04/08/1999 e o processo e o curso do prazo prescricional foram suspensos em 24/10/2002, nos termos do art. 366 do Código de Processo Penal, voltando a fluir após o transcurso do mencionado lapso de 16 (dezesseis) anos. (...) (STJ, RHC 113570/MG, Rel. Min. Laurita Vaz, Sexta Turma, DJe 01/10/2019)*

Há causas de suspensão do prazo prescricional fora do Código Penal. É o caso do art. 366 do CPP, que determina que o processo deve ser suspenso, assim como a prescrição, se o réu, citado por edital, não comparecer ao processo nem constituir advogado. Analisando essa hipótese específica, o Pleno do STF, na mesma linha da jurisprudência do STJ, fixou a tese de que "é constitucional limitar o período de suspensão do prazo prescricional ao tempo de prescrição da pena máxima em abstrato cominada ao crime, a despeito de o processo permanecer suspenso"[46].

---

46. STF, RE 600.851/DF, Tema 438-RG, Rel. Min. Edson Fachin, Plenário, Sessão Virtual de 27.11.2020 a 4.12.2020.

5.6. Prescrição da pretensão punitiva: causas interruptivas

A prescrição também pode ser interrompida. A interrupção faz com que o prazo seja reiniciado, desprezando-se o período já escoado. Se já se passaram 4 anos de um prazo prescricional de 10 anos, a causa de interrupção de prescrição faz com que voltem a fluir os 10 anos. O prazo é restituído por inteiro.

As causas interruptivas da prescrição estão previstas no artigo 117 do Código Penal:

> *Art. 117 – O curso da prescrição interrompe-se:*
>
> *I – pelo recebimento da denúncia ou da queixa;*
>
> *II – pela pronúncia;*
>
> *III – pela decisão confirmatória da pronúncia;*
>
> *IV – pela publicação da sentença ou acórdão condenatórios recorríveis;*
>
> *V – pelo início ou continuação do cumprimento da pena;*
>
> *VI – pela reincidência.*
>
> *§ 1º – Excetuados os casos dos incisos V e VI deste artigo, a interrupção da prescrição produz efeitos relativamente a todos os autores do crime. Nos crimes conexos, que sejam objeto do mesmo processo, estende-se aos demais a interrupção relativa a qualquer deles.*
>
> *§ 2º – **Interrompida a prescrição**, salvo a hipótese do inciso V deste artigo, **todo o prazo começa a correr, novamente, do dia da interrupção**.*

As hipóteses dos incisos V e VI do artigo 117 (início ou continuação do cumprimento da pena e reincidência) são causas de interrupção de prescrição aplicáveis para a prescrição da pretensão executória, não se aplicando à prescrição da pretensão punitiva. São pessoais, não se estendendo a coautores e partícipes.

Com exceção dessas situações restritas à prescrição da pretensão executória, **as demais causas de interrupção da prescrição estendem-se aos coautores e partícipes**. O artigo 117, § 1º, do CP, prescreve, ainda, que as causas interruptivas da prescrição abrangem os crimes **conexos**, os quais estejam sendo tratados **no mesmo processo**.

A prescrição da pretensão punitiva interrompe-se pelo recebimento da denúncia ou queixa; pela pronúncia, nos crimes da competência do Tribunal do Júri; pela decisão que confirma a pronúncia e, por fim, pela publicação da sentença ou acórdão condenatório recorríveis.

I – pelo recebimento da denúncia ou da queixa;

É o ato judicial de recebimento da denúncia ou queixa que interrompe a prescrição, e não o oferecimento pelo Ministério Público ou querelante. O momento do recebimento da denúncia deve ser considerado aquele a que se refere ao artigo 396 do Código de Processo Penal, ato judicial anterior à citação do acusado no procedimento ordinário. O ato judicial do artigo 399 do CPP, que pode ser lido como *confirmação do recebimento da denúncia* em caso de não ter sido o réu absolvido sumariamente, não interrompe a prescrição. De igual modo, vale ressaltar, a decisão do juiz que não recebe a inicial não constitui marco interruptivo da prescrição.

Assim, caso o juiz de primeira instância rejeite a denúncia, a interrupção ocorrerá somente com a publicação do acórdão que der provimento ao recurso para recebê-la. Entretanto, se for anulada a decisão de primeiro grau, o processo volta à primeira instância para nova decisão do juiz sobre o recebimento ou rejeição. Nesse último caso, o acórdão não é causa interruptiva da prescrição. É o que prevê a Súmula 709 do Supremo Tribunal Federal:

> *Súmula 709, STF*
>
> *"**Salvo quando nula a decisão de primeiro grau**, o acórdão que provê o recurso contra a rejeição da denúncia vale, desde logo, pelo recebimento dela."*

É possível que, após o recebimento da denúncia, haja o seu aditamento pelo Ministério Público ou pelo querelante. Nesse caso, haverá um novo ato judicial de recebimento, o que leva ao questionamento de possível novo marco interruptivo da prescrição. O STJ tem compreendido que só haverá a interrupção quando do recebimento do aditamento à denúncia se houver modificação substancial, como inclusão de novo fato ou de corréu. Não ocorre, assim, se houver mera mudança de capitulação jurídica, ou seja, de classificação jurídica do fato imputado na inicial:

> *"De fato, segundo a orientação desta Corte Superior, caso haja alteração substancial na denúncia, o seu recebimento configurará marco interruptivo da prescrição." (STJ, AgRg no AREsp n. 2.205.006/SC, Rel. Min. Joel Ilan Paciornik, Quinta Turma, julgado em 11/4/2023, DJe de 14/4/2023).*
>
> *"12. O aditamento da denúncia somente acarreta a interrupção da prescrição quando importar em modificação substancial do conteúdo da exordial acusatória, como a inclusão de novos fatos criminosos e de novos corréus. 13. No caso dos autos, o aditamento da vestibular acusatória limitou-se a apenas retroagir a data do último ato delituoso e a corrigir o montante desviado, não podendo, pois, ser marco interruptivo do lapso prescricional." (STJ, AgRg no REsp n. 1.045.631/SP, Rel. Min. Jorge Mussi, Quinta Turma, julgado em 8/11/2011, DJe de 18/11/2011.)*

O Supremo Tribunal Federal tem adotado o mesmo entendimento:

> *"O acórdão proferido pelo Superior Tribunal de Justiça ressaltou que o aditamento a denúncia modificou substancialmente a natureza da acusação, pois incluiu novas imputações. Nesse contexto, a decisão recorrida não divergiu da orientação do Supremo Tribunal Federal no sentido de que 'o referido aditamento alterou substancialmente o quadro processual, inclusive com repercussão na dosimetria da pena. (...) O recebimento do aditamento à denúncia, excetuados os casos previstos no art. 117, V e VI, do Código Penal, constitui marco interruptivo da prescrição da pretensão punitiva' (HC 200.341-AgR, Rel. Min. Nunes Marques). (STF, RHC 222273 AgR, Rel. Min. Roberto Barroso, Primeira Turma, julgado em 03-04-2023).*

Aprofundando o tema, é possível questionar se o novo aditamento é um marco adicional para interrupção ou se valerá apenas o recebimento do aditamento para interromper o prazo prescricional. O STJ enfrentou o tema em processo cujo aditamento de novos fatos somente afetava um corréu. Consignou, de início, que os efeitos não seriam extensíveis aos demais corréus. No mais, reconheceu de ofício a prescrição, pois tomou como marco interruptivo a decisão de recebimento do aditamento, com inclusão de novos fatos, e não a decisão que recebeu a inicial[47]. No entanto, em julgamento realizado posteriormente, a defesa pugnou pelo reconhecimento da prescrição, argumentando que o marco interruptivo não dizia respeito àquele réu, mas apenas aos corréus, pois o aditamento da denúncia incluiu novos fatos imputados somente aos últimos. O STJ não acolheu o argumento, tendo sido exposto, no voto do Relator, que, "cuidando-se de aditamento para incluir novos crimes aos corréus, tem-se que o recebimento da referida peça é marco interruptivo para todos os denunciados, com relação a todos os crimes, nos termos do que consta do art. 117, § 1º, do Código Penal"[48].

De todo modo, se o réu não estava no processo e o aditamento o incluiu, só se pode compreender como marco interruptivo contra ele o recebimento do aditamento pelo juiz. Isto porque, antes de o juiz receber a emenda à inicial acusatória, ele nem sequer fazia parte da relação processual.

- **E se for declarada a incompetência do juízo que recebeu a denúncia?**

Segundo entendimento que prevalece nos Tribunais Superiores, depende da natureza da incompetência. Se o juízo que recebeu a inicial for relativamente incompetente, a sua decisão causou a interrupção da prescrição, de modo que o ato de ratificação proferido pelo juízo competente teria natureza meramente declaratória[49]. Incidiria, para o STJ, o princípio da convalidação[50]. Em se tratando de decisão de juízo absolutamente incompetente, o ato é nulo e, por isso, não interrompe a prescrição[51].

A doutrina processualista, por outro lado, tem visão mais crítica. Nucci defende que, reconhecida a incompetência absoluta, nenhum ato pode ser aproveitado, sendo possível aproveitar-se apenas os instrutórios, ratificando-os, se a incompetência for relativa. Nessa hipótese, os atos decisórios também seriam anulados[52]. Para Brasileiro

---

47 STJ, HC n. 273.811/SP, Rel. Min. Nefi Cordeiro, Sexta Turma, julgado em 5/4/2016, DJe de 18/4/2016.

48 STJ, HC n. 414.685/SC, Rel. Min. Reynaldo Soares da Fonseca, Quinta Turma, julgado em 20/2/2018, DJe de 27/2/2018.

49. Decisão monocrática proferida no HC 218518, Rel. Min. Ricardo Lewandowski, Julgamento: 18/08/2022, Publicação: 19/08/2022.

50. STJ, RHC n. 40.514/MG, relatora Ministra Laurita Vaz, Quinta Turma, julgado em 8/5/2014, DJe de 16/5/2014.

51. STF, HC 205375 AgR, Relator(a): Ricardo Lewandowski, Segunda Turma, julgado em 09/10/2021. É o que se depreende também dos julgados do STJ: Analisando casos de detentor de foro por prerrogativa de foro, o STJ concluiu que, nesse caso, o ato é absolutamente nulo, não surtindo efeitos (STJ, APn n. 295/RR, relator Ministro Jorge Mussi, Corte Especial, julgado em 17/12/2014, DJe de 12/2/2015; STJ, AgRg no REsp n. 1.492.580/RJ, relator Ministro Nefi Cordeiro, Sexta Turma, julgado em 3/3/2016, DJe de 10/3/2016). Também houve decisão do STJ considerando o ato nulo quando a renúncia foi recebida pelo Juízo Federal, se a competência era da Justiça Estadual (STJ, AgRg no AgRg nos EDcl no AREsp n. 961.417/BA, relator Ministro Sebastião Reis Júnior, Sexta Turma, julgado em 18/4/2017, DJe de 26/4/2017). Todos esses casos tratam de competência de natureza absoluta.

52. NUCCI, Guilherme de Souza. Código de Processo Penal Comentado. 15. ed. rev. atual. e ampl. Rio de Janeiro: Forense, 2016, p. 1.175.

de Lima, mesmo a instrução deveria ser renovada, independentemente de ser competência absoluta ou relativa[53].

II – pela pronúncia;

O procedimento do tribunal do júri é bifásico ou escalonado, pois sua estrutura possui duas fases bastante distintas: o sumário da culpa (*judicium accusationis*) e o juízo da causa (*judicium causae*). Na primeira fase, o juiz togado, chamado sumariante, verifica a acusação e analisa as provas produzidas para concluir se há elementos mínimos que apontam para o cometimento de um crime doloso contra a vida pelo acusado. Se esse juízo de admissibilidade for positivo, ele profere uma decisão de pronúncia, remetendo o caso para análise dos jurados. Essa decisão e pronúncia interrompe a prescrição, zerando a sua contagem. A interrupção se dá com a sua publicação, independentemente da data em que a decisão for disponibilizada na imprensa oficial.

Quanto à pronúncia, essa decisão interrompe a prescrição mesmo que, posteriormente, o Conselho de Sentença do Tribunal do Júri desclassifique o crime. Por exemplo, pode ocorrer de o Tribunal do Júri entender que não houve homicídio doloso, mas sim lesão corporal seguida de morte. Neste caso, a competência deixa de ser do próprio Tribunal do Júri, devendo ser julgado pelo juiz presidente, nos termos do artigo 492, § 1º, do CPP. Mesmo nesse caso, a desclassificação dos jurados não invalida a interrupção da prescrição operada com a pronúncia. Esse entendimento está consolidado na Súmula 191 do STJ:

> *Súmula 191, STJ*
>
> *"A pronúncia é causa interruptiva da prescrição, ainda que o Tribunal do Júri venha a desclassificar o crime."*

Cumpre ressaltar que a impronúncia e a absolvição sumária não são marcos interruptivos do prazo prescricional, mas apenas a decisão de pronúncia e o acórdão do tribunal que mantenha a pronúncia.

III – pela decisão confirmatória da pronúncia;

Caso haja recurso da decisão de pronúncia, a decisão que a confirma, no Tribunal, também interrompe a prescrição. Assim, haverá dois marcos interruptivos, consistentes na decisão de pronúncia e no acórdão ou decisão monocrática que confirma a pronúncia no grau recursal.

IV – pela publicação da sentença ou acórdão condenatórios recorríveis.

Caso o réu seja condenado na primeira instância, a publicação da sentença condenatória interrompe a prescrição. Com relação à publicação da sentença, o que

53. LIMA, Renato Brasileiro de. Manual de Processo Penal. 15. ed. rev. ampl. e atual. Salvador: Juspodivm, 2020, p. 426-428.

interrompe a prescrição, o Superior Tribunal de Justiça já fixou o entendimento de que basta a publicação em cartório, ou seja, a devolução dos autos pelo juiz ao cartório ou secretaria do juízo. O prazo, então, não se interrompe somente após a publicação na imprensa oficial ou com a intimação das partes. Essa controvérsia perde importância com o advento do processo digital, mas ainda pode ser aplicado a casos em que os autos ainda são físicos[54]. De todo modo, no processo digital também se interrompe com a publicação, não sendo necessário que o ato seja veiculado na imprensa oficial.

Caso o acusado seja absolvido na primeira instância e condenado em grau recursal, o acórdão condenatório interrompe a prescrição. A controvérsia surgiu sobre o acórdão que confirma a condenação, ou seja, o acórdão confirmatório da sentença que condenou o réu. O STJ vinha entendendo que o acórdão que confirma a condenação não interrompe a prescrição, considerando não ser ele um marco interruptivo da prescrição[55]. Já no STF, formou-se divergência entre as Turmas. Entretanto, em julgado finalizado em 27/04/2020, o **Pleno do STF decidiu a questão**, entendendo que o acórdão confirmatório da condenação interrompe a prescrição[56]. Foi fixada a seguinte tese:

> *Nos termos do inciso IV do artigo 117 do Código Penal,* ***o Acórdão condenatório sempre interrompe a prescrição, inclusive quando confirmatório da sentença de 1º grau, seja mantendo, reduzindo ou aumentando a pena anteriormente imposta.***

Assim, a prescrição se interrompe com a condenação na primeira instância. Tendo havido recurso e sendo a condenação mantida, o acórdão confirmatório também interromperá a prescrição, iniciando-se uma nova contagem do prazo em cada um dos dois marcos interruptivos. O STJ, após ter sido firmada a tese pelo Pleno do STF, passou a acompanhar essa posição[57].

E os acórdãos dos Tribunais Superiores, eles também interrompem a prescrição?

A expressão *"acórdão condenatório"* parece se referir àqueles em que houve apreciação de matéria fático-probatória, e não apenas teses jurídicas. Por isso, não parece ser marco interruptivo o acórdão de Tribunal Superior em julgamento de recurso de natureza extraordinária, ou seja, de recurso especial ou de recurso extraordinário, além de sucedâneos recursais, como *habeas corpus*. Neste sentido, já decidiu a Quinta Turma do STJ[58]. Por outro lado, se o Superior Tribunal de Justiça está julgando um governador, em razão do foro de prerrogativa de função, esse acórdão é um marco interruptivo, por se tratar de acórdão condenatório, com apreciação tanto de teses jurídicas quanto de matéria fático-probatória.

---

54. STJ, RHC 59830/MA, Rel. Min. Maria Thereza de Assis Moura, Sexta Turma, DJe 22/10/2015.
55. STJ, EDcl no AgRg no RE nos EDcl nos EDcl no AgRg no REsp 1264697 / SP, Dje 15/09/2017.
56. STF, HC 176473/RR, Rel. Min. Alexandre de Moares, Tribunal Pleno, Julgamento: 27/04/2020, Publicação: 10/09/2020.
57. STJ, EDcl no AgRg nos EAREsp 1638943/PB, Rel. Ministra Laurita Vaz, Terceira Seção, Julgamento em 25/11/2020, DJe 02/12/2020.
58. STJ, HC 826.977, Rel. p/ acórdão Min. Reynaldo Soares da Fonseca, Quinta Turma, julgamento em 05/12/2023.

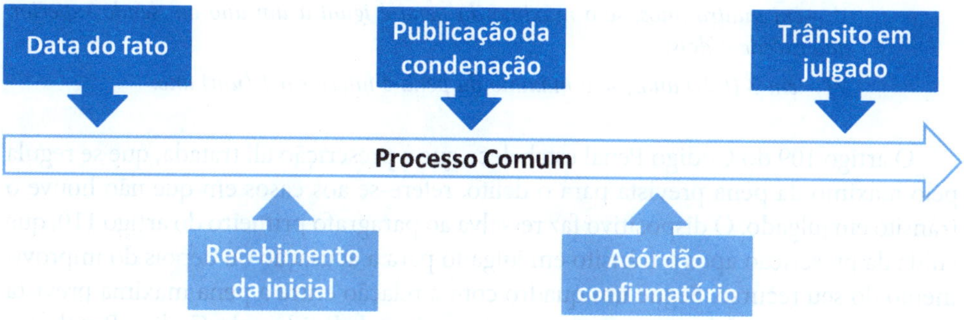

5.7. Prescrição da pretensão punitiva propriamente dita

A prescrição da pretensão punitiva propriamente dita é a extinção da punibilidade, por decurso do prazo em que o Estado permanece inerte, calculada com base no **limite máximo da pena prevista em abstrato para o delito**. Considera-se o máximo da pena que foi estabelecida pelo legislador. O direito de punir do Estado, o *ius puniendi*[59], pode desaparecer antes mesmo de ser imposta a pena pelo juiz, mesmo que provisoriamente na primeira instância.

Está prevista no artigo 109 do Código Penal, que traz os parâmetros para a fixação do prazo prescricional para cada infração penal. Há vários prazos prescricionais estabelecidos na lei conforme o limite máximo da pena prevista de forma abstrata no preceito secundário do tipo penal:

> *Art. 109. A prescrição, **antes de transitar em julgado a sentença final, salvo o disposto no § 1º do art. 110 deste Código**, regula-se pelo máximo da pena privativa de liberdade cominada ao crime, verificando-se:*
>
> *I – em vinte anos, se o máximo da pena é superior a doze;*
>
> *II – em dezesseis anos, se o máximo da pena é superior a oito anos e não excede a doze;*
>
> *III – em doze anos, se o máximo da pena é superior a quatro anos e não excede a oito;*
>
> *IV – em oito anos, se o máximo da pena é superior a dois anos e não excede a quatro;*

59. Termo consagrado. Parece mais adequado se falar em poder de punir, *potentia puniendi*, como faz Zaffaroni.

V – em quatro anos, se o máximo da pena é igual a um ano ou, sendo superior, não excede a dois;

VI – em 3 (três) anos, se o máximo da pena é inferior a 1 (um) ano.

O artigo 109 do Código Penal estabelece que a prescrição ali tratada, que se regula pelo máximo da pena prevista para o delito, refere-se aos casos em que não houve o trânsito em julgado. O dispositivo faz ressalva ao parágrafo primeiro do artigo 110, que cuida da prescrição após o trânsito em julgado para a acusação ou depois do improvimento do seu recurso. Segue um quadro com a relação entre a pena máxima prevista em abstrato para o delito e o prazo prescricional estabelecido pelo Código Penal:

Pena máxima cominada	Prazo prescricional
Inferior a 1 ano	3 anos
De 1 a 2 anos	4 anos
De mais de 2 a 4 anos	8 anos
De mais de 4 a 8 anos	12 anos
De mais de 8 a 12 anos	16 anos
Superior a 12 anos	20 anos

Destaco que o prazo mínimo de prescrição, para os crimes cuja pena máxima em abstrato é inferior a um ano, **foi alterado pela Lei 12.234, de 5 de maio de 2010. Antes desta data, o prazo mínimo era de 2 anos**, sendo que a alteração, em decorrência do princípio da legalidade e do seu corolário da anterioridade, determina que o prazo de 3 anos só pode ser aplicado aos delitos cometidos após a data de entrada em vigor da lei alteradora.

Como dito acima, a prescrição da pretensão punitiva propriamente dita leva em conta a pena máxima prevista de forma abstrata para o delito. Como não há pena imposta ao indivíduo, leva-se em conta a maior pena que pode ser aplicada no caso, sem análise do mérito, apenas considerando qual a pena mais alta que pode ser calculada pelo juiz em relação à conduta de que se acusa o indivíduo.

Eventual qualificadora deve ser considerada. A forma qualificada estipula uma pena abstrata diversa para o caso de sua configuração, com novas balizas máxima e mínima. Deste modo, é o limite máximo próprio do delito qualificado que deve ser utilizado como parâmetro para o estabelecimento do prazo prescricional daquele caso.

As majorantes são levadas em conta para se fixar o prazo prescricional de cada infração. Quando a lei prevê majorantes, pode haver uma fixação de um mínimo e máximo para o aumento. Por exemplo, nas hipóteses do roubo majorado, previsto no artigo 157, § 2º, do Código Penal, o legislador estabeleceu que a pena deve ser aumentada de um terço até metade. Nesses casos, deve-se considerar o maior aumento possível para se obter a maior pena abstratamente cominada àquele fato.

Adota-se a chamada **teoria da pior das hipóteses**, já que o cálculo deve encontrar a maior pena possível abstratamente cominada ao delito. Se o indivíduo é acusado ou investigado em relação à prática de um delito majorado, deve-se considerar o maior aumento possível. No caso de incidir uma minorante, ou uma causa de diminuição de pena, considera-se a menor diminuição possível.

Por exemplo, no caso do roubo majorado por concurso de duas ou mais pessoas, a pior hipótese possível para o acusado da prática desse crime é o aumento de metade, ou seja, o maior aumento previsto na lei. Com base na pena máxima calculada com incidência da causa de aumento no maior grau, estabelece-se o prazo da prescrição da pretensão punitiva. Como a pena do roubo é de até 10 anos de reclusão, o aumento de metade implica em uma sanção de 15 anos como pior das hipóteses. Desse modo, o cálculo prescricional será feito com base em uma pena máxima de 15 anos, levando ao prazo de 20 anos para a prescrição, nos termos do artigo 109, I, do CP.

Por sua vez, as circunstâncias judiciais, as agravantes e as atenuantes não são consideradas no cálculo. As circunstâncias judiciais, previstas no artigo 59 do Código Penal, devem ser consideradas na primeira fase da dosimetria para fixação da pena-base pelo juiz. Já as agravantes e atenuantes incidem na segunda fase do cálculo, na qual se estabelece a pena intermediária. Para o cálculo da prescrição, não são levadas em conta, mesmo porque não há fração legal para valoração desses elementos a serem considerados na primeira e na segunda fase da dosimetria.

Entretanto, **as atenuantes da menoridade relativa e da senilidade são consideradas por força de lei**. Não são consideradas efetivamente como atenuantes no cálculo da pena máxima em abstrato, mas são redutores do prazo prescricional em razão especificamente do previsto no artigo 155 do Código. Esses redutores se aplicam tanto à prescrição da pretensão punitiva quanto à prescrição da pretensão executória[60].

No caso do menor de 21 anos de idade, ao tempo do crime, e do maior de 70 anos, à época da sentença, os prazos prescricionais devem ser reduzidos pela metade. Deve-se relembrar, aqui, que se considera o crime praticado ao tempo da ação ou da omissão do agente, em decorrência da adoção do princípio da atividade pelo Código Penal. Essa redução dos prazos pela metade está prevista no artigo 115 do Código Penal:

> *Redução dos prazos de prescrição*
>
> *Art. 115 – São reduzidos de metade os prazos de prescrição quando o criminoso era,* ***ao tempo do crime, menor de 21 (vinte e um) anos, ou, na data da sentença, maior de 70 (setenta) anos.***

O Estatuto da Pessoa Idosa, ao trazer a idade de 60 anos como parâmetro, não revogou a norma do artigo 115 do Código Penal, que é norma específica. Ainda que

60. STF, APn n. 849/DF, Rel. Min. Raul Araújo, Corte Especial, julgado em 17/5/2023, DJe de 30/5/2023.

a pessoa com idade igual a 60 anos já seja considerada idosa, nos termos do artigo 1º da Lei n. 10.741/2003, a redução do prazo prescricional pela metade só ocorre se o agente era, na data da sentença, maior de 70 anos de idade. O Estatuto, ao conceituar como idosa a pessoa com idade igual ou superior a 60 anos, não revogou o dispositivo relativo à atenuante da senilidade, prevista no artigo 65, inciso I, nem a regra da redução do prazo prescricional do artigo 115. Há precedentes do STF e do STJ nesse sentido[61]. De fato, se a alteração da maioridade civil de 21 para 18 anos não revogou a atenuante da menoridade relativa, também não se deve considerar alterada a idade da atenuante da senilidade em razão da superveniência do Estatuto, que passou a considerar a pessoa idosa a partir dos 60 anos de idade.

A idade de 70 anos deve ter sido atingida ao tempo da **primeira condenação**, não havendo redução do prazo se a idade for implementada quando do julgamento de recurso interposto da sentença condenatória. Com essa compreensão: "A jurisprudência do Supremo Tribunal Federal entende que a prescrição não se reduz à metade quando o agente completa 70 anos de idade após a data da sentença condenatória"[62]. Assim, não há redução se a idade se completa à época do acórdão confirmatório da condenação[63].

O STJ também tem considerado que esse dispositivo se restringe "à hipótese de o condenado ostentar a idade de 70 anos na ocasião da prolação da sentença, inadmitindo-se o benefício quando a idade é alcançada após tal marco processual"[64]. De todo modo, a primeira decisão condenatória pode ser tanto uma sentença quanto um acórdão[65].

Questão interessante é se a *emendatio libelli* deve afetar o cálculo da prescrição da pretensão punitiva em abstrato. Suponha que o Ministério Público tenha denunciado o réu pelo artigo 155, § 4º-B, do Código Penal, mas narrou que o acusado manteve a vítima em erro, razão pela qual o juiz, com base no artigo 383 do Código de Processo Penal, alterou a classificação para o artigo 171 do Código Penal, considerando que a descrição feita na denúncia corresponde ao delito de estelionato. O prazo prescricional passa a ser outro e a prescrição pode ter ocorrido durante o trâmite do processo. O STJ já decidiu pelo reconhecimento da prescrição, recaculando-a sobre o período entre o recebimento da denúncia e a condenação. Usou, assim, como base para o cálculo do prazo, a pena em abstrato do tipo penal estabelecido após a *emendatio libelli*[66].

61. STF, HC 86320, Rel. Min. Ricardo Lewandowski, Primeira Turma, julgado em 17/10/2006. STJ, AgRg no RHC 116.082/RJ, Rel. Des. Convocado Leopoldo de Arruda Raposo, Quinta Turma, julgado em 10/10/2019, DJe 16/10/2019.

62. STF, HC 199025 AgR, Rel. Min. Rosa Weber, Primeira Turma, julgado em 31/05/2021.

63. STF, ARE 1033206 AgR-AgR-EDv-AgR, Rel. Min. Dias Toffoli, Tribunal Pleno, julgado em 16/09/2020.

64. STJ, EDcl nos EDcl no AgRg no REsp 1874995/RS, Rel. Des. Federal Convocado Olindo Menezes, Sexta Turma, julgado em 15/06/2021, DJe 18/06/2021.

65. AgRg no AREsp n. 936.752/PR, Rel. Min. Antonio Saldanha Palheiro, Sexta Turma, julgado em 14/6/2022, DJe de 20/6/2022; STJ, AgRg no HC 634.517/RS, Rel. Min. Ribeiro Dantas, Quinta Turma, julgado em 04/05/2021, DJe 10/05/2021. STJ, EREsp 749.912/PR, Rel. Min. Maria Thereza de Assis Moura, Terceira Seção, julgado em 10/2/2010, DJe 5/5/2010.

66. STJ, EDcl no AgRg no AREsp n. 689.468/SP, Rel. Min. Rogerio Schietti Cruz, Sexta Turma, julgado em 14/2/2017, DJe de 23/2/2017.

No caso de concurso de crimes, como já visto, a prescrição deve ser considerada em relação a cada uma das infrações penais, de forma isolada, como prevê o artigo 119 do Código Penal:

> *Art. 119 – No caso de concurso de crimes, a extinção da punibilidade incidirá sobre a pena de cada um, isoladamente.*

Com relação ao termo inicial do prazo da prescrição da pretensão punitiva propriamente dita, o Código Penal estipulou as regras para o início da sua fruição. No caso do crime consumado, em regra, o início do prazo é o da consumação. Se for tentado, conta-se da data do último ato de execução, ou, nos termos da lei, com a cessação da atividade criminosa.

No caso dos crimes permanentes, cuja consumação se protrai no tempo, o prazo só começará a correr quando cessada a permanência. Para os crimes de bigamia e falsificação ou alteração de assentamento do registro civil, a lei prevê prazo diferenciado, em razão da dificuldade de esses crimes serem desvendados em pouco tempo. Para referidos crimes, o termo inicial é a data em que o fato se torna conhecido, ou seja, o dia em que seja descoberta a bigamia ou a falsificação ou alteração do assentamento de registro civil.

O artigo 111 do Código Penal é o que prevê o **termo inicial** da prescrição da pretensão punitiva propriamente dita:

> *Art. 111 – A prescrição, antes de transitar em julgado a sentença final, começa a correr:*
>
> *I – do dia em que o crime se consumou;*
>
> *II – no caso de tentativa, do dia em que cessou a atividade criminosa;*
>
> *III – nos crimes permanentes, do dia em que cessou a permanência;*
>
> *IV – nos de bigamia e nos de falsificação ou alteração de assentamento do registro civil, da data em que o fato se tornou conhecido.*
>
> *V – nos crimes contra a dignidade sexual ou que envolvam violência contra a criança e o adolescente, previstos neste Código ou em legislação especial, da data em que a vítima completar 18 (dezoito) anos, salvo se a esse tempo já houver sido proposta a ação penal.*

A regra é que a prescrição tenha seu prazo iniciado com a consumação do crime, o que varia se o delito for material, já que a consumação ocorre com a produção do resultado, ou se for delito formal ou de mera conduta, em que a conduta típica será suficiente para a consumação e, assim, para o início do decurso do prazo. Se tentado o delito, é o fim da atividade criminosa que marca o início do prazo prescricional, como, por exemplo, o último disparo de arma de fogo que o agente realizou antes da chegada de policiais. Nos delitos permanentes, é a cessação que faz iniciar o decurso do prazo, já que a consumação se protrai no tempo. Por isso, no sequestro, até a vítima ser libertada não corre o prazo de prescrição.

Há exceções em razão de peculiaridades de alguns crimes. No caso de bigamia e de falsificação ou alteração do registro civil, dada a clandestinidade inerente a essas condutas e devido à maior dificuldade de descoberta, o legislador previu que o conhecimento do fato é o que faz com o que o prazo comece a fluir.

Por fim, a Lei n. 12.650/2012 havia acrescido o inciso V ao artigo 111, para trazer uma disciplina específica de prescrição dos crimes contra a dignidade sexual de crianças e adolescentes. A Lei n. 14.344/2022, conhecida como Lei Henry Borel, alterou a redação para incluir também os casos de violência contra criança ou adolescente. Em todos esses delitos, devido à vulnerabilidade da vítima e da grande possibilidade de esses delitos não serem noticiados, especialmente quando praticados por seus genitores ou responsáveis, a prescrição não corre até que a vítima complete 18 anos de idade. A prescrição se inicia antes, entretanto, se já foi proposta a ação penal, pois o fundamento para o seu prazo não fluir desaparece: a ausência de comunicação às autoridades sobre a infração penal e da consequente persecução penal dos envolvidos.

5.8. Prescrição da pretensão punitiva intercorrente

A prescrição da pretensão punitiva superveniente ou intercorrente é a que **incide a partir do trânsito em julgado da sentença condenatória para a acusação**, levando em conta **a pena efetivamente aplicada**. Portanto, é a perda do direito de punir em razão da inércia estatal, verificada após a condenação do acusado, da qual não caiba mais recurso para a acusação, e calculada com base na pena aplicada em concreto pelo juiz.

Essa conceituação prevalece na doutrina, sendo adotada por Julio Fabbrini Mirabete e Renato N. Fabbrini[67] e Masson[68].

Cumpre, entretanto, destacar, na esteira da lição de Cezar Bitencourt, que a diferença entre a prescrição retroativa e intercorrente é que esta se dirige para o futuro, para períodos posteriores à sentença, enquanto aquela se volta ao passado, para períodos anteriores à sentença. Apesar de pressupor o trânsito em julgado para a acusação ou o improvimento de seu recurso, a PPP intercorrente tem como termo inicial a sentença condenatória:

> *Assim, o prazo da prescrição intercorrente, superveniente ou subsequente começa a correr a partir da sentença condenatória, até o trânsito em julgado para acusação e defesa*[69].

Rogério Sanches Cunha também destaca que, apesar de a PPP intercorrente pressupor o trânsito em julgado para a acusação em relação ao *quantum* de pena (a pena imposta pelo juiz), o seu termo inicial é a publicação da sentença ou acórdão condenatório[70].

Luiz Regis Prado destaca que a prescrição superveniente pode se dar em dois casos e menciona ser o seu prazo inicial a publicação da sentença condenatória. Primeiro,

67. MIRABETE, Julio Fabbrini; FABBRINI, Renato N. Manual de direito penal, volume I: parte geral, arts 1º ao 120 do CP. 32ª. ed. São Paulo: Atlas, 2016, p. 402.
68. MASSON, Cleber. Direito penal: parte geral (arts. 1º a 120) – vol. 1. 13. ed. São Paulo: Método, 2019, p. 796.
69. BITENCOURT, Cezar Roberto. Parte geral. Coleção Tratado de direito penal volume 1. 26. ed. São Paulo: Saraiva Educação, 2020, p. 1009.
70. CUNHA, Rogério Sanches. Manual de direito penal: parte geral (arts. 1º ao 120). 8ª. ed. Salvador: Juspodivm, 2020, p. 409.

quando há o trânsito em julgado para a acusação, correndo o prazo até o trânsito em julgado para ambas as partes. Em segundo lugar, quando há o improvimento do recurso da acusação, que busca aumentar a pena, ou quando o recurso da acusação é provido, mas não acarreta a elevação da pena. Entretanto, o autor não separa a prescrição retroativa, que seria a designação usual da segunda hipótese[71].

Em suma:

- deve ter havido o trânsito em julgado para a acusação;
- o cálculo será realizado tendo como data inicial a publicação da sentença ou acórdão condenatório;
- será levada em conta a pena efetivamente aplicada pelo juiz ou tribunal.

A utilização da **pena já aplicada na condenação como parâmetro** para a fixação do prazo prescricional é entendimento consolidado na jurisprudência, conforme a Súmula 146 do STF:

> *Súmula 146, STF*
>
> *"A prescrição da ação penal regula-se pela pena concretizada na sentença, quando não há recurso da acusação."*

Para a definição do prazo prescricional, utilizaremos novamente os parâmetros do artigo 109 do Código Penal. Entretanto, para encontrarmos o prazo da prescrição da pretensão punitiva superveniente, a base não será o limite máximo da pena abstratamente cominada para o crime. Aqui, o prazo será definido a partir da **pena já aplicada ao acusado**.

Assim, podemos utilizar o mesmo quadro acima transcrito quando do estudo da prescrição da pretensão punitiva propriamente dita, com a diferença de que a primeira coluna será da pena aplicada, e não mais do máximo da pena. A correspondência, portanto, deve ser entre a pena concreta da condenação e as faixas de prazos previstos nos incisos do artigo 109:

Pena aplicada	Prazo prescricional
Inferior a 1 ano	3 anos
De 1 a 2 anos	4 anos
De mais de 2 a 4 anos	8 anos
De mais de 4 a 8 anos	12 anos
De mais de 8 a 12 anos	16 anos
Superior a 12 anos	20 anos

71. PRADO, Luiz Regis. Curso de Direito Penal Brasileiro. 18. ed. Rio de Janeiro: Forense, 2020, p. 365-371.

O **trânsito em julgado para a acusação diz respeito à pena aplicada.** Se a acusação recorrer apenas do regime inicial de cumprimento de pena, sem buscar a majoração da pena aplicada pelo juiz, o prazo da prescrição da pretensão punitiva intercorrente começará a fluir. Por outro lado, o prazo corre da sentença condenatória se a acusação não buscar o aumento da pena. De igual modo, o prazo começa a fluir da sentença condenatória se o recurso da acusação for improvido ou o aumento da pena não modificar o prazo prescricional.

O esquema a seguir mostra os marcos temporais da prescrição da pretensão punitiva superveniente ou intercorrente, que tem como início o trânsito em julgado para a acusação e o seu fim no trânsito em julgado para ambas as partes. Cabe ressaltar que o esquema se refere ao trânsito em julgado para a acusação, mas a leitura deve ser feita em conjunto com as observações acima:

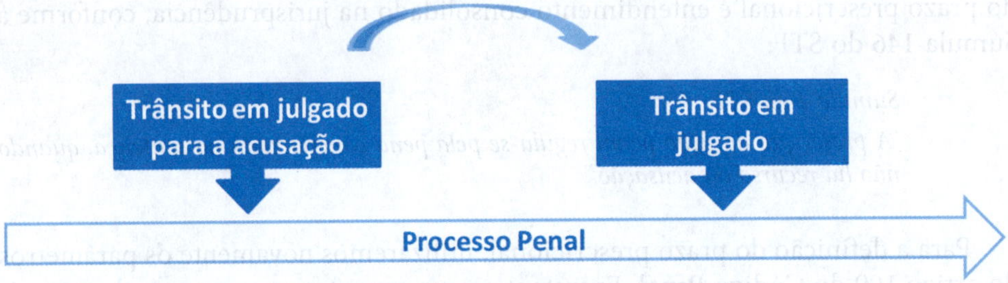

O STF tem precedente exigindo o trânsito em julgado para a acusação para a ocorrência da prescrição da pretensão punitiva intercorrente:

> *"(...) 3. Não há que se falar de prescrição retroativa ou intercorrente antes do trânsito em julgado para a acusação (HC 95.626, Rel. Min. Gilmar Mendes) (...)" (STF, HC 121967 AgR/SP, Rel. Min. Roberto Barroso, Primeira Turma, Julgamento: 03/03/2015).*

Entretanto, analisando a questão mais a fundo, verifico que o Superior Tribunal de Justiça entende que, apesar de pressupor o trânsito em julgado para a acusação, o termo inicial da prescrição da pretensão punitiva intercorrente pode retroagir.

Referido entendimento pode ser visualizado no seguinte trecho de um acórdão do STJ:

> *"(...) 2. Entre a publicação da sentença condenatória (19/7/2010) e a presente data transcorreu prazo superior a 08 anos. Assim, considerando o disposto no art. 109, IV, do CP, forçoso o reconhecimento da prescrição da pretensão punitiva, na modalidade intercorrente. (...)" (STJ, EDcl no AgRg nos EDcl no AREsp 859903/PA, Rel. Min. Joel Paciornik, Quinta Turma, DJe 19/03/2019).*

Para melhor compreensão sobre o início e o fim do prazo da prescrição intercorrente, vale a leitura:

> *"A prescrição intercorrente ocorre entre a publicação da sentença condenatória recorrível e o **trânsito em julgado para a defesa**, pressupondo **o trânsito em julgado***

***da pena imposta para a acusação**, nos termos do artigo 110, § 1º, do Código Penal. Doutrina. Jurisprudência." (STJ, AgRg no HC 538854/SP, Rel. Min. Jorge Mussi, Quinta Turma, DJe 25/10/2019).*

Desse modo, este seria o esquema gráfico dos termos inicial e final da PPP superveniente ou intercorrente, <u>desde que tenha havido o trânsito em julgado para a acusação</u>:

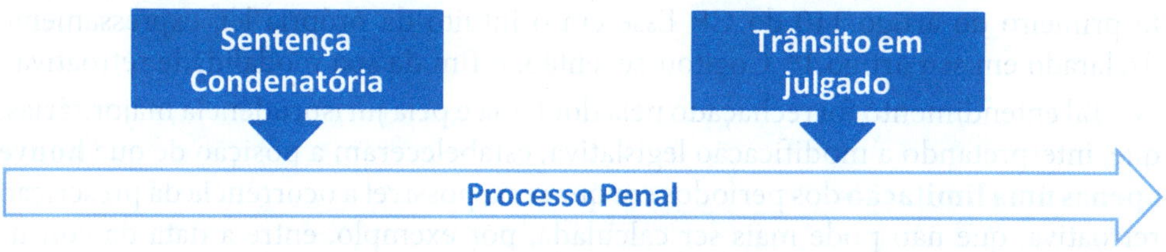

Por fim, cumpre lembrar que a reincidência não influencia o prazo da prescrição da pretensão punitiva intercorrente, conforme entendimento do STJ fixado na Súmula n. 220. Desse modo, não há o aumento de um terço na PPP intercorrente caso o agente seja reincidente.

5.9. Prescrição da pretensão punitiva retroativa

É a prescrição, reconhecida após o trânsito em julgado da pena para a acusação, que possui termo anterior à sentença condenatória. A prescrição da pretensão punitiva retroativa é a perda do direito de punir, pelo Estado, por decurso de prazo que é verificado entre marcos temporais no passado, com base na pena aplicada. Por se voltar para o passado, esta modalidade de PPP é denominada retroativa.

A prescrição da pretensão punitiva retroativa tem seu cálculo realizado de trás para a frente, regulando-se, conforme os prazos do artigo 109 do Código Penal, com base na **pena aplicada em concreto**. Por isso, seu pressuposto é o **trânsito em julgado para a acusação quanto à pena aplicada**, de modo que ela não poderá ser aumentada, tendo atingido o seu máximo no caso concreto. Há o trânsito em julgado da pena para a acusação quando as partes não recorreram da condenação; quando só há recurso da defesa; quando o recurso da acusação foi improvido ou não teve como objeto o aumento da pena. Isso porque, sem pedido de aumento da pena, ela não poderá superar o patamar da sentença, em virtude do princípio processual de vedação da *reformatio in pejus*.

Anteriormente, a PPP retroativa era mais ampla, podendo ser verificada também no interregno entre o recebimento da denúncia ou queixa e a data dos próprios fatos, ou seja, a data do início da prescrição. Cumpre lembrar que o marco inicial do prazo varia, mas, em regra, a contagem se inicia na data em que o crime se consumou. Essa hipótese de incidência da prescrição retroativa não é mais possível, após a alteração do Código Penal pela Lei 12.234, de 5 de maio de 2010:

> *Art. 110 – A prescrição depois de transitar em julgado a sentença condenatória regula-se pela pena aplicada e verifica-se nos prazos fixados no artigo anterior, os quais se aumentam de um terço, se o condenado é reincidente.*

> *§ 1º A prescrição, depois da sentença condenatória com trânsito em julgado para a acusação ou depois de improvido seu recurso, regula-se pela pena aplicada,* ***não podendo, em nenhuma hipótese, ter por termo inicial data anterior à da denúncia ou queixa****. (Redação dada pela Lei n. 12.234, de 2010).*

Com o advento da Lei n. 12.234/2010, parte da doutrina passou a entender que não havia mais possibilidade de reconhecimento de prescrição da pretensão punitiva retroativa no Direito Penal Brasileiro, em razão da nova redação dada ao parágrafo primeiro do artigo 110 do CP. Esse era o intuito da própria lei, expressamente declarado em seu artigo 1º. Cogitou-se, então, o fim da sua modalidade retroativa.

Tal entendimento foi rechaçado pela doutrina e pela jurisprudência majoritárias, que, interpretando a modificação legislativa, estabeleceram a posição de que **houve apenas uma limitação** dos períodos em que seria possível a ocorrência da prescrição retroativa, que não pode mais ser calculada, por exemplo, entre a data da consumação do crime e a data do recebimento da inicial acusatória. Independentemente da intenção do legislador, a modificação no Código Penal trouxe limitação a essa modalidade de prescrição, e não exclusão. Portanto, ainda é possível o reconhecimento da prescrição da pretensão punitiva retroativa.

A vedação do cálculo retroativo da prescrição em período anterior ao recebimento da denúncia ou da queixa torna a fase pré-processual, investigativa, suscetível apenas à prescrição com base na pena máxima abstratamente cominada ao tipo penal. Essa diferenciação possui fundamento no tempo maior que pode levar a investigação, ainda mais quando a regra geral é que o seu marco inicial está na data da consumação do delito, e não da sua descoberta pelo Estado. Então, entre a data do crime e a chegada da notícia aos órgãos de investigação e persecução penal pode decorrer um longo intervalo, tornando ainda mais exíguo o prazo para conclusão e propositura da ação penal, com recebimento da inicial pelo juiz, o que justifica que esse período seja submetido apenas ao prazo da prescrição em abstrato.

O cálculo levará em conta a pena já aplicada ao réu, desde que já haja trânsito em julgado para a acusação quanto a ele, fazendo-se a correspondência com os prazos previstos nos incisos do artigo 109 do Código Penal. Os marcos temporais da prescrição retroativa serão o acórdão confirmatório da condenação, a sentença condenatória e o recebimento da denúncia ou da queixa.

No rito dos processos de competência do Tribunal do Júri, há marcos temporais além daqueles previstos no processo comum. Neles, é possível calcular a prescrição retroativa entre a publicação da sentença ou acórdão condenatório recorrível e o acórdão confirmatório da pronúncia. Também cabe a prescrição retroativa entre o acórdão que confirmou a pronúncia e a própria decisão de pronúncia. Por fim, é possível também que escoe o prazo da prescrição retroativa entre a pronúncia e o recebimento da queixa ou da denúncia pelo juiz.

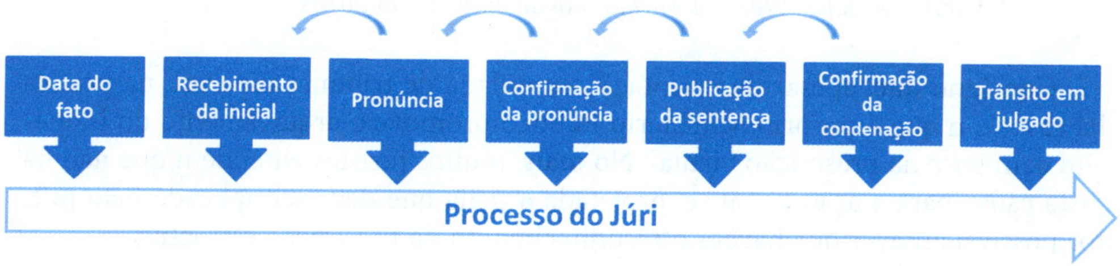

5.10. Prescrição da pretensão punitiva virtual

A prescrição da pretensão punitiva virtual, em perspectiva, projetada ou por prognose é **aquela calculada com base em um exercício de projeção, com relação à probabilidade de ser aplicada determinada pena pelo juiz, antes mesmo de haver uma sentença ou um acórdão condenatório**. Isto é, trata-se da prescrição reconhecida antecipadamente, com base na provável pena a ser aplicada pelo juiz.

Essa modalidade não possui amparo legal, sendo uma construção doutrinária. Busca-se antecipar o reconhecimento da prescrição, mesmo que o processo penal sequer tenha se iniciado, já com base na pena que será aplicada pelo juiz, após a realização da dosimetria. Como se trata de pena aplicada ao caso concreto, ainda que apenas suposta ou projetada, os prazos serão fixados a partir dela, utilizando-se os parâmetros do artigo 109 do Código Penal.

Essa hipótese doutrinária de incidência da prescrição retroativa **tornou-se muito restrita após a alteração do Código Penal pela Lei n. 12.234, de 2010. Foi praticamente esvaziada**. Isso porque era possível seu reconhecimento, em tese, em muitos mais casos quando se possibilitava a prescrição retroativa com data anterior ao do recebimento da denúncia ou queixa. Como visto acima, o Código Penal foi alterado, constando, da redação atual, a vedação expressa ao cálculo prescricional com retroação a termo anterior ao recebimento da inicial pelo juiz, o que em muito esvazia a construção teórica da prescrição virtual. De todo modo, ainda há possibilidade de analisar crimes antes da Lei n. 12.234/2010, além de ser defensável seu cálculo com data posterior ao do recebimento da inicial acusatória, apesar de mais difícil.

Apesar de se tratar de questão controversa na doutrina, o Superior Tribunal de Justiça pacificou, com a elaboração da Súmula n. 438, o entendimento de que **não é cabível** o reconhecimento da prescrição da pretensão punitiva virtual. É o seguinte seu enunciado:

> *"É inadmissível a extinção da punibilidade pela prescrição da pretensão punitiva com fundamento em pena hipotética, independentemente da existência ou sorte do processo penal."*

O Supremo Tribunal Federal também não tem admitido referida modalidade de prescrição, conforme o seguinte julgado:

> *"(...) 2. Esta Corte, em sede de repercussão geral, fixou entendimento de ser inviável o reconhecimento da prescrição em perspectiva (virtual, antecipada) - RE 602.527 QO-RG, Min. Cezar Peluso, DJe 18.12.2009. (...)" (STF, HC 125777/CE, Rel. Min. Gilmar Mendes, Segunda Turma, Julgamento: 21/06/2016).*

Consigno que, apesar da orientação sumulada de tribunal superior, na prática há casos em que o próprio Ministério Público promove o arquivamento do inquérito com base na prescrição virtual. No mais, muitos juristas entendem que não há justa causa para a ação penal se, projetada a pena que deve ser aplicada pelo juiz, for possível antever que haverá o reconhecimento da prescrição retroativa.

A prescrição virtual busca reconhecer que, no futuro, outra modalidade de prescrição da pretensão punitiva será fatalmente reconhecida. É o caso do sujeito que é acusado de um crime de furto simples, cuja pena abstrata é de reclusão, de um a quatro anos, e multa. Com base no máximo da pena privativa de liberdade, que é de quatro anos, a pena prescreverá em 8 anos, nos termos do artigo 109, inciso IV, do Código Penal.

Por outro lado, se verificamos que o réu é primário, não há agravantes nem causas de aumento de pena, bem como nenhuma circunstância judicial desfavorável ao agente, podemos supor que a pena aplicada, ao final do processo, será de um ano de reclusão ou, no máximo, não chega a exceder a dois anos. Deste modo, o prazo, com base nessa projeção, será de 4 anos para a prescrição, nos termos do artigo 109, V, do Código Penal. O prazo é a metade quando se considera a pena que deve ser efetivamente aplicada pelo juiz, em vez de se utilizar o máximo da pena prevista em abstrato.

Imaginemos que o crime de furto, acima mencionado, foi praticado em 10 de maio de 2014. Se o promotor de justiça ou o procurador da república recebem os autos do inquérito policial em junho de 2018, verificará que não ocorreu a prescrição com base na pena máxima em abstrato prevista para o crime contra o patrimônio acima mencionado. Isso porque não transcorreram oito anos entre a data da consumação do crime e a data atual em que o membro do Ministério Público recebeu os autos para oferecer denúncia.

Entretanto, se o promotor ou procurador considerar a pena que o juiz deve aplicar ao caso, já antecipando que não deve estar acima do mínimo, sabe que, ao final, a prescrição com base na pena em concreto será calculada, de forma retroativa, com relação à sanção penal de cerca de um ano de reclusão. Por isso, o membro do Ministério Público verifica que o prazo prescricional correspondente será de 4 anos, a metade do prazo com base na pena em abstrato. Tendo a denúncia sido recebida em 10 de maio de 2014, o prazo de 4 anos já teria transcorrido integralmente em 9 de maio de 2018. Se os autos são remetidos para alegações finais em junho de 2018, a prescrição virtual já teria ocorrido, razão pela qual, em tese, o Ministério Público já poderia pedir o reconhecimento da extinção da punibilidade. Devemos lembrar, entretanto, que o STJ não aceita tal tese.

Não se trata de caso em que efetivamente já se extinguiu a punibilidade do agente. É uma projeção de que, com fulcro no caso concreto e na pena que deverá ser aplicada pelo juiz em virtude dos elementos previstos na inicial acusatória, a ocorrência da prescrição ao final é previsível. O trâmite de um processo todo para, ao final, confirmar aquilo que já foi previsto seria contrário ao princípio da efetividade, além de demonstrar que não há justa causa ou interesse de agir suficiente para justificar o movimento da máquina judiciária para se obter nenhum resultado prático.

O que se busca com o reconhecimento da prescrição da pretensão punitiva virtual é a antecipação do que se verifica que certamente ocorrerá no curso do processo penal, evitando-se a prática de atos inúteis. Se o oferecimento da denúncia e o julgamento do acusado não possuem potencialidade de ensejar a imposição de uma sanção penal que será executada, a acusação não tem interesse jurídico para pedir ao Poder Judiciário que receba a denúncia. Ou, conforme a doutrina de Direito Processual Penal, falta justa causa para fundamentar o início de uma ação penal contra o denunciado, se não há efeito útil possível.

Por mais defensável que seja o reconhecimento da prescrição da pretensão punitiva virtual, que evitaria o trâmite de um processo inútil, o Superior Tribunal de Justiça possui entendimento firmado de que não é possível a extinção da punibilidade com base em pena hipotética. O Supremo Tribunal Federal tem adotado a mesma orientação.

5.11. Prescrição da pretensão executória

A prescrição da pretensão executória é a perda do poder do Estado de executar a sanção imposta, em razão de sua inércia por determinado intervalo de tempo. Esta modalidade de prescrição fulmina uma pena já aplicada pelo Estado, sendo que o prazo é calculado com base nela. A prescrição da pretensão executória é menos favorável do que a prescrição da pretensão punitiva. Por isso, só calcularemos a PPE se não tiver ocorrido a PPP[72].

Os prazos da prescrição da pretensão executória serão aqueles do artigo 109 do Código Penal, mas a correspondência será feita com a pena aplicada já com trânsito para a acusação, ou, nos casos de evasão do condenado ou de revogação do livramento condicional (LC), no que resta da pena aplicada.

O cálculo, assim, deve ocorrer conforme o seguinte quadro:

Pena aplicada (ou, no caso de evasão ou de revogação do LC, tempo que resta da pena)	Prazo prescricional
Inferior a 1 ano	3 anos
De 1 a 2 anos	4 anos
De mais de 2 a 4 anos	8 anos

72. BITENCOURT, Cezar Roberto. Parte geral. Coleção Tratado de direito penal volume 1. 26. ed. São Paulo: Saraiva Educação, 2020, p. 1009.

Pena aplicada (ou, no caso de evasão ou de revogação do LC, tempo que resta da pena)	Prazo prescricional
De mais de 4 a 8 anos	12 anos
De mais de 8 a 12 anos	16 anos
Superior a 12 anos	20 anos

A prescrição da pretensão executória é aquela que incide após o trânsito em julgado para ambas as partes, ocorrendo se o Estado não promover a execução da sanção penal imposta pelo Poder Judiciário em tempo hábil. Há uma condenação transitada em julgado e um prazo para a sua execução, sob pena de ocorrer prescrição da pretensão executória. Em suma:

- O cálculo é feito com base na pena em concreto;
- Pressupõe o trânsito em julgado para ambas as partes[73], sendo a sua data o termo inicial de contagem;

A PPE extingue a sanção penal, mas **subsistem os efeitos secundários da condenação, tanto penais quanto extrapenais**. Desse modo, reconhecida a prescrição da pretensão executória, a condenação continuará apta a ensejar o efeito da reincidência, se o indivíduo voltar a delinquir. Nisso, há uma diferença fundamental em relação às modalidades de PPP:

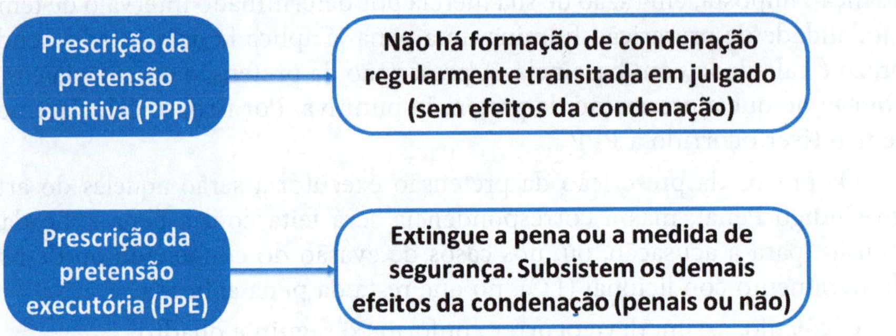

No caso de **concurso de delitos**, seja ele formal ou material, incide sobre cada pena isoladamente, como já ressaltado. No caso de continuidade delitiva, desconsidera-se o aumento decorrente do crime continuado para o cálculo prescricional, como enuncia a Súmula 497 do STF, acima transcrita.

A prescrição da pretensão executória está prevista no artigo 110 do Código Penal:

> *CP, Art. 110 – A prescrição depois de transitar em julgado a sentença condenatória regula-se pela **pena aplicada** e verifica-se nos prazos fixados no artigo anterior, os quais **se aumentam de um terço, se o condenado é reincidente.***

73. BITENCOURT, Cezar Roberto. Op. Cit., 2020, p. 1010.

§ 1º A prescrição, depois da sentença condenatória com trânsito em julgado para a acusação ou depois de improvido seu recurso, regula-se pela pena aplicada, não podendo, em nenhuma hipótese, ter por termo inicial data anterior à da denúncia ou queixa.

A reincidência implica o aumento do prazo da prescrição da pretensão executória em um terço. Vale lembrar que esse aumento apenas ocorre no caso da PPE, **não** incidindo no cômputo da prescrição da pretensão punitiva (PPP). Em sendo o réu reincidente, o prazo prescricional, calculado com base no artigo 109 do CP, a partir da pena estipulada em condenação transitada em julgado, deverá ser acrescido de um terço.

O termo inicial para o transcurso do prazo da prescrição da pretensão executória, segundo a literalidade do artigo 110 e do artigo 112, do Código, seria o trânsito em julgado da sentença condenatória para a acusação, ou da sentença que revoga a suspensão condicional da pena ou o livramento condicional. O interessante é que, quando transitada em julgado a sentença para a acusação, a sanção penal ainda não poderá ser executada se pendente recurso para a defesa, conforme entendimento tradicional dos tribunais superiores. Vejamos o que diz o artigo 112 do CP:

Art. 112 - No caso do art. 110 deste Código, a prescrição começa a correr:

I - do dia em que transita em julgado a sentença condenatória, ***para a acusação****, ou a que revoga a suspensão condicional da pena ou o livramento condicional;*

II - do dia em que se interrompe a execução, salvo quando o tempo da interrupção deva computar-se na pena.

Ainda que esse entendimento tenha sido instável no STF, durante muitos anos prevaleceu e hoje se entende que a pena só pode ser executada após o trânsito em julgado para ambas as partes[74]. No entanto, o prazo da prescrição da pretensão executória, em uma interpretação gramatical do artigo 110, se iniciaria com o trânsito em julgado para a acusação, sem aguardar que o trânsito em julgado ocorra também para o acusado.

Essa aparente contradição foi muito questionada nos Tribunais Superiores. O STJ, apesar disso, entendia que o termo inicial de contagem do prazo de prescrição executória seria a data do trânsito em julgado para a acusação[75]. O STF possuía jurisprudência no mesmo sentido, como se nota do julgamento do HC 113715, pela Segunda Turma, relatado pela Ministra Cármen Lúcia. Entretanto, a Primeira Turma do STF passou a decidir de forma diferente, entendendo que "a prescrição da pretensão executória pressupõe a inércia do titular do direito de punir", razão

74. HC 152919 AgR/MG, de 06/12/2019.

75. "(...) 1. A jurisprudência desta Corte Superior de Justiça é no sentido de que, conforme disposto expressamente no art. 112, I, do CP, o termo inicial da contagem do prazo da prescrição executória é a data do trânsito em julgado para a acusação, e não para ambas as partes, prevalecendo a interpretação literal mais benéfica ao condenado (...)" (STJ, AgRg nos EDcl no AgRg no AREsp 1764481/PR, Rel. Min. Reynaldo Soares da Fonseca, Quinta Turma, julgado em 09/02/2021, DJe 12/02/2021).

pela qual não se inicia a contagem desse prazo até que haja o trânsito em julgado para ambas as partes[76].

Após período de divergência entre as Turmas, o Pleno, antes de decidir o tema em repercussão geral, pontuou, em julgamento de 19/04/2021, que o termo inicial da prescrição da pretensão executória seria "o trânsito em julgado, para ambas as partes, da condenação"[77]. Segundo esse entendimento, apenas se pode falar em prescrição da pretensão executória como aquela que se baseia em pena definitiva, após o trânsito em julgado para ambas as partes. Assim, esta seria a principal diferença conceitual entre a prescrição da pretensão executória e a prescrição da pretensão punitiva.

O STJ, a partir desse julgamento do Pleno, resolveu alinhar o seu entendimento ao do Supremo Tribunal Federal, passando a exigir o trânsito em julgado para ambas as partes para início do decurso do prazo de prescrição da pretensão executória. Em decisão da Terceira Seção, ficou consignado que, apesar de não ter sido julgado o recurso em que se reconheceu a repercussão geral, o entendimento do Supremo já estaria consolidado, possibilitando a pacificação da jurisprudência:

> *"Conforme orientação da Sexta Turma, não há que se falar em prescrição da pretensão executória, porque, ainda que haja, no STF, reconhecimento de repercussão geral no STF – ARE 848.107/DF (Tema n. 788) –, pendente de julgamento, "[o] Plenário do Supremo Tribunal Federal, no julgamento do AI 794971-AgR/RJ (Rel. para acórdão Ministro MARCO AURÉLIO, DJe 25/06/2021), definiu que o* dies a quo *para a contagem da prescrição da pretensão executória é o trânsito em julgado para ambas as partes. Assim, por já ter havido manifestação do Plenário da Suprema Corte sobre a controvérsia e em razão desse entendimento estar sendo adotado pelos Ministros de ambas as turmas do STF, essa orientação deve passar a ser aplicada nos julgamentos do Superior Tribunal de Justiça, uma vez que não há mais divergência interna naquela Corte sobre o assunto." (STJ, AgRg no REsp n. 1.983.259/PR, Rel. Min. Sebastião Reis Júnior, Terceira Seção, julgado em 26/10/2022, DJe de 3/11/2022)*

O Supremo Tribunal Federal, na sequência, enfrentou o tema com repercussão geral reconhecida sob n. 788. Concluiu que a locução "para a acusação", expressa no artigo 112, inciso I, do Código Penal, não foi recepcionada pela Constituição de 1988. Isso porque, ao exigir o trânsito em julgado para ambas as partes para a execução penal, não é compatível com a ordem constitucional que o prazo prescricional para que a sanção seja executada já comece a fluir do trânsito para a acusação. Em julgado por unanimidade, ocorrido pelo Plenário Virtual no período de 23/6/2023 a 30/6/2023, foi fixada a seguinte tese:

> *"O prazo para a prescrição da execução da pena concretamente aplicada somente começa a correr do dia em que a sentença condenatória transita em julgado para ambas as partes, momento em que nasce para o Estado a pretensão executória da pena,*

---

76. RE 696.533/SC, Rel. Min. Luiz Fux, Rel. p/ acórdão Min. Roberto Barroso, Primeira Turma, Julgamento em 06/02/2018.

77. STF, AI 794971 AgR, Rel. Min. Roberto Barroso, Rel. p/ acórdão Min. Marco Aurélio, Tribunal Pleno, julgado em 19/04/2021.

conforme interpretação dada pelo Supremo Tribunal Federal ao princípio da presunção de inocência (art. 5º, inciso LVII, da Constituição Federal) nas ADC 43, 44 e 54".

Posteriormente, o STF decidiu modular os efeitos de sua decisão, limitando a aplicação desse entendimento aos casos em que não tenha havido declaração de extinção da punibilidade, a qualquer tempo e em qualquer grau de jurisdição, e cujo trânsito em julgado tenha ocorrido após 12 de novembro de 2020, data de julgamento das Ações Diretas de Constitucionalidade 43, 44 e 45. Essa é a data em que a Corte condicionou a execução da pena ao trânsito em julgado para ambas as partes, de modo a impedir a execução da pena antes desse marco e, assim, tornou--se questionável a contagem da prescrição executória desde o trânsito em julgado apenas para a acusação:

> *"Modulam-se os efeitos da tese para que seja aplicada aos casos i) nos quais a pena não tenha sido declarada extinta pela prescrição em qualquer tempo e grau de jurisdição; e ii) cujo trânsito em julgado para a acusação tenha ocorrido após 12/11/20 (data do julgamento das ADC nº 43, 44 e 53)" (STF, ARE 848107, Rel. Min. Dias Toffoli, Tribunal Pleno, julgado em 03-07-2023).*

Assim, ambos os Tribunais Superiores adotaram uma interpretação sistemática, passando a compreender que só se pode computar o prazo de prescrição da pretensão executória a partir do trânsito em julgado para ambas as partes, e não do trânsito em julgado para a acusação. A Suprema Corte, vale ressaltar, restrigiu a aplicação dessa tese aos casos em que:

a) Não tenha havido a declaração da extinção da punibilidade pela prescrição, a qualquer tempo e grau de jurisdição: assim, se já houve o reconhecimento da prescrição com base no entendimento que vigorava no STJ, por exemplo, não haverá provimento de eventual recurso extraordinário, considerando que à época esse entendimento estava consolidade naquele Tribunal;
b) Cujo trânsito em julgado para a acusação tenha ocorrido após 12 de novembro de 2020: essa data marca o julgamento de ações pelo Supremo Tribunal, nas quais se concluiu que a execução da pena exige o trânsito em julgado para ambas as partes.

Com a **interrupção** da prescrição, o prazo começa a fluir do dia em que o prazo se interrompe, caso a interrupção não for computada na pena, como ocorre em alguns benefícios da execução penal. Desse modo, tendo havido a fuga do executado em 07 de agosto de 2017, será essa a data em que o prazo da prescrição da pretensão executória começará a correr, com base, nesse caso, no tempo de pena privativa de liberdade que o condenado ainda tem a cumprir. Se o indivíduo foi condenado a 10 anos de reclusão, mas o tempo de pena que restava a cumprir era de um ano e quatro meses de reclusão quando da sua fuga, a prescrição executória ocorrerá em quatro anos, nos termos do artigo 109, inciso V, do Código Penal.

Os termos iniciais do decurso do prazo da prescrição da pretensão executória estão previstos no artigo 112 do Código Penal:

> *Art. 112 – No caso do art. 110 deste Código, a prescrição começa a correr:*
>
> *I – do dia em que transita em julgado a sentença condenatória, para a acusação, ou a que revoga a suspensão condicional da pena ou o livramento condicional;*
>
> *II – do dia em que se interrompe a execução, salvo quando o tempo da interrupção deva computar-se na pena.*

No caso de abandono de execução, a prescrição volta a correr a partir da interrupção da execução, salvo quando essa interrupção deva ser computada na pena, conforme prevê o artigo 112, inciso II, do Código Penal. A interrupção deve ser computada na pena quando há superveniência de doença mental, enquanto o executado é tratado em hospital de custódia e tratamento. A ressalva do final do inciso II, portanto, refere-se ao disposto nos artigos 41 e 42, que tratam da superveniência de doença mental ao executado, ao preso provisório ou ao submetido a prisão administrativa[78].

> *CP, Art. 113 – **No caso de evadir-se o condenado ou de revogar-se o livramento condicional, a prescrição é regulada pelo tempo que resta da pena**.*

Caso se trate de penas restritivas de direitos, o início do prazo se dará com o abandono do seu cumprimento. É importante destacar, entretanto, que o STJ entende que o disposto no artigo 113 do CP **não** se aplica às penas restritivas de direitos. Por isso, se abandonada a prestação de serviços à comunidade, por exemplo, a prescrição seria calculada pelo total da pena, e não pelo que restava cumprir. Segundo a Corte, essa regra deve ser aplicada apenas no caso de evasão do condenado, ou seja, de interrupção do cumprimento da pena privativa de liberdade ou de revogação do livramento condicional, sem interpretação extensiva:

> *"**(...) I – O cálculo da prescrição pela pena residual, conforme prevê o art. 113 do Código Penal, limita-se às hipóteses de evasão e de revogação do livramento condicional. Vale dizer, o citado dispositivo tem interpretação restritiva**. II – Hipótese na qual a medida restritiva de direitos foi convertida em privativa de liberdade, em razão do descumprimento, por força do art. 44, § 4º, do CP, aplicável somente para calcular o tempo de pena a ser executado, sem influência no prazo prescricional. (...)"*
>
> *(STJ, RHC 99969/RS, Rel. Min. Felix Fischer, Quinta Turma, DJe 19/09/2018).*

Referido entendimento foi ratificado em acórdão publicado no DJe de 28/02/2020: HC 541317/SP. Em tal caso, o STJ considerou que não houve revogação do livramento condicional e, assim, não deveria haver o cálculo prescricional com base na pena remanescente.

Pode ocorrer a **suspensão da prescrição da pretensão executória**, caso o condenado seja preso por outro motivo. Deste modo, tendo sido procurado o executado para cumprimento da pena restritiva de direitos, consistente em dois anos de prestação de serviços à comunidade, sua prisão por outro delito deixa suspenso o prazo

---

78. BETANHO, Luiz Carlos; ZILLI, Marcos. Título VIII Da extinção da Punibilidade. In: FRANCO, Alberto Silva; STOCCO, Rui (coord.). Código Penal e sua interpretação: doutrina e jurisprudência. 8. ed. rev. atual. e ampl. São Paulo: Editora Revista dos Tribunais, 2007, p. 516-517.

prescricional. A suspensão significa que o prazo fica paralisado enquanto o condenado estiver na prisão. Quando sair do cárcere, o decurso do prazo continuará de onde parou. É o que prevê o parágrafo único do artigo 116 do Código Penal:

> *Art. 116 (...)*
>
> *Parágrafo único – Depois de passada em julgado a sentença condenatória, **a prescrição não corre durante o tempo em que o condenado está preso por outro motivo**.*

O Superior Tribunal de Justiça, interpretando o parágrafo único do artigo 116, afastou a pretensão de reconhecimento da extinção da punibilidade. Pontuou a Corte que o cumprimento de outra pena privativa de liberdade impede o decurso do prazo da prescrição da pretensão executória, mesmo que em regime aberto ou prisão domiciliar.

> *"1. Ao interpretar o parágrafo único do artigo 116 do Código Penal, esta Corte Superior de Justiça pacificou o entendimento de que o cumprimento de pena imposta em outro processo, ainda que em regime aberto ou em prisão domiciliar, impede o curso da prescrição executória. 2. No caso dos autos, o paciente cumpria pena referente a outro processo, situação que obsta o início da contagem do prazo da prescrição executória da sanção que lhe foi cominada no presente feito, e que impede o reconhecimento da extinção de sua punibilidade, como pretendido." (STJ, AgRg no RHC n. 123.523/SP, relator Ministro Jorge Mussi, Quinta Turma, julgado em 13/4/2020, DJe de 20/4/2020).*

Há, ainda, causas de **interrupção da prescrição da pretensão executória**. Quando o prazo prescricional é interrompido, ele volta a fluir do começo, recomeçando a contagem como se nenhuma fração do seu prazo já tivesse escoado. As hipóteses estão previstas no artigo 117, incisos V e VI, que dizem respeito especificamente ao reconhecimento da prescrição da pretensão executória:

> *Art. 117 – O curso da prescrição **interrompe-se**:*
>
> *(...)*
>
> *V – pelo início ou continuação do cumprimento da pena;*
>
> *VI – pela reincidência.*
>
> *§ 1º – Excetuados os casos dos incisos V e VI deste artigo, a interrupção da prescrição produz efeitos relativamente a todos os autores do crime. Nos crimes conexos, que sejam objeto do mesmo processo, estende-se aos demais a interrupção relativa a qualquer deles.*
>
> *§ 2º – Interrompida a prescrição, salvo a hipótese do inciso V deste artigo, todo o prazo começa a correr, novamente, do dia da interrupção.*

Entretanto, como fica claro pela leitura do parágrafo segundo do artigo 117, no caso de início ou continuação do cumprimento de pena, a prescrição não volta a correr com todo o prazo restituído. No caso do início ou de continuação, o prazo prescricional deixa de fluir. Entretanto, caso haja interrupção no cumprimento da pena, o prazo será calculado com base no tempo de pena que resta ao agente cumprir. Por isso, neste caso, não se devolve o prazo integralmente.

Ademais, interrompe-se o prazo em virtude do início ou da continuação do cumprimento da pena, bem como em razão da reincidência. No caso da reincidência, o STJ consolidou sua jurisprudência no sentido de que a interrupção da prescrição ocorre com a prática do novo delito. Portanto, não é a data do trânsito em julgado do processo em que se apura o novo delito que interrompe a prescrição, mas a data do cometimento da infração penal:

> *"(...) 2. Ambas as Turmas especializadas em direito penal deste Sodalício entendem que **a reincidência, como reza o art. 117, inciso VI, do Código Penal, interrompe o prazo da prescrição da pretensão executória do Estado, considerando-se, como marco interruptivo, a data da prática de novo crime**, e não a do seu trânsito em julgado. (...)" (STJ, HC 317662/RS, Rel. Min. Maria Thereza de Assis Moura, Sexta Turma, DJe 06/05/2015).*

Conforme determina o parágrafo único do artigo 117, **essas causas interruptivas são pessoais, não se estendendo a corréus, coautores ou partícipes.**

Com relação ao início de cumprimento de pena, cumpre salientar que não o configura a audiência admonitória, em que o juiz adverte o beneficiado sobre as condições da suspensão condicional da pena, conforme o seguinte precedente do STJ:

> *"1. Consoante a jurisprudência do STJ, **a audiência admonitória não configura início do cumprimento da pena, não servindo, portanto, para interromper o prazo da prescrição executória, contudo, efetuado o pagamento da multa, tem-se por iniciada a execução**. 2. Não evidenciado o transcurso do lapso de 4 anos entre o trânsito em julgado da condenação para o Ministério Público e o início da execução, pelo pagamento da multa, não há falar em prescrição da pretensão executória. 3. Decisão agravada mantida por seus próprios fundamentos. 4. Agravo regimental improvido." (AgRg no RHC 70260/RS, Rel. Min. Nefi Cordeiro, Sexta Turma, DJe 07/04/2017).*

A reincidência que interrompe a PPE é a posterior à condenação. Para que a prescrição da pretensão executória se interrompa, é necessário que o indivíduo, no decurso do prazo, pratique novo delito. Nesse caso, o prazo corre da data da prática do crime, e não do trânsito em julgado. Por outro lado, a prática de crime anterior, pela qual ele já estava sendo processado, não interromperá o prazo prescricional.

Se a reincidência for por fato anterior à condenação, é causa de aumento de pena, já influenciando a dosimetria da pena e, de forma indireta, a própria fixação do prazo de prescrição da pretensão executória.

As causas de diminuição do prazo prescricional referentes ao menor de 21 anos de idade, ao tempo do crime, ou maior de 70 anos, à época da sentença, aplicam-se para os prazos de extinção da pretensão executória. Os prazos devem ser reduzidos da metade nesses casos, conforme determina o artigo 115 do Código Penal:

> *Art. 115 – **São reduzidos de metade** os prazos de prescrição quando o criminoso era, **ao tempo do crime, menor de 21 (vinte e um) anos, ou, na data da sentença, maior de 70 (setenta) anos.***

A prescrição da pretensão executória possui como termo inicial o trânsito em julgado, conforme entendimento atual dos Tribunais Superiores, coincidindo com o momento a partir do qual a sanção penal pode ser executada. Esse prazo vai correr até que se inicie o cumprimento da pena. Em caso de pena privativa de liberdade, corre o prazo até que o acusado seja recolhido ao cárcere. Com a sua prisão, o prazo se interrompe (artigo 117, inciso V, do CP), somente voltando a correr na hipótese de fuga do sistema prisional, quando a prescrição voltará a correr, mas calculada com base no tempo que resta de pena a cumprir (artigo 113 do CP):

Sobre a relação entre **detração e prescrição**, pode surgir a dúvida sobre a necessidade de se computar o período de detração na base do cálculo para estipulação do prazo prescricional, nos termos do artigo 109 do Código Penal. Na sentença, o juiz já deve efetuar a detração (o desconto) do período de prisão processual a que o condenado já foi submetido para fixação do regime inicial de cumprimento de pena com base no que resta a cumprir, conforme o artigo 387, § 2º, do CPP.

O Superior Tribunal de Justiça já possui entendimento consolidado a respeito desta questão, como se depreende do trecho do seguinte precedente, que determina que o período de detração não deve ser levado em conta para o estabelecimento do prazo prescricional:

> *"(...) 2. Não é possível levar em consideração o tempo em que o paciente permaneceu preso cautelarmente, entre 17/11/2008 e 20/11/2009, porquanto, nos termos do entendimento consolidado no Superior Tribunal de Justiça, "**o período de prisão provisória do réu é levado em conta apenas para o desconto da pena a ser cumprida, sendo irrelevante para fins de contagem do prazo prescricional, que deve ser analisado a partir da pena concretamente imposta pelo julgador, e não do restante da reprimenda a ser executada pelo Estado**" (AgRg no HC 181.711/ES, Rel. Min. Sebastião Reis Júnior, Sexta Turma, julgado em 05/04/2016, DJe 18/04/2016). (...)" (STJ, HC 400704/SP, Rel. Min. Reynaldo Soares da Fonseca, Quinta Turma, DJe 31/08/2017).*

> *"3. O período de prisão provisória do Réu é considerado apenas para o desconto da pena a ser cumprida e não para contagem do prazo prescricional, o qual será analisado a partir da pena definitiva aplicada, **não sendo cabível a detração para fins prescricionais**." (STJ, AgRg no HC 490288/PR, Rel. Min. Laurita Vaz, Sexta Turma, DJe 11/09/2019).*

No caso da prescrição da pretensão punitiva, a detração nunca deve ser levada em conta, nos termos da jurisprudência do STJ. Ressalve-se, entretanto, que se a pena for calculada pelo que resta a ser cumprido, a detração, ainda que indiretamente, influenciará a prescrição da pretensão executória.

5.12. Prescrição da pena de multa

A prescrição da pena de multa está regulada pelo artigo 114 do Código Penal, que assim dispõe:

> *Art. 114 – A prescrição da pena de multa ocorrerá:*
>
> *I – em 2 (dois) anos, quando a multa for a única cominada ou aplicada;*
>
> *II – no mesmo prazo estabelecido para prescrição da pena privativa de liberdade, quando a multa for alternativa ou cumulativamente cominada ou cumulativamente aplicada*

Quando a pena de multa for a única cominada, em abstrato, ou aplicada, em concreto pelo juiz, o seu prazo prescricional será de **dois anos**. Assim, tendo sido prevista pelo legislador ou aplicada, pelo juiz, apenas a pena de multa, haverá o prazo bienal para sua prescrição. Isso pode ocorrer, por exemplo, no caso de furto privilegiado, nos termos do artigo 155, § 2º, do Código Penal, em que uma das opções de benefício é a aplicação apenas da pena de multa.

Se, por outro lado, a pena de multa for prevista em abstrato de forma alternativa ou cumulativa com a pena restritiva de liberdade, ou se for cumulativamente aplicada com esta última pena, **seguirá o prazo previsto para ela**. É o que ocorre na maioria dos casos, como no crime de roubo, em sua forma simples, cuja pena prevista no preceito secundário do artigo 157, *caput*, do Código Penal, é de "reclusão, de quatro a dez anos, e multa". Assim, se a pena privativa de liberdade prescrever em oito anos, a pena de multa aplicada de forma conjunta também prescreverá em oito anos, no mesmo prazo, portanto.

Prazo da PPP da pena de multa	
Se for a única cominada ou aplicada.	O prazo será de 2 (dois) anos.
Se for alternativa ou cumulativamente cominada ou cumulativamente aplicada com pena privativa de liberdade.	O mesmo prazo estabelecido para prescrição da pena privativa de liberdade.

A prescrição da pena de multa passou por alterações desde a entrada em vigor do Código Penal, sendo uma delas a efetivada pela Lei n. 9.268/1996, que determinou o seu tratamento, após o trânsito em julgado da condenação, como dívida de valor, ao alterar o *caput* do artigo 51 do Código Penal:

> *Art. 51 – Transitada em julgado a sentença condenatória,* ***a multa será considerada dívida de valor****, aplicando-se-lhes as normas da legislação relativa à dívida ativa da Fazenda Pública,* ***inclusive no que concerne às causas interruptivas e suspensivas da prescrição****.*

Em 2019, por meio da Lei n. 13.964/2019, o Pacote Anticrime, foi modificada a redação do artigo acima transcrito, para deixar claro que a execução deve se dar no **juízo da execução penal**:

> *Art. 51. Transitada em julgado a sentença condenatória,* ***a multa será executada perante o juiz da execução penal*** *e* ***será considerada dívida de valor****, aplicáveis as normas relativas à dívida ativa da Fazenda Pública,* ***inclusive no que concerne às causas interruptivas e suspensivas da prescrição****.*

Por isso, **com relação à prescrição da pretensão executória, surge a controvérsia**. Com a Lei n. 9.268/1996, o artigo 51 do Código Penal, acima transcrito, passou a considerar a pena de multa, após o trânsito em julgado da sentença condenatória, como **dívida de valor**, devendo ser aplicadas as normas referentes à execução da dívida ativa da Fazenda Nacional, inclusive no que se refere às causas de interrupção e suspensão do prazo prescricional.

Dado esse tratamento de dívida de valor inclusive quanto ao prazo prescricional, parte da doutrina passou a defender que, mesmo com a alteração do artigo 51 do Código Penal, a prescrição da pretensão executória continuou a obedecer ao mesmo regramento da prescrição da pretensão punitiva. Isto é, o seu cálculo deve ser feito nos moldes do artigo 114 do Código Penal, acima transcrito. Se a pena de multa for a única cominada ou aplicada para o crime, o prazo de prescrição é de 2 anos. Caso a pena de multa seja cominada ou aplicada, de forma cumulativa ou alternativa, em conjunto com pena privativa de liberdade, deve prescrever no mesmo prazo desta última.

Entretanto, outra corrente doutrinária começou a defender a posição de que a prescrição da pretensão executória da pena de multa deve se regular pelo mesmo prazo previsto para a prescrição da dívida ativa da Fazenda Pública, ou seja, de 5 anos, aplicando-se o CTN. É a interpretação que se baseia no que determina o artigo 51 do Código Penal, que é expresso ao disciplinar a obediência às normas relativas à dívida pública, inclusive quanto às causas interruptivas e suspensivas da prescrição. Essa posição parece mais compatível com a legislação, haja vista que, se até as causas interruptivas e suspensivas serão as aplicáveis à dívida pública, o prazo também deve ser o mesmo da dívida com a Fazenda Pública.

Prazo da PPE da pena de multa	
1ª Corrente: Artigo 114 do Código Penal	O prazo será de 2 (dois) anos, quando a multa for a única cominada ou aplicada, e será o mesmo prazo estabelecido para prescrição da pena privativa de liberdade, quando a multa for alternativa ou cumulativamente cominada ou cumulativamente aplicada
2ª Corrente: Código Tributário Nacional	Como determina o artigo 51 do Código Penal, deve-se adotar o prazo prescricional da dívida ativa da Fazenda Pública. Assim, deve-se adotar o prazo previsto no artigo 174 do CTN: prescrição no prazo de 5 anos.

O tema foi enfrentado pela Primeira Turma do Supremo Tribunal Federal, que considerou que o prazo a ser adotado deve ser o da legislação tributária. A Corte diferenciou a prescrição da pretensão punitiva da executória no caso das penas de multa. A prescrição da pretensão punitiva, assim, é regulada pelo artigo 114, incisos I e II, do Código Penal. Após o trânsito em julgado, a prescrição da pretensão executória deve ser analisada à luz do Código Tributário Nacional, a partir do que determina o artigo 51 do Código Penal, ou seja, de que a pena de multa deve ser considerada dívida de valor[79]. Esse dispositivo, inclusive, determina que, após transitada em julgado a condenação à pena de multa, são aplicáveis as normas relativas à dívida ativa da Fazenda Pública, inclusive quanto às causas interruptivas e suspensivas da prescrição.

Entretanto, o Superior Tribunal de Justiça tem entendimento contrário, inclusive com precedente proveniente de sua Terceira Seção[80]. Sua compreensão tem sido pela aplicação do artigo 114 do Código Penal tanto à prescrição da pretensão punitiva

79. STF, HC 115405 AgR/SP, Rel. Min. Luiz Fux, Primeira Turma, Julgamento: 13/11/2012.

80. STJ, AgRg nos EDcl nos EDv no AgRg nos EDcl nos EAREsp 770540/DF, Rel. Min. Joel Ilan Paciornik, Terceira Seção, DJe 27/06/2017.

quanto à prescrição da pretensão executória, sem diferenciação. Portanto, há **divergência** entre os entendimentos proferidos pelos Tribunais Superiores, assim como a doutrina não apresenta consenso sobre o tema. O Pacote Anticrime só modificou o artigo 51 do CP por determinar que a execução se dará perante o juízo da execução criminal, mas não conseguiu resolver a celeuma.

5.13. Prescrição das medidas de segurança

As medidas de segurança possuem regras específicas sobre prescrição, tema a ser tratado quando do estudo dessa espécie de sanção. Entretanto, para sistematização, cabe observar que a jurisprudência do STF diferencia o prazo de prescrição da pretensão punitiva, que deve ser calculada com base na pena máxima cominada abstratamente ao delito, e da prescrição da pretensão executória, calculada no limite máximo de duração, antes de 30 anos e, com a Lei n. 13.964/2019, alterado para 40 anos[81].

O STJ, por sua vez, tem adotado o prazo prescricional com base na pena máxima prevista em abstrato para o delito, sem diferenciar prescrição da pretensão punitiva e da pretensão executória[82] (RHC 30915, HC 182.973 e HC 121.726).

5.14. Prescrição do crime de porte de drogas para consumo próprio

Para o crime de drogas para consumo próprio, previsto no artigo 28 da Lei n. 11.343/2006, há regra específica para contagem do prazo prescricional. O artigo 30 dessa lei prevê que a prescrição da imposição e execução de suas penas se dá em **2 anos**. Assim, esse prazo específico, bienal, aplica-se tanto à prescrição da pretensão punitiva quanto à executória. Além disso, o dispositivo determina a aplicação das regras do Código Penal no tocante às causas interruptivas do prazo prescricional.

5.15. Prescrição nos crimes falimentares

Os crimes falimentares também possuem regras específicas sobre prescrição. O próprio **termo inicial** da prescrição é diferenciado, já que o artigo 182 da Lei n. 11.101/2005 determina que o prazo começa a correr do dia da decretação da falência, da concessão da recuperação judicial ou da homologação do plano de recuperação extrajudicial.

O parágrafo único do artigo 182, por sua vez, traz um **marco interruptivo** especial. Caso a contagem do prazo tenha se iniciado com a concessão da recuperação judicial ou a homologação do plano de recuperação extrajudicial, o prazo

81. STF, HC 107777, Rel. Min. Ayres Britto, Segunda Turma, julgado em 07/02/2012. STF, HC 98360, Rel. Min. Ricardo Lewandowski, Primeira Turma, julgado em 04/08/2009.

82. STJ, AgRg no REsp 1667508/MG, Rel. Min. Nefi Cordeiro, Sexta Turma, julgado em 10/04/2018, DJe 23/04/2018. STJ, AgRg no REsp 1656154/SP, Rel. Min. Reynaldo Soares da Fonseca, Quinta Turma, julgado em 23/05/2017, DJe 31/05/2017. STJ, RHC 30.915/SP, Rel. Min. Rogério Schietti Cruz, Sexta Turma, julgado em 18/06/2014, DJe 04/08/2014.

se interromperá, reiniciando-se a sua contagem do zero, na data da decretação da falência do devedor.

5.16. Prescrição de falta grave no curso da execução penal

Não há prazo legal para prescrição da falta grave praticada no curso da execução penal. A falta grave é a falta disciplinar de maior grau que pode ser cometida pelo executado, não podendo ser prevista em legislação local, nos termos do artigo 49, da Lei n. 7.210/1984, conhecida como Lei de Execução Penal (LEP). Está regulada especialmente nos artigos 50 a 52.

A falta de regulação, por lei formal, do prazo prescricional não impede o reconhecimento de que essas faltas não são imprescritíveis. A imprescritibilidade é excepcional, não podendo ser presumida, além de que não haveria fundamento para a regra de prescritibilidade para crimes e a ausência de prazos para meras faltas graves. Assim, o STF e o STJ têm aplicado o prazo mínimo de prescrição previsto para as penas privativas de liberdade no Código Penal, que, desde a Lei n. 12.234/2010, é de **3 anos**[83].

5.17. Prescrição dos atos infracionais

Os atos infracionais são as condutas previstas como crimes e contravenções penais, desde que cometidas por crianças ou adolescentes, conforme previsão do artigo 103 da Lei n. 8.069/1990, o Estatuto da Criança e do Adolescente (ECA). Se o ato infracional for praticado por adolescente, cabe a imposição de medidas socioeducativas. No caso de prática por criança, o ECA prevê a adoção de medidas específicas de proteção enumeradas no seu artigo 101.

Também surgiu controvérsia sobre o prazo prescricional, mas especificamente sobre as medidas socioeducativas, que representam restrição à liberdade dos adolescentes, podendo consistir, inclusive, em inserção em regime de semiliberdade e internação em estabelecimento educacional. O Superior Tribunal de Justiça pacificou o tema, ao aprovar o enunciado 338 de sua Súmula, com o seguinte teor: "**A prescrição penal é aplicável nas medidas socioeducativas**."

QUADRO SINÓTICO

Punibilidade	
Conceito	É a possibilidade de o Estado aplicar a sanção penal, seja pena ou a medida de segurança, ao sujeito ativo da infração penal. Portanto, a punibilidade é a perspectiva de aplicação da sanção penal, surgida a partir da prática de um crime ou uma contravenção.

83. STF, RHC 136311, Rel. Min. Ricardo Lewandowski, Segunda Turma, julgado em 07/02/2017. STJ, AgRg no HC 654.281/SP, Rel. Min. Rogério Schietti Cruz, Sexta Turma, julgado em 15/06/2021, DJe 23/06/2021.

Punibilidade	
Causas de exclusão	São hipóteses que impedem o surgimento do direito de punir do Estado. Em razão de condições pessoais do agente, há hipóteses em que a prática de uma infração penal não implica o direito do Estado de aplicar uma punição, por motivos de política criminal.
Condições objetivas	São as condições, externas ao delito, de que depende a imposição da sanção penal pela prática de um crime.
Causas extintivas	São as situações que, após o surgimento do direito de punir do Estado, causam sua extinção.

Causas extintivas da punibilidade (art. 107 do CP)	
Morte do agente	A morte do sujeito ativo do crime implica a extinção da punibilidade. Consoante o princípio da pessoalidade ou da intranscendência da pena, a pena não pode passar da pessoa do condenado.
Anistia, graça e indulto	São formas de renúncia do Estado ao direito de punir, configurando-se como causas de extinção da punibilidade • **Anistia**: é concedida por meio de lei formal, elaborada pelo Congresso Nacional. • **Graça e indulto**: concedidos por decreto do Presidente da República, ato que pode ser delegado aos Ministros de Estado, ao Advogado-Geral da União ou ao Procurador-Geral da República. A graça em sentido estrito seria o benefício individual, enquanto o indulto seria o coletivo. Quando o perdão da pena é parcial, denomina-se de comutação, não havendo extinção da punibilidade.
Abolitio criminis	Consiste na descriminalização da conduta, em decorrência da superveniência de lei que deixa de prever aquela conduta como infração penal. Está prevista no artigo 2º do CP.
Decadência	Consiste na perda do direito de oferecer queixa-crime (em ação penal de iniciativa privada) ou de oferecer representação (nas ações penais públicas condicionadas), em razão da inércia do titular durante determinado intervalo de tempo. Vale ressalvar que, no caso de decadência do direito de oferecer queixa em ação penal privada subsidiária da pública, a perda do prazo não implica decadência, pois o MP pode e deve promover a ação penal.
Renúncia	Consiste em ato unilateral, do ofendido ou de seu representante legal, de abdicação do direito de promover a ação penal privada exclusiva ou personalíssima.
Perempção	Trata-se de uma sanção processual ao querelante negligente ou inerte. Só é cabível na ação penal privada exclusiva ou personalíssima. As hipóteses estão previstas no artigo 60 do Código de Processo Penal

Causas extintivas da punibilidade (art. 107 do CP)	
Perdão do ofendido	Consiste em ato pelo qual o ofendido ou seu representante legal manifesta seu desejo de desistir da ação penal privada exclusiva ou personalíssima. Esse ato exige a concordância do querelado.
Retratação	Consiste no ato do agente de retirar totalmente o que disse anteriormente. Seu cabimento é restrito aos seguintes casos: calúnia e difamação, falso testemunho e falsa perícia.
Perdão judicial	É o instituto pelo qual o juiz deixa de aplicar a sanção penal, em virtude de circunstâncias específicas do caso. Ocorre nos casos de desnecessidade da pena.
Prescrição	É a causa extintiva da punibilidade decorrente da inércia estatal por determinado lapso temporal. Envolve a perda do direito de punir do Estado ou de executar uma punição imposta.

Diferença entre PPP e PPE	
Prescrição da pretensão punitiva (PPP)	A prescrição da pretensão punitiva é a causa extintiva da punibilidade que impede a própria formação do título executivo pelo Estado, dada sua inércia por determinado período. Essa modalidade de prescrição ocorre antes do trânsito em julgado, de forma que não há sequer a imposição definitiva de sanção penal ao acusado e, em alguns casos, ainda nem se iniciou o processo penal. O reconhecimento da prescrição da pretensão punitiva afasta tanto os efeitos principais quanto os efeitos secundários da condenação.
Prescrição da pretensão executória (PPE)	A prescrição da pretensão executória é a perda do poder do Estado de executar a sanção imposta, em razão de sua inércia por determinado intervalo de tempo. Esta modalidade de prescrição fulmina uma pena já aplicada pelo Estado, sendo que o prazo é calculado com base nela. Extingue-se a sanção penal, mas subsistem os efeitos secundários da condenação, tanto penais quanto extrapenais.

Modalidades de prescrição	
Prescrição da pretensão punitiva em abstrato	A prescrição da pretensão punitiva propriamente dita é a extinção da punibilidade, por decurso do prazo em que o Estado permanece inerte, calculada **com base no limite máximo da pena prevista em abstrato para o delito**. Está prevista no artigo 109 do Código Penal, que traz os parâmetros para a fixação do prazo prescricional para cada infração penal.
Prescrição da pretensão punitiva superveniente ou intercorrente	A prescrição da pretensão punitiva superveniente ou intercorrente é a que incide **a partir do trânsito em julgado da sentença condenatória para a acusação quanto à pena**, levando em conta, para cálculo do prazo, a sanção efetivamente aplicada. Portanto, é a perda do direito de punir em razão da inércia estatal, após a condenação do acusado, da qual não caiba mais recurso para a acusação para a majoração da pena.

Modalidades de prescrição	
Prescrição da pretensão punitiva retroativa	É a prescrição, reconhecida após o trânsito em julgado, em relação ao *quantum* de pena, para a acusação, que possui **termo anterior à sentença condenatória, calculado o prazo de trás para frente, com base na pena aplicada pelo juiz**. É a perda do direito de punir, pelo Estado, por decurso de prazo que é verificado entre marcos temporais no passado, com base na pena aplicada.
Prescrição da pretensão punitiva virtual	É **inadmissível** a extinção da punibilidade pela prescrição da pretensão punitiva com fundamento em pena hipotética, independentemente da existência ou sorte do processo penal (Súmula 438, STJ).
Prescrição da pretensão executória (PPE)	É a perda do poder do Estado de **executar a sanção imposta**, em razão de sua inércia por determinado intervalo de tempo. O prazo é calculado com base na pena já imposta em título executivo judicial. Subsistem os efeitos secundários da condenação, tanto penais quanto extrapenais. STF e STJ fixaram o entendimento de que o prazo só começa a correr após o trânsito em julgado para ambas as partes.

Causas suspensivas do prazo prescricional	
Conceito	A suspensão determina que o prazo deixe de fluir, ficando paralisado. Com o fim da suspensão, a prescrição volta a correr de onde parou.
Causas do artigo 116 do CP: suspensão da PPP	• Questão prejudicial obrigatória • Cumprimento de pena pelo agente no exterior • Pendência de embargos de declaração ou de recursos aos Tribunais Superiores, quando inadmissíveis, ou seja, não conhecidos • Período da assinatura até a rescisão do ANPP.
Causa do artigo 116 do CP: suspensão da PPE	Depois de passada em julgado a sentença condenatória, a prescrição não corre durante o tempo em que o condenado está preso por outro motivo.
Jurisprudência	O período de suspensão do prazo prescricional é regulado pelo máximo da pena cominada (Súmula 415 do STJ).

Causas interruptivas do prazo prescricional	
Conceito	A interrupção faz com que o prazo seja reiniciado, desprezando-se o período já escoado. O prazo é restituído por inteiro.
Causas do artigo 117 do CP: interrupção da PPP	Nesses casos, a interrupção estende-se a coautores e partícipes: • recebimento da denúncia ou da queixa; • pronúncia; • decisão confirmatória da pronúncia; • publicação da sentença ou acórdão condenatórios recorríveis.

Causas interruptivas do prazo prescricional	
Causas do artigo 117 do CP: interrupção da PPE	Nesses casos, a interrupção não se estende a coautores e partícipes: • pelo início ou continuação do cumprimento da pena; • pela reincidência.
Reinício do prazo	Em caso de interrupção, reinicia-se a contagem do dia da interrupção, salvo no caso de início ou continuação do cumprimento da pena, situação durante a qual não corre a prescrição.
Jurisprudência	Salvo quando nula a decisão de primeiro grau, o acórdão que provê o recurso contra a rejeição da denúncia vale, desde logo, pelo recebimento dela. (Súmula 709 do STF). A pronúncia é causa interruptiva da prescrição, ainda que o Tribunal do Júri venha a desclassificar o crime (Súmula 191 do STJ). A reincidência não influi no prazo da prescrição da pretensão punitiva (Súmula 220 do STJ). Nos termos do inciso IV do artigo 117 do Código Penal, o Acórdão condenatório sempre interrompe a prescrição, inclusive quando confirmatório da sentença de 1º grau, seja mantendo, reduzindo ou aumentando a pena anteriormente imposta. (STF, HC 176473/RR).

Prescrição da Pena de Multa	
1ª Corrente: STF	PPP com base no artigo 114 do Código Penal. PPE com base no artigo 174 do Código Tributário Nacional.
2ª Corrente: STJ	PPP e PPE com base no artigo 114 do Código Penal.

Prescrição da Medida de Segurança	
1ª Corrente: STF	PPP com base na pena máxima abstratamente cominada ao delito. PPE com base no limite máximo de cumprimento de pena, atualmente de 40 anos.
2ª Corrente: STJ	PPP e PPE com base na pena máxima abstratamente cominada ao delito.

CAPÍTULO IX

ITER CRIMINIS: O CAMINHO DO CRIME

Iter criminis é **o caminho percorrido pela ação criminosa, ou seja, o próprio caminho do crime**. Seu estudo envolve a análise de cada uma das **fases que envolve a prática de uma infração penal**. Consiste no estudo das fases da cogitação, dos atos preparatórios, dos atos executórios e da consumação, além de eventual exaurimento do crime.

É por meio do estudo do caminho, ou seja, das fases da conduta delitiva, que se poderá compreender a diferença entre o crime consumado, o crime tentado e as hipóteses de crime impossível. Define-se, ainda, quando a atividade do sujeito que quer praticar uma infração penal passa a ser punível, bem como até quando o sujeito pode avançar sem que haja a responsabilização criminal. Também no estudo do iter da conduta delitiva é que se diferenciam os institutos do arrependimento eficaz e do arrependimento posterior, da desistência voluntária e do crime impossível.

1. FASES DO *ITER CRIMINIS*

Como visto, o *iter criminis* é o conjunto de fases pelas quais passa a conduta delituosa até a consumação do crime. É possível, ainda, que a ação ou omissão do agente prossiga até o chamado exaurimento da infração penal. Cabe, então, analisar cada uma de suas fases, consistentes na cogitação, na preparação, na execução e na consumação do delito.

- **Cogitação**

É a fase em que o agente pensa em praticar a conduta típica, em que ele planeja, cogita ou prevê. Isso não significa que necessariamente o crime seja premeditado. Antes de praticar a conduta, seja ela um comportamento comissivo ou omissivo, o agente primeiro tem um pensamento a respeito, idealizando ou prevendo o que fará ou deixará de fazer.

Cuida-se da fase interna, psicológica, sem exteriorização. Por isso, tal fase é indiferente para o Direito Penal, como decorrência, inclusive, do princípio da exteriorização ou materialização do fato (princípio da transcendência). Conforme já estudamos, referido princípio preconiza que o Estado só pode criminalizar condutas humanas voluntárias que se exteriorizem por meio de conduta, seja comissiva (ação), seja omissiva (omissão).

O Direito Penal não se ocupa de convicções pessoais, pensamentos ou desejos íntimos. Desse modo, ainda que o agente deseje fortemente que algo aconteça com seu inimigo, não será punido apenas por isso, pela *nuda cogitatio*. De igual forma, se ele planejar mentalmente como seria agredir fisicamente seu vizinho, com quem teve uma discussão, essa fase de ideação criminosa não é penalmente relevante. Era a conclusão de Ulpiano, para quem a decisão de praticar o delito não seria punível: *cogitationis poenam nemo patitur*.

- **Atos preparatórios**

Nesta fase, o agente começa a preparar os atos necessários para a prática da conduta delitiva. Ele cria o cenário necessário para que a infração penal seja praticada. A doutrina também denomina essa fase de ***conatus remotus***, sendo que a palavra latina *conatus* é utilizada para designar a tentativa e o termo *remotus* designa algo remoto, distante, afastado[1].

É o caso do agente que, sendo o sócio administrador de uma pessoa jurídica, começa a elaborar planilha com os valores das contribuições sociais recolhidas dos funcionários para a futura prática do delito de apropriação indébita previdenciária. Também é exemplo de ato preparatório a conduta do sujeito que, querendo matar um rival, escolhe uma faca de cozinha e começa a afiá-la em sua casa. De igual modo, configura ato preparatório a ida de um ladrão de obras de arte a um museu, onde ele tão somente valora mentalmente os preços das telas expostas para eventual e futura venda no mercado ilícito.

Em regra, os atos preparatórios não são punidos. O bem jurídico ainda não foi exposto à agressão nem foi colocado em risco.

Entretanto, **existem hipóteses de punição de atos preparatórios**. Isso ocorre quando o legislador prevê um **crime autônomo** para a punição de conduta que, de outra forma, não seria punível como ato preparatório de outro delito. São exemplos o crime de associação criminosa (artigo 288 do Código Penal) e o delito de petrechos para falsificação de moeda (artigo 291 do Código penal). É o que alguns penalistas denominam de crime obstáculo.

- **Atos executórios**

A fase dos atos executórios compreende o início da realização da conduta típica pelo agente, momento em que o bem jurídico é posto em perigo ou atacado. Com o início da prática, pelo sujeito, da conduta típica prevista em norma penal incriminadora, seu comportamento passa a ser punível.

A diferenciação entre a fase de preparação e o início dos atos executórios não é questão simples, surgindo controvérsia na doutrina. Há diferentes teorias para estabelecer a fronteira entre o fim de uma fase e o início da outra, o que não possui apenas interesse acadêmico. Isso porque, regra geral, só há punição da conduta

1. Neste sentido, Carrara se referia à tentativa remota, mera preparação não imputável, em contraposição à próxima, punível (CARRARA, Francesco. Programa do Curso de Direito Criminal. Parte Geral. Volume I. Tradução de José Luiz V. de A. Franceschini e J. R. Prestes Barra. São Paulo: Saraiva, 1956, p. 280-281).

quando o agente inicia a prática dos chamados atos executórios. Assim, há notável importância em se delimitar o âmbito das fases de preparação e de execução, tema analisado no tópico seguinte.

- **Consumação**

A consumação é a fase em que há a **configuração ou realização plena da conduta tipificada em lei**. O agente pratica toda a conduta prevista no tipo penal e necessária para a consumação. Há a tipicidade formal, com o encaixe da conduta na moldura da norma penal incriminadora, e a tipicidade material, com a realização da lesão ou ameaça de lesão ao bem jurídico. Com a consumação, o crime passa a ser punido com a sanção penal prevista no preceito secundário, de forma integral.

Façamos duas observações. A primeira é que não é necessário que se alcance essa fase para que a conduta do agente seja punível, pois, como vimos, o ingresso na fase dos atos executórios já torna a conduta penalmente relevante. **Se não atingida a fase da consumação, a realização de atos executórios pelo sujeito torna possível sua punição pela tentativa, em regra**.

Como segundo ponto, cumpre destacar que há crimes que preveem um resultado naturalístico cuja ocorrência não é necessária para a consumação. Denominam-se como **delitos de consumação antecipada, ou, ainda, crimes formais.** A consumação ocorre com a prática da conduta, independentemente da produção do resultado naturalístico previsto na norma penal. Caso aconteça o resultado naturalístico, o crime já estará consumado desde o momento da conduta, sendo, então, denominado **exaurido**, pois se produziram efeitos posteriores à consumação.

É possível denominar a fase da consumação de **consumação formal**, aquela em que há o delito que percorreu todas as suas fases e se encontra completo, acabado, e não em sua forma tentada. Por outro lado, o exaurimento seria a **consumação material**, como a constituição definitiva do crédito tributário no descaminho ou a obtenção da vantagem na extorsão. O resultado, nesse último caso, não influencia a modalidade do crime, pois ele se consuma antes do seu advento, em razão de sua consumação antecipada, prevista em um tipo incongruente. Nada obsta que o juiz considere esse exaurimento na dosimetria, normalmente havendo espaço apenas na primeira fase, como circunstância judicial[2].

É possível correlacionar as fases do *iter criminis*, portanto, à possibilidade ou não de punição do agente. Em regra, a punibilidade surgirá a partir de quando o agente adentra os atos executórios, mas, excepcionalmente, o legislador pode tipificar o que seriam meros atos preparatórios como crime autônomo, o que ocorre, por exemplo, no delito de petrechos de moeda falsa. De todo modo, não se pode responsabilizar, de modo algum, o agente que não saiu da fase da cogitação, por ausência de transcendentalidade ou exteriorização da conduta.

---

2. ZAFFARONI, Eugenio Raúl; PIERANGELI, José Henrique. Manual de direito penal brasileiro, parte geral. 14. ed. rev. e atual. São Paulo: Thomson Reuters Brasil, 2020, p. 609.

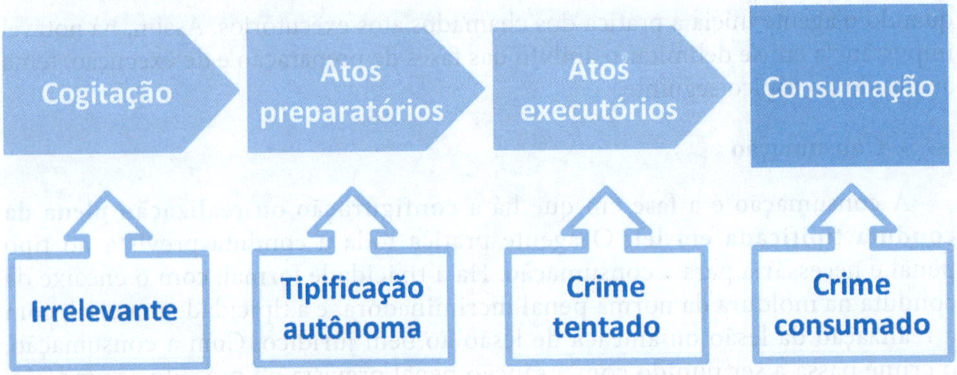

2. DIFERENCIAÇÃO ENTRE ATOS PREPARATÓRIOS E EXECUTÓRIOS

Como já dito, há divergência sobre as fronteiras entre o fim dos atos preparatórios e o início dos executórios. Há casos em que essa divisão não fica muito clara, o que possui efeito prático, já que, via de regra, somente são punidos os atos do agente que iniciam a execução do crime, enquanto os atos preparatórios são irrelevantes para o Direito Penal.

Surgiram, assim, diversas **teorias** para delimitar o início da fase de execução e da fase da preparação, o que, via de regra, traduz-se na fronteira entre a conduta impunível e a tentativa:

- **Teoria negativa**: dada a impossibilidade de se delimitar, com parâmetros genéricos, o início dos atos executórios, a tarefa deve ser entregue ao juiz, para análise de cada caso concreto. Para Zaffaroni e Batista, isso levaria a uma "aberrante extensão da punibilidade a qualquer ato preparatório"[3].
- **Teoria subjetiva**: o início da execução não é compreendido a partir da conduta descrita na norma penal incriminadora, mas sim a partir do elemento subjetivo do sujeito ativo. A execução se inicia no momento em que o agente acredita tê-la iniciado[4], ou seja, verifica-se se a execução foi iniciada a partir da fase do elemento intelectivo e volitivo do autor, a partir da sua representação. A maior crítica feita a essa teoria diz respeito à antecipação que haveria em muitos casos, tornando a conduta punível antes de o sujeito ter efetivamente iniciado a execução do crime. Os limites entre a cogitação e a preparação e a própria execução ficariam confusos, gerando insegurança na aplicação da lei penal.
- **Teoria da hostilidade ao bem jurídico**: os atos de execução são os que expõem o bem jurídico a perigo. Deste modo, a partir do momento em que se cria um risco proibido ao bem jurídico tutelado pela norma penal, a conduta do

3. ZAFFARONI, Eugenio Raúl; BATISTA, Nilo; ALAGIA, Alejandro; SLOKAR, Alejandro. Direito Penal Brasileiro, volume 2, Tomo II, 1ª. ed. Rio de Janeiro: Revan, 2017, p. 527.
4. HILGENDORF, Eric; VALERIUS, Brian. Op. Cit., 2019, p. 269.

agente é considerada início de execução e, por isso, é punível na esfera penal[5]. Foi a posição adotada por Meyer[6] e seguida Nélson Hungria, com expressa menção à teoria da hostilidade ao bem jurídico[7]. Zaffaroni e Batista dizem que Hungria adotou a teoria objetivo-material[8], pois há doutrinadores que vinculam essa teoria a um critério material[9], de modo que a teoria objetivo-material e a da hostilidade seriam uma só concepção.

- **Teoria objetivo-formal ou lógico-formal**: ato executório é aquele que **inicia a realização do núcleo do tipo**. Considerando que o *iter criminis* diz respeito às fases que o autor percorre para a prática de uma conduta típica, é o início de realização do que está descrito no tipo penal que demonstrará que o agente adentrou a fase dos atos executórios. Portanto, é a realização do núcleo do tipo (o verbo nuclear que descreve a conduta no tipo penal) que configura o marco de início da execução e, por conseguinte, do marco a partir do qual a conduta passa a ser punível. Dentre outros doutrinadores, é defendida por Frederico Marques[10]. Atribui-se a sua formulação a Beling[11].
- **Teoria objetivo-material**: atos executórios são tanto aqueles que iniciam a realização do núcleo do tipo quanto aqueles imediatamente anteriores. Para tanto, considera-se a posição de um terceiro observador como critério para definição da tentativa, e não a perspectiva do agente. São incluídos na tentativa atos que, segundo uma concepção natural, seriam considerados como início de execução, em virtude de sua vinculação com a ação típica. Essa teoria, preconizada por Reinhard Frank, poderia levar à conclusão de que o ato de sacar a arma já configuraria uma tentativa de homicídio[12].
- **Teoria objetivo-individual, mista ou critério compositivo**: ato executório é aquele que se realiza no momento **imediatamente anterior ao início dos atos que se amoldam ao núcleo do tipo**, de acordo com o **plano do agente**. Esta teoria se baseia no fato de que a execução de cada delito pode variar muito,

5. Diferenciam a teoria objetivo material e a teoria da hostilidade ao bem jurídico: NUCCI, Guilherme de Souza. Op. Cit., 2015, p. 17; MASSON, Cleber. Op. Cit., 2019, p. 276; CUNHA, Rogério Sanches. Op. Cit., 2020, p. 431-432; ALVES, Jamil Chaim. Op. Cit., 2021, p. 278-385-386.
6. MEZGER, Edmund. Derecho Penal. Libro de Estudio. Parte General. Santiago: Ediciones Olejnik, 2019, p. 229-231.
7. HUNGRIA, Nélson. Comentários ao Código Penal. Vol. I. Tomo 2º. 3. ed. Rio de Janeiro: Revista Forense, 1955, p. 81.
8. ZAFFARONI, Eugenio Raúl; BATISTA, Nilo; ALAGIA, Alejandro; SLOKAR, Alejandro. Direito Penal Brasileiro, volume 2, Tomo II, 1. ed. Rio de Janeiro: Revan, 2017, p. 533.
9. MIRABETE, Julio Fabbrini; FABBRINI, Renato N. Op. Cit., 2016, p. 144. BARROS, Flávio Augusto Monteiro de. Manual de direito penal: partes geral e especial. Salvador: Editora Juspodivm, 2019, p. 303. NORONHA, Edgard Magalhães. Direito Penal, vol. 3. 12. ed. São Paulo: Saraiva, 1979, p. 120 . HILGENDORF, Eric; VALERIUS, Brian. Op. Cit., 2019, p. 292. Por outro lado, insere a teoria da hostilidade ao bem jurídico no contexto da teoria objetivo-formal: NUCCI, Guilherme de Souza. Manual de direito penal: volume único. 20 ed., rev., atual. e ampl. Rio de Janeiro: Forense, 2024, p. 256.
10. BRANDÃO, Cláudio. Teoria jurídica do crime. 6. ed. Belo Horizonte, São Paulo: D'Plácido, 2020, p. 293-294. Flávio Augusto Monteiro de Barros defende que Welzel adotava a teoria objetivo-individual (Op. Cit., 2019, p. 303).
11. BELING, Ernst von. Op. Cit., 2002, p. 134-145. PRADO, Luiz Regis. Op. Cit., 2020, p. 222.
12. Neste sentido, Juarez Cirino dos Santos, citando Jeschek/Weigend (SANTOS, Juarez Cirino dos. Direito Penal. Parte Geral. 9. ed. São Paulo: Tirant Lo Blanch, 2020, p. 388).

desde uma sequência complexa de atos ou até um comportamento abrupto e repentino. Por isso, a lei não pode descrever todos os meios possíveis de execução de cada infração penal, de modo que a forma dos atos executórios vai variar conforme o plano concreto do autor, isto é, a sua representação. Ele crê que já iniciou a execução, que está a caminho da concretização do delito: "aqui vou eu!"[13]. Por isso, ato de execução é aquele em que o sujeito ativo, de acordo com o plano que elaborou, inicia a realização da conduta típica. Defendida por Welzel[14]. Para Zaffaroni e Batista, seus defensores, o plano do autor não é algo elaborado, complexo, mas simplesmente o "como", a forma de realização do delito pelo autor[15].

- **Teoria da univocidade**: os atos preparatórios são equívocos, pois podem se direcionar à prática do delito ou para a realização de uma conduta atípica. Os atos de execução, por sua vez, são unívocos, por se direcionarem à prática do delito. Teria sido elaborada por Carrara[16].

Na doutrina, há controvérsia sobre qual a teoria mais adequada para delimitar o início dos atos de execução e o fim da fase de preparação, prevalecendo a **objetivo-formal**[17].

Na jurisprudência, parecia prevalecer a **teoria objetivo-individual**. O STJ, nesse sentido, já consignou que "A distinção entre atos preparatórios e executórios é tormentosa e exige uma conjugação de critérios, tendo como ponto de partida a teoria objetivo-formal, de Beling, associada a outros parâmetros subjetivos e objetivos (como a complementação sob a concepção natural, proposta por Hans Frank), para que, consoante o tirocínio do julgador, seja possível definir se, no caso concreto, foram exteriorizados atos tão próximos do início do tipo que, conforme o plano do autor, colocaram em risco o bem jurídico tutelado. 9. Tal solução é necessária para se distinguir o começo da execução do crime, descrito no art. 14, II, do CP e o começo de execução da ação típica. Quando o agente penetra no verbo nuclear, sem dúvida, pratica atos executórios. No entanto, comportamentos periféricos que, <u>conforme o plano do autor</u>, uma vez externados, evidenciam o risco relevante ao bem jurídico tutelado também caracterizam início da execução do crime"[18].

Pela teoria objetivo-individual, já incorreria em tentativa o indivíduo que é encontrado com uma mochila e um pé de cabra dentro do quintal da casa, de onde planeja furtar alguns equipamentos eletrônicos. Ainda que não iniciada a conduta referente ao núcleo do tipo do furto (subtrair), a situação em que foi surpreendido o agente demonstra

13. HILGENDORF, Eric; VALERIUS, Brian. Op. Cit., 2019, p. 293.
14. WELZEL, Hans. Op. Cit., 2014, p. 283-285.
15. ZAFFARONI, Eugenio Raúl *et. al. Ibidem*, p. 529-530.
16. CARRARA, Francesco. Programa do Curso de Direito Criminal. Parte Geral. Volume I. Tradução de José Luiz V. de A. Franceschini e J. R. Prestes Barra. São Paulo: Saraiva, 1956, p. 280-281. Teoria também mencionada em: PRADO, Luiz Regis. Op. Cit., 2020, p. 222.
17. MASSON, Cleber. Op. Cit., 2019, p. 276. PRADO, Luiz Regis. Op. Cit., 2020, p. 172-173. CAPEZ, Fernando. Op. Cit., 2013, p. 268-269. Flávio Augusto Monteiro de Barros, entretanto, defende a conjugação das teorias, analisando a eficácia causal do ato (Op. Cit., 2019, p. 393-304). Também conjuga critérios: PRADO, Luiz Regis. Op. Cit., 2020, p. 222. Defende a teoria objetivo-individual: NUCCI, Guilherme de Souza. Op. Cit., 2024, p. 256.
18. STJ, REsp 1252770/RS, Rel. Min. Rogério Schietti Cruz, Sexta Turma, DJe 26/03/2015.

que, pelo seu plano, seu comportamento já configura a prática de atos imediatamente anteriores à efetiva subtração. Deve responder, portanto, pela tentativa de furto[19].

Entretanto, mais recentemente, a Quinta Turma voltou a adotar um precedente da Terceira Seção, compreendendo que se deve adotar a **teoria objetivo-formal**. Decidiu no seguinte sentido: "A despeito da vagueza do art. 14, II, do CP, e da controvérsia doutrinária sobre a matéria, aplica-se o mesmo raciocínio já desenvolvido pela Terceira Seção deste Tribunal (CC 56.209/MA), por meio do qual se deduz a adoção da teoria objetivo-formal para a separação entre atos preparatórios e atos de execução, exigindo-se para a configuração da tentativa que haja início da prática do núcleo do tipo penal." Por isso, no caso então em julgamento, concluiu a Turma que o "rompimento de cadeado e a destruição de fechadura de portas da casa da vítima, com o intuito de, mediante uso de arma de fogo, efetuar subtração patrimonial da residência, configuram meros atos preparatórios que impedem a condenação por tentativa de roubo circunstanciado"[20].

Uma especificidade envolve a **autoria mediata**. Isto porque, em se tratando do uso de outra pessoa como instrumento, a contribuição do autor mediato pode se restringir a provocar a atuação de alguém que age por erro ou sob coação. No clássico exemplo do médico e da enfermeira, em que ele entrega uma seringa com veneno a ela e que ela pensa se tratar de um medicamento, suponha que a mãe do paciente percebe e impede a aplicação. A tentativa seria punível a partir da entrega da seringa, pelo médico, à enfermeira?

Para a teoria da solução integral, deve-se considerar o fato típico em sua unidade, isto é, tanto para autor mediato quanto para a pessoa que atua como seu instrumento. Assim, o autor mediato só seria punível quando o instrumento adentrasse os atos executórios. Por outro lado, para a teoria da solução individual, em uma vertente ampla, deve-se analisar a conduta de cada um deles de forma separada, de modo que o autor mediato inicia a execução quando já teria havido uma "tentativa de instigação", isto é, que a instigação já ocorreu, embora o fato principal não tenha se realizado. Essa concepção já permitiria a punição do autor mediato antes de haver risco ao bem jurídico. Por fim, a vertente modificada da teoria da solução individual preconiza que o autor mediato deve ser punido quando há perigo ao bem jurídico, em razão do estágio avançado de execução delitiva. Nesta concepção já se pode punir o médico quando a seringa já foi entregue e a enfermeira já se dirigiu até o paciente para aplicar a solução, de modo que o resultado não mais depende de sua atuação[21].

E a tentativa nos crimes omissivos?

Pode-se apontar especificidades quanto aos delitos omissivos impróprios, isto é, quando se considera que se iniciou a execução do delito omissivo. Nos crimes omissivos próprios, vale enfatizar que a doutrina não admite a tentativa. Já nos omissivos impróprios, em que há a posição de garante e a obrigação de evitar um resultado, a doutrina tem admitido o *conatus*, isto é, a punição da modalidade tentada. Há

19. STJ, REsp 113603/DF, Rel. Min. José Arnaldo da Fonseca, Quinta Turma, DJ 28/09/1998.
20. STJ, AREsp 974.254/TO, Rel. Min. Ribeiro Dantas, Quinta Turma, DJe 27/09/2021.
21. HILGENDORF, Eric; VALERIUS, Brian. Op. Cit., 2019, p. 298-299.

divergência, contudo, sobre o início da execução, isto é, quando se passa a admitir a responsabilização pela tentativa.

Para alguns, a *perda da primeira chance de salvamento* já implica a possibilidade de que o agente responda por crime tentado. O responsável pela carceragem nota que o preso está em uma cela isolada e não está sendo alimentado. Ao perceber que se trata de condenado por um crime horrendo, decide mantê-lo assim. No outro dia, arrepende-se e o alimenta, evitando a sua morte. Responderia por tentativa. Para outra corrente, só se inicia a tentativa *quando o agente deixa passar a última chance de salvamento*. Nesta linha de entendimento, o agente público não responderia por crime tentado, pois atuou antes da última chance que teria se salvar a vida do preso.

Por fim, há uma concepção intermediária, que parece mais adequada, considerando que a tentativa se perfaz quando o bem jurídico se torna imediatamente ameaçado. Neste momento, com o risco efetivo ao bem jurídico, a omissão do agente já implica tentativa de crime omissivo impróprio, ainda que o resultado não se concretize[22]. É necessário analisar, no exemplo, se na primeira oportunidade já se criou efetivo risco à vida do preso.

3. CRIME CONSUMADO

Crime consumado é **aquele em que houve a realização, pelo agente, de todos os elementos típicos da norma penal incriminadora**. Nos termos da lei, o crime considera-se consumado quando nele se reúnem todos os elementos de sua definição legal. É o que prevê o artigo 14, I, do Código Penal:

> *Art. 14 – Diz-se o crime:*
>
> ***Crime consumado***
>
> *I – consumado, quando nele se reúnem todos os elementos de sua definição legal; (...)*

A consumação ocorre em momento diferente, a depender da espécie de crime:

- **Crime material**: a consumação ocorre com a produção do resultado naturalístico.
- **Crime formal ou de execução antecipada:** a consumação ocorre no momento da conduta, independentemente da produção do resultado. Caso o resultado naturalístico ocorra, será considerado mero exaurimento do crime;
- **Crime de mera conduta**: o crime também se consuma no momento da conduta (comissiva ou omissiva) do agente;
- **Crime culposo**: consuma-se com a produção do resultado naturalístico não desejado nem aceito pelo agente;
- **Crime permanente**: a consumação protrai no tempo, perdurando enquanto durar a atividade delitiva;
- **Crime qualificado pelo resultado**: para que incida o fator que torna a pena mais grave, é indispensável a produção do resultado previsto pela norma penal;
- **Crime habitual**: consuma-se com a reiteração da conduta do sujeito, uma vez que a prática de apenas um ato não configura o delito.
- **Crime omissivo próprio**: consuma-se com a conduta omissiva do agente, ou seja, quando ele se abstém de agir;

22. HILGENDORF, Eric; VALERIUS, Brian. Op. Cit., 2019, p. 350.

- **Crime omissivo impróprio ou comissivo por omissão**: consuma-se com a produção do resultado naturalístico, que deveria ter sido evitado pelo sujeito, que tinha o dever específico de agir (figura do garante).

Por fim, é possível que, após a consumação do crime, haja efeitos posteriores da conduta criminosa. Teremos, nessas hipóteses, o chamado **exaurimento do crime**. É o que ocorre no caso de o resultado naturalístico ser produzido em um crime formal, ou seja, aquele de que não dependia da produção de tal resultado para se consumar. O resultado representa, assim, o exaurimento do crime.

Um exemplo é o delito de extorsão mediante sequestro[23]. O tipo exige o elemento subjetivo especial do tipo, ou seja, uma finalidade específica que deve ser almejada pelo agente. É a intenção de "obter, para si ou para outrem, qualquer vantagem, como condição ou preço do resgate". Essa exigência se refere ao tipo subjetivo, ou seja, ao dolo do agente ao praticar a conduta. Entretanto, esse resultado, consistente na obtenção de qualquer vantagem, como condição ou preço do resgate, não é necessário para a consumação do delito.

Desse modo, caso uma associação criminosa sequestre determinado indivíduo, famoso jogador de futebol, e exija de sua família o valor de R$ 1.000.000,00, o crime já se consumou. Se, posteriormente, os criminosos conseguirem receber a quantia exigida, teremos um **crime exaurido**, o que, no caso, deve ser considerado apenas na dosimetria da pena pelo juiz, pois a consumação já havia ocorrido. Pode-se utilizar também o exemplo do funcionário público que consegue receber a vantagem indevida anteriormente solicitada, no crime de corrupção passiva. É o caso, ainda, de a falsa perícia, após realizada e o delito ter se consumado, influenciar no julgamento da causa, levando o juiz efetivamente a erro.

Em regra, o exaurimento do delito deve ser considerado na primeira fase da dosimetria, pelo juiz, como circunstância judicial desfavorável. Entretanto, se o exaurimento já estiver previsto como causa de aumento de pena ou agravante e assim for valorado pelo juiz não deve ser considerado pelo juiz na fase do artigo 59 do Código Penal, sob pena de violação do princípio do *ne bis in idem*.

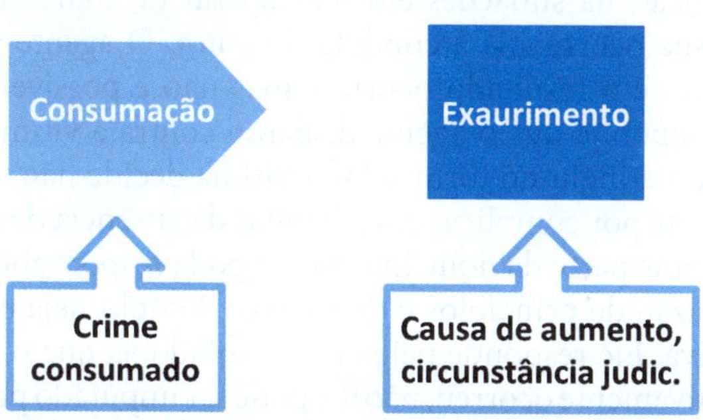

---

23. Art. 159 – Sequestrar pessoa com o fim de obter, para si ou para outrem, qualquer vantagem, como condição ou preço do resgate:
Pena – reclusão, de oito a quinze anos.

4. CRIME TENTADO OU *CONATUS*

Crime tentado é **aquele que, após o início da sua execução, não se consumou por circunstâncias alheias à vontade do agente**. A tentativa, também denominada *conatus*, é a execução de um delito sem que haja sua consumação, por razões diversas da vontade do sujeito ativo. Conhecida também como crime manco, imperfeito ou incompleto. Segundo Zaffaroni e Pierangeli, há uma tipicidade subjetiva completa e um aspecto objetivo incompleto[24]. Em outros termos, no delito tentado há o injusto da conduta, mas não há o injusto do resultado. Subjetivamente, o delito deve ser igual ao crime consumado, isto é, o agente atua com dolo de consumação, desejando que se concretize o resultado delitivo. O resultado, no entanto, não sobrevém por circunstâncias alheias à vontade do agente.

Utilizando a fórmula de Frank, pode-se dizer que a tentativa se caracteriza quando o agente pensa: "eu não posso, embora eu quisesse". Os motivos heterônomos são circunstâncias alheias à sua vontade, caracterizando a tentativa, enquanto os motivos autônomos podem levar à desistência voluntária[25]. São motivos heterônomos, isto é, determinados por terceiros: o barulho que o agente pensa ser da sirene da polícia, a aproximação de um carro do local em que buscava sequestrar uma criança ou o latido forte de um cão que o assusta enquanto furtava a casa. São aptos a caracterizar a tentativa. Por outro lado, se ele abandona a execução por um motivo autônomo, como o arrependimento, o compadecimento com a vítima ou o súbito temor da pena, ele é beneficiado pela desistência voluntária, não respondendo pelo delito que queria praticar, mas apenas pelo que já realizou.

O agente responde por tentativa se a consumação não ocorrer por razões fáticas ou por razões jurídicas[26]. Como exemplo de resultado que não ocorre por razões fáticas, o agente disparou várias vezes contra a vítima, com o intuito de matá-la, e a abandonou, sangrando, em local ermo. A vítima, porém, tem forte compleição física, se arrasta até a rodovia, obtém ajuda e sobrevive. Configura-se a forma tentada do homicídio, já que o resultado morte não ocorreu por razões fáticas, já que o sujeito passivo sobreviveu ao ataque.

Por razões jurídicas, há situações em que, apesar de sobrevir o resultado, não se pode imputar a sua ocorrência à conduta do autor. O agente atuou querendo a consumação do delito e o resultado ocorreu, mas não é possível responsabilizá-lo por esse resultado. Suponha que o agente disparou contra a vítima desejando a sua morte, mas somente a atingiu no tornozelo. A vítima decide não tratar o ferimento, sobrevindo a sua morte por complicações advindas da ausência de cuidados médicos mínimos. Para relevante parte da doutrina, não se pode responsabilizar o agente pelo resultado, seja em razão de princípios e do alcance do dolo, seja em razão da teoria da imputação objetiva. Ele responde pelo crime tentado, já que o resultado, que era querido por ele e efetivamente ocorreu, não lhe pode ser imputado por razões jurídicas.

---

24. ZAFFARONI, Eugenio Raúl; PIERANGELI, José Henrique. Manual de direito penal brasileiro, parte geral. 13. ed. rev. e atual. São Paulo: Thomson Reuters Brasil, 2019, p. 623.
25. HILGENDORF, Eric; VALERIUS, Brian. Op. Cit., 2019, p. 314.
26. HILGENDORF, Eric; VALERIUS, Brian. Op. Cit., 2019, p. 287-288.

A definição legal do crime tentado está no artigo 14, inciso II, do Código Penal:

> *Art. 14 – Diz-se o crime:*
>
> *(...)*
>
> *Tentativa*
>
> *II – tentado, quando, iniciada a execução, não se consuma por circunstâncias alheias à vontade do agente.*

Cumpre recordar que a norma penal acima transcrita é chamada de **norma de extensão temporal**, pois possibilita a punição de condutas que não estariam incluídas no tipo penal sem a sua conjugação. Só se pode punir o delito de homicídio tentado, cujo tipo penal é "matar alguém", quando se aplica o artigo 121 do Código Penal em conjunto com a norma de extensão do artigo 14, inciso II, do mesmo diploma legal. Isso porque o preceito primário daquela norma não prevê a conduta de "tentar matar alguém", sendo necessária a extensão temporal para punição de condutas que não produziram o resultado naturalístico.

Com relação à **forma de punição da tentativa**, há divergência na doutrina. Foram elaboradas diferentes teorias sobre a forma de punição:

- **Teoria subjetiva, voluntarística ou monista**: deve-se atentar para o elemento subjetivo, razão pela qual não há diferenciação de penas. Como a intenção do agente não se modifica no crime consumado e tentado, já que neste último a não consumação decorre de circunstâncias alheias à vontade do agente, a punição deve ocorrer da mesma forma. O fundamento da punibilidade é a vontade contrária ao Direito posta em ação. Elaborada por von Buri[27].
- **Teoria sintomática**: A punibilidade deve ter por base a periculosidade subjetiva, o que possibilitaria, inclusive, a punição dos atos preparatórios. Defendida por autores da Escola Positiva.[28]
- **Teoria objetiva ou realística**: deve-se observar o aspecto objetivo, com possibilidade de pena menos rigorosa para a tentativa. O que se analisa é o que efetivamente o agente fez, com base na fase do *iter criminis* à qual ele chegou. Sendo o crime consumado um delito objetivamente não completo, sua pena deve ser diferenciada. Elaborada por Feuerbach e desenvolvida por Carrara[29].

---

27. BRANDÃO, Cláudio. Teoria jurídica do crime. 6. ed. Belo Horizonte, São Paulo: D'Plácido, 2020, p. 298.
28. JESCHECK, Hans Heirich; WEIGEND, Thomas. Tratado de Derecho Penal. Parte General. Granada: Comares, 2002, p. 552.
29. FEUERBACH, Paul Johann Anselm Ritter von. Tratado de derecho penal común vigente en Alemania. Traducción al castellano de la 14ª edición alemana por Engenio Raúl Zaffaroni e Irma Hagemeier. Buenos Aires: Hammurabi, 2022, p. 60. BRANDÃO, Cláudio. Teoria jurídica do crime. 6. ed. Belo Horizonte, São Paulo: D'Plácido, 2020, p. 297. Na obra de Carrara, ele menciona ser uma antiga posição da doutrina italiana, em contraposição à francesa, diferenciar crime tentado e consumado, sem equipará-los. Isso não derivaria de benignidade, mas de ser o delito tentado um minus em relação ao consumado. Dos dois elementos do crime, o fato e a má intenção, há falta em um deles, por não percorrer totalmente a sua trajetória, na tentativa, acarretando um minus também quanto ao seu valor (a pena a ser aplicada): CARRARA, Francesco. Op. Cit., 1956, p. 257.

- **Teoria objetivo-subjetiva:** para evitar a punição de todos os atos preparatórios (como na subjetiva), condiciona a punição à violação da confiança na vigência do ordenamento e ao sentimento de segurança jurídica nos membros da sociedade, por meio da conduta do agente. Essa teoria considera que o decisivo para a tentativa não é o risco ao bem jurídico, mas o injusto da ação (a conduta típica e ilícita) por meio da exteriorização do dolo do agente. Essa teoria seria mais restritiva que a subjetiva, por não aceitar tentativa em caso de absoluta inidoneidade (crime impossível).
- **Teoria da impressão**[30]**:** Jescheck menciona que a teoria da impressão seria intermediária, por partir da teoria objetivo-subjetiva e lhe adicionar um elemento fundamental. Os fundamentos da punição da tentativa seriam (1) a vontade (dolo) exteriorizada pela conduta do agente e (2) o abalo da paz pública e do sentimento de segurança jurídica que essa conduta causa[31]. A punição depende do abalo na confiança da comunidade em relação à confiança na vigência da ordem jurídica[32].

O parágrafo único do artigo 14 do Código Penal demonstra a opção do legislador quanto à punição da tentativa:

> *Pena de tentativa*
>
> *Parágrafo único – **Salvo disposição em contrário**, pune-se a tentativa com a pena correspondente ao crime consumado, **diminuída de um a dois terços**.*

Como se nota, **o legislador adotou, como regra, a teoria objetiva ou realística**, com a punição do crime tentado com uma pena diferente daquela prevista para o consumado[33]. Incide, para o *conatus*, uma causa de diminuição de pena, de um a dois terços.

✓ **Qual o critério deve ser observado pelo juiz para a escolha da fração de diminuição de pena para o crime tentado?**

O legislador não previu como o juiz deve fundamentar sua escolha pela fração de aumento de pena, tendo definido apenas os limites mínimo e máximo de um terço e dois terços. A doutrina e a jurisprudência apontam que o critério deve ser **a proximidade do agente de atingir a consumação do delito, de modo que, quanto mais próximo ele chegar, menor deve ser a fração de diminuição de pena e vice-versa**. Portanto, o juiz analisará o percurso do agente pelo *iter criminis*, de forma objetiva,

---

30. Rogério Sanches Cunha e Cleber Masson tratam as teorias objetivo-subjetiva e da impressão como sinônimas (Manual de direito penal: parte geral. 8. ed. rev. atual. e ampl. Salvador: Juspodivm, 2020, p. 435 e Direito Penal: parte geral, vol. 1, 13. ed. São Paulo: Método, 2019, p. 281, respectivamente). Entretanto, o JESCHECK e o brasileiro BRANDÃO diferenciam as teorias.
31. JESCHECK, Hans Heirich; WEIGEND, Thomas. Tratado de Derecho Penal. Parte General. Granada: Comares, 2002, p. 552.
32. OLIVÉ, Juan Carlos Ferré et al. Op. Cit., 2017, p. 579.
33. CUNHA, Rogério Sanches. Manual de direito penal: parte geral. 8. ed. rev. atual. e ampl. Salvador: Juspodivm, 2020, p. 436. MASSON, Cleber. Direito Penal: parte geral, vol. 1, 13. ed. São Paulo: Método, 2019, p. 281. Neste sentido, tem entendido o STJ: AgRg no HC n. 742.479/SP, relator Ministro Ribeiro Dantas, Quinta Turma, julgado em 21/6/2022, DJe de 29/6/2022.

sendo que, quanto mais próximo o agente tiver chegado de consumar o delito, maior deverá ser a pena, com a escolha de uma fração menor para aplicação da minorante[34].

Entretanto, a própria norma acima transcrita se inicia com a expressão "salvo disposição em contrário". **Isso significa que, em alguns casos, houve a adoção de outra forma de punir a tentativa, nos termos da teoria subjetiva**. Isso porque a lei prevê, em alguns casos, a punição do crime consumado e do crime tentado com a mesma pena. É o caso do artigo 309 do Código Eleitoral, para o qual o legislador adotou o critério subjetivo, com previsão da mesma sanção penal para a forma tentada e a forma consumada:

> *Art. 309. **Votar ou tentar votar** mais de uma vez, ou em lugar de outrem:*
>
> *Pena – reclusão até três anos.*

Segue um esquema para memorização da teoria adotada como regra pelo Código Penal e da que foi acolhida para casos excepcionais:

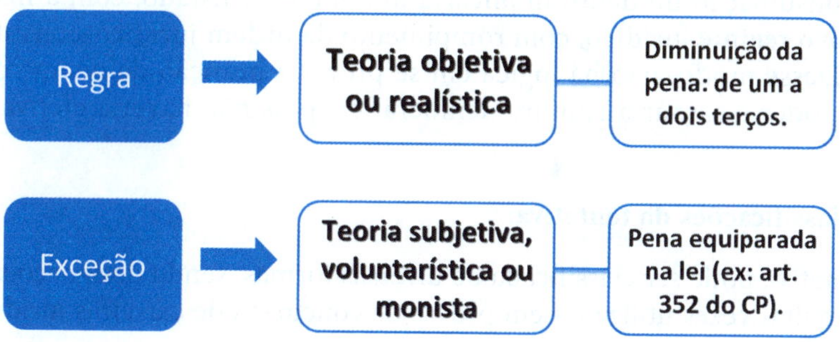

- **Crime de atentado ou de empreendimento**

Crime de atentado ou de empreendimento é aquele em que o legislador equipara a forma tentada à forma consumada do delito, tendo adotado a teoria subjetiva, como no crime do artigo 352 do Código Penal:

> *Evasão mediante violência contra a pessoa*
>
> *Art. 352 – **Evadir-se ou tentar evadir-se** o preso ou o indivíduo submetido a medida de segurança detentiva, usando de violência contra a pessoa:*
>
> *Pena – detenção, de três meses a um ano, além da pena correspondente à violência.*

Nesse caso, como visto, o legislador adota, de forma excepcional, a teoria subjetiva quanto à punição do *conatus*. O tipo penal já prevê, como núcleos do tipo, tanto a forma consumada (no caso, "evadir-se") quanto a tentada (tentar evadir-se),

34. STJ, AgRg no AREsp n. 2.077.091/GO, Rel. Des. Conv. Jesuíno Rissato, Quinta Turma, julgado em 21/6/2022, DJe de 27/6/2022.

com a previsão da mesma sanção penal no seu preceito secundário ("detenção, de três meses a um ano, além da pena correspondente à violência").

✓ Existe algum crime que seja punido apenas na forma tentada?

Alguns doutrinadores apontam que há crimes que só se punem na forma tentada. São os crimes chamados de lesa-pátria. Estão atualmente previstos no Título XII da Parte Especial, que trata dos crimes contra o Estado Democrático de Direito. É o caso do artigo 359-M, que tipifica o crime de golpe de estado:

> *Art. 359-M.* ***Tentar depor****, por meio de violência ou grave ameaça, o governo legitimamente constituído:*
> *Pena – reclusão, de 4 (quatro) a 12 (doze) anos, além da pena correspondente à violência.*

Observa-se que o próprio núcleo do tipo é "tentar depor", exprimindo que é a conduta tentada que é punida. E por que não se pune a forma consumada? Nesse caso, a consumação do delito implicaria um golpe de Estado, com a instituição de um novo regime jurídico, com rompimento da ordem jurídico-constitucional vigente. Desse modo, não há lógica em se prever a punição de quem conseguir tomar o poder e causar a ruptura democrática, pois não haveria efetivamente a punição.

✓ Classificações da tentativa:

A tentativa pode ser classificada de diversas formas, sendo designações importantes e muitas vezes utilizadas em provas de concursos de carreiras jurídicas:

- **Imperfeita ou inacabada**: é a tentativa em que o agente não executa todos os atos que pretendia. Por exemplo, querendo assassinar seu inimigo, o sujeito pretende descarregar sua arma de fogo, usando toda a munição disponível. Entretanto, após o disparo de dois projéteis, a polícia chega e o rende. Essa classificação considera a perspectiva do agente, isto é, considera o seu plano delitivo. Considera-se, para a classificação como tentativa inacabada, que ele entendia insuficiente a sua atuação para a produção do resultado delitivo. Ele não pôde, por circunstâncias alheias à sua vontade, finalizar os atos executórios que planejou.
- **Perfeita, acabada, crime falho[35] ou frustrado**: o agente pratica todos os atos executórios que entendia suficientes para a concretização do resultado, mas não consegue consumar o crime. Como ilustração, pode-se tomar o caso do assassino de aluguel iniciante, que não possui boa pontaria. Ele dispara toda a

35. Carrara faz uma distinção mais aprofundada, dizendo haver diferença entre a tentativa pregressa, em que o agente executa todos os atos que pensava necessários para a prática do resultado, do crime falho, aquele em que o agente tenha realizado todos os fatos efetivamente necessários para a consecução do resultado típico (CARRARA, Francesco. Programa do Curso de Direito Criminal. Parte Geral. Volume I. Tradução de José Luiz V. de A. Franceschini e J. R. Prestes Barra. São Paulo: Saraiva, 1956, 285-286).

sua munição contra a vítima, cuja morte lhe foi encomendada. Entretanto, não atinge nenhum órgão vital e, apesar de ter usado toda a sua munição, sai do local sem saber que a vítima estava ferida, porém viva. Também há tentativa acabada se o agente, apesar de não usar toda a munição de que dispunha, realizou tantos disparos quantos achou suficientes para o resultado que buscava. A classificação de tentativa acabada ou inacabada possui maior relevância quando a lei distingue a pena para a tentativa imperfeita e para o crime falho, o que não é o caso da lei brasileira. De todo modo, esse critério pode ser usado para nortear o juiz na escolha da fração de diminuição de pena do crime tentado.

- **Branca ou incruenta**: não há efetiva lesão ao bem jurídico. É o caso do indivíduo que quer causar lesão corporal em sua ex-mulher, que está em seu carro, parada em frente a um semáforo. Então, lança uma pedra contra ela, mas não consegue acertá-la. O semáforo passa para a luz verde e a mulher vai embora, sendo que não foi provocada nenhuma lesão à vítima, que se livrou sem ter sua incolumidade física afetada.
- **Vermelha ou cruenta**: há efetiva lesão ao bem jurídico. Podemos exemplificar com o sujeito que quer matar o torcedor rival do seu time, após uma infantil discussão sobre o resultado do jogo e os erros de arbitragem. Ele acaba acertando vários golpes na vítima, que sai ferida, mas não provoca sua morte em razão da chegada dos policiais ao local. Houve a lesão ao bem jurídico e, portanto, a tentativa é cruenta ou vermelha.

  Para ajudar a memorizar, pense no sangue da vítima: atingido o bem jurídico, a tentativa é vermelha.
- **Idônea**: era possível que o agente atingisse o resultado, o que não ocorre por circunstâncias alheias à sua vontade. Os atos de execução praticados pelo agente possuíam idoneidade para atingir a consumação do delito, além de o objeto ser apropriado para a prática delitiva. É o sujeito que ia efetuar um furto, em uma residência com objetos de valor, mas ao começar a escalada do muro é surpreendido pelo morador, lutador de jiu-jitsu, que o imobiliza e o leva à autoridade policial.
- **Inidônea**: é outra forma de se denominar o crime impossível. É a conduta do agente que, apesar de possuir como escopo a realização de um delito, não possui potencialidade de consumá-lo. Isso ocorre por absoluta ineficácia do meio empregado ou absoluta impropriedade do objeto material. Imagine a mulher que odeia seu sogro, já idoso, e vai até a casa dele com um gás tóxico para lançar no local e trancar o cômodo. Assim ela o faz, lançando o gás e trancando o sogro, que ela viu estar na sua poltrona, e fechando a casa com as chaves que retirou da fechadura. Ocorre que seu sogro já havia falecido quatro horas antes em razão de uma parada cardíaca. Por isso, a tentativa de homicídio que a nora praticou é inidônea, por absoluta impropriedade do objeto material do delito, no caso, de homicídio (matar alguém – pessoa viva). É caso, portanto, de crime impossível, que também pode ser classificado como delito putativo por erro de tipo (ela imagina estar cometendo um delito por falha na sua representação da realidade, no caso, ao pensar que o sogro estava vivo).

- **Infrações penais que não admitem tentativa:**

Nem toda infração penal admite a punição da forma tentada. Algumas infrações não são puníveis em sua forma tentada por questão técnico-jurídica, outras por opção legislativa. Vejamos:

✓ **Contravenção penal**: o Decreto-Lei n. 3.688/1941, autodenominado Lei das Contravenções Penais, prevê expressamente, em seu artigo 4º, que **não é punível a tentativa de contravenção penal**.

✓ **Crime culposo**: no crime culposo, o agente não tem como objetivo atingir o resultado naturalístico. Desse modo, caso não seja atingido, não é cabível punir o agente, que atuou de forma imprudente, negligente ou imperita, mas não causou lesão ou ameaça de lesão ao bem jurídico. Afirmou Carrara que "Imaginar um *atentado culposo* é o mesmo que sonhar um monstro lógico"[36].

Entretanto, parte da doutrina entende ser possível a tentativa na **culpa imprópria**[37], aquela em que o agente atua sob uma descriminante putativa. Neste caso, por erro, o sujeito age de forma intencional, sendo que a não produção do resultado enseja sua punição pelo *conatus*[38]. Não há propriamente culpa, mas o erro do agente sobre os pressupostos fáticos de uma excludente torna sua conduta, se o erro for considerado evitável, punível a título de culpa – por isso, culpa imprópria. Por isso, esse termo – culpa imprópria – não tem sido usado pela dogmática moderna, por se referir a uma conduta dolosa do agente, que agiu em erro vencível, com responsabilidade penal a título da quebra do dever objetivo de cuidado. O tratamento dado pelo legislador pode ser de crime culposo, ou seja, equivalente à negligência, mas a estrutura típica continua sendo efetivamente de um delito doloso[39].

✓ **Crime preterdoloso:** no crime preterdoloso, há dolo na conduta antecedente e culpa na conduta subsequente. Desse modo, caso o resultado naturalístico não seja atingido, cuja punição seria produzida a título de culpa, não se pune o crime preterdoloso na forma tentada. O motivo é o mesmo de ser não cabível a tentativa no caso de culpa própria.

Aqui também é preciso fazer uma ressalva. Parte da doutrina defende que, se ocorrer o resultado produzido a título de culpa, mas a conduta antecedente não se consumar, é possível, excepcionalmente, a punição da forma tentada do crime preterdoloso. Seria o caso do crime de estupro qualificado pelo resultado morte, sendo que este último deve ser causado a título de culpa

---

36. CARRARA, Francesco. Programa do Curso de Direito Criminal. Parte Geral. Volume I. Tradução de José Luiz V. de A. Franceschini e J. R. Prestes Barra. São Paulo: Saraiva, 1956, p. 267.
37. GOMES, Luiz Flávio. Erro de tipo e erro de proibição. 5. ed. São Paulo: Editora Revista dos Tribunais, 2001, p. 215.
38. É o que prevê o artigo 20, § 1º, do CP: "É isento de pena quem, por erro plenamente justificado pelas circunstâncias, supõe situação de fato que, se existisse, tornaria a ação legítima. **Não há isenção de pena quando o erro deriva de culpa e o fato é punível como crime culposo**".
39 BITENCOURT, Cezar Roberto. Op. Cit., 2020, p. 402.

(delito preterdoloso). Se o sujeito tenta estuprar a vítima, sem sucesso, mas com a violência utilizada causa sua morte, haveria um caso de tentativa de crime preterdoloso para referida corrente doutrinária.

- ✓ **Crime omissivos próprios**: os crimes omissivos próprios se consumam com a prática da conduta omissiva pelo agente, com o seu "não fazer". É o caso da omissão de socorro. Não é possível a tentativa de omissão, pois, enquanto não passar a oportunidade do agente de agir e, assim, atender ao que determina a lei penal (mandamental), o crime não se configurou. Se ele não puder mais agir, o crime já estará consumado pela sua abstenção.
- ✓ **Crime habitual**: é aquele para o qual se exige a prática de reiterados atos para sua consumação, como o curandeirismo. Grande parte da doutrina entende que não é possível a configuração da tentativa, já que um ato é indiferente para o Direito Penal, enquanto a reiteração já configura o delito na sua forma consumada.
- ✓ **Crime de atentado ou de empreendimento**: é aquele que já prevê no seu tipo a equiparação entre a forma tentada e a consumada. Dessa maneira, não é possível a configuração da tentativa do delito.
- ✓ **Crime unissubsistente**: é o delito cuja execução não pode ser desdobrada em vários atos[40]. A não possibilidade de fracionamento da fase de execução torna impossível o início da execução com a sua posterior interrupção por circunstâncias alheias à vontade do agente.

  Entretanto, Fernando Capez entende que em determinados casos é possível a tentativa de crime unissubsistente, como no caso do sujeito que dispara um único projétil contra a vítima, para matá-la, e não consegue atingi-la, por falha na pontaria[41]. Esse entendimento é minoritário. O entendimento que parece mais acertado, o da maioria dos penalistas, é de que, mesmo que haja um só projétil, a conduta de atirar pode ser fracionada (exemplo: retirada de arma do coldre, levantar o braço, apontar e puxar o gatilho), razão pela qual tal delito seria plurissubsistente e, assim, se pune a forma tentada.
- ✓ **Crime cuja punição está condicionada à produção do resultado**: o legislador pode condicionar a punição da conduta à produção do resultado naturalístico. É o que ocorria no crime de induzimento, instigação ou auxílio a suicídio, previsto no artigo 122 do Código Penal, até a sua alteração pela Lei n. 13.968/2019. Só havia previsão de pena se o suicídio se consumasse ou se da tentativa do suicídio resultasse lesão corporal de natureza grave. Desse modo, sem que houvesse a produção do resultado, não havia responsabilização criminal, o que impedia a punição da tentativa. Posteriormente, houve alteração legislativa, passando a punição a não mais depender de qualquer resultado naturalístico.

40. No mesmo sentido, defendendo que não cabe tentativa de crime unissubsistente, por todos, a posição de Luiz Regis Prado (Curso de Direito Penal Brasileiro, 18. ed. Rio de Janeiro: Forense, 2020, p. 223).
41. CAPEZ, Fernando. Curso de direito penal, volume I, parte geral: (arts. 1º ao 120). 17ª Ed. São Paulo: Saraiva, 2013, p. 270.

✓ **E quanto ao dolo eventual, é possível a punição da tentativa?**

Apesar de haver divergência doutrinária, parte da doutrina entende ser possível, pois o Código Penal equiparou o dolo eventual ao dolo direto[42]. É a posição de Nélson Hungria[43]. O STJ também entende compatíveis o dolo eventual e a tentativa:

> *"(...) 1. A jurisprudência deste Superior Tribunal de Justiça possui entendimento de que se afigura compatível com o dolo eventual a modalidade tentada, mesmo no âmbito do delito de homicídio. (...)" (STJ, AgRg nos EDcl no REsp 1711927/SP, Rel. Min. Ribeiro Dantas, Quinta Turma, DJe 15/08/2018).*

5. TENTATIVA ABANDONADA

O agente pode afastar a responsabilização penal se, apesar de ter iniciado a sua execução, evitar a consumação do delito por sua própria vontade, seja por uma atuação que evita o resultado, seja pela interrupção dos atos executórios. Essa situação se refere à tentativa abandonada. Ao contrário da tentativa simples, neste caso **o crime não se consuma pela vontade do agente**, que, voluntariamente, interrompe a execução ou, após encerrada a prática dos atos de execução, impede a produção do resultado. É a tentativa de prática delitiva que é abandonada pelo agente, razão pela qual se fala em hipótese de dolo abandonado.

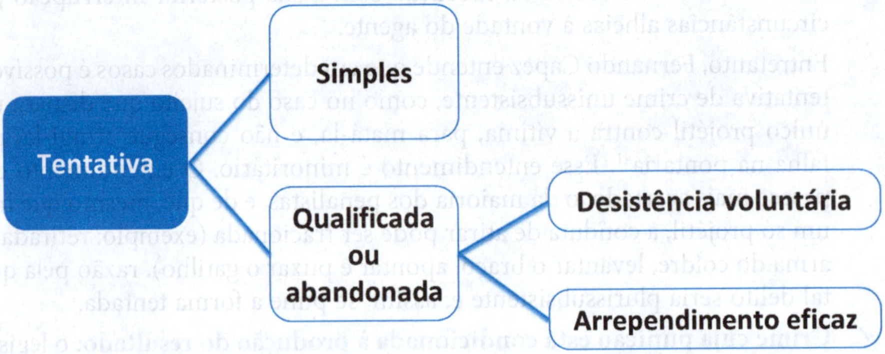

As hipóteses de tentativa abandonada estão previstas no artigo 15 do Código Penal e abrangem a desistência voluntária e o arrependimento eficaz. A desistência voluntária ocorre se o agente desiste de prosseguir nos atos executórios, enquanto, no arrependimento posterior, o agente realiza os atos executórios que almeja, mas, por atuação posterior, impede a produção do resultado:

> *Desistência voluntária e arrependimento eficaz*
>
> *Art. 15 – O agente que, voluntariamente, desiste de prosseguir na execução ou impede que o resultado se produza,* ***só responde pelos atos já praticados****.*

42. Neste sentido: BARROS, Flávio Augusto Monteiro de. Manual de direito penal: partes geral e especial. Salvador: Editora Juspodivm, 2019, p. 313-315.
43. HUNGRIA, Nélson. Comentários ao Código Penal. Vol. I. Tomo 2º. 3. ed. Rio de Janeiro: Revista Forense, 1955, p. 87.

O agente, ao optar pelo retorno à legalidade, deixa de ser punível pela tentativa. É possível, de todo modo, que ele seja responsabilizado pelos atos já praticados. Caso haja atos pelos quais ele seja responsável, a doutrina denomina a situação de **tentativa qualificada**[44]. Ainda que muitas vezes os termos "tentativa abandonada" e "tentativa qualificada" sejam usados como sinônimos, a última expressão seria específica para as hipóteses em que há fatos já praticados pelo agente. Como se deve individualizar a desistência, o agente não fica impune pelo que já praticou. Assim, se o agente desferiu facadas contra a vítima, com *animus necandi*, causando-lhe lesões nos braços, mas desistiu de matá-la, interrompendo os golpes, será responsabilizado pelo crime do artigo 129 do CP, mas não pela tentativa de homicídio.

Surge o questionamento, qual a natureza jurídica das modalidades de tentativa abandonada?

Parte da doutrina entende que há **exclusão da tipicidade**, sendo que a conduta deixa de ser típica em razão do abandono da tentativa pelo agente. Assim, ele só responde pelos atos já praticados, e não pelo crime em relação ao qual possuía, no início, o dolo de consumação. Referida posição, defendida por Damásio de Jesus, Heleno Fragoso e Cláudio Brandão[45], é **dominante** na jurisprudência.

Outra corrente defende que se trata de **causa de extinção da punibilidade**, pois o abandono da tentativa pelo agente não faz desaparecer a conduta típica já praticada. Crime tentado já houve, mas o comportamento do agente, de desistir de prosseguir na execução ou de impedir a produção do resultado é causa que extingue a sua punibilidade. Surge o direito de punir do Estado, mas o Estado renuncia por motivos de oportunidade. É a posição de Hungria[46].

Por fim, Hans Welzel e Claus Roxin defendem que, ao evitar o resultado desvalorado pelo Direito Penal, o agente evita o juízo de reprovação sobre a sua conduta. Desse modo, a tentativa abandonada é **causa excludente da culpabilidade**. Por isso, o agente responde apenas pelos atos já praticados, sobre os quais incidem o juízo de censura.

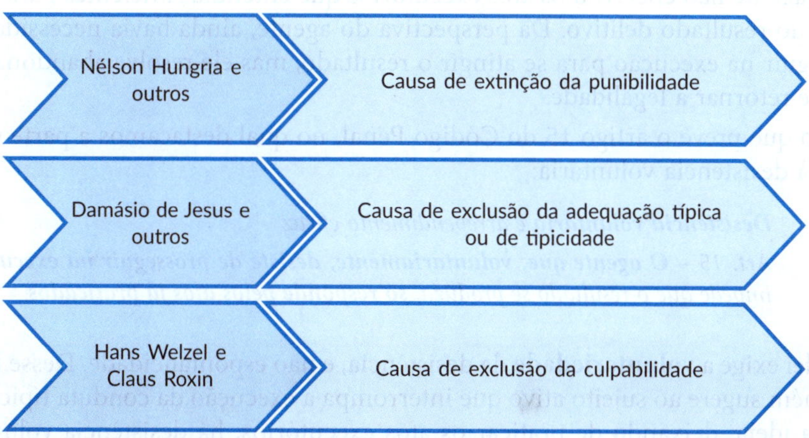

44. HILGENDORF, Eric; VALERIUS, Brian. Op. Cit., 2019, p. 302.
45. BRANDÃO, Cláudio. Teoria jurídica do crime. 6. ed. Belo Horizonte, São Paulo: D'Plácido, 2020, p. 300.
46. HUNGRIA, Nélson. Comentários ao Código Penal, Vol. I, Tomo II. Rio de Janeiro: Revista Forense, 1955, p. 90-91.

A expressão de Franz von Liszt, designando as hipóteses de tentativa abandonada de **Ponte de Ouro**, foi bastante difundida: "No momento em que o agente transpõe a linha divisória entre os atos preparatórios impunes e o começo de execução punível, incorre na pena cominada contra a tentativa (...). Pode, porém, a **lei**, por considerações de política criminal, **construir uma ponte de ouro** para a retirada do agente que já se tornara passível de pena"[47]. A ideia é que o agente tenha um estímulo legal para impedir a consumação do crime: não responderá pela tentativa do delito cuja execução iniciou, mas apenas pelos atos já praticados. É a chamada teoria da política criminal.

Há quem justifique a não punição da tentativa abandonada no próprio merecimento do agente, e não em razões de política criminal. Considera-se que o agente retornou à legalidade voluntariamente, não apresentando periculosidade e, por esse motivo, não se faz necessária a imposição de pena. Essa concepção, minoritária, é conhecida como teoria do merecimento[48].

Cumpre, então, analisar as duas formas de tentativa abandonada, a desistência voluntária e o arrependimento eficaz. Por fim, **ainda que não se trate efetivamente de tentativa abandonada**, mas de causa de diminuição de pena, será estudado, na sequência o **arrependimento posterior**, por questão didática e comparativa.

5.1. Desistência voluntária

A desistência voluntária **é a modalidade de tentativa abandonada em que o agente, voluntariamente, desiste de prosseguir na execução**. Vale lembrar que, na tentativa simples, o indivíduo não consegue a consumação do crime em razão de circunstâncias alheias à sua vontade, enquanto na desistência voluntária ele mesmo desiste de prosseguir na execução.

O instituto da desistência voluntária é compatível com a tentativa inacabada, pois o agente não encerrou os atos executórios que entendia suficientes para a produção do resultado delitivo. Da perspectiva do agente, ainda havia necessidade de prosseguir na execução para se atingir o resultado, mas ele resolve abandonar esse plano e retornar à legalidade.

É o que prevê o artigo 15 do Código Penal, no qual destacamos a parte que se refere à desistência voluntária:

> ***Desistência voluntária*** *e arrependimento eficaz*
>
> *Art. 15 –* ***O agente que, voluntariamente, desiste de prosseguir na execução*** *ou impede que o resultado se produza,* ***só responde pelos atos já praticados.***

A lei exige a **voluntariedade** da desistência, e não espontaneidade. Desse modo, se alguém sugere ao sujeito ativo que interrompa a execução da conduta típica e ele acata a ideia, deixando de praticar os atos executórios, há desistência voluntária.

47. LISZT, Franz von. Tratado de Direito Penal Allemão. Tradução de José Hygino Duarte Pereira. Tomo I. Rio de Janeiro: F. Briguiet & C. Editores, 2006, p. 342.
48. HILGENDORF, Eric; VALERIUS, Brian. Op. Cit., 2019, p. 302.

A decisão final deve ser do agente, ele deve atuar por motivos autônomos, como "senhor de suas decisões", ainda que ele receba a sugestão de outra pessoa para não consumar o crime. A fórmula de Frank pode ser usada para caracterizar a desistência voluntária: "eu não quero, embora eu pudesse"[49].

O que a lei não aceita como desistência voluntária é que o agente seja coagido a parar, como no caso do criminoso que, com a chegada de polícia e sob a mira das armas dos policiais, interrompe as agressões que fazia contra a vítima. Nesse caso, há tentativa simples, pois o resultado morte não se consuma por circunstâncias alheias à vontade do agente.

Portanto, **pode ter havido interferência externa subjetiva**, **o que não se admite é a interferência objetiva**, como no caso de alguém retirar a arma de fogo da mão do indivíduo que começou a efetuar os disparos. Se a interferência objetiva ocorrer, a hipótese é de tentativa simples.

Na desistência voluntária, **o agente responde pelos atos típicos já praticados**. Portanto, se ele queria a morte da vítima e já tiver praticado lesão corporal, a desistência voluntária impedirá que ele responda por homicídio tentado, mas será responsabilizado pela lesão corporal praticada.

Por fim, deve-se destacar que, na desistência voluntária, o agente ainda não finalizou a prática dos atos executórios, sendo que ele desiste de prosseguir na sua prática. É o caso do indivíduo que, ao entregar a xícara de café envenenado ao seu sogro, arrepende-se e empurra a vítima quando ela ia beber o líquido, impedindo que ela seja envenenada. Também podemos exemplificar com o sujeito que está asfixiando a vítima, quando sua mãe o surpreende e pede que ele pare, influenciando-o a efetivamente desistir da prática delitiva.

5.2. Arrependimento eficaz

O arrependimento eficaz é a **tentativa abandonada consistente no impedimento, do próprio agente, da produção do resultado**. O sujeito chega a realizar os atos executórios, conforme desejava, mas, depois, arrepende-se, e impede que o resultado, antes desejado por ele, ocorra. O sujeito já praticou e exauriu os atos necessários para a produção do resultado, mas, evita, após se arrepender, que ele sobrevenha.

Por envolver o impedimento de que um resultado naturalístico se produza, o arrependimento eficaz **é cabível somente nos crimes materiais**. Isso porque em referidos crimes há a previsão de um resultado naturalístico, cuja produção é imprescindível para a consumação do delito.

Não cabe nos crimes formais porque, apesar de preverem a produção de um resultado, sua ocorrência é dispensável para a consumação do delito e, se o agente impedir que o resultado se produza, o crime já terá se consumado e ele terá evitado apenas o exaurimento do crime, o que deve ser considerado apenas na dosimetria.

O arrependimento eficaz é compatível com a tentativa acabada. O agente já havia encerrado os seus atos executórios, isto é, aqueles que entendia suficientes para a

49. HILGENDORF, Eric; VALERIUS, Brian. Op. Cit., 2019, p. 314.

causação do resultado típico. De sua perspectiva e a partir do seu plano, ele já havia encerrado a atuação delitiva, mas, antes de o resultado efetivamente ocorrer, ele atua para neutralizar a sua conduta anterior e, assim, evita a produção do resultado.

Essa modalidade de tentativa abandonada está prevista no artigo 15 do Código Penal, no qual destacamos a parte que se refere ao referido instituto:

> *Desistência voluntária e* ***arrependimento eficaz***
>
> *Art. 15 –* ***O agente que, voluntariamente,*** *desiste de prosseguir na execução ou* ***impede que o resultado se produza, só responde pelos atos já praticados****.*

Tal como na desistência voluntária, o legislador exige, para o arrependimento eficaz, a **voluntariedade**, não sendo necessária a espontaneidade. Desse modo, é possível a **interferência subjetiva**, como o conselho de alguém para que o agente evite a produção do resultado por misericórdia ou para evitar a sanção penal, **mas não se configura a tentativa abandonada com a interferência objetiva**.

A atuação do indivíduo, após ter praticado os atos executórios que desejava, deve ser capaz de impedir a ocorrência do resultado naturalístico. Em outras palavras, **o arrependimento deve ser eficaz**. Se o sujeito tentar impedir o resultado, mas não conseguir, haverá sua punição pelo delito consumado.

O arrependimento eficaz está presente no caso da criminosa passional que, após envenenar a pessoa amada, inconformada com o término da relação, arrepende-se e lhe entrega o antídoto, que evita a morte da vítima. Também é o caso do sujeito que agride seu rival com vários golpes de faca, em um sítio afastado, e, arrependido, estanca a hemorragia e o leva a um hospital, sendo que, por tais medidas, a vítima sobrevive.

Também como na desistência voluntária, o sujeito responde pelos atos típicos já praticados. Desse modo, no último exemplo, o indivíduo responderá pela lesão corporal praticada por meio dos golpes de faca, evitando apenas a responsabilização pelo homicídio tentado.

5.3. Comunicabilidade da tentativa abandonada

Sobre a comunicabilidade da tentativa abandonada, há duas correntes:

1ª Posição: dada a natureza subjetiva, não há extensão automática dos efeitos ao partícipe, que pode ser punido. Defendida, dentre outros, por Heleno Fragoso e Luiz Regis Prado, sendo que este último defende que a natureza jurídica é de causa pessoal de exclusão da punibilidade ou de isenção de pena. Deste modo, a extensão dos efeitos da tentativa abandonada depende da atuação do partícipe ou do coautor: o partícipe deve neutralizar a sua contribuição, enquanto o coautor pode interromper a sua contribuição a qualquer momento.[50]

2ª Posição: a natureza é objetivo-subjetiva. Assim, comunica-se ao partícipe, que não deve ser punido pela tentativa do crime almejado. Defendida por Nélson

---

50. PRADO, Luiz Regis. Op. Cit., 2020, p. 225. No mesmo sentido: FRANCO, Alberto Silva. Op. Cit., 2007, p. 137-138.

Hungria, que declara não haver mais a punibilidade do fato[51], e **doutrina majoritária**[52]. Bitencourt defende se tratar de inadequação típica, de modo que não poderia se falar nem mesmo em extinção da punibilidade, quando nem sequer se configurou a causa da punibilidade[53]. Os efeitos, entretanto, devem ser os mesmos, ou seja, não é possível punir coautores e partícipes.

5.4. Arrependimento posterior

De início, **frise-se que o arrependimento posterior não é modalidade de tentativa abandonada**. Cuida-se de causa de diminuição de pena ou minorante, incidente no caso de crimes consumados, quando há restituição da coisa ou reparação do dano, atendidos determinados requisitos. O seu estudo conjunto com a desistência voluntária e com o arrependimento posterior visa a reforçar a sua diferenciação com esses institutos.

O arrependimento posterior é **a causa de diminuição de pena incidente quando, após a consumação do crime, o agente repara o dano ou restitui a coisa**. Essa atuação do agente deve ocorrer antes do recebimento da denúncia e da queixa e o crime não pode ter sido cometido com violência ou grave ameaça.

Esse instituto está previsto no artigo 16 do Código Penal, situado, pelo legislador, logo após as hipóteses de desistência voluntária e arrependimento eficaz. Considerando a sua natureza jurídica, a sua melhor localização, seria, todavia, entre os dispositivos que tratam da aplicação da pena:

> *Art. 16 - Nos crimes cometidos sem violência ou grave ameaça à pessoa, reparado o dano ou restituída a coisa, até o recebimento da denúncia ou da queixa, por ato voluntário do agente, a pena será reduzida de um a dois terços.*

O crime deve ter sido cometido **sem violência ou grave ameaça à pessoa**, sendo que a doutrina majoritária admite excepcionalmente a incidência do arrependimento posterior no caso de crimes culposos. Também prevalece na doutrina a possibilidade de sua incidência no caso de **violência imprópria**, em que o agente reduz a vítima à impossibilidade de resistência[54]. Claramente, admite-se a incidência da minorante em caso de violência contra a coisa.

A partir da expressão "ponte de ouro", cunhada por Franz von Lizst para as hipóteses de desistência voluntária e arrependimento eficaz, o arrependimento posterior tem sido chamado de **Ponte de Prata**, por ser uma causa de diminuição da pena no caso de atuação do agente após a consumação do delito[55]. É uma oportunidade para

51. HUNGRIA, Nélson. Comentários ao Código Penal, Vol. I, Tomo II. Rio de Janeiro: Revista Forense, 1955, p. 90-91.
52. MONTEIRO DE BARROS, Flávio Augusto. Op. Cit., 2019, p. 323. MASSON, Cleber. Op. Cit., 2019, p. 293. É, ainda, a posição de Juarez Cirino dos Santos, que, no entanto, aponta requisites diversos para extensão dos efeitos aos coautores e aos partícipes (Op. Cit. 2020, p. 406-407).
53. BITENCOURT, Cezar Roberto. Op. Cit., 2020, p. 562.
54. MONTEIRO DE BARROS, Flávio Augusto. Op. Cit., 2019, p. 326-327. MARTINELLI, João Paulo Orsini; BEM; Leonardo Schimitt de. Direito penal parte geral: lições fundamentais. 7. ed. Belo Horizonte, São Paulo: D'Plácido, 2022, p. 740.
55 Juarez Cirino dos Santos utiliza a expressão "ponte de juncos" (SANTOS, Juarez Cirino dos. Op. Cit., 2020, p. 407).

o agente de, buscando minorar as consequências do delito, obter uma diminuição na sanção penal que lhe será aplicada.

No arrependimento posterior, tal como nas hipóteses de tentativa abandonada, a lei exige do agente a **voluntariedade**, e não a espontaneidade. Desse modo, a sugestão de alguém ou o conselho de um familiar não impedem a configuração do instituto. O que interessa é que seja um ato livre de vontade do agente, não configurando a causa de diminuição de pena, logicamente, se agentes públicos obtiverem a coisa e a restituírem à vítima. Assim, se a reparação for obtida por meio de ação judicial proposta na esfera cível pela vítima, não há que se falar em arrependimento posterior[56].

O **termo final** para a reparação do dano pelo agente ou para a restituição da coisa é o **recebimento da denúncia ou da queixa pelo juiz**. O Código Penal tem uma preferência para atos judiciais como limites temporais, como se nota das causas interruptivas da prescrição. Por isso, não importa o momento do oferecimento de denúncia ou queixa. Caso o agente restitua a coisa ou repare o dano até o julgamento, mas após o recebimento da coisa, é possível a incidência da atenuante de pena do artigo 65, III, *b*, do CP.

Deve haver a **reparação ou restituição integral**, se considerada a literalidade do artigo 16 do Código Penal. A restituição da coisa implica a sua devolução a quem de direito. A reparação do dano consiste em buscar retornar a situação da vítima àquela que ostentava antes do delito. Por exemplo, antes do crime de incêndio, o veículo da vítima estava íntegro e em regular funcionamento, de modo que a reparação deve consertar o seu bem para um estado próximo ao que havia antes da conduta delitiva. Em regra, deve haver a *restitutio in integrum*, isto é, reparar o dano de forma integral. Este tem sido o entendimento de ambas as turmas do STJ[57], como ressaltado no aresto a seguir:

> *"Nos termos da jurisprudência do Superior Tribunal de Justiça, para a incidência do comando normativo contido no art. 16 do Estatuto Repressor, é imprescindível a reparação integral do dano." (STJ, AgRg nos EDcl no AgRg no AREsp n. 2.403.889/SP, Rel. Min. Teodoro Silva Santos, Sexta Turma, j. em 20/2/2024, DJe de 27/2/2024)*

De todo modo, a recusa da vítima, no caso de restituição integral da coisa ou da reparação total do dano, não pode impedir o benefício. Comprovado pelo agente o intento de reparar o dano ou restituir a coisa, por meio, por exemplo, de consignação em pagamento ou devolução da coisa furtada para a autoridade policial, o benefício deve ser aplicado.

Entretanto, a doutrina majoritária aponta que o arrependimento posterior pode se configurar com a reparação ou a restituição parciais, geralmente exigindo-se a concordância da vítima[58]. É preciso, de todo modo, que haja uma reparação ou

56. STJ, AgRg no AREsp n. 2.266.969/PR, Rel. Min. Joel Ilan Paciornik, Quinta Turma, julgado em 21/8/2023, DJe de 23/8/2023.

57. STJ, AgRg no REsp n. 1.970.180/SP, Rel. Min. Joel Ilan Paciornik, Quinta Turma, j. em 30/10/2023, DJe de 8/11/2023; AgRg no REsp n. 2.026.556/SP, Rel. Min. Laurita Vaz, Sexta Turma, julgado em 15/5/2023, DJe de 19/5/2023.

58. FRANCO, Alberto Silva. Op. Cit., 2007, p. 150; MARTINELLI, João Paulo Orsini; BEM; Leonardo Schimitt de. Op. Cit., 2022, p. 740-741; MASSON, Cleber. Op. Cit., 2019, p. 297.

restituição substancial, e não, como exemplifica Nucci, devolver apenas os pneus do carro furtado e receber o benefício, mesmo que aquiesça a vítima[59]. A Primeira Turma do STF, no mesmo sentido, reconheceu a possibilidade de aplicação da causa de diminuição de pena se o valor principal tiver sido pago antes do recebimento da denúncia, ainda que eventual quantia remanescente, como juros e correção monetária, seja paga logo depois:

> *"DANO – REPARAÇÃO PARCIAL – CAUSA DE DIMINUIÇÃO DO ARTIGO 16 DO CÓDIGO PENAL – INCIDÊNCIA. É suficiente que ocorra arrependimento, uma vez reparada parte principal do dano, até o recebimento da inicial acusatória, sendo inviável potencializar a amplitude da restituição" (STF, HC 165312, Rel. Min. Marco Aurélio, Primeira Turma, julgado em 14-04-2020).*

A lei prevê a diminuição da pena de **1/3 a 2/3**, sendo que o critério para a escolha da fração da minorante pelo juiz deve se fundamentar na presteza e na celeridade com que o agente repara o dano ou restitui a coisa. Neste sentido:

> *" Nos termos da jurisprudências desta Corte Superior de Justiça, 'a causa de diminuição de pena relativa ao artigo 16 do Código Penal (arrependimento posterior) somente tem aplicação se houver a integral reparação do dano ou a restituição da coisa antes do recebimento da denúncia, variando o índice de redução da pena em função da maior ou menor celeridade no ressarcimento do prejuízo à vítima. Na espécie, não foi preenchido o requisito relativo à reparação integral do dano, eis que as instâncias de origem consignaram que houve apenas devolução parcial.' (STJ, AgRg no REsp n. 2.026.556/SP, Rel. Min. Laurita Vaz, Sexta Turma, julgado em 15/5/2023, DJe de 19/5/2023.)*

O arrependimento posterior ocorre, por exemplo, quando o sujeito que praticou um furto devolve a *res furtiva*, ou seja, o objeto furtado antes do recebimento da denúncia pelo juiz. Nesse caso, o juiz, ao sentenciar o processo, deve considerar, na terceira fase da dosimetria, essa minorante, beneficiando o acusado por sua conduta "restaurativa".

Importante parcela da doutrina defende que essa causa de diminuição de pena não se limita aos delitos patrimoniais[60]. O STJ, contudo, tem entendido que a causa de diminuição de pena se limita aos crimes patrimoniais ou com efeitos patrimoniais, dada a necessidade de reparação do dano ou restituição da coisa:

> *"O Superior Tribunal de Justiça possui entendimento de que, para que seja possível aplicar a causa de diminuição de pena prevista no art. 16 do Código Penal, faz-se necessário que* ***o crime praticado seja patrimonial ou possua efeitos patrimoniais****." (STJ, REsp 1561276/BA, Rel. Min. Sebastião Reis Júnior, Sexta Turma, DJe 15/09/2016).*
>
> *"**Nos crimes patrimoniais** existe previsão legal específica de causa de diminuição da pena para os casos de pagamento da "dívida" antes do recebimento da denúncia. Em tais hipóteses, o Código Penal – CP, em seu art. 16, prevê o instituto do*

59. NUCCI, Guilherme de Souza. Op. Cit., 2015, p. 188.
60. MONTEIRO DE BARROS, Flávio Augusto. Op. Cit., 2019, p. 327; PRADO, Luiz Regis. Op. Cit., 2020, p. 226; SANTOS, Juarez Cirino dos. Op. Cit. 2020, p. 407.

arrependimento posterior, que em nada afeta a pretensão punitiva, apenas constitui causa de diminuição da pena." (STJ, RHC 101299/RS, Rel. Min. Nefi Cordeiro, Terceira Seção, DJe 04/04/2019).

*"Os **crimes contra a fé pública**, assim como nos demais crimes não patrimoniais em geral, **são incompatíveis com o instituto do arrependimento posterior**, dada a impossibilidade material de haver reparação do dano causado ou a restituição da coisa subtraída." (STJ, REsp 1242294/PR, Rel. Min. Sebastião Reis Júnior, Sexta Turma, DJe 03/02/2015).*

Assim como na hipótese de tentativa abandonada, há divergência sobre a comunicabilidade na hipótese de arrependimento posterior. Parte da doutrina defende ser possível se estender a reparação do dano ou a restituição da coisa, considerando que a sua natureza seria objetiva[61]. Entretanto, parte da doutrina entende que, por ser causa pessoal de diminuição de pena, a sua natureza impede a extensão dos seus efeitos a coautores e partícipes. Isso dependeria da vontade de cada um dos concorrentes[62].

Esse entendimento deveria levar em conta cada situação específica. Se a coisa furtada foi devolvida pelo autor, não parece ser possível que o partícipe realize igual restituição. Assim, se não é possível que todos reparem um dano que um já reparou, há de se ter em conta eventual resistência ou aquiescência dos demais. O STJ já decidiu que, pela natureza objetiva, essa causa de diminuição de pena se comunica aos demais concorrentes[63]. Atualmente, tem decidido pela incomunicabilidade dessa causa de diminuição de pena:

"Nos termos da jurisprudência do Superior Tribunal de Justiça, em sendo exigida a voluntariedade do Agente para o reconhecimento da atenuante da reparação do dano à vítima, essa possui natureza pessoal e, por conseguinte, nas hipóteses de concurso de agentes, os respectivos efeitos não são comunicáveis aos Corréus que não a promoveram (STJ, AgRg no AgRg no AREsp n. 2.100.440/MG, Rel. Min. Laurita Vaz, Sexta Turma, julgado em 27/9/2022, DJe de 3/10/2022).[64]

É importante diferenciar o arrependimento posterior da atenuante de pena prevista no artigo 65, inciso III, alínea *b*, do Código Penal. Enquanto o arrependimento posterior exclui os delitos cometidos com violência ou grave ameaça, a mencionada atenuante se aplica a eles. Ademais, o arrependimento posterior exige que a reparação do dano ou a restituição da coisa ocorra antes do recebimento da denúncia.

---

61. FRANCO, Alberto Silva. Op. Cit., 2007, p. 150; DOTTI, René Ariel. Op. Cit., 2020, p. 513; MONTEIRO DE BARROS, Flávio Augusto. Op. Cit., 2019, p. 327; MASSON, Cleber. Op. Cit., 2019, p. 298.
62. NUCCI, Guilherme de Souza. Op. Cit., 2015, p. 192-193; PRADO, Luiz Regis. Op. Cit., 2020, p. 226.
63. "O arrependimento posterior, previsto no art. 16 do Código Penal, por possuir natureza objetiva, deve ser estendido aos corréus. Precedentes". (STJ, REsp n. 1.578.197/SP, Rel. Min. Sebastião Reis Júnior, Sexta Turma, julgado em 26/4/2016, DJe de 9/5/2016). No mesmo sentido: STJ, APn n. 629/RO, relatora Ministra Nancy Andrighi, Corte Especial, julgado em 28/6/2018, DJe de 10/8/2018; STJ, REsp n. 1.187.976/SP, Rel. Min. Sebastião Reis Júnior, Sexta Turma, julgado em 7/11/2013, DJe de 26/11/2013.
64. Neste sentido: STJ, HC n. 504.602/SC, relatora Ministra Laurita Vaz, Sexta Turma, julgado em 9/3/2021, DJe de 22/3/2021; STJ, AgRg no REsp 1.799.096/RS, Rel. Min. Sebastião Reis Júnior, Sexta Turma, julgado em 13/10/2020, Dje 19/10/2020; AgRg no AREsp 1.467.975/DF, Rel. Ministra Laurita Vez, Sexta Turma julgado em 23/06/2020, Dje 04/08/2020.

A atenuante, por sua vez, requer a evitação ou minoração das consequências do crime logo após a sua ocorrência ou, alternativamente, a reparação do dano antes do julgamento, ou seja, antes de proferida a sentença:

Arrependimento posterior	Atenuante de pena
Art. 16 – Nos crimes cometidos sem violência ou grave ameaça à pessoa, reparado o dano ou restituída a coisa, até o recebimento da denúncia ou da queixa, por ato voluntário do agente, a pena será reduzida de um a dois terços.	Art. 65 – São circunstâncias que sempre atenuam a pena: III – ter o agente: b) procurado, por sua espontânea vontade e com eficiência, logo após o crime, evitar-lhe ou minorar-lhe as consequências, ou ter, antes do julgamento, reparado o dano;

Os requisitos e limite temporal da atuação do agente posterior à consumação do delito se diferenciam, assim como a fase da dosimetria em que incidirá o benefício sobre a pena:

Arrependimento posterior	Atenuante de pena	Atenuante de pena
3ª Fase da dosimetria: redução da pena de um a dois terços.	2ª Fase da dosimeteria: em regra, um sexto da pena.	2ª Fase da dosimeteria: em regra, um sexto da pena.
Até o recebimento da denúncia ou queixa.	Logo após o crime.	Antes do julgamento.
Ter o agente, nos crimes cometidos sem violência ou grave ameaça à pessoa, reparado o dano ou restituída a coisa, **por ato voluntário**.	Ter o agente procurado, **por sua espontânea vontade** e com eficiência, evitar-lhe ou minorar-lhe as consequências.	Ter o agente reparado o dano.

É importante diferenciar as espécies de tentativa abandonada (arrependimento eficaz e desistência voluntária) e o arrependimento posterior no *iter criminis*. A desistência voluntária ocorre durante os atos executórios, enquanto o arrependimento eficaz ocorre após a prática dos atos executórios e antes da consumação do delito, por ainda não ter sobrevindo o resultado delitivo, que se evita. Por fim, o arrependimento posterior é superveniente à consumação do delito:

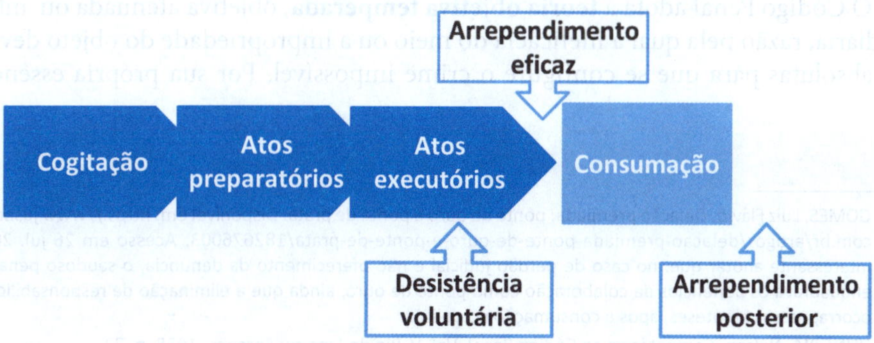

Cumpre mencionar que Luiz Flávio Gomes utilizava a expressão **pontes de prata** para os institutos penais que, após a consumação do delito, pretendem diminuir a responsabilidade, isto é, suavizar a sanção penal. Além do arrependimento posterior, o penalista elencava benefícios advindos da colaboração premiada, quando houvesse a redução da pena ou a fixação de regime inicial de cumprimento menos gravoso[65]. Posteriormente, parte da doutrina passou a se referir aos benefícios da colaboração premiada como **ponte de prata qualificada** ou **ponte de diamante**.

6. CRIME IMPOSSÍVEL

O crime impossível também é denominado **quase-crime**, **crime oco, tentativa inadequada** ou **tentativa inidônea**. Esse instituto se vincula à ideia da conduta que, ainda que aparentemente inicie os atos executórios, não poderia atingir a consumação. A concepção de delito impossível e o seu tratamento jurídico possuem variações, conforme a teoria que se adote:

- **Teoria sintomática**: ainda que o crime seja impossível, o agente almejava a prática de uma infração penal. Deste modo, dada a periculosidade do autor, ele deve ser punido. Foi adotada originariamente no Código Penal para as medidas de segurança, mas suprimida posteriormente, na Reforma da Parte Geral de 1984. No caso de crime impossível, se houvesse periculosidade do agente, era possível a sua submissão à liberdade vigiada[66].
- **Teoria subjetiva**: apesar de elementos objetivos tornarem o crime impossível, o elemento subjetivo estava presente no agente, que possuía a vontade livre e consciente de praticar o fato típico. Por isso, deve haver a sua punição.
- **Teoria objetiva:** o agente não deve ser punido porque, do ponto de vista objetivo, o crime não ocorreu, sendo que a conduta do agente consiste em tentativa inidônea. Possui duas subdivisões:
  a) **Teoria objetiva pura**: o agente não deve ser punido se a inidoneidade for relativa ou absoluta.
  b) **Teoria objetiva temperada**: a ineficácia do meio ou a impropriedade do objeto devem ser absolutas para que se configure o crime impossível e o agente não seja punido.

O Código Penal adota a **teoria objetiva temperada**, objetiva atenuada ou intermediária, razão pela qual a ineficácia do meio ou a impropriedade do objeto devem ser absolutas para que se configure o crime impossível. Por sua própria essência,

65. GOMES, Luiz Flávio. Delação premiada: ponte de ouro e ponte de prata. Disponível em: https://www.jusbrasil.com.br/artigos/delacao-premiada-ponte-de-ouro-e-ponte-de-prata/182676003. Acesso em 26 jul. 2024. Interessante anotar que, no caso de perdão judicial e não oferecimento da denúncia, o saudoso penalista enquadrava os benefícios da colaboração como ponte de ouro, ainda que a eliminação da responsabilidade ocorra, nessas hipóteses, após a consumação do delito.
66. HUNGRIA, Nélson. Comentários ao Código Penal, Vol. V. Rio de Janeiro: Forense, 1958, p. 72.

a conduta nesses casos é incapaz de produzir o resultado, de modo que não existe nem mesmo um perigo de dano[67]. É o que se nota do teor do seu artigo 17:

> *Crime impossível*
>
> *Art. 17 – Não se pune a tentativa quando, **por ineficácia absoluta do meio ou por absoluta impropriedade do objeto**, é impossível consumar-se o crime.*

Portanto, crime impossível **é a tentativa de prática delitiva em que o crime (ou contravenção) não se configura por ineficácia absoluta do meio ou por absoluta impropriedade do objeto, o que impossibilita a sua consumação**. Por isso, é denominada de tentativa inidônea, por não possuir idoneidade ou potencialidade de atingir a consumação. Nesse caso, não se aplica sanção penal ao agente, por opção de natureza político-criminal.

Há ineficácia absoluta do meio quando **o instrumento ou o meio utilizado pelo agente não possui potencialidade alguma** de possibilitar a prática da infração penal. Usar uma arma de brinquedo para tentar matar alguém, pensando o agente que era verdadeira, é crime impossível. Tentar passar adiante uma moeda de plástico, componente de um brinquedo infantil, como verdadeira, configura uma falsificação grosseira, razão pela qual o meio é absolutamente ineficaz.

O crime impossível também se configura com a **absoluta impropriedade do objeto**, ou seja, quando o objeto material do crime, aquele sobre o qual recai a conduta delitiva, é absolutamente impróprio. É o caso da mulher que, imaginando-se grávida, ingere substância com efeito abortivo, mas na verdade não era gestante. Também é tentativa inidônea atirar contra alguém já morto, pensando que a vítima potencial estava viva, para a prática do homicídio.

Nesse último caso, a doutrina aponta que a falta ocasional do bem jurídico pode levar à responsabilização do agente, como se alguém dispara contra a cama de uma pessoa que, por uma eventualidade, havia se levantado e ido ao banheiro. Seria punível, em tal caso, a tentativa[68].

Portanto, há a tentativa inidônea quando se verifica a impossibilidade de se alcançar o resultado pretendido. É necessário, como dito, que a ineficácia do meio ou a impropriedade do objeto sejam absolutas. **Se houver ineficácia relativa ou impropriedade relativa, configurar-se-á o delito.** É possível, assim, a tentativa de homicídio se o agente utiliza uma arma de fogo que falha no momento do disparo, que foi direcionado à vítima, mas foi uma falha eventual. O instrumento tinha potencialidade lesiva, não se configurando crime impossível.

É interessante a leitura de trecho de julgado do Superior Tribunal de Justiça, em que se considerou que a conduta do agente não traduz tentativa inidônea, por se tratar de crime de roubo, classificado como complexo, e em razão de a violência ou grave ameaça já terem sido realizados:

67. HUNGRIA, Nélson. Comentários ao Código Penal, Vol. I, Tomo II. Rio de Janeiro: Revista Forense, 1955, p. 97; HUNGRIA, Nélson. Comentários ao Código Penal, Vol. V. Rio de Janeiro: Forense, 1958, p. 69-70.
68. BRANDÃO, Cláudio. Teoria jurídica do crime. 6. ed. Belo Horizonte, São Paulo: D'Plácido, 2020, p. 301.

> *"1. Na lição de Nélson Hungria, o delito de roubo "é crime complexo, isto é, crime que, embora juridicamente uno, apresenta na sua estrutura como* essentialia *ou circunstâncias qualificativas, em relação de meio a fim, fatos vários, que, em si mesmos, constituem crimes. No seu tipo fundamental, o roubo encerra, fundidos em unidade jurídica, o furto (que é o crime-fim), o constrangimento ilegal e a lesão corporal leve (ou a contravenção de vias de fato, que, por sua vez, é absorvida pelo constrangimento ilegal), chamados crimes famulativos." (in Comentários ao Código Penal, p. 57). 2.* ***E, no roubo próprio, tipificado no artigo 157, caput, do Código Penal, só consumado o crime-meio, é de se afirmar a tentativa, salvo quando a redução patrimonial resta excluída pela absoluta impropriedade do objeto.*** *3. Na compreensão do Superior Tribunal de Justiça e do Supremo Tribunal Federal,* ***havendo, em casos tais, início de execução do delito complexo com a consumação do crime-meio, faz-se irrelevante a discussão acerca da impropriedade ou não do objeto material da subtração, para fins de caracterização da tentativa.****" (REsp 306739/DF, Rel. Min. Hamilton Carvalhido, Sexta Turma, DJ 15/12/2003).*

O mais técnico seria o agente responder pela ameaça, violência ou pelo constrangimento ilegal, e não por roubo se não havia coisa a ser subtraída. Entretanto, não é o que vem sendo decidido, por razões de política criminal, considerando-se a gravidade da conduta.

Temas relacionados ao crime impossível são a **intervenção predisposta da autoridade** e a **atuação do agente provocador**.

A **intervenção predisposta da autoridade** configura a hipótese do chamado flagrante esperado. A autoridade aguarda a possível prática da infração penal, após ter conhecimento de sua iminente realização. Se a autoridade aguarda a prática criminosa e intervém para efetuar a prisão após o ingresso do agente ou dos agentes na fase da execução, não há crime impossível. Isso porque a autoridade não provocou o delito, mas apenas esperou a possível conduta típica para atuar.

Por sua vez, a **atuação do agente provocador** pode impedir a caracterização do crime, quando se cria um cenário em que o crime não pode ocorrer. Haverá, então, uma hipótese de flagrante provocado ou de crime de ensaio. Haveria, então, uma indução de um terceiro para a prática do delito, com o fim de levar o agente à prática criminosa e assim, por exemplo, provocar sua responsabilização. Ocorreria, entretanto, um controle do terceiro sobre a situação, que provocou a conduta do agente, por exemplo, simulando uma transação ilícita para o flagrante. Nesse caso, configurado o chamado crime de ensaio, incidirão as regras do artigo 17, que dispõe sobre o crime impossível, como já decidiu o STJ:

> "(...) 2. O fato foi noticiado por produção jornalística, mediante contato telefônico de paciente fictício, integrante da equipe de reportagem identificado com nome falso, a quem foi posteriormente entregue receituário sem comparecimento ao consultório médico. 3. Configurado **crime impossível**, na modalidade crime de ensaio, nos termos do art. 17 do CP e Súmula 145/STF, **porquanto demonstrada flagrante indução do sujeito ativo do delito por terceiro, que se passou por falso paciente, a fim de solicitar prescrição de medicamento sem prévio exame clínico**. 4. Agravo regimental provido para absolver a recorrente, com efeitos extensivos

à corré V C B, ante a ocorrência de crime impossível. (...)" (STJ, AgRg nos EDcl no AREsp 1184410/SP, Rel. Min. Nefi Cordeiro, Sexta Turma, DJe 27/09/2018).

Abordando o tema acima, há o entendimento do Supremo Tribunal Federal, presente na Súmula 145, de que o **flagrante preparado** configura tentativa inidônea:

> ***Não há crime, quando a preparação do flagrante pela polícia torna impossível a sua consumação.***

Desse modo, havendo uma encenação, pela polícia, de uma situação de ocorrência de crime para prisão de determinado sujeito, sendo que as circunstâncias demonstram que ele não poderia se consumar, não é possível a punição. Isso porque, de acordo com a Suprema Corte, o flagrante preparado é uma hipótese de tentativa inidônea, ou seja, de crime impossível.

Entretanto, **o Superior Tribunal de Justiça diferencia a situação em que policiais simulam o desejo de adquirir substâncias entorpecentes de traficante que já as possui em depósito ou tem consigo**. Isso porque a provocação da polícia ensejaria apenas a descoberta da droga, mas crime já haveria. O tipo do artigo 33 da Lei n. 11.343/2006 é misto alternativo, sendo que um dos seus núcleos é "ter em depósito". Logo, se o indivíduo já tinha a substância ilícita em depósito, o crime já havia ocorrido, não havendo que se falar em preparação ou encenação pelos agentes policiais.

Segue um precedente da Corte com o referido entendimento:

> *""(...) 5.* ***O tipo penal referente ao tráfico de drogas é misto alternativo, além de permanente, razão pela qual a compra de entorpecente por policial não configura flagrante preparado, pois se subsume na conduta de "trazer consigo" e não na de "vender", não se aplicando o enunciado da Súmula 145 do Supremo Tribunal Federal.*** *(...)" (STJ, HC 463572/SP, Rel. Min. Reynaldo Soares da Fonseca, Quinta Turma, DJe 02/10/2018).*

Também se analisa o tema do agente provocador da perspectiva do agente público que busca incitar alguém à prática delitiva, seja na situação de crime de ensaio, seja na condição de agente infiltrado. Esse agente provocador não almeja a consumação do delito, não possui o desejo de violar o bem jurídico tutelado pela norma incriminadora. Como não age com dolo de instigação ou induzimento, não deve ser responsabilizado. Ainda que ele incentive um furto, mas deseja recuperar a coisa furtada logo na sequência, não há o dolo necessário para a sua punição[69].

Cunha usa, ainda, a expressão **tentativa supersticiosa ou irreal**[70]. Ressalta ser o caso de o agente acreditar que está praticando uma conduta típica, mas, na realidade, referida conduta não é possível. Seria, portanto, uma modalidade de crime impossível em que o agente entende que será possível praticar a conduta delitiva, mas se equivoca, por exemplo, em razão de a arma, que tem potencialidade lesiva, estar desmuniciada. O caso seria diferente de outras hipóteses de crime impossível,

69. HILGENDORF, Eric; VALERIUS, Brian. Op. Cit., 2019, p. 266-267.
70. CUNHA, Rogério Sanches. Op. Cit., 2020, p. 437.

como se o agente tentasse matar alguém com uma arma que lança projéteis de plástico, o que já é meio absolutamente ineficaz por si só. Essa mesma expressão é utilizada, de forma mais apropriada, para os casos de tentativa extremamente ignorante, como aquele que tenta empregar um "instrumento não dominável por seres humanos"[71]. Essa tentativa complemente inidônea não é punível pela lei brasileira, como as outras formas de crime impossível. Assim, se o agente utiliza rezas, vodu ou bruxaria para provocar a morte do seu inimigo, não há tentativa punível.

O melhor critério para aplicação das normas penais é diferenciar **crime putativo e crime impossível**[72]. Outros, como Fernando Capez, exemplificam o delito putativo (por erro de tipo) com o caso da mulher que equivocadamente acha que está grávida e que ingere medicamento abortivo, o que configura crime impossível por impropriedade absoluta do objeto. Nélson Hungria considerava crime putativo um gênero, do qual seriam espécies os casos de erro de direito, erro de fato e simulacro de crime por obra do agente provocador (flagrante provocado)[73].

Caso se adote a corrente que diferencia crime impossível e crime putativo para o seu uso mais técnico, com classificação jurídica própria, os institutos se diferenciam do seguinte modo:

Crime impossível: o agente deseja praticar um delito, mas não o faz por absoluta ineficácia do meio ou impropriedade absoluta do objeto. Imagine um sujeito que quer furtar o capacete do seu colega de trabalho, bem parecido com o seu, mas novo. Ao sair do local, acaba se equivocando, pois a faxineira trocou os objetos de lugar, e leva seu próprio capacete, o que torna o objeto absolutamente impróprio para a prática do furto (subtração para si ou para outrem de coisa alheia móvel). Também há o crime no caso de quem atira em um cadáver, imaginando ser alguém vivo. Nesse caso, há impropriedade absoluta do objeto. É um erro de tipo ao contrário, o agente erra sobre a representação da realidade e, com isso, acaba não cometendo o crime. A sua disciplina está no artigo 17 do Código Penal.

Crime putativo: neste caso, o agente pensa estar praticando um delito, mas na verdade a sua conduta não é típica. O sujeito, querendo praticar o delito de emissão de cheque sem fundos, passa em um estabelecimento, faz uma compra além da sua capacidade financeira e emite um cheque. Entretanto, por permissão da dona do estabelecimento, preenche a cártula como pré-datada. Assim, ainda que ele queira praticar o delito previsto no art. 171, § 2°, VI, do Código Penal, a sua conduta não configura a infração penal, conforme entendimento jurisprudencial sedimentado, o que torna seu crime putativo, ou seja, imaginário. Outro exemplo é o de quem trai seu cônjuge, pensando cometer crime, mas adultério não mais configura uma infração penal. É um caso de **erro de proibição ao contrário**. O delito putativo

71. HILGENDORF, Eric; VALERIUS, Brian. Op. Cit., 2019, p. 290. Essa classificação só parece fazer sentido na Alemanha, já que a lei desse país prevê a possibilidade de punição da tentativa inidônea. Por esse motivo, parte da doutrina passou a diferenciar essa tentativa totalmente grosseira, arcaica, sem chance nenhuma de produção do resultado delitivo, defendendo que ela não deve ser punível.

72. NUCCI, Guilherme de Souza. Código Penal Comentado. 15. ed. rev. atual. e ampl. Rio de Janeiro: Forense, 2015, p. 194. PRADO, Luiz Regis. Op. Cit., 2020, p. 228.

73. HUNGRIA, Nélson. Comentários ao Código Penal, Vol. I, Tomo II. Rio de Janeiro: Revista Forense, 1955, p. 101.

por erro de proibição também pode ser chamado de **crime de alucinação ou crime imaginário**. Como a conduta nem sequer é típica, carece de regulamentação no Código Penal.

Esse entendimento é adotado por Luiz Regis Prado. Em entendimento também compatível com o de Guilherme de Souza Nucci, ele entende que o **delito putativo** ocorre apenas por erro quanto à interpretação da norma (**erro de proibição ao inverso**), sendo que o **crime impossível** ocorreria quando o agente, por falha na representação da realidade, pensa estar cometendo crime, mas não há os elementos fático-objetivos para sua configuração (**erro de tipo ao inverso**)[74]:

Crime impossível	Crime putativo
Art. 17 – Não se pune a tentativa quando, por ineficácia absoluta do meio ou por absoluta impropriedade do objeto, é impossível consumar-se o crime.	O agente supõe que a sua conduta é típica, que ela está prevista em norma penal incriminadora, mas não está. Interpretou o ordenamento jurídico de forma equivocada.
Erro de tipo ao contrário	Erro de proibição ao contrário

Vista a posição que parece mais acertada, é preciso mencionar, por fim, que, para alguns autores, seria possível o **delito putativo por erro de tipo** (erro de tipo ao inverso) e o **delito putativo por erro de proibição** (erro de proibição ao inverso)[75]. O delito putativo por erro de tipo, nessa concepção, coincide com a hipótese de crime impossível ou tentativa inidônea[76], prevista no artigo 17 do Código Penal, já que o agente pensa que conseguirá realizar o delito, mas interpreta a realidade de forma equivocada, de modo que a absoluta impropriedade do objeto ou a absoluta ineficácia do meio impedem a configuração do tipo penal.

QUADRO SINÓTICO

Fases do *iter criminis*	
Cogitação	É a fase em que o agente pensa em praticar a conduta típica, em que ele planeja, cogita ou prevê. Isso não significa que necessariamente o crime seja premeditado. Ainda que o agente deseje fortemente que algo aconteça com seu inimigo, não será punido apenas por isso, pela *nuda cogitatio*.

---

74. PRADO, Luiz Regis. Curso de Direito Penal Brasileiro, 18. ed. Rio de Janeiro, Forense, 2020, p. 228. Ainda que em outra concepção, a posição de Prado é coerente, pois, não admitindo delito putativo por erro de tipo, é possível uma diferenciação conceitual consistente entre as figuras.

75. EISELE, Andreas. Direito penal: teoria do delito. Salvador: Editora Juspodivm, 2018, p. 428-429.CUNHA, Rogério Sanches. Op. Cit., 2020, p. 453. É também a posição de Cleber Masson e de Flávio Augusto Monteiro de Barros, que adicionam a hipótese de delito putativo por obra do agente provocador, estudado adiante (MASSON, Cleber. Op. Cit., 2019, p. 305; BARROS, Flávio Augusto Monteiro de. Manual de direito penal: partes geral e especial. Salvador: Editora Juspodivm, 2019, p. 329-331).

76. Cleber Masson, em sentido contrário, defende haver delito putativo por erro de tipo e por erro de proibição, mas busca diferenciar delito putativo de crime impossível. *Data venia*, não parece possível encontrar uma diferenciação nos conceitos por ele apresentados (Op. Cit., p. 307).

Fases do *iter criminis*	
Atos preparatórios	Fase em que o agente começa a preparar os atos necessários para a prática da conduta delitiva. Ele cria o cenário necessário para que a infração penal seja praticada. A doutrina também denomina essa fase de *conatus remotus*. Em regra, os atos preparatórios não são punidos, salvo se houver tipificação autônoma, como delito diverso.
Atos executórios	Fase que compreende o início da realização da conduta típica pelo agente, momento em que o bem jurídico é posto em perigo ou atacado. Com o início da prática, pelo sujeito, da conduta típica prevista em norma penal incriminadora, seu comportamento passa a ser punível.
Consumação	Em caso de interrupção, reinicia-se a contagem do dia da interrupção, salvo no caso de início ou continuação do cumprimento da pena, situação durante a qual não corre a prescrição.
Diferenciação entre atos preparatórios e executórios	• **Teoria negativa**: dada a impossibilidade de se delimitar, com parâmetros genéricos, o início dos atos executórios, a tarefa deve ser entregue ao juiz, para análise de cada caso concreto. • **Teoria subjetiva**: o início da execução não é compreendido a partir da conduta descrita na norma penal incriminadora, mas sim a partir do elemento subjetivo do sujeito ativo.
Diferenciação entre atos preparatórios e executórios	• **Teoria da hostilidade ao bem jurídico**: os atos de execução são os que expõem o bem jurídico a perigo. • **Teoria objetivo-formal**: ato executório é aquele que inicia a realização do núcleo do tipo. • **Teoria objetivo-material**: atos executórios são tanto aqueles que iniciam a realização do núcleo do tipo quanto aqueles imediatamente anteriores. Para tanto, considera-se a posição de um terceiro observador como critério para definição da tentativa. • **Teoria objetivo-individual**: ato executório é aquele que se realiza no momento imediatamente anterior ao início dos atos que se amoldam ao núcleo do tipo, de acordo com o plano do agente. • **Teoria da univocidade**: os atos preparatórios são equívocos, pois podem se direcionar à prática do delito ou para a realização de uma conduta atípica.
Teoria majoritária	Na doutrina, há controvérsia sobre qual a teoria mais adequada para delimitar o início dos atos de execução e o fim da fase de preparação, prevalecendo a objetivo-formal. Na jurisprudência do STJ, parecia prevalecer a teoria objetivo-individual. Entretanto, há precedente recente com base na teoria objetivo-formal.

Tentativa	
Tentativa simples	Crime tentado é aquele que, após o início da sua execução, não se consumou por circunstâncias alheias à vontade do agente. A tentativa, também denominada *conatus*, é a execução de um delito sem que haja sua consumação, por razões diversas da vontade do sujeito ativo. Salvo disposição em contrário, pune-se a tentativa com a pena correspondente ao crime consumado, diminuída de um a dois terços. A fração deve ser escolhida conforme a maior ou menor proximidade da consumação.

Tentativa	
Tentativa abandonada	• **Desistência voluntária**: é a modalidade de tentativa abandonada em que o agente, voluntariamente, desiste de prosseguir na execução. Não houve o esgotamento dos atos executórios. Conforme artigo 15 do CP, o agente só responde pelos atos já praticados. • **Arrependimento eficaz**: é a tentativa abandonada consistente no impedimento, do próprio agente, da produção do resultado. O sujeito chega a realizar os atos executórios, conforme desejava, mas, depois, arrepende-se, e impede que o resultado, antes desejado por ele, ocorra. Há o esgotamento dos atos executórios. Conforme artigo 15 do CP, o agente só responde pelos atos já praticados. • Não se deve confundir com **arrependimento posterior,** que é a causa de diminuição de pena incidente quando, **após a consumação do crime**, o agente repara o dano ou restitui a coisa. Não é hipótese de tentativa abandonada. O crime deve ter sido cometido sem violência ou grave ameaça, sendo que a doutrina majoritária admite excepcionalmente a incidência do arrependimento posterior no caso de crimes culposos.
Tentativa inidônea (crime impossível)	O Código Penal adotou a **teoria objetiva temperada** (ou intermediária), razão pela qual a ineficácia do meio ou a impropriedade do objeto devem ser absolutas para que se configure o crime impossível, conforme artigo 17 do CP.

Arrependimento posterior, reparação do dano e evitação ou minoração das consequências	
Arrependimento posterior	3ª Fase da dosimetria: redução da pena de um a dois terços.
	Até o recebimento da denúncia ou queixa.
	Ter o agente, nos crimes cometidos sem violência ou grave ameaça à pessoa, reparado o dano ou restituída a coisa, por ato voluntário.
	Artigo 16 do Código Penal.
Atenuante de pena	2ª Fase da dosimeteria: em regra, um sexto da pena.
	Logo após o crime.
	Ter o agente procurado, por sua espontânea vontade e com eficiência, evitar-lhe ou minorar-lhe as consequências.
	Artigo 65, III, "b", do Código Penal.
Atenuante de pena	2ª Fase da dosimeteria: em regra, um sexto da pena.
	Antes do julgamento.
	Ter o agente reparado o dano.
	Artigo 65, III, "b", do Código Penal.

CAPÍTULO X

CONCURSO DE PESSOAS

No tema do concurso de pessoas, são estudadas as figuras do autor, do coautor, do partícipe e do autor mediato. A definição de quem praticou o delito é umbilicalmente conectada com a própria definição sobre o crime, de modo que se pode afirmar que o concurso de pessoas deve ser considerado uma parcela da própria teoria do crime.

Quanto ao concurso, a prática do crime pode envolver apenas um sujeito ou toda uma organização criminosa. Cabe registrar, portanto, que existem dois tipos de crimes, cuja classificação é importante para a compreensão da matéria:

- **Crimes unissubjetivos** (ou de concurso eventual): são os delitos que podem ser praticados apenas por um sujeito ou por vários. O concurso de pessoas é eventual, ou seja, pode ou não ocorrer. Para esses delitos é importante o estudo do concurso de pessoas[1].

  É o caso, por exemplo, do crime de roubo, que pode ser praticado tanto por um só indivíduo quanto por uma associação criminosa.

- **Crimes plurrissubjetivos**: são os delitos nos quais o concurso de pessoas já é elementar do tipo penal. Ou seja, referidos crimes só se configuram se houver mais de um agente. Nesses casos, tem-se a chamada participação necessária[2].

  São exemplos de crimes de concurso necessário a associação criminosa, a milícia privada e o crime de rixa.

Portanto, o estudo do concurso de pessoas interessa ao estudo dos crimes unissubjetivos, aqueles em que pode haver ou não a concorrência de mais de uma pessoa para a sua prática.

O concurso de pessoas consiste na **reunião de mais de um agente, em que todos concorrem com unidade de propósitos e de modo relevante para a prática de conduta típica**. O concurso pode envolver a reunião de pessoas **desde a preparação até a consumação do delito**. Na preparação, é possível o induzimento ou a instigação. Iniciada a fase da execução, é possível que haja, além da participação moral, a participação material, na forma de auxílio, e a coautoria.

---

1. BITENCOURT, Cezar Roberto. Parte geral. Coleção Tratado de direito penal volume 1. 26. ed. São Paulo: Saraiva Educação, 2020, p. 566-567
2. MEZGER, Edmund. Derecho Penal. Libro de Estudio. Parte General. Santiago: Ediciones Olejnik, 2019, p. 261.

Se o crime for permanente, é possível que alguém participe após o início da consumação, considerando que ela se prolonga no tempo. No cárcere privado, se um amigo do sequestrador descobre que ele mantém uma vítima em cativeiro e passa a ajudar a mantê-la no local, desviando a atenção da polícia, configura-se o concurso de agentes. Também é possível que um indivíduo inicie a sua contribuição a um crime habitual após a prática de alguns atos, desde que haja habitualidade também em sua conduta. Após meses de funcionamento da casa de prostituição, por iniciativa de uma empreendedora do crime, se uma outra mulher assume, conscientemente, a função de gerente, com o crime já configurado e a descoberta do delito pela polícia dois meses depois, houve concorrência para a prática do delito.

Caso a cooperação ocorra depois da consumação, pode haver delito autônomo. O concurso de pessoas não se verifica se a concorrência para a sua prática ocorre apenas depois, com exceção de já ter havido um pacto de, por exemplo, o sujeito atuar após o roubo para esconder o produto do delito, atraindo menor suspeitas por não ter atuado no assalto. Por outro lado, não será o caso de responsabilização do sujeito pelo crime já consumado anteriormente, caso não tenha havido acordo prévio, podendo se configurar um crime autônomo, como receptação, favorecimento real ou pessoal ou, até mesmo, lavagem de capitais.

Cumpre esclarecer a diferença. Imagine que um sujeito encomende a outro que subtraia quatro rodas de liga leve para colocar no seu próprio carro, explicando o modelo que quer. O segundo indivíduo subtrai e o outro paga pelo serviço, ficando com a *res furtiva*, ou seja, o objeto do furto. Nesse caso, temos concurso de pessoas, em virtude do acordo prévio entre os agentes. A doutrina costuma exigir contribuição causal, de modo que o comprador influencie a conduta do furtador.

Por outro lado, se José subtrai um aparelho de som automotivo e depois busca um comprador, eventual compra da coisa furtada por um vizinho, que só ficou sabendo do delito após o oferecimento do produto por José, não configura o concurso de pessoas. Comprando o aparelho furtado, o vizinho responderá pelo delito de receptação, crime autônomo, e não pelo furto praticado anteriormente.

São **requisitos** do concurso de pessoas: a pluralidade de agentes; a pluralidade de condutas, todas com relevância causal (ou eficácia causal); o liame subjetivo entre os agentes (psicológico, normativo); a identidade do evento e a prática de conduta punível, ou seja, que seja típica, ilícita e que pelo menos um dos agentes apresente culpabilidade[3].

Não há relevância causal, por exemplo, quando um agente empresta uma arma a outro agente e ele não a utiliza nem toma esse fato como encorajador. Portanto, é inexistente a vinculação entre a contribuição e o resultado, tornando impossível responsabilizar o agente pelo resultado criminoso[4].

---

3. Em sentido diverso, René Ariel Dotti exige que os agentes sejam imputáveis, tenham consciência do fato e que, nas circunstâncias do caso concreto, poderiam e deveriam agir de outro modo. Em suma, requer a culpabilidade de cada um para responder na medida de sua culpabilidade (DOTTI, René Ariel. 2020, p. 551). Entretanto, ainda que seja necessária a culpabilidade de cada um para que lhe seja imposta pena, não se pode exigir para configuração do concurso, sob pena de rejeição à acessoriedade limitada, estudada adiante.
4. FRANCO, Alberto Silva. Op. Cit., 2007, p. 225.

O **liame subjetivo** não significa a necessidade de prévio ajuste (*pactum sceleris*) nem mesmo de bilateralidade. Basta que um indivíduo manifeste aderência à conduta do outro, criando o vínculo subjetivo entre ambos[5]. Assim, se alguém começa a agredir um político odiado na cidade, após várias falcatruas, e outro indivíduo vê da janela e lança pedras na vítima, ele aderiu ao crime violento, ainda que nem sequer tenha conversado com o primeiro agressor nem tenha obtido dele um sinal favorável para se juntar à aventura delitiva.

O partícipe precisa aderir à vontade do autor, não sendo necessário que o autor saiba da colaboração[6]. No entanto, há posição minoritária e que parece mais adequada do ponto de vista técnico-jurídico, de que se exige uma decisão conjunta de agir para configuração do concurso de agentes. Sem a decisão conjunta, eventual aderência de um agente à conduta do outro, sem que haja bilateralidade, seria configuradora de possível autoria colateral, mas não de concurso de agentes. É defendida, dentre outros, por Miguel Reale Júnior[7].

P	luralidade de agentes e de condutas
R	elação de causalidade
I	dentidade de crime
V	ínculo subjetivo
E	xistência de fato punível

✓ No caso de concurso de pessoas, todos os agentes devem responder pela mesma infração penal?

A doutrina aponta formas de se punir os indivíduos que, reunidos, concorrem para a prática da infração penal. Há teorias que buscam punir todos igualmente, pela prática do mesmo tipo penal, assim como entendimentos de que a punição deve ser diferenciada, sendo que cada um responderá por crime diverso, conforme sua contribuição. As distintas compreensões envolvem a natureza jurídica do concurso de agentes:

✓ **Teoria monista, igualitária ou unitária**: preconiza que todos os sujeitos que participam do concurso de pessoas devem responder pelo mesmo fato criminoso, configurando-se o mesmo tipo penal[8].

---

5. BITENCOURT, Cezar Roberto. Op. Cit., 2020, p. 571.

6. Neste sentido: MASSON, Op. Cit., 2019, p. 418. Dotti não exige o acordo, mas exige a reciprocidade do elemento subjetivo (DOTTI, René Ariel. 2020, p. 551). Parece ser a posição de Franco, que exige que cada um manifeste adesão à conduta do outro (Franco, Alberto Silva. Op. Cit., 2007, p. 225).

7. REALE JÚNIOR, Miguel. Fundamentos de direito penal. 5. ed. Rio de Janeiro: Forense, 2020, p. 252-253. CAMARGO, Beatriz Corrêa. A teoria do concurso de pessoas: uma investigação analítico-estrutural a partir da controvérsia sobre o conceito de instigação. 1. Ed. São Paulo: Marcial Pons, 2018, p. 34-40.

8. Esse é o entendimento amplamente majoritário no Brasil (MARTINELLI, João Paulo; BEM, Leonardo Schmitt de. Direito Penal. Lições fundamentais. Parte Geral. 7. ed., Belo Horizonte, São Paulo: D'Plácido, 2022, p. 850-851). Entretanto, Beatriz Camargo argutamente observa que o monismo não implica que os agentes devam

- ✓ **Teoria pluralista:** deve haver a configuração de delitos autônomos para cada um dos agentes, conforme sua contribuição para a prática criminosa.
- ✓ **Teoria dualista:** deve-se configurar um crime para os executores que praticam a conduta do núcleo do tipo (autores) e outro para os que, sem realizarem o núcleo do tipo, concorrem para sua realização (partícipes).

> O Código Penal adotou, como regra, a teoria monista para a punição do concurso de pessoas.

Como regra geral, o Código Penal adotou a teoria monista[9]. Desse modo, autores, coautores e partícipes devem responder pelo mesmo delito, havendo a configuração do mesmo tipo penal em relação à conduta de cada um deles.

Entretanto, alguns penalistas apontam a adoção excepcional da teoria dualista, no caso da participação de menor importância e da cooperação dolosamente distinta, e da teoria pluralista, em casos excepcionais, como do aborto e da corrupção ativa e passiva[10]. São exemplos de adoção excepcional da teoria dualista para apenas parte da doutrina. A doutrina majoritária entende que houve a **adoção da teoria monista, em regra, e, excepcionalmente, a teoria pluralista**. A teoria pluralista seria a adotada nos casos de corrupção e aborto[11].

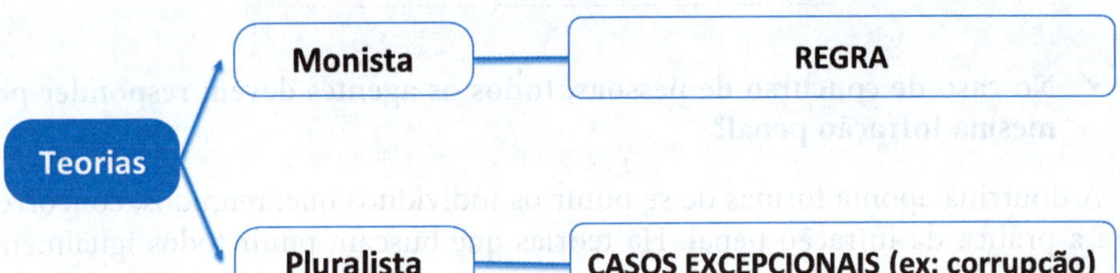

Quanto à teoria pluralista, o entendimento amplamente majoritário é que há sua adoção em alguns casos, como aborto; corrupção ativa e passiva; art. 235, *caput* e seu parágrafo primeiro, arts. 342 e 343 do Código Penal. Com relação ao exemplo de adoção da teoria pluralista, basta imaginar o sujeito que oferece dinheiro ao agente de trânsito para não ser multado. Com a aceitação da vantagem pelo funcionário público, este deve responder por corrupção passiva, enquanto o particular que ofereceu a vantagem responde por corrupção ativa.

---

responder, necessariamente, pelo mesmo tipo penal, e sim que respondem sem diferenciação quanto à autoria ou à cumplicidade. Assim, na sua visão, o aborto e a corrupção não seriam exceções ao monismo na legislação penal brasileira (CAMARGO, Beatriz Corrêa. Op. Cit., *passim*).

9. BRANDÃO, Cláudio. Teoria jurídica do crime. 6. ed. Belo Horizonte, São Paulo: D'Plácido, 2020, p. 305.
10. É a posição adotada, v.g., por Rogério Sanches Cunha (Manual de Direito Penal, 2020, p. 457/458).
11. Cleber Masson e grande parte da doutrina só fazem referência à adoção, pelo CP, das teorias monista e pluralista (Direito Penal, Parte Geral, 13 ed., 2019, p. 419).

No âmbito do estudo da autoria, cumpre mencionar que se denomina de **autoria por convicção** a situação do sujeito ativo que pratica o delito por motivo de convicção religiosa. A **autoria de consciência**, por outro lado, seria a do sujeito ativo que age por entender que é dever de sua consciência, um dever moral.

1. DISTINÇÃO ENTRE AUTORIA E PARTICIPAÇÃO

✓ Qual a diferença entre autor e partícipe?

A doutrina elaborou teorias sobre a diferenciação ou não das figuras do autor e do partícipe, sendo que as principais são as seguintes:

Teoria subjetiva ou unitária: não diferencia autor de partícipe quanto à conduta[12]. Utilizando o termo genérico de teoria subjetiva, diz Ersnt von Beling que ela parte de uma concepção que equipara causa e condição de resultado, de modo que, objetivamente, não se pode distinguir o autor do partícipe. A diferença entre os concorrentes residirá, portanto, no elemento anímico, de modo de que autor será aquele que atua com *animus actoris*, a vontade de ser autor, querendo o fato como seu, enquanto o partícipe será aquele que atua com *animus socci*, com a vontade de ajudar, querendo o fato como alheio[13].

Teoria extensiva: não distingue autor de partícipe, mas reconhece a existência de diferentes graus de autoria.

Teoria objetiva ou dualista: distingue autor e partícipe de forma clara. Pode ser **subdividida** em:

- **Teoria objetivo-formal**: autor é quem realiza a conduta que se amolda diretamente no núcleo do tipo (ação nuclear típica). Partícipe, por sua vez, quem concorre de qualquer forma para a realização da infração penal, sem realizar a conduta típica diretamente.
- **Teoria objetivo-material**: autor é quem contribui de forma mais efetiva para a ocorrência do resultado, em uma análise objetiva, sendo partícipe aquele cuja concorrência possui menor relevância.

E, por fim, há a chamada **teoria do domínio do fato**[14], a ser estudada adiante, devido à complexidade do tema:

---

12. Vale notar que também se fala em critério subjetivo diferenciador: autor seria o que deseja o fato como próprio, com vontade de autor, enquanto partícipe seria o que deseja o fato como alheio. GRECO, Luís; *et al.* Autoria como domínio do fato: estudos introdutórios sobre o concurso de pessoas no direito penal brasileiro. São Paulo: Marcial Pons, 2014, p. 52.
13. BELING, Ernst von. Esquema de derecho penal. La doctrina del delito-tipo. Traducción de Sebastián Soler, diretamente de las obras originales alemanas Grundzüge des Strafrechts, 11 edición, 1930; Die Lehre von Tatbestand, 1930. Análisis de Carlos M. de Elía. Buenos Aires: El Foro, 2002, p. 149-150.
14. Alberto Silva Franco a denominava de teoria objetivo-subjetiva (DOTTI, René Ariel. Op. Cit., 2007, p. 226).

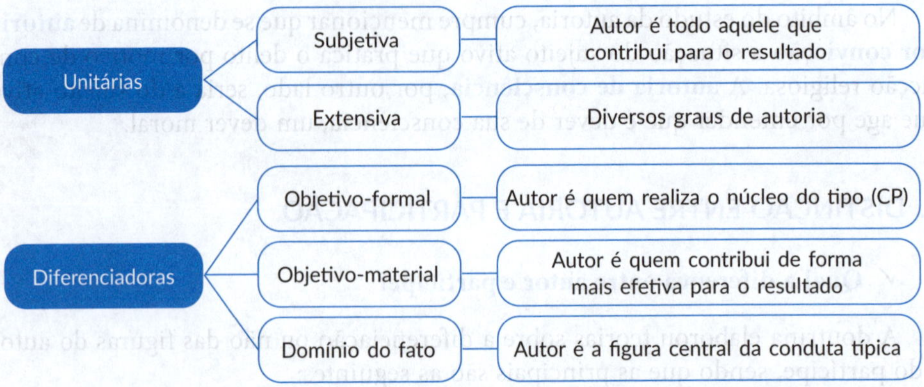

Além disso, pode-se usar a classificação de Bitencourt quanto ao conceito de autor que extraímos do artigo 29 do Código Penal:

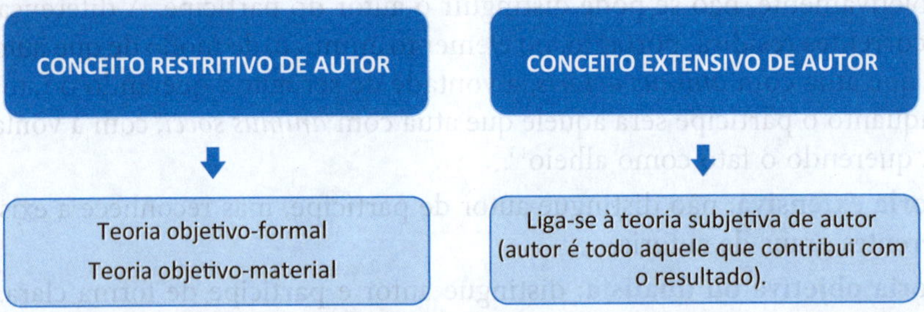

Para referido autor, a teoria do domínio do fato teria uma distinção superior às teorias acima conhecidas, razão pela qual ele a examina à parte[15]. Zaffaroni e Pierangeli dizem que o conceito extensivo de autor considera que o partícipe é autor com uma causa de atenuação de pena. Assim, essa concepção deve ser rejeitada, pois se adotarmos a tese do autor único, isso significaria que o partícipe deveria reunir os mesmos requisitos exigidos para ser autor, tornando inviável a adoção desse conceito[16].

2. DOMÍNIO DO FATO

A teoria do domínio do fato já foi utilizada por diversos autores como diferenciação de autor e partícipe, tendo sido desenvolvida na Alemanha. Neste país, existe a atenuação de pena, mas não em todo caso de participação moral, chamada de participação, mas apenas no caso de "cooperação" ou "cumplicidade", e não no caso de participação moral, chamada de participação por "indução".[17] Isso levou os alemães a estudarem de forma detida a diferença entre autor e partícipe, em

15. BITENCOURT, Cezar Roberto. Tratado de direito penal: parte geral, volume 1. 10. ed. São Paulo, Saraiva, 2006, p. 516-518.
16. ZAFFARONI, Eugenio Raúl; PIERANGELI, José Henrique. Op. Cit., 2019, p. 593-594.
17. ROXIN, Claus. Derecho Penal. Parte General. Especiales formas de aparición del delito. Traducción de Diego-Manuel Luzón Peña (Director); José Manuel Paredes Castañon, Miguel Días y García Conlledo; Javier de Vicente

virtude da diminuição de pena de algumas modalidades de participação. Assim, como algumas modalidades de participação implicam, por força de lei, uma pena diferenciada, os penalistas daquele país buscaram diferenciar autoria e participação de maneira bastante criteriosa. No Brasil, a única aplicação compulsória de diminuição de pena é no caso de **participação de menor importância**, o que também deve levar a uma distinção técnica entre autoria e participação.

Essa concepção doutrinária busca apenas diferenciar autores e partícipes a partir da ideia de domínio do fato, e não aumentar o âmbito de incriminação ou dispensar nexo de causalidade para a punição. Tampouco visa a fundamentar a existência de nexo causal entre conduta e resultado. É, na verdade, uma teoria que busca identificar quem é o autor e quem é partícipe dentre aqueles que contribuem para o resultado delitivo. Por isso, o STJ já decidiu, com acerto, que "A teoria do domínio do fato funciona como uma ratio, a qual é insuficiente, por si mesma para aferir a existência do nexo de causalidade entre o crime e o agente. É equivocado afirmar que um indivíduo é autor porque detém o domínio do fato se, no plano intermediário ligado à realidade, não há nenhuma circunstância que estabeleça o nexo entre sua conduta e o resultado lesivo"[18]. Não há, portanto, que se falar em responsabilização penal apenas por ocupar determinada posição, como a de administrador ou gestor de uma organização.

2.1. Domínio final do fato: a concepção de Welzel

A teoria do domínio do fato foi criada como uma forma de distinguir quem é o autor e quem é o partícipe. Essa teoria foi usada, por exemplo, por Hans Welzel, o pai do **finalismo**, para diferenciar o autor do executor do crime[19]. Autor, na visão de Welzel, possui **o domínio final do fato**, com a vontade final de realização (*dolo do tipo*), decidindo sobre a forma de execução, seu início, sua cessação e as condições da realização. Vale lembrar que o autor concebe a conduta humana como o exercício de ação **final**. A partir dessa concepção, define autor como aquele que tem o poder de decisão final sobre o fato[20].

A teoria do domínio do fato, desenvolvida por Welzel, aplica-se apenas aos crimes dolosos[21]. Para os crimes culposos, a doutrina alemã utiliza o conceito unitário, segundo o qual o autor é "todo aquele que mediante uma ação que lesiona o grau de cuidado requerido no âmbito da relação, produz de modo não doloso um resultado típico", nas palavras do próprio Hans Welzel[22]. Essa posição, todavia, não seria unânime, havendo críticos que apontam a possibilidade, por exemplo, de uma coautoria no caso de delitos culposos.

Remesal. Traducción de la 1ª. ed. alemana. Madrid: Thomson Reuters, 2014, p. 273 e 317. Tradução livre dos termos a partir do idioma espanhol.

18. STJ, AgRg no REsp n. 1.874.619/PE, relator Ministro Rogerio Schietti Cruz, Sexta Turma, julgado em 24/11/2020, DJe de 2/12/2020.
19. BITENCOURT, Cezar Roberto. Op. Cit., 2020, p. 577.
20. WELZEL, Hans. Derecho penal alemán. Parte general. Santiago: Editorial Jurídica de Chile, 2014, p. 161-163.
21. BITENCOURT, Cezar Roberto. Op. Cit., 2020, p. 579.
22. WELZEL, Hans. Op. Cit., 2014, p. 159.

Assim, partindo da doutrina de Hans Welzel, autor é aquele que possui **controle finalístico sobre a ação delituosa**, enquanto o partícipe colabora para a produção do resultado ou para a prática delitiva, sem domínio sobre a ação, ou seja, sem controle sobre o início ou a cessação da atividade ilícita. Faz-se essa ressalva para que não se mesclem o conceito de *domínio final do fato*, expressão utilizada na obra de Welzel, com a *teoria do domínio do fato* desenvolvida por Roxin, que abrange as ideias de domínio da ação, domínio funcional do fato e domínio da vontade.

2.2. Domínio do fato: a teoria de Roxin

De todo modo, quem mais desenvolveu a teoria e a difundiu para vários países, inclusive o Brasil, foi o funcionalista teleológico **Claus Roxin**. Para ele, autor é a figura central do acontecimento da ação[23], ou seja, da conduta criminosa. Partícipe é aquele que colabora dolosamente para o alcance do resultado, sem exercer o domínio sobre a ação. Assim, **a sua ideia nuclear é a de que o autor é a figura central da conduta típica**, aquele que possui domínio sobre a execução dos atos executórios e até mesmo sobre a consumação.

Entretanto, na teoria do funcionalista, é necessário que se verifique a existência de uma das hipóteses de domínio do fato para, só então, concluir quem é o autor no caso concreto. Por isso, não bastaria argumentar que alguém tem o controle da ação e dizer que ele é o autor. Há uma construção teórica de hipóteses em que há domínio do fato, a partir das quais é possível chegar à configuração da autoria.

A cláusula geral estabelecida pelo alemão é de que o autor deve ser compreendido como a "figura central do êxito da ação". Esse conceito vai ser dotado de conteúdo por meio dos **três critérios de domínio do fato**: o domínio da ação, o domínio da vontade e o domínio funcional do fato[24]:

a) **Domínio da ação:** o sujeito que pratica **por si mesmo** a ação típica, de forma consciente e culpável, possui o **domínio da ação**, respondendo como autor. É o caso do assassino que, de forma livre e consciente, está com a arma de fogo e dispara contra o seu inimigo, matando-o. É o **autor imediato**. Roxin denomina essa hipótese de protótipo da autoria, por ser uma hipótese de autoria que coincide com a concepção natural da vida e a própria previsão da lei, pois o agente realiza, por suas próprias mãos, o que está descrito no tipo penal. Se o agente, em decisão livre e responsável, pega uma faca, vai até o seu desafeto e o mata, é, claramente, o autor do homicídio.

b) **Domínio funcional do fato:** o termo funcional se refere à **divisão de funções** entre coautores. Assim, possuem domínio funcional aqueles que agem em **coautoria**, com acordo de vontades, decidindo realizar o tipo penal de forma conjunta. É o caso de um indivíduo ameaçar as vítimas, enquanto seu comparsa saqueia o caixa da loja. Ambos agem como autores, ou seja, coautores,

23. ROXIN, Claus. Autoría y dominio del hecho en derecho penal. Traducción de la novena edicción alemana por Joaquín Cuello Contrertas y José Luis Serrano Gonzálvez de Murillo. Madrid: Marcial Pons, 2016, p. 42.
24. ROXIN, Claus. Autoría y domínio del hecho en derecho penal. Madrid: Marcial Pons, 2016, p. 327.

possuindo ambos o **domínio funcional** do fato. Há imputação recíproca em relação ao que concordaram em praticar, ou seja, ambos respondem por roubo. Para a sua configuração, exigem-se os seguintes requisitos:

- **Comum acordo**: deve existir um acordo prévio entre os agentes, com divisão de tarefas e elemento subjetivo voltado à prática da infração penal. Há uma interdependência entre os indivíduos, que se unem para a prática do delito;
- **Contribuição essencial**: a colaboração de cada um dos agentes deverá ser essencial, ou seja, imprescindível para a execução do crime;
- **Contribuição na fase executiva**: só há domínio funcional se os concorrentes atuaram na fase executiva, não admitindo Roxin que o agente atue na fase preparatória e seja coautor. O indivíduo que contribui antes do início dos atos executórios deve ser considerado partícipe.

c) **Domínio da vontade:** nesta hipótese, o autor se vale de outra pessoa para realizar, diretamente, os atos executórios típicos. Pode ocorrer por meio de **erro** ou **coação** ou, ainda, por meio de **aparatos organizados de poder**:

- **Erro**: Imagine que um médico diga à enfermeira para aplicar uma injeção com veneno no seu inimigo, mas diz que é um medicamento de que ele precisa (erro provocado por terceiro). O médico é autor, por ter o **domínio da vontade** no caso. O autor é o "homem de trás", em **autoria mediata**.
- **Coação**: também é autor quem coage o executor, que age sem culpabilidade. Pode-se pensar no sujeito que aponta uma arma de fogo para o marido de uma gerente de um banco e manda que ela subtraia valores de outra conta e repasse a uma conta específica de terceiros (coação moral irresistível). O agente se vale de uma pessoa sem culpabilidade como executora, agindo, assim, com **domínio da vontade**, respondendo como autor, e não partícipe. O autor é o "homem de trás", em **autoria mediata**.
- **Aparatos organizados de poder**: Por fim, há uma possibilidade de domínio da vontade sobre executores que agem com culpabilidade e são igualmente responsáveis. Ou seja, um autor por trás de outro autor. Roxin concebeu essa forma de domínio do fato a partir do julgamento de Eichmann, burocrata do nazismo, que enviava prisioneiros a campos de concentração, mas alegou que jamais executou nenhum ato de homicídio ou participou diretamente dos atos desumanos. Os aparatos organizados de poder seriam estruturas verticalizadas, ou seja, hierárquicas, que atuam de forma apartada da ordem jurídica, isto é, à margem do Direito. Portanto, seriam aparatos organizados de poder, para aplicação da teoria, um Estado totalitário, como o nazista, ou uma organização criminosa, como uma organização de tipo mafioso na Itália ou uma milícia que atue em uma favela brasileira. Os executores, em organizações dessa espécie, seriam fungíveis, o que torna o "homem de trás" autor do que os executores fazem por ordem dele, ainda que os executores também sejam autores (não agem por erro nem coação). Imagine o chefe mafioso que manda matar. Não importa quem mata, qualquer um da máfia pode fazê-lo. São fungíveis, de modo que a estrutura da organização faz com que a ordem do superior tenha natureza diversa, não sendo mera participação,

mas efetiva autoria, dado o **domínio da vontade**. Há um autor mediante atuação de outro autor, pois ambos são autores e responderão pelo delito. A hipótese é chamada de **domínio da organização**.

Há julgados, mesmo na Alemanha, estendendo a aplicação do domínio da vontade em caso de ordens dadas em **organizações empresariais**. Imagine que um chefe ordene ao contador que oculte bens derivados de sonegação tributária, o que configura, em tese, lavagem de dinheiro, nos termos da legislação e da jurisprudência brasileiras. Ele seria o autor. Entretanto, **Roxin não concorda** com essa transposição, já que só concebeu a autoria em uma organização constituída à margem do Direito, ou seja, apartada do ordenamento jurídico. Por isso, não seria aplicável a uma pessoa jurídica regularmente constituída, em que a própria fungibilidade seria questionável (imagine que só o contador, ainda que a pessoa jurídica tenha grande estrutura, tenha conhecimento suficiente para realizar a ocultação dos valores provenientes da sonegação tributária).

O Código Penal prevê, em seus artigos 26 e 28, II, a inimputabilidade por doença mental, desenvolvimento mental incompleto ou retardado e embriaguez acidental. Defeito no âmbito intelectivo: domínio de primeiro grau. Nessas hipóteses, alguns doutrinadores no Brasil entendem que o domínio do fato afasta a acessoriedade limitada, ou seja, sempre que um imputável cometer crime com um inimputável, o primeiro será o autor. Isso não se compatibiliza nem com a visão de Welzel nem com a de Roxin. Para Roxin, só haverá domínio do fato se o plano veio do sujeito de trás, ou seja, se o plano foi todo realizado pelo imputável e apenas executado pelo inimputável. Caso o inimputável formule o plano delitivo, Roxin diz que só há domínio da vontade se o auxílio do imputável foi imprescindível para a realização do crime. Caso não, o imputável será mero partícipe.

Por exemplo, se um adulto induz um adolescente a cometer um crime que ele planejou, pode-se falar que esse adulto agiu com domínio do fato e é o autor. Caso o adolescente planeje o crime, são possíveis duas situações. Se o adulto possibilitou o crime, ou seja, se o crime só ocorreu por sua colaboração, ele será autor. É o caso de o adolescente querer matar um artista e o adulto conseguir a arma de fogo, além de convencer os seguranças de que ele estava consigo e por isso poderia entrar no evento. Por outro lado, se o auxílio do adulto não era indispensável para a prática do crime, como alguém que incentiva o adolescente a dar uma surra em um inimigo do bairro, haverá apenas participação do imputável. Portanto, nem sempre o adulto será o autor apenas pelo fato de cometer o crime em concurso com um inimputável. Quando for partícipe, sua punição é possível com base na acessoriedade limitada, segundo a qual basta a prática de um fato típico e ilícito para a punição do partícipe. Por isso, o domínio do fato é sim compatível com a acessoriedade limitada.

Pode-se afirmar que **a teoria não tem pretensão de distinguir autores e partícipes em todos os casos**. A teoria se voltaria aos delitos de domínio, aqueles que possuem estrutura típica apta a permitir que o intérprete identifique quem é o autor por meio das concepções de domínio da ação, domínio funcional do fato e domínio da vontade. Assim, a teoria não se aplica aos crimes culposos, aos delitos de dever, aos omissivos puros e aos de mão própria.

Para Roxin, a teoria do domínio do fato não se aplicaria aos **crimes culposos**, apesar de alguns autores enxergarem alguma hesitação na obra do jurista. A doutrina alemã tradicionalmente entende que todos os que contribuem para o crime culposo devem ser considerados seus autores, sem distinção entre autoria e participação nessa espécie de delito. Nesta mesma linha de entendimento, Roxin compreende não haver participação em delitos culposos, razão pela qual não se aplica a teoria do domínio do fato, cuja finalidade é justamente distinguir autoria e participação.

Além disso, a teoria não se aplicaria aos **crimes de dever**, aos crimes omissivos puros e aos delitos de **mão própria**[25]. Delito de dever diz respeito a infrações decorrentes de um dever específico que incumbe ao agente, como nos casos dos crimes funcionais e militares, e nas hipóteses de posição de garante, dos crimes omissivos impróprios. Nesses casos, o autor é aquele que possui o dever imposto pela norma, de modo que o delito exige essa qualidade para a sua configuração. Se o indivíduo é pai da criança e tem o dever de alimentá-la, se ele concorrer para o óbito do filho, em conjunto com o vizinho, deve ser considerado o autor, pois possui o dever de cuidado expresso no artigo 13, § 2º, inciso I, do CP. A própria norma já aponta quem deve ser considerado o autor.

Portanto, a teoria do domínio do fato busca, em determinados crimes, e não em todos, diferenciar quem é autor e quem é partícipe. A teoria ganhou bastante espaço no Direito Penal brasileiro após a sua utilização, pelo Supremo Tribunal Federal, no "Caso Mensalão", a partir do qual ganhou espaço no Poder Judiciário. Assim, cumpre analisar como o STF tem julgado a questão do domínio do fato, delimitando seus requisitos:

> *"(...) 11. A teoria do domínio do fato poderia validamente lastrear a imputação contra o paciente, desde que a denúncia apontasse indícios convergentes no sentido de que **ele não somente teve conhecimento da prática do crime de evasão de divisas como também dirigiu finalisticamente a atividade dos demais acusados**[26]. 12. Não basta invocar que o paciente se encontrava numa posição hierarquicamente superior para se presumir que tenha ele dominado toda a realização delituosa, com plenos poderes para decidir sobre a prática do crime de evasão de divisas, sua interrupção e suas circunstâncias, máxime considerando-se que a estrutura das empresas da qual era diretor-presidente contava com uma diretoria financeira no âmbito da qual se realizaram as operações ora incriminadas. 13. Exigível, portanto, que a denúncia descrevesse atos concretamente imputáveis ao paciente, constitutivos da plataforma indiciária mínima reveladora de sua **contribuição dolosa para o crime**. (...)" (STF, HC 127397/BA, Rel. Min. Dias Toffoli, Segunda Turma, Julgamento: 06/12/2016).*

O Superior Tribunal de Justiça também tem mencionado a teoria em seus julgados, enfatizando, porém, que não basta a sua invocação para se estabelecer o nexo entre a conduta do agente e o resultado delitivo. A posição de gestor de uma

25. GRECO, Luís; *et al*. Op. Cit., 2014, p. 31-35. Em sentido diverso, admitindo a aplicação aos crimes dolosos, sejam eles materiais, formais ou de mera conduta: JESUS, Damásio de. Teoria do domínio do fato no concurso de pessoas. 3. ed. São Paulo: Saraiva, 2002, p. 27.

26. Nota-se que, neste julgado, o STF usou uma concepção de Welzel, ao se referir ao domínio final do fato.

corporação, portanto, não enseja a responsabilidade penal em razão de violações à lei pela pessoa jurídica. Acertadamente, a Corte Superior adverte que a teoria não implica presunção de vínculo entre o agente e o resultado típico. A teoria visa a distinguir autores e partícipes, não dispensando a comprovação de nexo causal para a responsabilização penal[27].

2.3. Domínio do fato na visão de Zaffaroni

Apesar de se inspirarem na doutrina alemã, **a concepção de Zaffaroni e Pierangeli** sobre domínio do fato é um pouco diversa. Para os autores, tem o domínio do fato aquele que **detém o curso da ação delitiva em suas mãos**, aquele que pode decidir sobre o "se" e o "como" do fato. A análise seria objetiva e subjetiva, não se limitando ao aspecto objetivo (como no caso da teoria objetivo formal)[28].

Assim, é **autor direto** quem realiza pessoalmente a conduta típica, ainda que se utilize de outra pessoa, no que entendo ser uma referência à coação física irresistível. É o caso de quem joga outra pessoa em uma vitrine para causar o crime de dano. É **autor mediato** quem se vale de uma terceira pessoa que age: sem dolo; atipicamente ou sob uma excludente de ilicitude[29].

Nos casos de crimes próprios e de mão própria, parte da doutrina entende que haveria um problema para punição se ocorrer autoria mediata, caso o "homem de trás" não possua as características necessárias para ser autor[30]. O agente também não teria o domínio do fato, para alguns, já que não pode figurar como autor daquele delito. Seria o caso do sujeito que induz em erro o funcionário público, que acaba aceitando vantagem indevida sem conhecimento do que faz (erro de tipo e ausência de dolo). O agente não possuiria a característica de funcionário público para responder como autor mediato, na visão de Zaffaroni e Pierangeli. Outros doutrinadores entendem que o problema seria resolvido com a comunicação da condição pessoal, conforme art. 30 do CP[31].

Para esses casos, os autores defendem a figura do **autor de determinação**[32]. Como o artigo 29 do Código Penal determina que todos que concorrem para a prática delitiva sejam punidos, na medida de sua culpabilidade, não se deve deixar impune quem possui domínio sobre o fato, em situação equiparada a da autoria. Tal entendimento seria aplicável nos casos de domínio de terceiro em relação a um crime de mão própria ou um crime próprio, neste último caso se o indivíduo que determina a conduta não detiver a qualidade especial exigida pelo tipo para o sujeito ativo. Os autores defendem que nem seria caso de participação ou autoria,

27. STJ, RHC n. 109.037/SC, Rel. Min. Rogerio Schietti Cruz, Sexta Turma, julgado em 19/4/2022, DJe de 25/4/2022; STJ, AgRg no REsp n. 1.874.619/PE, Rel. Min. Rogerio Schietti Cruz, Sexta Turma, julgado em 24/11/2020, DJe de 2/12/2020).
28. ZAFFARONI, Eugenio Raúl; PIERANGELI, José Henrique. Op. Cit., 2019, p. 595.
29. ZAFFARONI, Eugenio Raúl; PIERANGELI, José Henrique. Op. Cit., 2019, p. 596-597.
30. WELZEL, Hans. Op. Cit., 2014, p. 171.
31. OLIVÉ, Juan Carlos Ferré *et al*. Direito Penal Brasileiro: parte geral: princípios fundamentais e sistema. 2. ed. São Paulo: Saraiva, 2017, p. 567-569.
32. ZAFFARONI, Eugenio Raúl. PIERANGELI, José Henrique. Op. Cit., 2019, p. 603-604.

mas de um tipo específico, como o de cometer o crime de determinação à corrupção passiva, interpretado a partir do art. 29 do CP.

Zaffaroni e Pierangeli, com base na doutrina alemã, também destacam a chamada **autoria de escritório** como forma específica de autoria mediata[33]. Analisando a sua obra, verifica-se que se trata da mesma concepção de domínio da organização, forma de domínio do fato elaborada por Roxin, mas sem requisitos tão bem definidos para a sua aplicação.

2.4. O problema da "autoria intelectual"

Alguns autores apontam, ainda, o caso do **autor intelectual**[34] como uma modalidade de domínio do fato. Entretanto, é de ressaltar que a questão é controversa, sendo que a instigação só se tornaria hipótese de autoria a partir da ideia de domínio da organização, **mas não em todos os casos**.

Assim, não se pode falar de forma genérica em autoria intelectual como hipótese de domínio da conduta típica. Greco afirma, por isso, se tratar de um **equívoco doutrinário**[35]. Nem todo aquele que elabora o plano delitivo é autor. Não há essa modalidade nem na teoria domínio do fato de Welzel nem na concepção de Roxin.

Juarez Cirino dos Santos, além de não citar essa modalidade de autoria intelectual, exemplifica, como forma de participação que não é de menor importância, a instigação mediante pagamento no homicídio[36]. Portanto, entende que aquele que encomenda um delito a outrem age como partícipe. René Ariel Dotti inclui expressamente o que a doutrina denomina de *autoria intelectual ou psíquica* como hipótese de **participação por instigação**, e não como modalidade de autoria[37].

✓ **Como, então, se deve enquadrar o mandante?**

O mandante é aquele que induz outrem à prática do delito, ele cria a ideia criminosa e ordena a prática do delito, por exemplo, utilizando-se de sua posição de chefe ou mediante pagamento. Para a teoria subjetiva, que não possui grande acolhida no Brasil, seria ele o autor, já que atua com *animus auctoris*, isto é, quer o fato delitivo como seu, e não como alheio. Já para a teoria objetivo-formal, adotada pela doutrina tradicional no Brasil, o mandante é considerado partícipe, já que ele não realiza a conduta nuclear típica por suas próprias mãos, isto é, ele não realiza a conduta descrita na norma penal incriminadora.

---

33. ZAFFARONI, Eugenio Raúl. PIERANGELI, José Henrique. Op. Cit., 2019, p. 606. Essa expressão também é utilizada, como referência ao domínio da organização, em: HILGENDORF, Eric; VALERIUS, Brian. Op. Cit., 2019, p. 240.
34. FRANCO, Alberto Silva. Op. Cit., 2007, p. 227. JESUS, Damásio de. Op. Cit., p. 25. CUNHA, Rogério Sanches. Op. Cit., 2020, p. 459. MASSON, Cleber. Op. Cit., 2019, p. 421. JESUS, Damásio de. Op. Cit., p. 25. CUNHA, Rogério Sanches. Op. Cit., 2020, p. 459. MASSON, Cleber. Op. Cit., 2019, p. 421. Masson e Cunha citam Damásio, que, por sua vez, traz como referência um capítulo do Código Penal Comentado, escrito por Franco, na obra coordenada por ele e Rocco. Franco, por fim, cita um autor chileno, Enrique Cury Urzúa.
35. GRECO, Luís; *et al*. Op. Cit., 2014, p. 37-38.
36. SANTOS, Juarez Cirino dos. Op. Cit., 2020, p. 374-375.
37. DOTTI, René Ariel. Curso de direito penal. Parte geral. Com a colaboração de Alexandre Knopfholz e Gustavo Britta Scandelari. 7 ed. rev. atual. e ampl. São Paulo: Thomson Reuters Brasil, 2020, p. 562.

Para a teoria do domínio do fato, o mandante será, em regra, partícipe. Excepcionalmente, é possível que o emissor da ordem se torne o autor por via do domínio da vontade. Caso haja erro ou coação do executor, que tem sua vontade manipulada pelo sujeito de trás, há autoria mediata, sem responsabilização penal daquele que realiza o núcleo do tipo. O autor da ordem é, assim, o autor mediato. Entretanto, é por meio dos aparatos organizados de poder que Roxin aponta uma hipótese em que a emissão de uma ordem, pelo sujeito de trás, torna-o autor do delito, ainda que o indivíduo que recebe a ordem atue livremente. Em se tratando de estrutura vertical, em uma organização apartada do Direito, em que há executores fungíveis entre si, a ordem dada, tal qual um apertar de botão, pode tornar o emissor da ordem autor, ainda que se trate de um autor atrás de outro autor e ambos sejam penalmente responsáveis.

3. AUTORES E PARTÍCIPES NO CÓDIGO PENAL BRASILEIRO

Vale analisar se a legislação brasileira comporta a diferenciação entre autor e partícipe, bem como qual a relevância prática de referida diferenciação.

✓ **No Direito Penal brasileiro, há diferenciação entre autor e partícipe?**

O Código Penal não os conceitua nem diferencia, mas faz referência a ambas as figuras:

- Há doutrinadores que defendem não ser necessária a distinção entre autor e partícipe, já que o artigo 29, *caput*, do Código Penal é genérico e permite a punição, por igual, de todos os concorrentes para prática do crime, ou seja, todos os que concorrem para a conduta delitiva[38];
- Outros veem a necessidade de distinção, seja para fins de aplicação de pena na dosimetria pelo juiz, seja porque o Código trouxe uma hipótese de diminuição de pena para participação de menor importância (artigo 29, § 1º, do Código Penal), o que deve levar a uma definição de quem é o partícipe para, então, se a sua atuação for de menor importância, diminuir a pena de um sexto a um terço[39].

Vale lembrar que a Exposição de Motivos da nova Parte Geral do Código Penal (Reforma de 1984), ainda que não tenha natureza de interpretação autêntica, mas histórica, consignou que: "Sem completo retorno à experiência passada, curva-se, contudo, o Projeto aos críticos dessa teoria, ao optar, na parte final do artigo 29, e em seus dois parágrafos, por **regras precisas que distinguem a autoria da participação**". Assim, a posição mais acertada parece ser a que diferencia as figuras. Passa-se, então, à transcrição dos dispositivos mencionados:

38. GRECO, Luís; *et al.* Op. Cit., 2014, p. 68-80. Defende que o CP adotou a teoria unitária: DOTTI, René Ariel. Op. Cit., 2020, p. 560. Também adota essa posição Juarez Cirino dos Santos (SANTOS, Juarez Cirino dos. Op. Cit., 2020, 360-361), embora ele admita que a lei comporta a teoria do domínio do fato.
39. OLIVÉ, Juan Carlos Ferré *et al.* Op. Cit., 2017, p. 564-564. Defende que o CP adotou a teoria diferenciadora: BITENCOURT, Cezar Roberto. Op. Cit., 2020, p. 573.

> *Art. 29 – Quem, de qualquer modo, concorre para o crime incide nas penas a este cominadas, na medida de sua culpabilidade.*
>
> *§ 1º – Se a participação for de menor importância, a pena pode ser diminuída de um sexto a um terço.*
>
> *§ 2º – Se algum dos concorrentes quis participar de crime menos grave, ser-lhe-á aplicada a pena deste; essa pena será aumentada até metade, na hipótese de ter sido previsível o resultado mais grave.*

Em conclusão, o Código Penal não faz uma opção por uma teoria que diferencia autores e partícipes, como realmente deve ser, pois essa deve ser uma tarefa da doutrina e da jurisprudência. Pode-se observar, ainda, que a doutrina majoritária tem adotado a **objetivo-formal**, ao interpretar o artigo 29, *caput*, do Código Penal[40]. Deste modo, autor seria aquele que realiza a conduta nuclear típica, enquanto o partícipe concorre para a prática da infração penal, sem, no entanto, praticar o núcleo do tipo. Adota-se, assim, um **conceito restritivo de autor**, na concepção objetivo-formal, com distinção entre autores e partícipes.

> A doutrina tradicional adota a teoria objetivo-formal para distinguir autor e partícipe.
>
> Adota-se, majoritariamente, um conceito restritivo de autor[41].

Entretanto, há casos de punição do autor mediato no Código Penal, que representaria uma possibilidade de adoção da **teoria do domínio do fato**, como no erro de tipo provocado por terceiro. A teoria do domínio do fato explica, de forma mais convincente, a autoria nessas hipóteses de utilização de outra pessoa como instrumento para a prática delitiva. A jurisprudência também vem adotando, em alguns precedentes, a teoria do domínio do fato, como ocorreu com a ação penal n. 470, conhecida como "Caso Mensalão", no Supremo Tribunal Federal, ainda que haja muitas críticas doutrinárias sobre o uso equivocado da construção teórica.

4. AUTORIA MEDIATA

Autor mediato é aquele que, **mesmo sem realizar a ação nuclear típica, pratica a conduta descrita no tipo incriminador, utilizando-se de outras pessoas como seu instrumento**. Na autoria mediata, o agente realiza a conduta principal, detendo o domínio da vontade, sem praticar diretamente a conduta prevista no tipo penal. Usando outra pessoa como sua marionete, ele alcança o resultado delitivo pretendido.

O autor mediato utiliza, como seu instrumento, um indivíduo não culpável, seja ele inimputável, sem potencial consciência da ilicitude ou em situação de inexigibilidade de conduta diversa. Ele se vale de outra pessoa, utilizando-se de erro ou

40. DOTTI, René Ariel. Op. Cit., 2020, p. 561-565.
41. OLIVÉ, Juan Carlos Ferré *et al*. Op. Cit., 2017, p. 564-564.

coação, para a prática de uma conduta criminosa. Segundo a doutrina majoritária, o Código Penal prevê algumas hipóteses de responsabilização do autor mediato:

- **Inimputabilidade penal** (hipótese polêmica)[42];
- **Coação moral irresistível** (art. 22 do CP);
- **Obediência hierárquica** (art. 22 do CP);
- **Erro de tipo escusável provocado por terceiro** (art. 23 do CP);
- **Erro de proibição escusável provocado por terceiro** (art. 23 do CP).

Não é cabível a autoria mediata nos **crimes culposos**. Se o agente não possui a vontade de produzir o resultado, nem assume o risco da sua produção, não é possível lhe imputar o domínio da ação. Se ele agiu por imprudência, negligência ou imperícia, não é compatível com sua conduta o controle da ação delituosa.

Nos **crimes próprios**, admite-se a autoria mediata, desde que o autor mediato também reúna as condições pessoais exigidas pelo tipo. É o caso do funcionário público que ordena a outro, por meio de uma ordem não manifestamente ilegal, que deixe de praticar determinado ato de ofício, com o escopo de satisfazer um interesse pessoal seu. Nesse caso, o autor mediato responderá pelo crime de prevaricação, pois também possui a qualidade exigida pelo delito previsto no artigo 319 do Código Penal, ou seja, ele também é funcionário público.

Nos casos de **crimes de mão própria**, o entendimento majoritário é de que não se admite a autoria mediata[43]. Deste modo, se alguém coagir, de modo irresistível, um perito a produzir um laudo com falsidade, responderá pela coação, mas não poderá responder, como autor mediato, pelo crime de falsa perícia, já que este é classificado como crime de mão própria. Ele poderia responder, nesse caso, pelo crime de constrangimento ilegal, por exemplo. Zaffaroni e Pierangeli buscam resolver esse problema por meio da figura do **autor de determinação**, analizada acima.

5. AUTORIA COLATERAL

A autoria colateral ocorre quando **dois ou mais agentes concorrem para a prática da realização da infração penal, sem vínculo entre eles**. Os indivíduos não possuem liame subjetivo de juntos praticarem a conduta típica, mas acabam realizando a conduta de forma concorrente. É também chamada de autoria concomitante[44]. É bastante rara em crimes dolosos e mais frequente nos culposos[45].

Imagine que dois empregados da mesma empresa ficam revoltados com o chefe e, cada qual a seu turno, envenenam o café. Um não sabe da conduta do outro, agindo de forma colateral. É também o exemplo clássico de dois atiradores esperarem

42. Não aceitam essa hipótese: ZAFFARONI, Eugenio Raúl; PIERANGELI, José Henrique. Op. Cit., 2019, p. 597-598. Aceitam a hipótese: BITENCOURT, Cezar Roberto. Op. Cit., 2020, p. 580. WELZEL, Hans. Op. Cit., 2014, p. 170-171.
43. No mesmo sentido: CUNHA, Rogério Sanches. Op. Cit., 2020, p. 462-463. MASSON, Cleber. Op. Cit., 2019, p. 429.
44. WELZEL, Hans. Derecho penal alemán. Op. Cit., 2014, p. 176-177.
45. HILGENDORF, Eric; VALERIUS, Brian. Op. Cit., 2019, p. 228.

um inimigo comum passar pela rodovia, com a arma apontada para ele, e, sem um saber da ação do outro, atiram ao mesmo tempo quando ele passa.

Na autoria colateral, **cada um dos agentes responde pelos atos que praticou**. Por exemplo, se no caso dos atiradores na rodovia, ficar provado que só os projéteis emanados da arma de um deles atingiu a vítima, levando-a a óbito, só ele deve responder por homicídio consumado. O outro, cuja tentativa foi incruenta no caso, deve responder apenas pela tentativa de homicídio.

✓ **E se, em um caso de autoria colateral, não for possível identificar quem causou o resultado?**

Se não for possível identificar qual dos agentes produziu, com sua conduta, o resultado naturalístico, não é possível que nenhum responda sem a prova do nexo causal, caso não tenha havido ajuste entre eles. Denomina-se o caso de **autoria incerta**. Sem liame subjetivo entre os sujeitos, eles devem responder pela tentativa.

Pode-se utilizar o mesmo caso dos dois atiradores parados na rodovia. Os dois não possuem uma arma de fogo, mas uma besta (*crossbow*). Com essa arma portátil, disparam setas pontiagudas na vítima, que, ao contrário dos projéteis de arma de fogo, não podem ser identificadas como provenientes de determinada arma. A vítima, atingida por uma seta no seu coração, falece. Desse modo, não sendo possível identificar qual efetivamente causou a morte do indivíduo, ambos os agentes devem responder por homicídio tentado.

Também se pode exemplificar com o caso do sujeito que decide envenenar sua sogra, aplicando uma dose de estricnina ao seu café. Ocorre que o pão de queijo já havia sido envenenado por outro genro e a pobre mulher ingere os dois alimentos na mesma refeição. Não sendo possível identificar qual dose foi letal, causando o óbito da vítima, os dois genros devem responder por homicídio tentado, segundo entendimento majoritário.

✓ **E se um dos agentes praticar crime impossível e não se puder identificar qual?**

Suponha-se que, no exemplo dos dois atiradores com bestas, verifique-se que um dos atiradores chegou primeiro e atingiu o sujeito com uma seta certeira e letal. Quando o outro atirador lançou a primeira seta, a vítima já havia morrido. Desse modo, o segundo atirador já encontrou um objeto material absolutamente impróprio e, portanto, sua tentativa é inidônea (crime impossível). O caso é polêmico, mas não se pode responsabilizar alguém sem demonstração do nexo entre a conduta e o resultado naturalístico. Se não for possível descobrir qual das condutas produziu a morte e qual delas representou uma tentativa inidônea, nenhum dos dois poderia ser responsabilizado.

6. COAUTORIA

A coautoria ocorre quando dois ou mais indivíduos, **com liame subjetivo**, praticam a conduta típica. Como diz Welzel, coautoria é autoria[46], com uma divisão de

46. WELZEL, Hans. Derecho penal alemán. Op. Cit., 2014, p. 176.

trabalho entre os agentes. O acordo entre os agentes não precisa ser prévio, podendo ocorrer durante a prática dos atos executórios, desde que antes da consumação do delito. Não se exige, ainda, bilateralidade, bastando que um tenha aderido à conduta criminosa do outro[47]. Entretanto, essa questão é controversa. Há doutrinadores que exigem que o acordo seja bilateral para que se configure a coautoria, caso contrário haverá participação[48].

Apesar de não caber participação nos crimes culposos, a doutrina majoritária e a jurisprudência admitem a coautoria[49]. Basta imaginar duas pessoas transportando, desleixadamente, um vaso pesado em um terraço de edifício, que escapa da mão de ambos e lesiona um transeunte. Há uma concorrência em uma conduta descuidada, de modo que se pode falar em coautoria em delito culposo.

Na visão de domínio do fato de Claus Roxin, coautoria é uma hipótese de domínio funcional do fato, em que o termo "funcional" se refere à divisão de funções pelos agentes, à atribuição de tarefas aos intervenientes de modo a se formar um domínio conjunto do fato. Devido a esse compartilhamento do domínio sobre o fato, o que um agente faz deve também ser imputado ao outro. Cada um dos intervenientes possui uma posição-chave, apesar de, individualmente, possuir apenas domínio sobre a sua porção do fato[50]. Assim, se, mediante acordo de vontades, um agente subtrai o dinheiro do caixa enquanto outro ameaça o funcionário da loja mediante emprego de arma de fogo, ambos os concorrentes respondem, em coautoria, por roubo.

A função de cada um dos agentes deve ser determinante para a consumação do delito. Cada um dos agentes deve responder pela prática do crime, na medida de sua culpabilidade, nos termos do que dispõe o artigo 29 do Código Penal:

> *Art. 29 – Quem, de qualquer modo, concorre para o crime incide nas penas a este cominadas, na medida de sua culpabilidade.*

A coautoria pode ser classificada em parcial e direta. Essa classificação também pode ser denominada coexecutiva parcial e coexecutiva direta:

- **Parcial:** é aquela em que os agentes se dedicam a diferentes atos de execução que, quando somados, configuram a infração penal. É o caso do roubo, em que um dos agentes rende as vítimas, usando a ameaça da exibição de uma arma de fogo, enquanto o outro agente recolhe os objetos subtraídos.
- **Direta:** é a coautoria em que todos os agentes praticam a mesma conduta, que configura o tipo penal. Pode-se exemplificar esta modalidade de coautoria

47. NUCCI, Guilherme de Souza. Op. Cit., 2015, p. 317-318.
48. WELZEL, Hans. Derecho penal alemán. Op. Cit., 2014, p. 171-172.
49. DOTTI, René Ariel. Op. Cit., 2020, p. 570. STJ, REsp n. 1.306.731/RJ, relator Ministro Marco Aurélio Bellizze, Quinta Turma, j. 22/10/2013, DJe de 4/11/2013; STJ, HC n. 40.474/PR, relatora Ministra Laurita Vaz, Quinta Turma, j. 6/12/2005, DJ de 13/2/2006; STF, RHC 64138, Rel. Min. Oscar Correa, Primeira Turma, julgado em 24/06/1986.
50. ROXIN, Claus. Derecho Penal. Parte General. Especiales formas de aparición del delito. Traducción de Diego-Manuel Luzón Peña (Director); José Manuel Paredes Castañon, Miguel Días y García Conlledo; Javier de Vicente Remesal. Traducción de la 1ª. ed. alemana. Madrid: Thomson Reuters, 2014, p. 270-277.

com dois indivíduos que resolvem furtar os objetos da casa de uma família que está viajando. Ambos saltam o muro, ambos arrombam a casa e cada um recolhe uma parte das coisas subtraídas.

Cabe, então, a análise de algumas situações envolvendo a coautoria:

✓ **Coautoria em crime próprio:**

É possível a coautoria em crime próprio, bastando que um dos agentes reúna as condições pessoais exigidas para o sujeito ativo. Como dispõe o artigo 30 do Código Penal, as elementares sempre se comunicam aos indivíduos que agem em concurso. Assim, por ser a condição pessoal específica exigida pelo crime próprio uma elementar, se um dos sujeitos preenchê-la já será suficiente para a configuração da infração penal.

✓ **Coautoria em crime de mão própria:**

A doutrina entende não ser possível a coautoria em crime de mão própria, em regra. Nesta modalidade de crime, de que é exemplo o falso testemunho, apenas o próprio indivíduo pode cometer o delito. A exceção apontada para a admissão de coautoria em crime de mão própria é a falsa perícia elaborada por dois profissionais em conluio. Deste modo, ainda que só eles possam praticar o delito, o ato é realizado em conjunto, com a assinatura do laudo por ambos os peritos, possibilitando a coautoria.

✓ **Coautoria sucessiva:**

A coautoria sucessiva é aquela em que a conduta se inicia com um único autor, com aderência de um coautor durante a execução, sem prévio acordo. Como há adesão, forma-se o vínculo subjetivo e os indivíduos são considerados coautores. Para a maioria da doutrina, basta o liame de um dos agentes à atuação do outro, não se exigindo o acordo bilateral.

✓ **Executor de reserva:**

Executor de reserva é o sujeito que fica de prontidão durante a execução, intervindo se necessário. Como exemplo, um indivíduo vai agredir um membro da gangue rival e leva um companheiro para garantir a superioridade de forças. Se o executor de reserva não intervir, atua como partícipe, dado o aporte, mesmo que moral, para garantir a execução do crime Se intervir, é coautor[51].

7. PARTICIPAÇÃO

A participação não é definida no Código Penal, que não a diferencia da autoria. Sua conceituação é doutrinária. Partícipe é **aquele que concorre para o crime,**

51. No mesmo sentido: DOTTI, René Ariel. 2020, p. 552. NUCCI, Guilherme de Souza. Op. Cit., 2015, p. 325.

sem realizar diretamente a ação típica, isto é, sem que sua conduta se amolde diretamente ao **núcleo do tipo**. O partícipe tem uma atuação acessória, ou seja, ele concorre para o fato típico realizado por outra pessoa. A sua conduta consiste em um aporte para que um fato típico se concretize. Há diversas teorias sobre autoria e participação, algumas das quais não diferenciam a figura do autor e a do partícipe e outras que entendem que são figuras diferentes.

Prevalece no Brasil a **teoria objetivo-formal**, segundo a qual partícipe é aquele que não realiza a ação nuclear típica, mas contribui para a realização do delito. No entanto, vem crescendo a importância da **teoria do domínio do fato** e, em sua concepção, partícipe é aquele que, apesar de contribuir para a ação delitiva, não possui o domínio do fato, não constituindo a figura central da conduta delitiva.

Prevalece só ser possível **a participação dolosa em crime doloso**[52]. O partícipe deve aderir de forma consciente e voluntária à conduta do autor[53].

Segundo a compreensão que prevalece, não é exigido o acordo bilateral de vontades, bastando o liame subjetivo unilateral, consistente na adesão do partícipe à empreitada delitiva do autor. No que se refere aos crimes culposos, o pensamento majoritário é de que todos os que concorrem para o resultado delitivo responderão como autores, sendo possível, na atuação conjunta de mais de uma pessoa, a configuração da coautoria culposa.

Acerca dos limites da responsabilidade por participação, Roxin faz uma interessante observação a partir do princípio da confiança: não se pode responsabilizar o agente por crimes dolosos de outros, como no caso de quem vende bebidas alcoólicas ou facas. Se uma pessoa entrega uma faca a um assassino de forma culposa, e, portanto, sem dolo de homicídio, não pode ser responsabilizado como partícipe, apesar de ser possível a sua responsabilização por autoria imprudente, ou seja, como autor de um crime culposo. Isso só será possível se a conduta desse agente se tornar causal para resultado, não sendo possível responsabilizá-lo por crime culposo se faltar um fomento ou favorecimento ao resultado, como o homem que diz que, se a mulher o abandonar, matará um terceiro. A mulher não pode ser responsabilizada por homicídio culposo, pois decidiu sobre a sua vida amorosa, dentro de seu âmbito de liberdade, sem efetivamente ser causadora do homicídio. O homem que foi dispensado por ela e resolveu matar um terceiro é plenamente responsável por sua conduta[54].

A participação pode ser material ou moral. A participação material se refere ao auxílio, como quem entrega a arma de longo alcance para o assassino atingir um político adversário. A participação moral, por sua vez, dividir-se-ia entre induzimento, aquele que concebe a ideia criminosa e a incute na mente do autor, e instigação, que é a conduta de reforçar a ideia criminosa já concebida pelo autor[55].

---

52. ZAFFARONI, Eugenio Raúl; PIERANGELI, José Henrique. Op. Cit., 2019, p. 601. BATISTA, Nilo. Op. Cit., 2020, p. 158. DOTTI, René Ariel. Op. Cit., 2020, p. 565. NUCCI, Guilherme de Souza. Op. Cit., 2015, p. 325-326. Nucci ressalva que pode haver colaboração dolosa e culposa para o mesmo crime, devendo cada um responder por sua conduta.

53. BITENCOURT, Cezar Roberto. Op. Cit., 2020, p. 571.

54. ROXIN, Claus. Derecho Penal, Parte General, Tomo I. Fundamentos. La Estructura de la Teoria del Delito. Traduccion y notas Diego-Manuel Luzón Peña (Director), Miguel Díaz y García Conlledo, Javier de Vicente Remesal. Madrid: Civitas, 1997, Reimp. 2008, p. 1006-1007.

55. No mesmo sentido: OLIVÉ, Juan Carlos Ferré et al. Op. Cit., 2017, p. 559.

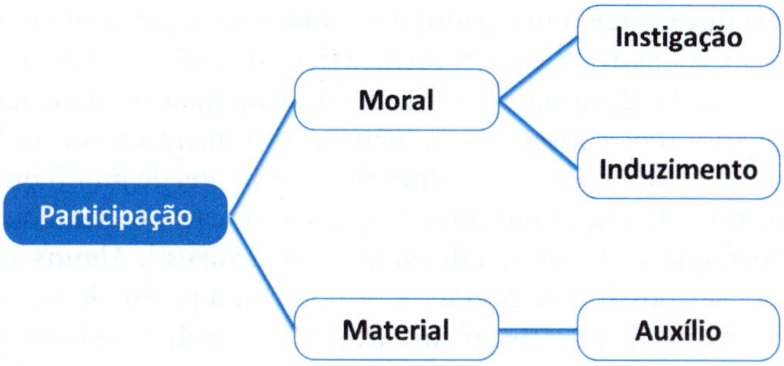

Essa classificação, entretanto, não é seguida por toda a doutrina. Em uma concepção diversa, **instigação** seria toda a forma de provocação, em outra pessoa, da decisão de cometer o crime, de praticar a conduta típica. **Cumplicidade**, por sua vez, seria o auxílio de uma pessoa a outra que já tinha decidido pela prática delitiva, o que aumenta o risco de lesão ao bem jurídico[56]. Para Nucci, cúmplice é quem colabora para o delito, podendo ser coautor ou partícipe[57].

✓ Participação Moral

A participação moral pode se dar por instigação ou induzimento[58]. Há penalistas que se referem à instigação em sentido amplo, que se dividiria em (a) determinação, em vez de induzimento, e (b) instigação em sentido estrito.[59]

Instigação: o partícipe reforça ideia já existente, incentivando a prática da infração penal. O instigador faz com que o agente tome a decisão quando ainda pensava se ele efetivamente prosseguiria no intento delitivo. Essa modalidade de participação pode ocorrer na fase de cogitação, dos atos preparatórios e na execução.

Induzimento: o partícipe gera a ideia na mente do agente, incute-a. Ele faz com que o autor pense pela primeira vez em praticar determinado crime, apresentando-lhe uma simples proposta de um crime determinado ou até mesmo um plano já elaborado. Ocorre na fase de cogitação. Essa modalidade pode também ser chamada de *determinação*.

Tanto a instigação quanto o induzimento devem se direcionar a pessoa certa. Caso sejam dirigidas ao público, pode-se configurar o crime de incitação ao crime, previsto no artigo 286 do Código Penal. Além disso, é preciso que a participação moral seja eficaz ou eficiente. Por isso, ainda que alguém fale que vai comprar o produto do crime, mas isso não seja decisivo, é possível a configuração do crime de receptação[60].

56. GRECO, Luís; *et al.* Autoria como domínio do fato: estudos introdutórios sobre o concurso de pessoas no direito penal brasileiro. São Paulo: Marcial Pons, 2014, p. 106/107. Também só se referem às figuras de autor, instigador e cúmplice: ZAFFARONI, Eugenio Raúl; PIERANGELI, José Henrique. Op. Cit., 2019, p. 591-593.
57. NUCCI, Guilherme de Souza. Op. Cit., 2015, p. 324.
58. Neste sentido: DOTTI, René Ariel. Op. Cit., 2020, p. 562-563. FRANCO, Alberto Silva. Op. Cit., 2007, p. 228-229.
59. BATISTA, Nilo. Op. Cit., 2020, p. 182.
60. OLIVÉ, Juan Carlos Ferré *et al.* Op. Cit., 2017, p. 560-561.

A influência que exerce o instigador e o indutor deve ser aceita para que o partícipe seja punido. Além disso, essa influência deve ser causadora da decisão delitiva do autor ou reforçá-la, deve ser *decisiva*. A doutrina majoritária exige a chamada *causalidade psíquica*. Por consequência, não existirá instigação ou induzimento se o autor já havia resolvido cometer o crime anteriormente, de modo que o incentivo de outrem não faz diferença nenhuma. É que, nesse caso, o crime aconteceria de qualquer modo, o que se denomina de *omnimodo facturus*[61]. Alguns autores defendem, entretanto, ser possível responder a título de cumplicidade ou de auxílio[62], o que não parece possuir justificativa plausível. Deve-se analisar se houve participação moral, por induzimento ou participação, exigindo-se a efetiva contribuição para a realização do delito. A lei brasileira não diferencia a pena do induzimento e das demais formas de participação, então o tema deve ser tratado a partir da concepção de participação moral e a sua configuração ou não.

Formaram-se correntes divergentes sobre os limites de punição da participação moral ou, em outros termos, os pressupostos de punibilidade da cumplicidade psíquica. Essa discussão envolve, na verdade, toda modalidade de participação[63]:

a) **Contribuição causal**: é necessário que a ação do indivíduo constitua concausa do resultado. Se não se apresentar como *conditio sine qua non* do resultado delitivo, não há como se punir a colaboração delitiva. É uma posição tradicional na doutrina brasileira, muito ligada ao causalismo.
b) **Fomento**: não é necessário que se estabeleça uma relação de causalidade entre a participação e o resultado delitivo, basta que o agente tenha fomentado ou facilitado o cometimento do fato principal. Essa concepção parece ser seguida muitas vezes quando se analisa a jurisprudência;
c) **Teoria do aumento do risco**: representa um meio-termo. A participação exige que a atuação do partícipe aumente o risco ao bem jurídico tutelado, que foi colocado em perigo pelo fato principal, praticado pelo autor. Se o auxílio, instigação ou induzimento aumentou as chances de o resultado delitivo se produzir, o partícipe deve ser punido. Esse pensamento se insere na teoria da imputação objetiva, representando uma análise de risco não permitido e sua produção no resultado, pressupostos para a sua imputação a cada um dos concorrentes.

✓ Participação Material

A participação material ocorre por meio do **auxílio,** chamado por alguns de **cumplicidade**[64]. O partícipe facilita a prática da ação penal, sem executar a ação

61. LISZT, Franz von. Op. Cit., 2006, p. 371. BATISTA, Nilo. Op. Cit., 2020, p. 184.
62. A diferenciação tem como base a legislação alemã, que diferencia a cumplicidade, com pena reduzida, e a instigação, com pena igual à da autoria. Essa transposição de discussão, feita a partir de legislação diferente, não auxilia na discussão do tema no Brasil.
63. HILGENDORF, Eric; VALERIUS, Brian. Op. Cit., 2019, p. 269-270.
64. BITENCOURT, Cezar Roberto. Op. Cit., 2020, p. 583. Contra a expressão *cúmplice*, por entender que era a figura do Código Penal anterior e que não se ajusta ao Código Penal atual: CAPEZ, Fernando. Op. Cit., 2013, p. 375-376.

nuclear típica, para a concepção objetivo-formal. Ocorre na fase dos atos preparatórios ou da execução. Se o auxílio ocorrer após a consumação, só configurará auxílio se tiver havido prévio ajuste. Sem o prévio ajuste, não há concurso de pessoas e o indivíduo que prestou auxílio pode responder por crime autônomo, como lavagem de dinheiro, receptação ou favorecimento real, por exemplo.

Em uma concepção alinhada com a teoria do domínio do fato, o partícipe contribui para a prática delitiva sem exercer o papel de figura central. Ele pratica uma conduta acessória, sem exercer o domínio da ação, o domínio da vontade nem o domínio funcional do fato. Ele não pratica a ação típica livre e conscientemente por suas próprias mãos; não usa outra pessoa como seu instrumento, com uso de erro, coação ou aparato organizado de poder; nem mesmo compartilha do domínio, por atuação na fase executiva do delito, com uma função específica e que seja essencial para a prática delitiva. O partícipe é uma figura lateral, que contribui para o delito com uma contribuição acessória.

O auxílio ou cumplicidade pode ocorrer por meio de uma comissão ou de uma omissão. A comissão ocorre por meio de comportamento ativo, como fornecer a um sujeito, no meio de uma discussão, uma faca. A omissão ocorre quando o concorrente deixa de praticar uma ação que deveria praticar, como o vigilante que, intencionalmente, deixa de trancar a porta e possibilita que um furto ocorra durante a noite.

Sobre a figura do mandante, trata-se de caso de participação moral, ainda que o induzimento seja mais reprovável, incidindo a agravante relacionada ao concurso de pessoas prevista no artigo 62, II, do CP ("aquele que induz outrem à execução material do crime"). É um caso mais grave de participação, mas nitidamente se enquadra na instigação. É a posição mais correta e abalizada[65]. Sanches Cunha utiliza o seguinte exemplo de induzimento: "João, sabendo que Antonio passa por dificuldades financeiras, o induz a praticar um furto, para que possam repartir o proveito"[66]. Analisando o exemplo doutrinário, não se trata de autoria, mas é alguém que cria a ideia do crime e é considerado partícipe. Entretanto, vem crescendo uma concepção, indevida e sem fundamentos dogmáticos, de uma genérica *autoria intelectual*, atribuível ao agente responsável pela fase intelectual do crime[67]. Mesmo a teoria do domínio do fato desenvolvida por Roxin não considera o criador do plano delitivo o seu autor. Excepcionalmente, o criador da ideia delitiva e emissor da ordem de executar o crime será considerado autor, mas somente se ele utilizar um aparato organizado de poder.

✓ Punibilidade da participação

De início, cumpre recordar que o que possibilita a punição de todos os envolvidos na prática do crime é a **norma de extensão pessoal e espacial**. Essa norma

65. GRECO, Luís; *et al.* Op. Cit., 2014, p. 37-38.
66. CUNHA, Rogério Sanches. Manual de direito penal: parte geral. 8. ed. rev. atual. e ampl. Salvador: Juspodivm, 2020, p. 469.
67. BRANDÃO, Cláudio. Teoria jurídica do crime. 6. ed. Belo Horizonte, São Paulo: D'Plácido, 2020, p. 313.

permitir punir a pessoa que não realiza a conduta típica, mas contribui para a sua realização, como, por exemplo, o instigador. A **tipicidade**, portanto, é **mediata**, pois depende da conjugação da norma penal que prevê a infração penal com a norma de extensão, prevista no artigo 29 do Código Penal:

> *Art. 29 – Quem, de qualquer modo, concorre para o crime incide nas penas a este cominadas, na medida de sua culpabilidade.*

Essa norma traz a adoção, segundo o entendimento que prevalece, do monismo. Todos os concorrentes devem responder, em regra, pelo mesmo delito, tipificando-se a sua conduta no mesmo dispositivo. Essa regra não impede que seja considerada a particularidade de cada atuação, isto é, que se faça o juízo de reprovação jurídica sobre a contribuição de cada um. Em outras palavras, cada um responderá na medida de sua culpabilidade, com individualização da pena.

No caso, por exemplo, de um estupro, em que o papel de um dos coautores é apenas de segurar a vítima, se analisada isoladamente a conduta dele, de segurar a vítima, não há como realizar a subsunção no tipo do estupro. Entretanto, quando se conjuga o tipo penal do artigo 213 com o artigo 29 do Código Penal, torna-se possível a chamada tipicidade mediata e, assim, sua responsabilização por esse delito.

✓ Por que se pune a participação?

A punibilidade da participação é **fundamentada** por diferentes teorias[68], que buscam encontrar as razões político-criminais para se responsabilizar penalmente quem atua como partícipe. Não possuem relevância prática direta, mas a adoção de uma ou outra pode alterar o alcance da participação, ou seja, quais as condutas serão penalmente relevantes e, dentre essas, quais serão consideradas como participação no crime:

- **Teorias da corrupção:** as teorias da corrupção buscam fundamentar a punição da conduta do partícipe em uma contribuição para que o autor decida pela conduta criminosa[69]. Defendem que o partícipe viola bem jurídico diverso do violado pelo autor. Compreendem a teoria da culpabilidade, a teoria da desintegração social e a teoria da solidarização com o injusto do autor.

  A teoria da culpabilidade entende que a culpabilidade do partícipe é decorrente da influência exercida por ele sobre o autor, ou seja, ele o corrompe.

68. Prado menciona as primeiras três teorias (PRADO, Luiz Regis. Curso de Direito Penal Brasileiro: parte geral e parte especial. 18. ed. Rio de Janeiro: Forense, 2020, p. 244). Bitencourt, em seu Tratado de Direito Penal, menciona apenas as duas primeiras teorias. Nilo Batista menciona as outras três (BATISTA, Nilo. Op. Cit., 2020, p. 157-158).
69. Agrupadas didaticamente por: ROBLES PLANAS, Ricardo. La participación em el delito: fundamento y limites. Madrid: Marcial Pons, 2003, p. 120.

Por isso, a sua culpabilidade depende da culpabilidade do autor[70]. Também pode ser denominada de teoria da desintegração social ou moral do autor e apregoa que a contribuição do partícipe faz com o que o autor se desintegre do meio social ou se degenere, tornando-se infiel ao ordenamento jurídico. Pune-se o partícipe porque ele corrompeu o autor, fazendo-o decidir pela conduta delitiva[71]. Entretanto, não se compatibiliza com a acessoriedade limitada, já que nem se admite culpabilidade do autor para punição do partícipe, mas apenas a prática de fato típico e ilícito[72].

A teoria da desintegração social entende que o partícipe causa um conflito entre o autor e a sociedade, ao levá-lo a se decidir pela prática do injusto penal. Entretanto, essa teoria não explicaria de forma convincente os casos em que o autor já se decidiu e um indivíduo atua na participação material, fornecendo-lhe a arma de fogo do crime, por exemplo[73].

A teoria da solidarização com o injusto alheio fundamenta a punição do partícipe no fato de que cada um é responsável por aquilo que se faz e a participação possui um desvalor por si só, ou seja, representa um exemplo de comportamento que a comunidade não pode suportar. O partícipe é punido porque ele se solidariza com a prática de fato típico e ilícito por outra pessoa. A crítica é que, primeiro, o fato de se solidarizar com o autor não é crime por si só e, além disso, é possível que o partícipe não se solidarize com o executor, mas o incentive à prática do crime por motivos próprios[74].

- **Teoria da causação pura ou do favorecimento**: a participação tem autonomia, já que possui contribuição causal na realização do resultado típico. Posição fundamentada na eficiência causal, conforme a obra de Hungria[75]. O injusto do partícipe é construído de forma autônoma, independente do ato principal, praticado pelo autor. Considera-se que o conteúdo da conduta típica e ilícita do partícipe decorre diretamente da lesão ao bem jurídico tutelado, sem passar pela conduta do autor. Como crítica, aponta-se que a teoria daria espaço a um conceito extensivo de autor, desconsiderando a intermediação da conduta do autor entre a contribuição do partícipe e o resultado causado[76]. Roxin adverte, ainda, que essa teoria ampliaria muito a responsabilização. Por exemplo, se o sujeito incitasse alguém a não prestar socorro e a vítima

70. A punibilidade decorreria de ter o partícipe *arrastado* o autor para o crime: Schuldteilnehmentheorie (BATISTA, Nilo. Op. Cit., 2020, p. 157).

71. CAMARGO, Beatriz Corrêa. A teoria do concurso de pessoas: uma investigação analítico-estrutural a partir da controvérsia sobre o conceito de instigação. 1. ed. São Paulo: Marcial Pons, 2018, p. 206 e 211.

72. ROXIN, Claus. Op. Cit., 2014, p. 210.

73. ROXIN, Claus. Op. Cit., 2014, p. 210-211.

74. ROXIN, Claus. Op. Cit., 2014, p. 212-213.

75. Hungria não aceitava as figuras da autoria mediata e da acessoriedade, desejando relegá-las ao museu da história. Defende que o partícipe é um concausador e, por isso, é também autor (HUNGRIA, Nélson. Op. Cit., Vol. I, Tomo II, 1955, p. 399).

76. CAMARGO, Beatriz Corrêa. Op. Cit., 2018, p. 206.

morresse, o induzimento caracterizaria participação em homicídio, enquanto quem não prestou socorro responderia pelo delito de omissão de socorro[77].

- **Teoria da causação acessória:** seria, para alguns, outra vertente da teoria da causação. Para essa concepção, a participação tem como fundamento de sua punição a causação acessória da lesão ao bem jurídico, ou seja, a participação tem sua punibilidade derivada do injusto do autor. É uma responsabilização, portanto, acessória. A crítica que lhe é feita reside na dificuldade de se conectar, por exemplo, a instigação do partícipe como causa do resultado morte, ainda que se admita que o injusto do partícipe deriva do injusto do autor. Seria difícil demonstrar o vínculo de causação entre o que o partícipe fez e o resultado delitivo[78], como, por exemplo, entre o induzimento à prática do delito e o resultado morte.
- **Teoria da participação no ato ilícito (ou participação no injusto)**: o fundamento da punibilidade da participação se traduz na violação da vedação de contribuição em ato ilícito. A participação, assim, leva a um injusto penal ou favorece a sua realização. Nilo Batista acolhe essa vertente e a denomina de teoria da proteção, defendendo haver desvalor intrínseco na participação[79]. É a **teoria mais aceita atualmente**, possuindo maior adequação a uma concepção não causalista do delito, isto é, que não entende o crime segundo a teoria clássica do delito, de movimento corpóreo que realiza o resultado típico. Também denominada de teoria da participação orientada à acessoriedade, é adotada por Roxin, que exige que a participação seja concausa do delito e, ao mesmo tempo, seja um ataque autônomo ao bem jurídico[80].
- **Teoria da proteção**: o fundamento da punibilidade da participação está na colaboração a condutas consideradas típicas, como forma de se buscar a proteção de bens jurídicos. Deixa-se em segundo plano a configuração ou não da conduta do partícipe em relação ao tipo penal. Essa agressão acessória, entretanto, não estaria muito bem definida, podendo-se criticar que a conduta do partícipe possuiria a mesma autonomia dada pela teoria da causação acessória, motivo pelo qual as mesmas críticas poderiam ser repetidas aqui[81].

✓ Quais os níveis de acessoriedade da participação?

Como a participação não envolve a prática de conduta que se amolda ao núcleo do tipo, sua punição depende de que o autor inicie os atos executórios da infração penal. Portanto, a participação é conduta acessória, dependendo da principal, realizada pelo autor. A tipicidade da sua conduta é considerada mediata, indireta, de modo a

77. ROXIN, Claus. Op. Cit., 2014, p. 208.
78. CAMARGO, Beatriz Corrêa. Op. Cit., 2018, p. 206-207.
79. BATISTA, Nilo. Op. Cit., 2020, p. 158.
80. ROXIN, Claus. Op. Cit., 2014, p. 204-205.
81. CAMARGO, Beatriz Corrêa. Op. Cit., 2018, p. 206.

depender da norma de extensão, prevista no artigo 29 do Código Penal. Sobre o nível exigido do fato principal para a punição da conduta acessória, há teorias divergentes.

Essa divergência pode ser visualizada na classificação de quatro níveis[82], elaborada por Max Ernst Mayer[83]:

- **Teoria da acessoriedade mínima**: exige-se somente a prática, pelo autor, de fato típico, para que o partícipe possa ser punido. Desse modo, mesmo que incidente uma excludente de ilicitude, o partícipe poderia ser responsabilizado criminalmente. Adotada por Luiz Regis Prado[84].
- **Teoria da acessoriedade limitada**: para que o partícipe seja punido, é necessário que o autor tenha praticado fato típico e ilícito. Foi defendida pelo próprio Mayer, que entendia que, de acordo com a acessoriedade máxima, o partícipe em conduta de inimputável ficaria impune[85]. É a teoria **adotada pelo Código Penal**, segundo entendimento majoritário[86], além de haver decisões monocráticas do STJ que fazem expressa referência à acessoriedade limitada[87]. Além disso, a melhor doutrina se alia a essa concepção do ponto de vista dogmático, sendo Roxin um dos integrantes dessa corrente [88].
- **Teoria da acessoriedade extrema ou máxima:** exige-se a prática de fato típico, ilícito e culpável pelo autor para que o partícipe possa ser punido. É a exigência da prática de crime, nos termos do que defende a teoria tripartida, para que haja responsabilização criminal da participação.

---

82. Cláudio Brandão, apesar de citar Mayer, inverte a denominação da acessoriedade extrema com a da mínima, que ele chama de restrita (BRANDÃO, Cláudio. Teoria jurídica do crime. 6. ed. Belo Horizonte, São Paulo: D'Plácido, 2020, p. 310).
83. MAYER, Max Ernst. Derecho Penal. Parte General. Buenos Aires: Editorial B de F, 2007, p. 485-486. Adota a mesma classificação de Mayer e atribui a ele essa teorização: ROXIN, Claus. Op. Cit., 2014, p. 216.
84. PRADO, Luiz Regis. Curso de Direito Penal Brasileiro: parte geral e parte especial. 18. ed. Rio de Janeiro: Forense, 2020, p. 243.
85. MAYER, Max Ernst. Op. Cit., p. 507-509.
86. BRANDÃO, Cláudio. Teoria jurídica do crime. 6. ed. Belo Horizonte, São Paulo: D'Plácido, 2020, p. 310. BATISTA, Nilo. Op. Cit., 2020, p. 165. ZAFFARONI, Eugenio Raúl; Batista, Nilo; ALAGIA, Alejandro; SLOKAR, Alejandro. Direito Penal Brasileiro, volume 2, tomo 2. 1. ed. Rio de Janeiro: Revan, 2017, p. 468. GOMES, Luiz Flávio. Erro de tipo e erro de proibição. 5. ed. São Paulo: Editora Revista dos Tribunais, 2001, p. 219. CUNHA, Rogério Sanches. Manual de direito penal: parte geral. 8. ed. rev. atual. e ampl. Salvador: Juspodivm, 2020, p. 470. Mirabete e Fabbrini mencionam ser a posição de Welzel, Frederico Marques e Damásio de Jesus (MIRABETE, Júlio Fabbrini; FABBRINI, Renato N. Manual de direito penal, volume 1: parte geral, arts. 1º a 120 do CP. 32. ed. rev. e atual. São Paulo: Atlas, 2016, p. 221). LUNARDI, Fabrício Castagna; REZENDE, Luiz Otávio. Curso de Sentença Penal: técnica, prática e desenvolvimento de habilidades. 3. ed. Salvador: Juspodivm, 2019, p. 144. Cezar Bitencourt a utiliza expressamente, além de mencionar ser a posição de Giuseppe Bettiol (BITENCOURT, Cezar Roberto. Op. Cit., 2020, p. 579-580). Juarez Cirino dos Santos menciona que a dependência do fato principal constitui a chamada acessoriedade limitada da participação, mencionando que a acessoriedade extrema foi hoje abandonada (SANTOS, Juarez Cirino dos Santos. Direito Penal: parte geral. 9. Ed. ver. atual. e ampl. São Paulo, Tirant lo Blanch, 2020, p. 373). Martinelli e de Bem apontam que a jurisprudência dominante adota a acessoriedade limitada (MARTINELLI, João Paulo; BEM, Leonardo Schmitt de. Op. Cit., 2022, p. 864-865). Pierpaolo Bottini elabora intensa argumentação para demonstrar a adoção da acessoriedade limitada pelo Código Penal (BADARÓ, Gustavo Henrique; BOTTINI, Pierpaolo Cruz. 4. ed. rev., atual. e ampl. São Paulo, Thomsom Reuters Brasil, 2019, p. 99-100).
87. AREsp 1608953, Rel. Min. Ribeiro Dantas, Publicação: 12/02/2020.
88. ROXIN, Claus. Op. Cit., 2014, p. 216-218.

- **Teoria da hiperacessoriedade**: só se pune a participação, se for praticado fato típico, ilícito e culpável, mas elementos que afetem a punibilidade do fato principal também devem ser levadas em conta para a punibilidade do partícipe. Na visão de Mayer, comunicam-se as agravantes e atenuantes de pena de caráter pessoal.

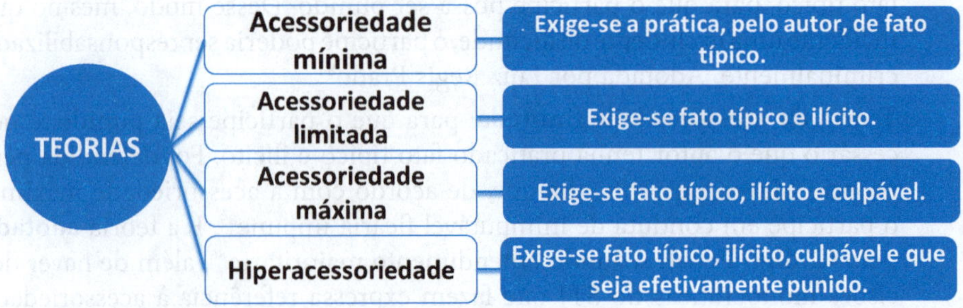

A teoria aceita pela doutrina majoritária é a da **acessoriedade limitada**, de modo que a punição do partícipe dependa da prática de fato típico e ilícito. Entretanto, doutrina minoritária defende a acessoriedade máxima[89]. Segundo essa concepção, seria exigível, para a punição do partícipe, a prática de fato típico, ilícito e culpável. A justificativa seria a de que **a teoria da acessoriedade limitada seria incompatível com a ideia do autor mediato**, aquele que pratica o crime se valendo de um inimputável como seu instrumento.

Suponha-se que alguém, maior e capaz, incite uma criança a tirar o respirador de um paciente com Covid-19 da tomada. A criança assim o faz, mas é inimputável e não tem sequer capacidade de autodeterminação, o que faz com que se considere que ela foi usada como mero instrumento. Seja com aplicação da teoria do domínio do fato, seja por meio da figura da autoria mediata, a maioria dos penalistas indicará que o adulto capaz foi o autor do homicídio. Por isso, alguns doutrinadores passaram a defender que a acessoriedade deve ser máxima, exigindo fato típico, ilícito e culpável para punição do partícipe.

Entretanto, não é adequado concluir que o instituto da autoria mediata afasta a aplicação geral da acessoriedade limitada. Isso porque nem sempre que o agente participa da conduta de um inculpável ele se tornará autor do crime[90]. Pode-se discordar com outro exemplo. João, de 18 anos de idade e capaz, incita Rogério, de 17 anos e 11 meses, a lesionar um inimigo comum, o Enzo. Pode-se notar que, apesar de João ser um adulto capaz e Rogério, um menor de idade, João não possui o domínio do fato ou, em outras palavras, não usou Rogério como instrumento, não podendo ser considerado autor mediato.

---

89. MASSON, Cleber. Op. Cit., 2019, p. 434-435. Capez menciona ter passado a adotar a teoria da acessoriedade extremada, mas menciona que a posição dominante seria a limitada (CAPEZ, Fernando. Op. Cit., 2013, p. 370).
90. ROXIN, Claus. Autoría y dominio del hecho en derecho penal. Traducción de la novena edición alemana por Joaquín Cuello Contrertas y José Luis Serrano Gonzálvez de Murillo. Madrid: Marcial Pons, 2016, p. 229-231; ZAFFARONI, Eugenio Raúl; PIERANGELI, José Henrique. Op. Cit., 2019, p. 597-598; HILGENDORF, Eric; VALERIUS, Brian. Op. Cit., 2019, p. 239-245.

Seria possível considerar João o autor da lesão corporal, por ter apenas incentivado o amigo, mas sem sequer estar no local na hora da agressão nem ter influência conclusiva sobre a conduta de Rogério? Não parece possível, o que leva a concluir que só se pode punir João como partícipe[91] porque houve fato típico e ilícito, ainda que não culpável. Rogério responde pelo ato infracional. João, por sua vez, pode ser punido criminalmente, mesmo que a sua conduta seja acessória. Existindo um fato típico e ilícito, já é possível punir o partícipe. Por isso, a acessoriedade deve ser limitada, pois, se exigido um fato típico, ilícito e culpável para punição do partícipe, João não seria punível. Isso porque Rogério agiu sem culpabilidade, já que é inimputável.

Há, ainda, um exemplo extraído da obra de Roxin. O agente pode instigar um indivíduo com enfermidade mental a cometer um crime, mas acreditando que o instigado é uma pessoa com saúde mental, plenamente imputável. Sem conhecimento de que o indivíduo é inimputável, o agente não possui domínio sobre a vontade dele. Apesar de o executor ser inimputável, não houve domínio[92]. O executor não atua com culpabilidade, não podendo sofrer responsabilização penal. O instigador, por sua vez, atuou como cúmplice, como partícipe. Sua punição se fundamenta na necessidade apenas de um ato típico e ilícito para punição da participação, isto é, na acessoriedade limitada.

Por isso, a excepcionalidade de autoria mediata com o uso de um inimputável como instrumento não afasta a regra da acessoriedade limitada como requisito para punição do partícipe. A teoria do domínio do fato não modifica essa compreensão, pois nem sempre o imputável terá o domínio do fato executado por um inimputável, quando agirem em concurso. Além disso, vale notar que o legislador brasileiro tem a predisposição a exigir o fato típico e ilícito – para alguns, o injusto penal – para punição de um fato posterior, como no caso lavagem de dinheiro, o que se nota no artigo 2º, § 1º, da Lei n. 9.613/1998. A suficiência de um fato típico e ilícito para a punição da lavagem reforça a ideia de o legislador, em uma interpretação sistemática, adotar a acessoriedade limitada.

Portanto, a autoria mediata pode, sim, afastar a participação se o executor, inimputável, não possui o domínio da execução do delito. Entretanto, **essa ideia convive perfeitamente**, no sistema penal brasileiro, com a adoção da **acessoriedade limitada** como pressuposto da punição do partícipe. A exceção não afasta a regra.

- **Participação em cadeia**

A participação em cadeia é aquela em que alguém induz ou instiga um segundo indivíduo, para que este induza, instigue ou auxilie um terceiro a praticar um delito. Todos são responsabilizados igualmente como partícipes[93].

- **Participação sucessiva**

A participação é denominada sucessiva quando os partícipes intervêm sem que um saiba do envolvimento do outro. Por exemplo, uma pessoa instiga o autor e, na

91. ZAFFARONI, Eugenio Raúl; PIERANGELI, José Henrique. Op. Cit., 2019, p. 599.
92. ROXIN, Claus. Op. Cit., 2014, p. 205.
93. NUCCI, Guilherme de Souza. Op. Cit., 2015, p. 325.

fase da execução, outro indivíduo o auxilia na prática do fato típico. Cada partícipe contribui em uma fase diversa do *iter criminis* e deve responder, na medida de sua culpabilidade, por sua contribuição.

- **Participação negativa (conivência)**

A participação negativa, também chamada de **conivência, crime silente (*crimen silenti*) ou concurso absolutamente negativo**, consiste na situação em que alguém testemunha a conduta criminosa e, sem ter vínculo com ela nem o dever de impedir o resultado, nada faz a respeito. Trata-se de conduta não punível no nosso ordenamento jurídico[94]. Não há relevância causal entre a omissão do sujeito e a conduta criminosa, não sendo possível lhe considerar como participação ou cumplicidade, por se basear em uma simples presunção de que aquele que se calou queria a prática delitiva, algo que não se pode conceber em matéria de responsabilização penal[95].

A responsabilidade por omissão em um crime comissivo é possível, claramente, se houver um dever jurídico de agir. Nucci exemplifica assim: o carcereiro e os presos desejam que um estuprador, que foi preso, receba o mesmo tratamento que deu à vítima. Assim, o carcereiro deixa a cela aberta e os presos a invadem e praticam o estupro. O carcereiro seria partícipe, por omissão, colaborando com a conduta comissiva dos presos e respondendo também pelo delito[96].

- **A teoria dos bens escassos**

A **teoria dos bens escassos** foi elaborada por Gimbernat Ordeig, no direito espanhol, para diferenciar a cooperação necessária e a cumplicidade, que lá recebem penas diferentes[97]. Posteriormente, ele propôs uma nova nomenclatura, a de teoria de atos não neutros. Atos neutros seriam os cotidianos, sem natureza nitidamente criminosa. Representam o exercício cotidiano de atividades profissionais, que podem se envolver na cadeia causal de um resultado delitivo. Ação neutra seria a conduta da motorista que trabalha com aplicativo de transporte e que, ao levar o passageiro a um local, ouve que ele pretende surrar um inimigo ou o atendente da padaria que, ao atender uma freguesa, recebe um pedido de massa de pão de queijo, à qual ela pretende adicionar veneno para matar o seu marido.

Existe uma divergência muito grande na doutrina sobre os limites de punibilidade de quem, atuando regularmente no exercício da profissão, vem a saber que contribuirá, de certa forma, para um resultado delitivo e mesmo assim age, seja levando o passageiro ao seu destino, seja vendendo a massa de pão de queijo[98]. Geralmente, essa discussão é realizada por meio da teoria da imputação objetiva e

---

94. No mesmo sentido: DOTTI, René Ariel. Op. Cit., 2020, p. 552. NUCCI, Guilherme de Souza. Op. Cit., 2015, p. 323.
95. CARRARA, Francesco. Op. Cit., 1956, p. 324-325.
96. NUCCI, Guilherme de Souza. Op. Cit., 2015, p. 322-323.
97. GIMBERNAT ORDEIG, Enrique. Autor y cómplice em derecho penal. Buenos Aires: Editorial B de F: 2012, p. 130-137. Neste Manual, a teoria é apresentada como critério possível para definir a participação de menor importância.
98. HILGENDORF, Eric; VALERIUS, Brian. Op. Cit., 2019, p. 270.

a caracterização ou não de um risco não permitido quando se exerce a profissão e essa atuação profissional pode contribuir para um resultado típico.

A teoria dos bens escassos visa a fornecer critérios para distinguir o que é essencial para a prática delitiva e o que não é. Esses critérios têm sido utilizados, por alguns doutrinadores, para analisar se quem concorreu para o delito deve ser punido coautor ou como cúmplice, enquanto outros penalistas utilizam esses critérios para analisar se a conduta deve ser punível ou, em razão de não se tratar de bem escasso, se a conduta deve ser considerada penalmente irrelevante. Como a matéria é doutrinária, pode-se usar a concepção para diferenciar o criminoso daquilo que é ação neutra, não punível, assim como é possível defender a sua utilização para diferenciar a participação e a coautoria, ambas puníveis, ou, ainda, aquilo que se considera participação de menor importância e aquela mais relevante.

Os argumentos contra a punição dessas condutas profissionais são, principalmente de que o comportamento do indivíduo é realizado nos limites do que é socialmente adequado, sem implicar risco proibido ao bem jurídico tutelado. Além disso, argumenta-se que ele está acobertado pela liberdade constitucional do exercício de profissão.

Utilizando a obra de Gimbernat Ordeig, é possível extrair alguns exemplos utilizados para diferenciar coautoria e participação a partir da ideia de bens escassos. Se o indivíduo fornece ao agente um objeto que seria difícil obter, como uma faca em um local deserto, ele é coautor do homicídio praticado pelo agente. Por outro lado, se há abundância do objeto, há cumplicidade, como quem empresta uma caneta ao falsificador, que poderia obter uma em uma loja situada na esquina mais próxima. No caso de contribuição por meio de um fazer, o penalista espanhol diferencia o serviço entre o abundante, aquele que não é em si delitivo, daquele inequivocadamente delitivo. Levar uma carta com conteúdo injurioso não é cooperação necessária, pois há o serviço de correios, de modo que aquele que o faz, sabendo do conteúdo, deve ser considerado mero partícipe. Por outro lado, ficar de vigia enquanto os demais roubam uma agência bancária é atividade inequivocadamente delituosa, razão pela qual se configura a cooperação necessária e o sujeito deve ser considerado coautor.

8. CONCURSO DE PESSOAS NOS CRIMES CULPOSOS

Nos crimes culposos, a **doutrina majoritária admite a coautoria, mas não a participação**[99]. O liame subjetivo entre os agentes envolve não a obtenção do resultado naturalístico, mas a própria conduta em si. Deste modo, dois sujeitos atuam, em acordo subjetivo, com negligência, imprudência e imperícia. Alguns autores, como Juarez Tavares, entendem que haverá autoria colateral, e não coautoria, se mais de uma pessoa contribuir, violando o dever jurídico de cuidado, para o mesmo resultado lesivo[100].

99. BITENCOURT, Cezar Roberto. Op. Cit., 2020, p. 587. OLIVÉ, Juan Carlos Ferré et al. Op. Cit., 2017, p. 566. MARTINELLI, João Paulo; BEM, Leonardo Schmitt de. Op. Cit., 2022, p. 865-866. NUCCI, Guilherme de Souza. Op. Cit., 2015, p. 320.

100. TAVARES, Juarez. Teoria do Crime Culposo. Rio de Janeiro: Lumen Juris, 2009, p. 461.

PARTE GERAL

O acordo, como dito, não abrange o resultado, mesmo porque, se aceito o resultado pelos agentes, o crime será doloso. O liame entre os agentes, nos delitos culposos, seria sobre a prática da conduta descuidada, negligente, aquela que quebra o dever objetivo de cuidado. Seria a situação em que dois pedreiros, negligentemente, deixam de cumprir as instruções ao levantar uma parede, que cai e mata um colega de trabalho. Atuaram conjuntamente para o homicídio culposo.

Entretanto, não se admite a participação em crimes culposos, também de forma majoritária. Não seria possível incentivar uma pessoa a praticar um resultado delitivo se ele ocorre sem que essa mesma pessoa deseje ou assuma o risco de produzi-lo. Seria um contrassenso admitir que se incentiva alguém a praticar um resultado não desejado por essa mesma pessoa. Dizem Zaffaroni e Pierangeli que *"a participação somente é concebível na autoria dolosa"*[101].

9. CONCURSO DE PESSOAS NOS CRIMES OMISSIVOS

Quanto aos **crimes omissivos próprios**, como o de omissão de socorro, prevalece ser possível a coautoria e a participação[102]. A coautoria estaria presente se dois indivíduos, por exemplo, se deparam com alguém ferido e decidem, por comum acordo, não lhe prestar socorro. A participação pode ser exemplificada com o caso do indivíduo que induz o outro, em uma chamada telefônica, a não prestar socorro a uma criança abandonada em um lugar ermo, sendo que ele poderia fazê-lo sem risco pessoal. Entretanto, há divergência. Parte da doutrina entende não serem cabíveis a coautoria nem a participação[103].

No que se refere aos **crimes omissivos impróprios**, a maioria dos doutrinadores também entende cabível tanto a coautoria quanto a participação[104]. Deste modo, se o pai e a mãe, em comum acordo, deixam de alimentar o filho menor de idade, com *animus necandi*, e este falece, ambos são coautores de homicídio doloso. Se um sujeito induz o salva-vidas de um clube a não salvar um indivíduo que se afoga, por ser seu inimigo, o primeiro responde por participação e o outro como autor do delito de homicídio doloso, se a vítima falecer por afogamento.

10. PUNIBILIDADE NO CONCURSO DE AGENTES

Quanto à punição dos agentes que atuam em concurso, a já citada norma de extensão pessoal e espacial, prevista no artigo 29 do Código Penal, determina o seguinte:

> *Art. 29 – Quem, de qualquer modo, concorre para o crime incide nas penas a este cominadas, na medida de sua culpabilidade.*

101. ZAFFARONI, Eugenio Raúl; PIERANGELI, José Henrique. Op. Cit., 2019, p. 600-601.
102. NUCCI, Guilherme de Souza. Op. Cit., 2015, p. 322.
103. PRADO, Luiz Regis. Op. Cit., 2020, p. 241-242; MARTINELLI, João Paulo; BEM, Leonardo Schmitt de. Op. Cit., 2022, p. 868-869. HILGENDORF, Eric; VALERIUS, Brian. Op. Cit., 2019, p. 351.
104. BITENCOURT, Cezar Roberto. Op. Cit., 2020, p. 589. CUNHA, Rogério Sanches. Op. Cit., 2020, p. 473. HILGENDORF, Eric; VALERIUS, Brian. Op. Cit., 2019, p. 351.

Nota-se que o Código Penal não distingue a figura do autor e do partícipe, razão pela qual, em princípio, ambos teriam a mesma pena. Entretanto, a parte final do dispositivo determina que cada um deve incidir nas penas cominadas ao crime praticado na medida de sua culpabilidade, o que determina que a colaboração de cada um tenha um juízo individualizado de reprovação. Vale mencionar que há, ainda, agravantes voltadas ao concurso de pessoas, previstas no artigo 62 do Código Penal.

Cabe ao juiz, ao proceder à dosimetria da pena, fixá-la na medida culpabilidade de cada um dos agentes que atuaram em concurso, mensurando a contribuição de autores e de partícipes. Se for o caso de participação de menor importância, há a causa de diminuição de pena do artigo 29, § 1º, do CP. Caso não seja e mesmo assim a culpabilidade do agente seja menor, como aquele que auxilia o agente a chegar até o local do delito, sabendo que ele cometeria uma lesão corporal contra o seu desafeto, o juiz pode se utilizar, ainda, da atenuante genérica do artigo 66 do Código Penal.

11. MULTIDÃO DELINQUENTE

Crime multitudinário é aquele cometido por uma reunião de pessoas, no clima de tumulto ou histeria coletiva, que torna os limites éticos dos indivíduos, temporariamente, menos rígidos. São, por exemplo, os casos de linchamentos de pessoas acusadas da prática de um crime que causa comoção na comunidade.

Não se pode exigir a individualização das condutas, devendo ser demonstrada a contribuição de cada um, sem o rigor de se demonstrar o que cada um efetivamente fez. Se fosse necessária a demonstração de quem deu o primeiro chute, quem acertou um murro, quem segurou o braço, seria quase impossível a punição de tais delitos. Entretanto, é indispensável demonstrar como se deu a participação de cada um, seja com agressão, seja com incitação da massa.

Em relação ao crime multitudinário, há a previsão de **agravante** para aquele que promove ou dirige a atividade dos demais, incitando a multidão ao cometimento de delitos. A maior culpabilidade decorre de incentivar a atuação em conjunto, o que diminuirá a resistência dos indivíduos a violar as normas incriminadoras. Ao atiçar a horda ao crime, a sua atuação é mais reprovável:

> *Agravantes no caso de concurso de pessoas*
>
> *Art. 62 – A pena será ainda agravada em relação ao agente que:*
>
> *I – promove, ou organiza a cooperação no crime ou dirige a atividade dos demais agentes; (...)*

No caso do sujeito que não possui o papel de mentor, organizador ou líder na multidão delinquente, não incitando os demais a um linchamento, por exemplo, há a previsão de uma **atenuante**. A culpabilidade é diminuída porque, ao agir com a horda, os seus freios sociais são mais suscetíveis a não funcionarem. A influência da massa torna a sua conduta menos reprovável, por haver maior suscetibilidade do ser humano de quebrar as regras jurídicas quando as pessoas ao seu redor agem da mesma forma. Assim prevê o artigo 65, inciso III, alínea "e", do Código Penal:

Art. 65 – São circunstâncias que sempre atenuam a pena:

(...)

III – ter o agente:

(...)

e) cometido o crime sob a influência de multidão em tumulto, se não o provocou.

12. PARTICIPAÇÃO DE MENOR IMPORTÂNCIA

A participação de menor importância é **a conduta que, apesar de contribuir para o resultado, tem menor relevância causal**. A sua contribuição, para a prática da infração penal, é diminuta, razão pela qual o legislador determina a diferenciação na aplicação da pena. Neste caso, a doutrina majoritária entende ter sido adotada a teoria dualista, com diferenciação da pena para os autores e para os partícipes que tenham contribuído com menor importância.

Essa previsão restringe-se aos partícipes, não se aplicando a coautores, mesmo porque não se menciona *coautoria de menor importância*[105]. Entretanto, há posição defendendo a aplicação da participação de menor importância também ao autor[106]. Essa causa de diminuição de pena está prevista no artigo 29, § 1º, do Código Penal, demonstrando uma forma de distinção entre autoria e participação:

> *§ 1º- Se a participação for de menor importância, a pena pode ser diminuída de um sexto a um terço.*

Incidirá uma causa de diminuição de pena, **de um sexto a um terço**, apenas para o indivíduo cuja conduta se traduza em participação de menor importância, com pena diferenciada em relação aos autores. Não é todo partícipe, portanto, que tem direito à diminuição da pena, mas apenas aquele cuja participação na empreitada criminosa seja de **menor importância**. Analisa-se a contribuição causal ou o grau de influência psíquica não como requisito da participação, mas como forma de definir a aplicação da pena. Não se aplica a minorante se a participação for de grande relevância para a execução do delito, uma contribuição imprescindível para que o autor alcançasse o resultado delitivo.

Além disso, mesmo que configurada a participação de menor importância, a fração deverá ser fixada pelo juiz. Deverá ser de um sexto a diminuição se a contribuição para a prática do crime foi ínfima, muito pequena. Por outro lado, se a participação for de menor importância, mas for uma contribuição de alguma monta, o juiz deve se aproximar da fração de um terço. O STJ tem precedente sobre a proporcionalidade de fração de diminuição de pena para um partícipe em roubo majorado:

---

105. BRANDÃO, Cláudio. Op. Cit., 2020, p. 308 e 311; ZAFFARONI, Eugenio Raúl; PIERANGELI, José Henrique. Op. Cit., 2019, p. 608.
106. GRECO, Luís; TEIXEIRA, Adriano. Autoria como domínio do fato. In: GRECO, Luís; *et al*. Autoria como domínio do fato: estudos introdutórios sobre o concurso de pessoas no direito penal brasileiro. São Paulo: Marcial Pons, 2014, p. 52. p. 70.

> *5. Quanto à redução da pena pela participação de menor importância, a sentença limitou a atenuação ao patamar de 1/6, por considerar que "a presença do réu Tulio, embora não determinante, já que o delito poderia realizar-se sem a sua colaboração, contribuiu consideravelmente para reforçar a ameaça aplicada e potencializar tanto o êxito da empreitada quanto o medo imposto ao ofendido". 6. A seu turno, destacou a Corte local que "o acusado, apesar de não estar presente no momento do roubo, colaborou desde o início, até o momento em que saiu do veículo da vítima, próximo ao local do assalto", o que revela a proporcionalidade do parâmetro adotado no cálculo dosimétrico. (STJ, AgRg no HC n. 676.589/SC, Rel. Des. Conv. Olindo Menezes, Sexta Turma, julgado em 8/2/2022, DJe de 15/2/2022)*

Para a definição de quando a participação é necessária, pode-se adotar **a teoria dos bens escassos**, elaborada por Gimbernat Ordeig. No caso de a contribuição ser a entrega de uma coisa, pode ser um bem escasso a chave de uma loja, um medicamento de venda controlada ou uma metralhadora. É necessário que se analisem critérios universais, sem deixar de considerar as circunstâncias particulares do caso. Uma caneta, em regra bem abundante, pode ser escassa no meio da selva, onde se visa a praticar uma falsidade documental. Não se devem considerar, para tanto, formulações hipotéticas, como a possibilidade de o agente ter subtraído o remédio caso o farmacêutico não tivesse aderido aos seus planos e lho fornecido sem receita[107].

No caso de a participação se referir a um serviço, ou seja, em fazer algo como colaboração para o delito, o penalista propõe três fatores. O primeiro é o critério da inequívoca relevância penal da conduta praticada pelo partícipe, o que permite distinguir entre levar o sujeito que pratica lesões corporais até a casa do agredido e a atividade de vigilância durante a prática de um roubo. O segundo critério é a contribuição causal para o resultado, o que pode ocorrer ou não, por exemplo, na atividade de vigilância, o que dependerá do caso concreto. Como último e terceiro fator, considera que, ainda que a atividade seja inequivocadamente criminosa e tenha contribuído causalmente para o resultado, a contribuição deixará de ser necessária se, nas circunstâncias concretas, a sua ausência não seria um obstáculo sério. Se, por exemplo, o indivíduo estiver inserido no mundo do crime e tiver facilidade em encontrar um ajudante, a conduta de quem se dispõe a falsificar documentos para a prática do delito planejado não será necessária para a prática delitiva[108].

O STJ não tem enfrentado o tema da cooperação de menor importância caso a caso, por envolver revolvimento de matéria fático-probatória, o que é inviável em recurso especial, conforme enunciado da Súmula 7. Entretanto, já manteve julgado em que o sujeito que atuou como motorista de assassinos teve sua conduta enquadrada como de menor importância:

> *Na hipótese, segundo registrado pelo Tribunal* a quo, *os Jurados, com base nas provas dos autos e debates em Plenário, concluíram pela tese de que o paciente concorreu,*

107. GIMBERNAT ORDEIG, Enrique. Autor y cómplice em derecho penal. Buenos Aires: Editorial B de F: 2012, p. 130-137.

108. GIMBERNAT ORDEIG, Enrique. Op. Cit., 2012, p. 142-150.

> *com participação de menor importância, para a execução das tentativas de homicídio narradas na denúncia ao conduzir os corréus Caio e Igor até o local do crime e dar-lhes fuga depois dos disparos. (STJ, AgRg no HC n. 718.942/MG, Rel. Des. Conv. Jesuíno Rissato, Quinta Turma, julgado: 3/5/2022, DJe de 9/5/2022)*

Além disso, a Corte já reformou decisão para reconhecer como de menor importância a conduta de emprestar o veículo usado pelos assaltantes. De fato, o empréstimo de veículo poderia ser substituído por uso de algum outro carro, não se mostrando essencial para a empreitada criminosa:

> *11. Quanto ao segundo paciente, teria, quando muito – conforme reconheceu o Magistrado sentenciante – emprestado o veículo usado pelos assaltantes para chegarem ao restaurante e fugirem do local do delito na posse dos objetos roubados, conduta que não pode ser tida como determinante para a prática do delito, até porque não se logrou demonstrar se efetivamente houve tal empréstimo do automóvel com a prévia ciência de seu uso ilícito por parte da dupla que cometeu o roubo. É de se lhe reconhecer, assim, a causa geral de diminuição de pena prevista no art. 29, § 1º, do Código Penal (participação de menor importância). (STJ, HC n. 598.886/SC, relator Ministro Rogerio Schietti Cruz, Sexta Turma, julgado em 27/10/2020, DJe de 18/12/2020)*

13. COOPERAÇÃO DOLOSAMENTE DISTINTA

A cooperação ou participação dolosamente distinta **é aquela dotada de elemento subjetivo diverso, de modo que um dos agentes não se vinculou aos demais para a prática do crime mais grave, mas apenas de delito diverso**. Há, assim, uma divergência do elemento subjetivo entre os agentes, sendo que um deles pretendia realizar conduta menos grave que a praticada.

Aplica-se tanto a coautores quanto a partícipes[109]. Parte da doutrina aponta como outro caso de exceção à teoria monista e acolhimento excepcional da dualista, pois haverá penas diferenciadas para os que queriam praticar o delito mais grave e os que não aquiesceram com essa prática, desconhecendo a intenção dos demais.

A cooperação dolosamente distinta está prevista no artigo 29, § 2º, do Código Penal:

> *§ 2º – Se algum dos concorrentes quis participar de crime menos grave, ser-lhe-á aplicada a pena deste; essa pena será aumentada até metade, na hipótese de ter sido previsível o resultado mais grave.*

Portanto, o sujeito deve responder pela pena do crime menos grave, que almejava praticar, se a prática do crime mais grave pelos demais agentes não lhe era previsível. Se a prática do delito mais grave lhe era previsível, também responderá pelo crime menos grave, mas com uma causa de aumento de até metade. A fração de aumento, a ser fixada pelo juiz, deve acompanhar a maior ou menor previsibilidade do partícipe quanto ao resultado mais grave.

109. No mesmo sentido: NUCCI, Guilherme de Souza. Op. Cit., 2015, p. 319.

Evita-se, com isso, a responsabilidade objetiva. Deste modo, o legislador, com a alteração do Código Penal, atendeu às críticas doutrinárias sobre a responsabilização de todos que incorrem na prática delitiva, em concurso, pelo mesmo delito, ainda que ocorra o chamado **desvio subjetivo**. Busca-se, assim, atender ao princípio da culpabilidade: o agente só pode ser responsabilizado por um resultado mais grave se tiver atuado com dolo (que pressupõe conhecimento) ou com culpa (violação do dever de cuidado que lhe era exigido).

Imagine que João e José planejem, por semanas, o furto em uma mansão, fixando a data em que a família estará de férias para não terem problemas. Combinam, inclusive, que não usarão armas de fogo. Quando estão dentro da propriedade, separam-se para procurar objetos de valor, quando José se depara com a filha do dono da casa que voltou antes que o restante da família, por discussão durante o passeio. Ele, então, resolve estuprá-la, sendo que João sequer fica sabendo até o momento de fugirem do local. José deve receber a pena do crime de estupro e do furto, enquanto João deve responder apenas pelo furto. Se o juiz entender que João poderia prever a prática do estupro, aplicará a causa de aumento de pena de até metade na pena do furto.

A aplicação da norma, entretanto, pode causar injustiça, como nos crimes preterdolosos. Suponha-se, por exemplo, que o autor quer praticar lesão corporal, mas provoca a morte, sendo o resultado previsível. Ele responderia, então, por lesão corporal seguida de morte. Imaginemos que o partícipe queira lesionar a vítima, mas ocorre a morte e o resultado era previsível. Ele deve responder por lesão corporal com aumento de pena. Para alguns doutrinadores, a punição dos envolvidos seria diferenciada de forma inadequada, em tal situação, com penas muito diversas, apesar de ambos os agentes terem atuado com culpa em relação ao resultado morte.

Em uma variação desse exemplo, Damásio de Jesus entendia ser injusto o sistema do Código se o mandante ordenar uma surra e o executor, ao agredir a vítima, matá-la. O executor responderia por lesão corporal seguida de morte ou, se tiver havido dolo, por homicídio. O mandante, por sua vez, responderia por lesão corporal e, caso a morte fosse previsível, incidiria o aumento de pena de até metade. Alberto Silva Franco, concordando com Mirabete, discorda e argumenta que, nesse exemplo de Damásio, ambos responderiam pela lesão seguida de morte, em razão da previsibilidade. Nesse caso, haveria mais do que isso, haveria aceitação do resultado como possível, razão pela qual o partícipe deve responder de forma integral pelo resultado mais grave[110].

14. COMUNICABILIDADE DE CIRCUNSTÂNCIAS, CONDIÇÕES E ELEMENTARES

A questão da comunicabilidade das circunstâncias, condições e elementares está prevista no Código Penal, em seu artigo 30:

> *Art. 30 – Não se comunicam as circunstâncias e as condições de caráter pessoal,* ***salvo quando elementares do crime****.*

110. FRANCO, Alberto Silva. Op. Cit., 2007, p. 231.

A doutrina conceitua e diferencia as circunstâncias, as condições e as elementares. Pela redação do dispositivo, entretanto, as circunstâncias e condições poderiam ser ou não elementares. Vejamos, de todo modo, como são geralmente conceituados os termos:

Circunstâncias: não integram o tipo penal primário, podendo acarretar aumento ou diminuição de pena ou tornar o tipo privilegiado ou qualificado:

- **Objetivas**: referem-se ao fato, como praticar o crime "durante o repouso noturno".
- **Subjetivas**: referem-se ao agente ou aos motivos, como o "motivo fútil" ou no caso de "violenta emoção" ou mesmo ser o agente "funcionário público" (se não for elementar do crime).

Condições: são características do indivíduo, como a relação de parentesco ou o fato de ser cônjuge.

Elementares: são os elementos que compõem o tipo penal em sua forma primária, sendo que sua presença é imprescindível para a configuração da infração penal. Podem ser objetivas ("matar alguém") ou subjetivas ("funcionário público", no crime de peculato).

De acordo com o artigo 30 do Código Penal, as elementares sempre se comunicam no caso de concurso de agentes, ou seja, no caso de coautoria ou de participação. Por sua vez, as circunstâncias e condições só se comunicam se tiverem caráter objetivo. As circunstâncias e condições de caráter subjetivo, pessoal, não se comunicam aos demais agentes, restringindo-se a sua aplicação ao que apresentar essa circunstância ou ostentar essa condição. Tome-se como exemplo o crime de peculato, previsto no artigo 312 do CP:

> *Peculato*
>
> *Art. 312 – Apropriar-se o funcionário público de dinheiro, valor ou qualquer outro bem móvel, público ou particular, de que tem a posse em razão do cargo, ou desviá-lo, em proveito próprio ou alheio:*
>
> *Pena – reclusão, de dois a doze anos, e multa.*

Como elementar do delito, há a qualidade especial do sujeito ativo, que torna o crime próprio. É a condição do agente de ser funcionário público. Por ser a condição de "funcionário público" elementar do crime, ela se comunica aos coautores e partícipes. Por isso, se um funcionário público e um terceiro se associarem para a prática do delito previsto no artigo 312 do CP, a condição de funcionário público se comunicará ao terceiro, de modo que ambos responderão pela prática de peculato.

Miguel Reale Júnior, em posicionamento adotado por Alberto Silva Franco, argumenta que também a posição de garante se comunica ao outro agente, por ser elementar do crime comissivo por omissão[111]. Assim, se o pai se omite quanto aos cuidados do filho, seguindo uma ideia do seu amigo de deixá-lo sozinho enquanto

111. FRANCO, Alberto Silva. Op. Cit., 2020, p. 232.

vão assistir a uma partida de futebol, ambos respondem pelo resultado danoso, na forma omissiva imprópria.

Deve-se apontar que, no tipo simples, todos os seus componentes são considerados elementares. Circunstâncias que qualificam ou aumentam a pena, claramente, não possuem essa natureza[112]. O tipo simples do homicídio, previsto no artigo 121, *caput*, do Código Penal, é composto pelas elementares "matar alguém". Por sua vez, "mediante emboscada", é circunstância que qualifica o delito. Essa circunstância não pode ser confundida com elementar do crime.

Apesar disso, há uma divergência no STJ sobre a natureza da circunstância que qualifica o crime. No caso do homicídio praticado mediante paga ou promessa de recompensa, as Turmas do Tribunal divergem se essa circunstância se comunica ou não ao mandante. A Quinta Turma entende acertadamente que não se comunica[113], enquanto a Sexta Turma decidiu que "a qualificadora da paga ou promessa de recompensa é elementar do tipo qualificado, comunicando-se ao mandante do delito"[114].

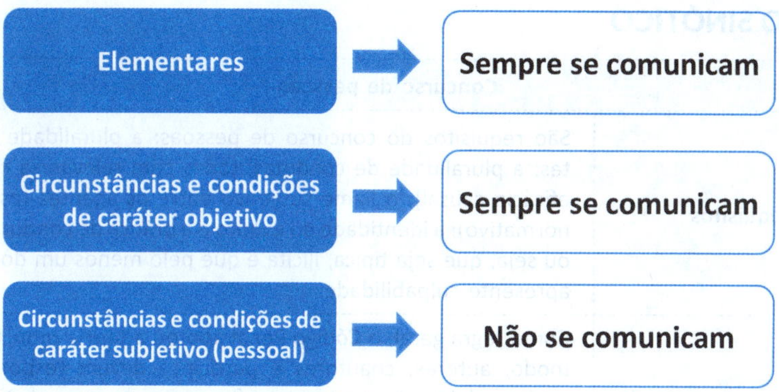

15. PARTICIPAÇÃO IMPUNÍVEL

Existem casos de participação impunível. O Código Penal Brasileiro, para a doutrina majoritária, adotou a teoria da acessoriedade limitada, de modo que é preciso que o autor pratique fato típico e ilícito para que o partícipe possa ser punido. Não se exige a culpabilidade da conduta do autor para que o partícipe seja penalmente responsabilizado. Por isso, é possível que o adulto responda como cúmplice de um adolescente que matou alguém, por lhe emprestar a arma de fogo usada na execução típica.

112. CAPEZ, Fernando. Op. Cit., 2013, p. 385. EISELE, Andreas. Op. Cit., 2018, p. 162.

113. STJ, REsp n. 1.973.397/MG, Rel. Min. Ribeiro Dantas, Quinta Turma, julgado em 6/9/2022, DJe de 15/9/2022; STJ,AgRg no AREsp 1473963/RN, Rel. Min. Reynaldo Soares da Fonseca, Quinta Turma, DJe 10/09/2019. No mesmo sentido: NUCCI, Guilherme de Souza. Op. Cit., 2015, p. 326.

114. STJ, HC n. 447.390/SC, Rel. Min. Laurita Vaz, Sexta Turma, julgado em 23/4/2019, Dje de 30/4/2019, AgInt no REsp 1681816/GO, Rel. Min. Nefi Cordeiro, Sexta Turma, Julgamento: 03/05/2018, DJe 15/05/2018. Esse entendimento já foi acolhido pela Primeira Turma do STF, em julgado não tão recente: HC 69940, Rel. Min. Sepúlveda Pertence, Primeira Turma, julgado em 09/03/1993, DJ 02/04/1993.

A contrario sensu, **se o autor não vier a praticar fato típico e ilícito, sem chegar à fase dos atos executórios de um injusto penal (fato típico e antijurídico), não é possível a punição do partícipe**. Ainda que alguém forneça o veneno para que a esposa mate o seu cônjuge, não haverá participação punível se a esposa jogar a substância fora, sem atentar contra a vida do marido. É o que determina o artigo 31 do Código Penal:

> *Art. 31 – O ajuste, a determinação ou instigação e o auxílio, salvo disposição expressa em contrário, não são puníveis, se o crime não chega, pelo menos, a ser tentado.*

Portanto, não são puníveis o ajuste, a determinação, a instigação nem o auxílio no caso de o crime não ser tentado. É possível, entretanto, que em determinadas situações o ajuste, a participação e a instigação sejam puníveis sem que outra pessoa adentre a fase executória do delito. São os casos de crimes autônomos, que representam, para a doutrina, as disposições em contrário do artigo 31. Como exemplos, há a tipificação da associação criminosa e da incitação ao crime.

QUADRO SINÓTICO

Concurso de pessoas	
Requisitos	São requisitos do concurso de pessoas: a pluralidade de agentes; a pluralidade de condutas, todas com relevância causal (ou eficácia causal); o liame subjetivo entre os agentes (psicológico, normativo); a identidade do evento e a prática de conduta punível, ou seja, que seja típica, ilícita e que pelo menos um dos agentes apresente culpabilidade.
Punição no concurso de pessoas	Como regra geral, o Código Penal adotou a **teoria monista**. Desse modo, autores, coautores e partícipes devem responder pelo mesmo delito, havendo a configuração do mesmo tipo penal em relação à conduta de cada um deles. Excepcionalmente, foi adotada a teoria pluralista, como no caso de corrupção e aborto, em que há tipos diferentes para quem concorre para o delito.
Teorias sobre a diferenciação ou não de autores e partícipes	• **Teoria subjetiva ou unitária**: não diferencia autor de partícipe quanto à conduta. Autor será aquele que atua com *animus actoris*, a vontade de ser autor, querendo o fato como seu, enquanto o partícipe será aquele que atua com *animus socci*, com a vontade de ajudar, querendo o fato como alheio. • **Teoria extensiva**: não distingue autor de partícipe, mas reconhece a existência de diferentes graus de autoria. • **Teoria objetivo-formal**: autor é quem realiza a conduta que se amolda diretamente no núcleo do tipo (ação nuclear típica). • **Teoria objetivo-material**: autor é quem contribui de forma mais efetiva para a ocorrência do resultado, em uma análise objetiva.
Teorias sobre a diferenciação ou não de autores e partícipes	• **Teoria do domínio do fato**: a ideia central ou nuclear é a de que o autor é a figura central da conduta típica, aquele que possui domínio sobre a execução dos atos executórios e até mesmo sobre a consumação.

Teoria do domínio do fato de Roxin	
Definição	Para a teoria, autor é a figura central do acontecimento da acontecer típica, ou seja, da conduta criminosa. Partícipe é aquele que colabora dolosamente para o alcance do resultado, sem exercer o domínio sobre a ação. Assim, autor é quem possui domínio sobre a execução dos atos executórios e até mesmo sobre a consumação.
Finalidade	Diferenciar autores de partícipes, especialmente para fins de aplicação de pena.
Aplicação	Aplica-se aos crimes de domínio, isto é, aqueles que não são crimes de dever, crimes de omissão imprópria ou delitos culposos.
Domínio da ação	É autor o sujeito que pratica por si mesmo a ação típica, de forma consciente e culpável, possui o domínio da ação, respondendo como autor.
Domínio da vontade	Nesta hipótese, o autor se vale de outra pessoa para realizar, diretamente, os atos executórios típicos, como seu instrumento. O executor atua em erro, sob coação ou em um aparato organizado de poder. • **Por erro**: o autor, em algum grau, possui mais conhecimento do que o executor, de forma a usá-lo como instrumento. • **Pela coação**: o executor atua sob coação, de modo que o agente possui domínio do fato. • **Por aparatos organizados de poder (domínio da organização)**: autor é aquele que emite a ordem, do alto comando de um aparato organizado de poder apartado do Direito, para que seja cumprida por executores fungíveis.
Domínio funcional do fato	O termo funcional se refere à divisão de funções entre coautores. Assim, possuem domínio funcional aqueles que agem em coautoria, com acordo de vontades, decidindo realizar o tipo penal de forma conjunta. Há imputação recíproca do que os coautores praticam.

Concorrentes para a prática do delito	
Autoria	É aquele que pratica o delito diretamente, agindo de forma livre, sem estar submetido a erro ou a coação por outrem.
Autoria mediata	Autor mediato é aquele que, mesmo sem realizar a ação nuclear típica, pratica a conduta descrita no tipo incriminador, utilizando-se de outras pessoas como seu instrumento. Na autoria mediata, o agente realiza a conduta principal, detendo o domínio da ação, sem praticar diretamente a conduta prevista no tipo penal.
Autoria colateral	A autoria colateral ocorre quando dois ou mais agentes concorrem para a prática da realização da infração penal, sem vínculo entre eles. Os indivíduos não possuem liame subjetivo de juntos praticarem a conduta típica, mas acabam realizando a conduta de forma concorrente. É também chamada de autoria concomitante.
Coautoria	A coautoria ocorre quando dois ou mais indivíduos, com liame subjetivo, praticam a conduta típica. O acordo entre os agentes não precisa ser prévio, podendo ocorrer durante a prática dos atos executórios, desde que antes da consumação do delito. Não se exige, ainda, bilateralidade, bastando que um tenha aderido à conduta criminosa do outro. Entretanto, essa questão é controversa.

Concorrentes para a prática do delito	
Participação	• **Participação material**: ocorre por meio do auxílio, chamado por alguns de cumplicidade. O partícipe facilita a prática da ação penal. • **Induzimento**: o partícipe gera a ideia na mente do agente, incute-a. Ocorre na fase de cogitação. • **Instigação**: o partícipe reforça ideia já existente, incentivando a prática da infração penal. Pode ocorrer na fase de cogitação, dos atos preparatórios e na execução.
Concurso de pessoas nos crimes culposos	Nos crimes culposos, a doutrina majoritária admite a coautoria, mas não admite a participação.
Concurso de pessoas nos crimes omissivos	Sobre a coautoria em crimes omissivos próprios, como o de omissão de socorro, há divergência. Quanto à participação, admite-se seu cabimento. No que se refere aos crimes omissivos impróprios, a maioria dos doutrinadores entende cabível tanto a coautoria quanto a participação.
Crime multitudinário	Crime multitudinário é aquele cometido por uma reunião de pessoas, no clima de tumulto ou histeria coletiva, que torna os limites éticos dos indivíduos, temporariamente, menos rígidos. Em relação ao crime multitudinário, há a previsão de agravante para aquele que promove ou dirige a atividade dos demais, incitando a multidão ao cometimento de delitos. No caso do sujeito que não possui o papel de mentor, organizador ou líder na multidão delinquente, não incitando os demais a um linchamento, por exemplo, há a previsão de uma atenuante.
Participação de menor importância	A participação de menor importância é a conduta que, apesar de contribuir para o resultado, tem menor relevância causal. Incidirá uma causa de diminuição de pena, de um sexto a um terço, apenas para o indivíduo cuja conduta se traduza em participação de menor importância, com pena diferenciada em relação aos autores.
Cooperação dolosamente distinta	A cooperação ou participação dolosamente distinta é aquela dotada de elemento subjetivo diverso, de modo que um dos agentes não se vinculou aos demais para a prática do crime mais grave, mas apenas de delito diverso. O sujeito deve responder pela pena do crime menos grave, que almejava praticar, se a prática do crime mais grave pelos demais agentes não lhe era previsível. Se a prática do delito mais grave lhe era previsível, também responderá pelo crime menos grave, mas com uma causa de aumento de até metade.
Participação impunível	Existem casos de participação impunível. Se o autor não vier a praticar fato típico e ilícito, sem chegar à fase dos atos executórios de um injusto penal, não é possível a punição do partícipe. É o que determina o artigo 31 do CP.

CAPÍTULO XI
CONCURSO DE CRIMES

Concurso de crimes consiste no **cometimento, pelo agente, de mais de uma infração penal, mediante a prática de uma ou mais condutas**. Portanto, quando o agente pratica mais de um delito, há o que chamamos de concurso de crimes. Pode ser que o cometimento de dois ou mais delitos decorre de uma só conduta, seja omissiva ou comissiva. Pode ocorrer, ainda, de o agente praticar mais de uma conduta (ação ou omissão), acarretando a configuração de dois ou mais crimes.

A grande relevância do estudo do tema é a aplicação das penas no caso de concurso de crimes. Caso o agente pratique mais de um crime, é preciso verificar como será a individualização da pena nesse caso. Para isso, há mais de um sistema de aplicação de penas em caso de concurso de crimes:

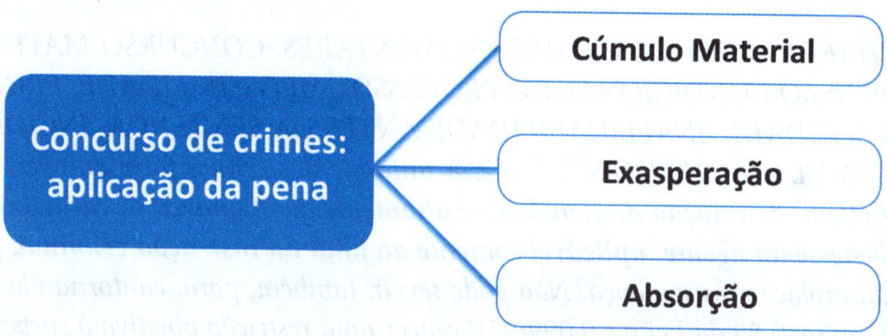

- **Cúmulo material**: é o sistema pelo qual as penas de cada um dos crimes praticados pelo agente, em concurso, são somadas. Cuida-se, portanto, de mera adição das penas. O juiz aplica a pena a cada um dos crimes praticados pelo agente e, ao final, soma todas elas. O agente deverá cumprir a soma total das sanções penais.

  Como veremos, é o sistema utilizado para o concurso material, o concurso formal impróprio e, em todos os casos de concurso de crimes, para as penas de multa.

- **Exasperação**: é o sistema pelo qual se aplica a pena de apenas um dos crimes, caso os delitos praticados sejam iguais, ou do crime mais grave, se os delitos forem diversos, com uma causa de aumento de pena. A exasperação se refere a um aumento da pena de um dos delitos, com a utilização da fração estabelecida por lei.

A aplicação do sistema da exasperação é reservada para o concurso formal próprio e a continuidade delitiva.

- **Absorção**: é o sistema pelo qual se aplica somente a pena do delito mais grave, desconsiderando-se a pena dos demais.

  Referido sistema **não tem sido aplicado atualmente pela jurisprudência**, sendo que sua utilização se reservava ao concurso de crimes falimentares, durante a vigência da antiga Lei de Falências, Decreto-Lei n. 7.661, de 21 de junho de 1945. Referido diploma legal foi revogado com a entrada em vigor da Lei n. 11.101, de 9 de fevereiro de 2005.

- **Cúmulo Jurídico**: preconiza que se deve aplicar uma pena maior do que a referente a apenas um delito, mas não a soma das penas de cada um dos delitos praticados. A pena deve corresponder à gravidade dos crimes. **Não adotada no Brasil**.

Sobre a utilização do chamado sistema de absorção ou princípio da unidade dos crimes falimentares, sua instituição é creditada à doutrina, com aceitação jurisprudencial durante a vigência da antiga Lei de Falências. Podemos verificar a menção ao sistema no seguinte precedente, que – frise-se – foi **julgado antes da vigência da Lei n. 11.101/2005**.

> *"HABEAS CORPUS. CRIMES FALIMENTARES. CONCURSO MATERIAL. SUSPENSÃO CONDICIONAL DO PROCESSO. IMPOSSIBILIDADE. PRINCÍPIO DA UNICIDADE. INAPLICABILIDADE ANTES DA SENTENÇA. INCIDÊNCIA DA SÚMULA N.º 243 DO STJ. (...) 2.* ***A unidade dos crimes falimentares, ressalte-se, fictícia, de criação doutrinária, e altamente*** *questionável,* ***já caracterizaria uma benesse ao agente, aplicável somente ao final da instrução criminal****, por ocasião da prolação da sentença. Não pode servir, também, para, contornando o comando legal (art. 89 da Lei n.º 9.099/95), vencer uma restrição objetiva à suspensão condicional do processo, outro benefício instituído pela lei. (...)" (HC 26126/SP, Rel. Min. Laurita Vaz, DJ 15/12/2003).*

Não há julgados com reconhecimento do referido sistema após o início de vigência da atual lei de falências.

Quanto às espécies de concurso de crimes, temos o concurso material, o concurso formal e o crime continuado. Ademais, veremos as subespécies de cada um deles, como o concurso formal próprio, o concurso formal impróprio, o concurso material comum, o concurso material benéfico, o crime continuado comum e o crime continuado específico.

Estudaremos cada um dos institutos, sendo que, neste momento, cumpre visualizar as modalidades de concurso de crimes, conforme a classificação doutrinária e o tratamento dado pelo Código Penal:

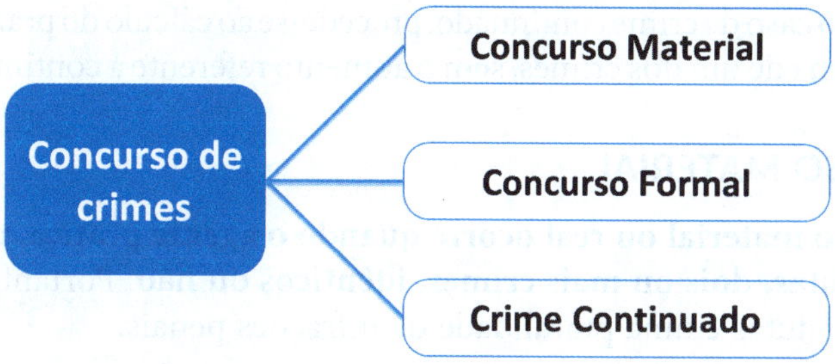

O reconhecimento da espécie de concurso de crimes e aplicação do sistema de imposição de penas adequado devem ser feitos pelo juiz do processo de conhecimento, ao sentenciar o caso. Entretanto, se os crimes forem tratados em autos diversos, ou seja, em processos diferentes, caberá, após as condenações, ao juiz da execução o reconhecimento da modalidade de concurso de crimes aplicável ao caso e a adequação das penas ao sistema previsto em lei.

A Lei de Execução Penal, no artigo 66, prevê, dentre o rol de assuntos da competência do Juízo da Execução, o seguinte:

> *Art. 66. Compete ao Juiz da execução:*
>
> *(...)*
>
> *III – decidir sobre:*
>
> *a) soma ou unificação de penas; (...)*

Desse modo, como compete ao Juízo da Execução **a soma ou unificação de penas**, está inserida em sua competência a atribuição de reconhecer o concurso formal, o concurso material e a continuidade delitiva. Se houver o reconhecimento de alguma das modalidades de concurso de crimes pelo juiz, deverá haver a unificação ou a soma das penas, a depender do sistema que for aplicável ao caso.

Sendo o sistema o da exasperação, deve haver a unificação das penas, com a aplicação de uma das penas, se os crimes forem iguais, ou a do crime mais grave, se forem diferentes, com o aumento de pena. Cuidando-se de caso de cúmulo material, o juiz da execução procederá à soma das penas.

Quanto à **prescrição** no caso de concurso de crimes, a incidência dos prazos prescricionais deve ser feita **de forma isolada**. Isto é, o prazo prescricional deve ser calculado em relação a cada um dos delitos, de forma individual, como se não houvesse o concurso de crimes, nos termos do que dispõe o artigo 119 do Código Penal:

> *Art. 119 – No caso de concurso de crimes, a extinção da punibilidade incidirá sobre a pena de cada um, isoladamente.*

A Súmula 497 do Supremo Tribunal Federal explicita a regra no que se refere especificamente aos **crimes continuados**:

> *Quando se tratar de crime continuado, a prescrição regula-se pela pena imposta na sentença, não se computando o acréscimo decorrente da continuação.*

Portanto, no caso de crime continuado, procede-se ao cálculo do prazo prescricional em relação à pena de um dos crimes, sem o aumento referente à continuidade delitiva.

1. CONCURSO MATERIAL

O **concurso material ou real ocorre quando o agente pratica, mediante duas ou mais condutas, dois ou mais crimes, idênticos ou não**. Portanto, há uma pluralidade de condutas e uma pluralidade de infrações penais.

Neste caso, a consequência é a aplicação das penas de forma cumulativa, ou seja, procede-se à simples operação de adição com todas as sanções penais aplicadas a cada um dos delitos. Este método de aplicação das penas é denominado de **sistema do cúmulo material**.

Ao sentenciar o caso, o juiz deve aplicar as penas de cada um dos delitos de forma isolada, conforme o sistema trifásico. Ao final, as penas devem ser somadas. Isso é relevante, por exemplo, para o cálculo da prescrição, que é feito para cada um dos crimes, separadamente. Demais disso, o juiz deve fundamentar cada uma das penas, considerando as circunstâncias de cada um dos delitos, o que a realização em conjunto não possibilitaria.

O concurso material de crimes está previsto no artigo 69 do Código Penal, que possui o seguinte teor:

> *Art. 69 – Quando o agente, mediante mais de uma ação ou omissão, pratica dois ou mais crimes, idênticos ou não, aplicam-se cumulativamente as penas privativas de liberdade em que haja incorrido. No caso de aplicação cumulativa de penas de reclusão e de detenção, executa-se primeiro aquela.*
>
> *§ 1º – Na hipótese deste artigo, quando ao agente tiver sido aplicada pena privativa de liberdade, não suspensa, por um dos crimes, para os demais será incabível a substituição de que trata o art. 44 deste Código.*
>
> *§ 2º – Quando forem aplicadas penas restritivas de direitos, o condenado cumprirá simultaneamente as que forem compatíveis entre si e sucessivamente as demais.*

O Código Penal também prevê que se houver a aplicação cumulativa de penas de reclusão e de detenção, a pena de reclusão deve ser executada primeiro. A pena de reclusão admite regime inicial fechado, enquanto a detenção só o admite em caso de regressão de regime (não como regime inicial fixado pelo juiz). Assim, o condenado deve cumprir a modalidade de pena mais grave antes.

Além disso, se uma das penas privativas de liberdade não comportar a medida de suspensão condicional da pena, as outras penas não poderão ser substituídas por restritivas de direitos. Explico: em cada condenação o juiz deve analisar 1º) se cabe substituição por pena alternativa e 2º) se cabe *sursis*. Quando o dispositivo diz que a pena não foi suspensa, está presumindo a análise anterior: também não coube substituição por multa ou restritiva de direitos. Logo, o condenado vai cumprir pena privativa de liberdade por um dos crimes. Por isso, quanto ao outro crime, não cabe substituição da PPL (não teria sentido condená-lo a ficar recluso, por exemplo, e ao mesmo tempo condená-lo a prestar serviços à comunidade).

No caso das penas restritivas de direitos, se forem compatíveis entre si, podem ser cumpridas de forma concomitante. É o caso de ser condenado à prestação de serviços à comunidade e à prestação pecuniária, penas que podem ser cumpridas ao mesmo tempo. Caso haja incompatibilidade para o cumprimento simultâneo, deve haver o cumprimento sucessivo de cada uma delas: duas penas de prestação de serviços à comunidade, por exemplo.

O concurso material pode ser classificado como **homogêneo ou heterogêneo**. Chama-se homogêneo o concurso que envolve pluralidade de crimes da mesma espécie, enquanto a doutrina denomina de heterogêneo se os delitos cometidos forem de espécies diferentes.

O esquema a seguir demonstra a classificação doutrinária:

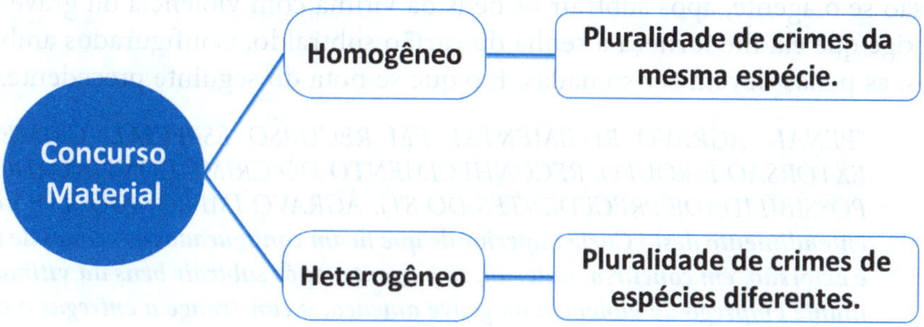

O concurso material deve ser considerado quando da análise dos requisitos da suspensão condicional do processo, benefício previsto no artigo 99 da Lei n. 9.099/1995. É o que prevê a Súmula 243 do STJ:

> ***O benefício da suspensão do processo não é aplicável em relação às infrações penais cometidas em concurso material,*** *concurso formal ou continuidade delitiva,* ***quando a pena mínima cominada, seja pelo somatório, seja pela incidência da majorante, ultrapassar o limite de um (01) ano.***

De igual forma, é o resultado da soma das penas que deverá ser considerado para se averiguar a possibilidade de substituição da pena privativa de liberdade por penas restritivas de direitos. Ademais, com relação aos demais requisitos, deve-se analisar se cada um dos crimes praticados permite a substituição, sendo que somente o cumprimento deles pelo conjunto dos delitos praticados permitirá a substituição. Assim já decidiu o STJ:

> *"3.* ***No exame do cumprimento dos requisitos para a concessão do benefício da substituição da prisão por penas alternativas, em casos de concurso material de crimes, devem as reprimendas ser consideradas em conjunto.*** *Precedentes. 4. Na hipótese, resulta patente que a medida esbarra no óbice do art. 44, inciso I, do Código Penal, uma vez que um dos delitos pelos quais o paciente resultou condenado – lesão corporal – envolve violência contra a pessoa. Habeas corpus não conhecido." (STJ, 425038/RJ, Rel. Min. Reynaldo Soares da Fonseca, Quinta Turma, DJe 01/06/2018).*

Como um exemplo de aplicação do concurso material, por não incidir o princípio da consunção, há o caso de porte de munição de uso permitido e de munição de uso restrito, que caracterizam os delitos previstos nos artigos 12 e 16 da Lei n. 10.826/2003:

> *"(...) 2. A posse de munições de uso permitido e de uso restrito caracteriza os delitos previstos nos arts. 12 e 16 da Lei n. 10.826/2003, em concurso material, ainda que apreendidas no mesmo contexto. Ressalta-se que o afastamento da consunção entre esses crimes também partiu apenas da valoração dos fatos reputados como provados na origem, pois restou assentado que os agentes tinham a posse de munições de uso permitido, bem como de uso restrito. 3. Agravo regimental improvido." (STJ, AgRg no REsp 1724649/MG, Rel. Min. Joel Ilan Paciornik, Quinta Turma, DJe 11/05/2018).*

O Superior Tribunal de Justiça entende que há concurso material entre roubo e extorsão se o agente, após subtrair os bens da vítima com violência ou grave ameaça, exige que ela lhe forneça a senha do cartão subtraído. Configurados ambos os delitos, as penas devem ser somadas. É o que se nota do seguinte precedente:

> *"PENAL. AGRAVO REGIMENTAL EM RECURSO ESPECIAL. CRIMES DE EXTORSÃO E ROUBO. RECONHECIMENTO DO CRIME CONTINUADO. IMPOSSIBILIDADE.PRECEDENTES DO STJ. AGRAVO IMPROVIDO. 1. **É firme o entendimento desta Corte Superior de que ficam configurados os crimes de roubo e extorsão, em concurso material, se o agente, após subtrair bens da vítima, mediante emprego de violência ou grave ameaça, a constrange a entregar o cartão bancário e a respectiva senha, para sacar dinheiro de sua conta corrente** (HC 127.320/SP, Rel. Min. Rogerio Schietti Cruz, Sexta Turma, julgado em 07/05/2015, DJe 15/05/2015) 2. Agravo Regimental improvido." (STJ, AgRg no REsp 1702185/SP, Rel. Min. Nefi Cordeiro, Sexta Turma, DJe 26/03/2018).*

O Supremo Tribunal Federal também já considerou que o roubo e a extorsão configuram o concurso material, já que são condutas distintas e autônomas, ou seja, há pluralidade de condutas e pluralidade de crimes:

> *"EMENTA Habeas corpus. Penal. Roubo e extorsão qualificados. Artigos 157, § 2º, I, II e V; e 158, § 1º, do Código Penal. Concurso formal. Reconhecimento pretendido. Inadmissibilidade. **Subtração violenta de bens. Posterior constrangimento da vítima a fornecer a senha de cartão bancário.** Manutenção do ofendido, por várias horas, em poder dos agentes. **Pluralidade de condutas** e autonomia de desígnios. Inexistência de contexto fático único. Ordem denegada. 1. **Tratando-se de duas condutas distintas, praticadas com desígnios autônomos, deve ser reconhecido o concurso material entre roubo qualificado (art. 157, § 2º, I, II e V, CP) e extorsão qualificada (art. 158, § 1º, CP).** 2. Ordem de habeas corpus denegada." (HC 121395, Rel. Min. Dias Toffoli, 1ª Turma, Julgamento 21/10/2014)*

Nos casos de o preceito secundário do delito prever uma pena, ressalvando a aplicação da pena resultante da violência, o caso será de soma das penas, pelo sistema do cúmulo material, se configurada também a violência. Ou seja, a aplicação daquela sanção não impede que o agente responda também pela pena correspondente à violência. Alguns doutrinadores falam que há concurso material obrigatório.

A meu ver, o melhor entendimento é que haverá **cúmulo material de penas**, o que pode decorrer tanto do **concurso material** quanto do **concurso formal impróprio**. É o que decidiu o STJ no seguinte caso, que serve de ilustração para tais hipóteses:

> *"(...) 3. Hipótese em que o Tribunal de origem acolheu a insurgência ministerial contra a sentença condenatória, reconhecendo a prática pelo paciente do delito de lesão corporal gravíssima, impondo-se pena acrescida ao do crime do art. 344 do CP, em concurso material. 4. A determinação contida no preceito secundário do art. 344 do CP (**"reclusão, de um a quatro anos, e multa, além da pena correspondente à violência"**) refere-se tão-somente à **incidência da regra do cúmulo material entre os crimes**, é dizer, se reconhecida a prática do crime de coação no curso do processo, existindo violência, o juiz, por expressão da vontade do legislador, deverá somar sua pena ao do delito resultante daquela violência. 5. No caso, o paciente agrediu com pedaço de madeira e foice a vítima, visando a coagi-la, porquanto testemunha de acusação em processo no qual responde por homicídio. 6. Embora elementar do delito do art. 344 do Código Penal, não haveria como o resultado advindo da violência se exaurir tão-somente no tipo penal em questão, isto é, ser por ele absorvido, de modo que, a depender das consequências da conduta violenta, como resposta penal, o somatório das penas. Na hipótese em questão, a violência empregada causou lesões de natureza gravíssima, crime pelo qual restou corretamente condenado em segundo grau. (...)" (HC 388983, Rel. Min. Ribeiro Dantas, 5ª Turma, DJe 27/09/2017)*

Entretanto, o STJ não entende configurar o concurso material de delitos o caso de porte ou posse ilegal de arma, quando essa conduta se volta para a finalidade da prática de tráfico ilícito de entorpecentes. A Corte entende que cabe o reconhecimento de absorção do crime-meio pelo crime-fim, com aplicação do princípio da consunção:

> *"(...) III – Segundo o entendimento do Superior Tribunal de Justiça, **a absorção do crime de porte ou posse ilegal de arma pelo delito de tráfico de drogas, em detrimento do concurso material,** deve **ocorrer quando o uso da arma está ligado diretamente ao comércio ilícito de entorpecentes, ou seja, para assegurar o sucesso da mercancia ilícita.** Nesse caso, trata-se de crime meio para se atingir o crime fim que é o tráfico de drogas, exige-se o nexo finalístico entre as condutas de portar ou possuir arma de fogo e aquelas relativas ao tráfico (HC n. 181.400/RJ, Quinta Turma, Min. Marco Aurélio Bellizze, DJe 29/6/2012). (...)" (STJ, HC 395762/RJ, Rel. Min. Félix Fischer, Quinta Turma, DJe 21/11/2017).*

2. CONCURSO FORMAL

O concurso formal ou ideal ocorre **quando o agente pratica, mediante uma só conduta, dois ou mais crimes, idênticos ou não**. O concurso formal, deste modo, envolve a unidade da conduta, que gera uma pluralidade de infrações penais.

Esta previsão legal atende a razões de política criminal, em razão da qual se adota uma pena diferente da que seria aplicável se fossem considerados todos os crimes configurados com a conduta do agente.

Com relação à unidade da conduta, admite-se o chamado **desdobramento da ação única**. É o que ocorre quando o agente ingressa em um estabelecimento e assalta o caixa e subtrai bens dos dois clientes. A ação única foi desdobrada, mas não deixa de ser uma conduta única de ameaça a todos para a subtração dos bens dos envolvidos. Deste modo, o fato de a conduta única ser desdobrada não impede a configuração do concurso formal. Há, dessa forma, três roubos em concurso formal.

O concurso formal, tal qual o material, pode ser classificado em **homogêneo e heterogêneo**. Será homogêneo o concurso de delitos da mesma espécie, enquanto o concurso de crimes de espécies diversas será denominado de heterogêneo.

O esquema a seguir ilustra a classificação quanto às espécies de crimes cometidos:

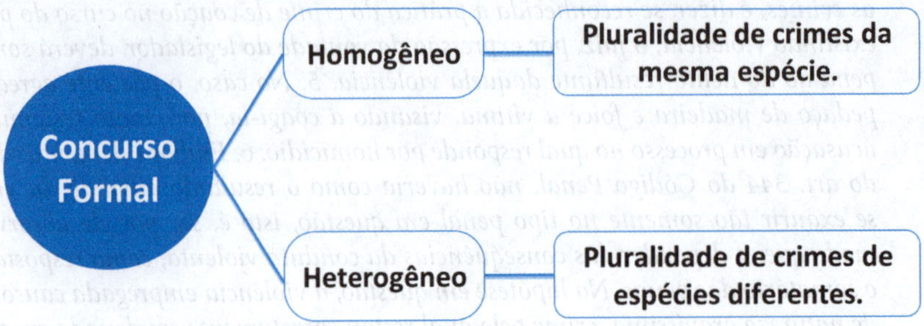

O concurso formal está previsto no artigo 70 do Código Penal:

> *Art. 70 – Quando o agente, mediante uma só ação ou omissão, pratica dois ou mais crimes, idênticos ou não, aplica-se-lhe a mais grave das penas cabíveis ou, se iguais, somente uma delas, mas aumentada, em qualquer caso, de um sexto até metade. As penas aplicam-se, entretanto, cumulativamente, se a ação ou omissão é dolosa e os crimes concorrentes resultam de desígnios autônomos, consoante o disposto no artigo anterior.*
>
> *Parágrafo único – Não poderá a pena exceder a que seria cabível pela regra do art. 69 deste Código.*

Da leitura do *caput* do artigo 70 do Código Penal, podemos notar que é possível a configuração do concurso formal tanto no caso de existirem desígnios autônomos em crimes dolosos, quanto se não houver essa pluralidade de desígnios do agente. Decorre de tal diferenciação a classificação do concurso formal em **próprio e impróprio**, conforme o esquema a seguir ilustra:

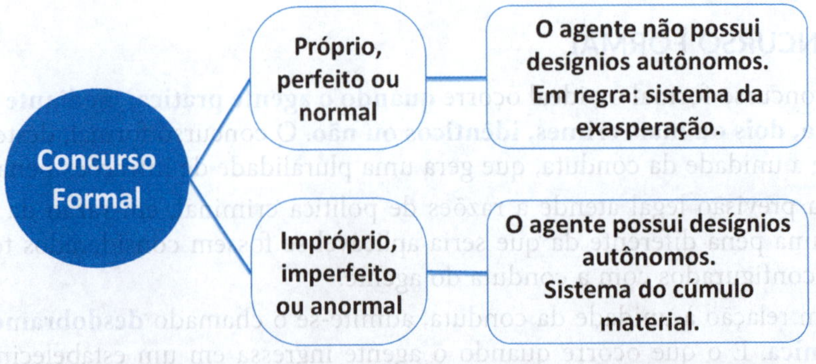

• Concurso formal próprio

Concurso formal próprio é o que decorre de uma só ação ou omissão, ou seja, de **uma única conduta**, que enseja o cometimento de mais de um crime, **sem que o agente tenha agido com desígnios autônomos**.

Há, portanto, uma unidade de conduta que gera uma pluralidade de delitos, sem que o agente tenha desejado todos os resultados ou assumido o risco em relação a cada um deles. Isto é, não há intenção de praticar cada um dos crimes de forma autônoma ou independente.

O concurso formal próprio está previsto na primeira parte do *caput* do artigo 70, do Código Penal:

> *Art. 70 – Quando o agente, mediante uma só ação ou omissão, pratica dois ou mais crimes, idênticos ou não, aplica-se-lhe a mais grave das penas cabíveis ou, se iguais, somente uma delas, mas aumentada, em qualquer caso, de um sexto até metade. (...)*

Configurado o concurso formal, as penas devem ser aplicadas pelo **sistema da exasperação**. A fração de aumento de pena será de um sexto até metade.

Isto é, havendo concurso formal homogêneo, aplica-se a pena de apenas um dos delitos, que deve ser aumentada de um sexto até metade. Se o concurso for heterogêneo, aplica-se ao agente a pena do delito mais grave, com a causa de aumento de um sexto até metade.

Com relação ao critério para escolha da fração de aumento, **o juiz deve estipular dentre um sexto até metade com base no número de delitos cometidos pelo agente**. É o que vemos do seguinte precedente do STJ:

> *"(...) 7. Nos termos da jurisprudência deste Superior Tribunal de Justiça,* ***o aumento decorrente do concurso formal tem como parâmetro o número de delitos perpetrados, devendo ser a pena de um dos crimes exasperada de 1/6 até 1/2.*** *Por certo, o acréscimo correspondente ao número de quatro infrações é a fração de 1/4. 8.* Writ *não conhecido." (STJ, HC 317709/SP, Rel. Min. Ribeiro Dantas, Quinta Turma, DJe 01/12/2017).*

• Concurso formal impróprio

Concurso formal impróprio é o que decorre de uma só ação ou omissão, ou seja, de **uma única conduta**, que enseja o cometimento de mais de um crime, de forma dolosa, em que o agente tenha **desígnios autônomos em relação a cada um deles**.

Há, portanto, uma unidade de conduta que gera uma pluralidade de delitos, desde que o agente possua dolo, de forma independente, para cada um deles. O concurso formal impróprio, portanto, só tem cabimento no caso de **crimes dolosos**.

Configurado o concurso formal impróprio, o sistema de aplicação das penas será o do **cúmulo material**. Ou seja, as penas de cada uma das infrações penais praticadas devem ser somadas.

O concurso formal impróprio está previsto na segunda parte do *caput* do artigo 70, do Código Penal, em destaque:

> *Art. 70 – Quando o agente, mediante uma só ação ou omissão, pratica dois ou mais crimes, idênticos ou não, aplica-se-lhe a mais grave das penas cabíveis ou, se iguais, somente uma delas, mas aumentada, em qualquer caso, de um sexto até metade.* ***As penas aplicam-se, entretanto, cumulativamente, se a ação ou omissão é dolosa e os crimes concorrentes resultam de desígnios autônomos, consoante o disposto no artigo anterior.***

A grande diferença, portanto, entre o concurso formal próprio e o concurso formal impróprio é a existência ou não de desígnios autônomos, ou seja, o elemento subjetivo. Referido elemento subjetivo é comprovado pelas circunstâncias do delito. Neste sentido, segue um didático julgado do STJ:

> *"1.* ***É assente neste Superior Tribunal de Justiça que a "A distinção entre o concurso formal próprio e o impróprio relaciona-se com o elemento subjetivo do agente, ou seja, a existência ou não de desígnios autônomos. Precedente"*** *(AgRg no REsp 1.299.942/DF, Rel. Min. Sebastião Reis Júnior, Sexta Turma, DJe 21/06/2013)." (STJ, AgRg no AREsp 1131742/BA, Rel. Min. Maria Thereza de Assis Moura, Sexta Turma, DJe 04/10/2017).*

Como exemplo, tomemos o caso de furto e corrupção de menores. A prática de um furto por um sujeito imputável, em concurso com um menor, cuja idade seja da ciência do agente, configura, em tese, o delito de corrupção de menores, previsto no artigo 244-B. Se o sujeito não tiver a intenção autônoma e independente de corromper o menor de idade, haverá o concurso formal próprio. Caso haja desígnios autônomos, configurar-se-á o concurso formal impróprio. É o que destacou o STJ nos seguintes julgados:

> *"(...) 3. A fim de se caracterizar o* ***concurso formal impróprio entre os crimes de furto tentado e corrupção de menores, faz-se necessário elucidar a intenção do agente de corromper o menor, demonstrando-se, com isso, a existência de desígnios autônomos****, sem o que se aplica a regra do concurso formal próprio. (...)" (STJ, HC 163427/DF, Rel. Min. Nefi Cordeiro, Sexta Turma, DJe 19/10/2015).*
>
> *"(...) Deve ser reconhecido o concurso formal de crimes quando a corrupção de menores ocorre em razão da prática de delito de roubo majorado na companhia do adolescente. (...)" (STJ, AgRg no AREsp 1665758/RO, Rel. Min. Laurita Vaz, Sexta Turma, DJe 05/06/2020).*

• Concurso material benéfico

Concurso material benéfico é o aplicável quando, a despeito de configurado o concurso formal próprio, a regra do cúmulo material for mais favorável ao agente. O concurso formal próprio foi instituído, como visto, por razões de política criminal, para beneficiar o agente cuja conduta única causou mais de um crime, sem que ele tenha apresentado desígnios autônomos para a prática de cada um dos delitos. Portanto, o sistema da exasperação tem como finalidade beneficiar o agente em tais casos, não podendo prejudicá-lo.

Como decorrência lógica, a adoção do sistema da exasperação não pode ensejar a aplicação de pena mais elevada ao agente do que aquela aplicável com a simples adição das penas de cada um dos crimes. Caso a exasperação leve a uma pena mais elevada, a regra aplicável será a do cúmulo material, por ser mais benéfica ao agente. É o que prevê o parágrafo único do artigo 70 do Código Penal:

> *Art. 70 – Quando o agente, mediante uma só ação ou omissão, pratica dois ou mais crimes, idênticos ou não, aplica-se-lhe a mais grave das penas cabíveis ou, se iguais, somente uma delas, mas aumentada, em qualquer caso, de um sexto até metade. As penas aplicam-se, entretanto, cumulativamente, se a ação ou omissão é dolosa e os crimes concorrentes resultam de desígnios autônomos, consoante o disposto no artigo anterior.*
>
> *Parágrafo único – **Não poderá a pena exceder a que seria cabível pela regra do art. 69 deste Código**.*

O artigo 69 do Código Penal cuida do concurso material e, portanto, do sistema de cúmulo material de penas.

Portanto, configurado **o concurso formal próprio de crimes, haverá a adoção do sistema da exasperação, salvo se o resultado da soma das penas for mais benéfico para o agente, caso em que se adotará o sistema do cúmulo material**.

Como exemplo de concurso material benéfico, temos o seguinte precedente do STJ, em que se constatou a configuração do concurso formal próprio, mas o resultado do cúmulo material das penas foi mais benigno para o agente, por resultar em pena menor:

> *"(...) 8. O concurso formal próprio ou perfeito (CP, art. 70, primeira parte), cuja regra para a aplicação da pena é a da exasperação, foi criado com intuito de favorecer o réu nas hipóteses de pluralidade de resultados não derivados de desígnios autônomos, afastando-se, pois, os rigores do concurso material (CP, art. 69). Por esse motivo, o parágrafo único do art. 70 do Código Penal impõe o afastamento da regra da exasperação, se esta se mostrar prejudicial ao réu, em comparação com o cúmulo material. Trata-se, portanto, da regra do concurso material benéfico, como teto do produto da exasperação da pena. 9. No caso, o Tribunal de origem condenou o paciente pela prática de três crimes de corrupção de menores, em concurso formal, à pena de 1 ano de reclusão e de três crimes de roubo majorado, igualmente em concurso formal, à pena de 7 anos e 1 mês de reclusão. As instâncias ordinárias aplicaram a exasperação da pena de 1/6 por outro concurso formal entre os crimes de corrupção de menores e os de roubo, o que revelaria a pena final de 8 anos e 3 meses de reclusão. **Há, pois, manifesta violação da regra do concurso material benéfico, porquanto a pena final resultante do concurso material entre os crimes de roubo, em concurso formal, e corrupção de menores, igualmente em concurso formal, seria de 8 anos e 1 mês. Por conseguinte, de rigor a redução da pena final do paciente para 8 anos e 1 mês de reclusão**. (...)" (HC 401764/SP, Rel. Min. Ribeiro Dantas, Quinta Turma, DJe 14/12/2007).*

Verifiquemos este caso do precedente acima, usado como exemplo: foi reconhecido concurso formal entre três crimes de corrupção de menores e três crimes de roubo. Para os três crimes de corrupção de menores, foi aplicada a pena de 1 ano de reclusão. Para os três crimes de roubo majorado, a dosimetria resultou em 7 anos e 1 mês de reclusão. Vejamos então as penas do exemplo:

Reconhecido o concurso formal	
Crimes de corrupção de menores	1 ano de reclusão
Crimes de roubo	7 anos e 1 mês de reclusão

Percebe-se que é possível o concurso formal de delitos que também foram cometidos em concurso formal. Os três crimes de corrupção de menores, por envolver uma só conduta e três adolescentes, levou ao reconhecimento de concurso formal entre eles. Os crimes de roubo, praticados com a mesma conduta (mesmo que a ação seja desdobrada), configuraram também um concurso formal. Por fim, cabe analisar o concurso formal entre os crimes de roubo e de corrupção de menores:

Concurso	Sistema	Pena
Formal próprio	Exasperação (pena mais grave, de 7 anos e 1 mês de reclusão, com aumento de um sexto até metade)	8 anos, 3 meses e 5 dias (com uso da fração menor de aumento, de 1/6)
Material benéfico	Sistema do cúmulo material (soma das penas)	8 anos e 1 mês

Note que a pena resultante da simples soma da pena é menor do que a resultante da exasperação, o que leva à adoção do chamado concurso material benéfico, por não poder um sistema que veio beneficiar o agente tornar sua situação mais gravosa.

Segue outro precedente do STJ em que foi aplicado o chamado concurso material benéfico:

> *"(...) 5.* In casu, *o Magistrado processante, ao condenar o réu pela prática do crime de extorsão mediante sequestro qualificado, estabeleceu a pena de 18 (dezoito) anos de reclusão, tendo a exasperação pelo concurso formal com o crime do art. 244-B do ECA culminado na pena de 21 (vinte e um) anos de reclusão. Há, pois, manifesta violação da regra do concurso material benéfico, considerando que, mesmo se a pena-base do crime de corrupção de menores fosse exasperada de 1/2 (metade), nos moldes do reconhecido para o crime de extorsão mediante sequestro qualificado, e tendo em vista a incidência da atenuante da confissão espontânea, chegaria-se-ia à sanção corporal inferior a 3 (três) anos de reclusão e, por consectário, revela-se mais favorável ao réu a somatória das penas individualmente estabelecidas para os crimes. (...)" (HC 383691, Rel. Min. Ribeiro Dantas, 5ª Turma, DJe 04/05/2017)*

3. CRIME CONTINUADO

Crime continuado ou continuidade delitiva ocorre quando o **agente pratica, mediante pluralidade de condutas, dois ou mais crimes da mesma espécie, tidos como continuação um do outro** (semelhantes condições de tempo, lugar, modo de execução, etc.). É a **ficção jurídica** em virtude da qual, por razões de política criminal, considera-se, na aplicação da pena, que o agente praticou um único delito para fins de aplicação de pena, com a incidência de causa de aumento.

O crime continuado está previsto no artigo 71 do Código Penal:

> *Art. 71 – Quando o agente, mediante mais de uma ação ou omissão, pratica dois ou mais crimes da mesma espécie e, pelas condições de tempo, lugar, maneira de execução e outras semelhantes, devem os subsequentes ser havidos como continuação do primeiro, aplica-se-lhe a pena de um só dos crimes, se idênticas, ou a mais grave, se diversas, aumentada, em qualquer caso, de um sexto a dois terços.*
>
> *Parágrafo único – Nos crimes dolosos, contra vítimas diferentes, cometidos com violência ou grave ameaça à pessoa, poderá o juiz, considerando a culpabilidade, os antecedentes, a conduta social e a personalidade do agente, bem como os motivos e as circunstâncias, aumentar a pena de um só dos crimes, se idênticas, ou a mais grave, se diversas, até o triplo, observadas as regras do parágrafo único do art. 70 e do art. 75 deste Código.*

O crime continuado se classifica em **comum e específico**, sendo a última hipótese aplicável aos casos de crimes dolosos, cometidos contra vítimas diferentes, em que há violência ou grave ameaça à pessoa. O crime continuado comum está previsto no *caput* do artigo 71 do Código Penal, enquanto o parágrafo único trata do crime continuado específico:

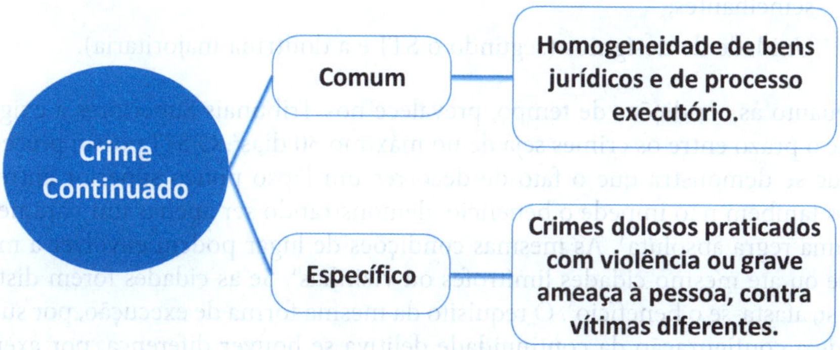

- **Crime continuado comum**

O **crime continuado comum** é aquele aplicável aos crimes em geral, estando previsto no *caput* do artigo 71:

> *Art. 71 – Quando o agente, mediante mais de uma ação ou omissão, pratica dois ou mais crimes da mesma espécie e, pelas condições de tempo, lugar, maneira de execução e outras semelhantes, devem os subsequentes ser havidos como continuação do primeiro, aplica-se-lhe a pena de um só dos crimes, se idênticas, ou a mais grave, se diversas, aumentada, em qualquer caso, de um sexto a dois terços.*

Configura-se quando o agente, mediante uma pluralidade de condutas, pratica mais de um crime da mesma espécie, sendo um considerado como continuação do outro, em razão das condições de tempo, lugar, maneira de execução e outras semelhantes.

O professor Cezar Roberto Bitencourt[1] resume os requisitos nos seguintes elementos: **homogeneidade de bens jurídicos** e **homogeneidade de processos executórios**.

É o caso da funcionária de uma empresa que, trabalhando no seu caixa, apropria-se de R$ 300,00 por dia de trabalho, durante um mês. Se fosse aplicada a pena de cada um dos delitos, com sua posterior soma, ela receberia uma sanção penal de grande monta, maior que a da prática de muitos delitos gravíssimos. Então, por razões de política criminal, a lei prevê a configuração do chamado crime continuado, com uma determinação específica de aplicação da pena de um dos delitos, com incidência de uma causa de aumento.

Também podemos exemplificar com vários estelionatos praticados, em continuação, contra diversas pessoas, durante o mesmo mês, com a mesma forma de execução, ou seja, o mesmo *modus operandi*, e na mesma cidade, pelos mesmos três comparsas.

Os **requisitos** para a configuração do crime continuado comum são as seguintes:

- Pluralidade de condutas;
- Crimes da mesma espécie;
- Vínculo de continuidade: mesmas condições de tempo, mesmas condições de lugar, mesma forma de execução (*modus operandi*) e demais circunstâncias semelhantes;
- Unidade de desígnios (segundo o STJ e a doutrina majoritária).

Quanto às condições de tempo, prevalece nos Tribunais Superiores a exigência de que o prazo entre os crimes seja de no máximo 30 dias[2]. O STJ possui precedente em que se demonstra que o fato de decorrer um lapso pouco superior entre dois delitos também não impede o benefício, demonstrando ser apenas um parâmetro, e não uma regra absoluta[3]. As mesmas condições de lugar podem envolver a mesma cidade ou até mesmo cidades limítrofes ou vizinhas[4]. Se as cidades forem distantes entre si, afasta-se o benefício[5]. O requisito da mesma forma de execução, por sua vez, impede a configuração da continuidade delitiva se houver diferença, por exemplo, quanto aos agentes que praticaram cada delito, como um ter sido praticado apenas por um indivíduo e o outro delito ter sido praticado em concurso de pessoas.

1. BITENCOURT, Cezar Roberto. Tratado de direito penal, volume I, parte geral. 14ª Ed. São Paulo: Saraiva, 2009, p. 649.
2. STJ, RvCr 4.890/DF, Rel. Min. Laurita Vaz, Terceira Seção, julgado em 26/05/2021, DJe 02/06/2021. STJ, AgRg no HC 616.743/SP, Rel. Min. Reynaldo Soares da Fonseca, julgado em 20/10/2020, DJe 26/10/2020. STF, HC 107636, Rel. Min. Luiz Fux, Primeira Turma, julgado em 06/03/2012.
3. STJ, PExt no HC 490.707/SC, Rel. Min. Ribeiro Dantas, Quinta Turma, julgado em 01/09/2020, DJe 08/09/2020; AgRg no REsp n. 2.050.470/MG, Rel. Des. Conv. Jesuíno Rissato, Sexta Turma, julgado em 22/4/2024, DJe de 25/4/2024.
4. STJ, HC 174.612/RS, Rel. Min. Laurita Vaz, Quinta Turma, julgado em 31/05/2011, DJe 16/06/2011.
5. STJ, HC 154.024/RS, Rel. Des. Conv. Celso Limongi, Sexta Turma, julgado em 31/08/2010, DJe 20/09/2010. STJ, HC 158.336/SP, Rel. Min. Assusete Magalhães, Sexta Turma, julgado em 02/05/2013, DJe 20/05/2013.

Configurada a continuidade delitiva, deve-se aplicar ao agente a pena do crime mais grave, se forem diferentes, ou de um dos crimes, se as penas forem iguais, com a causa de aumento de pena de um sexto a dois terços. O critério para fixação, pelo juiz, da fração de aumento, cujo limite mínimo é de um sexto, e o limite máximo, de dois terços, deve ser **o número de infrações penais praticadas**. A jurisprudência, inclusive, fixou a fração de aumento aplicável a cada número de crimes[6]:

Número de infrações	Fração da causa de aumento
2	1/6
3	1/5
4	1/4
5	1/3
6	1/2
7 ou mais	2/3

Essa posição, de há muito consolidada, foi sumulada pelo STJ. A Súmula 659, portanto, espelha antigo entendimento da Corte sobre a relação entre o número de delitos e a fração de aumento da continuidade delitiva. Deve ser compreendida nos termos da jurisprudência fixada, ou seja, como critério de fixação da pena da continuidade delitiva comum, aquela a que se refere o *caput* do artigo 71 do CP:

> *Súmula 659 – A fração de aumento em razão da prática de crime continuado deve ser fixada de acordo com o número de delitos cometidos, aplicando-se 1/6 pela prática de duas infrações, 1/5 para três, 1/4 para quatro, 1/3 para cinco, 1/2 para seis e 2/3 para sete ou mais infrações.*

Ocorre que alguns delitos, como o estupro de vulnerável, são praticados por um período determinado contra uma mesma vítima, sem provas que indiquem o número exato de infrações penais que o agente praticou, dificultando-se a seleção do *quantum* de aumento em razão da continuidade delitiva. A fração, como visto, pode ser fixada de um sexto até dois terços, que é o aumento máximo. Com base neste parâmetro, o STJ fixou a tese de que a fração de 2/3 pode também ser aplicada se o interregno de tempo for longo e houver reiteração dos delitos contra a dignidade sexual, possibilitando-se a conclusão de que o número excede sete infrações. O aumento será o máximo ainda que a acusação não prove o número exato de crimes cometidos:

> Para os fins do art. 927, inciso III, c.c. o art. 1.039 e seguintes, do Código de Processo Civil, fixa-se a seguinte tese: "No crime de estupro de vulnerável, é possível a aplicação da fração máxima de majoração prevista no art. 71, caput, do Código Penal, ainda que não haja a delimitação precisa do número de atos sexuais praticados,

6. STJ, HC 401139, Rel. Min. Ribeiro Dantas, 5ª Turma, DJe 21/09/2017. STJ, AgRg no AREsp 1410422/MG, Rel. Min. Nefi Cordeiro, Sexta Turma, DJe 21/05/2019.

desde que o longo período de tempo e a recorrência das condutas permita concluir que houve 7 (sete) ou mais repetições" (STJ, REsp n. 2.029.482/RJ, Rel. Min. Laurita Vaz, Terceira Seção, julgado em 17/10/2023, DJe de 20/10/2023).

O crime continuado, como ficção jurídica, decorre de política criminal, evitando-se uma punição desproporcional quando o agente, buscando concretizar um plano delitivo, comete crimes em sequência, de forma similar. Para o seu reconhecimento, é possível que se exijam apenas requisitos objetivos, adotando-se uma teoria objetiva. Também se pode considerar, ao lado dos critérios objetivos, o elemento subjetivo do acusado, diferenciando-se a continuidade delitiva do criminoso contumaz por meio de uma teoria mista. Sobre o crime continuado e a teoria adotada, a Exposição de Motivos do Código Penal traz o seguinte comentário:

> *59. O critério da teoria puramente objetiva não se revelou na prática maiores inconvenientes, a despeito das objeções formuladas pelos partidários da teoria objetivo-subjetiva.*

Considerando essa observação, teria havido a adoção da teoria objetiva pelo Código Penal brasileiro. Entretanto, a Exposição de Motivos pode auxiliar na interpretação, mas não tem natureza de lei. Logo, não vincula. Apesar de **não haver previsão expressa na lei**, parte da doutrina estabelece a necessidade de **unidade de desígnios**, ou seja, a prática de todos os delitos parcelares deve fazer parte de um mesmo plano do agente. Se os desígnios forem autônomos, não se pode reconhecer a continuidade delitiva entre os delitos. É o que tem entendido o Superior Tribunal de Justiça, com a adoção da chamada **teoria objetivo-subjetiva ou mista**:

> *"(...) 5. **Adotando a teoria objetivo-subjetiva ou mista**, a doutrina e a jurisprudência inferiram implicitamente da norma um **requisito outro de ordem subjetiva, que é a unidade de desígnios na prática dos crimes em continuidade delitiva, exigindo-se, pois, que haja um liame entre os crimes, apto a evidenciar, de imediato, terem sido os crimes subsequentes continuação do primeiro**, isto é, os crimes parcelares devem resultar de um plano previamente elaborado pelo agente. Dessa forma, diferenciou-se a situação da continuidade delitiva da delinquência habitual ou profissional, incompatível com a benesse. Precedentes. (...)" (HC 377270, Rel. Min. Ribeiro Dantas, 5ª Turma, DJe 09/06/2017).*
>
> *"Conforme a jurisprudência do STJ, para a aplicação da regra do crime continuado, é imprescindível o preenchimento de requisitos não apenas de ordem objetiva – mesmas condições de tempo, de lugar e de forma de execução – como também de ordem subjetiva – unidade de desígnios ou vínculo subjetivo entre os eventos." (STJ, AgRg no HC 569022/SP, Rel. Min. Sebastião Reis Júnior, Sexta Turma, DJe 23/06/2020).*

Tradicionalmente, vinham sendo considerados **crimes da mesma espécie** os delitos previstos no mesmo dispositivo legal, inclusive os que estão na forma simples e na forma qualificada, bem como nas modalidades tentada e consumada[7]. Ademais, foi fixada a exigência de que os tipos penais tutelem os mesmos bens

7. STJ, HC 449.110/SP, Rel. Min. Ribeiro Dantas, Quinta Turma, julgado em 02/06/2020, DJe 10/06/2020.

jurídicos. Nesse sentido, o STJ não reconhece a continuidade delitiva entre roubo e latrocínio, em razão de o primeiro tutelar o patrimônio e a integridade física ou a liberdade individual, enquanto o último tutela o patrimônio e a vida[8]. Esses parâmetros pareciam indicar o estabelecimento de critérios técnicos e objetivos para direcionar o reconhecimento da continuidade delitiva.

No entanto, o STJ afastou o requisito do mesmo dispositivo legal em alguns casos[9], como ocorre entre os crimes de estupro e estupro de vulnerável[10], e exige esse requisito entre os delitos de roubo e extorsão, de modo a não reconhecer a continuidade delitiva[11]. Posteriormente, a Sexta Turma, retomando o critério fixado anteriormente, afastou a continuidade delitiva entre estupro e estupro de vulnerável:

> *"Os crimes de estupro qualificado e estupro de vulnerável são de espécies diferentes e tutelam bens jurídicos distintos. O primeiro protege a liberdade sexual e o último, a dignidade e o desenvolvimento sexual da pessoa vulnerável, circunstâncias que afastam o requisito do vínculo subjetivo entre as práticas criminosas e tornam inaplicável a continuidade delitiva, como no caso dos autos. Precedentes". (STJ, AgRg no HC n. 852.877/SC, Rel. Min. Rogerio Schietti Cruz, Sexta Turma, julgado em 17/6/2024, DJe de 19/6/2024).*

- **Crime continuado específico**

Crime continuado específico é a modalidade de continuidade delitiva aplicável aos casos em que os crimes são cometidos com **violência ou grave ameaça à pessoa**, envolvendo **vítima diferentes**. Está previsto no artigo 71, parágrafo único, do Código Penal:

> *Parágrafo único – Nos crimes dolosos, contra vítimas diferentes, cometidos com violência ou grave ameaça à pessoa, poderá o juiz, considerando a culpabilidade, os antecedentes, a conduta social e a personalidade do agente, bem como os motivos e as circunstâncias, aumentar a pena de um só dos crimes, se idênticas, ou a mais grave, se diversas, até o triplo, observadas as regras do parágrafo único do art. 70 e do art. 75 deste Código.*

São requisitos do concurso continuado específico:

- Pluralidade de condutas;
- Crimes da mesma espécie;
- Vínculo de continuidade: mesmas condições de tempo, mesmas condições de lugar, mesma forma de execução (*modus operandi*) e demais circunstâncias semelhantes;

8. STJ, AgRg no AREsp 1599383/GO, Rel. Min. Nefi Cordeiro, Sexta Turma, julgado em 16/06/2020, DJe 23/06/2020. STJ, H C 449.110/SP, Rel. Min. Ribeiro Dantas, Quinta Turma, julgado em 02/06/2020, DJe 10/06/2020.
9. STJ, REsp 1767902/RJ, Rel. Min. Sebastião Reis Júnior, Sexta Turma, DJe 04/02/2019.
10. STJ, AgRg no REsp 1797986/GO, Rel. Min. Jorge Mussi, Quinta Turma, julgado em 10/09/2019, DJe 24/09/2019.
11. STJ, HC 461794/SC, Rel. Min. Reynaldo da Fonseca, 5ª Turma, DJe 14/02/2019. STJ, HC 552281/SP, Rel. Min. Joel Ilan Paciornik, Quinta Turma, DJe 02/03/2020.

- Unidade de desígnios (segundo o STJ e a doutrina majoritária).
- Crimes dolosos;
- **Violência ou grave ameaça contra a pessoa;**
- **Vítimas diferentes.**

Na continuidade delitiva específica, o juiz deve aplicar a pena de um só dos crimes, se elas forem idênticas, ou a mais grave delas, se forem diferentes, **aumentada até três vezes**. O critério para estabelecimento do *quantum* de aumento de pena se baseia em **elemento objetivo**, consistente no número de infrações cometidas, e **em elemento subjetivo**, consistente na valoração da culpabilidade, os antecedentes, a conduta social e a personalidade do agente, além dos motivos e as circunstâncias do crime[12]. Por isso, não se trata de mero cálculo matemático, como ocorre com o crime continuado comum, do *caput* do artigo 71[13]. Perceba que os aspectos subjetivos são quase os mesmos analisados na primeira fase da dosimetria, previstos no artigo 59 do Código Penal.

O crime continuado específico foi previsto pela Lei n. 7.209/1984 (Reforma da Parte Geral), que alterou a redação do artigo 71, do parágrafo único, do CP. Com isso, ficou **superada a Súmula n. 605 do STF**[14], que dizia: "Não se admite continuidade delitiva nos crimes contra a vida". O próprio Supremo Tribunal Federal já consignou a superação desse enunciado[15].

Com relação aos demais pressupostos do crime continuado específico, são aplicáveis os mesmos comentários do crime continuado comum. Como não há fração mínima, pode-se utilizar a do caput, de modo que o aumento deve ficar entre um sexto da pena e três vezes a sanção aplicada ao crime mais grave ou, se forem iguais, a um deles. Deste modo, **os crimes devem ser da mesma espécie.** Com isso, o STJ já decidiu não ser aplicável a continuidade delitiva no caso de terem sido praticados os crimes de estupro e do artigo 240 do Estatuto da Criança e do Adolescente[16].

É importante enfatizar que se exige a prática de delitos da mesma espécie, em continuidade, **contra vítimas diferentes** para a utilização do limite de exasperação do parágrafo único do artigo 71. O legislador exige, expressamente, que, além do uso de violência ou grave ameaça, os delitos atinjam vítimas diversas. Presentes esses requisitos, o juiz poderá utilizar o aumento de até três vezes a pena mais alta, se diferentes ou de uma delas, se iguais.

Caso os delitos sejam cometidos contra a mesma vítima, ainda que com emprego de violência ou grave ameaça, incidirá a regra do artigo 71, *caput*, do Código Penal. A exasperação será feita com base no limite mínimo de um sexto e máximo de dois terços, portanto. Como exemplo, estupros cometidos reiteradamente contra

---

12. STJ, AgRg no REsp 1916206/SP, Rel. Min. Ribeiro Dantas, Quinta Turma, julgado em 23/02/2021, DJe 26/02/2021. STJ, HC n. 293.130/SP, Rel. Min. Ribeiro Dantas, Quinta Turma, DJe de 12/12/2016.
13. STJ, AgRg no HC n. 882.728/SC, Rel. Min. Antonio Saldanha Palheiro, Sexta Turma, j. 27/5/2024, DJe de 3/6/2024.
14. BRANDÃO, Cláudio. Teoria jurídica do crime. 6. ed. Belo Horizonte, São Paulo: D'Plácido, 2020, p. 321.
15. STF, HC 77786, Rel. Min. Marco Aurélio, Segunda Turma, julgamento em 27.10.1998, DJ de 2.2.2001
16. STJ, REsp 1334405, Rel. Min. Sebastião Reis Júnior, 6ª Turma, DJe 15/10/2015.

a mesma pessoa configurarão, se presentes os requisitos da continuidade delitiva, a modalidade comum, e não a continuidade específica do parágrafo único do artigo 71.

- **Crime continuado e concurso formal de crimes**

Pode ocorrer a configuração simultânea de concurso formal de crimes e de continuidade delitiva. Para exemplificar, imaginemos um indivíduo que entra em um ônibus e, mediante grave ameaça exercida por meio de arma de fogo, subtrai bens de dez passageiros e da pessoa jurídica dona do veículo. Teremos onze crimes de roubo cometidos em concurso formal. No dia seguinte, nas mesmas condições, ele para outro ônibus e neste subtrai bens de cinco passageiros. Portanto, cometeu cinco crimes de roubo em concurso formal. Entre os dez roubos em concurso formal e os outros cinco, também em concurso formal, podemos pensar na ocorrência de continuidade delitiva.

O STF já entendeu aplicáveis ambos os acréscimos, os do concurso formal e da continuidade delitiva. Entretanto, o precedente, da Primeira Turma, não é recente[17]. Já o STJ vem entendendo que se deve reconhecer **apenas a continuidade delitiva em relação a todos crimes, sem se utilizar o acréscimo do concurso formal**, em regra. Contabilizam-se, para a escolha da fração de aumento do crime continuado, todos os delitos cometidos[18]. O STJ só excepciona a regra da não cumulação dos aumentos se o crime cometido em concurso formal não fizer parte do vínculo ou nexo do crime continuado. Em tais casos, seria possível a aplicação dos dois aumentos de pena[19].

4. PENA DE MULTA NO CONCURSO DE CRIMES

Quando houver concurso formal ou concurso material de crimes, vimos que cada um deles possui um sistema de aplicação da pena privativa de liberdade, seja com a soma de todas ou com a incidência de aumento de uma das penas. Com relação à **pena de multa**, o artigo 72 do Código Penal possui previsão específica:

> *Art. 72 – No concurso de crimes, as penas de multa são aplicadas distinta e integralmente.*

Deste modo, qualquer que seja a modalidade de **concurso de crimes, as penas de multa devem ser aplicadas de modo autônomo e integral**. Portanto, ao final, as penas de multa sempre devem ser somadas. Entretanto, no caso de **continuidade delitiva**, o STJ afasta a aplicação da norma prevista no artigo 72 do CP, acima

17. "Rejeita-se, pois, com base, inclusive, em precedentes do S.T.F., a alegação de que os acréscimos pelo concurso formal e pela continuidade delitiva são inacumuláveis, em face das circunstâncias referidas." (STF, HC 73821, Rel. Min. Sydney Sanches, 1ª Turma, 25/06/1996).

18. "Nos termos da jurisprudência desta Corte, em sintonia com a do STF, havendo concurso formal entre dois delitos cometidos em continuidade delitiva, somente incidirá um aumento de pena, qual seja, a relativa ao crime continuado" (STJ, AgRg no HC 396946/SC, Rel. Min. Joel Ilan Paciornik, Quinta Turma, DJe14/02/2019). No mesmo sentido: STJ, AgRg no HC 610.352/RJ, Rel. Min. Rogério Schietti Cruz, Sexta Turma, julgado em 17/08/2021, DJe 25/08/2021; STJ, HC 605.628/SP, Rel. Min. Reynaldo Soares da Fonseca, Quinta Turma, julgado em 30/03/2021, DJe 08/04/2021.

19. STJ, AgRg no AREsp 1651831/GO, Rel. Min. Nefi Cordeiro, Sexta Turma, julgado em 23/02/2021, DJe 26/02/2021. STJ, HC 165.224/DF, Rel. Min. Nefi Cordeiro, Sexta Turma, julgado em 25/8/2015, DJe 15/9/2015.

transcrito, para considerar que deve haver **a imposição de uma única pena de multa**, já que as infrações são tratadas como crime único[20].

QUADRO SINÓTICO

Pluralidade de delitos	
Concurso material	O concurso material ou real ocorre quando o agente pratica, mediante duas ou mais condutas, dois ou mais crimes, idênticos ou não. Portanto, há uma pluralidade de condutas e uma pluralidade de infrações penais. As suas penas devem ser somadas, método de aplicação das penas denominado de sistema do cúmulo material.
Concurso formal próprio	Concurso formal próprio é o que decorre de uma só ação ou omissão, ou seja, de uma única conduta, que enseja o cometimento de mais de um crime, sem que o agente tenha agido com desígnios autônomos. Configurado o concurso formal, as penas devem ser aplicadas pelo sistema da exasperação. A fração de aumento de pena será de um sexto até metade.
Concurso formal impróprio	Concurso formal impróprio é o que decorre de uma só ação ou omissão, ou seja, de uma única conduta, que enseja o cometimento de mais de um crime, de forma dolosa, em que o agente tenha desígnios autônomos em relação a cada um deles. Configurado o concurso formal impróprio, o sistema de aplicação das penas será o do cúmulo material.
Concurso material benéfico	Concurso material benéfico é o aplicável quando, a despeito de configurado o concurso formal próprio, a regra do cúmulo material for mais favorável ao agente. O concurso formal próprio foi instituído, como visto, por razões de política criminal, para beneficiar o agente cuja conduta única causou mais de um crime, sem que ele tenha apresentado desígnios autônomos para a prática de cada um dos delitos. Portanto, não pode prejudicá-lo.
Crime continuado comum	Crime continuado ou continuidade delitiva ocorre quando o agente pratica, mediante pluralidade de condutas, dois ou mais crimes da mesma espécie, tidos como continuação um do outro (semelhantes condições de tempo, lugar, modo de execução, etc.). É uma ficção jurídica, por fundamentos de política criminal. Configurada a continuidade delitiva, deve-se aplicar ao agente a pena do crime mais grave, se forem diferentes, ou de um dos crimes, se as penas forem iguais, com a causa de aumento de pena de um 1/6 a 2/3. O critério para fixação, pelo juiz, da fração de aumento é o número de infrações penais praticadas.

20. STJ, REsp 858741/PR, Rel. Min. Laurita Vaz, Quinta Turma, DJe 13/09/2010. STJ, AgRg no AREsp 484057/SP, Rel. Min. Jorge Mussi, Quinta Turma, DJe 09/03/2018.

Pluralidade de delitos	
Crime continuado específico	Crime continuado específico é a modalidade de continuidade delitiva aplicável aos casos em que os crimes são cometidos com violência ou grave ameaça à pessoa, envolvendo vítima diferentes. Está previsto no artigo 71, parágrafo único, do CP. O juiz deve aplicar a pena de um só dos crimes, se elas forem idênticas, ou a mais grave delas, se forem diferentes, aumentada até três vezes. O critério para estabelecimento do quantum de aumento de pena se baseia no número de infrações cometidas, bem como na valoração da culpabilidade, dos antecedentes, da conduta social e da personalidade do agente, além dos motivos e das circunstâncias do crime.

Pluralidade de delitos e pena de multa	
Concurso material e formal	No concurso de crimes, as penas de multa são aplicadas distinta e integralmente, conforme artigo 72 do CP.
Crime continuado	No caso de continuidade delitiva, o STJ afasta a aplicação da norma prevista no artigo 72 do CP para considerar que deve haver a imposição de uma única pena de multa.

CAPÍTULO XII

TEORIA DA PENA

1. SANÇÃO PENAL

O Direito Penal é a disciplina que estuda as infrações penais – crimes e contravenções penais – e regulamenta as respectivas sanções, consistentes nas penas e nas medidas de segurança. Portanto, sanção penal é gênero, do qual são espécies a pena e a medida de segurança. A pena teria surgido como forma de preservação da formação social, após a existência de um poder organizado. A vingança, por sua vez, seria baseada na natureza humana, baseada na "liberdade, na força e nas disposições individuais". Ambas teriam se influenciado reciprocamente, de modo que a pena disputou lugar com a vingança, que haveria surgido antes[1].

Sanção penal, portanto, **é a coação ou a resposta do Estado imposta àqueles que violam as normas penais incriminadoras**. Cuida-se de gênero, do qual são espécies as penas e as medidas de segurança. As penas são aplicadas aos indivíduos imputáveis que cometem crimes ou contravenções penais. As medidas de segurança, por sua vez, são reservadas para os sujeitos inimputáveis, que cometem crimes, na visão da teoria bipartida, ou injusto penal, para a teoria tripartida. Os inimputáveis praticam fato típico e ilícito, mas não possuem culpabilidade.

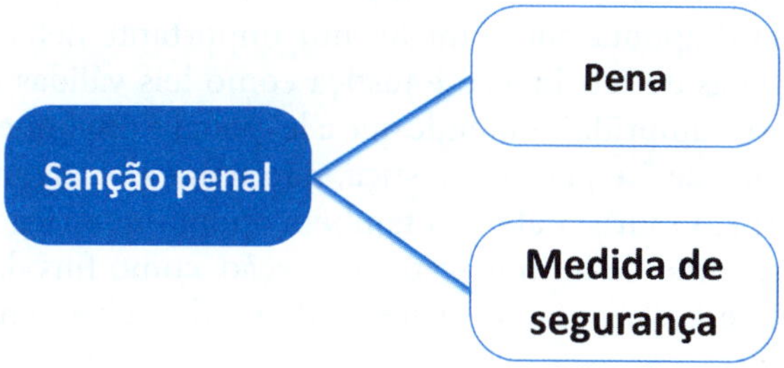

Pena: é a sanção imposta pelo Estado ao condenado pela prática de infração penal, que consiste na privação ou restrição de determinados bens jurídicos do agente.

Medida de segurança: é a sanção imposta pelo Estado ao agente não imputável, pela violação da norma penal incriminadora, com finalidade exclusivamente preventiva. Pode ser imposta, ainda, ao semi-imputável.

1. ASÚA, Luiz Jimenez de. Tratado de derecho penal. Tomo I. Concepto del derecho penal y de la criminologia, historia y legislación penal comparada. 4. Edición, actualizada. Buenos Aires: Editorial Losada, 1964, p. 243.

Portanto, penas e medidas de segurança são espécies de sanção penal, a coação utilizada pelo Estado como resposta a quem pratica um ilícito penal, ou seja, para os indivíduos que violam as normas penais. Quanto às penas, Cláudio Brandão faz interessante observação histórica: "A pena é uma das evidências mais antigas da estruturação de uma sociedade, porquanto é forte manifestação do poder de sujeição e controle do outro"[2].

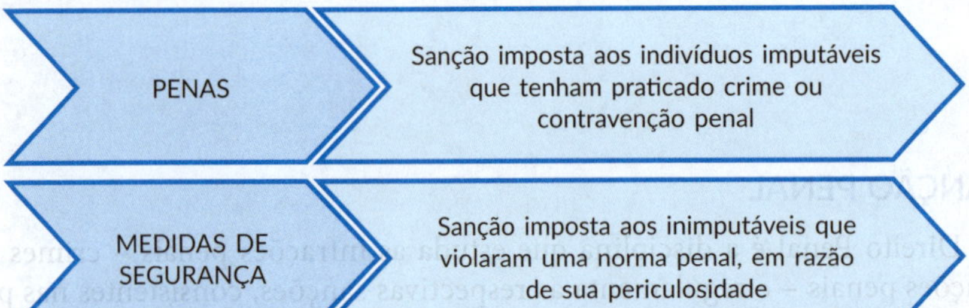

2. FINALIDADE DA PENA

A utilização das penas, pelo Estado, como forma de coerção no que se refere às normas penais, possui uma finalidade. A aplicação das penas apresenta um escopo social, que justifica a sua imposição aos indivíduos. Em relação à finalidade que possuem as penas, surgiram diversas teorias que procuram fundamentá-las e lhes dar significado:

Teoria absoluta ou da retribuição: a finalidade da pena é a punição do agente. A sua legitimação repousa sobre os ideais de retribuição, expiação e restauração da justiça[3]. A pena representa a resposta do Estado para aquele que praticou uma infração penal. É **a retribuição ou o castigo** que devem ser aplicados a quem violou a norma. Roxin[4] aponta que Kant foi um importante defensor da teoria, ao fundamentar as ideias de retribuição e justiça como leis válidas que deveriam ser invioláveis e sempre cumpridas. Entende que a lei penal é um imperativo categórico, chegando a afirmar que "se perece a justiça, não tem valor algum que os homens vivam sobre a Terra". O jurista alemão também aponta que Hegel não reconhecia metas preventivas, como de intimidação e correção, como fins da pena. Hegel defendia que o crime era a negação do Direito, de modo que a pena seria a negação de tal negação[5].

Teoria relativa, finalista, utilitária ou da prevenção: a pena é um **meio para se alcançar determinados resultados**, que variam conforme a vertente adotada. A prevenção especial entende que o fim da pena se relaciona ao autor individual.

2. BRANDÃO, Cláudio. Teoria jurídica do crime. 6. ed. Belo Horizonte, São Paulo: D'Plácido, 2020, p. 191.
3. HILGENDORF, Eric; VALERIUS, Brian. Trad. Orlandino Gleizer. 1. ed. São Paulo: Marcial Pons, 2019, p. 36.
4. ROXIN, Claus. Op. Cit., 1997, p. 81-85.
5. HEGEL, Georg Wilhelm Friedrich. Princípios da Filosofia do Direito. Tradução de Orlando Vitorino. 1. ed. São Paulo: Martins Fontes, 1997, p. 86-91.

Roxin aponta a origem das teorias preventivas com a obra de Sêneca, que evocaria a ideia de Protágora transmitida por Platão: "Pois, como disse Platão, 'Nenhum homem sensato castiga porque alguém pecou, mas sim para que não peque'". A ideia da prevenção especial teria sido reavivada pela escola jurídico-penal sociológica, por Franz Von Liszt, que via na pena três formas de prevenção especial: (1) como medida de se assegurar a sociedade frente aos criminosos com seu encarceramento; (2) intimidando o autor com a pena e (3) preservando-o da reincidência com a sua correção. Já a vertente da teoria preventiva geral entende que as penas se voltam à comunidade, que passa a compreender as proibições e é protegida das violações das normas penais. Roxin aponta como seu fundador o jurista alemão Paul Johann Feuerbach[6]. Sua ideia teria raiz na teoria da coação psicológica, de que o impulso sensitivo de cometer o crime pode ser suprimido se o agente souber, com toda segurança, que sua conduta será seguida de um mal inevitável, maior que o desprazer pelo impulso não satisfeito. O fim imediato da pena seria, então, intimidar todos os cidadãos por meio da lei. A prevenção geral teria um aspecto negativo, fundado na intimidação de outros que pensem em cometer delitos semelhantes; e um positivo, referente à conservação e reforço no poder estatal, na firmeza do ordenamento jurídico.

- ✓ **Prevenção geral negativa**: a pena deve coagir **toda a sociedade**, psicologicamente. Noção de intimidação coletiva. A simples cominação das penas representa uma ameaça para o caso de violação das normas penais, servindo de coerção para que sejam respeitadas.
- ✓ **Prevenção geral positiva**: a pena visa a demonstrar a **toda a sociedade** a eficácia da lei, em uma visão educativa. Deste modo, as penas são a demonstração de que a norma é eficaz, por estar acompanhada de uma sanção para o caso de seu descumprimento. É a concepção de Günther Jakobs, para quem a pena se volta a demonstrar para a sociedade que a norma segue vigendo[7].
- ✓ **Prevenção especial negativa**: a pena busca evitar que **o agente** volte a delinquir. Noção de intimidação ao criminoso. Deste modo, o encarceramento, por exemplo, evita a reincidência durante o período de sua duração.
- ✓ **Prevenção especial positiva:** a pena visa à ressocialização **do agente**. Desse modo, a imposição das sanções penais teria como objetivo a reinserção do indivíduo na sociedade, reeducando-o em razão da conduta ilícita praticada para que ele não reincida.
- ✓ **Prevenção unificada (teoria unificadora preventiva):** Roxin defende uma teoria que, nesta obra, será considerada uma subdivisão da teoria preventiva, a que unifica as ideias da **prevenção especial e geral**, considerando-as fins simultâneos da

---

6. De fato, a obra de Feuerbach se refere à necessidade de afastar o crime de todos mediante a ameaça de pena. Refere-se, ainda, aos objetivos paralelos de: 1) indicação direta mediante o espetáculo de imposição da pena; 2) a segurança do Estado diante dos criminosos punidos; 3) a melhoria jurídica do apenado (FEUERBACH, Paul Johann Anselm Ritter von. Op. Cit., 2022, p. 92-93).
7. RAMOS, Enrique Peñaranda *et al*. Um novo sistema do direito penal. Considerações sobre a teoria da imputação objetiva de Günther Jakobs. Trad. André Luis Callegari e Nereu José Giacomolli. Porto Alegre: Livraria do Advogado, 2013, p. 15-58.

pena. A prevenção especial, com a ressocialização, só funciona com a colaboração do agente, de modo que, se o agente não coopera, resta a prevenção geral. Vale anotar que o autor alemão não menciona a prevenção especial negativa, mas apenas a positiva. Diz, ainda, que não se precisa lançar mão da teoria retributiva para se reconhecer limites à punição com base no fato concreto praticado: a exigência de que a pena não supere a culpabilidade do autor derivaria de direitos fundamentais do cidadão (como a dignidade da pessoa humana).

Teoria mista, eclética, intermediária ou conciliatória: a pena busca **punir o agente**, ao mesmo tempo em que visa a **coibir a prática de crimes**, por meio da ressocialização e da intimidação. Roxin, denominando-as de teorias unificadoras retributivas, aponta serem considerados fins da pena, buscados simultaneamente, a retribuição, a prevenção geral e a prevenção especial.

Teoria negativa ou agnóstica da pena: como o próprio nome demonstra, essa concepção entende que, na grande maioria das vezes, a pena não é capaz de cumprir nenhuma das funções que lhe são atribuídas, além do fato de não serem totalmente conhecidas as suas funções latentes[8]. É defendida por Zaffaroni[9], para quem "a pena é uma coerção, que impõe uma privação de direitos ou uma dor, mas **não repara nem restitui**, **tampouco detém as lesões em curso ou neutraliza perigos iminentes**".[10]

Teorias expressivas da pena: a pena se fundamentaria na necessidade de censurar o fato praticado. Seriam concepções que coincidiriam, em parte, com a ideia de prevenção geral, mas a ideia se volta ao passado. As teorias expressivas demonstrariam a insuficiência da dicotomia prevenção-retribuição. A sua raiz estaria na concepção, presente na obra de Jakobs, de que crime e pena seriam como afirmação e resposta. Este pensamento teria sido extremado por alguns penalistas. Com base na teoria dos sistemas de Luhmann, Gómez-Lara defende que a a relavância da pena está na comunicação normativa a respeito da dor. K. Günther, a partir da obra de Habermas, compreende a pena como censura, justificada pela violação de uma norma de comportamento, aprovada de forma democrática e, assim, legítima[11].

Essas teorias teriam levado à ideia de um "**direito da vítima à punição**". Essa concepção seria reforçada pelas cortes internacionais de direitos humanos, ao invocar o direito da vítima à proteção eficiente e, em alguns casos até mesmo a uma punição do autor em um patamar mínimo. Seria invocado, até mesmo, um direito fundamental à pena. Essa visão não seria compatível com uma compreensão séria da atividade de persecução penal pelo Estado[12]. A crítica se assemelha à de que os tribunais de direitos humanos muitas vezes impõem uma *obrigação de resultado* aos

8. Funções latentes são aquelas funções não declaradas, que causam efeitos diversos daqueles desejados, nos termos da lição de Robert K. Merton.
9. ZAFFARONI, Eugenio Raúl; Batista, Nilo; ALAGIA, Alejandro; SLOKAR, Alejandro. Direito Penal Brasileiro, volume I, 4ª. ed. Rio de Janeiro: Revan, 2011, 3ª reimp., 2017, p. 74.
10. ZAFFARONI, Eugenio Raúl; Batista, Nilo; ALAGIA, Alejandro; SLOKAR, Alejandro. Op. Cit., 2011, p. 99.
11. ROXIN, Claus; GRECO, Luís. Direito Penal: parte geral. Tomo I. Fundamentos: a estrutura do crime. São Paulo: Marcial Pons, 2024, p. 226-227.
12. ROXIN, Claus; GRECO, Luís. Op. Cit., 2024, p. 228-231.

Estados, como se devessem punir o agente independentemente de impedimentos penais ou processuais penais, como a coisa julgada[13].

A partir da crítica às teorias expressivas, cujas bases Roxin vincula à vingança privada, o penalista observa que as suas legítimas preocupações deveriam ser levadas em conta para a construção de um sistema de reparação, e não para a "racionalização da vingança". Não seria possível derivar da infração penal ocorrida um direito da vítima à punição, mesmo porque o seu direito já teria sido lesionado[14].

Neste contexto, há a ideia de uma **terceira via**, a da **reparação**. Seria possível a sua utilização subsidiária, em alguns casos, com a substituição de uma pequena multa, por exemplo, pela reparação total do dano. A sua legitimação jurídico-penal estaria no princípio da subsidiariedade. A reparação do dano contribuiria para a ressocialização ao levar o agente a conhecer as consequências de sua conduta e os legítimos interesses da vítima. Isso poderia, inclusive, fomentar o reconhecimento das normas por ele. Além disso, seria possível uma reconciliação agente-vítima, fomentando a reintegração do primeiro. Com isso, haveria não um sistema de duas vias, de penas ou medidas de segurança, mas um sistema de três vias. Isso, entretanto, dependeria de uma decisão do legislador, ao implantar esse sistema. Sua concepção parece se conectar com a Justiça Restaurativa, abordada no próximo tópico[15].

No Brasil, a legislação penal aponta para as seguintes finalidades: **retributiva, preventiva** e **reeducativa.**

Deste modo, a pena representa tanto uma resposta estatal para o caso de descumprimento da norma, quanto busca prevenir o cometimento de novos delitos e reeducar os condenados. As funções retributiva e preventiva da pena podem ser encontradas no *caput* do artigo 59 do Código Penal:

> *Art. 59 – O juiz, atendendo à culpabilidade, aos antecedentes, à conduta social, à personalidade do agente, aos motivos, às circunstâncias e consequências do crime, bem como ao comportamento da vítima, estabelecerá, conforme seja necessário e suficiente para* ***reprovação e prevenção do crime****:*

A esse respeito, o artigo 1º da Lei de Execução Penal (LEP), a Lei n. 7.210/1984 destaca uma reintegração social, em um viés de ressocialização:

> *Art. 1º A execução penal tem por objetivo efetivar as disposições de sentença ou decisão criminal e proporcionar condições para a* ***harmônica integração social*** *do condenado e do internado.*

---

13. GOMES, Mariângela Gama de Magalhães. Op. Cit., 2018, p. 231. Não se deve confundir com a discussão envolvendo o direito da vítima a um processo eficiente, que diz respeito, por exemplo, à possibilidade de medidas cautelares que façam cessar a agressão. É neste sentido que se defendeu aqui medidas que sejam efetivas para esse fim: AVELAR, M. P. R. A. O processo penal eficiente e justo: a compreensão da prisão preventiva a partir do paradoxo dos direitos humanos, da tutela da vítima e dos direitos do acusado. In: Coleção Justiça Criminal na ótica dos juízes brasileiros : prisão e medidas cautelares - vol. 3. Rogerio Schietti Cruz, Guilherme Madeira Dezem, Américo Bedê Júnior (coordenação). -- São Paulo : Thomson Reuters Brasil, 2024.
14. ROXIN, Claus; GRECO, Luís. Op. Cit., 2024, p. 231.
15. ROXIN, Claus. Op. Cit., Tomo I, 1997, p. 108-110.

A LEP menciona, como se percebe do dispositivo acima transcrito, a necessidade de se dar efetividade aos atos judiciais criminais e de se obter a harmônica integração do indivíduo na sociedade. Além disso, o Código de Processo Penal, ao dispor sobre o acordo de não persecução penal, em seu artigo 28-A, condiciona o seu cabimento quando for "**necessário e suficiente para reprovação e prevenção do crime**".

3. JUSTIÇA RESTAURATIVA

A Justiça Restaurativa busca estudar **o crime como evento que afeta autor, vítima e sociedade**. Busca-se assistir à vítima, representando, assim, uma terceira via na resposta estatal ao delito, fundada na ideia de reparação de danos. Traz-se a ideia de responsabilidade social pelo crime. Essa concepção seria uma alternativa à própria sanção penal, que consiste na pena ou na medida de segurança.

Para John Braithwaite, a justiça restaurativa é uma questão de direito, que se trata de ampliar a agenda, na resolução de conflitos, de meras disputas jurídicas para abranger os problemas que podem ser curados[16]. O autor busca explicar que, por trás de uma agressão física, por exemplo, pode haver um problema de demissão injusta do empregado pelo patrão e de problemas de convivência no trabalho por anos, o que torna a questão muito mais profunda do que a forma como é comumente tratada por profissionais do Direito.

A ideia pode ser definida, no âmbito penal, como um processo de colaboração para sanar o conflito gerado pelo cometimento de um delito. Com origem no Canadá e na Nova Zelândia, busca uma participação do infrator e da vítima como forma de se amenizar os efeitos do delito e de se buscar a reeducação do criminoso.

Nas experiências feitas no Brasil, há casos em que, em um ambiente controlado, cria-se a oportunidade de o autor do delito ouvir a sua vítima, entendendo os efeitos que ela sofreu e a forma como ela vivenciou o fato criminoso. Não é adequado para todas as espécies de crimes, mas há relatos de êxito nos casos de delitos patrimoniais, por exemplo.

A Justiça Restaurativa visa à reparação do dano, especialmente o chamado **dano emocional**. Sua experiência pode se tornar mais ampla, por exemplo, nos casos de disponibilidade da ação penal, ou seja, dos delitos de ação penal privada, em que pode haver transação entre o réu e a vítima.

O Superior Tribunal de Justiça já consignou que o princípio constitucional da fraternidade é um macroprincípio dos Direitos Humanos e deve ser concretizado no Direito Penal por meio da justiça restaurativa, com humanização do direito penal e, consequentemente, do processo penal. No caso, julgou cabível a substituição da preventiva por domiciliar, por ter a acusado um filho de 8 anos de idade sob os seus cuidados[17].

Justiça retributiva seria a denominação do sistema tradicional, com a pena voltada a retribuir o mal causado pelo crime. É usado em contraposição ao modelo

---

16. BRAITHWAITE, John. Restorative Justice and Responsive Regulation. Oxford: Oxford University Press, 2002, p. 243.
17. STJ, HC 389348/SP, Rel. Min. Reynaldo Soares da Fonseca, Quinta Turma, Dje 31/05/2017.

de justiça restaurativa, mas expressa a ideia da finalidade retributiva da pena. A sanção é a consequência inderrogável do delito, a resposta estatal ao mal causado pelo desvio do agente.

4. PRINCÍPIOS QUE REGEM AS PENAS

Estudamos, anteriormente, os princípios do Direito Penal. Entretanto, existem **princípios específicos que orientam e disciplinam a teoria das penas e influenciam a aplicação das regras correlatas**. São os seguintes:

Princípio da Legalidade: determina que as penas se submetem à reserva legal, exigindo sua previsão em lei, sem sentido formal, bem como à anterioridade, de modo que as penas devem ser anteriores. Só há retroatividade se a lei for benéfica ao acusado, como aquela que traz uma nova causa de diminuição de pena que lhe é aplicável. É o que determina a Constituição da República em seu artigo 5º, inciso XXXIX (legalidade) e XL (retroatividade da lei mais benéfica). Além disso, sobre a retroatividade, há a previsão do artigo 2º, parágrafo único, do Código Penal.

Princípio da Personalidade: determina que as penas não podem passar da pessoa do réu. Também chamado de princípio de intranscendência da pena, previsto no artigo 5º, inciso XLV, da Constituição, que traz exceções à regra. Nos termos da norma constitucional, **a obrigação de reparar o dano e a decretação do perdimento de bens** podem ser, nos termos da lei, estendidas aos sucessores e contra eles executadas, até o limite do valor do patrimônio transferido. Também há previsão desse princípio no artigo 5, item 3, da Convenção Americana de Direitos Humanos: "A pena não pode passar da pessoa do delinquente".

Princípio da Individualização: segundo este princípio, a pena deve ser individualizada para cada caso. Possui eficácia em três âmbitos diversos: o **legislativo**, na previsão dos limites mínimo e máximo da pena abstratamente cominada a cada delito; o **judicial**, com aplicação da pena, ao caso concreto, pelo juiz, por meio da dosimetria realizada pelo critério trifásico; o **executório**, com a sua execução a diferir conforme o mérito do condenado, com possibilidade de progressão e regressão de regime, remição de pena etc.

Princípio da Inderrogabilidade: explicita que a pena deve obrigatoriamente ser aplicada, se for cometido um crime ou uma contravenção penal. Assim, não haveria uma liberdade para o juiz deixar de aplicar a pena se a entender desnecessária, sem específica autorização legal para tanto, como propõe Roxin, por exemplo. Como exceções, pode-se apontar o perdão judicial e a transação penal.

Princípio (postulado) da Proporcionalidade: refere-se à necessidade de que as penas observem a legitimidade do fim a que elas visam; à legitimidade da sua forma de aplicação e sua dosimetria, a sua necessidade; a sua adequação e a proporcionalidade estrita ou ponderação. Ou, de forma mais simples, impõe a necessidade de se observar uma relação de razoabilidade entre o crime praticado e a pena correspondente, além de o legislador ter o dever de escolher, ao fixar os limites abstratamente previstos para os crimes, os que correspondam à gravidade do tipo penal. Deve haver uma ponderação entre a gravidade do delito, o bem jurídico protegido e a sanção prevista e efetivamente aplicada ao agente.

Princípio da Humanidade: consiste na vedação a que o legislador adote sanções penais violadoras da dignidade da pessoa humana, atingindo de forma desnecessária a incolumidade físico-psíquica do agente. Previsto no artigo 5º, XLVII, da Constituição, o princípio da humanidade veda as penas de morte, salvo em caso de guerra declarada; de caráter perpétuo; de trabalhos forçados; de banimento e as cruéis.

Princípio do *Ne Bis in Idem*: veda que haja uma dupla punição pelo mesmo fato. Opera em três âmbitos diversos: o **material**, que impede a dupla condenação pelo mesmo fato; o **processual**, que proíbe que o indivíduo seja processado duas vezes pelo mesmo fato; e o **executório**, vedando a dupla execução pelo mesmo fato, ou seja, a imposição duplicada da pena. Está previso, com ênfase no aspecto processual, no artigo 8º, 4, da Convenção Americana de Direitos Humanos: "O acusado absolvido por sentença transitada em julgado não poderá ser submetido a novo processo pelos mesmos fatos".

5. PENAS EM ESPÉCIE

Há penas admitidas pela Constituição, em rol exemplificativo, e outras que são expressamente vedadas. É possível que a pena privativa de liberdade seja substituída por pena restritiva de direitos, por multa ou por ambas as sanções. Para a compreensão da aplicação das sanções penais no ordenamento jurídico brasileiro, é imprescindível o estudo, para além de suas espécies, da sua aplicação, cominação e execução.

5.1. Penas admitidas no direito brasileiro

As penas podem ser de diversas espécies, sendo que a Constituição Federal já prevê um rol exemplificativo, *numerus apertus*, de penas. É o artigo 5º, inciso XLVI, que trata da individualização da pena:

> *XLVI – a lei regulará a individualização da pena e adotará, entre outras, as seguintes:*
>
> *a) privação ou restrição da liberdade;*
>
> *b) perda de bens;*
>
> *c) multa;*
>
> *d) prestação social alternativa;*
>
> *e) suspensão ou interdição de direito*

O artigo 32, do Código Penal, por sua vez, traz as espécies de pena adotadas no Brasil, classificando-as em três grupos:

> *Art. 32 – As penas são:*
> *I – privativas de liberdade;*
> *II – restritivas de direitos;*
> *III – de multa.*

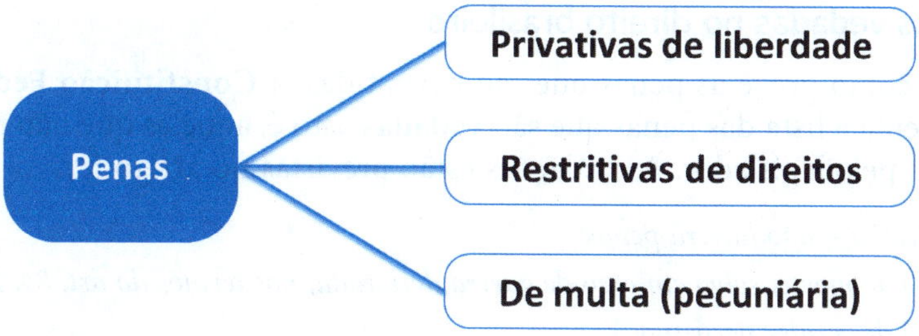

As **penas privativas de liberdade** podem ser de reclusão e de detenção, reguladas no Código Penal, e de prisão simples, prevista na Lei das Contravenções Penais.

Quanto às **penas restritivas de direitos**, há as seguintes espécies: a prestação pecuniária, a perda de bens e valores, a limitação de fim de semana, a prestação de serviço à comunidade ou a entidades públicas, e a interdição temporária de direitos. O Código Penal prevê o rol das penas restritivas de direitos em seu artigo 43:

> *Art. 43. As penas restritivas de direitos são:*
>
> *I – prestação pecuniária;*
>
> *II – perda de bens e valores;*
>
> *III – limitação de fim de semana.*
>
> *IV – prestação de serviço à comunidade ou a entidades públicas;*
>
> *V – interdição temporária de direitos;*
>
> *VI – limitação de fim de semana.*

Por fim, há as **penas pecuniárias**, chamadas, mais frequentemente, de **penas de multa**. Não se deve confundir com a pena restritiva de direitos denominada de **prestação pecuniária**.

Assim, há três grupos de penas, consistentes nas privativas de liberdade, nas restritivas de direitos e nas penas de multa. Enquanto as penas privativas de liberdade são manifestação do Direito Penal Tradicional ou da Primeira Velocidade, as penas restritivas de direitos e a de multa, também chamadas de **alternativas**, são consideradas parte da chamada Segunda Velocidade do Direito Penal, na classificação do jurista Jesús-María Silva Sánchez, já estudada nesta obra.

PARTE GERAL

5.2. Penas vedadas no direito brasileiro

Assim como prevê as penas que são permitidas, a **Constituição Federal** também apresenta a lista das penas que são **vedadas**, isto é, aquelas que não podem ser estipuladas pelo legislador. As vedações estão previstas no artigo 5º,

> *XLVII – não haverá penas:*
>
> *a) de morte, salvo em caso de guerra declarada, nos termos do art. 84, XIX;*
>
> *b) de caráter perpétuo;*
>
> *c) de trabalhos forçados;*
>
> *d) de banimento;*
>
> *e) cruéis;*

A Constituição proíbe, portanto, as penas de morte, de caráter perpétuo, de trabalhos forçados e, de forma genérica, as que sejam cruéis. A única exceção que a Constituição faz é em relação à pena de morte, para a qual se admite a aplicação em caso de guerra declarada.

- **Pena de morte, salvo em caso de guerra declarada**

A pena de morte, portanto, é proibida em regra. A exceção é o caso de declaração de guerra, nos termos do artigo 84, XIX, da Constituição da República, que assim prevê:

> *Art. 84. Compete privativamente ao Presidente da República:*
>
> *(...)*
>
> *XIX – declarar guerra, no caso de agressão estrangeira, autorizado pelo Congresso Nacional ou referendado por ele, quando ocorrida no intervalo das sessões legislativas, e, nas mesmas condições, decretar, total ou parcialmente, a mobilização nacional;*

Portanto, a guerra é declarada pelo Presidente da República, após autorização do Congresso Nacional, no caso de agressão estrangeira. A pena de morte está prevista, para situações em que permitida, no Código Penal Militar, que determina que seja executada por fuzilamento. Sua previsão está no artigo 55, "a", de referido Código, enquanto o artigo 56 prevê a forma de sua execução:

> *Art. 55. As penas principais são:*
>
> *a) morte;*
>
> *(...)*
>
> *Pena de morte*
>
> *Art. 56. A pena de morte é executada por fuzilamento.*

Além dessa previsão legal, parte da doutrina prevê como espécie de aplicação de pena de morte no Brasil o abatimento de aeronaves do artigo 303, § 2º, da Lei n. 7.565/1986, o Código Brasileiro de Aeronáutica.

> *§ 2ºEsgotados os meios coercitivos legalmente previstos, a aeronave será classificada como hostil, ficando sujeita à medida de destruição, nos casos dos incisos do caput deste artigo e após autorização do Presidente da República ou autoridade por ele delegada.*

A previsão do abate, que só foi regulamentada pelo Decreto n. 5.144/2004, é de duvidosa constitucionalidade, por trazer nova modalidade de pena de morte não prevista na Constituição. Entretanto, trata-se de previsão bastante específica, sem que haja notícias de efetivo abate de aeronave nos termos da permissão legal. Por isso, não se pode fixar uma posição majoritária da doutrina, nem mesmo se pode mencionar o entendimento adotado pela jurisprudência.

Ademais, há a posição de incluir como pena de morte, neste caso de pessoas jurídicas, o disposto no artigo 24 da Lei n. 9.605/1998[18]:

> *Art. 24. A pessoa jurídica constituída ou utilizada, preponderantemente, com o fim de permitir, facilitar ou ocultar a prática de crime definido nesta Lei terá decretada sua liquidação forçada, seu patrimônio será considerado instrumento do crime e como tal perdido em favor do Fundo Penitenciário Nacional.*

A Lei Anticorrupção, n. 12.846/2013, também preveria esse tipo de pena, ao dispor sobre a dissolução compulsória da pessoa jurídica. Entretanto, considerar que se trata de pena de morte é uma posição minoritária, sem ressonância na jurisprudência. A liquidação forçada ou dissolução compulsória da pessoa jurídica não se confunde com a pena de morte, mesmo que, de forma análoga, represente também o fim de existência de uma sociedade empresária, por exemplo. A Constituição se refere à pena de morte como o fim da vida humana, não abarcando a extinção de pessoas jurídicas, mesmo porque demonstra, pela lista das penas vedadas, que sua inspiração decorre da própria dignidade da **pessoa humana**, fundamento da República Federativa do Brasil. Essa discussão não pode ser comparada à extinção de uma pessoa jurídica[19].

- **Penas de caráter perpétuo**

Também não se permite, no Brasil, a imposição de penas de caráter perpétuo, razão pela qual as penas de **reclusão** e de **detenção** possuem como limite a duração de **40 anos**, nos termos do artigo 75 do Código Penal. Quanto à **pena de prisão simples**, seu limite é de **5 anos**, conforme o artigo 10 da Lei das Contravenções Penais.

- **Pena de trabalhos forçados**

A nossa Constituição também não admite a pena de trabalhos forçados. Cumpre, aqui, esclarecer que a pena deve ser o próprio trabalho forçado, por exemplo, cumprir tantas horas de trabalho com escolta policial para o cumprimento da pena.

Distingue-se, do trabalho forçado, a prestação de serviços à comunidade, pena alternativa, ou seja, pena restritiva de direitos aplicada em substituição à pena privativa de liberdade. Deste modo, a prestação de serviços não é forçada, mas sim um benefício para o preso. Caso não cumpridas as horas a que foi condenado, o executado deverá cumprir a pena privativa de liberdade imposta originariamente e substituída pelo juiz.

---

18. ALVES, Jamil Chaim. Manual de direito penal – Parte Geral e Parte Especial. 2. Ed. rev. atual. e ampl. Salvador: Editora Juspodivm, 2021, p. 441.
19. Não mencionando as pessoas jurídicas na análise da vedação da pena de morte: OLIVÉ, Juan Carlos Ferré *et al*. Op. Cit., 2017, p. 626-630.

Por fim, **a maior discussão se refere à exigência de trabalho para os presos definitivos**, sob pena de cometimento de falta grave. A previsão está no artigo 31 da Lei de Execução Penal (LEP):

> *Art. 31. O condenado à pena privativa de liberdade está obrigado ao trabalho na medida de suas aptidões e capacidade.*
>
> *Parágrafo único. Para o preso provisório, o trabalho não é obrigatório e só poderá ser executado no interior do estabelecimento.*

O trabalho é considerado um dever do condenado, de modo que seu descumprimento constitui falta grave, nos termos do artigo 39, inciso V, e do artigo 50, inciso VI, ambos da LEP:

> *Art. 39. Constituem **deveres do condenado**:*
>
> *(...)*
>
> ***V – execução do trabalho**, das tarefas e das ordens recebidas;*
>
> *Art. 50. Comete **falta grave** o condenado à pena privativa de liberdade que:*
>
> *(...)*
>
> *VI – **inobservar os deveres previstos nos incisos** II e **V, do artigo 39**, desta Lei.*

Entretanto, o trabalho previsto na Lei de Execução Penal não é pena, mas sim um dos deveres do condenado definitivamente à pena privativa de liberdade. Não se cuida de trabalho forçado como sanção penal, mas de trabalho como uma das obrigações do preso em relação à disciplina que lhe é imposta.

Nesse sentido é o posicionamento do Superior Tribunal de Justiça:

> *I – Consoante previsão dos arts. 50, VI, e 39, V, ambos da LEP, **configura falta grave a recusa pelo apenado, à execução de trabalho interno regularmente determinado pelo agente público competente**, não havendo que se falar na existência de flagrante ilegalidade no v. acórdão combatido, sobretudo porque, **além de a medida não se confundir com a pena de trabalho forçado, vedada pela Constituição Federal (art. 5º, XLVIII, "c"), encontra previsão no art. 6º da Convenção Americana de Direitos Humanos**. (STJ, AgRg no HC 429608/SP, Rel. Min. Félix Fischer, Quinta Turma, DJe 27/04/2018).*

Como foi mencionado no acórdão, cumpre transcrever apenas parte do artigo 6 da Convenção Americana de Direitos Humanos, no que interessa ao nosso estudo:

> *Artigo 6. Proibição da escravidão e da servidão*
>
> *(...)*
>
> *3. **Não constituem trabalhos forçados ou obrigatórios para os efeitos deste artigo:***
>
> ***a. os trabalhos ou serviços normalmente exigidos de pessoa reclusa em cumprimento de sentença ou resolução formal expedida pela autoridade judiciária competente**. Tais trabalhos ou serviços devem ser executados sob a vigilância e controle das autoridades públicas, e os indivíduos que os executarem não devem ser postos à disposição de particulares, companhias ou pessoas jurídicas de caráter privado; (...)*

Portanto, o Pacto de São José da Costa Rica também admite a obrigação de trabalho como decorrência do cumprimento de pena privativa de liberdade.

- **Pena de banimento**

Foi também vedada pelo constituinte de 1988 a pena de banimento. O banimento é **o ato de expulsar um brasileiro do território nacional, levando-o a viver no estrangeiro**. Há outras espécies de pena que não devem ser confundidas com o banimento: a de desterro e a de degredo ou confinamento. Degredo é a determinação de que o indivíduo fique confinado a uma determinada parte do território nacional. Desterro é a expulsão do indivíduo do local em que vive, como, por exemplo, da Comarca em que vive a vítima.

- **Pena de natureza cruel**

Por fim, são vedadas as penas de natureza cruel, o que é nítida decorrência do princípio da humanidade. Essa vedação é mais genérica, pois envolve, de modo mais amplo, todas as penas que sejam dotadas de crueldade. Pode ser considerada cruel, por exemplo, a determinação de amputação de um membro do corpo do condenado.

5.3. Penas privativas de liberdade

A pena privativa de liberdade é que determina o encarceramento do indivíduo, com a maior limitação de ir e vir possível no Código Penal, só sendo menos grave do que a pena de morte, admitida em tempo de guerra. Como visto anteriormente, **as penas privativas de liberdade são a de reclusão, a de detenção e a de prisão simples**. Em tese, a pena de reclusão é destinada aos crimes mais graves, enquanto a de detenção se destina aos mais leves. Por sua vez, a prisão simples é reservada para as contravenções penais. O prazo máximo de duração para as penas de reclusão e de detenção, com a atualização realizada pela Lei n. 13.964/2019, é de 40 anos. O limite da prisão simples, por outro lado, é de 5 anos.

O **regime inicial de cumprimento** da pena de reclusão pode ser o fechado, o semiaberto ou o aberto. No caso da detenção e da prisão simples, o regime inicial pode ser o semiaberto ou o aberto. Entretanto, apenas no caso de detenção pode haver regressão, no curso do cumprimento de pena, para o regime fechado, o que não se admite no caso de prisão simples.

Quanto aos **efeitos extrapenais**, previstos nos artigos 91 e 92 do Código Penal, não se aplicam à pena de prisão simples, segundo parte da doutrina. Entretanto, existe precedente do STJ, determinando que a perda dos instrumentos do crime é aplicável às contravenções penais[20]. Os efeitos são reservados, em regra, para os casos de reclusão e detenção, exceto no que se refere à incapacidade para o exercício do poder familiar, tutela ou curatela, **que é reservada apenas para os crimes dolosos, sujeitos à pena de reclusão**, cometidos contra filho, tutelado ou

20. STJ, REsp 87971, Rel. Min. Vicente Leal, Sexta Turma, DJe 14/02/2000.

curatelado. Também o confisco alargado, previsto no artigo 91-A do CP, é restrito aos crimes com **pena máxima superior a 6 (seis) anos de reclusão**.

Por fim, como outro elemento diferenciador, importa lembrar que só cabe interceptação telefônica nos casos de crimes a que for cominada a pena de reclusão. É o que se depreende do artigo 2º, inciso III, da Lei n. 9.296/1996, que não admite esse meio de obtenção de prova para investigação de fato que constitua infração penal punida apenas com pena de detenção.

5.4. Aplicação das penas privativas de liberdade

A aplicação da pena integra a concretização do princípio da individualização da pena. Após a fixação de balizas legislativas, cabe ao juiz, no processo de conhecimento, fixar a pena concreta de cada um dos réus. A etapa judicial de aplicação da pena pode seguir diferentes sistemas, de maior ou menor discricionariedade[21]:

a) **Sistema da absoluta determinação ou legalista extremo:** a lei encerra o processo de individualização da pena, restando ao juiz a operação matemática de sua aplicação, adstrito aos parâmetros impostos pelo legislador, como no Código Criminal do Império, de 1830;

b) **Sistema da absoluta indeterminação ou do livre-arbítrio judicial:** a pena é prevista, pela lei, em disposições gerais, cabendo ao juiz um poder ilimitado quanto à fixação do *quantum* da pena;

c) **Sistema da relativa determinação:** a individualização é feita em etapas diversas pelo legislador e pelo juiz. A pena é definida, pela lei, quanto à natureza e os seus limites mínimo e máximo. Ao juiz incumbe a sua aplicação, dentro das balizas, com certo grau de discricionariedade, como prevê o Código Penal brasileiro em vigor.

Considerando a adoção do sistema de relativa determinação da pena pela legislação em vigor, deve-se analisar o método de aplicação da pena pelo juiz. Como visto, o legislador prevê limites mínimo e máximo da pena abstratamente cominada ao delito, devendo o juiz individualizar a pena na sentença condenatória. Essa tarefa de aplicação judicial da pena é chamada de **dosimetria**, por envolver o seu cálculo nos termos do método trifásico.

O juiz fixará a pena de multa, a pena privativa de liberdade ou ambas. As demais modalidades de pena, chamadas de restritivas de direitos, são aplicadas em substituição à pena privativa de liberdade, após a sua fixação. Caso a lei preveja penas alternativamente cominadas, como pena de reclusão ou multa, o juiz deve, inicialmente, optar por uma ou outra, com base nas circunstâncias judiciais, como determina o artigo 59, inciso I, do Código Penal. Se forem desfavoráveis as circunstâncias, opta pela pena privativa de liberdade. Se forem favoráveis, deve aplicar pena de multa.

Portanto, o juiz realizará o cálculo, inicialmente, de pena privativa de liberdade, de pena de multa ou, quando forem cominadas de forma cumulativa, realizará o

21. PRADO, Luiz Regis. Op. Cit., 2020, p. 306.

cálculo de ambas, estabelecendo a pena privativa de liberdade e a multa ao réu. Deverá, assim, fixar a quantidade de pena privativa de liberdade, isto é, a sua duração. Quanto à pena de multa, deve estabelecer, inicialmente, o número de dias-multa que impõe ao réu, como se analisará adiante. Para realizar esse cálculo, partindo da pena abstratamente cominada e estabelecendo a pena concreta, imposta ao réu, o juiz deve realizar a dosimetria da pena, operação realizada em três fases, razão pela qual é chamada de trifásica.

O **sistema trifásico** se inicia com a fase das circunstâncias judiciais, prevista no artigo 59 do Código Penal. Em sequência, há a aplicação das agravantes e das atenuantes, previstas nos artigos 61 a 66 do Código, com a estipulação da pena intermediária. Por fim, a terceira fase envolve a aplicação das causas de aumento e de diminuição de pena, que estão previstas tanto na Parte Geral quanto na Parte Especial do Código. É o que prevê o artigo 68, *caput*, do Código Penal:

> *Art. 68 – A pena-base será fixada atendendo-se ao critério do art. 59 deste Código; em seguida serão consideradas as circunstâncias atenuantes e agravantes; por último, as causas de diminuição e de aumento.*

Dosimetria da pena	Circunstâncias Judiciais	Agravantes e Atenuantes	Causas de aumento e de diminuição de pena
Qual a fase da dosimetria?	1ª Fase	2ª Fase	3ª Fase
Onde são encontrados no Código Penal?	Artigo 59	Artigos 61 a 66	Parte Geral e Parte Especial
Existe fração fixa na lei?	Não	Não	Sim
Juiz está adstrito aos limites mínimo e máximo abstratamente cominados?	Sim	Sim	Não

Caso o tipo penal seja qualificado, há limites mínimo e máximo específicos para esta modalidade, considerando que ao menos um deles seja mais rígido do que o cominado no tipo simples. Ou seja, **a dosimetria já parte do tipo qualificado**, sendo que a primeira fase do cálculo da pena já o tem como parâmetro. A qualificadora, portanto, define o próprio início da dosimetria, trazendo novos limites mínimo e máximo, aos quais o juiz se aterá na primeira e na segunda fases.

Caso haja mais de uma qualificadora, a jurisprudência e a doutrina, de forma majoritária, indicam que, se for possível, o que sobejar, ou seja, não for utilizado para qualificar o delito, atuará como causa de aumento de pena. Subsidiariamente, caso não haja causa de aumento de pena para o caso, a circunstância que não for usada para qualificar o delito será usada como agravante e, por fim, a última hipótese será de sua consideração como circunstância judicial[22].

22. "No caso, as instâncias ordinárias valoraram como circunstâncias judiciais duas das três qualificadoras do crime de furto. Nos termos da jurisprudência desta Corte, de rigor a utilização de circunstâncias qualificadoras

O tipo privilegiado, por sua vez, seria o que traz novos limites mínimo e máximo, mas reduzidos em relação àqueles previstos para o delito em sua forma simples. Entretanto, o Código Penal utiliza o termo para casos de formas minoradas, ou seja, com incidência de causa de diminuição de pena[23]. Por isso, não haveria um rigor técnico no uso do termo pelo legislador, o que não impede a sua utilização doutrinária para se referir às hipóteses com diferentes limites mínimo e máximo, desde que um deles, pelo menos, seja inferior ao previsto no tipo simples.

No cálculo da pena, existe uma margem de liberdade para o juiz, desde que ele atue de forma motivada e não considere elementos já ínsitos ao delito para elevar a pena. Não deve, ainda, incidir em *bis in idem*, ao valorar a mesma circunstância em duas fases da dosimetria ou para qualificar o delito e, concomitantemente, para aumentar a pena. Essa operação, vale ressaltar, está sujeita ao dever constitucional de fundamentação das decisões judiciais e deve se guiar pela noção de proporcionalidade, de modo a retratar a gravidade do fato cometido:

> *"A individualização da pena, como atividade discricionária do julgador, está sujeita à revisão apenas nas hipóteses de flagrante ilegalidade ou teratologia, quando não observados os parâmetros legais estabelecidos ou o princípio da proporcionalidade. 2. Sobre o cálculo da pena-base em si, diante do silêncio do legislador, a jurisprudência e a doutrina passaram a reconhecer como critérios ideais para individualização da reprimenda-base o aumento na fração de 1/8 por cada circunstância judicial negativamente valorada, a incidir sobre o intervalo de pena abstratamente estabelecido no preceito secundário do tipo penal incriminador, ou de 1/6, a incidir sobre a pena mínima. Deveras, tratando-se de patamares meramente norteadores, que buscam apenas garantir a segurança jurídica e a proporcionalidade do aumento da pena, é facultado ao juiz, no exercício de sua discricionariedade motivada, adotar quantum de incremento diverso diante das peculiaridades do caso concreto e do maior desvalor do agir do réu. Isso significa que não há direito subjetivo do réu à adoção de alguma fração de aumento específica para cada circunstância judicial, seja ela de 1/6 sobre a pena-base, 1/8 do intervalo supracitado ou mesmo outro valor. Tais frações são parâmetros aceitos pela jurisprudência do STJ, mas não se revestem de caráter obrigatório, exigindo-se apenas que seja proporcional o critério utilizado pelas instâncias ordinárias." (STJ, AgRg no HC n. 800.983/SP, Rel. Min. Ribeiro Dantas, Quinta Turma, julgado em 15/5/2023, DJe de 22/5/2023)*

Na primeira e na segunda fase da dosimetria, como não há um patamar estabelecido para o aumento ou a diminuição da pena, o juiz deve ficar adstrito aos limites mínimo e máximo abstratamente cominado pelo legislador. Neste sentido, o STJ fixou a tese, no âmbito do tema repetitivo n. 190, segundo a qual "O critério trifásico de individualização da pena, trazido pelo art. 68 do Código Penal, não permite ao Magistrado extrapolar os marcos mínimo e máximo abstratamente cominados para a aplicação da sanção penal".

---

remanescentes àquela que qualificou o tipo como causas de aumento, agravantes ou circunstâncias judiciais desfavoráveis, respeitada a ordem de prevalência, ficando apenas vedado o *bis in idem*." (STJ, HC 479583/SP, Rel. Min. Ribeiro Dantas, Quinta Turma, DJe 13/02/2019).

23. EISELE, Andreas. Op. Cit., 2018, p. 168-169.

A tese fica mais clara ao se verificar o precedente a partir do qual foi fixada, em que se mencionam as agravantes e atenuantes. Isto porque na terceira fase da dosimetria, na qual incidem agravantes e atenuantes, há indicação na lei da fração ou do intervalo da fração a incidir sobre a pena. Por essa razão, pode o juiz ultrapassar o limite mínimo e o parâmetro máximo previstos no preceito secundário do tipo penal:

> *"Cabe ao Juiz sentenciante oferecer seu arbitrium iudices dentro dos limites estabelecidos, observado o preceito contido no art. 93, inciso IX, da Constituição Federal, sob pena do seu poder discricionário se tornar arbitrário, tendo em vista que o Código Penal não estabelece valores determinados para a aplicação de atenuantes e agravantes, o que permitiria a fixação da reprimenda corporal em qualquer patamar (STJ, REsp n. 1.117.073/PR, relatora Ministra Laurita Vaz, Terceira Seção, julgado em 26/10/2011, DJe de 29/6/2012)*

De forma bem esclarecedora, o seguinte julgado observa que o juiz está adstrito aos limites mínimo e máximo abstratamente cominados, exceto na terceira fase da dosimetria:

> *"À luz do subjacente critério trifásico de individualização da pena preconizado por Nelson Hungria e positivado no art. 68 do CP, é cediço que não se permite ao julgador, na primeira e na segunda fase da dosimetria, extrapolar os limites mínimo e máximo abstratamente cominados para a aplicação da sanção penal ao sentenciado. (STJ, AgRg no REsp n. 2.151.446/PA, Rel. Des. Conv. Otávio de Almeida Toledo, Sexta Turma, julgado em 4/11/2024, DJe de 6/11/2024).*

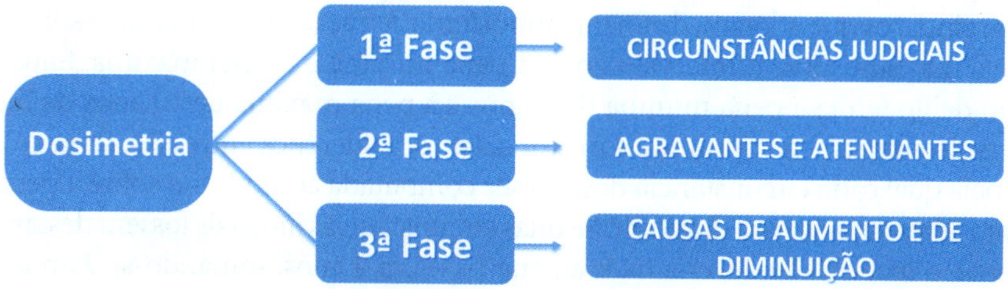

5.5. A primeira fase da dosimetria da pena: circunstâncias judiciais

Na primeira fase da dosimetria, são consideradas as circunstâncias judiciais para a fixação da pena-base. Segundo a doutrina e a jurisprudência majoritárias, **parte-se da pena mínima** abstratamente cominada ao delito, seja do tipo simples ou do qualificado. Ou seja, caso se configure o tipo simples, o mínimo a ele cominado deve ser considerado. Se o fato se subsumir no tipo qualificado, é o limite mínimo previsto para a qualificadora que será considerado.

Para a fixação da pena-base, são consideradas as circunstâncias judiciais. São elas: a culpabilidade, os antecedentes, a conduta social, a personalidade do agente, os motivos, as circunstâncias e as consequências do crime e o comportamento da vítima. Estão estipuladas no artigo 59, do Código Penal, notadamente no que se refere ao previsto no inciso II:

> *Art. 59 – O juiz, atendendo à* ***culpabilidade, aos antecedentes, à conduta social, à personalidade do agente, aos motivos, às circunstâncias e consequências do crime, bem como ao comportamento da vítima****, estabelecerá, conforme seja necessário e suficiente para reprovação e prevenção do crime:*
>
> *I – as penas aplicáveis dentre as cominadas;*
>
> *II –* ***a quantidade de pena aplicável, dentro dos limites previstos****;*
>
> *III – o regime inicial de cumprimento da pena privativa de liberdade;*
>
> *IV – a substituição da pena privativa da liberdade aplicada, por outra espécie de pena, se cabível.*

Cumpre ressaltar que a jurisprudência não aceita a fixação da pena-base acima do mínimo legal com base em conceitos vagos, especialmente se baseados na **gravidade em abstrato do próprio crime**[24]. Esse entendimento auxilia em vários temas, até mesmo em relação ao processo penal. Invocar a gravidade em abstrato do crime não serve para fixação de regime inicial mais gravoso, aumento da pena, decretação de prisão preventiva e assim por diante.

Nesta fase, o juiz não pode ultrapassar os limites mínimo e máximo da pena, conforme as balizas fixadas de forma abstrata pelo legislador. A lei não prevê, quanto às circunstâncias judiciais, a fração da pena que deve ser utilizada. Deste modo, há sua fixação pela doutrina e pela jurisprudência, sendo que parte entende aplicável a fração de 1/6 (um sexto), enquanto outros entendem que se aplica a fração de 1/8 (um oitavo). Este último parâmetro se baseia no número de circunstâncias judiciais existentes no artigo 59, que são oito.

Há, ainda, os que adotam, de forma minoritária, a fração de 1/8, mas não sobre a pena mínima, mas sim sobre o intervalo entre a pena mínima e a pena máxima. Suponha-se que um delito tenha a pena mínima de 2 anos e a pena máxima de 10 anos de reclusão. O intervalo entre a pena mínima e a máxima, isto é, a diferença entre elas, seria de 8 anos, razão pela qual cada circunstância deveria ser computada como 1 ano sobre a pena-base, seja para acrescer, seja para diminuir. Se duas circunstâncias judiciais fossem desfavoráveis ao agente, o magistrado deveria fixar a pena-base em 4 anos, somando-se 2 anos à pena mínima de 2 anos, no crime hipotético usado como exemplo.

De todo modo, prevalece que o aumento é realizado sobre a pena mínima, podendo o juiz estabelecer a fração de aumento adequada ao caso concreto. O Superior Tribunal de Justiça entende que não há o direito do réu a se adotar um *quantum* definido e determinado para todas as circunstâncias judiciais, mas sim cada uma delas pode ser considerada, conforme a sua relevância no caso concreto. Uma circunstância judicial desfavorável, segundo o Tribunal, pode e deve possuir maior relevância ou ser mais valorada do que outra, em atenção à individualização da pena e ao critério da proporcionalidade[25]. Há precedentes aceitando tanto a fração de 1/8 quanto a de 1/6 da pena, não havendo fixação jurisprudencial de uma fração específica para aumento da pena-base:

24. STJ, HC 445958/ES, Rel. Min. Reynaldo Soares da Fonseca, Quinta Turma, Dje 29/06/2018.
25. STJ, HC 437157/RJ, Rel. Min. Felix Fischer, Quinta turma, DJe 20/04/2018.

> *Nos termos da jurisprudência desta Corte, não há direito subjetivo do réu à aplicação do* quantum *de aumento de 1/6 sobre a pena mínima, na primeira fase da dosimetria da pena, para cada circunstância judicial valorada negativamente. Afinal, embora tal fração seja um dos parâmetros aceitos por este STJ, não é obrigatória sua aplicação, até porque a fixação da pena-base não precisa seguir um critério matemático rígido. (STJ, AgRg no HC n. 725.856/SC, Rel. Min. Ribeiro Dantas, Quinta Turma, julgado em 2/8/2022, DJe de 10/8/2022).*
>
> *A adoção do parâmetro de aumento de 1/6 para cada circunstância judicial negativa, usualmente aplicado por esta Corte, afigura-se como importante baliza para a realização do cálculo da pena, coibindo, assim, aumentos desmesurados, sem a devida justificativa. (STJ, AgRg no HC n. 730.590/MS, Rel. Min. Laurita Vaz, Sexta Turma, julgado em 28/6/2022, DJe de 1/7/2022)*
>
> *Considerando o silêncio do legislador, a doutrina e a jurisprudência estabeleceram dois critérios de incremento da pena-base, por cada circunstância judicial valorada negativamente, sendo o primeiro de 1/6 (um sexto) da mínima estipulada e outro de 1/8 (um oitavo) a incidir sobre o intervalo de condenação previsto no preceito secundário do tipo penal incriminador (ut, AgRg no AgRg nos EDcl no AREsp 1.617.439/PR, Rel. Ministro JOEL ILAN PACIORNIK, Quinta Turma, DJe 28/9/2020). Precedentes. (STJ, AgRg no REsp n. 1.988.106/PE, Rel. Min. Reynaldo Soares da Fonseca, Quinta Turma, julgado em 21/6/2022, DJe de 27/6/2022).*

Entretanto, vale mencionar que a Corte já exigiu fundamentação idônea para aplicação de fração superior, caso o juiz se afaste dos parâmetros de 1/6 ou de 1/8 da pena:

> *Com efeito: "Para elevação da pena-base, podem ser utilizadas as frações de 1/6 sobre a pena-mínima ou de 1/8 sobre o intervalo entre as penas mínima e máxima, exigindo-se fundamentação concreta e objetiva para o uso de percentual de aumento diverso de um desses" (AgRg no AREsp n. 1.799.289/DF, Quinta Turma, Rel. Min. João Otávio de Noronha, DJe de 06/08/2021).*
>
> *(STJ, AgRg no REsp n. 1.784.037/PR, Rel. Des. Convoc. Jesuíno Rissato, Quinta Turma, julgado em 28/9/2021, DJe de 13/10/2021)*

O STF, por sua vez, possui precedente em que se considera recomendável a indicação da fração do aumento, apesar de consignar que não é necessária essa menção na sentença. Julgou a corte que a ausência da indicação de fração não gera nulidade[26].

Culpabilidade

A culpabilidade do agente consiste no juízo da censura ou reprovação em relação à conduta do agente, que pode variar conforme o caso concreto. Alguns denominam esta circunstância de **culpabilidade em sentido estrito**, já que a pena deve ser fixada na medida da culpabilidade do agente, em sentido amplo. Neste sentido, o STJ já consignou que "a culpabilidade deve ser compreendida como

26. STF, HC 134193/GO, Rel. Min. Dias Toffoli, Segunda Turma, Julgamento em 26/10/2016.

juízo de reprovabilidade da conduta, ou seja, a maior ou menor censurabilidade do comportamento do réu, não se tratando de verificação da ocorrência dos elementos da culpabilidade, para que se possa concluir pela prática ou não de delito"[27]. Isso foi reforçado no seguinte precedente:

> *A potencial consciência da ilicitude é pressuposto do conceito analítico de crime urdido pela teoria normativa pura da culpabilidade. O conceito de culpabilidade a que remete o art. 59 do Diploma Penal não se refere à sua acepção como pressuposto da responsabilidade penal, mas como juízo de desvalor sobre a conduta perpetrada ou o resultado produzido, de sorte que a gravidade concreta do caso* sub judice *importaria na necessidade de agravamento da pena. Assim, não é admissível valoração negativa da culpabilidade sob a justificativa de que o Agente tinha plena consciência da ilicitude de suas ações, conforme ocorreu na espécie.*
>
> *(STJ, HC n. 453.169/RS, Rel. Min. Laurita Vaz, Sexta Turma, julgado em 6/6/2019, DJe de 17/6/2019)*

A culpabilidade como circunstância judicial consiste na reprovabilidade ou censura do comportamento do agente, que pode ser maior ou menor, a depender do caso. A premeditação, por exemplo, pode ser valorada como maior reprovabilidade do comportamento típico, ensejando o aumento da pena-base[28]. É possível, ainda, que se exaspere a pena-base, em crimes financeiros, caso o agente promova a constituição de outras empresas apenas como manobra para ocultar e disfarçar as condutas ilícitas por ele praticadas, o que revela maior culpabilidade em sua atuação[29].

Maus antecedentes

Os maus antecedentes se referem às infrações penais cometidas **anteriormente** pelo agente, sendo que essa circunstância judicial esbarra na questão da presunção de inocência. Como a Constituição determina que ninguém pode ser considerado culpado até o trânsito em julgado da sentença penal condenatória, surgiu a discussão sobre a consideração de inquéritos e processos penais em andamento para estipulação da pena-base pelo juiz.

O Supremo Tribunal Federal considera que, como decorrência do princípio constitucional da não culpabilidade, "inquéritos e processos criminais em curso são neutros na definição dos antecedentes criminais"[30]. O Superior Tribunal de Justiça já possui entendimento consolidado sobre a vedação de utilização de inquéritos e processos penais em curso, conforme o verbete da Súmula 444:

> ***É vedada a utilização de inquéritos policiais e ações penais em curso para agravar a pena-base.***

27. STJ, HC 433404/SP, Rel. Min. Ribeiro Dantas, Quinta Turma, DJe 09/04/2018.
28. STJ, REsp n. 1.843.481/PE, Rel. Min. Rogerio Schietti Cruz, Sexta Turma, julgado em 7/12/2021, DJe de 14/12/2021.
29. STJ, AgRg no HC n. 735.866/SP, Rel. Des. Jesuíno Rissato, Quinta Turma, julgado em 2/8/2022, DJe de 9/8/2022.
30. STF, RE 591054/SC, Rel. Min. Marco Aurélio, Tribunal Pleno, Julgamento em 17/12/2014.

Também não podem ser considerados maus antecedentes os atos infracionais cometidos pelo indivíduo, antes de atingida a maioridade[31], nem a sentença homologatória de transação penal. Devem ser consideradas, então, para a configuração dos maus antecedentes as condenações criminais já transitadas em julgado. Entretanto, deve-se, quanto à agravante da reincidência, consignar que **a mesma condenação** não pode ser considerada como mau antecedente e fundamento de reincidência, sob pena de violação do princípio da proibição do *bis in idem*.

É possível a consideração de uma condenação transitada em julgado, por roubo, como reincidência e outra condenação definitiva, por ameaça, como mau antecedente, por exemplo. O STJ tem preferido, nestes casos, avaliar todas as condenações transitadas em julgado e aptas a gerar a reincidência na segunda fase da dosimetria. Considera-se o acusado como duplamente reincidente ou multirreincidente, possibilitando o incremento superior ao que seria aplicado ao que possui apenas uma condenação apta a fazer incidir a agravante da reincidência.

Como o próprio nome da circunstância judicial aponta, só se consideram os fatos praticados pelo acusado antes daquela infração penal em julgamento. Se ele cometeu um delito posteriormente, mas o processo deste delito tramitou mais rápido e já transitou em julgado, não pode ser considerado na dosimetria da pena. Nem se trataria de antecedente, mas de fato posterior:

> *"É manifestamente ilegal a negativação dos antecedentes e a aplicação da agravante da reincidência, quando fundamentadas em condenações, ainda que transitadas em julgado, por fatos posteriores àquele sob julgamento" (STJ, AgRg no AREsp 1903802/ES, Rel. Ministra LAURITA VAZ, SEXTA TURMA, julgado em 21/09/2021, DJe 30/09/2021)*

Cabe, então, a análise mais rápida dos casos em que se configura a reincidência, para que se entenda quando determinado fato pode ensejar a incidência da agravante e quando se deve utilizá-lo como circunstância judicial. A reincidência está regulada no artigo 64 do Código Penal:

> *Art. 64 – Para efeito de reincidência:*
>
> *I – não prevalece a condenação anterior, se entre a data do cumprimento ou extinção da pena e a infração posterior tiver decorrido período de tempo superior a 5 (cinco) anos, computado o período de prova da suspensão ou do livramento condicional, se não ocorrer revogação;*
>
> *II – não se consideram os crimes militares próprios e políticos.*

Portanto, a condenação por ato anterior deixa de ensejar a reincidência após o decurso do prazo depurador a partir do cumprimento ou da extinção da pena, sendo que devem ser computados os períodos de prova da suspensão condicional da pena ou do livramento condicional, caso os benefícios não tenham sido revogados.

---

31. STJ, AgRg no HC 632.654/SP, Rel. Min. Sebastião Reis Júnior, Sexta Turma, julgado em 08/06/2021, DJe 15/06/2021. STJ, AgRg no AREsp 1812378/SP, Rel. Min. Reynaldo Soares da Fonseca, Quinta Turma, julgado em 20/04/2021, DJe 26/04/2021.

O interregno é de um quinquênio ou de um lustro, ou seja, de 5 anos. Após o transcurso desse prazo, a condenação anterior não poderá mais ser considerada para reconhecimento da reincidência, o que não obsta a sua valoração como mau antecedente, na primeira fase da dosimetria.

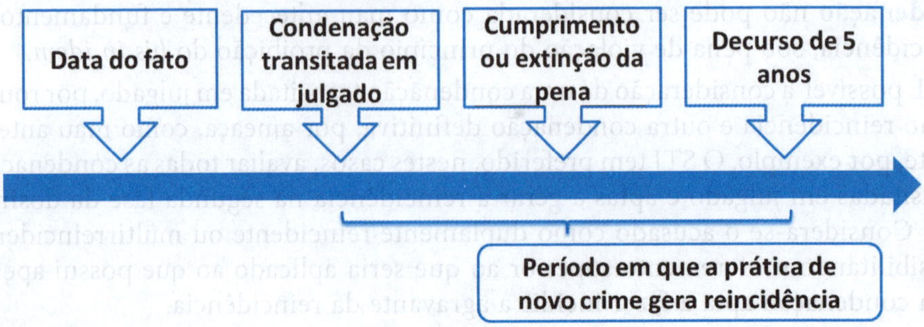

Também não ensejam o reconhecimento da reincidência a condenação anterior por crime militar próprio ou político. Crime militar próprio é aquele apenas previsto para o militar, não havendo um delito correspondente no caso de um civil praticar a mesma conduta. Crimes políticos, por sua vez, são aqueles que se voltam contra a ordem estatal, devendo estar presente a motivação política do agente. No caso do Direito Penal brasileiro, estavam previstos na Lei de Segurança Nacional, Lei n. 7.170/1983[32], passando, com a Lei n. 14.197/2021, a integrar o Título XII, dos Crimes contra o Estado Democrático de Direito, segundo o entendimento que prevalece.

Condenações que podem ser consideradas como maus antecedentes:

a) Condenação anterior, após o decurso de 5 anos desde o cumprimento ou extinção da pena.

Como vimos, após o decurso de um quinquênio, contado do cumprimento ou da extinção da pena, há a depuração do fato, o que leva a não ser possível se considerar o delito como reincidência. Portanto, só restaria ao juiz utilizar o fato como mau antecedente do agente, na primeira fase da dosimetria, como uma das circunstâncias judiciais.

Parte da doutrina entende que, após o transcurso do lustro, há o direito ao esquecimento, que determina que o fato não seja considerado de forma alguma para a dosimetria da pena. Esse era o entendimento da Segunda Turma do STF. Entretanto, em agosto de 2020, o Pleno do Supremo Tribunal Federal decidiu pela admissibilidade, como mau antecedente, da condenação já atingida pelo período depurador. A tese fixada foi de que "Não se aplica para o reconhecimento dos maus

32. Neste sentido: DOTTI, René Ariel. Curso de direito penal: parte geral. Colaboração de Alexandre Knopfholz e Gustavo Britta Scandelari. 7. ed. rev. atual. e ampl. São Paulo: Thomsom Reuters Brasil, 2020, p. 591. No entanto, pode-se extrair critérios do artigo 2º, §§ 1º e 2º, do Decreto-Lei n. 394/1938. O tema será aprofundado no Capítulo relativo à Classificação dos Crimes.

antecedentes o prazo quinquenal de prescrição da reincidência, previsto no art. 64, I, do Código Penal"[33]. Essa já era a posição pacífica do Superior Tribunal de Justiça[34].

Da decisão do STF foram interpostos embargos de declaração, tendo a Corte esclarecido que o juiz não está vinculado a antecedentes atingidos pelo período depurador. Pode o julgador verificar se há ou não relevância para incremento da pena base: "Não se aplica ao reconhecimento dos maus antecedentes o prazo quinquenal de prescrição da reincidência, previsto no art. 64, I, do Código Penal, podendo o julgador, fundamentada e eventualmente, não promover qualquer incremento da pena-base em razão de condenações pretéritas, quando as considerar desimportantes ou demasiadamente distanciadas no tempo e, portanto, não necessárias à prevenção e repressão do crime, nos termos do comando do artigo 59 do Código Penal"[35].

b) Condenação por fato praticado anteriormente, cujo trânsito em julgado ocorreu entre o novo fato e a data da sentença.

Ademais, há o fato anterior ao cometimento do novo crime, mas cujo trânsito ocorre entre a prática da nova infração penal e a prolação da sentença pelo juiz. Como o fato não havia transitado em julgado na época da prática de novo delito pelo agente, não pode ser considerado para se declará-lo como reincidente, conforme prevê o artigo 63 do Código Penal:

> *Art. 63 – Verifica-se a reincidência quando o* ***agente comete novo crime, depois de transitar em julgado a sentença*** *que, no País ou no estrangeiro, o tenha condenado por crime anterior.*

Assim, ocorrendo o trânsito em julgado após o cometimento do novo fato criminoso, não há que se falar em reincidência. Pode tal circunstância ser considerada, entretanto, como mau antecedente, se houver o trânsito em julgado antes de proferida a condenação, já que assim não se ofende o princípio da presunção de inocência.

c) Condenação anterior por crimes militares próprios ou políticos.

Como determina o artigo 64, II, do CP, a condenação anterior por crimes militares próprios ou por crimes políticos não implica a reincidência do agente. A condenação por esses delitos não pode ser considerada para incidir, na segunda fase da dosimetria, a agravante da reincidência. Não obstante, se a condenação por delitos de tais espécies já houver transitado em julgado, é possível a sua valoração pelo juiz na primeira fase da dosimetria, como maus antecedentes.

d) Condenação anterior, dentro do período que gera reincidência, se já houver outra condenação com este efeito.

Por fim, o indivíduo pode ter mais de uma condenação, sendo que todas transitaram em julgado antes da data do cometimento do novo delito. Considerado

---

33. STF, RE 593.818/SC, Rel. Min. Roberto Barroso, Tribunal Pleno, Julgamento: 18/08/2020.
34. STJ, EDcl no HC 413204/SP, Rel. Min. Félix Fischer, Quinta Turma, DJe 21/05/2018.
35. RE 593818 ED, Rel. Min. Roberto Barroso, Tribunal Pleno, julgado em 25-04-2023.

um dos fatos para reconhecimento da agravante da reincidência, as demais condenações podem ser levadas em conta na primeira fase da dosimetria, como maus antecedentes. Como são condenações diversas, não se configura o *bis in idem*[36]. Entretanto, todas as condenações que geram reincidência podem ser valoradas, conjuntamente, na segunda fase da dosimetria, considerando-se o condenado multirreincidente e valorando de forma mais elevada essa agravante. É como o STJ tem procedido. Em caso de multirreincidência e de incidência da atenuante da confissão espontânea, a compensação deve ser parcial ou proporcional, considerando-se esse valor mais elevado de pluralidade de condenações aptas ao reconhecimento da reincidência do indivíduo.

e) Condenação anterior, transitada em julgado, pela prática de contravenção penal.

Como a condenação por contravenção penal, ainda que transitada em julgado, não gera reincidência em caso de prática posterior de crime, essa circunstância pode ser considerada como mau antecedente, como já decidiu o STJ[37]. Assim, deve ser valorada na primeira fase da dosimetria a condenação anterior, transitada em julgada, pela prática de uma contravenção penal. Entretanto, caso a condenação posterior também seja de contravenção penal, o caso será de reincidência, nos termos do artigo 7º da Lei das Contravenções Penais.

Quanto à prova dos maus antecedentes, surgiu a controvérsia se bastaria a folha de antecedentes ou se seria necessária a juntada de certidão comprobatória do processo em que o réu fora anteriormente condenado. O STJ adotou a primeira posição, entendendo que a folha de antecedentes é suficiente para a comprovação e valoração da circunstância judicial, conforme o teor de sua Súmula 636:

> *A folha de antecedentes criminais é documento suficiente a comprovar os maus antecedentes e a reincidência.*

Conduta Social

A conduta social se refere ao comportamento do indivíduo na sociedade, sua interação com a comunidade em que vive. Considera-se a convivência no seio familiar, em seu local de trabalho e na sociedade em que está inserido[38]. A esse respeito, é comum a utilização de testemunhas de defesa para comprovação de que o réu possui uma boa conduta social, as quais são denominadas de "testemunhas de beatificação"[39].

---

36. STJ, AgRg no REsp n. 1.904.290/MG, Rel. Min. Sebastião Reis Júnior, Sexta Turma, julgado em 15/6/2021, DJe de 21/6/2021. Neste mesmo sentido, mas exigindo a indicação, pelo juiz, de qual configura reincidência e qual é mau antecedente: STJ, PExt no HC 542909/ES, Rel. Min. Ribeiro Dantas, Quinta Turma, DJe 23/06/2020.
37. STJ, AgRg no HC n. 612.700/PR, Rel. Min. Felix Fischer, Quinta Turma, julgado em 6/10/2020, DJe de 19/10/2020; STJ, AgRg no AREsp 896.312/SP, Rel. Min. Felix Fischer, Quinta Turma, julgado em 21/06/2016, DJe 29/06/2016; STJ, HC n. 396.726/SP, Quinta Turma, Rel. Min. Reynaldo Soares da Fonseca, DJe 23/10/2017.
38. STJ, REsp n. 1.955.041/PA, Rel. Min. Antonio Saldanha Palheiro, Sexta Turma, julgado em 14/6/2022, DJe de 23/6/2022.
39. A prova testemunhal é admitida pelo STJ para valoração da conduta social: STJ, HC n. 704.196/SP, relatora Ministra Laurita Vaz, Sexta Turma, julgado em 14/6/2022, DJe de 21/6/2022.

Não se admite, como fundamento para exasperação da pena, a mera indicação de que o acusado não exerce atividade laboral, não estuda ou que foi preso anteriormente, como já decidiu o STJ[40]. Condenações anteriores não podem ser valoradas como conduta social nem como personalidade do agente, mas apenas como reincidência e maus antecedentes[41].

Personalidade do agente

A personalidade do agente se refere à sua composição psicológica, abrangendo suas qualidades morais, a natureza de sua índole, o conjunto de seus caracteres subjetivos e a expressão do seu temperamento. Deve ser aferida do confronto de seu comportamento com a ordem social. Pode ser considerado, por exemplo, o comportamento violento e agressivo do agente em suas relações domésticas[42]. Elementos que indiquem a insensibilidade no modo de agir do sujeito ativo podem ser valorados, assim como o egoísmo e o sentimento de possessividade.

A jurisprudência tem exigido que haja elementos concretos para que o juiz realize a avaliação psicológica do agente para a elevação da pena base, com fundamento na sua personalidade[43]. Essa avaliação, que pode envolver uma periculosidade maior extraída "de sua índole, atitudes, história pessoal e familiar, etapas de seu ciclo vital e social", não precisa estar baseada em laudo técnico confeccionado por psicólogos ou psiquiatras[44].

✓ E os atos infracionais, podem ser valorados na primeira fase da dosimetria, como indicativos da personalidade do agente?

Há divergência.

Apesar de não se admitir a consideração do ato infracional para fins de reincidência ou maus antecedentes, há **divergência** sobre a sua admissibilidade para fixação da pena-base, como personalidade do agente ou pelo critério da conduta social. Há precedentes em que não se admite[45], mas há outros em que se admite a sua valoração[46], de modo que não se trata de tema pacífico, apesar de alguns precedentes mencionarem que a Terceira Seção teria pacificado o tema. Há julgado da Terceira Seção valorando atos infracionais como indicativos de personalidade voltada ao crime, mas para fins de decretação de prisão processual[47].

---

40. STJ, AgRg no HC n. 754.663/SP, relator Ministro Reynaldo Soares da Fonseca, Quinta Turma, julgado em 2/8/2022, DJe de 8/8/2022.
41. STJ, EDcl no AgRg no HC n. 658.192/SP, relator Des. Conv. Olindo Menezes, Sexta Turma, julgado em 28/6/2022, DJe de 1/7/2022.
42. STJ, AgRg no HC n. 697.993/ES, relator Ministro Joel Ilan Paciornik, Quinta Turma, julgado em 21/6/2022, DJe de 27/6/2022.
43. STJ, HC 433404/SP, Rel. Min. Ribeiro Dantas, Quinta Turma, DJe 09/04/2018.
44. STJ, AgRg no HC 659.922/SC, Rel. Des. Convocado Jesuíno Rissato, Quinta Turma, julgado em 17/08/2021, DJe 24/08/2021.
45. STJ, HC 623.117/SP, Rel. Min. Ribeiro Dantas, Quinta Turma, julgado em 09/02/2021, DJe 12/02/2021. STJ, HC 465.647/RS, Rel. Min. Laurita Vaz, Sexta Turma, julgado em 18/10/2018, DJe 08/11/2018.
46. STJ, HC 598.711/SC, Rel. Min. Reynaldo Soares da Fonseca, Quinta Turma, julgado em 02/03/2021, DJe 08/03/2021. STJ, RHC 107516/PI, Rel. Min. Reynaldo Soares da Fonseca, Quinta Turma, DJe 20/02/2019.
47. STJ, RHC 63.855/MG, Rel. Min. Nefi Cordeiro, Rel. p/ Acórdão Min. Rogério Schietti Cruz, Terceira Seção, julgado em 11/05/2016, DJe 13/06/2016.

Motivos

Referem-se ao fato que motivou o agente à prática do crime, como uma motivação política, por exemplo. Vale destacar que o motivo fútil e o motivo torpe já são agravantes genéricas (art. 61, II, *a*, do CP), sendo que, em tais casos, o reconhecimento da agravante afasta a possibilidade de valoração da circunstância judicial, sob pena de *bis in idem*. Ademais, no caso de homicídio, ambas as espécies de motivação qualificam o crime (art. 121, § 2º, I e II, do CP), de modo que, se for utilizado o motivo como qualificadora, fica afastada tanto a agravante quanto a circunstância judicial. No crime de induzimento, instigação ou auxílio a suicídio ou a automutilação, o motivo egoístico, torpe ou fútil já funciona como majorante (art. 122, § 3º, I, do CP), não podendo incidir, ao mesmo tempo, a agravante da motivação do crime, caso algum dos motivos seja valorado na terceira fase da dosimetria da pena.

Circunstâncias do crime

As circunstâncias do crime se referem à forma como ele foi praticado, ou seja, ao seu *modus operandi*. O mesmo crime pode ser praticado de diversas formas, com graus de ousadia e de periculosidade diferentes, o que deve influenciar a fixação da pena-base. Como exemplo, o STJ já considerou que crime contra a vida, cometido em praça pública, na presença de várias pessoas, com exposição de outros bem jurídicos a risco, deveria ter sua pena agravada, considerando-se essas circunstâncias específicas do delito[48]. O STF, por sua vez, considerou válido o aumento da pena base do crime de latrocínio em razão da premeditação e da invasão do domicílio da vítima, por não serem elementos ínsitos a essa modalidade de roubo. Além disso, consignou que o concurso de pessoas é apto a, isoladamente, justificar o incremento da pena na primeira fase da dosimetria[49].

Consequências do crime

As consequências do crime abrangem os resultados produzidos em relação à vítima, a seus entes próximos ou à sociedade. Pode ocorrer, por exemplo, de a vítima ficar traumatizada, conforme laudo juntado nos autos, em virtude do crime praticado contra ela, o que deve elevar a sua pena-base na primeira fase da dosimetria.

Comportamento da vítima

O comportamento da vítima também é circunstância judicial prevista no artigo 59 do Código Penal. Aqui, pode ser valorada a chamada culpa concorrente, como elemento da individualização da pena. Vale lembrar que o Direito Penal **não admite a compensação de culpas**, de modo que a responsabilização penal do agente não será afastada. No caso de provocação ou culpa da vítima, o juiz pode valorar a circunstância na primeira fase da dosimetria.

48. STJ, AgRg no AREsp n. 1.803.854/AL, Rel. Des. Conv. Olindo Menezes, Sexta Turma, julgado em 7/6/2022, DJe de 10/6/2022.
49. STF, HC 212461 AgR, Rel. Min. Edson Fachin, Segunda Turma, julgado em 01/03/2023.

Vale lembrar as diferentes consequências da atuação da vítima para o Direito Penal:

Qualquer comportamento da vítima (inclusive a concorrência de culpa).	Se o agente atua sob a influência de violenta emoção, provocada por ato injusto da vítima.	Se o agente atua sob o domínio de violenta emoção, logo em seguida a injusta provocação da vítima.
Circunstância judicial	Circunstância atenuante.	Causa de diminuição de pena de um sexto a um terço.
Aplicável, em tese, a todos os delitos (art. 59, *caput*, do CP).	Aplicável, em tese, a todos os delitos (art. 65, III, *c*, do CP).	Homicídio (art. 121, § 1º, do CP) e lesão corporal (art. 129, § 4º, do CP).

Circunstâncias judiciais específicas na legislação especial

É possível que o legislador estabeleça circunstâncias judiciais específicas para determinados crimes, trazendo, na legislação extravagante, uma configuração diversa da primeira fase da dosimetria. Foi o que ocorreu com o tráfico ilícito de entorpecentes, crime para o qual a lei prevê outras duas circunstâncias judiciais além das previstas no artigo 59, *caput*, do CP, totalizando dez, além de estabelecer que algumas delas serão consideradas preponderantes, nos termos do artigo 42 da Lei n. 11.343/2006:

> *Art. 42. O juiz, na fixação das penas, considerará, com preponderância sobre o previsto no art. 59 do Código Penal, a natureza e a quantidade da substância ou do produto, a personalidade e a conduta social do agente.*

A natureza e a quantidade da droga devem ser consideradas na primeira fase da dosimetria, como circunstâncias judiciais no caso de tráfico de entorpecentes. Por essa razão, a pena-base deve ser mais elevada, por exemplo, quanto à quantidade, se há apreensão de uma tonelada de maconha, *Canabis sativa L.*, ou, no que se refere à natureza, se houver apreensão de drogas de efeitos mais graves, como apreensão de heroína e crack.

São, em tese, dez as circunstâncias judiciais para dosimetria dos crimes previstos na Lei n. 11.343/2006: a culpabilidade, os antecedentes, a conduta social, a personalidade do agente, os motivos, as circunstâncias e consequências do crime, o comportamento da vítima, a qualidade e a quantidade de droga. É possível a utilização, como padrão, da fração de um sexto sobre a pena mínima para as circunstâncias judiciais. Caso se adote a fração sobre o intervalo entre a pena mínima e a máxima, neste caso a fração seria de um décimo, e não de um oitavo, por serem dez as circunstâncias, em vez das oito circunstâncias do Código Penal.

Vale mencionar, por fim, que esses vetores, natureza e quantidade, não podem ser valorados, ao mesmo tempo, na primeira e na terceira fases da dosimetria, sob pena de ocorrência de *bis in idem*.

Outra questão bastante interessante é o significado de preponderância. Qual a consequência de uma circunstância judicial ser tratada pela lei como preponderante?

É possível extrair duas posições diversas da doutrina:

1) As circunstâncias preponderantes devem se traduzir em frações maiores, com maior influência na fixação da pena em concreto. Assim, se adotado o parâmetro de um sexto para cada circunstância judicial, o julgador pode se utilizar de uma fração superior, como de um quinto, um quarto ou um terço. Essa posição é compatível com recentes julgados do STJ[50].

2) As circunstâncias preponderantes devem usar a mesma fração das demais. A diferença ocorrerá se houver concurso de circunstâncias judiciais comuns e preponderantes. Neste caso, as circunstâncias preponderantes devem indicar um aumento, em fração menor, se confrontadas com outra comum. Deste modo, se há uma circunstância favorável e outra desfavorável, ambas sem preponderância, o juiz mantém a pena inalterada. Se uma circunstância for favorável e outra desfavorável, uma delas preponderante, o juiz deve diminuir a pena, se favorável ao réu, ou aumentá-la, caso desfavorável, mas com uma fração menor. O parâmetro indicado seria de um doze avos (1/12), o que representa a metade da fração utilizada como padrão, consistente em um sexto (1/6). É a posição que tem se mostrado majoritária, inclusive no STJ[51].

5.6. A segunda fase da dosimetria da pena: agravantes e atenuantes

Na segunda fase da dosimetria, são consideradas as **circunstâncias agravantes e atenuantes**. Neste caso, também não há a fixação de uma fração, pela lei, para a diminuição ou o aumento da pena, sendo que a jurisprudência aponta como utilizável **a fração de 1/6 (um sexto)**. O Superior Tribunal de Justiça admite a consideração de fração diversa, mas entende que a fixação do aumento superior a um sexto exige motivação específica na sentença[52].

Na segunda fase, parte-se da pena-base para a estipulação da pena intermediária. Esta deve observar **a adstrição aos limites mínimo e máximo da sanção abstratamente cominada ao delito**[53]. A conclusão advém da interpretação de que, fixando o legislador limites mínimo e máximo e não indicando a quantidade de aumento ou diminuição, o juiz fica adstrito a esses limites, devendo fixar a pena dentro das balizas estabelecidas pelo Legislativo.

Este é o entendimento do Supremo Tribunal Federal, que fixou a tese, no julgamento do Tema 158 da Repercussão Geral, de que "Circunstância atenuante genérica não pode

50. Adotando a fração de 1/5 para circunstância judicial preponderante: "O art. 42 da Lei n. 11.343/06 preconiza que a natureza e a quantidade do entorpecente tem preponderância sobre o previsto no art. 59 do CP, razão porque o acréscimo de 1/5 na pena não se revela desproporcional." (STJ, AgRg no AREsp n. 2.249.221/SC, Rel. Min. Joel Ilan Paciornik, Quinta Turma, julgado em 23/5/2023, DJe de 26/5/2023). Julgado em que, considerando a quantidade e natureza das drogas, especialmente a variedade quanto ao último vetor, a Corte admitiu a exasperação da pena-base em dois quintos: STJ, AgRg no HC n. 850.190/SP, Rel. Min. Reynaldo Soares da Fonseca, Quinta Turma, julgado em 12/9/2023, DJe de 18/9/2023.
51. STJ, HC n. 596.233/SC, relatora Ministra Laurita Vaz, Sexta Turma, julgado em 23/8/2022, DJe de 31/8/2022.
52. STJ, HC 402951/SP, Rel. Min. Ribeiro Dantas, Quinta Turma, DJe 22/05/2018.
53. Neste sentido: FRANCO, Alberto Silva. Da Aplicação da Pena. In: FRANCO, Alberto Silva; STOCCO, Rui (coord), Op. Cit., 2007, p. 382; PRADO, Luiz Regis, Op. Cit., 2020, p. 312.

conduzir à redução da pena abaixo do mínimo legal"[54]. É, ainda, o que determina a Súmula 231 do Superior Tribunal de Justiça:

> *A incidência da circunstância atenuante não pode conduzir à redução da pena abaixo do mínimo legal.*

Essa vinculação ao limite mínimo da pena abstratamente cominada, na primeira e na segunda fase da dosimetria, vem sendo questionada. O STJ iniciou um processo de discussão para eventual revisão do seu próprio entendimento sumulado. Juarez Cirino dos Santos, crítico dessa solução, entende que não se pode vedar a redução da pena aquém do mínimo legal, primeiro, pela ausência de proibição legal, lembrando que a lei é garantia individual contra o poder de punir do Estado; segundo, porque a proibição seria analogia *in malam partem*, fundando-se na proibição de aumento da pena acima do máximo estabelecido pelo legislador[55].

Ademais, é importante consignar que, dentre todas as circunstâncias agravantes previstas no artigo 61 do Código Penal, apenas a reincidência é aplicável tanto aos crimes dolosos quanto aos culposos. É o entendimento que predomina na doutrina e na jurisprudência. Desse modo:

> A reincidência é a única circunstância agravante genérica que se aplica aos crimes culposos.

Já no que diz respeito aos crimes preterdolosos, o STJ tem entendido que o resultado praticado a título de culpa não altera a natureza dolosa do crime. Por isso, aplicam-se a tais crimes todas as agravantes genéricas previstas no artigo 61 do Código Penal[56].

Agravantes

As circunstâncias agravantes estão previstas no artigo 61 do Código Penal, o que ressalva que sua aplicação na segunda fase depende de o delito não prever a circunstância como elementar ou qualificadora do crime. Essa ressalva, ainda que não estivesse expressa na lei, teria que ser observada em razão do princípio do *ne bis in idem*, que veda a valoração dupla do mesmo fato para fixação da pena:

> *Art. 61 – São **circunstâncias que sempre agravam a pena, quando não constituem ou qualificam o crime**:*
>
> *I – a reincidência;*
>
> *II – ter o agente cometido o crime:*
>
> *a) por motivo fútil ou torpe;*
>
> *b) para facilitar ou assegurar a execução, a ocultação, a impunidade ou vantagem de outro crime;*

54. STF, RE 597270 QO-RG, Rel. Min. Cezar Peluso, Tribunal Pleno, julgado em 26-03-2009.
55. SANTOS, Juarez Cirino dos Santos. Op. Cit., 2020, p. 561.
56. STJ, AgInt no AREsp 1074503/SP, Rel. Min. Nefi Cordeiro, Sexta Turma, DJe 25/09/2019.

c) à traição, de emboscada, ou mediante dissimulação, ou outro recurso que dificultou ou tornou impossível a defesa do ofendido;

d) com emprego de veneno, fogo, explosivo, tortura ou outro meio insidioso ou cruel, ou de que podia resultar perigo comum;

e) contra ascendente, descendente, irmão ou cônjuge;

f) com abuso de autoridade ou prevalecendo-se de relações domésticas, de coabitação ou de hospitalidade, ou com violência contra a mulher na forma da lei específica;

g) com abuso de poder ou violação de dever inerente a cargo, ofício, ministério ou profissão;

h) contra criança, maior de 60 (sessenta) anos, enfermo ou mulher grávida;

i) quando o ofendido estava sob a imediata proteção da autoridade;

j) em ocasião de incêndio, naufrágio, inundação ou qualquer calamidade pública, ou de desgraça particular do ofendido;

l) em estado de embriaguez preordenada.

Reincidência

A reincidência é a agravante que determina a elevação da pena em razão de cometimento anterior de crime pelo agente, desde que haja trânsito em julgado e dentro de determinado período. É o que prevê o artigo 63 do Código Penal:

Art. 63 – Verifica-se a reincidência quando o agente comete novo crime, depois de transitar em julgado a sentença que, no País ou no estrangeiro, o tenha condenado por crime anterior.

No caso de cometimento de novo crime, só a prática de crime anterior, seja no Brasil ou no exterior, enseja a reincidência, nos termos do dispositivo acima transcrito. Quanto às contravenções penais, o artigo 7º da LCP traz regras específicas:

Art. 7º – Verifica-se a reincidência quando o agente pratica uma contravenção depois de passar em julgado a sentença que o tenha condenado, no Brasil ou no estrangeiro, por qualquer crime, ou, no Brasil, por motivo de contravenção.

Se o indivíduo comete contravenção penal, a prática de crime anterior, no Brasil ou no exterior, ou de contravenção penal, no Brasil, faz com que ele seja reincidente, desde que já haja o trânsito em julgado da condenação pretérita.

Fato anterior (trânsito em julgado)	Fato posterior	Reincidência
Crime no Brasil	Crime	Sim
Crime no exterior	Crime	Sim
Contravenção	Crime	Não
Contravenção no Brasil	Contravenção	Sim
Contravenção no exterior	Contravenção	Não
Crime no Brasil	Contravenção	Sim
Crime no exterior	Contravenção	Sim

O Direito Penal brasileiro adota o **sistema da temporariedade da reincidência**. Isso significa que o delito só ensejará a reincidência do agente caso ele pratique novo fato delitivo dentro de determinado prazo. Referido lapso temporal é denominado de **período depurador**, que é de um lustro, um quinquênio ou, de modo mais simples, de **cinco anos**.

O transcurso do período depurador é uma das hipóteses de não configuração da reincidência, nos termos do artigo 64 do Código Penal:

> *Art. 64 – Para efeito de reincidência:*
>
> *I – não prevalece a condenação anterior, se entre a data do cumprimento ou extinção da pena e a infração posterior tiver decorrido período de tempo superior a 5 (cinco) anos, computado o período de prova da suspensão ou do livramento condicional, se não ocorrer revogação;*
>
> *II – não se consideram os crimes militares próprios e políticos.*

Portanto, decorridos cinco anos do cumprimento ou extinção da pena, computados nesse prazo o da suspensão condicional da penal (*sursis*) e o do livramento condicional (LC) se não tiverem sido revogados, o fato deixa de possuir a potencialidade de tornar o indivíduo reincidente, caso volte a delinquir:

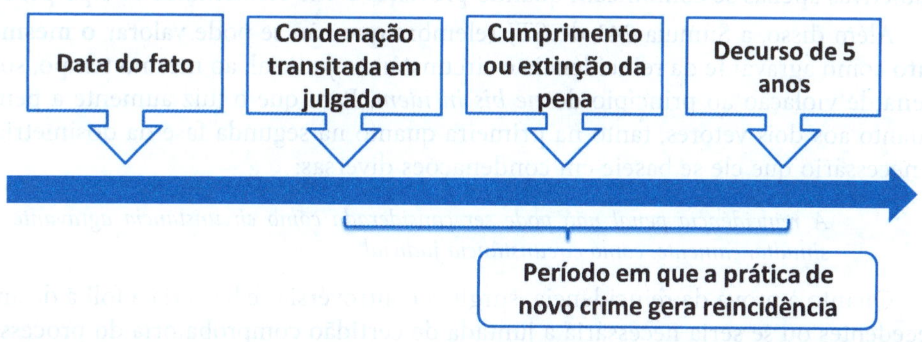

Demais disso, não é possível considerar o indivíduo reincidente com base em crime anterior que seja militar próprio ou político. Crime militar próprio é aquele que só possui previsão para o agente que seja militar, como a deserção. Se um particular praticar, sozinho, conduta semelhante, não há tipificação de sua conduta. Delito político é o praticado contra a soberania ou o regime de determinado país. Anteriormente, esse conceito se relacionava aos delitos previstos na Lei de Segurança Nacional[57] e, posteriormente, passou a se referir aos crimes contra o Estado Democrático de Direito, previstos nos artigos 359-I a 359-R do Código Penal.

Ademais, o Superior Tribunal de Justiça tem considerado não ser apto a gerar a reincidência condenações por porte de drogas para consumo próprio. Ainda que

57. Neste sentido: DOTTI, René Ariel. Curso de direito penal: parte geral. Colaboração de Alexandre Knopfholz e Gustavo Britta Scandelari. 7. ed. rev. atual. e ampl. São Paulo: Thomsom Reuters Brasil, 2020, p. 591. No entanto, pode-se extrair critérios do artigo 2º, §§ 1º e 2º, do Decreto-Lei n. 394/1938. O tema será aprofundado no Capítulo relativo à Classificação dos Crimes.

o artigo 28 da Lei n. 11.343/2006 preveja essa conduta como criminosa, não prevê penas privativas de liberdade como sanção para a sua prática. Por isso, o entendimento firmado é de que, não servindo as contravenções a ensejarem o reconhecimento de reincidência em caso de posterior prática de crime, também o porte de drogas para consumo próprio não o pode[58]. Foi realizado um raciocínio lógico-sistemático para afastar a reincidência nesses casos.

Por outro lado, a condenação à pena de multa pode implicar o reconhecimento da reincidência[59]. Não se deve confundir algumas exceções do Código Penal aos casos em que imposta essa sanção penal. A superveniente condenação por pena de multa não implica a revogação da reabilitação, conforme prevê o artigo 95 do CP. Além disso, não impede a posterior concessão de sursis, conforme artigo 77, § 1º, do CP, nem enseja a revogação deste benefício em razão de prática de contravenção ou crime culposo, caso imposta apenas pena de multa, como dispõe o artigo 81, § 1º, do CP. Não obstante, a condenação anterior com imposição de pena de multa pode sim ensejar o reconhecimento da agravante da reincidência.

A reincidência possui natureza jurídica de circunstância agravante de caráter subjetivo. Por isso, essa agravante não se comunica para os demais agentes, dada a sua natureza nitidamente pessoal. Vale lembrar que condições pessoais e circunstâncias subjetivas apenas se comunicam quando previstas como elementares do tipo penal.

Além disso, a Súmula 241 do STJ relembra que não se pode valorar **o mesmo fato** como agravante da reincidência e circunstância judicial, ao mesmo tempo, sob pena de violação ao princípio do *ne bis in idem*. Para que o juiz aumente a pena quanto aos dois vetores, tanto na primeira quanto na segunda fase da dosimetria, é necessário que ele se baseie em condenações diversas:

> *A reincidência penal não pode ser considerada como circunstância agravante e, simultaneamente, como circunstância judicial.*

Quanto à prova da reincidência, surgiu a controvérsia se bastaria a folha de antecedentes ou se seria necessária a juntada de certidão comprobatória do processo em que o réu fora anteriormente condenado. O STJ adotou a primeira posição, entendendo que a folha de antecedentes é suficiente para a comprovação e incidência dessa agravante, conforme o teor de sua Súmula 636:

> *A folha de antecedentes criminais é documento suficiente a comprovar os maus antecedentes e a reincidência.*

A reincidência, além de ser agravante de pena, implica consequências para a execução penal. Para a saída temporária, o requisito de cumprimento do mínimo de 1/6 da pena passa a ser, para o reincidente, de 1/4 da pena, nos termos do artigo 123, inciso II, da Lei n. 7.210/1984. O livramento condicional, em crimes comuns,

58. STJ, HC n. 567.164/SP, Rel. Min. Rogerio Schietti Cruz, Sexta Turma, julgado em 13/10/2020, DJe de 19/10/2020; STJ, AgRg no HC n. 480.011/SC, Rel. Min. Rogerio Schietti Cruz, Sexta Turma, julgado em 15/12/2020, DJe de 18/12/2020.

59. STJ, HC nº 95.389/SP, Rel. Min. Napoleão Nunes Maia Filho, 5ª Turma, julgado em 20/10/2009, DJe de 23/11/2009.

tem como requisito o cumprimento do lapso temporal correspondente a 1/3 da pena, se o condenado for primário, e de 1/2 da pena, caso se trate de reincidente, conforme prevê o artigo 83, II, do CP. As condições exigidas para progressão de regime também se alteram, conforme previsão do artigo 112 da Lei de Execução Penal, para os executados primários e para os reincidentes.

Ocorre que a sentença condenatória pode não ter aplicado a agravante da reincidência ao réu, embora a reincidência se configurasse à época. O juízo da execução, ao receber, as guias de recolhimento, percebe que o executado é reincidente, por ter condenação transitada em julgado por um dos fatos e haver praticado delito na sequência. Não pode, claramente, aplicar a agravante que não foi utilizada na dosimetria da pena. A controvérsia que surgiu foi se ele pode ou não reconhecer a reincidência, em razão de o processo de conhecimento não ter registrado essa circunstância, para a análise dos benefícios cabíveis na execução da pena. O STJ, reforçando sua jurisprudência e citando precedentes do STF, estabeleceu a tese de que o juiz da execução pode reconhecer a reincidência para julgamento dos benefícios cabíveis na execução da pena, ainda que o título condenatório não a mencione:

> *"Para os fins do art. 927, inciso III, c.c. o art. 1.039 e seguintes, do Código de Processo Civil, resolve-se a controvérsia repetitiva com a afirmação da tese: 'A **reincidência pode ser admitida pelo juízo das execuções penais para análise da concessão de benefícios, ainda que não reconhecida pelo juízo que prolatou a sentença condenatória**'. " (STJ, REsp n. 2.049.870/MG, Rel. Min. Laurita Vaz, Terceira Seção, julgado em 17/10/2023, DJe de 20/10/2023.)*

Motivo fútil ou torpe

O motivo fútil e o motivo torpe constituem circunstâncias agravantes, ressalvadas, claramente, as hipóteses em que forem elementares ou qualificadoras do crime. O **motivo fútil** é considerado o pequeno, insignificante, como um indivíduo matar uma pessoa que simplesmente esbarrou consigo em uma festa. Por sua vez, o **motivo torpe** é aquele abjeto, vil ou repugnante. Com relação à **vingança**, prevalece na jurisprudência que se trata de motivo torpe[60]:

Crime cometido para facilitar ou assegurar a execução ou ocultação, impunidade ou vantagem do outro crime

A pena se agrava no caso de o crime ter sido cometido para facilitar ou assegurar a execução ou ocultação, impunidade ou vantagem de outro crime. São os casos denominados de conexão teleológica e consequencial:

- **Conexão teleológica**: para assegurar a execução de outro crime.
- **Conexão consequencial**: para assegurar a ocultação, a impunidade ou a vantagem de outro crime.

60. STF, HC 101216/RS, Rel. Min. Marco Aurélio, Primeira Turma, Julgamento em 04/10/2011. STF, HC 90744/PE, Rel. Min. Sepúlveda Pertence, Primeira Turma, Julgamento: 12/06/2007. STJ, AgRg no AREsp 1710127/SE, Rel. Min. Reynaldo Soares da Fonseca, Quinta Turma, julgado em 08/09/2020, DJe 15/09/2020. STJ, AgRg no HC 523.029/PE, Rel. Min. Nefi Cordeiro, Sexta Turma, julgado em 26/11/2019, DJe 03/12/2019.

Neste assunto, importante recordar do teor do artigo 108 do Código Penal, bastante relevante para o estudo do tema:

> *Art. 108 – A extinção da punibilidade de crime que é pressuposto, elemento constitutivo ou circunstância agravante de outro não se estende a este. Nos crimes conexos, a extinção da punibilidade de um deles não impede, quanto aos outros, a agravação da pena resultante da conexão.*

Crime cometido com traição, emboscada, dissimulação ou outro recurso que dificultou ou tornou impossível a defesa da vítima

A **traição** consiste no ataque feito com deslealdade, em que se aproveita de um momento de confiança da vítima. A **emboscada** é o ataque feito por meio de tocaia. A **dissimulação** é a conduta dotada de fingimento, realizada com disfarce.

Além dos crimes praticados com traição, emboscada ou dissimulação, o legislador deixou espaço para a chamada **interpretação analógica**. Qualquer outro recurso que dificulte ou torne impossível a defesa da vítima possibilita a modificação da pena na segunda fase da dosimetria, devendo os parâmetros serem a traição, a emboscada e a dissimulação. Um exemplo de outro recurso que configura a agravante é a surpresa.

Crime praticado contra ascendente, descendente, irmão ou cônjuge

Também deve ser agravada a pena do indivíduo que pratica crime contra ascendente, descendente, irmão ou cônjuge. A separação de fato afasta a agravante. Também prevalece que não incide a agravante em caso de união estável, já que não se admite analogia *in malam partem*.

C	ônjuge
A	scendente
D	escendente
I	rmão

Crime praticado com abuso de autoridade ou prevalecendo-se de relações domésticas, de coabitação ou de hospitalidade, ou com violência contra a mulher na forma da lei específica

Essa agravante se refere às relações pessoais mais próximas, como as familiares e as de convivência. A expressão abuso de autoridade, atrelada à prática de delitos por funcionários públicos na Lei n. 13.869/2019, é utilizada no artigo 61 do Código Penal como autoridade moral, familiar. É o caso de o delito ser praticado a título de exercício do poder familiar, tornando mais grave a conduta típica. A autoridade materna ou paterna, concedida em lei e reconhecida socialmente para proteção e cuidado, torna o delito muito mais grave quando praticado sob esse título, tornando mais difícil, inclusive, a ação das autoridades, por se camuflar em ações com aparência educativa e pela dificuldade de a vítima se virar contra o agressor, dada a sua fragilidade, dependência econômica e relação de afeto.

Quanto à prevalência das relações domésticas, de coabitação ou de hospitalidade, o legislador adotou expressão a abranger vítimas de qualquer gênero, diferentemente da incidência da Lei n. 11.340/2006, que busca tutelar mulheres de violência doméstica e familiar contra a mulher. A última expressão, relativa à violência contra a mulher na forma da lei específica, é a que se vincula à mencionada lei, tutelando especificamente o gênero feminino.

Sobre a sua incidência quando se aplica a Lei n. 11.340/2006, o STJ firmou a seguinte tese, ao julgar o tema 1197: "A aplicação da agravante do art. 61, inc. II, alínea f, do Código Penal (CP), em conjunto com as disposições da Lei Maria da Penha (Lei n. 11.340/2006), não configura bis in idem". O tema pode ser melhor compreendido com a leitura de trecho do julgado:

> *"A circunstância que agrava a pena é a prática do crime de violência doméstica contra a mulher, enquanto a circunstância elementar do tipo penal do art. 129, § 9º, do Código Penal, não faz nenhuma referência ao gênero feminino, ou seja, a melhor interpretação - segundo o art. 5º da Lei de Introdução às Normas do Direito Brasileiro - é aquela que atende a função social da Lei, e, por isso, deve-se punir mais a lesão corporal contra ascendente, descendente, irmão, cônjuge ou companheiro, ou com quem conviva ou tenha convivido, ou, ainda, prevalecendo-se o agente das relações domésticas, de coabitação ou de hospitalidade, se a vítima for mulher (gênero feminino), haja vista a necessária aplicação da agravante genérica (art. 61, inc. II, alínea f, do CP".*

Na sequência, o STJ fixou nova tese, desta vez no âmbito do Tema Repetitivo n. 1215, ainda sobre a agravante do artigo 61, inciso II, alínea f, do CP:

> *Nos crimes contra a dignidade sexual, não configura bis in idem a aplicação simultânea da agravante genérica do art. 61, II, "f", e da majorante específica do art. 226, II, ambos do Código Penal, salvo quando presente apenas a relação de autoridade do agente sobre a vítima, hipótese na qual deve ser aplicada tão somente a causa de aumento.*

O entendimento adotado foi de que a circunstância de o crime ser cometido com prevalência das relações domésticas não se confunde com a relação de autoridade, isto é, a ascendência, que o acusado possui sobre a vítima, razão pela qual não ocorreria *bis in idem* na aplicação da agravante concomitantemente com a causa de aumento do art. 226, II, do Código Penal. Enquanto o artigo 226, inciso II, traz uma majorante em razão da ascendência ou autoridade, a agravante incide se o agente pratica o delito prevalecendo-se das relações domésticas, de coabitação, de hospitalidade ou com violência contra a mulher na forma da lei específica. A Corte concluiu que pode haver a relação de parentesco ou ascedência sem a relação doméstica, razão pela qual não haveria dupla valoração do mesmo fato, mas fatos diversos a ensejar o incremento na pena.

Crime praticado com abuso de poder ou violação de dever inerente a cargo, ofício, ministério ou profissão

As expressões utilizadas pelo legislador no artigo 61, inciso II, alínea g referem-se ao que se concebe como abuso da função pública, do poder exercido por autoridades e agentes públicos em prol do interesse público. Quando se abusa dessa função, o desvalor da conduta claramente se acresce, justificando o incremento de pena. Essa alínea também se refere à violação de dever, não apenas do funcionário público, mas todo aquele inerente a ofício, ministério ou profissão. O ofício seria a profissão mais braçal e a profissão, a mais intelectual. Essa distinção não faz mais sentido, podendo-se exemplificar a profissão, em sentido amplo, com a advocacia e a medicina, que possuem deveres próprios de suas atribuições. O ministério pode ser concebido como a função sacerdotal, a atividade de cunho religioso, como a de padre, pai de santo ou pastor.

Crime cometido contra criança, maior de 60 (sessenta) anos, enfermo ou mulher grávida

Essa agravante se fundamenta na maior vulnerabilidade de vítimas, como a criança, concebida no Estatuto da Criança e do Adolescente, como a menor de 12 anos de idade; o idoso, maior de 60 anos, em conceito coincidente com o Estatuto da Pessoa Idosa; enfermo, que é aquele que está acometido de doença, devendo aqui ser analisada a fragilidade maior do indivíduo; e da mulher grávida, cuja condição, além de honrosa à sociedade, por dar continuidade à existência humana na Terra, implica limitações físicas e também requer proteção maior à vida intrauterina, a do nascituro.

Crime praticado quando o ofendido estava sob a imediata proteção da autoridade

Quando a vítima está sob proteção da autoridade, seja por ter sido vítima de ameaças, seja por estar sofrendo uma medida cautelar ou cumprimento pena, é mais grave que o agente desafie as autoridades para fazer cumprir seus desejos, como a sede de vingança. Linchamentos ocorridos contra presos já conduzidos à delegacia devem ter a incidência da agravante, pelo desvalor que se amplifica na total desconsideração da autoridade estatal.

Crime cometido em ocasião de incêndio, naufrágio, inundação ou qualquer calamidade pública, ou de desgraça particular do ofendido.

Se a situação da vítima se agrava, por estar enfrentando uma catástrofe, como incêndio, naufrágio ou inundação, o réu demonstra total desapreço à ordem jurídica e aos bens tutelados pelas leis penais ao praticar crime aproveitando-se dessas circunstâncias. É o caso da pandemia, mas, deve-se frisar, não seria possível incidir sobre todos os delitos cometidos no período. Mostra-se essencial que a circunstância tenha facilitado ou sido utilizada como oportunidade específica para o cometimento do delito, como nos furtos ocorridos a residências no período de alagamento de parte do Rio Grande do Sul em meados de 2024. Além de situações envolvendo a população em geral, também se faz referência, no inciso, à desgraça particular do ofendido, como o desabamento de sua casa após um temporal, por vício de construção.

Agravantes no concurso de pessoas

No caso de concurso de pessoas, há situações que agravam a pena. Estão previstas no artigo 62 do Código Penal:

> *Art. 62 – A pena será ainda agravada em relação ao agente que:*
>
> *I – promove, ou organiza a cooperação no crime ou dirige a atividade dos demais agentes;*
>
> *II – coage ou induz outrem à execução material do crime;*
>
> *III – instiga ou determina a cometer o crime alguém sujeito à sua autoridade ou não-punível em virtude de condição ou qualidade pessoal;*
>
> *IV – executa o crime, ou nele participa, mediante paga ou promessa de recompensa.*

Conforme previsão legal, tem sua pena agravada quem promove ou organiza a cooperação no crime; quem dirige a atividade dos outros agentes, quem coage ou induz outrem para a execução do crime; quem instiga ou determina alguém sujeito à sua autoridade ou não punível a cometer o delito; bem como aquele que executa o delito ou participa dele mediante paga ou promessa de recompensa, hipótese denominada de crime mercenário.

Prevalece que, por sua natureza, as agravantes relacionadas ao concurso de pessoas se aplicam apenas aos crimes unissubjetivos ou de concurso eventual, como o homicídio e o furto. Elas seriam incompatíveis com os delitos plurissubjetivos, também denominados de concurso necessário. Isso porque, nessas infrações, o concurso de agentes é elementar do crime, já sendo ínsito à sua configuração a reunião de pessoas, de modo que a sua valoração, ainda que em situações específicas, representaria uma dupla punição pelos mesmos fundamentos. São exemplos dessa última espécie de crime a associação criminosa e a rixa.

O inciso I traz a hipótese do agente que promove, organiza a cooperação no crime ou dirige a atividade dos demais. Trata-se do líder, aquele que coordena a execução da conduta típica, razão pela qual a sua contribuição possui maior reprovabilidade. O STJ já manteve a incidência dessa agravante em julgamento, pelo júri, do mentor do delito: "No caso, conforme o reconhecido nos depoimentos colhidos durante a sessão de julgamento, o réu é o mentor do crime, tendo sido, portanto, tal circunstância amplamente discutida durante o júri, o que basta para a incidência da agravante do art. 62, I, do CP"[61].

O inciso II se refere ao agente que coage ou induz outrem à execução material do crime. No caso de induzimento, tem-se a participação. Essa modalidade de participação, segundo o entendimento majoritário, traduz-se em criar a ideia delitiva no executor. Bastaria prever a pena igual à do executor, considerando que o Código Penal nem mesmo diferencia a pena de autores e partícipes, salvo em caso de participação de menor importância. Quanto ao agente que coage, é possível diferenciar duas situações. Se a coação moral é irresistível, há autoria mediata. Adotando-se a

61. STJ, AgRg no HC n. 754.967/RJ, relator Ministro Ribeiro Dantas, Quinta Turma, julgado em 12/12/2022, DJe de 15/12/2022.

teoria do domínio do fato, pode-se falar em domínio da vontade. Aquele que empregou a coação é o autor do delito, incidindo na dosimetria de sua pena a agravante do inciso II, enquanto o que foi coagido não atuou com culpabilidade e não pode ser responsabilizado, nos termos do artigo 22 do Código Penal. Por outro lado, se a coação é resistível, aquele que coage responde com a pena agravada, enquanto o coagido que contribuiu para o crime terá a pena atenuada, conforme previsão do artigo 65, III, *c*, do Código Penal.

O inciso III determina a incidência da agravante sobre a pena de quem instiga ou determina a cometer o crime alguém sujeito à sua autoridade ou não-punível em virtude de condição ou qualidade pessoal. Se o agente instiga alguém inimputável, na maioria dos casos haverá autoria mediata. Utilizando-se a teoria do domínio do fato, pode-se falar em domínio da vontade, de modo que o instigador será o autor do delito. Isso nem sempre ocorre. Se ele, por exemplo, não sabia que instigava um inimputável, será partícipe. De todo modo, em uma situação ou outra, deve incidir a agravante de pena.

O inciso IV, por fim, determina que seja agravada a pena daquele que executa o crime, ou nele participa, mediante paga ou promessa de recompensa. Trata-se do mercenário, daquele que contribui para o crime em razão de retribuição financeira, tendo sido contratado para isso. No homicídio, essa circunstância qualifica o crime, razão pela qual, se for aplicada a qualificadora, não é possível a incidência concomitante da agravante, sob pena de *bis in idem*.

Atenuantes

O Código Penal prevê, no seu artigo 65, as situações que atenuam a pena:

> *Art. 65 – São circunstâncias que sempre atenuam a pena:*
>
> *I – ser o agente menor de 21 (vinte e um), na data do fato, ou maior de 70 (setenta) anos, na data da sentença;*
>
> *II – o desconhecimento da lei;*
>
> *III – ter o agente:*
>
> *a) cometido o crime por motivo de relevante valor social ou moral;*
>
> *b) procurado, por sua espontânea vontade e com eficiência, logo após o crime, evitar-lhe ou minorar-lhe as consequências, ou ter, antes do julgamento, reparado o dano;*
>
> *c) cometido o crime sob coação a que podia resistir, ou em cumprimento de ordem de autoridade superior, ou sob a influência de violenta emoção, provocada por ato injusto da vítima;*
>
> *d) confessado espontaneamente, perante a autoridade, a autoria do crime;*
>
> *e) cometido o crime sob a influência de multidão em tumulto, se não o provocou.*

O inciso I cuida da chamada **menoridade relativa** e da **senilidade**, que determinam a incidência de atenuante no caso de o agente ser menor de 21 anos de idade, à época da prática da infração penal, ou maior de 70 anos de idade, na data de sentença.

Ademais, cumpre recordar que o erro de proibição não se confunde com o desconhecimento da lei. O erro de proibição é a falta de compreensão, pelo agente, de que a sua conduta se enquadra na proibição contida na norma legal. É uma falha no entendimento da norma que se extrai do texto da lei. Se o erro de proibição for considerado escusável ou inevitável, o agente não possui culpabilidade. Por sua vez, a **ignorância da lei** não afasta a culpabilidade. A *ignorantia legis* pode, entretanto, atenuar a pena, nos termos do artigo 65, II, do Código Penal.

Também atenua a pena o agente ter cometido o crime por motivo de **relevante valor social**, que é aquele de interesse da coletividade, como o assassinato do grande traidor da pátria. Há um interesse ou benefício coletivo envolvido.

Do mesmo modo, configura a atenuante o **relevante valor moral**, que se refere a um valor pessoal do agente, como o que se vinga de quem praticou um delito hediondo contra sua família. Parte da doutrina define o relevante valor moral como aquele que corresponde à moral prática da sociedade, ou seja, ao valor moral que é compartilhado pelos membros daquela comunidade. Nesta linha, a maioria da doutrina e da jurisprudência entende que a eutanásia configura relevante valor moral (no caso do homicídio, a circunstância incide como hipótese de privilégio, e não de atenuante genérica).

Há atenuante de pena se o agente procurar, **por sua espontânea vontade e com eficiência, logo após o cometimento do crime, evitar-lhe ou minorar-lhe as consequências, ou ter, antes do julgamento, reparado o dano**. Perceba que a hipótese **é mais ampla que o arrependimento posterior**, que é causa de diminuição de pena, de um a dois terços, e não deve ser confundido com a atenuante. Incide a minorante do arrependimento posterior apenas nos crimes cometidos sem violência ou grave ameaça à pessoa, se o agente, voluntariamente, reparar o dano ou restituir a coisa até o recebimento da denúncia ou da queixa. O agente deve ter evitado ou minorado as consequências de forma espontânea (não basta que seja voluntária) e com eficiência. Quanto à reparação, ela deve ser livre de coação e, ainda, integral, salvo renúncia da vítima.

Também atenua a pena o sujeito ter cometido o crime **sob coação resistível ou em cumprimento de ordem de autoridade superior, desde que a ordem não seja aparentemente legal**. Cumpre recordar que a coação moral **irresistível** e a obediência a **ordem não manifestamente ilegal** de superior hierárquico possuem o condão de **afastar a culpabilidade**, não se configurando o crime.

A pena também deve ser atenuada no caso de o crime ter sido cometido **sob a influência de violenta emoção, provocada por ato injusto da vítima**. A emoção não afasta a culpabilidade, mas o legislador determinou sua consideração na estipulação da pena do agente.

Há também atenuante no caso de confissão. Quando a **confissão espontânea** for utilizada para a formação do convencimento do julgador, o réu fará jus à atenuante prevista no artigo 65, III, "d", do Código Penal. O STJ possui enunciado a respeito, a Súmula 545:

> ***Quando a confissão for utilizada para a formação do convencimento do julgador, o réu fará jus à atenuante*** *prevista no artigo 65, III, d, do Código Penal.*

Para deixar mais claro, ainda que a confissão seja parcial, se o juiz fundamentar a condenação com base nela, o indivíduo fará jus à incidência da atenuante. De igual forma, se o agente posteriormente se retratar e, mesmo assim, for um dos elementos utilizados na sentença. Portanto, a confissão espontânea realizada perante a autoridade policial pode atenuar a pena, ainda que o agente se retrate perante o juiz, desde que este a utilize como elemento de convencimento para a condenação. É o que tem decidido o STJ:

> *"A Jurisprudência deste Tribunal Superior firmou-se no sentido de que incide a atenuante prevista no art. 65, III, "d", quando a confissão do acusado, ainda que retratada ou parcial, seja utilizada para fundamentar a sua condenação, como ocorreu no caso em apreço. Súmula 545 do STJ." (STJ, HC 433722/SP, Rel. Min. Ribeiro Dantas, Quinta Turma, DJe 22/05/2018).*

A confissão espontânea, portanto, enseja o reconhecimento da atenuante de pena na segunda fase da dosimetria, mesmo que seja qualificada. Isto é, ainda que o réu alegue uma excludente de ilicitude em sua confissão e ela seja afastada no julgamento, ao condená-lo o juiz deve aplicar a atenuante de pena. Neste caso, o STJ tem admitido que a fração de diminuição seja inferior a um sexto. Já aplicou, inclusive, a metade desta fração, o que corresponde a um descréscimo de 1/12 na sanção penal:

> *"Nos termos da Súmula n. 545/STJ, a atenuante da confissão espontânea deve ser reconhecida, ainda que tenha sido parcial ou qualificada, seja ela judicial ou extrajudicial, e mesmo que o réu venha a dela se retratar, quando a manifestação for utilizada para motivar a sua condenação. Não obstante, tratando-se de confissão parcial, admite-se a fixação da fração da atenuante em patamar inferior a 1/6. Precedentes (STJ, AgRg no AgRg no REsp n. 2.069.845/MG, Rel. Des. Conv. Jesuíno Rissato, Sexta Turma, julgado em 12/3/2024, DJe de 18/3/2024).*
>
> *"Na hipótese vertente, considerando que a confissão realizada pelo recorrente foi qualificada pela tese da legítima defesa e, conforme assentado pelas instâncias de origem, não contribuiu para a elucidação dos fatos, justifica-se a aplicação da benesse na fração de 1/12, devendo, consequentemente, ser parcial a compensação entre essa e a agravante alusiva ao emprego de outro recurso que dificultou a defesa do ofendido, com a preponderância desta sobre aquela" (STJ, AgRg no AREsp n. 2.442.297/SP, Rel. Min. Reynaldo Soares da Fonseca, Quinta Turma, julgado em 20/2/2024, DJe de 26/2/2024)*

A Quinta Turma do Superior Tribunal de Justiça deu maior alcance à atenuante da confissão espontânea do que o que se extrai da Súmula 545, não exigindo que a confissão tenha sido utilizada na fundamentação da condenação para que o condenado faça jus à atenuante de pena[62]:

Posteriormente, a Terceira Seção do STJ encampou esse entendimento, decidindo teses sobre a confissão, do ponto de vista processual e de valoração da prova, e consignando, ao final, que a atenuante deve incidir mesmo que o julgador não utilize a confissão na fundamentação da sentença condenatória:

62. STJ, AgRg no AgRg no HC n. 805.211/SC, Rel. Min. Daniela Teixeira, Quinta Turma, julgado em 7/10/2024, DJe de 15/10/2024; STJ, AgRg no AREsp n. 2.279.369/SP, Rel. Min. Ribeiro Dantas, Quinta Turma, julgado em 6/6/2023, DJe de 12/6/2023.

> "Teses fixadas:
>
> 11.1: A confissão extrajudicial somente será admissível no processo judicial se feita formalmente e de maneira documentada, dentro de um estabelecimento estatal público e oficial. Tais garantias não podem ser renunciadas pelo interrogado e, se alguma delas não for cumprida, a prova será inadmissível. A inadmissibilidade permanece mesmo que a acusação tente introduzir a confissão extrajudicial no processo por outros meios de prova (como, por exemplo, o testemunho do policial que a colheu).
>
> 11.2: A confissão extrajudicial admissível pode servir apenas como meio de obtenção de provas, indicando à polícia ou ao Ministério Público possíveis fontes de provas na investigação, mas não pode embasar a sentença condenatória.
>
> 11.3: A confissão judicial, em princípio, é, obviamente, lícita. Todavia, para a condenação, apenas será considerada a confissão que encontre algum sustento nas demais provas, tudo à luz do art. 197 do CPP.
>
> (...) **Ainda que sejam eventualmente descumpridos seus requisitos de validade ou admissibilidade, qualquer tipo de confissão (judicial ou extrajudicial, retratada ou não) confere ao réu o direito à atenuante respectiva (art. 65, III, "d", do CP) em caso de condenação, mesmo que o juízo sentenciante não utilize a confissão como um dos fundamentos da sentença.** Orientação adotada pela Quinta Turma no julgamento do REsp 1.972.098/SC, de minha relatoria, em 14/6/2022, e seguida nos dois colegiados desde então. (STJ, AREsp n. 2.123.334/MG, Rel. Min. Ribeiro Dantas, Terceira Seção, julgado em 20/6/2024, Dje: 2/7/2024).

Nos julgamentos realizados perante o tribunal do júri, o mérito será analisado pelos jurados, de modo que é inevitável que eles tenham ouvido a confissão para que ela favoreça o réu na fixação da pena. Por esse motivo, o STJ tem decidido que "na hipótese do Tribunal do Júri, para que seja reconhecida a atenuante do art. 65, III, d, do CP, é necessária a exteriorização da confissão em plenário, com consignação em ata de julgamento"[63].

Em sentido diverso, o Supremo Tribunal Federal consignou, em julgado da Segunda Turma, ser necessário que o juiz utilize a confissão parcial ou qualificada na fundamentação da sentença condenatória para que incida a atenuante:

> "A jurisprudência do Supremo consolidou-se no sentido de que, 1(...) tratando-se de confissão parcial, qualificada ou retratada em juízo, não se mostra aplicável a atenuante prevista no art. 65, III, 'd', do Código Penal, salvo quando essa circunstância for efetivamente utilizada como fundamento para a condenação penal, considerada a finalidade do instituto, dentre outras, de facilitar a persecução penal" (STF, HC 213573 AgR, Rel. Min. André Mendonça, Segunda Turma, julgado em 23-09-2024).

Há uma ressalva importante sobre a confissão parcial ou qualificada. Se a acusação for de tráfico ilícito de entorpecentes, o STJ fixou o entendimento de que a mera confissão da posse, sob a alegação de consumo próprio, não se presta à incidência da atenuante de pena. Para esse delito, é necessário o reconhecimento da própria traficância

63. STJ, AgRg no REsp 1989949, Sexta Turma, Julgamento: 27/09/2022, Publicação: DJe 07/10/2022; AgRg no HC n. 941.503/SP, Rel. Min. Daniela Teixeira, Quinta Turma, julgado em 30/10/2024, DJe de 5/11/2024.

para que o acusado faça jus à atenuante da confissão espontânea. Analisando do ponto de vista técnico-jurídico, não parece haver motivo para a diferenciação, já que a Corte aceita o reconhecimento de prática de ato ilícito com a alegação de excludente de ilicitude para aplicação da atenuante de pena. Possivelmente por razões de política criminal e pelo fato do tratamento bastante benefício do delito previsto no artigo 28 da Lei 11.343/2006, não se aceita a confissão de porte para consumo próprio como confissão de tráfico, como dispõe a Súmula 630 do STJ, entendimento também adotado em julgado da Primeira Turma do STF:

> "A incidência da atenuante da confissão espontânea no crime de tráfico ilícito de entorpecentes exige o reconhecimento da traficância pelo acusado, não bastando a mera admissão da posse ou propriedade para uso próprio" (Súmula 630 do STJ)
>
> "Não é de se aplicar a atenuante da confissão espontânea para efeito de redução da pena se o réu, denunciado por tráfico de droga, confessa que a portava para uso próprio". (STF. HC 141487, Rel. Min. Marco Aurélio, Relatora p/ Acórdão Min. Rosa Weber, Primeira Turma, julgado em 04/12/2018).

Ainda sobre a confissão, vale mencionar uma questão processual penal, pela relação com o assunto em estudo. A Corte Superior tem entendido que a ausência de confissão perante a autoridade policial não impede que o Ministério Público ofereça o acordo de não persecução penal, caso entenda cabível:

> "A ausência de confissão, como requisito objetivo, ao menos em tese, pode ser aferida pelo Juiz de direito para negar a remessa dos autos à PGJ nos termos do art. 28, § 14, do CPP. Todavia, ao exigir a existência de confissão formal e circunstanciada do crime, o novel art. 28-A do CPP não impõe que tal ato ocorra necessariamente no inquérito, sobretudo quando não consta que o acusado – o qual estava desacompanhado de defesa técnica e ficou em silêncio ao ser interrogado perante a autoridade policial – haja sido informado sobre a possibilidade de celebrar a avença com o Parquet caso admitisse a prática da conduta apurada.
>
> (STJ, HC n. 657.165/RJ, Rel. Min. Rogerio Schietti Cruz, Sexta Turma, julgado em 9/8/2022, DJe de 18/8/2022.)

O STJ já decidiu que, no caso de haver acordo de colaboração premiada, haveria *bis in idem* se aplicada a atenuante em conjunto com os benefícios previstos na Lei n. 12.850/2013:

> *Atento ao princípio do* ne bis in idem *ou* non bis in idem, *que constitui um limite ao Estado, evitando a múltipla valoração do mesmo fato com idêntico fundamento jurídico e, ainda, tomada a amplitude de consequências e benefícios extraídos do instituto da colaboração premiada,* ***há bis in idem na consideração da atenuante da confissão do réu quando já estabelecido o acordo de colaboração*** *entre ele e o órgão ministerial nos casos em que aplicada a benesse de redução da pena prevista na Lei 12.850/13. (REsp 1852049/RN, Rel. Min. Joel Ilan Paciornik, Quinta Turma, julgado em 20/10/2020, DJe 23/10/2020)*

Por fim, quanto ao rol do artigo 65, há a atenuante prevista no inciso III, alínea "e", do Código Penal, no caso de o sujeito ter cometido o crime **sob a influência de multidão em tumulto**, se não o provocou. Cuida-se de circunstância relacionada ao chamado **crime multitudinário**, sendo que, no caso do indivíduo que induzir os outros a cometer o delito, ele deve ter sua pena agravada com base no artigo 61, inciso I, do Código Penal. Se, no entanto, o sujeito foi levado pela ação da multidão, situação em que os mecanismos psicossociais de contenção de ações ilícitas se tornam mais débeis, deve incidir a atenuante de pena, nos termos do artigo 65, inciso III, alínea "e".

Além das atenuantes previstas no artigo 65 do Código Penal, o artigo 66 prevê a possibilidade de o juiz atenuar a pena por alguma outra circunstância relevante, seja ela **anterior ou posterior** ao crime. Cuida-se da chamada **atenuante genérica ou atenuante de clemência**:

> *Art. 66 – A pena poderá ser ainda atenuada em razão de circunstância relevante, anterior ou posterior ao crime, embora não prevista expressamente em lei. Um exemplo de utilização da atenuante genérica, conforme análise no tema da culpabilidade, é a aplicação da teoria da coculpabilidade. Deste modo, se o juiz entender que o sujeito não teve garantidos seus direitos mínimos pelo Estado, possuindo menos oportunidades na vida, pode atenuar a pena para sua adequada individualização.*

O STJ, além de já ter admitido a utilização da coculpabilidade como valoração dessa atenuante genérica[64], observou, em outro julgado, que essa "cláusula autoriza o julgador, ante as peculiaridades do caso concreto, a considerar se haveria motivação especial, não prevista em lei, para atenuar a reprimenda imposta ao acusado"[65]. No entanto, mais recentemente, a Corte Superior tem rejeitado a aplicação da coculpabilidade como hipótese que atrai a incidência da atenuante genérica:

> *"Conforme jurisprudência do Superior Tribunal de Justiça, "a teoria da coculpabilidade não pode ser erigida à condição de verdadeiro prêmio para agentes que não assumem a sua responsabilidade social e fazem da criminalidade um meio de vida" (AgRg no REsp n. 1.770.619/PE, relatora Ministra Laurita Vaz, Sexta Turma, julgado em 6/6/2019, DJe 18/6/2019)." (STJ, AgRg no HC n. 752.961/RJ, Rel. Min. Antonio Saldanha Palheiro, Sexta Turma, julgado em 25/9/2023, DJe de 28/9/2023.)*

Concurso de agravantes e atenuantes

Já vimos que o STJ tem entendido que o juiz pode adotar uma fração de aumento e de diminuição diferente de um sexto na segunda fase da dosimetria, desde que haja a adequada fundamentação. De todo modo, existem algumas **circunstâncias que devem preponderar** sobre outras, conforme prescreve o artigo 67 do Código Penal:

---

64. STJ, HC n. 411.243/PE, relator Ministro Jorge Mussi, Quinta Turma, julgado em 7/12/2017, DJe de 19/12/2017.
65. STJ, AgRg no AREsp n. 1.883.163/SC, Rel. Min. Reynaldo Soares da Fonseca, Quinta Turma, julgado em 17/8/2021, DJe de 20/8/2021.

> *Art. 67 – No concurso de agravantes e atenuantes, a pena deve aproximar-se do limite indicado pelas circunstâncias preponderantes, entendendo-se como tais as que resultam dos motivos determinantes do crime, da personalidade do agente e da reincidência.*

Portanto, são preponderantes as circunstâncias que envolvem **os motivos do crime, a personalidade do agente e a reincidência**. Os motivos do crime, como o torpe ou fútil; a personalidade do agente, como a menoridade relativa e senilidade; e a reincidência são circunstâncias consideradas mais relevantes, pelo legislador, para a individualização da pena. Perceba que todas elas são **subjetivas**.

Além disso, a menoridade relativa tem sido considerada preponderante em relação a todas as demais, de caráter objetivo ou subjetivo, razão pela qual tem sido considerada como **superpreponderante** pelos Tribunais Superiores. Assim, ela deve possuir maior peso na estipulação da pena, pelo julgador, na segunda fase da dosimetria[66]. Nucci observa, argutamente que o advento do Código Civil atual, Lei n. 10.406/2002, a maioridade civil é atingida aos 18 anos de idade, o que torna questionável essa valoração da atenuante da menoridade como preponderante. Entende que, de acordo com a legislação atual, deve ser considerada atenuante comum[67].

Quando o juiz se depara com uma agravante e uma atenuante na segunda fase da dosimetria, sem que nenhuma delas seja preponderante, haverá a compensação, devendo o juiz manter a pena fixada na primeira fase da dosimetria. Caso ambas sejam preponderantes, o juiz também deve realizar a compensação entre agravante e atenuante, não elevando nem diminuindo o *quantum* correspondente à pena-base.

✓ Como fixar a pena se houver circunstância agravante ou atenuante que seja preponderante?

Uma questão controversa é como fixar a pena na segunda fase da dosimetria quando uma das circunstâncias for preponderante[68]. A própria definição de preponderância não foi dada pela lei, tornando o tema carente de definição pela doutrina e jurisprudência. Há duas posições:

1) A primeira, que parece mais correta, compreende que a circunstância preponderante deve se traduzir em uma fração maior de aumento ou diminuição.

66. **STF**: "Pedido de compensação da atenuante da menoridade com a agravante da reincidência. 4. O Juízo de primeiro grau reconheceu a preponderância da menoridade sobre a agravante da reincidência, atenuando a pena em 4 meses. 5. Ausência de ilegalidade na dosimetria da pena." (RHC 114434, Rel. Min. Gilmar Mendes, Segunda Turma, julgado em 07/05/2013); "A jurisprudência do STF se firmou no sentido de que a atenuante da menoridade prepondera sobre todas as circunstancias, legais ou judiciais, desfavoraveis ao condenado, incluida a agravante de reincidencia (HHCC 66.605 e 70.873): com mais razão, a menoridade há de prevalecer sobre a chamada "circunstancia judicial" dos maus antecedentes". (HC 71323, Rel. Min. Sepúlveda Pertence, Primeira Turma, julgado em 07/02/1995). STJ: "Nos termos da jurisprudência desta Corte, a atenuante da menoridade relativa é sempre considerada preponderante em relação as demais agravantes de caráter subjetivo e objetivo" (AgRg no AREsp n. 2.142.094/SP, relator Ministro Joel Ilan Paciornik, Quinta Turma, julgado em 27/9/2022, DJe de 30/9/2022). Neste sentido: MARTINELLI, João Paulo; BEM, Leonardo Schmitt de. Op. Cit., 2022, p. 1040.

67. NUCCI, Guilherme de Souza. Individualização de pena. 7. ed. rev., atual. e ampl. Rio de Janeiro: Forense, 2015, p. 233-234. No mesmo sentido: MASSON, Cleber.

68. Parte da doutrina apenas indica que prepondera, sem esclarecer a forma de cálculo: SANTOS, Juarez Cirino dos. Op. Cit., 2020, p. 559-560; CUNHA, Rogério Sanches. Op. Cit., 2020, p. 521.

O julgador pode estabelecer uma fração de um quarto ou de um terço, por exemplo, a depender da relevância da agravante ou atenuante preponderante[69]. Se a menoridade relativa é preponderante, isso é relevante para o concurso entre agravantes e atenuantes, como destaca o artigo 67 do CP, mas ela não deixa de ser preponderante quando analisada isoladamente. Assim, o menor de 21 anos à época do fato deve levar à redução da pena com fração superior às circunstâncias não preponderantes, ainda que não haja agravante. Admitir a fração superior somente no concurso com agravantes tornaria a atenuante de valor menor quando o réu não tiver contra si uma agravante em relação àquele que possui. O valor da atenuante seria menor para o réu que praticou fato com menor desvalor.

2) Outra posição, que tem prevalecido, é de que, em havendo a compensação parcial, é possível que a preponderante leve ao aumento ou à diminuição da pena, mas em patamar inferior, com fração de valor menor. Por isso, o STJ já adotou a fração de **1/12 (um doze avos)** nesses casos[70]. O aumento seria de um sexto, mas, com a preponderância da agravante e incidência de uma atenuante não preponderante, a pena deve ser elevada em um patamar menor, de um doze avos. Nucci defende a mesma solução, mas propõe que, em substituição à fração de um sexto, seja utilizado o patamar de **1/8 (um oitavo)** se a circunstância preponderante estiver em concurso com outra, procedendo-se a um aumento ou diminuição em grau inferior[71].

O STJ já reforçou, em didático julgado, o entendimento de as circunstâncias agravantes ou atenuantes implicam modificação de pena no patamar de 1/6 quando presentes de forma isolada. Apenas no concurso entre agravantes e atenuantes a Corte entende que as preponderantes possuem maior peso na fixação da pena:

> *"A aplicação de circunstâncias atenuantes ou agravantes, isoladamente, enseja a incidência da fração paradigma de 1/6 (um sexto) para o devido ajuste da pena na segunda*

---

69. É o que se extrai da obra de Flávio Augusto Monteiro de Barros, ao estatuir que "o aumento da reincidência deve superar a atenuante da confissão". De todo modo, o penalista defende que o aumento máximo deve ser de um sexto, para não superar o incremento de uma majorante (BARROS, Flavio Augusto Monteiro de. Op. Cit., 2019, p. 549).

70. STJ, AgRg no REsp n. 1.896.157/MG, Rel. Min. Felix Fischer, Quinta Turma, julgado em 9/12/2020, DJe de 17/12/2020; AgRg no REsp n. 1.904.290/MG, Rel. Min. Sebastião Reis Júnior, Sexta Turma, julgado em 15/6/2021, DJe de 21/6/2021.Neste sentido, FRANCO, Alberto Silva. Da Aplicação da Pena. In: FRANCO, Alberto Silva; STOCCO, Rui (coord), Op. Cit., 2007, p. 379. René Ariel Dotti traz julgado com essa aplicação, ressalvando, não obstante, que compete ao julgador a escolha da fração de aumento ou diminuição, por ausência de parâmetros estabelecidos em lei (DOTTI, René Ariel. Op. Cit., 2020, p. 791). Parece ser a posição de Cleber Masson, que só menciona o tratamento diferente das circunstâncias preponderantes quando há concurso, caso em que a circunstância que prepondera deve pesar mais, seja para agravar, seja para atenuar a pena (MASSON, Cleber. Op. Cit., 2019, p. 591).

71. NUCCI, Guilherme de Souza. Op. Cit., 2015, p. 255. Adotando a mesma posição: ALVES, Jamil Chaim. Op. Cit., 2021, p. 489. O STJ já aplicou essa fração: "No caso dos autos, as instâncias ordinárias reconheceram a preponderância da atenuante da menoridade relativa, inclusive, realizando a compensação parcial entre esta e a agravante prevista no art. 61, II, "h" do CP, ocasião em que aplicou a redução no patamar de 1/8 (um oitavo). Portanto, não há falar em ilegalidade" (STJ, AgRg no AREsp n. 2.142.094/SP, relator Ministro Joel Ilan Paciornik, Quinta Turma, julgado em 27/9/2022, DJe de 30/9/2022.)

fase. Entrementes, no concurso entre atenuantes e agravantes, observada a escala de preponderância (CP, art. 67), aquela que estiver melhor graduada sobressair-se-á, contudo, com força de atuação reduzida, haja vista a inevitável força de resistência oriunda da circunstância em sentido contrário. Portanto, mostra-se proporcional, nesses casos, o patamar ideal de 1/12 (um doze avos) para valoração da atenuante ou agravante preponderante, ressalvada sempre a possibilidade de adequação ao caso concreto nessa estipulação" (STJ, AgRg no REsp n. 1.896.157/MG, Rel. Min. Felix Fischer, Quinta Turma, julgado em 9/12/2020, DJe de 17/12/2020)

A reincidência, como visto, é uma agravante que é tida como preponderante. Surgiu, então, a controvérsia sobre a possibilidade de compensação com a confissão espontânea, que é circunstância subjetiva, relacionada à personalidade do acusado[72]. O STJ pacificou, no âmbito da própria Corte, que a compensação é possível, ao julgar recurso especial representativo da controvérsia e fixar, como Tese n. 585, o seguinte entendimento: "É possível, na segunda fase da dosimetria da pena, a compensação da atenuante da confissão espontânea com a agravante da reincidência." (REsp 1341370/MT, Rel. Min. Sebastião Reis Júnior, Terceira Seção, DJe 17/04/2013).

Posteriormente, a Corte modificou a tese para esclarecer o seu entendimento quanto a situações peculiares, como a multirreincidência e a reincidência específica:

> "A reincidência, ainda que específica, deve ser compensada integralmente com a atenuante da confissão, demonstrando, assim, que não deve ser ofertado maior desvalor à conduta do réu que ostente outra condenação pelo mesmo delito. Apenas nos casos de multirreincidência deve ser reconhecida a preponderância da agravante prevista no art. 61, I, do Código Penal, sendo admissível a sua compensação proporcional com a atenuante da confissão espontânea, em estrito atendimento aos princípios da individualização da pena e da proporcionalidade".
>
> (STJ, REsp n. 1.931.145/SP, Rel. Min. Sebastião Reis Júnior, Terceira Seção, julgado em 22/6/2022, DJe de 24/6/2022).

Com base na nova tese, ainda que a reincidência seja específica, ou seja, operada em razão de o agente praticar novamente a mesma infração penal, é possível a compensação integral. Portanto, se a pena de um delito foi fixada como 4 anos na primeira fase da dosimetria e, quando se chega à segunda fase da fixação da pena, o juiz se depara com a confissão espontânea e a reincidência específica, ou seja, a condenação anterior, transitada em julgado, pelo mesmo crime que aquele em julgamento, deve manter a pena no mesmo patamar, isto é, em 4 anos, compensando-se a agravante com a atenuante, caso não haja outras circunstâncias a serem avaliadas.

Entretanto, se o réu for multirreincidente, deve-se reconhecer a preponderância da agravante sobre a confissão espontânea. **Deve-se proceder à compensação parcial entre a confissão e a multirreincidência**, de modo que o juiz pode elevar a pena. Pode-se defender que o juiz deve aumentar a pena em um sexto por cada condenação anterior transitada em julgado que exceda aquela necessária para neutralização

72. Luiz Regis Prado não aceita esse enquadramento, entendendo não haver base legal para considerar a confissão espontânea como preponderante (PRADO, Luiz Regis, Op. Cit., 2020, p. 312).

da confissão. Assim, o juiz, ao se deparar com três condenações anteriores aptas a configurar a reincidência, pode aumentar a pena em 2/6 (dois sextos), utilizando uma delas para neutralizar a confissão. Deve-se ressaltar, de todo modo, ser possível defender a posição de que o juiz deve aumentar a pena em fração inferior, demonstrando apenas a preponderância da reincidência. Se adotada essa segunda posição, o aumento poderia ser realizado em 1/12 (um doze avos), por exemplo.

✓ O que significa multirreincidência?

Questão interessante é que não há uma definição legal de multirreincidência na legislação brasileira, como há em outros países[73]. É possível defender que o acusado multirreincidente é aquele que possui três ou mais condenações transitadas em julgado. De todo modo, esse conceito não é tão relevante, pois, apesar de a tese do STJ se referir a multirreincidência, deve-se extrair a concepção de que a existência de mais de uma condenação transitada em julgado, apta à incidência da agravante prevista no artigo 63 do CP, pode levar à compensação parcial com a confissão espontânea. Isso porque uma condenação configuradora reincidência é o bastante para compensação com a atenuante da confissão, como se nota do seguinte julgado:

> "In casu, foi reconhecida a incidência da atenuante da confissão espontânea e a **dupla reincidência do paciente**. Desse modo, operada a compensação integral entre uma das condenações configuradoras de reincidência e a confissão, **não há ilegalidade no acréscimo operado na fração de 1/6, ante a incidência da reincidência remanescente**" (STJ, AgRg no HC n. 805.431/SP, relator Ministro Reynaldo Soares da Fonseca, Quinta Turma, julgado em 21/3/2023, Dje de 24/3/2023)

Pode-se concluir, assim, que a multirreincidência tem valoração superior à de uma única condenação configuradora de reincidência. Por isso, a agravante da reincidência advinda de uma única condenação possibilita a compensação total com a atenuante da confissão. Por outro lado, se houver multirreincidência ou dupla reincidência, haverá compensação parcial. Questionou-se, então, se seria possível adotar uma fração maior do que 1/6 em caso de dupla reincidência ou de multirreincidência. O STJ decidiu ser sim cabível a aplicação de fração superior à adotada como regra para as agravantes nesses casos:

> "É consabido que o Código Penal não estabeleceu o quantum de aumento para as circunstâncias agravantes genéricas, dentre elas a reincidência (art. 61, I, do Código Penal), cabendo a escolha ao juiz, em decisão fundamentada. Usualmente, utiliza-se a fração de 1/6, permitindo-se a sua elevação quando há dupla ou multirreincidência" (STJ, AgRg no HC n. 820.504/PE, Rel. Des. Conv. Jesuíno Rissato, Sexta Turma, julgado em 11/9/2023, DJe de 15/9/2023.)

73. Artigo 51 do Código Penal argentino: "ARTICULO 52.- Se impondrá reclusión por tiempo indeterminado como accesoria de la última condena, cuando la reincidencia fuere múltiple en forma tal que mediaren las siguientes penas anteriores: 1. Cuatro penas privativas de libertad, siendo una de ellas mayor de tres años; 2. Cinco penas privativas de libertad, de tres años o menores". Artigo 82.2 do Código Penal cubano: "2. Existe multirreincidencia cuando al delinquir, el responsable ya había sido sancionado con anterioridad por dos o más delitos intencionales, siempre que las sentencias por las que fue sancionado hayan adquirido firmeza."

Na mesma linha de raciocínio, seria possível concluir que a reincidência específica deve levar à aplicação da mesma fração de aumento das agravantes. Isso porque a reincidência específica deve ser integralmente compensada com a atenuante da confissão espontânea. É essa a posição do STJ. No entanto, admite-se, excepcionalmente, a aplicação de fração mais elevada para essa agravante, desde que haja fundamentação específica, baseada em circunstâncias do caso concreto, conforme tese fixada em julgamento de recurso repetitivo representativo da controvérsia:

> "A reincidência específica como único fundamento só justifica o agravamento da pena em fração mais gravosa que 1/6 em casos excepcionais e mediante detalhada fundamentação baseada em dados concretos do caso."
>
> (STJ, REsp n. 2.003.716/RS, Rel. Min. Joel Ilan Paciornik, Terceira Seção, julgado em 25/10/2023, DJe de 31/10/2023)

5.7. A terceira fase da dosimetria da pena: causas de aumento e de diminuição de pena

Na terceira fase, incidem **as causas de aumento**, chamadas de majorantes, e as **de diminuição de pena**, denominadas de minorantes. Nesta fase, **o juiz pode ultrapassar os limites mínimo e máximo da pena abstratamente cominada ao crime**.

As minorantes e majorantes possuem previsão, na lei, de qual a fração de aumento ou de diminuição deve ser utilizada pelo juiz, ou, ao menos, a fração máxima e a mínima de alteração da pena intermediária.

O julgador, portanto, parte da pena intermediária para encontrar a **pena definitiva**. Esta pode ser inferior ao mínimo previsto no preceito secundário, bem como pode ultrapassar o máximo previsto pelo legislador no tipo penal.

Primeiro, devem incidir as causas de aumento de pena. Após, sobre a pena já elevada, incide a minorante. Isso garante que a pena seja menor do que a operação na ordem inversa. Essa questão da ordem decorre da falta de previsão na lei de qual a sequência a ser observada, razão pela qual deve ser escolhida a mais favorável ao réu.

Referidas premissas estão estabelecidas no seguinte precedente do STJ:

> *"2. **De acordo com a jurisprudência desta Corte, não é possível a compensação de uma causa de aumento com outra de redução. Isso porque, além de obediência ao sistema trifásico (68 do CP), possui o magistrado o dever de esclarecer os motivos que determinaram a incidência do respectivo quantum de aumento ou de diminuição de pena que entender aplicável** (HC 237.734/SP, Rel. Min. Marco Aurélio Bellizze, Quinta Turma, julgado em 19/03/2013, DJe 25/03/2013). Precedentes. 3. **Com o intuito de assegurar o tratamento mais favorável ao réu no momento do cálculo de suas penas, presentes causas de aumento e diminuição, deve-se, primeiramente, elevar a pena e, somente após, fazer incidir a minorante. Precedentes.**" (STJ, HC 367916/SP, Rel. Min. Nefi Cordeiro, Sexta Turma, DJe 10/11/2016).*

Com relação ao concurso entre majorantes e minorantes, se as causas estiverem na parte geral do Código Penal, devem todas incidir. De igual modo, se houver uma causa de aumento de pena na Parte Especial e outra na Parte Geral, ou uma minorante na Parte Geral e outra, na Especial, todas incidem.

Nesses casos, **as causas de aumento devem incidir uma de cada vez, sobre a pena intermediária (princípio da incidência isolada)**.

Por exemplo, há duas majorantes, uma de 1/3 e outra de 1/6, sendo a pena intermediária de 9 anos de reclusão. A incidência de cada majorante deve ocorrer de forma isolada, sobre os 9 anos de reclusão, com a posterior soma:

- 1/3 de 9 = 3 anos de reclusão;
- 1/6 de 9 = 1 ano e 6 meses de reclusão;
- Pena intermediária (9 anos) + majorante A (3 anos) + majorante B (1 ano e 6 meses) = Pena definitiva (13 anos e 6 meses de reclusão).

Quanto às causas de diminuição, **a primeira minorante incide sobre a pena intermediária, já a segunda incide sobre a pena já diminuída e assim sucessivamente (princípio da incidência cumulativa)**.

Vamos pensar em um caso exemplificativo, em que foram reconhecidas duas minorantes, uma de 1/2 e outra de 1/3. A pena intermediária, fixada na segunda fase, é de 6 anos de detenção. A incidência de cada minorante deve ocorrer de forma cumulativa, uma sobre o resultado da diminuição anterior. Com isso, evita-se o inconveniente da pena zero ou até mesmo da pena negativa, que seria um cenário possível se a incidência fosse isolada:

- Pena intermediária (6 anos) – Minorante A (1/2 = 3 anos) = **3 anos**;
- Pena restante (**3 anos**) – Minorante B (1/3 = 1 ano) = 2 anos;
- Pena definitiva = 2 anos de detenção.

Esse entendimento não é unânime. Outro entendimento é de que o princípio da incidência isolada ou da incidência cumulativa deveriam ser adotados integralmente. Haveria, assim, três outras possibilidades: 1) adoção do critério da incidência cumulativa para todas as causas de aumento e de diminuição; 2) utilização do critério da incidência isolada para todas as majorantes e minorantes; 3) a posição, aqui adotada, de adoção do critério da incidência cumulativa para as minorantes e da incidência isolada para as majorantes.

A jurisprudência, entretanto, tem adotado o princípio da incidência cumulativa, também chamada de efeito cascata, tanto para as causas de aumento quanto para as de diminuição de pena. Tem-se entendido que a incidência cumulativa evita o risco da *pena zero*. Por outro lado, quanto às majorantes, tem sido rejeitado o critério da incidência isolada, mais favorável ao réu, em favor de um critério único para as causas de aumento de diminuição de pena:

> *"Pleito de utilização da acumulação simples. Impossibilidade. A jurisprudência Pátria adota o critério cumulativo ou do "efeito cascata", no que tange ao concurso de causas de aumento ou diminuição de pena. Precedentes." (STJ, AgRg no HC n. 723.412/SC, Rel. Des. Conv. Jesuíno Rissato, Quinta Turma, julgado em 25/10/2022, DJe de 4/11/2022)*
>
> *"Não há respaldo para a existência de critérios distintos em relação à incidência de causas de diminuição e aumento de pena, pois o critério que fundamenta uma deverá*

> *ser idêntico para a outra, de modo que a aplicabilidade do critério sucessivo, cumulativo ou de efeito cascata deve incidir sobre as causas de diminuição e aumento de pena, sem qualquer distinção." (STJ, EDcl no AgRg no HC n. 679.706/SC, Rel. Min. Antonio Saldanha Palheiro, Sexta Turma, julgado em 8/2/2022, DJe de 15/2/2022).*
>
> "Cálculo da reprimenda em razão do emprego das majorantes. Pleito de utilização da acumulação simples. Impossibilidade. A jurisprudência Pátria adota o critério cumulativo ou do "efeito cascata", no que tange ao concurso de causas de aumento ou diminuição de pena. Precedentes." (STJ, AgRg no HC n. 723.412/SC, relator Des. Conv. Jesuíno Rissato, Quinta Turma, julgado em 25/10/2022, DJe de 4/11/2022).

Se, entretanto, houver a configuração **de mais de uma majorante ou minorante previstas na Parte Especial do Código**, o juiz pode realizar um só aumento ou a uma só diminuição, mas pela causa que determine o maior aumento ou a maior diminuição. É o que prevê o parágrafo único do artigo 68:

> *Art. 68 – A pena-base será fixada atendendo-se ao critério do art. 59 deste Código; em seguida serão consideradas as circunstâncias atenuantes e agravantes; por último, as causas de diminuição e de aumento.*
>
> *Parágrafo único –* ***No concurso de causas de aumento ou de diminuição previstas na parte especial, pode o juiz limitar-se a um só aumento ou a uma só diminuição, prevalecendo, todavia, a causa que mais aumente ou diminua.***

Assim, o juiz pode entender que só incide uma das majorantes ou minorantes, se todas estiverem na Parte Especial do Código Penal, como, por exemplo, as causas de aumento de pena do roubo. Então, deve escolher a que leve ao maior aumento ou à menor diminuição.

Caso se entenda que o juiz pode decidir pela incidência de mais de uma delas (matéria controversa), as causas de aumento devem incidir conforme o princípio da incidência isolada, enquanto as de diminuição, conforme o princípio da incidência cumulativa. O STJ e o STF têm entendido que o Judiciário pode decidir pela limitação ou não a um só aumento ou diminuição[74].

Se o juiz optar por aplicar apenas uma das majorantes ou das minorantes previstas na Parte Especial e que incidem no caso, a circunstância não utilizada deve ser usada como agravante ou atenuante ou, se não houver previsão legal, como circunstância judicial. Por exemplo, havendo majorantes de concurso de pessoas, de 1/3 a 1/2, e de emprego de arma de fogo, de 2/3, o juiz, ao decidir aplicar apenas uma causa de aumento de pena, deve necessariamente utilizar a de 2/3. Deve, então, analisar se alguma das agravantes

74. "A jurisprudência deste Superior Tribunal de Justiça e a do Supremo Tribunal Federal são no sentido de que o art. 68, Parágrafo Único, do Código Penal, não exige que o juiz aplique uma única causa de aumento da parte especial do Código Penal quando estiver diante de concurso de majorantes, mas que sempre justifique a escolha da fração imposta" (STJ, HC 472771/SC, Rel. Min. Reynaldo Soares da Fonseca, Quinta turma, DJe 13/12/2018). No mesmo sentido: STF, ARE 896.843/MT, Rel. Min. Gilmar Mendes, Segunda turma, DJe 23/09/2015; STF, HC 110960, Rel. Min. Luiz Fux, Primeira Turma, julgado em 19/08/2014; STJ, HC 620.677/SP, Rel. Min. Félix Fischer, Quinta Turma, julgado em 02/02/2021, DJe 08/02/2021.

se amolda ao caso concreto, especialmente as de concurso de pessoas, do artigo 62, e, se não for possível a valoração como agravante, deverá valorar como circunstância judicial[75].

Caso haja majorantes e minorantes, o juiz deve aplicar ambas, havendo doutrina que aponta a seguinte ordem: primeiro as majorantes e, sobre a pena já aumentada, fazer a aplicação das causas de diminuição de pena, nos termos do princípio da incidência cumulativa. De todo modo, a aplicação das frações de aumento e diminuição em ordens diversas não altera o resultado.

Como exemplos de causas de aumento de pena, pode-se citar, dentre outros, o concurso material, concurso formal e a continuidade delitiva. Já para amostragem de causas de diminuição de pena, há a tentativa, o erro de proibição inescusável, a participação de menor importância etc.

5.8. Sistemas penitenciários

Após fixada a pena, o juiz também deve estabelecer o regime inicial para o seu cumprimento. O regime de cumprimento de pena se relaciona com o estudo dos sistemas penitenciários. É a formatação dos sistemas penitenciários que dará diretrizes sobre a forma de se executar a pena . Esses sistemas foram discutidos e modificados desde o surgimento da pena privativa de liberdade. O seu desenvolvimento, assim, relaciona-se com o próprio início da utilização do cárcere como pena, e não apenas como custódia. Como lembra Bitencourt, os sistemas penitenciários foram concebidos, pioneiramente, nos Estados Unidos da América, disseminando-se para diversos outros países, inclusive o Brasil[76].

A) Sistema pensilvânico ou celular

Em 1776, foi construída a primeira prisão norte-americana pelos quacres, integrantes de uma seita protestante do século XVII. O início do sistema teve como marco inicial a reforma das prisões em razão da influência e atuação dos quacres e de cidadãos da Filadélfia. Por meio dessa influência, as autoridades públicas criaram uma instituição que propunha o isolamento do preso em uma cela como forma de ressocialização. Portanto, por meio de uma determinação legal, foi construído um edifício celular no jardim da prisão de Walnut Street.

---

75. "3. Quanto à possibilidade propriamente dita de deslocar a majorante sobejante para outra fase da dosimetria, considero que se trata de providência que, além de não contrariar o sistema trifásico, é a que melhor se coaduna com o princípio da individualização da pena. De fato, as causas de aumento (3ª fase), assim como algumas das agravantes, são, em regra, circunstâncias do crime (1ª fase) valoradas de forma mais gravosa pelo legislador. Assim, não sendo valoradas na terceira fase, nada impede sua valoração de forma residual na primeira ou na segunda fases.
4. A desconsideração das majorantes sobressalentes na dosimetria acabaria por subverter a própria individualização da pena realizada pelo legislador, uma vez que as circunstâncias consideradas mais gravosas, a ponto de serem tratadas como causas de aumento, acabariam sendo desprezadas. Lado outro, se não tivessem sido previstas como majorantes, poderiam ser integralmente valoradas na primeira e na segunda fases da dosimetria. (AgRg no REsp 1931220/PR, Rel. Ministro Reynaldo Soares da Fonseca, Quinta Turma, julgado em 08/06/2021, DJe 14/06/2021)

76. BITENCOURT, Cezar Roberto. Op. Cit., 2020, p. 179-190. A obra do autor é base desse estudo sobre os sistemas penitenciários.

Nesse estabelecimento, aplicou-se a regra do silêncio absoluto, mas não se aplicou o sistema de forma completa, pois o isolamento era destinado apenas aos presos mais perigosos. Todas as ideias que fundamentaram o mencionado sistema não se originaram apenas do conhecimento religioso dos quacres, mas também sofreram a influência de Howard, Beccaria e Bentham, além de conceitos religiosos advindos do Direito Canônico.

O sistema celular fracassou, principalmente em razão do rápido crescimento da população carcerária, porém, após pressionarem o poder público, a Sociedade da Pensilvânia e a Sociedade da Filadélfia obtiveram uma nova chance e construíram duas novas penitenciárias: a penitenciária ocidental (Western Penitentiary), em Pittsburgh, e a prisão oriental (Eastern Penitentiary). Na prisão ocidental foi instituído o regime de isolamento total, mas em 1829, com a inauguração da prisão oriental, constatou-se que o regime era inviável e então permitiram que o preso trabalhasse na cela. Contudo, o trabalho não diminuiu o isolamento, pois os prisioneiros trabalhavam sozinhos em suas celas.

Em síntese, vislumbra-se que as características essenciais desse sistema se resumem ao isolamento celular, à obrigação de manter o silêncio, à oração e à meditação. Nesse sistema, não havia gastos com vigilância, tendo em vista que os presos eram isolados e não podiam se comunicar, a não ser com o guarda em situações específicas. Portanto, tal sistema penitenciário não auxiliava na recuperação do delinquente, mas apenas o mantinha dominado em um sistema eficiente de controle.

B) Sistema auburniano

Em 1796, o governador Jhon Jay de Nova Iorque passou a estudar o sistema celular. Assim, em 1797 foi inaugurada a prisão de Newgate, porém, como a prisão era muito pequena, não era possível aplicar o confinamento solitário. Em 1890, foi proposta a construção de uma nova prisão, que apenas acabou sendo construída em 1816. No ano de 1821, os prisioneiros foram divididos em três categorias: a categoria dos prisioneiros mais velhos e reincidentes, que ficavam em isolamento contínuo; a dos prisioneiros um pouco menos contumazes, que ficavam isolados três dias na semana e podiam trabalhar; e por fim, a terceira categoria, pelos mais corrigíveis, que eram isolados apenas à noite e podiam trabalhar durante o dia, podendo ser ainda destinados à cela durante o dia, em pelo menos um dia da semana.

Ocorreu que dentre os oitenta prisioneiros, com exceção de dois, os demais morreram, enlouqueceram ou conquistaram o perdão. Então, uma comissão legislativa determinou o abandono do confinamento solitário e a partir desse momento permitiram o trabalho aos reclusos; em contrapartida, foram impostos o absoluto silêncio e o confinamento noturno.

O referido sistema adota o trabalho em comum e o silêncio absoluto. O silêncio favorecia a meditação e a oração, como também consistia em um instrumento de controle. Esse sistema tinha como objetivo, implícito ou não, de servir de parâmetro, de modelo de prisão para toda a sociedade.

No sistema auburniano, os indivíduos deveriam ser isolados moralmente e reunidos sob um poder hierárquico para que pudessem produzir. Foucault não aceitou o sistema como forma de corrigir o delinquente, mas o considerou como meio de imposição e manutenção do poder. O propósito do trabalho era proporcionar ao prisioneiro a oportunidade de produzir e de permitir incorporar-se na força do trabalho. Todavia, os sindicatos se opuseram ao trabalho nas penitenciárias, pelo fato de que a produção tinha menor custo, o que acarretava uma competição com o trabalhador livre.

Além desse aspecto, outra característica negativa do sistema foi o rigoroso regime disciplinar aplicado. O referido sistema adotava o estilo de vida militar, em virtude da necessidade de organização de uma vida complexa. Os prisioneiros também eram submetidos a castigos cruéis e excessivos, que levavam a uma reflexão a respeito da obediência irreflexiva. Acreditava-se que o castigo era justificável para a recuperação do delinquente.

Entre os sistemas pensilvânico e auburniano, há a semelhança no fato de que ambos os sistemas impediam que os reclusos se comunicassem, separando-os em celas individuais durante a noite. Quanto à principal diferença, essa consiste no fato de que no sistema celular a segregação ocorria durante todo o dia e no auburniano os prisioneiros eram reunidos durante algumas horas para poderem trabalhar. Além disso, observa-se que o fundamento do sistema pensilvânico é religioso, enquanto o fundamento do sistema auburniano inspirava-se em justificação econômica.

Os dois sistemas adotavam o caráter retributivo e punitivo da pena e objetivavam a ressocialização do prisioneiro. A Europa adotou o regime celular e os Estados Unidos o sistema auburniano, conforme as necessidades de cada país naquela época. Enquanto a Europa demandava por um sistema que coibisse a delinquência, os Estados Unidos buscavam o desenvolvimento econômico que o sistema auburniano propiciava por meio do trabalho dos prisioneiros. Nesse ponto, vale destacar que o sistema auburniano foi um dos alicerces para o sistema progressivo aplicado em alguns países.

C) Sistemas progressivos

No século XIX, passa a ser imposta a pena privativa de liberdade, ao invés de pena de morte, encontrando-se o seu auge no mesmo momento em que houve o abandono dos outros antigos sistemas e a adoção do regime progressivo. Esse regime distribuía o tempo de condenação em períodos e avaliava os possíveis benefícios que o prisioneiro poderia desfrutar, bem como possibilitava ao recluso reintegrar-se na sociedade antes do fim da pena. O objetivo do sistema era ser um estímulo para boas condutas, a fim de se obter a reforma moral do recluso.

O regime foi considerado um grande avanço, uma vez que priorizou a vida do recluso e diminuiu o rigor excessivo na aplicação da pena.

D) Sistema progressivo inglês ou *mark system*

No ano de 1840, Alexander Maconochie, governador da Ilha Norfolk, na Austrália, escreveu uma obra muito relevante para a filosofia prisional, embora alguns considerem que o criador do sistema progressivo tenha sido o governador do presídio de Valência, Coronel Manuel Montesinos de Molina, nomeado em 1834. A

Inglaterra enviava os criminosos mais violentos para essa ilha e, apesar da severidade do regime, havia motins e fugas. Esse sistema era nomeado de sistema progressivo inglês ou *mark system* e consistia em medir a duração da pena de acordo com o comportamento e o trabalho do recluso. A soma era feita por meio de vales, que o condenado precisava arrecadar de forma proporcional à gravidade do delito praticado. De forma diária, o cálculo era feito, sendo deduzidos alimentação e outros fatores. O remanescente dos vales equivalia à pena que ainda restava a ser cumprida. Em caso de mau comportamento era aplicada uma multa.

O sistema progressivo dividia-se em três períodos. No primeiro período, havia o isolamento celular diurno e noturno, que tinha como finalidade a reflexão do condenado a respeito do crime cometido. O recluso poderia ser submetido a trabalho exaustivo, bem como poderia receber pouca alimentação. No segundo período, o apenado era recolhido em um estabelecimento chamado de *public workhouse*, trabalhava durante o dia em silêncio absoluto e durante a noite era segregado. Esse período subdividia-se em classes. Se o condenado possuía vales ou marcas ele passava a ocupar uma outra classe até que ele obtivesse o *ticket of leave*, ou seja, a liberdade condicional. Na terceira fase, o condenado obtinha uma liberdade limitada e, assim, passado esse período sem que houvesse a revogação, o condenado obteria sua liberdade de forma definitiva.

E) Sistema progressivo irlandês

Apesar do avanço do sistema de Maconochie, era necessário que houvesse uma melhor preparação do recluso para voltar à liberdade plena. Walter Crofton, diretor das prisões na Irlanda, introduziu uma mudança fundamental, a ideia original de prisões intermediárias, no sistema progressivo, criando o sistema irlandês. Tratava-se de um período entre as prisões e a liberdade condicional, considerada como meio de prova da aptidão para a vida em liberdade. O sistema irlandês ficou composto por quatro fases.

Na primeira fase, ocorria a reclusão celular diurna e noturna, sem comunicações e com escassez de alimentação. Na segunda fase, a reclusão celular era noturna e o trabalho diurno era exercido em comum, com a obrigação de manter o silêncio. Nessa fase havia a progressão através das marcas. Na terceira fase, tinha-se o período intermediário entre a prisão comum em local fechado e a liberdade condicional. Nesse período as prisões eram especiais e os trabalhos eram realizados ao ar livre, no exterior dos estabelecimentos. Na quarta fase, ocorria a liberdade condicional.

O sistema irlandês repercutiu e acabou sendo adotado em inúmeros países; todavia, sua efetividade tem sido questionada nas últimas décadas e sofreu inúmeras modificações.

F) Sistema de Montesinos

Nomeado governador do perídio de Valência, em 1835, o Coronel Manoel Montesinos e Molina conseguiu implantar uma gestão eficiente e humanitária, a ponto de se considerar que criou um novo sistema penitenciário. Utilizando a sua capacidade de liderança, o Coronel conseguiu disciplinar os reclusos sem a imposição de severos castigos. Na realidade, o Coronel diminuiu o rigor dos castigos e orientou-se pela disciplina racional, utilizando a sua autoridade moral. Por meio de um equilíbrio entre a autoridade e a atitude pedagógica, permitia-se a correção do recluso. Sua obra menciona a construção de relação pessoal com o preso, buscando enxergar a sua individualidade e tratando-o de forma digna.

5.9. Regime e local de cumprimento das penas privativas de liberdade

Para o cumprimento de pena, temos mais de um regime no Código Penal: **o fechado, o aberto e o semiaberto**. O sistema é o **progressivo**, ou seja, o agente deve, conforme o seu mérito, ir do regime mais gravoso ao menos restrito ao longo da execução da pena. Também pode ser chamado de **sistema inglês**[77].

Entretanto, caso pratique falta grave ou sobrevenham novas condenações, é possível que o indivíduo sofra a **regressão** do regime, passando do mais leve àquele mais grave. O juiz, na sentença, fixa o regime inicial de cumprimento de pena, que, como visto, poderá se alterar durante a execução. Ele poderá fazer jus à progressão, poderá sofrer a regressão, assim como pode ter a unificação com nova pena, o que pode levar à alteração do regime.

O artigo 33, *caput* e § 1º, do Código Penal, prevê os regimes de cumprimento de pena e o local de cumprimento:

> *Art. 33 – A pena de reclusão deve ser cumprida em regime fechado, semiaberto ou aberto. A de detenção, em regime semiaberto, ou aberto, salvo necessidade de transferência a regime fechado.*
>
> *§ 1º – Considera-se:*
>
> *a) regime fechado a execução da pena em estabelecimento de segurança máxima ou média;*
>
> *b) regime semiaberto a execução da pena em colônia agrícola, industrial ou estabelecimento similar;*
>
> *c) regime aberto a execução da pena em casa de albergado ou estabelecimento adequado.*

O **regime fechado** refere-se à execução da pena privativa de liberdade em estabelecimento de segurança máxima ou média, conforme as regras do artigo 34 do Código Penal. Fica sujeito a trabalho no período diurno e isolamento no noturno. Há o dever de participar do trabalho comum, conforme aptidões ou ocupações anteriores e ressalvada a compatibilidade com a execução da pena. É possível o trabalho externo apenas em serviços ou obras públicas:

> *Art. 34 – O condenado será submetido, no início do cumprimento da pena, a exame criminológico de classificação para individualização da execução.*
>
> *§ 1º – O condenado fica sujeito a trabalho no período diurno e a isolamento durante o repouso noturno.*

77. MASSON, Cleber. Direito Penal: parte geral (arts. 1º a 120) – vol. 1. São Paulo: Método, 2019, p. 475.

> *§ 2º – O trabalho será em comum dentro do estabelecimento, na conformidade das aptidões ou ocupações anteriores do condenado, desde que compatíveis com a execução da pena*
>
> *§ 3º – O trabalho externo é admissível, no regime fechado, em serviços ou obras públicas.*

Apesar de o Código Penal somente autorizar o trabalho externo em serviços ou obras públicas, o artigo 36 da Lei de Execução Penal prevê o trabalho fora do estabelecimento prisional em entidades privadas, desde que tomadas as cautelas contra a fuga e em favor da disciplina.

Por sua vez, o **regime semiaberto** implica o cumprimento da pena privativa de liberdade em colônia agrícola, industrial ou estabelecimento similar. O regime admite o trabalho externo e a frequência a cursos profissionalizantes, de instrução de segundo grau ou superior. Também comporta a saída temporária, limitada, pela Lei n. 14.843/2024, à finalidade de freqüência a curso supletivo profissionalizante, bem como de instrução do 2º grau ou superior, na Comarca do juízo da execução. Os pressupostos para a concessão da saída temporária estão no artigo 123 da Lei n. 7.210/1984. O regramento do regime semiaberto está no artigo 35 do Código Penal, determinando o trabalho em comum, durante o dia, em colônia agrícola, industrial ou estabelecimento similar.

> *Art. 35 – Aplica-se a norma do art. 34 deste Código,* caput, *ao condenado que inicie o cumprimento da pena em regime semiaberto.*
>
> *§ 1º – O condenado fica sujeito a trabalho em comum durante o período diurno, em colônia agrícola, industrial ou estabelecimento similar.*
>
> *§ 2º – O trabalho externo é admissível, bem como a frequência a cursos supletivos profissionalizantes, de instrução de segundo grau ou superior.*

Por fim, o **regime aberto** traduz-se no cumprimento da pena privativa de liberdade em casa de albergado ou estabelecimento adequado, consoante a disciplina do artigo 36 do Código Penal. O condenado deve trabalhar, estudar ou realizar outra atividade autorizada durante o dia. No período noturno e nos dias de folga, deve permanecer recolhido. Como prevê o CP, tem como fundamentos a autodisciplina e o senso de responsabilidade do condenado:

> *Art. 36 – O regime aberto baseia-se na autodisciplina e senso de responsabilidade do condenado.*
>
> *§ 1º – O condenado deverá, fora do estabelecimento e sem vigilância, trabalhar, frequentar curso ou exercer outra atividade autorizada, permanecendo recolhido durante o período noturno e nos dias de folga.*
>
> *§ 2º – O condenado será transferido do regime aberto, se praticar fato definido como crime doloso, se frustrar os fins da execução ou se, podendo, não pagar a multa cumulativamente aplicada.*

Assim, é possível esquematizar o lugar de cumprimento de pena privativa de liberdade conforme o regime:

Regime de cumprimento	Lugar de cumprimento
Fechado	Estabelecimento de segurança máxima ou média.
Semiaberto	Colônia agrícola, industrial ou estabelecimento similar.
Aberto	Casa de albergado ou estabelecimento adequado (com possibilidade de prisão domiciliar, conforme a LEP).

Para a **fixação do regime inicial de cumprimento de pena**, o juiz deverá observar o regramento do artigo 33, §§ 2º e 3º:

> *§ 2º – As penas privativas de liberdade deverão ser executadas em forma progressiva, segundo o mérito do condenado, observados os seguintes critérios e ressalvadas as hipóteses de transferência a regime mais rigoroso:*
>
> *a) o condenado a pena superior a 8 (oito) anos deverá começar a cumpri-la em regime fechado;*
>
> *b) o condenado não reincidente, cuja pena seja superior a 4 (quatro) anos e não exceda a 8 (oito), poderá, desde o princípio, cumpri-la em regime semiaberto;*
>
> *c) o condenado não reincidente, cuja pena seja igual ou inferior a 4 (quatro) anos, poderá, desde o início, cumpri-la em regime aberto.*
>
> *§ 3º – A determinação do regime inicial de cumprimento da pena far-se-á com observância dos critérios previstos no art. 59 deste Código.*

Os critérios para a escolha do regime inicial de cumprimento de pena são, portanto, **o *quantum* da pena aplicada** e **as circunstâncias judiciais** do caso. Não se pode evocar a gravidade abstrata do delito, que já foi valorada pelo legislador na definição dos limites mínimo e máximo da pena prevista para o tipo penal respectivo.

É necessário que se analise a gravidade do fato determinado, que está em julgamento, avaliando-se a pena aplicada, com base nos parâmetros do artigo 33, parágrafo segundo, do Código Penal, mas sem se olvidar de sopesá-la com as circunstâncias judiciais.

Os parâmetros fixados na lei sobre a quantidade da pena e a imposição de determinado regime devem ser lidos em uma interpretação favorável ao réu. Deste modo, o juiz deve, ao sentenciar, levar em conta que só por meio de decisão fundamentada se pode impor regime mais gravoso do que o apontado pela lei com base no quantum da pena. A justificativa para a fixação de regime mais gravoso do que o apontado pelo Código com base no *quantum* da pena deve ser feita com base, claro, em elementos concretos daquela infração penal. Assim, uma pena fixada no mínimo legal, por expressar circunstâncias judiciais favoráveis e desvalor que não sobressai do inerente ao crime, não possibilita um regime mais gravoso do que o devido em razão da pena concretamente fixada, como pontua a Súmula 440 do STJ:

> *Súmula 440 – Fixada a pena-base no mínimo legal, é vedado o estabelecimento de regime prisional mais gravoso do que o cabível em razão da sanção imposta, com base apenas na gravidade abstrata do delito.*

No mesmo sentido, a Súmula n.719 do STF exige motivação idônea para que o juiz determine um regime inicial de cumprimento de pena que seja mais rígido do que o resultante da mera análise do artigo 33, parágrafo segundo, do CP:

> *A imposição do regime de cumprimento mais severo do que a pena aplicada permitir exige* ***motivação idônea.***

Ademais, como é a regra da motivação do juiz na sentença penal condenatória, a fixação do regime inicial de cumprimento de pena deve se relacionar a circunstâncias concretas, especialmente se imposto regime mais gravoso. Neste sentido, o teor da Súmula 718 do STF:

> ***A opinião do julgador sobre a gravidade em abstrato do crime não constitui motivação idônea para a imposição de regime mais severo do que o permitido segundo a pena aplicada.***

É importante enfatizar que a fixação do regime inicial depende de análise das circunstâncias judiciais e da pena imposta. Por isso, ainda que uma leitura apressada possa levar à conclusão de que o regime inicial para os reincidentes seria sempre o fechado, não é a interpretação que se deve fazer dos parâmetros fixados no parágrafo segundo do artigo 33. Na leitura conjunta com o parágrafo segundo do mesmo dispositivo, deve-se lembrar que essas diretrizes fundamentadas na quantidade de pena devem ser cotejados com o desvalor da conduta e do resultado, por meio da avaliação das circunstâncias judiciais. Por isso, é possível que o reincidente inicie o cumprimento de pena em regime semiaberto, conforme estipula a Súmula n. 269 do STJ:

> *É admissível a adoção do regime prisional semiaberto aos reincidentes condenados a pena igual ou inferior a quatro anos se favoráveis as circunstâncias judiciais.*

A jurisprudência admite que reincidentes iniciem o cumprimento da pena no regime aberto em hipóteses excepcionais. É o caso de furto de bagatela, isto é, de irrelevante lesão ao patrimônio, mas praticado por réu reincidente. Se o juiz entender não ser cabível o reconhecimento da atipicidade material da conduta, em razão da reincidência, pode, no entanto, estabelecer o regime aberto para início de cumprimento de pena. Assim, tem decidido o STF:

> *"Por maioria, foram também acolhidas as seguintes teses: (i) a reincidência não impede, por si só, que o juiz da causa reconheça a insignificância penal da conduta, à luz dos elementos do caso concreto; e (ii) na hipótese de o juiz da causa considerar penal ou socialmente indesejável a aplicação do princípio da insignificância por furto, em situações em que tal enquadramento seja cogitável, eventual sanção privativa de liberdade deverá ser fixada, como regra geral, em regime inicial aberto, paralisando-se a incidência do art. 33, § 2º, c, do CP no caso concreto, com base no princípio da proporcionalidade" (STF, HC 123108, Relator Ministro Roberto Barroso, Tribunal Pleno, julgado em 03-08-2015).*
>
> *"4. Não se mostra possível acatar a tese de atipicidade material da conduta, pois não há como afastar o elevado nível de reprovabilidade assentado pelas instâncias antecedentes, ainda mais considerando o registro do Tribunal local dando conta de que o paciente é reincidente, o que desautoriza a aplicação do princípio da insignificância,*

> *na linha da jurisprudência desta CORTE. 5. Quanto ao modo de cumprimento da reprimenda penal, há quadro de constrangimento ilegal a ser corrigido. A imposição do regime inicial semiaberto parece colidir com a proporcionalidade na escolha do regime que melhor se coadune com as circunstâncias da conduta, de modo que o regime aberto melhor se amolda à espécie" (STF, HC 224976 AgR, Rel. Min. Luiz Fux, Rel. p/ acórdão Min. Alexandre de Morais, Primeira Turma, julgado em 03/04/2023)*[78]

O STJ já adotou o mesmo entendimento, fixando o regime inicial aberto para casos análogos, em um juízo amplo do princípio da insignificância[79]. Mais recentemente, contudo, a Sexta e a Quinta Turma têm afastado o regime inicial nas mesmas circunstâncias, sob o argumento de que a reincidência é apta a fundamentar regime mais gravoso:

> *"Na hipótese dos autos, o réu possui reiteração delitiva em delitos contra o patrimônio, inclusive com condenação definitiva, circunstância que impede a aplicação do princípio da insignificância, nos termos do entendimento pacífico deste Tribunal Superior. 2. A reincidência do réu obsta a fixação do regime inicial aberto e também a substituição, eis que a medida não se mostra socialmente recomendável. Precedentes." (STJ, AgRg no HC n. 705.074/SP, Rel. Min. Joel Ilan Paciornik, Quinta Turma, julgado em 22/2/2022, DJe de 2/3/2022.)*[80]

Vista a fixação inicial do regime inicial de cumprimento de pena pelo juiz, é importante enfatizar que, como reflexo da individualização da pena, ele pode se alterar durante a execução. Assim, partindo-se do regime inicial, a sua execução deve ocorrer de **forma progressiva**, do sistema mais rigoroso para o menos rigoroso, conforme o mérito do executado e o cumprimento de determinado percentual da pena. A progressão é o caminho natural da execução da pena, mas isso depende estritamente do comportamento do executado. Caso o seu comportamento não seja o esperado, é possível a sua regressão, passando do regime mais flexível para o mais rigoroso. É o que a acontece, por exemplo, se ele pratica um crime durante o cumprimento de pena, agredindo algum colega de cela, o que configura falta grave.

A progressão, portanto, somente pode ser obstada se o comportamento do acusado for desfavorável, ressalvado, obviamente, o adimplemento de algum requisito

---

78. No mesmo sentido: STF, HC 223071 AgR, Rel. Min. Dias Toffoli, Rel. p/ acordão Min. Alexandre de Morais, Primeira Turma, julgado em 22/02/2023; STF, RHC 189694 AgR, Rel. Min. Ricardo Lewandowski, Segunda Turma, julgado em 07/12/2020.

79. "Entretanto, considerando as peculiaridades deste caso, fixo o regime aberto, para o início de cumprimento da pena, com lastro no seguinte julgado: "A aplicação do princípio da insignificância envolve um juízo amplo ("conglobante"), que vai além da simples aferição do resultado material da conduta, abrangendo também a reincidência ou contumácia do agente, elementos que, embora não determinantes, devem ser considerados. A reincidência não impede, por si só, que o juiz da causa reconheça a insignificância penal da conduta, à luz dos elementos do caso concreto. Na hipótese de o juiz da causa considerar penal ou socialmente indesejável a aplicação do princípio da insignificância por furto, em situações em que tal enquadramento seja cogitável, eventual sanção privativa de liberdade deverá ser fixada, como regra geral, em regime inicial aberto, paralisando-se a incidência do art. 33, § 2º, c, do CP no caso concreto, com base no princípio da proporcionalidade " STF. Plenário. HC n. 123.108/MG, HC n. 123.533/SP e HC n. 123.734/MG, Rel. Min. Roberto Barroso, j. 3/8/2015 (Info 793)." (STJ, AgRg no HC n. 623.343/SC, Rel. Min. Felix Fischer, Quinta Turma, julgado em 18/5/2021, DJe de 25/5/2021)

80. No mesmo sentido: STJ, HC n. 615.801/SP, Rel. Min. Antonio Saldanha Palheiro, Sexta Turma, julgado em 23/8/2022, DJe de 30/8/2022).

específico previsto expressamente em lei. O fato de o réu se encontrar em prisão especial, com base na regra prevista no artigo 295 do CPP, não impede a progressão, conforme teor da Súmula n. 717 do STF:

> *Não impede a progressão de regime de execução da pena, fixada em sentença não transitada em julgado, o fato de o réu se encontrar* ***em prisão especial****.*

Também não impede a progressão o fato de não ter havido trânsito em julgado da ação penal. Se foi decretada a prisão preventiva e o réu já foi sentenciado, ou seja, há uma pena estipulada pelo juiz, deve-se tratar essa prisão preventiva como um excepcional cumprimento antecipado da pena no que diz respeito aos benefícios cabíveis. Se assim não fosse, o réu que recorreu e teve a prisão preventiva decretada teria o tratamento mais rígido do que o que não recorreu e já cumpre pena. Não seria razoável esse tratamento gravoso, em que a progressão ficaria condicionada a aguardar o julgamento dos recursos ou desistir de recursos já interpostos pela defesa. Esse entendimento que já vigorou anteriormente é rechaçado pela jurisprudência que hoje prepondera. Por isso, o réu que aguarda o julgamento de recursos, mas está preso, pode progredir de regime, conforme o teor da Súmula n. 716 do STF:

> *Admite-se a progressão de regime de cumprimento de pena ou a aplicação imediata de regime menos severo nela determinada,* ***antes do trânsito*** *em julgado da sentença condenatória.*

Questionou-se judicialmente a possibilidade de o executado ser progredido diretamente do regime fechado para o aberto. Suponha-se, por exemplo, que ele precisava cumprir 16% da pena para ter direito à progressão de regime e, mesmo ostentando bom comportamento carcerário, ficou esquecido, cumprindo mais de 32% da pena sem que fosse apresentado pedido em seu nome ao juízo da execução. Ao ser entrevistado por defensor público, o executado relata a situação e o pedido seria o de progressão direta ao aberto, já que, com bom comportamento, o executado cumpriu os 16% exigidos para ir ao regime semiaberto e outra parcela igual, que o deixaria apto ao regime aberto.

Ocorre que, ainda que seja sedutor o argumento, a ideia do regime progressivo é de ganho gradual de liberdade, conforme se vai testando a responsabilidade do executado nos diferentes níveis exigidos em cada regime prisional. Por isso, o entendimento prevalecente é o de não ser possível a progressão *per saltum*, ou seja, diretamente do regime fechado para o aberto, ainda que o requisito objetivo tenha sido cumprido de modo a possibilitar, em tese, as duas progressões. É o que diz a Súmula n. 491 do STJ:

> *É inadmissível a chamada progressão* ***per saltum*** *de regime prisional.*

Por outro lado, nada impede que, em se comportando mal, o executado seja regredido do regime aberto diretamente ao fechado. Imagine que, em regime aberto, o apenado tenha matado uma pessoa em uma briga de bar. Ouvido em juízo e após manifestação da defesa, o magistrado entende ser necessária a sua regressão. Pela gravidade do caso, a sua regressão deve ser ao regime fechado, e não ao semiaberto, pois claramente não há senso de responsabilidade nem evolução na ressocialização, que, sendo ou não um mito, é o norte legislativo para a progressão: o agente vai ganhando mais liberdade conforme demonstra um comportamento compatível com o seu retorno à sociedade. O tema é complexo, dado que o ambiente penitenciário não ressocializa e as regras lá vigentes são questionavelmente legítimas, por serem impostas mais pelos presos do que pela sociedade como um todo. Fato é que a lei traz esse critério e, por isso, **é sim cabível a regressão *per saltum***, como inclusive tem decidido o STJ[81].

Por fim, vale recordar que, no caso dos crimes contra a Administração, a progressão ficará condicionada à reparação do dano ou à devolução do produto do ilícito, conforme artigo 33, § 4º, do CP:

> *§ 4º O condenado por crime contra a administração pública terá a progressão de regime do cumprimento da pena condicionada à* ***reparação do dano*** *que causou, ou à* ***devolução do produto*** *do ilícito praticado, com os acréscimos legais.*

Cuida-se de uma exigência adicional, consistente na "recomposição do patrimônio público lesado"[82]. Bitencourt, com razão, faz uma ressalva de que esse dispositivo deve ser interpretado, na esteira da norma sobre livramento condicional, de que o requisito deve ser ultrapassado no caso de impossibilidade de o executado conseguir reparar o dano[83]. Se o condenado não possui condições de reparar o dano, suas condições econômico-financeiras não podem ditar a execução da sua pena, sob pena de diferenciação inconstitucional de tratamento dos executados.

A esse respeito, o Pleno do STF já decidiu pela constitucionalidade do dispositivo, ressaltando que a "alegação de falta de recursos para devolver o dinheiro desviado não paralisa a incidência do art. 33, § 4º, do Código Penal. O sentenciado é devedor solidário do valor integral da condenação". Foi consignado, ainda, que, no caso de "celebração de ajuste com a União para pagamento parcelado da obrigação, estará satisfeita a exigência do art. 33, § 4º, enquanto as parcelas estiverem sendo regularmente quitadas"[84]. Na ocasião, ficou vencido o voto do Min. Toffoli, que consignava a possibilidade de comprovar a insuficiência de recursos.

Posteriormente, quanto à multa, o STF decidiu que o seu inadimplemento deliberado prejudica a progressão de regime[85]:

> *"O* ***inadimplemento deliberado da pena de multa*** *cumulativamente aplicada ao sentenciado impede a progressão no regime prisional. 2. Tal regra somente é excepcionada pela comprovação da* ***absoluta impossibilidade econômica*** *do apenado em pagar a multa, ainda que parceladamente."*

Com base nesse julgado, o STJ já decidiu que "imposta a reparação do dano como condição para a progressão de regime, caberá ao juízo das execuções, com fundamento no art. 66, inciso III, alínea "b", da LEP, conferir certa maleabilidade aos

81. STJ, AgRg no HC n. 740.078/MG, Rel. Min. Laurita Vaz, Sexta Turma, julgado em 24/5/2022, DJe de 31/5/2022; STJ, Agrg nos Edcl no REsp n. 1.703.504/RO, Rel. Min. Maria Thereza de Assis Moura, Sexta Turma, julgado em 22/5/2018, DJe de 4/6/2018.

82. CAPEZ, Fernando. Curso de Direito Penal, volume 1, parte geral. 17. ed. São Paulo: Saraiva, 2013, p. 405.

83. BITENCOURT, Cezar Roberto. Op. Cit., 2020, p. 660.

84. STF, EP 22 ProgReg-AgR, Rel. Min. Roberto Barroso, Tribunal Pleno, julgado em 17/12/2014.

85. STF, EP 12 ProgReg-AgR, Rel. Min. Roberto Barroso, Tribunal Pleno, julgado em 08/04/2015.

requisitos estipulados no édito condenatório, ante o seu *caráter rebus sic stantibus*". Em uma interpretação ampla, a Corte determinou que se, no curso da execução, o condenado demonstrar "a absoluta impossibilidade do reeducando de reparar os prejuízos decorrentes de sua prática criminosa, poderá o juiz das execuções penais relevar o requisito"[86].

Devido ao interesse de maior aprofundamento quanto às regras e requisitos para progressão de regime, **é importante estudar a sucessão de leis no tempo até as regras atuais**.

O artigo 112 da Lei de Execução Penal (LEP) possuía a seguinte redação antes da Lei n. 13.964/2019:

> *Art. 112. A pena privativa de liberdade será executada em forma progressiva com a transferência para regime menos rigoroso, a ser determinada pelo juiz, quando o preso tiver cumprido ao menos um sexto da pena no regime anterior e ostentar bom comportamento carcerário, comprovado pelo diretor do estabelecimento, respeitadas as normas que vedam a progressão.*
>
> *§ 1º A decisão será sempre motivada e precedida de manifestação do Ministério Público e do defensor.*
>
> *§ 2º Idêntico procedimento será adotado na concessão de livramento condicional, indulto e comutação de penas, respeitados os prazos previstos nas normas vigentes.*

Portanto, em regra, a progressão da pena dependia do cumprimento de 1/6 (um sexto) da pena, além do mérito do sentenciado. Entretanto, no caso de crimes hediondos e equiparados, a fração passou a ser de 2/5 (dois quintos), se o executado for primário, ou de 3/5 (três quintos), se reincidente, nos termos do artigo 2º, § 2º, da Lei n. 8.072/1990 (Lei dos Crimes Hediondos):

> *Art. 2º Os crimes hediondos, a prática da tortura, o tráfico ilícito de entorpecentes e drogas afins e o terrorismo são insuscetíveis de: (...)*
>
> *§ 2º A progressão de regime, no caso dos condenados aos crimes previstos neste artigo, dar-se-á após o cumprimento de 2/5 (dois quintos) da pena, se o apenado for primário, e de 3/5 (três quintos), se reincidente.* **(Lei n. 11.464. de 28 de março de 2007)**

Antes da Lei n. 11.464/2007, havia a proibição legal de progressão de regime para os delitos hediondos e equiparados ("A pena por crime previsto neste artigo será cumprida integralmente em regime fechado"), o que foi considerado inconstitucional pelo STF. Com isso, os crimes hediondos e equiparados, cometidos durante o período em que a Lei n. 8.072/1990 proibia a progressão de regime, passaram a admitir a progressão com o cumprimento de 1/6 (um sexto) da pena, nos termos da regra geral.

Para os delitos hediondos e equiparados cometidos a partir de 28 de março de 2007, a progressão de regime deveria ocorrer nos termos da nova redação do artigo 2º, §2º, da Lei n. 8.072/1990, dada pela Lei n. 11.464/2007, posteriormente revogado pelo Pacote Anticrime. Isso porque, ao instituir um regime mais gravoso, a lei não

86. STJ, AgRg no AREsp 136342/PR, Rel. Min. Felix Fischer, Quinta Turma, julgado em 15/12/2020, DJe: 18/12/2020.

poderia retroagir, pois previa lapsos temporais maiores (dois quintos e três quintos) do que os da regra geral (um sexto).

A Lei n. 11.464/2007 é considerada mais gravosa porque a situação anterior, após a declaração de inconstitucionalidade do regime integralmente fechado, era a de progressão com o cumprimento de um sexto da pena. A previsão de regime integralmente fechado, considerada inconstitucional, deve ser tida por inexistente, conforme preconiza o Direito Constitucional. Por isso, o regime integralmente fechado não é utilizado como paradigma para se analisar se a Lei n. 11.464/2007 é mais grave ou mais benéfica.

Essa conclusão foi pacificada na Súmula Vinculante n. 26, cuja redação não é muito didática:

> *Para efeito de progressão de regime no cumprimento de pena por crime hediondo, ou equiparado, o juízo da execução observará a inconstitucionalidade do art. 2º da Lei nº 8.072, de 25 de julho de 1990, sem prejuízo de avaliar se o condenado preenche, ou não, os requisitos objetivos e subjetivos do benefício, podendo determinar, para tal fim, de modo fundamentado, a realização de exame criminológico.*

O STJ também, no âmbito da sua Corte, resolveu elaborar enunciado a respeito da progressão de regime nos crimes hediondos e equiparados, consistente na Súmula n. 471:

> *Os condenados por crimes hediondos ou assemelhados cometidos antes da vigência da Lei n. 11.464/2007 sujeitam-se ao disposto no art. 112 da Lei n. 7.210/1984 (Lei de Execução Penal) para a progressão de regime prisional.*

Vamos resumir a questão com uma tabela, que vigora para os crimes **cometidos antes do início de vigência da Lei n. 13.964/2019**, ressalvada a retroatividade no que for mais benéfica:

Delito cometido	Condição pessoal do executado	Fração para progressão de regime
Crime comum	Primário	1/6
	Reincidente	
Hediondo ou equiparado, antes de 28/03/2007	Primário	1/6
	Reincidente	
Hediondo ou equiparado, após 28/03/2007	Primário	2/5
	Reincidente	3/5

Há, ainda, a possibilidade de progressão com o cumprimento de apenas **1/8 (um oitavo)** do total da pena, no caso de **executadas que estejam grávidas**, desde que cumpridos alguns requisitos específicos. Foi uma novidade trazida pela Lei n. 13.769/2018, que alterou a Lei de Execuções Penais (LEP). Vejamos o que diz o seu artigo 112, mais especificamente em seus parágrafos terceiro e quarto:

> *§ 3º No caso de mulher gestante ou que for mãe ou responsável por crianças ou pessoas com deficiência, os requisitos para progressão de regime são, cumulativamente:*
>
> *I – não ter cometido crime com violência ou grave ameaça a pessoa;*
>
> *II – não ter cometido o crime contra seu filho ou dependente;*
>
> *III – ter cumprido ao menos 1/8 (um oitavo) da pena no regime anterior;*
>
> *V – ser primária e ter bom comportamento carcerário, comprovado pelo diretor do estabelecimento;*
>
> *V – não ter integrado organização criminosa.*
>
> *§ 4º O cometimento de novo crime doloso ou falta grave implicará a revogação do benefício previsto no § 3º deste artigo.*

A **Lei n. 13.964/2019 (Pacote Anticrime)** alterou as regras para progressão de regime, dando nova redação ao artigo 112 da LEP. No que for mais gravosa, só vale para os crimes cometidos após o início da vigência, para os crimes cometidos após 23 de janeiro de 2020. Em alguns casos, como a substituição de 1/6 (o que equivale a 16,66...%) por 16% nos crimes comuns, sem violência ou grave ameaça, a modificação é, ainda que de forma tênue, mais benéfica, aplicando-se imediatamente. Foi inserido o artigo 112, inciso VI-A, pela Lei n. 14.994/2024, para inserir fração específica de cumprimento de pena para o indivíduo primário que for condenado pelo crime de feminicídio:

> *Art. 112. A pena privativa de liberdade será executada em forma progressiva com a transferência para regime menos rigoroso, a ser determinada pelo juiz, quando o preso tiver cumprido ao menos:*
>
> *I –* ***16%*** *(dezesseis por cento) da pena, se o apenado for primário e o crime tiver sido cometido sem violência à pessoa ou grave ameaça;*
>
> *II –* ***20%*** *(vinte por cento) da pena, se o apenado for reincidente em crime cometido sem violência à pessoa ou grave ameaça;*
>
> *III –* ***25%*** *(vinte e cinco por cento) da pena, se o apenado for primário e o crime tiver sido cometido com violência à pessoa ou grave ameaça;*
>
> *IV –* ***30%*** *(trinta por cento) da pena, se o apenado for reincidente em crime cometido com violência à pessoa ou grave ameaça;*
>
> *V –* ***40%*** *(quarenta por cento) da pena, se o apenado for condenado pela prática de crime hediondo ou equiparado, se for primário;*
>
> *VI –* ***50%*** *(cinquenta por cento) da pena, se o apenado for:*
>
> *a) condenado pela prática de crime hediondo ou equiparado, com resultado morte, se for primário, vedado o livramento condicional;*
>
> *b) condenado por exercer o comando, individual ou coletivo, de organização criminosa estruturada para a prática de crime hediondo ou equiparado; ou*
>
> *c) condenado pela prática do crime de constituição de milícia privada;*
>
> *VI-A –* ***55%*** *(cinquenta e cinco por cento) da pena, se o apenado for condenado pela prática de feminicídio, se for primário, vedado o livramento condicional;*
>
> *VII –* ***60%*** *(sessenta por cento) da pena, se o apenado for reincidente na prática de crime hediondo ou equiparado;*

> *VIII – **70%** (setenta por cento) da pena, se o apenado for reincidente em crime hediondo ou equiparado com resultado morte, vedado o livramento condicional.*
>
> *§ 1º Em todos os casos, o apenado só terá direito à progressão de regime se ostentar boa conduta carcerária, comprovada pelo diretor do estabelecimento, respeitadas as normas que vedam a progressão.*
>
> *§ 2º A decisão do juiz que determinar a progressão de regime será sempre motivada e precedida de manifestação do Ministério Público e do defensor, procedimento que também será adotado na concessão de livramento condicional, indulto e comutação de penas, respeitados os prazos previstos nas normas vigentes.*
>
> *(...)*
>
> *§ 5º Não se considera hediondo ou equiparado, para os fins deste artigo, o crime de tráfico de drogas previsto no § 4º do art. 33 da Lei nº 11.343, de 23 de agosto de 2006.*
>
> *§ 6º O cometimento de falta grave durante a execução da pena privativa de liberdade interrompe o prazo para a obtenção da progressão no regime de cumprimento da pena, caso em que o reinício da contagem do requisito objetivo terá como base a pena remanescente.*

A regra específica para o caso de gestante, nos termos do parágrafo terceiro do artigo 112 da Lei de Execução Penal, vista acima, continua vigente.

Há regras da nova lei que são mais gravosas e outras que são benéficas. Um efeito benéfico ficou reconhecido, com a sua retroatividade, em tese firmada pela Terceira Seção do STJ[87]:

> *É reconhecida a retroatividade do patamar estabelecido no art. 112, V, da Lei n. 13.964/2019, àqueles apenados que, embora tenham cometido **crime hediondo ou equiparado sem resultado morte**, **não sejam reincidentes em delito de natureza** semelhante.*

O STF adotou o mesmo entendimento, fixando a seguinte tese:

> *'Tendo em vista a legalidade e a taxatividade da norma penal (art. 5º, XXXIX, CF), a alteração promovida pela Lei 13.964/2019 no art. 112 da LEP não autoriza a incidência do percentual de 60% (inc. VII) aos condenados reincidentes não específicos para o fim de progressão de regime. Diante da omissão legislativa, impõe-se a analogia in bonam partem, para aplicação, inclusive retroativa, do inciso V do artigo 112 da LEP (lapso temporal de 40%) ao condenado por crime hediondo ou equiparado sem resultado morte reincidente não específico." (STF, ARE 1327963 RG, Rel. Min. Gilmar Mendes, Tribunal Pleno, julgado em 16-09-2021).*

Deve haver a aplicação retroativa das disposições do Pacote Anticrime sobre progressão de regime também para os condenados por hediondo ou equiparado, com resultado morte, desde que não se trate de reincidência específica. Aos condenados por crime hediondo ou equiparado, com resultado morte, é aplicável,

87. STJ, Tema 1084, afetação na sessão eletrônica iniciada em 24/02/2021 e finalizada em 02/03/2021 (Terceira Seção).

retroativamente, o percentual de 50%. Isto porque, anteriormente, o lapso exigido na lei, para progressão de regime dos condenados por crimes hediondos ou equiparados, independentemente de a reincidência ser genérica ou específica, era de 3/5 da pena, correspondentes a 60% de seu cumprimento. Como atualmente a exigência de 60% da pena para progressão de regime aplica-se somente "se o apenado for reincidente na prática de crime hediondo ou equiparado", a regra mais gravosa se limita à reincidência específica, isto é, aquela operada por prática de crime anterior que também seja hediondo ou equiparado.

Assim, havendo resultado morte, aplica-se aos reincidentes não específicos, condenados por delito hediondo ou equiparado, o percentual de 50%, inclusive de forma retroativa, por ser mais benéfica essa regra do que a anterior, que exigia 60% de cumprimento da pena. Foi essa a tese fixada pelo Superior Tribunal de Justiça:

> *"É válida a aplicação retroativa do percentual de 50% (cinquenta por cento), para fins de progressão de regime, a condenado por crime hediondo, com resultado morte, que seja reincidente genérico, nos moldes da alteração legal promovida pela Lei n. 13.964/2019 no art. 112, inc. VI, alínea a, da Lei n. 7.210/84 (Lei de Execução Penal), bem como a posterior concessão do livramento condicional, podendo ser formulado posteriormente com base no art. 83, inc. V, do Código Penal, o que não configura combinação de leis na aplicação retroativa de norma penal material mais benéfica" (STJ, REsp n. 2.012.101/MG, Rel. Des. Conv. Jesuíno Rissato, Terceira Seção, julgado em 22/5/2024, DJe de 27/5/2024).*

Vale lembrar que o juiz também analisará o **mérito do condenado**, por meio do seu atestado de comportamento carcerário, em que consta se houve o cometimento de faltas por ele. Além disso, a jurisprudência vinha admitindo que se determinasse, fundamentadamente, a realização de **exame criminológico** para tal fim. A Lei n. 14.843/2024 passou a exigir o exame criminológico para a decisão judicial sobre progressão de regime, ao dar nova redação ao artigo 112, § 1º, da Lei de Execução Penal:

> *§ 1º Em todos os casos, o apenado somente terá direito à progressão de regime se ostentar boa conduta carcerária, comprovada pelo diretor do estabelecimento, e pelos resultados do exame criminológico, respeitadas as normas que vedam a progressão.*

Uma questão que passou a ser debatida é o momento em que se considera ter havido a progressão de regime para fins de contagem da nova progressão. A dúvida é se deve se considerar que o executado progrediu quando cumpriu todos os pressupostos, objetivos e subjetivos, ou se quando efetivamente teve a sua progressão de regime deferida pelo juiz. Se o executado, iniciando o cumprimento da pena no regime fechado, obteve a progressão para o semiaberto, a data é relevante para contagem do percentual restante da pena para que ele possa progredir ao aberto. O STJ enfrentou essa divergência ao decidir sobre o Tema 1.165 do sistema de recursos repetitivos, definindo que **a decisão que defere a progressão de regime tem natureza declaratória**, razão pela qual se considera a progressão a partir do cumprimento dos pressupostos:

"A decisão que defere a progressão de regime não tem natureza constitutiva, senão declaratória. O termo inicial para a progressão de regime deverá ser a data em que preenchidos os requisitos objetivo e subjetivo descritos no art. 112 da Lei 7.210, de 11/07/1984 (Lei de Execução Penal), e não a data em que efetivamente foi deferida a progressão. Essa data deverá ser definida de forma casuística, fixando-se como termo inicial o momento em que preenchido o último requisito pendente, seja ele o objetivo ou o subjetivo. Se por último for preenchido o requisito subjetivo, independentemente da anterior implementação do requisito objetivo, será aquele (o subjetivo) o marco para fixação da data-base para efeito de nova progressão de regime".

No caso do tráfico de drogas, houve inicial vedação, pela Lei n. 11.343/2006, de substituição da pena privativa de liberdade, ainda que se tratasse de hipótese de aplicação da causa de diminuição de pena do artigo 33, § 4º, modalidade conhecida como tráfico privilegiado. A vedação para os crimes em geral consta do artigo 44 da Lei n. 11.343/2006, enquanto a proibição para o tráfico privilegiado constava do artigo 33, 4º, da mesma lei. O Supremo Tribunal Federal considerou inconstitucional essa proibição, por ofensa ao princípio constitucional da individualização da pena[88]. Após essa decisão, o Senado editou a Resolução n. 5, de 2012, suspendendo a execução da expressão "vedada a conversão em penas restritivas de direitos" do § 4º do art. 33 da Lei nº 11.343, de 23 de agosto de 2006.

Sobre o regime de cumprimento de pena, foi inserida determinação, na Lei n. 8072/1990, de que ele deveria ser inicialmente fechado para os crimes hediondos, a prática da tortura, o tráfico ilícito de entorpecentes e drogas afins e o terrorismo. Mais uma vez, houve questionamento sobre a constitucionalidade do dispositivo perante o Supremo Tribunal Federal. Em 2012, a Corte decidiu que essa proibição violava o princípio da individualização da pena, declarando, incidentalmente, a sua inconstitucionalidade[89].

Considerando esses precedentes, pode-se concluir que é possível tanto a fixação do regime inicial aberto para cumprimento de pena quanto a substituição da pena privativa de liberdade por restritiva de direitos em se tratando de condenação por tráfico privilegiado. Não obstante, muitas vezes se negava esse pleito da defesa por considerações quanto à gravidade do delito. Por isso, o STF aprovou súmula vinculante sobre a possibilidade de substituição da pena privativa de liberdade e de fixação do regime inicial aberto para o delito previsto no artigo 33, § 4º, da Lei n. 11.343/2006, se favoráveis as circunstâncias judiciais:

É impositiva a fixação do regime aberto e a substituição da pena privativa de liberdade por restritiva de direitos quando reconhecida a figura do tráfico privilegiado (art. 33, § 4º, da Lei 11.343/06) e ausentes vetores negativos na primeira fase da dosimetria (art. 59 do CP), observados os requisitos do art. 33, § 2º, alínea c e do art. 44, ambos do Código Penal.

88. STF, HC 97256, Rel. Min. Ayres Britto, Tribunal Pleno, julgado em 01/09/2010.
89. STF, HC 111840, Rel. Min. Dias Toffoli, Tribunal Pleno, julgado em 27/06/2012.

O STF, portanto, não determina que o regime deva ser necessariamente aberto nem que a substituição da pena privativa de liberdade seja obrigatória, mas aponta ser cabível esse regime para o tráfico *privilegiado* se as circunstâncias judiciais forem favoráveis e se presentes os demais requisitos previstos em lei. Quanto ao regime inicial de cumprimento de pena, o artigo 33, § 2º, alínea *c*, do Código Penal, prevê o cabimento do regime aberto se o condenado não for reincidente e sua pena for igual ou inferior a 4 anos. Para a substituição da pena privativa de liberdade, o artigo 44 possibilita o benefício se a pena não for superior a 4 anos e o réu não for reincidente em crime doloso. Neste último caso, é cabível a benesse, excepcionalmente, se a medida for *socialmente recomendável*, desde que a *reincidência não seja específica*, ou seja, não tenha se operado em razão da prática do mesmo delito.

O artigo 2º, § 9º, da Lei n. 12.850/2013, introduzido pela Lei n. 13.964/2019, passou a vedar a progressão de regime para o condenado, de forma expressa na sentença, por integrar organização criminosa ou por crime praticado por meio de organização criminosa, se houver elementos probatórios que indiquem a manutenção do vínculo associativo. Essa inovação é suscetível de questionamento sobre sua constitucionalidade, por impedir a individualização da pena. Por outro lado, se o sujeito continua integrando organização criminosa, o caso é de flagrância da prática de delito.

Além do regime de cumprimento de penas, há a possibilidade excepcional de o agente ser submetido a um regime diferenciado, por período limitado. Não se deve confundir com os regimes de cumprimento de pena, por ser uma espécie de sanção disciplinar. Cuida-se do chamado regime disciplinar diferenciado.

Regime Disciplinar Diferenciado

O regime disciplinar diferenciado é uma das **sanções disciplinares** cabíveis na execução penal, devendo ser determinada pelo juiz, após manifestação da defesa e do Ministério Público, com base em requerimento circunstanciado elaborado pelo diretor do estabelecimento ou outra autoridade administrativa.

De todo modo, cumpre proceder à leitura do artigo 52 da LEP, com a redação dada pela Lei n. 13.964/2019, com suas principais características:

> *Art. 52. A prática de fato previsto como crime doloso constitui falta grave e, quando ocasionar subversão da ordem ou disciplina internas, sujeitará o preso provisório, ou condenado, nacional ou estrangeiro, sem prejuízo da sanção penal, ao regime disciplinar diferenciado, com as seguintes características:*
>
> *I – duração máxima de até 2 (dois) anos, sem prejuízo de repetição da sanção por nova falta grave de mesma espécie;*
>
> *II – recolhimento em cela individual;*
>
> *III – visitas quinzenais, de 2 (duas) pessoas por vez, a serem realizadas em instalações equipadas para impedir o contato físico e a passagem de objetos, por pessoa da família ou, no caso de terceiro, autorizado judicialmente, com duração de 2 (duas) horas;*
>
> *IV – direito do preso à saída da cela por 2 (duas) horas diárias para banho de sol, em grupos de até 4 (quatro) presos, desde que não haja contato com presos do mesmo grupo criminoso;*

V – entrevistas sempre monitoradas, exceto aquelas com seu defensor, em instalações equipadas para impedir o contato físico e a passagem de objetos, salvo expressa autorização judicial em contrário;

VI – fiscalização do conteúdo da correspondência;

VII – participação em audiências judiciais preferencialmente por videoconferência, garantindo-se a participação do defensor no mesmo ambiente do preso.

§ 1º O regime disciplinar diferenciado também será aplicado aos presos provisórios ou condenados, nacionais ou estrangeiros:

I – que apresentem alto risco para a ordem e a segurança do estabelecimento penal ou da sociedade;

II – sob os quais recaiam fundadas suspeitas de envolvimento ou participação, a qualquer título, em organização criminosa, associação criminosa ou milícia privada, independentemente da prática de falta grave.

§ 2º (Revogado).

§ 3º Existindo indícios de que o preso exerce liderança em organização criminosa, associação criminosa ou milícia privada, ou que tenha atuação criminosa em 2 (dois) ou mais Estados da Federação, o regime disciplinar diferenciado será obrigatoriamente cumprido em estabelecimento prisional federal.

§ 4º Na hipótese dos parágrafos anteriores, o regime disciplinar diferenciado poderá ser prorrogado sucessivamente, por períodos de 1 (um) ano, existindo indícios de que o preso:

I – continua apresentando alto risco para a ordem e a segurança do estabelecimento penal de origem ou da sociedade;

II – mantém os vínculos com organização criminosa, associação criminosa ou milícia privada, considerados também o perfil criminal e a função desempenhada por ele no grupo criminoso, a operação duradoura do grupo, a superveniência de novos processos criminais e os resultados do tratamento penitenciário.

§ 5º Na hipótese prevista no § 3º deste artigo, o regime disciplinar diferenciado deverá contar com alta segurança interna e externa, principalmente no que diz respeito à necessidade de se evitar contato do preso com membros de sua organização criminosa, associação criminosa ou milícia privada, ou de grupos rivais.

§ 6º A visita de que trata o inciso III do caput *deste artigo será gravada em sistema de áudio ou de áudio e vídeo e, com autorização judicial, fiscalizada por agente penitenciário.*

§ 7º Após os primeiros 6 (seis) meses de regime disciplinar diferenciado, o preso que não receber a visita de que trata o inciso III do caput *deste artigo poderá, após prévio agendamento, ter contato telefônico, que será gravado, com uma pessoa da família, 2 (duas) vezes por mês e por 10 (dez) minutos.*

Ademais, o artigo 53, V, da LEP, prevê sua natureza de sanção disciplinar, além de o artigo 54 tratar da sua forma de determinação:

Art. 53. Constituem sanções disciplinares:

I – advertência verbal;

II – repreensão;

III – suspensão ou restrição de direitos (artigo 41, parágrafo único);

IV – isolamento na própria cela, ou em local adequado, nos estabelecimentos que possuam alojamento coletivo, observado o disposto no artigo 88 desta Lei.

*V – **inclusão no regime disciplinar diferenciado.***

Art. 54. As sanções dos incisos I a III do artigo anterior serão aplicadas pelo diretor do estabelecimento; a do inciso IV, por Conselho Disciplinar, conforme dispuser o regulamento.

Art. 54. As sanções dos incisos I a IV do art. 53 serão aplicadas por ato motivado do diretor do estabelecimento e a do inciso V, por prévio e fundamentado despacho do juiz competente.

§ 1º A autorização para a inclusão do preso em regime disciplinar dependerá de requerimento circunstanciado elaborado pelo diretor do estabelecimento ou outra autoridade administrativa.

§ 2º A decisão judicial sobre inclusão de preso em regime disciplinar será precedida de manifestação do Ministério Público e da defesa e prolatada no prazo máximo de quinze dias.

Há doutrinadores, como Bitencourt, que defendem a inconstitucionalidade dessa sanção, por considerar, dentre outros pontos, a crueldade da pena assim executada[90]. A Constituição, vale lembrar, veda penas cruéis no ordenamento jurídico brasileiro.

5.10. Limite máximo das penas

As penas podem ser privativas de liberdade, restritivas de direitos e de multa. Como já estudamos, as penas restritivas de direitos são impostas em substituição às penas privativas de liberdade, sendo cumpridas de uma só vez, por exemplo, no caso de pagamento de prestação pecuniária sem parcelamento, ou pelo mesmo tempo da pena privativa de liberdade substituída. As penas de multa, por sua vez, são estabelecidas na condenação como um valor único, sendo permitido o seu parcelamento.

Dadas tais características das penas, cabe o estudo dos limites das penas privativas de liberdade, por serem adotados também para o caso das penas restritivas de direitos e pela limitação temporal não possuir adequação com a natureza da pena de multa.

As penas privativas de liberdade, por sua vez, podem ser de reclusão, de detenção e de prisão simples. O estudo das diferenças entre elas compõe a análise da teoria das penas.

As penas de reclusão e detenção estão previstas no Código Penal, que trata sobre seus limites no artigo 75, que **possuía** a seguinte redação:

Art. 75 – O tempo de cumprimento das penas privativas de liberdade não pode ser superior a 30 (trinta) anos.

§ 1º – Quando o agente for condenado a penas privativas de liberdade cuja soma seja superior a 30 (trinta) anos, devem elas ser unificadas para atender ao limite máximo deste artigo.

90. BITENCOURT, Cezar Roberto. Op. Cit., 2020, p. 674-682.

§ 2º – Sobrevindo condenação por fato posterior ao início do cumprimento da pena, far-se-á nova unificação, desprezando-se, para esse fim, o período de pena já cumprido.

Assim, o limite fixado pela lei foi de 30 anos para as penas **de reclusão e de detenção**.

A Lei n. 13.694, de 24 de dezembro de 2019, modificou a redação do *caput* e do parágrafo primeiro do artigo 75 do Código Penal, para modificar o limite de **30 para 40 anos**:

Art. 75. O tempo de cumprimento das penas privativas de liberdade não pode ser superior a ***40 (quarenta) anos.***

§ 1º Quando o agente for condenado a penas privativas de liberdade cuja soma seja superior a 40 (quarenta) anos, devem elas ser unificadas para atender ao limite máximo deste artigo.

Portanto, com a modificação legislativa, o limite fixado pela lei passou a ser de **40 anos** para as penas **de reclusão e de detenção**, sendo que, se houver a fixação de penas em montante superior ao máximo, elas devem ser unificadas pelo juiz da execução, adequando-as ao teto.

Entretanto, **as penas devem ser consideradas no todo**, sem o corte do teto de 40 anos, para a finalidade de **cômputo dos benefícios da execução penal**, como a progressão de regime, as saídas temporárias, o indulto, a comutação (indulto parcial) e o livramento condicional.

Esse entendimento já foi sumulado pelo Supremo Tribunal Federal, sendo o seu enunciado de número 715:

A pena unificada para atender ao limite de trinta anos de cumprimento, determinado pelo art. 75 do Código Penal, não é considerada para a concessão de outros benefícios, como o livramento condicional ou regime mais favorável de execução.

Imagine que o indivíduo, ao ter suas penas somadas pelo juiz da execução, apresente o montante de 43 anos de reclusão, sendo todas as condenações por crimes comuns (não hediondos nem equiparados). Ele somente poderá cumprir 40 anos, sendo que o juiz desprezará 3 anos do somatório para calcular o fim do cumprimento das sanções penais.

Entretanto, para cálculo dos benefícios, o juiz da execução terá como base os 43 anos de reclusão, e não os 40 resultantes do decote determinado pelo artigo 75 do CP. Deste modo, para progressão de regime, ele terá que cumprir um sexto do total de 43 anos, e não de 40.

Ademais, **cada vez que sobrevier condenação por novo fato, o juiz procederá a uma nova unificação**, sem considerar o tempo de pena já cumprido. Desse modo, se o condenado voltar a delinquir, ele não ficará impune por já estar cumprindo mais de 40 anos de pena privativa de liberdade.

Imagine que o indivíduo foi condenado à pena de 50 anos de reclusão por um latrocínio e um roubo com resultado lesão corporal de natureza grave. Unificada a execução, o juiz adequou a pena ao limite de 40 anos. Depois de cumpridos 35 anos de reclusão, ele mata seu companheiro de cela, sendo condenado a outros 15 anos de reclusão. Nota-se que lhe restavam a cumprir 5 anos do total de 40, devendo o juiz desprezar a pena já cumprida (35 anos de reclusão) para a nova unificação. Então, ele deverá cumprir os 5 anos que faltavam, além da condenação por fato novo a 15 anos de reclusão, o que leva ao montante de 20 anos. Como a nova unificação está dentro do limite máximo (40 anos), ele deverá cumprir os 20 anos de reclusão.

Um problema de **direito intertemporal** que surgirá será a possibilidade ou não de aplicar o limite de 40 anos para unificação de crime cometido antes da vigência da Lei n. 13.964/2019 e infração cometida posteriormente a ela. Por exemplo: pena de 30 anos por crime cometido antes do início de vigência do Pacote Anticrime e outra pena de 26 anos por outro crime cometido após o início da vigência (total de 56 anos): aplica-se o limite de 30 ou de 40 anos? A visão mais rígida da irretroatividade da lei mais gravosa, o que decorre de um princípio basilar do Direito Penal, deve levar à conclusão de que somente se pode aplicar o limite de 40 anos como limite com utilização de penas referentes tão-somente a delitos praticados após o início de vigência do Pacote Anticrime. De todo modo, há de se aguardar a discussão jurisprudencial sobre o tema.

Com relação à **prisão simples**, a Lei das Contravenções Penais, em seu artigo 10, prevê um limite específico:

> *Art. 10. A duração da pena de prisão simples não pode, em caso algum, ser superior a cinco anos, nem a importância das multas ultrapassar cinquenta contos.*

Portanto, em se tratando de prisão simples, pena prevista para contravenções penais, o limite máximo é de **5 anos**.

5.11. Penas restritivas de direitos

As penas restritivas de direitos são classificadas como reais e pessoais, conforme atinjam de forma mais direta o patrimônio ou a liberdade do indivíduo. Representam, como penas alternativas que são, uma opção em relação ao encarceramento, que consubstancia maior restrição aos direitos do condenado. Vale registrar, contudo, que há quem critique o emprego do termo alternativas, por não serem penas aplicadas de forma direta, como sanções originárias, preferindo-se o termo penas substitutivas[91].

Estão elencadas no artigo 43 do CP:

> *Art. 43. As penas restritivas de direitos são:*
>
> *I – prestação pecuniária;*
>
> *II – perda de bens e valores;*
>
> *III – limitação de fim de semana.*
>
> *IV – prestação de serviço à comunidade ou a entidades públicas;*

91. Chamando de penas "alternativas": MARTINELLI, João Paulo; BEM, Leonardo Schmitt de. Op. Cit., 2022, p. 1149. Critica o termo penas "alternativas", entendendo ser necessário usar a expressão "substitutivas": PRADO, Luiz Regis. Op. Cit., 2020, p. 287.

V – interdição temporária de direitos;

VI – limitação de fim de semana.

As restritivas de direitos reais são a prestação pecuniária e a perda de bens e valores. Por sua vez, as penas restritivas de direitos pessoais são a prestação de serviços à comunidade, a interdição temporária de direitos e a limitação de fim de semana. Por falha técnica, a lei repete a pena de limitação de fim de semana em dois incisos.

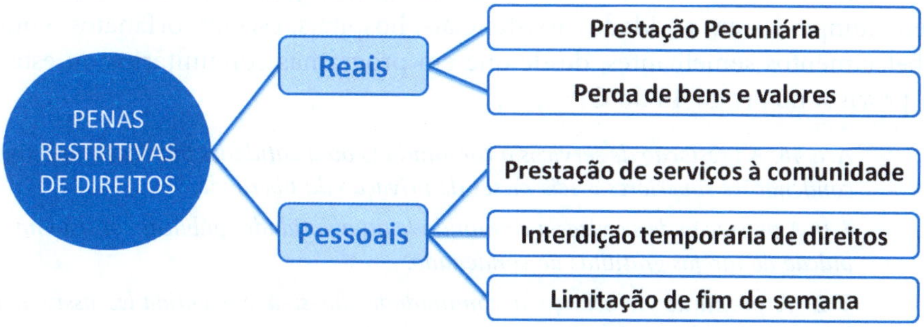

Prestação pecuniária

A prestação pecuniária é a pena restritiva de direitos consistente no **pagamento de um valor, fixado entre 1 e 360 salários-mínimos, à vítima, a seus dependentes ou a entidade pública ou privada com destinação social**. Está prevista nos parágrafos primeiro e segundo do artigo 45, do Código Penal:

> *§ 1º A prestação pecuniária consiste no pagamento em dinheiro à vítima, a seus dependentes ou a entidade pública ou privada com destinação social, de importância fixada pelo juiz, não inferior a 1 (um) salário-mínimo nem superior a 360 (trezentos e sessenta) salários-mínimos. O valor pago será deduzido do montante de eventual condenação em ação de reparação civil, se coincidentes os beneficiários.*
>
> *§ 2º No caso do parágrafo anterior, se houver aceitação do beneficiário, a prestação pecuniária pode consistir em prestação de outra natureza.*

Como a lei prevê ser possível, com aceitação do beneficiário, que a prestação seja de outra natureza, que não a pecuniária, é comum que se estabeleça a entrega de cestas básicas a entidades beneficentes.

Perda de bens e valores

A perda de bens e valores é a pena restritiva de direitos que se traduz no **confisco de bens e valores pertencentes ao executado**, com o limite do valor do prejuízo que tiver causado ou do proveito obtido com a conduta criminosa, o que for maior dentre os dois. É o chamado confisco-pena, sendo sua destinação o **Fundo Penitenciário Nacional**.

Está regulamentada no parágrafo terceiro do artigo 45:

> *§ 3º A perda de bens e valores pertencentes aos condenados dar-se-á, ressalvada a legislação especial, em favor do Fundo Penitenciário Nacional, e seu valor terá como teto – o que for maior – o montante do prejuízo causado ou do provento obtido pelo agente ou por terceiro, em consequência da prática do crime.*

Prestação de serviços à comunidade

A prestação de serviços à comunidade ou a entidades públicas é a pena restritiva de direitos consistente na **atribuição de tarefas gratuitas ao executado**, que deverá cumpri-las em entidades assistenciais, hospitais, escolas, orfanatos e outros estabelecimentos semelhantes, desde que em programas comunitários ou estatais. Está prevista no artigo 46 do CP:

> *Art. 46. A prestação de serviços à comunidade ou a entidades públicas é aplicável às condenações superiores a seis meses de privação da liberdade.*
>
> *§ 1º A prestação de serviços à comunidade ou a entidades públicas consiste na atribuição de tarefas gratuitas ao condenado.*
>
> *§ 2º A prestação de serviço à comunidade dar-se-á em entidades assistenciais, hospitais, escolas, orfanatos e outros estabelecimentos congêneres, em programas comunitários ou estatais.*
>
> *§ 3º As tarefas a que se refere o § 1º serão atribuídas conforme as aptidões do condenado, devendo ser cumpridas à razão de uma hora de tarefa por dia de condenação, fixadas de modo a não prejudicar a jornada normal de trabalho.*
>
> *§ 4º Se a pena substituída for superior a um ano, é facultado ao condenado cumprir a pena substitutiva em menor tempo (art. 55), nunca inferior à metade da pena privativa de liberdade fixada.*

Limitação de fim de semana

A limitação de fim de semana é a pena restritiva de direitos consistente na obrigação de o executado permanecer por **cinco horas diárias, aos sábados e domingos, em casa de albergado ou outro estabelecimento adequado**, ocasiões nas quais poderão ser ministrados cursos e palestras ou realizadas atividades educativas. É o que determina o artigo 48 do CP:

> *Art. 48 – A limitação de fim de semana consiste na obrigação de permanecer, aos sábados e domingos, por 5 (cinco) horas diárias, em casa de albergado ou outro estabelecimento adequado.*
>
> *Parágrafo único – Durante a permanência poderão ser ministrados ao condenado cursos e palestras ou atribuídas atividades educativas.*

A Lei de Execução Penal trata dessa pena em seu artigo 152, cujo parágrafo único foi inserido pela Lei n. 11.340/2006, a Lei Maria da Penha, para incluir o comparecimento obrigatório do agressor a programas de recuperação e reeducação em caso de violência doméstica contra a mulher. Esse dispositivo foi alterado pela Lei 14.344/2022, conhecida como Lei Henry Borel, para inserir a previsão desse comparecimento obrigatório, durante o cumprimento da limitação de fim de semana, também aos casos de violência doméstica e familiar contra a criança e o adolescente:

> *Art. 152. Poderão ser ministrados ao condenado, durante o tempo de permanência, cursos e palestras, ou atribuídas atividades educativas.*
>
> *Parágrafo único. Nos casos de violência doméstica e familiar contra a criança, o adolescente e a mulher e de tratamento cruel ou degradante, ou de uso de formas violentas de educação, correção ou disciplina contra a criança e o adolescente, o juiz poderá determinar o comparecimento obrigatório do agressor a programas de recuperação e reeducação..*

É importante relembrar que a casa de albergado, além de poder acolher os executados para cumprimento da limitação de fim de semana, é o local adequado para o cumprimento da pena privativa de liberdade em regime aberto. Além disso, há um problema de ordem prática, a escassez de casa de albergado, levando ao cumprimento de pena privativa de liberdade em regime aberto como prisão domiciliar. Para a pena de limitação de fim de semana, por sua própria natureza, a existência de casa de albergado é um pressuposto insuperável, dada a exigência de atividades que devem ser realizadas fora de casa. Não parece recomendável que se substitua a ida à Casa de Albergado por cursos realizados à distância, no conforto do lar, o que desnaturaria a pena restritiva de direitos, que importa, por si só, uma substituição da pena privativa de liberdade como um benefício legal concedido ao condenado.

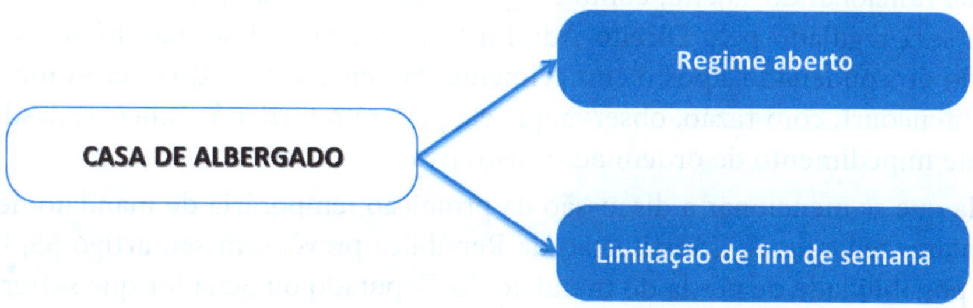

Interdição temporária de direitos

A interdição temporária de direitos é a modalidade de pena restritiva de direitos em que o indivíduo fica **privado do exercício de algum direito seu por determinado prazo**, como, por exemplo, o de exercer a medicina. Suas hipóteses estão previstas no artigo 47 do Código Penal:

> *Art. 47 – As penas de interdição temporária de direitos são:*
>
> *I – proibição do exercício de cargo, função ou atividade pública, bem como de mandato eletivo;*
>
> *II – proibição do exercício de profissão, atividade ou ofício que dependam de habilitação especial, de licença ou autorização do poder público;*

> *III – suspensão de autorização ou de habilitação para dirigir veículo.*
>
> *IV – proibição de frequentar determinados lugares.*
>
> *V – proibição de inscrever-se em concurso, avaliação ou exame públicos.*

No caso da proibição de exercício de cargo, função, atividade pública ou de mandato eletivo, bem como de proibição de exercício de profissão, atividade ou ofício que dependam de habilitação especial, de licença ou autorização do poder público, a aplicação se dirige aos delitos em que há a violação dos deveres ligados à atividade do agente. São, por isso, chamadas de **hipóteses específicas de interdição de direitos**, nos termos do artigo 56 do CP:

> *Art. 56 – As penas de interdição, previstas nos incisos I e II do art. 47 deste Código, aplicam-se para todo o crime cometido no exercício de profissão, atividade, ofício, cargo ou função, sempre que houver violação dos deveres que lhes são inerentes. (específicas)*

Essa pena se diferencia do efeito da condenação de perda de cargo, função pública ou mandato eletivo, que está prevista no artigo 92, inciso I, do CP. Essa perda não possui natureza de sanção penal, mas sim de efeito extrapenal da condenação, que pode ser afastado pela reabilitação. Existe, entretanto, vedação de reintegração na situação anterior, de modo que a reabilitação só possibilita um novo vínculo com a Administração. A interdição temporária de direitos, por outro lado, somente perdura pelo período da pena substituída, além de se traduzir em pena.

Quanto ao exercício de função ou cargo público, o legislador não previu os efeitos na vida funcional do sujeito, como tempo de serviço e outras questões funcionais, o que será regulado pelo Direito Administrativo. Além disso, não há menção ao retorno do condenado, após o cumprimento da pena, aos quadros da Administração. Bitencourt, com razão, observa que ele poderá retornar às funções, desde que ausente impedimento de ordem administrativa[92].

Há que se mencionar a discussão da proibição temporária de mandato de parlamentares federais. A Constituição da República prevê, sem seu artigo 55, inciso VI, a possibilidade de perda do mandato do Deputado ou Senador que sofrer condenação criminal em sentença transitada em julgado. Por força do artigo 27, § 2º, essas mesmas regras estendem-se aos parlamentares estaduais. O questionamento é se a Constituição, ao prever apenas a perda, e não a interdição temporária, permite essa imposição de pena. Não parece haver incompatibilidade, haja vista que a perda é mais gravosa, de modo que a interdição temporária é um *minua*. É uma pena que acarreta menor limitação ao direito do condenado que exerce mandato, além de o requisito principal da Constituição ficar respeitado: é imprescindível o trânsito em julgado da condenação para execução da pena de interdição temporária[93].

---

92. BITENCOURT, Cezar Roberto. Op. Cit., 2020, p. 718.
93. Não menciona inconstitucionalidade: BITENCOURT, Cezar Roberto. Op. Cit., 2020, p. 718. Citando Luiz Flávio Gomes, menciona a inconstitucionalidade da pena por ausência de previsão na Constituição: MASSON, Cleber. Op. Cit., 2019, p. 618.

A proibição de exercício de profissão, atividade ou ofício que dependam de habilitação especial, de licença ou autorização do poder público, como visto, também depende de nexo entre a função exercida pelo agente e o delito praticado. São atividades que dependem de habilitação, licença ou autorização, por exemplo, a medicina, a advocacia, a corretagem de imóveis, a segurança privada etc.

Quanto à suspensão de autorização ou de habilitação para dirigir veículo, sua cominação se destina aos crimes culposos de trânsito, segundo dispõe o artigo 57 do CP:

> *Art. 57 – A pena de interdição, prevista no inciso III do art. 47 deste Código, aplica-se aos crimes culposos de trânsito.*

Sobre essa espécie de interdição de direitos, houve regulação da matéria por lei posterior, o Código de Trânsito Brasileiro. Considerando que essa pena, conforme o teor do artigo 57 do CP, se limita aos crimes culposos de trânsito, que estão previstos justamente no Código de Trânsito Brasileiro, conclui-se pela derrogação tácita do inciso III do artigo 47[94]. Isso porque a suspensão da autorização de dirigir veículo não está prevista no Código de Trânsito, mas apenas a suspensão de habilitação.

A pena de interdição consistente na proibição de inscrição em concurso, avaliação ou exame público foi introduzida pela Lei n. 12.550/2011, a mesma lei que inseriu o artigo 311-A ao Código Penal, com a previsão do crime de fraudes em certames de interesse público. A finalidade do legislador foi inserir entre das penas de interdição temporária de direitos uma sanção mais voltada a esse tipo de criminalidade. É possível, obviamente, que o juiz determine a aplicação da pena aos condenados por outros delitos, como os praticados em licitação ou contratos administrativos. A mera inscrição de quem tentou fraudar outro certame, especialmente com proximidade temporal entre um fato e outro, pode comprometer a fé pública, trazendo a desconfiança da população sobre a probidade e a transparência do processo seletivo, qualquer que seja a sua modalidade.

Nucci faz contundente crítica sobre a inviabilidade das penas de interdição de direitos, pois entende que, à exceção do inciso V, as modalidades de interdição de direitos seriam incompatíveis com a finalidade regeneradora da pena, ou seja, com a finalidade de reintegração social. Ele defende que, em violações graves do dever profissional, a proibição de exercer a profissão deve ser definitiva, impedindo o contato do indivíduo com essa atividade. Por outro lado, se o erro profissional não possui essa gravidade, o afastamento temporário seria muito gravoso, impedindo o exercício da atividade por um intervalo, tornando difícil a retomada das atividades, seja pela perda dos clientes, seja pelo próprio funcionamento do mercado[95].

Por outro lado, Bitencourt elogia o seu potencial preventivo especial, em razão de sua especificidade, podendo afastar motoristas negligentes do tráfego e veículos e impedir que um condenado que exerceu sua atividade profissional de forma

---

94. No mesmo sentido: NUCCI, Guilherme de Souza. Código Penal Comentado. 15. Ed. Rio de Janeiro: Forense, 2015, p. 423.
95. NUCCI, Guilherme de Souza. Código Penal Comentado. 15. Ed. Rio de Janeiro: Forense, 2015, p. 422-424.

irresponsável ou perigosa prossiga em seu desempenho. Seria a pena com maior demonstração de efetividade da Justiça no âmbito criminal, com impacto positivo na população. Atinge a situação econômico-financeira do condenado, sem causar os males do encarceramento de curto prazo[96]. Analisando os argumentos de Nucci e Bitencourt, os do último penalista parecem mais convincentes, sem prejuízo de, no caso concreto, o juiz se atentar à crítica do primeiro doutrinador para evitar que a pena, que é substitutiva do cárcere, não conflite com os efeitos de reintegração social e de sustento lícito do condenado, o que dependerá de condições socioeconômicas específicas do sentenciado.

Cominação das penas restritivas de direitos

As penas restritivas de direitos são aplicadas independentemente de cominação na Parte Especial do Código Penal. Isto é, aplicam-se mesmo que não haja previsão no preceito secundário do tipo, servindo para **substituir** a pena privativa de liberdade aplicada ao agente, nos termos do artigo 54 do CP:

> *Art. 54 – As penas restritivas de direitos são aplicáveis, independentemente de cominação na parte especial, em substituição à pena privativa de liberdade, fixada em quantidade inferior a 1 (um) ano, ou nos crimes culposos.*

De todo modo, o artigo 54, para grande parte da doutrina, foi derrogado, considerando que o artigo 44 passou a prever a possibilidade de substituição para penas privativas de liberdade iguais ou inferiores a quatro anos[97]. Assim, o sistema de substituição foi mantido pelo legislador, em detrimento da cominação no preceito secundário, de forma direta, a cominação de penas restritivas de direitos. Apenas o limite previsto para a substituição foi alterado pelo Legislador, por meio da Lei n. 9.714/1998, que deu nova redação ao artigo 44 do Código Penal.

Quanto à duração das penas restritivas de direitos, prevê o artigo 55 o seguinte:

> *Art. 55. As penas restritivas de direitos referidas nos incisos III, IV, V e VI do art. 43 terão a mesma duração da pena privativa de liberdade substituída, ressalvado o disposto no § 4º do art. 46.*

Portanto, devem ter a mesma duração da pena restritiva de liberdade substituída as seguintes penas restritivas de direitos: a limitação de fim de semana; a prestação de serviço à comunidade ou a entidades públicas e a interdição temporária de direitos. A prestação pecuniária e a perda de bens e valores, por sua própria natureza, duram o tempo necessário para o cumprimento, podendo ser imediato ou diferido (no caso de parcelamento, por exemplo).

Entretanto, cumpre consignar que, **se a pena de prestação de serviços à comunidade for superior a um ano, a prestação de serviço à comunidade pode ser**

96. BITENCOURT, Cezar Roberto. Op. Cit., 2020, p. 712-713.
97. NUCCI, Guilherme de Souza. Op. Cit., 2015, p. 435; FRANCO, Alberto Silva; BELLOQUE, Juliana. In: FRANCO, Alberto Silva; STOCCO, Rui (coord.). Op. Cit., 2007, p. 334-335.

cumprida em menor tempo, desde que **não inferior à metade da pena substituída**, conforme o artigo 46, § 4º, do CP:

> *§ 4º. Se a pena substituída for superior a um ano, é facultado ao condenado cumprir a pena substitutiva em menor tempo (art. 55), nunca inferior à metade da pena privativa de liberdade fixada.*

Substituição e requisitos

Os requisitos para a substituição da pena privativa de liberdade por pena restritiva de direitos foram trazidos pelo legislador no artigo 44 do Código Penal:

> *Art. 44. As penas restritivas de direitos são autônomas e substituem as privativas de liberdade, quando:*
>
> *I – aplicada pena privativa de liberdade não superior a quatro anos e o crime não for cometido com violência ou grave ameaça à pessoa ou, qualquer que seja a pena aplicada, se o crime for culposo;*
>
> *II – o réu não for reincidente em crime doloso;*
>
> *III – a culpabilidade, os antecedentes, a conduta social e a personalidade do condenado, bem como os motivos e as circunstâncias indicarem que essa substituição seja suficiente.*
>
> *§ 1º (VETADO)*
>
> *§ 2º Na condenação igual ou inferior a um ano, a substituição pode ser feita por multa ou por uma pena restritiva de direitos; se superior a um ano, a pena privativa de liberdade pode ser substituída por uma pena restritiva de direitos e multa ou por duas restritivas de direitos.*
>
> *§ 3º Se o condenado for reincidente, o juiz poderá aplicar a substituição, desde que, em face de condenação anterior, a medida seja socialmente recomendável e a reincidência não se tenha operado em virtude da prática do mesmo crime.*
>
> *§ 4º A pena restritiva de direitos converte-se em privativa de liberdade quando ocorrer o descumprimento injustificado da restrição imposta. No cálculo da pena privativa de liberdade a executar será deduzido o tempo cumprido da pena restritiva de direitos, respeitado o saldo mínimo de trinta dias de detenção ou reclusão.*
>
> *§ 5º Sobrevindo condenação a pena privativa de liberdade, por outro crime, o juiz da execução penal decidirá sobre a conversão, podendo deixar de aplicá-la se for possível ao condenado cumprir a pena substitutiva anterior.*

Os requisitos previstos no artigo 44 são mais favoráveis do que os do artigo 54 do Código Penal, de modo que este último ficou totalmente contido naquele, perdendo importância. Via de regra, exige-se que:

- aplicada pena privativa de liberdade **não superior a quatro anos** e o **crime não for cometido com violência ou grave ameaça à pessoa ou, qualquer que seja a pena aplicada**, se o crime for **culposo**: a doutrina aponta que, no caso de crime culposo, é possível admitir a violência (lesão culposa, por exemplo, qualquer que seja a pena). Também prevalece o cabimento nos crimes de menor potencial ofensivo[98]. Por outro lado, no caso de **violência imprópria**, como a do roubo próprio (artigo 157, *caput, in fine*, do CP), há divergências[99], mas deve ser admitida a substituição, devido à necessidade de se ater aos termos utilizados na legislação, de forma taxativa, em matéria de restrição de liberdade;

- o réu não for reincidente em crime doloso;
- a culpabilidade, os antecedentes, a conduta social e a personalidade do condenado, bem como os motivos e as circunstâncias indicarem que essa substituição seja suficiente (parte das circunstâncias judiciais são analisadas novamente para a finalidade da substituição da pena privativa de liberdade).

Sobre o requisito de ausência de violência ou grave ameaça à pessoa, Sobre a vedação em caso de crime cometido com grave ameaça, o STJ decidiu que "a utilização de simulacro de arma configura a elementar grave ameaça do tipo penal do roubo, subsumindo à hipótese legal que veda a substituição da pena"[100].

Deve-se atentar para o seguinte: se o condenado for **reincidente em crime doloso**, ainda assim será possível a substituição. Nesse caso, há mais requisitos: o juiz deve analisar (1) se, em face de condenação anterior, a medida possa ser considerada socialmente recomendável e (2) se a reincidência não se operou em virtude da prática do mesmo crime. Como a lei se utilizou da expressão "mesmo crime" não se pode inferir daí que a substituição seja obstada pela reincidência em crimes da mesma espécie, mas apenas se aplica a vedação no caso de condenação por crimes idênticos[101].

No caso de violência doméstica contra a mulher, cumpre recordar a Súmula 588 do STJ:

> *A prática de crime ou contravenção penal contra a mulher com violência ou grave ameaça no ambiente doméstico impossibilita a substituição da pena privativa de liberdade por restritiva de direitos.*

A Lei n. 14.344/2022, conhecida como Lei Henry Borel, deu nova redação aos parágrafos do artigo 226 do ECA, tratando da substituição da pena privativa de liberdade e dos institutos despenalizadores da Lei n. 9.099/1995:

98. CUNHA, Rogério Sanches. Manual de direito penal (arts. 1º ao 120). 8. ed. Salvador: Juspodivm, 2020, p. 583. CAPEZ, Fernando. Op. Cit., 2013, p. 438. MASSON, Cleber. Op. Cit., 2019, p. 599. Parece a posição de Prado, já que separa o requisito negativo da violência ou grave ameaça à pessoa, não o mencionando para crimes culposos (PRADO, Luiz Regis. Curso de direito penal brasileiro: parte geral e parte especial. 18. ed. Rio de Janeiro, 2020, p. 293). Em sentido diverso: Bitencourt entende que a restrição se aplica aos crimes culposos ou dolosos, mas admite a sua aplicação no caso de infrações penais de menor potencial ofensivo, como lesão corporal dolosa ou ameaça, em razão de sua natureza verdadeiramente alternativa (BITENCOURT, Cezar Roberto. Op. Cit., 2020, p. 695-696). Por sua vez, não admite em caso de infração de menor potencial ofensivo com violência ou grave ameaça: NUCCI, Guilherme de Souza. Código Penal Comentado. 15. ed. Rio de Janeiro: Forense, 2015, p. 406. MASSON, Cleber. Op. Cit., 2019, p. 406.
99. Não admitem: NUCCI, Guilherme de Souza. Op. Cit., 2015, p. 406. MASSON, Cleber. Op. Cit., 2019, p. 598. Admitem: CUNHA, Rogério Sanches. Op. Cit., 2020, p. 585. MIRABETE, Julio Fabbrini; FABBRINI, Renato N. Manual de direito penal, volume 1, parte geral, arts. 1º a 120 do CP. 32. ed. São Paulo: Atlas, 2016, p. 271.
100. STJ, REsp 1.994.182- RJ, Rel. Min. Sebastião Reis Júnior, Terceira Seção, julgado em 13/12/2023.
101. STJ, AREsp 1.716.664/SP, Rel. Min. Ribeiro Dantas, Terceira Seção, julgado em 25/08/2021.

§ 1º Aos crimes cometidos contra a criança e o adolescente, independentemente da pena prevista, não se aplica a Lei nº 9.099, de 26 de setembro de 1995.

§ 2º Nos casos de violência doméstica e familiar contra a criança e o adolescente, é vedada a aplicação de penas de cesta básica ou de outras de prestação pecuniária, bem como a substituição de pena que implique o pagamento isolado de multa.

Assim, fica vedada a substituição da pena privativa de liberdade por **prestação pecuniária** nos crimes praticados com violência doméstica e familiar contra criança e adolescente. Fica proibida, ainda, a substituição que implique **pagamento isolado de pena de multa**. Com isso, é possível a substituição por penas restritivas de direitos, como a prestação de serviços à comunidade, mas não por prestação pecuniária ou de modo que resulte no pagamento isolado de multa. O legislador quis evitar que um delito com violência doméstica e familiar contra menores de 18 anos de idade leve a um mero dissabor financeiro.

Também se menciona a **"pena de cesta básica"**, categoria jurídica inexistente. A entrega de cestas básicas, comum em condenações e transações penais, surgiu devido à faculdade do art. 45, § 2º, do CP, que permite a conversão da prestação pecuniária em prestação de outra natureza, que não o dinheiro. Tornou-se comum a entrega das famigeradas cestas como sanção pela prática de um delito. Talvez o estigma gerado com isso, em que a "cesta básica" se tornou sinônimo leigo de crime leve ou de impunidade, tenha levado o legislador a mencioná-la na vedação, como se fosse uma categoria diversa de sanção penal.

Por sua vez, o § 1º do artigo 226, também incluído pela Lei Henry Borel, **afasta a aplicação da Lei n. 9.099/1995 aos crimes cometidos contra criança e adolescente**. Isso impossibilita a composição civil dos danos, a transação penal e a suspensão condicional do processo quando o delito envolver violência doméstica e familiar contra criança e adolescente.

Como visto, todas essas vedações foram incluídas no Estatuto da Criança e do Adolescente, o que não deve impedir que se estendam aos delitos do Código Penal. Primeiro, porque os dispositivos normativos não se referem apenas aos crimes previstos no ECA, não cabendo ao intérprete restringir o que o legislador não restringiu. A diferenciação não guardaria relação com a finalidade de se proteger crianças e adolescentes dessa espécie de violência. Segundo, pois essa foi a interpretação que prevaleceu no caso da Lei n. 11.340/2006, conhecida como Lei Maria da Penha, que também trouxe tratamento similar aos delitos de violência doméstica e familiar contra a mulher, conforme redação de seus artigos 17[102] e 41[103].

Por fim, é importante notar que, enquanto o § 2º faz referência à **violência doméstica e familiar contra a criança e o adolescente**, o § 1º menciona apenas **crime contra criança e adolescente**. Desse modo, seria inaplicável qualquer instituto da

102. Art. 17. É vedada a aplicação, nos casos de violência doméstica e familiar contra a mulher, de penas de cesta básica ou outras de prestação pecuniária, bem como a substituição de pena que implique o pagamento isolado de multa.

103. Art. 41. Aos crimes praticados com violência doméstica e familiar contra a mulher, independentemente da pena prevista, não se aplica a Lei nº 9.099, de 26 de setembro de 1995.

Lei n. 9.099/1995 mesmo a um caso de furto simples contra um adolescente, o que parece transcender o escopo da lei. Por isso, neste caso, defende-se aqui uma interpretação restritiva e sistemática, de modo que a vedação de aplicação dos institutos chamados despenalizadores também se restrinjam aos casos de violência doméstica e familiar contra menores de idade. A diferenciação, nessa hipótese, busca preservar a finalidade da nova lei.

Conversão em pena privativa de liberdade

Em determinas hipóteses, é possível também que a pena restritiva de direitos seja convertida em privativa de liberdade. É o que prevê o artigo 181 da Lei de Execução Penal:

> *Art. 181. A pena restritiva de direitos será convertida em privativa de liberdade nas hipóteses e na forma do artigo 45 e seus incisos do Código Penal.*
>
> *§ 1º A pena de prestação de serviços à comunidade será convertida quando o condenado:*
>
> *a) não for encontrado por estar em lugar incerto e não sabido, ou desatender a intimação por edital;*
>
> *b) não comparecer, injustificadamente, à entidade ou programa em que deva prestar serviço;*
>
> *c) recusar-se, injustificadamente, a prestar o serviço que lhe foi imposto;*
>
> *d) praticar falta grave;*
>
> *e) sofrer condenação por outro crime à pena privativa de liberdade, cuja execução não tenha sido suspensa.*
>
> *§ 2º A pena de limitação de fim de semana será convertida quando o condenado não comparecer ao estabelecimento designado para o cumprimento da pena, recusar-se a exercer a atividade determinada pelo Juiz ou se ocorrer qualquer das hipóteses das letras "a", "d" e "e" do parágrafo anterior (não for encontrado por estar em lugar incerto e não sabido, ou desatender a intimação por edital; praticar falta grave ou sofrer condenação por outro crime à pena privativa de liberdade, cuja execução não tenha sido suspensa).*
>
> *§ 3º A pena de interdição temporária de direitos será convertida quando o condenado exercer, injustificadamente, o direito interditado ou se ocorrer qualquer das hipóteses das letras "a" e "e", do § 1º, deste artigo.*

5.12. Pena de multa

A pena de multa é a **sanção penal patrimonial**, ou seja, é a pena consistente na obrigação de o sentenciado efetuar o pagamento de determinada quantia de dinheiro. É chamada também de **pena pecuniária**. Pode estar prevista no preceito secundário incriminador, de forma isolada, alternativa ou cumulativa com a pena privativa de liberdade, bem como pode ser utilizada para substituição da pena privativa de liberdade.

Para sua fixação, de início o juiz estipula a quantidade de dias-multa, entre 10 e 360, de acordo com o critério trifásico, acima estudado. Após, há a estipulação do valor de cada dia-multa, com atenção à situação econômica do réu. O valor de cada dia-multa varia de um trigésimo do salário-mínimo a cinco vezes o salário-mínimo.

Um trigésimo do salário-mínimo como valor mínimo de cada dia-multa representa o ganho de um trabalhador, por um dia de trabalho, pelo menor salário admitido por lei no país. Esse é o piso para o juiz definir o valor do dia-multa na sentença. O limite é de 5 salários-mínimos. Entretanto, se o juiz entender que o valor é ineficaz, em virtude da condição financeira do condenado, pode elevá-lo até o triplo.

A **fixação da pena de multa** está regulada especialmente pelos artigos 49 e 60, *caput* e § 1º, do Código Penal. Além disso, o artigo 49 do CP determina que valor da multa seja revertido ao **Fundo Penitenciário**. A Lei Complementar n. 79/1994 criou o Fundo Penitenciário Nacional (FUNPEN), explicitando a destinação das verbas, como, por exemplo, a reforma de estabelecimentos prisionais. Os Estados recebem repasses de parte do fundo, tendo sido também instituídos fundos estaduais por leis dos respectivos entes:

> *Art. 49 – A pena de multa consiste no pagamento ao fundo penitenciário da quantia fixada na sentença e calculada em dias-multa. Será, no mínimo, de 10 (dez) e, no máximo, de 360 (trezentos e sessenta) dias-multa.*
>
> *§ 1º – O valor do dia-multa será fixado pelo juiz não podendo ser inferior a um trigésimo do maior salário-mínimo mensal vigente ao tempo do fato, nem superior a 5 (cinco) vezes esse salário.*
>
> *§ 2º – O valor da multa será atualizado, quando da execução, pelos índices de correção monetária.*

Para a fixação do número de dias-multa, o legislador previu o máximo e o mínimo abstratamente cominados a todos os delitos do Código Penal e, ressalvada disposição específica, da legislação penal extravagante. O juiz fixará de 10 a 360 dias-multa, utilizando o mesmo critério trifásico das penas privativas de liberdade. Após, fixará o valor do dia-multa, entre um trigésimo do salário-mínimo até cinco salários-mínimos para cada dia-multa, buscando atender à situação econômica do condenado. O salário-mínimo utilizado como base deve ser o do tempo do fato, ou seja, da ação ou omissão típica. Quando da execução, o juiz deve proceder à atualização do valor:

> *Art. 60 – Na fixação da pena de multa o juiz deve atender, principalmente, à situação econômica do réu.*
>
> *§ 1º – A multa pode ser aumentada até o triplo, se o juiz considerar que, em virtude da situação econômica do réu, é ineficaz, embora aplicada no máximo.*
>
> *§ 2º – A pena privativa de liberdade aplicada, não superior a 6 (seis) meses, pode ser substituída pela de multa, observados os critérios dos incisos II e III do art. 44 deste Código.*

O número de dias multa deve guardar uma proporção com a pena privativa de liberdade fixada pelo juiz. Deste modo, uma pena mínima de reclusão ou de detenção deve corresponder a uma pena de 10 dias-multa, que é a menor quantidade prevista na lei. Por outro lado, o valor do dia-multa deve ser estipulado com base na situação econômico-financeira do condenado, de modo que se atende ao artigo 60, *caput*, do CP, que determina que esse fator seja preponderante para o juiz. Para possibilitar a maior correspondência possível entre a situação econômica e o valor do dia-multa, o legislador previu o aumento do valor, já fixado pelo juiz, em até o triplo, de modo a se buscar maior eficácia quando se trata de condenado de alto poder aquisitivo. Quanto à substituição, o artigo 44 trouxe detalhamentos ao tema, sem contradizer o artigo 60, § 2º, que possibilita que a pena privativa de liberdade menor do que 6 meses seja substituída por multa.

Alguns delitos do Código Penal ainda fazem referência ao valor do dia multa, fixado em moeda que nem sequer é a corrente no Brasil. É o caso do estelionato, previsto no artigo 171 do CP. Deve-se atentar ao artigo 2º, da Lei n. 7.209/1984, a lei da reforma da Parte Geral do Código, que determinou o cancelamento das referências a valores de multa, consagrando o sistema de cálculo dos dias-multa:

> *Art. 2º São canceladas, na Parte Especial do Código Penal e nas leis especiais alcançadas pelo art. 12 do Código Penal, quaisquer referências a valores de multas, substituindo-se a expressão multa de por multa.*

Pena de multa substitutiva

É importante registrar, conforme estudado na substituição da pena privativa de liberdade, que a pena de multa também pode ser aplicada em **substituição**, assim como ocorre com as penas restritivas de direitos. Prevê o artigo 60, § 2º, do CP:

> *§ 2º A pena privativa de liberdade aplicada, não superior a 6 (seis) meses, pode ser substituída pela de multa, observados os critérios dos incisos II e III do art. 44 deste Código.*

Portanto, é possível a substituição da pena privativa de liberdade, não superior a 6 meses, desde que o réu não seja reincidente em crime doloso, bem como a culpabilidade, os antecedentes, a conduta social e a personalidade do condenado, assim como os motivos e as circunstâncias indicarem que essa substituição seja suficiente.

É possível, ainda, a substituição da pena privativa de liberdade por uma pena restritiva de direitos e uma pena de multa, nos termos do artigo 44 do CP, caso a pena substituída seja superior a um ano (artigo 44, §2º, CP).

Caso haja a previsão no preceito secundário de aplicação de **pena privativa de liberdade e de multa**, eventual substituição da pena privativa de liberdade por **uma pena de multa e uma restritiva de direitos**, por exemplo, implicará duas penas de multa. Uma pena de multa será aquela prevista originalmente no tipo e a outra, a aplicada em substituição, denominada pena de multa substitutiva. **Ambas deverão ser pagas pelo condenado**, não se confundindo entre si.

No caso de crime previsto em legislação especial, vale registrar não ser possível a substituição da pena privativa de liberdade pela pena de multa, caso aquela seja cominada de forma cumulativa com a pena pecuniária. Ou seja, se, na legislação penal extravagante, houver crime com previsão de pena de multa e de pena privativa de liberdade, esta última não poderá ser substituída por pena de multa. É o entendimento do STJ, consubstanciado na Súmula 171:

> *Cominadas cumulativamente, em lei especial, penas privativa de liberdade e pecuniária, é defeso a substituição da prisão por multa.*

Execução da pena de multa

O Código Penal trata da execução da pena de multa no seu artigo 50, prevendo a possibilidade de parcelamento de seu pagamento. Além disso, é possível o desconto no salário ou vencimento do condenado, o que, em muitos casos, pode se tornar difícil pelos baixos valores recebidos pela atividade laboral exercida durante a execução penal. Isto porque se prevê que o desconto não pode afetar os recursos indispensáveis ao sustento do executado e de seus familiares, o que deve se compreender como aqueles que vivem sob a sua dependência econômica:

> *Art. 50 – A multa deve ser paga dentro de 10 (dez) dias depois de transitada em julgado a sentença. A requerimento do condenado e conforme as circunstâncias, o juiz pode permitir que o pagamento se realize em parcelas mensais.*
>
> *§ 1º – A cobrança da multa pode efetuar-se mediante desconto no vencimento ou salário do condenado quando:*
>
> *a) aplicada isoladamente;*
>
> *b) aplicada cumulativamente com pena restritiva de direitos;*
>
> *c) concedida a suspensão condicional da pena.*
>
> *§ 2º – O desconto não deve incidir sobre os recursos indispensáveis ao sustento do condenado e de sua família.*

A Lei de Execução Penal, por sua vez, cuida do tema em seu artigo 164:

> *Art. 164. Extraída certidão da sentença condenatória com trânsito em julgado, que valerá como título executivo judicial, o Ministério Público requererá, em autos apartados, a citação do condenado para, no prazo de 10 (dez) dias, pagar o valor da multa ou nomear bens à penhora.*
>
> *§ 1º Decorrido o prazo sem o pagamento da multa, ou o depósito da respectiva importância, proceder-se-á à penhora de tantos bens quantos bastem para garantir a execução.*
>
> *§ 2º A nomeação de bens à penhora e a posterior execução seguirão o que dispuser a lei processual civil.*

Dada a diferença entre os dispositivos, tem prevalecido que o prazo para pagamento é aquele do artigo 164 da LEP, que prevê o seu início apenas após a "citação" do condenado para pagar o valor da pena de multa ou nomear bens à penhora. A Lei de Execução Penal, que entrou em vigor em conjunto com a Parte Geral reformada do Código, é mais benéfica ao acusado.

É importante observar que o tema passou por uma grande mudança com a Lei n. 9.268/1996 que, dando nova redação ao artigo 51 do Código Penal, passou a determinar o tratamento da pena de multa, imposta por sentença transitada em julgado, como dívida de valor da Fazenda Pública. A atual redação foi dada pela Lei n. 13.694, de 24 de dezembro de 2019, que passou a prever a competência do Juízo da Execução Penal:

> *Art. 51. Transitada em julgado a sentença condenatória, a multa será executada perante o juiz da execução penal e será considerada dívida de valor, aplicáveis as normas relativas à dívida ativa da Fazenda Pública, inclusive no que concerne às causas interruptivas e suspensivas da prescrição.*

Desse modo, após o trânsito em julgado, a pena de multa é considerada dívida ativa da Fazenda Pública. Por essa razão, o STJ vinha entendendo que sua cobrança deveria ser promovida pela advocacia pública, em se tratando de dívida pública. Esse entendimento está expresso no enunciado da Súmula 521:

> *A legitimidade para a execução fiscal de multa pendente de pagamento imposta em sentença condenatória é exclusiva da Procuradoria da Fazenda Pública.*

O rito aplicado para a execução da multa, portanto, seria o da Lei n. 6.830/1980, a Lei de Execução Fiscal. O STF, entretanto, decidiu de forma diferente, no dia 13 de agosto de 2018, modificando seu próprio entendimento. Em questão de ordem na Ação Penal 470 (Mensalão), o Pleno concluiu que a legitimidade para cobrança da pena de multa seria do Ministério Público, sem prejuízo de, subsidiariamente, a Fazenda Pública promover sua execução:

> *"O Tribunal, por maioria, resolveu a questão de ordem no sentido de assentar **a legitimidade do Ministério Público para propor a cobrança de multa, com a possibilidade subsidiária de cobrança pela Fazenda Pública**, nos termos do voto do Relator, vencidos os Ministros Marco Aurélio e Edson Fachin. Ausentes, justificadamente, os Ministros Celso de Mello e Gilmar Mendes. Presidência do Ministro Dias Toffoli. Plenário, 13/12/2018".*

Após a modificação do entendimento do STF, o STJ modificou seu posicionamento:

> *"Nos termos do novo entendimento desta Corte, firmado em consonância com o STF, no julgamento da ADI 3.150/DF, ocorrido em 13/12/2018, "a Lei n. 9.268/96, ao considerar a multa penal como dívida de valor, não retirou dela o caráter de sanção criminal que lhe é inerente por força do art. 5º, XLVI, c, da CF. Como consequência, por ser uma sanção criminal, **a legitimação prioritária para a execução da multa penal é do Ministério Público perante a Vara de Execuções Penais**" (CC 165.809/PR, Min. Antônio Saldanha Palheiro, Terceira Seção, DJe 23/8/2019), razão pela qual, diante de seu **caráter penal, não há falar em extinção da punibilidade da pena de multa nos casos de não pagamento**. (STJ, AgRg no REsp 1855046/SP, Rel. Min. Nefi Cordeiro, Sexta Turma, DJe 16/03/2020).*

O artigo 51 do Código Penal foi modificado, como visto acima, passando a prever, com a Lei n. 13.694/2019, que a execução deve se processar no Juízo da Execução Penal, o que parece reforçar a legitimidade do Ministério Público e afastar a da Procuradoria da Fazenda, ao menos após o início da sua vigência, prevista para 30 dias após a publicação, o que ocorreu em 23 de janeiro de 2020.

É necessário aguardar se o STF manterá seu posicionamento após a alteração legislativa. De todo modo, a nova redação parece atribuir a legitimidade exclusiva ao Ministério Público, reforçando a sua natureza penal.

Vale destacar, ainda, que o STF já decidiu que o inadimplemento deliberado da pena de multa impede a progressão de regime, o que, pelo próprio termo "deliberado", demonstra que essa regra não implica o impedimento do executado com absoluta impossibilidade econômica de realizar o adimplemento[104].

O STJ firmou compreensão no mesmo sentido, de modo que o inadimplemento da pena de multa, por hipossuficiência do executado, não deve obstar a extinção da punibilidade. A Terceira Seção, ao estabelecer a tese no Tema Repetitivo n. 931, observou que o juiz deve fundamentar, concretamente, a possibilidade de o executado efetuar o pagamento, caso discorde da alegação de hipossuficiência:

> *"O inadimplemento da pena de multa, após cumprida a pena privativa de liberdade ou restritiva de direitos, não obsta a extinção da punibilidade, ante a alegada hipossuficiência do condenado, salvo se diversamente entender o juiz competente, em decisão suficientemente motivada, que indique concretamente a possibilidade de pagamento da sanção pecuniária."*

Houve questionamento sobre a constitucionalidade de se condicionar a extinção da pena privativa de liberdade ou restritiva de direitos ao adimplemento da pena de multa. A Suprema Corte voltou a enfrentar essa questão e deu interpretação conforme ao artigo 51. A compreensão foi de que não ofende a Constituição condicionar a extinção da pena privativa de liberdade ou restritiva de direitos ao pagamento da multa penal, ressalvada a hipossuficiência financeira, devidamente comprovada:

> *"3. É constitucional condicionar o reconhecimento da extinção da punibilidade ao efetivo pagamento da pena de multa - conjuntamente cominada com a pena privativa de liberdade -, ressalvada a hipótese em que demonstrada a impossibilidade de pagamento da sanção patrimonial. 4. Pedido provido parcialmente para conferir, ao art. 51 do Código Penal, interpretação conforme à Constituição da República, no sentido de que, cominada conjuntamente com a pena privativa de liberdade, o inadimplemento da pena de multa obsta o reconhecimento da extinção da punibilidade, salvo comprovada impossibilidade de seu pagamento, ainda que de forma parcelada". (STF, ADI 7032, Rel. Min. Flávio Dino, Tribunal Pleno, julgado em 25-03-2024)*

Por fim, ainda sobre a execução, o artigo 52 do Código Penal prevê a suspensão da execução de pena de multa se sobrevier doença mental ao executado. A questão é que não se prevê o prazo de suspensão, o que parece significar que a execução poderia ficar suspensa até o advento do seu prazo prescricional. O artigo 167 da Lei n. 7.210/1984 tem o mesmo conteúdo que o artigo 52 do Código, determinando a suspensão da execução na superveniência de doença mental:

> *Art. 52 - É suspensa a execução da pena de multa, se sobrevém ao condenado doença mental.*

104. STF, EP 12 ProgReg-AgR/DF, Rel. Min. Roberto Barroso, Pleno, julgado em 8/4/2015.

6. SUSPENSÃO CONDICIONAL DA PENA

A suspensão condicional da pena é **um benefício previsto em lei que determina a paralisação da execução da pena privativa de liberdade, desde que cumpridos determinados requisitos**. Cuida-se de direito público subjetivo do réu, segundo grande parte da doutrina e a jurisprudência majoritária. Também chamado *sursis*, é o instituto que, atendidos seus requisitos, suspende a execução da pena privativa de liberdade por determinado lapso temporal, deixando-o sob determinadas condições.

O termo ***sursis*** é o particípio passado do verbo francês *surseoir*, cujo significado é suspender ou retardar. Está previsto nos artigos 77 e 78 do Código Penal, sendo que os dispositivos já possuem, destacados, os nomes das modalidades de *sursis*:

> *Art. 77 – A execução da pena privativa de liberdade, não superior a 2 (dois) anos, poderá ser suspensa, por 2 (dois) a 4 (quatro) anos, desde que **(sursis simples)**:*
>
> *I – o condenado não seja reincidente em crime doloso;*
>
> *II – a culpabilidade, os antecedentes, a conduta social e personalidade do agente, bem como os motivos e as circunstâncias autorizem a concessão do benefício;*
>
> *III – Não seja indicada ou cabível a substituição prevista no art. 44 deste Código.*
>
> *§ 1º – A condenação anterior a pena de multa não impede a concessão do benefício.*
>
> *§ 2º A execução da pena privativa de liberdade, não superior a quatro anos, poderá ser suspensa, por quatro a seis anos, desde que o condenado seja maior de setenta anos de idade, ou razões de saúde justifiquem a suspensão. **(sursis etário e humanitário)***
>
> *Art. 78 – Durante o prazo da suspensão, o condenado ficará sujeito à observação e ao cumprimento das condições estabelecidas pelo juiz.*
>
> *§ 1º – No primeiro ano do prazo, deverá o condenado prestar serviços à comunidade (art. 46) ou submeter-se à limitação de fim de semana (art. 48).*
>
> *§ 2º Se o condenado houver reparado o dano, salvo impossibilidade de fazê-lo, e se as circunstâncias do art. 59 deste Código lhe forem inteiramente favoráveis, o juiz poderá substituir a exigência do parágrafo anterior pelas seguintes condições, aplicadas cumulativamente **(sursis especial)**:*
>
> *a) proibição de frequentar determinados lugares;*
>
> *b) proibição de ausentar-se da comarca onde reside, sem autorização do juiz;*
>
> *c) comparecimento pessoal e obrigatório a juízo, mensalmente, para informar e justificar suas atividades.*

Portanto, o *sursis* possui as seguintes modalidades: simples, etário, humanitário e especial:

***Sursis* simples**: cabível no caso de pena privativa de liberdade não superior a 2 (dois) anos, sendo o período de prova de 2 (dois) a 4 (quatro) anos. São seus requisitos: o condenado não ser reincidente em crime doloso (salvo se foi condenado a pena de multa); a culpabilidade, os antecedentes, a conduta social e personalidade do agente, bem como os motivos e as circunstâncias autorizem a concessão do benefício e não seja indicada ou cabível a substituição da pena privativa de liberdade por restritiva de direitos.

Como destacado, o réu não pode ser reincidente em crime doloso, o que significa que a condenação anterior por delito culposo não impede a concessão do benefício. Também não impede a concessão do *sursis* a condenação anterior, por crime doloso, que tenha imposto exclusivamente a pena de multa, conforme previsto no parágrafo primeiro do artigo 77. É o que também ressalta a Súmula 499 do STF:

> *Não obsta a concessão do "sursis" condenação anterior a pena de multa.*

Durante o prazo de suspensão, o condenado deve observar as condições impostas pelo juiz, sendo que durante o primeiro ano deverá prestar serviços à comunidade ou se submeter à limitação de fim de semana.

***Sursis* etário e humanitário**: pode ser concedido para pena privativa de liberdade que não seja superior a quatro anos, sendo que o período de prova será de quatro a seis anos. Neste caso, requer-se que o condenado seja maior de setenta anos de idade ou que haja razões de saúde que justifiquem a suspensão.

***Sursis* especial**: é admissível no caso de o condenado haver reparado o dano, salvo impossibilidade de fazê-lo e de as circunstâncias judiciais (artigo 59 do CP) lhe serem inteiramente favoráveis. Nessa hipótese, o juiz pode substituir a exigência de prestação de serviços à comunidade ou limitação de fim de semana durante o primeiro ano da suspensão pelas seguintes condições, de forma cumulativa: proibição de frequentar determinados lugares; proibição de ausentar-se da comarca onde reside, sem autorização do juiz e comparecimento pessoal e obrigatório a juízo, mensalmente, para informar e justificar suas atividades.

O juiz pode determinar as condições a serem observadas pelo condenado, adequadas ao fato que ele praticou e a suas condições pessoais, nos termos do artigo 79 do CP:

> *Art. 79 – A sentença poderá especificar outras condições a que fica subordinada a suspensão, desde que adequadas ao fato e à situação pessoal do condenado.*

O Código Penal, em seu artigo 80, esclarece que a suspensão condicional da pena se restringe à pena privativa de liberdade, não abrangendo a pena de multa nem a pena restritiva de direitos:

> *Art. 80 – A suspensão não se estende às penas restritivas de direitos nem à multa.*

O STJ já decidiu que o fato de o réu se embriagar frequentemente não é óbice suficiente à suspensão condicional da pena:

> *"2.* ***O fato de o réu se embriagar nos fins de semana não é, por si só, suficiente para obstar o deferimento do sursis, visto que as outras circunstâncias judiciais pesam favoravelmente à concessão do benefício almejado. Precedentes.*** *3. Parecer ministerial pela denegação da ordem.4. Ordem concedida para possibilitar a suspensão condicional da pena ao paciente, mediante as condições a serem estabelecidas pelo Juiz da Execução." (HC 138703/RJ, Rel. Min. Napoleão Nunes Maia Filho, Dje 30/11/2009)*

6.1. Revogação obrigatória

A **revogação obrigatória** do *sursis* ocorre se o beneficiado é condenado definitivamente por crime doloso, se ele frustra a execução da pena de multa e não repara o dano, possuindo condições financeiras de fazê-lo ou descumpre a obrigação de, no primeiro ano da suspensão, prestar serviços à comunidade ou se submeter à limitação de fim de semana.

> *Art. 81 – A suspensão será revogada se, no curso do prazo, o beneficiário:*
>
> *I – é condenado, em sentença irrecorrível, por crime doloso;*
>
> *II – frustra, embora solvente, a execução de pena de multa ou não efetua, sem motivo justificado, a reparação do dano;*
>
> *III – descumpre a condição do § 1º do art. 78 deste Código.*

Como a nova condenação depende de trânsito em julgado, o período de prova ficará prorrogado até o julgamento definitivo. É necessário diferenciar que, na hipótese de condenação por crime doloso, haverá prorrogação automática do prazo se o acusado estiver sendo processado, dada a necessidade do trânsito em julgado. Nos demais casos, será necessário que o juiz decida sobre a revogação antes de findo o prazo do sursis, sob pena de extinção da punibilidade.

6.2. Revogação facultativa

As hipóteses de **revogação facultativa** são o descumprimento de qualquer outra condição imposta ou a condenação por crime culposo ou por contravenção, com imposição de pena privativa de liberdade ou restritiva de direitos. Cuida-se de hipóteses menos graves de descumprimento, razão pela qual o legislador deu liberdade ao juiz para analisar caso a caso se ele aceita eventual justificativa da defesa, se ele revoga o benefício ou se, caso o prazo de suspensão condicional não tenha sido fixado no máximo, ele a prorrogue até o limite legal. É o que prevê o parágrafo primeiro do artigo 81, § 1 º, do CP:

> *§ 1º – A suspensão poderá ser revogada se o condenado descumpre qualquer outra condição imposta ou é irrecorrivelmente condenado, por crime culposo ou por contravenção, a pena privativa de liberdade ou restritiva de direitos.*

Tanto no caso da revogação facultativa, quanto de revogação obrigatória, pode haver a **prorrogação do período de prova**, nos termos dos parágrafos segundo e terceiro do artigo 81:

> *§ 2º – Se o beneficiário está sendo processado por outro crime ou contravenção, considera-se prorrogado o prazo da suspensão até o julgamento definitivo.*
>
> *§ 3º – Quando facultativa a revogação, o juiz pode, ao invés de decretá-la, prorrogar o período de prova até o máximo, se este não foi o fixado.*

Nas hipóteses de revogação facultativa, o juiz pode decretar essa extensão do prazo até o máximo, optando por essa via menos gravosa caso entenda não ser adequada a revogação. Excepcionalmente, se sobrevier processo criminal contra o condenado, a prorrogação opera-se *ope legis*, isto é, em virtude da própria lei. Ao exigir o trânsito em julgado, o legislador optou por determinar que o prazo de suspensão fica automaticamente prorrogado, aguardando-se eventual condenação para revogação obrigatória ou facultativa do benefício, conforme o caso. Será obrigatória se tiver praticado crime doloso. Se a condenação for por crime culposo ou contravenção, a revogação é facultativa, devendo ser motivadamente decidida pelo juiz.

6.3. Cassação

A Lei de Execução Penal, em seu artigo 161, prevê a possibilidade de o benefício do *sursis* ser **cassado**. Isso ocorre quando o beneficiário, intimado para a audiência admonitória, não comparece. Assim, o benefício é considerado **sem efeito** e a pena privativa de liberdade deve ser executada:

> *Art. 161. Se, intimado pessoalmente ou por edital com prazo de 20 (vinte) dias, o réu não comparecer injustificadamente à audiência admonitória, a suspensão ficará sem efeito e será executada imediatamente a pena.*

Deste modo, há cassação quando o beneficiário recusa o *sursis*, quando não comparece à audiência admonitória ou quando há a reforma da sentença concessiva do benefício, em julgamento de recurso. As duas primeiras hipóteses demonstram o desinteresse do condenado em ter a execução da sua pena suspensa, razão pela qual ela deve ser executada tal qual imposta no título condenatório. O STJ já decidiu que o desinteresse do réu pelo *sursis*, instituto facultativo, somente pode ser manifestado na audiência admonitória[105]. Ademais, é possível que o benefício se torne sem efeito em julgamento de recurso da acusação, quando houver reforma do decidido pelo juízo a quo, de instância inferior.

6.4. Extinção

Por fim, a **extinção** se dá com o fim do prazo do período de prova, desde que não tenha havido a revogação do benefício. É o que estipula o artigo 62 do Código Penal:

> *Cumprimento das condições*
>
> *Art. 82 – Expirado o prazo sem que tenha havido revogação, considera-se extinta a pena privativa de liberdade.*

Em caso de o prazo se esvair sem que tenha havido a revogação da suspensão condicional da pena, surgiu a controvérsia sobre a possibilidade de, com base no

105. "Assim, embora a suspensão condicional da pena seja um benefício que pode ser recusado pelo réu (caráter facultativo), tal recusa somente há ser feita no momento adequado (audiência admonitória), cabendo ao juiz sentenciante apenas a análise quanto ao seu cabimento e à sua efetiva aplicação. Dessa forma, não é cabível, neste momento, a revogação do sursis concedido pelo magistrado sentenciante, uma vez que, somente após o trânsito em julgado e designada audiência admonitória pelo juízo da execução penal, é que poderá o apenado renunciar ao *sursis*, caso não concorde com as condições estabelecidas e entenda ser mais benéfico o cumprimento da pena privativa de liberdade." (STJ, HC n. 447.662/SP, Rel. Min. Reynaldo Soares da Fonseca, Quinta Turma, julgado em 18/10/2018, DJe de 26/10/2018)

fato pretérito, ocorrer a sua revogação posterior. Deve ser feita uma seguinte diferenciação conforme o fato que ensejou a revogação. Caso a revogação tenha como base nova condenação, deve-se considerar que a lei considera prorrogado o prazo até o julgamento definitivo. A prorrogação, pela redação do dispositivo, deve ser considerada automática, *ope legis*. O próprio legislador decidiu que o prazo ficará prorrogado até o julgamento definitivo, que, se for condenatório, ensejará a revogação do benefício.

Lado outro, as demais hipóteses – obrigatórias e facultativas – de revogação da suspensão condicional requerem decisão judicial antes de findo o prazo do *sursis*. Se o juiz não revoga o benefício e o período previsto na sentença concessiva do benefício se esvai, deve-se considerar extinta a punibilidade do agente. Neste sentido, já decidiram o Supremo Tribunal Federal e o Superior Tribunal de Justiça:

> *"O preceito do § 2º do artigo 81 do Código Penal revela automaticidade no que dispõe que se considera prorrogado o prazo da suspensão, até o julgamento definitivo, quando o beneficiario esta sendo processado por outro crime ou contravenção. A regra relativa a extinção da pena privativa de liberdade prevista no artigo 82 pressupõe expiração do prazo e esta não coabita o mesmo teto da prorrogação automática de que cuida o referido § 2º. (STF, HC 72147, Rel. Min. Marco Aurélio, Segunda Turma, julgado em 16/04/1996)*
>
> *"Esta Corte tem firmado o entendimento no sentido de que o período de prova do sursis fica automaticamente prorrogado quando o beneficiário está sendo processado por outro crime ou contravenção, bem como que a superveniência de sentença condenatória irrecorrível é caso de revogação obrigatória do benefício, mesmo quando ultrapassado o período de prova." (STJ, HC n. 175.758/SP, Rel. Min. Laurita Vaz, Quinta Turma, julgado em 4/10/2011, DJe de 14/10/2011.)*

Em acórdãos mais recentes, entretanto, o Superior Tribunal de Justiça vem decidindo que, não tendo havido revogação do *sursis* antes do encerramento do seu período de prova, deve ser declarada extinta a punibilidade. Os julgados mais recentes não parecem espelhar a diferenciação acima feita, declarando simplesmente que, ao contrário da suspensão condicional do processo, do artigo 89 da Lei n. 9.099/89, a suspensão condicional da pena exige decisão antes de findo o seu prazo, sob pena de extinção da punibilidade:

> *"Inexistindo revogação ou prorrogação do período de prova, correta a decisão que extinguiu a pena, nos termos do art. 82 do Código Penal, segundo o qual, 'expirado o prazo sem que tenha havido revogação, considera-se extinta a pena privativa de liberdade'" (STJ, AgRg no REsp n. 1.988.707/MG, Rel. Min. Ribeiro Dantas, Quinta Turma, julgado em 21/6/2022, DJe de 29/6/2022)*
>
> *"Conforme já decidiu esta Corte, "inexistindo revogação ou prorrogação do período de prova, correta a decisão que extinguiu a pena, nos termos do art. 82 do Código Penal, segundo o qual, 'expirado o prazo sem que tenha havido revogação, considera-se extinta a pena privativa de liberdade'" (AgRg no REsp n. 1.468.840/RS, relator Ministro REYNALDO SOARES DA FONSECA, QUINTA TURMA, julgado em 15/12/2016, DJe 1º/2/2017). 2. Diferente é o caso do sursis processual, previsto no art. 89 da Lei n. 9.099/1995. Somente em relação a esse instituto é que, "se descumpridas as condições*

impostas durante o período de prova da suspensão condicional do processo, o benefício poderá ser revogado, mesmo se já ultrapassado o prazo legal, desde que referente a fato ocorrido durante sua vigência" (STJ, AgRg no REsp n. 1.362.871/MG, Rel. Min. Antonio Saldanha Palheiro, Sexta Turma, julgado em 27/4/2021, DJe de 30/4/2021.)

7. LIVRAMENTO CONDICIONAL

O livramento condicional (LC) é o benefício que consiste na soltura antecipada do executado, mediante o preenchimento de determinadas condições. Sua natureza jurídica, conforme entendimento que prevalece, é o de direito subjetivo do acusado. Busca-se a ressocialização, possibilitando ao executado, que ostenta bom comportamento carcerário, a liberação antecipada, sendo que, durante o restante da pena, deverá se comportar de forma a não ter o benefício revogado e cumprir determinadas condições. Está regulado pelo artigo 83 do Código Penal, de seguinte teor:

> *Art. 83 – O juiz poderá conceder livramento condicional ao condenado a pena privativa de liberdade igual ou superior a 2 (dois) anos, desde que:*
>
> *I – cumprida mais de um terço da pena se o condenado não for reincidente em crime doloso e tiver bons antecedentes;*
>
> *II – cumprida mais da metade se o condenado for reincidente em crime doloso;*
>
> *III – comprovado:*
>
> *a) bom comportamento durante a execução da pena;*
>
> *b) não cometimento de falta grave nos últimos 12 (doze) meses;*
>
> *c) bom desempenho no trabalho que lhe foi atribuído; e*
>
> *d) aptidão para prover a própria subsistência mediante trabalho honesto;*
>
> *IV – tenha reparado, salvo efetiva impossibilidade de fazê-lo, o dano causado pela infração;*
>
> *V – cumpridos mais de dois terços da pena, nos casos de condenação por crime hediondo, prática de tortura, tráfico ilícito de entorpecentes e drogas afins, tráfico de pessoas e terrorismo, se o apenado não for reincidente específico em crimes dessa natureza.*
>
> *Parágrafo único – Para o condenado por crime doloso, cometido com violência ou grave ameaça à pessoa, a concessão do livramento ficará também subordinada à constatação de condições pessoais que façam presumir que o liberado não voltará a delinquir.*

Cumpre destacar que o artigo 83 foi modificado, em seu inciso III, pela Lei n. 13.694/2019, cabendo comparar ambas as redações:

Antes da Lei n. 13.964/2019	Após a Lei n. 13.964/2019
III – comprovado comportamento ***satisfatório*** *durante a execução da pena, bom desempenho no trabalho que lhe foi atribuído e aptidão para prover à própria subsistência mediante trabalho honesto;*	*III – comprovado:* *a)* ***bom*** *comportamento durante a execução da pena;* *b)* ***não cometimento de falta grave nos últimos 12 (doze) meses****;* *c) bom desempenho no trabalho que lhe foi atribuído; e* *d) aptidão para prover a própria subsistência mediante trabalho honesto;*

Portanto, o livramento condicional é cabível nos casos de **pena privativa de liberdade igual ou superior a dois anos.** É necessário que tenha sido comprovado o seu bom comportamento durante a execução da pena; o não cometimento de falta grave nos últimos 12 (doze) meses; o bom desempenho no trabalho que lhe foi atribuído e a aptidão para prover a própria subsistência mediante trabalho honesto. Exige-se, ainda, que o executado tenha reparado o dano, salvo se comprovada a impossibilidade de fazê-lo.

O requisito subjetivo, relacionado ao bom comportamento, não restringe o juiz a verificar se houve falta grave nos últimos doze meses de execução de pena. Tampouco fica o julgador adstrito ao que consta do comportamento carcerário, que traz a sua classificação em bom, regular, mau etc. O pressuposto de não cometer falta grave no período de um ano antes da obtenção do benefício deve ser considerado um requisito mínimo, sem prejuízo de se analisar o comportamento durante toda a execução penal:

> *"1- A prática de faltas graves é indicativa da ausência de cumprimento do requisito subjetivo da progressão de regime. A circunstância de o paciente já haver se reabilitado, pela passagem do tempo, desde o cometimento das sobreditas faltas, não impede que se invoque o histórico de infrações praticadas no curso da execução penal, como indicativo de mau comportamento carcerário (HC n. 347.194/SP, Rel. Ministro FELIX FISCHER, julgado em 28/6/2016). 2- A noção de bom comportamento do reeducando abrange a valoração de elementos que não se restringem ao atestado emitido pela direção carcerária, sob pena de transformar o juiz em mero homologador de documentos administrativos (AgRg no HC 660.197/SP, Rel. Ministro ROGERIO SCHIETTI CRUZ, SEXTA TURMA, julgado em 17/08/2021, DJe 25/08/2021)." (STJ, AgRg no HC n. 813.304/SP, Rel. Min. Reynaldo Soares da Fonseca, Quinta Turma, julgado em 27/4/2023, DJe de 3/5/2023.)*

No caso de condenado por crime doloso, praticado com violência ou grave ameaça à pessoa, a concessão do benefício fica subordinada à demonstração de condições pessoais do executado que levem à presunção de que ele não voltará a delinquir. O juiz pode, para tanto, determinar a realização de **exame criminológico**, de forma fundamentada no caso concreto.

Por fim, em todos os casos, exige-se o cumprimento de determinado lapso temporal da pena, isto é, de determinada fração da pena privativa de liberdade imposta ao condenado. No caso de réu não reincidente em crime doloso e bons antecedentes, o lapso é de um terço. Na hipótese de condenado que seja reincidente em crime doloso, a fração é de metade da pena. Por fim, no caso de condenados por crime **hediondo** ou **equiparado** (tráfico de drogas, tortura e terrorismo) e de **tráfico de pessoas**, a fração é de dois terços, desde que não seja reincidente específico.

Com relação ao lapso temporal de **1/3** para aquele que **não for reincidente em crime doloso e portador de bons antecedentes**, é possível se realizar duas leituras:

a) somente o condenado que possuir bons antecedentes se enquadra na regra. Deste modo, o lapso de 1/2 da pena é reservado para os reincidentes e para os portadores de maus antecedentes;

b) em razão de o lapso de 1/2 da pena ser reservado somente para os reincidentes, não é possível estender a situação, em analogia *in malam partem*. Logo, a fração de 1/3 é exigida de todos aqueles que forem tecnicamente primários (ainda que portadores de maus antecedentes).

Há precedentes do Superior Tribunal de Justiça com ambos os entendimentos:

> *"PENAL. PROCESSUAL. LIVRAMENTO CONDICIONAL. RÉU PRIMÁRIO COM MAUS ANTECEDENTES. 1. Para a concessão do livramento condicional após o cumprimento do lapso temporal de um terço da condenação, o Código Penal, em seu art. 83, I, exige a observância de dois requisitos: não se tratar o condenado de réu reincidente em crime doloso e ser possuidor de bons antecedentes. 2. Habeas Corpus conhecido, pedido indeferido." (HC 12075/RJ, Rel. Min. Edson Vidigal, Quinta Turma,* ***DJ 11/12/2000****).*
>
> *"(...) I – Em respeito ao princípio da presunção de inocência, inquéritos e processos em andamento não podem ser considerados como maus antecedentes e, por conseguinte, equiparados à reincidência para exacerbar o tempo de pena a cumprir previsto para fins de concessão do livramento condicional. (...)" (STJ, HC 131975/RN, Rel. Min. Felix Fischer, Quinta Turma,* ***DJe 05/10/2009****).*

Mesmo sendo ambos os julgados provenientes da Quinta Turma, com modificação, portanto, da tese, **não há que se falar, ainda, em entendimento consolidado na Corte**.

A Lei n. 11.343/2006, que trata do crime de drogas, tornou maior a restrição ao livramento condicional, ao proibi-lo a crimes como o de associação para o tráfico. A esse respeito, cumpre transcrever trecho de aresto do STJ, que aborda o tema da reincidência específica:

> *"(...) 4. Conquanto o delito de associação para o tráfico não seja hediondo, a nova lei vedou a concessão do livramento condicional ao reincidente específico nos crimes nela relacionados – arts. 33,* caput *e §1º, e 34 a 37 da Lei n. 11.343/2006 -, diferentemente do regramento aplicado aos delitos cometidos antes de sua vigência, até então, regidos pelo disposto no art. 83, V, do CP, que negava o benefício ao apenado reincidente específico em crimes hediondos, prática de tortura, tráfico ilícito de entorpecentes e drogas afins, e terrorismo. 5.* ***Tratando-se de apenados reincidentes específicos, assim considerados os condenados em quaisquer dos delitos previstos no caput do art. 44 da Lei n. 11.343/2006, quais sejam: os dos arts. 33, caput e §1º, e 34 a 37 da Lei n. 11.343/2006, não há como lhe ser concedido o benefício do livramento condicional, por expressa vedação legal****." (STJ, HC 282733/RJ, Rel. Min. Nefi Cordeiro, DJe 16/06/2016)*

Espécie de crime	Acusado	Lapso temporal exigido
Crimes comuns	Não reincidente em crime doloso e com bons antecedentes	1/3
	Reincidente em crime doloso	1/2
Crime de tráfico de pessoas, hediondos e equiparados	Não reincidente específico	2/3
	Reincidente específico	Vedação

Os crimes equiparados a hediondos são terrorismo, tortura e tráfico de entorpecentes. No caso do tráfico de entorpecentes, o lapso temporal diferenciado para obtenção do livramento condicional aplica-se aos artigos 33, caput e §1º, 34 e 37 da Lei n. 11.343/2006.

A Lei n. 13.964/2019, ao modificar o artigo 112, inciso VI, alínea a, e inciso VIII, da Lei de Execução Penal (LEP), passou a vedar o livramento condicional para os condenados por crime hediondo ou equiparado, com resultado morte. Quanto a essa vedação, seria possível defender que os condenados por crimes hediondos ou equiparados com resultado morte jamais poderiam obter o benefício do livramento condicional ou que, em interpretação sistemática com o artigo 83, inciso VI, do Código Penal, haveria a possibilidade de concessão depois de passado o lapso temporal necessário para a progressão de regime. O Superior Tribunal de Justiça adotou o segundo entendimento.

Vale lembrar que a progressão de regime dos condenados por crimes hediondos ou equiparados reincidentes, mas cuja reincidência não seja específica, ocorre após o cumprimento de 50% da pena, nos termos do artigo 112, inciso VI, alínea *a*, da LEP. Isto porque o inciso VI, que traz a exigência de 60% de pena cumprida para a progressão se refere aos reincidentes na prática de crime hediondo ou equiparado, o que significa reincidência específica, com reiteração delitiva em delito considerado hediondo ou equiparado. Se o condenado por crime hediondo ou equiparado é reincidente, mas o delito anteriormente cometido foi comum, aplica-se a exigência de 50% da pena para progressão de regime.

Retornando ao tema do livramento condicional, a LEP passou a vedar o benefício para os condenados por hediondo, com resultado morte, no artigo 112, que trata da progressão de regime. No caso dos condenados por crime hediondo ou equiparado com resultado morte, mas sem reincidência específica, o inciso VI do artigo 112 menciona que a progressão ocorrerá quando o executado tiver cumprido, ao menos, 50% da pena, "vedado o livramento condicional". Em interpretação sistemática, o STJ interpretou essa vedação como limitada ao período em que o acusado ainda não cumpriu 50% da pena. Isto é, enquanto não cumprido o lapso temporal exigido para a progressão, o condenado por crime hediondo com resultado morte não pode obter o livramento condicional. Após esse período, é possível pleitear o benefício com base no artigo 83, V, do CP, que exige, para o benefício do livramento condicional, o cumprimento mais de dois terços da pena, nos casos de condenação por crime hediondo, prática de tortura, tráfico ilícito de entorpecentes e drogas afins, tráfico de pessoas e terrorismo, se o apenado não for reincidente específico em crimes dessa natureza:

> *"IV - No caso dos autos, o agravado foi condenado pela prática de crime hediondo com resultado morte, sendo reincidente genérico, o que legitima a incidência do art. 112, inc. VI, a, da LEP, que estabelece o percentual de 50% por cento para fins de progressão de regime. V - Outrossim, cediço o entendimento que a vedação do livramento condicional na parte final do referido dispositivo legal se refere apenas ao período previsto para a progressão de regime, podendo ser formulado pedido de livramento condicional posteriormente, com base no art. 83, inc. V, do CP, que permanece vigente no ordenamento jurídico, não havendo que se falar em combinação de leis. Precedentes."*
>
> *(STJ, AgRg no HC n. 722.696/MG, Relator Des. Conv. Jesuíno Rissato, Quinta Turma, julgado em 26/4/2022, DJe de 3/5/2022)*

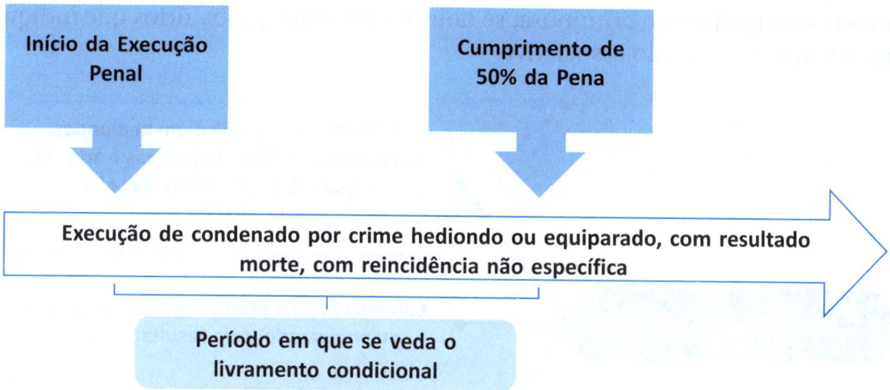

A compreensão do STJ é de que o novo lapso temporal de progressão de regime para os condenados por crime hediondo ou equiparado com resultado morte, de cumprimento de 50% da pena privativa de liberdade, deve retroagir, considerando que anteriormente previa-se o lapso temporal de 3/5 da pena, correspondentes a 60% da pena. Surgiu o questionamento se os condenados por crimes cometidos hediondos ou equiparados com resultado morte, anteriormente à Lei n. 13.964/2019, que alterou a porcentagem de pena exigida para a progressão de regime, seriam atingidos pela vedação do livramento condicional, estabelecida por essa mesma lei. Isto porque se argumentava que a aplicação retroativa da regra de progressão de regime instituída pelo Pacote Anticrime sem a correspondente vedação ao livramento condicional para esses casos seria uma combinação de leis, não admitida na jurisprudência dos Tribunais Superiores.

No entanto, esse argumento foi rejeitado. O STJ fixou tese esclarecendo que o seu entendimento não é de combinação de leis. A aplicação do novo lapso temporal de progressão de regime, para os condenados por crime hediondo ou equiparado com resultado morte, mas que sejam reincidentes não específicos, é de fato retroativa. Quanto ao livramento condicional, faz-se interpretação sistemática, só se proibindo o livramento condicional enquanto não atingido o lapso temporal para a progressão:

> *"É válida a aplicação retroativa do percentual de 50% (cinquenta por cento), para fins de progressão de regime, a condenado por crime hediondo, com resultado morte, que seja reincidente genérico, nos moldes da alteração legal promovida pela Lei n. 13.964/2019 no art. 112, inc. VI, alínea a, da Lei n. 7.210/84 (Lei de Execução Penal), bem como a posterior concessão do livramento condicional, podendo ser formulado posteriormente com base no art. 83, inc. V, do Código Penal, o que não configura combinação de leis na aplicação retroativa de norma penal material mais benéfica" (STJ, REsp n. 2.012.101/MG, Rel. Des. Conv. Jesuíno Rissato, Terceira Seção, julgado em 22/5/2024, DJe de 27/5/2024).*

O artigo 2º, § 9º, da Lei n. 12.850/2013, introduzido pela Lei n. 13.964/2019, trouxe mais uma vedação, ao proibir a concessão de livramento condicional para quem for condenado por integrar organização criminosa ou por crime praticado por meio de organização criminosa, se houver elementos probatórios que indiquem a manutenção do vínculo associativo.

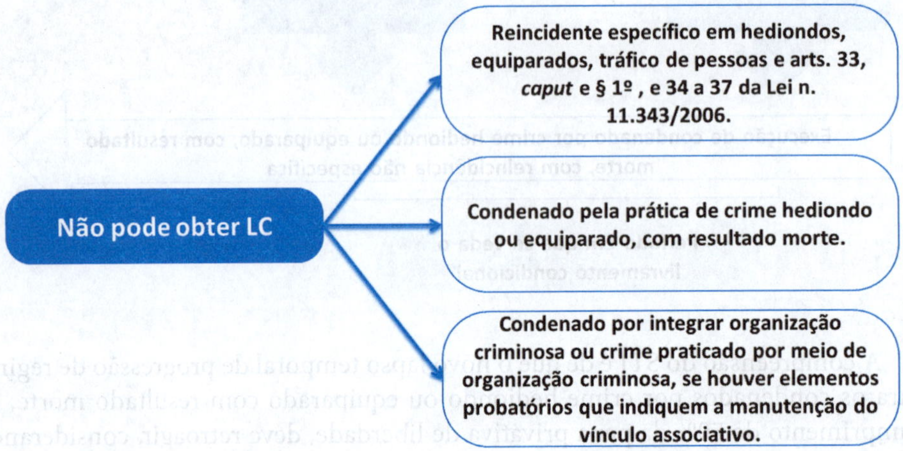

Para o cálculo do lapso temporal exigido para a obtenção do livramento condicional, o artigo 84 do Código Penal determina que as penas de diferentes delitos devem ser somadas:

> *Art. 84 – As penas que correspondem a infrações diversas devem somar-se para efeito do livramento.*

É muito importante ressaltar que a prática de **falta grave**, no curso do cumprimento da pena privativa de liberdade, **não interrompe o prazo** para obtenção do livramento condicional. Cuida-se de entendimento já sumulado pelo STJ, referente ao enunciado n. 441:

> *A falta grave **não interrompe** o prazo para obtenção de livramento condicional.*

Por fim, cumpre mencionar a Súmula 715 do STF, a ser estudada no tema de limites de penas:

> *A pena unificada para atender ao limite de trinta anos de cumprimento, determinado pelo art. 75 do Código Penal, não é considerada para a concessão de outros benefícios, como o livramento condicional ou regime mais favorável de execução.*

Destaque-se que a Lei n. 13.694/2019 modificou o teor do artigo 75 do Código Penal para fixar o limite como sendo de 40 anos, e não mais de 30 anos de cumprimento de pena.

7.1. Condições

O juiz deve fixar, na sentença, as **condições** a que fica submetido o liberado, nos termos do artigo 85 do Código Penal:

> *Art. 85 – A sentença especificará as condições a que fica subordinado o livramento.*

A Lei de Execução Penal trata do assunto em seu artigo 132:

> *Art. 132. Deferido o pedido, o Juiz especificará as condições a que fica subordinado o livramento.*
>
> *§ 1º Serão sempre impostas ao liberado condicional as obrigações seguintes:*
>
> *a) obter ocupação lícita, dentro de prazo razoável se for apto para o trabalho;*
>
> *b) comunicar periodicamente ao Juiz sua ocupação;*
>
> *c) não mudar do território da comarca do Juízo da execução, sem prévia autorização deste.*
>
> *§ 2º Poderão ainda ser impostas ao liberado condicional, entre outras obrigações, as seguintes:*
>
> *a) não mudar de residência sem comunicação ao Juiz e à autoridade incumbida da observação cautelar e de proteção;*
>
> *b) recolher-se à habitação em hora fixada;*
>
> *c) não frequentar determinados lugares.*

7.2. Concessão

A concessão do livramento condicional ocorre em um ato solene, presidido pelo juiz e denominado de **audiência admonitória**. É expedida uma carta de livramento, na qual consta que o condenado recebeu referido benefício. As formalidades estão previstas nos artigos 136 a 138 da Lei n. 7.210/1984, a Lei de Execução Penal:

> *Art. 136. Concedido o benefício, será expedida a carta de livramento com a cópia integral da sentença em 2 (duas) vias, remetendo-se uma à autoridade administrativa incumbida da execução e outra ao Conselho Penitenciário.*
>
> *Art. 137. A cerimônia do livramento condicional será realizada solenemente no dia marcado pelo Presidente do Conselho Penitenciário, no estabelecimento onde está sendo cumprida a pena, observando-se o seguinte:*
>
> *I – a sentença será lida ao liberando, na presença dos demais condenados, pelo Presidente do Conselho Penitenciário ou membro por ele designado, ou, na falta, pelo Juiz;*
>
> *II – a autoridade administrativa chamará a atenção do liberando para as condições impostas na sentença de livramento;*
>
> *III – o liberando declarará se aceita as condições.*
>
> *§ 1º De tudo em livro próprio, será lavrado termo subscrito por quem presidir a cerimônia e pelo liberando, ou alguém a seu rogo, se não souber ou não puder escrever.*
>
> *§ 2º Cópia desse termo deverá ser remetida ao Juiz da execução.*
>
> *Art. 138. Ao sair o liberado do estabelecimento penal, ser-lhe-á entregue, além do saldo de seu pecúlio e do que lhe pertencer, uma caderneta, que exibirá à autoridade judiciária ou administrativa, sempre que lhe for exigida.*
>
> *§ 1º A caderneta conterá:*
>
> *a) a identificação do liberado;*
>
> *b) o texto impresso do presente Capítulo;*
>
> *c) as condições impostas.*

§ 2º Na falta de caderneta, será entregue ao liberado um salvo-conduto, em que constem as condições do livramento, podendo substituir-se a ficha de identificação ou o seu retrato pela descrição dos sinais que possam identificá-lo.

§ 3º Na caderneta e no salvo-conduto deverá haver espaço para consignar-se o cumprimento das condições referidas no artigo 132 desta Lei.

7.3. Revogação obrigatória

Há hipóteses em que o benefício deve ser **obrigatoriamente revogado** pelo juiz. Isso se dá quando o sentenciado vem a ser condenado definitivamente a pena privativa de liberdade:

- por crime cometido durante o benefício;
- ou por crime cometido anteriormente, desde que a soma das penas demonstre que ele não cumpriu o lapso temporal exigido para o livramento condicional.

É o teor do artigo 86 do Código Penal:

Art. 86 – Revoga-se o livramento, se o liberado vem a ser condenado a pena privativa de liberdade, em sentença irrecorrível:

I – por crime cometido durante a vigência do benefício;

II – por crime anterior, observado o disposto no art. 84 deste Código.

Se o condenado cometeu crime durante o benefício, deu mostras claras de que não faz jus ao benefício. Ao receber um benefício de soltura antecipada, usou a oportunidade para novamente violar a lei penal. O tempo em que ficou solto não será computado na pena, devendo retornar ao cumprimento da pena privativa de liberdade, com expedição de mandado de prisão.

A lei também prevê a revogação do benefício se o liberado vem a ser condenado por crime cometido antes da sua concessão. Determina que, neste caso, deve ser observado o disposto no artigo 84 do Código Penal. Esse dispositivo determina a soma das penas a que foi condenado o sujeito, por diferentes delitos, para fins de averiguação se ele cumpriu a fração estipulada à concessão do livramento. Assim, se ele está usufruindo do benefício de livramento condicional e sobrevém condenação por fato cometido anteriormente à concessão do benefício, note que o executado não descumpriu as condições. No entanto, com a superveniência de nova execução contra ele, é possível que a nova pena impeça a continuidade do benefício. Por isso, o juiz deve proceder à soma da pena atual e da pena superveniente, analisando se, mesmo com esse cálculo, ele continua fazendo jus ao livramento.

É possível, por exemplo, que o condenado, reincidente, tenha cumprido 3 anos de 4 anos de reclusão que lhe foram impostos. Cumpriu, portanto, mais da metade da pena, lapso exigido pela lei para o livramento condicional. Caso sobrevenha uma nova condenação a uma pena de 4 meses de detenção, por fato praticado antes de ter sido concedido o benefício, o juiz pode mantê-lo no livramento condicional, considerando que, mesmo com a nova pena, pode-se concluir que ele cumpre os requisitos.

Por outro lado, se um indivíduo, primário, cumpriu um ano e um dia de uma pena total de três anos, lapso mínimo exigido pela lei para concessão do livramento. O juiz, então, lhe concedeu o benefício. Dois meses depois, recebeu uma guia de recolhimento definitivo, com uma pena de 2 anos de reclusão, imposta por fato anteriormente praticado. Neste caso, a pena impede que o executado prossiga em liberdade, razão pela qual o benefício deverá ser revogado. Neste caso, entretanto, o tempo em que ficou solto será computado na pena, já que ele não descumpriu condições do livramento.

7.4. Revogação facultativa

Em alguns casos, o juiz pode decidir, de acordo com as especificidades da situação, se revoga ou não o livramento condicional. O juiz deve decidir sobre a revogação, analisando o caso concreto, se o liberado deixar de cumprir as condições impostas na sentença ou se ele for condenado definitivamente pela prática de infração penal a uma pena diversa da privativa de liberdade (pena restritiva de direitos ou pena de multa). A **revogação facultativa** é regulada pelo artigo 87 do Código Penal:

> *Art. 87 – O juiz poderá, também, revogar o livramento, se o liberado deixar de cumprir qualquer das obrigações constantes da sentença, ou for irrecorrivelmente condenado, por crime ou contravenção, a pena que não seja privativa de liberdade.*

7.5. Efeitos da revogação

Tendo havido a revogação, seja ela facultativa ou obrigatória, há algumas consequências para o beneficiário, nos termos do artigo 88 do CP:

> *Art. 88 – Revogado o livramento, não poderá ser novamente concedido, e, salvo quando a revogação resulta de condenação por outro crime anterior àquele benefício, não se desconta na pena o tempo em que esteve solto o condenado.*

Deste modo, a revogação do livramento condicional impede que esse benefício seja concedido novamente. Deve ser feita uma interpretação sistemática, no entanto. Essa revogação deve vedar o livramento condicional com relação à pena que estava sendo cumprida quando o executado recebeu o benefício. Se ele cumpria pena por roubo, obteve o benefício e ele foi posteriormente revogado, a pena daquele roubo não pode mais ter o livramento condicional. Se ele estava cumprindo a pena por corrupção, conseguiu o livramento condicional e sobreveio uma condenação por abuso de autoridade, crime anteriormente praticado, a vedação deve abranger apenas a primeira condenação. Após cumprida a pena do primeiro delito, o executado pode pleitear livramento condicional em relação à pena do outro delito, que não foi praticado enquanto estava liberado, mas anteriormente.

Ademais, **o tempo em que o liberado esteve solto não se computa como pena cumprida, salvo se a revogação ocorrer em virtude de crime praticado anteriormente**. Neste último caso, o juiz observa se a nova pena, somada à que está sendo executada, permite a continuidade do LC, isto é, verifica se, mesmo com a soma das penas, ainda assim o executado atingiu o lapso temporal exigido. Se não atingiu, o juiz revoga o benefício, mas o tempo em que ele esteve solto será considerado como pena cumprida.

Busca a lei, com isso, diferenciar o indivíduo que comete crime durante o benefício ou descumpre as condições, o que demonstra descompromisso com o livramento antecipado que lhe foi concedido, daquele que nada fez durante o período de livramento, mas que havia cometido outro delito antes e viu suas penas serem somadas, o que implicou a revogação do seu benefício.

7.6. Prorrogação

É possível a **prorrogação** do benefício, mesmo porque, nos casos de revogação pela prática de crime ou contravenção penal no curso do livramento, a lei exige o trânsito em julgado. Portanto, enquanto não for julgado definitivamente o caso, o juiz deve prorrogar o prazo do benefício, aguardando para verificar se houve ou não o descumprimento de suas condições e, assim, a desconsideração de todo o período em que o indivíduo esteve solto em livramento condicional:

> *Art. 89,CP – O juiz não poderá declarar extinta a pena, enquanto não passar em julgado a sentença em processo a que responde o liberado, por crime cometido na vigência do livramento.*

7.7. Suspensão

Além da prorrogação do prazo do livramento condicional, o juiz pode determinar sua **suspensão**. Com a suspensão do prazo, o indivíduo é preso, voltando a cumprir a pena privativa de liberdade. É o que prevê o artigo 145 da Lei n. 7.210/1984, conhecida como Lei de Execução Penal (LEP):

> *Art. 145,LEP. Praticada pelo liberado outra infração penal, o Juiz poderá ordenar a sua prisão, ouvidos o Conselho Penitenciário e o Ministério Público, suspendendo o curso do livramento condicional, cuja revogação, entretanto, ficará dependendo da decisão final.*

A suspensão, portanto, autoriza o recolhimento cautelar, dentro dos limites da pena aplicada.

Os Tribunais Superiores têm entendido que a revogação ou a suspensão do livramento condicional dependem de decisão judicial, não ocorrendo de forma automática. Deste modo, ainda que tenha havido prática de novo crime ou descumprida qualquer outra condição do livramento condicional, sem decisão judicial não se suspende o benefício:

> *"Expirado o período de prova do livramento condicional sem imputação ao réu de alguma causa que implique a suspensão, prorrogação ou revogação do benefício, a pena deve ser extinta. Precedentes. Recurso ordinário em habeas corpus provido." (STF, RHC 86317, Rel. Min. Joaquim Barbosa, Segunda Turma, julgado em 18/10/2005).*
>
> *"Nos termos do art. 145 da LEP, ocorrendo a prática de infração penal durante o período de prova, cumpre ao Juízo da Execução Penal ordenar a sua prisão e suspender*

o curso do livramento condicional. A revogação dependerá da decisão final da nova ação penal. III - Decorrido o período de prova do livramento condicional sem que seja suspenso ou revogado, a pena deve ser extinta, nos termos do art. 90 do Código Penal. IV - A jurisprudência do Supremo Tribunal Federal e deste Superior Tribunal de Justiça é firme no sentido de que não há prorrogação automática do livramento condicional." (STJ, HC n. 454.451/SP, relator Ministro Felix Fischer, Quinta Turma, julgado em 11/9/2018, DJe de 21/9/2018).

7.8. Extinção

Como visto, a revogação ou a suspensão do livramento condicional não ocorrem de forma automática. Por conseguinte, se o juiz não determinar a revogação ou suspensão do benefício, o decurso de seu prazo implica a sua extinção. É o que determina o artigo 90 do Código Penal:

> *Art. 90 – Se até o seu término o livramento não é revogado, considera-se extinta a pena privativa de liberdade*

Reforçando o que prevê o próprio Código Penal, o Superior Tribunal de Justiça aprovou o enunciado n. 617 da sua Súmula. Assim, fixa o entendimento que o benefício não se suspende nem se revoga automaticamente, hipóteses que dependem de decisão judicial. Expirado o período do livramento condicional, ainda que tenha havido o descumprimento de condições pelo executado, a única possibilidade é declarar extinta a punibilidade do liberado:

> *"A ausência de suspensão ou revogação do livramento condicional antes do término do período de prova enseja* ***a extinção da punibilidade pelo integral cumprimento da pena****."*

8. EFEITOS DA CONDENAÇÃO

A condenação causa efeitos penais e extrapenais. Portanto, muito além da pena, há efeitos penais secundários, como a vedação de benefícios penais futuros em virtude de condenação anterior e até a elevação da pena, em razão de maus antecedentes ou da reincidência. Os efeitos não se limitam ao âmbito criminal. Os extrapenais podem envolver o Direito Eleitoral, Direito de Família e até a responsabilidade civil. Podem ser genéricos, que são automáticos e se aplicam à generalidade dos crimes, ou específicos, voltados a determinados delitos e exigindo aplicação fundamentada pelo juiz.

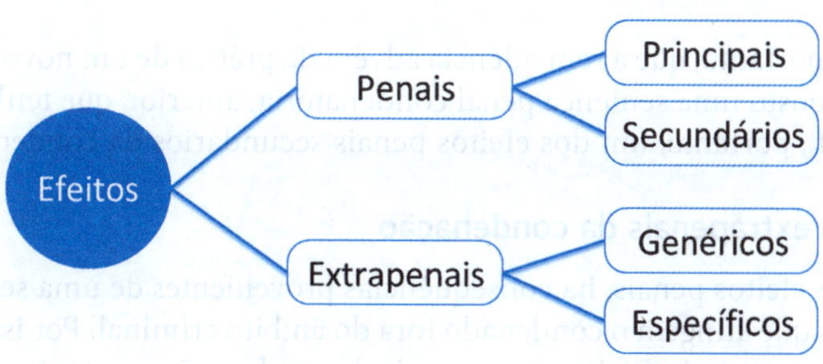

8.1. Efeitos penais da condenação

Ao estudar os efeitos da sentença condenatória, já podemos refletir que o principal efeito é a imposição de sanção penal e sua posterior execução. No caso da sentença condenatória, há a imposição de pena, em regra. Entretanto, é possível a imposição de medida de segurança ao semi-imputável, em substituição à pena, como já estudamos. Os efeitos penais são classificados em principais e secundários.

Os **efeitos penais principais** são, portanto, a imposição da sanção penal – pena ou medida de segurança – e sua posterior execução. A resposta estatal ao cometimento de uma infração penal passa necessariamente pelo devido processo legal, tornando necessário um provimento do Poder Judiciário para possibilitar a sua imposição àquele considerado culpado. A principal consequência da sentença condenatória é a imposição da sanção prevista para o caso de violação da lei penal incriminadora, com sua aplicação pelo juiz e posterior execução pelo Estado.

De regra, o efeito principal da condenação é a imposição de pena. A medida de segurança, vale lembrar, é aplicada aos inimputáveis, sendo essa sentença classificada como absolutória imprópria. A possibilidade de uma medida de segurança ser imposta em uma sentença condenatória é o caso dos semi-imputáveis, pois o juiz pode substituir a sua pena por medida de segurança. Assim, havendo a condenação do semi-imputável, com a imposição de pena, é possível a sua substituição, na própria sentença, por medida de segurança, caso o condenado necessite de especial tratamento curativo, conforme prevê o artigo 98 do Código Penal.

Há, também, os **efeitos penais secundários**. São os efeitos na órbita penal que não consistem na imposição da sanção penal, como a reincidência e os maus antecedentes, interrupção do prazo prescricional, revogação da suspensão condicional da pena, etc. O seu estudo permeia todo o Direito Penal, podendo ser exemplificado com a reincidência, tratada nos artigos 63 e 64 do Código Penal:

> *Art. 63 – Verifica-se a reincidência quando o agente comete novo crime, depois de transitar em julgado a sentença que, no País ou no estrangeiro, o tenha condenado por crime anterior.*
>
> *Art. 64 – Para efeito de reincidência:*
>
> *I – não prevalece a condenação anterior, se entre a data do cumprimento ou extinção da pena e a infração posterior tiver decorrido período de tempo superior a 5 (cinco) anos, computado o período de prova da suspensão ou do livramento condicional, se não ocorrer revogação;*
>
> *II – não se consideram os crimes militares próprios e políticos.*

Nota-se, portanto, que a reincidência advém da prática de um novo delito, tendo como pressuposto uma sentença penal condenatória, anterior, que tenha transitado em julgado. É, portanto, um dos efeitos penais secundários da condenação.

8.2. Efeitos extrapenais da condenação

Além dos efeitos penais, há consequências provenientes de uma sentença penal condenatória que atingem o condenado fora do âmbito criminal. Por isso, são denominados de extrapenais. Efeitos extrapenais da condenação, portanto, são os efeitos que transcendem o Direito Penal, afetando o condenado em outras searas, envolvendo o Direito Civil, o Direito Eleitoral, o Direito Administrativo etc. Abrangem, por exemplo, a perda do poder familiar e a obrigação de reparar o dano, dividindo-se em efeitos genéricos e específicos.

Efeitos extrapenais genéricos são os efeitos penais de incidência automática, que são cabíveis, em princípio, a todos os crimes. É o caso, por exemplo, de se tornar certa a obrigação de reparar o dano. Estão previstos no artigo 91 do Código Penal.

Os **efeitos extrapenais específicos**, por sua vez, são efeitos que devem ser impostos de forma fundamentada na sentença condenatória, cabíveis para determinados casos. Com o advento da Lei n. 14.994/2024, passou a haver hipóteses de incidência automática de efeitos automáticos, relacionados a crimes praticados por razões da condição do sexo feminino.

- **Efeitos genéricos da condenação**

Os **efeitos genéricos da condenação**, que podem ser impostos, em princípio, a todas as infrações penais, possuem **incidência automática**, prescindindo de manifestação judicial a respeito. São tratados no artigo 91 do Código Penal:

> *Art. 91 – São efeitos da condenação:*
>
> *I – tornar certa a obrigação de indenizar o dano causado pelo crime;*
>
> *II – a perda em favor da União, ressalvado o direito do lesado ou de terceiro de boa-fé:*
>
> *a) dos instrumentos do crime, desde que consistam em coisas cujo fabrico, alienação, uso, porte ou detenção constitua fato ilícito;*
>
> *b) do produto do crime ou de qualquer bem ou valor que constitua proveito auferido pelo agente com a prática do fato criminoso.*
>
> *§ 1º Poderá ser decretada a perda de bens ou valores equivalentes ao produto ou proveito do crime quando estes não forem encontrados ou quando se localizarem no exterior.*
>
> *§ 2º Na hipótese do § 1º, as medidas assecuratórias previstas na legislação processual poderão abranger bens ou valores equivalentes do investigado ou acusado para posterior decretação de perda.*

a) Tornar certa a obrigação de indenizar o dano causado pelo crime:

A sentença penal condenatória torna certa a obrigação de indenizar (*an debeatur*), devendo haver liquidação, no juízo cível, para se apurar o valor (*quantum debeatur*).

Desse modo, a condenação penal do indivíduo já torna certa sua obrigação de reparar o dano, ou seja, já torna o condenado obrigado a indenizar os danos que causou com sua conduta delituosa. O que restará ao juízo cível será a estipulação do valor devido, com a produção de provas e o direito ao contraditório.

A sentença penal condenatória transitada em julgado possui, portanto, a natureza jurídica de **título executivo judicial**, possibilitando a execução para a cobrança dos valores devidos. É o que prevê o artigo 515, inciso VI, do Código de Processo Civil:

> *Art. 515. São títulos executivos judiciais, cujo cumprimento dar-se-á de acordo com os artigos previstos neste Título:*

> *(...)*
> *VI – a sentença penal condenatória transitada em julgado; (...).*

Sem a fixação dos valores devidos, já não se poderia questionar a existência de dívida, mas se procede apenas à liquidação do *quantum* devido como reparação.

Entretanto, com o advento da Lei n. 11.719/2008, que modificou o artigo 387 do Código de Processo Penal, tornou-se possível que o juiz criminal já estipule um **valor mínimo de reparação do dano**. É o que prevê o artigo 387, inciso IV, do Código de Processo Penal:

> *Art. 387. O juiz, ao proferir sentença condenatória:*
> *(...)*
> *IV – fixará valor mínimo para reparação dos danos causados pela infração, considerando os prejuízos sofridos pelo ofendido; (...)*

Por conseguinte, ficam certos a obrigação de reparar o dano e o valor mínimo devido, sendo que, se o interessado entender o valor suficiente, sequer é necessária a discussão sobre o montante devido para a reparação do dano. Estipulam-se o *an debeatur* e o *quantum debeatur*, sendo este último estipulado no valor mínimo.

Como toda privação de bens, é necessário que a estipulação do valor indenizatório mínimo obedeça ao devido processo legal, isto é, é necessário que o condenado tenha direito à ampla defesa e ao contraditório. Ele deve ser informado sobre o pedido de reparação mínima, poder produzir provas a respeito, ser ouvido e ter suas alegações devidamente consideradas pelo juiz no momento da decisão. É o que tem entendido o Superior Tribunal de Justiça:

> *"A fixação de valor mínimo para reparação dos danos materiais causados pela infração exige, além de **pedido expresso na inicial**, a **indicação de valor** e **instrução probatória específica**" (STJ, AgRg no REsp 1856026/SC, Rel. Min. Nefi Cordeiro, Sexta Turma, DJe 26/06/2020).*

O ofendido, portanto, já poderá executar a sentença penal condenatória pelo valor mínimo, só necessitando de discussão sobre o valor devido se entender que ele supera o fixado pelo juiz criminal. O artigo 63 do Código de Processo Penal também trata sobre o tema, regulando a legitimidade para a execução e a possibilidade de execução imediata pelo mínimo fixado:

> *Art. 63. Transitada em julgado a sentença condenatória, poderão promover-lhe a execução, no juízo cível, para o efeito da reparação do dano, o ofendido, seu representante legal ou seus herdeiros.*
> *Parágrafo único. Transitada em julgado a sentença condenatória, a execução poderá ser efetuada pelo valor fixado nos termos do inciso IV do* caput *do art. 387 deste Código sem prejuízo da liquidação para a apuração do dano efetivamente sofrido.*

A indicação do valor mínimo pretendido na denúncia possibilita o contraditório e a ampla defesa, corolários do devido processo legal. Por isso, o STJ tem reforçado a exigência de pedido expresso, na denúncia, em que se aponta o valor que se entende adequado, como medida de aprimoramento do contraditório:

> *"A liquidação parcial do dano (material ou moral) na sentença condenatória, referida pelo art. 387, IV, do CPP, exige o atendimento a três requisitos cumulativos: (I) o pedido expresso na inicial; (II) a indicação do montante pretendido; e (III) a realização de instrução específica a fim de viabilizar ao réu o exercício da ampla defesa e do contraditório. Precedentes desta Quinta Turma. (...) Com efeito, a possibilidade de presunção do dano moral in re ipsa, à luz das específicas circunstâncias do caso concreto, dispensa a obrigatoriedade de instrução específica sobre o dano. No entanto, não afasta a exigência de formulação do pedido na denúncia, com indicação do montante pretendido. 5. A falta de uma indicação clara do valor mínimo necessário para a reparação do dano almejado viola o princípio do contraditório e o próprio sistema acusatório, por na prática exigir que o juiz defina ele próprio um valor, sem indicação das partes. Destarte, uma medida simples e eficaz consiste na inclusão do pedido na petição inicial acusatória, juntamente com a exigência de especificar o valor pretendido desde o momento da apresentação da denúncia ou queixa-crime. Essa abordagem reflete a tendência de aprimoramento do contraditório, tornando imperativa a sua inclusão no âmbito da denúncia. 6. Assim, a fixação de valor indenizatório mínimo por danos morais, nos termos do art. 387, IV, do CPP, exige que haja pedido expresso da acusação ou da parte ofendida, com a indicação do valor pretendido, nos termos do art. 3º do CPP c/c o art. 292, V, do CPC/2015 (...) O entendimento aqui firmado não se aplica aos casos de violência doméstica e familiar contra a mulher, que continuam regidos pela tese fixada no julgamento do tema repetitivo 983/STJ." (REsp n. 1.986.672/SC, relator Ministro Ribeiro Dantas, Terceira Seção, julgado em 8/11/2023, DJe de 21/11/2023.)*

A Corte Superior, em outubro de 2024, fixou tese com os requisitos que vinham sendo adotados para a fixação do valor mínimo de reparação do dano:

> *Tese de julgamento: 1. Para a fixação de valor mínimo para reparação de danos na sentença penal condenatória, conforme art. 387, IV, do CPP, é necessário o cumprimento dos seguintes requisitos cumulativos: (i) pedido expresso na denúncia ou queixa; (ii) indicação do montante pretendido; e (iii) realização de instrução específica para garantir o contraditório e a ampla defesa. 2. A ausência de qualquer um dos requisitos acima impede a fixação da indenização mínima na sentença penal condenatória. (STJ, AgRg no REsp n. 2.032.518/RS, Rel. Min. Daniela Teixeira, Quinta Turma, julgado em 7/10/2024, DJe de 15/10/2024*

Em se tratando de violência doméstica e familiar contra a mulher, o STJ já havia fixado entendimento específico, dispensando a instrução probatória. Essa tese foi ressalvada no REsp n. 1.986.672, julgado transcrito acima, deixando claro que ela continua vigorando na Corte:

> *"TESE: Nos casos de violência contra a mulher praticados no âmbito doméstico e familiar, é possível a fixação de valor mínimo indenizatório a título de dano moral, desde que haja pedido expresso da acusação ou da parte ofendida, ainda que não especificada a quantia, e independentemente de instrução probatória" (STJ, REsp n. 1.675.874/MS, relator Ministro Rogerio Schietti Cruz, Terceira Seção, julgado em 28/2/2018, DJe de 8/3/2018).*

São legitimados, portanto, para a execução da sentença penal condenatória, que é título executivo judicial, a vítima, seu representante legal ou seus herdeiros. Ademais, como já registrado, ao ofendido é facultado promover a liquidação para se apurar o valor do dano sofrido, caso entenda que o mínimo fixado pelo juiz não é suficiente.

Nesse ponto, importante ressaltar que o Brasil não adotou o sistema de cumulação ou união de instâncias. O juiz criminal apenas fixará o valor mínimo da indenização, sendo que o tema não será exaurido. Caso o ofendido deseje, pode discutir o valor total devido pelo dano, sem se contentar com o valor mínimo definido na sentença condenatória. Portanto, o sistema brasileiro é o da **separação mitigada das instâncias**.

Entretanto, com o advento da Lei n. 14.230/2021, que alterou a Lei de Improbidade Administrativa, há uma possibilidade excepcional de compensação de sanções de diferentes instâncias. **Nos termos da atual redação do artigo 21, § 5º, da Lei n. 8.429/1992, sanções aplicadas em outras esferas, inclusive a penal, deverão ser compensadas com a condenação por improbidade**. A reparação do dano como efeito extrapenal da condenação afeta, portanto, a execução de eventual condenação por improbidade administrativa. Por isso, se o juiz criminal determinar, na condenação, a reparação dos danos fixados em um milhão de reais, com efetivo pagamento pelo acusado, e posteriormente houver condenação por improbidade, no montante de três milhões de reais, deverá haver compensação do valor pago, restando a pagar o importe de dois milhões de reais.

É importante consignar, ainda, que o STJ já entendeu que a reparação civil pode abranger os danos morais decorrentes da conduta delitiva, com estipulação do valor mínimo. Por fim, a possibilidade de fixação, pelo juiz criminal, de um valor mínimo de reparação pelos danos causados, foi considerada, pelo STJ, norma penal mais gravosa. Por isso, não pode ser aplicada a delitos praticados antes da vigência da Lei n. 11.719/2008, que inseriu essa possibilidade no CPP[106].

b) a perda em favor da União, ressalvado o direito do lesado ou de terceiro de boa-fé, dos instrumentos do crime, desde que consistam em coisas cujo fabrico, alienação, uso, porte ou detenção constitua fato ilícito:

O instrumento do crime é o objeto utilizado para sua prática. Haverá a sua perda, em favor da União, no caso de se tratar de coisa cuja fabricação, alienação, uso, porte ou detenção constitua **fato ilícito**. O dispositivo legal ressalva o **direito do terceiro de boa-fé**, quanto à perda em favor da União. Pode ser, por exemplo, que uma farda militar tenha sido utilizada para a prática de um crime, mas que o agente subtraiu de um familiar, que é oficial do Exército. Nesse caso, o uso da farda pelo agente é ilícito, mas não pelo terceiro, que estava de boa-fé.

No homicídio, por exemplo, o instrumento do crime é a arma de fogo, adquirida no mercado ilícito, utilizada para os disparos contra a vítima. No roubo, também para exemplificar, é o simulacro de arma de fogo utilizado para amedrontar a vítima.

Apesar de alguns doutrinadores defenderem que não se aplicam os efeitos da condenação do Código às contravenções penais, há quem defenda a possibilidade

106. STJ, HC 318943, Rel. Min. Maria Thereza de Assis Moura, Sexta Turma, Dje 25/08/2015.

de perda dos instrumentos do crime, por força do art. 1º da Lei das Contravenções Penais, que assim determina:

> *Art. 1º Aplicam-se as contravenções às regras gerais do Código Penal, sempre que a presente lei não disponha de modo diverso.*

Neste sentido, o precedente do Superior Tribunal de Justiça:

> *"Penal. contravenção. porte ilegal de arma. confisco. - A regra do artigo 91, II, a, do Código Penal, que prevê como efeito da condenação a perda do instrumento do crime cujo porte ou detenção constitua fato ilícito, é aplicável na hipótese de condenação por porte ilegal de arma de fogo, por força do previsto no artigo 1º da Lei das Contravenções Penais. - Precedentes do Superior Tribunal de Justiça. - Recurso especial conhecido e provido." (STJ, REsp 87971, Rel. Min. Vicente Leal, Sexta Turma, DJe 14/02/2000).*

Não há perda de instrumento que constitua um objeto de uso profissional, por exemplo. Em sendo objeto de trabalho, não se cuida de uso, porte, alienação ou fabricação ilícitos.

c) a perda em favor da União, ressalvado o direito do lesado ou de terceiro de boa-fé, dos produtos e proveito do crime:

Produto do crime é vantagem direta advinda da prática criminosa. No caso do delito de furto, é produto do crime a *res furtiva*. Desse modo, se o indivíduo subtraiu uma obra de arte de um museu, ela será considerada produto do crime praticado.

Proveito do crime, por sua vez, é a vantagem que decorre do produto do crime. Por exemplo, podemos imaginar que alguém roube um carro e o venda para um receptador. O dinheiro proveniente da venda do carro roubado é proveito da infração penal.

O artigo 91, § 1º, do Código Penal, possibilita a perda de bens equivalentes, se o produto ou proveito estiverem no exterior:

> *§ 1º Poderá ser decretada a perda de bens ou valores equivalentes ao produto ou proveito do crime quando estes não forem encontrados ou quando se localizarem no exterior.*

Assim, se o produto ou o proveito do crime não forem localizados, ou estiverem no exterior, impossibilitando sua efetiva perda em favor da União, o Código Penal autoriza a perda de bens ou valores equivalentes.

Não se deve confundir o efeito extrapenal da condenação com a perda de bens e valores. Esta é espécie de pena, sendo uma das chamadas penas restritivas de direitos, cujo valor se destina ao Fundo Penitenciário Nacional. Ademais, possui como teto o montante do prejuízo causado ou do proveito obtido pelo agente, o que for maior. Atinge o patrimônio do condenado, mesmo os bens licitamente obtidos por ele.

No caso da perda do produto do crime, ele deve ser restituído à **vítima**, salvo se desconhecida. Por isso, se furtado um relógio de ouro e a polícia conseguir sua apreensão, sua destinação precípua deve ser a restituição para o ofendido, que teve seu bem furtado. Se não for possível a restituição, aí sim deve haver a perda em favor da União.

Apesar de se tratar de legislação penal extravagante, o que transcende os objetivos desta obra, é importante estabelecer relação entre os efeitos extrapenais previstos no Código Penal e aqueles trazidos por outras leis penais. É o caso do artigo 60 da Lei n. 11.343/2006, o qual trata das medidas assecuratórias em relação ao produto ou proveito dos crimes tratados pela lei:

> *Art. 60. O juiz, a requerimento do Ministério Público ou do assistente de acusação, ou mediante representação da autoridade de polícia judiciária, poderá decretar, no curso do inquérito ou da ação penal, a apreensão e outras medidas assecuratórias nos casos em que haja suspeita de que os bens, direitos ou valores sejam produto do crime ou constituam proveito dos crimes previstos nesta Lei, procedendo-se na forma dos arts. 125 e seguintes do Decreto-Lei nº 3.689, de 3 de outubro de 1941 – Código de Processo Penal.*

A Constituição da República, em seu artigo 243, também trata do confisco de bens utilizados para culturas de plantas psicotrópicas e exploração de trabalho escravo, bem como dos valores econômicos apreendidos em decorrência de tais crimes:

> *Art. 243. As propriedades rurais e urbanas de qualquer região do País onde forem localizadas culturas ilegais de plantas psicotrópicas ou a exploração de trabalho escravo na forma da lei serão expropriadas e destinadas à reforma agrária e a programas de habitação popular, sem qualquer indenização ao proprietário e sem prejuízo de outras sanções previstas em lei, observado, no que couber, o disposto no art. 5º.*
>
> *Parágrafo único. Todo e qualquer bem de valor econômico apreendido em decorrência do tráfico ilícito de entorpecentes e drogas afins e da exploração de trabalho escravo será confiscado e reverterá a fundo especial com destinação específica, na forma da lei.*

O Supremo Tribunal Federal já fixou a tese segundo a qual todo e qualquer bem que possua valor econômico, apreendido em razão da prática do crime de tráfico ilícito de entorpecentes, pode ser confiscado:

> *"Tese: **É possível o confisco de todo e qualquer bem de valor econômico apreendido em decorrência do tráfico de drogas**, sem a necessidade de se perquirir a habitualidade, reiteração do uso do bem para tal finalidade, a sua modificação para dificultar a descoberta do local do acondicionamento da droga ou qualquer outro requisito além daqueles previstos expressamente no artigo 243, parágrafo único, da Constituição Federal" (STF, RE 638491/PR, Rel. Min. Luiz Fux, Tribunal Pleno, Julgamento: 17/05/2017).*

O Estatuto da Criança e do Adolescente prevê, em seu artigo 244-A, alterado pela Lei n. 13.440/2017, a sanção de perda dos bens e valores utilizados na prática do crime de submeter criança ou adolescente à prostituição ou à exploração sexual, em favor do Fundo dos Direitos da Criança e do Adolescente, ressalvando o direito do terceiro de boa-fé. No entanto, é importante mencionar que, para a doutrina majoritária, esse dispositivo já havia sido tacitamente revogado, antes de sua reforma em 2017, pela inclusão do artigo 218-B do Código Penal, o que se deu pelo advento da Lei n. 12.015/2009:

> *Art. 244-A. Submeter criança ou adolescente, como tais definidos no* caput *do art. 2º desta Lei, à prostituição ou à exploração sexual:*
>
> *Pena – reclusão de quatro a dez anos e multa, além da* ***perda de bens e valores utilizados na prática criminosa em favor do Fundo dos Direitos da Criança e do Adolescente da unidade da Federação (Estado ou Distrito Federal) em que foi cometido o crime, ressalvado o direito de terceiro de boa-fé****.*

De todo modo, ainda que inócua a alteração legislativa, o artigo 218-B, em seu parágrafo terceiro, prevê constituir efeito obrigatório da condenação a cassação da licença de localização e de funcionamento do estabelecimento. Além disso, incidem os demais efeitos da condenação, inclusive a perda de bens e valores que sejam produto ou proveito do crime, bem como os instrumentos, mas, neste caso, desde que o seu fabrico, alienação, uso, porte ou detenção constitua fato ilícito.

Cumpre registrar, por fim, que o Supremo Tribunal Federal já decidiu que não é cabível o confisco de bens, com base no artigo 91, II, do Código Penal, em caso de transação penal:

> *"1. Tese: os efeitos jurídicos previstos no art. 91 do Código Penal são decorrentes de sentença penal condenatória. Tal não se verifica, portanto, quando há transação penal (art. 76 da Lei 9.099/95), cuja sentença tem natureza homologatória, sem qualquer juízo sobre a responsabilidade criminal do aceitante. As consequências da homologação da transação são aquelas estipuladas de modo consensual no termo de acordo. 2. Solução do caso:* ***tendo havido transação penal e sendo extinta a punibilidade, ante o cumprimento das cláusulas nela estabelecidas, é ilegítimo o ato judicial que decreta o confisco do bem (motocicleta) que teria sido utilizado na prática delituosa. O confisco constituiria efeito penal muito mais gravoso ao aceitante do que os encargos que assumiu na transação penal celebrada*** *(fornecimento de cinco cestas de alimentos)." (STF, RE 795567/PR, Rel. Min. Teori Zavascki, Tribunal Pleno, Julgamento: 28/05/2015).*

d) suspensão dos direitos políticos:

Um dos efeitos extrapenais genéricos da condenação é a suspensão dos direitos políticos. Referido efeito não está previsto no Código Penal, mas decorre da Constituição, que o estipula em seu artigo 15, inciso III:

> *Art. 15. É vedada a cassação de direitos políticos, cuja perda ou suspensão só se dará nos casos de:*
>
> *(...)*
>
> *III – condenação criminal transitada em julgado, enquanto durarem seus efeitos.*

Deste modo, enquanto o condenado estiver cumprindo pena, **não terá direitos políticos**, o que significa que não poderá votar nem ser votado. A suspensão de direitos políticos decorrente de condenação criminal transitada em julgado cessa com o cumprimento ou a extinção da pena, independendo de reabilitação ou de prova de reparação dos danos.

O STF, no julgamento do caso conhecido como Mensalão, fixou o entendimento de que a norma que prevê a suspensão dos direitos políticos possui eficácia plena, não dependendo de norma infraconstitucional que regulamente referido efeito[107]. Deve-se atentar para o seguinte: **não há suspensão dos direitos políticos antes de transitar em julgado a sentença penal condenatória**. Por isso, os presos provisórios possuem direito ao voto.

- **Efeitos específicos da condenação**

Os efeitos específicos da condenação se voltam a determinadas infrações penais, devendo haver a **imposição motivada, na sentença, pelo juiz**, para incidirem em relação ao condenado. Estão previstos no artigo 92 do Código Penal, que teve a sua redação alterada substancialmente pela Lei n. 14.994/2024, que criou o tipo autônomo do feminicídio:

> *Art. 92 – São também efeitos da condenação:*
>
> *I – a perda de cargo, função pública ou mandato eletivo:*
>
> *a) quando aplicada pena privativa de liberdade por tempo igual ou superior a um ano, nos crimes praticados com abuso de poder ou violação de dever para com a Administração Pública;*
>
> *b) quando for aplicada pena privativa de liberdade por tempo superior a 4 (quatro) anos nos demais casos.*
>
> *II – a incapacidade para o exercício do poder familiar, da tutela ou da curatela nos crimes dolosos sujeitos à pena de reclusão cometidos contra outrem igualmente titular do mesmo poder familiar, contra filho, filha ou outro descendente, tutelado ou curatelado, bem como nos crimes cometidos contra a mulher por razões da condição do sexo feminino, nos termos do § 1º do art. 121-A deste Código;*
>
> *III – a inabilitação para dirigir veículo, quando utilizado como meio para a prática de crime doloso.*
>
> *§ 1º Os efeitos de que trata este artigo não são automáticos, devendo ser motivadamente declarados na sentença pelo juiz, mas independem de pedido expresso da acusação, observado o disposto no inciso III do § 2º deste artigo.*
>
> *§ 2º Ao condenado por crime praticado contra a mulher por razões da condição do sexo feminino, nos termos do § 1º do art. 121-A deste Código serão:*
>
> *I – aplicados os efeitos previstos nos incisos I e II do caput deste artigo;*
>
> *II – vedadas a sua nomeação, designação ou diplomação em qualquer cargo, função pública ou mandato eletivo entre o trânsito em julgado da condenação até o efetivo cumprimento da pena;*
>
> *III – automáticos os efeitos dos incisos I e II do caput e do inciso II do § 2º deste artigo.*

a) a perda de cargo, função pública ou mandato eletivo:

A perda de cargo, função pública ou mandato eletivo ocorre no caso de o agente ter sido condenado:

107. STF, AP 470/MG, Rel. Min. Joaquim Barbosa, Tribunal Pleno, Julgado em 17/12/2012.

i) **com imposição de pena privativa de liberdade por tempo igual ou superior a 1 (um) ano**, nos crimes praticados com abuso de poder ou violação de dever para com a Administração Pública. Aplica-se, portanto, aos crimes funcionais, como peculato e corrupção, além de outros delitos em que se verifique o abuso de poder público ou a violação de dever funcional;

ii) **com imposição de pena privativa de liberdade por tempo superior a 4 (quatro) anos**, nos demais casos. É hipótese mais abrangente do que a anterior, relacionando-se a qualquer delito cometido pelo funcionário público. Pode ser violência doméstica, furto realizado em seu período de folga etc.

iii) **por crime praticado contra a mulher por razões da condição do sexo feminino**: considera-se crime praticado por razões da condição do sexo faminino, conforme o artigo 121, § 1º, do Código Penal, se o crime envolver violência doméstica e familiar ou menosprezo ou discriminação à condição de mulher.

O legislador exigiu certa gravidade na conduta, ao fixar o mínimo de pena exigido, que vai variar se for delito cometido com abuso de poder ou violação de dever para com a Administração e os demais crimes, praticados sem correlação com a função desempenhada pelo agente. Além disso, a Lei n. 14.994/2024, que entrou em vigor no dia 10 de outubro de 2024, data de sua publicação, passou a prever a incidência desse efeito extrapenal também ao condenado por crime praticado contra a mulher por razões da condição do sexo feminino, em mais um esforço para combater a terrível disseminação dessa prática na sociedade brasileira.

Para a imposição da perda de cargo, função pública ou mandato eletivo, deve haver adequada fundamentação pelo juiz, ainda que os requisitos sejam de ordem objetiva[108]. O Superior Tribunal de Justiça tem considerado suficiente, para fundamentação da perda do cargo, "o reconhecimento de que houve a prática de conduta incompatível com o cargo ocupado"[109]. Exige-se fundamentação na sentença para imposição do efeito, mas não há necessidade de pedido expresso da acusação, conforme prevê o artigo 92, § 1º, do CP. Excepcionalmente, o efeito será automático se o indivíduo foi condenado por crime praticado contra a mulher por razões da condição do sexo feminino, nos termos do § 1º do art. 121-A do Código Penal, isto é, se o crime envolver violência doméstica e familiar ou menosprezo ou discriminação à condição de mulher. Segundo o artigo 92, § 2º, inciso I, esses efeitos são aplicados ao condenado por esses delitos e, além disso, o inciso III prevê a sua incidência automática, independentemente de aplicação fundamentada pelo juiz.

Por se referir a norma a um vínculo entre a função desempenhada e a prática de conduta criminosa, incompatível com o que se exige do *múnus* público, a decretação deve recair sobre o cargo ocupado à época da conduta delitiva[110]. O STJ, no entanto,

108. STJ, HC 393748/RS, Rel. Min. Ribeiro Dantas, Quinta Turma, DJe 30/08/2017.

109. STJ, AgRg no AREsp n. 2.320.647/GO, Rel. Min Ribeiro Dantas, Quinta Turma, julgado em 12/9/2023, DJe de 19/9/2023.

110. STJ, AgRg no AREsp n. 1.652.779/SP, Rel. Min. Joel Ilan Paciornik, Quinta Turma, julgado em 22/9/2020, DJe de 28/9/2020.

já excepcionou essa regra caso haja correlação entre as funções desempenhadas à época do delito e o novo cargo, ocupado ao tempo da condenação:

> *"Em regra, a pena de perdimento deve ser restrita ao cargo público ocupado ou função pública exercida no momento do delito. Assim, a perda do cargo público, por violação de dever inerente a ela, necessita ser por crime cometido no exercício desse cargo, valendo-se o envolvido da função para a prática do delito. 10. Salienta-se que se o Magistrado a quo considerar, motivadamente, que o novo cargo guarda correlação com as atribuições do anterior, ou seja, naquele em que foram praticados os crimes, mostra-se devida a perda da nova função, uma vez que tal ato visa a anular a possibilidade de reiteração de ilícitos da mesma natureza, o que não ocorreu no caso". (STJ, REsp n. 1.452.935/PE, Rel. Min. Reynaldo Soares da Fonseca, Quinta Turma, julgado em 14/3/2017, DJe de 17/3/2017.)*

Além disso, vale mencionar que a Corte Superior tem admitido a aplicação da perda de cargo público, mesmo se tratando de agente vitalício:

> *"Esta Corte Especial tem entendido pela possibilidade da determinação da perda do cargo em decorrência da prolação de acórdão penal condenatório, ainda que o réu seja ocupante de cargo vitalício." (STJ, EDcl na APn 422/RR, Rel. Min. Mauro Campbell Marques, Corte Especial, DJe 19/12/2017).*

No caso dos parlamentares federais, a Constituição da República prevê o seguinte, em seu artigo 55, § 2º:

> *Art. 55. Perderá o mandato o Deputado ou Senador:*
>
> *(...)*
>
> *VI – que sofrer condenação criminal em sentença transitada em julgado.*
>
> *(...)*
>
> *§ 2º Nos casos dos incisos I, II e VI,* ***a perda do mandato será decidida pela Câmara dos Deputados ou pelo Senado Federal, por maioria absoluta, mediante provocação da respectiva Mesa ou de partido político representado no Congresso Nacional****, assegurada ampla defesa.*

Essa regra é igualmente aplicável aos parlamentares estaduais e distritais, em razão do que prescreve o artigo 27, § 1º, da CF:

> *§ 1º Será de quatro anos o mandato dos* ***Deputados Estaduais****, aplicando-se-lhes as regras desta Constituição sobre sistema eleitoral, inviolabilidade, imunidades, remuneração,* ***perda de mandato****, licença, impedimentos e incorporação às Forças Armadas.*

Portanto, a perda só será diretamente imposta pela sentença condenatória, surtindo efeitos por si só, para os parlamentares, no caso dos vereadores. Isso porque

que a Constituição não lhes prevê nenhuma regra de decisão do Poder Legislativo a respeito da perda do mandato em decorrência de condenação criminal[111].

b) Vedação de nomeação, designação ou diplomação em qualquer cargo, função pública ou mandato eletivo entre o trânsito em julgado da condenação até o efetivo cumprimento da pena

A Lei n. 14.994, 9 de outubro de 2024, inseriu mais uma efeito extrapenal da condenação no rol do artigo 92 do Código Penal. Para o condenado por crime contra a mulher por razões da condição do sexo feminino, o artigo 92, § 2º, inciso II, do Código Penal, passou a prever serem vedadas a sua nomeação, designação ou diplomação em qualquer cargo, função pública ou mandato eletivo entre o trânsito em julgado da condenação até o efetivo cumprimento da pena. Vale destacar que, nos termos do § 1º do art. 121-A do Código Penal, considera-se crime praticado contra a mulher, por razões da condição do sexo feminino, se o crime envolver violência doméstica e familiar ou menosprezo ou discriminação à condição de mulher.

Essa medida tem eficácia temporal que se estende desde o trânsito em julgado da condenação, respeitando a presunção de inocência, e o efetivo cumprimento da pena. Incide, portanto, sobre a fase de execução penal. A sua incidência é automática, independentemente de imposição fundamentada pelo juiz, conforme determina o artigo 92, § 2º, inciso III, do Código Penal.

c) a incapacidade para o exercício do poder familiar, da tutela ou da curatela nos crimes dolosos sujeitos à pena de reclusão cometidos contra outrem igualmente titular do mesmo poder familiar, contra filho, filha ou outro descendente ou contra tutelado ou curatelado, bem como nos crimes cometidos contra a mulher por razões da condição do sexo feminino:

A incapacidade para o exercício do poder familiar, da tutela ou da curatela é cabível quando houver a condenação por crimes dolosos, sujeitos à pena de reclusão, cometidos contra o filho, a filha ou outro descendente, o tutelado ou o curatelado. Além disso, há o referido efeito da condenação no caso de crime doloso, com cominação de pena de reclusão, cometido contra titular do mesmo poder familiar. É o caso do sujeito que mata a mãe do próprio filho.

Houve alteração na redação do inciso II do artigo 92 do Código Penal pela Lei n. 13.715/2018. **Anteriormente, referia-se a pátrio poder e, com a alteração legislativa, o termo foi adaptado para a ordem constitucional vigente, com referência ao poder familiar, aplicável ao pai e à mãe.** Há uma notável limitação na aplicação de referido efeito da condenação, pois só é cabível em caso de crime **doloso** e que seja punido com **reclusão**, além de o crime ter como vítima **o filho, a filha, outro descendente, o tutelado, o curatelado ou o titular do mesmo poder familiar**.

111. PRADO, Luiz Regis. Curso de Direito Penal. 18. ed. Rio de Janeiro: Forense, 2020, p. 334. O autor aponta ser a posição do STF, apesar de discordar, ao defender que a condenação deve acarretar a perda do cargo de qualquer parlamentar.

Ademais, a Lei n. 13.715/2018 também modificou o ECA, passando o parágrafo segundo do seu artigo 23 a ter a seguinte redação:

> *§ 2º A condenação criminal do pai ou da mãe não implicará a destituição do poder familiar, exceto na hipótese de condenação por crime doloso sujeito à pena de reclusão contra outrem igualmente titular do mesmo poder familiar ou contra filho, filha ou outro descendente.*

De igual modo, alterou-se o Código Civil, com nova redação do parágrafo único do artigo 1.638, cuja atual redação é de interessante leitura:

> *Parágrafo único. Perderá também por ato judicial o poder familiar aquele que:*
> *I – praticar contra outrem igualmente titular do mesmo poder familiar:*
> *a) homicídio, feminicídio ou lesão corporal de natureza grave ou seguida de morte, quando se tratar de crime doloso envolvendo violência doméstica e familiar ou menosprezo ou discriminação à condição de mulher;*
> *b) estupro ou outro crime contra a dignidade sexual sujeito à pena de reclusão;*
> *II – praticar contra filho, filha ou outro descendente:*
> *a) homicídio, feminicídio ou lesão corporal de natureza grave ou seguida de morte, quando se tratar de crime doloso envolvendo violência doméstica e familiar ou menosprezo ou discriminação à condição de mulher;*
> *b) estupro, estupro de vulnerável ou outro crime contra a dignidade sexual sujeito à pena de reclusão.*

Ainda na redação anterior à Lei n. 13.715/2018, surgiu a controvérsia quanto ao referido efeito da condenação **se referir a todos os filhos ou apenas ao filho que tiver sido vítima de crime**:

a) Uma corrente entende que a perda do poder familiar pressupõe o crime entre agente e vítima (redação anterior do Código Penal), razão pela qual o efeito só incide sobre o poder familiar em relação à referida vítima. Assim, o efeito não se estenderia aos demais filhos. É a posição de Guilherme de Souza Nucci[112].
b) Outra posição seria a de que a incapacidade abrange todos os filhos, já que se trata de um impedimento do agente. Seria a posição de Cezar Bitencourt, aparentemente, já que ele entende que a reabilitação abrange os demais filhos, sem que afete a relação com a própria vítima[113].

Com a nova redação, surgiu a possibilidade de perda do poder familiar também no caso de a vítima ser alguém que seja igualmente titular dele. Deste modo, pareceu ganhar força a corrente que defende que o efeito da condenação se refere a todos os filhos que o agente tenha, já que agora não incide apenas em caso de crime doloso, punível com reclusão, contra o próprio filho, mas também contra outra pessoa (que seja igualmente titular do poder familiar). De todo modo, a corrente

112. NUCCI, Guilherme de Souza. Op. Cit., 2015, p. 605.
113. BITENCOURT, Cezar Roberto. Op. Cit., 2020, p. 947-948.

sobre a incapacidade sobre todos os filhos faz mais sentido do ponto de vista da reabilitação, já que a lei veda a reintegração na situação anterior, mas permite a cessação do efeito quanto a outras relações familiares.

A redação foi novamente alterada pela Lei n. 14.994, de 9 de outubro de 2024, com a inclusão de uma nova hipótese de cabimento do efeito da condenação. A perda de poder familiar, da tutela ou da curatela passou a ser aplicável também aos condenados por crimes cometidos contra a mulher por razões da condição do sexo feminino, nos termos do § 1º do art. 121-A do Código Penal, isto é, se o crime envolver violência doméstica e familiar ou menosprezo ou discriminação à condição de mulher. Nesta hipótese de crime relacionado à violência de gênero, o efeito extrapenal independe da pena cominada para o delito.

Em regra, a perda do poder familiar, da tutela ou da curatela exige imposição fundamentada pelo juiz, não se tratando de efeito automático. Exige-se fundamentação na sentença para imposição do efeito, mas não há necessidade de pedido expresso da acusação, conforme prevê o artigo 92, § 1º, do CP. **Excepcionalmente, o efeito será automático se a condenação foi por crime cometido contra a mulher por razões da condição do sexo feminino**. Segundo o artigo 92, § 2º, inciso I, esse efeito extrapenal é aplicado ao condenado por essa espécie de delito e, além disso, o inciso III prevê a sua incidência automática, independentemente de aplicação fundamentada pelo juiz.

d) a inabilitação para dirigir veículo, quando utilizado como meio para a prática de crime doloso:

Se o veículo for utilizado para a prática de crime doloso, haverá a imposição da inabilitação para dirigir veículo, ao condenado, como efeito extrapenal da sentença condenatória.

Não se deve confundir essa previsão com os crimes culposos praticados na direção de veículo automotor, como o homicídio culposo e a lesão corporal culposa previstos no Código de Trânsito Brasileiro. Referido Código, em seu artigo 292, prevê a possibilidade de imposição da suspensão ou a proibição de se obter a permissão ou a habilitação para dirigir veículo automotor, de forma isolada ou cumulativa com outras penas.

Exige-se fundamentação na sentença para imposição do efeito, mas não há necessidade de pedido expresso da acusação, conforme prevê o artigo 92, § 1º, do CP.

e) a cassação do documento de habilitação para dirigir veículo automotor ou a proibição de sua obtenção pelo período de 5 anos:

A Lei n. 13.804, de 10 de janeiro de 2019, alterou a Lei n. 9.503/1997, o Código de Trânsito Brasileiro (CTB), para incluir novos efeitos da condenação com relação aos **crimes de receptação, contrabando e descaminho**. Como se trata de crimes previstos no Código Penal, cumpre fazer a análise do efeito da condenação, que está previsto no artigo 278-A do CTB, nos seguintes termos:

> *Art. 278-A. O condutor que se utilize de veículo para a prática do crime de receptação, descaminho, contrabando, previstos nos arts. 180, 334 e 334-A do Decreto-Lei nº*

> *2.848, de 7 de dezembro de 1940 (Código Penal), condenado por um desses* ***crimes em decisão judicial transitada em julgado, terá cassado seu documento de habilitação ou será proibido de obter a habilitação para dirigir veículo automotor pelo prazo de 5 (cinco) anos.***
>
> *§ 1º O condutor condenado poderá requerer sua reabilitação, submetendo-se a todos os exames necessários à habilitação, na forma deste Código.*
>
> *§ 2º No caso do condutor preso em flagrante na prática dos crimes de que trata o* caput *deste artigo, poderá o juiz, em qualquer fase da investigação ou da ação penal, se houver necessidade para a garantia da ordem pública, como medida cautelar, de ofício, ou a requerimento do Ministério Público ou ainda mediante representação da autoridade policial, decretar, em decisão motivada, a suspensão da permissão ou da habilitação para dirigir veículo automotor, ou a proibição de sua obtenção.*

O efeito da condenação será:

- **Cassação do documento de habilitação para dirigir veículo automotor ou;**
- **Proibição de obtenção da habilitação para dirigir veículo automotor.**

Em ambos os casos, o prazo de referido efeito da condenação será de **5 anos**. Dada a natureza de norma que restringe direitos, entendo não ser possível a analogia *in malam partem*. Deste modo, só está incluída no efeito da condenação a CNH, chamada no CTB de habilitação para conduzir veículos, como, por exemplo, no seu artigo 141[114]. Por isso, não está incluída na norma a autorização para conduzir ciclomotores.

O veículo deve ter sido **utilizado para a prática do crime de receptação, contrabando ou descaminho**. É comum que os condenados pelo crime de contrabando de cigarros provenientes do Paraguai, por exemplo, utilizem caminhões ou furgões para sua conduta, bem como que reincidam na conduta, dado o cabimento de liberdade provisória com fiança e a alta lucratividade da atividade ilícita. Busca-se coibir a reiteração criminosa com a cassação da habilitação ou com a proibição da obtenção de habilitação para dirigir veículos automotores.

Considerando que, pela natureza de referidas infrações penais, a utilização de veículos é costumeira para o maior volume da atividade e a maior rentabilidade com a prática criminosa, referidos efeitos podem, efetivamente, ajudar a coibir determinada conduta. Ainda que se pense que os indivíduos continuarão a praticar a receptação, o contrabando ou o descaminho, dirigindo veículos sem a habilitação, a falta do documento torna mais fácil o trabalho de fiscalização da Polícia, fazendo com que a impunidade diminua.

Além disso, defendo que deve ser **fundamentada** a aplicação de referido efeito, ainda que de forma simples, demonstrando o juiz que houve a utilização do veículo para a prática de um dos crimes previstos no *caput* do artigo 278-A do CTB. Portanto, considero que o efeito não é automático.

Quanto à **reabilitação**, o artigo 278-A, do CTB, em seu parágrafo primeiro, prevê regramento específico. Dispõe que o condenado deve observar as normas do

114. Art. 141. O processo de habilitação, as normas relativas à aprendizagem para conduzir veículos automotores e elétricos e à autorização para conduzir ciclomotores serão regulamentados pelo CONTRAN.

próprio Código de Trânsito para se reabilitar, submetendo-se a todos os exames necessários para a habilitação.

O artigo 278-A, parágrafo segundo, do CTB, dispõe sobre a possibilidade de imposição de **medida cautelar**. Cuida-se de mais uma medida cautelar diversa da prisão, que pode ser determinada no caso de flagrante em situação de que trata o *caput* do referido dispositivo.

Ou seja, sendo o agente preso em flagrante pela prática de receptação, contrabando ou descaminho, o Juiz pode, **em qualquer fase da investigação ou da ação penal**, se houver necessidade para a garantia da ordem pública, como medida cautelar, decretar, **em decisão motivada**, a suspensão da permissão ou da habilitação para dirigir veículo automotor, ou a proibição de sua obtenção. O magistrado pode agir **de ofício, a requerimento do Ministério Público ou ainda mediante representação da autoridade policial**. Sua decisão deve ser fundamentada, indicando a necessidade concreta de garantia da ordem pública.

- **Confisco alargado**

O artigo 91-A, acrescido pela Lei n. 13.964, de 24 de dezembro de 2019, trouxe mais hipóteses de efeitos específicos da condenação:

> *Art. 91-A. Na hipótese de condenação por infrações às quais a lei comine pena máxima superior a 6 (seis) anos de reclusão, poderá ser decretada a perda, como produto ou proveito do crime, dos bens correspondentes à diferença entre o valor do patrimônio do condenado e aquele que seja compatível com o seu rendimento lícito.*
>
> *§ 1º Para efeito da perda prevista no caput deste artigo, entende-se por patrimônio do condenado todos os bens:*
>
> *I – de sua titularidade, ou em relação aos quais ele tenha o domínio e o benefício direto ou indireto, na data da infração penal ou recebidos posteriormente; e*
>
> *II – transferidos a terceiros a título gratuito ou mediante contraprestação irrisória, a partir do início da atividade criminal.*
>
> *§ 2º O condenado poderá demonstrar a inexistência da incompatibilidade ou a procedência lícita do patrimônio.*
>
> *§ 3º A perda prevista neste artigo deverá ser requerida expressamente pelo Ministério Público, por ocasião do oferecimento da denúncia, com indicação da diferença apurada.*
>
> *§ 4º Na sentença condenatória, o juiz deve declarar o valor da diferença apurada e especificar os bens cuja perda for decretada.*
>
> *§ 5º Os instrumentos utilizados para a prática de crimes por organizações criminosas e milícias deverão ser declarados perdidos em favor da União ou do Estado, dependendo da Justiça onde tramita a ação penal, ainda que não ponham em perigo a segurança das pessoas, a moral ou a ordem pública, nem ofereçam sério risco de ser utilizados para o cometimento de novos crimes.*

Perda, como produto ou proveito do crime, da diferença entre o patrimônio do condenado e o que seja compatível com seu rendimento lícito (confisco alargado):

Nesta hipótese, **inserida pelo Pacote Anticrime**, o legislador restringiu sua aplicação aos crimes cuja pena máxima seja superior a 6 anos de reclusão. Portanto, não cabe a decretação da perda de bens, com base no artigo 91-A do CP, em todos os delitos. Por isso, é um efeito específico da condenação. A doutrina tem denominado essa hipótese de **confisco alargado** de bens.

A perda é decretada com fundamento na existência de produto ou proveito do crime, conceitos já abordados acima. A ideia é alcançar bens do condenado sem exigência de comprovação de que ele decorre diretamente da atividade criminosa (produto) ou deriva dela, por conversão dos bens (proveito). Nessa hipótese, o legislador exige apenas a demonstração de que o condenado possui **patrimônio incompatível** com aquele que poderia ter sido amealhado com seu rendimento lícito.

Para tal comparação, o Código determina a consideração dos bens de titularidade do agente e daqueles sobre os quais ele tenha o domínio e o benefício direto ou indireto, tanto na data da infração quanto após o seu cometimento, ou seja, os bens recebidos após a data do delito. Consideram-se, ainda, como patrimônio do agente aqueles que forem transferidos a terceiros a título gratuito (como uma doação) ou mediante uma contraprestação irrisória (como um negócio de compra e venda simulado, em que o preço só serve para ocultar a natureza gratuita da alienação), a partir do início da atividade criminal. Entendo que, neste ponto, devemos considerar o início dos atos executórios, quando o agente já pode ser punido pela prática do delito, a título de tentativa.

O parágrafo segundo do artigo 91-A do CP permite, ao condenado, que demonstre que o patrimônio é compatível com sua renda lícita, o que afasta tal efeito da condenação. Possibilita, ainda, que o condenado demonstre a **procedência lícita** do patrimônio, como uma doação de um familiar ou o recebimento de uma herança.

A lei exige o **pedido expresso do Ministério Público**, que deve ser feito por ocasião da **denúncia**, inclusive com a indicação da diferença apurada entre o patrimônio que o condenado possui e o que seria compatível com sua atividade profissional e/ou econômica lícita. Na sentença, o juiz deverá declarar a **diferença efetivamente apurada**, após o exercício do contraditório e da ampla defesa, com a especificação dos bens que terão a perda decretada.

- **Perda dos instrumentos do crime praticado por organizações criminosas e milícias:**

Por fim, o parágrafo quinto do artigo 91-A do Código traz outro assunto, prevendo uma regra específica para **os instrumentos** utilizados para a prática de crimes por **organizações criminosas e milícias**. Nesses casos, serão declarados perdidos em favor da União ou do Estado, dependendo da Justiça onde tramita a ação penal. Ainda se especifica que deve haver a perda ainda que tais instrumentos não ponham em perigo a segurança das pessoas, a moral ou a ordem pública, nem ofereçam sério risco de ser utilizados para o cometimento de novos crimes.

Se for caso de competência da Justiça Estadual, a perda dos instrumentos do crime será em favor do Estado. Sendo de competência da Justiça Federal, os instrumentos do crime devem ser perdidos em favor da União.

Apesar de não haver menção a ser esse efeito automático ou não, a redação indica a necessidade de decretação judicial ("deverão ser declarados perdidos"), além de sua previsão estar em um artigo que menciona a necessidade de determinação na sentença. Deste modo, entendo ser também um caso de efeito **não automático**, que deve ser decretado pelo juiz de forma expressa.

9. REABILITAÇÃO

Diz Carnelutti que "o encarcerado, saindo do cárcere, crê não ser mais encarcerado, mas as pessoas, não. Para as pessoas ele é sempre encarcerado; quando muito se diz ex-encarcerado; nesta fórmula está a crueldade do engano". Ele, então, indaga "o ex-ladrão, assim, é marcado na fronte: quem lhe dá trabalho?"[115] Considerando essa situação, o legislador previu a reabilitação penal, possibilitando que o condenado, após cumprir certos requisitos, possa se apresentar não mais como delinquente perante a sociedade, mas como um cidadão qualquer, por ter arcado com a responsabilidade advinda da violação da lei.

A reabilitação é um instituto de Direito Penal, de **natureza declaratória**, que concede o sigilo dos registros sobre o processo e condenação. Também pode neutralizar os efeitos extrapenais específicos da condenação. Possui o escopo de, atendidos determinados requisitos, permitir que o acusado obtenha a reinserção social, sem que fique para sempre tachado pela condenação passada. Como lembra Luiz Regis Prado, cuida-se de medida político-criminal[116].

A reabilitação é tratada nos artigos 93 a 95 do Código Penal, sendo que o primeiro deles possui o seguinte teor:

> *Reabilitação*
>
> *Art. 93 – A reabilitação alcança quaisquer penas aplicadas em sentença definitiva, assegurando ao condenado o sigilo dos registros sobre o seu processo e condenação.*
>
> *Parágrafo único – A reabilitação poderá, também, atingir os efeitos da condenação, previstos no art. 92 deste Código,* ***vedada reintegração na situação anterior, nos casos dos incisos I e II do mesmo artigo.***

Há vedação de reintegração na situação anterior nos casos de perda de cargo, função pública ou mandato eletivo, bem como se o efeito for de incapacidade para o exercício do poder familiar, da tutela ou da curatela. Deste modo, se condenado por tentativa de homicídio contra um filho, não poderá o agente conseguir o restabelecimento do seu poder familiar sobre ele[117]. Caso tenha, por exemplo, uma filha de outro casamento, a reabilitação pode alcançá-la e permitir ao agente o exercício do poder familiar sobre ela.

Portanto, a reabilitação alcança todas as penas impostas em condenação transitada em julgado. Assegura que tais registros serão **sigilosos**. Entretanto, referido

---

115. CARNELUTTI, Francesco. As Misérias do Processo Penal. Tradução de Antônio Roberto Hildebrandi. 3. Ed. 6. Tir. Leme/SP: EDIJUR, 2020, p. 80-81.

116. PRADO, Luiz Regis. Curso de Direito Penal Brasileiro, parte geral e especial. 18ª. ed. Rio de Janeiro: Forense, 2020, p. 334.

117. Referida posição é também adotada em: PRADO, Luiz Regis. Curso de Direito Penal Brasileiro, parte geral e parte especial. 18ª. ed. Rio de Janeiro: Forense, 2020, p. 334.

sigilo **não é absoluto**, nos termos do que prevê o artigo 748 do Código de Processo Penal, situado em capítulo que trata da reabilitação:

> *Art. 748. A condenação ou condenações anteriores não serão mencionadas na folha de antecedentes do reabilitado, nem em certidão extraída dos livros do juízo, salvo quando requisitadas por juiz criminal.*

Portanto, o sigilo é relativizado apenas em relação a requisições efetuadas por **Juízes Criminais**. Ou seja, apenas os juízos criminais, sejam da Justiça Federal, Justiça Militar, Justiça Eleitoral ou Justiça Estadual, poderão ter acesso às informações atingidas pela reabilitação.

O artigo 94 do Código Penal trata dos requisitos para a reabilitação criminal:

> *Art. 94 – A reabilitação poderá ser requerida, decorridos 2 (dois) anos do dia em que for extinta, de qualquer modo, a pena ou terminar sua execução, computando-se o período de prova da suspensão e o do livramento condicional, se não sobrevier revogação, desde que o condenado:*
>
> *I – tenha tido domicílio no País no prazo acima referido;*
>
> *II – tenha dado, durante esse tempo, demonstração efetiva e constante de bom comportamento público e privado;*
>
> *III – tenha ressarcido o dano causado pelo crime ou demonstre a absoluta impossibilidade de o fazer, até o dia do pedido, ou exiba documento que comprove a renúncia da vítima ou novação da dívida.*
>
> *Parágrafo único – Negada a reabilitação, poderá ser requerida, a qualquer tempo, desde que o pedido seja instruído com novos elementos comprobatórios dos requisitos necessários.*

Portanto, os **requisitos** são os seguintes:

- decurso do prazo de dois danos desde a extinção ou o cumprimento da pena. Neste período, serão computados o de livramento condicional e de suspensão condicional da pena, desde que não haja a revogação deles;
- domicílio no país no prazo acima mencionado. Há doutrinadores, como Guilherme Nucci, que entendem que esse requisito é inconstitucional, por limitar o direito de ir e vir de quem já cumpriu a sanção penal pela qual foi condenado;
- demonstração efetiva e constante, também no período acima definido, de bom comportamento público e privado;
- ressarcimento do dano ou demonstração de absoluta impossibilidade de fazê-lo, comprovada à época do requerimento. Pode haver, ainda, prova da renúncia da vítima ou de novação da dívida.

O pedido de reabilitação, nos termos do parágrafo único do artigo 94 do CP, **pode ser refeito**, acaso negado, com novos elementos que comprovem o preenchimento dos pressupostos exigidos pela lei.

Há a possibilidade de revogação da reabilitação, de ofício pelo juiz ou a requerimento do Ministério Público, caso o reabilitado seja novamente condenado, com trânsito em julgado, como reincidente, a pena que não seja de multa. Portanto, não cabe revogação se a nova condenação lhe impuser apenas a pena de multa. É o que prevê o artigo 95 do Código Penal:

> *Art. 95 – A reabilitação será revogada, de ofício ou a requerimento do Ministério Público, se o reabilitado for condenado, como reincidente, por decisão definitiva,* ***a pena que não seja de multa****.*

Os artigos 743 a 750 do Código de Processo Penal regulam também a reabilitação criminal, com a previsão do procedimento a ser adotado para o pedido feito pelo condenado. Não trataremos aqui das normas lá previstas, por ser matéria de Direito Processual Penal.

10. FRAÇÕES NÃO COMPUTÁVEIS DA PENA

O Código Penal trata das frações de pena que não devem ser computáveis, ou seja, devem ser desprezadas:

> *Frações não computáveis da pena*
>
> *Art. 11 –* ***Desprezam-se****, nas penas privativas de liberdade e nas restritivas de direitos,* ***as frações de dia****, e, na pena de multa,* ***as frações de cruzeiro****.*

As penas são estipuladas, no nosso ordenamento jurídico, em três etapas. Cuida-se de matéria a ser estudada na aplicação das penas, mas podemos levar em conta que há a primeira fase, das circunstâncias judiciais; a segunda, das agravantes e atenuantes e, por fim, a terceira, das causas de aumento e de diminuição de pena. Portanto, a dosimetria da pena é realizada por meio de um critério trifásico, razão pela qual as penas podem resultar em números fracionários de dias ou, no caso de pena pecuniária, de frações de real.

No caso de frações de dias, elas devem ser desprezadas. Por exemplo, se o cálculo da dosimetria levar a um resultado de 5 anos, 10 meses e 20,7 dias de reclusão, deve-se aplicar a pena de reclusão de 5 anos, 10 meses e 20 dias. A fração de 0,7 dia deve ser desprezada. Por analogia – *in bonam partem* –, também se deve desprezar a fração de dia-multa[118].

No que se refere ao dinheiro, o artigo 11 do Código Penal determina que não se considerem as frações de cruzeiro **nas penas de multa**. Obviamente, deve-se considerar a moeda atual do país, o real. Não se deve executar fração de real. Desse modo, feito o cálculo de pena de multa, os centavos devem ser desprezados. Tendo o cálculo de uma pena de multa resultado em R$ 250,67, a execução deve recair sobre R$ 250,00, com o desprezo de R$ 0,67.

11. EFICÁCIA DA SENTENÇA PENAL ESTRANGEIRA

A sentença penal estrangeira pode gerar efeitos no nosso território nacional. Alguns efeitos são **automáticos**, ou seja, independem de qualquer condição. Um

118. JESUS, Damásio de. Direito Penal, volume 1: parte geral. 32. ed. São Paulo: Saraiva, 2011, p. 185.

exemplo de efeito automático é a possibilidade de a condenação no exterior ensejar a reincidência se novo fato delituoso for praticado no Brasil, nos termos do artigo 63 do Código Penal:

> *Reincidência*
>
> *Art. 63 – Verifica-se a reincidência quando o agente comete novo crime, depois de transitar em julgado a sentença que,* ***no País ou no estrangeiro****, o tenha condenado por crime anterior.*

Outro efeito automático é que a condenação (com o cumprimento de pena) ou absolvição no exterior impede a extraterritorialidade **condicionada**, conforme determina o artigo 7º, § 2º, "d" e "e", do Código Penal:

> *Art. 7º – Ficam sujeitos à lei brasileira, embora cometidos no estrangeiro:*
>
> *(...)*
>
> *§ 2º –* ***Nos casos do inciso II, a aplicação da lei brasileira depende do concurso das seguintes condições:***
>
> *(...)*
>
> *d) não ter sido o agente absolvido no estrangeiro ou não ter aí cumprido a pena;*
>
> *e) não ter sido o agente perdoado no estrangeiro ou, por outro motivo, não estar extinta a punibilidade, segundo a lei mais favorável.*

Entretanto, existem casos em que é **imprescindível que haja a homologação** da sentença penal estrangeira para sua execução. É o que prevê o artigo 9º do Código Penal:

> *Art. 9º – A sentença estrangeira, quando a aplicação da lei brasileira produz na espécie as mesmas consequências, pode ser homologada no Brasil para:*
>
> *I – obrigar o condenado à reparação do dano, a restituições e a outros efeitos civis;*
>
> *II – sujeitá-lo a medida de segurança.*
>
> *Parágrafo único – A homologação depende:*
>
> *a) para os efeitos previstos no inciso I, de pedido da parte interessada;*
>
> *b) para os outros efeitos, da existência de tratado de extradição com o país de cuja autoridade judiciária emanou a sentença, ou, na falta de tratado, de requisição do Ministro da Justiça.*

São, portanto, **dois os casos em que o Código Penal estabelece a necessidade de homologação da sentença penal estrangeira**, sendo possível sua execução no Brasil:

- Obrigação do condenado de reparar o dano, de restituição e de outros efeitos civis;
- Imposição de medida de segurança.

A necessidade de homologação da sentença penal estrangeira decorre da necessidade de sua execução, determinando que haja um juízo de delibação, ou seja, um exame de legalidade formal, extrínseca, sem adentrar o seu mérito. Isso ocorre no caso de **reparação do dano, restituições e outros efeitos civis**, sendo que neste caso a homologação

depende de provocação do interessado. Por outro lado, no caso de aplicação de **medida de segurança**, é necessário que o país tenha **tratado de extradição** com a República Federativa do Brasil ou, na sua falta, que haja **requisição do Ministro da Justiça**.

As hipóteses de homologação da sentença estrangeira e seus requisitos estão resumidos no quadro a seguir:

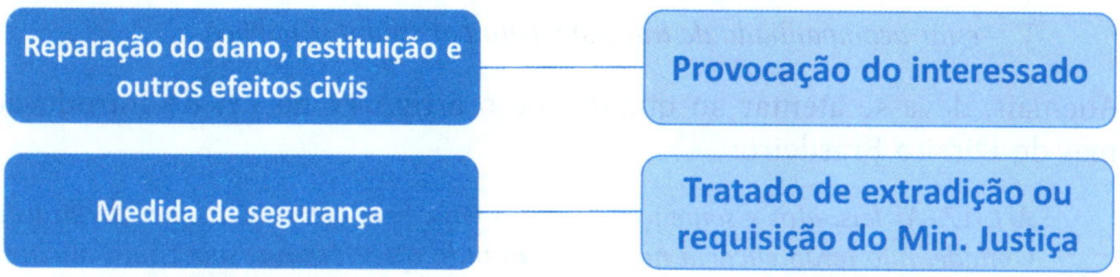

A competência para homologação de sentenças estrangeiras pertence ao Superior Tribunal de Justiça – STJ, conforme prevê o artigo 105, inciso I, da Constituição da República:

> *Art. 105. Compete ao Superior Tribunal de Justiça:*
>
> *I – processar e julgar, originariamente:*
>
> *(...)*
>
> *i) a homologação de sentenças estrangeiras e a concessão de exequatur às cartas rogatórias; (Incluída pela Emenda Constitucional nº 45, de 2004)*

A competência do Superior Tribunal de Justiça foi **alterada pela Emenda Constitucional nº 45, de 2004**. Anteriormente, a competência era do Supremo Tribunal Federal. Portanto, muita atenção com essa modificação de competência para homologação da sentença penal estrangeira. Antes da modificação da competência, o STF editou súmula sobre o assunto, de n. 420, determinando que se aguarde o trânsito em julgado da sentença estrangeira para sua homologação:

> *Não se homologa sentença proferida no estrangeiro* ***sem prova do trânsito em julgado.***

Existe precedente do STJ sobre o conteúdo da Súmula 420 do STF ter sido superado pelo advento do novo CPC. Entretanto, o julgado é de natureza cível[119], razão pela qual é preciso acompanhar a jurisprudência na área criminal.

O Superior Tribunal de Justiça não analisa o mérito da sentença penal estrangeira, mas analisa os requisitos formais para sua homologação, no que se denomina de **juízo de delibação**[120], nos termos do que dispõe o artigo 788 do Código de Processo Penal:

> *Art. 788. A sentença penal estrangeira será homologada, quando a aplicação da lei brasileira produzir na espécie as mesmas consequências e concorrem os seguintes requisitos:*

119. STJ, SEC 14.812-EX, Rel. Min. Nancy Andrighi, Corte Especial, julgado em 16/05/2018.

120. CAPEZ, Fernando. Curso de Direito Penal, volume 1, parte geral: (Arts. 1º a 120), 17ª edição, São Paulo: Saraiva, 2013, p. 121.

> *I – estar revestida das formalidades externas necessárias, segundo a legislação do país de origem;*
>
> *II – haver sido proferida por juiz competente, mediante citação regular, segundo a mesma legislação;*
>
> *III – ter passado em julgado;*
>
> *IV – estar devidamente autenticada por cônsul brasileiro;*
>
> *V – estar acompanhada de tradução, feita por tradutor público.*

Ademais, deve-se atentar ao que dispõe o artigo 17 da Lei de Introdução às Normas do Direito Brasileiro:

> *Art. 17. As leis, atos e sentenças de outro país, bem como quaisquer declarações de vontade, não terão eficácia no Brasil,* ***quando ofenderem a soberania nacional, a ordem pública e os bons costumes.***

Além dos casos previstos no Código Penal, a Lei n. 9.613, de 3 de março de 1998, prevê outra hipótese de sentença estrangeira produzir efeitos no Brasil, consistente na possibilidade de confisco de bens em caso de lavagem de dinheiro. Vejamos o que estabelece seu artigo 8º:

> *Art. 8º O juiz determinará, na hipótese de existência de tratado ou convenção internacional e* ***por solicitação de autoridade estrangeira competente, medidas assecuratórias sobre bens, direitos ou valores oriundos de crimes descritos no art. 1º praticados no estrangeiro.***
>
> *§ 1º Aplica-se o disposto neste artigo, independentemente de tratado ou convenção internacional, quando o governo do país da autoridade solicitante prometer reciprocidade ao Brasil.*
>
> *§ 2º Na falta de tratado ou convenção, os bens, direitos ou valores privados sujeitos a medidas assecuratórias por solicitação de autoridade estrangeira competente ou os recursos provenientes da sua alienação serão repartidos entre o Estado requerente e o Brasil, na proporção de metade, ressalvado o direito do lesado ou de terceiro de boa-fé.*

Em julgamento efetuado por sua Corte Especial, o STJ concedeu *exequatur* à carta rogatória, ou seja, permitiu seu cumprimento pelo Judiciário nacional. Nessa carta, a Bélgica requereu diligências com base nos dispositivos normativos acima citados, como busca e apreensão e quebra de sigilo bancário. Não se entendeu necessária, para esses fins, a homologação da sentença penal estrangeira[121].

Por fim, cumpre anotar que a Lei n. 13.445/2017 trouxe a possibilidade de haver **a transferência de condenados no exterior para cumprimento da pena no Brasil**. Foi trazida, então, mais uma hipótese de homologação da sentença penal pelo STJ, denominada de "**Transferência de Execução de Pena**":

> *Art. 100. Nas hipóteses em que couber solicitação de extradição executória, a autoridade competente poderá solicitar ou autorizar a transferência de execução da pena, desde que observado o princípio do* non bis in idem.

121. STJ, EDcl na CR 438/BE, Rel. Ministro LUIZ FUX, CORTE ESPECIAL, julgado em 01/08/2008, DJe 20/10/2008.

> *Parágrafo único.* ***Sem prejuízo do disposto no*** *Decreto-Lei nº 2.848, de 7 de dezembro de 1940 (****Código Penal****), a transferência de execução da pena será possível quando preenchidos os seguintes requisitos:*
>
> *I – o condenado em território estrangeiro for nacional ou tiver residência habitual ou vínculo pessoal no Brasil;*
>
> *II – a sentença tiver transitado em julgado;*
>
> *III – a duração da condenação a cumprir ou que restar para cumprir for de, pelo menos, 1 (um) ano, na data de apresentação do pedido ao Estado da condenação;*
>
> *IV – o fato que originou a condenação constituir infração penal perante a lei de ambas as partes; e*
>
> *V – houver tratado ou promessa de reciprocidade.*
>
> *Art. 101. O pedido de transferência de execução da pena de Estado estrangeiro será requerido por via diplomática ou por via de autoridades centrais.*
>
> *§ 1º O pedido será recebido pelo órgão competente do Poder Executivo e, após exame da presença dos pressupostos formais de admissibilidade exigidos nesta Lei ou em tratado, encaminhado ao Superior Tribunal de Justiça para decisão quanto à homologação.*
>
> *§ 2º Não preenchidos os pressupostos referidos no § 1º, o pedido será arquivado mediante decisão fundamentada, sem prejuízo da possibilidade de renovação do pedido, devidamente instruído, uma vez superado o óbice apontado.*
>
> *Art. 102. A forma do pedido de transferência de execução da pena e seu processamento serão definidos em regulamento.*
>
> *Parágrafo único. Nos casos previstos nesta Seção, a execução penal será de competência da* ***Justiça Federal****.*

Os artigos 103 a 105, por sua vez, tratam do tema "Transferência de Pessoa Condenada", possibilitando a transferência de quem for condenado pelo Poder Judiciário nacional para seu país de nacionalidade ou país em que tiver residência habitual ou vínculo pessoal, desde que expresse interesse nesse sentido. Assim, poderá cumprir em outro país a pena imposta pelo Judiciário brasileiro por sentença transitada em julgado.

No julgamento conhecido como Caso Robinho, discutiu-se se seria possível aplicar o artigo 100 da Lei de Migração, considerando que o brasileiro nato, condenado pela Justiça Italiana, não foi preso naquele país, de modo que não haveria transferência de preso, mas da própria execução. O STJ decidiu ser possível essa interpretação defendida pelo Ministério Público, em julgado inovador. Por isso, é relevante a sua leitura:

> *"I – Preenchidos os requisitos legais e regimentais, na forma dos arts. 963 do CPC/15 e 216-C, 216-D e 216-F do RISTJ, impõe-se a homologação da decisão estrangeira com a transferência da execução da pena privativa de liberdade imposta pela Justiça italiana ao nacional brasileiro.*
>
> *II – A transferência da execução de pena não viola o núcleo do direito fundamental contido no art. 5º, LI, da CF, pois não há entrega de brasileiro nato condenado criminalmente para cumprimento de pena em outro país.*

> *III – A Lei n. 13.445/2017, em seu art. 100, autoriza a transferência da execução da pena imposta no exterior tanto a brasileiros, natos ou naturalizados, quanto a estrangeiros que tiverem residência habitual ou vínculo pessoal no Brasil, a fim de evitar, com isso, a impunidade de brasileiros natos condenados no exterior, não sujeitos à extradição.*
>
> *IV – O disposto no art. 100 da Lei n. 13.445/2017 aplica-se aos fatos anteriores a sua vigência por se tratar de norma de cooperação internacional em matéria penal. Precedentes do STF e STJ (HDE 2.093/PT, relator Ministro João Otávio de Noronha, 17/5/2019.) V - O sistema de contenciosidade limitada adotado pelo Brasil em matéria de homologação de sentença penal estrangeira impede a rediscussão do mérito da ação penal que resultou na condenação do cidadão brasileiro.*
>
> *VI – A Lei n. 13.445/2017, ao permitir a transferência de cumprimento de pena, representa uma maior efetividade dos princípios da razoável duração do processo, evitando a incidência do bis in idem internacional.*
>
> *VII – Pedido de homologação de sentença estrangeira julgado procedente. Cumprimento imediato da condenação."*
>
> *(STJ, HDE n. 7.986/EX, relator Ministro Francisco Falcão, Corte Especial, julgado em 20/3/2024, DJe de 22/3/2024.)*

12. PENA CUMPRIDA NO ESTRANGEIRO

A pena cumprida no estrangeiro é matéria tratada no artigo 8º do Código Penal, que assim dispõe:

> *Art. 8º – A pena cumprida no estrangeiro atenua a pena imposta no Brasil pelo mesmo crime, quando diversas, ou nela é computada, quando idênticas.*

A matéria se relaciona com o princípio chamado de *ne bis in idem*, que veda a dupla punição pelo mesmo fato, a dupla valoração do mesmo fato ou circunstância para dosimetria da pena e a dupla execução da mesma pena. Parte da doutrina aponta que o artigo 8º consubstancia exceção à vedação do *bis in idem*[122]. Por essa razão, a constitucionalidade de se permitir a condenação de um agente já condenado em outro país seria duvidosa. Outra parte da doutrina, minoritária, aponta que se trata de uma decorrência do *ne bis in idem*, já que é necessário computar a pena que já foi cumprida no estrangeiro, com o seu abatimento. Com isso, vedar-se-ia a execução da pena sem o desconto do que já foi cumprido.

De todo modo, a possibilidade de o agente ser condenado no Brasil e no exterior deriva da extraterritorialidade da lei penal, matéria já estudada. Relembrando, a extraterritorialidade se refere à **aplicação excepcional da lei nacional a crimes cometidos exclusivamente no exterior**. É uma exceção à regra, que é a da territorialidade, ou seja, em regra a lei penal brasileira é aplicada apenas aos crimes cometidos no território brasileiro. As hipóteses de aplicação da lei penal brasileira no exterior estão previstas no artigo 7º do Código Penal.

122. Luiz Flávio Gomes e Antonio Molina defendem ser uma exceção ao princípio do *ne bis in idem*, o que demonstra que a norma não é absoluta, mas relativa (CUNHA, Rogério Sanches. Op. Cit., 2020, p. 162).

Caso haja a condenação do agente tanto no Brasil quanto no estrangeiro, deve-se aplicar o disposto no artigo 8º, acima transcrito, que estipula as regras conforme a natureza das penas.

Se as penas forem da mesma qualidade, a pena cumprida no estrangeiro deve ser abatida da pena a que o agente foi condenado no Brasil. Basta pensar que o agente tenha sido condenado a 8 anos de pena privativa de liberdade no Japão, tendo-a cumprido integralmente. Entretanto, no Brasil, ele foi condenado a 9 anos de reclusão. Regressando ao território nacional e sendo preso o indivíduo, a pena já cumprida no exterior deve ser abatida da pena aqui aplicada, restando ao agente o cumprimento de 1 ano de pena privativa de liberdade.

Se as penas forem de tipos diferentes, deve haver a atenuação da pena a ser executada no Brasil, em consideração da pena já cumprida no estrangeiro. Como exemplo, imaginemos que nos Estados Unidos a pena executada foi de 1 ano de prestação de serviços à comunidade. Tendo sido o agente condenado, no Brasil, a uma pena de 4 anos de detenção, o Judiciário deve proceder à atenuação dessa pena. Como analogia, poderia usar as regras de substituição da pena privativa de liberdade por restritiva de direitos e atenuar a pena aqui aplicada para 3 anos de detenção, ou seja, considerando o mesmo tempo da pena restritiva de direitos para atenuação da pena privativa de liberdade.

Além do *ne bis in idem*, outro problema que surge na interpretação do dispositivo é a superveniência da Lei n. 13.445/2017, que trouxe a possibilidade de o Brasil receber condenados brasileiros, com residência habitual no território nacional ou vínculo pessoal no país, mesmo que condenados no exterior. Se o condenado vai poder cumprir a pena imposta no exterior no Brasil, qual o sentido de impor um novo processo penal?

O artigo 8º do CP, portanto, é de **duvidosa constitucionalidade**, mas o STF não analisou o tema em ação direta de inconstitucionalidade. Enquanto não houver manifestação, presume-se a constitucionalidade da norma. Vale registrar, entretanto, que a Segunda Turma do STF entendeu que o dispositivo deve ser interpretado de forma restritiva, nos seguintes termos:

> *Por sua vez, **o art. 8º do CP deve ser lido em conformidade com os preceitos convencionais e a jurisprudência da Corte Interamericana de Direitos Humanos (CIDH)**, vedando-se a dupla persecução penal por idênticos fatos.*
>
> *Por fim, a vedação à dupla persecução penal em âmbito internacional deve ser ponderada com a soberania dos Estados e com as obrigações processuais positivas impostas pela CIDH.*
>
> *Em casos de violação de tais deveres de investigação e persecução efetiva, o julgamento em país estrangeiro pode ser considerado ilegítimo, como em precedentes em que a própria CIDH determinou a reabertura de investigações em processos de Estados que não verificaram devidamente situações de violações de direitos humanos.*
>
> *Portanto, se houver a devida comprovação de que o julgamento em outro país sobre os mesmos fatos não se realizou de modo justo e legítimo, desrespeitando obrigações processuais positivas, a vedação de dupla persecução pode ser eventualmente ponderada para complementação em persecução interna. (...) (STF, HC 171118/SP, Rel. Min. Gilmar Mendes, Segunda Turma, julgamento em 12/11/2019, Informativo 959)*

13. TEMAS DE EXECUÇÃO PENAL

No âmbito da teoria geral das penas, analisam-se suas espécies, sua aplicação, suas características, sua cominação e sua execução. Entretanto, alguns temas de execução penal ainda devem ser estudados em razão de serem abordados no Código Penal.

13.1. Detração

A **detração** consiste no **cômputo, do total da pena definitiva imposta na condenação, do tempo de prisão processual na pena a que foi condenado o indivíduo**. Ou seja, do total da condenação, deve ser subtraído o período que o acusado ficou preso provisoriamente ou internado em hospital de custódia e tratamento psiquiátrico. Detração advém do termo latino *detractio*, que tem o significado de retirada ou supressão. Deste modo, a detração é a operação em que se subtrai, do tempo da condenação imposta ao acusado, o período em que ficou preso ou internado provisoriamente. Está prevista no artigo 42 do Código Penal:

> *Art. 42 – Computam-se, na pena privativa de liberdade e na medida de segurança, o tempo de prisão provisória, no Brasil ou no estrangeiro, o de prisão administrativa e o de internação em qualquer dos estabelecimentos referidos no artigo anterior.*

A doutrina majoritária entende que não cabe mais a chamada prisão administrativa no Brasil desde a promulgação da Constituição de 1988, salvo nos restritos casos de Estado de Defesa, Estado de Sítio e prisão determinada por autoridade administrativa militar, nos casos de transgressões militares e crimes militares. Tal matéria pertence ao Direito Processual Penal, onde deve ser estudada de modo mais aprofundado, sendo aqui mencionada apenas para compreensão da detração.

Portanto, o que mais interessa para a detração é a chamada prisão provisória, bem como o tempo de internação em hospital de custódia e tratamento.

A detração determinada pelo artigo 42 do Código Penal dirige-se ao juiz da execução, que deve subtrair do montante da condenação (ou das condenações), o tempo de prisão provisória, de internação em hospital de custódia e tratamento, ou, excepcionalmente, o de prisão administrativa (em caso de Estado de Sítio, Estado de Defesa ou de transgressão militar e crime militar).

É possível a detração penal do período em que o condenado cumpriu medida de recolhimento domiciliar noturno e aos finais de semana?

A questão controversa surge da ausência de regulamentação da detração nesses casos, o que levou à discussão se não caberia também a detração do período em que o acusado cumpre recolhimento domiciliar durante a noite e aos finais de semana. Isso porque, ainda que em menor medida que a prisão preventiva, haveria uma limitação à liberdade de quem ainda está respondendo a um processo criminal. Solucionando o problema, o STJ fixou, em julgamento pela sistemática de recurso repetitivo, orientação sobre a detração nesses casos:

> "4. Delimitadas as teses jurídicas para os fins dos arts. 927, III, 1.039 e seguintes do CPC/2015:
>
> 4.1. O período de recolhimento obrigatório noturno e nos dias de folga, por comprometer o status libertatis do acusado deve ser reconhecido como período a ser

detraído da pena privativa de liberdade e da medida de segurança, em homenagem aos princípios da proporcionalidade e do non bis in idem.

4.2. O monitoramento eletrônico associado, atribuição do Estado, não é condição indeclinável para a detração dos períodos de submissão a essas medidas cautelares, não se justificando distinção de tratamento ao investigado ao qual não é determinado e disponibilizado o aparelhamento.

4.3. As horas de recolhimento domiciliar noturno e nos dias de folga devem ser convertidas em dias para contagem da detração da pena. Se no cômputo total remanescer período menor que vinte e quatro horas, essa fração de dia deverá ser desprezada."

(STJ, REsp n. 1.977.135/SC, Rel. Min. Joel Ilan Paciornik, Terceira Seção, julgado em 23/11/2022, DJe de 28/11/2022)

✓ **E se o condenado ficar preso durante determinado processo penal e, ao final, for absolvido. Ele pode usar esse tempo para subtrair da pena de um crime que cometeu posteriormente?**

Não é possível. A doutrina majoritária e a jurisprudência rechaçam a chamada **caderneta de poupança de pena**. Desse modo, se o indivíduo foi preso provisoriamente durante determinado processo e restou absolvido, **não pode utilizar esse período para detrair pena de um fato cometido posteriormente**.

Caso contrário, se alguém ficasse preso indevidamente por 5 anos, poderia cometer qualquer crime com referido *quantum* de pena e ficar quite com o Estado. Representaria um saldo para cometer um crime, já que possuiria um saldo de 5 anos de pena já cumprida. Isso não é aceitável, sendo que eventual prisão indevida deve ser resolvida no juízo cível, com a reparação dos danos causados.

Neste sentido, o seguinte precedente do STJ:

> *"A jurisprudência deste Superior Tribunal admite a detração (art. 42 do CP) por custódia indevidamente cumprida em outro processo, desde que o crime em virtude do qual o condenado executa a pena a ser computada* ***seja anterior ao período pleiteado****. Busca-se, com isso,* ***impedir uma espécie de crédito em desfavor do Estado****, disponível para utilização no futuro." (STJ, AgRg no HC 506413/SP, Rel. Min. Rogério Schietti Cruz, Sexta Turma, DJe 30/09/2019).*

O entendimento do Supremo Tribunal Federal é o mesmo, conforme o seguinte precedente:

> *"HABEAS CORPUS. EXECUÇÃO PENAL. DETRAÇÃO. PERÍODO ANTERIOR AO FATO DELITUOSO. IMPOSSIBILIDADE. 1. É assente a jurisprudência do Supremo Tribunal Federal no sentido de que o condenado* ***não faz jus à detração penal*** *quando a conduta delituosa pela qual houve a* ***condenação tenha sido praticada posteriormente ao crime que acarretou a prisão cautelar****. 2. Ordem denegada." (STF, HC 109599/RS, Rel. Min. Teori Zavascki, Segunda Turma, Julgamento em 26/02/2013).*

Além disso, a Lei n. 12.736/2012, modificou o teor do artigo 387 do Código de Processo Penal para possibilitar a detração já pelo **juiz do conhecimento**, aquele que profere a sentença condenatória com a finalidade específica de fixação do regime inicial de cumprimento de pena:

Art. 387. O juiz, ao proferir sentença condenatória:

(...)

§ 2º ***O tempo de prisão provisória, de prisão administrativa ou de internação, no Brasil ou no estrangeiro, será computado para fins de determinação do regime inicial de pena privativa de liberdade.***

A finalidade da alteração legislativa é que a detração **já influencie a definição do regime inicial de cumprimento de pena**, pois, após a subtração do período de prisão provisória, a pena restante poderá se adequar a um regime distinto daquele cabível para o montante total.

O Superior Tribunal de Justiça possui precedentes no sentido de que a análise da detração antes da subtração da pena provisória da pena efetivamente imposta, em concreto, ao condenado não se confunde com a progressão de regime. Deste modo, não se aplicariam os requisitos próprios da progressão de regime, como o mérito do condenado ou a possibilidade de determinação, fundamentada com base em elementos concretos, para a realização de exame criminológico. Neste sentido:

> *"(...) IV – Por fim, consigna-se que o art. 387, § 2º, do Código de Processo Penal versa sobre o regime de cumprimento inicial de pena e não possui relação com o instituto da progressão de regime, próprio da execução penal. (HC 421.761/SP, Rel. Min. Ribeiro Dantas, Quinta Turma, DJe 12/03/2018). Precedentes. (...)" (STJ, HC 464610/RN, Rel. Min. Felix Fischer, Quinta Turma, DJe 19/11/2018)*

13.2. Regime especial de cumprimento de pena para mulheres

Quanto ao regime de cumprimento de pena, vale destacar que, no caso de mulheres, a Constituição traz regras relacionadas ao gênero, conforme preveem os incisos XLVIII e L do artigo 5º:

> *XLVIII – a pena será cumprida em estabelecimentos distintos, de acordo com a natureza do delito, a idade e o sexo do apenado;*
>
> *L – às presidiárias serão asseguradas condições para que possam permanecer com seus filhos durante o período de amamentação;*

O legislador infraconstitucional deve observar esses mandamentos, regulamentando a prisão de mulheres de modo a respeitar as diferenças relativas ao gênero, como a necessidade de fornecimento de absorventes, e à maternidade, possibilitando a amamentação dos seus filhos no período recomendado para a saúde do bebê. O Código Penal trata do assunto em seu artigo 37, que é anterior à Constituição, mas atualmente atende ao comando estabelecido pelo legislador constituinte. Entretanto, o dispositivo se limita a determinar que a sua condição pessoal e os direitos e garantias que lhe são inerentes sejam respeitados:

> *Art. 37 – As mulheres cumprem pena em estabelecimento próprio, observando-se os deveres e direitos inerentes à sua condição pessoal, bem como, no que couber, o disposto neste Capítulo.*

Devem ser observadas, portanto, as suas características especiais, inclusive quanto à gravidez, amamentação e higiene pessoal, com respeito à dignidade humana. A Lei de Execução Penal trata do assunto de forma mais detalhada, havendo diversas regras aplicáveis às presas. Como exemplo, há o artigo 77, § 2º, que determina que no estabelecimento prisional destinado a mulheres o trabalho deverá ser realizado por profissionais do sexo feminino. O dispositivo ressalta, entretanto, o pessoal técnico especializado, como o responsável pelo sistema de informação da unidade. Essa exceção, obviamente, não pode abranger profissionais com contato habitual com as detentas, como na atividade de revista:

> *§ 2º No estabelecimento para mulheres somente se permitirá o trabalho de pessoal do sexo feminino, salvo quando se tratar de pessoal técnico especializado.*

13.3. Regime especial de cumprimento de pena para indígenas

Existe previsão de regras específica para cumprimento de pena no caso de o condenado ser indígena. Em atendimento às peculiaridades culturais dos povos originários do Brasil, a Lei n. 6.001/1973 previu que a pena deve ser atenuada pelo juiz. Além disso, o artigo 56 prevê que o grau de integração com a sociedade não indígena deve ser considerado pelo juiz na aplicação da pena. Por fim, como regra específica em relação ao regime de cumprimento de pena, o parágrafo único traz o regime especial de semiliberdade a ser adotado, sempre que possível, como forma de execução das penas de reclusão e de detenção. O local de cumprimento será, nesses casos, nas dependências da Funai, a Fundação Nacional do Índio:

> *Art. 56. No caso de condenação de índio por infração penal, a pena deverá ser atenuada e na sua aplicação o Juiz atenderá também ao grau de integração do silvícola.*
>
> *Parágrafo único. As penas de reclusão e de detenção serão cumpridas, se possível, em regime especial de semiliberdade, no local de funcionamento do órgão federal de assistência aos índios mais próximo da habitação do condenado.*

13.4. Direitos do preso

O artigo 38 dispõe sobre a preservação de todos os direitos do preso que não sejam atingidos pela privação da liberdade, mencionando, de forma expressa, a necessidade de respeito à sua integridade física e moral:

> *Art. 38 – O preso conserva todos os direitos não atingidos pela perda da liberdade, impondo-se a todas as autoridades o respeito à sua integridade física e moral.*

Apesar de ser uma decorrência da própria natureza dos direitos fundamentais do indivíduo, a expressa referência à manutenção dos direitos não restringidos diretamente pela condenação enfatiza ainda mais a necessidade de observância dos direitos dos presos que cumprem pena privativa de liberdade. O próprio Código consigna ser matéria a ser tratada na legislação extravagante, assim como o trabalho do preso, conforme prevê o artigo 40:

> *Art. 40 – A legislação especial regulará a matéria prevista nos arts. 38 e 39 deste Código, bem como especificará os deveres e direitos do preso, os critérios para revogação e transferência dos regimes e estabelecerá as infrações disciplinares e correspondentes sanções.*

A Lei de Execução Penal, Lei n. 7.210/1984, possui dispositivo de teor bastante semelhante ao do Código Penal, correspondente ao seu artigo 3º:

> *Art. 3º Ao condenado e ao internado serão assegurados todos os direitos não atingidos pela sentença ou pela lei.*

Parágrafo único. Não haverá qualquer distinção de natureza racial, social, religiosa ou política.

Esses direitos estão explicitados na Lei de Execução Penal, a LEP, especialmente na Seção II do Capítulo IV, denominada "Dos Direitos":

Art. 40 – Impõe-se a todas as autoridades o respeito à integridade física e moral dos condenados e dos presos provisórios.

Art. 41 – Constituem direitos do preso:

I – alimentação suficiente e vestuário;

II – atribuição de trabalho e sua remuneração;

III – Previdência Social;

IV – constituição de pecúlio;

V – proporcionalidade na distribuição do tempo para o trabalho, o descanso e a recreação;

VI – exercício das atividades profissionais, intelectuais, artísticas e desportivas anteriores, desde que compatíveis com a execução da pena;

VII – assistência material, à saúde, jurídica, educacional, social e religiosa;

VIII – proteção contra qualquer forma de sensacionalismo;

IX – entrevista pessoal e reservada com o advogado;

X – visita do cônjuge, da companheira, de parentes e amigos em dias determinados;

XI – chamamento nominal;

XII – igualdade de tratamento salvo quanto às exigências da individualização da pena;

XIII – audiência especial com o diretor do estabelecimento;

XIV – representação e petição a qualquer autoridade, em defesa de direito;

XV – contato com o mundo exterior por meio de correspondência escrita, da leitura e de outros meios de informação que não comprometam a moral e os bons costumes.

XVI – atestado de pena a cumprir, emitido anualmente, sob pena da responsabilidade da autoridade judiciária competente.

Parágrafo único. Os direitos previstos nos incisos V, X e XV poderão ser suspensos ou restringidos mediante ato motivado do diretor do estabelecimento.

Art. 42 – Aplica-se ao preso provisório e ao submetido à medida de segurança, no que couber, o disposto nesta Seção.

Art. 43 – É garantida a liberdade de contratar médico de confiança pessoal do internado ou do submetido a tratamento ambulatorial, por seus familiares ou dependentes, a fim de orientar e acompanhar o tratamento.

Parágrafo único. As divergências entre o médico oficial e o particular serão resolvidas pelo Juiz da execução.

Essas normas contrastam com a realidade do sistema prisional brasileiro, que é precário, desumano e apresenta desarrazoada superpopulação nas unidades. Essa superpopulação encarcerada, sem estrutura suficiente para cumprimento da pena, acarreta a falta de segurança no cárcere, em razão da notável desproporção numérica entre servidores e internos, além de frustrar as finalidades declaradas da pena, as quais, segundo o caput do artigo 59 do Código Penal, devem contemplar a retribuição do mal causado e a prevenção de cometimento de novos delitos[123].

123. JAPIASSÚ, Carlos Eduardo Adriano; FERREIRA, Ana Lúcia Tavares. Superpopulação Carcerária e Direitos Humanos in Revista Brasileira de Ciências Criminais, vol. 164/2020, p. 161-199, fev. 2020.

Essa situação já foi analisada pelo Supremo Tribunal Federal, que reconheceu a existência de um estado de coisas inconstitucional, em razão da reiterada violação das normas constitucionais[124]. Ainda que a situação, na maior parte das vezes, não seja objeto de interesse do Executivo ou Legislativo, dada a sua regência pelas forças majoritárias que atuam no cenário político-social, é de se reconhecer que direitos estão sendo violados e há uma deterioração dos apenados, o que – dada a vedação, em regra, da pena de morte e da proscrição das sanções penais perpétuas – deveria atrair a atenção pública, ao menos em decorrência do próprio retorno de tais apenados ao convívio social, como egressos de um sistema degradante[125].

Em 4 de outubro de 2023, o Pleno do STF voltou a enfrentar o tema no julgamento da ADPF 347. Foi reafirmado o estado de coisas inconstitucional do sistema prisional, além de se determinar a adoção de medidas concretas para busca de solução do problema, como a realização de audiências de custódia preferencialmente de modo presencial e a liberação e não contingenciamento dos recursos do Fundo Penitenciário Nacional. Foi decidido, ainda, que a União, os Estados e o Distrito Federal, em conjunto com o CNJ, elaborem planos voltados ao controle da superpopulação carcerária e à má qualidade das vagas existentes. Vale a leitura da tese de julgamento firmada:

> "1. Há um estado de coisas inconstitucional no sistema carcerário brasileiro, responsável pela violação massiva de direitos fundamentais dos presos. Tal estado de coisas demanda a atuação cooperativa das diversas autoridades, instituições e comunidade para a construção de uma solução satisfatória. 2. Diante disso, União, Estados e Distrito Federal, em conjunto com o Departamento de Monitoramento e Fiscalização do Conselho Nacional de Justiça (DMF/CNJ), deverão elaborar planos a serem submetidos à homologação do Supremo Tribunal Federal, nos prazos e observadas as diretrizes e finalidades expostas no presente voto, especialmente voltados para o controle da superlotação carcerária, da má qualidade das vagas existentes e da entrada e saída dos presos. 3. O CNJ realizará estudo e regulará a criação de número de varas de execução penal proporcional ao número de varas criminais e ao quantitativo de presos".

13.5. Trabalho do preso

O trabalho do preso é tratado pelo artigo 39 do Código Penal, que determina a necessidade de ser remunerado e garante os benefícios da previdência social, abrangidos pelo chamado Regime Geral, a cargo do Instituto Nacional do Seguro Social (INSS):

> *Art. 39 – O trabalho do preso será sempre remunerado, sendo-lhe garantidos os benefícios da Previdência Social.*

Os artigos 28 a 37 da Lei de Execução Penal também cuidam do tema do trabalho do preso de forma mais detalhada. Prevê-se que o trabalho é dever social e condição de dignidade humana, além de sua finalidade educativa e produtiva. Exige-se a observância das precauções relativas à segurança e à higiene, mas exclui-se esse

124. STF, ADPF 347 MC, Tribunal Pleno, Rel. Min. Marco Aurélio, j. 09.09.2015.

125. Sobre o tema: GOMES, Mariângela Gama de Magalhães (org.). Estudos sobre direito penal e direitos humanos. 1. ed. Belo Horizonte, São Paulo: Editora D'Plácido, 2021.

trabalho das normas da Consolidação das Leis do Trabalho. A remuneração do trabalho não pode ser inferior a três quartos do salário-mínimo.

13.6. Ordem de execução das penas

A ordem de execução das penas é tratada pelo artigo 69, que regula o chamado concurso material de crimes:

> *Art. 69 – Quando o agente, mediante mais de uma ação ou omissão, pratica dois ou mais crimes, idênticos ou não, aplicam-se cumulativamente as penas privativas de liberdade em que haja incorrido.* ***No caso de aplicação cumulativa de penas de reclusão e de detenção, executa-se primeiro aquela.***
>
> *§ 1º – Na hipótese deste artigo, quando ao agente tiver sido aplicada pena privativa de liberdade, não suspensa, por um dos crimes, para os demais será incabível a substituição de que trata o art. 44 deste Código.*
>
> *§ 2º –* ***Quando forem aplicadas penas restritivas de direitos, o condenado cumprirá simultaneamente as que forem compatíveis entre si e sucessivamente as demais.***

Desse modo, executa-se primeiro a pena de reclusão e, na sequência, a de detenção. Deve-se lembrar que apenas a reclusão admite o regime inicial fechado, sendo natural que a sua execução ocorra em primeiro lugar. Além disso, o Código Penal dispõe ser possível o cumprimento simultâneo das penas restritivas de direitos, se forem compatíveis entre si, como prestação pecuniária e prestação de serviços à comunidade. No caso de várias condenações a penas da prestação de serviços à comunidade, o juiz determinará o cumprimento sucessivo, de modo que será cumprida uma pena e depois dado início ao cumprimento da outra. Com relação à sequência de cumprimento das penas, há também previsão específica do artigo 76 do Código Penal:

> *Art. 76 –* ***No concurso de infrações, executar-se-á primeiramente a pena mais grave.***

Portanto, as penas mais graves devem ser executadas em primeiro lugar. As penas de reclusão são consideradas mais graves, sendo que sua execução deve preceder a execução da pena de detenção, por exemplo.

QUADRO SINÓTICO

Sanção penal	
Conceito	Sanção penal é a coação ou a resposta do Estado imposta àqueles que violam as normas penais incriminadoras. Cuida-se de gênero, do qual são espécies as penas e as medidas de segurança.
Pena	É a sanção imposta pelo Estado ao condenado pela prática de infração penal, que consiste na privação ou restrição de determinados bens jurídicos do agente.
Medida de segurança	É a sanção imposta pelo Estado ao agente não imputável, pela violação da norma penal incriminadora, com finalidade exclusivamente preventiva. Pode ser imposta, ainda, ao semi-imputável.

Finalidade da pena		
Teoria absoluta	A finalidade da pena é a punição do agente. A pena representa a resposta do Estado para aquele que praticou uma infração penal. É a retribuição ou o castigo que devem ser aplicados a quem violou a norma.	
Teorias Preventivas	**Prevenção geral negativa**	A pena deve coagir toda a sociedade, psicologicamente. Noção de intimidação coletiva.
	Preventiva geral positiva	A pena visa a demonstrar a toda a sociedade a eficácia da lei, em uma visão educativa.
	Preventiva especial negativa	A pena busca evitar que o agente volte a delinquir. Noção de intimidação ao criminoso.
	Preventiva especial positiva	A pena visa à ressocialização do agente, à sua reinserção na sociedade.
	Preventiva unificada	Funde as teorias preventivas geral e específica. Adotada por Roxin.
Teoria Mista ou Eclética	A pena busca punir o agente, ao mesmo tempo em que visa a coibir a prática de crimes, por meio da ressocialização e da intimidação. Adotada pelo CP, pois o artigo 59 menciona reprovação e prevenção.	
Teoria Negativa ou Agnóstica	Como o próprio nome demonstra, essa concepção entende que, na grande maioria das vezes, a pena não é capaz de cumprir nenhuma das funções que lhe são atribuídas, além do fato de não serem totalmente conhecidas as suas funções latentes.	
Justiça Restaurativa	Busca estudar o crime como evento que afeta autor, vítima e sociedade. Tem como objetivo assistir a vítima, representando, assim, uma terceira via na função da pena, fundada na ideia de reparação de danos. Fundamenta-se na ideia de responsabilidade social pelo crime.	

Penas em espécie	
Penas admitidas	Segundo o artigo 5º, inciso XLVI, é possível a adoção das seguintes penas, dentre outras: a) privação ou restrição da liberdade; b) perda de bens; c) multa; d) prestação social alternativa; e) suspensão ou interdição de direito. O artigo 32, do Código Penal, traz as espécies de pena adotadas no Brasil: I – privativas de liberdade; II – restritivas de direitos; III – de multa.
Penas vedadas	O artigo 5º, inciso XLVII, da Constituição, prevê que não haverá penas: a) de morte, salvo em caso de guerra declarada; b) de caráter perpétuo; c) de trabalhos forçados; d) de banimento; e) cruéis.

Penas Privativas de Liberdade			
Espécies	**Reclusão**	**Detenção**	**Prisão Simples**
Cabimento	Crimes mais graves.	Crimes menos graves.	Contravenções Penais.
Regime Inicial de cumprimento	Fechado, semiaberto ou aberto,	Semiaberto ou aberto (pode haver regressão para o fechado).	Semiaberto ou aberto (não pode haver regressão para o fechado).
Efeitos extrapenais	Todos os efeitos da condenação, previstos nos arts. 91 e 92 do Código Penal. O art. 91-A se aplica a depender da pena.	Todos os efeitos da condenação dos arts. 91 e 92, exceto a incapacidade para exercício do pátrio poder, tutela ou curatela. Não incide o art. 91-A.	Há divergência se são aplicáveis os efeitos da condenação dos artigos 91 e 92 do CP.
Interceptação telefônica	Admitida.	Não Admitida.	Não admitida.

Penas privativas de liberdade	
Conceito	A pena privativa de liberdade é que determina o encarceramento do indivíduo, com a maior limitação de ir e vir possível no Código Penal, só sendo menos grave do que a pena de morte, admitida em tempo de guerra.
Espécies	Suas espécies são a de reclusão, a de detenção e a de prisão simples. Em tese, a pena de reclusão é destinada aos crimes mais graves, enquanto a de detenção se destina aos mais leves. Por sua vez, a prisão simples é reservada para as contravenções penais.
Limite de duração	O prazo máximo de duração para as penas de reclusão e de detenção, com a atualização realizada pela Lei n. 13.964/2019, é de 40 anos. O limite da prisão simples, por outro lado, é de 5 anos.

Dosimetria da pena	
Definição	O legislador prevê limites mínimo e máximo da pena abstratamente cominada ao delito, devendo o juiz individualizar a pena na sentença condenatória. A aplicação da pena é chamada de dosimetria, por envolver o cálculo da pena nos termos do método trifásico. Começando pela pena privativa de liberdade, sua fixação, pelo juiz, deve ter como parâmetros os limites mínimo e máximo previstos na lei e ser realizado em três fases.
1ª Fase	Na primeira fase, analisam-se as circunstâncias judiciais: culpabilidade, antecedentes, conduta social, personalidade do agente, motivos, circunstâncias e consequências do crime, comportamento da vítima. Não há fração para aumento, de modo que a doutrina costuma apontar as frações de 1/6 ou 1/8 como parâmetro.

Dosimetria da pena	
2ª Fase	Na segunda fase da dosimetria, são consideradas as circunstâncias agravantes e atenuantes. Neste caso, também não há a fixação de uma fração, pela lei, para a diminuição ou o aumento da pena, sendo que a jurisprudência aponta como utilizável a fração de 1/6. O STJ admite a consideração de fração diversa, mas entende que a fixação do aumento superior a um sexto exige motivação específica na sentença. Segundo a Súmula 231 do STJ, a incidência da circunstância atenuante não pode conduzir à redução da pena abaixo do mínimo legal.
3ª Fase	Na terceira fase, incidem as causas de aumento, chamadas de majorantes, e as de diminuição de pena, denominadas de minorantes. Nesta fase, o juiz pode ultrapassar os limites mínimo e máximo da pena abstratamente cominada ao crime. As minorantes e majorantes possuem previsão, na lei, de qual a fração de aumento ou de diminuição deve ser utilizada pelo juiz, ou, ao menos, a fração máxima e a mínima de alteração da pena intermediária.

Regimes de cumprimento de pena	
Fechado	Refere-se à execução da pena privativa de liberdade em estabelecimento de segurança máxima ou média, conforme as regras do artigo 34 do Código Penal. Fica sujeito a trabalho no período diurno e isolamento no noturno. Há o dever de participar do trabalho comum, conforme aptidões ou ocupações anteriores e ressalvada a compatibilidade com a execução da pena. É possível o trabalho externo apenas em serviços ou obras públicas.
Semiaberto	Implica o cumprimento da pena privativa de liberdade em colônia agrícola, industrial ou estabelecimento similar. O regime admite o trabalho externo e a frequência a cursos profissionalizantes, de instrução de segundo grau ou superior. Também comporta a saída temporária. O regramento do regime semiaberto está no artigo 35 do Código Penal, determinando o trabalho em comum, durante o dia, em colônia agrícola, industrial ou estabelecimento similar
Aberto	Traduz-se no cumprimento da pena privativa de liberdade em casa de albergado ou estabelecimento adequado. O condenado deve trabalhar, estudar ou realizar outra atividade autorizada durante o dia. No período noturno e nos dias de folga, deve permanecer recolhido. Como prevê o artigo 36 do CP, tem como fundamentos a autodisciplina e o senso de responsabilidade do condenado.

Penas restritivas de direitos		
Reais	**Prestação pecuniária**	A prestação pecuniária é a pena restritiva de direitos consistente no pagamento de um valor, fixado entre 1 e 360 salários-mínimos, à vítima, a seus dependentes ou a entidade pública ou privada com destinação social. Está prevista nos parágrafos primeiro e segundo do artigo 45, do Código Penal.
	Perda de bens e valores	A perda de bens e valores é a pena restritiva de direitos que se traduz no confisco de bens e valores pertencentes ao executado, com o limite do valor do prejuízo que tiver causado ou do proveito obtido com a conduta criminosa, o que for maior dentre os dois.
Pessoais	**Prestação de serviços à comunidade**	A prestação de serviços à comunidade ou a entidades públicas é a pena restritiva de direitos consistente na atribuição de tarefas gratuitas ao executado, que deverá cumpri-las em entidades assistenciais, hospitais, escolas, orfanatos e outros estabelecimentos semelhantes.
	Interdição temporária de direitos	A interdição temporária de direitos é a modalidade de pena restritiva de direitos em que o indivíduo fica privado do exercício de algum direito seu por determinado prazo: proibição do exercício de cargo, função ou atividade pública, bem como de mandato eletivo; proibição do exercício de profissão, atividade ou ofício que dependam de habilitação especial, de licença ou autorização do poder público; suspensão de autorização ou de habilitação para dirigir veículo; proibição de frequentar determinados lugares; proibição de inscrever-se em concurso, avaliação ou exame públicos.
	Limitação de fim de semana	A limitação de fim de semana é a pena restritiva de direitos consistente na obrigação de o executado permanecer por cinco horas diárias, aos sábados e domingos, em casa de albergado ou outro estabelecimento adequado, ocasiões nas quais poderão ser ministrados cursos e palestras ou realizadas atividades educativas.

Pena de multa	
Definição	A pena de multa é a sanção penal patrimonial, ou seja, é a pena consistente na obrigação de o sentenciado efetuar o pagamento de determinada quantia de dinheiro. É chamada também de pena pecuniária.
Parâmetros	Para sua fixação, de início o juiz estipula a quantidade de dias-multa, entre 10 e 360, de acordo com o critério trifásico de dosimetria da pena.

Pena de multa	
Valor	O valor de cada dia-multa varia de um trigésimo do salário-mínimo a cinco vezes o salário-mínimo. Entretanto, se o juiz entender que o valor é ineficaz, em virtude da condição financeira do condenado, pode elevá-lo até o triplo.
Execução	Conforme o artigo 51 do CP, após o trânsito em julgado da sentença condenatória, a multa será executada perante o juiz da execução penal e será considerada dívida de valor, aplicáveis as normas relativas à dívida ativa da Fazenda Pública, inclusive no que concerne às causas interruptivas e suspensivas da prescrição.

Suspensão condicional da pena	
***Sursis* simples**	Cabível no caso de pena privativa de liberdade não superior a 2 anos, sendo o período de prova de 2 a 4 anos. São seus requisitos: o condenado não ser reincidente em crime doloso (salvo se foi condenado a pena de multa); a culpabilidade, os antecedentes, a conduta social e personalidade do agente, bem como os motivos e as circunstâncias autorizem a concessão do benefício e não seja indicada ou cabível a substituição da pena privativa de liberdade por restritiva de direitos.
***Sursis* etário e humanitário**	Pode ser concedido para pena privativa de liberdade que não seja superior a quatro anos, sendo que o período de prova será de quatro a seis anos. Neste caso, requer-se que o condenado seja maior de setenta anos de idade ou que haja razões de saúde que justifiquem a suspensão.
***Sursis* especial**	É admissível no caso de o condenado haver reparado o dano, salvo impossibilidade de fazê-lo e de as circunstâncias judiciais (artigo 59 do CP) lhe serem inteiramente favoráveis. Nessa hipótese, o juiz pode substituir a exigência de prestação de serviços à comunidade ou limitação de fim de semana durante o primeiro ano da suspensão por outras condições.
Revogação obrigatória	Ocorre se o beneficiado é condenado definitivamente por crime doloso, se ele frustra a execução da pena de multa e não repara o dano, possuindo condições financeiras de fazê-lo ou descumpre a obrigação de, no primeiro ano da suspensão, prestar serviços à comunidade ou se submeter à limitação de fim de semana.
Revogação facultativa	Ocorre no caso de descumprimento de qualquer outra condição imposta ou de condenação por crime culposo ou por contravenção, com imposição de pena privativa de liberdade ou restritiva de direitos.
Cassação	Ocorre se o beneficiário recusa o *sursis*, quando não comparece à audiência admonitória ou quando há a reforma da sentença concessiva do benefício.
Extinção	A extinção se dá com o fim do prazo do período de prova, desde que não tenha havido a revogação do benefício.

Livramento Condicional	
Definição	O livramento condicional (LC) é o benefício que consiste na soltura antecipada do executado, mediante o preenchimento de determinadas condições. Sua natureza jurídica, conforme entendimento que prevalece, é o de direito subjetivo do acusado.
Requisitos	Além do cumprimento do lapso temporal exigido da pena para a espécie de delito cometida, o executado deve comprovar: a) bom comportamento durante a execução da pena; b) não cometimento de falta grave nos últimos 12 (doze) meses; c) bom desempenho no trabalho que lhe foi atribuído; e d) aptidão para prover a própria subsistência mediante trabalho honesto;
Revogação obrigatória	Ocorre quando o sentenciado vem a ser condenado definitivamente a pena privativa de liberdade por crime cometido durante o benefício. Também há revogação se sobrevém condenação por crime cometido anteriormente, desde que a soma das penas demonstre que ele não cumpriu o lapso temporal exigido para o livramento condicional.
Revogação facultativa	É o que pode ocorrer se o liberado deixar de cumprir as condições impostas na sentença ou se ele for condenado definitivamente pela prática de infração penal a uma pena diversa da privativa de liberdade.
Efeitos da revogação	O tempo em que o liberado esteve solto não se computa como pena cumprida, salvo se a revogação ocorrer em virtude de crime praticado anteriormente.
Prorrogação	É possível a prorrogação do benefício, mesmo porque, nos casos de revogação pela prática de crime ou contravenção penal no curso do livramento, a lei exige o trânsito em julgado.
Suspensão	O juiz pode determinar a suspensão do livramento condicional. Com a suspensão do prazo, o indivíduo é preso, voltando a cumprir a pena privativa de liberdade.
Extinção	A ausência de suspensão ou revogação do livramento condicional antes do término do período de prova enseja a extinção da punibilidade pelo integral cumprimento da pena (Súmula 617 do STJ).

Espécie de crime	Acusado	Lapso temporal exigido para LC
Crimes comuns	Não reincidente em crime doloso e com bons antecedentes	1/3
	Reincidente em crime doloso	1/2
Crime de tráfico de pessoas, hediondos e equiparados	Não reincidente específico	2/3
	Reincidente específico	Vedação

Benefício	Falta grave interrompe o prazo?	Súmula do STJ
Progressão de regime	**Sim**	534
Indulto e comutação	Não	535
Livramento condicional	Não	441

Efeitos da condenação	
Penais	**Principal**: imposição da pena ou, no caso do semi-imputável, se necessitar de especial tratamento curativo, medida de segurança.
	Secundários: outros efeitos em direito penal, como impedir concessão de benefícios, como a propositura de ANPP, e gerar reincidência.
Extrapenais	Efeitos que transcendem o Direito Penal, incidindo sobre poder familiar, cargo público, reparação dos danos etc.

Efeitos extrapenais da condenação	
Genéricos	Podem ser impostos, via de regra, a todas as infrações penais possuem incidência automática, prescindindo de manifestação judicial a respeito. Incluem a obrigação de reparar o dano e a perda, em favor da União, de instrumentos ilícitos, do produto e do proveito do crime. a) Tornar certa a obrigação de indenizar o dano causado pelo crime (art. 91, inciso I, do CP) b) a perda em favor da União, ressalvado o direito do lesado ou de terceiro de boa-fé: (i) dos instrumentos do crime, desde que consistam em coisas cujo fabrico, alienação, uso, porte ou detenção constitua fato ilícito; (ii) do produto do crime ou de qualquer bem ou valor que constitua proveito auferido pelo agente com a prática do fato criminoso (art. 91, inciso II, do CP) c) suspensão dos direitos políticos em caso de condenação criminal transitada em julgado, enquanto durarem os seus efeitos (art. 15, inciso III, da Constituição)
Específicos	Os efeitos específicos da condenação se voltam a determinadas infrações penais, devendo haver a imposição motivada, na sentença, pelo juiz, para incidirem em relação ao condenado. De todo modo, independem de pedido da acusação. Assim, em regra, não são automáticos. No entanto, serão automáticos, no caso de crime praticado contra a mulher por razões da condição do sexo feminino, os efeitos de (i) perda de cargo, função pública ou mandato eletivo; de (ii) a incapacidade para o exercício do poder familiar, da tutela ou da curatela e de (iii) vedação de nomeação, designação ou diplomação em qualquer cargo, função pública ou mandato eletivo entre o trânsito em julgado da condenação até o efetivo cumprimento da pena.

Efeitos extrapenais da condenação	
	a) a perda de cargo, função pública ou mandato eletivo (art. 92, inciso I, do CP): (i) quando aplicada pena privativa de liberdade por tempo **igual ou superior a um ano**, nos crimes praticados com abuso de poder ou violação de dever para com a Administração Pública; (ii) quando for aplicada pena privativa de liberdade por tempo **superior a 4 (quatro) anos** nos demais casos (iii) nos crimes cometidos contra a mulher **por razões da condição do sexo feminino**, nos termos do § 1º do art. 121-A deste Código. b) a incapacidade para o exercício do poder familiar, da tutela ou da curatela (art. 92, inciso II, do CP): (i) **nos crimes dolosos sujeitos à pena de reclusão** cometidos contra outrem igualmente titular do mesmo poder familiar, contra filho, filha ou outro descendente, tutelado ou curatelado; (ii) nos crimes cometidos contra a mulher **por razões da condição do sexo feminino**, nos termos do § 1º do art. 121-A deste Código. c) a inabilitação para dirigir veículo, quando utilizado como meio para a prática de **crime doloso** (art. 92, inciso III, do CP). d) vedação de nomeação, designação ou diplomação em qualquer cargo, função pública ou mandato eletivo entre o trânsito em julgado da condenação até o efetivo cumprimento da pena em caso de condenação por crimes praticados contra a mulher **por razões da condição do sexo feminino** (art. 92, § 2º, inciso II, do CP). e) a cassação do documento de habilitação para dirigir veículo automotor ou a proibição de sua obtenção pelo período de 5 anos, em caso de condenação **por crimes de receptação, contrabando e descaminho**, se utilizado veículo para a sua prática (art. 278-A do CTB),
Confisco alargado	O legislador restringiu sua aplicação aos crimes cuja pena máxima seja superior a 6 anos de reclusão. É um efeito específico da condenação. A lei exige apenas a demonstração de que o condenado possui patrimônio incompatível com aquele que poderia ter sido amealhado com seu rendimento lícito. Exige-se, ainda, o pedido expresso do Ministério Público, que deve ser feito por ocasião da denúncia (art. 91-A do CP).

Reabilitação	
Conceito	A reabilitação é um instituto de Direito Penal, de natureza declaratória, que concede o sigilo dos registros sobre o processo e condenação. Também pode neutralizar os efeitos extrapenais específicos da condenação. Possui o escopo de, atendidos determinados requisitos, permitir que o acusado obtenha a reinserção social, sem que fique para sempre tachado pela condenação passada.
Requisitos	• Decurso do prazo de dois danos desde a extinção ou o cumprimento da pena • Domicílio no país no prazo acima mencionado • Demonstração, no período acima definido, de bom comportamento público e privado • Ressarcimento do dano ou demonstração de absoluta impossibilidade de fazê-lo
Revogação	Conforme o artigo 95 do CP, a reabilitação será revogada, de ofício ou a requerimento do Ministério Público, se o reabilitado for condenado, como reincidente, por decisão definitiva, a pena que não seja de multa.

Temas de execução penal	
Frações não computáveis de pena	Segundo o artigo 11 do CP, devem ser desprezadas, nas penas privativas de liberdade e nas restritivas de direitos, as frações de dia, e, na pena de multa, as frações de real.
Eficácia da sentença penal estrangeira	Segundo o artigo 9º do CP, para a reparação do dano, restituições e outros efeitos civis, a homologação depende de provocação do interessado. Por outro lado, no caso de aplicação de medida de segurança, é necessário que o país tenha tratado de extradição com a República Federativa do Brasil ou, na sua falta, que haja requisição do Ministro da Justiça.
Pena cumprida no estrangeiro	Segundo o artigo 8º do CP, a pena cumprida no estrangeiro atenua a pena imposta no Brasil pelo mesmo crime, quando diversas, ou nela é computada, quando idênticas.
Detração	A detração consiste no cômputo, do total da pena definitiva imposta na condenação, do tempo de prisão processual na pena a que foi condenado o indivíduo. Está prevista no artigo 42 do CP. Não se admite o aproveitamento para delito praticado posteriormente, o que levaria ao reconhecimento de uma caderneta de poupança de penas.
Regime especial	Segundo o artigo 37 do CP, as mulheres cumprem pena em estabelecimento próprio, observando-se os deveres e direitos inerentes à sua condição pessoal.
Direitos do preso	O artigo 38 do CP reforça que o preso conserva todos os direitos não atingidos pela perda da liberdade, impondo-se a todas as autoridades o respeito à sua integridade física e moral.
Trabalho do preso	O trabalho do preso será sempre remunerado, sendo-lhe garantidos os benefícios da Previdência Social, nos termos do artigo 39 do CP.
Ordem de execução das penas	Como regula o artigo 69 do CP, no caso de aplicação cumulativa de penas de reclusão e de detenção, executa-se primeiro aquela. Quando forem aplicadas penas restritivas de direitos, o condenado cumprirá simultaneamente as que forem compatíveis entre si e sucessivamente as demais.

CAPÍTULO XIII
MEDIDA DE SEGURANÇA

Medida de segurança é **a espécie de sanção penal que é imposta pelo Estado com finalidade exclusivamente preventiva, nos casos de inimputáveis e semi--imputáveis**. Portanto, a medida de segurança é a sanção penal reservada para os casos de o sujeito ser considerado inimputável, ou seja, sem culpabilidade, além de poder substituir a pena nos casos dos semi-imputáveis, chamados de fronteiriços.

Majoritariamente, aponta-se como sua finalidade a prevenção especial, que é aquele entendimento que reconhece que se busca um objetivo específico com a sanção penal, voltando-se especificamente ao agente que cometeu a infração penal. Com a aplicação da medida de segurança, evita-se que o sujeito volte a delinquir, se estiver internado, bem como se busca que seja tratado para não voltar a violar a lei penal, com o tratamento a que é submetido.

No caso de o indivíduo não ser imputável, o juiz deverá absolvê-lo ao final do processo, determinando a imposição de medida de segurança. Essa sentença, por absolver o agente e ao mesmo tempo prever a aplicação de uma sanção penal, é denominada de **absolutória imprópria**.

Diferentemente das penas, as medidas de segurança não se fundam na ideia de culpabilidade, que não existe no caso dos inimputáveis. Seu fundamento é a **periculosidade** do agente, que praticou um delito sem capacidade de compreender o caráter ilícito da sua conduta ou de se determinar de acordo com este entendimento. Além disso, pode ser aplicável também aos fronteiriços, em substituição à pena privativa de liberdade, para os casos em que o agente não era plenamente capaz de compreender o caráter ilícito do fato ou de se determinar de acordo com tal entendimento, caso necessite de especial tratamento curativo, nos termos do artigo 98 do Código Penal.

São pressupostos para imposição de medida de segurança:

✓ **Prática de ilícito penal:** seja uma infração penal, para os adeptos da teoria bipartida, seja um injusto penal, para a teoria tripartida. Fato é que se exige a prática de um fato típico e ilícito;

✓ **Periculosidade do agente**: consiste na potencialidade de prática de novos crimes pelo indivíduo, o que justifica a necessidade de aplicação de tratamento ambulatorial ou internação.

1. SISTEMAS PENAIS, PERICULOSIDADE E CULPABILIDADE

Um sistema penal pode se basear apenas na periculosidade da agente, com aplicação de medidas preventivas, ou apenas na sua culpabilidade, com imposição de penas retributivas. São os sistemas chamados de unitários.

Há, ainda, sistemas penais que combinam esses fundamentos, aplicando penas e medidas de segurança, como acontece no Brasil. São chamados de sistemas pluralistas, por adotarem penas e medidas de segurança[1]. Os sistemas pluralistas possuem uma subdivisão:

- **Sistema vicariante**: ou se aplica pena ou se aplica medida de segurança. Não é possível a imposição simultânea de pena e de medida de segurança, de modo que, se o agente for imputável, apenas receberá pena (na medida de sua culpabilidade). Se for inimputável, deverá ser-lhe imposta medida de segurança (enquanto durar a sua periculosidade). Por fim, no caso dos fronteiriços, ou o juiz aplica a pena reduzida ou a substitui por medida de segurança. **É o sistema atualmente adotado pelo Código Penal.**
- **Sistema do duplo binário ou de dois trilhos**: podem ser aplicadas, de forma cumulativa, pena e medida de segurança. Deste modo, o agente poderia receber uma medida de segurança detentiva e restritiva, sem prejuízo de ter que cumprir pena. Era o sistema do Código Penal antes da Reforma da Parte Geral em 1984.

2. ESPÉCIES DE MEDIDA DE SEGURANÇA

A medida de segurança pode ser de duas espécies, a detentiva e a restritiva. A **medida de segurança detentiva** consiste em internação em hospital de custódia e tratamento psiquiátrico. Por sua vez, a **medida de segurança restritiva** consiste na sujeição a tratamento ambulatorial. Essas espécies estão descritas no artigo 96 do Código Penal:

> *Art. 96. As medidas de segurança são:*
>
> *I - Internação em hospital de custódia e tratamento psiquiátrico ou, à falta, em outro estabelecimento adequado;*
>
> *II - sujeição a tratamento ambulatorial.*

Note que o legislador previu duas espécies de medida de segurança de diferente gravidade. A internação deve ser cumprida em hospital de custódia e tratamento psiquiátrico, voltando-se aos casos mais graves. Por sua vez, o tratamento ou a medida de segurança restritiva pode ser feita em ambulatório, ou seja, o indivíduo vai até o local de atendimento, onde recebe atenção médico-psiquiátrica, são ministrados os medicamentos de que necessita e há um acompanhamento de sua saúde mental.

O critério de escolha está previsto no artigo 97 do Código Penal, que adotou, textualmente, a pena prevista em abstrato. Assim, se o injusto penal cometido pelo inimputável corresponder a um tipo penal a que a lei comina pena de reclusão, a

1. ZAFFARONI, Eugenio Raúl; PIERANGELI, José Henrique. Manual de direito penal brasileiro, parte geral. 13. ed. rev. e atual. São Paulo: Thomson Reuters Brasil, 2019, p. 113-114.

internação seria a medida de segurança aplicável. Em caso de detenção, pena menos grave, a lei prevê a possibilidade de a medida de segurança ser restritiva ou detentiva, conforme decisão judicial:

> *Art. 97 – Se o agente for inimputável, o juiz determinará sua internação (art. 26). Se, todavia, o fato previsto como crime for punível com detenção, poderá o juiz submetê-lo a tratamento ambulatorial.*

Deste modo, de acordo com a disposição legal, deve-se aplicar a **medida de segurança detentiva no caso de crimes puníveis com reclusão**. Se o delito for punível com pena de **detenção**, será possível ao juiz submeter o agente **à internação ou ao tratamento ambulatorial**. O critério é questionável, já que a escolha pela cominação de reclusão ou detenção às infrações penais se refere à sua gravidade, enquanto a medida de segurança se fundamenta na periculosidade do agente.

Por isso, o Supremo Tribunal Federal já admitiu a flexibilização da regra, com a possibilidade de imposição de tratamento ambulatorial em caso de crime punível com reclusão. Isso seria aplicável em casos excepcionais, em que, apesar de a pena prevista no tipo ser a de reclusão, a internação fosse desnecessária[2]. O Superior Tribunal de Justiça, entretanto, entendia válida a regra, aplicando-a em sua literalidade[3]. Posteriormente, passou a flexibilizar a regra legal, passando a considerar que **"não deve ser considerada a natureza da pena privativa de liberdade aplicável, mas sim a periculosidade do agente"** [4].

Quanto à medida de segurança detentiva, a lei é clara quanto ao seu cumprimento em hospital de custódia e tratamento psiquiátrico ou, à falta, em outro estabelecimento adequado. Esse tema começou a ser discutido do ponto de vista da **luta antimanicomial**. A pauta parece bastante válida sob o prisma da dignidade da pessoa humana, mas também deve levar em conta a alta periculosidade que um indivíduo com enfermidade mental pode apresentar, sem que a coerção da norma penal tenha efeito sobre ele. Excepcionalmente, pode haver necessidade premente de internação, inclusive cautelar, de modo a preservar a vida e incolumidade física tanto do próprio indivíduo quanto dos demais membros da sociedade.

Acerca do tema, **o Conselho Nacional de Justiça aprovou a Resolução n. 487, de 15/02/2023**, com instituição da **Luta Antimanicomial do Poder Judiciário** e determinação de uma série de procedimentos e diretrizes sobre o tema. Determina, no artigo 12, a priorização do tratamento ambulatorial em detrimento da internação. Se absolutamente necessária a internação, ela deve ocorrer, conforme determina o artigo 13, § 1º, em Hospital Geral ou outro equipamento de saúde referenciado pelo Centro de Atenção Psicossocial (Caps) da Rede de Atenção Psicossocial (Raps). Afasta-se, assim, o comando do artigo 96, inciso I, do CP, que se refere a hospital de custódia e tratamento psiquiátrico como local de execução da medida de segurança detentiva.

---

2. STF, HC 85401/RS, Rel. Min. Cezar Peluso, Segunda Turma, Julgamento: 04/12/2009.
3. STJ, AgRg no HC 512766/MS, Rel. Min. Jorge Mussi, Quinta Turma, DJe 25/09/2019.
4. STJ, EREsp 998128/MG, Rel. Min. Ribeiro Dantas, Terceira Seção, DJe 18/12/2019. No mesmo sentido: STJ, AgRg no AREsp n. 2.306.906/PB, Rel. Min. Ribeiro Dantas, Quinta Turma, julgado em 12/9/2023, DJe de 19/9/2023.

Há, ainda, a determinação, pelo CNJ, no artigo 18, de que a autoridade judicial promova a interdição parcial de estabelecimentos, alas ou instituições congêneres de custódia e tratamento psiquiátrico no Brasil, com proibição de novas internações em suas dependências e, em até 12 meses a partir da entrada em vigor da resolução, a interdição total e o fechamento dessas instituições. Essa regulamentação, ainda que possa ser consentânea com a luta antimanicomial e com o nobre propósito de garantir a dignidade da pessoa humana, parece contrariar a lei vigente por meio de resolução. Assim, pode-se questionar se a relevante atribuição administrativa do Conselho pode adentrar a seara regulada de forma diversa pelo Código Penal, sem a sua alteração pelo Poder Legislativo.

3. APLICAÇÃO DA MEDIDA DE SEGURANÇA

No âmbito da aplicação da medida de segurança, é necessário saber a sua duração e as hipóteses de imposição. O artigo 97, §§ 1º e 2º, cuida da aplicação da medida de segurança:

> *§ 1º – A internação, ou tratamento ambulatorial, será por tempo indeterminado, perdurando enquanto não for averiguada, mediante perícia médica, a cessação de periculosidade. O prazo mínimo deverá ser de 1 (um) a 3 (três) anos.*
>
> *§ 2º – A perícia médica realizar-se-á ao termo do prazo mínimo fixado e deverá ser repetida de ano em ano, ou a qualquer tempo, se o determinar o juiz da execução.*

Portanto, a previsão é de que o prazo da medida de segurança seja indeterminado, até que perícia médica averigue a cessação da periculosidade. O **prazo mínimo**, entretanto, deve ser **fixado pelo juiz, de um a três anos**. Quanto ao limite máximo, estudaremos no próximo tópico.

As medidas de segurança são impostas, como já visto, no caso dos sujeitos inimputáveis. Além disso, é possível que elas substituam as penas no caso de semi-imputabilidade. Por fim, a superveniência de doença mental pode levar à conversão da pena em medida de segurança, como veremos adiante.

4. LIMITE DE DURAÇÃO DA MEDIDA DE SEGURANÇA

Apesar de a Constituição só prever a vedação de penas de caráter perpétuo, parte da doutrina e da jurisprudência entendem que deve haver também **limite de duração para as medidas de segurança**. Para relembrar, sanção penal é o gênero do qual são espécies a pena e a medida de segurança.

Para Zaffaroni e Nilo Batista, entretanto, a medida de segurança tem como única diferença, em relação às penas, a falta de limite máximo na lei. Por essa razão, entendem que se trata de uma *fraude de etiqueta*, utilizando-se uma denominação diferente para exercício do poder punitivo sem culpabilidade e sem as garantias e limites do direito penal[5].

---

5. ZAFFARONI, Eugenio Raúl; BATISTA, Nilo; ALAGIA, Alejandro; SLOKAR, Alejandro. Direito Penal Brasileiro: primeiro volume – Teoria Geral do Direito Penal. Rio de Janeiro, Revan, 2017 (3ª reimpressão), p. 137-139).

De todo modo, **o Código Penal não estipulou limite máximo** de duração da medida de segurança, estipulando que seu prazo deve ser indeterminado. Surgiram, então, diversos entendimentos a respeito:

a) As medidas de segurança não devem ter limite máximo, devendo durar até que cesse a periculosidade do agente.

b) O limite máximo é o de 40 anos, como o das penas.

c) O limite é o máximo da pena abstratamente cominada ao delito praticado.

O Superior Tribunal de Justiça adota a corrente segundo a qual o limite de duração das medidas de segurança deve ser o limite máximo da pena abstratamente cominada ao delito praticado. É o teor do enunciado n. 527 da sua Súmula:

> *O tempo de duração da medida de segurança não deve ultrapassar* ***o limite máximo da pena abstratamente cominada ao delito praticado****."*

O Supremo Tribunal Federal tem entendido de forma diferente, acolhendo o entendimento de que o limite máximo de duração da medida de segurança é o mesmo das penas privativas de liberdade. Desse modo, o máximo que uma medida de segurança pode durar é por 40 anos. Neste sentido, o seguinte julgado, que foi prolatado antes da Lei n. 13.964/2019 (que alterou o limite de 30 para 40 anos):

> *"1. A prescrição da medida de segurança deve ser calculada pelo máximo da pena cominada ao delito cometido pelo agente, ocorrendo o marco interruptivo do prazo pelo início do cumprimento daquela,* ***sendo certo que deve perdurar enquanto não haja cessado a periculosidade do agente, limitada, contudo, ao período máximo de 30 (trinta) anos, conforme a jurisprudência pacificada do STF.*** *Precedentes: HC 107.432/RS, Relator Min. Ricardo Lewandowski, Primeira Turma, Julgamento em 24/5/2011; HC 97.621/RS, Relator Min. Cezar Peluso, Julgamento em 2/6/2009." (STF, RHC 100383, Rel. Min. Luiz Fux, Primeira Turma, Julgamento em 18/10/2011)*

Referido entendimento também foi adotado pela Segunda Turma do STF (HC 107777, j. 07/02/2012). Cumpre, então, visualizar o entendimento das Cortes Superiores sobre o limite de duração das medidas de segurança no seguinte esquema:

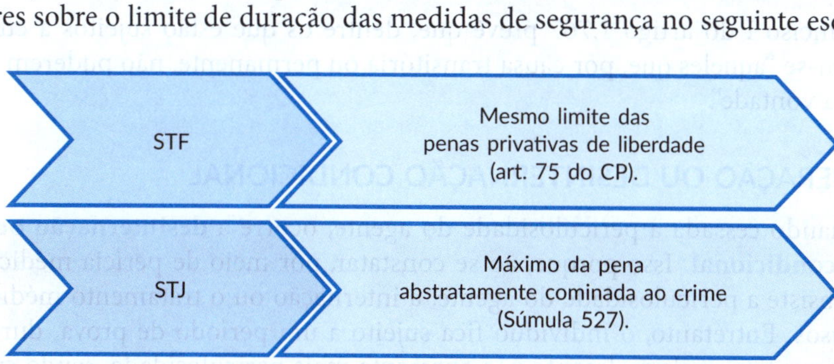

Ademais, o advento da extinção da punibilidade não permite a imposição de medida de segurança nem a persistência daquela que estiver sendo executada. Como toda sanção penal, a medida de segurança não pode ser imposta ao indivíduo se a punibilidade está extinta, isto é, o Estado perdeu o seu poder de lhe impor sanção penal. É o que prevê o artigo 96, parágrafo único, do CP:

> *Parágrafo único - Extinta a punibilidade, não se impõe medida de segurança nem subsiste a que tenha sido imposta.*

✓ **E se, atingido o limite da medida de segurança, o agente ainda apresentar periculosidade?**

Nesse caso, a única solução é a propositura de ação civil de interdição, com pedido liminar de internação compulsória do indivíduo. Como a medida de segurança, segundo os tribunais superiores, possui prazo máximo de duração, caso a periculosidade ainda não tenha cessado, o Ministério Público deve buscar sua internação na esfera cível.

A esse respeito, cumpre registrar o que prevê o artigo 6º da Lei n. 10.216/2001, que trata da proteção e dos direitos das pessoas portadoras de transtornos mentais e redireciona o modelo assistencial em saúde mental:

> *Art. 6º A internação psiquiátrica somente será realizada mediante laudo médico circunstanciado que caracterize os seus motivos.*
>
> *Parágrafo único. São considerados os seguintes tipos de internação psiquiátrica:*
>
> *I – internação voluntária: aquela que se dá com o consentimento do usuário;*
>
> *II – internação involuntária: aquela que se dá sem o consentimento do usuário e a pedido de terceiro; e*
>
> *III – internação compulsória: aquela determinada pela Justiça.*

Por fim, cumpre registrar que a internação deve ocorrer apenas quando absolutamente necessária, nos termos do que prevê o artigo 1.777 do Código Civil:

> *Art. 1.777. As pessoas referidas no inciso I do art. 1.767 receberão todo o apoio necessário para ter preservado o direito à convivência familiar e comunitária, sendo evitado o seu recolhimento em estabelecimento que os afaste desse convívio.*

O inciso I do artigo 1.767 prevê que, dentre os que estão sujeitos à curatela, incluem-se "aqueles que, por causa transitória ou permanente, não puderem exprimir sua vontade".

5. LIBERAÇÃO OU DESINTERNAÇÃO CONDICIONAL

Quando cessada a periculosidade do agente, ocorre a **desinternação ou liberação condicional**. Isso porque, ao se constatar, por meio de perícia médica, que não subsiste a periculosidade do agente, a internação ou o tratamento médico são suspensos. Entretanto, o indivíduo fica sujeito a um período de prova, durante o qual se verifica se ele realmente não apresenta mais periculosidade, sendo sua **duração de 1 ano**. Caso ele volte a praticar fato que demonstre que ainda apresenta periculosidade, a medida de segurança deve ser restabelecida.

A liberação ou desinternação condicional está prevista no artigo 97, § 3º, do Código Penal:

> *§ 3º – A desinternação, ou a liberação, será sempre* ***condicional*** *devendo ser restabelecida a situação anterior se o agente,* ***antes do decurso de 1 (um) ano****, pratica fato indicativo de persistência de sua periculosidade.*

A lei civil também prevê hipótese de desinternação progressiva. A Lei n. 10.216/2001, em seu artigo 5º, trata do tema, determinando que haja uma política de alta planejada em caso de longo período de hospitalização ou de grave dependência institucional. Evita-se, assim, a retomada abrupta ao convívio social, sem suporte psicossocial:

> *Art. 5º O paciente há longo tempo hospitalizado ou para o qual se caracterize situação de grave dependência institucional, decorrente de seu quadro clínico ou de ausência de suporte social, será objeto de política específica de alta planejada e reabilitação psicossocial assistida, sob responsabilidade da autoridade sanitária competente e supervisão de instância a ser definida pelo Poder Executivo, assegurada a continuidade do tratamento, quando necessário.*

6. REINTERNAÇÃO E INTERNAÇÃO DO SUBMETIDO A TRATAMENTO

Reinternação é a possibilidade de restabelecimento da medida de segurança detentiva, no caso de o indivíduo, no período de prova de 1 ano, praticar algum fato que demonstre a persistência de sua periculosidade. Como mencionado acima, a hipótese está prevista no artigo 97, § 3º, do Código Penal. Além disso, pode haver a internação daquele que estava submetido a tratamento ambulatorial, caso a providência se mostre imprescindível para o progresso psiquiátrico do agente, conforme o artigo 97, § 4º, do CP:

> *§ 4º – Em qualquer fase do tratamento ambulatorial, poderá o juiz determinar a internação do agente, se essa providência for necessária para fins curativos.*

7. SEMI-IMPUTABILIDADE

Os **semi-imputáveis** ou **fronteiriços** são aqueles que, à época do cometimento da infração penal, não eram inteiramente capazes de entender o caráter ilícito do fato ou de determinar-se de acordo com esse entendimento. Sua previsão está no artigo 26, parágrafo único, do Código Penal:

> *Parágrafo único – A pena pode ser reduzida de um a dois terços, se o agente, em virtude de perturbação de saúde mental ou por desenvolvimento mental incompleto ou retardado não era inteiramente capaz de entender o caráter ilícito do fato ou de determinar-se de acordo com esse entendimento.*

Nesses casos, o juiz, em vez de impor ao agente a pena cominada com a causa de diminuição de um a dois terços, pode substituí-la por medida de segurança, detentiva ou restritiva. Como há alguma capacidade de compreensão do caráter ilícito do fato ou de determinar-se de acordo com esse sentimento, mas não de forma plena, o juiz, ao proferir sentença condenatória, deve se atentar à culpabilidade diminuída do réu, diminuindo a sua pena, de um terço a dois terços. No entanto, se entender que ele necessita, na realidade, de tratamento curativo, ou seja, que a medida de segurança é mais adequada para a prevenção de novos delitos, deve substituir a pena aplicada pela internação ou pelo tratamento ambulatorial:

> *Art. 98 – Na hipótese do parágrafo único do art. 26 deste Código e necessitando o condenado de especial tratamento curativo, a pena privativa de liberdade pode ser substituída pela internação, ou tratamento ambulatorial, pelo prazo mínimo de 1 (um) a 3 (três) anos, nos termos do artigo anterior e respectivos §§ 1º a 4º.*

8. CONVERSÃO DA PENA EM MEDIDA DE SEGURANÇA

No caso **de superveniência de doença mental ao condenado**, haverá a conversão da sua pena em medida de segurança. Nesse caso, o indivíduo era imputável ao tempo da prática da infração penal, sendo condenado pelo juiz ao cumprimento de determinada pena. Entretanto, no momento de execução da pena, sobrevém ao agente doença mental, tornando necessário o seu tratamento psiquiátrico. Nessa hipótese, a sua pena deve ser convertida em medida de segurança.

O artigo 41 do Código Penal prevê, de início, a internação do agente em hospital de custódia e tratamento psiquiátrico:

> *Superveniência de doença mental*
>
> *Art. 41 – O condenado a quem sobrevém doença mental deve ser recolhido a hospital de custódia e tratamento psiquiátrico ou, à falta, a outro estabelecimento adequado.*

O artigo 108 da Lei de Execução Penal possui teor semelhante:

> *Art. 108. O condenado a quem sobrevier doença mental será internado em Hospital de Custódia e Tratamento Psiquiátrico.*

Já o artigo 183 da LEP trata da **conversão** da pena em medida de segurança:

> *Art. 183. Quando, no curso da execução da pena privativa de liberdade, sobrevier doença mental ou perturbação da saúde mental, o Juiz, de ofício, a requerimento do Ministério Público, da Defensoria Pública ou da autoridade administrativa, poderá determinar a substituição da pena por medida de segurança.*

O Superior Tribunal de Justiça tem entendido que o prazo máximo de duração da medida de segurança decorrente de conversão da pena, por superveniência de doença mental, é diferente. Neste caso, o máximo de duração da medida de segurança seria o tempo que restava da pena que o agente estava cumprindo[6].

6. STJ, AgRg no HC 531438/GO, Rel. Min. Reynaldo Soares da Fonseca, Quinta Turma, DJe 18/05/2020. STJ, HC 373405, Rel. Min. Maria Thereza de Assis Moura, 6ª Turma, DJe 21/10/2016.

9. EXTINÇÃO DA PUNIBILIDADE

A **extinção da punibilidade** impede a imposição ou a execução da pena ao agente. De igual modo, no que se refere às medidas de segurança, não é possível a sua imposição após a extinção da punibilidade, haja vista que se extingue o poder de punir do Estado na forma de qualquer sanção penal. O parágrafo único do artigo 96 trata das medidas de segurança em caso de extinção da punibilidade:

> *Art. 96. As medidas de segurança são:*
> *I – Internação em hospital de custódia e tratamento psiquiátrico ou, à falta, em outro estabelecimento adequado;*
> *II – sujeição a tratamento ambulatorial.*
>
> *Parágrafo único –* ***Extinta a punibilidade, não se impõe medida de segurança nem subsiste a que tenha sido imposta.***

Portanto, com a extinção da punibilidade, o juiz não pode impor medida de segurança ao sujeito. Caso já tenha havido a imposição da medida de segurança, ela não subsistirá, não sendo possível sua execução. A medida de segurança tem de ser cessada imeditamente. Caso haja necessidade de internação, para proteção do indivíduo ou de outras pessoas, como os seus familiares, restará apenas a via da internação de natureza civil.

10. PRESCRIÇÃO

Prescrição é a causa extintiva da punibilidade decorrente da inércia estatal por determinado lapso temporal. A prescrição envolve a perda do direito de punir do Estado ou de executar uma punição imposta. O Estado perde a pretensão concreta de punir quem praticou uma infração penal, devido à sua inação por determinado período.

A respeito da prescrição, as medidas de segurança não possuem previsão legal expressa a respeito da sua incidência e da forma de cálculo. A Constituição Federal só trata do tema quando prevê os crimes que são imprescritíveis, nada impondo ou prevendo a respeito de prescrição de medidas de segurança. O Código Penal não traz normas a respeito. Surge, então, o questionamento: **seria possível a aplicação da medida de segurança a qualquer tempo, mesmo décadas após o cometimento do fato previsto em lei como infração penal?**

O Supremo Tribunal Federal já decidiu que, no caso da medida de segurança, a extinção da punibilidade pela inércia estatal, por determinado lapso temporal, deve ter **por base** a pena máxima cominada ao delito, em se tratando de prescrição da pretensão punitiva[7]. Em

7. "Prescrição a ser calculada com base na pena máxima cominada ao tipo penal debitado ao agente (no caso da prescrição da pretensão punitiva) ou com base na duração máxima da medida de segurança, trinta anos (no caso da prescrição da pretensão executória). Prazos prescricionais, esses, aos quais se aplicam, por lógico, os termos iniciais e marcos interruptivos e suspensivos dispostos no Código Penal." (STF, HC 107777, Rel. Min. Ayres Britto, Segunda Turma, Julgamento: 07/02/2012). No mesmo sentido: STF, RHC 100383, Rel. Min. Luiz Fux, Primeira Turma, Julgamento: 18/10/2011.

se tratando de prescrição da pretensão executória, o prazo deve ser calculado com base no máximo da pena, que era o de 30 anos, conforme o entendimento da Corte Suprema. Atualmente, o entendimento deve ser adaptado, considerando a superveniência da Lei n. 13.964/2019, a qual alterou o artigo 75 do Código Penal, passando o limite máximo de cumprimento de pena privativa de liberdade de 30 para 40 anos.

O Superior Tribunal de Justiça, por sua vez, entende que o prazo de prescrição, tanto punitiva quanto executória, deve ser calculado **com base** no prazo máximo da pena prevista em abstrato para o delito. Portanto, usa o mesmo parâmetro para todos os prazos prescricionais de medidas de segurança. Verifica-se a pena máxima em abstrato e, a partir dela, encontra-se o prazo dentre os previstos no artigo 109 do CP[8].

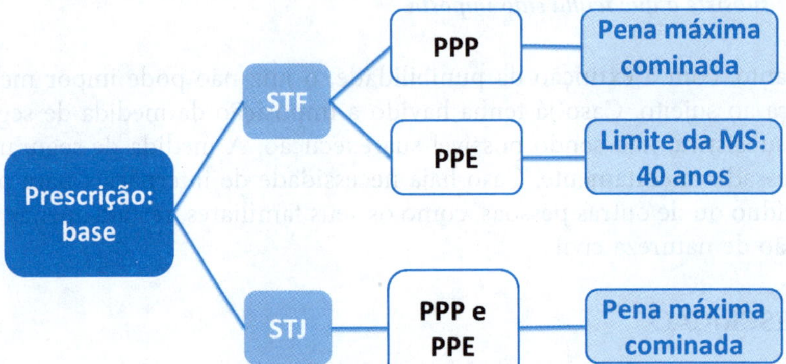

QUADRO SINÓTICO

Medidas de segurança	
Conceito	Medida de segurança é a espécie de sanção penal que é imposta pelo Estado com finalidade exclusivamente preventiva, nos casos de inimputáveis e semi-imputáveis.
Pressupostos	• Prática de um fato típico e ilícito • Periculosidade do agente
Sistemas de imposição	• Sistema vicariante: ou se aplica pena ou se aplica medida de segurança ao agente. É o sistema atualmente adotado pelo Código Penal. • Sistema do duplo binário ou de dois trilhos: podem ser aplicadas, de forma cumulativa, pena e medida de segurança.
Espécies	• Detentiva: internação em hospital de custódia e tratamento psiquiátrico. • Restritiva: sujeição a tratamento ambulatorial.

8. "A prescrição da medida de segurança aplicada a inimputável, é contada pelo máximo da pena abstratamente cominada ao delito." (STJ, HC 182973, Rel. Min. Laurita Vaz, DJe 26/06/2012).

Medidas de segurança	
Aplicação	Segundo o artigo 97 do Código Penal, deve-se aplicar a medida de segurança detentiva no caso de crimes puníveis com reclusão. Se o delito for punível com pena de detenção, será possível ao juiz submeter o agente à internação ou ao tratamento ambulatorial. Entretanto, os Tribunais Superiores têm flexibilizado a regra, entendendo que não deve ser considerada a natureza da pena privativa de liberdade aplicável, mas sim a periculosidade do agente.
Duração mínima	O prazo mínimo deverá ser de 1 (um) a 3 (três) anos, conforme o artigo 97, § 1º, do Código Penal.
Duração máxima	• STF: o limite máximo de duração da medida de segurança é o mesmo das penas privativas de liberdade, conforme artigo 75 do CP, ou seja, 40 anos. • STJ: o limite de duração das medidas de segurança deve ser o limite máximo da pena abstratamente cominada ao delito praticado (Súmula n. 527).
Liberação condicional	A desinternação ou a liberação será sempre condicional devendo ser restabelecida a situação anterior se o agente, antes do decurso de 1 ano, pratica fato indicativo de persistência de sua periculosidade.
Reinternação	É a possibilidade de restabelecimento da medida de segurança detentiva, no caso de o indivíduo, no período de prova de 1 ano, praticar algum fato que demonstre a persistência de sua periculosidade.
Internação do submetido a tratamento	Em qualquer fase do tratamento ambulatorial, poderá o juiz determinar a internação do agente, se essa providência for necessária para fins curativos.
Semi-imputabilidade	Os semi-imputáveis ou fronteiriços são aqueles que, à época do cometimento da infração penal, não eram inteiramente capazes de entender o caráter ilícito do fato ou de determinar-se de acordo com esse entendimento. Nesses casos, o juiz, em vez de impor ao agente a pena cominada com a causa de diminuição de um a dois terços, pode substitui-la por medida de segurança.
Conversão da pena	No caso de superveniência de doença mental ao condenado, haverá a conversão da sua pena em medida de segurança. O STJ tem entendido que a medida de segurança decorrente de conversão da pena, por superveniência de doença mental, tem como limite máximo o tempo que restava da pena que o agente estava cumprindo
Extinção da punibilidade	Extinta a punibilidade, não se impõe medida de segurança nem subsiste a que tenha sido imposta.
Prescrição da pretensão punitiva	Tem como parâmetro o máximo da pena abstratamente cominada ao delito (STF e STJ).
Prescrição da pretensão executória	• STF: tem como parâmetro o tempo máximo de duração das penas privativas de liberdade, nos termos do 75 do CP (40 anos). • STJ: tem como parâmetro o máximo da pena abstratamente cominada ao delito.

CAPÍTULO XIV
AÇÃO PENAL

A **ação penal** é **a faculdade ou direito de exigir do Estado a intervenção penal, com a aplicação do direito penal a um caso concreto**. Para a imposição da sanção penal, a observância do devido processo penal é *conditio sine qua non*, isto é, é condição necessária e inafastável.

Portanto, a sanção penal só pode ser imposta após o exercício do *ius persequendi* em juízo, com observância do devido processo legal. As penas e as medidas de segurança dependem do exercício da ação penal para sua aplicação pelo juiz e sua posterior execução.

São **características** do direito de ação:

- **Direito Público**: a atividade jurisdicional é de natureza pública, por ser exercida pelo Estado, sob as normas do Direito Público.
- **Direito Abstrato**: independe do resultado do processo. Após a superação da concepção concretista, passou-se ao entendimento de que o direito de ação é diverso do direito material de que ele trata. Deste modo, seja o caso de condenação ou absolvição, o direito de ação terá sido exercido.
- **Direito Subjetivo**: há um titular que pode exigir do Estado-Juiz a prestação jurisdicional.
- **Direito Autônomo**: não se confunde com o direito material. O direito processual não é parte do direito material, sendo que ambos são independentes e autônomos entre si, com princípios próprios, inclusive.

O Direito Processual Penal discute as condições da ação penal, se deve ou não ser considerada como base a chamada teoria geral do processo. Vários doutrinadores aceitam a teoria do processo como ponto de partida, com as adaptações ao Direito Processual Penal[1]. Seguindo essa linha, Pacelli define como condições da ação no Código Penal[2]:

- **Possibilidade jurídica do pedido**: essa condição se ligaria à limitação de o juiz aplicar apenas a sanção penal possível, ainda que, por exemplo, a acusação peça a aplicação da pena de morte. O juiz simplesmente aplicaria a sanção prevista em lei, de acordo com o que permite a Constituição.

---

1. CINTRA, Antônio Carlos de Araújo; GRINOVER, Ada Pellegrini; DINAMARCO; Cândido Rangel. Teoria Geral do Processo. 22ª. ed. São Paulo: Malheiros, 2006, p. 273.
2. OLIVEIRA, Eugênio Pacelli. Curso de Processual Penal. 11ª edição. São Paulo: Saraiva, 2014, p. 265-279.

- **Interesse de agir**: essa condição se liga à necessidade e utilidade da jurisdição, de modo que deve haver um mínimo de viabilidade de que a pretensão possa vir a ser satisfeita. Por isso, o autor entende não haver interesse quando a prescrição já pode ser antevista, hipótese denominada de prescrição virtual. Pacelli, entretanto, não entende cabível, no processo penal propriamente dito, a análise da adequação, visto que a providência judicial requerida não vincula o juiz, que pode readequar, a partir dos fatos narrados, a classificação jurídica por meio da *emendatio libelli*.
- **Legitimidade *ad causam***: nesse campo, Pacelli fala sobre o legitimado para cada classe de ação: de iniciativa privada (ofendido ou seu cônjuge, ascendente, descendente ou irmão) e de iniciativa pública (Ministério Público).

Por outro lado, há autores, como Aury Lopes Júnior, que defendem a construção de condições específicas para referido ramo, sem influências indesejáveis e incompatíveis cientificamente[3]:

- **Prática de fato aparentemente criminoso (*fumus comissi delicti*)**: Lopes Jr. defende que não se trata apenas da atipicidade latente, mas da narrativa de um fato aparentemente criminoso, isto é, típico, ilícito e culpável.
- **Punibilidade concreta**: essa condição exige, para o recebimento da denúncia ou queixa, que não tenha havido a extinção da punibilidade. Se extinta a punibilidade por qualquer hipótese, deve haver a sua rejeição pelo juiz.
- **Legitimidade de parte**: Lopes Jr. faz uma análise parecida com a legitimidade acima tratada, analisando os casos de ação penal de iniciativa pública (Ministério Público) e privada (ofendido ou seu representante legal). Além disso, é necessário que haja lastro mínimo, com elementos de convicção sobre a autoria ou participação.

Rejeitada ou acolhida a teoria geral do processo como parâmetro para o processo penal, deve-se frisar que se exige sempre a chamada **justa causa**, especificidade não presente no processo civil, por exemplo. Aury Lopes Jr. defende que a justa causa é um limite contra o abuso do direito de ação, consubstanciando uma vinculação entre a realidade social e o processo penal. Ele defende que a justa causa envolve a exigência de indícios razoáveis de materialidade e autoria, bem como o controle processual do caráter fragmentário da intervenção penal. O Código de Processo Penal trata do tema, considerando que a falta de justa causa para a ação penal implica na rejeição da denúncia ou queixa pelo juiz:

> *Art. 395. A denúncia ou queixa será rejeitada quando:*
> *I – for manifestamente inepta;*
> *II – faltar pressuposto processual ou condição para o exercício da ação penal; ou*
> *III – **faltar justa causa para o exercício da ação penal**.*

3. LOPES JR., Aury. Direito Processual Penal. 11ª edição. São Paulo: Saraiva, 2014, p. 56-59.

O Supremo Tribunal Federal já estipulou que a justa causa para a ação penal consiste no mínimo lastro probatório, que demonstre a materialidade e os indícios suficientes de autoria. Em outras palavras, é preciso que se demonstre que houve a prática de uma infração penal, bem como que haja indícios que apontem que o denunciado é o seu autor, coautor ou partícipe. Neste sentido, o seguinte precedente:

> *"(...)**Não há justa causa para a instauração de persecução penal, se a acusação não tiver, por suporte legitimador, elementos probatórios mínimos, que possam revelar, de modo satisfatório e consistente, a materialidade do fato delituoso e a existência de indícios suficientes de autoria do crime**. Não se revela admissível, em juízo, imputação penal destituída de base empírica idônea, ainda que a conduta descrita na peça acusatória possa ajustar-se, em tese, ao preceito primário de incriminação. – Impõe-se, por isso mesmo, ao Poder Judiciário, rígido controle sobre a atividade persecutória do Estado, notadamente sobre a admissibilidade da acusação penal, em ordem a impedir que se instaure, contra qualquer acusado, injusta situação de coação processual. (Inquérito 1.978 – 0, Rel. Min. Celso de Mello, Plenário, DJ de 17 de agosto de 2007)." (STF, Apn 395/AM, Dje 06/03/2008).*

A ausência de justa causa, entretanto, ficará superada com a condenação do réu. Prolatada a sentença condenatória, entende o STJ que não há mais razão o para trancamento do processo, conforme teor da sua Súmula 648:

> "A superveniência da sentença condenatória prejudica o pedido de trancamento da ação penal por falta de justa causa feito em habeas corpus".

A ação penal pode ser classificada em **pública** e **privada**. A ação penal pública pode ser subdividida em incondicionada e em condicionada, seja à requisição do Ministro da Justiça ou à representação do ofendido. A ação penal privada, por sua vez, subdivide-se em exclusiva, personalíssima e em subsidiária da pública.

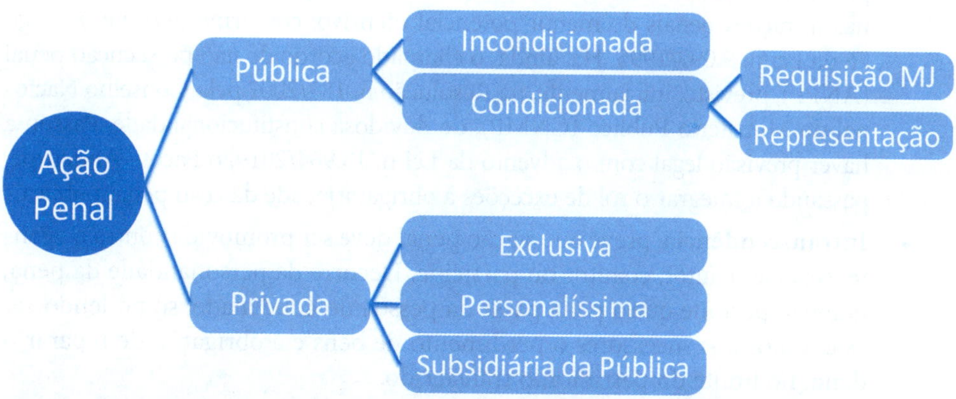

São, portanto, espécies de Ação Penal as seguintes:

- Ação Penal Pública Incondicionada (**regra**)
- Ação Penal Pública Condicionada à Representação
- Ação Penal Pública Condicionada à Requisição

- Ação Penal Privada Exclusiva (ou propriamente dita)
- Ação Penal Privada Personalíssima
- Ação Penal Privada Subsidiária da Pública

1. AÇÃO PENAL PÚBLICA

Como já visto, a **ação penal pública** é gênero, da qual são espécies a ação penal pública incondicionada e a ação penal pública condicionada à representação do ofendido ou à requisição do Ministro da Justiça.

A ação penal pública é promovida com **exclusividade pelo Ministério Público**. Sua peça inicial é a **denúncia**, na qual o promotor de justiça ou o procurador da república deve narrar o fato criminoso, promover a identificação do acusado, dar a classificação do delito e indicar, se houver, o rol das testemunhas. É o que determina o artigo 41 do Código de Processo Penal:

> *Art. 41. A denúncia ou queixa conterá a exposição do fato criminoso, com todas as suas circunstâncias, a qualificação do acusado ou esclarecimentos pelos quais se possa identificá-lo, a classificação do crime e, quando necessário, o rol das testemunhas.*

São princípios da ação penal pública incondicionada:

- **Oficialidade**: preconiza que a ação penal é promovida pelo órgão oficial, no caso, o Ministério Público.
- **Obrigatoriedade**: determina que, presentes os requisitos (condições da ação e justa causa), o Ministério Público deve promover a ação penal para a imposição da sanção ao indivíduo que violou a lei penal incriminadora. Parte da doutrina prevê como exceção à regra da obrigatoriedade a previsão da transação penal nas infrações penais de menor potencial ofensivo, conforme permite o artigo 76 da Lei n. 9.099/1995. Há, ainda, o chamado acordo de não persecução penal (ANPP), previsto, inicialmente, na Resolução n. 181/2007 pelo Conselho Nacional do Ministério Público (CNMP), de duvidosa constitucionalidade. Passou a haver previsão legal com o advento da Lei n. 13.964/2019, o Pacote Anticrime, passando a integrar o rol de exceções à obrigatoriedade da ação penal pública.
- **Intranscendência**: prevê que a ação penal deve ser promovida contra o agente, seja ele o autor, coautor ou partícipe. Decorre da personalidade da pena, que não permite que a pena passe da pessoa do condenado, só podendo ser estendidos aos sucessores o perdimento de bens e a obrigação de reparar o dano, no limite do patrimônio transferido.
- **Indivisibilidade(?)**: há divergência doutrinária quanto à incidência deste princípio. Diz respeito à necessidade de o Ministério Público promover a ação penal contra todos os agentes que concorreram para a prática delitiva, sejam eles autores, coautores ou partícipes. Deste modo, o promotor ou procurador não pode selecionar as pessoas contra as quais buscará a condenação, devendo atuar para que todos sejam processados.

Entretanto, alguns doutrinadores entendem que não há necessidade de o Ministério Público promover a ação penal contra todos de uma só vez. Por necessidade de maiores investigações com relação a um dos agentes ou mesmo por estratégia da acusação, o membro do Ministério Público (também denominado *Parquet*) pode optar por promover, a princípio, a ação penal em relação a somente um dos agentes.

Por isso, por uma questão de diferentes ângulos de análise da mesma questão, alguns entendem que há o princípio da obrigatoriedade, enquanto outros defendem que não há sua incidência na ação penal pública.

A ação penal pública se subdivide em **condicionada** e **incondicionada**. A ação penal pública condicionada depende, conforme o caso, de representação do ofendido (ou de seus sucessores) ou de requisição do Ministro da Justiça.

2. AÇÃO PENAL PÚBLICA INCONDICIONADA

A regra é que o crime seja de ação penal pública. Dentro desse gênero, presume-se que a ação penal pública seja incondicionada, a não ser que haja previsão legal a respeito da necessidade de representação ou de requisição do Ministro da Justiça. Dentre todas as modalidades de ação penal, a pública incondicionada é a **regra** para os crimes, nos termos do que dispõe o *caput* do artigo 100 do Código Penal:

> *Art. 100 – **A ação penal é pública**, salvo quando a lei expressamente a declara privativa do ofendido.*

Por isso, se não houver previsão legal de que se procede mediante ação penal privada, a ação penal é pública. Dentre as ações penais públicas, **a regra é a incondicionada**, sendo que só será condicionada se houver expressa determinação legal.

A iniciativa é privativa do Ministério Público. Caso não seja intentada no prazo legal, pode ser proposta a ação penal privada subsidiária da pública. São regras determinadas já na Constituição da República, sendo que seu artigo 129, inciso I, prevê a promoção de ação penal como função institucional do Ministério Público:

> *Art. 129. São funções institucionais do Ministério Público:*
>
> *I – promover, privativamente, a ação penal pública, na forma da lei; (...)*

Além disso, a própria Constituição prevê em seu artigo 5º, inciso LIX, a possibilidade de se intentar ação penal privada, se o Ministério Público não promover a ação penal pública no prazo legal:

> *LIX – será admitida ação privada nos crimes de ação pública, se esta não for intentada no prazo legal;*

A ação penal pública incondicionada, portanto, é **promovida pelo Ministério Público**, com o oferecimento de **denúncia**, sem se exigir representação do ofendido nem requisição do Ministro da Justiça. A peça inicial deve obedecer aos requisitos do artigo 41 do Código de Processo Penal, já transcrito acima. Com o recebimento da denúncia pelo juiz, inicia-se a ação penal, passando o Ministério Público a exercer a acusação. O agente, seja ele autor, coautor ou partícipe, passa a ser denominado de réu.

A ação penal pública incondicionada também é adotada para as contravenções penais, conforme dispositivo do Decreto-Lei n. 3.688/1941, a Lei das Contravenções Penais:

> *Art. 17. A ação penal é pública, devendo a autoridade proceder de ofício.*

Com relação à parte final do artigo 17 acima transcrito, trata-se de norma não recepcionada pela Constituição de 1988, que tornou o processo penal acusatório, e não mais inquisitivo. Assim, o juiz não pode promover a ação penal de ofício, mas somente após o oferecimento da inicial, que, no caso da ação penal pública, é denominada denúncia e possui como legitimado ativo o Ministério Público.

3. AÇÃO PENAL PÚBLICA CONDICIONADA

A ação penal pública **condicionada**, como toda ação penal pública, é da **titularidade do Ministério Público**, ao qual, como já visto, foi atribuída tal função pelo artigo 129, inciso I, da Constituição da República.

Sua grande diferenciação em relação à ação penal pública incondicionada é a exigência de **condição específica de procedibilidade**. Referida condição, imprescindível para o recebimento da denúncia pelo juiz, pode ser a **requisição do Ministro da Justiça** ou a **representação** do ofendido ou de seu cônjuge, ascendente, descendente ou irmão.

3.1. Ação penal pública condicionada à representação do ofendido

A ação penal pública condicionada à representação do ofendido depende **de sua manifestação, mostrando-se favorável à propositura da ação penal.** Essa manifestação, que se denomina de representação, pode ser oferecida perante a autoridade policial, o Ministério Público ou o Poder Judiciário.

Está prevista no parágrafo primeiro do artigo 100 do Código Penal:

> *§ 1º – A ação pública é promovida pelo Ministério Público, **dependendo, quando a lei o exige, de representação do ofendido** ou de requisição do Ministro da Justiça.*

Forma da representação: representação pode ser apresentada pelo ofendido ou por procurador com poderes especiais. Deve possuir a forma escrita. Se for apresentada oralmente, deve ser **reduzida a termo**. Entretanto, ressalvada a necessidade de ser escrita, **a lei não exige forma específica para a representação**. Basta que haja demonstração de interesse do ofendido de ver o agente ser processado criminalmente, não sendo necessária a menção ao instituto da representação, de forma expressa. É o posicionamento já consolidado tanto no âmbito do Superior Tribunal de Justiça[4] e quanto no do Supremo Tribunal Federal[5].

4. STJ, EDcl no HC 324595/SC, Rel. Min. Ribeiro Dantas, Quinta Turma, DJe 25/03/2019.
5. STF, HC 108043/SP, Rel. Min. Marco Aurélio, Primeira Turma, Julgamento: 20/03/2018.

Nas **infrações penais de menor potencial ofensivo**, a representação seria ofertada logo após a tentativa frustrada de composição dos danos civis, na própria audiência. Oferecida verbalmente, a representação deve ser reduzida a termo. Caso não ofertada, o ofendido pode exercer seu direito no prazo legal, conforme determina o artigo 75 da Lei n. 9.099/1995:

> *Art. 75. Não obtida a composição dos danos civis, será dada imediatamente ao ofendido a oportunidade de exercer o direito de representação verbal, que será reduzida a termo.*
>
> *Parágrafo único. O não oferecimento da representação na audiência preliminar não implica decadência do direito, que poderá ser exercido no prazo previsto em lei.*

Na prática, contudo, a representação tem sido ofertada perante a autoridade policial, no próprio termo circunstanciado. Assim, não é a praxe o seu oferecimento após a tentativa, não exitosa, de composição dos danos civis.

Legitimidade: quanto à legitimidade para a representação, há diferentes situações:

- ✓ **Vítima menor de 18 anos**: a representação deve ser oferecida por seu responsável legal (pai, mãe ou detentor da guarda, ainda que de fato).
- ✓ **Vítima menor com interesse colidente com seu representante legal**: se a vítima tiver interesse que colida com o do representante legal, o juiz deve nomear curador especial. Isso ocorre, por exemplo, se o representante legal for o próprio autor do fato delituoso.
- ✓ **Vítima menor e casada**: Se a vítima for menor e já casada, surge a dúvida sobre quem deve oferecer a representação. Parte da doutrina entende que se deva nomear um curador especial. Outros doutrinadores defendem que se deve aguardar que ela atinja a idade de 18 anos, contando o prazo decadencial apenas da data do aniversário em que ela atinge a maioridade.
- ✓ **Pessoa jurídica**: se a pessoa jurídica for a ofendida, a representação deve ser ofertada pela pessoa indicada no estatuto social ou no contrato social, com poderes de representação.
- ✓ **Vítima maior de 18 e menor de 21 anos de idade**: no caso de vítima maior de 18 e menor de 21 anos de idade, como já vimos nesta obra, não há razão para diferenciação. Com o advento do atual Código Civil, a maioridade civil e a maioridade penal se tornaram a mesma, sendo atingida aos 18 anos. Deste modo, a titularidade é da vítima. A súmula 594 do STF **não** se aplica mais a esses casos:

> *Os direitos de queixa e de representação podem ser exercidos, independentemente, pelo ofendido ou por seu representante legal.*

Por ser a titularidade da vítima, não há mais que se falar em exercício independente do direito de representação para vítimas que já atingiram a idade de 18 anos completos, ainda que menores de 21 anos.

Para oferecimento de representação no caso de vítima menor de 18 anos de idade, o Superior Tribunal de Justiça tem aceitado a legitimidade de qualquer responsável pela criança ou adolescente:

> *"(...) 6. Este Superior Tribunal de Justiça vem se posicionando quanto à* ***legitimidade de qualquer pessoa que, de alguma forma, seja responsável pelo menor para a realização de representação autorizativa da persecutio criminis****, iniciando-se o lapso decadencial a partir do conhecimento dos fatos pelo respectivo representante. (...)" (STJ, AgRg no REsp 1110889/SC, Quinta Turma, Rel. Min. Jorge Mussi, DJe 15/02/2013).*

Ainda no caso de menor de 18 anos de idade, o Supremo Tribunal Federal já reconheceu a dupla titularidade para o oferecimento de representação. O prazo corre do conhecimento dos autores do delito para os representantes legais e da maioridade, para o ofendido. É o que se decidiu no seguinte caso, em que se analisava a prática do revogado crime de atentado violento ao pudor:

> *"(...) 1. Na ocorrência do delito descrito no art. 214 do Código Penal – antes da revogação pela Lei nº 12.015/2009 –, o prazo decadencial para a apresentação de queixa ou de representação era de 6 meses após a vítima completar a maioridade, em decorrência da dupla titularidade. 2.* ***Esta Suprema Corte tem reconhecido a dualidade de titulares do direito de representar ou oferecer queixa, cada um com o respectivo prazo: um para o ofendido e outro para seu representante legal. Súmula n.594 do STF****. Precedentes. 3. Ordem denegada." (STF, HC 115341, Rel. Min. Dias Toffoli, Primeira Turma, julgamento em 14/10/2014)*

Se ocorrer **a morte da vítima ou a sua decretação de ausência**, o direito de representação passa para o cônjuge, o ascendente, descendente ou irmão do ofendido, nos termos do artigo 24, § 1º, do Código de Processo Penal:

> *Art. 24. Nos crimes de ação pública, esta será promovida por denúncia do Ministério Público, mas dependerá, quando a lei o exigir, de requisição do Ministro da Justiça, ou de representação do ofendido ou de quem tiver qualidade para representá-lo.*
>
> *§ 1º No caso de morte do ofendido ou quando declarado ausente por decisão judicial, o direito de representação passará ao cônjuge, ascendente, descendente ou irmão.*
>
> *§ 2º Seja qual for o crime, quando praticado em detrimento do patrimônio ou interesse da União, Estado e Município, a ação penal será pública.*

São os legitimados para o oferecimento de representação no caso de morte do ofendido o seu cônjuge, ascendente, descendente e irmão, devendo a preferência ser dada na ordem que essas pessoas são mencionadas no dispositivo legal.

C	ônjuge
A	scendente
D	escendente
I	rmão

Sobre a possibilidade de se incluir o companheiro ou a companheira no rol, há divergência. De um lado, o art. 226, § 3º, da Constituição, reconhece a união estável como entidade familiar, o que levaria à conclusão de que o companheiro, como alguém equiparável ao cônjuge, possui legitimidade para apresentar representação no caso de morte da vítima. Neste sentido, o STJ já decidiu que a companheira, em união estável homoafetiva reconhecida, goza do mesmo *status* de cônjuge para o processo penal, possuindo legitimidade para ajuizar a ação penal privada (STJ, APn 912-RJ, Rel. Min. Laurita Vaz, Corte Especial, julgado em 07/08/2019 – Info 654). Por outro lado, a corrente mais abalizada entende que a taxatividade impede que haja a ampliação do rol de legitimados, principalmente porque o reconhecimento da legitimidade do companheiro implica ampliação do poder de punir. Isso porque, haveria, no caso de morte da vítima, mais uma pessoa com poder de oferecer representação, o que levaria ao uso da analogia *in malam partem*.

Prazo para representação: o prazo para a representação é de **seis meses**, findo o qual haverá a decadência, com extinção da punibilidade do agente. É o que dispõe o artigo 103 do Código Penal.

> *Art. 103 – Salvo disposição expressa em contrário, o ofendido decai do direito de queixa ou de representação se não o exerce dentro do prazo de 6 (seis) meses,* ***contado do dia em que veio a saber quem é o autor do crime****, ou, no caso do § 3º do art. 100 deste Código, do dia em que se esgota o prazo para oferecimento da denúncia.*

O termo inicial do prazo é o dia em que se sabe quem é o autor do crime. O prazo não se suspende durante a investigação, de modo que, descoberta a autoria, o ofendido não precisa aguardar a conclusão do inquérito para oferecer a representação. A referência ao artigo 100, § 3º, do Código Penal, diz respeito à ação penal privada subsidiária da pública, a ser estudada adiante.

Retratação da representação: é possível a retratação da representação até o oferecimento da denúncia. Retratar-se é retirar o que se disse, ou seja, é a retirada da representação. A situação está regulada no artigo 102 do Código Penal:

> *Art. 102 – A representação será irretratável depois de oferecida a denúncia.*

Retratação da retratação: questiona-se se seria é possível que o ofendido ofereça representação, arrependa-se e diga que não quer mais que o ofensor seja processado e, por fim, volte a oferecer a representação. Parte da doutrina entende que não, pois, após a retratação, o agente já se manifestou sobre o desejo de que o ofensor não seja mais processado. Entretanto, parcela da doutrina, que parece majoritária, entende que é sim possível a retratação da retratação, sendo que a vítima pode manifestar novamente seu desejo de ver o ofensor ser processado até o escoamento do prazo decadencial de 6 meses.

Sobre o tema, a jurisprudência do Superior Tribunal de Justiça "afirma que é admitida a retratação da retratação, desde que seja feita dentro do prazo decadencial" (STJ, AgRg no AREsp n. 561.919/RJ, Rel. Min. Rogerio Schietti Cruz, Sexta Turma, julgado em 30/3/2017, DJe de 7/4/2017).

Renúncia ao direito representação: há a possibilidade de **renúncia** apenas em relação aos **crimes de menor potencial ofensivo**. Quanto a tais crimes, a composição entre o sujeito ativo e o passivo sobre os danos causados implica a renúncia ao direito de queixa e de representação. Deste modo, o indivíduo que celebrar acordo com seu ofensor, que seja homologado pelo juiz, não poderá mais oferecer representação, no caso de crime de ação penal pública condicionada. É o que prevê o artigo 74, parágrafo único, da Lei n. 9.099/1995:

> *Art. 74. A **composição dos danos civis** será reduzida a escrito e, homologada pelo Juiz mediante sentença irrecorrível, terá eficácia de título a ser executado no juízo civil competente.*
>
> *Parágrafo único. Tratando-se de ação penal de iniciativa privada ou de ação penal pública condicionada à representação, o acordo homologado acarreta a **renúncia ao direito de queixa ou representação**.*

Eficácia objetiva da representação: a representação possui eficácia objetiva, ou, em outras palavras, foi adotado o **critério de extensibilidade da representação**. Como consequência, a representação oferecida com relação a um dos agentes estende-se aos demais, possibilitando a propositura da ação penal pública condicionada à representação contra todos eles[6].

Não vinculação do Ministério Público: Há um juízo de conveniência da vítima e obrigatoriedade do Ministério Público, desde que este entenda que há justa causa para a ação penal. Diz-se que o promotor ou procurador deve agir se estiver formada sua *opinio delicti*, ou seja, se entender que há materialidade e indícios de autoria. Se o membro do Ministério Público entender que não há condições da ação ou justa causa, não deverá promover a ação penal. Neste sentido, decidiu o STJ.[7]

3.2. Ação penal pública condicionada à requisição do Ministro da Justiça

A ação penal pública condicionada à requisição do Ministro da Justiça exige, como condição específica de procedibilidade para a ação penal, a **manifestação formal do Ministro da Justiça**. Está prevista no artigo 100, parágrafo primeiro, do Código Penal:

> *§ 1º – A ação pública é promovida pelo Ministério Público, **dependendo, quando a lei o exige**, de representação do ofendido ou **de requisição do Ministro da Justiça**.*

Natureza jurídica: a requisição do Ministro da Justiça é **ato de natureza política e administrativa**, que será formalizado de acordo com juízo de conveniência política, sem obrigatoriedade. Uma vez oferecida a requisição, **não há obrigação de o Ministério Público oferecer denúncia**, pois pode entender não estarem preenchidas as condições da ação penal, existir necessidade de maior investigação ou não haver justa causa para o processo penal. Pode ser promovido, inclusive, o arquivamento

6. STJ, AgRg no REsp 1558569/PR, DJe 01/12/2016.
7. STJ, RMS 11673/RJ, Rel. Min. Felix Fischer, Quinta Turma, DJ 20/08/2001.

do inquérito, se o promotor ou procurador entender que não há materialidade e autoria, na formação de sua *opinio delicti*. A requisição, apesar do termo que a designa, **não possui a natureza de exigência, mas sim de autorização**. Representa a condição específica de procedibilidade para a ação penal pública, autorizando o Ministério Público a agir para buscar a punição de quem praticou a infração penal.

Retratação: para a doutrina majoritária, **não é possível a retratação** da requisição pelo Ministro da Justiça. Isso porque, de forma diferente da requisição, não há previsão legal sobre a possibilidade de o Ministro de Estado se retratar sobre o ato. No entanto, o professor Guilherme Nucci[8] entende cabível a retratação até o oferecimento da denúncia, por analogia (em favor do acusado, neste caso).

Eficácia objetiva da requisição: apresentada a requisição pelo Ministro da Justiça em relação a um dos agentes, todos os demais podem ser denunciados pelo Ministério Público.

Prazo: a lei é omissa no tocante ao prazo para oferecimento da requisição do Ministro da Justiça. Entende-se, então, que pode ser ofertada até a extinção da punibilidade, que pode ocorrer, em alguns casos, somente com a prescrição da pretensão punitiva propriamente dita.

Hipóteses legais: as hipóteses de cabimento da ação penal pública condicionada à requisição do Ministro da Justiça são de crimes sujeitos a um juízo de conveniência política. São eles:

a. Crimes cometidos por estrangeiro contra brasileiro no exterior

Cuida-se de hipótese tratada no artigo 7º, § 3º, alínea "b", do Código Penal, como regra de extraterritorialidade condicionada da lei penal brasileira:

> *§ 3º – A lei brasileira aplica-se também ao **crime cometido por estrangeiro contra brasileiro fora do Brasil**, se, reunidas as condições previstas no parágrafo anterior:*
>
> *a) não foi pedida ou foi negada a extradição;*
>
> *b) **houve requisição do Ministro da Justiça**.*

b. Crimes contra a honra do Presidente da República ou de Chefe de Governo estrangeiro

Está previsto no art. 141, inciso I, do Código Penal, que prevê uma forma majorada dos crimes contra a honra. Por sua vez, o parágrafo único do art. 145, também do CP, estabelece que referidos delitos são perseguidos por meio de ação penal pública condicionada à requisição do Ministro da Justiça:

> *Art. 141 – As penas cominadas neste Capítulo aumentam-se de um terço, se qualquer dos crimes é cometido:*
>
> *I – **contra o Presidente da República**, ou **contra chefe de governo estrangeiro**;*
>
> *(...)*

8. NUCCI, Guilherme Souza. Manual de processo penal e execução penal. 10ª Ed. São Paulo: Revista dos Tribunais, 2013, p. 213.

Art. 145 – Nos crimes previstos neste Capítulo somente se procede mediante queixa, salvo quando, no caso do art. 140, § 2º, da violência resulta lesão corporal.

Parágrafo único. ***Procede-se mediante requisição do Ministro da Justiça, no caso do inciso I do caput do art. 141 deste Código****, e mediante representação do ofendido, no caso do inciso II do mesmo artigo, bem como no caso do § 3º do art. 140 deste Código.*

4. AÇÃO PENAL PRIVADA

Em algumas hipóteses previstas expressamente em lei, o Estado conserva para si o direito de punir (*jus puniendi*), **delegando ao particular o direito de ação (*jus persequendi*)**. São os crimes punidos por meio de ação penal privada, seja de forma originária (exclusiva e personalíssima), seja em razão de inércia do órgão oficial (privada subsidiária da pública).

Na ação penal privada, a inicial é denominada **queixa-crime**. Quem promove a ação penal, seja o ofendido ou, na sua impossibilidade, algum outro legitimado, é chamado de querelante. O réu, o ofensor, é denominado de querelado. A ação penal privada pode ser:

- ✓ Exclusiva ou propriamente dita;
- ✓ Personalíssima;
- ✓ Subsidiária da pública.

5. AÇÃO PENAL PRIVADA EXCLUSIVA

O fundamento da ação penal privada propriamente dita ou exclusiva é o chamado *streptus judicii*, isto é, o escândalo do processo que pode atingir a vítima. O alarde advindo do comentário de fatos íntimos que atingem o ofendido em um processo penal faz com que, em hipóteses expressamente previstas em lei, a ação penal dependa de sua iniciativa.

O ofendido, na ação penal privada, é denominado **querelante**, enquanto o ofensor é o **querelado**. A inicial é chamada de queixa-crime, devendo observar os requisitos do artigo 41 do Código de Processo Penal, acima transcrito. A ação penal exclusiva ou propriamente dita está prevista no artigo 100, na parte final do *caput* e nos §§ 2º e 4º, do Código Penal:

*Art. 100 – A ação penal é pública****, salvo quando a lei expressamente a declara privativa do ofendido****.*

(...)

§ 2º – ***A ação de iniciativa privada é promovida mediante queixa do ofendido ou de quem tenha qualidade para representá-lo****.*

§ 4º – No caso de ***morte do ofendido*** *ou de ter sido* ***declarado ausente*** *por decisão judicial, o direito de oferecer queixa ou de prosseguir na ação passa ao* ***cônjuge, ascendente, descendente ou irmão****.*

Portanto, na ação penal privada exclusiva, a titularidade pertence ao ofendido. **Aplicam-se, aqui, as mesmas regras da representação no caso de vítima menor, de morte da vítima ou de ausência decretada**, já tratadas acima e não transcritas aqui evitar a repetição desnecessária. No caso de morte do ofendido, o direito de oferecer queixa ou de prosseguir no polo ativo da ação penal passa para o **cônjuge, ascendente, descendente ou irmão**. Há doutrinadores que apontam preferência na ordem prevista no artigo 31 do Código de Processo Penal:

> *Art. 31. No caso de morte do ofendido ou quando declarado ausente por decisão judicial, o direito de oferecer queixa ou prosseguir na ação passará ao cônjuge, ascendente, descendente ou irmão.*

Os legitimados, na ordem mencionada pela lei, são **o cônjuge, o ascendente, o descendente e o irmão**. Segundo o STJ, a companheira, em união estável homoafetiva reconhecida, goza do mesmo *status* de cônjuge para o processo penal, possuindo legitimidade para ajuizar a ação penal privada (STJ, APn 912-RJ, Rel. Min. Laurita Vaz, Corte Especial, julgado em 07/08/2019 – Info 654).

C	ônjuge
A	scendente
D	escendente
I	rmão

São princípios da ação penal privada exclusiva:

- **Oportunidade ou conveniência**: não há obrigatoriedade de o ofendido promover a ação penal. Pelo contrário, o fundamento da titularidade para a promoção da ação penal ser da vítima em determinados delitos é a exposição de fatos íntimos seus, o que leva o Estado a deixá-la optar entre ver tais fatos comentados no processo ou preferir que não haja a punição do ofensor, evitando a sua própria exposição.
- **Disponibilidade**: é possível a desistência do querelado com relação à ação penal privada exclusiva por ele proposta. Assim como o ofendido pode decidir se quer ou não que o seu ofensor seja processado e punido, optando entre oferecer a queixa-crime ou não, pode também desistir da ação penal já proposta.
- **Indivisibilidade**: a ação penal privada propriamente dita deve ser proposta contra todos os agentes conhecidos. Não é possível que o ofendido opte por oferecer queixa em relação a alguns e não agir em relação a outros. Sua decisão deve abranger todos os agentes, incluindo os autores, coautores e partícipes.
- **Intranscendência**: só pode ser proposta em face de autor e partícipe. Em razão do princípio da pessoalidade da pena, a pena não pode passar da pessoa do condenado, o que impede a propositura da ação penal contra quem não praticou o delito. Claro que é preciso que haja instrução processual para demonstração da autoria, sobretudo em respeito ao devido processo legal e o

da não presunção de culpa. Entretanto, se não houver sequer indícios mínimos de autoria em relação a determinada pessoa, ela não pode ser querelada em uma ação penal, ou seja, não pode ser ofertada queixa contra ela.

Analisando o princípio da indivisibilidade, o Superior Tribunal de Justiça já decidiu que, em caso de várias publicações na internet, em que a imagem da vítima era manchada, os crimes deveriam ser considerados autônomos. Deste modo, não havendo concurso de agentes, não haveria necessidade de se oferecer queixa em relação a cada um deles[9].

Há divergência doutrinária sobre a possibilidade de o MP aditar a queixa-crime para inclusão de agentes não presentes no polo passivo. Prevalece não ser possível, pois a titularidade pertence ao ofendido. Assim, não pode o Ministério Público incluir pessoas contra as quais não foi oferecida queixa. Alguns autores entendem que o Ministério Público, como fiscal da lei, deve provocar o querelante para incluir os coautores ou partícipes no polo passivo. A doutrina minoritária, contudo, entende que pode haver o aditamento, pois o Ministério Público, como fiscal da lei, deve velar pela observância do princípio da indivisibilidade e agir para que todos estejam no polo passivo da ação penal privada. É a posição de Tourinho Filho.

Vale recordar que **renúncia** é a causa de extinção da punibilidade, que consiste em ato unilateral, do ofendido ou de seu representante legal, de abdicação do direito de promover a ação penal privada. Na renúncia, o ofendido ou seu representante legal abdica de seu direito de intentar a ação penal, o que implica na extinção do *ius puniendi*.

Essa causa extintiva da punibilidade é cabível nos casos de ação penal privada exclusiva ou personalíssima, pois a punição, nessas hipóteses, depende de que o ofendido ou seu representante oferte a queixa-crime. O ato de disposição do titular em relação a referido direito, decidindo por sua renúncia, impossibilita a imposição de sanção penal ao agente, extinguindo sua punibilidade. A renúncia é tratada no artigo 104 do CP:

> *Renúncia expressa ou tácita do direito de queixa*
>
> *Art. 104 – **O direito de queixa não pode ser exercido quando renunciado expressa ou tacitamente.***
>
> *Parágrafo único – **Importa renúncia tácita ao direito de queixa a prática de ato incompatível com a vontade de exercê-lo**; não a implica, todavia, o fato de receber o ofendido a indenização do dano causado pelo crime.*

Como pode ser tácita, a maioria da doutrina entende que, não sendo promovida a ação penal privada exclusiva em relação a todos os ofensores, há a renúncia do ofendido ao direito de queixa. Por conseguinte, extingue-se a punibilidade de todos os agentes. É a norma que se extrai do artigo 49 do CPP:

> *Art. 49. **A renúncia ao exercício do direito de queixa, em relação a um dos autores do crime, a todos se estenderá.***

9. STJ, Apn 613/SP, Relator Og Fernandes, Corte Especial, DJe 28/10/2015.

O prazo para oferecimento da queixa-crime é de **6 meses**, possuindo como termo inicial o dia em que se veio a saber quem foi o autor do crime (aí incluídos autores, coautores e partícipes). Escoado esse prazo, há a decadência, causa extintiva da punibilidade, por impedir que o titular da ação penal privada ofereça queixa e, assim, seja iniciado o processo penal em face dos agentes. É o que determina o artigo 103 do Código Penal:

> *Decadência do direito de queixa ou de representação*
>
> *Art. 103 – Salvo disposição expressa em contrário, o ofendido decai do direito de queixa ou de representação se não o exerce dentro do* ***prazo de 6 (seis) meses, contado do dia em que veio a saber quem é o autor do crime****, ou, no caso do § 3º do art. 100 deste Código, do dia em que se esgota o prazo para oferecimento da denúncia.*

O Código de Processo Penal, no seu Capítulo IV, regula o processo e o julgamento dos **crimes contra a propriedade imaterial**. Em seus artigos 529 e 530, prevê prazos mais exíguos para o oferecimento de queixa para referidas infrações, sendo de 30 dias após a homologação do laudo e, no caso de querelado preso, de 8 dias. Assim dispõem tais artigos:

> *Art. 529. Nos crimes de ação privativa do ofendido, não será admitida queixa com fundamento em apreensão e em perícia, se decorrido o prazo de 30 dias, após a homologação do laudo.*
>
> *Parágrafo único. Será dada vista ao Ministério Público dos autos de busca e apreensão requeridas pelo ofendido, se o crime for de ação pública e não tiver sido oferecida queixa no prazo fixado neste artigo.*
>
> *Art. 530. Se ocorrer prisão em flagrante e o réu não for posto em liberdade, o prazo a que se refere o artigo anterior será de 8 (oito) dias.*

Se a queixa for oferecida dentro do prazo, mas perante juízo que não tenha competência territorial para o julgamento do feito (incompetência relativa *ratione loci*), o STF já entendeu, **em caso já antigo**, que tal fato deve ser considerado para se evitar o reconhecimento da decadência[10]. O STJ adotou o mesmo entendimento em precedente mais recente[11].

O foro por prerrogativa de função determina que as ações penais em que determinadas pessoas figurem como rés ou quereladas tramitem em Tribunais específicos, em razão do cargo que ocupam. Como exemplo, os parlamentares federais são julgados pelo Supremo Tribunal Federal nos delitos relacionados com a função que exercem, conforme entendimento restritivo do foro por prerrogativa de função

---

10. "DECADÊNCIA. QUEIXA OFERECIDA DENTRO DO PRAZO MAS PERANTE JUÍZO INCOMPETENTE 'RATIONE LOCI'. IRRELEVANTE TAL CIRCUNSTÂNCIA PARA O EFEITO DE CONTAGEM DO PRAZO DECADENCIAL. O QUE IMPORTA É A DATA DO INÍCIO DA AÇÃO PENAL, OU SEJA DO OFERECIMENTO DA QUEIXA-CRIME EM JUÍZO E NÃO A DO SEU RECEBIMENTO. NULIDADE POR INCOMPETÊNCIA DO JUÍZO SÓ ATINGE OS ATOS DECISÓRIOS (ART. 567, DO CPP) E NÃO OS ATOS DE INSTRUÇÃO E SEGUIMENTO. 'IN CASU', NÃO SE CONFIGUROU A DECADÊNCIA. RECURSO IMPROVIDO." (RHC 63665/RS, Rel. Min. Djaci Falcão, Segunda Turma, DJ 01/04/1986).
11. STJ, AgRg no REsp 1560769/SP, Rel. Min. Sebastião Reis Junior, Sexta Turma, DJe 25/02/2016.

atualmente adotado pela Corte. Dito isso, o STF já decidiu que, se o parlamentar federal (deputado federal ou senador) for o querelante, isto é, figurar no polo ativo da ação penal privada, não há competência daquela Corte[12].

As hipóteses de cabimento da ação penal privada exclusiva estão previstas de forma expressa pelo Código Penal:

a) **Calúnia, injúria e difamação**, nos termos do artigo 145, *caput*, do Código Penal, ressalvadas as exceções previstas em referido dispositivo e no seu parágrafo único (se da violência resulta lesão corporal; crime cometido contra o presidente da República ou contra chefe de governo estrangeiro; crime cometido contra funcionário público, no exercício de suas funções e injúria qualificada por preconceito).
b) **Alteração de limites, usurpação de águas e esbulho possessório, se a propriedade for privada e não houver violência**, nos termos do artigo 161, § 3º, do CP.
c) **Dano simples e dano qualificado por motivo egoístico e com prejuízo considerável para a vítima**, conforme artigo 167 do Código Penal.
d) **Introdução ou abandono de animais em propriedade alheia**, consoante determina o artigo 167 do Código Penal.
e) **Fraude à execução,** em razão do que prescreve o parágrafo único do artigo 179 do Código Penal.
f) **Violação de direito autoral, no seu tipo simples** do *caput* do artigo 184 do CP, por previsão do artigo 186, inciso I, também do CP.
g) **Exercício arbitrário das próprias razões, se praticado sem violência**, por previsão do parágrafo único do artigo 345 do Código Penal.

Também se procede mediante queixa no caso de crime de induzimento a erro essencial e ocultação de impedimento, previsto no artigo 236 do Código Penal. Entretanto, esse caso será estudado no tópico a seguir, em razão de ser hipótese de ação penal privada personalíssima.

6. AÇÃO PENAL PRIVADA PERSONALÍSSIMA

A ação penal privada personalíssima possui as mesmas características da ação penal privada propriamente dita ou exclusiva, com a peculiaridade de a sua **titularidade ser única e exclusiva da vítima**. Não há substituição da titularidade, nem mesmo se ocorrer a sua morte ou a sua decretação de ausência. **A morte da vítima, portanto, acarreta a extinção da punibilidade do agente**. Desse modo, temos uma causa extintiva da punibilidade específica para esse delito. No mais, naquilo que

12. "Queixa-crime em que figura como querelante deputado federal. Incompetência do Supremo Tribunal Federal para o processamento e julgamento da ação penal. Competência configurada somente na hipótese de o parlamentar figurar na ação penal na qualidade de réu (art. 102, I, "b", da Constituição Federal)." (STF, Inq 1793 AgR/DF, Rel. Min. Ellen Gracie, Tribunal Pleno, DJ 14/06/2002).

não contrariar essa previsão, todo o regramento da ação penal privada exclusiva se aplica à personalíssima, inclusive incidindo os princípios da ação penal privada personalíssima.

A única hipótese prevista atualmente no ordenamento jurídico brasileiro é o crime do artigo 236 do Código Penal:

> *Art. 236 – Contrair casamento, induzindo em erro essencial o outro contraente, ou ocultando-lhe impedimento que não seja casamento anterior:*
>
> *Pena – detenção, de seis meses a dois anos.*
>
> *Parágrafo único – **A ação penal depende de queixa do contraente enganado** e não pode ser intentada senão depois de transitar em julgado a sentença que, por motivo de erro ou impedimento, anule o casamento.*

Como a queixa deve ser do ofendido, **não se admite** que ela seja oferecida, no caso de sua morte ou decretação de ausência, pelo cônjuge, ascendente, descendente ou irmão. Como visto, nesse caso ocorre a extinção da punibilidade.

- **E se a vítima, casada, for menor de 18 anos?**

Não é possível a nomeação de curador especial para se promover a ação penal privada personalíssima, pois, como estudado, não se admite a transferência da titularidade. Por outro lado, o casamento emancipa a vítima para os atos da vida civil, mas não possui efeitos para o processo penal. A solução proposta é aguardar que o ofendido complete os 18 anos de idade, sendo que o prazo decadencial só se iniciará com a maioridade.

7. AÇÃO PENAL PRIVADA SUBSIDIÁRIA DA PÚBLICA

A ação penal privada subsidiária da pública é proposta nos casos de ação penal pública, se esta não for intentada pelo Ministério Público no prazo legal. É um direito fundamental assegurado no artigo 5º, inciso LIX, da Constituição da República:

> *LIX – **será admitida ação privada nos crimes de ação pública, se esta não for intentada no prazo legal**;*

O Código Penal trata do tema no parágrafo terceiro do seu artigo 100:

> *§ 3º – A ação de iniciativa privada pode intentar-se nos crimes de ação pública, **se o Ministério Público não oferece denúncia no prazo legal**.*

É cabível, portanto, no caso de **inércia do órgão oficial**, do Ministério Público. Não se pode intentar ação penal privada subsidiária da pública se houver pedido de diligências ou se o membro do Ministério Público promover o arquivamento da investigação. Isso porque, em tais casos, não houve omissão do promotor ou procurador, mas sim entendimento de que não era o caso de se promover a ação penal.

O exercício da ação penal privada subsidiária da pública é facultativo, mesmo porque é um direito do ofendido ou de seus representantes legais. Como é uma ação penal privada, inicia-se com a queixa, sendo que o polo ativo é ocupado pelo querelante e o acusado é chamado de querelado. Entretanto, não se aplicam inteiramente os princípios da ação penal privada exclusiva, pois, ainda, que não haja obrigatoriedade por parte do ofendido, o Ministério Público continuará obrigado a propor a ação ou prosseguir nela, ainda que tenha perdido o prazo, que é considerado impróprio.

Como os demais casos de cabimento de queixa, o prazo é de **6 meses**. Entretanto, em se tratando de ação penal privada subsidiária da pública, **se não for intentada no prazo legal, não há decadência**. Isso porque o Ministério Público manterá sua legitimidade, devendo promover a ação penal pública, em razão do princípio da obrigatoriedade. O prazo para o promotor ou procurador oferecer a denúncia é impróprio, não impedindo a ofertar extemporânea. A perda do prazo gerará consequências no caso de prisão processual do acusado e o início do prazo decadencial para o ofendido oferecer a ação penal privada subsidiária da pública.

A inércia do Ministério Público não se verifica, claramente, se houve oferecimento de denúncia, requisição de novas diligências à Polícia Judiciária ou promoção de arquivamento. Por outro lado, diligências internas à instituição não descaracterizam a inércia ministerial caso esgotado o prazo, hipótese que possibilita a propositura de ação penal privada subsidiária, como já decidiu o STF:

> *"Questão constitucional resolvida no sentido de que: (i) o ajuizamento da ação penal privada pode ocorrer após o decurso do prazo legal, sem que seja oferecida denúncia, ou promovido o arquivamento, ou requisitadas diligências externas ao Ministério Público. Diligências internas à instituição são irrelevantes; (ii) a conduta do Ministério Público posterior ao surgimento do direito de queixa não prejudica sua propositura. Assim, o oferecimento de denúncia, a promoção do arquivamento ou a requisição de diligências externas ao Ministério Público, posterior ao decurso do prazo legal para a propositura da ação penal, não afastam o direito de queixa. Nem mesmo a ciência da vítima ou da família quanto a tais diligências afasta esse direito, por não representar concordância com a falta de iniciativa da ação penal pública". (STF, ARE 859251 RG, Rel. Min. Gilmar Mendes, Tribunal Pleno, julgado em 16-04-2015)*

Se houver o ofendido abandonado a ação penal privada subsidiária da pública, **o Ministério Público deve retomar o polo ativo**, prosseguindo nela. O artigo 29 do Código de Processo Penal prevê essa possibilidade, além de regular a atuação do Ministério Público como fiscal da lei enquanto o ofendido permanecer como querelado:

> *Art. 29. Será admitida ação privada nos crimes de ação pública, se esta não for intentada no prazo legal, cabendo ao Ministério Público aditar a queixa, repudiá-la e oferecer denúncia substitutiva, intervir em todos os termos do processo, fornecer elementos de prova, interpor recurso e, a todo tempo, no caso de negligência do querelante, retomar a ação como parte principal.*

Podemos, então, verificar os poderes que o Ministério Público possui na ação penal privada subsidiária:

- O MP pode repudiar a queixa, quando então deverá oferecer denúncia substitutiva.
- O MP pode aditar a queixa, incluindo novos fatos e novos autores.
- O MP pode intervir em todos os atos, inclusive produção de provas e interposição de recursos.
- O MP deve retomar a ação penal, em caso de negligência do querelante.
- O MP pode se manifestar pela rejeição da queixa-crime.

8. AÇÃO PENAL NOS CRIMES COMPLEXOS

Os crimes complexos são aqueles que **resultam da reunião de mais de um tipo penal**. Deste modo, o latrocínio é um crime no qual se fundem os tipos do roubo e do homicídio. O crime de roubo, por sua vez, possui, em si, o crime de constrangimento ilegal, o de ameaça ou o correspondente à violência e a infração penal de furto. O Código Penal possui dispositivo próprio para tratar da ação penal cabível para os crimes complexos:

> *Art. 101 – Quando a lei considera como elemento ou circunstâncias do tipo legal fatos que, por si mesmos, constituem crimes, cabe ação pública em relação àquele, desde que, em relação a qualquer destes, se deva proceder por iniciativa do Ministério Público.*

Desse modo, se um dos crimes que compõem o crime complexo for um dos que se procede mediante denúncia, caberá **ação penal pública**. Caso não se exija, em relação a algum deles, qualquer condição de procedibilidade, a ação será pública incondicionada. Pode-se concluir que a norma representa um truísmo, isto é, é inútil, pois bastaria aplicar a regra geral, segundo a qual a ação penal será publica incondicionada, salvo previsão expressa em contrário.

QUADRO SINÓTICO

Ação Penal	
Conceito	Faculdade ou direito de exigir do Estado a intervenção penal, com a aplicação do direito penal a um caso concreto.
Características	Direito Público Direito Abstrato Direito Subjetivo Direito Autônomo
Condições da ação	Na visão tradicional, são adotadas as condições da *teoria geral* do processo: • Possibilidade jurídica do pedido • Interesse de agir • Legitimidade *ad causam* • Justa causa

Ação Penal	
Classificação	• Ação Penal Pública Incondicionada (regra) • Ação Penal Pública Condicionada à Representação ou à Requisição • Ação Penal Privada Exclusiva ou propriamente dita • Ação Penal Privada Personalíssima • Ação Penal Privada Subsidiária da Pública

Ação Penal Pública	
Conceito	A ação penal pública é aquela promovida com exclusividade pelo Ministério Público, cuja peça inicial é a denúncia e que se subdivide em condicionada e incondicionada.
Espécies	• Ação Penal Pública Incondicionada (regra) • Ação Penal Pública Condicionada à Representação do Ofendido • Ação Penal Pública Condicionada à Requisição do Ministro da Justiça
Princípios	• Oficialidade: preconiza que a ação penal é promovida pelo órgão oficial, no caso, o Ministério Público. • Obrigatoriedade: determina que, presentes os requisitos (condições da ação e justa causa), o Ministério Público deve promover a ação. • Intranscendência: prevê que a ação penal deve ser promovida contra o agente, seja ele o autor, coautor ou partícipe. • Indivisibilidade(?): há divergência sobre a indivisibilidade, pois, ainda que o Ministério Público deva promover a ação penal contra todos os agentes, pode decidir prosseguir nas investigações contra um deles.
Ação Penal Pública Incondicionada	A ação penal pública incondicionada é promovida pelo Ministério Público, com o oferecimento de denúncia, sem se exigir representação do ofendido nem requisição do Ministro da Justiça. A regra é que o crime seja de ação penal pública. Dentro desse gênero, presume-se que a ação penal pública seja incondicionada, a não ser que haja previsão legal a respeito da necessidade de representação ou de requisição do Ministro da Justiça.
Ação Penal Pública Condicionada à Representação do Ofendido	A ação penal pública condicionada à representação do ofendido depende de sua manifestação, mostrando-se favorável à propositura da ação penal. A representação pode ser oferecida perante a autoridade policial, o Ministério Público ou o Poder Judiciário, não possuindo forma definida. No caso de morte do ofendido ou quando declarado ausente por decisão judicial, o direito de representação passará ao cônjuge, ascendente, descendente ou irmão. O prazo para a representação é de seis meses, conforme dispõe o artigo 103 do Código Penal, sob pena de decadência.
Ação Penal Pública Condicionada à Requisição do Ministro da Justiça	A ação penal pública condicionada à requisição do Ministro da Justiça exige, como condição específica de procedibilidade para a ação penal, a manifestação formal do Ministro da Justiça. A requisição do Ministro da Justiça é ato de natureza política e administrativa, praticado de acordo com juízo de conveniência política, e, apesar do termo que a designa, não possui a natureza de exigência, mas sim de autorização. A lei é omissa no tocante ao prazo para oferecimento da requisição do Ministro da Justiça e, por isso, pode ser ofertada até a extinção da punibilidade.

Ação Penal Privada	
Conceito	Ação penal privada é a promovida pelo ofendido ou, em alguns casos, por seu cônjuge, ascendente, descendente ou irmão. O Estado conserva para si o direito de punir (*jus puniendi*), mas em alguns casos delega ao particular o direito de ação (*jus persequendi*). A inicial é denominada queixa-crime. Quem promove a ação penal é chamado de querelante. O réu é denominado de querelado.
Espécies	• Ação Penal Privada Exclusiva • Ação Penal Pública Personalíssima • Ação Penal Pública Subsidiária da Pública
Princípios da ação penal privada exclusiva e personalíssima	• Oportunidade: não há obrigatoriedade de o ofendido promover a ação penal. • Disponibilidade: é possível a desistência do querelado com relação à ação penal privada exclusiva ou personalíssima por ele proposta. • Indivisibilidade: a ação penal privada exclusiva ou personalíssima deve ser proposta contra todos os agentes conhecidos. • Intranscendência: só pode ser proposta em face de autor e partícipe, em razão do princípio da pessoalidade da pena.
Ação Penal Privada Exclusiva	É a ação penal cuja titularidade pertence ao ofendido, sendo promovida por meio de queixa. No caso de morte do ofendido ou quando declarado ausente por decisão judicial, o direito de oferecer queixa ou prosseguir na ação passará ao cônjuge, ascendente, descendente ou irmão. O fundamento da ação penal privada propriamente dita ou exclusiva é o chamado *streptus judicii*, isto é, o escândalo do processo que pode atingir a vítima. A renúncia é uma causa de extinção da punibilidade, que consiste em ato unilateral, do ofendido ou de seu representante legal, de abdicação do direito de promover a ação penal privada. O prazo para oferecimento da queixa-crime é de 6 meses, possuindo como termo inicial o dia em que se veio a saber quem foi o autor do crime. Escoado esse prazo, há a decadência, causa extintiva da punibilidade. Pode haver, ainda, duas causas específicas de extinção da punibilidade: perdão do ofendido, que deve ser aceito pelo querelado, e a perempção, sanção processual.
Ação Penal Privada Personalíssima	A ação penal privada personalíssima possui as mesmas características da ação penal privada propriamente dita ou exclusiva, com a peculiaridade de a sua titularidade ser única e exclusiva da vítima. Não há substituição da titularidade, nem mesmo se ocorrer a sua morte ou a sua decretação de ausência. A morte da vítima, portanto, acarreta a extinção da punibilidade do agente.
Ação Penal Privada Subsidiária da Pública	A ação penal privada subsidiária da pública é proposta nos casos de ação penal pública, se esta não for intentada pelo Ministério Público no prazo legal. É um direito fundamental assegurado no artigo 5º, inciso LIX, da Constituição. É cabível, portanto, no caso de inércia do órgão oficial, do Ministério Público. Como os demais casos de cabimento de queixa, o prazo é de 6 meses. Entretanto, em se tratando de ação penal privada subsidiária da pública, se não for intentada no prazo legal, não há decadência. O Ministério Público pode aditar a queixa, repudiá-la e oferecer denúncia substitutiva, intervir em todos os termos do processo, fornecer elementos de prova, interpor recurso e, a todo tempo, no caso de negligência do querelante, retomar a ação como parte principal.

Ação Penal nos crimes complexos	
Artigo 101 do Código Penal	Os crimes complexos são aqueles que resultam da reunião de mais de um tipo penal. Se um dos crimes que compõem o crime complexo for um dos que se procede mediante denúncia, caberá ação penal pública. Caso não se exija, em relação a algum deles, qualquer condição de procedibilidade, a ação será pública incondicionada.

CAPÍTULO XV

CLASSIFICAÇÃO DOS CRIMES

A classificação dos crimes é relevante para a aplicação dos institutos estudados e para a sistematização da matéria. Com o auxílio da classificação, é possível se inferirem diversas características sobre determinado tipo penal. Os critérios e denominações para se classificar o crime variam entre os penalistas, de modo que se buscará a utilização dos mais relevantes e utilizados pela doutrina majoritária.

1. QUANTO AO SUJEITO ATIVO

Os crimes se classificam, quanto ao sujeito ativo, em comuns, próprios e de mão própria:

Crime comum: é aquele que não exige nenhuma qualidade específica do sujeito ativo para sua prática. São exemplos os delitos de homicídio, de furto e de estupro.

Crime próprio: é aquele que exige determinada qualidade do sujeito ativo para sua prática. A doutrina admite a autoria mediata, a coautoria e a participação nos crimes próprios. São exemplos o peculato, no qual se exige a qualidade de funcionário público (crime funcional); o autoaborto, que só pode ser praticado pela própria grávida; e o delito de entrega de filho menor a pessoa inidônea, o qual só pode ser praticado pelos genitores.

Crime de mão própria: é aquele que somente pode ser praticado pela própria pessoa, por si mesma. Só se admite a participação em crime de mão própria, ressalvado o caso de perícia assinada por dois profissionais, caso em que a doutrina entende excepcionalmente cabível a coautoria. Também denominado de **delito de conduta infungível ou de atuação pessoal**. São exemplos o falso testemunho e a falsa perícia.

2. QUANTO AO RESULTADO NATURALÍSTICO

Este critério leva em conta a necessidade de **resultado naturalístico** para a consumação, distinguindo os delitos em materiais, formais e de mera conduta.

Crime material: é aquele que prevê um resultado naturalístico como necessário para sua consumação. São exemplos o delito de aborto e o crime de dano.

Crime formal: é aquele que descreve um resultado naturalístico, cuja ocorrência é prescindível para a consumação do delito. Também denominado de delito de tipo incongruente. É o caso da extorsão mediante sequestro e o do descaminho.

Crime de mera conduta: é aquele cujo resultado naturalístico não pode ocorrer, porque sequer há a sua descrição. Podemos tomar como exemplo o crime de ato obsceno, assim como o de violação de domicílio.

A denominação de **crimes de resultado** é comumente utilizada para denominar, de forma conjunta, duas espécies de delito: a) o crime de lesão ou de dano que exige resultado naturalístico para a sua consumação, chamado de crime material; b) os crimes de perigo concreto, que exigem a efetiva exposição do bem jurídico a um risco concreto para a sua configuração[1]. Os delitos de atividade seriam os que se configuram com a mera conduta, incluídos os de perigo de abstrato. Alguns autores, entretanto, mencionam apenas "tipos dolosos de resultado" e "tipos dolosos de simples atividade"[2], de modo que essa última modalidade abrangeria os formais e os de mera conduta.

3. QUANTO AO RESULTADO JURÍDICO

Se tomada como critério a necessidade ou não de efetiva lesão ao bem jurídico, temos a classificação dos delitos em crimes de dano e crimes de perigo. Esta forma de classificação toma como base o **resultado jurídico do delito**.

Crime de dano: é aquele em que se exige, para sua configuração, a **efetiva ocorrência de lesão ou de dano ao bem jurídico** protegido pela norma penal. São exemplos o crime de vilipêndio a cadáver, o infanticídio e o próprio delito do artigo 163 do Código Penal, assim denominado. Também pode ser denominado de crime de lesão.

Crime de perigo: é aquele que, para que se considere consumado, exige apenas que **o bem seja exposto a perigo**. Portanto, a efetiva ocorrência de dano ao bem jurídico protegido pela lei penal é desnecessária para que o crime se consume. São exemplos os crimes de perigo de contágio venéreo, de omissão de socorro e de tráfico ilícito de entorpecentes.

Os crimes de perigo podem ser subdivididos em:

- **De perigo concreto**: é o crime de perigo cuja configuração requer a demonstração de que o bem jurídico efetivamente foi posto em perigo. É exemplo o crime de incêndio, em que <u>o perigo deve ser demonstrado</u>.
- **De perigo abstrato (ou puro)**: é o crime de perigo em que a sua consumação não depende da demonstração de que tenha colocado o bem jurídico em risco. O risco é presumido, de forma absoluta, pela lei. É o caso do crime de associação criminosa e crime de posse irregular de munição de uso permitido ou restrito, dos artigos 12 e 14 da Lei n. 10.826/2003[3].
- **De perigo abstrato de "perigosidade" ou periculosidade real**: cuida-se de denominação nova trazida por alguns doutrinadores. Seria o crime de

1. HILGENDORF, Eric; VALERIUS, Brian. Op. Cit., 2019, p. 52.
2. SANTOS, Juarez Cirino. Direito penal: parte geral. 9. ed. rev. atual. e ampl. São Paulo: Tirant lo Blanch, 2020, p. 139-140.
3. STF, RHC 146081 AgR, Primeira Turma, Julgamento: 10/11/2017 e HC 148801 AgR, Segunda Turma, Julgamento 07/08/2018.

perigo em que deve ser demonstrado o risco, mas não a pessoa certa e determinada. Não é uma denominação utilizada pela maioria da doutrina, que só distingue os crimes de perigo, quanto à demonstração do risco, em concretos e abstratos. De fato, representa uma mistura indevida de categorias, relacionando o perigo comum ao perigo concreto. Seria exemplo o crime de embriaguez ao volante, em que bastaria a demonstração de perigo ao tráfego de pessoas e veículos, sem necessidade de se comprovar que determinada pessoa foi colocada em risco.

- **De perigo individual**: é o delito que causa perigo a uma pessoa ou a um grupo determinado de pessoas. Pode-se apontar como exemplo o delito de perigo de contágio de moléstia grave.
- **De perigo comum ou coletivo**: é aquele cujo perigo de dano atinge um número indeterminado de pessoas. Temos como exemplos o crime de fabrico, fornecimento, aquisição, posse ou transporte de explosivos ou gás tóxico, ou asfixiante (artigo 253 do CP) e o de incêndio (artigo 250 do CP).
- **De perigo atual**: é aquele cujo perigo causado é contemporâneo à conduta do agente. O crime de desabamento ou desmoronamento do artigo 256 do CP tende a ser de perigo atual, pois o desabamento de um prédio, no momento em que ocorre, já coloca em perigo a vida, a integridade física ou o patrimônio de outrem.
- **De perigo iminente**: é aquele cujo perigo está prestes a acontecer. O abandono de incapaz, do artigo 133 do CP, na prática, pode se mostrar um crime de perigo iminente, já que, ainda que a pessoa sob cuidado não fique em perigo imediatamente, pode ficar depois de algum tempo sem cuidado.
- **De perigo futuro ou mediato**: é aquele que produz um risco futuro. Os exemplos são a associação criminosa ou o porte de munição de uso permitido.

A classificação relevante, entretanto, é a que divide os crimes de perigo, sem misturar os critérios, em crime de perigo abstrato e de perigo concreto, crime de perigo individual e de perigo comum. Os demais critérios são confusos e desnecessários para interpretação e aplicação dos tipos que preveem crimes de perigo.

Na Alemanha, há a denominação de crimes de aptidão, de perigo hipotético ou de crime de perigo abstrato-concreto[4]. Essa teoria traz uma nova classificação, consistente em **crimes de aptidão**[5], consistentes nas infrações penais em que o perigo seria parte do tipo, e não uma fundamentação da própria incriminação. Por isso, seriam diferentes dos crimes de perigo abstrato. Além disso, não exigiriam a demonstração de um perigo concreto, razão pela qual se diferenciariam dos crimes de perigo concreto. Referidos delitos seriam assim denominados por exigirem a aptidão da produção do resultado, ou seja, a potencialidade de causar o dano ao bem jurídico. Exigir-se-ia, assim, a idoneidade para a produção do resultado, sem exigir

4. HILGENDORF, Eric; VALERIUS, Brian. Op. Cit., 2019, p. 58-59.
5. ROXIN, Claus. Derecho Penal. Parte General. Tomo I. Traducción de la 2ª edición alemana. Madrid: Thomsom Reuters, 2017, p. 411.

sua comprovação caso a caso, mas a demonstração de que, pelo que ordinariamente acontece, a conduta era idônea para colocar o bem jurídico em risco.

4. QUANTO À MODALIDADE DA CONDUTA

Leva em conta a forma da conduta, se positiva ou negativa, separando os crimes em comissivos e omissivos.

Crime comissivo: é aquele que é praticado por um comportamento positivo do agente, isto é, um fazer. São comissivos os crimes de furto e de infanticídio.

Crime omissivo: é aquele que é praticado por meio de um comportamento negativo, uma abstenção, um não fazer. Os crimes omissivos se subdividem em:

- **Omissivo próprio**: é aquele previsto em um **tipo mandamental**, ou seja, um tipo que já descreve um comportamento negativo no seu núcleo. O dever jurídico de agir, naquela situação, decorre do próprio tipo penal, que é chamado, então, de mandamental, por tornar criminosa uma abstenção (ou omissão) em determinadas circunstâncias. O agente, no caso, não tem o dever de evitar um resultado, mas simplesmente **o dever de agir para não incorrer na prática do crime.**

  Exemplo é o crime de omissão de socorro ("Deixar de prestar assistência, quando possível fazê-lo sem risco pessoal, à criança abandonada ou extraviada, ou à pessoa inválida ou ferida, ao desamparo ou em grave e iminente perigo; ou não pedir, nesses casos, o socorro da autoridade pública"), em que a própria descrição do tipo penal é um não fazer (deixar de prestar assistência ou não pedir o socorro da autoridade pública). É também do caso dos crimes do artigo 168-A, *caput*, e do artigo 359-F, ambos do CP.

- **Omissivo impróprio**: também chamado de **comissivo por omissão**, é aquele cujo dever jurídico de agir decorre de uma cláusula geral, que, no Código Penal Brasileiro, está previsto em seu artigo 13, parágrafo segundo. O dever jurídico abrange determinadas situações jurídicas e se refere a qualquer crime comissivo. **O sujeito tem o dever de evitar o resultado naturalístico.** Por isso, tais delitos são chamados comissivos por omissão. A doutrina aponta que só abrange crimes materiais, já que o agente deve ter o dever de evitar o resultado.

  São crimes naturalmente comissivos (praticados por um comportamento positivo, uma ação), como é o caso do homicídio, mas que podem ser praticados por uma conduta omissiva, no caso de o sujeito ter o dever jurídico de agir previsto na cláusula geral.

  Os crimes omissivos **impróprios** possuem as seguintes modalidades:

  <u>Por dever legal</u>: aquele que tenha por lei obrigação de cuidado, proteção ou vigilância. É o caso dos pais em relação aos filhos menores. Se deixarem de alimentá-los, podem responder pelo homicídio, um delito, no caso, omissivo impróprio.

Por dever de garantidor: é o sujeito que, de outra forma, assumiu a responsabilidade de impedir o resultado. É o salva-vidas de um clube, que, por vínculo de trabalho, se obriga a salvar uma criança que se afoga e pode responder pelo resultado morte, caso se abstenha de agir.

Por ingerência na norma: é aquele que, com seu comportamento anterior, criou o risco da ocorrência do resultado. O sujeito que pôs fogo na mata, que se alastrou e não avisa os seus empregados rurais, que podem ser atingidos pelo fogo, responderá por sua abstenção, no caso de sofrerem lesão corporal.

- **Omissivo por comissão**: parte da doutrina entende existir uma terceira modalidade de delito omissivo, o omissivo por comissão[6]. Cuida-se de crime tipicamente omissivo, mas há uma ação, um comportamento comissivo, que provoca a omissão. Daí decorre a sua denominação (omissivo por comissão), de modo que haveria um delito naturalmente omissivo, mas que é praticado em razão da conduta positiva de outrem. A doutrina majoritária, no entanto, trata essa conduta simplesmente como comissiva, considerando que o relevante é o comportamento ativo do agente, e não a sua omissão posterior.

Crime de esquecimento ou de "olvido": é o crime omissivo culposo, sem representação do resultado [7]. Em outras palavras, é o crime omissivo praticado com culpa inconsciente, aquela em que o agente nem sequer prevê o resultado, apesar de previsível. Imagine um pai que não cuida do filho de tão distraído que está em seus vícios. Ele não se lembra de que o filho está com ele, apesar de ser o fim de semana em que ele cuidaria da criança. Deixa o som alto e a criança, sem supervisão, sofre uma queda, grita por socorro e ele não ajuda, razão pela qual ela falece. Ele agiu com culpa inconsciente, pois nem mesmo previu o resultado, caracterizando-se um crime omissivo impróprio. São exemplos doutrinários os casos de alguém que esquece a válvula do gás aberta ou que não faz, por distração, um sinal de trânsito que era necessário.

Crime de conduta mista: é aquele cujo tipo prevê **uma ação, seguida de uma omissão, sendo que ambos os comportamentos são necessários** para a sua configuração. Haveria, portanto, uma mistura entre o crime comissivo e o omissivo. O exemplo é o crime de apropriação de coisa achada, do artigo 169, inciso II, do CP. O tipo penal é o seguinte: "quem acha coisa alheia perdida e dela se apropria, total ou parcialmente, **[conduta comissiva]** deixando de restituí-la ao dono ou legítimo possuidor ou de entregá-la à autoridade competente, dentro no prazo de quinze dias **[conduta omissiva]**."

5. QUANTO À CONSUMAÇÃO

Considera **o momento em que o crime se consuma**: se de forma imediata; se há o prolongamento no tempo desta fase do *iter criminis*; se, ainda que imediata,

6. CAPEZ, Fernando. Curso de Direito Penal. 17. ed. São Paulo: Saraiva, 2013, p. 165.
7. ZAFFARONI, Eugenio Raúl. PIERANGELI, José Henrique. Manual de direito penal brasileiro. 13. ed. São Paulo: Thomson Reuters Brasil, 2019, p. 489.

a consumação produz efeitos permanentes; ou, por fim, se há um prazo temporal para sua consumação.

Crime instantâneo: é aquele que se consuma imediatamente, em um instante definido. Podemos exemplificar com o furto.

Crime permanente: é aquele cuja consumação se protrai no tempo, isto é, se prolonga. A fase da consumação persiste **enquanto desejar o agente**. O sujeito ativo do delito consegue prolongar no tempo a fase de consumação do delito. É o caso da extorsão mediante sequestro.

Crime instantâneo de efeitos permanentes: é aquele que se consuma imediatamente, em um momento determinado no tempo, mas cujos efeitos se prolongam no tempo. É uma subespécie do crime instantâneo. São exemplos o aborto e o crime de parcelamento ilegal de solo[8].

Crime a prazo: é aquele que depende de determinado prazo para sua consumação, como o de apropriação de coisa achada (artigo 162, inciso II, do CP) e o de lesão corporal de natureza grave com resultado de incapacidade para as ocupações habituais, por mais de trinta dias (artigo 129, § 1º, inciso I, do CP).

Crime habitual: é o crime que exige uma reiteração de atos para sua consumação, sendo que a doutrina aponta ser necessária a demonstração do estilo de vida do agente. São exemplos o rufianismo e a casa de prostituição.

Roxin, que não trata de crime instantâneo de efeitos permanentes, traz uma outra categoria, a dos **delitos de estado**. Seriam crimes que se consumam com o resultado, mas não precisam de atuação do autor para manutenção do estado criado pela conduta típica, mesmo que ele se beneficie de tal estado. Exemplo seria o da bigamia, delito em que o sujeito não precisa renovar os atos para se manter casado de forma ilícita. O homicídio seria outro exemplo[9].

6. QUANTO À UNICIDADE OU NÃO DO TIPO PENAL

Este critério classificatório se fundamenta **no fato de o tipo penal ser único ou se ele resulta da fusão de mais de um tipo penal**:

Crime simples: é aquele que é formado por um único tipo penal, não resultando da reunião de outros tipos. Exemplos: infanticídio e furto.

Crime complexo: é aquele cujo tipo é resultante da junção ou fusão de outros tipos penais, como o roubo, que decorre do constrangimento ilegal, da ameaça ou do crime relativo à violência e do furto. Temos, ainda, o latrocínio, resultante da soma do furto e do homicídio. Por fim, podemos exemplificar com a extorsão mediante sequestro, delito no qual se fundem os tipos penais da extorsão e do sequestro.

Crime ultracomplexo: é a classificação, a nosso ver desnecessária, de um crime que resulta da união de um delito complexo e de outro tipo penal. Seria o caso do roubo praticado com emprego de arma de fogo, pois esse crime reúne, em si, três

8. STJ, RHC 65785/RJ, Rel. Min. Jorge Mussi, Quinta Turma, DJe 27/04/2018.
9. ROXIN, Claus. *Ibidem*, p. 411.

outros delitos (constrangimento ilegal, furto e porte ilegal de arma de fogo). O crime de roubo já é complexo, sendo, no caso, adicionado do delito do porte ilegal de arma de fogo, que torna o crime complexo majorado[10].

7. QUANTO À ACESSORIEDADE DO DELITO

Considera a relação entre os delitos, se **há ou não a dependência de outra infração para a sua configuração**:

Crime principal: é aquele que existe independentemente da ocorrência de outro delito. Se não possui ligação com outro delito, pode ser chamado de independente. Exemplos: furto, homicídio e estupro.

Crime acessório: é aquele cuja ocorrência depende de um crime anterior. Também é chamado de crime parasitário. Exemplos: receptação, lavagem de capitais e favorecimento real. No caso de lavagem de dinheiro, o próprio agente pode ter cometido o crime anterior, pois se admite a punição da chamada autolavagem.

Crime de fusão, de conexão ou de anexação: os delitos de fusão são aqueles que se relacionam a outro delito cometido anteriormente por terceiro, como o favorecimento pessoal, o favorecimento real e a receptação. É denominação utilizada por Eugenio Zaffaroni e Nilo Batista[11]. A classificação parece não se confundir exatamente com o crime acessório, já que os autores trazem essa denominação como o crime praticado por terceiro. No caso da lavagem de dinheiro, é punível a autolavagem (crime acessório e delito principal praticados pelo mesmo agente).

8. QUANTO À APLICAÇÃO DA ABSORÇÃO

Cuida-se de classificação que simplesmente diferencia **as modalidades de aplicação do princípio da consunção ou da absorção**, um dos incidentes no chamado concurso aparente de normas:

Crime progressivo: é aquele em que o agente, para atingir o seu objetivo, precisa praticar um crime menos grave que é o caminho para a prática de outro. Cuida-se de condutas **necessárias** para a prática do crime desejado. É o caso do homicida que se utiliza de uma faca para a execução do crime. Ele pratica várias lesões corporais para atingir o homicídio, respondendo apenas por este último crime (norma consuntiva). Para o entendimento atual do STJ, não se deve adotar a regra de o mais grave absorver o menos grave, mas de o crime-fim absorver o crime-meio.

Progressão criminosa: é aquele em que há **modificação do elemento subjetivo do agente**, que passa pela realização de dois ou mais tipos penais, ocorrendo a absorção pelo crime-fim. É o caso do sujeito que vai até a casa da ex-namorada para lhe dar uns socos e, lá chegando, resolve matá-la. Nesse caso, há uma **modificação**

10. CUNHA, Rogério Sanches. Manual de direito penal: parte geral (arts. 1º ao 120). 8ª. ed. Salvador: Juspodivm, 2020, p. 224.
11. ZAFFARONI, Eugenio Raúl; Batista, Nilo; ALAGIA, Alejandro; SLOKAR, Alejandro. Direito Penal Brasileiro, volume 2, tomo 2. 1ª Ed. Rio de Janeiro: Revan, 2017, p. 469.

do dolo, sendo que a prática das lesões corporais, previstas na norma consunta, era o objetivo inicial do agente. Ele, então, o modifica e, buscando a morte da vítima, torna sua conduta, que inicialmente pretendia, mero meio de execução de um resultado mais gravoso, a morte da vítima. A consequência é que o crime de homicídio absorve o crime-meio, o de lesões corporais.

9. QUANTO AO FRACIONAMENTO DA CONDUTA

Este critério leva em conta a realização de **um só ato ou de uma pluralidade de atos**, pelo sujeito ativo, para a configuração do crime. O critério, mais tecnicamente, é de fracionamento ou não da conduta, não se aplicando uma diferenciação puramente mecânica:

Crime unissubsistente: é aquele que se realiza com um único ato, como o desacato ou a injúria, ambos praticados verbalmente. A conduta não pode ser fracionada. **A doutrina majoritária não admite tentativa deste tipo de crime**[12]. É o caso da injúria verbal e, para parte da doutrina, o do crime do artigo 178 do CP.

Crime plurissubsistente: é aquele cuja prática exige mais de uma conduta para sua configuração. Em outras palavras, a conduta do agente pode ser fracionada, possibilitando a interrupção da execução, por circunstâncias alheias à vontade do agente, e, com isso, a punição do *conatus* (modalidade tentada do crime). É o caso do homicídio, da extorsão mediante sequestro e do estelionato.

10. QUANTO AO CONCURSO DE AGENTES

Classificam-se os crimes quanto à **necessidade ou não de mais de um sujeito ativo para sua configuração**:

Crime unissubjetivo, monossubjetivo ou de concurso eventual: é aquele que pode ser praticado por apenas um indivíduo. A doutrina aponta que esse tipo de delito é que torna importante o estudo do concurso de pessoas, por não ser necessária a pluralidade de agentes para a própria configuração do delito.

Crime plurissubjetivo ou de concurso necessário: é aquele cuja realização típica exige mais de um agente. O crime plurissubjetivo se subdivide em[13]:

---

12. Em sentido contrário: CAPEZ, Fernando. Curso de Direito Penal. 17. ed. São Paulo: Saraiva, 2013, p. 270.
13. Classificação também adotada por René Ariel Dotti, só valendo observar que o penalista insere o crime de rixa, concomitantemente, como exemplo de delito de condutas paralelas e como delito de condutas contrapostas (Op. Cit., 2020, p. 550-551) e por Rogério Sanches Cunha (Op. Cit., 2020, p. 225). Cleber Masson usa outra denominação, que parece minoritária. Chama os crimes plurissubjetivos, em sua subdivisão e na mesma ordem acima mencionada, de crimes bilaterais ou de encontro; crimes de condutas coletivas ou de convergência de condutas paralelas (MASSON, Cleber. *Ibidem*, p. 170-171). Na obra Direito Penal Brasileiro, de Juan Carlos Olivé e outros, a subdivisão é feita, utilizando-se a mesma nomenclatura da obra de Roxin, entre os plurissubjetivos de convergência ou coincidência, em que a atuação de todos é uniforme para atingir um mesmo objetivo, como no constrangimento ilegal por coautoria, e plurissubjetivos de encontro, em que a intervenção de cada um é independente, como na advocacia administrativa (2. ed. São Paulo: Saraiva, 2017, p. 259). Entretanto, Roxin usa a expressão "crimes de encontro" de forma diversa, pois compreende que na usura há participação necessária entre o usurário e o que sofre o prejuízo, de modo que a vítima é incluída no conceito de crime de encontro utilizado em sua obra (ROXIN, Op. Cit., 2014, p. 220-221). Essa posição de Roxin é, portanto, uma classificação diferente da usada no Brasil, também adotada na obra de Edmund Mezger (Derecho Penal. Libro de Estudio. Parte General. Santiago: Ediciones Olejnik, 2019, p. 261-262).

- **Crime plurissubjetivo de condutas convergentes ou bilaterais**: as condutas dos agentes devem se direcionar uma em direção à outra. Exemplo é o delito de bigamia. Dotti observa que os agentes devem se reunir para a prática do crime, denominando-os, ainda, de crimes de encontro[14].
- **Crime plurissubjetivo de condutas paralelas**: as condutas dos indivíduos devem atuar paralelamente, possibilitando a prática delitiva. É o caso da associação criminosa, de milícia privada e de motim de presos.
- **Crime plurissubjetivo de condutas contrapostas**: as condutas dos agentes devem ir de encontro umas às outras, ou seja, contraporem-se. É assim classificado o crime de rixa.

11. QUANTO À FORMA DE SUA PRÁTICA

É o critério de a lei penal prever ou não uma **forma determinada para a prática da infração** penal, sendo que só se configurará o delito se o sujeito ativo agir daquele modo específico para a realização típica:

Crime de forma livre: é aquele que não prevê uma forma específica de realização do núcleo do tipo, como o furto e o homicídio.

Crime de forma vinculada: é aquele que tem forma ou formas de realização do núcleo do tipo especificamente previstas em lei. É o caso do curandeirismo, que possui algumas formas previstas nos incisos do artigo 284 em que o núcleo do tipo pode ser realizado:

> *Art. 284 – Exercer o curandeirismo:*
>
> *I – prescrevendo, ministrando ou aplicando, habitualmente, qualquer substância;*
>
> *II – usando gestos, palavras ou qualquer outro meio;*
>
> *III – fazendo diagnósticos:*
>
> *Pena – detenção, de seis meses a dois anos.*
>
> *Parágrafo único – Se o crime é praticado mediante remuneração, o agente fica também sujeito à multa.*

É também o caso do crime de redução à condição análoga à de escravo.

12. QUANTO AO LUGAR DE SUA PRÁTICA

Há a classificação dos crimes para denominar aqueles cujo *iter criminis* perpassam **mais de um local, abrangendo ou não mais de uma soberania**:

Crime à distância ou de espaço máximo: é a infração penal cujo *iter criminis* (caminho do crime, com suas fases de cogitação, preparação, execução, consumação e, ao final, eventual exaurimento) abrange mais de um país. Ou seja, é aquela infração penal que, em seu desenvolvimento, percorre mais de um território soberano. Referido tipo de crime torna importante o estudo do local do crime que, segundo o Código Penal, deve ser compreendido sob a ótica da teoria da ubiquidade.

14. DOTTI, René Ariel. Curso de direito penal: parte geral. 7. ed. São Paulo: Thomson Reuters Brasil, 2020, p. 576 e 581.

Crime plurilocal: é aquele que percorre, em sua prática, mais de um lugar, mas dentro do mesmo território soberano. Sua importância se volta ao processo penal, especialmente para determinação da competência *ratione loci*, ou seja, a territorial.

Há quem fale, ainda, em **crime em trânsito,** conceituando-o como aquele que passa pelo território de mais de um país, sem atingir bens jurídicos de todos eles[15]. Seria o caso de uma mala de dinheiro recebida como suborno no Peru, que passa pelo Brasil para ser objeto de lavagem de capitais no Uruguai. Não parece uma classificação necessária, considerando que a que possui relevância prática é a dos crimes à distância, dada a necessidade de definir se a lei brasileira é aplicável.

13. QUANTO AOS VESTÍGIOS

De maior interesse para o Direito Processual Penal, há a classificação dos crimes quanto a **deixarem ou não vestígios**:

Crime de fato transeunte (*delicta facti transeuntis*): é aquele que não deixa vestígios, tornando desnecessária a realização do exame de corpo de delito. É o caso da injúria verbal e do ato obsceno.

Crime de fato permanente (*delicta facti permanentis*): é aquele que deixa vestígios, tornando necessária a realização do exame de corpo de delito. Classificam-se assim o delito de estupro, de falsidade de documento público e o de lesão corporal.

14. QUANTO À CONDIÇÃO OBJETIVA DE PUNIBILIDADE

Classificação de acordo com a **necessidade ou não de condição objetiva de punibilidade**:

Crime condicionado: é aquele que depende de uma condição objetiva de punibilidade, como no caso dos crimes tributários do artigo 1º da Lei n. 8.137/1990 (dependem da constituição definitiva do crédito tributário) e dos crimes falimentares (dependem da sentença que decrete a falência, conceda a recuperação judicial ou homologue o plano de recuperação extrajudicial).

Crime incondicionado: é aquele que não possui condições objetivas de punibilidade para sua configuração e consumação. De ordinário, é o que ocorre com o roubo e o descaminho.

15. QUANTO À NATUREZA DOS CRIMES FUNCIONAIS

Os crimes praticados por funcionário público contra a Administração em geral são próprios, pois só podem ser praticados por quem é funcionário público, ressalvadas as hipóteses de coautoria e participação. Isto porque a condição pessoal (de funcionário público) se comunica aos demais agentes, nos termos do artigo 30 do Código Penal. De forma mais específica, os crimes praticados por funcionário público contra a Administração em geral são chamados funcionais e se subdividem em próprios e impróprios:

15. SANCHES, Rogério Cunha. Manual de Direito Penal. Parte Geral (arts. 1º ao 120). 8ª Ed. Salvador: Juspodivm, 2020, p. 229.

Crimes funcionais próprios: são aqueles que só podem ser praticados pelo funcionário público. Caso não haja tal qualidade do sujeito ativo, a conduta é penalmente atípica. Pode ser exemplificado com o crime de prevaricação.

Crimes funcionais impróprios: são delitos que, se não houver a qualidade de funcionário público do sujeito ativo, não se configuram, mas são penalmente relevantes em virtude da criminalização em outro dispositivo. É o caso do peculato do *caput* do artigo 312 do CP, correspondendo ao delito de apropriação indébita.

É de se ressaltar que a classificação tem importância prática, como se nota pelo seguinte acórdão do STJ:

> *"O* ***procedimento previsto no art. 514 do Código de Processo Penal****, na eventualidade de sua aplicação,* ***se restringe****, consoante entendimento consolidado na jurisprudência do col. Supremo Tribunal Federal e no desta Corte Superior,* ***aos crimes funcionais próprios*** *– aqueles em que a qualidade de funcionário público é essencial à sua configuração, e faltando esta, o fato será um indiferente penal -, descritos nos artigos 312 a 326 do Código Penal, o que não é o caso do delito imputado ao paciente, previsto no art. 92 da Lei de Licitações." (STJ, AgRg no HC 502213/RJ, Rel. Desembargador Convocado Leopoldo de Arruda Raposo, Quinta Turma, DJe 11/10/2019).*

16. QUANTO À NATUREZA DOS CRIMES MILITARES

Os crimes militares são classificados tradicionalmente em dois tipos, os próprios e os impróprios. Com o advento da Lei n. 13.491/2017, passou-se a mencionar uma terceira modalidade, a dos crimes militares por extensão:

Crime militar próprio: é aquele que só possui tipificação no âmbito militar, como é o caso de deserção, previsto no artigo 187 do Código Penal Militar. Se um civil praticar referida conduta, haverá fato penalmente atípico. A condenação anterior por crime militar próprio não configura a reincidência, nos termos do artigo 64, II, do Código Penal. Entretanto, existe uma corrente minoritária que entende serem crimes militares próprios os que só podem ser praticados por militar, e não por civil.

Crime militar impróprio: é aquele que está previsto na legislação penal militar, mas possui tipificação também como crime não militar. Se um cidadão civil praticar a conduta, há crime; se o agente for militar, há crime previsto na legislação especial. São exemplos o furto e o homicídio.

Crime militar por extensão: é aquele que não está previsto na legislação militar, mas que, em razão de determinadas circunstâncias e por ter sido praticado por militar das Forças Armadas, é de competência da Justiça Militar da União. Essa categoria teria surgido com o advento da Lei n. 13.491/2017, de duvidosa constitucionalidade[16], que alterou o Código Penal Militar para ampliar a competência da Justiça Castrense.

16. Defendendo a necessidade de uma interpretação conforme a Constituição, Afrânio Silva Jardim aponta ser necessário para que se considere um crime como militar, além das *circunstâncias* do artigo 9º da Lei n. 13.491/2017, que ela viole "um bem jurídico próprio e peculiar da atividade e organização militar": JARDIM, Afrânio Silva. O conceito de crime militar e a nova lei. Não nos esqueçamos do sistema constitucional!!!. In: JARDIM, Afrânio Silva; AMORIM, Pierre Souto Maior Coutinho de. Direito processual penal: estudos, pareceres e crônicas. 15ª ed., rev., ampl. e atual. Salvador: Editora Juspodivm, 2018, p. 762.

A Lei n. 14.688, de 20 de setembro de 2023, alterou a Lei n. 8.072/1990, a Lei dos Crimes Hediondos, para incluir no seu rol determinados crimes militares, até então excluídos dessa disciplina. Não havia previsão legal e, por vedação da *analogia in malam partem*, não era possível considerar hediondo nenhum delito previsto no Código Penal Militar. Com a alteração legislativa, foi acrescentado o inciso VI ao artigo 1º, parágrafo único, da Lei dos Crimes Hediondos, com a seguinte redação: "os crimes previstos no Decreto-Lei nº 1.001, de 21 de outubro de 1969 (Código Penal Militar), que apresentem identidade com os crimes previstos no art. 1º desta Lei". A inclusão, portanto, se relaciona aos crimes militares impróprios, cuja tipificação corresponda a delito comum classificado como hediondo.

17. QUANTO AO SUJEITO PASSIVO

No tocante ao sujeito passivo, alguns delitos possuem algumas peculiaridades e, por isso, possuem nomenclatura específica:

Crime vago: é aquele que possui sujeito passivo imediato um ente sem personalidade jurídica, como a coletividade. É o crime de ato obsceno e o de casa de prostituição.

Crime de dupla subjetividade passiva: é aquele que possui mais de um sujeito passivo imediato. É o caso do aborto sem consentimento da gestante (artigo 125 do CP) e de violação de correspondência (artigo 151 do CP).

18. QUANTO AO NÚMERO DE BENS JURÍDICOS ATINGIDOS

Apesar de se tratar de classificação menos frequente na doutrina criminalista, é possível, ainda, dividir as infrações penais no tocante ao número de bens jurídicos ofendidos com a realização típica. Seriam as espécies de crime, segundo tal critério, as seguintes:

Crime mono-ofensivo: é aquele que atinge apenas um bem jurídico, como furto, que ofende o patrimônio.

Crime pluriofensivo: é aquele que viola a mais de um bem jurídico. Pode-se exemplificar com o latrocínio, que atinge o patrimônio e a vida.

19. QUANTO A ELEMENTOS SUBJETIVOS IMPRÓPRIOS

Claus Roxin traz, em sua obra[17], uma subdivisão dos delitos em razão do seu elemento subjetivo, preconizada por Mezger:

Crimes de intenção: o tipo penal exige um elemento subjetivo que ultrapasse, transcenda o tipo objetivo, para a sua configuração. Para alguns autores, são os crimes que exigem elemento subjetivo especial do tipo. No caso do furto, exige-se a intenção de apropriação para além da mera subtração. Pode ser subdividido em duas classes de crimes:

17. ROXIN, Claus. Derecho Penal. *Ibidem*, p. 316-318.

- **De tendência interna transcendente de resultado cortado (separado)**: Segundo Roxin, o segundo resultado posterior deve ser produzido como consequência da ação típica, **sem uma conduta adicional do sujeito ativo**. Ele exemplifica com o crime de envenenamento, previsto na lei alemã, com resultado adicional de dano à saúde pública. É o caso de o resultado naturalístico, apesar de ser a intenção do agente (elemento subjetivo especial do tipo), depender da conduta de um terceiro. Classifica-se assim o delito de extorsão mediante sequestro.
- **De tendência interna transcendente mutilado (atrofiado) de dois atos**: o agente pratica a conduta para um resultado posterior, que não é necessário ser obtido para sua configuração. O resultado naturalístico, não exigido para a configuração do delito, depende da vontade do agente, por meio de **uma ação posterior**. Pode-se apontar o exemplo da moeda falsa, já que o tipo não exige que seja colocada no mercado para que o agente efetivamente se beneficie[18].

Crimes de tendência, também chamados de delitos de tendência interna peculiar ou intensificada: o delito possui um elemento subjetivo que é inerente a um elemento típico ou determina a classe do crime, conforme ensina Roxin[19]. De forma mais simples, a doutrina os conceitua como aqueles cuja intenção do agente determina se o fato é típico ou atípico. É o caso da injúria, em que se exige a intenção e, mais ainda, o *animus injuriandi*, ou seja, que a intenção seja especificamente a de ofender. O crime não se configura se a ideia foi fazer uma piada, por exemplo, ou uma crítica literária. Roxin exemplifica com os crimes sexuais. O que diferencia uma consulta séria de um ginecologista ou um urologista e um crime contra a dignidade sexual pode ser a intenção do agente ao tocar o paciente.

Crimes de expressão: são os crimes cuja conduta expressam um processo interno ocorrido na mente do autor. O agente recebe uma informação e a interpreta, processa, praticando então a conduta típica. Roxin usa o exemplo do falso testemunho, em que o agente tem ciência de determinados fatos e, então, depõe de forma diversa. O crime não está na contradição entre o que o agente disse e a realidade (concepção objetiva), pois o agente pode ter percebido a realidade de forma diversa, mas entre a sua convicção íntima e sua manifestação ou entre o seu conhecimento dos fatos e sua atitude de calar-se (concepção subjetiva).

---

18. Rogério Sanches Cunha define os crimes de intenção como aqueles que possuem um tipo subjetivo "composto pelo dolo e por elemento subjetivo especial", mas usa como exemplo de crime mutilado de dois atos, "espécie de crime de intenção", o de petrechos para falsificação de moeda (Manual de Direito Penal, Parte Geral. Salvador: Juspodivm, 2020, p. 230-231). Entretanto, ao analisar o crime de petrechos para falsificação de moeda, assevera que "Não se exige finalidade especial por parte do agente" (Manual de Direito Penal, Parte Especial. Salvador: Juspodivm, 2020, p. 292), o que, *data venia*, se mostra contraditório. Por isso, optou-se, aqui, pelo exemplo do crime de moeda falsa que, segundo Bitencourt, exige elemento subjetivo especial (Tratado de Direito Penal, vol. 4, 4 ed., 2010, p. 393), ainda que seja entendimento minoritário.
19. Para o autor, há uma difícil delimitação entre os delitos de intenção propriamente ditos e os crimes de tendência, mas o jurista entende faltar relevância prática na definição dessas fronteiras conceituais.

20. QUANTO AO TRATAMENTO DA TENTATIVA

Há alguns crimes que possuem um **tratamento diferenciado quanto à tentativa e consumação**:

Crimes que só admitem a forma tentada: são os de lesa-pátria. Estavam previstos na Lei de Segurança Nacional e, após o advento da Lei n. 14.197/2021, foram inseridos no Título XII da Parte Especial, como o crime de abolição violenta do Estado Democrático de Direito:

> *Art. 359-L. Tentar, com emprego de violência ou grave ameaça, abolir o Estado Democrático de Direito, impedindo ou restringindo o exercício dos poderes constitucionais:*
>
> *Pena – reclusão, de 4 (quatro) a 8 (oito) anos, além da pena correspondente à violência.*

O próprio núcleo do tipo é "tentar abolir", de modo que só a conduta tentada é punida.

✓ **Por que não se pune a forma consumada?**

Neste caso, a consumação do delito implicaria a abolição do Estado Democrático de Direito, com o fim da ordem jurídica vigente como um todo. Deste modo, não há lógica em se prever a punição de quem conseguir formar um novo país soberano, pois não haveria efetivamente a punição, já que se submeteria a outra ordem jurídica. Em se formando um novo governo, autocrático, os crimes previstos na ordem jurídica extinta não seriam ali reconhecidos.

Crimes de atentado ou de empreendimento: são aqueles em que o legislador equipara a forma tentada à forma consumada do delito, prevendo a mesma pena para ambas as modalidades. É exemplo o artigo 352 do CP, bem como o do artigo 309 do Código Eleitoral:

> *Art. 309. Votar ou tentar votar mais de uma vez, ou em lugar de outrem:*
>
> *Pena – reclusão até três anos.*

21. QUANTO AO NÚCLEO DO TIPO

É possível, ainda, classificar o delito quanto ao **número de núcleos do tipo e a necessidade ou não se sua realização cumulativa para a sua configuração**:

Crime de ação simples: é o crime que possui apenas um núcleo do tipo, consistente no verbo principal que descreve a conduta típica. É o caso do homicídio:

> *Art. 121. Matar alguém:*
>
> *Pena – reclusão, de seis a vinte anos.*

Cleber Masson traz, ainda, a classificação de crimes de condutas conjugadas, dizendo ser o caso de crimes que, apesar de possuírem um só núcleo, se conectam a mais de uma conduta, como o caso do crime de abandono moral, do artigo 247 do CP[20].

20. MASSON, Cleber. Direito Penal. Parte Geral (arts. 1º ao 120). 13ª Ed. São Paulo, Método, 2019, p. 230-231.

Crime de ação múltipla, de ação plurinuclear, de conteúdo variado ou tipo misto[21]: é o crime que possui mais de um núcleo do tipo, podendo ser dividido em alternativo ou cumulativo:

- **Crime de tipo misto alternativo**: é o crime que possui mais de um núcleo do tipo, sendo que a prática de apenas um deles é suficiente para a sua consumação e a prática de mais de um deles, no mesmo contexto, configura crime único. É o caso do artigo 33, *caput*, da Lei n. 11.343/2006:

> *Art. 33. Importar, exportar, remeter, preparar, produzir, fabricar, adquirir, vender, expor à venda, oferecer, ter em depósito, transportar, trazer consigo, guardar, prescrever, ministrar, entregar a consumo ou fornecer drogas, ainda que gratuitamente, sem autorização ou em desacordo com determinação legal ou regulamentar:*
>
> *Pena – reclusão de 5 (cinco) a 15 (quinze) anos e pagamento de 500 (quinhentos) a 1.500 (mil e quinhentos) dias-multa.*

- **Crime de tipo misto cumulativo:** é o crime que possui mais de um núcleo do tipo, sendo que as condutas não são fungíveis entre si. Estão no mesmo tipo penal por opção do legislador, mas poderiam estar em tipos penais diversos. A prática de cada um deles configura um delito diverso. É o caso do crime do artigo 242 do CP. Também se exemplifica com o atentado contra a liberdade de trabalho e boicotagem violenta, previsto no artigo 198 do CP:

> *Art. 198 – Constranger alguém, mediante violência ou grave ameaça, a celebrar contrato de trabalho, ou a não fornecer a outrem ou não adquirir de outrem matéria-prima ou produto industrial ou agrícola:*
>
> *Pena – detenção, de um mês a um ano, e multa, além da pena correspondente à violência.*

22. QUANTO À PENA

Em razão de benefícios previstos em lei para determinadas faixas de pena previstas para os delitos, há a seguinte classificação:

Infrações penais de menor potencial ofensivo: é a infração penal de competência dos Juizados Especiais Estaduais e Federais, ressalvadas as regras de conexão, com pena máxima não superior a 2 anos, cumulada ou não com multa. Para tais delitos, são cabíveis a transação penal e a suspensão condicional do processo.

Infrações penais de médio potencial ofensivo: é a infração penal com pena máxima superior a 2 anos, mas cuja pena mínima seja igual ou inferior a um ano.

---

21. PRADO, Luiz Regis. Curso de direito penal brasileiro: parte geral e parte especial. 18ª Ed. Rio de Janeiro: Forense, 2020, p. 157. Rogério Sanches Cunha não faz a subdivisão, usando o tráfico de drogas como exemplo de crime de ação múltipla (Manual de Direito Penal. Parte Geral (arts. 1º ao 120). Salvador: Juspodivm, 2020, p. 227).

Aplica-se a esses delitos a suspensão condicional do processo, razão pela qual a doutrina criou uma categoria própria.

Infrações penais de maior potencial ofensivo: é a infração penal com pena máxima superior a 2 anos e pena mínima superior a um ano. Em outras palavras, são os crimes para os quais não são cabíveis a transação penal nem a suspensão condicional do processo.

23. QUANTO À RELAÇÃO DO COMPORTAMENTO TÍPICO COM O BEM JURÍDICO: DELITOS DE POSSE E DE PERTENCIMENTO

Há uma classificação acadêmica que se refere a uma estrutura peculiar do tipo penal, especialmente em se considerando a distância das condutas tipificadas em relação à efetiva lesão do bem jurídico tutelado. Mencionam-se, nesse contexto, os delitos de posse e os delitos de pertencimento ou de *status*. Seriam, em última análise, crimes de perigo abstrato, com algumas especificidades.

Esses delitos representariam a tentativa de absolutização do objetivo de eficiência no combate à criminalidade, ou seja, de se levar ao extremo a luta contra a delinquência, com a previsão de *situações de risco* como condutas puníveis. Também seriam uma forma de compensar problemas processuais: se prescrito o roubo, pune-se a posse da arma empregada, encontrada posteriormente com o agente quando é preso; se não se pode provar que o agente produziu o material pornográfico, pune-se porque ele foi encontrado em seu computador. Além disso, seria possível questionar se esses delitos seriam expressão de um direito penal do inimigo, ao se voltarem contra a periculosidade do autor, e não do fato[22].

Delitos de *status* ou de pertencimento: são as infrações penais por meio das quais se pune um *status* do agente, como pertencer a uma associação criminosa, uma milícia privada, a uma organização criminosa ou a uma organização terrorista. Não haveria uma descrição de conduta no tipo, bastaria esse pertencimento. O fundamento da punição seria uma *disposição inequívoca* de praticar infrações penais.

Delitos de posse: crimes cujos tipos preveem condutas de exercício de domínio real e efetivo de um objeto pelo sujeito ativo, ou seja, basta que tenha esse poder efetivo sobre o objeto para se justificar a punição. O que se critica é que seria um adiantamento da lesão, pois basta o domínio do objeto pelo agente para que sua conduta seja típica, possibilitando a sua punição, caso presentes os demais elementos do delito[23]. Outra questão de interesse é que, em alguns casos, o Estado permitiria a regularização da posse, tornando-a atípica. A licença tornaria a conduta atípica por traçar um espaço de risco permitido. A norma penal seria importante para reforçar as normas administrativas que buscam controlar a posse sobre determinados objetos.

---

22. PASTOR MUÑOZ, Nuria. Abordagem dos delitos de posse e dos delitos de pertencimento. In: LOBATO, José Danilo Tavares; SAAD-DINIZ, Eduardo; FALCONE, Andrés (org.). Delitos de posse: drogas, porte de armas e pornografia. São Paulo: LiberArs, 2016, p. 57-68. O estudo da penalista, professora na Universitat Pompeu Fabra, foi utilizada como base principal para esse tópico.
23. MARTINELLI, João Paulo Orsini; BEM; Leonardo Schimitt de. Op. Cit., 2022, p. 209-212.

Esses crimes poderiam ser agrupados nos seguintes casos[24]:

- **Crimes que descrevem como típica uma posse que é perigosa por si só, mas cuja lesão ao bem jurídico exige outra conduta do agente**: pode ser o enquadramento do delito de posse ilegal de armas, desde que haja crianças em casa e elas possam ter acesso aos objetos. Também seria o caso de manter substâncias radioativas de forma insegura, bastando que alguém, de forma descuidada, tenha contato com o material para um resultado lesivo, a exemplo do triste desastre com Césio-137 em Goiânia. Não é necessária conduta adicional do agente para que haja perigo, seria uma hipótese de periculosidade ou perigosidade objetiva. Sua estrutura seria a mesma dos crimes de *perigo abstrato-concreto* ou de *perigosidade concreta*, mencionados acima[25].
- **Crimes que descrevem como típica uma posse não perigosa em si, mas que pode gerar lesão no futuro**: é o caso da posse ilegal de arma que fica bem guardada, que não apresenta um risco inerente pelo simples fato de possuir, mas pode gerar uma conduta lesiva a partir dessa posse, como se ela for usada para homicídio após uma discussão com o vizinho de prédio. Entendo ser o caso, ainda, do crime do artigo 277 do CP. Ter em depósito uma substância que pode ser usada para falsificação de alimentos não é uma posse em si perigosa, mas ela pode ser usada posteriormente para falsificar alimentos, fornecidos ao público. O perigo é o de um comportamento criminoso futuro. Para parte da doutrina, faltaria, aqui, um fundamento legítimo para a pena. Seria uma manifestação de um direito penal da mera suspeita.
- **Crimes que descrevem como típica uma posse não perigosa por si só, mas que compõem um plano inequivocadamente delitivo**: apesar de a doutrina se referir a crime, espécie dessa infração é a contravenção penal, de duvidosa constitucionalidade, de portar gazuas, chaves falsas ou alteradas. A lei prevê que só não haverá infração penal se comprovada destinação legítima, ou seja, a posse é típica a depender da destinação, conforme prevê o artigo 25 da Lei das Contravenções Penais. Há a punição de uma preparação inequívoca de um delito, havendo uma escolha do legislador pela criminalização autônoma de atos preparatórios.
- **Crimes que descrevem como típica a posse de objetos especificamente aptos ao cometimento de crimes**: é o caso de petrechos de falsificação de moeda, em que o legislador já tipificou a posse desses objetos, não perigosa em si, se os objetos se destinam especificamente à fabricação ou adulteração de moeda corrente. Outro exemplo é o delito do artigo 294 do CP. Como na categoria anterior, tem-se a punição de uma preparação inequívoca de um delito, com a escolha do legislador pela criminalização autônoma de atos preparatórios.
- **Crimes que descrevem a posse de objeto proveniente de prática de crime anterior:** correspondem aos delitos de guarda ou armazenamento de

24. PASTOR MUÑOZ, Nuria. Op. Cit., 2016, p. 62.
25. Classificação quanto ao resultado jurídico.

pornografia infantil, que decorrem, como se presume, de anterior crime sexual contra vulnerável. Também se encaixam nessa categoria os crimes de posse de drogas, já que se presume a anterior produção ou importação, que constituem delitos da Lei n. 11.343/2006. De todas as categorias, essa seria a única de tipificação de posse pós-consumativa. Sua estrutura seria próxima à de outros delitos cometidos após a prática de outra infração, como a receptação e o favorecimento real. O seu fundamento mais aceitável, portanto, seria o mesmo desses outros delitos: incriminar as condutas que auxiliam o autor do crime anterior a tirar proveito de seu delito.

24. OUTRAS CLASSIFICAÇÕES

É possível classificar os delitos com outros critérios relevantes para a sua compreensão:

Crime subsidiário: um crime é subsidiário em relação a outro quando descreve **um grau menor de violação do bem jurídico**. A análise deve ser feita em concreto, relação de *minus* e de *plus*, ou seja, de maior ou menor intensidade. Assim, havendo conflito aparente de normas, é levada em conta a análise do próprio fato para decisão de qual tipo penal incidirá, e não a comparação das normas em abstrato.

O crime pode ser expressamente subsidiário, como ocorre com o artigo 132 do Código Penal, que prevê o crime de perigo para a vida ou a saúde de outrem:

> *Art. 132 – Expor a vida ou a saúde de outrem a perigo direto e iminente:*
> *Pena – detenção, de três meses a um ano,* ***se o fato não constitui crime mais grave****.*

Também é expressamente subsidiário o crime de importunação sexual.

Crime multitudinário: é aquele cometido por uma reunião de pessoas, no clima de tumulto ou histeria coletiva, que torna os limites éticos dos indivíduos, temporariamente, menos rígidos. São, por exemplo, os casos de linchamentos de pessoas acusadas da prática de um crime que causa comoção na comunidade.

Crime político: essa modalidade delitiva não possui definição unânime. Prevalece, entretanto, ser aquele que se volta contra a ordem estatal, devendo estar presente a motivação política do agente. No caso do Direito Penal brasileiro, consideravam-se crimes políticos os tipificados na Lei de Segurança Nacional, a Lei n. 7.170/1983[26]. Com o advento da Lei n. 14.197/2021, passaram a integrar o Título XII da Parte Especial do Código Penal, que trata dos crimes contra o Estado Democrático de Direito, segundo o entendimento que prevalece[27]. Há três correntes principais: a) concepção objetiva: seriam os crimes praticados contra a ordem política estatal;

---

26. Neste sentido: DOTTI, René Ariel. Op. Cit., 2020, p. 591. No entanto, pode-se extrair critérios do artigo 2º, §§ 1º e 2º, do Decreto-Lei n. 394/1938. O tema será aprofundado no Capítulo relativo à Classificação dos Crimes.
27. PANOEIRO, José Maria C.; SOUZA, Artur B. Gueiros. SILVA FILHO, Título XII Dos Crimes Contra o Estado Democrático de Direito. In: Acácio Miranda da Silva; et al. Coordenadores Maurício Shaun Jalil e Vicente Greco Filho. Código penal comentado: doutrina e jurisprudência. 6. ed. Barueri: Manole, 2023, p. 1089-1090.

b) concepção subjetiva: seriam aqueles praticados com finalidade política[28]; c) concepção mista ou eclética: essa concepção foi adotada pelo Supremo Tribunal Federal, ainda com base na revogada Lei de Segurança Nacional[29]. Exigiram-se, para a definição de crime político, um critério objetivo, consistente na lesão real ou potencial à integridade territorial, à soberania nacional, ao regime representativo e democrático, à Federação ou ao Estado de Direito; e um requisito subjetivo, consistente na motivação e objetivos políticos do agente. O STF tem afastado a configuração de crimes políticos em caso de terrorismo, dado o repúdio a essa prática como princípio esssencial a reger a República Federativa do Brasil em suas relações internacionais[30].

Crime de opinião (ou de palavra): é o crime que se configura com o abuso da liberdade de expressão ou de pensamento, como o caso da difamação. É diferente do crime de expressão, analisado acima, em que a conduta delitiva deriva da expressão pelo autor, mas após o uso de sua atividade intelectual. O exemplo é o falso testemunho. Não admite a extradição, nos termos do artigo 5º, LII, da Constituição.

Crime profissional: é o crime habitual, realizado com intuito de lucro, para parte da doutrina[31]. Para outra parcela, é o crime cometido por meio da profissão lícita do agente, como meio para realizar uma conduta criminosa[32].

Crime mercenário: é o crime cometido com intuito de lucro.

Crime gratuito: é aquele cometido sem motivo, o que não se confunde com o motivo fútil (STJ, HC 369163/SP, Rel. Min. Joel Ilan Paciornik, Quinta Turma, DJe 06/03/2017).

Crime de ímpeto: é aquele cometido no calor da emoção, sem premeditação. É o que ocorre no caso de homicídio cometido sob o domínio de violenta emoção, logo após injusta provocação da vítima.

Crime de ação violenta: é aquele praticado com emprego de força física ou com grave ameaça. Os exemplos podem ser o estupro e o crime de lesão corporal.

Crime de ação astuciosa: é o crime praticado por meio de astúcia, de uma fraude ou de um engodo. É o caso do estelionato.

Crime de circulação: é o crime praticado na condução de veículo automotor.

Crime internacional ou mundial: é o crime que o Brasil se obrigou a reprimir no Direito Internacional, por meio de tratado ou convenção, como o tráfico internacional de entorpecentes e o tráfico internacional de pessoas para fins de exploração sexual. Entretanto, há quem utilize para se referir aos crimes de lesa-humanidade, de

28. FRAGA, Mirtô. Apud: MENDES, Gilmar Ferreira. Direitos Fundamentais de caráter judicial e garantias constitucionais do processo. In: MENDES, Gilmar Ferreia; COELHO, Inocêncio Mártires; BRANCO, Paulo Gustavo Gonez. Curso de direito constitucional. 4. ed. rev. e atual. São Paulo: Saraiva, 2009, p. 666.
29. STF, RC 1472, Rel. Min. Dias Toffoli, Tribunal Pleno, julgado em 25/05/2016.
30. STF, Ext 855, Rel. Min. Celso de Mello, Tribunal Pleno, julgado em 26-08-2004.
31. CAPEZ, Fernando. Curso de Direito Penal. 17ª. ed. São Paulo: Saraiva, 2013, p. 292.
32. CUNHA, Rogério Sanches. *Ibidem*, p. 227.

competência do Tribunal Penal Internacional. É usado, ainda, por alguns, para definir o crime à distância[33].

Crime obstáculo: é o que se antecipa para determinar a punição do que seriam atos meramente preparatórios, trazendo punição autônoma. Exemplos são os crimes de associação criminosa e de petrechos para falsificação de moeda. Para Zaffaroni e Batista, cuida-se de previsão de constitucionalidade duvidosa, por violação do princípio da lesividade e por falta de legitimidade baseada em evitar o risco ao bem jurídico tutelado[34]. O STJ já usou o termo "tipo penal preventivo" para um crime obstáculo, o de porte de arma de fogo[35].

Crime remetido: é o delito cuja definição faz remissão ou referência a outro tipo penal. Não se deve confundir o chamado "crime remetido" com a *lei penal em branco*, que requer o complemento do tipo penal por outra norma, e não por outro tipo penal. Exemplo de crime remetido é o uso de documento falso, cujo tipo faz referência a outros delitos contra a fé pública como complemento do tipo penal:

> *Art. 304 – Fazer uso de qualquer dos papéis falsificados ou alterados, a que se referem os arts. 297 a 302:*
>
> *Pena – a cominada à falsificação ou à alteração.*

Delitos de acumulação: são crimes em que, ainda que a ofensa ao bem jurídico possa ser ínfima naquele caso, a soma de várias condutas torna o bem jurídico lesado e, assim, justifica a sua punição. Blanco Cordero, jurista espanhol, cita a classificação, mencionando o seu uso por Silva Sánchez, para justificar a punição de pequenas quantias submetidas à lavagem de dinheiro, caso se defenda que o bem jurídico protegido é a ordem econômica. Ainda que a lavagem de R$ 10.000,00 não ofenda a ordem econômica, o conjunto de todo o valor "lavado" tem a capacidade de ofender o bem jurídico[36]. Pode-se usar, ainda, em delitos ambientais, em que condutas somadas levam à perda da qualidade do ambiente apto a nos proporcionar sadia qualidade de vida.

Crime aberrante: denominação dada por parte da doutrina às hipóteses de *aberratio ictus* ou erro de execução (art. 73 do CP)[37], mas, de forma mais técnica, abrange também os casos de *aberratio criminis* (art. 74 do CP)[38].

Existe **crime eleitoral**, que se traduz em infração contra o processo eleitoral e que coincide com a competência geral da Justiça Eleitoral (independentemente de regras de conexão ou continência). Alguns autores falam, ainda, em **crimes federais e crimes estaduais**. Apesar de se tratar de nomenclatura usual, há quem defenda sua impropriedade, já que haveria, no Brasil, crimes de **competência da Justiça Federal**

---

33. CUNHA, Rogério Sanches. *Ibidem*, p. 237-238.
34. ZAFFARONI, Eugenio Raúl; BATISTA, Nilo; ALAGIA, Alejandro; SLOKAR, Alejandro. Direito Penal Brasileiro, volume 1, 4ª Ed. Rio de Janeiro: Revan, 2011, 3ª reimp., 2017, p. 502.
35. HC 211823-SP, Rel. Min. Sebastião Reis Júnior, julgado em 22/03/2012. Informativo 493.
36. BLANCO CORDERO, Isidoro. El delito de blanqueo de capitales. 4ª Ed. Navarra: Arazandi, 2015, p. 310-311.
37. DOTTI, René Ariel. Curso de direito penal: parte geral. 7. ed. São Paulo: Thomson Reuters Brasil, 2020, p. 575.
38. COSTA JÚNIOR, Paulo José da. O crime aberrante. Belo Horizonte: Editora Del Rey, 1996, p. 18.

e os de **competência da Justiça Estadual**, em razão de, como regra, a competência para legislar sobre direito penal ser apenas da União. É diferente o sistema dos EUA, em que a União legisla sobre os crimes federais, enquanto os Estados promulgam suas leis com os crimes estaduais.

Crime cibernético ou informático: é o crime cometido por meio de equipamentos informáticos ou por meio da tecnologia da informação. Também pode ser denominado de crime, cibernético, tecnológico ou cibercrime. Pode ser subdividido em próprio e impróprio. **Crime cibernético próprio** é aquele cometido contra bens jurídicos relacionados à tecnologia da informação, como destruição de dados ou controle de computador alheio por via remota, sem autorização. **Crime cibernético impróprio**, por sua vez, é o delito que viola bens jurídicos tradicionais, praticado, de maneira eventual, por meio da tecnologia da informação, como furto ou injúria praticados na via digital[39].

Crimes emergentes: referem-se às infrações penais surgidas com o desenvolvimento social e o reconhecimento da necessidade de tutela de bens jurídicos novos ou contra condutas anteriormente desconhecidas. Vinculam-se à concepção de sociedade pós-moderna. Podem ser exemplificados com a lavagem de capitais, o tráfico de armas e de pessoas, os crimes informáticos ou cibernéticos, o terrorismo etc.

Crime jabuticaba: termo que se refere ao crime de tortura, que é comum na lei brasileira, enquanto em outros países é crime próprio. A origem parece ser a crítica feita por Alberto Silva Franco sobre essa característica da Lei n. 9.455/1997, que destoou da doutrina, que o conceituava como um crime próprio, e até mesmo de tratados internacionais, que previam a necessidade de criminalização de condutas praticadas por funcionários públicos. O mandado convencional de criminalização estava previsto na Convenção contra a Tortura e outros Tratamentos ou Penas Cruéis, Desumanos ou Degradantes, de 1984, e a Convenção Interamericana para Prevenir e Punir a Tortura, de 1985. Pela estruturação do tipo penal como crime comum, e não próprio, Franco defendeu a sua inconstitucionalidade, por não ter cumprido adequadamente as obrigações internacionais do Brasil. Isto porque desconsiderou o conceito de tortura presente nas convenções internacionais, o que ele compara com eventual criminalização do racismo com pena de multa, enquanto a Constituição determina a sua punição com reclusão[40]. Como a jabuticaba é considerada como fruto tipicamente brasileiro, surgiu a nomenclatura. A tortura, por sua conformação diferente de outros países, seria um crime jabuticaba.

---

39. BARRETO, Alessandro Gonçalves; KUFA, Karina; SILVA, Marcelo Mesquita. Cibercrimes e seus reflexos no direito brasileiro. 2. ed. São Paulo: Editora Juspodivm, 2021, p. 48-54.

40. FRANCO, Alberto Silva. Tortura: breves anotações sobre a Lei n. 9.455/97. Revista Brasileira de Ciências Criminais, São Paulo, n. 19, jul.-set. 1997. É importante ressaltar que, da leitura desse artigo específico, não se verifica o uso do termo jabuticaba, apesar de ter se tornado referência bibliográfica dessa inusitada classificação.

QUADRO SINÓTICO

Principais classificações dos crimes	
Quanto ao sujeito ativo	Crime comum (qualquer pessoa pode praticar) Crime próprio (exige qualidade específica do sujeito ativo) Crime de mão própria (o agente deve realizar a conduta por si próprio, não se admitindo a coautoria).
Quanto ao resultado naturalístico	Crime material (exige um resultado naturalístico para a sua consumação) Crime formal (prevê resultado naturalístico, mas sua ocorrência é desnecessária para a consumação) Crime de mera conduta (não prevê resultado naturalístico)
Quanto ao resultado jurídico	Crime de dano (exige lesão ao bem jurídico para a sua consumação) Crime de perigo (basta a ameaça de lesão ao bem jurídico para sua consumação) Crime de perigo concreto (o risco deve ser demonstrado) Crime de perigo abstrato (o risco é presumido de modo absoluto pela lei)
Quanto à modalidade de conduta	Crime comissivo (o tipo penal prevê uma ação para a sua configuração) Crime omissivo próprio (o tipo penal tem como ação nuclear um não fazer) Crime omissivo impróprio (o tipo penal é comissivo, mas há uma posição de garantidor que permite a sua configuração por uma omissão)
Quanto à consumação	Crime instantâneo (consuma-se imediatamente, em um instante definido) Crime permanente (a consumação se protrai no tempo, conforme vontade do agente) Crime instantâneo de efeitos permanentes (consuma-se imediatamente, mas seus efeitos se prolongam no tempo) Crime a prazo (depende de determinado prazo para sua consumação) Crime habitual (exige uma reiteração de atos para sua consumação)
Quanto à acessoriedade do delito	Crime principal (existe independentemente da ocorrência de outro delito). Crime acessório (a sua ocorrência depende de um crime anterior)
Quanto à aplicação da absorção	Crime progressivo (o agente, para atingir o seu objetivo, precisa praticar um crime menos grave que é o caminho para a prática de outro, que é absorvido pro aquele) Progressão criminosa (há modificação do elemento subjetivo do agente, que passa pela realização de dois ou mais tipos penais, ocorrendo a absorção pelo crime-fim)
Quanto ao fracionamento da conduta	Crime unissubsistente (aquele que se realiza com um único ato e não admite tentativa). Crime plurissubsistente (aquele cuja prática exige mais de uma conduta para sua configuração, admitindo tentativa).
Quanto ao concurso de agentes	Crime unissubjetivo (aquele que pode ser praticado por apenas um indivíduo) Crime plurissubjetivo (aquele cuja realização típica exige mais de um agente)

Principais classificações dos crimes	
Quanto à forma de sua prática	Crime de forma livre (aquele que não prevê uma forma específica de realização). Crime de forma vinculada (aquele que tem forma ou formas de realização do núcleo do tipo especificamente previstas em lei)
Quanto ao lugar de sua prática	Crime a distância (infração penal cuja prática percorre mais de um país) Crime plurilocal (aquele que percorre, em sua prática, mais de um lugar, mas dentro do mesmo território soberano)
Quanto aos vestígios	Crime de fato transeunte (aquele que não deixa vestígios) Crime de fato permanente (aquele que deixa vestígios)
Quanto à condição objetiva de punibilidade	Crime condicionado (aquele que depende de uma condição objetiva de punibilidade) Crime incondicionado (aquele que não possui condições objetivas de punibilidade)
Quanto à natureza dos crimes funcionais	Crimes funcionais próprios (aqueles que só podem ser praticados pelo funcionário público) Crimes funcionais impróprios (delitos que, se não houver a qualidade de funcionário público do sujeito ativo não se configuram, mas são penalmente relevantes em virtude da criminalização em outro dispositivo)
Quanto à natureza dos crimes militares	Crime militar próprio (aquele que só possui tipificação no âmbito militar) Crime militar impróprio (aquele que está previsto na legislação penal militar, mas possui tipificação também como crime não militar) Crime militar por extensão (aquele que não está previso na legislação militar, mas, atendidos certos pressupostos, será de competência da Justiça Militar da União)
Quanto ao sujeito passivo	Crime vago (aquele que possui sujeito passivo imediato um ente sem personalidade jurídica) Crime de dupla subjetividade passiva (aquele que possui mais de um sujeito passivo imediato)
Quanto ao número de bens atingidos	Crime mono-ofensivo (aquele que atinge apenas um bem jurídico, como furto, que ofende o patrimônio) Crime pluriofensivo (aquele que viola a mais de um bem jurídico)
Quanto a elementos subjetivos impróprios	Crimes de intenção (o tipo penal exige um elemento subjetivo que ultrapasse o tipo objetivo, para a sua configuração) De tendência interna transcendente de resultado cortado (aquele cujo resultado posterior deve ser produzido como consequência da ação típica, sem uma conduta adicional do sujeito ativo) De tendência interna transcendente mutilado (o agente pratica a conduta para um resultado posterior, que não é necessário ser obtido para sua configuração) Crimes de tendência interna peculiar ou intensificada (possui um elemento subjetivo que é inerente a um elemento típico ou determina a classe do crime) Crimes de expressão (crimes cuja conduta expressam um processo interno ocorrido na mente do autor)

<table>
<tr><th colspan="2">Principais classificações dos crimes</th></tr>
<tr><td>Quanto ao tratamento da tentativa</td><td>Crime que só admite a forma tentada (de lesa-pátria)
Crime de atentado (aquele em que o legislador equipara a forma tentada à forma consumada do delito, prevendo a mesma pena para ambas as modalidades)</td></tr>
<tr><td>Quanto ao núcleo do tipo</td><td>Crime de ação simples (aquele que possui apenas um núcleo do tipo)
Crime de ação múltipla (possui mais de um núcleo do tipo)
Crime de tipo misto alternativo (possui mais de um núcleo do tipo, sendo que a prática de apenas um deles é suficiente para a sua consumação e a prática de mais de um deles, no mesmo contexto, configura crime único)
Crime de tipo misto cumulativo (aquele que possui mais de um núcleo do tipo, sendo que as condutas não são fungíveis entre si)</td></tr>
<tr><td>Quanto à pena</td><td>Crime de menor potencial ofensivo (aquele com pena máxima não superior a 2 anos, cumulada ou não com multa)
Crime de médio potencial ofensivo (aquele com pena máxima superior a 2 anos, mas cuja pena mínima seja igual ou inferior a um ano)
Crime de maior potencial ofensivo (aquele com pena máxima superior a 2 anos e pena mínima superior a um ano)</td></tr>
</table>

PARTE ESPECIAL

CAPÍTULO I

DOS CRIMES CONTRA A VIDA

Os crimes contra a vida estão inseridos no Título I, denominado "Dos Crimes Contra a Pessoa", inaugurando a Parte Especial do Código Penal. Dentro desse título, estão tratados mais especificamente no Capítulo I, sendo, portanto, os primeiros crimes previstos pelo Código Penal. É possível concluir que essa precedência simboliza a importância da vida no nosso ordenamento jurídico, que é o núcleo e o princípio de todo direito.

A vida tutelada por esses crimes é tanto a extrauterina quanto a intrauterina. Constituem crimes contra a vida o homicídio; o feminicídio, o induzimento, instigação ou auxílio ao suicídio; o aborto e o infanticídio. Esses delitos, se dolosos, são da competência do Tribunal do Júri, nos termos do que dispõe o artigo 5º, inciso XXXVIII, da Constituição da República:

> *XXXVIII – é reconhecida a instituição do júri, com a organização que lhe der a lei, assegurados:*
>
> *a) a plenitude de defesa;*
>
> *b) o sigilo das votações;*
>
> *c) a soberania dos veredictos;*
>
> *d) a competência para o julgamento dos crimes dolosos contra a vida;*

Pela previsão constitucional, a competência do tribunal do júri abrange os delitos dolosos contra a vida. Entretanto, vale destacar que a nova figura delitiva do artigo 122 do CP, de induzimento, instigação ou auxílio a automutilação, não constitui um dos crimes contra a vida, apesar de inserido dentre eles. A Constituição previu, portanto, a competência do Tribunal do Júri para o julgamento dos crimes dolosos contra a vida, o que é a competência mínima de referido órgão jurisdicional. A lei pode estender sua competência para outras hipóteses, como ocorre no caso dos crimes conexos. Entretanto, a incorreta inserção no título dedicado aos crimes contra a vida não torna a figura da participação em automutilação um crime contra a vida para a configuração da competência do Tribunal do Júri. Isto porque não se trata de delito contra a vida, mas sim contra a incolumidade física da vítima, de modo que apenas a expressão previsão de competência incluiria essa figura delitiva na competência do júri.

Quanto aos crimes contra a pessoa, o artigo 59 da Lei n. 6.001/1973 (Estatuto do Índio) prevê que, se o delito for praticado contra indígena "não integrado", incide a causa de aumento de pena de um terço.

1. HOMICÍDIO

O crime de homicídio está previsto no artigo 121 do Código Penal, sendo denominado, por Nélson Hungria, de "**o crime por excelência**"[1]. É a morte de um ser humano por outro. A sua posição no início do Código Penal sinaliza a importância do direito à vida, pressuposto para o gozo de todos os demais direitos. Esse dispositivo legal prevê as figuras do homicídio doloso simples, do homicídio doloso privilegiado, do homicídio doloso qualificado, do homicídio culposo, do homicídio culposo majorado e do homicídio doloso majorado. São previstas, ainda, formas majoradas específicas para o homicídio qualificado contra menor de 14 anos:

> *Homicídio simples*
>
> *Art. 121. Matar alguém:*
>
> *Pena – reclusão, de seis a vinte anos.*
>
> *Caso de diminuição de pena*
>
> *§ 1º Se o agente comete o crime impelido por motivo de relevante valor social ou moral, ou sob o domínio de violenta emoção, logo em seguida a injusta provocação da vítima, o juiz pode reduzir a pena de um sexto a um terço.*
>
> *Homicídio qualificado*
>
> *§ 2º Se o homicídio é cometido:*
>
> *I – mediante paga ou promessa de recompensa, ou por outro motivo torpe;*
>
> *II – por motivo fútil;*
>
> *III – com emprego de veneno, fogo, explosivo, asfixia, tortura ou outro meio insidioso ou cruel, ou de que possa resultar perigo comum;*
>
> *IV – à traição, de emboscada, ou mediante dissimulação ou outro recurso que dificulte ou torne impossível a defesa do ofendido;*
>
> *V – para assegurar a execução, a ocultação, a impunidade ou vantagem de outro crime:*
>
> *Pena – reclusão, de doze a trinta anos.*
>
> *VII – contra autoridade ou agente descrito nos arts. 142 e 144 da Constituição Federal, integrantes do sistema prisional e da Força Nacional de Segurança Pública, no exercício da função ou em decorrência dela, ou contra seu cônjuge, companheiro ou parente consanguíneo até terceiro grau, em razão dessa condição:*
>
> *VIII – com emprego de arma de fogo de uso restrito ou proibido:*
>
> *Homicídio contra menor de 14 (quatorze) anos.*
>
> *IX – contra menor de 14 (quatorze) anos.*
>
> *Pena – reclusão, de doze a trinta anos.*
>
> *§ 2º-B. A pena do homicídio contra menor de 14 (quatorze) anos é aumentada de:*
>
> *I – 1/3 (um terço) até a metade se a vítima é pessoa com deficiência ou com doença que implique o aumento de sua vulnerabilidade;*
>
> *II – 2/3 (dois terços) se o autor é ascendente, padrasto ou madrasta, tio, irmão, cônjuge, companheiro, tutor, curador, preceptor ou empregador da vítima ou por qualquer outro título tiver autoridade sobre ela.*

1. HUNGRIA, Nélson. Comentários ao Código Penal, Vol. V. Rio de Janeiro: Forense, 1958, p. 25.

III – 2/3 (dois terços) se o crime for praticado em instituição de educação básica pública ou privada.

Homicídio culposo

§ 3º Se o homicídio é culposo:

Pena – detenção, de um a três anos.

Aumento de pena

§ 4º No homicídio culposo, a pena é aumentada de 1/3 (um terço), se o crime resulta de inobservância de regra técnica de profissão, arte ou ofício, ou se o agente deixa de prestar imediato socorro à vítima, não procura diminuir as consequências do seu ato, ou foge para evitar prisão em flagrante. Sendo doloso o homicídio, a pena é aumentada de 1/3 (um terço) se o crime é praticado contra pessoa menor de 14 (quatorze) ou maior de 60 (sessenta) anos.

§ 5º – Na hipótese de homicídio culposo, o juiz poderá deixar de aplicar a pena, se as consequências da infração atingirem o próprio agente de forma tão grave que a sanção penal se torne desnecessária.

§ 6º A pena é aumentada de 1/3 (um terço) até a metade se o crime for praticado por milícia privada, sob o pretexto de prestação de serviço de segurança, ou por grupo de extermínio.

Há algumas características comuns ao crime de homicídio, em suas diferentes modalidades, como o seu objeto, o núcleo do tipo e a forma de prática de conduta delitiva:

- **Objeto jurídico**: vida humana extrauterina. É o bem jurídico tutelado.
- **Objeto material**: a pessoa contra a qual recai a conduta criminosa. É o sujeito passivo do delito.
- **Núcleo do tipo** (ação nuclear): "matar", que significa abater, assassinar, ceifar a vida.
- **Forma de realização típica**: crime de ação livre, sem previsão de formas vinculadas de prática do delito.

O *crimen homicidii*, também denominado de delito máximo, é, em regra, comissivo. Pode ser, todavia, cometido por omissão, quando existe a posição de garantidor por parte do sujeito ativo, nos termos do artigo 13, § 2º, do Código. É a hipótese do pai que deixa o filho menor de idade brincar na janela do prédio, sem proteção, que cai e não resiste aos ferimentos, bem como do clássico exemplo do carcereiro que não fornece alimentos ao preso, seu desafeto, provocando a sua morte. Trata-se de delitos omissivos impróprios.

Em relação à vítima, qualquer ser humano (vida extrauterina) pode ser sujeito passivo. Há, entretanto, normas especiais em relação à vítima, a modificar a pena aplicável:

- praticado contra menor de 14 anos: incide a qualificadora do art. 121, § 2º, IX, do CP.
- com a intenção de destruir, no todo ou em parte, grupo nacional, étnico, racial ou religioso: caracteriza-se o crime de genocídio (art. 1º da Lei n. 2.289/1956).

- Se o delito for praticado contra a mulher, por razões da condição do sexo feminino, existe figura autônoma, prevista no artigo 121-A do Código Penal, inserido pela Lei n. 14.994/2024. Essa lei é mais gravosa, de modo que, tendo ocorrido o delito antes do início de sua vigência, deve o agente responder pelo crime de homicídio qualificado por ter sido praticado contra a mulher por razões da condição do sexo feminino, que estava previsto no artigo 121, § 2º, inciso VI, do Código Penal, além de majorantes específicas que estavam elencadas no parágrafo sétimo.
- contra autoridade ou agente descrito nos arts. 142 e 144 da Constituição Federal, integrantes do sistema prisional e da Força Nacional de Segurança Pública, no exercício da função ou em decorrência dela, ou contra seu cônjuge, companheiro ou parente consanguíneo até terceiro grau, em razão dessa condição: há incidência da forma qualificada, chamada pela doutrina de homicídio funcional.

Segundo Carnelutti, "O homicídio não é somente ter matado, mas ter querido matar"[2]. O processualista italiano está se referindo ao elemento subjetivo do delito, que o integra e é, portanto, imprescindível para a sua configuração. O elemento subjetivo do homicídio, em sua modalidade dolosa, é a vontade e consciência de matar, denominado de *animus necandi* ou *occidendi*. O dolo é extraído das circunstâncias do fato. Por exemplo, quem dispara vários projéteis de arma de fogo em direção à cabeça da vítima, em princípio, queria matá-la, diversamente de quem dá uma facada na mão do ofendido, ressalvada, claramente, alguma particularidade, como erro no golpe que se destinava a um órgão vital.

Para a consumação do homicídio, é necessário o resultado naturalístico, consistente na morte da vítima, de modo que o delito é classificado como material. A vítima é o ser humano, não podendo ser o objeto material o embrião ou feto no útero da mãe, tutelado pelo delito de aborto. Hungria observa, entretanto, ser possível o *feticídio* como modalidade de homicídio, caso a morte do feto ocorra durante o parto[3]. O *feto nascente*, adverte, é *homem* para fins penais. A morte pode ser aferida segundo os seguintes critérios:

- **Morte clínica**: parada cardíaca e respiratória.
- **Morte biológica**: destruição molecular.
- **Morte encefálica ou cerebral**: paralização cerebral. Esse é o critério adotado pela Lei n. 9.434/1997, a Lei de Transplante de Órgãos, no *caput* do seu artigo 3º, o que pode ser utilizado na interpretação sistemática para se definir o momento de consumação do homicídio:

> *Art. 3º A retirada* post mortem *de tecidos, órgãos ou partes do corpo humano destinados a transplante ou tratamento deverá ser precedida de diagnóstico de* ***morte encefálica****, constatada e registrada por dois médicos não participantes das equipes de remoção e transplante, mediante a utilização de critérios clínicos e tecnológicos definidos por resolução do Conselho Federal de Medicina*

2. CARNELUTTI, Francesco. As Misérias do Processo Penal. Tradução de Antônio Roberto Hildebrandi. 3. ed. 6. tir. Leme/SP: EDIJUR, 2020, p. 51.
3. HUNGRIA, Nélson. Op. Cit., 1958, p. 37.

A tentativa é possível, pois se trata de crime plurissubsistente. **Admite-se a tentativa inclusive em caso de dolo eventual**[4]. A tentativa pode ser perfeita (acabada ou crime falho), se o agente realizou todos os atos que havia planejado, ou imperfeita (propriamente dita), caso nem sequer haja praticado toda a prática. Pode, ainda, ser branca (incruenta), se não atingida a vítima, ou vermelha (cruenta), caso a vítima não tenha passado incólume à atuação do agente, tendo sido atingida. A tentativa se configura com o disparo da arma de fogo ou com o despejar do veneno no alimento da vítima, segundo Hungria, mas não com a pontaria da arma nem com o sacar do punhal[5]. Carrara, por sua vez, considerava que o apontar da arma significaria tentativa[6]. Isso demonstra que o caso concreto deve ser analisado com todas as particularidades, podendo-se configurar caso, apontado o revólver com a intenção de disparo, um policial intervir e impedir, agilmente, a conduta delitiva.

Registre-se que, a respeito do homicídio de ímpeto, já se discutiu se o homicídio tentado é compatível com o *impetus*, ou seja, com a atuação de inopino, no calor dos fatos. A resposta que prevaleceu foi a positiva: a tentativa pode existir em crimes de ímpeto, aqueles de impulso, assim como nos crimes refletidos, planejados[7].

A premeditação do homicídio não está prevista como especial causa de aumento de pena nem mesmo como agravante genérica. Esse planejamento prévio do delito pode ser valorado como circunstância judicial, a título de culpabilidade, pela maior reprovação presente no delito assim cometido em relação a um assassinato praticado de ímpeto[8]. O agente que planeja tem um tempo mais longo de refletir sobre as consequências de sua ação e sobre a ilicitude de sua conduta, enquanto aquele que atua em momento de fúria possui menor possibilidade de reflexão sobre o seu ato. Quem premedita persiste na intenção homicida, demonstrando que o dolo se manteve presente por um intervalo de tempo, o que demonstra maior preovabilidade na atuação do agente, justificando a penalização maior.

A classificação geral do crime de homicídio é a seguinte: crime comum, por não exigir qualidade do sujeito ativo para sua configuração; de dano, configurando-se com a efetiva lesão ao bem jurídico; material, exigindo-se resultado naturalístico para a sua consumação; instantâneo de efeitos permanentes, pois se consuma com a morte, resultado que é perene; simples, já que protege apenas um bem jurídico; plurissubsistente, razão pela qual se admite a tentativa; delito que pode ser doloso ou culposo; e cuja persecução penal ocorre por meio de ação penal pública incondicionada.

1.1. Homicídio Simples

Homicídio, em sua forma simples, está previsto no *caput* do artigo 121 do Código Penal:

4. HUNGRIA, Nélson. Comentários ao Código Penal, Vol. V. Rio de Janeiro: Forense, 1958, p. 75.
5. HUNGRIA, Nélson. Op. Cit., 1958, p. 68-69.
6. CARRARA, Francesco. Programa do Curso de Direito Criminal. Parte Geral. Volume I. Tradução de José Luiz V. de A. Franceschini e J. R. Prestes Barra. São Paulo: Saraiva, 1956, p. 288. No mesmo sentido: HILGENDORF, Eric; VALERIUS, Brian. Op. Cit., 2019, p. 294.
7. HUNGRIA, Nélson. Op. Cit., 1958, p. 75.
8. STJ, REsp n. 1.843.481/PE, Rel. Min. Rogerio Schietti Cruz, Sexta Turma, julgado em 7/12/2021, DJe de 14/12/2021.

> *Homicídio simples*
>
> *Art. 121. Matar alguém:*
>
> *Pena – reclusão, de seis a vinte anos.*

Como acima mencionado, o núcleo do tipo é o verbo "matar". Como elementar do crime, há ainda o termo "alguém", que pode ser traduzido por pessoa viva. Refere-se à vida extrauterina, não abrangendo o feto, cuja vida é tutelada pelo crime de aborto. O elemento subjetivo do tipo é o dolo, a intenção de matar. Exige-se o chamado ***animus necandi***, isto é, a vontade e a consciência do autor de matar outro ser humano que deve estar, por óbvio, vivo.

A pena prevista no preceito secundário do tipo penal é de reclusão, de seis a vinte anos. O crime de homicídio simples **não é hediondo, salvo se praticado em atividade de grupo de extermínio**, nos termos da primeira parte do inciso I do artigo 1 da Lei n. 8.072/1990:

> *Art. 1º São considerados hediondos os seguintes crimes, todos tipificados no Decreto-Lei nº 2.848, de 7 de dezembro de 1940 – Código Penal, consumados ou tentados:*
>
> *I – **homicídio (art. 121), quando praticado em atividade típica de grupo de extermínio, ainda que cometido por 1 (um) só agente**, e homicídio qualificado (art. 121, § 2º, incisos I, II, III, IV, V, VII, VIII e IX);*

Os grupos de extermínio são agrupamentos de pessoas que praticam assassinatos, geralmente tendo como alvo pessoas marginalizadas ou consideradas indesejadas pela sociedade. Consideram-se justiceiros e são compostos por civis, militares ou ambos. Enquadram-se nessa categoria os grupos paraestatais, que buscam agir como se fossem autoridades, em razão a leniência ou ausência do poder público, podendo inclusive alcançar certo reconhecimento social na comunidade em que atuam. Se o agente integrar um grupo de extermínio e praticar o homicídio em decorrência desse pertencimento, como uma tarefa que lhe foi atribuída ou parte dos objetivos do grupo, o homicídio será qualificado, ainda que ele tenha praticado sozinho o crime, sem contribuição dos demais.

1.2. Homicídio Privilegiado

O homicídio "privilegiado" consiste em uma causa de diminuição de pena ou minorante, no caso de o agente ter cometido o crime orientado por motivo de relevante valor social ou moral ou sob o domínio de violenta emoção, logo em seguida a injusta provocação da vítima. As hipóteses legais de privilégio, nos casos de concurso de pessoas, não se comunicam aos coautores ou partícipes, em razão de sua natureza subjetiva[9].

Como não há criação de uma figura com nova estrutura diversa, mas **mera causa de diminuição de pena**, alguns doutrinadores usam o termo ***privilégio*** entre

---

9. MASSON, Cleber. Direito Penal: parte especial (arts. 121 a 212). Vol. 2. 12. ed. São Paulo: Método, 2019, p. 17. CUNHA, Rogério Sanches. Op. Cit., 2020, p. 54. STJ, HC 24.029/RO, Rel. Min. Felix Fischer, Quinta Turma, julgado em 23/03/2004, DJ 07/06/2004.

aspas, em razão de sua natureza de minorante[10]. Há, ainda, quem repudie esse termo *homicídio privilegiado*, por ser inadequado, preferindo se referir a uma causa de diminuição de pena[11]. De todo modo, o termo foi disseminado, tendo havido uma banalização da expressão *crime privilegiado*.

Configurada uma das hipóteses do artigo 121, § 1º, do Código Penal, o juiz, na terceira fase da dosimetria, deve proceder à diminuição da pena, utilizando a fração de um sexto a um terço.

> *§ 1º Se o agente comete o crime impelido por motivo de relevante valor social ou moral, ou sob o domínio de violenta emoção, logo em seguida a injusta provocação da vítima, o juiz pode reduzir a pena de um sexto a um terço.*

Sobre a escolha da fração, o juiz deve se guiar pela influência que o motivo teve, a própria relevância do motivo para o autor ou, ainda, a intensidade da injusta provocação da vítima e o grau de abalo emocional causado no réu:

> *"(...) **A escolha da fração de redução de pena deve ser aferida com base nas circunstâncias fáticas que levaram ao reconhecimento do homicídio privilegiado, especialmente "o grau emotivo do réu, além da intensidade da injusta provocação realizada pela vítima.** (...)" (STJ, AgRg no AREsp 806586/DF, Rel. Min. Jorge Mussi, Quinta Turma, DJe 07/03/2018).*

O **motivo de relevante valor social** consiste no interesse coletivo, naquela causa que diz respeito a toda a comunidade. Um exemplo é o sujeito matar o traidor da pátria. Outro é dar fim à vida de um indivíduo que ameaça a todos de uma pequena e tranquila cidade. Também se pode encontrar um motivo de relevante valor social no assassinato do traficante ou miliciano que domina determinada comunidade, submetendo todos aos seus desmandos e aterrorizando os moradores.

O **motivo de relevante valor moral**, por sua vez, é o interesse individual do agente, como a compaixão. Como previsto na Exposição de Motivos do Código, há cabimento dessa hipótese de privilégio no caso de eutanásia, de um paciente terminal que não quer mais prolongar sua existência e que está sofrendo bastante. O motivo é a compaixão ante o irremediável sofrimento da vítima. Menos polêmico é o cabimento do motivo de relevante valor moral no pai que mata o estuprador da própria filha. Pode-se, ainda, reconhecer essa motivação se há um histórico de agressão por parte da vítima do homicídio contra o sujeito ativo, especialmente no contexto de violência doméstica e familiar contra a mulher[12].

Já o chamado **homicídio emocional** é aquele cometido sob o domínio de violenta emoção, logo em seguida à injusta provocação da vítima. São seus requisitos[13]:

---

10. BITENCOURT, Cezar Roberto. Parte especial: crimes contra a pessoa. Coleção Tratado de direito penal, volume 2. 20. ed. São Paulo: Saraiva Educação, 2020, p. 80. CUNHA, Rogério Sanches. Op. Cit., 2020, p. 51.
11. MASSON, Cleber. Op. Cit., 2019, p. 17.
12. AgRg no AREsp n. 1.749.167/DF, Rel. Des. Conv. Olindo Menezes, Sexta Turma, julgado em 1/6/2021, DJe de 7/6/2021.
13. Não confundir com os requisitos da atenuante do artigo 65, III, b, do CP, que se aplica a qualquer delito: "influência de violenta emoção, provocada por ato injusto da vítima".

- ➢ **Domínio de violenta emoção**: o agente deve agir dominado por uma forte emoção, não configurando a minorante a emoção leve nem a efêmera. Deve-se diferenciar, pela intensidade exigida na lei, da hipótese da agravante genérica prevista no artigo 65, inciso III, alínea "c", do Código Penal, que exige apenas a influência de violenta emoção.
- ➢ **Reação imediata**: conforme se nota da expressão "logo após", a reação do agente deve ocorrer em seguida à provocação injusta. Essa imediatidade na atuação do agente, que reage prontamente à provocação da vítima, não é exigida na agravante genérica prevista no artigo 65, inciso III, alínea "c", do Código Penal.
- ➢ **Injusta provocação da vítima**: a provocação da vítima deve ser injusta, podendo ser até indireta, voltando-se a terceiros ou a animais. A agravante genérica prevista no artigo 65, inciso III, alínea "c", do Código Penal, refere-se a ato injusto da vítima, enquanto a causa de diminuição da pena do homicídio exige que esse ato consista em injusta provocação, como ofensas intensamente ofensivas ao agente, nos termos do artigo 121, § 1º, do CP.

Quanto ao chamado homicídio emocional, é importante recordar que a emoção não exclui a culpabilidade, nos termos do que dispõe o artigo 28, inciso I, do Código Penal:

> *Art. 28 – **Não excluem a imputabilidade penal**:*
> *I – **a emoção ou a paixão**; (...).*

Portanto, a emoção e a paixão não são excludentes da culpabilidade. Deve-se ressalvar, contudo, a hipótese de a situação se tornar patológica, o que pode configurar doença a impedir que o agente compreenda o caráter ilícito do que fez ou que ele se comporte conforme tal entendimento. Essa hipótese dependerá de subsídios técnicos de natureza médica, de modo que o perito pode apontar essa excepcional hipótese de inimputabilidade, caso conclua que se tornou moléstia grave, retirando do agente a capacidade de compreender o caráter ilícito do fato ou de proceder conforme esse entendimento.

Segundo a doutrina majoritária, configurada alguma das hipóteses do homicídio privilegiado, **a redução da pena é obrigatória**. As circunstâncias do homicídio privilegiado são subjetivas e, portanto, não se comunicam aos demais agentes. Cuida-se de circunstâncias previstas para a configuração da causa de diminuição de pena, de ordem subjetiva, razão pela qual não são comunicáveis, conforme a regra do artigo 30 do Código Penal.

É possível que o homicídio seja privilegiado e qualificado, desde que a qualificadora seja objetiva. Nesse sentido, a jurisprudência do Superior Tribunal de Justiça:

> *"(...) 3. **O reconhecimento da figura privilegiada** constante no § 1º do art. 121 do CP, de que o réu agiu sob violenta emoção, após injusta provocação da vítima, **por ser de natureza subjetiva, é compatível com as qualificadoras de ordem objetiva**, como na hipótese, do emprego de recurso que impossibilitou a defesa do ofendido. Precedentes (...)" (STJ, AgRg no REsp 950404/RS, Rel. Min. Antonio Saldanha Palheiro, Sexta Turma, DJe 21/03/2019).*

Não é outro o entendimento do STF, expresso em precedente que, apesar de antigo, não foi superado por posição diversa:

> *"**A jurisprudência do Supremo Tribunal Federal é firme no sentido da possibilidade de homicídio privilegiado-qualificado**, desde que não haja incompatibilidade entre as circunstâncias do caso. Noutro dizer, tratando-se de qualificadora de caráter objetivo (meios e modos de execução do crime), é possível o reconhecimento do privilégio (sempre de natureza subjetiva)" (STF, HC 97034, Rel. Min. Ayres Britto, Primeira Turma, julgado em 06-04-2010).*[14]

O **homicídio qualificado-privilegiado não é considerado hediondo**, não se submetendo às disposições da Lei n. 8.072/1990. Também é denominado **homicídio híbrido**. Sua não hediondez é o entendimento consolidado há bastante tempo no âmbito do STJ. A Corte tem entendido que o homicídio privilegiado não integra o rol dos crimes hediondos "*por incompatibilidade axiológica e por falta de previsão legal*"[15].

Apesar de não ser compatível a qualificadora do motivo torpe com o privilégio, o STJ possui precedente que entende compatível a qualificadora do motivo torpe com as atenuantes genéricas de o agente ter cometido o crime sob relevante valor social ou moral:

> *2. De outra parte, de acordo com a jurisprudência do Supremo Tribunal e desta Corte, é possível a coexistência, no crime de homicídio, da qualificadora do motivo torpe, prevista no art. 121, § 2º, I, do Código Penal, com as atenuantes genéricas inseridas no art. 65, II, "a" e "c", do mesmo dispositivo, podendo, pois, concorrerem no mesmo fato. (STJ, AgRg no Ag 1060113/RO, Rel. Min. Og Fernandes, Sexta Turma, julgado em 16/09/2010, DJe 04/10/2010).*

1.3. Homicídio Qualificado

A qualificadora é a forma do tipo penal em que se comina uma diferente pena em abstrato, com novos limites mínimo e máximo. O homicídio qualificado está previsto no § 2º do artigo 121:

Homicídio qualificado

§ 2º Se o homicídio é cometido:

I – mediante paga ou promessa de recompensa, ou por outro motivo torpe;

II – por motivo fútil;

III – com emprego de veneno, fogo, explosivo, asfixia, tortura ou outro meio insidioso ou cruel, ou de que possa resultar perigo comum;

IV – à traição, de emboscada, ou mediante dissimulação ou outro recurso que dificulte ou torne impossível a defesa do ofendido;

V – para assegurar a execução, a ocultação, a impunidade ou vantagem de outro crime:

Pena – reclusão, de doze a trinta anos.

14. No mesmo sentido: STF, HC 76196/GO, Rel. Min. Maurício Corrêa, Segunda Turma, Julgamento: 29/09/1998.
15. STJ, HC 153728/SP, Rel. Min. Felix Fischer, Quinta Turma, DJe 31/05/2010.

> *VII – contra autoridade ou agente descrito nos arts. 142 e 144 da Constituição Federal, integrantes do sistema prisional e da Força Nacional de Segurança Pública, no exercício da função ou em decorrência dela, ou contra seu cônjuge, companheiro ou parente consanguíneo até terceiro grau, em razão dessa condição:*
> *VIII – com emprego de arma de fogo de uso restrito ou proibido*
> *Homicídio contra menor de 14 (quatorze) anos*
> *IX – contra menor de 14 (quatorze) anos:*
> *Pena – reclusão, de doze a trinta anos.*

As qualificadoras são causas especiais que determinam uma pena maior, mais gravosa, abstratamente cominada, com diferentes limites mínimos e máximos. Referem-se aos **motivos determinantes do crime, aos meios e modos de sua execução e a vítimas determinadas**. A qualificadora implica um novo limite mínimo e um novo teto para a pena abstratamente prevista, sendo que no caso a pena será de reclusão de doze a trinta anos.

O homicídio qualificado é **crime hediondo** tanto em sua forma tentada quanto na consumada, conforme determina o artigo 1º, inciso I, da Lei n. 8.072/1990. Vale mencionar que a Lei n. 13.964/2019 modificou o teor de referido dispositivo para incluir expressamente o inciso VIII (homicídio qualificado funcional), enquanto a Lei n. 14.344/2022 alterou o dispositivo para mencionar o inciso IX (menor de 14 anos):

> *Art. 1º São considerados hediondos os seguintes crimes, todos tipificados no Decreto-Lei nº 2.848, de 7 de dezembro de 1940 – Código Penal, consumados ou tentados:*
> *I – homicídio (art. 121), quando praticado em atividade típica de grupo de extermínio, ainda que cometido por 1 (um) só agente, e **homicídio qualificado (art. 121, § 2º, incisos I, II, III, IV, V, VII, VIII e IX)**;*

Passa-se, então, à análise de cada uma das hipóteses de homicídio qualificado:

I. Mediante paga ou promessa de recompensa ou por outro motivo torpe

O artigo 121, § 2º, I, do CP, trata do homicídio mercenário ou por mandato remunerado. É o crime cometido mediante paga, recompensa ou por outro motivo torpe. A **paga ou promessa de recompensa**, para a maior parte da doutrina, deve ter natureza financeira. A discussão, entretanto, não possui relevância prática, já que, se não considerada a vantagem não financeira como paga nem como promessa de recompensa, há a fórmula de "outro motivo torpe, que possibilita a chamada interpretação analógica. Cuida-se de expressão que deve ser interpretada com base nas situações anteriores, tomadas como paradigma.

Há divergências sobre a paga ou promessa de recompensa ser circunstância que se comunica também ao **mandante** ou se deve ser limitada ao executor do crime. Na verdade, não deve ser considerada elementar, mas circunstância da forma qualificada. Entretanto, a matéria **não está pacificada e há divergência no próprio Superior Tribunal de Justiça**:

> *"(...) 3. No homicídio mercenário, **a qualificadora da paga ou promessa de recompensa é elementar do tipo qualificado, comunicando-se ao mandante do delito**. (...)" (STJ, AgInt no REsp 1681816/GO, Rel. Min. Nefi Cordeiro, Sexta Turma, DJe 15/05/2018).*

"(...) V – No homicídio, ***a qualificadora de ter sido o delito praticado mediante paga ou promessa de recompensa é circunstância de caráter pessoal e, portanto, ex vi art. 30 do C.P., incomunicável.*** *Recurso especial parcialmente provido para restabelecer a qualificadora de motivo fútil na decisão de pronúncia. (...)" (STJ, REsp 1415502/MG, Rel. Min. Felix Fischer, Quinta Turma, DJe 17/02/2017)*[16].

O **motivo torpe** é o motivo repugnante, vil, abjeto, desprezível. A vingança vem sendo compreendida pelo STJ como um motivo torpe, sendo esse o entendimento que prevalece:

> *"2. No caso, a prisão preventiva está justificada, pois a decisão que a impôs delineou o* modus operandi *empregado na conduta delitiva, revelador da periculosidade do recorrente, consistente na prática, em tese, de tentativa de homicídio mediante emprego de arma de fogo, delito qualificado por motivo torpe, consubstanciado em vingança em razão de a vítima ter realizado denúncias que levaram à prisão do chefe do tráfico da localidade. Tais circunstâncias denotam sua periculosidade e a necessidade da segregação como forma de acautelar a ordem pública." (STJ, RHC 90941/PE, Rel. Min. Antonio Saldanha Palheiro, Sexta Turma, DJe 04/06/2018).*
>
> *"Na pronúncia, que não encerra juízo de procedência acerca da pretensão punitiva, somente se admite a exclusão de qualificadoras quando manifestamente improcedentes ou descabidas, sob pena de afrontar a soberania do Júri, o que não se verifica no caso concreto, mormente quando relatado na própria denúncia que o crime foi cometido por vingança, sendo considerada qualificadora do motivo torpe pela jurisprudência firme desta Corte." (AgRg no HC 523.029/PE, Rel. Min. Nefi Cordeiro, Sexta Turma, julgado em 26/11/2019, DJe 03/12/2019)*

Vale registrar que, no passado, o STJ já entendeu que a vingança poderia ou não configurar motivo torpe, a depender do caso concreto:

> *"2. Para se afastar qualificadoras da pronúncia, é fundamental que sua impropriedade seja manifesta. A vingança,* per se, *pode não ou representar motivo torpe – tudo a depender do caso concreto. O debate acerca dos lineamentos do recurso que impossibilitou a defesa também enseja profundo mergulho no plano fático-probatória. Desta forma, o exame de tais questões refoge aos limites de cognição do habeas corpus." (STJ, HC 126.730/SP, Rel. Min. Maria Thereza de Assis Moura, Sexta Turma, Julgado em 10/11/2009).*

O STF, no julgamento da ADO 26 e do MI 473, em junho de 2019, considerou que a **discriminação homotransfóbica** representa, "na hipótese de homicídio doloso, circunstância que o qualifica, por configurar motivo torpe (Código Penal, art. 121, § 2º, I, "in fine")". De fato, matar alguém em razão de não admitir orientação sexual diversa da sua representa um motivo abjeto, de ausência de aceitação de quem é diferente de si, representando uma antissociabilidade extrema.

II. Motivo fútil

É o motivo que demonstra desproporção em relação ao crime praticado. Caracteriza-se quando o delito consubstancia razão frívola, mesquinha, insignificante.

---

16. No mesmo sentido: AgRg no REsp 1879682/PR, Rel. Min. Reynaldo Soares da Fonseca, Quinta Turma, julgado em 18/08/2020, DJe 25/08/2020.

Seria como matar alguém por causa de um esbarrão acidental em uma festa. Ainda que todo crime represente uma motivação reprovada pela sociedade, a futilidade representa algo extremo, em que a irrelevância do motivo ante a gravidade do crime torna a sua gravidade muito maior.

Quanto ao crime praticado sem motivo algum, existe divergência. Segundo parte da doutrina, a ausência de motivo seria equiparável ao pretexto fútil. Entende-se não fazer sentido punir de forma mais grave quem mata por motivo fútil e, com pena menor, aquele que mata sem motivo algum[17]. Hungria, por sua vez, defendia não exigir crime *gratuito* ou sem motivo[18]. O STJ parece aceitar a existência do delito gratuito e entende que ele não configura a qualificadora do artigo 121, § 2º, inciso II, do CP:

> *"Embora o homicídio sem qualquer motivo parece tão ou mais reprovável do que a ação movida por motivo fútil, o legislador apenas previu este último como circunstância qualificadora - ou seja, deve existir uma razão específica para a prática da infração -, não sendo possível, ao julgador, aplicar, analogicamente, a norma incriminadora em prejuízo do Réu, sob pena de afronta ao princípio da legalidade penal." (STJ, AgRg no HC n. 756.852/SP, Rel. Min. Laurita Vaz, Sexta Turma, julgado em 2/10/2023, DJe de 5/10/2023.)*

III. Com emprego de veneno, fogo, explosivo, asfixia, tortura ou outro meio insidioso ou cruel, ou de que possa resultar perigo comum

O artigo 121, § 2º, inciso III, traz alguns **meios** de se praticar o homicídio que qualificam o crime. O homicídio, vale lembrar, é crime de forma livre, podendo ser realizado de qualquer modo, pelo agente, que leve ao resultado morte, como golpes de faca, envenenamento ou atropelamento. Entretanto, existem alguns modos de realizar o crime que o tornam qualificado:

Emprego de veneno: uso de substância tóxica ao ser humano. O açúcar pode ser considerado veneno no caso de a vítima ser diabética. Só haverá a incidência da qualificadora se a vítima não souber que ingere o veneno. O veneno, nesse caso, deve ser considerado um meio insidioso, ou seja, incidirá esse dispositivo apenas se o crime for cometido de modo que a vítima não saiba que está sendo assassinada. Se for forçada a tomá-lo, ciente do que se trata, pode-se configurar o meio cruel, a depender do caso. Essa modalidade pode ser chamada venefício.

Meio insidioso: é o dissimulado, realizado de forma sorrateira. O caso enumerado anteriormente e que serve de parâmetro para essa interpretação analógica é o emprego de veneno. O açúcar, por exemplo, pode ter efeito de veneno para um diabético com saúde muito debilitada, o que leva à configuração da qualificadora por meio insidioso.

Emprego de fogo: de modo simples, é o uso de fogo, da combustão de material, para a execução do homicídio. O fogo, a depender do caso, pode configurar tanto o meio cruel (a vítima ser queimada até a morte) como um meio de que pode resultar perigo comum (incêndio de um edifício, expondo a vida de moradores, vizinhos e transeuntes a risco de morte).

---

17. Nesse sentido: RTJE 45/276; RT 511/357 e 662/332; RJTJSP 138/449 (CUNHA, Rogério Sanches. Op. Cit., 2020, p. 57).
18. HUNGRIA, Nélson. Op. Cit., 1958, p. 122.

Emprego de explosivo: é a execução do homicídio por meio de substância explosiva, como dinamite. Pode configurar um meio que resulta perigo comum, caso haja a exposição de outras pessoas ao risco produzido com a explosão.

Meio de que possa resultar perigo comum: é aquele pode atingir um número indeterminado de pessoas. A interpretação deve ser feita de forma analógica, com atenção nos meios anteriormente enumerados de emprego de fogo e de explosivo.

Emprego de tortura: é o grande tormento ou suplício causado à vítima. O agente tem a vontade e a consciência de matar a vítima e emprega método de tortura para intensificar o seu sofrimento. Não se deve confundir a circunstância que qualifica o homicídio com o delito de tortura com resultado morte, em que o agente constrange alguém, com emprego violência ou grave ameaça, causando-lhe sofrimento físico ou mental, com alguma finalidade específica, ou quando submete alguém, com emprego de tais meios, a um intenso sofrimento físico ou mental, como forma de aplicar castigo ou medida de caráter preventivo (art. 1º, *caput* e § 3º, da Lei n. 9.455/1997). No mesmo sentido, Alberto Silva Franco defende, ainda, que a expressão "tortura" possui, na qualificadora do homicídio, um sentido vulgar, e não jurídico penal. Por isso, consiste em "qualquer suplício violento infligido a alguém que se traduz em meio para a execução do homicídio". Deve-se observar, assim, o contexto de "meio cruel"[19].

Meio cruel: é a forma de se praticar o delito que aumenta o sofrimento da vítima sem necessidade. O exemplo a ser utilizado como parâmetro é o emprego de tortura. Configura-se essa qualificadora se o homicídio é praticado contra vítima amarrada, assassinada com agressões violentas, com brutalidade, de modo que lhe é impingido sofrimento intenso e desnecessário[20].

IV. À traição, de emboscada, ou mediante dissimulação ou outro recurso que dificulte ou torne impossível a defesa do ofendido

O inciso IV traz **formas de execução** do crime que o tornam mais gravoso e, por isso, qualificado.

Traição: é o ataque súbito, inesperado e desleal. Pode ser traição física, como atirar pelas costas da vítima, e também a moral, como o amigo que chama a vítima para conversar em seu sítio, dizendo que tem problemas íntimos e privados, e lá se aproveita de sua distração para disparar projéteis de arma de fogo e causar sua morte. Essa circunstância pressupõe uma relação de confiança entre autor e vítima. O homicídio qualificado pela traição também é conhecido como **homicídio *proditorium***.

Emboscada: é a tocaia, a ocultação do agente para a prática do crime. Como exemplo, podemos imaginar o atirador que espera a vítima na beira da estrada, atrás de um arbusto, e atira sem que ela possa sequer saber quem a matou.

19. FRANCO, Alberto Silva. Tortura: breves anotações sobre a Lei n. 9.455/97. Revista Brasileira de Ciências Criminais, São Paulo, n. 19, jul.-set. 1997.
20. STJ, AgRg no AREsp n. 2.267.570/DF, relator Ministro Rogerio Schietti Cruz, Sexta Turma, julgado em 7/11/2023, DJe de 13/11/2023.

PARTE ESPECIAL

Dissimulação: é o fingimento, é a ocultação do desígnio do autor. É o sujeito que finge, por exemplo, precisar de ajuda, deitando-se na porta da casa da vítima e simulando gemer de dor, e a esfaqueia quando ela se aproxima para ajudá-lo.

Outro recurso que dificulte ou torne impossível a defesa da vítima: cláusula de interpretação analógica, que tem como parâmetros todas as outras circunstâncias acima enumeradas. Pode-se exemplificar com o homicídio praticado com elemento surpresa.

V. Para assegurar a execução, a ocultação, a impunidade ou vantagem de outro crime

O inciso V traz circunstâncias qualificadoras relacionadas a determinados fins almejados pelo agente, que são classificados, pela doutrina, em conexão teleológica e conexão consequencial.

Conexão teleológica: é o crime que é praticado para assegurar a execução de outro crime. Caso do sujeito que, durante a execução do crime de estupro, é surpreendido por terceiro e o mata, para que ele não impeça sua atividade delitiva.

Conexão consequencial: é a infração penal praticada para assegurar a ocultação, vantagem ou impunidade de outro crime. O sujeito rouba um grande banco e, meses depois, é reconhecido pelo gerente em uma reunião da escola em que os filhos de ambos estudam. Então, comete homicídio contra ele, para garantir sua impunidade.

Em qualquer um dos casos, **o outro crime pode ter sido praticado ou não pelo próprio agente**[21]. Ele pode ter a intenção, por exemplo, de evitar que sua namorada seja presa ou que seu pai perca a vantagem adquirida por meio de um roubo. Para Bitencourt, o outro crime pode ter sido praticado antes ou depois do homicídio. Além disso, entende que incide a qualificadora mesmo que o agente desista da prática do outro crime[22].

Nucci admite a incidência da qualificadora se o crime for praticado para assegurar a consumação de um crime posterior ou de um delito ainda em desenvolvimento[23]. Assim, se o agente comete o homicídio para assegurar a execução de um crime que planeja realizar ou está cometendo no momento, o delito do artigo 121 do Código Penal será qualificado.

VII. Contra autoridade ou agente descrito nos arts. 142 e 144 da Constituição Federal, integrantes do sistema prisional e da Força Nacional de Segurança Pública, no exercício da função ou em decorrência dela, ou contra seu cônjuge, companheiro ou parente consanguíneo até terceiro grau, em razão dessa condição:

Cuida-se de alteração legislativa levada a efeito pela Lei n. 13.142/2015. Busca-se punir de forma mais rígida o crime cometido contra um agente de segurança

---

21. BITENCOURT, Cezar Roberto. Op. Cit., p. 98. MASSON, Cleber. Op. Cit., 2019, p. 36. CUNHA, Rogério Sanches. Op. Cit., 2020, p. 61.
22. BITENCOURT, Cezar Roberto. Op. Cit., p. 98.
23. NUCCI, Guilherme de Souza. Código penal comentado. 15. ed. rev. atual. e ampl. Rio de Janeiro: Forense, 2015, p. 715. Também não exige a efetiva realização do outro delito: PRADO, Luiz Regis. Curso de direito penal brasileiro: parte geral e parte especial. 18. ed. Rio de Janeiro: Forense, 2020, p. 402.

pública ou um familiar seu, **se o móvel do delito envolver referida função pública ou a condição pessoal** de cônjuge, companheiro ou parente consanguíneo até o terceiro grau.

O que se protege é a própria função pública, e não a pessoa do agente ou da autoridade. Pode-se denominar esse crime qualificado de **homicídio qualificado funcional**. A qualificadora não abrange crimes cometidos contra agentes ou autoridades aposentados, que foram deixados de fora pelo legislador[24]. Entretanto, parte da doutrina entende ser possível, desde que o delito seja praticado em decorrência da função[25].

Vale destacar que se o crime for cometido contra um dos agentes citados no inciso VII do parágrafo segundo do artigo 121, mas sem qualquer conexão com sua função pública, o crime será simples. Por exemplo, se um delegado da polícia federal discute com o vizinho por causa do muro que divide os respectivos imóveis, eventual homicídio praticado pelo último não será qualificado pela circunstância em estudo.

O inciso VII (do artigo 121, § 2º, do CP) menciona os **integrantes do sistema prisional** e da **Força Nacional de Segurança Pública** no próprio dispositivo. Além disso, há referência no tipo penal aos artigos 142 e 144 da Constituição da República, que tratam, respectivamente, das Forças Armadas e da Segurança Pública. Portanto, cuida-se de norma penal em branco com complemento da própria Constituição, espeficamente do que preveem o *caput* do artigo 142 e o *caput*, parágrafos 8º e 10º do artigo 144:

> *Art. 142. As Forças Armadas, constituídas pela Marinha, pelo Exército e pela Aeronáutica, são instituições nacionais permanentes e regulares, organizadas com base na hierarquia e na disciplina, sob a autoridade suprema do Presidente da República, e destinam-se à defesa da Pátria, à garantia dos poderes constitucionais e, por iniciativa de qualquer destes, da lei e da ordem.*
>
> (...)
>
> *Art. 144. A segurança pública, dever do Estado, direito e responsabilidade de todos, é exercida para a preservação da ordem pública e da incolumidade das pessoas e do patrimônio, através dos seguintes órgãos:*
>
> *I - polícia federal;*
>
> *II - polícia rodoviária federal;*
>
> *III - polícia ferroviária federal;*
>
> *IV - polícias civis;*
>
> *V - polícias militares e corpos de bombeiros militares.*
>
> *VI - polícias penais federal, estaduais e distrital.*
>
> *(...)*
>
> *§ 8º Os Municípios poderão constituir guardas municipais destinadas à proteção de seus bens, serviços e instalações, conforme dispuser a lei.*
>
> *(...)*

24. No mesmo sentido: MASSON, Cleber. Op. Cit., 2019, p. 45.
25. CUNHA, Rogério Sanches. Op. Cit., 2020, p. 70-71. BITENCOURT, Cezar Roberto. Op. Cit., 2020, p. 113.

> *§ 10. A segurança viária, exercida para a preservação da ordem pública e da incolumidade das pessoas e do seu patrimônio nas vias públicas:*
>
> *I – compreende a educação, engenharia e fiscalização de trânsito, além de outras atividades previstas em lei, que assegurem ao cidadão o direito à mobilidade urbana eficiente; e*
>
> *II – compete, no âmbito dos Estados, do Distrito Federal e dos Municípios, aos respectivos órgãos ou entidades executivos e seus agentes de trânsito, estruturados em Carreira, na forma da lei.*

Por fim, o dispostivo menciona também o cônjuge, companheiro ou parente consanguíneo até terceiro grau de quaisquer dos agentes e autoridades descritos. Além de limitar o grau até o terceiro, o legislador, de forma bastante questionável, restringiu o rol de familiares, além do cônjuge ou companheiro, aos parentes consanguíneos.

Deste modo, o crime será qualificado se for cometido contra as seguintes pessoas:

- Integrantes do sistema prisional (atualmente denominados de Policiais Penais);
- Integrantes da Força Nacional de Segurança Pública;
- Militares do Exército, da Marinha e da Aeronáutica (Forças Armadas);
- Agentes e Autoridades da Polícia Federal;
- Agentes e Autoridades da Polícia Rodoviária Federal;
- Agentes e Autoridades da Polícia Ferroviária Federal;
- Agentes e Autoridades das Polícias Civis;
- Agentes e Autoridades das Polícias Militares e dos Corpos de Bombeiros Militares;
- Agentes e Autoridades das Guardas Municipais;
- Agentes de trânsito;
- Cônjuge, companheiro ou parente consanguíneo até terceiro grau de quaisquer dos agentes ou autoridades acima descritos.

A Emenda Constitucional n. 104, de 2019, incluiu o inciso VI ao artigo 144, *caput*, da Constituição, acrescentando as polícias penais federal, estaduais e distrital. Entretanto, nada se alterou quanto à configuração do homicídio funcional, já que o próprio Código Penal já fazia referência expressa aos **integrantes do sistema prisional**[26], em seu artigo 121, § 2º, inciso VII.

A qualificadora não se aplica aos agentes de polícia da Câmara dos Deputados e do Senado Federal[27], não abrangidos pelo tipo nem pelas normas constitucionais a que se faz referência. Também não se fez previsão da chamada polícia judicial, cujos membros antigamente eram denominados de agentes de segurança do Poder Judiciário. A qualificadora **apenas** se configura se o agente ou autoridade for vítima do crime no exercício da função, por exemplo em uma missão policial, ou em decorrência da função, como no caso de um sujeito que foi preso por operação chefiada por delegado e depois o mata, por vingança.

26. Parece ter a mesma posição: PRADO, Luiz Regis. Op. Cit., 2020, p. 404.
27. No mesmo sentido: CUNHA, Rogério Sanches. Op. Cit., p. 69.

Se forem vítimas de um homicídio os familiares dos agentes e autoridades enumerados acima, o delito será qualificado se praticado em razão dessa condição, como no caso do pai de um policial que é morto em represália pela atuação firme do seu filho no combate ao tráfico de entorpecentes na cidade. Não incide a qualificadora funcional se não houver relação entre o homicídio praticado e o parentesco da vítima com agente ou autoridade da segurança pública.

Os familiares abrangidos são o cônjuge, companheiro ou parente consanguíneo até terceiro grau. São **parentes consanguíneos até terceiro grau**: os ascendentes (pais, avós e bisavós), os descendentes (filhos, netos e bisnetos) e os colaterais (irmãos, tios e sobrinhos).

Também não estão incluídos no texto legal os parentes por afinidade (sogro, sogra e cunhados) nem o parentesco civil (como o filho adotivo). No caso do filho adotivo, houve notável falha legislativa. Entretanto, de acordo com o princípio da legalidade e do seu corolário, o da reserva legal, não se pode ampliar, por analogia, a abrangência de uma lei penal que torna a situação do réu mais gravosa, razão pela qual não se mostra possível a inclusão de tais parentes na norma que se extrai do inciso VII ora estudado.

Bitencourt defende a declaração de inconstitucionalidade do termo "consanguíneo", por fazer uma diferenciação de filhos que a Constituição não permite, de modo a permitir a inclusão do filho adotivo na proteção da norma[28]. Prado já não admite a inclusão de qualquer parente, o que parece mais acertado[29]. A alteração deve ocorrer pela via legislativa para a correção da injustiça da exclusão dos filhos adotivos.

Quando o crime envolver a motivação, como crime cometido contra o agente ou seu familiar em razão da função ou de sua condição, a qualificadora terá natureza subjetiva. Se o delito for praticado contra agente no exercício da função, a qualificadora deve ser considerada objetiva[30].

VIII. com emprego de arma de fogo de uso restrito ou proibido

Com a derrubada do veto, pelo Congresso Nacional, a alguns dispositivos da Lei n. 13.964/2019, apenas na data de 19/04/2021 foi inserida uma nova qualificadora ao homicídio. O inciso VIII trata do homicídio praticado com emprego de arma de fogo de uso restrito ou proibido:

> *§ 2º Se o homicídio é cometido:*
>
> *(...)*
>
> *VIII - com emprego de arma de fogo de uso restrito ou proibido:*
>
> *(...)*
>
> *Pena – reclusão, de doze a trinta anos.*

Cuida-se de **norma penal em branco**, pois depende de norma que defina o que é a arma de fogo de uso restrito ou proibido. As normas que atualmente complementam

28. BITENCOURT, Cezar Roberto. Op. Cit., 2020, p. 114-116.
29. PRADO, Luiz Regis. Op. Cit., 2020, p. 405. No mesmo sentido: SOUZA, Luciano Anderson de. Op. Cit., 2020, p. 82-83. MASSON, Cleber. Op. Cit., 2019, p. 46.
30. No mesmo sentido: SOUZA, Luciano Anderson de. Op. Cit., 2020, p. 83.

o dispositivo estão no Decreto n. 11.615/2023, que regulamenta a Lei n. 10.826/2003 (Estatuto do Desarmamento). A arma deve estar elencada como de uso restrito ou proibido para que incida a qualificadora, que possui natureza eminentemente objetiva. Claramente, se a arma for branca não incide a qualificadora. Tampouco autoriza a incidência da forma qualificada o emprego de arma de fogo de uso permitido.

Haverá absorção dos crimes de posse e porte ilegais de arma de fogo se forem praticados para a prática do homicídio. São considerados crimes-meio. Por outro lado, se o agente portava a arma de fogo anteriormente, fora do contexto do crime contra a vida, pode haver concurso de delitos. Por isso, se o indivíduo utiliza uma arma de fogo de uso restrito para repelir agressão injusta, a legítima defesa excluirá a ilicitude de ambos os delitos. Se o agente portava a arma de fogo de forma ilegal anteriormente, sem relação com a situação de legítima defesa, e a utiliza para repelir agressão injusta, pode responder pelo delito relacionado ao porte ilegal da arma.

1.4. Homicídio Qualificado: menores de 14 anos de idade

A Lei n. 14.344, de 24 de maio de 2022, conhecida como Lei Henry Borel, passou a prever uma nova qualificadora ao delito de homicídio, ao inserir o inciso IX ao parágrafo segundo do artigo 121. Foi aprovada após um caso de grande comoção social, em que o menino Henry, de apenas 4 anos de idade, foi assassinado no apartamento onde morava com a mãe e o padrasto, na Barra da Tijuca, cidade do Rio de Janeiro/RJ. Foi inserida, no Código Penal, uma nova modalidade qualificada do homicídio, que incide se ele for praticado contra vítima criança ou adolescente menor de 14 anos.

A qualificadora possui natureza objetiva, exigindo apenas que o agente tenha ciência da idade da vítima. Não se exige motivação específica nem situação de violência doméstica ou familiar, pois a norma prevê apenas, para incidência dessa modalidade qualificada, que o crime tenha sido cometido contra pessoa com idade inferior a 14 anos:

> *§ 2° Se o homicídio é cometido:*
>
> *(...)*
>
> *Homicídio contra menor de 14 (quatorze) anos*
>
> *IX - contra menor de 14 (quatorze) anos:*
>
> *Pena - reclusão, de doze a trinta anos.*

Além disso, a Lei Henry Borel incluiu majorantes específicas para essa qualificadora. O legislador inseriu, no artigo 121, o §2º-B, o qual prevê duas hipóteses de aumento de pena aplicáveis apenas ao homicídio praticado contra menor de 14 anos. Por sua vez, a Lei n. 14.811, de 12 de janeiro de 2024, inseriu a majorante do inciso III, também restrita ao homicídio qualificado por ter sido cometido contra menor de 14 anos de idade. São casos, portanto, de **homicídio qualificado e majorado**:

> *§ 2º-B. A pena do homicídio contra menor de 14 (quatorze) anos é aumentada de:*
> *I – 1/3 (um terço) até a metade se a vítima é pessoa com deficiência ou com doença que implique o aumento de sua vulnerabilidade;*

> *II – 2/3 (dois terços) se o autor é ascendente, padrasto ou madrasta, tio, irmão, cônjuge, companheiro, tutor, curador, preceptor ou empregador da vítima ou por qualquer outro título tiver autoridade sobre ela.*
>
> *III – 2/3 (dois terços) se o crime for praticado em instituição de educação básica pública ou privada.*

A primeira majorante, prevista no inciso I do § 2º-B, traz o intervalo de aumento de um terço até a metade, incidindo se a vítima for pessoa com deficiência ou com doença que implique o aumento de sua vulnerabilidade. O juiz deve estipular a fração, que deverá levar em conta justamente a maior ou menor vulnerabilidade do sujeito passivo do crime. Pode-se supor, por exemplo, uma vítima, criança, com deficiência auditiva, condição que não foi determinante para a violência e a vulnerabilidade no caso concreto. Como a maior vulnerabilidade decorreu primordialmente da idade e não da deficiência, o juiz pode aplicar uma fração menor de aumento, como a de um terço.

Por outro lado, se a vulnerabilidade for maior, a fração de aumento deve se aproximar do máximo. Pode-se imaginar um adolescente de 13 anos de idade que é paraplégico, o que o tornou muito mais vulnerável à ação homicida. Como a deficiência potencializou a fragilidade da vítima diante da ação violenta, diminuindo ou impossibilitando a sua defesa, o juiz deve aproximar a fração do máximo fixado pelo legislador, que é de metade da pena. A vulnerabilidade maior também pode decorrer de doença, como no caso de uma criança que seja portadora de uma enfermidade que causa epilepsia e o delito tenha sido praticado no exato momento em que ela sofria de uma crise. Também nesse caso uma fração mais elevada, talvez a máxima, se adéqua mais à situação.

A majorante do inciso II, por sua vez, se relaciona à maior proximidade entre sujeito ativo e sujeito passivo, o que é um fundamento mais objetivo e, por isso, o legislador trouxe, com acerto, uma fração fixa de aumento de pena, fixada em 2/3. Ela incide se o agente for ascendente, padrasto ou madrasta, tio, irmão, cônjuge, companheiro, tutor, curador, preceptor ou empregador da vítima ou por qualquer outro título tiver autoridade sobre ela. Possui autoridade sobre a vítima o líder religioso; o responsável por instituição de ensino, especialmente na modalidade de internato; a pessoa que detém a sua guarda de fato, dentre outros. Nesse caso, o maior desvalor reside na relação de confiança entre a vítima e o agente, que inclusive tem projeção social e torna os membros da sociedade menos vigilantes, confiantes do bom tratamento do menor por esse indivíduo.

Sobre o início de vigência da Lei n. 14.344, de 24 de maio de 2022, cumpre consignar que o seu artigo 34 previu um período de *vacatio legis* de 45 dias. Sua publicação ocorreu em 25 de maio de 2022[31], razão pela qual entrou em vigor no dia 9 de julho de 2022. Vale lembrar que, nos termos da Lei Complementar n. 95/1998, a contagem do prazo para entrada em vigor das leis que estabeleçam período de vacância faz-se com a inclusão da data da publicação e do último dia do prazo, entrando em vigor no dia subsequente à sua consumação integral. Iniciando o cálculo no dia 25 de maio, o quadragésimo quinto dia recaiu no dia 8 de julho, entrando em vigor a nova lei no dia 9 de julho de 2022. Assim, somente os homicídios praticados

31. Retifica-se a informação da última edição. Apesar de a Lei constar como de 24 de maio de 2022, a publicação ocorreu apenas em 25 de maio de 2022, razão pela qual a entrada em vigor ocorreu em 9 de julho de 2022.

do dia 9 de julho de 2022 em diante, contra menores de 14 anos, serão qualificados em razão da idade da vítima, por se tratar de alteração legislativa mais gravosa e que, por isso, não pode retroagir. Se praticado anteriormente, pode incidir, de todo modo, a majorante de crime praticado contra menor de 14 anos de idade, prevista no artigo 121, § 4º, do CP.

A Lei n. 14.811, de 12 de janeiro de 2024, acrescentou o inciso III ao parágrafo 2º-B do artigo 121. Foi inserida mais uma majorante, de natureza objetiva, relacionada ao local de cometimento do delito: instituição de educação básica pública ou privada. A educação básica, segundo dispõe o artigo 4º da Lei n. 9.394/1996, é aquela obrigatória e gratuita àqueles que possuem de 4 a 17 anos de idade. Abrange a pré-escola, ensino fundamental e ensino médio. Busca-se sancionar de forma mais rígida, com a pena aumentada de dois terços, a prática de homicídio de menor de 14 anos de idade dentro de pré-escolas, escolas de ensino fundamental e instituições de ensino médio. Por se tratar de alteração mais gravosa, somente se aplica aos delitos cometidos após o início de vigência da lei, o que ocorreu no dia de sua publicação, 15 de janeiro de 2024.

É uma resposta legislativa aos ataques a escolas, especialmente por vítimas de intimidação sistemática (ou bullying). Esse tipo de ataque, muito comum nos Estados Unidos da América, começam a se disseminar no território brasileiro, causando preocupação e levando ao recrudescimento ao tratamento desse tipo de delito. A mesma lei também tipificou a prática de intimidação sistemática (bullying), inclusive com forma qualificada se for praticada virtualmente, para buscar combater o problema em uma de suas principais fontes. De todo modo, é importante observar que muitos dos ataques são feitos por inimputáveis, de modo que o recrudescimento da lei penal não afeta esses casos. Em se tratando de crianças e adolescentes, é muito relevante que, em conjunto com leis que tratem dessas práticas, haja educação sobre o tema e efetivo acompanhamento multiprofissional nas instituições de educação básica.

Qualificadora	Natureza
I – mediante paga ou promessa de recompensa, ou por outro motivo torpe;	Subjetiva
II – por motivo fútil;	Subjetiva
III – com emprego de veneno, fogo, explosivo, asfixia, tortura ou outro meio insidioso ou cruel, ou de que possa resultar perigo comum;	Objetiva
IV – à traição, de emboscada, ou mediante dissimulação ou outro recurso que dificulte ou torne impossível a defesa do ofendido;	Objetiva[32]

32. No mesmo sentido: NUCCI, Guilherme de Souza. Op. Cit., 2015, p. 706-707, inclusive citando vários precedentes do STF; CAPEZ, Fernando. Curso de direito penal, volume 2, parte especial: dos crimes contra a pessoa a dos crimes contra o respeito aos mortos (arts. 121 a 212). 13. ed. São Paulo: Saraiva, 2013, p. 86-87; ALVES, Jamil Chaim. Manual de direito penal – Parte Geral e Parte Especial. 2. ed. rev. atual. e ampl. Salvador: Editora Juspodivm, 2021, p. 785-786; CUNHA, Rogério Sanches. Op. Cit., 2020, p. 54-55. Cleber Masson classifica o inciso IV como qualificadora objetiva, mas ressalva a traição: MASSON, Cleber. Código Penal Comentado. 8. ed. [2. Reimpr.] Rio de Janeiro. Forense; São Paulo: Método, 2020, p. 23. Em sentido diverso: LIMA, Renato Brasileiro de. Legislação penal especial comentada: volume único. 8. ed. rev. atual. e ampl. Salvador: Juspodivm, 2020,

Qualificadora	Natureza
V – para assegurar a execução, a ocultação, a impunidade ou vantagem de outro crime:	Subjetiva
VII – contra autoridade ou agente descrito nos arts. 142 e 144 da Constituição Federal, integrantes do sistema prisional e da Força Nacional de Segurança Pública, no exercício da função ou em decorrência dela, ou contra seu cônjuge, companheiro ou parente consanguíneo até terceiro grau, em razão dessa condição	**Divergência:** • Objetiva[33] • Subjetiva[34] • Mista[35] (objetiva quando o agente estiver na função, subjetiva quando decorrer de sua função ou envolver familiares)
VIII – com emprego de arma de fogo de uso restrito ou proibido	Objetiva
IX – contra menor de 14 (quatorze) anos:	Objetiva

1.5. Homicídio Doloso Majorado

Há causas de aumento de pena, ou majorantes, referentes aos crimes de homicídio doloso. Estão previstas na parte final do parágrafo quarto e no parágrafo sexto do artigo 121 do Código Penal:

Aumento de pena

> *§ 4º No homicídio culposo, a pena é aumentada de 1/3 (um terço), se o crime resulta de inobservância de regra técnica de profissão, arte ou ofício, ou se o agente deixa de prestar imediato socorro à vítima, não procura diminuir as consequências do seu ato, ou foge para evitar prisão em flagrante.* ***Sendo doloso o homicídio, a pena é aumentada de 1/3 (um terço) se o crime é praticado contra pessoa menor de 14 (quatorze) ou maior de 60 (sessenta) anos.***
>
> (...)
>
> *§ 6º* ***A pena é aumentada de 1/3 (um terço) até a metade se o crime for praticado por milícia privada, sob o pretexto de prestação de serviço de segurança, ou por grupo de extermínio***.

São duas, portanto, as majorantes do crime de homicídio doloso:

➢ **Homicídio praticado contra pessoa menor de 14 anos ou maior de sessenta anos:**

Há a **causa de aumento de pena** quando se trata de homicídio doloso e a vítima for menor de 14 anos ou maior de 60 anos de idade. O crime se considera praticado

p. 331. O autor defende terem natureza objetiva as qualificadoras previstas nos incisos III e IV, enquanto as qualificadoras dos incisos I, II, V, VI e VII teriam natureza subjetiva.

33. Parece mais acertada a posição de que, por envolver a motivação do delito, essa qualificadora possa também ser considerada subjetiva. Entretanto, com a definição do STJ sobre o feminicídio, parece haver uma tendência de a Corte considerar a qualificadora funcional como objetiva. O quadro leva em conta essa tendência do STJ.
34. MASSON, Cleber. Op. Cit., 2019, p. 47.
35. SOUZA, Luciano Anderson de. Op. Cit., 2020, p. 83. CUNHA, Rogério Sanches. Op. Cit., 2020, p. 71-72.

ao tempo da ação ou da omissão típica, em razão de o Código Penal ter adotado a teoria da atividade. Por isso, esse é o paradigma para se verificar a idade da vítima, ou seja, devemos considerar quantos anos ela possuía ao tempo da conduta delitiva.

Em decorrência do princípio da culpabilidade, o Direito Penal não aceita a responsabilidade objetiva. Por isso, o agente deve ter conhecimento sobre a idade da vítima, no momento de sua conduta, para que referida majorante possa incidir. A pena, presente essa majorante, deve ser aumentada de 1/3 (um terço) na terceira fase da dosimetria.

➢ A majorante do homicídio praticado contra menor de 14 anos de idade foi revogada?

Só é possível a incidência dessa causa de aumento de pena, em se tratando de vítima menor de 14 anos de idade, caso não tenha sido aplicada a qualificadora prevista no artigo 121, § 2º, inciso IX, do CP. Por isso, andou bem o legislador ao não revogar essa causa de aumento de pena quando da promulgação da Lei n. 14.344/2022, pois essa agravante poderá incidir se a qualificadora for outra. **Nem sempre haverá *bis in idem* na aplicação da majorante do homicídio praticado contra menor de 14 anos de idade.** É possível que se reconheça, por exemplo, a qualificadora do emprego de arma de fogo de uso restrito ou proibido e, assim, não se utilize a idade da vítima para qualificar o delito, situação em que se poderá utilizar a majorante por ter sido cometido o delito contra menor de quatorze anos, sem dupla valoração do mesmo fato.

Além disso, caso reconhecida a causa de aumento, deve-se afastar as agravantes genéricas do art. 61, II, 'h', do CP, sob pena de *bis in idem*. Se o juiz reconhecer a agravante, na segunda fase da dosimetria, de ter sido o crime cometido contra criança e, na terceira fase, majorar a pena, por ser a vítima menor de 14 anos, haverá dupla valoração do mesmo fato, que consiste na tenra idade da vítima. Da mesma forma, não se pode agravar a pena e, quanto ao mesmo delito, majorá-la, justificando-se ambas as operações no fato de a vítima ser maior de 60 anos de idade. Haveria, claramente, *bis in idem* nessas situações.

➢ Homicídio praticado por milícia privada, sob o pretexto de prestação de serviço de segurança, ou por grupo de extermínio

Temos também homicídio doloso **majorado** quando é praticado por milícia privada, atuando sob o pretexto de prestação de serviço de segurança, ou por grupo de extermínio.

Milícia privada é a reunião de pessoas, sejam civis ou militares, que buscam atuar com violência ou grave ameaça e pretexto de devolver a paz pública, mormente em comunidades carentes. A milícia pratica ingerência na área de segurança pública, utilizando-se da força, que é monopólio do Estado. O artigo 91-A, § 5º, do CP, acrescentado pelo Pacote Anticrime, prevê a perda, em favor da União ou do Estado, a depender do ramo da Justiça que julgar o caso, dos instrumentos utilizados para a prática de crimes por milícias, ainda que não ponham em perigo a segurança das pessoas, a moral ou a ordem pública, nem ofereçam sério risco de ser utilizados para o cometimento de novos crimes. Por isso, no caso de homicídio praticado por milícia, é cabível o confisco alargado ou ampliado de bens[36].

Grupo de extermínio é a reunião de pessoas que praticam assassinatos, tendo como vítimas as pessoas marginalizadas ou consideradas indesejadas pela sociedade. Consideram-se justiceiros, podendo também ser civis ou militares. Quando o delito é praticado em atividade típica de extermínio, a Lei n. 8.072/1990, em seu artigo 1º, inciso I, prevê a sua natureza hedionda, ainda que cometido por um só agente, ou seja, que não tenha havido concurso de pessoas para a sua prática.

A doutrina diverge quanto **ao número de agentes necessários** para configuração da milícia privada ou do grupo de extermínio. Deve-se adotar o número de três ou mais pessoas, a exemplo do delito de associação criminosa, o critério do tipo penal mais próximo de sua configuração, em interpretação sistemática. Entretanto, há a posição de que o parâmetro deve ser o crime de organização criminosa, com a exigência de quatro ou mais pessoas[37]. Por fim, há quem defenda que bastam duas pessoas para a configuração da majorante[38].

Configurada tal majorante, o juiz deve aumentar a pena, na terceira fase da dosimetria, pela fração de um terço até metade. Bitencourt defende haver *bis in idem* no caso de incidência da majorante de forma conjunta com a condenação do crime de milícia privada (art. 288-A do CP)[39]. Entretanto, parece ser entendimento que contraria a tendência do STJ em considerar não haver *bis in idem* se os delitos tutelam bens jurídicos diversos e o mesmo fato é considerado na aplicação da pena de ambos. Sanches Cunha defende, de forma mais compatível com a jurisprudência do STJ, o concurso de delitos[40].

1.6. Homicídio Culposo

O homicídio também é punível se praticado a título de culpa, isto é, **imprudência, negligência ou imperícia**. Em virtude de a culpa em sentido amplo integrar o tipo, que não pode esgotar todas as formas de se praticar o homicídio culposamente, considera-se, de forma majoritária, que o tipo penal é aberto. Entretanto, dada a definição mínima da conduta, a doutrina e a jurisprudência aceitam referido modelo de tipo culposo. Caso o homicídio culposo seja praticado na condução de veículo automotor, o delito será o do artigo 302 do Código de Trânsito Brasileiro, cuja modalidade simples prevê a pena de detenção, de dois a quatro anos, e suspensão ou proibição de se obter a permissão ou a habilitação para dirigir veículo automotor.

O homicídio culposo está previsto no parágrafo terceiro do artigo 121 do Código Penal, podendo ser praticado **por meio de conduta comissiva ou por meio de omissão imprópria**. Comete homicídio culposo por comissão aquele que, acidentalmente, derruba objeto de um edifício e provoca a morte de um pedestre, por exemplo. A

36. MASSON, Cleber. Código Penal Comentado. 8. ed. Rio de Janeiro: Forense; São Paulo: Método, 2020, p. 620.
37. Também menciona essa divergência: CUNHA, Rogério Sanches. Op. Cit., 2020, p. 75.
38. NUCCI, Guilherme, Op. Cit., 2015, p. 725.
39. BITENCOURT, Cezar Roberto. Op. Cit., 2020, p. 108.
40. CUNHA, Rogério Sanches. Op. Cit., 2020, p. 75.

omissão imprópria pode levar à configuração do homicídio culposo, por exemplo, se o agente se esquece do filho dentro do veículo, em dia quente, provocando a sua morte. O dispositivo prevê a pena de detenção, que só possibilita regime inicial aberto ou semiaberto, em seu preceito secundário:

> *Homicídio culposo*
>
> *§ 3º Se o homicídio é culposo: (Vide Lei nº 4.611, de 1965)*
>
> *Pena – detenção, de um a três anos.*

Em razão da ausência de dolo em relação à violência, é cabível o acordo de não persecução penal (ANPP) para o homicídio culposo. Apesar de o artigo 28-A, *caput*, do Código de Processo Penal, se referir a crime com violência ou grave ameaça, a compreensão desse pressuposto, considerando a de outros benefícios, não impede a sua concessão se a violência decorrer de negligência, imprudência ou imperícia[41].

Há, ainda, hipóteses de **homicídio culposo majorado**, ou seja, com causa de aumento de pena. Estão previstas na primeira parte do parágrafo quarto do artigo 121 do CP e trazem um maior desvalor da conduta, como na inobservância de regra técnica, ou de uma atuação posterior do agente, como a não prestação de socorro, não atuação para diminuir as consequências de seu ato e a fuga para impedir a prisão:

> *Aumento de pena*
>
> *§ 4º No homicídio culposo, a pena é aumentada de 1/3 (um terço), se o crime resulta de inobservância de regra técnica de profissão, arte ou ofício, ou se o agente deixa de prestar imediato socorro à vítima, não procura diminuir as consequências do seu ato, ou foge para evitar prisão em flagrante. Sendo doloso o homicídio, a pena é aumentada de 1/3 (um terço) se o crime é praticado contra pessoa menor de 14 (quatorze) ou maior de 60 (sessenta) anos.*

➢ Se o crime resulta de inobservância de regra técnica de profissão, arte ou ofício

O homicídio culposo é majorado quando há inobservância de regra técnica de profissão, arte ou ofício. No caso da majorante, o agente possui o conhecimento da técnica, mas a ignora de forma deliberada. Portanto, só incide em caso de o agente ser habilitado para a profissão, conforme entende a doutrina majoritária[42].

O STJ vem apontando ser possível reconhecer a culpa, como elemento subjetivo do delito, e a inobservância de regra técnica de profissão, arte ou ofício, como circunstância majorante, desde que fundamentos em fatos diversos. Assim, afasta a alegação de *bis in idem* em relação ao elemento subjetivo (imperícia) e à majorante

---

41. Apesar de não afirmar expressamente, é o que se depreende de julgados do STJ, em que a negativa do ANPP se firmou em fundamentos outros que a prática, por si só, de homicídio culposo: AgRg no HC n. 924.482/SP, Rel. Des. Conv. Otávio de Almeida Toledo, Sexta Turma, julgado em 23/10/2024, DJe de 28/10/2024; AgRg no AREsp n. 2.523.455/SP, relator Ministro Antonio Saldanha Palheiro, Sexta Turma, julgado em 6/8/2024, DJe de 12/8/2024.
42. GONÇALVES, Victor Eduardo Rios. Curso de Direito Penal. V. 2. 8. ed. São Paulo : Saraiva Jur, 2024, p. 43.

(inobservância de regra técnica de profissão, arte ou ofício), se cada um deles possuir justificativa em elemento específico da atuação do sujeito:

> *"(...) 1. O homicídio culposo se caracteriza com a imprudência, negligência ou imperícia do agente, modalidades da culpa que não se confundem com a inobservância de regra técnica da profissão, que é causa especial de aumento de pena que se situa no campo da culpabilidade, por conta do grau de reprovabilidade da conduta concretamente praticada.2. Não há* bis in idem *pelo aumento implementado com base no § 4.º do art. 121 do Código Penal, em razão de constatar-se circunstâncias distintas, uma para configurar a majorante, outra para o reconhecimento do próprio tipo culposo (...)" (STJ, HC 231.241/SP, Rel. Min. Laurita Vaz, Quinta Turma, DJe 04/09/2014).*

> *"(...) 2. O homicídio culposo por erro médico restou reconhecido pela negligência do tratamento adequado, incidindo sem bis in idem a majorante da inobservância de regra técnica, não apenas pela falta ao atendimento exigível para a situação, mas também pela realização de procedimento cirúrgico de grande porte em clínica que se sabia não possuir estrutura adequada (...)" (STJ, AgRg nos EDcl no REsp 1661283/PA, Rel. Min. Nefi Cordeiro, Sexta Turma, DJe 26/03/2019).*

O STF também possui precedente no sentido de que não há *bis in idem* no caso de homicídio culposo majorado por inobservância de regra técnica de profissão, arte ou ofício:

> *"Tratando-se de profissional da área de saúde (médico), a inobservância, por ele, de regra técnica de profissão legitima a exasperação da pena imponível pela prática do delito de homicídio culposo, eis que a causa especial de aumento da sanção penal prevista no art. 121, § 4º, do CP, além de não constituir 'bis in idem', justifica-se em razão do descumprimento, pelo médico, do dever de cuidado e/ou da falta de diligência ou cautela que as circunstâncias do caso dele exigiam. Ocorrência, na espécie, de imperícia profissional justificadora da incidência da causa especial de aumento de pena referida no § 4º do art. 121 do CP." (STF, RHC 129946 AgR/SP, Rel. Min. Celso de Mello, Segunda Turma, Julgamento: 08/03/2016).*

➢ Se o agente deixa de prestar imediato socorro à vítima

Há aumento de pena no homicídio culposo se o agente deixa de prestar imediato socorro à vítima. Para configuração da majorante, é necessário que o agente possa prestar o socorro sem que isso implique risco pessoal a ele.

Obviamente, só haverá crime de homicídio culposo majorado pelo fato de o agente deixar de prestar imediato socorro à vítima se ele tiver provocado a morte por imprudência, negligência ou imperícia. Se não há culpa do agente quanto à morte, o crime será de omissão de socorro. Não incide a majorante em caso de morte instantânea da vítima ou de socorro instantâneo por outrem. Por exemplo, se a vítima é atingida pela demolição de um edifício, por culpa do operário, e os bombeiros militares, no prédio ao lado, prestam imediato socorro, a majorante será afastada.

Entretanto, **não cabe ao agente efetuar a avaliação sobre a utilidade ou não da prestação de socorro**. Se possível prestar socorro sem risco pessoal, o agente deve fazê-lo, sob pena de responder pelo crime com a causa de aumento de pena. Neste sentido, o seguinte precedente do STF:

"2. Homicídio culposo agravado pela omissão de socorro. 3. Pedido de desconsideração da causa de aumento de pena prevista no art. 121, § 4º, do Código Penal, para que se opere a extinção da punibilidade, em face da consequente prescrição da pretensão punitiva, contada pela pena concreta. 4. Alegação de que, diante da morte imediata da vítima, não seria cabível a incidência da causa de aumento da pena, em razão de o agente não ter prestado socorro. Alegação improcedente. 5. Ao paciente não cabe proceder à avaliação quanto à eventual ausência de utilidade de socorro." (STF, HC 84380/MG, Rel. Min. Gilmar Mendes, Segunda Turma, Julgamento: 05/04/2005).

➢ se o agente não procura diminuir as consequências do seu ato, ou foge para evitar prisão em flagrante

O homicídio culposo será majorado se o agente não procura diminuir as consequências do seu ato. A interpretação majoritária é de que o dispositivo trata exatamente da hipótese de omissão de socorro, apenas com utilização de outras palavras.

➢ se o agente foge para evitar prisão em flagrante

Por fim, haverá a causa de aumento de pena se o agente, após a prática de homicídio culposo, foge para evitar a prisão em flagrante. Alguns doutrinadores entendem que a fuga para evitar a prisão seria inconstitucional, já que o réu não poderia ser penalizado por não ter permanecido no local aguardando sua própria prisão[43].

Vale mencionar, entretanto, que no julgado do RE 971959 (paradigma), o STF, em hipótese semelhante, fixou a seguinte tese: "A regra que prevê o crime do art. 305 do Código de Trânsito Brasileiro (Lei n. 9.503/1997) é constitucional, posto não infirmar o princípio da não incriminação, garantido o direito ao silêncio e ressalvadas as hipóteses de exclusão da tipicidade e da antijuridicidade." (DJe de 31/07/2020). Por tais razões, o STF não considera a incriminação da fuga como inconstitucional, já que o art. 305 do CTB tipifica justamente o crime de fuga do local do acidente.

➢ Perdão Judicial

O artigo 121, § 5º, do Código Penal, prevê a possibilidade de concessão de perdão judicial no **crime culposo**. Como visto, o perdão judicial é causa de **extinção da punibilidade**, vinculada ao **princípio da desnecessidade da pena**:

> *§ 5º – Na hipótese de homicídio culposo, o juiz poderá deixar de aplicar a pena, se as consequências da infração atingirem o próprio agente de forma tão grave que a sanção penal se torne desnecessária.*

Os Tribunais Superiores têm interpretado a norma de modo a exigir vínculo afetivo entre a vítima e o agente, a fundamentar o sofrimento que atingiu o agente. Isto porque a lei exige que as circunstâncias do delito atinjam o agente de tal modo que a pena se torne prescindível, isto é, o fato em si lhe causa um sofrimento de tal

43. Luiz Regis Prado justifica a majorante por razão de política criminal, em nome da eficiência da administração da justiça (Curso de direito penal brasileiro. 18. ed. Rio de Janeiro, Forense, 2020, p. 406). Defendem "duvidosa constitucionalidade": MASSON, Cleber. Op. cit., p. 57; CUNHA, Rogério Sanches. Op. cit. p. 80.

monta que a lei dispensa a sanção penal. Por isso, tem sido exigido um vínculo de afeto ou, ao menos, um prévio conhecimento entre os envolvidos, de modo que o resultado praticado cause efeitos no sujeito ativo delito:

> *"TRÂNSITO - DELITO - AMIZADE COM A VÍTIMA - PERDÃO JUDICIAL. Uma vez constatada a inexistência de vínculo de amizade do réu com a vítima, impróprio é versar o direito ao perdão judicial." (STF, HC 129079, Rel. Min. Marco Aurélio, Primeira Turma, julgado em 06/06/2017).*
>
> *"Nesse contexto, o entendimento deste Superior Tribunal de Justiça acerca do tema, segundo o qual "A análise do grave sofrimento, apto a ensejar a inutilidade da função retributiva da pena, deve ser aferida de acordo com o estado emocional de que é acometido o sujeito ativo do crime, em decorrência da sua ação culposa, razão pela qual a doutrina, quando a avaliação está voltada para o sofrimento psicológico do agente, enxerga no § 5º* ***a exigência da prévia existência de um vínculo, de um laço de conhecimento entre os envolvidos****, para que seja "tão grave" a consequência do crime ao agente. Isso porque a interpretação dada é a de que, na maior parte das vezes, só sofre intensamente aquele réu que, de forma culposa, matou alguém conhecido e com quem mantinha laços afetivos" (STJ, AgRg no REsp n. 2.018.009/SP, Rel. Min. Messod Azulay Neto, Quinta Turma, julgado em 7/2/2023, DJe de 15/2/2023).*
>
> *"Tratando-se o perdão judicial de uma causa de extinção da punibilidade de índole excepcional, somente pode ser concedido quando presentes os seus requisitos, devendo-se* ***analisar cada delito de per si, e não de forma generalizada****, como quando ocorre a pluralidade de delitos decorrentes do concurso formal de crimes." (STJ, REsp 1444699/RS, Rel. Min. Rogério Schietti Cruz, Sexta Turma, DJe 09/06/2017).*

De acordo com os precedentes, não se estende o perdão judicial a uma vítima sem vínculo com o agente, ainda que no mesmo contexto em que tenha sido atingida uma vítima que tinha relação de afeto com ele.[44] Há, ainda, o entendimento de que basta o vínculo com uma das vítimas, podendo o perdão judicial se estender a outra vítima, desde que atingida no mesmo contexto, pela mesma conduta culposa do agente. Isto porque o perdão judicial atinge a conduta como um todo, sendo que, no caso de concurso formal, todos os resultados estariam abrangidos[45]. Esse entendimento, contudo, não tem sido adotado pelo STJ.

Ademais, admite-se analogia *in bonam partem* para estender a causa extintiva de punibilidade para o homicídio culposo do Código de Trânsito Brasileiro[46]. Portanto, se o agente sofre as consequências da sua conduta culposa de forma tão gravosa que a sanção se torne desnecessária, o juiz pode deixar de aplicar a pena. A hipótese é denominada de **bagatela imprópria**.

Cabe à defesa demonstrar que as consequências do crime atingiram o agente de forma que a reprimenda se mostra desnecessária, assim, incumbe ao acusado esse ônus de prova. Presentes os requisitos previstos na lei, o magistrado deve conceder

44. No mesmo sentido: MASSON, Cleber. Op. cit., p. 58. CUNHA, Rogério Sanches. Op. cit. p. 81. PRADO, Luiz Regis. Op. Cit., 2020, p. 408.
45. CAPEZ, Fernando. Op. Cit., 2013, p. 107.
46. CAPEZ, Fernando. Op. Cit., vol. 2, 2013, p. 111. Também admite, em razão do exemplo utilizado na obra: NUCCI, Guilherme, Op. Cit., 2015, p. 723. Em sentido contrário: PRADO, Luiz Regis. Op. Cit., 2020, p. 408.

o perdão judicial, por se tratar de direito subjetivo do réu, apesar de a lei prever que o magistrado "pode" deixar de aplicar a pena.

Com relação a eventual efeito condenatório, o STJ já sumulou o entendimento sobre a sua impossibilidade, nos termos do seu enunciado de número 18: "A sentença concessiva do perdão judicial é **declaratória da extinção da punibilidade**, não subsistindo qualquer efeito condenatório." Assim, a sentença concessiva de perdão judicial não pode servir de fundamento para reconhecimento, no caso da prática posterior de outra infração penal, da reincidência do agente, por exemplo. Se a sentença não é condenatória, não pode produzir nenhum dos efeitos da condenação.

QUADRO SINÓTICO

Crime de homicídio	
Tipo penal	Matar alguém.
Objeto jurídico	Vida
Sujeito ativo	Qualquer pessoa
Sujeito passivo	Qualquer pessoa
Elemento subjetivo	Admitem-se dolo direto e eventual (nesses casos, o julgamento será de competência do tribunal do júri, conforme artigo 5º, inciso XXXVIII, alínea "d", da Constituição). Há modalidades de homicídio que exigem elemento subjetivo especial, como no homicídio privilegiado quando o agente é motivado por relevante valor social ou moral ou em casos de homicídio qualificado, como quando o agente comete o crime por motivo torpe, fútil, para assegurar a execução, a ocultação, a impunidade ou vantagem de outro crime. Admite-se modalidade culposa (artigo 121, § 3º, do CP).
Consumação	Com a produção do resultado morte: extinção das funções encefálicas, nos termos do artigo 3º, da Lei n. 9.434/1997.
Tentativa	Admite-se a tentativa na modalidade dolosa.
Forma majorada	Artigo 121, §§ 2º-B, 4º e 6º, CP: (§ 2º-B): majorantes do homicídio qualificado contra menor de 14 anos de idade: (i) 1/3 até 1/2 se a vítima é pessoa com deficiência ou com doença que implique o aumento de sua vulnerabilidade e (ii) 2/3 (dois terços) se o autor é ascendente, padrasto ou madrasta, tio, irmão, cônjuge, companheiro, tutor, curador, preceptor ou empregador da vítima ou por qualquer outro título tiver autoridade sobre ela; (§ 4º, primeira parte) hipótese de majoração da pena no homicídio culposo quando o crime resulta de inobservância de regra técnica de profissão, arte ou ofício, ou se o agente deixa de prestar imediato socorro à vítima, não procura diminuir as consequências do seu ato ou foge para evitar prisão em flagrante; (§ 4º, segunda parte) majoração da pena no homicídio doloso quando o crime é praticado contra menor de 14 anos ou maior de 60; (§ 6º) se o crime é praticado por milícia privada, sob o pretexto de prestação de serviço de segurança, ou por grupo de extermínio. Se o delito for praticado contra indígena "não integrado", incide a causa de aumento de pena de um terço, nos termos do artigo 59 da Lei n. 6.001/1973.

Crime de homicídio	
Forma qualificada	Incisos do artigo 121, § 2º, do CP: (i) mediante paga ou promessa de recompensa, ou por outro motivo torpe; (ii) por motivo fútil; (iii) com emprego de veneno, fogo, explosivo, asfixia, tortura ou outro meio insidioso ou cruel, ou de que possa resultar perigo comum; (iv) à traição, de emboscada, ou mediante dissimulação ou outro recurso que dificulte ou torne impossível a defesa do ofendido; (v) para assegurar a execução, a ocultação, a impunidade ou vantagem de outro crime; (vi) inciso revogado; (vii) contra autoridade ou agente descritos nos arts. 142 (forças armadas) e 144 (PF; PRF; polícia ferroviária federal; polícias civis; PMs e corpos de bombeiros militares; policiais penais federal, estaduais e distrital; e guardas municipais, conforme 144, § 8º, da CF) da Constituição Federal, integrantes do sistema prisional e da Força Nacional de Segurança Pública, no exercício da função ou em decorrência dela, ou contra seu cônjuge, companheiro ou parente consanguíneo até terceiro grau, em razão dessa condição; (viii) com emprego de arma de fogo de uso restrito ou proibido; (ix) contra menor de 14 (quatorze) anos.
Forma privilegiada	Artigo 121, § 1º: se o agente comete o crime impelido por motivo de relevante valor social ou moral, ou sob o domínio de violenta emoção, logo em seguida a injusta provocação da vítima, o juiz pode reduzir a pena de um sexto a um terço.
Classificação	Trata-se de crime comum; material (remissão aos artigos 158 e 167, ambos do CPP); de dano; admite consumação por conduta comissiva ou omissiva imprópria; instantâneo de efeitos permanentes; não transeunte; plurissubsistente; monossubjetivo; e de forma livre.
Benefícios	No homicídio culposo (artigo 121, § 3º, do CP), como a pena mínima cominada é de um ano, é possível a suspensão condicional do processo, nos termos do artigo 89, da Lei n. 9.099/1995. No caso do feminicídio não é possível a substituição da pena privativa de liberdade por restritiva de direitos (Súmula 588, do STJ). No homicídio culposo, quando as consequências da ação atingirem o próprio agente de forma tão grave que a sanção penal se torne desnecessária, pode o juiz conceder o perdão judicial, nos termos do artigo 121, § 5º, do CP. É cabível o ANPP para o homicídio culposo.
Ação penal	Pública incondicionada
Observações	O crime de homicídio, em certos casos, é considerado crime hediondo (artigo 1º, inciso I, da Lei n. 8.072/1990): homicídio simples, quando cometido em atividades típicas de grupo de extermínio; e o homicídio qualificado, nos termos do artigo 121, § 2º, incisos I, II, III, IV, V, VI, VII, VIII e IX, do CP.

2. FEMINICÍDIO

Feminicídio, segundo Luciano Anderson de Souza, é um termo que se originou da palavra inglesa "feminicide", que se popularizou, a partir de meados de 1970, pela disseminação de movimentos feministas. A sua maior propagadora teria sido a socióloga sul-africana Diane Russel, que define feminicídio como a morte de pessoa do sexo feminino, em razão dessa condição, por outra do sexo masculino[47]. O tipo penal existente no Brasil, é importante ressaltar, não é próprio quanto ao sujeito passivo, podendo ser praticado por homem ou por mulher.

O crime de feminicídio era uma das formas qualificadas do crime de homicídio, previsto no artigo 121, § 2º, inciso VI, do Código Penal, desde a sua introdução pela Lei n. 13.104/2015. Possuía majorantes específicas, arrolados no artigo 121, § 7º, que sofreram alterações realizadas pela Lei n. 13.771/2018, que tratou especificamente desse tema, e pela Lei n. 14.344/2022, conhecida como Lei Henry Borel.

Com o advento da Lei n. 14.994, de 9 de outubro de 2024, o feminicídio se tornou **crime autônomo** no Código Penal, tipificado no artigo 121-A. Esta lei trouxe tratamento mais rígido, inclusive com a maior pena máxima abstratamente cominada no Código Penal, ao prever a sanção de reclusão, de 20 a 40 anos para quem incorrer na conduta tipificada em seu preceito primário. Além disso, trouxe novas hipóteses de majorantes. A publicação da lei ocorreu em 10 de outubro de 2024, incidindo, portanto, nos delitos praticados desta data em diante, sem retroatividade.

A modificação levada a efeito pela Lei n. 14.994/2024 abrangeu o Código Penal, a Lei de Execução Penal, a Lei Maria da Penha, a Lei dos Crimes Hediondos, a Lei das Contravenções Penais e até mesmo o Código de Processo Penal. Foi um conjunto de medidas para fortalecer a persecução penal da violência doméstica ou familiar contra a mulher, inclusive o feminicídio, e aumentar o rigor na pena e em sua execução:

> *Feminicídio*
>
> *Art. 121-A. Matar mulher por razões da condição do sexo feminino:*
>
> *Pena – reclusão, de 20 (vinte) a 40 (quarenta) anos.*
>
> *§ 1º Considera-se que há razões da condição do sexo feminino quando o crime envolve:*
>
> *I – violência doméstica e familiar;*
>
> *II – menosprezo ou discriminação à condição de mulher.*
>
> *§ 2º A pena do feminicídio é aumentada de 1/3 (um terço) até a metade se o crime é praticado:*
>
> *I – durante a gestação, nos 3 (três) meses posteriores ao parto ou se a vítima é a mãe ou a responsável por criança, adolescente ou pessoa com deficiência de qualquer idade;*
>
> *II – contra pessoa menor de 14 (catorze) anos, maior de 60 (sessenta) anos, com deficiência ou portadora de doenças degenerativas que acarretem condição limitante ou de vulnerabilidade física ou mental;*
>
> *III – na presença física ou virtual de descendente ou de ascendente da vítima;*
>
> *IV – em descumprimento das medidas protetivas de urgência previstas nos incisos I, II e III do caput do art. 22 da Lei nº 11.340, de 7 de agosto de 2006 (Lei Maria da Penha);*
>
> *V – nas circunstâncias previstas nos incisos III, IV e VIII do § 2º do art. 121 deste Código.*

---

47. SOUZA, Luciano Anderson de. Direito Penal: volume 2, parte especial: arts. 121 a 154-A do CP. 3 ed. rev. atual. e ampl. São Paulo: Thomson Reuters Brasil, 2022, p. 73.

Coautoria

§ 3º Comunicam-se ao coautor ou partícipe as circunstâncias pessoais elementares do crime previstas no § 1º deste artigo.

É importante comparar a previsão legislativa anterior e a atual tipificação do feminicídio, lembrando que as disposições mais gravosas só se aplicam aos crimes praticados a partir da entrada em vigor da nova lei, o que ocorreu em 10 de outubro de 2024:

Antes da Lei n. 14.994/2024	**Após a Lei n. 14.994/2024**
Art. 121. Matar alguém: (...) Homicídio qualificado § 2º Se o homicídio é cometido: (...) Feminicídio VI - contra a mulher por razões da condição de sexo feminino: Pena - reclusão, de doze a trinta anos. (...) § 2º-A Considera-se que há razões de condição de sexo feminino quando o crime envolve: I - violência doméstica e familiar; II - menosprezo ou discriminação à condição de mulher.	Feminicídio Art. 121-A. Matar mulher por razões da condição do sexo feminino: Pena – reclusão, de 20 (vinte) a 40 (quarenta) anos. § 1º Considera-se que há razões da condição do sexo feminino quando o crime envolve: I – violência doméstica e familiar; II – menosprezo ou discriminação à condição de mulher. (...) Coautoria § 3º Comunicam-se ao coautor ou partícipe as circunstâncias pessoais elementares do crime previstas no § 1º deste artigo.
§ 7º A pena do feminicídio é aumentada de 1/3 (um terço) até a metade se o crime for praticado: I - durante a gestação ou nos 3 (três) meses posteriores ao parto; II - contra pessoa maior de 60 (sessenta) anos, com deficiência ou portadora de doenças degenerativas que acarretem condição limitante ou de vulnerabilidade física ou mental; III - na presença física ou virtual de descendente ou de ascendente da vítima; IV - em descumprimento das medidas protetivas de urgência previstas nos incisos I , II e III do caput do art. 22 da Lei nº 11.340, de 7 de agosto de 2006 .	§ 2º A pena do feminicídio é aumentada de 1/3 (um terço) até a metade se o crime é praticado: I – durante a gestação, nos 3 (três) meses posteriores ao parto ou se a vítima é a mãe ou a responsável por criança, adolescente ou pessoa com deficiência de qualquer idade; II – contra pessoa menor de 14 (catorze) anos, maior de 60 (sessenta) anos, com deficiência ou portadora de doenças degenerativas que acarretem condição limitante ou de vulnerabilidade física ou mental; III – na presença física ou virtual de descendente ou de ascendente da vítima; IV – em descumprimento das medidas protetivas de urgência previstas nos incisos I, II e III do caput do art. 22 da Lei nº 11.340, de 7 de agosto de 2006 (Lei Maria da Penha); V – nas circunstâncias previstas nos incisos III, IV e VIII do § 2º do art. 121 deste Código.

O feminicídio passou a ser um crime autônomo, tipificado de forma separada do crime de homicídio, no artigo 121-A. De todo modo, não deixa de ser uma modalidade de homicídio que possui *nomen iuris* específico, como o infanticídio, mas deve ser tratado como figura autônoma. A pena é de reclusão, de 20 a 40 anos, pena máxima que coincide com o limite de cumprimento de pena de reclusão ou detenção, de 40 anos, previsto no artigo 75 do CP.

A configuração do delito de feminicídio exige que o crime tenha sido cometido por razões da condição de sexo feminino. Por isso, deve-se apontar que não se trata de *femicídio*, ou seja, de crime específico que se configura sempre que a mulher é a vítima de homicídio. É imprescindível que haja motivo ligado à **condição de sexo feminino**, o que é tratado pelo § 1º do artigo 121-A:

> *§ 1º Considera-se que há razões da condição do sexo feminino quando o crime envolve:*
> *I - violência doméstica e familiar;*
> *II - menosprezo ou discriminação à condição de mulher.*
> *Portanto, teremos o crime denominado feminicídio quando for cometido por razões de condição de sexo feminino, ou seja, por razão de gênero. Referidas razões estarão presentes nos seguintes casos:*

- **violência doméstica e familiar**

A interpretação de "violência doméstica e familiar" deve ser feita de forma sistemática, considerando todo o sistema normativo de proteção da mulher, especialmente a Lei Maria da Penha. A Lei n. 11.340/2006, conhecida como Lei Maria da Penha, que, nos termos do seu preâmbulo, cria mecanismos para coibir a violência doméstica e familiar contra a mulher, nos termos do § 8º do art. 226 da Constituição Federal, da Convenção sobre a Eliminação de Todas as Formas de Discriminação contra as Mulheres e da Convenção Interamericana para Prevenir, Punir e Erradicar a Violência contra a Mulher; dispõe sobre a criação dos Juizados de Violência Doméstica e Familiar contra a Mulher; altera o Código de Processo Penal, o Código Penal e a Lei de Execução Penal; dentre outras providências.

Visa a combater a violência praticada contra a mulher, devido a sua maior fragilidade, decorrente de anos de tratamento desigual e de sua própria condição físico-biológica, que muitas vezes a deixa em situação de vulnerabilidade na sociedade. Prova disso é o número de mulheres assassinadas ou agredidas em seus próprios lares, local que deveria ser seu refúgio e proporcionar um ambiente de paz. Dentre as hipóteses de configuração da violência doméstica e familiar contra a mulher, há a prática de conduta, omissiva ou comissiva, baseada no gênero, que lhe cause morte, lesão, sofrimento físico, sexual ou psicológico e dano moral ou patrimonial, desde que ocorra no âmbito da unidade doméstica, no âmbito da família ou envolva qualquer relação intima de afeto.

A Lei 11.340/2006, em seu artigo 5º, traz as circunstâncias que caracterizam a denominada violência doméstica e familiar contra a mulher, o que atrai a incidência de seus regramentos:

> *Art. 5º* ***Para os efeitos desta Lei, configura violência doméstica e familiar contra a mulher qualquer ação ou omissão baseada no gênero que lhe cause morte, lesão, sofrimento físico, sexual ou psicológico e dano moral ou patrimonial:***

> *I – **no âmbito da unidade doméstica**, compreendida como o espaço de convívio permanente de pessoas, com ou sem vínculo familiar, inclusive as esporadicamente agregadas;*
>
> *II – **no âmbito da família**, compreendida como a comunidade formada por indivíduos que são ou se consideram aparentados, unidos por laços naturais, por afinidade ou por vontade expressa;*
>
> *III – **em qualquer relação íntima de afeto**, na qual o agressor conviva ou tenha convivido com a ofendida, independentemente de coabitação.*
>
> *Parágrafo único. As relações pessoais enunciadas neste artigo **independem de orientação sexual**.*

Deve-se destacar que uma das hipóteses de feminicídio é o caso de uxoricídio cometido por violência doméstica. Uxoricídio é o assassinato da esposa pelo próprio marido.

- **menosprezo ou discriminação à condição de mulher**

Essa hipótese de delito praticado por razões de condição do gênero feminino se liga ao menosprezo ou discriminação à condição de mulher.

Menosprezo é o sentimento de repulsa ou de desprezo. Menosprezar alguém por sua condição de mulher é buscar diminuir o seu valor enquanto ser humano em virtude de tal qualidade, é depreciar tal condição. Trata-se do caso de alguém que mata uma mulher por menosprezar a sua condição, considerando que ela, por exercer o mandato de deputada, está em uma posição que deve ser ocupada apenas por homens. É um típico exemplo de menosprezo, desdém ou desvalorização acerca da condição de mulher.

Discriminação contra a mulher é "toda distinção, exclusão ou restrição baseada no sexo e que tenha por objeto ou resultado prejudicar ou anular o reconhecimento, gozo ou exercício pela mulher, independentemente de seu estado civil, com base na igualdade do homem e da mulher, dos direitos humanos e liberdades fundamentais nos campos político, econômico, social, cultural e civil ou em qualquer outro campo". É o que prescreve o artigo 1º da Convenção para Eliminação de todas as Formas de Discriminação Contra a Mulher, CEDAW, 1979, ratificada pelo Brasil em 1984.

Configura-se o feminicídio se o indivíduo buscar discriminar uma mulher por sua condição. Ou seja, é dar um tratamento diferenciado para a mulher sem que essa diferenciação possua uma adequada razão para o *discrímen*[48]. É o que se verifica, por exemplo, se um professor universitário não aceita orientar alunas, mas devido à insistência de uma delas e um comando da reitoria, seja obrigado a aceitar uma estudante como sua orientada. Inconformado, mata-a por sua discriminação, por entender que seu tratamento deve ser diferenciado apenas por ela ser mulher, não podendo fazer parte dos seus orientados.

Deve-se notar, então, que a abrangência do feminicídio é diferente da compreendida na Lei Maria da Penha. O feminicídio envolve questões de violência doméstica e familiar, mas também abrange, de forma geral e ampla, o menosprezo ou a discriminação contra a mulher. Por se tratar de um tipo penal, não se admite analogia *in*

48. MELLO, Celso Antônio Bandeira de. O conteúdo jurídico do princípio da igualdade. 3. ed. São Paulo: Malheiros, 2017.

malam partem, por se tratar de norma incriminadora. A Lei n. 11.340/2006, por sua vez, trata da violência doméstica e familiar contra a mulher e versa, principalmente, sobre medidas protetivas e corretivas dessa forma inaceitável de violência, já disseminada, razão pela qual, para muitos, admite analogia, de modo que há precedentes para sua aplicação inclusive a homens em relações homoafetivas[49].

Sobre a aplicação do feminicídio se estender ou não às **mulheres transexuais**, formaram-se duas posições quando ainda se tratava de qualificadora do feminicídio:

1) A primeira posição entende que o feminicídio apenas se refere à violência contra a mulher biológica cisgênero, o que exclui os crimes cometidos contra mulheres trans. Apesar de ser evidente que tais pessoas são vítimas frequentes de crimes cometidos em razão de sua condição e que necessitam também de proteção, é vedada a analogia em norma penal incriminadora. Desse modo, por consequência do princípio da legalidade, bem como da decorrente necessidade de reserva legal, não há como se estender o termo usado pela lei, "mulher", a outras pessoas que não sejam as que possuam a condição genética de sexo feminino, mesmo que possuam identificação com o gênero feminino. O legislador, enfatize-se, negou-se a usar a palavra "gênero", adotando a expressão "sexo feminino" para evitar uma interpretação protetiva de mulheres transexuais. A violência, portanto, deve se referir ao sexo feminino. Por isso, essa corrente aponta a necessidade de que o sexo seja feminino do ponto de vista genético. Há, ainda, quem admita as transexuais, desde que se submetam à cirurgia de readequação genital[50].

2) A segunda posição, entretanto, entende ser possível a aplicação dao feminicídio no caso de ser sujeito passivo uma mulher transexual ou transgênero. Rogério Sanches Cunha defende essa posição, destacando a desnecessidade da intervenção cirúrgica, conforme decidido na ADI 4275, em respeito à dignidade da pessoa humana. Em tal decisão, o Supremo Tribunal Federal decidiu que mulheres transgênero podem alterar o nome e o sexo no registro civil sem que se submetam à intervenção cirúrgica de redesignação sexual e ou hormonioterapia[51]. Importante mencionar, ainda, que o regulamento das Delegacias de Polícia de Defesa da Mulher do Estado de São Paulo foi alterado, em 2020, para se referir à atribuição de investigar infrações penais relativas à violência doméstica e familiar e infrações contra a dignidade sexual praticadas contra pessoas com identidade de gênero feminino[52]. É a posição que tem prevalecido amplamente[53].

---

49. BITENCOURT, Cezar Roberto. Op. Cit., 2020, p. 105.
50. MASSON, Cleber. Op. Cit., 2019, p. 39-40. PRADO, Luiz Regis. Op. Cit., 2020, p. 403. BITENCOURT, Cezar Roberto. Op. Cit., 2020, p. 104.
51. CUNHA, Rogério Sanches. Manual de Direito Penal: parte especial (arts.121 ao 361). 12. ed. rev., atual. e ampl. Salvador: Juspodivm, 2020, p. 66-67.
52. Decreto nº 29.981, de 1º de junho de 1989: "Artigo 1º As Delegacias de Polícia de Defesa da Mulher, criadas pela Lei nº 5.467, de 24 de dezembro de 1986, têm, em suas respectivas áreas de atuação, a atribuição para investigar infrações penais relativas à violência doméstica ou familiar e infrações contra a dignidade sexual praticadas contra pessoas com identidade de gênero feminino e contra crianças e adolescentes".
53. SOUZA, Luciano Anderson de. Op. Cit., 2022, p. 75-76.

Apesar de vários doutrinadores entenderem que o feminicídio, antes da alteração legislativa, era uma qualificadora de caráter subjetivo, o Superior Tribunal de Justiça passou a considerar a violência doméstica uma circunstância de natureza objetiva:

> *"(...) 2. O Tribunal a quo decidiu em conformidade com o entendimento desta Corte superior, porquanto, tratando-se o motivo torpe (vingança contra ex-namorada) de qualificadora de natureza subjetiva, e o fato de a vítima e o acusado terem mantido relacionamento afetivo por anos, sendo certo, que o crime se deu com violência contra a mulher na forma da Lei nº 11.340/2006, ser uma agravante de cunho objetivo, não se pode falar em bis in idem no reconhecimento de ambas, de modo que não se vislumbra ilegalidade no ponto. (...)" (STJ, AgRg no REsp 1741418/SP, Rel. Min. Reynaldo Soares da Fonseca, Quinta Turma, DJe 15/06/2018)*
>
> *"(...) 2. A jurisprudência desta Corte de Justiça firmou o entendimento segundo o qual o feminicídio possui natureza objetiva, pois incide nos crimes praticados contra a mulher por razão do seu gênero feminino e/ou sempre que o crime estiver atrelado à violência doméstica e familiar propriamente dita, assim o animus do agente não é objeto de análise (...)"*
>
> *(STJ, AgRg no REsp 1454781/SP, Rel. Min. Sebastião Reis Júnior, Sexta Turma, DJe 19/12/2019)*

A classificação da qualificadora do feminicídio como de natureza objetiva permitia a aplicação do chamado privilégio, previsto no artigo 121, § 1º, do Código Penal. O dispositivo prevê que, se o agente comete o crime impelido por motivo de relevante valor social ou moral, ou sob o domínio de violenta emoção, logo em seguida a injusta provocação da vítima, o juiz pode reduzir a pena de um sexto a um terço. Essa causa de diminuição de pena não se aplica mais ao feminicídio, que deixou de ser modalidade qualificada de homicídio e passou a integrar tipo autônomo, sem essa previsão. Portanto, com o advento da Lei n. 14.994/2024, **não é mais possível reconhecer a figura do feminicídio privilegiado**, ressalvada a aplicação da legislação anterior aos fatos praticados antes do início de sua vigência.

A configuração do crime de feminicídio afasta a agravante genérica de violência contra a mulher, prevista no artigo 61, II, f, CP, sob pena de *bis in idem*. O próprio crime de feminicídio prevê as razões de condição do sexo feminino como elementar. Essas razões de condição do sexo feminino abrangem, além do menosprezo ou discriminação à condição de mulher, a violência doméstica e familiar, mesma circunstância mencionada na agravante de pena:

> *Circunstâncias agravantes*
>
> *Art. 61 - São circunstâncias que sempre agravam a pena, quando não constituem ou qualificam o crime:*
>
> *(...)*
>
> *II - ter o agente cometido o crime:*
>
> *(...)*
>
> *f) com abuso de autoridade ou prevalecendo-se de relações domésticas, de coabitação ou de hospitalidade, ou com violência contra a mulher na forma da lei específica; (...)*

O parágrafo terceiro do artigo 121-A traz uma disposição tecnicamente desnecessária. Prevê a comunicabilidade das elementares do feminicídio: "Comunicam-se ao coautor ou partícipe as circunstâncias pessoais elementares do crime previstas no § 1º deste artigo". Ocorre que o artigo 30 do Código Penal já prevê, para todos os delitos, que não se comunicam as circunstâncias e as condições de caráter pessoal, salvo quando elementares do crime. Logo, já havia essa regra aplicável ao feminicídio, o que demonstra apenas que o legislador quis deixar claro que coautores e partícipes de crime de matar mulher por razões da condição do sexo feminino também responderão pelo feminicídio, previsto no artigo 121-A do CP.

A Lei n. 14.994/2024 também alterou a Lei de Execução Penal, Lei n. 7.210/1984, para estabelecer que o preso condenado por crime contra a mulher por razões da condição do sexo feminino, nos termos do § 1º do art. 121-A do CP, não poderá usufruir do direito previsto no seu artigo 41, inciso X, em relação à visita íntima ou conjugal. Além disso, trouxe fração específica para a progressão de regime de pena para o feminicídio. Segundo o artigo 112, inciso VI-A, da LEP, a progressão poderá ser concedida se o preso tiver cumprido ao menos 55% (cinquenta e cinco por cento) da pena, se o apenado for condenado pela prática de feminicídio, se for primário, vedado o livramento condicional. Não houve, portanto, previsão específica para o reincidente.

A LEP foi modificada, ainda, para constar, em seu artigo 146-E, que o condenado por crime contra a mulher por razões da condição do sexo feminino, nos termos do § 1º do art. 121-A do Código Penal, ao usufruir de qualquer benefício em que ocorra a sua saída de estabelecimento penal, será fiscalizado por meio de monitoração eletrônica. Houve mudança na redação do artigo 86, parágrafo quarto, para constar que será transferido para estabelecimento penal distante do local de residência da vítima, ainda que localizado em outra unidade federativa, inclusive da União, o condenado ou preso provisório que, tendo cometido crime de violência doméstica e familiar contra a mulher, ameace ou pratique violência contra a vítima ou seus familiares durante o cumprimento da pena. Se o agente prossegue aterrorizando a vítima e seus familiares, deverá ser transferido para unidade prisional, estadual ou federal, distante do local em que a vítima reside.

Também houve alterações processuais. Foi introduzido no CPP o artigo 394-A, que dispõe que os processos que apurem a prática de crime hediondo ou violência contra a mulher terão prioridade de tramitação em todas as instâncias. O seu parágrafo primeiro estabelece que os processos que apurem violência contra a mulher independerão do pagamento de custas, taxas ou despesas processuais, salvo em caso de má-fé. Essas isenções, conforme ressalva do parágrafo segundo, aplicam-se apenas à vítima e, em caso de morte, ao cônjuge, ascendente, descendente ou irmão, quando a estes couber o direito de representação ou de oferecer queixa ou prosseguir com a ação.

O delito de feminicídio é hediondo, em sua forma tentada ou consumada, conforme previsão expressa do artigo 1º, inciso I-B, da Lei n. 8.072/1990, introduzido pela Lei n. 14.994/2024. Anteriormente, já havia previsão de que o homicídio qualificado por razões de condição do sexo feminino era hediondo.

Surgiu a controvérsia sobre a possibilidade de se utilizar, nos julgamentos por feminicídio, a tese defensiva de legítima defesa da honra, descriminante putativa, por erro de interpretação do regramento da excludente de ilicitude, de modo que o agente suponha ser cabível assassinar a companheira, namorada ou esposa, por exemplo, em razão de entender que a sua honra havia sido maculada em decorrência do relacionamento entre eles. O Supremo Tribunal Federal, em julgamento da Ação de Descumprimento de Preceito Fundamental (ADPF) n. 779, firmou, por unanimidade, a tese de que a **legítima defesa da honra não pode ser aplicada em julgamentos nos tribunais do júri como argumento de defesa em casos de feminicídio**, por violar os preceitos fundamentais da dignidade da pessoa humana, da defesa da vida e da igualdade de gêneros.

A questão é polêmica quanto à abrangência da plenitude da defesa, garantida na Constituição como direito fundamental, no artigo 5º, inciso XXXVIII. De todo modo, o afastamento da tese tem como escopo a tutela da dignidade da pessoa humana, reconhecida como direito fundamental e, além disso, como fundamento da República Federativa, conforme artigo 1º, inciso III, da Constituição de 1988. A decisão busca proteger a mulher no âmbito de uma violência endêmica, tendo sido proferida no julgamento da ADPF 779:

> *"O Tribunal, por unanimidade, julgou integralmente procedente o pedido formulado na presente arguição de descumprimento de preceito fundamental para: (i) firmar o entendimento de que a tese da legítima defesa da honra é inconstitucional, por contrariar os princípios constitucionais da dignidade da pessoa humana (art. 1º, III, da CF), da proteção à vida e da igualdade de gênero (art. 5º, caput, da CF); (ii) conferir interpretação conforme à Constituição aos arts. 23, inciso II, e 25, caput e parágrafo único, do Código Penal e ao art. 65 do Código de Processo Penal, de modo a excluir a legítima defesa da honra do âmbito do instituto da legítima defesa e, por consequência, (iii) obstar à defesa, à acusação, à autoridade policial e ao juízo que utilizem, direta ou indiretamente, a tese de legítima defesa da honra (ou qualquer argumento que induza à tese) nas fases pré-processual ou processual penais, bem como durante o julgamento perante o tribunal do júri, sob pena de nulidade do ato e do julgamento; (iv) diante da impossibilidade de o acusado beneficiar-se da própria torpeza, fica vedado o reconhecimento da nulidade, na hipótese de a defesa ter-se utilizado da tese com esta finalidade. Por fim, julgou procedente também o pedido sucessivo apresentado pelo requerente, de forma a conferir interpretação conforme à Constituição ao art. 483, III, § 2º, do Código de Processo Penal, para entender que não fere a soberania dos vereditos do Tribunal do Júri o provimento de apelação que anule a absolvição fundada em quesito genérico, quando, de algum modo, possa implicar a repristinação da odiosa tese da legítima defesa da honra. Tudo nos termos do voto reajustado do Relator. Presidência da Ministra Rosa Weber. Plenário, 1º.8.2023".*

Neste mesmo contexto, a Segunda Turma do STF entendeu **não ser possível a absolvição por clemência**, no julgamento pelo tribunal do júri, de crimes insuscetíveis de graça ou anistia. O racicínio foi de que, ainda que não se investigue a fundamentação acolhida pelos jurados, que não precisam justificar os seus votos, a decisão do júri não pode implicar a concessão de perdão, mesmo que pelo quesito genérico da clemência, de crimes que nem mesmo o Congresso Nacional pode perdoar. Por isso, não caberia a absolvição pelo quesito genérico em julgamento de feminicídio, crime hediondo e, portanto, insuscetível de concessão de graça ou anistia[54].

Para enfrentamento da triste situação de violência doméstica e familiar contra a mulher, a Lei n. 14.232/2021 instituiu a **Política Nacional de Dados e Informações relacionadas à Violência contra as Mulheres (PNAINFO)**. Os seus escopos são, dentre outros, organizar a base de dados, compreender melhor essa modalidade de violência tão difundida no Brasil e subsidiar a Política Nacional de Enfrentamento à Violência contra as Mulheres e do Pacto Nacional pelo Enfrentamento à Violência contra as Mulheres. A ideia é compreender esse fenômeno delitivo para melhor enfrentamento, inclusive, como previsto em seu artigo 4º, § 2º, inciso IX, com o emprego de medidas de reeducação e de ressocialização do agressor. A inciativa é bastante louvável, considerando que, conquanto imprescindível a tutela penal específica das mulheres diante de razões históricas e sociais, o Direito Penal não soluciona as raízes do problema, o que demonstra a efetiva necessidade de reeducação e conscientização.

Considerando os efeitos sociofinanceiros, além dos psicológicos, decorrentes do feminicídio, o legislador resolveu incluir uma proteção, a título de assistência social, aos menores de 18 anos que sejam filhos ou dependentes de vítimas de feminicídio consumado. A **pensão especial** somente é devida àqueles filhos ou dependentes cuja renda familiar mensal per capita seja igual ou inferior a 1/4 (um quarto) do salário mínimo. A Lei n. 14.717, de 31 de outubro de 2023, instituiu esse pagamento de um salário mínimo desde o óbito da vítima de feminicídio, vedando, com festejado acerto, que o autor, coautor ou partícipe do crime represente as crianças ou adolescentes para fins de recebimento e administração da pensão especial.

2.1. Feminicídio Majorado

Há causas de aumento de pena que incidem sobre a figura do feminicídio, previstas no artigo 121-A, § 2º, do CP. São as hipóteses, portanto, de feminicídio majorado:

> *§ 2º A pena do feminicídio é aumentada de 1/3 (um terço) até a metade se o crime é praticado:*
>
> *I – durante a gestação, nos 3 (três) meses posteriores ao parto ou se a vítima é a mãe ou a responsável por criança, adolescente ou pessoa com deficiência de qualquer idade;*
>
> *II – contra pessoa menor de 14 (catorze) anos, maior de 60 (sessenta) anos, com deficiência ou portadora de doenças degenerativas que acarretem condição limitante ou de vulnerabilidade física ou mental;*
>
> *III – na presença física ou virtual de descendente ou de ascendente da vítima;*
>
> *IV – em descumprimento das medidas protetivas de urgência previstas nos incisos I, II e III do caput do art. 22 da Lei nº 11.340, de 7 de agosto de 2006 (Lei Maria da Penha);*
>
> *V – nas circunstâncias previstas nos incisos III, IV e VIII do § 2º do art. 121 deste Código.*

54. STF, RHC 229558 AgR, Rel. p/ acórdão Min. Edson Fachin, Segunda Turma, julgado em 21-11-2023.

As majorantes do feminicídio foram alteradas pela Lei n. 13.771, de 19 de dezembro de 2018, pela Lei n. 14.344/2022 e, por fim, pela Lei n. 14.994/2024, que aumentou o seu rol e transferiu as majorantes do § 7º do artigo 121 para o § 2º do artigo 121-A. As majorantes inseridas por cada uma dessas leis só incidem a partir de sua entrada em vigor.

Durante a gestação ou nos 3 meses posteriores ao parto ou se a vítima é a mãe ou a responsável por criança, adolescente ou pessoa com deficiência de qualquer idade:

Há maior vulnerabilidade da mulher em razão de sua condição de grávida ou de recuperação pós-parto, tornando maior o desvalor da conduta. O agente deve conhecer essa condição para que incida a majorante, o que se presume se a gravidez for visível.

Questão interessante é se ocorre o concurso de crimes entre feminicídio majorado e o aborto. Pode haver só a majorante, se o aborto não acontece e não há desígnio autônomo. Se o aborto não ocorre, mas o agente queria a sua ocorrência, deve responder por ambos os crimes, feminicídio e aborto tentados, em concurso formal impróprio[55]. Se o feto ou embrião morre, deve haver concurso formal entre aborto sem consentimento da gestante e o feminicídio majorado. Se o feto/embrião morre e o agente também queria a interrupção da gravidez, o concurso formal é impróprio, dada a existência de desígnios autônomos quanto a ambos os resultados[56]. Não ocorre *bis in idem*, pois aqui se protege a vulnerabilidade maior da mulher na tutela da sua vida extrauterina. Essa vulnerabilidade acontece tanto na gestação quanto nos meses iniciais após o parto, incluído o chamado "período de resguardo". Por sua vez, a tipificação do aborto visa a tutelar a vida intrauterina. Quanto mais vulnerável a mulher, maior deve ser a fração de aumento selecionada pelo juiz para incidência na terceira fase da dosimetria da pena;

A Lei n. 14.994/2024 adicionou a essa majorante a hipótese de delito praticado contra vítima que seja mãe ou responsável por criança, adolescente ou pessoas com deficiência de qualquer idade. O legislador se preocupou com as consequências sociais do delito, que transcendem a pessoa da vítima e alcançam pessoas dependentes dela, aumentando o desvalor do resultado.

Contra pessoa menor de 14 (catorze) anos, maior de 60 (sessenta) anos, com deficiência ou portadora de doenças degenerativas que acarretem condição limitante ou de vulnerabilidade física ou mental:

São exemplos de sujeito passivo com maior dificuldade de resistência, o que, tal como no caso de vítima gestante, torna pior o desvalor da conduta típica. É o caso

55. Neste sentido: STJ, REsp n. 1.860.829/RJ, Rel. Min. Nefi Cordeiro, Sexta Turma, julgado em 15/9/2020, DJe de 23/9/2020.

56. Também menciona concurso formal, sem definição *ex ante* se haverá concurso formal próprio ou impróprio: CUNHA, Rogério Sanches. Op. Cit., 2020, p. 76. Apenas menciona concurso entre os crimes: ALVES, Jamil Chaim. Op. Cit., 2021, p. 773. Defende sempre a hipótese de concurso formal impróprio se o agente conhecia a gravidez, o que não parece adequado: MASSON, Cleber. Op. Cit., 2019, p. 39-40.

da vítima maior de 60 anos, por ser considerada pessoa idosa, com menor força física do que a média dos adultos. Em se tratando de vítima portadora de doenças degenerativas, o plural parece indicar que o sujeito passivo deve ter mais de uma enfermidade, o que não deve prevalecer. A interpretação deve ser de que incide a majorante se a vítima possui uma doença degenerativa ou mais de uma, desde que apresente a limitação ou a vulnerabilidade em decorrência do seu estado de saúde[57]. Para Bitencourt, o termo deficiência desvela uma norma penal em branco, cujo complemento está no Decreto n. 3.298/1999, que regulamentou a Lei n. 7.853/1989 e definiu quem é considerada *pessoa portadora de deficiência*[58]. O critério de seleção da fração de aumento de pena, como no item anterior, deve ser a maior ou menor vulnerabilidade da vítima.

Cabe um breve histórico para aplicação retroativa da lei, quando mais benéfica. Anteriormente, o feminicídio era forma qualificado do homicídio. Desde a redação anterior, a majorante do artigo 121, § 7º, era mais específica, por se referir apenas ao feminicídio, do que a majorante por idade da vítima que se aplica ao homicídio doloso em geral (art. 121, § 4º, do CP). A Lei n. 14.344/2022 deu nova redação ao dispositivo, excluindo a expressão "vítima menor de 14 anos", em razão da inserção do inciso IX ao § 2º, que passou a prever uma qualificadora quando a vítima tiver idade menor do que 14 anos. Entretanto, caso o juiz optasse por outra qualificadora, como a antiga qualificadora do feminicídio, em caso de delito praticado antes da Lei n. 14.994/2024, ele não poderia aplicar a majorante específica de vítima menor de 14 anos, que havia sido revogada, podendo aplicar apenas a majorante genérica do homicídio, prevista no artigo 121, § 4º, do Código Penal. A fração de aumento para feminicídio contra menor de 14 anos era de um terço até metade e, com a sua revogação pela Lei n. 14.344/2022, só se podia aplicar a majorante do homicídio doloso, no patamar de um terço. Esse entendimento se aplica somente aos crimes praticados antes do advento da Lei n. 14.994/2024, que criou o tipo autônomo do feminicídio e reinseriu a majorante se a vítima for menor de 14 anos, com incidência do aumento de um terço até a metade sobre a pena.

Na presença física ou virtual de descendente ou ascendente da vítima:

Matar a vítima na presença de seus pais, filhos ou outros ascendentes ou descendentes torna o desvalor da conduta muito maior. Anteriormente, discutia-se se deveriam testemunhar *in loco*, isto é, no local do cometimento do crime ou se poderia incidir a majorante se o descendente ou ascendente da vítima vissem a conduta por meio virtual. Quando ainda se tratava de homicídio qualificado, o artigo 121, § 7º, inciso III, do CP, teve sua redação alterada pela Lei n. 13.771/ 2018 para incluir expressamente a incidência da majorante no caso de "presença virtual". A majorante do feminicídio do artigo 121-A foi inserida com a redação anterior, devendo a pena ser aumentada se os familiares mencionados assistirem, em tempo real, o delito contra a mulher diretamente ou por meio de recursos tecnológicos.

57. No mesmo sentido: CUNHA, Rogério Sanches. Op. Cit., 2020, p. 76.
58. BITENCOURT, Cezar Roberto. Op. Cit., 2020, p. 108.

Assim, a pena deve ser aumentada se os filhos da vítima presenciarem o crime por meio de uma chamada de vídeo.

Em descumprimento das medidas protetivas de urgência previstas nos incisos I, II e III do caput do art. 22 da Lei nº 11.340, de 7 de agosto de 2006:

As medidas protetivas previstas na chamada Lei Maria da Penha e mencionadas no dispositivo que traz a majorante são:

> *"I - suspensão da posse ou restrição do porte de armas, com comunicação ao órgão competente, nos termos da Lei no 10.826, de 22 de dezembro de 2003;*
>
> *II - afastamento do lar, domicílio ou local de convivência com a ofendida;*
>
> *III - proibição de determinadas condutas, entre as quais:*
>
> *a) aproximação da ofendida, de seus familiares e das testemunhas, fixando o limite mínimo de distância entre estes e o agressor;*
>
> *b) contato com a ofendida, seus familiares e testemunhas por qualquer meio de comunicação;*
>
> *c) frequentação de determinados lugares a fim de preservar a integridade física e psicológica da ofendida; (...)"*

Logo, se tiver sido imposta uma dessas medidas acima mencionadas e o agente a descumprir, cometendo o delito de feminicídio, incidirá a majorante. **Não são todas as medidas protetivas que, se violadas, ensejam o aumento de pena do crime**. Também não há que se falar em concurso entre o feminicídio majorado com o delito do art. 24-A da Lei Maria da Penha, sob pena de caracterização de *bis in idem*[59].

Nesse caso, a fração de aumento deve ser escolhida pelo juiz, fundamentadamente, com base na ousadia e no desrespeito do agente às instituições públicas, considerando-se que ele agiu após já ter sido coibido e tido sua atuação restringida por ordem judicial. Não é a vulnerabilidade da vítima que serviu de fundamento para essa majorante, mas o desrespeito à sociedade em que vive, haja vista que, após levado o caso às autoridades e determinada uma medida para preservação da vítima, o agente a atinge da forma mais grave, atentando contra a sua vida, em total desconsideração do ordenamento jurídico e das regras de convivência.

Nas circunstâncias previstas nos incisos III, IV e VIII do § 2º do art. 121 deste Código:

O feminicídio será majorado se praticado com com emprego de veneno, fogo, explosivo, asfixia, tortura ou outro meio insidioso ou cruel, ou de que possa resultar perigo comum; à traição, de emboscada, ou mediante dissimulação, ou outro recurso que dificultou ou tornou impossível a defesa do ofendido; ou com emprego de arma de fogo de uso restrito ou proibido. Nas hipóteses relacionadas ao meio ou modo de se praticar o feminicídio, antes do advento da Lei n. 14.994/2024 incidia a agravante

59. No mesmo sentido: SOUZA, Luciano Anderson de. Op. Cit., 2022, p. 81-82. MASSON, Cleber. Op. Cit., 2019, p. 42. CUNHA, Rogério Sanches. Op. Cit., 2020, p. 76.

de pena do artigo 61, inciso II, alínea "d" do CP. Nos casos das formas de execução do feminicídio, antes do advento da Lei n. 14.994/2024 incidia a agravante de pena do artigo 61, inciso II, alínea "c" do CP. Já no caso de emprego de arma de fogo de uso restrito ou proibido, anteriormente o juiz poderia valorar como circunstância judicial e, com o início de vigência da Lei n. 14.994/2024, passa a ser majorante, aumentando a pena de um terço até metade. São aplicáveis os mesmos conceitos e discussões sobre essas circunstâncias qualificadoras do homicídio ao feminicídio. O legislador utilizou, por remissão, como majorantes do feminicídio.

Crime de feminicídio	
Tipo penal	Matar mulher por razões da condição do sexo feminino.
Objeto jurídico	Vida
Sujeito ativo	Qualquer pessoa
Sujeito passivo	Mulher
Elemento subjetivo	Admitem-se dolo direto e eventual (nesses casos, o julgamento será de competência do tribunal do júri, conforme artigo 5º, inciso XXXVIII, alínea "d", da Constituição). Não há modalidade culposa (o homicídio culposo está previsto no artigo 121, § 3º, do CP).
Consumação	Com a produção do resultado morte: extinção das funções encefálicas, nos termos do artigo 3º, da Lei n. 9.434/1997.
Tentativa	Admite-se a tentativa.
Forma majorada	§ 2º A pena do feminicídio é aumentada de 1/3 (um terço) até a metade se o crime é praticado: I – durante a gestação, nos 3 (três) meses posteriores ao parto ou se a vítima é a mãe ou a responsável por cri-ança, adolescente ou pessoa com deficiência de qualquer idade; II – contra pessoa menor de 14 (catorze) anos, maior de 60 (sessenta) anos, com deficiência ou portadora de doenças degenerativas que acarretem condição limitante ou de vulnerabilidade física ou mental; III – na presença física ou virtual de descendente ou de ascendente da vítima; IV – em descumprimento das medidas protetivas de urgência previstas nos incisos I, II e III do caput do art. 22 da Lei nº 11.340, de 7 de agosto de 2006 (Lei Maria da Penha); V – nas circunstâncias previstas nos incisos III, IV e VIII do § 2º do art. 121 deste Código (com emprego de veneno, fogo, explosivo, asfixia, tortura ou outro meio insidioso ou cruel, ou de que possa resultar perigo comum; à traição, de emboscada, ou mediante dissimulação ou outro recurso que dificulte ou torne impossível a defesa do ofendido; com emprego de arma de fogo de uso restrito ou proibido).
Classificação	Trata-se de crime comum; material; de dano; admite-se a sua prática por conduta comissiva ou omissiva imprópria; instantâneo de efeitos permanentes; não transeunte; plurissubsistente; monossubjetivo; e de forma livre.

Crime de feminicídio	
Benefícios	Não é possível a substituição da pena privativa de liberdade por restritiva de direitos (Súmula 588, do STJ) nem é possível o ANPP (artigo 28-A, § 2º, inciso IV, do CPP).
Ação penal	Pública incondicionada
Observações	O feminicídio é considerado crime hediondo.

3. INDUZIMENTO, INSTIGAÇÃO OU AUXÍLIO AO SUICÍDIO OU A AUTOMUTILAÇÃO

O crime de **induzimento, instigação ou auxílio ao suicídio** era a denominação do delito previsto no artigo 122 do Código Penal. A Lei n. 13.968, de 26 de dezembro de 2019, inseriu a figura do induzimento, instigação ou auxílio a automutilação, além de alterar a configuração do tipo em suas formas majoradas, inserir novas qualificadoras e prever o afastamento desse delito, em favor da lesão gravíssima e do homicídio, em determinados casos. A *novatio legis in pejus* só alcança os fatos cometidos após o início de sua vigência:

Antes da Lei n. 13.968/2019	Após a Lei n. 13.968/2019
Art. 122 – Induzir ou instigar alguém a suicidar-se ou prestar-lhe auxílio para que o faça: Pena – reclusão, de dois a seis anos, se o suicídio se consuma; ou reclusão, de um a três anos, se da tentativa de suicídio resulta lesão corporal de natureza grave. Parágrafo único – A pena é duplicada: Aumento de pena I – se o crime é praticado por motivo egoístico; II – se a vítima é menor ou tem diminuída, por qualquer causa, a capacidade de resistência.	Art. 122. Induzir ou instigar alguém a suicidar-se ou a praticar automutilação ou prestar-lhe auxílio material para que o faça: Pena – reclusão, de 6 (seis) meses a 2 (dois) anos. § 1º Se da automutilação ou da tentativa de suicídio resulta lesão corporal de natureza grave ou gravíssima, nos termos dos §§ 1º e 2º do art. 129 deste Código: Pena – reclusão, de 1 (um) a 3 (três) anos. § 2º Se o suicídio se consuma ou se da automutilação resulta morte: Pena – reclusão, de 2 (dois) a 6 (seis) anos. § 3º A pena é duplicada: I – se o crime é praticado por motivo egoístico, torpe ou fútil; II – se a vítima é menor ou tem diminuída, por qualquer causa, a capacidade de resistência. § 4º A pena é aumentada até o dobro se a conduta é realizada por meio da rede de computadores, de rede social ou transmitida em tempo real. § 5º Aplica-se a pena em dobro se o autor é líder, coordenador ou administrador de grupo, de comunidade ou de rede virtual, ou por estes é responsável.

Antes da Lei n. 13.968/2019	Após a Lei n. 13.968/2019
	§ 6º Se o crime de que trata o § 1º deste artigo resulta em lesão corporal de natureza gravíssima e é cometido contra menor de 14 (quatorze) anos ou contra quem, por enfermidade ou deficiência mental, não tem o necessário discernimento para a prática do ato, ou que, por qualquer outra causa, não pode oferecer resistência, responde o agente pelo crime descrito no § 2º do art. 129 deste Código. § 7º Se o crime de que trata o § 2º deste artigo é cometido contra menor de 14 (quatorze) anos ou contra quem não tem o necessário discernimento para a prática do ato, ou que, por qualquer outra causa, não pode oferecer resistência, responde o agente pelo crime de homicídio, nos termos do art. 121 deste Código.

Não se punia nem se pune atualmente a tentativa de se matar, mas a norma penal tutela a vida alheia, não aceitando que o agente dê a ideia, reforce o projeto ou forneça algum auxílio material para que um terceiro se mate, que pratique o **suicídio**. Também se pune, atualmente, o que seria uma participação moral ou material na automutilação.

A principal modificação operada, no preceito primário, foi a inclusão da participação em automutilação. Isto é, também passa a ser típica a conduta de instigar, induzir ou auxiliar alguém a praticar a automutilação. **Automutilação** é a conduta de causar lesões em si próprio. Vale recordar, até mesmo pelo princípio da transcendentalidade ou da alteridade, que veda a punição de condutas que não ultrapassem o âmbito de disponibilidade do agente: a autolesão, por si só, não é punida. Assim como o suicídio não é punido, o que o legislador veda é o induzimento, a instigação ou o auxílio material a que alguém suicide ou que se mutile.

O crime de instigação, induzimento ou auxílio ao suicídio (art. 122, 1ª parte, do CP) é de competência do Tribunal do Júri. Questiona-se se a nova figura, de induzimento, instigação ou auxílio a automutilação (art. 122, 2ª parte, do CP) também é crime de competência do Júri, apesar de sua localização no Capítulo I, Título I, da Parte Especial do Código Penal. A conduta não se volta diretamente contra a vida, mas sim contra a integridade física, a integridade corporal e a saúde de outrem. É imperioso concluir, portanto, que essa figura típica, de participação em automutilação, não é da competência do Tribunal do Júri, apesar da posição topográfica no Código[60].

Ademais, também foi alterado o preceito secundário, trazendo a sanção de 6 meses a 2 anos de reclusão. Entretanto, a maior modificação, nessa parte do dispositivo, foi a **não previsão de condicionamento da punição à existência de resultado naturalístico**. Como consequência, o crime passa a se consumar com a prática do

60. No mesmo sentido, defendendo que o crime é uma variante da lesão corporal: MASSON, Cleber. Op. Cit., 2020, p. 630. Também defende essa posição: ALVES, Jamil Chaim. Op. Cit., 2021, p. 795.

induzimento, da instigação ou do auxílio. O resultado naturalístico, lesão grave (inclusive gravíssima) ou morte tornará o delito qualificado.

Anteriormente, se a vítima nem tentasse se matar ou apenas sofresse lesão leve, não havia crime, para a doutrina majoritária. Só havia relevância penal se a vítima sofresse lesão corporal de natureza grave ou se ela efetivamente conseguisse se matar. Seguindo este entendimento, a tentativa não era juridicamente possível. Era a posição de Nélson Hungria[61]. Com a Lei n. 13.968/2019, passou-se a admitir a modalidade tentada, já que o óbice apresentado pela doutrina majoritária, quando da análise da redação anterior do dispositivo, era a necessidade do resultado morte ou lesão corporal de natureza grave para a imposição de pena. Atualmente, se alguém tenta auxiliar, por exemplo, mas é impedido, há tentativa[62].

O sujeito ativo do crime pode ser qualquer pessoa. Entretanto, o sujeito passivo deve ser **pessoa capaz de compreensão, sob pena de se configurar o homicídio ou a lesão corporal**. Caso o agente induza, por exemplo, uma criança de 8 anos de idade a beber veneno, deverá responder pela prática de homicídio, já que a vítima não possuía capacidade de compreender o que estava fazendo. A conduta deve se dirigir a pessoa determinada ou a pessoas determinadas. Se a conduta se voltar a pessoas indeterminadas, a conduta passa a ser considerada atípica, segundo a doutrina dominante.

Os núcleos do tipo possuem os seguintes significados:

- **Induzimento**: o agente cria na vítima a ideia.
- **Instigação**: o agente reforça uma ideia preexistente.
- **Auxílio**: o agente presta assistência material à vítima.

O **induzimento** ou a **instigação** não podem se converter em coação moral irresistível, pois, nesse caso, não há suicídio, mas homicídio por autoria mediata. Se o agente ameaça matar os familiares da vítima, que estão ao alcance de sua arma, caso ele não atire em si próprio, não houve, do ponto de vista jurídico-penal, a configuração do delito do artigo 122 do CP, mas do artigo 121[63]. Por outro lado, dissabores da vida cotidiana, ainda que mais gravosos, não implicam por si só a prática do crime, ainda que contribuam para a decisão final da pessoa de tirar a sua própria vida.

Se toda contribuição para a prática delitiva, ainda que indireta, pudesse configurar o crime, o âmbito de incriminação seria sobremaneira elevado e se tornaria questionável a proporcionalidade, quando cotejadas a criminalização, como forma de tutela das vítimas, e a restrição às liberdades públicas, ao se impor um padrão de conduta a todos da sociedade. É possível que pessoas se chateiem com reprovações em curso de graduação, demissão do seu trabalho ou término de relacionamento afetivo. No entanto, a conduta somente se amoldará àquela prevista no artigo 122 do Código Penal, a título de induzimento ou instigação, se presente o dolo de levar

61. HUNGRIA, Nélson. Comentários ao Código Penal. Volume V. Rio de Janeiro: Editora Forense, 1958, p. 236-237.
62. No mesmo sentido: CUNHA, Rogério Sanches. Op. cit. p. 95. Luiz Regis Prado em sentido contrário (Op. cit., p. 415), não admitindo a tentativa.
63. CAMARGO, Beatriz Corrêa. A teoria do concurso de pessoas: uma investigação analítico-estrutural a partir da controvérsia sobre o conceito de instigação. 1. ed. São Paulo: Marcial Pons, 2018.

a vítima a se matar ou a se lesionar, além do inequívoco direcionamento de sua atuação a convencer a vítima, com capacidade de decisão, a praticar o ato de se suicidar ou a se automutilar.

O auxílio material, por sua vez, **deve ser acessório**, pois, se o agente praticar atos executórios, pode-se configurar o crime de homicídio ou de lesão corporal. Por exemplo, se o agente fornece a corda para que o sujeito se enforque, configura-se auxílio ao suicídio. Se ele empurra o sujeito para que a corda o enforque, o crime será o de homicídio. Qualquer intervenção material direta na fase executória afastará o crime do artigo 122 e configurará o delito de homicídio ou de lesão corporal, conforme o caso.

O delito de instigação, induzimento ou auxílio ao suicídio é crime de ação múltipla, isto é, possui mais de um núcleo do tipo, sendo que basta que a conduta do agente se subsuma a um dos verbos nucleares para sua configuração. Ainda como consequência de ser crime de tipo misto alternativo, caso ele pratique mais de uma das ações nucleares no mesmo contexto, responderá por crime único.

Pode ser comissivo ou omissivo impróprio, neste último caso quando o sujeito tiver o dever de garantidor. Há divergência se, no caso de colaboração moral, é cabível a conduta omissiva. Seria o caso da mãe que se cala quando a filha, de 17 anos de idade, diz que pretende se matar por ter visto uma série sobre isso e entender que é a solução para o caso. Para alguns, a mãe deveria agir, por seu dever de garante (a vítima é sua filha menor de idade), razão pela qual sua omissão configuraria o crime em estudo.

Hungria defendia haver responsabilidade penal nesses casos de omissão, desde que presente o dever jurídico de evitar o suicídio. O exemplo seria o do diretor da prisão que deliberadamente não impede que o sentenciado morra pela *greve da fome*. Defendia, ainda, que seria possível punir pelo delito do artigo 122 o agente que praticasse maus-tratos reiteradamente, levando a vítima ao desespero e à decisão última de se matar[64]. Essa discussão envolve a violência doméstica e familiar, situação tenebrosa em que a vítima pode realmente atingir o desespero. Entretanto, a relação entre essa participação moral indireta e a morte da vítima pode ser de difícil comprovação, considerando-se a necessidade de tipicidade estrita para considerar uma conduta como delitiva.

O elemento subjetivo do delito é o dolo. Não há previsão de punição de modalidade culposa.

➤ Forma qualificada

Antes da alteração realizada pela Lei n. 13.968/2019, o artigo 122 só previa pena para as condutas que tipificava no caso de o suicídio se consumar ou de a tentativa de suicídio resultar lesão corporal de natureza grave. Atualmente, a ocorrência dos resultados naturalísticos lesão grave ou morte tornará o crime qualificado, ou seja, com novos limites mínimo e máximo de pena abstratamente cominada, conforme previsão dos parágrafos primeiro e segundo de referido dispositivo:

> *§ 1º Se da automutilação ou da tentativa de suicídio resulta lesão corporal de natureza grave ou gravíssima, nos termos dos §§ 1º e 2º do art. 129 deste Código:*

---

64. HUNGRIA, Nélson. Comentários ao Código Penal. Volume V. Rio de Janeiro: Editora Forense, 1958, p. 232-234.

Pena – reclusão, de 1 (um) a 3 (três) anos.

§ 2º Se o suicídio se consuma ou se da automutilação resulta morte:

Pena – reclusão, de 2 (dois) a 6 (seis) anos.

Portanto, o resultado lesão grave tornará a conduta punível com a pena de reclusão, de 1 a 3 anos. Se o resultado for a morte, seja por consumação do suicídio, seja como consequência da automutilação, a pena será de reclusão, de 2 a 6 anos. Vale recordar que, em pobre técnica legislativa, o dispositivo menciona lesão corporal grave e gravíssima. Ocorre que o Código Penal não menciona lesão gravíssima dentre as modalidades do artigo 129, de modo que a expressão "gravíssima" é meramente doutrinária. Como há duas gradações diferentes da pena, a doutrina passou a diferenciá-las como lesão grave e lesão gravíssima, não havendo, entretanto, a última denominação no texto legal. Entretanto, não há prejuízo para aplicação da norma, já que há indicação correta dos dispositivos legais.

Diferentemente da modalidade simples prevista no *caput*, que é crime de menor potencial ofensivo e admite a transação penal, no caso da forma qualificada do parágrafo primeiro, o delito é de médio potencial ofensivo. Cabe, portanto, a suspensão condicional do processo, se presentes os requisitos do art. 89 da Lei dos Juizados Especiais Criminais. Não se aplica o acordo de não persecução penal, pois a execução do crime envolve violência contra a pessoa[65].

➢ Formas majoradas

O parágrafo terceiro do artigo 122, inserido pela Lei n. 13.968/2019, passou a abrigar as mesmas causas de aumento de pena que já estavam previstas no antigo parágrafo único, acrescentando as hipóteses de motivo torpe e de motivo fútil:

§ 3º A pena é duplicada:

I – se o crime é praticado por motivo egoístico, torpe ou fútil;

II – se a vítima é menor ou tem diminuída, por qualquer causa, a capacidade de resistência.

O **motivo egoístico** consiste no interesse pessoal do agente. Seria o caso de quem induz o sujeito com classificação superior em lista de espera de concorrido concurso a se matar. Também há a majorante no caso de indivíduo que instiga um amigo a praticar suicídio, sabendo ser um grande beneficiário do seu testamento.

O **motivo torpe** é o motivo repugnante, vil, abjeto, desprezível. A vingança vem sendo compreendida pelo STJ como um motivo torpe no caso do homicídio, entendimento aplicável aqui. Também deve ser considerado motivo torpe o fato de alguém induzir outrem ao suicídio mediante pagamento de um terceiro.

O **motivo fútil** é aquele que demonstra desproporção em relação ao crime praticado. Caracteriza-se quando o delito consubstancie razão frívola, mesquinha, insignificante. Se o crime for praticado com ausência de motivo, existe divergência doutrinária, mas o STJ, ao analisar casos de homicídio, tem entendido não

65. Em sentido contrário: ALVES, Jamil Chaim. Op. Cit., 2021, p. 795.

ser admissível a configuração do crime praticado sem motivo como qualificado por motivo fútil.

Quanto à **vítima menor de idade**, não pode se tratar de pessoa sem capacidade de compreender aquilo que faz, como uma criança. A doutrina, antes da Lei n. 13.968/2019, apontava algumas sugestões, como adoção, por analogia, da faixa etária de 14 a 18 anos, que era mencionada no revogado artigo 224, "a", do Código Penal, atualmente adotada no crime de estupro de vulnerável. Outra possibilidade era analisar caso a caso se a vítima possuía maturidade suficiente, de acordo com a idade, para não ser facilmente influenciada em relação à eliminação da sua própria vida. A primeira corrente foi prestigiada pela Lei n. 13.968/2019, como se analisará abaixo, com a inclusão dos parágrafos 6º e 7º ao artigo 122 do CP.

A vítima com **diminuição da capacidade de resistência** é aquela que, por qualquer motivo, está mais suscetível ao induzimento ou à instigação, como aquela que padece de alguma enfermidade, como a depressão. Ela detém capacidade de decisão para todos os atos da vida civil, por exemplo, mas está com a saúde mental abalada e com maior risco de ceder a ideias suicidas ou de automutilação.

Não se deve confundir a diminuição da capacidade de resistência com **a ausência de capacidade de resistência**. Esta última condição afasta a configuração deste delito, conforme dispõem os parágrafos 6º e 7º do artigo 122, enquanto a diminuição da capacidade enseja a duplicação da pena. Não possui capacidade de resistência, por exemplo, uma criança de 7 anos de idade, a quem se sugestiona pular da varanda com uma capa de super-herói. Uma enfermidade mental grave, que retira da vítima qualquer capacidade de decisão, tornará o sugestionamento um forte direcionamento, isto é, tornará palavras de induzimento ou instigação verdadeiras ordens de comportamento, razão pela qual se configura o homicídio. É o entendimento da doutrina majoritária e, após a alteração legislativa promovida pela Lei n. 13.968/2019, o que determinam os §§ 6º e 7º do artigo 122 do Código.

➢ Novas formas majoradas

A Lei n. 13.968/2019 trouxe duas novas majorantes ao crime do artigo 122 do Código Penal, com a inserção dos parágrafos quarto e quinto. Posteriormente, a Lei n. 14.811/2024 modificou a redação do parágrafo quinto:

> *§ 4º A pena é aumentada até o dobro se a conduta é realizada por meio da rede de computadores, de rede social ou transmitida em tempo real.*
>
> *§ 5º Aplica-se a pena em dobro se o autor é líder, coordenador ou administrador de grupo, de comunidade ou de rede virtual, ou por estes é responsável.*

A primeira majorante, prevista no parágrafo quarto, traz o aumento da pena até o dobro se a conduta for realizada **por meio da rede de computadores, de rede social ou transmitida em tempo real**. Vale recordar que a conduta típica, para a configuração do delito em estudo, deve se voltar a uma pessoa determinada ou a pessoas determinadas. Haverá, portanto, o aumento da pena, até o dobro, no caso de o agente se utilizar, por exemplo, de chamada de vídeo ou mesmo o serviço de mensagens do *Facebook e Instagram.*

A fração de aumento deve ser até a metade, devendo o juiz adotar como critério o maior potencial de dano da conduta. Com efeito, o aumento deve ser menor se houve o uso de uma chamada de vídeo entre duas pessoas já conhecidas, sendo o uso da internet apenas um instrumento que possibilita sua ação à distância. Por outro lado, a majoração deve ser mais elevada se o agente procura suas vítimas em uma rede social, transmitindo suas mensagens a uma dezena de pessoas, escolhidas a partir de um grupo de apoio por abuso de álcool, por exemplo.

O parágrafo quinto previa o aumento da pena em metade se o agente fosse líder ou coordenador de grupo ou de rede virtual. A Lei n. 14.811/2024 alterou a sua redação para determinar a aplicação da pena em dobro se o autor do delito for líder, coordenador ou administrador de grupo, de comunidade ou de rede virtual, bem como se ele for responsável por um deles. O legislador, além de modificar o aumento de forma drástica, acrescentou outros termos para dar maior abrangência à majorante. Assim, se o indivíduo tiver papel de liderança, coordenação, administração ou qualquer outra forma de responsabilidade sobre o grupo, a comunidade ou a rede virtual, o delito será majorado. Como a alteração foi mais gravosa, só se aplica aos delitos cometidos após a sua entrada em vigor, o que ocorreu com a publicação da lei no dia 15 de janeiro de 2024.

A agravante genérica do artigo 62, inciso I, do Código Penal, que incide sobre a pena do agente que promove ou organiza a cooperação no crime ou dirige a atividade dos demais agentes, pode representar *bis in idem* se incidir conjuntamente com a causa de aumento de pena, pois ambas têm fundamento no maior desvalor dado ao papel de primazia do indivíduo em relação aos demais. No entanto, vale ressaltar que a majorante se refere a uma liderança em um grupo não criminoso, mas que o indivíduo utiliza para a prática do induzimento, instigação ou auxílio ao suicídio ou à automutilação. Isto é, utiliza o grupo como sua vítima. Por outro lado, a agravante genérica se refere a quem lidera um agrupamento de pessoas para que se realize, em comunhão de esforços, uma conduta delitiva.

Vale mencionar a possibilidade de cumulação de causas de aumento, adotando a posição, que parece mais acertada, de que duplicação de pena significa majorante, com multiplicação por dois na última fase da dosimetria. As majorantes dos parágrafos quarto e quinto podem ser cumuladas com as do parágrafo terceiro, a exemplo de quando o crime é praticado por meio da rede de computadores e a vítima é menor de idade. Na aplicação da pena, o magistrado deve observar a regra do art. 68, parágrafo único, do Código Penal[66].

A Lei n. 14.811, de 12 de janeiro de 2024, incluiu no rol dos crimes hediondos o induzimento, a instigação ou o auxílio ao suicídio ou a automutilação quando realizados por meio da rede de computadores, de rede social ou transmitidos em tempo real. Portanto, o crime do artigo 122, quando praticado na forma mencionada no parágrafo quarto, terá a sua pena aumentada até o dobro e atrairá os rigores da Lei n. 8.072/1990, por se caracterizar como hediondo. Leva-se em conta a maior facilidade de disseminação do conteúdo delitivo, com o potencial de por em risco a vida e a integridade física de um maior número de pessoas. É o caso de se utilizar a rede de computadores, das quais a mais relevante é a internet, mas que também

66. Parágrafo único – No concurso de causas de aumento ou de diminuição previstas na parte especial, pode o juiz limitar-se a um só aumento ou a uma só diminuição, prevalecendo, todavia, a causa que mais aumente ou diminua.

pode ser exemplificada pela intranet de uma empresa. Também incide se o delito for praticado por meio de redes sociais, que são sítios eletrônicos (sites) voltados ao entretenimento por meio da interação com os usuários, como Instagram e Facebook. Por fim, refere-se à transmissão em tempo real, o que pode ser feito por plataformas como o Youtube, por utilização de vídeo ao vivo de redes sociais em geral (as chamadas "lives") ou por meio de uma videochamada no Skype, por exemplo.

➢ **Hipóteses de configuração de crime mais grave**

Foram inseridos, pela Lei n. 13.968/2019, os parágrafos sexto e sétimo, com previsão de hipóteses de não configuração do delito do artigo 122 do CP, mas de crime mais grave:

> *§ 6º Se o crime de que trata o § 1º deste artigo resulta em lesão corporal de natureza gravíssima e é cometido contra menor de 14 (quatorze) anos ou contra quem, por enfermidade ou deficiência mental, não tem o necessário discernimento para a prática do ato, ou que, por qualquer outra causa, não pode oferecer resistência, responde o agente pelo crime descrito no § 2º do art. 129 deste Código.*
>
> *§ 7º Se o crime de que trata o § 2º deste artigo é cometido contra menor de 14 (quatorze) anos ou contra quem não tem o necessário discernimento para a prática do ato, ou que, por qualquer outra causa, não pode oferecer resistência, responde o agente pelo crime de homicídio, nos termos do art. 121 deste Código."*

Na redação anterior à Lei n. 13.968/2019, a doutrina já destacava que o sujeito passivo deveria ser **pessoa capaz de compreensão**, sob pena de se configurar o homicídio. A capacidade de compreensão era, no entanto, analisada a partir da idade da vítima, da sua saúde mental e de circunstâncias específicas, considerando as suas características pessoais. Não se confunde com a capacidade civil, não se podendo presumir incapacidade de compreensão em razão da interdição, que pode ocorrer, por exemplo, para os negócios com a finalidade de proteção do pródigo. Caso o agente induza, por exemplo, uma criança de 8 anos de idade a beber veneno, deverá responder pela prática de homicídio, já que a vítima não possui capacidade de compreender o que está fazendo.

Os parágrafos 6º e 7º destacaram o que já decorria da interpretação do dispositivo, com a inovação de destacar uma idade limite, a mesma utilizada como parâmetro de vulnerabilidade presumida nos crimes sexuais contra vulnerável. São, portanto, normas explicativas. Assim, configura lesão corporal gravíssima ou homicídio se o crime qualificado pelo resultado for praticado contra:

➢ **Menor de 14 anos de idade**: a lei presume de forma absoluta a incapacidade do menor de 14 anos a resistir a uma ideia de suicídio ou automutilação. Deste modo, se a vítima com referida idade se mata ou se mutila, neste último caso com configuração de lesão de natureza *gravíssima*, o agente responderá pelo crime de homicídio ou de lesão corporal *gravíssima*, respectivamente.

➢ **Vítima que, por enfermidade ou deficiência mental, não tem o necessário discernimento contra a prática do ato**: cuida-se de vítima que, por enfermidade (como esquizofrenia) ou deficiência mental (como quem nasceu com microcefalia), não tem capacidade de decidir, de forma consciente e livre, sobre o fim de sua própria vida ou sobre a automutilação.

- **Vítima que, por qualquer outra causa, não pode oferecer resistência**: a última hipótese abarca qualquer causa que torne o sujeito passivo mais vulnerável, sem possibilidade de resistir ao induzimento, à instigação ou ao auxílio material ao suicídio ou à automutilação. É o caso de alguém que abusou do consumo de bebida alcoólica ou que usou cocaína a ponto de não ter o domínio de sua própria vontade.

Quanto à punição, a lei determina que, caso o sujeito passivo seja algum dos elencados acima, a punição deve ocorrer de acordo com o resultado obtido:

- **Lesão corporal gravíssima**: Se o resultado for uma lesão corporal gravíssima, sendo a vítima uma das acima mencionadas, o agente deve responder nos termos do artigo 129, § 2º, do Código Penal. Vale recordar que a lesão de natureza *gravíssima*, como denominada pela doutrina, se configura se ensejar incapacidade permanente para o trabalho; enfermidade incurável; perda ou inutilização do membro, sentido ou função; deformidade permanente ou aborto.
- **Morte**: se a vítima for uma das destacadas pelo parágrafo 7º do artigo 122 e lhe sobrevier o óbito como consequência da conduta típica, haverá a configuração do homicídio, previsto no artigo 121, por expressa previsão legal, afastando-se a forma qualificada do parágrafo segundo do artigo 122 do Código Penal.

Surge o questionamento de qual a configuração se a vítima for menor de 14 anos e for induzida, instigada ou auxiliada ao suicídio ou à automutilação, sem que ocorra lesão grave ou morte. Como o menor de 14 anos foi considerado, pelo parâmetro da lei, como incapaz de autodeterminação nos casos de resultado lesão gravíssima ou morte, também deve ser nos casos de lesão grave ou de não sobrevir nenhum resultado mais gravoso à vítima. A criança de 8 anos que é induzida a pular da janela do seu andar, mas é resgatada pelos bombeiros, na verdade foi vítima de tentativa de homicídio, seja na redação anterior do artigo 122, seja na redação atual. Entretanto, há diferentes posicionamentos possíveis:

- O parâmetro dos parágrafos sexto e sétimo devem ser adotados em todos os casos, como critério para se afastar a incidência do tipo penal do artigo 122. Deste modo, os dispositivos, apesar de se referirem apenas aos resultados lesão grave e morte, demonstram que menores de 14 anos não possuem capacidade de determinação por opção legal, mesma idade usada para os delitos sexuais. Como vulneráveis, a instigação, induzimento ou auxílio para se suicidarem configura homicídio tentado, enquanto a instigação, induzimento ou auxílio para automutilação configura lesão corporal, seja na modalidade simples, consumada ou na tentada. É a posição mais correta do ponto de vista de interpretação sistemática[67]. Por se tratar de normas explicativas, não tem sentido a diferenciação entre a situação de lesão grave e de lesão *gravíssima*.

- O parâmetro dos parágrafos sexto e sétimo só devem ser utilizados, pela reserva legal, para os casos de lesão grave ou morte. Se ausentes tais resultados, deve-se retornar à posição anterior, sendo necessário analisar casuisticamente se a vítima tinha ou não capacidade de autodeterminação, independentemente da idade. Só nos casos de resultado lesão gravíssima ou morte, há uma solução determinada, pois o legislador adotou o parâmetro de 14 anos de idade.
- No caso de menores de 14 anos, se não houver lesão grave ou morte, o agente responderá pelo crime do artigo 122, com a causa de aumento de vítima menor, prevista no parágrafo terceiro[68]. Desse modo, eventual resultado naturalístico modificará não apenas a pena, mas o delito que se configurará.

Questões interessantes:

Nélson Hungria, em sua obra, traz casos chamados de suicídio a dois[69]. O primeiro seria o caso de um homem e uma mulher que se amavam e, contrariados no seu recíproco amor, resolvem se matar, um instigando ao outro. Um dispara no outro e depois em si. Caso o que disparou sobreviva, responderá por homicídio. Se o que não disparou sobreviver, poderia responder pelo artigo 122 do CP. O mesmo ocorreria no caso da câmera de gás quanto ao que abriu o bico de gás carbônico, por ser ato executivo de homicídio. Vale lembrar que, atualmente, há responsabilização pelo artigo 122 do CP independentemente de resultado lesão grave ou morte. Há posição minoritária de que, sendo uma pessoa enganada por outra sobre a intenção dela de também se suicidar junto com a vítima, haveria homicídio, e não instigação ao suicídio[70]. Esses casos são também conhecidos como **ambicídio ou pacto de morte**.

Na roleta russa, vários participantes são desafiados a efetuarem um disparo contra si mesmos, geralmente de um revólver, cujo tambor só possui uma cápsula de munição. Antes da vigência da Lei n. 13.968/2019, caso um dos participantes morresse ou sofresse lesão corporal de natureza grave, os demais poderiam responder pelo delito. Hoje, os sobreviventes podem todos responder, já que a punição não depende de resultado lesão ou morte.

Aplica-se o mesmo raciocínio para o **duelo americano**, em que há dois participantes, com duas armas, sendo que apenas uma delas está municiada. Cada um deles seleciona uma arma e dispara contra si mesmo. Caso haja instigação mútua, é possível a responsabilização pelo crime do artigo 122. Claramente, se o que morreu foi coagido a participar, o coator responderá por homicídio[71].

---

67. Parecem adotar tal posição PRADO (Op. Cit., 2020, p. 418) e BITENCOURT (Op. Cit., 2020, p. 220).
68. CUNHA, Rogério Sanches. Op. Cit., p. 97. ALVES, Jamil Chaim. Op. Cit., 2021, p. 792-793.
69. HUNGRIA, Nélson. Comentários ao Código Penal. Volume V. Rio de Janeiro: Editora Forense, 1958, p. 237.
70. Seria a posição trazida por Muñoz Conde: CAMARGO, Beatriz Corrêa. A teoria do concurso de pessoas: uma investigação analítico-estrutural a partir da controvérsia sobre o conceito de instigação. 1. ed. São Paulo: Marcial Pons, 2018, p. 316.
71. No mesmo sentido: BITENCOURT, Cezar Roberto. Op. Cit., 2020, p. 232-233. CUNHA, Rogério Sanches. Op. Cit., 2019, p. 98.

Suponha-se que um casal resolva colocar fogo na sala onde ambos estão trancados. Na redação anterior, a punição também dependeria de que um morresse ou sofresse lesão corporal de natureza grave. Atualmente, independentemente de referidos resultados, o indivíduo que ateou fogo ao local deve responder pelo crime de homicídio, caso ele sobreviva, por óbvio. Se o sobrevivente não praticou os atos executórios, pode responder pelo crime do artigo 122 do Código Penal[72].

QUADRO SINÓTICO

Crime de induzimento, instigação ou auxílio a suicídio ou automutilação	
Tipo penal	Induzir ou instigar alguém a suicidar-se ou a praticar automutilação ou prestar-lhe auxílio material para que o faça.
Objeto jurídico	Vida e integridade física
Sujeito ativo	Qualquer pessoa
Sujeito passivo	Qualquer pessoa
Elemento subjetivo	Admite-se somente a modalidade dolosa, seja direta ou eventual. Destaca-se que as modalidades qualificadas são *preterdolosas*, de sorte que a produção do resultado lesão corporal grave ou morte são decorrentes de culpa. Se a produção de tais resultados fosse dolosa, tratar-se-ia de outro tipo penal.
Consumação	A consumação ocorre quando a vítima, após ser induzida, instigada ou auxiliada, começa a praticar o suicídio ou a automutilação.
Tentativa	Admite-se a tentativa. Importante não confundir a tentativa de realização do delito ora comentado com a produção do resultado suicídio ou automutilação. A tentativa se refere ao auxílio, instigação ou induzimento, não se confundindo com a eventual produção posterior do resultado suicídio ou automutilação.
Forma majorada	Previsão de forma majorada no artigo 122, §§ 3º, 4º e 5º, do CP: (§ 3º) pena **duplicada** se o crime é praticado por motivo egoístico, torpe ou fútil ou se a vítima é menor ou tem diminuída, por qualquer causa, a capacidade de resistência; (§ 4º) pena aumentada **até o dobro** se a conduta é realizada por meio da rede de computadores, de rede social ou transmitida em tempo real; e (§ 5º) pena aplicada em dobro se o autor é líder, coordenador ou administrador de grupo, de comunidade ou de rede virtual, ou por estes é responsável. Se o delito for praticado contra indígena "não integrado", incide a causa de aumento de pena de um terço, nos termos do artigo 59 da Lei n. 6.001/1973.
Forma qualificada	Previsão de forma qualificada no artigo 122, §§ 1º e 2º, do CP: (§ 1º) se da automutilação ou tentativa de suicídio resulta lesão corporal de natureza grave ou gravíssima; (§ 2º) se o suicídio se consuma ou se a automutilação resulta em morte.

72. No mesmo sentido: BITENCOURT, Cezar Roberto. Op. Cit., 2020, p. 233. CUNHA, Rogério Sanches. Op. Cit., 2019, p. 98.

Crime de induzimento, instigação ou auxílio a suicídio ou automutilação	
Classificação	Trata-se de crime comum; formal[73]; de dano; admite consumação por conduta comissiva ou omissiva imprópria; instantâneo de efeitos permanentes (nos casos em que a vítima morre); não transeunte; plurissubsistente; monossubjetivo; e de forma livre.
Benefícios	A forma do *caput* admite a suspensão condicional do processo.
Ação penal	Pública incondicionada
Observações	Cumpre ressaltar a recente alteração deste artigo, que passou a tipificar o induzimento, instigação ou auxílio a automutilação. Atenção para a equiparação da conduta de induzimento, instigação ou auxílio a suicídio ou automutilação ao homicídio ou à lesão corporal gravíssima quando o crime for cometido contra menor de 14 anos ou contra quem não tem o necessário discernimento para a prática do ato, ou que, por qualquer outra causa, não pode oferecer resistência, nos termos do artigo 122, §§ 6º e 7º, do CP.

4. INFANTICÍDIO

O crime de infanticídio está previsto no artigo 123 do Código Penal, nos seguintes termos:

> *Art. 123 – Matar, sob a influência do estado puerperal, o próprio filho, durante o parto ou logo após:*
>
> *Pena – detenção, de dois a seis anos.*

Tecnicamente, trata-se de uma modalidade de **homicídio doloso privilegiado**, ainda que não seja usualmente denominada desse modo. A aplicação do infanticídio, em detrimento do homicídio, dá-se por determinação do princípio da especialidade, um dos que solucionam o concurso aparente de normas. O infanticídio consiste na morte do neonato ou daquele que está nascendo, pela própria mãe, em estado puerperal. Se a morte do feto ocorre antes do início do parto, o crime será o de aborto.

O delito deve ser praticado durante o parto ou logo após para que se configure o infanticídio, sendo que, nos demais casos de eliminação da vida extrauterina, configurar-se-á o homicídio. Para tanto, é preciso definir quando se dá o início do parto:

- Para Noronha: o início do parto ocorre com o **período de dilatação**[74].

73. Retifica-se, assim, o que constou da edição anterior, como crime material. Era material antes da Lei n. 13.968/2019. O mesmo parece ter ocorrido com a obra de Cezar Bitencourt, então consultada como referência e que traz as duas classificações (formal e material), mas percebe-se que a opinião do mestre é de que o delito é formal, com o que se concorda (Op. Cit., 2020, p. 218).

74. NORONHA, Magalhães. Direito Penal, vol. 2. 11. ed. São Paulo: Saraiva, 1976, p. 53.

- Segundo Nélson Hungria: o início do parto coincide com o **período de expulsão**[75]. É a melhor posição, até mesmo pela melhor possibilidade de constatação e delimitação entre o delito de infanticídio e o de aborto.

A referência ao período "logo após o parto" traduz-se no interregno de duração do estado puerperal. Não se deve confundir a influência do estado puerperal com o estado patológico, em que a mãe foi acometida de doença mental. Neste último caso, teremos ausência de culpabilidade, não sendo o sujeito ativo imputável.

O **estado puerperal** é o período que vai do deslocamento e expulsão da placenta à volta do organismo materno às condições anteriores à gravidez, situação que pode levar a mulher a distúrbios psíquicos. Cuida-se de **elemento psicofisiológico** ou fisiopsíquico[76]. Não consiste em elemento puramente psicológico, como é o caso de *honoris causa*, ou seja, da mãe que quer pôr fim à vida do próprio filho, recém-nascido ou durante o parto, para ocultar a desonra de ser mãe de filho concebido por relação extraconjugal, por exemplo.

Segundo a Medicina Legal, o estado puerperal pode ter duração diferente em cada gravidez, sendo que, em média, se prolonga por 45 dias. Há divergências até sobre a sua existência, mas é conceituado como a perturbação psíquica que, de forma transitória, acomete o comportamento da parturiente ou da puérpera, aquela que deu à luz recentemente, podendo ensejar a prática de matar o próprio filho. Pode surgir em mulher sã ou agravar estados psicológicos preexistentes[77]. O fato de estar ou não em estado puerperal deve ser objeto de prova pericial, por se exigir conhecimento médico.

O objeto jurídico é **a vida humana extrauterina**, sendo que a vida intrauterina é tutelada pelo crime de aborto. O crime é de forma livre, o que significa que a lei não prevê uma forma específica para o agente efetuar a realização típica, com a prática da conduta nuclear. A prova da vida humana extrauterina pode ser realizada pelo exame chamado de **docimasia pulmonar-respiratória**, como a **hidrostática de Galeno**. Para a sua realização, os pulmões do cadáver são colocados em líquido para se verificar se houve respiração e, portanto, entrada de ar nos alvéolos pulmonares. Tendo havido respiração, houve vida extrauterina, sendo que a morte posterior configura o infanticídio. Se era um natimorto, não se configurou o crime, pois a tentativa era inidônea (crime impossível), por absoluta impropriedade do objeto material.

O crime é **próprio**, pois só a mãe pode praticá-lo. A genitora, como autora ou partícipe, responde pelo infanticídio, se presentes as circunstâncias do seu tipo penal[78]. Relembre-se que a condição pessoal, quando elementar do crime, comunica-se aos demais agentes, nos termos do que determina o artigo 30 do Código Penal.

A dúvida surge em relação ao sujeito que toma parte no infanticídio, praticado pela mãe, ou que o executa materialmente a pedido dela. Parte dos penalistas entende

75. HUNGRIA, Nélson. Op. Cit., p. 264.
76. HUNGRIA, Nélson. Comentários ao Código Penal. Volume V. Rio de Janeiro: Editora Forense, 1958, p. 244.
77. DEL-CAMPO, Eduardo Roberto Alcântara. Medicina legal. 4. ed. São Paulo: Saraiva, 2007, p. 213-214.
78. HUNGRIA, Nélson. Op. Cit., 1958, p. 266-267.

que ele responde por homicídio[79], com base na posição de Hungria, de que o crime seria personalíssimo[80]. Nucci, entretanto, aponta que até mesmo Hungria mudou sua posição e que prevalece que ambos devem responder pelo crime de infanticídio, comunicando-se a circunstância pessoal[81]. É a melhor posição.

A diferenciação de abandono de recém-nascido com resultado morte e de infanticídio está no elemento subjetivo do agente, que no primeiro é de abandonar a vítima e, no segundo, é de matá-la. O crime é **doloso**, sendo que, no caso de a conduta ser cometida por culpa, nas circunstâncias do infanticídio, o melhor entendimento, defendido por Cezar Bitencourt e por Nélson Hungria[82], é de que se configura o homicídio culposo. Para Damásio e Masson[83], o fato seria atípico.

O crime é material, de modo que o resultado naturalístico é imprescindível para a sua consumação. Também é classificado como plurissubsistente, razão pela qual a conduta necessária para sua tipificação pode ser desdobrada em mais de um ato, possibilitando a punição pela tentativa (*conatus*). É instantâneo, consumando-se em um momento determinado no tempo.

QUADRO SINÓTICO

Crime de infanticídio	
Tipo penal	Matar, sob a influência do estado puerperal, o próprio filho, durante o parto ou logo após.
Objeto jurídico	Vida do nascente ou do neonato.
Sujeito ativo	Somente a mãe em estado puerperal.
Sujeito passivo	O filho, cuja mãe é o sujeito ativo.
Elemento subjetivo	Admite somente modalidade dolosa.
Consumação	Consumação com a morte do neonato ou do nascente. Daí decorre a importância da prova de que o neonato estava vivo, sob risco de se configurar o crime impossível.
Tentativa	Admite-se a tentativa.

79. Luiz Regis Prado defende que o terceiro responde por homicídio e a mãe, se apenas induziu, instigou ou participou, deve responder também por homicídio, como partícipe, com incidência da diminuição de pena por participação de menor importância (Op. Cit., p. 421). Aníbal Bruno também defendia que todos responderiam pelo delito, mas apenas para a mãe incidiria a norma do infanticídio, devendo os demais responderem na forma do homicídio (BARTÓLI, Márcio; PANZERI, André. In; FRANCO, Alberto Silva. Op. Cit. 2007, p. 660-661). O próprio Alberto Silva Franco também menciona a condição personalíssima de Hungria (Op. Cit., 2007, p. 232).

80. HUNGRIA, Nélson. Comentários ao Código Penal. Volume V. Rio de Janeiro: Editora Forense, 1958, p. 266.

81. NUCCI, Guilherme de Souza. Op. Cit., 2015, p. 328-329. No mesmo sentido: DOTTI, René Ariel. Op. Cit., 2020, p. 572-574. BITENCOURT, Cezar Roberto. Op. Cit., 2020, p. 244. BATISTA, Nilo. Concurso de agentes: uma investigação sobre os problemas da autoria e da participação no direito penal brasileiro. 5. ed. Rio de Janeiro: Lumen Juris, 2020, p. 171.

82. BITENCOURT, Cezar Roberto. Op. Cit., 2020, p. 242-243. HUNGRIA, Nélson. Op. Cit., 1958, p. 266. No mesmo sentido: CAPEZ, Fernando. Op. Cit., vol. 2, 2013, p. 140-141.

83. MASSON, Cleber. Op. Cit., 2019, p. 67.

Crime de infanticídio	
Forma majorada	Se o delito for praticado contra indígena "não integrado", incide a causa de aumento de pena de um terço, nos termos do artigo 59 da Lei n. 6.001/1973.
Classificação	Crime próprio tanto com relação ao sujeito ativo, como ao passivo (somente pode ser cometido pela mãe em estado puerperal e contra seu filho); material; de dano; admite consumação por conduta comissiva ou omissiva imprópria; instantâneo de efeitos permanentes; não transeunte; plurissubsistente; monossubjetivo; e de forma livre.
Benefícios	Não admite ANPP, transação ou suspensão condicional do processo.
Ação penal	Pública incondicionada.
Observações	Como a circunstância do estado puerperal é elementar do crime, nos termos do artigo 30, do Código Penal, coautores podem também ter suas condutas enquadradas no delito de infanticídio.

5. ABORTO

O aborto é o crime que tutela a vida humana intrauterina, possuindo mais de uma modalidade, sendo possível que também haja a tutela da vida ou da incolumidade física da gestante.

5.1. Autoaborto e aborto consentido

O aborto provocado pela gestante, também chamado **autoaborto**, ou o realizado com seu consentimento, denominado **aborto consentido ou consentimento ao aborto**, está previsto no artigo 124 do Código Penal:

> *Art. 124 – Provocar aborto em si mesma ou consentir que outrem lho provoque:*
> *Pena – detenção, de um a três anos.*

A primeira parte do tipo penal se refere ao autoaborto (provocar aborto em si mesma), enquanto a segunda parte se denomina de aborto consentido (consentir que outrem lho provoque). **O delito consiste na interrupção da gravidez, com a eliminação do produto da concepção**. O objeto jurídico, no autoaborto, é a vida humana intrauterina. Para Hungria, é o óvulo fecundado, o embrião ou o feto[84]. No aborto praticado por terceiro, tutela-se também a incolumidade físico-psíquica da gestante.

O crime é de ação livre, sendo que o sujeito ativo pode realizar o núcleo do tipo de qualquer modo, desde que obtenha o resultado ou haja a prática de atos executórios com o objetivo de causá-lo. Deve-se observar, entretanto, que o provocar aborto exige o dolo, ou seja, a conduta orientada especificamente ao aborto,

84. HUNGRIA, Nélson. Comentários ao Código Penal. Volume V. Rio de Janeiro: Editora Forense, 1958, p. 288.

não configurando o delito o ato de ingerir chá abortivo desconhecendo as suas propriedades ou realizar atividades físicas regulares e, por um problema específico e desconhecido na gestação, perder o bebê.

O autoaborto e o aborto consentido são **crimes de mão própria,** conforme aponta, acertadamente, a doutrina majoritária[85]. Só responde por esse crime a própria gestante, não sendo possível a coautoria. Cezar Bitencourt admite a participação em referidos delitos, como o agente que induz, instiga ou auxilia, de forma secundária, a mulher a abortar. É a posição mais técnica, adotada pela **doutrina majoritária.** Nelson Hungria admitia a instigação ou auxílio de um terceiro no caso de a própria mulher provocar o aborto, devendo ele responder na mesma pena, ou seja, pelo artigo 124[86].

Nucci, entretanto, defende que o crime é próprio, de modo que seria possível a coautoria entre a gestante e o seu marido que realizam as manobras abortivas juntos. Cada um, entretanto, responderia por um tipo penal diverso, dada a exceção à teoria monista feita pelo CP no caso de aborto[87].

Capez faz interessante distinção no caso de gêmeos. Se o agente sabia que havia dois fetos, há concurso formal homogêneo. Se não há o conhecimento responde por um único crime, sob pena de responsabilidade objetiva[88].

Não configura o crime a utilização da pílula do dia seguinte, nem o uso do método contraceptivo chamado de DIU, o qual impede a fixação do óvulo fecundado no útero. O crime é material, consumando-se com a extinção da vida intrauterina. É classificado como plurissubsistente, razão pela qual admite a tentativa. Para a sua prática, não importa a fase da evolução fetal no momento em que a conduta é praticada. Ainda sobre a consumação, é importante anotar a visão que era defendida por Nelson Hungria. Para o notável penalista, caso o feto fosse expulso vivo (aceleramento do parto), e morresse posteriormente, mesmo que houvesse tido uma vida muito curta, teria havido apenas tentativa de aborto[89]. Entretanto, Magalhães Noronha já observava, acertadamente, ser indiferente o momento em que ocorre a sua morte, se no interior do útero, na sua expulsão ou mesmo após a expulsão prematura. Há consumação em todos esses casos[90]. É o entendimento que tem prevalecido[91].

---

85. BITENCOURT, Cezar Roberto. Op. Cit., 2020, p. 258. CAPEZ, Fernando. Op. Cit., 2013, p. 153. MASSON, Cleber. Código Penal Comentado. 8. ed. [2. Reimpr.] Rio de Janeiro: Forense; São Paulo: Método, 2020, p. 636.
86. HUNGRIA, Nelson. Op. Cit., 1958, p. 302.
87. NUCCI, Guilherme de Souza. Op. Cit., 2015, p. 733. Posição seguida em: CUNHA, Rogério Sanches. Op. Cit., 2020, p. 107.
88. CAPEZ, Fernando. Op. Cit., vol. 2, p. 152.
89. HUNGRIA, Nelson. Comentários ao Código Penal. Volume V. Rio de Janeiro: Editora Forense, 1958, p. 300.
90. NORONHA, Edgard Magalhães. Direito Penal. Vol. 2. 11. ed. São Paulo: Saraiva, 1976, p. 61.
91. BITENCOURT, Cezar Roberto. Op. Cit., 2020, p. 258. CUNHA, Rogério Sanches. Op. Cit., 2020, p. 109. MASSON, Cleber. Op. Cit., 2019, p. 73.

QUADRO SINÓTICO

Crime de aborto provocado pela gestante e aborto consentido	
Tipo penal	Provocar aborto em si mesma ou consentir que outrem lho provoque.
Objeto jurídico	Vida humana em desenvolvimento.
Sujeito ativo	Somente a gestante pode ser o sujeito ativo do crime.
Sujeito passivo	Óvulo fecundado, embrião ou feto.
Elemento subjetivo	Admite somente modalidade dolosa.
Consumação	Com a morte do óvulo fecundado, embrião ou do feto.
Tentativa	Admite-se a tentativa.
Forma majorada	Se o delito for praticado contra indígena "não integrado", incide a causa de aumento de pena de um terço, nos termos do artigo 59 da Lei n. 6.001/1973.
Jurisprudência relevante	"Mostra-se inconstitucional interpretação de a interrupção da gravidez de feto anencéfalo ser conduta tipificada nos artigos 124, 126 e 128, incisos I e II, do Código Penal." (STF, ADPF 54, Rel. Min. Marco Aurélio, Tribunal Pleno, julgado em 12/04/2012).
Classificação	Crime de mão própria e comum com relação ao sujeito passivo; material; de dano; admite consumação por conduta comissiva ou omissiva imprópria; instantâneo de efeitos permanentes; não transeunte; plurissubsistente; monossubjetivo; e de forma livre.
Benefícios	Cabe suspensão condicional do processo.
Ação penal	Pública incondicionada.
Observações	Entende-se que a vida tem início com a concepção, mas, para a lei penal, a vida somente se torna relevante com a nidação (aproximadamente 14 dias após a fecundação). O início do parto marca o fim da possibilidade de realização do aborto.

5.2. Aborto sofrido ou sem consentimento da gestante

O aborto provocado por terceiro, sem que a gestante consinta com essa prática, é denominado de aborto sofrido ou aborto sem consentimento da gestante. Essa modalidade está prevista no artigo 125 do Código Penal:

> *Art. 125 – Provocar aborto, sem o consentimento da gestante:*
>
> *Pena – reclusão, de três a dez anos.*

Neste caso, o delito é de **dupla subjetividade passiva**. São vítimas tanto a gestante quanto o produto da concepção. O crime é comum, razão pela qual qualquer pessoa pode ser o sujeito ativo. Inclui-se nesse tipo penal, conforme prevê o artigo 126, parágrafo único, o consentimento inválido, pela ausência de capacidade de consentimento ou por ele ser viciado, como no caso de fraude, violência ou grave ameaça.

É a conduta praticada, por exemplo, pelo namorado que não aceita a gravidez, querendo fugir de sua responsabilidade. Se ele mistura o medicamento abortivo à bebida da namorada, sem que ela perceba, provocando o aborto, deve responder pelo crime de aborto sem o consentimento da gestante.

Admite-se a coautoria, caso de o namorado da grávida e o seu irmão se juntam para executar o aborto sem o consentimento da mulher. A participação também é plenamente possível, como se um amigo incentiva o indivíduo, levando-o a praticar o aborto sem que a mulher consinta. Não é possível, claramente, o concurso de pessoas com a gestante, que é vítima, dado que o crime do artigo 125 é cometido sem o seu consentimento.

É crime material, dependendo do resultado naturalístico, consistente na eliminação do produto da concepção, para que se consume. É doloso, sem previsão de punição a título de culpa. É plurissubsistente, sendo possível a punição da tentativa, por ser a conduta fracionável. É punido por meio de ação penal pública incondicionada.

QUADRO SINÓTICO

Crime de aborto sofrido ou sem o consentimento da gestante	
Tipo penal	Provocar aborto, sem o consentimento da gestante (artigo 125, do CP).
Objeto jurídico	Vida humana em desenvolvimento, bem como a incolumidade física e psíquica da mulher grávida.
Sujeito ativo	Qualquer um.
Sujeito passivo	Óvulo fecundado, embrião ou feto.
Elemento subjetivo	Admite somente modalidade dolosa. Destaca-se que as modalidades majoradas são *preterdolosas*, de sorte que a produção do resultado lesão corporal grave ou morte são decorrentes de culpa. Se a produção de tais resultados fosse dolosa, tratar-se-ia de outro tipo penal.
Consumação	Com a morte do óvulo fecundado, embrião ou do feto.
Tentativa	Admite-se a tentativa.
Forma majorada	Em que pese a capitulação do artigo 127, do CP ser "forma qualificada", trata-se de forma majorada do delito de forma **majorada** do delito ora analisado, pois o referido artigo prevê frações de aumento de pena, a serem computadas na terceira fase de dosimetria da pena – não se trata de uma previsão de novos limites mínimo e máximo da pena abstratamento cominada, como ocorre nas circunstâncias qualificadoras. Assim, há forma majorada quando do aborto ou dos meios empregados para provocá-lo, a gestante sofrer lesão corporal de natureza grave ou morte, nos termos do artigo 127, do CP. Se o delito for praticado contra indígena "não integrado", incide a causa de aumento de pena de um terço, nos termos do artigo 59 da Lei n. 6.001/1973.

Crime de aborto sofrido ou sem o consentimento da gestante	
Excludente de ilicitude	O artigo 128 do Código Penal prevê as hipóteses de aborto legal: não se pune o aborto **praticado por médico** que realiza o aborto necessário (se não há outro meio de salvar a vida da gestante) ou o aborto no caso de gravidez resultante de estupro (se a gravidez resulta de estupro e o aborto é precedido de consentimento da gestante, ou, quando incapaz, de seu representante legal).
Jurisprudência relevante	"Mostra-se inconstitucional interpretação de a interrupção da gravidez de feto anencéfalo ser conduta tipificada nos artigos 124, 126 e 128, incisos I e II, do Código Penal." (STF, ADPF 54, Rel. Min. Marco Aurélio, Tribunal Pleno, julgado em 12/04/2012).
Classificação	Crime comum com relação ao sujeito ativo; material; de dano; admite consumação por conduta comissiva ou omissiva imprópria; instantâneo de efeitos permanentes; não transeunte; plurissubsistente; monossubjetivo; e de forma livre. Trata-se de delito de dupla subjetividade passiva, pois entende-se haver duas vítimas: a mãe e a vida em desenvolvimento.
Benefícios	Em regra, não será cabível a suspensão condicional do processo, considerando a pena mínima. Também não cabe ANPP.
Ação penal	Pública incondicionada
Observações	Há equiparação do crime de aborto com o consentimento da gestante do artigo 126 à modalidade do artigo 125 quando a gestante não é maior de 14 anos, é alienada ou débil mental ou o se o consentimento é obtido mediante fraude, grave ameaça ou violência, nos termos do artigo 126, parágrafo único, do Código Penal.

5.3. Aborto com consentimento da gestante ou aborto consensual

O aborto provocado por terceiro, com o consentimento da gestante, está previsto no artigo 126 do Código Penal, podendo ser denominado de aborto consensual:

> *Art. 126 – Provocar aborto com o consentimento da gestante:*
>
> *Pena – reclusão, de um a quatro anos.*
>
> *Parágrafo único. Aplica-se a pena do artigo anterior, se a gestante não é maior de quatorze anos, ou é alienada ou débil mental, ou se o consentimento é obtido mediante fraude, grave ameaça ou violência.*

Tipifica-se a realização do aborto com a aquiescência da gestante, que aceita a interrupção da gravidez. É a conduta praticada, por exemplo, pelo médico de clínica clandestina, que realiza o procedimento em mulheres grávidas que lhe pagam para isso. Admite a coautoria, como a existência de um médico que realiza as manobras abortivas com ele, e a participação, como no caso de auxílio de um instrumentador cirúrgico, que se limita a lhe entregar os equipamentos.

A mulher que vai até a clínica e paga pelo aborto ilegal responde pelo aborto consentido, também chamado de consentimento ao aborto, com tipificação no artigo 124 do Código Penal. É possível a participação, como, por exemplo, se o seu marido deu a ideia, que ela acolheu. O médico, entretanto, responde pelo crime de aborto com consentimento da gestante, também chamado de aborto consensual, tipificado no artigo 126 do Código Penal, em exceção ao monismo. Ele pode ter atuado em coautoria com outro médico ou ser auxiliado por outra pessoa, um partícipe, que serve como assistente no procedimento.

O consentimento da gestante, claramente, deve ser válido. A sua manifestação de vontade deve ser livre e a mulher deve ter capacidade de consentir no momento em que concorda com a interrupção da gestação:

- **Consentimento válido**: pressupõe capacidade para consentir, não se aplicando as regras da capacidade civil.
- **Consentimento inválido**: é inválido o consentimento nos casos de dissentimento real ou presumido. Nessas hipóteses, aplica-se o crime de aborto sem o consentimento da gestante.

Em qualquer caso, o consentimento deve perdurar até a efetiva interrupção da gravidez. Considera-se **não existir consentimento** nos casos de:

- **Dissentimento real**: é o caso de consentimento obtido por meio de fraude, grave ameaça contra a gestante ou violência.
- **Dissentimento presumido**: consentimento dado por vítima menor de 14 anos, alienada ou débil mental.

No caso de gravidez de menor de 14 anos, o consentimento deve ser dado pelos pais ou responsável, se a gestante houver sido vítima de estupro de vulnerável. Nessa hipótese, é possível a realização do aborto, por previsão do artigo 128, II, do CP. Como a menor de 14 anos não é capaz de consentir, deve ser ouvida, mas em conjunto com os seus pais ou responsáveis.

O crime de aborto com consentimento da gestante também é classificado como comum, doloso, plurissubsistente e cuja persecução ocorre por meio de ação penal pública incondicionada. Cabível a suspensão condicional do processo, observados os requisitos do art. 89 da Lei n. 9.099/1995.

Caso um terceiro induza, instigue ou auxilie o agente a realizar o aborto com o consentimento válido da gestante, responderá como partícipe do artigo 126. Se ele induz, instiga ou auxilia a gestante a realizar o aborto em si mesma ou consentir que outra pessoa o provoque, ele responderá como partícipe do artigo 124 do CP[92].

92. PRADO, Luiz Regis. Curso de direito penal brasileiro. 18. ed. Rio de Janeiro, Forense, 2020, p. 433.

QUADRO SINÓTICO

Crime de aborto com consentimento da gestante ou aborto consensual	
Tipo penal	Provocar o aborto com o consentimento da gestante (artigo 126, do CP).
Objeto jurídico	Vida humana em desenvolvimento, bem como a incolumidade física e psíquica da mulher grávida.
Sujeito ativo	Qualquer um.
Sujeito passivo	Óvulo fecundado, embrião ou feto.
Elemento subjetivo	Admite somente modalidade dolosa. Destaca-se que as modalidades majoradas são *preterdolosas*, de sorte que a produção do resultado lesão corporal grave ou morte são decorrentes de culpa. Se a produção de tais resultados fosse dolosa, tratar-se-ia de outro tipo penal.
Consumação	Com a morte do óvulo fecundado, embrião ou do feto.
Tentativa	Admite-se a tentativa.
Forma majorada	Em que pese a capitulação do artigo 127, do CP ser "forma qualificada", trata-se de forma majorada do delito de forma **majorada** do delito ora analisado, pois o referido artigo prevê frações de aumento de pena, a serem computadas na terceira fase de dosimetria da pena – não se trata de uma previsão de novos limites mínimo e máximo da pena abstratamento cominada, como ocorre nas circunstâncias qualificadoras. Assim, há forma majorada quando do aborto ou dos meios empregados para provocá-lo, a gestante sofrer lesão corporal de natureza grave ou morte, nos termos do artigo 127, do CP. Se o delito for praticado contra indígena "não integrado", incide a causa de aumento de pena de um terço, nos termos do artigo 59 da Lei n. 6.001/1973.
Excludente de ilicitude	O artigo 128 do Código Penal prevê as hipóteses de aborto legal: não se pune o aborto **praticado por médico** que realiza o aborto necessário (se não há outro meio de salvar a vida da gestante) ou o aborto no caso de gravidez resultante de estupro (se a gravidez resulta de estupro e o aborto é precedido de consentimento da gestante, ou, quando incapaz, de seu representante legal).
Jurisprudência relevante	"Mostra-se inconstitucional interpretação de a interrupção da gravidez de feto anencéfalo ser conduta tipificada nos artigos 124, 126 e 128, incisos I e II, do Código Penal." (STF, ADPF 54, Rel. Min. Marco Aurélio, Tribunal Pleno, julgado em 12/04/2012).
Classificação	Crime comum com relação ao sujeito ativo; material; de dano; admite consumação por conduta comissiva ou omissiva imprópria; instantâneo de efeitos permanentes; não transeunte; plurissubsistente; monossubjetivo; e de forma livre. O crime de aborto sem o consentimento da gestante é de dupla subjetividade passiva, pois entende-se haver duas vítimas: a mãe e a vida em desenvolvimento.

Crime de aborto com consentimento da gestante ou aborto consensual	
Benefícios	É possível a suspensão condicional do processo.
Ação penal	Pública incondicionada
Observações	Há equiparação do crime de aborto com o consentimento da gestante do artigo 126 à modalidade do artigo 125 quando a gestante não é maior de 14 anos, é alienada ou débil mental ou o se o consentimento é obtido mediante fraude, grave ameaça ou violência, nos termos do artigo 126, parágrafo único, do Código Penal.

5.4. Aborto Majorado

O artigo 127 do Código Penal prevê situações de **aborto majorado pelo resultado**, aplicáveis tanto ao aborto realizado com consentimento da gestante, quanto ao realizado sem o seu consentimento:

> *Art. 127 – As penas cominadas nos dois artigos anteriores são aumentadas de um terço, se, em consequência do aborto ou dos meios empregados para provocá-lo, a gestante sofre lesão corporal de natureza grave; e são duplicadas, se, por qualquer dessas causas, lhe sobrevém a morte.*

O legislador denomina de forma qualificada, mas **na realidade são causas de aumento de pena**. Haverá a causa de aumento de pena, nos casos dos crimes dos artigos 125 e 126 do Código Penal, ou seja, nas modalidades de aborto provocados por terceiros. A pena deve ser aumentada de um terço no caso de ser causada lesão corporal de natureza grave na gestante. A lesão grave abrange, claramente, a chamada lesão gravíssima, denominação meramente doutrinária.

Se, por outro lado, sobrevier a morte da gestante, como resultado do aborto provocado por terceiro, a pena deve ser duplicada. A norma **não abrange o autoaborto nem o aborto consentido**, previstos no artigo 124 do Código Penal. Seria a punição da gestante por um resultado que atinge a própria agente, no caso de lesão corporal grave, o que violaria o princípio da alteridade. No caso do resultado morte, seria uma previsão de punição sem efetividade, já que a gestante seria a própria autora do delito.

A incidência dos resultados previstos no artigo 127 do CP para o partícipe do autoaborto e do aborto consentido comporta diferentes soluções, a depender do entendimento doutrinário adotado:

- O partícipe responde por lesão corporal culposa ou homicídio culposo.
- O partícipe responde pela sua participação no aborto consentido ou autoaborto.
- O partícipe responde por lesão corporal culposa ou homicídio culposo e pela sua participação no aborto consentido ou autoaborto. Essa é a posição mais técnica, pois, não incidindo a majorante no caso do crime do artigo 124 do CP, o seu partícipe deve responder em concurso de crimes.

As majorantes são figuras **preterdolosas** ou preterintencionais[93], razão pela qual o aborto é realizado a título de dolo, enquanto o resultado, lesão corporal grave ou morte da gestante, advém de culpa. Caso o agente queira matar a mulher e saiba que ela está grávida, deve responder por aborto e homicídio, em concurso formal. Se sabe que a mulher está grávida, é razoável concluir que havia dolo eventual ou dolo de segundo grau em relação ao feto ou embrião.

Existe divergência sobre a tipificação no caso de o aborto ser tentado e de sobrevir o resultado, provocado de forma culposa, de morte da gestante. Capez entende ser o caso de responder por aborto qualificado consumado, pois o resultado que configura a majorante já dá causa à consumação do crime, tal qual ocorre no latrocínio[94]. Essa posição parece mais consentânea com o entendimento dos Tribunais Superiores sobre outros tipos penais, como o caso do latrocínio.

Nélson Hungria, por sua vez, defendia que, no caso de lesões provocadas ou morte da gestante no autoaborto, o partícipe responderá por lesão corporal culposa ou homicídio culposo. No caso de lesões provocadas à gestante, sem interrupção da gravidez, defende a responsabilidade por tentativa "qualificada" de aborto (art. 127 c.c. art. 14, II, do CP)[95]. O autor também advertia, à época, que a lesão corporal era inerente ao aborto, de modo que só qualificariam o crime as lesões extraordinárias, sob pena de todo aborto ser qualificado[96]. É a posição mais acertada.

Por outro lado, Sanches Cunha defende que, no autoaborto, no caso de lesões graves ou morte da gestante, o partícipe não sofrerá a incidência da majorante, que não se aplica ao artigo 124 do CP, que prevê as figuras do aborto consentido e do autoaborto[97].

Crime	Descrição	Concurso de pessoas
Autoaborto ou aborto consentido	Praticado pela própria gestante (autoaborto) ou consentimento dado a outrem pela gestante (consentido).	Admite participação, mas não admite coautoria (crime de mão própria).
Aborto com consentimento da gestante	Praticado por terceira pessoa (execução material), com consentimento da gestante.	Admite participação e coautoria.
Aborto sem consentimento da gestante	Praticado por terceira pessoa (execução material), sem consentimento da gestante.	Admite participação e coautoria.

93. HUNGRIA, Nélson. Comentários ao Código Penal. Volume V. Rio de Janeiro: Editora Forense, 1958, p. 304.
94. CAPEZ, Fernando. Op. Cit., vol. 2, 2013, p. 158.
95. Cleber Masson repete as mesmas lições de Hungria sobre o tema (Direito penal, vol. 2. São Paulo: Método, 2019, p. 79 e 80).
96. HUNGRIA, Nélson. Op. Cit., 1958, p. 304-305.
97. CUNHA, Rogério Sanches. Manual de Direito Penal. Volume Único. Parte Especial. Salvador: Juspodivm, 2020, p. 113.

5.5. Aborto Legal e Atipicidade

Aborto legal é a denominação que se dá às hipóteses de exclusão do crime por previsão expressa no Código Penal. O entendimento majoritário é de que sua natureza consiste em **causas de exclusão da ilicitude**. As hipóteses estão no artigo 128 do Código Penal, abrangendo o aborto terapêutico e o humanitário:

> *Art. 128 – Não se pune o aborto praticado por médico:*
>
> *Aborto necessário*
>
> *I – se não há outro meio de salvar a vida da gestante;*
>
> *Aborto no caso de gravidez resultante de estupro*
>
> *II – se a gravidez resulta de estupro e o aborto é precedido de consentimento da gestante ou, quando incapaz, de seu representante legal.*

Aborto terapêutico ou necessário: o aborto necessário ou terapêutico torna permitida a interrupção de gravidez se não houver outro modo de se salvar a vida da gestante. Constitui um estado de necessidade sem exigência da atualidade do perigo. A previsão legal é para aborto praticado por médico, como previsto expressamente no *caput* do artigo 128 do Código Penal. No caso de a parteira realizar o aborto para salvar a gestante, só não será responsabilizada no caso de se configurar o estado de necessidade comum. Ou seja, nesse caso, exige-se que haja perigo atual.

Aborto humanitário, sentimental ou ético: A hipótese de gravidez resultante de estupro também possibilita a interrupção da gravidez sem a configuração de ilícito penal. Exige-se, entretanto, prévio consentimento válido da gestante ou de seu representante legal, se ela for incapaz. Pressupõe prova idônea do atentado sexual. Não se exige, contudo, condenação criminal do estuprador.

Pesquisa com células-tronco: atipicidade. O Supremo Tribunal Federal entendeu que não se configura o crime de aborto quando realizada pesquisa com célula-tronco, ou seja, o fato é atípico:

> *"(...) IV – AS PESQUISAS COM CÉLULAS-TRONCO NÃO CARACTERIZAM ABORTO. MATÉRIA ESTRANHA À PRESENTE AÇÃO DIRETA DE INCONSTITUCIONALIDADE. É constitucional a proposição de que toda gestação humana principia com um embrião igualmente humano, claro, mas nem todo embrião humano desencadeia uma gestação igualmente humana, em se tratando de experimento "in vitro". Situação em que deixam de coincidir concepção e nascituro, pelo menos enquanto o ovócito (óvulo já fecundado) não for introduzido no colo do útero feminino. O modo de irromper em laboratório e permanecer confinado "in vitro" é, para o embrião, insuscetível de progressão reprodutiva. Isto sem prejuízo do reconhecimento de que o zigoto assim extracorporalmente produzido e também extracorporalmente cultivado e armazenado é entidade embrionária do ser humano. Não, porém, ser humano em estado de embrião. A Lei de Biossegurança não veicula autorização para extirpar do corpo feminino esse ou aquele embrião. Eliminar ou desentranhar esse ou aquele zigoto a caminho do endométrio, ou nele já fixado. Não se cuida de interromper gravidez humana, pois dela aqui não se pode cogitar. A "**controvérsia constitucional em exame não guarda qualquer vinculação com o problema do***

> ***aborto***.*" (Min. Celso de Mello). (...)" (STF, ADI 3510, Rel. Min. Ayres Britto, Tribunal Pleno, Julgamento: 29/05/2008).*

Feto anencéfalo: atipicidade. O Supremo Tribunal Federal também considerou não configurar o crime de aborto a interrupção da gravidez quando o feto for anencéfalo, isto é, desprovido de parte do encéfalo e da calota craniana. Entendeu ser inconstitucional a interpretação de que essa conduta se amolda aos tipos penais dos artigos 124, 126 e 128, incisos I e II, do Código Penal[98]. Não se deve confundir a anencefalia com a microcefalia, sendo que o STF só considerou atípica a conduta de interrupção da gravidez no primeiro caso. Não se permite o aborto por qualquer problema de saúde ou alguma condição genética rara, ou se permitiria o aborto eugênico, que implicaria uma seleção artificial dos indivíduos que nascerão, violando a ética médica e científica.

A **gravidez molar**, que não possui potencial de desenvolvimento de vida, também deve ter a sua interrupção caracterizada como atípica. Por essa razão, já advertia Noronha que "A expulsão da *mola* também não é crime, já que não existe aí vida"[99]. É a mesma situação da **gravidez ectópica ou extrauterina**, dada a inviabilidade de desenvolvimento do feto fora do útero. A gravidez ectópica pode ser tubária, abdominal, cervical ou ovariana. Há uma situação patológica que requer intervenção médica emergencial. De todo modo, a discussão se encerra, caso se discuta a viabilidade do feto em um caso específico e excepcional, na necessidade de salvar a gestante, de modo que não haveria que se falar em ilicitude.

Primeiro trimestre de gestação: atipicidade. Vale destacar, ainda, que houve decisão da Primeira Turma do STF de considerar não tipificado o crime se a interrupção ocorrer nos três primeiros meses de gravidez. Procedeu-se a uma interpretação dos artigos 124 a 126 do Código Penal conforme a Constituição, excluindo-se de seu "âmbito de incidência a interrupção voluntária da gestação efetivada no primeiro trimestre". Nos fundamentos, ficou consignado que a incriminação viola diversos direitos da mulher, como os sexuais e reprodutivos, a sua autonomia, a sua integridade física e psíquica, além da equiparação de gênero, além de desrespeitar o "princípio" da proporcionalidade[100]. Não se trata de entendimento consolidado, mas de questão polêmica enfrentada por uma das turmas do STF.

Qual a infração penal comete quem faz propaganda de métodos abortivos? Pratica a contravenção penal prevista no artigo 20 do Decreto-Lei n. 3.688/1941 (Lei das Contravenções Penais):

> *Art. 20. Anunciar processo, substância ou objeto destinado a provocar aborto:*
>
> *Pena – multa de hum mil cruzeiros a dez mil cruzeiros.*

---

98. STF, ADPF 54, Rel. Min. Marco Aurélio, Tribunal Pleno, Julgamento: 12/04/2012.

99. NORONHA, Edgard Magalhães. Op. Cit., 1976, p. 59.

100. STF, HC 124.306/RJ, Rel. p/ acórdão Min. Roberto Barroso, Primeira Turma, Julgamento: 09/08/2016.

CAPÍTULO II

DAS LESÕES CORPORAIS

A lesão corporal, um dos delitos contra a pessoa, é o crime que consiste na **ofensa à integridade corporal ou à saúde, no âmbito anatômico, fisiológico ou mental**. Está previsto no artigo 129 do Código Penal:

> *Art. 129. Ofender a integridade corporal ou a saúde de outrem:*
>
> *Pena – detenção, de três meses a um ano.*
>
> ***Lesão corporal de natureza grave***
>
> *§ 1º Se resulta:*
>
> *I – Incapacidade para as ocupações habituais, por mais de trinta dias;*
>
> *II – perigo de vida;*
>
> *III – debilidade permanente de membro, sentido ou função;*
>
> *IV – aceleração de parto:*
>
> *Pena – reclusão, de um a cinco anos.*
>
> *§ 2º Se resulta:*
>
> *I – Incapacidade permanente para o trabalho;*
>
> *II – enfermidade incurável;*
>
> *III perda ou inutilização do membro, sentido ou função;*
>
> *IV – deformidade permanente;*
>
> *V – aborto:*
>
> *Pena – reclusão, de dois a oito anos.*
>
> ***Lesão corporal seguida de morte***
>
> *§ 3º Se resulta morte e as circunstâncias evidenciam que o agente não quis o resultado, nem assumiu o risco de produzi-lo:*
>
> *Pena – reclusão, de quatro a doze anos.*
>
> ***Diminuição de pena***
>
> *§ 4º Se o agente comete o crime impelido por motivo de relevante valor social ou moral ou sob o domínio de violenta emoção, logo em seguida a injusta provocação da vítima, o juiz pode reduzir a pena de um sexto a um terço.*
>
> ***Substituição da pena***
>
> *§ 5º O juiz, não sendo graves as lesões, pode ainda substituir a pena de detenção pela de multa, de duzentos mil réis a dois contos de réis:*
>
> *I – se ocorre qualquer das hipóteses do parágrafo anterior;*

II – se as lesões são recíprocas.

Lesão Corporal Culposa

§ 6º Se a lesão é culposa:

Pena – detenção, de dois meses a um ano.

Aumento de pena

§ 7º Aumenta-se a pena de 1/3 (um terço) se ocorrer qualquer das hipóteses dos §§ 4º e 6º do art. 121 deste Código

§ 8º – Aplica-se à lesão culposa o disposto no § 5º do art. 121.

Violência Doméstica

§ 9º – Se a lesão for praticada contra ascendente, descendente, irmão, cônjuge ou companheiro, ou com quem conviva ou tenha convivido, ou, ainda, prevalecendo-se o agente das relações domésticas, de coabitação ou de hospitalidade:

Pena – reclusão, de 2 (dois) a 5 (cinco) anos.

§ 10. Nos casos previstos nos §§ 1º a 3º deste artigo, se as circunstâncias são as indicadas no § 9º deste artigo, aumenta-se a pena em 1/3 (um terço).

§ 11. Na hipótese do § 9º deste artigo, a pena será aumentada de um terço se o crime for cometido contra pessoa portadora de deficiência.

§ 12. Se a lesão for praticada contra autoridade ou agente descrito nos arts. 142 e 144 da Constituição Federal, integrantes do sistema prisional e da Força Nacional de Segurança Pública, no exercício da função ou em decorrência dela, ou contra seu cônjuge, companheiro ou parente consanguíneo até terceiro grau, em razão dessa condição, a pena é aumentada de um a dois terços.

§ 13. Se a lesão é praticada contra a mulher, por razões da condição do sexo feminino, nos termos do § 1º do art. 121-A deste Código:

Pena – reclusão, de 2 (dois) a 5 (cinco) anos.

O crime de lesão corporal é de forma livre, não havendo previsão de forma específica para sua prática. É comum, não exigindo nenhuma qualidade específica do sujeito ativo. É delito de dano, consumando-se com a lesão ao bem jurídico tutelado. Cuida-se de crime plurissubsistente, de acordo com o entendimento majoritário, razão pela qual se admite a tentativa.

A conduta típica é **ofender, de forma direta ou indireta, a integridade corporal ou a saúde de outra pessoa**, aqui compreendido um ser humano vivo. Pode haver mais de um ferimento na vítima, o que não prejudica a unidade do delito. Trata-se de infração penal classificada como material, isto é, a ocorrência do resultado naturalístico é imprescindível para a sua consumação.

A dor física não basta para a consumação do delito. A ofensa à integridade física ocorre com a alteração do corpo humano, seja ela anatômica ou funcional, podendo, ainda, ser interna ou externa. Já a ofensa à saúde diz respeito às funções fisiológicas do corpo humano, inclusive distúrbios de ordem intelectiva, volitiva e de memória[1]. Por isso, abrange o dano à saúde mental.

1. BITENCOURT, Cezar Roberto. Parte Especial: crimes contra a pessoa. Coleção Tratado de direito penal volume 2. 20. ed. São Paulo, Saraiva Educação, 2020, p. 280.

O sujeito passivo não pode ser o mesmo do sujeito ativo, especialmente em decorrência do princípio da alteridade ou da transcendentalidade, que preconiza não ser punível a conduta que não saia da esfera da disponibilidade do agente. Por isso, **não se pune, por si só, a autolesão**.

Entretanto, a autolesão pode ser punida se for praticada para se perpetrar uma fraude, ou seja, como meio para realização de outro delito e para se atingir outro bem jurídico. É o que ocorre com a prática do delito previsto no artigo 171, inciso V, § 2º, do Código Penal:

> *§ 2º - Nas mesmas penas incorre quem:*
>
> *(...)*
>
> *V - destrói, total ou parcialmente, ou oculta coisa própria, ou lesa o próprio corpo ou a saúde, ou agrava as consequências da lesão ou doença, com o intuito de haver indenização ou valor de seguro;*

Também há o crime militar em que se pune a autolesão como meio para obtenção de resultado diverso, previsto no artigo 184 do Código Penal Militar:

> *Art. 184. Criar ou simular incapacidade física, que inabilite o convocado para o serviço militar:*
>
> *Pena - detenção, de seis meses a dois anos.*

Ademais, a autolesão será punível no caso de autoria mediata. Como exemplo, deve ser punido pelo crime de lesão corporal o agente que leva um inimputável, que não tem consciência do que está fazendo, a ofender sua própria integridade corporal.

O elemento subjetivo do delito é o denominado ***animus nocendi* ou *animus laedendi***, ou seja, é a vontade e a consciência de produzir uma lesão ou um dano à integridade corporal ou de prejudicar a saúde de outrem. Também há punição a título de preterdolo e de culpa, com previsão de modalidades específicas nos parágrafos terceiro e sexto, respectivamente.

A lesão corporal de natureza leve se diferencia da contravenção de vias de fato em uma relação de subsidiariedade, de modo que, se não se configurar o crime, haverá a prática da contravenção penal. O delito de lesão corporal exige que haja ofensa à integridade física ou mental do indivíduo ou à saúde da vítima, como no caso de serem provocados hematomas e equimoses. A mera provocação de dor ou de uma mancha avermelhada não implicam a configuração do crime, o que pode ser o caso de consumação da contravenção de vias de fato.

Além disso, tanto o crime como a contravenção penal se diferenciam da chamada injúria real, que é a conduta de injuriar alguém por meio de violência ou de vias de fato. Para configuração da injúria real, é imprescindível que a violência ou as vias de fato empregadas tenham a natureza de aviltantes, sendo que o elemento subjetivo do agente, que é o *animus injuriandi*, a diferencia das outras infrações penais mencionadas.

A lesão corporal possui diversas modalidades, havendo o tipo penal simples, o qualificado e o privilegiado. A lesão qualificada pode ser de natureza grave, de natureza gravíssima, com resultado morte ou a que envolve violência doméstica e familiar contra a mulher. Além disso, prevê-se a punição da forma culposa, bem como algumas causas de aumento de pena.

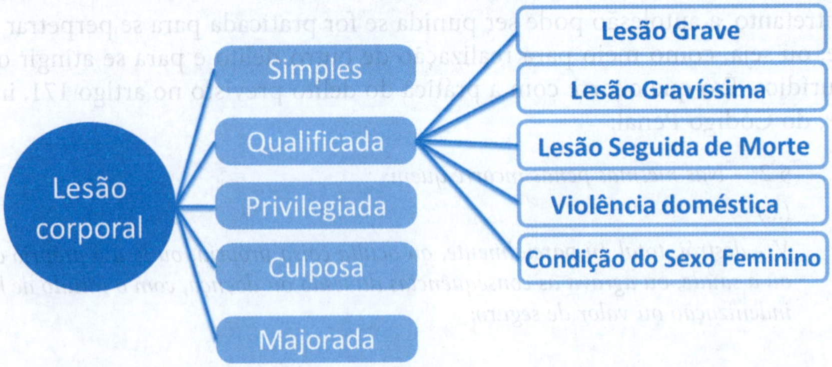

1. LESÃO CORPORAL DE NATUREZA LEVE

O tipo penal básico ou simples da lesão corporal é denominado pela doutrina de **lesão corporal de natureza leve**, estando **prevista no artigo 129 do Código Penal**:

> ***Lesão corporal***
> ***Art. 129. Ofender a integridade*** *corporal ou a saúde de outrem:*
> *Pena – detenção, de três meses a um ano.*

A pena prevista é de detenção, de três meses a um ano. É importante prestar atenção na pena, que se diferencia das formas qualificadas, em que se prevê a sanção penal consistente em reclusão. Assim, a modalidade simples não permite a imposição da perda do poder familiar como efeito extrapenal específico da condenação, além de que o regime inicial de pena deve ser o aberto ou o semiaberto.

2. LESÃO CORPORAL DE NATUREZA GRAVE

O artigo 129, em seu parágrafo primeiro, prevê a forma qualificada do delito, com a denominação legal de **lesão corporal de natureza grave** e com pena de reclusão, de um a cinco anos:

> *Lesão corporal de natureza grave*
> *§ 1º Se resulta:*
> *I – Incapacidade para as ocupações habituais, por mais de trinta dias;*
> *II – perigo de vida;*
> *III – debilidade permanente de membro, sentido ou função;*
> *IV – aceleração de parto:*
> *Pena – reclusão, de um a cinco anos.*

São delitos qualificados pelo resultado, que pode ter sido praticado **a título de dolo ou de culpa**, sendo que somente no último caso recebem a denominação de crimes preterdolosos. O perigo à vida, entretanto, só pode ter sido produzido por culpa, sob pena de configuração de um crime autônomo. São as seguintes hipóteses que qualificam o delito:

I. se resulta incapacidade para as ocupações habituais, por mais de trinta dias

Esta forma qualificada implica o resultado de o ofendido ficar incapaz para as ocupações habituais pelo período de mais de trinta dias. Como já visto, este delito é classificado pela doutrina como sendo **crime a prazo**, que é a espécie em que se prevê um lapso temporal determinado para sua configuração.

A lei não exige que se trate de ocupação lucrativa ou laborativa, mas sim habitual. Deve haver incapacidade, e não mera indisposição por causa da lesão. As atividades habituais podem ser filantrópicas, intelectuais ou escolares, por exemplo. Quanto à prova, o Código de Processo Penal possui disposição específica em relação à forma qualificada:

> *Art. 168. Em caso de lesões corporais, se o primeiro exame pericial tiver sido incompleto, proceder-se-á a exame complementar por determinação da autoridade policial ou judiciária, de ofício, ou a requerimento do Ministério Público, do ofendido ou do acusado, ou de seu defensor.*
>
> *(...)*
>
> *§ 2º Se o exame tiver por fim precisar a classificação do delito no art. 129, § 1º, I, do Código Penal, deverá ser feito logo que decorra o prazo de 30 dias, contado da data do crime.*

Sobre a perícia, o Superior Tribunal de Justiça já decidiu que, apesar de o laudo ser em regra necessário, não é imprescindível que acompanhe a denúncia:

> *"No delito de lesão corporal de natureza grave, conquanto a realização da perícia complementar seja, via de regra, necessária para a sua configuração, o certo é que tal exame não precisa estar acostado aos autos no momento em que iniciado o processo, uma vez que, para que haja justa causa para a persecução penal, não se exige a comprovação cabal da prática do crime, mas a presença de um lastro probatório mínimo que revele a sua ocorrência. Precedente" (RHC 37.872/MS, Rel. Min. Jorge Mussi, Quinta Turma, julgado em 18/09/2014, DJe 25/09/2014). 2. Agravo regimental improvido." (AgRg no RHC 90813/RJ, Rel. Min. Reynaldo Soares da Fonseca, Quinta Turma, DJe 15/06/2018).*

Vale destacar que a vergonha por parte da vítima não tem o condão de fazer incidir essa figura qualificada. Isso porque a incapacitação tem natureza objetiva, e não subjetiva[2]. Assim, mesmo se de fato houver a incapacidade da ocupação habitual por 30 (trinta) dias, mas a causa for a vergonha, decorrente da lesão corporal, não há que se falar em qualificação do crime pelo § 1º, inciso I, do art. 129, do Código Penal.

---

2. MASSON, Cleber. Código Penal Comentado. 8. ed. Rio de Janeiro: Forense; São Paulo: Método, 2020, p.648.

Caso haja incapacitação da vítima por período menor, mas razoável, é possível que o juiz valore esse efeito, não inerente ao crime de lesão corporal. A pena-base pode ser exasperada, considerando-se a circunstância judicial das consequências do crime. Suponha, por exemplo, que a vítima ficou internada por dez dias em razão da lesão provocada, o que se mostra adequado a fazer incidir o vetor de aumento de pena, pois nem toda lesão consumada gera esse efeito.

II. se resulta *perigo à vida*

O crime de lesão corporal também será qualificado, com novos limites mínimo e máximo de pena abstratamente cominada, se resultar perigo de morte à vítima. Deve haver efetivo e comprovado risco à vida do ofendido. Se o agente queria provocar risco à vida da vítima, ou seja, se ele agiu com dolo em relação ao resultado, haverá a configuração do crime de homicídio. O resultado, portanto, só pode ser provocado a título de culpa, ou seja, esta modalidade qualificada consiste em delito preterdoloso.

III. se resulta debilidade permanente de membro, sentido ou função

A debilidade consiste no enfraquecimento ou redução. Membros são a coxa, a perna, o pé, o braço, o antebraço ou a mão. Sentidos são a visão, a audição, o tato, o olfato e o paladar. Função é a atividade do órgão, podendo ser a respiratória, a digestiva, mastigatória, excretora, circulatória, reprodutiva e etc. O Superior Tribunal de Justiça já considerou a perda de dente como debilidade permanente da função mastigatória:

> *"1. A deformidade permanente prevista no art. 129, § 2º, IV, do Código Penal é, segundo a doutrina, aquela irreparável, indelével.* ***Assim, a perda de dois dentes, muito embora possa reduzir a capacidade funcional da mastigação****, não enseja a deformidade permanente prevista no referido tipo penal,* ***mas sim, a debilidade permanente de membro, sentido ou função, prevista no art. 129, § 1º, III, do Código Penal****." (STJ, REsp 1620158/RJ, Rel. Min. Rogério Schietti Cruz, Sexta Turma, DJe 20/09/2016).*

Nos casos de órgãos duplos, importante ressaltar que a perda de apenas um deles implica a tipificação da figura do § 1º, inciso III (debilidade permanente), enquanto a perda de ambos os órgãos configura lesão gravíssima, nos termos do artigo 129, § 2º, inciso III (perda ou inutilização do órgão).[3]

IV. se resulta aceleração de parto

Também qualifica o delito a aceleração do parto, ensejando a prematuridade do recém-nascido. No caso de morte do feto ou do recém-nascido, como decorrência das lesões corporais recebidas pela grávida, haverá lesão corporal gravíssima. Como decorrência do princípio da culpabilidade, só responderá o agente pelo delito qualificado se sabia que a vítima estava grávida e, ainda assim, resolveu ofender sua integridade física ou sua saúde. Tal regra decorre da vedação da responsabilidade penal objetiva.

---

3. No mesmo sentido: MASSON, Cleber. Op. Cit., 2020, p. 649.

Esse crime é diferente do aborto sem consentimento da gestante, ainda que na forma tentada. Na lesão qualificada pelo resultado de aceleração do parto, o agente queria provocar lesão, mas, devido à forma de atuação, faz com que o parto fosse prematuro. No aborto sem consentimento, ainda que na forma tentada, o agente quer interromper a gravidez, sendo a lesão corporal eventualmente realizada para esse fim um crime-meio, absorvido por aquele.

É possível que haja, no caso concreto, mais de uma qualificadora. Uma será utilizada para qualificar o crime e outra como majorante, agravante ou circunstância judicial, conforme se enquadre. Por exemplo, se uma mulher grávida é vítima de agressões que resultem em risco à vida e antecipação do parto, o agressor responderá por crime único, podendo uma delas ser valorada como circunstância judicial, a título de "consequências do crime".[4]

3. LESÃO CORPORAL DE NATUREZA GRAVÍSSIMA

O artigo 129, em seu parágrafo segundo, prevê outros resultados que qualificam o delito, **sob a mesma denominação de lesão corporal de natureza grave**. A doutrina, para diferenciar os casos do parágrafo primeiro dos previstos no parágrafo segundo, com pena diferenciada, de dois a oito anos de reclusão, denomina-os de **lesão corporal de natureza gravíssima**. São as seguintes hipóteses:

> *§ 2º Se resulta:*
>
> *I – Incapacidade permanente para o trabalho;*
>
> *II – enfermidade incurável;*
>
> *III – perda ou inutilização do membro, sentido ou função;*
>
> *IV – deformidade permanente;*
>
> *V – aborto:*
>
> *Pena – reclusão, de dois a oito anos.*

Como nos casos do parágrafo primeiro (lesão corporal de natureza grave), temos crimes qualificados pelo resultado, o qual pode ter sido **praticado a título de dolo ou de culpa**, sendo que somente no último caso recebem a denominação de crimes preterdolosos. **A exceção é o caso do aborto que, se praticado por dolo, configura o crime autônomo**. O delito será de natureza gravíssima:

I. se resulta incapacidade permanente para o trabalho

A incapacidade deve ser permanente e para o exercício de atividade laborativa. Não há a amplitude do resultado de incapacidade temporária, que configura lesão corporal de natureza grave. Aqui, não estão abrangidas as atividades recreativa, filantrópica e cultural, por exemplo. Apesar de divergência doutrinária, deve-se considerar o trabalho desempenhado pelo agente, e não todo e qualquer labor, sob pena de ser quase impossível a configuração da qualificadora.

4. MASSON, Cleber. Op. Cit., 2020, p. 649.

PARTE ESPECIAL

II. se resulta enfermidade incurável

Há crime qualificado pelo resultado se da lesão corporal resulta enfermidade incurável. A doença é considerada incurável se, ao tempo em que o réu for sentenciado, não houver recursos médicos que possibilitem a reversão do quadro de saúde da vítima. Se a vítima se negar, injustificadamente, a realizar o tratamento médico, não se configura a forma qualificada do artigo 121, § 2º, II, do CP. Entretanto, não se exige que o ofendido se submeta a cirurgia ou que realize tratamento médico arriscado ou experimental.

O STJ já decidiu que, sobrevindo lesão corporal de natureza grave por debilidade permanente de membro, sentido ou função, como decorrência da lesão corporal gravíssima com resultado de enfermidade incurável, o primeiro será considerado *post factum* impunível. Haverá, portanto, a sua absorção pela lesão corporal gravíssima prevista no artigo 121, § 2º, II, do CP:

> "*(...) 5. O crime de lesão corporal grave estrita de debilidade permanente é* post factum *impunível do crime mais grave de lesão corporal gravíssima, por enfermidade incurável, sendo irrelevante a conclusão das instâncias ordinárias acerca da autonomia de desígnios para produzir ambos os resultados, porquanto um é mero exaurimento do outro. Nesse passo, inviável a condenação pelo crime de lesão corporal grave estrito, ressalvando-se, contudo, que, para efetivar a devida individualização da pena, de rigor a valoração negativa da pena-base pelas consequências danosas à vítima, decorrente da diminuição da capacidade visual causada pela ptose palpebral. (...)" (STJ, HC 325961/RJ, Rel. Min. Ribeiro Dantas, Quinta Turma, DJe 24/08/2016).*

III. se resulta perda ou inutilização do membro, sentido ou função

O resultado exigido para configuração da lesão corporal gravíssima é a perda ou inutilização do membro, sentido ou função. Para o caso da lesão grave, a lei prevê a debilidade permanente, sendo que para a lesão gravíssima se refere à perda ou inutilização, hipótese de maior desvalor. Como já mencionado, a destruição de um órgão duplo, segundo a doutrina, implica debilidade de função e, portanto, lesão corporal de natureza grave. A lesão corporal de natureza gravíssima pressupõe a perda ou inutilização, o que implica a exigência de que ambos os órgãos duplos sejam afetados.

IV. se resulta deformidade permanente

A deformidade permanente é o dano estético, que causa uma impressão desconfortável para o convívio social. Levam-se em conta as condições da vítima, como a idade, o sexo e o meio social que frequenta. Para a configuração dessa qualificadora, o dano causado "deve representar lesão estética de certa monta, capaz de causar desconforto a quem a vê ou ao seu portador, abrangendo, portanto, somente as condutas que resultam em lesão física", como já decidiu o STJ. Não configura a qualificadora o transtorno de estresse pós-traumático nem a alteração permanente da personalidade[5].

5. STJ, HC n. 689.921/SP, Rel. Min. Laurita Vaz, Sexta Turma, julgado em 8/3/2022, DJe de 14/3/2022.

O significado de deformidade permanente se conecta à ideia de marcas e cicatrizes que afetem a autoestima da vítima, causando embaraço e desconforto. Não se deve limitar a danos na face, mas a todos os que sejam visíveis e tenha esse efeito de atrair olhares de ojeriza, afetando a vida da vítima. Sobre o tema, o STJ possui precedente de sua Quinta Turma em que foi considerada deformidade permanente a perda de três dentes, não afastando a qualificadora o uso de prótese pela vítima[6]. Entretanto, há julgado da Sexta Turma, em que não se considerou deformidade permanente a perda de dois dentes[7].

Há doutrinadores que entendem que a cirurgia estética reparadora afasta a qualificadora da deformidade permanente. O STJ, contudo, já decidiu de forma diversa:

> *"(...) 2. A realização de cirurgia estética posteriormente à prática do delito não afeta a caracterização, no momento do crime constatada, de lesão geradora de deformidade permanente, seja porque providência não usual (tratamento cirúrgico custoso e de risco), seja porque ao critério exclusivo da vítima. (...)" (STJ, HC 306677/RJ, Rel. p/ acórdão Min. Nefi Cordeiro, Sexta Turma, DJe 28/05/2015).*

V. se resulta aborto

Esta hipótese de crime qualificado pelo resultado se classifica como **preterdoloso**. Para sua configuração, a lesão corporal deve ter sido praticada de forma dolosa, com o resultado do abortamento advindo de culpa. Se o agente possuía a vontade e a consciência de interromper a gestação, deve responder pelo crime de aborto, e não pela lesão corporal gravíssima.

Como já visto, o princípio da culpabilidade veda a responsabilidade penal objetiva. Por isso, é imprescindível que o agente tenha conhecimento do estado de gravidez para ser responsabilizado pelo aborto como resultado culposo.

4. LESÃO CORPORAL SEGUIDA DE MORTE

A lesão corporal seguida de morte também pode ser chamada de ***homicídio preterdoloso*** ou **homicídio *praeter intentionem***. Constitui-se no crime de lesão corporal, praticado com dolo direto ou eventual, com o resultado, advindo de culpa, de morte da vítima. Esse crime é preterdoloso, ou seja, há dolo no antecedente e culpa no consequente. É uma modalidade qualificada do delito de lesão corporal em razão de resultado mais gravoso, que ultrapassa o dolo do agente, direcionado apenas à lesão da vítima.

> *Lesão corporal seguida de morte*
>
> *§ 3º Se resulta morte e as circunstâncias evidenciam que o agente não quis o resultado, nem assumiu o risco de produzi-lo:*
>
> *Pena – reclusão, de quatro a doze anos.*

A diferenciação com o homicídio reside no elemento subjetivo do agente. No homicídio, o agente quer a morte da vítima. Na lesão corporal seguida de morte, ele quer causar uma lesão, mas, por culpa, acaba matando a vítima. Pode-se exemplificar

6. STJ, HC 391771/RJ, Rel. Min. Ribeiro Dantas, Quinta Turma, DJe 31/10/2017.
7. STJ, REsp 1620158/RJ, Rel. Min. Rogério Schietti Cruz, Sexta Turma, DJe 20/09/2016

com o agente que, querendo dar uma paulada na vítima para agredi-la, para apenas causar uma lesão, acaba derrubando-a e ela bate a cabeça na aresta de um móvel e, com isso, sofre traumatismo craniano. O sujeito passivo morre em decorrência da lesão. Neste caso, o crime será de lesão corporal seguida de morte.

A pena prevista é de reclusão, de quatro a doze anos. Como se trata de crime preterdoloso, a doutrina não admite o *conatus*, ou seja, a tentativa. Como exigência da configuração da própria culpa em sentido estrito, é necessário que o resultado seja previsto ou, ao menos, previsível. Entretanto, a morte não pode decorrer de dolo do agente, pois aí o crime configurado será o de homicídio doloso, e não de lesão corporal seguida de morte.

5. LESÃO CORPORAL PRIVILEGIADA E SUBSTITUIÇÃO DE PENA

A lesão corporal também possui forma **privilegiada**, em circunstâncias similares às previstas no crime de homicídio, de modo que os mesmos comentários se aplicam, com as devidas adaptações. Configura-se quando o agente comete o crime por motivo de relevante valor social ou moral ou sob o domínio de violenta emoção, logo em seguida à injusta provocação da vítima. A previsão está no artigo 129, § 4º, do CP:

> ***Diminuição de pena***
>
> *§ 4º Se o agente comete o crime impelido por motivo de relevante valor social ou moral ou sob o domínio de violenta emoção, logo em seguida a injusta provocação da vítima, o juiz pode reduzir a pena de um sexto a um terço.*

A forma privilegiada é compatível somente com a lesão dolosa. A pena deve ser reduzida de um sexto a um terço, sendo o critério da escolha da fração o mesmo do homicídio privilegiado.

➤ **Substituição da pena**

Ademais, **se as lesões corporais forem leves**, pode haver substituição de pena privativa de liberdade por multa, pelo juiz:

- No caso de estarem presentes as circunstâncias da lesão corporal privilegiada, acima mencionadas;
- Mesmo não sendo a lesão corporal privilegiada, tiver havido lesões recíprocas entre o sujeito ativo e o passivo.

É o que prevê o parágrafo quinto do artigo 129:

> *§ 5º O juiz, não sendo graves as lesões, pode ainda substituir a pena de detenção pela de multa, de duzentos mil réis a dois contos de réis:*
>
> *I – se ocorre qualquer das hipóteses do parágrafo anterior;*
>
> *II – se as lesões são recíprocas.*

6. LESÃO CORPORAL CULPOSA

A lesão corporal também é punida se praticada por **negligência, imprudência ou imperícia**. A previsão da modalidade culposa está no artigo 129, § 6º, do CP:

Lesão Corporal Culposa

§ 6º Se a lesão é culposa:

Pena – detenção, de dois meses a um ano

A pena, neste caso, também é de detenção, cabendo os comentários feitos à modalidade simples da lesão corporal. Para o entendimento majoritário, o tipo penal é aberto. Os resultados que qualificam a lesão corporal dolosa, elencados no parágrafo primeiro e no parágrafo segundo, não possuem a natureza de qualificadora no caso de lesão culposa. Por isso, não se fala em lesão culposa grave ou gravíssima. Entretanto, as circunstâncias qualificadoras da lesão dolosa podem ser valoradas, pelo juiz, na primeira fase da dosimetria do crime culposo.

7. LESÃO CORPORAL MAJORADA

O parágrafo sétimo do artigo 129 prevê as causas de aumento de pena cabíveis para o crime de lesão corporal:

Aumento de pena

§ 7º Aumenta-se a pena de 1/3 (um terço) se ocorrer qualquer das hipóteses dos §§ 4º e 6º do art. 121 deste Código.

A lei estabeleceu em **um terço a fração para as causas de aumento de pena**. A lesão corporal é majorada se presente a hipótese do parágrafo quarto do artigo 121, ou seja, se há inobservância de regra técnica da profissão, arte ou ofício; se o agente deixa de prestar socorro à vítima, não procura diminuir as consequências do seu ato ou foge para evitar prisão; bem como se a vítima for menor de 14 anos ou maior de 60 anos. Há também a majorante se configurada a hipótese do parágrafo sexto do artigo 121, ou seja, crime cometido por milícia privada, sob o pretexto de prestação de serviço de segurança, ou por grupo de extermínio.

Para evitar repetição necessária, faz-se remissão ao delito de homicídio, em que as circunstâncias que tornam o crime do artigo 129 majorado foram todas detidamente analisadas. Com as devidas adaptações, aplicam-se os mesmos comentários feitos ao crime de homicídio.

8. PERDÃO JUDICIAL

O parágrafo oitavo do artigo 129 determina a aplicação, ao crime de lesão corporal, do disposto no parágrafo quinto do artigo 121:

§ 8º – Aplica-se à lesão culposa o disposto no § 5º do art. 121 [perdão judicial].

É a hipótese do perdão judicial, cabível nos casos de **bagatela imprópria**[8], isto é, quando incide o princípio da desnecessidade de pena. As mesmas considerações do perdão judicial do homicídio aplicam-se à lesão culposa, *mutatis mutandis*.

---

8. Alguns doutrinadores, entretanto, entendem que a bagatela imprópria envolveria casos de desnecessidade da pena não previstos na legislação. De todo modo, parece inevitável concluir que, se inserida a previsão na lei, a denominação pode ser usada.

O juiz poderá deixar de aplicar a pena se as consequências da infração atingirem o próprio agente de forma tão grave que a sanção penal se torne desnecessária. São circunstâncias posteriores que tornam a pena desnecessária. Vale lembrar que atualmente prevalece no STJ que o concurso formal de crimes não permite estender o perdão judicial, cabível em relação a uma das vítimas, ao sujeito passivo que não tenha relação com o agente.

9. LESÃO CORPORAL COM VIOLÊNCIA DOMÉSTICA E FAMILIAR

Há também qualificadora, prevista no parágrafo nono do artigo 129, reservada para a lesão corporal praticada em contexto de violência doméstica e familiar. Previa-se a pena de três meses a três anos de detenção, em caso de lesão leve. Com o advento da Lei n. 14.994/2024, a pena foi alterada para dois a cinco anos de reclusão:

> ***Violência Doméstica***
>
> *§ 9º Se a lesão for praticada contra ascendente, descendente, irmão, cônjuge ou companheiro, ou com quem conviva ou tenha convivido, ou, ainda, prevalecendo-se o agente das relações domésticas, de coabitação ou de hospitalidade:*
>
> *Pena – reclusão, de 2 (dois) a 5 (cinco) anos.*

Deve-se atentar que o caso é de violência doméstica e familiar, o que se configura se a vítima for ascendente, descendente, irmã, cônjuge ou companheira do agente. A convivência entre o sujeito e uma dessas pessoas pode estar em curso ou ter cessado. Configura-se, ainda, se o agente se valer das relações domésticas, de coabitação ou de hospitalidade do ofendido. Relações domésticas são aquelas que envolvem quem frequenta habitualmente a residência, como um tio ou um padrinho, incluindo-se empregados domésticos. Relações de coabitação são as que abrangem quem reside sob o mesmo teto. Relações de hospitalidade, por fim, incluem quem se hospeda no local, mesmo que eventualmente, como um amigo que foi recebido para passar as férias na casa de um família.

Registre-se, por relevante, que **o ofendido pode ser homem ou mulher**, não se limitando ao último gênero mencionado, de forma diversa do que prevê a Lei Maria da Penha. Ademais, com o advento da Lei n. 14.188/2021, se a lesão for praticada contra mulher por razões da condição do sexo feminino, há uma modalidade qualificada específica, prevista no parágrafo treze do artigo 129, a que se cominava a pena de reclusão de 1 a 4 anos. Com o advento da Lei n. 14.994/2024, a pena passou a ser de 2 a 5 anos de reclusão. A qualificadora será, portanto, mais grave se a vítima for mulher e o contexto for de violência de gênero, em razão da histórica situação de vulnerabilidade e dos alarmantes índices dessa odiosa forma de violência, que atinge a pessoa, na maior parte das vezes, dentro do seu lar, local que deveria representar refúgio e segurança. É possível defender que a qualificadora do artigo 129, § 9º, continua sendo aplicável, além do crime praticado contra homem, se a lesão praticada contra a mulher ocorrer no ambiente doméstico ou familiar, mas sem qualquer relação com violência de gênero[9]. Esse entendimento parece correto, apesar de difícil configuração de delito nesses moldes.

A pena foi alterada pela Lei n. 14.994/2024, tendo o legislador substituído a pena de detenção, que não admite o regime inicial fechado, para reclusão, que admite esse regime inicial mais gravoso. Além disso, os limites abstratamente cominados eram de três meses a três anos e passou para o patamar de dois a cinco anos. Como as alterações foram mais rigorosas só se aplicam aos crimes cometidos a partir da entrada em vigor da lei alteradora, o que ocorreu em 10 de outubro de 2024.

A qualificadora do parágrafo nono se limita à hipótese de lesão corporal de natureza leve. Isto porque, se a lesão corporal for grave, gravíssima ou seguida de morte e estiverem presentes as circunstâncias configuradoras da violência doméstica e familiar, previstas no parágrafo nono, a pena será aumentada de um terço. Assim, será o caso de lesão qualificada com causa de aumento de pena, nos termos do parágrafo décimo:

> *§ 10. Nos casos previstos nos §§ 1º a 3º deste artigo, se as circunstâncias são as indicadas no § 9º deste artigo,* ***aumenta-se a pena em 1/3 (um terço)****.*

Há, ainda, a previsão de aumento de pena de um terço, ou seja, de crime **majorado, se a forma qualificada do parágrafo nono envolver vítima com deficiência**. Devido à vulnerabilidade mais acentuada da vítima, o legislador houve por bem fazer incidir uma causa de aumento, na terceira fase da dosimetria, sobre a modalidade qualificada de lesão corporal. É o caso de a agressão perpetrada pelo sujeito se voltar contra o seu próprio pai, que é paraplégico:

> *§ 11. Na hipótese do § 9º deste artigo, a pena será aumentada de um terço se o crime for cometido contra pessoa portadora de deficiência.*

O Superior Tribunal de Justiça possui julgado em que se aplicou a agravante do artigo 61, II, "f", do Código Penal à modalidade qualificada de lesão corporal do artigo 129, § 9º, também do Código. A agravante se fundamenta no fato de o agente ter praticado o crime "com abuso de autoridade ou prevalecendo-se de relações domésticas, de coabitação ou de hospitalidade, ou com violência contra a mulher na forma da lei específica". O fundamento da agravante, portanto, seria a *violência de gênero*, não sendo relevante se o delito foi praticado ou não no ambiente familiar ou doméstico. Já o artigo 129, § 9º (forma qualificada) e § 10º (forma majorada), volta-se ao desvalor da *violência doméstica*, de modo que o gênero não é relevante. Não importa se a vítima é um homem ou uma mulher, razão pela qual não há bis in idem com a aplicação da agravante em conjunto com a qualificadora ou com a majorante:

> *"A aplicação da agravante prevista no art. 61, II, "f", do CP, em condenação pelo delito do art. 129, § 9º, do CP, por si só, não configura bis in idem. O tipo penal em*

9. SOUZA, Luciano Anderson de. Op. Cit., 2022, p. 189. Em sentido contrário, apontando que o parágrafo terceiro se aplica sempre que a mulher for vítima: GONÇALVES, Victor Eduardo Rios. Curso de Direito Penal. V. 2. 8. ed. São Paulo : Saraiva Jur, 2024, p. 96.

> *sua forma qualificada tutela a violência doméstica, enquanto a redação da agravante, em sua parte final, tutela isoladamente a violência contra a mulher."*
>
> *(STJ, AgRg no REsp n. 1.998.980/GO, Rel. Min. Joel Ilan Paciornik, Quinta Turma, julgado em 8/5/2023, DJe de 10/5/2023.)*

10. LESÃO CORPORAL FUNCIONAL

A Lei n. 13.142/2015 trouxe nova forma majorada do crime de lesão corporal, referente à prática do crime contra agentes e autoridades das Forças Armadas ou do sistema de Segurança Pública, integrantes do sistema prisional, a polícia penal, ou da Força Nacional de Segurança Pública, bem como a seu cônjuge, companheiro ou parente consanguíneo até terceiro grau. Sua previsão está no parágrafo décimo segundo do artigo 129:

> *Causa de aumento de pena*
>
> *§ 12. Se a lesão for praticada contra autoridade ou agente descrito nos arts. 142 e 144 da Constituição Federal, integrantes do sistema prisional e da Força Nacional de Segurança Pública, no exercício da função ou em decorrência dela, ou contra seu cônjuge, companheiro ou parente consanguíneo até terceiro grau, em razão dessa condição, a pena é aumentada de um a dois terços.*

As circunstâncias são as mesmas do chamado homicídio funcional, aplicando-se, com as devidas adaptações, os mesmos comentários. Pode-se denominar esse dispositivo de lei penal em branco de fundo constitucional, por ser complementado por dispositivos da Constituição da República, consistentes em seus artigos 142 e 144. Vale recordar que a hipótese é de proteção especial da função, sendo que o delito praticado, seja contra o agente ou autoridade, seja contra sua família, **deve ter relação com a função pública ou com a condição pessoal para que a majorante incida.**

11. LESÃO CORPORAL POR CONDIÇÃO DO SEXO FEMININO

A Lei n. 14.188, de 28 de julho de 2021, inseriu o parágrafo treze ao artigo 129, criando uma nova forma qualificadora de lesão corporal quando for praticada contra a mulher, por razões da condição do sexo feminino, com pena de 1 a 4 anos de reclusão. Posteriormente, a Lei n. 14.994, de 9 de outubro de 2024, alterou o preceito secundário, parrando a prever pena mais alta:

> *§ 13. Se a lesão é praticada contra a mulher, por razões da condição do sexo feminino, nos termos do § 1º do art. 121-A deste Código:*
>
> *Pena – reclusão, de 2 (dois) a 5 (cinco) anos.*

Com a alteração legislativa, a pena passou a ser de reclusão, de dois a cinco anos. Como essa pena é mais alta do que a prevista anteriormente, só pode ser aplicada aos delitos praticados a partir do início de vigência da Lei n. 14.994/2024. Segundo previsão de seu artigo 10, ela entrou em vigor no dia de sua publicação, o que ocorreu em 10 de outubro de 2024.

As circunstâncias são as mesmas que ensejam a configuração do feminicídio, previsto no artigo 121-A, § 1º. De forma sucinta, incidirá a qualificadora quando o delito for cometido por razões de condição de sexo feminino, ou seja, por razão de gênero. Mais uma vez, o legislador utilizou o termo *sexo*, mas a interpretação doutrinária e jurisprudencial que tem prevalecido é de que se deve interpretar o termo como gênero, mesmo porque a lesão pode decorrer do gênero, que se manifesta perante a sociedade, inclusive se o sexo for desconhecido pelo agente. As chamadas **razões de sexo feminino** estarão presentes nos seguintes casos:

I. violência doméstica e familiar

A interpretação de "violência doméstica e familiar" deve ser feita de forma sistemática, considerando todo o sistema normativo de proteção da mulher, especialmente a Lei Maria da Penha. Vale lembrar que, nos termos do enunciado n. 600 da Súmula do STJ, "para a configuração da violência doméstica e familiar prevista no art. 5º da Lei n. 11.340/2006 (Lei Maria da Penha) não se exige a coabitação entre autor e vítima". Incide nos crimes cometidos a partir de 28 de julho de 2021, de modo que os delitos cometidos anteriormente podem se enquadrar no artigo 129, § 9º, do CP.

II. menosprezo ou discriminação à condição de mulher

Menosprezo é o sentimento de repulsa ou de desprezo. Menosprezar alguém por sua condição de mulher é buscar diminuir o seu valor enquanto ser humano em virtude de tal qualidade, é depreciar tal condição. Trata-se do caso de alguém que mata uma mulher por menosprezar a sua condição, considerando que ela, por exercer o mandato de deputada, está em uma posição que deve ser ocupada apenas por homens. É um típico exemplo de menosprezo, desdém ou desvalorização acerca da condição de mulher.

Discriminação contra a mulher é "toda distinção, exclusão ou restrição baseada no sexo e que tenha por objeto ou resultado prejudicar ou anular o reconhecimento, gozo ou exercício pela mulher, independentemente de seu estado civil, com base na igualdade do homem e da mulher, dos direitos humanos e liberdades fundamentais nos campos político, econômico, social, cultural e civil ou em qualquer outro campo". É o que prescreve o artigo 1º da Convenção para Eliminação de todas as Formas de Discriminação Contra a Mulher, CEDAW, 1979, ratificada pelo Brasil em 1984.

A qualificadora do parágrafo décimo terceiro incide no caso de lesão corporal de natureza leve. No caso de lesão de natureza grave, que abrange a modalidade chamada pela doutrina de gravíssima, ou de lesão seguida de morte, existem duas posições:

- Incidirá o artigo 129, §10, do Código Penal. Assim, aplica-se a pena da lesão grave, gravíssima ou seguida de morte, prevista nos parágrafos 1º, 2º e 3º, respectivamente, com a causa de aumento de um terço. É a posição que parece mais razoável, desde que haja violência doméstica[10]. Incide também essa solução se a lesão for praticada contra ascendente, descendente, irmão, cônjuge ou companheiro, ou com quem conviva ou tenha convivido, ou, ainda, prevalecendo-se o agente das relações domésticas, de coabitação ou de hospitalidade. O parágrafo décimo determina incidir a majorante se as circunstâncias forem as do parágrafo novo. Caso não haja violência doméstica ou familiar contra a mulher, mas a razão do crime seja o menosprezo ou a discriminação à condição de mulher, deve-se utilizar a modalidade qualificada, referente à lesão grave, gravíssima ou seguida de morte. Neste caso, o juiz deve considerar essas razões relacionadas ao menosprezo ou à discriminação na primeira fase da dosimetria, caso não entenda possível a sua valoração como agravante, por motivo torpe.

- Incidirá o artigo 129, § 1º, 2º ou 3º, a depender do caso, do Código Penal, pois a Lei n. 14.188/2021 não inseriu dispositivo sobre as modalidades qualificadas, como fez a Lei n. 11.340/2006, que trouxe uma majorante para esses casos. Assim, o juiz deve considerar as razões da condição do sexo feminino na primeira fase da dosimetria, como circunstância judicial [11].

Considerando-se que o STJ fixou o entendimento de que o feminicídio constitui uma qualificadora de ordem objetiva, é provável que esse entendimento se estenda a essa qualificadora, de modo que ela se comunicará aos demais agentes. Nos termos do artigo 30 do Código Penal, comunicam-se as circunstâncias de natureza objetiva. As circunstâncias e condições de caráter pessoal, por sua vez, somente se comunicam se forem elementares do crime.

A ação penal será incondicionada, se praticado o crime em contexto de violência doméstica e familiar contra a mulher, em decorrência do artigo 41 da Lei n. 11.340/2006, que afasta a aplicação da Lei 9.099/1995. Nesse sentido, o enunciado da Súmula 542 do STJ. Essa vedação, entretanto, não incide no caso de o crime ter sido praticado por menosprezo ou discriminação à condição de mulher, razão pela qual a ação penal será condicionada à representação.

Vale lembrar, ainda, que o STJ não admite, no caso de violência doméstica e familiar contra a mulher, a substituição da pena privativa de liberdade por restritiva de direitos e/ou multa, conforme a Súmula 588:

> *A prática de crime ou contravenção penal contra a mulher com violência ou grave ameaça no ambiente doméstico impossibilita a substituição da pena privativa de liberdade por restritiva de direitos.*

Além disso, entende inaplicável, no caso de violência doméstica e familiar, o princípio da insignificância, conforme a Súmula 589:

10. No mesmo sentido: GONÇALVES, Victor Eduardo Rios. Op. Cit., 2024, p. 96. CAVALCANTE, Márcio André Lopes, Comentários à Lei 14.188/2021: crime de violência psicológica, nova qualificadora para lesão corporal por razões da condição do sexo feminino e programa Sinal Vermelho disponível em: https://www.dizerodireito.com.br/2021/07/comentarios-lei-141882021-crime-de.html.
11. SOUZA, Luciano Anderson de. Op. Cit., 2022, p. 188. CUNHA, Rogério Sanches. Violência psicológica contra a mulher: comentários à Lei n. 14.188/2021. Disponível em: https://meusitejuridico.editoraJusPodivm.com.br/2021/07/29/comentarios-lei-n-14-1882021/.

É inaplicável o princípio da insignificância nos crimes ou contravenções penais praticados contra a mulher no âmbito das relações domésticas.

São vedadas, ainda, em se tratando dessa modalidade de violência, a suspensão condicional do processo e a transação penal, nos termos da Súmula 536:

A suspensão condicional do processo e a transação penal não se aplicam na hipótese de delitos sujeitos ao rito da Lei Maria da Penha.

Todos esses entendimentos não podem ser estendidos à hipótese de menosprezo ou discriminação contra a mulher, se o delito não se enquadrar em violência doméstica e familiar nos termos da Lei n. 11.340/2006, pois são vedações decorrentes dessa lei. Por fim, vale enfatizar que não se exige coabitação para caracterização da violência tratada na Lei Maria da Penha, conforme a Súmula 600 do STJ:

Para configuração da violência doméstica e familiar prevista no artigo 5º da Lei 11.340/2006, Lei Maria da Penha, não se exige a coabitação entre autor e vítima.

12. LESÃO CORPORAL E AÇÃO PENAL

A regra da ação penal cabível para o crime de lesão corporal é a pública incondicionada, já que a lei nada prevê a respeito. Entretanto, o artigo 88 da Lei n. 9.099/1995 trouxe a determinação de que há **exigência de representação nos casos de lesão corporal de natureza leve e de lesão corporal culposa**:

Art. 88. Além das hipóteses do Código Penal e da legislação especial, dependerá de representação a ação penal relativa aos crimes de lesões corporais leves e lesões culposas.

Entretanto, no caso de violência doméstica e familiar contra a mulher, surgiu o questionamento se o disposto no dispositivo acima transcrito seria aplicável. Isso porque o artigo 41 da Lei n. 11.340/2006 veda a aplicação da Lei n. 9.099/1995 nos casos que regula:

Art. 41. Aos crimes praticados com violência doméstica e familiar contra a mulher, independentemente da pena prevista, não se aplica a Lei nº 9.099, de 26 de setembro de 1995.

Iniciou-se, então, a controvérsia sobre a aplicação ou não do artigo 88 da Lei n. 9.099/1995 no que se refere à previsão da necessidade de representação no caso de lesão corporal de natureza leve ou culposa, se configurada a violência doméstica e familiar contra a mulher. O Supremo Tribunal Federal entendeu que, em qualquer caso, a ação penal é pública incondicionada se envolver violência doméstica e familiar contra a mulher:

"AÇÃO PENAL – VIOLÊNCIA DOMÉSTICA CONTRA A MULHER – LESÃO CORPORAL – NATUREZA. ***A ação penal relativa a lesão corporal resultante de violência doméstica contra a mulher é pública incondicionada – considerações.****" (STF, ADI 4424/DF, Rel. Min. Marco Aurélio, Tribunal Pleno, Julgamento em 09/02/2012).*

O Superior Tribunal de Justiça consolidou igual entendimento, ao aprovar o enunciado 542 da sua Súmula:

A ação penal relativa ao crime de lesão corporal resultante de violência doméstica contra a mulher é pública incondicionada.

PARTE ESPECIAL

Crime	Circunstância	Ação Penal
Lesão corporal (qualquer modalidade)	Com violência doméstica e familiar contra a mulher	Pública incondicionada
Lesão corporal grave, gravíssima ou seguida de morte	Sem violência doméstica e familiar contra a mulher	Pública incondicionada
Lesão corporal leve ou culposa	Sem violência doméstica e familiar contra a mulher	Pública condicionada à representação

QUADRO SINÓTICO

Crime de lesão corporal	
Tipo penal	Ofender a integridade corporal ou a saúde de outrem
Objeto jurídico	Integridade corporal e saúde
Sujeito ativo	Qualquer um
Sujeito passivo	Qualquer um, exceto as hipóteses do artigo 129, § 1º, inciso IV, § 2º, inciso V e § 9º.
Elemento subjetivo	A modalidade de lesão corporal do *caput* exige dolo (*animus vulnerandi*). Há modalidade de lesão corporal que exige elemento subjetivo especial: lesão corporal privilegiada – quando o agente é motivado por relevante valor social ou moral, nos termos do artigo 129, § 4º, do CP. Admite-se modalidade culposa (artigo 129, § 4º, do CP).
Consumação	O momento da consumação ocorre com a produção da efetiva lesão à integridade corporal ou à saúde. A dor física ou o eritema, a vermelhidão na pele, são insuficientes para a sua consumação.
Tentativa	Admite-se a tentativa, exceto nas hipóteses que a lesão corporal for qualificada como delito *preterdoloso*.
Forma majorada	Há previsão de aumento de pena no artigo 129, §§ 7º, 10, 11 e 12: (§ 7º) aumenta-se a pena de 1/3 (um terço) se ocorrer qualquer das hipóteses dos §§ 4º e 6º do art. 121 do CP; (§ 10) nos casos previstos nos §§ 1º a 3º deste artigo, se as circunstâncias são as indicadas no § 9º deste artigo, aumenta-se a pena em 1/3 (um terço); (§ 11) na hipótese do § 9º deste artigo, a pena será aumentada de um terço se o crime for cometido contra pessoa portadora de deficiência; e (§12) se a lesão for praticada contra autoridade ou agente descrito nos arts. 142 e 144 da Constituição Federal, integrantes do sistema prisional e da Força Nacional de Segurança Pública, no exercício da função ou em decorrência dela, ou contra seu cônjuge, companheiro ou parente consanguíneo até terceiro grau, em razão dessa condição, a pena é aumentada de um a dois terços. Se o delito for praticado contra indígena "não integrado", incide a causa de aumento de pena de um terço, nos termos do artigo 59 da Lei n. 6.001/1973.

Crime de lesão corporal	
Forma qualificada	Há previsão de forma qualificada da lesão dolosa[1] no artigo 129, §§ 1º, 2º, 3º, § 9º e § 13º. As modalidades do§ 1º são denominadas de **lesão grave**: se resulta em incapacidade para as ocupações habituais por mais de trinta dias, perigo de vida, debilidade permanente de membro, sentido ou função ou aceleração do parto. Os resultados podem mais gravosos podem decorrer de dolo ou de culpa; As modalidades do § 2º são denominadas pela doutrina de **lesão gravíssima**, mas o Código Penal também as denomina de graves: se resulta em incapacidade permanente para o trabalho, enfermidade incurável, perda ou inutilização de membro, sentido ou função, deformidade permanente ou aborto. Os resultados mais graves podem ter sido praticados a título de dolo ou culpa, salvo no caso do aborto, figura que é sempre pretederdolosa, devendo o aborto decorrer de culpa **Lesão corporal seguida de morte** (Art. 129, § 3º): se resulta morte e as circunstâncias evidenciam que o agente não quis o resultado, nem assumiu o risco de produzi-lo; **Lesão com violência doméstica** (§ 9º): Se a lesão for praticada contra ascendente, descendente, irmão, cônjuge ou companheiro, ou com quem conviva ou tenha convivido, ou, ainda, prevalecendo-se o agente das relações domésticas, de coabitação ou de hospitalidade; **Lesão praticada por razões da condição do sexo feminino** (art. 129, § 13) se a lesão for praticada contra a mulher, por razões da condição do sexo feminino, nos termos do § 2º-A do art. 121 do CP.
Jurisprudência relevante	A suspensão condicional do processo e a transação penal não se aplicam na hipótese de delitos sujeitos ao rito da Lei Maria da Penha (Súmula 536 do STJ). A ação penal relativa ao crime de lesão corporal resultante de violência doméstica contra a mulher é pública incondicionada (Súmula 542 do STJ). A prática de crime ou contravenção penal contra a mulher com violência ou grave ameaça no ambiente doméstico impossibilita a substituição da pena privativa de liberdade por restritiva de direitos (Súmula 588 do STJ). É inaplicável o princípio da insignificância nos crimes ou contravenções penais praticados contra a mulher no âmbito das relações domésticas (Súmula 589 do STJ). Nos casos de violência contra a mulher praticados no âmbito doméstico e familiar, é possível a fixação de valor mínimo indenizatório a título de dano moral, desde que haja pedido expresso da acusação ou da parte ofendida, ainda que não especificada a quantia, e independentemente de instrução probatória (Tema repetitivo 983, do STJ).

1. Retifica-se erro material que saiu na edição anterior e que mencionava forma culposa.

Crime de lesão corporal	
Classificação	Trata-se de crime comum, tanto em relação ao sujeito ativo, como ao sujeito passivo, exceto nas hipóteses do artigo 129, § 1º, inciso IV, § 2º, inciso V e 9º. Ademais, o delito de lesão corporal é material (remissão aos artigos 158 e 167, ambos do CPP); de dano; admite consumação por conduta comissiva ou omissiva imprópria; instantâneo (pode ter efeitos permanentes, como quando há perda ou inutilização de membro, sentido ou função; deformidade permanente; aborto; ou resultado morte); não transeunte; plurissubsistente; monossubjetivo; e de forma livre.
Benefícios	No caso da lesão corporal praticada conta a mulher não é possível a substituição da pena privativa de liberdade por restritiva de direitos (Súmula 588, do STJ). Para os demais casos de lesão corporal leve ou culposa é possível tanto a transação penal, como a suspensão condicional do processo, nos termos dos artigos 72, 76 e 89, da Lei n. 9.099/1995. No caso da lesão corporal grave (artigo 129, § 1º, do CP) é possível a suspensão condicional do processo. Na lesão corporal culposa, quando as consequências da ação atingirem o próprio agente de forma tão grave que a sanção penal se torne desnecessária, pode o juiz conceder o perdão judicial, nos termos do artigo 129, § 8º, do CP. Há também hipótese de substituição da pena restritiva de liberdade pela pena de multa quando as lesões não são graves e o agente comete o crime impelido por motivo de relevante valor social ou moral ou sob o domínio de violenta emoção, logo em seguida a injusta provocação da vítima, ou quando as lesões são recíprocas, nos termos do artigo 129, § 5º, do CP.
Ação penal	Nos termos do artigo 88, da Lei n. 9.099/1995, prevê-se, para a lesão corporal leve ou culposa, a ação penal pública condicionada à representação do ofendido, exceto nos casos de violência doméstica contra a mulher. Nos demais casos a ação penal é pública incondicionada.
Observações	Percebe-se que as formas majoradas de lesão corporal, muitas vezes, fazem remissão às disposições do artigo 121, do CP. Trata-se de norma penal em branco em sentido lato (homogênea), pois o complemento é determinado pela mesma fonte formal da lei punitiva. Conforme o artigo 1º, inciso I-A, da Lei n. 8.072/1990, considera-se crime hediondo a lesão corporal gravíssima e a seguida de morte, quando praticadas contra autoridade ou agente descrito nos arts. 142 e 144 da Constituição Federal, integrantes do sistema prisional e da Força Nacional de Segurança Pública, no exercício da função ou em decorrência dela, ou contra seu cônjuge, companheiro ou parente consanguíneo até terceiro grau, em razão dessa condição.

CAPÍTULO III

DA PERICLITAÇÃO DA VIDA E DA SAÚDE

Os crimes de periclitação da vida e da saúde são classificados como **de perigo**, ou seja, configuram-se com o fato de o bem jurídico ter sido colocado em risco, não sendo necessária a ocorrência de dano. Tutelam a pessoa humana, especificamente a vida e a saúde.

1. PERIGO DE CONTÁGIO VENÉREO

O crime de perigo de contágio venéreo está previsto no artigo 130 do Código Penal:

> *Art. 130 – Expor alguém, por meio de relações sexuais ou qualquer ato libidinoso, a contágio de moléstia venérea, de que sabe ou deve saber que está contaminado:*
>
> *Pena – detenção, de três meses a um ano, ou multa.*
>
> *§ 1º – Se é intenção do agente transmitir a moléstia:*
>
> *Pena – reclusão, de um a quatro anos, e multa.*
>
> *§ 2º – Somente se procede mediante representação.*

O bem jurídico é a incolumidade física e saúde da pessoa. É comissivo, dependendo de um comportamento ativo do agente. Sobre o sujeito ativo, há controvérsias. É corretamente classificado como comum pela doutrina tradicional[1], mas Cunha, apesar de admitir que a maioria classifica como comum, entende que o crime é próprio[2]. Masson, por sua vez, vai além e entende ser crime de mão própria, também chamado de delito de conduta infungível.[3]

Para sua configuração, é irrelevante o consentimento da vítima. Há crime inclusive se o contágio ocorrer entre cônjuges ou companheiros. É classificado como delito de forma vinculada, já que o tipo penal prevê que a exposição deve se dar "por meio de relações sexuais ou qualquer ato libidinoso".

---

1. BITENCOURT, Cezar Roberto. Parte Especial: crimes contra a pessoa. Coleção Tratado de direito penal volume 2. 20. ed. São Paulo, Saraiva Educação, 2020, p. 350. PRADO, Luiz Regis. Curso de direito penal brasileiro: parte geral e parte especial. 18. ed. Rio de Janeiro: Forense, 2020, p. 464.
2. CUNHA, Rogério Sanches. Manual de Direito Penal: parte especial (arts. 121 ao 361). 12. ed. rev., atual. e ampl. – Salvador: Juspodivm, 2020, p. 145.
3. MASSON, Cleber. Op. Cit., 2020, p. 659.

A **moléstia venérea** é aquela transmitida sexualmente. Cuida-se de normal penal em branco, pois as doenças venéreas são aquelas assim definidas pelo Ministério da Saúde. Por não ser transmitida apenas por via sexual, a doutrina e a jurisprudência afastam a AIDS como doença venérea. Neste sentido, há precedente do Tribunal de Justiça do Estado de Minas Gerais[4].

Para a doutrina majoritária, a expressão "**de que sabe que está contaminado**" se refere ao **dolo direto**, referente à vontade de produzir o resultado, enquanto o termo "**de que deve saber que está contaminado**" diria respeito ao **dolo eventual**, que se relaciona à assunção do risco de produzir o resultado. Essa posição tem sido adotada também pela jurisprudência, admitindo-se que o "deve saber" incrimina o agente que sabe que está com a doença venérea a pratica o ato capaz de transmiti-la e também aquele que não sabe da sua própria contaminação, mas deveria saber em razão de circunstâncias específicas, como ter namorado alguém que tem a doença e ter se relacionado sem preservativos.

Com razão, Bitencourt diverge[5]. Para ele, o termo "deve saber" indica a possibilidade de consciência de uma elementar, ou seja, a expressão indicaria que o agente tinha a possibilidade de saber que possui a moléstia venérea. Entretanto, com a teoria limitada da culpabilidade, a consciência da ilicitude, que é potencial, não se confunde com o dolo. O dolo, independentemente do tipo penal, exige que o agente conheça todos os elementos que constituem o crime, sob pena de erro de tipo essencial, previsto no artigo 20, *caput*, do CP. Portanto, é necessário que o agente tenha consciência de todos os elementos necessários para configuração do tipo penal, sob pena de se tratar de conduta atípica.

Com efeito, o dolo tem o conhecimento como pressuposto, de modo que o dolo eventual se configura quando o agente, apesar de saber de sua condição, pratica ato assumindo o risco de transmitir a moléstia venérea, ainda que sem ter convicção de que isso ocorrerá. Por exemplo, sabendo que tem a moléstia venérea, permite que a vítima pratique sexo oral em si, tendo dúvidas se esse tipo de contato é suficiente para transmitir a enfermidade. Esse seria o dolo eventual, em interpretação estrita, pois o agente conhece os fatos que são elementares do delito, e, sem a intenção de transmitir a doença, tem relação sexual com a vítima, assumindo o risco de produzir o resultado.

O crime é formal, não exigindo a produção de resultado naturalístico para a sua consumação. Se há uso correto de preservativos pelo agente, não há elemento subjetivo. Prevalece se tratar de crime plurissubsistente, sendo, portanto, admissível a tentativa. Se é intenção do agente transmitir a moléstia, o dolo é de dano. Se o agente tiver essa intenção e o resultado for alcançado, deve responder por lesão corporal. Se, entretanto, da conduta resulta a efetiva transmissão da moléstia (dano), que não faz parte do elemento subjetivo do agente (dolo de perigo), há divergências se deve

4. A AIDS não se enquadra nas doenças venéreas a que alude do art. 130 do CP, já que não se transmite somente por relação sexual ou ato libidinoso, mas por qualquer outro meio de transmissão, a impor a absolvição do réu. (...)." (TJMG, Apelação Criminal 1.0672.08.302817-1/001, Rel. Des. Júlio Cezar Guttierrez, 4ª Câmara Criminal, Julgamento: 19/05/2010)

5. BITENCOURT, Cezar Roberto. Op. Cit., 2020, p. 341-348.

responder por esse crime ou pela lesão provocada. A posição mais acertada é que ele responda pelo dano apenas se houver dolo, ainda que eventual. Caso contrário, resta apenas a configuração do delito do artigo 130 do CP.

A ação penal é pública condicionada à representação.

QUADRO SINÓTICO

Crime de perigo de contágio venéreo	
Tipo penal	Expor alguém, por meio de relações sexuais ou qualquer ato libidinoso, a contágio de moléstia venérea, de que sabe ou deve saber que está contaminado
Objeto jurídico	Os bens juridicamente protegidos são a vida e a saúde.
Sujeito ativo	Pessoa que esteja contaminada com doença venérea.
Sujeito passivo	Qualquer pessoa.
Elemento subjetivo	O entendimento prevalente é que se admite somente o dolo. A parte do tipo penal que se refere ao saber estar contaminado corresponde ao dolo direto e dever saber estar contaminado ao dolo eventual.
Consumação	Por se tratar de crime de perigo, a consumação ocorre quando a vítima, por meio de relação sexual ou outro ato libidinoso, é exposta ao risco de contaminação de doença venérea.
Tentativa	Admite tentativa.
Forma majorada	Se o delito for praticado contra indígena "não integrado", incide a causa de aumento de pena de um terço, nos termos do artigo 59 da Lei n. 6.001/1973.
Forma qualificada	Há previsão de modalidade qualificada quando o agente possui a intenção de transmitir a moléstia, nos termos do artigo 130, § 1º, do CP.
Classificação	Trata-se de delito comum. Ademais o crime em análise é de forma vinculada (relações sexuais ou prática de ato libidinoso), de perigo concreto (formal); comissivo; instantâneo; não transeunte; plurissubsistente; e monossubjetivo.
Benefícios	Para a forma do *caput*, é possível a transação penal, suspensão condicional do processo e oferecimento de acordo de não persecução penal. Nesta hipótese, por ser crime de menor potencial ofensivo, a competência é dos Juizados Especiais Criminais, nos termos dos artigos 60 e 61, ambos da Lei n. 9.099/1995. Para a modalidade qualificada somente é possível o oferecimento de suspensão condicional do processo e acordo de não persecução penal.
Ação penal	Ação penal pública condicionada à representação da vítima, nos termos doa artigo 130, § 2º, do CP.

Crime de perigo de contágio venéreo	
Observações	Quando a vítima já está contaminada pela doença venérea (impropriedade absoluta do objeto material) ou o agente já está curado (ineficácia absoluta do meio), a conduta não é típica, pois o crime é impossível. A efetiva contaminação da vítima pode ser considerada lesão corporal quando se tratar de lesão corporal grave, gravíssima ou seguida de morte. Nestas situações, especial atenção à transmissão do vírus HIV, que pode ser tipificado como tentativa de homicídio ou homicídio.

2. PERIGO DE CONTÁGIO DE MOLÉSTIA GRAVE

O crime de perigo de contágio de moléstia grave está previsto no artigo 131 do Código Penal:

> *Art. 131 – Praticar, com o fim de transmitir a outrem moléstia grave de que está contaminado, ato capaz de produzir o contágio:*
> *Pena – reclusão, de um a quatro anos, e multa.*

O bem jurídico tutelado é a incolumidade física e saúde da pessoa. Para a doutrina majoritária, cuida-se de crime comum[6], sendo que há entendimento diverso, defendido por Rogério Sanches Cunha, de que se trata de crime próprio, por entender que só pode praticá-lo aquele que está contaminado com moléstia grave[7]. Exige-se dolo direto de dano, com **elemento subjetivo especial** consistente no "fim de transmitir a outrem moléstia grave de que está contaminado".

Considerando que o delito não exige a transmissão da moléstia, mas apenas a finalidade especial do agente nesse sentido, o crime se consuma com a prática do ato passível de transmissão da moléstia grave, não sendo necessário que haja efetiva transmissão. Imagine que um indivíduo infectado por Covid espirre sobre a sopa de um cliente de quem não gosta, praticando ato capaz de produzir o resultado, ou seja com idoneidade para o contágio de outrem.

A doença grave e contagiosa deve ser a prevista como tal pelo Ministério da Saúde, o que torna o artigo 131 do Código Penal uma **norma penal em branco**. Pierangeli, entretanto, entende de forma diversa, compreendendo que não se exige complementação normativa[8]. Em uma visão minoritária, vincula o conceito de moléstia grave, aquela que causa séria perturbação da saúde, à medicina, o que abrangeria a tuberculose, a febre amarela e a Aids, por exemplo. Apesar de entender que o regulamento do Ministério da Saúde é referência importante, ao definir as

6. BITENCOURT, Cezar Roberto. Op. Cit., 2020, p. 362. PRADO, Luiz Regis. Op. Cit., 2020, p. 469.
7. CUNHA, Rogério Sanches. Op. Cit., 2020, p. 150. MASSON, Cleber. Direito Penal: parte especial (arts. 121 a 212). Vol. 2. 12. ed. São Paulo: Método, 2019, p. 126.
8. Op. Cit.PIERANGELI, José Henrique. Manual de Direito Penal Brasileiro: parte especial (arts. 121 a 234). São Paulo: Editora Revista dos Tribunais, 2005, p. 152-154.

doenças graves e infecciosas, o crime também pode se configurar com doença não incluída no rol.

A moléstia grave não se refere necessariamente a uma doença que implica um risco de morte imediato ao portador, abrangendo qualquer enfermidade que possa gerar um prejuízo à saúde do seu portador, além ser transmissível, isto é, que possa contagiar outras pessoas.

O crime é de ação livre, não prevendo quais os atos podem ser praticados para a transmissão da enfermidade. É plurissubsistente, admitindo a tentativa. Bittencourt defende ser admissível a forma omissiva. O delito é ainda classificado como instantâneo, doloso e formal. A ação penal é pública incondicionada.

QUADRO SINÓTICO

Crime de perigo de contágio de moléstia grave	
Tipo penal	Praticar, com o fim de transmitir a outrem moléstia grave de que está contaminado, ato capaz de produzir o contágio.
Objeto jurídico	Os bens juridicamente protegidos são a integridade corporal e a saúde.
Sujeito ativo	Pessoa contaminada por moléstia grave.
Sujeito passivo	Qualquer um.
Elemento subjetivo	Trata-se de crime que exige dolo e o especial fim de agir de transmitir a outrem moléstia grave.
Consumação	A consumação ocorre com o simples ato capaz de transmitir a moléstia grave, não sendo necessário o efetivo contágio.
Tentativa	Por se tratar de delito plurissubsistente, admite-se a tentativa.
Forma majorada	Se o delito for praticado contra indígena "não integrado", incide a causa de aumento de pena de um terço, nos termos do artigo 59 da Lei n. 6.001/1973.
Classificação	Trata-se de comum. Ademais o crime em análise é de forma livre, de perigo concreto (formal); comissivo; instantâneo; não transeunte; plurissubsistente; e monossubjetivo.
Benefícios	A suspensão condicional do processo e o oferecimento de acordo de não persecução penal são cabíveis.
Ação penal	Pública incondicionada.
Observações	Quando a vítima já está contaminada pela moléstia grave (impropriedade absoluta do objeto material) ou o agente já está curado (ineficácia absoluta do meio), a conduta não é típica, pois o crime é impossível.

3. PERIGO PARA A VIDA OU A SAÚDE DE OUTREM

O delito de perigo para a vida ou a saúde de outrem está previsto no artigo 132 do Código Penal:

> *Art. 132 – Expor a vida ou a saúde de outrem a perigo direto e iminente:*
>
> *Pena – detenção, de três meses a um ano, se o fato não constitui crime mais grave.*
>
> *Parágrafo único. A pena é aumentada de um sexto a um terço se a exposição da vida ou da saúde de outrem a perigo decorre do transporte de pessoas para a prestação de serviços em estabelecimentos de qualquer natureza, em desacordo com as normas legais.*

O tipo penal possui um conteúdo amplo, já que o legislador, para evitar problemas de distinção, equiparou a exposição a risco da vida alheia à exposição a risco da saúde de outrem. Qualquer risco, intencionalmente produzido, e que seja direto e iminente, à vida ou à saúde alheias, configurará o crime. A principal diferenciação com a tentativa de homicídio ou lesão corporal tentada é que esses delitos exigem dolo de dano, enquanto o crime do artigo 123 exige dolo de perigo.

Hungria aponta que esse tipo penal surgiu para criminalizar a conduta de empreiteiros que expusessem operários a riscos, ainda que sem desejar eventual resultado naturalístico. Posteriormente, houve a generalização do seu conteúdo, de modo a criminalizar a periclitação da vida ou saúde alheias no contexto de qualquer relação jurídica entre agente e vítima[9].

O bem jurídico tutelado é a incolumidade física e saúde da pessoa. O delito é formal, sendo que o resultado naturalístico não é necessário para a sua consumação. É classificado como instantâneo e, na sua forma comissiva, como plurissubsistente, o que enseja o cabimento do *conatus* em tal hipótese. O crime é classificado como comum, subsidiário e de ação livre, comportando as formas comissiva e omissiva. A ação penal é pública incondicionada.

Modalidade majorada

O parágrafo único do artigo 132 prevê a forma majorada, com aumento da pena de um sexto a um terço. Incide quando o delito decorre do transporte de pessoas para a prestação de serviços em estabelecimentos de qualquer natureza, em desacordo com as normas legais. Busca-se a proteção, dentre outros, dos trabalhadores rurais, notadamente os denominados de boias-frias.

QUADRO SINÓTICO

Crime de perigo para a vida ou saúde de outrem	
Tipo penal	Expor a vida ou a saúde de outrem a perigo direto e iminente.
Objeto jurídico	Os objetos jurídicos são a vida, a integridade corporal e a saúde.
Sujeito ativo	Qualquer um.

9. HUNGRIA, Nélson. Comentários ao Código Penal. Volume V. Rio de Janeiro: Editora Forense, 1958, p. 416-417.

Crime de perigo para a vida ou saúde de outrem	
Sujeito passivo	Qualquer um.
Elemento subjetivo	Admite-se somente a modalidade dolosa, seja direta ou eventual.
Consumação	Consumação ocorre mediante prática do ato que trouxe perigo para a vida ou saúde da vítima.
Tentativa	A forma tentada é possível.
Forma majorada	Há previsão de aumento de pena quando a exposição da vida ou saúde ou perigo decorrer do transporte de pessoas para prestação de serviços em estabelecimentos de qualquer natureza, em desacordo com normas legais, nos termos do artigo 132, parágrafo único, do CP. Se o delito for praticado contra indígena "não integrado", incide a causa de aumento de pena de um terço, nos termos do artigo 59 da Lei n. 6.001/1973.
Classificação	Trata-se de crime comum, de perigo concreto, comissivo ou omissivo impróprio, de forma livre, subsidiário, transeunte, monossubjetivo, plurissubsistente e subsidiário.
Benefícios	A transação, a suspensão condicional do processo e o oferecimento de acordo de não persecução penal são cabíveis, salvo para o caso do ANPP se o crime for praticado com violência ou grave ameaça. Por ser crime de menor potencial ofensivo, a competência é dos Juizados Especiais Criminais, nos termos dos artigos 60 e 61, ambos da Lei n. 9.099/1995.
Ação penal	Pública incondicionada.
Observações	Se a conduta do agente provocar resultado mais grave que a causação de perigo à vida ou à saúde, responde o agente pelo crime mais grave, nos termos do preceito secundário do artigo 133, do CP.

4. ABANDONO DE INCAPAZ

O delito de abandono de incapaz está previsto no artigo 133 do Código Penal, de seguinte teor:

> *Art. 133 – Abandonar pessoa que está sob seu cuidado, guarda, vigilância ou autoridade, e, por qualquer motivo, incapaz de defender-se dos riscos resultantes do abandono:*
>
> *Pena – detenção, de seis meses a três anos.*
>
> *§ 1º – Se do abandono resulta lesão corporal de natureza grave:*
>
> *Pena – reclusão, de um a cinco anos.*
>
> *§ 2º – Se resulta a morte:*
>
> *Pena – reclusão, de quatro a doze anos.*
>
> *Aumento de pena*
>
> *§ 3º – As penas cominadas neste artigo aumentam-se de um terço:*
>
> *I – se o abandono ocorre em lugar ermo;*

II – se o agente é ascendente ou descendente, cônjuge, irmão, tutor ou curador da vítima.

III – se a vítima é maior de 60 (sessenta) anos.

Os bens jurídicos protegidos são a segurança e a vida daquele que não pode se proteger por si só. O crime é próprio, pois só pode ser praticado por quem tem outra pessoa sob seu cuidado, guarda, vigilância ou autoridade. Essa qualidade se estende aos demais agentes, em caso de concurso, por ser elementar do crime, como prevê o artigo 30 do Código Penal. A pena é de detenção, de seis meses a três anos.

Conforme a previsão da norma incriminadora, a conduta tipificada é a de abandonar a pessoa que, estando sob o seu cuidado, guarda, vigilância ou autoridade, não pode se defender por si mesma se deixada à sua própria sorte. O agente atua com a vontade consciente de abandonar a pessoa que não pode se defender, apesar de ter um dever especial que o vincula à vítima.

O núcleo do tipo, "abandonar", pode ser praticado por conduta comissiva ou omissiva. É necessário que a pessoa seja incapaz de se defender dos riscos resultantes do abandono, o que leva à classificação do delito como de **perigo concreto**, ou seja, é necessária a prova de que o bem jurídico foi colocado em risco. O risco pode ser de danos à saúde e até mesmo à vida da pessoa, mas exige-se apenas que haja risco ao bem jurídico. O efetivo dano ao bem jurídico, com resultado lesão grave ou morte, é desnecessário para a consumação do delito:

> *"1. É consolidado o entendimento doutrinário de que o crime de abandono de incapaz (art. 133 do CP) é **de perigo concreto, não bastando, portanto, a mera potencialidade abstrata de risco ao bem jurídico tutelado pela norma penal, mas a demonstração que ele foi concretamente ameaçado, ainda que não tenha chegado a ocorrer dano efetivo.** Doutrina. 2. Na espécie, a sentença, após uma análise minuciosa dos elementos fático-probatórios colacionados aos autos, ao contrário do alegado pela defesa, apontou elementos concretos que efetivamente evidenciam a existência de perigo concreto para as crianças, pois "os réus eram usuários de drogas e por muitas vezes, passavam noites se drogando, sem energias mínimas para cuidarem das vítimas, ainda em tenra idade", bem como "deixavam seus quatro filhos em casa, desvigiados, e não lhes proviam alimentação e educação escolar adequadas", motivo pelo qual "as crianças eram constantemente trocadas de escolas e não chegavam a concluir o ano letivo", além de "não apresenta[rem] desenvolvimento corporal sequer compatível com a idade". Essa conclusão foi posteriormente chancelada pelo Tribunal de origem por ocasião do julgamento da apelação, de modo que não identifico nenhuma ilegalidade pelo qual estaria sendo vítima a paciente no que concerne à tese ora ventilada." (STJ, AgRg no HC n. 809.426/DF, Rel. Min. Rogerio Schietti Cruz, Sexta Turma, julgado em 15/5/2023, DJe de 18/5/2023).*

O sujeito passivo, maior ou menor, deve ser incapaz de se proteger, em razão de sua tenra idade, de seu desenvolvimento mental incompleto ou por outro motivo similar, como a condição temporária de saúde. Encontra-se nesse estado quem está febril e delirante, uma pessoa em surto psicótico ou uma criança que, por sua idade, não é capaz de cuidar de si mesma.

É plurissubsistente na forma comissiva, o que leva à admissão da tentativa. Cuida-se de crime **instantâneo** com efeitos permanentes. O elemento subjetivo é o dolo, não se admitindo a forma culposa. O crime é formal, independendo de qualquer resultado naturalístico para sua consumação. Se sobrevier resultado, aliás, pode se configurar a sua forma qualificada. A ação penal é pública incondicionada.

Formas qualificadas

O crime é qualificado se do abandono resulta **lesão corporal de natureza grave ou morte**. A expressão lesão gravíssima é doutrinária, haja vista que o legislador apenas se refere à lesão grave. Assim, a expressão utilizada abrange tanto a lesão grave quanto a gravíssima. Se o resultado for a lesão de natureza grave, a pena é de reclusão, de um a cinco anos. Já se houver morte, a pena se altera substancialmente, passando a ser de quatro a doze anos de reclusão.

Ambas as formas qualificadas constituem crimes **preterdolosos**, isto é, deve haver dolo em relação ao abandono do incapaz e culpa em relação ao resultado, de lesão corporal de natureza grave ou de morte. Havendo dolo em relação a qualquer um dos resultados, o crime será outro, de homicídio ou de lesão corporal de natureza grave, a depender do caso.

Formas majoradas

Há previsão de incidência da causa de aumento de **um terço** se o abandono ocorre em lugar ermo; se o agente é ascendente ou descendente, cônjuge, irmão, tutor ou curador da vítima, ou se a vítima é maior de 60 (sessenta) anos. Na hipótese de lugar ermo, o local deve ser habitualmente isolado e estar assim naquele momento. Caso contrário, a majorante não incidirá. Quanto ao rol de agentes em relação aos quais o crime é majorado, não é possível incluir o companheiro, sob pena de analogia *in malam partem*.

QUADRO SINÓTICO

Crime de abandono de incapaz	
Tipo penal	Abandonar pessoa que está sob seu cuidado, guarda, vigilância ou autoridade, e, por qualquer motivo, incapaz de defender-se dos riscos resultantes do abandono.
Objeto jurídico	Segurança do indivíduo que é incapaz de defender-se dos riscos resultantes do abandono.
Sujeito ativo	Aquele que está legal ou contratualmente obrigado de cuidar da vítima.
Sujeito passivo	Aquele que se encontra sob os cuidados, guarda, vigilância ou autoridade do sujeito ativo.
Elemento subjetivo	Só há responsabilização penal por dolo. As modalidades qualificadas são *preterdolosas*.
Consumação	A consumação se dá quando o abandono gera situação de efetivo perigo para a vítima.

Crime de abandono de incapaz	
Tentativa	Admite-se a tentativa.
Forma majorada	Há previsão de aumento de pena quando o abandono ocorre em lugar ermo; se o agente é ascendente ou descendente, cônjuge, irmão, tutor ou curador da vítima; ou se a vítima é maior de sessenta anos, nos termos do artigo 133, § 3º, do CP . Se o delito for praticado contra indígena "não integrado", incide a causa de aumento de pena de um terço, nos termos do artigo 59 da Lei n. 6.001/1973.
Forma qualificada	O delito é qualificado se do abandono resulta lesão corporal de natureza grave ou morte, nos termos do artigo 133, §§ 1º e 2º, do CP.
Classificação	Trata-se de crime próprio, de perigo concreto, doloso, de forma livre, comissivo ou omissivo impróprio, transeunte (exceto nas modalidades qualificadas), monossubjetivo e plurissubsistente.
Benefícios	Para o crime previsto no *caput* a suspensão condicional do processo e o oferecimento de acordo de não persecução penal são cabíveis, salvo para o caso do ANPP se o crime for praticado com violência ou grave ameaça. Para o abandono de incapaz qualificado pelo resultado lesão corporal grave somente é possível a suspensão condicional do processo.
Ação penal	Pública incondicionada.
Observações	Se do abandono de incapaz decorrer lesão leve, ainda que por culpa, haverá concurso formal de crimes.

5. EXPOSIÇÃO OU ABANDONO DE RECÉM-NASCIDO

O delito de exposição ou abandono de recém-nascido está previsto no artigo 134 do Código Penal:

> *Art. 134 – Expor ou abandonar recém-nascido, para ocultar desonra própria:*
> *Pena – detenção, de seis meses a dois anos.*
> *§ 1º – Se do fato resulta lesão corporal de natureza grave:*
> *Pena – detenção, de um a três anos.*
> *§ 2º – Se resulta a morte:*
> *Pena – detenção, de dois a seis anos.*

Cuida-se de **forma privilegiada do abandono de incapaz**. O crime do artigo 134 do CP é especial em relação ao previsto no artigo 133 do referido diploma. São especializantes do crime em estudo o fato de a vítima ser apenas o "recém-nascido" e o motivo do crime, que deve ser praticado "para ocultar desonra própria". Os bens jurídicos tutelados são a incolumidade físico-psíquica e a vida. A pena é de detenção, de seis meses a dois anos.

A atenuação da pena em tais casos encontra raízes históricas em Kant. O autor defende que neste caso de honra do sexo, tal qual na honra militar, não se deve aplicar a pena de morte, mesmo que a vítima morra. Hoje causa estranheza o argumento invocado: "A criança nascida fora do matrimônio é uma criança fora da lei (porque a lei quer dizer matrimônio); por conseguinte é uma criança nascida fora da proteção da lei"[10]. Obviamente, não se concorda com o argumento. Destaca-se que já se reconhecia o menor desvalor da ação, decorrente da situação aflitiva em que se encontra o pai ou a mãe do bebê.

Com a evolução da sociedade e da menor influência da moral sobre a concepção de um filho, torna-se menos justificável essa modalidade de crime. Isto porque a sua pena suavizada, menor do que a do delito de abandono de incapaz, se vincula à finalidade de *ocultação de desonra*. Em 1940, havia outra configuração social e ter um filho fora do casamento acarretava consequências até mesmo jurídicas para a criança. Isso foi alterado, de modo que a permanência deste tipo penal no Código parece menos adequado.

Para a doutrina majoritária, cuida-se de crime próprio, pois só o pai ou a mãe podem praticar. Em razão da motivação de ocultar desonra própria, só se pode pensar nos próprios genitores, os quais podem ter tido, por exemplo, relação incestuosa ou adulterina. A desonra alheia não está prevista no tipo. Como crime próprio, é possível o concurso de pessoas, tanto na modalidade de coautoria como na de participação.

Quanto à definição de recém-nascido, Pierangeli entende que tal condição se estende do parto até a queda do cordão umbilical[11]. Para Bitencourt, o bebê é considerado recém-nascido até o máximo de 30 dias do nascimento, critério que traz maior segurança jurídica. O elemento subjetivo é o dolo, além de se exigir uma finalidade específica, denominada de **elemento subjetivo especial**, que é o fim de se ocultar desonra própria.

Admite as formas comissiva e omissiva. Na forma comissiva, é plurissubsistente, razão pela qual admite a tentativa. Cuida-se de crime de perigo concreto e instantâneo com efeitos permanentes. A ação penal é pública incondicionada.

Formas qualificadas

Há a qualificadora se do fato resulta lesão corporal de natureza grave, inclusive a chamada pela doutrina de lesão gravíssima, passando a pena a ser de detenção, de um a três anos. Qualifica também o crime o resultado morte, hipótese em que a pena será de detenção, de dois a seis anos. São **crimes preterdolosos**, pois o resultado deve ter sido praticado a título de culpa em sentido estrito.

QUADRO SINÓTICO

Crime de exposição ou abandono de recém-nascido	
Tipo penal	Expor ou abandonar recém-nascido, para ocultar desonra própria.
Objeto jurídico	Vida e saúde do recém-nascido.
Sujeito ativo	Somente a mãe.
Sujeito passivo	O recém-nascido que é abandonado.

10. KANT, Emmanuel. Doutrina do direito. Tradução de Edson Bini. São Paulo: Ícone, 1993, p. 182.
11. O penalista adota a posição defendida por Ari Franco (PIERANGELI, José Henrique. Op. Cit., 2005, p. 166-167).

PARTE ESPECIAL

Crime de exposição ou abandono de recém-nascido	
Elemento subjetivo	Admite-se somente a modalidade dolosa. Exige-se o especial fim de agir, de ocultar a desonra própria. As modalidades qualificadas são *preterdolosas*.
Consumação	Por se tratar de crime de perigo concreto, o delito é consumado quando o recém-nascido exposto ou abandonado sofre perigo concreto para a sua vida ou saúde.
Tentativa	Admite-se a tentativa.
Forma majorada	Se o delito for praticado contra indígena "não integrado", incide a causa de aumento de pena de um terço, nos termos do artigo 59 da Lei n. 6.001/1973.
Forma qualificada	O delito é qualificado se do abandono resulta lesão corporal de natureza grave ou morte.
Classificação	Trata-se de crime próprio, de perigo concreto, doloso, de forma livre, comissivo ou omissivo impróprio, transeunte (exceto nas modalidades qualificadas), monossubjetivo e plurissubsistente.
Benefícios	Na forma do *caput* admitem-se a transação penal, suspensão condicional do processo e acordo de não persecução penal. Nesta hipótese, por ser crime de menor potencial ofensivo, a competência é dos Juizados Especiais Criminais, nos termos dos artigos 60 e 61, ambos da Lei n. 9.099/1995. A modalidade qualificada pela produção do resultado lesão corporal grave admite a suspensão condicional do processo.
Ação penal	Ação penal pública incondicionada.

6. OMISSÃO DE SOCORRO

O delito de omissão de socorro, típico exemplo de **crime omissivo próprio ou puro**, previsto em norma mandamental, é tratado pelo artigo 135 do Código Penal:

> *Art. 135 – Deixar de prestar assistência, quando possível fazê-lo sem risco pessoal, à criança abandonada ou extraviada, ou à pessoa inválida ou ferida, ao desamparo ou em grave e iminente perigo; ou não pedir, nesses casos, o socorro da autoridade pública:*
>
> *Pena – detenção, de um a seis meses, ou multa.*
>
> *Parágrafo único – A pena é aumentada de metade, se da omissão resulta lesão corporal de natureza grave, e triplicada, se resulta a morte.*

Os bens jurídicos tutelados são a incolumidade físico-psíquica e a vida. Como dito, cuida-se de norma imperativa, a qual prevê um crime omissivo próprio. Por conseguinte, não se trata de caso em que o agente deva evitar o resultado naturalístico para que se configure (crime omissivo impróprio).

Na realidade, é classificado como **crime de mera conduta**, não havendo previsão de resultado naturalístico no tipo básico. O resultado naturalístico só é previsto na forma qualificada do delito. O crime é comum, razão pela qual o sujeito ativo pode ser qualquer pessoa, inclusive aquela que não pode prestar socorro por si mesma. Isso porque, em não sendo possível realizar o auxílio imediato à pessoa que dele necessita, deve-se buscar o socorro da autoridade pública. Quanto ao sujeito passivo, entretanto, há algumas exigências. São pessoas que devem ser socorridas as seguintes:

Criança abandonada ou extraviada: é aquela situada em situação de desamparo, ou seja, sem estar sob cuidado. O Estatuto da Criança e do Adolescente prevê a idade de doze anos como o limite para alguém ser considerado como criança. A doutrina, entretanto, defende solução casuística, a fim de verificar se o sujeito passivo era ou não vulnerável.

Pessoa inválida ou ferida, ao desamparo ou em grave e iminente perigo: a pessoa inválida é aquela sem vigor físico ou psíquico, que está indefesa. Pessoa ferida é a que sofreu algum com dano ou lesão em sua integridade física. Pessoa em grave e iminente perigo é aquela que está em risco, sob probabilidade efetiva de perigo de grandes proporções.

São formas de praticar o crime:

Deixar de prestar assistência, quando possível fazê-lo sem risco pessoal: assistência imediata. O próprio agente deve, se possível, prestar o auxílio à vítima, salvando uma criança de se afogar em uma piscina ou impedindo-a de atravessar uma rodovia movimentada ou mesmo prestando os primeiros socorros, se capacitado a isso.

Não pedir o socorro da autoridade pública: assistência mediata. Em não sendo possível prestar o socorro, o agente deve buscar o auxílio da polícia, do corpo de bombeiros ou do atendimento médico de urgência, conforme o caso, evitando que a criança ou pessoa em apuros fique totalmente desamparada.

A assistência imediata deve ser realizada se não houver risco pessoal, ou seja, físico, concreto e iminente, ao agente. A assistência mediata, portanto, é subsidiária. Por isso, só pode o agente optar pela comunicação à autoridade se não for possível que ele mesmo preste o socorro. Em tal caso, o pedido deve ser imediato e dirigido a uma autoridade pública.

O crime é classificado como doloso, unissubsistente, não se admitindo a tentativa; instantâneo e de perigo. Há tipos especiais previstos no artigo 304 do Código de Trânsito Brasileiro, no artigo 97 da Lei n. 10.741/2003, o Estatuto da Pessoa Idosa, e nos artigos 200 e 201 do Código Penal Militar. Incidirá o crime do Código de Trânsito Brasileiro se o agente se envolveu no acidente. Caso ele não tenha participado do acidente, pode responder por omissão de socorro, o crime do artigo 135 do CP.

Discute-se se é necessária a presença do autor no local dos fatos. Damásio, acertadamente, entende que não, caso o agente tenha sido chamado para cumprir seu dever de assistência. Exemplifica com um médico chamado a prestar socorro, por telefone, e que se nega a prestá-lo[12]. É imprescindível, entretanto, que o sujeito possa agir no caso concreto.

12. JESUS, Damásio de. Parte especial: crimes contra a pessoa a crimes contra o patrimônio – arts. 121 a 183 do CP. Direito penal vol. 2. 36. ed. Atualização de André Estefam. São Paulo: Saraiva Educação, 2020.

Cumpre destacar que não cabe ao agente avaliar a utilidade do socorro, conforme o seguinte precedente:

> "(...) *Irrelevante o fato de a vítima ter falecido imediatamente, tendo em vista que não cabe ao condutor do veículo, no instante do acidente, supor que a gravidade das lesões resultou na morte para deixar de prestar o devido socorro (...)". (STJ, AgRg no Ag n.º 1.140.929/MG, Rel. Min. Laurita Vaz)*

Formas majoradas

Incide causa de aumento de pena se da omissão resulta **lesão corporal de natureza grave**, caso em que a pena deve ser aumentada de metade, ou se **resultar morte**, hipótese em que a pena ser triplicada. A doutrina aponta que a qualificadora exige que a hipotética atuação do omitente seja capaz de evitar o resultado. Cuida-se de figuras **preterdolosas**.

QUADRO SINÓTICO

Crime de omissão de socorro	
Tipo penal	Deixar de prestar assistência, quando possível fazê-lo sem risco pessoal, à criança abandonada ou extraviada, ou à pessoa inválida ou ferida, ao desamparo ou em grave e iminente perigo; ou não pedir, nesses casos, o socorro da autoridade pública.
Objeto jurídico	Os bens juridicamente protegidos são a vida e a saúde.
Sujeito ativo	Qualquer pessoa.
Sujeito passivo	A criança abandonada ou extraviada, a pessoa inválida ou ferida, o desamparado ou em grave e iminente perigo. As modalidades majoradas são *preterdolosas*.
Elemento subjetivo	Admite-se somente a modalidade dolosa, seja ela direta ou eventual.
Consumação	Ocorre com a omissão de socorro que efetivamente cause risco à saúde ou vida da vítima.
Tentativa	Por se tratar de crime omissivo próprio, não é possível haver tentativa.
Forma majorada	A pena é aumentada pela metade se a omissão resulta em lesão corporal grave e triplicada se houver produção do resultado morte. Se o delito for praticado contra indígena "não integrado", incide a causa de aumento de pena de um terço, nos termos do artigo 59 da Lei n. 6.001/1973.
Classificação	Trata-se de crime comum com relação ao sujeito ativo e próprio no que se refere ao sujeito passivo; de perigo concreto; doloso; de forma livre; omissivo próprio; transeunte (exceto nas modalidades majoradas), instantâneo; monossubjetivo e, dependendo da situação, unissubsistente ou plurissubsistente.

Crime de omissão de socorro	
Benefícios	A transação, a suspensão condicional do processo e o oferecimento de acordo de não persecução penal são cabíveis, salvo para o caso do ANPP se o crime for praticado com violência ou grave ameaça. Por ser crime de menor potencial ofensivo, a competência é dos Juizados Especiais Criminais, nos termos dos artigos 60 e 61, ambos da Lei n. 9.099/1995.
Ação penal	Pública incondicionada.

7. CONDICIONAMENTO DE ATENDIMENTO MÉDICO-HOSPITALAR EMERGENCIAL

O crime de condicionamento de atendimento médico-hospitalar emergencial foi inserido pela Lei n. 12.653, de 2012, que inseriu o artigo 135-A no Código Penal:

> *Art. 135-A. Exigir cheque-caução, nota promissória ou qualquer garantia, bem como o preenchimento prévio de formulários administrativos, como condição para o atendimento médico-hospitalar emergencial:*
>
> *Pena – detenção, de 3 (três) meses a 1 (um) ano, e multa.*
>
> *Parágrafo único. A pena é aumentada até o dobro se da negativa de atendimento resulta lesão corporal de natureza grave, e até o triplo se resulta a morte.*

São bens jurídicos tutelados a incolumidade físico-psíquica e a vida. É uma nova forma de se punir a omissão de socorro. Consubstancia um crime próprio, por só poder ser cometido pelo administrador ou funcionário do hospital. O crime é de mera atividade, não exigindo resultado naturalístico para sua consumação. Apesar de haver divergência, comete o crime qualquer pessoa que toma parte na exigência, tanto o que emite a ordem quanto o que livremente se recusa a atender a vítima sem o implemento das condições impostas.

A doutrina majoritária defende, acertadamente, que se configura o delito caso o agente exija cheque-caução, nota promissória ou qualquer garantia **ou** preenchimento prévio de formulários administrativos[13]. Nucci, entretanto, defende ser necessário que o sujeito ativo exija cheque-caução, nota promissória ou qualquer garantia **e** preenchimento prévio de formulários administrativos[14].

É preciso que o atendimento fique condicionado à exigência do agente. A mera solicitação, sem que seja comunicada como pressuposto para o atendimento médico-hospitalar, não tipifica a conduta. No âmbito do direito civil, a contratação terá ocorrido em estado de perigo, o que acarreta a sua anulabilidade, nos termos do artigo 171, II, do Código Civil.

13. Posição que se extrai da leitura da obra de Luiz Regis Prado (Curso de direito penal brasileiro: parte geral e parte especial. 18. ed. Rio de Janeiro: Forense, 2020, p. 487) e de Cleber Masson (Direito Penal: parte especial (arts. 121 a 212). Vol. 2. 12. ed. São Paulo: Método, 2019, p. 147).
14. NUCCI, Guilherme de Souza. Código Penal Comentado. 13. ed. São Paulo: Revista dos Tribunais, 2013, p. 705.

O crime é doloso e, dado o seu caráter plurissubsistente, admite-se a punição da tentativa. A ação penal é pública incondicionada. A emergência e a urgência são conceituadas no artigo 35-C da Lei n. 9.656/1998, que trata dos planos e seguros privados de assistência à saúde:

> *Art. 35-C. É obrigatória a cobertura do atendimento nos casos:*
>
> *I – de emergência, como tal definidos os que implicarem risco imediato de vida ou de lesões irreparáveis para o paciente, caracterizado em declaração do médico assistente;*
>
> *II – de urgência, assim entendidos os resultantes de acidentes pessoais ou de complicações no processo gestacional; (...)*

Considerando esses conceitos, surge a divergência se o atendimento médico-hospitalar de urgência pode configurar o crime ou se apenas o de emergência, mencionado no tipo, pode ensejar a responsabilização penal. São possíveis dois entendimentos a partir da leitura do dispositivo e dos conceitos de emergência e urgência, que podem ser extraídos da Lei n. 9.656/1998:

- O crime do artigo 135-A só se configura no caso de atendimento de emergência, em razão da tipicidade, exigida pelo princípio da legalidade. Deste modo, não se pode fazer analogia em prejuízo do réu, ampliando lei penal incriminadora[15];
- O condicionamento de atendimento médico-hospitalar abrange tanto as situações de emergência como as de urgência, pois ambas são situações de extrema gravidade e de necessidade de pronto atendimento. A norma não se refere à classificação médica, mas possui a finalidade de evitar a não prestação de socorro imediato, de natureza médico-hospitalar. A interpretação, portanto, deve ser teleológica[16]. Apesar de a norma penal incriminadora não comportar analogia, realmente parece o melhor entendimento, já que o tipo penal não se atém a classificações médicas, mas a atendimento que exige cuidados imediatos.

Nos termos do artigo 2º, da Lei n. 12.653/2012, o estabelecimento de saúde que realize atendimento médico-hospitalar emergencial fica obrigado a afixar, em local visível, cartaz ou equivalente, com a seguinte informação: "Constitui crime a exigência de cheque-caução, de nota promissória ou de qualquer garantia, bem como do preenchimento prévio de formulários administrativos, como condição para o atendimento médico-hospitalar emergencial, nos termos do art. 135-A do Decreto-Lei n. 2.848, de 7 de dezembro de 1940 – Código Penal."

Há uma figura típica específica no artigo 103 do Estatuto da Pessoa Idosa, *in verbis*:

> *Art. 103. Negar o acolhimento ou a permanência da pessoa idosa, como abrigada, por recusa desta em outorgar procuração à entidade de atendimento:*
>
> *Pena – detenção de 6 (seis) meses a 1 (um) ano e multa.*

---

15. Neste sentido, entendendo que o crime caracterizado no caso de urgência será o de omissão de socorro: CUNHA, Rogério Sanches. Manual de direito penal. Parte Especial (arts. 121 ao 361). 12. ed. Salvador: Editora Juspodivm, 2020, p. 172. MASSON, Cleber, op. cit., p. 148-149.
16. Apesar de não fazer a diferenciação, Luiz Regis Prado apenas se refere ao atendimento em situações críticas, com existência de real perigo à vida humana (Op. Cit., p. 487).

Forma majorada:

Se resulta lesão corporal de natureza grave, a pena deve sofrer o aumento até o dobro. Havendo resultado morte, a pena pode ser aumentada até o triplo. São **figuras preterdolosas.**

QUADRO SINÓTICO

Crime de condicionamento de atendimento médico-hospitalar emergencial	
Tipo penal	Exigir cheque-caução, nota promissória ou qualquer garantia, bem como o preenchimento prévio de formulários administrativos, como condição para o atendimento médico-hospitalar emergencial.
Objeto jurídico	Protegem-se a vida e a saúde.
Sujeito ativo	Existe divergência se é apenas o dirigente do hospital que implementa a política da exigência de documentos ou garantias ou se é o funcionário que demanda diretamente da vítima tais exigências.
Sujeito passivo	Pessoa que necessita de atendimento médico-hospitalar emergencial ou terceiro de quem foi exigido cheque caução, nota promissória, garantia ou preenchimento prévio de formulários administrativos.
Elemento subjetivo	Exige-se dolo. As modalidades qualificadas majoradas são *preterdolosas*.
Consumação	A consumação ocorre no momento da exigência de caução, nota promissória, garantia ou preenchimento prévio de formulários administrativos.
Tentativa	Admissível, salvo se praticado na forma oral.
Forma majorada	A pena é aumentada até o dobro se da negativa de atendimento resulta lesão corporal de natureza grave, e até o triplo se resulta a morte, nos termos do artigo 135-A, parágrafo único, do CP. Se o delito for praticado contra indígena "não integrado", incide a causa de aumento de pena de um terço, nos termos do artigo 59 da Lei n. 6.001/1973.
Classificação	Crime próprio, de perigo concreto, doloso, de forma vinculada, de tipo misto alternativo, comissivo ou omissivo impróprio, transeunte (exceto nas modalidades majoradas), instantâneo, monossubjetivo e plurissubsistente, salvo se praticado oralmente.
Benefícios	A transação, a suspensão condicional do processo e o oferecimento de acordo de não persecução penal são cabíveis, salvo para o caso do ANPP se o crime for praticado com violência ou grave ameaça. Por ser crime de menor potencial ofensivo, a competência é dos Juizados Especiais Criminais, nos termos dos artigos 60 e 61, ambos da Lei n. 9.099/1995.
Ação penal	Pública incondicionada.

8. MAUS-TRATOS

O delito de maus-tratos está previsto no artigo 136 do Código Penal, com o seguinte teor:

> *Art. 136 – Expor a perigo a vida ou a saúde de pessoa sob sua autoridade, guarda ou vigilância, para fim de educação, ensino, tratamento ou custódia, quer privando-a de alimentação ou cuidados indispensáveis, quer sujeitando-a a trabalho excessivo ou inadequado, quer abusando de meios de correção ou disciplina:*
>
> *Pena – detenção, de dois meses a um ano, ou multa.*
>
> *§ 1º – Se do fato resulta lesão corporal de natureza grave:*
>
> *Pena – reclusão, de um a quatro anos.*
>
> *§ 2º – Se resulta a morte:*
>
> *Pena – reclusão, de quatro a doze anos.*
>
> *§ 3º – Aumenta-se a pena de um terço, se o crime é praticado contra pessoa menor de 14 (catorze) anos.*

Apesar de possuir apenas um núcleo do tipo, grande parte da doutrina o classifica como crime de ação múltipla ou de conteúdo variado. É a posição de Capez[17] e Cezar Bitencourt[18]. Prado, acertadamente, observa que se trata de tipo simples e básico, mas de conteúdo variável[19]. São formas de praticá-lo:

- Privando de alimentação ou cuidados indispensáveis **(crime omissivo e habitual):** configuram-se os maus-tratos com fornecimento de alimentação insuficiente ou não tratamento adequado para uma pessoa enferma;
- Sujeitando a trabalho excessivo ou inadequado **(crime comissivo e plurissubsistente):** há maus-tratos se a pessoa sujeita à autoridade, guarda ou vigilância do agente é por ele submetida a trabalho não adequado, como uma atividade insalubre para uma grávida ou o levantamento de cargas para uma criança, ou excessivo, como a jornada extenuante;
- Abusando de meios de correção e disciplina **(crime comissivo e plurissubsistente)**: abusa-se dos meios de correção quando se humilha publicamente uma criança que vive em orfanato, submetendo-a à violência psicológica, ou quando, a fim de punir por determinado comportamento, se proíbe que um adolescente frequente a escola por um mês, confinando-o em uma quarto.. Configuram-se os maus-tratos, neste caso, com o abuso do direito de correção.

O crime do artigo 136 do Código Penal não se confunde com o de tortura, pois no primeiro se exige a ocorrência de perigo e, no outro, intenso sofrimento físico

17. CAPEZ, Fernando. Op. Cit., vol. 2, 2013, p. 256.
18. BITENCOURT, Cezar Roberto. Tratado de direito penal 2, parte especial: dos crimes contra a pessoa. São Paulo: Saraiva, 2009, p. 276. No mesmo sentido: CUNHA, Rogério Sanches. Op. Cit., p. 175. Entende que o tipo é misto alternativo (crime de conduta múltipla ou de conteúdo variado), com forma vinculada: MASSON, Cleber. Op. cit., p. 153.
19. PRADO, Luiz Regis. Op. cit., p. 489.

e mental. O elemento subjetivo também é diferente, sendo que na tortura se busca causar sofrimento na vítima e, no crime do artigo 136 do CP, abusar dos meios corretivos. A expressão "para fim de educação, ensino, tratamento ou custódia" não constitui um elemento subjetivo especial do tipo, mas tão somente a razão pela qual a vítima se encontra sob a autoridade, guarda ou vigilância do sujeito ativo.

O crime de maus-tratos também se difere daquele previsto no artigo 133 do CP, em que o agente atua com vontade livre e consciente de abandonar a pessoa que, estando sob o seu cuidado, guarda, vigilância ou autoridade, não pode se defender por si mesma se deixada à sua própria sorte. No delito do artigo 136, denominado de maus-tratos, o agente expõe a perigo a vida ou a saúde de pessoa sujeita à sua autoridade, não a abandonando, mas sim a mantendo consigo e lhe dando tratamento que lhe infringe sofrimento, por meio da privação de alimentos ou cuidados indispensáveis, de sujeição a trabalho excessivo ou inadequado ou de abuso dos meios de correção e disciplina.

O bem jurídico tutelado pela norma é a incolumidade físico-psíquica. O crime é próprio, pois só pode ser sujeito ativo aquele que tenha o sujeito passivo sob sua autoridade, guarda ou vigilância. O crime é doloso e de perigo concreto. Há tipos especiais no artigo 99 do Estatuto da Pessoa Idosa e no artigo 213 do Código Penal Militar.

Formas qualificadas

Se do fato resulta lesão corporal grave, a pena será de reclusão de um a quatro anos. Havendo resultado morte, a pena será de reclusão, de quatro a doze anos. O resultado deve ter sido causado por imprudência, negligência ou imperícia, o que leva à conclusão de que se trata de figuras **preterdolosas**. Caso haja maus-tratos e o homicídio doloso da vítima, pode haver concurso de crimes. Contudo, na hipótese de os maus-tratos terem sido o crime-meio para tirar a vida da vítima, é possível que haja consunção, com possível configuração da qualificadora relacionada ao emprego de meio cruel, conforme prevê o artigo 121, § 2º, inciso III, do Código Penal.

Forma majorada

Há a modalidade majorada do delito, se a vítima possuir **menos de 14 anos de idade**. O aumento deve ocorrer pela fração de um terço. Cuida-se de majorante de natureza objetiva, aplicando-se a todos os coautores e partícipes, ressalvado desconhecimento sobre a idade da vítima, na hipótese de erro de tipo essencial. A incidência dessa causa de aumento de pena afasta a agravante correlata prevista no artigo 61, II, *h*, do Código Penal, sob pena de *bis in idem*.

QUADRO SINÓTICO

Crime de maus tratos	
Tipo penal	Expor a perigo a vida ou a saúde de pessoa sob sua autoridade, guarda ou vigilância, para fim de educação, ensino, tratamento ou custódia, quer privando-a de alimentação ou cuidados indispensáveis, quer sujeitando-a a trabalho excessivo ou inadequado, quer abusando de meios de correção ou disciplina.
Objeto jurídico	Protegem-se a vida e a saúde.
Sujeito ativo	Somente quem tem a autoridade, guarda ou vigilância sobre a criança.
Sujeito passivo	Aquele que está sob a autoridade, guarda ou vigilância.
Elemento subjetivo	Admite-se somente a forma dolosa, seja ela eventual ou direta. As modalidades qualificadas são *preterdolosas*.
Consumação	O crime é consumado com a efetiva criação de um perigo para a vida ou saúde da vítima.
Tentativa	Admite-se a tentativa.
Forma majorada	Aumenta-se a pena de um terço, se o crime é praticado contra pessoa menor de quatorze anos. Se o delito for praticado contra indígena "não integrado", incide a causa de aumento de pena de um terço, nos termos do artigo 59 da Lei n. 6.001/1973.
Forma qualificada	O delito de maus tratos possui forma qualificada se resultar em lesão corporal de natureza grave ou morte.
Classificação	Crime próprio, de perigo concreto, doloso, de forma vinculada, tipo misto alternativo, não transeunte (em específico nas modalidades qualificadas), instantâneo e monossubjetivo.
Benefícios	Para a forma do *caput*, a transação, a suspensão condicional do processo e o oferecimento de acordo de não persecução penal são cabíveis, salvo para o caso do ANPP se o crime for praticado com violência ou grave ameaça. Por ser crime de menor potencial ofensivo, a competência é dos Juizados Especiais Criminais, nos termos dos artigos 60 e 61, ambos da Lei n. 9.099/1995. Na modalidade qualificada pela produção do resultado lesão corporal é possível a suspensão condicional do processo.
Ação penal	Ação penal pública incondicionada.

CAPÍTULO IV
DA RIXA

O crime de rixa, único tipo penal previsto no Capítulo IV do Título I da Parte Especial, está previsto no artigo 137 do Código Penal:

> *Art. 137 – Participar de rixa, salvo para separar os contendores:*
>
> *Pena – detenção, de quinze dias a dois meses, ou multa.*
>
> *Parágrafo único – Se ocorre morte ou lesão corporal de natureza grave, aplica-se, pelo fato da participação na rixa, a pena de detenção, de seis meses a dois anos.*

A conduta punida é participar do tumulto, tratando-se de crime comissivo. Não se configura o delito se houver lesões ou agressões delimitadas e identificadas entre uns e outros, o que pode levar à punição pelo crime de lesão corporal ou de homicídio, conforme o caso. Por isso, não é possível que se configure o crime de rixa por meio da disputa entre dois indivíduos. Além disso, é imprescindível, para a sua consumação, que seja empregada violência física, ainda que ninguém seja atingido, em razão, por exemplo, de erro no uso dos meios de execução. Por outro lado, a discussão verbal, por mais acalorada que seja, não é suficiente à consumação do delito.

O delito de rixa é de concurso necessário, sendo denominado de delito **plurissubjetivo de condutas contrapostas**. Os participantes, no mínimo três, são, ao mesmo tempo, sujeitos ativos e passivos, uns em relação aos outros. Ou seja, o indivíduo não é ao mesmo tempo sujeito ativo e passivo da mesma conduta, mas cada um pode ser o agente que praticou determinadas agressões e que sofreu determinados danos em razão da agressão de outrem. Para o cômputo de tal número, podem ser considerados sujeitos que eventualmente não foram identificados pela investigação.

O bem jurídico tutelado é a incolumidade físico-psicológica, configurando-se o delito com o perigo ao bem jurídico tutelado, sem necessidade de efetiva lesão. O crime é comum, não se exigindo qualquer qualidade específica do sujeito ativo. Parte da doutrina, acertadamente, considera o crime unissubsistente e, por isso, não admite a tentativa. Entretanto, há quem admita a tentativa, por exemplo, no caso de a conduta ser previamente agendada[1]. O delito de rixa absorve somente a

1. HUNGRIA, Nélson. Comentários ao Código Penal. Volume VI. Rio de Janeiro: Editora Forense, 1945, p. 23.

contravenção penal de vias de fato, prevalecendo que a lesão leve enseja concurso de delitos.

Existe um delito cujo conteúdo se aproxima do âmbito de incriminação da rixa no Estatuto do Torcedor. O seu artigo 41-B traz um delito sem *nomen iuris*, ou seja, sem denominação legal, com o seguinte tipo: "Promover tumulto, praticar ou incitar a violência, ou invadir local restrito aos competidores em eventos esportivos: Pena – reclusão de 1 (um) a 2 (dois) anos e multa". Caso haja um tumulto em eventos esportivos, o delito pode ser o do artigo 41-B da Lei n. 10.671/2003, norma mais específica, mas que não exige violência física, apesar de a pena mínima ser consideravelmente maior.

Há julgados de Cortes de segunda instância que reconhecem o concurso material entre o crime de rixa e o de homicídio. O STJ, ao julgar recurso, não adentrou o tema, que envolvia aspectos fático-probatórios[2]. Assim, parece entender não existir incompatibilidade, em regra, no concurso entre esses delitos.

Formas qualificadas

O parágrafo único do artigo 137 traz modalidades qualificadas pelo resultado. Em ocorrendo morte ou lesão corporal de natureza grave, incluída obviamente a gravíssima, por ser classificação meramente doutrinária, aplica-se, pelo fato da participação na rixa, a pena de detenção, de seis meses a dois anos. A pluralidade de resultados não implica responsabilização por mais de um crime, mas deve ser considerada pelo juiz na fixação da pena[3]. Há **diferentes sistemas de punição** no caso de ocorrência de resultado agravador, ou seja, aquele que qualifica o delito:

- **Solidariedade absoluta**: todos respondem pelos eventos.
- **Cumplicidade correspectiva**: todos respondem por uma sanção média.
- **Autonomia:** o resultado qualifica o crime, sendo que o agente causador, se identificado, responde pela lesão corporal grave ou pela morte. É a opção adotada pelo nosso Código Penal, segundo a melhor interpretação.

Hungria defendia que a responsabilização pelo resultado deve ocorrer pelo fato de que os participantes quiseram a rixa, sabendo que ela poderia ser uma causa de crime de sangue. Por isso, entendia não haver responsabilidade penal subjetiva, pois as consequências mais gravosas, que incluem a lesão grave ou a morte, não eram imprevisíveis a partir da conduta que decidiram livremente praticar. O homicídio, inclusive, poderia ter sido doloso, culposo ou preterdoloso, pois qualquer modalidade seria apta a tornar o delito qualificado. Até mesmo a morte em legítima defesa seria apta, em sua visão, a determinar a incidência do previsto no parágrafo único do artigo 137. Por fim, seria possível a punição mais gravosa quanto ao próprio

---

2. STJ, AgRg no REsp n. 1.316.076/PE, relatora Ministra Laurita Vaz, Quinta Turma, julgado em 3/12/2013, DJe de 19/12/2013.
3. No mesmo sentido: NORONHA, Edgard Magalhães. Op. Cit., 1976, p. 118.

rixoso que sofreu a lesão corporal, assim como aquele que se retirou da rixa antes de o resultado ocorrer[4].

Luiz Regis Prado também defende não haver responsabilidade objetiva, pois se exige culpa, nem que seja inconsciente, quanto ao resultado como possível desdobramento da conduta, em sua linha normal de previsibilidade[5]. No caso de qualquer um dos dois resultados, a pena passa a ser de detenção, de seis meses a dois anos, impondo-se em razão de o indivíduo ter, dolosamente, participado da rixa, criando a situação de risco de morte ou de lesão de natureza grave e por isso sendo responsabilizado.

O fato de o resultado mais grave qualificar o crime para todos os agentes implicaria, entretanto, inadmissível **responsabilidade penal objetiva**. Sanches Cunha concorda com a posição de Luiz Flávio Gomes e Antonio Molina, os quais defendem que a qualificadora deve ser interpretada em conformidade com o princípio da vedação da responsabilidade objetiva, só respondendo por ele quem atuou com dolo ou culpa[6]. Com efeito, não há como se responsabilizar automaticamente todos os envolvidos, pelo simples fato de ter participado da rixa, em razão de ter ocorrido morte ou lesão grave. O artigo 19 do Código Penal, inclusive, inserido posteriormente à promulgação do Código, na Reforma da Parte Geral de 1984, determina que, pelo resultado que agrava especialmente a pena, só responde o agente que o houver causado ao menos culposamente.

A punição de quem se retirou da rixa antes da ocorrência da morte seria uma responsabilidade por atos futuros, com tênue conexão com a participação anterior de um sujeito. Seria a responsabilização equiparável a uma instigação tácita, em que pelo fato de se participar da rixa os eventuais excessos alheios levariam à punição dos demais. Vale notar que até mesmo no concurso de pessoas o partícipe não pode ser responsabilizado em caso de desvio subjetivo de um comparsa, conforme prevê o artigo 29, § 2º, do Código Penal. Defender-se a posição de Hungria seria equivalente à utilização da figura do direito canônico de *versare in re illicita*, determinando-se a responsabilização do agente por todas as consequências derivadas de sua atuação, independentemente de imputação subjetiva.

QUADRO SINÓTICO

Crime de rixa	
Tipo penal	Participar de rixa, salvo para separar os contendores.
Objeto jurídico	Protegem-se a integridade corporal, a saúde e a vida.

4. HUNGRIA, Nélson. Op. Cit., 1945, p. 18-22. No mesmo sentido: NORONHA, Edgard Magalhães. Op. Cit., 1976, p. 118-120.
5. PRADO, Luiz Regis. Op. Cit., 2020, p. 499.
6. CUNHA, Rogério Sanches. Manual de direito penal: parte geral (arts. 1º ao 120). 8. ed. Salvador: Juspodivm, 2020, p. 118.

Crime de rixa	
Sujeito ativo e passivo	No crime de rixa os sujeitos envolvidos são ao mesmo tempo ativos e passivos da conduta, uma vez que os envolvidos que se agridem mutuamente agridem e são agredidos.
Elemento subjetivo	Exige-se o dolo direto.
Consumação	O delito de rixa se consuma com o início das agressões recíprocas (exige-se atos de violência física).
Tentativa	Parte da doutrina entende se tratar de crime unissubsistente e que não admite a tentativa. De outro lado, defende-se que a rixa, quando agendada, admite a tentativa.
Forma majorada	Se o delito for praticado contra indígena "não integrado", incide a causa de aumento de pena de um terço, nos termos do artigo 59 da Lei n. 6.001/1973.
Forma qualificada	O delito de rixa é qualificado se ocorre morte ou lesão corporal de natureza grave.
Classificação	Crime comum, de perigo concreto, doloso, de forma livre, comissivo ou omissivo impróprio, instantâneo, plurissubjetivo, e, geralmente, não transeunte.
Benefícios	Tanto para a forma do *caput*, como para a forma qualificada, admitem-se a transação e a suspensão condicional do processo. Nesta hipótese, por ser crime de menor potencial ofensivo, a competência é dos Juizados Especiais Criminais, nos termos dos artigos 60 e 61, ambos da Lei n. 9.099/1995.
Ação penal	Pública incondicionada.

CAPÍTULO V
DOS CRIMES CONTRA A HONRA

Os crimes contra a honra são aqueles que atingem a honra do indivíduo, seja ela objetiva, seja ela subjetiva. São os crimes de calúnia, injúria e difamação. Conforme entendimento majoritário, **são crimes de dano, mas de natureza formal**, ou seja, não dependem do resultado naturalístico para a sua consumação.

1. CALÚNIA

O crime de calúnia está previsto no artigo 138 do Código Penal:

> *Art. 138 – Caluniar alguém, imputando-lhe falsamente fato definido como crime:*
>
> *Pena – detenção, de seis meses a dois anos, e multa.*
>
> *§ 1º – Na mesma pena incorre quem, sabendo falsa a imputação, a propala ou divulga.*
>
> *§ 2º – É punível a calúnia contra os mortos.*

O bem jurídico tutelado é a **honra objetiva**, que consiste na boa fama do ofendido na sociedade. O crime é comissivo, consumando-se quando alguém, além da própria vítima, toma conhecimento da imputação falsa de cometimento de crime. A doutrina aponta que, por mais *desonrada* que seja a pessoa, admite-se o crime de calúnia, não havendo que se falar em crime impossível.

É possível a calúnia contra os mortos, em virtude da previsão do parágrafo segundo do artigo 138 do CP. Neste caso, os sujeitos passivos são os familiares, notadamente o cônjuge, ascendente, descendente e irmão, que são as mesmas pessoas que possuem legitimidade para a ação penal privada no caso de morte da vítima.

Não é possível a autocalúnia, podendo, entretanto, configurar o crime de autoacusação falsa, que tutela a administração da justiça. Prevalece o entendimento de que o consentimento do ofendido exclui o crime, considerando se tratar de bem disponível. O consentimento seria, assim, excludente supralegal da tipicidade.

Configura-se o crime pela conduta de caluniar e de, sabendo falsa a imputação, propalá-la ou divulgá-la. A calúnia consiste na imputação falsa, ou na propalação ou divulgação de tal imputação, a respeito da prática de crime pela vítima. **É importante observar que o tipo penal não abrange a falsa acusação de contravenção penal, mas apenas a de crime.**

O dolo é de dano. Entretanto, só há crime se houver o *animus caluniandi, animus offendendi*. Outros *animii* ou elementos subjetivos, como *animus jocandi* (intenção humorística), *animus corrigendi* (intenção de admoestar ou de corrigir a conduta do agente), *animus narrandi* (intenção apenas de narrar os fatos, sem querer imputar falsamente a prática delituosa pelo agente) e *animus consulendi* (intenção de se aconselhar) afastam o crime.

Pelo entendimento majoritário, o crime é de dano e formal. Cuida-se de crime comum, não exigindo nenhuma qualidade específica do sujeito ativo para a sua configuração. plurissubsistente apenas quando praticado por escrito. Se for verbal, é unissubsistente e não admite a tentativa. Em razão das formas equiparadas, previstas no parágrafo primeiro do artigo 138, aponta-se que o crime é de conteúdo variado, podendo se configurar por meio da conduta de caluniar, propalar ou divulgar. Caso o agente realize mais de uma conduta, no mesmo contexto, haverá crime único.

Quanto à pessoa jurídica figurar como sujeito ativo, o Superior Tribunal de Justiça possui precedentes em que não se admite que a pessoa jurídica seja sujeito passivo de crimes contra a honra:

> *"(...) A difamação, como a calúnia e a injúria, são crimes contra a – Honra – integrantes do Título – Crimes Contra a Pessoa. Consiste, ademais, em – imputar fato ofensivo a reputação de – alguém. Alguém, em todo o Direito, notadamente no contexto legislativo, indica o – ser humano. Jamais a legislação se refere à pessoa jurídica – como alguém. Interpretação lógica reafirma essa conclusão. Honra, no capítulo V dos Crimes Contra a Pessoa, significa o – patrimônio moral do homem. Daí, a impossibilidade de ser ofendida em sua dignidade, decoro, ou reputação na sociedade. A pessoa jurídica tem reputação, sim, todavia, de outra espécie, ou seja, significado de sua atividade social, que se pode sintetizar no valor de seu relacionamento, dado ser titular de personalidade jurídica." (STJ, RHC 7512/MG, Rel. Min. Luiz Vicente Cernicchiaro, Sexta Turma, DJ 31/08/1998)*
>
> *"(...) Pela lei em vigor, pessoa jurídica não pode ser sujeito passivo dos crimes contra a honra previstos no C. Penal. A própria difamação,* ex vi legis *(art. 139 do C. Penal), só permite como sujeito passivo a criatura humana. Inexistindo qualquer norma que permita a extensão da incriminação, nos crimes contra a pessoa (Título I do C. Penal) não se inclui a pessoa jurídica no polo passivo e, assim, especificamente, (Cap. IV do Título I) só se protege a honra das pessoas físicas. (Precedentes). Agravo desprovido." (STJ, AgRg no Ag 672522/PR, Rel. Min. Felix Fischer, Quinta Turma, DJ 17/10/2005).*

O Supremo Tribunal Federal, entretanto, possui precedentes em que se faz diferenciação entre os crimes contra a honra, não admitindo que a pessoa jurídica seja vítima de injúria ou de calúnia, mas aceitando-se que seja sujeito passivo de difamação:

> *LEGITIMIDADE – QUEIXA-CRIME – CALÚNIA – PESSOA JURÍDICA – SÓCIO-GERENTE. A pessoa jurídica pode ser vítima de difamação, mas não de injúria e calúnia. A imputação da prática de crime a pessoa jurídica gera a legitimidade do sócio-gerente para a queixa-crime por calúnia." (STF, RHC 83091/DF, Rel. Min. Marco Aurélio, Primeira Turma, Julgamento: 05/08/2003).*

"4. O Supremo Tribunal Federal já decidiu que a prática dos crimes de injúria e calúnia somente é possível quando a vítima é pessoa física. 5. O Querelante é pessoa jurídica, razão pela qual a conduta é atípica, não havendo justa causa para a instauração da ação penal. 6. Queixa-crime rejeitada." (STF, Pet 8481, Rel.: Cármen Lúcia, Tribunal Pleno, julgado em 30/11/2020, DJe 11/02/2021)

Existem alguns crimes específicos, previstos no artigo 214 do Código Penal Militar e no artigo 324 do Código Eleitoral.

Exceção da verdade

A exceção da verdade afasta a tipicidade da conduta e ocorre quando o agente prova a verdade dos fatos por ele atribuídos a terceiro. A calúnia se diferencia da denunciação caluniosa, pois nesta situação o agente imputa fato a vítima que se sabe inocente e provoca instauração de investigação policial, processo judicial, instauração de investigação administrativa, inquérito civil ou ação de improbidade administrativa. A exceção da verdade é o incidente processual que visa a provar que a imputação feita é verdadeira, estando prevista no parágrafo terceiro do artigo 138 do Código Penal:

§ 3º – Admite-se a prova da verdade, salvo:

I – se, constituindo o fato imputado crime de ação privada, o ofendido não foi condenado por sentença irrecorrível;

II – se o fato é imputado a qualquer das pessoas indicadas no nº I do art. 141;

III – se do crime imputado, embora de ação pública, o ofendido foi absolvido por sentença irrecorrível.

Em regra, cabe a exceção da verdade pelo réu no caso de calúnia. No caso de ofendido com prerrogativa de foro por função, a exceção deve ser julgada pelo tribunal competente para julgamento da autoridade no caso de ele ser réu em ação penal[1]. Suponha-se que um governador é vítima da calúnia e, como ele é vítima, a ação corre no primeiro grau de jurisdição. O sujeito que praticou a calúnia, para se defender, opõe a exceção da verdade, dizendo que o governador realmente praticou o crime. O julgamento da exceção da verdade cabe ao Superior Tribunal de Justiça, que possui competência para julgar o governador em ações penais.

Capez defende que a exceção da verdade deve abranger a exceção de notoriedade, ou seja, a exclusão do crime se o fato imputado for notoriamente conhecido, já que o amplo conhecimento afastaria a possibilidade de se atingir a honra objetiva da vítima[2].

O parágrafo terceiro traz as hipóteses em que, **excepcionalmente, não se admite a exceção da verdade**. Não se admite a exceção da verdade se o ofendido não foi condenado por sentença irrecorrível e o crime for de ação penal privada. Ademais, não se admite se o fato for imputado ao Presidente da República ou contra chefe de governo estrangeiro. Por fim, também não é cabível se o ofendido foi absolvido por sentença penal transitada em julgado, se o crime for de ação penal pública.

---

1. Em sentido contrário, criticando a posição do STF: Bitencourt, Cezar Roberto. Op. Cit., p. 302.
2. CAPEZ, Fernando. Op. Cit., vol. 2, p. 296.

QUADRO SINÓTICO

Crime de calúnia	
Tipo penal	Caluniar alguém, imputando-lhe falsamente fato definido como crime.
Objeto jurídico	Honra objetiva.
Sujeito ativo	Qualquer um.
Sujeito passivo	Qualquer um.
Elemento subjetivo	Dolo de violar a honra objetiva (*animus calumniandi*).
Consumação	A calúnia se consuma quando terceiro, que não a vítima, toma conhecimento da imputação.
Tentativa	Admite-se a possibilidade de tentativa.
Forma majorada	Nos termos do artigo 141, do CP, a pena será aumentada de um terço se o crime for cometido contra o Presidente da República ou chefe de governo estrangeiro; contra funcionário público, em razão de sua função, ou contra os Presidentes do Senado Federal, da Câmara dos Deputados ou do Supremo Tribunal Federal; na presença de várias pessoas, ou por meio que facilite a sua divulgação; ou contra criança, adolescente, pessoa maior de 60 anos ou pessoa com deficiência. Conforme o artigo 141, § 1º, do CP, a pena será dobrada se o crime for cometido mediante paga ou promessa de recompensa. Nos termos do artigo 141, § 2º, do CP, se o crime for cometido ou divulgado em quaisquer modalidades das redes sociais da rede mundial de computadores, aplica-se a pena em triplo. Nos termos do artigo 141, § 3º, do CP, *aplica-se a pena em dobro se o crime for cometido contra a mulher por razões da condição do sexo feminino.* Se o delito for praticado contra indígena "não integrado", incide a causa de aumento de pena de um terço, nos termos do artigo 59 da Lei n. 6.001/1973.
Classificação	Crime comum, formal, doloso, de forma livre, instantâneo, comissivo ou omissivo impróprio, monossubjetivo, plurissubsistente ou unissubsistente e transeunte.
Benefícios	Para a forma do *caput*, a transação, a suspensão condicional do processo e o oferecimento de acordo de não persecução penal são cabíveis, salvo para o caso do ANPP se o crime for praticado com violência ou grave ameaça. Por ser crime de menor potencial ofensivo, a competência é dos Juizados Especiais Criminais, nos termos dos artigos 60 e 61, ambos da Lei n. 9.099/1995.
Ação penal	A ação penal é privada mediante queixa. Contudo, nos termos do artigo 145, parágrafo único, do CP, se o crime for cometido contra o Presidente da República ou contra chefe de governo estrangeiro, procede-se mediante requisição do Ministro da Justiça. "É concorrente a legitimidade do ofendido, mediante queixa, e do Ministério Público, condicionada à representação do ofendido, para a ação penal por crime contra a honra de servidor público em razão do exercício de suas funções" (Súmula 714, do STF).
Observações	O fato falsamente imputado deve ser crime, de sorte que se a imputação for de contravenção penal, a conduta deve ser compreendida como difamação.

2. DIFAMAÇÃO

A difamação está prevista no artigo 139 do Código Penal:

> *Art. 139 – Difamar alguém, imputando-lhe fato ofensivo à sua reputação:*
>
> *Pena – detenção, de três meses a um ano, e multa.*
>
> *Exceção da verdade*
>
> *Parágrafo único – A exceção da verdade somente se admite se o ofendido é funcionário público e a ofensa é relativa ao exercício de suas funções.*

O bem jurídico protegido é a **honra objetiva**, a boa fama do indivíduo na sociedade, tal como na calúnia. Por isso, consuma-se quando um terceiro vem a tomar conhecimento da imputação, afetando a imagem de que goza na sociedade. A conduta típica é a imputação de fato determinado que, não constituindo crime, é ofensivo para a vítima. Esse fato ofensivo pode configurar, inclusive, contravenção penal, considerando que a calúnia apenas se configura no caso de falsa imputação de crime.

Em razão de tutelar a reputação do indivíduo no meio social, a sua honra objetiva, é necessário que o fato que se imputa à vítima seja ofensivo, ou seja, considerado reprovável na comunidade em que vive, prejudicando a sua imagem. Não é relevante que o fato imputado seja verdadeiro ou falso, exceto na hipótese de se relacionar às funções desempenhadas por funcionário público. O importante é que o fato seja determinado, ainda que não em minúcias ou detalhes, e ofensivo à reputação da vítima.

O crime é doloso, exigindo-se, ainda, o *animus diffamandi*. Assim como no caso da calúnia, outras intenções do agente impedem a configuração do delito, como, por exemplo, a intenção de gozação, o *animus jocandi*, ou a intenção meramente informativa, o *animus narrandi*. É imprescindível, portanto, a intenção específica de macular a honra da vítima. Classifica-se o crime como delito comum, não se exigindo nenhuma qualidade específica do sujeito ativo. Quanto ao sujeito passivo, não se exige nenhuma qualidade especial. Entretanto, os mortos não podem ser difamados, diferentemente da calúnia, crime em que, apesar de o morto não ser o seu sujeito passivo, é possível que a imputação falsa se refira a alguém já falecido. Já a pessoa jurídica pode ser vítima, conforme a doutrina majoritária e precedentes do STF[3].

O delito se consuma terceiros tomam conhecimento do fato ofensivo à vítima. Assim, considerando a consumação quando a imputação falsa chega ao conhecimento de outra pessoa, além do agente e da vítima, a competência para julgar o feito será fixada no local em que ocorrer esse fato, nos termos do artigo 70 do CPP. Quanto a crimes cometidos pela internet sem que se possa identificar o local de onde partiram as ofensas, o STJ tem decidido pela aplicação da regra subsidiária do artigo 72 do CPP, tornando competente o juízo do local em que reside ou é domiciliado o acusado[4].

3. STF, RHC 83091/DF, Rel. Min. Marco Aurélio, Primeira Turma, Julgamento: 05/08/2003; STF, Pet 8481, Rel. Min. Cármen Lúcia, Tribunal Pleno, julgado em 30/11/2020, DJe 11/02/2021.
4. STJ, AgRg nos EDcl no REsp n. 2.031.839/SC, Rel. Min. Joel Ilan Paciornik, Quinta Turma, julgado em 23/5/2023, DJe de 26/5/2023.

O STJ tem afastado a imputação do crime de difamação quando não se atribui a prática "de fato certo e determinado, que houvesse ocorrido em determinadas condições de tempo e lugar"[5]. De fato, o uso de termo pejorativo ou de adjetivo ofensivo deve ser contrastado com o tipo da injúria. A Corte também decidiu que se, em um mesmo documento, houver difamação contra mais de uma pessoa, deve ser reconhecido concurso formal de crimes[6]. Isso porque, mediante uma única conduta, o agente atinge a honra objetiva de mais de um indivíduo.

O crime é formal, independendo de resultado naturalístico para sua consumação. É plurissubsistente apenas na forma escrita, conforme entendimento majoritário. Em caso de difamação verbal, não é cabível a tentativa. Classifica-se, ainda, como instantâneo, por se consumar assim que a imputação chega ao conhecimento de terceiros, e comissivo, em razão de o tipo prever um comportamento positivo como conduta punível.

Quanto à especialidade, há previsão de crimes específicos no artigo 215 do Código Penal Militar e no artigo 325 do Código Eleitoral.

Exceção da verdade

Há **previsão de exceção da verdade para o caso de difamação, mas de forma excepcional**. Entretanto, tal como prevê o parágrafo único do artigo 139, só é admitida se a vítima for funcionária pública e o fato imputado se relacionar com as funções por ela exercidas. Há doutrinadores que defendem que aqui se incluiu a exceção de notoriedade, ou seja, se o fato imputado ao funcionário público for de conhecimento geral, é possível se afastar a configuração do delito. Esse entendimento parece adequado, dado o interesse público de saber os fatos verdadeiros, ainda que ofensivos, que ocorreram no serviço público.

Inclusive, essa exceção da verdade é restrita à imputação de fato a funcionário público, com relação ao exercício de suas funções, reforça que essa categoria profissional se submete a um maior grau de escrutínio público. Por isso, admite-se a crítica à atuação do agente público, ainda que dura ou veemente, dado o interesse da sociedade no desempenho de suas funções. Assim, as críticas jornalísticas dirigidas exclusivamente à sua atuação profissional, ainda que grosseiras ou deselegantes, não configuram crime, compreendendo-se dentro dos limites da liberdade de imprensa[7].

O STJ já decidiu não ser cabível a exceção da verdade, no caso de difamação, se o ofendido já não mais exercer função pública:

> *"Revela-se inadmissível, no presente caso, o processamento da exceção da verdade, porquanto o excepto não mais exerce qualquer função pública o que, na lição de abalizada doutrina (v.g., Heleno Cláudio Fragoso; Magalhães Noronha; Nelson Hungria; Adalberto José Q. T. de Camargo Aranha e Luiz Regis Prado), retira a justificativa para a medida, excepcional, no caso do delito de difamação." (STJ, AgRg nos EDcl na ExVerd 52/DF, Rel. Min. Felix Fischer, Corte Especial, DJe 27/03/2008).*

---

5. STJ, APn n. 1.028/DF, relatora Ministra Nancy Andrighi, Corte Especial, julgado em 16/11/2022, DJe de 21/11/2022.
6. STJ, APn n. 992/DF, Rel. Min. Francisco Falcão, Corte Especial, julgado em 21/6/2023, DJe de 3/8/2023.
7. STJ, AgRg no HC n. 691.897/DF, Rel. p/ acórdão Min. Sebastião Reis Júnior, Sexta Turma, julgado em 17/5/2022, DJe de 26/5/2022.

O argumento mencionado por Hungria, citado no precedente, consiste na expressão utilizada no parágrafo único do artigo 139: "se o ofendido é funcionário público", de modo que a *exceptio veritatis* não se estende àquele que não mais exerce funções públicas, ainda que ofendido em razão das funções que exercia[8].

QUADRO SINÓTICO

Crime de difamação	
Tipo penal	Difamar alguém, imputando-lhe fato ofensivo à sua reputação.
Objeto jurídico	Honra objetiva da vítima.
Sujeito ativo	Qualquer um.
Sujeito passivo	Qualquer um, inclusive pessoas jurídicas.
Elemento subjetivo	Admite-se somente o dolo, seja ele direto ou eventual.
Consumação	Ocorre quando terceiro que não a vítima toma conhecimento da imputação ofensiva à reputação.
Tentativa	Admite-se a possibilidade de tentativa.
Forma majorada	Nos termos do artigo 141, do CP, a pena será aumentada de um terço se o crime for cometido contra o Presidente da República ou chefe de governo estrangeiro; contra funcionário público, em razão de sua função, ou contra os Presidentes do Senado Federal, da Câmara dos Deputados ou do Supremo Tribunal Federal; na presença de várias pessoas, ou por meio que facilite a sua divulgação; ou contra criança, adolescente, pessoa maior de 60 anos ou pessoa com deficiência. Se o delito for praticado contra indígena "não integrado", incide a causa de aumento de pena de um terço, nos termos do artigo 59 da Lei n. 6.001/1973.
Forma majorada	Conforme o artigo 141, § 1º, do CP, a pena será dobrada se o crime for cometido mediante paga ou promessa de recompensa. Nos termos do artigo 141, § 2º, do CP, se o crime for cometido ou divulgado em quaisquer modalidades das redes sociais da rede mundial de computadores, aplica-se a pena em triplo. Nos termos do artigo 141, § 3º, do CP, *aplica-se a pena em dobro se o crime for cometido contra a mulher por razões da condição do sexo feminino.*
Classificação	Crime comum, formal, doloso, de forma livre, instantâneo, comissivo ou omissivo impróprio, monossubjetivo, plurissubsistente ou unissubsistente e transeunte.
Benefícios	Para a forma do *caput*, a transação, a suspensão condicional do processo e o oferecimento de acordo de não persecução penal são cabíveis, salvo para o caso do ANPP se o crime for praticado com violência ou grave ameaça. Por ser crime de menor potencial ofensivo, a competência é dos Juizados Especiais Criminais, nos termos dos artigos 60 e 61, ambos da Lei n. 9.099/1995.

8. HUNGRIA, Nélson. Op. Cit., 1945, p. 80.

Crime de difamação	
Ação penal	A princípio, a ação penal é privada mediante queixa. Contudo, nos termos do artigo 145, parágrafo único, do CP, se o crime for cometido contra o Presidente da República ou contra chefe de governo estrangeiro, procede-se mediante requisição do Ministro da Justiça. "É concorrente a legitimidade do ofendido, mediante queixa, e do Ministério Público, condicionada à representação do ofendido, para a ação penal por crime contra a honra de servidor público em razão do exercício de suas funções" (Súmula 714, do STF).

3. INJÚRIA

O delito de injúria, o único que se volta contra a honra subjetiva, está previsto no artigo 140 do Código Penal:

> *Art. 140 – Injuriar alguém, ofendendo-lhe a dignidade ou o decoro:*
>
> *Pena – detenção, de um a seis meses, ou multa.*
>
> *§ 1º – O juiz pode deixar de aplicar a pena:*
>
> *I – quando o ofendido, de forma reprovável, provocou diretamente a injúria;*
>
> *II – no caso de retorsão imediata, que consista em outra injúria.*

A conduta típica é ofender a dignidade ou o decoro de alguém, emitindo-se conceito negativo sobre o ofendido. Como já apontado, o bem jurídico tutelado pela norma é a **honra subjetiva**, que envolve a dignidade e o decoro da pessoa. Ou seja, não se volta à fama do indivíduo no meio em que vive, mas à própria ideia que ele tem de si mesmo, sua própria autoestima. Por isso, o crime se consuma quando a ofensa chega ao conhecimento da vítima.

Não é crime a autoinjúria, assim como não se pode injuriar o morto. O sujeito passivo deve compreender a ofensa, já que a conduta se volta contra a honra subjetiva dele, e não contra a sua reputação. **Injúria reflexa** é a que atinge também terceira pessoa, como quando se chama o sujeito casado de corno. Atingem-se a honra dele e a da esposa.

Quanto ao sujeito passivo, a doutrina e a jurisprudência não admitem a configuração do delito contra pessoa jurídica. Isto porque a injúria tutela a honra subjetiva, relativa à dignidade e decoro, a autoestima, o que se reserva às pessoas naturais. Neste sentido o STJ tem reforçado que "a pessoa jurídica, por não ser uma pessoa natural, não possui honra subjetiva, estando, portanto, imune às violências a esse aspecto de sua personalidade, não podendo ser ofendida com atos que atinjam a sua dignidade, respeito próprio e autoestima"[9].

Não se admite exceção da verdade, mesmo porque se volta à honra subjetiva, e não à divulgação de fatos falsos sobre o sujeito passivo. Assim, não importa se a imputação é verdadeira ou falsa, a questão é seu potencial lesivo sobre a dignidade

9. STJ, REsp 1.573.594/RJ, Rel. Min. Nancy Andrighi, Terceira Turma, julgado em 10/11/2016, DJe 14/11/2016; STJ, APn n. 969/DF, Rel. Min. Og Fernandes, Corte Especial, julgado em 3/3/2021, DJe de 17/3/2021.

do ofendido. É, portanto, indiferente a veracidade ou a falsidade do conceito emitido em relação à vítima.

O crime é doloso, exigindo-se o *animus injuriandi*. Se o ânimo do agente for outro, que não o de injuriar a vítima, o crime não se configura. No julgamento do processo da Boate Kiss, um desembargador, esboçando um sorriso para o colega de colegiado, teria se referido a um advogado como "toupeira". Essa fala foi captada pelos microfones da sala do Tribunal. O STJ entendeu não existir a vontade consciente de ofender a vítima. Ainda que o adjetivo utilizado fosse, objetivamente, ofensivo, consignou-se a necessidade de se depreender, com clareza, da conduta do sujeito uma intenção de desprezar, menoscabar ou desrespeitar a vítima[10].

O STJ também afastou a configuração do delito no contexto de acirradas discussões políticas. Reafirmou a posição de que "expressões eventualmente contumeliosas, quando proferidas em momento de exaltação, bem assim no exercício do direito de crítica ou de censura profissional, ainda que veementes, atuam como fatores de descaracterização do elemento subjetivo peculiar aos tipos penais definidores dos crimes contra a honra"[11].

O crime é formal, sendo plurissubsistente somente na forma escrita, conforme entendimento que prevalece na doutrina. Na forma verbal, é unissubsistente e não admite tentativa. Como não exige nenhuma qualidade específica do sujeito passivo, é classificado como comum. Além disso, é comissivo e instantâneo.

Há previsões de crimes especiais em relação ao crime do Código Penal: no artigo 105 do Estatuto da Pessoa Idosa, no artigo 216 do Código Penal Militar e no artigo 326 do Código Eleitoral.

Perdão judicial

O parágrafo primeiro do artigo 140 prevê hipóteses em que o juiz "pode" deixar de aplicar a pena. Trata-se do chamado perdão judicial, que possui natureza de causa extintiva da punibilidade. O entendimento majoritário é de que, preenchidos os requisitos, o perdão judicial é **direito subjetivo do acusado**. São as hipóteses que permitem o perdão judicial:

- **Provocação reprovável**. Só abrange quem respondeu à provocação.
- **Retorsão imediata**. É a injúria em reposta a outra injúria. Sobre os efeitos neste caso, Sanches Cunha defende que o perdão judicial abrange todos os envolvidos. Para Bitencourt, só deve ter extinta a punibilidade aquele que respondeu.

Injúria real (qualificadora)

O parágrafo segundo do artigo 140 prevê a injúria real, modalidade de injúria qualificada, cuja pena passa a ser de detenção, de três meses a um ano, e multa, além da pena correspondente à violência:

10. STJ, QC n. 2/DF, Rel. Min. Laurita Vaz, Corte Especial, julgado em 16/8/2023, DJe de 23/8/2023.
11. STJ, QC n. 6/DF, relator Ministro Herman Benjamin, Corte Especial, julgado em 10/6/2024, DJe de 26/6/2024.

> *Art. 140 – § 2º – Se a injúria consiste em violência ou vias de fato, que, por sua natureza ou pelo meio empregado, se considerem aviltantes:*
>
> *Pena – detenção, de três meses a um ano, e multa, além da pena correspondente à violência.*

A injúria real é a modalidade qualificada em que a própria injúria consiste em **violência ou vias de fato**. É o caso de o sujeito dar um leve tapa no rosto de seu inimigo, no meio do seu ambiente de trabalho, para humilhá-lo. A violência ou vias de fato devem ser aviltantes para a configuração do crime de injúria real. É justamente este o elemento que diferencia a mera prática de violência, configuradora de lesão, ou de vias de fato, que constituem contravenção penal, e o uso dessas condutas como meio para injuriar a vítima. Caso haja lesão corporal no emprego de violência aviltante, há concurso de crimes. No caso de vias de fato, a contravenção penal fica absorvida.

Injúria preconceituosa (qualificadora)

A Lei n. 9.459/2003 incluiu o parágrafo terceiro ao artigo 140 do Código Penal, criando mais uma modalidade de injúria qualificada. Tratava-se da chamada injúria racial, cujo tipo já havia sido alterado pela Lei n. 10.741/2003:

> *§ 3º Se a injúria consiste na utilização de elementos referentes a raça, cor, etnia, religião, origem ou a condição de pessoa idosa ou portadora de deficiência:*
>
> *Pena – reclusão de um a três anos e multa.*

Apesar de ter havido nova alteração legislativa, cabe analisar o delito como estava previsto anteriormente, pois essa lei continuará aplicável à maioria dos casos dos delitos praticados anteriormente. Pois bem, o artigo 140, em seu parágrafo terceiro, previa a chamada injúria por preconceito, que **envolvia** a utilização de elementos referentes a raça, cor, etnia, religião, origem ou a condição de pessoa idosa ou portadora de deficiência.

A doutrina majoritária vinha diferenciando o **racismo**, tratado na Lei n. 7.716/1989, da **injúria racial**[12], que estava prevista no artigo 140, § 3º, do Código Penal. Nesses termos, a injúria racial seria prescritível, entendimento que foi adotado em antigo precedente do STF[13]. O racismo, por sua vez, seria imprescritível e inafiançável, nos termos do artigo 5º, XLII, da Constituição da República.

Entretanto, o Superior Tribunal de Justiça firmou jurisprudência em sentido oposto, adotando a posição de Nucci[14] e classificando o crime de injúria qualificada pelo racismo como **uma nova modalidade de racismo**. Desse modo, a injúria racial também estaria abrangida pela determinação constitucional de imprescritibilidade[15]. Posteriormente, o Plenário do Supremo Tribunal Federal também decidiu **não haver**

---

12. Neste sentido: BITENCOURT, Cezar Roberto. Op. Cit., 2020, p. 486. CUNHA, Rogério Sanches. Op. Cit., 2020, p. 203. MASSON, Cleber. Op. Cit., 2019, p. 184.
13. STF, HC 86452/RS, Rel. Min. Joaquim Barbosa, Segunda Turma, Julgamento: 07/02/2006.
14. NUCCI, Guilherme de Sousa. Op. Cit., 2015, p. 797-798.
15. STJ, AgRg no AREsp 734236/DF, Rel. Min. Nefi Cordeiro, Sexta Turma, DJe 08/03/2018.

diferença ontológica entre racismo e injúria racial. Assim, concluiu que o delito do artigo 140, § 3º, do CP, era imprescritível, inafiançável e sujeito à pena de reclusão[16]. Entretanto, por expressa determinação legal, contida no artigo 145, parágrafo único, do Código Penal, a injúria racial era crime de ação penal pública condicionada à representação, razão pela qual se sujeitava à decadência.

O STF também decidiu que os crimes raciais, inclusive o artigo 140, parágrafo terceiro, do Código Penal, não estão abarcados pelo instituto do acordo de não persecução penal. Assim, o ANPP não pode ser celebrado no caso de injúria racial, ainda que, pela pena em abstrato, os requisitos do artigo 28-A do CPP estivessem adimplidos. O fundamento foi o comando constitucional de combate a essa espécie de criminalidade, além dos compromissos assumidos internacionalmente pelo Estado brasileiro, com especial atenção ao direito à não discriminação e à não submissão à tortura, física ou psicológica[17].

Todo o cenário se alterou com o advento da **Lei n. 14.532/2023**, que modificou o Código Penal e a Lei n. 7.716/1989, conhecida como Lei do Racismo, deslocando o tipo da injúria racial para a legislação específica. Também houve aumento da pena cominada. Por isso, as alterações legislativas se aplicam, em regra, apenas aos delitos praticados a partir da entrada em vigor da lei, em 11 de janeiro de 2023. No Código Penal, a injúria qualificada por preconceito foi mantida, mas com conteúdo mais reduzido:

Antes da Lei n. 14.532/2023	Depois da Lei n. 14.532/2023
§ 3º Se a injúria consiste na utilização de elementos referentes a **raça, cor, etnia**, religião, **origem** ou a condição de pessoa idosa ou portadora de deficiência: Pena – reclusão de um a três anos e multa.	§ 3º Se a injúria consiste na utilização de elementos referentes a religião ou à condição de pessoa idosa ou com deficiência: Pena - reclusão, de 1 (um) a 3 (três) anos, e multa.

Com a alteração legislativa, a injúria racial passa a estar prevista no artigo 2º-A da Lei n. 7.716/1989, enquanto a injúria qualificada do Código Penal, na redação atual, pode ser denominada de **injúria preconceituosa** ou injúria qualificada por preconceito. Tutela a honra subjetiva, tornando o crime mais reprovável quando o agente se utiliza de **elementos referentes à religião ou à condição de pessoa idosa ou com deficiência**. Esse delito, que não envolve propriamente racismo na redação atual, não deve ser considerado inafiançável nem imprescritível.

A religião é qualquer crença do indivíduo, devendo-se tutelar a sua profissão de fé, que não deve ser alvo de odiosa ofensa relacionada a suas convicções religiosas. A pessoa idosa é definida como aquela com idade igual ou superior a 60 anos, conforme o artigo 1º da Lei n. 10.741/2003, o Estatuto da Pessoa Idosa. Pessoa com deficiência, por sua vez, é definida como aquela que tem impedimento de longo prazo de natureza física, mental, intelectual ou sensorial, o qual, em interação com

16. STF, HC 154.248/DF, Rel. Min. Edson Fachin, Tribunal Pleno, Julgamento: 28/10/2021.
17. STF, RHC 222599, Rel. Min. Edson Fachin, Segunda Turma, Julgamento: 07/02/2023.

uma ou mais barreiras, pode obstruir sua participação plena e efetiva na sociedade em igualdade de condições com as demais pessoas, consoante previsão do artigo 2º do Estatuto da Pessoa com Deficiência, a Lei n. 13.146/2015.

Parte da doutrina, desde antes da alteração legislativa, já vinha defendendo que, nesta modalidade, não cabe o perdão judicial em caso de retorsão imediata do agente[18]. Podem ser elencados dois fundamentos: a gravidade do delito e, o mais convincente, a posição topográfica da forma qualificada, que está após a previsão do perdão judicial. Assim, essa forma de extinção da punibilidade seria restrita à modalidade prevista no *caput*.

Quanto à **injúria racial**, o delito passa a ser tipificado no artigo 2º-A da Lei n. 7.716/1989, com pena mais gravosa. Por isso, via de regra, só se deve aplicar o novo dispositivo aos delitos praticados de 11 de janeiro de 2023, data de entrada em vigor da lei, em diante. A injúria racial passa a ser mais consentânea com os outros dispositivos da Lei de Racismo, que trata da os crimes resultantes de discriminação ou preconceito de raça, cor, etnia, religião ou procedência nacional. No entanto, a modalidade de violação da honra subjetiva que se concretiza com uso de elementos relativos à religião continuou regulada no Código Penal, não tendo sido incluída no novo tipo penal:

> *Art. 2º-A Injuriar alguém, ofendendo-lhe a dignidade ou o decoro, em razão de raça, cor, etnia ou procedência nacional.*
>
> *Pena: reclusão, de 2 (dois) a 5 (cinco) anos, e multa.*
>
> *Parágrafo único. A pena é aumentada de metade se o crime for cometido mediante concurso de 2 (duas) ou mais pessoas.*

Em virtude do teor do dispositivo, pode-se concluir não ter havido revogação da qualificadora, mas continuidade normativo-típica. A modificação principal quanto à abrangência foi a supressão da injúria **"com elementos relativos à origem"**, termo que parecia mais amplo, com a substituição dessa hipótese por **"procedência nacional"**, termo que se mostra mais restrito, normalmente interpretado como a vítima sofrer preconceito, *exempli gratia*, por ser haitiana, síria ou chinesa.

A ação penal, que era pública condicionada à representação, passa a ser incondicionada, alteração que só deve ser aplicada aos crimes cometidos após a entrada em vigor da Lei n. 14.532/2023. Por interpretação dos Tribunais Superiores, o delito já era considerado inafiançável e imprescritível, o que se reforça com a sua alocação na lei específica de crimes de racismo. Além disso, a pena passou, nesses casos, de reclusão, de 1 a 3, anos, para reclusão, de 2 a 5 anos, sem prejuízo da multa. Se, antes da modificação legislativa, parte da doutrina já apontava a falta de proporcionalidade, por ser a pena mais gravosa do que a do homicídio culposo, que é de detenção, de 1 a 3 anos[19], atualmente a desproporção entre os tipos se torna mais evidente.

---

18. CAPEZ, Fernando. Op. Cit., 2013, p. 316; CUNHA, Rogério Sanches. Op. Cit., 2020, p. 204.
19. Neste sentido: BITENCOURT, Cezar Roberto. Op. Cit., 2020, p. 488-489. NUCCI, Guilherme de Sousa. Op. Cit., 2015, p. 801. PRADO, Luiz Régis. Op. Cit., 2020, p. 520.

No parágrafo único do artigo 2º-A, foi inserida a majorante de metade se a injúria racial for praticada mediante **concurso de duas ou mais pessoas**. Para a configuração da causa de aumento de pena, não é necessário que todas as pessoas sejam imputáveis nem que todas sejam identificadas, mas é imprescindível que haja efetivo concurso de agentes. Cumpre diferenciar a situação de uma pessoa se unir a outra para injuriar alguém, com vínculo subjetivo, o que configura a majorante, do caso em que várias pessoas ofendem uma vítima na rede mundial de computadores, em razão de polêmica postagem em rede social, sem vínculo entre elas. Neste último caso, não há concurso, e sim delitos autônomos.

Além disso, a Lei n. 14.532/2023 introduziu causas de aumento de pena aplicáveis a todos os delitos regulados na Lei de Racismo, conforme previsão dos artigos 20-A e 20-B, introduzidos na Lei n. 7.716/1989:

> *Art. 20-A. Os crimes previstos nesta Lei terão as penas aumentadas de 1/3 (um terço) até a metade, quando ocorrerem em contexto ou com intuito de descontração, diversão ou recreação.*
>
> *Art. 20-B. Os crimes previstos nos arts. 2º-A e 20 desta Lei terão as penas aumentadas de 1/3 (um terço) até a metade, quando praticados por funcionário público, conforme definição prevista no Decreto-Lei nº 2.848, de 7 de dezembro de 1940 (Código Penal), no exercício de suas funções ou a pretexto de exercê-las.*

A injúria racial, portanto, terá a pena aumentada, na terceira fase da dosimetria, de um terço até metade se ocorrer em contexto de descontração, diversão ou recreação. Além de deixar claro que esse tipo de contexto não afasta a configuração do delito, o legislador decidiu tornar o chamado **"racismo recreativo"** uma modalidade majorada do crime.

Também haverá o aumento, no mesmo *quantum* de um terço até a metade, quando se tratar de delito funcional, ou seja, praticado por funcionário público. Como expresso na norma, deve estar presente o nexo funcional, somente incidindo o aumento de pena se o sujeito ativo estiver no exercício das funções ou, ao menos, atue a pretexto de exercê-las.

Continua existindo diferença entre a injúria racial, antes prevista no Código Penal e atualmente tipificada no artigo 2º-A da Lei n. 7.716/1989, e o crime previsto no artigo 20 dessa mesma lei. Na injúria racial, o agente atua com o objetivo de atingir a honra subjetiva da vítima, dirigindo-lhe uma ofensa relacionada a sua cor ou raça. Volta-se a pessoa determinada ou pessoas determinadas. Para que o fato configure o crime previsto no art. 20 da Lei de Racismo, é necessário o dolo específico de ofender um grupo étnico ou racial de forma generalizada, voltando-se o agente a pessoas indeterminadas. Busca disseminar o preconceito e a discriminação[20].

Também foi acrescentado à Lei n. 7.716/1989 o artigo 20-C, que traz uma norma interpretativa. Determina-se que o juiz deve considerar como discriminatório o

---

20. Art. 20. Praticar, induzir ou incitar a discriminação ou preconceito de raça, cor, etnia, religião ou procedência nacional. Pena: reclusão de um a três anos e multa.

PARTE ESPECIAL

que causa humilhação, vergonha, medo ou exposição indevida **a uma pessoa ou a grupos minoritários**. Deixa claro o que já se podia extrair da lei, ela visa a tutelar minorias, cujas características, como cor da pele, a tornam alvo de preconceito e atitudes discriminatórias:

> *Art. 20-C. Na interpretação desta Lei, o juiz deve considerar como discriminatória qualquer atitude ou tratamento dado à pessoa ou a grupos minoritários que cause constrangimento, humilhação, vergonha, medo ou exposição indevida, e que usualmente não se dispensaria a outros grupos em razão da cor, etnia, religião ou procedência. (Incluído pela Lei nº 14.532, de 2023)*

A análise da legislação especial visa a ressalvar que nem sempre o novo dispositivo da injúria racial será norma penal mais gravosa. A pena na modalidade simples passou do patamar de 1 a 3 anos de reclusão para 2 a 5. No entanto, nem todas as majorantes que estavam presentes no Código Penal foram previstas para a injúria racial da legislação extravagante. A mais rígida majorante dos crimes contra a honra no Código Penal, disposta no artigo 141, § 2º, determina a aplicação da pena em triplo se o crime for cometido ou divulgado em quaisquer modalidades das redes sociais da rede mundial de computadores.

A Lei n. 14.532/2023 incluiu uma majorante similar na Lei n. 7.716/1989, mas como parágrafo segundo do artigo 20, ou seja, aplicando-se apenas ao racismo referente à discriminação genérica, voltada a pessoas indeterminadas. Essa majorante não foi prevista para a injúria racial, que deixa de ter essa modalidade majorada. Por isso, se o crime de injúria racial foi praticado, em rede social, antes da vigência da Lei n. 14.532/2023, estava sujeito à pena de 1 a 3 anos de reclusão, aplicada em triplo. Com a alteração legislativa, passa a ser cominada a pena de 2 a 5 anos, mas sem a majorante, razão pela qual, neste ponto, a lei pode ser mais benigna, retroagindo para beneficiar os réus e os definitivamente condenados. Essa falha legislativa não pode ser corrigida na via judicial, sob pena de violação do princípio da legalidade.

Por fim, ainda que não se trate de injúria, há um tipo específico para criminalizar a discriminação contra portadores do vírus HIV e doentes de AIDS. O delito está previsto no artigo 1º da Lei n. 12.984/2014.

Crime	Tipo Penal	Bem jurídico tutelado	Exceção da verdade
Calúnia	Imputar a alguém, falsamente, fato definido como crime. Punível se cometida contra os mortos.	Honra objetiva.	Cabe em regra.
Difamação	Imputar a alguém fato ofensivo a sua reputação (inclusive contravenção penal).	Honra objetiva.	Cabe excepcionalmente.
Injúria	Emitir conceito de desrespeito e menosprezo, uma qualidade negativa sobre alguém.	Honra subjetiva.	Não cabe jamais.

QUADRO SINÓTICO

	Crime de injúria
Tipo penal	Injuriar alguém, ofendendo-lhe a dignidade ou o decoro.
Objeto jurídico	Honra subjetiva.
Sujeito ativo	Qualquer um.
Sujeito passivo	Qualquer um.
Elemento subjetivo	Exige-se o dolo, com o *animus injuriandi.*
Consumação	O delito se consuma quando a vítima toma conhecimento da ofensa à sua honra subjetiva.
Tentativa	Admite-se a possibilidade de tentativa.
Forma majorada	Nos termos do artigo 141, do CP, a pena será aumentada de um terço se o crime for cometido contra o Presidente da República ou chefe de governo estrangeiro; contra funcionário público, em razão de sua função, ou contra os Presidentes do Senado Federal, da Câmara dos Deputados ou do Supremo Tribunal Federal; na presença de várias pessoas, ou por meio que facilite a sua divulgação. Também será majorada a injúria praticada contra criança, adolescente, pessoa maior de 60 anos ou pessoa com deficiência, ressalvada, nesses casos, a configuração da qualificadora, que afasta a majorante. Conforme o artigo 141, § 1º, do CP, a pena será dobrada se o crime for cometido mediante paga ou promessa de recompensa. Nos termos do artigo 141, § 2º, do CP, se o crime for cometido ou divulgado em quaisquer modalidades das redes sociais da rede mundial de computadores, aplica-se a pena em triplo. Nos termos do artigo 141, § 3º, do CP, *aplica-se a pena em dobro se o crime for cometido contra a mulher por razões da condição do sexo feminino.* Se o delito for praticado contra indígena "não integrado", incide a causa de aumento de pena de um terço, nos termos do artigo 59 da Lei n. 6.001/1973.
Forma qualificada	Nos termos do artigo 140, § 2º, a injúria é qualificada se ela consiste em violência ou vias de fato, que, por sua natureza ou pelo meio empregado, se considerem aviltantes (injúria real). Conforme o artigo 140, § 3º, do CP, a injúria também é qualificada se consistir na utilização de elementos referentes a religião ou à condição de pessoa idosa ou portadora de deficiência.
Classificação	Crime comum, formal, doloso, de forma livre, instantâneo, comissivo ou omissivo impróprio, monossubjetivo, plurissubsistente ou unissubsistente e transeunte.
Benefícios	Para a forma do *caput*, a transação, a suspensão condicional do processo e o oferecimento de acordo de não persecução penal são cabíveis, salvo para o caso do ANPP se o crime for praticado com violência ou grave ameaça. Além disso, conforme entendimento do STF, não se admite ANPP para os crimes raciais, inclusive a injúria racial.

PARTE ESPECIAL

Crime de injúria	
Benefícios	Por ser crime de menor potencial ofensivo, a competência é dos Juizados Especiais Criminais, nos termos dos artigos 60 e 61, ambos da Lei n. 9.099/1995. Para a injúria real admite-se somente a transação e a suspensão condicional do processo. Ainda é crime de menor potencial ofensivo de competência dos Juizados Especiais Criminais, nos termos dos artigos 60 e 61, ambos da Lei n. 9.099/1995. Para a modalidade de injúria qualificada do artigo 140, § 3º, do CP, admite-se tão somente a suspensão condicional do processo.
Ação penal	A princípio, a ação penal é privada mediante queixa. Contudo, nos termos do artigo 145, parágrafo único, do CP, se o crime for cometido contra o Presidente da República ou contra chefe de governo estrangeiro, procede-se mediante requisição do Ministro da Justiça. Se o crime for cometido contra funcionário público, em razão de suas funções, procede-se mediante representação do ofendido (ação pública condicionada). Se a injúria resulta em lesão corporal, a ação penal será pública incondicionada. Não se aplica a disposição da Lei n. 9.099/1995, segundo a qual a lesão corporal leve ou culposa seria de ação penal pública condicionada se houver violência doméstica ou familiar contra a mulher. Nos termos do artigo 145, parágrafo único, do CP, se a injúria consiste na utilização de elementos referentes à religião ou à condição de pessoa idosa ou portadora de deficiência, a ação será pública condicionada. "É concorrente a legitimidade do ofendido, mediante queixa, e do Ministério Público, condicionada à representação do ofendido, para a ação penal por crime contra a honra de servidor público em razão do exercício de suas funções" (Súmula 714, do STF).

4. DISPOSIÇÕES COMUNS AOS CRIMES CONTRA A HONRA

Os artigos 141 a 145 do Código Penal trazem disposições comuns aos crimes contra a honra.

Formas majoradas

A iniciar pelo artigo 141, há a previsão de formas majoradas dos crimes contra a honra:

> *Art. 141 – As penas cominadas neste Capítulo aumentam-se de um terço, se qualquer dos crimes é cometido:*
>
> *I – contra o Presidente da República, ou contra chefe de governo estrangeiro;*
>
> *II – contra funcionário público, em razão de suas funções, ou contra os Presidentes do Senado Federal, da Câmara dos Deputados ou do Supremo Tribunal Federal;*
>
> *III – na presença de várias pessoas, ou por meio que facilite a divulgação da calúnia, da difamação ou da injúria.*
>
> *IV – contra criança, adolescente, pessoa maior de 60 (sessenta) anos ou pessoa com deficiência, exceto na hipótese prevista no § 3º do art. 140 deste Código.*

§ 1º– Se o crime é cometido mediante paga ou promessa de recompensa, aplica-se a pena em dobro.

§ 2º Se o crime é cometido ou divulgado em quaisquer modalidades das redes sociais da rede mundial de computadores, aplica-se em triplo a pena.

§ 3º Se o crime é cometido contra a mulher por razões da condição do sexo feminino, nos termos do § 1º do art. 121-A deste Código, aplica-se a pena em dobro.

Os crimes de calúnia, injúria e difamação terão a **causa de aumento de pena de um terço** se forem praticados contra o Presidente da República, contra chefe de governo estrangeiro. Também incide a majorante no caso de o delito ser praticado contra funcionário público, desde que em razão de suas funções.

A Lei n. 14.197, de 1º de setembro de 2021, alterou a redação do inciso II do artigo 141, incluindo também os crimes praticados contra os Presidentes do Senado, da Câmara dos Deputados e do Supremo Tribunal Federal. São os Chefes dos Poderes da União que não estavam incluídos no inciso I. Nesse caso, não se exige o **nexo funcional**, ou seja, o delito praticado não precisa ter relação com as funções exercidas pela vítima para incidência da majorante. Houve previsão de *vacatio legis* de 90 dias, a partir do qual referida lei entrou em vigor:

Lei n. 7.170/1983	Código Penal (Lei n. 14.197/2021)
Art. 26 – Caluniar ou difamar o Presidente da República, o do Senado Federal, o da Câmara dos Deputados ou o do Supremo Tribunal Federal, imputando-lhes fato definido como crime ou fato ofensivo à reputação. Pena: reclusão, de 1 a 4 anos. Parágrafo único – Na mesma pena incorre quem, conhecendo o caráter ilícito da imputação, a propala ou divulga.	Art. 141 – As penas cominadas neste Capítulo aumentam-se de um terço, se qualquer dos crimes é cometido: (...) II – contra funcionário público, em razão de suas funções, ou contra os Presidentes do Senado Federal, da Câmara dos Deputados ou do Supremo Tribunal Federal;

Há também a forma majorada no caso de o delito ser praticado na **presença de várias pessoas ou por meio de facilite a sua divulgação**, como é o caso de uma publicação jornalística ou em um programa televisivo. Para a maioria da doutrina, a configuração da presença de várias pessoas exige que sejam pelo menos três. Anteriormente, enquadrava-se nessa majorante também a ofensa por meio de redes sociais, mas, com o início de vigência do Pacote Anticrime, em 23 de janeiro de 2020, passou a incidir majorante específica, do triplo da pena.

O delito de calúnia e o de difamação possuem também a forma majorada se a vítima for maior de sessenta anos ou pessoa com deficiência. Essa majorante ficará afastada caso incida a qualificadora de injúria por preconceito, ou seja, quando a injúria consiste na utilização de elementos referentes à condição de pessoa idosa ou com deficiência. Se a vítima for idosa ou pessoa com deficiência e essa condição não for utilizada como meio de se violar sua honra subjetiva, nem outro elemento mencionado no artigo 140, § 3º, do CP, não incidirá a qualificadora respectiva, razão pela qual será possível aplicar a majorante.

Além disso, com a Lei n. 14.344/2022, conhecida como Lei Henry Borel, foi incluída nessa majorante a vítima **criança ou adolescente**. Com o início de sua vigência, em 8 de julho de 2022, passa a incidir a majorante nos crimes praticados contra crianças e adolescentes a partir dessa data, por ser alteração mais gravosa. Essa causa de aumento de pena não pode ser aplicada retroativamente. Incidindo a majorante, fica afastada a agravante genérica do artigo 61, II, alínea *h*, que abrange os delitos que possuem uma criança como sujeito passivo. Por fim, essa lei também fez uma adequação de nomenclatura, deixando de se referir a pessoa "portadora de deficiência" para mencionar **pessoa com deficiência**.

No caso de crime **mercenário**, ou seja, praticado mediante paga ou promessa de recompensa, o crime contra a honra será majorado, sendo que neste caso o aumento de pena implicará que ela seja **dobrada**. Ainda que se possa defender se tratar de qualificadora, o melhor entendimento parece ser o de que a pena será duplicada na terceira fase da dosimetria, como modalidade majorada.

Por fim, com a derrubada do veto do Pacote Anticrime, foi inserido o parágrafo segundo ao artigo 141. Se o crime for cometido ou divulgado em quaisquer modalidades das redes sociais da rede mundial de computadores, aplica-se **em triplo** a pena. Chama a atenção o *quantum* de pena que, apesar de se justificar na ampla e rápida difusão desses delitos quando praticados em redes sociais, como Twitter, Facebook e Instagram, leva a uma punição maior do que o crime de lesão corporal. Por isso, questiona-se, com razão, a sua proporcionalidade.

A Lei n. 14.994/2024 inseriu nova causa de aumento de pena, reservada para os crimes contra a honra praticados contra a mulher por razões da condição do sexo feminino, o que inclui, nos termos do artigo 121-A, § 1º, do Código Penal, a violência doméstica e familiar e o menosprezo ou discriminação à condição de mulher. Essa majorante somente pode ser aplicada aos crimes cometidos a partir da entrada em vigor da lei, o que ocorreu com a sua publicação, em 10 de outubro de 2024.

A interpretação de **violência doméstica e familiar** deve ser feita de forma sistemática, considerando todo o sistema normativo de proteção da mulher, especialmente a Lei Maria da Penha. A Lei n. 11.340/2006, conhecida como Lei Maria da Penha, que, nos termos do seu preâmbulo, cria mecanismos para coibir a violência doméstica e familiar contra a mulher, nos termos do § 8º do art. 226 da Constituição Federal, da Convenção sobre a Eliminação de Todas as Formas de Discriminação contra as Mulheres e da Convenção Interamericana para Prevenir, Punir e Erradicar a Violência contra a Mulher; dispõe sobre a criação dos Juizados de Violência Doméstica e Familiar contra a Mulher; altera o Código de Processo Penal, o Código Penal e a Lei de Execução Penal; dentre outras providências.

Visa a combater a violência praticada contra a mulher, devido a sua maior fragilidade, decorrente de anos de tratamento desigual e de sua própria condição físico-biológica, que muitas vezes a deixa em situação de vulnerabilidade na sociedade. Prova disso é o número de mulheres assassinadas ou agredidas em seus próprios lares, local que deveria ser seu refúgio e proporcionar um ambiente de paz. Dentre as hipóteses de configuração da violência doméstica e familiar contra a mulher, há a prática de conduta, omissiva ou comissiva, baseada no gênero, que lhe cause morte, lesão, sofrimento físico, sexual ou psicológico e dano moral ou patrimonial, desde que ocorra no âmbito da unidade doméstica, no âmbito da família ou envolva qualquer relação íntima de afeto.

Menosprezo é o sentimento de repulsa ou de desprezo. Menosprezar alguém por sua condição de mulher é buscar diminuir o seu valor enquanto ser humano em virtude de tal qualidade, é depreciar tal condição. Trata-se do caso de alguém que mata uma mulher por menosprezar a sua condição, considerando que ela, por exercer o mandato de deputada, está em uma posição que deve ser ocupada apenas por homens. É um típico exemplo de menosprezo, desdém ou desvalorização acerca da condição de mulher.

Discriminação à condição de mulher é "toda distinção, exclusão ou restrição baseada no sexo e que tenha por objeto ou resultado prejudicar ou anular o reconhecimento, gozo ou exercício pela mulher, independentemente de seu estado civil, com base na igualdade do homem e da mulher, dos direitos humanos e liberdades fundamentais nos campos político, econômico, social, cultural e civil ou em qualquer outro campo". É o que prescreve o artigo 1º da Convenção para Eliminação de todas as Formas de Discriminação Contra a Mulher, CEDAW, 1979, ratificada pelo Brasil em 1984.

Exclusão do crime

O artigo 142 do Código Penal prevê algumas hipóteses em que não se configuram os crimes de injúria e difamação. O dispositivo não inclui a calúnia:

> *Art. 142 – Não constituem injúria ou difamação punível:*
>
> *I – a ofensa irrogada em juízo, na discussão da causa, pela parte ou por seu procurador;*
>
> *II – a opinião desfavorável da crítica literária, artística ou científica, salvo quando inequívoca a intenção de injuriar ou difamar;*
>
> *III – o conceito desfavorável emitido por funcionário público, em apreciação ou informação que preste no cumprimento de dever do ofício.*
>
> *Parágrafo único – Nos casos dos ns. I e III, responde pela injúria ou pela difamação quem lhe dá publicidade.*

A primeira hipótese é a da ofensa irrogada em juízo, na discussão da causa, pela parte ou por seu procurador. O dispositivo se relaciona com as inviolabilidades do advogado. A hipótese é denominada de **imunidade judiciária**. Anteriormente, também era tratada pelo artigo 7º, § 2º, do Estatuto da OAB, que era uma norma mais abrangente. Ela previa a imunidade profissional do advogado, quanto à injúria e à difamação, em caso de qualquer manifestação no exercício de sua atividade, "em juízo ou fora dele". O dispositivo, em sua redação original, também previa a imunidade quanto ao desacato, mas o STF, no julgamento da ADI 1.127-8, havia considerado a norma inconstitucional nesse ponto, por retirar a autoridade do juiz na condução dos processos.

De todo modo, a Lei n. 14.365/2022 revogou o § 2º do artigo 7º do Estatuto da OAB, restando apenas o artigo 142 do Código Penal como regramento da imunidade judiciária. Com isso, não há mais uma imunidade ampla como anteriormente. A inviolabilidade atualmente se restringe à ofensa irrogada em juízo, na discussão da causa. Exige-se, para não configuração da injúria ou da difamação, que haja nexo entre a ofensa e a atividade do advogado e, além disso, que ocorra em juízo, o que deve abranger tanto aquela lançada nos autos quanto a manifestada verbalmente perante o juízo, como a ocorrida na audiência.

A imunidade judiciária, como dito, abrange apenas os crimes de injúria e difamação. A calúnia, mais grave, não está abrangida. Andou bem o legislador, considerando que a imputação falsa de crime pode levar à atuação das autoridades de forma desnecessária ou errônea, além de ser mais grave para a honra objetiva da vítima. Apesar da clareza do dispositivo normativo, o STJ tem sido provocado a reafirmar que "a imunidade material dos advogados não abrange a calúnia. A exclusão do crime contra a honra alcança somente a injúria e a difamação"[21].

Além disso, no caso da imunidade judiciária, não há exclusão do crime para quem, não estando por ela abrangido, lhe dá publicidade. Ela se restringe às partes do processo e seus procuradores. Caso alguém ouça a injúria ou a difamação, como, por exemplo, um estagiário que assiste à audiência como tarefa da graduação, e a espalhe na cidade, poderá ser responsabilizado criminalmente.

A segunda hipótese é denominada de **imunidade artística, científica ou literária**. Não se configura o crime de injúria ou difamação a mera emissão de opinião desfavorável pela crítica literária, artística ou científica, salvo quando inequívoca a intenção de injuriar ou difamar. O que importa aqui é o elemento subjetivo do agente, de modo que, se a sua intenção corresponder ao *animus criticandi*, não se configurará o delito. Essa imunidade abrange aquele que a divulga ou propala, desde que presente o mesmo intuito de crítica relacionada às artes, à literatura ou à ciência.

A última hipótese de exclusão dos crimes de injúria e difamação se refere à chamada **imunidade funcional**. Abrange o conceito desfavorável emitido por funcionário público, em apreciação ou informação que preste no cumprimento de dever do ofício. Neste caso, quem dá publicidade à crítica, sem estar no exercício das funções, pode incorrer nos crimes acima referidos.

Retratação

O artigo 143 do Código Penal trata da retratação:

> *Art. 143 – O querelado que, antes da sentença, se retrata cabalmente da calúnia ou da difamação, fica isento de pena.*
>
> *Parágrafo único. Nos casos em que o querelado tenha praticado a calúnia ou a difamação utilizando-se de meios de comunicação, a retratação dar-se-á, se assim desejar o ofendido, pelos mesmos meios em que se praticou a ofensa.*

A **retratação** é o ato de desdizer, escusar-se, retirar o que disse. É cabível até a prolação da sentença, implicando a isenção de pena ou, como reconhece a doutrina,

21. STJ, AgRg no AREsp n. 2.235.253/SP, Rel. Min. Joel Ilan Paciornik, Quinta Turma, julgado em 16/5/2023, DJe de 23/5/2023.

a extinção da punibilidade. Só possui efeito nos casos de calúnia ou difamação, ou seja, quando atingida a honra objetiva da vítima.

Trata-se de causa de extinção da punibilidade de caráter subjetivo ou, conforme melhor entendimento, **causa pessoal de isenção de pena**. Por sua natureza, não se comunica aos demais agentes, só impedindo a punição daquele que se retratou. Não é cabível a retratação se envolver funcionário público e sua função, segundo entendimento majoritário.

Se a calúnia ou a difamação for praticada por determinado meio de comunicação, a vítima pode exigir que a retratação se realize da mesma forma. Entretanto, essa faculdade da vítima não impede que o acusado já se utilize do mesmo meio de comunicação para a retratação, o que ensejará a extinção da punibilidade sem dependência de aquiescência da vítima. Nesse sentido, o STJ, por meio de sua Corte Especial, decidiu que a retratação cabal da calúnia, anterior à sentença, de forma clara, completa, definitiva e irrestrita, e que não deixe nenhuma dúvida ou ambiguidade quanto ao seu alcance, implica a extinção da punibilidade do agente. Assim, ficou ressaltado que a retratação independe de aceitação do ofendido, inclusive quando o crime ocorrer por meio de postagem em rede social na internet, caso o agente se retrate pelo mesmo veículo de comunicação[22].

Pedido de explicações

O artigo 144 do Código Penal diz respeito ao pedido de explicações:

> *Art. 144 – Se, de referências, alusões ou frases, se infere calúnia, difamação ou injúria, quem se julga ofendido pode pedir explicações em juízo. Aquele que se recusa a dá-las ou, a critério do juiz, não as dá satisfatórias, responde pela ofensa.*

O **pedido de explicações** é a interpelação judicial, consistente em procedimento de caráter cautelar, que pode ser proposto em caso de ofensas equívocas ou duvidosas. O possível ofendido pede que o suposto ofensor se explique sobre referências, alusões ou frases dele, das quais se pode inferir calúnia, injúria ou difamação. Se o indivíduo não dá as explicações ou o juiz não as entende satisfatórias, ele "responde", ou seja, aponta-se para a justa causa da ação penal, não para a condenação. O pedido de explicações não interrompe o prazo decadencial para oferecimento de queixa ou de representação.

Ação Penal

O artigo 145 trata da ação penal nos casos dos crimes contra a honra, nos seguintes termos:

> *Art. 145 – Nos crimes previstos neste Capítulo somente se procede mediante queixa, salvo quando, no caso do art. 140, § 2º, da violência resulta lesão corporal.*
>
> *Parágrafo único. Procede-se mediante requisição do Ministro da Justiça, no caso do inciso I do caput do art. 141 deste Código, e mediante representação do ofendido, no caso do inciso II do mesmo artigo, bem como no caso do § 3º do art. 140 deste Código.*

22. STJ, APn 912/RJ, Rel. Min. Laurita Vaz, Corte Especial, julgado em 03/03/2021, DJe 23/03/2021.

A ação penal, nos crimes contra a honra, é a privada, como regra. Entretanto, há exceções:

- No caso de injúria real com resultado lesão corporal, a ação penal é pública incondicionada.
- No caso de o crime ter sido praticado contra o Presidente da República ou contra chefe de governo estrangeiro, a ação penal é publica condicionada à requisição do Ministro da Justiça.
- No caso de injúria por preconceito, a ação penal é pública condicionada à representação do ofendido.
- Por fim, se o delito contra a honra for praticado contra funcionário público, no exercício de suas funções, há legitimidade concorrente do ofendido e do Ministério Público, sendo que pode ser proposta ação penal privada ou ação penal pública condicionada à representação do ofendido. É o entendido previsto na Súmula 714 do Supremo Tribunal Federal[23].

23. É concorrente a legitimidade do ofendido, mediante queixa, e do ministério público, condicionada à representação do ofendido, para a ação penal por crime contra a honra de servidor público em razão do exercício de suas funções.

CAPÍTULO VI
CRIMES CONTRA A LIBERDADE INDIVIDUAL

1. DOS CRIMES CONTRA A LIBERDADE PESSOAL

Os crimes contra a liberdade pessoal estão agrupados na seção I do Capítulo VI da Parte Geral, intitulado "Dos crimes contra a liberdade individual". A liberdade individual se refere ao direito de cada ser humano de se autodeterminar, não sendo obrigado a fazer nada que não esteja diretamente previsto em lei. Além disso, o professor Damásio de Jesus ensina que se tutelam, no Capítulo VI da Parte Geral, os direitos e garantias fundamentais, ou seja, aquilo que a Constituição prevê como direito de cada ser humano e que possui natureza de cláusula pétrea[1].

Os crimes contra a liberdade pessoal, que são uma parte dos crimes contra a liberdade individual, se ligam mais àquele conceito de liberdade de ir e vir e de ninguém ser obrigado a fazer ou deixar de fazer alguma coisa senão em virtude de lei, garantia prevista no artigo 5º, incisos II e XV, da Constituição da República:

> *Art. 5º Todos são iguais perante a lei, sem distinção de qualquer natureza, garantindo-se aos brasileiros e aos estrangeiros residentes no País a inviolabilidade do direito à vida, à liberdade, à igualdade, à segurança e à propriedade, nos termos seguintes:*
>
> *(...)*
>
> *II – ninguém será obrigado a fazer ou deixar de fazer alguma coisa senão em virtude de lei;*
>
> *(...)*
>
> *XV – é livre a locomoção no território nacional em tempo de paz, podendo qualquer pessoa, nos termos da lei, nele entrar, permanecer ou dele sair com seus bens;*

1.1. Constrangimento Ilegal

O crime de constrangimento ilegal está previsto no artigo 146 do Código Penal, que possui o seguinte teor:

> *Art. 146 – Constranger alguém, mediante violência ou grave ameaça, ou depois de lhe haver reduzido, por qualquer outro meio, a capacidade de resistência, a não fazer o que a lei permite, ou a fazer o que ela não manda:*
>
> *Pena – detenção, de três meses a um ano, ou multa.*
>
> *Aumento de pena*
>
> *§ 1º – As penas aplicam-se cumulativamente e em dobro, quando, para a execução do crime, se reúnem mais de três pessoas, ou há emprego de armas.*

---

1. JESUS, Damásio de. Parte especial: crimes contra a pessoa a crimes contra o patrimônio – arts. 121 a 183 do CP. Direito penal vol. 2. 36. ed. Atualização de André Estefam. São Paulo: Saraiva Educação, 2020.

§ 2º – Além das penas cominadas, aplicam-se as correspondentes à violência.

§ 3º – Não se compreendem na disposição deste artigo:

I – a intervenção médica ou cirúrgica, sem o consentimento do paciente ou de seu representante legal, se justificada por iminente perigo de vida;

II – a coação exercida para impedir suicídio.

A conduta incriminada é a de constranger, de praticar coação contra outrem, utilizando-se de violência ou grave ameaça ou reduzindo sua capacidade de resistência, a não fazer algo que a lei permite ou a fazer o que a lei não obriga. Cuida-se, portanto, de crime contra a liberdade que a Constituição outorga a todos, consagrando que ninguém será obrigado a fazer ou deixar de fazer algo, salvo se determinado por lei. Não se exige nenhuma qualidade específica do sujeito ativo. Entretanto, cabe a ressalva de que, se o agente for funcionário público, o crime pode ser o de abuso de autoridade, Lei n. 13.869/2019.

São formas de execução do crime:

- **Violência** (*vis corporalis*).
- **Grave ameaça** (*vis compulsiva*).
- **Outros meios de redução da capacidade de resistência da vítima**.

A grave ameaça não exige a injustiça do mal grave prometido, como ocorre no crime de ameaça. No caso do constrangimento ilegal, pode haver promessa de mal que não seja considerado injusto, desde que a sua pretensão ou a forma de obtê-la o seja[2].

O crime é **material**, ou seja, só se consuma com o resultado naturalístico, quando a vítima, em virtude do constrangimento, faz aquilo a que não era obrigada ou deixa de fazer o que lhe era permitido. O delito é plurissubsistente, razão pela qual é possível a punição do agente pelo *conatus*. Assim, havendo a coação contra vítima, mas não deixando ela de fazer o que lhe é permitido ou não se abstendo de fazer o que a lei lhe permite, o crime foi cometido na sua forma tentada. Constranger alguém, mediante violência ou grave ameaça, a não praticar **ato imoral**, mas lícito, também configura o crime do art. 146, CP. Isso porque, mesmo imoral, é admitido em lei.

O elemento subjetivo é o dolo, consistente na vontade e consciência de constranger a vítima a fazer algo a que não é obrigada ou a não fazer aquilo que lhe é permitido. Não se pune a modalidade culposa.

Sobre o **elemento subjetivo do tipo**, o STJ já deixou claro que, se o dolo for outro que não o de levar a vítima a fazer alguma coisa que a lei não lhe obriga ou de constrangê-la a não fazer o que é permitido pela lei, o crime não será o do artigo 146 do CP, mas o crime contra a dignidade sexual, por exemplo[3]. Por outro

2. BITENCOURT, Cezar Roberto. Parte Especial: crimes contra a pessoa. Coleção Tratado de direito penal volume 2. 20. ed. São Paulo, Saraiva Educação, 2020, p. 524.

3. "ATO LIBIDINOSO. (...) O bem juridicamente tutelado pelo tipo descrito no art. 146 do Código Penal é a liberdade individual da pessoa, tanto física quanto psíquica. Se o constrangimento causado à vítima visa à satisfação de intenção outra, específica, que não a de "não fazer o que a lei permite ou a fazer o que ela não manda", a hipótese é de configuração desse delito diverso (...)." (STJ, REsp 1481546/GO, Rel. Min. Gurgel de Faria, Quinta Turma, DJe 05/12/2014).

lado, o STF possui precedente no qual se destacou que, não havendo *animus* do agente referente à lascívia, o crime que se configura não é um dos previstos contra a dignidade sexual, mas o constrangimento ilegal em concurso com outro delito[4].

Em interessante caso que chegou ao STJ, os indivíduos haviam se passado por policiais civis, portando ilegalmente armas de fogo e procedendo a revistas, apreensão de documentos e invasão de domicílio. Em grau recursal, foi mantida a condenação pelos crimes de usurpação de função pública, de porte ilegal de arma de fogo e de constrangimento ilegal[5].

O STJ já decidiu que o constrangimento ilegal é crime instantâneo, ou seja, que se consuma em um determinado momento do tempo, sem que essa fase se protraia no tempo[6]. A Corte também já consignou que o constrangimento ilegal possui **natureza subsidiária**, só se configurando se não for elemento de outro crime, considerado complexo[7].

Forma majorada

O parágrafo primeiro do artigo 146 do Código Penal prevê causa de aumento de pena, com a determinação de aplicação da pena em dobro, no caso de concurso de mais de três pessoas ou de emprego de armas.

Praticado o crime com a **reunião de, no mínimo, quatro pessoas**, o delito é majorado, em razão do maior desvalor da conduta, pela circunstância que torna mais fácil a coação à vítima. Computam-se neste número sujeitos inimputáveis, como doentes mentais e menores de 18 anos de idade, e indivíduos não identificados na investigação.

No caso do **emprego de arma**, podemos adotar as mesmas reflexões doutrinárias e jurisprudenciais utilizadas quanto à antiga redação da forma majorada de roubo. Quando o Código Penal utiliza apenas o termo "arma", são abarcadas as armas de fogo, as armas brancas e, inclusive, as armas impróprias, isto é, aquelas que, não fabricadas para referido uso, podem ser assim utilizadas, como a motosserra e a faca de churrasco.

Não se deve, entretanto, considerar suficiente para a configuração da majorante a arma de brinquedo. Se utilizada, ela pode configurar a grave ameaça, elementar do crime, mas não pode ser tomada como arma para fins de incidência da causa de aumento de pena.

Concurso de crimes

O parágrafo segundo do artigo 146 do Código Penal, por sua vez, prevê que devem ser aplicadas, além das penas cominadas em seu preceito secundário, aquelas correspondentes à violência. Isto significa que, se configurado também determinado

4. "Daí que, comprovada a ausência de finalidade específica de conjunção carnal ou ato libidinoso diverso, restam, no caso de violência real, duas infrações penais em concurso material: (a) constrangimento ilegal e homicídio; (b) constrangimento ilegal e lesões corporais; ou ainda, (c) constrangimento ilegal e vias de fato; assim, só a concorrência do especial fim de agir é que os converte em crime diverso contra a liberdade sexual" (STF, HC 86058/RJ, Rel. Min. Sepúlveda Pertence, Primeira Turma, Julgamento: 25/10/2005).
5. STJ, EDcl no AgRg no REsp n. 1.722.345/SP, Rel. Min. Jorge Mussi, Quinta Turma, julgado em 20/8/2019, DJe de 2/9/2019.
6. STJ, HC 395978/SC, Rel. Min. Reynaldo Soares da Fonseca, Quinta Turma, DJe 30/04/2018.
7. STJ, AgRg no AREsp 523477/GO, Rel. Min. Gurgel de Faria, Quinta Turma, DJe 28/10/2015.

delito em razão do emprego de violência, as penas devem ser aplicadas pelo **sistema do cúmulo material**. É o caso, por exemplo, de o constrangimento à vítima ser executado por meio da prática de lesão corporal grave, o que levará ao concurso material deste delito com o de constrangimento ilegal.

Exclusão do crime

As hipóteses de exclusão do delito estão previstas no artigo 146, parágrafo terceiro, do Código Penal. A doutrina majoritária entende que são **causas especiais excludentes de ilicitude**[8], por serem manifestações de estado de necessidade. Por outro lado, a corrente minoritária, com razão, defende ser excludente da tipicidade[9], já que o dispositivo menciona não se compreenderem essas situações na disposição do artigo 146. São as seguintes:

- a intervenção médica ou cirúrgica, sem o consentimento do paciente ou de seu representante legal, se justificada por iminente perigo de vida;

No caso de necessidade de intervenção médica ou cirúrgica, com perigo à vida do indivíduo, o profissional da saúde pode agir sem que isso configure constrangimento ilegal.

- a coação exercida para impedir suicídio.

De igual modo, é possível agir para impedir suicídio. Mesmo o suicídio não sendo um ilícito penal, não é uma conduta fomentada pelo Estado, que inclusive permite que se constranja o sujeito a não tirar a própria vida, sem que isso acarrete sua responsabilidade criminal.

Especialidade: há crimes especiais no artigo 9º do Código Penal Militar (Crimes Militares em Tempos de Paz), no art. 107 do Estatuto da Pessoa Idosa (coação de pessoa idosa a doar, contratar, testar ou outorgar procuração), no artigo 71 do CDC (cobrança vexatória) e no artigo 1º, I, da Lei n. 9.455/1997 (define os crimes de tortura e dá outras providências).

QUADRO SINÓTICO

Crime de constrangimento ilegal	
Tipo penal	Constranger alguém, mediante violência ou grave ameaça, ou depois de lhe haver reduzido, por qualquer outro meio, a capacidade de resistência, a não fazer o que a lei permite, ou a fazer o que ela não manda.
Objeto jurídico	Protege-se a liberdade individual (psíquica e física).

8. HUNGRIA, Nélson. Comentários ao Código Penal. Volume VI. Rio de Janeiro: Editora Forense, 1945, p. 159-163. PRADO, Luiz Regis. Op. Cit., 2020, p. 533. NORONHA, Edgard Magalhães. Op. Cit., vol. 2., 1976, p. 167. MASSON, Cleber. Op. Cit., vol. 2, 2019, p. 215. Sem tomar partido, mas reconhecendo como majoritária: CUNHA, Rogério Sanches. Op. Cit., 2020, p. 219.
9. NUCCI, Guilherme de Souza. Op. Cit.; 2015, p. 815. BITENCOURT, Cezar Roberto. Op. Cit., vol. 2, p. 532-533. CAPEZ, Fernando. Op. Cit., vol. 2, 2013, p. 351.

Crime de constrangimento ilegal	
Sujeito ativo	Qualquer pessoa.
Sujeito passivo	Qualquer pessoa.
Elemento subjetivo	Exige-se o dolo, seja ele direto ou eventual.
Consumação	A consumação ocorre quando a vítima deixa de fazer o que a lei permite ou faz aquilo que ela não manda.
Tentativa	Admite-se a tentativa.
Forma majorada	As penas aplicam-se cumulativamente e em dobro, quando, para a execução do crime, se reúnem mais de três pessoas, ou há emprego de armas. Se o delito for praticado contra indígena "não integrado", incide a causa de aumento de pena de um terço, nos termos do artigo 59 da Lei n. 6.001/1973.
Classificação	Crime comum, doloso, de dano, material, de forma livre, comissivo ou omissivo impróprio, instantâneo, monossubjetivo, plurissubsistente, transeunte e subsidiário.
Benefícios	Para a forma do *caput*, a transação e a suspensão condicional do processo são cabíveis. Por ser crime de menor potencial ofensivo, a competência é dos Juizados Especiais Criminais, nos termos dos artigos 60 e 61, ambos da Lei n. 9.099/1995.
Ação penal	Pública incondicionada.
Observações	Conforme o artigo 146, § 3º, é atípica a intervenção médica ou cirúrgica, sem o consentimento do paciente ou de seu representante legal, se justificada por iminente perigo de vida e a coação exercida para impedir o suicídio.

1.2. Intimidação sistemática (*bullying*)

A intimidação sistemática tem sido estudada há alguns anos e vem sendo alvo de políticas públicas, com o escopo estatal de se criar um ambiente de convivência, especialmente nas escolas, livre da violência e constrangimentos reiterados. Mais conhecida pelo termo *bullying*, advindo da língua inglesa, caracteriza-se pela violência física ou psicológica que é praticada em um contexto de desnível de forças, de modo que uma parte do grupo ou um indivíduo se coloca em um nível superior, buscando dominar uma ou mais pessoas por meio da coerção.

O termo *bullying* tem sido utilizado para denominar todo tipo de **comportamento agressivo** especialmente no âmbito escolar, envolvendo a prática de violência, física ou não, de forma intencional e repetitiva, direcionada àqueles que não estão em posição de revidar, ou seja, em uma **situação de vulnerabilidade**. É a utilização de um pessoa ou de determinadas pessoas como se fosse objeto de "diversão, prazer e poder com o intuito de maltratar, intimidar, humilhar e amedrontar suas vítimas"[10].

10. SILVA, Ana Beatriz Barbosa. Bullying. Projeto Justiça nas Escolas. Coordenação: Sidmar Dias Martins; Organização: Daniel Issler e Reinaldo Cintra Torres de Carvalho. Brasília: Conselho Nacional de Justiça, 2011.

Essa preocupação já havia ocasionado a alteração da Lei n. 9.394/1996, a Lei de Diretrizes e Bases da Educação, para incluir, dentre as incumbências dos estabelecimentos de ensino, a de promover medidas de conscientização, de prevenção e de combate a todos os tipos de violência, especialmente a intimidação sistemática (*bullying*), no âmbito das escolas. Essa preocupação passa a ter natureza criminal com a disseminação de violência nas instituições de ensino, especialmente de alunos ou antigos alunos que promovem ataques nesses locais, motivados por antigos traumas advindos de intimidação sofrida durante a infância ou adolescência. Trata-se de ataque infelizmente muito difundido nos Estados Unidos da América e que passou a ocorrer em uma frequência alarmante no território nacional.

Com essa preocupação, a Lei n. 14.811, de 12 de janeiro de 2024, passa a criminalizar essa intimidação sistemática, buscando coibir comportamentos que podem gerar traumas graves durante o desenvolvimento de crianças e adolescentes e até mesmo ciclos aterrorizantes de violência. O novo tipo penal foi inserido no artigo 146-A do Código Penal:

> *Art. 146-A. Intimidar sistematicamente, individualmente ou em grupo, mediante violência física ou psicológica, uma ou mais pessoas, de modo intencional e repetitivo, sem motivação evidente, por meio de atos de intimidação, de humilhação ou de discriminação ou de ações verbais, morais, sexuais, sociais, psicológicas, físicas, materiais ou virtuais:*
>
> *Pena – multa, se a conduta não constituir crime mais grave.*

O tipo penal é simples, dotado de apenas um verbo nuclear, "intimidar", que significa amedrontar, provocar apreensão ou temor, constranger. Essa conduta, para que seja típica, deve ser praticada de forma sistemática, ou seja, de forma persistente. Trata-se, assim, de **delito habitual**, que, para o entendimento predominante, não admite tentativa, consumando-se apenas quando há reiteração da prática descrita no tipo. A intimidação sistemática pode ocorrer de forma individual ou em grupo, como, inclusive, nem seria necessário ressalvar no tipo penal. De todo modo, o legislador parece ter insistido em deixar claro que não se incrimina apenas a ação coletiva de intimidação.

A intimidação pode ocorrer mediante emprego de **violência física**, como empurrões constantes, socos e pontapés, por exemplo, ou de **violência psicológica**, como se pode exemplificar com o assédio moral, o uso de apelidos pejorativos, o xingamento e o constrangimento psicológico no meio social que a vítima frequenta. Deixando bastante claro que se exige reiteração, o legislador pontua, no tipo penal, que a conduta deve ocorrer **de modo intencional e repetitivo**. O *bullying* não se configura por meio de um ato isolado, mas é uma prática, uma conduta que lesa a liberdade individual por sua persistência, pelo conjunto de atos que esgota a vítima, colocando-a, de forma acentuada, em situação de inferioridade de forças, sem muitos recursos para se fazer defender.

A conduta deve, ainda, ser praticada sem motivação evidente, por meio de atos de intimidação, de humilhação ou de discriminação ou de ações verbais, morais, sexuais, sociais, psicológicas, físicas, materiais ou virtuais. Interessante que o legislador, buscando trazer uma conceituação de *intimidação persistente*, não parece ter se preocupado tanto com a necessidade de taxatividade, bem como com a abrangência desejada do tipo penal. A intimidação sistemática pode ocorrer, por exemplo, por não se aceitar o diferente, como o filho do imigrante com sotaque diferente na sala de aula, ou por se perseguir aquele que possui maiores notas ou determinada orientação sexual.

O fato de que a conduta deve ter sido praticada "sem motivação evidente" não parece ter sido uma exigência adequada para esse tipo penal. A redação do tipo penal gera a dúvida se haverá crime caso a pessoa atue com um motivo evidente, intimidando reiteradamente a vítima. Fato é que, em muitos casos, realmente não há uma motivação evidente para a prática desses atos agressivos. A intimidação sistemática é usualmente praticada como forma de demonstrar poder ou como instrumento de diversão à custa do sofrimento alheio. Muitas vezes a prática pode advir da simples repetição de padrões: a antiga vítima de *bullying*, ao se fortalecer ou se associar a outros indivíduos, repete a intimidação que sofreu contra novos alvos, repetindo, como agressora, o ciclo de que foi vítima.

A redação, ainda que sirva para esclarecer do que se trata esse tipo de comportamento agressivo, é bastante confusa para um tipo penal. Conforme a sua redação, o delito pode ser praticado por meio de **atos de intimidação**, o que parece uma definição circular, já que o próprio núcleo do tipo é intimidar. Veja: o crime de intimidação é praticado quando se intimida por meio de atos de intimidação. Prosseguindo na análise do tipo, o delito pode ser praticado, ainda, por meio de **atos de humilhação**, aqueles que conferem tratamento humilhante, que rebaixem a vítima e afetem a sua autoestima; ou, ainda, por meio de **atos de discriminação**, aqueles que representam distinção, exclusão ou restrição que não guardem correspondência com o critério e o fundamento do tratamento diferenciado.

Além dos atos de intimidação, de humilhação e de discriminação, a conduta delitiva pode ocorrer por meio de **ações verbais**, como xingamentos; **morais**, como difamação contra a vítima; **sexuais**, como gracejos indevidos para gerar constrangimento no meio de convivência; **sociais**, tais como exclusão de grupos de estudo e trabalho e busca de isolamento da vítima; **psicológicas**, como emprego de termos pejorativos; **físicas**, como empurrões e agressões reiteradas, ainda que de pequena gravidade; **materiais**, que se exemplificam com danos e destruições aos pertences da pessoa; ou **virtuais**, os quais podem ocorrer com o emprego de postagens maliciosas, conhecidos como "memes", tornando o sujeito passivo motivo de zombaria. Note que os atos virtuais, na realidade, configuram a forma qualificada do parágrafo único, a intimidação sistemática virtual. Trata-se de mais uma incongruência do tipo penal.

Ainda que se possa extrair, de forma implícita, a potencialidade de um resultado naturalístico, consistente em danos psicológicos, físicos ou materiais à vítima e ao seu patrimônio, não há essa exigência no tipo penal. O crime, assim, pode ser considerado formal. Apesar de a prática ser frequente em instituições de ensino, especialmente da educação básica, o tipo penal não se limita à agressividade desse ambiente. Tutela-se a liberdade individual em qualquer ambiente de convivência, como, por exemplo, o escolar, o familiar, o esportivo e o profissional.

O crime, expressamente subsidiário, deve ser absorvido pelo crime de ameaça, de perseguição ou de violência psicológica contra a mulher, por exemplo. A lei lhe comina a pena de multa, de forma isolada. Se adotado o conceito do artigo 1º da Lei de Introdução do Código Penal e da Lei das Contravenções Penais, o Decreto-Lei n. 3.914/1941, tratar-se-ia, na realidade, de contravenção penal, pois cominada apenas a pena de multa, sem previsão de pena de reclusão ou detenção. Ainda que a vigência deste dispositivo seja questionável, fato é que foi inserida no Código Penal a primeira infração penal a que não se comina pena privativa de liberdade nem mesmo de forma alternativa. Por outro lado, a modalidade qualificada, virtual, possui pena de reclusão e se classifica como infração de maior potencial ofensivo.

A Lei n. 14.811/2024 entrou em vigor no dia de sua publicação, ocorrida em 15 de janeiro de 2024. Assim, por se tratar de nova lei incriminadora, só alcança os fatos ocorridos do início de sua vigência em diante. O crime de intimidação sistemática é comum, doloso, habitual, comissivo e diante. A infração penal de intimidação sistemática é comum, dolosa, habitual, comissiva e expressamente subsidiária. É, ainda, dolosa, de forma livre e não admite a tentativa, já que exige a reiteração de atos. Trazendo apenas a pena de multa, a sua própria natureza de crime, como visto, é questionável, possuindo sanção penal compatível com as contravenções penais. É de ação penal pública incondicionada.

Intimidação sistemática virtual (*cyberbullying*)

O legislador, ao criar o novo delito, também inseriu uma modalidade qualificada, com pena de dois a quatro anos, além de multa, e, assim como a forma simples, expressamente subsidiária, somente incidindo se não houver a configuração de um crime mais grave. A pena é bem mais elevada do que a prevista no *caput*, que é apenas de multa:

> *Parágrafo único. Se a conduta é realizada por meio da rede de computadores, de rede social, de aplicativos, de jogos on-line ou por qualquer outro meio ou ambiente digital, ou transmitida em tempo real:*
>
> *Pena – reclusão, de 2 (dois) anos a 4 (quatro) anos, e multa, se a conduta não constituir crime mais grave.*

A preocupação maior com a intimidação sistemática virtual, também conhecida como *cyberbullying*, decorre de seu assustador potencial lesivo, podendo alcançar a vítima fora do espaço de convívio e levá-la à execração pública. É comum, infelizmente, que pessoas intimidadas sistematicamente no meio virtual, humilhadas de forma pública na rede mundial de computadores, desenvolvam doenças mentais, como a depressão, e algumas chegam a atentar contra a própria vida. De um lado, a modalidade qualificada tem fundamento na necessidade de tutela do bem jurídico de modo mais incisivo, contra o imenso potencial danoso que a tecnologia proporciona. Por outro lado, torna questionável a pena de multa para a modalidade simples, como possível proibição deficiente do bem jurídico.

A intimidação, para incidência da modalidade qualificada, deve ser realizada por meio da rede de computadores, de rede social, de aplicativos, de jogos on-line ou por qualquer outro meio ou ambiente digital, ou transmitida em tempo real:

Rede de computadores é a denominação do conjunto de dois ou mais dispositivos eletrônicos de computação, incluindo redes menores, como a intranet de uma empresa ou um órgão público, bem como a rede mundial de computadores denominada de World Wide Web, que abria os sítios eletrônicos (*sites*) pelos quais se pode navegar por meio de hipermídias, como aquelas palavras em que se pode clicar para interagir e que levam a uma outra página.

Rede social abrange as páginas na rede de computadores ou sítios eletrônicos (*sites*), plataformas ou aplicativos utilizados para interação pública e social, possibilitando a criação, o compartilhamento e a divulgação de mensagens, informações e arquivos em geral.

Aplicativos são programas computacionais desenvolvidos para serem utilizados em equipamentos eletrônicos, como *smartphones* ou computadores portáteis. São, por exemplo, aqueles utilizados para serviço de mensagens, como Whatsapp e Telegram.

Jogos on-line são aqueles que permitem a interação por meio da rede de computadores, possibilitando a comunicação entre os usuários. São os jogos eletrônicos que se conectam por meio da internet e permitem que jogadores possam interagir à distância.

Qualquer meio ou ambiente digital é a cláusula de interpretação analógica que busca abranger todo meio virtual, inclusive o chamado "universo virtual" ou "realidade virtual". Toda forma de tecnologia que permita a interação de usuários, com a comunicação entre indivíduos, pode atrair a incidência da qualificadora.

Por fim, também se elenca a **transmissão em tempo real**, o que pode ocorrer por uma videochamada de celular para um grupo de pessoas ou mesmo de forma aberta, acessível por qualquer usuário, por meio de plataformas como o YouTube.

QUADRO SINÓTICO

Intimidação Sistemática (bullying)	
Tipo penal	Intimidar sistematicamente, individualmente ou em grupo, mediante violência física ou psicológica, uma ou mais pessoas, de modo intencional e repetitivo, sem motivação evidente, por meio de atos de intimidação, de humilhação ou de discriminação ou de ações verbais, morais, sexuais, sociais, psicológicas, físicas, materiais ou virtuais.
Objeto jurídico	Tutela-se a liberdade individual.
Sujeito ativo	Qualquer um.
Sujeito passivo	Qualquer um.
Elemento subjetivo	Exige-se o dolo, seja ele direto ou eventual.
Consumação	O crime de ameaça se consuma com a reiteração intencional de atos, tratando-se de delito habitual.
Tentativa	Não se admite.
Forma majorada	Se o delito for praticado contra indígena "não integrado", incide a causa de aumento de pena de um terço, nos termos do artigo 59 da Lei n. 6.001/1973.

Intimidação Sistemática (bullying)	
Forma qualificada	A pena passa a ser de reclusão, de 2 a 4 anos, além de multa, se a conduta for realizada por meio da rede de computadores, de rede social, de aplicativos, de jogos on-line ou por qualquer outro meio ou ambiente digital, ou transmitida em tempo real. Essa modalidade, prevista no parágrafo único do artigo 146-A, é denominada de intimidação sistemática virtual (cyberbullying).
Classificação	Crime comum, doloso, formal, de forma livre, comissivo, instantâneo, monossubjetivo, expressamente subsidiário e habitual.
Benefícios	Na modalidade simples, trata-se de infração penal de menor potencial ofensivo, admitindo a transação e a suspensão condicional do processo. A competência é dos Juizados Especiais Criminais, nos termos dos artigos 60 e 61, ambos da Lei n. 9.099/1995. O delito virtual, modalidade qualificada, não admite transação nem suspensão condicional do processo. Não se admite o acordo de não persecução penal em caso de violência física, sendo também possível concluir pela negativa se empregada violência psicológica, pois o tipo descreve conduta reiterada ou habitual (art. 28-A, caput e § 2º, II, do CPP).
Ação penal	Pública incondicionada.

1.3. Ameaça

O Código Penal tipifica a conduta da ameaça em seu artigo 147:

> *Art. 147 – Ameaçar alguém, por palavra, escrito ou gesto, ou qualquer outro meio simbólico, de causar-lhe mal injusto e grave:*
>
> *Pena – detenção, de um a seis meses, ou multa.*
>
> *§ 1º Se o crime é cometido contra a mulher por razões da condição do sexo feminino, nos termos do § 1º do art. 121-A deste Código, aplica-se a pena em dobro.*
>
> *§ 2º Somente se procede mediante representação, exceto na hipótese prevista no § 1º deste artigo.*

A conduta incriminada é a de fazer uma promessa a outra pessoa de lhe causar algo ruim, um mal. **O mal deve ser injusto**, ou seja, contrário ao Direito, além de ser grave, isto é, possuir determinada relevância. Não constitui o crime de ameaça, por exemplo, dizer a alguém que vai propor uma ação de reparação por danos morais, por não estar presente o elemento de injustiça, necessário para a configuração da infração penal.

O dano prometido pode ser físico, moral ou econômico, mas deve ser grave. Além disso, deve ser possível. Por isso, em circunstâncias normais, não configura o crime a promessa de lhe jogar uma bexiga de água. Também não configura, por ser algo que o agente não pode realizar, a promessa de que haverá estiagem e, com a seca, todo o gado da vítima morrerá de sede. Entretanto, o entendimento majoritário da doutrina é pela possibilidade da ameaça supersticiosa. Ou seja, o agente, sabendo das superstições da vítima, promete mal injusto e grave com base em tais crenças.

A gravidade da ameaça deve ser verificada em cada caso, segundo a condição da vítima. Ameaçar um grande lutador de MMA a "sair no braço" com ele pode não lhe incutir nenhum medo, enquanto a promessa de chutar uma bola de futebol na direção da vizinha, muito idosa e enferma, quando ela passar no meio do jogo, mostra-se suficiente para a prática do delito.

As formas de prática da conduta de intimidação são: mediante palavras (na presença da vítima ou por telefone, por exemplo), por escrito (um bilhete ou uma mensagem de WhatsApp), por gestos (seja apontando uma faca ou fazendo o gesto de cortar o pescoço) ou, o que amplia as formas de cometimento do crime, por qualquer outro meio simbólico (por exemplo, caso em que o agente corta a cabeça de todas as bonecas da filha da vítima, uma juíza, por tê-lo condenado criminalmente). Em virtude da amplitude das fórmulas, alguns doutrinadores entendem que o crime é de forma livre.

A ameaça pode ser **explícita** (amanhã lhe darei uma surra) ou **implícita** (depois amanhece com a boca cheia de formigas e não sabe por que); **direta** (quando se volta à própria vítima intimidada) ou **indireta** (quando se volta, por exemplo, contra um familiar da vítima), podendo ser, ainda, **incondicional** (eu te matarei um dia desses) ou **condicional** (se você me falar isso de novo, vão lhe faltar alguns dentes).

É importante diferenciar a ameaça condicional do constrangimento ilegal. Na ameaça, o elemento subjetivo do agente é anunciar um mal injusto e grave, enquanto, no constrangimento ilegal, a intimidação é apenas um meio para aquilo que o agente quer, que é uma conduta, comissiva ou omissiva, da vítima.

A ameaça deve se direcionar a alguém com **capacidade de compreensão** do mal injusto e grave proferido pelo agente. Ademais, deve ser uma pessoa determinada, que possa ser intimidada pelo sujeito ativo. No delito de ameaça, a promessa de mal injusto e grave é futura. Assim, não é possível vislumbrar legítima defesa do delito de ameaça.

O crime é comum, pois não exige nenhuma qualidade especial do sujeito ativo. Entretanto, tal como no delito de constrangimento ilegal, a prática do delito por funcionário público pode configurar abuso de autoridade, se houver relação com a função exercida. O crime é classificado como formal, porque não depende do resultado naturalístico. Ou seja, a efetiva prática do mal injusto e grave contra a vítima não é necessária para a consumação do delito.

Possui natureza subsidiária, só se responsabilizando o agente pelo crime de ameaça se a intimidação não integrar crime mais grave. O elemento subjetivo é o dolo, não havendo previsão da modalidade culposa. Parte da doutrina entende ser o crime plurissubsistente na forma escrita, razão pela qual se admitiria a tentativa. Se praticado verbalmente, não é possível o *conatus*. A ação penal é pública condicionada à representação do ofendido.

Apesar de não ter adentrado no tema, por não ser possível a análise fático-probatória em *habeas corpus*, o STF, de certo modo, admitiu que o fato de a promessa de causar mal injusto e grave ser feita no calor de uma discussão pode ensejar sua atipicidade:

> *"O reconhecimento, no caso, da ausência de atipicidade, fundada em que a ameaça foi proferida no calor da discussão, depende do reexame do conjunto fático-probatório. (...)" (STF, HC 92870/RJ, Rel. Min. Eros Grau, Segunda Turma, Julgamento: 13/11/2007).*

Sobre o crime de ameaça se consumar independente de resultado naturalístico, o STJ já afirmou a natureza formal do delito:

> *"(...) 2. Para a caracterização do delito previsto no art. 147 do Código Penal, que possui natureza jurídica de delito formal, é suficiente a ocorrência do temor na vítima de que a ameaça proferida em seu desfavor venha a se concretizar. (...)" (STJ, AgRg no AREsp 1247201/DF, Rel. Min. Jorge Mussi, Quinta Turma, DJe 01/06/2018).*

Já se decidiu, ainda, que não se pode aplicar o princípio da insignificância ao crime de ameaça, por ele sempre envolver periculosidade da conduta:

> *"(...) 6. Inaplicável o princípio bagatelar ao delito de ameaça, porquanto além de a aplicação de tal princípio se restringir a crimes patrimoniais, a natureza de tal delito se opõe frontalmente a um dos vetores imprescindíveis à sua incidência, qual seja, nenhuma periculosidade social da ação. (...)" (STJ, HC 357845/SC, Rel. Min. Nefi Cordeiro, Sexta Turma, DJe 26/08/2016).*

Ademais, o STJ já admitiu, se praticado o crime de ameaça, a substituição da pena privativa de liberdade por restritivas de direitos e por pena de multa[11]. Referido entendimento, entretanto, parece ter sido superado, apesar de não haver pronunciamento específico a respeito[12].

Forma majorada

A Lei n. 14.994/2024 inseriu nova causa de aumento de pena, que incide sobre o crime de ameaça praticado contra a mulher por razões da condição do sexo feminino, o que inclui, nos termos do artigo 121-A, § 1º, do Código Penal, a violência doméstica e familiar e o menosprezo ou discriminação à condição de mulher. Essa majorante, prevista no artigo 147, § 1º, do CP, somente pode ser aplicada aos crimes cometidos a partir da entrada em vigor da lei, o que ocorreu com a sua publicação, em 10 de outubro de 2024.

A interpretação de **violência doméstica e familiar** deve ser feita de forma sistemática, considerando todo o sistema normativo de proteção da mulher, especialmente a Lei Maria da Penha. A Lei n. 11.340/2006, conhecida como Lei Maria da Penha, que, nos termos do seu preâmbulo, cria mecanismos para coibir a violência doméstica e familiar contra a mulher, nos termos do § 8º do art. 226 da Constituição Federal, da Convenção sobre a Eliminação de Todas as Formas de Discriminação contra as Mulheres e da Convenção Interamericana para Prevenir, Punir e Erradicar a Violência contra a Mulher; dispõe sobre a criação dos Juizados de Violência Doméstica e Familiar contra a Mulher; altera o Código de Processo Penal, o Código Penal e a Lei de Execução Penal; dentre outras providências.

Visa a combater a violência praticada contra a mulher, devido a sua maior fragilidade, decorrente de anos de tratamento desigual e de sua própria condição físico-biológica, que muitas vezes a deixa em situação de vulnerabilidade na sociedade.

11. STJ, HC 87644/RS, Rel. Min. Nilson Naves, Sexta Turma, DJe 30/06/2008.
12. STJ, AgRg no AREsp 933220, Rel. Min. Joel Ilan Paciornik, Quinta Turma, DJe 17/10/2016.

Prova disso é o número de mulheres assassinadas ou agredidas em seus próprios lares, local que deveria ser seu refúgio e proporcionar um ambiente de paz. Dentre as hipóteses de configuração da violência doméstica e familiar contra a mulher, há a prática de conduta, omissiva ou comissiva, baseada no gênero, que lhe cause morte, lesão, sofrimento físico, sexual ou psicológico e dano moral ou patrimonial, desde que ocorra no âmbito da unidade doméstica, no âmbito da família ou envolva qualquer relação íntima de afeto.

Menosprezo é o sentimento de repulsa ou de desprezo. Menosprezar alguém por sua condição de mulher é buscar diminuir o seu valor enquanto ser humano em virtude de tal qualidade, é depreciar tal condição. Trata-se do caso de alguém que mata uma mulher por menosprezar a sua condição, considerando que ela, por exercer o mandato de deputada, está em uma posição que deve ser ocupada apenas por homens. É um típico exemplo de menosprezo, desdém ou desvalorização acerca da condição de mulher.

Discriminação à condição de mulher é "toda distinção, exclusão ou restrição baseada no sexo e que tenha por objeto ou resultado prejudicar ou anular o reconhecimento, gozo ou exercício pela mulher, independentemente de seu estado civil, com base na igualdade do homem e da mulher, dos direitos humanos e liberdades fundamentais nos campos político, econômico, social, cultural e civil ou em qualquer outro campo". É o que prescreve o artigo 1º da Convenção para Eliminação de todas as Formas de Discriminação Contra a Mulher, CEDAW, 1979, ratificada pelo Brasil em 1984.

Ação Penal

O parágrafo único do artigo 147 previa que somente se procedia mediante representação, razão pela qual o crime era de ação penal pública condicionada. A Lei n. 14.994/2024, além de ter inserido a nova majorante do delito praticado contra a mulher por razões da condição do sexo feminino, excepcionou essa modalidade da exigência de representação. Assim, nos termos do artigo 147, § 2º, do CP, a regra será a ação penal pública condicionada à representação. Excepcionalmente, a ação penal será pública incondicionada se o crime se enquadrar na modalidade majorada do artigo 147, § 1º, do CP.

QUADRO SINÓTICO

Crime de ameaça	
Tipo penal	Ameaçar alguém, por palavra, escrito ou gesto, ou qualquer outro meio simbólico, de causar-lhe mal injusto e grave.
Objeto jurídico	Tutela-se a liberdade individual compreendida como liberdade psíquica.
Sujeito ativo	Qualquer um.
Sujeito passivo	Qualquer um, a princípio. A ressalva é que a vítima deve ter capacidade de discernir a promessa de mal injusto e grave.

Crime de ameaça	
Elemento subjetivo	Exige-se o dolo, seja ele direto ou eventual.
Consumação	O crime de ameaça se consuma quando a promessa de mal injusto e grave causa temor na vítima.
Tentativa	Prevalece o entendimento de que a tentativa é possível, por se tratar de crime plurissubsistente.
Formas majoradas	Se o crime for cometido contra a mulher por razões da condição do sexo feminino, nos termos do § 1º do art. 121-A do Código Penal, aplica-se a pena em dobro. Considera-se que há razões da condição do sexo feminino quando o crime envolve: violência doméstica e familiar; o menosprezo ou discriminação à condição de mulher. Se o delito for praticado contra indígena "não integrado", incide a causa de aumento de pena de um terço, nos termos do artigo 59 da Lei n. 6.001/1973.
Classificação	Crime comum, doloso, formal, de forma livre, comissivo ou omissivo impróprio, instantâneo, monossubjetivo, unissubsistente ou plurissubsistente e transeunte ou não transeunte.
Benefícios	A transação e a suspensão condicional do processo são cabíveis. Por ser crime de menor potencial ofensivo, a competência é dos Juizados Especiais Criminais, nos termos dos artigos 60 e 61, ambos da Lei n. 9.099/1995.
Ação penal	Ação penal pública condicionada, salvo se o crime for praticado contra a mulher por razões da condição do sexo feminino, hipótese em que a ação penal é pública incondicionada.
Observações	A ameaça pode ser direta ou indireta (dirigida à vítima ou a terceiros com que ela se importe, como esposa ou filhos); explícita ou implícita; ou condicional.

1.4. Perseguição

A Lei n. 14.132/2021 inseriu o artigo 147-A ao Código Penal, tipificando a conduta de **perseguição**, também conhecida pelo termo em inglês ***stalking***. A mesma lei revogou o art. 65 da Lei das Contravenções Penais, que dispunha sobre a contravenção penal de perturbação da tranquilidade. O novo tipo penal tem o seguinte teor:

> *Art. 147-A. Perseguir alguém, reiteradamente e por qualquer meio, ameaçando-lhe a integridade física ou psicológica, restringindo-lhe a capacidade de locomoção ou, de qualquer forma, invadindo ou perturbando sua esfera de liberdade ou privacidade.*
>
> *Pena – reclusão, de 6 (seis) meses a 2 (dois) anos, e multa.*
>
> *§ 1º A pena é aumentada de metade se o crime é cometido:*
>
> *I – contra criança, adolescente ou idoso;*
>
> *II – contra mulher por razões da condição de sexo feminino, nos termos do § 2º-A do art. 121 deste Código;*
>
> *III – mediante concurso de 2 (duas) ou mais pessoas ou com o emprego de arma.*

§ 2º As penas deste artigo são aplicáveis sem prejuízo das correspondentes à violência.

§ 3º Somente se procede mediante representação."

O tipo da perseguição possui um único núcleo do tipo "perseguir", que significa "causar incômodo", "importunar" ou "acossar". A conduta se dirige contra alguém, uma pessoa humana. A lei exige que a perseguição se dê reiteradamente, o que implica a classificação do delito como **habitual**, não bastando um ato para a sua configuração. Por isso, não se pode admitir, conforme entendimento majoritário, a modalidade tentada (*conatus*).

A perseguição pode se dar por **qualquer meio**, o que demonstra que o legislador se preocupou em evitar a conduta tanto no mundo físico quanto no virtual. Portanto, a perseguição virtual, que, por exemplo, ocorre com perseguição em redes sociais e por meio de mensagens eletrônicas, também pode configurar o delito. O tipo penal abrange, claramente, o chamado *cyberstalking*.

O crime é de **forma vinculada**[13], exigindo que a perseguição ocorra por uma das seguintes formas:

- **ameaçando-lhe a integridade física ou psicológica;**

A perseguição pode se dar por meio de reiteradas ameaças, inclusive enviadas por meio digital, contra a vítima, o que afeta a sua liberdade individual. O agente se vale de condutas que, isoladamente, configurariam o tipo do artigo 147 do Código Penal como meio de execução para a perseguição da vítima, de modo que esses delitos serão absorvidos pelo crime do artigo 147-A do CP. As ameaças constituem, nessa hipótese, o meio de execução do crime de perseguição.

- **restringindo-lhe a capacidade de locomoção;**

A perseguição reiterada pode ocorrer de modo a restringir a liberdade de locomoção da vítima. Mesmo que não haja ameaças, a vítima pode perceber que o agente, um ex-namorado, por exemplo, a persegue pela cidade. Essa perseguição reiterada pode restringir a sua liberdade, limitando a sua locomoção, até mesmo por ficar amedrontada ou constrangida com essa perseguição constante. Também se pode pensar em um fã que persegue reiteradamente o seu ídolo, desde que a liberdade de locomoção da vítima seja restringida.

- **de qualquer forma, invadindo ou perturbando sua esfera de liberdade ou privacidade.**

Essa modalidade não possui a taxatividade que se exige dos tipos penais. Para lhe buscar delimitar o conteúdo, é preciso interpretá-lo de modo a caracterizar uma efetiva perseguição por meio dessa invasão ou perturbação da esfera de liberdade ou privacidade. Vale frisar que a esfera de liberdade é muito ampla, abrangendo a liberdade de expressão, a liberdade de ir e vir e vários outros aspectos, já que a liberdade individual só pode

13. Em sentido contrário, defendendo ser de forma livre: Greco, Rogério. (https://www.rogeriogreco.com.br/post/nova-lei-de-persegui%C3%A7%C3%A3o).

ser restringida por lei, como determina a Constituição, e possui um caráter residual. A privacidade, por sua vez, envolve as várias facetas da vida privada, como o direito à imagem, ao sigilo das comunicações, à inviolabilidade do domicílio e, até mesmo, seu núcleo mais sensível, a intimidade. Será necessária uma interpretação restritiva para a aplicação do tipo penal, cuja abrangência pode ser muito ampla e incompatível com o princípio da legalidade, que exige determinação em lei penal incriminadora.

É preciso que haja uma evidente perseguição, como a pessoa que aparece nas aulas virtuais para perseguir a ex-namorada, que é professora, cria vários perfis anônimos, em redes sociais, buscando contato insistentemente e contra a vontade da vítima, além de procurar suas amigas e pedir informações sobre sua localização e rotina, etc. Também se configura o delito se o vizinho violar persistente e habitualmente a intimidade da vítima, vigiando os seus passos e buscando saber de toda a sua rotina, tolhendo-lhe a liberdade e o direito à intimidade, a ponto de a pessoa perseguida sentir receio de sair de casa.

Quanto à classificação, o crime é comum, por não exigir qualidade específica do sujeito ativo, e habitual, não comportando tentativa. É unissubjetivo ou de concurso eventual, sendo que o concurso pode torná-lo majorado. O elemento subjetivo é o dolo, sem exigência de qualquer elemento subjetivo especial do tipo e sem previsão de modalidade culposa.

A classificação como material ou formal parece depender do caso[14]: praticado por meio de ameaça, não se exige a concretização de resultado naturalístico, sendo formal, tal qual o crime do artigo 147 do CP. No caso de restrição da liberdade de locomoção, o crime é material, por exigir a efetiva restrição. Na modalidade de invadir ou perturbar a esfera de liberdade ou privacidade, o crime exige, para ocorrer a perseguição, a efetiva invasão ou perturbação, de modo que deve ser interpretado como material.

A pena é de reclusão de 6 meses a 2 anos, além da multa. No caso de haver violência, o parágrafo segundo determina a aplicação do preceito secundário sem prejuízo da pena correspondente à violência, o que enseja a aplicação do cúmulo material (seja por concurso material de crime, seja por concurso formal impróprio). É infração penal de menor potencial ofensivo, cabendo transação penal e suspensão condicional do processo, salvo se houver violência doméstica ou familiar contra a mulher (art. 41 da Lei n. 11.340/2006).

É discutível o cabimento de acordo de não persecução penal, que é vedado em caso de violência ou grave ameaça. Caso se entenda cabível no caso perseguição que ocorra por meio de perturbação, sem violência ou ameaça à vítima, poderá ser ofertada a proposta pelo Ministério Público, nos termos do artigo 28-A do CPP. Outro ponto seria a vedação ao ANPP quando for cabível "transação penal de competência dos Juizados". Para alguns, a interpretação seria de que não cabe ANPP em nenhum caso de transação. Para outros, o dispositivo apenas veda ANPP quando a transação for cabível em crime de competência do Juizado, e não quando a competência for da Vara, por conexão ou continência. De todo modo, há violação expressa em caso de violência doméstica ou familiar contra a mulher.

14. Em sentido contrário, defendendo ser sempre crime material: Greco, Rogério. (https://www.rogeriogreco.com.br/post/nova-lei-de-persegui%C3%A7%C3%A3o).

Ademais, quanto à tipificação anterior, pode ou não ter havido *abolitio criminis* ou continuidade típico-normativa, a depender do caso. Agora há descrição de formas de se praticar o delito e se exige habitualidade, de modo que, por exemplo, uma conduta única de molestar poderia configurar a contravenção, mas não configura do crime do artigo 147-A do CP.

➤ Formas majoradas

- **contra criança, adolescente ou idoso;**

Criança e adolescente não possuem uma interpretação unânime no Direito Penal. De todo modo, devem ser adotados os critérios do Estatuto da Criança e do Adolescente, ainda que a definição do artigo 2º seja para efeitos daquela lei. Considera-se criança, então, a pessoa até doze anos de idade incompletos, e adolescente aquela entre doze e dezoito anos de idade. De todo modo, se a vítima for menor de 18 anos de idade, haverá a majorante. Idoso, como define o artigo 1º do Estatuto da Pessoa Idosa, é a pessoa com idade igual ou superior a 60 anos. Esse parâmetro vem sendo seguido pela doutrina em outros tipos penais como definição do idoso para fins penais, ainda que a atenuante de pena da senilidade estabeleça o marco em 70 anos.

- **contra mulher por razões da condição de sexo feminino, nos termos do § 2º-A do art. 121 deste Código;**

Incide a causa de aumento de pena no caso de crime cometido contra a mulher, desde que por razões da condição de sexo feminino. Portanto, o crime contra a mulher pode ou não ser majorado, a depender do caso. Há uma referência expressa ao artigo 121, § 2º-A, do CP, que define o que são as razões da condição de sexo feminino para a qualificadora do feminicídio. Referidas razões se referem, na verdade, ao gênero, ao papel que a mulher exerce na sociedade. Entretanto, com a finalidade de excluir mulheres transexuais, o legislador prefere usar o termo "sexo feminino".

As razões são de violência doméstica e familiar ou de menosprezo ou discriminação contra a mulher. Na hipótese de violência doméstica e familiar, há a definição da Lei n. 11.340/2006, a Lei Maria da Penha. Essa pena maior se justifica devido aos índices alarmantes de violência contra a mulher no país, muitas vezes praticada por pessoas do seu convívio familiar ou afetivo ou até mesmo dentro do seu lar. Além disso, cabem as medidas protetivas previstas nessa lei, cujo descumprimento pode configurar outro crime.

- **mediante concurso de 2 (duas) ou mais pessoas ou com o emprego de arma.**

O concurso de pessoas aumenta o potencial lesivo da lesão, o que justifica a causa de aumento de pena. São necessários dois ou mais agentes, que podem ser autores e partícipes. Não é necessário que sejam todos imputáveis nem que haja a identificação de todos, basta que tenham concorrido mais de dois indivíduos para a prática delitiva.

O emprego de arma também potencializa a lesão à liberdade individual. O termo arma não foi restringido pelo legislador, como ocorreu no roubo majorado, de modo que a causa de aumento incide se houver emprego de arma de fogo, arma branca ou arma imprópria, como uma garrafa quebrada.

➢ A ação penal

Somente se procede mediante representação, o que significa que a ação penal é pública condicionada. No caso de violência doméstica ou familiar contra a mulher, o artigo 16 da Lei n. 11.340/2006 determina que só será admitida a renúncia à representação perante o juiz, em audiência especialmente designada com tal finalidade, antes do recebimento da denúncia e ouvido o Ministério Público. O legislador deixou a ação penal condicionada mesmo se praticada contra crianças, cabendo ao representante legal oferecer a representação. Há entendimento, controverso, de que a vítima menor possuiria novo prazo de 6 meses para representar após atingida a maioridade[15].

QUADRO SINÓTICO

Crime de perseguição	
Tipo penal	Perseguir alguém, reiteradamente e por qualquer meio, ameaçando-lhe a integridade física ou psicológica, restringindo-lhe a capacidade de locomoção ou, de qualquer forma, invadindo ou perturbando sua esfera de liberdade ou privacidade.
Objeto jurídico	Protege-se a liberdade individual (psíquica e física).
Sujeito ativo	Qualquer um.
Sujeito passivo	Qualquer um.
Elemento subjetivo	Conduta que exige dolo
Consumação	O crime de perseguição se consuma quando, da perseguição, a vítima tem sua integridade física ameaçada, sua capacidade de locomoção restringida, ou sua esfera de liberdade ou privacidade é invadida ou perturbada.
Tentativa	Não se admite a tentativa.
Forma majorada	Há previsão de aumento de pena quando o delito é cometido contra criança, adolescente ou idoso; contra mulher por razões da condição do sexo feminino; mediante concurso de duas ou mais pessoas ou com o emprego de arma. Se o delito for praticado contra indígena "não integrado", incide a causa de aumento de pena de um terço, nos termos do artigo 59 da Lei n. 6.001/1973.
Jurisprudência relevante	A suspensão condicional do processo e a transação penal não se aplicam na hipótese de delitos sujeitos ao rito da Lei Maria da Penha (Súmula 536 do STJ).

15. "Esta Suprema Corte tem reconhecido a dualidade de titulares do direito de representar ou oferecer queixa, cada um com o respectivo prazo: um para o ofendido e outro para seu representante legal. Súmula nº 594 do STF. Precedentes. 3. Ordem denegada." (STF, HC 115341, Rel. Min. Dias Toffoli, Primeira Turma, julgamento em 14/10/2014).

Crime de perseguição	
Classificação	Crime comum, doloso, formal ou material, de forma vinculada, comissivo ou omissivo impróprio, habitual, monossubjetivo, unissubsistente ou plurissubsistente e transeunte ou não transeunte.
Benefícios	Para a forma do *caput*, a transação, a suspensão condicional do processo e o oferecimento de acordo de não persecução penal são cabíveis, salvo para o caso do ANPP se o crime for praticado com violência ou grave ameaça. Por ser crime de menor potencial ofensivo, a competência é dos Juizados Especiais Criminais, nos termos dos artigos 60 e 61, ambos da Lei n. 9.099/1995. Quando o crime for cometido em situação de violência doméstica ou familiar não se admite a transação ou suspensão condicional do processo, por força do entendimento consagrado na Súmula 536, do STJ.
Ação penal	Pública condicionada à representação.
Observações	Trata-se de crime que substituiu o artigo 65, de Lei de Contravenções Penais, que previa a perturbação do sossego.

1.5. Violência Psicológica contra a Mulher

O artigo 147-B foi inserido no Código Penal pela Lei n. 14.188, de 28 de julho de 2021, que também alterou a Lei Maria da Penha e inseriu uma modalidade qualificada no caso de lesão leve praticada contra mulher por razões de condição do sexo feminino. O dispositivo passou a tipificar o crime de violência psicológica contra a mulher, nos seguintes termos:

> *Art. 147-B. Causar dano emocional à mulher que a prejudique e perturbe seu pleno desenvolvimento ou que vise a degradar ou a controlar suas ações, comportamentos, crenças e decisões, mediante ameaça, constrangimento, humilhação, manipulação, isolamento, chantagem, ridicularização, limitação do direito de ir e vir ou qualquer outro meio que cause prejuízo à sua saúde psicológica e autodeterminação:*
>
> *Pena – reclusão, de 6 (seis) meses a 2 (dois) anos, e multa, se a conduta não constitui crime mais grave.*

É importante frisar que a violência psicológica contra a mulher já estava prevista na Lei n. 11.340/2006, a Lei Maria da Penha. O seu artigo 7º, inciso II, cuja redação foi alterada pela Lei n. 13.772/2018, a define como "qualquer conduta que lhe cause dano emocional e diminuição da autoestima ou que lhe prejudique e perturbe o pleno desenvolvimento ou que vise degradar ou controlar suas ações, comportamentos, crenças e decisões, mediante ameaça, constrangimento, humilhação, manipulação, isolamento, vigilância constante, perseguição contumaz, insulto, chantagem, violação de sua intimidade, ridicularização, exploração e limitação do direito de ir e vir ou qualquer outro meio que lhe cause prejuízo à saúde psicológica e à autodeterminação".

A violência psicológica poderia configurar o crime de lesão corporal desde que ensejasse dano à normalidade funcional do corpo, do ponto de vista mental, como prevê o item 42 da Exposição de Motivos da Parte Especial do Código Penal[16]. A dor, prevista no Código de 1890, não foi prevista na lesão corporal do Código vigente. Por isso, nem toda violência psicológica enseja lesão corporal, de modo que a nova figura típica possui um âmbito maior de incriminação do que o previsto apenas pelo crime de lesão corporal, representando *novatio legis incriminadora*.

O sujeito ativo do crime pode ser qualquer pessoa, até mesmo outra mulher, como, por exemplo, nas relações homoafetivas. O sujeito passivo deve ser a mulher. Ao contrário de outros tipos penais, que se referiram expressamente ao sexo, esse tipo penal não se refere a esse aspecto. Assim, parece mais adequada a interpretação que entende abrangida a mulher transexual, já que se referiu apenas a mulher, e não a *sexo feminino*. Enquanto esse tema é bastante controverso no caso do feminicídio, em que a lei se refere expressamente ao sexo feminino, no crime do artigo 147-A a controvérsia deve ser menor, já que o tipo apenas usa o termo "mulher". A violência psicológica contra o homem não tipifica esse delito específico, mas pode configurar o crime de lesão corporal, caso haja efetivo dano à saúde.

O tipo tem como núcleo o verbo "causar", razão pela qual não se pode classificá-lo como misto alternativo[17]. Incrimina-se a conduta de causar dano emocional à mulher, sendo que esse dano é delimitado como aquele que prejudique ou perturbe o seu pleno desenvolvimento ou aquele que vise a degradar ou a controlar suas ações, comportamentos, crenças e decisões. É preciso definir esse **dano emocional**, analisando as suas possibilidades:

- **que prejudique e perturbe o seu pleno desenvolvimento;**

Um dos danos emocionais que servem à configuração do tipo penal é aquele que prejudique ou perturbe o pleno desenvolvimento da mulher. Nesse caso, o crime exige um resultado danoso: o prejuízo do pleno desenvolvimento da mulher, como no caso de a vítima ter que realizar sua atividade profissionais sob regras impostas por seu companheiro, o que a prejudica no seu desenvolvimento, não possibilitando que ele ocorra de forma plena. Também é possível que o dano emocional perturbe esse desenvolvimento pleno, como por meio de manipulações emocionais que tornem o exercício de sua atividade profissional mais árduo, o que indica o que indica um óbice provocado pelo sujeito ativo.

- **que vise a degradar ou a controlar suas ações, comportamentos, crenças e decisões;**

Nesse caso, o dano possui uma finalidade, que não precisa ser atingida pelo agente. O tipo penal deve ser classificado como incongruente, de modo que o crime é formal, não sendo necessário o resultado para a sua consumação. Uma das finalidades é a

16. "42. O crime de lesão corporal é definido como ofensa à integridade corporal ou saúde, isto é, como todo e qualquer dano ocasionado à normalidade funcional do corpo humano, quer do ponto de vista anatômico, quer do ponto de vista fisiológico ou mental."
17. Em sentido contrário: CAVALCANTE, Márcio André Lopes, Comentários à Lei 14.188/2021: crime de violência psicológica, nova qualificadora para lesão corporal por razões da condição do sexo feminino e programa Sinal Vermelho disponível em: https://www.dizerodireito.com.br/2021/07/comentarios-lei-141882021-crime-de.html.

degradação, que significa destruir, provocar estrago, retirar a dignidade. É o fim de rebaixar a vítima, tratá-la de forma aviltante para lhe retirar a dignidade. É o caso do contínuo tratamento pejorativo, que vai destruindo a autoestima da mulher, a ponto de o seu sentido de valor ser ligado ao parceiro, tamanho o dano causado à saúde emocional.

Outra finalidade possível é a de controlar as ações, comportamentos, crenças e decisões da mulher. Basta a intenção, não é necessário que se obtenha o controle para a consumação do delito. Controlar as ações significa ter poder sobre o que a vítima faz, como as suas atividades de lazer. Controlar o comportamento tem um sentido mais amplo, incluindo as omissões, aquilo que a vítima não deseja realizar, e a sua forma de se portar socialmente, como as roupas que usa ou deixa de usar. O controle das crenças envolve a busca de tolher a liberdade da vítima quanto a ter uma religião ou de não a professar, mas também se refere ao conjunto mais amplo de opiniões, convicções e ideologias, inclusive políticas. O agente também pode almejar o domínio das decisões da vítima, a sua liberdade de autodeterminação, de decidir o seu futuro e até mesmo as pequenas escolhas da rotina diária.

Essa conduta pode se dar por vários meios. O dispositivo prevê que o dano emocional pode ser causado mediante ameaça, constrangimento, humilhação, manipulação, isolamento, chantagem, ridicularização, limitação do direito de ir e vir ou qualquer outro meio que cause prejuízo à sua saúde psicológica e autodeterminação. Cuida-se de extenso rol de meios de prática do dano emocional:

- **mediante ameaça**

Ameaçar é fazer uma promessa a outra pessoa de lhe causar algo ruim, um mal. Não se exige aqui que a ameaça seja de um mal injusto, nem a ameaça é qualificada como grave. As contínuas ameaças, como a de deixar a pessoa sem os bens que lhe são de direito pela meação, podem afetar a autodeterminação e a saúde psíquica da vítima.

Interessante distinção é entre o crime de perseguição e o de violência psicológica contra a mulher, já que ambos podem ser praticados mediante ameaça. Apesar de o último delito ser expressamente subsidiário, os dois possuem a mesma gravidade em abstrato, já que o legislador lhes cominou os mesmos limites mínimo e máximo de pena. Entretanto, o crime de perseguição, no caso de ser praticado contra mulher por razões de condição de sexo feminino, tem previsão de majorante, razão pela qual se torna mais grave. Assim, caso as ameaças sejam reiteradas a ponto de se configurar o crime de perseguição, aquele deve prevalecer, por ser mais específico e pela expressa subsidiariedade do delito em estudo. Nada impede, entretanto, que haja concurso de crimes, a depender das circunstâncias.

- **mediante constrangimento**

Constranger é praticar coação contra outrem, mas também pode ser deixar alguém embaraçado ou envergonhado. Aqui a compreensão deve ser ampla, mesmo porque os outros meios enumerados demonstram claramente essa amplitude do tipo penal: o uso de coação ou de deixar a vítima embaraçada na frente de amigos e colegas de trabalho pode visar a controlar algum aspecto de sua vida, provocar degradação social ou, ainda, prejudicar ou perturbar o seu pleno desenvolvimento.

- **mediante humilhação**

Humilhar é dar tratamento humilhante, que rebaixe a vítima, que afete a sua autoestima. É tratar de modo desdenhoso ou pejorativo, de modo a desqualificá-la. Tratar e mulher de forma pejorativa, insultando o seu intelecto ou aparência física, por exemplo, especialmente na frente de outras pessoas, tem um grande potencial de dano emocional, especialmente em relações afetivas, em que os parceiros possuem um significado psicológico muito maior para a pessoa.

- **mediante manipulação**

Manipular é usar artifício para modificar a vontade da pessoa, é influenciar a formação da vontade da vítima por meio de táticas enganosas ou dissimuladas. É o caso de o agente convencer a vítima de que para a salvação da sua alma ela deve manter a união estável, ainda que ela não tenha mais desejo de permanecer na relação.

- **mediante isolamento**

Isolar é afastar a pessoa do seu convívio social, de sua família e amigos. Infelizmente não é incomum o relato de que o parceiro de determinada mulher a isolou de sua família, cortando os vínculos. Esse meio de violência emocional é usualmente um passo inicial para a busca do domínio sobre a vítima, evitando que haja pessoas próximas a perceberem a situação e que possam ajudá-la em caso de violência expressa.

- **mediante chantagem**

Chantagear é uma espécie de ameaça condicional, exigindo determinado comportamento sob pena de fazer algo. É o caso de exigir que a vítima não trabalhe fora de casa ou o agente a abandonará ou mesmo de dizer que ela não deve terminar o relacionamento ou o agente se utilizará de todos os meios para obter a guarda unilateral dos filhos apenas para separá-los da mãe. É possível, inclusive, que essa vantagem envolva a divulgação de fotos ou vídeos íntimos da vítima, prática conhecida como *revenge porn*, algo como pornografia de vingança. Caso haja a efetiva divulgação, além da chantagem continuada, que provocou sofrimento psicológico na vítima, é possível o concurso do delito do artigo 147-B do CP com o do artigo 218-C, também do CP, que é denominado de divulgação de cena de estupro ou de cena de estupro de vulnerável, de cena de sexo ou de pornografia.

- **mediante ridicularização**

A ridicularização é uma forma específica de humilhação, é escarnecer, é zombar da pessoa. Quando esse comportamento se torna hábito contra a vítima, especialmente em relação afetiva ou amorosa, há um grande potencial de abalo psíquico, especialmente a longo prazo.

- **mediante limitação do direito de ir e vir**

A limitação do direito de ir e vir significa não possibilitar que a vítima saia quando quiser ou que não vá aonde decidir. Pode se iniciar com uma proibição de frequentar determinados lugares, como clubes e academias, e se estender a vedações de sair desacompanhada de casa. É uma forma mais grave de violência psicológica contra a vítima, de modo que pode culminar também na prática do crime de sequestro ou cárcere privado, inclusive em concurso, a depender do caso. Isso porque aquele delito visa a proteger a liberdade de ir e vir, de forma mais específica, enquanto o crime de violência psicológica também tutela a saúde emocional da vítima.

- **mediante qualquer outro meio que cause prejuízo à sua saúde psicológica e autodeterminação**

Cuida-se cláusula de **interpretação analógica**, aquele método por meio do qual o próprio legislador deixa uma expressão mais aberta, a ser interpretada conforme os meios enumerados anteriormente de forma menos abstrata. É o caso de o agente controlar o uso do celular e de redes sociais pela vítima, limitando não a sua liberdade de ir e vir, mas a sua comunicação com outras pessoas.

Essa cláusula demonstra que todos os meios para prática do dano devem **causar prejuízo à saúde psicológica e à autodeterminação da mulher**. Isso reforça se tratar de um crime de dano, e não de perigo, pois não basta colocar o bem jurídico em risco para sua consumação. O crime se configura com a efetiva causação do dano, como indica o núcleo do tipo, de modo que é imprescindível que qualquer dos meios empregados cause prejuízo à saúde psicológica e à autodeterminação da vítima.

Há quem entenda que, por se tratar de violência psicológica e não se exigir o dano, que configura a lesão corporal, forma-se uma corrente no sentido de que a perícia seria desnecessária[18]. Assim, caso haja violência psicológica, a prova testemunhal pode ser suficiente. Caso essa violência cause danos à saúde da vítima e, assim, configure-se a lesão corporal, a perícia será necessária. Por outro lado, há quem entenda que a perícia seria imprescindível para a comprovação de sua materialidade[19]. A melhor interpretação deve ser de que o dano é sim necessário, mas a perícia é desnecessária, dada a natureza do dano, que é emocional.

O crime não exige a violência doméstica ou familiar contra a mulher para a sua configuração, apesar de a maior parte dos delitos serem praticados nesse contexto. Por isso, haverá incidência da Lei n. 11.340/2006, com as suas respectivas vedações, apenas se o delito for praticado com violência doméstica ou familiar

18. Nesse sentido: CAVALCANTE, Márcio André Lopes, Comentários à Lei 14.188/2021: crime de violência psicológica, nova qualificadora para lesão corporal por razões da condição do sexo feminino e programa Sinal Vermelho disponível em: https://www.dizerodireito.com.br/2021/07/comentarios-lei-141882021-crime-de.html. CUNHA, Rogério Sanches. Violência psicológica contra a mulher: comentários à Lei n. 14.188/2021. Disponível em: https://meusitejuridico.editoraJusPodivm.com.br/2021/07/29/comentarios-lei-n-14-1882021/
19. MELO, Igor de; ORNELAS, Alex Rosa. O crime de violência psicológica e a Lei Maria da Penha. Disponível em: https://www.conjur.com.br/2021-ago-05/igor-melo-violencia-psicologica-lei-maria-penha.

contra a mulher. Se a violência for praticada no âmbito profissional, por exemplo, não incidem as vedações de benefícios da Lei Maria da Penha.

O STJ não admite, no caso de violência doméstica e familiar contra a mulher, a substituição da pena privativa de liberdade por restritiva de direitos e/ou multa, conforme a Súmula 588:

> *A prática de crime ou contravenção penal contra a mulher com violência ou grave ameaça no ambiente doméstico impossibilita a substituição da pena privativa de liberdade por restritiva de direitos.*

Além disso, entende inaplicável, no caso de violência doméstica e familiar, o princípio da insignificância, conforme a Súmula 589:

> *É inaplicável o princípio da insignificância nos crimes ou contravenções penais praticados contra a mulher no âmbito das relações domésticas.*

São vedadas, ainda, em se tratando dessa modalidade de violência, a suspensão condicional do processo e a transação penal, nos termos da Súmula 536:

> *A suspensão condicional do processo e a transação penal não se aplicam na hipótese de delitos sujeitos ao rito da Lei Maria da Penha.*

Todos esses entendimentos só serão aplicados se na conduta praticada pelo agente houver violência doméstica ou familiar contra a mulher. Por fim, vale enfatizar que não se exige coabitação para caracterização da violência tratada na Lei Maria da Penha, conforme a Súmula 600 do STJ:

> *Para configuração da violência doméstica e familiar prevista no artigo 5º da Lei 11.340/2006, Lei Maria da Penha, não se exige a coabitação entre autor e vítima.*

O crime é doloso, sem previsão de forma culposa. É admissível o *conatus*, a modalidade tentada, apesar de ser difícil na prática. Cuida-se de delito instantâneo, consumando-se com a prática do dano emocional. Por isso, o crime é material, pois exige o mencionado resultado naturalístico para a sua consumação. A pena é de 6 meses a 2 anos de reclusão, além multa, se a conduta não configura crime mais grave. O tipo penal, portanto, é expressamente subsidiário.

O crime de dano, se não abrangido pela imunidade absoluta do artigo 181, e os crimes contra a honra podem ser absorvidos pelo delito do artigo 147-B. Além disso, o crime em análise prevê a espécie mais grave de pena privativa de liberdade, a pena de reclusão, que permite a perda do poder familiar, nos termos do artigo 92, inciso II, do Código Penal. Não cabe acordo de não persecução penal pela vedação em caso de violência ou grave ameaça. Além disso, incidiria, na maior parte dos delitos, o afastamento do benefício pela violência doméstica ou familiar contra a mulher. A ação penal é pública incondicionada.

QUADRO SINÓTICO

Crime de violência psicológica contra a mulher	
Tipo penal	Causar dano emocional à mulher que a prejudique e perturbe seu pleno desenvolvimento ou que vise a degradar ou a controlar suas ações, comportamentos, crenças e decisões, mediante ameaça, constrangimento, humilhação, manipulação, isolamento, chantagem, ridicularização, limitação do direito de ir e vir ou qualquer outro meio que cause prejuízo à sua saúde psicológica e autodeterminação.
Objeto jurídico	Tutela-se a liberdade individual compreendida como liberdade psíquica.
Sujeito ativo	Qualquer um.
Sujeito passivo	Mulher.
Elemento subjetivo	Exige-se dolo para a configuração do delito.
Consumação	A consumação ocorre com a causação do dano emocional à mulher.
Tentativa	Admite-se a tentativa.
Forma majorada	Se o delito for praticado contra indígena "não integrado", incide a causa de aumento de pena de um terço, nos termos do artigo 59 da Lei n. 6.001/1973.
Classificação	Crime comum com relação ao sujeito ativo e próprio no que se refere ao passivo, doloso, formal ou material, de forma livre (previsão de qualquer outro meio que cause prejuízo à sua saúde psicológica e autodeterminação), de dano, comissivo ou omissivo impróprio, instantâneo, monossubjetivo, unissubsistente ou plurissubsistente e transeunte ou não transeunte.
Benefícios	A princípio, a transação e a suspensão condicional do processo são cabíveis. Por ser crime de menor potencial ofensivo, a competência é dos Juizados Especiais Criminais. Cumpre lembrar que se o delito for cometido no contexto de violência doméstica ou familiar não será admitida a transação ou suspensão condicional do processo, por força do entendimento consagrado na Súmula 536, do STJ.
Ação penal	Pública incondicionada.

1.6. Sequestro e Cárcere Privado

O crime de sequestro e cárcere privado está previsto no artigo 148 do Código Penal:

> *Art. 148 – Privar alguém de sua liberdade, mediante sequestro ou cárcere privado:*
>
> *Pena – reclusão, de um a três anos.*
>
> *§ 1º – A pena é de reclusão, de dois a cinco anos:*
>
> *I – se a vítima é ascendente, descendente, cônjuge ou companheiro do agente ou maior de 60 (sessenta) anos;*

II – se o crime é praticado mediante internação da vítima em casa de saúde ou hospital;

III – se a privação da liberdade dura mais de quinze dias.

IV – se o crime é praticado contra menor de 18 (dezoito) anos;

V – se o crime é praticado com fins libidinosos.

§ 2º – Se resulta à vítima, em razão de maus-tratos ou da natureza da detenção, grave sofrimento físico ou moral:

Pena – reclusão, de dois a oito anos.

O núcleo do tipo é o verbo privar, que significa destituir ou tolher. É a conduta de impedir de liberdade de locomoção de alguém. A conduta pode ser realizada mediante sequestro ou cárcere privado. O bem jurídico tutelado, deste modo, é a liberdade de ir e vir.

Sequestro, segundo a doutrina, é a privação de liberdade, sem necessidade de haver confinamento. É o caso de a vítima ser levada a uma fazenda isolada, sem que tenha condições de sair dali. O **cárcere privado**, por sua vez, seria espécie do gênero sequestro, implicando restrição da liberdade da vítima em um local fechado, como um cômodo de uma casa. A doutrina ainda aponta ser possível a configuração do delito em caso de detenção da vítima, onde ela é levada para determinado local para privá-la de sua liberdade, ou de retenção, em que ela é impedida de sair de determinado lugar onde ingressou livremente.

O **consentimento do ofendido** afasta a prática do crime, mesmo porque a locomoção é direito disponível. Entretanto, pode ocorrer o crime se, após o consentimento dado, a privação de liberdade dura por tempo superior ao da concordância da vítima. Também há crime se, durante a privação, a vítima retira sua aquiescência e o agente se nega a liberá-la.

Não é possível o consentimento posterior ao delito, considerando que, após encarcerada contra a sua vontade, a vítima pode inclusive desenvolver alguma sequela, o que pode levar ao consentimento viciado. Há uma definição popular para a situação em que a vítima, inclusive, desenvolve posterior afeto pelo agressor, que é chamada de Síndrome de Estocolmo. Apesar de não ser uma doença reconhecida, esse contexto não deve afastar a configuração do delito, visto que o consentimento deve ser prévio ou concomitante, e não posterior.

A conduta é dolosa, não havendo previsão para punição a título de culpa. Pode se dar tanto por ação quanto por omissão, como no caso do diretor do hospital psiquiátrico que não libera o paciente que já teve alta, privando-o de sua locomoção sem razões médicas.

O crime é comum, não exigindo nenhuma condição específica do sujeito ativo. Entretanto, no caso do funcionário público, pode configurar abuso de autoridade a sua conduta de privar alguém da liberdade, caso haja relação com as funções públicas por ele exercidas.

Classifica-se como crime **permanente**, sendo que a consumação se prolonga no tempo enquanto o agente mantém a vítima em sequestro ou cárcere privado. A liberação da vítima não impede a consumação do crime, que já se deu com a restrição à liberdade dela. Por ser crime permanente, a prisão em flagrante é possível a todo o momento em que a vítima estiver sequestrada ou mantida em cárcere privado.

Parece prevalecer, na doutrina, que não importa o tempo de restrição de liberdade. Privada a vítima de sua liberdade, seja por sequestro ou por cárcere privado, o crime já se consumou. Esse entendimento deve, entretanto, passar pela exigência de tipicidade material, excluindo-se a relevância penal em caso de período insignificante. Outra corrente, entretanto, defende que deve haver um período razoável de sequestro ou cárcere privado para a consumação do delito.

O crime de sequestro e cárcere privado se diferencia do de constrangimento ilegal, pois neste, o delito é instantâneo, enquanto naquele ele é permanente e se refere especificamente à liberdade de locomoção. O crime, na sua forma comissiva, é plurissubsistente, possibilitando a punição da tentativa. A modalidade é a tentada quando o agente tenta levar a vítima até o carro, à força, quando um terceiro intervém e a ajuda a fugir, impedindo sua efetiva privação da liberdade.

Em interessante julgado, o STJ entendeu que o crime de sequestro e cárcere privado se configura com a restrição da liberdade da vítima, não sendo imprescindível que a privação seja total. Vale a sua leitura:

> *"1. A conduta típica do crime do art. 148 do CP consiste na restrição (parcial ou total) da liberdade de locomoção de alguém. Os meios para isso são o sequestro (retira a vítima de sua esfera de segurança para restringir sua liberdade) e o cárcere privado (colocação em confinamento).* ***O elemento comum é a restrição à liberdade da vítima, bastando para a configuração do crime em questão que a vítima não tenha a faculdade de dirigir sua liberdade, sendo desnecessária a privação total de sua liberdade, ou seja, que fique totalmente impossibilitada de se retirar do local em que foi confinada****." (REsp 1622510/MS, Rel. Min. Reynaldo Soares da Fonseca, Quinta Turma, DJe 09/06/2017).*

Não se configura o crime autônomo de sequestro se a privação de liberdade foi praticada com a finalidade da prática do crime de roubo ou para seu exaurimento, conforme já decidiu o STJ:

> *"(...)* ***Praticada a privação da liberdade com o fim de assegurar a concretização ou o exaurimento do delito de roubo, e não visando deliberadamente privar a vítima de sua liberdade, não há falar em sequestro****, restando configurada, nesses casos, a majorante do inciso V do § 2º do art. 157 do CP: se o agente mantém a vítima em seu poder, restringindo sua liberdade. (...)" (STJ, HC 35536/MG, Rel. Min. Nefi Cordeiro, Sexta Turma, DJe 16/12/2014).*

Vale recordar, ainda, que para a repressão desse delito, a Lei n. 13.344/2016 incluiu os artigos 13-A e 13-B ao Código de Processo Penal, possibilitando que o delegado de polícia ou membro do Ministério Público requisite dados e informações cadastrais das vítimas e suspeitos. É possível, ainda, a requisição, mas essa mediante autorização judicial, às empresas prestadoras de serviço de telecomunicações e/ou telemática que disponibilizem imediatamente os meios técnicos adequados – como sinais, informações e outros – que permitam a localização da vítima ou dos suspeitos do delito.

Formas qualificadas do parágrafo primeiro:

O artigo 148 do Código Penal, em seu parágrafo primeiro, prevê algumas modalidades qualificadas do crime de sequestro e cárcere privado. Nestes casos, a pena passa a ser de reclusão, de dois a cinco anos:

I. se a vítima é ascendente, descendente, cônjuge ou companheiro do agente ou maior de 60 (sessenta) anos

Caso o crime tenha como vítima ascendente, descendente, cônjuge ou companheiro do agente, incidirá a forma qualificada. O maior desvalor reside na relação de parentesco ou familiar entre agente de vítima, o que implica na maior reprovação de ameaça praticada. O companheiro foi adicionado ao rol pela Lei n. 11.106, de 28 de março de 2005. Antes da sua inclusão, prevalecia não ser possível a analogia *in malam partem*, devido à taxatividade exigida pela legalidade.

Também qualifica o crime o fato de ter sido cometido contra maior de 60 anos. A hipótese foi incluída pelo Estatuto da Pessoa Idosa. A fragilidade da vítima, em que decorrência da idade avançada, é o que torna a conduta mais reprovável.

II. se o crime é praticado mediante internação da vítima em casa de saúde ou hospital

Há a qualificadora se o delito é praticado por meio de internação da vítima em casa de saúde ou em hospital, como no caso de uma instituição psiquiátrica. Aqui, tem-se uma hipótese de mais difícil descoberta, por envolver uma fraude que dá aparência de legalidade à ação do agente.

III. se a privação da liberdade dura mais de quinze dias

O tempo de privação de liberdade, para o entendimento majoritário, não é relevante para a configuração do delito. Entretanto, caso dure por um período maior, no caso de mais de quinze dias, a infração penal passa a ser qualificada. Como consiste em prazo penal, a contagem deve ser feita nos moldes do artigo 10, com a inclusão o dia do começo na contagem.

IV. se o crime é praticado contra menor de 18 (dezoito) anos

Qualifica o crime o fato de a vítima ser menor de 18 anos, ou seja, criança ou adolescente. A modalidade foi acrescentada ao Código Penal pela Lei n. 11.106/2005, sendo que seu desvalor maior reside na idade da vítima, que ainda se encontra em formação da personalidade. Se a vítima completar 18 anos no cárcere, a qualificadora já se havia configurado, devendo o agente responder pelo crime qualificado. A Lei n. 14.811, de 12 de janeiro de 2024, ao incluir o inciso XI no artigo 1º da Lei n. 8.072/1990, tornou hediondo o delito de sequestro ou cárcere privado se o delito for praticado contra menor de 18 anos de idade, ou seja, na forma do inciso IV, parágrafo primeiro, do artigo 148.

V. se o crime é praticado com fins libidinosos.

Também inserida pela Lei n. 11.106/2005, cuida-se de hipótese de qualificadora que busca punir o sequestro ou o cárcere privado praticado com a finalidade libidinosa. Anteriormente, a conduta era parcialmente tipificada pelo crime de rapto violento ou mediante fraude, previsto no artigo 219 do Código Penal e revogado pela mesma lei que inseriu a modalidade qualificada em estudo. O crime do artigo 219 punia a privação de liberdade da mulher honesta, para fim libidinoso, praticado mediante violência, grave ameaça ou fraude. Havia uma indevida restrição do sujeito passivo, deixando de fora os homens, assim como as mulheres que não fossem consideradas "honestas". Na época, de conservadorismo dos costumes sexuais, eram consideradas não honestas as prostitutas, as adúlteras e as promíscuas, por exemplo, o que demonstra uma situação não tolerada pela atual ordem constitucional e pela consagração da liberdade sexual.

Havia, ainda, o chamado rapto consensual, feito em relação à mulher maior de quatorze anos e menor de 21 anos de idade, que era previsto no artigo 220 do Código Penal. Neste caso, era defensável que, com a maioridade civil atingida aos 18 anos de idade, não seria possível falar de rapto consensual de mulher maior de 18 e menor de 21 anos de idade, em virtude da plena liberdade sexual de uma mulher, capaz, que já atingiu a maioridade. Poderia se defender que ainda era possível a ocorrência do delito em relação à maior de 14 anos de idade e menor de 18.

De todo modo, quanto à conduta cuja prática se compatibiliza com visão da liberdade sexual da mulher, ou seja, quando violado o seu consentimento, não houve *abolitio criminis* em relação às condutas previstas nos revogados artigos 219 e 220 do Código Penal, já que totalmente inseridas no tipo do atual artigo 148 do Código Penal. Há, nesse caso, continuidade normativo-típica.

Pode haver concurso de crimes de sequestro e cárcere privado e de um delito contra a dignidade sexual. Os contextos fáticos devem ser distintos, além de que o agente deve ter apresentado desígnios autônomos. Se por exemplo, para a prática do estupro, o agente mantém a vítima no seu quarto, à força, pelo momento necessário para o ato sexual, deverá responder apenas pelo crime contra a dignidade sexual. Se, entretanto, ele a deixa presa e, depois de um tempo, resolve satisfazer sua lascívia quando lhe surge a vontade, havendo uma diferença temporal entre os crimes, deverá responder pelos crimes do artigo 148, § 1º, do CP e pelo crime de estupro, em concurso material.

Forma qualificada pelo resultado (§ 2º)

O artigo 148, em seu parágrafo segundo, prevê mais uma modalidade qualificada, neste caso pelo resultado. Incide a qualificadora se, em razão de maus tratos ou da natureza da detenção, resulta à vítima **grave sofrimento físico ou moral**. A pena passa a ser de reclusão, de dois a oito anos.

Maus tratos consistem no emprego de tratamento desumano à vítima, acarretando-lhe sofrimento além daquele inerente à privação de sua liberdade. Pode se dar por meio da privação de água ou comida ou mediante a sua humilhação, por exemplo. O sofrimento também pode decorrer da natureza da detenção, que pode ser em local muito apertado, sem espaço para movimentação, ou muito sujo, por exemplo. Também advém do uso de algemas nas mãos e nos pés, o que causa grave sofrimento físico e mental.

Especialidade

Há tipos específicos no artigo 225 do Código Penal Militar e no artigo 20 da Lei n. 7.710/1983. Vale lembrar, ainda, que se a privação da liberdade do agente tiver alguma finalidade prevista na Lei n. 9.455/1997, como a obtenção de alguma informação, configura-se o crime de tortura.

Novatio legis

Vale recordar o teor da Súmula 711 do STF, aplicável ao crime em análise:

> *A lei penal mais grave aplica-se ao crime continuado ou ao crime permanente, se a sua vigência é anterior à cessação da continuidade ou da permanência.*

QUADRO SINÓTICO

Crime de sequestro e cárcere privado	
Tipo penal	Privar alguém de sua liberdade, mediante sequestro ou cárcere privado.
Objeto jurídico	Tutela-se a liberdade pessoal, compreendida aqui como liberdade de locomoção.
Sujeito ativo	Qualquer um.
Sujeito passivo	Qualquer um.
Elemento subjetivo	Admite-se o dolo, seja ele direto ou eventual.
Consumação	A consumação se dá com o impedimento à locomoção da vítima.
Tentativa	Admite-se a tentativa.
Forma majorada	Se o delito for praticado contra indígena "não integrado", incide a causa de aumento de pena de um terço, nos termos do artigo 59 da Lei n. 6.001/1973.
Forma qualificada	O delito é qualificado quando a vítima é ascendente, descendente, cônjuge ou companheiro do agente ou maior de 60 (sessenta) anos; se o crime é praticado mediante internação da vítima em casa de saúde ou hospital; se a privação da liberdade dura mais de quinze dias. se o crime é praticado contra menor de 18 (dezoito) anos; e se o crime é praticado com fins libidinosos. Ademais, nos termos do artigo 148, § 2º, o delito é qualificado se resulta à vítima, em razão de maus tratos ou da natureza da detenção, grave sofrimento físico ou moral.

Crime de sequestro e cárcere privado	
Classificação	Crime comum (exceto nas modalidades qualificadas do § 1º, incisos I e IV), doloso, comissivo ou omissivo impróprio, permanente, material, de forma livre, monossubjetivo, plurissubsistente e não transeunte.
Benefícios	A modalidade do *caput* admite a suspensão condicional do processo.
Ação penal	Pública incondicionada.

1.7. Redução à Condição Análoga à de Escravo

O crime de redução à condição análoga à de escravo está previsto no artigo 149 do Código Penal. É denominado por parte da doutrina de **plágio** ou **plágio escravo**, também chamado de ***plagium***. Não se deve confundi-lo com o crime de violação de direito autoral, nem com a assinatura de obra intelectual alheia como se fosse sua, esta última hipótese conhecida também como plágio. O termo advém do Direito Romano, em que se punia a escravização indevida, ou seja, aquela feita fora das regras que permitiam a escravidão: a escravização do homem livre, a alienação ou assenhoreamento do escravo alheio[20]. Atualmente, a conduta é denominada condição análoga à de escravo, em razão de não haver mais, formalmente, a previsão jurídica de escravidão. Há uma vedação nacional e internacional de submeter pessoas à escravidão, o que pode configurar, inclusive, crime contra a humanidade, conforme o artigo 7º do Estatuto de Roma, que instituiu o Tribunal Penal Internacional[21].

Em brilhante monografia sobre o tema, Thiago Braghini Leão observa que o choque que se tem ao se estudar a formação histórica do país, de base escravocrata, repete-se ao se ter a percepção de que o pesadelo não acabou. Como diferenciação em relação à escravização antes da abolição formal da escravatura, em 13 de maio de 1888, conclui em seu estudo que, mesmo não sendo possível descartar o componente racial, **a escravidão moderna tem como critério determinante a vulnerabilidade da vítima**, derivada de baixa escolaridade ou de migração proveniente de países com condições socioeconômicas piores do que as do Brasil. Outra característica peculiar dessa prática moderna é que os escravizados não são vistos como propriedade. A prática é dissimulada, dificultando o seu combate, e **os submetidos são considerados descartáveis**, pelo baixo custo de substituição, normalmente o pagamento de módico valor a um intermediário, e também por não serem considerados ativos valiosos dos que se utilizam dessa mão de obra, ou seja, por não formarem o patrimônio dos que exploram esses trabalhadores[22].

O dispositivo legal que traz o tipo de redução à condição análoga à de escravo possui o seguinte conteúdo:

20. HUNGRIA, Nélson. Comentários ao Código Penal. Volume VI. Rio de Janeiro: Editora Forense, 1945, p. 181-182.
21. Artigo 7º Crimes contra a Humanidade 1. Para os efeitos do presente Estatuto, entende-se por "crime contra a humanidade", qualquer um dos atos seguintes, quando cometido no quadro de um ataque, generalizado ou sistemático, contra qualquer população civil, havendo conhecimento desse ataque:(...)c) Escravidão;
22. LEÃO, Thales Braghini. Tráfico de pessoas e escravidão moderna: entre a tutela penal de direitos humanos e a proteção da ordem econômica. Rio de Janeiro: Lumen Juris, 2022.

> *Art. 149. Reduzir alguém a condição análoga à de escravo, quer submetendo-o a trabalhos forçados ou a jornada exaustiva, quer sujeitando-o a condições degradantes de trabalho, quer restringindo, por qualquer meio, sua locomoção em razão de dívida contraída com o empregador ou preposto*
>
> *Pena – reclusão, de dois a oito anos, e multa, além da pena correspondente à violência.*
>
> *§ 1º Nas mesmas penas incorre quem:*
>
> *I – cerceia o uso de qualquer meio de transporte por parte do trabalhador, com o fim de retê-lo no local de trabalho;*
>
> *II – mantém vigilância ostensiva no local de trabalho ou se apodera de documentos ou objetos pessoais do trabalhador, com o fim de retê-lo no local de trabalho.*
>
> *Aumento de pena*
>
> *§ 2º A pena é aumentada de metade, se o crime é cometido:*
>
> *I – contra criança ou adolescente;*
>
> *II – por motivo de preconceito de raça, cor, etnia, religião ou origem.*

Pune-se, aqui, a violação do direito à liberdade, sendo punida a escravização ou a servidão de qualquer pessoa, o que se veda na ordem internacional, inclusive na Declaração Universal de Direitos do Homem e na Convenção Americana de Direitos Humanos. A conduta punível é a redução de alguém à condição análoga de escravo, que é a situação em que o ser humano tem sua personalidade desconsiderada para ser tratado como coisa. Classificando-se como **crime de forma vinculada**, pode ser praticado das seguintes formas:

- **submissão da vítima a trabalhos forçados ou a jornada exaustiva**: trabalho forçado é aquele em que se obriga a vítima a alguma atividade laborativa, mediante emprego de violência, grave ameaça ou fraude. A vítima não possui liberdade de escolha quanto a não executar ou não interromper a atividade. Jornada exaustiva é aquela que chega aos limites físicos do indivíduo, correspondendo a uma carga horária acima do suportável pelo ser humano, fora dos parâmetros da saúde do trabalho.
- **sujeição da vítima a condições degradantes de trabalho**: é a condição que afeta a dignidade do trabalho, que é desumana. É o caso do indivíduo que trabalha em local sujo, sem o mínimo material de proteção, causando lesões em seu corpo. O local de moradia também pode ensejar a configuração de condições degradantes, especialmente quando se trata de postos de trabalho distantes e não servidos por transporte regular ou de contratação de imigrantes, muitas vezes sem local de residência no território nacional ou mesmo com temor de deixar o local de trabalho por falta de documentação de permanência.
- **restrição, por qualquer meio, da locomoção da vítima em razão de dívida por ela contraída com o empregador ou preposto**: a restrição de locomoção da vítima é empregada como meio para a prestação da atividade, privando-a de seu direito de ir e vir. A justificativa utilizada é a existência de dívidas com o seu empregador ou preposto. É comum isso ocorrer quando a propriedade rural possui uma mercearia, de propriedade dos empregadores, na qual o trabalhador pode comprar para pagamento a prazo, mas cujos valores são

tão elevados que a dívida dificilmente pode ser quitada. Então, o trabalhador é advertido de que não pode deixar o local enquanto estiver em débitos, o que o sujeita à condição análoga à de escravidão. É o que se pode chamar de sistema de barracão ou *truck system*, caracterizando-se como uma forma de controlar o empregado, o que usualmente se dá pela compra de itens de subsistência em estabelecimento do patrão. Por meio da dívida, há um controle sobre o empregado e seu salário, comportamento também vedado pela legislação trabalhista, especialmente pelo artigo 462 da CLT.

Formas equiparadas

O artigo 149, parágrafo primeiro, prevê as formas equiparadas ao *caput*, isto é, submetidas às mesmas penas. Nessas formas equiparadas, exige-se, além do dolo, o elemento subjetivo especial do tipo, consistente na finalidade de reter a vítima no local de trabalho. Como todo elemento subjetivo especial, não é necessário que o agente obtenha esse resultado para a sua consumação, bastando que atue com essa finalidade específica. As formas equiparadas são as seguintes:

- **cerceamento do uso de qualquer meio de transporte por parte do trabalhador, com o fim de retê-lo no local de trabalho**: neste caso, o empregador ou seu preposto não permitem que o trabalhador use determinado meio de transporte, com a finalidade de impedir que ele deixe o local de trabalho. Configura-se se o local de trabalho é ermo e só os gerentes e supervisores podem se utilizar dos veículos do empregador para se locomoverem ao centro urbano mais próximo, por exemplo.
- **Manutenção de vigilância ostensiva no local de trabalho ou apropriação de documentos ou objetos pessoais do trabalhador, com o fim de retê-lo no local de trabalho**: a vigilância ostensiva é aquela aparente, feita como se aprisionando os trabalhadores no local, sendo exemplo o caso de fábrica cercada de capangas armados com fuzis para que os trabalhadores não saiam de lá. A retenção de documentos e objetos pessoais do trabalhador é forma mais sutil de mantê-lo no local de trabalho, que pode ser igualmente eficaz, principalmente em se tratando de simples trabalhadores rurais que pensam não lhes ser permitido viajar pela rodovia, fugindo do local, sem prova de sua identidade.

A redução à condição análoga à de escravo é uma situação em que o sujeito ativo consegue a dominação sobre a vítima, exercendo uma relação de sujeição. O ser humano, cuja dignidade é reconhecida pela Constituição da República, é tratado como coisa para fins de exploração de mão de obra, em uma relação de submissão, em que não necessariamente se limite a liberdade de ir e vir, mas em que há mais do que uma frustração ou violação de direitos trabalhistas. Pode haver um trabalho lícito e, posteriormente, sua conversão para condição análoga à de escravo ou a submissão direta dos trabalhadores a essa condição, configurando-se o delito nos dois casos, ainda em que momentos diversos.

Não sem razão, o Pleno do STF já advertiu não se configurar o delito do artigo 149 por meio de qualquer violação aos direitos trabalhistas: "Se a violação aos direitos do trabalho é intensa e persistente, se atinge níveis gritantes e se os trabalhadores são submetidos a trabalhos forçados, jornadas exaustivas ou a condições degradantes de trabalho, é possível, em tese, o enquadramento no crime do art. 149 do Código Penal, pois os trabalhadores estão recebendo o tratamento análogo ao de escravos, sendo privados de sua liberdade e de sua dignidade. Denúncia recebida pela presença dos requisitos legais[23].

Sobre o consentimento do ofendido, é necessária extrema cautela. É possível que a vítima, em estado de extrema vulnerabilidade, entenda que aquele é um trabalho que a alimenta e se convença de que é uma dádiva em um país de desempregados. As condições de trabalho, contudo, podem ser degradantes e as jornadas, exaustivas, configurando-se o delito. Não se pode simplificar o tema a partir de um suposto consentimento para ser escravizado, o que não pode ser aceito[24]. Com esse entendimento, o STF já consignou que "A violação do direito ao trabalho digno impacta a capacidade da vítima de realizar escolhas segundo a sua livre determinação. Isso também significa 'reduzir alguém a condição análoga à de escravo'".[25] Caso haja jornada além do permitido por desejo do trabalhador, em reais condições de escolha e buscando receber as horas extraordinárias, o que se pode ter é um fato que não configura o tipo do artigo 149 do CP, pois quando há a submissão psíquica e a exploração da vulnerabilidade, não há que se admitir o consentimento pela vítima como excludente supralegal da ilicitude.

O crime é classificado como comum, por não exigir nenhuma qualidade específica do sujeito ativo para sua configuração. Sujeito passivo também pode ser qualquer pessoa. É **material**, pois se consuma com a efetiva redução do ofendido à condição análoga a de escravo. Cuida-se de crime, em regra, comissivo, podendo se configurar na forma omissiva se o empregador simplesmente, por exemplo, deixa de oferecer transporte para trabalhadores literalmente ilhados em uma gleba de terra no meio rural, cercada por rios.

É **permanente**, razão pela qual é possível a prisão em flagrante enquanto houver trabalhador sendo reduzido à condição servil. Sua consumação se prolonga no tempo, durando enquanto o agente mantiver a vítima em tal condição. Considera-se plurissubsistente, sendo possível sua punição na modalidade tentada. É de forma vinculada, já que são previstas formas, no *caput* e no parágrafo primeiro do artigo 149, pelas quais é possível a prática do crime. O elemento subjetivo é o dolo, consistente na vontade e consciência de reduzir à vítima à condição análoga à de escravo.

---

23. STF, Inq 3412, Rel. Min. Marco Aurélio, Rel. p/ acórdão Min. Rosa Weber, Tribunal Pleno, julgado em 29/03/2012.
24. No mesmo sentido: HUNGRIA, Nélson. Comentários ao Código Penal. Volume VI. Rio de Janeiro: Editora Forense, 1945, p. 184. CASTILHO, Ela Wiecko Volkmer de. Considerações sobre a interpretação jurídico-penal em matéria de escravidão. Revista de Estudos Avançados, v. 14, n. 38, p. 51-65, jan./abr. 2000; LEÃO, Thales Braghini. Op. Cit., 2022; PRADO, Luiz Regis. Op. Cit., 2020, p. 547; MARTINELLI, João Paulo; BEM, Leonardo Schimitt de. Direito penal lições fundamentais: parte especial: crimes contra a pessoa: v. 2. 4. ed. Belo Horizonte, São Paulo: D'Plácido, 2022, p. 853-854. Em sentido diverso, admitindo o consentimento: ALVES, Jamil Chaim. Op. Cit., 2021, p. 858-860.
25. STF, Inq 3412, Rel. Min. Marco Aurélio, Rel. p/ acórdão Min. Rosa Weber, Tribunal Pleno, julgado em 29/03/2012.

Nas formas equiparadas há a exigência de **elemento subjetivo especial**, consistente na finalidade de reter o ofendido no local de trabalho.

A sanção penal, que é de reclusão, de dois a oito anos, e multa, além da pena correspondente à violência, é considerada muito pequena de uma perspectiva comparativa em relação a outros tipos penais. Dada a gravidade da conduta praticada e a perspectiva legislativa brasileira de retribuição, com um aspecto de proporcionalidade que decorre dessa ideia, de prevenção de novos delitos, uma pena mais grave. Basta, para essa comparação, tomar o paradigma de crimes contra a honra praticados em redes sociais: é mais vantajoso ao agente, quanto à penalização, submeter a vítima à condição análoga à de escravo do que caluniar uma pessoa em seu perfil no Facebook.

Se atingidas várias vítimas no mesmo contexto, há uma conduta unificada e resultados diversos produzidos por ela, o que configura o concurso formal de delitos.

O bem jurídico tutelado, como aponta a alocação do tipo penal, seria a liberdade individual, que não se limita, no Código Penal, à locomoção física, ao direito de ir e vir. Como bem observa Ela Wiecko, os outros delitos contra a liberdade individual demonstram que a liberdade individual é concebida, no Código, também em seu aspecto psíquico.[26]

Cumpre enumerar alguns casos de reconhecimento de condições análogas à de escravo pelo STJ:

- "Situação concreta, contudo, em que há adequação típica do fato apurado nos autos ao delito previsto no art. 149 do Estatuto Repressor, pois restou incontroverso, tanto na sentença condenatória quanto no acórdão que a reformou, ter havido a submissão das Vítimas a condições degradantes de trabalho, entre outras, jornadas laborais exaustivas; ausência de fornecimento de água e de instalações sanitárias; inexistência de pausas para descanso nas atividades geradoras de sobrecarga muscular estática e dinâmica; e falta de abrigo para proteção contra a incidência da radiação solar, ainda que rústico."[27]
- "Na hipótese, a sentença condenatória – reproduzida pelo acórdão recorrido – destacou a ausência de água potável, instalações sanitárias e alojamentos adequados, equipamentos de proteção pessoal, material de primeiros socorros, e endividamento dos trabalhadores mediante o adiantamento de valores para a aquisição de gêneros alimentícios, circunstâncias que caracterizam as condições degradantes de trabalho que correspondem ao tipo penal."[28]
- "O fato determinante para a condenação do réu pela prática delitiva do art. 149 do CP decorre das condições degradantes de labor rural a que as vítimas eram submetidas (não fornecimento de EPI, alojamentos insalubres, ausência de água potável, condições indignas para higiene e alimentação, bem como ausência de treinamento para utilização de motosserras), e, para a punição pela fraude processual, foram consideradas a ausência de folha de pagamento

26. CASTILHO, Ela Wiecko Volkmer de. Op. Cit., 2000.
27. STJ, REsp n. 1.952.180/PE, Rel. Min. Laurita Vaz, Sexta Turma, julgado em 14/12/2021, DJe de 25/2/2022.
28. STJ, AgRg no AgRg no REsp n. 1.863.229/PA, Rel. Min. Joel Ilan Paciornik, Quinta Turma, julgado em 14/9/2021, DJe de 20/9/2021.

e de registro da CTPS, condutas autônomas, que não se confundem e, por consequência, não configuram *bis in idem*."[29]

Em tese, a competência seria da Justiça Federal quando atingida a organização do trabalho como um todo, sendo da Justiça Estadual nos demais casos. Entretanto, o Supremo Tribunal Federal tem considerado que, no caso do artigo 149 do Código Penal, há também frustração de direitos assegurados pela legislação trabalhista, de modo a atingir a própria organização do trabalho, para além da violação da liberdade individual. Desse modo, a competência para seu julgamento é da **Justiça Federal**:

> *"O bem jurídico objeto de tutela pelo art. 149 do Código Penal vai além da liberdade individual, já que a prática da conduta em questão acaba por vilipendiar outros bens jurídicos protegidos constitucionalmente como a dignidade da pessoa humana, os direitos trabalhistas e previdenciários, indistintamente considerados. (...) A conjugação harmoniosa dessas circunstâncias se mostra hábil para atrair para a competência da Justiça Federal (CF, art. 109, inciso VI) o processamento e o julgamento do feito." (STF, RE 459510/MT, 26/11/2015)*

No mesmo sentido, há o seguinte julgado do STJ:

> *O Pleno do Supremo Tribunal Federal – STF, com apenas um voto vencido, ao julgar o Recurso Extraordinário 459.510, em 26 de novembro de 2015, resolveu que é da Justiça Federal a competência para julgar o crime contra a organização do trabalho previsto no art. 149 do Código Penal – CP. (STJ, AgRg nos EDcl no RHC 125488/RJ, Rel. Min. Joel Ilan Paciornik, Quinta Turma, DJe 29/06/2020).*

Quanto aos motivos do crime, já são inerentes ao tipo a exploração de mão de obra barata, o desejo de lucro fácil e a cobiça, razão pela qual não podem tais motivos serem considerados como circunstâncias judiciais aptas a elevar a pena-base, na primeira fase da dosimetria[30]. O STJ já apontou se tratar de **crime de conteúdo variado ou misto alternativo**, além de classificá-lo como plurissubsistente[31]. A Corte consignou, ainda, que a restrição à liberdade do trabalhador é uma das formas de se cometer o crime, não sendo imprescindível para a sua configuração:

> *"(...) 2. O crime de redução a condição análoga à de escravo pode ocorrer* ***independentemente da restrição à liberdade de locomoção do trabalhador****, uma vez que esta é apenas uma das formas de cometimento do delito, mas não é a única. O referido tipo penal prevê outras condutas que podem ofender o bem juridicamente tutelado, isto é, a liberdade de o indivíduo ir, vir e se autodeterminar, dentre elas submeter o sujeito passivo do delito a condições degradantes de trabalho. Precedentes do STJ e STF. (...)" (STJ, REsp 1223781/MA, Rel. Min. Reynaldo Soares da Fonseca, Quinta Turma, DJe 29/08/2016).*

Não se deve confundir o delito de redução à condição análoga à de escravo, mais grave, com o crime de frustração de direito assegurado por lei trabalhista, apesar de algumas semelhanças:

29. STJ, AgRg no HC n. 486.268/SC, Rel. Min. Nefi Cordeiro, Sexta Turma, julgado em 28/3/2019, DJe de 12/4/2019.
30. STJ, AgRg no HC 406479/RO, Rel. Min. Rogério Schietti Cruz, Sexta Turma, DJe 26/03/2018.
31. STJ, RHC 64073/PI, Rel. Min. Ribeiro Dantas, Quinta Turma, DJe 03/08/2016.

Redução à condição análoga à de escravo	Frustração de direito assegurado por lei trabalhista
Reduzir alguém a condição análoga à de escravo, quer submetendo-o a trabalhos forçados ou a jornada exaustiva, quer sujeitando-o a condições degradantes de trabalho, **quer restringindo, por qualquer meio, sua locomoção em razão de dívida contraída com o empregador ou preposto:** Pena – reclusão, de dois a oito anos, e multa, além da pena correspondente à violência.	Frustrar, mediante fraude ou violência, direito assegurado pela legislação do trabalho: Pena – detenção de um ano a dois anos, e multa, além da pena correspondente à violência.
§ 1º Nas mesmas penas incorre quem: I – cerceia o uso de qualquer meio de transporte por parte do trabalhador, com o fim de retê-lo no local de trabalho; II – mantém vigilância ostensiva no local de trabalho ou **se apodera de documentos ou objetos pessoais do trabalhador, com o fim de retê-lo no local de trabalho.**	§ 1º Na mesma pena incorre quem: I – **obriga ou coage alguém a usar mercadorias de determinado estabelecimento, para impossibilitar o desligamento do serviço em virtude de dívida**; II – **impede alguém de se desligar de serviços de qualquer natureza, mediante coação ou por meio da retenção de seus documentos pessoais ou contratuais.**

Há uma gradação, de modo que o crime do artigo 149 representa uma violação maior ao bem jurídico tutelado do que o artigo 203, chegando a afetar a dignidade da pessoa humana em seu núcleo. No caso de uso de mercearia no meio rural, a conduta deve ser diferenciada. Se a vítima, em virtude de dívidas contraídas, é impedida de deixar o local de trabalho ou a região em que fica a propriedade rural, há redução à condição análoga à de escravo. Se, por outro lado, o trabalhador é coagido ou obrigado a comprar dessa mercearia com o propósito de que contraia dívidas e fique vinculado ao trabalho, sem conseguir quebrar o vínculo trabalhista, o crime é de frustração de direito assegurado em lei trabalhista. Nesse último caso, a lei exige apenas a finalidade de impossibilitar o desligamento, e não que o patrão efetivamente alcance esse intento.

Quanto à retenção de documentos, também se deve diferenciar a conduta que leva ao crime de redução à condição análoga à de escravo e aquela que configura a frustração de direito assegurado em lei trabalhista. O delito do artigo 149 se configura se o patrão se apodera dos documentos pessoais com a finalidade de reter no local de trabalho, por exemplo, a vítima estrangeira, que fica aterrorizada de sair da fábrica, em cujo alojamento habita, sem o seu passaporte. O risco de deportação a prende ao local, configurando condição próxima à de escravização. Não é necessário, nessa modalidade, que o agente consiga a retenção da vítima no local, basta a finalidade, o elemento subjetivo especial do tipo. Por outro lado, se o trabalhador é impedido de se desligar dos serviços de qualquer natureza pela retenção dos seus documentos, há o crime do artigo 203. A vítima consegue ir para casa ao final do expediente, mas, pelo seu nível de instrução, atemoriza-se pela possibilidade de não ter sua carteira de trabalho de volta e, por isso, permanece no trabalho contra a sua real vontade. Tem liberdade de ir e vir, mas a sua autonomia contratual trabalhista é afetada.

Com a finalidade de maior rigor na repressão desse delito, a Constituição da República trouxe uma modalidade específica de confisco no caso de ter sido encontrada, em propriedade rural ou urbana, exploração de trabalho escravo, com destinação à reforma agrária ou programas de habitação popular[32]. A extensão dessa modalidade de confisco ao trabalho escravo, além da sua original previsão para culturas ilegais de plantas psicotrópicas, adveio da Emenda Constitucional n. 81/2014, entretanto, ainda não há sua regulamentação legal, o que só ocorreu com relação às plantas psicotrópicas[33]:

> *Art. 243. As propriedades rurais e urbanas de qualquer região do País onde forem localizadas culturas ilegais de plantas psicotrópicas ou a exploração de trabalho escravo na forma da lei serão expropriadas e destinadas à reforma agrária e a programas de habitação popular, sem qualquer indenização ao proprietário e sem prejuízo de outras sanções previstas em lei, observado, no que couber, o disposto no art. 5º.*
>
> *Parágrafo único. Todo e qualquer bem de valor econômico apreendido em decorrência do tráfico ilícito de entorpecentes e drogas afins e da exploração de trabalho escravo será confiscado e reverterá a fundo especial com destinação específica, na forma da lei.*

Vale recordar, ainda, que para a repressão do crime de redução à condição análoga à de escravo, a Lei n. 13.344/2016 incluiu os artigos 13-A e 13-B ao Código de Processo Penal, possibilitando que o delegado de polícia ou membro do Ministério Público requisite dados e informações cadastrais das vítimas e suspeitos. É possível, ainda, a requisição, mas essa mediante autorização judicial, às empresas prestadoras de serviço de telecomunicações e/ou telemática que disponibilizem imediatamente os meios técnicos adequados – como sinais, informações e outros – que permitam a localização da vítima ou dos suspeitos do delito.

A Portaria n. 1.293, de 28 de dezembro de 2017, do Ministério do Trabalho, traz uma definição de condição análoga à de escravo para a finalidade de concessão de seguro-desemprego aos trabalhadores encontrados nessa condição. Apesar de haver, nesse ato infralegal, definições específicas das formas vinculadas de se reduzir alguém à condição análoga à de escravo, esses conceitos são aplicáveis apenas para fins de proteção social da vítima, e não para incriminação do agente. Entretanto, como esses conceitos direcionam a ação fiscal do auditor-fiscal do trabalho, os seus conceitos possuem relevância na investigação e no combate desse delito:

> *Art. 2º Para os fins previstos na presente Portaria:*
>
> *I – Trabalho forçado é aquele exigido sob ameaça de sanção física ou psicológica e para o qual o trabalhador não tenha se oferecido ou no qual não deseje permanecer espontaneamente.*
>
> *II – Jornada exaustiva é toda forma de trabalho, de natureza física ou mental, que, por sua extensão ou por sua intensidade, acarrete violação de direito fundamental do trabalhador, notadamente os relacionados a segurança, saúde, descanso e convívio familiar e social.*

32. Ao interpretar o confisco previsto no artigo 243 da Constituição da República, o STF decidiu que não é necessária a habitualidade no uso da terra para cultivo de plantas psicotrópicas para a expropriação (STF, RE 638491, Relator(a): LUIZ FUX, Tribunal Pleno, julgado em 17/05/2017).

33. Lei n. 8.257, de 26 de novembro de 1991, que prevê um procedimento de ação expropriatória.

III – Condição degradante de trabalho é qualquer forma de negação da dignidade humana pela violação de direito fundamental do trabalhador, notadamente os dispostos nas normas de proteção do trabalho e de segurança, higiene e saúde no trabalho.

IV – Restrição, por qualquer meio, da locomoção do trabalhador em razão de dívida é a limitação ao direito fundamental de ir e vir ou de encerrar a prestação do trabalho, em razão de débito imputado pelo empregador ou preposto ou da indução ao endividamento com terceiros.

V – Cerceamento do uso de qualquer meio de transporte é toda forma de limitação ao uso de meio de transporte existente, particular ou público, possível de ser utilizado pelo trabalhador para deixar local de trabalho ou de alojamento.

VI – Vigilância ostensiva no local de trabalho é qualquer forma de controle ou fiscalização, direta ou indireta, por parte do empregador ou preposto, sobre a pessoa do trabalhador que o impeça de deixar local de trabalho ou alojamento.

VII – Apoderamento de documentos ou objetos pessoais é qualquer forma de posse ilícita do empregador ou preposto sobre documentos ou objetos pessoais do trabalhador.

Como um meio de se combater a prática tipificada no artigo 149 do Código Penal, foi instituído, pela Portaria Interministerial MTPS/MMIRDH n. 4, de 11 de maio de 2016, o Cadastro de Empregadores que tenham submetido trabalhadores a condições análogas à de escravo, a ser divulgado no sítio eletrônico do Ministério do Trabalho. Cuida-se de um mecanismo de coação social que visa ao combate dessa prática nefasta, em que o ser humano é tratado como coisa, ao invés de ser tratado com respeito à sua dignidade. A pena, como se pode notar, é baixa e não tem grande coerção. A exposição pública, conquanto não resolva o problema, pode gerar um impacto econômico, atingindo o sujeito ativo na área que lhe é relevante, a econômico-financeira. O efetivo combate a essa prática perpassa, como a maioria dos delitos, a diminuição das desigualdades sociais, a melhoria na qualidade da educação e um tratamento mais digno, pelo Estado, ao imigrante.

QUADRO SINÓTICO

Crime de redução à condição análoga à de escravo	
Tipo penal	Reduzir alguém à condição análoga à de escravo, quer submetendo-o a trabalhos forçados ou a jornada exaustiva, quer sujeitando-o a condições degradantes de trabalho, quer restringindo, por qualquer meio, sua locomoção em razão de dívida contraída com o empregador ou preposto
Objeto jurídico	Protege-se a liberdade.
Sujeito ativo	Empregador que reduz seu empregado à condição análoga à escravidão.
Sujeito passivo	Empregado reduzido à condição análoga à escravidão.
Elemento subjetivo	Admite-se o dolo, seja ele direto ou eventual.
Consumação	Consumação com a violação à liberdade da vítima.
Tentativa	Admite-se a tentativa.

Crime de redução à condição análoga à de escravo	
Forma majorada	Nos termos do artigo 149, § 2º, do CP há aumento de pena se o crime for cometido contra criança ou adolescente; ou por motivo de preconceito de raça, cor, etnia, religião ou origem. Se o delito for praticado contra indígena "não integrado", incide a causa de aumento de pena de um terço, nos termos do artigo 59 da Lei n. 6.001/1973.
Jurisprudência relevante	"Redução a condição análoga à de escravo. Conduta tipificada no art. 149 do Código Penal. Crime contra a organização do trabalho. Competência da Justiça Federal. Artigo 109, inciso VI, da Constituição Federal." (STF, RE 459510, Relator(a) p/ Acórdão: Min. Dias Toffoli, Tribunal Pleno, julgado em 26/11/2015)
Classificação	Crime próprio, doloso, comissivo ou omissivo impróprio, de forma vinculada, permanente, material, monossubjetivo e plurissubsistente.
Benefícios	Admite-se o acordo de não persecução penal, caso o crime não seja cometido com violência ou grave ameaça.
Ação penal	A ação penal é pública e incondicionada.
Observações	O artigo 148, § 1º, do CP prevê condutas equiparadas ao delito de redução à condição análoga à de escravo: cercear o uso de qualquer meio de transporte do trabalhador, com o fim de detê-lo no local de trabalho; manter vigilância ostensiva no local de trabalho ou se apoderar de documentos ou objetos pessoais do trabalhador, com o fim de retê-lo no local de trabalho.

1.8. Tráfico de Pessoas

O crime de tráfico de pessoas foi inserido no Código Penal pela Lei n. 13.344, de 6 de outubro de 2016, que trata sobre a prevenção e a repressão ao tráfico interno e internacional de pessoas e sobre medidas de atenção às vítimas. A inovação legislativa vai ao encontro do compromisso internacional firmado pela República Federativa do Brasil, ao assinar o Protocolo Adicional à Convenção das Nações Unidas contra o Crime Organizado Transnacional Relativo à Prevenção, Repressão e Punição do Tráfico de Pessoas, em Especial Mulheres e Crianças, tratado internacional que foi internalizado por meio do Decreto n. 5.017, de 12 de março de 2004.

Cuida-se de delito extremamente grave, que, inclusive, pode configurar crime contra a humanidade, no contexto da escravidão, conforme o artigo 7º do Estatuto de Roma, que instituiu o Tribunal Penal Internacional. Para fins do Estatuto, conforme item 2 do dispositivo, por escravidão deve-se entender "o exercício, relativamente a uma pessoa, de um poder ou de um conjunto de poderes que traduzam um direito de propriedade sobre uma pessoa, incluindo o exercício desse poder no âmbito do tráfico de pessoas, em particular mulheres e crianças".

O delito está previsto no artigo 149-A do Código Penal, de seguinte teor:

> *Art. 149-A. Agenciar, aliciar, recrutar, transportar, transferir, comprar, alojar ou acolher pessoa, mediante grave ameaça, violência, coação, fraude ou abuso, com a finalidade de:*

I – remover-lhe órgãos, tecidos ou partes do corpo;

II – submetê-la a trabalho em condições análogas à de escravo;

III – submetê-la a qualquer tipo de servidão;

IV – adoção ilegal; ou

V – exploração sexual.

Pena – reclusão, de 4 (quatro) a 8 (oito) anos, e multa.

Causas de aumento e de redução de pena.

§ 1º A pena é aumentada de um terço até a metade se:

I – o crime for cometido por funcionário público no exercício de suas funções ou a pretexto de exercê-las;

II – o crime for cometido contra criança, adolescente ou pessoa idosa ou com deficiência;

III – o agente se prevalecer de relações de parentesco, domésticas, de coabitação, de hospitalidade, de dependência econômica, de autoridade ou de superioridade hierárquica inerente ao exercício de emprego, cargo ou função; ou

IV – a vítima do tráfico de pessoas for retirada do território nacional.

§ 2º A pena é reduzida de um a dois terços se o agente for primário e não integrar organização criminosa.

Já havia previsão de crime de tráfico de pessoas nos artigos 231 e 231-A do Código Penal, revogados pela mesma lei acima mencionada. Entretanto, os tipos penais possuíam como exigência a finalidade específica de exploração sexual, não sendo suficientes para abarcar todo o tráfico de pessoas. De todo modo, há **continuidade normativo-típica**, mas parcial. Isto porque, para a configuração dos crimes previstos anteriormente no Código Penal, bastava que o agente, por exemplo, promovesse ou facilitasse a entrada, no território nacional, de alguém que nele viesse a exercer a prostituição ou outra forma de exploração sexual, ou a saída de alguém que fosse exercê-la no estrangeiro. Também havia crime se o agente promovesse ou facilitasse o deslocamento de alguém dentro do território nacional para o exercício da prostituição ou outra forma de exploração sexual.

Atualmente, as condutas descritas só serão consideradas criminosas se o agente agir mediante **grave ameaça, violência, coação, fraude ou abuso**, com a **finalidade de exploração sexual**. Para a configuração do delito, ressalte-se, exige-se que o agente empregue violência (*vis absoluta*), grave ameaça (*vis relativa*), coação (constrangimento), fraude (engodo, ardil) ou abuso (desvio no exercício de algum direito). O abuso pode ocorrer por parte de um agente público, que possui alguma autoridade, ou mesmo dos genitores, em virtude do poder familiar. Assim, o dissentimento da vítima passa a ser exigido para a configuração do crime, não sendo hábil a afastar a sua configuração, todavia, o consentimento viciado, como fica claro pela previsão de fraude ou abuso como um dos modos da prática do tipo penal. O consentimento, entretanto, é limitado à finalidade de prostituição ou outras formas de exploração sexual de pessoas, pois os demais escopos tratam de bens indisponíveis. Em se tratando de pessoa adulta que aceita e deseja ir a outro país exercer a sua profissão, o intermediador não cometerá o delito se o seu consentimento for livre e informado[34].

O STJ possui decisão no mesmo sentido, entendendo ter havido *abolitio criminis* parcial, no que se refere ao tráfico interno ou internacional de pessoas para fins de exploração sexual, desde que o sujeito passivo seja pessoa maior de idade, capaz e que tenha consentido com a sua ida para país diferente para se prostituir:

> *"TRÁFICO INTERNACIONAL DE PESSOAS. EXPLORAÇÃO SEXUAL DE MULHERES. ULTRA-ATIVIDADE DO ART. 231 DO CP E ADEQUADA INTERPRETAÇÃO DO ART. 149-A DO CP. LEI N. 11.344/16. **ABOLITIO CRIMINIS**. 1. Após o advento da Lei n. 13344/16, somente haverá tráfico de pessoas com a finalidade de exploração sexual, em se se tratando de vítima maior de 18 anos, se ocorrer ameaça, uso da força, coação, rapto, fraude, engano ou abuso de vulnerabilidade, num contexto de exploração do trabalho sexual. 2. **A prostituição, nem sempre, é uma modalidade de exploração**, tendo em vista a liberdade sexual das pessoas, quando adultas e praticantes de atos sexuais consentidos. No Brasil, a prostituição individualizada não é crime e muitas pessoas seguem para o exterior justamente com esse propósito, sem que sejam vítimas de traficante algum.(STJ, AgRg nos EDcl no AREsp n. 1.625.279/TO, Rel. Min. Reynaldo Soares da Fonseca, Quinta Turma, julgado em 23/6/2020, DJe de 30/6/2020)*

Cuida-se de **tipo penal misto ou de conteúdo variado**, sendo puníveis as condutas de agenciar (ser o representante, o agente ou o beneficiário, negociando o tráfico de pessoas), aliciar (atrair para o tráfico, convencer), recrutar (selecionar a pessoa, convocar), transportar (levar de um local para outro), transferir (mudar o local, referindo-se ao ato interno no processo de tráfico humano, como esconder a pessoa de onde estava para outro local de mais difícil acesso), comprar (adquirir a pessoa, tratando-a como coisa, por um preço), alojar (é obter um alojamento, um local de moradia para a pessoa traficada) ou acolher (receber no local das atividades delitivas, como um ponto de apoio ou até mesmo a casa do traficante) o ofendido. Em decorrência dos critérios de solução do conflito aparente de normas, a alternatividade enseja que, se praticados mais de uma das ações nucleares no mesmo contexto, haverá crime único.

O elemento subjetivo é o dolo. Exige-se, ainda, o **elemento subjetivo especial do tipo**, chamado pela doutrina tradicional de dolo específico, que pode consistir em alguma das seguintes finalidades:

- **remover da vítima órgãos, tecidos ou partes do corpo**: a remoção de tecidos, órgãos ou partes do copo de pessoa, em descordo com as disposições legais, configura o delito previsto no artigo 14 da Lei n. 9.434/1997, com pena de reclusão, 2 a 6 anos, além de multa, fixada de 100 a 360 dias-multa. Se o delito for praticado mediante paga, promessa de recompensa ou outro motivo torpe, a pena passa a ser de reclusão, de três a oito anos, e multa, de 100 a 150 dias-multa. Se dessa prática resulta morte, a pena passa à reclusão, de oito a vinte anos, e multa de 200 a 360 dias-multa. Assim, o agente que trafica a pessoa e atinge esse objetivo deve responder pelo crime da Lei de Transplantes de Órgãos

34. No mesmo sentido: MARTINELLI, João Paulo; BEM, Leonardo Schmitt de. Op. Cit., 2022, p. 881-883.

e Tecidos em conjunto com o delito do artigo 149-A do CP[35]. Essa forma de retirada de órgãos com resultado morte é claramente preterdolosa, de modo que o agente responderá por homicídio se o óbito for abrangido pelo dolo do agente[36].

- **submeter a vítima a trabalho em condições análogas à de escravo**: incide o concurso material de crimes caso o agente trafique o ser humano e, posteriormente, submeta-o à condição análoga à de escravo. O crime do artigo 149-A ficará configurado com o transporte do ser humano com esse objetivo, por se tratar de tipo incongruente, veiculador de um crime formal. Se, além do transporte, o agente efetivamente submete a vítima transportada à condição análoga à de escravo, incide o concurso com o delito do artigo 149[37].
- **submeter a vítima a qualquer tipo de servidão**: a servidão é um conceito mais amplo do que o de condição análoga à de escravo, podendo-se utilizar, por analogia, a exploração de mão de obra em situação da criminosa frustração de direitos trabalhistas, conforme tipifica o artigo 203 do CP;
- **adoção ilegal**: o sujeito ativo almeja realizar a adoção ilegal da criança, o que, por si só, pode configurar diversos delitos, como sequestro ou cárcere privado, subtração de incapazes, alteração de registro de assento civil. Se o indivíduo realizar esse tráfico da criança ou adolescente e, além disso, efetivar a adoção, pode haver a configuração de algum outro delito, em concurso;
- **exploração sexual**: a exploração sexual tem sentido amplo. O Código Penal criminaliza a exploração sexual nos artigos 218-B e 228 do Código Penal, mas também se enquadra no tipo penal a prática de rufianismo, do artigo 230 e no artigo 2, por exemplo. O objetivo do agente deve ser, nesse caso, explorar a vítima sexualmente. Caso obtenha esse resultado, haverá concurso de delitos. Não se criminaliza mais, como antes da revogação dos artigos 231 e 231-A, o tráfico interno e o tráfico internacional de pessoas para prostituição ou outra forma de exploração sexual se a pessoa transportada for maior de idade e consentir com a prática. Anteriormente, o dono de estabelecimento destinado a encontros sexuais que incentivasse uma pessoa estrangeira a vir morar no Brasil para se prostituir responderia pelo tráfico internacional do artigo 231-A. Atualmente, somente se essa vinda não for consentida.

Cuida-se de crime **formal**, partindo-se do ponto de vista de que a finalidade especial, que deve ser o elemento subjetivo do agente, não precisa se concretizar, como resultado naturalístico, para sua consumação. Basta que o agente realize um dos núcleos do tipo para que o delito se consume, sendo prescindível, por exemplo, que se efetive a adoção ilegal da criança ou a remoção de órgãos da vítima[38]. Caso o resultado ocorra, haverá concurso material de delitos.

---

35. Discorda-se de Luiz Regis Prado, que defende concurso do artigo 15 da Lei 9.434/97, do 149-A e do artigo 121 do CP (PRADO, Luiz Regis. Op. Cit., 2020, p. 553).
36. Neste sentido: STJ, AgRg no REsp 1656165/MG, Rel. Ministro RIBEIRO DANTAS, QUINTA TURMA, julgado em 09/12/2020, DJe 14/12/2020.
37. Neste sentido: PRADO, Luiz Regis. Op. Cit., 2020, p. 553.
38. No mesmo sentido: BITENCOURT, Cezar Roberto. Op. Cit., 2020, p. 584; MARTINELLI, João Paulo; BEM, Leonardo Schmitt de. Op. Cit., 2022, p. 879. Masson classifica, ainda, como crime formal ou de resultado cortado (Direito

O tipo penal é misto alternativo, de modo que condutas que se amoldam a diversos verbos nucleares, no mesmo contexto fático, não afastam a unidade delitiva. Por outro lado, várias vítimas atingidas pela conduta do agente, ainda que no mesmo contexto, enseja o reconhecimento de concurso formal de infrações penais. Não há previsão de punição da modalidade culposa. O crime é comum, não exigindo qualquer qualidade do sujeito passivo. Cuida-se de crime **plurissubsistente**, sendo possível a tentativa[39]. É o que ocorre, por exemplo, quando alguém acondiciona várias vítimas em um ônibus para transporte ao exterior quando é abordado pelo polícia e, por circunstâncias alheias à sua vontade, não consegue efetivamente transportá-las para submetê-las à exploração sexual. Vale recordar, ainda, que para a repressão desse delito, a Lei n. 13.344/2016 incluiu os artigos 13-A e 13-B ao Código de Processo Penal, possibilitando que o delegado de polícia ou membro do Ministério Público requisite dados e informações cadastrais das vítimas e suspeitos. É possível, ainda, a requisição, mas apenas mediante autorização judicial, às empresas prestadoras de serviço de telecomunicações e/ou telemática para que disponibilizem imediatamente os meios técnicos adequados – como sinais, informações e outros – que permitam a localização da vítima ou dos suspeitos do delito.

Ainda sobre o combate a esse delito, a Portaria n. 1.293, de 28 de dezembro de 2017, do Ministério do Trabalho, trata de condição análoga à de escravo para concessão de seguro-desemprego e como orientação para os fiscais federais que atuam no combate a essa prática, os auditores-fiscais do trabalho. Em seu artigo 4º, parágrafo único, prevê que tráfico de pessoas para fins de exploração de trabalho em condição análoga à de escravo consiste, para os fins da portaria, no recrutamento, no transporte, na transferência, no alojamento ou no acolhimento de pessoas, recorrendo à ameaça ou uso da força ou a outras formas de coação, ao rapto, à fraude, ao engano, ao abuso de autoridade ou à situação de vulnerabilidade ou à entrega ou aceitação de pagamentos ou benefícios para obter o consentimento de uma pessoa que tenha autoridade sobre outra. Por fim, o artigo 10 da Lei n. 6454/1977, com redação dada pela Lei n. 12.781/2013, veda a homenagem, em bem da União ou da Administração Indireta, de pessoas que tenham se notabilizado pela defesa ou exploração de mão de obra escrava.

Formas majoradas

O artigo 149-A do Código Penal, em seu parágrafo primeiro, prevê as seguintes causas de aumento da pena, com indicação de fração de um terço até a metade:

I. o crime for cometido por funcionário público no exercício de suas funções ou a pretexto de exercê-las;

É a causa de aumento **funcional**. O funcionário público, inclusive, pode ter usado de suas funções para a configuração do abuso como forma de cometimento do crime. Entretanto, o uso de suas funções ou sua conduta a pretexto de exercê-las

---

Penal: parte especial (arts. 121 a 212). Vol. 2. 12. ed. São Paulo: Método, 2019, p. 246).

39. BITENCOURT, Cezar Roberto. Op. Cit., 2020, p. 584. Manual de direito penal. Parte Especial (arts. 121 ao 361). 12. ed. Salvador: Editora Juspodivm, 2020, p. 245.

torna o crime mais reprovável, por envolver quem deveria servir à população, ao invés de atuar contra a ordem social e jurídica.

II. o crime for cometido contra criança, adolescente ou pessoa idosa ou com deficiência;

A criança é quem possui até 12 anos incompletos, enquanto adolescente é quem possui idade de 12 anos até 18 anos incompletos. São conceitos extraídos do Estatuto da Criança e do Adolescente, já que, para este fim, não há previsão específica no Código Penal. A Lei n. 14.811, de 12 de janeiro de 2024, ao incluir o inciso XII no artigo 1º da Lei n. 8.072/1990, tornou hediondo o delito de tráfico de pessoas cometido contra criança ou adolescente. Assim, além de qualificada, essa modalidade do delito passa a ser hedionda, com a incidência do tratamento mais rigoroso correspondente a esses crimes.

De igual modo, a conceituação de idoso pode ser extraída do Estatuto da Pessoa Idosa, ou seja, aquele que possui idade igual ou superior a 60 anos de idade. Seguindo o mesmo raciocínio, deficiente pode ser conceituado a partir do que determina o Estatuto da Pessoa com Deficiência. Assim, é aquela pessoa que tem impedimento de longo prazo de natureza física, mental, intelectual ou sensorial, o qual, em interação com uma ou mais barreiras, pode obstruir sua participação plena e efetiva na sociedade em igualdade de condições com as demais pessoas.

Todos os sujeitos passivos enumerados nesta causa de aumento de pena possuem maior fragilidade física ou emocional, razão pela qual há maior desvalor na conduta que é praticada contra eles.

III. o agente se prevalecer de relações de parentesco, domésticas, de coabitação, de hospitalidade, de dependência econômica, de autoridade ou de superioridade hierárquica inerente ao exercício de emprego, cargo ou função; ou

Majora o crime o agente prevalecer de relações de parentesco (por consanguinidade ou por afinidade), de relações domésticas (convício permanente de pessoas, não exigindo vínculo, como o namorado da irmã que está frequentemente na casa), de coabitação (habitarem no mesmo espaço físico, de compartilharem a residência), de hospitalidade (quando o sujeito ativo é recebido como hóspede ou hospeda o ofendido), de dependência econômica (de qualquer espécie, como de companheiros ou cônjuges), de autoridade (essa autoridade tem sentido de ascendência sobre a vítima e pode decorrer de relações de liderança religiosa ou de docência, por exemplo[40]) ou superioridade hierárquica inerente ao exercício de emprego, cargo ou função (conceitos do Direito Administrativo).

IV. a vítima do tráfico de pessoas for retirada do território nacional;

Neste caso, temos o tráfico internacional de pessoas, circunstância que também torna majorado o crime. Entretanto, o legislador não incluiu nesta causa de

40. Altera-se a posição manifestada na edição anterior, que considerava ser a relação de direito público. O uso de funções públicas já está abarcado pelo inciso I, de modo que no inciso III a autoridade deve ser compreendida em sentido amplo.

aumento de pena a retirada de pessoas do exterior para trazê-las ao Brasil. Só atrai a majorante a conduta de retirada da vítima do território, exigindo-se, ainda, esse resultado naturalístico, pela expressa redação do texto legal: não basta a intenção, é necessário que a vítima cruze a fronteira, deixando o território brasileiro.

Como dito acima, o Brasil ratificou o Protocolo Adicional à Convenção das Nações Unidas contra o Crime Organizado Transnacional Relativo à Prevenção, que foi promulgado por meio do Decreto n. 5.017/2004. Por isso, a internacionalidade, mesmo aquela não abrangida pela causa de aumento (vítima sai do exterior para vir ao Brasil), atrai a competência da **Justiça Federal**. Há, no tráfico internacional, seja ele majorado ou não, tanto o compromisso internacional de combate a esse delito quanto a transnacionalidade, fazendo incidir a hipótese do artigo 109, inciso V, da Constituição da República.

Forma privilegiada

O artigo 149-A, em seu parágrafo segundo, prevê causa de diminuição de pena, de um a dois terços, se o agente for primário e não integrar organização criminosa. Os **dois requisitos são exigidos de forma cumulativa**[41] e são parecidos com aqueles exigidos para diminuição de pena do tráfico de entorpecentes, apesar de não coincidirem totalmente. Se o agente for primário e portador de bons antecedentes, sem nenhuma ligação com organização criminosa, o juiz pode aplicar a fração máxima de diminuição, de dois terços. Em apresentando o réu maus antecedentes, apesar de tecnicamente primário, a fração deve ser menor.

Ação Penal

O crime é de ação penal pública incondicionada.

QUADRO SINÓTICO

Crime de tráfico de pessoas	
Tipo penal	Agenciar, aliciar, recrutar, transportar, transferir, comprar, alojar ou acolher pessoa, mediante grave ameaça, violência, coação, fraude ou abuso, com a finalidade de: remover-lhe órgãos, tecidos ou partes do corpo; submetê-la a trabalho em condições análogas à de escravo; submetê-la a qualquer tipo de servidão; adoção ilegal; ou exploração sexual.
Objeto jurídico	O bem jurídico tutelado é o da liberdade do sujeito passivo, mas, a depender da forma pela qual ocorre o crime, pode haver a violação de outros bens jurídicos.
Sujeito ativo	Qualquer um.
Sujeito passivo	Qualquer um.
Elemento subjetivo	Exigem-se o dolo e o elemento subjetivo especial.

41. Em sentido contrário, defendendo a exigência de apenas um dos requisitos e que a cumulação leva à redução pela fração máxima: MARTINELLI, João Paulo; BEM, Leonardo Schmitt de. Op. Cit., 2022, p. 888.

Crime de tráfico de pessoas	
Consumação	Crime formal, de consumação antecipada, pois o crime se consuma com o aliciamento, mesmo que a vítima não seja efetivamente traficada.
Tentativa	Por se tratar de crime plurissubjetivo, admite-se a tentativa.
Forma majorada	Há previsão de aumento de pena de um terço até a metade se o crime for cometido por funcionário público no exercício de suas funções ou a pretexto de exercê-las; o crime for cometido contra criança, adolescente ou pessoa idosa ou com deficiência; se o agente se prevalecer de relações de parentesco, domésticas, de coabitação, de hospitalidade, de dependência econômica, de autoridade ou de superioridade hierárquica inerente ao exercício de emprego, cargo ou função; ou a vítima do tráfico de pessoas for retirada do território nacional. Se o delito for praticado contra indígena "não integrado", incide a causa de aumento de pena de um terço, nos termos do artigo 59 da Lei n. 6.001/1973.
Classificação	Crime comum, doloso, formal, comissivo ou omissivo impróprio, de forma livre, permanente, unissubjetivo, plurissubsistente e, geralmente, transeunte.
Benefícios	Não admite transação penal, suspensão condicional do processo nem ANPP[42].
Ação penal	Pública incondicionada.
Observações	Nos termos do artigo 149-A, § 2º, há previsão de uma modalidade privilegiada do delito, segundo a qual a pena é reduzida de um a dois terços se o agente for primário e não integrar organização criminosa.

2. DOS CRIMES CONTRA A INVIOLABILIDADE DO DOMICÍLIO

Violação de Domicílio

O crime de violação de domicílio está previsto no artigo 150 do Código Penal:

> *Art. 150 – Entrar ou permanecer, clandestina ou astuciosamente, ou contra a vontade expressa ou tácita de quem de direito, em casa alheia ou em suas dependências:*
>
> *Pena – detenção, de um a três meses, ou multa.*
>
> *§ 1º – Se o crime é cometido durante a noite, ou em lugar ermo, ou com o emprego de violência ou de arma, ou por duas ou mais pessoas:*
>
> *Pena – detenção, de seis meses a dois anos, além da pena correspondente à violência.*
> *Aumento de pena*
>
> *§ 2º – Revogado pela Lei nº 13.869, de 2019.*

42. O ANPP é admitido, em hipóteses raríssimas, em: MARTINELLI, João Paulo; BEM, Leonardo Schimitt de. Direito penal lições fundamentais: parte especial: crimes contra a pessoa: v. 2. 4. ed. Belo Horizonte, São Paulo: D'Plácido, 2022, p. 885.

§ 3º – Não constitui crime a entrada ou permanência em casa alheia ou em suas dependências:

I – durante o dia, com observância das formalidades legais, para efetuar prisão ou outra diligência;

II – a qualquer hora do dia ou da noite, quando algum crime está sendo ali praticado ou na iminência de o ser.

§ 4º – A expressão "casa" compreende:

I – qualquer compartimento habitado;

II – aposento ocupado de habitação coletiva;

III – compartimento não aberto ao público, onde alguém exerce profissão ou atividade.

§ 5º – Não se compreendem na expressão "casa":

I – hospedaria, estalagem ou qualquer outra habitação coletiva, enquanto aberta, salvo a restrição do n.º II do parágrafo anterior;

II – taverna, casa de jogo e outras do mesmo gênero.

As condutas puníveis, de forma alternativa, são entrar ou permanecer. A ação nuclear "entrar" traduz um crime instantâneo, enquanto o núcleo do tipo "permanecer" revela um crime permanente. A entrada ou a permanência podem se dar de uma das seguintes formas: clandestina ou astuciosa ou contra a vontade expressa ou tácita de quem de direito.

Clandestina é a conduta praticada de forma sorrateira ou escondida. É o caso do agente que, após ter permanecido agachado na calçada da casa, ingressa na casa quando o seu proprietário sai e deixa o portão eletrônico se fechando de forma automática. **Astuciosa** é a realização da entrada ou permanência mediante fraude ou ardil. Tem-se tal entrada quando alguém se passa por agente da vigilância sanitária para adentrar na casa. Por fim, **ostensiva** é a entrada ou permanência contra a vontade expressa ou tácita do dono da casa. O sujeito ingressa na residência sem fraude, de forma aberta, contrariando a vontade de quem lá reside. A discordância pode ser expressa, como de quem proíbe o agente de lá ingressar, ou tácita, como de um sujeito que está debilitado, sem poder falar, e fica assustado e agitado, sem poder pedir que o sujeito lhe retire, mesmo sendo claro que não autorizou sua entrada.

A entrada ou permanência deve ocorrer em casa alheia ou em suas dependências, aí incluído o quintal. O crime é comum, podendo ser praticado por qualquer pessoa, inclusive o proprietário da casa, se a invade depois de tê-la alugado e de ali morar o inquilino. Pode ser comissivo ou omissivo, já que pode ser praticado pela entrada ou pela permanência desautorizadas. O elemento subjetivo é o dolo, consistente na vontade e consciência de entrar ou permanecer na casa alheia ou em suas dependências sem autorização, violando o domicílio alheio. Não há previsão da modalidade culposa. A doutrina aponta ser o crime **plurissubsistente**, apesar de considerar que a tentativa é de difícil configuração. A ação é penal pública incondicionada.

Forma qualificada

O artigo 150, § 1º, do Código Penal, prevê formas qualificadas do crime, cuja pena passa a ser de detenção, de seis meses a dois anos, além da pena correspondente à violência. Isto é, se houver violência, como na prática de lesão corporal contra a vítima, deve haver o concurso **material** de crimes. São as hipóteses que tornam o crime qualificado:

Se o crime é cometido durante a noite: há doutrinadores que entendem, acertadamente, que noite é o período de ausência de luz solar, o que parece prevalecer. Entretanto, há quem defenda que é o período entre as 18 horas e as 6 horas do dia seguinte. O maior desvalor se liga ao período de descanso, em que as pessoas geralmente não estão em alerta no caso de invasão do seu domicílio.

Se o crime é praticado em lugar ermo: é o local despovoado ou deserto. A melhor interpretação é que o local deve ser assim habitualmente, enquanto outros admitem sua ocorrência eventual. A ausência de pessoas próximas facilita o crime e dificulta o socorro.

Se o crime é praticado com o emprego de violência ou de arma: a violência é a *vis absoluta*, sendo que a lei não restringe à violência contra a pessoa, razão pela qual também configura a qualificadora o emprego de violência contra a coisa. O emprego de arma abrange qualquer delas, seja de fogo, própria e até mesmo a imprópria. Pode ser usada pelo agente desde o início dos atos executórios ou ser apropriada por ele dentro da própria casa, como quando ele adentra na cozinha e passa a portar uma faca. A arma de brinquedo não se serve para a incidência da circunstância de "emprego de arma", razão pela qual não justifica a incidência da qualificadora.

Se o crime for cometido por duas ou mais pessoas: a qualificadora do concurso de agentes se limita à coautoria. Isto porque, conforme a doutrina adverte, a redação é "se o crime é cometido", razão pela qual eventuais partícipes não podem ser computados para a incidência da qualificadora. Desse modo, ela só incide no caso de executarem a ação nuclear do tipo duas ou mais pessoas, podendo ser computados indivíduos não imputáveis e não identificados pela investigação, desde que se demonstrem que entraram na casa ou nela permaneceram de forma não consentida.

Forma majorada e sua revogação

O artigo 150, parágrafo segundo, do Código Penal, previa causa de aumento de pena, de um terço, se o fato fosse cometido por funcionário público, fora dos casos legais, ou com inobservância das formalidades estabelecidas em lei, ou com abuso de poder. Todavia, o dispositivo foi revogado expressamente pela Lei de Abuso de Autoridade, a Lei n. 13.869/2019. Agora, caso a violação do domicílio seja praticada por agente público, estará configurado o crime do art. 22 daquela lei, cuja pena é de detenção de 1 (um) a 4 (quatro) anos, e multa.

Exclusão do crime

O parágrafo terceiro do artigo 150 prevê hipóteses legais em que a entrada ou permanência em casa alheia ou em suas dependências não configura o crime de violação de domicílio:

I. durante o dia, com observância das formalidades legais, para efetuar prisão ou outra diligência;

Durante o dia, qualquer autoridade, agentes policiais ou outros servidores públicos podem ingressar na residência para efetuar prisão, seja ela definitiva, após

PARTE ESPECIAL

o trânsito em julgado, ou processual, como a preventiva. Ademais, é possível seu ingresso para efetuar diligência, como o oficial de justiça que adentra para realizar a apreensão de uma criança.

Em todos esses casos, é preciso que haja o cumprimento das formalidades legais, como a expedição de mandado judicial para a prisão (salvo prisão em flagrante) e autorização legal ou judicial para a diligência (por exemplo, mandado de penhora). Não é possível o ingresso na residência durante a noite, nem por ordem judicial, sendo que, caso não seja franqueado o acesso aos agentes públicos, devem aguardar o amanhecer para adentrarem na residência.

II. a qualquer hora do dia ou da noite, quando algum crime está sendo ali praticado ou na iminência de o ser.

Durante o dia e durante a noite, é permitido o ingresso de agentes públicos na residência, mesmo sem autorização do morador, no caso de flagrante delito. Como a Constituição não abarca o crime que está na iminência de ser praticado, conforme previsão do artigo 5º, inciso IX[43], deve-se considerar a parte final do dispositivo como não recepcionada pela Lei Fundamental de 1988. Crime em situação de flagrância é aquele que está acontecendo ou que acabou de acontecer, nos termos do artigo 302 do Código de Processo Penal, que não abrange a iminência de ocorrer um delito. A Constituição da República também permite o ingresso sem autorização, mesmo durante à noite, no caso de desastre ou para prestar socorro.

Conceito de casa

Os parágrafos quarto e quinto do artigo 150 do Código Penal consistem em normas penais, não incriminadoras, **explicativas**, pois visam a definir aquilo que consiste e o que não consiste em "casa" para a configuração do crime de violação de domicílio. O parágrafo quarto prevê que a expressão **"casa"** compreende:

I. qualquer compartimento habitado: pode ser o barraco da favela, o *trailer* do indivíduo nômade ou o chalé do sujeito que vive no campo.

II. aposento ocupado de habitação coletiva: é o espaço privado em um local em que várias pessoas residem ou ocupam temporariamente. Caso de hotéis, cortiços e albergues.

III. compartimento não aberto ao público, onde alguém exerce profissão ou atividade: é o espaço, sem acesso ao público, de exercício da profissão, como o escritório do gerente da fábrica, a sala privada do médico, o arquivo do advogado, etc. Protege-se a tão somente parte não aberta ao público.

É garantida ao advogado a inviolabilidade de seu escritório ou local de trabalho, nos termos do art. 7º, II, da Lei n. 8906/1994. A violação desse direito profissional,

43. XI – a casa é asilo inviolável do indivíduo, ninguém nela podendo penetrar sem consentimento do morador, salvo em caso de flagrante delito ou desastre, ou para prestar socorro, ou, durante o dia, por determinação judicial.

previsto no Estatuto da Ordem dos Advogados do Brasil, acarreta aplicação de seu dispositivo do art. 7º-B, que prevê pena de detenção, de 3 (três) meses a 1 (um ano), e multa. Não há que se aplicar o disposto no art. 150, do Código Penal, tendo em vista especialidade da norma penal.

Não se compreendem na expressão "casa", de acordo com o parágrafo quinto do artigo 150:

I. **hospedaria, estalagem ou qualquer outra habitação coletiva, enquanto aberta**, salvo a restrição do n. II do parágrafo anterior. Desse modo, não se incluem na proteção as áreas abertas ao público, como a sala comum do hotel ou do pensionato.

II. **taverna, casa de jogo e outras do mesmo gênero**: os locais abertos ao público estão excluídos da proteção legal de referido crime, como os restaurantes, bares, saguões de hotel, pista de dança da danceteria etc.

Em situação de flagrância, não há violação de domicílio se a autoridade policial adentra a residência sem mandado judicial:

> *"1. Com relação às provas, o Tribunal de origem afirmou a legalidade da busca e apreensão realizada na residência do recorrente, em consonância com a jurisprudência consolidada nesta Corte Superior, no sentido de que, tratando-se de crime permanente, não há ilegalidade na busca e apreensão por violação de domicílio, uma vez que a própria Constituição Federal autoriza a entrada da autoridade policial seja durante o dia, seja durante a noite, independente da expedição de mandado judicial. (...)" (STJ, RHC 85831/MS, Rel. Min. Joel Paciornik, Quinta Turma, DJe 27/09/2017).*

Há que se atentar para o entendimento jurisprudencial de que nos crimes permanentes, cuja consumação se protrai no tempo, a mera denúncia anônima, desacompanhada de outros elementos preliminares indicativos de crime, não legitima o ingresso de policiais no domicílio, sem autorização judicial.

> *"Na hipótese, a delação anônima que ensejou a ação policial foi desacompanhada de elementos preliminares indicativos de crime, de modo que ausentes indicadores da prática de crime em desenvolvimento no interior da residência, inválida é a prova obtida com sua violação. (STJ, HC 620.515/CE, Rel. Min. Nefi Cordeiro, Sexta Turma, julgado em 02/02/2021, DJe 08/02/2021)*

Recentemente o STJ decidiu, quanto à entrada em domicílios; "que os agentes policiais, caso precisem entrar em uma residência para investigar a ocorrência de crime e não tenham mandado judicial, devem **registrar a autorização do morador em vídeo e áudio**, como forma de não deixar dúvidas sobre o seu consentimento. A permissão para o ingresso dos policiais no imóvel também deve ser registrada, **sempre que possível, por escrito**."[44]

44. STJ, HC 598.051, Rel. Min. Rogerio Schietti Cruz, Sexta Turma, Sessão de 02/03/2021.

QUADRO SINÓTICO

Crime de violação de domicílio	
Tipo penal	Entrar ou permanecer, clandestina ou astuciosamente, ou contra a vontade expressa ou tácita de quem de direito, em casa alheia ou em suas dependências.
Objeto jurídico	A tranquilidade da casa, com fulcro na inviolabilidade da casa, nos termos do artigo 5º, inciso XI, da CF.
Sujeito ativo	Qualquer um.
Sujeito passivo	Qualquer morador da casa (não é somente o dono).
Elemento subjetivo	Exige-se o dolo.
Consumação	Quando o agente ingressa na casa da vítima.
Tentativa	Admite-se a tentativa.
Forma majorada	Se o delito for praticado contra indígena "não integrado", incide a causa de aumento de pena de um terço, nos termos do artigo 59 da Lei n. 6.001/1973.
Forma qualificada	Nos termos do artigo 150, § 1º, do CP o delito é qualificado se cometido durante a noite, ou em lugar ermo, ou com o emprego de violência ou de arma, ou por duas ou mais pessoas.
Jurisprudência relevante	"Justa causa. A entrada forçada em domicílio, sem uma justificativa prévia conforme o direito, é arbitrária. Não será a constatação de situação de flagrância, posterior ao ingresso, que justificará a medida. Os agentes estatais devem demonstrar que havia elementos mínimos a caracterizar fundadas razões (justa causa) para a medida". (STF, RE 603616, Rel. Min. Gilmar Mendes, Tribunal Pleno, julgado em 05/11/2015)
Classificação	Crime comum, comissivo ou omissivo próprio, instantâneo ou permanente, monossubjetivo, plurissubsistente e o tipo é de conteúdo variado.
Benefícios	A transação, a suspensão condicional do processo e o oferecimento de acordo de não persecução penal são cabíveis, salvo para o caso do ANPP se o crime for praticado com violência ou grave ameaça. Por ser crime de menor potencial ofensivo (tanto a forma do *caput*, como a modalidade qualificada), a competência é dos Juizados Especiais Criminais, nos termos dos artigos 60 e 61, ambos da Lei n. 9.099/1995.
Ação penal	Pública incondicionada.
Observações	O artigo apresenta a definição de casa: qualquer compartimento habitado, aposento ocupado de habitação coletiva e compartimento não aberto ao público, onde alguém exerce profissão ou atividade. Não se enquadra neste conceito hospedaria, estalagem ou qualquer outra habitação coletiva, enquanto aberta, salvo a restrição do n. II do parágrafo anterior (aposento ocupado de habitação coletiva); e taverna, casa de jogo e outras do mesmo gênero.

3. DOS CRIMES CONTRA A INVIOLABILIDADE DA CORRESPONDÊNCIA

Violação de Correspondência

O delito de violação de correspondência está tipificado no artigo 151 do Código Penal:

> *Art. 151 – Devassar indevidamente o conteúdo de correspondência fechada, dirigida a outrem:*
>
> *Pena – detenção, de um a seis meses, ou multa*

Foi **revogado tacitamente** pela previsão do artigo 40 da Lei n. 6.538/1978:

> *Violação de correspondência*
>
> *Art. 40 – Devassar indevidamente o conteúdo de correspondência fechada dirigida a outrem:*
>
> *Pena: detenção, até seis meses, ou pagamento não excedente a vinte dias-multa.*
>
> *Sonegação ou destruição de correspondência*
>
> *§ 1º – Incorre nas mesmas penas quem se apossa indevidamente de correspondência alheia, embora não fechada, para sonegá-la ou destruí-la, no todo ou em parte.*
>
> *Aumento de pena*
>
> *§ 2º – As penas aumentam-se da metade se há dano para outrem.*

A conduta incriminada é devassar, de forma indevida, o conteúdo de correspondência fechada que se dirija a outrem. Devassar é abrir, corromper ou conhecer o conteúdo. A correspondência deve ser fechada, conforme redação do tipo penal. Caso se trate de carta aberta, não se configura o objeto material do delito de violação de correspondência.

O termo correspondência não exige que se trate de meio físico, tanto que se fala em correspondência virtual. Ser fechada também não é um termo utilizado, mesmo habitualmente, em um sentido material, mas tem o significado de não acessível sem se vender determinado obstáculo, seja o envelope opaco, que não permite a visualização do conteúdo sem ser rompido, seja a senha ou outro mecanismo de segurança, que não torna o conteúdo acessível a qualquer pessoa. Por isso, a violação de correspondência eletrônica por meio de *hacking*, ou seja, com quebra da senha de segurança e acesso não autorizado à conta de *e-mail* da vítima, configura o delito do artigo 40 da Lei n. 6.538/1978. Nessa hipótese, tem-se um crime cibernético impróprio, já que o meio digital é apenas mais uma forma de se cometer o delito.

O crime é comum, não se exigindo qualidade especial do sujeito ativo. Por outro lado, é de **dupla subjetividade passiva**, pois são sujeitos passivos imediatos tanto o remetente quando o destinatário. O elemento subjetivo é o dolo, consistente na vontade e consciência de devassar a correspondência fechada destinada a terceira pessoa. Não há previsão da modalidade culposa. O delito é **instantâneo**, consumando-se com o conhecimento, mesmo que parcial, do conteúdo da correspondência pelo agente. Por ser plurissubsistente, admite a tentativa. É comissivo, já que a conduta de devassar pressupõe um comportamento ativo do sujeito, um fazer. Sobre o crime, o STJ já decidiu que, tendo já sido entregue a correspondência pela Empresa Brasileira de Correios e Telégrafos, a sua violação posterior não atrai a competência da Justiça Federal[45].

3.1. Outros Crimes Ligados à Violação de Correspondência

O artigo 151, em seus parágrafos, prevê outros crimes ligados à violação de correspondência:

> *Sonegação ou destruição de correspondência*
>
> *§ 1º – Na mesma pena incorre:*
>
> *I – quem se apossa indevidamente de correspondência alheia, embora não fechada e, no todo ou em parte, a sonega ou destrói;*
>
> *Violação de comunicação telegráfica, radioelétrica ou telefônica*
>
> *II – quem indevidamente divulga, transmite a outrem ou utiliza abusivamente comunicação telegráfica ou radioelétrica dirigida a terceiro, ou conversação telefônica entre outras pessoas;*
>
> *III – quem impede a comunicação ou a conversação referidas no número anterior;*
>
> *IV – quem instala ou utiliza estação ou aparelho radioelétrico, sem observância de disposição legal.*
>
> *Aumento de pena, qualificadora e ação penal*
>
> *§ 2º – As penas aumentam-se de metade, se há dano para outrem.*
>
> *§ 3º – Se o agente comete o crime, com abuso de função em serviço postal, telegráfico, radioelétrico ou telefônico:*
>
> *Pena – detenção, de um a três anos.*
>
> *§ 4º – Somente se procede mediante representação, salvo nos casos do § 1º, IV, e do § 3º.*

São formas equiparadas à do *caput* do artigo 151 do Código Penal:

Sonegação ou destruição de correspondência

I – quem se apossa indevidamente de correspondência alheia, embora não fechada e, no todo ou em parte, a sonega ou destrói;

Foi **revogado tacitamente** pela previsão do artigo 40, § 1º, da Lei n. 6.538/1978:

> *Sonegação ou destruição de correspondência*
>
> *§ 1º – Incorre nas mesmas penas quem se apossa indevidamente de correspondência alheia, embora não fechada, para sonegá-la ou destruí-la, no todo ou em parte.*

O núcleo do tipo, neste caso, é se apossar, sendo que possui forma livre. A sonegação ou a destruição da correspondência são desnecessárias para a consumação do delito, o que o leva a ser classificado como **formal**. Exige-se que o agente possua em mente uma das finalidades, que seja a de destruir ou a de sonegar a correspondência alheia. **O apossamento deve ser indevido**, não se configurando se os pais recolhem as correspondências dos filhos menores, por exemplo.

45. STJ, CC 11676/AM, Rel. Min. Felix Fischer, Terceira Seção, DJ 12/05/1997.

Quando o agente não tem a menor possibilidade de conhecer do conteúdo da correspondência, como quando há mensagem cifrada ou em idioma totalmente desconhecido, trata-se de crime impossível. Aponta-se, ainda, que a conduta de devassar o conteúdo e a posterior sonegação ou destruição da correspondência configura o crime único previsto no artigo 40, *caput*, da Lei n. 6.538/1978. Aumenta--se da metade quando há dano a outrem, nos termos do art. 40, § 2º, da Lei n. 6.538/1978. Só há previsão da forma dolosa. Como o crime é plurissubsistente, é possível a tentativa.

Violação de comunicação telegráfica, radioelétrica ou telefônica

II – quem indevidamente divulga, transmite a outrem ou utiliza abusivamente comunicação telegráfica ou radioelétrica dirigida a terceiro, ou conversação telefônica entre outras pessoas;

Divulgar indevidamente é propagar a informação, torná-la pública, de forma inadequada. Utilizar abusivamente é usar o conteúdo para algum fim não permitido, sendo que, a depender de qual for, a utilização pode ser fim para prática de crime mais grave. Transmitir é repassar a outrem o teor da comunicação ou da conversação. Os núcleos do tipo devem ser praticados em relação à comunicação telegráfica, aquela transmitida por telégrafo; à comunicação radioelétrica, aquela realizada por meio de rádio e televisão; ou à comunicação telefônica, efetuada mediante uso de aparelho telefônico, seja fixo ou portátil.

O crime é material, doloso e plurissubsistente, admitindo o *conatus*. É comum, por não se exigir qualidade específica do sujeito ativo. Prevalece não ter sido derrogado pelo artigo 10 da Lei n. 9.296/1996, que exige circunstâncias específicas, além de ser crime próprio.

III – quem impede a comunicação ou a conversação referidas no número anterior;

Impedir é impor óbice, bloquear ou interromper. Refere-se ao mesmo objeto material do inciso anterior, ou seja, comunicação telegráfica ou radioelétrica dirigida a terceiro ou conversação telefônica entre outras pessoas. O crime é comum e material, exigindo que haja algum impedimento à conversa ou à comunicação. É plurissubsistente. A Lei n. 9.296/1996, por sua vez, pune a conduta de interceptar, menos abrangente que a tratada pelo dispositivo em análise.

IV – quem instala ou utiliza estação ou aparelho radioelétrico, sem observância de disposição legal.

Nesse caso, houve a **revogação tácita** pelo artigo 70, *caput*, da Lei n. 4.117/1962, o Código Brasileiro de Telecomunicações, que assim dispõe:

> *Art. 70. Constitui crime punível com a pena de detenção de 1 (um) a 2 (dois) anos, aumentada da metade se houver dano a terceiro, a instalação ou utilização de telecomunicações, sem observância do disposto nesta Lei e nos regulamentos.*
>
> *Parágrafo único. Precedendo ao processo penal, para os efeitos referidos neste artigo, será liminarmente procedida a busca e apreensão da estação ou aparelho ilegal.*

Forma majorada

Há previsão de forma **majorada**, sendo que as penas devem ser aumentadas de metade, se há dano para outrem. O dano pode ser moral ou material, sendo que outra pessoa pode ser ou não envolvida na relação de comunicação ou na conversação. No caso do *caput* e do § 1º, revogados pelo artigo 40 da Lei n. 6.538/1978, há previsão de igual causa de aumento de pena na legislação extravagante.

Forma qualificada

O parágrafo terceiro prevê uma **qualificadora funcional**, passando a pena a ser de detenção, de uma a três anos, se há abuso de sua função. Tal função pode ser serviço postal, telegráfico, radioelétrico ou telefônico.

Ação penal

Quanto à ação penal, o parágrafo quarto do artigo 151 prevê ser ela pública condicionada à representação. Entretanto, nos casos do § 3º, que trata do abuso de função, a ação é pública incondicionada. Quanto aos crimes previstos no artigo 40 da Lei n. 6.538/1978, passaram a ser de ação penal pública incondicionada. A ação também seria pública incondicionada na modalidade do § 1º, inciso IV, que restou revogado. De acordo com o artigo 70, *caput*, da Lei n. 4.117/1962, há a necessidade de busca e apreensão da estação ou do aparelho ilegal, como condição de procedibilidade prevista em seu artigo 70, parágrafo único.

QUADRO SINÓTICO

Crime de violação de correspondência	
Tipo penal	Devassar indevidamente o conteúdo de correspondência fechada, dirigida a outrem.
Objeto jurídico	Numa perspectiva mais ampla, protege-se a liberdade individual. Mais restritamente, a liberdade de comunicação e a intimidade.
Sujeito ativo	Qualquer um, exceto o remetente e o destinatário.
Sujeito passivo	Remetente e destinatário.
Elemento subjetivo	Admite-se somente a modalidade dolosa.
Consumação	Na forma do *caput*, a consumação ocorre quando o agente toma conhecimento do conteúdo da correspondência dirigida a outrem. Quando se tratar da sonegação ou destruição de correspondência, a consumação é quando o agente toma posse da correspondência com o dolo de sonegá-la ou omiti-la. Por fim, no que tange à violação de comunicação telegráfica, radioelétrica ou telefônica, quando as comunicações são indevidamente divulgadas, transmitidas ou abusivamente utilizadas; quando a comunicação é impedida; ou quando a estação ou aparelho radioelétrico são utilizados ou instalados sem a observância de disposição legal.
Tentativa	Todas as modalidades admitem a tentativa.
Forma majorada	Há previsão de aumento de pena pela metade se há dano para outrem. Se o delito for praticado contra indígena "não integrado", incide a causa de aumento de pena de um terço, nos termos do artigo 59 da Lei n. 6.001/1973.

Crime de violação de correspondência	
Forma qualificada	Se o crime for cometido por agente em abuso de função em serviço postal, telegráfico, radioelétrico ou telefônico o crime é qualificado.
Classificação	Crime comum, doloso, de mera conduta, de forma livre, comissivo ou omissivo impróprio, monossubjetivo, plurissubsistente e de dupla subjetividade passiva.
Benefícios	As modalidades do *caput* admitem todas a transação, suspensão condicional do processo e o ANPP. Neste caso, por ser crime de menor potencial ofensivo (tanto a forma do *caput*, como a modalidade qualificada), a competência é dos Juizados Especiais Criminais, nos termos dos artigos 60 e 61, ambos da Lei n. 9.099/1995. A modalidade qualificada admite somente a suspensão condicional do processo e o ANPP.
Ação penal	Ação penal pública condicionada, exceto quando o agente instala ou utiliza estação ou aparelho radioelétrico sem a observância de disposição legal; ou quando o crime for cometido por agente em abuso de função em serviço postal, telegráfico, radioelétrico ou telefônico.

3.2. Correspondência Comercial

O crime de correspondência comercial está previsto no artigo 152 do CP, nos seguintes termos:

> *Art. 152 – Abusar da condição de sócio ou empregado de estabelecimento comercial ou industrial para, no todo ou em parte, desviar, sonegar, subtrair ou suprimir correspondência, ou revelar a estranho seu conteúdo:*
>
> *Pena – detenção, de três meses a dois anos.*
>
> *Parágrafo único – Somente se procede mediante representação.*

Há vários núcleos do tipo, razão pela qual se cuida de tipo de conteúdo variado. É preciso de que o agente abuse, ou seja, use de forma imprópria ou se exceda na utilização, da sua condição de sócio ou empregado. Desviar é dar outro destino. Sonegar é ocultar. Subtrair é se apropriar. Suprimir é extinguir ou cancelar. Revelar é tornar conhecido. O objeto material é a correspondência comercial.

Claramente, trata-se de correspondência fechada ou documento particular, não sendo possível praticar o delito se o objeto for uma carta aberta ou uma mala-direta publicitária. Não há como praticar o delito se não há sigilo inerente à forma como o conteúdo foi inscrito, é necessário que o teor não esteja disponível a todos, indiscriminadamente, mas apenas, por exemplo, ao público interno de uma corporação.

Nesse delito, é possível o enquadramento quanto à correspondência eletrônica, como o caso do funcionário que se utiliza do sistema interno da empresa para "*desviar, sonegar, subtrair ou suprimir correspondência, ou revelar a estranho seu conteúdo*". Não há exigência no tipo de que se trate de meio físico, que inclusive é a exceção atualmente. Caso o delito seja praticado no meio digital, tem-se um crime cibernético impróprio, pois não depende da tecnologia informática para a sua prática, mas ela é apenas uma nova forma de configuração.

Nélson Hungria defende a necessidade de existir **possibilidade de dano**, afastando a ocorrência do crime se o conteúdo da correspondência comercial for inofensivo ou indiferente. Esse dano *in potentia* pode ser público ou privado, econômico ou moral[46]. O crime é próprio, pois só pode ser praticado por sócio ou empregado de estabelecimento comercial ou industrial. É doloso, plurissubsistente, de ação penal pública condicionada à representação.

QUADRO SINÓTICO

Crime de correspondência comercial	
Tipo penal	Abusar da condição de sócio ou empregado de estabelecimento comercial ou industrial para, no todo ou em parte, desviar, sonegar, subtrair ou suprimir correspondência, ou revelar a estranho seu conteúdo.
Objeto jurídico	O bem jurídico tutelado é a inviolabilidade da correspondência.
Sujeito ativo	Sócio ou empregado de estabelecimento comercial ou industrial.
Sujeito passivo	Estabelecimento comercial ou industrial.
Elemento subjetivo	Admite-se tão somente a modalidade dolosa.
Consumação	Ocorre a consumação quando o sócio ou empregado de estabelecimento comercial ou industrial desvia, sonega, subtrai ou suprime correspondência, ou revela seu conteúdo.
Tentativa	Admite-se a possibilidade de tentativa.
Forma majorada	Se o delito for praticado contra indígena "não integrado", incide a causa de aumento de pena de um terço, nos termos do artigo 59 da Lei n. 6.001/1973.
Classificação	Crime próprio, doloso, de forma livre, de conteúdo variado, comissivo ou omissivo impróprio, monossubjetivo e plurissubsistente.
Benefícios	Admitem-se a transação, suspensão condicional do processo e o ANPP. Neste caso, por ser crime de menor potencial ofensivo, a competência é dos Juizados Especiais Criminais, nos termos dos artigos 60 e 61, ambos da Lei n. 9.099/1995.
Ação penal	Ação penal pública condicionada à representação.

4. DOS CRIMES CONTRA A INVIOLABILIDADE DOS SEGREDOS

Divulgação de Segredo

O artigo 153 do Código Penal tipifica a divulgação de segredo:

> *Art. 153 – Divulgar alguém, sem justa causa, conteúdo de documento particular ou de correspondência confidencial, de que é destinatário ou detentor, e cuja divulgação possa produzir dano a outrem:*
>
> *Pena – detenção, de um a seis meses, ou multa.*

46. HUNGRIA, Nélson. Comentários ao Código Penal. Volume VI. Rio de Janeiro: Editora Forense, 1945, p. 235.

§ 1º Somente se procede mediante representação.

§ 1º-A. Divulgar, sem justa causa, informações sigilosas ou reservadas, assim definidas em lei, contidas ou não nos sistemas de informações ou banco de dados da Administração Pública:

Pena – detenção, de 1 (um) a 4 (quatro) anos, e multa.

§ 2º Quando resultar prejuízo para a Administração Pública, a ação penal será incondicionada.

A conduta punida é a de divulgar, ou seja, tornar público, propalar, difundir. O fato sigiloso, objeto material do delito, pode ser conteúdo de documento particular ou de correspondência confidencial, da qual o agente seja destinatário ou portador. Como elemento normativo do tipo, exige-se que a conduta seja praticada **sem justa causa**, ou seja, a justificativa com fundamento no ordenamento jurídico afasta a configuração do crime. Além disso, é preciso que haja **potencial de dano a outrem**.

É crime próprio, já que somente o destinatário ou o detentor do conteúdo do documento particular ou da correspondência confidencial pode cometê-lo. É possível, inclusive, que o sujeito detenha o documento ou a correspondência de forma indevida, sendo que a violação de correspondência será absorvida, por ser crime-meio. Classifica-se como delito doloso, plurissubsistente e formal, já que basta a potencialidade do dano para sua configuração.

Forma qualificada

O parágrafo 1º-A prevê a forma qualificada, consistente em divulgar, **sem justa causa**, informações sigilosas ou reservadas, assim definidas em lei, contidas ou não nos sistemas de informações ou banco de dados da Administração Pública. A pena passa a ser a de detenção, de 1 a 4 anos, e multa. Cuida-se de **norma penal em branco**, já que a definição do sigilo deve ser feita por lei. No caso a previsão está, em suas linhas gerais, na Lei n. 8.159/1991. O crime é comum, não exigindo a qualidade de funcionário público.

Não há muita discussão doutrinária sobre o âmbito desta norma em conflito com a do artigo 325 do CP. O crime do artigo 153, § 1º-A, é comum, podendo ser praticado contra qualquer pessoa e tutela o direito de privacidade ou de sigilo de particulares, o que possui maior desvalor (crime qualificado) se envolver informações em cadastros da Administração Pública, como uma secretária de um hospital público que divulga informações sobre pacientes com Covid-19.

No caso do artigo 325 do CP, tutelam-se a Administração Pública e o sigilo inerente ao cargo, como aquele de um membro do Ministério Público que atua em caso criminal sob segredo de justiça. As informações foram recebidas em razão do cargo e há um interesse da Administração – a eficácia da investigação – a ser tutelado, incidindo o crime contra a Administração Pública em caso de violação.

Ação penal

Conforme previsão do parágrafo primeiro, a ação é pública condicionada à representação. Entretanto, nos termos do parágrafo segundo, a ação será incondicionada se houver prejuízo para a Administração Pública.

QUADRO SINÓTICO

Crime de divulgação de segredo	
Tipo penal	Divulgar alguém, sem justa causa, conteúdo de documento particular ou de correspondência confidencial, de que é destinatário ou detentor, e cuja divulgação possa produzir dano a outrem.
Objeto jurídico	Tutela-se a inviolabilidade de segredos.
Sujeito ativo	Destinatário e detentor de documento particular ou de correspondência confidencial.
Sujeito passivo	Quem que com a divulgação do documento particular ou da correspondência confidencial fica sujeito a dano.
Elemento subjetivo	Admite-se somente a modalidade dolosa.
Elemento normativo	O elemento normativo é a expressão "sem justa causa".
Consumação	A consumação ocorre com a divulgação potencialmente danosa do conteúdo do documento particular ou da correspondência confidencial.
Tentativa	Admite-se a tentativa, em que pese se tratar de delito formal.
Forma majorada	Se o delito for praticado contra indígena "não integrado", incide a causa de aumento de pena de um terço, nos termos do artigo 59 da Lei n. 6.001/1973.
Forma qualificada	O delito é qualificado quando consistir em divulgação, sem justa causa, de informações sigilosas ou reservadas, assim definidas em lei, contidas ou não nos sistemas de informações ou banco de dados da Administração Pública, nos termos do artigo 153, §1-A, do CP.
Classificação	Crime próprio com relação ao sujeito ativo e comum no que se refere ao sujeito passivo. É doloso, formal, instantâneo, omissivo ou comissivo por omissão, monossubjetivo e plurissubsistente.
Benefícios	A forma do caput admite a transação, suspensão condicional do processo e o ANPP. Neste caso, por ser crime de menor potencial ofensivo (tanto a forma do *caput*, como a modalidade qualificada), a competência é dos Juizados Especiais Criminais, nos termos dos artigos 60 e 61, ambos da Lei n. 9.099/1995. A seu turno, a forma qualificada admite somente a suspensão condicional do processo e o ANPP.
Ação penal	A ação penal é pública condicionada à representação, exceto quando resultar prejuízo para a Administração Pública, hipótese em que a ação penal será pública incondicionada.

4.1. Violação de Segredo Profissional

O artigo 154 do Código Penal cuida da violação de segrego profissional:

> *Art. 154 – Revelar alguém, sem justa causa, segredo, de que tem ciência em razão de função, ministério, ofício ou profissão, e cuja revelação possa produzir dano a outrem:*
>
> *Pena – detenção, de três meses a um ano, ou multa.*
>
> *Parágrafo único – Somente se procede mediante representação.*

A conduta incriminada é a de revelar (tornar público, divulgar) segredo de que tem ciência em razão de função, ministério, ofício ou função. Aqui também se exige, tal como no crime previsto no artigo anterior, a **potencialidade de dano**. Caso se trate de servidor público que possua informações em razão da função exercida, o crime é específico, o do artigo 325 do Código Penal.

O crime é próprio, pois só pode praticá-lo aquele que tem ciência do segredo por razões profissionais, como **função** (múnus recebido por lei, como de curador ou de jurado); **ministério** (condição advinda de função social, como a religiosa, de sacerdócio); **ofício** (atividade que requer técnica específica ou, para a doutrina tradicional, a que envolve o uso da arte mecânica, manual) ou **profissão** (atividade laborativa voltada ao lucro, para alguns há exigência de que seja intelectual).

Existe dever de segredo profissional na atividade do advogado ou do médico, por exemplo, que não podem revelar as dívidas do seu cliente ou a enfermidade vexatória que acomete o seu paciente. Entretanto, pode existir justa causa, como o psicólogo que busca o apoio das autoridades para evitar o propósito deliberado de seu paciente de se suicidar, procurando evitar esse fim trágico.

Hungria advertia, com razão, se as pessoas proibidas de depor em razão de sua função, ministério, ofício, ou profissão o fazem, mesmo não desobrigadas pela parte interessada, não podem cometer o crime de falso testemunho[47]. Isto porque o artigo 207 do Código de Processo Penal as desobrigam a depor, salvo se autorizadas pela parte interessada. Se não podem depor, não possuem a qualidade de testemunha, com obrigação de dizer a verdade. Por outro lado, praticam o crime de violação de segredo profissional, como o sacerdote que revela a confissão que lhe foi feita, em ritual religioso, por fiel de sua instituição.

Cuida-se de crime doloso e plurissubsistente, exceto na forma oral, em que não se admite o fracionamento da conduta e, assim, não se admite o *conatus*, a forma tentada. É formal, já que só se exige a potencialidade do perigo para sua consumação, mas não a ocorrência de resultado naturalístico.

QUADRO SINÓTICO

Crime de violação do segredo profissional	
Tipo penal	Revelar alguém, sem justa causa, segredo, de que tem ciência em razão de função, ministério, ofício ou profissão, e cuja revelação possa produzir dano a outrem.
Objeto jurídico	Tutela-se a inviolabilidade do segredo profissional.
Sujeito ativo	Agente que conheceu do segredo em decorrência de sua função.
Sujeito passivo	Pessoa a quem o segrede se refere ou terceiro que, da revelação do segredo, pode sofrer danos.
Elemento subjetivo	Admite-se somente o dolo, seja ele direto ou eventual.

47. HUNGRIA, Nélson. Op. Cit., vol. IX, 1958, p. 482.

Crime de violação do segredo profissional	
Consumação	A consumação ocorre com a revelação do segredo potencialmente lesivo.
Tentativa	A doutrina não é uníssona com relação à possibilidade da tentativa. O posicionamento majoritário admite.
Forma majorada	Se o delito for praticado contra indígena "não integrado", incide a causa de aumento de pena de um terço, nos termos do artigo 59 da Lei n. 6.001/1973.
Classificação	O crime é próprio com relação ao sujeito ativo e comum com relação ao passivo, de forma livre, monossubjetivo e, a depender da forma de comissão, unissubsistente ou plurissubsistente.
Benefícios	Admitem-se a transação, suspensão condicional do processo e o ANPP. A competência, em regra, é dos Juizados Especiais Criminais, nos termos da Lei n. 9.099/1995.
Ação penal	Ação penal pública condicionada à representação.

4.2. Invasão de Dispositivo Informático

O artigo 154-A foi inserido pela Lei n. 12.737, de 30 de novembro de 2012, conhecida popularmente como Lei Carolina Dieckmann, passando a criminalizar a invasão de dispositivo informático. Posteriormente, a Lei n. 14.155, de 27 de maio de 2021, alterou o tipo penal:

> *Art. 154-A. Invadir dispositivo informático de uso alheio, conectado ou não à rede de computadores, com o fim de obter, adulterar ou destruir dados ou informações sem autorização expressa ou tácita do usuário do dispositivo ou de instalar vulnerabilidades para obter vantagem ilícita:*
>
> *Pena – reclusão, de 1 (um) a 4 (quatro) anos, e multa.*
>
> *§ 1º Na mesma pena incorre quem produz, oferece, distribui, vende ou difunde dispositivo ou programa de computador com o intuito de permitir a prática da conduta definida no caput.*
>
> *§ 2º Aumenta-se a pena de 1/3 (um terço) a 2/3 (dois terços) se da invasão resulta prejuízo econômico.*
>
> *§ 3º Se da invasão resultar a obtenção de conteúdo de comunicações eletrônicas privadas, segredos comerciais ou industriais, informações sigilosas, assim definidas em lei, ou o controle remoto não autorizado do dispositivo invadido:*
>
> *Pena – reclusão, de 2 (dois) a 5 (cinco) anos, e multa.*
>
> *§ 4º Na hipótese do § 3º, aumenta-se a pena de um a dois terços se houver divulgação, comercialização ou transmissão a terceiro, a qualquer título, dos dados ou informações obtidos.*
>
> *§ 5º Aumenta-se a pena de um terço à metade se o crime for praticado contra:*
>
> *I – Presidente da República, governadores e prefeitos;*
>
> *II – Presidente do Supremo Tribunal Federal;*
>
> *III – Presidente da Câmara dos Deputados, do Senado Federal, de Assembleia Legislativa de Estado, da Câmara Legislativa do Distrito Federal ou de Câmara Municipal;*
>
> *IV – dirigente máximo da administração direta e indireta federal, estadual, municipal ou do Distrito Federal.*

Ação penal

Art. 154-B. Nos crimes definidos no art. 154-A, somente se procede mediante representação, salvo se o crime é cometido contra a administração pública direta ou indireta de qualquer dos Poderes da União, Estados, Distrito Federal ou Municípios ou contra empresas concessionárias de serviços públicos.

A criminalização dessa conduta atende a uma obrigação assumida pela República Federativa do Brasil no âmbito internacional, por meio da Convenção sobre o Crime Cibernético. Também chamada de Convenção de Budapeste, foi firmada em 23 de novembro de 2001, mas somente promulgada no plano interno por meio do Decreto n. 11.491, de 12 de abril de 2023. Em seu artigo 2, está previsto que "Cada Parte adotará medidas legislativas e outras providências necessárias para tipificar como crime, em sua legislação interna, o acesso doloso e não autorizado à totalidade de um sistema de computador ou a parte dele. Qualquer Parte pode exigir para a tipificação do crime o seu cometimento mediante a violação de medidas de segurança; com o fim de obter dados de computador ou com outro objetivo fraudulento; ou contra um sistema de computador que esteja conectado a outro sistema de computador".

Cuida-se de um crime informático em sentido próprio, por se tratar de criminalidade surgida com a tecnologia informática. Somente se pode pensar nessa criminalização, portanto, após o advento desse tipo de tecnologia. Com ela, surge uma nova faceta da privacidade que necessita de efetiva tutela do Estado, considerando que os equipamentos eletrônicos passam a armazenar dados cada vez mais sensíveis, desde vídeos de momentos íntimos, como encontros familiares, até mesmo a localização exata do usuário, por meio de rastreamento em tempo real.

O núcleo do tipo do delito previsto no artigo 154-A do Código Penal é **invadir**, que significa ingressar, penetrar ou apoderar-se. O objeto material é dispositivo informático de uso alheio, **conectado ou não à rede de computadores**. Dispositivo informático é qualquer equipamento com capacidade de armazenamento e processamento de informações, envolvendo de computadores pessoais a *smartphones*. Fernando Capez ressaltava que, devido à redação dúbia, era possível extrair duas interpretações quando aos núcleos do tipo[48]:

<table>
<tr><th>1ª possibilidade[49]</th><th colspan="2">2ª possibilidade[50]</th></tr>
<tr><td rowspan="2">Núcleo do tipo: invadir</td><td colspan="2">Núcleos do tipo:</td></tr>
<tr><td>Invadir</td><td>Instalar</td></tr>
<tr><td>Finalidades (elementos subjetivos especiais): obter, adulterar ou destruir dados ou informações; ou instalar vulnerabilidades para obter vantagem ilícita.</td><td>Finalidade: obter, adulterar, ou destruir dados ou informações.</td><td>Finalidade: obter vantagem ilícita.</td></tr>
</table>

48. CAPEZ, Fernando. Curso de direito penal, volume 2, parte especial. 13. ed. São Paulo: Saraiva, 2013, p. 424.
49. Foi adotada na obra de Cleber Masson (Op. Cit., 2019, p. 295).
50. Posição adotada por Rogério Sanches Cunha (Op. Cit., 2020, p. 278/279) e Luiz Regis Prado, que destaca se tratar de tipo misto cumulativo em relação às condutas de invadir dispositivo e instalar vulnerabilidades. (Curso de direito penal brasileiro: parte geral e parte especial. 18. ed. Rio de Janeiro: Forense, 2020, p. 586)

Esse problema foi resolvido com a alteração realizada pela Lei n. 14.155/2021, que trouxe outras alterações:

Redação original	Redação atual
Art. 154-A. Invadir dispositivo informático **alheio**, conectado ou não à rede de computadores, **mediante violação indevida de mecanismo de segurança** e com o fim de obter, adulterar ou destruir dados ou informações sem autorização expressa ou tácita do titular do dispositivo ou instalar vulnerabilidades para obter vantagem ilícita: Pena – detenção, de 3 (três) meses a 1 (um) ano, e multa.	Art. 154-A. Invadir dispositivo informático **de uso alheio**, conectado ou não à rede de computadores, com o fim de obter, adulterar ou destruir dados ou informações sem autorização expressa ou tácita do usuário do dispositivo ou **de** instalar vulnerabilidades para obter vantagem ilícita: Pena – reclusão, de 1 (um) a 4 (quatro) anos, e multa.
§ 2º Aumenta-se a pena de um sexto a um terço se da invasão resulta prejuízo econômico.	§ 2º Aumenta-se a pena de 1/3 (um terço) a 2/3 (dois terços) se da invasão resulta prejuízo econômico.
§ 3º (...) Pena – reclusão, de 6 (seis) meses a 2 (dois) anos, e multa, se a conduta não constitui crime mais grave.	§ 3º (...) Pena – reclusão, de 2 (dois) a 5 (cinco) anos, e multa.

Na redação original, a conduta de invasão deveria ocorrer **mediante violação indevida de mecanismo de segurança.** Deste modo, se a vítima fornecesse a senha ou se deixasse o computador ligado e alguém se aproveitasse da situação para acessar seus dados, não se configurava o crime em tela. Com a Lei n. 14.155/2021, **essa exigência foi eliminada**, de modo que o crime se configura com ou sem violação de mecanismo de segurança, ou seja, mesmo que não haja senha no dispositivo invadido. É necessário, no entanto, que o acesso não tenha sido autorizado previamente, o que decorre da própria utilização do termo *invadir*.

Antes da Lei n. 14.155/2021, o dispositivo deveria ser alheio. Agora, basta que seja **de uso alheio**. Assim, configura-se o crime se o proprietário do dispositivo o invadir, quando estiver sendo usado por outra pessoa, como no caso de empréstimo. Essa alteração foi bem-vinda, pois não deixa de ser invasão o fato de se tratar de proprietário, basta imaginar que alguém ceda o uso de determinado equipamento e se utilize dele para invadir a privacidade alheia.

É preciso, ainda, que a invasão ocorra com uma das finalidades previstas no tipo penal, as quais constituem **elementos subjetivos especiais do tipo**, ou seja, finalidades cuja ocorrência não é necessária para a consumação. É imprescindível que o agente tenha agido com uma dessas finalidades para a configuração do delito

- fim de obter, adulterar ou destruir dados ou informações sem autorização expressa ou tácita do usuário do dispositivo,
- fim de instalar vulnerabilidades para obter vantagem ilícita. Nesse caso, deve-se notar que o mais técnico seria dizer que o agente tem a finalidade de instalar programas de computador, vírus, etc., para criar as vulnerabilidades no sistema.

Existe a crítica sobre a falta de abrangência do tipo, ao se referir a dispositivo informático, considerando que até um DNA sintético pode armazenar dados. Além disso, aponta-se a ausência de abrangência quanto à omissão, exposição ou tornar indisponíveis dos dados como finalidade do agente, situações que também seriam bastante desvaliosas. Outra discussão possível é sobre a abrangência ou não, na expressão "sem autorização expressa ou tácita", da chamada **engenharia ou engenhosidade social**, por meio da qual o agente se aproveita do pouco conhecimento do usuário para obter dados sensíveis, executar algum programa de computador ou acessar determinado endereço eletrônico[51].

O crime é **formal**[52], pois a obtenção de qualquer dos resultados almejados pelo sujeito ativo é desnecessária para a sua consumação (obtenção, adulteração ou destruição de dados ou informações ou obtenção de vantagem ilícita). É indiferente estar ou não o dispositivo conectado à rede de computadores, conforme expressa previsão legal. O crime também é classificado como comum, doloso, formal e plurissubsistente, admitindo o *conatus*.

Discute-se a previsão, no Brasil, de crimes relacionados ao ***ramsomware***, tipo de *malware* de natureza maliciosa. *Malware* é uma sequência de instruções escritas, a serem interpretadas por um computador, para executar determinada tarefa, como um programa de computador. O *ramsomware* funciona, *grosso modo*, como um vírus, mas seu objetivo é mais específico: bloquear o acesso ou codificar os dados de determinada pessoa, corporação ou instituição, geralmente com o objetivo de obter preço em troca de restabelecer o acesso aos dados. A conduta de utilização desse *malware* pode configurar crime, considerando que, ao invadir o dispositivo, o agente cometerá o delito previsto no artigo 154-A do CP. Se causar danos, pode, inclusive, incidir o aumento de pena do parágrafo segundo. Caso haja a promessa de mal grave, como a destruição de dados, que podem ser mais valiosos do que patrimônio material e tangível, é possível a configuração do crime de extorsão. No entanto, caso o indivíduo não use de grave ameaça e se aproveite de acesso autorizado à máquina para criptografar os dados, é possível que sua conduta seja atípica, de modo que não há criminalização de todas as possíveis modalidades dessa prática lesiva.

Forma equiparada

O parágrafo primeiro do artigo 154-A prevê a forma equiparada ao *caput* de produzir, oferecer, distribuir, vender ou difundir dispositivo ou programa de computador com o intuito de permitir a prática da conduta definida no *caput*. Pune-se, portanto, com a mesma pena, a conduta de comercialização ou de distribuição de dispositivo (*hardware*) ou programa de computador (*software*) para a prática das condutas incriminadas no *caput*.

Forma majorada

O parágrafo segundo previa o aumento da pena, de um sexto a um terço, se da invasão resultasse prejuízo econômico. Com o advento da Lei n. 14.155/2021,

51. BARRETO, Alessandro Gonçalves; KUFA, Karina, SILVA, Marcelo Mesquita. Cibercrimes e seus reflexos no Direito brasileiro. 2. ed. rev. atual. e ampl. São Paulo: Editora Juspodivm, 2021, p. 128-134.
52. BITENCOURT, Cezar Roberto. Op. Cit., 2020, p. 666.

o aumento de pena passou a ser de 1/3 a 2/3, o que somente se aplica aos crimes cometidos após o início de sua vigência, por se tratar de alteração mais gravosa. Cuida-se de modalidade material do delito, por se referir a resultado naturalístico, essencial à aplicação da majorante.

Forma qualificada

O parágrafo terceiro prevê forma qualificada se da invasão resultar a obtenção de conteúdo de comunicações eletrônicas privadas, segredos comerciais ou industriais, informações sigilosas, assim definidas em lei, ou o controle remoto não autorizado do dispositivo invadido. Sobre informações sigilosas, cuida-se de norma penal em branco, a ser complementada por qualquer norma pública que discipline o sigilo de determinada informação. Cuida-se de modalidade material, por exigir a obtenção de conteúdo ou mesmo o controle remoto do dispositivo.

A pena era de reclusão, de 6 meses a 2 anos, e multa, se a conduta não constituísse crime mais grave. Era, portanto, modalidade expressamente subsidiária. Com a Lei n. 14.155/2021, a pena passou a ser de reclusão, de 2 a 5 anos, e multa. Por ser mais gravosa, só se aplica aos delitos praticados após o início de sua vigência.

Majorante que se aplica à forma equiparada

O parágrafo quarto prevê causa de aumento de pena para a modalidade equiparada do delito, prevista no parágrafo terceiro. A fração de aumento será de um a dois terços se houver divulgação, comercialização ou transmissão a terceiro, a qualquer título, dos dados ou informações obtidas.

Forma majorada em razão da vítima

Além disso, o parágrafo quinto prevê a causa de aumento de pena aplicável tanto à forma do *caput* quanto à forma equiparada. Nesse caso, a fração será de um terço até metade. A majorante está atrelada à vítima ser:

> I – Presidente da República, governadores e prefeitos;
>
> II – Presidente do Supremo Tribunal Federal;
>
> III – Presidente da Câmara dos Deputados, do Senado Federal, de Assembleia Legislativa de Estado, da Câmara Legislativa do Distrito Federal ou de Câmara Municipal;
>
> IV – Dirigente máximo da administração direta e indireta federal, estadual, municipal ou do Distrito Federal.

Ação penal

No crime de invasão de dispositivo informático, conforme prevê o artigo 154-B, a ação penal é pública condicionada à representação. Entretanto, há uma exceção. Se o crime for cometido contra a Administração Pública direta ou indireta de qualquer dos Poderes da União, Estados, Distrito Federal ou Municípios ou contra empresas concessionárias de serviços públicos, a ação penal é pública incondicionada.

QUADRO SINÓTICO

Crime de invasão de dispositivo informático	
Tipo penal	Invadir dispositivo informático de uso alheio, conectado ou não à rede de computadores, com o fim de obter, adulterar ou destruir dados ou informações sem autorização expressa ou tácita do usuário do dispositivo ou de instalar vulnerabilidades para obter vantagem ilícita.
Objeto jurídico	Tutelam-se a liberdade individual e o direito à intimidade.
Sujeito ativo	Qualquer um.
Sujeito passivo	Quem possui o dispositivo informático invadido.
Elemento subjetivo	Admite-se somente a modalidade dolosa.
Consumação	A consumação ocorre com a invasão do dispositivo informático.
Tentativa	Admite-se a tentativa.
Forma majorada	Há previsão de aumento de pena se a invasão causa prejuízo econômico, nos termos do artigo 154-A, § 2º, do CP. Ademais, a forma qualificada do artigo 154-A, § 3º, sofre um aumento de pena de dois terços se houver divulgação, comercialização ou transmissão a terceiro, nos termos do artigo 154-A, § 4º, do CP. Há, ainda, um aumento de pena se o crime é praticado contra Presidente da República, governadores e prefeitos; Presidente do STF; Presidente da Câmara dos Deputados, do Senado Federal, de Assembleia Legislativa de Estado, da Câmara Legislativa do Distrito Federal ou de Câmara Municipal; ou dirigente máximo da administração direta e indireta federal, estadual, municipal ou do Distrito Federal. Por fim, se o delito for praticado contra indígena "não integrado", incide a causa de aumento de pena de um terço, nos termos do artigo 59 da Lei n. 6.001/1973.
Forma qualificada	Nos termos do artigo 154-A, § 3º, do CP, será qualificado o delito se da invasão resultar a obtenção de conteúdo de comunicações eletrônicas privadas, segredos comerciais ou industriais, informações sigilosas, assim definidas em lei, ou o controle remoto não autorizado do dispositivo invadido.
Classificação	A figura do *caput* é crime comum, doloso, formal (a simples invasão já consuma o crime, independentemente de qualquer resultado advindo de tal invasão), de dano, de forma vinculada (a violação deve ser indevida e de mecanismo de segurança), instantâneo, monossubjetivo e plurissubsistente.
Benefícios	O delito do *caput* admite a suspenção condicional do processo e o ANPP. A forma qualificada do artigo 154-A, do CP admite somente o ANPP.
Ação penal	Nos termos do artigo 154-B, do CP, os crimes do artigo 154-A procedem mediante ação penal pública condicionada à representação. Contudo, quando o crime for cometido contra a administração pública direta ou indireta de qualquer dos Poderes da União, Estados, DF ou Municípios ou contra empresas concessionárias de serviços públicos a ação será pública incondicionada.
Observações	Nos termos do artigo 154-A, § 1º, do CP, na mesma pena incorre quem produz, oferece, distribui, vende ou difunde dispositivo ou programa de computador com o intuito de permitir a prática da conduta definida no caput.

CAPÍTULO VII
CRIMES CONTRA O PATRIMÔNIO

O Título referente aos crimes contra o patrimônio reúne tipos penais que visam a coibir condutas violadoras da propriedade material, considerando que a propriedade imaterial possui regramento próprio, em separado, no próprio Código Penal e na legislação penal extravagante.

1. DO FURTO

O Título II da Parte Especial do Código Penal se inicia pelo Capítulo I, denominado "Do Furto". São previstas condutas de subtração de coisa, sem violência ou grave ameaça.

1.1. Furto

O crime de furto está previsto no artigo 155 do Código Penal:

> *Art. 155 – Subtrair, para si ou para outrem, coisa alheia móvel:*
>
> *Pena – reclusão, de um a quatro anos, e multa.*
>
> *§ 1º – A pena aumenta-se de um terço, se o crime é praticado durante o repouso noturno.*
>
> *§ 2º – Se o criminoso é primário, e é de pequeno valor a coisa furtada, o juiz pode substituir a pena de reclusão pela de detenção, diminuí-la de um a dois terços, ou aplicar somente a pena de multa.*
>
> *§ 3º – Equipara-se à coisa móvel a energia elétrica ou qualquer outra que tenha valor econômico.*
>
> *Furto qualificado*
>
> *§ 4º – A pena é de reclusão de dois a oito anos, e multa, se o crime é cometido:*
>
> *I – com destruição ou rompimento de obstáculo à subtração da coisa;*
>
> *II – com abuso de confiança, ou mediante fraude, escalada ou destreza;*
>
> *III – com emprego de chave falsa;*
>
> *IV – mediante concurso de duas ou mais pessoas.*
>
> *§ 4º-A A pena é de reclusão de 4 (quatro) a 10 (dez) anos e multa, se houver emprego de explosivo ou de artefato análogo que cause perigo comum.*
>
> *§ 4º-B. A pena é de reclusão, de 4 (quatro) a 8 (oito) anos, e multa, se o furto mediante fraude é cometido por meio de dispositivo eletrônico ou informático, conectado ou*

não à rede de computadores, com ou sem a violação de mecanismo de segurança ou a utilização de programa malicioso, ou por qualquer outro meio fraudulento análogo.

§ 4º-C. A pena prevista no § 4º-B deste artigo, considerada a relevância do resultado gravoso:

I - aumenta-se de 1/3 (um terço) a 2/3 (dois terços), se o crime é praticado mediante a utilização de servidor mantido fora do território nacional;

II – aumenta-se de 1/3 (um terço) ao dobro, se o crime é praticado contra idoso ou vulnerável.

Furto qualificado

§ 5º – A pena é de reclusão de três a oito anos, se a subtração for de veículo automotor que venha a ser transportado para outro Estado ou para o exterior.

§ 6º A pena é de reclusão de 2 (dois) a 5 (cinco) anos se a subtração for de semovente domesticável de produção, ainda que abatido ou dividido em partes no local da subtração.

§ 7º A pena é de reclusão de 4 (quatro) a 10 (dez) anos e multa, se a subtração for de substâncias explosivas ou de acessórios que, conjunta ou isoladamente, possibilitem sua fabricação, montagem ou emprego.

A conduta incriminada é **subtrair coisa alheia móvel**. Subtrair é apropriar-se, pegar de outrem ou apoderar-se. A conduta pode ser realizada direta ou indiretamente, mediante um uso de um macaquinho adestrado, por exemplo. O objeto material é coisa alheia móvel. Coisa é toda aquela suscetível de apropriação econômica. Documentos de identificação, folhas de cheque e cartões bancários não possuem valoração de caráter econômico, razão pela qual o STJ tem entendido não poderem ser objeto material de furto[1].

Em regra, estão excluídas as coisas de uso comum, como o ar ou a água. Há, entretanto, possibilidade, se houver o seu destacamento para uso, como no caso de furto de mil litros de água mineral no estoque da engarrafadora. O ser humano não pode ser objeto de furto, mas parte de seu corpo e o seu cadáver, se destinado para uso científico, podem ser subtraídos. Se a coisa for comum do sujeito ativo e do sujeito passivo, ou seja, se o agente for seu coproprietário, o crime será o previsto no artigo 156 do Código Penal. Se a coisa for um bem público ou um bem particular que está em poder da Administração Pública e for subtraída pelo funcionário público, valendo-se de suas funções, configura-se o crime de peculato.

A **coisa deve ser móvel**, sendo que os penalistas não se utilizam do conceito do Direito Civil. Deste modo, são móveis todos aqueles que podem ser transportados sem sua destruição ou desnaturação. Incluem-se os navios e aeronaves, considerados imóveis por ficção legal na esfera cível. Também estão abrangidos os semoventes, como cavalos e bois.

A **coisa deve ser alheia**. Não podem ser objeto do furto a *res derelicta*, a coisa abandonada, por não possuir proprietário; a *res nullius*, que é a coisa de ninguém, como o peixe no mar; nem a *res desperdita*, que é a coisa perdida e cuja apropriação

1. STJ, HC n. 118.873/SC, Rel. Min. Jorge Mussi, Quinta Turma, julgado em 17/3/2011, DJe de 25/4/2011.

pode configurar o delito do artigo 169, parágrafo único, II, do Código Penal. Sobre o proprietário poder figurar como sujeito ativo, existem duas posições:

- A coisa deve ser de propriedade de outrem. Desse modo, se o sujeito se apropria de coisa sua, mas em poder de terceiro, pode cometer o delito do artigo 345 ou o previsto no artigo 346 do Código Penal. É a posição defendida por Nélson Hungria[2], que é majoritária e mais consentânea com a redação do tipo penal.
- A coisa pode ser do próprio sujeito ativo, pois o termo "alheio" também pode ser referir à legítima posse de outrem. Por isso, o proprietário que se apodera de coisa sua, que foi dada em penhor por exemplo, comete o crime de furto. É o entendimento de Noronha[3].

Para a maioria da doutrina, o artigo 155 do Código Penal tutela a propriedade, a posse e a detenção legítima de coisa móvel. O crime é comum, não se exigindo nenhuma qualidade especial do sujeito ativo. O elemento subjetivo é o dolo. É necessário o desejo de apropriação definitiva, devido ao tipo penal exigir que a vontade e consciência de subtração seja para si ou para outrem. O desejo de se apoderar definitivamente da coisa alheia móvel é denominado de *animus furandi* ou *animus rem sibi habendi*.

Em razão da exigência de referido **elemento subjetivo especial do tipo**, não é punível o chamado **furto de uso**. Furto de uso é a apropriação realizada com a intenção de uso meramente momentâneo, de coisa alheia móvel não consumível e que seja devolvida no mesmo estado.

No caso de posse vigiada, como a empregada doméstica que porta utensílios da casa em que trabalha, mas sem permissão para retirar os objetos da residência, eventual subtração configurará o crime de furto, e não de apropriação indébita. Se um jardineiro, por exemplo, subtrai a máquina de aparar a grama da residência, que poderia usar apenas dentro da casa, sem retirar da esfera de disponibilidade do patrão, terá praticado o crime previsto no artigo 155 do Código Penal.

O **furto famélico**, também chamado de furto necessitado, é aquele praticado por sujeito que está em extrema miserabilidade e precisa saciar a fome. Pode configurar a causa excludente de ilicitude consistente no estado de necessidade, desde que presentes os seus requisitos. A necessidade deve ser premente e a ação deve se destinar diretamente a saciar a fome, não se configurando no caso de furto de coisas que não servem diretamente a isso. Por exemplo, o furto de uma joia não configuraria o furto famélico, mesmo que o sujeito comprove a necessidade de comprar alimentos

2. HUNGRIA, Nélson. Comentários ao Código Penal. Vol. VII. 2. ed. Rio de Janeiro: Revista Forense, 1958, p. 18. BITENCOURT, Cezar Roberto. Parte Especial: crimes contra o patrimônio até crimes contra o sentimento religioso e o respeito aos mortos. Coleção Tratado de direito penal volume 3. 16. ed. São Paulo: Saraiva Educação: 2020, p. 39-40. MASSON, Cleber. Direito Penal, Parte Especial (arts. 121 a 212). Vol. 2. 12. ed. São Paulo: Método, 2019, p. 313.
3. NORONHA, Edgard Magalhães. Direito Penal, vol. 2. 11. ed. São Paulo: Saraiva, 1976, p. 221-224.

Se o agente ataca bolso vazio da vítima, é possível diferenciar quando há tentativa e quando se tem crime impossível. Caso o agente tente retirar a carteira da vítima do bolso direito, enquanto ela está no bolso esquerdo, configurar-se-ia a tentativa de furto. Entretanto, se a vítima sequer levava carteira, haveria absoluta impropriedade do objeto, ensejando o reconhecendo da tentativa inidônea ou do crime impossível[4]. Essa distinção teria origem na lição de Francesco Carrara e encontra divergência na obra de Hungria, para quem haveria tentativa tanto no caso de ausência habitual quanto no de ausência transitória do objeto do crime. Assim, haveria tentativa se a vítima se esqueceu de sua carteira ou se ela a levava em outro bolso, diverso daquele em que o agente enfiou a mão[5].

Sobre crime impossível, o STF já entendeu não se configurar no caso de haver **sistema de vigilância** para impedir o furto, por não ser o caso de ineficácia absoluta do meio, mas apenas relativa:

> "*(...) 1. O paciente retirou a coisa móvel da esfera de disponibilidade da vítima e, ainda que* por um curto período, teve a livre disposição da coisa, moldura fática suficiente para, na linha *de precedentes desta Corte, caracterizar o crime de furto na modalidade consumada. 2. Na hipótese em que o sistema de vigilância não inviabiliza, mas apenas dificulta a consumação do crime de furto, não há que falar na incidência do instituto do crime impossível por ineficácia absoluta do meio (CP, art. 17). Precedentes." (STF, HC 114877/MG, Rel. Min. Teori Zavascki, Segunda Turma, Julgamento: 18/03/2014).*

O STJ decidiu da mesma forma em recurso especial representativo da controvérsia[6] e, posteriormente, sumulou o seu entendimento, dando origem ao enunciado de número 567:

> *Sistema de vigilância realizado por monitoramento eletrônico ou por existência de segurança no interior de estabelecimento comercial, por si só, não torna impossível a configuração do crime de furto.*

A respeito da aplicação do **princípio da insignificância** ao crime de furto, vale destacar o entendimento do Superior Tribunal de Justiça de acolher o parâmetro de 10% do salário-mínimo:

> *"(...) 2. O "princípio da insignificância – que deve ser analisado em conexão com os postulados da fragmentariedade e da intervenção mínima do Estado em matéria penal – tem o sentido de excluir ou de afastar a própria tipicidade penal, examinada na perspectiva de seu caráter material. [...] Tal postulado – que considera necessária, na aferição do relevo material da tipicidade penal, a presença de certos vetores, tais como: (a) a mínima ofensividade da conduta do agente; (b) nenhuma periculosidade social da ação; (c) o reduzidíssimo grau de reprovabilidade do comportamento; (d) a inexpressividade da lesão jurídica provocada – apoiou-se,*

4. No mesmo sentido: NORONHA, Edgard Magalhães. Direito Penal, vol. 2. 11. ed. São Paulo: Saraiva, 1976, p. 235.
5. HUNGRIA, Nélson. Op. Cit., 1958, p. 28-29.
6. STJ, REsp 1385621/MG – Representativo da Controvérsia, Rel. Min. Rogério Schietti Cruz, Terceira Seção, DJe 27/05/2015.

*em seu processo de formulação teórica, no reconhecimento de que o caráter subsidiário do sistema penal reclama e impõe, em função dos próprios objetivos por ele visados, a intervenção mínima do Poder Público." (HC n. 84.412-0/SP, STF, Rel. Min. Celso de Mello, DJU 19/11/2004). 3. A jurisprudência desta Corte, dentre outros critérios, aponta o parâmetro da **décima parte do salário-mínimo vigente ao tempo da infração penal**, para aferição da relevância da lesão patrimonial. Precedentes. (...) (STJ, HC 449.822/SC, Rel. Min. Ribeiro Dantas, Quinta Turma, julgado em 02/08/2018, DJe 15/08/2018)"*

Uma discussão interessante diz respeito à condição financeira da vítima. O patamar fixado, de um décimo do salário mínimo, pode representar o dinheiro para alimentação de uma semana para famílias mais pobres e, para uma minoria riquíssima, um valor ínfimo. Por essa razão, debate-se nos tribunais se a condição econômico-financeira do sujeito passivo do furto não deveria ser levada em conta para incidência ou não da bagatela. Em regra, o STJ rejeita esse elemento, aplicando o patamar de forma objetiva:

"A jurisprudência consolidada do Superior Tribunal de Justiça, para aferir a relevância do dano patrimonial, leva em consideração o salário mínimo vigente à época dos fatos, considerando irrisório o valor inferior a 10% do salário mínimo, independentemente da condição financeira da vítima." (STJ, AgRg no HC n. 811.618/MS, Rel. Min. Joel Ilan Paciornik, Quinta Turma, julgado em 2/10/2023, DJe de 4/10/2023).

Outra tese que foi arguida perante o STJ foi de a restituição imediata e integral da coisa furtada possibilitar a aplicação do princípio da insignificância. Acolhido esse argumento, seria possível reconhecer o furto bagatelar ainda que o valor da coisa superasse em muito o patamar fixado na jurisprudência. Essa alegação não convenceu os julgadores:

"Recurso especial desprovido, com a fixação da seguinte tese: a restituição imediata e integral do bem furtado não constitui, por si só, motivo suficiente para a incidência do princípio da insignificância." (STJ, REsp n. 2.062.375/AL, Rel. Min. Sebastião Reis Júnior, Terceira Seção, julgado em 25/10/2023, DJe de 30/10/2023)

É fundamental destacar que a insignificância, que afasta a tipicidade material, deve levar em conta a reiteração delitiva. Isto porque, em regra, a habitualidade ou reiteração típica afasta o reconhecimento do crime de bagatela. É possível, excepcionalmente, que a soma das coisas furtadas em uma ou duas ações, por exemplo, não se aproxime do limite fixado pelo STJ, o que pode recomendar a aplicação do princípio. Além disso, deve ser levado em conta o valor sentimental da coisa para a vítima, ao lado de seu valor econômico[7]. Um objeto que não ultrapassa um décimo do salário mínimo pode ser a única lembrança que a vítima tinha de seus avós, característica que deve ser levada em conta pelo juiz ao decidir se o fato é materialmente típico ou atípico.

7. STJ, HC n. 60.949/PE, Rel. Min. Laurita Vaz, Quinta Turma, julgado em 20/11/2007, DJ de 17/12/2007, p. 235.

Caso o juiz entenda que a reiteração delitiva deve afastar, no caso concreto, a aplicação do princípio da insignificância, o STF fixou a tese de que deve, em regra, ser imposto o regime inicial aberto para cumprimento de pena:

> *"Por maioria, foram também acolhidas as seguintes teses: (i) a reincidência não impede, por si só, que o juiz da causa reconheça a insignificância penal da conduta, à luz dos elementos do caso concreto; e (ii) na hipótese de o juiz da causa considerar penal ou socialmente indesejável a aplicação do princípio da insignificância por furto, em situações em que tal enquadramento seja cogitável, eventual sanção privativa de liberdade deverá ser fixada, como regra geral, em regime inicial aberto, paralisando-se a incidência do art. 33, § 2º, c, do CP no caso concreto, com base no princípio da proporcionalidade" (STF, HC 123108, Relator Ministro Roberto Barroso, Tribunal Pleno, julgado em 03-08-2015).*

Quanto ao furto cometido em agências dos Correios, é importante conhecer a jurisprudência fixada pelo STJ. Nem todas as agências pertencem à Empresa Brasileira dos Correios e Telégrafos – EBCT, existindo as agências próprias e as franqueadas. Por isso, nem sempre haverá dano à empresa pública federal, requisito necessário para se atrair a competência da Justiça Federal. Assim, a competência será estadual quando o crime for perpetrado contra banco postal, situação que a Corte considera assemelhada à de furto em agência franqueada, desde que se tenha ocasionado efetivo prejuízo unicamente a bens jurídicos privados. Por outro lado, a competência será da Justiça Federal, por incidência do art. 109, IV, da Constituição, nos casos em que a ofensa for direta à EBCT, ou seja, ao serviço-fim dos correios (os serviços postais) ou quando houver prejuízo ao patrimônio dos Correios[8].

Teorias sobre a consumação e a tentativa:

- ***Contrectatio***: basta o contato entre o agente e a coisa.
- ***Amotio ou aprehensio***: consuma-se quando a coisa passa para a posse do sujeito ativo, sendo dispensável a posse mansa e pacífica.
- ***Ablatio***: consuma-se quando o agente desloca a coisa, após se apoderar dela.
- ***Ilatio***: a coisa deve ser levada para o local desejado pelo agente para a consumação.

O STF tem adotado a teoria da *amotio* ou *aprehensio*, considerando consumado o delito de furto com a inversão da posse:

> "HABEAS CORPUS *ORIGINÁRIO CONTRA ACÓRDÃO UNÂNIME DO SUPERIOR TRIBUNAL DE JUSTIÇA. FURTO A RESIDÊNCIA MEDIANTE ESCALADA. MOMENTO DE CONSUMAÇÃO DO DELITO DE FURTO. 1. Para a consumação do furto, é suficiente que se efetive a inversão da posse, ainda que a coisa subtraída venha a ser retomada em momento imediatamente posterior. Jurisprudência consolidada do Supremo Tribunal Federal. 2. Ordem denegada." (STF, HC 114329/RS, Rel. Min. Roberto Barroso, Primeira Turma, Julgamento 01/10/2013).*

8. STJ, CC 174.265/ES, Rel. Min. Joel Ilan Paciornik, Terceira Seção, julgado em 25/11/2020, DJe 27/11/2020.

> *"(...) A decisão ora questionada está em perfeita consonância com a jurisprudência desta Corte no sentido de que a consumação do furto ocorre no momento da subtração, com a inversão da posse da res, independentemente, portanto, de ser pacífica e desvigiada da coisa pelo agente. Precedentes." (STF, HC 135674/PE, Rel. Min. Ricardo Lewandowski, Segunda Turma, Julgamento: 27/09/2016).*

Seguindo o mesmo entendimento, o Superior Tribunal de Justiça firmou a posição, ao julgar recurso representativo da controvérsia, de que o furto se reputa consumado quando o agente tem a posse de fato sobre o bem. Ou seja, basta a inversão da posse:

> *"(...) 2. O Plenário do Supremo Tribunal Federal, superando a controvérsia em torno do tema, consolidou a adoção da teoria da apprehensio (ou amotio), segundo a qual se considera consumado o delito de furto quando, cessada a clandestinidade, o agente detenha a posse de fato sobre o bem, ainda que seja possível à vítima retomá-lo, por ato seu ou de terceiro, em virtude de perseguição imediata. Desde então, o tema encontra-se pacificado na jurisprudência dos Tribunais Superiores. 3. Delimitada a tese jurídica para os fins do art. 543-C do CPC, nos seguintes termos: Consuma-se o crime de furto com a posse de fato da res furtiva, ainda que por breve espaço de tempo e seguida de perseguição ao agente, sendo prescindível a posse mansa e pacífica ou desvigiada. (...)" (STJ, REsp 1524450/RJ – Representativo da Controvérsia, Rel. Min. Nefi Cordeiro, Terceira Seção, DJe 29/10/2015).*

É possível a tentativa, caso não ocorra a inversão da posse. O agente é surpreendido, por exemplo, dentro da casa com uma mochila, tentando abrir o cofre. O morador chega e impede o furto. O crime é material, exigindo o resultado naturalístico para a sua consumação, que consiste na diminuição patrimonial da vítima, ocorrendo quando ela perde a posse de alguma coisa móvel.

Furto majorado

O parágrafo primeiro do artigo 155 prevê a modalidade majorada do furto. A causa de aumento de pena será de um terço se o crime for praticado durante o repouso noturno, o que se refere ao período da noite, entre o nascer e o pôr do sol, independentemente do horário local. O repouso noturno não se confunde com a noite, sendo que os costumes locais devem ser levados em conta para se verificar a incidência ou não da majorante no caso concreto. É o horário em que habitualmente os moradores do local se recolhem para o descanso.

A maioria da doutrina compreende não ser necessário que o local seja habitado para a configuração da majorante. O Superior Tribunal de Justiça possui julgado neste mesmo sentido, **não exigindo a habitação da casa nem mesmo que o seu morador esteja dormindo**[9]. Assim, incide também no caso de estabelecimento comercial[10].

9. STJ, REsp 75011/SP, Rel. Min. Anselmo Santiago, Sexta Turma, DJ 03/11/1997
10. STJ, AgRg no HC 609.143/SP, Rel. Min. Reynaldo Soares da Fonseca, Quinta Turma, julgado em 02/02/2021, DJe 04/02/2021.

PARTE ESPECIAL

O Superior Tribunal de Justiça possuía posição consolidada no sentido de ser aplicável a majorante do furto noturno tanto à forma simples quanto à forma qualificada do delito[11]. Entretanto, a Terceira Seção, em maio de 2022, optou pela interpretação sistemática com viés topográfico, ou seja, considerando que essa majorante está localizada entre o furto simples e as qualificadoras, concluindo que só incide a majorante do repouso noturno à modalidade simples. Assim, foi fixada a seguinte tese, na sistemática de recursos repetitivos:

> *A causa de aumento prevista no § 1º do art. 155 do Código Penal (prática do crime de furto no período noturno) não incide no crime de furto na sua forma qualificada (§ 4º).*[12]

Em uma visão minoritária, Alberto Silva Franco havia defendido essa não incidência da causa especial de aumento de pena do furto sobre as hipóteses de furto qualificado. A razão residiria no fato de que, apesar de as qualificadoras se distinguirem das causas de aumento de pena por possuírem um preceito sancionatório autônomo, ambas produziriam os mesmos efeitos. Tanto a qualificadora quanto a causa especial de aumento, ao final da dosimetria, implicariam a imposição de uma pena mais elevada. Por essa identidade de fins, defendia que as causas especiais de aumento de pena incidiriam apenas sobre o preceito sancionatório do tipo básico, isto é, não recairiam sobre a pena do tipo qualificado[13].

Furto privilegiado

O artigo 155, em seu parágrafo segundo, prevê a modalidade "privilegiada do furto". Na realidade, cuida-se de causa de diminuição de pena ou substituição da pena de reclusão pela de detenção ou, ainda, da pena privativa de liberdade pela de multa. A pena deve ser substituída por detenção, diminuída pela fração de um a dois terços ou substituída por pena de multa, conforme as circunstâncias do caso concreto, devendo haver motivação concreta exposta pelo juiz. As circunstâncias judiciais do artigo 59 do CP devem ser o critério a fundamentar a escolha.

A incidência da causa de diminuição de pena, caso presentes os requisitos, é direito público subjetivo do réu. Exige-se a primariedade do agente e que a *res furtiva*, ou seja, a coisa furtada seja de pequeno valor. O Superior Tribunal de Justiça tem entendido que **o pequeno valor da coisa deve ter como limite um salário-mínimo**:

> *"1. A jurisprudência desta Corte Superior se encontra firmada no sentido de que o reconhecimento do privilégio legal é um direito subjetivo do réu, cujo deferimento exige a conjugação de dois requisitos objetivos, consubstanciados na primariedade e no pequeno valor da coisa furtada, que deve ter como parâmetro o valor do salário-mínimo vigente à época dos fatos (AgRg no REsp n. 1.486.001/RJ, Min.*

11. STJ, AgInt no REsp 1776774/DF, Rel. Min. Reynaldo Soares da Fonseca, Quinta Turma, DJe 01/03/2019.
12. STJ, REsp n. 1.888.756/SP, Rel. Min. João Otávio de Noronha, Terceira Seção, julgado em 25/5/2022, DJe de 27/6/2022.
13. FRANCO, Alberto Silva. Tortura: breves anotações sobre a Lei n. 9.455/97. Revista Brasileira de Ciências Criminais, São Paulo, n. 19, jul.-set. 1997.

> *Rogerio Schietti Cruz, Sexta Turma, DJe 13/5/2015). 3. Agravo regimental improvido. (AgRg no HC 371301/SP, Rel. Min. Sebastião Reis Júnior, Sexta Turma, DJe 16/02/2017).*

Vale mencionar, ainda, que o valor de um salário-mínimo deve ser um parâmetro, ou seja, uma referência, e não um mero critério matemático e objetivo. É o que consignou o STJ em recente julgado:

> *"(...) 2. O salário-mínimo pode ser adotado como parâmetro de referência para conceituar coisa de pequeno valor, não podendo, entretanto, ser adotado como critério de rigor aritmético, impondo-se ao juiz sopesar outras circunstâncias próprias do caso. Precedentes. (...)" (STJ, AgRg no HC 478994/SC, Rel. Min. Nefi Cordeiro, Sexta Turma, DJe 04/04/2019).*

Não se deve confundir o pequeno valor, que configura o privilégio do furto, com a irrelevância do valor da coisa furtada, o que pode ensejar o reconhecimento da insignificância, da bagatela, afastando a tipicidade material do fato. Em primeiro lugar, vale lembrar que se trata de parâmetros, e não de valor exato, matemático, como teto de incidência da insignificância ou de reconhecimento do privilégio. Em segundo lugar, cumpre relembrar que o parâmetro para reconhecimento do privilégio é de um salário-mínimo, enquanto, para a insignificância, adota-se o patamar de um décimo do salário-mínimo.

Tema também controverso na doutrina é a possibilidade de se reconhecer o privilégio no caso de furto qualificado. Seria o chamado **furto híbrido**. O STJ considera possível, especialmente se a qualificadora for de natureza objetiva, conforme o enunciado 511 da Súmula de sua jurisprudência:

> ***"É possível o reconhecimento do privilégio previsto no § 2º do art. 155 do CP nos casos de furto qualificado, se estiverem presentes a primariedade do agente, o pequeno valor da coisa e a qualificadora for de ordem objetiva."***

Deste modo, não seria compatível com o privilégio apenas a qualificadora de abuso de confiança:

> *"(...) 7. Nos termos da pacífica jurisprudência desta Corte, consolidada na Súmula 511/STJ, é viável a incidência do privilégio na hipótese de furto qualificado, desde que a qualificadora seja de caráter objetivo. Decerto, a única qualificadora que inviabiliza o benefício penal é a de abuso de confiança (CP, art. 155, § 4º, II, primeira parte). (...)". (STJ, AgRg nos EDcl no AREsp 1386937/SP, Rel. Min. Joel Ilan Paciornik, Quinta Turma, DJe 14/02/2019).*

Entretanto, em julgado mais recente, foi também considerada incompatível a qualificadora do emprego de fraude:

> *"(...) 2. A qualificadora do emprego de fraude possui natureza subjetiva e, por essa razão, por demonstrar maior gravidade da conduta, torna incompatível o reconhecimento da figura privilegiada do furto, independentemente do pequeno valor da res*

furtiva e da primariedade da agravante. (...)" (STJ, AgRg no AREsp 1841048/MS, Rel. Min. Reynaldo Soares da Fonseca, Quinta Turma, DJe 19/12/2019).

As disposições sobre o furto privilegiado são aplicáveis a outros delitos, conforme normas específicas do Código Penal:

- Crimes de apropriação indébita, previstos no Capítulo V da Parte Especial do Código Penal (apropriação indébita; apropriação indébita previdenciária; apropriação de coisa havida por erro, caso fortuito ou força da natureza; apropriação de tesouro e apropriação de coisa achada), conforme determina o artigo 170 do Código Penal;
- Crime de estelionato, conforme dispõe o artigo 171, § 1º, do Código Penal;
- Crime de fraude no comércio, nos termos do artigo 175, § 2º, do Código Penal;
- Crime de receptação dolosa, nos termos da parte final do artigo 180, § 5º, do Código Penal.

Equiparação à coisa móvel

O parágrafo terceiro do artigo 155 traz a chamada cláusula de equiparação, determinando que a energia elétrica ou qualquer outra que tenha valor econômico se equipara à coisa móvel. Questão polêmica é a possibilidade de se considerar, por extensão, o sinal de TV a cabo como equiparável à coisa alheia móvel. A este respeito, o STF decidiu que:

> *"(...) **O sinal de TV a cabo não é energia, e assim, não pode ser objeto material do delito previsto no art. 155, § 3º, do Código Penal**. Daí a impossibilidade de se equiparar o desvio de sinal de TV a cabo ao delito descrito no referido dispositivo. Ademais, na esfera penal não se admite a aplicação da analogia para suprir lacunas, de modo a se criar penalidade não mencionada na lei (analogia* in malam partem*), sob pena de violação ao princípio constitucional da estrita legalidade. Precedentes. Ordem concedida. (...)" (STF, HC 97261/RS, Rel. Min. Joaquim Barbosa, Segunda Turma, Julgamento: 12/04/2011).*

Cabe ressaltar que o referido julgado ressalvou a previsão da conduta como crime no artigo 35 da Lei n. 8.977/1995, que, entretanto, não possui preceito secundário. Por não ter o legislador previsto pena, o fato torna-se irrelevante penal, já que não é possível a configuração do artigo 155, § 3º, do CP. O STJ, por sua vez, tem precedente no sentido de que o sinal de televisão, propagado através de ondas, poderia se enquadrar como energia radiante, ou seja, como energia associada à radiação eletromagnética, razão pela qual a sua subtração se enquadraria no delito de furto[14]. Entretanto, posteriormente, a sua Terceira Seção pacificou o tema nos mesmos termos do que o STF, considerando ser atípica a conduta, em razão da vedação de analogia *in malam partem*[15].

14. STJ, REsp 1123747/RS, Rel. Min. Gilson Dipp, Quinta Turma, DJe 01/02/2011.
15. STJ, CC 173.968/SP, Rel. Min. Laurita Vaz, Terceira Seção, julgado em 09/12/2020, DJe 18/12/2020.

Situação diversa é a da conduta de vender o aparelho para obtenção indevida de sinal de TV, que configura crime previsto na Lei n. 9.472/1997:

> *2. Os equipamentos utilizados na prestação dos serviços de telecomunicações estão sujeitos à fiscalização e certificação pela Agência Nacional de Telecomunicações – ANATEL, segundo previsto do art. 19, incisos XII e XIII, da Lei n. 9.472/1997, podendo tais objetos, inclusive, ser alvo de busca e apreensão por parte da referida Agência, segundo autorização contida no inciso XV, do mesmo artigo. Sendo assim, a montagem e comercialização de aparelhos em desacordo com as regras estabelecidas pelo mencionado Órgão caracteriza ofensa ao serviço por ela regulado e fiscalizado.*
>
> *3. A conduta investigada, de venda de aparelhos para desbloqueio clandestino de sinal de televisão por assinatura, configura, em tese, o crime do art. 183, parágrafo único, da Lei n. 9.472/1997.*
>
> *4. Havendo, em tese, a prática de crime contra as telecomunicações, tipificado na Lei n. 9.472/1997, está configurada a competência da Justiça Federal, por haver lesão a serviço da União, nos termos do art. 21, inciso XII, alínea a, c.c. o art. 109, inciso IV, da Constituição da República.*

Furto qualificado (§ 4º)

O artigo 155, § 4º, do Código Penal prevê formas qualificadas, para as quais a pena passa a ser reclusão de dois a oito anos, e multa. São suas hipóteses:

I. com destruição ou rompimento de obstáculo à subtração da coisa

A destruição ou rompimento de obstáculo é a abertura, o desfazimento ou a inutilização de qualquer óbice, consistente em coisa, objeto ou edificação exteriores à coisa. Há divergência sobre o seu cabimento no caso de rompimento de quebra-vento ou vidro de carro para furto de algum objeto existente em seu interior, já que o rompimento das mesmas coisas para subtração do próprio veículo não configura a qualificadora. O STJ possui julgados em ambos os sentidos[16]. Entretanto, parece realmente difícil equiparar o obstáculo ao dano à própria coisa, por mais injusto que possa resultar, considerando os termos previstos na lei. Adotando este entendimento, há um julgado mais recente do STJ: "A qualificadora prevista no art. art. 155, § 4.º, inciso I, do Código Penal não se configura quando o obstáculo rompido ou destruído é parte integrante do próprio objeto material do delito de furto"[17].

II. com abuso de confiança, ou mediante fraude, escalada ou destreza

O **abuso de confiança** se configura quando há uma especial relação de confiabilidade ou de lealdade o sujeito ativo e a vítima. Não basta a relação de emprego. Não se deve confundir com o crime de apropriação indébita, pois nele o agente possui a posse do bem e decide inverter o título da posse. No furto com abuso de

16. STJ, HC 148757/DF, Rel. Min. Moura Ribeiro, Quinta Turma, DJe 07/03/2014. STJ, REsp 1395838/SP, Rel. Min. Marco Aurélio Bellizze, Quinta Turma, julgado em 20/05/2014, DJe 28/05/2014.
17. STJ, HC n. 711.514/SP, relatora Ministra Laurita Vaz, Sexta Turma, julgado em 14/9/2022, DJe de 27/9/2022.

confiança, o agente se aproveita da confiança para ter maior facilidade em subtrair o bem, com o qual pode ter contato, mas não teve transferida para si a sua posse. Não basta ser funcionário, mas é preciso uma relação especial de confiança, como o vendedor que possui a chave para a abrir a loja por receber uma fé maior do dono do estabelecimento.

Furto mediante fraude é aquele em que o agente se utiliza de um ardil ou engodo para subtrair a coisa sem que a vítima perceba. A situação é diferente do estelionato, em que a fraude é praticada para que a própria vítima entregue a coisa ao agente, com vício no consentimento, compreendendo que o agente faz jus a receber a coisa. No furto com emprego de fraude, o agente utiliza a fraude para iludir a vigilante oposição do proprietário, enquanto no estelionato a fraude busca conseguir o consentimento da vítima, induzida a erro[18]. A fraude pode ser usada tanto para apreensão quanto para o apossamento da coisa. A vítima não percebe que a coisa está sendo subtraída, em razão do emprego da fraude.

Fernando de Almeida Pedroso, citado por Bitencourt, traz uma diferenciação sobre a essência dos crimes, tornando-se inconfundíveis: no furto mediante fraude, há o dissenso da vítima, ou seja, ela jamais concordou que o agente tomasse a vantagem para si. Ela não consentiu. No estelionato, por outro lado, há o consentimento, a aquiescência da vítima, ainda que de forma viciada, por ter sido levada a erro[19].

O ato da vítima de entregar a coisa ao agente deve ser mais bem desenvolvido. Essa entrega, utilizada tradicionalmente pela doutrina como traço distintivo com o estelionato[20], deve ser compreendida como ato de disposição patrimonial. É a entrega com ânimo de disposição definitiva da coisa que caracteriza o estelionato. Não é uma entrega precária, como a realizada para que o motorista faça um teste no carro ao lado da vendedora ou para que experimente a roupa no provador. Nesses casos, se o agente não espera a vendedora se sentar no banco de trás e foge com o carro ou se ele se aproveita do provador para esconder a peça debaixo das roupas que está vestindo, há furto mediante fraude, pois o agente subtraiu a coisa, aproveitando-se do engodo para distração da vítima.

Essa diferença foi muito bem destacada por Victor Eduardo Rios Gonçalves[21]:

> *"É necessário salientar, outrossim, que, quando o próprio agente, após empregar a fraude, apodera-se do objeto e o leva embora, resta evidente a tipificação do furto mediante fraude. O tema torna-se um pouco mais complexo quando a própria vítima entrega o bem em decorrência de uma fraude empregada pelo agente. Se ela entrega apenas a posse precária, momentânea, com autorização somente para que o sujeito fique em poder do bem naquele local (posse vigiada) e ele, sorrateiramente ou mediante fuga, leva-o embora, o delito, igualmente, é o de furto mediante fraude. Exemplo: o agente, fingindo ser um fiscal, pede para ver objetos de valor em uma loja e, ao recebê-los, esconde um deles e o subtrai. Ao contrário, quando o agente*

18. HUNGRIA, Nelson. Op. Cit., 1958, p. 43.
19. BITENCOURT, Cezar Roberto. Op. Cit., 2020, p. 64.
20. PRADO, Luiz Regis. Op. Cit., 2020, p. 682. CUNHA, Rogério Sanches. Op. Cit., 2020, p. 301. MASSON, Cleber. Op. Cit., p. 332-333. CAPEZ, Fernando. Op. Cit., 2013, p. 452-453. ALVES, Jamil Chaim. Op. Cit., 2021, p. 973.
21. GONÇALVES, Victor Eduardo Rios. Curso de Direito Penal. V. 2. 8. ed. São Paulo : Saraiva Jur, 2024, p. 137.

vai até a loja e compra objetos, por exemplo, fazendo uso de um cartão de crédito clonado e recebe os bens, o crime é o de estelionato. Neste último caso, o agente recebeu posse desvigiada porque a vítima lhe entregou os bens e o autorizou a com eles deixar o recinto".

Se o agente vai a uma loja de celulares e pede para olhar o produto, a conduta de se aproveitar da distração do vendedor e sair à francesa com o produto configura o furto mediante fraude. Isso porque o consentimento do vendedor não foi viciado a ponto de entregar a coisa sem vigilância. Era um entregar para manusear e a fraude foi utilizada justamente para distração do funcionário da loja, e não para que ele consentisse na retirada do produto da loja sem o adequado pagamento. Exemplo parecido é utilizado por Noronha: se o agente pede à vítima que lhe mostre o objeto que tem em mãos e, após tê-lo em suas mãos, põe-se em fuga, há furto mediante fraude[22].

Existe furto mediante fraude se o sujeito se passa por recenseador, com crachá falso do IBGE, e, diante de momento de distração da vítima, furta objeto de arte valioso que está exposto na sala da casa. Também se configura o crime se um agente distrai o vendedor de uma loja de joias, enquanto o seu comparsa subtrai um anel de diamantes da vitrine. Há julgado reconhecendo furto mediante fraude se o indivíduo se passa por funcionário do banco, finge que vai auxiliar a operar o caixa eletrônico e substitui o cartão da vítima por outro, apossando-se do pertencente à vítima e realizando saques em seguida. Já se reconheceu, em julgado do STJ, a configuração do furto mediante fraude na conduta do gerente de cooperativa de crédito de falsificar cheques de correntistas com os quais mantinha relação de confiança e, assim, diminuiu a vigilância para subtrair valores depositados no nome deles[23].

✓ Qual crime configura o famoso caso do *test drive*, em que o falso comprador leva o veículo?

A grande controvérsia e os tênues limites entre furto mediante fraude e estelionato são verificados nesse caso. Se o agente finge que é o filho do dono da concessionária e que o pai lhe presenteou com um veículo novo, apresentando um falso documento de identidade, há certo acordo doutrinário sobre a configuração do estelionato. Se o sujeito vai com um comparsa e, enquanto ele finge interesse no veículo e pede para olhar o motor, o seu comparsa sai com um veículo às escondidas, subtraindo-o, há um acordo razoável na doutrina sobre a configuração no furto mediante fraude.

No caso do *test drive*, surge o grande dissenso. Entretanto, essa entrega não parece diferente, em sua essência, daquele manuseio do celular na loja. Aliás, é comum que, nos testes de direção de automóveis, o vendedor acompanhe o interessado durante o trajeto para apresentar as funcionalidades do veículo. De todo modo, presente ou não o vendedor, não há um consentimento a que o agente leve o veículo, mas apenas

22. NORONHA, Edgard Magalhães. Op. Cit., vol. 2, 1976, p. 248.
23. STJ, REsp n. 1.173.194/SC, Rel. Min. Napoleão Nunes Maia Filho, Quinta Turma, julgado em 26/10/2010, DJe de 8/11/2010.

que faça um trajeto curto como forma de conhecer o produto. Assim, configura-se o furto mediante fraude, como tem reconhecido a jurisprudência[24].

Adotando esse critério, há um interessante caso julgado pelo STJ. A vítima teria sacado uma grande quantia do banco e mostrado o envelope a dois sujeitos, entregando-o para conferência. Neste momento, os indivíduos trocaram o envelope sem que a vítima percebecesse, isto é, ainda que a vítima tenha entregado o dinheiro a eles, acreditava ter saído do carro com o dinheiro que havia sacado. A conclusão foi de que o crime praticado foi de furto mediante fraude, pois a vítima não agiu com "a vontade de despojamento definitivo do bem":

> *"Não há falar em crime de estelionato quando ausente a vontade de despojamento definitivo do bem, situação que configura o crime de furto mediante fraude, pois nesse caso a vítima não dispõe do bem, podendo até entregá-lo ao autor do delito, mas pensando em tê-lo de volta à esfera de seu patrimônio, exatamente como ocorreu na hipótese dos autos" (STJ, AgRg no HC n. 460.684/SC, Rel. Min. Nefi Cordeiro, Sexta Turma, julgado em 4/12/2018, DJe de 14/12/2018).*

Entretanto, há o posicionamento de que, tecnicamente, a entrega, verbo que não é mencionado nem no tipo do artigo 155 nem no tipo do artigo 171, é o critério distintivo. Assim, o delito seria o do estelionato, já que, ao permitir que o suposto comprador dê uma volta no carro para conhecer o modelo, houve uma entrega. Para esse posicionamento, a entrega, por si só, implica a configuração do estelionato em detrimento do furto mediante fraude[25].

A mesma controvérsia ocorre no caso do sujeito que se passa por segurança ou manobrista e leva o carro da pessoa, que não percebe que o seu carro está sendo furtado, ou seja, não há assentimento quanto a levar o carro. O consentimento se limitou a estacionar o carro, diminuindo a sua vigilância. Apesar de alguns doutrinadores se inclinarem pela configuração do estelionato[26], o STJ já decidiu ser o caso de furto mediante fraude:

> *3. No caso, cumpre anotar que o furto mediante fraude não se confunde com o estelionato. Segundo Damásio, "[n]o furto, a fraude ilude a vigilância do ofendido, que, por isso, não tem conhecimento de que o objeto material está saindo da esfera de seu patrimônio e ingressando na disponibilidade do sujeito ativo. No estelionato, ao contrário, a fraude visa a permitir que a vítima incida em erro. Por isso, voluntariamente se despoja de seus bens, tendo consciência de que eles estão saindo de seu patrimônio e ingressando na esfera de disponibilidade do autor."*
>
> *4. Na hipótese em tela, a vítima entregou as chaves de seu carro para que o Paciente, na qualidade de segurança da rua, o estacionasse, não percebendo que o seu veículo estava sendo furtado. Conforme ressaltado pelo Tribunal de origem, a vítima "não tinha a intenção de se despojar definitivamente de seu bem, não queria que o*

---

24. STJ, REsp n. 672.987/MT, relator Ministro Jorge Scartezzini, Quarta Turma, julgado em 26/9/2006, DJ de 30/10/2006.
25. MASSON, Cleber. Op. Cit., 2019, p. 333-335.
26. É o caso de Rogério Greco e Rogério Sanches Cunha: CUNHA, Rogério Sanches. Op. Cit., 2020, p. 301-302.

veículo saísse da esfera de seu patrimônio", restando, portanto, configurado o furto mediante fraude.

(STJ, HC n. 217.545/RJ, Rel. Min. Laurita Vaz, Quinta Turma, julgado em 3/12/2013, DJe de 19/12/2013)

Como exemplos de furto mediante fraude, há, ainda, os seguintes julgados:

"De acordo com a jurisprudência desta Corte Superior, configura o crime de furto qualificado pela fraude (art. 155, § 4º, II, do Código Penal) a conduta consistente no furto de água da concessionária de serviço público, praticado mediante ligação clandestina. (...)" (STJ, AgRg no REsp 1830267/SP, Rel. Min. Ribeiro Dantas, Quinta Turma, DJe 23/09/2019).

*"Diferenciando o estelionato do furto com fraude, a Ministra MARIA THEREZA DE ASSIS MOURA esclarece que '**O furto mediante fraude, escalada ou destreza não se confunde com o estelionato. No primeiro, a fraude visa a diminuir a vigilância da vítima, sem que esta perceba que está sendo desapossada; há discordância expressa ou presumida do titular do direito patrimonial em relação à conduta do agente. No segundo, a fraude visa a fazer com que a vítima incida em erro e, espontaneamente, entregue o bem ao agente; o consentimento da vítima integra a própria figura delituosa**'. (CC 86.241/PR, Rel. Min. Maria Thereza de Assis Moura, Terceira Seção, julgado em 8/8/2007, DJ 20/8/2007, p. 237). (STJ, CC 167440/RJ, Rel. Min. Reynaldo Soares da Fonseca, Terceira Seção, DJe 17/12/2019).*

Vale mencionar que, a partir da vigência da Lei n. 14.155/2021, se a fraude for eletrônica, a qualificadora será a prevista no artigo 155, § 4º-B, aplicando-se as majorantes do § 4º-C. Interessante mencionar a diferenciação usada na jurisprudência do STJ.

O crime praticado **mediante escalada** é aquele que envolve um modo anormal de acesso, que exige considerável esforço por parte do agente. Não se configura apenas com a subida. Há divergências sobre a necessidade de perícia para o reconhecimento de tal qualificadora. O STJ tem entendido ser possível o excepcional reconhecimento da qualificadora da escalada mesmo sem realização de perícia, nos seguintes termos:

"(...) 1. No que tange à imprescindibilidade da prova técnica para o reconhecimento do furto qualificado pela escalada, a jurisprudência desta Corte Superior de Justiça tem-se orientado pela possibilidade de substituição do laudo pericial por outros meios de prova quando o delito não deixa vestígios, estes tenham desaparecido ou, ainda, se as circunstâncias do crime não permitirem a confecção do laudo. 2. As instâncias ordinárias, ao apreciarem a questão, não apresentaram justificativas para a não realização da perícia. Assim, deve ser afastada a qualificadora referente à escalada, tendo em vista a ausência de laudo pericial. (...)" (STJ, AgRg no AREsp 1081500/SP, Rel. Min. Reynaldo Soares da Fonseca, Quinta Turma, DJe 01/08/2017).

Por fim, o **furto praticado mediante destreza** é aquele que envolve habilidade física ou manual do agente que excede à habitual, como no caso dos batedores de carteira, também denominados de punguistas, *pickpockets*. Se o crime de furto mediante destreza é notado por terceiro, que impede a consumação do delito, haverá tentativa de furto qualificado.

III. com emprego de chave falsa

Também se configura a modalidade qualificada do furto quando há emprego de chave falsa. A chave falsa é qualquer instrumento utilizado para a abertura de fechadura, podendo ser a chave micha, gazua, grampo etc.

IV. mediante concurso de duas ou mais pessoas

Qualifica o crime a hipótese de haver o concurso de duas ou mais pessoas. O número mínimo de dois agentes pode advir do cômputo de coautores, partícipes, inimputáveis e até mesmo de sujeitos não identificados. Há uma desproporção ao se comparar o concurso de pessoas e a alteração da pena no caso do furto e do roubo. No furto, ora estudado, a pena passa de 1 a 4 anos para 2 a 8 anos de reclusão, o que implica no dobro da pena. Por outro lado, o concurso de agentes no roubo leva à incidência de uma causa de aumento de pena, com a utilização da fração de um terço até metade. Por isso, surgiu o entendimento de se adotar a majorante do roubo também para o furto. Não obstante, o STJ consolidou o entendimento contrário, conforme o enunciado 442 da sua Súmula:

> ***É inadmissível aplicar, no furto qualificado, pelo concurso de agentes, a majorante do roubo.***

Furto qualificado (§ 4º-A)

A nova modalidade de furto qualificado, previsto no § 4º-A do artigo 155 do Código Penal, foi inserida pela Lei n. 13.654/2018. Busca-se a punição de forma mais rígida para crimes como o de explosão de caixas eletrônicos para furto de dinheiro. A pena desta modalidade de furto é de reclusão de 4 (quatro) a 10 (dez) anos e multa. Configura-se com o **emprego de explosivo ou de artefato análogo que cause perigo comum**. Explosivo é o que detona, estoura, como a dinamite. Também se configura a qualificadora se for utilizado artefato análogo que causa perigo comum. Cuida-se de interpretação analógica, que deve ser feita a partir do paradigma previsto na norma, o explosivo.

A qualificadora do rompimento de obstáculo, em caso de crime praticado com emprego de explosivo ou artefato análogo, pode ser valorada pelo juiz na primeira fase da dosimetria, como circunstância judicial. O furto mediante emprego de explosivo ou de artefato análogo que cause perigo comum é de natureza objetiva, visto que se trata de meio de execução para a prática delituosa.

Hediondez: a Lei n. 13.964/2019 modificou a Lei n. 8.072/1990, em seu artigo 1º, inserindo o inciso IX:

> *IX – furto qualificado pelo emprego de explosivo ou de artefato análogo que cause perigo comum (art. 155, § 4º-A).*

Apesar do intuito do legislador de endurecer a persecução penal no caso de tais crimes, acabou tornando a situação mais benéfica de quem pratica o furto de caixas eletrônicos com o uso de explosivos, na visão de parte da doutrina. Isto porque, antes da Lei n. 13.654/2018, o agente poderia responder pelo crime de furto qualificado pela destruição ou rompimento de obstáculo em concurso com o crime de explosão, com a causa de aumento de pena de um terço, em razão da finalidade de obtenção de vantagem pecuniária. Com o advento do Pacote Anticrime, o agente só pode responder pelo furto qualificado pelo emprego de explosivo, restando afastado o concurso com o crime de explosão, sob pena de *bis in idem*.

Houve também uma grande falha por parte do Poder Legislativo que não incluiu na Lei n. 8.072/1990 o roubo com emprego de explosivo ou artefato análogo que causa perigo comum. Dessa forma, tem-se uma situação incongruente, em que o furto qualificado por emprego de explosivos (art. 155, § 4º-A) é hediondo, mas o roubo qualificado praticado com o emprego desses mesmos artefatos (art. 157, § 2º-A, II), embora mais gravoso, não o é.

Furto qualificado: furto mediante fraude por meio eletrônico (§ 4º-B)

A Lei n. 14.155, de 27 de maio de 2021, inseriu nova modalidade qualificada, com pena de reclusão, de 4 (quatro) a 8 (oito) anos, e multa. Incide se o furto mediante fraude é cometido por meio de dispositivo eletrônico ou informático, conectado ou não à rede de computadores, com ou sem a violação de mecanismo de segurança ou a utilização de programa malicioso, ou por qualquer outro meio fraudulento análogo. Pela extensão da previsão, percebe-se que **basta que a fraude seja eletrônica**, já que não é necessário que haja violação de senha nem mesmo conexão à internet.

Exemplo de crime dessa espécie, ainda que o julgado seja anterior à modificação legislativa e incidia a qualificadora do parágrafo quarto, inciso II:

> *"(...) A jurisprudência desta Corte tem se orientado no sentido de que a realização de saques indevidos (ou transferências bancárias) na conta corrente da vítima sem o seu consentimento, seja por meio de clonagem de cartão e/ou senha, seja por meio de furto do cartão, seja via internet, configuram o delito de furto mediante fraude (art. 155, § 4º, II, do CP) (...)" (STJ, CC 149752/PI, Rel. Min. Reynaldo Soares da Fonseca, Terceira Seção, DJe 01/02/2017).*

Majorantes do furto qualificado mediante fraude por meio eletrônico (§ 4º-C)

A Lei n. 14.155, de 27 de maio de 2021, inseriu, ainda, majorantes para o furto qualificado mediante fraude por meio eletrônico, previsto no artigo 155, § 4º-B. Assim, o furto qualificado mediante fraude terá uma causa de aumento de pena variável, a ser escolhida pelo critério da **relevância do resultado gravoso**:

- de 1/3 (um terço) a 2/3 (dois terços): se o crime for praticado mediante a utilização de servidor mantido fora do território nacional. Nesse caso, há maior gravidade pela dificuldade de repressão a um delito praticado a partir de um servidor, de um equipamento de informática central, localizado fora do território brasileiro.
- de 1/3 (um terço) ao dobro, se o crime for praticado contra idoso ou vulnerável. Aqui o desvalor diferenciado se volta à vítima, mais vulnerável. Não houve definição de quem é o vulnerável. Se utilizado o conceito do artigo 217-A, § 1º, do CP, com adaptações e em interpretação sistemática, pode-se

compreender como aquele que, por enfermidade ou deficiência mental, apresenta maior vulnerabilidade a fraudes. É possível, ainda, entender que o juiz deve analisar caso a caso.

Furto qualificado: veículo automotor (§ 5º)

A pena passa a ser a de reclusão, de três a oito anos, se a subtração for de veículo automotor que venha a ser transportado para outro Estado ou para o exterior. O dispositivo não menciona o Distrito Federal, razão pela qual a doutrina majoritária não reconhece a possibilidade de reconhecimento da qualificadora se a situação envolver essa unidade federativa. Com efeito, seria analogia *in malam partem*. O objeto material deve ser veículo automotor. Deve haver a intenção de transporte do veículo para outro Estado ou outro país, além de a lei exigir o efetivo transporte, por sua redação.

Furto qualificado: abigeato (§ 6º)

O parágrafo sexto do artigo 155 traz o furto qualificado que é denominado pela doutrina de abigeato. É o furto de gado, cuja pena é de reclusão de 2 a 5 anos. Configura-se se o objeto material do delito for semovente domesticável de produção, ainda que abatido ou dividido em partes no local da subtração. É o caso da subtração de várias cabeças de gado em determinada fazenda.

Furto qualificado (§ 7º)

O parágrafo sétimo do artigo 155 do Código Penal prevê outra forma qualificada do delito, cuja pena é de reclusão de 4 a 10 anos e multa. Tal modalidade também foi inserida pela Lei n. 13.654/2018, tal qual o parágrafo 4º-A. Incide se a subtração for de substâncias explosivas ou de acessórios que, conjunta ou isoladamente, possibilitem sua fabricação, montagem ou emprego.

Furto qualificado e princípio da insignificância

No caso de furto qualificado, o STJ vem entendendo não ser aplicável o princípio da insignificância, em razão da maior reprovabilidade da conduta. Apesar de ter feito uma exceção em um julgado de 2020, a Quinta Turma ressaltou que a presença da qualificadora, à primeira vista, poderia impedir o reconhecimento da atipicidade da conduta[27]. De todo modo, tem prevalecido em ambas as turmas a impossibilidade de incidência do princípio da insignificância:

> *"(...) Deve ser mantido o decisum recorrido, pois encontra-se, de fato, em consonância com o entendimento desta Corte Superior de Justiça, segundo o qual,* verbis: *"É firme nesta Corte o entendimento segundo o qual a prática do delito de furto qualificado por escalada, destreza, rompimento de obstáculo ou concurso de agentes indica a reprovabilidade do comportamento do réu, sendo inaplicável o princípio da insignificância"(...)" (STJ, AgRg no AREsp 1307149/MG, Rel. Min. Felix Fischer, Quinta Turma, DJe 10/09/2018).*

> *"(...) 1. A jurisprudência desta Corte Superior é firme no sentido de que a prática do delito de furto qualificado por concurso de agentes, caso dos autos, indica a especial*

27. STJ, HC 553.872-SP, Rel. Min. Reynaldo Soares da Fonseca, Quinta Turma, julgamento em 11/02/2020.

reprovabilidade do comportamento e afasta a aplicação do princípio da insignificância. Precedentes. (STJ, AgRg no REsp 1924325/MG, Rel. Min. Joel Ilan Paciornik, Quinta Turma, julgado em 18/05/2021, DJe 24/05/2021)

"(...) 1. Hipótese na qual o Agravante foi condenado pela prática do crime de tentativa de furto qualificado, cometido mediante rompimento de obstáculo e escalada, circunstâncias que demonstram a maior reprovabilidade da conduta e afastam a aplicação do princípio da insignificância. Precedentes do Superior Tribunal de Justiça. (STJ, AgRg no HC 654.720/SC, Rel. Min. Laurita Vaz, Sexta Turma, julgado em 20/04/2021, DJe 30/04/2021)

No STF, atualmente há divergência. Em 2020, houve julgado da Segunda Turma, reconhecendo[28], e da Primeira Turma, negando[29].

Denominações específicas

Abigeato: é o furto que possui como objeto material o gado.

Famulato: é o furto praticado por empregado, quando a serviço do seu patrão. Como a detenção dos bens móveis presentes no seu local de trabalho (seja a casa do empregador ou outro local, como estabelecimento comercial) é apenas transitória, a subtração configura o crime de furto. O termo advém do instituto do *fâmulo da posse*, do Direito Civil, que indica aquele que exerce a detenção material da coisa como seu gestor, em dependência econômica ou subordinação direta. É o caso do jardineiro que se apropria do maquinário, que ele utiliza no horário do expediente, mas pertence ao patrão.

Furto famélico: é a subtração praticada para saciar a fome. Pode configurar estado de necessidade.

Furto de uso: é a apropriação realizada sem o *animus rem sibi habendi*, ou seja, sem o elemento subjetivo especial de ser realizada de forma definitiva, para si ou para outrem. É fato atípico.

Punguistas: são batedores de carteira, também denominados de *pickpockets*.

QUADRO SINÓTICO

Crime de furto	
Tipo penal	Subtrair, para si ou para outrem, coisa alheia móvel.
Objeto jurídico	Há uma discussão na doutrina sobre o objeto jurídico protegido: a propriedade, a posse ou a detenção. O entendimento prevalente é de que a propriedade e a posse são os bens jurídicos tutelados.
Sujeito ativo	Qualquer um, desde que não seja proprietário ou possuidor da coisa.
Sujeito passivo	Qualquer um.

28. STF, HC 190263 AgR, Rel. Min. Carmen Lúcia, Segunda Turma, julgado em 23/11/2020.
29. STF, HC 187093 AgR, Rel. Min. Roberto Barroso, Primeira Turma, julgado em 24/08/2020.

Crime de furto	
Elemento subjetivo	Admite-se somente a modalidade dolosa, além de se exigir a finalidade específica de subtrair a coisa alheia móvel para si ou para outrem (*animus rem sibi habendi*).
Consumação	Adota-se a teoria do *amotio*, segundo a qual é necessário que haja inversão na posse da coisa. Não é necessário haver posse mansa e pacífica da coisa.
Tentativa	Admite-se a tentativa.
Forma majorada	Há previsão de aumento de pena em um terço se o crime é praticado durante o repouso noturno; de um a dois terços se o crime é praticado mediante a utilização de servidor mantido fora do território nacional; e de um terço ao dobro se a subtração é praticada contra idoso ou vulnerável. Se o delito for praticado contra indígena "não integrado", incide a causa de aumento de pena de um terço, nos termos do artigo 59 da Lei n. 6.001/1973.
Forma qualificada	Nos termos dos incisos do artigo 155, § 4º, do CP, o furto é qualificado quando há (i) destruição ou rompimento de obstáculo à subtração da coisa; (ii) abuso de confiança, ou mediante fraude, escalada ou destreza; (iii) com emprego de chave falsa; ou (iv) concurso de duas ou mais pessoas. Ademais, o furto é qualificado quando, nos termos do artigo 155, § 4-A, do CP, há emprego de explosivo ou artefato análogo que cause perigo comum; se, conforme o artigo 155, § 4-B, do CP, o furto mediante fraude é cometido por meio de dispositivo eletrônico ou informático, conectado ou não à rede de computadores, com ou sem a violação de mecanismo de segurança ou a utilização de programa malicioso, ou por qualquer outro meio fraudulento análogo; se, nos termos do artigo 155, § 5º, do CP, a subtração for de veículo automotor que venha a ser transportado para outro Estado ou para o exterior; se, conforme o artigo 155, § 6º, do CP, a subtração for de semovente domesticável de produção, ainda que abatido ou dividido em partes no local da subtração; e se, nos moldes do artigo 155, § 7º, a subtração for de substâncias explosivas ou de acessórios que, conjunta ou isoladamente, possibilitem sua fabricação, montagem ou emprego.
Jurisprudência relevante	É inadmissível aplicar, no furto qualificado, pelo concurso de agentes, a majorante do roubo (Súmula 442 do STJ). É possível o reconhecimento do privilégio previsto no § 2º do art. 155 do CP nos casos de crime de furto qualificado, se estiverem presentes a primariedade do agente, o pequeno valor da coisa e a qualificadora for de ordem objetiva (Súmula 511 do STJ). Sistema de vigilância realizado por monitoramento eletrônico ou por existência de segurança no interior de estabelecimento comercial, por si só, não torna impossível a configuração do crime de furto. (Súmula 567 do STJ). Delimitada a tese jurídica para os fins do art. 543-C do CPC, nos seguintes termos: Consuma-se o crime de furto com a posse de fato da res furtiva, ainda que por breve espaço de tempo e seguida de perseguição ao agente, sendo prescindível a posse mansa e pacífica ou desvigiada. (REsp 1524450/RJ, Rel. Min. Nefi Cordeiro, Terceira Seção, julgado em 14/10/2015, DJe 29/10/2015)

Crime de furto	
Classificação	Crime comum, material, de dano, de forma livre, comissivo ou omissivo impróprio, instantâneo (há possibilidade de ser permanente, como no caso do furto de energia elétrica), monossubjetivo, plurissubsistente e não transeunte.
Benefícios	Para o furto simples admitem-se a possibilidade de suspensão condicional do processo e ANPP. Das modalidades qualificadas, somente a do § 6º admite o ANPP.
Ação penal	Pública incondicionada. Nos termos do artigo 182 do CP, o delito procederá por ação penal pública condicionada à representação se for cometido em prejuízo de cônjuge desquitado ou judicialmente separado; de irmão, legítimo ou ilegítimo; de tio ou sobrinho, com que o agente coabita. Tais disposições, nos termos do artigo 183 do CP, restam afastadas se o crime é praticado mediante emprego de grave ameaça ou violência à pessoa; ao estranho que participa do crime; ou se o crime é praticado contra pessoa com idade igual ou superior a sessenta anos.
Observações	Nos termos do artigo 155, § 2º, do CP, quando o agente for primário e a coisa subtraída for de pequeno valor, o juiz pode substituir a pena de reclusão pela pena de detenção, diminuí-la de um a dois terços, ou aplicar somente a pena de multa. Entende-se que a aplicação destas penas alternativas é direito subjetivo do agente cumpre os requisitos legais. Nos termos do artigo 155, § 3º do CP, equipara-se à coisa móvel a energia econômica ou qualquer outra que tenha valor econômico. Nos termos do artigo 181, é isento de pena o agente que comete o crime em prejuízo de cônjuge, na constância da sociedade conjugal; ou de ascendente ou descendente, seja o parentesco legítimo ou ilegítimo, seja civil ou natural. Tal disposição, contudo, não é aplicada se o crime é praticado mediante emprego de grave ameaça ou violência à pessoa; ao estranho que participa do crime; ou se o crime é praticado contra pessoa com idade igual ou superior a sessenta anos, nos termos do artigo 183 do CP.
Diferenciação	No estelionato, a vítima é enganada e entrega, com ânimo de disposição definitiva, a vantagem ao agente. Não se trata de uma entrega precária, a vítima entrega porque foi convencida pela fraude. No furto qualificado pela fraude, por outro lado, o agente subtrai a coisa alheia móvel, empregando a fraude para vencer a vigilância da vítima.

1.2. Furto de Coisa Comum

O artigo 156 prevê o crime de furto de coisa comum, que possui especializantes em relação ao crime de furto do artigo 155, isto é, possui elementos mais específicos, que o diferenciam do furto, crime mais genérico do que o furto de coisa comum:

Art. 156 – Subtrair o condômino, coerdeiro ou sócio, para si ou para outrem, a quem legitimamente a detém, a coisa comum:

Pena – detenção, de seis meses a dois anos, ou multa.

§ 1º – Somente se procede mediante representação.

§ 2º – Não é punível a subtração de coisa comum fungível, cujo valor não excede a quota a que tem direito o agente.

O crime é **próprio**, podendo ser cometido apenas pelo condômino, pelo coerdeiro ou pelo sócio. Segundo Damásio de Jesus, o sócio pode ser o de direito ou o de fato. Nesse tipo penal, tem-se um furto em que o sujeito ativo e o sujeito passivo são pessoas específicas, condôminos ou sócios. Se não houver prévia relação jurídica, não há que se falar na configuração do crime.

A coisa deve estar **na posse legítima de outra pessoa**, ou o crime será o de apropriação indébita, com inversão do *animus* da posse sobre a coisa. O objeto material deve ser a coisa comum. A tal respeito o parágrafo segundo do artigo 156 prevê não ser punível a subtração de coisa comum fungível, cujo valor não excede a quota a que tem direito o agente. Isto porque não haveria nenhum prejuízo ao condômino, ao coerdeiro ou ao sócio.

O crime é doloso, sendo o elemento objetivo a vontade e consciência de subtrair, para si ou para outrem, a coisa comum. Exige-se o **elemento subjetivo especial do tipo**, consiste no *animus rem sibi habendi* ou *animus furandi*, presente no tipo por meio da expressão "para si ou para outrem". Cuida-se de crime plurissubsistente, sendo admissível o *conatus*.

A ação penal é pública condicionada à representação. Essa representação não exige forma rígida, como entendeu o STJ no HC 60.680/PB:

"Mesmo que o fato descrito exordial caracterize, em princípio, o delito próprio de furto de coisa comum, ao qual o legislador condicionou o processo ao exercício do direito de representação pelos coerdeiros, tal manifestação não exige forma rígida, bastando que a intenção das vítimas seja demonstrada de forma inequívoca. Devem ser consideradas válidas as atitudes dos coerdeiros após o fato delituoso, que demonstraram o firme interesse de que fosse apurada a responsabilidade criminal da paciente, eis que compareceram ao Ministério Público pugnando pela instauração da ação penal e, posteriormente, à Delegacia, onde prestaram depoimento acerca dos fatos." (HC 60.680/PB, Rel. Min. Gilson Dipp, Quinta Turma, julgado em 24/04/2007, DJ 29/06/2007, p. 671)

QUADRO SINÓTICO

Crime de furto de coisa comum	
Tipo penal	Subtrair o condômino, coerdeiro ou sócio, para si ou para outrem, a quem legitimamente a detém, a coisa comum.
Objeto jurídico	Protegem-se a posse e a propriedade da coisa comum.
Sujeito ativo	Somente o condômino, o coerdeiro ou o sócio da coisa comum.

Crime de furto de coisa comum	
Sujeito passivo	Condômino, coerdeiro, sócio ou terceiro que detenha a posse legítima da coisa comum.
Elemento subjetivo	Admite-se somente a modalidade dolosa com o especial fim de agir de subtrair a coisa comum para si ou para outrem.
Consumação	O delito se consuma com a inversão da posse da coisa comum.
Tentativa	Admite-se a tentativa.
Forma majorada	Se o delito for praticado contra indígena "não integrado", incide a causa de aumento de pena de um terço, nos termos do artigo 59 da Lei n. 6.001/1973.
Classificação	Trata-se de delito próprio, doloso, material, comissivo ou omissivo impróprio, de forma livre, de dano, instantâneo, monossubjetivo, plurissubsistente e não transeunte.
Benefícios	Trata-se de crime de menor potencial ofensivo, de competência dos Juizados Especiais Criminais e que aceita a transação, suspensão condicional do processo e ANPP.
Ação penal	Trata-se de crime de ação penal pública condicionada à representação.
Observações	Para que haja o delito de furto de coisa comum, o agente não pode já estar na posse da coisa. Deve haver a subtração, sob o risco de configuração de outro delito, qual seja a apropriação indébita. Nos termos do artigo 156, § 2º do CP não é punível a subtração de coisa comum fungível, cujo valor não exceda a quota a que tem direito o agente. Nos termos do artigo 181, é isento de pena o agente que comete o crime em prejuízo de cônjuge, na constância da sociedade conjugal; ou de ascendente ou descendente, seja o parentesco legítimo ou ilegítimo, seja civil ou natural. Tal disposição, contudo, não é aplicada se o crime é praticado mediante emprego de grave ameaça ou violência à pessoa; ao estranho que participa do crime; ou se o crime é praticado contra pessoa com idade igual ou superior a sessenta anos, nos termos do artigo 183 do CP.

2. DO ROUBO E DA EXTORSÃO

O Capítulo II do Título II da Parte Especial (Dos Crimes contra o Patrimônio) é denominado "Do Roubo e da Extorsão". Traz os crimes de roubo, de extorsão, de extorsão mediante sequestro e de extorsão indireta.

2.1. Roubo

O crime de roubo é o **crime complexo** que deriva da reunião do furto e do constrangimento ilegal, do furto e da ameaça ou do furto e do crime relativo à violência (lesão corporal, por exemplo). Está tipificado no artigo 157 do Código Penal:

Art. 157 – Subtrair coisa móvel alheia, para si ou para outrem, mediante grave ameaça ou violência a pessoa, ou depois de havê-la, por qualquer meio, reduzido à impossibilidade de resistência:

Pena – reclusão, de quatro a dez anos, e multa.

§ 1º – Na mesma pena incorre quem, logo depois de subtraída a coisa, emprega violência contra pessoa ou grave ameaça, a fim de assegurar a impunidade do crime ou a detenção da coisa para si ou para terceiro.

§ 2º A pena aumenta-se de 1/3 (um terço) até metade:

I – (revogado);

II – se há o concurso de duas ou mais pessoas;

III – se a vítima está em serviço de transporte de valores e o agente conhece tal circunstância.

IV – se a subtração for de veículo automotor que venha a ser transportado para outro Estado ou para o exterior;

V – se o agente mantém a vítima em seu poder, restringindo sua liberdade;

VI – se a subtração for de substâncias explosivas ou de acessórios que, conjunta ou isoladamente, possibilitem sua fabricação, montagem ou emprego.

VII – se a violência ou grave ameaça é exercida com emprego de arma branca;

§ 2º-A A pena aumenta-se de 2/3 (dois terços):

I – se a violência ou ameaça é exercida com emprego de arma de fogo;

II – se há destruição ou rompimento de obstáculo mediante o emprego de explosivo ou de artefato análogo que cause perigo comum.

§ 2º-B. Se a violência ou grave ameaça é exercida com emprego de arma de fogo de uso restrito ou proibido, aplica-se em dobro a pena prevista no caput deste artigo.

§ 3º Se da violência resulta:

I – lesão corporal grave, a pena é de reclusão de 7 (sete) a 18 (dezoito) anos, e multa;

II – morte, a pena é de reclusão de 20 (vinte) a 30 (trinta) anos, e multa.

O núcleo do tipo é o mesmo do furto, qual seja, "subtrair". Subtrair é apropriar-se, pegar de outrem ou apoderar-se. A conduta pode ser realizada direta ou indiretamente, mediante um uso de um animal treinado, por exemplo. Cuida-se de crime comum, pois qualquer pessoa pode ser o sujeito ativo, menos o proprietário. Os sujeitos passivos, por sua vez, são tanto o proprietário, o possuidor ou o mero detentor da coisa, como a pessoa sobre a qual recai a violência, a grave ameaça ou que é reduzida à impossibilidade de resistência.

A violência, a grave ameaça ou a redução da vítima à impossibilidade de resistência especificam o núcleo do tipo, tornando o delito complexo, pois exige essas condutas, tipificadas em outros dispositivos, como o da lesão corporal ou do delito de ameaça, além da subtração com ânimo de assenhoreamento definitivo, caracterizadora do furto.

O elemento subjetivo é o dolo, consistente na vontade e consciência de subtrair coisa alheia móvel, utilizando-se de violência, grave ameaça ou redução da vítima à impossibilidade de resistência. Não há previsão da modalidade culposa. **A doutrina**

e a jurisprudência majoritárias entendem ser necessário o elemento subjetivo especial do tipo (*animus rem sibi habendi*) tal como no furto, mas não admitem a atipicidade do "roubo de uso", configurando-se o delito mesmo sem a intenção de permanecer com a coisa. É posição defendida por Nucci[30]. Esse entendimento parece contraditório, razão pela qual, na prática dos tribunais, muitas vezes não se exige efetivamente o elemento subjetivo especial. Se fosse exigido, sobraria ao agente responder por constrangimento ilegal ou, ao menos, por grave ameaça se não pretendia ficar com a coisa, mas usá-la temporariamente, por exemplo.

O roubo contra mais de uma pessoa enseja o reconhecimento do concurso formal. Pode-se exemplificar com o agente que para um ônibus de transporte coletivo e o assalta, subtraindo tanto os bens dos passageiros quanto da pessoa jurídica proprietária do veículo. Haverá concurso formal em relação a cada uma das vítimas da subtração operada. Via de regra, o STJ vem reconhecendo o concurso formal próprio:

> *2. A jurisprudência desta Corte Superior é firme em assinalar que, "atingidos os patrimônios individuais de vítimas distintas mediante uma única ação (desdobrada em vários fatos), não há falar em crime único, mas sim em **vários crimes em concurso formal próprio**." (AgRg no REsp n. 1.189.138/MG, Rel. Min. Maria Thereza de Assis Moura, Sexta Turma, DJe 21/6/2013). (STJ, AgRg no REsp 1822415/MG, Rel. Min. Rogério Schietti Cruz, Sexta Turma, DJe 29/10/2019).*

Não parece, entretanto, que se trate de regra absoluta, visto que no caso concreto pode haver concurso formal impróprio, por haver desígnios autônomos. Basta imaginar, por exemplo, que o agente sabia que dentro da loja, onde haveria muito dinheiro naquela tarde do delito, também estaria uma mulher muito rica e que costuma pagar com dinheiro. Neste sentido, já se consignou, em julgamento de recurso especial, que "a alteração da conclusão adotada no acórdão recorrido, tal como pleiteado pela defesa, a fim de que seja reconhecido o concurso formal próprio, demandaria necessariamente o revolvimento do material fático e probatório dos autos, o que é vedado nesta via especial"[31].

Classificação:

Roubo próprio: o roubo próprio é aquele previsto no *caput* do artigo 157, com o seguinte teor: "Subtrair coisa móvel alheia, para si ou para outrem, mediante grave ameaça ou violência a pessoa, ou depois de havê-la, por qualquer meio, reduzido à impossibilidade de resistência". A subtração, portanto, pode ser praticada mediante:

- **Violência**: *vis absoluta*. É a chamada violência própria, consistente no emprego da força física, do constrangimento físico sobre a vítima.
- **Grave ameaça**: *vis relativa*. É a promessa de mal injusto e grave.

---

30. NUCCI, Guilherme de Souza. Código Penal Comentado. 15. ed. rev. atual. e ampl. Rio de Janeiro: Forense, 2015, p. 892-893.
31. STJ, AgRg no REsp 1860327/SC, Rel. Ministro Ribeiro Dantas, Quinta Turma, julgado em 09/06/2020, DJe 18/06/2020.

➢ **Outro meio de reduzir a vítima à incapacidade de resistência**: sonífero, drogas, etc.

Para Luiz Regis Prado, o emprego de violência como elementar do roubo absorve o crime de lesão leve e a contravenção de vias de fato[32]. Com efeito, a prática dessas condutas se amolda à violência, que são meios de se praticar o crime quando o agente se vale da violência. A lesão grave, inclusive a chamada gravíssima, torna o delito qualificado.

O crime de roubo próprio é plurissubsistente e admite a punição da tentativa. Consuma-se com o apoderamento do bem, mesmo que o agente não consiga manter a coisa consigo depois. Não se exige posse mansa e pacífica, sendo adotada a teoria da *amotio* ou *apprehensio*. É a posição adotada pelo Supremo Tribunal Federal:

> *"2.* ***O Supremo Tribunal Federal já decidiu que "O crime de roubo consuma-se quando o agente, após subtrair coisa alheia móvel, mediante o emprego de violência, passa a ter a posse da res furtiva fora da esfera de vigilância da vítima, não se exigindo, todavia, a posse tranquila do bem."*** *(RHC 119.611, Rel. Min. Luiz Fux). 3.* Habeas Corpus *indeferido, revogada a liminar." (STF, HC 123314/SP, Rel. p/ acórdão Min. Roberto Barroso, Primeira Turma, Julgamento: 21/03/2017).*

O Superior Tribunal de Justiça, inclusive, já sumulou seu entendimento, sendo o teor do seu enunciado 582:

> *Consuma-se o crime de roubo com a inversão da posse do bem mediante emprego de violência ou grave ameaça, ainda que por breve tempo e em seguida à perseguição imediata ao agente e recuperação da coisa roubada, sendo prescindível a posse mansa e pacífica ou desvigiada.*

Vale anotar, ainda, que, segundo o STJ, configura o roubo, por uso de violência, o arrebatamento de coisa do corpo da vítima, por ser apto a lhe ofender a integridade física:

> *"(...) 2. Prevalece no Superior Tribunal de Justiça o entendimento no sentido de que o arrebatamento de coisa presa ao corpo da vítima tem o condão de comprometer sua integridade física, tipificando, assim, o crime de roubo e não de furto. Assim, tendo as instâncias ordinárias reconhecido que a subtração do bem se deu por meio de arrebatamento, não é possível, na via eleita, examinar o pedido de desclassificação, uma vez que se trata de providência que demanda aprofundado exame do arcabouço fático-probatório carreado nos autos, o que não se revela consentâneo com o instrumento processual utilizado. (...)" (STJ, HC 372085/SC, Rel. Min. Reynaldo Soares da Fonseca, Quinta Turma, DJe 27/10/2016)*

Roubo impróprio ou por aproximação: o parágrafo primeiro do artigo 157 traz forma equiparada do crime de roubo. O dispositivo prevê incorrer na mesma pena o agente que, **logo depois de subtraída a coisa**, emprega violência contra pessoa

32. PRADO, Luiz Regis. Curso de direito penal brasileiro: parte geral e parte especial. 18. ed. Rio de Janeiro: Forense, 2020, p. 612. Também menciona lesão e vias de fato como formas de violência física do roubo: MASSON, Cleber. Direito Penal: parte especial (arts. 121 a 212) – vol. 2. 12. ed. São Paulo: Método, 2019, p. 358 e 363.

ou grave ameaça, a fim de assegurar a impunidade do crime ou a detenção da coisa para si ou para terceiro.

A violência ou grave ameaça contra a pessoa não é utilizada para a subtração da coisa. O agente usa de um desses meios **para assegurar a impunidade do crime ou a detenção da coisa**. A violência é utilizada logo após a subtração. Se não houve subtração, que foi frustrada, o agente deve responder por furto tentado e pela violência. Consuma-se o roubo impróprio com o emprego da violência ou grave ameaça. Em razão disto, não é possível a forma tentada. Neste sentido, já o STJ e o STF[33].

Entretanto, deve-se consignar que existe posição doutrinária no sentido de ser admissível a tentativa do roubo impróprio, quando o agente não consegue praticar a violência ou grave ameaça em razão de circunstâncias alheias a sua vontade. Chegaram ao STJ alguns casos mais recentes em que houve o reconhecimento de tentativa de roubo impróprio nas instâncias ordinárias, mas não houve o enfrentamento direto da matéria pela Corte Superior[34].

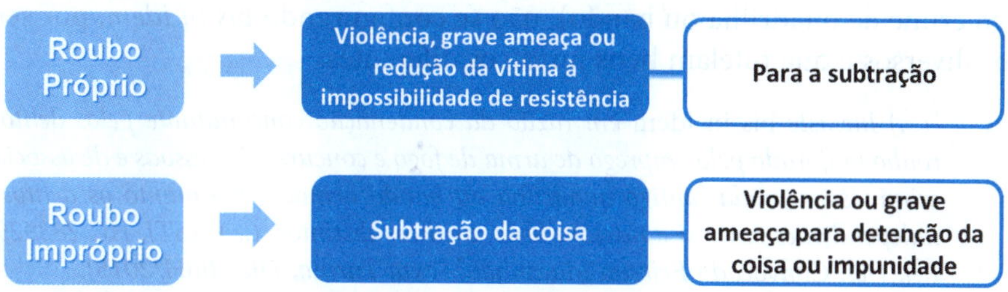

Tanto o roubo próprio quanto o impróprio recebem a classificação de crime de dano, de forma livre, instantâneo e unissubjetivo.

Roubo circunstanciado ou majorado (§ 2º)

O artigo 157, no seu parágrafo segundo, prevê causas de aumento de pena aplicáveis ao roubo, cuja fração varia de **um terço até metade**.

I. Se a violência ou ameaça é exercida com emprego de arma (revogado)

O inciso I, de roubo circunstanciado pelo emprego de arma, restou revogado pela Lei n. 13.654/2018, a qual também inseriu o inciso VI ao § 2º do artigo 157 do Código Penal, prevendo majorante para o caso de emprego de arma de fogo. Houve alegação de inconstitucionalidade formal na revogação do artigo 157, § 2º, I, do Código Penal, porque a previsão de revogação de tal dispositivo teria se dado na Comissão de Redação, sem sua efetiva apreciação pelas duas Casas do Congresso Nacional. A Lei n. 13.964/2018, revogou essa majorante e inseriu outra, mais gravosa, mas restrita às armas de fogo.

33. STJ, REsp 1025162/SP, Rel. Min. Felix Fischer, Quinta Turma, DJe 10/11/2008. STJ, REsp 155927/RS, Rel. Min. Felix Fischer, Quinta Turma, DJe 21/06/2010. STF, RvC 4752/SP, Rel. Min. Sydney Sanches, Tribunal Pleno, Julgamento: 25/11/1987.
34. STJ, HC 454.609/RS, Rel. Min. Jorge Mussi, Quinta Turma, julgado em 04/12/2018, DJe 12/12/2018. STJ, AgRg no AREsp 328.193/DF, Rel. Min. Rogerio Schietti Cruz, Sexta Turma, julgado em 04/08/2015, DJe 18/08/2015.

Não houve a declaração de inconstitucionalidade e, inclusive, já houve alteração posterior pelo próprio Legislativo, já que o Pacote Anticrime reinseriu a arma branca como majorante do crime de roubo. É importante analisar cada uma das causas de aumento de pena remanescentes, previstas nos incisos do parágrafo segundo do artigo 157, além de estudar a modificação posterior pela Lei n. 13.964/2020, o Pacote Anticrime. É importante a compreensão das sucessivas modificações em razão da compreensão da matéria e da lei penal no tempo, considerando a retroatividade das modificações mais benéficas e da irretroatividade das mais gravosas.

II. se há o concurso de duas ou mais pessoas:

O concurso de duas ou mais pessoas torna o roubo majorado. A doutrina majoritária entende cabível tanto o cômputo de coautores como de partícipes. Podem ser utilizados para o cálculo os inimputáveis e os indivíduos não identificados que tenham contribuído na conduta delitiva. O STJ já entendeu compatível a condenação pelo roubo majorado por concurso de pessoas e pelo delito de associação criminosa (antigo crime de quadrilha ou bando), não se configurando *bis in idem*, por serem delitos diversos e que tutelam bens jurídicos diferentes:

> *"(...) Inexiste* bis in idem *em razão da condenação concomitante pelos delitos de roubo majorado pelo emprego de arma de fogo e concurso de pessoas e de associação criminosa armada, antigo quadrilha ou bando armado, porquanto os delitos são independentes entre si e tutelam bens jurídicos distintos. (...)" (STJ, HC 288929/SP, Rel. Des. Convocado Ericson Maranhão, Sexta Turma, DJe 30/04/2015).*

III. se a vítima está em serviço de transporte de valores e o agente conhece tal circunstância:

Busca-se criminalizar com maior rigor o crime praticado contra os funcionários que estejam atuando no transporte de valores, quando no exercício da função. O transporte de valores pelo seu proprietário não configura tal majorante, já que o serviço é interpretado pela doutrina como realizar esse transporte para terceiro, no exercício profissional. Valores são quantias, bens ou riquezas, como notas, cheques, títulos de crédito, joias e outros. Não se limita às empresas de transporte de valores, mas deve o funcionário estar executando este serviço para outrem e o agente necessita ter ciência de tais circunstâncias para configuração da causa de aumento de pena.

IV. se a subtração for de veículo automotor que venha a ser transportado para outro Estado ou para o exterior:

Cabem aqui os mesmos comentários feitos para o furto qualificado. Incide a majorante se o objeto material for veículo automotor que venha a ser transportado para outro Estado ou para o exterior. O dispositivo não menciona o Distrito Federal, razão pela qual a doutrina majoritária não reconhece a possibilidade de reconhecimento da qualificadora se a situação envolver essa unidade federativa. O argumento, acertado, é de que se trataria de analogia *in malam partem*, não podendo o intérprete corrigir a falha legislativa para aumentar o âmbito de incriminação. O objeto material deve ser veículo automotor. Deve haver a intenção de transporte do veículo para outro Estado ou outro país e, além disso, a redação do dispositivo indica que o transporte deve ser efetivo, ou seja, que seja realizado.

V. se o agente mantém a vítima em seu poder, restringindo sua liberdade

Há causa de aumento de pena se o agente mantém o ofendido em seu poder, restringindo sua liberdade, como meio para a subtração de coisa alheia móvel. A restrição da liberdade deve ser relevante, sendo que normalmente se exige que supere aquele tempo estritamente necessário para a prática da subtração:

> *"(...) 3. A jurisprudência desta Corte Superior firmou-se no sentido de que, para a configuração da majorante de restrição da liberdade das vítimas no delito de roubo, a vítima deve ser mantida por tempo juridicamente relevante em poder do réu, sob pena de que sua aplicação seja uma constante em todos os roubos. Precedentes. (...)" (STJ, HC 428617/SP, Rel. Min. Joel Ilan Paciornik, Quinta Turma, DJe 01/08/2018)*

Caso a restrição da liberdade possua outro fim ou dure muito mais que o necessário para a prática do delito patrimonial, pode se configurar, excepcionalmente, o concurso do crime de roubo com o delito de sequestro e cárcere privado. Imagine que, após o roubo se consumar, o agente mantenha a vítima em cativeiro por mais dois dias, o contexto fático passa a ser outro. Neste caso, é possível o concurso de crimes. Os limites entre as situações, entretanto, são tênues e controversos.

VI. se a subtração for de substâncias explosivas ou de acessórios que, conjunta ou isoladamente, possibilitem sua fabricação, montagem ou emprego:

A causa de aumento de pena do inciso VI do parágrafo segundo foi inserido pela Lei n. 13.654/2018, que, como visto, visa a dar um tratamento mais rígido aos delitos patrimoniais, mormente aqueles praticados contra agências bancárias. Há aumento de pena se o agente subtrair substâncias explosivas ou acessórios que, conjunta ou isoladamente, possibilitem sua fabricação, montarem ou emprego. Portanto, há maior desvalor no fato de o objeto material do furto ser substância explosiva, como dinamite, ou mesmo acessórios que possibilitem, por si sós ou em conjunto com outros, fabricar, montar ou empregar explosivos. No caso do furto, o fato de a *res furtiva* ser uma das mencionadas acima torna o crime qualificado. Para o roubo, há causa de aumento de pena.

VII. se a violência ou grave ameaça é exercida com emprego de arma branca;

A Lei n. 13.964/2019 passou a prever mais uma majorante, que incide no caso de emprego de arma branca. Vale recordar que o emprego de arma de fogo faz incidir a majorante do artigo 157, § 2º-A, com fração de 2/3. No caso da arma branca, a causa de aumento será de um terço até metade. A alteração só vale para os crimes cometidos a partir do início da vigência da Lei n. 13.964/2019, definido para 30 dias após a sua publicação. Não se deve considerar a arma de brinquedo para a incidência do dispositivo, já que não se trata propriamente de arma, mas apenas de um objeto que pode enganar a vítima, configurando a grave ameaça, elementar do tipo penal.

Antes da Lei n. 13.654/2018, a majorante apenas se referia ao emprego de arma. Sem especificação, haveria a majorante no caso de emprego de arma de fogo (como um revólver), de arma branca (como um punhal) ou de arma imprópria (como uma garrafa utilizada para tal fim). Referida Lei revogou tal majorante e passou a prever apenas a majorante de emprego de arma de fogo. Com o advento da Lei n. 13.964/2019, buscou-se a correção da alteração legislativa anterior, incluindo-se mais uma majorante, a do emprego de arma branca.

Apenas como referencial de Direito Comparado, recorre-se à legislação portuguesa que trata do regime jurídico das armas e munições. Esse texto define arma branca como:

> *"todo o objeto ou instrumento portátil dotado de uma lâmina ou outra superfície cortante, perfurante ou corto-contundente, de comprimento superior a 10 cm, as facas borboleta, as facas de abertura automática ou de ponta e mola, as facas de arremesso, as estrelas de lançar ou equiparadas, os cardsharp ou cartões com lâmina dissimulada, os estiletes e todos os objetos destinados a lançar lâminas, flechas ou virotões". (Lei de Portugal n. 5/2006, artigo 2º, I, m)*

Nessa linha de compreensão, as armas impróprias, que antes da Lei n. 13.654/2018 tornavam o delito majorado, não permitem a incidência da majorante do artigo 157, § 2º, VII. Só há causa de aumento de pena no caso de emprego de arma branca, ou seja, de objetos fabricados para utilização como arma, como um punhal ou canivete, ou, pelo menos, que tenham lâmina ou superfície cortante, como uma faca de cozinha[35]. Vale lembrar que, antes de 23 de janeiro de 2020, data da entrada em vigor do Pacote Anticrime, o emprego de arma branca não tornava o roubo majorado, seja por ter sido praticado na vigência da Lei n. 13.654/2018, seja por ter sido praticado antes, já que ela retroage nesse ponto.

Também com interpretação restritiva, Renato Brasileiro defende que a arma branca pode ser própria ou imprópria. Entretanto, também ressalva que arma branca não corresponde a qualquer arma que não seja de fogo. Ele aponta não estarem abrangidos no conceito de arma branca "uma pedra, um pedaço de vidro, um taco de beisebol, uma barra de ferro ou instrumentos com potencialidade lesiva semelhante"[36].

Por outro lado, há quem defenda que qualquer objeto fabricado sem finalidade bélica, mas com potencial de ferir ou intimidar, se enquadra no conceito de arma branca[37]. Em julgado recente, o STJ adotou essa posição, compreendendo que o emprego de arma imprópria também enseja a aplicação da majorante do inciso VII do § 2º:

> *A ausência do conceito legal de arma branca, no Decreto n. 10.030/2019, não significa que, atualmente, o emprego de arma imprópria, em delito de roubo, seja incompatível com a causa de aumento de pena prevista no art. 157, § 2.º, inciso VII, do Código*

---

35. Apesar de não trazer conceituação explícita, parece ser a posição do jurista Luiz Regis Prado, que traz a definição em nota de rodapé, com uso do Decreto 3665/2000: "artefato cortante ou contundente, normalmente constituído por peça em lâmina ou oblonga". (Curso de direito penal brasileiro: parte geral e parte especial. 18ª Ed. Rio de Janeiro: Forense, 2020, p. 616).
36. LIMA, Renato Brasileiro de. Pacote Anticrime: Comentários à Lei nº 13.964/16 – Artigo por Artigo. Salvador: Juspodivm, 2020.
37. CUNHA, Rogério Sanches. Manual de direito penal: parte especial. 12. Ed. Salvador: Juspodivm, 2020, p. 321.

Penal. Hipótese em que o Paciente cometeu o roubo valendo-se de um cabo de vassoura, com o qual, inclusive, teria golpeado a vítima por duas vezes, confirmando-se que o referido artefato foi, efetivamente, utilizado com a específica finalidade lesiva, ou seja, como arma. (STJ, HC n. 714.505/SP, Rel. Min. Laurita Vaz, Sexta Turma, julgado em 23/8/2022, DJe de 31/8/2022).

Roubo circunstanciado ou majorado (§ 2º-A)

Na sua sanha de tornar mais rígido o tratamento de crimes patrimoniais praticados em determinadas circunstâncias, a Lei n. 13.654/2018 também inseriu o parágrafo 2º-A ao artigo 157. Para tais hipóteses, o aumento de pena será realizado pela fração de 2/3 (dois terços), o que é mais gravoso do que o aumento previsto no parágrafo 2º. São suas hipóteses:

I. se a violência ou ameaça é exercida com emprego de arma de fogo;

Neste caso, houve a revogação do inciso I do parágrafo segundo e o acréscimo do parágrafo 2º-A, inciso I, tratando do emprego de arma de fogo. Entretanto, malgrado tenha buscado trazer uma rigidez maior na punição dos crimes patrimoniais, a Lei n. 13.654/2018 acabou por trazer uma situação mais benéfica, pois o emprego de arma que não fosse de fogo deixou de ser considerado circunstância majorante. Essa situação só foi corrigida parcialmente com o advento da Lei n. 13.964/2019, o Pacote Anticrime, que reinseriu o emprego de arma branca como majorante do roubo, mas que só incide para crimes cometidos de 23 de janeiro de 2019 em diante.

Assim, para os crimes cometidos com arma de fogo, há uma alteração mais gravosa, já que a causa de aumento de pena passou **de um terço até metade para o patamar de dois terços**. Portanto, não pode retroagir para prejudicar o réu, só podendo ser aplicada para os crimes cometidos a partir do início da vigência da Lei n. 13.654/2018, em 23 de abril de 2018.

No caso de crime de roubo praticado com arma de não seja de fogo, caso das armas brancas e as armas impróprias, a alteração legislativa é *lex mitior*, ou seja, lei mais favorável ao réu. Isso porque antes a situação configurava o roubo majorado e, posteriormente, deixou de haver a causa de aumento de pena, já que o inciso I do § 2º-A só menciona "arma de fogo", até o advento da Lei n. 13.964/2019. Deste modo, a lei deve retroagir para beneficiar quem praticou o crime antes do início da vigência da Lei n. 13.654/2018 até o início de vigência da Lei n. 13.964/2019, inclusive se já houver condenação com trânsito em julgado, cujas penas estejam sendo executadas.

Anteriormente, quando a majorante previa apenas o emprego de arma, surgiu a discussão sobre a possibilidade de o uso de arma de brinquedo ou de simulacro de arma ser considerado suficiente para a alteração da pena. O STJ chegou a aprovar o seguinte enunciado, de n. 174, da sua Súmula:

No crime de roubo, a intimidação feita com arma de brinquedo autoriza o aumento da pena. [súmula cancelada]

Como mencionado acima, o enunciado foi cancelado, passando a prevalecer o entendimento de que a arma de brinquedo serve para configurar a grave ameaça, elementar do crime de roubo, não servindo, entretanto, para a configuração da circunstância de "emprego de arma".

Considerando que a arma branca deixou de tornar o crime majorado até o advento do Pacote Anticrime, o STJ já observou não ser possível a aplicação de majorante aos crimes assim cometidos antes da entrada em vigor da Lei n. 13.964/2018:

> *"(...) 2. A Lei n. 13.654, de 23 de abril de 2018, revogou o inciso I do artigo 157 do CP, de modo que o emprego de arma branca não se subsome mais a qualquer uma das majorantes do crime de roubo. Assim, uma vez que o caso dos autos é de roubo com emprego de arma branca (faca), impõe-se a concessão de* habeas corpus *de ofício para que a pena seja reduzida na terceira fase da dosimetria, em observância ao princípio da retroatividade da lei penal mais benéfica. (...)" (STJ, AgRg no REsp 1724625/RS, Rel. Min. Ribeiro Dantas, Quinta Turma, DJe 28/06/2018).*

Entretanto, o emprego de arma branca, para crimes cometidos antes da vigência da Lei n. 13.964/2019, pode ser valorado na primeira fase da dosimetria, como circunstância judicial:

> *"(...) I- Não há que se falar no presente caso em ofensa ao princípio da* ne reformatio in pejus. *De fato, esta Corte Superior compreende que o emprego de arma branca, embora não configure mais causa de aumento do crime de roubo, poderá ser utilizado para majoração da pena-base, quando as circunstâncias do caso concreto assim justificarem (HC 436.314/SC, Quinta Turma, de minha relatoria, DJe 21/8/2018). Precedentes. (...)" (STJ, AgRg no REsp 1804967/RS, Rel. Min. Felix Fischer, Quinta Turma, DJe 17/06/2019).*

Lei penal no tempo e o roubo com arma branca:

Antes de 23/01/2020, o crime de roubo com emprego de arma branca deve ser considerado simples.

De 23/01/2020 em diante, com início de vigência da Lei n. 13.964/2019, passou a ser majorado o crime cometido com emprego de arma branca.

Arma de fogo é o instrumento ou artefato que lança projéteis em alta velocidade por meio de uma ação pneumática, provocada por uma explosão. São exemplos de arma de fogo o revólver, a pistola, a metralhadora, o fuzil, a espingarda e o canhão. Ainda na redação anterior à Lei n. 13.654/2018, em que a majorante exigia o "emprego de arma", surgiu a controvérsia sobre a necessidade de perícia, em que se atestasse o potencial lesivo do artefato, para o reconhecimento do roubo majorado. Caso realizada a perícia e demonstrado que não era possível disparo algum, sendo a arma imprestável ou estando desmuniciada, fica difícil sustentar a incidência da causa de aumento de pena[38].

38. STJ, HC 96.099/RS, Rel. Min. Ricardo Lewandowski, Pleno, maioria, DJe de 05/06/2009. STJ, HC 449.697/SP, Rel. Min. Felix Fischer, Quinta Turma, julgado em 21/06/2018, DJe 28/06/2018.

Entretanto, em alguns casos a arma não é encontrada ou apreendida e, deste modo, não se torna possível fazer a perícia. Em tais casos, o STJ consolidou o entendimento de ser desnecessária a prova pericial, desde que outros elementos de prova demonstrassem a utilização da arma pelo agente ou por um deles[39].

O STJ já entendeu compatível a condenação pelo roubo majorado por emprego de arma de fogo e pelo delito de associação criminosa armada (antigo crime de quadrilha ou bando armado), não havendo *bis in idem*, por se tratar de delitos autônomos e independentes, cujos bens jurídicos são distintos[40].

Por fim, é importante consignar que o porte de arma de fogo como grave ameaça às vítimas, circunstância que torna o roubo majorado, é considerado crime-meio e deve ser por ele absorvido. Há autores que enxergam nesse caso um crime ultracomplexo, pois reúne, em si, três outros delitos (constrangimento ilegal, furto e porte ilegal de arma de fogo)[41]. O crime de roubo já é complexo e se somaria a mais um delito, o de porte ilegal de arma de fogo, que o torna majorado. O agente só responderá pelo crime de porte de arma de fogo em concurso com o roubo se praticados em contextos diferentes, como se demonstrado que o agente portou a arma de fogo ostensivamente no vilarejo durante duas semanas, intimidando os moradores, sendo que depois resolveu praticar o roubo mediante o uso de referido artefato[42].

II. se há destruição ou rompimento de obstáculo mediante o emprego de explosivo ou de artefato análogo que cause perigo comum.

A majorante do inciso II do § 2º-A se refere ao uso de explosivo ou de artefato análogo que causa perigo comum, sendo necessário haver a destruição ou o rompimento de obstáculo. É o que ocorre em um assalto a banco, se os agentes usarem dinamite para destruir a porta do cofre e obter acesso aos valores lá custodiados.

§ 2º-B. Se a violência ou grave ameaça é exercida com emprego de arma de fogo de uso restrito ou proibido, aplica-se em dobro a pena prevista no caput deste artigo.

O artigo 157, § 2º-B, do Código Penal, foi introduzido pela Lei n. 13.964/2019. Portanto, só pode ser aplicado o dispositivo para os delitos cometidos a partir do início de sua vigência, ocorrido em 23 de janeiro de 2020. A pena do *caput*, de reclusão, de quatro a dez anos, e multa, deve ser aplicada em dobro. A melhor interpretação é de que, na última fase de dosimetria, deve incidir o aumento de 2 vezes a pena. É possível, portanto, interpretar como forma qualificada (pena de 8 a 20 anos de reclusão) ou como majorante (causa de aumento de pena, a incidir na terceira fase) de 2 vezes a pena.

39. STJ, HC 508924/SP, Rel. Min. Ribeiro Dantas, Quinta Turma, DJe 18/06/2019.

40. STJ, HC n 131.838/SP, Rel. Min. Nefi Cordeiro, Sexta Turma, julgado em 10/6/2014, DJe 1º/7/201; STJ, AgRg no REsp 1456290/MT, Rel. Min. Saldanha Palheiro, Sexta Turma, DJe 29/04/2019.

41. CUNHA, Rogério Sanches. Manual de direito penal: parte geral (arts. 1º ao 120). 8ª ed. Salvador: Juspodivm, 2020, p. 224.

42. STJ, HC 494860/SP, Rel. Min. Felix Fischer, Quinta Turma, DJe 20/05/2019.

Cuida-se de norma penal em branco, de modo a depender de definição própria, que é dada atualmente pelo Decreto n. 9.847/2019, o qual regulamenta a Lei n. 10.826/2003, conhecida como Estatuto do Desarmamento.

Concurso de causas de aumento de pena

Em havendo mais de uma majorante aplicável ao roubo, com previsão na Parte Especial, o parágrafo único do artigo 68 do Código Penal possibilite que o juiz aplique apenas a que mais aumente a pena. A interpretação do dispositivo que prevalece é de que se trata de possibilidade. Assim, o juiz pode optar por realizar a dosimetria com a incidência de mais de uma majorante ou pela efetiva utilização daquela que implique o maior aumento da pena:

> *Parágrafo único - No concurso de causas de aumento ou de diminuição previstas na parte especial, pode o juiz limitar-se a um só aumento ou a uma só diminuição, prevalecendo, todavia, a causa que mais aumente ou diminua.*

No caso de concurso de mais de uma das majorantes acima estudadas, surge a controvérsia se a sua presença já justifica aumento da pena, na terceira fase da dosimetria, acima da fração mínima, ou se é necessária fundamentação específica pelo juiz para adoção de fração diversa da menor prevista na norma, caso a majorante esteja prevista no parágrafo segundo do artigo 157. O STJ já possui posição firmada, nos termos da Súmula 443:

> ***O aumento na terceira fase de aplicação da pena no crime de roubo circunstanciado exige fundamentação concreta, não sendo suficiente para a sua exasperação a mera indicação do número de majorantes.***

O STF vinha entendendo de outro modo, considerando válida a exasperação acima do mínimo com fundamento na existência de mais de uma majorante. Entretanto, há acórdão no mesmo sentido do posicionamento do STJ:

> *"Para a escolha da fração de aumento prevista no § 2º do art. 157 do Código Penal, exige-se decisão fundamentada em elementos concretos dos autos, não sendo suficiente a mera referência ao número de majorantes indicadas na sentença condenatória. Incidência dos princípios da individualização da pena (art. 5º, XLVI, da CF) e da obrigatoriedade de fundamentação das decisões judiciais (art. 93, IX, da CF). Precedentes do STF e Súmula 443/STJ. 2.* Habeas corpus *concedido." (STF, HC 128338/SP, Rel. Min. Teori Zavascki, Segunda Turma, Julgamento: 10/11/2015).*

Formas qualificadas

As formas qualificadas pelo resultado estão previstas no parágrafo terceiro do artigo 157:

> *§ 3º Se da violência resulta:*
>
> *I – lesão corporal grave, a pena é de reclusão de 7 (sete) a 18 (dezoito) anos, e multa;*
>
> *II – morte, a pena é de reclusão de 20 (vinte) a 30 (trinta) anos, e multa.*

A Lei n. 13.654/2018 deu nova redação ao dispositivo, mas, de efetiva alteração, só houve em relação ao limite máximo da pena do roubo seguido de lesão corporal grave, que passou do máximo de 15 anos para o limite de 18 anos de reclusão.

O resultado deve decorrer da violência, podendo ser causado por culpa ou dolo. Não se prevê, portanto, a forma qualificada se algum dos resultados decorrer de grave ameaça. Deste modo, se a vítima se assustar com a grave ameaça utilizada pelo agente e sofrer um ataque cardíaco, falecendo, o agente responderá pelo roubo (tentado ou consumado) e pelo homicídio culposo. A forma qualificada pelo resultado só se configura se resultar da violência empregada.

Como o resultado pode ter sido praticado por dolo ou por culpa, **nem todos os casos serão de delitos preterdolosos**. Só haverá preterdolo se o resultado advier de culpa em sentido estrito. Enfatizando, nem todo latrocínio (uma das modalidades de roubo qualificado pelo resultado) é preterdoloso. São os casos de roubos qualificados pelo resultado:

I. Se resulta lesão corporal grave

Para configuração desta qualificadora, é necessário que a lesão corporal de natureza grave advenha da violência. Não incide se a vítima sofrer lesão corporal de natureza grave em virtude da grave ameaça, como aquela que se assusta e cai de determinada altura, lesionando-se gravemente.

A lesão corporal de natureza grave abrange tanto a lesão de natureza grave quanto a de natureza gravíssima, sendo importante recordar que esta última classificação é doutrinária. O Código Penal trata as lesões de natureza grave e gravíssima com a mesma denominação: *lesões corporais de natureza grave*. A pena, nesse caso, é de reclusão, de 7 a 18 anos, e multa.

II. Se resulta morte: latrocínio

O latrocínio é considerado crime contra o patrimônio e, por isso, ainda que a morte tenha sido causa por dolo, não é originariamente da competência do tribunal do júri. Isto porque só o são os crimes dolosos contra a vida, além das regras de conexão e continência, o que não inclui o latrocínio. É o que se extrai da Súmula 603 do STF: "A competência para o processo e julgamento de latrocínio é do juiz singular, e não do Tribunal do Júri". O latrocínio é, portanto, delito que tutela tanto o patrimônio quanto a vida humana, mas se insere nos crimes contra o patrimônio, como forma qualificada do roubo. É prevista, para esse delito, a pena de reclusão, de 20 a 30 anos, além da multa.

É importante frisar que o crime de latrocínio só se configura se a morte for resultado da violência empregada, e não da grave ameaça. Se a vítima se assustar com a ameaça e morrer, o agente deve responder pelo roubo e pelo homicídio, se eles se configurarem no caso, mas não por latrocínio. A configuração eventual do homicídio, entretanto, depende da análise do nexo causal, que pode ter sido rompido por concausa superveniente relativamente independente que produziu o resultado por si só, bem como da imputação objetiva, que exige que a conduta do agente tenha sido causadora do risco não permitido concretizado no resultado.

O STF tem decidido que, ainda que só um coautor realize o disparo causador da morte, todos devem responder pelo latrocínio[43]. Obviamente, essa conclusão deve ser afastada no caso do desvio subjetivo, que exclui a responsabilidade do coautor pelo resultado não previsível, que estava além da sua adesão à conduta do comparsa. É a conclusão que se extrai, inclusive, do artigo 29, § 2º, do Código, que consigna: "Se algum dos concorrentes quis participar de crime menos grave, ser-lhe-á aplicada a pena deste; essa pena será aumentada até metade, na hipótese de ter sido previsível o resultado mais grave". Por essa razão, o STF, ainda que reafirmando a posição acima mencionada, consignou que não se pode imputar o resultado morte ao coautor no caso de ele ter sido preso antes de efetuado o disparo e, ainda, em local diverso do delito[44].

Quanto à consumação do latrocínio, surgiu divergência. Entretanto, hoje prevalece que, sendo a morte tentada, o latrocínio será tentado, haja ou não a efetiva subtração, como já defendia Carrara[45]. Por outro lado, se a morte se consumar, o latrocínio será consumado, sendo também indiferente a subtração da coisa. Neste sentido, há a Súmula 610 do STF:

Há crime de latrocínio, quando o homicídio se consuma, ainda que não realize o agente a subtração de bens da vítima

Havia controvérsia na jurisprudência sobre a pluralidade de vítimas implicar ou não a configuração de mais de um crime de latrocínio. O Supremo Tribunal Federal possui julgados de ambas as turmas em que se reconhece a existência de crime único, mesmo que haja mais de um resultado morte. Isso porque o latrocínio é uma modalidade qualificada de roubo, que é crime contra o patrimônio. Assim, ainda que o resultado morte atraia a incidência da qualificadora, a ocorrência de mais de uma morte não enseja o reconhecimento do concurso de delitos:

> *"(..) 1. Segundo entendimento acolhido por esta Corte, a pluralidade de vítimas atingidas pela violência no crime de roubo com resultado morte ou lesão grave, embora único o patrimônio lesado, não altera a unidade do crime, devendo essa circunstância ser sopesada na individualização da pena, que, no caso, é de 20 (vinte) a 30 (trinta) anos. Precedentes." (STF, HC 96736/DF, Rel. Min. Teori Zavascki, Segunda Turma, Julgamento: 17/09/2013).*
>
> *"(...)LATROCÍNIO – PLURALIDADE DE VÍTIMAS – CONCURSO FORMAL IMPRÓPRIO NÃO CONFIGURADO. A pluralidade de vítimas em crime de latrocínio não enseja a conclusão de ocorrência de concurso formal impróprio. PENA – REGIME DE CUMPRIMENTO – PROGRESSÃO. Ante o cumprimento parcial da pena privativa de liberdade, incumbe ao Juízo da execução a análise da possibilidade de progressão de regime, tendo por base a pena remanescente. (STF, RHC 133575/PR, Rel. Min. Marco Aurélio, Primeira Turma, Julgamento: 21/02/2017).*

O Superior Tribunal de Justiça, por sua vez, entendia que a pluralidade de vítimas ensejaria o reconhecimento do concurso formal impróprio, em caso de diversidade

43. STF, HC 74861, Rel. Min. Sydney Sanches, Primeira Turma, julgado em 25/03/1997.
44. STF, HC 109151, Rel. Min. Rosa Weber, Primeira Turma, julgado em 12/06/2012.
45. CARRARA, Francesco. Programa do Curso de Direito Criminal. Parte Geral. Volume I. Tradução de José Luiz V. de A. Franceschini e J. R. Prestes Barra. São Paulo: Saraiva, 1956, p. 274.

de desígnios[46]. Não obstante, a Terceira Seção da Corte passou a seguir a posição do Supremo Tribunal Federal para reconhecer que a pluralidade de patrimônios atingidos pode ensejar o concurso de latrocínios, como ocorre com o delito de roubo, por se tratar de crime contra o patrimônio. A pluralidade de vítimas mortas com a conduta delitiva, por outro lado, não enseja o reconhecimento de concurso de delitos. Assim, como consignado no voto vencedor, decidiu-se pela superação da jurisprudência até então consolidada, o que se denomina usualmente de *overruling*:

> *"6. O entendimento adotado pelas instâncias ordinárias encontra respaldo na jurisprudência atual do Superior Tribunal de Justiça, no sentido de que há concurso formal impróprio no cr ime de latrocínio quando, não obstante houver a subtração de um só patrimônio, o animus necandi seja direcionado a mais de um indivíduo, ou seja, a quantidade de latrocínios será aferida a partir do número de vítimas em relação às quais foi dirigida a violência, e não pela quantidade de patrimônios atingidos.*
>
> *7. No entanto, essa posição destoa da orientação do Supremo Tribunal Federal, em suas duas Turmas, as quais têm afastado o concurso formal impróprio, e reconhecido a ocorrência de crime único de latrocínio, nas situações em que, embora o* animus necandi *seja dirigido a mais de uma pessoa, apenas um patrimônio tenha sido atingido. Por essa razão, mostra-se prudente proceder ao overruling da jurisprudência deste Tribunal Superior, adequando-a à firme compreensão do Pretório Excelso acerca do tema.*
>
> *8. No caso concreto, as instâncias ordinárias afirmaram que houve desígnios autônomos em relação ao animus necandi, motivo pelo qual entenderam pelo concurso formal impróprio, o qual deve ser afastado, nos termos do entendimento do Supremo Tribunal Federal. No entanto, é inviável o reconhecimento de crime único, porque foram atingidos dois patrimônios distintos. Nesse contexto, deve ser reconhecida a prática de dois delitos de latrocínio, na forma tentada, em concurso formal próprio, pois não foi mencionado pelas instâncias ordinárias que também teria havido autonomia de desígnios em relação às subtrações patrimoniais, mas tão-somente no tocante ao animus necandi."*
>
> *(STJ, AgRg no AREsp n. 2.119.185/RS, Rel. Min. Laurita Vaz, Terceira Seção, julgado em 13/9/2023, DJe de 19/9/2023)*

Quanto à continuidade delitiva entre roubo e latrocínio, o Superior Tribunal de Justiça possui posição firmada de que não é possível o reconhecimento em virtude de os crimes não tutelarem os mesmos bens jurídicos. Isto porque o latrocínio também tem como objeto jurídico a vida, o que não é tutelado pelo crime de roubo. Considera-se, assim, que os delitos não são da mesma espécie, requisito exigido para o reconhecimento do crime continuado:

> *"(...) A teor da jurisprudência desta Corte, 'não há como reconhecer a continuidade delitiva entre os crimes de roubo e o de latrocínio porquanto são delitos de espécies diversas, já que tutelam bens jurídicos diferentes'" (STJ, HC 384875/SP, Rel. Min. Ribeiro Dantas, Quinta Turma, DJe 26/03/2018).*
>
> *"(...) 1. Os delitos de roubo e latrocínio são de espécies diversas, o que torna impossível o reconhecimento da continuidade delitiva entre eles. Precedentes. (...)" (STJ, AgRg no HC 496986/MS, Rel. Min. Rogério Schietti Cruz, Sexta Turma, DJe 23/05/2019).*

46. STJ, AgRg no RvCr 4109/MT, Rel. Min. Sebastião Reis Junior, Terceira Seção, DJe 27/02/2018.

Por fim, o posicionamento que tem prevalecido no STJ é de que não cabe a incidência das majorantes do roubo, como o de emprego de arma de fogo, para a modalidade qualificada por lesão grave ou morte. Apesar de não haver fundamentação dogmática para essa posição, o STJ adotou essa linha de compreensão por razões de política criminal:

"Na espécie, não prospera o incremento sancionatório, eis que incabível a utilização das causas de aumento de pena constantes do § 2º do artigo 157 do Código Penal para majorar a reprimenda aplicada pela prática do crime de roubo qualificado pelo resultado lesão corporal grave, porquanto as referidas majorantes somente podem incidir sobre os delitos de roubo próprio e impróprio." (STJ, HC 330831/RO, Rel. Min. Maria Thereza de Assis Moura, Sexta Turma, DJe 22/09/2015).

"Com efeito, "o latrocínio é crime complexo formado pela integração dos delitos de roubo e de homicídio. Todavia, é um modelo típico próprio, autônomo, não lhe sendo aplicáveis as causas especiais de aumento de pena previstas para o crime de roubo, inscritos no § 2 o do art. 157, do Código Penal" (REsp n. 255.650/RS (...)" (STJ, 540607/ AC, Rel. Des. Conv. Leopoldo de Arruda Raposo, Quinta Turma, DJe 02/12/2019).

Hediondez

Anteriormente, somente o latrocínio era, dentre as modalidades de roubo, considerado crime hediondo. Com o advento da Lei n. 13.964/2019, houve alteração da Lei n. 8.072/1990, com a previsão da natureza hedionda para as seguintes hipóteses de roubo:

II – roubo:

a) circunstanciado pela restrição de liberdade da vítima (art. 157, § 2º, inciso V);

b) circunstanciado pelo emprego de arma de fogo (art. 157, § 2º-A, inciso I) ou pelo emprego de arma de fogo de uso proibido ou restrito (art. 157, § 2º-B);

c) qualificado pelo resultado lesão corporal grave ou morte (art. 157, § 3º);

Portanto, passam a ser hediondos os crimes de roubo com restrição da liberdade da vítima, com emprego de arma de fogo (inclusive se for de uso proibido ou restrito) e qualificado pelo resultado lesão grave ou morte (latrocínio). Note-se que o roubo majorado pela destruição ou rompimento de obstáculo mediante o emprego de explosivo ou de artefato análogo que cause perigo comum não foi incluído no rol de crimes hediondos.

QUADRO SINÓTICO

Crime de roubo	
Tipo penal	Subtrair coisa móvel alheia, para si ou para outrem, mediante grave ameaça ou violência a pessoa, ou depois de havê-la, por qualquer meio, reduzido à impossibilidade de resistência
Objeto jurídico	O objeto jurídico protegido é a propriedade e a posse da coisa. Mediatamente, pode-se vislumbrar a saúde, liberdade individual e vida como bens jurídicos protegidos.

Crime de roubo	
Sujeito ativo	Qualquer um.
Sujeito passivo	Qualquer um.
Elemento subjetivo	Admite-se somente o dolo, com o especial fim de agir, consistente no *animus rem sibi habendi* no roubo próprio. No caso do roubo impróprio, também se exige o elemento subjetivo de assegurar a impunidade do crime ou a detenção da coisa para si ou para terceiro.
Consumação	Adota-se a teoria do *amotio*, segundo a qual é necessário que haja inversão na posse da coisa. Não é necessário haver posse mansa e pacífica da coisa.
Tentativa	Admite-se a tentativa.
Forma majorada	Nos termos do artigo 157, § 2º, do CP, há previsão de aumento de pena de um terço até a metade se há concurso de duas ou mais pessoas; se a vítima está em serviço de transporte de valores e o agente conhece tal circunstância; se a subtração for de veículo automotor que venha a ser transportado para outro Estado ou para o exterior; se o agente mantém a vítima em seu poder, restringindo sua liberdade; se a subtração for de substâncias explosivas ou de acessórios que, conjunta ou isoladamente, possibilitem sua fabricação, montagem ou emprego; se a violência ou grave ameaça é exercida com emprego de arma branca. Ademais, conforme o artigo 157, § 2º-A, do CP, a pena é aumentada em dois terços se a violência ou ameaça é exercida com emprego de arma de fogo; ou se há destruição ou rompimento de obstáculo mediante o emprego de explosivo ou de artefato análogo que cause perigo comum. Nos termos do artigo 157, § 2º-B, do CP, se a violência ou grave ameaça é exercida com emprego de arma de fogo de uso restrito ou proibido, aplica-se em dobro a pena prevista no *caput* deste artigo. Por fim, se o delito for praticado contra indígena "não integrado", incide a causa de aumento de pena de um terço, nos termos do artigo 59 da Lei n. 6.001/1973.
Forma qualificada	O crime de roubo é qualificado pelo resultado lesão corporal grave ou morte. Esses resultados podem ser causados por dolo ou culpa. A modalidade qualificada pelo resultado morte é denominada de latrocínio.
Jurisprudência relevante	É inadmissível aplicar, no furto qualificado, pelo concurso de agentes, a majorante do roubo (Súmula 442 do STJ). O aumento na terceira fase de aplicação da pena no crime de roubo circunstanciado exige fundamentação concreta, não sendo suficiente para a sua exasperação a mera indicação do número de majorantes (Súmula 443 do STJ). Consuma-se o crime de roubo com a inversão da posse do bem mediante emprego de violência ou grave ameaça, ainda que por breve tempo e em seguida à perseguição imediata ao agente e recuperação da coisa roubada, sendo prescindível a posse mansa e pacífica ou desvigiada (Súmula 582 do STJ).

PARTE ESPECIAL

Crime de roubo	
Jurisprudência relevante	A competência para o processo e julgamento de latrocínio é do Juiz singular e não do Tribunal do Júri (Súmula 603 do STF). Há crime de latrocínio, quando o homicídio se consuma, ainda que não realize o agente a subtração de bens da vítima (Súmula 610 do STF).
Classificação	Crime comum, comissivo, de forma livre, instantâneo, de dano, monossubjetivo e plurissubsistente.
Benefícios	Não é possível transação penal, suspensão condicional do processo ou ANPP.
Ação penal	Pública incondicionada.
Observações	Nos termos do artigo 1º, inciso II, da Lei n. 8.072/1990, o roubo será crime hediondo quando circunstanciado pela restrição de liberdade da vítima, pelo emprego de arma de fogo ou pelo resultado lesão corporal grave ou morte.

2.2. Extorsão

O delito de extorsão está previsto no artigo 158 do Código Penal:

> *Art. 158 – Constranger alguém, mediante violência ou grave ameaça, e com o intuito de obter para si ou para outrem indevida vantagem econômica, a fazer, tolerar que se faça ou deixar de fazer alguma coisa:*
>
> *Pena – reclusão, de quatro a dez anos, e multa.*
>
> *§ 1º – Se o crime é cometido por duas ou mais pessoas, ou com emprego de arma, aumenta-se a pena de um terço até metade.*
>
> *§ 2º – Aplica-se à extorsão praticada mediante violência o disposto no § 3º do artigo anterior.*
>
> *§ 3º Se o crime é cometido mediante a restrição da liberdade da vítima, e essa condição é necessária para a obtenção da vantagem econômica, a pena é de reclusão, de 6 (seis) a 12 (doze) anos, além da multa; se resulta lesão corporal grave ou morte, aplicam-se as penas previstas no art. 159, §§ 2º e 3º, respectivamente.*

A conduta incriminada é constranger alguém, mediante violência ou grave ameaça, a fazer, tolerar que se faça ou deixar de fazer alguma coisa. O constrangimento aqui, que configuraria isoladamente o crime de constrangimento ilegal, é o meio para a obtenção de vantagem econômica, razão pela qual é parte do crime complexo de extorsão. A violência, como já estudado em outros crimes patrimoniais, é a *vis absoluta*, consistente na força física utilizada contra a vítima. A grave ameaça é a *vis relativa*, que se refere à promessa de mal injusto e grave contra o ofendido, alguém próximo a ele ou ao seu patrimônio.

Tutelam-se o patrimônio, de um lado, e a integridade física ou liberdade patrimonial, de outro, razão pela qual o crime é classificado como pluriofensivo. Cuida-se de uma norma especial em relação à do constrangimento ilegal, sendo que o *elemento especializante* é a finalidade de obtenção de indevida vantagem patrimonial.

O crime é comum, não exigindo nenhuma qualidade específica do sujeito ativo para sua configuração. É doloso, consistente na vontade e consciência de constranger alguém, mediante violência ou grave ameaça, para que faça, tolere que se faça ou deixe de fazer algo. Exige-se, ainda, o **elemento subjetivo especial do tipo**, consistente no intuito do agente de obter vantagem econômica indevida.

A vantagem deve ser econômica e, além disso, deve ser indevida. Se a vantagem for devida, por exemplo, o pagamento de uma dívida já vencida, o crime pode ser o de exercício arbitrário das próprias razões. A vantagem pode ser mediata, como exigir que o concorrente não exerça o comércio em determinado bairro no ano seguinte, ou imediata, como o constrangimento para que a vítima transfira dinheiro imediatamente[47].

Essa vantagem econômica possui maior abrangência do que a coisa alheia móvel mencionada no delito de furto e de roubo. Além de incluir bens imóveis, cuida-se de qualquer vantagem econômica, isto é, "todo e qualquer interesse ou direito patrimonial alheio"[48]. Por isso, o interesse pode se referir a um interesse patrimonial mediato, como o recebimento de um valor mensalmente ou de entrega de valor em uma data futura.

O intuito deve ser o de obter para si ou para outrem indevida vantagem econômica, sendo que a efetiva obtenção da vantagem não é necessária para a configuração do delito em sua forma consumada. Nesse sentido, a Súmula 96 do STJ:

> *O crime de extorsão consuma-se independentemente da obtenção da vantagem indevida.*

O crime é plurissubsistente, admitindo a punição em sua forma tentada. Vale mencionar, ainda, que o crime é considerado formal, não necessitando de resultado naturalístico para sua consumação. A tentativa pode ocorrer, por exemplo, no caso de o constrangimento estar contido em uma carta que não chega à vítima, ou no caso de a vítima não se sentir amedrontada.

Sua consumação ocorre no local do constrangimento, conforme entendimento do Superior Tribunal de Justiça:

> *"O crime de extorsão (art. 158, CP) é formal e consuma-se no local em que a violência ou a grave ameaça é exercida com o intuito de constranger alguém a fazer ou deixar de fazer alguma coisa. Inteligência da Súmula n. 96/STJ." (STJ, AgRg no AREsp 1335715/MS, Rel. Min. Nefi Cordeiro, Sexta Turma, DJe 05/12/2018).*

Vale a leitura de didático acórdão do STJ sobre a configuração do delito de extorsão:

> *"O crime de extorsão é constituído pelo constrangimento imposto à vítima, com a utilização de violência ou grave ameaça, para que esta faça ou deixe de fazer*

47. No mesmo sentido: HUNGRIA, Nélson. Comentários ao Código Penal. Vol. VII. 2. ed. Rio de Janeiro: Revista Forense, 1958, p. 67. MASSON, Cleber. Direito penal: parte especial (arts. 121 a 212), vol. 2. 12. ed. São Paulo: Método, 2019, p. 410. Por outro lado, só menciona a vantagem mediata (futura): CUNHA, Rogério Sanches. Manual de direito penal: parte especial (arts. 121 ao 361). 12. ed. Salvador: Juspodivm, 2020, p. 334.
48. BITENCOURT, Cezar Roberto. Op. Cit., 2020, p. 159.

> *alguma coisa, com a finalidade específica de obtenção, em prol do próprio agente ou de outrem, de vantagem econômica considerada indevida. 3. Na hipótese em tela, o recorrente constrangeu sua ex-companheira, ameaçando-a, inclusive de morte, e à sua família, a fim de obter vantagens indevidas, consistentes no recebimento do valor de R$ 34.000.000,00 (trinta e quatro milhões), objeto de anterior acordo com a vítima em razão de dissolução de união estável, em um primeiro momento, em um número de parcelas significativamente menor do que o originariamente pactuado, e em um segundo momento, à vista. Ou seja, em ambas as oportunidades, o acusado, a despeito da ausência de aumento nominal da verba transacionada, pretendeu a antecipação do pagamento de parcelas anteriormente acordadas com a vítima. 4. Verifica-se na conduta do recorrente, o elemento normativo do tipo de extorsão, traduzida na indevida vantagem econômica, já que, pelo meio utilizado, pretendia receber antecipadamente parcelas ainda não vencidas, seja no momento em que pleiteou a diminuição do prazo de pagamento, seja quando exigiu o adimplemento da dívida à vista."* (STJ, AgRg no AREsp 620058, Rel. Min. Jorge Mussi, Quinta Turma, DJe 22/03/2017).

A distinção entre extorsão e estelionato não é complexa. Na extorsão, a vítima entrega a vantagem em razão de estar coagida, constrangida, pois o agente emprega violência ou grave ameaça. No estelionato, a vítima lhe entrega sem coação, mas a sua vontade está viciada por engodo, pela fraude.

O fato de o sujeito ativo ser funcionário público, no exercício de suas funções, não impede a configuração do crime de extorsão. Caso ele vá além do uso de sua função pública como meio de obter a vantagem, recorrendo à violência ou grave ameaça, o crime será de extorsão[49]. Caso a exigência se fundamente na prática de ato de ofício, sem emprego de violência física ou moral, o crime será o de concussão.

Quanto à diferenciação entre roubo e extorsão, existe a clássica posição de Hungria, que entende que no roubo o agente toma por si mesmo, enquanto, na extorsão, ele faz com o que a vítima lhe entregue. No roubo, haveria *contrectatio*; na extorsão, *traditio*. Ele cita Frank, no sentido de que o ladrão subtrai, enquanto o extorsionário faz com que se lhe entregue"[50]. É a interpretação mais consentânea com a letra da lei.

Entretanto, atualmente tem prevalecido uma diferenciação diferente. No roubo, a colaboração da vítima seria prescindível. Ao exigir um relógio sob ameaça de arma de fogo, é indiferente ao agente que a vítima lho entregue. Caso não a vítima não lhe passe o relógio, ele pode tomá-lo para si. Por outro lado, **na extorsão a colaboração da vítima é imprescindível para que o agente obtenha a vantagem**. É o caso da exigência de uma transferência bancária, a ser realizada por meio de senha memorizada pela vítima, ou mesmo de alienação de um bem imóvel, que depende de escritura pública e a sua posterior averbação. Essa concepção tem sido adotada na jurisprudência, como se nota do seguinte precedente do Superior Tribunal de Justiça:

49. Nesse sentido: HUNGRIA, Nélson. Comentários ao Código Penal. Vol. VII. 2. ed. Rio de Janeiro: Revista Forense, 1958, p. 69; bem como antigo precedente do STF: HC 72936, Rel. Min. Octavio Galloti, Primeira Turma, julgado em 22/08/1995, DJ 06-10-1995.
50. HUNGRIA, Nélson. Comentários ao Código Penal. Vol. VII. 2. ed. Rio de Janeiro: Revista Forense, 1958, p. 66-67.

> *"No crime de roubo existe uma total submissão da vítima à vontade do agente. A subtração, independentemente da vontade do ofendido, ocorrerá, haja vista que o agente pode, mediante ato próprio, apoderar-se do objeto desejado. Na extorsão, ao contrário, é evidente a dependência de um ato da vítima para a configuração do delito." (STJ, HC 182.477/DF, Min. Jorge Mussi, julgado em 07/08/2012).*

Roubo	Extorsão
A colaboração da vítima é dispensável.	A colaboração da vítima é indispensável.
O agente subtrai o bem da vítima.	O agente constrange a vítima a entregar a coisa.
A vantagem é um bem móvel.	A vantagem pode ser um bem móvel ou imóvel.
A vantagem é imediata.	A vantagem pode ser imediata ou mediata.

O STJ entende possível, inclusive, o concurso de roubo e extorsão se, no mesmo contexto, o agente, por meio de violência ou grave ameaça, subtrai bens da vítima e a constrange a entregar a senha do seu cartão:

> *"É firme o entendimento desta Corte Superior de que Ficam configurados os crimes de roubo e extorsão, em concurso material, se o agente, após subtrair bens da vítima, mediante emprego de violência ou grave ameaça, a constrange a entregar o cartão bancário e a respectiva senha, para sacar dinheiro de sua conta corrente" (STJ, AgRg no REsp 1702185/SP, Rel. Min. Nefi Cordeiro, Sexta Turma, DJe 26/03/2018).*

O crime de extorsão se diferencia da concussão quanto ao meio empregado para a vantagem, além do bem jurídico tutelado. Enquanto na concussão o agente se utiliza da função pública por ele exercida para exigir vantagem indevida, na extorsão ele emprega violência ou grave ameaça contra a vítima. No primeiro delito, tutela-se a Administração Pública, enquanto o seguinte delito tem o patrimônio como bem jurídico protegido. De todo modo, como já julgado pelo Supremo Tribunal Federal, é possível que funcionário público pratique o delito de extorsão, ainda que utilize a sua função como forma de potencializar o temor à vítima, se obtiver a vantagem por meio de constrangimento, exercido, por exemplo, por grave ameaça. No caso, não tão recente, a Corte enfrentou a discussão sobre policial civil que exigiu dinheiro de transeuntes, colocando-os sob a mira de arma de fogo[51]. O STJ tem entendido da mesma forma[52].

Forma majorada

Conforme prevê o parágrafo primeiro do artigo 158, há a causa de aumento de pena, de um terço até metade, se o crime for cometido:

51. "Não basta ser o agente funcionário público e haver apregoado essa condição, com intuito de intimidar a vítima, para converter, em concussão, o crime de extorsão, quando obtida a vantagem por meio de constrangimento, exercido mediante grave ameaça." (STF, HC 72936, Rel. Min. Octavio Gallotti, Primeira Turma, julgado em 22/08/1995).
52. STJ, AgRg no HC n. 660.205/SP, Rel. Min. Rogerio Schietti Cruz, Sexta Turma, julgado em 22/2/2022, DJe de 3/3/2022.

Por duas ou mais pessoas: A doutrina aponta que, pela redação do dispositivo, há diferença em relação ao crime de roubo. Aqui, exige-se que o crime seja cometido por duas ou mais pessoas, ou seja, eventuais partícipes não podem ser computados para o reconhecimento da majorante[53]. No mais, assim como no roubo, são computáveis coautores inimputáveis ou que não tenham sido identificados durante a investigação.

Com emprego de arma: A previsão de emprego de arma é a mesma que havia na redação antiga do crime de roubo, no ora revogado artigo 157, § 2º, I, do Código Penal. Configura-se com emprego de arma própria e imprópria, assim como no caso de uso de arma de fogo e de arma branca. Entretanto, a exemplo dos motivos discutidos quanto ao roubo, a arma de brinquedo ou o simulacro de arma de fogo não ensejam o reconhecimento da majorante, servindo apenas para configuração da grave ameaça, elementar do crime.

Quanto à aplicação cumulativa das majorantes, o Superior Tribunal de Justiça, com base no parágrafo único do artigo 68 do Código Penal, tem exigido fundamentação concreta pelo juiz. Não basta, assim, a indicação do número de majorantes para incidência de fração maior de aumento de pena na terceira fase da dosimetria. O Tribunal já entendeu cabível a argumentação sobre as circunstâncias em que o delito foi cometido, "que envolveram o concurso de ao menos quatro agentes e a restrição da liberdade da vítima durante lapso temporal especialmente longo (cerca de seis horas)"[54].

Formas qualificadas pelo resultado

O parágrafo segundo do artigo 158 determina a aplicação, à extorsão praticada mediante violência, o disposto no § 3º do artigo 157 do Código Penal. Deste modo, os comentários são, com as devidas adaptações, os mesmos cabíveis no crime de roubo:

Se resulta lesão corporal grave: Para configuração dessa qualificadora, é necessário que a lesão corporal de natureza grave advenha da violência. Não incide se a vítima sofrer lesão corporal de natureza grave em virtude da grave ameaça, como aquela que se assusta e cai de determinada altura, lesionando-se gravemente. A lesão corporal de natureza grave abrange tanto a lesão de natureza grave quanto a de natureza gravíssima, sendo importante recordar que esta última classificação é doutrinária. O Código Penal trata as lesões de natureza grave e gravíssima com a mesma denominação: lesões corporais de natureza grave. A pena é de reclusão, de 7 a 18 anos, e multa.

---

53. BITENCOURT, Cezar Roberto. Parte Especial: crimes contra o patrimônio até crimes contra o sentimento religioso e o respeito aos mortos. Coleção Tratado de direito penal, volume 3. 16. ed. São Paulo: Saraiva, 2020, p. 160. MASSON, Cleber. Código Penal Comentado. 8. ed. Rio de Janeiro: Forense; São Paulo: Método, 2020, p. 825. CUNHA, Rogério Sanches. Manual de direito penal: parte especial (arts. 121 ao 361). 12. ed. Salvador: Juspodivm, 2020, p. 336. Em sentido contrário: PRADO, Luiz Regis. Curso de direito penal brasileiro: parte geral e parte especial. 18. ed. Rio de Janeiro: Forense, 2020, p. 623-624.

54. STJ, AgRg no HC n. 806.159/SP, Rel. Des. Conv. Jesuíno Rissato, Sexta Turma, julgado em 15/4/2024, DJe de 18/4/2024.

Se resulta morte: A extorsão qualificada pelo resultado morte é considerado crime contra o patrimônio e, por isso, ainda que a morte tenha sido causa por dolo, não é da competência do tribunal do júri, ressalvadas as regras de conexão e continência. Isto porque só o são os crimes dolosos contra a vida, o que não inclui a extorsão, mesmo com o resultado qualificador. É importante frisar que o crime qualificado em estudo só se configura se a morte for resultado da violência empregada, e não da grave ameaça. Se a vítima se assustar com a ameaça e morrer, o agente deve responder pela extorsão e pelo homicídio, se eles se configurarem no caso, mas não pela extorsão qualificada pela morte. A extorsão qualificada pelo resultado morte é delito que tutela tanto o patrimônio quando a vida humana. Sua pena é de reclusão, de 20 a 30 anos, e multa.

Forma qualificada: extorsão mediante restrição da liberdade ou sequestro relâmpago

O artigo 158, § 3º, do Código Penal trata da forma qualificada da extorsão, denominada pela doutrina de sequestro relâmpago. A pena passa a ser de 6 a 12 anos de reclusão e multa. Configura-se se o constrangimento, no crime de extorsão, é cometido mediante a restrição da liberdade da vítima e essa condição é necessária para a obtenção da vantagem econômica. A restrição à liberdade da vítima deve ocorrer como meio para a obtenção da vantagem econômica, além de durar somente o tempo necessário para a execução da extorsão. Caso contrário, pode-se configurar o crime de extorsão em concurso com o sequestro. Daí a denominação "sequestro relâmpago".

No sequestro relâmpago (art. 158, § 3º, CP), fala-se em restrição da liberdade da vítima, cujo objetivo é obter, através do constrangimento, indevida vantagem econômica. Já na extorsão mediante sequestro (art. 159, CP), fala-se em privação da liberdade, por meio do encarceramento da vítima, meio para atingir o recebimento de preço resgate para sua soltura. Busca-se a vantagem a ser paga por terceiros. Neste sentido:

> *"No art. 159, do Código Penal, crime patrimonial, a vantagem indevida é exigida como condição ou preço do resgate. E é exigida de terceiro distinto do sujeito que sofreu o sequestro ou cárcere privado. Nesse delito, a restrição da liberdade é o meio para a obtenção de vantagem econômica, que é trocada pela libertação da vítima / refém. Na forma qualificada do delito de extorsão (art. 158, § 3.º, do Código Penal), a obtenção da vantagem indevida depende da colaboração da própria vítima, que é constrangida por meio da restrição da sua liberdade, a fazer, deixar de fazer ou entregar algo. Nesse crime, a restrição da liberdade é meio para constranger o próprio sequestrado a colaborar com a obtenção da vantagem econômica, também não se confundindo com a subtração direta do patrimônio da vítima. A diferença entre a extorsão qualificada do art. 158, § 3.º, do Código Penal, e a extorsão mediante sequestro do art. 159, do Código Penal, não é relativa ao tempo de duração da restrição de liberdade da vítima. Doutrina e Precedentes". (STJ, HC n. 622.604/SP, relator Ministro Reynaldo Soares da Fonseca, Quinta Turma, julgado em 21/9/2021, DJe de 27/9/2021)*

Vale recordar, ainda, que para a repressão desse delito a Lei n. 13.344/2016 incluiu os artigos 13-A e 13-B ao Código de Processo Penal, possibilitando que o delegado de polícia ou membro do Ministério Público requisite dados e informações cadastrais das vítimas e suspeitos. É possível, ainda, a requisição, mas essa mediante autorização judicial, às empresas prestadoras de serviço de telecomunicações e/ou telemática que disponibilizem imediatamente os meios técnicos adequados – como sinais, informações e outros – que permitam a localização da vítima ou dos suspeitos do delito.

Extorsão mediante restrição da liberdade ou sequestro relâmpago: forma qualificada pelo resultado

Há, ainda, a previsão da incidência de modalidades qualificadas pelo resultado aplicáveis ao crime de extorsão mediante restrição de liberdade. A parte final do parágrafo terceiro do artigo 158 prevê que, se há o resultado de lesão corporal grave ou de morte, aplicam-se as penas previstas no art. 159, §§ 2º e 3º, respectivamente. Há, portanto, duas formas qualificadas pelo resultado no caso de sequestro relâmpago:

- **Se resulta lesão corporal grave**: Pena – reclusão, de dezesseis a vinte e quatro anos.
- **Se resulta morte**: Pena – reclusão, de vinte e quatro a trinta anos.

Hediondez:

Uma grande controvérsia surgiu com a inserção, pelo legislador, da modalidade de extorsão praticada mediante restrição da liberdade da vítima, caso haja o resultado morte. Discutia-se se a forma qualificada do parágrafo terceiro do artigo 158 era hedionda, já que a Lei n. 8.072/1990 só mencionava o artigo 158, § 2º, do CP: "III – extorsão qualificada pela morte (art. 158, § 2º)".

Parte da doutrina argumentava que, se a forma mais leve era hedionda, a mais grave também seria, já que seria parte integrante daquela. A forma do parágrafo terceiro seria um desdobramento da modalidade do parágrafo segundo. Masson, à época, defendia que a lacuna não poderia ser suprida pelo magistrado e o crime só poderia ser considerado hediondo após reforma legislativa[55].

A discussão, entretanto, perdeu o sentido com o advento da Lei n. 13.964/2019, o Pacote Anticrime, que alterou a redação do artigo 1º, III, da Lei dos Crimes Hediondos, que passou a prever:

> *Art. 1º São considerados hediondos os seguintes crimes, todos tipificados no Decreto-Lei n. 2.848, de 7 de dezembro de 1940 – Código Penal, consumados ou tentados: (...)*

55. MASSON, Cleber. Op. Cit., 2019, p. 419-420.

III – extorsão qualificada pela restrição da liberdade da vítima, ocorrência de lesão corporal ou morte ***(art. 158, § 3º)****;*

Portanto, são hediondos o crime de extorsão qualificada pela restrição da liberdade da vítima e os delitos de extorsão com resultado lesão corporal ou morte. Agora, faz-se expressa referência ao parágrafo terceiro do artigo 158, e não mais ao parágrafo segundo. Por isso, não parece plausível argumentar pela inclusão do parágrafo segundo, já que o legislador optou expressamente por incluir no rol dos hediondos apenas a modalidade mais grave, prevista no parágrafo terceiro. Não há como mais se defender o argumento de que a forma mais grave é hedionda se a mais leve o é, pois agora o legislador só menciona a modalidade mais gravosa[56].

No mesmo sentido, Luiz Regis Prado, que entende, inclusive, não ter ficado claro se é hediondo o crime do artigo 157, § 3º, apenas pelo sequestro relâmpago ou se é necessário o resultado lesão grave ou morte[57]. Parece possível a inclusão de todas as hipóteses, já que o legislador faz referência a todo o parágrafo terceiro, usando vírgula entre a extorsão relâmpago e os resultados lesão grave e morte, apesar da redação deficiente. O que não parece possível é a inclusão do parágrafo segundo[58].

Vale recordar que a jurisprudência tem considerado que as normas sobre a hediondez do crime se aplicam de forma automática e imediata, sem considerações sobre ser benéfica ou maléfica, para a incidência do indulto. Ou seja, mesmo crimes praticados antes da sua inclusão no rol de hediondos não são beneficiados com o indulto concedido quando já figuram nessa lista.

Forma qualificada e majorantes:

Outra questão interessante é a possibilidade de aplicação das causas de aumento de pena às formas qualificadas da extorsão. Se adotada a mesma linha de raciocínio que prevalece no STJ sobre latrocínio, a resposta tenderia ser negativa, especialmente no caso das modalidades qualificadas pelo resultado morte ou lesão grave.

O Superior Tribunal de Justiça tem compreendido, no entanto, ser compatível a forma qualificada com as causas de aumento de pena. É importante registrar, de todo modo, que os julgamentos se referiram a qualificadoras diversas daquelas relativas ao resultado morte ou lesão grave:

> *"Ficou explicitado, na narrativa fática firmada na origem, que o delito de extorsão foi praticado por vários agentes e com o emprego de armas, hipótese em que é aplicável a causa de aumento do art. 158, § 1.º, do Código Penal, a qual é compatível com*

56. No mesmo sentido: BRASILEIRO, Renato. Pacote Anticrime: Comentários à Lei n º 13.964/2019 – Artigo por Artigo. Salvador: Editora Juspodivm, 2020, p. 424-425. Bitencourt parece não ter atualizado a sua obra nesse ponto, pois comenta a redação revogada (BITENCOURT, Cezar Roberto. Op. Cit. 2020, p. 170-171). Sanches Cunha não explicita sua conclusão, mencionando apenas que a discussão perdeu sentido (CUNHA, Rogério Sanches. Op. Cit., 2020, p. 339). Em sentido contrário: VANZOLINI, Patrícia. In: JUNQUEIRA Gustavo *et al.* Lei anticrime comentada: artigo por artigo. São Paulo: Saraiva Educação, 2020, p. 232.
57. PRADO, Luiz Regis. Curso de direito penal brasileiro: parte geral e parte especial. 18ª Ed. Rio de Janeiro: Forense, 2020, p. 624-625.
58. No mesmo sentido: LIMA, Renato Brasileiro de. Op. Cit., 2020, p. 337-338.

a forma qualificada da extorsão do art. 158, § 3.º, do Código Penal" (STJ, HC n. 622.604/SP, relator Ministro Reynaldo Soares da Fonseca, Quinta Turma, julgado em 21/9/2021, DJe de 27/9/2021.)

"A teor dos precedentes deste Superior Tribunal, ante a interpretação sistemática do art. 158 do CP, é possível a incidência das causas especiais de aumento de pena do § 1° (concurso de agentes e emprego de arma) tanto na extorsão simples (caput) quanto na qualificada pela restrição da liberdade da vítima (§ 3°), inobstante a ordem dos parágrafos no tipo penal, pois a Lei n. 11.923/2009 não tipificou crime diferente nem absorveu circunstâncias mais graves da extorsão já enumeradas previamente". (STJ, AgInt no HC 439.716/SP, Rel. Min. Rogerio Schietti Cruz, Sexta Turma, julgado em 21/06/2018, DJe 01/08/2018)

QUADRO SINÓTICO

Crime de extorsão	
Tipo penal	Constranger alguém, mediante violência ou grave ameaça, e com o intuito de obter para si ou para outrem indevida vantagem econômica, a fazer, tolerar que se faça ou deixar de fazer alguma coisa.
Objeto jurídico	Além do patrimônio, tutela-se a liberdade física e psíquica.
Sujeito ativo	Qualquer um.
Sujeito passivo	Qualquer um.
Elemento subjetivo	Admite-se somente a modalidade dolosa, com exigência de elemento subjetivo especial do tipo.
Consumação	Por se tratar de crime formal, a consumação ocorre quando o agente, mediante violência ou grave ameaça, constrange a vítima a fazer, tolerar que se faça ou deixar de fazer alguma coisa. A efetiva obtenção da vantagem econômica é mero exaurimento da conduta.
Tentativa	Por se tratar de delito plurissubsistente, admite a tentativa.
Forma majorada	Nos termos do artigo 158, § 2º, do CP, se o crime for cometido por duas ou mais pessoas, ou com emprego de arma, aumenta-se a pena de um terço até metade. Se o delito for praticado contra indígena "não integrado", incide a causa de aumento de pena de um terço, nos termos do artigo 59 da Lei n. 6.001/1973.
Forma qualificada	O delito de extorsão é qualificado pelo resultado lesão corporal grave ou morte, com remissão às disposições do roubo qualificado pelo resultado lesão corporal grave ou morte. Ademais, o artigo 158, § 3º, do CP qualifica a extorsão praticada com restrição da liberdade da vítima (sequestro relâmpago).
Jurisprudência relevante	O crime de extorsão consuma-se independentemente da obtenção da vantagem indevida (Súmula 96 do STJ).

Crime de extorsão	
Classificação	Crime comum, de dano, doloso, formal, comissivo ou omissivo impróprio, de forma livre, instantâneo, monossubjetivo, plurissubsistente e transeunte.
Benefícios	Inaplicável a concessão de benefícios.
Ação penal	A ação penal é pública e incondicionada.

2.2.1. Extorsão Mediante Sequestro

O delito de extorsão mediante sequestro está previsto no artigo 159 do Código Penal:

> *Art. 159 – Sequestrar pessoa com o fim de obter, para si ou para outrem, qualquer vantagem, como condição ou preço do resgate:*
>
> *Pena – reclusão, de oito a quinze anos.*
>
> *Formas qualificadas*
>
> *§ 1º Se o sequestro dura mais de 24 (vinte e quatro) horas, se o sequestrado é menor de 18 (dezoito) ou maior de 60 (sessenta) anos, ou se o crime é cometido por bando ou quadrilha.*
>
> *Pena – reclusão, de doze a vinte anos.*
>
> *§ 2º – Se do fato resulta lesão corporal de natureza grave:*
>
> *Pena – reclusão, de dezesseis a vinte e quatro anos.*
>
> *§ 3º – Se resulta a morte:*
>
> *Pena – reclusão, de vinte e quatro a trinta anos.*
>
> *§ 4º – Se o crime é cometido em concurso, o concorrente que o denunciar à autoridade, facilitando a libertação do sequestrado, terá sua pena reduzida de um a dois terços.*

A conduta incriminada é sequestrar pessoa, ou seja, limitar, restringir ou impossibilitar o exercício do direito de locomoção da vítima. Essa conduta pode ocorrer por qualquer meio, seja pelo uso de violência, grave ameaça, coação, ardil etc. O crime é doloso, não sendo punível a modalidade culposa. É necessário que haja a finalidade de obter, para si ou para outrem, qualquer vantagem, como condição ou preço do resgate. Cuida-se de **elemento subjetivo especial do tipo**.

É prescindível, todavia, que o agente efetivamente venha a obter qualquer vantagem. O resultado naturalístico é dispensável para a consumação do crime, razão pela qual é classificado como formal. A extorsão mediante sequestro também é classificada como crime de tendência interna transcendente de resultado cortado ou de resultado separado. Isto porque o resultado naturalístico, que não é necessário para a consumação do crime, depende da conduta de um terceiro para se efetivar, e não de uma segunda conduta do próprio agente[59].

59. ROXIN, Claus. Derecho Penal. Parte General I. Trad. 2ª edición alemana. Madrid: Thomson Reuters, 2017, p. 316-318.

Apesar de o Código Penal falar em "qualquer vantagem", como condição ou preço do resgate, a doutrina majoritária aponta ser necessário que a vantagem seja econômica, considerando que sua previsão se localiza no Título II do Código Penal, ou seja, dentre os crimes patrimoniais. Ademais, Nélson Hungria defende que a vantagem deve ser indevida; do contrário se configurará o crime de sequestro, em concurso com o exercício arbitrário das próprias razões[60].

O crime é comum, podendo ser praticado por qualquer pessoa. O sujeito passivo, quanto ao sequestro, deve ser uma pessoa natural. Se houver o apossamento de animal para extorquir a vítima, haverá o crime de extorsão, previsto no artigo 158 do Código Penal. Rogério Greco entende ser possível que pessoa jurídica figure como vítima, se, por exemplo, sequestrado um sócio seu, for exigido dela o pagamento da vantagem econômica como preço ou condição do resgate[61]. O crime é permanente, sendo que sua fase de consumação dura enquanto a vítima permanecer sequestrada. É plurissubsistente, admitindo a punição pela forma tentada.

Vale recordar, ainda, que para a repressão desse delito, a Lei n. 13.344/2016 incluiu os artigos 13-A e 13-B ao Código de Processo Penal, possibilitando que o delegado de polícia ou membro do Ministério Público requisite dados e informações cadastrais das vítimas e suspeitos. É possível, ainda, a requisição, mas essa mediante autorização judicial, às empresas prestadoras de serviço de telecomunicações e/ou telemática que disponibilizem imediatamente os meios técnicos adequados – como sinais, informações e outros – que permitam a localização da vítima ou dos suspeitos do delito. Esses dispositivos foram questionados perante o STF por meio da ação direta de inconstitucionalidade n. 5642, cujo julgamento deu origem à seguinte tese:

> *"São passíveis de requisição sem controle judicial prévio, mas sempre sujeito ao controle judicial posterior, a localização de terminal ou IMEI de cidadão em tempo real por meio de ERB por um período determinado e desde que necessário para os fins de reprimir os crimes contra a liberdade pessoal descritos no art. 13-A do Código de Processo Penal; o extrato de ERB; os dados cadastrais dos terminais fixos não figurantes em lista telefônica divulgável e de terminais móveis; o extrato de chamadas telefônicas; o extrato de mensagens de texto (SMS ou MMS); e os sinais para localização de vítimas ou suspeitos, após o decurso do prazo de 12 horas constante do § 4º do art. 13-B do Código de Processo Penal" (STF, ADI 5642, Rel. Min. Edson Fachin, Tribunal Pleno, julgado em 18-04-2024).*

Formas qualificadas (§ 1º)

O artigo 159, parágrafo primeiro, do Código Penal, prevê situações em que o crime de extorsão mediante sequestro se torna qualificado, sendo a sua pena de reclusão, de doze a vinte anos.

- **Se o sequestro dura mais de 24 (vinte e quatro) horas**

A duração maior do sequestro se volta ao maior desvalor da conduta e, principalmente, do resultado, gerando consequências mais nefastas para a vítima privada de sua liberdade.

---

60. HUNGRIA, Nélson. Comentários ao Código Penal. Vol. VII. 2. ed. Rio de Janeiro: Revista Forense, 1958, p. 72.
61. GRECO, Rogério. Curso de Direito Penal: parte especial. 10. ed. Rio de Janeiro: Impetus, 2014, v3. 3. p. 116.

- **Se o sequestrado for menor de 18 (dezoito) ou maior de 60 (sessenta) anos**

Quando a vítima possui idade inferior a 18 anos ou superior a 60 anos, incide a qualificadora do parágrafo primeiro do artigo 159. Justifica-se pela maior fragilidade da vítima, seja pelo desenvolvimento mental e moral incompletos, no caso das crianças e adolescentes, seja pela vulnerabilidade decorrente do envelhecimento, no caso dos idosos. A idade deve ser aferida no momento da conduta, devendo-se ter em mente que o crime é permanente. Como consequência, se o sequestrado faz aniversário e atinge a maioridade no cativeiro, a qualificadora incide no caso. De igual forma, se o indivíduo é sequestrado com a idade de 59 anos e completa 60 antes de sua liberação, o delito também será qualificado.

- **Se o crime for cometido por bando ou quadrilha.**

A denominação do crime de bando ou quadrilha passou a ser de associação criminosa, com o advento da Lei n. 12.850/2013, que alterou o artigo 288 do Código Penal[62]. Tomado o referido delito como paradigma, exige-se no mínimo o concurso de três agentes. O STJ possui entendimento de que não se configura *bis in idem* o concurso entre a extorsão mediante sequestro, qualificada pelo concurso de agentes, com o próprio crime de associação criminosa:

> *"(...) 5. Nos termos da jurisprudência desta Corte Superior, por se tratar de delitos autônomos e independentes e por serem distintos os bens jurídicos tutelados, **é possível a coexistência entre o crime de extorsão mediante sequestro, majorado pelo concurso de agentes, com o de formação de quadrilha ou bando (atualmente nomeado associação criminosa)**. 6.* Habeas corpus *não conhecido." (STJ, HC 289885/SP, Rel. Min. Maria Thereza de Assis Moura, Sexta Turma, DJe 09/06/2014).*

Formas qualificadas pelo resultado (§§ 2º e 3º)

Os parágrafos segundo e quarto preveem formas qualificadas pelo resultado. Em tais casos, o resultado pode decorrer tanto de culpa quanto do dolo. O crime só será denominado preterdoloso se decorrer de culpa em sentido estrito.

- **Se do fato resulta lesão corporal de natureza grave**

Neste caso, a pena passa a ser de reclusão, de 16 a 24 anos. O entendimento que parece prevalecer na doutrina é que a lesão corporal de natureza grave deve ser sofrida pelo sequestrado. Caso seja outra pessoa, como um familiar ou alguém que faz a escolta, haveria concurso de crimes[63]. Entretanto, há entendimento di-

62. Não se entende haver problema na atualização da referência legislativa, por ter havido sucessão de leis penais. Neste sentido, a lição magistral de Jiménez de Asúa: "Cuando se trata de una referencia hecha por el Código penal a una nueva ley especial determinada, y a ésta sucede otra nueva, derogatoria de la anterior, no cabe duda alguna de que la referencia se entiende hecha a la nueva ley especial y que la derogada no puede tener ultractividad a este respecto" (ASÚA, Luis Jimenez de. Tratado de derecho penal. Tomo II. Filosofía y ley penal. 4. Edición, actualizada. Buenos Aires: Editorial Losada, 1964, p. 607).

63. Posição de Fernando Capez, que também cita ser a de Mirabete: CAPEZ, Fernando. Curso de direito penal, volume 2, parte especial. 13. Ed. São Paulo: Saraiva, 2013, p. 506/507. É a posição de Cleber Masson (Op. Cit., 2019, p. 432).

verso, de que a lesão corporal grave pode ocorrer em relação a qualquer pessoa envolvida nos fatos[64].

- **Se resulta a morte**

Para o resultado morte, o legislador prevê a pena de 24 (vinte e quatro) a 30 (trinta anos) de reclusão. Conforme visto acima, o entendimento que parece prevalecer na doutrina é que a morte deve ser do próprio sequestrado. Caso seja outra pessoa, como um familiar ou alguém que faz a escolta, haveria concurso de crimes. Entretanto, há entendimento diverso, de que qualifica o crime a morte de qualquer pessoa envolvida nos fatos.

Delação premiada

O parágrafo quarto do artigo 159 traz a chamada delação premiada, com natureza jurídica de direito subjetivo do réu. A previsão é de causa de diminuição de pena, com utilização de fração entre um terço a dois terços. Incide a minorante se o crime for cometido em concurso e o concorrente o denunciar à autoridade, facilitando a libertação do sequestrado. São, portanto, seus requisitos:

- O crime deve ter sido cometido em concurso de pessoas.
- O agente deve colaborar com a autoridade.
- Deve ser facilitada a libertação da vítima.

Doutrina minoritária entende que não é possível a incidência da delação premiada se houve o recebimento total do preço do resgate. É a posição do professor Alberto Silva Franco.[65]

A delação eficaz prevista nos artigos 13 e 14 da Lei n. 9.807/1999, que trata da proteção a vítimas e testemunhas, é mais abrangente que a do artigo 149, § 4º, e incide para todas as infrações penais. Para alguns, aquela norma teria revogado o dispositivo do Código, entendimento que não deve prosperar, pois, ainda que menos abrangente, a norma estará vigente caso se revogue o benefício da lei especial. Ademais, importante lembrar que a Lei n. 12.850/2013, prevê a possibilidade de celebração de acordo de colaboração premiada no caso de extorsão mediante sequestro praticada por organização criminosa:

> *Art. 4º O juiz poderá, a requerimento das partes, conceder o perdão judicial, reduzir em até 2/3 (dois terços) a pena privativa de liberdade ou substituí-la por restritiva de direitos daquele que tenha colaborado efetiva e voluntariamente com a investigação e com o processo criminal, desde que dessa colaboração advenha um ou mais dos seguintes resultados:*
>
> *[...]*
>
> *V – a localização de eventual vítima com a sua integridade física preservada.*

---

64. BITENCOURT, Cezar Roberto. Parte Especial: crimes contra o patrimônio até crimes contra o sentimento religioso e o respeito aos mortos. Coleção Tratado de direito penal, volume 3. 16. Ed. São Paulo: Saraiva, 2020, P. 194. CUNHA, Rogério Sanches. Op. Cit., 2020, p. 344.

65. Posição também adotada por Maria Thereza Rocha de Assis Moura e Marta Saad em: FRANCO, Alberto Silva; STOCCO, Rui (coord.). Op. Cit., 2007, p. 819.

A lei possibilita o perdão judicial ao colaborador, diminuição de até 2/3 da pena privativa de liberdade ou até a sua substituição por penas restritivas de direito, desde que a colaboração seja efetiva e voluntária e que resulte na localização da vítima sequestrada, nos termos do art. 4º, inciso V, da Lei n. 12.850/2013.

QUADRO SINÓTICO

	Crime de extorsão mediante sequestro
Tipo penal	Sequestrar pessoa com o fim de obter, para si ou para outrem, qualquer vantagem, como condição ou preço do resgate.
Objeto jurídico	Além da tutela do patrimônio, o objeto jurídico é a liberdade, principalmente no que se refere à liberdade de locomoção e integridade física e psíquica.
Sujeito ativo	Qualquer um.
Sujeito passivo	Qualquer um.
Elemento subjetivo	Admite-se somente na modalidade dolosa com o especial fim de agir de obter para si ou para outrem qualquer vantagem.
Consumação	A consumação ocorre quando a vítima é privada de sua liberdade de locomoção. Por se tratar de delito formal, a obtenção da vantagem pretendida é mero exaurimento do delito.
Tentativa	Admite-se a tentativa.
Forma majorada	Se o delito for praticado contra indígena "não integrado", incide a causa de aumento de pena de um terço, nos termos do artigo 59 da Lei n. 6.001/1973.
Forma qualificada	O delito de extorsão mediante sequestro é qualificado, se o sequestro dura mais de 24 horas, se o sequestrado é menor de 18 ou maior de 60 anos, ou se o crime for cometido por bando ou quadrilha. Também se qualifica o delito se houver produção do resultado lesão corporal grave ou morte.
Classificação	Trata-se de crime comum, doloso, formal, permanente, de forma livre, comissivo ou omissivo impróprio, monossubjetivo e plurissubsistente.
Benefícios	Não é possível a concessão de benefícios.
Ação penal	Pública incondicionada.
Observações	Nos termos do artigo 159, § 4º, do CP, há uma espécie de delação premiada neste delito: se o crime for cometido em concurso, o concorrente que o denunciar à autoridade, facilitando a libertação do sequestrado, terá sua pena reduzida de um a dois terços.

2.2.2. *Extorsão Indireta*

O delito de extorsão indireta está previsto no artigo 160 do Código Penal:

> *Art. 160 – Exigir ou receber, como garantia de dívida, abusando da situação de alguém, documento que pode dar causa a procedimento criminal contra a vítima ou contra terceiro:*
>
> *Pena – reclusão, de um a três anos, e multa.*

PARTE ESPECIAL

A conduta incriminada é exigir (requerer, demandar, requisitar) ou receber (adquirir, obter) documento que pode dar causa a procedimento criminal contra a vítima ou contra terceiro, como garantia de dívida, mediante abuso da situação de alguém. Há dois núcleos do tipo: exigir e receber. **O tipo penal é misto alternativo**, sendo que a ocorrência das duas ações nucleares, no mesmo contexto, configura crime único.

Deve haver abuso da situação da vítima. Pode se configurar o abuso quando a vítima está aflita em razão de algum problema, em angústia ou necessidade, o que a leva a ceder à exigência ou a proceder à entrega do documento. O documento, que tem a finalidade de garantir a dívida, é aquele que tem potencialidade para a instauração de procedimento criminal contra a vítima, como a duplicata simulada, o cheque emitido sem provisão de fundos ou aquele em que ele falsifica assinatura de terceiros.

Outro exemplo, citado por Hungria, seria a exigência, pelo usurário, de que o tomador do empréstimo assine um contrato simulado de depósito, de modo que, no caso de não pagamento, use a ameaça do processo por apropriação indébita[66]. Após citar o exemplo, o penalista adverte que a vítima não deve responder por delito, já que não queria praticá-lo, mas apenas o propósito de fornecer uma garantia por sua dívida[67].

Como se prevê no tipo penal e de acordo com a doutrina majoritária, basta a potencialidade de se instaurar procedimento criminal contra a vítima ou contra terceiro. Não há necessidade de se realizar valoração de entendimentos jurisprudenciais nem se exige efetiva condenação. São bens jurídicos tutelados a liberdade individual e o patrimônio.

O entendimento da jurisprudência é de que o documento exigido ou recebido pelo credor possa ensejar um procedimento criminal – inquérito policial, por exemplo. A discussão a partir de tal entendimento é se a exigência de emissão de cheque como garantia de dívida seria conduta subsumível ao preceito incriminador do artigo 160 do CP, o que não parece ser possível, já que não haveria fraude por parte do emitente do cheque.

O crime é comum, podendo ser praticado por qualquer pessoa. É doloso, não havendo previsão de punição da forma culposa. O dolo é chamado de dolo de aproveitamento, já que o agente deve ter intenção de se aproveitar da dificuldade econômica da vítima[68]. Se praticado por meio do núcleo do tipo "exigir", o crime é formal. Neste caso, é plurissubsistente na forma escrita, admitindo a tentativa. Se for praticado verbalmente, não é possível o *conatus*. Na forma de "receber", o crime é material e plurissubsistente. Quanto à especialidade, há tipo penal específico no artigo 246 do Código Penal Militar.

---

66. HUNGRIA, Nélson. Comentários ao Código Penal. Vol. VII. 2. Ed. Rio de Janeiro: Revista Forense, 1958, p. 79.
67. Comprovado não ter havido fraude, não se configura o crime de emissão de cheque sem fundos (Súmula 246, do STF).
68. HUNGRIA, Nélson. Comentários ao Código Penal. Vol. VII. 2. Ed. Rio de Janeiro: Revista Forense, 1958, p. 82.

QUADRO SINÓTICO

Crime de extorsão indireta	
Tipo penal	Exigir ou receber, como garantia de dívida, abusando da situação de alguém, documento que pode dar causa a procedimento criminal contra a vítima ou contra terceiro.
Objeto jurídico	Além do patrimônio, protege-se a liberdade individual.
Sujeito ativo	Qualquer pessoa.
Sujeito passivo	Qualquer pessoa.
Elemento subjetivo	Admite-se somente o dolo.
Consumação	A consumação, referente ao núcleo exigir, ocorre independentemente de a vítima entregar o documento. De outro lado, na modalidade receber, o agente deve receber da vítima o documento.
Tentativa	Admite-se a tentativa.
Forma majorada	Se o delito for praticado contra indígena "não integrado", incide a causa de aumento de pena de um terço, nos termos do artigo 59 da Lei n. 6.001/1973.
Classificação	Crime comum, doloso, de forma vinculada, instantâneo, formal no que se refere ao exigir e material relativo ao núcleo receber, monossubjetivo, plurissubsistente e não transeunte.
Benefícios	É possível o oferecimento de suspensão condicional do processo e ANPP.
Ação penal	Pública incondicionada.

3. DA USURPAÇÃO

O capítulo III do Título II da Parte Especial é denominado "Da Usurpação". Estão nele inseridos os crimes de alteração de limites, usurpação de águas, esbulho possessório e de supressão ou alteração de marca em animais. Esses delitos estão ligados ao direito de propriedade, mas, mais especificamente, ao direito de vizinhança, tutelando o respeito aos direitos daqueles que vivem em propriedades limítrofes, contíguas ou próximas, mas não se limitando a esses casos. No esbulho possessório, por exemplo, não há uma relação direta entre a relação de vizinhança e o delito.

3.1. Alteração de limites

O artigo 161, *caput*, do Código Penal, prevê o delito de usurpação de limites:

> *Alteração de limites*
>
> *Art. 161 – Suprimir ou deslocar tapume, marco, ou qualquer outro sinal indicativo de linha divisória, para apropriar-se, no todo ou em parte, de coisa imóvel alheia:*
>
> *Pena – detenção, de um a seis meses, e multa.*

A conduta incriminada é suprimir (extinguir ou eliminar) ou deslocar (retirar do local) tapume, marco ou qualquer outro sinal indicativo de linha divisória. O crime é de forma vinculada, sendo praticado por meio da supressão ou do deslocamento de tapume, marco ou qualquer outro sinal indicativo de linha divisória. Há previsão legislativa para **interpretação analógica**, configurando o crime quando o objeto material for qualquer sinal indicativo de linha divisória entre propriedades imóveis, servindo como paradigma de interpretação o tapume e o marco.

O elemento subjetivo é o dolo, além da exigência do **elemento subjetivo especial do tipo**, consistente na finalidade de "apropriar-se, no todo ou em parte, de coisa imóvel alheia". O crime é formal, pois não é necessário que o agente consiga se apropriar de coisa imóvel de outrem, bastando que atue com esse escopo, com essa finalidade. O crime é de ação múltipla ou de tipo misto alternativo, comum e plurissubsistente.

QUADRO SINÓTICO

Crime de alteração de limites	
Tipo penal	Suprimir ou deslocar tapume, marco, ou qualquer outro sinal indicativo de linha divisória, para apropriar-se, no todo ou em parte, de coisa imóvel alheia.
Objeto jurídico	A propriedade e a posse da coisa imóvel são os bens jurídicos tutelados.
Sujeito ativo	Proprietário ou possuidor do imóvel limítrofe ao da vítima.
Sujeito passivo	Proprietário ou possuidor do imóvel limítrofe ao do sujeito ativo.
Elemento subjetivo	Exige-se o dolo. O entendimento majoritário é de que também deve estar presente o especial fim de agir de se apropriar, no todo ou em parte, de coisa imóvel alheia.
Consumação	O delito se consuma quando o agente suprime ou desloca tapume, marco ou qualquer outro sinal indicativo de linha divisória.
Tentativa	A tentativa é admissível.
Forma majorada	Se o delito for praticado contra indígena "não integrado", incide a causa de aumento de pena de um terço, nos termos do artigo 59 da Lei n. 6.001/1973.
Classificação	Crime próprio, formal, de dano, comissivo ou omissivo impróprio, de forma vinculada, instantâneo, monossubjetivo, plurissubsistente e não transeunte.
Benefícios	Por se tratar de delito de menor potencial ofensivo, a competência é dos Juizados Especiais Criminais, admitindo-se a transação, suspensão condicional do processo e ANPP – nos casos, nos quais não houver emprego de violência ou grave ameaça.

Crime de alteração de limites	
Ação penal	Conforme o artigo 161, § 2º, do CP, a ação penal será privada com prosseguimento mediante queixa quando a propriedade é particular e não houver emprego de violência. Nos demais casos será pública incondicionada. Contudo, nos termos do artigo 182 do CP, o delito procederá por ação penal pública condicionada à representação se for cometido em prejuízo de cônjuge desquitado ou judicialmente separado; de irmão, legítimo ou ilegítimo; de tio ou sobrinho, com que o agente coabita. Tais disposições, nos termos do artigo 183 do CP, restam afastadas se o crime é praticado mediante emprego de grave ameaça ou violência à pessoa; ao estranho que participa do crime; ou se o crime é praticado contra pessoa com idade igual ou superior a sessenta anos.
Observações	Nos termos do artigo 161, § 2º, do CP, se o agente usa de violência, também incorre na pena a esta cominada. Nos termos do artigo 181, é isento de pena o agente que comete o crime em prejuízo de cônjuge, na constância da sociedade conjugal; ou de ascendente ou descendente, seja o parentesco legítimo ou ilegítimo, seja civil ou natural. Tal disposição, contudo, não é aplicada se o crime é praticado mediante emprego de grave ameaça ou violência à pessoa; ao estranho que participa do crime; ou se o crime é praticado contra pessoa com idade igual ou superior a sessenta anos, nos termos do artigo 183 do CP.

3.2. Usurpação de águas

O delito de usurpação de águas está previsto no inciso I, § 1º, do artigo 161, como conduta equiparada à do *caput*:

> *§ 1º – Na mesma pena incorre quem:*
>
> *Usurpação de águas*
>
> *I – desvia ou represa, em proveito próprio ou de outrem, águas alheias;*

A conduta incriminada é desviar (mudar o curso) ou represar (conter ou barrar), em proveito próprio ou de outrem, águas alheias. Cuida-se, portanto, de **crime de ação múltipla**. Águas alheias são aquelas pertencentes a terceiros e, segundo alguns doutrinadores, aquela de uso comum, que o agente não poderia tomar para si. É o Código de Águas, o Decreto 24.643/34, que define o que são águas públicas e quais são as particulares.

O elemento subjetivo é o dolo, sendo exigido também o intuito de obtenção de proveito para si ou para outrem, que se traduz em **elemento subjetivo especial do tipo**. É formal, pois não depende da obtenção do proveito para sua consumação. É, ainda, classificado como comum e plurissubsistente, admitindo a punição da forma tentada. Pode ser instantâneo de efeitos permanentes, se houver um ato de represamento ou desvio, ainda que possibilite o posterior uso por um intervalo de tempo. Se a continuidade do aproveitamento das águas depender da continuidade da conduta, ou seja, de novos atos, Hungria e Noronha defendem que o delito se torna permanente[69].

69. HUNGRIA, Nélson. Comentários ao Código Penal. Vol. VII. 2. Ed. Rio de Janeiro: Revista Forense, 1958, p. 91. NORONHA, Edgard Magalhães. Direito Penal, vol. 2. 11. Ed. São Paulo: Saraiva, 1976, p. 308.

QUADRO SINÓTICO

Crime de usurpação de águas	
Tipo penal	Desviar ou represar, em proveito próprio ou de outrem, águas alheias.
Objeto jurídico	Os bens jurídicos tutelados são a propriedade e a posse da coisa imóvel, em especial no que se refere ao direito ao uso d'água.
Sujeito ativo	Qualquer um.
Sujeito passivo	Proprietário ou possuidor das águas.
Elemento subjetivo	Exige-se o dolo. O entendimento majoritário é de que também deve estar presente o especial fim de agir de desviar ou represar águas alheias em proveito próprio.
Consumação	O delito se consuma quando o desvia ou represa águas alheias.
Tentativa	A tentativa é admissível.
Forma majorada	Se o delito for praticado contra indígena "não integrado", incide a causa de aumento de pena de um terço, nos termos do artigo 59 da Lei n. 6.001/1973.
Classificação	Crime comum com relação ao sujeito ativo e próprio com relação ao passivo, formal, de dano, comissivo ou omissivo impróprio, de forma livre, instantâneo, monossubjetivo, plurissubsistente e não transeunte.
Benefícios	Por se tratar de delito de menor potencial ofensivo, a competência é dos Juizados Especiais Criminais, admitindo-se a transação, suspensão condicional do processo e ANPP – nos casos, nos quais não houver emprego de violência ou grave ameaça.
Ação penal	Conforme o artigo 161, § 2º, do CP, a ação penal será privada com prosseguimento mediante queixa quando a propriedade é particular e não houver emprego de violência. Nos demais casos será pública incondicionada. Contudo, nos termos do artigo 182 do CP, o delito procederá por ação penal pública condicionada à representação se for cometido em prejuízo de cônjuge desquitado ou judicialmente separado; de irmão, legítimo ou ilegítimo; de tio ou sobrinho, com que o agente coabita. Tais disposições, nos termos do artigo 183 do CP, restam afastadas se o crime é praticado mediante emprego de grave ameaça ou violência à pessoa; ao estranho que participa do crime; ou se o crime é praticado contra pessoa com idade igual ou superior a sessenta anos.
Observações	Nos termos do artigo 161, § 2º, do CP, se o agente usa de violência, também incorre na pena a esta cominada. Nos termos do artigo 181, é isento de pena o agente que comete o crime em prejuízo de cônjuge, na constância da sociedade conjugal; ou de ascendente ou descendente, seja o parentesco legítimo ou ilegítimo, seja civil ou natural. Tal disposição, contudo, não é aplicada se o crime é praticado mediante emprego de grave ameaça ou violência à pessoa; ao estranho que participa do crime; ou se o crime é praticado contra pessoa com idade igual ou superior a sessenta anos, nos termos do artigo 183 do CP.

3.3. Esbulho possessório

O crime de esbulho possessório está previsto no inciso II, § 1º, do artigo 161, como conduta equiparada à do *caput*:

> *§ 1º - Na mesma pena incorre quem:*
> *(...)*
> *Esbulho possessório*
> *II - invade, com violência a pessoa ou grave ameaça, ou mediante concurso de mais de duas pessoas, terreno ou edifício alheio, para o fim de esbulho possessório.*

A conduta incriminada é invadir (penetrar, usurpar, invadir) terreno ou edifício alheio para o fim de esbulho possessório. O tipo penal pode ser realizado de três formas de execução (*modus operandi*):

- **Mediante violência à pessoa**: é a *vis absoluta*, a força física empregada contra outrem. Exclui-se a violência contra a coisa.
- **Mediante grave ameaça**: é a *vis relativa*, consistente na promessa de um mal injusto e grave para amedrontar o ofendido.
- **Mediante concurso de mais de duas pessoas**: há divergência quanto ao número de pessoas exigido para a configuração do delito. Hungria defende que o mínimo é de três agentes[70]. Noronha, por sua vez, entende que se deve computar o agente com o concurso de mais de duas pessoas, ou seja, no mínimo quatro[71].

O crime é doloso. É exigida a finalidade de cometer o esbulho possessório, que é a retirada do proprietário ou possuidor, de forma violenta, da posse, tomando-a para si. O crime é comum e plurissubsistente. Consuma-se com a efetiva invasão da propriedade. Considera-se formal, pois não é necessário que o agente efetivamente esbulhe a posse do imóvel.

Nas invasões de propriedade para Reforma Agrária, duas posições surgiram quanto à possibilidade de caracterização do crime de usurpação na modalidade esbulho possessório: **1)** uma primeira corrente entende que não há crime nos casos de reforma agrária, tendo em vista a ausência do elemento subjetivo do tipo, posição essa de Guilherme de Souza Nucci[72] e decisão monocrática do STJ nesse sentido[73]; **2)** a invasão de propriedade, mesmo que em busca de reforma agrária, caracterizaria o crime do art. 161, § 1º, inciso II, do Código Penal. Há precedente do Pleno do STF nesse sentido[74].

70. HUNGRIA, Nélson. Comentários ao Código Penal. Vol. VII. 2. Ed. Rio de Janeiro: Revista Forense, 1958, p. 93.
71. NORONHA, Edgard Magalhães. Direito Penal, vol. 2. 11. Ed. São Paulo: Saraiva, 1976, p. 311.
72. NUCCI, Guilherme de Souza. Código Penal Comentado. 15. ed. ver. atual. e ampl. Rio de Janeiro: Forense, 2015, p. 931.
73. *Habeas corpus* n. 29.876 – SP, Publicação 14/08/2003;
74. STF, MS 32752 AgR, Rel. Min. Celso de Mello, Tribunal Pleno, julgado em 17/06/2015.

QUADRO SINÓTICO

Crime de esbulho possessório	
Tipo penal	Invadir, com violência à pessoa ou grave ameaça, ou mediante concurso de mais de duas pessoas, terreno ou edifício alheio, para o fim de esbulho possessório.
Objeto jurídico	A propriedade e a posse da coisa imóvel são os bens jurídicos tutelados.
Sujeito ativo	Qualquer um.
Sujeito passivo	Somente o proprietário ou possuidor de imóvel.
Elemento subjetivo	Exige-se o dolo. O entendimento majoritário é de que também deve estar presente o especial fim de agir de esbulhar a posse.
Consumação	O delito se consuma quando o agente, mediante violência a pessoa ou grave ameaça, invade o terreno ou edifício alheio.
Tentativa	A tentativa é admissível.
Forma majorada	Se o delito for praticado contra indígena "não integrado", incide a causa de aumento de pena de um terço, nos termos do artigo 59 da Lei n. 6.001/1973.
Classificação	Crime comum com relação ao sujeito ativo e próprio com relação ao passivo, formal, doloso, comissivo ou omissivo impróprio, de forma livre, instantâneo, monossubjetivo, plurissubsistente e não transeunte.
Benefícios	Por se tratar de delito de menor potencial ofensivo, a competência é dos Juizados Especiais Criminais, admitindo-se a transação, suspensão condicional do processo e ANPP – nos casos, nos quais não houver emprego de violência ou grave ameaça.
Ação penal	Conforme o artigo 161, § 2º, do CP, a ação penal será privada com prosseguimento mediante queixa quando a propriedade é particular e não houver emprego de violência. Nos demais casos será pública incondicionada. Contudo, nos termos do artigo 182 do CP, o delito procederá por ação penal pública condicionada à representação se for cometido em prejuízo de cônjuge desquitado ou judicialmente separado; de irmão, legítimo ou ilegítimo; de tio ou sobrinho, com que o agente coabita. Tais disposições, nos termos do artigo 183 do CP, restam afastadas se o crime é praticado mediante emprego de grave ameaça ou violência à pessoa; ao estranho que participa do crime; ou se o crime é praticado contra pessoa com idade igual ou superior a sessenta anos.
Observações	Nos termos do artigo 161, § 2º, do CP, se o agente usa de violência, também incorre na pena a esta cominada. Nos termos do artigo 181, é isento de pena o agente que comete o crime em prejuízo de cônjuge, na constância da sociedade conjugal; ou de ascendente ou descendente, seja o parentesco legítimo ou ilegítimo, seja civil ou natural. Tal disposição, contudo, não é aplicada se o crime é praticado mediante emprego de grave ameaça ou violência à pessoa; ao estranho que participa do crime; ou se o crime é praticado contra pessoa com idade igual ou superior a sessenta anos, nos termos do artigo 183 do CP.

3.4. Disposições Comuns

Quanto aos crimes de alteração de limites, usurpação de águas e esbulho possessório, todos previstos no artigo 161 do Código Penal, há disposições comuns a eles nos parágrafos segundo e terceiro desse dispositivo:

> *§ 2º - Se o agente usa de violência, incorre também na pena a esta cominada.*
>
> *§ 3º - Se a propriedade é particular, e não há emprego de violência, somente se procede mediante queixa.*

O parágrafo segundo prevê que, havendo violência na prática dos crimes previstos no artigo 161 do Código Penal, deve haver concurso material em relação ao crime correspondente à violência. São os casos de lesão corporal de natureza grave ou homicídio culposo, por exemplo.

Conforme o parágrafo terceiro, a ação penal é pública incondicionada, salvo se o crime for cometido em propriedade particular e não houver violência. Somente neste caso, a ação penal será privada.

3.5. Supressão ou alteração de marca em animais

O artigo 162 torna típica a conduta de supressão ou alteração de marca em animais:

> *Supressão ou alteração de marca em animais*
>
> *Art. 162 - Suprimir ou alterar, indevidamente, em gado ou rebanho alheio, marca ou sinal indicativo de propriedade:*
>
> *Pena - detenção, de seis meses a três anos, e multa.*

A conduta incriminada é suprimir (extinguir ou eliminar) ou alterar (mudar, modificar), de forma indevida, marca ou sinal indicativo de propriedade em gado ou rebanho alheio. O tipo é misto alternativo. **A supressão ou alteração deve ser indevida**, ou seja, contrária ao direito. O gado ou o rebanho deve ser alheio. O presente delito só se configura se o animal já possuir marcação ou sinal indicativo de propriedade anterior, para que a alteração ou supressão sejam possíveis. Se não houver marcação ou sinal indicativo anterior e o agente inserir novo sinal ou marcação, sua conduta subsumir-se-á ao delito de furto mediante fraude.

O bem jurídico tutelado consiste na posse e na propriedade de semoventes. O crime é comum, material e plurissubsistente. Existe divergência se a conduta realizada em relação a um só animal configura o crime, prevalecendo o entendimento de que basta a prática contra um semovente para a consumação do delito. O plural é usado para designar o gênero do objeto material do delito. A ação penal é pública incondicionada.

QUADRO SINÓTICO

Crime de supressão ou alteração de marca em animais	
Tipo penal	Suprimir ou alterar, indevidamente, em gado ou rebanho alheio, marca ou sinal indicativo de propriedade.
Objeto jurídico	Tutela-se a propriedade de gado ou rebanho.

Crime de supressão ou alteração de marca em animais	
Sujeito ativo	Qualquer um.
Sujeito passivo	Proprietário ou possuidor de gado ou rebanho.
Elemento subjetivo	Admite-se somente a modalidade dolosa. A doutrina explica que o dolo é orientado à confusão da propriedade sobre o gado ou rebanho, permitindo posterior subtração do animal. Se o dolo da conduta fosse referente simplesmente à manutenção da marca ou sinal indicativo de propriedade, a supressão ou alteração dele seria crime de dano.
Consumação	O delito se consuma com a supressão ou alteração indevida de marca ou sinal indicativo de propriedade.
Tentativa	Admite-se a tentativa.
Forma majorada	Se o delito for praticado contra indígena "não integrado", incide a causa de aumento de pena de um terço, nos termos do artigo 59 da Lei n. 6.001/1973.
Classificação	Crime comum com relação ao sujeito ativo e próprio no que se refere ao passivo, doloso, comissivo, de mera conduta, de forma livre, instantâneo, monossubjetivo, plurissubsistente e não transeunte.
Benefícios	Admite-se a suspensão condicional do processo e ANPP.
Ação penal	A ação penal é pública e incondicionada. Nos termos do artigo 182 do CP, o delito procederá por ação penal pública condicionada à representação se for cometido em prejuízo de cônjuge desquitado ou judicialmente separado; de irmão, legítimo ou ilegítimo; de tio ou sobrinho, com que o agente coabita. Tais disposições, nos termos do artigo 183 do CP, restam afastadas se o crime é praticado mediante emprego de grave ameaça ou violência à pessoa; ao estranho que participa do crime; ou se o crime é praticado contra pessoa com idade igual ou superior a sessenta anos.
Observações	Nos termos do artigo 181, é isento de pena o agente que comete o crime em prejuízo de cônjuge, na constância da sociedade conjugal; ou de ascendente ou descendente, seja o parentesco legítimo ou ilegítimo, seja civil ou natural. Tal disposição, contudo, não é aplicada se o crime é praticado mediante emprego de grave ameaça ou violência à pessoa; ao estranho que participa do crime; ou se o crime é praticado contra pessoa com idade igual ou superior a sessenta anos, nos termos do artigo 183 do CP.

4. DO DANO

O Capítulo IV do Título II do Código Penal se denomina "Do Dano". Prevê alguns crimes patrimoniais de dano, ou seja, aqueles que se configuram com a ocorrência de lesão ao bem jurídico tutelado pela norma penal. Essa classificação se opõe aos chamados crimes de perigo, que se configuram com a mera exposição do bem jurídico a risco, não sendo necessária sua efetiva lesão.

4.1. Dano

O crime de dano está previsto no artigo 163 do Código Penal:

> *Art. 163 – Destruir, inutilizar ou deteriorar coisa alheia:*
> *Pena – detenção, de um a seis meses, ou multa.*

Parágrafo único – Se o crime é cometido:

I – com violência à pessoa ou grave ameaça;

II – com emprego de substância inflamável ou explosiva, se o fato não constitui crime mais grave

III – contra o patrimônio da União, de Estado, do Distrito Federal, de Município ou de autarquia, fundação pública, empresa pública, sociedade de economia mista ou empresa concessionária de serviços públicos;

IV – por motivo egoístico ou com prejuízo considerável para a vítima:

Pena – detenção, de seis meses a três anos, e multa, além da pena correspondente à violência.

Tutela-se o patrimônio, público ou privado, tanto no âmbito da propriedade quanto da posse. São núcleos do tipo: "destruir" (demolir, desmanchar, devastar); "inutilizar" (tornar inútil, quebrar, avariar) ou "deteriorar" (estragar, danificar, arruinar, corromper). O objeto material é coisa alheia, razão pela qual a destruição, inutilização ou deterioração de coisa própria não configura o crime do artigo 163 do Código Penal, sendo sua punição possível apenas se for meio para a prática de outro delito, como fraude contra seguro.

A **pichação** com tintas e similares é considerada deterioração pela maioria da doutrina, apesar de haver controvérsias. Entretanto, essa conduta está prevista na Lei dos Crimes Ambientais, especificamente em seu art. 65, cujo tipo penal se volta à proteção de edificação e monumentos urbanos. Diante disso, só se aplica o crime de dano do art. 163, do Código Penal, às pichações de imóveis rurais.

É **crime de ação múltipla**, razão pela qual a prática de apenas uma das condutas representadas pelos verbos acima estudados é suficiente para a configuração do delito. De igual modo, a prática de todos eles, no mesmo contexto, configurará crime único. Tratando-se de crime plurissubsistente, é possível a punição do *conatus*.

O elemento subjetivo do tipo é o dolo, consistente na vontade e consciência de destruir, inutilizar ou deteriorar coisa alheia. Não há previsão de punição da modalidade culposa. Existe controvérsia sobre a exigência de **elemento subjetivo especial do tipo**, consistente no *animus nocendi*, isto é, a vontade específica do agente de prejudicar, de causar o dano. Cuida-se de crime comum, não se exigindo nenhuma qualidade específica do sujeito ativo.

O STF decidiu, por seu Pleno, que o elemento subjetivo especial é imprescindível para a configuração do crime de dano, em julgado não muito recente:

> *"1. A materialidade do crime de dano contra o patrimônio público está demonstrada pela prova documental. 2. Falta de prova que demonstre ter sido o réu o responsável pelo dano causado e de comprovação da presença do elemento subjetivo do tipo, consistente no dolo de causar prejuízo." (AP 427/SP, Rel. Min. Carmen Lúcia, Tribunal Pleno, Julgamento: 04/11/2010).*[75]

75. Por ter sido decisão do Plenário, ainda que de 2010, parece ter mais relevância do que precedente de 1996, da Segunda Turma, citado por alguns autores como posição acolhida pelo STF: "O crime de dano exige, para a sua configuração, apenas o dolo genérico" (STF, HC 73189/MS, Rel. Min. Carlos Velloso, Segunda Turma, Julgamento: 23/02/1996). Essa posição, de Turma e mais antiga, é apontada por: MASSON, Cleber. Direito penal: parte especial (arts. 121 a 212) – vol. 2. 12. ed. São Paulo: Método, 2019, p. 465. CUNHA, Rogério Sanches. Manual de direito penal: parte especial (arts. 121 ao 361). 12. ed. Salvador: Juspodivm, 2020, p. 361.

O Superior Tribunal de Justiça, por sua vez, possui entendimento consolidado de que referida conduta praticada pelo preso não configura o crime, dada a ausência de *animus nocendi*. Isto porque o indivíduo encarcerado, ao deteriorar as grades da cela, por exemplo, busca evadir do local, sem o intuito específico de causar dano ao patrimônio público:

> *"(...) 1 – Consoante jurisprudência desta Corte, para a configuração do crime de dano previsto no art. 163 do Código Penal, mostra-se imprescindível a presença do elemento subjetivo específico, qual seja, o* animus nocendi, *que consiste na vontade deliberada de causar prejuízo ao patrimônio alheio. 2 – "A destruição de patrimônio público (buraco na cela) pelo preso que busca fugir do estabelecimento no qual encontra-se encarcerado não configura o delito de dano qualificado (art. 163, parágrafo único, inciso III do CP), porque ausente o dolo específico* (animus nocendi)*, sendo, pois, atípica a conduta" (...)" (AgRg no HC 409417/SC, Rel. Min. Antonio Saldanha Palheiro, Sexta Turma, DJe 06/11/2017).*
>
> *"Nos termos da jurisprudência desta Corte, para que se possa falar em crime de dano qualificado contra patrimônio da União, Estado ou Município, mister se faz a comprovação do elemento subjetivo do delito, qual seja, o* animus nocendi*, caracterizado pela vontade de causar prejuízo ao erário. Nesse passo, a destruição, deterioração ou inutilização das paredes ou grades de cela pelo detento, com vistas à fuga de estabelecimento prisional, ou, ainda, da viatura na qual o flagranteado foi conduzido à delegacia de polícia, demonstra tão somente o seu intuito de recuperar a sua liberdade, sem que reste evidenciado o necessário dolo específico de causar dano ao patrimônio público.*
>
> *(STJ, HC 503.970/SC, Rel. Min. Ribeiro Dantas, Quinta Turma, DJe 04/06/2019)*
>
> *O crime de dano pode abranger documento público ou privado, caso a intenção do agente seja causar prejuízo ao seu proprietário ou possuidor. No entanto, se o agente queria queria evitar o uso do documento como prova de fato juridicamente relevante, o crime será o do artigo 305 do CP. Se esse documento, de valor probatório, foi recebido pelo agente na qualidade de advogado ou procurador, o crime será o do artigo 356 do CP. Caso se trate de edital afixado por ordem de funcionário público ou selo ou sinal empregado, por determinação legal ou por ordem de funcionário público, para identificar ou cerrar qualquer objeto, a conduta de rasgar, inutilizar ou conspurcar configura o crime do artigo 336 do CP. Por fim, se o agente subtrair, ou inutilizar, total ou parcialmente, livro oficial, processo ou documento confiado à custódia de funcionário, em razão de ofício, ou de particular em serviço público, o crime será o do artigo 337 do CP.*
>
> *Caso o dano seja praticado contra animais silvestres, domésticos ou domesticados, nativos ou exóticos, o crime não será o do artigo 163 do CP, mas o de maus-tratos contra animais, tipificado no artigo 32 da Lei n. 9.605/1998.*

Dano qualificado

O crime de dano possui a modalidade qualificada, em que a pena passa a ser de detenção, de seis meses a três anos, e multa, além da pena correspondente à violência. Deste modo, configurada a violência, como a lesão corporal de natureza grave, incidirá o sistema de cúmulo material de penas.

I. com violência à pessoa ou grave ameaça

A violência deve ser cometida contra a pessoa para qualificar o crime, não se configurando a qualificadora com a violência praticada contra a coisa. A violência não precisa ser empregada contra o proprietário ou o possuidor, podendo ser contra o detentor, por exemplo. A grave ameaça também qualifica o delito de dano.

Tanto a violência à pessoa quanto a grave ameaça precisam ser meios para a prática do crime de dano ou utilizados para possibilitar a prática do dano. Senão, não é o caso de dano qualificado por violência à pessoa ou grave ameaça, mas de concurso entre o crime respectivo e o delito de dano na modalidade simples.

São absorvidos por tal modalidade de dano o crime de ameaça e a contravenção penal de vias de fato. Quanto às lesões corporais, parte da doutrina entende que há concurso material dos delitos[76], o que parece ser equivocado. Cezar Roberto Bitencourt entende que deve ser adotado o sistema do cúmulo material, mas isso não significa que o concurso é material. O concurso pode, segundo o autor, ser material ou formal impróprio, pois ambos determinam a soma das penas[77].

II. com emprego de substância inflamável ou explosiva, se o fato não constitui crime mais grave

A substância inflamável ou explosiva possui maior potencial danoso, além de possuir o potencial de causar perigo a várias pessoas. Por isso, o dano praticado com o emprego de substância inflamável ou explosiva é qualificado. O emprego de tais substâncias significa sua utilização para a prática do crime, ou seja, como meio para a conduta delitiva.

III. contra o patrimônio da União, de Estado, do Distrito Federal, de Município ou de autarquia, fundação pública, empresa pública, sociedade de economia mista ou empresa concessionária de serviços públicos

É qualificado o crime praticado contra o patrimônio da União, do Estado, do Distrito Federal, de Município ou de autarquia, fundação pública, empresa pública, sociedade de economia mista ou empresa concessionária de serviços públicos. O maior desvalor reside no resultado da conduta, que é o dano causado ao patrimônio público. Há quem defenda a configuração dessa modalidade, contra a União, no caso de danos provocados à cédula[78].

A redação atual do dispositivo foi dada pela Lei n. 13.531, de 2017. Foram incluídos na modalidade qualificada como titulares do patrimônio atingido: o Distrito Federal, a autarquia, a fundação pública e a empresa pública. Deste modo, o problema encontrado na redação anterior foi resolvido a partir de então, sendo que a nova redação, mais abrangente e gravosa, não pode retroagir para os fatos ocorridos antes de sua entrada em vigor.

Sobre o patrimônio do Distrito Federal, por exemplo, surgia a dúvida sobre a abrangência da qualificadora. Havia doutrinadores que defendiam ser possível enquadrar como qualificado o dano contra o patrimônio dessa unidade federativa, em interpretação extensiva. Parecia prevalecer, entretanto, de forma mais correta, que

76. MASSON, Cléber. Op. Cit., 2019, p. 463.
77. BITENCOURT, Cezar Roberto. Parte Especial: crimes contra o patrimônio até crimes contra o sentimento religioso e o respeito aos mortos. Coleção Tratado de direito penal volume 3. 16. ed. São Paulo: Saraiva Educação: 2020, p. 242-243.
78. CUNHA, Rogério Sanches. Op. Cit., 2020, p. 364-365.

não era possível considerar o dano contra o patrimônio do Distrito Federal como qualificado, pois seria analogia *in malam partem*.

IV. por motivo egoístico ou com prejuízo considerável para a vítima

O motivo egoístico que qualifica o dano é a motivação ligada a um sentimento pessoal do agente, ligado a algum interesse seu, seja econômico ou moral. É o caso de quem danifica o comércio que fica perto do seu, querendo torná-lo menos atrativo para os clientes pelos quais disputam.

O prejuízo considerável para a vítima é a consequência do delito que o torna qualificado. Como já é circunstância que qualifica o crime, tal circunstância não pode ser valorada também na primeira fase da dosimetria, sob pena de *bis in idem*. O prejuízo deve ser analisado em relação a cada vítima, de acordo com o caso concreto e as condições socioeconômicas do sujeito passivo.

Ação Penal

O artigo 167 do Código Penal trata sobre a ação penal no caso de crime de dano, nos seguintes termos:

> *Ação penal*
>
> *Art. 167 – Nos casos do art. 163, do inciso IV do seu parágrafo e do art. 164, somente se procede mediante queixa.*

A ação penal, portanto, será privada nos casos do art. 163, *caput*, e do inciso IV do seu parágrafo. Ou seja, somente se procede mediante queixa no caso de dano simples e de dano qualificado por motivo egoístico ou com prejuízo considerável para a vítima. Nos demais casos, a ação penal é pública incondicionada.

QUADRO SINÓTICO

Crime de dano	
Tipo penal	Destruir, inutilizar ou deteriorar coisa alheia.
Objeto jurídico	O bem jurídico protegido é o patrimônio.
Sujeito ativo	Qualquer um.
Sujeito passivo	Qualquer um.
Elemento subjetivo	Admite-se somente a forma dolosa, sem previsão legal de forma culposa.
Consumação	O delito se consuma quando o agente destrói, inutiliza ou deteriora coisa alheia (móvel ou imóvel).
Tentativa	Admite-se a tentativa.
Forma majorada	Se o delito for praticado contra indígena "não integrado", incide a causa de aumento de pena de um terço, nos termos do artigo 59 da Lei n. 6.001/1973.

Crime de dano	
Forma qualificada	O delito de dano é qualificado quando cometido com violência à pessoa ou grave ameaça; com emprego de substância inflamável ou explosiva, se o fato não constitui crime mais grave; contra o patrimônio da União, de Estado, do Distrito Federal, de Município ou de autarquia, fundação pública, empresa pública, sociedade de economia mista ou empresa concessionária de serviços públicos; ou por motivo egoístico ou com prejuízo considerável para a vítima.
Jurisprudência relevante	"Não é possível qualificar o dano cometido a bem privado – de propriedade da Organização da Sociedade Civil de Interesse Público, OSCIP – ainda que por afetação deste a uma atividade pública, sob pena de ocorrência de analogia *in malam partem*." (STJ, AgRg no REsp 1716871/SP, Rel. Min. Felix Fischer, Quinta Turma, julgado em 15/03/2018, DJe 23/03/2018)
Classificação	Crime comum, doloso, material, comissivo ou omissivo impróprio, de conteúdo variado, de dano, de forma livre, instantâneo, monossubjetivo, plurissubsistente e não transeunte.
Benefícios	Na forma do *caput*, por se tratar de crime de menor potencial ofensivo, a competência para julgamento é dos Juizados Especiais Criminais e admitem-se transação, suspensão condicional do processo e ANPP quando a conduta não for cometida com violência ou grave ameaça. A forma qualificada admite tão somente a suspensão condicional do processo e o ANPP.
Ação penal	Conforme o artigo 167 do CP, a ação penal é privada no dano simples (artigo 163, *caput* do CP) e no dano qualificado por motivo egoístico ou com prejuízo considerável para a vítima (artigo 163, parágrafo único, inciso IV do CP). Nas demais hipóteses a ação penal é pública incondicionada (artigo 163, parágrafo único, incisos I, II e III do CP). Contudo, nos termos do artigo 182 do CP, proceder-se-á por ação penal pública condicionada à representação se for cometido em prejuízo de cônjuge desquitado ou judicialmente separado; de irmão, legítimo ou ilegítimo; de tio ou sobrinho, com que o agente coabita. Tais disposições, nos termos do artigo 183 do CP, restam afastadas se o crime é praticado mediante emprego de grave ameaça ou violência à pessoa; ao estranho que participa do crime; ou se o crime é praticado contra pessoa com idade igual ou superior a sessenta anos.
Observações	Nos termos do artigo 181, é isento de pena o agente que comete o crime em prejuízo de cônjuge, na constância da sociedade conjugal; ou de ascendente ou descendente, seja o parentesco legítimo ou ilegítimo, seja civil ou natural. Tal disposição, contudo, não é aplicada se o crime é praticado mediante emprego de grave ameaça ou violência à pessoa; ao estranho que participa do crime; ou se o crime é praticado contra pessoa com idade igual ou superior a sessenta anos, nos termos do artigo 183 do CP.

4.2. Introdução ou Abandono de Animais em Propriedade Alheia

O crime de introdução ou abandono de animais em propriedade alheia está previsto no artigo 164 do Código Penal, nos seguintes termos:

> *Art. 164 – Introduzir ou deixar animais em propriedade alheia, sem consentimento de quem de direito, desde que o fato resulte prejuízo:*
>
> *Pena – detenção, de quinze dias a seis meses, ou multa.*

A conduta incriminada é a de "introduzir" (fazer penetrar, inserir) ou "deixar" (desprender, largar, soltar) animais em propriedade alheia. É imprescindível que haja prejuízo para a vítima. **Não pode haver consentimento da vítima, caso contrário não se configura o crime**. O crime é de forma livre, podendo se configurar de diferentes formas, como o abandono dos animais por se deixar a porteira aberta ou com o vaqueiro levando os animais para o imóvel de outrem.

O crime é de ação múltipla, ou seja, cuida-se de tipo penal misto alternativo. Isto significa que basta uma das ações nucleares (introduzir ou deixar) para que a conduta se amolde ao tipo penal, sendo que a execução das duas ações nucleares, no mesmo contexto, configura um único delito. O delito também é classificado como doloso, sendo que o seu elemento subjetivo consiste na vontade e consciência de introduzir ou deixar animais em propriedade alheia, sem o consentimento de quem de direito. Há jurisprudência que aponta a necessidade de intenção de causar o prejuízo, sendo que Cezar Bitencourt[79] e Cleber Masson[80] defendem não ser necessário, pois tal *animus* configuraria o delito de dano, previsto no artigo 163 do Código Penal.

Cuida-se de crime comum, por não se exigir nenhuma qualidade específica do sujeito ativo. O crime é material, exigindo que a introdução ou o abandono dos animais na propriedade alheia acarrete prejuízo para outrem para que haja a sua consumação. Em razão da necessidade do efetivo prejuízo para a configuração do delito, a doutrina aponta não ser possível a punição da forma tentada. Isto porque, ou há prejuízo e o crime ocorreu, ou não há prejuízo e o tipo penal não restou configurado.

Ação Penal

O artigo 167 do Código Penal dispõe que a ação penal no caso de crime de introdução ou abandono de animais em propriedade alheia é privada:

> *Ação penal*
>
> *Art. 167 – Nos casos do art. 163, do inciso IV do seu parágrafo e do art. 164, somente se procede mediante queixa.*

79. BITENCOURT, Cezar Roberto. Op. Cit., 2020, p. 254.
80. MASSON, Cléber. Código Penal Comentado. 8ª ed. Rio de Janeiro: Forense; São Paulo: Método, 2020, p. 853.

QUADRO SINÓTICO

Crime de introdução ou abandono de animais em propriedade alheia	
Tipo penal	Introduzir ou deixar animais em propriedade alheia, sem consentimento de quem de direito, desde que o fato resulte prejuízo.
Objeto jurídico	Protegem-se a posse e a propriedade.
Sujeito ativo	Qualquer pessoa.
Sujeito passivo	Proprietário ou possuidor do imóvel.
Elemento subjetivo	Admite-se somente a modalidade dolosa.
Consumação	O delito se consuma com a ocorrência de prejuízo.
Tentativa	Em que pese se tratar de delito plurissubsistente, o entendimento prevalente na doutrina é de que não se admite a tentativa, pois ou o prejuízo ocorre, ou ele não ocorre e a conduta é atípica.
Forma majorada	Se o delito for praticado contra indígena "não integrado", incide a causa de aumento de pena de um terço, nos termos do artigo 59 da Lei n. 6.001/1973.
Classificação	Crime comum, doloso, comissivo na modalidade introduzir e omissivo na modalidade deixar, de forma livre, de dano, material, instantâneo, monossubjetivo, plurissubsistente, condicionado (só há crime se ocorrer prejuízo à vítima) e não transeunte.
Benefícios	Por se tratar de crime de menor potencial ofensivo, a competência para julgamento é dos Juizados Especiais Criminais e admitem-se transação, suspensão condicional do processo e ANPP quando a conduta não for cometida com violência ou grave ameaça.
Ação penal	Nos termos do artigo 167 do CP, a ação penal é privada e prossegue mediante queixa. Contudo, nos termos do artigo 182 do CP, o delito procederá por ação penal pública condicionada à representação se for cometido em prejuízo de cônjuge desquitado ou judicialmente separado; de irmão, legítimo ou ilegítimo; de tio ou sobrinho, com que o agente coabita. Tais disposições, nos termos do artigo 183 do CP, restam afastadas se o crime é praticado mediante emprego de grave ameaça ou violência à pessoa; ao estranho que participa do crime; ou se o crime é praticado contra pessoa com idade igual ou superior a sessenta anos.
Observações	Nos termos do artigo 181, é isento de pena o agente que comete o crime em prejuízo de cônjuge, na constância da sociedade conjugal; ou de ascendente ou descendente, seja o parentesco legítimo ou ilegítimo, seja civil ou natural. Tal disposição, contudo, não é aplicada se o crime é praticado mediante emprego de grave ameaça ou violência à pessoa; ao estranho que participa do crime; ou se o crime é praticado contra pessoa com idade igual ou superior a sessenta anos, nos termos do artigo 183 do CP.

PARTE ESPECIAL

4.3. Dano em Coisa de Valor Artístico, Arqueológico ou Histórico

O crime de dano em coisa de valor artístico, arqueológico ou histórico está previsto no artigo 165 do Código Penal:

> *Art. 165 – Destruir, inutilizar ou deteriorar coisa tombada pela autoridade competente em virtude de valor artístico, arqueológico ou histórico:*
>
> *Pena – detenção, de seis meses a dois anos, e multa.*

A doutrina aponta que houve **revogação tácita** desse artigo com a entrada em vigor da Lei n. 9.605/98, que passou a dispor sobre o tema em seu artigo 62. A revogação é tácita quando a lei posterior é incompatível com a anterior ou regula a matéria inteiramente, nos termos do artigo 2º, § 1º, da Lei de Introdução às Normas do Direito Brasileiro[81]. No caso em estudo, o artigo 62 da Lei n. 9.605/1998 passou a regular a matéria inteiramente, do seguinte modo:

> *Art. 62. Destruir, inutilizar ou deteriorar:*
>
> *I – bem especialmente protegido por lei, ato administrativo ou decisão judicial;*
>
> *II – arquivo, registro, museu, biblioteca, pinacoteca, instalação científica ou similar protegido por lei, ato administrativo ou decisão judicial:*
>
> *Pena – reclusão, de um a três anos, e multa.*
>
> *Parágrafo único. Se o crime for culposo, a pena é de seis meses a um ano de detenção, sem prejuízo da multa.*

Nota-se que a redação do tipo penal do artigo 62 da Lei n. 9.605/1998 é mais abrangente que o do artigo 165 do Código Penal. As suas ações nucleares são "destruir" (demolir, extinguir, reduzir a nada), "inutilizar" (tornar inútil, danificar, comprometer o uso de) e "deteriorar" (estragar, danificar, tornar pior). O tipo penal é misto alternativo, ou seja, basta a prática de uma das ações nucleares para a sua configuração, sendo que a prática de mais de uma das condutas representadas pelos verbos, no mesmo contexto, configura apenas um delito.

A pena, que é mais grave do que a prevista no Código Penal, passou a ser de um a três anos e multa. Há previsão da **modalidade culposa**, quando a pena passa a ser de seis meses a um ano de detenção, além da multa. Vale lembrar que, por ser mais gravosa, a Lei n. 9.605/1998 só pode ser aplicável aos casos ocorridos após o início da sua vigência (o que só se registra para fins doutrinários, já que a modificação ocorreu há anos).

O objeto material do delito é o bem especialmente protegido por lei, ato administrativo ou decisão judicial; assim como arquivo, registro, museu, biblioteca, pinacoteca, instalação científica ou similar protegido por lei, ato administrativo ou decisão judicial. Vale destacar que o tombamento é apenas uma das formas de se proteger o bem de forma especial, de modo que a previsão do artigo 165 do Código Penal se encontra totalmente abordada no artigo 62 da Lei n. 9.605/1998.

81. § 1º A lei posterior revoga a anterior quando expressamente o declare, quando seja com ela incompatível ou quando regule inteiramente a matéria de que tratava a lei anterior.

O termo "similar" no tipo permite a interpretação analógica, que deve tomar como parâmetro os itens anteriormente citados.

O crime é comum, não exigindo qualquer condição ou qualidade especial do agente para a sua prática. Destaca-se que o proprietário da coisa danificada pode ser o sujeito ativo do delito, pois a conduta tipificada não exige que a coisa danificada seja alheia. É material, pois o seu resultado (destruição, inutilização ou deterioração) é necessário para a sua consumação. Pode ser doloso ou culposo. É crime de forma livre, podendo ser praticado de qualquer modo que acarrete a destruição, inutilização ou deterioração dos bens citados no tipo penal. É plurissubsistente, razão pela qual se admite a punição do *conatus*, ou seja, da forma tentada. É instantâneo, de modo que se consuma de uma só vez, sem prolongamento temporal. Nos termos do que dispõe o artigo 26 da Lei n. 9.605/1998, a ação penal é pública incondicionada.

QUADRO SINÓTICO

Crime de dano em coisa de valor artístico, arqueológico ou histórico	
Tipo penal	Houve a revogação tácita do art. 165 do CP: "Destruir, inutilizar ou deteriorar coisa tombada pela autoridade competente em virtude de valor artístico, arqueológico ou histórico". Deve-se analisar o artigo 62, da Lei n. 9.605/1998: "Destruir, inutilizar ou deteriorar bem especialmente protegido por lei, ato administrativo ou decisão judicial; ou arquivo, registro, museu, biblioteca, pinacoteca, instalação científica ou similar protegido por lei, ato administrativo ou decisão judicial"
Objeto jurídico	Os bens jurídicos tutelados são o patrimônio cultural e, sob uma perspectiva ampla de meio ambiente, o ordenamento urbano.
Sujeito ativo	Qualquer um, inclusive pessoas jurídicas, nos termos do artigo 225, § 3º, da CF.
Sujeito passivo	Pode ser sujeito passivo a pessoa jurídica de direito público, o proprietário ou o possuidor da coisa.
Elemento subjetivo	Admite-se a modalidade dolosa. Nos termos do artigo 62, da Lei n. 9.605/1998, a conduta também pode ser culposa.
Consumação	A consumação ocorre com a destruição, inutilização ou deterioração do bem especialmente protegido por lei, ato administrativo ou decisão judicial.
Tentativa	Admite-se a tentativa.
Classificação	Crime comum, pode ser doloso ou culposo, de dano, material, de forma livre, comissivo ou omissivo impróprio, de conteúdo variado, monossubjetivo, plurissubsistente e não transeunte.
Benefícios	Com relação à pena prevista no artigo 62, da Lei n. 9.605/1998, é cabível a suspensão condicional do processo e o ANPP. A modalidade culposa é de competência dos Juizados Especiais Criminais e, além do ANPP e suspensão condicional do processo, também admite a transação.
Ação penal	Ação penal pública incondicionada.

4.4. Alteração de Local Especialmente Protegido

O crime de alteração de local especialmente protegido está previsto no artigo 166 do Código Penal:

> *Art. 166 – Alterar, sem licença da autoridade competente, o aspecto de local especialmente protegido por lei:*
>
> *Pena – detenção, de um mês a um ano, ou multa.*

Houve a **revogação tácita**, nos moldes do artigo 2º, parágrafo 1º, da Lei de Introdução às Normas do Direito Brasileiro, em razão de a matéria passar a ser inteiramente regulada pelo artigo 63 da Lei n. 9.605/1998, que possui o seguinte teor:

> *Art. 63. Alterar o aspecto ou estrutura de edificação ou local especialmente protegido por lei, ato administrativo ou decisão judicial, em razão de seu valor paisagístico, ecológico, turístico, artístico, histórico, cultural, religioso, arqueológico, etnográfico ou monumental, sem autorização da autoridade competente ou em desacordo com a concedida:*
>
> *Pena – reclusão, de um a três anos, e multa.*

O crime possui como núcleo o verbo "alterar" (modificar, causar mudança, perturbar, adulterar). O objeto material é o aspecto ou a estrutura de edificação ou local especialmente protegido por lei, ato administrativo ou decisão judicial, em razão de seu valor paisagístico, ecológico, turístico, artístico, histórico, cultural, religioso, arqueológico, etnográfico ou monumental. A alteração deve ocorrer, para a configuração do crime, sem autorização da autoridade competente ou em desacordo com a concedida.

O tipo penal é mais abrangente do que o do artigo 166 do Código Penal, que previa a conduta de alterar o aspecto de local especialmente protegido por lei, sem autorização da autoridade competente. A pena do crime da Lei n. 9.605/1998 é mais grave, de reclusão de um a três anos, e multa, razão pela qual só pôde ser aplicada aos crimes cometidos após o início de sua vigência.

O crime é doloso, consistente na vontade e consciência de alterar o aspecto ou a estrutura de bem especialmente protegido, seja sem autorização da autoridade competente, seja em desacordo com a concedida. É comum, por não prever nenhuma qualidade especial do sujeito ativo para sua configuração. Possui forma livre, ocorrendo o delito de qualquer forma que implique na alteração do aspecto ou da estrutura sem autorização ou de forma diversa da que tenha sido autorizada. Conforme prevê o artigo 26 da Lei n. 9.605/1998, a ação penal é pública incondicionada.

QUADRO SINÓTICO

Crime de alteração de local especialmente protegido	
Tipo penal	O artigo 166 do CP foi tacitamente: "Alterar, sem licença da autoridade competente, o aspecto de local especialmente protegido por lei". Deve ser analisado o artigo 63, da Lei n. 9.605/1998: "alterar o aspecto ou estrutura de edificação ou local especialmente protegido por lei, ato administrativo ou decisão judicial, em razão de seu valor paisagístico, ecológico, turístico, artístico, histórico, cultural, religioso, arqueológico, etnográfico ou monumental, sem autorização da autoridade competente ou em desacordo com a concedida".

Crime de alteração de local especialmente protegido	
Objeto jurídico	Os bens jurídicos tutelados são, sob uma perspectiva ampla de meio ambiente, o ordenamento urbano e o patrimônio cultural.
Sujeito ativo	Qualquer um.
Sujeito passivo	Pode ser sujeito passivo a pessoa jurídica de direito público, o proprietário ou o possuidor da coisa.
Elemento subjetivo	Admite-se somente a modalidade dolosa.
Consumação	A consumação ocorre com a alteração do aspecto ou estrutura da edificação ou local especialmente protegido por lei, ato administrativo ou decisão judicial.
Tentativa	Admite-se a tentativa.
Classificação	Crime comum, doloso, de dano, material, de forma livre, comissivo ou omissivo impróprio, monossubjetivo, plurissubsistente e não transeunte.
Benefícios	Com relação à pena prevista no artigo 63, da Lei n. 9.605/1998, é cabível a suspensão condicional do processo e o ANPP.
Ação penal	Pública incondicionada.

5. DA APROPRIAÇÃO INDÉBITA

O Capítulo V do Título II da Parte Especial do Código Penal é intitulado "Da Apropriação Indébita", abrangendo os crimes de apropriação indébita; apropriação indébita previdenciária; apropriação de coisa havida por erro, caso fortuito ou força da natureza; apropriação de tesouro e apropriação de coisa achada.

5.1. Apropriação Indébita

O delito de apropriação indébita está previsto no artigo 168 do Código Penal, que possui o seguinte conteúdo:

> *Art. 168 – Apropriar-se de coisa alheia móvel, de que tem a posse ou a detenção:*
>
> *Pena – reclusão, de um a quatro anos, e multa.*
>
> *Aumento de pena*
>
> *§ 1º – A pena é aumentada de um terço, quando o agente recebeu a coisa:*
>
> *I – em depósito necessário;*
>
> *II – na qualidade de tutor, curador, síndico, liquidatário, inventariante, testamenteiro ou depositário judicial;*
>
> *III – em razão de ofício, emprego ou profissão.*

Segundo pontua Bitencourt, a primeira diferenciação entre a apropriação indébita e o furto foi realizada no Código Francês de 1791, que influenciou outros países europeus[82]. **Protegem-se a propriedade e os direitos reais de garantia.** Não se exige confiança ou fidúcia entre o sujeito ativo e o passivo, sendo suficiente que haja posse justa ou mera detenção do agente sobre a coisa. A coisa deve ser alheia e deve ser móvel, não sendo possível a configuração do delito em relação a bem imaterial.

É imprescindível que a posse ou detenção seja desvigiada. O delito será de furto se o agente tiver a mera detenção vigiada, como um funcionário que use coisa alheia móvel pertencente ao patrão, como um equipamento eletrônico, apenas durante o expediente, sem ter a sua efetiva posse ou detensão desvigiada. Caso um dia decida tomar para si a coisa, ainda que após usá-la licitamente, haverá furto, porque não havia posse ou detenção desvigiada.

A ação nuclear é apropriar-se (apoderar-se, assenhorear-se, arrogar-se a posse) de coisa alheia móvel. Exige-se a anterior posse ou detenção lícita da coisa, em nome alheio, ou seja, o agente deve ter, anteriormente à conduta típica, a posse justa ou a detenção lícita da coisa, sem que tenha a disponibilidade jurídica sobre ela. Assim, a consumação do delito se dá com a inversão do título da posse, isto é, o agente deixa de possuir em nome alheio (*alieno domine*) para possuir como dono (*causa dominii*). Portanto, é um elemento subjetivo, que deve ser demonstrado por um ato exterior, algo que transcenda o simples elemento anímico, a mera vontade do agente.

A inversão do título ou da natureza da posse pode se consubstanciar na recusa em devolvê-la, quando o agente demonstra que a tomou para si, ou em algum ato de disponibilidade, em razão de só o proprietário poder dispor da coisa.

A apropriação indébita é crime doloso, exigindo o ***animus rem sibi habendi***, ou seja, o intuito de tomar a coisa para si. O dolo deve estar presente no momento da conduta típica que, nesse caso, ocorre após o recebimento da coisa. A apropriação indébita se diferencia do estelionato na medida em que o dolo da apropriação indébita surge somente depois de o agente estar na posse ou detenção da coisa, enquanto o dolo do estelionato surge antes mesmo do agente se tornar possuidor ou detentor da coisa, ao tempo da prática da conduta astuciosa.

O atraso ou a demora na devolução da coisa não significam, por si sós, a configuração do delito, sendo imprescindível que demonstre a intenção do agente de modificar a natureza da posse, passando a possuir a coisa como dono. A doutrina majoritária, com precisão, classifica o crime em estudo como comum[83]. Há, entretanto, entendimento minoritário de que a apropriação indébita é crime próprio, por envolver a necessidade de anterior posse justa ou detenção lícita da coisa[84].

Nos termos do artigo 170 do CP, aplica-se à apropriação indébita as disposições do artigo 155, § 2º, do CP, de sorte que, se o agente for primário e a coisa apropriada for de pequeno valor, o juiz poderá substituir a pena de reclusão por detenção, diminuí-la de um a dois terços ou aplicar somente a pena de multa.

---

82. BITENCOURT, Cezar Roberto. Op. Cit., p. 235.
83. BITENCOURT, Cezar Roberto. Op. Cit., 2020, p. 274-275; PRADO, Luiz Regis. Op. Cit., 2020, p. 657. CUNHA, Rogério Sanches. Op. Cit., 2020, p. 370. MASSON, Cleber. Op. Cit., 2019, p. 482; ALVES, Jamil Chaim. Op. Cit., 2021, p. 1.041.
84. BARROS, Flávio Augusto Monteiro de. Op. Cit., 2019, p. 1.005.

É crime material, pois exige que a coisa passe a ser possuída pelo agente a título de proprietário, o que acarreta o resultado naturalístico de lesão ao patrimônio da vítima.

A maioria da doutrina classifica o crime como plurissubsistente, admitindo o *conatus*, ou seja, a modalidade tentada. Luiz Regis Prado, entretanto, defende não haver articulação técnica a sustentar essa corrente. Para ele, a tentativa não é admissível, pois o crime é instantâneo e pressupõe a anterior posse ou detenção do bem pelo agente. A consumação ocorre quando se exterioriza a vontade de não restituir. Por isso, defende que, caso o proprietário flagre o possuidor no momento em que ele está vendendo a coisa, o ânimo de assenhoreamento já se exteriorizou, o que leva à responsabilização pelo delito consumado[85].

Sobre a caracterização da apropriação indébita de bem fungível, deve-se diferenciar a natureza da transferência da coisa. Se for um contrato de mútuo, a transferência do dinheiro é feita para uso do contratante e posterior devolução do valor objeto do contrato. Por outro lado, em se tratando de recebimento de um dinheiro em nome do patrão ou mesmo de recebimento de valor para guarda, como faz uma instituição financeira, a inversão da posse, mesmo que de bem fungível, configura o delito. Vale ressaltar, ainda, que **o STJ já aceitou a configuração do crime de apropriação indébita em caso de bem fungível**:

> *(...) 1. Este Tribunal Superior já reconheceu a possibilidade de ocorrência do delito de apropriação indébita quando se trata de bem fungível. 2. É também entendimento deste Sodalício que o ressarcimento do prejuízo decorrente do desvio do bem depositado – inocorrente no caso – não descaracteriza o delito. (...)" (STJ, AgRg no AREsp 528420/MS, Rel. Min. Jorge Mussi, Quinta Turma, DJe 02/03/2018).*

Quanto à aplicação do **princípio da insignificância**, o STJ estabeleceu o parâmetro de limite de valor até 10% do salário-mínimo vigente. Ademais, tem entendido que a restituição da coisa não implica, por si só, o reconhecimento do crime de bagatela. Apesar de se referir a *res furtivae*, o acórdão trata do crime do artigo 168 do Código Penal:

> *(...) 1. A jurisprudência desta Corte Superior de Justiça firmou-se no sentido de ser incabível a aplicação do princípio da insignificância quando o montante do valor da res furtivae superar o percentual de 10% do salário-mínimo vigente à época dos fatos. Precedentes. 2. O fato de o bem ter sido devolvido à vítima não constitui, por si só, motivo suficiente para a aplicação do princípio da insignificância. (...)" (STJ, AgRg no AREsp 1322476/MG, Rel. Min. Joel Ilan Paciornik, Quinta Turma, DJe 10/10/2018).*

Modalidades majoradas

O Código Penal prevê o aumento de um terço na pena do crime de apropriação indébita nos seguintes casos:

I. em depósito necessário

O Código Civil faz distinção entre o depósito necessário e o voluntário. Além disso, subdivide o depósito necessário em legal e miserável:

85. PRADO, Luiz Regis. Op. Cit., 2020, p. 657.

> *Art. 647. É depósito necessário:*
>
> *I – o que se faz em desempenho de obrigação legal;*
>
> *II – o que se efetua por ocasião de alguma calamidade, como o incêndio, a inundação, o naufrágio ou o saque.*

O parágrafo único do artigo 649 traz, ainda, as hipóteses equiparadas ao depósito:

> *Parágrafo único. Os hospedeiros responderão como depositários, assim como pelos furtos e roubos que perpetrarem as pessoas empregadas ou admitidas nos seus estabelecimentos.*

O artigo 647 traz as hipóteses de depósito necessário para o Direito Civil. O inciso I representa o chamado depósito legal, enquanto o inciso II cuida do depósito miserável, as duas modalidades do depósito necessário em referido ramo do Direito. Para o Direito Penal, com base nos ensinamentos de Nélson Hungria, **a melhor doutrina aponta que somente o depósito miserável corresponde ao exigido pela modalidade qualificada da apropriação indébita tratada no inciso I do § 1º do artigo 168 do Código Penal**. Não inclui o depósito legal, que seria o gênero do depósito judicial[86].

Por isso, apenas as hipóteses do artigo 647, inciso I, do Código Civil, o chamado depósito miserável, se amoldam ao artigo 168, § 1º, inciso I, do Código Penal. O depósito judicial, conforme se analisará adiante, se enquadra na hipótese do artigo 168, § 1º, inciso II, do Código Penal. A apropriação no caso de depósito legal, por parte de funcionário público, pode configurar peculato. Para Hungria, o depósito por equiparação, do artigo 649, deve configurar a modalidade majorada em razão do exercício de ofício, emprego ou profissão[87].

Desse modo, o termo depósito necessário, previsto na causa de aumento de pena do inciso I, deve ser entendido como aquele decorrente de efetiva necessidade, não se estendendo às hipóteses de depósito legal. Somente o depósito miserável, decorrente de alguma calamidade, como o incêndio, a inundação, o naufrágio ou o saque, serve para a configuração da majorante. O desvalor maior reside na situação de vulnerabilidade da vítima. Noronha, em sentido contrário, apresenta a posição de que o dispositivo abrange todas as modalidades de depósito legal[88].

II. na qualidade de tutor, curador, síndico, liquidatário, inventariante, testamenteiro ou depositário judicial

O desvalor maior desta hipótese reside em função exercida pelo sujeito ativo, motivo pelo qual se espera maior confiabilidade e honradez em seu comportamento. São funções enumeradas em rol taxativo, isto é, não admitem a inclusão de outras

86. HUNGRIA, Nélson. Comentários ao Código Penal, vol. VII. 2. ed. Rio de Janeiro: Revista Forense, 1958, p. 147-148. BITENCOURT, Cezar Roberto. Op. Cit., 2020, p. 275-276. GRECO, Rogério. Código Penal Comentado. 11. ed. Niterói: Impetus, 2017, p. 927-928.
87. HUNGRIA, Nélson. Op. Cit., vol. VII, 1958, p. 148-149.
88. NORONHA, Edgard Magalhães. Direito Penal, vol. 2. 12. ed. São Paulo: Saraiva, 1976, p. 355. No mesmo sentido, defendendo ser o depósito necessário o miserável e o legal (ressalvando o do funcionário público): PRADO, Luiz Regis. Curso de direito penal brasileiro: parte geral e parte especial. 18. ed. Rio de Janeiro: Forense, 2020, p. 657-658.

não mencionadas, sob pena de se aceitar analogia *in malam partem*, o que já vimos não ser possível.

Tutor é aquele que exerce o encargo de gerir a vida pessoal e patrimonial de outro indivíduo, menor de idade, na ausência dos pais ou no caso de eles serem destituídos do poder familiar.

Curador é o que exerce o mesmo encargo, mas em caso de incapacidade, seja por ser o indivíduo que tem a vida gerenciada um ébrio habitual, viciado em tóxico ou alguém que, por causa transitória ou permanente, não puder exprimir sua vontade. Está sujeito, ainda, à curatela o pródigo, nos termos do artigo 1.767 do Código Civil.

Síndico era a antiga denominação do administrador judicial, aquele que gerencia e representa a massa falida em caso de falência.

Liquidatário é o que procede à chamada liquidação judicial, tratada nos termos dos artigos 1.102 a 1.112 do Código Civil. São sinônimos os termos liquidante e liquidatário. Rogério Greco, entretanto, entende que a figura foi extinta e não há mais esta função no ordenamento jurídico brasileiro.

Inventariante é o responsável pelo encargo de administrar o espólio até a efetiva partilha dos bens entre os sucessores, herdeiros e legatários.

Testamenteiro é aquele que cumpre as disposições de última vontade de outrem, ou seja, que procede ao cumprimento do disposto em determinado testamento.

Depositário judicial, por sua vez, é a pessoa que recebe o encargo, perante o Poder Judiciário, de realizar a guarda de bens e valores. Vale recordar, como dito acima, que o depósito necessário miserável é tratado pelo artigo 168, § 1º, inciso I. Ademais, se o depósito judicial for encargo atribuído a um funcionário público, no exercício de suas funções ou em razão delas, o delito será de peculato.

É possível, portanto, que o depositário judicial responda por apropriação indébita se inverter o título da posse, como ao anunciar à venda o bem sob sua guarda. O crime pode se configurar, portanto, se a penhora recai sobre o faturamento de um estabelecimento comercial. Como decidiu o STJ, "o fiel depositário de penhora judicial sobre o faturamento está sujeito às penas previstas no art. 168, § 1º, II, do Código Penal"[89]. Incide a majorante de um terço em razão da condição de depositário do valor do faturamento.

Uma discussão que surgiu a respeito foi se o sócio da pessoa jurídica não seria o proprietário do faturamento, o que tornaria a sua conduta atípica. Isto porque o tipo penal menciona "coisa alheia móvel". O STJ, acertadamente, objetou de duas formas: primeiro, o patrimônio do sócio não se confunde com o da empresa; segundo, o valor determinado na penhora foi entregue ao sócio na qualidade de depósito, e não como parte do seu patrimônio:

> *"No presente caso, não há falar em atipicidade da conduta do réu que se apropriou de coisa alheia móvel ao abster-se de depositar 5% do faturamento da empresa, conforme determinado em execução fiscal. 3. Isso, porque "não configura coisa própria, a elidir*

89. STJ, AgRg no REsp n. 1.871.947/PR, Rel. Min. Rogerio Schietti Cruz, Sexta Turma, julgado em 26/4/2022, DJe de 3/5/2022.

> *a elementar 'apropriação de coisa alheia', o fato de originalmente ser a mercadoria de propriedade da empresa onde associado o acusado, pois a ele entregue na condição de depósito e porque os bens da empresa não se confundem com bens do sócio" (STJ, AgRg no REsp n. 1.853.281/PR, Rel. Min. Antonio Saldanha Palheiro, Sexta Turma, julgado em 13/3/2023, DJe de 16/3/2023).*

Pouco tempo após o julgamento do tema pelo STJ, a Segunda Turma do STF decidiu, por maioria, de forma diferente:

> *"1. O sócio-administrador, nomeado depositário judicial, que deixa de depositar em juízo parte do faturamento da sociedade empresária não comete o crime de apropriação indébita, porquanto ausente a elementar do tipo "coisa alheia", o que, em consequência, torna atípica a conduta. 2. No caso, não se comprovou que a execução fiscal em questão abrange crédito tributário relativo às contribuições de segurados, de modo a caracterizar o tipo específico do art. 168-A do Código Penal. 3. Ordem de habeas corpus concedida para absolver-se o paciente nos autos da ação penal n. 5008003-85.2016.4.04.7003/PR, por ausência de conduta típica" (STJ, HC 215102, Rel. Min. Dias Toffoli, Rel. p/ Acórdão Nunes Marques, Segunda Turma, julgado em 17-10-2023)*

III. em razão de ofício, emprego ou profissão

Essa modalidade de apropriação indébita majorada também possui maior gravidade pela função exercida pelo agente, em razão da qual se espera um comportamento mais adequado e responsável. Ofício é geralmente conceituado pela doutrina como a profissão em que se utiliza a habilidade manual, como a de carpinteiro ou de artesão. Emprego é a relação de trabalho em que há habitualidade, pessoalidade, prestado por pessoa física, com vínculo de subordinação. A profissão é gênero, envolvendo a prestação de serviços de forma remunerada.

O Superior Tribunal de Justiça já decidiu que a modalidade majorada do inciso III do § 1º impede a configuração do crime bagatelar, afastando a aplicação do princípio da insignificância:

> *"(...) 3. Malgrado o valor irrisório do bem e a primariedade da paciente, inviabiliza-se o reconhecimento do crime bagatelar, porquanto o crime de apropriação indébita é majorada por ter sido cometida em razão do ofício, emprego ou profissão, circunstância concreta desabonadora, nos termos da jurisprudência deste Tribunal Superior, suficiente para impedir a aplicação do referido brocardo, pois fomenta exponencialmente a prática de outros crimes. 4. Habeas corpus não conhecido." (HC 351173/SC, Rel. Min. Ribeiro Dantas, Quinta Turma, DJe 20/09/2016).*

QUADRO SINÓTICO

Crime de apropriação indébita	
Tipo penal	Apropriar-se de coisa alheia móvel, de que tem a posse ou a detenção.
Objeto jurídico	Tutela-se a propriedade.
Sujeito ativo	Agente que tem a posse ou detenção da coisa móvel.

Crime de apropriação indébita	
Sujeito passivo	Proprietário da coisa.
Elemento subjetivo	Exige-se o dolo. O agente deve agir com a vontade de se apropriar para si da coisa.
Consumação	A consumação ocorre quando o agente deixa de possuir a coisa em nome de terceiro e passa a possuir em nome próprio.
Tentativa	Admite-se a tentativa.
Forma majorada	A pena é aumentada em um terço, quando o agente recebeu a coisa em depósito necessário; na qualidade de tutor, curador, síndico, liquidatário, inventariante, testamenteiro ou depositário judicial; ou em razão de ofício, emprego ou profissão. Se o delito for praticado contra indígena "não integrado", incide a causa de aumento de pena de um terço, nos termos do artigo 59 da Lei n. 6.001/1973.
Classificação	Crime próprio, doloso, comissivo ou omissivo impróprio, material, de forma livre, instantâneo, monossubjetivo, unissubsistente ou plurissubsistente.
Benefícios	Admitem-se a suspensão condicional do processo e o oferecimento de ANPP.
Ação penal	A ação penal é pública incondicionada. Contudo, nos termos do artigo 182 do CP, o delito procederá por ação penal pública condicionada à representação se for cometido em prejuízo de cônjuge desquitado ou judicialmente separado; de irmão, legítimo ou ilegítimo; de tio ou sobrinho, com que o agente coabita. Tais disposições, nos termos do artigo 183 do CP, restam afastadas se o crime é praticado mediante emprego de grave ameaça ou violência à pessoa; ao estranho que participa do crime; ou se o crime é praticado contra pessoa com idade igual ou superior a sessenta anos.
Observações	Nos termos do artigo 181, é isento de pena o agente que comete o crime em prejuízo de cônjuge, na constância da sociedade conjugal; ou de ascendente ou descendente, seja o parentesco legítimo ou ilegítimo, seja civil ou natural. Tal disposição, contudo, não é aplicada se o crime é praticado mediante emprego de grave ameaça ou violência à pessoa; ao estranho que participa do crime; ou se o crime é praticado contra pessoa com idade igual ou superior a sessenta anos, nos termos do artigo 183 do CP.

5.2. Apropriação Indébita Previdenciária

O delito de apropriação indébita previdenciária está previsto no artigo 168-A do Código Penal:

> *Art. 168-A. Deixar de repassar à previdência social as contribuições recolhidas dos contribuintes, no prazo e forma legal ou convencional:*

PARTE ESPECIAL

Pena – reclusão, de 2 (dois) a 5 (cinco) anos, e multa

§ 1º Nas mesmas penas incorre quem deixar de:

I – recolher, no prazo legal, contribuição ou outra importância destinada à previdência social que tenha sido descontada de pagamento efetuado a segurados, a terceiros ou arrecadada do público;

II – recolher contribuições devidas à previdência social que tenham integrado despesas contábeis ou custos relativos à venda de produtos ou à prestação de serviços;

III – pagar benefício devido a segurado, quando as respectivas cotas ou valores já tiverem sido reembolsados à empresa pela previdência social.

§ 2º É extinta a punibilidade se o agente, espontaneamente, declara, confessa e efetua o pagamento das contribuições, importâncias ou valores e presta as informações devidas à previdência social, na forma definida em lei ou regulamento, antes do início da ação fiscal.

§ 3º É facultado ao juiz deixar de aplicar a pena ou aplicar somente a de multa se o agente for primário e de bons antecedentes, desde que:

I – tenha promovido, após o início da ação fiscal e antes de oferecida a denúncia, o pagamento da contribuição social previdenciária, inclusive acessórios; ou

II – o valor das contribuições devidas, inclusive acessórios, seja igual ou inferior àquele estabelecido pela previdência social, administrativamente, como sendo o mínimo para o ajuizamento de suas execuções fiscais.

§ 4º A faculdade prevista no § 3o deste artigo não se aplica aos casos de parcelamento de contribuições cujo valor, inclusive dos acessórios, seja superior àquele estabelecido, administrativamente, como sendo o mínimo para o ajuizamento de suas execuções fiscais.

A ação nuclear é "deixar de repassar", ou seja, trata-se de **crime omissivo próprio**, pois se configura quando o indivíduo não repassa, ou seja, não faz algo[90]. Em momento anterior, as contribuições devem ter sido recolhidas dos contribuintes, o que é um pressuposto para a conduta típica do agente. Por se tratar de crime omissivo próprio, ou seja, delito que já prevê um não fazer como seu tipo penal, não se admite a tentativa.

A figura do *caput* se volta ao agente que é **substituto tributário** e deve repassar ao fisco a contribuição a que outrem está sujeito. A figura do parágrafo primeiro, por sua vez, se volta ao empresário que é **contribuinte do tributo**[91]. O crime pode se configurar, portanto, nas hipóteses de o sujeito ativo ser substituto ou contribuinte das contribuições previdenciárias.

Esse entendimento, mais amplo, foi adotado pelo STJ, ao aprovar a Súmula 658, no caso do crime do artigo 2º, inciso II, da Lei n. 8.137/1990. Ainda que se trate de outro delito, conhecido como apropriação indébita tributária, se a interpretação foi ampla quanto àquele delito, essa mesma interpretação deve ser aplicada ao delito de apropriação indébita previdenciária. Por isso, a leitura do enunciado é válida para o estudo do artigo 168-A do CP:

O crime de apropriação indébita tributária pode ocorrer tanto em operações próprias como em razão de substituição tributária.

90. STJ, AgRg no REsp 1799126/RN, Rel. Min. Felix Fischer, Quinta Turma, DJe 11/06/2016.
91. BITENCOURT, Cezar Roberto. Op. cit., 2020, p. 286-287.

O repasse das contribuições previdenciárias à Receita, para a configuração do delito, não é feito na forma e no prazo legal ou convencional. Como os prazos estão previstos em lei, é necessária uma complementação normativa, o que leva à conclusão de se tratar de **norma penal em branco**. Os prazos e a forma estão previstos na Lei n. 8.212/1991.

Cuida-se de crime doloso, exigindo-se a vontade e a consciência de não repassar à previdência social as contribuições recolhidas dos contribuintes, no prazo e forma legal e convencional. **Prevalece não ser necessário elemento subjetivo especial do tipo.** Entretanto, Bitencourt entende que é imprescindível a intenção específica de se apropriar dos valores, também conhecida como *animus rem sibi habendi*[92].

O Supremo Tribunal Federal fixou o entendimento sobre ser prescindível o elemento subjetivo especial do tipo:

> *"2. A jurisprudência deste Supremo Tribunal Federal é firme no sentido de que para a configuração do delito de apropriação indébita previdenciária não é necessário um fim específico, ou seja, o animus rem sibi habendi, bastando para nesta incidir a vontade livre e consciente de não recolher as importâncias descontadas dos salários dos empregados da empresa pela qual responde o agente." (STF, HC 122766 AgRg/SP, Rel. Min. Carmen Lúcia, Segunda Turma, Julgamento: 28/10/2014).*

Não é outro o entendimento do Superior Tribunal de Justiça, que pacificou a jurisprudência nos mesmos termos:

> *"A Terceira Seção, no julgamento do EREsp 1296631/RN, Rel. Min. Laurita Vaz, Terceira Seção, DJe 17/09/2013, pacificou o entendimento da desnecessidade do dolo específico para se configurar o delito de apropriação indébita previdenciária." (STJ, EREsp 1207466/ES, Rel. Min. Gurgel de Faria, Terceira Seção, DJe 06/11/2014).*

O STJ possuía o entendimento de que o crime é formal[93]. Entretanto, após adotar a posição do STF, passou a entender que o crime é material, exigindo a constituição definitiva do débito tributário para a sua configuração[94]. Foi, inclusive, fixada tese na sistemática de recurso repetitivo representativo da controvérsia:

> *"Para os fins do art. 927, inciso III, c.c. o art. 1.039 e seguintes, do Código de Processo Civil, resolve-se a controvérsia repetitiva com a afirmação da tese: 'O crime de apropriação indébita previdenciária, previsto no art. 168-A, § 1.º, inciso I, do Código Penal, possui natureza de delito material, que só se consuma com a constituição definitiva, na via administrativa, do crédito tributário, consoante o disposto na Súmula Vinculante n. 24 do Supremo Tribunal Federal'" (STJ, REsp n. 1.982.304/SP, Rel. Min. Laurita Vaz, Terceira Seção, julgado em 17/10/2023, DJe de 20/10/2023)*

92. BITENCOURT, Cezar Roberto. Op. cit., 2020, p. 288.
93. STJ, EREsp 1207466/ES, Rel. Min. Gurgel de Faria, Terceira Seção, DJe 06/11/2014.
94. STJ, AgRg nos EDcl no REsp 1806096, Rel. Min. Nefi Cordeiro, Sexta Turma, DJe 08/10/2019.

É importante a leitura da Súmula Vinculante 24 que, apesar de não mencionar o delito em estudo, foi citada no julgado acima colacionado:

> *Não se tipifica crime material contra a ordem tributária, previsto no art. 1º, incisos I a IV, da Lei 8.137/1990, antes do lançamento definitivo do tributo.*

Quanto à continuidade delitiva, cumpre destacar que o Superior Tribunal de Justiça não admite o seu reconhecimento entre o crime de apropriação indébita previdenciária e o de sonegação de contribuição previdenciária. O motivo, já estudado, é a exigência de os delitos sejam da mesma espécie para que se reconheça o crime continuado:

> *"Os delitos de apropriação indébita previdenciária e de sonegação de contribuição previdenciária, previstos, respectivamente, nos arts. 168-A e 337-A do CP, embora sejam do mesmo gênero, são de espécies diversas; obstando a benesse da continuidade delitiva" (STJ AgRg no REsp 1868826/CE, Rel. Min. Ribeiro Dantas, Quinta Turma, julgado em 09/02/2021, DJe 17/02/2021)*

Formas equiparadas

O § 1º do artigo 168-A prevê formas equiparadas. São as condutas de deixar de:

I. recolher, no prazo legal, contribuição ou outra importância destinada à previdência social que tenha sido descontada de pagamento efetuado a segurados, a terceiros ou arrecadada do público

Deixar de recolher a contribuição consiste na conduta de, após descontada a contribuição do pagamento efetuado ou sua arrecadação, não proceder ao seu efetivo recolhimento, o que denota uma conduta nitidamente omissiva. Nota-se que o objeto material não está estritamente vinculado à contribuição previdenciária, podendo ser qualquer importância destinada à previdência social.

II. recolher contribuições devidas à previdência social que tenham integrado despesas contábeis ou custos relativos à venda de produtos ou à prestação de serviços

Também é conduta equiparada a de deixar de recolher contribuições devidas à previdência social, as quais tenham integrado as despesas contábeis ou custos referentes à venda de produtos ou à prestação de serviços. Pressupõe-se que o agente tenha recebido o valor, por eles integrarem os custos, de modo que depois não o recolhe, o que se amolda ao tipo penal. É um crime omissivo próprio ou puro.

III. pagar benefício devido a segurado, quando as respectivas cotas ou valores já tiverem sido reembolsados à empresa pela previdência social

Configura-se o delito, em sua forma equiparada, a conduta de deixar de pagar benefício devido a segurado, após os valores terem sido recebidos pela empresa, em virtude de reembolso do Regime Geral de Previdência Social. Como as demais condutas, cuida-se de crime omissivo próprio.

Causa extintiva da punibilidade

O parágrafo segundo do artigo 168-A prevê uma causa de extinção da punibilidade

> *§ 2º É extinta a punibilidade se o agente, espontaneamente, declara, confessa e efetua o pagamento das contribuições, importâncias ou valores e presta as informações devidas à previdência social, na forma definida em lei ou regulamento, antes do início da ação fiscal.*

Prevê-se que, caso o agente espontaneamente declare, confesse e efetue o pagamento das contribuições, importâncias ou valores, além de prestar as informações devidas à Previdência Social, na forma definida em lei ou regulamento, sua punibilidade deve ser extinta. Nos termos utilizados pela lei (importâncias ou valores) incluem-se os juros e a correção monetária. O termo final para referido benefício é o **início da ação fiscal**, e não da ação penal.

Perdão judicial ou substituição da pena por multa

O parágrafo terceiro do artigo 168-A do Código Penal prevê hipótese de perdão judicial ou de substituição da pena privativa de liberdade pela de multa:

> *§ 3º É facultado ao juiz deixar de aplicar a pena ou aplicar somente a de multa se o agente for primário e de bons antecedentes, desde que:*
>
> *I – tenha promovido, após o início da ação fiscal e antes de oferecida a denúncia, o pagamento da contribuição social previdenciária, inclusive acessórios; ou*
>
> *II – o valor das contribuições devidas, inclusive acessórios, seja igual ou inferior àquele estabelecido pela previdência social, administrativamente, como sendo o mínimo para o ajuizamento de suas execuções fiscais.*
>
> *§ 4º A faculdade prevista no § 3º deste artigo não se aplica aos casos de parcelamento de contribuições cujo valor, inclusive dos acessórios, seja superior àquele estabelecido, administrativamente, como sendo o mínimo para o ajuizamento de suas execuções fiscais.*

Exige-se que o agente seja **primário e de bons antecedentes**, devendo, ainda, preencher um dos requisitos, de forma alternativa:

- Efetuar o pagamento da contribuição social previdenciária e acessórios (incluídos os juros) após o início da execução fiscal e antes de oferecida a denúncia; ou
- Que o valor das contribuições devidas, inclusive acessórios, seja igual ou inferior àquele estabelecido, pela Previdência Social, como mínimo para o ajuizamento das execuções fiscais. Com a unificação da Receita Federal e a criação da chamada "Super Receita", a cobrança das execuções ficais passou para a Receita Federal, sendo que sua cobrança em juízo é atribuição da Procuradoria-Geral da Fazenda Nacional.

Entretanto, o parágrafo quarto, incluído recentemente pela Lei n. 13.606/2018, passou a vedar a aplicação do parágrafo terceiro aos casos de parcelamento de contribuições cujo valor seja superior ao estabelecido, administrativamente, como mínimo para o ajuizamento das execuções fiscais.

Suspensão e extinção da pretensão punitiva: legislação extravagante

Existem benefícios específicos para o crime de apropriação indébita previdenciária e que estão previstos no Código Penal, como perdão judicial e extinção da punibilidade pelo pagamento da quantia devida. Ocorre que há **lei extravagante mais benéfica**, dispondo sobre suspensão e extinção da pretensão punitiva nos casos de parcelamento e pagamento do débito tributário, o que acaba por suspender temporariamente a eficácia dos dispositivos do Código Penal.

A Lei n. 10.684/2003, que lançou o Paes ou Refis II, dispõe sobre o tema, trazendo medidas despenalizados quanto a crimes em matéria tributária. É o que prevê o seu artigo 9º:

> *Art. 9º É suspensa a pretensão punitiva do Estado, referente aos crimes previstos nos arts. 1º e 2º da Lei nº 8.137, de 27 de dezembro de 1990, e nos arts. 168A e 337A do Decreto-Lei nº 2.848, de 7 de dezembro de 1940 – Código Penal, durante o período em que a pessoa jurídica relacionada com o agente dos aludidos crimes estiver incluída no regime de parcelamento.*
>
> *§ 1º A prescrição criminal não corre durante o período de suspensão da pretensão punitiva.*
>
> *§ 2º Extingue-se a punibilidade dos crimes referidos neste artigo quando a pessoa jurídica relacionada com o agente efetuar o pagamento integral dos débitos oriundos de tributos e contribuições sociais, inclusive acessórios.*

Portanto, pela Lei n. 10.684/2003, não há limite temporal para a suspensão da punibilidade pelo parcelamento do débito tributário, nem mesmo para a extinção da punibilidade em caso de pagamento integral dos débitos tributários. A norma, portanto, é muito mais favorável do que o Código Penal, que traz limites e pressupostos mais rígidos para os benefícios previstos para quem pratica o crime do artigo 337-A do CP.

Além disso, o artigo 83 da Lei n. 9.430/1996 trata do mesmo tema. Apesar de ser mais antiga, os parágrafos primeiro ao quinto foram incluídos pela Lei n. 12.382/2011, a qual também renumerou o parágrafo sexto:

> *Art. 83. A representação fiscal para fins penais relativa aos crimes contra a ordem tributária previstos nos arts. 1º e 2º da Lei n. 8.137, de 27 de dezembro de 1990, e aos crimes contra a Previdência Social, previstos nos arts. 168-A e 337-A do Decreto-Lei n. 2.848, de 7 de dezembro de 1940 (Código Penal), será encaminhada ao Ministério Público depois de proferida a decisão final, na esfera administrativa, sobre a exigência fiscal do crédito tributário correspondente.*
>
> *§ 1º Na hipótese de concessão de parcelamento do crédito tributário, a representação fiscal para fins penais somente será encaminhada ao Ministério Público após a exclusão da pessoa física ou jurídica do parcelamento.*
>
> *§ 2º É suspensa a pretensão punitiva do Estado referente aos crimes previstos no caput, durante o período em que a pessoa física ou a pessoa jurídica relacionada com*

> *o agente dos aludidos crimes estiver incluída no parcelamento, desde que o pedido de parcelamento tenha sido formalizado antes do recebimento da denúncia criminal.*
>
> *§ 3º A prescrição criminal não corre durante o período de suspensão da pretensão punitiva.*
>
> *§ 4º Extingue-se a punibilidade dos crimes referidos no caput quando a pessoa física ou a pessoa jurídica relacionada com o agente efetuar o pagamento integral dos débitos oriundos de tributos, inclusive acessórios, que tiverem sido objeto de concessão de parcelamento.*
>
> *§ 5º O disposto nos §§ 1º a 4º não se aplica nas hipóteses de vedação legal de parcelamento.*
>
> *§ 6º As disposições contidas no caput do art. 34 da Lei nº 9.249, de 26 de dezembro de 1995, aplicam-se aos processos administrativos e aos inquéritos e processos em curso, desde que não recebida a denúncia pelo juiz.*

O *caput* do artigo 34 da Lei n. 9.249/1995, a que o parágrafo sexto do artigo 83 da Lei n. 12.382/2011 faz referência, tem o seguinte conteúdo:

> *Art. 34. Extingue-se a punibilidade dos crimes definidos na Lei nº 8.137, de 27 de dezembro de 1990, e na Lei nº 4.729, de 14 de julho de 1965, quando o agente promover o pagamento do tributo ou contribuição social, inclusive acessórios, antes do recebimento da denúncia.*

Portanto, a Lei n. 9.430/1996 possui dispositivos de teor semelhante aos da Lei n. 10.684/2003, mas faz referência ao artigo 34, *caput*, da Lei n. 12.382/2011, a qual determina a extinção da punibilidade no caso de pagamento antes do recebimento da denúncia. Ademais, os artigos 67 a 69 da Lei n. 11.941/2009, que trata do chamado "Refis da Crise", passaram a tratar do tema:

> *Art. 67. Na hipótese de parcelamento do crédito tributário antes do oferecimento da denúncia, essa somente poderá ser aceita na superveniência de inadimplemento da obrigação objeto da denúncia.*
>
> *Art. 68. É suspensa a pretensão punitiva do Estado, referente aos crimes previstos nos arts. 1º e 2º da Lei nº 8.137, de 27 de dezembro de 1990, e nos arts. 168-A e 337-A do Decreto-Lei nº 2.848, de 7 de dezembro de 1940 – Código Penal, limitada a suspensão aos débitos que tiverem sido objeto de concessão de parcelamento, enquanto não forem rescindidos os parcelamentos de que tratam os arts. 1º a 3º desta Lei, observado o disposto no art. 69 desta Lei.*
>
> *Parágrafo único. A prescrição criminal não corre durante o período de suspensão da pretensão punitiva.*
>
> *Art. 69. Extingue-se a punibilidade dos crimes referidos no art. 68 quando a pessoa jurídica relacionada com o agente efetuar o pagamento integral dos débitos oriundos de tributos e contribuições sociais, inclusive acessórios, que tiverem sido objeto de concessão de parcelamento.*
>
> *Parágrafo único. Na hipótese de pagamento efetuado pela pessoa física prevista no § 15 do art. 1º desta Lei, a extinção da punibilidade ocorrerá com o pagamento integral dos valores correspondentes à ação penal.*

Uma questão interessante extraída da Lei n. 11.941/2009, já verificada nas leis acima mencionadas, é a exigência de que o débito pago tenha sido objeto de concessão de parcelamento. Referida exigência passou a levantar a discussão sobre a necessidade ou não de consolidação do parcelamento para que a punibilidade fique suspensa. Ou seja, se basta que o agente ou a pessoa jurídica relacionada ao débito tributário efetue o parcelamento, com o pagamento das guias disponíveis, ou se é necessário que o Fisco aprove e consolide o parcelamento requerido pelo devedor.

Considerando toda a legislação que trata do assunto, importante analisar a sua interpretação jurisprudencial. Superior Tribunal de Justiça vinha decidindo que a quitação do débito referente à sonegação extingue a punibilidade, nos termos da Lei n. 10.684/2003:

> *"(...) AGRAVO REGIMENTAL. CRIME DE SONEGAÇÃO DE CONTRIBUIÇÃO PREVIDENCIÁRIA. ART. 337-A DO CÓDIGO PENAL. (...) 1. Nos termos da jurisprudência consolidada deste Superior Tribunal de Justiça, apenas o pagamento integral do tributo devido tem repercussão na condenação imposta ao Réu. Assim,* ***"Comprovado o pagamento integral dos débitos oriundos de sonegação fiscal, ainda que efetuado posteriormente ao recebimento da denúncia, mas anterior ao trânsito em julgado da sentença condenatória, extingue-se a punibilidade, independentemente de ter se iniciado a execução penal, nos termos do art. 9º, § 2º, da Lei 10.684/03."*** *(HC 123.969/CE, Rel. Min. Arnaldo Esteves Lima, Quinta Turma, julgado em 04/02/2010, DJe 08/03/2010.) (...)" (STJ, AgRg no AREsp 292390/ES, Rel. Min. Laurita Vaz, Quinta Turma, DJe 03/02/2014).*

O Supremo Tribunal Federal possui precedente no mesmo sentido, entendendo ser cabível a extinção da punibilidade no caso de pagamento integral do débito tributário, referente à contribuição previdenciária, também com base na Lei n. 10.684/2003:

> *"CRIMES DE APROPRIAÇÃO INDÉBITA PREVIDENCIÁRIA E DE SONEGAÇÃO DE CONTRIBUIÇÃO PREVIDENCIÁRIA (INCISO I DO § 1º DO ART. 168-A E INCISO III DO ART. 337-A, AMBOS DO CÓDIGO PENAL). (...) 3.1 A extinção da punibilidade pelo pagamento do débito tributário encontra respaldo na regra prevista no artigo 69 da Lei nº 11.941/2009, que não disciplina qualquer limite ou restrição em desfavor do agente, merecendo, no ponto, recordar a locução do Ministro Sepúlveda Pertence no Habeas Corpus nº 81.929/RJ, julgado em 16 de dezembro de 2003: "a nova lei tornou escancaradamente clara que a repressão penal nos crimes contra a ordem tributário é apenas uma forma reforçada de execução fiscal". (...)" (STF, AP 516 ED/DF, Rel. p/ acórdão Min. Luiz Fux, Tribunal Pleno, Julgamento: 05/12/2013).Foi proposta, pela Procuradoria-Geral da República, a ação direta de inconstitucionalidade n. 4.273, em que se arguiu a inconstitucionalidade dos artigos 67, 68 e 69 da Lei n. 11.941/2009 e, por extensão, do artigo 9º, §§ 1º e 2º, da Lei n. 10.684/2003. Alegou-se ofensa aos objetivos fundamentais da República previstos no artigo 3º, incisos I, II, III e IV, e ao princípio da igualdade, previsto no artigo 5º, caput, todos da Constituição de 1988".*

Foi proposta, pela Procuradoria-Geral da República, a ação direta de inconstitucionalidade n. 4.273, em que se arguiu a inconstitucionalidade dos artigos 67, 68 e 69 da Lei n. 11.941/2009 e, por extensão, do artigo 9º, §§ 1º e 2º, da Lei n. 10.684/2003. Alegou-se ofensa aos objetivos fundamentais da República previstos no artigo 3º, incisos I, II, III e IV, e ao princípio da igualdade, previsto no artigo 5º, *caput*, todos da Constituição de 1988.

A primeira questão enfrentada pelo STF foi estar ou não prejudicado o pedido quanto ao artigo 68 da Lei n. 11.941/2009. A Corte entendeu que sim. Ressaltou que a nova lei limitou a suspensão da punibilidade ao parcelamento ocorrido antes do recebimento da denúncia, conforme atual redação do artigo 83 da Lei n. 9.430/1996, dada pela Lei n. 12.282/2011. Por isso, ficou prejudicada a arguição de inconstitucionalidade do artigo 68 da Lei n. 11.941/2009.

Lei n. 11.941/2009, Art. 68. É suspensa a pretensão punitiva do Estado, referente aos crimes previstos nos arts. 1º e 2º da Lei nº 8.137, de 27 de dezembro de 1990, e nos arts. 168-A e 337-A do Decreto-Lei nº 2.848, de 7 de dezembro de 1940 – Código Penal, limitada a suspensão aos débitos que tiverem sido objeto de concessão de parcelamento, enquanto não forem rescindidos os parcelamentos de que tratam os arts. 1º a 3º desta Lei, observado o disposto no art. 69 desta Lei.	Lei n. 9.430/1996, Art. 83, § 2º É suspensa a pretensão punitiva do Estado referente aos crimes previstos no caput, durante o período em que a pessoa física ou a pessoa jurídica relacionada com o agente dos aludidos crimes estiver incluída no parcelamento, desde que o pedido de parcelamento tenha sido formalizado antes do recebimento da denúncia criminal. (**Incluído pela Lei nº 12.382, de 2011**).

O STF decidiu, ainda, que essa disciplina posterior, que limita a suspensão da pretensão punitiva ao parcelamento formalizado antes do recebimento da denúncia, não abrange o pagamento, isto é, a quitação do débito tributário. Assim, subsiste o artigo 69 da Lei n. 11.941/2009, que admite a extinção da punibilidade se o pagamento ocorrer antes ou depois do recebimento da denúncia:

> *Art. 69. Extingue-se a punibilidade dos crimes referidos no art. 68 quando a pessoa jurídica relacionada com o agente efetuar o pagamento integral dos débitos oriundos de tributos e contribuições sociais, inclusive acessórios, que tiverem sido objeto de concessão de parcelamento.*

Para reforçar os argumentos do Relator, o acórdão fez referência a um julgamento da Primeira Turma, que assim consignou:

> *"O pagamento integral de débito – devidamente comprovado nos autos - empreendido pelo paciente em momento anterior ao trânsito em julgado da condenação que lhe foi imposta é causa de extinção de sua punibilidade, conforme opção político-criminal do legislador pátrio. Precedente. 4. Entendimento pessoal externado por ocasião do julgamento, em 9/5/13, da AP nº 516/DF-ED pelo Tribunal Pleno, no sentido de que a Lei nº 12.382/11, que regrou a extinção da punibilidade dos crimes tributários nas situações de parcelamento do débito tributário, não afetou o disposto no § 2º do art. 9º da Lei 10.684/03, o qual prevê a extinção da punibilidade em razão do pagamento do débito, a qualquer tempo (STF, HC 116828, Rel. Min. Dias Toffoli, Primeira Turma, julgado em 13-08-2013).*

No mérito, o Supremo Tribunal Federal concluiu que as medidas despenalizadoras em matéria tributária, em vez de frustrar os objetivos da República Federativa do Brasil, contribui para concretizar essas aspirações elencadas no artigo 3º da Constituição. Em votação unânime, o Pleno decidiu pela constitucionalidade das normas impugnadas. Destacam-se, no trecho a seguir, os pontos mais relevantes do julgamento:

> *"Como a Lei n. 12.382/2011 disciplinou, em momento superveniente, apenas a extinção da punibilidade em consequência do parcelamento, sem dispor sobre o pagamento, permanece em vigor, para a satisfação integral do crédito tributário, a regra constante do art. 69 da Lei n. 11.941/2009, impugnada na presente ação, que admite efeitos penais independentemente de o pagamento ter ocorrido antes ou depois do recebimento da denúncia. 4. Revela-se prejudicada a arguição de inconstitucionalidade em relação ao art. 68 da Lei n. 11.941/2009, na linha da firme jurisprudência deste Tribunal (...). 5. Os arts. 67 e 69 da Lei n. 11.941/2009 e o art. 9º, §§ 1º e 2º, da Lei n. 10.684/2003, questionados em face da Constituição Federal, previram medidas despenalizadoras quanto aos delitos dos arts. 1º e 2º da Lei n. 8.137/1990 e dos arts. 168-A e 337-A do Código Penal, consistentes na suspensão da pretensão punitiva estatal em consequência do parcelamento de débitos tributários de que trata a Lei n. 11.941/2009, bem assim na extinção da punibilidade do agente caso seja realizado o pagamento integral. 6. A extinção da punibilidade como decorrência da reparação integral do dano causado ao erário pela prática dos crimes contra a ordem tributária constitui opção política há muito adotada no ordenamento jurídico brasileiro, o que demonstra a prevalência do interesse do Estado na arrecadação das receitas provenientes dos tributos, para consecução dos fins a que se destinam, em detrimento da aplicação da sanção penal ao autor do crime. 7. O parcelamento e o pagamento integral dos créditos tributários, além de resultarem em incremento da arrecadação, exercendo inequívoca função reparatória do dano causado ao erário pela prática dos crimes tributários, funcionam como mecanismos de fomento da atividade econômica e, em consequência, de preservação e geração de empregos. (...) Pedido prejudicado no que diz respeito ao art. 68 da Lei n. 11.941/2009 e julgado improcedente quanto às demais disposições legais impugnadas, declarando-se constitucionais os arts. 67 e 69 da Lei n. 11.941/2009 e o art. 9º, §§ 1º e 2º, da Lei n. 10.684/2003. (STF, ADI 4273, Relator Min. Nunes Marques, Tribunal Pleno, julgado em 15-08-2023).*

Conforme decidido na ADI 4273, a Segunda Turma do Supremo Tribunal Federal consignou que, no caso de parcelamento do débito tributário, a suspensão da pretensão punitiva do Estado depende de a sua formalização ocorrer antes do recebimento da denúncia criminal. É o que prevê o artigo 83, § 2º, da Lei n. 9.430/1996, dada pela Lei n. 12.282/2011. No caso em julgamento, o agente havia praticado condutas delitivas antes e após o início de vigência da Lei n. 12.282/2011. Assim, aplicou-se o entendimento da Súmula 711 da Corte. Como a vigência foi anterior à cessação da continuidade, a lei mais gravosa incide sobre o caso, de modo que não se suspende a pretensão punitiva se o parcelamento foi formalizado após o recebimento da denúncia:

> *"1. Na sistemática introduzida pela Lei nº 12.382, de 2011, somente os pedidos de parcelamento do débito tributário, formalizados anteriormente ao recebimento da denúncia, têm o condão de suspender a ação penal. 2. De acordo com o enunciado nº 711 da Súmula do STF, a lei penal mais grave aplica-se ao crime continuado se*

a sua vigência é anterior à cessação da continuidade. 3. Caso em que o recorrente foi condenado por crimes cometidos, em continuidade delitiva, no período entre novembro de 2010 e novembro de 2012, de modo que a prática delitiva somente cessou quando já estava em vigor a Lei nº 12.382, de 2011, aplicável ao caso" (STF, RHC 214585 AgR, Rel. Min. André Mendonça, Segunda Turma, julgado em 07-05-2024).

O Superior Tribunal de Justiça já vinha aplicando o mesmo entendimento quanto ao parcelamento do crédito tributário, ao consignar que a "Lei n. 12.382/11 determinará a suspensão da pretensão punitiva do Estado, desde que o parcelamento do débito tributário tenha sido formalizado antes do recebimento da denúncia"[95]. A Corte também tem exigido que haja a consolidação do parcelamento, não bastando o simples requerimento de adesão[96]. Sobre a quitação, o entendimento é o mesmo da Suprema Corte: "Conforme entendimento pacífico nesta Corte, o pagamento integral do tributo, a qualquer tempo, extingue a punibilidade quanto aos crimes contra a ordem tributária"[97].

É necessário, claramente, que o acusado demonstre, nos autos, que os débitos que foram parcelados ou quitados correspondem aos fatos pelos quais ele está sendo processado criminalmente.

Vale mencionar, ainda, que o artigo 83 da Lei n. 9.430/1996, cuja redação foi dada pela Lei n. 12.350/2010, teve sua constitucionalidade questionada em controle concentrado perante o STF. Em 10/03/2022, ao julgar a ADI 4.980, de Relatoria do Min. Nunes Marques, a Corte considerou constitucional essa norma, que exige a constituição definitiva do crédito tributário para encaminhamento da representação fiscal para fins penais em relação aos crimes de apropriação indébita previdenciária e sonegação de contribuição previdenciária:

"A exigência do exaurimento do processo administrativo para efeito de encaminhamento da representação fiscal ao Ministério Público é disciplina que, em vez de afrontar, privilegia os princípios da ordem constitucional brasileira e se mostra alinhada com a finalidade do direito penal enquanto ultima ratio. 6. O art. 83 da Lei n. 9.430/1996, com a redação da Lei n. 12.350/2010, apenas estabelece requisito, direcionado ao agente administrativo, quanto ao encaminhamento da representação fiscal para fins penais ao Ministério Público. Em nada modifica a natureza jurídica do crime de apropriação indébita previdenciária, tampouco trata da justa causa para os delitos contra a ordem tributária. 7. A validade da norma atacada independe da controvérsia relacionada à natureza dos delitos nela mencionados – se material ou

---

95. STJ, AgRg no HC n. 439.362/SP, Rel. Min. Felix Fischer, Quinta Turma, julgado em 2/8/2018, DJe de 9/8/2018. No mesmo sentido: STJ, HC n. 620.779/RS, Rel. Min. Antonio Saldanha Palheiro, Sexta Turma, julgado em 13/12/2022, DJe de 16/12/2022. No entanto, houve julgamento, ocorrido entre os dois citados, que utilizou o trânsito em julgado como limite temporal: "A suspensão da pretensão punitiva estatal fundada no art. 68 da Lei 11.941/2009 somente é cabível se a inclusão do débito tributário em programa de parcelamento ocorrer em momento anterior ao trânsito em julgado da sentença penal condenatória" (STJ, AgRg no REsp n. 2.015.523/PR, Rel. Min. Reynaldo Soares da Fonseca, Quinta Turma, julgado em 27/9/2022, DJe de 4/10/2022).
96. STJ, RHC n. 32.851/SP, Rel. Min. Joel Ilan Paciornik, Quinta Turma, julgado em 2/8/2018, DJe de 15/8/2018; AgInt no RHC 61543/SP, Rel. Min. Ribeiro Dantas, Quinta Turma, DJe 30/05/2018.
97. STJ, AgRg no AREsp n. 1.772.918/SP, Rel. Min. Ribeiro Dantas, Quinta Turma, julgado em 3/8/2021, DJe de 10/8/2021.

formal –, notadamente o de apropriação indébita previdenciária. 8. Ação direta de inconstitucionalidade conhecida e, no mérito, julgada improcedente"(ADI 4980, Rel. Min. Nunes Marques, Tribunal Pleno, julgado em 10-03-2022)

Em suma, quanto à prática delitiva ocorrida antes do advento da Lei n. 12.382/2011, o parcelamento suspendia a punibilidade se fosse formalizado antes ou após o recebimento da denúncia. Com o advento da Lei n. 12.282/2011, só há a suspensão da punibilidade, atualmente, se o parcelamento for formalizado antes do recebimento da denúncia pelo juiz.

Buscando consolidar o entendimento da jurisprudência, especialmente com base no entendimento do STF, é possível extrair as seguintes premissas quanto ao parcelamento e à quitação do débito tributário, conforme **regramento atual**:

Conduta do contribuinte	Parcelamento do débito	Quitação do débito
Efeito	Suspensão da punibilidade	Extinção da punibilidade
Limite temporal	Até o recebimento da denúncia	A qualquer tempo
Base legal	Art. 83, § 2º, Lei n. 9.430/1996	Art. 69, Lei n. 11.941/2009

Aplicação do princípio da insignificância

O STF, independentemente do valor do débito, vinha julgando no sentido de **inaplicabilidade do princípio da Insignificância** para os casos de apropriação indébita previdenciária. Há diversos precedentes da Corte Suprema em que se nega a aplicação da bagatela, em razão do entendimento de que a reprovabilidade da conduta não é mínima, mas alta:

> *"Deveras, o bem jurídico tutelado pelo delito de apropriação indébita previdenciária é a "subsistência financeira à Previdência Social" (...). Consectariamente, não há como afirmar-se que a reprovabilidade da conduta atribuída ao paciente é de grau reduzido, porquanto narra a denúncia que este teria descontado contribuições dos empregados e não repassado os valores aos cofres do INSS, em prejuízo à arrecadação já deficitária da Previdência Social, configurando nítida lesão a bem jurídico supraindividual" (STF, HC 1022550/PR, Rel. Min. Luiz Fux, Primeira Turma, Julgamento: 20/09/2011).*
>
> *"Aplicação do princípio da insignificância. Impossibilidade. Elevado grau de reprovabilidade da conduta. Precedentes." (RHC 132706 AgR/SP, Rel. Min. Gilmar Mendes, Segunda Turma, Julgamento em 21/06/2016).*

Após um período de divergência, a Terceira Seção do Superior Tribunal de Justiça modificou seu entendimento para, assim como o Supremo Tribunal Federal, declarar inadmissível o reconhecimento do princípio da insignificância ao crime de sonegação de contribuição previdenciária:

> *"A Terceira Seção desta Corte Superior concluiu que não é possível a aplicação do princípio da insignificância aos crimes de apropriação indébita previdenciária e de*

sonegação de contribuição previdenciária, independentemente do valor do ilícito, pois esses tipos penais protegem a própria subsistência da Previdência Social, de modo que é elevado o grau de reprovabilidade da conduta do agente que atenta contra este bem jurídico supraindividual." (STJ, AgRg no REsp 1783334/PB, Rel. Min. Laurita Vaz, Sexta Turma, DJe 02/12/2019).

"Consoante entendimento firmado pela Terceira Seção desta Corte, não é possível a aplicação do princípio da insignificância ao crime de apropriação indébita previdenciária, independentemente do valor apropriado, dado o elevado grau de reprovabilidade da conduta do agente que atenta contra a subsistência da Previdência Social." (STJ, AgRg no REsp 1862853/MG, Rel. Min. Rogerio Schietti Cruz, Sexta Turma, julgado em 27/10/2020, DJe 12/11/2020)

QUADRO SINÓTICO

Crime de apropriação indébita previdenciária	
Tipo penal	Deixar de repassar à previdência social as contribuições recolhidas dos contribuintes, no prazo e forma legal ou convencional.
Objeto jurídico	Protege-se o patrimônio comum a todos que fazem parte do Sistema de Seguridade Social descrito no artigo 194 da Constituição.
Sujeito ativo	Aquele que era legalmente obrigado a repassar à previdência social as contribuições dos segurados no prazo e forma legal ou convencional. Por ausência de expressa previsão legal, pessoas jurídicas não podem ser o sujeito ativo do delito em comento.
Sujeito passivo	O sujeito passivo é a previdência social, representada pelo Instituto Nacional do Seguro Social (INSS).
Elemento subjetivo	Somente a modalidade dolosa.
Consumação	Quando o agente deixa de recolher as contribuições no prazo devido. O delito de apropriação indébita previdenciária, nos termos do artigo 168, § 1º, do CP também se consuma quando o agente deixar de recolher, no prazo legal, contribuição ou outra importância destinada à previdência social que tenha sido descontada de pagamento efetuado a segurados, a terceiros ou arrecadada do público; recolher contribuições devidas à previdência social que tenham integrado despesas contábeis ou custos relativos à venda de produtos ou à prestação de serviços; ou pagar benefício devido a segurado, quando as respectivas cotas ou valores já tiverem sido reembolsados à empresa pela previdência social.
Tentativa	Apesar de discordância na doutrina, difícil sustentar a possibilidade de tentativa, por se tratar de delito omissivo próprio.
Classificação	Crime próprio, doloso, omissivo próprio, de mera conduta, instantâneo, deforma vinculada, monossubjetivo, unissubsistente e não transeunte.
Benefícios	É possível o oferecimento de acordo de não persecução penal.
Ação penal	A ação penal é pública incondicionada.

Crime de apropriação indébita previdenciária	
Princípio da insignificância	STF e STJ entendem não ser aplicável, em razão da reprovabilidade da conduta que atenta contra a Previdência Social, bem jurídico supraindividual.
ADI 4980	"A exigência do exaurimento do processo administrativo para efeito de encaminhamento da representação fiscal ao Ministério Público é disciplina que, em vez de afrontar, privilegia os princípios da ordem constitucional brasileira e se mostra alinhada com a finalidade do direito penal enquanto *ultima ratio*".
ADI 4273	**Parcelamento e suspensão da punibilidade**: quanto aos débitos constituídos antes do advento da Lei n. 12.382/2011, o parcelamento poderia ser formalizado antes ou após o recebimento da denúncia. Com o advento da Lei n. 12.282/2011, só há a suspensão da punibilidade, atualmente, se o parcelamento for formalizado antes do recebimento da denúncia pelo juiz. **Quitação e extinção da punibilidade**: "a Lei nº 12.382/11, que regrou a extinção da punibilidade dos crimes tributários nas situações de parcelamento do débito tributário, não afetou o disposto no § 2º do art. 9º da Lei 10.684/03, o qual prevê a extinção da punibilidade em razão do pagamento do débito, a qualquer tempo" (STF, HC 116828, Rel. Min. Dias Toffoli, Primeira Turma, julgado em 13-08-2013).

5.3. Apropriação de Coisa Havida por Erro, Caso Fortuito ou Força da Natureza

O artigo 169 do Código Penal trata de diversos delitos, prevendo o crime de apropriação de coisa havida por erro, caso fortuito ou força da natureza em seu *caput*. Além disso, o parágrafo único prevê formas equiparadas, cada qual com seu *nomen iuris*, ou seja, com denominação diversa:

> *Art. 169 – Apropriar-se alguém de coisa alheia vinda ao seu poder por erro, caso fortuito ou força da natureza:*
>
> *Pena – detenção, de um mês a um ano, ou multa.*

O crime de **apropriação de coisa havia por erro, caso fortuito ou força da natureza** possui como núcleo do tipo o verbo "apropriar-se" (apoderar-se, assenhorear-se, arrogar-se a posse de), sendo o objeto material a coisa alheia, que tenha chegado ao seu poder por erro, caso fortuito ou força maior. Erro é a falsa percepção da realidade. Caso fortuito é o acaso, evento imprevisto. Força da natureza é um evento físico natural.

É o caso de envio pelos Correios, sendo que o carteiro entrega por erro em apartamento diverso. Também pode ocorrer de uma enchente levar os bens de um vizinho para a propriedade do outro. Ou, ainda, se o gado consegue derrubar uma cerca e adentra no imóvel adjacente, de propriedade de outrem.

Na apropriação de coisa havida por erro, o agente não provoca o erro da vítima nem a mantém em erro. Ele recebe por erro e, mesmo assim, apropria-se da coisa. Se ele percebe o erro antes e, ainda assim, mantém a vítima em erro, responde por estelionato. Assim, se a vítima liga para ele para confirmar o endereço e, o agente, percebendo que ela se equivocou e está enviando produto para pessoa errada, mesmo assim confirma o seu próprio endereço, responderá pelo estelionato.

Tutelam-se o patrimônio e a posse legítima. O crime é comum, por não exigir nenhuma qualidade específica do sujeito ativo. É material, pois exige a ocorrência do resultado naturalístico para sua consumação. É de forma livre, instantâneo e plurissubsistente, admitindo, portanto, a modalidade tentada.

QUADRO SINÓTICO

Crime de apropriação de coisa havida por erro, caso fortuito ou força da natureza	
Tipo penal	Apropriar-se alguém de coisa alheia vinda ao seu poder por erro, caso fortuito ou força da natureza.
Objeto jurídico	O bem jurídico protegido é a propriedade e a posse.
Sujeito ativo	Qualquer um.
Sujeito passivo	Aquele que perdeu a posse da coisa que acabou chegando ao sujeito ativo por meio de erro, caso fortuito ou força da natureza.
Elemento subjetivo	Admite-se somente a modalidade dolosa.
Consumação	O delito se consuma quando a pessoa se imite na posse de coisa por meio de erro, caso fortuito ou força da natureza e mesmo assim decide permanecer com tal coisa.
Tentativa	Admite-se a tentativa.
Forma majorada	Se o delito for praticado contra indígena "não integrado", incide a causa de aumento de pena de um terço, nos termos do artigo 59 da Lei n. 6.001/1973.
Classificação	Trata-se de crime comum com relação ao sujeito ativo e próprio com relação ao passivo, doloso, comissivo, de dano, material, de forma livre, instantâneo, monossubjetivo e plurissubsistente.
Benefícios	Admitem-se a transação, a suspensão condicional do processo e o oferecimento de acordo de não persecução penal. Por ser crime de menor potencial ofensivo, a competência é dos Juizados Especiais Criminais, nos termos dos artigos 60 e 61, ambos da Lei n. 9.099/1995.
Ação penal	Pública incondicionada. Contudo, a ação penal será condicionada à representação se for cometido em prejuízo de cônjuge desquitado ou judicialmente separado; de irmão, legítimo ou ilegítimo; de tio ou sobrinho, com que o agente coabita. Tais disposições restam afastadas se o crime é praticado mediante emprego de grave ameaça ou violência à pessoa; ao estranho que participa do crime; ou se o crime é praticado contra pessoa com idade igual ou superior a sessenta anos.

Crime de apropriação de coisa havida por erro, caso fortuito ou força da natureza	
Observações	Nos termos do artigo 181, é isento de pena o agente que comete o crime em prejuízo de cônjuge, na constância da sociedade conjugal; ou de ascendente ou descendente, seja o parentesco legítimo ou ilegítimo, seja civil ou natural. Tal disposição, contudo, não é aplicada se o crime é praticado mediante emprego de grave ameaça ou violência à pessoa; ao estranho que participa do crime; ou se o crime é praticado contra pessoa com idade igual ou superior a sessenta anos, nos termos do artigo 183 do CP.

5.4. Apropriação de Tesouro

O artigo 169 prevê no seu parágrafo único, inciso I, a forma equiparada que se denomina apropriação de tesouro:

> *Parágrafo único – Na mesma pena incorre:*
>
> *Apropriação de tesouro*
>
> *I – quem acha tesouro em prédio alheio e se apropria, no todo ou em parte, da quota a que tem direito o proprietário do prédio;*

A conduta envolve o "achar" (encontrar, deparar, topar) tesouro em prédio alheio e o subsequente "apropriar-se" (apoderar-se, assenhorear-se, arrogar-se a posse de), seja no todo ou em parte, da cota a que tem direito o proprietário do prédio em que estava tal tesouro. Tesouro é um conjunto de coisas valiosas ou preciosas, como moedas de ouro, que podem estar enterradas ou apenas ocultas. O encontro deve ser causal, situação em que deverá ser dividido igualmente entre o proprietário do terreno e aquele que o encontrar.

O Código Civil trata do tema do achado de tesouro em seus artigos 1.264 a 1.266, com as seguintes disposições:

> *Art. 1.264. O depósito antigo de coisas preciosas, oculto e de cujo dono não haja memória, será dividido por igual entre o proprietário do prédio e o que achar o tesouro casualmente.*
>
> *Art. 1.265. O tesouro pertencerá por inteiro ao proprietário do prédio, se for achado por ele, ou em pesquisa que ordenou, ou por terceiro não autorizado.*
>
> *Art. 1.266. Achando-se em terreno aforado, o tesouro será dividido por igual entre o descobridor e o enfiteuta, ou será deste por inteiro quando ele mesmo seja o descobridor.*

O crime é comum, instantâneo, material, de forma livre e plurissubsistente.

QUADRO SINÓTICO

Crime de apropriação de tesouro	
Tipo penal	Quem acha tesouro em prédio alheio e se apropria, no todo ou em parte, da quota a que tem direito o proprietário do prédio.
Objeto jurídico	Protege-se a propriedade.

Crime de apropriação de tesouro	
Sujeito ativo	Qualquer um.
Sujeito passivo	Proprietário do prédio onde o tesouro foi encontrado. É quem, nos termos do artigo 1.264 do CC tem direito à metade do tesouro.
Elemento subjetivo	Admite-se somente a modalidade dolosa.
Consumação	Quando a agente se apropria do tesouro descoberto.
Tentativa	Admite-se a tentativa.
Forma majorada	Se o delito for praticado contra indígena "não integrado", incide a causa de aumento de pena de um terço, nos termos do artigo 59 da Lei n. 6.001/1973.
Classificação	Trata-se de crime comum no que se refere ao sujeito ativo e próprio com relação ao passivo, doloso, comissivo ou omissivo, de dano, material, de forma livre, instantâneo, monossubjetivo e plurissubsistente.
Benefícios	Admitem-se a transação, a suspensão condicional do processo e o oferecimento de acordo de não persecução penal. Por ser crime de menor potencial ofensivo, a competência é dos Juizados Especiais Criminais, nos termos dos artigos 60 e 61, ambos da Lei n. 9.099/1995.
Ação penal	Ação penal pública incondicionada. Contudo, nos termos do artigo 182 do CP, o delito procederá por ação penal pública condicionada à representação se for cometido em prejuízo de cônjuge desquitado ou judicialmente separado; de irmão, legítimo ou ilegítimo; de tio ou sobrinho, com que o agente coabita. Tais disposições, nos termos do artigo 183 do CP, restam afastadas se o crime é praticado mediante emprego de grave ameaça ou violência à pessoa; ao estranho que participa do crime; ou se o crime é praticado contra pessoa com idade igual ou superior a sessenta anos.
Observações	Nos termos do artigo 181, é isento de pena o agente que comete o crime em prejuízo de cônjuge, na constância da sociedade conjugal; ou de ascendente ou descendente, seja o parentesco legítimo ou ilegítimo, seja civil ou natural. Tal disposição, contudo, não é aplicada se o crime é praticado mediante emprego de grave ameaça ou violência à pessoa; ao estranho que participa do crime; ou se o crime é praticado contra pessoa com idade igual ou superior a sessenta anos, nos termos do artigo 183 do CP.

5.5. Apropriação de Coisa Achada

A apropriação de coisa achada, forma equiparada ao crime de apropriação de coisa havida por erro, caso fortuito ou força da natureza, está tipificada no inciso II do parágrafo único do artigo 169:

Parágrafo único – Na mesma pena incorre:

Apropriação de coisa achada

PARTE ESPECIAL

II – quem acha coisa alheia perdida e dela se apropria, total ou parcialmente, deixando de restituí-la ao dono ou legítimo possuidor ou de entregá-la à autoridade competente, dentro no prazo de quinze dias.

Cuida-se de **crime de conduta mista**, por envolver uma ação seguida de uma omissão, sendo ambos os comportamentos necessários para a sua configuração. O tipo penal é o seguinte: "quem acha coisa alheia perdida e dela se apropria, total ou parcialmente [conduta comissiva], deixando de restitui-la ao dono ou legítimo possuidor ou de entregá-la à autoridade competente, dentro no prazo de quinze dias [conduta omissiva]."

A coisa perdida (*res desperdita*) é aquela que teve a posse perdida pelo seu dono ou possuidor, o que não afeta a sua propriedade. Desse modo, quando encontrada, deve ser restituída ao proprietário, sob pena de configuração do delito. O prazo para se restituir a coisa ao proprietário é de 15 dias, razão pela qual o delito em estudo também é classificado como **crime a prazo**, por depender do decurso de determinado lapso temporal para sua configuração. A coisa achada, vale ressaltar, não se equivale a algo que foi esquecido pelo proprietário, como um trabalhador que deixa sua carteira no local de trabalho. Neste caso, em que o proprietário sabe onde deixou e provavelmente retornará o mais breve possível para recolher o seu pertence, a conduta de subtraí-lo se amolda mais precisamente ao delito de furto.

A exemplo dos demais crimes previstos no artigo 169, é classificado como comum, material, instantâneo e de forma livre. Entretanto, ainda que haja doutrinadores entendendo possível sua tentativa, de difícil configuração, a parte omissiva da conduta não se mostra compatível com o *conatus*.

QUADRO SINÓTICO

Crime de apropriação de coisa achada	
Tipo penal	Quem acha coisa alheia perdida e dela se apropria, total ou parcialmente, deixando de restitui-la ao dono ou legítimo possuidor ou de entregá-la à autoridade competente, dentro no prazo de quinze dias.
Objeto jurídico	Tutelam-se a posse e a propriedade.
Sujeito ativo	Quem acha a coisa perdida e dela se apropria.
Sujeito passivo	Dono ou legítimo possuidor da coisa perdida.
Elemento subjetivo	Admite-se somente a modalidade dolosa. O agente que, por negligência, não devolve a coisa após o prazo legal não incorre no crime ora analisado.
Consumação	O delito se consuma quando o agente se apropria de coisa achada e, dentro do prazo de quinze dias, não devolve ao dono ou legítimo possuidor ou não entrega à autoridade competente
Tentativa	Não admite tentativa.
Forma majorada	Se o delito for praticado contra indígena "não integrado", incide a causa de aumento de pena de um terço, nos termos do artigo 59 da Lei n. 6.001/1973.

Crime de apropriação de coisa achada	
Classificação	Trata-se de crime próprio, doloso, omissivo próprio, de dano, material, de forma livre, instantâneo, monossubjetivo e plurissubsistente.
Benefícios	Admitem-se a transação, a suspensão condicional do processo e o oferecimento de acordo de não persecução penal. Por ser crime de menor potencial ofensivo, a competência é dos Juizados Especiais Criminais, nos termos dos artigos 60 e 61, ambos da Lei n. 9.099/1995.
Ação penal	Ação penal pública incondicionada. Contudo, a ação será condicionada à representação se for cometido em prejuízo de cônjuge desquitado ou judicialmente separado; de irmão, legítimo ou ilegítimo; de tio ou sobrinho, com que o agente coabita. Tais disposições ficam afastadas se o crime é praticado mediante emprego de grave ameaça ou violência à pessoa; ao estranho que participa do crime; ou se o crime é praticado contra pessoa com idade igual ou superior a sessenta anos.
Observações	Nos termos do artigo 181, é isento de pena o agente que comete o crime em prejuízo de cônjuge, na constância da sociedade conjugal; ou de ascendente ou descendente, seja o parentesco legítimo ou ilegítimo, seja civil ou natural. Tal disposição, contudo, não é aplicada se o crime é praticado mediante emprego de grave ameaça ou violência à pessoa; ao estranho que participa do crime; ou se o crime é praticado contra pessoa com idade igual ou superior a sessenta anos, nos termos do artigo 183 do CP.

5.6. Forma Privilegiada para os Crimes do Capítulo V – Da Apropriação Indébita

O artigo 170 do Código Penal trata da forma privilegiada para os crimes tratados no Capítulo V dos Crimes Patrimoniais, denominado "Da apropriação indébita":

> *Art. 170 – Nos crimes previstos neste Capítulo, aplica-se o disposto no art. 155, § 2º.*

Esse dispositivo se aplica aos seguintes delitos: apropriação indébita; apropriação indébita previdenciária; apropriação de coisa havida por erro, caso fortuito ou força da natureza; apropriação de tesouro e apropriação de coisa achada. Determina-se a aplicação do disposto no parágrafo segundo do artigo 155, dispositivo que trata do furto privilegiado:

> *§ 2º – Se o criminoso é primário, e é de pequeno valor a coisa furtada, o juiz pode substituir a pena de reclusão pela de detenção, diminuí-la de um a dois terços, ou aplicar somente a pena de multa.*

Desse modo, cabem aqui as observações feitas a respeito do furto privilegiado, *mutatis mutandis*, isto é, com as devidas alterações em relação aos crimes ora estudados. Por fim, segundo o STJ, atendidos os pressupostos do privilégio, o juiz deve aplicar o disposto no artigo 155, § 2º, do CP, de modo que a mitigação especial da pena é automática[98].

98. "(...) 2. Pela leitura do art. 170 do Código Penal, no caso de apropriação indébita, seja ela qual for, o favor legal estampado no § 2º do art. 155 do Código Penal, de especial mitigação da pena, é automático, bastando

PARTE ESPECIAL

6. DO ESTELIONATO E OUTRAS FRAUDES

O Capítulo VI do Título II da Parte Especial do Código Penal, denominado "Do Estelionato e Outras Fraudes", envolve os crimes de estelionato; disposição de coisa alheia como própria; alienação ou oneração fraudulenta de coisa própria; defraudação de penhor; fraude na entrega de coisa; fraude para recebimento de indenização ou valor de seguro; fraude no pagamento por meio de cheque; duplicata simulada; abuso de incapazes; induzimento à especulação; fraude no comércio; outras fraudes; fraudes e abusos na fundação ou administração de sociedade por ações; emissão irregular de conhecimento de depósito ou *warrant* e fraude à execução.

6.1. Estelionato

O estelionato está previsto no *caput* do artigo 171 do Código Penal:

> *Art. 171 – Obter, para si ou para outrem, vantagem ilícita, em prejuízo alheio, induzindo ou mantendo alguém em erro, mediante artifício, ardil, ou qualquer outro meio fraudulento:*
>
> *Pena – reclusão, de um a cinco anos, e multa, de quinhentos mil réis a dez contos de réis.*
>
> *§ 1º – Se o criminoso é primário, e é de pequeno valor o prejuízo, o juiz pode aplicar a pena conforme o disposto no art. 155, § 2º.*

As formas equiparadas, por possuírem denominações próprias dadas pela própria lei, serão estudadas separadamente. O estelionato consiste na conduta de "obter" (vir a ter, conseguir, receber), para si ou para outrem, vantagem ilícita, em prejuízo alheio. **É necessário, então, que haja o seguinte binômio: a vantagem ilícita e o prejuízo alheio.**

A prática da conduta se dá por meio de fraude, ou, como diz a lei, por meio de indução ou manutenção de alguém em erro, mediante artifício, ardil ou qualquer outro meio fraudulento. É crime de ação astuciosa. O termo estelionato vem do direito romano, da época em que os pretores, grosso modo uma espécie de juízes, definiam os crimes. Deriva do delito de *stellionatus*, proveniente da palavra *stellio*, que significa camaleão[99].

Artifício é a astúcia ou dissimulação utilizada para que alguém interprete os fatos de forma errada. Ardil é a sagacidade, o estratagema, a armação ou cilada. Qualquer outro meio fraudulento traduz-se em uma cláusula de interpretação extensiva, que deve ser feita com base nos exemplos de artifício e ardil.

A fraude é utilizada para enganar a vítima e obter o seu consentimento de modo viciado. De certo modo, é a substituição da violência pela fraude e pelo engodo, o uso da perspicácia como substituta da força física. Existe estelionato, portanto, se

---

ser o réu primário e a coisa de pequeno valor, como na espécie, em que R$ 160,00 (cento e sessenta reais) correspondia a 20% do salário-mínimo em 2015. (...)" (STJ, HC 402873/SC, Rel. Min. Sebastião Reis Jr, Sexta Turma, DJe 26/04/2019).

99. BRANDÃO, Cláudio. Tipicidade Penal. 2. ed. Coimbra: Almedina, 2020, p. 27-28.

alguém vai até uma loja e, dizendo-se enviado pelo proprietário, diz que um objeto valioso foi comprado por ele mais cedo, apresentando uma falsa digitalização de documento que o comprova. O vendedor, levado a erro, entendeu que poderia entregar definitivamente a coisa a ele, pois faria jus a recebê-la.

O crime é comum, não se exigindo nenhuma qualidade específica do sujeito ativo para a sua configuração. O sujeito passivo deve certo e determinável, com capacidade de discernimento para que posse der mantida ou induzida a erro, ou seja, ser vítima da fraude perpetrada pelo agente. Vale mencionar, entretanto, que pode haver dois sujeitos passivos diversos, uma que é enganada e outra que sofre o efetivo prejuízo[100], de modo que é possível que uma criança, por exemplo, figure como vítima do delito.

A doutrina aponta haver a chamada dupla relação de causa de efeito: de início, o agente emprega o artifício, o ardil ou outro meio fraudulento para que o sujeito passivo seja induzido a erro ou mantido em erro; na sequência, em virtude do erro, há a obtenção de vantagem ilícita pelo agente e o consequente prejuízo para a vítima.

Há divergência sobre a necessidade de a vantagem ilícita obtida pelo agente ser econômica ou não. Alguns, como Heleno Fragoso, argumentam que a vantagem deve ser econômica, mormente porque se trata de um dos crimes contra o patrimônio. Há a posição, entretanto, de que o fato de ser um crime contra o patrimônio significa que este é o bem jurídico tutelado pela norma, não sendo necessário que o benefício auferido pelo agente seja econômico, como defende Bitencourt. O STJ, entretanto, decidiu que o prejuízo deve ser patrimonial:

> *"(...) 6. O prejuízo alheio, necessário à configuração do crime tipificado no art. 171 do Diploma Penalista, deve ser patrimonial e avaliado concretamente, o que no caso não ocorreu. (...)" (STJ, REsp 1164698/RJ, Rel. Min. Jorge Mussi, Quinta Turma, DJe 18/06/2012).*

Cuida-se de crime material, pois exige resultado naturalístico para a sua consumação. Exige-se o duplo resultado, consistente na vantagem ilícita e no prejuízo alheio. É crime de forma livre. A doutrina majoritária adverte, com razão, que **a torpeza bilateral não afasta a configuração do crime de estelionato**, por não haver compensação de culpas no Direito Penal. Em sentido contrário, há a posição de Nélson Hungria, que entende que a má-fé não pode ser tutelada pelo Direito Penal, razão pela qual a incriminação da torpeza bilateral seria uma transigência da justiça penal com seu ódio à imoralidade e ao crime[101].

É doloso, sendo seu elemento subjetivo o dolo, consistente na vontade e consciência de manter ou induzir alguém em erro, por meio de fraude, para obtenção de vantagem ilícita, causando prejuízo a outrem. É plurissubsistente, razão pela qual admite a forma tentada.

O estelionato pode ser cometido mediante falsificação de cheque, sendo que a Súmula 48 do STJ dispõe sobre a competência nesse caso. Não se deve confundir

100. BITENCOURT, Cezar Roberto. Op. Cit., 2020, p. 304.
101. HUNGRIA, Nélson. Op. Cit., vol. VII, 1958, p. 194-195.

o uso da cártula contrafeita, falsificada, com a emissão de cheque sem suficiente provisão de fundos:

> *Compete ao juízo do local da obtenção da vantagem ilícita processar e julgar crime de estelionato cometido mediante falsificação de cheque.*

Sobre o uso de documento falso como crime meio para a prática do estelionato, prevaleceu, no STJ, a tese de que há consunção do *falsum*, conforme enunciado da Súmula 17:

> *Quando o falso se exaure no estelionato, sem mais potencialidade lesiva, é por este absorvido.*

É possível a utilização de papel moeda grosseiramente falsificado como meio de cometimento do estelionato, hipótese em que o delito será de competência da Justiça Estadual. Deve-se ressalvar, claro, a falsificação que seja tão grosseira a ponto de constituir meio absolutamente inidôneo, o que deve levar ao reconhecimento do crime impossível, nos termos do artigo 17 do Código Penal. Caso o papel moeda não tenha falsificação grosseira, o delito será o de moeda falsa, de competência da Justiça Federal, tal qual consigna a Súmula 73 do STJ:

> *A utilização de papel moeda grosseiramente falsificado configura, em tese, o crime de estelionato, da competência da Justiça Estadual.*

O STJ possui interessante precedente em que se diferenciam o crime de furto mediante fraude, no caso de "gato" na rede elétrica, e a conduta de adulteração do medidor de energia, em prestação lícita do serviço, que configura estelionato:

> *"Extrai-se dos autos que fraude empregada pelos agravantes – uso de material transparente nas fases "a" e "b" do medidor – reduzia a quantidade de energia registrada no relógio e, por consequência, a de consumo, gerando a obtenção de vantagem ilícita. (...) O caso dos autos revela não se tratar da figura do "gato" de energia elétrica, em que há subtração e inversão da posse do bem. Trata-se de prestação de serviço lícito, regular, com contraprestação pecuniária, em que a medição da energia elétrica é alterada, como forma de burla ao sistema de controle de consumo, – fraude –, por induzimento ao erro da companhia de eletricidade, que mais se adequa à figura descrita no art. 171, do Código Penal – CP (estelionato)". (STJ, AREsp 1418119/DF, Rel. Min. Joel Ilan Paciornik, Quinta Turma, julgado em 07/05/2019, DJe 13/05/2019)*

Também importante destacar a diferenciação desse crime e o de furto mediante fraude, no caso de clonagem de cartões:

> *"Mostra-se devida a condenação do recorrente pelo delito de furto, e não pelo de estelionato, quando verificado que o acusado se valeu de fraude – clonagem de cartões – para burlar o sistema de proteção e vigilância do Banco, com o objetivo de retirar indevidamente valores pertencentes aos titulares das contas bancárias." (STJ, AgRg no AREsp 1172397/RN, Rel. Min. Reynaldo Soares da Fonseca, Quinta Turma, julgado em 06/02/2018, DJe 19/02/2018)*

O ***estelionato judiciário*** seria a prática de buscar induzir a erro o Poder Judiciário, seja com argumentos e teses fantasiosos, seja por meio de uso de documentos falsos. Para Magalhães Noronha, haveria o crime do artigo 171 do CP, não o convencendo o fato de a parte contrária ter direito de defesa e oportunidade de destruir a artimanha do agente[102]. Os casos deveriam ser diferenciados, de modo que ao menos o uso da falsidade documental deveria ser punido, ainda que não se configure o delito do artigo 171 do Código Penal. Sobre o assunto, o STJ fixou o entendimento de que o uso de documentos falsos, como a declaração de hipossuficiência por quem detém fundos suficientes para arcar com as custas, não configura crime:

> *A jurisprudência do Superior Tribunal de Justiça considera atípica a figura do "estelionato judiciário", consistente no uso de documentos particulares, como procuração e declaração de hipossuficiência, com informações inconsistentes, não condizentes com a realidade. Entende-se que tais documentos gozam de presunção relativa de veracidade, passíveis de prova em contrário no curso do devido processo legal. Precedentes. (STJ, HC 664.970/PR, Rel. Min. Sebastião Reis Júnior, Terceira Seção, julgado em 25/08/2021, DJe 13/09/2021)*

O STJ já diferenciou, todavia, a não responsabilização pelo estelionato e a possibilidade de persecução penal pela falsidade documental:

> *1. Conforme jurisprudência desta Corte, não se admite a prática do delito de estelionato por meio do ajuizamento de ações judiciais, desde que seja possível ao magistrado, durante o curso do processo, ter acesso às informações que caracterizam a fraude. 2. No caso dos autos, o recorrente propôs ações de reintegração de posse, instruídas com documentos falsos, induzindo e mantendo o juízo da 2ª Vara Cível de Bragança Paulista em erro. Todavia, após ter conhecimento da conduta fraudulenta, o magistrado revogou os atos processuais.3. Registra-se que "(...) a eventual não configuração do estelionato judiciário não impede a persecução penal para apurar o falso utilizado na ação penal". (STJ, AgRg no REsp 1857117/SP, Rel. Min. Joel Ilan Paciornik, julgado em 26/05/2020, DJe 10/06/2020).*

Questão interessante é a relação entre estelionato e curandeirismo. Magalhães Noronha defendia ser possível o concurso formal desses crimes, citando o exemplo de um falso médium que é contratado por um amigo do *de cujus* e pelo advogado do espólio, em conluio, e realiza uma sessão em que diz à viúva que deve pagar elevado valor para o advogado, a título de honorários[103]. Hungria também defendia a possibilidade de concurso, caso o curandeirismo é remunerado e o agente está conscientemente usando fraude para obter vantagem. Se, por outro lado, o agente acredita em seu poder de cura, na eficácia dos seus métodos mágicos, responde apenas pelo crime do artigo 284[104].

Há também que se mencionar a fraude e obtenção de vantagem das vítimas por meio de esquemas de pirâmides financeiras e outros afins. O nome *pirâmide*

---

102. NORONHA, Edgard Magalhães. Direito Penal, vol. 2. 11. ed. São Paulo: Saraiva, 1976, p. 384-385.
103. NORONHA, Edgard Magalhães. Op. Cit., 1976, p. 384-385.
104. HUNGRIA, Nélson. Op. Cit., vol. VII, 1958, p. 223.

se refere a uma modalidade comum de conduta enganosa que consiste em aliciar pessoas, com investimento inicial, prometendo-lhes lucros por meio da arregimentação de novas pessoas, de modo que o patamar de cima da pirâmide é sustentado pelo inferior e assim sucessivamente, em um modelo insustentável. Isso porque o crescimento esperado não é factível. Há uma promessa de ganhos exorbitantes e retenção do aporte financeiro inicial, levando ao prejuízo de várias pessoas. O STJ tem entendido que essa conduta configura crime contra a economia popular, conforme previsão do art. 2º, IX, da Lei n. 1.521/1951: "obter ou tentar obter ganhos ilícitos em detrimento do povo ou de número indeterminado de pessoas mediante especulações ou processos fraudulentos ('bola de neve', 'cadeias', 'pichardismo' e quaisquer outros equivalentes)"[105]. A principal crítica feita é a sanção penal bastante reduzida, sem potencial para tutelar o bem jurídico, pois o entendimento tem sido por crime único, apesar de várias pessoas lesadas. A sanção penal é de detenção, de 6 meses a 2 anos, e multa.

Estelionato privilegiado

O parágrafo primeiro do artigo 171 determina a aplicação do disposto no parágrafo segundo do artigo 155, ambos do Código Penal. São aplicáveis, com as devidas adaptações, as observações feitas a respeito do furto privilegiado, devendo ser o sujeito ativo primário e de pequeno valor a vantagem obtida pelo agente para incidir o benefício, que deve ser aplicado pelo juiz, como direito público subjetivo do acusado:

> *§ 2º – Se o criminoso é primário, e é de pequeno valor a coisa furtada, o juiz pode substituir a pena de reclusão pela de detenção, diminuí-la de um a dois terços, ou aplicar somente a pena de multa.*

Fraude eletrônica: formas qualificada e majorada

A Lei n. 14.155, de 27 de maio de 2021, alterou o artigo 171 do CP, acrescentando dois novos parágrafos:

> *§ 2º-A. A pena é de reclusão, de 4 (quatro) a 8 (oito) anos, e multa, se a fraude é cometida com a utilização de informações fornecidas pela vítima ou por terceiro induzido a erro por meio de redes sociais, contatos telefônicos ou envio de correio eletrônico fraudulento, ou por qualquer outro meio fraudulento análogo.*
>
> *§ 2º-B. A pena prevista no § 2º-A deste artigo, considerada a relevância do resultado gravoso, aumenta-se de 1/3 (um terço) a 2/3 (dois terços), se o crime é praticado mediante a utilização de servidor mantido fora do território nacional.*

O parágrafo 2º-A traz uma modalidade qualificada do delito, denominado pela lei de **fraude eletrônica**, com pena de reclusão, de 4 (quatro) a 8 (oito) anos, e multa. Incide se o estelionato for cometido com a utilização de informações fornecidas pela vítima ou por terceiro induzido a erro por meio de redes sociais, contatos telefônicos

105. STJ, RHC n. 161.635/DF, Rel. Min. Ribeiro Dantas, Quinta Turma, julgado em 23/8/2022, DJe de 30/8/2022.

ou envio de correio eletrônico fraudulento, ou por qualquer outro meio fraudulento análogo. A qualificadora se vincula à forma não presencial de prática do delito, em que a utilização de informações envolve a fraude, induzindo alguém a erro:

- **Por meio das redes sociais**: o agente se utiliza, por exemplo, de uma conta no Instagram, simulando sorteios para obter dados das vítimas.
- **Por meio de contatos telefônicos**: o agente telefona para a vítima para obter vantagem por meio de fraude, como pela disseminada prática de falso relato de sequestro de familiar;
- **Por meio de envio de correio eletrônico fraudulento**: cuida-se, aqui, do envio dos e-mails, como os que simulam ser enviados por instituição bancária, para obtenção de dados da vítima, como a senha do cartão;
- **Por qualquer outro meio fraudulento análogo**: pode-se imaginar o uso de WhatsApp, com emblema de uma loja, o que pode ser considerado análogo a um contato telefônico e/ou correio eletrônico.

Já o parágrafo 2º-B, também inserido pela Lei n. 14.155/ 2021, traz uma **causa de aumento de pena** de um a dois terços. A fração deve ser escolhida pelo critério da relevância do resultado gravoso, como já previsto pela lei. Essa forma majorada incide, sobre a forma qualificada do § 2º-A, se o crime for praticado mediante a utilização de servidor, que seja mantido fora do território nacional. Nesse caso, há maior gravidade pela dificuldade de repressão a um delito praticado a partir de um servidor, de um equipamento de informática que fornece serviços a uma rede de terminais, localizado fora do território brasileiro.

6.2. Disposição de Coisa Alheia como Própria

O artigo 171, § 2º, I, do Código Penal prevê o crime de disposição de coisa alheia como própria:

> *§ 2º – Nas mesmas penas incorre quem:*
>
> *Disposição de coisa alheia como própria*
>
> *I – vende, permuta, dá em pagamento, em locação ou em garantia coisa alheia como própria;*

No crime de disposição de coisa alheia como própria, o agente também mantém a vítima em erro ou a induz a erro para, então, obter vantagem ilícita em prejuízo alheio. Entretanto, neste caso, a prática ocorre por meio de uma das ações: "vender" (alienar, negociar, realizar a operação de venda e compra), "permutar" (trocar uma coisa por outra); "dar em pagamento" (efetuar a operação de dação em pagamento, oferecer coisa para adimplemento de obrigação); "dar em locação" (efetuar a locação de algo, ceder seu uso por um preço) ou "dar em garantia" (oferecer a coisa como garantia de algum negócio jurídico).

Em todos os casos, o objeto material é **a coisa alheia, que o agente faz a vítima crer ser de sua propriedade**. Exigem-se, como no estelionato, a vantagem ilícita do agente e a o prejuízo da vítima. É crime comum, material, plurissubsistente e doloso.

6.3. Alienação ou Oneração Fraudulenta de Coisa Própria

A alienação ou oneração fraudulenta de coisa própria possui tipificação penal no artigo 171, § 2º, inciso II, do Código Penal:

> *§ 2º – Nas mesmas penas incorre quem: (...)*
>
> *Alienação ou oneração fraudulenta de coisa própria*
>
> *II – vende, permuta, dá em pagamento ou em garantia coisa própria inalienável, gravada de ônus ou litigiosa, ou imóvel que prometeu vender a terceiro, mediante pagamento em prestações, silenciando sobre qualquer dessas circunstâncias;*

Essa forma equiparada ao estelionato possui praticamente as mesmas ações nucleares do tipo penal analisado anteriormente, do crime de disposição alheia como própria (a exceção é "dar em locação", só presente no estelionato). São núcleos do tipo: "vender", "permutar", "dar em pagamento" ou "dar em garantia", razão pela qual se trata de tipo penal misto alternativo. **O objeto material, entretanto, é a coisa própria, mas da qual o agente não possui a disponibilidade** e, mesmo assim, procede a sua alienação ou oneração fraudulenta. Pode ser a coisa própria objeto do crime aquela que seja inalienável, que esteja gravada de ônus (como hipoteca), que seja litigiosa, bem como imóvel que já tenha prometido vender a terceiro, mediante pagamento em prestações.

De toda forma, **é imprescindível que o sujeito ativo tenha silenciado sobre tais circunstâncias**, sendo este o elemento sobre o qual recai a fraude, que provoca ou mantém a falsa percepção da realidade pela vítima. É o crime comum, não se exigindo nenhuma qualidade específica do sujeito ativo para sua configuração. A tentativa (*conatus*) é possível, razão pela qual o crime é plurissubsistente. É material e doloso.

6.4. Defraudação de Penhor

O delito de defraudação de penhor está tipificado no artigo 171, § 2º, inciso III do Código Penal:

> *§ 2º – Nas mesmas penas incorre quem: (...)*
>
> *Defraudação de penhor*
>
> *III – defrauda, mediante alienação não consentida pelo credor ou por outro modo, a garantia pignoratícia, quando tem a posse do objeto empenhado;*

O núcleo do tipo é "defraudar" (fraudar, ludibriar, usurpar, espoliar) a coisa dada em garantia pignoratícia, da qual o agente tem a posse. O crime é de forma livre, sendo que a defraudação pode ocorrer por meio de alienação não consentida ou por outro modo. **A defraudação de penhor ocorre com a perda do direito real de garantia pelo credor**, podendo ocorrer por meio de alienação, como visto, da coisa empenhada. Sujeito ativo é o devedor pignoratício, enquanto o sujeito passivo é o credor pignoratício. É crime doloso, plurissubsistente e material.

6.5. Fraude na Entrega de Coisa

O artigo 171, § 2º, inciso IV, prevê o crime de fraude na entrega de coisa:

> *§ 2º – Nas mesmas penas incorre quem: (...)*
>
> *Fraude na entrega de coisa*
>
> *IV – defrauda substância, qualidade ou quantidade de coisa que deve entregar a alguém;*

A conduta é "defraudar" (fraudar, adulterar, ludibriar, alterar) **substância, qualidade ou quantidade** da coisa que deve entregar a alguém. O dever de entregar a alguém pode decorrer de um negócio jurídico, de determinação legal ou judicial. A substância da coisa diz respeito a sua constituição, sua essência; a qualidade se refere à espécie; e, por fim, a quantidade diz respeito à massa, ao tamanho ou ao número.

Parte da doutrina entende, com razão, tratar-se de crime é comum, não se exigindo qualidade específica do sujeito ativo. Cleber Masson, defende, todavia, que o delito de fraude na entrega de coisa só pode ser cometido pela pessoa que está obrigada a entregar o bem, portanto, seria um crime próprio[106]. É necessário que haja a fraude para a configuração do delito, que é material, plurissubsistente e doloso. Nos casos em que o comerciante enganar o consumidor, adquirente do bem, no exercício da atividade comercial, configurar-se-á o delito de fraude no comércio, previsto no art. 175 do Código Penal.

6.6. Fraude para Recebimento de Indenização ou Valor de Seguro

O delito de fraude para recebimento de indenização ou valor de seguro, também equiparado ao estelionato, possui previsão no artigo 171, § 2º, inciso V, do Código Penal:

> *§ 2º – Nas mesmas penas incorre quem: (...)*
>
> *Fraude para recebimento de indenização ou valor de seguro*
>
> *V – destrói, total ou parcialmente, ou oculta coisa própria, ou lesa o próprio corpo ou a saúde, ou agrava as consequências da lesão ou doença, com o intuito de haver indenização ou valor de seguro;*

A fraude é realizada por meio da conduta de "destruir" (demolir, arruinar ou devastar), no todo ou em parte, ou de "ocultar" (encobrir, esconder, sonegar) coisa própria. Também pode ser realizada por meio da conduta de "lesar" (ferir, causar lesão, lesionar) ao próprio corpo ou à saúde, bem como de "agravar" (tornar grave ou mais grave) as consequências da lesão ou a saúde. Como crime meio, a autolesão pode ser punida, sem se cogitar de violação do princípio da alteridade, considerando-se que, nesse contexto, existe a intenção de causar dano a outrem.

O crime é doloso, exigindo o **elemento subjetivo especial do tipo**, consistente no intuito de haver indenização ou valor do seguro. Entretanto, não é necessário que haja a efetiva obtenção da indenização ou valor do segundo para a consumação

106. MASSON, Cleber. Op. Cit., 2020. p. 885.

do delito, a qual, se ocorrer, consistirá em mero exaurimento do crime. O crime, portanto, é formal. Neste sentido:

> *"(...) 1. O crime previsto no artigo 171, § 2º, inciso V, do Código Penal é de natureza formal, de modo que independe, para sua consumação, do resultado naturalístico consistente na obtenção da vantagem indevida, estando consumado com a ocultação, destruição ou lesão do objeto material com o fim de haver indenização ou valor de seguro, sendo o recebimento, mero exaurimento da conduta delitiva a ser valorada na dosimetria penal. 2. Assim, em sendo o agente impedido de destruir ou danificar o bem material por circunstâncias alheias à sua vontade, estará caracterizada a tentativa, não havendo que se falar em crime impossível quando impedido pela atuação policial. Precedentes. (...)" (STJ, AgRg no AREsp 780326/SP, Rel. Min. Jorge Mussi, Quinta Turma, DJe 05/04/2017).*

Apesar de divergências, o crime é classificado como próprio, por exigir que o sujeito ativo seja o dono da coisa ou o indivíduo que sofre as lesões ou o agravamento das consequências da lesão ou doença.

6.7. Fraude no pagamento por meio de cheque

A forma equiparada ao estelionato com a denominação de fraude no pagamento por meio de cheque está prevista no artigo 171, § 2º, VI, do Código Penal:

> *§ 2º – Nas mesmas penas incorre quem: (...)*
>
> *Fraude no pagamento por meio de cheque*
>
> *VI – emite cheque, sem suficiente provisão de fundos em poder do sacado, ou lhe frustra o pagamento.*

As condutas incriminadas no crime de fraude no pagamento por meio de cheque são emitir cheque, sem suficiente provisão de fundos, ou lhe frustrar o pagamento. Emitir o cheque, para os fins do artigo, significa colocá-lo em circulação, não bastando a sua confecção ou assinatura. Frustrar o pagamento é impedir que o beneficiário obtenha o valor indicado na cártula. O emitente tem o direito de frustrar o pagamento em determinados casos, como de roubo ou extravio. É necessário que haja justo motivo. Portanto, só configura o crime a frustração indevida do pagamento. Parte da doutrina, com razão, entende que só pode ser autor o emitente do cheque, enquanto outra parte entende que o endossante também pode cometer o delito.

O cheque dado em garantia, caso posteriormente não haja fundos para sua compensação, não serve para a configuração do delito em tela. O crime se refere à fraude cometida pelo agente que efetua um pagamento, com a emissão do referido título de crédito, sem que haja fundo suficiente ou com a posterior criação de impeditivo ao seu pagamento. Ademais, por ser ordem de pagamento à vista, **a emissão de cheque pré-datado não configura o crime**, por ser um desvirtuamento da natureza do título. Deve haver má-fé do agente, ao ludibriar a vítima quanto ao pagamento por meio do cheque, mediante a apresentação ao banco sacado.

Entretanto, importante consignar que o STJ já considerou ser possível, em tese, a prática do delito, se o indivíduo emite cheque pré-datado de forma maliciosa, de forma a que substitui o título de crédito por outro e, na sequência, susta seu pagamento:

> *2. Na espécie, trata-se de ação penal em que se apura a suposta prática do crime tipificado no art. 171 do Código Penal, mediante emissão de cheque pós-datado, conhecido, no jargão popular, como pré-datado. 3. Embora a jurisprudência da Sexta Turma assevere que tal conduta não caracteriza o crime de estelionato,* in casu, *há peculiaridade, pois o inquérito policial noticia que a ação – substituição do cheque e subsequente sustação – foi deliberada, com escopo de frustrar o pagamento de outro título e, assim, obter vantagem ilícita. (STJ, RHC 26819/MG, Rel. Min. Sebastião Reis Junior, Sexta Turma, DJe 24/09/2012).*

Pela mesma razão, o caso de dívida preexistente, o crime não se configura, nos termos do seguinte julgado do Superior Tribunal de Justiça:

> *"Não configura crime de estelionato a emissão de cheque sem suficiente provisão de fundos, ou a frustração do respectivo pagamento, se a cártula consubstancia pagamento de dívida preexistente." (STJ, RHC 19314/CE, Rel. Min. Og Fernandes, Sexta Turma, DJe 09/05/2012)*

A confirmar a necessidade de fraude para a configuração do delito, há o enunciado da Súmula 246 do Supremo Tribunal Federal:

> ***Comprovado não ter havido fraude, não se configura o crime de emissão de cheque sem fundos.***

A Suprema Corte também aprovou a Súmula 554, de antes da Reforma da Parte Geral, quando ainda não havia o instituto do arrependimento posterior. Ainda assim, tem aplicado seu entendimento até hoje:

> ***O pagamento de cheque emitido sem provisão de fundos, após o recebimento da denúncia, não obsta ao prosseguimento da ação penal.***

A contrario sensu, o enunciado demonstra que, se o agente pagar o cheque emitido sem provisão de fundos até o recebimento da denúncia, não há justa causa para a ação penal. Cuida-se de uma causa de extinção da punibilidade de construção pretoriana, ou seja, advinda da jurisprudência.

O STJ possui antigo entendimento sumulado de que não atrai a competência da Justiça Federal o fato de o estelionato ter sido cometido por meio de falsificação de guias de recolhimento da Previdência Social, desde que ausente lesão ao Instituto Nacional do Seguro Social:

> *Compete à justiça comum estadual processar e julgar crime de estelionato praticado mediante falsificação das guias de recolhimento das contribuições previdenciárias, quando não ocorrente lesão a autarquia federal.*

Como decorre do próprio enunciado, se ocorrer lesão à autarquia previdenciária, a competência será da Justiça Federal. Essa lesão não se limita a prejuízo econômico, podendo se configurar se a conduta delitiva de falsificação de guias não se restringir ao *falsum*, configurando estelionato que influencie e cause prejuízo aos serviços do INSS[107].

6.8. Formas majoradas do estelionato, figuras equiparadas e ação penal

Os crimes de estelionato e as figuras equiparadas, todos previstos no artigo 171 do Código Penal, possuem regras sobre causas de aumento, formas equiparadas e ação penal nos parágrafos terceiro a quinto.

Forma majorada e o estelionato previdenciário

> *Formas majoradas*
> *§ 3º – A pena aumenta-se de um terço, se o crime é cometido em detrimento de entidade de direito público ou de instituto de economia popular, assistência social ou beneficência.*

A causa de aumento de pena abrange condutas fraudulentas para receber vantagem de entidade de direito público, como a União; de instituto de economia popular, como bancos de caráter social; instituto de assistência social, como o Instituto de Assistência e Proteção Social – IAPS, de Fortaleza/CE; ou instituto de beneficência, como a Fundação Britânica de Beneficência – FBB, de São Paulo/SP. Configura-se a modalidade majorada, por exemplo, se o agente emprega fraude para obter seguro-defeso, auxílio financeiro pago pela União aos pescadores durante o período de proibição da pesca. A pena do estelionato deve ser aumentada de um terço na terceira fase da dosimetria, por ter sido praticado, no caso, contra pessoa jurídica de direito público.

O STJ considera que a forma majorada o parágrafo terceiro se configura quando a vítima for o INSS, conforme o teor da sua Súmula 24:

> *Aplica-se ao crime de estelionato, em que figure como vítima entidade autárquica da previdência social, a qualificadora do § 3º, do Art. 171 do Código Penal.*

É a figura do estelionato previdenciário, em que se leva a erro um servidor do INSS para obtenção de vantagem, consistente em benefício previdenciário indevido. Nesses casos, o STJ tem diferenciado três modalidades diversas, com características próprias:

- O **estelionato previdenciário praticado por terceiro**, na qualidade de intermediário da fraude, é considerado crime instantâneo de efeitos permanentes. Com a indução do servidor público a erro e a concessão do benefício, há a consumação do delito, ainda que as parcelas, posteriormente recebidas por seu titular, indiquem efeitos permanentes da ação criminosa. Nesse caso, o

107. STJ, CC 27.117/RJ, Rel. Min. Maria Thereza de Assis Moura, Terceira Seção, julgado em 28/02/2007, DJ 26/03/2007, p. 193.

marco inicial da prescrição será a data do recebimento da primeira parcela do benefício[108].

- O **estelionato previdenciário praticado pelo próprio beneficiário**, por sua vez, é crime permanente. Considera-se que, nesse caso, o titular do benefício pode fazer cessar, no momento em que desejar, a ação delitiva. A permanência do delito cessa no caso de posterior concessão judicial do benefício, situação em que ficam afastadas a fraude e a indução a erro. O prazo prescricional tem seu início quando da cessação do pagamento indevido[109]. A Corte, contudo, já incluiu o intermediário nessa modalidade, considerando que ele pratica delito permanente quando se locupleta em maior proporção do que o titular do benefício, como no caso em que houve apropriação de 75% do valor dos benefícios pelo terceiro[110].

- O **estelionato previdenciário praticado pelo saque de benefício após o óbito do titular**: O STJ tem decidido que, neste caso, o delito é permanente e configura continuidade delitiva. Parece uma impropriedade técnica, mesmo porque a Corte se refere à consumação do delito a cada novo saque[111]. O que se tem é, na realidade, continuidade delitiva, de modo que cada conduta do agente de sacar o valor, dando a entender que o titular está vivo, configura o delito. A prescrição, portanto, deve ser analisada em relação a cada fato, sendo calculada sem o aumento decorrente da continnuidade delitiva, como comanda a Súmula 497 do STF.

Conduta delitiva	Classificação	Prescrição
Crime cometido por terceiro, intermediário	Crime instantêneo com efeito permanentes	Inicia-se com a primeira parcela indevida
Crime cometido pelo próprio beneficiário	Crime permanente	Inicia-se com a cessação de recebimento de percelas indevidas
Saques de benefício após o falecimento do titular	Crime continuado	Prescrição calculada de cada delito em continuidade (Súmula 497 do STF)

No entanto, se o funcionário do INSS, autorizado a utilizar os sistemas informatizados da instituição, como o chamado de Dataprev ou o Cadastro Nacional de Informações Sociais (CNIS), insere dados falsos para possibilitar que alguém receba, indevidamente, benefício previdenciário, configura-se o crime do artigo 313-A do

108. STJ, EDcl no AgRg no REsp 1651521/SP, Rel. Min. Jorge Mussi, Quinta Turma, julgado em 17/08/2017, DJe 23/08/2017.
109. STJ, AgRg no REsp 1271901/RJ, Rel. Min. Laurita Vaz, Quinta Turma, julgado em 18/02/2014, DJe 07/03/2014.
110. STJ, AgRg no REsp 1860685/PR, Rel. Min. Rogerio Schietti Cruz, Sexta Turma, julgado em 16/06/2020, DJe 26/06/2020.
111. STJ, AgRg no AREsp n. 2.476.740/GO, relator Ministro Rogerio Schietti Cruz, Sexta Turma, julgado em 6/2/2024, DJe de 19/2/2024.

Código Penal[112]. Terceiros que participem da conduta delitiva também respondem pelo crime funcional, pois a condição pessoal se comunica a eles, conforme prevê o artigo 30 do Código Penal. Para o STJ, o artigo 313-A do Código Penal contém norma especial em relação ao artigo 171, § 3º, do Código Penal, sendo duas as especializantes: o primeiro delito exige a qualidade de funcionário público autorizado e, além disso, prevê uma forma específica de engodo ou fraude, consistente na inserção de dados falsos em sistema ou banco de dados da Administração Pública[113].

Estelionato contra idoso ou vulnerável

Quanto ao parágrafo quarto, ele possuía a seguinte redação:

> *Estelionato contra idoso*
>
> *§ 4º Aplica-se a pena em dobro se o crime for cometido contra idoso.*

Com o advento da Lei n. 14.155, de 27 de maio de 2021, sua redação passou a ser a seguinte:

> *Estelionato contra idoso ou vulnerável*
>
> *§ 4º A pena aumenta-se de 1/3 (um terço) ao dobro, se o crime é cometido contra idoso ou vulnerável, considerada a relevância do resultado gravoso.*

Com relação ao crime cometido contra idoso, a lei é mais favorável, já que a fração de aumento, antes fixada inexoravelmente no dobro da pena, agora passa a ser de um terço até o dobro. O critério para escolha da fração de aumento deve ser a relevância do resultado gravoso. Assim, caso o crime cometido anterior não tenha resultado gravoso de grande importância, a nova lei pode retroagir para beneficiar o acusado ou condenado.

No caso de crime cometido contra vulnerável, o aumento é o mesmo, de um terço até o dobro da pena, a ser escolhido pelo juiz com base na relevância do resultado gravoso. Por ausência de previsão anterior, cuida-se de majorante que só pode incidir, no caso de vulnerável, para os crimes cometidos após o início de vigência da lei, por constituir *novatio legis in pejus*. A lei não definiu, tal como no caso do furto mediante fraude eletrônica, que é o vulnerável. Se utilizado o conceito do artigo 217-A, § 1º, do CP, com adaptações e em interpretação sistemática, pode-se compreender como aquele que, por enfermidade ou deficiência mental, apresenta maior vulnerabilidade a fraudes. É possível, ainda, entender que o juiz deve analisar caso a caso.

Ação penal

A Lei n. 13.964, de 24 de dezembro de 2019, introduziu o parágrafo quinto ao artigo 171 do Código Penal. Traz o dispositivo hipóteses em que a ação penal passa a ser pública incondicionada:

---

112. STJ, AgRg no HC n. 798.591/ES, relator Ministro Joel Ilan Paciornik, Quinta Turma, julgado em 14/8/2023, DJe de 16/8/2023.

113. STJ, AgRg no AREsp n. 1.466.958/DF, relator Ministro Rogerio Schietti Cruz, Sexta Turma, julgado em 14/3/2023, DJe de 22/3/2023.

§ 5º Somente se procede mediante representação, salvo se a vítima for:

I – a Administração Pública, direta ou indireta;

II – criança ou adolescente;

III – pessoa com deficiência mental; ou

IV – maior de 70 (setenta) anos de idade ou incapaz.

Portanto, a regra é a ação penal pública condicionada à representação. A ação penal passa a ser incondicionada se o delito for praticado contra a Administração Pública, direta ou indireta; contra criança ou adolescente; contra pessoa com deficiência mental; contra maior de 70 (setenta) anos de idade ou contra incapaz. O estelionato contra incapaz é possível caso se compreenda, como Bitencourt, que o crime pode ter dois sujeitos passivos, o que leva o prejuízo e o que é enganado.

Sobre o direito intertemporal, a regra, como toda aquela que diz respeito à titularidade da ação penal, tem natureza híbrida. Isto porque, quanto menos condicionada é a propositura da ação (como no caso da ação penal pública incondicionada), mais fácil é o exercício do poder punitivo estatal. Quando se cria condicionante, como no caso (regra de exigência de representação do ofendido), o poder punitivo encontra maior dificuldade para seu exercício. Por isso, ainda que a ação penal seja matéria processual penal, também tem relevância para o direito material, daí sua natureza híbrida.

Por isso, a norma mais benéfica se aplica de imediato. A dúvida que surge é quanto à ação penal já iniciada:

- Ato jurídico perfeito, não havendo que se falar em exigência de representação;
- Exigência imediata de representação;
- Utilização do artigo 91 da Lei n. 9.099/1995 como analogia (intimação para oferecimento de representação no prazo de 30 dias, no caso de ação em andamento).

Após precedente da Quinta Turma em que o STJ adotou a tese do ato jurídico perfeito[114], a Terceira Seção da Corte pacificou o entendimento de que a nova regra não retroage:

> *"1. A retroatividade da norma que previu a ação penal pública condicionada, como regra, no crime de estelionato, é desaconselhada por, ao menos, duas ordens de motivos. 2. A primeira é de caráter processual e constitucional, pois o papel dos Tribunais Superiores, na estrutura do Judiciário brasileiro é o de estabelecer diretrizes aos demais Órgãos jurisdicionais. Nesse sentido, verifica-se que o STF, por ambas as turmas, já se manifestou no sentido da irretroatividade da lei que instituiu a condição de procedibilidade no delito previsto no art. 171 do CP. 3. Em relação ao aspecto material, tem-se que a irretroatividade do art. 171, § 5º, do CP, decorre da própria mens legis, pois, mesmo podendo, o legislador previu apenas a condição de procedibilidade, nada dispondo sobre a condição de prosseguibilidade. Ademais, necessário ainda registrar a importância de se resguardar a segurança jurídica e o ato jurídico perfeito (art. 25 do CPP), quando já oferecida a denúncia"*
>
> *(HC 610.201/SP, Rel. Min. Ribeiro Dantas, Terceira Seção, julgado em 24/03/2021, DJe 08/04/2021)*

114. STJ, HC 573093/SC, Rel. Min. Reynaldo Soares da Fonseca, Quinta Turma, DJe 18/06/2020.

Após julgados do STF em sentidos diversos, alguns pela retroatividade e outro pela irretroatividade[115], o Plenário da Corte decidiu que a norma deve retroagir. Por se tratar de norma híbrida e mais favorável ao réu, a exigência de representação se aplica aos delitos praticados anteriormente ao início de vigência da nova lei. Assim, foi determinado que o juízo intimasse a vítima para, no prazo de 30 dias, oferecer representação:

> *"O Tribunal, por maioria, concedeu a ordem, determinando que o juízo de primeiro grau proceda à intimação da vítima E. C. S. para que se manifeste em trinta dias se dispõe de interesse no prosseguimento da ação penal n. 0037222.33.2019.8.19.0001, sem o que haverá o trancamento do processo, ficando ratificada a medida liminar que suspendeu a ação penal até o pronunciamento da ofendida, tudo nos termos do voto da Relatora, vencidos os Ministros Alexandre de Moraes, Roberto Barroso, Dias Toffoli e Luiz Fux. Plenário, Sessão Virtual de 31.3.2023 a 12.4.2023." (HC 208.817/RJ, Rel. Min. Carmen Lúcia).*

Competência para julgamento

A Lei n. 14.155, de 27 de maio de 2021, que inseriu a figura da fraude eletrônica (art. 171, §§ 2º-A e 2º-B, do CP), alterou também o artigo 70 do Código de Processo Penal, para tratar da competência para julgamento de algumas modalidades previstos no artigo 171 do CP:

> *"§ 4º Nos crimes previstos no art. 171 do Decreto-Lei nº 2.848, de 7 de dezembro de 1940 (Código Penal), quando praticados mediante depósito, mediante emissão de cheques sem suficiente provisão de fundos em poder do sacado ou com o pagamento frustrado ou mediante transferência de valores, a competência será definida pelo local do domicílio da vítima, e, em caso de pluralidade de vítimas, a competência firmar-se-á pela prevenção."*

O critério de definição da competência passa a ser, em algumas modalidades do artigo 171, o domicílio da vítima e, no caso de pluralidade, a prevenção determinará o juízo competente. Deve-se notar que se menciona o crime de emissão de cheques sem suficiente provisão de fundos, mas não o estelionato por meio da falsificação da cártula, situações que não se confundem. Com a alteração legislativa, ficam **superados** os enunciados da Súmula 244 do STJ e da Súmula 521 do STF:

> *Compete ao foro do local da recusa processar e julgar o crime de estelionato mediante cheque sem provisão de fundos.*
>
> *O foro competente para o processo e julgamento dos crimes de estelionato, sob a modalidade da emissão dolosa de cheque sem provisão de fundos, é o do local onde se deu a recusa do pagamento pelo sacado.*

Esse foi o entendimento do STJ, que expressamente consignou que a modalidade de estelionato praticado mediante cheque sem provisão de fundos foi incluída na nova regra de definição de competência do artigo 70, § 4º, do Código de Processo Penal, dispositivo incluído pela Lei n. 14.155/2021. Com o início de vigência da lei, a competência passou a ser do juízo do domicílio da vítima:

---

115. STF, HC 187341, Rel. Min. Alexandre de Moraes, Primeira Turma, julgado em 13/10/2020, DJe-263, publicado em 04/11/2020. STF, HC 180421 AgR, Rel. Min. Edson Fachin, Segunda Turma, julgado em 22/06/2021.

> *"A Lei n. 14.155, de 27 de maio de 2021, que incluiu o § 4.º no art. 70 do Código de Processo Penal, criou hipótese específica de competência no caso de crime de estelionato praticado mediante depósito, transferência de valores ou cheque sem provisão de fundos em poder do sacado ou com o pagamento frustrado. Diante da modificação legislativa, não mais subsiste o entendimento firmado por esta Corte Superior, devendo ser reconhecida a competência do Juízo do domicílio da vítima. (STJ, CC 182.977/PR, Rel. Min. Laurita Vaz, Terceira Seção, julgado em 09/03/2022, DJe 14/03/2022)*

Essa modalidade de estelionato mencionada acima, em que o delito é praticado mediante cheque sem provisão de fundos, não se confunde com o estelionato praticado por meio de apresentação de cártula falsa. O agente usa de um título cambial falso, uma cártula de cheque contrafeita, para levar a erro a vítima, fingindo que efetua pagamento com um título verdadeiro. O cheque praticado por meio de título falso não está previsto na nova regra trazida pela Lei n. 14.155/2021, razão pela qual incide a regra de local da consumação, que é o da obtenção do prejuízo. Por isso, subsiste o entendimento contido na Súmula 48 do STJ:

> *Compete ao Juízo do local da obtenção da vantagem ilícita processar e julgar crime de estelionato cometido mediante falsificação de cheque.*

QUADRO SINÓTICO

Crime de estelionato e formas equiparadas	
Tipo penal	Obter, para si ou para outrem, vantagem ilícita, em prejuízo alheio, induzindo ou mantendo alguém em erro, mediante artifício, ardil, ou qualquer outro meio fraudulento.
Objeto jurídico	O bem jurídico protegido é o patrimônio.
Elemento subjetivo	**O presente delito admite somente a modalidade dolosa.**
Consumação	Como o delito é material, ele se consuma quando o agente obtém vantagem ilícita em prejuízo da vítima. Nos termos do artigo 171, § 2º, do CP, incorre nas mesmas penas quem vende, permuta, dá em pagamento, em locação ou em garantia coisa alheia como própria (**disposição de coisa alheia como própria**); vende, permuta, dá em pagamento ou em garantia coisa própria inalienável, gravada de ônus ou litigiosa, ou imóvel que prometeu vender a terceiro, mediante pagamento em prestações, silenciando sobre qualquer dessas circunstâncias (**alienação ou oneração fraudulenta de coisa própria**); defrauda, mediante alienação não consentida pelo credor ou por outro modo, a garantia pignoratícia, quando tem a posse do objeto empenhado (**defraudação de penhor**); defrauda substância, qualidade ou quantidade de coisa que deve entregar a alguém (**fraude na entrega de coisa**); destrói, total ou parcialmente, ou oculta coisa própria, ou lesa o próprio corpo ou a saúde, ou agrava as consequências da lesão ou doença, com o intuito de haver indenização ou valor de seguro (**fraude para recebimento de indenização ou valor de seguro**); e emite cheque, sem suficiente provisão de fundos em poder do sacado, ou lhe frustra o pagamento (**fraude no pagamento por meio de cheque**).
Tentativa	Admite-se a tentativa.

PARTE ESPECIAL

Crime de estelionato e formas equiparadas	
Forma majorada	Quando a fraude é cometida com a utilização de informações fornecidas pela vítima ou por terceiro induzido a erro por meio de redes sociais, contatos telefônicos ou envio de correio eletrônico fraudulento, ou por qualquer outro meio fraudulento análogo, considerada a relevância do resultado gravoso, aumenta-se de 1/3 (um terço) a 2/3 (dois terços), se o crime é praticado mediante a utilização de servidor mantido fora do território nacional. Ademais, a pena aumenta-se de um terço, se o crime for cometido em detrimento de entidade de direito público ou de instituto de economia popular, assistência social ou beneficência. A pena aumenta-se de 1/3 (um terço) ao dobro, se o crime for cometido contra idoso ou vulnerável, considerada a relevância do resultado gravoso. Por fim, se o delito for praticado contra indígena "não integrado", incide a causa de aumento de pena de um terço, nos termos do artigo 59 da Lei n. 6.001/1973.
Forma qualificada	Nos termos do artigo 171, § 2º-A, do CP, o crime de estelionato é qualificado se a fraude é cometida com a utilização de informações fornecidas pela vítima ou por terceiro induzido a erro por meio de redes sociais, contatos telefônicos ou envio de correio eletrônico fraudulento, ou por qualquer outro meio fraudulento análogo.
Jurisprudência relevante	Quanto o falso se exaure no estelionato, sem mais potencialidade lesiva, é por este absorvido (Súmula 17 do STJ). Aplica-se ao crime de estelionato, em que figure como vítima entidade autárquica da previdência social, a qualificadora do § 3º do Art. 171 do Código Penal (Súmula 24 do STJ). Compete ao juízo do local da obtenção da vantagem ilícita processar e julgar crime de estelionato cometido mediante falsificação de cheque (Súmula 48 do STJ). A utilização de papel moeda grosseiramente falsificado configura, em tese, o crime de estelionato, da competência da justiça estadual (Súmula 73 do STJ).
Classificação	Comum, doloso, material, comissivo (pode ser omissivo próprio na conduta de manter a vítima em erro), de forma livre, instantâneo, de dano, monossubjetivo e plurissubsistente.
Benefícios	Admitem-se a suspensão condicional do processo e o oferecimento do acordo de não persecução penal na forma do *caput*, bem como nas equiparadas (artigo 171, § 2º, do CP).
Ação penal	A ação penal é pública condicionada à representação, exceto quando a conduta é praticada contra a Administração Pública, direta ou indireta; criança ou adolescente; pessoa com deficiência mental; ou maior de setenta anos de idade ou incapaz, nos termos do artigo 171, § 5º, do CP. Ademais, nos termos do artigo 182 do CP, a ação penal será pública condicionada à representação se for cometido em prejuízo de cônjuge desquitado ou judicialmente separado; de irmão, legítimo ou ilegítimo; de tio ou sobrinho, com que o agente coabita. Tais disposições ficam afastadas se o crime é praticado mediante emprego de grave ameaça ou violência à pessoa; ao estranho que participa do crime; ou se o crime é praticado contra pessoa com idade igual ou superior a sessenta anos.

Crime de estelionato e formas equiparadas	
Observações	Nos termos do artigo 171, § 1º, do CP, aplica-se ao estelionato as disposições do artigo 155, § 2º, do CP, de sorte que, se o agente for primário e a coisa apropriada for de pequeno valor, o juiz poderá substituir a pena de reclusão por detenção, diminuí-la de um a dois terços ou aplicar somente a pena de multa. É isento de pena o agente que comete o crime em prejuízo de cônjuge, na constância da sociedade conjugal; ou de ascendente ou descendente, seja o parentesco legítimo ou ilegítimo, seja civil ou natural. Tal disposição, contudo, não é aplicada se o crime é praticado mediante emprego de grave ameaça ou violência à pessoa; ao estranho que participa do crime; ou se o crime é praticado contra pessoa com idade igual ou superior a sessenta anos.

6.9. Fraude com a utilização de ativos virtuais, valores mobiliários ou ativos financeiros

A economia internacional tem se revolucionado com a criação de inúmeros ativos virtuais ou criptoativos, que são representações virtuais de valor, que podem ser negociadas de várias formas, inclusive ser objeto de compra e venda, utilizadas como meio de pagamento ou como opção de investimento. Uma das formas de realizar essa negociação é por meio de uma prestadora de serviços especializados em criptoativos, que é denominada de *exchange*. As operações que envolvem esses ativos virtuais, que em muitos casos circulam sem uma autoridade central responsável, são registradas por meio do sistema *blockchain*, uma corrente digital de algoritmos que funciona como espécie de arquivo, à semelhança de um livro-razão, que mantém todas as transações e os endereços digitais envolvidos, e que é compartilhado por milhares de computadores interconectados, o que impossibilita a sua destruição ou ocultação[116].

Os criptoativos conhecidos popularmente como criptomoedas consistem em meio de pagamento virtual e de emissão descentralizada, por meio de criptografia. A **criptografia** consiste na fabricação e emprego de protocolos, que se formam sobre o fundamento de códigos, chaves formadas por valores matemáticos. Esses códigos garantem a autenticidade de um ativo que só existe em meio digital. Enquanto moedas digitais de bancos centrais são emitidas por entidades governamentais, como as CBDC (moedas digitais de bancos centrais, na sigla em inglês), as Bitcoins e as *altcoins*, ou *moedas alternativas*, são emitidas por particulares, sem órgão de regulação, com regras ditadas pelos desenvolvedores e seus usuários. Essas **moedas alternativas** não são efetivamente moedas, por não possuírem respaldo do seu lastro financeiro pelo Estado, podendo ser exemplificadas pela Ethereum.

As Bitcoins, as mais famosas dessas chamadas *moedas digitais*, são ativos virtuais criados em 2008, por iniciativa de uma pessoa que utilizava o pseudônimo de Satoshi Nakamoto. Ele enviou uma mensagem eletrônica para diversos interessados em criptografia, anunciando que trabalhava na criação de um sistema de pagamento *peer-to-peer*, ou seja, que funcionaria de pessoa para pessoa, sem a intermediação

116. BOTTINI, Pierpaolo Cruz. A nova lei de criptoativos e a lavagem de dinheiro. Jornal Valor, edição de 23 de dezembro de 2022.

de um órgão central para determinar o seu valor ou para controlar a sua emissão. A ideia era garantir o anonimato nas transações, retirando o controle dos Estados sobre todas as transações financeiras.

Uma realidade incontornável, os criptoativos passaram a ser utilizados no dia a dia, sendo aceitos para compras cotidianas inclusiva em estabelecimentos comerciais. Ao mesmo tempo, começaram a ser utilizados para atividades ilícitas, por possibilitarem a realização de operações anônimas e dificultar o seu rastreio pelas autoridades. Assim, foram utilizados para vendas digitais de entorpecentes, meio de lavagem de dinheiro e até mesmo meio de pagamento em sequestros de pessoas ou em atividades de hackers, que exigem contraprestação após invadir e criptografar sistemas de informática de determinadas instituições. Além disso, difundiram-se golpes envolvendo falsos investimentos em criptoativos, nos moldes da chamada pirâmide financeira[117]. Por isso, tornou-se necessária uma regulamentação para proteção dos usuários em atividades lícitas, como de investimentos, e para coibir o seu uso criminoso, em razão do anonimato que o meio virtual propicia.

Em 21 de dezembro de 2022, foi promulgada a Lei n. 14.478, que visa a impor diretrizes a serem observadas na prestação de serviços de ativos virtuais e na regulamentação das prestadoras de serviços de ativos virtuais, as *exchanges*. Após um longo período sem regulamentação dos ativos virtuais e crescimento de investimentos no setor, especialmente nas transações envolvendo as chamadas criptomoedas, o Poder Legislativo aprovou uma lei a servir de base para regulamentação administrativa e supervisão dessa atividade. Uma das diretrizes a serem observadas na prestação de serviços virtuais, conforme previsão do artigo 4º, inciso VII, é a **prevenção à lavagem de dinheiro e ao financiamento do terrorismo e da proliferação de armas de destruição em massa**, em alinhamento com os padrões internacionais.

Além de disposições de caráter administrativo-financeiro, esse diploma legislativo trouxe modificações de natureza penal, (a) introduzindo o artigo 171-A no Código Penal, com o novo delito de fraude com a utilização de ativos virtuais, valores mobiliários ou ativos financeiros; (b) equiparando à instituição financeira a pessoa jurídica que ofereça serviços referentes a operações com ativos virtuais, inclusive intermediação, negociação ou custódia, mudança legislativa que modifica a abrangência dos crimes contra o sistema financeiro nacional, previstos na Lei n. 7.492/1986; (c) modificação da Lei de Lavagem de Dinheiro, para incluir a majorante de cometimento do delito por meio de ativo virtual e para incluir as prestadoras de serviços de ativos virtuais no rol dos particulares obrigados a colaborar no combate à lavagem de capitais, as pessoas sensíveis que devem informar operações suspeitas às autoridades, também conhecidas como *gatekeepers*.

---

117. Pirâmide financeira é um esquema de negócios que envolve a promessa de ganhos a partir de contínuo investimento financeiro, cujo retorno está relacionado à captação de novos membros, cujos investimentos sustentarão aqueles que estão no topo. O modelo é insustentável em certo prazo, dada a impossibilidade de contínua captação de novas pessoas para manter as já integrantes do sistema. O esquema fraudulento normalmente envolve promessa de altos ganhos, poucos detalhes sobre os riscos envolvidos no investimento e uma publicidade como oportunidade única ou imperdível. Também conhecido como pichardismo, está previsto, de forma geral, como crime contra a economia popular (artigo 2º, inciso IX, da Lei n. 1.521/1951).

Uma importante discussão que permeou o trâmite legislativo foi a necessidade ou não de segregação patrimonial, isto é, de se separar o patrimônio das corretoras de criptoativos, conhecidas como *exchanges*, e o patrimônio dos seus clientes, que compreendem, por exemplo, aquelas que investem em criptomoedas. Essa medida era importante para preservar o patrimônio dos investidores, caso houvesse problemas de gestão nessas corretoras, como ocorreu com a insolvência da FTX, deixando várias pessoas no prejuízo. Algumas prestadoras de serviço estrangeiras se posicionaram contra essa segregação, enquanto havia algumas nacionais favoráveis à medida[118]. O argumento favorável à segregação era a proteção dos consumidores, enquanto a posição contrária dizia que a medida, como previsto no projeto de lei, impedia a oferta de alguns produtos em operações que consistem em um retorno percentual (*yields*) no investimento com criptoativos, como a renda passiva que decorre da posse de algumas criptomoedas, como se fossem rendimentos de dinheiro na poupança (*staking*).

Vale notar que a segregação parecia muito mais eficaz à proteção do consumidor do que a criação de um novo tipo no Código Penal, mas, como era de se esperar, foi mais fácil criar a tutela penal do que a medida preventiva extrapenal. Assim, existe a tutela penal, mas não a medida preventiva de preservação do patrimônio dos investidores. Essa tutela se concretizou com a inserção de um novo crime no Código Penal, que é previsto no novo artigo 171-A, incluído no título dos crimes contra o patrimônio:

> Fraude com a utilização de ativos virtuais, valores mobiliários ou ativos financeiros
>
> Art. 171-A. Organizar, gerir, ofertar ou distribuir carteiras ou intermediar operações que envolvam ativos virtuais, valores mobiliários ou quaisquer ativos financeiros com o fim de obter vantagem ilícita, em prejuízo alheio, induzindo ou mantendo alguém em erro, mediante artifício, ardil ou qualquer outro meio fraudulento.
>
> Pena - reclusão, de 4 (quatro) a 8 (oito) anos, e multa

Trata-se de **tipo misto alternativo**, com vários núcleos do tipo, bastando a prática de um para a configuração do delito. Por outro lado, haverá crime único se forem realizadas condutas que se amoldam a mais de um dos verbos nucleares, se praticadas no mesmo contexto. Incriminam-se as condutas de organizar (estruturar, ordenar); gerir (administrar, gerenciar); ofertar (oferecer, fazer oferta comercial para atrair clientes) e distribuir (entregar, conferir a determinada pessoa) carteiras (agrupamentos ou portfólios de investimentos), bem como de intermediar (servir de intermediário, interceder, intervir em) operações (transações, negócios jurídicos financeiros).

Cuida-se, ainda, de **lei penal em branco**, que necessidade de complementação normativa para a sua aplicação. Isso porque o objeto das carteiras e operações mencionadas no tipo devem envolver ativos virtuais, valores mobiliários ou quaisquer ativos financeiros. É preciso, assim, buscar o conceito de ativos virtuais, valores mobiliários e ativos financeiros em geral em outras leis, de modo a possibilitar a aplicação da norma penal incriminadora.

118. SILVA, Mariana Maria. Marco Regulatório Cripto é aprovado após 7 anos, mas divide opiniões entre corretoras. Disponível em: https://exame.com/future-of-money/marco-regulatorio-cripto-e-aprovado-apos-7-anos-mas--divide-opinioes-entre-corretoras/.

Ativos virtuais são definidos pela própria Lei n. 14478/2022, em seu artigo 3º, como a representação digital de valor que pode ser negociada ou transferida por meios eletrônicos e utilizada para realização de pagamentos ou com propósito de investimento. São seus exemplos a Bitcoin e a Ethereum. **Não** se incluem no conceito de ativos virtuais, também nos termos da lei, a moeda nacional e as moedas estrangeiras; a moeda eletrônica prevista na Lei n. 12.865/2013; os instrumentos que provejam ao seu titular acesso a produtos ou serviços especificados ou a benefício proveniente desses produtos ou serviços, a exemplo de pontos e recompensas de programas de fidelidade, como as famosas milhas dos cartões de crédito; e as representações de ativos cuja emissão, escrituração, negociação ou liquidação esteja prevista em lei ou regulamento, a exemplo de valores mobiliários e de ativos financeiros.

São considerados, no Parecer de Orientação CVM n. 40, de 11 de outubro de 2022, como "ativos representados digitalmente, protegidos por criptografia, que podem ser objeto de transações executadas e armazenadas por meio de tecnologias de registro distribuído (Distributed Ledger Technologies – DLTs)". Além disso, observa-se que os criptoativos (ou a sua propriedade) são representados por *tokens*, que são títulos digitais intangíveis. A CVM os classifica em:

> **Token de Pagamento** (*cryptocurrency* ou *payment token*): busca replicar as funções de moeda, notadamente de unidade de conta, meio de troca e reserva de valor. O exemplo mais famoso é a Bitcoin, usada para pagamento em alguns estabelecimentos comerciais;
>
> **Token de Utilidade** (*utility token*): utilizado para adquirir ou acessar determinados produtos ou serviços. Exemplo é o Chiliz (CHZ), que é um token de utilidade desenvolvido por uma plataforma chamada Socios.com e que permite votar no uniforme de um time de futebol, ter acesso ao banco de reservas, dentre outras possibilidades;
>
> **Token referenciado a Ativo** (*asset-backed token*): representa um ou mais ativos, tangíveis ou intangíveis. São exemplos os *security tokens*, as *stablecoins*, os non-fungible tokens (NFTs) e os demais ativos objeto de operações de "tokenização". O NFT, por exemplo, é um bem não fungível, ou seja, aquele que contém dados que o torna único, como se fosse uma obra de arte virtual.

Valores mobiliários, por sua vez, são os títulos financeiros negociados diretamente no mercado, compreendendo títulos de propriedade e títulos de crédito. A Lei n. 6.385/1976, que dispõe sobre o mercado de valores mobiliários, inclui em seu regime, como valores mobiliários, aqueles elencados em seu artigo 2º: as ações, debêntures e bônus de subscrição; os cupons, direitos, recibos de subscrição e certificados de desdobramento relativos a esses valores mobiliários; os certificados de depósito de valores mobiliários; as cédulas de debêntures; as cotas de fundos de investimento em valores mobiliários ou de clubes de investimento em quaisquer ativos; as notas comerciais; os contratos futuros, de opções e outros derivativos, cujos ativos subjacentes sejam valores mobiliários; outros contratos derivativos, independentemente dos ativos subjacentes; e, quando ofertados publicamente, quaisquer outros títulos ou contratos de investimento coletivo, que gerem direito de participação, de parceria ou de remuneração, inclusive resultante de prestação de serviços, cujos rendimentos advêm do esforço do empreendedor ou de terceiros.

Também são valores mobiliários aqueles disciplinados por legislação ou regulamentação específica, como os certificados de recebíveis imobiliários (CRI), que são disciplinados pela Lei n. 9.514/1997, especialmente em seu artigo 6º; os certificados de investimentos audiovisuais, regulados pela Lei n. 8.685/1993, especialmente em seu artigo 1º; e as cotas de fundos de investimento imobiliário (FII), conforme disposições da Lei n. 8.668/1993.

Por fim, **ativos financeiros** são investimentos que não consistem em bens ou mercadorias, mas cujo valor é derivado de direitos contratuais que eles representam. É um direito de titularidade de pessoa física ou jurídica e que pode ser convertido em dinheiro. Quaisquer ativos financeiros, além dos já elencados acima, têm como exemplos os títulos da dívida pública e os títulos cambiais de responsabilidade de instituição financeira.

Para a configuração do crime é imprescindível a presença do **dolo**, além do **elemento subjetivo especial** do tipo, consistente na finalidade de obter vantagem ilícita, em prejuízo alheio. À semelhança do estelionato, previsto no artigo 171, o tipo penal do artigo 171-A prevê o binômio vantagem ilícita e prejuízo alheio, mas não como necessário à consumação, de modo que esse delito é **formal**, enquanto o estelionato é material. No tipo do artigo 171-A, basta a finalidade de obtenção de vantagem ilícita, que é o objetivo do agente e que tem como meio a causação de prejuízo a outrem. Essa finalidade fica clara nos casos em que o agente foge com o valor de suas vítimas, que acreditavam estar investindo em ativos financeiros. É um elemento subjetivo, mas que pode ser extraído das circunstâncias de sua atuação.

A conduta deve ser realizada por meio de **induzimento ou manutenção de alguém em erro, mediante artifício, ardil ou qualquer outro meio fraudulento**. O delito é classificado, portanto, como crime de ação astuciosa. Manter alguém em erro é levá-la à interpretação incorreta de algo, inclusive no sentido de compreender mal a realidade que a cerca. Artifício é a astúcia ou dissimulação utilizada para que alguém interprete os fatos de forma errada. Ardil é a sagacidade, o estratagema, a armação ou cilada. Qualquer outro meio fraudulento constitui cláusula de interpretação extensiva, que deve ser feita a partir dos exemplos dados pela lei: o artifício e o ardil.

Anteriormente, o STJ vinha decidindo que as operações com criptomoedas não eram reguladas no Brasil e, assim, a sua negociação não configurava, por si, só, crime contra o sistema financeiro nacional (arts. 7º, inciso II, e 11, da Lei n. 7492/1986), nem crime contra o mercado de capitais (art. 27-E da Lei n. 6.385/1976). Por isso, as fraudes praticas por meio de engodo relacionado a investimentos em criptomoedas vinham sendo consideradas como um crime contra a economia popular, previsto no artigo 2º, inciso IX, da Lei n. 1.521/1951, conforme entendimento fixado pela Terceira Seção da Corte[119]. Ocorre que esse delito possui pena de detenção, de 6 meses a 2 anos, além de multa, o que se mostrava uma punição muito baixa para golpes que atingiam, muitas vezes, vítimas indeterminadas, causando prejuízos milionários. A pena era menor do que a do crime de estelionato, que corresponde a uma fraude normalmente operada contra uma só vítima. A maior crítica não era a ausência de

119. STJ, CC 146.153/SP, Rel. Min. Reynaldo Soares da Fonseca Terceira Seção, DJe 17/5/2016 .

criminalização da prática de golpes por esquemas de investimento em criptoativos, mas de sanção penal desproporcional, muito baixa, de modo a representar uma proteção deficiente do bem jurídico.

A Sexta Turma do Superior Tribunal de Justiça chegou a decidir que, mesmo que identificadas algumas vítimas, não seria possível a responsabilização pelo delito de estelionato[120]. A Quinta Turma, por outro lado, decidiu ser possível o concurso do crime contra a economia popular e o estelionato, em caso de aliciamento individualizado de vítimas da fraude, de forma paralela com o ato voltado contra o público em geral, que no caso concreto se referia a um *site* na rede mundial de computadores para atrair vítimas para a fraude[121].

Atualmente, portanto, o crime a ser configurado é o previsto no artigo 171-A do Código Penal, que traz a pena de reclusão, de 4 a 8 anos, e multa. Vale notar que a sanção, fixada em patamar razoável, não permite a celebração do acordo de não persecução penal, que é cabível se a pena mínima do delito for inferior a 4 anos, nos termos do artigo 28-A, *caput*, do Código de Processo Penal. O delito descreve condutas relacionadas à administração de carteira ou à intermediação de operações, de modo que, no mesmo contexto, o delito será único, ainda que atingido o patrimônio de diversas vítimas.

Portanto, o **esquema de pirâmide financeira**, também conhecido como pichardismo, desde que envolva ativos virtuais, valores mobiliários ou outros ativos financeiros, passa a configurar o crime previsto no artigo 171-A do Código Penal, norma mais específica, e não mais o crime contra a economia popular, previsto no artigo 2º, inciso IX, da Lei n. 1.521/1951, norma mais genérica. Caso a pirâmide financeira não envolva essas investimentos, haverá o crime contra a economia popular, que passa a funcionar com norma subsidiária.

Com a sua previsão como delito contra o patrimônio, não é possível o concurso de crimes com o estelionato, que tutela o mesmo bem jurídico. Por outro lado, desde a caracterização de alguns criptoativos como valor mobiliário pela orientação emitida pela CVM, fortaleceu-se a tese de possibilidade de configuração do crime previsto no artigo 7º da Lei n. 7.492/1986, um crime contra o sistema financeiro nacional, que é, inclusive, crime de competência da Justiça Federal, nos termos do artigo 26, *caput*, da lei[122]. Assim, parece possível, com o advento da Lei n. 14.478/2022, o concurso entre o delito do artigo 171-A do CP, crime contra o patrimônio, e o crime do artigo 7º da Lei n. 7.492/1986, quando identificada a oferta ao público em geral e o engodo praticado contra vítimas individualizadas, considerando que primeiro delito tutela o patrimônio e o segundo, o sistema financeiro nacional.

Acerca da competência para julgamento do delito, a Terceira Seção do STJ fixou, antes da publicação da Lei n. 14.478/2022, a "compreensão no sentido de que a oferta de serviços de compra e venda exclusivamente de criptomoedas ou moedas virtuais não se insere na competência da Justiça Federal, por não se cuidarem de ativos

120. STJ, RHC n. 132.655/RS, Rel. Min. Rogerio Schietti Cruz, Sexta Turma, julgado em 28/9/2021, DJe de 30/9/2021.
121. STJ, RHC n. 161.635/DF, Rel. Min. Ribeiro Dantas, Quinta Turma, julgado em 23/8/2022, DJe de 30/8/2022.
122. Aras, Vladimir. Marco regulatório da criptoeconomia e sua repercussão no campo penal. Conjur. Disponível em: https://www.conjur.com.br/2022-out-13/vladimir-aras-avanco-marco-regulatorio-criptoeconomia.

regulados pelo Banco Central do Brasil ou pela Comissão de Valores Mobiliários"[123]. Ocorre que, após esse julgamento, o Parecer de Orientação da CVM, de 11 de outubro de 2022, passou a considerar que os *tokens*, forma comum de se designar os criptoativos, **podem ou não ser considerados valores mobiliários**, dependendo da essência econômica dos direitos conferidos a seus titulares e também pode variar no decorrer do tempo, conforme a função a eles designada. Com base nessa orientação e interpretando o precedente do STJ, é possível se defender a competência da Justiça Federal para julgamento desses delitos. Entretanto, como a Constituição exige disciplina legal para que os crimes contra o sistema financeiro nacional se incluam na competência federal (art. 109, inciso VI), o entendimento mais acertado é de que a competência será, em regra, da Justiça Estadual, ressalvada a hipótese de concurso com crime previsto na Lei n. 7.492/1986.

Sobre a entrada em vigor, a Lei n. 14.478/2022 trouxe considerável período de *vacatio legis*, fixado em 180 dias após a sua publicação oficial. Como a publicação se deu em 22 de dezembro de 2022, deve-se contar o dia do começo, conforme determina o artigo 8º, § 1º, da Lei Complementar n. 95/1998: "A contagem do prazo para entrada em vigor das leis que estabeleçam período de vacância far-se-á com a inclusão da data da publicação e do último dia do prazo, entrando em vigor no dia subsequente à sua consumação integral". Assim, a entrada em vigor deve ocorrer no dia 21 de junho de 2023.

QUADRO SINÓTICO

Fraude com a utilização de ativos virtuais, valores mobiliários ou ativos financeiros	
Tipo penal	Organizar, gerir, ofertar ou distribuir carteiras ou intermediar operações que envolvam ativos virtuais, valores mobiliários ou quaisquer ativos financeiros com o fim de obter vantagem ilícita, em prejuízo alheio, induzindo ou mantendo alguém em erro, mediante artifício, ardil ou qualquer outro meio fraudulento.
Sujeito ativo	Qualquer pessoa.
Sujeito passivo	Qualquer pessoa.
Objeto jurídico	O bem jurídico protegido é o patrimônio.
Elemento subjetivo	O presente delito admite somente a modalidade dolosa, exigindo, ainda, o elemento subjetivo especial do tipo, consistente na finalidade de obter vantagem ilícita, em prejuízo alheio.
Consumação	Como o delito é formal, ele se consuma quando o agente organiza, gere, oferta ou distribui carteiras ou intermedia operações que envolvam ativos virtuais, valores mobiliários ou quaisquer ativos financeiros. Não é necessário que haja a obtenção de vantagem para sua consumação.
Tentativa	Admite-se a tentativa.

123. STJ, CC n. 187.976/RS, relatora Ministra Laurita Vaz, Terceira Seção, julgado em 10/8/2022, DJe de 18/8/2022.

Fraude com a utilização de ativos virtuais, valores mobiliários ou ativos financeiros	
Forma majorada	Se o delito for praticado contra indígena "não integrado", incide a causa de aumento de pena de um terço, nos termos do artigo 59 da Lei n. 6.001/1973.
Classificação	Comum, doloso, formal, comissivo, de forma livre, instantâneo, de dano, monossubjetivo e plurissubsistente.
Benefícios	Em razão da pena cominada, não se admitem a transação, a suspensão condicional do processo nem o oferecimento do acordo de não persecução penal.
Ação penal	A ação penal é pública incondicionada.
Observações	*Vacatio legis* de 180 dias. Lei publicada em 22 de dezembro de 2022.

6.10. Duplicata Simulada

O delito de duplicata simulada está previsto no artigo 172 do Código Penal, de seguinte teor:

> *Art. 172 – Emitir fatura, duplicata ou nota de venda que não corresponda à mercadoria vendida, em quantidade ou qualidade, ou ao serviço prestado.*
>
> *Pena – detenção, de 2 (dois) a 4 (quatro) anos, e multa.*
>
> *Parágrafo único. Nas mesmas penas incorrerá aquele que falsificar ou adulterar a escrituração do Livro de Registro de Duplicatas.*

A conduta incriminar é "emitir", ou seja, colocar em circulação ou lançar fatura, duplicata ou nota de venda de forma simulada. Isto é, **o documento deve não corresponder à quantidade ou qualidade da mercadoria vendida ou ao serviço prestado**. O parágrafo único prevê a forma equiparada de "falsificar" (desvirtuar, alterar os dados) ou "adulterar" (modificar, corromper) a escrituração do Livro de Registro das Duplicatas. A doutrina diverge sobre o crime ser comum[124], o que parece mais consentâneo com o tipo, ou próprio[125]. O delito é classificado como doloso, formal, comissivo e plurissubsistente, de modo que admite a forma tentada.

Uma controvérsia que surge é a configuração ou não do crime no caso de a duplicata ser emitida sem que haja venda de mercadoria ou serviço prestado. A polêmica surge porque o tipo penal menciona a venda feita de forma diversa daquela descrita na duplicata ou prestação de serviço que não corresponda ao constante do referido título de crédito. O tipo penal não abrange, contudo, a emissão do documento, como a duplicata, sem haver prestação de serviço algum ou sem se ter efetivado venda alguma. Malgrado seja polêmica a questão, no âmbito jurisprudencial o **STJ possui**

124. BITENCOURT, Cezar Roberto. Op. cit., 2020, p. 304. PRADO, Luiz Regis. Op. Cit., 2020, p. 701. Parece defender a mesma posição: NORONHA, Edgard Magalhães. Op. Cit., vol. 2, 1976, p. 446-448.
125. GRECO, Rogério. Op. cit., 2017, p. 989. MASSON, Cleber. Op. Cit., 2020, p. 553.

precedente em que reconhece possível a existência do crime no caso de não haver a prestação de serviço ou a venda de mercadoria:

"(...) 1. O delito relativo à duplicata simulada consiste na emissão de fatura, duplicata ou nota de venda que não corresponda à mercadoria efetivamente vendida ou ao serviço prestado, ou seja, o documento pode se referir tanto a um negócio inexistente, como ao que tenha sido realizado de forma diversa da descrita pelo emissor. (...)" (STJ, AgRg no REsp 1482745/SP, Rel. Min. Jorge Mussi, Quinta Turma, DJe 28/05/2018).

QUADRO SINÓTICO

Crime de duplicata simulada	
Tipo penal	Emitir fatura, duplicata ou nota de venda que não corresponda à mercadoria vendida, em quantidade ou qualidade, ou ao serviço prestado.
Objeto jurídico	Tutela-se o patrimônio.
Sujeito ativo	Quem emite a fatura, duplicata ou nota de venda que não corresponde à mercadoria vendida.
Sujeito passivo	Quem desconta a duplicata, quem aceita a duplicata como caução e o sacado de boa-fé.
Elemento subjetivo	Admite-se somente a modalidade dolosa.
Consumação	Quando a duplicata é posta em circulação. Nos termos do artigo 172, parágrafo único do CP, incorrerá nas mesmas penas aquele que falsificar ou adulterar a escrituração do Livro de Registro de Duplicatas.
Tentativa	A depender do caso, entende-se como possível a tentativa.
Forma majorada	Se o delito for praticado contra indígena "não integrado", incide a causa de aumento de pena de um terço, nos termos do artigo 59 da Lei n. 6.001/1973.
Classificação	Trata-se de delito próprio, doloso, comissivo ou omissivo impróprio, formal, de perigo, de forma livre, instantâneo, monossubjetivo, plurissubsistente e não transeunte.
Benefícios	Admite-se o ANPP.
Ação penal	Pública incondicionada. Contudo, a ação penal será pública condicionada à representação se for cometido em prejuízo de cônjuge desquitado ou judicialmente separado; de irmão, legítimo ou ilegítimo; de tio ou sobrinho, com que o agente coabita. Tais disposições, nos termos do artigo 183 do CP, restam afastadas se o crime é praticado mediante emprego de grave ameaça ou violência à pessoa; ao estranho que participa do crime; ou se o crime é praticado contra pessoa com idade igual ou superior a sessenta anos.

PARTE ESPECIAL

Crime de duplicata simulada	
Observações	Nos termos do artigo 181, é isento de pena o agente que comete o crime em prejuízo de cônjuge, na constância da sociedade conjugal; ou de ascendente ou descendente, seja o parentesco legítimo ou ilegítimo, seja civil ou natural. Tal disposição, contudo, não é aplicada se o crime é praticado mediante emprego de grave ameaça ou violência à pessoa; ao estranho que participa do crime; ou se o crime é praticado contra pessoa com idade igual ou superior a sessenta anos, nos termos do artigo 183 do CP.

6.11. Abuso de Incapazes

O crime de abuso de incapazes está tipificado no artigo 173 do Código Penal:

> *Art. 173 – Abusar, em proveito próprio ou alheio, de necessidade, paixão ou inexperiência de menor, ou da alienação ou debilidade mental de outrem, induzindo qualquer deles à prática de ato suscetível de produzir efeito jurídico, em prejuízo próprio ou de terceiro:*
>
> *Pena – reclusão, de dois a seis anos, e multa.*

O sujeito ativo pode ser qualquer pessoa, o que leva à conclusão de se tratar de crime comum. O sujeito passivo deve ser o menor, o alienado ou o débil mental, ou seja, aquele que possui alguma deficiência ou doença de ordem mental. Bento de Faria defende que se inclui como sujeito passivo tanto o menor emancipado quanto o não emancipado. Noronha, por sua vez, entende que o termo menor deve ser interpretado conforme a denominação do dispositivo, que diz sobre abuso de incapazes. Além disso, em virtude da aquisição da plena capacidade civil, não há que se falar em incapaz. Logo, o menor emancipado não pode ser vítima do delito[126].

A conduta nuclear é "abusar" (usar de maneira inadequada, tirar vantagem de). **O abuso pode ser efetuado em proveito próprio ou alheio**, recaindo sobre:

- a necessidade, paixão ou inexperiência da vítima menor de 18 anos: o abuso da necessidade, da paixão ou da inexperiência deve se referir a vítima menor de 18 anos. Em se tratando de vítima maior, o seu engano para obtenção de vantagem pode configurar o estelionato. O agente se aproveita da menoridade da vítima, mas especialmente da necessidade que enfrenta, como a de prover o seu sustento; da sua paixão, o que se refere ao ponto de vista obstinado muitas vezes relacionado à adolescência; ou da inexperiência, que se vincula à ausência de trato nos negócios, desconhecendo valores praticados no mercado ou os usos e costumes da economia local;
- da alienação da vítima: esse termo se refere à condição mental, podendo ser uma enfermidade mais ou menos grave, desde que retire a capacidade regular de se dedicar aos negócios;

126. NORONHA, Edgard Magalhães. Op. Cit., vol. 2, 1976, p. 454-456.

- da debilidade mental do sujeito passivo: trata-se da pessoa com dificuldades de compreensão da vida social, com um desenvolvimento mental inferior ou com atraso significativo na sua capacidade cognitiva em relação à idade cronológica.

Parte considerável da doutrina entende que o prejuízo causado à vítima deve ser patrimonial, já que se trata de um crime contra ao patrimônio. Entretanto, o dano pode ser potencial, pois o tipo menciona um ato suscetível de produzir efeito jurídico, em prejuízo próprio ou alheio. De outro lado, o proveito obtido pode ser de qualquer natureza. O crime, portanto, é formal,. Também se classifica como delito de forma vinculada, doloso e plurissubsistente, admitindo o *conatus*.

QUADRO SINÓTICO

Crime de abuso de incapazes	
Tipo penal	Abusar, em proveito próprio ou alheio, de necessidade, paixão ou inexperiência de menor, ou da alienação ou debilidade mental de outrem, induzindo qualquer deles à prática de ato suscetível de produzir efeito jurídico, em prejuízo próprio ou de terceiros.
Objeto jurídico	O patrimônio do menor ou do terceiro que sofre prejuízo.
Sujeito ativo	Qualquer um.
Sujeito passivo	Menor ou alienado ou débil mental.
Elemento subjetivo	Admite-se somente a modalidade dolosa.
Consumação	O delito se consuma quando o sujeito passivo pratica o ato para o qual foi induzido. Por se tratar de delito formal, o prejuízo é mero exaurimento da conduta.
Tentativa	Admite-se a tentativa.
Forma majorada	Se o delito for praticado contra indígena "não integrado", incide a causa de aumento de pena de um terço, nos termos do artigo 59 da Lei n. 6.001/1973.
Classificação	Crime comum com relação ao sujeito ativo e próprio com relação ao passivo, doloso, formal, comissivo ou omissivo impróprio, de forma livre, instantâneo, monossubjetivo, plurissubsistente e não transeunte.
Benefícios	Admite-se o oferecimento de acordo de não persecução penal.
Ação penal	Ação penal pública incondicionada. Contudo, nos termos do artigo 182 do CP, a ação penal será pública condicionada à representação se for cometido em prejuízo de cônjuge desquitado ou judicialmente separado; de irmão, legítimo ou ilegítimo; de tio ou sobrinho, com que o agente coabita. Tais disposições ficam afastadas se o crime é praticado mediante emprego de grave ameaça ou violência à pessoa; ao estranho que participa do crime; ou se o crime é praticado contra pessoa com idade igual ou superior a sessenta anos.

Crime de abuso de incapazes	
Observações	É isento de pena o agente que comete o crime em prejuízo de cônjuge, na constância da sociedade conjugal; ou de ascendente ou descendente, seja o parentesco legítimo ou ilegítimo, seja civil ou natural. Tal disposição, contudo, não é aplicada se o crime é praticado mediante emprego de grave ameaça ou violência à pessoa; ao estranho que participa do crime; ou se o crime é praticado contra pessoa com idade igual ou superior a sessenta anos.

6.12. Induzimento à Especulação

O artigo 174 do Código Penal está previsto no induzimento à especulação:

> *Art. 174 – Abusar, em proveito próprio ou alheio, da inexperiência ou da simplicidade ou inferioridade mental de outrem, induzindo-o à prática de jogo ou aposta, ou à especulação com títulos ou mercadorias, sabendo ou devendo saber que a operação é ruinosa:*
>
> *Pena – reclusão, de um a três anos, e multa.*

O sujeito ativo é qualquer pessoa, razão pela qual o crime é classificado como comum. Sujeito passivo, por sua vez, deve ser alguém menor ou que seja inexperiente, simples ou ingênuo. A conduta nuclear é "abusar", que significa usar de maneira inadequada, tirar vantagem. **O abuso pode ser efetuado em proveito próprio ou alheio, recaindo sobre a inexperiência, a simplicidade ou inferioridade mental da vítima**.

A inexperiência é a qualidade de quem não possui o hábito de jogar, apostar ou realizar especulação com títulos ou mercadorias. Falta à vítima o conhecimento mínimo sobre como funciona a negociação e os usos e costumes do mercado, inclusive o valor justo. Simplicidade é um termo inadequado, pois é um termo equívoco. Entretanto, pelo contexto do tipo penal, verifica-se que o legislador se refere à pessoa ingênua, crédula, sem malícia. A inferioridade mental, por fim, é uma característica de quem capacidade de raciocínio e de atividades neurais em relação à média humana, o que pode decorrer de má-formação genética, de doença mental ou de ausência de educação básica, em sentido amplo, não apenas de educação formal. Se um indivíduo possui alguma dificuldade de comunicação e não recebe a mínima instrução, como infelizmente ocorria com alguns deficientes auditivos, é possível que a pessoa seja vítima do delito do artigo 174 do CP.

A especulação é termo bastante utilizado no âmbito da bolsa de valores, com relação à atividade de buscar a obtenção de lucros com a oscilação dos preços de títulos e valores mobiliários. A ideia é a de tirar vantagem da modificação do valor de uma ação de uma empresa, por exemplo, em curto intervalo de tempo, comprando-a quando vale menos e vendendo-a quando se valoriza. Cuida-se de atividade de risco, pois imprevisível.

A doutrina amplamente majoritária entende que o crime é de forma livre. Entretanto, o tipo traz uma forma especial de praticar o delito em relação ao artigo 173 do CP, pois a lei determina que o cometimento do crime, cujo núcleo do tipo é abusar, deve ocorrer por meio de indução à prática de jogo ou aposta, ou à especulação com títulos de mercadorias. O jogo pode ser lícito ou ilícito. O sujeito passivo deve, ainda, ser compelido à prática do jogo ou da aposta ou à especulação com títulos ou mercadorias.

Exige-se que o agente saiba ou deva saber que a conduta é ruinosa, o que, para o entendimento que prevalece, significa que ele deve agir com dolo direto ou dolo eventual quanto à natureza da atividade. O crime é doloso, formal, de forma livre e plurissubsistente. Hungria exigia, além do dolo, o elemento subjetivo especial do tipo, consistente no *animus lucrandi*. Para o penalista, era necessário que o agente buscasse o proveito próprio ou alheio. Ele mencionava, ainda, que o crime ocorreria ainda que houvesse lucro para a vítima, por se tratar, como visto, de crime de consumação antecipada[127].

QUADRO SINÓTICO

Crime de induzimento à especulação	
Tipo penal	Abusar, em proveito próprio ou alheio, da inexperiência ou da simplicidade ou inferioridade mental de outrem, induzindo-o à prática de jogo ou aposta, ou à especulação com títulos ou mercadorias, sabendo ou devendo saber que a operação é ruinosa.
Objeto jurídico	O bem jurídico tutelado é o patrimônio.
Sujeito ativo	Qualquer um.
Sujeito passivo	Pessoa inexperiente, simples ou em inferioridade mental.
Elemento subjetivo	Admite-se somente a modalidade dolosa.
Consumação	O delito se consuma quando o sujeito passivo pratica o ato para o qual foi induzido (participar de jogo ou aposta ou especula com títulos de mercadorias). Por se tratar de delito formal, resultado ruinoso é mero exaurimento da conduta.
Tentativa	Admite-se a tentativa.
Forma majorada	Se o delito for praticado contra indígena "não integrado", incide a causa de aumento de pena de um terço, nos termos do artigo 59 da Lei n. 6.001/1973.
Classificação	Crime comum com relação ao sujeito ativo e próprio com relação ao passivo, doloso, formal, comissivo ou omissivo impróprio, de forma vinculada, instantâneo, monossubjetivo, plurissubsistente e não transeunte.
Benefícios	Admitem-se a suspensão condicional do processo e o oferecimento de acordo de não persecução penal.
Ação penal	A ação penal é pública incondicionada. Contudo, nos termos do artigo 182 do CP, o delito procederá por ação penal pública condicionada à representação se for cometido em prejuízo de cônjuge desquitado ou judicialmente separado; de irmão, legítimo ou ilegítimo; de tio ou sobrinho, com que o agente coabita. Tais disposições, nos termos do artigo 183 do CP, restam afastadas se o crime é praticado mediante emprego de grave ameaça ou violência à pessoa; ao estranho que participa do crime; ou se o crime é praticado contra pessoa com idade igual ou superior a sessenta anos.

127. HUNGRIA, Nélson. Op. Cit., vol. VII, 1958, p. 271-272.

Crime de induzimento à especulação	
Observações	Nos termos do artigo 181, é isento de pena o agente que comete o crime em prejuízo de cônjuge, na constância da sociedade conjugal; ou de ascendente ou descendente, seja o parentesco legítimo ou ilegítimo, seja civil ou natural. Tal disposição, contudo, não é aplicada se o crime é praticado mediante emprego de grave ameaça ou violência à pessoa; ao estranho que participa do crime; ou se o crime é praticado contra pessoa com idade igual ou superior a sessenta anos, nos termos do artigo 183 do CP.

6.13. Fraude no Comércio

O delito de fraude no comércio está previsto no artigo 175 do Código Penal:

> *Art. 175 – Enganar, no exercício de atividade comercial, o adquirente ou consumidor:*
>
> *I – vendendo, como verdadeira ou perfeita, mercadoria falsificada ou deteriorada;*
>
> *II – entregando uma mercadoria por outra:*
>
> *Pena – detenção, de seis meses a dois anos, ou multa.*
>
> *§ 1º – Alterar em obra que lhe é encomendada a qualidade ou o peso de metal ou substituir, no mesmo caso, pedra verdadeira por falsa ou por outra de menor valor; vender pedra falsa por verdadeira; vender, como precioso, metal de ou outra qualidade:*
>
> *Pena – reclusão, de um a cinco anos, e multa.*
>
> *§ 2º – É aplicável o disposto no art. 155, § 2º.*

O núcleo do tipo é "enganar" (induzir em erro, mentir, iludir) o adquirente ou consumidor, **no exercício de atividade comercial**. O engano pode ocorrer de dois modos, sendo, portanto, **crime de forma vinculada**:

- Vendendo, como verdadeira ou perfeita, mercadoria que seja falsificada ou que esteja deteriorada : o sujeito vende como de ouro puro uma peça apenas folheada a ouro ou vende como marca suíça um produto contrafeito, produzido sem autorização do detentor daquela marca, em outra região do planeta;
- Entregando uma mercadoria por outra: o indivíduo vende uma roupa de seda, mas entrega uma de lã. Vende um veículo da categoria topo de linha, mas entrega à vítima o modelo de entrada, o mais básico disponível.

O núcleo do tipo é enganar, exigindo que o cliente aceite a mercadoria vendida ou entregue. Por isso, admite-se o *conatus*, a forma tentada, caso ele perceba a falsidade, a deterioração ou a divergência na coisa ou mercadoria, rejeitando-a. Não se pune a forma culposa, de modo que qualquer erro de tipo essencial afastará a configuração do delito, ainda que esse erro pudesse ter sido evitado pelo sujeito com maior cuidado ou diligência.

Alguns doutrinadores entendem que houve revogação em razão do artigo 7º, IV, da Lei n. 8.137/1990, complementado pelo artigo 18, § 6º, do Código de Defesa do Consumidor. Entretanto, entende-se que não houve a regulamentação total da matéria, sendo que o conflito aparente de normas deve ser analisado caso a caso. O crime é doloso e plurissubsistente. Além disso, é crime material.

Forma qualificada

O parágrafo primeiro do artigo 175 prevê a forma qualificada do delito, sendo que a sua pena passa a ser de detenção, de seis meses a dois anos, ou multa. O núcleo do tipo é "alterar" (modificar, causar alteração, mudar); "substituir" (colocar no lugar de outra coisa, trocar) ou "vender" (efetuar a alienação mediante pagamento de preço). As condutas são de alterar, em obra que lhe é encomendada, a qualidade ou o peso de metal ou substituir, no mesmo caso, pedra verdadeira por falsa ou por outra de menor valor. Além disso, incrimina-se o ato de vender pedra falsa por verdadeira ou de vender, como precioso, metal de outra qualidade.

Forma privilegiada

Aplica-se à fraude no comércio a hipótese de **privilégio** prevista no artigo 155, § 2º, do Código Penal. Assim, no caso de ser de pequeno valor o prejuízo causado e o sujeito ativo ser primário, o juiz deve substituir a pena de reclusão pela de detenção, diminuí-la de um a dois terços, ou aplicar somente a pena de multa.

QUADRO SINÓTICO

Crime de fraude no comércio	
Tipo penal	Enganar, no exercício de atividade comercial, o adquirente ou consumidor vendendo, como verdadeira ou perfeita, mercadoria falsificada ou deteriorada; ou entregando uma mercadoria por outra.
Objeto jurídico	O bem jurídico tutelado é o patrimônio.
Sujeito ativo	Há divisão na doutrina sobre quem pode ser sujeito ativo. Por um lado, entende-se que somente o comerciante ou o comerciário. De outro, qualquer pessoa que pratique os núcleos do tipo durante a atividade comercial. A primeira posição é a prevalente.
Sujeito passivo	Qualquer um.
Elemento subjetivo	Admite-se somente a modalidade dolosa.
Consumação	A consumação ocorre quando a vítima percebe o engano.
Tentativa	Admite-se a tentativa.
Forma majorada	Se o delito for praticado contra indígena "não integrado", incide a causa de aumento de pena de um terço, nos termos do artigo 59 da Lei n. 6.001/1973.
Forma qualificada	A fraude no comércio é qualificada quando o agente alterar em obra que lhe é encomendada a qualidade ou o peso de metal ou substituir, no mesmo caso, pedra verdadeira por falsa ou por outra de menor valor; vender pedra falsa por verdadeira; vender, como precioso, metal de ou outra qualidade.
Classificação	Trata-se de crime próprio com relação ao sujeito ativo e comum no que se refere ao passivo, doloso, comissivo ou omissivo impróprio, material, de dano, de forma livre, monossubjetivo, plurissubsistente e não transeunte.

Crime de fraude no comércio	
Benefícios	A forma do *caput* é crime de menor potencial ofensivo de competência dos Juizados Especiais Criminais, admitindo a transação, suspensão condicional do processo e acordo de não persecução penal. A modalidade qualificada admite a suspensão condicional do processo e o oferecimento de acordo de não persecução penal.
Ação penal	Pública incondicionada. Contudo, a ação penal será pública condicionada à representação se for cometido em prejuízo de cônjuge desquitado ou judicialmente separado; de irmão, legítimo ou ilegítimo; de tio ou sobrinho, com que o agente coabita. Tais disposições são afastadas se o crime é praticado mediante emprego de grave ameaça ou violência à pessoa; ao estranho que participa do crime; ou se o crime é praticado contra pessoa com idade igual ou superior a sessenta anos.
Observações	Há previsão de modalidade privilegiada do crime de fraude no comércio, com a incidência das disposições do artigo 155, § 2º, do CP, de sorte que se o agente for primário e a fraude for de pequeno valor, o juiz poderá substituir a pena de reclusão por detenção, diminuí-la de um a dois terços ou aplicar somente a pena de multa. É isento de pena o agente que comete o crime em prejuízo de
Observações	cônjuge, na constância da sociedade conjugal; ou de ascendente ou descendente, seja o parentesco legítimo ou ilegítimo, seja civil ou natural. Tal disposição, contudo, não é aplicada se o crime é praticado mediante emprego de grave ameaça ou violência à pessoa; ao estranho que participa do crime; ou se o crime é praticado contra pessoa com idade igual ou superior a sessenta anos.

6.14. Outras Fraudes

O artigo 176 prevê o tipo penal referente a outras fraudes:

> *Art. 176 – Tomar refeição em restaurante, alojar-se em hotel ou utilizar-se de meio de transporte sem dispor de recursos para efetuar o pagamento:*
>
> *Pena – detenção, de quinze dias a dois meses, ou multa.*
>
> *Parágrafo único – Somente se procede mediante representação, e o juiz pode, conforme as circunstâncias, deixar de aplicar a pena.*

O tipo penal tem como núcleos do tipo "tomar" refeição, "alojar-se" em hotel ou "utilizar-se" de meio de transporte. Refeição inclui bebidas e hotel abrange também pensões e albergues, segundo a doutrina. Em todos os casos, **exige-se que o agente não disponha de recursos para efetuar o pagamento**. Por isso, alguns autores entendem, com acerto, que no *Dia do Pendura*, por exemplo, em que alguns alunos de Direito se recusam a pagar pela refeição, em virtude do tradicional *trote*, não há a configuração do delito se eles possuírem os recursos. Isto porque o tipo penal exige que o agente não possua o valor necessário para efetuar o pagamento.

O Código Civil, em seu artigo 1.467, prevê que os fornecedores de alimento ou pousada e os hospedeiros se tornam, nesses casos, credores pignoratícios do que os clientes portarem consigo, independentemente de convenção. Configurado o delito do artigo 176 do Código Penal, a ação penal é pública condicionada à representação e há possibilidade de aplicação do perdão judicial. Neste último caso, não se preveem os requisitos para a incidência da causa de extinção da punibilidade, razão pela qual cabe ao juiz analisar caso a caso a necessidade ou não de imposição de pena. O crime é de dano e material, exigindo o efetivo prejuízo da vítima para a sua configuração. É comum, doloso e plurissubsistente.

QUADRO SINÓTICO

Crime de outras fraudes	
Tipo penal	Tomar refeição em restaurante, alojar-se em hotel ou utilizar-se de meio de transporte sem dispor de recursos para efetuar o pagamento.
Objeto jurídico	O bem jurídico protegido é o patrimônio.
Sujeito ativo	Qualquer um.
Sujeito passivo	Quem presta o serviço que deveria ser pago.
Elemento subjetivo	Admite-se somente a modalidade dolosa.
Consumação	A consumação ocorre quando o sujeito ativo usufrui do serviço sem dispor dos recursos para pagá-lo.
Tentativa	Admite-se a tentativa.
Forma majorada	Apesar da difícil ocorrência, se o delito for praticado contra indígena "não integrado", incide a causa de aumento de pena de um terço, nos termos do artigo 59 da Lei n. 6.001/1973.
Classificação	Crime comum, doloso, material, de dano, comissivo ou omissivo impróprio, de formar livre, instantâneo, monossubjetivo e plurissubsistente.
Benefícios	O crime ora analisado é de menor potencial ofensivo de competência dos Juizados Especiais Criminais, admitindo a transação, suspensão condicional do processo e acordo de não persecução penal.
Ação penal	A ação penal é pública condicionada à representação.
Observações	Nos termos do artigo 176, parágrafo único, do CP, pode o juiz, conforme as circunstâncias, deixar de aplicar a pena. É isento de pena o agente que comete o crime em prejuízo de cônjuge, na constância da sociedade conjugal; ou de ascendente ou descendente, seja o parentesco legítimo ou ilegítimo, seja civil ou natural. Tal disposição, contudo, não é aplicada se o crime é praticado mediante emprego de grave ameaça ou violência à pessoa; ao estranho que participa do crime; ou se o crime é praticado contra pessoa com idade igual ou superior a sessenta anos, nos termos do artigo 183 do CP.

PARTE ESPECIAL

6.15. Fraudes e Abusos na Fundação ou Administração de Sociedade por Ações

O crime de fraudes e abusos na fundação ou administração de sociedade por ações está situado no artigo 177 do Código Penal:

> *Art. 177 – Promover a fundação de sociedade por ações, fazendo, em prospecto ou em comunicação ao público ou à assembleia, afirmação falsa sobre a constituição da sociedade, ou ocultando fraudulentamente fato a ela relativo:*
>
> *Pena – reclusão, de um a quatro anos, e multa, se o fato não constitui crime contra a economia popular.*
>
> *§ 1º – Incorrem na mesma pena, se o fato não constitui crime contra a economia popular:*
>
> *I – o diretor, o gerente ou o fiscal de sociedade por ações, que, em prospecto, relatório, parecer, balanço ou comunicação ao público ou à assembleia, faz afirmação falsa sobre as condições econômicas da sociedade, ou oculta fraudulentamente, no todo ou em parte, fato a elas relativo;*
>
> *II – o diretor, o gerente ou o fiscal que promove, por qualquer artifício, falsa cotação das ações ou de outros títulos da sociedade;*
>
> *III – o diretor ou o gerente que toma empréstimo à sociedade ou usa, em proveito próprio ou de terceiro, dos bens ou haveres sociais, sem prévia autorização da assembleia geral;*
>
> *IV – o diretor ou o gerente que compra ou vende, por conta da sociedade, ações por ela emitidas, salvo quando a lei o permite;*
>
> *V – o diretor ou o gerente que, como garantia de crédito social, aceita em penhor ou em caução ações da própria sociedade;*
>
> *VI – o diretor ou o gerente que, na falta de balanço, em desacordo com este, ou mediante balanço falso, distribui lucros ou dividendos fictícios;*
>
> *VII – o diretor, o gerente ou o fiscal que, por interposta pessoa, ou conluiado com acionista, consegue a aprovação de conta ou parecer;*
>
> *VIII – o liquidante, nos casos dos ns. I, II, III, IV, V e VII;*
>
> *IX – o representante da sociedade anônima estrangeira, autorizada a funcionar no País, que pratica os atos mencionados nos ns. I e II, ou dá falsa informação ao Governo.*
>
> *§ 2º – Incorre na pena de detenção, de seis meses a dois anos, e multa, o acionista que, a fim de obter vantagem para si ou para outrem, negocia o voto nas deliberações de assembleia geral.*

O crime é o de promover a fundação de sociedade por ações, fazendo, **em prospecto ou em comunicação ao público ou à assembleia, afirmação falsa sobre a constituição da sociedade**. Também se configura se o agente **ocultar, em referidos documentos, fraudulentamente, fato relativo à constituição da sociedade**. Busca-se coibir a fundação de uma sociedade que já possui em si um meio fraudulento, constituindo uma encenação para uma forma específica e mais abrangente de estelionato, em que a sociedade por ações passa a ser um mero aparato artificioso para angariar recursos de várias pessoas. A incriminação não alcança, por outro lado, a prática admissível de perspectiva otimista do futuro do negócio, ao se anunciar o seu início ao público em geral.

O tipo penal está previsto em lei penal em branco, ao se fazer referência ao prospecto, documento que deve acompanhar o registro da companhia constituída por subscrição pública, a ser realizado na Comissão de Valores Mobiliários (CVM). O prospecto é um relatório básico sobre a companhia, com informações como o valor do capital social a ser subscrito; o número, a espécie e as classes das ações que serão emitidas e o prazo para a realização da assembleia de constituição da companhia, dentre outros dados. É o que prevê o artigo 84 da Lei n. 6.404/1976. De todo modo, o tipo penal do artigo 177 pode ocorrer com a informação falsa em prospecto ou em comunicação ao público ou à assembleia, de modo que qualquer documento emitido basta para a configuração do delito.

Cuida-se de delito subsidiário, sendo que só se configura se não se configurar o crime contra a economia popular. Há delitos do artigo 3º, incisos VII a X, da Lei n. 1.521/1951, a Lei de Economia Popular, que são próximos dos delitos tratados no artigo 177 do Código Penal, devendo se analisar os casos com base na subsidiariedade expressa do crime em estudo. A diferenciação, na obra de Nélson Hungria, deve ser feita com base no seguinte critério distintivo: deve-se considerar que o crime contra a economia popular previsto no artigo 3º, inciso X, da Lei n. 1.521/1951[128], configura-se apenas se a sociedade tiver ações com preço suficientemente módico, como indica o próprio tipo, sendo de acesso ao público em geral. Caso contrário, haverá o crime do artigo 177, *caput,* do Código[129].

O crime se consuma independentemente da ocorrência de efetivo prejuízo ou mesmo da própria constituição da sociedade, razão pela qual o crime é classificado como formal. Noronha lembra que há a exigência de **elemento subjetivo especial do tipo**, consistente na intenção de obter a subscrição das ações, configurando-se o crime independentemente desse escopo[130]. Existe divergência sobre a possibilidade de tentativa. Parte da doutrina, com razão, a admite, salvo na conduta de "ocultar". É a posição de Bitencourt, que consigna que o *conatus* é de difícil configuração[131]. Já Nélson Hungria entende não ser possível a tentativa, ao considerar que ou haveria a publicação ou a comunicação e, com elas, a consumação do delito, ou elas não teriam ocorrido e, portanto, não haveria relevância penal[132].

Formas equiparadas

O parágrafo primeiro traz formas equiparadas, sendo que são **crimes próprios**, que exigem qualidade específica do sujeito ativo. Em todos se protege o patrimônio societário, não havendo nomes próprios, na lei, para cada uma das

---

128. X – fraudar de qualquer modo escriturações, lançamentos, registros, relatórios, pareceres e outras informações devidas a sócios de sociedades civis ou comerciais, em que o capital seja fracionado em ações ou quotas de valor nominativo igual ou inferior a um mil cruzeiros com o fim de sonegar lucros, dividendos, percentagens, rateios ou bonificações, ou de desfalcar ou de desviar fundos de reserva ou reservas técnicas. Pena – detenção, de 2 (dois) anos a 10 (dez) anos, e multa, de vinte mil a cem mil cruzeiros.
129. HUNGRIA, Nélson. Op. Cit., vol. VII, 1958, p. 284.
130. NORONHA, Edgard Magalhães. Op. Cit., vol. 2, 1976, p. 483.
131. BITENCOURT, Cezar Roberto. Op. cit., 2020, p. 364. No mesmo sentido: MASSON, Cleber. Op. Cit., 2020, p. 573; CUNHA, Rogério Sanches. Op. Cit., 2020, p. 436.
132. HUNGRIA, Nélson. Op. Cit., vol. VII, 1958, p. 283.

modalidades. A doutrina, entretanto, apresenta nomenclatura própria para cada uma das modalidades:

Fraude sobre as condições econômicas da sociedade (art. 177, § 1º, inciso I)

A forma equiparada de fraude sobre as condições econômicas da sociedade por ações refere-se a abusos e fraudes cometidos no funcionamento da sociedade já constituída. Deve haver, no objeto material, que abrange o prospecto, parecer, balanço ou comunicação ao público ou à assembleia, informação falsa ou ocultação de fatos. O parecer é o documento relativo à auditoria ou fiscalização da sociedade, sendo emitido pelo conselho fiscal, nos termos do artigo 163, II, da Lei n. 6.404/1976. Balanço é a apuração do patrimônio da sociedade, estando regulados nos artigos 178 ao 184-A da mencionada lei. O sujeito ativo, nessa modalidade, pode ser o diretor, gerente, fiscal ou liquidante da sociedade, conforme previsão do artigo 177, § 1º, incisos I e VIII. Ademais, nos termos do inciso IX, pode cometer o crime o representante de sociedade anônima estrangeira autorizada a funcionar no país.

Falsa cotação de ações ou títulos da sociedade (art. 177, § 1º, inciso II)

A falsa cotação de ações ou títulos da sociedade se configura com a conduta de promover (fomentar, causar) a falsa cotação das ações ou outros títulos da sociedade. A fraude consiste na falsa divulgação da situação financeira da companhia, levando os indivíduos a erro quando da negociação de ações ou outros títulos emitidos pela sociedade, seja elevando, seja diminuindo o seu valor artificiosamente. O sujeito ativo, nessa modalidade, pode ser o diretor, gerente, fiscal ou liquidante da sociedade, conforme previsão do artigo 177, § 1º, incisos II e VIII. Com fulcro no inciso IX, pode também cometer o crime o representante de sociedade anônima estrangeira autorizada a funcionar no país.

Empréstimo ou uso de bens da sociedade sem autorização (art. 177, § 1º, inciso III)

A conduta tipificada no inciso III do parágrafo primeiro é a de tomar empréstimo da sociedade ou usar, em proveito próprio ou terceiro, de bens ou haveres sociais. Bens podem ser móveis ou imóveis. Haveres são elementos do patrimônio da sociedade, como dinheiro, títulos de crédito etc. Há um elemento normativo no tipo, consistente na ausência de autorização da assembleia geral. Diferencia-se da apropriação indébita, considerando não se exigir o ânimo de assenhoreamento definitivo, já que o delito se configura com o abuso do diretor, gerente ou o liquidante, únicos que podem figurar como sujeitos ativos do delito, consoante prevê o artigo 177, § 1º, incisos III e VIII.

Compra e venda de ações emitidas pela sociedade (art. 177, § 1º, inciso IV)

As condutas punidas, por meio da modalidade equiparada no inciso IV, são comprar ou vender, por conta da sociedade, ações por ela emitidas sem autorização legal. Tem-se uma lei penal em branco, considerando que não se configura o delito quando houver autorização legal, o que se verifica no artigo 30 da Lei n. 6.404/1976. O artigo 30, § 2º, trata especialmente do tema, ao determinar que a aquisição das próprias ações pela companhia aberta obedecerá às normas expedidas pela Comissão de Valores Mobiliários, a CVM. Podem figurar como sujeito ativo o diretor, o gerente ou o liquidante, nos termos do artigo 177, § 1º, incisos IV e VIII.

Penhor ou caução de ações emitidas pela sociedade (art. 177, § 1º, inciso V)

A conduta incriminada é aceitar, como garantia de crédito social, em penhor ou em caução, ações da própria sociedade. A vedação está prevista no artigo 30, § 3º, da Lei n. 6.404/1976, tendo o legislador optado por tornar a violação da regra um delito. O tipo pressupõe uma dívida para com a sociedade. Como garantia de seu crédito, aceitam-se ações emitidas pela própria sociedade, o que a tornaria credora e, concomitantemente, garantidora do seu próprio crédito, o que demonstra a razão da proibição dessa forma de penhor ou caução. Podem figurar como sujeito ativo o diretor, o gerente ou o liquidante, conforme prevê o artigo 177, § 1º, incisos V e VIII.

Distribuição de lucros ou dividendos fictícios (art. 177, § 1º, inciso VI)

Incrimina-se, nessa modalidade equiparada, a distribuição de lucros ou dividendos fictícios, em virtude da ausência de balanço, de ser realizada em desacordo com ele ou, ainda, caso se fundamente em balanço falso. Dividendos são parte dos lucros, a serem divididos aos sócios, sendo regulados na Lei n. 6.404/1976, por exemplo, em seu artigo 17. Podem figurar como sujeito ativo o diretor e o gerente, mas não o liquidante. A distribuição fictícia de lucros prejudica o patrimônio da sociedade e, por consequência, o dos seus acionistas.

Aprovação fraudulenta de conta ou parecer (art. 177, § 1º, inciso VII)

O tipo do inciso VII traz a conduta de, por interposta pessoa, ou em conluio com acionista, conseguir a aprovação de conta ou parecer. O *modus operandi*, portanto, pode se dar de duas maneiras. Interposta pessoa é o indivíduo que comparece para votar no lugar de outrem, sendo designado habitualmente como "laranja" ou "testa de ferro". O conluio com o acionista traduz situação em que ele age de má-fé, com liame subjetivo em relação à conduta do diretor, gerente o fiscal ou liquidante. Destaca Hungria, argutamente, que logicamente as contas ou pareceres devem ser falsos, elaborados em descompasso com a realidade, de modo que a sua aprovação enseja uma lesão ou perigo de lesão ao interesse da sociedade ou de terceiro[133]. Da leitura do artigo 177, § 1º, incisos VII e VIII, depreende-se que podem figurar como sujeito ativo o diretor, o gerente, o fiscal ou o liquidante.

Crimes cometidos pelo liquidante (art. 177, § 1º, inciso VIII)

O inciso VIII se limita a incluir o liquidante como sujeito ativo das modalidades previstas nos incisos I, II, III, IV, V e VII, o que foi analisado acima. Todas as formas equiparadas trazem crimes próprios, de modo que o inciso aumenta a incidência da norma incriminadora, ao abranger o responsável pela liquidação judicial ou extrajudicial da sociedade.

133. HUNGRIA, Nélson. Op. Cit., vol. VII, 1958, p. 292.

Crimes cometidos pelo representante da sociedade estrangeira (art. 177, § 1º, inciso IX)

O inciso IX inclui o representante da sociedade estrangeira, autorizada a funcionar no país, como sujeito ativo das formas equiparadas do crime do artigo 177 do Código previstas em seus incisos I e II. Além disso, traz um novo tipo penal, tornando crime a atuação desse representante que der informações falsas ao governo. O tipo penal é bastante amplo, de modo que qualquer informação exigida pelo governo que seja fornecida em desacordo com a realidade pode ensejar a responsabilização criminal do agente.

Forma privilegiada

O parágrafo segundo prevê o chamado **crime de acionista ou de negociação de voto**, que pune a conduta do acionista que negocia o voto nas deliberações de assembleia geral, exigindo-se o **elemento subjetivo especial do tipo** consistente no fim de obter vantagem para si ou para outrem. O voto é trocado por determinado interesse do sujeito ativo. Nesse caso, a pena é mais leve, consistente em detenção, de seis meses a dois anos, e multa. Hungria diferencia essa figura daquela prevista no inciso VII, defendendo que aquela prevalecerá sobre o crime de acionista caso ele negociar o seu voto com diretor, gerente ou fiscal, devendo ser também incluído o liquidante. Além disso, destaca que não é necessário o prejuízo, sendo punida a corrupção por si mesma[134]. Deve-se ressaltar, ainda, que a Lei n. 6.404/1976, em seu artigo 18, permite o acordo de acionistas, de natureza política, e não espúria.

QUADRO SINÓTICO

Crime de fraudes e abusos na fundação ou administração de sociedade por ações	
Tipo penal	Promover a fundação de sociedade por ações, fazendo, em prospecto ou em comunicação ao público ou à assembleia, afirmação falsa sobre a constituição da sociedade, ou ocultando fraudulentamente fato a ela relativo.
Objeto jurídico	Protege-se o patrimônio.
Sujeito ativo	Diversos são os sujeitos ativos, a depender da modalidade de cometimento do delito. Na forma do *caput* o sujeito ativo é quem fundou a sociedade por ações. Com relação aos incisos do artigo 177, § 1º do CP, que apresentam condutas equiparadas à tipificada no *caput*, são sujeitos ativos no inciso (i) o diretor, o gerente, o fiscal, o liquidante da sociedade por ações ou o representante da sociedade estrangeira autorizada no país; no inciso (ii) o diretor, o gerente, o fiscal, o liquidante da sociedade por ações ou o representante da sociedade estrangeira autorizada no país; no inciso (iii) o diretor, o gerente, o fiscal ou o liquidante; no inciso (iv) o diretor, o gerente, o fiscal ou o liquidante; no inciso (v) o diretor, o gerente, o fiscal ou o liquidante; no inciso (vi) o diretor ou o gerente da sociedade por ações; no inciso (vii) o diretor, o gerente, o fiscal ou o liquidante; e no inciso (viii) o representante da sociedade anônima estrangeira, autorizada a funcionar no país.

134. HUNGRIA, Nélson. Op. Cit., vol. VII, 1958, p. 293.

Crime de fraudes e abusos na fundação ou administração de sociedade por ações	
Sujeito passivo	Diversos são os sujeitos passivos, a depender da modalidade de cometimento do delito. Na forma do *caput* o sujeito passivo são as pessoas físicas ou jurídicas que subscreveram o capital. Com relação aos incisos do artigo 177, § 1º, do CP, que apresentam condutas equiparadas à tipificada no *caput*, são sujeitos passivos no inciso (i) pessoas físicas ou jurídicas que subscreveram o capital; no inciso (ii) acionistas, terceiros ou a próprio sociedade; no inciso (iii) sociedade por ações e seus acionistas; no inciso (iv) a sociedade por ações e seus acionistas; no inciso (v) a sociedade por ações e seus acionistas; no inciso (vi) a sociedade por ações e seus acionistas; no inciso (vii) a sociedade por ações e seus acionistas; no inciso (viii); e no inciso (ix) a sociedade anônima, seus acionistas e, no caso de fornecimento de informação falsa, é o próprio Estado.
Elemento subjetivo	Admite-se somente a forma dolosa.
Consumação	Diversos são os atos consumam o delito. No *caput* é com a comunicação da informação falsa nas formas indicadas pela lei; no inciso (i) com a afirmação falsa sendo veiculada em prospecto, relatório, parecer, balanço ou comunicação ou com a ocultação fraudulenta de fato relativo às condições econômicas da sociedade; no inciso (ii) com a promoção da falsa cotação de ações ou títulos; no inciso (iii) com a tomada do empréstimo à sociedade ou utilização de bens e haveres sociais sem prévia autorização da assembleia geral; no inciso (iv) com a compra ou venda, por conta da sociedade, de ações por ela emitidas; no inciso (v) com a aceitação em penhor ou em caução de ações da própria sociedade; no inciso (vi) com a distribuição de lucros ou dividendos fictícios; no inciso (vii) com a aprovação, pela assembleia geral, das contas ou pareceres fraudulentos; no inciso (viii) nos casos já apresentados; e no inciso (ix) com a entrega de informação falsa ao governo ou nas mesmas situações dos incisos I e II.
Tentativa	Admite-se a tentativa, apesar de divergência doutrinária.
Classificação	Crime próprio, doloso, comissivo (promover) e omissivo próprio (ocultar), formal, instantâneo, de forma livre, monossubjetivo, plurissubsistente e não transeunte.
Benefícios	Admitem-se a suspensão condicional do processo e o oferecimento de acordo de não persecução penal. No caso da modalidade privilegiada, trata-se de crime de menor potencial ofensivo de competência dos Juizados Especiais Criminais e que admite a transação, suspensão condicional do processo e acordo de não persecução penal.
Ação penal	Pública incondicionada
Observações	Há previsão de modalidade privilegiada do delito quando o acionista que, a fim de obter vantagem para si ou para outrem, negocia o voto nas deliberações de assembleia geral, nos termos do artigo 177, § 2º, do CP.

6.16. Emissão Irregular de Conhecimento de Depósito ou Warrant

O delito de emissão irregular de conhecimento de depósito ou *warrant* está tipificado no artigo 178 do Código Penal:

> *Art. 178 – Emitir conhecimento de depósito ou warrant, em desacordo com disposição legal:*
>
> *Pena – reclusão, de um a quatro anos, e multa.*

A emissão, no caso, implica colocar o título em circulação. Pode emiti-lo o indivíduo que é depositário da mercadoria, o responsável pelo armazém-geral. A emissão dos títulos serve para negociação das mercadorias sem que seja necessária a sua circulação, além de possibilitar que sejam dadas em garantia. O objeto material do tipo é o conhecimento de depósito ou *warrant*, títulos que são emitidos conjuntamente, via de regra. Conhecimento de depósito é o título de propriedade da mercadoria depositada, com a ressalva do direito de garantia. *Warrant*, por sua vez, é o título pignoratício, que concede direito de penhor sobre a mercadoria depositada.

A emissão deve ocorrer em descordo com disposição legal, o que torna o artigo 178 do Código Penal uma **lei penal em branco**, devendo ser complementada por normas de Direito Empresarial que regulam o conhecimento de depósito ou *warrant*.

A regulamentação está prevista basicamente no Decreto n. 1.102/2003. A emissão será irregular quando: a empresa não estiver legalmente constituída; não existir autorização estatal para a sua emissão; os títulos serem arbitrariamente negociados pela própria empresa emitente; não existirem as mercadorias nos moldes em que descritas no título; tenha sido emitido título em duplicidade, tendo como base as mesmas mercadorias; o título não se revestir das formalidades legais[135].

Qualquer pessoa pode praticar o delito, já que se trata de *emissão irregular*[136]. Ainda que a prática de emissão seja regularmente feita pelos proprietários de armazéns gerais, como depositários, a emissão pode ser realizada por quem não tem autorização para tanto, configurando-se o crime, em uma de suas possibilidades, justamente em virtude dessa irregularidade. Grande parte da doutrina, entretanto, classifica o crime como próprio[137]. O crime é formal e doloso. A doutrina tem entendido que o crime é unissubsistente, não admitindo a modalidade tentada do delito.

135. HUNGRIA, Nélson. Op. Cit., vol. VII, 1958, p. 294-295. BITENCOURT, Cezar Roberto. Op. cit., 2020, p. 380.
136. No mesmo sentido: CUNHA, Rogério Sanches. Op. Cit., 2020, p. 178. Parece a posição de Bitencourt, ao admitir que, em regra, o sujeito ativo é o depositário da mercadoria (BITENCOURT, Cezar Roberto. Op. cit., 2020, p. 378).
137. MASSON, Cleber. Op. Cit., 2020, p. 580; ALVES, Jamil Chaim. Op. Cit., 2021, p. 1100.

QUADRO SINÓTICO

Crime de emissão irregular de conhecimento de depósito ou *warrant*	
Tipo penal	Emitir conhecimento de depósito ou *warrant*, em desacordo com disposição legal.
Objeto jurídico	O bem jurídico tutelado é o patrimônio.
Sujeito ativo	Emitente do conhecimento de depósito ou *warrant*.
Sujeito passivo	Portador ou quem endossa os títulos.
Elemento subjetivo	Admite-se somente a modalidade dolosa.
Consumação	O delito se consuma quando os títulos são postos em circulação.
Tentativa	A posição majoritária na doutrina e pela não admissão da tentativa.
Classificação	Crime comum, doloso, comissivo ou omissivo impróprio, formal, de forma livre, instantâneo, monossubjetivo, plurissubsistente e não transeunte.
Benefícios	Admitem-se a suspensão condicional do processo e o oferecimento de acordo de não persecução penal.
Ação penal	A ação penal é pública e incondicionada. Contudo, nos termos do artigo 182 do CP, o delito procederá por ação penal pública condicionada à representação se for cometido em prejuízo de cônjuge desquitado ou judicialmente separado; de irmão, legítimo ou ilegítimo; de tio ou sobrinho, com que o agente coabita. Tais disposições, nos termos do artigo 183 do CP, restam afastadas se o crime é praticado mediante emprego de grave ameaça ou violência à pessoa; ao estranho que participa do crime; ou se o crime é praticado contra pessoa com idade igual ou superior a sessenta anos.
Observações	Nos termos do artigo 181, é isento de pena o agente que comete o crime em prejuízo de cônjuge, na constância da sociedade conjugal; ou de ascendente ou descendente, seja o parentesco legítimo ou ilegítimo, seja civil ou natural. Tal disposição, contudo, não é aplicada se o crime é praticado mediante emprego de grave ameaça ou violência à pessoa; ao estranho que participa do crime; ou se o crime é praticado contra pessoa com idade igual ou superior a sessenta anos, nos termos do artigo 183 do CP.

6.17. Fraude à Execução

O artigo 179 do Código Penal estipula o crime de fraude à execução:

> *Art. 179 – Fraudar execução, alienando, desviando, destruindo ou danificando bens, ou simulando dívidas:*
>
> *Pena – detenção, de seis meses a dois anos, ou multa.*
>
> *Parágrafo único – Somente se procede mediante queixa.*

A fraude à execução tem como núcleo do tipo o verbo "fraudar" (adulterar, ludibriar, alterar), sendo que a fraude deve ocorrer de uma das seguintes maneiras:

- Alienando bens: o agente transfere a propriedade a outrem, podendo ocorrer a título gratuito, como na doação, ou a título oneroso, por meio de venda e compra;
- Desviando bens: o sujeito dá ao bem uma destinação diversa daquela que lhe era dada, como na hipótese de levar os bens de sua propriedade rural, como aparelhos eletrônicos de alto valor, usados para lazer, para dentro de sua casa, buscando lhes dar aparência de parte do bem de família;
- Destruindo bens: o indivíduo, para evitar pagar o valor devido, prefere dar cabo do bem, reduzi-lo a nada, o que ocorre, por exemplo, se ele incendeia um veículo automotor ou promove a demolição de um imóvel:
- Simulando dívidas: para dar aparência de que o valor não pode se destinar ao seu credor, o executado efetiva um negócio jurídico simulado. O indivíduo, por exemplo, fabrica um documento que demonstra uma dívida, com caráter preferencial, que ele teria com o seu sobrinho.

Cuida-se de crime material, pois **se exige a efetiva fraude à execução**, por meio da alienação, desvio ou destruição de bens ou simulação de dívidas. Se ele continuar solvente, sem prejudicar a execução, não se consuma o delito. Pressupõe-se, por óbvio, a existência de uma execução em andamento contra o agente, para a posterior fraude à execução. A fraude deve levar à insolvência do executado ou prejudicar a execução. Caso a alienação não enseje abalo no patrimônio do executado, como no caso de ele adquirir bem de valor superior ao alienado, a sua conduta é atípica[138].

O crime é classificado como próprio, por exigir que o agente figure no polo passivo de uma execução. É plurissubsistente, admitindo a tentativa. Além disso, é doloso, exigindo a vontade e consciência de fraudar a execução, sendo apontado pela doutrina, ainda, o **elemento subjetivo especial** consistente na finalidade de prejudicar os credores[139]. É crime de dano e não transeunte. A ação penal é privada exclusiva.

QUADRO SINÓTICO

Crime de fraude à execução	
Tipo penal	Fraudar execução, alienando, desviando, destruindo ou danificando bens, ou simulando dívidas.
Objeto jurídico	Protege-se o patrimônio e, de maneira mediata, a administração da justiça.
Sujeito ativo	O executado.
Sujeito passivo	Exequente (credor).

138. STJ, HC 15.317/SP, Rel. Min. Fontes de Alencar, Rel. p/ Acórdão Min. Fernando Gonçalves, Sexta Turma, julgado em 11/09/2001, DJ 23/06/2003, p. 443.

139. BITENCOURT, Cezar Roberto. Op. cit., 2020, p. 384. Em sentido contrário: ALVES, Chaim Jamil. Op. Cit., p. 1.101.

Crime de fraude à execução	
Elemento subjetivo	Admite-se somente a modalidade dolosa.
Consumação	A consumação ocorre quando o sujeito ativo frauda a execução alienando, desviando, destruindo ou danificando bens.
Tentativa	Admite-se a tentativa.
Classificação	Crime próprio, doloso, comissivo ou omissivo impróprio, de forma livre, instantâneo, de dano, material, monossubjetivo, plurissubsistente e não transeunte.
Benefícios	Por se tratar de delito de menor potencial ofensivo, é de competência dos Juizados Especiais Criminais e admite transação, suspensão condicional do processo e oferecimento de acordo de não persecução penal.
Ação penal	A ação penal é privada. Contudo, a ação penal será pública condicionada à representação se for cometido em prejuízo de cônjuge desquitado ou judicialmente separado; de irmão, legítimo ou ilegítimo; de tio ou sobrinho, com que o agente coabita. Tais disposições, nos termos do artigo 183 do CP, restam afastadas se o crime é praticado mediante emprego de grave ameaça ou violência à pessoa; ao estranho que participa do crime; ou se o crime é praticado contra pessoa com idade igual ou superior a sessenta anos.
Observações	É isento de pena o agente que comete o crime em prejuízo de cônjuge, na constância da sociedade conjugal; ou de ascendente ou descendente, seja o parentesco legítimo ou ilegítimo, seja civil ou natural. Tal disposição, contudo, não é aplicada se o crime é praticado mediante emprego de grave ameaça ou violência à pessoa; ao estranho que participa do crime; ou se o crime é praticado contra pessoa com idade igual ou superior a sessenta anos.

7. DA RECEPTAÇÃO

O Capítulo VII do Título II da Parte Especial do Código Penal se denomina "Da Receptação". Nele, estão inseridos os crimes de receptação e de receptação de animal.

7.1. Receptação

O crime de receptação está previsto no artigo 180 do Código Penal:

> *Art. 180 – Adquirir, receber, transportar, conduzir ou ocultar, em proveito próprio ou alheio, coisa que sabe ser produto de crime, ou influir para que terceiro, de boa-fé, a adquira, receba ou oculte:*
>
> *Pena – reclusão, de um a quatro anos, e multa.*
>
> *Receptação Qualificada*
>
> *§ 1º – Adquirir, receber, transportar, conduzir, ocultar, ter em depósito, desmontar, montar, remontar, vender, expor à venda, ou de qualquer forma utilizar, em proveito próprio ou alheio, no exercício de atividade comercial ou industrial, coisa que deve saber ser produto de crime:*
>
> *Pena – reclusão, de três a oito anos, e multa.*

§ 2º – Equipara-se à atividade comercial, para efeito do parágrafo anterior, qualquer forma de comércio irregular ou clandestino, inclusive o exercício em residência.

§ 3º – Adquirir ou receber coisa que, por sua natureza ou pela desproporção entre o valor e o preço, ou pela condição de quem a oferece, deve presumir-se obtida por meio criminoso:

Pena – detenção, de um mês a um ano, ou multa, ou ambas as penas.

§ 4º – A receptação é punível, ainda que desconhecido ou isento de pena o autor do crime de que proveio a coisa.

§ 5º – Na hipótese do § 3º, se o criminoso é primário, pode o juiz, tendo em consideração as circunstâncias, deixar de aplicar a pena. Na receptação dolosa aplica-se o disposto no § 2º do art. 155.

§ 6º Tratando-se de bens do patrimônio da União, de Estado, do Distrito Federal, de Município ou de autarquia, fundação pública, empresa pública, sociedade de economia mista ou empresa concessionária de serviços públicos, aplica-se em dobro a pena prevista no caput *deste artigo.*

Os núcleos do tipo são adquirir, receber, transportar, conduzir ou ocultar, em proveito próprio ou alheio, coisa que sabe ser produto de crime. Hungria ensina que o tipo penal surgiu no período justinianieu, em suas linhas mais nítidas, correspondendo ao *crimen extraordinorium receptatorum*, que abrangia a receptação pessoal, denominada de *receptatio latronum*, e a receptação real, voltada ao produto do furto. Pressupõe qualquer crime patrimonial, sendo a receptação o crime que enseja *a manutenção, consolidação ou perpetuidade de uma situação patrimonial anormal*[140].

O crime é comum, podendo ser praticado por qualquer pessoa, menos o coautor ou partícipe do crime antecedente[141]. Isso porque, como prevalece na doutrina, a venda posterior por quem cometeu o crime patrimonial seria pós fato impunível, incidindo o princípio da consunção. Noronha admite a possibilidade de o sujeito ativo ser receptador de coisa própria, como no caso de tê-la dado em penhor e terceiro tê-la furtado do credor pignoratício[142]. Sujeito passivo, por sua vez, seria o mesmo do crime anterior, por se tratar de delito patrimonial.

A coisa a que se refere o tipo penal deve ter sido produto de crime. Além disso, deve possuir valoração econômica para que se configure a receptação, crime contra o patrimônio. Documentos de identificação, folhas de cheque e cartões bancários não possuem essa valoração econômica, razão pela qual o STJ tem entendido não poderem ser objeto material de receptação[143].

A coisa somente pode ser bem móvel, apesar de a lei não o exigir expressamente[144]. Por isso, não configura crime, segundo a lei brasileira vigente, adquirir imóvel de quem não é o seu proprietário, por não haver tipo penal que possibilite a punição

140. HUNGRIA, Nélson. Op. Cit., vol. VII, 1958, p. 300-303.
141. No mesmo sentido: NORONHA, Edgard Magalhães. Op. Cit., vol. 2, 1976, p. 508.
142. NORONHA, Edgard Magalhães. Op. Cit., vol. 2, 1976, p. 509.
143. STJ, HC n. 118.873/SC, Rel. Min. Jorge Mussi, Quinta Turma, julgado em 17/3/2011, DJe de 25/4/2011.
144 STF, RHC 57710, Rel. Min. Moreira Alves, Segunda Turma, julgado em 26-02-1980.

dessa espécie de conduta, considerada por si só[145]. Parece possível, de todo modo, a punição por crime autônomo, como a própria falsificação de documentos realizada para a venda do imóvel.

Também se configura o crime com a ação de influir para que terceiro, de boa-fé, adquira, receba ou oculte coisa que sabe ser produto de crime. Noronha denomina essa hipótese de **mediação criminosa**[146]. A coisa somente pode ser bem móvel, apesar de a lei não o exigir expressamente[147]. Nesse caso, é indispensável que terceiro esteja de boa-fé, do contrário também responderá como receptador. A maioria da doutrina entende que o crime se consuma apenas com a conduta de influir, independentemente de o terceiro praticar ou não a conduta.

Essas modalidades são denominadas, pela doutrina, de receptação própria e receptação imprópria:

Receptação própria	Receptação imprópria
Adquirir, receber, transportar, conduzir ou ocultar, em proveito próprio ou alheio, coisa que sabe ser produto de crime.	Influir para que terceiro, de boa-fé, a adquira, receba ou oculte.

Em ambos os casos, o agente deve saber da **origem ilícita do bem**. De igual modo, a lei diz que a coisa deve ser produto de crime, o que exclui a coisa que advenha da prática de contravenção penal. Dentre as hipóteses de receptação própria, o tipo é misto alternativo. Entretanto, Cezar Bittencourt e Rogério Greco, alertam, com razão, que, no caso de o agente cometer a **receptação própria e a imprópria**, o tipo é **misto cumulativo**, havendo a configuração de mais de um delito, em concurso[148].

Na receptação própria, o agente sabe que se trata de um produto de crime e, mesmo assim, adquire, recebe, transporta, conduz ou oculta, para proveito próprio ou de terceiros. Comete essa modalidade quem compra um produto furtado, nas famosas feirinhas destinadas a isso, sabendo dessa origem ilícita. Já na modalidade imprópria, a pessoa que adquire, recebe ou oculta a coisa não sabe dessa origem, não sendo possível a sua responsabilização penal. O dolo tem como sua base o conhecimento dos elementos do crime e, por isso, não está presente. A pessoa incriminada nessa segunda figura é o intermediador, aquele que convence o sujeito de boa-fé a adquirir a coisa, comprando-a, por exemplo, ou mesmo a recebê-la ou ocultá-la. Se

145 "O Supremo Tribunal Tribunal Federal, em julgado da Relatoria do Ministro Moreira Alves, já decidiu que, em face da legislação penal brasileira, só as coisas móveis ou mobilizadas podem ser objeto de receptação. Interpretação do art. 180 do Código Penal. Assim, não é crime, no direito pátrio, o adquirir imóvel que esteja registrado em nome de terceiro, que não é o verdadeiro proprietário" (STJ, HC n. 545.395/RO, Rel. Min. Reynaldo Soares da Fonseca, Quinta Turma, julgado em 5/3/2020, DJe de 13/3/2020).

146. NORONHA, Edgard Magalhães. Op. Cit., vol. 2, 1976, p. 511.

147. "O Supremo Tribunal Tribunal Federal, em julgado da Relatoria do Ministro Moreira Alves, já decidiu que, em face da legislação penal brasileira, só as coisas móveis ou mobilizadas podem ser objeto de receptação. Interpretação do art. 180 do Código Penal. Assim, não é crime, no direito pátrio, o adquirir imóvel que esteja registrado em nome de terceiro, que não é o verdadeiro proprietário" (STJ, HC n. 545.395/RO, Rel. Min. Reynaldo Soares da Fonseca, Quinta Turma, julgado em 5/3/2020, DJe de 13/3/2020).

148. BITENCOURT, Cezar Roberto. Op. cit., 2020, p. 393. GRECO, Rogério. Op. cit., 2017.

um indivíduo influencia o seu primo a esconder um produto de roubo, aguardando que a polícia diminua as buscas, ele responde pela receptação imprópria, desde que o seu primo nada saiba sobre a origem da coisa.

Admite-se a **receptação em cadeia**, desde que o agente saiba da origem ilícita. É o caso de quem compra o carro de um intermediário, sabendo que este vende os produtos dos roubos praticados por outro sujeito, dos quais os compra a preço bem mais baixo.

Verifica-se que o crime de receptação pressupõe um crime anterior, razão pela qual é denominado de **crime acessório ou parasitário**. Assim sendo, é necessário que se demonstre a ocorrência de crime anterior, sendo desnecessária, contudo, a condenação dos agentes envolvidos. Eles podem, inclusive, ser desconhecidos ou terem morrido. Ademais, vale recordar não ser possível a imputação de receptação caso o agente seja autor, coautor ou partícipe do crime anterior. Nesse caso, ele responde pelo delito principal, e não pela receptação.

Há recente acórdão do STJ, sinalizando o entendimento dos Tribunais Superiores no sentido de não ser cabível a receptação de bens imóveis:

> *"O Supremo Tribunal Federal, em julgado da Relatoria do Ministro Moreira Alves, já decidiu que, em face da legislação penal brasileira,* ***só as coisas móveis ou mobilizadas podem ser objeto de receptação****. Interpretação do art. 180 do Código Penal. Assim, não é crime, no direito pátrio, o adquirir imóvel que esteja registrado em nome de terceiro, que não é o verdadeiro proprietário." (STJ, HC 545395/RO, Rel. Min. Reynaldo Soares da Fonseca, Quinta Turma, DJe 13/03/2020).*

Forma Qualificada

O parágrafo primeiro prevê a forma qualificada da receptação, cuja pena é a de reclusão, de 3 a 8 anos, e multa. Damásio de Jesus, entretanto, aponta que se trata de **figura autônoma**, já que o legislador acrescentou figuras diferentes daquelas previstas no *caput*[149]. Cuida-se de tipo penal misto alternativo, cujos núcleos do tipo são adquirir, receber, transportar, conduzir, ocultar, ter em depósito, desmontar, montar, remontar, vender, expor à venda, ou de qualquer forma utilizar coisa que deve saber ser produto de crime. Exige-se que a conduta seja realizada em proveito próprio ou alheio.

Como especializante, exige-se que a conduta do agente seja realizada **no exercício de atividade comercial ou industrial**. O parágrafo segundo determina que a atividade comercial, para efeito da forma qualificada da receptação, deve ser entendida como qualquer forma de comércio irregular ou clandestino, inclusive o exercido em residência. Para alguns, essa seria uma outra modalidade do delito, a **equiparada**. Incluem-se na incriminação as garagens clandestinas de desmonte ou desmanche de automóvel, exatamente a atividade que o legislador mais desejou punir severamente.

Nesta modalidade, há falta de cuidado do agente quanto à origem da coisa a ser adquirida, recebida, transportada, conduzida, ocultada, tida em depósito, desmontada,

149. JESUS, Damásio de. Parte especial: crimes contra a pessoa a crimes contra o patrimônio – arts. 121 a 183 do CP. Direito penal vol. 2 Atualização de André Estefam. 36. ed. São Paulo: Saraiva Educação, 2020

montada, remontada, vendida, exposta à venda ou utilizada de qualquer forma. O agente deveria saber que o produto advém do crime, razão pela qual se classifica o elemento subjetivo como **dolo eventual**.

A doutrina majoritária entende que o termo "deve saber" se traduz em dolo eventual, sendo que, inclusive, Alberto Silva Franco e Damásio de Jesus defendem que não é possível uma pena mais grave do que o *caput*, já que referida modalidade abrange o dolo eventual, enquanto a forma do *caput* diz respeito ao dolo direito, em que haveria maior desvalor na conduta do agente.

Deste modo, surgiu a corrente que defende não ser possível a pena mais grave para a modalidade do parágrafo primeiro. Por isso, dever-se-ia aplicar a pena do *caput* também no caso de a conduta se amoldar ao parágrafo primeiro. O STJ, entretanto, entende que **a pena mais rigorosa se liga ao fato de o crime qualificado envolver o exercício de atividade comercial ou industrial**, não havendo que se falar em aplicação da pena do *caput* se configurada a figura do parágrafo primeiro:

> *"(...) 1. Embora seja certo que o delito do § 1º do art. 180 do Código Penal traga como elemento constitutivo do tipo o dolo eventual, a pena mais severa cominada à forma qualificada da receptação tem sua razão de ser na maior gravidade e reprovabilidade da conduta praticada no exercício da atividade comercial ou industrial, cuja lesão exponencial resvala num número indeterminado de consumidores. (...) 4. Ordem denegada. (HC 189.297/BA, Rel. Min. Sebastião Reis Júnior, julgado em 19/06/2012, DJe 29/06/2012).*
>
> *"(...) 2. Segundo entendimento desta Corte, a pena a ser aplicada ao crime de receptação qualificada não pode manter o quantum previsto no artigo 180, caput, do Código Penal, ou seja, o mesmo patamar do preceito secundário da receptação simples. (Embargos de Divergência 879.539/SP). Ressalva do entendimento da Relatora. (...)" (STJ, HC 388640/SP, Rel. Min. Ribeiro Dantas, Quinta Turma, DJe 22/06/2017).*

Por fim, parte da doutrina defende que se deve dar interpretação extensiva à expressão "deve saber", compreendendo ali também a situação do agente que "sabe" que a coisa é produto do crime. Ou seja, abrangeria também o **dolo direto** como elemento subjetivo. É a posição de Rogério Greco[150]. Essa posição foi a adotada pelo STF e, com menção expressa ao acórdão da Suprema Corte, pelo STJ:

> *"Ademais, "o artigo 180, § 1º, do Estatuto Repressivo é constitucional e pode ser aplicado através da utilização da interpretação extensiva, ampliando o significado da expressão deve saber (dolo eventual), englobando também a expressão sabe (dolo direto). O comerciante ou industrial que adquire, vende, expõe a venda mercadoria que sabe ou devia saber ser de origem ilícita responde pela figura qualificada." (ARE 705620 AgR, Relator(a): Min. LUIZ FUX, Primeira Turma, julgado em 19/03/2013, PROCESSO ELETRÔNICO DJe-066 DIVULG 10-04-2013 PUBLIC 11-04-2013) 3. Agravo regimental a que se nega provimento." (STJ, AgRg no AREsp n. 1.526.114/PR, relator Ministro Ribeiro Dantas, Quinta Turma, julgado em 15/10/2019, DJe de 28/10/2019).*

150. GRECO, Rogério. Op. cit., 2017, p. 1038-1039.

Nesta modalidade qualificada, o crime é próprio, pois só pode praticá-la quem exerce atividade comercial ou industrial. Além disso, como visto, o delito é doloso, comportando, segundo entendimento majoritário, o dolo direto e o dolo eventual. É material, pois os núcleos do tipo trazem comportamentos que implicam mudança no mundo exterior. Cuida-se de crime de dano, por representar novo ataque o patrimônio da vítima, e plurissubsistente, por ser fracionável o *iter criminis* e, como consequência, admite a forma tentada.

Forma Culposa

O legislador trouxe uma forma diferente de narrar a modalidade culposa da receptação: "Adquirir ou receber coisa que, por sua natureza ou pela desproporção entre o valor e o preço, ou pela condição de quem a oferece, deve presumir-se obtida por meio criminoso". A pena é de detenção, de um mês a um ano, ou multa, ou ambas as penas.

Nesse caso, portanto, a lei se utiliza de um **tipo fechado**, não usando o tipo aberto, como é praxe no Código. Se a lei utilizasse um tipo aberto, a previsão seria "Se a receptação é culposa. Pena – detenção, de um mês a um ano, ou multa, ou ambas as penas". Nesse caso, o tipo previu o que seria a quebra de dever de cuidado pelo agente. São indícios que o agente atuou com culpa em sentido estrito, se ele, ao receber ou adquirir a coisa, pudesse presumir que ela foi obtida por meio criminoso, analisando um dos seguintes elementos;

- a natureza da coisa (alguém vendendo na rua uma obra de arte valiosíssima, que carrega embaixo do braço);
- a desproporção entre o valor e o preço (uma TV em ótimo estado vendida a preço ínfimo);
- a condição de quem oferece (pode-se pensar em um nítido usuário de drogas, sob o efeito delas, vendendo um aparelho celular na madrugada).

Disposição sobre a punibilidade

O parágrafo quarto do artigo 180 prevê que a receptação é punível, **ainda que desconhecido o autor do crime antecedente, bem como se o autor for isento de pena**. Deste modo, a não identificação do autor do roubo da coisa que um terceiro adquiriu não impede a punição deste último. Se o filho, usuário de drogas, furtar o sofá dos seus genitores, não idosos, estará abarcado pela imunidade do artigo 181, inciso II, do CP. Entretanto, o terceiro que adquire o produto desse furto será punido pela receptação, pois a isenção de pena em relação ao crime antecedente não é óbice para a responsabilização nas penas do artigo 180 do CP.

Perdão judicial

No caso do parágrafo terceiro, ou seja, da receptação culposa, se o agente for primário, o juiz pode deixar de aplicar a pena. A lei não fixou maiores parâmetros, cabendo ao juiz analisar as circunstâncias do fato para decidir se a pena é necessária ou desnecessária. Trata-se de extinção da punibilidade por perdão judicial, prevista no parágrafo quinto do artigo 180 do Código Penal. Vale lembrar que, neste caso, não subsiste nenhum efeito condenatório, nos termos da Súmula 18 do STJ.

O juiz pode aplicar o perdão se o caso for de menor grau de reprovação, ou seja, de um grau mais leve de quebra do dever objetivo de cuidado. Em regra, o Código Penal não distingue os graus de culpa para fins de responsabilização, mas, dada a abertura da norma, o julgador deve analisar a maior ou menor reprovação. O indivíduo, por exemplo, pode ter sido descuidado e, apesar de presumível a origem delitiva da coisa, pode ter sua punibilidade extinta em consideração à sua inexperiência e pouca malícia nos negócios.

Forma privilegiada

No caso de receptação dolosa, aplicam-se as mesmas disposições do artigo 155, § 2º, do Código Penal, que prevê o chamado furto privilegiado. Sendo a coisa receptada de pequeno valor e primário o agente, o juiz deve substituir a pena de reclusão pela de detenção, diminui-la de um a dois terços, ou aplicar somente a pena de multa. As mesmas considerações sobre o furto privilegiado são aplicáveis aqui: não é necessário que o agente seja portador de bons antecedentes, mas apenas que seja primário. Pode ser, portanto, o tecnicamente primário, que foi condenado definitivamente e cumpriu a pena, mas decorreu o período depurador, de 5 anos, que afasta a reincidência. Ademais, o parâmetro fixado na jurisprudência para definição do pequeno valor é de um salário mínimo. Não se trata de fórmula matemática, mas apenas de um valor de referência, a orientar o julgador.

Forma majorada

Se a conduta recair sobre bens do patrimônio da União, de Estado, do Distrito Federal, de Município ou de autarquia, fundação pública, empresa pública, sociedade de economia mista ou empresa concessionária de serviços públicos, incide a majorante, que determina que a pena do *caput* seja aplicada em dobro. A atual redação foi dada pela Lei n. 13.531, de 2017, que veio corrigir lacuna, como a ausência do Distrito Federal na causa de aumento de pena, o que não se justificava em virtude da majorante no caso do patrimônio dos demais entes federativos. Era uma diferenciação desarrazoada, por atecnia do legislador.

Efeito da condenação

A Lei n. 13.804, de 10 de janeiro de 2019, alterou a Lei n. 9.503/1997, o Código de Trânsito Brasileiro (CTB), para incluir novo efeito da condenação com relação aos **crimes de receptação, contrabando e descaminho.** Esse efeito está previsto no artigo 278-A do CTB, nos seguintes termos:

> *Art. 278-A. O condutor que se utilize de veículo para a prática do crime de receptação, descaminho, contrabando, previstos nos arts. 180, 334 e 334-A do Decreto-Lei nº 2.848, de 7 de dezembro de 1940 (Código Penal), condenado por um desses crimes em decisão judicial transitada em julgado, terá cassado seu documento de*

habilitação ou será proibido de obter a habilitação para dirigir veículo automotor pelo prazo de 5 (cinco) anos.

§ 1º O condutor condenado poderá requerer sua reabilitação, submetendo-se a todos os exames necessários à habilitação, na forma deste Código.

§ 2º No caso do condutor preso em flagrante na prática dos crimes de que trata o caput deste artigo, poderá o juiz, em qualquer fase da investigação ou da ação penal, se houver necessidade para a garantia da ordem pública, como medida cautelar, de ofício, ou a requerimento do Ministério Público ou ainda mediante representação da autoridade policial, decretar, em decisão motivada, a suspensão da permissão ou da habilitação para dirigir veículo automotor, ou a proibição de sua obtenção.

Houve **omissão indevida da lei em relação ao artigo 180-A do CP, que cuida da receptação de animal**, analisado na sequência. Não é possível incluir o artigo 180-A ao lado do artigo 180, no rol de crimes que possibilitam a medida, sob pena de violação da legalidade, por analogia *in malam partem*. A correção deve ser realizada pelo Legislativo, já que houve menção expressa ao artigo 180, e não menção genérica ao termo receptação, que também é a nomenclatura do delito do artigo 180-A.

QUADRO SINÓTICO

Crime de receptação	
Tipo penal	Adquirir, receber, transportar, conduzir ou ocultar, em proveito próprio ou alheio, coisa que sabe ser produto de crime, ou influir para que terceiro, de boa-fé, a adquira, receba ou oculte.
Objeto jurídico	O bem jurídico protegido é o patrimônio
Sujeito ativo	Qualquer um.
Sujeito passivo	Qualquer um.
Elemento subjetivo	O artigo 180, *caput* e § 1º, do CP preveem a modalidade dolosa.
Elemento normativo	No artigo 180, § 3º, do CP há previsão de modalidade culposa: Adquirir ou receber coisa que, por sua natureza ou pela desproporção entre o valor e o preço, ou pela condição de quem a oferece, deve presumir-se obtida por meio criminoso.
Consumação	Na forma do *caput*, a consumação ocorre quando o agente adquire, recebe, transporta, conduz ou oculta coisa que sabe ser produto de crime. O mesmo raciocínio se aplica ao delito do artigo 180, § 1º, do CP.
Tentativa	Admite-se a tentativa.
Forma majorada	Nos termos do artigo 180, § 6º, do CP, tratando-se de bens do patrimônio da União, de Estado, do Distrito Federal, de Município ou de autarquia, fundação pública, empresa pública, sociedade de economia mista ou empresa concessionária de serviços públicos, aplica-se em dobro a pena prevista no *caput* deste artigo.

Crime de receptação	
Forma qualificada	A receptação é qualificada quando o agente adquirir, receber, transportar, conduzir, ocultar, ter em depósito, desmontar, montar, remontar, vender, expor à venda, ou de qualquer forma utilizar, em proveito próprio ou alheio, no exercício de atividade comercial ou industrial, coisa que deve saber ser produto de crime. Cumpre mencionar que, nos termos do artigo 180, § 2º, do CP, equipara-se à atividade comercial, para efeito do parágrafo anterior, qualquer forma de comércio irregular ou clandestino, inclusive o exercício em residência.
Classificação	Crime comum, doloso, comissivo ou omissivo próprio ("ocultar"), material (apesar do debate doutrinário, pois a receptação imprópria é considerada delito formal pela maioria da doutrina), instantâneo (adquirir e receber) ou permanente (transportar, conduzir ou ocultar), monossubjetivo, plurissubsistente e não transeunte.
Benefícios	Na receptação do *caput* admitem-se a suspensão condicional do processo e o acordo de não persecução penal. Na receptação qualificada do § 2º, somente o oferecimento do acordo de não persecução penal é cabível. Na forma culposa, o delito é de menor potencial ofensivo, recaindo na competência dos Juizados Especiais Criminais e admitindo a transação, suspensão condicional do processo e acordo de não persecução penal. Na hipótese do § 3º, se o criminoso for primário, pode o juiz, tendo em consideração as circunstâncias, deixar de aplicar a pena. Na receptação dolosa, aplica-se o disposto no § 2º do art. 155.
Ação penal	A ação penal é pública incondicionada. Entretanto, a ação penal será pública condicionada à representação se for cometido em prejuízo de cônjuge desquitado ou judicialmente separado; de irmão, legítimo ou ilegítimo; de tio ou sobrinho, com que o agente coabita.
Ação penal	Tais disposições, nos termos do artigo 183 do CP, restam afastadas se o crime é praticado mediante emprego de grave ameaça ou violência à pessoa; ao estranho que participa do crime; ou se o crime é praticado contra pessoa com idade igual ou superior a sessenta anos.
Observações	A receptação é punível, ainda que desconhecido ou isento de pena o autor do crime de que proveio a coisa. É isento de pena o agente que comete o crime em prejuízo de cônjuge, na constância da sociedade conjugal; ou de ascendente ou descendente, seja o parentesco legítimo ou ilegítimo, seja civil ou natural. Tal disposição, contudo, não é aplicada se o crime é praticado mediante emprego de grave ameaça ou violência à pessoa; ao estranho que participa do crime; ou se o crime é praticado contra pessoa com idade igual ou superior a sessenta anos.

7.2. Receptação de animal

Os artigos 181, 182, 183 e 183-A do Código Penal dispõem sobre as disposições gerais para os crimes contra o patrimônio.

> *Art. 180-A. Adquirir, receber, transportar, conduzir, ocultar, ter em depósito ou vender, com a finalidade de produção ou de comercialização, semovente domesticável de produção, ainda que abatido ou dividido em partes, que deve saber ser produto de crime:*
>
> *Pena – reclusão, de 2 (dois) a 5 (cinco) anos, e multa.*

Os núcleos do tipo repetem os analisados no crime de receptação, previsto no artigo 180 do Código. O elemento especializante é o objeto material, que é o **semovente domesticável de produção, ainda que abatido ou dividido em partes**. Exige-se que o agente deva saber ser produto do crime. A pena deste crime é de reclusão, de 2 a 5 anos, e multa. Semovente é o bem que se locomove por si só, o animal. O tipo menciona semovente domesticável de produção, o que inclui ovelhas ou bois, por exemplo.

A expressão "deve saber" indica, para a maioria da doutrina, o **dolo eventual**. Entretanto, alguns doutrinadores, como Rogério Greco, defendem que também se deve incluir o **dolo direto**, em interpretação extensiva do tipo penal[151]. Com efeito, o "deve saber" indica o dever jurídico do agente de saber algo, ou seja, ele tinha o dever de se informar, e não se deve limitar essa expressão ao dolo eventual, nem admitir, com ela, o conhecimento eventual, como adverte Bitencourt.

Cuida-se de delito comum, por não exigir nenhuma qualidade específica do sujeito ativo. O crime é doloso, exigindo-se a finalidade específica de produção ou comercialização. É plurissubsistente, possibilitando a tentativa, exceto na forma de "ocultar", em que é considerado omissivo. É tipo misto alternativo.

QUADRO SINÓTICO

Crime de receptação de animal	
Tipo penal	Adquirir, receber, transportar, conduzir, ocultar, ter em depósito ou vender, com a finalidade de produção ou de comercialização, semovente domesticável de produção, ainda que abatido ou dividido em partes, que deve saber ser produto de crime:
Objeto jurídico	O bem jurídico protegido é o patrimônio.
Sujeito ativo	Qualquer um.
Sujeito passivo	Qualquer um.
Elemento subjetivo	Admite-se somente a modalidade dolosa. A expressão deve saber se produto de crime faz referência ao dolo eventual.

151. GRECO, Rogério. Op. cit., 2017. BITENCOURT, Cezar Roberto. Op. cit., 2020.

Crime de receptação de animal	
Consumação	Por se tratar de delito material, a consumação ocorre quando o agente adquire, recebe, transporta, conduz, oculta, tem em depósito ou vende semovente domesticável de produção, ainda que abatido ou dividido em partes.
Tentativa	Admite-se a tentativa.
Classificação	Trata-se de delito comum, comissivo ou omissivo próprio (ocultação), material, permanente (transportar, conduzir, ocultar ou ter em depósito), monossubjetivo, plurissubsistente e não transeunte.
Benefícios	Admite-se o oferecimento de acordo de não persecução penal.
Ação penal	A ação penal é pública incondicionada. Contudo, a ação penal será pública condicionada à representação se for cometido em prejuízo de cônjuge desquitado ou judicialmente separado; de irmão, legítimo ou ilegítimo; de tio ou sobrinho, com que o agente coabita. Tais disposições ficam afastadas se o crime é praticado mediante emprego de grave ameaça ou violência à pessoa; ao estranho que participa do crime; ou se o crime é praticado contra pessoa com idade igual ou superior a sessenta anos.
Observações	É isento de pena o agente que comete o crime em prejuízo de cônjuge, na constância da sociedade conjugal; ou de ascendente ou descendente, seja o parentesco legítimo ou ilegítimo, seja civil ou natural. Tal disposição, contudo, não é aplicada se o crime é praticado mediante emprego de grave ameaça ou violência à pessoa; ao estranho que participa do crime; ou se o crime é praticado contra pessoa com idade igual ou superior a sessenta anos.

8. DISPOSIÇÕES GERAIS

Os artigos 181, 182, 183 e 183-A do Código Penal dispõem sobre as disposições gerais para os crimes contra o patrimônio.

Imunidade absoluta

O artigo 181 traz a previsão de escusas absolutórias para os delitos contra o patrimônio, previstos no Título II da Parte Especial, cometidos sem violência, envolvendo membros da mesma família:

> *Art. 181 – É isento de pena quem comete qualquer dos crimes previstos neste título, em prejuízo:*
>
> *I – do cônjuge, na constância da sociedade conjugal;*
>
> *II – de ascendente ou descendente, seja o parentesco legítimo ou ilegítimo, seja civil ou natural.*

As imunidades absolutas ou escusas absolutórias são hipóteses de exclusão da punibilidade em razão da relação existente entre o sujeito ativo e o passivo do delito. O Estado fica impedido de exercer seu direito de punir em determinadas hipóteses, mesmo que tenha havido crime, por opção legislativa de política criminal. Quando os crimes contra o patrimônio são cometidos no seio familiar, não há interesse social na repressão penal. Isso porque se entende que referida responsabilização seria mais gravosa, interferindo nas relações familiares de forma gravosa.

No caso de ascendente ou descendente, o parentesco natural é o consanguíneo, o biológico, enquanto o civil abrange os demais, como o decorrente de adoção ou casamento. Nesse âmbito, não há que se falar em parentesco ilegítimo, classificação incompatível com a atual ordem constitucional e com o Código Civil vigente. Além disso, cumpre frisar que o pai socioafetivo se inclui no conceito de ascendente. Por outro lado, como já decidiu o STJ, essa situação não se confunde com o padrasto, que não está acobertado pela escusa absolutória sem que haja a paternidade socioafetiva, como, por exemplo, se o fato foi praticado pelo namorado da mãe da vítima[152].

Quanto à prática de crimes em prejuízo do cônjuge, na constância da sociedade conjugal, há o questionamento de sua subsistência em razão da tutela da mulher contra a violência doméstica e familiar. A Lei n. 11.340/2006, em seu artigo 7º, inciso IV, elenca a violência patrimonial como uma de suas formas. Segundo o dispositivo, é entendida como qualquer conduta que configure retenção, subtração, destruição parcial ou total de seus objetos, instrumentos de trabalho, documentos pessoais, bens, valores e direitos ou recursos econômicos, incluindo os destinados a satisfazer suas necessidades. Por essa razão, foi proposta a ADPF 1185, com a pretensão de declaração da norma, prevista originariamente no Decreto-Lei n. 2.848/1940, o Código Penal, como não recepcionada pela Constituição da República, promulgada em 1988.

A mera existência da Lei n. 11.340/2006 não parece ter revogado o artigo 181, inciso I, do Código Penal, apesar da gravidade desse tipo de violência de gênero. Isto porque, conquanto a lei específica defina a violência patrimonial e a elenque como forma de violência doméstica e familiar contra a mulher, não a criminaliza. A violência existe, mas o Código concedeu imunidade, disposição que poderia ter sido revogada pelo legislador. A Lei Maria da Penha, por sua vez, define essa violência e possibilita a adoção de medidas protetivas para combatê-la, mas nada diz sobre a sua criminalização. É possível, de todo modo, que a Suprema Corte declare a sua não recepção pela Constituição de 1988, por proteção deficiente da mulher e ofensa à dignidade da pessoa humana.

Quanto à natureza jurídica do disposto no artigo 181, é importante reforçar que as escusas absolutórias impedem que surja o *ius puniendi*. Assim, se a esposa subtrair dois mil reais da bolsa de seu marido, a sua conduta será típica. Não há nenhuma excludente de ilicitude e, por isso, a conduta é antijurídica. Por fim, a culpabilidade está presente, pois ela tinha consciência da ilicitude do que fez, era capaz de querer e entender o que fez, o que torna sua conduta reprovável. Houve, portanto, a prática

152. STJ, REsp 1709971/RS, Rel. Min. Maria Thereza de Assis Moura, Sexta Turma, julgado em 01/03/2018, DJe 12/03/2018.

de um crime, um fato típico, ilícito e culpável. Entretanto, a causa de exclusão da punibilidade impede que o direito de punir do Estado nasça.

O exemplo demonstra que a **causa de exclusão da punibilidade**, chamada escusa absolutória, não se confunde com a causa de extinção da punibilidade. A escusa absolutória não permite sequer o nascimento da pretensão estatal de aplicação da sanção, de modo que o agente não pode ser condenado e ter contra si imposta uma pena em razão da conduta que praticou. Vale recordar que, na causa de exclusão de punibilidade, não nasce o direito de punir, enquanto a causa de extinção da punibilidade põe fim ao direito de punir em razão de um fator superveniente.

Como exemplo, pode-se tomar o caso da prática do crime de furto por João em relação à Maria, sua vizinha, com quem namorou, não estando acobertada por nenhuma escusa absolutória. Portanto, com a configuração do delito, o direito de punir do Estado surge. Se a investigação demorar e houver o reconhecimento da prescrição, durante o curso do processo penal, o direito de punir terá nascido, mas será extinto em razão de um evento superveniente.

Apesar de se defender a natureza de exclusão da punibilidade, deve-se ressalvar a posição de Dotti, para quem parece haver uma exclusão da culpabilidade, por ausência de reprovabilidade jurídico-penal. Além disso, defende que as escusas absolutórias podem ser preexistentes, como as do artigo 181, inciso I, do CP; concomitantes, como a desistência voluntária do artigo 15, primeira parte, do CP; e supervenientes, como o arrependimento eficaz, do artigo 15, segunda parte, do CP[153].

Imunidade relativa

Além da imunidade absoluta, existem determinadas hipóteses em que os crimes contra o patrimônio passam a ser de ação penal **pública condicionada à representação**:

> *Art. 182 – Somente se procede mediante representação, se o crime previsto neste título é cometido em prejuízo:*
>
> *I – do cônjuge desquitado ou judicialmente separado;*
>
> *II – de irmão, legítimo ou ilegítimo;*
>
> *III – de tio ou sobrinho, com quem o agente coabita.*

No caso de a vítima ser o **cônjuge desquitado ou judicialmente separado** ou **irmão** a ação se torna pública condicionada. Quanto aos irmãos, não há que se falar em parentesco ilegítimo, classificação incompatível com a atual ordem constitucional e inexistente no Código Civil em vigor. Além disso, a ação penal também é condicionada à representação nos casos de crimes patrimoniais cometidos em prejuízo de **tio ou sobrinho**, **mas neste caso exige-se a coabitação**.

Casos de não incidência das imunidades

A incidência de ambos os artigos acima estudados, o 182 e o 183, é limitada pelo artigo 183 do Código Penal, que exclui de sua incidência determinados casos:

153. DOTTI, René Ariel. Op. Cit., 2020, p. 635-637.

Art. 183 – Não se aplica o disposto nos dois artigos anteriores:

I – se o crime é de roubo ou de extorsão, ou, em geral, quando haja emprego de grave ameaça ou violência à pessoa;

II – ao estranho que participa do crime.

III – se o crime é praticado contra pessoa com idade igual ou superior a 60 (sessenta) anos.

Não há incidência da escusa absolutória nem se exige representação, ainda que preenchidos os requisitos dos artigos 182 e 183, nas seguintes situações:

- Se o crime for de roubo, de extorsão ou se envolver emprego de grave ameaça ou violência à pessoa;
- Em relação ao estranho que participa do crime (por exemplo, quem auxilia o cônjuge a furtar o outro, não sendo seu familiar);
- Se a vítima for pessoa com idade igual ou superior a 60 anos. A idade mais avançada justifica a proteção diferenciada.

O erro e as imunidades absolutas e relativas

Por fim, cumpre esclarecer que **o erro do agente quanto a eventual causa pessoal de isenção de pena não configura erro de tipo**, obviamente, por não se tratar de erro em relação a um fato componente do tipo penal. Pode-se utilizar um exemplo com mãe e filha capazes e com idade inferior a 60 anos. Suponha-se que a filha, querendo comprar drogas, procura os pertences da mãe em uma festa e encontra uma bolsa na cadeira onde imagina que a mãe estava sentada antes de todos irem dançar. De lá, retira R$ 500,00. A filha responderá pelo crime se, na verdade, tiver subtraído o montante da bolsa de uma amiga da mãe, pois não se equivocou quanto a um dado da realidade que compõe o delito, mas apenas a um fato que diz respeito à punibilidade, o que é indiferente para a sua punição.

Dotti tem a mesma posição aqui exposta e acrescenta que, caso aconteça o oposto, como o agente que furta algo sem saber que pertence ao seu irmão, a condição objetiva de punibilidade deverá vigorar[154]. Assim, será ele beneficiado pela necessidade de representação do irmão para que haja a correspondente ação penal. Ainda que ele imaginasse que o bem era de terceiro, o benefício tem natureza objetiva, como apontado, razão pela qual deve beneficiar o agente se presentes os seus requisitos.

Majorante relacionada aos crimes contra o patrimônio

O artigo 183-A foi introduzido no Código Penal pela Lei n. 14.967, de 9 de setembro de 2024, que institui o Estatuto da Segurança Privada e da Segurança das Instituições Financeiras. Trata-se de majorante que se aplica a todos os delitos contra o patrimônio:

154. DOTTI, René Ariel. Op. Cit., 2020, p. 637.

> *Art. 183-A. Nos crimes de que trata este Título, quando cometidos contra as instituições financeiras e os prestadores de serviço de segurança privada, de que trata o Estatuto da Segurança Privada e da Segurança das Instituições Financeiras, as penas serão aumentadas de 1/3 (um terço) até o dobro.*

O legislador trouxe, mais uma vez, uma proteção maior contra o patrimônio das instituições financeiras. De todo modo, a causa de aumento de pena incide se os delitos forem cometidos contra as instituições financeiras e os prestadores de serviços de segurança privada, tratados pelo Estatuto acima mencionado.

As instituições financeiras são definidas no artigo 17, da Lei n. 4.595/1964, como as pessoas jurídicas públicas ou privadas, que tenham como atividade principal ou acessória a coleta, intermediação ou aplicação de recursos financeiros próprios ou de terceiros, em moeda nacional ou estrangeira, e a custódia de valor de propriedade de terceiros. São exemplos de instituições financeiras a Caixa Econômica Federal e o Banco do Brasil.

Os prestadores de serviços de segurança privada são aqueles que se voltam à segurança pessoal e patrimonial, sem integrar o sistema de segurança pública, e estão elencados no artigo da Lei n. 14.967/2024. Podem ser exemplificados pelos trabalhadores das empresas responsáveis por carros-fortes, utilizados no transporte de valores:

> *Art. 5º Sem prejuízo das atribuições das Forças Armadas, dos órgãos de segurança pública e do sistema prisional, são considerados serviços de segurança privada, para os fins desta Lei, nos termos de regulamento:*
>
> *I – vigilância patrimonial;*
>
> *II – segurança de eventos em espaços de uso comum do povo;*
>
> *III – segurança nos transportes coletivos terrestres, aquaviários e marítimos;*
>
> *IV – segurança perimetral nas muralhas e guaritas;*
>
> *V – segurança em unidades de conservação;*
>
> *VI – monitoramento de sistemas eletrônicos de segurança e rastreamento de numerário, bens ou valores;*
>
> *VII – execução do transporte de numerário, bens ou valores;*
>
> *VIII – execução de escolta de numerário, bens ou valores;*
>
> *IX – execução de segurança pessoal com a finalidade de preservar a integridade física de pessoas;*
>
> *X – formação, aperfeiçoamento e atualização dos profissionais de segurança privada;*
>
> *XI – gerenciamento de riscos em operações de transporte de numerário, bens ou valores;*
>
> *XII – controle de acesso em portos e aeroportos;*
>
> *XIII – outros serviços que se enquadrem nos preceitos desta Lei, na forma de regulamento.*

O artigo 183-A traz uma majorante que incidirá, na terceira fase da dosimetria da pena, aumentando-a de 1/3 (um terço) até o dobro. Não se previu o critério para escolha da fração, apenas a fração mínima e a máxima. Considerando a razão para a incidência da causa de aumento de pena, deve-se analisar a gravidade do ataque às instituições financeiras e aos prestadores de serviço de segurança privada. Se o agente ataca os prestadores de serviço de segurança privada em um carro-forte, demonstrando intensa ousadia e gravidade, a pena pode ser duplicada. Se, por exemplo, houve um furto quando a agência de instituição financeira estava fechada, sem expediente, um aumento de um terço se mostra, em regra, suficiente.

Dada a irretroatividade da lei penal mais gravosa, essa majorante somente se aplica aos crimes cometidos a partir de sua entrada em vigor, o que ocorreu em 10 de setembro de 2024, com a publicação da Lei n. 14.967/2024.

CAPÍTULO VIII
CRIMES CONTRA A PROPRIEDADE IMATERIAL

Os crimes contra a propriedade imaterial estão previstos no Título III da Parte Especial do Código Penal. Vários dos delitos nele previstos foram revogados. Os crimes contra o privilégio de invenção, previstos originariamente nos artigos 187 a 191 do Código Penal, os crimes contra as marcas de indústria e comércio, previstos nos artigos 192 a 195, e os crimes de concorrência desleal, do artigo 196, foram todos revogados pela Lei n. 9.279/1996.

1. DOS CRIMES CONTRA A PROPRIEDADE INTELECTUAL

Os crimes contra a propriedade intelectual possuem hoje previsão limitada ao artigo 184 do Código Penal, enquanto o artigo 186 cuida da ação penal. "Dos Crimes Contra a Propriedade Intelectual" é a denominação do Capítulo do Título III da Parte Especial (Dos Crimes Contra a Propriedade Imaterial). Anteriormente, abrangia também o crime de usurpação de nome ou pseudônimo alheio, que possuía previsão no artigo 185 do Código Penal e foi revogado pela Lei n. 10.695/2003.

1.1. Violação contra os direitos autorais

O crime de violação contra os direitos autorais está previsto no artigo 184 do Código Penal:

> *Art. 184. Violar direitos de autor e os que lhe são conexos:*
>
> *Pena – detenção, de 3 (três) meses a 1 (um) ano, ou multa.*
>
> *§ 1º Se a violação consistir em reprodução total ou parcial, com intuito de lucro direto ou indireto, por qualquer meio ou processo, de obra intelectual, interpretação, execução ou fonograma, sem autorização expressa do autor, do artista intérprete ou executante, do produtor, conforme o caso, ou de quem os represente.*
>
> *Pena – reclusão, de 2 (dois) a 4 (quatro) anos, e multa*
>
> *§ 2º Na mesma pena do § 1º incorre quem, com o intuito de lucro direto ou indireto, distribui, vende, expõe à venda, aluga, introduz no País, adquire, oculta, tem em depósito, original ou cópia de obra intelectual ou fonograma reproduzido com violação do direito de autor, do direito de artista intérprete ou executante ou do direito do produtor de fonograma, ou, ainda, aluga original ou cópia de obra intelectual*

> *ou fonograma, sem a expressa autorização dos titulares dos direitos ou de quem os represente.*
>
> *§ 3º Se a violação consistir no oferecimento ao público, mediante cabo, fibra ótica, satélite, ondas ou qualquer outro sistema que permita ao usuário realizar a seleção da obra ou produção para recebê-la em um tempo e lugar previamente determinados por quem formula a demanda, com intuito de lucro, direto ou indireto, sem autorização expressa, conforme o caso, do autor, do artista intérprete ou executante, do produtor de fonograma, ou de quem os represente:*
>
> *Pena – reclusão, de 2 (dois) a 4 (quatro) anos, e multa*
>
> *§ 4º O disposto nos §§ 1º, 2º e 3º não se aplica quando se tratar de exceção ou limitação ao direito de autor ou os que lhe são conexos, em conformidade com o previsto na Lei nº 9.610, de 19 de fevereiro de 1998, nem a cópia de obra intelectual ou fonograma, em um só exemplar, para uso privado do copista, sem intuito de lucro direto ou indireto.*

Tutela-se a **propriedade intelectual**. O direito do autor ou direito autoral se refere ao conjunto de direitos atribuídos ao responsável pela criação de uma determinada obra. Abrange os direitos materiais e morais. Os **direitos conexos** são aqueles referentes à execução, transmissão e reprodução da obra, incluído o direito de arena. Este último consiste na prerrogativa exclusiva de negociar, autorizar ou proibir a captação, a fixação, a emissão, a transmissão, a retransmissão ou a reprodução de imagens, por qualquer meio ou processo, de espetáculo desportivo de que o indivíduo participe, conforme conceituação da Lei n. 9.615/1998, conhecida como Lei Pelé.

O núcleo do tipo é "violar" (infringir, transgredir, desrespeitar), sendo o objeto material, aquele sobre o qual recai a conduta, tanto o direito do autor quando os direitos conexos. A expressão "direito do autor" torna o tipo penal do artigo 184, *caput*, do Código Penal uma **lei penal em branco** homogênea ou imprópria heterovitelina. Sua complementação é feita especialmente pela Lei n. 9.610/1998, além da própria Lei n. 9.615/1998, acima citada.

O Título III da Lei n. 9.610/1998 é dedicado aos direitos do autor, enumerando-os em extenso rol. O Capítulo I de referido Título traz as disposições preliminares a respeito:

> *Art. 22. Pertencem ao autor os direitos morais e patrimoniais sobre a obra que criou.*
>
> *Art. 23. Os coautores da obra intelectual exercerão, de comum acordo, os seus direitos, salvo convenção em contrário.*

O crime é comum, não exigindo nenhuma qualidade específica do sujeito ativo para a sua configuração. Além disso, é de forma livre, sendo que a violação aos direitos do autor pode se dar de diferentes modos, não havendo maneiras específicas de sua prática. Pode ocorrer, por exemplo, por meio da reprodução da obra original ou a comercialização de edições da obra de forma não autorizada. O crime é, ainda, doloso e plurissubsistente, razão pela qual admite a punição da tentativa.

Sobre a perícia para a configuração do delito, o STF já considerou ser suficiente o exame externo do corpo de delito, com indicação dos autores cujos direitos foram violados:

> *"(...) DIREITO AUTORAL – LAUDO. Desnecessário é o exame do conteúdo das peças apreendidas, sendo suficiente o do externo, bem como a indicação dos autores lesionados. (...)" (STF, HC 123037/MG, Rel. Min. Marco Aurélio, Primeira Turma, Julgamento 04/10/2016).*

O STJ já fixou a tese, em julgamento de recurso representativo da controvérsia, de não ser necessária sequer a identificação dos titulares dos direitos, entendendo suficiente a perícia por amostragem[1]. Posteriormente, o entendimento foi sumulado pelo STJ, conforme enunciado n. 574:

> *Para a configuração do delito de violação de direito autoral e a comprovação de sua materialidade, é suficiente a perícia realizada por amostragem do produto apreendido, nos aspectos externos do material, e é desnecessária a identificação dos titulares dos direitos autorais violados ou daqueles que os representem.*

Formas qualificadas

Os parágrafos primeiro e segundo do artigo 184 do Código Penal preveem formas qualificadas do delito. Em ambos os dispositivos, exige-se o **"intuito de lucro direto ou indireto"**, razão pela qual as modalidades qualificadas podem ser classificadas como crimes mercenários.

A forma qualificada do parágrafo primeiro incide se a violação consistir em reprodução total ou parcial, por qualquer meio ou processo, de obra intelectual, interpretação, execução ou fonograma. Como dito, exige-se o elemento subjetivo especial do tipo consistente no intuito de lucro direto ou indireto. Ademais, o tipo somente se configura **se não houver autorização expressa** do autor, do artista intérprete ou executante, do produtor, conforme o caso, ou de quem os represente, mesmo porque se trata de direito disponível. A pena é de reclusão, de 2 a 4 anos, e multa.

Já o parágrafo segundo prevê a qualificadora em que incorre quem distribui, vende, expõe à venda, aluga, introduz no País, adquire, oculta, tem em depósito, original ou cópia de obra intelectual ou fonograma reproduzido com violação do direito de autor, do direito de artista intérprete ou executante ou do direito do produtor de fonograma. Como já dito, exige-se o intuito de lucro direto ou indireto. Configura-se o crime se não houver a expressa autorização dos titulares dos direitos ou de quem os represente. A pena também é de reclusão, de 2 a 4 anos, e multa. Essa primeira parte do parágrafo segundo consiste em **forma especial de receptação**. A conduta deve ser praticada **sem autorização expressa**, conforme o caso, do autor, do artista intérprete ou executante, do produtor de fonograma, ou de quem os represente.

1. STJ, REsp 1485832/MG, Rel. Min. Rogério Schietti Cruz, Terceira Seção, DJe 21/08/2015.

Também incide na forma qualificada do parágrafo segundo aquele que aluga original ou cópia de obra intelectual ou fonograma sem expressa autorização de quem de direito. Como já ressaltado, deve haver o intuito de lucro direito ou indireto. O videofonograma não foi previsto na norma, com a alteração legislativa em 2003, o que não impediria a interpretação de que os termos previstos no tipo o incluem[2]. Isto porque o parágrafo quarto do artigo 184 faz referência à Lei n. 9.610/1998, a qual, em seu artigo 5º, IX, define o fonograma, além de incluí-lo, como obra audiovisual, sonorizada ou não, dentre as obras intelectuais protegidas (art. 7º, VI). Seria, assim, complemento da lei penal em branco. Além disso, a proteção também abrangeria o videofonograma, ao mencionar o fonograma, que seria o gênero que inclui o videfonograma.

Entretanto, surgiu o entendimento minoritário, defendido por Bitencourt, de que teria havido a lacuna legislativa quanto ao aluguel de fitas VHS e de mídias de DVD e Blu-ray Disc. Dada a vedação de analogia *in malam partem*, a conduta seria atípica. Por exemplo, se o agente aluga um DVD que é original, mas não possui permissão de alugar[3].

O parágrafo terceiro prevê outra forma qualificada, cuja pena também é de reclusão, de 2 a 4 anos, e multa. Configura-se se a violação consistir no oferecimento ao público, mediante cabo, fibra ótica, satélite, ondas ou qualquer outro sistema que permita ao usuário realizar a seleção da obra ou produção para recebê-la em um tempo e lugar previamente determinados por quem formula a demanda, **sem autorização expressa**, conforme o caso, do autor, do artista intérprete ou executante, do produtor de fonograma, ou de quem os represente. Exige-se, como nas demais modalidades qualificadas, o intuito de lucro, direto ou indireto.

Esse dispositivo pune a chamada ***ciberpiratatia***, ou seja, a pirataria praticada por meio de recursos tecnológicos, como pelo envio de mensagens eletrônicos ou serviços de venda com *download*, por meio da internet.

Sobre a incidência da forma qualificada prevista no parágrafo segundo do artigo 184, o Superior Tribunal de Justiça elaborou a Súmula 502, reconhecendo-a no caso de exposição à venda de CDs e DVDs falsificados, denominados popularmente de "piratas":

> ***Presentes a materialidade e a autoria, afigura-se típica, em relação ao crime previsto no art. 184, § 2º, do CP, a conduta de expor à venda CDs e DVDs piratas.***

Em todas as suas formas, o crime do artigo 184 do Código Penal é material e plurissubsistente, admitindo a forma tentada. Além disso, as formas qualificadas dos parágrafos primeiro, segundo e terceiro exigem o elemento normativo do tipo,

2. Defendem a inclusão do videofonograma como espécie de obra intelectual: MASSON, Cleber. Direito penal: parte especial (arts. 121 a 212) – vol. 2. 12. ed. São Paulo: Método, 2019, p. 636; CUNHA, Rogério Sanches. Manual de direito penal: parte especial (arts. 121 ao 361). 12. ed. Salvador: Juspodivm, 2020, p. 472.
3. BITENCOURT, Cezar Roberto. Parte Especial: crimes contra o patrimônio até crimes contra o sentimento religioso e o respeito aos mortos. Coleção Tratado de direito penal volume 3. 16. ed. São Paulo: Saraiva Educação: 2020, p. 442. No mesmo sentido: DELMANTO, Celso; et al. Código penal comentado. 8. ed. São Paulo: Saraiva, 2011, p. 667-668.

consistente na ausência de autorização expressa. Essa autorização é dispensada se a obra já estiver no domínio público ou estiver licenciada de forma alternativa[4].

Especialidade

A Lei n. 12.663/2012, conhecida como Lei FIFA, é especial em relação ao crime previsto no Código Penal. Com prazo fixado de vigência até o dia 31 de dezembro de 2014, é classificada como lei temporária em sentido estrito, razão pela qual continua a regular os crimes cometidos em referido lapso temporal. Há, ainda, a especialidade dos crimes previstos na Lei n. 9.609/1998, a qual dispõe sobre a proteção da propriedade intelectual de programa de computador, como já foi reconhecido no seguinte julgado do Supremo Tribunal Federal:

> *"(...) II - A comercialização de mídias com filme ou músicas reproduzidas sem autorização do titular do direito autoral encontra tipificação no Código Penal. III - A Lei 9.609/1998 é norma específica, que tipifica a conduta de comercialização de mídias com programas de computador reproduzidos sem autorização do autor. IV - Habeas corpus não conhecido." (STF, HC 136233/RS, Rel. Min. Ricardo Lewandowski, Segunda Turma, Julgamento 26/10/2016).*

Competência

O Supremo Tribunal Federal reconheceu a repercussão geral da discussão sobre competência em caso de reprodução ilegal de CDs e DVDs, em caso de transnacionalidade do delito, caso ainda não julgado[5]. Como há tratados internacionais para proteção de direitos autorais a que o Brasil aderiu, deve ser reconhecia a competência da Justiça Federal em caso de internacionalidade.

Exclusão do crime

O artigo 184, § 4º, prevê que os parágrafos 1º, 2º e 3º **não se aplicam quando se tratar de exceção ou limitação ao direito de autor ou os que lhe são conexos**, em conformidade com o previsto na Lei n. 9.610, de 19 de fevereiro de 1998, nem a cópia de obra intelectual ou fonograma, em um só exemplar, para uso privado do copista, sem intuito de lucro direto ou indireto. Assim, não há o crime nos casos de exceção ou limitação ao direito do autor e aos direitos conexos, conforme prevê a Lei n. 9.610/1998, cujos artigos 46, 47 e 48 cuidam dessas hipóteses:

> *Art. 46. Não constitui ofensa aos direitos autorais:*
>
> *I - a reprodução:*
>
> *a) na imprensa diária ou periódica, de notícia ou de artigo informativo, publicado em diários ou periódicos, com a menção do nome do autor, se assinados, e da publicação de onde foram transcritos;*

4. JALIL, Maurício Shaun. Título III. Dos Crimes contra a propriedade imaterial. In: SILVA FILHO, Acácio Miranda da Silva et al. Código penal comentado: doutrina e jurisprudência. 6. ed. Barueri: Manole, 2023, p. 634. O penalista exemplifica a obra licenciada de forma alternativa com o creative commons, modalidade de licença que permite a sua reprodução, desde que mencionados autor e fonte.
5. STF, RE 702362 RG/RS, Rel. Min. Luiz Fux, Tribunal Pleno, Julgamento 06/09/2012.

b) em diários ou periódicos, de discursos pronunciados em reuniões públicas de qualquer natureza;

c) de retratos, ou de outra forma de representação da imagem, feitos sob encomenda, quando realizada pelo proprietário do objeto encomendado, não havendo a oposição da pessoa neles representada ou de seus herdeiros;

d) de obras literárias, artísticas ou científicas, para uso exclusivo de deficientes visuais, sempre que a reprodução, sem fins comerciais, seja feita mediante o sistema Braille ou outro procedimento em qualquer suporte para esses destinatários;

II – a reprodução, em um só exemplar de pequenos trechos, para uso privado do copista, desde que feita por este, sem intuito de lucro;

III – a citação em livros, jornais, revistas ou qualquer outro meio de comunicação, de passagens de qualquer obra, para fins de estudo, crítica ou polêmica, na medida justificada para o fim a atingir, indicando-se o nome do autor e a origem da obra;

IV – o apanhado de lições em estabelecimentos de ensino por aqueles a quem elas se dirigem, vedada sua publicação, integral ou parcial, sem autorização prévia e expressa de quem as ministrou;

V – a utilização de obras literárias, artísticas ou científicas, fonogramas e transmissão de rádio e televisão em estabelecimentos comerciais, exclusivamente para demonstração à clientela, desde que esses estabelecimentos comercializem os suportes ou equipamentos que permitam a sua utilização;

VI – a representação teatral e a execução musical, quando realizadas no recesso familiar ou, para fins exclusivamente didáticos, nos estabelecimentos de ensino, não havendo em qualquer caso intuito de lucro;

VII – a utilização de obras literárias, artísticas ou científicas para produzir prova judiciária ou administrativa;

VIII – a reprodução, em quaisquer obras, de pequenos trechos de obras preexistentes, de qualquer natureza, ou de obra integral, quando de artes plásticas, sempre que a reprodução em si não seja o objetivo principal da obra nova e que não prejudique a exploração normal da obra reproduzida nem cause um prejuízo injustificado aos legítimos interesses dos autores.

Art. 47. São livres as paráfrases e paródias que não forem verdadeiras reproduções da obra originária nem lhe implicarem descrédito.

Art. 48. As obras situadas permanentemente em logradouros públicos podem ser representadas livremente, por meio de pinturas, desenhos, fotografias e procedimentos audiovisuais.

Também não se configura o delito com uma única cópia de obra intelectual ou fonograma, desde seja um único exemplar, para uso privado do indivíduo e desde que não exista o intuito de lucro direito ou indireto. Pela leitura literal do dispositivo, a exclusão do crime se refere apenas às formas qualificadas do delito. Entretanto, a interpretação deve ser de que as hipóteses de exclusão do delito, situação mais favorável ao agente, abrange todas as modalidades do crime de violação contra os direitos autorais. A analogia nesse caso é cabível por favorecer o réu, diminuindo a abrangência da norma penal incriminadora.

1.2. Da ação penal nos crimes contra a propriedade intelectual

O artigo 186 cuida da ação penal nos casos dos crimes contra a propriedade intelectual, que atualmente se resumem, no Código Penal, às formas do crime de violação contra os direitos autorais:

> *Art. 186. Procede-se mediante:*
>
> *I – queixa, nos crimes previstos no caput do art. 184;*
>
> *II – ação penal pública incondicionada, nos crimes previstos nos §§ 1º e 2º do art. 184;*
>
> *III – ação penal pública incondicionada, nos crimes cometidos em desfavor de entidades de direito público, autarquia, empresa pública, sociedade de economia mista ou fundação instituída pelo Poder Público;*
>
> *IV – ação penal pública condicionada à representação, nos crimes previstos no § 3º do art. 184.*

No caso da modalidade simples, prevista no *caput* do artigo 184, **a ação penal é privada exclusiva**. Nas formas qualificadas dos parágrafos primeiro e segundo, a ação penal é **pública incondicionada**, assim como nos casos em que a infração penal for cometida contra entidades de direito público, autarquia, empresa pública, sociedade de economia mista ou fundação instituída pelo Poder Público. Por fim, a ação penal é **pública condicionada à representação** no caso da forma qualificada do § 3º do artigo 184.

QUADRO SINÓTICO

	Crime de violação de direito autoral
Tipo penal	Violar direitos de autor e os que lhe são conexos.
Objeto jurídico	Tutela-se a propriedade intelectual.
Sujeito ativo	Qualquer um.
Sujeito passivo	Autor de obra literária, artística ou científica ou seus herdeiros e sucessores.
Elemento subjetivo	Admite-se somente a modalidade dolosa. As modalidades qualificadas também exigem o especial fim de agir de obter lucro direto ou indireto.
Consumação	O exato momento consumativo do delito é determinado pela legislação civil (o delito do artigo 184 do CP é norma penal em branco complementada pelas leis n. 9.610/1998 e 9.615/1998). Exemplos de como o crime se consuma são a publicação não autorizada de livro, exposição pública de obra de arte ou representação de peça de teatro.
Tentativa	Admite-se a tentativa.

PARTE ESPECIAL

Crime de violação de direito autoral	
Forma qualificada	Nos termos do artigo 184, § 1º, do CP, o delito de violação de direito autoral é qualificado se a violação consistir em reprodução total ou parcial, com intuito de lucro direto ou indireto, por qualquer meio ou processo, de obra intelectual, interpretação, execução ou fonograma, sem autorização expressa do autor, do artista intérprete ou executante, do produtor, conforme o caso, ou de quem os represente. Equipara-se à modalidade qualificada quem, com o intuito de lucro direto ou indireto, distribui, vende, expõe à venda, aluga, introduz no País, adquire, oculta, tem em depósito, original ou cópia de obra intelectual ou fonograma reproduzido com violação do direito de autor, do direito de artista intérprete ou executante ou do direito do produtor de fonograma, ou, ainda, aluga original ou cópia de obra intelectual ou fonograma, sem a expressa autorização dos titulares dos direitos ou de quem os represente. Por fim, também é qualificada a conduta se a violação consistir no oferecimento ao público, mediante cabo, fibra ótica, satélite, ondas ou qualquer outro sistema que permita ao usuário realizar a seleção da obra ou produção para recebê-la em um tempo e lugar previamente determinados por quem formula a demanda, com intuito de lucro, direto ou indireto, sem autorização expressa, conforme o caso, do autor, do artista intérprete ou executante, do produtor de fonograma, ou de quem os represente.
Jurisprudência relevante	Presentes a materialidade e a autoria, afigura-se típica, em relação ao crime previsto no art. 184, § 2º, do CP, a conduta de expor à venda CDs e DVDs piratas (Súmula 502 do STJ). Para a configuração do delito de violação de direito autoral e a comprovação de sua materialidade, é suficiente a perícia realizada por amostragem do produto apreendido, nos aspectos externos do material, e é desnecessária a identificação dos titulares dos direitos autorais violados ou daqueles que os representem. (Súmula 574 do STJ).
Classificação	Crime comum, doloso, comissivo ou omissivo impróprio, material, permanente (em certos casos, pode ser instantâneo), de forma livre, monossubjetivo, plurissubsistente e não transeunte.
Benefícios	A modalidade do artigo 184, *caput*, do CP é crime de menor potencial ofensivo, de competência dos Juizados Especiais Criminais e admite a transação, suspensão condicional do processo e acordo de não persecução penal. Por sua vez, as modalidades qualificadas admitem somente o oferecimento de acordo de não persecução penal.
Ação penal	No caso do crime previsto no artigo 184, *caput*, do CP, somente se procede mediante queixa. Quanto às modalidades qualificadas do artigo 184, §§ 1º e 2º, do CP, a ação penal é pública incondicionada. A ação penal também é pública e incondicionada quando o crime for cometido em desfavor de entidades de direito público, autarquia, empresa pública, sociedade de economia mista ou fundação instituída pelo Poder Público. Por fim, conforme o artigo 186, inciso IV, do CP, a ação será pública condicionada à representação.

CAPÍTULO IX

CRIMES CONTRA A ORGANIZAÇÃO DO TRABALHO

O Título IV da Parte Especial do Código Penal se intitula "Dos Crimes Contra a Organização do Trabalho". Nele, estão contidos os seguintes crimes: atentado contra a liberdade do trabalho; atentado contra a liberdade de contrato de trabalho e boicotagem violenta; atentado contra a liberdade de associação; paralisação de trabalho, seguida de violência ou perturbação da ordem; paralisação de trabalho de interesse coletivo; invasão de estabelecimento industrial, comercial ou agrícola e sabotagem; frustração de direito assegurado por lei trabalhista; frustração de lei sobre a nacionalização do trabalho; aliciamento para o fim de emigração e aliciamento de trabalhadores de um local para outro do território nacional.

Com base na denominação dos crimes tratados no Título IV da Parte Especial do Código Penal, cumpre consignar que a Constituição da República também faz referência ao termo "crimes contra a organização do trabalho", ao dispor sobre a competência da Justiça Federal:

> *Art. 109. Aos juízes federais compete processar e julgar:*
>
> *(...)*
>
> *VI – os crimes contra a organização do trabalho e, nos casos determinados por lei, contra o sistema financeiro e a ordem econômico-financeira;*

Uma primeira leitura do Código Penal e do artigo 109, inciso VI, da Constituição, poderia indicar que os crimes contra a organização do trabalho, tratados nos artigos 197 a 207, seriam julgados, em regra, pelos juízes federais em primeiro grau de jurisdição. Parece ser, inclusive, a melhor interpretação, salvo se um delito incluído no título não correspondesse à tutela da organização do trabalho.

Entretanto, não é esta a interpretação do Supremo Tribunal Federal. Para a Corte, **não é a denominação dada pela lei que definirá se o crime é ou não da competência da Justiça Comum Federal, e sim o fato de eles ofenderem os interesses coletivos do trabalho**. Neste sentido, o seguinte precedente:

> *"Agravo regimental em recurso extraordinário. 2. Recurso extraordinário no qual se alega que o Tribunal a quo violou o art. 109, incisos VI e IX, da CF. 3. Acórdão recorrido que reconhece a competência da Justiça estadual para julgamento do feito. 4. Decisão monocrática que nega seguimento a recurso extraordinário. 5. A interpretação do que seja crime contra a organização do trabalho, para o fim constitucional de*

determinar a competência, não se junge à capitulação do Código Penal. 6. O recurso extraordinário não é esclarecedor acerca do número de indígenas supostamente vítimas do delito tipificado no art. 207, §§ 1º e 2º do CP, havendo referência individualizada a apenas um silvícola. 7. Não se identificam, no caso concreto, disputas sobre direitos indígenas ou situação excepcional de crime contra a organização do trabalho. 8. Agravo regimental ao qual se nega provimento." (STF, RE 449848 AgR, 30/10/2012).

Na mesma linha, o Superior Tribunal de Justiça tem considerado que são de competência federal os crimes que atinjam a organização geral do trabalho ou os direitos dos trabalhadores em âmbito coletivo, sendo os demais de competência da Justiça Comum Estadual:

"(...) Não havendo lesão ao direito dos trabalhadores de forma coletiva ou ofensa aos órgãos e institutos que os preservam, apurando-se somente a frustração de direitos trabalhistas de trabalhadores específicos, e, portanto, em âmbito individual, não há falar em competência da Justiça Federal. 3. A competência da Justiça Federal não alcança os delitos que atingem somente direitos individuais de determinado grupo de trabalhadores (e não a categoria como um todo), como é o caso dos autos, em que a suposta conduta delituosa restringiu-se a um grupo de funcionários de uma única empresa de transporte coletivo que seriam filiados à entidade sindical representante da categoria. (...)" (STJ – CC: 118436 SP 2011/0179527-0, Rel. Des. Conv. Alderita Ramos de Oliveira, Terceira Seção, DJe 29/05/2013)

Inclusive, há crimes de fora do Título IV que podem ofender a organização do trabalho como um todo, mesmo sem serem denominados crimes contra a organização do trabalho pelo legislador. É o que ocorre com o delito de redução à condição análoga à de escravo, previsto dentre os crimes contra a liberdade individual.

Por fim, quanto aos delitos contra a organização do trabalho, é necessário que se proceda a uma leitura cuidadosa, à luz dos dispositivos da Constituição de 1988, considerando-se que o Código Penal foi elaborado na Era Vargas, de inspiração ideológica fascista. Essa inspiração legislativa seria notada especialmente na substituição da tutela dos direitos individuais trabalhistas pela salvaguarda do bem jurídico denominado de **organização do trabalho**, com a concepção de se proteger o **bem superior de todos**, como diz a Exposição de Motivos.

1. ATENTADO CONTRA A LIBERDADE DE TRABALHO

O artigo 197 do Código Penal prevê o crime de atentado contra a liberdade de trabalho, cujo objeto jurídico é a liberdade de trabalho e que tem como objeto material a pessoa que sofre a atuação típica e tem seu direito vilipendiado:

Art. 197 – Constranger alguém, mediante violência ou grave ameaça:

I – a exercer ou não exercer arte, ofício, profissão ou indústria, ou a trabalhar ou não trabalhar durante certo período ou em determinados dias:

Pena – detenção, de um mês a um ano, e multa, além da pena correspondente à violência;

> *II – a abrir ou fechar o seu estabelecimento de trabalho, ou a participar de parede ou paralisação de atividade econômica:*
>
> *Pena – detenção, de três meses a um ano, e multa, além da pena correspondente à violência.*

O núcleo do tipo é "constranger", que significa coagir, tolher a liberdade, obrigar. A conduta recai sobre outrem, que pode ser qualquer pessoa. O sujeito ativo também pode ser qualquer indivíduo, razão pela qual o crime é classificado como comum. O constrangimento pode se dar por meio de:

- **Violência** (*vis corporalis*). Trata-se da violência contra a pessoa.
- **Grave ameaça** (*vis compulsiva*). Não é necessário que o mal seja injusto, bastando que a pretensão ou a forma de obtê-la seja injusta.

O constrangimento deve se voltar a compelir o sujeito passivo a:

- **a exercer ou não exercer arte, ofício, profissão ou indústria, ou a trabalhar ou não trabalhar durante certo período ou em determinados dias**. Atualmente não faz muito sentido diferenciar essas modalidades profissionais. Arte seria a atividade manual que envolve técnica ou habilidade especial, notadamente de valor estético; ofício seria a atividade laborativa predominantemente manual ou mecânica; profissão seria a atividade laborativa com uso predominante de conhecimentos técnicos especializados; indústria seria a atividade relacionada à transformação de matéria-prima com o fim de produção de bens e consumo. Nesse caso, a pena será detenção, de um mês a um ano, e multa, além da pena correspondente à violência. Ou seja, havendo violência, deve-se aplicar a regra do cúmulo material das penas.
- **a abrir ou fechar o seu estabelecimento de trabalho, ou a participar de parede ou paralisação de atividade econômica**. Abrir o estabelecimento é proceder ao início ou ao reinício, fazer funcionar ou a voltar a funcionar. Fechar é suspender ou encerrar o funcionamento. Estabelecimento de trabalho é a casa comercial ou industrial, local de exercício da atividade laborativa. Parede é a greve, é a suspensão das atividades dos trabalhadores, ou seja, o abandono coletivo do trabalho. Paralização da atividade econômica é a suspensão da atividade pelo empregador, é o chamado *lockout* ou locaute. A pena para essa figura típica é a de detenção, de três meses a um ano, e multa, além da pena correspondente à violência. A lei também determina o cúmulo material de penas se houver violência. Como exemplo, tendo sido praticada lesão corporal, deve haver a soma das penas do artigo 129 e do artigo 197 do CP. A contravenção de vias de fato, por sua vez, deve ficar absorvida pelo delito de atentado contra a liberdade de trabalho.

É um crime especial em relação ao delito de constrangimento ilegal, sendo sua principal diferença o **elemento subjetivo especial**, consistente na finalidade de atentar contra o trabalho alheio. No entanto, o delito do artigo 197 do CP não prevê a violência imprópria como uma das formas de ser cometido, de modo que o agente que utilizar qualquer outro meio, depois de haver reduzido a capacidade de resistência da vítima, poderá incorrer no delito do artigo 146 do CP, crime subsidiário em relação ao de atentado contra a liberdade de trabalho.

Existe discussão sobre a derrogação tácita do artigo 197 do CP, quanto à modalidade de constrangimento a participar de parede[1]. O argumento seria que o artigo 29, inciso VII, da Lei n. 4.330/1964, que previa ser delito "praticar coação para impedir ou exercer a greve", foi revogado pela Lei n. 7.783/1964, que não previu delito semelhante. Entretanto, o artigo 29 da lei revogada previa, expressamente, que as condutas que trazia nos incisos constituíam delito "Além dos previstos no TÍTULO IV da parte Especial do Código Penal", ou seja, sem prejuízo do CP. Desse modo, entendo que o delito revogado era subsidiário, incidindo apenas se não houvesse violência ou grave ameaça, mas outro tipo de coação. Por isso, não houve revogação parcial do crime de atentado contra a liberdade de trabalho.

O elemento subjetivo é o dolo, consistente na vontade e consciência de constranger a vítima a alguma das formas de atentado ao trabalho acima descritas. O crime é material, apenas se consumando se o constrangimento surtir efeito, fazendo com que a vítima faça ou deixe de fazer algo, ou seja, quando há a efetiva limitação à liberdade de trabalho. O crime é material e, portanto, plurissubsistente, admitindo o *conatus*. O crime pode ser permanente, cuja consumação se protrai no tempo enquanto a vítima é impedida de exercer a sua profissão, e pode ser instantâneo, se a vítima é coagida, por uma vez, a aderir à greve, por exemplo.

A competência é, em regra, da Justiça Comum Estadual, só passando a ser da Justiça Comum Federal no caso de serem atingidos os direitos dos trabalhadores como um todo. O Superior Tribunal de Justiça já decidiu, inclusive, que, se o fato se subsome ao tipo penal de atentado contra a liberdade do trabalho, não há a atração, por si só, da competência da Justiça Federal:

> *"(...) ATENTADO CONTRA A LIBERDADE DO TRABALHO. (...) No caso dos autos, o movimento grevista instaurado por servidores municipais, promovendo desordem, e impedindo, mediante ameaças e utilização de força física, o ingresso de servidores no local de trabalho, bem como a retenção de equipamentos necessários à execução dos serviços, sobretudo os essenciais, não configura crime contra a organização do trabalho. 2. Para a caracterização do crime contra a organização do trabalho, o delito deve atingir a liberdade individual dos trabalhadores, como também a Organização do Trabalho e a Previdência, a ferir a própria dignidade da pessoa humana e colocar em risco a manutenção da Previdência Social e as Instituições Trabalhistas, evidenciando a ocorrência de prejuízo a bens, serviços ou interesses da União, conforme as hipóteses previstas no art. 109 da CF, o que não se verifica no caso vertente. 3. Agravo regimental a que se nega provimento." (STJ, AgRg no CC 62875/SP, Rel. Min. Og Fernandes, Terceira Seção, DJe 13/05/2009).*

1. BITENCOURT, Cezar Roberto. Op. Cit., 2020, p. 454.

QUADRO SINÓTICO

Crime de atentado contra a liberdade de trabalho	
Tipo penal	Constranger alguém, mediante violência ou grave ameaça
Objeto jurídico	Liberdade de trabalho.
Sujeito ativo	Qualquer um.
Sujeito passivo	Pessoa física que é constrangida.
Elemento subjetivo	Admite-se somente a modalidade dolosa.
Consumação	A consumação ocorre quando a vítima é constrangida, no caso do inciso I, a exercer ou não exercer arte, ofício, profissão ou indústria, ou a trabalhar ou não trabalhar durante certo período ou em determinados dias; ou, no caso do inciso II, a abrir ou fechar o seu estabelecimento de trabalho, ou a participar de parede (abandono coletivo de trabalho) ou paralisação de atividade econômica. Isto é, exige-se o resultado, não bastando o constrangimento.
Tentativa	Admite-se a tentativa.
Classificação	Crime comum, doloso, comissivo ou omissivo impróprio, material, permanente ou instantâneo (depende do caso), de forma livre, monossubjetivo, plurissubsistente e transeunte.
Benefícios	Em princípio, o delito em questão é de menor potencial ofensivo e de competência dos Juizados Especiais Criminais, admitindo a transação e suspensão condicional do processo. Contudo, é preciso analisar os casos nos quais se aplica a pena correspondente à violência. Por se tratar de crime praticado mediante violência ou grave ameaça, não se admite o oferecimento de acordo de não persecução penal.
Ação penal	Ação penal pública incondicionada.

2. ATENTADO CONTRA A LIBERDADE DE CONTRATO DE TRABALHO E BOICOTAGEM VIOLENTA

O crime de atentado contra a liberdade de contrato de trabalho e boicotagem violenta está previsto no artigo 198 do Código Penal:

> *Art. 198 – Constranger alguém, mediante violência ou grave ameaça, a celebrar contrato de trabalho, ou a não fornecer a outrem ou não adquirir de outrem matéria-prima ou produto industrial ou agrícola:*
>
> *Pena – detenção, de um mês a um ano, e multa, além da pena correspondente à violência.*

O núcleo do tipo, tal qual no crime de atentado contra a liberdade de trabalho, é o verbo "constranger", que significa coagir, tolher a liberdade, obrigar. O constrangimento pode se dar por meio de:

- **Violência** (*vis corporalis*).
- **Grave ameaça** (*vis compulsiva*).

O sujeito passivo é constrangido a:

- Celebrar contrato de trabalho ou;
- A não fornecer a outrem matéria-prima ou produto industrial ou agrícola ou;
- A não adquirir de outrem matéria prima ou produto industrial ou agrícola.

O artigo 198 do Código Penal possui, portanto, duas figuras típicas diversas, com nomenclatura própria:

- **a) Atentado contra a liberdade de contrato de trabalho**: O constrangimento, efetuado mediante violência ou grave ameaça, tem por fim levar a vítima – pessoa física – a celebrar contrato de trabalho. Cuida-se de delito cometido contra a liberdade de trabalho. Sujeito passivo é aquele que sofre a coação, mediante violência ou grave ameaça. Há **lacuna legislativa** quanto ao constrangimento efetuado para que não se celebre contrato de trabalho, o que não pode ser abrangido no tipo penal, sob pena de se admitir a analogia *in malam partem*. No mesmo sentido, há a posição de Nélson Hungria, para quem se trataria de extensão da norma incriminadora por analogia[2]. Resta, então, o crime subsidiário de constrangimento ilegal, ou, excepcionalmente, pode haver a configuração do delito previsto no artigo 197, inciso I, ou no artigo 203.
- **b) Boicotagem violenta**: O constrangimento, por meio de violência ou grave ameaça, tem por finalidade fazer com que o sujeito passivo não forneça a outrem ou não adquira de outrem matéria-prima ou produto industrial ou agrícola. O bem jurídico tutelado é a normalidade das relações de trabalho. O sujeito passivo é tanto quem sofre a coação e quanto aquele que sofre a boicotagem. Sobre a origem desse *nomen iuris*, Hungria aponta advir do nome do administrador agrícola irlandês James Boycott. Os camponeses e fornecedores da sua região teriam rompido relações com ele, buscando forçar que ele emigrasse para a América, em razão de sua atuação considerada vexatória. Seria, então uma espécie de ostracismo na área econômica: a pessoa vítima da boicotagem é excluída do círculo econômico a que pertencia, ensejando a sua cessão de atividade[3].

Não se cuida, portanto, de tipo misto alternativo, haja vista apresentar um único núcleo do tipo. Há, na verdade, duas modalidades do delito, cada uma relativa a uma das figuras, a de atentado contra a liberdade de contrato de trabalho e a de

2. HUNGRIA, Nélson. Comentários ao Código Penal, Volume I, Tomo I. 4. ed. Editora Forense: Rio de Janeiro, 1958, p. 88.
3. HUNGRIA, Nélson. Op. Cit., 1958, p. 41.

boicotagem violenta. Assim, em havendo condutas que configuram as duas figuras delitivas, haverá a configuração de concurso de crimes, e não de delito único.

A competência é, via de regra, da Justiça Comum Estadual, como têm decidido os Tribunais Superiores sobre os crimes contra a organização do trabalho. Será da competência da Justiça Comum Federal, excepcionalmente, se houver a violação dos direitos dos trabalhadores considerados coletivamente ou se atingida a organização do trabalho como um todo. Na prática, esses conceitos se mostram muito abstratos e fluidos, razão pela qual essa competência é de difícil caracterização.

O elemento subjetivo, em ambas as figuras, é o dolo, que se traduz na vontade e consciência de constranger, alguém, mediante violência ou grave ameaça, a uma das hipóteses previstas no tipo. O crime é comum, não exigindo nenhuma qualidade específica do sujeito ativo. É material, consumando-se quando o agente consegue constranger a vítima a uma das condutas previstas. É plurissubsistente, admitindo a tentativa.

QUADRO SINÓTICO

Crime de atentado contra a liberdade de contrato de trabalho e boicotagem violenta	
Tipo penal	Constranger alguém, mediante violência ou grave ameaça, a celebrar contrato de trabalho, ou a não fornecer a outrem ou não adquirir de outrem matéria-prima ou produto industrial ou agrícola.
Objeto jurídico	Tutela-se a liberdade do trabalho.
Sujeito ativo	Qualquer um.
Sujeito passivo	Somente aquele que pode celebrar contrato de trabalho, fornecer a outrem ou não adquirir de outrem matéria-prima ou produto industrial ou agrícola.
Elemento subjetivo	Admite-se somente a modalidade dolosa.
Consumação	O delito se consuma quando a vítima, mediante grave ameaça ou violência, é constrangida a celebrar contrato de trabalho, fornecer a outrem ou não adquirir de outrem matéria-prima ou produto industrial ou agrícola.
Tentativa	Admite-se a tentativa.
Classificação	Crime comum, doloso, comissivo ou omissivo impróprio, material, permanente ou instantâneo (depende do caso), de forma livre, monossubjetivo, plurissubsistente e transeunte ou não transeunte, crime de tipo misto cumulativo.
Benefícios	Em regra, o delito é de menor potencial ofensivo e de competência dos Juizados Especiais Criminais, admitindo a transação e suspensão condicional do processo. Contudo, é preciso analisar os casos nos quais aplica-se pena correspondente à violência. Por se tratar de crime praticado mediante violência ou grave ameaça, não se admite o oferecimento de acordo de não persecução penal.
Ação penal	A ação penal é pública e incondicionada.

3. ATENTADO CONTRA A LIBERDADE DE ASSOCIAÇÃO

O crime de atentado contra a liberdade de associação está tipificado no artigo 199 do Código Penal, com os seguintes termos:

> *Art. 199 – Constranger alguém, mediante violência ou grave ameaça, a participar ou deixar de participar de determinado sindicato ou associação profissional:*
>
> *Pena – detenção, de um mês a um ano, e multa, além da pena correspondente à violência.*

O núcleo do tipo é "constranger", que consiste na conduta de coagir, tolher a liberdade, obrigar, sendo que pode ser realizado mediante violência (*vis corporalis*) ou grave ameaça (*vis compulsiva*). O constrangimento ou coação visa a que alguém participe ou deixe de participar de determinado sindicato ou associação principal. **Tutela-se, portanto, a liberdade de associação e de filiação sindical**, que é garantida, inclusive, no artigo 8º, *caput*, da Constituição da República.

No âmbito infraconstitucional, o artigo 511 da CLT prevê ser lícita "a associação para fins de estudo, defesa e coordenação dos seus interesses econômicos ou profissionais de todos os que, como empregadores, empregados, agentes ou trabalhadores autônomos ou profissionais liberais exerçam, respectivamente, a mesma atividade ou profissão ou atividades ou profissões similares ou conexas". A associação profissional é, portanto, a organização ou união de pessoas com essas finalidades relacionadas a uma ou mais atividades laborativas.

Sindicato, por sua vez, é uma espécie de associação profissional, que, conforme prevê o artigo 512 da CLT, exige o atendimento de determinados requisitos legais. É uma organização de um grupo de trabalhadores ou empregadores já existente na sociedade, constituída para defesa de interesses sociais, econômicos e profissionais relacionados com essa atividade.

O delito se consuma quando a vítima passa a participar ou deixa de participar da associação profissional ou sindicado, desde que esse resultado tenha sido causado pelo constrangimento praticado pelo sujeito ativo, exercido mediante violência física ou promessa de um mal grave, ou seja, por violência ou grave ameaça.

Há antigo precedente do STJ no qual se declarou não configurar o delito com a violação de trabalhadores individualmente considerados, que teriam sido ameaçados de demissão caso não assinassem requerimentos de desfiliação sindical. O delito só se configuraria em caso de atingida toda a categoria de trabalhadores ou lesão aos direitos dos trabalhadores coletivamente considerados[4]. Em outro precedente, desclassificou-se a conduta para constrangimento ilegal pelo entendimento de que a conduta do empregador e do empregado não extrapolaria seus efeitos de modo a atingir o sindicato ou a associação profissional[5]. Entretanto, não parece acertada a

4. STJ, CC n. 20.342/MG, Rel. Min. José Arnaldo da Fonseca, Terceira Seção, julgado em 13/12/1999, DJ de 13/3/2000.
5. STJ, RHC n. 4.749/CE, relator Ministro Luiz Vicente Cernicchiaro, Sexta Turma, julgado em 28/11/1995, DJ de 6/5/1996.

posição, pois se deve tutelar, com o tipo do artigo 199 do CP, a liberdade de cada indivíduo de se associar, de não se associar, de permanecer associado ou de deixar a associação conforme lhe aprouver.

O crime é comum, não exigindo nenhuma qualidade específica do sujeito ativo. O sujeito passivo é qualquer sujeito, trabalhador ou profissional, que possa ser compelido a integrar ou deixar de integrar a associação profissional ou determinado sindicato. O elemento subjetivo é o dolo, que é a vontade e consciência de constranger alguém, mediante violência ou grave ameaça, para que participe ou deixe de participar de associação profissional ou sindicato. O crime é material, exigindo o resultado naturalístico para sua consumação, resultado que consiste em que o sujeito participe ou deixe de participar da instituição. É, por isso, plurissubsistente, sendo admissível o *conatus*.

QUADRO SINÓTICO

Crime de atentado contra a liberdade de associação	
Tipo penal	Constranger alguém, mediante violência ou grave ameaça, a participar ou deixar de participar de determinado sindicato ou associação profissional.
Objeto jurídico	Tutela-se a liberdade de associação.
Sujeito ativo	Qualquer um.
Sujeito passivo	Aquele que pode participar ou deixar de participar de determinado sindicato ou associação profissional.
Elemento subjetivo	Admite-se somente a modalidade dolosa.
Consumação	O delito se consuma quando a vítima, mediante grave ameaça ou violência, é constrangida a participar a deixar de participar de associação profissional ou sindicato.
Tentativa	Admite-se a tentativa.
Classificação	Crime comum, doloso, comissivo ou omissivo impróprio, de forma livre, material, instantâneo, monossubjetivo, plurissubsistente e não transeunte.
Benefícios	Em regra, o delito em questão é de menor potencial ofensivo e de competência dos Juizados Especiais Criminais, admitindo a transação e suspensão condicional do processo. Contudo, é preciso analisar os casos nos quais aplica-se pena correspondente à violência. Por se tratar de crime praticado mediante violência ou grave ameaça, não se admite o oferecimento de acordo de não persecução penal.
Ação penal	A ação penal é pública e incondicionada.

4. PARALISAÇÃO DE TRABALHO, SEGUIDA DE VIOLÊNCIA OU PERTURBAÇÃO DA ORDEM

O crime de paralisação de trabalho, seguida de violência ou perturbação da ordem tem lugar no artigo 200 do Código Penal:

> *Art. 200 – Participar de suspensão ou abandono coletivo de trabalho, praticando violência contra pessoa ou contra coisa:*
>
> *Pena – detenção, de um mês a um ano, e multa, além da pena correspondente à violência.*
>
> *Parágrafo único – Para que se considere coletivo o abandono de trabalho é indispensável o concurso de, pelo menos, três empregados.*

A greve e a suspensão do trabalho não são, por si sós, caracterizadoras do crime em comento, mesmo porque representam exercício de direito e, no caso da greve, um direito social e fundamental do trabalhador. O tipo se refere ao uso de violência contra a pessoa ou a coisa, razão pela qual o bem jurídico tutelado seria a regularidade das relações de trabalho. O tipo se consubstancia na conduta de participar de suspensão de trabalho, denominada *lockout* ou locaute, ou abandono coletivo de trabalho, que consiste em greve. Deve haver violência contra a coisa ou contra a pessoa, que deve ser real, não abrangendo a chamada *vis relativa*, a grave ameaça.

No **abandono coletivo de trabalho**, o crime é de concurso necessário, conforme dispõe o parágrafo único do artigo 200 do Código Penal. Exigem-se, no mínimo, três pessoas, podendo ser denominado plurissubjetivo. No **caso da suspensão de trabalho** (*lockout*), a lei não exige o número mínimo de empregadores. O crime seria, portanto, unissubjetivo ou de concurso eventual. Entretanto, a doutrina majoritária entende, acertadamente, ser necessário também o número mínimo acima mencionado, em razão do verbo "participar". Assim, só se exige que 1 dos 3 participantes seja empregador. O delito, portanto, é plurissubjetivo, isto é, de concurso necessário.

A violência é necessária para a consumação do crime, razão pela qual se classifica como material. Ademais, é plurissubsistente, sendo possível sua modalidade tentada, lesões corporais, dano). Dessa forma, há cúmulo material das penas do delito em apreço e daquele praticado contra pessoa ou coisa"[6].

Luiz Regis Prado entende que a pena é aplicável "independentemente da correspondente à violência (*v.g.*, homicídio, lesões corporais, dano)"[7]. Mirabete exclui o crime de dano. A questão, portanto, é tormentosa. A melhor interpretação, contudo, deve ser a de que, no caso de contravenção penal de vias de fato, haverá absorção, sendo que a lesão corporal, por sua vez, implica cúmulo de penas.

Quanto à violência contra a coisa, nem sempre haverá destruição, inutilização ou deterioração de coisa alheia. Pode ser, inclusive, que haja uma deterioração insignificante, como a deterioração de um cadeado de valor ínfimo, o que levaria à

6. PRADO, Luiz Regis. Curso de Direito Penal Brasileiro. Parte Geral e Parte Especial. 18ª Ed. Rio de Janeiro: Forense, 2020, p. 768.
7. PRADO, Luiz Regis. Op. Cit., 2020, p. 768.

aplicação apenas da pena do artigo 200 do Código Penal. Por outro lado, se houver dano, com relevância da lesão, haverá cúmulo de penas pela regra expressa do preceito secundário do artigo 200: "além da pena correspondente à violência".

O crime é doloso, não havendo previsão de forma culposa. É próprio, pois o sujeito ativo deve ser trabalhador ou empregador, qualidade que, exigida como elementar do tipo, se comunica aos demais coautores ou partícipes. Existe posição doutrinária de que a competência seria sempre da Justiça Federal, em razão de o abandono ou paralisação serem coletivos, entendimento que parece compatível com as regras de competência previstas na Constituição[8]. Entretanto, não parece ser essa a linha do que entende o STF, para o qual não basta serem sujeitos determinados (dois ou oito empregados ou empregadores), mas a violação da organização do trabalho como um todo. Então, a competência para julgamento dependerá da análise de cada caso.

QUADRO SINÓTICO

Crime de paralisação de trabalho, seguida de violência ou perturbação da ordem	
Tipo penal	Participar de suspensão ou abandono coletivo de trabalho, praticando violência contra pessoa ou contra coisa.
Objeto jurídico	O bem jurídico tutelado é a liberdade do trabalho, mas há segmentos da doutrina que defendem ser a moralidade das relações trabalhistas o bem jurídico protegido.
Sujeito ativo	Trabalhador ou empregador, pois ambos podem suspender ou coletivamente abandonar o trabalho.
Sujeito passivo	Coletividade.
Elemento subjetivo	Admite-se somente a modalidade dolosa.
Consumação	O delito se consuma com a prática da violência durante a participação de suspensão ou abandono coletivo de trabalho.
Tentativa	Admite-se a tentativa.
Classificação	Crime próprio, doloso, comissivo ou omissivo improprio, de forma livre, material, instantâneo, monossubjetivo, plurissubsistente e não transeunte.
Benefícios	Em regra, o delito em questão é de menor potencial ofensivo e de competência dos Juizados Especiais Criminais, admitindo a transação e suspensão condicional do processo. Contudo, é preciso analisar os casos nos quais aplica-se pena correspondente à violência. Por se tratar de crime praticado mediante violência ou grave ameaça, não se admite o oferecimento de acordo de não persecução penal.
Ação penal	A ação penal é pública incondicionada.

8. MASSON, Cleber. Direito penal: parte especial (arts. 121 a 212) – vol. 2. 12. ed. São Paulo: Método, 2019, p. 636.

5. PARALISAÇÃO DE TRABALHO DE INTERESSE COLETIVO

A paralisação de trabalho de interesse coletivo é tipificada no artigo 201 do Código Penal:

> *Art. 201 – Participar de suspensão ou abandono coletivo de trabalho, provocando a interrupção de obra pública ou serviço de interesse coletivo:*
>
> *Pena – detenção, de seis meses a dois anos, e multa.*

Tutela-se, tal qual no delito do artigo 200 do Código Penal, a regularidade das relações de trabalho, especialmente as que envolvam obra pública ou serviço de interesse coletivo. Como mencionado acima, **a greve e a suspensão do trabalho não são, por si sós, caracterizadoras do crime** em comento, mesmo porque representam o exercício de um direito e, no caso da greve, um direito fundamental do trabalhador, garantido na Constituição. O tipo se consubstancia na conduta de participar de suspensão de trabalho, denominada *lockout* ou locaute, ou abandono coletivo de trabalho, que consiste na greve. **A suspensão ou o abandono deve causar a interrupção de obra pública ou serviço de interesse coletivo**.

Alberto Silva Franco e Cezar Bitencourt entendem que o delito foi revogado, em virtude da amplitude do direito de greve dado pela Constituição[9]. Pode-se argumentar que, na conhecida classificação de José Afonso da Silva, o direito de greve é direito fundamental de eficácia contida, ou seja, que pode ser limitado pela lei, que pode reduzir sua eficácia. Entretanto, esses penalistas entendem que sua configuração constitucional impede a configuração de crime pelo seu exercício, ainda que com interrupção de obra pública ou mesmo de serviço que se caracterize pelo interesse da coletividade. Vale ressaltar, ainda, a posição de Silva, de que a lei não pode restringir o direito de greve, nem quanto à oportunidade de exercê-lo, nem sobre os interesses a serem defendidos[10].

De todo modo, por não haver declaração de inconstitucionalidade do artigo 201 do Código Penal, bem como em razão de vários doutrinadores entenderem ser compatível com a Constituição[11], cumpre realizar a análise do delito, que está previsto em lei penal em branco. É a Lei n. 7.783/1989 que dispõe sobre os serviços ou atividades essenciais, definindo-os em seu artigo 10:

> *Art. 10.* ***São considerados serviços ou atividades essenciais****:*
>
> *I – tratamento e abastecimento de água; produção e distribuição de energia elétrica, gás e combustíveis;*
>
> *II – assistência médica e hospitalar;*
>
> *III – distribuição e comercialização de medicamentos e alimentos;*
>
> *IV – funerários;*
>
> *V – transporte coletivo;*
>
> *VI – captação e tratamento de esgoto e lixo;*

---

9. BITENCOURT, Cezar Roberto. Op. cit., 2020, p. 476.
10. SILVA, José Afonso. Curso de direito constitucional positivo. 28. ed. São Paulo: Malheiros, 2007, p. 305.
11. É o caso de Guilherme de Souza Nucci, Damásio de Jesus e Luiz Regis Prado.

VII – telecomunicações;

VIII – guarda, uso e controle de substâncias radioativas, equipamentos e materiais nucleares;

IX – processamento de dados ligados a serviços essenciais;

X – controle de tráfego aéreo;

XI – compensação bancária.

O crime tem como elemento subjetivo o dolo, a vontade e consciência de participar de suspensão ou abandono coletivo de trabalho, provocando a interrupção de obra pública ou serviço de interesse coletivo. Cuida-se de crime próprio, pois o sujeito ativo deve ser empregado ou empregador, com atuação em obra pública ou serviço de interesse coletivo. O crime é material, sendo necessário o resultado naturalístico, consistente na efetiva interrupção da obra pública ou do serviço público, para sua consumação. Ademais, é plurissubsistente, admitindo a tentativa, também conhecida como *conatus*.

QUADRO SINÓTICO

Crime de paralisação de trabalho de interesse coletivo	
Tipo penal	Participar de suspensão ou abandono coletivo de trabalho, provocando a interrupção de obra pública ou serviço de interesse coletivo.
Objeto jurídico	O bem jurídico tutelado é a liberdade do trabalho, mas há segmentos da doutrina que defendem ser a moralidade das relações trabalhistas o bem jurídico protegido.
Sujeito ativo	Trabalhador ou empregador, pois ambos podem suspender ou coletivamente abandonar o trabalho, provocando a interrupção de obra pública ou serviço de interesse coletivo.
Sujeito passivo	Coletividade.
Elemento subjetivo	Admite-se somente a modalidade dolosa.
Consumação	O delito se consuma quando a suspensão ou abandono coletivo de trabalho provoca a interrupção de obra pública ou serviço de interesse coletivo.
Tentativa	Admite-se a tentativa.
Classificação	Crime próprio, doloso, comissivo ou omissivo improprio, de forma livre, material, instantâneo, plurissubjetivo, plurissubsistente e transeunte.
Benefícios	Por se tratar de delito de menor potencial ofensivo e de competência dos Juizados Especiais Criminais, admitem-se o oferecimento de transação, suspensão condicional do processo e acordo de não persecução penal, ressalvadas as hipóteses nas quais o delito for cometido mediante violência ou grave ameaça.

Crime de paralisação de trabalho de interesse coletivo	
Ação penal	A ação penal é pública incondicionada.
Observação	Há grande controvérsia sobre a recepção desse artigo pela Constituição de 1988, em razão da amplitude do direito de greve.

6. INVASÃO DE ESTABELECIMENTO INDUSTRIAL, COMERCIAL OU AGRÍCOLA. SABOTAGEM

O crime de invasão de estabelecimento industrial, comercial ou agrícola e de sabotagem, que possui duas figuras distintas no mesmo tipo penal, encontra-se no artigo 202 do Código Penal:

> *Art. 202 – Invadir ou ocupar estabelecimento industrial, comercial ou agrícola, com o intuito de impedir ou embaraçar o curso normal do trabalho, ou com o mesmo fim danificar o estabelecimento ou as coisas nele existentes ou delas dispor:*
>
> *Pena – reclusão, de um a três anos, e multa.*

São duas figuras no mesmo tipo penal:

- **Invasão de estabelecimento industrial, comercial ou agrícola:** A invasão de estabelecimento industrial, comercial ou agrícola consiste na conduta de invadir ou ocupar estabelecimento industrial, comercial ou agrícola, com o intuito de impedir ou embaraçar o curso normal do trabalho. Invadir significa ocupar de forma abusiva, usurpar, apoderar-se. Ocupar significa estar na posse de, dominar, submeter. O **elemento subjetivo especial** deve ser impedir ou embaraçar o curso normal do trabalho. Impedir significa tornar impraticável, obstruir, interromper a atividade. Embaraçar consiste em perturbar, complicar, perturbar.
- **Sabotagem**: A modalidade de sabotagem consiste em danificar o estabelecimento industrial, comercial ou agrícola ou as coisas nele existentes ou delas dispor, com o fim de impedir ou embaraçar o curso normal do trabalho. Danificar é estragar, causar dano, avariar. Dispor tem o significar de desfazer-se das coisas, seja por meio de doação, alienação etc. O **elemento subjetivo especial do tipo** também deve ser impedir ou embaraçar o curso normal do trabalho, já analisado acima.

A modalidade de invasão se consuma com a invasão ou a ocupação do estabelecimento, enquanto a modalidade de sabotagem se consuma com a ocorrência de dano ou da efetiva disposição das coisas existentes no estabelecimento. Em ambos os casos, não é necessário que haja o impedimento ou o embaraço do curso normal do trabalho. O crime é doloso, sendo necessário, como visto em cada uma das figuras, o dolo específico de impedir ou embaraçar o curso normal do trabalho. O crime é comum, não exigindo qualidade específica do sujeito ativo. É, ainda, plurissubsistente, sendo possível a sua tentativa. O Superior Tribunal de Justiça já decidiu, em precedente não recente, sobre a competência, em regra, da Justiça Estadual para julgamento do crime do artigo 202 do Código Penal[12].

Apesar de se tratar de condutas muito diversas, cumpre consignar que há previsão de sabotagem em outros tipos penais, que são especiais em relação ao do artigo 202 do CP. É o caso do artigo 2º, § 1º, da Lei n. 13.260/2016, a Lei Antiterrorismo, que traz como um dos atos de terrorismo a sabotagem, mediante violência ou grave ameaça a pessoa ou por meio de mecanismos cibernéticos de controle de meio de comunicação, escolas, instalações de refino de petróleo, dentre outras. Vale lembrar que, conforme o artigo 2º, *caput*, dessa lei, os atos configuram o crime de terrorismo se praticados por "xenofobia, discriminação ou preconceito de raça, cor, etnia e religião, quando cometidos com a finalidade de provocar terror social ou generalizado, expondo a perigo pessoa, patrimônio, a paz pública ou a incolumidade pública."

Além disso, o artigo 359-R do CP, incluído pela Lei n. 14.197/2021, traz o delito de sabotagem, consistente em destruir ou inutilizar meios de comunicação ao público, estabelecimentos, instalações ou serviços destinados à defesa nacional. Também esse delito, especial em relação ao do artigo 202 do CP, exige uma finalidade especial: "abolir o Estado Democrático de Direito". Portanto, ambos os delitos mencionam o termo sabotagem, mas em muito diferem do crime do artigo 202 do CP, voltado à tutela da organização do trabalho.

QUADRO SINÓTICO

Crime de invasão de estabelecimento industrial, comercial ou agrícola. Sabotagem	
Tipo penal	Invadir ou ocupar estabelecimento industrial, comercial ou agrícola, com o intuito de impedir ou embaraçar o curso normal do trabalho, ou com o mesmo fim danificar o estabelecimento ou as coisas nele existentes ou delas dispor.
Objeto jurídico	No que se refere ao crime de invasão de estabelecimento industrial, comercial ou agrícola, entende-se que o bem jurídico tutelado é a organização do trabalho. Com relação ao delito de sabotagem, tutela-se a propriedade.
Sujeito ativo	Qualquer um.
Sujeito passivo	Proprietário ou possuidor de estabelecimento industrial, comercial ou agrícola.
Elemento subjetivo	Admite-se somente a modalidade dolosa, além de ser necessário o especial fim de agir de impedir ou embaraçar o curso normal do trabalho.
Consumação	O delito se consuma quando o estabelecimento industrial, comercial ou agrícola é ocupado. No caso do delito de sabotagem, a consumação o ocorre com o dano ao estabelecimento ou às coisas nele existentes ou com a disposição delas.

12. STJ, CC 6429/SP, Rel. Min. Pedro Acioli, Terceira Seção, DJ 07/03/1994.

Crime de invasão de estabelecimento industrial, comercial ou agrícola. Sabotagem	
Tentativa	Admite-se a tentativa.
Classificação	Crime comum, doloso, formal, permanente, de forma livre, comissivo ou omissivo impróprio, monossubjetivo, plurissubsistente e não transeunte.
Benefícios	Admite-se a suspensão condicional do processo. Caso o delito não seja cometido mediante violência ou grave ameaça, é cabível o acordo de não persecução penal.
Ação penal	A ação penal é pública e incondicionada.

7. FRUSTRAÇÃO DE DIREITO ASSEGURADO POR LEI TRABALHISTA

O artigo 203 do Código Penal prevê o crime de frustração de direito assegurado por lei trabalhista:

> *Art. 203 – Frustrar, mediante fraude ou violência, direito assegurado pela legislação do trabalho:*
>
> *Pena – detenção de um ano a dois anos, e multa, além da pena correspondente à violência.*
>
> *§ 1º Na mesma pena incorre quem:*
>
> *I – obriga ou coage alguém a usar mercadorias de determinado estabelecimento, para impossibilitar o desligamento do serviço em virtude de dívida;*
>
> *II – impede alguém de se desligar de serviços de qualquer natureza, mediante coação ou por meio da retenção de seus documentos pessoais ou contratuais.*
>
> *§ 2º A pena é aumentada de um sexto a um terço se a vítima é menor de dezoito anos, idosa, gestante, indígena ou portadora de deficiência física ou mental.*

O núcleo do tipo é o verbo "frustrar", que significa anular, impedir, iludir. A conduta recai sobre direito trabalhista, o que demonstra que o tipo penal depende de complementação normativa. É, portanto, lei penal em branco, por ser complementada pela legislação trabalhista, notadamente as normas previstas na CLT. A frustração pode se dar mediante:

- **Fraude**: ardil, astúcia. O patrão pode cometer esse delito ao enganar os empregados sobre o que foi firmado em acordo coletivo de trabalho, apresentando o documento de outra categoria, de modo a não lhes assegurar o direito a intervalos intrajornada e, ainda, a evitar que os trabalhadores busquem a tutela de seus direitos.
- **Violência**: é a *vis corporalis*, a violência física. O empregador utiliza violência física, impedindo que o trabalhador busque a união dos seus colegas em reivindicação de direitos ou ligue para o sindicato, partindo para o uso de força física contra ele, seja pessoalmente, seja por meio de seus capangas.

Não basta a frustração de direito trabalhista, ou toda reclamação trabalhista com julgamento favorável levaria a uma investigação criminal. Não se transformou todo ilícito trabalhista contra o trabalhador em ilícito penal. É necessário que a frustação tenha ocorrido por meio de **fraude ou violência**. O crime é doloso, comum, material, instantâneo e plurissubsistente.

Formas equiparadas

O parágrafo primeiro do artigo 203 do Código Penal prevê formas equiparadas, de modo que o agente incorre nas mesmas penas do *caput*. São as seguintes condutas:

I – obrigar ou coagir alguém a usar mercadorias de determinado estabelecimento, para impossibilitar o desligamento do serviço em virtude de dívida.

A conduta é utilizar-se de coação para que o indivíduo use mercadoria de determinado estabelecimento. A coação pode se dar por meio do emprego de violência ou ameaça. A finalidade especial é impedir que o sujeito passivo obtenha o desligamento do serviço. Entretanto, aqui o agente não chega a impedir a liberdade de locomoção do indivíduo, mas tem sua permanência no trabalho como finalidade de sua conduta. O crime é subsidiário em relação ao de redução à condição análoga à de escravo, sendo que, neste delito, o agente impede o sujeito de deixar o trabalho. Já no tipo em análise, ele obriga ou coage a usar mercadorias do estabelecimento, como um meio de conseguir que a vítima não deixe o serviço.

II – impedir alguém de se desligar de serviços de qualquer natureza, mediante coação ou por meio da retenção de seus documentos pessoais ou contratuais.

Aqui a conduta é impedir alguém de se desligar do serviço, seja por meio de coação, seja por meio de retenção de documentos pessoais ou contratuais. O agente age por meio de constrangimento (por meio do emprego de violência ou ameaça) ou por meio da retenção dos documentos do sujeito passivo, buscando impedir que ele extinga a relação de trabalho. Se houver o efetivo impedimento de que a vítima se locomova, configurar-se-á um crime contra a liberdade individual, o de redução à condição análoga à de escravo. O delito do artigo 203, § 1º, II, é subsidiário, configurando-se apenas se não houver a retenção da vítima por meio de coação física, retendo-a contra a sua vontade.

Forma majorada

Há a causa de aumento, de 1/6 a 1/3, prevista no parágrafo segundo para o caso de a vítima ser **menor de dezoito anos, idosa, gestante, indígena ou portadora de deficiência física ou mental**. O maior desvalor da conduta se liga a algumas minorias ou ao fato de o sujeito passivo possuir menor possibilidade de resistência, o que demonstra serem tais vítimas mais vulneráveis à conduta tipificada. Por isso, quanto maior a vulnerabilidade, maior deve ser o aumento da pena.

Também no caso do crime previsto no artigo 203 do Código Penal, a competência em regra é da Justiça Estadual, só passando o crime a ser de competência federal se forem atingidos os direitos dos trabalhadores de forma coletiva:

> *"(...) FRUSTRAÇÃO DE DIREITO ASSEGURADO POR LEI TRABALHISTA. (...) Não tendo ficado demonstrada a prática de crime contra a organização geral do trabalho ou contra trabalhadores considerados coletivamente, mas apenas contra 14 (quatorze) funcionários que não estavam com seu vínculo empregatício registrado na Carteira de Trabalho, tem-se que não ficou demonstrada a competência da Justiça Federal no caso dos autos. 2. Agravo regimental improvido." (STJ, AgRg no CC 122280/SP, Rel. Des. Convocado Leopoldo de Arruda Raposo, Terceira Seção, DJe 11/03/2015).*

O STJ também já decidiu que, iniciada a execução de referido delito no território nacional, aplica-se a lei penal brasileira:

> *"(...) Iniciada a execução dos crimes de redução à condição análoga à de escravo (artigo 149 do CP) e de frustração de direito assegurado na legislação trabalhista (artigo 203 do CP) dentro do território nacional, compete à Justiça brasileira processar e julgar os fatos, independentemente de condicionantes extraterritoriais. Inteligência dos artigos 5º e 6º do Código Penal, representativos do princípio da territorialidade e da teoria da ubiquidade, adotadas pelo ordenamento jurídico brasileiro para a definição do local do crime. (...)" (STJ, HC 386046/BA, Rel. Min. Maria Thereza de Assis Moura, Sexta Turma, DJe 28/08/2018).*

A Corte também já decidiu ser necessária a análise das provas e dos fatos para verificar **se o delito de frustração de direito assegurado por lei trabalhista se esgota ou não na infração penal de redução à condição análoga à de escravo**, sendo por ela absorvido:

> *"(...) 1. Para se verificar se a frustração de direitos assegurados por lei trabalhista e o aliciamento de trabalhadores de um local para o outro do território nacional teriam ou não se esgotado no crime tipificado no artigo 149 do Código Penal, seria indispensável averiguar o contexto em que as infrações foram cometidas, providência que é vedada na via eleita, pois demanda o revolvimento de matéria fático-probatória. (...)" (STJ, RHC 41003/PI, Rel. Min. Jorge Mussi, Quinta Turma, DJe 03/04/2014).*

QUADRO SINÓTICO

Crime de frustração de direito assegurado por lei trabalhista	
Tipo penal	Frustrar, mediante fraude ou violência, direito assegurado pela legislação do trabalho.
Objeto jurídico	Tutelam-se os direitos assegurados pela legislação trabalhista.
Sujeito ativo	Qualquer um.
Sujeito passivo	Pode ser tanto o trabalhador como o empregado.
Elemento subjetivo	Admite-se somente a modalidade dolosa.

Crime de frustração de direito assegurado por lei trabalhista	
Consumação	O delito se consuma quando o há a frustração do direito garantido por legislação trabalhista.
Tentativa	Admite-se a tentativa.
Forma majorada	A pena é aumentada de um sexto a um terço se a vítima é menor de dezoito anos, idosa, gestante, indígena ou portadora de deficiência física ou mental.
Classificação	Crime comum, doloso, material, de forma livre, instantâneo ou permanente, comissivo ou omissivo impróprio, monossubjetivo, plurissubsistente e transeunte ou não transeunte.
Benefícios	Na forma do *caput,* admite-se a suspensão condicional do processo.
Ação penal	A ação penal é pública incondicionada.
Observações	Nos termos do artigo 203, § 1º, do CP, são modalidades equiparadas à do *caput* a conduta do agente que obriga ou coage alguém a usar mercadorias de determinado estabelecimento, para impossibilitar o desligamento do serviço em virtude de dívida; e impede alguém de se desligar de serviços de qualquer natureza, mediante coação ou por meio da retenção de seus documentos pessoais ou contratuais.

8. FRUSTRAÇÃO DE LEI SOBRE A NACIONALIZAÇÃO DO TRABALHO

O crime de frustração de lei sobre a nacionalização do trabalho está previsto no artigo 204 do Código Penal:

> *Art. 204 – Frustrar, mediante fraude ou violência, obrigação legal relativa à nacionalização do trabalho:*
>
> *Pena – detenção, de um mês a um ano, e multa, além da pena correspondente à violência.*

O núcleo do tipo é o verbo “frustrar”, que significa anular, impedir, iludir. A frustração pode se dar mediante **fraude**, que significa ardil ou astúcia, ou **violência**, que se traduz na *vis corporalis*, a violência física.

A conduta recai sobre obrigação legal relativa à nacionalização do trabalho. Cuida-se, portanto, de **lei penal em branco imprópria**, pois seu complemento está em lei, e **heterovitelina**, por ser lei diversa do Código Penal. O complemento está nos artigos 352 a 371 da CLT, que são disposições sobre a quantidade mínima de brasileiros em determinadas empresas. Dada a extensão dos dispositivos, não haverá a sua reprodução total, mas apenas do *caput* do artigo 352 para fins de exemplificação:

> *Art. 352 – As empresas, individuais ou coletivas, que explorem serviços públicos dados em concessão, ou que exerçam atividades industriais ou comerciais, são obrigadas a manter, no quadro do seu pessoal, quando composto de 3 (três) ou mais empregados, uma proporção de brasileiros não inferior à estabelecida no presente Capítulo.*

PARTE ESPECIAL

É questionável ter havido ou não recepção do artigo 204 do Código Penal pela Constituição de 1988. Isso porque houve a garantia, em regra, de idênticos direitos aos brasileiros e estrangeiros, razão pela qual alguns doutrinadores, como Júlio Fabbrini Mirabete, entendem que essa previsão legal não é compatível com as normas constitucionais.

Cuida-se de crime comum, por não exigir nenhuma qualidade do sujeito ativo, nem mesmo que seja empregado ou empregador. É doloso, sem exigência de elemento subjetivo especial, além de não admitir a modalidade culposa. É plurissubsistente, razão pela qual é possível a configuração da tentativa. É material, exigindo resultado naturalístico para sua consumação. É instantâneo, consumando-se com a frustração da obrigação legal, seja por meio de fraude, seja por meio de violência.

QUADRO SINÓTICO

Crime de frustração de lei sobre a nacionalização do trabalho	
Tipo penal	Frustrar, mediante fraude ou violência, obrigação legal relativa à nacionalização do trabalho
Objeto jurídico	Tutela-se o interesse na nacionalização do trabalho.
Sujeito ativo	Qualquer um.
Sujeito passivo	O Estado.
Elemento subjetivo	Admite-se somente a modalidade dolosa.
Consumação	O delito se consuma quando o agente, mediante fraude ou violência, frustra obrigação legal relativa à nacionalização do trabalho.
Tentativa	Admite-se a tentativa.
Classificação	Crime comum, doloso, material, comissivo ou omissivo impróprio, instantâneo, de forma livre, monossubjetivo, plurissubsistente e transeunte ou não transeunte.
Benefícios	Em regra, o delito em questão é de menor potencial ofensivo e de competência dos Juizados Especiais Criminais, admitindo a transação e suspensão condicional do processo. Contudo, é preciso analisar os casos nos quais aplica-se pena correspondente à violência. Nos casos em que o crime for praticado mediante violência, não se admite o oferecimento de acordo de não persecução penal.
Ação penal	A ação penal é pública incondicionada.

9. EXERCÍCIO DE ATIVIDADE COM INFRAÇÃO DE DECISÃO ADMINISTRATIVA

O crime de exercício de atividade com infração de decisão administrativa foi tipificado no artigo 205 do Código Penal:

> *Art. 205 – Exercer atividade, de que está impedido por decisão administrativa:*
> *Pena – detenção, de três meses a dois anos, ou multa.*

A ação nuclear é exercer, que significa praticar, pôr em ação, desempenhar, realizar. A conduta se refere a atividade de que o agente foi impedido por decisão administrativa. O crime é doloso, não havendo previsão de modalidade culposa. É considerado, ainda, próprio, pois só pode ser praticado por quem foi proibido de exercer determinada atividade por decisão administrativa.

Um exemplo é o profissional que teve sua habilitação ou autorização de exercício da profissão suspensa pelo respectivo conselho profissional. É o médico suspenso pelo Conselho de Medicina ou o advogado suspenso pela Ordem dos Advogados do Brasil[13]. Ademais, podemos citar o exemplo da empresa de vigilância com autorização de atividade cassada pela Polícia Federal.

A decisão deve ser administrativa. O agente deve exercer atividade de que foi suspenso administrativamente. Se a decisão de impedimento for judicial, pode-se configurar o crime do art. 330 (desobediência) ou o do 359 do CP (desobediência a decisão judicial sobre perda ou suspensão de direito)[14].

Ainda que se trate de precedente não muito recente, vale a leitura do seguinte julgado do STF, em que se considerou competente a Justiça Federal, por envolver interesse de autarquia federal, Conselho Regional de Medicina, bem como se decidiu que basta um ato de desobediência à decisão administrativa para a prática do crime:

> *"(...) 1. A conduta imputada ao paciente e pela qual foi condenado é exatamente a prevista no art. 205 do Código Penal: "exercer atividade com infração de decisão administrativa". 2. Era competente a Justiça Federal para o processo e julgamento, por se tratar de crime, senão contra a organização do trabalho propriamente dita (art. 109, inc. VI, da C.F.), ao menos em detrimento de interesses de autarquia federal, como é o Conselho Regional de Medicina, que impusera ao réu a proibição de exercer a profissão (inc. IV do mesmo art. 109 da C.F.). 3. A conduta típica prevista no art. 205, por ser específica, exclui a do art. 282, que trata do exercício ilegal de medicina. E, no caso, o que houve foi o exercício da profissão, já obstado, anteriormente, por decisão administrativa, que vem a ser descumprida. 4. Também não se cogita da desobediência genérica a ordem legal de funcionário público (art. 330), pois não há simples ordem a ser cumprida, mas decisão administrativa de cassação de registro, que antes possibilitava o exercício da medicina, mas que com ela se tornou eficaz. 5. Igualmente não se trata da desobediência a decisão judicial, de que cogita o art. 359 do C.P. 6. Basta um ato de desobediência à decisão administrativa, para que se configure o delito em questão (art. 205). (...)" (HC 74826/SP, Rel. Min. Sydney Sanches, Primeira Turma, Julgamento: 11/03/93)*

No seguinte julgado, este do STJ, considerou-se que o crime se configura com a prática habitual dos atos referentes à atividade que foi proibida por decisão administrativa:

13. Em decisão monocrática, o Min. Celso de Mello, do STF, acolheu parecer da PGR em sentido contrário. Defendeu-se que, por se tratar de ente *sui generis*, e não de autarquia federal, no caso da OAB não se teria decisão administrativa, de modo a se afastar a configuração do delito do artigo 205 do CP, restando a contravenção penal prevista no artigo 47 do Decreto-Lei nº 3.688/41.
14. HUNGRIA, Nélson. Comentários ao Código Penal, Volume VIII. 4. ed. Editora Forense: Rio de Janeiro, 1959, p. 50.

> *"(...) 1. Da leitura do tipo previsto no artigo 205 do Código Penal, percebe-se que o crime nele disposto caracteriza-se com a simples prática habitual de atos próprios da atividade que o agente se encontra impedido de exercer por força de decisão administrativa. 2. Ao contrário do que aventado nas razões do presente reclamo, o crime em análise não pressupõe a cassação do registro profissional do agente, mas apenas que este exerça atividade que estava impedido de praticar por conta de decisão administrativa. 3. Havendo nos autos a informação de que a recorrente estava impedida de exercer advocacia por força de decisão da Ordem dos Advogados do Brasil – OAB que deferiu o cancelamento de sua inscrição, e não tendo o seu patrono anexado ao recurso ordinário em apreço qualquer documentação que evidencie que ela estaria apta a advogar quando da ocorrência dos fatos narrados na denúncia, não se pode falar em atipicidade da conduta que lhe foi imputada. (...)" (STJ, RHC 29435/RJ, Rel. Min. Jorge Mussi, Quinta Turma, DJe 09/11/2011).*

De acordo com este último precedente e grande parte da doutrina, o exercício de atividade pressupõe a prática de um conjunto de atos, ou seja, uma habitualidade. Com efeito, o crime dever ser classificado como **habitual**[15], não admitindo a tentativa[16]. Por fim, cumpre anotar precedente do STJ, ser atípica a conduta do sujeito de continuar exercendo a atividade de corretor de imóveis após o cancelamento de sua inscrição no respectivo conselho, por inadimplemento das anuidades:

> *"(...) ATIVIDADE. COMPETÊNCIA DA JUSTIÇA ESTADUAL. 1. A conduta do agente que exerce atividades de corretagem de imóveis após o cancelamento de sua inscrição no CRECI, por inadimplência das anuidades devidas, se amolda à contravenção penal prevista no art. 47 do Decreto-lei 3.688/1941, haja vista que permaneceu clandestinamente na profissão regulamentada, exercendo-a sem o preenchimento de condição legal a que está subordinado o seu exercício, qual seja, inscrição perante o órgão de fiscalização profissional. 2. Não há que se falar, no caso dos autos, de violação à decisão administrativa proibitiva do exercício de atividade e, consequentemente, no crime previsto no art. 205 do CP, haja vista o disposto nos arts. 3º, 4º e 5º, da Resolução nº 761/2002, do Conselho Federal de Corretores de Imóveis – COFECI, no sentido de que o pagamento do débito acarreta a restauração automática da inscrição no CRECI, e que "o cancelamento de inscrição por falta de pagamento [...] não representa punição disciplinar mas, sim, mero ato administrativo de saneamento cadastral". (...)" (STJ, CC 104924/MG, Rel. Min. Jorge Mussi, Terceira Seção, DJe 19/04/2010).*

QUADRO SINÓTICO

Crime de exercício de atividade com infração de decisão administrativa	
Tipo penal	Exercer atividade, de que está impedido por decisão administrativa.
Objeto jurídico	Tutela-se o interesse estatal em ver suas decisões cumpridas.

---

15. PRADO, Luiz Regis. Op. Cit., 2020, p. 779. BITENCOURT, Cezar Roberto. Op. Cit., 2020, p. 492. MASSON, Cleber. Op. Cit., 2019, p. 679. CUNHA, Rogério Sanches, Op. Cit., 2020, p. 499.
16. Em sentido contrário: NORONHA, Edgard Magalhães. Direito Penal, vol. 3. 12 ed. São Paulo: Saraiva, 1979, p. 77. Também admitem a tentativa Heleno Fragoso, Paulo José da Costa Júnior e Pierangeli (PIERANGELI, José Henrique. Op. Cit., 2005, p. 708).

Crime de exercício de atividade com infração de decisão administrativa	
Sujeito ativo	A pessoa que, por decisão administrativa, está impedida de exercer atividade.
Sujeito passivo	O Estado.
Elemento subjetivo	Admite-se somente a modalidade dolosa.
Consumação	O delito se consuma com a prática reiterada de atos atinentes ao desempenho da atividade que o agente está, por decisão administrativa, impedido de exercer.
Tentativa	Admite-se a tentativa.
Classificação	Crime próprio, doloso, comissivo, habitual, de forma livre, de mão própria, de mera conduta, monossubjetivo, plurissubsistente e transeunte.
Benefícios	Por se tratar de delito de menor potencial ofensivo, é de competência dos Juizados Especiais Criminais e admite o oferecimento de transação, suspensão condicional do processo e oferecimento de acordo de não persecução penal.
Ação penal	A ação penal é pública e incondicionada.

10. ALICIAMENTO PARA O FIM DE EMIGRAÇÃO

O delito de aliciamento para o fim de emigração está previsto no artigo 206 do Código Penal:

> *Art. 206 – Recrutar trabalhadores, mediante fraude, com o fim de levá-los para território estrangeiro.*
>
> *Pena – detenção, de 1 (um) a 3 (três) anos e multa.*

Recrutar significa atrair, alistar, arregimentar. A conduta envolve fraude, que é o engodo, o ardil, o artifício. Essa atuação recai sobre trabalhadores, sendo necessário o **elemento subjetivo especial** do tipo, já que há a exigência de finalidade específica de levar os trabalhadores para território estrangeiro. O tipo penal exige que a conduta recaia sobre trabalhadores. Surge, então, na doutrina, a controvérsia sobre o número mínimo de indivíduos como sujeito passivo para a configuração do crime, sendo que alguns defendem serem necessários três[17], enquanto outros entendem, com razão, que bastam dois[18].

O delito é formal, não sendo necessária a ocorrência do resultado naturalístico para a sua consumação. Desse modo, a efetiva emigração dos trabalhadores é mero exaurimento do crime, sendo desnecessária para que o delito se consume. O crime é plurissubsistente, sendo possível a tentativa.

17. BITENCOURT, Cezar Roberto. Op. Cit., 2020, p. 494.
18. NUCCI, Guilherme de Souza. Op. Cit., 2015, p. 1.059.

Esse delito não se confunde com o de tráfico de pessoas, previsto no artigo 149-A do CP. Esse delito se configura por meio das condutas de agenciar, aliciar, recrutar, transportar, transferir, comprar, alojar ou acolher pessoa, mediante grave ameaça, violência, coação, fraude ou abuso. A finalidade do agente pode ser, dentre outras, a de submetê-la a trabalho em condições análogas à de escravo ou de submetê-la a qualquer tipo de servidão. O emprego de grave ameaça, violência, coação ou abuso só está previsto como formas de praticar o delito de tráfico de pessoas, de modo que apenas a fraude é elemento comum aos dois delitos. Entretanto, no tráfico de pessoas a finalidade é submeter a pessoa a trabalho escravo ou à servidão, que são situações graves de sujeição do trabalhador a um tratamento de propriedade do empregador ou, ao menos, de grave violação dos direitos trabalhistas.

A emigração por fraude, por outro lado, indica qualquer engano ao trabalhador, menos grave do que o do tráfico de pessoas. Pode se configurar quando o aliciador indica uma função superior à efetivamente exercida na empresa quando o indivíduo chega ao local de trabalho ou o pagamento de verbas muito inferiores às negociadas, mas dentro do patamar mínimo de dignidade. A finalidade daquele que promove a emigração, entretanto, não pode ser a de levar o trabalhador a uma situação de jornada exaustiva ou de trabalhos forçados. Em havendo esse nível de violação da liberdade individual, o crime praticado por aquele que enganou o trabalhador será o de tráfico de pessoas, sendo possível, se efetivamente for obtido o resultado desejado pelo agente, o concurso com o crime de redução à condição análoga à de escravo.

Vale lembrar que, caso a fraude se destine a levar o trabalhador para outra localidade do território nacional, como aquele que alicia ardilosamente gaúchos, que vivem em seu Estado natal, para trabalhar no Amapá, o crime será o de aliciamento para o fim de imigração. Se a fraude se destina a levar o trabalhador ao exterior, o delito será o do artigo 206, de aliciamento para o fim de emigração.

Há precedente do STJ no sentido de que a competência para julgamento desse crime, em regra, é da Justiça Estadual, salvo se houver a violação dos direitos dos trabalhadores considerados coletivamente:

> *"CONFLITO DE COMPETÊNCIA. CRIMINAL. CRIME CONTRA A ORGANIZAÇÃO DO TRABALHO. LESÃO A DIREITO DOS TRABALHADORES COLETIVAMENTE CONSIDERADOS OU À ORGANIZAÇÃO GERAL DO TRABALHO. NÃO OCORRÊNCIA. COMPETÊNCIA JUSTIÇA ESTADUAL. I. Hipótese em que a denúncia descreve a suposta prática do delito de aliciamento para o fim de emigração perpetrado contra 3 (três) trabalhadores individualmente considerados. II. Compete à Justiça Federal o julgamento dos crimes contra a organização do trabalho desde que demonstrada a lesão a direito dos trabalhadores coletivamente considerados ou à organização geral do trabalho. III. Conflito conhecido para declarar a competência da Justiça Estadual." (STJ, CC 107391/MG, Rel. Min. Gilson Dipp, Terceira Seção, DJe 18/10/2010).*

QUADRO SINÓTICO

Crime de aliciamento para o fim de imigração	
Tipo penal	Recrutar trabalhadores, mediante fraude, com o fim de levá-los para território estrangeiro
Objeto jurídico	Tutela-se o interesse estatal em se manter mão de obra no território nacional.
Sujeito ativo	Qualquer um.
Sujeito passivo	Qualquer um.
Elemento subjetivo	Admite-se somente a modalidade dolosa. Exige-se o especial fim de agir de levar as vítimas para território estrangeiro.
Consumação	Por se tratar de delito formal, a consumação ocorre quando a vítima é recrutada, mediante fraude, para que seja levada para trabalhar em território estrangeiro. Não é necessário que ela seja efetivamente levada.
Tentativa	Admite-se a tentativa.
Classificação	Delito comum, doloso, comissivo, de forma livre, formal, monossubjetivo, plurissubsistente e transeunte.
Benefícios	Admitem-se a suspensão condicional do processo e o oferecimento de acordo de não persecução penal.
Ação penal	A ação penal é pública e incondicionada.

11. ALICIAMENTO DE TRABALHADORES DE UM LOCAL PARA OUTRO DO TERRITÓRIO NACIONAL

O artigo 207 do Código Penal dispõe sobre o crime cujo *nomen iuris* é o de aliciamento de trabalhadores de um local para outro do território nacional:

> *Art. 207 – Aliciar trabalhadores, com o fim de levá-los de uma para outra localidade do território nacional:*
>
> *Pena – detenção de um a três anos, e multa.*
>
> *§ 1º Incorre na mesma pena quem recrutar trabalhadores fora da localidade de execução do trabalho, dentro do território nacional, mediante fraude ou cobrança de qualquer quantia do trabalhador, ou, ainda, não assegurar condições do seu retorno ao local de origem.*
>
> *§ 2º A pena é aumentada de um sexto a um terço se a vítima é menor de dezoito anos, idosa, gestante, indígena ou portadora de deficiência física ou mental.*

A ação nuclear típica é a aliciar, que tem o significado de recrutar, envolver, atrair. Existe a discussão doutrinária se o aliciamento deve recair sobre um número mínimo de três trabalhadores ou se bastam dois, sendo este último entendimento mais consentâneo com a norma. Não se exige que os trabalhadores sejam efetivamente transportados de uma para outra localidade do território nacional, bastando o intento do agente.

Quanto ao número de trabalhadores exigidos para a configuração do tipo, a controvérsia é a mesma daquela existente quanto ao tipo do artigo 206 do CP. Parte da doutrina entende que o mínimo seria de três trabalhadores, ao argumento de que o legislador se refere a dois quando entende que esse número é suficiente. Por outro lado, há a corrente que, com mais razão, entende suficiente que dois trabalhadores sejam aliciados, haja vista que o plural utilizado apenas exige que seja mais de um, sem nenhum outro elemento no tipo penal a exigir um número maior do que dois trabalhadores.

O crime é doloso, exigindo o elemento subjetivo especial do tipo consistente na finalidade de levar os trabalhadores de uma para outra localidade do território nacional. O crime é formal, não dependendo do efetivo transporte dos trabalhadores para a sua consumação. O crime é comum, por não exigir nenhuma qualidade específica do sujeito ativo. É plurissubsistente, sendo possível a forma tentada.

Alguns doutrinadores discutem se as localidades devem ser afastadas ou se deve haver prejuízo para a região. Realmente, **o tipo penal, tal como redigido, não demonstra lesividade por si só**. É bastante questionável, nos dias atuais, se aliciar trabalhadores para levá-los a outra parte do território nacional configura, sem maiores exigências, um crime. É de se notar que o crime do artigo 206 exige fraude, que não é exigida aqui. Na forma do *caput*, a conduta deve ser considerada materialmente atípica, ainda que haja tipicidade formal, pela ausência de conteúdo de crime.

De todo modo, o entendimento contrário, pela validade da norma penal, enxerga no tipo a proteção de determinadas regiões frente a outras, que, mais desenvolvidas, poderiam atrair toda a mão de obra. Ainda que isso possa ocorrer de modo natural e espontâneo, por escolha do trabalhador, o que se coibiria, de fato, seria a conduta do aliciador, que busca trabalhadores em uma região e os envia para outra.

Em precedente já citado anteriormente, o STJ já decidiu que a eventual absorção do delito em estudo pelo crime de redução à condição análoga à de escravo demanda apreciação de cada caso, com revolvimento da matéria fático-probatória:

> *"Para se verificar se a frustração de direitos assegurados por lei trabalhista e o aliciamento de trabalhadores de um local para o outro do território nacional teriam ou não se esgotado no crime tipificado no artigo 149 do Código Penal, seria indispensável averiguar o contexto em que as infrações foram cometidas, providência que é vedada na via eleita, pois demanda o revolvimento de matéria fático-probatória. (...)".*

Forma equiparada

O § 1º do artigo 207 prevê a modalidade equiparada ao *caput*. O tipo penal prevê a conduta de recrutar trabalhadores fora da localidade de execução do trabalho, dentro do território nacional, mediante fraude ou cobrança de qualquer quantia do trabalhador, ou, ainda, não assegurar condições do seu retorno ao local de origem. Nesse caso, os trabalhadores são recrutados fora da localidade de execução do trabalho, em uma das seguintes situações:

- **Mediante fraude** (ardil, engodo, artifício); **ou**
- **Mediante cobrança de qualquer quantia do trabalhador** (exige-se o pagamento de um valor para ele trabalhar em outro local); **ou**
- **Não assegurando condições de seu retorno** (é o que ocorre, por exemplo, ao se levar o trabalhador para um local de difícil acesso, não servido por transporte público, e não permitir seu retorno no veículo do empregador, forçando-o a ficar).

Na forma equiparada, fica bastante nítido o desvalor da conduta do agente, ao se praticar fraude contra o trabalhador, ao realizar cobrança indevida ou até mesmo por dificultar o retorno ao seu local de moradia. Nessas situações, há lesividade aos direitos dos trabalhadores, de modo que a prática da conduta nuclear típica possui conteúdo de crime, ao contrário da modalidade prevista no *caput* do artigo 207 do Código Penal.

Destaque-se que, caso a fraude se destine a levar o trabalhador para o exterior, o delito será o do artigo 206, de modo que configurará esse delito se o agente engana trabalhadores brasileiros para prestarem serviços no Catar, indicando condições de trabalho não existentes para imigrantes, mas apenas para nacionais. Se a fraude se destina a levar o indivíduo de uma unidade federativa a outra, por exemplo, configura-se o aliciamento de trabalhadores de um local para outro do território nacional, conforme o teor do artigo 207 do Código.

Forma majorada

O artigo 207, em seu parágrafo terceiro, prevê uma forma majorada do delito, com indicação da fração de um sexto a um terço. Incide se a vítima for **menor de dezoito anos, idosa, gestante, indígena ou portadora de deficiência física ou mental**. O desvalor maior da conduta se liga à vulnerabilidade maior, passageira ou perene, do sujeito passivo.

QUADRO SINÓTICO

Crime de aliciamento de trabalhadores de um local para o outro do território nacional	
Tipo penal	Aliciar trabalhadores, com o fim de levá-los de uma para outra localidade do território nacional.
Objeto jurídico	Tutela-se a normalidade das relações de trabalho no território nacional, evitando o êxodo de uma região em direção a outra. Nota-se que não é defeso ao trabalhador deixar uma região do território e ir para outra, proíbe-se o aliciamento para tanto.
Sujeito ativo	Qualquer um.
Sujeito passivo	Qualquer um.
Elemento subjetivo	Admite-se somente a modalidade dolosa, com o especial fim de agir de levar o trabalhador para outra localidade do território nacional.

Crime de aliciamento de trabalhadores de um local para o outro do território nacional	
Consumação	Por se tratar de delito formal, a consumação ocorre quando a vítima é aliciada para que seja levada para trabalhar em outra localidade do território nacional. Não é necessário que ela seja efetivamente levada.
Tentativa	Admite-se a tentativa.
Forma majorada	A pena é aumentada de um sexto a um terço se a vítima é menor de dezoito anos, idosa, gestante, indígena ou portadora de deficiência física ou mental.
Classificação	Crime comum, doloso, comissivo, de forma livre, formal, monossubjetivo, plurissubsistente e transeunte.
Benefícios	A modalidade do *caput* admite o oferecimento de suspensão condicional do processo e acordo de não persecução penal. A forma majorada admite tão somente o oferecimento do acordo de não persecução penal.
Ação penal	A ação penal é pública incondicionada.

CAPÍTULO X

CRIMES CONTRA O SENTIMENTO RELIGIOSO E O RESPEITO AOS MORTOS

O Título V da Parte Especial do Código Penal é denominado "Dos Crimes Contra o Sentimento Religioso e o Respeito aos Mortos", que possui dois Capítulos, o primeiro referente aos crimes contra o sentimento religioso e o segundo, relativo aos crimes contra o respeito aos mortos.

1. DOS CRIMES CONTRA O SENTIMENTO RELIGIOSO

O Capítulo I do Título V da Parte Especial do Código Penal possui a denominação "Dos Crimes Contra o Sentimento Religioso". Entretanto, abrange um único tipo penal, o de ultraje a culto e impedimento ou perturbação de ato a ele relativo, previsto no artigo 208 do Código Penal. Não se tutela determinada crença religiosa, criminalizando, como no passado da humanidade, aquele que não seguisse uma religião determinada, o que não seria compatível com a laicidade do Estado. Tutela-se a liberdade individual de o ser humano professar crença por ele livremente escolhida.

Religião, segundo Agostinho de Hipona, tem suas raízes etimológicas relacionadas a "conectar" ou "ligar" de novo. Compreenderia, assim, a busca humana de se conectar com divindade ou divindades, com o sobrenatural. A religião consiste no conjunto de sistemas socioculturais que abrangem símbolos e rituais fundamentados na crença de um grupo de pessoas. Compreende pensamentos teóricos e práticas relacionadas ao culto de um ser considerado superior.

1.1. Ultraje a culto e impedimento ou perturbação de ato a ele relativo

O crime de ultraje a culto e impedimento ou perturbação de ato a ele relativo está tipificado no artigo 208 do Código Penal:

> *Art. 208 – Escarnecer de alguém publicamente, por motivo de crença ou função religiosa; impedir ou perturbar cerimônia ou prática de culto religioso; vilipendiar publicamente ato ou objeto de culto religioso:*
>
> *Pena – detenção, de um mês a um ano, ou multa.*
>
> *Parágrafo único – Se há emprego de violência, a pena é aumentada de um terço, sem prejuízo da correspondente à violência.*

Esse delito tutela a liberdade de crença e o livre exercício de cultos religiosos, bem como a proteção aos locais de culto e suas liturgias, conforme previsão do artigo 5º, inciso VI, da Constituição da República. O artigo 208 possui três figuras autônomas, com diferentes núcleos do tipo e objetos materiais, de modo a ser classificado como delito de tipo misto cumulativo. Havendo a prática de diferentes figuras, o agente deve responder por mais de um crime.

Na conduta de escarnecer e na de vilipendiar, exige-se que a ação do agente seja em público. O escarnecimento deve ter por motivo a crença religiosa ou a função religiosa da vítima, como sacerdote, pároco, pai de santo, pastor, rabino e outros. Cerimônia e culto religioso são expressões que abrangem os ritos e reuniões realizado no âmbito da religião, de forma geral. Ato ou objeto de culto religioso são quaisquer coisas, objetos ou rituais utilizados na prática religiosa, com significado para a crença do indivíduo. Pode ser um púlpito considerado sacro, uma imagem, uma pintura, uma pia batismal, dentre outros.

Portanto, as **condutas incriminadas** são:

- **Escarnecer publicamente** de alguém por motivo de crença ou função religiosa.
- **Impedir** cerimônia ou prática de culto religioso.
- **Perturbar** cerimônia ou prática de culto religioso.
- **Vilipendiar publicamente** ato ou objeto de culto religioso.

A primeira figura consiste em escarnecer de alguém publicamente, por motivo de crença ou função religiosa. Escarnecer significa zombar, tratar com escárnio. A vítima é humilhada, sujeita à zombaria, em razão de sua crença, da fé que professa, ou de sua função religiosa, isto é, do papel que desempenha em instituição religiosa. A conduta deve ser realizada em público, na presença de várias pessoas, não se configurando se houver discussão privada entre duas pessoas. Essa publicização pode se dar por transmissão em tempo real ou por meio que se possibilite a divulgação, como panfletos.

A segunda figura consiste em impedir ou perturbar cerimônia religiosa ou a prática de culto religioso. Impedir significa obstruir, tornar impraticável. Perturbar é estorvar, causar desordem, abalar. Cerimônia é o conjunto de atos solenes, seguindo rito e regras estritas, realizados, para fim de configuração do tipo, em contexto de religiosidade. Culto religioso é o conjunto de condutas e ritos que são seguidos com vistas à adoração de divindades. Obviamente, não é qualquer ato que moleste os celebrantes que configura o delito, necessitando-se de efetivo abalo à solenidade, como tentar impedir acesso ao templo ou usar sonorização exagerada com o fim de atrapalhar o ato religioso.

Por fim, a terceira conduta incriminada consiste em vilipendiar publicamente ato ou objeto de culto religioso. Vilipendiar é ultrajar (por palavras, gestos ou atos), aviltar, rebaixar, tratar com desprezo. A conduta deve ser praticada publicamente, na presença de várias pessoas. Configura-se, por exemplo, com a conduta de urinar sobre objeto de significado religioso, atacando a fé religiosa do indivíduo. O tipo penal, que deve ter interpretação restrita, abrange o ato religioso (ritos, práticas e cerimônias) e o objeto de culto religioso (relíquias, imagens, vestes sacerdotais, altar, púlpito). Essa modalidade delitiva possui incidência mais problemática quando envolve manifestação artística ou algum protesto contra um grupo religioso e possível utilização de objetos relacionados à crença religiosa.

No que se refere à segunda modalidade, correspondente a impedir ou perturbar cerimônia ou prática de ato religioso, houve a revogação tácita pela Lei n. 14.532/2023, que alterou a Lei n. 7.716/1989, a Lei dos Crimes de Racismo. Isto porque o artigo 2º-B, inserido em 11 de janeiro de 2023, passou a prever a conduta de obstar, impedir ou empregar violência contra quaisquer manifestações ou práticas religiosas, sujeita às penas de reclusão de um a três anos e multa, sem prejuízo da sanção correspondente à violência. Manifestação e prática religiosa são termos abrangentes da cerimônia e do culto religioso, de modo que a lei tratou inteiramente dessa modalidade delitiva com pena mais gravosa. Incide, portanto, apenas sobre as condutas praticados após a entrada em vigor da Lei n. 14.532/2023. A revogação tácita foi apenas parcial, no que se refere à segunda figura delitiva do artigo 208 do Código Penal. Houve, portanto, derrogação.

O sujeito passivo é aquele de quem se zomba ou, quanto ao vilipêndio de ato ou objeto de culto religioso, representa uma ofensa à coletividade dos fiéis cujo sentimento religioso é atingido. É preferível, que se identifique vítimas determinadas a se ter um crime vago. Há quem defenda, no entanto, que o sujeito passivo seria a comunidade nacional[1].

O crime é comum, não exigindo qualquer qualidade específica do sujeito ativo. É doloso, não prevendo a possibilidade de punição a título de culpa. Por permitir o fracionamento do seu *iter*, é classificado como crime plurissubsistente. Por conseguinte, admite a modalidade tentada, exceto se a modalidade de escarnecer for realizada verbalmente. É crime de forma livre, podendo ser realizado de qualquer forma, por gestos, palavras ou de forma indireta, como algazarra na porta do templo religioso com a finalidade de impedir que os fiéis escutem as palavras do seu sacerdote.

O Tribunal de Justiça de Minas Gerais já destacou a necessidade de o vilipêndio a objeto religioso, uma das formas de se praticar o delito, ocorrer em público, na presença de várias pessoas[2]. Já Tribunal de Justiça do Estado do Rio Grande do Sul, em emblemático julgado, decidiu que, havendo divergências entre discípulos de um mesmo grupo religioso, não se configura, da parte de nenhum deles, o crime de ultraje a culto religioso[3].

1. Seria a posição de Fragoso, Prado e Nucci PIERANGELI, José Henrique. Op. Cit., 2005, p. 723-724.
2. "Absolvição que se impõe. Vilipêndio a objeto religioso não praticado na presença de várias pessoas. Inexistência de publicidade. Delito não configurado." (TJMG, Apelação Criminal 1.0183.04.076030-2/001, Rel. Des. (a) Reynaldo Ximenes Carneiro, 2ª Câmara Criminal, julgamento em 09/11/2006, publicação da súmula em 28/11/2006)
3. "Projeções de divergências internas entre discípulos de um mesmo 'mestre', já falecido, no tocante à linha das pregações, não podem ser tidas, em princípio, como perturbação de cerimônia ou prática de culto religioso, notadamente quando o ' perturbador' era discípulo autorizado pelo 'mestre' a pregar no templo. Dificuldade de captação da verdade por meio de declarações de pessoas possuídas de fanatismo religioso ou sectárias. Aplicação do IN DUBIO PRO REO" (TJRS, Apelação Crime n. 284054251, Segunda Câmara Criminal, Tribunal de Alçada do RS, Rel. Paulo Claudio Tovo, Julgado em 22/11/1984).

Forma majorada

O parágrafo único do artigo 208 prevê a causa de aumento de pena de um terço no caso de o crime envolver violência. Além disso, determina-se a adoção do sistema do cúmulo material no caso de concurso entre o ultraje a culto e impedimento ou perturbação de ato a ele relativo e o crime relativo à violência, como o de lesões corporais. A violência é aquela praticada contra a pessoa ou a coisa[4].

Especialidade

Caso a crença religiosa da pessoa seja utilizada como elemento para violação da honra subjetiva, haverá a configuração do crime de injúria qualificada, do artigo 140, § 3º, do CP. Assim, o escárnio realizado de forma privada pode configurar esse delito, já que o artigo 208 do CP exige que seja realizado publicamente.

É possível que haja a configuração do racismo se o agente praticar, induzir ou incitar a discriminação ou preconceito de religião, conforme prevê o artigo 20 da Lei n. 7.716/1989. É possível, inclusive, a configuração desse delito em concurso com o do artigo 208 do Código Penal, como foi a acusação contra um sacerdote religioso que chutou uma imagem considerada sagrada por outra religião.

Em se tratando de escárnio contra cerimônia, rito, uso, costume ou tradição culturais indígenas, o delito será o do artigo 58 da Lei n. 6.001/1973, o Estatuto do *Índio*. Também configura o delito vilipendiá-los ou perturbar, de qualquer modo, a sua prática. Nesse delito especial, tutelam-se tanto as cerimônias religiosas quanto as culturais, de forma mais ampla do que a criminalização do artigo 208 do CP. A justificativa está no fato de se tratar de minoria étnica, cujo modo de vida necessita de especial tutela do Estado.

QUADRO SINÓTICO

Crime de ultraje a culto e impedimento ou perturbação de ato a ele relativo	
Tipo penal	Escarnecer de alguém publicamente, por motivo de crença ou função religiosa; impedir ou perturbar cerimônia ou prática de culto religioso; vilipendiar publicamente ato ou objeto de culto religioso.
Objeto jurídico	Tutelam-se a liberdade de crença e de culto.
Sujeito ativo	Qualquer um.
Sujeito passivo	Quem é, por motivo de crença ou função religiosa, publicamente escarnecido; quem teve cerimônia ou culto religioso impedido ou perturbado; e quem teve ato ou objeto de culto religioso publicamente vilipendiado.

4. No mesmo sentido: HUNGRIA, Nelson. Op. Cit., 1959, p. 75; NORONHA, E. Magalhães. Op. Cit., 1979, p. 86; BITENCOURT, Cezar Roberto. Op. Cit., 2020, p. 505; PRADO, Luiz Regis. Op. Cit., 2020, p. 788; BARROS, Flávio Augusto Monteiro de. Op. Cit., 2019, p. 1.106. CUNHA, Rogério Sanches. Op. Cit., 2020, p. 509; MASSON, Cleber. Op. Cit., 2019, p. 692. Em sentido contrário, defendendo abranger apenas a violência contra a pessoa: NUCCI, Guilherme de Souza. Op. Cit., 2015, p. 1.064.

Crime de ultraje a culto e impedimento ou perturbação de ato a ele relativo	
Elemento subjetivo	Admite-se somente a modalidade dolosa. Percebe-se nas condutas tipificadas o especial fim de agir de ultrajar, impedir ou perturbar o culto religioso.
Consumação	Por se tratar de tipo misto cumulativo, há três momentos de consumação: (i) quando há o escárnio público da vítima, por motivo de crença ou função religiosa; (ii) quando cerimônia religiosa é impedida ou perturbada; e (iii) quando ato ou objeto de culto religioso é vilipendiado.
Tentativa	Admite-se a tentativa.
Forma majorada	Nos termos do artigo 208, parágrafo único, do CP, se há emprego de violência, a pena é aumentada de um terço, sem prejuízo da correspondente à violência.
Classificação	Crime comum, doloso, comissivo ou omissivo impróprio, de forma livre, instantâneo, monossubjetivo, plurissubsistente e transeunte. Ademais, trata-se de tipo misto cumulativo.
Benefícios	Para a forma do *caput*, por se tratar de delito de menor potencial ofensivo, de competência dos Juizados Especiais Criminais, admitem-se transação, suspensão condicional do processo e oferecimento de acordo de não persecução penal. Para a forma majorada, de plano fica descartada a hipótese de oferecimento do acordo de não persecução penal, em razão do emprego de violência.
Ação penal	A ação penal é pública incondicionada.
Observação	Revogação tácita da segunda modalidade (impedir ou perturbar cerimônia ou prática de ato religioso) pela Lei n. 14.532/2023.

2. DOS CRIMES CONTRA O RESPEITO AOS MORTOS

O Capítulo II do Título V da Parte Especial do Código Penal, por sua vez, é chamado de "Dos Crimes Contra o Respeito aos Mortos". Prevê os crimes de impedimento ou perturbação de cerimônia funerária; violação de sepultura; destruição, subtração ou ocultação de cadáver e, por fim, de vilipêndio a cadáver. Tutela-se a reverência ou o respeito dos vivos em relação aos mortos como bem jurídico, e não o falecido em si.

2.1. Impedimento ou perturbação de cerimônia funerária

O crime de impedimento ou perturbação de cerimônia funerária está previsto no artigo 209 do Código Penal:

> *Art. 209 – Impedir ou perturbar enterro ou cerimônia funerária:*
>
> *Pena – detenção, de um mês a um ano, ou multa.*
>
> *Parágrafo único – Se há emprego de violência, a pena é aumentada de um terço, sem prejuízo da correspondente à violência.*

Impedir significa obstruir, tornar impraticável. Perturbar significa estorvar, causar impedimento. O tipo penal é misto alternativo. Ambos os núcleos do tipo são condutas que devem recair sobre enterro ou cerimônia religiosa. Questiona-se se é preciso elemento subjetivo especial do tipo, consistente na finalidade implícita de violar o sentimento de respeito ao morto. Apesar de não previsto explicitamente na norma, grande parte da doutrina, com acerto, entende ser necessário o **elemento subjetivo especial** para a configuração do crime. Deste modo, o sujeito que perturba a cerimônia por sentimentalismo ou arrependimento não pratica o crime em tela. Ademais, em razão da não previsão de modalidade culposa, não pratica o crime quem, inadvertidamente, direciona um bloco de carnaval de rua de modo a atravessar o cortejo fúnebre, perturbando a cerimônia, se não atuou com vontade de fazê-lo. Também não pratica o delito o agente funerário que, por desídia, deixa de fornecer o carro fúnebre, no exemplo trazido por Hungria[5].

O crime é comum, podendo ser praticado por qualquer pessoa, sem qualidade específica. É doloso, não havendo previsão da punição da modalidade culposa. É plurissubsistente, sendo possível fracionar o seu *iter criminis* e, por conseguinte, admite-se o *conatus*, a sua forma tentada. É classificado como vago, por ter como sujeito passivo imediato uma entidade sem personalidade jurídica, a coletividade.

Forma majorada

O parágrafo único do artigo 209 prevê a causa de aumento de pena de um terço no caso de o crime envolver violência. Por não haver distinção na lei, abrange a majorante tanto a violência contra a pessoa contra a violência contra a coisa. Tal qual no caso do artigo 208, determina-se, ainda, a adoção do sistema do cúmulo material no caso de concurso entre o ultraje a culto e impedimento ou perturbação de ato a ele relativo e o crime relativo à violência, como o de lesões corporais.

Especialidade

Em se tratando de escárnio contra cerimônia, rito, uso, costume ou tradição culturais indígenas, o delito será o do artigo 58 da Lei n. 6.001/1973, o Estatuto do Índio. Também configura o delito vilipendiá-los ou perturbar, de qualquer modo, a sua prática.

QUADRO SINÓTICO

Crime de impedimento ou perturbação de cerimônia funerária	
Tipo penal	Impedir ou perturbar enterro ou cerimônia funerária.
Objeto jurídico	Tutelam-se a memória e o respeito aos mortos.
Sujeito ativo	Qualquer um.

5. HUNGRIA, Nelson. Op. Cit., 1959, p. 80.

Crime de impedimento ou perturbação de cerimônia funerária	
Sujeito passivo	Para além da família do morto e demais participantes da cerimônia funerária, a coletividade.
Elemento subjetivo	Admite-se somente a modalidade dolosa.
Consumação	O delito se consuma quando o enterro ou cerimônia funerária é impedida ou perturbada. Deve-se ter em mente que o delito ora analisado é formal.
Tentativa	Por ser possível vislumbrar hipóteses nas quais o crime pode ser cometido mediante mais de uma conduta (fracionamento do *iter criminis*), a tentativa é possível.
Forma majorada	Nos termos do artigo 209, parágrafo único, se há emprego de violência, a pena é aumentada de um terço, sem prejuízo da correspondente à violência.
Classificação	Crime comum, doloso, comissivo ou omissivo impróprio, de forma livre, de mera conduta, monossubjetivo, plurissubsistente e transeunte.
Benefícios	Para a forma do *caput*, por se tratar de delito de menor potencial ofensivo, de competência dos Juizados Especiais Criminais, admitem-se transação, suspensão condicional do processo e oferecimento de acordo de não persecução penal. Para a forma majorada, a violência impede o oferecimento do acordo de não persecução penal.
Ação penal	A ação penal é pública incondicionada.

2.2. Violação de sepultura

O artigo 210 traz o crime de violação de sepultura, com o seguinte teor:

> *Art. 210 – Violar ou profanar sepultura ou urna funerária:*
> *Pena – reclusão, de um a três anos, e multa.*

O crime de violação de sepultura possui como ações típicas nucleares as seguintes: violar (arrombar, forçar a abertura de) ou profanar (tratar com desrespeito, macular). A conduta deve recair sobre **sepultura** (cova, jazigo, sepulcro) ou **urna funerária** (local ou recipiente para se coletar as cinzas, advindas da cremação do corpo do defunto). Não estão abrangidos no âmbito de proteção da norma os mausoléus ou monumentos em memória de mortos, como de soldados que lutaram em determinada guerra, caso não haja restos mortais no local.

Se com a violação houver subtração de objetos de valor, como aliança do morto, pode haver concurso com furto, apesar de haver divergência, em razão de não haver proprietário. Entretanto, a família que detém a propriedade da sepultura deve ser considerada a titular dos bens lá deixados. Caso a violação seja apenas crime meio, o furto absorverá o crime do art. 210 do CP. Havendo dano ao túmulo, haverá concurso com o crime de dano, previsto no artigo 163 do CP. Ademais, se houver subtração do cadáver, o crime-fim será o do artigo 211, analisado abaixo, com absorção do delito de violação de sepultura, considerado crime-meio.

Por não exigir nenhuma qualidade especial do sujeito ativo, o crime é classificado como comum. Seu *iter criminis* pode ser fracionado, razão pela qual é plurissubsistente, bem como admite a tentativa. O elemento subjetivo é o dolo, não se prevendo a punibilidade da modalidade culposa. Não se exige, ainda, finalidade específica do agente, de modo que se configura o delito qualquer que seja seu escopo peculiar. É de forma livre e instantâneo.

QUADRO SINÓTICO

Crime de violação de sepultura	
Tipo penal	Violar ou profanar sepultura ou urna funerária:
Objeto jurídico	Tutelam-se a memória e o respeito aos mortos.
Sujeito ativo	Qualquer um.
Sujeito passivo	Para além da família do morto, a coletividade.
Elemento subjetivo	Admite-se somente a modalidade dolosa.
Consumação	O delito se consuma quando a sepultura ou urna funerária é violada ou profanada.
Tentativa	Admite-se a tentativa.
Classificação	Crime comum, doloso, comissivo ou omissivo impróprio, de forma livre, instantâneo, material, monossubjetivo, plurissubsistente e transeunte ou não transeunte.
Benefícios	Admite-se a suspensão condicional do processo e, caso o crime não seja cometido mediante violência ou grave ameaça, é também cabível o acordo de não persecução penal.
Ação penal	A ação penal é pública e incondicionada.

2.3. Destruição, Subtração ou Ocultação de Cadáver

O crime de destruição, subtração ou ocultação de cadáver está previsto no artigo 211 do Código Penal:

> *Art. 211 – Destruir, subtrair ou ocultar cadáver ou parte dele:*
>
> *Pena – reclusão, de um a três anos, e multa.*

Destruir é demolir, desmanchar, devastar. Subtrair é apropriar-se, pegar de outrem ou apoderar-se. Ocultar significa encobrir, esconder, sonegar. Cuida-se de tipo penal misto alternativo, razão pela qual basta que o fato de enquadre em um dos verbos para a sua configuração, assim como a realização de mais de uma ação nuclear, no mesmo conceito, configura crime único.

A conduta de destruir, subtrair ou ocultar deve recair sobre cadáver ou parte dele. O tipo penal se refere a cadáver como corpo humano sem vida. **Não estão incluídos, no objeto da norma, um pedaço de corpo humano em estado de decomposição, como adverte Nélson Hungria, nem mesmo as cinzas que advenham da cremação**[6]. Se houver destruição de partes do corpo em decomposição ou de cinzas, pode-se configurar o crime de violação de sepultura ou urna funerária, já estudado, ou o delito de vilipêndio a cadáver, conforme o caso.

A múmia também não pode ser objeto do delito, pois, considerando o valor histórico e o tempo decorrido, não há mais o sentimento de respeito aos mortos. Se for peça de museu ou objeto de valor comercial, sua tutela será aquela destinada ao patrimônio, como o delito de dano.

Pode-se questionar, aqui, se os cadáveres de animais de estimação, muitas vezes tratados como parte da família, também seriam objeto de tutela, considerando que o artigo 211 não menciona que o cadáver deve ser humano. Pelo contexto, compreende-se que não houve tutela dos corpos dos animais mortos, mas apenas de seres humanos, mas é possível a discussão, dada a crescente revolução no trato jurídico desses animais, como nas demandas judiciais sobre guarda e direito de visita.

O crime é comum, não exigindo nenhuma qualidade específica do sujeito ativo para sua configuração. É material, sendo necessário o resultado naturalístico para sua consumação e, por conseguinte, admite a tentativa, sendo classificado como plurissubsistente. É doloso, não havendo previsão da modalidade culposa. É de forma livre. Nas formas de destruição e subtração, é crime instantâneo. Na forma de ocultar, é crime permanente.

QUADRO SINÓTICO

Crime de destruição, subtração ou ocultação de cadáver	
Tipo penal	Destruir, subtrair ou ocultar cadáver ou parte dele
Objeto jurídico	Tutelam-se a memória e o respeito aos mortos.
Sujeito ativo	Qualquer um.
Sujeito passivo	Para além da família do morto, a coletividade.
Elemento subjetivo	Admite-se somente a modalidade dolosa.

6. HUNGRIA, Nélson. Comentários ao Código Penal, Volume VIII. 4. ed. Editora Forense: Rio de Janeiro, 1959, p. 83.

Crime de destruição, subtração ou ocultação de cadáver	
Consumação	O delito se consuma com a destruição, subtração ou ocultação do cadáver, seja ela total ou parcial.
Tentativa	Admite-se a tentativa.
Classificação	Crime comum, doloso, comissivo ou omissivo impróprio, de forma livre, instantâneo, material, monossubjetivo, plurissubsistente transeunte ou não transeunte. Trata-se de tipo misto alternativo.
Benefícios	Admite-se a suspensão condicional do processo e, caso o crime não seja cometido mediante violência ou grave ameaça, é cabível, ainda, o acordo de não persecução penal.
Ação penal	A ação penal é pública incondicionada.

2.4. Vilipêndio a Cadáver

O crime de vilipêndio a cadáver está previsto no artigo 211 do Código Penal:

> *Art. 212 – Vilipendiar cadáver ou suas cinzas:*
>
> *Pena – detenção, de um a três anos, e multa.*

Vilipendiar é ultrajar (por palavras, gestos ou atos), aviltar, rebaixar, tratar com desprezo. O objeto material sobre o qual recai a conduta pode ser **o cadáver** (corpo morto de um ser humano) **ou as suas cinzas.** Atos de necrofilia se subsomem ao tipo penal do artigo 211, por demonstrarem um tratamento de desprezo em relação ao cadáver, em desrespeito à memória do morto, algo que é cultivado pela sociedade.

Cuspir sobre o corpo ou as cinzas e expor a sua nudez de forma indevida também configuram o delito, assim como proferir palavras de grande ultraje, desde que em público. Entretanto, caso o coveiro surpreenda o sujeito proferindo impropérios contra o defunto, não há o vilipêndio, que exige, se utilizada a forma verbal, o testemunho público, tornando a violência verbal conhecida e ultrajante à memória do morto. Hungria observava, ainda, ser possível o concurso com o crime de calúnia no contexto de o agente vilipendiar o morto com palavras ofensivas e lhe imputar falsamente a prática de crime[7].

Configura o delito a ocultação de cadáver após a prática de homicídio, não havendo consunção de um pelo outro. Haverá concurso de delitos, pois eles tutelam bens jurídicos diversos, consistentes na vida e no respeito aos mortos. A ocultação de cadáver, após a prática do homicídio, pode ter por finalidade inovar artificiosamente o estado de coisa, a fim de induzir a erro o juiz ou perito. Do conflito aparente de normas, o crime do artigo 347 do CP, de fraude processual, deve restar

7. HUNGRIA, Nélson. Op. Cit., 1959, p. 84.

absorvido pelo delito previsto no artigo 212 do CP, pelo qual o agente responderá em concurso material com o artigo 121 do CP. A inovação é meio para se ocultar o cadáver, ressalvada excepcional prática em contextos diversos, como a ocultação do cadáver de vítima que correu após os disparos e morreu longe do local da conduta, e posterior retorno do agente ao lugar dos disparos para limpeza do chão, buscando evitar a detecção de vestígios de sangue.

Cumpre observar que a Lei das Contravenções Penais, em seu artigo 67, prevê um delito liliputiano com o seguinte preceito primário; "Inumar ou exumar cadáver, com infração das disposições legais", cuja pena é de prisão simples, de um mês a um ano, ou multa. Subsome-se ao dispositivo a conduta de enterrar ou exumar o cadáver sem observância dos requisitos previstos na lei, como o cônjuge que enterra a falecida em sua chácara, sem registrar o óbito, ou o agente público que procede à exumação, sem autorização, porque deixou cair o seu anel durante o exame cadavérico. Presente a intenção de vilipendiar o cadáver, de violar ou profanar a sepultura, afasta-se a contravenção penal em favor do crime do artigo 212 do CP.

O crime é comum, não exigindo nenhuma qualidade especial do sujeito ativo. É plurissubsistente, admitindo o fracionamento do seu *iter* e a punição da tentativa, **salvo se praticado na forma verbal.** É crime doloso, sem previsão de forma culposa. É infração penal de forma livre, podendo ser praticado de qualquer forma que vilipendie o cadáver ou as suas cinzas. Classifica-se como instantâneo, pois sua consumação ocorre em período determinado no tempo, sem se protrair ou se prolongar. É, ainda, crime de forma livre e unissubjetivo (ou de concurso eventual).

QUADRO SINÓTICO

Crime de vilipêndio a cadáver	
Tipo penal	Vilipendiar cadáver ou suas cinzas.
Objeto jurídico	Tutelam-se a memória e o respeito aos mortos.
Sujeito ativo	Qualquer um.
Sujeito passivo	Para além da família do morto, a coletividade.
Elemento subjetivo	Admite-se somente a modalidade dolosa.
Consumação	O delito resta consumado mediante prática de ato que representa vilipêndio ao cadáver ou cinzas.
Tentativa	Admite-se a tentativa.
Classificação	Crime comum, doloso, comissivo ou omissivo impróprio, de forma livre, instantâneo, material, monossubjetivo, plurissubsistente e transeunte ou não transeunte.
Benefícios	Admitem-se a suspensão condicional do processo e, caso o crime não seja cometido mediante violência ou grave ameaça, oferecimento de acordo de não persecução penal.
Ação penal	A ação penal é pública incondicionada.

CAPÍTULO XI

CRIMES CONTRA A DIGNIDADE SEXUAL

O Título VI, que se chama "Dos Crimes Contra a Dignidade Sexual", já foi denominado de "Dos Crimes Contra os Costumes". Os delitos abrangidos em referida divisão do Código Penal são aqueles que tutelam a dignidade sexual a que todo ser humano tem direito. A modificação foi muito bem-vinda, pois não se deve tutelar os costumes da sociedade quanto à sexualidade, o que se aproxima de uma tutela criminal da moralidade, mas sim a dignidade sexual de cada indivíduo. A dignidade da pessoa humana é um direito fundamental previsto na Constituição, além de elencado entre os direitos humanos em documentos internacionais, como a Convenção Americana de Direitos Humanos. A sexualidade está abrangida pelo reconhecimento da dignidade humana, como parte essencial do indivíduo.

Essa espécie de delito coloca em evidência a relação paradoxal entre direito penal e os direitos humanos: deve-se tutelar o indivíduo frente ao poder punitivo do Estado, impondo-se regras e garantias, mas, concomitantemente, deve-se tutelar as vítimas de crimes tão graves, quanto a condutas que atingem de forma muito intensa a liberdade humana e, no caso de menores de idade, o próprio desenvolvimento de sua personalidade, deixando marcas frequentemente indeléveis. Percebe-se essa necessidade de tutela dessas vítimas ao se realizar uma leitura atenta da jurisprudência das cortes internacionais de direitos humanos, condenado Estados que não agem para evitar estupros reiterados em determinada comunidade[1].

Além dessa gravidade dos delitos quanto aos direitos fundamentais que atingem, há o aspecto da clandestinidade. São delitos que na maior parte das vezes são cometidos sem testemunhas, na presença exclusiva da vítima, podendo ser cometidos sem deixar vestígios, ou seja, de forma transeunte. A comprovação se torna, assim, extremamente difícil. Por isso, a jurisprudência tem dado especial valor à palavra da vítima em matéria probatória, considerando essas características próprias dos delitos contra a dignidade sexual[2].

1. Como exemplo, vide o Caso Gonzáles e outras vs. México, conhecido como Campo Algodonero, da Corte Interamericana de Direitos Humanos.
2. STJ, AgRg no HC n. 835.427/DF, Rel. Min. Ribeiro Dantas, Quinta Turma, julgado em 16/10/2023, DJe de 19/10/2023.

1. DOS CRIMES CONTRA A LIBERDADE SEXUAL

O Capítulo I do Título VI trata dos crimes contra a liberdade sexual, que tutelam a dignidade sexual na vertente da liberdade de escolha de cada um, em relação a desenvolver ou não sua sexualidade, quando fazê-lo e com quem. A liberdade sexual de cada um, portanto, é plena, desde que, claro, respeitados os direitos alheios.

1.1. Estupro

O primeiro dos delitos contra a liberdade sexual é o estupro, previsto no artigo 213 do Código Penal:

> *Art. 213. Constranger alguém, mediante violência ou grave ameaça, a ter conjunção carnal ou a praticar ou permitir que com ele se pratique outro ato libidinoso:*
> *Pena – reclusão, de 6 (seis) a 10 (dez) anos.*
> *§ 1º Se da conduta resulta lesão corporal de natureza grave ou se a vítima é menor de 18 (dezoito) ou maior de 14 (catorze) anos:*
> *Pena – reclusão, de 8 (oito) a 12 (doze) anos.*
> *§ 2º Se da conduta resulta morte:*
> *Pena – reclusão, de 12 (doze) a 30 (trinta) anos*

Esse tipo penal foi alterado pela Lei n. 12.015/2009, sendo que sua presente redação resulta da junção dos antigos tipos penais do estupro e do atentado violento ao pudor:

Antes da Lei n. 12.015/2009	Após a Lei n. 12.015/2009
Art. 213 – Constranger mulher à conjunção carnal, mediante violência ou grave ameaça: Pena – reclusão, de três a oito anos. Art. 214 – Constranger alguém, mediante violência ou grave ameaça, a praticar ou permitir que com ele se pratique ato libidinoso diverso da conjunção carnal: Pena – reclusão de dois a sete anos.	Art. 213. Constranger alguém, mediante violência ou grave ameaça, a ter conjunção carnal ou a praticar ou permitir que com ele se pratique outro ato libidinoso: Pena – reclusão, de 6 (seis) a 10 (dez) anos.

Analisados os tipos simples dos antigos artigos 213 e 214 do Código Penal, é possível perceber que ambos são abarcados pela atual redação da modalidade simples do crime de estupro, com a redação dada pela Lei n. 12.015/2009. Portanto, não houve *abolitio criminis* com relação ao atentado violento ao pudor, anteriormente tipificado no artigo 214, mas mera modificação do tipo penal, com sua abrangência atual pelo artigo 213 do Código. Conforme o princípio da **continuidade normativo-típica**, a conduta tipificada por determinado dispositivo e que passa a ser tratado por outro, sem solução de continuidade, ou seja, sem interrupção, não implica *abolitio criminis*, persistindo os efeitos condenatórios de todos os que tiveram contra si uma sentença condenatória pela prática do crime de atentado violento ao pudor.

No direito romano, ensina Noronha, o vocábulo *stuprum* tinha conceito amplo, como a atual redação do artigo 213 do Código Penal, de modo que abrangia todas as relações carnais ilícitas. Posteriormente, haviam adotado a denominação de *stuprum violentum* para a conjunção carnal forçada. O delito também é chamado, em alguns países, de *violação*[3].

A conduta incriminada no atual tipo penal é constranger (tolher a liberdade de, obrigar, coagir) alguém, **mediante violência ou grave ameaça**, a fazer, a ter conjunção carnal ou a praticar ou permitir que com ele se pratique outro ato libidinoso. O constrangimento, que de forma isolada configura o crime de constrangimento ilegal, é o meio para a prática de conjunção carnal ou outro ato libidinoso, sem que a vítima consinta com isso. O STJ já destacou, nesse sentido, que o crime é pluriofensivo, pois são tutelados dois bens jurídicos nesse tipo penal: a liberdade sexual e, alternativamente, a integridade corporal e a liberdade individual[4].

Conjunção carnal é a relação sexual consistente na introdução do pênis na vagina. Cuida-se da antiga conduta, única possível, a configurar o crime de estupro na redação anterior do tipo penal. Além disso, a vítima era apenas a mulher, o que levava à necessidade de que o sujeito ativo fosse homem e a vítima fosse mulher, possibilitando a prática da chamada conjunção carnal. Por isso, o delito era classificado como bipróprio, por exigir determinada qualidade tanto do sujeito ativo quanto do passivo, devendo-se destacar, no entanto, a possibilidade excepcional de a mulher ser sujeito ativo mediato do crime, na redação anterior, ao se utilizar de um homem, por exemplo um inimputável, para a execução material do delito.

Atualmente, **a conjunção carnal é apenas uma das formas de praticar o delito**, que pode envolver tanto o sexo vaginal, quanto o anal ou oral (*felatio* ou *cunnilingus*), por exemplo. O tipo penal, na verdade, configura-se com a prática de qualquer ato libidinoso, que pode envolver até mesmo a masturbação e o chamado coito *inter femora*[5]. Inclusive, não é necessário que seja praticado um **ato libidinoso** com a vítima, situação em que é forçada a um comportamento ativo, configurando-se também o delito se a vítima for constrangida a tolerar a prática de algum ato libidinoso com ela, como que o sujeito passe a mão em seus genitais para satisfazer sua lascívia, hipótese em que a vítima é constrangida a um comportamento passivo.

Em regra, o contato físico é caracterizador da prática do ato libidinoso. Entretanto, o crime pode se configurar mesmo sem contato físico entre agente e vítima. O Superior Tribunal de Justiça tem entendido, na esteira de grande parte da doutrina, que a contemplação lasciva é suficiente para a configuração do delito[6]. A Corte considerou que o "ato libidinoso, atualmente descrito nos arts. 213 e 217-A do Código Penal, não é só o coito anal ou o sexo oral, mas podem ser caracterizados mediante toques,

3. NORONHA, Edgard Magalhães. Op. Cit., 1978, p. 107-108. No mesmo sentido: HUNGRIA, Nélson. Op. Cit., 1959, p. 115.
4. STJ, RHC 93906/PA, Rel. Min. Ribeiro Dantas, Quinta Turma, DJe 26/03/2019.
5. Também chamado de sexo intercrural ou intercoxa, implica a fricção do pênis entre as pernas de outra pessoa.
6. STJ, AgRg nos EDcl no REsp 1922807/ES, Rel. Min. Felix Fischer, Quinta Turma, julgado em 23/03/2021, DJe 30/03/2021. Na doutrina: PRADO, Luís Regis. Op. Cit., 2020, p. 803. Ainda na vigência do atentado violento ao pudor, referia-se à contemplação lasciva: NORONHA, Edgard Magalhães. Op. Cit., 1978, p. 129..

beijo lascivo, contatos voluptuosos, contemplação lasciva, dentre outros. Isto porque, o legislador, com a alteração trazida pela Lei n. 12.015/2009, optou por consagrar que no delito de estupro a prática de conjunção carnal ou outro ato libidinoso, não havendo rol taxativo ou exemplificativo acerca de quais atos seriam considerados libidinosos"[7]. Assim, até o beijo lascivo pode configurar o delito.

É preciso, entretanto, fazer uma diferenciação do beijo lascivo na configuração do estupro e do estupro de vulnerável. Enquanto este último delito se configura com qualquer ato libidinoso, bastando a vulnerabilidade da vítima, o estupro exige a violência ou grave ameaça. Assim, o popularmente conhecido como "beijo roubado", aquele dado sem consentimento, de inopino, deve configurar, se lascivo, o delito de importunação sexual. Por outro lado, se a vítima é forçada fisicamente, como se ela tem seus braços retidos pelo agente, ou se sofre grave ameaça, como a exercida pela mirada de uma arma de fogo, o beijo de natureza lasciva configurará o delito de estupro[8].

Atualmente, a doutrina reconhece a possibilidade de estupro sem que haja contato físico, como quando o agente, mediante grave ameaça, constrange a vítima a praticar ato libidinoso por meio virtual. Deve-se diferenciá-lo, entretanto, do crime de importunação sexual. Enquanto o estupro exige violência ou grave ameaça, o delito de importunação sexual envolve a prática de ato libidinoso contra a vítima e sem a sua anuência. Assim, este último crime, que é expressamente subsidiário, não exige violência ou grave ameaça. Passar a mão nas partes íntimas da vítima, de inopino, e correr posteriormente, configura o crime de importunação sexual. Se o agente forçar a vítima a tolerar esse comportamento sob ameaça de arma de fogo, o crime será o de estupro.

O sujeito ativo pode ser homem ou mulher desde a alteração legislativa de 2009, assim como não é mais necessário que o sujeito passivo seja mulher, podendo ser pessoa de ambos os sexos. Por conseguinte, o crime de estupro, após a alteração legislativa, passou a ser classificado como crime bicomum. Se a vítima for menor de 14 anos ou alguém que não tenha discernimento para a prática do ato, o crime será o de estupro de vulnerável, que não exige violência nem grave ameaça para a sua configuração.

O constrangimento pode ocorrer de duas formas ou dois meios de execução:

- **Violência** (*vis absoluta*): a violência deve ser real, apta a constranger a vítima a realizar ou tolerar que com ela se pratique algum ato libidinoso, inclusive a conjunção carnal. É o emprego de força física.
- **Grave ameaça** (*vis compulsiva* ou *vis relativa*): cuida-se da violência moral, a coação consistente na promessa de mal grave, que deve ser capaz de atemorizar a vítima, de modo a lhe tolher a liberdade sexual. Como decidiu o STJ, essa coação psicológica "pode ser direta ou imediata, quando dirigida

7. STJ, AgRg no REsp n. 1.995.795/SC, Rel. Des. Conv. Jesuíno Rissato, Quinta Turma, julgado em 23/8/2022, DJe de 26/8/2022.
8. Neste sentido: STJ, RHC n. 93.906/PA, Rel. Min. Ribeiro Dantas, Quinta Turma, julgado em 21/3/2019, DJe de 26/3/2019.

> contra o ofendido, ou indireta ou mediata, se voltada contra pessoa ou coisa ligada à vítima por laços de parentesco ou afeto"[9].

O emprego de violência ou grave ameaça para contranger a vítima ao ato deixa clara a necessidade de dissenso da vítima. Não importa se há relacionamento amoroso entre a vítima e o agente nem mesmo se ela concordou inicialmente com a prática do ato. Se ela desiste de prosseguir ou de qualquer modo deseja, inequivocamente, parar o ato sexual, o agente não deve prosseguir. O consentimento inicial não afasta o delito se, após a vítima mudar de ideia, for empregada violência ou grave ameaça para compelir a vítima a prosseguir ou tolerar a continuidade do ato sexual.

Na hipótese de comissão do delito pela conjunção carnal, a consumação ocorre com a penetração parcial ou total do pênis na vagina. Obviamente, não é preciso haver ejaculação. Para os outros atos libidinosos, o momento da consumação é quando a vítima, após ser constrangida mediante violência ou grave ameaça, é obrigada participar ou tolerar que com ela se pratique outro ato libidinoso.

O crime é doloso, sendo o elemento subjetivo a vontade e consciência de constranger outrem, por violência ou grave ameaça, a praticar conjunção carnal, a praticar ou a permitir que com ele se pratique outro ato libidinoso. Há divergência doutrinária a respeito da necessidade ou não de elemento subjetivo especial do tipo, consistente na intenção sexual, na intenção libidinosa, um ânimo lúbrico[10]. Independentemente da discussão, fato é que essa intenção pode ser extraída diretamente do tipo penal[11]. Não se exige a finalidade de satisfação da lascívia, deve-se ressaltar. O **elemento subjetivo especial** exigido, com acerto, pela doutrina majoritária é a sujeição da vítima ao ato sexual, à libidinagem. O crime se classifica, assim, como delito de tendência ou de tendência interna peculiar ou intensificada.

O delito é material, exigindo a alteração no mundo naturalístico para sua ocorrência, sendo, inclusive, **delito não transeunte**, ou seja, que deixa vestígios[12].

---

9. STJ, RHC n. 93.906/PA, Rel. Min. Ribeiro Dantas, Quinta Turma, julgado em 21/3/2019, DJe de 26/3/2019.
10. Exigem elemento subjetivo especial: PRADO, Luís Regis. Curso de direito penal brasileiro, parte geral e parte especial. 18 Ed. Rio de Janeiro: Forense, 2020, p. 803-804; BITENCOURT, Cezar Roberto. Crimes contra a dignidade sexual até crimes contra a fé pública. Colação Tratado de direito penal, volume 4. 14 Ed. São Paulo: Saraiva, 2020, p. 62; MASSON, Cleber. Direito penal: parte especial (arts. 213 a 359-H), volume III. 9 Ed. Rio de Janeiro: Método, 2019, p. 22. Direito Penal; NUCCI, Guilherme de Souza. Código Penal Comentado. 15. ed. rev. atual. e ampl. Rio de Janeiro: Forense, 2015, p. 1078. Usando o termo dolo específico: HUNGRIA, Nélson. Comentários ao Código Penal, vol. VIII. 4. ed. Rio de Janeiro: Revista Forense, 1959, p. 124. Em sentido contrário: CAPEZ, Fernando. Curso de direito penal, volume 3, parte especial: dos crimes contra a dignidade sexual a dos crimes contra a administração pública (arts. 213 a 359-H). 11. ed. São Paulo: Saraiva, 2013, p. 36-37; ALVES, Jamil Chaim. Op. Cit., 2021, p. 1184. Entendem que basta o dolo genérico, mas se refere à finalidade de prática de um ato objetivamente libidinoso: GENTIL, Plínio Antônio Britto; JORGE, Ana Paula. Título VI. dos Crimes contra a dignidade sexual. In: SILVA FILHO, Acácio Miranda da Silva; et al. Coordenadores Maurício Shaun Jalil e Vicente Greco Filho. Código penal comentado: doutrina e jurisprudência. 6. ed. Barueri: Manole, 2023, p. 666; ALVES, Jamil Chaim. Op. Cit., 2021, p. 1237; CUNHA, Rogério Sanches. Op. Cit., 2020. p. 666. Noronha aceitava a exigência de dolo específico quanto ao estupro, quando só era praticado pela conjunção carnal, mas o entendia desnecessário no atentado violento ao pudor, que se praticava mediante qualquer ato libidinoso: NORONHA, Edgard Magalhães. Direito Penal, vol. 4. 10. ed. São Paulo: Saraiva, 1978, p. 121, 139.
11. CUNHA, Rogério Sanches. Manual de direito penal: parte especial (arts.121 ao 361). 12. ed. Salvador: Juspodivm, 2020, p. 524.
12. BITENCOURT, Cezar Roberto. Op. Cit., 2020, p. 62.

No entanto, com o entendimento hoje dominante na jurisprudência que pode se configurar mediante a contemplação lasciva, obtida com violência ou grave ameaça, o delito pode também ser praticado de forma transeunte. Também se classifica como instantâneo, já que se consuma num dado instante do tempo. Ademais, é plurissubsistente, admitindo a tentativa, modalidade também denominada de *conatus*.

Com a reunião dos tipos penais do estupro e do atentado violento ao pudor no crime único de estupro do artigo 213 do Código Penal, com a atual redação dada pela Lei n. 12.015/2009, surgiu a discussão sobre a diversidade de atos configurar crime único ou concurso de infrações penais. Isso porque, anteriormente, se o agente praticasse conjunção carnal e, além disso, praticasse outro ato libidinoso contra a vítima, configuravam-se os crimes de estupro e de atentado violento ao pudor. Surgiram duas correntes sobre o tema:

- Parte da doutrina, inclusive Rogério Greco, passou a entender que o tipo penal do estupro, atualmente, é misto alternativo ou de conduta variada, o que enseja a conclusão de que, praticados dois ou mais atos no mesmo contexto, haveria um único delito[13]. Masson, com razão, o considera crime simples, já que possui um único núcleo do tipo, mas de condutas alternativas. O efeito prático também seria o de reconhecimento de somente um crime, se praticados diversos atos no mesmo contexto[14].
- Outros doutrinadores, como Vicente Greco Filho, defenderam que deveria haver a análise casuística, pela alternatividade ou pela cumulatividade. Caso não haja relação de consunção, devem ser reconhecidos os delitos autônomos. Em sua visão, o artigo 213 expressaria uma norma penal conjunta, espécie que abrangeria os tipos mistos alternativos e os cumulativos. A sua alternatividade ou cumulatividade deveria ser analisada em cada caso, à luz dos princípios do conclito aparente de normas (especialidade, subsidiariedade e consunção)[15]. O Superior Tribunal de Justiça já entendeu da mesma forma, considerando que o tipo passou a ser misto cumulativo[16].

Entretanto, após esse entendimento inicial, a jurisprudência do Superior Tribunal de Justiça se fixou no sentido que, com a modificação dos crimes contra a dignidade sexual, a prática de conjunção carnal e outros atos libidinosos, no mesmo contexto, configura crime único, como se depreende da leitura do seguinte precedente:

> *"(...) 1.* ***A atual jurisprudência desta Corte Superior entende que, "como a Lei 12.015/2009 unificou os crimes de estupro e atentado violento ao pudor em um mesmo tipo penal, deve ser reconhecida a existência de crime único de estupro,***

13. GRECO, Rogério. Código Penal Comentado. 14. ed. Niterói: Editora Impetus, 2020.
14. MASSON, Cleber. Op. Cit., 2019, p. 13-14.
15. GRECO FILHO, Greco. Uma interpretação de duvidosa dignidade (sobre a nova lei dos crimes contra a dignidade sexual). Revista do Tribunal Regional Federal da 1ª Região, v. 21, n. 11, nov. 2009.
16. "A reforma introduzida pela Lei nº 12.015/2009 unificou, em um só tipo penal, as figuras delitivas antes previstas nos tipos autônomos de estupro e atentado violento ao pudor. Contudo, o novel tipo de injusto é misto acumulado e não misto alternativo." (STJ, HC 87960/SP, Rel. Min. Arnaldo Esteves Lima, Quinta Turma, DJe 27/09/2010).

> ***caso as condutas tenham sido praticadas contra a mesma vítima e no mesmo contexto fático"*** *(AgRg no AREsp n. 233.559/BA, Rel. Min. Assusete Magalhães, Sexta Turma., DJe 10/2/2014, destaquei), o que torna inviável a incidência do concurso material de crimes, previsto no art. 69 do Código Penal. 2. Também ficou assentado neste Tribunal Superior o entendimento que em casos como os dos autos, os atos libidinosos diversos da conjunção carnal poderão ser negativamente valorados, por ocasião da dosagem da pena-base, na análise das circunstâncias elencadas no art. 59 do Código Penal. (STJ, REsp 1288328/DF, Rel. Min. Rogério Schietti Cruz, Sexta Turma, DJe 15/05/2017).*

A Lei n. 8.072/1990, chamada de Lei dos Crimes Hediondos, já previa os crimes de atentado violento ao pudor e estupro em seu rol. Com o advento da Lei n. 12.015/2009 e a absorção do primeiro tipo pelo segundo, passou a conter apenas o crime de estupro no seu artigo 1º, inciso V:

> *Art. 1º São considerados* ***hediondos*** *os seguintes crimes, todos tipificados no Decreto-Lei nº 2.848, de 7 de dezembro de 1940 - Código Penal, consumados ou tentados:*
>
> *(...)*
>
> *V – estupro (art. 213, caput e §§ 1º e 2º);*

Antes da alteração legislativa, o STJ já decidiu, em julgamento de recurso especial representativo da controvérsia, que a natureza hedionda do estupro independe da modalidade, bem como de qualquer resultado qualificador. Portanto, **o estupro é crime hediondo mesmo em sua modalidade simples:**

> *"(...) 1. Os crimes de estupro e atentado violento ao pudor, ainda que em sua forma simples, configuram modalidades de crime hediondo porque o bem jurídico tutelado é a liberdade sexual e não a integridade física ou a vida da vítima, sendo irrelevante, para tanto, que a prática dos ilícitos tenha resultado lesões corporais de natureza grave ou morte. 2. As lesões corporais e a morte são resultados que qualificam o crime, não constituindo, pois, elementos do tipo penal necessários ao reconhecimento do caráter hediondo do delito, que exsurge da gravidade mesma do crimes praticados contra a liberdade sexual e merecem tutela diferenciada, mais rigorosa. Precedentes do STJ e STF. 3. Recurso especial representativo de controvérsia provido para declarar a natureza hedionda dos crimes de estupro e atentado violento ao pudor praticados antes da edição da Lei nº 12.015/09, independentemente que tenham resultado lesões corporais de natureza grave ou morte. (...)" (REsp 1110520/SP, Rel. Min. Maria Thereza Moura, Terceira Seção,* DJe *26/09/2012).*

A conduta de retirada não consentida do preservativo, de forma sub-reptícia ou clandestina, durante a prática do ato sexual, denominada de ***stealthing***, não pode configurar o delito do artigo 213, considerando a ausência de violência ou grave ameaça. O crime a ser praticado, de início, pode ser o de violação sexual mediante fraude, considerando que o consentimento para o ato sexual foi dado com determinadas condições. Tendo o agente empregado fraude, enganando a vítima quanto à segurança do ato, pratica o delito chamado de *estelionato sexual*, tipificado no artigo 215 do Código Penal. Só haverá estupro caso o agente utilizar de violência ou grave ameaça para continuar o ato após a vítima perceber a retirada do preservativo.

Antes do advento da Lei n. 12.015/2019, a doutrina debatia a diferença da ***impotentia couendi***, a incapacidade de copular, de obter a ereção, da ***impotencia generandi***, que seria a incapacidade de procriação, a infertilidade. Haveria crime impossível apenas na primeira hipótese, pela incapacidade absoluta de prática da conjunção carnal. Essa discussão parece inútil atualmente, considerando que a prática de qualquer ato libidinoso, com emprego de violência ou grave ameaça contra a vítima, configura o delito de estupro. A investigação sobre a incapacidade erétil só poderá ter algum sentido se, comprovada por perícia médica como condição presente ao tempo do crime, a acusação feita contra o agente for exclusivamente de penetração do órgão sexual de maneira forçada.

É cabível, claramente, a desistência voluntária, prevista no artigo 15 do Código Penal. Se o agente desiste, voluntariamente, de prosseguir na execução típica, não responderá pela tentativa de estupro. Se o agente, após ter levado a vítima, sob a mira de uma arma de fogo, a um local distante, como um prédio em construção, manda que ela tire a roupa, mas, após a sua súplica, muda de ideia e vai embora, não será responsabilizado pelo artigo 213 do Código Penal. Deve-se lembrar, todavia, que o agente responde pelos atos já praticados, de modo que, se já tiver sido praticado ato libidinoso, será responsabilizado por estupro, na forma consumada[17].

O STJ já decidiu que a violência empregada no estupro deve ser **suficiente para subjugar a vítima**, constrangendo-a à conjunção carnal ou outro ato libidinoso. Se a força não for apta a submetê-la a sua vontade, o crime será o de importunação sexual:

> *"Quanto à efetiva configuração da violência na hipótese dos autos, é que a tipificação penal apresenta peculiaridade que não pode ser desprezada pelo STJ. De fato, por mais que a conduta narrada seja extremamente grave, tendo o recorrente segurado a vítima à força, verifica-se que esta conseguiu se desvencilhar. Nessa linha de intelecção, a hipótese apresenta particularidade, uma vez que a violência indicada, consistente no fato de o recorrente ter agarrado a vítima à força, não se revelou suficiente para subjugá-la, não sendo apta, portanto, a configurar o tipo penal de estupro, sob pena de se banalizar crime hediondo de extrema gravidade. (...) Nesse contexto, constata-se que a conduta imputada melhor se subsome ao tipo de importunação sexual, tipo subsidiário, verdadeiro "soldado de reserva", que se aplica quando não é possível preencher os elementos normativos dos tipos penais mais gravosos, conforme se verificou na presente hipótese" (STJ, AgRg no AREsp n. 1.844.610/SP, Rel. Min. Reynaldo Soares da Fonseca, Quinta Turma, julgado em 7/12/2021, DJe de 13/12/2021).*

Caso o agente obrigue a vítima a presenciar ato libidinoso, sem tomar parte nem tolerar que com ela seja praticado, não se configura o delito de estupro. Em se tratando de maior de 14 anos, o delito será o de constrangimento ilegal. Se for menor de 14 anos, configura-se o delito de satisfação de lascívia mediante presença de criança ou adolescente, tipificado no artigo 218-A do Código Penal.

O delito não se confunde com a violação sexual mediante fraude, pois, naquele delito, previsto no artigo 215 do Código Penal, a vítima é enganada. Por exemplo, imagina que se trata de uma cura espiritual, mas na realidade o agente está excitado

17. STJ, HC n. 125.259/MG, Rel. Des. Convocado Haroldo Rodrigues, Sexta Turma, julgado em 23/11/2010, DJe de 17/12/2010.

ao manipular o seu corpo, realizando o ato com finalidade libidinosa. Há consentimento, mas viciado. No estupro, o agente emprega violência ou grave ameaça para constanger a vítima ao ato.

Na importunação sexual, não há emprego de violência ou grave ameaça. O agente realiza o ato sem a anuência da vítima e contra ela, como, por exemplo, pela atuação de inopino, inesperada, supreendendo a vítima com apalpada em seu corpo. No estupro, o delito somente se configura se o agente constrange alguém, por meio de violência ou grave ameaça, à prática de ato libinoso ou a tolerar que com ela se pratique um ato dessa natureza.

O assédio sexual é crime formal, que se configura quando o agente, prevalecendo de sua condição de superior hierárquico ou ascendência inerentes ao exercício de cargo, emprego ou função, contrange a vítima com o intuito de obter vantagem ou favorecimento sexual. Esse delito, previsto no artigo 216-A do CP, configura-se caso o agente, prefeito municipal, insiste ao convidar ocupante de cargo comissionado a ir para a cama com ele, dando a entender que isso asseguraria a continuidade do vínculo. O delito de estupro , por sua vez, é material. Além disso, não é cometido com o constrangimento advindo de posição de ascendência, mas pelo emprego de violência ou grave ameaça.

Se o delito for praticado contra indígena "não integrado", incide a causa de aumento de pena de um terço, nos termos do artigo 59 da Lei n. 6.001/1973. Apesar de o dispositivo se referir a delitos contra os costumes, essa nomenclatura foi substituída pela de crimes contra a dignidade sexual, não havendo dificuldades em identificar o âmbito de incidência da norma.

Formas qualificadas

O parágrafo primeiro do artigo 213 prevê a primeira forma qualificada do estupro, cuja pena passa a ser de reclusão, de 8 a 12 anos. Incide se da conduta resultar **lesão corporal de natureza grave** ou se **a vítima for menor de 18 (dezoito) ou maior de 14 (catorze) anos**. Já o parágrafo segundo prevê o resultado **morte**, situação em que a pena passa a ser de reclusão, de 12 a 30 anos.

Nas modalidades qualificadas pelo resultado, que abrange a lesão grave e a morte, ele deve ser praticado em relação à vítima do estupro. Ademais, elas constituem figuras **preterdolosas**, por se comporem de dolo na conduta antecedente, no estupro, e culpa em relação ao resultado gravoso, consistente na lesão corporal de natureza grave, incluída a gravíssima, ou morte[18]. Se houver dolo em relação ao resultado, haverá concurso de crimes. As lesões leves e vias de fato são absorvidas pelo crime de estupro[19].

Entretanto, há um debate jurisprudencial e doutrinário sobre a incidência das qualificadoras do delito de estupro quando o resultado lesão corporal grave ou morte é produzido mediante dolo. Parte da doutrina defende que a pena resultante

18. Nesse sentido: PRADO, Luís Regis. Op. Cit., 2020, p. 804-805. CUNHA, Rogério Sanches. Op. Cit., 2020, p. 527. CAPEZ, Fernando. Op. Cit., 2013, p. 48. ALVES, Jamil Chaim. Op. Cit., 2021, p. 1186. MASSON, Cleber. Op. Cit., 2019, p. 30-31. Em sentido contrário, defendendo que o resultado pode ser praticado dolosamente ou a título de culpa: NUCCI, Guilherme de Souza. Op. Cit., 2015, p. 1092.

19. Nesse sentido: PRADO, Luís Regis. Op. Cit., 2020, p. 805. MASSON, Cleber. Op. Cit., 2019, p. 29.

do concurso material do crime de estupro e lesão corporal grave (artigo 129, § 1º, do CP) seria inferior à do estupro qualificado, o que ensejaria a aplicação das qualificadoras, para evitar desarmonias no sistema[20]. É a posição mais acertada, considerando-se uma interpretação sistemática e que evite penas menores para condutas mais gravosas, distorcendo as funções preventiva e retributiva da pena, mencionadas no artigo 59 do CP. Ainda que no homicídio não haja essa distorção, o estupro não será desconsiderado, pois as circunstâncias do delito deverão ser sopesadas adequadamente pelo juiz, de modo que a individualização da pena poderá evitar que, no concurso de estupro e homicídio, ambos dolosos, o estupro fique impune.

E se o estupro for tentado e sobrevier a lesão grave ou a morte da vítima? Neste caso, pode-se adotar a mesma solução dada pelo Supremo Tribunal Federal, no caso de latrocínio, pelo enunciado 610 de sua Súmula[21]. Ocorrendo o resultado morte ou lesão grave, o delito se consumou, independentemente do êxito do agente quanto à pratica da conjunção carnal ou outro ato libidinoso[22].

Quanto à idade da vítima como forma qualificada do delito, é necessário que o agente tenha **ciência** de tal elemento, sob pena de não incidência da forma qualificada. Cuida-se de consequência do princípio da culpabilidade, que veda a responsabilidade penal objetiva. Interessante notar que, se a vítima for menor de 14 anos, o crime será de estupro de vulnerável. Se a vítima for maior de 14 anos e menor de 18 anos, o crime será de estupro qualificado. Caso a vítima já tenha idade igual ou superior a 18 anos, o crime será o estupro simples.

Há uma lacuna legislativa em relação à vítima que tem exatamente 14 anos de idade, ou seja, que tem a conduta praticada contra si no dia do seu aniversário de 14 anos de idade. Isso porque o crime contra a vítima com idade igual a 14 anos está fora do crime de estupro de vulnerável, não podendo, ainda, configurar a modalidade qualificada de estupro, já que pela taxatividade não se admite a interpretação extensiva para estender o tratamento mais rígido a hipótese não prevista em lei. O dispositivo legal só menciona pessoa maior de 14 e menor de 18 anos de idade.

Assim, há um nítido problema, já que restaria para o caso a modalidade simples de estupro. O questionamento pode prosseguir. Se estuprar alguém com idade igual a 14 anos é estupro simples, pode-se questionar a validade em se considerar qualificado o estupro de alguém maior de 14 e menor de 18. Estuprar uma pessoa de 14 anos de idade, na data do seu aniversário respectivo, não é mais grave que estuprar uma de 16 anos de idade. Por isso, deve haver urgente correção na via legislativa desse problema na definição do estupro e de suas modalidades.

Cumpre mencionar, entretanto, que parte da doutrina admite a qualificadora do estupro se o delito for praticado quando a vítima possui exatos 14 anos de idade. A concepção é de que, se é qualificado o delito praticado contra menor de 14 anos

20. BITENCOURT, Cezar Roberto. Op. Cit., 2020, p. 59-60. NUCCI, Guilherme de Souza. Op. Cit., 2015, p. 1092-1094. Defende a posição e diz ser majoritária: BARROS, Flávio Augusto Monteiro de. Op. Cit., p. 1127-1128.
21. "Há crime de latrocínio, quando o homicídio se consuma, ainda que não realize o agente a subtração de bens da vítima".
22. Nesse sentido: PRADO, Luís Regis. Op. Cit., 2020, p. 805. NUCCI, Guilherme de Souza. Op. Cit., 2015, p. 1092.

de idade, com mais razão deve incidir a qualificadora se a idade é exatamente de 14 anos de idade. É a posição defendida por Damásio de Jesus[23].

Continuidade delitiva

É possível que haja a prática de várias condutas caracterizadoras do estupro contra a mesma vítima, de forma reiterada. Pode ocorrer, inclusive, que a vítima possua menos de 14 anos de idade quando do início desses crimes sequenciais, completando essa idade ao longo dos crimes praticados em continuidade. O STJ vinha admitindo, nestes casos, a continuidade delitiva entre os crimes de estupro e estupro de vulnerável[24]. A Sexta Turma decidiu de modo diverso, afastando a continuidade delitiva e aplicando o concurso material de crimes, ao argumento de que os delitos de estupro e estupro de vulnerável são de espécies diferentes e tutelam bens jurídicos diversos, a saber, a liberdade sexual e a dignidade e desenvolvimento sexual da pessoa vulnerável:

> *"Os crimes de estupro qualificado e estupro de vulnerável são de espécies diferentes e tutelam bens jurídicos distintos. O primeiro protege a liberdade sexual e o último, a dignidade e o desenvolvimento sexual da pessoa vulnerável, circunstâncias que afastam o requisito do vínculo subjetivo entre as práticas criminosas e tornam inaplicável a continuidade delitiva, como no caso dos autos. Precedentes". (STJ, AgRg no HC n. 852.877/SC, Rel. Min. Rogerio Schietti Cruz, Sexta Turma, julgado em 17/6/2024, DJe de 19/6/2024).*

Cadastro Nacional de Pessoas Condenadas por Crime de Estupro

A Lei n. 14.069/2020 instituiu o Cadastro Nacional de Pessoas Condenadas por Crime de Estupro, com divulgação de dados das pessoas condenadas por esse crime, inclusive com divulgação de fotos. No caso de livramento condicional, haverá divulgação do local de moradia e a atividade laboral desenvolvida nos últimos três anos. Interessante notar que a lei se limita a referir a estupro, o que parece incluir o estupro e o estupro de vulnerável, por decorrência lógica e por compartilharem os dois tipos penais, de certa forma, da mesma nomenclatura básica. De todo modo, a lei poderia ter sido mais clara e feito menção aos tipos penais.

A Lei n. 15.035, de 27 de novembro de 2024, inseriu o artigo 2º-A na Lei n. 14.069/2020, para implementar o Cadastro Nacional de Pedófilos e Predadores Sexuais, sistema desenvolvido a partir dos dados constantes do Cadastro Nacional de Pessoas Condenadas por Crime de Estupro. Este novo cadastro permitirá a consulta pública dos condenados a partir do nome e do cadastro de pessoa física (CPF):

> *Art. 2º-A. É determinada a criação do Cadastro Nacional de Pedófilos e Predadores Sexuais, sistema desenvolvido a partir dos dados constantes do Cadastro Nacional de Pessoas Condenadas por Crime de Estupro, que permitirá a consulta pública do nome completo e do número de inscrição no Cadastro de Pessoas Físicas (CPF) das pessoas condenadas por esse crime.*

23. ALVES, Jamil Chaim. Op. Cit., 2021, p. 1185.
24. STJ, AgRg no REsp 1797986/GO, Rel. Min. Jorge Mussi, Quinta Turma, julgado em 10/09/2019, DJe 24/09/2019.

O Congresso Nacional havia aprovado, ainda, o parágrafo único, o qual previa que as informações ficariam disponíveis para consulta pública pelo prazo de 10 anos após o integral cumprimento de pena, salvo em caso de reabilitação. O Presidente da República vetou o dispositivo por considerar que a medida incorria em vício de inconstitucionalidade, em razão da extensão do prazo em confronto com princípios constitucionais, como a proporcionalidade, e com direitos fundamentais, inclusive o direito à intimidade e ao devido processo legal.

Foi, ainda, alterado o Código Penal, com a inclusão dos parágrafos primeiro, segundo e terceiro no artigo 234-B, com a previsão de monitoramente dos condenados pelos crimes dos artigos 213, 216-B, 217-A, 218-B, 227, 228, 229 e 230, do Código Penal, desde a condenação em primeira instância:

> *§ 1º O sistema de consulta processual tornará de acesso público o nome completo do réu, seu número de inscrição no Cadastro de Pessoas Físicas (CPF) e a tipificação penal do fato a partir da condenação em primeira instância pelos crimes tipificados nos arts. 213, 216-B, 217-A, 218-B, 227, 228, 229 e 230 deste Código, inclusive com os dados da pena ou da medida de segurança imposta, ressalvada a possibilidade de o juiz fundamentadamente determinar a manutenção do sigilo.*
>
> *§ 2º Caso o réu seja absolvido em grau recursal, será restabelecido o sigilo sobre as informações a que se refere o § 1º deste artigo.*
>
> *§ 3º O réu condenado passará a ser monitorado por dispositivo eletrônico.*[25]

QUADRO SINÓTICO

Crime de estupro	
Tipo penal	Constranger alguém, mediante violência ou grave ameaça, a ter conjunção carnal ou a praticar ou permitir que com ele se pratique outro ato libidinoso.
Objeto jurídico	Tutelam-se a liberdade e a dignidade sexual.
Sujeito ativo	No caso da conjunção carnal, o sujeito ativo será um homem ou uma mulher. Com relação aos outros atos libidinosos, qualquer um poderá ser o sujeito ativo.
Sujeito passivo	No que se refere à conjunção carnal, a vítima será homem ou mulher do sexo oposto ao do sujeito ativo. Nos outros atos libidinosos qualquer um pode ser o sujeito passivo.
Elemento subjetivo	Admite-se somente a modalidade dolosa. O *caput* não exige o especial fim de agir de satisfazer a libido: o agente que constrange alguém, mediante violência ou grave ameaça, a ter conjunção carnal, para se vingar, por exemplo, também pratica estupro. A seu turno, na hipótese do estupro corretivo (artigo 226, inciso IV, alínea *b*, do CP), há o especial fim de agir de controlar o comportamento social ou sexual da vítima.

25. O tema será analisado em conjunto com o artigo 234-B do Código Penal.

Crime de estupro	
Consumação	Na hipótese de comissão do delito pela conjunção carnal, a consumação ocorre com a penetração parcial ou total do pênis na vagina. Para os outros atos libidinosos, o momento da consumação é quando a vítima, após ser constrangida mediante violência ou grave ameaça, é obrigada a participar ou tolerar que nela se pratique outro ato libidinoso.
Tentativa	Admite-se a tentativa.
Forma majorada	A pena é aumentada de metade, se o agente é ascendente, padrasto ou madrasta, tio, irmão, cônjuge, companheiro, tutor, curador, preceptor ou empregador da vítima ou por qualquer outro título tiver autoridade sobre ela; de 1/3 (um terço) a 2/3 (dois terços), se o crime é praticado mediante concurso de 2 (dois) ou mais agentes ou para controlar o comportamento social ou sexual da vítima. A pena é aumentada, ainda, de metade a 2/3 (dois terços), se do crime resulta gravidez; e de 1/3 (um terço) a 2/3 (dois terços), se o agente transmite à vítima doença sexualmente transmissível de que sabe ou deveria saber ser portador, ou se a vítima é idosa ou pessoa com deficiência. Por fim, se o delito for praticado contra indígena "não integrado", incide a causa de aumento de pena de um terço, nos termos do artigo 59 da Lei n. 6.001/1973.
Forma qualificada	O estupro é qualificado se resulta lesão corporal de natureza grave ou se a vítima é menor de 18 ou maior de 14 anos. O estupro também é qualificado pela produção do resultado morte.
Jurisprudência relevante	"As lesões corporais e a morte são resultados que qualificam o crime, não constituindo, pois, elementos do tipo penal necessários ao reconhecimento do caráter hediondo do delito, que exsurge da gravidade mesma dos crimes praticados contra a liberdade sexual e merecem tutela diferenciada, mais rigorosa". (STJ, REsp 1110520/SP, Rel. Min. Maria Thereza de Assis Moura, Terceira Seção, julgado em 26/09/2012, DJe 04/12/2012)
Classificação	Crime comum, doloso, comissivo ou omissivo impróprio, material, de dano, instantâneo, de forma livre, monossubjetivo, plurissubsistente e, a depender do caso, pode ser transeunte ou não transeunte.
Benefícios	Não admite transação, suspensão condicional do processo ou oferecimento de acordo de não persecução penal.
Ação penal	A ação é pública e incondicionada.
Observações	Nos termos do artigo 234-B do CP, os processos que apuram o crime ora analisado correrão em segredo de justiça.

1.2. Violação sexual mediante fraude

O crime de violação sexual mediante fraude está previsto no artigo 215 do Código Penal, que possui o seguinte teor:

> *Art. 215. Ter conjunção carnal ou praticar outro ato libidinoso com alguém, mediante fraude ou outro meio que impeça ou dificulte a livre manifestação de vontade da vítima:*
>
> *Pena – reclusão, de 2 (dois) a 6 (seis) anos.*
>
> *Parágrafo único. Se o crime é cometido com o fim de obter vantagem econômica, aplica-se também multa.*

O delito é também conhecido como **estelionato sexual**, ou seja, a prática de conjunção carnal ou outro ato libidinoso, com alguém, por meio de fraude ou outro meio que impeça ou dificulte a livre manifestação de vontade da vítima. Hungria observa que os práticos o equiparavam ao *stuprum violentum* (estupro), denominando essa conduta de *stuprum per fraudem*[26].

Tal qual no estupro, a conduta típica é a prática da conjunção carnal (relação sexual consistente na penetração do pênis na vagina, também chamada cópula vagínica) ou de outro ato libidinoso (masturbação, sexo anal, sexo oral etc.). No entanto, o legislador não previu a incriminação de a vítima, enganada, tolerar que com ela se pratique atos sexuais. Deixou, assim, de criminalizar a obtenção de comportamento ativo da vítima, como enganá-la e convencê-la a se tocar, nua, para o agente. No mais, entende-se que se o agente toma parte do ato, como no sexo vaginal ou anal, ele está praticando ato libinoso com a vítima e, por isso, configura-se o delito[27].

O tipo é misto alternativo, de sorte que se o agente pratica a conjunção carnal e, na sequência, outros atos libidinosos, incorre somente uma vez no delito de violação sexual mediante fraude. Assim, enganada a vítima, se o agente pratica com ela sexo vaginal e sexo oral, no mesmo contexto, deverá responder por crime único. Por outro lado, basta que pratique conjunção carnal ou outro ato libidinoso para a configuração do delito, não sendo necessário o cometimento de ambas as ações típicas para cometer a infração penal.

Na modalidade de ter conjunção carnal, é necessário que haja um indivíduo de cada sexo, por envolver a introdução do pênis na vagina. De todo modo, é possível o concurso de agentes. Quando se trata de ato libidinoso, pouco importa o sexo da vítima e do sujeito ativo do delito, configurando-se com qualquer ato dessa natureza.

O meio de execução difere aquele previsto no estupro, pois o agente não se vale de violência ou grave ameaça, mas sim de um dos seguintes modos de obter a conjunção carnal ou praticar outro ato libidinoso:

- **Mediante fraude** (ardil, engodo, artifício): é o caso do sujeito que se passa por seu irmão gêmeo univitelino para ter relação sexual com a namorada deste último, mantendo-a em erro. Na Exposição de Motivos, os exemplos de meio fraudulento consistem em simular casamento e substituir-se ao

26. HUNGRIA, Nélson. Comentários ao Código Penal, vol. VIII. 4. ed. Rio de Janeiro: Revista Forense, 1959, p. 145.
27. Assim, ainda que haja falha legislativa e a automasturbação praticada pela vítima enganada não esteja incluída na incriminação, não se concorda que até mesmo o sexo oral estaria fora do âmbito de incidência de norma. Ora, se a vítima pratica sexo oral no agente, o agente também está praticando sexo com ela, é um ato que envolve os dois corpos e a atuação, ainda que sexualmente passiva, envolveu o emprego anterior de fraude e pode configurar o delito. Em sentido diverso, compreendendo que o agente convencer a vítima a praticar sexo oral não configura o delito: MASSON, Cleber. Op. cit., 2019, p. 35; ALVES, Jamil Chaim. Op. Cit., 2021, p. 1190.

marido na escuridão da alcova. O crime se configura mesmo por meio do silêncio, a depender das circunstâncias, pois o agente pode se aproveitar do engano da vítima e mantê-la em erro[28]. É essencial que o engano da vítima seja decisivo sobre a sua escolha entre realizar ou não o ato sexual, tornando-se viciada a manifestação de vontade. Se a pessoa cortejada percebe que o sujeito que a paquera se passa por outra, como um artista famoso, e mesmo assim se interessa, essa fraude, chamada de grosseira, é insuficiente para a configuração do delito. Se a vítima percebe posteriormente a fraude, mas consente com o ato sexual, tampouco se configura o crime;

- **Por outro meio que impeça ou dificulte a livre manifestação de vontade da vítima** (fórmula que permite a interpretação analógica, a partir do paradigma "fraude"): cuida-se de hipótese de exemplificação mais difícil, já que se cuida de hipótese comparável à fraude. Pode-se ter em mente um sujeito que se aproveita da inexperiência sexual de alguém de lugar pacato, levando a vítima a um local escuro e dizendo que vai usar uma técnica de massagem, quando na verdade pratica um ato libidinoso.

Quanto a esse meio de execução do crime do artigo 215 do Código Penal, Bitencourt, que não admite o estupro sem contato físico, inclui como exemplo o caso do sujeito que, mediante ameaça exercida por meio de arma de fogo, obriga a vítima a se despir na sua frente para satisfação da sua lascívia. Ressalva que entende mais adequado o enquadramento como constrangimento ilegal, mas concebe a possibilidade de configuração do crime de violação sexual mediante fraude[29]. Vale lembrar que grande parte da doutrina entende possível, atualmente, a configuração do estupro "sem contato físico"[30], posição que parece mais adequada com a atual redação do tipo penal. É também a posição do STJ[31].

A exemplo do estelionato propriamente dito, a violação sexual mediante fraude exige que a **vítima tenha capacidade de compreensão**, consentindo com a prática do ato libidinoso em virtude da fraude empregada pelo agente, o que torna a sua vontade viciada. Se a capacidade de resistência ou a livre manifestação de vontade forem **eliminadas totalmente, o caso será de estupro de vulnerável, na forma equiparada** (art. 217-A, § 1º, do CP). Isso porque este último crime envolve sujeito passivo que não tem o necessário discernimento para a prática do ato, por causa de enfermidade ou deficiência mental, ou não pode oferecer resistência a ele, por qualquer outro motivo.

A consumação da violação mediante fraude ocorre com a conjunção carnal, isto é, com a introdução do pênis na vagina, ou a prática de outro ato libidinoso, como a prática de sexo oral, anal, masturbação etc. Não se exigem, claramente, o

28. PRADO, Luís Regis. Op. Cit., 2020, p. 807.
29. BITENCOURT, Cezar Roberto. Tratado de direito penal, volume IV: parte especial. 4. ed. São Paulo: Saraiva, 2010, p. 45-46.
30. NUCCI, Guilherme de Souza. Op. Cit., 2015, p. 1084; PRADO, Luiz Regis. Op. Cit., 2020, p. 807..
31. STJ, AgRg no HC n. 906.243/MS, Rel. Min. Messod Azulay Neto, Quinta Turma, julgado em 17/6/2024, DJe de 20/6/2024.

orgasmo, a satisfação da lascívia ou a ejaculação do sujeito ativo. É cabível a tentativa, tratando-se de crime plurissubsistente. Por isso, se um charlatão, após convencer uma pessoa jovem a deixá-lo despi-la para realizar um ritual religioso, é impedido pelos pais, que, mais experientes, percebem o intuito libidinoso, pode ser responsabilizado pela modalidade tentada.

O delito do artigo 215 do Código adveio de transformação e reunião dos antigos crimes de posse sexual mediante fraude (antigo artigo 215 do CP) e atentado violento ao pudor mediante fraude (antigo artigo 216 do CP), cujos tipos penais simples são transcritos a seguir para efeito comparativo, demonstrando ter havido continuidade normativo-típica:

Antes da Lei n. 12.015/2009	Após a Lei n. 12.015/2009
Art. 215. Ter conjunção carnal com mulher, mediante fraude: Pena – reclusão, de um a três anos. Art. 216. Induzir alguém, mediante fraude, a praticar ou submeter-se à prática de ato libidinoso diverso da conjunção carnal: Pena – reclusão, de um a dois anos.	Art. 215. Ter conjunção carnal ou praticar outro ato libidinoso com alguém, mediante fraude ou outro meio que impeça ou dificulte a livre manifestação de vontade da vítima: Pena – reclusão, de 2 (dois) a 6 (seis) anos.

O *stealthing*, prática de retirada do preservativo durante o ato sexual, configura o crime de violação sexual mediante fraude, se a vítima não percebe e continua a prática da relação sexual. O seu consentimento está viciado, por ter o agente utilizado um meio que dificultou ou impediu a sua livre manifestação de vontade: a retirada sub-reptícia, dissimulada, retirou o conhecimento suficiente para o seu consentimento. Obviamente que, percebendo a vítima a retirada e consentindo com a prática do ato, o fato será atípico. Por outro lado, se a vítima percebe que o agente está sem o preservativo e manifesta a sua discordância com a continuidade do ato sexual, o emprego de violência ou grave ameaça para constrangê-la a prosseguir configura, claramente, o delito de estupro.

O crime é comum, por não exigir qualidade especial do sujeito ativo para a sua prática. É doloso, sendo também **divergente a doutrina sobre o elemento subjetivo especial do tipo**. Bitencourt entende-o necessário, classificando o crime como de tendência e exigindo o especial fim do agente de possuir a vítima sexualmente, ludibriando-a[32]. É plurissubsistente, admitindo a punição da forma tentada. Esse crime já foi reconhecido no caso de médico que enganava as suas pacientes, praticando atos libidinosos com elas, conforme julgado do STJ:

> *"1. Ao recorrente, que é médico dermatologista, são imputados 42 (quarenta e dois) crimes sexuais, em concurso material, praticados durante os anos de 2011, 2012 e 2013, contra suas pacientes. São 38 condutas de violação sexual mediante fraude (art. 215 do CP) e 4 condutas de estupro de vulnerável (art. 217-A do CP). Questiona-se, em síntese, a extinção da punibilidade, com relação a 22 (vinte e duas) vítimas, uma vez que decaíram do direito de representação. Com efeito, o art. 225 do*

32. BITENCOURT, Cezar Roberto. Op. Cit., 2020, p. 76-77.

Código Penal estabelece que, "nos crimes definidos nos Capítulos I e II deste Título, procede-se mediante ação penal pública condicionada à representação. Procede-se, entretanto, mediante ação penal pública incondicionada se a vítima é menor de 18 (dezoito) anos ou pessoa vulnerável". 2. Não há se falar em vulnerabilidade pelo simples fato de se tratar de relação médico e pacientes, uma vez que referida situação já configura a fraude necessária a tipificar o tipo penal do art. 215 do Código Penal. Ademais, as hipóteses de vulnerabilidade legal se referem à ausência de necessário discernimento, em virtude de enfermidade ou deficiência mental, e impossibilidade de oferecer resistência por qualquer outra causa. Na hipótese, as vítimas tinham o necessário discernimento e podiam oferecer resistência, tanto que os relatos revelam a estranheza com o comportamento do médico, tendo algumas vítimas se negado a seguir suas orientações. Tem-se, portanto, que o contexto apresentado nos presentes autos não modifica a titularidade da ação penal, a qual permanece pública condicionada à representação." (STJ, RHC 57336/BA, Rel. Min. Reynaldo Soares da Fonseca, Quinta Turma, DJe 13/12/2017).

O crime de violação sexual mediante fraude não se confunde com o crime de estupro de vulnerável. Na violação sexual mediante fraude, a vítima tem capacidade de consentir, mas é enganada, induzida a erro, de modo que o seu consentimento se torna viciado. É o delito que se configura quando o agente mente a um adulto e capaz que fará um ritual religioso, sendo necessário tocar as suas partes íntimas, o que ele faz, na realidade, com intuito libidinoso. Por sua vez, o estupro de vulnerável se configura quando não há capacidade de consentimento, como na hipótese em que a vítima está em coma ou sob efeito de anestesia, não tendo possibilidade de compreender e resistir ao ato libidinoso praticado consigo. Se o agente droga a vítima, aproveitando-se do estado de embriaguez para praticar com ela o ato libdinoso, deve responder pelo delito de estupro de vulnerável, e não violação sexual mediante fraude.

Modalidade mercenária

O parágrafo único prevê que a pena deve ser cumulada com a de multa, caso o crime seja praticado com o especial fim de agir, isto é, com elemento subjetivo especial do tipo, consistente no intuito de obtenção de vantagem econômica. Incide a pena de multa, por exemplo, se o sujeito finge prestar assistência espiritual e cobra das vítimas, aproveitando-se sexualmente delas mediante esse emprego de fraude. Também comete o delito se o intuito é ter relacionamento com pessoa casada, passando-se por seu cônjuge, e assim obter alguma vantagem econômica para manter segredo sobre o ocorrido.

QUADRO SINÓTICO

Crime de violação sexual mediante fraude	
Tipo penal	Ter conjunção carnal ou praticar outro ato libidinoso com alguém, mediante fraude ou outro meio que impeça ou dificulte a livre manifestação de vontade da vítima.
Objeto jurídico	Tutelam-se a liberdade e a dignidade sexual.

Crime de violação sexual mediante fraude	
Sujeito ativo	Qualquer pessoa.
Sujeito passivo	Qualquer pessoa.
Elemento subjetivo	Admite-se somente a modalidade dolosa.
Consumação	Na hipótese de comissão do delito pela conjunção carnal, a consumação ocorre com a penetração parcial ou total do pênis na vagina. Não é preciso haver ejaculação. Para os outros atos libidinosos, o momento da consumação é quando a vítima, cuja vontade foi viciada por fraude ou outro meio, participa ou deixar que nela se pratique outro ato libidinoso.
Tentativa	Admite-se a tentativa.
Forma majorada	A pena é aumentada de quarta parte, se o crime for cometido com o concurso de 2 (duas) ou mais pessoas; e de metade, se o agente é ascendente, padrasto ou madrasta, tio, irmão, cônjuge, companheiro, tutor, curador, preceptor ou empregador da vítima ou por qualquer outro título tiver autoridade sobre ela. Ademais, a pena é aumentada de metade a 2/3 (dois terços), se do crime resulta gravidez; e de 1/3 (um terço) a 2/3 (dois terços), se o agente transmite à vítima doença sexualmente transmissível de que sabe ou deveria saber ser portador, ou se a vítima é idosa ou pessoa com deficiência. Por fim, se o delito for praticado contra indígena "não integrado", incide a causa de aumento de pena de um terço, nos termos do artigo 59 da Lei n. 6.001/1973.
Classificação	Crime comum, doloso, comissivo ou omissivo impróprio, material, de dano, instantâneo, de forma vinculada (conjunção carnal) ou livre (outro ato libidinoso), monossubjetivo, plurissubsistente e não transeunte. O tipo é misto alternativo.
Benefícios	Admite-se o oferecimento de acordo de não persecução penal.
Ação penal	A ação é pública incondicionada desde o advento da Lei n. 13.718/2018.
Observações	Nos termos do artigo 234-B do CP, os processos que apuram o crime ora analisado correrão em segredo de justiça. Nos termos do artigo 215, parágrafo único, do CP, se o crime for cometido com o fim de obter vantagem econômica, aplica-se também multa.

1.3. Importunação sexual

Atentando a reclamos sociais, especialmente a comoção depois de um caso de um indivíduo que ejaculou em uma mulher no transporte coletivo em São Paulo/SP, a Lei n. 13.718/2018 acrescentou um novo tipo no Código Penal, que criminaliza a importunação sexual:

> *Art. 215-A. Praticar contra alguém e sem a sua anuência ato libidinoso com o objetivo de satisfazer a própria lascívia ou a de terceiro:*
>
> *Pena – reclusão, de 1 (um) a 5 (cinco) anos, se o ato não constitui crime mais grave.".*

Praticar é fazer, executar. A conduta incriminada é praticar **ato libidinoso, contra alguém e sem sua anuência**. É necessário, portanto, que seja praticado um ato libidinoso, ou seja, um ato destinado à satisfação da lascívia, que deve ser feito contra alguém. Ademais, a **ausência de consentimento da vítima** é elementar do crime. Portanto, a anuência do sujeito, se houver, funciona como excludente da tipicidade, por haver previsão expressa de que a sua ausência é elementar do crime.

É necessário que a conduta seja praticada **contra alguém e sem sua anuência**. Se alguém se masturba olhando para a vítima ou passa o órgão genital por ela, sem emprego de força física, apenas um toque, configura-se o crime de importunação sexual. Se o sujeito se masturba no fundo do ônibus e é surpreendido pelo cobrador, não praticou o ato contra alguém, de modo que incorre no delito de ato obsceno. O ato obsceno não se volta contra pessoa determinada ou pessoas determinadas, mas contra toda a coletividade.

A Lei n. 13.718, de 24 de setembro de 2018, foi publicada, na realidade, em 25 de setembro de 2018. Antes da existência do delito do artigo 215-A do Código Penal, havia, apenas, o artigo 61 da Lei das Contravenções Penais. Denominada pela doutrina de *importunação ofensiva ao pudor*, cominava, isoladamente, a sanção de multa para quem importunasse alguém, em lugar público ou acessível ao público, de modo ofensivo ao pudor. Portanto, a lei de 2018 é mais gravosa, somente se aplicando a fatos ocorridos de 25 de setembro de 2018 em diante.

O tipo é doloso, sem precisão de modalidade culposa. Exige-se o **elemento subjetivo especial** do injusto, consistente no objetivo de satisfazer a própria lascívia ou a de terceiro. Um exemplo de configuração deste crime é justamente o polêmico caso que motivou a inovação legislativa. Se um sujeito se masturba perante a vítima, ejaculando em seu corpo, contra a vontade dela, o crime será o de importunação sexual, e não de estupro, já que a vítima não foi constrangida, mediante violência ou grave ameaça, à prática de conjunção carnal ou outro ato libidinoso. É possível que o agente queira satisfazer a lascívia da parceira ou parceiro, que se excita em vê-lo praticar o ato libidinoso contra alguém, sem o seu consentimento. Esse tipo penal não exige violência nem grave ameaça como meio de execução.

Ausente o elemento subjetivo especial, incluído por alguns no chamado dolo específico, não se configura o crime de importunação sexual. Seria o caso de o sujeito ejacular no seu colega de república de estudantes, apenas para se vingar de ele não ter feito a limpeza do apartamento no dia certo, comportamento que, ainda que repugnante, carece da finalidade específica exigida no tipo. Essa conduta pode configurar o delito de injúria, inclusive, a depender do caso, na modalidade chamada de *injúria real*, prevista no artigo 140, § 2º, do Código Penal.

Na importunação sexual, além de ausente a violência ou grave ameaça, que caracteriza o estupro, é necessário que o agente pratique a conduta. Não é possível que a vítima seja compelida a praticá-lo, haja vista que ela não é constrangida pela força física, a violência, nem pela promessa de mal de alguma gravidade, a grave ameaça. Apesar de o ato libidinoso ser gênero que comporta a conjunção carnal, esta espécie de ato está excluída da importunação sexual, por não ser compatível que o agente a obtenha, contra a vontade da vítima, sem o emprego de meio gravoso, caracterizador de outro delito. A conjunção carnal pode ser obtida, sem a anuência da vítima, mediante emprego de violência ou grave ameaça, caracterizando o estupro, do artigo 213, ou mediante fraude, configurando a violação sexual mediante fraude, delito previsto no artigo 215 do CP.

Configura importunação sexual surpreender a vítima com a prática de ato para fins libidinosos, como passar o genital em seu corpo ou mesmo ejacular nela enquanto está distraída em local público. Também pratica o delito o agente que, aproveitando-se da extrema lotação do transporte público e da dificuldade de locomoção, começa a friccionar o seu corpo contra o da vítima, ainda que o contato se dê pela vestimenta, buscando obter satisfação sexual por meio da prática conhecida por *gouinage* (prática sexual sem penetração).

Cuida-se de crime **expressamente subsidiário**, sendo que seu preceito secundário prevê a sanção de reclusão, de 1 a 5 anos, se o ato não constituir crime mais grave. Logo, configurado outro crime contra a dignidade sexual, como o estupro, este é que será considerado, afastando a incidência do tipo penal do artigo 215-A do Código Penal. O crime é **formal**, por não exigir a satisfação da lascívia do agente ou de outrem para a sua consumação. É comum, por não exigir qualidade específica do sujeito ativo para sua consumação. É plurissubsistente, admitindo a tentativa. É instantâneo, consumando-se em determinado momento, o instante da conduta. Constitui um crime de forma livre, não havendo previsão de modo específico de realizá-lo. O STF não tem admitido a desclassificação do crime de estupro de vulnerável para importunação sexual, em razão da subsidiariedade do delito previsto no artigo 215-A do Código[33]. O STJ firmou tese no mesmo sentido, considerando que há presunção de violência no caso de vítimas menores de 14 anos de idade:

> *"Presente o dolo específico de satisfazer à lascívia, própria ou de terceiro, a prática de ato libidinoso com menor de 14 anos configura o crime de estupro de vulnerável (art. 217-A do CP), independentemente da ligeireza ou da superficialidade da conduta, não sendo possível a desclassificação para o delito de importunação sexual (art. 215-A do CP)." (STJ, REsp n. 1.954.997/SC, Rel. Min. Ribeiro Dantas, Terceira Seção, julgado em 8/6/2022, DJe de 1/7/2022).*

Praticado um ato sexual contra menor de 14 anos, configura-se, portanto, o delito de estupro de vulnerável. Existe divergência se há presunção de violência ou, como parece mais correto, que a violência e a grave ameaça são desnecessárias para a configuração dessa infração penal. O legislador considera que o menor de 14 anos não possui formação de personalidade suficiente para consentir com a prática de ato libidinoso, razão pela qual esse ato, por si só, representa uma lesão ao direito sexual do vulnerável, decorrente da maturidade insuficiente para decisão sobre sua sexualidade. É um ato de abuso de um maior e capaz contra

33. STF, RHC 205615 AgR, Rel. Min. Nunes Marques, Segunda Turma, julgado em 14/12/2021.

um indivíduo que ainda não compreende plenamente a sua sexualidade ou não possui formação psicológica e moral para decidir sobre como exercer os seus direitos sexuais.

Portanto, o delito, além de comum, também pode ser praticado contra qualquer pessoa, desde que não seja menor de 14 anos de idade. Caso de trate de vítima menor de 14 anos de idade e seja praticado ato libidinoso com ela, inclusive por meio da conduta de passar a mão em sua genitália, configura-se o delito de estupro de vulnerável. Se, por outro lado, for praticado ato sexual na presença de menor de 14 anos, utilizando-se da criança e do adolescente como espectador da libidinagem (*voyeur*), o crime será o previsto no artigo 218-A do CP, de satisfação de lascívia mediante presença de criança ou adolescente.

Cumpre observar que esse tipo penal foi introduzido em uma situação de **clamor social**, advindo da notícia de que, em agosto de 2017, um sujeito havia se masturbado e ejaculado sobre uma mulher dentro de um ônibus na Avenida Paulista, em São Paulo. Por isso, a Lei n. 13.718/2018 pode ser considerada uma manifestação de Direito Penal de Emergência, ao introduzir o crime de importunação sexual ao Código Penal, em seu artigo 215-A. Por outro lado, a nova incriminação foi considerada bem-vinda pela comunidade jurídica e pela sociedade em geral, por suprir uma lacuna legislativa e uma desproporção, pois, não havendo a configuração do delito de estupro, condutas menos graves do que esse delito configurariam mera contravenção penal. Assim, condutas graves, como ejacular em cima de uma mulher distraída no transporte público ou passar a mão em uma pessoa nua na sauna, não eram punidas com proporcionalidade. Era mais grave o ato obsceno do que condutas diversas do estupro, atualmente configuradoras da importunação sexual. Por isso, ainda que o Congresso Nacional tenha atuado de forma emergencial, o produto não foi meramento simbólico, mas um tipo penal bem elaborado e que veio suprir uma efetiva necessidade de tutela de bem jurídico relevante.

QUADRO SINÓTICO

Crime de importunação sexual	
Tipo penal	Praticar contra alguém e sem a sua anuência ato libidinoso com o objetivo de satisfazer a própria lascívia ou a de terceiro.
Objeto jurídico	Tutelam-se a liberdade e a dignidade sexual.
Sujeito ativo	Qualquer um.
Sujeito passivo	Qualquer um.
Elemento subjetivo	Admite-se somente a modalidade dolosa, de sorte que deve estar presente o especial fim de agir de satisfazer a própria lascívia ou a de terceiro.
Consumação	O delito se consuma quando o agente realiza qualquer ato para satisfazer sua lascívia ou a de terceiro sem a anuência da vítima.
Tentativa	Admite-se a tentativa.

Crime de importunação sexual	
Forma majorada	A pena é aumentada em até um terço se a vítima é menor de 18 anos. Ademais, a pena é aumentada de quarta parte, se o crime for cometido com o concurso de 2 (duas) ou mais pessoas; e de metade, se o agente é ascendente, padrasto ou madrasta, tio, irmão, cônjuge, companheiro, tutor, curador, preceptor ou empregador da vítima ou por qualquer outro título tiver autoridade sobre ela. A pena é, ainda, aumentada de metade a 2/3, se do crime resulta gravidez; e de 1/3 a 2/3, se o agente transmite à vítima doença sexualmente transmissível de que sabe ou deveria saber ser portador, ou se a vítima é idosa ou pessoa com deficiência. Por fim, se o delito for praticado contra indígena "não integrado", incide a causa de aumento de pena de um terço, nos termos do artigo 59 da Lei n. 6.001/1973.
Jurisprudência relevante	"O Superior Tribunal de Justiça já decidiu pela impossibilidade de aplicação do art. 215-A do Código Penal na hipótese de estupro de vulnerável, porquanto a prática de conjunção carnal ou outro ato libidinoso configura o crime previsto no art. 217-A do Código Penal, independentemente de violência ou grave ameaça, bem como de eventual consentimento da vítima" (AgRg no HC 694.900/SP, Rel. Min. Reynaldo Soares da Fonseca, julgado em 19/10/2021, DJe 25/10/2021)
Classificação	Crime comum, doloso, de forma livre, comissivo ou omissivo impróprio, instantâneo, de mera conduta, monossubjetivo, plurissubsistente e transeunte.
Benefícios	Admitem-se o oferecimento de suspensão condicional do processo e acordo de não persecução penal.
Ação penal	A ação é pública incondicionada.
Observações	Os processos que apuram o crime ora analisado correrão em segredo de justiça.

1.4. Assédio sexual

O crime de assédio sexual está previsto no artigo 216-A do Código Penal, introduzido pela Lei n. 10.224/2001:

> *Art. 216-A. Constranger alguém com o intuito de obter vantagem ou favorecimento sexual, prevalecendo-se o agente da sua condição de superior hierárquico ou ascendência inerentes ao exercício de emprego, cargo ou função.*
>
> *Pena – detenção, de 1 (um) a 2 (dois) anos.*
>
> *Parágrafo único.*
>
> *§ 2º A pena é aumentada em até um terço se a vítima é menor de 18 (dezoito) anos.*

A ação nuclear típica é constranger alguém, com o intuito de obter vantagem ou favorecimento sexual. Já se nota, portanto, **a exigência do fim especial**, consistente na obtenção de vantagem ou favorecimento sexual. **Não é possível adotar o mesmo significado de constranger do crime de estupro** (tolher a liberdade de, obrigar, coagir), pois, no artigo 216-A, constranger tem o sentido de "embaraçar, acanhar, criar uma situação ou posição constrangedora para a vítima"[34]. O significado de constrangimento, aqui, é a insistência inoportuna[35], molestar ou perturbar uma pessoa, intimidando-a[36].

O constrangimento não tem, no tipo penal, formas fixadas, razão pela qual o crime é de forma livre. Entretanto, o agente deve se prevalecer da superioridade hierárquica ou ascendência que sejam inerentes ao exercício de emprego, cargo ou função. Por isso, o crime é próprio. Há, entretanto, posições diversas sobre a conceituação desses elementos:

1) Nucci diferencia superioridade hierárquica e ascendência da seguinte forma, restringindo-as ao ambiente de trabalho[37]:

- **Superioridade hierárquica**: relação funcional, ou seja, de trabalho no âmbito da Administração Pública;
- **Ascendência**: relação de trabalho no âmbito privado.

Segundo tal posição, não seria possível enquadrar no tipo penal a relação entre aluno e professor, por ausência de qualquer das relações retratadas no tipo penal[38].

2) Bitencourt[39] e Luiz Regis Prado[40], por sua vez, conceituam os elementos de modo a abarca relações diversas das de trabalho, nos seguintes termos:

- **Superioridade hierárquica**: envolve relação laboral, tanto no âmbito do Direito Público quanto da iniciativa privada, em que há um escalonamento da carreira em graus, com subordinação de uns a outros;
- **Ascendência**: relação de domínio respeitoso, de situação de influência ou mesmo de temor reverencial.

Adotada tal posição, enquadra-se na relação de ascendência a relação entre professor e aluno e a de membro de organização religiosa e seu sacerdote. Essa segunda corrente foi a acolhida pelo Superior Tribunal de Justiça, ao decidir **que há relação de ascendência entre aluno e professor**:

> *"Insere-se no tipo penal de assédio sexual a conduta de professor que, em ambiente de sala de aula, aproxima-se de aluna e, com intuito de obter vantagem ou favorecimento sexual, toca partes de seu corpo (barriga e seios), por ser propósito do*

34. BITENCOURT, Cezar Roberto. Op. Cit., 2020, p. 93-96.
35. CUNHA, Rogério Sanches. Op. Cit., 2020, p. 535.
36. MASSON, Cleber. Op. Cit., 2019, p. 45.
37. NUCCI, Guilherme de Souza. Op. Cit., 2015, p. 1101.
38. NUCCI, Guilherme de Souza. Op. Cit., 2015, p. 1102.No mesmo sentido: MASSON, Cleber. Op. Cit., 2019, p. 46.
39. BITENCOURT, Cezar Roberto. Op. Cit., 2020, p. 97-98.
40. PRADO, Luiz Regis. Op. Cit., 2020, p. 812.

legislador penal punir aquele que se prevalece de sua autoridade moral e intelectual - dado que o docente naturalmente suscita reverência e vulnerabilidade e, não raro, alcança autoridade paternal - para auferir a vantagem de natureza sexual, pois o vínculo de confiança e admiração criado entre aluno e mestre implica inegável superioridade, capaz de alterar o ânimo da pessoa constrangida. 4. É patente a aludida "ascendência", em virtude da "função" desempenhada pelo recorrente - também elemento normativo do tipo -, devido à atribuição que tem o professor de interferir diretamente na avaliação e no desempenho acadêmico do discente, contexto que lhe gera, inclusive, o receio da reprovação. Logo, a "ascendência" constante do tipo penal objeto deste recurso não deve se limitar à ideia de relação empregatícia entre as partes. Interpretação teleológica que se dá ao texto legal."

(STJ, REsp n. 1.759.135/SP, Rel. p/ acórdão Min. Rogerio Schietti Cruz, Sexta Turma, julgado em 13/8/2019, DJe de 1/10/2019)

"Por ocasião do julgamento do REsp n. 1.759.135/SP, que manteve a condenação de um professor por assédio sexual contra uma aluna, concluiu-se ser "patente a aludida 'ascendência', em virtude da 'função' desempenhada pelo agente devido à atribuição que tem o professor de interferir diretamente na avaliação e no desempenho acadêmico do discente, contexto que lhe gera, inclusive, o receio da reprovação; [...] a 'ascendência' constante do tipo penal objeto deste recurso não deve se limitar à ideia de relação empregatícia entre as partes"."

(STJ, REsp 1730287/SC, Rel. Min. Rogerio Schietti Cruz, Sexta Turma, DJe 19/12/2019)

O agente deve se valer da superioridade ou ascendência com o intuito específico de obtenção de vantagem sexual. O crime é formal, de consumação antecipada ou de tendência interna transcendente de resultado cortado. Por isso, basta que o sujeito ativo persiga esse objetivo, mas não se exige que ele efetivamente o obtenha. O crime se consuma, portanto, com o constrangimento da vítima.

Caso o chefe se utilize de violência ou grave ameaça para obter vantagem sexual, responde pelo estupro. Empregando a força física ou fazendo a promessa de mal grave, a não obtenção da conjunção carnal ou do ato libidinoso levará à responsabilização pela modalidade tentada do estupro. Se o agente enganar algum subordinado, empregando fraude para obter a vantagem sexual, responderá pela violação sexual mediante fraude. Diferenciando estupro, importunação sexual e assédio sexual, o STJ assim decidiu:

"De fato, a conduta imputada é a de agarrar a vítima e se esfregar nela. Dessa forma, não está delineado o núcleo do tipo penal do crime de assédio sexual, consistente no fato de constranger, no sentido de oprimir a vítima, com o fim de obter vantagem ou favorecimento sexual. 3. No que diz respeito ao crime de estupro, o ato libidinoso diverso da conjunção carnal encontra-se devidamente delineado. Quanto à efetiva configuração da violência na hipótese dos autos, é que a tipificação penal apresenta peculiaridade que não pode ser desprezada pelo STJ. De fato, por mais que a conduta narrada seja extremamente grave, tendo o recorrente segurado a vítima à força, verifica-se que esta conseguiu se desvencilhar. Nessa linha de intelecção, a hipótese apresenta particularidade, uma vez que a violência indicada, consistente no fato de o recorrente ter agarrado a vítima à força, não se revelou suficiente para subjugá-la, não sendo apta, portanto, a configurar o tipo penal de estupro, sob pena de se

banalizar crime hediondo de extrema gravidade. (...) Nesse contexto, constata-se que a conduta imputada melhor se subsome ao tipo de importunação sexual, tipo subsidiário, verdadeiro "soldado de reserva", que se aplica quando não é possível preencher os elementos normativos dos tipos penais mais gravosos, conforme se verificou na presente hipótese". (STJ, AgRg no AREsp n. 1.844.610/SP, relator Ministro Reynaldo Soares da Fonseca, Quinta Turma, julgado em 7/12/2021, DJe de 13/12/2021.)

O propósito pode ser o de obter vantagem ou favorecimento sexual para si ou para outrem, já que o tipo penal não restringe que a vantagem ou favorecimento se voltem para o próprio agente[41]. Tutelam-se, como bens jurídicos, tanto a dignidade sexual, especialmente no tocante à liberdade sexual, quanto a dignidade e liberdade nas relações de trabalho.

Questiona-se a necessidade de intervenção penal nesse caso, considerando-se que o Direito do Trabalho e o Direito Administrativo trariam a tutela suficiente do bem jurídico nesse caso, ao punir quem busca vantagem sexual, pela ascendência no cargo ou emprego. Nessa linha, Cezar Bitencourt observa ter sido uma figura delitiva importada dos Estados Unidos da América, sem necessidade, representando a tutela de um falso moralismo. Entende que a proteção dos outros ramos do Direito seria suficiente para coibir essas práticas, tornando desnecessária a criminalização[42].

Somente pode ser sujeito ativo quem possua superioridade hierárquica ou ascendência sobre a vítima, no que se refere à relação funcional ou de emprego. Por isso, é classificado como crime próprio. Podem praticá-lo tanto o homem quanto a mulher, assim como qualquer pessoa pode ser vítima. É óbvio, mas vale ressaltar que abrange agentes de qualquer orientação sexual.

O crime é doloso, sendo necessário, como já visto, o elemento subjetivo especial do tipo, consistente no intuito de se obter vantagem ou favorecimento sexual. É comissivo e instantâneo. A maior parte da doutrina entende que o crime é formal e plurissubsistente, consumando-se com o mero constrangimento, não sendo necessária a obtenção da finalidade específica desejada pelo agente. Deste modo, perfeitamente cabível a tentativa. Entretanto, há a posição defendida por Rodolfo Pamplona Filho, de que o crime seria habitual, configurando-se apenas com a reiteração de atos de constrangimento da vítima. Assim, para ele, não caberia a tentativa[43].

Como prevê o artigo 26, inciso I, do Código Penal, a paixão não exclui o crime. Assim, a alegação de que se está perdidamente apaixonado não enseja a isenção de pena do agente. De todo modo, sentimentos afetivos podem ser manifestados sem configuração do crime. Se o chefe convida subordinado ou subordinada para jantar, de forma sutil, sem pressão laboral, crime não haverá. No entanto, utilizada a posição de ascendência ou superioriedade para obter a vantagem sexual, o agente pode ser responsabilizado pelo delito do artigo 216-A do CP, independentemente de alegação sobre estar apaixonado pela vítima.

41. CAPEZ, Fernando. Op. Cit., 2013, p. 74.
42. BITENCOURT, Cezar Roberto. Op. Cit., 2020, p. 89-91.
43. PAMPLONA FILHO, R. Assédio Sexual: questões conceituais. Revista do CEPEJ, [S. l.], n. 10, 2020. Disponível em: https://periodicos.ufba.br/index.php/CEPEJ/article/view/37530. Acesso em: 18 jul. 2024.

Modalidade majorada

O parágrafo segundo, que na realidade é um parágrafo único no artigo 216-A, prevê que a pena deve ser aumentada em até um terço se a vítima for menor de 18 anos de idade. Como a posição dominante reconhece a possibilidade de o delito ser praticado na relação entre professor e aluno, se a vítima for adolescente, maior de 14 anos de idade, o delito terá uma causa de aumento de pena. Por outro lado, se a vítima tiver idade inferior a 14 anos, poderá se configurar o estupro de vulnerável, na forma tentada ou consumada, conforme o caso.

O juiz deve selecionar a fração de aumento do artigo 216-A, § 2º, que não pode superar um terço da pena, em conformidade com a maior ou menor vulnerabilidade da vítima. Deve considerar, assim, o seu desenvolvimento físico-psicológico. O legislador não previu a fração mínima de aumento, havendo posicionamento de se adotar a fração de um sexto, adotada pelo legislador em outras majorantes e também utilizada para as outras fases da dosimetria por entendimento doutrinário e jurisprudencial[44]

Crime contra a liberdade sexual	Modo de atuação do agente
Estupro	Mediante violência ou grave ameaça.
Violação mediante fraude	Mediante fraude ou outro meio que impeça ou dificulte a livre manifestação de vontade da vítima.
Importunação sexual	Contra alguém e sem a sua anuência.
Assédio sexual	Prevalecendo-se o agente da sua condição de superior hierárquico ou ascendência inerentes ao exercício de emprego, cargo ou função.

QUADRO SINÓTICO

Crime de assédio sexual	
Tipo penal	Constranger alguém com o intuito de obter vantagem ou favorecimento sexual, prevalecendo-se o agente da sua condição de superior hierárquico ou ascendência inerentes ao exercício de emprego, cargo ou função.
Objeto jurídico	Tutelam-se a liberdade e a dignidade sexual.
Sujeito ativo	Superior hierárquico ou pessoa que tenha ascendência inerente ao exercício de emprego, cargo ou função.
Sujeito passivo	Subalterno hierárquico ou pessoa sobre quem o sujeito ativo possui ascendência inerente ao exercício de emprego, cargo ou função.
Elemento subjetivo	Admite-se somente a modalidade dolosa.

44. MASSON, Cleber. Op. Cit., 2019, p. 49.

Crime de assédio sexual	
Consumação	A consumação ocorre com os atos de constrangimento. A obtenção da vantagem ou favorecimento sexual é mero exaurimento da conduta.
Tentativa	Admite-se a tentativa.
Forma majorada	A pena é aumentada em até um terço se a vítima é menor de 18 anos. A pena é, ainda, aumentada de metade a 2/3, se do crime resulta gravidez; e de 1/3 a 2/3, se o agente transmite à vítima doença sexualmente transmissível de que sabe ou deveria saber ser portador, ou se a vítima é idosa ou pessoa com deficiência. Por fim, apesar de difícil a configuração nestas circunstâncias, se o delito for praticado contra indígena "não integrado", incide a causa de aumento de pena de um terço, nos termos do artigo 59 da Lei n. 6.001/1973.
Classificação	Crime próprio, doloso, formal, comissivo ou omissivo impróprio, instantâneo, monossubjetivo, plurissubsistente e transeunte.
Benefícios	Para a modalidade do *caput*, trata-se de delito de menor potencial ofensivo de competência dos Juizados Especiais Criminais, de sorte que se admitem o oferecimento de transação, suspensão condicional do processo e acordo de não persecução penal. Para a forma qualificada, é possível o oferecimento de suspensão condicional do processo e acordo de não persecução penal.
Ação penal	A ação é pública incondicionada.
Observações	Os processos que apuram o crime ora analisado correrão em segredo de justiça.

2. DA EXPOSIÇÃO DA INTIMIDADE SEXUAL

O Capítulo I-A do Título VI da Parte Especial do Código foi inserido pelo Lei n. 13.772, de 19 de dezembro de 2018. Referida lei, incluiu, ainda, na Lei n. 11.340/2006 (Lei Maria da Penha), a violação de sua intimidade como um dos meios de violência psicológica. Cumpre recordar que a violência psicológica é uma das formas de violência doméstica e familiar contra a mulher. Há apenas um crime no Capítulo, inserido por referida Lei, que é denominado **registro não autorizado da intimidade sexual**.

2.1. Registro não autorizado da intimidade sexual

Inserido pela Lei n. 13.772/2018, o crime de registro não autorizado da intimidade sexual está previsto no artigo 216-B do Código Penal. O tipo busca coibir a exposição não autorizada da intimidade sexual alheia, por meio do registro da cena, sem autorização. Alguns apontam a motivação da criação do tipo penal, em um fato ocorrido em 2018, consistente na produção de uma cena sexual, em que supostamente estaria um político brasileiro, no período de eleições para o Governo do Estado de São Paulo. De todo modo, o tipo penal visa a penalizar essas gravações não autorizadas, possuindo o seguinte teor:

PARTE ESPECIAL

> *Art. 216-B. Produzir, fotografar, filmar ou registrar, por qualquer meio, conteúdo com cena de nudez ou ato sexual ou libidinoso de caráter íntimo e privado sem autorização dos participantes:*
>
> *Pena – detenção, de 6 (seis) meses a 1 (um) ano, e multa.*
>
> *Parágrafo único. Na mesma pena incorre quem realiza montagem em fotografia, vídeo, áudio ou qualquer outro registro com o fim de incluir pessoa em cena de nudez ou ato sexual ou libidinoso de caráter íntimo.*

O tipo penal é **misto alternativo**, prevendo como núcleos do tipo: produzir (levar a efeito, dar origem a, criar); fotografar (obter uma imagem pela fotografia); filmar (registrar em um filme, gravar); registrar (gravar). Desse modo, se o agente praticar mais de uma conduta no mesmo contexto, haverá crime único. Por outro lado, basta a prática de uma das ações nucleares para que a infração penal se configure.

A conduta incriminada é produzir, fotografar, filmar ou registrar, por qualquer meio, conteúdo com cena de nudez ou ato sexual ou libidinoso de caráter íntimo e privado sem autorização dos participantes. O objeto material do crime é o **conteúdo com cena de nudez ou ato sexual ou libidinoso de caráter íntimo e privado**. Há o elemento normativo, que distingue justamente o que é típico e aquilo que é mera decisão da vida íntima sexual de cada um. Referido elemento está na expressão "sem autorização dos participantes". O consentimento do ofendido, deste modo, afasta a tipicidade neste caso.

Obviamente, **só pode consentir o maior de idade que seja capaz**. Do contrário, a fotografia ou filmagem de cena sexual implicará a configuração do crime previsto no artigo 240 do Estatuto da Criança e do Adolescente. O sujeito ativo pode ser qualquer pessoa, razão pela qual o crime é comum. Além disso, o crime pode ser considerado material, já que implica um resultado naturalístico, consistente na produção, na fotografia, na filmagem ou no registro do conteúdo.

É importante ressaltar que a cena de nudez, isto é, a imagem em que há pessoas despidas, e o ato sexual ou libidinoso, que inclui qualquer ato lascivo, como o sexo vaginal, oral, anal, masturbação etc., devem ter **caráter íntimo e privado**. Por isso, não é crime o registro de pessoas em trajes de banho em praia brasileira, circulando em espaço público. Também não se configura o delito se alguém fotografa determinado manifestante que arranca as suas roupas e sai correndo pelo campo de futebol no meio da partida para protestar por alguma causa.

Apesar de o dispositivo mencionar "participantes", pode haver uma única vítima. Assim, configura-se o delito se alguém é filmado, sem o seu conhecimento, masturbando-se em quarto de hotel, bem como se é fotografada em cabine ao provar roupas em uma loja. O termo no plural deve ser compreendido como genérico, referindo-se especialmente a relações sexuais filmadas sem consentimento de quem participava. O tipo, no entanto, admite uma única vítima, inclusive se um participante do ato sexual for filmado pelo outro, que escondeu a câmera antes de iniciar a relação.

Por ser plurissubsistente, é admissível a punição da tentativa. A consumação do crime ocorre de forma instantânea, no momento em que o agente produz, fotografa, filma ou registra o conteúdo.

O delito é doloso, sem previsão de modalidade culposa. Classifica-se como crime formal, por não ser necessária a efetiva ofensa à intimidade sexual da vítima[45]. É importante registrar que, se o agente divulga referido conteúdo (cena de nudez ou ato sexual ou libidinoso), ele incorre no crime previsto no artigo 218-C do Código Penal:

Artigo 216-B do CP	Artigo 218-C do CP
Produzir, fotografar, filmar ou registrar, por qualquer meio, conteúdo com cena de nudez ou ato sexual ou libidinoso de caráter íntimo e privado sem autorização dos participantes	Oferecer, trocar, disponibilizar, transmitir, vender ou expor à venda, distribuir, publicar ou divulgar, por qualquer meio – inclusive por meio de comunicação de massa ou sistema de informática ou telemática –, fotografia, vídeo ou outro registro audiovisual que contenha cena de estupro ou de estupro de vulnerável ou que faça apologia ou induza a sua prática, ou, sem o consentimento da vítima, cena de sexo, nudez ou pornografia.
Detenção, de 6 (seis) meses a 1 (um) ano, e multa.	Reclusão, de 1 (um) a 5 (cinco) anos, se o fato não constitui crime mais grave.

Nota-se que, curiosamente, a produção do conteúdo recebe menor punição que a sua divulgação. O legislador considerou mais grave a divulgação da cena, com a exposição dos envolvidos, do que a gravação, que pode ter fins privados. Com o advento da Lei n. 13.722/2018, passou a ser típica não apenas a divulgação de cena de sexo sem autorização dos envolvidos, mas também a conduta de fotografá-la, filmá-la ou registrá-la por outro meio.

Há, ainda, condutas que se amoldam aos tipos previstos nos artigos 240 e 241 do Estatuto da Criança e do Adolescente, que tutelam as vítimas menores de 18 anos de idade:

Artigo 240 do ECA	Artigo 241 do ECA
Produzir, reproduzir, dirigir, fotografar, filmar ou registrar, por qualquer meio, cena de sexo explícito ou pornográfica, envolvendo criança ou adolescente:	Art. 241. Vender ou expor à venda fotografia, vídeo ou outro registro que contenha cena de sexo explícito ou pornográfica envolvendo criança ou adolescente:
Reclusão, de 4 (quatro) a 8 (oito) anos, e multa.	Reclusão, de 4 (quatro) a 8 (oito) anos, e multa.

Deste modo, não tipificará a conduta prevista no artigo 216-B do CP a conduta de filmar, fotografar ou registrar por outro meio cena de nudez ou ato sexual ou

45. Neste sentido: BITENCOURT, Cezar Roberto. Op. Cit., 2020, p. 110; MASSON, Cleber. Op. Cit., 2019, p. 50-51; ALVES, Jamil Chaim, 2021, p.1203. Entendem ser de mera conduta, por não exigir a divulgação do conteúdo: PRADO, Luiz Regis. Op. Cit., 2020, p. 816-817; BARROS, Flávio Augusto Monteiro de. Op. Cit., p. 1138. Alegam ser crime material, mas advertem que o delito se consuma independentemente de qualquer resultado naturalístico: GENTIL, Plínio Antônio Britto; JORGE, Ana Paula. Op. Cit, 2023, p. 689.

libidinoso, **se um dos envolvidos for criança ou adolescente**. Nesse caso incidirá o crime previsto no ECA, e não o do Código Penal.

E se o indivíduo registra imagens de nudez da vítima e depois divulga esses arquivos?

Pode haver concurso material entre o delito de registro não autorizado da intimidade sexual, previsto no artigo 216-B do Código Penal, e o previsto no artigo 218-C, que trata da divulgação de cena de estupro ou de cena de estupro de vulnerável, de cena de sexo ou de pornografia. Caso o contexto seja único, é possível que o registro seja crime-meio, se o intento do agente sempre foi o de divulgar as imagens da vítima. Haverá absorção se o agente instala uma câmera escondida no quarto que aluga e divulga, na internet profunda (*deep web*), as imagens dos hóspedes tomando banho, em tempo real. Se, no entanto, os contextos forem diversos, como no caso de registro não autorizado e, anos após o rompimento de relacionamento entre agente e vítima, houver a divulgação do conteúdo, é possível configurar-se o concurso de crimes[46].

Forma equiparada

O parágrafo único do artigo 216-B prevê forma equiparada ao *caput*, incriminando quem realiza montagem em fotografia, vídeo, áudio ou qualquer outro registro com o fim de incluir pessoa em cena de nudez ou ato sexual ou libidinoso de caráter íntimo. Neste caso, a **vítima não participa do ato sexual, mas é incluída pelo agente, por meio de montagem**, que pode ocorrer em fotografia, áudio ou qualquer outro registro. O núcleo do tipo é "realizar", que significa efetuar, colocar em prática, fazer. Portanto, a ação nuclear indica que o tipo é comissivo, prevendo um comportamento positivo como forma de praticar o delito.

A conduta incriminada é realizar montagem em fotografia, vídeo, áudio ou qualquer outro registro com o fim de incluir pessoa em cena de nudez ou ato sexual ou libidinoso de caráter íntimo. O que se incrimina, portanto, é a **realização de montagem**, que significa a adulteração da fotografia, do vídeo, do áudio ou qualquer outro registro. Essa adulteração é realizada, comumente, por meio da justaposição de imagens, formando uma nova, não compatível com a cena real retratada.

O tipo é doloso, exigindo o elemento subjetivo especial do tipo, consistente no "**fim de incluir pessoa em cena de nudez ou ato sexual ou libidinoso de caráter íntimo**". É necessário, portanto, o dolo específico, consistente no intuito de incluir pessoa na cena sexual, libidinosa ou de nudez, que tenha caráter íntimo.

O crime é **formal**, porque basta a finalidade de incluir determinada pessoa. Pode ser que o agente não consiga, inserindo uma figura parecida com a vítima. Referido resultado naturalístico (efetiva inclusão da pessoa na cena) não é necessário para

46. No mesmo sentido que aqui se defende: CUNHA, Rogério Sanches. Op. Cit., 2020, p. 541; GENTIL, Plínio Antônio Britto; JORGE, Ana Paula. Op. Cit, 2023, p. 689. Somente se refere ao concurso material: MASSON, Cleber. Op. Cit., 2019, p. 52.

a consumação. É recomendável, entretanto, acompanhar a jurisprudência, por se tratar de recente inovação legislativa.

O crime é comum, por não exigir nenhuma qualidade específica do sujeito ativo para sua configuração. É instantâneo, consumando-se no exato momento em que o sujeito realiza a montagem, ou seja, adultera o material com a finalidade de incluir a vítima. Além disso, o delito é plurissubsistente, sendo admissível o *conatus*, ou seja, a tentativa.

Existe tipificação própria se a vítima for criança ou adolescente. Caso haja montagem com a inserção de criança ou adolescente, configura-se o crime do artigo 241-C do ECA:

Artigo 216-B, parágrafo único, do CP	Artigo 241-C do ECA
Parágrafo único. Na mesma pena incorre quem realiza montagem em fotografia, vídeo, áudio ou qualquer outro registro com o fim de incluir pessoa em cena de nudez ou ato sexual ou libidinoso de caráter íntimo.	Art. 241-C. Simular a participação de criança ou adolescente em cena de sexo explícito ou pornográfica por meio de adulteração, montagem ou modificação de fotografia, vídeo ou qualquer outra forma de representação visual:
Pena – detenção, de 6 (seis) meses a 1 (um) ano, e multa.	Pena – reclusão, de 1 (um) a 3 (três) anos, e multa.

Uma dúvida que surge, com o avanço tecnológico, é se os tipos penais apenas alcançam as condutas realizadas por meio da edição de imagem, como o uso do programa de computador chamado Photoshop e os aplicativos de edição de imagens dos aparelhores celulares, ou se também abrange a **geração de imagens por meio da inteligência artificial**. Se a elaboração da nova imagem for feita a partir de uma imagem real da vítima, como uma fotografia, ainda que modificada, parece possível compreender que houve montagem, termo utilizado nos tipos penais do artigo 216-B, parágrafo único, do Código Penal, e do artigo 241-C do Estatuto da Criança e do Adolescente. Caso não haja a montagem, isto é, produção de conteúdo novo a partir de imagem verdadeira, mas mera produção de caricatura ou de imagem vexatória, pode haver a configuração de injúria.

QUADRO SINÓTICO

Crime de registro não autorizado de intimidade sexual	
Tipo penal	Produzir, fotografar, filmar ou registrar, por qualquer meio, conteúdo com cena de nudez ou ato sexual ou libidinoso de caráter íntimo e privado sem autorização dos participantes
Objeto jurídico	Tutelam-se a liberdade e dignidade sexual.
Sujeito ativo	Qualquer um.
Sujeito passivo	Qualquer um.
Elemento subjetivo	Admite-se somente a modalidade dolosa.

Crime de registro não autorizado de intimidade sexual	
Consumação	Por se tratar de delito de mera conduta, a consumação ocorre quando o agente produz, fotografa, filma ou registra, por qualquer meio, conteúdo com cena de nudez ou ato sexual ou libidinoso de caráter íntimo e privado sem autorização dos participantes.
Tentativa	Admite-se a tentativa.
Forma equiparada	Nos termos do artigo 216-B, parágrafo único, do CP, também incorre na pena do preceito secundário do artigo 216-B do CP quem realiza montagem em fotografia, vídeo, áudio ou qualquer outro registro com o fim de incluir pessoa em cena de nudez ou ato sexual ou libidinoso de caráter íntimo.
Forma majorada	Nos termos do artigo 226 do CP, a pena é aumentada de quarta parte, se o crime for cometido com o concurso de 2 (duas) ou mais pessoas; e de metade, se o agente é ascendente, padrasto ou madrasta, tio, irmão, cônjuge, companheiro, tutor, curador, preceptor ou empregador da vítima ou por qualquer outro título tiver autoridade sobre ela. Se o delito for praticado contra indígena "não integrado", incide a causa de aumento de pena de um terço, nos termos do artigo 59 da Lei n. 6.001/1973.
Classificação	Trata-se de delito comum, doloso, de forma livre, instantâneo, formal, comissivo ou omissivo impróprio, monossubjetivo, plurissubsistente e não transeunte.
Benefícios	Por se tratar de delito de menor potencial ofensivo de competência dos Juizados Especiais Criminais, admitem-se a transação, a suspenção condicional do processo e o oferecimento de acordo de não persecução penal.
Ação penal	Nos termos do artigo 225 do CP, a ação é pública e incondicionada.
Observações	Nos termos do artigo 234-B do CP, os processos que apuram o crime ora analisado correrão em segredo de justiça.

3. DOS CRIMES SEXUAIS CONTRA VULNERÁVEL

O Capítulo II do Título VI da Parte Especial do Código trata dos crimes sexuais contra vulnerável. Referidos delitos tutelam também a dignidade sexual e, mais especificamente, a sua liberdade sexual. Entretanto, voltam-se à proteção dos indivíduos considerados vulneráveis, seja por sua tenra idade, seja por problema mental ou qualquer outra causa transitória.

3.1. Estupro de vulnerável

O delito denominado de estupro de vulnerável está previsto no artigo 217-A do Código Penal:

> *Art. 217-A. Ter conjunção carnal ou praticar outro ato libidinoso com menor de 14 (catorze) anos:*
>
> *Pena – reclusão, de 8 (oito) a 15 (quinze) anos.*

> *§ 1º Incorre na mesma pena quem pratica as ações descritas no* caput *com alguém que, por enfermidade ou deficiência mental, não tem o necessário discernimento para a prática do ato, ou que, por qualquer outra causa, não pode oferecer resistência.*
>
> *§ 2º (VETADO)*
>
> *§ 3º Se da conduta resulta lesão corporal de natureza grave:*
>
> *Pena – reclusão, de 10 (dez) a 20 (vinte) anos.*
>
> *§ 4º Se da conduta resulta morte:*
>
> *Pena – reclusão, de 12 (doze) a 30 (trinta) anos.*
>
> *§ 5º As penas previstas no* caput *e nos §§ 1º, 3º e 4º deste artigo aplicam-se independentemente do consentimento da vítima ou do fato de ela ter mantido relações sexuais anteriormente ao crime.*

A ação nuclear aqui é **ter conjunção carnal ou praticar outro ato libidinoso**. Neste tipo penal, não se pune a conduta de constranger, nem se exige violência ou grave ameaça. A conduta punida, em si, é a prática sexual. Qualquer ato libidinoso praticado, dolosamente, com menor de 14 anos é típico.

O que justifica a punição apenas pelo ato sexual ou libidinoso é a idade da vítima, que deve ser menor de 14 anos. O legislador considera que a pessoa em tal idade, dado o seu desenvolvimento mental ainda incompleto, não possui discernimento o suficiente para o consentimento com a prática sexual. Trata-se de proteção mais abrangente, justificada pela vulnerabilidade e incapacidade de consentimento da vítima.

O sujeito passivo do delito previsto no *caput* do artigo 217-A abrange crianças, com idade menor do que 12 anos, e adolescentes, com idade menor do que 14 anos. Trata-se de diferentes graus de desenvolvimento da personalidade. Por isso, é muito mais grave o delito cometido contra criança de tenra idade ou contra um bebê, o que justifica o incremento da pena base, como tem decidido o STJ[47]. A culpabilidade possui graus diferentes nos delitos praticados contra criança de pouca idade e um adolescente.

Tal qual no estupro, a conduta pode envolver a prática da conjunção carnal ou de qualquer outro ato libidinoso. Conjunção carnal, como já visto, é a cópula vagínica, ou seja, a penetração do pênis na vagina. Ato libidinoso é qualquer ato praticado com o intuito de satisfação da libido, como sexo anal, sexo oral ou masturbação.

O ato libidinoso pode, inclusive, incluir o beijo lascivo, considerando a inexistência de outro delito a tutelar a dignidade sexual de menores de 14 anos. Por isso, também configura o crime a conduta de acariciar o corpo do menor de 14 anos de idade, não havendo que se falar em excesso de rigidez da lei, dada a especial proteção de crianças e adolescentes:

> *"1. O Superior Tribunal de Justiça firmou entendimento de que configura o crime de estupro de vulnerável a prática de ato libidinoso diverso da conjunção carnal, como a*

47. STJ, AgRg no HC n. 884.577/GO, Rel. Min. Reynaldo Soares da Fonseca, Quinta Turma, julgado em 15/4/2024, DJe de 18/4/2024; STJ, AgRg no AREsp n. 2.107.370/MS, Rel. Min. Antonio Saldanha Palheiro, Sexta Turma, julgado em 11/10/2022, DJe de 17/10/2022.

> *conduta de acariciar 'os seios e a barriga de adolescente de 12 anos de idade, durante a noite, enquanto estava dormindo ou sonolenta'.*
>
> *2. Pode-se objetar que a expressão 'ou praticar outro ato libidinoso com menor de 14 (catorze) anos', no art. 217-A do Código Penal, depois da asserção típica 'ter conjunção carnal', há que expressar um ato da gravidade semelhante à conjunção carnal, e não as condutas de acariciar, beijar, passar a mão e quejandas, sem falar que a dureza da lei, ao prever a pena mínima de 8 (oito) anos para todos os casos, escapa da razoabilidade, levando o julgador, não raro, a fazer modulações pare evitar o excesso punitivo.*
>
> *3. Mas, em verdade, o acórdão recorrido diverge da orientação desta Corte, de que 'a prática de atos libidinosos diversos da conjunção carnal contra vítima menor de 14 (quatorze) anos de idade, tal como ocorreu na hipótese dos autos, configura o tipo penal previsto no art. 217-A do Código Penal, não sendo possível desclassificar a conduta para as preconizadas no art. 215-A do mesmo Códex ou nos arts. 61 e 65 da Lei de Contravenção Penal' (AgRg no REsp 1.901.780/SP, relatora Ministra LAURITA VAZ, SEXTA TURMA, julgado em 15/12/2020, DJe 18/12/2020)."*
>
> *(STJ, REsp 1915276/RJ, Rel. Des. Convocado Olindo Menezes, Sexta Turma, julgado em 14/10/2021, DJe 05/11/2021)*

Via de regra, o contato físico é caracterizador da prática do ato libidinoso. Entretanto, o crime pode se configurar mesmo sem contato físico entre agente e vítima. O Superior Tribunal de Justiça tem entendido, na esteira de grande parte da doutrina, que a contemplação lasciva é suficiente para a configuração do delito[48], razão pela qual condenou, por esse crime, um sujeito que levou a criança de 10 anos de idade para um motel e pagou para que pudesse contemplá-la sem roupas[49]. Ainda nessa linha de entendimento, a Corte julgou ter se configurado o delito previsto no artigo 217-A do Código em razão de o sujeito, após convencer a mãe de uma criança a levá-la a um motel, ter ejaculado no rosto da menor:

> *"Doutrina e jurisprudência sustentam a prescindibilidade do contato físico direto do réu com a vítima, a fim de priorizar o nexo causal entre o ato praticado pelo acusado, destinado à satisfação da sua lascívia, e o efetivo dano à dignidade sexual sofrido pela ofendida."*
>
> *(STJ, HC 478.310/PA, Rel. Min. Rogerio Schietti Cruz, Sexta Turma, julgado em 09/02/2021, DJe 18/02/2021)*

Como a contemplação lasciva é suficiente para a configuração do crime, ele pode ser praticado sem a presença física do sujeito ativo do delito. Caso ele estimule, por videochamada, uma criança a se despir e a se tocar, configura-se o crime na modalidade informática. Tem-se um cibercrime impróprio, já que o meio eletrônico é apenas uma nova forma de se praticar um delito que poderia ocorrer sem essa tecnologia. Pode-se denominar essa forma de crime de estupro de vulnerável virtual ou informático.

---

48. STJ, AgRg nos EDcl no REsp 1922807/ES, Rel. Min. Félix Fischer, Quinta Turma, julgado em 23/03/2021, DJe 30/03/2021; STJ, HC 478.310/PA, Rel. Min. Rogério Schietti Cruz, Sexta Turma, julgado em 09/02/2021, DJe 18/02/2021.
49. STJ, RHC 70.976/MS, Rel. Min. Joel Ilan Paciornik, Quinta Turma, julgado em 02/08/2016, DJe 10/08/2016.

O STF não tem admitido a desclassificação do crime de estupro de vulnerável para importunação sexual, em razão da subsidiariedade do delito previsto no artigo 215-A do Código[50]. Esse também é o entendimento do STJ, considerando que ambos dispensam a violência ou grave ameaça para a sua configuração. Para a Corte Superior, a prática do estupro de vulnerável pode ocorrer mesmo que por meio de contatos considerados superficiais ou que ocorram por curto lapso temporal, conforme a tese fixada:

> *Presente o dolo específico de satisfazer à lascívia, própria ou de terceiro, a prática de ato libidinoso com menor de 14 anos configura o crime de estupro de vulnerável (Art. 217-A do CP), independentemente da ligeireza ou da superficialidade da conduta, não sendo possível a desclassificação para o delito de importunação sexual (art. 215-A do CP).*[51]

É possível a configuração da continuidade delitiva, caso haja a prática de vários estupros de vulnerável, em um plano único do agente, com as mesmas condições de tempo, lugar, maneira de execução e outras semelhantes, de modo que os delitos subsequentes sejam considerados continuação do primeiro. Se os delitos forem praticados contra a mesma vítima, incide o *caput* do artigo 71, de modo que a pena do mais grave ou, se forem todos similares, a pena de um deles deve sofrer o aumento de um sexto a dois terços. Em se tratando de vítimas diferentes, aplica-se o disposto no parágrafo único do artigo 71, com a pena aumentada até o triplo.

A questão é que muitos delitos desta espécie são praticados por um período determinado, sem provas que indiquem o número exato de infrações penais cometidas, dificultando a seleção do *quantum* de aumento em razão da continuidade delitiva. Em se tratando da continuidade delitiva comum, a prevista no *caput* do artigo 71 do Código, a jurisprudência aplica a fração de 2/3 se atingido o número mínimo de sete delitos. Com base neste parâmetro, o STJ fixou a tese de que essa fração máxima pode também ser aplicada se o interregno de tempo for longo e houver reiteração dos delitos contra a dignidade sexual, ainda que não se demonstre o número exato de crimes durante a instrução:

> Para os fins do art. 927, inciso III, c.c. o art. 1.039 e seguintes, do Código de Processo Civil, fixa-se a seguinte tese: "No crime de estupro de vulnerável, é possível a aplicação da fração máxima de majoração prevista no art. 71, caput, do Código Penal, ainda que não haja a delimitação precisa do número de atos sexuais praticados, desde que o longo período de tempo e a recorrência das condutas permita concluir que houve 7 (sete) ou mais repetições" (STJ, REsp n. 2.029.482/RJ, Rel. Min. Laurita Vaz, Terceira Seção, julgado em 17/10/2023, DJe de 20/10/2023).

O preceito secundário prevê pena de 8 a 15 anos. Vale recordar que, nos termos do artigo 111, inciso V, do Código Penal, o prazo prescricional nos crimes contra a dignidade sexual de crianças e adolescentes **correrá da data em que a vítima**

50. STF, RHC 205615 AgR, Rel. Min. Nunes Marques, Segunda Turma, julgado em 14/12/2021.
51. Tema 1.121, Paradigmas REsp 1959697 e REsp 1957637 e REsp 1958862 e REsp 1954997.

completar 18 (dezoito) anos, salvo se a esse tempo já houver sido proposta a ação penal. Em outros termos, só incide essa regra se a ação não tiver sido proposta antes de a vítima atingir a maioridade, o que significa que só se refere à prescrição da pretensão punitiva (e não da executória).

O STJ já decidiu que a idade da vítima não afasta a competência da Vara de Violência Doméstica e Familiar contra a mulher:

> *"(...) 4.* ***É descabida a preponderância de um fator meramente etário, para afastar a competência da vara especializada e a incidência do subsistema da Lei Maria da Pena****, desconsiderando o que, na verdade, importa, é dizer, a violência praticada contra a mulher (de qualquer idade), no âmbito da unidade doméstica, da família ou em qualquer relação íntima de afeto.*
>
> *5. A Lei n. 11.340/2006 nada mais objetiva do que proteger vítimas em situação como a da ofendida, contra quem os abusos aconteceram no ambiente doméstico e decorreram da distorção sobre a relação familiar decorrente do pátrio poder, em que se pressupõe intimidade e afeto, além do fator essencial de ela ser mulher, elementos suficientes para atrair a competência da vara especializada em violência doméstica. (...)"*
>
> *(STJ, RHC 121.813/RJ, Rel. Min. Rogerio Schietti Cruz, Sexta Turma, julgado em 20/10/2020, DJe 28/10/2020)*

Para investigação desses delitos, a Lei n. 13.441/2017 passou a prever a infiltração virtual de agentes, ao inserir os artigos 190-A a 190-E ao Estatuto da Criança e do Adolescente. Os agentes policiais podem, assim, infiltrarem-se em grupos de pedofilia para descobrir os responsáveis não apenas pela difusão de material envolvendo pornografia infantil, mas também por sua produção, o que configura o delito de estupro de vulnerável.

É possível que o agente incorra em erro de tipo, ao se enganar sobre a idade da vítima?

Tese comum de defesa é de que o agente se enganou quanto à idade da vítima, tendo se equivocado em razão do desenvolvimento físico da pessoa menor de 14 anos. A análise deve levar em conta todas as circunstâncias do fato. Se o agente encontrou a vítima em uma casa noturna, em que só podem entrar maiores de idade, e ela possuía um desenvolvimento físico incompatível com a idade, parece plausível que ele tenha realmente acreditado que ela teria mais de 14 anos de idade. Por outro lado, um uniforme de escola de Ensino Fundamental deve criar um alerta no agente, tornando menos plausível a sua alegação, sem prejuízo de consideração das peculiaridades do caso. Esse equívoco quanto à idade da vítima configura o erro de tipo, que, nesse caso, sempre afastará a responsabilidade do agente, por não haver modalidade culposa do crime.

E se um indígena se casa com uma moça de 13 anos de idade, da mesma tribo, e eles praticam sexo?

Cuida-se de discussão bastante relevante, pois alguns povos tradicionais possuem o costume de arranjarem casamento para as moças logo após a menarca. A primeira menstruação costuma ocorrer antes de a mulher completar os 14 anos de idade, fazendo com que a relação sexual entre cônjuges configure, formalmente, o delito do artigo 217-A do Código Penal. Normalmente, a situação é descoberta quando há atendimento médico, oportunidade em que os profissionais de saúde noticiam o caso às autoridades. Alguns questionam se o marido, que pode ser maior de 18 anos, seria imputável ou não, por ser indígena. Essa não parece a melhor abordagem. A questão envolve a compreensão do caráter ilícito do fato, pois em comunidades tradicionais, especialmente as mais isoladas, não há entendimento das regras jurídicas vigentes no território nacional. Assim sendo, não há consciência da ilicitude, incidindo o cônjuge indígena em erro de proibição, por não compreender que a relação sexual praticada com o consentimento da parceira e a aprovação comunitária pode configurar infração penal pelo ordenamento jurídico vigente.

Forma equiparada

O parágrafo primeiro prevê incorrer na mesma pena quem pratica as ações descritas no *caput* com vítimas maiores de 14 anos. São situações de vulnerabilidade que tornam o tipo penal mais abrangente.

Pune-se a prática de conjunção carnal ou outro ato libidinoso com alguém que, por enfermidade ou deficiência mental, não tenha o necessário discernimento para a prática do ato, ou que, por qualquer outra causa, não possa oferecer resistência.

É o caso, por exemplo, de se encontrar um indivíduo, homem ou mulher, alcoolizado, sem possibilidade de consentir com o ato, e mesmo assim, o agente praticar algum ato sexual com essa pessoa. Configura-se, de igual modo, essa modalidade equiparada se o médico se aproveita do estado da paciente, após a aplicação de anestesia, para esfregar os seus genitais no corpo dela.

O estado de sono pode configurar o delito. Pode-se questionar como seria possível a prática de ato libidinoso se a vítima dorme, já que o contato físico poderia acordá-la. Deve-se lembrar, de início, que não é necessária a penetração para a configuração do delito, que se satisfaz com qualquer ato libidinoso. Em julgado do STJ, narra-se que o agente passou a mão nas pernas, nádegas e virilha da vítima, enquanto ela dormia, o que é suficiente para a consumação do delito. Com a prática do ato libidinoso e a vulnerabilidade do § 1º, consumou-se o delito[52]. Para se ilustrar a tentativa, suponha-se que um prestador de serviço se aproveita da ausência de vigilância por um momento e ingressa, sem autorização, no quarto de um rapaz, maior de 14 anos de idade, que está adormecido. Ele puxa a coberta que envolve o corpo do adolescente. Ao buscar tocar a sua virilha, a vítima desperta e reage, configurando-se a forma tentada.

O STJ considerou configurar-se o delito de estupro de vulnerável, na modalidade do artigo 217-A, § 1º, quando, após amararrem a vítima para o cometimento de crime de roubo, decidiram praticar atos libidinosos contra ela, que estava totalmente imobilizada. Entendeu-se que, estando a vítima completamente inerte e incapaz de utilizar o seu potencial motor, isto é, oferecer resistência, configura-se

52. STJ, AgRg no HC n. 489.684/ES, Rel. Min. Ribeiro Dantas, Quinta Turma, julgado em 19/11/2019, DJe de 26/11/2019.

a vulnerabilidade apta a atrair a incidência do dispositivo que tipifica o estupro de vulnerável[53].

Classificação

Tanto na conduta do *caput* quanto na forma equiparada do parágrafo primeiro, o crime é comum, não exigindo qualquer qualidade específica do sujeito ativo. O sujeito passivo, por sua vez, deve ser menor de 14 anos de idade ou pessoa que, por enfermidade ou deficiência mental, não tenha o necessário discernimento para a prática do ato, ou que, por qualquer outra causa, não possa oferecer resistência.

O crime é doloso, havendo a mesma discussão mencionada no estudo do crime de estupro acerca da exigência de elemento subjetivo especial do tipo. É plurissubsistente, admitindo a forma tentada, também chamada de ***conatus***.

O crime é material, por provocar modificação no mundo exterior. É de forma livre, não prevendo uma forma específica para sua prática.

Em caso de continuidade delitiva, a aplicação das regras (mais gravosas) da **modalidade específica ou especial**, do parágrafo único do artigo 71 do CP, pressupõe a ocorrência de **violência ou grave ameaça à pessoa**. Deste modo, se o estupro de vulnerável não envolver tais modos de execução, deve-se utilizar a regra da continuidade comum, do *caput* do artigo 71, conforme já decidiu o Superior Tribunal de Justiça:

> "HABEAS CORPUS. *ATENTADO VIOLENTO AO PUDOR CONTRA MENOR DE 14 ANOS. PRÁTICA DE ATOS CONTRA QUATRO VÍTIMAS DIFERENTES. CONCURSO MATERIAL DE CRIMES. PRETENSÃO DE APLICABILIDADE DA CONTINUIDADE DELITIVA ESPECÍFICA. IMPOSSIBILIDADE. CRIMES PRATICADOS COM VIOLÊNCIA PRESUMIDA E NÃO REAL, BEM COMO MEDIANTE HABITUALIDADE CRIMINOSA. CONSTRANGIMENTO ILEGAL. AUSÊNCIA. 1.* ***A violência de que trata a continuidade delitiva especial (art. 71, parágrafo único, do CP) é real, sendo inviável aplicar limites mais gravosos do benefício penal da continuidade delitiva com base, exclusivamente, na ficção jurídica de violência do legislador utilizada para criar o tipo penal de estupro de vulnerável, se efetivamente a conjunção carnal ou ato libidinoso executado contra vulnerável foi desprovido de qualquer violência real****, como no caso em tela. (HC n. 232.709/SP, Min. Ribeiro Dantas, Quinta Turma, DJe 9/11/2016) 2. Ainda que assim não fosse, consta da sentença que ao menos em relação a uma das vítimas,* ***o paciente a teria abusado sexualmente três vezes por semana, desde quando esta tinha cinco anos de idade até os doze, o que demonstra verdadeira habitualidade criminosa, a afastar a continuidade delitiva****, nos termos da jurisprudência deste Superior Tribunal. 3. Ordem denegada." (STJ, HC 269104/SP, Rel. Min. Sebastião Reis Júnior, Sexta Turma, DJe 24/08/2017).*

Ainda que se referindo à redação anterior, o STJ considerou que **o crime não pressupõe o sexo vaginal, anal ou oral** para a sua configuração:

> *"PENAL. AGRAVO REGIMENTAL NO AGRAVO REGIMENTAL NOS EMBARGOS DE DECLARAÇÃO NO RECURSO ESPECIAL. ESTUPRO DE VULNERÁVEL.*

53. STJ, REsp n. 1.706.266/MT, Rel. Min. Ribeiro Dantas, Quinta Turma, julgado em 18/10/2018, DJe de 24/10/2018.

> *DESCLASSIFICAÇÃO PARA O ART. 65 DA LCP. IMPOSSIBILIDADE. AGRAVO NÃO PROVIDO. 1. Segundo a jurisprudência desta Corte, a decisão que, diante de atos lascivos praticados com menor de 14 anos, desclassifica a conduta para contravenção penal, ao fundamento de que não houve coito vaginal ou anal, ou sexo oral, nega vigência aos arts. 214 e 224, "a" (redação anterior à Lei n. 12.015/2009), ambos do CP. 2. "A controvérsia atinente à inadequada desclassificação para a contravenção penal prevista no art. 65 do Decreto-Lei n. 3.688/1941 prescinde do reexame de provas, sendo suficiente a revaloração de fatos incontroversos explicitados no acórdão recorrido." (REsp 1.154.718/RS, Rel. Min. Rogerio Schietti Cruz, Sexta Turma, julgado em 15/3/2016, DJe 28/3/2016). 3. Agravo regimental não provido." (STJ, AgRg no AgRg nos EDcl no REsp 1254300/MS, Rel. Min. Ribeiro Dantas, Quinta Turma, DJe 28/06/2018).*

Ademais, o STJ considera que o tipo é misto alternativo. Deste modo, basta a prática de conjunção carnal ou de outro ato libidinoso para a configuração do delito. Ademais, se o agente praticar ambas as formas de sexo com relação a uma mesma vítima, no mesmo contexto, o crime é único:

> *"(...) 3. O tipo descrito no art. 217-A do Código Penal é **misto alternativo**, isto é, prevê as condutas de ter conjunção carnal **ou** praticar outro ato libidinoso com pessoa menor de 14 anos. [...] "A materialização do crime de estupro de vulnerável (art. 217-A do Código Penal) se dá com a prática de atos libidinosos diversos da conjunção carnal (AgRg no AREsp n. 530.053/MT, Min. Felix Fischer, Quinta Turma, julgado em 23/6/2015, DJe 29/6/2015), em cuja expressão estão contidos todos os atos de natureza sexual, que não a conjunção carnal, que tenham a finalidade de satisfazer a libido do agente (Rogério Greco, in Curso de Direito Penal, Parte Especial, v.3, p. 467) – (AgRg no REsp n. 1.702.157/RS, Min. Jorge Mussi, Quinta Turma, DJe 4/2/2019). (...)" (STJ, AgRg no REsp 1761248/MG, Rel. Min. Sebastião Reis Júnior, Sexta Turma, DJe 03/05/2019).*

Formas qualificadas

A primeira forma qualificada é a que envolve o resultado **lesão corporal de natureza grave**. Obviamente, inclui-se a chamada lesão gravíssima, que é uma denominação doutrinária de uma modalidade de lesão grave. Está prevista no parágrafo terceiro do artigo 217-A, cuja pena é de reclusão, de 10 (dez) a 20 (vinte) anos. As lesões de natureza leve e a prática de vias de fato serão absorvidas pelo delito de estupro, que exige a lesão grave para incidir a modalidade qualificada.

O resultado **morte** também qualifica o delito, passando a pena a ser de reclusão, de 12 (doze) a 30 (trinta) anos. É a previsão do parágrafo quarto do artigo 217-A do Código Penal. A morte da vítima deve decorrer da conduta do agente. Caso, para a prática do estupro, o agente mate outra pessoa, haverá estupro em concurso com homicídio, que será qualificado pela conexão entre os delitos. A morte mencionada na modalidade qualificada é da própria vítima do estupro.

Se sobrevier o resultado mais grave e o estupro não passar da forma tentada, deve-se considerar que a modalidade qualificada se consumou, solução similar à adotada no latrocínio, que se consuma com a morte da vítima. Ambos os resultados devem ter sido praticados a título de culpa, sendo, portanto, **figuras preterdolosas**.

É o entendimento que parece ser majoritário[54]. Assim, se o agente usa de violência e deixa a vítima incapaz para as suas ocupações habituais por mais de 30 dias, por exagerar no emprego de força física, responderá pela modalidade qualificada pela lesão grave.

Nucci, no entanto, entende que a redação do dispositivo indica que o resultado pode ser produzido a título de dolo ou de culpa, em razão da redação do dispositivo, que indica "se da conduta resulta". Assim, nos termos do artigo 19 do Código Penal, argumenta que o resultado deve ter sido produzido, ao menos, culposamente. Abrangeria, assim, o resultado cometido por dolo[55]. Bitencourt, por sua vez, argumenta que, em princípio, seriam figuras denominadas tradicionalmente por preterdolosos, de modo que o resultado que qualifica o delito deveria ser produzido a título de culpa. Entretanto, as penas cominadas para essas modalidades qualificadas pelo resultado são tão elevadas que, se reconhecido o concurso entre o estupro e o crime relacionado ao resultado (lesão grave ou homicídio), haveria o paradoxo de o tratamento penal ser mais brando em se tratando de dolo[56]. No entanto, parece que isso nem sempre ocorreria, especialmente se for levado em conta que o homicídio poderia ser qualificado pela conexão teleológica ou consequencial.

Consentimento da vítima

Em lamentável conduta de revitimização, passou-se a discutir se o fato de a pessoa menor de quatorze anos possuir experiência sexual, consentir com o ato (ou desejá-lo) ou mesmo ter relacionamento com o agente impediria a configuração do delito. O STJ, sob o rito do recurso especial repetitivo, afastou tal argumento, entendendo que não se deve realizar tal análise da vítima:

> *"(...) 9. Recurso especial provido, para restabelecer a sentença proferida nos autos da Ação Penal n. 0001476-20.2010.8.0043, em tramitação na Comarca de Buriti dos Lopes/PI, por considerar que o acórdão recorrido contrariou o art. 217-A do Código Penal, assentando-se,* ***sob o rito do Recurso Especial Repetitivo (art. 543-C do CPC), a seguinte tese****: Para a caracterização do crime de estupro de vulnerável previsto no art. 217-A,* caput, *do Código Penal, basta que o agente tenha conjunção carnal ou pratique qualquer ato libidinoso com pessoa menor de 14 anos. O consentimento da vítima, sua eventual experiência sexual anterior ou a existência de relacionamento amoroso entre o agente e a vítima não afastam a ocorrência do crime. (...)" (STJ, REsp 1480881/PI, Rel. Min. Rogerio Schietti Cruz, Terceira Seção, DJe 10/09/2015).*

Reafirmando-se a configuração do delito independentemente do histórico sexual da vítima, bem como seu eventual relacionamento ou desejo, já que a lei presume sua falta de discernimento para a prática do ato, a referida Corte Superior editou o enunciado 593 da sua Súmula:

54. PRADO, Luiz Regis. Op. Cit., 2020, p. 821; CUNHA, Rogério Sanches. Op. Cit., 2020, p. 549; MASSON, Cleber. Op. Cit., 2019, p. 71, ALVES, Jamil Chaim. Op. Cit., 2021, p. 1214.
55. NUCCI, Guilherme de Souza. Op. Cit., 2015, p. 1092-1094 e 1111.No mesmo sentido: BARROS, Flávio Augusto Monteiro de. Op. Cit., p. 1144; GENTIL, Plínio Antônio Britto; JORGE, Ana Paula. Op. Cit, 2023, p. 694.
56. BITENCOURT, Cezar Roberto. Op. Cit., 2020, p. 134-135.

> *O crime de estupro de vulnerável se configura com a conjunção carnal ou prática de ato libidinoso com menor de 14 anos, sendo* ***irrelevante eventual consentimento da vítima para a prática do ato, sua experiência sexual anterior ou existência de relacionamento amoroso com o agente****.*

O parágrafo quinto do artigo 217-A, inserido pela Lei n. 13.718/2018 incorporou o entendimento consolidado na jurisprudência do STJ ao Código Penal. Referido dispositivo passou a prever que:

> *§ 5º As penas previstas no* caput *e nos §§ 1º, 3º e 4º deste artigo aplicam-se independentemente do consentimento da vítima ou do fato de ela ter mantido relações sexuais anteriormente ao crime.*

Com relação aos menores de 14 anos de idade, pode-se dizer, com segurança, que não se admite no ordenamento jurídico brasileiro a chamada **teoria (ou exceção) de Romeu e Julieta**. Essa teoria determinaria, em casos parecidos com o romance de Shakespeare, a pequena diferença de idade entre os praticantes do ato sexual (fala-se em até 5 anos), em um relacionamento amoroso, o afastamento da vulnerabilidade da vítima menor de 14 anos. Com origem nos EUA, essa construção doutrinária não pode ser adotada no Brasil, em razão do entendimento jurisprudencial sumulado, acima transcrito, assim como em decorrência daalteração legislativa, com a inserção do parágrafo quinto ao artigo 217-A do Código Penal.

Apesar desse acolhimento do entendimento jurisprudencial pela alteração legislativa, em reforço à irrelevância do consentimento da vítima, o STJ afastou a configuração do delito em julgamento de caso com posterior casamento entre sujeito ativo e passivo da conduta típica. Entendeu-se que, naquele contexto específico, ambos haviam se casado, gerando inclusive dois filhos, o que implicaria uma vitimização secundária. A vítima do delito à época, em caso de condenação do marido, ficaria com o encargo de criar duas crianças sozinha. A Corte parece ter adotado, assim, uma solução pragmática, e não dogmática, sobre a relevância ou não do consentimento da vítima. Além disso, consignou não ter sido superado o entendimento sumulado, mas sim ter sido feita uma distinção (*distinguishing*) entre ele e o caso concreto:

> *"O namoro entre réu e vítima teve continuidade, já depois de a moça atingir a idade permitida pela legislação, culminando em seu casamento. Posteriormente, desta união foi gerado um segundo filho, de modo que existe uma unidade familiar constituída livremente pela ofendida, quando esta já tinha idade para consentir. 4. A vitimização secundária consiste no sofrimento imposto à vítima de um crime pelo aparato estatal sancionador, por deixar de considerar seus anseios e sua dignidade enquanto pessoa humana. 5. Impor a pena de reclusão ao recorrido constituiria, na prática, em nova vitimização da ofendida. Esta, uma jovem moça com atualmente 21 anos, seria deixada com a hercúlea tarefa de educar e sustentar, sozinha, dois filhos pequenos, sem o apoio de seu marido. 6. Configura verdadeira contradição causar à vítima um sofrimento desta natureza, colocando sobre seus ombros tão pesada missão, quando o objetivo da norma penal é justamente protegê-la. 7. Não se propõe a superação da Súmula 593/STJ (tampouco da tese repetitiva firmada pela Terceira Seção no julgamento do REsp 1.480.881/PI), mas apenas se reconhece distinção entre a situação*

> *tratada pelo enunciado sumular e a excepcionalíssima hipótese dos autos, a reclamar tratamento jurídico diferenciado que preserve a liberdade de escolha da vítima e a família por ela constituída." (STJ, AREsp n. 1.555.030/GO, Rel. Min. Ribeiro Dantas, Quinta Turma, julgado em 18/5/2021, DJe de 21/5/2021).*

Em julgado mais recente, o STJ reafirmou o seu entendimento pela invalidade de qualquer consentimento, ainda que advindo de relacionamento da vítima. Pontuou a Corte que "o fato de a Vítima ter passado a viver em união estável com o Agravante tão somente reforça o contexto de sexualização precoce no qual se encontra inserida, sendo o seu consentimento infantil incapaz de afastar a tipicidade da conduta, consoante expressamente dispõe o art. 217-A, §5.º, do Código Penal"[57]. Decidiu-se, com referência a julgado do STF[58], que nem mesmo a união estável estaria configurada, por não ser possível conceber a proteção, à luz da Constituição da República, de uma relação marital entre a criança e o seu opressor.

E se dois menores de idade que namoram praticarem sexo?

Não havendo maior de idade, não há configuração do crime, já que ambos são inimputáveis. Por isso, é impossível a prática recíproca do delito. De todo modo, pode-se discutir a prática de ato análogo, com a natureza de ato infracional. Parece-me que, se as idades são próximas e os dois são menores de idade, cuida-se de descoberta sexual conjunta, ainda que precoce, e não de ato ilícito. Se dois adolescentes, de 13 anos de idade, se tocam, não parece necessária a intervenção do Estado, mas sim a educação sexual, especialmente mediante orientação familiar. Diferente é a hipótese de um rapaz de 17 anos tocar sexualmente uma criança de 8, o que demonstra nítido desvio e desrespeito à dignidade sexual de uma vítima em tenra idade, sem formação da personalidade e sem compreensão de sua sexualidade. Nesse segundo caso, há ato infracional, implicando a aplicação de medida socioeducativa ao adolescente. Apesar dessa diferenciação, é preciso mencionar que, em precedente do STJ, já se consignou a configuração, ao menos em tese, de ato infracional, no caso de ato sexual consentido entre namorados, ela com 13 anos e ele, com 14.[59]

Com relação à inserção do § 5º pela Lei n. 13.718/2018, uma crítica que se pode fazer é sobre a sua amplitude. A Súmula 593 do STJ trazia um entendimento bastante adequado, de que menor de 14 anos de idade não pode consentir com a prática sexual. Com a alteração da Lei n. 13.718/2018, a ausência de consentimento abrange pessoas com deficiência e com enfermidade mental, já que o dispositivo incluiu os vulneráveis por equiparação na vedação de consentimento.

Assim, um adulto que, antes de beber, combinou com a namorada de transar, ao realizar o ato totalmente bêbado é um vulnerável e, assim, seu consentimento é inválido. Não parece possível defender, entretanto, que a sua namorada teria praticado

---

57. STJ, AgRg no REsp n. 1.979.739/MT, Rel. Min. Laurita Vaz, Sexta Turma, julgado em 14/8/2023, Dje de 21/8/2023.
58. STF, RE 418376/ MS, Rel. Min. Joaquim Barbosa, Tribunal Pleno, DJ 23.03.2007.
59. STJ, HC n. 359.733/RS, Rel. Min. Rogerio Schietti Cruz, Sexta Turma, julgado em 23/8/2016, DJe 19/9/2016.

delito, de ação penal pública incondicionada. A interpretação deve ser restritiva, considerando a validade do consentimento de adultos a depender do contexto. Se ingere bebida alcoólica ou toma um chá alucinógeno já com a intenção da prática sexual sob os efeitos da substância, não parece haver problema para o consentimento. Agora, claro, **se alguém bebeu muito na festa e não sabe onde está, eventual consentimento dado para o sexo é claramente inválido, por não haver capacidade cognitiva.**

Toda relação sexual com pessoa com deficiência mental é criminosa?

Pela simples leitura do artigo 217-A e dos seus parágrafos primeiro e quinto, pessoas com deficiência mental jamais poderiam consentir com a prática do ato sexual. Além da previsão dessas pessoas como vítimas do estupro de vulnerável, o § 5º exclui a possibilidade de consentirem com a conjunção carnal ou outro ato libidinoso, além de tornar irrelevante que tenha havido relação sexual anterior entre os agentes, ou seja, mesmo em uma relação afetiva ou em um namoro o consentimento seria irrelevante.

Essa não pode, entretanto, ser a interpretação do dispositivo, mesmo porque essa atividade deve ser feita de modo sistemático, considerando o disposto no Estatuto da Pessoa com Deficiência, a Lei n. 13.146/2015. Essa lei prevê expressamente, em seu artigo 6º, inciso II, que a deficiência não afeta a plena capacidade civil da pessoa, inclusive para exercer seus direitos sexuais e reprodutivos. Pessoas com deficiência possuem, claramente, o direito de exercer sua autonomia sexual, decidindo, como os demais, se desejam ou não praticar um ato sexual, com quem e quando.

Por isso, pela tipicidade conglobante, uma proposta interessante é considerar que, em razão de expressa permissão legal, a prática sexual consentida com pessoas com deficiência não é sequer típica. Claro, cada caso deve ser analisado individualmente, para verificar a capacidade de consentir. O grau de deficiência pode impedir que haja compreensão da sexualidade e, via de consequência, tornar prejudicado um efetivo consentimento para a prática do ato sexual. Por outro lado, há que se diferenciar os casos de deficiência mental mais moderada, que não inibe a libido e permite a compreensão da sexualidade. Neste último caso, deve-se garantir o direito à vida sexual, considerando-se possível o consentimento para a prática. O que não se pode admitir é uma vedação total de relações sexuais com quem apresenta deficiência mental, como se fossem seres humanos sem autonomia e que dependessem de uma proteção total e asfixiante de um Direito Penal paternalista[60].

QUADRO SINÓTICO

Crime de estupro de vulnerável	
Tipo penal	Ter conjunção carnal ou praticar outro ato libidinoso com menor de 14 (catorze) anos.
Objeto jurídico	Protegem-se a liberdade e dignidade sexual. Também é possível afirmar que o desenvolvimento sexual é um bem jurídico tutelado.

60. Como diz Claus Roxin, um "paternalismo estatal com intervenção do direito penal deveria ser admissível só no caso de falta de autonomia da pessoa do afetado" (A proteção de bens jurídicos como função do Direito Penal. 2 ed. Porto Alegre: Livraria do advogado, 2018, p. 44).

Crime de estupro de vulnerável	
Sujeito ativo	No caso da conjunção carnal, o sujeito ativo será um homem ou uma mulher. Com relação aos outros atos libidinosos, qualquer um poderá ser o sujeito ativo.
Sujeito passivo	No que se refere à conjunção carnal, a vítima será menor de 14 (quatorze) anos ou alguém que, por enfermidade ou deficiência mental, não tem o necessário discernimento para a prática do ato, ou que, por qualquer outra causa, não pode oferecer resistência do sexo oposto ao do sujeito ativo. Nos outros atos libidinosos a vítima será alguém menor de 14 (quatorze) anos ou que, por enfermidade ou deficiência mental, não tem o necessário discernimento para a prática do ato, ou que, por qualquer outra causa, não pode oferecer resistência.
Elemento subjetivo	Admite-se somente a modalidade dolosa. O *caput* não exige o especial fim de agir de satisfazer a libido, pois o agente que tem conjunção carnal ou pratica outro ato libidinoso com a vítima vulnerável, pois deseja se vingar, por exemplo, também pratica estupro. A seu turno, na hipótese do estupro corretivo (artigo 226, inciso IV, alínea *b*, do CP), há o especial fim de agir de controlar o comportamento social ou sexual da vítima.
Elemento subjetivo	As qualificadoras (produção do resultado lesão corporal grave ou morte) são modalidades *preterdolosas* que incidem somente quando produzidas por culpa. Quando o agente age em erro de tipo com relação à vulnerabilidade (por exemplo, desconhecia que a vítima era menor de 14 anos), afasta-se o dolo e a conduta é atípica, pois não existe em nosso ordenamento a figura do estupro culposo.
Consumação	Na hipótese de comissão do delito pela conjunção carnal, a consumação ocorre com a penetração parcial ou total do pênis na vagina. Não é preciso haver ejaculação. Para os outros atos libidinosos, o momento da consumação é quando a vítima, após ser constrangida mediante violência ou grave ameaça, é obrigada a participar ou deixar que nela se pratique outro ato libidinoso.
Tentativa	Admite-se a tentativa.
Forma majorada	Nos termos do artigo 226 do CP, a pena é aumentada de metade, se o agente é ascendente, padrasto ou madrasta, tio, irmão, cônjuge, companheiro, tutor, curador, preceptor ou empregador da vítima ou por qualquer outro título tiver autoridade sobre ela; de 1/3 (um terço) a 2/3 (dois terços), se o crime é praticado mediante concurso de 2 (dois) ou mais agentes ou para controlar o comportamento social ou sexual da vítima. Nos termos do artigo 234-A do CP, a pena é aumentada de metade a 2/3 (dois terços), se do crime resulta gravidez; e de 1/3 (um terço) a 2/3 (dois terços), se o agente transmite à vítima doença sexualmente transmissível de que sabe ou deveria saber ser portador, ou se a vítima é idosa ou pessoa com deficiência. Por fim, se o delito for praticado contra indígena "não integrado", incide a causa de aumento de pena de um terço, nos termos do artigo 59 da Lei n. 6.001/1973.
Forma qualificada	Nos termos do artigo 217-A, §§ 2º e 3º do CP, o estupro de vulnerável é qualificado pela produção do resultado lesão corporal grave ou morte.

Crime de estupro de vulnerável	
Jurisprudência relevante	O crime de estupro de vulnerável se configura com a conjunção carnal ou prática de ato libidinoso com menor de 14 anos, sendo irrelevante eventual consentimento da vítima para a prática do ato, sua experiência sexual anterior ou existência de relacionamento amoroso com o agente (Súmula 593 do STJ) "1. A jurisprudência do Supremo Tribunal Federal e do Superior Tribunal de Justiça assentou o entendimento de que, sob a normativa anterior à Lei nº 12.015/09, **era absoluta a presunção de violência no estupro e no atentado violento ao pudor (referida na antiga redação do art. 224, "a", do CPB), quando a vítima não fosse maior de 14 anos de idade, ainda que esta anuísse voluntariamente ao ato sexual** (EREsp 762.044/SP, Rel. Min. Nilson Naves, Rel. para o acórdão Min. Felix Fischer, Terceira Seção, DJe 14/4/2010).
Jurisprudência relevante	(...) 9. Recurso especial provido, para restabelecer a sentença proferida nos autos da Ação Penal n. 0001476-20.2010.8.0043, em tramitação na Comarca de Buriti dos Lopes/PI, por considerar que o acórdão recorrido contrariou o art. 217-A do Código Penal, assentando-se, sob o rito do Recurso Especial Repetitivo (art. 543-C do CPC), a seguinte tese: **Para a caracterização do crime de estupro de vulnerável previsto no art. 217-A, *caput*, do Código Penal, basta que o agente tenha conjunção carnal ou pratique qualquer ato libidinoso com pessoa menor de 14 anos. O consentimento da vítima, sua eventual experiência sexual anterior ou a existência de relacionamento amoroso entre o agente e a vítima não afastam a ocorrência do crime".** (REsp 1480881/PI, Rel. Min. Rogerio Schietti Cruz, Terceira Seção, julgado em 26/08/2015, DJe 10/09/2015)
Classificação	O delito, quando se tratar de conjunção carnal é próprio com relação ao sujeito ativo e passivo. Nas demais situações será comum com relação ao sujeito ativo e próprio com relação ao passivo. Ademais, o delito ora analisado é doloso, comissivo ou omissivo impróprio, material, instantâneo, de dano, de forma vinculada (conjunção carnal) ou de forma livre (outros atos libidinosos), monossubjetivo, plurissubsistente e transeunte ou não transeunte.
Benefícios	Não se admite o oferecimento de transação, suspensão condicional do processo ou acordo de não persecução penal.
Ação penal	Nos termos do artigo 225 do CP a ação é pública e incondicionada.
Observações	Atualmente, a doutrina reconhece a possibilidade de estupro sem que haja contato físico, como quando o agente pratica ato libidinoso com a vítima vulnerável por meio virtual. Nos termos do artigo 217-A, § 5º, do CP, as penas previstas no *caput* e nos §§ 1º, 3º e 4º desse artigo aplicam-se independentemente do consentimento da vítima ou do fato de ela ter mantido relações sexuais anteriormente ao crime. Nos termos do artigo 1º, inciso VI, da Lei n. 8.072/1990, o estupro de vulnerável (artigo 217 do CP) é crime hediondo. Nos termos do artigo 234-B do CP, os processos que apuram o crime ora analisado correrão em segredo de justiça.

3.2. Corrupção de menores

O crime de corrupção de menores está previsto no artigo 218 do Código penal, com o seguinte teor:

> *Art. 218. Induzir alguém menor de 14 (catorze) anos a satisfazer a lascívia de outrem:*
>
> *Pena – reclusão, de 2 (dois) a 5 (cinco) anos.*

O núcleo do tipo é induzir, o que pode ser traduzido como inspirar, provocar, incitar ou encorajar. A conduta também se volta a quem possui menos de quatorze anos de idade (sujeito passivo do delito). O induzimento se dá para que a vítima, que deve ser menor de 14 anos de idade, satisfaça a lascívia alheia, ou seja, os desejos eróticos, a sensualidade ou luxúria de outrem.

O agente atua para convencer o menor de 14 anos a satisfazer a lascívia de pessoa determinada ou de pessoas determinadas. Se o convencimento for para que o menor se prostitua ou satisfaça a lascívia de um número indeterminado de pessoas, pode-se configurar o delito de favorecimento da prostituição ou de outra forma de exploração sexual de criança ou adolescente ou de vulnerável.

A abrangência do delito de corrupção de menores é divergente na doutrina:

- Cezar Bitencourt entende que não se trata de exceção à teoria monista, já que o induzimento tratado no artigo 218 não se refere à conjunção carnal ou outro ato libidinoso, como sexo oral e anal. Compreende que o induzimento deve ser para que o menor de 14 anos pratique atos diversos de relação sexual, como aqueles de natureza meramente contemplativa. Abrange, assim, o induzimento de menor de 14 anos de idade a se despir de forma sensual (*strip-tease*) ou a se vestir com alguma fantasia para satisfação de determinada tara[61]. Assim, se o indivíduo convence menor de 14 anos de idade a praticar ato libidinoso com outra pessoa, responde, em concurso de pessoas, pelo estupro de vulnerável. É a posição mais convicente.
- Monteiro de Barros defende não haver necessidade que o induzimento seja para que a vítima mantenha relação sexual ou outro ato libidinoso, pois a lascívia, termo amplo, abrange também assistir a filmes pornográficos, folhear revistas de sexo etc. No entanto, caso o destinatário do lenocínio concretize algum ato libidinoso com o menor de 14 anos, responde por estupro de vulnerável. O mediador responde como partícipe, caso atue dolosamente, de modo que o delito do artigo 218 seria absorvido[62].
- Guilherme de Souza Nucci e Damásio de Jesus entendem que o crime de corrupção de menores, com a superveniência da Lei n. 12.015/2009, passou a ser uma **exceção à teoria monista**, por punir de forma diferente a participação, na modalidade de induzimento, no crime de estupro de vulnerável[63].

---

61. BITENCOURT, Cezar Roberto. Op. Cit., 2020, p. 140-144; CUNHA, Rogério Sanches. Op. Cit., 2020, p. 550-551; MASSON, Cleber. Op. Cit. 2019, p. 73-74;
62. BARROS, Flávio Augusto Monteiro de. Op. Cit., 2019, p. 1144-1145.
63. NUCCI, Guilherme de Souza. Código Penal Comentado. 15. ed. rev. atual. e ampl. Rio de Janeiro: Forense, 2015, p. 1112-1113; PRADO, Luiz Regis. Op. Cit., 2020, p. 823. Parecem adotar a mesma posição: GENTIL, Plínio Antônio Britto; JORGE, Ana Paula. Op. Cit, 2023, p. 700-701.

O delito se consuma, assim, quando há o efetivo convencimento do menor de 14 anos a realizar alguma apresentação, dança ou outra conduta com a finalidade de satisfazer a lascívida de pessoa determinada ou pessoas determinadas. Não se exige a efetiva satisfação da lascívia, que consiste em mero exaurimento do delito.

O crime é comum, não exigindo nenhuma qualidade específica do sujeito ativo para a sua configuração. Além disso, é doloso, não havendo previsão de modalidade culposa. É plurissubsistente, pois sua conduta pode ser fracionada e, deste modo, é admissível a modalidade tentada. É material, exigindo-se o resultado naturalístico, consistente no efetivo induzimento do menor.

Antes da alteração do artigo 218 do CP pela Lei n. 12.015/2009, o tipo penal incriminada a conduta de "Corromper ou facilitar a corrupção de pessoa maior de quatorze e menor de dezoito anos, com ela praticando ato de libidinagem, ou induzindo-a a praticá-lo ou presenciá-lo". Com o advento da legislação alteradora, o STJ enfrentou a discussão sobre a configuração de crime se alguém utilizasse os serviços sexuais de pessoa maior de 18 anos de idade e menor de 14. Decidiu a Corta que, quando se trata da corrupção sexual de maior de 14 anos de idade, o cliente habitual dessa prostituição não comete crime. O entendimento foi de que, neste aspecto, houve *abolitio criminis. É de se ressaltar que a Corte se refere ao período anterior à Lei n. 12.015/2009, sobre o qual a nova lei não pode retroagir. Atualmente, a conduta mencionada pode configurar, em tese, o delito do artigo 218-B, § 2º, inciso I, do Código Penal:*

> *"(...) V – Segundo jurisprudência desta Corte Superior, a corrupção sexual de maiores de 14 (quatorze) e menores de 18 (dezoito) anos deixou de ser tipificada no Código Penal, ensejando abolitio criminis (precedentes). (...)" (STJ, RHC 37606/MT, Rel. Min. Felix Fischer, Quinta Turma, DJe 05/08/2015).*
>
> *"Na presente hipótese, ainda que a referida conduta possa, em tese, caracterizar a figura típica do art. 218-B, § 2º, I, do CP (favorecimento da prostituição de criança ou adolescente ou de vulnerável), é importante destacar que alguns fatos teriam ocorrido antes do advento da Lei n. 12.015/2009, que introduziu a mencionada figura típica ao Código Penal, não podendo retroagir para regular fatos anteriores à sua edição por ser mais gravosa (v.g.: RHC 36.364/RJ, Sexta Turma, Rel. Min. Rogerio Schietti Cruz, DJe de 6/6/2014). IV - É entendimento consolidado no Superior Tribunal de Justiça que a conduta praticada pelo cliente ocasional não configura o tipo penal do art. 244-A do ECA (precedentes). V - Segundo jurisprudência desta Corte Superior, a corrupção sexual de maiores de 14 (quatorze) e menores de 18 (dezoito) anos deixou de ser tipificada no Código Penal, ensejando abolitio criminis (precedentes)." (STJ, RHC n. 80.481/PR, Rel. Min. Felix Fischer, Quinta Turma, julgado em 4/4/2017, DJe de 11/4/2017.)*

O tipo do artigo 218 do Código Penal, denominado de corrupção de menores, incide se o agente atua para que o menor satisfaça a lascívia de outra pessoa, de terceiros, e não a sua própria. O legislador previu a conduta de aliciar, assediar, instigar ou constranger, por qualquer meio, criança, com a finalidade de com ela praticar ato libidinoso, o que incrimina o agente que deseja satisfazer a própria lascívia e age para aliciá-la. Para essa conduta típica, só previu como vítima o menor de 12 anos de idade, não havendo uma coerência com a maior tutela sexual, feita pelo Código Penal, a todos os que possuem idade inferior a 14 anos.

O artigo 227 do Código Penal, incrimina a conduta de induzir alguém a satisfazer a lascívia de outrem. Trata-se de conduta que pode se voltar a qualquer pessoa, exceto se a vítima for menor de 14 anos. Se a vítima for menor de 18 anos de idade, mas maior de 14, incidirá a forma qualificada do artigo 227, § 1º, do CP. Se for menor de 14 anos de idade, há o crime do artigo 218-C do Código. A idade exatamente igual a 14 anos de idade, correspondente ao décimo quarto aniversário da vítima, não é contemplado nem pela forma qualificada do artigo 227, § 1º, nem pelo delito do artigo 218, por falha do legislador. Na mediação para servir a lascívia de outrem, do artigo 227, o delito se configura com a prática de qualquer ato libidinoso, inclusive a conjunção carnal, sexo oral ou masturbação. No delito do artigo 218, há apenas atos de *natureza contemplativa*, pois a indução de menor de 14 anos à prática de ato libidinoso implica a concorrência para o crime de estupro de vulnerável, do artigo 217-A do CP.

Se houver a prática de ato libidinoso com menor de 14 anos de idade, configura-se o delito de estupro de vulnerável, de modo que aquele que induziu o menor pode responder pelo delito, em concurso de agentes. Por outro lado, se houver o induzimento do menor de 14 anos de idade a satisfazer a lascívia de pessoas indeterminadas, há o induzimento à prostituição, configurando-se o delito do artigo 218-B do Código Penal, denominado de favorecimento da prostituição ou de outra forma de exploração sexual de criança ou adolescente ou de vulnerável.

Não se deve confundir o delito do artigo 218 do Código Penal com o previsto no artigo 244-B do ECA. A corrupção de menores do ECA, delito considerado formal pelo STJ[64], configura-se com a prática de infração penal em conjunto com menor de 18 anos de idade ou com a indução do menor de idade a praticá-la. Configura-se, por exemplo, quando um indivíduo pratica o crime de roubo em conjunto com adolescente, por considerar a lei que assim ele corrompe ou facilita a corrupção do menor.

Sobre o aspecto de sucessão de leis penais no tempo, é importante observar que, antes da alteração do artigo 218 do CP pela Lei n. 12.015/2009, o tipo penal incriminava a conduta de "Corromper ou facilitar a corrupção de pessoa maior de quatorze e menor de dezoito anos, com ela praticando ato de libidinagem, ou induzindo-a a praticá-lo ou presenciá-lo". Com o advento da legislação alteradora, o STJ enfrentou a discussão sobre a configuração de crime se alguém utilizasse os serviços sexuais de pessoa maior de 18 anos de idade e menor de 14, analisando se havia enquadramento no artigo 244-A do ECA. Decidiu a Corte que, quando se trata da corrupção sexual de maior de 14 anos de idade, o cliente habitual dessa prostituição não incorreu em delito no período anterior à entrada em vigor da Lei n. 12.015/2019. O entendimento foi de que, quanto aos fatos passados, houve *abolitio criminis*. *É de se ressaltar que a Corte se refere ao período anterior à Lei n. 12.015/2009,*

64. Súmula 500 do STJ: "A configuração do crime do art. 244-B do ECA independe da prova da efetiva corrupção do menor, por se tratar de delito formal."

sobre o qual a nova lei não pode retroagir. Atualmente, a conduta mencionada pode configurar, em tese, o delito do artigo 218-B, § 2º, inciso I, do Código Penal:

> *"Na presente hipótese, ainda que a referida conduta possa, em tese, caracterizar a figura típica do art. 218-B, § 2º, I, do CP (favorecimento da prostituição de criança ou adolescente ou de vulnerável), é importante destacar que alguns fatos teriam ocorrido antes do advento da Lei n. 12.015/2009, que introduziu a mencionada figura típica ao Código Penal, não podendo retroagir para regular fatos anteriores à sua edição por ser mais gravosa (v.g.: RHC 36.364/RJ, Sexta Turma, Rel. Min. Rogerio Schietti Cruz, DJe de 6/6/2014). IV - É entendimento consolidado no Superior Tribunal de Justiça que a conduta praticada pelo cliente ocasional não configura o tipo penal do art. 244-A do ECA (precedentes). V - Segundo jurisprudência desta Corte Superior, a corrupção sexual de maiores de 14 (quatorze) e menores de 18 (dezoito) anos deixou de ser tipificada no Código Penal, ensejando abolitio criminis (precedentes)." (STJ, RHC n. 80.481/PR, Rel. Min. Felix Fischer, Quinta Turma, julgado em 4/4/2017, DJe de 11/4/2017.)*

O delito do artigo 244-A do ECA[65] foi tacitamente revogado pela Lei n. 12.015/2009, que passou a tratar da exploração sexual de crianças e adolescentes no artigo 218-B do Código Penal. De todo modo, o STJ firmou entendimento que o delito do ECA, que criminalizava a submissão de criança ou adolescente à prostituição e à exploração sexual, não alcançava o cliente ocasional[66]. Tornando mais complexa a questão, quando a doutrina apontava a revogação do artigo 244-A do ECA pela Lei n. 12.015/2009[67], o legislador alterou o preceito secundário do dispositio por meio da Lei n. 13.440/2017. Para melhor compreensão das sucessivas leis penais, é interessante comparar os tipos penais em discussão:

Código Penal (Redação original)	ECA (Dispositivo revogado)	Código Penal (Redação atual)
Art. 218 – Corromper ou facilitar a corrupção de pessoa maior de quatorze e menor de dezoito anos, com ela praticando ato de libidinagem, ou induzindo-a a praticá-lo ou presenciá-lo:	Art. 244-A. Submeter criança ou adolescente, como tais definidos no caput do art. 2 o desta Lei, à prostituição ou à exploração sexual: (Incluído pela Lei nº 9.975, de 23.6.2000)	Art. 218. Induzir alguém menor de 14 (catorze) anos a satisfazer a lascívia de outrem: (Redação dada pela Lei nº 12.015, de 2009)

65. Art. 244-A. Submeter criança ou adolescente, como tais definidos no caput do art. 2 o desta Lei, à prostituição ou à exploração sexual: Pena – reclusão de quatro a dez anos e multa, além da perda de bens e valores utilizados na prática criminosa em favor do Fundo dos Direitos da Criança e do Adolescente da unidade da Federação (Estado ou Distrito Federal) em que foi cometido o crime, ressalvado o direito de terceiro de boa-fé. (Redação dada pela Lei nº 13.440, de 2017)
66. "Segundo jurisprudência desta Corte Superior, a corrupção sexual de maiores de 14 (quatorze) e menores de 18 (dezoito) anos deixou de ser tipificada no Código Penal, ensejando abolitio criminis (precedentes)" (STJ, RHC n. 80.481/PR, Rel. Min. Felix Fischer, Quinta Turma, julgado em 4/4/2017, DJe de 11/4/2017).
67. BITENCOURT, Cezar Roberto. Op. Cit., 2020, p. 153; BARROS, Flávio Augusto Monteiro de. Op. Cit., p. 1154. CUNHA, Rogério Sanches. Op. Cit., 2020, p. 556; MASSON, Cleber. Op. Cit. 2019, p. 83; ALVES, Jamil Chaim. Op. Cit. 2021, p. 1222. Parece seguir a mesma posição: GENTIL, Plínio Antônio Britto; JORGE, Ana Paula. Op. Cit, 2023, p. 707.

Código Penal (Redação original)	ECA (Dispositivo revogado)	Código Penal (Redação atual)
Pena - reclusão, de um a quatro anos.	Pena – reclusão de quatro a dez anos e multa, além da perda de bens e valores utilizados na prática criminosa em favor do Fundo dos Direitos da Criança e do Adolescente da unidade da Federação (Estado ou Distrito Federal) em que foi cometido o crime, ressalvado o direito de terceiro de boa-fé. (Redação dada pela Lei nº 13.440, de 2017)	Pena – reclusão, de 2 (dois) a 5 (cinco) anos.
		Art. 218-B. Submeter, induzir ou atrair à prostituição ou outra forma de exploração sexual alguém menor de 18 (dezoito) anos ou que, por enfermidade ou deficiência mental, não tem o necessário discernimento para a prática do ato, facilitá-la, impedir ou dificultar que a abandone: (Incluído pela Lei nº 12.015, de 2009) Pena – reclusão, de 4 (quatro) a 10 (dez) anos.

Crime de corrupção de menores	
Tipo penal	Induzir alguém menor de 14 (catorze) anos a satisfazer a lascívia de outrem.
Objeto jurídico	Protegem-se a liberdade e a dignidade sexual. Também é possível afirmar que o desenvolvimento sexual é um bem jurídico tutelado.
Sujeito ativo	Qualquer um.
Sujeito passivo	Menor de 14 (quatorze) anos.
Elemento subjetivo	Admite-se somente a modalidade dolosa, de sorte que o agente também deve ter o especial fim de agir de satisfazer a lascívia de outrem.
Consumação	Há divisão doutrinária sobre o momento consumativo. De um lado, há aqueles que defendem que a consumação ocorre após o menor de 14 anos realizar o primeiro ato tendente à satisfação da lascívia de outrem. De outro, aqueles que sustentam que a mera indução do menor a realizar mencionados atos já seria suficiente para configurar o delito consumado, posição que se mostra mais acertada.
Tentativa	Admite-se a tentativa.
Forma majorada	Nos termos do artigo 226 do CP, a pena é aumentada de quarta parte, se o crime for cometido com o concurso de 2 (duas) ou mais pessoas; e de metade, se o agente é ascendente, padrasto ou madrasta, tio, irmão, cônjuge, companheiro, tutor, curador, preceptor ou empregador da vítima ou por qualquer outro título tiver autoridade sobre ela.

Crime de corrupção de menores	
Forma majorada	Nos termos do artigo 234-A do CP, a pena é aumentada de metade a 2/3 (dois terços), se do crime resulta gravidez; e de 1/3 (um terço) a 2/3 (dois terços), se o agente transmite à vítima doença sexualmente transmissível de que sabe ou deveria saber ser portador, ou se a vítima é idosa ou pessoa com deficiência. Por fim, se o delito for praticado contra indígena "não integrado", incide a causa de aumento de pena de um terço, nos termos do artigo 59 da Lei n. 6.001/1973.
Classificação	Trata-se de delito comum com relação ao sujeito ativo e próprio com relação ao passivo. Ademais, é doloso, material, de forma livre, comissivo ou omissivo impróprio, instantâneo, monossubjetivo, plurissubsistente e transeunte.
Benefícios	Admite-se o oferecimento de acordo de não persecução penal.
Ação penal	Nos termos do artigo 225 do CP, a ação é pública e incondicionada.
Observações	Nos termos do artigo 234-B do CP, os processos que apuram o crime ora analisado correrão em segredo de justiça.

3.3. Satisfação de lascívia mediante presença de criança ou adolescente

O crime de satisfação de lascívia mediante presença de criança ou adolescente está previsto no artigo 218-A do Código Penal:

> *Art. 218-A. Praticar, na presença de alguém menor de 14 (catorze) anos, ou induzi-lo a presenciar, conjunção carnal ou outro ato libidinoso, a fim de satisfazer lascívia própria ou de outrem:*
>
> *Pena – reclusão, de 2 (dois) a 4 (quatro) anos.*

O crime possui **dois tipos alternativos**:

- Praticar, na presença de alguém menor de 14 anos de idade, conjunção carnal ou outro ato libidinoso, a fim de satisfazer lascívia própria ou de outrem.

O agente pratica a conjunção carnal ou outro ato libidinoso, sabendo da presença do menor, seja ela querida ou desejada. A prática da conduta na presença do menor tem por finalidade a satisfação da lascívia própria ou de outra pessoa.

- Induzir alguém menor de 14 anos de idade a presenciar conjunção carnal ou outro ato libidinoso, a fim de satisfazer lascívia própria ou alheia.

Neste último, o núcleo do tipo é induzir, o que pode ser traduzido como inspirar, provocar, incitar ou encorajar. O induzimento recai sobre menor de quatorze anos de idade, para que ele presencie a conjunção carnal ou outro ato libidinoso. Também se exige a finalidade específica do agente de satisfazer sua própria lascívia ou a luxúria de outrem.

Em ambos os casos, o menor ou a menor de 14 anos apenas presencia o ato, sem dele participar ou sem praticar nenhum ato libidinoso com o sujeito ativo. Caso participe, a conduta configura o crime de estupro de vulnerável, e não de satisfação de lascívia mediante presença de criança ou adolescente.

O crime é comum, por não exigir nenhuma qualidade específica do sujeito ativo. É doloso, não havendo previsão da conduta culposa, como daquele que deixa menor assistir a uma relação sexual por imprudência, por descuido.

Exige-se, ainda, a **finalidade específica do tipo**, consistente na finalidade de satisfazer lascívia própria ou de outrem. Caso o adolescente de 12 anos acorde e surpreenda o seu genitor fazendo sexo com terceira pessoa, sem que tenha havido a intenção dos adultos de serem vistos, o fato é atípico. O crime só se configura se houver a finalidade específica do agente de satisfazer sua própria lascívia ou a lascívia alheia. Ademais, o crime não prevê forma culposa, de modo que o fato será penalmente irrelevante.

O crime é formal, sendo necessário que o agente busque a satisfação da lascívia de alguém, seja dele mesmo ou de outrem. Caso haja a efetiva satisfação de lascívia, referido fato será mero exaurimento do crime. É plurissubsistente, admitindo a tentativa. Na modalidade de praticar a conjunção carnal ou outro ato libidinoso, o crime se consuma com a efetiva prática do ato. Na modalidade de induzir o menor a presenciar, consuma-se com o induzimento, sendo que a efetiva prática sexual, se ocorrer, consubstancia mero exaurimento do crime.

"Na presença e presenciar": recursos tecnológicos de transmissão simultânea.

Deve-se, de início, diferenciar o delito previsto no artigo 241-D, parágrafo único, inciso I, da Lei n. 8.069/1990, o Estatuto da Criança e do Adolescente, do crime do artigo 218-A do CP. O dispositivo do ECA incrimina a conduta de facilitar ou induzir acesso de material contendo cena de sexo explícito ou pornográfica com o fim de com ela praticar ato libidinoso. No crime do 218-A, a vontade do agente é que o menor de 14 anos presencie o ato libidinoso, sem a finalidade de com ela praticar os atos. A finalidade inerente ao artigo 218-A do CP é a satisfação da lascívia própria ou de outem, o prazer sexual de saber que a criança ou adolescente presencia o ato.

Dito isso, Bitencourt observa que a presenção física do menor é imprescindível, considerando que o texto legal utiliza os vocábulos "na presença de alguém menor" e "induzi-lo a presenciar", o que exige que assista ao ato *in loco*, e não à distância. Sanches também aponta que Nucci não concordava, inicialmente, considerando que, no cotejo entre o delito do artigo 241-D, parágrafo único, inciso I, do ECA, somente seria possível interpretar que o agente deveria estar presente fisicamente para configuração do artigo 218-A do CP[68]. No entanto, o próprio Bitencourt ressalva que Nucci admite a presença virtual, assim como indica a consulta à sua obra, de modo que pode ter havido mudança de posicionamento.

68. CUNHA, Rogério Sanches. Op. Cit., 2020, p. 554.

No entanto, quanto à extensão do crime do artigo 218-A, parece sim admissível a chamada "presença virtual", bastando que o menor assista à cena por uma chamada de vídeo ou outro recurso tecnológico que permita presenciar o ato libidinoso[69]. Essa é a interpretação mais acertada, tendo em vista os avanços tecnológicos de 2010 até a presente dada e a tendência de virtualização da personalidade, o que demanda uma proteção também na esfera digital. Nos dias de hoje, a presença virtual é uma realidade e uma nova forma de exercício da personalidade, dessa forma, a proteção tão somente do bem jurídico em uma interpretação restritiva do termo implicaria uma verdadeira proteção deficiente.

Crime de satisfação de lasciva mediante presença de criança ou adolescente	
Tipo penal	Praticar, na presença de alguém menor de 14 (catorze) anos, ou induzi-lo a presenciar, conjunção carnal ou outro ato libidinoso, a fim de satisfazer lascívia própria ou de outrem.
Objeto jurídico	Protegem-se a liberdade e a dignidade sexual. Também é possível afirmar que o desenvolvimento sexual é um bem jurídico tutelado.
Sujeito ativo	Qualquer um.
Sujeito passivo	Menor de 14 anos.
Elemento subjetivo	Admite-se somente a modalidade dolosa, de sorte que o agente também deve ter o especial fim de agir de satisfazer a lascívia própria ou de outrem.
Consumação	O delito se consuma quando o menor de 14 anos presencia conjunção carnal ou outro ato libidinoso, a fim de satisfazer lascívia própria ou de outrem. Na modalidade de induzir, consuma-se com o efetivo induzimento, com o convencimento da criança ou do adolescente.
Tentativa	Admite-se a tentativa.
Forma majorada	Nos termos do artigo 226 do CP, a pena é aumentada de quarta parte, se o crime for cometido com o concurso de 2 (duas) ou mais pessoas; e de metade, se o agente é ascendente, padrasto ou madrasta, tio, irmão, cônjuge, companheiro, tutor, curador, preceptor ou empregador da vítima ou por qualquer outro título tiver autoridade sobre ela. Nos termos do artigo 234-A do CP, a pena é aumentada de metade a 2/3 (dois terços), se do crime resulta gravidez; e de 1/3 (um terço) a 2/3 (dois terços), se o agente transmite à vítima doença sexualmente transmissível de que sabe ou deveria saber ser portador, ou se a vítima é idosa ou pessoa com deficiência. Por fim, se o delito for praticado contra indígena "não integrado", incide a causa de aumento de pena de um terço, nos termos do artigo 59 da Lei n. 6.001/1973.

69. NUCCI, Guilherme de Souza. Op. Cit., 2015, p. 115; MASSON, Cleber. Op. Cit., 2020, p. 1020; ALVES, Jamil Chaim. Op. Cit., 2021, p. 1219; GENTIL, Plínio Antônio Britto; JORGE, Ana Paula. Op. Cit, 2023, p. 702.

Crime de satisfação de lasciva mediante presença de criança ou adolescente	
Classificação	Trata-se de delito comum com relação ao sujeito ativo e próprio com relação ao passivo. Ademais, é doloso, de mera conduta, de forma vinculada (o menor de 14 anos deve presenciar a conjunção carnal ou outro ato libidinoso), comissivo ou omissivo impróprio, instantâneo, monossubjetivo, plurissubsistente e transeunte.
Benefícios	Não admite o oferecimento dos benefícios de transação, suspensão condicional do processo ou oferecimento de acordo de não persecução penal.
Ação penal	Nos termos do artigo 225 do CP, a ação é pública e incondicionada.
Observações	Atualmente, a doutrina reconhece a possibilidade de comissão do delito ora analisado sem que haja contato físico, como quando a vítima vulnerável, para satisfazer a lascívia própria ou de outrem, presencia ato libidinoso por meio virtual. Nos termos do artigo 234-B do CP, os processos que apuram o crime ora analisado correrão em segredo de justiça.

3.4. Favorecimento da prostituição ou de outra forma de exploração sexual de criança ou adolescente ou de vulnerável

O crime de favorecimento da prostituição ou de outra forma de exploração sexual de criança ou adolescente ou de vulnerável está previsto no artigo 218-B do Código Penal, de seguinte teor:

> *Art. 218-B. Submeter, induzir ou atrair à prostituição ou outra forma de exploração sexual alguém menor de 18 (dezoito) anos ou que, por enfermidade ou deficiência mental, não tem o necessário discernimento para a prática do ato, facilitá-la, impedir ou dificultar que a abandone:*
>
> *Pena – reclusão, de 4 (quatro) a 10 (dez) anos.*
>
> *§ 1º Se o crime é praticado com o fim de obter vantagem econômica, aplica-se também multa.*
>
> *§ 2º Incorre nas mesmas penas:*
>
> *I – quem pratica conjunção carnal ou outro ato libidinoso com alguém menor de 18 (dezoito) e maior de 14 (catorze) anos na situação descrita no* caput *deste artigo;*
>
> *II – o proprietário, o gerente ou o responsável pelo local em que se verifiquem as práticas referidas no* caput *deste artigo.*
>
> *§ 3º Na hipótese do inciso II do § 2º, constitui efeito obrigatório da condenação a cassação da licença de localização e de funcionamento do estabelecimento.*

Submeter é dominar, subjugar, sujeitar. Induzir é inspirar, provocar, incitar ou encorajar. Atrair é trazer para si, suscitar, aliciar. Facilitar é tornar mais fácil, facultar. Impedir (que a vítima abandone a prostituição ou outra forma de exploração) é vedar, proibir, opor-se a. **Dificultar** (que a vítima abandone a prostituição ou outra forma de exploração) é obstaculizar, é complicar, estorvar, tornar difícil.

A conduta típica é submeter, induzir ou atrair à prostituição ou outra forma de exploração sexual alguém menor de 18 anos ou que, por enfermidade ou deficiência mental, não tem o necessário discernimento para a prática do ato, facilitá-la, impedir ou dificultar que a abandone.

Portanto, a vítima é o **menor de 18 anos ou a pessoa que, seja por motivo de enfermidade ou de deficiência mental, não tenha o necessário discernimento** para a decisão de se prostituir ou de se submeter a outra forma de exploração sexual.

O sujeito passivo, inclusive, pode ser garota ou garoto de programa, caso haja o impedimento ou a imposição de dificuldades para que deixe a prostituição ou outra forma de exploração sexual.

A prostituição é a negociação de práticas sexuais em troca de vantagens, geralmente financeiras. Exploração sexual é o gênero, que envolve, por exemplo, a produção de filmes pornográficos.

O crime é comum, não exigindo qualidade especial do sujeito ativo. É doloso. Admite-se a tentativa, razão pela qual o crime é classificado como plurissubsistente. Por exigir resultado naturalístico para sua consumação, é tido como delito material.

Prevalece que o delito do artigo 218-B do Código, incluído pela Lei n. 12.015/2009, revogou o tipo penal que estava previsto no artigo 244-A do ECA. Por ter sido introduzido no ordenamento jurídico por lei posterior, a Lei n. 12.015/2009, é posterior e regula toda a matéria, razão pela qual houve a revogação do tipo do Estatuto da Criança e do Adolescente, que havia sido inserido pela Lei n. 9.975/2000[70]. O STJ já cogitou sobre a revogação, sem tê-la afirmado expressamente:

> *"Portanto, ainda que revogado o art. 244-A do ECA pelo art. 218-B do CP, existindo outro tipo penal que dê continuidade típico- normativa ao delito descrito na inicial, tem-se que o magistrado está autorizado a proceder à emendatio libelli por ocasião da sentença condenatória, o que efetivamente ocorreu no caso dos autos. 3. No que diz respeito à tipicidade da conduta propriamente dita, verifica-se que o fato narrado se subsume, em tese, ao delito descrito no art. 218-B do Código Penal, razão pela qual não há se falar em inépcia da inicial".*
>
> *(STJ, RHC n. 66.241/PR, Rel. Min Reynaldo Soares da Fonseca, Quinta Turma, julgado em 18/2/2016, DJe de 23/2/2016).*

O tipo penal do artigo 244-A do ECA era mais restrito, não incriminando a conduta do chamado *cliente eventual*, aquele que praticasse ato sexual com maior de 14 anos e menor de 18 em uma situação de prostituição, sem submeter a vítima a esse estado. O novo tipo penal é mais rígido e, por trazer tratamento mais gravoso, não pode retroagir, não se aplicando a condutas praticadas anteriormente, como decidiu o STJ:

70. BITENCOURT, Cezar Roberto. Op. Cit., 2020, p. 153; BARROS, Flávio Augusto Monteiro de. Op. Cit., p. 1154. CUNHA, Rogério Sanches. Op. Cit., 2020, p. 556; MASSON, Cleber. Op. Cit. 2019, p. 83; ALVES, Jamil Chaim. Op. Cit. 2021, p. 1222. Parece seguir a mesma posição: GENTIL, Plínio Antônio Britto; JORGE, Ana Paula. Op. Cit, 2023, p. 707.

Embora a Constituição Federal tenha estabelecido o princípio da proteção integral do menor (CF, arts. 227, caput, c/c o 4º), antes do advento da Lei n. 12.015/2009, que introduziu o novel tipo penal do art. 218-B do CP, a conduta do chamado "cliente ocasional" de adolescente maior de 14 anos e menor 18 anos, já submetido a exploração sexual, não era considerada típica, por não se subsumir ao art. 244-A do ECA. 7. O art. 218-B estabeleceu, em seu § 2º, que incorre nas mesmas penas do caput "quem pratica conjunção carnal ou outro ato libidinoso com alguém menor de 18 (dezoito) e maior de 14 (catorze) anos na situação descrita no caput deste artigo". In casu, porém, percebe-se que as condutas foram perpetradas entre janeiro e abril de 2007, ou seja, antes da entrada em vigor da Lei n. 12.015/2009. Nesse contexto, não sendo admissível a retroação da lei penal desfavorável ao réu (CF, art. 5º, XL), impõe-se o reconhecimento da atipicidade das condutas descritas na peça acusatória quanto ao ora paciente.

(STJ, HC n. 160.901/GO, relator Ministro Ribeiro Dantas, Quinta Turma, julgado em 18/9/2018, DJe de 25/9/2018)

Formas equiparadas

O parágrafo segundo do artigo 218-B prevê duas formas equiparadas ao *caput*:

I – quem pratica conjunção carnal ou outro ato libidinoso com alguém menor de 18 (dezoito) e maior de 14 (catorze) anos na situação descrita no *caput* deste artigo.

É necessário que o menor de 18 anos e maior de 14 tenha sido submetido, induzido ou atraído à prostituição ou outra forma de exploração sexual, ou que tenha tal atividade facilitada ou, por fim, que tenha sido impedido ou tenha sido dificultado o seu intento de deixar tais atividades. Pune-se quem seja **cliente de menor de idade, desde que maior de 14 anos**, envolvido em prostituição ou exploração sexual, na forma de favorecimento descrita no *caput* do artigo 218-B do Código Penal.

A punição é para aquele que pratica o ato com pessoa envolvida na prostituição como vítima do delito previsto no *caput*. Caso o cliente use de violência ou grave ameaça para a prática do ato, teremos o delito de estupro. Se o ato for praticado contra a pessoa e sem a sua anuência, mesmo que ela se dedique à prostituição, o delito será o de importunação sexual. Vale recordar que, mesmo que a vítima seja profissional do sexo, o ordenamento jurídico como um todo não lhe nega proteção à dignidade sexual, de modo que não há aniquilação da sua liberdade nesta área. Se a prostituta se nega a praticar o ato e é forçada, existe crime.

A prática de ato sexual com menor de 14 anos configura o crime de estupro de vulnerável. Por isso, a forma equiparada faz referência ao maior de 14 e menor de 18 anos. Houve mais uma lacuna da lei, que não incluiu a vítima com idade igual a 14 anos. Há um vão na proteção da norma, já que há vedação de analogia em desfavor do réu.

Sobre essa modalidade do crime, há importante precedente do STJ:

"1. Nos termos do artigo 218-B do Código Penal, são punidos tanto aquele que capta a vítima, inserindo-a na prostituição ou outra forma de exploração sexual (caput)*, como também o cliente do menor prostituído ou sexualmente explorado (§ 1º).*

> *2. Na espécie, o paciente, a quem se imputou a exploração sexual dos ofendidos, também figurou como "cliente" dos menores, com eles praticando atos libidinosos, fatos que se enquadram na figura do inciso I do § 2º do artigo 218-B do Estatuto Repressivo. Precedentes.*
>
> *3. O crime de favorecimento da prostituição ou outra forma de exploração sexual de criança ou adolescente busca proteger a dignidade sexual do vulnerável, assegurando que possa se desenvolver de forma saudável, e, no momento apropriado, decidir livremente o seu comportamento sexual.*
>
> *4. **Diferentemente do que ocorre nos artigos 217-A, 218 e 218-A do Código Penal, nos quais o legislador presumiu de forma absoluta a vulnerabilidade dos menores de 14 (catorze) anos, no artigo 218-B não basta aferir a idade da vítima**, devendo-se averiguar se o menor de 18 (dezoito) anos **não tem o necessário discernimento para a prática do ato, ou por outra causa não pode oferecer resistência**, o que ocorre, na maioria das vezes, mediante a comprovação de que se entrega à prostituição devido às suas más condições financeiras. Doutrina.*
>
> *(...)*
>
> *1. O crime previsto no inciso I do § 2º do artigo 218 do Código Penal **se consuma independentemente da manutenção de relacionamento sexual habitual entre o ofendido e o agente**, o que permite a incidência da causa de aumento prevista no artigo 71 do Código Penal. Doutrina.*
>
> *2. Não se tratando de crime cuja consumação depende da habitualidade, e tendo a autoridade impetrada justificado fundamentadamente a incidência da causa de aumento relativa à continuidade delitiva, o seu afastamento demanda o revolvimento de matéria fático-probatória, providência vedada na via eleita. (...)"*
>
> *(STJ, HC 371.633/SP, Rel. Min. Jorge Mussi, Quinta Turma, julgado em 19/03/2019, DJe 26/03/2019)*

Sobre essa conduta, uniformizando o entendimento das Turmas Criminais, a Terceira Seção decidiu que **não é necessária a figura do intermediador** para a configuração do delito e que o legislador estabeleceu uma espécie de **presunção relativa de vulnerabilidade da pessoa menor de 18 e maior de 14 anos** de idade:

> *Note-se que, apesar de o* nomen juris *do tipo em questão ter deixado de ser "favorecimento da prostituição ou outra forma de exploração sexual de vulnerável" para evitar confusão terminológica com a figura do vulnerável do art. 217-A do CP, é inegável que o legislador, em relação à pessoa menor de 18 e maior de 14 anos, trouxe uma espécie de presunção relativa de vulnerabilidade. Nesse ensejo, **a exploração sexual é verificada sempre que a sexualidade da pessoa menor de 18 e maior de 14 anos é tratada como mercancia. A norma penal não exige a figura do intermediador, além disso, o ordenamento jurídico reconhece à criança e ao adolescente o princípio constitucional da proteção integral, bem como o respeito à condição peculiar de pessoa em desenvolvimento**. Assim, é lícito concluir que a norma traz uma espécie de presunção relativa de maior vulnerabilidade das pessoas menores de 18 e maiores de 14 anos. Logo, quem, se aproveitando da idade da vítima, oferece-lhe dinheiro em troca de favores sexuais está a explorá-la sexualmente, pois se utiliza da sexualidade de pessoa ainda em formação como mercancia, independentemente da existência ou não de terceiro explorador."*
>
> *(STJ, EREsp 1.530.637/SP, Rel. Min. Ribeiro Dantas, Terceira Seção, por maioria, julgado em 24/03/2021).*

Além disso, o artigo 218-B, § 2º, inciso I, do Código Penal, consiste em dispositivo inserido pela Lei n. 12.015/2019, não podendo alcançar condutas praticadas antes de sua entrada em vigor. Anteriormente, não havia previsão típica que abrangesse essa conduta, tratando-se de *novatio legis* incriminadora[71].

II – o proprietário, o gerente ou o responsável pelo local em que se verifiquem as práticas referidas no *caput* deste artigo.

Parte da doutrina entende ser inconstitucional tal dispositivo, já que não prevê a conduta punível que seria praticada pelo proprietário, pelo gerente ou pelo responsável pelo local em que ocorre o favorecimento de prostituição ou outra forma de exploração sexual de vulnerável[72].

Para a conduta incriminada no inciso II do parágrafo segundo, incide um efeito obrigatório da condenação, que consiste na cassação da licença de localização e de funcionamento do estabelecimento. Está previsto no artigo 218-B, § 3º, do CP.

Crime de favorecimento da prostituição ou de outra forma de exploração sexual de criança ou adolescente ou de vulnerável	
Tipo penal	Submeter, induzir ou atrair à prostituição ou outra forma de exploração sexual alguém menor de 18 (dezoito) anos ou que, por enfermidade ou deficiência mental, não tem o necessário discernimento para a prática do ato, facilitá-la, impedir ou dificultar que a abandone.
Objeto jurídico	Protegem-se a liberdade e dignidade sexual. Também é possível afirmar que o desenvolvimento sexual é um bem jurídico tutelado.
Sujeito ativo	Qualquer um.
Sujeito passivo	A vítima será menor de 18 (dezoito) anos ou alguém que, por enfermidade ou deficiência mental, não tem o necessário discernimento para a prática do ato.
Elemento subjetivo	Admite-se somente a modalidade dolosa. A forma descrita no artigo 218-B, § 1º, do CP exige o especial fim de agir de obter vantagem econômica.
Consumação	Por se tratar de tipo misto alternativo, cada núcleo do tipo apresenta um momento específico para a consumação. Com relação aos verbos submeter, induzir ou atrair, o delito se consuma quando a vítima é posta para a prostituição, sendo desnecessário que ela efetive algum serviço. A consumação também ocorre quando há a facilitação para que menor de 18 (dezoito) anos ou alguém que, por enfermidade ou deficiência mental, não tem o necessário discernimento para a prática do ato se submeta à prostituição, ou quando se dificulta ou impede que ele a deixe.

71. STJ, RHC n. 80.481/PR, Rel. Min. Felix Fischer, Quinta Turma, julgado em 4/4/2017, DJe de 11/4/2017.
72. BITENCOURT, Cezar Roberto. Op. Cit., 2020, p. 164-168; CUNHA, Rogério Sanches. Op. Cit., 2020. p. 561.

Crime de favorecimento da prostituição ou de outra forma de exploração sexual de criança ou adolescente ou de vulnerável	
Tentativa	Admite-se a tentativa.
Forma majorada	Nos termos do artigo 218-B, §1 º, do CP se o crime é praticado com o fim de obter vantagem econômica, aplica-se também multa. Nos termos do artigo 226 do CP, a pena é aumentada de quarta parte, se o crime for cometido com o concurso de 2 (duas) ou mais pessoas; e de metade, se o agente é ascendente, padrasto ou madrasta, tio, irmão, cônjuge, companheiro, tutor, curador, preceptor ou empregador da vítima ou por qualquer outro título tiver autoridade sobre ela. Nos termos do artigo 234-A do CP, a pena é aumentada de metade a 2/3 (dois terços), se do crime resulta gravidez; e de 1/3 (um terço) a 2/3 (dois terços), se o agente transmite à vítima doença sexualmente transmissível de que sabe ou deveria saber ser portador, ou se a vítima é idosa ou pessoa com deficiência. Por fim, se o delito for praticado contra indígena "não integrado", incide a causa de aumento de pena de um terço, nos termos do artigo 59 da Lei n. 6.001/1973.
Classificação	Trata-se de delito comum com relação ao sujeito ativo e próprio com relação ao passivo. Ademais, é doloso, material, de forma livre, comissivo ou omissivo impróprio, instantâneo, monossubjetivo, plurissubsistente e transeunte.
Benefícios	Não admite o oferecimento dos benefícios de transação, suspensão condicional do processo ou oferecimento de acordo de não persecução penal.
Ação penal	Nos termos do artigo 225 do CP, a ação é pública e incondicionada.
Observações	Nos termos do artigo 218-B, § 2º, do CP, incorre nas mesmas penas previstas no preceito secundário do artigo 218-B do CP quem pratica conjunção carnal ou outro ato libidinoso com alguém menor de 18 (dezoito) e maior de 14 (catorze) anos na situação descrita no *caput* deste artigo; e o proprietário, o gerente ou o responsável pelo local
Observações	em que se verifiquem as práticas referidas no *caput* deste artigo. Nos termos do artigo 218-B, § 3º, do CP é efeito da condenação do proprietário, gerente ou responsável pelo local em que se verifiquem as práticas referidas no *caput* deste artigo a cassação da licença de localização e de funcionamento do estabelecimento. Nos termos do artigo 234-B do CP, os processos que apuram o crime ora analisado correrão em segredo de justiça. Nos termos do artigo 1º, inciso VIII, da Lei n. 8.072/1990, o favorecimento da prostituição ou de outra forma de exploração sexual de criança ou adolescente ou de vulnerável (artigo 218-B, *caput* e §§ 1º e 2º do CP) é crime hediondo.

3.5. Divulgação de cena de estupro ou de cena de estupro de vulnerável, de cena de sexo ou de pornografia

Inserido pela Lei n. 13.718, de 24 de setembro de 2018, o artigo 218-B do Código Penal criminaliza a divulgação de cena de estupro ou de cena de estupro de vulnerável, de cena de sexo ou de pornografia:

> *Art. 218-C. Oferecer, trocar, disponibilizar, transmitir, vender ou expor à venda, distribuir, publicar ou divulgar, por qualquer meio – inclusive por meio de comunicação de massa ou sistema de informática ou telemática –, fotografia, vídeo ou outro registro audiovisual que contenha cena de estupro ou de estupro de vulnerável ou que faça apologia ou induza a sua prática, ou, sem o consentimento da vítima, cena de sexo, nudez ou pornografia:*
>
> *Pena – reclusão, de 1 (um) a 5 (cinco) anos, se o fato não constitui crime mais grave.*
>
> *Aumento de pena*
>
> *§ 1º A pena é aumentada de 1/3 (um terço) a 2/3 (dois terços) se o crime é praticado por agente que mantém ou tenha mantido relação íntima de afeto com a vítima ou com o fim de vingança ou humilhação.*
>
> *Exclusão de ilicitude*
>
> *§ 2º Não há crime quando o agente pratica as condutas descritas no* caput *deste artigo em publicação de natureza jornalística, científica, cultural ou acadêmica com a adoção de recurso que impossibilite a identificação da vítima, ressalvada sua prévia autorização, caso seja maior de 18 (dezoito) anos.*

O tipo penal previsto no *caput* é misto alternativo, com a previsão dos seguintes núcleos: "oferecer" (ofertar, obsequiar, disponibilizar); "trocar" (permutar, comutar, barganhar); transmitir (passar para outra pessoa, ceder, legar, enviar); "vender" (alienar, ceder, trocar por um preço); "expor à venda" (exibir, apresentar ou mostrar com a finalidade de venda); "distribuir" (partilhar, compartilhar, repartir); "publicar" (tornar público, veicular, propagar) e "divulgar" (difundir, espalhar, disseminar).

O crime é de forma livre, podendo ser praticado por qualquer meio, inclusive meio de comunicação de massa, como televisão, ou sistema de informática ou telemática. A conduta típica pode se dar por WhatsApp, aplicativo de comunicação, ou por qualquer rede social, por exemplo.

O objeto material pode ser:

- **fotografia, vídeo ou outro registro audiovisual que contenha cena de estupro ou de estupro de vulnerável**. Qualquer registro, seja de fotografia, vídeo ou algum outro que seja audiovisual, com cena de prática de crime de estupro ou de estupro de vulnerável. Cumpre enfatizar que o legislador, neste ponto, parece ter cometido notável desequilíbrio no sistema de punição dos crimes praticados contra criança e adolescente. Caso criança ou adolescente seja vítima do crime de estupro de vulnerável, a conduta anteriormente se subsumia ao artigo 240 ou ao artigo 241 do ECA, com pena muito mais grave, de 4 a 8 anos de reclusão e multa. Dependendo do caso, poderia se configurar o crime do artigo 241-A do ECA, também com pena mais gravosa, de 3 a 6 anos de reclusão e multa.

A melhor interpretação é de que o tipo penal introduzido no Código Penal pela Lei n. 13.718/2018 não revogou os tipos penais do ECA, que, pela especialidade, aplicam-se quando a vítima for menor de 18 anos de idade:

Vender vídeo que contenha cena de sexo explícito ou pornográfica envolvendo criança ou adolescente.	Vender vídeo que contenha cena de estupro de vulnerável.
Artigo 241 do ECA	Artigo 218-C do Código Penal
4 a 8 anos de reclusão e multa	1 a 5 anos de reclusão e multa

Assim, o artigo 241 do ECA deve incidir se a vítima for criança ou adolescente, em virtude da **expressa subsidiariedade** do delito tipificado no artigo 218-C do Código Penal. Ademais, pode-se defender tal solução em virtude da **especialidade** do ECA em relação ao Código Penal. Deste modo, o tipo penal dificilmente teria aplicação no caso de cena de sexo envolvendo criança e adolescente, dada a abrangência dos crimes previstos no ECA.

- **fotografia, vídeo ou outro registro audiovisual que faça apologia ou induza à prática de estupro ou de estupro de vulnerável.** A conduta nuclear típica pode recair também sobre qualquer registro, seja de fotografia, vídeo ou algum outro que seja audiovisual, em que haja elogio, enaltecimento ou reverência à prática dos crimes previstos no artigo 213 ou no artigo 217-A do Código Penal. Observe que a própria lei não incluiu o crime de importunação sexual, que agora se situa no artigo 215-A do Código Penal. Não se pode incluir referido crime nessa previsão, sob pena de analogia *in malam partem*. Conforme o caso, pode ser possível o enquadramento no próximo item;
- **cena de sexo, nudez ou pornografia, sem o consentimento da vítima**. Aqui não há necessariamente crime. Basta que haja cena de sexo, nudez ou pornografia. Pune-se o agente que divulga a cena sem que a pessoa que participou do ato consinta. Considera-se, aqui, claramente, a conduta de adultos, caso contrário a cena poderá ser de crime de estupro de vulnerável. Se houver adolescentes, da mesma idade, em prática sexual, o crime será um dos previstos no ECA.

Neste caso, o consentimento da vítima, se houver, exclui a tipicidade do delito. Observe-se, a relevância do consentimento da vítima se aplica apenas neste específico objeto material, que não inclui a cena de prática de crime nem a apologia a crime de estupro ou de estupro de vulnerável.

O preceito secundário prevê a sanção penal de reclusão, de 1 (um) a 5 (cinco) anos, se o fato não constitui crime mais grave. Cuida-se, portanto, de crime **expressamente subsidiário**.

A doutrina tem classificado esse delito como **formal**, por não exigir a efetiva lesão à vítima[73]. Por se tratar de crime plurissubsistente, admite-se o *conatus*. Trata-se de crime instantâneo, salvo na modalidade de "expor à venda", em que entendemos que é permanente. É, ainda, de forma livre e comum.

Cumpre anotar, por fim, que referido crime foi inserido no capítulo II do Título VI, o qual trata dos crimes sexuais contra vulnerável. Entretanto, **não se trata de crime praticado somente contra vulnerável**, envolvendo também condutas praticadas contra adulto capaz. Por isso, a nosso ver, a inclusão foi errônea no que se refere ao capítulo.

E se o indivíduo invade o dispositivo e depois divulga os arquivos obtidos da vítima?

Pode haver concurso material entre o delito de invasão, previsto no artigo 154-A do Código Penal, e o previsto no artigo 218-C, que trata da divulgação de cena de estupro ou de cena de estupro de vulnerável, de cena de sexo ou de pornografia. Caso o contexto seja único, é possível que a invasão seja crime-meio, como se dá no caso de invasão de domicílio para a prática de furto. Dependerá da análise do caso concreto, se a invasão foi crime-meio ou se, após ter o agente invadido o computador da vítima, decidiu também divulgar os seus dados, expondo a sua intimidade sexual.

Forma majorada

O parágrafo primeiro do artigo 218-C prevê a causa de aumento de pena de 1/3 (um terço) a 2/3 (dois terços) se o crime for praticado por agente que mantém ou tenha mantido relação íntima de afeto com a vítima ou com o fim de vingança ou humilhação.

Neste caso, pune-se de forma mais gravosa a conduta do sujeito que tem ou teve relação íntima de afeto, como namorado, ex-namorado, marido, ex-marido, ficante, ex-ficante etc. Também há a punição de forma majorada se houver a finalidade de vingança.

O legislador, portanto, em boa hora, pune a chamada ***revenge porn* ou pornografia de vingança**. É o caso do sujeito que, após o fim do relacionamento, frustrado e com o nítido propósito de causar sofrimento, divulga cenas de sexo entre ele e a vítima, expondo-o a vexame e à exposição indevida de sua vida privada.

Exclusão de ilicitude

Já o parágrafo segundo do artigo 218-C traz uma explicitação de uma causa excludente do crime. É, portanto, uma norma penal não incriminadora, que exclui

73. BITENCOURT, Cezar Roberto. Op. Cit., 2020, p.176; MASSON, Cleber. Op. Cit., 2019, p. 96; ALVES, Jamil Chaim. Op. Cot., 2021, p. 1230. Em sentido diverso, Prado entende que o delito é material nas modalidades de *trocar, disponibilizar, transmitir, vender, distribuir ou divulgar*, sendo delito de mera conduta nas formas de oferecer e expor à venda (PRADO, Luiz Regis. Op. Cit., 2020, p. 832). Em uma terceira concepção, classificam o crime como material, ao mesmo tempo em que destacam ser desnecessário resultado naturalístico para a sua consumação: GENTIL, Plínio Antônio Britto; JORGE, Ana Paula. Op. Cit, 2023, p. 708-709.

do âmbito da incriminação a prática da conduta típica em publicação de natureza jornalística, científica, cultural ou acadêmica.

Para a exclusão do crime, é imprescindível **a adoção de recurso que impossibilite a identificação da vítima ou que haja sua prévia autorização, caso seja maior de 18 (dezoito) anos**.

QUADRO SINÓTICO

Crime de divulgação de cena de estupro ou de cena de estupro de vulnerável, de cena de sexo ou de pornografia	
Tipo penal	Oferecer, trocar, disponibilizar, transmitir, vender ou expor à venda, distribuir, publicar ou divulgar, por qualquer meio – inclusive por meio de comunicação de massa ou sistema de informática ou telemática –, fotografia, vídeo ou outro registro audiovisual que contenha cena de estupro ou de estupro de vulnerável ou que faça apologia ou induza a sua prática, ou, sem o consentimento da vítima, cena de sexo, nudez ou pornografia.
Objeto jurídico	Protegem-se a liberdade e dignidade sexual. Também é possível afirmar que o desenvolvimento sexual é um bem jurídico tutelado.
Sujeito ativo	Qualquer um.
Sujeito passivo	Qualquer um.
Elemento subjetivo	Admite-se somente a modalidade dolosa.
Consumação	Trata-se de tipo misto alternativo, de sorte que o delito se consuma quando um dos núcleos do tipo é realizado, ou seja, quando fotografia, vídeo ou outro registro audiovisual que contenha cena de estupro ou de estupro de vulnerável ou que faça apologia ou induza a sua prática, ou, sem o consentimento da vítima, cena de sexo, nudez ou pornografia é por qualquer meio – inclusive por meio de comunicação de massa ou sistema de informática ou telemática – oferecido, trocado, disponibilizado, transmitido, vendido ou exposto à venda, distribuído, publicado ou divulgado.
Tentativa	Admite-se a tentativa.
Forma majorada	Nos termos do artigo 218-C do CP, há aumento de pena de 1/3 (um terço) a 2/3 (dois terços) se o crime é praticado por agente que mantém ou tenha mantido relação íntima de afeto com a vítima ou com o fim de vingança ou humilhação. Nos termos do artigo 226 do CP, a pena é aumentada de quarta parte, se o crime for cometido com o concurso de 2 (duas) ou mais pessoas; e de metade, se o agente é ascendente, padrasto ou madrasta, tio, irmão, cônjuge, companheiro, tutor, curador, preceptor ou empregador da vítima ou por qualquer outro título tiver autoridade sobre ela. Por fim, se o delito for praticado contra indígena "não integrado", incide a causa de aumento de pena de um terço, nos termos do artigo 59 da Lei n. 6.001/1973.

Crime de divulgação de cena de estupro ou de cena de estupro de vulnerável, de cena de sexo ou de pornografia	
Forma majorada	Nos termos do artigo 234-A do CP, a pena é aumentada de 1/3 (um terço) a 2/3 (dois terços) se a vítima é idosa ou pessoa com deficiência.
Classificação	Trata-se de delito comum, de forma livre, instantâneo, de mera conduta, comissivo ou omissivo impróprio, monossubjetivo, plurissubsistente e não transeunte.
Benefícios	Para a forma do *caput* é possível o oferecimento de suspensão condicional do processo e oferecimento de acordo de não persecução penal. Para as modalidades qualificadas é possível somente o oferecimento de acordo de não persecução penal.
Ação penal	Nos termos do artigo 225 do CP, a ação é pública e incondicionada.
Observações	Conforme o artigo 218-C do CP, resta excluída a ilicitude quando o agente pratica as condutas descritas no *caput* deste artigo em publicação de natureza jornalística, científica, cultural ou acadêmica com a adoção de recurso que impossibilite a identificação da vítima, ressalvada sua prévia autorização, caso seja maior de 18 (dezoito) anos. Nos termos do artigo 234-B do CP, os processos que apuram o crime ora analisado correrão em segredo de justiça.

4. DISPOSIÇÕES GERAIS

O artigo 225 trata da ação penal e o artigo 226 de causas de aumento de pena, consistindo em normas de disposições gerais.

Ação Penal

Neste caso, em razão de alteração legislativa, cumpre analisar, de início, **como era** o tratamento da ação penal nos crimes contra a liberdade sexual e contra vulnerável:

> *Art. 225. Nos crimes definidos nos Capítulos I e II deste Título, procede-se mediante ação penal pública condicionada à representação.*
>
> *Parágrafo único. Procede-se, entretanto, mediante ação penal pública incondicionada se a vítima é menor de 18 (dezoito) anos ou pessoa vulnerável.*

O artigo 225 do Código Penal dispõe sobre os crimes tratados nos Capítulos I e II do Título VI, denominados, respectivamente, de "Dos Crimes Contra a Liberdade Sexual" e "Dos Crimes Sexuais Contra Vulnerável". Em ambos os casos, a ação penal **era pública condicionada à representação**, em regra.

Buscava-se, com isso, evitar o chamado *strepitus judicii*, que é a discussão sobre os fatos íntimos de alguém no âmbito do processo. Cabia ao sujeito passivo a decisão sobre levar os fatos a juízo ou não, devido à exposição de fatos da sua vida pessoal, envolvendo sua própria sexualidade.

Entretanto, conforme determinava o parágrafo único do artigo 225 do Código Penal, **a ação penal seria pública incondicionada** se a **vítima fosse pessoa menor de 18 anos ou vulnerável**.

A Súmula 608, do STF, determina que, quando houver violência real no estupro, a ação penal deve ser pública incondicionada:

> *No crime de estupro, praticado mediante violência real, a ação penal é pública incondicionada.*

Entretanto, **ela é anterior à reforma promovida pela Lei n. 12.015/2009**, razão pela qual pode ser considerada superada. Parte da doutrina passou a entender, na vigência anterior à Lei n. 13.718/2018, que, ainda que houvesse o resultado morte ou lesão corporal de natureza grave, a ação penal seria pública condicionada à representação, devido à redação do dispositivo em análise. É a posição de Guilherme de Souza Nucci[74] e Luiz Flávio Gomes[75].

Em sentido contrário, Cezar Bitencourt[76] entende persistir o entendimento consubstanciado no enunciado acima transcrito, de número 608, da Súmula do STF. Defende, assim, que o resultado morte ou lesão corporal de natureza grave torna a ação penal pública incondicionada, nos termos de legislação anterior à reforma. Seu fundamento seria o fato de o resultado qualificador envolver o chamado crime complexo, cujo regramento, para definição da ação penal cabível está no artigo 101 do Código Penal:

> *Art. 101 – Quando a lei considera como elemento ou circunstâncias do tipo legal fatos que, por si mesmos, constituem crimes, cabe ação pública em relação àquele, desde que, em relação a qualquer destes, se deva proceder por iniciativa do Ministério Público.*

O Procurador-Geral da República moveu a ação direta de inconstitucionalidade 4.301, questionando o teor do artigo 225 do Código Penal sob o prisma da proteção deficiente do bem jurídico e da dignidade da pessoa humana. Essa ação foi julgada prejudicada pelo Supremo Tribunal Federal. Isto porque o dispositivo teve a sua redação alterada com **o advento da Lei n. 13.718, de 24 de setembro de 2018**:

> *Art. 225. Nos crimes definidos nos Capítulos I e II deste Título, procede-se mediante ação penal pública incondicionada.*
>
> *Parágrafo único. (Revogado).*

Desse modo, todos os crimes contra a liberdade sexual e todos os delitos sexuais contra vulnerável passaram a ser de **ação penal pública incondicionada**.

Questão controversa se refere à aplicação do dispositivo aos crimes praticados anteriormente. O melhor entendimento é o de que a alteração, por envolver

PARTE ESPECIAL

74. NUCCI, Guilherme de Souza. Op. Cit., 2015, p. 1121-1122.
75. GOMES, Luiz Flávio. Em crimes de estupro, ação é pública incondicionada. Conjur, 4 abr. 2012, disponível em: https://www.conjur.com.br/2012-abr-04/coluna-lfg-crimes-estupro-acao-publica-incondicionada/.
76. BITENCOURT, Cezar Roberto. Tratado de direito penal, volume IV: parte especial. 4. ed. São Paulo: Saraiva, 2010, p. 141.

diretamente o exercício de ação penal e, portanto, o direito de punir, **só pode surtir efeitos para os crimes praticados a partir de sua entrada em vigor**. Isso por causa da irretroatividade da lei penal mais gravosa.

Assim como na decadência, que deixa de existir em tais casos, a norma influencia a punibilidade do agente, tornando-a mais ampla, ao não exigir mais queixa-crime nem representação, sendo que ambos os institutos se sujeitam a prazo para seu exercício. Por isso, a modificação só pode incidir sobre os crimes praticados a partir da data de entrada em vigor da Lei n. 13.718, de 24 de setembro de 2018. Neste mesmo sentido, decidiu o STJ:

> *"1. Para os crimes sexuais cometidos na vigência da Lei n. 12.015/2009, a ação penal é publica condicionada à representação nos casos em que a vítima maior de idade esteve temporariamente vulnerável no momento da prática do delito, mas não apresenta vulnerabilidade permanente. Entendimento atual da Quinta e Sexta Turmas deste STJ. 2. "Com relação às vítimas que são vulneráveis no momento da prática do crime, mas que são maiores e capazes, deve prevalecer o respeito ao direito constitucional à privacidade e à intimidade, de maneira que, cessada a vulnerabilidade, cabe à vítima decidir se prossegue ou não com a persecução criminal" (STJ, AgRg no AREsp n. 2.337.986/SC, Rel. Min. Ribeiro Dantas, Quinta Turma, julgado em 7/11/2023, DJe de 13/11/2023).*

Considerando a aplicação da redação anterior do artigo 225 aos crimes praticados antes da entrada em vigor da Lei n. 13.718/2018, persistiu uma controvérsia jurídica. Anteriormente, a ação penal era condicionada à representação, salvo se a vítima fosse menor de 18 anos ou vulnerável, caso em que a ação se tornava incondicionada. Ocorre que, em alguns casos, a vulnerabilidade da vítima era temporária, como, por exemplo, se o agente se aproveitasse de ela estar anestesiada ou embriagada para a prática de ato libidinoso, mas a sua capacidade estivesse restabelecida após o delito, durante o prazo decadencial para representação. O STJ decidiu a favor da autonomia da vítima, considerando o restabelecimento da plena capacidade, e aprovou a Súmula 670 a esse respeito. É preciso esclarecer que esse enunciado se refere a delitos praticados ao tempo da redação anterior do artigo 225 do Código Penal para evitar confusão com a regra dos crimes praticados atualmente, que se sujeitam à ação penal incondicionada:

> *"Nos casos de vulnerabilidade temporária, em que a vítima recupera suas capacidades físicas e mentais, e o pleno discernimento para decidir acerca da persecução penal de seu ofensor, a ação penal dos crimes sexuais é pública condicionada à representação"*

Aumento de pena

O artigo 226 do Código Penal prevê majorantes para os crimes em estudo:

> *Art. 226. A pena é aumentada:*
> *I – de quarta parte, se o crime é cometido com o concurso de 2 (duas) ou mais pessoas;*

II – de metade, se o agente é ascendente, padrasto ou madrasta, tio, irmão, cônjuge, companheiro, tutor, curador, preceptor ou empregador da vítima ou por qualquer outro título tiver autoridade sobre ela;

III – (revogado)

IV – de 1/3 (um terço) a 2/3 (dois terços), se o crime é praticado:

Estupro coletivo

a) mediante concurso de 2 (dois) ou mais agentes;

Estupro corretivo

b) para controlar o comportamento social ou sexual da vítima."

O **inciso I** prevê o aumento da quarta parte no caso de concurso de duas ou mais pessoas. Podem ser utilizados no cômputo do número mínimo de agentes sujeitos inimputáveis ou não identificados durante a investigação policial e a instrução processual. Conforme tema a ser desenvolvido abaixo, não se aplica essa majorante ao estupro, que possui causa de aumento de pena específica no inciso IV a incidir no caso de concurso de agentes.

Por sua vez, o **inciso II** prevê o aumento de metade a depender da condição pessoal do agente, caso ele possua alguma relação com a vítima. Deste modo, haverá a causa de aumento de pena se o agente for ascendente, padrasto, madrasta, tio, companheiro, tutor, curador, preceptor ou empregador da vítima. Além disso, prevê-se uma fórmula para interpretação analógica, determinando-se a majoração da pena no caso de o agente ter autoridade sobre o sujeito passivo a qualquer outro título. Abrange, assim, o avô socioafetivo ou por afinidade[77]. Houve modificação do inciso pela Lei n. 13.718/2018, mas apenas para alterar a forma verbal de "tem" para "tiver", com a substituição da sua conjugação no modo indicativo pelo mais adequado modo subjuntivo.

Tratando desse tema, o STJ decidiu que "não caracteriza *bis in idem* a utilização da agravante genérica prevista no art. 61, inciso II, alínea "f", do Código Penal e da majorante específica do art. 226, inciso II, do Código Penal, tendo em vista que a circunstância utilizada pelas instâncias ordinárias para agravar a pena foi a prevalência de relações domésticas no ambiente familiar, enquanto para aumentá-la na terceira fase, em razão da majorante específica, utilizou-se da condição de padrasto da vítima, que são situações distintas" (STJ, AgRg no REsp 1929310/SP, Quinta Turma, Rel. Min. Ribeiro Dantas, DJe 30/08/2021).

Após alguns julgados neste sentido, a Corte Superior fixou tese, no âmbito do Tema 1.215, no seguinte sentido: "nos crimes contra a dignidade sexual, não configura *bis in idem* a aplicação simultânea da agravante genérica do artigo 61, inciso II, alínea f, e da majorante específica do artigo 226, inciso II, ambos do Código Penal, salvo quando presente apenas a relação de autoridade do agente sobre a vítima, hipótese na qual deve ser aplicada tão somente a causa de aumento".

77. STJ, AgRg no AREsp n. 2.433.871/PR, Rel. Min. Reynaldo Soares da Fonseca, Quinta Turma, julgado em 17/10/2023, DJe de 30/10/2023.

O entendimento adotado foi de que a circunstância de o crime ser cometido com prevalência das relações domésticas não se confunde com a relação de autoridade, isto é, a ascendência, que o acusado possui sobre a vítima. Por isso, não ocorreria *bis in idem* na aplicação da agravante do artigo 61, inciso II, alínea f, concomitantemente com a causa de aumento do art. 226, II, do Código Penal. Enquanto o artigo 226, inciso II, traz uma majorante em razão da ascendência ou autoridade do agente sobre a vítima, a agravante incide se ele comete o delito prevalecendo-se das relações domésticas, de coabitação, de hospitalidade ou com violência contra a mulher na forma da lei específica. A Corte concluiu que pode haver a relação de parentesco ou ascedência sem a relação doméstica, razão pela qual não se tem a dupla valoração do mesmo fato.

Por fim, foi inserido, pela Lei n. 13.718/2018, o inciso IV, que trata de duas novas causas de aumento de pena, tratadas a seguir pelas suas especificações:

Estupro coletivo

A primeira majorante, aumento de 1/3 a 2/3 da pena, incide se o crime for praticado mediante **concurso de 2 (dois) ou mais agentes**. Como se exige apenas o concurso, pode-se computar agente não identificado, assim como aquele que for inimputável. Abrange coautores e partícipes. Essa modalidade majoritária abrange a chamada "curra", prática em que dois agentes se revezam na prática de atos libidinosos contra a vítima. Configura-se quando, por exemplo, enquanto um segura a vítima, o outro pratica atos sexuais, havendo posteriormente a troca de papéis entre eles.

Estupro corretivo

A segunda hipótese de forma majorada também prevê o aumento de 1/3 a 2/3 da pena. Configura-se se o delito for praticado para **controlar o comportamento social ou sexual da vítima**. É o caso do namorado que estupra para controlar a relação, dizendo que a namorada não pode frequentar determinados lugares, o que demonstra maior desvalor da ação. Ademais, incide a causa de aumento de pena no caso do sujeito que quer controlar o comportamento da vítima, mesmo sem relacionamento. Seria o triste e lastimável caso do sujeito que estupra uma mulher homossexual para que ela "aprenda a gostar de homem". Essa finalidade do delito, muito mais gravosa, justifica um sancionamento mais pesado.

Uma discussão que pode surgir é a respeito da abrangência da nova causa de aumento prevista no inciso III do artigo 226 do Código Penal. Isso porque o *caput* do artigo 226 prevê apenas o aumento de pena, sendo que o artigo 225, como já visto, refere-se aos crimes previstos nos Capítulos I e II do Título VI, ou seja, os delitos contra a liberdade sexual e os crimes sexuais contra vulnerável. Por isso apontava-se que todas as causas de aumento de pena do artigo 226 abrangia todos os crimes mencionados.

Entretanto, as novas majorantes do inciso III são denominadas "estupro coletivo" e "estupro corretivo", o que pode gerar a dúvida sobre serem delimitados ao crime de estupro e, talvez, também aos crimes de estupro de vulnerável. Pode-se sustentar, todavia, que se trata apenas de nomes específicos de forma majorada, sendo que não se faz menção exclusiva a tipos penais sobre os quais incidiriam.

Deve-se aguardar o desenvolvimento doutrinário e o enfretamento jurisprudencial do tema, sendo que a definição sobre o assunto será importante também para definir a revogação ou não do inciso I, que trata também de concurso de pessoas e traz uma causa de aumento de pena menor:

- **1ª possibilidade**: ambas as causas de aumento se aplicam aos crimes contra a liberdade sexual e contra vulneráveis. Portanto, o inciso IV teria revogado o inciso I, por ser o primeiro posterior e ter regulado a mesma matéria[78].
- **2ª possibilidade**: por se denominar estupro coletivo, a majorante do inciso IV só se aplica ao estupro, sendo que para os demais crimes se aplicaria o inciso I, regra geral. É a melhor interpretação, adotada, pela doutrina majoritária[79].

Pode-se discutir, dentro desta possibilidade, se a majorante do inciso IV incidiria apenas para o estupro ou se também abrange o estupro de vulnerável, já que ambos poderiam ser denominados, de forma ampla, de estupro[80]. Parte da doutrina entende que não, restringindo-se ao crime de estupro[81].

5. DO LENOCÍNIO E DO TRÁFICO DE PESSOA PARA FIM DE PROSTITUIÇÃO OU OUTRA FORMA DE EXPLORAÇÃO SEXUAL

O Capítulo V do Título VI da Parte Especial é denominado "Do Lenocínio e do Tráfico de Pessoas para o Fim de Prostituição ou Outra Forma de Exploração Sexual", abrangendo os crimes de mediação para satisfazer a lascívia de outrem; favorecimento da prostituição ou outra forma de exploração sexual; casa de prostituição; rufianismo e promoção de migração ilegal. A prostituição, por si, não é uma atividade incriminada no Brasil. O que se coíbe é a exploração da pros-tituição alheia, é usar a prestação de serviços sexuais por outra pessoa como forma de obtenção de renda.

5.1. Mediação para servir à lascívia de outrem

O crime de mediação para servir à lascívia de outrem está previsto no artigo 227 do Código Penal:

> *Art. 227 – Induzir alguém a satisfazer a lascívia de outrem:*
>
> *Pena – reclusão, de um a três anos.*

78. Na edição de 2020 da obra de Bitencourt, não há menção ao inciso IV na análise do estupro, mencionando-se apenas os incisos I e II. (BITENCOURT, Cezar Roberto. Op. Cit., 2020, p. 66).
79. MASSON, Cleber. Direito penal: parte especial, volume III. 9. ed. Rio de Janeiro: Método, 2019, p. 102; GENTIL, Plínio Antônio Britto; JORGE, Ana Paula. Título VI Dos Crimes contra a Dignidade Sexual. In: SILVA FILHO, Acácio Miranda da Silva; et al. Coordenadores Maurício Shaun Jalil e Vicente Greco Filho. Código penal comentado: doutrina e jurisprudência. 6. ed. Barueri: Manole, 2023, p. 666; ALVES, Jamil Chaim. Op. Cit., 2021, p. 1237; CUNHA, Rogério Sanches. Op. Cit., 2020. p. 576-577.
80. CUNHA, Rogério Sanches. Op. Cit., 2020, p. 577. Parece concordar: BITENCOURT, Cezar Roberto. Op. Cit., 2020, p. 259.
81. MASSON, Cleber. Op. Cit., 2019, p. 103.

> *§ 1º Se a vítima é maior de 14 (catorze) e menor de 18 (dezoito) anos, ou se o agente é seu ascendente, descendente, cônjuge ou companheiro, irmão, tutor ou curador ou pessoa a quem esteja confiada para fins de educação, de tratamento ou de guarda:*
>
> *Pena – reclusão, de dois a cinco anos.*
>
> *§ 2º – Se o crime é cometido com emprego de violência, grave ameaça ou fraude:*
>
> *Pena – reclusão, de dois a oito anos, além da pena correspondente à violência.*
>
> *§ 3º – Se o crime é cometido com o fim de lucro, aplica-se também multa.*

A ação nuclear típica é de induzir, ou seja, inspirar, provocar, incitar ou encorajar. A conduta recai sobre qualquer pessoa, não havendo limitação a determinadas vítimas. No entanto, caso seja menor de 14 anos, o delito é o de corrupção de menores, do artigo 218 do Código Penal. O induzimento se volta a que alguma pessoa satisfaça a lascívia de outra pessoa.

A doutrina denomina a figura de **lenocínio** ou de **lenocínio principal**, por consistir em tipo penal de mediação para que se satisfaça a luxúria ou o desejo sexual de outra pessoa. Há, portanto, três figuras: o agente, que induz; a vítima, que é induzida; e o destinatário ou consumidor, cuja lascívia o agente quer ver satisfeita.

Há uma tutela da moralidade sexual, buscando-se evitar que um indivíduo convença outra pessoa a satisfazer a lascívia alheia. Atualmente, é comum – e se mostra socialmente aceitável – que alguém tente arranjar um encontro entre duas pessoas, maiores e capazes, ainda que haja intuito predominantemente sexual.

É de se notar que o tipo penal do *caput* possui abrangência muito ampla, a determina a punição de quem induza outra pessoa a satisfazer a lascívia de um terceiro. Imagine um sujeito, em uma festa, que vá incitar uma moça a ter um encontro sexual com um amigo seu. O exemplo, que pode ser usado também com a inversão dos sexos (mulher que induz um homem a satisfazer uma amiga), serve para se questionar o limite do tipo penal, embora a doutrina não se mostre muito crítica sobre sua amplitude. Por outro lado, nas formas qualificadas, que, como veremos, podem envolver violência, grave ameaça ou fraude ou outra circunstância gravosa, a punição é sempre justificável e esperada pela sociedade.

O crime é comum, não exigindo nenhuma qualidade específica do sujeito ativo. É doloso, sendo exigido o elemento subjetivo especial de incitar a vítima a satisfazer a lascívia de outrem.

É plurissubsistente, sendo admissível a tentativa. A doutrina considera tal crime como sendo material, por exigir a satisfação da lascívia ou da luxúria do terceiro, sob um aspecto objetivo (não se deve perquirir se ele realmente se deu por satisfeito). É crime de forma livre.

Formas qualificadas

O artigo 227, em seu parágrafo primeiro, prevê a primeira forma qualificada do crime, cuja pena passa a ser de reclusão, de 2 a 5 anos. O crime será qualificado **se a vítima for maior de 14 (catorze) e menor de 18 (dezoito) anos**, ou se o agente for seu **ascendente, descendente, cônjuge ou companheiro, irmão, tutor ou curador ou pessoa a quem esteja confiada** para fins de **educação**, de **tratamento** ou de **guarda**.

O parágrafo segundo do artigo 227 também prevê forma qualificada do crime, caso haja o **emprego de violência, grave ameaça ou fraude**. Se o crime tiver algum desses meios de execução, a pena passa a ser de reclusão, de dois a oito anos, além da pena correspondente à violência.

A fórmula final indica que, havendo violência configurada de crime, deve-se adotar o sistema do cúmulo material, com a soma das penas correlatas.

Crime mercenário

O parágrafo terceiro do artigo 227 do Código Penal prevê a modalidade mercenária do crime. Configura-se quando o agente possuir a finalidade especial de lucro, havendo, então, a previsão de aplicação cumulativa de multa. Não se trata, aqui, de agente que se sustenta, direta ou indiretamente, por meio da prostituição alheia, conduta que configura o crime de rufianismo, que é, inclusive, classificado como habitual. Na mediação para servir à lascívia de outrem, o agente possui finalidade lucrativa e atua como intermediário eventual, buscando levar alguém à prostituição. Não se trata de exploração habitual de quem já exerce a prostituição.

QUADRO SINÓTICO

Crime de mediação para servir a lasciva de outrem	
Tipo penal	Induzir alguém a satisfazer a lascívia de outrem.
Objeto jurídico	Protegem-se a moralidade e a dignidade sexual.
Sujeito ativo	Qualquer um, exceto na modalidade qualificada do artigo 227, § 1º, do CP, que exige ser o sujeito ativo ascendente, descendente, cônjuge ou companheiro, irmão, tutor ou curador ou pessoa a quem a vítima esteja confiada para fins de educação, de tratamento ou de guarda.
Sujeito passivo	Qualquer um, exceto na modalidade qualificada do artigo 227, § 1º, do CP, que exige ser o sujeito passivo maior de 14 e menor de 18 anos.
Elemento subjetivo	Admite-se somente a modalidade dolosa. A forma descrita no artigo 227, § 3º, do CP exige o especial fim de agir da obtenção de lucro.
Consumação	O delito se consuma quando a vítima realiza o primeiro ato para satisfazer a lascívia de outrem.
Tentativa	Admite-se a tentativa.
Forma majorada	Nos termos do artigo 234-A do CP, a pena é aumentada de metade a 2/3 (dois terços), se do crime resulta gravidez; e de 1/3 (um terço) a 2/3 (dois terços), se o agente transmite à vítima doença sexualmente transmissível de que sabe ou deveria saber ser portador, ou se a vítima é idosa ou pessoa com deficiência. Por fim, se o delito for praticado contra indígena "não integrado", incide a causa de aumento de pena de um terço, nos termos do artigo 59 da Lei n. 6.001/1973.

Crime de mediação para servir a lasciva de outrem	
Forma qualificada	Nos termos do artigo 227, § 1º, do CP, o delito é qualificado se a vítima é maior de 14 e menor de 18 anos, ou se o agente é seu ascendente, descendente, cônjuge ou companheiro, irmão, tutor ou curador ou pessoa a quem esteja confiada para fins de educação, de tratamento ou de guarda. Ademais, nos termos do artigo 227, § 2º, do CP, o delito é qualificado se o crime for cometido com emprego de violência, grave ameaça ou fraude.
Classificação	Trata-se de delito comum (nos termos do artigo 227, § 1º, do CP será próprio com relação ao sujeito passivo na modalidade qualificada quando a vítima é maior de 14 e menor de 18 anos e com relação ao sujeito ativo quando o argente é ascendente, descendente, cônjuge ou companheiro, irmão, tutor ou curador ou pessoa a quem a vítima esteja confiada para fins de educação, de tratamento ou de guarda), doloso, material, de forma livre, comissivo ou omissivo impróprio, instantâneo, monossubjetivo, plurissubsistente e transeunte.
Benefícios	A forma do *caput* admite o oferecimento suspensão condicional do processo e de acordo de não persecução penal. A modalidade qualificada do artigo 227, § 1º, do CP admite o acordo de não persecução penal.
Ação penal	A ação penal é pública incondicionada.
Observações	Nos termos do artigo 234-B do CP, os processos que apuram o crime ora analisado correrão em segredo de justiça. Nos termos do artigo 227, § 3º, do CP, se o crime for cometido com o fim de lucro, aplica-se também muta.

5.2. Favorecimento da prostituição ou outra forma de exploração sexual

O crime de favorecimento da prostituição ou outra forma de exploração sexual está previsto no artigo 228 do Código Penal:

> *Art. 228. Induzir ou atrair alguém à prostituição ou outra forma de exploração sexual, facilitá-la, impedir ou dificultar que alguém a abandone:*
>
> *Pena – reclusão, de 2 (dois) a 5 (cinco) anos, e multa.*
>
> *§ 1º Se o agente é ascendente, padrasto, madrasta, irmão, enteado, cônjuge, companheiro, tutor ou curador, preceptor ou empregador da vítima, ou se assumiu, por lei ou outra forma, obrigação de cuidado, proteção ou vigilância:*
>
> *Pena – reclusão, de 3 (três) a 8 (oito) anos.*
>
> *§ 2º – Se o crime, é cometido com emprego de violência, grave ameaça ou fraude:*
>
> *Pena – reclusão, de quatro a dez anos, além da pena correspondente à violência.*
>
> *§ 3º – Se o crime é cometido com o fim de lucro, aplica-se também multa.*

Induzir é inspirar, provocar, incitar ou encorajar. **Atrair** é trazer para si, suscitar, aliciar. **Facilitar** é tornar mais fácil, facultar. **Impedir** (que a vítima abandone a prostituição ou outra forma de exploração) é vedar, proibir, opor-se a. **Dificultar** (que a vítima abandone a prostituição ou outra forma de exploração) é obstaculizar, é complicar, estorvar, tornar difícil.

A conduta que se incrimina é a de induzir ou atrair alguém à prostituição ou outra forma de exploração sexual, como espetáculos sexuais, danças sensuais para clientes (lap dance)ou o turismo sexual, tal qual o serviço de acompanhante. Tradicionalmente se inclui também a produção de vídeos pornográficos, o que deve ser questionado em interpretação evolutiva da norma.

Atualmente, disseminou-se a prática disponibilização de conteúdo pornográfico na internet, com acesso pago, por meio de plataforma acessível a qualquer um, como o serviço OnlyFans, de origem inglesa. Pode-se questionar se isso configura exploração sexual, por se tratar de transmissão de conteúdo de cunho sexual. Suponha-se que um indivíduo convence uma amiga, bastante atraente, a gravar esses vídeos, participando da produção, com fornecimento de iluminação e câmera profissional. Essa conduta não parece se enquadrar na exploração sexual, por se tratar da gravação para posterior comercialização, ainda que seja conteúdo pago por acesso, por demanda (on demand). Criminalizar essa conduta poderia significar, no final das contas, proibir a indústria do cinema pornográfico, o que se deve rejeitar pelo atual estágio de desenvolvimento social.

Pode-se questionar a partir da ideia de adequação social e de uma concepção de autonomia, se deve se incriminar a prática de influir na decisão de outra pessoa, maior e capaz, sobre a prostituição. O conteúdo dos verbos induzir, atrair e facilitar podem ser questionados em sua extensão, ou seja, quais condutas se amoldam a esses núcleos do tipo. De todo modo, a doutrina majoritária entende que induzir é dar a ideia a alguém, o que demonstra a grande abrangência do tipo. Assim, o mero fato de dar a ideia de alguém se prostituir, caso esteja em dificuldades financeiras, configura o delito, em uma interpretação rígida da norma. Isso deve ser evitado, afastando-se um paternalismo estatal, reservando-se a incriminação para os casos em que a vítima está debilitada, com algum estado mental fragilizado, ainda que mantida a capacidade de autodeterminação. Nesses casos, o induzimento, a atração ou a facilitação para a prostituição pode ter um juízo de censura penal, pela situação concreta da vítima.

Quando se trata de impedir ou até mesmo de dificultar a saída da pessoa da prática de prostituição ou outra forma de exploração sexual, o desvalor da conduta se mostra claro, ainda que se torne de vítima maior e capaz. Isso porque, no casos desses verbos, a vítima enfrenta óbices a deixar uma atividade que colide diretamente com a sua intimidade sexual. A decisão de praticar um conteúdo dessa espécie, considerando a exposição e os costumes sociais, deve ser totalmente livre e consciente, não havendo que se questionar eventual adequação social sobre os núcleos do tipo "dificultar" ou "impedir".

Neste tipo penal, não há exigência de condição ou qualidade especial nem para o sujeito ativo nem para o sujeito passivo, o que leva à conclusão de ser um crime bicomum.

O crime é doloso, havendo divergência sobre a necessidade de elemento subjetivo especial do tipo consistente na vontade específica de se satisfazer a lascívia de outrem.

Por ser plurissubsistente, admite o *conatus*. É classificado, ainda, como material e de forma livre.

Formas qualificadas

O artigo 228, em seu parágrafo primeiro, prevê a primeira forma qualificada do crime, cuja pena passa a ser de reclusão, de 3 a 8 anos. O crime será qualificado se o agente for seu **ascendente, padrasto, madrasta, irmão, enteado, cônjuge, companheiro, tutor ou curador, preceptor ou empregador** da vítima, ou **se assumiu**, por lei ou outra forma, **obrigação de cuidado, proteção ou vigilância**. Apesar de as hipóteses de relação entre autor e vítima serem parecidas com as do artigo 227, § 1º, não são totalmente coincidentes, o que mostra uma falta de técnica nas reformas levadas a efeito no nosso Código Penal.

No mais, não se prevê o caso de vítima menor de 18 e maior de 14 anos, pois, em tal caso, configura-se a figura do artigo 218-B do Código Penal.

O parágrafo segundo do artigo 228 prevê outra forma qualificada do crime, caso haja o **emprego de violência, grave ameaça ou fraude**. Se o crime tiver algum desses meios de execução, a pena passa a ser de reclusão, de quatro a dez anos, além da pena correspondente à violência. A fórmula final indica que, havendo violência configurada de crime, deve-se adotar o sistema do cúmulo material, com a soma das penas correlatas.

Crime mercenário

O parágrafo terceiro do artigo 228 do Código Penal prevê a modalidade mercenária do crime, que se configura se o seu motivo for o intuito de lucro. Em tal caso, deve haver a aplicação cumulativa de multa.

QUADRO SINÓTICO

Crime de favorecimento da prostituição ou outra forma de exploração sexual	
Tipo penal	Induzir ou atrair alguém à prostituição ou outra forma de exploração sexual, facilitá-la, impedir ou dificultar que alguém a abandone.
Objeto jurídico	Protegem-se a moralidade e a dignidade sexual.
Sujeito ativo	Qualquer um, exceto na hipótese do artigo 228, § 1º, do CP, que exige ser o ascendente, padrasto, madrasta, irmão, enteado, cônjuge, companheiro, tutor ou curador, preceptor ou empregador da vítima, ou se assumiu, por lei ou outra forma, obrigação de cuidado, proteção ou vigilância o sujeito ativo.
Sujeito passivo	Qualquer um.

Crime de favorecimento da prostituição ou outra forma de exploração sexual	
Elemento subjetivo	Admite-se somente a modalidade dolosa, de sorte que o sujeito ativo deve ter o especial fim de agir de induzir ou atrair alguém à prostituição ou outra forma de exploração sexual, facilitá-la, impedir ou dificultar que alguém a abandone. Na modalidade descrita no artigo 228, § 3º, do CP exige-se também o especial fim de agir da obtenção do lucro.
Consumação	O delito se consuma quando a vítima inicia a desempenhar as atividades inerentes à prostituição, mesmo que ainda não tenha ocorrido qualquer ato sexual. A mera disposição em uma casa de prostituição, por exemplo, já é suficiente para consumar o delito.
Tentativa	Admite-se a tentativa, ainda que haja discussões doutrinárias sobre o tema, principalmente no que se refere às modalidades induzir, atrair ou facilitar.
Forma majorada	Nos termos do artigo 234-A do CP, a pena é aumentada de metade a 2/3 (dois terços), se do crime resulta gravidez; e de 1/3 (um terço) a 2/3 (dois terços), se o agente transmite à vítima doença sexualmente transmissível de que sabe ou deveria saber ser portador, ou se a vítima é idosa ou pessoa com deficiência. Se o delito for praticado contra indígena "não integrado", incide a causa de aumento de pena de um terço, nos termos do artigo 59 da Lei n. 6.001/1973.
Forma qualificada	Nos termos do artigo 228, § 2º, do CP, o delito é qualificado se cometido com emprego de violência, grave ameaça ou fraude.
Classificação	Trata-se de delito comum (nos termos do artigo 228, § 1º, do CP será próprio com relação ao sujeito ativo na modalidade qualificada quando o argente é ascendente, padrasto, madrasta, irmão, enteado, cônjuge, companheiro, tutor ou curador, preceptor ou empregador da vítima, ou se assumiu, por lei ou outra forma, obrigação de cuidado, proteção ou vigilância), doloso, material, de forma livre, comissivo ou omissivo impróprio, instantâneo (discussão doutrinária se na modalidade impedir tratar-se-ia de crime permanente), monossubjetivo, plurissubsistente e transeunte.
Benefícios	A forma do *caput* admite o oferecimento de acordo de não persecução penal.
Ação penal	A ação penal é pública incondicionada.
Observações	Nos termos do artigo 234-B do CP, os processos que apuram o crime ora analisado correrão em segredo de justiça. Nos termos do artigo 228, § 3º, do CP, se o crime for cometido com o fim de lucro, aplica-se também multa.

5.3. Casa de prostituição

O delito de casa de prostituição está previsto no artigo 229 do Código Penal:

> *Art. 229. Manter, por conta própria ou de terceiro, estabelecimento em que ocorra exploração sexual, haja, ou não, intuito de lucro ou mediação direta do proprietário ou gerente:*
>
> *Pena – reclusão, de dois a cinco anos, e multa.*

Manter, núcleo do tipo, é conservar, sustentar, fazer com que permaneça em atividade. O tipo penal, com a reforma promovida pela Lei n. 12.015/2009, deixou de se referir a "casa de prostituição ou lugar destinado a encontros libidinosos" para "estabelecimento em que ocorra exploração sexual".

O estabelecimento pode ser mantido por contra própria ou de terceiro, não estando excluído da norma penal incriminadora, deste modo, aquele que alegar não ser o proprietário do local. Ademais, é indiferente o intuito de lucro ou a mediação direta do proprietário ou gerente do estabelecimento.

O crime é comum, doloso e comissivo. Diverge a doutrina sobre a classificação do crime quanto à necessidade de resultado naturalístico, sendo que Cezar Bitencourt[82] entende ser o crime formal[83].

Exige-se uma reiteração de atos, ou seja, uma habitualidade para a sua configuração. Logo, é classificado como **crime habitual**. Para a maioria da doutrina, referida espécie de infração penal não admite a tentativa.

Com reforma efetuada pela Lei n. 12.015/2009, surgiu a discussão sobre a **exploração sexual** exigir o aproveitamento, pelo responsável pelo local, da prostituição alheia, tão somente, ou se é necessário que haja a efetiva exploração contra a vontade dos prostitutos, prostitutas ou demais explorados. Mesmo a posição doutrinária que defende que a **ausência de consentimento** é necessária para a configuração do crime entende que a exploração está presente quando houver o envolvimento de **menores de idade**, dada a invalidade do consentimento ou incapacidade de discernimento acerca de tais práticas.

O Superior Tribunal de Justiça afastou a necessidade de efetivo cerceamento da liberdade da vítima, mas foi feita a ressalva sobre o envolvimento de criança ou adolescente a permitir o enquadramento sem tal discussão:

> *"(...) 3. No que concerne ao art. 229 do CP, não é difícil perceber a correta subsunção dos fatos narrados ao crime previsto no citado dispositivo, ou seja, o tipo objetivo abarca a conduta de "manter" estabelecimento de exploração sexual, conduta que pode ser realizada tanto pelo proprietário do estabelecimento, de forma direta, como por seu preposto – gerente do negócio. Ou seja, basta que se mantenha estabelecimento onde ocorra exploração sexual para que o delito seja consumado. 4.* ***No caso, se evidenciou a mercancia sexual, com aferição de proveito e lucro, seja com a cobrança de percentual sobre a utilização dos quartos para a realização dos programas sexuais, seja indiretamente, com o consumo de bebidas pelos clientes.*** *5. A absolvição quanto ao crime de manutenção da casa de prostituição está pautada na atipicidade da conduta, ao* ***argumento de que se exigiria a comprovação de exploração sexual sem liberdade e escolha da vítima. Ocorre que, no espectro dos crimes de exploração sexual voltados contra criança/adolescente, esta Corte***

---

82. BITENCOURT, Cezar Roberto. Tratado de direito penal, volume IV: parte especial. 4. ed. São Paulo: Saraiva, 2010, p. 159-161.
83. MASSON, Cleber. Op. Cit., p. 124.

> *__tem se posicionado no sentido da desnecessidade de tolhimento da liberdade e da escolha da vítima, não se exigindo possível utilização da força ou de ação coercitiva moral.__ 6. Este Tribunal também definiu que "atos ou comportamento de natureza sexual perpetrados por crianças e adolescentes, ainda que aparentemente voluntários ou consentidos, não podem receber a mesma valoração que se conferiria a quem já atingiu a vida adulta, antes, devem ser tratados dentro da vulnerabilidade e da imaturidade que são (presumidamente) peculiares a uma fase do desenvolvimento humano ainda incompleto." (AgRg no REsp 1.508.656/GO, Rel. p/ acórdão. Mini. Rogerio Schietti Cruz, Sexta Turma, DJe 1/2/2016). (...)" (STJ, REsp 1464450/SC, Rel. Min. Joel Ilan Paciornik, Quinta Turma, DJe 23/08/2017).*

Em precedente mais recente, o STJ deixou clara a interpretação de que se exige a exploração sexual:

> *RECURSO ESPECIAL. DIREITO PENAL. CASA DE PROSTITUIÇÃO. TIPICIDADE. EXPLORAÇÃO SEXUAL. ELEMENTO NORMATIVO DO TIPO. VIOLAÇÃO À DIGNIDADE SEXUAL E TOLHIMENTO À LIBERDADE. INEXISTÊNCIA. FATO ATÍPICO. 1. Mesmo após às alterações legislativas introduzidas pela Lei nº 12.015/2009, a conduta consistente em manter Casa de Prostituição segue sendo crime tipificado no artigo 229 do Código Penal. Todavia, com a novel legislação, passou-se a exigir a "exploração sexual" como elemento normativo do tipo, de modo que a conduta consistente em manter casa para fins libidinosos, por si só, não mais caracteriza crime, sendo necessário, para a configuração do delito, que haja exploração sexual, assim entendida como a violação à liberdade das pessoas que ali exercem a mercancia carnal. 2. Não se tratando de estabelecimento voltado exclusivamente para a prática de mercancia sexual, tampouco havendo notícia de envolvimento de menores de idade, nem comprovação de que o recorrido tirava proveito, auferindo lucros da atividade sexual alheia mediante ameaça, coerção, violência ou qualquer outra forma de violação ou tolhimento à liberdade das pessoas, não há falar em fato típico a ser punido na seara penal. 3. Recurso improvido. (REsp 1683375/SP, Rel: Min. Maria Thereza de Assis Moura, Sexta Turma, julgado em 14/08/2018, DJe 29/08/2018)*

Percebe-se, então, que em referido julgado não houve um categórico afastamento do entendimento sobre a necessidade de efetiva exploração contra a liberdade da vítima, nos casos em que ela for maior de 18 anos.

Por outro lado, quanto a eventual atipicidade da conduta de manter casa de prostituição, em virtude dos princípios da fragmentariedade e da adequação social, o Supremo Tribunal Federal já decidiu contrariamente, pela manutenção da criminalização da conduta:

> *"HABEAS CORPUS. CONSTITUCIONAL. PROCESSUAL PENAL. CASA DE PROSTITUIÇÃO. APLICAÇÃO DOS PRINCÍPIOS DA FRAGMENTARIEDADE E DA ADEQUAÇÃO SOCIAL: IMPOSSIBILIDADE. CONDUTA TÍPICA. CONSTRANGIMENTO NÃO CONFIGURADO. 1. __No crime de manter casa de prostituição, imputado aos Pacientes, os bens jurídicos protegidos são a moralidade sexual e os bons costumes, valores de elevada importância social a serem resguardados pelo Direito Penal, não havendo que se falar em aplicação do princípio da fragmentariedade.__ 2. __Quanto à aplicação do princípio da adequação social, esse, por__*

> ***si só, não tem o condão de revogar tipos penais. Nos termos do art. 2º da Lei de Introdução às Normas do Direito Brasileiro*** *(com alteração da Lei n. 12.376/2010), "não se destinando à vigência temporária, a lei terá vigor até que outra a modifique ou revogue" 3. Mesmo que a conduta imputada aos Pacientes fizesse parte dos costumes ou fosse socialmente aceita, isso não seria suficiente para revogar a lei penal em vigor. 4.* Habeas corpus *denegado." (STF, HC 104467, Rel. Min. Carmen Lúcia, Primeira Turma, Julgamento 08/02/2011).*

Na mesma linha, há o entendimento do Superior Tribunal de Justiça:

> *"AGRAVO REGIMENTAL NO RECURSO ESPECIAL. CASA DE PROSTITUIÇÃO. PRINCÍPIO DA ADEQUAÇÃO SOCIAL. INAPLICABILIDADE. REEXAME DE PROVA. AUSÊNCIA. AGRAVO REGIMENTAL DESPROVIDO. I – De acordo com o entendimento firmado pelo Superior Tribunal de Justiça – STJ,* ***não se aplica o princípio da adequação social aos crimes de favorecimento da prostituição ou manutenção de casa de prostituição****. II – Decisão agravada que deve ser mantida por seus próprios fundamentos, uma vez que as razões do agravo regimental não cuidam de infirmar os fundamentos da decisão recorrida. III- Agravo regimental desprovido." (STJ, AgRg no REsp 1508423/MG, Rel. Des. Convocado Ericson Maranhão, Sexta Turma, DJe 17/09/2015).*

QUADRO SINÓTICO

Crime de casa de prostituição	
Tipo penal	Manter, por conta própria ou de terceiro, estabelecimento em que ocorra exploração sexual, haja, ou não, intuito de lucro ou mediação direta do proprietário ou gerente.
Objeto jurídico	Protegem-se a moralidade e a dignidade sexual.
Sujeito ativo	Qualquer um.
Sujeito passivo	Qualquer um.
Elemento subjetivo	O delito admite somente a modalidade dolosa, com especial atenção ao caráter habitual necessário à tipicidade da conduta, de sorte que o agente deve ter o especial fim de agir de manter o referido estabelecimento, não sendo suficiente que a exploração sexual ocorra somente uma vez.
Consumação	A consumação ocorre com a abertura do estabelecimento em que ocorra a exploração sexual.
Tentativa	Admite-se a tentativa.
Forma majorada	Nos termos do artigo 234-A do CP, a pena é aumentada de metade a 2/3 (dois terços), se do crime resulta gravidez; e de 1/3 (um terço) a 2/3 (dois terços), se o agente transmite à vítima doença sexualmente transmissível de que sabe ou deveria saber ser portador, ou se a vítima é idosa ou pessoa com deficiência. Se o delito for praticado contra indígena "não integrado", incide a causa de aumento de pena de um terço, nos termos do artigo 59 da Lei n. 6.001/1973.

Crime de casa de prostituição	
Classificação	Trata-se de crime comum, doloso, de forma livre, comissivo ou omissivo impróprio, habitual, permanente, monossubjetivo, plurissubsistente e não transeunte.
Benefícios	Admite-se o oferecimento de acordo de não persecução penal.
Ação penal	A ação penal é pública e incondicionada.
Observações	Nos termos do artigo 234-B do CP, os processos que apuram o crime ora analisado correrão em segredo de justiça.

5.4. Rufianismo

O crime de rufianismo está previsto no artigo 230 do Código Penal:

> *Art. 230 – Tirar proveito da prostituição alheia, participando diretamente de seus lucros ou fazendo-se sustentar, no todo ou em parte, por quem a exerça:*
>
> *Pena – reclusão, de um a quatro anos, e multa.*
>
> *§ 1º Se a vítima é menor de 18 (dezoito) e maior de 14 (catorze) anos ou se o crime é cometido por ascendente, padrasto, madrasta, irmão, enteado, cônjuge, companheiro, tutor ou curador, preceptor ou empregador da vítima, ou por quem assumiu, por lei ou outra forma, obrigação de cuidado, proteção ou vigilância:*
>
> *Pena – reclusão, de 3 (três) a 6 (seis) anos, e multa.*
>
> *§ 2º Se o crime é cometido mediante violência, grave ameaça, fraude ou outro meio que impeça ou dificulte a livre manifestação da vontade da vítima:*
>
> *Pena – reclusão, de 2 (dois) a 8 (oito) anos, sem prejuízo da pena correspondente à violência.*

A conduta típica é tirar proveito da prostituição alheia, ou seja, lucrar direta ou indiretamente dela, auferir alguma vantagem, de uma das seguintes formas:

- Participando diretamente de seus lucros. É o chamado **rufianismo direto**. Ocorre, por exemplo, quando o rufião ou a rufiona recebe uma porcentagem do valor cobrado pela prostituta ou pelo michê. Ou:
- Fazendo-se sustentar, no todo ou em parte, por quem a exerça. Denomina-se **rufianismo indireto**. Pode-se exemplificar com o rufião ou a rufiona que, apesar de não receber diretamente uma parte do valor advindo da prostituição, tem suas contas pagas com recursos da prostituição, com consciência disso. Também é o caso do sujeito que tem suas roupas e alimentos pagos pelas prostitutas que fazem programa na vizinhança, funcionando como espécie de "guardião" para o fim de explorá-las.

A maior parte da doutrina entende que o consentimento da vítima é indiferente, pois a norma visa a coibir a conduta de se aproveitar da prostituição alheia. Enquanto esta última atividade não é vedada, o ordenamento jurídico não aceita

PARTE ESPECIAL

que terceiros dela se beneficiem. De todo modo, pode-se questionar se, em se tratando de vítima maior e capaz, a atuação totalmente livre da pessoa que se prostitui pode levar à incriminação de quem participa dos seus lucros. Para o prostituto ou a prostituta, pode ser interessante ter alguém que lhe oferece proteção ou capta clientes, obtendo uma parcela dos lucros. Em se tratando de tirar proveito em um sentido de abusar, fica mais nítido o caráter censurável da atuação do agente, justificando a incriminação.

O delito se diferencia da mediação para servir a lascívia de outrem, do artigo 227 do CP, em que o agente também pode ter finalidade de lucro, e do favorecimento da prostituição ou de outra forma de exploração sexual de criança ou adolescente ou de vulnerável, do artigo 218-B do CP. Isso porque, de início, esses delitos não são habituais, enquanto o rufianismo exige a habitualidade para a sua configuração. Além disso, no rufianismo o agente se aproveita de quem já exerce voluntariamente a prostituição, situação que não é exigida nos outros tipos penais.

O crime é comum. É doloso, sendo que apenas parte da doutrina entende necessário o especial fim de agir, consistente na satisfação da lascívia de outrem.

É **habitual** e, segundo a ampla maioria da doutrina, não admite a tentativa. É crime forma livre e comissivo. Aponta-se, ainda, ser cabível o concurso deste crime com o de casa de prostituição.

Formas qualificadas

A forma qualificada do artigo 230, parágrafo primeiro, do Código Penal, prevê a pena de reclusão, de 3 a 6 anos. Incide se a **vítima for maior de 14 (catorze) e menor de 18 (dezoito)** anos, ou se o agente for seu **ascendente, padrasto, madrasta, irmão, enteado, cônjuge, companheiro, tutor ou curador, preceptor** ou **empregador** da vítima, ou **se assumiu**, por lei ou outra forma, **obrigação de cuidado, proteção ou vigilância**. Essa relação mais próxima do agente torna mais difícil para a vítima se desvencilhar dessa relação abusiva, de exploração econômica do seu corpo, ainda que indireta, por terceiros.

O parágrafo segundo do artigo 230 prevê outra forma qualificada do crime, caso haja o **emprego de violência, grave ameaça, fraude** ou **qualquer outro meio que impeça ou dificulte a livre manifestação da vítima**. Qualquer outro meio que impeça ou dificulte a livre manifestação de vontade da vítima é uma fórmula que permite a interpretação analógica, abrangendo outros meios que sejam assemelhados ao da violência, que é o emprego de força física; da grave ameaça, que é a promessa de mal grave; e da fraude, que é o engano, o engodo, uma forma de induzir a vítima a erro. Se o crime tiver algum desses meios de execução, a pena passa a ser de reclusão, de dois a oito anos, além da pena correspondente à violência. A fórmula final indica que, havendo violência configuradora de crime, incidirá o concurso de infrações penais, com o cúmulo material das penas.

QUADRO SINÓTICO

Crime de rufianismo	
Tipo penal	Tirar proveito da prostituição alheia, participando diretamente de seus lucros ou fazendo-se sustentar, no todo ou em parte, por quem a exerça.
Objeto jurídico	Protegem-se a moralidade e a dignidade sexual.
Sujeito ativo	Qualquer um.
Sujeito passivo	Pessoa que exerce a prostituição e é explorada pelo rufião.
Elemento subjetivo	O delito admite somente a modalidade dolosa.
Consumação	O delito se consuma quando o rufião recebe os proveitos da prostituição alheia.
Tentativa	Admite-se a tentativa.
Forma majorada	Nos termos do artigo 234-A do CP, a pena é aumentada de metade a 2/3 (dois terços), se do crime resulta gravidez; e de 1/3 (um terço) a 2/3 (dois terços), se o agente transmite à vítima doença sexualmente transmissível de que sabe ou deveria saber ser portador, ou se a vítima é idosa ou pessoa com deficiência.
Forma qualificada	Nos termos do artigo 230, § 1º, do CP, o delito é qualificado se a vítima é menor de 18 (dezoito) e maior de 14 (catorze) anos ou se o crime for cometido por ascendente, padrasto, madrasta, irmão, enteado, cônjuge, companheiro, tutor ou curador, preceptor ou empregador da vítima, ou por quem assumiu, por lei ou outra forma, obrigação de cuidado, proteção ou vigilância. Se o delito for praticado contra indígena "não integrado", incide a causa de aumento de pena de um terço, nos termos do artigo 59 da Lei n. 6.001/1973.
Forma qualificada	Ademais, nos termos do artigo 230, § 2º, do CP, o delito também é qualificado se cometido mediante violência, grave ameaça, fraude ou outro meio que impeça ou dificulte a livre manifestação da vontade da vítima.
Jurisprudência relevante	"V – O delito de rufianismo não é um mero exaurimento tampouco está na linha de desdobramento regular do delito tipificado no art. 229 do CP. Inaplicável, portanto, o princípio da consunção." (STJ, HC 238.688/RJ, Rel. Min. Feliz Fischer, Quinta Turma, julgado em 06/08/2015, DJe 19/08/2015)
Classificação	Trata-se de delito comum com relação ao sujeito ativo e próprio com relação ao passivo, doloso, material, de forma livre, comissivo ou omissivo impróprio, habitual, monossubjetivo e plurissubsistente.

Crime de rufianismo	
Benefícios	A modalidade do *caput* admite a suspensão condicional do processo e o oferecimento de acordo de não persecução penal. As modalidades qualificadas também admitem o oferecimento de acordo de não persecução penal, salvo nas hipóteses de cometimento do delito mediante violência ou grave ameaça.
Ação penal	A ação penal é pública incondicionada.
Observações	Nos termos do artigo 234-B do CP, os processos que apuram o crime ora analisado correrão em segredo de justiça.

5.5. Promoção de migração ilegal

A Lei n. 13.445/2017 introduziu no Código Penal o artigo 232-A, que passou a prever o crime denominado de promoção de migração ilegal:

> *Art. 232-A. Promover, por qualquer meio, com o fim de obter vantagem econômica, a entrada ilegal de estrangeiro em território nacional ou de brasileiro em país estrangeiro:*
>
> *Pena – reclusão, de 2 (dois) a 5 (cinco) anos, e multa.*
>
> *§ 1º Na mesma pena incorre quem promover, por qualquer meio, com o fim de obter vantagem econômica, a saída de estrangeiro do território nacional para ingressar ilegalmente em país estrangeiro.*
>
> *§ 2º A pena é aumentada de 1/6 (um sexto) a 1/3 (um terço) se:*
>
> *I – o crime é cometido com violência; ou*
>
> *II – a vítima é submetida a condição desumana ou degradante.*
>
> *§ 3º A pena prevista para o crime será aplicada sem prejuízo das correspondentes às infrações conexas.*

Promover, ação nuclear típica, é dar impulso a, provocar, solicitar. A conduta típica é promover a entrada ilegal de estrangeiro em território nacional ou de brasileiro em país estrangeiro. O crime consiste em realizar a entrada de estrangeiro no país sem os trâmites legais exigididos para a imigração, prejudicando o interesse nacional de controle das fronteiras e do fluxo migratório.

Trata-se de crime comum, que não exige nenhuma qualidade específica do sujeito ativo para sua configuração. Além disso, é crime doloso, pois apenas prevê como possível a punição da conduta praticada com dolo.

Quanto ao chamado tipo subjetivo, não basta o dolo genérico, é imprescindível que haja o **elemento subjetivo especial do tipo**, consistente na finalidade de obtenção de vantagem econômica. Portanto, o crime é mercenário, ou seja, deve sempre possuir o intuito de vantagem econômica.

Com relação às condutas anteriormente incriminadas na revogada Lei n. 6.815/1980, o Estatuto do Estrangeiro, houve *abolitio criminis* em relação a alguma delas. De todo modo, quanto à promoção de migração ilegal, percebe-se que o atual tipo penal sempre exige motivação econômica, o que implica a atipicidade de condutas sem tal elemento, bem como a *abolitio criminis* em relação aos fatos cometidos anteriormente sem tal intuito.

A obtenção de vantagem econômica é dispensável para a configuração do delito. Revendo posição anterior, quando da inserção do artigo 232-A do CP, percebo que a doutrina tende a classificar o delito como material, já que exige o resultado consistente na entrada ilegal do estrangeiro no território nacional e de brasileiro em país estrangeiro. O que não se exige, de todo modo, é a obtenção de vantagem, bastando que o agente apresente esse **dolo específico**.

O território nacional deve ser entendido como o físico, não se estendendo ao jurídico. Deste modo, não basta que o estrangeiro adentre em uma embarcação pública brasileira de forma ilegal, é preciso que ele adentre as fronteiras da República Federativa do Brasil. É também a visão de Rogério Sanches Cunha[84].

Tratando-se de crime plurissubsistente, cujo *iter criminis* (caminho do crime, envolvendo a cogitação até a consumação e possível exaurimento do crime) é passível de fracionamento, admite-se a forma tentada.

O *caput* prevê a punição para o caso em que há promoção, por qualquer meio (crime de forma livre), de entrada ilegal de estrangeiro em território nacional ou de brasileiro em país estrangeiro.

No parágrafo primeiro, que prevê a **forma equiparada**, pune-se a promoção de saída de estrangeiro do território nacional para ingressar ilegalmente em país estrangeiro. Em ambos os casos, como dito acima, exige-se o elemento subjetivo especial do tipo, consistente no escopo de obtenção de vantagem de natureza econômica.

O crime é de competência da Justiça Federal.

Forma majorada

O parágrafo segundo prevê forma majorada do crime, incidindo a causa de aumento de pena, de um sexto a um terço, caso o crime seja cometido **com violência**, ou, ainda, se a vítima for **submetida a condição desumana ou degradante**. Condição desumana ou degradante é aquela que agride a dignidade da pessoa humana, que a submete a condições insalubres, humilhantes ou que impliquem grave risco à sua incomumidade físico-psíquica. Exemplo é realizar a entrada de estrangeiros transportados em contêineres, com perigo de morrerem asfixiados.

Concurso de crimes

O parágrafo terceiro, por fim, dispõe que se deve aplicar a pena do crime de promoção de migração ilegal sem prejuízo das correspondentes às infrações conexas. Assim, pode haver a aplicação das sanções penais, em concurso com as do artigo 232-A do CP, do crime de falsificação de documentos e do tráfico de pessoas, por exemplo. É o que pode ocorrer se o sujeito falsifica o passaporte, para facilitar a

84. CUNHA, Rogério Sanches. Op. Cit., 2020, p. 593-594.

emigração da vítima, exige pagamento para que ela consiga passar pelo controle de imigração dos EUA e, por fim, engana a pessoa para que ela seja submetida à exploração sexual quando chega ao local de destino. Não obstante, pode-se discutir, no caso concreto, se o tráfico de pessoas não absorve o delito de promoção de migração ilegal.

QUADRO SINÓTICO

Crime de promoção de migração ilegal	
Tipo penal	Promover, por qualquer meio, com o fim de obter vantagem econômica, a entrada ilegal de estrangeiro em território nacional ou de brasileiro em país estrangeiro.
Objeto jurídico	Protegem-se a soberania nacional, ao proibir a entrada ilegal de estrangeiros no Brasil e, ao proibir a de brasileiro em país estrangeiro, também tutela as relações internacionais do Brasil.
Sujeito ativo	Qualquer um. Destaca-se que o brasileiro que tenta entrar ilegalmente em outro país ou o estrangeiro que tenta adentrar ilegalmente o Brasil não comete crime.
Sujeito passivo	Qualquer um.
Elemento subjetivo	Admite-se somente a modalidade dolosa, de sorte que o agente também deve possuir o especial fim de agir de obter vantagem econômica.
Consumação	O delito se consuma quando o estrangeiro entra ilegalmente no Brasil ou o brasileiro em país estrangeiro.
Tentativa	Admite-se a tentativa.
Forma majorada	Nos termos do artigo 232-A, § 2º, do CP, a pena é aumentada de 1/6 (um sexto) a 1/3 (um terço) se o crime for cometido com violência; ou a vítima é submetida a condição desumana ou degradante. Nos termos do artigo 234-A do CP, a pena é aumentada de metade a 2/3 (dois terços), se do crime resulta gravidez; e de 1/3 (um terço) a 2/3 (dois terços), se o agente transmite à vítima doença sexualmente transmissível de que sabe ou deveria saber ser portador, ou se a vítima é idosa ou pessoa com deficiência.
Classificação	Trata-se de delito comum, doloso, material, de forma livre, comissivo ou omissivo impróprio, monossubjetivo e plurissubsistente.
Benefícios	Admite-se o oferecimento de acordo de não persecução penal, desde que a conduta não seja praticada mediante violência ou grave ameaça.
Ação penal	A ação penal é pública e incondicionada.

Crime de promoção de migração ilegal	
Observações	Nos termos do artigo 234-B do CP, os processos que apuram o crime ora analisado correrão em segredo de justiça. Nos termos do artigo 232-A, § 1º, do CP, incorre na mesma pena prevista para o *caput* quem promover, por qualquer meio, com o fim de obter vantagem econômica, a saída de estrangeiro do território nacional para ingressar ilegalmente em país estrangeiro. Nos termos do artigo 232-A, § 3º, do CP a pena prevista para o crime será aplicada sem prejuízo das correspondentes às infrações conexas.

6. DO ULTRAJE PÚBLICO AO PUDOR

Denomina-se “Do Ultraje Público ao Puder” o Capítulo VI do Título VI da Parte Especial do Código Penal. Trata de apenas dois crimes, o de ato obsceno e o de escrito ou objeto obsceno.

6.1. Ato obsceno

O delito de ato obsceno está previsto no artigo 233 do Código Penal:

> *Art. 233 – Praticar ato obsceno em lugar público, ou aberto ou exposto ao público:*
> *Pena – detenção, de três meses a um ano, ou multa.*

Praticar ato obsceno é realizar algo que ofenda o pudor, é realizar um ato que viole o sentimento moral da sociedade, considerada de forma coletiva. Cuida-se de ato praticado pelo agente, como de se masturbar em público, de modo que a doutrina exclui do tipo a mera manifestação verbal, como a de proferir palavras de baixo calão ou frases eróticas.

O ato deve ter sido realizado em **local público, aberto ao público ou exposto ao público**. Se for feito na garagem da própria residência do agente, mas com cercas baixas, que permitem a visualização dos vizinhos e de qualquer um que por ali transite, a circunstância está presente.

O crime de ato obsceno tem passado por interpretação evolutiva, adaptativa ou progressiva. Isso porque o que ofendia a moral ou o sentimento de vergonha da sociedade brasileira em 7 de dezembro de 1940 não necessariamente será ofensivo para a mesma sociedade nos tempos hodiernos, na atualidade.

A **micção em público**, para parte da doutrina, não configura o delito a depender das circunstâncias. Com efeito, uma situação é urinar em uma praça pública, no meio do dia, quando se está realizando um evento para celebrar o dia das crianças, expondo-se desnecessariamente. Outro caso, bem diverso, é aquele de o sujeito, com necessidade fisiológica, urinar, no retorno de uma festa, voltado para um muro e de costas para a via pública. O caso pode, inclusive, ensejar o reconhecimento do estado de necessidade.

O crime é comum, não exigindo qualidade específica do sujeito ativo. É doloso, sendo que há o entendimento, minoritário, sobre a necessidade do elemento subjetivo especial do tipo, consistente na vontade de ofender o pudor de outrem.

É plurissubsistente, sendo possível a tentativa. É considerado crime de mera conduta, por sequer prever resultado naturalístico. Há, entretanto, quem o considere formal, entendendo que o resultado, desnecessário para a sua consumação, seria o da efetiva ofensa ao pudor alheio. É delito de forma livre, não prevendo forma específica de execução.

QUADRO SINÓTICO

Crime de ato obsceno	
Tipo penal	Praticar ato obsceno em lugar público, ou aberto ou exposto ao público.
Objeto jurídico	Tutela-se o pudor público.
Sujeito ativo	Qualquer um.
Sujeito passivo	A coletividade (crime vago). De forma secundária, quem tiver presenciado o ato.
Elemento subjetivo	Admite-se somente a modalidade dolosa.
Consumação	O delito se consuma quando o agente pratica ato obsceno em lugar público ou aberto ou exposto ao público.
Tentativa	Há divergência doutrinária, mas, a princípio, é possível a tentativa.
Forma majorada	Nos termos do artigo 234-A do CP, a pena é aumentada de metade a 2/3 (dois terços), se do crime resulta gravidez; e de 1/3 (um terço) a 2/3 (dois terços), se o agente transmite à vítima doença sexualmente transmissível de que sabe ou deveria saber ser portador, ou se a vítima é idosa ou pessoa com deficiência.
Classificação	Trata-se de delito comum, vago, doloso, comissivo ou omissivo impróprio, instantâneo, formal, de forma livre, monossubjetivo, plurissubsistente e transeunte.
Benefícios	Trata-se de delito de menor potencial ofensivo, de competência dos Juizados Especiais Criminais e que admite o oferecimento de transação penal, suspensão condicional do processo e acordo de não persecução penal.
Ação penal	A ação penal é pública incondicionada.
Observações	Nos termos do artigo 234-B do CP, os processos que apuram o crime ora analisado correrão em segredo de justiça. O delito de ato obsceno se diferencia do de importunação sexual, pois neste, o ato libidinoso deve ser praticado tendo alguém como alvo.

6.2. Escrito ou objeto obsceno

O crime de escrito ou objeto obsceno está tipificado no artigo 234 do Código Penal:

> *Art. 234 – Fazer, importar, exportar, adquirir ou ter sob sua guarda, para fim de comércio, de distribuição ou de exposição pública, escrito, desenho, pintura, estampa ou qualquer objeto obsceno:*
>
> *Pena – detenção, de seis meses a dois anos, ou multa.*
>
> *Parágrafo único – Incorre na mesma pena quem:*
>
> *I – vende, distribui ou expõe à venda ou ao público qualquer dos objetos referidos neste artigo;*
>
> *II – realiza, em lugar público ou acessível ao público, representação teatral, ou exibição cinematográfica de caráter obsceno, ou qualquer outro espetáculo, que tenha o mesmo caráter;*
>
> *III – realiza, em lugar público ou acessível ao público, ou pelo rádio, audição ou recitação de caráter obsceno.*

Cuida-se de tipo penal misto ou de conduta variada, que se configura por meio das condutas de fazer, importar, exportar, adquirir ou ter sob sua guarda, para fim de comércio, de distribuição ou de exposição pública, escrito, desenho, pintura, estampa ou qualquer objeto obsceno.

O crime é comum, de forma livre, formal, comissivo, doloso e plurissubsistente.

Esse tipo penal, como um todo, merece uma releitura à luz da Constituição de 1988, bem como pela própria evolução dos costumes sociais. Não é possível enquadrar no tipo penal obras artísticas, científicas ou literárias, sob pena de admitir a censura. Claro está, evidentemente, que deve haver a adequação do público, como a classificação indicativa da idade mínima para audiência.

Restringindo o alcance da criminalização do escrito ou objeto obsceno, há o seguinte julgado do STJ:

> *"PENAL. PROCESSUAL. NUDEZ EM CAMPANHA PUBLICITÁRIA. ATENTADO AO PUDOR. INQUÉRITO. TRANCAMENTO. "HABEAS CORPUS". RECURSO. 1.* ***Se a peça publicitária de roupa íntima não incursiona pelo chulo, pelo grosseiro, tampouco pelo imoral, até porque exibe a nudez humana em forma de obra de arte, não há inequivocadamente, atentado ao Código Penal, art. 234.*** *2. O Código penal, art. 234, se dirige a outras circunstâncias, visando, efetivamente, resguardar o pudor público de situações que possam evidentemente constituir constrangimento às pessoas nos lugares públicos. 3. A moral vigente não se dissocia do costume vigente. assim quando os costumes mudam, avançando contra os preconceitos, os conceitos morais também mudam. O conceito de obsceno hoje não é mais o mesmo da inspiração do legislador do Código Penal em 1940. 4. É desperdício de dinheiro público manter um processo sobre o qual se tem certeza, antemão, que vai dar em nada. Do ponto de vista do acusado em face dos seus direitos constitucionais individuais, é constrangimento ilegal reparável por "habeas corpus". 5. A liberdade de criação artística é tutelada pela Constituição Federal. que não admite qualquer censura. (CF,*

art. 220, § 2º). (...)" (STJ, HC 7809/SP, Rel. p/ acórdão Min. Edson Vidigal, Quinta Turma, DJe 29/03/1999)

Formas equiparadas

O parágrafo único do artigo 234 equipara à figura do *caput* a conduta de quem:

> I – vende, distribui ou expõe à venda ou ao público qualquer dos objetos referidos neste artigo;
>
> II – realiza, em lugar público ou acessível ao público, representação teatral, ou exibição cinematográfica de caráter obsceno, ou qualquer outro espetáculo, que tenha o mesmo caráter;
>
> III – realiza, em lugar público ou acessível ao público, ou pelo rádio, audição ou recitação de caráter obsceno.

É questionável a subsistência desse delito no ordenamento jurídico, se houve ou não a sua recepção pela Constituição da República, de 1988, bem como se a interpretação evolutiva não esvaziou o seu conteúdo. De todo modo, caso se compreenda que as condutas permanecem incriminadas, deve-se interpretar de forma restritiva, excluindo-se as manifestações culturais e artísticas, desde que observada a adequação ao público e ao ambiente em que expostas.

QUADRO SINÓTICO

Crime de escrito ou objeto obsceno	
Tipo penal	Fazer, importar, exportar, adquirir ou ter sob sua guarda, para fim de comércio, de distribuição ou de exposição pública, escrito, desenho, pintura, estampa ou qualquer objeto obsceno
Objeto jurídico	Tutela-se o pudor público.
Sujeito ativo	Qualquer um.
Sujeito passivo	A coletividade (crime vago). De forma secundária, quem tiver presenciado o ato.
Elemento subjetivo	Admite-se somente a modalidade dolosa.
Consumação	Por se tratar de delito de conteúdo variado, ele se consuma quando uma das ações descritas nos núcleos do tipo é realizada.
Tentativa	Admite-se a tentativa.
Forma majorada	Nos termos do artigo 234-A do CP, a pena é aumentada de metade a 2/3 (dois terços), se do crime resulta gravidez; e de 1/3 (um terço) a 2/3 (dois terços), se o agente transmite à vítima doença sexualmente transmissível de que sabe ou deveria saber ser portador, ou se a vítima é idosa ou pessoa com deficiência.

Crime de escrito ou objeto obsceno	
Classificação	Trata-se de delito comum, vago, doloso, comissivo ou omissivo impróprio, formal, de forma livre, de conteúdo variado, instantâneo, permanente, monossubjetivo, plurissubsistente e não transeunte.
Benefícios	Trata-se de delito de menor potencial ofensivo, de competência dos Juizados Especiais Criminais e que admite o oferecimento de transação penal, suspensão condicional do processo e acordo de não persecução penal.
Ação penal	A ação penal é pública e incondicionada.
Observações	Nos termos do artigo 234-B do CP, os processos que apuram o crime ora analisado correrão em segredo de justiça. Nos termos do artigo 234, parágrafo único, incorre nas mesmas penas previstas no *caput* quem vende, distribui ou expõe à venda ou ao público quaisquer dos objetos referidos neste artigo; realiza, em lugar público ou acessível ao público, representação teatral, ou exibição cinematográfica de caráter obsceno, ou qualquer outro espetáculo, que tenha o mesmo caráter; realiza, em lugar público ou acessível ao público, ou pelo rádio, audição ou recitação de caráter obsceno.

7. DISPOSIÇÕES GERAIS

Os artigos 234-A e 234-B cuidam de disposições gerais cabíveis a todos os crimes tratados no título em estudo, ou seja, a todos os crimes contra a dignidade sexual.

Causa de aumento de pena

O artigo 234-A trata de forma majorada dos crimes contra a dignidade sexual, com a seguinte previsão:

> *Art. 234-A. Nos crimes previstos neste Título a pena é aumentada:*
>
> *I - (VETADO);*
>
> *II - (VETADO);*
>
> *III - de metade a 2/3 (dois terços), se do crime resulta gravidez;*
>
> *IV - de 1/3 (um terço) e 2/3 (dois terços), se o agente transmite à vítima doença sexualmente transmissível de que sabe ou deveria saber ser portador, ou se a vítima é idosa ou pessoa com deficiência.*

Cuida-se, portanto, de causas de aumento de pena.

O inciso III prevê o aumento de metade a dois terços da pena se da conduta do agente **resultar gravidez**. Houve alteração pela Lei n. 13.718/2018, sendo que anteriormente o aumento era de metade, e o verbo estava no infinitivo (resultar) passando a ser previsto no presente do indicativo (resulta). Basta que haja a concepção pela vítima, não sendo necessário que a gravidez seja levada adiante. Vale lembrar que, em sendo vítima de crime contra a dignidade sexual, a mulher poderá abordar, conforme previsão do artigo 128, inciso II, do CP. Apesar de o texto legal apenas se referir a estupro, é admitida a sua extensão para outros crimes contra a dignidade sexual, em interpretação extensiva ou, até mesmo, analogia in bonam partem.

Já o inciso IV prevê a fração de aumento de um terço e dois terços para o caso de o agente transmitir à vítima **doença sexualmente transmissível** de que sabe ou deveria saber ser portador, para o caso de a vítima ser **idosa** e, por fim, se o sujeito passivo for **pessoa com deficiência**. Houve alteração pela Lei n. 13.718/2018, sendo que anteriormente o aumento era de um sexto até metade. Ademais, as hipóteses envolvendo vítima idosa ou com deficiência advieram dessa alteração legislativa, não incidindo aos delitos cometidos antes do início de sua vigência.

A escolha da fração deve ter em conta a gravidade da doença transmitida, no primeiro caso, valorando-se o dano à saúde da vítima como critério. No tocante à senilidade da vítima, quanto mais idosa, maior deve ser a fração, podendo ser proposta a fração máxima em caso de vítima com 80 anos de idade. Por outro lado, a fração pode ser a mínima se a vítima possui 60 anos e está em boas condições de saúde. Por fim, no caso de pessoa com deficiência, o grau de vulnerabilidade deve ser levado em conta para se definir o aumento no caso concreto.

Segredo de justiça, Cadastro Nacional de Pedófilos e Predadores Sexuais e monitoramento por dispositivo eletrônico

Já o artigo 234-B trata da questão do sigilo nos processos em que se apurem os crimes contra a dignidade sexual, tendo sido modificado pela Lei n. 15.035/2024, que inseriu os parágrafos primeiro, segundo e terceiro no dispositivo:

> *Art. 234-B. Os processos em que se apuram crimes definidos neste Título correrão em segredo de justiça.*
>
> *§ 1º O sistema de consulta processual tornará de acesso público o nome completo do réu, seu número de inscri-ção no Cadastro de Pessoas Físicas (CPF) e a tipificação penal do fato a partir da condenação em primeira ins-tância pelos crimes tipificados nos arts. 213, 216-B, 217-A, 218-B, 227, 228, 229 e 230 deste Código, inclusive com os dados da pena ou da medida de segurança imposta, ressalvada a possibilidade de o juiz fundamenta-damente determinar a manutenção do sigilo.*
>
> *§ 2º Caso o réu seja absolvido em grau recursal, será restabelecido o sigilo sobre as informações a que se refere o § 1º deste artigo.*
>
> *§ 3º O réu condenado passará a ser monitorado por dispositivo eletrônico.*

O sigilo se impõe devido à imensa exposição que resulta de um julgamento de crime contra a dignidade sexual. Já é custoso à vítima expor o ocorrido, que envolve uma situação vexatória, em uma audiência na presença do magistrado, órgão da acusação, defesa e serventuário da Justiça. Imagine ter esses autos tornados públicos, possibilitando uma nova violação à sua intimidade. Por isso, ainda que a publicidade seja a regra dos atos judiciais, os processos que envolvem essa categoria de crimes devem correr em sigilo, dada a prevalência, nesse conflito entre transparência e intimidade, dos direitos da personalidade titularizados pela vítima.

Sobre os cadastros de condenados por crimes contra a dignidade sexual, é importante realizar um histórico de alterações legisltiva. De início, a Lei n. 14.069/2020 instituiu o Cadastro Nacional de Pessoas Condenadas por Crime de Estupro, com divulgação de dados das pessoas condenadas por esse crime, inclusive com divulgação de fotos. No caso de livramento condicional, há previsão de divulgação do local de moradia e a atividade laboral desenvolvida nos últimos três anos. Interessante notar que a lei se limita a referir a estupro, o que parece incluir o estupro e o estupro de vulnerável, por decorrência lógica e por compartilharem os dois tipos penais, de certa forma, da mesma nomenclatura básica. De todo modo, a lei poderia ter sido mais clara e feito menção aos tipos penais. Esse cadastro, de todo modo, não previa a consulta pública, apenas se referia a um instrumento de cooperação celebrado entre a União e os entes federados para definir o acesso às informações constantes da base de dados.

Por sua vez, a Lei n. 15.035, de 27 de novembro de 2024, inseriu o artigo 2º-A na Lei n. 14.069/2020, para implementar o Cadastro Nacional de Pedófilos e Predadores Sexuais, sistema desenvolvido a partir dos dados constantes do Cadastro Nacional de Pessoas Condenadas por Crime de Estupro. Este novo cadastro permitirá a consulta pública dos condenados a partir do nome e do cadastro de pessoa física (CPF):

> *Art. 2º-A. É determinada a criação do Cadastro Nacional de Pedófilos e Predadores Sexuais, sistema desenvolvido a partir dos dados constantes do Cadastro Nacional de Pessoas Condenadas por Crime de Estupro, que permitirá a consulta pública do nome completo e do número de inscrição no Cadastro de Pessoas Físicas (CPF) das pessoas condenadas por esse crime.*

O Congresso Nacional havia aprovado, ainda, o parágrafo único, o qual previa que as informações ficariam disponíveis para consulta pública pelo prazo de 10 anos após o integral cumprimento de pena, salvo em caso de reabilitação. O Presidente da República vetou o dispositivo por considerar que a medida incorria em vício de inconstitucionalidade, em razão da extensão do prazo em confronto com princípios constitucionais, como a proporcionalidade, e com direitos fundamentais, inclusive o direito à intimidade e ao devido processo legal.

A mesma lei alterou o Código Penal, com a inclusão dos parágrafos primeiro, segundo e terceiro no artigo 234-B, com a previsão de monitoramento dos condenados pelos crimes dos artigos 213, 216-B, 217-A, 218-B, 227, 228, 229 e 230, do Código Penal, desde a condenação em primeira instância. Previu-se que o juiz pode, fundamentadamente, determinar a manutenção do sigilo sobre a condenação, mas a regra é a publicidade. Em caso de eventual absolvição em grau recursal, deve ser restabelecido o sigilo sobre as informações constantes do Cadastro Nacional de Pedófilos e Predadores Sexuais. Além disso, foi determinado o monitoramento do condenado por dispositivo eletrônico.

A justificativa legislativa apresentada foi de que a medida "permite o acompanhamento dos casos pela população, colaborando para a transparência do sistema de justiça e para a prevenção de novos delitos", bem como que "o acesso às informações pode incentivar denúncias e auxiliar na identificação de possíveis padrões de comportamento criminoso"[85]. A iniciativa parece se inspirar no *National Sex Offender Public Registry*, o cadastro dos Estados Unidos da América, que atualmente se denomina, em homenagem a uma vítima de uma cruel infração penal, *Dru Sjodin National Sex Offender Public Website* (NSOPW). A seção 118 da lei conhecida como *Adam Walsh Child Protection and Safety Act of 2006* prevê o acesso público ao cadastro dos condenados por crimes sexuais.

Esse cadastro visa à publicização de dados dos condenados com uma finalidade de monitoramento e prevenção de novos delitos, possibilitando que a população e os agentes públicos saibam onde residem, trabalham e estudam bem como o seu histórico criminoso, ao mesmo tempo em que se preserva a intimidade da vítima. Ainda que a medida tenha nítido viés de prevenção de delitos odiosos e de proteção da vítima, há uma nítida confrontação à presunção de inocência, pois o legislador não dispôs sobre a inclusão das informações no cadastro após o trânsito em julgado, mas a partir de condenação em primeira instância. Por isso, não parece se compatibilizar com o artigo 5º, inciso LVII, da Constituição da República, que determina que ninguém será considerado culpado até o trânsito em julgado de sentença penal condenatória. Provavelmente, o STF considerará inconstitucional essa previsão, devendo o cadastro ser alimentado somente com dados relativos a condenações irrecorríveis.

Questionável também é o monitoramento automático do condenado em primeira instância. A medida é louvável e, inclusive, permite, em muitos casos, que se concilie a liberdade durante o processo e a prevenção de novos crimes. Existem dois problemas. O primeiro, de ordem prática, é que aqueles que atuam no sistema criminal brasileiro devem ter se deparado com a falta de equipamentos suficientes, o que muitas vezes impede o cumprimento de decisões judiciais que determinam o monitoramento eletrônico. O Poder Legislativo adota a medida fácil, que é determinar que isso ocorra, mas não indica como nem assegura os recursos humanos e orçamentários, como é comum na área criminal. Por fim, a imposição dessa medida como regra parece se conflitar com a jurisprudência dos Tribunais Superiores, que entendem necessária a análise casuística pelo juiz para decretação de medidas cautelares no processo penal, e não a determinação automática, vinculada a determinados delitos.

85. Disponível em: https://www.camara.leg.br/proposicoesWeb/prop_mostrarintegra?codteor=2483157&filename=Tramitacao-PL%206212/2023.

CAPÍTULO XII

CRIMES CONTRA A FAMÍLIA

"Dos Crimes Contra a Família" é a denominação do Título VII da Parte Especial do Código Penal, que abrange quatro capítulos, referentes aos crimes contra o casamento, os crimes contra o estado de filiação, os crimes contra a assistência familiar e os crimes contra o pátrio poder, tutela e curatela. A tutela da família surgiu no Código Penal em uma diferente configuração de sociedade, em que ainda se classificava de forma diversa um filho se nascido do matrimônio ou não, sem considerar famílias monoparentais ou homoafetivas. Não obstante, a interpretação dos tipos penais, em grande medida, comporta a adequação à atual configuração social.

Ademais, é importante mencionar que a proteção da família está diretamente associada à efetivação do princípio da dignidade da pessoa humana, considerando se tratar do núcleo fundamental a partir do qual qualquer pessoa pode realizar as suas potencialidades. É a primeira e menor parcela da sociedade em que a maioria dos indivíduos cresce, entende a sua própria individualidade e desenvolve a sua personalidade.

1. DOS CRIMES CONTRA O CASAMENTO

Os crimes contra o casamento constituem o Capítulo I do Título VII do Código Penal, abrangendo os delitos de bigamia; induzimento a erro essencial e ocultação de impedimento; conhecimento prévio de impedimento; simulação de autoridade para celebração de casamento e simulação de casamento.

O crime de adultério também compunha o referido capítulo, tendo sido revogado pela Lei n. 11.106/2005, com o consequente *abolitio criminis*.

1.1. Bigamia

O crime de bigamia possui previsão no artigo 235 do Código Penal, nos seguintes termos:

> *Art. 235 – Contrair alguém, sendo casado, novo casamento:*
>
> *Pena – reclusão, de dois a seis anos.*
>
> *§ 1º – Aquele que, não sendo casado, contrai casamento com pessoa casada, conhecendo essa circunstância, é punido com reclusão ou detenção, de um a três anos.*
>
> *§ 2º – Anulado por qualquer motivo o primeiro casamento, ou o outro por motivo que não a bigamia, considera-se inexistente o crime.*

A conduta incriminada é contrair novo casamento, ou seja, o sujeito ativo já deve ser casado. É a conduta de casar-se de novo, quando na constância de casamento anterior.

O crime é próprio, dada a exigência de qualidade do sujeito ativo, qual seja o estado civil de casado. É doloso.

Há divergência se é possível a tentativa. No caso de declaração falsa de estado civil, por ser considerada crime-fim, é absorvida pelo crime de bigamia, consoante determina o princípio da consunção. Neste sentido, julgado do Superior Tribunal de Justiça:

> "HABEAS CORPUS. *DIREITO PENAL. CRIME DE BIGAMIA E FALSIDADE IDEOLÓGICA. TRANCAMENTO DA AÇÃO PENAL QUANTO AO DELITO DE BIGAMIA DETERMINADO PELO TRIBUNAL* A QUO *POR AUSÊNCIA DE JUSTA CAUSA. IMPOSSIBILIDADE DE SEGUIMENTO DO PROCESSO-CRIME QUANTO À FIGURA DO CRIME DE FALSIDADE. APLICAÇÃO DO PRINCÍPIO DA CONSUNÇÃO. 1. O delito de bigamia exige para se consumar a precedente falsidade, isto é: a declaração falsa, no processo preliminar de habilitação do segundo casamento, de que inexiste impedimento legal. 2. Constituindo-se a falsidade ideológica (crime-meio) etapa da realização da prática do crime de bigamia (crime-fim), não há concurso do crime entre estes delitos. (...)" (STJ, HC 39583/MS, Rel. Min. Laurita Vaz, Quinta Turma, DJ 11/04/2005).*

QUADRO SINÓTICO

Crime de bigamia	
Tipo penal	Contrair alguém, sendo casado, novo casamento.
Objeto jurídico	Tutelam-se a instituição do casamento e a família.
Sujeito ativo	O agente que, uma vez casado, contrai segundas núpcias.
Sujeito passivo	O Estado e, mediatamente, o cônjuge do primeiro casamento e o contraente de boa-fé.
Elemento subjetivo	Admite-se somente a modalidade dolosa.
Consumação	O delito se consuma quando o segundo casamento ocorre.
Tentativa	Admite-se a tentativa.
Classificação	Trata-se de crime próprio com relação ao sujeito ativo e comum com relação ao passivo, doloso, comissivo ou omissivo impróprio, material, de forma vinculada, instantâneo, plurissubjetivo, plurissubsistente e não transeunte.
Benefícios	A modalidade do *caput* admite o oferecimento de acordo de não persecução penal. A forma do artigo 235, § 1º, do CP admite a suspensão condicional do processo e acordo de não persecução penal.
Ação penal	A ação penal é pública incondicionada.
Observações	Nos termos do artigo 235, § 1º, do CP, aquele que, não sendo casado, contrai casamento com pessoa casada, conhecendo essa circunstância, é punido com reclusão ou detenção, de um a três anos. Conforme o artigo 235, § 2º, do CP, a conduta é atípica se anulado por qualquer motivo o primeiro casamento, ou o outro por motivo que não a bigamia.

1.2. Induzimento a erro essencial e ocultação de impedimento

O delito de induzimento a erro essencial e ocultação de impedimento possui a seguinte previsão:

> *Art. 236 – Contrair casamento, induzindo em erro essencial o outro contraente, ou ocultando-lhe impedimento que não seja casamento anterior:*
>
> *Pena – detenção, de seis meses a dois anos.*
>
> *Parágrafo único – A ação penal depende de queixa do contraente enganado e não pode ser intentada senão depois de transitar em julgado a sentença que, por motivo de erro ou impedimento, anule o casamento.*

A conduta incriminada é contrair casamento, induzindo o outro contraente em erro essencial. Há também outra figura alternativa, a de contrair casamento, ocultando do outro contraente impedimento, desde que não seja casamento anterior. Isto porque a hipótese de contrair casamento na vigência de outra sociedade conjugal configura o crime de bigamia.

O artigo 236 é **norma penal em branco (imprópria heterovitelina)**, necessitando da complementação do Código Civil, especialmente dos artigos 1.521 e 1.557, que tratam, respectivamente, dos impedimentos matrimoniais e do erro essencial sobre a pessoa do outro cônjuge:

> *Art. 1.521. Não podem casar:*
>
> *I – os ascendentes com os descendentes, seja o parentesco natural ou civil;*
>
> *II – os afins em linha reta;*
>
> *III – o adotante com quem foi cônjuge do adotado e o adotado com quem o foi do adotante;*
>
> *IV – os irmãos, unilaterais ou bilaterais, e demais colaterais, até o terceiro grau inclusive;*
>
> *V – o adotado com o filho do adotante;*
>
> *VI – as pessoas casadas;*
>
> *VII – o cônjuge sobrevivente com o condenado por homicídio ou tentativa de homicídio contra o seu consorte.*
>
> *(...)*
>
> *Art. 1.557. Considera-se erro essencial sobre a pessoa do outro cônjuge:*
>
> *I – o que diz respeito à sua identidade, sua honra e boa fama, sendo esse erro tal que o seu conhecimento ulterior torne insuportável a vida em comum ao cônjuge enganado;*
>
> *II – a ignorância de crime, anterior ao casamento, que, por sua natureza, torne insuportável a vida conjugal;*
>
> *III – a ignorância, anterior ao casamento, de defeito físico irremediável que não caracterize deficiência ou de moléstia grave e transmissível, por contágio ou por herança, capaz de pôr em risco a saúde do outro cônjuge ou de sua descendência;*
>
> *IV – (Revogado).*

Comete o delito o sujeito que se apaixona por uma moça e, às vésperas da cerimônia, descobre que, na verdade, ele e ela são irmãos unilaterais, possuindo o mesmo genitor. Ele, imbuído da paixão e do medo de perder sua amada, oculta a informação e mantém o casamento. Deste modo, ele contraiu casamento, ocultado à nubente impedimento matrimonial previsto no artigo 1.521, IV, do Código Civil, incorrendo no crime previsto no artigo 236 do Código Penal.

O crime é comum, podendo ser praticado por ambos os nubentes. É doloso, não havendo previsão da modalidade culposa.

A doutrina aponta ser crime comissivo, não sendo punível a mera omissão do agente. É crime material, que exige o resultado naturalístico, a celebração do casamento, para sua consumação.

A tentativa é juridicamente impossível, em razão da exigência de trânsito em julgado da ação que anule o casamento. É crime instantâneo, por sua consumação ocorrer em um instante determinado no tempo.

Ação penal

O parágrafo único do artigo 236 prevê que a queixa deve ser oferecida pelo contraente enganado. Deste modo, cuida-se de hipótese, atualmente a única do Código Penal, de crime de **ação penal privada personalíssima**, isto é, cuja queixa-crime só pode ser oferecida pela vítima e ninguém mais. O legislador considerou prevalente o interesse da vítima, de modo que, se ela falecer, extingue-se o processo e, com isso, também não subsiste a punibilidade pelo delito. Ademais, exige-se, para início da ação penal, que transite em julgado a sentença que anular o casamento em virtude do erro ou de impedimento, evitando-se decisões conflitantes no âmbito do direito de família e na seara criminal.

O prazo decadencial possui um termo inicial diferente. Como se exige o trânsito em julgado da sentença anulatória do casamento, por motivo de erro ou impedimento, não é possível se ofertar queixa-crime antes desse termo. Por isso, o prazo decadencial, que é de seis meses, se inicia com o trânsito em julgado da ação em que se obteve a anulação do casamento, pela interpretação sistemática.

QUADRO SINÓTICO

Crime de induzimento a erro essencial e ocultação de impedimento	
Tipo penal	Contrair casamento, induzindo em erro essencial o outro contraente, ou ocultando-lhe impedimento que não seja casamento anterior.
Objeto jurídico	Protege-se a instituição do casamento.
Sujeito ativo	Cônjuge.
Sujeito passivo	O Estado.
Elemento subjetivo	Admite-se somente na modalidade dolosa.
Consumação	O delito se consuma quando o casamento ocorre, nos termos do artigo 1.514 do CC.

Crime de induzimento a erro essencial e ocultação de impedimento	
Tentativa	Entende-se não admitir a tentativa, pois, nos termos do artigo 236, parágrafo único do CP, há uma condição objetiva de punibilidade, qual seja, a sentença anulatória do casamento – ou seja, é preciso que o casamento ocorra.
Classificação	Trata-se de delito próprio com relação ao sujeito ativo, que é o cônjuge. Ademais, é doloso, comissivo ou omissivo impróprio, formal (não exige a dissolução do casamento), instantâneo, de forma vinculada, plurissubjetivo, plurissubsistente e não transeunte.
Benefícios	Trata-se de delito de menor potencial ofensivo, de competência dos Juizados Especiais Criminais e que admite o oferecimento de transação penal, suspensão condicional do processo e acordo de não persecução penal.
Ação penal	Nos termos do artigo 236, parágrafo único do CP, a ação penal é privada e prossegue mediante queixa.
Observações	A ação penal é privada e personalíssima, não podendo ser transferida às pessoas mencionadas no artigo 100, § 4º, do CP. O prazo prescricional do delito é contado a partir do trânsito em julgado da sentença que, por motivo de erro ou impedimento, anula o casamento. Nos termos do artigo 1.577 do CC, considera-se erro essencial sobre a pessoa do outro cônjuge: o que diz respeito à sua identidade, sua honra e boa fama, sendo esse erro tal que o seu conhecimento ulterior torne insuportável a vida em comum ao cônjuge enganado; a ignorância de crime, anterior ao casamento, que, por sua natureza, torne insuportável a vida conjugal; e a ignorância, anterior ao casamento, de defeito físico irremediável que não caracterize deficiência ou de moléstia grave e transmissível, por contágio ou por herança, capaz de pôr em risco a saúde do outro cônjuge ou de sua descendência.

1.3. Conhecimento prévio de impedimento

O crime do artigo 237 do Código Penal é denominado de conhecimento prévio de impedimento:

> *Art. 237 – Contrair casamento, conhecendo a existência de impedimento que lhe cause a nulidade absoluta:*
>
> *Pena – detenção, de três meses a um ano.*

A conduta incriminada é contrair casamento com o conhecimento prévio de impedimento, sendo **norma penal em branco** (imprópria heterovitelina), a ser complementada pelo artigo 1.521 do Código Civil, acima transcrito.

Envolve o conhecimento prévio de impedimento, salvo ser o nubente casado. Isto porque, como já visto, há o tipo penal específico para o caso de o impedimento ser casamento vigente, que é o de bigamia.

PARTE ESPECIAL

É crime comum, **podendo, inclusive, ser praticado por ambos os nubentes em concursos**. Classifica-se como material, consumando-se com a realização do casamento. É possível a tentativa, sendo entendimento majoritário.

Neste delito, **não se exige que o impedimento seja ocultado do outro contraente**. Se houver a ocultação, teremos o crime do artigo 236 do CP, que, inclusive, prevê pena maior.

QUADRO SINÓTICO

Crime de conhecimento prévio de impedimento	
Tipo penal	Contrair casamento, conhecendo a existência de impedimento que lhe cause a nulidade absoluta.
Objeto jurídico	Protege-se a instituição do casamento.
Sujeito ativo	Cônjuge.
Sujeito passivo	O Estado.
Elemento subjetivo	Admite-se somente a modalidade dolosa.
Consumação	O delito se consuma quando o casamento ocorre, nos termos do artigo 1.514 do CC.
Tentativa	Admite-se a tentativa.
Classificação	Trata-se de delito próprio com relação ao sujeito ativo, material (exige a efetiva anulação do casamento), doloso, comissivo ou omissivo impróprio, instantâneo, de forma vinculada, plurissubjetivo, plurissubsistente e não transeunte.
Benefícios	Trata-se de delito de menor potencial ofensivo, de competência dos Juizados Especiais Criminais e que admite o oferecimento de transação penal, suspensão condicional do processo e acordo de não persecução penal.
Ação penal	A ação penal é pública incondicionada.

1.4. Simulação de autoridade para celebrar casamento

O crime de simulação de autoridade para celebrar casamento está tipificado no artigo 238 do Código Penal:

> *Art. 238 – Atribuir-se falsamente autoridade para celebração de casamento:*
>
> *Pena – detenção, de um a três anos, se o fato não constitui crime mais grave.*

A conduta incriminada é atribuir-se falsamente autoridade para celebrar o casamento. Atribuir-se é intitular-se, imputar-se. Comete o crime o sujeito que finge ser a autoridade que pode efetuar a celebração do casamento.

O crime é comum, não exigindo nenhuma qualidade específica do sujeito ativo para a sua configuração. É doloso, sem previsão da modalidade culposa. Por se consumar em determinado momento, sem prolongamento da fase de consumação, é classificado como instantâneo.

Há divergência sobre a possibilidade de tentativa, sendo que Rogério Sanches Cunha[1] entende admissível.

O preceito secundário do tipo, após prever a pena de detenção, de um a três anos, ressalva ser aplicável tal sanção apenas se o fato não constituir crime mais grave. Portanto, o crime é expressamente subsidiário.

Comete o delito aquele que se finge de juiz de paz para simular um casamento, buscando, por exemplo, a vingança contra a noiva. Sabendo que ela é religiosa e só aceitaria praticar relação sexual depois de devidamente casada, o seu inimigo se finge de juiz de paz para celebrar o casamento, enganando a todos os envolvidos.

QUADRO SINÓTICO

Crime de simulação de autoridade para celebrar casamento	
Tipo penal	Atribuir-se falsamente autoridade para celebração de casamento.
Objeto jurídico	Protegem-se a instituição do casamento e a família.
Sujeito ativo	Qualquer um.
Sujeito passivo	O Estado e, mediatamente, os cônjuges que foram enganados.
Elemento subjetivo	Admite-se somente a modalidade dolosa.
Consumação	O delito se consuma quando o agente sem autoridade para celebrar o casamento realiza qualquer ato próprio da cerimônia.
Tentativa	Quando for possível o fracionamento do *iter criminis*, admite-se a tentativa.
Classificação	Trata-se de delito comum com relação ao sujeito ativo e próprio com relação ao passivo, doloso, comissivo ou omissivo impróprio, de mera conduta, de forma livre, instantâneo, monossubjetivo, mono ou plurissubsistente e não transeunte.
Benefícios	Trata-se de delito de menor potencial ofensivo, de competência dos Juizados Especiais Criminais e que admite o oferecimento de transação penal, suspensão condicional do processo e acordo de não persecução penal.
Ação penal	A ação penal é pública incondicionada.
Observações	Via de regra, a autoridade competente para celebrar o casamento é o juiz de paz.

1. CUNHA, Rogério Sanches. Manual de direito penal: parte especial (arts. 121 ao 361). 12. ed. Salvador: Juspodivm, 2020, p. 620.

1.5. Simulação de casamento

O delito de simulação de casamento possui guarida no artigo 239 do Código Penal, que reza o seguinte:

> *Art. 239 – Simular casamento mediante engano de outra pessoa:*
>
> *Pena – detenção, de um a três anos, se o fato não constitui elemento de crime mais grave.*

Simular, a ação nuclear do tipo penal, é disfarçar, fingir, representar. A conduta incriminada é simular o casamento, enganando outra pessoa. É elementar do tipo que **se engane um dos interessados na celebração**, seja um dos nubentes ou seus representantes legais, como no caso de terem consentido para a contração do casamento.

Cezar Bitencourt[2] entende que qualquer pessoa pode ser sujeito ativo, enquanto Heleno Fragoso defende só poder cometer o crime aquele que simula se casar, apesar de ser admitida a coautoria. A maioria da doutrina parece entender que o crime só pode ser praticado se um dos nubentes estiver envolvido na simulação. O crime seria, então, "simular casar-se".

O crime é instantâneo e doloso. É ainda, plurissubsistente, admitindo a modalidade tentada (*conatus*).

QUADRO SINÓTICO

Crime de simulação de casamento	
Tipo penal	Simular casamento mediante engano de outra pessoa.
Objeto jurídico	Protege-se a instituição do casamento.
Sujeito ativo	Qualquer um.
Sujeito passivo	Qualquer um.
Elemento subjetivo	Admite-se somente a modalidade dolosa.
Consumação	O delito se consuma quando qualquer ato relativo à celebração do casamento é simulado.
Tentativa	Admite-se a tentativa.
Classificação	Trata-se de delito comum, doloso, comissivo ou omissivo impróprio, de forma vinculada, instantâneo, monossubjetivo, plurissubsistente e transeunte.
Benefícios	Trata-se de delito de menor potencial ofensivo, de competência dos Juizados Especiais Criminais e que admite o oferecimento de transação penal, suspensão condicional do processo e acordo de não persecução penal.
Ação penal	A ação penal é pública e incondicionada.

2. BITENCOURT, Cezar Roberto. Tratado de direito penal, volume IV: parte especial. 4. ed. São Paulo: Saraiva, 2010, p. 217-218.

2. DOS CRIMES CONTRA O ESTADO DE FILIAÇÃO

O Capítulo II do Título VII da Parte Especial trata dos crimes contra o estado de filiação, que são o de registro de nascimento inexistente; o de parto suposto, supressão ou alteração de direito inerente ao estado civil de recém-nascido e o de sonegação de estado de filiação.

2.1. Registro de nascimento inexistente

O crime de registro de nascimento inexistente é tratado no artigo 241 do Código Repressivo:

> *Art. 241 – Promover no registro civil a inscrição de nascimento inexistente:*
>
> *Pena – reclusão, de dois a seis anos.*

O tipo penal é de **promover**, ou seja, causar, provocar, gerar, no registro civil, a inscrição de nascimento inexistente.

O crime é doloso, sem previsão de modalidade culposa. É comum, por não exigir qualidade específica do sujeito ativo. Não possui forma específica de execução, sendo classificado como de forma livre.

É, ainda, classificado como plurissubsistente, por ser admissível a tentativa. Ademais, quanto à consumação, é tipo como instantâneo de efeitos permanentes.

QUADRO SINÓTICO

Crime de registro de nascimento inexistente	
Tipo penal	Promover no registro civil a inscrição de nascimento inexistente.
Objeto jurídico	Tutelam-se o estado de filiação e a família.
Sujeito ativo	Qualquer um.
Sujeito passivo	Qualquer um.
Elemento subjetivo	Admite-se somente a modalidade dolosa.
Consumação	O delito se consuma com a inscrição de nascimento inexistente no registro civil.
Tentativa	Admite-se a tentativa.
Classificação	Trata-se de delito comum, doloso, comissivo ou omissivo impróprio, material, de forma livre, instantâneo, monossubjetivo, plurissubsistente e não transeunte.
Benefícios	Admite-se o oferecimento de acordo de não persecução penal.
Ação penal	A ação penal é pública incondicionada.

2.2. Parto suposto. Supressão ou alteração de direito inerente ao estado de recém-nascido

O delito de parto suporto, supressão ou alteração de direito inerente ao estado civil de recém-nascido está previsto no artigo 242 do Código Penal:

> *Art. 242 – Dar parto alheio como próprio; registrar como seu o filho de outrem; ocultar recém-nascido ou substituí-lo, suprimindo ou alterando direito inerente ao estado civil:*
>
> *Pena – reclusão, de dois a seis anos.*
>
> *Parágrafo único – Se o crime é praticado por motivo de reconhecida nobreza:*
>
> *Pena – detenção, de um a dois anos, podendo o juiz deixar de aplicar a pena.*

A primeira figura incriminada, pelo **tipo penal de conduta variada** do artigo 242 do CP, é a de **parto suposto**, consistindo em dar a mulher parto alheio como próprio. Ela atribui para si a maternidade de criança que não gerou.

Ademais, há a segunda figura, denominada de **supressão ou alteração de direito inerente ao estado civil de recém-nascido**, que pode se configurar dos seguintes modos, <u>desde que resulte na supressão ou alteração de direito inerente ao estado civil</u>:

- Registrar como seu o filho de outrem. Conduta conhecida como adoção à brasileira, significa tomar o filho como seu sem respeito às normas sobre adoção.
- Ocultar recém-nascido. É a conduta de encobrir, sonegar. Basta que o agente não apresente o recém-nascido nas primeiras horas após o parto, suprimindo ou alterando o direito dele em relação ao seu estado civil.
- Substituir recém-nascido. É a conduta de trocar o recém-nascido, colocando um bebê no lugar do outro.

É crime próprio na forma de parto suposto, ou seja, de "dar parto alheio como próprio", pois só a mulher pode cometê-lo. Nas outras modalidades, de supressão ou alteração de direito inerente ao estado civil de recém-nascido, é crime comum. É crime material, doloso e plurissubsistente.

Incrimina-se, aqui, a chamada adoção à brasileira. A prática, infelizmente comum, consiste em se passar por genitor(a) da criança sem o ser, evitando o trâmite da adoção. Imagine que uma moça está grávida e não conta ao pai da criança, com quem já terminou a relação. Então, conhece um novo rapaz por quem se apaixona, sendo que ele se oferece para registrar o filho como se ele fosse o pai. Caso ele o faça, incorreu no crime do artigo 242 do Código Penal, registrando como seu filho de outrem. Houve supressão de um direito da criança que se refere ao estado de filiação: a criança tinha direito de ter, em seu registro, o nome de seu verdadeiro pai. Cuida-se, aprofundando-se a questão, de um direito à identidade biológica/genética.

QUADRO SINÓTICO

Crime de parto suposto. Supressão ou alteração de direito inerente ao estado civil de recém-nascido	
Tipo penal	Dar parto alheio como próprio; registrar como seu o filho de outrem; ocultar recém-nascido ou substituí-lo, suprimindo ou alterando direito inerente ao estado civil.
Objeto jurídico	Tutelam-se o estado de filiação e a família.
Sujeito ativo	Na modalidade dar parto alheio como próprio o delito somente a mulher poderá ser sujeito ativo. Nas demais formas qualquer um pode ser sujeito ativo.
Sujeito passivo	O Estado. Mediatamente, herdeiros, o próprio recém-nascido ou terceiros podem ser vítimas.
Elemento subjetivo	Admite-se somente a modalidade dolosa. Nas condutas ocultar recém-nascido ou substituí-lo o agente deve ter o especial fim de agir de alterar direito atinente ao estado civil. Na modalidade privilegiada prevista no artigo 242, parágrafo único do CP o agente comete o crime por motivo de relevante nobreza. Nesta hipótese, pode ser concedido o perdão judicial.
Consumação	Para as diferentes formas de cometimento há diferentes momentos consumativos. Quando o agente dá parto alheio como próprio a consumação ocorre quando a situação se torna definitiva e altera o estado de filiação; na modalidade registrar como seu o filho de outrem, com o registro; ao ocultar recém-nascido ou substituí-lo, com a violação de direito inerente ao estado civil.
Tentativa	Admite-se a tentativa.
Classificação	Com relação à modalidade dar parto alheio como próprio o delito é próprio. Na modalidade registrar como seu filho de outrem, ocultar recém-nascido ou substituí-lo, suprimindo ou alterando direito inerente ao estado civil é comum. Ademais, é doloso, comissivo ou omissivo impróprio, de forma livre, material, instantâneo, monossubjetivo, plurissubsistente e não transeunte.
Benefícios	Na modalidade do *caput* admite-se o oferecimento de acordo de não persecução penal. Na forma privilegiada é possível a transação, suspensão condicional do processo e acordo de não persecução penal (bem como a hipótese de perdão judicial já mencionada).
Ação penal	A ação penal é pública incondicionada.
Observações	As condutas tipificadas no artigo ora analisado se referem à prática da adoção à brasileira.

PARTE ESPECIAL

2.3. Sonegação de estado de filiação

O crime de sonegação de estado de filiação está previsto no artigo 243 do Código Penal:

> *Art. 243 – Deixar em asilo de expostos ou outra instituição de assistência filho próprio ou alheio, ocultando-lhe a filiação ou atribuindo-lhe outra, com o fim de prejudicar direito inerente ao estado civil:*
>
> *Pena – reclusão, de um a cinco anos, e multa.*

A conduta incriminada, aqui, é de deixar, **abandonar** ou **largar** filho próprio ou alheio, em asilo de expostos ou outra instituição de assistência. Exige-se uma das formas de execução: o ocultamento da filiação ou a atribuição da outra.

O crime não se confunde com o abandono de incapaz nem com o de abandono de recém-nascido, considerando que, na sonegação de estado de filiação, o filho próprio ou alheio não é exposto a risco. Ele não é tampouco deixado sem cuidados. Na sonegação de estado de filiação, há entrega a uma instituição que vai cuidar da pessoa, prestando-lhe os cuidados básicos e fornecendo-lhe o essencial. Entretanto, viola-se um importante direito da personalidade, retirando da criança o direito de conhecer a sua história genérica e a sua família biológica.

O crime é doloso, exigindo, ainda, o **elemento subjetivo especial do tipo**, consistente na finalidade específica de prejudicar direito inerente ao estado civil da vítima.

É **crime comum**, salvo na hipótese de o filho ser próprio ("deixar em asilo ou outra instituição de assistência **filho próprio**"), caso em que só poderão praticar o crime os seus genitores. Em se tratando de crime envolvendo **filho alheio**, qualquer pessoa pode praticar.

O crime é doloso, material, de forma livre e plurissubsistente, admitindo a modalidade tentada.

QUADRO SINÓTICO

Crime de sonegação de estado de filiação	
Tipo penal	Deixar, em asilo de expostos ou outra instituição de assistência, filho próprio ou alheio, ocultando-lhe a filiação ou atribuindo-lhe outra, com o fim de prejudicar direito inerente ao estado civil.
Objeto jurídico	Tutelam-se o estado de filiação e a família.
Sujeito ativo	Qualquer um.
Sujeito passivo	O Estado.
Elemento subjetivo	Admite-se somente a modalidade dolosa, de sorte que o agente deve ter o especial fim de agir de prejudicar direito inerente ao estado civil.

Crime de sonegação de estado de filiação	
Consumação	A consumação ocorre com o abandono do filho em asilo de expostos ou outra instituição de assistência. Por se tratar de delito formal, não é necessário que direito inerente ao estado civil seja efetivamente violado.
Tentativa	Admite-se a tentativa.
Classificação	Crime comum, doloso, comissivo ou omissivo impróprio, formal, de forma livre, instantâneo, monossubjetivo, plurissubsistente e transeunte.
Benefícios	Admitem-se a suspensão condicional do processo e o oferecimento de acordo de não persecução penal.
Ação penal	A ação penal é pública incondicionada.

3. DOS CRIMES CONTRA A ASSISTÊNCIA FAMILIAR

"Dos Crimes Contra a Assistência Familiar" é como se intitula o Capítulo III do Título VII do Código Penal, que abrange os delitos de abandono material; entrega de filho a pessoa inidônea e de abandono intelectual. Há, ainda, o crime do artigo 247, chamado pela doutrina de abandono moral.

3.1. Abandono material

O tipo penal de abandono material, situado no artigo 244 do Código Penal, traduz-se em:

> *Art. 244. Deixar, sem justa causa, de prover a subsistência do cônjuge, ou de filho menor de 18 (dezoito) anos ou inapto para o trabalho, ou de ascendente inválido ou maior de 60 (sessenta) anos, não lhes proporcionando os recursos necessários ou faltando ao pagamento de pensão alimentícia judicialmente acordada, fixada ou majorada; deixar, sem justa causa, de socorrer descendente ou ascendente, gravemente enfermo:*
>
> *Pena – detenção, de 1 (um) a 4 (quatro) anos e multa, de uma a dez vezes o maior salário-mínimo vigente no País.*
>
> *Parágrafo único – Nas mesmas penas incide quem, sendo solvente, frustra ou ilide, de qualquer modo, inclusive por abandono injustificado de emprego ou função, o pagamento de pensão alimentícia judicialmente acordada, fixada ou majorada.*

A figura do *caput* consiste em **deixar de prover** (não prover) a subsistência do cônjuge, ou de filho menor de 18 (dezoito) anos ou inapto para o trabalho, ou de ascendente inválido ou maior de 60 (sessenta) anos. A conduta pode se dar por um dos seguintes meios de execução:

- não lhes proporcionando os recursos necessários; **ou**
- faltando ao pagamento de pensão alimentícia judicialmente acordada, fixada ou majorada.

PARTE ESPECIAL

Como forma alternativa, há a tipificação da conduta de deixar de socorrer descendente ou ascendente, gravemente enfermo.

Em todas as figuras do *caput*, há a previsão de que a conduta se dê sem justa causa. Ou seja, havendo justo motivo, o crime não se configura. Todas as formas se referem à conduta de deixar de fazer algo (não fazer), razão pela qual consubstanciam formas **omissivas próprias**, tornando impossível a modalidade tentada.

O parágrafo primeiro prevê **a forma equiparada**, consistente em frustrar ou ilidir, de qualquer modo, inclusive por abandono injustificado de emprego ou função, o pagamento de pensão alimentícia judicialmente acordada, fixada ou majorada. Exige-se, aqui, que o sujeito ativo seja solvente, caso contrário sua conduta será atípica.

O crime é **próprio**, só podendo praticá-lo quem tem o dever de assistência, envolvendo os cônjuges, genitores, ascendentes e descendentes.

O Professor Cezar Bitencourt[3] ensina que não é crime de conteúdo variado. Assim, a prática de mais de uma figura típica enseja que o agente responda por todos em concurso, sendo desnecessária, de toda forma, a prática de todas as figuras para a configuração do crime.

QUADRO SINÓTICO

Crime de abandono material	
Tipo penal	Deixar, sem justa causa, de prover a subsistência do cônjuge, ou de filho menor de 18 (dezoito) anos ou inapto para o trabalho, ou de ascendente inválido ou maior de 60 (sessenta) anos, não lhes proporcionando os recursos necessários ou faltando ao pagamento de pensão alimentícia judicialmente acordada, fixada ou majorada; deixar, sem justa causa, de socorrer descendente ou ascendente, gravemente enfermo.
Objeto jurídico	Tutelam-se a família e, neste âmbito, o dever de assistência.
Sujeito ativo	Cônjuge, ascendentes e descendentes.
Sujeito passivo	Cônjuges, filho menor de dezoito anos ou inapto para o trabalho, ascendente inválido ou maior de sessenta anos ou qualquer ascendente ou descendente gravemente enfermo.
Elemento subjetivo	Admite-se somente a modalidade dolosa.
Consumação	Na modalidade que o agente deixa de prover a subsistência do cônjuge, ou de filho menor de 18 (dezoito) anos ou inapto para o trabalho, ou de ascendente inválido ou maior de 60 (sessenta) anos, por se tratar de crime de perigo concreto, a consumação será aferida mediante prova em Juízo da existência do perigo. No que se refere ao não pagamento de pensão alimentícia, a consumação é quando há o vencimento da obrigação.

3. BITENCOURT, Cezar Roberto. Tratado de direito penal, volume IV: parte especial. 4. ed. São Paulo: Saraiva, 2010, p. 230.

Crime de abandono material	
Tentativa	Não admite a tentativa.
Classificação	Trata-se de crime próprio, tanto com relação ao sujeito ativo, como em relação ao passivo. Ademais, é doloso, omissivo próprio, formal (não cumprimento de obrigação alimentícia) ou de perigo concreto (quando o agente deixa de prover a subsistência do cônjuge, ou de filho menor de 18 (dezoito) anos ou inapto para o trabalho, ou de ascendente inválido ou maior de 60 (sessenta) anos), de forma livre (deixar de pagar pensão alimentícia é forma vinculada), permanente, monossubjetivo, unissubsistente e transeunte.
Benefícios	Admitem-se a suspensão condicional do processo e o oferecimento de acordo de não persecução penal.
Ação penal	A ação é pública incondicionada.
Observações	Nos termos do artigo 244, parágrafo único, do CP, nas mesmas penas incide quem, sendo solvente, frustra ou ilide, de qualquer modo, inclusive por abandono injustificado de emprego ou função, o pagamento de pensão alimentícia judicialmente acordada, fixada ou majorada. No caso de o réu também ter sido submetido à prisão civil pelo não pagamento de pensão alimentícia, admite-se a detração da pena diante de eventual condenação pelo delito de abandono material.

3.2. Entrega de filho menor a pessoa inidônea

O crime de entrega de filho menor a pessoa inidônea está previsto no artigo 245 do Código Penal:

> *Art. 245 – Entregar filho menor de 18 (dezoito) anos a pessoa em cuja companhia saiba ou deva saber que o menor fica moral ou materialmente em perigo:*
>
> *Pena – detenção, de 1 (um) a 2 (dois) anos.*
>
> *§ 1º – A pena é de 1 (um) a 4 (quatro) anos de reclusão, se o agente pratica delito para obter lucro, ou se o menor é enviado para o exterior.*
>
> *§ 2º – Incorre, também, na pena do parágrafo anterior quem, embora excluído o perigo moral ou material, auxilia a efetivação de ato destinado ao envio de menor para o exterior, com o fito de obter lucro.*

A conduta incriminada é **entregar**, desencarregar-se, deixar sob guarda. Envolve filho menor de 18 anos, que, para a configuração do crime, deve ser entregue a pessoa em cuja companhia o pai ou a mãe saiba que o menor fica moral ou materialmente em perigo.

Não se trata de abandono de incapaz, pois não há um abandono, mas a entrega para uma supervisão temporária a quem não deveria receber esse encargo. O pai ou a mãe atua de forma desidiosa com a sua prole, permitindo que uma pessoa sem responsabilidade adequada permaneça por um tempo com a criança ou adolescente.

É crime de perigo **concreto**, sendo necessária a demonstração de que o filho ficou em risco. É **próprio**, só podendo cometê-lo os genitores.

É doloso, instantâneo e plurissubsistente.

- **Formas qualificadas**

O parágrafo primeiro do artigo 245 prevê a modalidade qualificada, com pena de 1 (um) a 4 (quatro) anos de reclusão. Incide se o crime for **mercenário**, ou seja, se o agente pratica delito para obter lucro. Também incide no caso de crime à distância, aquele cujo *iter* percorre mais de uma soberania, já que o dispositivo prevê a forma qualificada no caso de **o menor ser enviado para o exterior**.

O parágrafo segundo do artigo 245 prevê que o crime será qualificado quando, embora excluído o perigo moral ou material, o agente auxilia a **efetivação de ato destinado ao envio de menor para o exterior, com o fito de obter lucro**. Nessa forma qualificada, o intuito de lucro é elemento subjetivo especial do delito. Sua obtenção, entretanto, não é necessária. Se ocorrer, será mero exaurimento do crime que, portanto, é formal.

QUADRO SINÓTICO

Crime de entrega de filho menor a pessoa inidônea	
Tipo penal	Entregar filho menor de 18 (dezoito) anos a pessoa em cuja companhia saiba ou deva saber que o menor fica moral ou materialmente em perigo.
Objeto jurídico	Tutela-se a proteção do menor pela família.
Sujeito ativo	Somente os pais.
Sujeito passivo	Somente os filhos.
Elemento subjetivo	Admite-se somente o dolo direto, pois o agente deve saber dos riscos da entrega do filho menor a pessoa em cuja companhia ele fica moral ou materialmente em perigo. A expressão "deva saber" não admite interpretação que permita a punição da conduta na modalidade culposa. Na modalidade do artigo 245, § 2º, do CP o agente também deve ter o especial fim de agir de obter lucro ou de enviar o menor para o exterior.
Consumação	O delito se consuma quando o menor é entre a pessoa em cuja companhia ele fica moral ou materialmente em perigo.
Tentativa	Admite-se a tentativa.
Forma qualificada	Nos termos do artigo 245, § 2º, do CP a conduta é qualificada se o agente pratica delito para obter lucro, ou se o menor é enviado para o exterior.

Crime de entrega de filho menor a pessoa inidônea	
Classificação	Trata-se de crime próprio com relação ao sujeito ativo e passivo, doloso, comissivo ou omissivo impróprio, de perigo concreto, de forma livre, monossubjetivo, plurissubsistente e transeunte.
Benefícios	A forma do *caput* é delito de menor potencial ofensivo, de competência dos Juizados Especiais Criminais e que admite transação, suspensão condicional do processo e acordo de não persecução penal. A forma qualificada admite somente a suspensão condicional do processo e o acordo de não persecução penal.
Ação penal	A ação penal é pública incondicionada.
Observações	Nos termos do artigo 245, § 2º, do CP, incorre, também, na pena do § 1º quem, embora excluído o perigo moral ou material, auxilia a efetivação de ato destinado ao envio de menor para o exterior, com o fito de obter lucro.

3.3. Abandono intelectual

O crime de abandono intelectual possui previsão no art. 246:

> *Art. 246 – Deixar, sem justa causa, de prover à instrução primária de filho em idade escolar:*
>
> *Pena – detenção, de quinze dias a um mês, ou multa.*

O tipo penal prevê a conduta de deixar de prover à instrução primária de filho em idade escolar. É exigida, para a configuração do crime, a falta de justa causa. Cuida-se de crime omissivo próprio, já que a conduta é de "deixar de prover", o que impede a configuração da tentativa.

O artigo 246 é norma penal em branco, necessitando de complementação, que neste caso advém da Lei n. 9.394/1996, notadamente do seu artigo 6º e do *caput* do seu artigo 32:

> *Art. 6º É dever dos pais ou responsáveis efetuar a matrícula das crianças na educação básica a partir dos 4 (quatro) anos de idade.*
>
> *(...)*
>
> *Art. 32. O ensino fundamental obrigatório, com duração de 9 (nove) anos, gratuito na escola pública, iniciando-se aos 6 (seis) anos de idade, terá por objetivo a formação básica do cidadão, mediante: (...)*

É crime próprio, só podendo ser cometido pelos pais ou responsáveis. É doloso, sem previsão da modalidade culposa. O crime é de forma livre.

A discussão que pode caber aqui é a da prática denominada de ***homeschooling***, ou de estudar em casa, que tenha ganhado defensores e adeptos. Há posições antagônicas sobre a possibilidade ou não de privar o menor de idade da educação oficial ou autorizada, em favor da educação caseira, bem como a relevância penal de tal conduta.

Apesar de não tratar de matéria penal, o precedente do STJ a seguir entendeu não haver direito dos pais de educarem seus filhos menores como lhes aprouver, sem controle algum dos órgãos públicos:

> *"MANDADO DE SEGURANÇA. ENSINO FUNDAMENTAL. CURRICULO MINISTRADO PELOS PAIS INDEPENDENTE DA FREQUÊNCIA À ESCOLA. IMPOSSIBILIDADE. AUSÊNCIA DE DIREITO LÍQUIDO E CERTO. ILEGALIDADE E/OU ABUSIVIDADE DO ATO IMPUGNADO. INOCORRÊNCIA. LEI 1.533/51, ART. 1º, CF, ARTS. 205 E 208, § 3º; LEI 9.394/60, ART. 24, VI E LEI 8.096/90, ARTS. 5º, 53 E 129. 1. Direito líquido e certo é o expresso em lei, que se manifesta inconcusso e insuscetível de dúvidas. 2.* ***Inexiste previsão constitucional e legal, como reconhecido pelos impetrantes, que autorizem os pais ministrarem aos filhos as disciplinas do ensino fundamental, no recesso do lar, sem controle do poder público mormente quanto à frequência no estabelecimento de ensino e ao total de horas letivas indispensáveis à aprovação do aluno****. 3. Segurança denegada à míngua da existência de direito líquido e certo." (STJ, MS 7407/DF, Rel. Min. Francisco Peçanha Martins, Primeira Seção,* ***DJ 21/03/2005****).*

Neste sentido o STF, no julgamento do RE 88815, Tema 822:

> *"1. A educação é um direito fundamental relacionado à dignidade da pessoa humana e à própria cidadania, pois exerce dupla função: de um lado, qualifica a comunidade como um todo, tornando-a esclarecida, politizada, desenvolvida (CIDADANIA); de outro, dignifica o indivíduo, verdadeiro titular desse direito subjetivo fundamental (DIGNIDADE DA PESSOA HUMANA). No caso da educação básica obrigatória (CF, art. 208, I), os titulares desse direito indisponível à educação são as crianças e adolescentes em idade escolar. 2. É dever da família, sociedade e Estado assegurar à criança, ao adolescente e ao jovem, com absoluta prioridade, a educação. A Constituição Federal consagrou o dever de solidariedade entre a família e o Estado como núcleo principal à formação educacional das crianças, jovens e adolescentes com a dupla finalidade de defesa integral dos direitos das crianças e dos adolescentes e sua formação em cidadania, para que o Brasil possa vencer o grande desafio de uma educação melhor para as novas gerações, imprescindível para os países que se querem ver desenvolvidos.* ***3. A Constituição Federal não veda de forma absoluta o ensino domiciliar, mas proíbe qualquer de suas espécies que não respeite o dever de solidariedade entre a família e o Estado como núcleo principal à formação educacional das crianças, jovens e adolescentes. São inconstitucionais, portanto, as espécies de unschooling radical (desescolarização radical), unschooling moderado (desescolarização moderada) e homeschooling puro, em qualquer de suas variações. 4. O ensino domiciliar não é um direito público subjetivo do aluno ou de sua família, porém não é vedada constitucionalmente sua criação por meio de lei federal, editada pelo Congresso Nacional, na modalidade "utilitarista" ou "por conveniência circunstancial", desde que se cumpra a obrigatoriedade, de 4 a 17 anos, e se respeite o dever solidário Família/Estado, o núcleo básico de matérias acadêmicas, a supervisão, avaliação e fiscalização pelo Poder Público; bem como as demais***

previsões impostas diretamente pelo texto constitucional, inclusive no tocante às finalidades e objetivos do ensino; em especial, evitar a evasão escolar e garantir a socialização do indivíduo, por meio de ampla convivência familiar e comunitária *(CF, art. 227). 5. Recurso extraordinário desprovido, com a fixação da seguinte tese (TEMA 822): "Não existe direito público subjetivo do aluno ou de sua família ao ensino domiciliar, inexistente na legislação brasileira". (STF, RE 888815, Rel. Min. Roberto Barroso, Rel. p/ acórdão Min. Alexandre de Moraes, Tribunal Pleno, julgado em 12/09/2018).*

QUADRO SINÓTICO

Crime de abandono intelectual	
Tipo penal	Deixar, sem justa causa, de prover à instrução primária de filho em idade escolar.
Objeto jurídico	Tutela-se o direito à educação.
Sujeito ativo	Somente os pais.
Sujeito passivo	Somente os filhos.
Elemento subjetivo	Admite-se somente a modalidade dolosa.
Consumação	O delito se consuma quando os pais deixam, sem justa causa, de efetivar tempestivamente a matrícula do filho em idade escolar na instituição primária adequada, ressalvadas as discussões dobre *homeschooling*.
Tentativa	Não admite a tentativa.
Classificação	Trata-se de delito próprio, tanto em relação ao sujeito ativo, como em relação ao sujeito passivo. Ademais, é doloso, omissivo, de perigo, de forma livre, permanente, monossubjetivo, unissubsistente e transeunte.
Benefícios	Trata-se de delito de menor potencial ofensivo, de competência dos Juizados Especiais Criminais e que admite o oferecimento de transação penal, suspensão condicional do processo e acordo de não persecução penal.
Ação penal	A ação penal é pública incondicionada.

3.4. Abandono moral

O crime do artigo 247 do Código Penal, que não recebeu denominação legal, é chamado pela doutrina de abandono moral:

> *Art. 247 – Permitir alguém que menor de dezoito anos, sujeito a seu poder ou confiado à sua guarda ou vigilância:*

PARTE ESPECIAL

> *I – frequente casa de jogo ou mal-afamada, ou conviva com pessoa viciosa ou de má vida;*
>
> *II – frequente espetáculo capaz de pervertê-lo ou de ofender-lhe o pudor, ou participe de representação de igual natureza;*
>
> *III – resida ou trabalhe em casa de prostituição;*
>
> *IV – mendigue ou sirva a mendigo para excitar a comiseração pública:*
>
> *Pena – detenção, de um a três meses, ou multa.*

A conduta incriminada é permitir, autorizar, consentir, que o **menor de 18 anos**, que esteja sujeito a seu **poder** ou confiado à sua **guarda** ou **vigilância**:

- frequente casa de jogo ou mal-afamada, ou conviva com pessoa viciosa ou de má vida;
- frequente espetáculo capaz de pervertê-lo ou de ofender-lhe o pudor, ou participe de representação de igual natureza;
- resida ou trabalhe em casa de prostituição;
- mendigue ou sirva a mendigo para excitar a comiseração pública.

Cuida-se de crime comum, já que qualquer pessoa pode cometê-lo, mesmo que possua o menor de idade em sua vigilância por apenas uma vez. Configura-se o crime se uma pessoa leva uma criança a um cinema pornográfico, permitindo que ela veja o seu conteúdo, o que pode influenciar o seu desenvolvimento e a sua personalidade. No entanto, é questionável se deve ser incriminada a conduta de um pai levar o filho adolescente, com 17 anos de idade, a um filme de forte teor sexual, convivendo com o adolescente e buscando, ao seu modo, fornecer-lhe educação sexual.

O fato de o menor estar "**em poder**" de alguém deve ser lido como poder familiar, que é o plexo de direitos e obrigações que, em regra, cabem aos pais em relação aos filhos menores. **Guarda** é a responsabilidade pelo menor, atribuída quando os pais não podem exercer o poder familiar em conjunto. Pode ser atribuída a um dos genitores ou a outra pessoa, como um avô. **Vigilância** possui conceito mais amplo. É a pessoa que tem o menor sob sua responsabilidade, como a babá, o educador em uma colônia de férias, o vizinho que se oferece para ficar com a criança quando os pais vão ao médico etc.

É crime doloso, sem previsão de punição a título de culpa. Assim, se pessoas se enganam sobre o teor de uma peça e, no meio dela, um dos atores retira as suas roupas, eventuais responsáveis por menores não serão responsabilizados se, surpreendidos com a cena, retiram imediatamente a criança ou adolescente do local. Não há forma específica para sua prática, sendo crime de forma livre.

Classifica-se como plurissubsistente, admitindo a tentativa se a permissão do sujeito ativo for anterior (o menor pode tentar frequentar a casa de jogo, autorizado por seu avô, e seu pai impedi-lo a tempo).

QUADRO SINÓTICO

Crime de abandono moral	
Tipo penal	Permitir alguém que menor de dezoito anos, sujeito a seu poder ou confiado à sua guarda ou vigilância frequente casa de jogo ou mal afamada, ou conviva com pessoa viciosa ou de má vida; frequente espetáculo capaz de pervertê-lo ou de ofender-lhe o pudor, ou participe de representação de igual natureza; resida ou trabalhe em casa de prostituição; mendigue ou sirva a mendigo para excitar a comiseração pública.
Objeto jurídico	Tutela-se a formação moral do menor de dezoito anos.
Sujeito ativo	Pais do menor ou pessoa que sobre exerça poder familiar, guarda ou vigilância.
Sujeito passivo	Menor de dezoito anos.
Elemento subjetivo	Admite-se somente a modalidade dolosa.
Consumação	O delito se consuma quando os pais não matriculam o filho na escola.
Tentativa	Por se tratar de delito que se consuma de diversas formas, a depender da forma de cometimento, é possível vislumbrar a tentativa.
Classificação	Trata-se de delito próprio, tanto em relação ao sujeito ativo como em relação ao sujeito passivo. Ademais, é doloso, comissivo ou omissivo impróprio, de perigo, de forma livre, permanente, monossubjetivo, plurissubsistente e transeunte.
Benefícios	Trata-se de delito de menor potencial ofensivo, de competência dos Juizados Especiais Criminais e que admite o oferecimento de transação penal, suspensão condicional do processo e acordo de não persecução penal.
Ação penal	A ação penal é pública incondicionada.

4. DOS CRIMES CONTRA O *PÁTRIO PODER*, A TUTELA E A CURATELA

O último capítulo do Título VII, o quarto, trata dos crimes contra o pátrio poder, a tutela e a curatela. O pátrio poder, no atual estágio do Direito Civil, é denominado **poder familiar**, por ser o termo mais adequado, já que se refere aos encargos do homem, da mulher ou de ambos no seio familiar, conforme a configuração da família. É composto pelos crimes de induzimento a fuga, entrega arbitrária ou sonegação de incapazes e de subtração de incapazes.

4.1. Induzimento a fuga, entrega arbitrária ou sonegação de incapazes

O crime de induzimento a fuga, entrega arbitrária ou sonegação de incapazes está previsto no artigo 248 do Código Penal:

> *Art. 248 – Induzir menor de dezoito anos, ou interdito, a fugir do lugar em que se acha por determinação de quem sobre ele exerce autoridade, em virtude de lei ou de*

ordem judicial; confiar a outrem sem ordem do pai, do tutor ou do curador algum menor de dezoito anos ou interdito, ou deixar, sem justa causa, de entregá-lo a quem legitimamente o reclame:

Pena – detenção, de um mês a um ano, ou multa.

O tipo penal possui em sua denominação e em sua estrutura três figuras típicas distintas, reunidas no mesmo dispositivo legal.

A primeira conduta incriminada, de **induzimento a fuga**, consiste em induzir menor de 18 anos de idade ou interdito a fugir do local em que se acha por determinação de quem sobre ele exerce a autoridade, em virtude de lei (exemplo, genitores) ou de ordem judicial (exemplo: curador provisório). A ação nuclear típica, induzir, significa inspirar, provocar, incitar ou encorajar.

Também se incrimina a conduta de **entrega arbitrária**, que é a de confiar (entregar aos cuidados, incumbir) a outrem, sem ordem do pai, do tutor ou do curador, menor de dezoito anos ou interdito.

Por fim, a última figura típica, a de **sonegação de incapazes**, é a de deixar, sem justa causa, de entregar o menor de 18 anos a quem o legitimamente reclame. Neste caso, deixar de entregar é não entregar, conduta omissiva. Deste modo, nesta modalidade o crime é **omissivo próprio**, não admitindo a tentativa.

É crime comum, por não exigir nenhuma qualidade específica do sujeito ativo. Classifica-se, também como formal, sendo que parte da doutrina entende que é material na primeira figura.

Cuida-se de crime doloso, sem previsão de modalidade culposa.

É, ainda, plurissubjetivo, admitindo a tentativa, nas formas de induzimento a fuga e entrega arbitrária. Como já visto, na modalidade de deixar de entregar, por ser de crime omissivo próprio, não admite a tentativa.

QUADRO SINÓTICO

Crime de induzimento a fuga, entrega arbitrária ou sonegação de incapazes	
Tipo penal	Induzir menor de dezoito anos, ou interdito, a fugir do lugar em que se acha por determinação de quem sobre ele exerce autoridade, em virtude de lei ou de ordem judicial; confiar a outrem sem ordem do pai, do tutor ou do curador algum menor de dezoito anos ou interdito, ou deixar, sem justa causa, de entregá-lo a quem legitimamente o reclame.
Objeto jurídico	Tutela-se o poder familiar.
Sujeito ativo	Qualquer um.
Sujeito passivo	Quem detêm o poder familiar, a tutela ou a curatela, bem como aqueles que estão sob o poder familiar, são tutelados ou curatelados.
Elemento subjetivo	Admite-se somente a modalidade dolosa.

Crime de induzimento a fuga, entrega arbitrária ou sonegação de incapazes	
Consumação	Na modalidade induzir menor de dezoito anos, ou interdito, a fugir do lugar em que se acha por determinação de quem sobre ele exerce autoridade, em virtude de lei ou de ordem judicial há debate doutrinário sobre o momento consumativo: mero induzimento (crime formal) ou o menor deveria realizar algum ato de fuga (crime material). O entendimento prevalente é de que a fuga é necessária. Na modalidade confiar a outrem sem ordem do pai, do tutor ou do curador algum menor de dezoito anos ou interdito, o delito se consuma quando o agente entrega (confia) o menor. Por fim, na modalidade deixar, sem justa causa, de entregá-lo a quem legitimamente o reclame, o delito se consuma quando o agente deixa de entregar o menor.
Tentativa	Nas modalidades plurissubsistentes é possível vislumbrar a tentativa.
Classificação	Trata-se de delito comum com relação ao sujeito ativo e próprio com relação ao passivo. Ademais, é doloso, de forma livre, comissivo (induzir e confiar) ou omissivo próprio (deixar de entregar), instantâneo (induzir a fuga e entrega arbitrária) ou permanente (sonegação de incapazes), monossubjetivo, plurissubsistente (induzir ou confiar) ou unissubsistente (sonegação de incapazes) e transeunte.
Benefícios	Trata-se de delito de menor potencial ofensivo, de competência dos Juizados Especiais Criminais e que admite o oferecimento de transação penal, suspensão condicional do processo e acordo de não persecução penal.
Ação penal	A ação penal é pública incondicionada.

4.2. Subtração de incapazes

A subtração de incapazes possui relevância penal em virtude do que dispõe o artigo 249 do Código Penal:

> *Art. 249 – Subtrair menor de dezoito anos ou interdito ao poder de quem o tem sob sua guarda em virtude de lei ou de ordem judicial:*
>
> *Pena – detenção, de dois meses a dois anos, se o fato não constitui elemento de outro crime.*
>
> *§ 1º – O fato de ser o agente pai ou tutor do menor ou curador do interdito não o exime de pena, se destituído ou temporariamente privado do pátrio poder, tutela, curatela ou guarda.*
>
> *§ 2º – No caso de restituição do menor ou do interdito, se este não sofreu maus-tratos ou privações, o juiz pode deixar de aplicar pena.*

A conduta incriminada é **subtrair** (privar de, apropriar-se de, surrupiar) menor de dezoito anos ou interdito ao poder de quem o tem sob sua guarda em virtude de lei (como os genitores) ou de ordem judicial (caso do tutor).

O preceito secundário do tipo penal prevê a sanção de detenção, de dois meses a dois anos. Faz, ainda, a ressalva de ser aplicável a pena apenas se o fato não constituir elemento de outro crime, o que torna o tipo penal em estudo um **crime expressamente subsidiário**.

PARTE ESPECIAL

O crime é comum, não exigindo qualidade específica do sujeito ativo. O parágrafo primeiro, inclusive, prevê que o agente pode ser o próprio pai ou tutor do menor ou curador do interdito. Referidas pessoas podem praticar o delito se tiverem sido destituídas ou temporariamente privadas do poder familiar, tutela, curatela ou guarda.

É classificado, ainda, como doloso, de forma livre e plurissubsistente, sendo, portanto, admissível a tentativa. O crime é instantâneo, consumando-se com a subtração do menor de idade.

Perdão judicial

O parágrafo segundo do artigo 249 prevê a possibilidade de perdão judicial, como estímulo para a devolução do menor ou da pessoa que sofreu interdição, **desde que não tenha sofrido maus tratos nem privações**. Incide o princípio da desnecessidade da pena, devendo o juiz, se preenchidos os requisitos, deixar de aplicar a pena, já que o entendimento é que se consubstancia em um direito público subjetivo.

QUADRO SINÓTICO

Crime de subtração de incapazes	
Tipo penal	Subtrair menor de dezoito anos ou interdito ao poder de quem o tem sob sua guarda em virtude de lei ou de ordem judicial.
Objeto jurídico	Tutela-se o poder familiar.
Sujeito ativo	Qualquer um.
Sujeito passivo	Quem detém a guarda do menor de dezoito anos ou do interdito em virtude de lei ou de ordem judicial.
Elemento subjetivo	Admite-se somente a modalidade dolosa.
Consumação	O delito se consuma quando o menor ou o interdito é retirado da guarda de seu responsável.
Tentativa	Admite-se a tentativa.
Classificação	Trata-se de delito comum com relação ao sujeito ativo e próprio com relação ao passivo. Ademais, é doloso, material, comissivo ou omissivo impróprio, de forma livre, instantâneo, monossubjetivo, plurissubsistente e transeunte.
Benefícios	Trata-se de delito de menor potencial ofensivo, de competência dos Juizados Especiais Criminais e que admite o oferecimento de transação penal, suspensão condicional do processo e acordo de não persecução penal.
Ação penal	A ação penal é pública incondicionada.
Observações	Nos termos do artigo 249, § 1º, do CP, o fato de ser o agente pai ou tutor do menor ou curador do interdito não o exime de pena, se destituído ou temporariamente privado do pátrio poder, tutela, curatela ou guarda. Ademais, nos termos do artigo 249, § 2º, do CP, há uma previsão de perdão judicial quando, no caso de restituição do menor ou do interdito, se este não sofreu maus-tratos ou privações.

CAPÍTULO XIII

CRIMES CONTRA A INCOLUMIDADE PÚBLICA

Os crimes contra a incolumidade pública estão previstos no Título VIII da Parte Especial, o qual se divide em três capítulos, os quais tratam dos crimes de perigo comum, dos crimes contra a segurança dos meios de comunicação e transporte e outros serviços públicos e dos crimes contra a saúde pública.

São crimes que tutelam a incolumidade, ou seja, a ausência de perigo ou de dano. O bem jurídico é a legítima expectativa de cada indivíduo de que sua vida, integridade física e patrimônio sejam preservados, não expostos, por terceiros. a riscos proibidos. A Incolumidade, ensina Hungria, é o "estado de preservação ou segurança em face de possíveis eventos lesivos", abrangendo tanto pessoas como coisas[1].

Busca-se garantir a segurança nas relações sociais, situação que, ainda que apenas de passagem, faz registrar que alguns pensadores, a reboque de Ulrich Beck, entendem que vivemos atualmente em uma sociedade de risco. Nesta linha de raciocínio, é importante lembrar que há riscos permitidos pela sociedade, não configuradores de responsabilização penal.

Os crimes contra a incolumidade pública são aqueles que se tipificam por meio de condutas criadoras de perigo a um grupo indeterminado ou não individualizado de pessoas ou ao seu patrimônio. Por sua própria natureza, essa tutela é realizada por meio de crimes de perigo, que criminalizam condutas criadoras de risco, independentemente da efetiva lesão dos bens jurídicos tutelados.

1. DOS CRIMES DE PERIGO COMUM

Os crimes de perigo comum são tratados no Capítulo I do Título VIII, os quais buscam a tutelar a incolumidade pública ao criminalizar condutas que causam perigo comum, ou seja, risco a um número indeterminado de pessoas.

O referido capítulo prevê os crimes de incêndio; explosão; uso de gás tóxico ou asfixiante; fabrico, fornecimento, aquisição, posse ou transporte de explosivos ou gás tóxico, ou asfixiante; inundação; perigo de inundação; desabamento ou desmoronamento; subtração, ocultação ou inutilização de material de salvamento e difusão de doença ou de praga.

---

1. HUNGRIA, Nélson. Comentários ao Código Penal, vol. IX. Rio de Janeiro: Revista Forense, 1958, p. 7.

1.1. Incêndio

O crime de incêndio está previsto no artigo 250 do Código Penal:

> *Art. 250 – Causar incêndio, expondo a perigo a vida, a integridade física ou o patrimônio de outrem:*
>
> *Pena – reclusão, de três a seis anos, e multa.*
>
> *Aumento de pena*
>
> *§ 1º – As penas aumentam-se de um terço:*
>
> *I – se o crime é cometido com intuito de obter vantagem pecuniária em proveito próprio ou alheio;*
>
> *II – se o incêndio é:*
>
> *a) em casa habitada ou destinada a habitação;*
>
> *b) em edifício público ou destinado a uso público ou a obra de assistência social ou de cultura;*
>
> *c) em embarcação, aeronave, comboio ou veículo de transporte coletivo;*
>
> *d) em estação ferroviária ou aeródromo;*
>
> *e) em estaleiro, fábrica ou oficina;*
>
> *f) em depósito de explosivo, combustível ou inflamável;*
>
> *g) em poço petrolífico ou galeria de mineração;*
>
> *h) em lavoura, pastagem, mata ou floresta.*
>
> *Culposo*
>
> *§ 2º – Se culposo o incêndio, é pena de detenção, de seis meses a dois anos.*

A conduta típica é **causar** (provocar) incêndio. Para a configuração do delito é imprescindível, ainda, que haja a exposição da vida, da integridade física ou do patrimônio de outrem a perigo. Vale lembrar que incêndio é definido como fogo perigoso[2] ou aquele com labaredas de grandes proporções[3] e, nos termos de Hungria, é "a voluntária causação de fogo relevante, que, investindo uma coisa individuada, subsiste por si mesmo e pode propagar-se, expondo a perigo coisas outras ou pessoas, não determinadas ou indetermináveis de antemão"[4].

A concepção do crime de incêndio, portanto, não corresponde à mera causação de uma chama ou um fogo em local controlado, é necessário um incêndio, aquele que tem proporção maior ou que não seja suscetível de fácil controle. Caso o agente tente provocar o incêndio, ao espalhar combustível e lançar um tecido em chamas, mas alguém apagar o fogo antes de atingir a substância inflamável, há tentativa. Por outro lado, o agente que ateia fogo a um objeto específico, como a bicicleta de um inimigo, sem que o fogo tome a proporção de colocar em risco a incolumidade pública, pratica o crime de dano.

---

2. PRADO, Luiz Regis. Curso de Direito Penal Brasileiro: parte geral e parte especial. 18. ed. Rio de Janeiro: Forense, 2020, p. 902.
3. MASSON, Cleber. Direito Penal: parte especial (arts. 213 a 359-H – vol. 3. 9. ed. São Paulo: Método, 2019, p. 219.
4. HUNGRIA, Nélson *apud* CUNHA, Rogério Sanches. Manual de Direito Penal: parte especial (arts. 121 ao 361). 12. ed. rev. atual. e ampl. Salvador: Juspodivm, 2020, p. 652.

O crime se classifica em comum, por não exigir nenhuma qualidade específica do sujeito ativo. É de **perigo concreto**, por exigir que efetivamente se exponha a perigo a vida, a integridade física ou o patrimônio de outrem.

É doloso, sem exigência de elemento subjetivo do tipo, sendo que o parágrafo segundo prevê a **modalidade culposa**. É plurissubsistente, admitindo a tentativa.

Houve **revogação parcial** do artigo 250 com a superveniência da Lei n. 9.605/1998, em razão do que prevê o seu artigo 41:

> *Art. 41. Provocar incêndio em mata ou floresta:*
>
> *Pena – reclusão, de dois a quatro anos, e multa.*
>
> *Parágrafo único. Se o crime é culposo, a pena é de detenção de seis meses a um ano, e multa.*

Deste modo, se o incêndio for praticado em mata ou floresta, seja ele doloso ou culposo, o crime será o da Lei n. 9.605/1998. Cumpre destacar, ainda, que o crime da lei extravagante não exige a comprovação do perigo, sendo crime de perigo abstrato.

Se o intuito do agente não for expor a vida de um número indeterminado de pessoas a perigo, pode-se configurar o crime de perigo para a vida ou a saúde de outrem, do artigo 132 do Código Penal.

O STJ já entendeu possível a absorção do crime de incêndio pelo delito de denunciação caluniosa, desde que o primeiro crime tenha sido instrumento para a prática do último, na ausência de desígnios autônomos:

> *"(...) 1. A jurisprudência deste Superior Tribunal de Justiça possui entendimento firmado no sentido de inexistir qualquer obstáculo para a aplicação do princípio da consunção quando restar confirmado, mediante a análise dos elementos fático-probatórios existentes nos autos, que um crime foi utilizado como instrumento para a prática de outro, mesmo que os delitos tutelem bens jurídicos diversos. Precedentes. 2. In casu, constatada a ausência de desígnios autônomos entre os crimes tipificados nos arts. 250, § 1º, inciso II, alínea "a", e 339 do CP, inexiste qualquer vedação para a aplicação da consunção entre os delitos.(...)" (STJ, AgRg no REsp 1687688/SC, Rel. Min. Jorge Mussi, Quinta Turma, DJe 29/08/2018).*

Referida Corte Superior também já decidiu que, havendo a exposição a perigo da vida de mais de uma pessoa e o prejuízo patrimonial de ambas, há concurso formal de crimes de incêndio:

> *"(...) 3. O art. 250 do CP – crime de incêndio – tutela a incolumidade pública, sendo o Estado, ou melhor, a coletividade a vítima primária da infração penal ali descrita. Não obstante, o mesmo tipo penal também protege a integridade física e o patrimônio de indivíduos eventualmente atingidos pela prática incendiária – vítimas secundárias. 4. No caso concreto, duas pessoas foram expostas a perigo de vida, bem como tiveram prejuízos patrimoniais, pois habitavam o imóvel contra o qual o recorrente ateou fogo. Cabível, assim, a incidência da norma do art. 70 do CP – concurso formal de crimes –, já que, mediante uma só ação, o recorrente atingiu diversos bens jurídicos tutelados pela lei penal. Neste ponto, mais uma vez, a revisão do acórdão recorrido ensejaria o revolvimento de matéria fático-probatória, providência incompatível com a via recursal eleita – incidência da Súmula 7/STJ. (...)" (STJ, AgRg no AResp 1068614/SP, Rel. Min. Reynaldo Soares da Fonseca, Quinta Turma, DJe 25/05/2017).*

Modalidades majoradas

O parágrafo primeiro do artigo 250 traz causas de aumento de pena aplicáveis ao crime de incêndio, com a fixação da fração de aumento em um terço da pena. São suas hipóteses:

I. se o crime é cometido com intuito de obter vantagem pecuniária em proveito próprio ou alheio.

A primeira modalidade majorada do crime de incêndio se configura pelo maior desvalor da conduta do agente, ao buscar uma recompensa financeira com a sua conduta. Cuida-se do chamado crime mercenário, em que há o elemento subjetivo especial do tipo, consistente no intuito de se obter vantagem pecuniária, seja em proveito próprio ou alheio.

II. se o incêndio é:

a) em casa habitada ou destinada a habitação;
b) em edifício público ou destinado a uso público ou a obra de assistência social ou de cultura;
c) em embarcação, aeronave, comboio ou veículo de transporte coletivo;
d) em estação ferroviária ou aeródromo;
e) em estaleiro, fábrica ou oficina;
f) em depósito de explosivo, combustível ou inflamável;
g) em poço petrolífico ou galeria de mineração;
h) em lavoura, pastagem, mata ou floresta.

São hipóteses em que as circunstâncias do crime de incêndio o tornam mais grave, devido ao local em que ocorre o incêndio. Vale destacar que o incêndio de mata ou floresta não mais configura a forma majorada do artigo 250 do CP, mas o crime previsto no artigo 41 da Lei n. 9.605/1998.

Casa habitada ou destinada a habitação é o edifício em que reside determinada pessoa ou que é destinada à residência permanente ou temporária, provisória, intermitente ou descontínua. Para a majoração, faz-se necessário que o agente tenha conhecimento ou consciência de que pratica o delito em casa habitada ou destinada a habitação.

O edifício público é aquele pertencente ou utilizado pela União, Estado, Distrito Federal ou Municípios. Para incidência da majorante do art. 250 do Código Penal, considera-se o edifício destinado ao uso público, ainda que particular. A obra de assistência social ou de cultura abrange hospitais, asilos, creches, bibliotecas, dentre outros[5].

Modalidade Culposa

O parágrafo segundo do artigo 250 prevê a modalidade culposa do crime de incêndio, envolvendo negligência, imprudência ou imperícia. Caso o elemento subjetivo

5. No mesmo sentido: CUNHA, Rogério Sanches. Op. Cit., p. 655.

seja a culpa em sentido estrito, a pena é de detenção, de seis meses a dois anos. É imprescindível para a sua configuração que haja a criação de perigo comum. Vale ressaltar, por fim, que não se aplicam as formas majoradas à modalidade culposa, mas apenas ao incêndio doloso.

QUADRO SINÓTICO

Crime de incêndio	
Tipo penal	Causar incêndio, expondo a perigo a vida, a integridade física ou o patrimônio de outrem.
Objeto jurídico	Tutela-se a incolumidade pública.
Sujeito ativo	Qualquer um.
Sujeito passivo	A sociedade e todos aqueles que tiveram sua vida, integridade física ou propriedade expostas a perigo.
Elemento subjetivo	Admite-se a modalidade dolosa. A forma majorada do artigo 250, § 1º, inciso I, do CP exige o especial fim de agir de obter vantagem pecuniária. A forma majorada do delito, prevista no artigo 258 do CP, é delito *preterdoloso*, de sorte que a produção dos resultados lesão corporal de natureza grave ou morte decorrem de culpa.
Elemento normativo	Nos termos do artigo 250, § 2º, do CP, admite-se também a modalidade culposa.
Consumação	O delito se consuma quando o incêndio expõe a vida, integridade física ou propriedade de alguém a perigo.
Tentativa	Admite-se a tentativa.
Forma majorada	Conforme o artigo 250, § 1º, do CP, as penas aumentam-se de um terço se o crime for cometido com intuito de obter vantagem pecuniária em proveito próprio ou alheio; se o incêndio é em casa habitada ou destinada a habitação, em edifício público ou destinado a uso público ou a obra de assistência social ou de cultura, em embarcação, aeronave, comboio ou veículo de transporte coletivo, em estação ferroviária ou aeródromo, em estaleiro, fábrica ou oficina, em depósito de explosivo, combustível ou inflamável, em poço petrolífero ou galeria de mineração, em lavoura, pastagem, mata ou floresta. Ademais, o artigo 258 do CP prevê formas qualificadas de crime de perigo comum. Apesar da nomenclatura, são hipóteses de aumento de pena. Se do crime doloso de perigo comum resulta lesão corporal de natureza grave, a pena privativa de liberdade é aumentada de metade; se resulta morte, é aplicada em dobro. No caso de culpa, se do fato resulta lesão corporal, a pena aumenta-se de metade; se resulta morte, aplica-se a pena cominada ao homicídio culposo, aumentada de um terço.

Crime de incêndio	
Classificação	Crime comum, doloso ou culposo, comissivo ou omissivo impróprio, de perigo concreto, de forma livre, instantâneo, monossubjetivo, plurissubsistente e não transeunte.
Benefícios	A forma do *caput* admite o oferecimento de acordo de não persecução penal.
Ação penal	A ação penal é pública incondicionada.

1.2. Explosão

O crime de explosão está tipificado no artigo 251 do Código Penal:

> *Art. 251 – Expor a perigo a vida, a integridade física ou o patrimônio de outrem, mediante explosão, arremesso ou simples colocação de engenho de dinamite ou de substância de efeitos análogos:*
>
> *Pena – reclusão, de três a seis anos, e multa.*
>
> *§ 1º – Se a substância utilizada não é dinamite ou explosivo de efeitos análogos:*
>
> *Pena – reclusão, de um a quatro anos, e multa.*
>
> *Aumento de pena*
>
> *§ 2º – As penas aumentam-se de um terço, se ocorre qualquer das hipóteses previstas no § 1º, I, do artigo anterior, ou é visada ou atingida qualquer das coisas enumeradas no nº II do mesmo parágrafo.*
>
> *Modalidade culposa*
>
> *§ 3º – No caso de culpa, se a explosão é de dinamite ou substância de efeitos análogos, a pena é de detenção, de seis meses a dois anos; nos demais casos, é de detenção, de três meses a um ano.*

O núcleo do tipo penal é "expor" (deixar ou ficar sem proteção) a perigo a vida, a integridade física ou o patrimônio de outrem. A execução pode se dar por algum dos seguintes modos:

- Explosão;
- Arremesso; **ou**
- Simples colocação.

Em todos os casos, o objeto material é o **engenho de dinamite ou de substância de efeitos análogos**.

Explosão é a arrebentação violenta, súbita e provocadora de grande ruído, além de deslocamento de ar, que pode decorrer da expansão abruta de um corpo sólido ou pela liberada de substância gasosa. O **arremesso** é o lançamento de engenho ou substância que tenha a potencialidade de explosão. Por fim, a **simples colocação** é o ato de deixar, colocar ou arrumar o mesmo engenho, artefato ou substância, ou seja, aquele que tenha eficácia explosiva.

O tipo penal não exige a efetiva explosão para a configuração do crime, mas exige que haja o efetivo risco à vida, à integridade física ou ao patrimônio de outrem. Por isso, é classificado como crime de perigo concreto.

É crime comum, não se exigir nenhuma qualidade especial do sujeito ativo. É doloso, na figura do *caput*, sendo que o parágrafo terceiro prevê a punição a título de culpa em sentido estrito. O crime se consuma no momento em que os atos descritos no caput causarem perigo à coletividade. É plurissubsistente, admitindo a tentativa.

- **Modalidades privilegiadas**

O artigo 251, parágrafo primeiro, do Código Penal, traz uma pena menor, de reclusão, de um a quatro anos, e multa, para uma forma mais leve do crime. Incide se a substância utilizada não é dinamite ou explosivo de efeitos análogos, ou seja, se é uma explosão de menor potência, como no caso de uso de pólvora, exemplo dado pela doutrina.

- **Modalidades majoradas**

O artigo 251, parágrafo segundo, do Código Penal, determina a aplicação das causas de aumento de pena aplicáveis ao crime de incêndio, com a fixação da mesma fração de aumento da pena: um terço. Incidem as majorantes:

I. se o crime é cometido com intuito de obter vantagem pecuniária em proveito próprio ou alheio.

Cuida-se do chamado crime mercenário, em que há o intuito de se obter vantagem pecuniária, seja em proveito próprio ou alheio.

II. se a explosão ocorre em:

a) em casa habitada ou destinada a habitação;
b) em edifício público ou destinado a uso público ou a obra de assistência social ou de cultura;
c) em embarcação, aeronave, comboio ou veículo de transporte coletivo;
d) em estação ferroviária ou aeródromo;
e) em estaleiro, fábrica ou oficina;
f) em depósito de explosivo, combustível ou inflamável;
g) em poço petrolífico ou galeria de mineração;
h) em lavoura, pastagem, mata ou floresta.

- **Modalidade culposa**

A punição a título de culpa encontra previsão no parágrafo terceiro do artigo 251. A pena se diferencia, sendo de detenção, de seis meses a dois anos, se a explosão for de dinamite ou substância de efeitos análogos. Nos demais casos, a pena será de detenção, de três meses a um ano. Cumpre relembrar que, em caso de crime culposo, não se admite a tentativa.

Antes do advento da Lei 13.654/2018, o STJ já entendeu incidir o concurso formal entre os crimes de furto e de explosão se, para a realização da subtração, o sujeito ativo utilizasse explosivos, colocando em risco a incolumidade pública:

> *"(...) 3. Demonstrado que a conduta delituosa expôs, de forma concreta, o patrimônio de outrem decorrente do grande potencial destruidor da explosão, notadamente porque o banco encontra-se situado em edifício destinado ao uso público, ensejando a adequação típica ao crime previsto no art. 251 do CP, incabível a incidência do princípio da consunção. 4. Infrações que atingem bens jurídicos distintos, enquanto o delito de furto viola o patrimônio da instituição financeira, o crime de explosão ofende a incolumidade pública. (...)". (STJ, REsp 1647539/SP, Rel. Min. Nefi Cordeiro, Sexta Turma, DJe 01/12/2017).*

Atualmente, o emprego de explosivo configura uma modalidade qualificada de furto, nos termos do artigo 155, § 4º-A, do Código Penal. Deste modo, alguns doutrinadores já se manifestaram sobre não haver mais o concurso entre os crimes de furto e de explosão, de modo que será necessário aguardar a jurisprudência após a Lei n. 13.654/2018.

QUADRO SINÓTICO

Crime de explosão	
Tipo penal	Expor a perigo a vida, a integridade física ou o patrimônio de outrem, mediante explosão, arremesso ou simples colocação de engenho de dinamite ou de substância de efeitos análogos.
Objeto jurídico	Tutela-se a incolumidade pública.
Sujeito ativo	Qualquer um.
Sujeito passivo	A sociedade e todos aqueles que tiveram sua vida, integridade física ou propriedade expostas a perigo.
Elemento subjetivo	Admite-se a modalidade dolosa. A forma majorada do artigo 251, § 1º, que remete ao 250, § 1º, inciso I, do CP exige o especial fim de agir de obter vantagem pecuniária. A forma majorada do delito, prevista no artigo 258 do CP, é delito *preterdoloso*, de sorte que a produção dos resultados lesão corporal de natureza grave ou morte decorrem de culpa.
Elemento normativo	Nos termos do artigo 251, § 3º, do CP, admite-se a modalidade culposa: se a explosão é de dinamite ou substância de efeitos análogos, a pena é de detenção, de seis meses a dois anos; nos demais casos, é de detenção, de três meses a um ano.
Consumação	O delito se consuma quando a explosão expõe a vida, integridade física ou propriedade de alguém a perigo.
Tentativa	Admite-se a tentativa.

Crime de explosão	
Forma majorada	O artigo 251, § 2º, do CP, faz remissão às hipóteses de aumento de pena do artigo 250, § 1º, do CP: as penas aumentam-se de um terço se o crime for cometido com intuito de obter vantagem pecuniária em proveito próprio ou alheio; se o incêndio é em casa habitada ou destinada a habitação, em edifício público ou destinado a uso público ou a obra de assistência social ou de cultura, em embarcação, aeronave, comboio ou veículo de transporte coletivo, em estação ferroviária ou aeródromo, em estaleiro, fábrica ou oficina, em depósito de explosivo, combustível ou inflamável, em poço petrolífero ou galeria de mineração, em lavoura, pastagem, mata ou floresta.
Forma majorada	Ademais, o artigo 258 do CP prevê formas qualificadas de crime de perigo comum. Em que pese tal nome, são hipóteses de aumento de pena, logo, modalidades majoradas. O referido artigo dispõe que se do crime doloso de perigo comum resulta lesão corporal de natureza grave, a pena privativa de liberdade é aumentada de metade; se resulta morte, é aplicada em dobro. No caso de culpa, se do fato resulta lesão corporal, a pena aumenta-se de metade; se resulta morte, aplica-se a pena cominada ao homicídio culposo, aumentada de um terço.
Classificação	Trata-se de delito comum, doloso ou culposo, comissivo ou omissivo impróprio, de perigo concreto, de forma vinculada, instantâneo, monossubjetivo, plurissubsistente e não transeunte.
Benefícios	A modalidade do *caput* admite o oferecimento de acordo de não persecução penal. Já a conduta prevista no artigo 251, § 1º, do CP admite o oferecimento de suspensão condicional do processo e acordo de não persecução penal.
Ação penal	A ação penal é pública incondicionada.
Observações	Conforme disposto no artigo 251, § 1º, do CP, a pena é inferior se o agente utiliza substância que não é dinamite ou explosivo de efeitos análogos.

1.3. Uso de gás tóxico ou asfixiante

O crime de uso de gás tóxico ou asfixiante está previsto no artigo 252 do Código Penal:

> *Art. 252 – Expor a perigo a vida, a integridade física ou o patrimônio de outrem, usando de gás tóxico ou asfixiante:*
> *Pena – reclusão, de um a quatro anos, e multa.*
> *Modalidade Culposa*
> *Parágrafo único – Se o crime é culposo:*
> *Pena – detenção, de três meses a um ano.*

O tipo penal do crime de uso de gás tóxico ou asfixiante é "expor" (deixar ou ficar sem proteção) a perigo a vida, a integridade física ou o patrimônio de outrem. A execução pode se dar por algum dos seguintes modos:

- Uso de gás tóxico; **ou**
- Uso de gás asfixiante.

Não é necessário que o gás seja letal, bastando que seja tóxico, isto é, que tenha potencial de produzir efeitos nocivos ao organismo, que é venenoso, ou que seja asfixiante, tenha o efeito de asfixiar, de privar de oxigênio. Pode-se diferenciar o gás tóxico do asfixiante, apesar de haver, em ambos os casos, reações físico-químicas. Em se tratando de gás asfixiante, o resultado da exposição será necessariamente a asfixia. Já a exposição ao gás tóxico abrange uma diversidade de prejuízos à saúde do sujeito passivo, como danos ao pulmão e ao sistema cardíaco.

O tipo penal se refere apenas ao uso do gás tóxico ou asfixiante para a configuração do crime, o que pode se dar de diversas maneiras. Exige, entretanto, que haja o efetivo risco à vida, à integridade física ou ao patrimônio de outrem. Por isso, o crime deve ser classificado como de **perigo concreto**.

O crime do artigo 252 do Código Penal é considerado comum, por se configurar independentemente de qualquer qualidade específica do agente. É doloso, sendo que, se houver o elemento subjetivo específico de lesionar ou de matar, o crime será outro. Admite a tentativa, por ser plurissubsistente.

Modalidade Culposa

O parágrafo único prevê a punição a título de culpa em sentido estrito (negligência, imprudência ou imperícia). Em tal caso, a pena é de detenção, de três meses a um ano.

QUADRO SINÓTICO

Crime de uso de gás tóxico ou asfixiante	
Tipo penal	Expor a perigo a vida, a integridade física ou o patrimônio de outrem, usando de gás tóxico ou asfixiante
Objeto jurídico	Tutela-se a incolumidade pública.
Sujeito ativo	Qualquer um.
Sujeito passivo	A sociedade e todos aqueles que tiveram sua vida, integridade física ou propriedade expostas a perigo.
Elemento subjetivo	Admite-se a modalidade dolosa. A forma majorada do delito, prevista no artigo 258 do CP, é delito *preterdoloso*, de sorte que a produção dos resultados lesão corporal de natureza grave ou morte decorrem de culpa.
Elemento normativo	Nos termos do artigo 252, parágrafo único, do CP, admite-se a modalidade culposa.

Crime de uso de gás tóxico ou asfixiante	
Consumação	O delito se consuma quando o gás tóxico ou asfixiante expõe a vida, integridade física ou propriedade de alguém a perigo.
Tentativa	Admite-se a tentativa.
Forma majorada	O artigo 258 do CP prevê formas qualificadas de crime de perigo comum. Em que pese tal nome, são hipóteses de aumento de pena, logo, modalidades majoradas. O referido artigo dispõe que se do crime doloso de perigo comum resulta lesão corporal de natureza grave, a pena privativa de liberdade é aumentada de metade; se resulta morte, é aplicada em dobro. No caso de culpa, se do fato resulta lesão corporal, a pena aumenta-se de metade; se resulta morte, aplica-se a pena cominada ao homicídio culposo, aumentada de um terço.
Classificação	Trata-se de delito comum, doloso ou culposo, comissivo ou omissivo impróprio, de perigo concreto, de forma vinculada, instantâneo, monossubjetivo, plurissubsistente e não transeunte.
Benefícios	A forma do *caput* admite o oferecimento de suspensão condicional do processo e acordo de não persecução penal. A modalidade culposa é crime de menor potencial ofensivo, de competência dos Juizados Especiais Criminais e admite a transação, suspensão condicional do processo e acordo de não persecução penal.
Ação penal	A ação penal é pública incondicionada.

1.4. Fabrico, fornecimento, aquisição, posse ou transporte de explosivos ou gás tóxico ou asfixiante

O crime de fabrico, fornecimento, aquisição, posse ou transporte de explosivos ou gás tóxico ou asfixiante está tipificado no artigo 253 do CP:

> *Art. 253 – Fabricar, fornecer, adquirir, possuir ou transportar, sem licença da autoridade, substância ou engenho explosivo, gás tóxico ou asfixiante, ou material destinado à sua fabricação:*
>
> *Pena – detenção, de seis meses a dois anos, e multa.*

Fabricar significa produzir, manufaturar, transformar a partir da matéria-prima, construir. Fornecer é abastecer, prover. Adquirir é tornar-se proprietário, apossar-se, tomar para si. Transportar é levar de um local a outro, levar, carregar, conduzir.

As ações nucleares típicas, que compõem o tipo penal misto alternativo, devem recair sobre substância ou engenho explosivo, gás tóxico ou asfixiante ou material destinado à sua fabricação.

O tipo penal exige, ainda, o elemento normativo do tipo consistente na conduta ser praticada "sem licença da autoridade". A licença da autoridade, que poderia excluir a ilicitude em razão da excludente de exercício regular do direito, aqui significa a própria atipicidade da conduta, dada a sua previsão como elementar.

Razão assiste ao professor Rogério Sanches Cunha[6], ao destacar que o crime do artigo 253 do Código Penal restou parcialmente revogado pela Lei n. 10.826/2003, que assim prevê em seu artigo 16, notadamente no seu parágrafo único, inciso III:

> *Art. 16. Possuir, deter, portar, adquirir, fornecer, receber, ter em depósito, transportar, ceder, ainda que gratuitamente, emprestar, remeter, empregar, manter sob sua guarda ou ocultar arma de fogo, acessório ou munição de uso proibido ou restrito, sem autorização e em desacordo com determinação legal ou regulamentar:*
>
> *Pena – reclusão, de 3 (três) a 6 (seis) anos, e multa.*
>
> *Parágrafo único.* ***Nas mesmas penas incorre quem:***
>
> *(...)*
>
> *III –* ***possuir, detiver, fabricar ou empregar artefato explosivo ou incendiário, sem autorização ou em desacordo com determinação legal ou regulamentar****;*

Comparemos os dispositivos:

Artigo 253 do CP	Art. 16, p. único., III, Lei n. 10826/2003
Art. 253 – **Fabricar**, fornecer, adquirir, **possuir** ou transportar, **sem licença da autoridade, substância ou engenho explosivo**, gás tóxico ou asfixiante, ou material destinado à sua fabricação: Pena – detenção, de seis meses a dois anos, e multa.	Parágrafo único. Nas mesmas penas [reclusão, de 3 (três) a 6 (seis) anos, e multa] incorre quem: (...) III – **possuir**, detiver, **fabricar** ou empregar **artefato explosivo ou incendiário**, **sem autorização ou em desacordo com determinação legal ou regulamentar**;

Referido autor defende que todos os núcleos do tipo do artigo 253 do CP estão abarcados pelo crime da legislação extravagante, já que, para que o agente forneça ou transporte, ele antes precisa possuir. Ademais, deter o artefato abrange a conduta de adquirir, já que quem adquire passa a ter a posse, ainda que indireta, ou, ainda, passa a deter a coisa.

Entretanto, há condutas que ainda são tipificadas apenas pelo Código Penal, por não estarem abrangidas pelo dispositivo da Lei n. 10.826/2003 acima transcrito. É que esta última apenas se refere a artefato explosivo ou incendiário, enquanto o Código Penal tem previsão mais abrangente, ao mencionar substância ou engenho explosivo, gás tóxico ou asfixiante, ou material destinado à sua fabricação.

Deste modo, a ação típica nuclear que não envolver artefato explosivo ou incendiário, mas gás tóxico ou asfixiante, ou mesmo material destinado à fabricação de explosivo ou de mencionado gás, será enquadrada na previsão do Código Penal, que continua vigente, tendo sofrido apenas derrogação (revogação parcial).

O crime é comum, sendo que qualquer pessoa pode ser o sujeito ativo. É doloso, não se prevendo modalidade culposa. A tentativa é de difícil configuração, segundo Cezar Bitencourt, sendo que, por outro lado, Heleno Fragoso não a admite. A doutrina majoritária entende ser o crime de **perigo abstrato**, não se exigindo a efetiva demonstração de que a incolumidade pública foi colocada em risco.

6. CUNHA, Rogério Sanches. Op. Cit., 2020, p. 665.

QUADRO SINÓTICO

Crime de fabrico, fornecimento, aquisição posse ou transporte de explosivos ou gás tóxico, ou asfixiante	
Tipo penal	Fabricar, fornecer, adquirir, possuir ou transportar, sem licença da autoridade, substância ou engenho explosivo, gás tóxico ou asfixiante, ou material destinado à sua fabricação.
Objeto jurídico	Tutela-se a incolumidade pública.
Sujeito ativo	Qualquer um.
Sujeito passivo	A sociedade.
Elemento subjetivo	Admite-se somente a modalidade dolosa. A forma majorada do delito, prevista no artigo 258 do CP, é delito *preterdoloso*, de sorte que a produção dos resultados lesão corporal de natureza grave ou morte decorrem de culpa.
Elemento normativo	Consiste na expressão "sem licença da autoridade".
Consumação	O delito se consuma quando o agente realiza algum dos núcleos do tipo e, com isso, coloca em perigo a incolumidade pública.
Tentativa	Nas modalidades nas quais o crime for plurissubsistente, é possível vislumbrar a tentativa.
Forma majorada	O artigo 258 do CP prevê formas qualificadas de crime de perigo comum. Em que pese tal nome, são hipóteses de aumento de pena, logo, modalidades majoradas. O referido artigo dispõe que se do crime doloso de perigo comum resulta lesão corporal de natureza grave, a pena privativa de liberdade é aumentada de metade; se resulta morte, é aplicada em dobro.
Classificação	Trata-se de crime comum, doloso, comissivo ou omissivo impróprio, de perigo concreto, de forma livre, instantâneo (fabricar, fornecer e adquirir) ou permanente (possuir e transportar), monossubjetivo, plurissubsistente ou unissubsistente (possuir) e não transeunte.
Benefícios	Por se tratar de delito de menor potencial ofensivo é de competência dos Juizados Especiais Criminais e admite o oferecimento de transação, suspensão condicional do processo e oferecimento de acordo de não persecução penal.
Ação penal	A ação penal é pública incondicionada.

1.5. Inundação

O artigo 254 do Código Penal traz o crime de inundação, com a seguinte disposição:

> *Art. 254 – Causar inundação, expondo a perigo a vida, a integridade física ou o patrimônio de outrem:*
>
> *Pena – reclusão, de três a seis anos, e multa, no caso de dolo, ou detenção, de seis meses a dois anos, no caso de culpa.*

A ação nuclear típica é causar, que significa provocar, motivar, dar causa a. A conduta incriminada é dar causa à inundação, que é um grande alagamento ou um grande fluxo de água. Ocorre se, ao não se dar manutenção em uma barragem ou dique, o volume de água represado seja liberado, passando a submergir áreas que não estavam submersas.

Exige-se que haja a exposição a perigo da vida, da integridade física ou do patrimônio de outrem, o que leva o crime a ser classificado como de perigo concreto, ou seja, cuja demonstração de risco ao bem jurídico é necessária para a sua configuração. Não é necessário que haja dano, é possível a sua configuração com o risco a um dos bens jurídicos tutelados, inclusive o mero perigo de dano ao patrimônio alheio, como plantações ou automóveis que estejam localizados nas proximidades e ficaram sujeitos à deterioração.

Na forma dolosa, a pena é de reclusão, de 3 a 6 anos, e multa, sem exigência de elemento subjetivo especial. É crime comum, por não exigir qualidade específica do sujeito ativo. É plurissubsistente, admitindo o *conatus*. É crime comissivo (ressalvada a possibilidade de ser omissivo impróprio, se houver a figura do garante).

Modalidade culposa

O preceito secundário do artigo 254 prevê a modalidade culposa, ao mencionar que a pena será de detenção, de seis meses a dois anos, no caso de culpa.

QUADRO SINÓTICO

Crime de inundação	
Tipo penal	Causar inundação, expondo a perigo a vida, a integridade física ou o patrimônio de outrem.
Objeto jurídico	Tutela-se a incolumidade pública.
Sujeito ativo	Qualquer um.
Sujeito passivo	A sociedade e todos aqueles que tiveram sua vida, integridade física ou propriedade expostas a perigo.
Elemento subjetivo	Admite-se a modalidade dolosa. A forma majorada do delito, prevista no artigo 258 do CP, é delito *preterdoloso*, de sorte que a produção dos resultados lesão corporal de natureza grave ou morte decorrem de culpa.
Elemento normativo	Nos termos do artigo 254 do CP, admite-se também a modalidade culposa.
Consumação	O delito se consuma quando a invasão de águas ganha tal proporção que começa a oferecer perigo à vida, integridade física ou propriedade alheias.
Tentativa	Admite-se a tentativa.

Crime de inundação	
Forma majorada	O artigo 258 do CP prevê formas qualificadas de crime de perigo comum. Em que pese tal nome, são hipóteses de aumento de pena, logo, modalidades majoradas. O referido artigo dispõe que se do crime doloso de perigo comum resulta lesão corporal de natureza grave, a pena privativa de liberdade é aumentada de metade; se
Forma majorada	resulta morte, é aplicada em dobro. No caso de culpa, se do fato resulta lesão corporal, a pena aumenta-se de metade; se resulta morte, aplica-se a pena cominada ao homicídio culposo, aumentada de um terço.
Classificação	Trata-se de crime comum, doloso ou culposo, de perigo concreto, comissivo ou omissivo impróprio, de forma livre, instantâneo, monossubjetivo, plurissubsistente e não transeunte.
Benefícios	A modalidade dolosa admite somente o oferecimento de acordo de não persecução penal. A forma culposa é de menor potencial ofensivo, de competência dos Juizados Especiais Criminais e admite a transação, suspensão condicional do processo e acordo de não persecução penal.
Ação penal	A ação penal é pública incondicionada.
Observações	Se a conduta do agente não causar perigo comum, é possível o enquadramento típico no delito de usurpação de águas, conforme artigo 161, I, do CP.

1.6. Perigo de inundação

O crime de perigo de inundação tem lugar no artigo 255 do Código:

> *Art. 255 – Remover, destruir ou inutilizar, em prédio próprio ou alheio, expondo a perigo a vida, a integridade física ou o patrimônio de outrem, obstáculo natural ou obra destinada a impedir inundação:*
>
> *Pena – reclusão, de um a três anos, e multa.*

O tipo penal é **misto alternativo**, ou seja, prevê mais de uma conduta típica, sendo que basta uma delas para a configuração do crime, ao tempo em que a prática de mais de uma delas enseja a punição por um único crime.

Os núcleos do tipo são "remover" (transferir, retirar, afastar, deslocar), "destruir" (demolir, devastar, extinguir, pôr no chão) e "inutilizar" (tornar inútil, estragar, deixar imprestável). Assim, há uma diferença do delito anterior, pois o agente não simplesmente causa a inundação, como aquele que não dá manutenção devida à barragem, mas ele remove, destrói ou inutiliza a barreira de um grande volume de água, seja ela um dique, um paredão rochoso ou uma barragem edificada para represamento.

As condutas se voltam, portanto, a um obstáculo natural ou uma obra destinada a impedir inundação. Portanto, configura-se o crime no caso de remoção, destruição ou inutilização de diques, barragens, comportas, ou mesmo obstáculos naturais, como pode ser uma formação rochosa que impede que a água de um rio atinja um vale, onde haja uma comunidade de moradores tradicionais.

O tipo penal exige que haja a exposição a perigo da vida, da integridade física ou do patrimônio de outra pessoa ou de outras pessoas. Com essa exigência de efetivo risco a um dos bens jurídicos tutelados pela norma, o crime é de **perigo concreto**.

O crime é comum, sendo que até o proprietário da barragem, por exemplo, pode cometer o crime, se da sua conduta sobrevier a exposição da vida de alguém a perigo. É doloso, não havendo previsão de forma culposa nem de finalidade específica do sujeito ativo. Apesar de haver controvérsia, parte da doutrina entende admissível a tentativa.

QUADRO SINÓTICO

Crime de perigo de inundação	
Tipo penal	Remover, destruir ou inutilizar, em prédio próprio ou alheio, expondo a perigo a vida, a integridade física ou o patrimônio de outrem, obstáculo natural ou obra destinada a impedir inundação.
Objeto jurídico	Tutela-se a incolumidade pública.
Sujeito ativo	Qualquer um.
Sujeito passivo	A sociedade e todos aqueles que tiveram sua vida, integridade física ou propriedade expostas a perigo.
Elemento subjetivo	Admite-se somente a modalidade dolosa. A forma majorada do delito, prevista no artigo 258 do CP, é delito *preterdoloso*, de sorte que a produção dos resultados lesão corporal de natureza grave ou morte decorrem de culpa.
Consumação	O delito se consuma quando a remoção, destruição ou inutilização de obstáculo natural ou obra destinada a impedir inundação ganha tal proporção que começa a oferecer perigo à vida, integridade física ou propriedade alheias.
Tentativa	Admite-se a tentativa.
Forma majorada	O artigo 258 do CP prevê formas qualificadas de crime de perigo comum. Em que pese tal nome, são hipóteses de aumento de pena, logo, modalidades majoradas. O referido artigo dispõe que se do crime doloso de perigo comum resulta lesão corporal de natureza grave, a pena privativa de liberdade é aumentada de metade; se resulta morte, é aplicada em dobro.
Classificação	Trata-se de delito comum, doloso, de perigo concreto, comissivo ou omissivo impróprio, de forma livre instantâneo, monossubjetivo, plurissubsistente e não transeunte.
Benefícios	Admitem-se o oferecimento de suspensão condicional do processo e acordo de não persecução penal.
Ação penal	A ação penal é pública incondicionada.

1.7. Desabamento ou desmoronamento

O artigo 256 do Código Penal trata do crime de desabamento ou desmoronamento:

> *Art. 256 – Causar desabamento ou desmoronamento, expondo a perigo a vida, a integridade física ou o patrimônio de outrem:*
>
> *Pena – reclusão, de um a quatro anos, e multa.*
>
> *Modalidade culposa*
>
> *Parágrafo único – Se o crime é culposo:*
>
> *Pena – detenção, de seis meses a um ano.*

Causar, o núcleo do tipo, é provocar, motivar, dar causa a. O tipo penal é causar desabamento ou desmoronamento. Configura-se o delito se o engenheiro, por economia de dinheiro, não realiza a obra de forma adequada, com a consciência de que causará o seu desabamento ou assumindo o risco desse resultado.

Exige-se que haja a efetiva exposição a perigo da vida, da integridade física ou do patrimônio de outrem, o que leva o crime a ser classificado como de **perigo concreto**, ou seja, cuja demonstração de risco ao bem jurídico é necessária para a sua configuração. Não se exige o dano, configurando-se o delito se ninguém ficar ferido, por exemplo, mas se os trabalhadores que estão trabalhando na fase de acabamento do imóvel precisam fugir e são salvos por um triz, tendo as suas vidas sujeitas a risco.

Desmoronamento, conforme ensina a doutrina, refere-se à queda, a fazer vir abaixo uma quantidade considerável de rocha ou solo. Já o **desabamento** se refere a uma queda ou de fazer vir ao chão uma parte de uma edificação ou toda ela.

É um crime comum, que pode ter como sujeito ativo qualquer pessoa. O *caput* prevê a forma dolosa, em que não se exige finalidade específica do agente. É plurissubsistente, sendo possível o *conatus*, ou seja, a modalidade tentada.

Modalidade Culposa

O parágrafo único do artigo 256 prevê a modalidade culposa do crime de desabamento ou desmoronamento. A pena, se o elemento subjetivo for a imprudência, negligência ou imperícia, será de detenção, de seis meses a um ano. Na forma culposa, enquadra-se a conduta do engenheiro civil que não possui conhecimentos técnicos necessários à construção de um prédio de 10 andares, pois, recém-formado, não assistiu às aulas nem estudou o tema por si só. Ao provocar o desabamento por erro nos cálculos, incide na forma prevista no parágrafo único.

QUADRO SINÓTICO

Crime de desabamento ou desmoronamento	
Tipo penal	Causar desabamento ou desmoronamento, expondo a perigo a vida, a integridade física ou o patrimônio de outrem.
Objeto jurídico	Tutela-se a incolumidade pública.

PARTE ESPECIAL

Crime de desabamento ou desmoronamento	
Sujeito ativo	Qualquer um.
Sujeito passivo	A sociedade e todos aqueles que tiveram sua vida, integridade física ou propriedade expostas a perigo.
Elemento subjetivo	Admite-se a modalidade dolosa. A forma majorada do delito, prevista no artigo 258 do CP, é delito *preterdoloso*, de sorte que a produção dos resultados lesão corporal de natureza grave ou morte decorrem de culpa.
Elemento normativo	Nos termos do artigo 256, parágrafo único, admite-se a modalidade culposa.
Consumação	O delito se consuma quando há exposição da vida, integridade física ou propriedade alheias a perigo pela possibilidade de desabamento. Não é necessário que o desabamento ocorra.
Tentativa	Admite-se a tentativa.
Forma majorada	O artigo 258 do CP prevê formas qualificadas de crime de perigo comum. Em que pese tal nome, são hipóteses de aumento de pena, logo, modalidades majoradas. O referido artigo dispõe que se do crime doloso de perigo comum resulta lesão corporal de natureza grave, a pena privativa de liberdade é aumentada de metade; se resulta morte, é aplicada em dobro. No caso de culpa, se do fato resulta lesão corporal, a pena aumenta-se de metade; se resulta morte, aplica-se a pena cominada ao homicídio culposo, aumentada de um terço.
Classificação	Trata-se de crime comum, doloso ou culposo, de perigo concreto, comissivo ou omissivo impróprio, de forma livre, instantâneo, monossubjetivo, plurissubsistente e não transeunte.
Benefícios	A modalidade do *caput* admite a suspensão condicional do processo e acordo de não persecução penal. A seu turno, a modalidade culposa é delito de menor potencial ofensivo de competência dos Juizados Especiais Criminais e admite a transação, suspensão condicional do processo e acordo de não persecução penal.
Ação penal	A ação penal é pública incondicionada.

1.8. Subtração, ocultação ou inutilização de material de salvamento

O artigo 257 trata de um crime com *nomen iuris* de subtração, ocultação ou inutilização de material de salvamento:

> *Art. 257 – Subtrair, ocultar ou inutilizar, por ocasião de incêndio, inundação, naufrágio, ou outro desastre ou calamidade, aparelho, material ou qualquer meio destinado a serviço de combate ao perigo, de socorro ou salvamento; ou impedir ou dificultar serviço de tal natureza:*
>
> *Pena – reclusão, de dois a cinco anos, e multa.*

Subtrair é assenhorear-se, apropriar-se, surrupiar. Ocultar é esconder, encobrir, sonegar. Inutilizar é tornar inútil, danificar. O tipo penal, que é misto alternativo, conta com os três núcleos.

A conduta de subtração, ocultação ou inutilização recai sobre material ou qualquer meio destinado a serviço de combate ao perigo, de socorro ou salvamento.

Há, ainda, a figura de impedir (obstruir, tornar impraticável) ou dificultar (estorvar, tornar difícil) serviço de combate ao perigo, socorro ou salvamento.

Em todos os casos, deve haver a seguinte circunstância: ocasião de incêndio, inundação, naufrágio ou outro desastre (como um desmoronamento, por exemplo) ou calamidade (como um tufão).

Este tipo penal não exige a demonstração do perigo concreto a um bem jurídico, presumindo-o em virtude das circunstâncias, de modo que o crime é de perigo abstrato.

O crime é comum, podendo ser cometido por qualquer pessoa. É doloso, sem previsão de modalidade culposa nem de exigência de elemento subjetivo especial do injusto. Por ser fracionável a conduta típica, é considerado plurissubsistente e admite a modalidade tentada.

QUADRO SINÓTICO

Crime de subtração, ocultação ou inutilização de material de salvamento	
Tipo penal	Subtrair, ocultar ou inutilizar, por ocasião de incêndio, inundação, naufrágio, ou outro desastre ou calamidade, aparelho, material ou qualquer meio destinado a serviço de combate ao perigo, de socorro ou salvamento; ou impedir ou dificultar serviço de tal natureza.
Objeto jurídico	Tutela-se a incolumidade pública.
Sujeito ativo	Qualquer um.
Sujeito passivo	A sociedade.
Elemento subjetivo	Admite-se somente a modalidade dolosa. A forma majorada do delito, prevista no artigo 258 do CP, é delito *preterdoloso*, de sorte que a produção dos resultados lesão corporal de natureza grave ou morte decorrem de culpa.
Consumação	O delito se consuma quando o agente, ao realizar um dos núcleos do tipo, expõe a incolumidade pública a perigo.
Tentativa	Admite-se a tentativa.
Forma majorada	O artigo 258 do CP prevê formas qualificadas de crime de perigo comum. Em que pese tal nome, são hipóteses de aumento de pena, logo, modalidades majoradas. O referido artigo dispõe que se do crime doloso de perigo comum resulta lesão corporal de natureza grave, a pena privativa de liberdade é aumentada de metade; se resulta morte, é aplicada em dobro. No caso de culpa, se do fato resulta lesão corporal, a pena aumenta-se de metade; se resulta morte, aplica-se a pena cominada ao homicídio culposo, aumentada de um terço.

PARTE ESPECIAL

Crime de subtração, ocultação ou inutilização de material de salvamento	
Classificação	Trata-se de crime comum, doloso, de perigo concreto, comissivo ou omissivo impróprio, de forma livre, instantâneo (subtrair, inutilizar, impedir e dificultar) ou permanente (ocultar), monossubjetivo, plurissubsistente e não transeunte.
Benefícios	Admite-se o oferecimento de acordo de não persecução penal.
Ação penal	A ação penal é pública incondicionada.

1.9. Formas "qualificadas" de crime de perigo comum

O artigo 258 do Código Penal trata de formas majoradas dos crimes de perigo comum:

> *Art. 258 – Se do crime doloso de perigo comum resulta lesão corporal de natureza grave, a pena privativa de liberdade é aumentada de metade; se resulta morte, é aplicada em dobro. No caso de culpa, se do fato resulta lesão corporal, a pena aumenta-se de metade; se resulta morte, aplica-se a pena cominada ao homicídio culposo, aumentada de um terço.*

Apesar de a lei trazer o título de "formas qualificadas", a Ciência do Direito Penal reserva referido termo para os casos em que há novos limites mínimo e máximo de penas abstratamente cominadas. Deste modo, as hipóteses trazidas no artigo 258 se referem a **majorantes**.

Causa estranheza que o artigo sobre as formas majoradas de todos os crimes de perigo comum não esteja ao final do capítulo, mas antes do delito de difusão de doença e praga, que também se classifica entre referidos crimes. De todo modo, este último crime foi revogado, não havendo mais sequer a discussão sobre a aplicação da majorante a ele.

Majorante nos crimes dolosos

Se houver resultado de lesão corporal de natureza grave em crime doloso de perigo comum, a pena deve ser aumenta de metade. Se o resultado for morte, a pena deve ser aplicada em dobro. Ambas as figuras são **preterdolosas**, em razão de a conduta antecedente possuir o dolo como elemento subjetivo e o resultado, conduta subsequente, ser produzido a título de culpa em sentido estrito.

Majorantes nos crimes culposos

Se o crime de perigo comum for culposo e dele resultar lesão corporal (aqui não se exige que seja grave, como no caso dos crimes dolosos), a pena deve ser aumentada de metade. Caso o resultado seja a morte, deve-se aplicar a pena do homicídio culposo, aumentada de um terço.

1.10. Difusão de doença ou praga

O crime de difusão de doença ou praga está previsto, formalmente, no artigo 259 do CP:

> *Art. 259 – Difundir doença ou praga que possa causar dano a floresta, plantação ou animais de utilidade econômica:*
>
> *Pena – reclusão, de dois a cinco anos, e multa.*
>
> *Modalidade culposa*
>
> *Parágrafo único – No caso de culpa, a pena é de detenção, de um a seis meses, ou multa.*

Entretanto, houve sua **revogação tácita** pela superveniência da Lei n. 9.605/1998, em razão do disposto no seu artigo 61:

> *Disseminar doença ou praga ou espécies que possam causar dano à agricultura, à pecuária, à fauna, à flora ou aos ecossistemas:*
>
> *Pena – reclusão, de um a quatro anos, e multa.*

Assim preleciona a doutrina, como o jurista Luiz Regis Prado[7]. Com a revogação tácita, não há mais a modalidade culposa do crime. Portanto, o delito passou a ser da disciplina de Direito Penal Especial, a ser lá analisada.

QUADRO SINÓTICO

	Crime de difusão de doença ou praga
Tipo penal	Difundir doença ou praga que possa causar dano a floresta, plantação ou animais de utilidade econômica.
Objeto jurídico	Tutela-se a incolumidade pública.
Sujeito ativo	Qualquer um.
Sujeito passivo	A sociedade.
Elemento subjetivo	Admite-se a modalidade dolosa.
Elemento normativo	Nos termos do artigo 259, parágrafo único, do CP, admite-se a modalidade culposa.
Consumação	O delito se consuma quando o agente difunde doença ou praga que possa causar dano a floresta, plantação ou animais de utilidade econômica. Nota-se que a consumação não depende da ocorrência do dano.
Tentativa	Admite-se a tentativa.

7. PRADO, Luiz Regis. Curso de direito penal brasileiro: parte geral e parte especial. 18ª Ed. Rio de Janeiro: Forense, 2020, p. 926-927.

Crime de difusão de doença ou praga	
Classificação	Trata-se de delito comum, doloso ou culposo, de perigo concreto, comissivo ou omissivo impróprio, de forma livre, instantâneo, monossubjetivo, plurissubsistente e não transeunte.
Benefícios	A forma do *caput* admite o oferecimento de acordo de não persecução penal. A seu turno, a modalidade culposa é crime de menor potencial ofensivo, de competência dos Juizados Especiais Criminais e admite o oferecimento de transação, suspensão condicional do processo e acordo de não persecução penal.
Ação penal	A ação penal é pública incondicionada.
Observações	Há o entendimento doutrinário, segundo o qual o artigo 259 do CP foi tacitamente revogado pelo artigo 61, da Lei n. 9.605/1990. Destaca-se que as penas cominadas neste artigo são inferiores às penas daquele, configurando a *novatio legis in mellius*. Como o artigo 61, da Lei n. 9.605/1990 não previu modalidade culposa do delito, entendendo-se pela revogação do artigo 259 do CP, tratar-se-ia de *abolitio criminis*.

2. DOS CRIMES CONTRA A SEGURANÇA DOS MEIOS DE COMUNICAÇÃO E TRANSPORTE E OUTROS SERVIÇOS PÚBLICOS

O Capítulo II do Título VIII da Parte Especial do Código se intitula "Dos Crimes Contra a Segurança dos Meios de Comunicação e Transporte e Outros Serviços Públicos", o que já demonstra que se tutela a segurança de tais serviços de interesse público. São serviços de utilidade pública, por exemplo, os de tratamento de esgoto, de atendimento médico-hospitalar e de segurança pública.

Nele, estão previstos os crimes de perigo de desastre ferroviário; de atentado contra a segurança de transporte marítimo, fluvial ou aéreo; de atentado contra a segurança de outro meio de transporte; de arremesso de projétil; de atentado contra serviço de utilidade pública e de Interrupção ou perturbação de serviço telegráfico, telefônico, informático, telemático ou de informação de utilidade pública.

2.1. Perigo de desastre ferroviário

O crime de perigo de desastre ferroviário tem seu tipo penal insculpido no artigo 260 do Código Penal:

> *Art. 260 – Impedir ou perturbar serviço de estrada de ferro:*
>
> *I – destruindo, danificando ou desarranjando, total ou parcialmente, linha férrea, material rodante ou de tração, obra-de-arte ou instalação;*
>
> *II – colocando obstáculo na linha;*
>
> *III – transmitindo falso aviso acerca do movimento dos veículos ou interrompendo ou embaraçando o funcionamento de telégrafo, telefone ou radiotelegrafia;*
>
> *IV – praticando outro ato de que possa resultar desastre:*

Pena – reclusão, de dois a cinco anos, e multa.

Desastre ferroviário

§ 1º – Se do fato resulta desastre:

Pena – reclusão, de quatro a doze anos e multa.

§ 2º – No caso de culpa, ocorrendo desastre:

Pena – detenção, de seis meses a dois anos.

§ 3º – Para os efeitos deste artigo, entende-se por estrada de ferro qualquer via de comunicação em que circulem veículos de tração mecânica, em trilhos ou por meio de cabo aéreo.

Os núcleos do tipo são duas condutas alternativas: "impedir" (obstruir, interromper, tornar impraticável) ou "perturbar" (estorvar, atrapalhar, abalar), recaindo ambos sobre serviço de estrada de ferro.

O crime, que é de forma vinculada, pode ser praticado de um dos seguintes modos:

- destruindo (demolindo, devastando, extinguindo, pondo no chão), danificando (estragando, avariando, arruinando, corrompendo) ou desarranjando (tirando da ordem), total ou parcialmente, linha férrea (trilhos por onde passam as locomotivas e vagões), material rodante (é o que circula, a exemplo dos vagões) ou de tração (é o veículo, o que possui força motriz, como a locomotiva), obra-de-arte (edificações que possibilitam o transporte ferroviário, como pontes e túneis) ou instalação (qualquer equipamento ligado ao transporte ferroviário, como a chave de desvio);
- colocando obstáculo na linha (qualquer obstáculo, como pedras ou madeira);
- transmitindo (propagando, emitindo) falso aviso acerca do movimento dos veículos ou interrompendo (fazendo cessar, quebrando a continuidade) ou embaraçando (atrapalhando, estorvando) o funcionamento de telégrafo, telefone ou radiotelegrafia;
- praticando outro ato de que possa resultar desastre, norma mais abrangente, que deve ser lida como hipótese de interpretação analógica, para que o tipo penal não seja por demais indeterminado.

O crime é comum, não havendo exigência de nenhuma qualidade específica do sujeito ativo. É plurissubsistente, sendo possível a tentativa. A doutrina classifica o delito como de **perigo concreto**, entendendo necessária a efetiva situação de perigo para sua configuração.

O parágrafo terceiro do artigo 260 traz uma **norma interpretativa**, segundo a qual se entende por estrada de ferro qualquer via de comunicação em que circulem veículos de tração mecânica, em trilhos ou por meio de cabo aéreo. Estão incluídos os bondes, os metrôs e os teleféricos, públicos ou privados.

O Superior Tribunal de Justiça já consignou que, com referido delito, tutelam-se tanto a segurança dos meios de transporte, de forma direta, como a vida e a integridade física dos passageiros, indiretamente. Ademais, ressaltou que a competência para seu julgamento, em regra, é da Justiça Estadual:

> *"PENAL. PROCESSUAL PENAL. RECURSO ORDINÁRIO EM HABEAS CORPUS. CRIME DE PERIGO DE DESASTRE FERROVIÁRIO. AUSÊNCIA DE OFENSA DIRETA A BENS, SERVIÇOS E INTERESSES DA UNIÃO. COMPETÊNCIA DA JUSTIÇA ESTADUAL. TRANCAMENTO DO INQUÉRITO INSTAURADO PELA POLÍCIA FEDERAL. 1. **O bem jurídico tutelado pelo crime de perigo de desastre ferroviário é a incolumidade pública, consubstanciada na segurança dos meios de comunicação e transporte. Indiretamente, também se tutelam a vida e a integridade física das pessoas vítimas do desastre**. 2. Ausente especificada ofensa direta a bens, serviços e interesses da União, não se dá hipótese de competência da Justiça Federal para persecução do crime previsto no art. 260, IV, § 2º, c/c art. 263, ambos do Código Penal, a teor do art. 109, IV, da Constituição Federal. (...)" (STJ, RHC 50054/SP, Rel. Min. Nefi Cordeiro, Sexta Turma, DJe 14/11/2014).*

A doutrina aponta não ser o caso de conduta típica o chamado "surf ferroviário", que seria a conduta de o sujeito se deslocar em cima do vagão do trem, colocando em risco a própria vida. Apesar de se tratar de julgado cível, nota-se que o STJ considerou que o sujeito coloca a própria vida em risco:

> *"Responsabilidade civil. Acidente ferroviário. Queda de trem. "Surfista ferroviário". Culpa exclusiva da vítima. I – A pessoa que se arrisca em cima de uma composição ferroviária, praticando o denominado "surf ferroviário", assume as consequências de seus atos, não se podendo exigir da companhia ferroviária efetiva fiscalização, o que seria até impraticável. II – Concluindo o acórdão tratar o caso de "surfista ferroviário", não há como rever tal situação na via especial, pois demandaria o revolvimento de matéria fático-probatória, vedado nesta instância superior (Súmula 7/STJ). III – Recurso especial não conhecido." (STJ, REsp 160051/RJ, Rel. Min. Antônio de Pádua Ribeiro, Terceira Turma, DJ 17/02/2003).*

Desastre ferroviário: formas qualificadas

O Código Penal, nos parágrafos primeiro e segundo do artigo 260, traz formas qualificadas do crime de perigo de desastre ferroviário, trazendo uma denominação diversa: **desastre ferroviário**.

O parágrafo primeiro traz uma figura **preterdolosa**, no caso de ocorrer o resultado consistente em desastre, que deve ter sido praticado por negligência, imprudência ou imperícia. Inadmissível, portanto, a tentativa. A pena será a de reclusão, de quatro a doze anos, e multa.

Há também a previsão de **outro crime qualificado pelo resultado**. Também se pune a efetiva ocorrência do desastre, como fato subsequente, mas no caso de o agente agir com culpa também quanto ao fato antecedente (culpa no antecedente e culpa no consequente). Nesta modalidade, a pena prevista é a de detenção, de seis meses a dois anos.

QUADRO SINÓTICO

Crime de perigo de desastre ferroviário	
Tipo penal	Impedir ou perturbar serviço de estrada de ferro destruindo, danificando ou desarranjando, total ou parcialmente, linha férrea, material rodante ou de tração, obra-de-arte ou instalação; colocando obstáculo na linha; transmitindo falso aviso acerca do movimento dos veículos ou interrompendo ou embaraçando o funcionamento de telégrafo, telefone ou radiotelegrafia; praticando outro ato de que possa resultar desastre.
Objeto jurídico	Tutela-se a incolumidade pública.
Sujeito ativo	Qualquer um.
Sujeito passivo	A sociedade e todos aqueles que tiveram sua vida, integridade física ou propriedade expostas a perigo.
Elemento subjetivo	Admite-se a modalidade dolosa. Destaca-se que o dolo deve ser o de gerar perigo, não o de gerar dano, sob risco de a conduta se enquadrar ao tipo do artigo 163 do CP. A forma majorada do delito, prevista no artigo 263 do CP (remissão e aplicação do artigo 258 do CP), é delito *preterdoloso*, de sorte que a produção dos resultados lesão corporal ou morte decorrem de culpa.
Elemento normativo	Nos termos do artigo 260, § 2º, do CP, admite-se também a modalidade culposa.
Consumação	O delito se consuma quando o agente incorre em uma das condutas previstas nos incisos do artigo 260 do CP e há periclitação da incolumidade pública.
Tentativa	Admite-se a tentativa.
Forma majorada	Nos termos do artigo 263 do CP, aplicam-se as disposições do artigo 258 do CP, que prevê formas qualificadas de crime de perigo comum. Em que pese tal nome, são hipóteses de aumento de pena, logo, modalidades majoradas. O referido artigo dispõe que se do crime doloso de perigo comum resulta lesão corporal de natureza grave, a pena privativa de liberdade é aumentada de metade; se resulta morte, é aplicada em dobro. No caso de culpa, se do fato resulta lesão corporal, a pena aumenta-se de metade; se resulta morte, aplica-se a pena cominada ao homicídio culposo, aumentada de um terço.
Forma qualificada	Nos termos do artigo 260, § 1º, do CP, o delito é qualificado se do fato resulta desastre.
Classificação	Trata-se de crime comum, doloso ou culposo, comissivo ou omissivo impróprio, de perigo concreto, de forma vinculada, instantâneo, monossubjetivo, plurissubsistente e não transeunte.

Crime de perigo de desastre ferroviário	
Benefícios	A forma do *caput* admite o oferecimento de acordo de não persecução penal. A modalidade culposa é delito de menor potencial ofensivo, de competência dos Juizados Especiais Criminais e admite a transação, suspensão condicional do processo e acordo de não persecução penal.
Ação penal	A ação penal é pública incondicionada.
Observações	Nos termos do artigo 260, § 3º, do CP, entende-se por estrada de ferro qualquer via de comunicação em que circulem veículos de tração mecânica, em trilhos ou por meio de cabos.

2.2. Atentado contra a segurança de transporte marítimo, fluvial ou aéreo

O crime de atentado contra a segurança de transporte marítimo, fluvial ou aéreo está previsto no artigo 261 do Código Penal:

> *Art. 261 – Expor a perigo embarcação ou aeronave, própria ou alheia, ou praticar qualquer ato tendente a impedir ou dificultar navegação marítima, fluvial ou aérea:*
>
> *Pena – reclusão, de dois a cinco anos.*
>
> *Sinistro em transporte marítimo, fluvial ou aéreo*
>
> *§ 1º – Se do fato resulta naufrágio, submersão ou encalhe de embarcação ou a queda ou destruição de aeronave:*
>
> *Pena – reclusão, de quatro a doze anos.*
>
> *Prática do crime com o fim de lucro*
>
> *§ 2º – Aplica-se, também, a pena de multa, se o agente pratica o crime com intuito de obter vantagem econômica, para si ou para outrem.*
>
> *Modalidade culposa*
>
> *§ 3º – No caso de culpa, se ocorre o sinistro:*
>
> *Pena – detenção, de seis meses a dois anos.*

A conduta típica é "expor" (deixar ou ficar sem proteção) a perigo embarcação ou aeronave, própria ou alheia, ou "praticar" (fazer, produzir) qualquer ato tendente a impedir (obstruir, interromper, tornar impraticável) ou dificultar (tornar difícil ou mais difícil, estorvar, atrapalhar) navegação marítima, fluvial ou aérea.

É crime comum, podendo ser praticado por qualquer pessoa. É de **perigo concreto**, consumando-se com a criação do perigo, que deve ser efetivo e concreto. É plurissubsistente, admitindo a tentativa.

Crime mercenário

O parágrafo segundo do artigo 261 prevê a forma mercenário do delito, ou seja, quando haja a finalidade específica de obtenção de vantagem econômica, seja para o próprio agente, seja para outrem. Neste caso, aplica-se, cumulativamente, a pena de multa.

Modalidade culposa

O artigo 261, em seu parágrafo terceiro, prevê a punição do delito a título de negligência, imprudência ou imperícia. Em tal caso, a pena será de detenção, de seis meses a dois anos.

QUADRO SINÓTICO

Crime de atentado contra a segurança de transporte marítimo, fluvial ou aéreo	
Tipo penal	Expor a perigo embarcação ou aeronave, própria ou alheia, ou praticar qualquer ato tendente a impedir ou dificultar navegação marítima, fluvial ou aérea.
Objeto jurídico	Tutela-se a incolumidade pública.
Sujeito ativo	Qualquer um.
Sujeito passivo	A sociedade e todos aqueles que tiveram sua vida, integridade física ou propriedade expostas a perigo ou a dano.
Elemento subjetivo	Admite-se a modalidade dolosa. A forma majorada do delito, prevista no artigo 263 do CP (remissão e aplicação do artigo 258 do CP), é delito *preterdoloso*, de sorte que a produção dos resultados lesão corporal ou morte decorrem de culpa.
Elemento normativo	Nos termos do artigo 261, § 3º, do CP, admite-se também a modalidade culposa.
Consumação	O delito se consuma quando o agente incorre em uma das condutas previstas no artigo 261 do CP e há periclitação da incolumidade pública.
Tentativa	Admite-se a tentativa.
Forma majorada	Nos termos do artigo 263 do CP, aplicam-se as disposições do artigo 258 do CP, que prevê formas qualificadas de crime de perigo comum. Em que pese tal nome, são hipóteses de aumento de pena, logo, modalidades majoradas. O referido artigo dispõe que se do crime doloso de perigo comum resulta lesão corporal de natureza grave, a pena privativa de liberdade é aumentada de metade; se resulta morte, é aplicada em dobro. No caso de culpa, se do fato resulta lesão corporal, a pena aumenta-se de metade; se resulta morte, aplica-se a pena cominada ao homicídio culposo, aumentada de um terço.
Forma qualificada	Nos termos do artigo 261, § 1º, do CP, a conduta é qualificada se resultar naufrágio, submersão ou encalhe de embarcação ou a queda ou destruição de aeronave
Classificação	Trata-se de delito comum, doloso ou culposo, comissivo ou omissivo impróprio, de perigo concreto, de forma livre, instantâneo, monossubjetivo, plurissubsistente e não transeunte.

Crime de atentado contra a segurança de transporte marítimo, fluvial ou aéreo	
Benefícios	A forma do *caput* admite o oferecimento de acordo de não persecução penal. A modalidade culposa é delito de menor potencial ofensivo, de competência dos Juizados Especiais Criminais e admite a transação, suspensão condicional do processo e acordo de não persecução penal.
Ação penal	A ação penal é pública incondicionada.

2.3. Atentado contra a segurança de outro meio de transporte

O delito de atentado contra a segurança de outro meio de transporte está situado no artigo 262 do Código Penal:

> *Art. 262 – Expor a perigo outro meio de transporte público, impedir-lhe ou dificultar-lhe o funcionamento:*
>
> *Pena – detenção, de um a dois anos.*
>
> *§ 1º – Se do fato resulta desastre, a pena é de reclusão, de dois a cinco anos.*
>
> *§ 2º – No caso de culpa, se ocorre desastre:*
>
> *Pena – detenção, de três meses a um ano.*

O dispositivo acima prevê como conduta típica a de “expor” (deixar ou ficar sem proteção) a perigo outro meio de transporte público. Há, ainda, as formas alternativas de impedir (obstruir, interromper, tornar impraticável) ou dificultar (tornar difícil ou mais difícil, estorvar, atrapalhar) o funcionamento de outro meio de transporte público.

O tipo penal faz referência a outro meio de transporte, em razão de já estarem abrangidos, pelo artigo 261, o marítimo, fluvial e o aéreo. Restariam, assim, **o lacustre e o rodoviário**. Podemos pensar, ainda, no **aeroespacial**, que, mesmo que não implementado como serviço de transporte de passageiros, já vem sendo utilizado inclusive para fins privados e pode se tornar público no futuro.

O crime é comum, podendo ser praticado por qualquer pessoa. É plurissubsistente, sendo cabível a punição pela tentativa. A doutrina o classifica como crime de **perigo concreto**, de modo que é necessária a demonstração de perigo real e efetivo para a sua configuração.

Modalidade qualificada (preterdolosa)

O parágrafo primeiro do artigo 262 prevê a forma qualificada pelo resultado desastre. Cuida-se de figura preterdolosa, cuja pena é de reclusão, de dois a cinco anos.

Modalidade culposa

Já o parágrafo segundo do artigo 262 trata também de forma qualificada pelo resultado consistente em desastre. Entretanto, a previsão é de culpa tanto no fato antecedente quanto no subsequente. A pena passa a ser de detenção, de três meses a um ano.

2.4. Forma "qualificada"

O artigo 263 prevê forma qualificada, cabível a vários dos delitos estudados:

> *Art. 263 – Se de qualquer dos crimes previstos nos arts. 260 a 262, no caso de desastre ou sinistro, resulta lesão corporal ou morte, aplica-se o disposto no art. 258.*

O dispositivo é aplicável aos crimes de perigo de desastre ferroviário; atentado contra a segurança de transporte marítimo, fluvial ou aéreo; sinistro em transporte marítimo, fluvial ou aéreo e atentado contra a segurança de outro meio de transporte.

Determina-se que, **no caso de lesão corporal ou morte**, deve-se aplicar o disposto no **artigo 258 do CP**:

> *Art. 258 – Se do crime doloso de perigo comum resulta lesão corporal de natureza grave, a pena privativa de liberdade é aumentada de metade; se resulta morte, é aplicada em dobro. No caso de culpa, se do fato resulta lesão corporal, a pena aumenta-se de metade; se resulta morte, aplica-se a pena cominada ao homicídio culposo, aumentada de um terço.*

QUADRO SINÓTICO

Crime de atentado contra a segurança de outro meio de transporte	
Tipo penal	Expor a perigo outro meio de transporte público, impedir-lhe ou dificultar-lhe o funcionamento.
Objeto jurídico	Tutela-se a incolumidade pública.
Sujeito ativo	Qualquer um.
Sujeito passivo	A sociedade e todos aqueles que tiveram sua vida, integridade física ou propriedade expostas a perigo ou a dano.
Elemento subjetivo	Admite-se a modalidade dolosa. A forma majorada do delito, prevista no artigo 263 do CP (remissão e aplicação do artigo 258 do CP), é delito *preterdoloso*, de sorte que a produção dos resultados lesão corporal ou morte decorrem de culpa.
Elemento normativo	Nos termos do artigo 262, § 2º, do CP, admite-se a modalidade culposa.
Consumação	O delito se consuma quando o agente incorre em uma das condutas previstas no artigo 262 do CP e há periclitação da incolumidade pública.
Tentativa	Admite-se a tentativa.

Crime de atentado contra a segurança de outro meio de transporte	
Forma majorada	Nos termos do artigo 263 do CP, aplicam-se as disposições do artigo 258 do CP, que prevê formas qualificadas de crime de perigo comum. Apesar da nomenclatura são hipóteses de aumento de pena: se do crime doloso de perigo comum resulta lesão corporal de natureza grave, a pena privativa de liberdade é aumentada de metade; se resulta morte, é aplicada em dobro. No caso de culpa, se do fato resulta lesão corporal, a pena aumenta-se de metade; se resulta morte, aplica-se a pena cominada ao homicídio culposo, aumentada de um terço.
Forma qualificada	Nos termos do artigo 262, § 1º, do CP, a conduta é qualificada ela resulta em desastre.
Classificação	Trata-se de delito comum, doloso ou culposo, comissivo ou omissivo impróprio, de perigo concreto, de forma livre, instantâneo, monossubjetivo, plurissubsistente e não transeunte.
Benefícios	A forma do *caput* admite o oferecimento de acordo de não persecução penal. A modalidade culposa é delito de menor potencial ofensivo, de competência dos Juizados Especiais Criminais e admite a transação, suspensão condicional do processo e acordo de não persecução penal.
Ação penal	A ação penal é pública e incondicionada.

2.5. Arremesso de projétil

O delito de arremesso de projétil está previsto no artigo 264 do Código Penal:

> *Art. 264 – Arremessar projétil contra veículo, em movimento, destinado ao transporte público por terra, por água ou pelo ar:*
>
> *Pena – detenção, de um a seis meses.*
>
> *Parágrafo único – Se do fato resulta lesão corporal, a pena é de detenção, de seis meses a dois anos; se resulta morte, a pena é a do art. 121, § 3º, aumentada de um terço.*

A ação nuclear típica é arremessar, que significa atirar, lançar longe, jogar. A conduta incriminada é arremessar projétil (objeto sólido lançado por impulsão, que a doutrina destaca dever ser pesado) contra veículo, em movimento, destinado ao transporte público por terra, por água ou pelo ar.

Há quem defenda não se tipificar o crime se o veículo for particular. Entretanto, o que a lei exige é que seja veículo de transporte público, seja por terra (ferroviário ou rodoviário), por água (marítimo, fluvial ou lacustre) ou pelo ar (aéreo). Ademais, o veículo deve estar em movimento.

O crime é doloso, sem exigência de elemento subjetivo especial do tipo, sendo que, se este estiver presente, pode-se configurar crime diverso. É comum, não se exigindo qualidade especial do sujeito ativo. É de forma livre. É de **perigo abstrato**. A maioridade da doutrina entende ser unissubsistente, não sendo admissível a tentativa, sendo que Mirabete tem entendimento contrário.

Por razão de especialidade, o disparo de projétil com emprego de arma de fogo tipifica o crime do Estatuto do Desarmamento, Lei n. 10.826/2003. O artigo 15 de referida lei prevê o crime de disparo de arma de fogo.

Forma qualificada

O parágrafo único prevê modalidade qualificada do delito, consistente em figura preterdolosa. Sobrevindo resultado consistente em lesão corporal, por culpa do agente, a pena passa a ser de detenção, de seis meses a dois anos. Se o resultado, decorrente de imprudência, negligência ou imperícia, for a morte, aplica-se a pena do homicídio culposa (detenção, de um a três anos), com a causa de aumento de um terço.

QUADRO SINÓTICO

Crime de arremesso de projétil	
Tipo penal	Arremessar projétil contra veículo, em movimento, destinado ao transporte público por terra, por água ou pelo ar.
Objeto jurídico	Tutela-se a incolumidade pública.
Sujeito ativo	Qualquer um.
Sujeito passivo	A sociedade e todos aqueles que tiveram sua vida, integridade física ou propriedade expostas a perigo.
Elemento subjetivo	Admite-se somente a modalidade dolosa. As formas do delito previstas no artigo 264, parágrafo único do CP são *preterdolosas*, de sorte que a produção dos resultados lesão corporal ou morte decorrem de culpa.
Consumação	O delito se consuma quando o agente arremessa projétil contra veículo, em movimento, destinado ao transporte público por terra, água ou pelo ar e há periclitação da incolumidade pública. O mero arremesso do projétil sem a criação do perigo não é típica.
Tentativa	Admite-se a tentativa.
Forma majorada	Nos termos do artigo 264, segunda parte do parágrafo único, se do fato resulta morte, a pena é a do art. 121, § 3º, aumentada de um terço.
Forma qualificada	Nos termos do artigo 264, primeira parte do parágrafo único, se do fato resulta lesão corporal, a pena é de detenção, de seis meses a dois anos.

PARTE ESPECIAL

Crime de arremesso de projétil	
Classificação	Trata-se de delito comum, doloso, comissivo ou omissivo impróprio, de perigo concreto, de forma vinculada, instantâneo, monossubjetivo, plurissubsistente e não transeunte.
Benefícios	A modalidade do *caput* e a qualificada (primeira parte do parágrafo único) são delitos de menor potencial ofensivo, de competência dos Juizados Especiais Criminais e admitem a transação, a suspensão condicional do processo e o acordo de não persecução penal.
Ação penal	A ação penal é pública incondicionada.

2.6. Atentado contra a segurança de serviço de utilidade pública

O artigo 265 do Código Penal trata sobre o crime de atentado contra a segurança de serviço de utilidade pública:

> *Art. 265 – Atentar contra a segurança ou o funcionamento de serviço de água, luz, força ou calor, ou qualquer outro de utilidade pública:*
>
> *Pena – reclusão, de um a cinco anos, e multa.*
>
> *Parágrafo único – Aumentar-se-á a pena de 1/3 (um terço) até a metade, se o dano ocorrer em virtude de subtração de material essencial ao funcionamento dos serviços.*

A ação nuclear típica é atentar, que significa cometer ofensa, importunar. Volta-se a conduta contra a segurança ou o funcionamento de serviço de água, luz, força ou calor, podendo ainda se voltar contra qualquer outro que seja de utilidade pública. Por meio dessa cláusula de interpretação analógica, incluem-se serviços de saúde pública, de limpeza pública e fornecimento de gás, por exemplo[8]. O serviço deve ser de utilidade pública, podendo ser fornecido diretamente pelo Estado ou por meio de concessionária.

Qualquer indivíduo pode ser o sujeito ativo, tratando-se, pois, de crime comum. É doloso, sem previsão de qualquer finalidade específica. O entendimento majoritário é que o crime é de perigo abstrato, de modo que o perigo é presumido por lei. É possível a tentativa, por ser o delito plurissubsistente, como defende a doutrina majoritária. Nucci, entretanto, defende não ser possível a tentativa, considerando que, por se tratar de crime de atentado, a lei pune o mero início de execução como delito consumado[9].

Apesar de não ser recente, vale citar o precedente do STJ, em que se fixa a competência da Justiça Estadual, em regra, para julgamento do delito previsto no artigo 265 do CP:

8. PRADO, Luiz Regis. Op. Cit., 2020, p. 943.
9. NUCCI, Guilherme de Souza. Op. Cit., 2015, p. 1208. Admitindo a tentativa: PRADO, Luiz Regis. Op. Cit., 2020, p. 943.

> *"CONSTITUCIONAL E PENAL. COMPETENCIA. CRIME CONTRA BENS E SERVIÇOS DE SOCIEDADE DE ECONOMIA MISTA. COMPETE A **JUSTIÇA COMUM ESTADUAL** PROCESSAR E JULGAR AÇÃO PENAL RELACIONADA COM ATENTADO CONTRA O FORNECIMENTO DE ENERGIA ELÉTRICA OU DANOS CAUSADOS A UMA SOCIEDADE DE ECONOMIA MISTA PRESTADORA OU CONCESSIONARIA DESSES SERVIÇOS. INCIDENCIA DA SUMULA 42-STJ." (CC 13182/TO, Rel. Min. Jesus Costa Lima, Terceira Seção, DJ 05/06/**1995**).*

Entretanto, se o crime de voltar contra a segurança ou funcionamento de serviço de utilidade pública que seja de interesse da União, a competência será da Justiça Comum Federal. Caso haja a prática de atentado contra o serviço público por meio de incêndio ou explosão, deve haver a absorção do delito previsto no artigo 265 pelos previstos, respectivamente, nos artigos 250 e 251 do Código Penal[10].

Especialidade

Há crimes especiais em relação ao art. 265, do CP. Se houver a finalidade de abolir o Estado Democrático de Direito e o serviço se destinar à segurança nacional, configurar-se-á o delito previsto no artigo 359-R do Código, denominado de Sabotagem. No caso de prédios militares ou sujeitos à administração militar, há o crime do art. 287 do Código Penal Militar. Por fim, se a conduta se referir ao funcionamento de instalação nuclear ou o transporte de material nuclear, incide o crime do artigo 27 da Lei n. 6.453/1977.

Forma majorada

O parágrafo único do artigo 265 prevê a causa de aumento de pena de um terço até metade se o dano ocorrer em virtude de **subtração** de material essencial ao fornecimento de serviço de água, luz, força, calor ou outro que seja de utilidade pública. A majorante não menciona o material imprescindível à segurança do serviço de utilidade pública, como se menciona no *caput* do artigo 265, mas apenas o material essencial ao seu fornecimento.

Diferencia-se do furto em razão da finalidade. Aqui, o agente subtrai com a finalidade de prejudicar um serviço de utilidade pública, e não apenas com fins patrimoniais. No furto, a intenção do agente é de cunho patrimonial.

QUADRO SINÓTICO

Crime de atentado contra a segurança de serviço de utilidade pública	
Tipo penal	Atentar contra a segurança ou o funcionamento de serviço de água, luz, força ou calor, ou qualquer outro de utilidade pública.
Objeto jurídico	Tutela-se a incolumidade pública.

10. SILVA JÚNIOR, José; DEZEM, Guilherme Madeira. In: FRANCO, Alberto Silva; STOCCO, Rui (coord.). Op. Cit., 2007, p. 1279.

Crime de atentado contra a segurança de serviço de utilidade pública	
Sujeito ativo	Qualquer um.
Sujeito passivo	A sociedade e todos aqueles que tiveram sua vida, integridade física ou propriedade expostas a perigo.
Elemento subjetivo	Admite-se a modalidade dolosa.
Consumação	O delito se consuma quando o agente atenta contra a segurança ou o funcionamento de serviço de água, luz, força ou calor, ou qualquer outro de utilidade pública e há periclitação da incolumidade pública. Não há presunção de perigo.
Tentativa	Por se tratar de delito plurissubsistente admite-se a tentativa.
Forma majorada	Nos termos do artigo 265, parágrafo único, do CP, aumentar-se-á a pena de 1/3 (um terço) até a metade, se o dano ocorrer em virtude de subtração de material essencial ao funcionamento dos serviços.
Classificação	Trata-se de delito comum, doloso, comissivo ou omissivo impróprio, de perigo concreto, de forma livre, instantâneo, monossubjetivo, plurissubsistente e não transeunte.
Benefícios	A modalidade do *caput* admite a suspensão condicional do processo e o oferecimento de acordo de não persecução penal.
Ação penal	A ação penal é pública incondicionada.

2.7. Interrupção ou perturbação de serviço telegráfico, telefônico, informático, telemático ou de informação de utilidade pública

O artigo 266 do Código Penal dispõe sobre a infração penal de interrupção ou perturbação de serviço telegráfico, telefônico, informático, telemático ou de informação de utilidade pública:

> *Art. 266 – Interromper ou perturbar serviço telegráfico, radiotelegráfico ou telefônico, impedir ou dificultar-lhe o restabelecimento:*
>
> *Pena – detenção, de um a três anos, e multa.*
>
> *§ 1º Incorre na mesma pena quem interrompe serviço telemático ou de informação de utilidade pública, ou impede ou dificulta-lhe o restabelecimento.*
>
> *§ 2º Aplicam-se as penas em dobro se o crime é cometido por ocasião de calamidade pública.*

Os núcleos do tipo são condutas alternativas: "impedir" (fazer cessar, pôr termo a) ou "perturbar" (estorvar, atrapalhar, abalar). A conduta incriminada é impedir ou perturbar serviço telegráfico, radiotelegráfico ou telefônico. Também se tipifica as condutas de "impedir" (fazer cessar, pôr termo a) ou "dificultar" (estorvar, tornar difícil) o restabelecimento de serviço telegráfico, radiotelegráfico ou telefônico.

Serviço telegráfico é o que permite a transmissão de mensagens a distância, através de fios, mediante o uso de código de sinais. **Serviço radiotelegráfico** é o de transmissão de mensagens, através de ondas eletromagnéticas, utilizando-se também um código de sinais. **Serviço telefônico** é o que se realiza pela transmissão do som à distância, seja mediante ondas ou fios. O que se tutela é **o próprio serviço**, e não uma comunicação isoladamente considerada.

Como **forma equiparada**, o parágrafo primeiro reza que incorre na mesma pena quem interrompe serviço telemático ou de informação de utilidade pública, ou impede ou dificulta-lhe o restabelecimento. Na forma equiparada, **não há previsão da conduta de perturbar**.

Serviço telemático é o que possibilita a transmissão de comunicação por meio de informação computadorizada, ou seja, mediante o uso de computador ou outro equipamento de processamento de informações. **Serviço de informação de utilidade pública** é o que interessa para a população, como o de jornais.

O crime é doloso, sem previsão de finalidade específica nem de modalidade culposa. É comum, podendo ser cometido por qualquer pessoa. É plurissubsistente, sendo sua conduta fracionável. Por isso, admite a tentativa, também denominada de *conatus*.

Forma majorada

O parágrafo segundo do artigo 266 prevê a forma majorada, com aplicação em dobro, se o delito for cometido por ocasião de calamidade pública. O maior potencial da conduta de atingir a incolumidade pública justifica o incremento de pena. Calamidade pública, nas palavras de Hungria, é "a desgraça coletiva, o infortúnio que aflige a extenso número de pessoas, como, por exemplo, a inundação de uma cidade, a peste, a fome, a invasão inimiga, um ciclone devastador etc."[11]

QUADRO SINÓTICO

Crime de interrupção ou perturbação de serviço telegráfico, telefônico, informático, telemático ou de informação de utilidade pública	
Tipo penal	Interromper ou perturbar serviço telegráfico, radiotelegráfico ou telefônico, impedir ou dificultar-lhe o restabelecimento.
Objeto jurídico	Tutela-se a incolumidade pública.
Sujeito ativo	Qualquer um.
Sujeito passivo	A coletividade.
Elemento subjetivo	Admite-se somente a modalidade dolosa.
Consumação	O delito se consuma quando o agente incorre em uma das condutas previstas no artigo 266 do CP e há periclitação da incolumidade pública.

11. HUNGRIA, Nélson. Comentários ao Código Penal, vol. IX. Rio de Janeiro: Revista Forense, 1958, p. 88.

Crime de interrupção ou perturbação de serviço telegráfico, telefônico, informático, telemático ou de informação de utilidade pública	
Tentativa	Admite-se a tentativa.
Forma majorada	Nos termos do artigo 266, § 2º, do CP, aplicam-se as penas em dobro se o crime for cometido por ocasião de calamidade pública.
Classificação	Trata-se de delito comum, doloso, comissivo ou omissivo impróprio, de perigo, de forma livre, instantâneo, monossubjetivo, plurissubsistente e não transeunte.
Benefícios	A forma do *caput* admite a suspensão condicional do processo e o oferecimento de acordo de não persecução penal.
Ação penal	A ação penal é pública incondicionada.
Observações	Nos termos do artigo 266, § 1º, do CP, incorre na mesma pena quem interrompe serviço telemático ou de informação de utilidade pública, ou impede ou dificulta-lhe o restabelecimento.

3. DOS CRIMES CONTRA A SAÚDE PÚBLICA

Denomina-se “Dos Crimes Contra a Saúde Pública” o Capítulo III do Título VIII do Código Penal, que, como se pode deduzir, também busca tutelar a incolumidade pública, mais especificamente no que se refere à saúde da população.

São crimes contra a saúde pública o de epidemia; de infração de medida sanitária preventiva; de omissão de notificação de doença; de envenenamento de água potável ou se substância alimentícia ou medicinal; de corrupção ou poluição de água potável; de falsificação, corrupção, adulteração ou alteração de substância ou produtos alimentícios; de falsificação, corrupção, adulteração ou alteração de produto destinado a fins terapêuticos ou medicinais; de emprego de processo proibido ou de substância não permitida; de invólucro ou recipiente com falsa indicação; de produto ou substância nas condições dos dois artigos anteriores; de substância destinada à falsificação; de outras substâncias nocivas à saúde pública; de medicamento em desacordo com receita médica; de exercício irregular da medicina, arte dentária ou farmacêutica; de charlatanismo e de curandeirismo.

3.1. Epidemia

O crime de epidemia está previsto no artigo 267 do Código Penal:

> *Art. 267 – Causar epidemia, mediante a propagação de germes patogênicos:*
>
> *Pena – reclusão, de dez a quinze anos.*
>
> *§ 1º – Se do fato resulta morte, a pena é aplicada em dobro.*
>
> *§ 2º – No caso de culpa, a pena é de detenção, de um a dois anos, ou, se resulta morte, de dois a quatro anos.*

O núcleo do tipo é causar, que significa provocar, ser a causa de, motivar. Penaliza-se a conduta de causar epidemia, mediante a propagação de germes patogênicos.

Epidemia é um surto de doença, atacando um grande número de pessoas em uma determinada região, mas de forma transitória.

O crime é de forma vinculada, sendo que, para sua configuração, a epidemia deve ser causada mediante a propagação (disseminação) de germes patogênicos, ou seja, de micro-organismos que transmitem doenças.

Pode ser sujeito ativo qualquer pessoa, sendo o crime comum. O *caput* prevê a modalidade dolosa. Se houver elemento subjetivo do tipo consistente na intenção de matar (*animus necandi*), o crime será o de homicídio. Caso a intenção seja transmitir a moléstia a pessoa determinada ou a pessoas determinadas, pode-se configurar o crime de perigo de contágio de moléstia grave. O crime é plurissubsistente, admitindo a tentativa.

Forma qualificada

O parágrafo primeiro do artigo 267 prevê que a pena passa a ser de reclusão, de dez a quinze anos, se do fato resultar morte. Cuida-se de figura **preterdolosa**, devendo o resultado ser provocado por culpa em sentido estrito. Caso contrário, o crime será o de homicídio.

Caso haja o resultado morte e o elemento subjetivo seja o dolo, o crime é **hediondo**, como prevê o artigo 1º, inciso VII, da Lei n. 8.072/1990:

> *Art. 1º São considerados hediondos os seguintes crimes, todos tipificados no Decreto-Lei nº 2.848, de 7 de dezembro de 1940 – Código Penal, consumados ou tentados:*
>
> *(...)*
>
> *VII – epidemia com resultado morte (art. 267, § 1º).*

Portanto, configura-se a hediondez se configurar o delito previsto no parágrafo primeiro do artigo 267, que é a modalidade preterdolosa.

Modalidades culposa e culposa qualificada pelo resultado

O parágrafo segundo do artigo 267, por sua vez, trata do crime cometido por imprudência, negligência ou imperícia. Em tal modalidade, sua pena é a de detenção, de um a dois anos. Havendo resultado morte e sendo o delito culposo, a pena passa a ser de detenção, de dois a quatro anos.

QUADRO SINÓTICO

Crime de epidemia	
Tipo penal	Causar epidemia, mediante a propagação de germes patogênicos.
Objeto jurídico	Tutelam-se a incolumidade pública e, mais especificamente, a saúde pública.
Sujeito ativo	Qualquer um.
Sujeito passivo	A sociedade e todos aqueles que tiveram sua vida, integridade física ou propriedade expostas a perigo ou sofreram danos.

Crime de epidemia	
Elemento subjetivo	Admite-se a modalidade dolosa. Na hipótese do artigo 267, § 1º, do CP, a produção do resultado morte é decorrente de culpa, por se tratar de delito *preterdoloso*.
Elemento normativo	Admite-se a modalidade culposa, nos termos do artigo 267, § 2º, do CP: No caso de culpa, a pena é de detenção, de um a dois anos, ou, se resulta morte, de dois a quatro anos.
Consumação	O delito se consuma quando os germes patogênicos são propagados e geram perigo à incolumidade pública.
Tentativa	Admite-se a tentativa.
Forma majorada	Nos termos do artigo 267, § 1º, do CP, há previsão de aumento de pena se do fato resulta em morte.
Classificação	Trata-se de delito comum, doloso ou culposo, comissivo ou omissivo impróprio, de perigo concreto, de forma vinculada, instantâneo, monossubjetivo, plurissubsistente e não transeunte.
Benefícios	A modalidade culposa do artigo 267, primeira parte do § 2º do CP é delito de menor potencial ofensivo, de competência dos Juizados Especiais Criminais e que admite transação, suspensão condicional do processo e acordo de não persecução penal. A conduta do artigo 267, segunda parte do § 2º do CP, que prevê a produção culposa do resultado morte, admite somente o oferecimento de acordo de não persecução penal.
Ação penal	A ação penal é pública e incondicionada.
Observações	Nos termos do artigo 1º, inciso VII da Lei n. 8.072/1990 o crime de epidemia majorado pelo resultado morte é hediondo.

3.2. Infração de medida sanitária preventiva

O crime de infração de medida sanitária preventiva está previsto no artigo 268 do Código Penal, nos seguintes termos:

> *Art. 268 – Infringir determinação do poder público, destinada a impedir introdução ou propagação de doença contagiosa:*
>
> *Pena – detenção, de um mês a um ano, e multa.*
>
> *Parágrafo único – A pena é aumentada de um terço, se o agente é funcionário da saúde pública ou exerce a profissão de médico, farmacêutico, dentista ou enfermeiro.*

"Infringir" é a ação nuclear típica, significando desobedecer, desrespeitar, violar. A conduta incriminada é infringir determinação do poder público, destinada a impedir (obstruir, não permitir) a introdução ou a propagação de doença contagiosa.

O crime de infração de medida sanitária está previsto em norma penal em branco, por fazer referência à determinação do poder público. O termo é abrangente, incluindo leis, decretos, portarias e regulamentos, dentre outros.

Apesar de a seletividade penal não ter levado à punição efetiva, configura-se o delito em caso de des-cumprimento de normas impostas para impedir a propagação de Covid-19, como as tomadas por Esta-dos e Municípios a fim de evitar a propagação da doença, como o de uso de máscaras em determinados locais. A liberdade pessoal deve se conformar às imposições de saúde pública, lembrando-se que a vida, origem dos demais direitos, tem um papel de centralidade na tutela de bens jurídicos, simbolicamente inaugurando a tutela penal da Parte Especial, com o artigo 121.

É crime comum, sendo que a qualidade especial do sujeito ativo pode torná-lo majorado, nos termos do parágrafo único do artigo 268. É plurissubsistente, possibilitando a punição da forma tentada. É formal, doloso, de forma livre, comissivo e de perigo abstrato.

Forma majorada

Há causa de aumento de pena no parágrafo único do artigo 268, com estabelecimento da fração de um terço. Incide se o agente possuir uma das seguintes condições pessoas: se for funcionário da saúde pública ou exercer a profissão de médico, farmacêutico, dentista ou enfermeiro.

QUADRO SINÓTICO

Crime de infração de medida sanitária preventiva	
Tipo penal	Infringir determinação do poder público, destinada a impedir introdução ou propagação de doença contagiosa.
Objeto jurídico	Tutelam-se a incolumidade pública e, mais especificamente, a saúde pública.
Sujeito ativo	Qualquer um. Na modalidade majorada prevista no artigo 268, parágrafo único do CP somente pode ser sujeito ativo funcionário de saúde pública ou pessoa que exerce a profissão de médico, farmacêutico, dentista ou enfermeiro.
Sujeito passivo	A sociedade.
Elemento subjetivo	Admite-se somente a modalidade dolosa.
Consumação	De acordo com o entendimento de que o tipo penal ora analisado é de perigo abstrato, a mera incorrência do agente nas condutas descritas no artigo 268 do CP seria suficiente para a consumação. De acordo com a corrente que entende se tratar de delito de perigo concreto, o perigo à incolumidade pública deverá ser demonstrado.
Tentativa	Admite-se a tentativa.

Crime de infração de medida sanitária preventiva	
Forma majorada	Nos termos do artigo 268, parágrafo único do CP o delito é majorado se o agente é funcionário da saúde pública ou exerce a profissão de médico, farmacêutico, dentista ou enfermeiro. Ademais, nos termos do artigo 285 do CP, aplicam-se as disposições do artigo 258 do CP, que prevê formas qualificadas de crime de perigo comum. Apesar da nomenclatura são hipóteses de aumento de pena: se do crime doloso de perigo comum resulta lesão corporal de natureza grave, a pena privativa de liberdade é aumentada de metade; se resulta morte, é aplicada em dobro.
Classificação	Trata-se de delito comum, doloso, comissivo ou omissivo impróprio, de perigo abstrato (entendimento minoritário de que seria de perigo concreto), de forma livre, instantâneo, monossubjetivo, plurissubsistente e não transeunte.
Benefícios	Trata-se de delito de menor potencial ofensivo, de competência dos Juizados Especiais Criminais e que admite a transação, suspensão condicional do processo e acordo de não persecução penal.
Ação penal	A ação penal é pública incondicionada.

3.3. Omissão de notificação de doença

O crime de omissão de notificação de doença está previsto no artigo 269 do Código Penal:

> *Art. 269 – Deixar o médico de denunciar à autoridade pública doença cuja notificação é compulsória:*
>
> *Pena – detenção, de seis meses a dois anos, e multa.*

A conduta incriminada é deixar de denunciar à autoridade pública doença cuja notificação é compulsória. O crime, portanto, é omissivo próprio, pois prevê como ação típica um não fazer.

O médico deve denunciar, aqui no sentido de comunicar ou informar, doença cuja notificação seja compulsória. A norma penal é classificada como em branco, por depender de complementação normativa, consistente em diploma legal ou regulamentar que defina as doenças que obrigam o médico a comunicar a autoridade.

Caso haja prazo para a notificação, o crime se consumará com a expiração do prazo. Se não houver prazo, dependerá das circunstâncias, como no caso de o médico arquivar o prontuário, mais de um mês após encerrado o atendimento do paciente, sem proceder à notificação.

É crime próprio, pois só pode praticá-lo o médico. Seu elemento subjetivo é dolo, sem exigência de intuito específico do agente. Por ser omissivo puro, não admite a tentativa. É formal e instantâneo.

QUADRO SINÓTICO

Crime de omissão de notificação de doença	
Tipo penal	Deixar o médico de denunciar à autoridade pública doença cuja notificação é compulsória.
Objeto jurídico	Tutelam-se a incolumidade pública e, mais especificamente, a saúde pública.
Sujeito ativo	O médico.
Sujeito passivo	A sociedade.
Elemento subjetivo	Admite-se somente a modalidade dolosa.
Consumação	De acordo com o entendimento de que o tipo penal ora analisado é de perigo abstrato, a mera omissão em denunciar doença cuja notificação é compulsória seria suficiente para a consumação. De acordo com a corrente que entende se tratar de delito de perigo concreto, o perigo à incolumidade pública deverá ser demonstrado.
Tentativa	Não se admite a tentativa.
Forma majorada	Nos termos do artigo 285 do CP, aplicam-se as disposições do artigo 258 do CP, que prevê formas qualificadas de crime de perigo comum. Apesar da nomenclatura são hipóteses de aumento de pena: se do crime doloso de perigo comum resulta lesão corporal de natureza grave, a pena privativa de liberdade é aumentada de metade; se resulta morte, é aplicada em dobro.
Classificação	Trata-se de delito próprio com relação ao sujeito ativo e comum com relação ao passivo. Ademais, é doloso, omissivo próprio, de perigo abstrato (entendimento minoritário de que seria de perigo concreto), de forma vinculada, instantâneo, monossubjetivo, unissubsistente e não transeunte.
Benefícios	Por se tratar de delito de menor potencial ofensivo e de competência dos Juizados Especiais Criminais, admitem-se a transação suspensão condicional do processo e acordo de não persecução penal.
Ação penal	A ação penal é pública incondicionada.

3.4. Envenenamento de água potável ou de substância alimentícia ou medicinal

O envenenamento de água potável ou de substância alimentícia ou medicinal possui previsão no artigo 270 do Código Penal:

> *Art. 270 – Envenenar água potável, de uso comum ou particular, ou substância alimentícia ou medicinal destinada a consumo:*
>
> *Pena – reclusão, de dez a quinze anos.*
>
> *§ 1º – Está sujeito à mesma pena quem entrega a consumo ou tem em depósito, para o fim de ser distribuída, a água ou a substância envenenada.*

Modalidade culposa

§ 2º – Se o crime é culposo:

Pena – detenção, de seis meses a dois anos.

A infração penal apresenta como ação nuclear típica o verbo "envenenar", que significa administrar ou colocar veneno. Veneno, por sua vez, é a substância nociva ao organismo humano, aquela que pode destruir suas funções vitais.

O tipo é envenenar água potável, de uso comum ou particular, ou substância alimentícia ou medicinal destinada a consumo.

O crime é comum, doloso, formal, instantâneo e plurissubsistente.

Neste ponto, cumpre destacar que Luiz Regis Prado e Rogério Sanches Cunha[12] defendem ter havido a **revogação parcial (derrogação)** do artigo 270 no que se refere à água potável, de uso comum ou particular. O tipo penal continuaria vigente no que se refere à substância alimentícia ou medicinal destinada a consumo. A revogação seria decorrência do que prevê o artigo 54 da Lei n. 9.605/1998:

> *Art. 54.* ***Causar poluição de qualquer natureza em níveis tais que resultem ou possam resultar em danos à saúde humana, ou que provoquem a mortandade de animais ou a destruição significativa da flora****:*
>
> *Pena – reclusão, de um a quatro anos, e multa.*
>
> *§ 1º Se o crime é culposo:*
>
> *Pena – detenção, de seis meses a um ano, e multa.*
>
> *§ 2º Se o crime:*
>
> *I – tornar uma área, urbana ou rural, imprópria para a ocupação humana;*
>
> *II – causar poluição atmosférica que provoque a retirada, ainda que momentânea, dos habitantes das áreas afetadas, ou que cause danos diretos à saúde da população;*
>
> *III – causar poluição hídrica que torne necessária a interrupção do abastecimento público de água de uma comunidade;*
>
> *IV – dificultar ou impedir o uso público das praias;*
>
> *V – ocorrer por lançamento de resíduos sólidos, líquidos ou gasosos, ou detritos, óleos ou substâncias oleosas, em desacordo com as exigências estabelecidas em leis ou regulamentos:*
>
> *Pena – reclusão, de um a cinco anos.*
>
> *§ 3º Incorre nas mesmas penas previstas no parágrafo anterior quem deixar de adotar, quando assim o exigir a autoridade competente, medidas de precaução em caso de risco de dano ambiental grave ou irreversível.*

Entretanto, a posição não é compartilhada por toda a doutrina, apesar de possuir argumentos sólidos, já que poluir envolve a conduta de envenenar. É possível sustentar entendimento diverso, já que o envenenamento, colocando em risco a saúde pública de forma direta, seria mais grave que a poluição, que pode afetar a

12. CUNHA, Rogério Sanches. Op. Cit., 2020, p. 703.

saúde indiretamente, no caso, por exemplo, de águas não utilizadas para consumo humano e em nível que não prejudique a saúde humana.

Modalidade equiparada

Há, ainda, a forma equiparada de prática do delito, consoante prevê o parágrafo primeiro do artigo 270. Incorre na mesma pena quem entrega a consumo ou tem em depósito, para o fim de ser distribuída, a água ou a substância envenenada. Na modalidade de ter em depósito, o crime é permanente, já que sua consumação se protrai no tempo, enquanto o agente possuir a água ou a substância envenenada em depósito, desde que a finalidade seja a de sua distribuição.

Entretanto, também aqui os autores acima mencionados defendem ter havido a **revogação** pela Lei 9.605/1998, em razão do que dispõe seu artigo 56:

> *Art. 56. Produzir, processar, embalar, importar, exportar, comercializar, fornecer, transportar, armazenar, guardar, ter em depósito ou usar produto ou substância tóxica, perigosa ou nociva à saúde humana ou ao meio ambiente, em desacordo com as exigências estabelecidas em leis ou nos seus regulamentos:*
>
> *Pena – reclusão, de um a quatro anos, e multa.*
>
> *§ 1º Nas mesmas penas incorre quem:*
>
> *I – abandona os produtos ou substâncias referidos no caput ou os utiliza em desacordo com as normas ambientais ou de segurança;*
>
> *II – manipula, acondiciona, armazena, coleta, transporta, reutiliza, recicla ou dá destinação final a resíduos perigosos de forma diversa da estabelecida em lei ou regulamento.*
>
> *§ 2º Se o produto ou a substância for nuclear ou radioativa, a pena é aumentada de um sexto a um terço.*
>
> *§ 3º Se o crime é culposo:*
>
> *Pena – detenção, de seis meses a um ano, e multa.*

Modalidade culposa

O parágrafo segundo do artigo 270 prevê a modalidade culposa, determinando a aplicação da pena de detenção, de seis meses a dois anos.

QUADRO SINÓTICO

Crime de envenenamento de água potável ou de substância alimentícia ou medicinal	
Tipo penal	Envenenar água potável, de uso comum ou particular, ou substância alimentícia ou medicinal destinada a consumo.
Objeto jurídico	Tutelam-se a incolumidade pública e, mais especificamente, a saúde pública.
Sujeito ativo	Qualquer um.

Crime de envenenamento de água potável ou de substância alimentícia ou medicinal	
Sujeito passivo	A sociedade e, especificamente, quem sofreu as consequências diretas da conduta do agente.
Elemento subjetivo	Admite-se o dolo.
Elemento normativo	Nos termos do artigo 270, § 2º, do CP, admite-se a punição na modalidade culposa.
Consumação	De acordo com o entendimento de que o tipo penal ora analisado é de perigo abstrato, o mero envenenamento da água potável, de uso comum ou particular, ou substância alimentícia ou medicinal destinada a consumo seria suficiente para a consumação. De acordo com a corrente que entende se tratar de delito de perigo concreto, o perigo à incolumidade pública deverá ser demonstrado.
Tentativa	Admite-se a tentativa.
Forma majorada	Nos termos do artigo 285 do CP, aplicam-se as disposições do artigo 258 do CP, que prevê formas qualificadas de crime de perigo comum. Apesar da nomenclatura são hipóteses de aumento de pena: se do crime doloso de perigo comum resulta lesão corporal de natureza grave, a pena privativa de liberdade é aumentada de metade; se resulta morte, é aplicada em dobro. No caso de culpa, se do fato resulta lesão corporal, a pena aumenta-se de metade; se resulta morte, aplica-se a pena cominada ao homicídio culposo, aumentada de um terço.
Classificação	Trata-se de delito comum, doloso ou culposo, comissivo ou omissivo impróprio, de perigo abstrato (posição minoritária entende se tratar de crime de perigo concreto), de forma vinculada, instantâneo, monossubjetivo, plurissubsistente e não transeunte.
Benefícios	Na modalidade culposa o delito é de menor potencial ofensivo, de competência dos Juizados Especiais Criminais, de sorte que a transação, suspensão condicional do processo e acordo de não persecução penal são admitidos.
Ação penal	A ação penal é pública incondicionada.
Observações	Nos termos do artigo 270, § 1º, do CP, está sujeito à mesma pena quem entrega a consumo ou tem em depósito, para o fim de ser distribuída, a água ou a substância envenenada. Há uma divergência doutrinária sobre a revogação tácita da primeira parte do *caput* e do § 1º, ambos do artigo 270 do CP pelo artigo 54 da Lei n. 9.605/1998. A divergência se concentra na questão de se o núcleo poluir seria equivalente e revogaria tacitamente o tipo de núcleo envenenar.

3.5. Corrupção ou poluição de água potável

Formalmente, há a previsão do crime de corrupção ou poluição de água potável no artigo 271 do Código Penal:

Art. 271 – Corromper ou poluir água potável, de uso comum ou particular, tornando--a imprópria para consumo ou nociva à saúde:

Pena – reclusão, de dois a cinco anos.

Modalidade culposa

Parágrafo único – Se o crime é culposo:

Pena – detenção, de dois meses a um ano.

Entretanto, neste caso a doutrina e jurisprudência apontam para a **revogação total (ab-rogação)** do dispositivo, de forma tácita, em razão de a matéria estar regulada pelo artigo 54 da Lei n. 9.605/1998, que já foi integralmente transcrito acima, razão pela qual se traz à colação apenas seu *caput*:

Art. 54. ***Causar poluição de qualquer natureza em níveis tais que resultem ou possam resultar em danos à saúde humana, ou que provoquem a mortandade de animais ou a destruição significativa da flora****:*

Pena – reclusão, de um a quatro anos, e multa.

Neste sentido, há o seguinte precedente do Superior Tribunal de Justiça:

"CRIMINAL. HABEAS CORPUS. POLUIÇÃO AMBIENTAL. DESTRUIÇÃO OU DANO A FLORESTA DE PRESERVAÇÃO PERMANENTE. TRANCAMENTO DA AÇÃO PENAL. INÉPCIA DA DENÚNCIA. CORRUPÇÃO DE ÁGUA POTÁVEL. AB-ROGAÇÃO PELA LEI Nº 9.605/98. AUSÊNCIA DE INDÍCIOS MÍNIMOS DE AUTORIA NO DELITO DE DANO E DE COMPROVAÇÃO DA MATERIALIDADE NO CRIME DE POLUIÇÃO AMBIENTAL. CONSTRANGIMENTO ILEGAL EVIDENCIADO. ORDEM CONCEDIDA. I. ***O tipo penal, posterior, específico e mais brando, do art. 54 da Lei nº 9.605/98 engloba completamente a conduta tipificada no art. 271 do Código Penal, provocando a ab-rogação do delito de corrupção ou poluição de água potável.*** *(...)" (STJ, HC 178423/GO, Rel. Min. Gilson Dipp, Quinta Turma, DJe 19/12/2011).*

QUADRO SINÓTICO

Crime de corrupção ou poluição de água potável	
Tipo penal	Corromper ou poluir água potável, de uso comum ou particular, tornando-a imprópria para consumo ou nociva à saúde.
Objeto jurídico	Tutelam-se a incolumidade pública e, mais especificamente, a saúde pública.
Sujeito ativo	Qualquer um.
Sujeito passivo	A sociedade e, especificamente, quem sofreu danos em decorrência direta da conduta do agente.
Elemento subjetivo	Admite-se somente a modalidade dolosa.

Crime de corrupção ou poluição de água potável	
Elemento normativo	Nos termos do artigo 271, parágrafo único, do CP, há previsão de modalidade culposa.
Consumação	O delito se consuma quando há corrupção ou poluição da água potável, de uso comum ou particular, tornando-a imprópria para consumo ou nociva à saúde. O surgimento de risco à incolumidade pública é desnecessário, por se tratar de delito de perigo abstrato.
Tentativa	Admite-se a tentativa.
Forma majorada	Nos termos do artigo 285 do CP, aplicam-se as disposições do artigo 258 do CP, que prevê formas qualificadas de crime de perigo comum. Apesar da nomenclatura são hipóteses de aumento de pena: se do crime doloso de perigo comum resulta lesão corporal de natureza grave, a pena privativa de liberdade é aumentada de metade; se resulta morte, é aplicada em dobro. No caso de culpa, se do fato resulta lesão corporal, a pena aumenta-se de metade; se resulta morte, aplica-se a pena cominada ao homicídio culposo, aumentada de um terço.
Classificação	Trata-se de delito comum, doloso ou culposo, comissivo ou omissivo impróprio, de perigo abstrato, de forma livre, instantâneo, monossubjetivo, plurissubsistente e não transeunte.
Benefícios	A modalidade do *caput* admite o oferecimento de acordo de não persecução penal. A forma culposa é delito de menor potencial ofensivo, de competência dos Juizados Especiais Criminais e admite transação, suspensão condicional do processo e acordo de não persecução penal.
Ação penal	A ação penal é pública incondicionada.

3.6. Falsificação, corrupção, adulteração ou alteração de substância ou produtos alimentícios

O crime de falsificação, corrupção, adulteração ou alteração de substância ou produtor alimentícios está previsto no artigo 272:

> *Art. 272 – Corromper, adulterar, falsificar ou alterar substância ou produto alimentício destinado a consumo, tornando-o nociva à saúde ou reduzindo-lhe o valor nutritivo:*
>
> *Pena – reclusão, de 4 (quatro) a 8 (oito) anos, e multa.*
>
> *§ 1º-A – Incorre nas penas deste artigo quem fabrica, vende, expõe à venda, importa, tem em depósito para vender ou, de qualquer forma, distribui ou entrega a consumo a substância alimentícia ou o produto falsificado, corrompido ou adulterado.*
>
> *§ 1º – Está sujeito às mesmas penas quem pratica as ações previstas neste artigo em relação a bebidas, com ou sem teor alcoólico.*
>
> *Modalidade culposa*
>
> *§ 2º – Se o crime é culposo:*
>
> *Pena – detenção, de 1 (um) a 2 (dois) anos, e multa.*

O tipo penal é misto alternativo, possuindo os seguintes núcleos: "corromper" (estragar, deteriorar); "adulterar" (introduzir modificação para pior, deturpar, defraudar); "falsificar" (contrafazer, dar como verdadeiro o que não é, fazer passar o falso por verdadeiro) ou alterar (modificar, mudar, transformar).

A conduta incriminada é corromper, adulterar, falsificar ou alterar substância ou produto alimentício. É necessário, ainda, que haja o seguinte resultado: que a substância ou produto alimentício se torne nocivo à saúde ou que haja redução do seu valor nutritivo.

O parágrafo 1º-A prevê a primeira modalidade equiparada, ao dispor que se submete às mesmas penas quem fabrica (manufatura, produz), vende (aliena, comercializa, negocia por um preço), expõe à venda (mostre ou exibe para a negociação, a venda), importa (traz do exterior), tem em depósito (guarda, armazena) para vender ou, de qualquer forma, distribui (espalha, divide) ou entrega (dá, repassa) a consumo a substância alimentícia ou o produto falsificado, corrompido ou adulterado.

O parágrafo primeiro também prevê modalidade equiparada, determinado a sujeição às mesmas penas de quem pratica as ações previstas no tipo penal do *caput* em relação a bebidas, com ou sem teor alcoólico. Há, portanto, um alargamento do rol dos objetos materiais do crime.

É doloso, na forma do *caput* e dos §§ 1º-A e 1º, sem necessidade de elemento subjetivo especial do injusto. É crime comum, plurissubsistente e de forma livre, além de ser classificado como de perigo abstrato.

A doutrina majoritária aponta que o crime se consuma com a prática de qualquer das condutas típicas. Na forma do *caput*, entretanto, a leitura demonstra a necessidade de que a substância ou o produto alimentício destinado a consumo se torne nocivo à saúde ou tenha seu valor nutritivo reduzido. De todo modo, recomenda-se considerar o crime formal em todas as formas, conforme entendimento que prevalece.

Por se tratar de crime de fato não transeunte, ou seja, que deixa vestígios, é necessária a realização de exame pericial, nos termos do seguinte julgado do Superior Tribunal de Justiça:

> *"PENAL E PROCESSUAL PENAL.* HABEAS CORPUS. *CRIMES CONTRA A RELAÇÃO DE CONSUMO. ART. 7º, IX, Lei 8.137/90. FALSIFICAÇÃO, CORRUPÇÃO, ADULTERAÇÃO OU ALTERAÇÃO DE SUBSTÂNCIA OU PRODUTOS ALIMENTÍCIOS. ART. 272, § 1º-A, CP. INEXISTÊNCIA DE PERÍCIA TÉCNICA. AUSÊNCIA DE PROVA DA MATERIALIDADE DELITIVA. FALTA DE JUSTA CAUSA PARA A PERSECUÇÃO CRIMINAL. ORDEM DENEGADA. 1. A venda de produtos impróprios ao uso e consumo, nocivos à saúde ou com valor nutricional reduzido, constituem delitos que deixa vestígios, sendo indispensável, nos termos do artigo 158 do Código de Processo Penal, a* ***realização de exame pericial*** *que ateste a materialidade delitiva, não bastando, para tanto, mero laudo de constatação. Precedentes. (...)" (STJ, RHC 45171, Rel. Min. Nefi Cordeiro, Sexta Turma, DJe 12/05/2016).*

Modalidade culposa

O parágrafo segundo do artigo 272 prevê a responsabilização criminal em caso de imprudência, negligência ou imperícia. A pena correspondente é a de detenção, de 1 (um) a 2 (dois) anos, e multa.

QUADRO SINÓTICO

Crime de falsificação, corrupção, adulteração ou alteração de substância ou produtos alimentícios	
Tipo penal	Corromper, adulterar, falsificar ou alterar substância ou produto alimentício destinado a consumo, tornando-o nociva à saúde ou reduzindo-lhe o valor nutritivo.
Objeto jurídico	Tutelam-se a incolumidade pública e, mais especificamente, a saúde pública.
Sujeito ativo	Qualquer um.
Sujeito passivo	A sociedade e, especificamente, quem sofreu danos em decorrência direta da conduta do agente.
Elemento subjetivo	Admite-se a modalidade dolosa.
Elemento normativo	Nos termos do artigo 272, § 2º, do CP, há previsão da modalidade culposa do delito.
Consumação	O delito se consuma quando o agente incorre em uma das condutas do *caput* (trata-se de tipo misto alternativo). Por se tratar de delito de perigo abstrato, não se exige a concreta criação do risco à incolumidade pública.
Tentativa	Admite-se a tentativa.
Forma majorada	Nos termos do artigo 285 do CP, aplicam-se as disposições do artigo 258 do CP, que prevê formas qualificadas de crime de perigo comum. Apesar da nomenclatura são hipóteses de aumento de pena: se do crime doloso de perigo comum resulta lesão corporal de natureza grave, a pena privativa de liberdade é aumentada de metade; se resulta morte, é aplicada em dobro. No caso de culpa, se do fato resulta lesão corporal, a pena aumenta-se de metade; se resulta morte, aplica-se a pena cominada ao homicídio culposo, aumentada de um terço.
Classificação	Trata-se de delito comum, doloso ou culposo, comissivo ou omissivo impróprio, de perigo abstrato, de forma livre, instantâneo (corromper, adulterar, falsificar, alterar, fabricar, vender, importar, distribuir e entregar) ou permanente (expor à venda e ter em depósito), monossubjetivo, plurissubsistente e não transeunte.

Crime de falsificação, corrupção, adulteração ou alteração de substância ou produtos alimentícios	
Benefícios	A modalidade culposa é delito de menor potencial ofensivo, de competência dos Juizados Especiais Criminais e admite transação, suspensão condicional do processo e acordo de não persecução penal.
Ação penal	A ação penal é pública e incondicionada.
Observações	Nos termos do artigo 272, § 1º-A, do CP, incorre nas penas deste artigo quem fabrica, vende, expõe à venda, importa, tem em depósito para vender ou, de qualquer forma, distribui ou entrega a consumo a substância alimentícia ou o produto falsificado, corrompido ou adulterado. Ademais, nos termos do artigo 272, § 1º, do CP, está sujeito às mesmas penas quem pratica as ações previstas neste artigo em relação a bebidas, com ou sem teor alcoólico.

3.7. Falsificação, corrupção, adulteração ou alteração de substância ou produtos alimentícios

O delito de falsificação, corrupção, adulteração ou alteração de produto destinado a fins terapêuticos ou medicinais está previsto no artigo 273 do Código Penal, nos seguintes termos:

> *Art. 273 – Falsificar, corromper, adulterar ou alterar produto destinado a fins terapêuticos ou medicinais:*
>
> *Pena – reclusão, de 10 (dez) a 15 (quinze) anos, e multa.*
>
> *§ 1º – Nas mesmas penas incorre quem importa, vende, expõe à venda, tem em depósito para vender ou, de qualquer forma, distribui ou entrega a consumo o produto falsificado, corrompido, adulterado ou alterado.*
>
> *§ 1º-A – Incluem-se entre os produtos a que se refere este artigo os medicamentos, as matérias-primas, os insumos farmacêuticos, os cosméticos, os saneantes e os de uso em diagnóstico.*
>
> *§ 1º-B – Está sujeito às penas deste artigo quem pratica as ações previstas no § 1º em relação a produtos em qualquer das seguintes condições:*
>
> *I – sem registro, quando exigível, no órgão de vigilância sanitária competente;*
>
> *II – em desacordo com a fórmula constante do registro previsto no inciso anterior;*
>
> *III – sem as características de identidade e qualidade admitidas para a sua comercialização;*
>
> *IV – com redução de seu valor terapêutico ou de sua atividade;*
>
> *V – de procedência ignorada;*
>
> *VI – adquiridos de estabelecimento sem licença da autoridade sanitária competente.*
>
> *Modalidade culposa*
>
> *§ 2º – Se o crime é culposo:*
>
> *Pena – detenção, de 1 (um) a 3 (três) anos, e multa.*

O artigo 273 traz um tipo penal misto alternativo, cujos núcleos do tipo são "falsificar" (contrafazer, dar como verdadeiro o que não é, fazer passar o falso por verdadeiro); "corromper" (estragar, deteriorar); "adulterar" (introduzir modificação para pior, deturpar, defraudar) ou "alterar" (modificar, mudar, transformar).

O parágrafo primeiro prevê a primeira modalidade equiparada, ao dispor que se submete às mesmas penas quem importa (traz do exterior); vende (aliena, comercializa, negocia por um preço); expõe à venda (mostra ou exibe para a negociação, a venda); tem em depósito (guarda, armazena) para vender ou, de qualquer forma, distribui (espalha, divide) ou entrega (dá, repassa) a consumo o produto falsificado, corrompido ou adulterado.

O parágrafo 1º-A aumenta o objeto material do crime, estendendo-o para os medicamentos (remédio, substância utilizada para tratamento medicinal), as matérias-primas (substância usada para a fabricação ou produção de outra), os insumos farmacêuticos (substância devida de matérias-primas, utilizada para produção de medicamentos), os cosméticos (produtos que se destinam à limpeza, melhoria e maquiagem da pele, ou seja, para melhoria da aparência), os saneantes (produtos usados para a limpeza, para a purificação) e os de uso em diagnóstico (aqueles que se destinam à realização de exames da área da saúde).

Além disso, há maior ampliação na abrangência do crime em estudo, com a introdução do parágrafo 1º-B, que determina a punição de quem pratica qualquer das condutas previstas no parágrafo primeiro (importar, vender, expor à venda, distribuir ou entregar a consumo) em relação a produtos nas seguintes condições:

- sem registro, quando exigível, no órgão de vigilância sanitária competente;
- em desacordo com a fórmula constante do registro previsto no inciso anterior;
- sem as características de identidade e qualidade admitidas para a sua comercialização;
- com redução de seu valor terapêutico ou de sua atividade;
- de procedência ignorada;
- adquiridos de estabelecimento sem licença da autoridade sanitária competente.

O objeto material mencionado no *caput* é produto destinado a fins farmacêuticos ou medicinais, ou seja, aqueles que buscam o tratamento ou a cura do seu consumidor, do seu usuário.

O crime é comum, podendo ser cometido por qualquer pessoa. É de perigo abstrato, conforme entendimento majoritário. É instantâneo, formal e unissubjetivo, além de ser plurissubsistente, admitindo a tentativa.

Conforme prevê o artigo 1º, inciso VII-B, da Lei n. 8.072/1990, o crime de falsificação, corrupção, adulteração ou alteração de produto destinado a fins terapêuticos ou medicinais é **hediondo em todas as suas modalidades, salvo a culposa** (prevista no seu parágrafo segundo):

> *Art. 1º São considerados hediondos os seguintes crimes, todos tipificados no Decreto-Lei nº 2.848, de 7 de dezembro de 1940 – Código Penal, consumados ou tentados:*

> *(...)*
>
> *VII-B – falsificação, corrupção, adulteração ou alteração de produto destinado a fins terapêuticos ou medicinais (art. 273, caput e § 1º, § 1º-A e § 1º-B, com a redação dada pela Lei nº 9.677, de 2 de julho de 1998).*

No caso de transnacionalidade do delito, o STJ já decidiu, por meio de sua Terceira Seção, que a competência é da Justiça Federal:

> *II – Configurada a aquisição dos medicamentos no estrangeiro, resta configurada a internacionalidade da conduta a justificar a atração da competência da Justiça Federal. (STJ, CC 109.474/SP, Rel. Min. Gilson Dipp, Terceira Seção, julgado em 09/02/2011, DJe 17/02/2011)*

Além disso, o STJ não tem aceitado a aplicação do princípio da insignificância ao delito:

> *3. A jurisprudência desta Corte Superior é firme no sentido de ser inaplicável o princípio da insignificância ao crime do art. 273, § 1º e § 1º-B, incisos I, V e VI do Código Penal, qualquer que seja a quantidade de medicamentos falsificados apreendidos. (STJ, AgRg no REsp 1852819/SC, Rel. Min. Laurita Vaz, Sexta Turma, julgado em 01/12/2020, DJe 16/12/2020)*

Constitucionalidade, proporcionalidade e insignificância

A pena do crime previsto no artigo 273, na modalidade dolosa, é de 10 a 15 anos de reclusão e multa. Sua desproporção é patente, quando se compara, por exemplo, o crime de homicídio simples (reclusão, de 6 a 20 anos) ou de tráfico ilícito de entorpecentes (reclusão, de 5 a 15 anos, e multa).

Ademais, cumpre lembrar – e esta é uma das causas de arguição de inconstitucionalidade – que o crime do artigo 273 do Código Penal abrange, por disposição do seu artigo § 1º-B, V, do CP, aquele que tem em depósito para a venda cosmético de procedência ignorada. Ou seja: a pena abstratamente cominada (ao menos a mínima, a que mais influencia a dosimetria) é maior para o caso de alguém ter um produto cosmético de origem ignorada em seu estabelecimento do que de possuir cocaína para distribuição.

Deste modo, passou-se a questionar a constitucionalidade da pena prevista para a infração penal do artigo 273 do CP. O STF, na primeira análise do tema, decidiu que não caberia ao Judiciário alterar a pena escolhida pelo legislador, o que seria violação do princípio da separação de poderes[13].

Entretanto, pouco tempo depois, o Superior Tribunal de Justiça, por meio de sua Corte Especial, declarou a inconstitucionalidade do preceito secundário do artigo 273, § 1º-B, V, do CP, em festejado julgado:

13. STF. RE 829226 AgR, Rel. Min. Luiz Fux, Primeira Turma, julgado em 10/02/2015.

> *"ARGUIÇÃO DE INCONSTITUCIONALIDADE. PRECEITO SECUNDÁRIO DO ART.* ***273, § 1º-B, V****, DO CP. CRIME DE TER EM DEPÓSITO, PARA VENDA, PRODUTO DESTINADO A FINS TERAPÊUTICOS OU MEDICINAIS DE PROCEDÊNCIA IGNORADA.* ***OFENSA AO PRINCÍPIO DA PROPORCIONALIDADE****. 1. A intervenção estatal por meio do Direito Penal deve ser sempre guiada pelo princípio da proporcionalidade, incumbindo também ao legislador o dever de observar esse princípio como proibição de excesso e como proibição de proteção insuficiente. 2. É viável a fiscalização judicial da constitucionalidade dessa atividade legislativa, examinando, como diz o Ministro Gilmar Mendes, se o legislador considerou suficientemente os fatos e prognoses e se utilizou de sua margem de ação de forma adequada para a proteção suficiente dos bens jurídicos fundamentais. 3.* ***Em atenção ao princípio constitucional da proporcionalidade e razoabilidade das leis restritivas de direitos (CF, art. 5º, LIV), é imprescindível a atuação do Judiciário para corrigir o exagero e ajustar a pena cominada à conduta inscrita no art. 273, § 1º-B, do Código Penal****. 4. O crime de ter em depósito, para venda, produto destinado a fins terapêuticos ou medicinais de procedência ignorada é de perigo abstrato e independe da prova da ocorrência de efetivo risco para quem quer que seja. E a indispensabilidade do dano concreto à saúde do pretenso usuário do produto evidencia ainda mais a falta de harmonia entre o delito e a pena abstratamente cominada (de 10 a 15 anos de reclusão) se comparado, por exemplo, com o crime de tráfico ilícito de drogas – notoriamente mais grave e cujo bem jurídico também é a saúde pública. 5.* ***A ausência de relevância penal da conduta, a desproporção da pena em ponderação com o dano ou perigo de dano à saúde pública decorrente da ação e a inexistência de consequência calamitosa do agir convergem para que se conclua pela falta de razoabilidade da pena prevista na lei. A restrição da liberdade individual não pode ser excessiva, mas compatível e proporcional à ofensa causada pelo comportamento humano criminoso****. 6.* ***Arguição acolhida para declarar inconstitucional o preceito secundário da norma****." (STJ, AI no HC 239.363/PR, Rel. Min. Sebastião Reis Júnior,* ***Corte Especial****, DJe 10/04/15).*

Pela argumentação expendida no *decisum*, é possível que o entendimento seja aplicado para outros casos além do inciso V do parágrafo 1º-B do artigo 273, em razão de haver modalidades do crime em que também se nota a desproporcionalidade da pena cominada. Vale ressaltar que o Ministro Og Fernandes apresentou **voto vencido**, pois ele entendia pela declaração da inconstitucionalidade do artigo 273, § 1º-B, como um todo, e não apenas do inciso V.

O Supremo Tribunal Federal, de início, apreciou casos em que a dosimetria ocorreu da forma como entende o STJ e não os reformou. Assim, manteve a aplicação da pena aplicável ao tráfico de entorpecentes, mas sem adentrar o mérito da controvérsia.

> *"(...) 3.* In casu, *o recorrente foi condenado à pena de 05 (cinco) anos de reclusão, em regime inicial semiaberto, pela prática do crime previsto no artigo* ***273, §§ 1º, 1º-A e 1º-B, I, V e VI****, do Código Penal, sendo-lhe aplicado* ***preceito secundário do delito de tráfico ilícito de entorpecentes, com fulcro no princípio da proporcionalidade****. O Tribunal de origem negou incidência da causa de diminuição prevista no artigo 33, § 4º, da Lei 11.343/06 em razão da habitualidade delitiva. 4. O* habeas corpus *é ação inadequada para a valoração e exame minucioso do acervo fático-probatório*

engendrado nos autos (...)" (STF, HC 168769 AgRg/SP, Rel. Min. Luiz Fux, Primeira Turma, Julgamento em 24/06/2019).

Agravo regimental no recurso extraordinário. 2. Alegação de inconstitucionalidade do artigo 273, § 1º-B, do Código Penal. Tese infundada. 3. As penas cominadas ao delito do artigo 273, § 1º-B, do Código Penal devem ser substituídas por aquelas previstas no artigo 33 da Lei de Drogas, mantida a constitucionalidade do preceito primário daquele tipo. 4. Agravo desprovido. (STF, RE 1105421 AgR/SP, Rel. Min. Gilmar Mendes, Segunda Turma, Julgamento: 08/02/2019).

Em 24 de março de 2021, o Pleno do Supremo Tribunal Federal decidiu que a pena, para o caso do artigo 273, § 1º-B, **inciso I**, do Código Penal, tem uma sanção penal **inconstitucional**. Assim, entendeu aplicável a pena anteriormente prevista no dispositivo, em **efeito repristinatório**. Posteriormente, foi dado provimento aos embargos de declaração e a tese, relativa ao Tema 1003 da Repercussão Geral, foi readequada, tendo sido fixada nos seguintes termos:

"É inconstitucional a aplicação do preceito secundário do art. 273 do Código Penal, com redação dada pela Lei nº 9.677/98 (reclusão, de 10 a 15 anos, e multa), à hipótese prevista no seu § 1º-B, I, que versa sobre importar, vender, expor à venda, ter em depósito para vender ou, de qualquer forma, distribuir ou entregar produto sem registro no órgão de vigilância sanitária. Para estas situações específicas, fica repristinado o preceito secundário do art. 273, na sua redação originária (reclusão, de 1 a 3 anos, e multa)" (STF, RE 979962 ED, Rel. Min. Roberto Barroso, Tribunal Pleno, julgado em 13-06-2023).

Apesar de os Tribunais Superiores terem julgado de forma diferente, cada uma das Cortes analisou uma modalidade específica do delito, mencionando um inciso específico. As razões aplicadas poderiam se aplicar às outras modalidades, por não haver razão para distinção. No entanto, a Primeira Turma do Supremo Tribunal Federal já negou aplicação da tese a acusado de ter cometido o delito previsto no artigo 273, § 1º-B, inciso II, por não se amoldar ao precedente:

"Como se nota, no julgamento do referido precedente paradigma, esta CORTE SUPREMA declarou a inconstitucionalidade apenas do art. 273, § 1º-B, I, do Código Penal, tendo ampliado posteriormente a tese para abranger todos os núcleos do tipo previstos § 1º do referido dispositivo - qual seja importar, vender, expor à venda, ter em depósito para vender ou, de qualquer forma, distribuir ou entregar. 4. Ocorre que, no caso ora sob análise, o agravante foi condenado pela prática dos crimes descritos nos incisos I e II do § 1º-B do art. 273 do Código Penal. Assim, quanto ao crime descrito no inciso II do §1º-B do art. 273 do Código Penal, não cabe a aplicação do Tema 1003, como pretende o ora recorrente" (STF, RE 1116972 AgR, Relator Min. Alexandre de Moraes, Primeira Turma, julgado em 18-10-2023).

No mesmo sentido, o STJ já negou aplicação da tese fixada pelo STF, no Tema 1003 da Repercussão Geral, com base no entendimento de que só se declarou inconstitucional o preceito secundário previsto para o artigo 273, § 1º, inciso I, não se aplicando os demais incisos:

> *"A decisão do Supremo Tribunal Federal, no Tema 1.003 restringe-se ao inciso I do §1º-B do art. 273 do Código Penal, referente à importação de medicamentos sem registro sanitário, não impactando os incisos II a V, do referido art. 273, §1º-B, do CP, aplicados na condenação" (STJ, AgRg no AREsp n. 2.413.130/MG, Rel. Min. Ribeiro Dantas, Quinta Turma, julgado em 23/4/2024, DJe de 25/4/2024)*

Por isso, a Corte aplicou, mesmo após a fixação de tese pelo STF, a pena do tráfico ilícito de entorpecentes. A justificativa foi de que o acusado havia incorrido em outro inciso, que não o inciso I do § 2º-B do artigo 273, objeto do precedente:

> *"A declaração de inconstitucionalidade efetuada pelo STF no tema 1003, além de não alcançar ações penais transitadas em julgado anteriormente, refere-se somente ao preceito secundário do inciso I do § 1º-B do art. 273 do CP - importação de medicamento sem registro sanitário, não abrangendo o seu inciso V, relativo a fármaco de procedência ignorada. 6. O art. 33, § 4º, da Lei de Drogas não permite a incidência da causa de diminuição de pena nele prevista quando se reconhece que o agente se dedicava a atividades criminosas. (STJ, AgRg no AREsp n. 1.258.215/SC, Rel. Min. Ribeiro Dantas, Quinta Turma, julgado em 24/8/2021, DJe de 30/8/2021).*

Decisão	Dispositivo	Sanção
STJ (Órgão Especial)	Art. 273, § 1º-B, inciso V	Tráfico de entorpecentes, por analogia (5 a 15 anos de reclusão e 500 a 1.500 dias-multa)
STF (Pleno)	Art. 273, § 1º-B, inciso I	Pena anterior, por efeito repristinatório (1 a 3 anos de reclusão e multa)

O Superior Tribunal de Justiça já decidiu que introduzir produtos para fins terapêuticos ou medicinais configura o crime em estudo, e não o de descaminho. Ademais, **ambas as Turmas têm entendido não ser cabível a aplicação do princípio da insignificância**:

> *"O acórdão embargado entendeu, na esteira da jurisprudência firmada pelo Superior Tribunal de Justiça, pela inaplicabilidade do princípio da insignificância ao crime do art. 273 do Código Penal, na medida em que a conduta traz prejuízos efetivos à saúde pública" (STJ, AgRg nos EAREsp n. 1.909.408/SC, relatora Ministra Laurita Vaz, Terceira Seção, julgado em 23/2/2022, DJe de 25/2/2022)*
>
> *"1. A conduta de introduzir no país produtos destinados a fins terapêuticos ou medicinais sem registro no órgão de vigilância sanitária competente ou de procedência ignorada se subsume ao delito do artigo 273, §§ 1º, 1º-B, I e V, do CP, sendo **equivocada a desclassificação da conduta para o crime do art. 334 do Código Penal (descaminho)**, por afronta ao princípio da especialidade da norma penal imputada ao réu. 2. A jurisprudência deste Sodalício orienta-se no sentido de ser **descabida a incidência do princípio da insignificância** na hipótese em que o agente introduz no território nacional medicamentos não autorizados pelas autoridades competentes,*

in casu *a importação de oitocentas unidades da pomada Dragon and Tiger, produto não registrado na ANVISA, diante da potencial lesividade à saúde pública. 3. Embora haja relevância jurídica em se punir tais condutas, verifica-se a necessidade de atuação do Judiciário para corrigir o exagero e ajustar a pena cominada à conduta inscrita no art. 273, § 1º-B, do Código Penal." (STJ, AgRg no REsp 1618458/PR, Rel. Min. Jorge Mussi, Quinta Turma, DJe 04/05/2018).*

"A jurisprudência desta Corte Superior é firme no sentido de ser ***inaplicável o princípio da insignificância*** *ao crime do art. 273, §1. º e § 1.º-B, incisos I, V e VI do Código Penal, qualquer que seja a quantidade de medicamentos falsificados apreendidos." (AgRg no REsp 1852819/SC, Rel. Mini. Laurita Vaz, Sexta Turma, julgado em 01/12/2020, DJe 16/12/2020)*

"Este Superior Tribunal de Justiça tem o entendimento consolidado no sentido de ser inaplicável o princípio da insignificância na hipótese em que o agente introduz no território nacional medicamentos não autorizados pelas autoridades competentes, diante da potencial lesividade à saúde pública". (STJ, AgRg no REsp n. 1.153.602/GO, Rel. Min. Ribeiro Dantas, Quinta Turma, julgado em 25/9/2018, DJe de 3/10/2018)

QUADRO SINÓTICO

Crime de falsificação, corrupção, adulteração ou alteração de produto destinado a fins terapêuticos ou medicinais	
Tipo penal	Falsificar, corromper, adulterar ou alterar produto destinado a fins terapêuticos ou medicinais.
Objeto jurídico	Tutelam-se a incolumidade pública e, mais especificamente, a saúde pública.
Sujeito ativo	Qualquer um.
Sujeito passivo	A sociedade e, especificamente, quem sofreu danos em decorrência direta da conduta do agente.
Elemento subjetivo	Admite-se a modalidade dolosa.
Elemento normativo	Nos termos do artigo 273, § 2º, do CP, há previsão da modalidade culposa do delito.
Consumação	O delito se consuma quando o agente incorre em uma das condutas do *caput* (trata-se de tipo misto alternativo). Por se tratar de delito de perigo abstrato, não se exige a concreta criação do risco à incolumidade pública.
Tentativa	Admite-se a tentativa.
Forma majorada	Nos termos do artigo 285 do CP, aplicam-se as disposições do artigo 258 do CP, que prevê formas qualificadas de crime de perigo comum. Apesar da nomenclatura são hipóteses de aumento de pena: se do crime doloso de perigo comum resulta lesão corporal de natureza grave, a pena privativa de liberdade é aumentada de metade; se resulta morte, é aplicada em dobro. No caso de culpa, se do fato resulta lesão corporal, a pena aumenta-se de metade; se resulta morte, aplica-se a pena cominada ao homicídio culposo, aumentada de um terço.

Crime de falsificação, corrupção, adulteração ou alteração de produto destinado a fins terapêuticos ou medicinais	
Jurisprudência relevante	"Tese de julgamento: É inconstitucional a aplicação do preceito secundário do art. 273 do Código Penal, com redação dada pela Lei nº 9.677/98 (reclusão, de 10 a 15 anos, e multa), à hipótese prevista no seu § 1º-B, I, que versa sobre importar, vender, expor à venda, ter em depósito para vender ou, de qualquer forma, distribuir ou entregar produto sem registro no órgão de vigilância sanitária. Para estas situações específicas, fica repristinado o preceito secundário do art. 273, na sua redação originária (reclusão, de 1 a 3 anos, e multa)." (RE 979962, Rel. Min. Luis Roberto Barroso, Tribunal Pleno, julgado em 24/03/2021, Repercussão Geral – DJe-113 14/06/2021).
Classificação	Trata-se de delito comum, doloso ou culposo, comissivo ou omissivo impróprio, de perigo abstrato, de forma livre, instantâneo (corromper, adulterar, falsificar, alterar, fabricar, vender, importar, distribuir e entregar) ou permanente (expor à venda e ter em depósito), monossubjetivo, plurissubsistente e não transeunte.
Benefícios	De acordo com o entendimento firmado pelo STF ao julgar o RE 979962, é possível a suspensão condicional do processo e o oferecimento de acordo de não persecução penal para o delito do artigo 273, 1º-B, inciso I do CP.
Ação penal	A ação penal é pública incondicionada.
Observações	Nos termos do artigo 273, § 1º, do CP, nas mesmas penas incorre quem importa, vende, expõe à venda, tem em depósito para vender ou, de qualquer forma, distribui ou entrega a consumo o produto falsificado, corrompido, adulterado ou alterado. Sobre este tema, nos termos do artigo 273, § 1º-B, do CP, está sujeito às penas deste artigo quem pratica as ações previstas no § 1º em relação a produtos em qualquer das seguintes condições: sem registro, quando exigível, no órgão de vigilância sanitária competente; em desacordo com a fórmula constante do registro previsto no inciso anterior; sem as características de identidade e qualidade admitidas para a sua comercialização; com redução de seu valor terapêutico ou de sua atividade; de procedência ignorada; adquiridos de estabelecimento sem licença da autoridade sanitária competente. Nos termos do artigo 273, § 1º-A, do CP, incluem-se entre os produtos a que se refere este artigo os medicamentos, as matérias-primas, os insumos farmacêuticos, os cosméticos, os saneantes e os de uso em diagnóstico. Por fim, conforme o artigo 1º, inciso VII-B, da Lei n. 8.072/1990, o crime de falsificação, corrupção, adulteração ou alteração de produto destinado a fins terapêuticos ou medicinais (art. 273, *caput* e § 1º, § 1º-A e § 1º-B, com a redação dada pela Lei nº 9.677, de 2 de julho de 1998) é hediondo.

3.8. Emprego de processo proibido ou de substância não permitida

O crime de emprego de processo proibido ou de substância não permitida está localizado no artigo 274 do CP:

Art. 274 – Empregar, no fabrico de produto destinado a consumo, revestimento, gaseificação artificial, matéria corante, substância aromática, antisséptica, conservadora ou qualquer outra não expressamente permitida pela legislação sanitária:

Pena – reclusão, de 1 (um) a 5 (cinco) anos, e multa.

Empregar é usar, utilizar. Fabrico é a fabricação, processo de transformação. A conduta incriminada é empregar, no fabrico de produto destinado a consumo, revestimento, gaseificação, matéria corante, substância aromática, antisséptica, conservadora ou qualquer outra não expressamente permitida pela legislação sanitária.

O crime se configura se qualquer das substâncias empregadas não for expressamente permitida pela legislação sanitária, o que faz do artigo 274 uma norma penal em branco. A lista é exemplificativa, pois termina com uma fórmula de interpretação analógica muita ampla: "qualquer outra". Obviamente, toda e qualquer substância, esteja no rol (matéria corante, por exemplo) ou não (como o fermento) não podem estar autorizadas expressamente pela legislação sanitária, ou o crime não se configurará.

Qualquer pessoa pode praticar o crime em comento, sendo comum. É de perigo abstrato, já que a lei não exige a sua demonstração no caso concreto. É doloso, sem previsão de modalidade culposa. Por fim, sua conduta é fracionável, sendo plurissubsistente e admitindo a tentativa.

QUADRO SINÓTICO

Crime de emprego de processo proibido ou de substância não permitida	
Tipo penal	Empregar, no fabrico de produto destinado a consumo, revestimento, gaseificação artificial, matéria corante, substância aromática, antisséptica, conservadora ou qualquer outra não expressamente permitida pela legislação sanitária.
Objeto jurídico	Tutelam-se a incolumidade pública e, mais especificamente, a saúde pública.
Sujeito ativo	Qualquer pessoa.
Sujeito passivo	A sociedade.
Elemento subjetivo	Admite-se somente a modalidade dolosa.
Consumação	O delito se consuma quando se emprega, no fabrico de produto destinado a consumo, revestimento, gaseificação artificial, matéria corante, substância aromática, antisséptica, conservadora ou qualquer outra não expressamente permitida pela legislação sanitária. O surgimento de risco à incolumidade pública é desnecessário, por se tratar de delito de perigo abstrato.
Tentativa	Admite-se a tentativa.

Crime de emprego de processo proibido ou de substância não permitida	
Forma majorada	Nos termos do artigo 285 do CP, aplicam-se as disposições do artigo 258 do CP, que prevê formas qualificadas de crime de perigo comum. Apesar da nomenclatura são hipóteses de aumento de pena: se do crime doloso de perigo comum resulta lesão corporal de natureza grave, a pena privativa de liberdade é aumentada de metade; se resulta morte, é aplicada em dobro.
Classificação	Trata-se de delito comum, doloso, comissivo ou omissivo impróprio, de perigo abstrato (entendimento minoritário de que seria de perigo concreto), de forma livre, instantâneo, monossubjetivo, plurissubjetivo e não transeunte.
Benefícios	Admitem-se a suspensão condicional do processo e o oferecimento de acordo de não persecução penal.
Ação penal	A ação penal é pública incondicionada.

3.9. Invólucro ou recipiente com falsa indicação

O crime de invólucro ou recipiente com falsa indicação está previsto no artigo 275 do CP:

> *Art. 275 – Inculcar, em invólucro ou recipiente de produtos alimentícios, terapêuticos ou medicinais, a existência de substância que não se encontra em seu conteúdo ou que nele existe em quantidade menor que a mencionada:*
> *Pena – reclusão, de 1 (um) a 5 (cinco) anos, e multa.*

"Inculcar" é a ação nuclear típica, que significa gravar, imprimir. A conduta incriminada é inculcar em invólucro (o que envolve o produto, como o rótulo) ou recipiente (a embalagem do produto, como a caixa ou a lata) de produtos alimentícios, terapêuticos ou medicinais, a existência de substância que não se encontra em seu conteúdo ou que nele existe em quantidade menor que a mencionada.

O crime é comum, pois qualquer pessoa pode praticá-lo; é doloso, sem exigência de elemento subjetivo especial nem previsão de modalidade culposa; e é plurissubsistente, sendo possível a tentativa.

QUADRO SINÓTICO

Crime de invólucro ou recipiente com falsa indicação	
Tipo penal	Inculcar, em invólucro ou recipiente de produtos alimentícios, terapêuticos ou medicinais, a existência de substância que não se encontra em seu conteúdo ou que nele existe em quantidade menor que a mencionada.
Objeto jurídico	Tutelam-se a incolumidade pública e, mais especificamente, a saúde pública.

Crime de invólucro ou recipiente com falsa indicação	
Sujeito ativo	Qualquer um.
Sujeito passivo	A sociedade.
Elemento subjetivo	Admite-se somente a modalidade dolosa.
Consumação	O delito se consuma quando se inculcar, em invólucro ou recipiente de produtos alimentícios, terapêuticos ou medicinais, a existência de substância que não se encontra em seu conteúdo ou que nele existe em quantidade menor que a mencionada. O surgimento de risco à incolumidade pública é desnecessário, por se tratar de delito de perigo abstrato.
Tentativa	Admite-se a tentativa.
Forma majorada	Nos termos do artigo 285 do CP, aplicam-se as disposições do artigo 258 do CP, que prevê formas qualificadas de crime de perigo comum. Apesar da nomenclatura são hipóteses de aumento de pena: se do crime doloso de perigo comum resulta lesão corporal de natureza grave, a pena privativa de liberdade é aumentada de metade; se resulta morte, é aplicada em dobro.
Classificação	Trata-se de delito comum, doloso, comissivo ou omissivo impróprio, de perigo abstrato (entendimento minoritário de que seria de perigo concreto), de forma vinculada, instantâneo, monossubjetivo, plurissubsistente e não transeunte.
Benefícios	Admitem-se a suspensão condicional do processo e o oferecimento de acordo de não persecução penal.
Ação penal	A ação penal é pública incondicionada.

3.10. Produto ou substância nas condições dos dois artigos anteriores

O delito de produto ou substância nas condições dos dois artigos anteriores tem previsão no artigo 276 do Estatuto Repressivo:

> *Art. 276 – Vender, expor à venda, ter em depósito para vender ou, de qualquer forma, entregar a consumo produto nas condições dos arts. 274 e 275.*
>
> *Pena – reclusão, de 1 (um) a 5 (cinco) anos, e multa.*

A conduta incriminada é vender (alienar, comercializar, negociar por um preço); expor à venda (mostrar ou exibir para a negociação, a venda); ter em depósito (guardar, armazenar) para vender ou, de qualquer forma, entregar (dar, repassar) a consumo produto nas condições dos artigos 274 e 275.

O tipo penal, que é misto alternativo, constitui norma penal em branco, fazendo referência a produto nas condições dos artigos 274 e 275:

- com emprego de qualquer ou ingrediente substância não expressamente permitido pela legislação sanitária;

- com inculcação, em seu invólucro ou recipiente, a existência de substância que não se encontra em seu conteúdo ou que nele exista em quantidade menor que a mencionada.

O crime é comum, sem mencionar a exigência de qualidade específica do sujeito ativo. Sendo plurissubsistente, admite a tentativa. É doloso, não sendo necessário o elemento subjetivo especial. Neste ponto, Rogério Sanches Cunha entende-o necessário na conduta de ter em depósito, defendendo ser imprescindível o intuito de vender o produto.

QUADRO SINÓTICO

Crime de produto ou substância nas condições dos dois artigos anteriores	
Tipo penal	Vender, expor à venda, ter em depósito para vender ou, de qualquer forma, entregar a consumo produto nas condições dos arts. 274 e 275.
Objeto jurídico	Tutelam-se a incolumidade pública e, mais especificamente, a saúde pública.
Sujeito ativo	Qualquer pessoa.
Sujeito passivo	A sociedade.
Elemento subjetivo	Admite-se somente a modalidade dolosa.
Consumação	O delito se consuma quando o agente realiza uma das condutas descritas nos núcleos do tipo. O surgimento de risco à incolumidade pública é desnecessário, por se tratar de delito de perigo abstrato.
Tentativa	Admite-se a tentativa.
Forma majorada	Nos termos do artigo 285 do CP, aplicam-se as disposições do artigo 258 do CP, que prevê formas qualificadas de crime de perigo comum. Apesar da nomenclatura são hipóteses de aumento de pena: se do crime doloso de perigo comum resulta lesão corporal de natureza grave, a pena privativa de liberdade é aumentada de metade; se resulta morte, é aplicada em dobro.
Classificação	Trata-se de delito comum, doloso, comissivo ou omissivo impróprio, de perigo abstrato (entendimento minoritário de que seria de perigo concreto), de forma vinculada, instantâneo (vender e entregar) ou permanente (expor à venda e ter em depósito para vender), monossubjetivo, plurissubsistente e não transeunte.
Benefícios	Admitem-se a suspensão condicional do processo e o oferecimento de acordo de não persecução penal.
Ação penal	A ação penal é pública incondicionada.

3.11. Substância destinada à falsificação

O artigo 277 do CP prevê a infração penal de substância destinada à falsificação:

> *Art. 277 – Vender, expor à venda, ter em depósito ou ceder substância destinada à falsificação de produtos alimentícios, terapêuticos ou medicinais:*
>
> *Pena – reclusão, de 1 (um) a 5 (cinco) anos, e multa.*

O tipo penal é misto alternativo, sendo seus núcleos: vender (alienar, comercializar, negociar por um preço); expor à venda (mostrar ou exibir para a negociação, a venda); ter em depósito (guardar, armazenar) ou ceder (dar, transferir a posse a alguém).

A conduta incriminada é vender, expor à venda, ter em depósito ou ceder substância destinada à falsificação de produtos alimentícios, terapêuticos ou medicinais.

Perceba que, neste caso, pune-se conduta que seria mera fase de preparação de outros crimes contra a saúde pública. O legislador, entretanto, optou por punir tal conduta de forma autônoma, tipificando o que seria mero ato preparatório de outro delito e, portanto, que seria um indiferente penal. Pode-se dizer que se está diante de um **crime obstáculo**, que pune uma conduta para evitar um outro comportamento que é efetivamente lesivo ao bem jurídico: a falsificação de produtos alimentícios, terapêuticos ou medicinais.

O crime é doloso, sendo que grande parte da doutrina, como Mirabete e Nucci, defende a necessidade da finalidade especial do agente, consistente na falsificação de produtos. É comum, razão pela qual qualquer pessoa pode praticá-lo. É plurissubsistente, sendo admissível a tentativa, apesar de ser difícil a sua ocorrência.

QUADRO SINÓTICO

Crime de substância destinada à falsificação	
Tipo penal	Vender, expor à venda, ter em depósito ou ceder substância destinada à falsificação de produtos alimentícios, terapêuticos ou medicinais.
Objeto jurídico	Tutelam-se a incolumidade pública e, mais especificamente, a saúde pública.
Sujeito ativo	Qualquer um.
Sujeito passivo	A sociedade.
Elemento subjetivo	Admite-se somente a modalidade dolosa.
Consumação	O delito se consuma quando o agente realiza uma das condutas descritas nos núcleos do tipo. O surgimento de risco à incolumidade pública é desnecessário, por se tratar de delito de perigo abstrato.
Tentativa	Admite-se a tentativa.

Crime de substância destinada à falsificação	
Forma majorada	Nos termos do artigo 285 do CP, aplicam-se as disposições do artigo 258 do CP, que prevê formas qualificadas de crime de perigo comum. Apesar da nomenclatura são hipóteses de aumento de pena: se do crime doloso de perigo comum resulta lesão corporal de natureza grave, a pena privativa de liberdade é aumentada de metade; se resulta morte, é aplicada em dobro.
Classificação	Trata-se de delito comum, doloso, comissivo ou omissivo impróprio, de perigo abstrato (entendimento minoritário de que seria de perigo concreto), de forma vinculada, instantâneo (vender e ceder) ou permanente (expor à venda e ter em depósito para vender), monossubjetivo, plurissubsistente e não transeunte.
Benefícios	Admitem-se a suspensão condicional do processo e o oferecimento de acordo de não persecução penal.
Ação penal	A ação penal é pública incondicionada.

3.12. Outras substâncias nocivas à saúde pública

O artigo 278 do Código Penal prevê o crime chamado de outras substâncias nocivas à saúde pública:

> *Art. 278 – Fabricar, vender, expor à venda, ter em depósito para vender ou, de qualquer forma, entregar a consumo coisa ou substância nociva à saúde, ainda que não destinada à alimentação ou a fim medicinal:*
>
> *Pena – detenção, de um a três anos, e multa.*
>
> *Modalidade culposa*
>
> *Parágrafo único – Se o crime é culposo:*
>
> *Pena – detenção, de dois meses a um ano.*

São núcleos do tipo: fabricar (produzir a partir da matéria-prima, manufaturar, produzir), vender (alienar, comercializar, negociar por um preço); expor à venda (mostrar ou exibir para a negociação, a venda); ter em depósito (guardar, armazenar) para vender ou entregar (dar, repassar) a consumo o produto coisa ou substância nociva à saúde, ainda que não destinada à alimentação ou fim medicinal.

O crime pode ser praticado por qualquer pessoa, sendo comum. É doloso na forma do *caput*, sem exigência de elemento subjetivo especial do tipo, salvo na modalidade de ter em depósito, que se liga ao intuito de vender. O parágrafo único prevê modalidade culposa. É plurissubsistente, admitindo a tentativa. É delito de perigo abstrato.

Modalidade culposa

O parágrafo único do artigo 278 prevê a punição se a conduta for praticada por negligência, imprudência ou imperícia, com a atribuição de pena de detenção, de dois meses a um ano.

QUADRO SINÓTICO

Crime de outras substâncias nocivas à saúde pública	
Tipo penal	Fabricar, vender, expor à venda, ter em depósito para vender ou, de qualquer forma, entregar a consumo coisa ou substância nociva à saúde, ainda que não destinada à alimentação ou a fim medicinal.
Objeto jurídico	Tutelam-se a incolumidade pública e, mais especificamente, a saúde pública.
Sujeito ativo	Qualquer um.
Sujeito passivo	A sociedade.
Elemento subjetivo	Admite-se a modalidade dolosa.
Elemento normativo	Nos termos do artigo 278, parágrafo único do CP, admite-se a modalidade culposa.
Consumação	O delito se consuma quando o agente realiza uma das condutas descritas nos núcleos do tipo. O surgimento de risco à incolumidade pública é desnecessário, por se tratar de delito de perigo abstrato.
Tentativa	Admite-se a tentativa.
Forma majorada	Nos termos do artigo 285 do CP, aplicam-se as disposições do artigo 258 do CP, que prevê formas qualificadas de crime de perigo comum. Apesar da nomenclatura são hipóteses de aumento de pena: se do crime doloso de perigo comum resulta lesão corporal de natureza grave, a pena privativa de liberdade é aumentada de metade; se resulta morte, é aplicada em dobro. No caso de culpa, se do fato resulta lesão corporal, a pena aumenta-se de metade; se resulta morte, aplica-se a pena cominada ao homicídio culposo, aumentada de um terço.
Classificação	Trata-se de delito comum, doloso ou culposo, comissivo ou omissivo impróprio, de perigo abstrato (entendimento minoritário de que seria de perigo concreto), de forma vinculada, instantâneo (fabricar, vender e entregar) ou permanente (expor à venda e ter em depósito para vender), monossubjetivo, plurissubsistente e não transeunte.
Benefícios	A modalidade do *caput* admite a suspensão condicional do processo e o oferecimento de acordo de não persecução penal. A seu turno, a modalidade culposa é de menor potencial ofensivo e é de competência dos Juizados Especiais Criminais, admitindo Transação, suspensão condicional do processo e acordo de não persecução penal.
Ação penal	A ação penal é pública incondicionada.

PARTE ESPECIAL

3.13. Medicamento em desacordo com receita médica

O artigo 280 prevê o crime de medicamento em desacordo com receita médica, nos seguintes termos:

> *Art. 280 – Fornecer substância medicinal em desacordo com receita médica:*
>
> *Pena – detenção, de um a três anos, ou multa.*
>
> *Modalidade culposa*
>
> *Parágrafo único – Se o crime é culposo:*
>
> *Pena – detenção, de dois meses a um ano.*

Fornecer é abastecer, prover. A conduta típica, portanto, é fornecer substância medicinal em desacordo com receita médica.

A doutrina aponta cometer o crime o servidor do hospital, o prático ou farmacêutico que fornecerem medicamento fora do descrito pelo médico, que acompanha o paciente e tem a formação técnica para prescrevê-lo. Cezar Bitencourt[14] entende que, se o farmacêutico, que tem conhecimento técnico sobre os medicamentos, entender que a prescrição foi equivocada, deve entrar em contato com o médico que o prescreveu para a eventual substituição da receita, e não substituir por conta própria, o que configuraria o crime.

Há quem entenda que há o crime ainda que o medicamento dado em substituição seja melhor ou de igual qualidade, havendo entendimento em sentido contrário.

O crime pode ser praticado por qualquer pessoa, sendo comum. É de perigo abstrato, não se exigindo a comprovação do risco ao bem jurídico para sua configuração. O *caput* prevê forma dolosa, sem exigência de elemento subjetivo especial do tipo. Admite a tentativa, por ser plurissubsistente.

Modalidade culposa

O parágrafo único do artigo 280 prevê que, se o crime for culposo, a pena passa a ser de detenção, de dois meses a um ano.

QUADRO SINÓTICO

Crime de medicamento em desacordo com receita médica	
Tipo penal	Fornecer substância medicinal em desacordo com receita médica.
Objeto jurídico	Tutelam-se a incolumidade pública e, mais especificamente, a saúde pública.
Sujeito ativo	Qualquer um. Há divergência doutrinária no sentido de que o delito seria próprio, pois somente farmacêutico poderia ser sujeito ativo.

14. BITENCOURT, Cezar Roberto. Tratado de direito penal, volume IV: parte especial. 4. Ed. São Paulo: Saraiva, 2010, p. 326-327.

Crime de medicamento em desacordo com receita médica	
Sujeito passivo	A sociedade e quem recebe a substância medicinal em desacordo com receita médica.
Elemento subjetivo	Admite-se a modalidade dolosa.
Elemento normativo	Nos termos do artigo 280, parágrafo único, do CP, admite-se a modalidade culposa.
Consumação	O delito se consuma quando o agente fornece substância medicinal em desacordo com receita médica. O surgimento de risco à incolumidade pública é desnecessário, por se tratar de delito de perigo abstrato.
Tentativa	Admite-se a tentativa.
Forma majorada	Nos termos do artigo 285 do CP, aplicam-se as disposições do artigo 258 do CP, que prevê formas qualificadas de crime de perigo comum. Apesar da nomenclatura são hipóteses de aumento de pena: se do crime doloso de perigo comum resulta lesão corporal de natureza grave, a pena privativa de liberdade é aumentada de metade; se resulta morte, é aplicada em dobro. No caso de culpa, se do fato resulta lesão corporal, a pena aumenta-se de metade; se resulta morte, aplica-se a pena cominada ao homicídio culposo, aumentada de um terço.
Classificação	Trata-se de delito comum, doloso ou culposo, comissivo ou omissivo impróprio, de perigo abstrato (entendimento minoritário de que seria de perigo concreto), de forma vinculada, instantâneo, monossubjetivo, plurissubsistente e não transeunte.
Benefícios	A modalidade do *caput* admite a suspensão condicional do processo e o oferecimento de acordo de não persecução penal. A seu turno, a modalidade culposa é de menor potencial ofensivo e é de competência dos Juizados Especiais Criminais, admitindo Transação, suspensão condicional do processo e acordo de não persecução penal.
Ação penal	A ação penal é pública incondicionada.

3.14. Exercício ilegal da medicina, arte dentária ou farmacêutica

O crime de exercício ilegal da medicina, arte dentária ou farmacêutica tem previsão no artigo 282 do CP:

> *Art. 282 – Exercer, ainda que a título gratuito, a profissão de médico, dentista ou farmacêutico, sem autorização legal ou excedendo-lhe os limites:*
>
> *Pena – detenção, de seis meses a dois anos.*
>
> *Parágrafo único – Se o crime é praticado com o fim de lucro, aplica-se também multa.*

O artigo 282 do Código Penal pune a conduta de exercer (praticar, desempenhar) a profissão de médico, dentista ou farmacêutico sem autorização legal ou excedendo-lhe os limites. O crime se configura ainda que o exercício se dê a título gratuito.

São duas as figuras típicas, portanto:

- Exercer a profissão de médico, dentista ou farmacêutico sem autorização legal. O sujeito ativo não tem a formação necessária ou não possui inscrição no conselho profissional.
- Exceder os limites da profissão de médico, dentista ou farmacêutico. Nesta modalidade, o agente possui a formação e a inscrição regular, mas se excede. Os limites de cada profissão estão previstos na legislação que regulamente seu exercício. Portanto, cuida-se de norma penal em branco.

O crime é comum na conduta de exercer, podendo ser praticado por qualquer pessoa. Por outro lado, é delito próprio na modalidade de exceder os limites da profissão, quando só pode ser cometido por médico, dentista ou farmacêutico. Nesta modalidade, a pessoa tem habilitação para exercer a promissão, mas excede os seus limites, como o dentista que realiza uma cirurgia que somente pode ser realizada por médico.

É doloso, sem exigência de elemento subjetivo especial. Se houver o intuito de lucro, há aplicação cumulativa de multa. É crime habitual, razão pela qual não se admite a tentativa. É considerado crime de perigo abstrato, não sendo necessária a demonstração de risco ao bem jurídico tutelado, ou seja, à saúde pública, para configuração do crime.

Há divergência sobre o estado de necessidade, em razão da habitualidade exigida. Existe o entendimento de que se configuraria se não houver profissional na região, com pessoas necessitando de atendimento urgente.

O STJ já decidiu não se configurar o crime no caso de acupuntura, dada a ausência de regulamentação da profissão:

> *"(...) 4. No que concerne ao crime de exercício ilegal da medicina, ausente complementação da norma penal em branco, por ausência de regulamentação acerca do exercício da acupuntura, a conduta é atípica. (...)" (STJ, RHC 66641/SP, Rel. Min. Nefi Cordeiro, Sexta Turma, DJe 10/03/2016).*

Por fim, ainda que tratando de prisão processual, é interessante a leitura de trecho do julgado a seguir, como exemplo de situação fática que enseja a tipificação do crime. O STJ se deparou com acusação de que um indivíduo se apresentava como médico, mesmo sem habilitação, e atuava no transporte de pacientes de um hospital a outro:

> *"(...) IV – No caso, o decreto prisional encontra-se devidamente fundamentado em dados extraídos dos autos, que evidenciam que a liberdade do ora paciente acarretaria risco à ordem pública, notadamente por sua periculosidade, uma vez que se apresentava frequentemente como médico, mesmo não possuindo a devida habilitação legal para o exercício da medicina, e realizava o transporte de pacientes entre hospitais, sendo que em uma dessas remoções a paciente veio a óbito. Tais circunstâncias justificam*

a prisão cautelar imposta ao paciente como garantia da ordem pública, em virtude do fundado receio de reiteração delitiva (...)." (*STJ, HC 415954/SP, Rel. Min. Felix Fischer, Quinta Turma, DJe 19/02/2018*).

Crime mercenário

O parágrafo único prevê que, havendo o intuito de lucro, deve haver a aplicação cumulativa da pena de multa. Com isso, pune-se também com pena de natureza pecuniária a conduta realizada com a finalidade de obter vantagem financeira com o exercício ilegal da medicina, odontologia ou farmácia.

QUADRO SINÓTICO

Crime de exercício ilegal da medicina, arte dentária ou farmacêutica	
Tipo penal	Exercer, ainda que a título gratuito, a profissão de médico, dentista ou farmacêutico, sem autorização legal ou excedendo-lhe os limites.
Objeto jurídico	Tutelam-se a incolumidade pública e, mais especificamente, a saúde pública.
Sujeito ativo	Na modalidade de exercer, ainda que a título gratuito, a profissão de médico, dentista ou farmacêutico, sem autorização legal, pode ser qualquer um. Na modalidade exceder os limites dos ofícios mencionados o sujeito ativo deve ser médico, dentista ou farmacêutico.
Sujeito passivo	A sociedade e quem recebeu os serviços do sujeito ativo.
Elemento subjetivo	Admite-se somente a modalidade dolosa.
Consumação	O delito se consuma quando o agente exerce, ainda que a título gratuito, a profissão de médico, dentista ou farmacêutico, sem autorização legal ou excede-lhe os limites. O surgimento de risco à incolumidade pública é desnecessário, por se tratar de delito de perigo abstrato.
Tentativa	Admite-se a tentativa.
Forma majorada	Nos termos do artigo 285 do CP, aplicam-se as disposições do artigo 258 do CP, que prevê formas qualificadas de crime de perigo comum. Apesar da nomenclatura são hipóteses de aumento de pena: se do crime doloso de perigo comum resulta lesão corporal de natureza grave, a pena privativa de liberdade é aumentada de metade; se resulta morte, é aplicada em dobro.
Classificação	Com relação à conduta de exercer, ainda que a título gratuito, a profissão de médico, dentista ou farmacêutico, sem autorização legal, o delito é comum. Contudo, a conduta de exceder os limites de tais ofícios é delito próprio com relação ao sujeito ativo. Ademais, é comum com relação ao sujeito passivo, doloso, comissivo, de perigo abstrato (entendimento minoritário de que seria de perigo concreto), de forma vinculada, habitual, monossubjetivo, plurissubsistente e não transeunte.

PARTE ESPECIAL

Crime de exercício ilegal da medicina, arte dentária ou farmacêutica	
Benefícios	Trata-se de delito de menor potencial ofensivo, de competência dos Juizados Especiais Criminais e que admite a transação, suspensão condicional do processo e acordo de não persecução penal.
Ação penal	A ação penal é pública incondicionada.
Observações	Nos termos do artigo 282, parágrafo único, do CP, se o crime é praticado com o fim de lucro, aplica-se também multa. Cumpre registrar que o grau em curso de ensino superior não é suficiente para o exercício da profissão. O agente deve estar devidamente registrado e habilitado no órgão específico, sob risco de incorrer no tipo do artigo 282 do CP.

3.15. Charlatanismo

O artigo 283 do CP tipifica o charlatanismo:

> *Art. 283 – Inculcar ou anunciar cura por meio secreto ou infalível:*
>
> *Pena – detenção, de três meses a um ano, e multa.*

Inculcar é imprimir algo no espírito de outrem, é repetir seguidamente. Anunciar é dar publicidade, comunicar. O tipo penal, misto alternativo, é inculcar ou anunciar cura por meio secreto ou infalível.

Basta um ato para sua configuração, sendo que a tentativa é admissível, pela possibilidade de seu fracionamento (crime plurissubsistente). Entretanto, cumpre registrar que Cezar Bitencourt[15] entende ser o crime habitual. Não é necessário o efetivo convencimento de alguma vítima para sua configuração, sendo o crime de perigo abstrato.

A configuração desse delito é bastante discutida e o crime é pouco punido, devido à crescente e constante dúvida quanto a métodos científicos e crença em métodos experimentais ou mesmo já desacreditados. Tome-se o exemplo de um médico que, no auge da pandemia de Covid-19, tenha vendido, a preços exorbitantes, a aplicação retal de ozônio, conhecida como ozonioterapia, como medida preventiva infalível contra a enfermidade, o que não possuía validação científica . Em tese, há o delito, mas é possível que os próprios pacientes defendam a não criminalização. A questão é se o consentimento pode ser considerado, já que se trata de uma questão de saúde pública e, portanto, que transcende o interesse individual.

Parcela da doutrina, como, por exemplo, Mirabete, entende que o charlatanismo não é absorvido quando praticado em concurso com o crime de estelionato, devendo o agente responder por ambos os crimes em concurso, uma vez que protegem bens jurídicos diversos.

É crime comum, podendo ser praticado por qualquer pessoa. É formal, por não exigir resultado naturalístico para a sua consumação. É doloso, sem exigência de elemento subjetivo especial do injusto.

15. BITENCOURT, Cezar Roberto. Tratado de direito penal, volume IV: parte especial. 4ª Ed. São Paulo: Saraiva, 2010, p. 336.

QUADRO SINÓTICO

Crime de charlatanismo	
Tipo penal	Inculcar ou anunciar cura por meio secreto ou infalível.
Objeto jurídico	Tutelam-se a incolumidade pública e, mais especificamente, a saúde pública.
Sujeito ativo	Qualquer um.
Sujeito passivo	A sociedade e quem foi diretamente enganado pelo agente.
Elemento subjetivo	Admite-se somente a modalidade dolosa.
Consumação	O delito se consuma quando o agente inculca ou anuncia cura por meio secreto ou infalível. O surgimento de risco à incolumidade pública é desnecessário, por se tratar de delito de perigo abstrato.
Tentativa	Admite-se a tentativa.
Forma majorada	Nos termos do artigo 285 do CP, aplicam-se as disposições do artigo 258 do CP, que prevê formas qualificadas de crime de perigo comum. Apesar da nomenclatura são hipóteses de aumento de pena: se do crime doloso de perigo comum resulta lesão corporal de natureza grave, a pena privativa de liberdade é aumentada de metade; se resulta morte, é aplicada em dobro.
Classificação	Trata-se de delito comum, doloso, comissivo ou omissivo impróprio, de perigo abstrato (entendimento minoritário de que seria de perigo concreto), de forma livre, instantâneo, monossubjetivo, plurissubsistente e não transeunte.
Benefícios	Trata-se de delito de menor potencial ofensivo, de competência dos Juizados Especiais Criminais e que admite a transação, suspensão condicional do processo e acordo de não persecução penal.
Ação penal	A ação penal é pública incondicionada.

3.16. Curandeirismo

O artigo 284 traz o último dos crimes contra a saúde pública do Código, o de curandeirismo:

> *Art. 284 – Exercer o curandeirismo:*
>
> *I – prescrevendo, ministrando ou aplicando, habitualmente, qualquer substância;*
>
> *II – usando gestos, palavras ou qualquer outro meio;*
>
> *III – fazendo diagnósticos:*
>
> *Pena – detenção, de seis meses a dois anos.*
>
> *Parágrafo único – Se o crime é praticado mediante remuneração, o agente fica também sujeito à multa.*

O artigo 282 do Código Penal pune a conduta de exercer (praticar, desempenhar) o curandeirismo (que seria o exercício da arte de curar por métodos não científicos, grosseiros, sem a devida autorização legal). O crime, de forma vinculada, pode ser praticado de um dos seguintes modos:

- Prescrevendo (receitando), ministrando (dando, fornecendo) ou aplicando (injetando, utilizando, empregado), habitualmente, qualquer substância. O agente pode se utilizar de qualquer substância, seja ela farmacêutica, produto medicinal não autorizado ou mesmo produto sem finalidade farmacêutica, como sangue de animais;
- Usando (utilizando, fazendo uso de) gestos, palavras ou qualquer outro meio. Crimina-se, inclusive, o sujeito que diz curar por massagens, toque das mãos ou rituais de gesticulação. Aqui se torna mais nítida a questão da fé, que não deve ser incluída no âmbito de abrangência de norma penal incriminadora, salvo se exceder os limites religiosos para a promessa de cura milagrosa, como anúncio de método de cura que busca substituir a medicina e trazer risco à saúde pública. Claro que os limites são tênues e complicados. O juiz deve analisar na prática.
- Fazendo diagnósticos (realizando a constatação de doenças e enfermidades, é a atividade de identificação de problemas de saúde).

O crime é comum, podendo ser praticado por qualquer pessoa. É doloso, sem exigência de elemento subjetivo especial do tipo. É crime formal, não exigindo resultado naturalístico para a sua consumação.

Por ser crime habitual, ou seja, aquele que exige uma reiteração de atos para a sua configuração, não se admite a tentativa.

O Superior Tribunal de Justiça já entendeu cabível o concurso entre o crime de curandeirismo e o de exercício ilegal de arte farmacêutica:

> *"(...) Embora o curandeirismo seja prática delituosa típica de pessoa rude, sem qualquer conhecimento técnico-profissional da medicina e que se dedica a prescrever substâncias ou procedimentos com o fim de curar doenças, não se pode descartar a possibilidade de existência do concurso entre tal crime e o de exercício ilegal de arte farmacêutica, se o agente também não tem habilitação profissional específica para exercer tal atividade. (...)" (STJ, HC 36244/DF, Rel. Min. José Arnaldo da Fonseca, Quinta Turma, DJ 11/04/2005).*

A tormentosa questão sobre os limites entre as crenças religiosas e o crime de curandeirismo pode ser notada no seguinte precedente:

> *"PENAL. CURANDEIRISMO. SUBSTITUIÇÃO DE PENA DETENTIVA POR MULTA. DEVER DO JUIZ. 1.* ***O CURANDEIRISMO FICOU COMPROVADO COM A HABITUALIDADE COM QUE O RÉU MINISTRAVA OS "PASSES" E OBRIGAVA, ADULTOS E MENORES, A INGERIREM SANGUE DE ANIMAIS E BEBIDA ALCOÓLICA, COLOCANDO EM PERIGO A SAÚDE E LEVANDO OS ADOLESCENTES A DEPENDÊNCIA DO ÁLCOOL.*** *2. OCORRENTES AS*

CONDIÇÕES OBJETIVAS PREVISTAS NOS INCISOS II E III DO ARTIGO 44 DO CODIGO PENAL, O JUIZ TEM O DEVER DE SUBSTITUIR A PENA DETENTIVA PELA DE MULTA. RECURSO ESPECIAL, NESTA PARTE, CONHECIDO E PROVIDO." (STJ, REsp 50426/MG, Rel. Min. Jesus Costa Lima, Quinta Turma, DJ 29/08/1994).

Crime mercenário

O parágrafo único prevê que, sendo o crime praticado mediante remuneração, deve haver a aplicação cumulativa da pena de multa.

QUADRO SINÓTICO

Crime de curandeirismo	
Tipo penal	Exercer o curandeirismo prescrevendo, ministrando ou aplicando, habitualmente, qualquer substância; usando gestos, palavras ou qualquer outro meio; fazendo diagnósticos.
Objeto jurídico	Tutelam-se a incolumidade pública e, mais especificamente, a saúde pública.
Sujeito ativo	Qualquer um.
Sujeito passivo	A sociedade e quem foi diretamente enganado pelo agente.
Elemento subjetivo	Admite-se somente a modalidade dolosa.
Consumação	O delito se consuma quando o agente exerce o curandeirismo prescrevendo, ministrando ou aplicando, habitualmente, qualquer substância; usando gestos, palavras ou qualquer outro meio; fazendo diagnósticos. O surgimento de risco à incolumidade pública é desnecessário, por se tratar de delito de perigo abstrato.
Tentativa	Admite-se a tentativa.
Forma majorada	Nos termos do artigo 285 do CP, aplicam-se as disposições do artigo 258 do CP, que prevê formas qualificadas de crime de perigo comum. Apesar da nomenclatura são hipóteses de aumento de pena: se do crime doloso de perigo comum resulta lesão corporal de natureza grave, a pena privativa de liberdade é aumentada de metade; se resulta morte, é aplicada em dobro.
Classificação	Trata-se de delito comum, doloso, comissivo ou omissivo impróprio, de perigo abstrato (entendimento minoritário de que seria de perigo concreto), de forma livre, instantâneo, monossubjetivo, plurissubsistente e não transeunte.
Benefícios	Trata-se de delito de menor potencial ofensivo, de competência dos Juizados Especiais Criminais e que admite a transação, suspensão condicional do processo e acordo de não persecução penal.

Crime de curandeirismo	
Ação penal	A ação penal é pública incondicionada.
Observações	Nos termos do artigo 284, parágrafo único, do CP, se o delito é praticado mediante remuneração, o agente fica também sujeito à multa.

3.17. Forma "qualificada"

O artigo 285 se denomina forma qualificada, fazendo remissão ao artigo 258 para determinar sua aplicação aos crimes contra a saúde pública:

> *Art. 285 – Aplica-se o disposto no art. 258 aos crimes previstos neste Capítulo, salvo quanto ao definido no art. 267.*

Vale lembrar que o artigo 258 prevê, na verdade, causas de aumento de pena:

> *Art. 258 – Se do crime doloso de perigo comum resulta lesão corporal de natureza grave, a pena privativa de liberdade é aumentada de metade; se resulta morte, é aplicada em dobro. No caso de culpa, se do fato resulta lesão corporal, a pena aumenta-se de metade; se resulta morte, aplica-se a pena cominada ao homicídio culposo, aumentada de um terço.*

O artigo 285 ressalva o disposto no artigo 267 do Código Penal. Ou seja, não se aplicam as suas disposições ao crime de epidemia, que já possui causa de aumento de pena, de duplicação da pena, em caso de resultado morte, além de modalidade culposa qualificada se resultar morte. Não se prevê modificação de pena para o resultado lesão grave, o que se pode compreender como valoração, pelo legislador, de que a possível lesão é desdobramento da epidemia. Nada impede, de todo modo, que o juiz valore a lesão grave como circunstância judicial.

As modalidades a que se referem o artigo 258, combinado com o artigo 285, são preterdolosas. Assim, a lesão ou a morte devem ser causadas a título de culpa. Se a conduta principal, a antecedente, for dolosa, a lesão grave implica aumento de metade, enquanto a morte enseja aumento à razão do dobro. Em caso de conduta principal culposa, a lesão corporal determina o aumento de pena pela metade, enquanto a morte leva à imposição da pena do homicídio culposo, com aumento de um terço. A lesão leve basta ao aumento de pena do delito culposo, enquanto crime doloso exige a lesão grave para incidência da majorante.

CAPÍTULO XIV
CRIMES CONTRA A PAZ PÚBLICA

O Título IX do Código Penal trata dos crimes contra a paz pública, aqueles que visam a tutelar a tranquilidade social, ou seja, a sensação de segurança da sociedade em geral. Trata-se, portanto, da paz pública em seu sentido subjetivo, como sendo a sensação da população quanto à segurança e tranquilidade. Não se cuida, portanto, de uma concepção material de ordem pública, de modo que não é necessário o efetivo abalo à paz social, por meio de condutas que objetivamente perturbem a segurança pública.

São delitos que representam punição autônoma de atos que, não fossem por sua previsão específica, seriam mera fase de preparação de outros delitos, como a reunião de pessoas para projetar futuros assaltos a bancos. Seriam, assim, atos não puníveis, mas o legislador decidiu por sua tipificação específica. É a categoria que, com inspiração na doutrina italiana, tem sido chamada de crimes obstáculos. São assim chamados em virtude da antecipação do Estado, que passa a já punir e reprimir determinadas condutas que levariam a futuros ataques a bens jurídicos tutelados pelo Direito Penal.

1. INCITAÇÃO AO CRIME

A infração penal denominada de incitação ao crime possui previsão no artigo 286 do Código Penal:

> *Art. 286 – Incitar, publicamente, a prática de crime:*
>
> *Pena – detenção, de três a seis meses, ou multa.*
>
> *Parágrafo único. Incorre na mesma pena quem incita, publicamente, animosidade entre as Forças Armadas, ou delas contra os poderes constitucionais, as instituições civis ou a sociedade.*

O núcleo do tipo é "incitar", que significa estimular, encorajar, incentivar. A conduta incriminada é incitar, publicamente, a prática de crime. É necessário que o estímulo se dê quanto a um fato determinado, isto é, a um crime definido. Não se pune a incitação vaga, sem conteúdo definido. A incitação é punida por si mesma, sendo desnecessário que esse delito, cuja prática o indivíduo estimulou, seja efetivamente praticado. Em comparação ao induzimento como participação do delito, modalidade de concurso de delitos, **o crime do artigo 286 do Código é considerado como uma incitação indireta**, não voltada diretamente a certo indivíduo ou a alguns indivíduos determinados para que pratiquem uma específica infração penal.

Como elementar do tipo, exige-se que a conduta se dê **publicamente**, ou seja, na presença de várias pessoas. Essa publicidade é inafastável, configuradora do crime contra a paz pública. A incitação, no entanto, pode se voltar a pessoas determinadas ou pessoas indeterminadas, desde que a publicidade faça com que, de fato, haja indeterminação sobre quem recebeu essa incitação. Caso contrário, haverá a instigação como modalidade de participação, que só é punível, nos termos do artigo 31 do Código Penal e da própria acessoriedade da participação, se o agente adentrar, ao menos, a fase executória do crime instigado, configurando-se a tentativa.

Note que o tipo penal **não abrange a contravenção penal**. Em se tratando de lei penal incriminadora, não se admite a extensão de sua abrangência para que se puna também a incitação à prática de contravenção penal, sob pena de se admitir analogia *in malam partem*. Também não configura o tipo penal a incitação a práticas tidas como meramente imorais. Tampouco configura o crime a crítica à sentença condenatória, considerando-a injusta ou muito rígida.

Como visto, o delito do artigo 286 do Código Penal independe da efetiva prática do crime incitado para a sua consumação. Por isso, é considerado crime formal. Caso o indivíduo encorajado efetivamente cometa o crime, surge a dúvida sobre a sua configuração ou a caracterização do concurso de pessoas, na modalidade de participação moral, nos termos do artigo 29 do Código Penal.

A participação no concurso de pessoas é acessória, razão pela qual só se pune o partícipe se o crime vier a ser, ao menos, tentado, nos termos do artigo 31 do Código Penal. A incitação ao crime do artigo 286 do Código Penal, por sua vez, é conduta tipificada de forma específica, punível independentemente de o fato principal ser ou não praticado. Cuida-se de figura autônoma, com punição excepcional do que consistiria em mero ato preparatório.

De todo modo, caso haja a incitação pública à prática de um crime, por exemplo, de uma lesão corporal contra um político, e um dos incitados efetivamente o pratique, é possível que o agente seja duplamente punido. Em razão do concurso de pessoas, ele pode ser punido por concorrente para a lesão corporal a título de participação, na modalidade de induzimento. Além disso, responde pela incitação ao crime, dado o estímulo público ao seu cometimento. Como são tutelados bens jurídicos diversos – integridade física e paz pública –, torna-se possível o concurso formal de delitos. Por outro lado, caso haja a instigação de somente uma pessoa e ela cometa o delito, o instigador deve responder apenas pelo crime praticado pelo induzido, sendo absorvido o crime do artigo 286[1].

O crime é comum, não se exigindo nenhuma qualidade específica do sujeito ativo para sua prática. Volta-se contra a coletividade, sem sujeito passivo determinado,

1. No mesmo sentido: NUCCI, Guilherme de Souza. Op. Cit., 2015, p. 1240; SILVA JÚNIOR, José; DEZEM, Guilherme Madeira. In: FRANCO, Alberto Silva; STOCCO, Rui (coord.). Op. Cit., 2007, p. 1347; MASSON, Cleber. Op. Cit., 2019, p. 365-366. Referindo-se ao concurso de delitos, sem mencionar a modalidade: NORONHA, Edgard Magalhães. Direito Penal, vol. 4. 10. ed. São Paulo: Saraiva, 1978, p. 92; CAPEZ, Fernando. Op. Cit., 2013, p. 320. Luiz Régis Prado, por sua vez, defende haver concurso material de crimes, desde que comprovada a causalidade entre a instigação e o delito praticado (PRADO, Luiz Regis. Op. Cit., 2020, p. 1000). No mesmo sentido: CUNHA, Rogério Sanchez. Op. Cit., 2020, p. 738.

razão pela qual é classificado como crime vago. É doloso, não se exigindo elemento subjetivo especial, e não há previsão de modalidade culposa. É plurissubsistente, admitindo a tentativa, salvo se praticado oralmente. Cuida-se de **crime de perigo abstrato**, não sendo necessária a demonstração de que o bem jurídico foi colocado em risco para a sua configuração.

O STJ já decidiu que o fato de a incitação ao crime ter sido praticada por meio da Internet não atrai a competência da Justiça Federal:

> *"Substância entorpecente (técnica de cultivo). Incitação ao crime (investigação). Internet (veiculação). Competência (Justiça estadual). 1.* ***A divulgação, pela internet, de técnicas de cultivo de planta destinada à preparação de substância entorpecente não atrai, por si só, a competência federal.*** *2. Ainda que se trate, no caso, de hospedeiro estrangeiro, a ação de incitar desenvolveu-se no território nacional, daí não se justificando a aplicação dos incisos IV e V do art. 109 da Constituição. 3. Caso, pois, de competência estadual. Conflito do qual se conheceu, declarando-se competente o suscitante." (STJ, CC 62949/PR, Rel. Min. Nilson Naves, Terceira Seção, DJ 26/02/2007).*

O STF, sobre referido crime, já apontou que o crime do artigo 286 do CP se configura com qualquer conduta apta a provocar ou reforçar a intenção da prática de um crime:

> *"(...) 7. A incitação ao crime, enquanto delito contra a paz pública, traduz afronta a bem jurídico diverso daquele que é ofendido pela prática efetiva do crime objeto da instigação. 8. A incitação ao crime abrange tanto a influência psíquica, com o objetivo de fazer surgir no indivíduo (determinação ou induzimento) o propósito criminoso antes inexistente, quanto a instigação propriamente dita, que reforça eventual propósito existente. Consectariamente,* ***o tipo penal do art. 286 do Código Penal alcança qualquer conduta apta a provocar ou a reforçar a intenção da prática criminosa****. Na valiosa lição de Nelson Hungria, incita a prática do crime aquele que atira a primeira pedra contra a mulher adúltera. (...)" (STF, Inq 3932/DF, Rel. Min. Luiz Fux, Primeira Turma, Julgamento: 21/06/2016).*

A Suprema Corte também já julgou ser atípica a conduta se praticada em reunião privada, em virtude da expressa exigência de ser praticada publicamente. Deste modo, a incitação indireta a crimes em reunião privada não configura o delito previsto no artigo 286 do Código Penal:

> *"(...) PRESCRIÇÃO – INCITAÇÃO À PRÁTICA CRIMINOSA. O prazo prescricional do delito, à luz da pena máxima cominada em abstrato, é de três anos. INCITAÇÃO AO CRIME –* ***REUNIÃO PRIVADA – ATIPICIDADE****. O tipo do artigo 286 do Código Penal pressupõe a incitação em local público. (...)" (STF, Inq 3811/DF, Rel. Min. Marco Aurélio, Primeira Turma, Julgamento: 24/11/2015).*

Vale lembrar que há normas especiais que tipificam incitações a condutas criminosas. No caso de induzimento ou incitação à discriminação ou preconceito de raça, cor, etnia, religião ou procedência nacional, configura-se o delito de racismo, previsto no artigo 20 da Lei n. 7.716/1989. Já a incitação à prática de genocídio está tipificada no artigo 3º da Lei n. 2.889/1956. Por fim, a incitação à desobediência, à indisciplina ou à prática de crime militar está prevista como delito no artigo 155 do Código Penal Militar.

Forma equiparada

A Lei n. 14.197, de 1º de setembro de 2021, incluiu o parágrafo único ao artigo 286 do Código Penal. Entretanto, houve previsão de *vacatio legis* de 90 dias de sua publicação oficial. Referido parágrafo traz uma modalidade equiparada, consistente na incitação de animosidade entre as Forças Armadas ou delas contra os Poderes Constituídos, as instituições civis ou a sociedade. Incitar animosidade é "provocar má vontade, rancor, malquerença ou hostilidade"[2].

Trata-se de clara incriminação de manifestações de particulares e mandatários políticos quanto a uma possível intervenção militar, buscando ressuscitar a figura do Poder Moderador, exercido pelo Imperador no período da Monarquia. Em vários episódios, houve incitação de que as Forças Armadas interviessem a favor de determinada posição político-partidária ou que tomasse o poder à força, o que, claramente, já violava a legislação vigente, pois a conduta era prevista na antiga Lei de Segurança Nacional, em seu artigo 23, inciso II:

Lei n. 7.170/1983	Código Penal (Lei n. 14.197/2021)
Art. 23 – Incitar: (...) II – à animosidade entre as Forças Armadas ou entre estas e as classes sociais ou as instituições civis; (...) Pena: reclusão, de 1 a 4 anos.	Art. 286 – Incitar, publicamente, a prática de crime: Pena – detenção, de três a seis meses, ou multa. Parágrafo único. Incorre na mesma pena quem incita, publicamente, animosidade entre as Forças Armadas, ou delas contra os poderes constitucionais, as instituições civis ou a sociedade.

O legislador tutela claramente a paz pública, especialmente em relação ao sentimento social de segurança de que o poder continuará nas mãos do seu único titular legítimo, o povo. Tutela-se, ainda, o Estado Democrático de Direito, que é colocado em risco com a atitude contínua e deteriorante de incitar servidores públicos militares a se voltarem contra as próprias instituições que legitimam a sua atuação. Afinal de contas, é a formação do Estado, com base na Constituição, que possibilita o exercício da força pelos agentes públicos e, assim, legitima todo agente público a exercer as suas funções, inclusive a de portar armas de fogo para garantia da lei e da ordem. Fora do império da lei e, principalmente, da Constituição, o emprego de violência por funcionários públicos, militares ou não, e de particulares é ilegítima e, mais do que isso, criminosa.

Por isso, não se trata de uma mera manifestação de posição político-partidária, albergada pela liberdade de expressão. Manifestar-se a favor ou contra a privatização,

2. BATISTA, Nilo; BORGES, Rafael. Op. Cit., 2023, p. 119-120.

sobre benefícios sociais, sobre determinado político ser ou não adequado, tudo isso integra a liberdade de expressão, assim como defender presidencialismo ou parlamentarismo. Demandar violação de direitos fundamentais e retirada do poder do seu titular legítimo, o povo, é claramente crime, e não defesa de uma posição política.

Caso haja efetiva tentativa de golpe de Estado ou de abolição violenta do Estado Democrático de Direito, a incitação à animosidade pode ser absorvida pelo delito do artigo 359-L ou 359-M do Código Penal, desde que se trate do mesmo contexto. Ainda que essa modalidade delitiva tenha sido inserida entre os crimes contra a paz pública, essa incitação à animosidade também viola o Estado Democrático de Direito, atraindo a competência da Justiça Federal.

QUADRO SINÓTICO

Crime de incitação ao crime	
Tipo penal	Incitar, publicamente, a prática de crime.
Objeto jurídico	Tutela-se a paz pública.
Sujeito ativo	Qualquer um.
Sujeito passivo	A sociedade.
Elemento subjetivo	Admite-se somente a modalidade dolosa.
Consumação	O delito se consuma quando o agente incita, publicamente, a prática de crime. O surgimento de risco à paz pública é desnecessário, por se tratar de delito de perigo abstrato.
Tentativa	Admite-se a tentativa.
Classificação	Trata-se de delito comum, doloso, comissivo ou omissivo impróprio, de perigo abstrato (entendimento minoritário de que seria de perigo concreto), de forma livre, instantâneo, monossubjetivo, plurissubsistente e transeunte.
Benefícios	Trata-se de delito de menor potencial ofensivo, de competência dos Juizados Especiais Criminais e que admite a transação, suspensão condicional do processo e acordo de não persecução penal.
Ação penal	A ação penal é pública incondicionada.
Observações	Se a incitação ao crime for relacionada à discriminação ou ao preconceito de raça, cor, etnia, religião ou procedência nacional aplicar-se-á o artigo 20 da Lei n. 7.716/1989. Nos termos do artigo 286, parágrafo único do CP, incorre na mesma pena do *caput* quem incita, publicamente, animosidade entre as Forças Armadas, ou delas contra os poderes constitucionais, as instituições civis ou a sociedade.

2. APOLOGIA DE CRIME OU CRIMINOSO

O crime de apologia de crime ou criminoso está tipificado no artigo 287 do Código Penal:

> *Art. 287 – Fazer, publicamente, apologia de fato criminoso ou de autor de crime:*
>
> *Pena – detenção, de três a seis meses, ou multa.*

Fazer apologia é enaltecer, elogiar, exaltar. A conduta incriminada é fazer, de forma pública, apologia de fato criminoso ou de autor de crime. Exige-se que a conduta se refira a um fato criminoso ou a autor de crime. O tipo **não** abrange apologia de **contravenção penal** nem apologia de **contraventor**.

Também se defende que a analogia não pode ser de crime culposo, por se tratar de ato involuntário praticado pelo agente. Noronha ensinava, com acerto e acompanhado pela doutrina majoritária, que o fato criminoso deve ser um fato do passado, pois o fato delitivo futuro é objeto do crime previsto no artigo 286, de incitação ao crime[3]. Entretanto, Nelson Hungria, defendia que o fato criminoso poderia ser passado ou futuro, concreto ou abstrato[4].

Há divergência na doutrina se é necessário ou não o trânsito em julgado de sentença condenatória do autor do crime a que se fez referência. A maioria tem entendido que não se exige a condenação transitada em julgado para que se considere alguém como "autor de crime", em corrente capitaneada por Nelson Hungria. Exigir o trânsito em julgado seria confundir forma com substância, já que não se pode negar a possibilidade de apologia ao autor de um crime após a ocorrência de sua prisão em flagrante ou da sentença de pronúncia[5]. Por outro lado, Nucci entende que autor de crime é aquele que foi condenado com trânsito em julgado[6]. O tipo exige que a conduta seja realizada publicamente, ou seja, presenciada por um número indeterminado de pessoas ou de forma a que a mensagem possa chegar a um número indeterminado de indivíduos. É a publicidade do elogio a fato criminoso ou a autor de crime que atinge a paz pública, violando o sentimento de tranquilidade da sociedade.

O crime é comum, podendo ser praticado por qualquer pessoa. É crime de forma livre, devendo apenas ser praticado em público. É crime plurissubsistente, admitindo a tentativa, exceto na forma oral.

O Supremo Tribunal Federal já decidiu que a manifestação pela liberação de substâncias entorpecentes conhecida como "Marcha da Maconha" não configura o delito de apologia de crime ou criminoso, por ser expressão do direito de reunião e da livre expressão de pensamento:

---

3. NORONHA, Edgard Magalhães. Direito Penal, vol. 4. 10. ed. São Paulo: Saraiva, 1978, p. 94. No mesmo sentido: BARROS, Flávio Augusto Monteiro de. Op. Cit., 2019, p. 1295; ALVES, Jamil Chaim. Op. Cit., 2021, p. 1403.
4. HUNGRIA, Nélson. Comentários ao Código Penal, vol. IX. Rio de Janeiro: Revista Forense, 1958, p. 172-173.
5. HUNGRIA, Nélson. Op. Cit., 1958, p. 172-173; PRADO, Luiz Regis. Op. Cit., 2020, p. 1002; BARROS, Flávio Augusto Monteiro de. Op. Cit., 2019, p. 1296; NORONHA, Edgard Magalhães. Op. Cit., 1978, p. 94.
6. NUCCI, Guilherme de Souza. Op. Cit., 2015, p. 1240. ALVES, Jamil Chaim. Op. Cit., 2021, p. 1403.

> *"MÉRITO: "MARCHA DA MACONHA" - MANIFESTAÇÃO LEGÍTIMA, POR CIDADÃOS DA REPÚBLICA, DE DUAS LIBERDADES INDIVIDUAIS REVESTIDAS DE CARÁTER FUNDAMENTAL: O DIREITO DE REUNIÃO (LIBERDADE-MEIO) E O DIREITO À LIVRE EXPRESSÃO DO PENSAMENTO (LIBERDADE-FIM) - A LIBERDADE DE REUNIÃO COMO PRÉ-CONDIÇÃO NECESSÁRIA À ATIVA PARTICIPAÇÃO DOS CIDADÃOS NO PROCESSO POLÍTICO E NO DE TOMADA DE DECISÕES NO ÂMBITO DO APARELHO DE ESTADO - (...)* ***DEBATE QUE NÃO SE CONFUNDE COM INCITAÇÃO À PRÁTICA DE DELITO NEM SE IDENTIFICA COM APOLOGIA DE FATO CRIMINOSO*** *- DISCUSSÃO QUE DEVE SER REALIZADA DE FORMA RACIONAL, COM RESPEITO ENTRE INTERLOCUTORES E SEM POSSIBILIDADE LEGÍTIMA DE REPRESSÃO ESTATAL, AINDA QUE AS IDEIAS PROPOSTAS POSSAM SER CONSIDERADAS, PELA MAIORIA, ESTRANHAS, INSUPORTÁVEIS, EXTRAVAGANTES, AUDACIOSAS OU INACEITÁVEIS - O SENTIDO DE ALTERIDADE DO DIREITO À LIVRE EXPRESSÃO E O RESPEITO ÀS IDEIAS QUE CONFLITEM COM O PENSAMENTO E OS VALORES DOMINANTES NO MEIO SOCIAL - CARÁTER NÃO ABSOLUTO DE REFERIDA LIBERDADE FUNDAMENTAL (CF, art. 5º, incisos IV, V e X; CONVENÇÃO AMERICANA DE DIREITOS HUMANOS, Art. 13, § 5º)." (STF, ADPF 187/DF, Rel. Min. Celso de Mello, Tribunal Pleno, Julgamento: 15/06/2011).*

Quanto à exigência que a conduta se dê publicamente, o Superior Tribunal de Justiça, em precedente não tão recente, já consignou que tal elementar exige que a conduta seja dirigida a um número indeterminado de pessoas, dirigido a elas ou que a mensagem possa ser por elas recebida:

> *"RHC - PENAL - APOLOGIA DE CRIME OU CRIMINOSO - CONTRAVENÇÃO PENAL - PAZ PÚBLICA - A DENÚNCIA DEVE DESCREVER A INFRAÇÃO PENAL, COM TODAS AS SUAS CIRCUNSTÂNCIAS. NO CASO DO ART. 287, CP, INDICAR A CONDUTA QUE ELOGIA OU INCENTIVA "FATO CRIMINOSO", OU "AUTOR DO CRIME". A APOLOGIA DE CONTRAVENÇÃO PENAL NÃO SATISFAZ ELEMENTO CONSTITUTIVO DESSE DELITO.* ***ALÉM DISSO, IMPRESCINDÍVEL REGISTRAR QUE A APOLOGIA SE DEU PUBLICAMENTE, ISTO É, DIRIGIDA OU PRESENCIADA POR NÚMERO INDETERMINADO DE PESSOAS, OU, EM CIRCUNSTÂNCIA, EM QUE A ELAS POSSA CHEGAR A MENSAGEM****. SÓ ASSIM, SERÁ RELATADO O RESULTADO (PERIGO A PAZ PÚBLICA), JURIDICAMENTE ENTENDIDO COMO A PROBABILIDADE (PERIGO CONCRETO) DE O CRIME SER REPETIDO POR OUTREM, OU SEJA,*
>
> *ESTIMULAR TERCEIROS A DELINQUÊNCIA." (STJ, RHC 4660/RJ, Rel. Min. Luiz Vicente Cernicchiaro, Sexta Turma, DJ: 30/10/1995).*

Em caso de apologia de nazismo ou de ideias ligadas à supremacia étnica, bem como de disseminação de ideias racistas de variada ordem, há a incriminação da Lei n. 7.716/1989, especialmente no seu artigo 20, *caput*, que incrimina a conduta de "Praticar, induzir ou incitar a discriminação ou preconceito de raça, cor, etnia, religião ou procedência nacional". O § 1º do artigo 20, por sua vez, criminaliza a ação de "Fabricar, comercializar, distribuir ou veicular símbolos, emblemas, ornamentos, distintivos ou propaganda que utilizem a cruz suástica ou gamada, para fins de divulgação do nazismo." São crimes inafiançáveis e imprescritíveis. Ademais, conforme julgamento da ação direta de inconstitucionalidade por omissão (ADO) n. 26, a homotransfobia também se enquadra nos delitos previstos na Lei n. 7.716/1989, conhecida como Lei do Racismo.

QUADRO SINÓTICO

Crime de apologia de crime ou criminoso	
Tipo penal	Fazer, publicamente, apologia de fato criminoso ou de autor de crime.
Objeto jurídico	Tutela-se a paz pública.
Sujeito ativo	Qualquer um.
Sujeito passivo	A sociedade.
Elemento subjetivo	Admite-se somente a modalidade dolosa.
Consumação	O delito se consuma quando o agente, publicamente, fizer apologia de fato criminoso ou de autor de crime. O surgimento de risco à paz pública é desnecessário, por se tratar de delito de perigo abstrato.
Tentativa	Admite-se a tentativa.
Classificação	Trata-se de delito comum, doloso, comissivo ou omissivo impróprio, de perigo abstrato (entendimento minoritário de que seria de perigo concreto), de forma livre, instantâneo, monossubjetivo, plurissubsistente e transeunte.
Benefícios	Trata-se de delito de menor potencial ofensivo, de competência dos Juizados Especiais Criminais e que admite a transação, suspensão condicional do processo e acordo de não persecução penal.
Ação penal	A ação penal é pública incondicionada.

3. ASSOCIAÇÃO CRIMINOSA

O crime de associação criminosa está previsto no artigo 288 do Código Penal:

> *Art. 288. Associarem-se 3 (três) ou mais pessoas, para o fim específico de cometer crimes:*
>
> *Pena – reclusão, de 1 (um) a 3 (três) anos.*
>
> *Parágrafo único. A pena aumenta-se até a metade se a associação é armada ou se houver a participação de criança ou adolescente.*

A atual redação do dispositivo foi dada pela Lei n. 12.850/2013, que trocou seu *nomen iuris* de **quadrilha ou bando** para associação criminosa. Anteriormente, o tipo penal exigia que mais de três pessoas se associassem para o fim de cometer crimes. Atualmente, bastam três. Além disso, a pena era duplicada no caso de a quadrilha ou o bando ser armado. Na legislação vigente, o aumento será de até metade da pena em caso de a associação ser armada, o que consistiu em alteração benéfica.

Por outro lado, foi acrescentada outra circunstância que aumenta a pena na mesma fração: se houver a participação de criança ou adolescente. A alteração foi, neste ponto, mais gravosa, aplicando-se aos fatos ocorridos após o início de sua vigência.

Houve alteração de nomenclatura, sendo que parte da doutrina diferenciava a quadrilha do bando, ao destacar que a primeira atuaria na zona urbana, enquanto o bando se voltaria à prática de crimes na zona rural. O *nomen iuris* atual, associação criminosa, não diferencia essas formas de atuação delitiva.

O núcleo do tipo é "associarem-se", que se significa reunirem-se, agregarem-se. A conduta incriminada é associarem-se, três ou mais pessoas, para o fim específico de cometer crimes. É o que a doutrina denomina de delito de pertencimento, pois basta que o agente integre o grupo destinado ao cometimento de crimes para a sua configuração. Pune-se o que seria mero ato preparatório por meio de um tipo autônomo, o que se pode denominar de crime obstáculo.

A associação criminosa é infração penal classificada como sendo de concurso necessário ou **plurissubjetiva**. Isso porque se exigem três ou mais pessoas para a configuração do crime. O concurso de pessoas é, portanto, elementar do tipo, elemento imprescindível para a sua configuração.

O tipo penal é doloso, exigindo o elemento subjetivo especial do injusto, consistente no intuito de praticar crimes. Não se pode fazer analogia *in malam partem* para incluir na norma o intuito de praticar contravenções penais, já que o tipo é expresso ao exigir a finalidade de cometimento de crimes.

É imprescindível que haja a associação, **de forma autônoma e estável**, para a prática de crimes, e não a mera reunião de pessoas para o cometimento de um delito e voltada diretamente para a sua execução. É o que diferencia o concurso de pessoas, punível na forma do artigo 29 do Código Penal, na medida da culpabilidade de cada agente, da punição autônoma pelo delito do artigo 288 do Código Penal, que independe da prática efetiva de infrações penais. Caso o grupo cometa um delito e haja estabilidade e permanência em sua associação, haverá concurso de crimes.

A associação, portanto, deve preceder o cometimento do crime para a sua configuração, como se depreende de excerto do julgado do Supremo Tribunal Federal, envolvendo o crime de quadrilha, mas que se aplica ao atual crime de associação criminosa:

> *"(...) De todo modo, caso se fosse avançar para o exame da procedência ou improcedência das imputações, a hipótese dos autos revela concurso de agentes, e não a caracterização do crime de quadrilha.* ***Inexistência de elementos suficientes que demonstrem a formação deliberada de uma entidade autônoma e estável, dotada de desígnios próprios e destinada à prática de crimes indeterminados.*** *(...)" (STF, AP 470 – EI décimos terceiros/MG, Rel. Min. Luiz Fux, Rel. para acórdão Min. Roberto Barroso, Tribunal Pleno, Julgamento: 27/02/2014).*

No mesmo sentido, entendimento do Superior Tribunal de Justiça:

> *"(...) 6. Deve ser reconhecida a inépcia no tocante ao delito previsto no art. 288, parágrafo único, do Código Penal. Isso porque,* ***para caracterização do crime de quadrilha e bando, exige-se a demonstração do elemento subjetivo específico***

> ***do tipo, do intuito de "cometer crimes"****. Ademais,* ***faz-se necessário comprovar o caráter de durabilidade e estabilidade da associação, o que a distingue do concurso de pessoas****. (...)" (STJ, HC 426706/MG, Rel. Min. Ribeiro Dantas, Quinta Turma, DJe 24/04/2018).*
>
> *"(...) 4. No que concerne à imputação do delito de associação criminosa, previsto no art. 288 do Código Penal, verifico que não basta apontar a prática de crimes por 3 (três) ou mais pessoas para configurar o delito, porquanto indispensável* ***o dolo de associação, com demonstração de vínculo subjetivo e permanente entre os associados,*** *pela vontade consciente de cometerem delitos. Dessarte, deve ficar clara, já na denúncia, a vontade consciente de o acusado integrar-se, de forma estável e permanente, aos demais sujeitos ativos para a prática de delitos. (...)" (STJ, RHC 98228/PA, Rel. Min. Reynaldo Soares da Fonseca, Quinta Turma, DJe 15/06/2018).*

O crime é autônomo, não se exigindo que haja o efetivo cometimento de crimes pelos agentes. O crime, portanto, é de **perigo abstrato**. Não é necessária a demonstração de que o bem jurídico foi efetivamente colocado em risco para a sua consumação. É, ainda, de perigo coletivo, por colocar em perigo um número indeterminado de pessoas.

Quanto à desnecessidade de efetiva prática de crimes para a configuração do delito previsto no artigo 288 do CP, há o seguinte precedente do Supremo Tribunal Federal:

> *"(...) O crime de quadrilha é juridicamente independente daqueles que venham a ser praticados pelos agentes reunidos na* societas delinquentium *(RTJ 88/468).* ***O delito de quadrilha subsiste autonomamente, ainda que os crimes para os quais foi organizado o bando sequer venham a ser cometidos.*** *– Os membros da quadrilha que praticarem a infração penal para cuja execução foi o bando constituído expõem-se, nos termos do art. 69 do Código Penal, em virtude do cometimento desse outro ilícito criminal, à regra do cúmulo material pelo concurso de crimes (RTJ 104/104 – RTJ 128/325 – RT 505/352). (...)" (STF, HC 72992, Rel. Min. Celso de Mello, Primeira Turma, Julgamento em 21/11/1995).*

Ademais, a finalidade, por lógica, deve ser de cometimento de crimes dolosos, pois ninguém tem o intuito de praticar crimes por culpa em sentido estrito (imprudência, negligência ou imperícia).

Cuida-se de crime permanente, pois sua consumação se protrai no tempo enquanto durar a associação dos agentes. O crime é comum, podendo ser praticado por qualquer pessoa. É crime plurissubjetivo ou de concurso necessário. Não se admite a tentativa do crime de associação criminosa. É doloso, não havendo previsão da modalidade culposa.

Forma majorada

O parágrafo único do artigo 288 prevê que a pena deve ser aumentada **até a metade** se a associação é **armada** ou se houver a **participação de criança ou adolescente**. Anteriormente, como visto, o aumento se dava pelo dobro da pena, o que torna a nova redação mais benéfica ao agente que fora condenado pela prática de quadrilha ou bando armado, já que era a única hipótese em que se previa a incidência da causa de aumento de pena.

Pune-se de forma mais gravosa o delito de associação criminosa se houver a **participação de criança ou adolescente**, o que deve abranger os indivíduos menores de dezoito anos. Em tais casos, pune-se o maior desvalor da conduta, ao envolver, na perturbação da paz pública, indivíduos ainda em formação mental e moral.

O STJ tem decidido que a causa de aumento de pena não configura *bis in idem* em relação à condenação, no mesmo contexto, pelo crime de corrupção de menores (art. 244-B do ECA):

> *5. A jurisprudência desta Corte Superior se assentou no sentido de que não configura bis in idem a incidência da causa de aumento referente ao concurso de agentes pelo envolvimento de adolescente na prática do crime, seguida da condenação pelo crime de corrupção de menores, já que se está diante de duas condutas autônomas e independentes, que ofendem bens jurídicos distintos. (STJ, REsp 1714810/PR, Rel. Min. Jorge Mussi, Quinta Turma, DJe 03/10/2018).*

Quanto à previsão de **associação armada**, o STJ também decidiu não haver *bis in idem* em caso de condenação simultânea pelo crime de roubo majorado pelo concurso de pessoas:

> *4. Segundo a jurisprudência desta Corte, não há bis in idem na condenação pelo crime de associação criminosa armada e pelo de roubo qualificado pelo concurso de agentes, pois os delitos são autônomos, aperfeiçoando-se o primeiro independentemente do cometimento de qualquer crime subsequente. Ademais, os bens jurídicos protegidos pelas normas incriminadoras são distintos – no caso do art. 288, parágrafo único, do CP, a paz pública e do roubo qualificado, o patrimônio, a integridade física e a liberdade do indivíduo. (STJ, AgRg no AREsp 1425424/SP, Rel. Min. Jorge Mussi, Quinta Turma, julgado em 06/08/2019, DJe 19/08/2019)*

Sobre essa majorante, há divergência doutrinária sobre a necessidade de todos os agentes estarem armados ou se basta que um deles esteja portando arma.

O STJ tem entendido ser suficiente, para a incidência da majorante, que um dos agentes porte a arma:

> *"(...) 4. Na terceira fase da dosimetria, basta que um dos membros da associação criminosa, com o conhecimento dos demais, traga arma de fogo consigo para ficar caracterizada a situação de maior perigo e atrair a majorante do art. 288, parágrafo único, do CP. (...)" (STJ, REsp 1688915/RJ, Rel. Min. Rogério Schietti Cruz, Sexta Turma, DJe 20/03/2018).*

O Supremo Tribunal Federal possui julgado no mesmo sentido, ainda se referindo ao crime de quadrilha (antigo *nomen iuris* ou denominação do crime do artigo 288 do Código Penal):

> *"(...) CRIME DE QUADRILHA ARMADA (CP, ART. 288, PAR. ÚNICO). – A utilização de arma por qualquer membro da quadrilha constitui elemento evidenciador da maior periculosidade do bando, expondo todos que o integram à causa especial de*

PARTE ESPECIAL

aumento de pena prevista no art. 288, parágrafo único, do Código Penal. Para efeito de configuração do delito de quadrilha armada, basta que um só de seus integrantes esteja a portar armas. (...)" (STF, HC 72992, Rel. Min. Celso de Mello, Primeira Turma, Julgamento em 21/11/1995).

Qualificadora do crime de associação criminosa

O *caput* do artigo 8º da Lei n. 8.072/1990 prevê uma modalidade qualificada do crime, se os agentes possuem o fim específico de cometer crimes hediondos ou equiparados:

> *Art. 8º Será de três a seis anos de reclusão a pena prevista no art. 288 do Código Penal, quando se tratar de crimes hediondos, prática da tortura, tráfico ilícito de entorpecentes e drogas afins ou terrorismo.*

São equiparados a hediondos os crimes de tortura, de tráfico ilícito de entorpecentes e de terrorismo. Quanto ao tráfico de drogas, entretanto, a Lei n. 11.343/2006 trouxe crime específico caso a associação busque a prática dos crimes previstos nos seus artigos 33, *caput* e § 1º, 34 e 36:

Modalidade especial: associação para o tráfico de drogas

A Lei n. 11.343/2006, em seu artigo 35, prevê modalidade especial do delito, se a associação tiver como fim praticar o crime de tráfico de entorpecentes, mais especificamente as condutas incriminadas nos seus artigos 33, *caput* e § 1º, e 34. O parágrafo único do artigo 35 estende a previsão para o caso de associação para o cometimento do crime do artigo 36 da referida lei, ou seja, de financiamento do tráfico ilícito de entorpecentes:

> *Art. 35. Associarem-se duas ou mais pessoas para o fim de praticar, reiteradamente ou não, qualquer dos crimes previstos nos arts. 33, caput e § 1º, e 34 desta Lei:*
>
> *Pena – reclusão, de 3 (três) a 10 (dez) anos, e pagamento de 700 (setecentos) a 1.200 (mil e duzentos) dias-multa.*
>
> *Parágrafo único. Nas mesmas penas do* caput *deste artigo incorre quem se associa para a prática reiterada do crime definido no art. 36 desta Lei.*

Delação premiada

O parágrafo único do artigo 8º da Lei n. 8.072/1990 prevê a **delação premiada** no caso de algum participante ou associado relatar à autoridade a associação criminosa, possibilitando seu desmantelamento, ou seja, sua decomposição. Nesse caso, há a minorante de um a dois terços:

> *Parágrafo único. O participante e o associado que denunciar à autoridade o bando ou quadrilha, possibilitando seu desmantelamento, terá a pena reduzida de um a dois terços.*

Acordo de Leniência

A Lei n. 12.529/2011, em seu artigo 87, prevê a possibilidade de celebração de acordo de leniência nos casos de crimes relacionados à prática de cartel, inclusive o de associação criminosa. Havendo a celebração de tal acordo, o prazo prescricional fica suspenso e fica impedido o oferecimento de denúncia quanto ao agente que for parte beneficiada no acordo. Cumprido o acordo, o parágrafo único do artigo 87 prevê a extinção da punibilidade:

> *Lei 12.529/2011, Art. 87. Nos crimes contra a ordem econômica, tipificados na Lei nº 8.137, de 27 de dezembro de 1990, e nos demais crimes diretamente relacionados à prática de cartel, tais como os tipificados na Lei nº 8.666, de 21 de junho de 1993, e os tipificados no* ***art. 288*** *do Decreto-Lei nº 2.848, de 7 de dezembro de 1940 -* ***Código Penal, a celebração de acordo de leniência****, nos termos desta Lei, determina* ***a suspensão do curso do prazo prescricional e impede o oferecimento da denúncia com relação ao agente beneficiário da leniência****.*
>
> *Parágrafo único. Cumprido o acordo de leniência pelo agente,* ***extingue-se automaticamente a punibilidade*** *dos crimes a que se refere o caput deste artigo.*

Bis in idem?

O Superior Tribunal de Justiça entende não configurar *bis in idem* a condenação do sujeito pelo crime de roubo majorado pelo emprego de arma de fogo e pelo crime de associação criminosa, com a majorante de a associação ser armada. Entende-se que há diversidade dos bens jurídicos tutelados:

> *"(...) 2. Segundo a jurisprudência deste Tribunal Superior, não "****há falar em bis in idem, pela imputação concomitante da majorante do emprego de arma do crime de roubo com a majorante da quadrilha armada - prevista no parágrafo único do art. 288 do CP (em sua antiga redação) -, na medida em que se trata de delitos autônomos e independentes, cujos objetos jurídicos são distintos*** *- sendo, quanto ao crime de roubo: o patrimônio, a integridade jurídica e a liberdade do indivíduo e, quanto ao de formação de quadrilha (atual associação criminosa): a paz pública -, bem como diferentes as naturezas jurídicas, sendo o primeiro material, de perigo concreto, e o segundo formal, de perigo abstrato" (HC n 131.838/SP, Re. Min. Nefi Cordeiro, Sexta Turma, julgado em 10/6/2014, DJe 1º/7/2014). (...)" (STJ, AgRg no REsp 1456290/MT, Rel. Min. Saldanha Palheiro, Sexta Turma, DJe 29/04/2019).*

Também entende a Corte não configurar *bis in idem* no caso de condenação por associação criminosa e roubo majorado pelo concurso de agentes:

> *"(...) 4. Segundo a jurisprudência desta Corte,* ***não há bis in idem na condenação pelo crime de associação criminosa armada e pelo de roubo qualificado pelo concurso de agentes****, pois os delitos são autônomos, aperfeiçoando-se o primeiro independentemente do cometimento de qualquer crime subsequente. Ademais, os bens jurídicos protegidos pelas normas incriminadoras são distintos - no caso do art. 288, parágrafo único, do CP, a paz pública e do roubo qualificado, o patrimônio, a integridade física e a liberdade do indivíduo. (...)" (STJ, AgRg no AREsp 1425424/SP, Rel. Min. Jorge Mussi, Quinta Turma, DJe 19/08/2019).*

Cumpre, para finalizar o tema da associação criminosa, verificar no quadro abaixo as diferentes previsões sobre sujeitos que se associam para a prática de crimes, seja para a tipificação do crime de associação criminosa, seja para a configuração do crime de organização criminosa, ou, por fim, para o reconhecimento de organização criminosa com o intuito de instalação do julgamento colegiado em primeiro grau de jurisdição:

Associação Criminosa (Código Penal)	Organização Criminosa (Lei n. 12850/2013)	Organização Criminosa (Lei n. 12694/2012)
Art. 288. Associarem-se **3 (três) ou mais pessoas**, para o fim específico de cometer **crimes**: Pena – reclusão, de **1 (um) a 3 (três) anos.** Parágrafo único. A pena aumenta-se até a metade se a associação é armada ou se houver a participação de criança ou adolescente.	Art. 1º, § 1º Considera-se organização criminosa a associação de **4 (quatro) ou mais pessoas** estruturalmente ordenada e caracterizada pela divisão de tarefas, ainda que informalmente, com objetivo de obter, direta ou indiretamente, vantagem de qualquer natureza, mediante a prática de **infrações penais cujas penas máximas sejam superiores a 4 (quatro) anos, ou que sejam de caráter transnacional**.	Art. 2º Para os efeitos desta Lei, considera-se organização criminosa a associação, de **3 (três) ou mais pessoas**, estruturalmente ordenada e caracterizada pela divisão de tarefas, ainda que informalmente, com objetivo de obter, direta ou indiretamente, vantagem de qualquer natureza, mediante a prática de **crimes cuja pena máxima seja igual ou superior a 4 (quatro) anos ou que sejam de caráter transnacional.**
Lei n. 8.072/1990: Art. 8º Será de **três a seis anos de reclusão** a pena prevista no art. 288 do Código Penal, quando se tratar de crimes hediondos, prática da tortura, tráfico ilícito de entorpecentes e drogas afins ou terrorismo.	Art. 2º Promover, constituir, financiar ou integrar, pessoalmente ou por interposta pessoa, organização criminosa: Pena – reclusão, de **3 (três) a 8 (oito) anos, e multa**, sem prejuízo das penas correspondentes às demais infrações penais praticadas.	Sem tipificação, lei criada para dispor sobre o julgamento colegiado em primeiro grau de jurisdição.

Vale recordar, ainda, que há a previsão de associação para o tráfico de drogas, tipificada no artigo 35 da Lei n. 11.343/2006, constituindo norma especial em relação ao art. 288 do CP. É interessante notar que **a associação para o tráfico** exige apenas a reunião estável e permanente de ao menos **duas pessoas** para a prática dos delitos previstos nos artigos 33, *caput* e § 1º, 34 e 36 da Lei n. 11.343/2006, enquanto o Código Penal estabeleceu o mínimo de três pessoas.

QUADRO SINÓTICO

Crime de associação criminosa	
Tipo penal	Associarem-se 3 (três) ou mais pessoas, para o fim específico de cometer crimes.
Objeto jurídico	Tutela-se a paz pública.
Sujeito ativo	Qualquer um.

Crime de associação criminosa	
Sujeito passivo	A sociedade.
Elemento subjetivo	Admite-se somente a modalidade dolosa. O entendimento majoritário é de que se exige o especial fim de agir de praticar crimes.
Consumação	O delito se consuma quando o terceiro agente se integra ao grupo, de sorte que os agentes possuem o fim específico de cometer crimes. O surgimento de risco à paz pública ou o cometimento de outros delitos é desnecessário, por se tratar de delito de perigo abstrato.
Tentativa	Não admite tentativa.
Forma majorada	Nos termos do artigo 288, parágrafo único do CP, a pena aumenta-se até a metade se a associação é armada ou se houver a participação de criança ou adolescente.
Forma qualificada	Nos termos do artigo 8º, da Lei n. 8.072/1990, o delito do artigo 288 do CP será qualificado quando se tratar de crimes hediondos, prática da tortura, tráfico ilícito de entorpecentes e drogas afins ou terrorismo.
Classificação	Trata-se de delito comum, doloso, comissivo ou omissivo impróprio, de perigo abstrato (entendimento minoritário de que seria de perigo concreto), de forma livre, permanente, plurissubjetivo, plurissubsistente e transeunte.
Benefícios	A modalidade do *caput* admite a suspensão condicional do processo e o oferecimento de acordo de não persecução penal. Surge a discussão do cabimento do acordo de não persecução penal para a modalidade qualificada. Um entendimento possível é de que não seria cabível, pois o oferecimento de tal benefício não seria suficiente para a reprovação e prevenção do crime, tendo em conta o contexto de associação criminosa para o cometimento de crimes hediondos ou equiparados.
Ação penal	A ação penal é pública e incondicionada.
Observações	Cumpre destacar que a associação criminosa é com a finalidade de cometimento de crimes, não de contravenções.

4. CONSTITUIÇÃO DE MILÍCIA PRIVADA

O crime de constituição de milícia privada está previsto no artigo 288-A do Código Penal, nos seguintes termos:

> *Art. 288-A. Constituir, organizar, integrar, manter ou custear organização paramilitar, milícia particular, grupo ou esquadrão com a finalidade de praticar qualquer dos crimes previstos neste Código:*
>
> *Pena – reclusão, de 4 (quatro) a 8 (oito) anos.*

Referido delito foi acrescentado pela Lei n. 12.720, de 27 de setembro de 2012. Possui como ações nucleares os seguintes verbos: constituir (estabelecer, formar);

organizar (estruturar, coordenar); integrar (fazer parte); manter (fazer perdurar, sustentar) e custear (prover as despesas, financiar o funcionamento). Cuida-se de **tipo penal misto alternativo**.

A conduta incriminada é constituir, organizar, integrar, manter ou custear organização paramilitar, milícia particular, grupo ou esquadrão com a finalidade de praticar qualquer dos crimes previstos no Código Penal. Tutela-se a paz pública.

Uma crítica que recai sobre esse tipo penal se relaciona com a ausência de definição do que constituem a organização paramilitar, a milícia particular, o grupo e o esquadrão[7]. Busca o legislador punir a constituição das milícias, que atuam, de forma paralela em relação ao Estado e em transgressão a lei, em vários pontos do território nacional, mas especialmente no Rio de Janeiro.

É possível elaborar os conceitos de cada uma das figuras previstas no tipo de constituição de milícia privada:

a) **Organização paramilitar**: associação civil armada, com estrutura que se assemelha à militar, podendo conter membros civis e militares. Possuem forma de tropa, em sua organização ou hierarquia.
b) **Milícia particular**: é a reunião de pessoas armadas que dominam determinado território, a pretexto de restabelecer a paz e a ordem na ausência do Estado, mas agindo com violência e grave ameaça para impor o seu domínio.
c) **Grupo ou esquadrão**: seria a referência a grupo de extermínio, conjunto de pessoas que atuam como justiceiros, buscando fazer a justiça por suas próprias mãos e praticando crimes com vistas a neutralizar ou eliminar pessoas que são consideradas perigosas ou marginais.

Percebe-se, portanto, que o intuito do legislador era abranger qualquer reunião de pessoas que constituam uma milícia privada, ou seja, uma organização armada que atue de forma paralela, além de ilícita, com as instituições militares do Estado.

O crime é comum, podendo ser praticado por qualquer pessoa. É plurissubjetivo, exigindo o concurso de pessoas para sua configuração, sendo também chamado de crime de concurso necessário.

✓ **Surge a dúvida, qual o número mínimo de pessoas necessárias para a prática do crime de constituição de milícia privada?**

Há dois entendimentos:

a) O número de agentes deve ser o mesmo da associação criminosa, ou seja, três ou mais pessoas;
b) O número de agentes deve ter como parâmetro o da organização criminosa, consistente em, no mínimo, quatro pessoas.

7. BITENCOURT, Cezar Roberto. Tratado de direito penal, volume IV: parte especial. 4ª Ed. São Paulo: Saraiva, 2010, p. 367-371.

A tipificação da constituição de milícia privada tem a finalidade de buscar a punição dos grupos que atuam especialmente em comunidades carentes ou locais em que o Poder Público falha na área de segurança pública. Obtêm a simpatia ou apoio de parte da comunidade, por alegar que atua para o restabelecimento da paz. Na verdade, dominam determinada região, **podendo ter lucro com a própria atividade** (cobrança de "taxas" dos comerciantes locais, por exemplo) ou mesmo **ligação com crimes como o de tráfico de entorpecentes**, além de usar de violência e grave ameaça para controlar o território e evitar a desobediência dos locais. Por implantarem o terror e muitas vezes contarem com membros infiltrados nos órgãos de segurança pública, são de difícil combate e desmantelamento.

O crime é comum, podendo ser praticado por qualquer pessoa. Como já dito, é de concurso necessário, também denominado plurissubjetivo. É crime, permanente, não admitindo a tentativa. Além disso, configura-se independentemente da efetiva prática de algum crime pela organização.

O crime é doloso, exigindo o **elemento subjetivo especial do tipo**, consistente no intuito de praticar qualquer dos crimes previstos no Código Penal. Portanto, não se admite analogia *in malam partem* para se considerar configurado o crime se a finalidade do conjunto de pessoas for a prática de crime previsto na legislação extravagante. Pode ser o caso de configuração do crime de associação criminosa, que exige a finalidade de prática de crime, sem especificar que seja do Código Penal. Portanto, a finalidade ser de prática de crime não previsto no Código Penal não impede a configuração de crime contra a paz pública, dada a aplicação subsidiária do artigo 288 do CP e a possibilidade de configuração de crimes específicos, como a associação para o tráfico ilícito de entorpecentes, prevista no artigo 35 da Lei n. 11.343/2006.

Tal qual no crime de associação criminosa, o intuito de praticar crimes previstos no Código Penal envolve as infrações criminais dolosas. Não há compatibilidade lógica em várias pessoas se reunirem para praticar homicídios culposos, por exemplo. Se querem ou assumem o risco da produção do resultado, suas condutas são, obviamente, dolosas.

O crime **dispensa a divisão de tarefas**. É possível que haja tal circunstância, por exemplo, no caso de organização paramilitar. No esquadrão, também chamado esquadrão da morte, por exemplo, pode haver a reunião de pessoas que, ao chegar ao local em que há pessoas "indesejadas", promovam a chacina de forma desorganizada, de improviso.

Não se exige, ainda, a finalidade de obtenção de vantagem de qualquer natureza. É comum a finalidade de obtenção da vantagem, mas, caso não haja, a configuração do crime não fica afastada por isso. A milícia privada pode, por exemplo, perseguir fins ideológicos, como o combate a crimes patrimoniais em determinada região, ainda que se perceba a nítida contradição lógica de se combater um delito mediante a prática de outros.

Vale ressaltar, ainda, que a Lei n. 13.964/2019, conhecida como Pacote Anticrime, inseriu no art. 52 da Lei de Execução Penal o parágrafo terceiro, disciplinando o cumprimento da pena de presos envolvidos com lideranças de milícias privadas.

Assim, se houver indícios de posição de liderança em milícia privada, o executado deve cumprir a sanção de regime disciplinar diferenciado em estabelecimento prisional federal:

> *Art. 52. A prática de fato previsto como crime doloso constitui falta grave e, quando ocasionar subversão da ordem ou disciplina internas, sujeitará o preso provisório, ou condenado, nacional ou estrangeiro, sem prejuízo da sanção penal, ao regime disciplinar diferenciado, com as seguintes características:*
>
> *(...)*
>
> *§ 3º Existindo indícios de que o preso exerce liderança em organização criminosa, associação criminosa ou milícia privada, ou que tenha atuação criminosa em 2 (dois) ou mais Estados da Federação, o regime disciplinar diferenciado será obrigatoriamente cumprido em estabelecimento prisional federal. (Incluído pela Lei nº 13.964, de 2019)*

O regime disciplinar diferenciado, por força do § 1º do mesmo artigo, é aplicável tanto aos presos com condenação transitada em julgado quanto aos provisórios.

QUADRO SINÓTICO

Crime de constituição de milícia privada	
Tipo penal	Constituir, organizar, integrar, manter ou custear organização paramilitar, milícia particular, grupo ou esquadrão com a finalidade de praticar qualquer dos crimes previstos no CP.
Objeto jurídico	Tutela-se a paz pública.
Sujeito ativo	Qualquer um.
Sujeito passivo	A sociedade.
Elemento subjetivo	Admite-se somente a modalidade dolosa. Ademais, o agente deve possuir o especial fim de agir de praticar qualquer dos outros crimes previstos no Código Penal.
Consumação	Por se tratar de tipo misto alternativo, o delito possui diferentes momentos consumativos em função do núcleo. Na modalidade constituir o delito se consuma com a reunião de pessoas, independente do cometimento de outros crimes. Na modalidade organizar, o momento consumativo é quando se realizam atos para operacionalizar ou ordenar o funcionamento do grupo. Para o núcleo integrar, a consumação é quando o agente começa a participar do grupo. Na modalidade manter, o delito se consuma quando o agente sustenta as atividades da milícia privada. Por fim, com relação à modalidade custear, a consumação é quando o agente financia as atividades da milícia privada.
Tentativa	A depender do núcleo do tipo realizado é possível vislumbrar a tentativa.

Crime de constituição de milícia privada	
Classificação	Trata-se de delito comum, doloso, comissivo ou omissivo impróprio, formal, de forma livre, permanente, plurissubjetivo, plurissubsistente e transeunte.
Benefícios	Incabível.
Ação penal	A ação penal é pública incondicionada.
Observações	O crime de constituição de milícia privada se diferencia do de associação criminosa nos seguintes pontos: (i) a milícia privada se reúne para praticar outros crimes do CP, enquanto a associação criminosa pode ser para cometer crimes de outros diplomas legislativos; (ii) de um modo geral, a milícia se institui para gerar lucros, explorando serviços ou a venda de produtos, de sorte que os demais casos se enquadrariam ao delito de associação criminosa.

CAPÍTULO XV
CRIMES CONTRA A FÉ PÚBLICA

O Título X da Parte Especial do Código Penal trata dos chamados "Crimes Contra a Fé Pública". Compõe-se dos seguintes capítulos: "Da Moeda Falsa"; "Da Falsidade de Títulos e Outros Papéis Públicos"; "Da Falsidade Documental"; "De Outras Falsidades" e "Das Fraudes em Certames de Interesse Público". O bem jurídico tutelado é a fé pública, que é a confiança geral das pessoas em institutos relevantes para o funcionamento da sociedade contemporânea, como a moeda, os documentos públicos e particulares, a identidade das pessoas, a identificação dos veículos automotores, entre outros.

1. DA MOEDA FALSA

O primeiro capítulo do Título X da Parte Especial se denomina "Da Moeda Falsa", abrangendo os crimes de moeda falsa, de crimes assimilados ao de moeda falsa, de petrechos para falsificação de moeda e de emissão de título ao portador sem permissão legal.

1.1. Moeda falsa

O crime de moeda falsa está previsto no artigo 289 do Código Penal, nos seguintes termos:

> *Art. 289 – Falsificar, fabricando-a ou alterando-a, moeda metálica ou papel-moeda de curso legal no país ou no estrangeiro:*
>
> *Pena – reclusão, de três a doze anos, e multa.*
>
> *§ 1º – Nas mesmas penas incorre quem, por conta própria ou alheia, importa ou exporta, adquire, vende, troca, cede, empresta, guarda ou introduz na circulação moeda falsa.*
>
> *§ 2º – Quem, tendo recebido de boa-fé, como verdadeira, moeda falsa ou alterada, a restitui à circulação, depois de conhecer a falsidade, é punido com detenção, de seis meses a dois anos, e multa.*
>
> *§ 3º – É punido com reclusão, de três a quinze anos, e multa, o funcionário público ou diretor, gerente, ou fiscal de banco de emissão que fabrica, emite ou autoriza a fabricação ou emissão:*
>
> *I – de moeda com título ou peso inferior ao determinado em lei;*

> *II – de papel-moeda em quantidade superior à autorizada.*
>
> *§ 4º – Nas mesmas penas incorre quem desvia e faz circular moeda, cuja circulação não estava ainda autorizada.*

O núcleo do tipo é **falsificar**, que significa adulterar, fazer passar por verdadeiro o que não é, fraudar. A conduta incriminada é falsificar, fabricando-a ou adulterando-a, moeda metálica ou papel-moeda de curso legal no país ou no estrangeiro.

A ação nuclear típica, falsificar, pode ser praticada de uma das duas formas:

- **Fabricando**: manufaturando, produzindo a partir de matérias-primas, fazendo a cunhagem de.
- **Alterando**: modificando, transformando, produzindo a mudança de.

A conduta recai sobre moeda metálica, como moedas de R$ 0,50, ou papel-moeda de curso legal no país, como uma cédula de R$ 50,00, ou no exterior, como uma nota de US$ 100,00.

A falsificação por meio de fabricação ocorre quando o agente fabrica a moeda ou o papel-moeda, como com a confecção de notas a partir de papel comum com aparência de cédula verdadeira ou com base em matéria-prima obtida ilicitamente, com insumos furtados, por exemplo.

Já a falsificação por meio da alteração ocorre quando o agente utiliza uma cédula verdadeira ou uma moeda autêntica, promovendo sua alteração de modo a torná-la mais valiosa. A doutrina afasta a configuração do delito em caso de a alteração não causar a majoração no valor da moeda ou da cédula ou de não promover modificação alguma no seu valor nominal.

Para a configuração do crime, **é imprescindível que a falsificação seja capaz de enganar**, ou seja, de fazer a moeda falsa se passar por verdadeira. O material falsificado deve apresentar *imitatio veri*, ou seja, ter a aparência da moeda verdadeira, sob pena de não se configurar o crime do artigo 289 do Código Penal. Entretanto, caso a falsificação seja grosseira, é possível que a conduta do agente, se ele buscar uma vantagem indevida, configure o crime de estelionato, tal qual consigna o enunciado número 73 do STJ:

> *A utilização de papel moeda grosseiramente falsificado configura, em tese, o crime de estelionato, da competência da Justiça Estadual.*

O crime é comum, podendo ser praticado por qualquer pessoa. É doloso, sendo que a maioria da doutrina não exige elemento subjetivo especial do tipo.

É crime plurissubsistente, admitindo a tentativa. Vale consignar que, se o agente falsificar a moeda e depois a colocar em circulação, este último ato será *post factum* não punível.

O STJ já decidiu que, ainda que o crime de moeda falsa seja absorvido pelo peculato, a efetiva utilização das notas falsificadas atrai o interesse da União e determina a competência da Justiça Federal:

> *"3. Independentemente da análise se o crime de moeda falsa será absorvido pelo crime de peculato, constata-se que houve a efetiva utilização de notas falsificadas*

na prática criminosa, o que, por si só, já revela o interesse da União e autoriza a manutenção dessa ação penal na Justiça Federal. (...)" (STJ, CC 145.378/MG, Rel. Min. Joel Ilan Paciornik, Terceira Seção, DJe 06/10/2017).

Forma equiparada: circulação de moeda falsa

O parágrafo primeiro do artigo 289 do Código Penal prevê incorrer nas mesmas penas quem, por conta própria ou alheia, importar (trazer para o país) ou exportar (fazer sair do território nacional), adquirir (comprar, adquirir, receber), vender (alienar, comercializar, negociar por um preço), trocar (dar por outra coisa, permutar), ceder (transferir, dar a outra pessoa), emprestar (entregar para obter de volta), guardar (ter em depósito, armazenar) ou introduzir na circulação (repassar, transmitir a outrem como moeda verdadeira) moeda falsa. Cuida-se de forma dolosa e plurissubsistente, além de ser um tipo misto alternativo.

O agente deve saber que a moeda é falsa, sob pena de não se configurar o delito. Além disso, ele não deve ter sido quem falsificou a moeda ou quem participou da falsificação, ou será **pós-fato não punível** a conduta que se subsuma ao parágrafo primeiro do artigo 289.

Forma privilegiada

O artigo 289 prevê, em seu parágrafo segundo, a forma privilegiada do delito, em que a pena passa a ser de detenção, de seis meses a dois anos, e multa. Incide a forma privilegiada se o agente, **tendo recebido de boa-fé, como verdadeira, moeda falsa ou alterada**, a restitui à circulação (repassar de novo ou retransmitir a outrem como moeda verdadeira), **depois de conhecer a falsidade**.

Perceba que é o caso do comerciante que, tendo recebido inúmeras notas falsas durante o movimento semanal, decide não ficar com o prejuízo, repassando as cédulas a outros clientes, mesmo tendo percebido sua falsidade.

É crime doloso e plurissubsistente. Neste caso, a pena é menor pois o agente não inicia a conduta de introdução da moeda falsa em circulação, mas é vítima, em um primeiro momento, e quer evitar o prejuízo, optando por restituir a moeda à circulação, mesmo ciente de sua falsidade.

Formas qualificadas

O parágrafo terceiro do artigo 289 prevê a forma qualificada do crime de moeda falsa, cuja pena passa a ser de reclusão, de três a quinze anos, e multa. Pune-se a condutado do funcionário público ou diretor, gerente, ou fiscal de banco de emissão que fabrica, emite ou autoriza a fabricação ou emissão:

- de moeda com título ou peso inferior ao determinado em lei;
- de papel-moeda em quantidade superior à autorizada.

Cuida-se de **crime próprio**, só podendo ser praticado por funcionário público, diretor, gerente ou fiscal de banco de emissão que fabrica, emite ou autoriza a fabricação ou emissão. Atualmente, referido banco é a Casa da Moeda.

O parágrafo quarto, por sua vez, prevê incorrer **na mesma pena** do tipo qualificado quem desvia e faz circular moeda, cuja **circulação não estava ainda autorizada**. Aqui, exige-se para a consumação do delito o desvio e a sua efetiva circulação, sendo delito plurissubsistente, que admite a forma tentada. A moeda é autêntica, mas ainda não havia autorização para a sua circulação. Imagine que a nota de R$ 200,00, antes de autorização do Banco Central, tenha sido usada no comércio por funcionário da Casa da Moeda, colocando-a em circulação. Ainda que sua conduta tenha sido praticada com a mera intenção de ser o pioneiro a usar a cédula e que não tenha havido prejuízo (por exemplo, ele trocou a cédula de R$ 200,00, no trabalho, por duas de R$ 100,00), sua conduta é penalmente típica.

QUADRO SINÓTICO

Crime de moeda falsa	
Tipo penal	Falsificar, fabricando-a ou alterando-a, moeda metálica ou papel-moeda de curso legal no país ou no estrangeiro.
Objeto jurídico	Tutela-se a fé pública.
Sujeito ativo	Qualquer um. Na modalidade qualificada, contudo, deverá ser funcionário público ou diretor, gerente, ou fiscal de banco de emissão que fabrica, emite ou autoriza a fabricação ou emissão de moeda com título ou peso inferior ao determinado em lei; de papel-moeda em quantidade superior à autorizada.
Sujeito passivo	O Estado e quem for diretamente prejudicado pelo agente.
Elemento subjetivo	Admite-se somente a modalidade dolosa.
Consumação	O delito se consuma quando o agente falsifica, fabrica ou altera moeda metálica ou papel moeda de curso legal no país ou no estrangeiro. Não é necessário que a moeda seja posta em circulação.
Tentativa	Admite-se a tentativa.
Forma qualificada	Nos termos do artigo 289, § 3º, do CP é qualificada a conduta do funcionário público ou diretor, gerente, ou fiscal de banco de emissão que fabrica, emite ou autoriza a fabricação ou emissão de moeda com título ou peso inferior ao determinado em lei; de papel-moeda em quantidade superior à autorizada. Nos termos do artigo 289, § 2º, do CP, nas mesmas penas incorre quem desvia e faz circular moeda, cuja circulação não estava ainda autorizada.
Jurisprudência relevante	"Não se cogita a aplicação do princípio da insignificância ao crime de moeda falsa, pois o bem jurídico protegido de forma principal é a fé pública, ou seja, a segurança da sociedade, sendo irrelevante o número de notas, o seu valor ou o número de lesados" (STJ, HC 439.958/SP, Rel. Min. Ribeiro Dantas, Quinta Turma, julgado em 26/06/2018, DJe 01/08/2018). A utilização de papel moeda grosseiramente falsificado configura, em tese, o crime de estelionato, da competência da Justiça Estadual. (Súmula 73 do STJ)

Crime de moeda falsa	
Classificação	Trata-se de delito comum (a modalidade qualificada é própria), doloso, comissivo ou omissivo impróprio, de forma livre, instantâneo (falsificar, fabricar, alterar, importar, exportar, adquirir, vender, trocar, ceder e introduzir) ou permanente (guardar), monossubjetivo, plurissubsistente e não transeunte.
Benefícios	Tanto a modalidade do *caput* como a qualificada admitem o oferecimento de acordo de não persecução penal.
Ação penal	A ação penal é pública incondicionada.
Observações	Nos termos do artigo 289, § 1º, do CP, nas mesmas penas do *caput* incorre quem, por conta própria ou alheia, importa ou exporta, adquire, vende, troca, cede, empresta, guarda ou introduz na circulação moeda falsa. Nos termos do artigo 289, § 2º, do CP, há previsão legal de modalidade privilegiada do delito de moeda falsa: quem, tendo recebido de boa-fé, como verdadeira, moeda falsa ou alterada, a restitui à circulação, depois de conhecer a falsidade, é punido com detenção, de seis meses a dois anos, e multa.

1.2. Crimes assimilados ao de moeda falsa

O artigo 290 do Código Penal prevê o que se denomina de crimes "assimilados" ao de moeda falsa:

> *Art. 290 – Formar cédula, nota ou bilhete representativo de moeda com fragmentos de cédulas, notas ou bilhetes verdadeiros; suprimir, em nota, cédula ou bilhete recolhidos, para o fim de restituí-los à circulação, sinal indicativo de sua inutilização; restituir à circulação cédula, nota ou bilhete em tais condições, ou já recolhidos para o fim de inutilização:*
>
> *Pena – reclusão, de dois a oito anos, e multa.*
>
> *Parágrafo único – O máximo da reclusão é elevado a doze anos e multa, se o crime é cometido por funcionário que trabalha na repartição onde o dinheiro se achava recolhido, ou nela tem fácil ingresso, em razão do cargo.*

Neste caso, há três figuras típicas diversas no *caput* do dispositivo:

- **Formar cédula, nota ou bilhete representativo de moeda com fragmentos de cédulas, notas ou bilhetes verdadeiros.** O agente reúne fragmentos de cédulas, notas ou bilhetes verdadeiros para formar uma unidade nova, falsificada.
- **Suprimir, em nota, cédula ou bilhete recolhidos, para o fim de restituí-los à circulação, sinal indicativo de sua inutilização.** O agente retira da cédula, nota ou bilhete o sinal que demonstra que está fora de circulação, como uma marca de carimbo.

PARTE ESPECIAL

- **Restituir à circulação cédula, nota ou bilhete em tais condições**, ou **já recolhidos para o fim de inutilização**. O agente reintroduz em circulação cédula, nota ou bilhete recolhidos para a inutilização, repassando-os a outrem.

Tal como no delito de moeda falsa, é indispensável a potencialidade de enganar. Se o objeto falsificado não tiver a potencialidade de iludir alguém, sendo um elemento grosseiro, não se configura o tipo penal.

Ademais, o tipo penal abrange cédula, nota e bilhete, não havendo menção a moeda (metálica). Não é possível a interpretação de forma a abranger as moedas, sob pena de se admitir a analogia *in malam partem*.

O crime é comum, por não exigir qualidade específica do sujeito ativo para a sua configuração. É doloso, não havendo previsão de modalidade culposa. A segunda modalidade (suprimir) exige expressamente o **elemento subjetivo especial**, consistente no intuito de restituir a cédula ou bilhete recolhidos à circulação. Cezar Bitencourt também defende ser necessária a presença de referido elemento subjetivo na modalidade de "formar cédula", por exigência de forma implícita no tipo penal.

O crime é plurissubsistente, sendo admissível a tentativa. O crime é formal, não exigindo a ocorrência do resultado naturalístico para a sua consumação. É, ainda, delito de forma livre.

Forma qualificada

O parágrafo único prevê a modalidade qualificada do delito, cuja pena é de dois a doze anos de reclusão e multa. Configura-se se o crime for cometido por funcionário que trabalha na repartição onde o dinheiro se achava recolhido, ou nela tem fácil ingresso, em razão do cargo. É, portanto, forma **própria** do crime, por exigir qualidade específica do sujeito ativo.

QUADRO SINÓTICO

Crimes assimilados ao de moeda falsa	
Tipo penal	Formar cédula, nota ou bilhete representativo de moeda com fragmentos de cédulas, notas ou bilhetes verdadeiros; suprimir, em nota, cédula ou bilhete recolhidos, para o fim de restituí-los à circulação, sinal indicativo de sua inutilização; restituir à circulação cédula, nota ou bilhete em tais condições, ou já recolhidos para o fim de inutilização.
Objeto jurídico	Tutela-se a fé pública.
Sujeito ativo	Qualquer um. Na modalidade qualificada deverá ser funcionário que trabalha na repartição onde o dinheiro se achava recolhido, ou nela tem fácil ingresso, em razão do cargo.
Sujeito passivo	O Estado e quem for diretamente prejudicado pelo agente.
Elemento subjetivo	Admite-se somente a modalidade dolosa.

Crimes assimilados ao de moeda falsa	
Consumação	O delito se consuma quando o agente forma cédula, nota ou bilhete representativo de moeda com fragmentos de cédulas, notas ou bilhetes verdadeiros; suprime, em nota, cédula ou bilhete recolhidos, para o fim de restituí-los à circulação, sinal indicativo de sua inutilização; restitui à circulação cédula, nota ou bilhete em tais condições, ou já recolhidos para o fim de inutilização.
Tentativa	Admite-se a tentativa.
Forma qualificada	Nos termos do artigo 290, parágrafo único, do CP, o máximo da reclusão é elevado a doze anos e multa, se o crime é cometido por funcionário que trabalha na repartição onde o dinheiro se achava recolhido, ou nela tem fácil ingresso, em razão do cargo.
Classificação	Trata-se de delito comum (na forma qualificada será delito próprio com relação ao sujeito ativo), doloso, comissivo ou omissivo impróprio, de forma vinculada, instantâneo, monossubjetivo, plurissubsistente e não transeunte.
Benefícios	Admite-se o oferecimento de acordo de não persecução penal.
Ação penal	A ação penal é pública incondicionada.

1.3. Petrechos para falsificação

O crime de petrechos para falsificação de moeda está tipificado no artigo 291 do Código Penal:

> *Art. 291 – Fabricar, adquirir, fornecer, a título oneroso ou gratuito, possuir ou guardar maquinismo, aparelho, instrumento ou qualquer objeto especialmente destinado à falsificação de moeda:*
>
> *Pena – reclusão, de dois a seis anos, e multa.*

Fabricar é manufaturar, produzir a partir de matérias-primas. **Adquirir** é comprar, receber. **Fornecer** é abastecer, prover (seja a título oneroso ou gratuito). **Possuir** é ter, deter. **Guardar** é ter em depósito, ter sob sua guarda.

A conduta incriminada, no **tipo penal misto alternativo** do artigo 291 do CP, é fabricar, adquirir, fornecer, a título oneroso ou gratuito, possuir ou guardar maquinismo, aparelho, instrumento ou qualquer objeto especialmente destinado à falsificação de moeda.

Trata-se de situação que configuraria **mera fase de preparação do crime de falsificação de moeda** e, portanto, irrelevante penal, caso não houvesse sua previsão em tipo penal próprio. Seria uma marca da expansão do Direito Penal, nos dizeres do Professor Silva Sanchez, em que se busca criminalizar conduta que sequer entrou na fase da execução. Vale lembrar que os atos de cogitação não são puníveis, enquanto os atos de preparação também não o são, mas em regra. Caso o legislador preveja sua tipificação autônoma, como no caso do artigo 291 do CP, haverá sua punição. Pelo exposto, o tipo penal do artigo 291 é classificado como **crime obstáculo**.

É crime comum, podendo ser praticado por qualquer pessoa. É plurissubsistente, admitindo a tentativa. É doloso, sem exigência de elemento subjetivo especial do tipo. É **formal**, por não exigir resultado naturalístico (efetiva fabricação de moeda) para a sua consumação.

O Superior Tribunal de Justiça já decidiu que, se os petrechos servirem para a prática de outros crimes, a competência será da Justiça Estadual:

> *"PROCESSUAL PENAL – COMPETÊNCIA – PETRECHOS PARA FALSIFICAÇÃO DE MOEDA (ART. 291 DO CP) 1. SE OS PETRECHOS OU INSTRUMENTOS APREENDIDOS NÃO SE PRESTAM APENAS PARA A CONTRAFAÇÃO DA MOEDA, JÁ QUE PODEM SER UTILIZADOS PARA A PRÁTICA DE OUTRAS FRAUDES, COMO, POR EXEMPLO, O "CONTO DO PACO", A COMPETÊNCIA PARA CONHECER DA AÇÃO PENAL É DA JUSTIÇA ESTADUAL. 2. CONFLITO CONHECIDO E DECLARADO COMPETENTE O JUIZO SUSCITADO." (STJ, CC 7682/SP, Rel. Min. Anselmo Santiago, Terceira Seção, DJ 05/12/1994).*

QUADRO SINÓTICO

Crime de petrechos para falsificação de moeda	
Tipo penal	Fabricar, adquirir, fornecer, a título oneroso ou gratuito, possuir ou guardar maquinismo, aparelho, instrumento ou qualquer objeto especialmente destinado à falsificação de moeda.
Objeto jurídico	Tutela-se a fé pública.
Sujeito ativo	Qualquer um.
Sujeito passivo	O Estado.
Elemento subjetivo	Admite-se somente a modalidade dolosa.
Consumação	Por se tratar de tipo misto alternativo, o delito se consuma quando o agente incorre em uma das condutas tipificadas.

Crime de petrechos para falsificação de moeda	
Tentativa	Admite-se a tentativa.
Classificação	Trata-se de crime comum, doloso, comissivo ou omissivo impróprio, de forma livre, instantâneo (fabricar, adquirir e fornecer) ou permanente (possuir e guardar), monossubjetivo, plurissubsistente e não transeunte.
Benefícios	Admite-se o oferecimento de acordo de não persecução penal.

Crime de petrechos para falsificação de moeda	
Ação penal	A ação penal é pública incondicionada.

1.4. Emissão de título ao portador sem permissão legal

A emissão de título ao portador sem permissão legal constitui um delito em razão do que prevê o artigo 292 do Código Penal:

> *Art. 292 – Emitir, sem permissão legal, nota, bilhete, ficha, vale ou título que contenha promessa de pagamento em dinheiro ao portador ou a que falte indicação do nome da pessoa a quem deva ser pago:*
>
> *Pena – detenção, de um a seis meses, ou multa.*
>
> *Parágrafo único – Quem recebe ou utiliza como dinheiro qualquer dos documentos referidos neste artigo incorre na pena de detenção, de quinze dias a três meses, ou multa.*

Emitir, para os fins do artigo, significa colocar o documento em circulação, não bastando a sua confecção ou assinatura. A conduta incriminada é emitir, sem permissão legal, nota, bilhete, ficha, vale ou título que contenha promessa de pagamento em dinheiro ao portador ou aquele em que falte a indicação do nome da pessoa a quem deve ser pago. Hungria advertia que não configura o delito a emissão de "vales íntimos", lembretes de pagamento a serem utilizados apenas dentro de determinado estabelecimento agrícola, comercial ou industrial. Por não buscarem substituir o dinheiro nem circular livremente, mas apenas consistirem em lembretes de pagamento, não configuram o delito[1].

Trata-se de lei penal em branco, considerando que se exige o elemento normativo do tipo[2]: "sem permissão legal". Autorizada a emissão de título a portador por lei, a conduta é atípica. O título ao portador é aquele que não possui a indicação do credor. Transmite-se por mera tradição, isto é, pela entrega manual, não exigindo autorização escrita ou endosso. Por isso, o devedor fica obrigado a quem quer que esteja de posse do título.

O crime se consuma com **a entrada do documento em circulação**, sendo formal, por não exigir a ocorrência de resultado naturalístico para a sua consumação. Não se exige, portanto, a ocorrência de prejuízo para uma ou mais pessoas para que o crime se consume. É possível a tentativa, como prevalece na doutrina, considerando que o agente pode ser impedido de colocar o título em circulação, ensejando a sua responsabilização pelo *conatus*[3].

1. HUNGRIA, Nélson. Comentários ao Código Penal, vol. IX. Rio de Janeiro: Revista Forense, 1958, p. 231-232.
2. Bitencourt, no entanto, defende que se trata de "elemento jurídico normativo da ilicitude", e não do tipo, pois, embora integre o tipo penal, refere-se à ilicitude (BITENCOURT, Cezar Roberto. Op. Cit., 2020, p.627).
3. No mesmo sentido: BITENCOURT, Cezar Roberto. Op. Cit., 2020, p.629; PRADO, Luiz Regis. Op. Cit., 2020, p. 1033, CUNHA, Rogério Sanches. Op. Cit., 2020, p. 767; ALVES, Jamil Chaim. Op. Cit., 2021, p. 1428. André Mauro Lacerda Azevedo não aceita a tentativa na modalidade de "receber", do art. 292, parágrafo único (AZEVEDO, André Mauro Lacerda. Título X. Crimes contra a fé pública. In: Acácio Miranda da Silva; et al. Coordenadores

Busca-se evitar que se utilizem títulos ao portador à margem da lei, afetando a circulação da moeda. É um delito considerado próprio da legislação brasileira, apesar de existirem normas parecidas em outros países. Desde o Império, trata-se de uma conduta que se busca coibir, ainda que inicialmente como ilícito de natureza fiscal. Essa incriminação teria sido introduzida no ordenamento jurídico brasileiro por meio do Decreto legislativo n. 177-A, de 1983. A atual tipificação, no artigo 292 do Código, busca, além de evitar a concorrência com a moeda oficial, tutelar o patrimônio de várias pessoas, que podem ser vítimas de um *estelionato contra um número indeterminado de pessoas*, devido à dificuldade de garantir o seu lastro4. Pode-se apontar, assim, a tutela da própria economia popular.

Em razão do bem jurídico que se busca tutelar, não é crime emitir título que não tenha o propósito de representar dinheiro, meio de pagamento. Se o título representa a mera obrigação ou depósito de mercadoria, sem o propósito de circular como moeda, não há o crime do artigo 292 do Código, que busca evitar a substituição da moeda por títulos representativos de obrigações que podem nem sequer ser honradas, bem como a concorrência da moeda oficial com títulos ao portador, emitidos sem autorização em lei.

A emissão de título ao portador sem permissão legal é classificada como delito comum, não exigindo nenhuma qualidade específica do sujeito ativo. O crime é considerado plurissubsistente, admitindo a tentativa. É instantâneo, sendo que sua consumação ocorre em determinado instante no tempo. É doloso, não havendo previsão de modalidade culposa nem exigência de elemento subjetivo especial do tipo. A competência é da Justiça Federal, considerando haver interesse da União (artigo 109, inciso IV, da Constituição), a quem compete a emissão de moeda, nos termos do artigo 21, inciso VII, da Constituição de 1988.

Modalidade privilegiada

O parágrafo único prevê modalidade **privilegiada**, com pena de detenção, de quinze dias a três meses, ou multa. Incorre em tal forma do delito quem recebe ou utiliza como dinheiro qualquer dos documentos referidos no *caput*. Protege-se o uso da moeda oficial, incriminando quem se utiliza, por exemplo, de um vale chamado "Vale do Ribeira", usado como substitutivo de moeda em determina região, como se dinheiro fosse. Quem o recebe como dinheiro, em pagamento de venda e compra, também comete o delito na modalidade do parágrafo único do artigo 292.

Maurício Shaun Jalil e Vicente Greco Filho. Código penal comentado: doutrina e jurisprudência. 6. ed. Barueri: Manole, 2023, p. 825). Em sentido contrário, não admitindo a tentativa quanto ao artigo 292, caput, e citando Fragoso: NUCCI, Guilherme de Souza. Op. Cit., 2015, p. 1260.

4. HUNGRIA, Nélson. Comentários ao Código Penal, vol. IX. Rio de Janeiro: Revista Forense, 1958, p. 231-232.

QUADRO SINÓTICO

Crime de emissão de título ao portador sem permissão legal	
Tipo penal	Emitir, sem permissão legal, nota, bilhete, ficha, vale ou título que contenha promessa de pagamento em dinheiro ao portador ou a que falte indicação do nome da pessoa a quem deva ser pago.
Objeto jurídico	Tutela-se a fé pública.
Sujeito ativo	Qualquer um.
Sujeito passivo	O Estado.
Elemento subjetivo	Admite-se somente a modalidade dolosa.
Consumação	O delito se consuma quando o agente coloca em circulação, sem permissão legal, nota, bilhete, ficha, vale ou título que contenha promessa de pagamento em dinheiro ao portador ou a que falte indicação do nome da pessoa a quem deva ser pago.
Tentativa	Admite-se a tentativa, conforme entendimento majoritário.
Classificação	Trata-se de delito comum, doloso, comissivo ou omissivo impróprio, formal, de forma livre, instantâneo, monossubjetivo, plurissubsistente e não transeunte.
Benefícios	Tanto a forma do *caput*, como a do parágrafo único são delitos de menor potencial ofensivo, de competência dos Juizados Especiais Criminais, de sorte que é possível a transação, suspensão condicional do processo e o oferecimento de acordo de não persecução penal.
Ação penal	A ação penal é pública incondicionada.

2. DA FALSIDADE DE TÍTULOS E OUTROS PAPÉIS PÚBLICOS

O Capítulo II do Título dos Crimes contra a Fé Pública abrange os delitos de falsificação de papéis públicos e de petrechos de falsificação.

2.1. Falsificação de papéis públicos

O crime de falsificação de papéis públicos está previsto no artigo 293 do Código Penal:

> *Art. 293 – Falsificar, fabricando-os ou alterando-os:*
>
> *I – selo destinado a controle tributário, papel selado ou qualquer papel de emissão legal destinado à arrecadação de tributo;*
>
> *II – papel de crédito público que não seja moeda de curso legal;*
>
> *III – vale postal;*
>
> *IV – cautela de penhor, caderneta de depósito de caixa econômica ou de outro estabelecimento mantido por entidade de direito público;*

V – talão, recibo, guia, alvará ou qualquer outro documento relativo a arrecadação de rendas públicas ou a depósito ou caução por que o poder público seja responsável;

VI – bilhete, passe ou conhecimento de empresa de transporte administrada pela União, por Estado ou por Município:

Pena – reclusão, de dois a oito anos, e multa.

§ 1º Incorre na mesma pena quem:

I – usa, guarda, possui ou detém qualquer dos papéis falsificados a que se refere este artigo;

II – importa, exporta, adquire, vende, troca, cede, empresta, guarda, fornece ou restitui à circulação selo falsificado destinado a controle tributário;

III – importa, exporta, adquire, vende, expõe à venda, mantém em depósito, guarda, troca, cede, empresta, fornece, porta ou, de qualquer forma, utiliza em proveito próprio ou alheio, no exercício de atividade comercial ou industrial, produto ou mercadoria:

a) em que tenha sido aplicado selo que se destine a controle tributário, falsificado;

b) sem selo oficial, nos casos em que a legislação tributária determina a obrigatoriedade de sua aplicação.

§ 2º – Suprimir, em qualquer desses papéis, quando legítimos, com o fim de torná-los novamente utilizáveis, carimbo ou sinal indicativo de sua inutilização:

Pena – reclusão, de um a quatro anos, e multa.

§ 3º – Incorre na mesma pena quem usa, depois de alterado, qualquer dos papéis a que se refere o parágrafo anterior.

§ 4º – Quem usa ou restitui à circulação, embora recibo de boa-fé, qualquer dos papéis falsificados ou alterados, a que se referem este artigo e o seu § 2º, depois de conhecer a falsidade ou alteração, incorre na pena de detenção, de seis meses a dois anos, ou multa.

§ 5º Equipara-se a atividade comercial, para os fins do inciso III do § 1º, qualquer forma de comércio irregular ou clandestino, inclusive o exercido em vias, praças ou outros logradouros públicos e em residências.

O núcleo do tipo é **falsificar**, que significa adulterar, fazer passar por verdadeiro o que não é, fraudar. A conduta incriminada é falsificar, fabricando ou alterando, algum dos papéis públicos enumerados nos incisos do *caput* do artigo 293.

A ação nuclear típica, falsificar, pode ser praticada de uma das duas formas:

- **Fabricando**: manufaturando, produzindo a partir de matérias-primas, fazendo a cunhagem de.
- **Alterando**: modificando, transformando, produzindo a mudança de.

O rol de elementos que podem constituir o objeto material do referido delito é extenso:

- selo destinado a controle tributário, papel selado ou qualquer papel de emissão legal destinado à arrecadação de tributo;
- papel de crédito público que não seja moeda de curso legal;

- cautela de penhor, caderneta de depósito de caixa econômica ou de outro estabelecimento mantido por entidade de direito público;
- talão, recibo, guia, alvará ou qualquer outro documento relativo a arrecadação de rendas públicas ou a depósito ou caução por que o poder público seja responsável;
- bilhete, passe ou conhecimento de empresa de transporte administrada pela União, por Estado ou por Município.

O crime é comum, podendo ser praticado por qualquer pessoa. É formal, não exigindo resultado naturalístico para a sua consumação. Cuida-se de crime de forma livre. Além disso, admite a tentativa, por ser plurissubsistente, salvo nos comportamentos incompatíveis com o *conatus*: como usar, guardar e portar. É doloso, sem exigência de intuito específico perseguido pelo sujeito ativo.

Somente no caso do **vale postal**, houve **revogação tácita** do tipo. Isto é, ocorreu a sua revogação parcial, a sua derrogação, pelo disposto no artigo 36 da Lei n. 6.358/1978, que passou a regular a falsidade relativa ao vale postal:

> *Art. 36 – Falsificar, fabricando ou adulterando, selo, outra fórmula de franqueamento ou vale-postal:*
>
> *Pena: reclusão, até oito anos, e pagamento de cinco a quinze dias-multa.*

Formas equiparadas

O parágrafo primeiro do artigo 293 prevê as modalidades equiparadas ao *caput*. Determina se submeter à mesma sanção penal aquele que:

- usa, guarda, possui ou detém qualquer dos papéis falsificados a que se refere este artigo;
- importa, exporta, adquire, vende, troca, cede, empresta, guarda, fornece ou restitui à circulação selo falsificado destinado a controle tributário;
- importa, exporta, adquire, vende, expõe à venda, mantém em depósito, guarda, troca, cede, empresta, fornece, porta ou, de qualquer forma, utiliza em proveito próprio ou alheio, no exercício de atividade comercial ou industrial, produto ou mercadoria:
    - em que tenha sido aplicado selo que se destine a controle tributário, falsificado;
    - sem selo oficial, nos casos em que a legislação tributária determina a obrigatoriedade de sua aplicação.

O crime é permanente nas modalidades de guardar, possuir e deter. Quanto aos demais núcleos do tipo das formas equiparadas, é instantâneo. Também é crime comum, plurissubsistente e formal, além de ser doloso.

A terceira figura, correspondente ao inciso III do § 1º do Código Penal, exige que o Sujeito ativo seja **industrial ou comercial**, seja ele formalizado (regularizado) ou não. Além disso, a conduta deve ser praticada **no exercício de atividade comercial ou industrial** para a configuração do crime.

Atividade comercial: o parágrafo quinto do artigo 293 equipara à atividade comercial, para os fins de referida figura típica, qualquer forma de comércio irregular ou clandestino, inclusive o exercido em vias, praças ou outros logradouros públicos e em residências. Deste modo, mesmo o comerciante informal, como o ambulante, pode ser enquadrado em referido tipo penal.

Formas complementares

O parágrafo segundo do artigo 293 do Código Penal criminaliza a conduta de suprimir, em qualquer dos papéis já mencionados, quando legítimos, com o fim de torná-los novamente utilizáveis, carimbo ou sinal indicativo de sua inutilização. A pena é de reclusão, de um a quatro anos, e multa. O agente deve ter a finalidade de tornar o papel novamente utilizável.

Já o parágrafo terceiro de citado dispositivo determina a imposição da mesma pena para quem usa, depois de alterado, qualquer dos papéis a que se refere o parágrafo anterior. Se o agente já suprimiu o carimbo ou sinal ou participou da supressão, o fato de usar qualquer dos papéis tratados pelo tipo penal configura ***post factum* não punível**, que é absorvido pelo crime referente à própria supressão.

Forma privilegiada

O parágrafo quarto do artigo 293 prevê a forma **privilegiada**, com pena de detenção, de seis meses a dois anos, ou multa. Incorre na pena quem usa ou restitui à circulação, embora recebido de boa-fé, qualquer dos papéis falsificados ou alterados, a que se referem o artigo e o seu § 2º, depois de conhecer a falsidade ou alteração. O indivíduo recebe, de boa-fé, o selo ou outro documento mencionado no tipo e, após perceber a sua falsidade, utiliza-o ou o faz circular, repassando a outra pessoa. O legislador previu uma pena reduzida por sua ausência de dolo ao receber o objeto do *falsum*, mas pune devido à dolosa conduta posterior. Obviamente, exige-se que o agente tenha percebido a falsidade, pois, do contrário, a falta de conhecimento sobre fato constitutivo do delito ensejaria o reconhecimento do erro de tipo, previsto no artigo 20, *caput*, do Código Penal, o que é incompatível com a caracterização do dolo.

QUADRO SINÓTICO

Crime de falsificação de papéis públicos	
Tipo penal	Falsificar, fabricando-os ou alterando-os selo destinado a controle tributário, papel selado ou qualquer papel de emissão legal destinado à arrecadação de tributo; papel de crédito público que não seja moeda de curso legal; vale postal; cautela de penhor, caderneta de depósito de caixa econômica ou de outro estabelecimento mantido por entidade de direito público; talão, recibo, guia, alvará ou qualquer outro documento relativo a arrecadação de rendas públicas ou a depósito ou caução por que o poder público seja responsável; bilhete, passe ou conhecimento de empresa de transporte administrada pela União, por Estado ou por Município.
Objeto jurídico	Tutela-se a fé pública.

Crime de falsificação de papéis públicos	
Sujeito ativo	Qualquer um.
Sujeito passivo	O Estado e quem for diretamente prejudicado pelo agente.
Elemento subjetivo	Admite-se somente a modalidade dolosa.
Consumação	Por se tratar de tipo misto alternativo, o delito se consuma quando o agente incorre em uma das condutas tipificadas.
Tentativa	A depender da possibilidade de divisão do *iter criminis* observada no caso concreto, é possível a tentativa.
Classificação	Trata-se de delito comum, doloso, comissivo ou omissivo impróprio, de forma livre, instantâneo (fabricar, alterar, usar, importar, exportar, adquirir, vender, trocar, ceder, emprestar, fornecer, utilizar, suprimir e restituir à circulação) ou permanente (possuir, deter, expor à venda, manter em depósito e portar), monossubjetivo, unissubsistente ou plurissubsistente e não transeunte.
Benefícios	A modalidade do *caput* e as equiparadas (§ 1º) admitem o oferecimento de acordo de não persecução penal. As modalidades dos §§ 2º e 3º admitem o oferecimento de suspensão condicional do processo e acordo de não persecução penal. A modalidade do § 4º é de menor potencial ofensivo, de competência dos Juizados Especiais Criminais e admite a transação, suspensão condicional do processo e acordo de não persecução penal.
Ação penal	A ação penal é pública incondicionada.
Observações	Nos termos do artigo 293, § 1º, do CP, incorre nas mesmas penas do *caput* quem usa, guarda, possui ou detém qualquer dos papéis falsificados a que se refere este artigo; importa, exporta, adquire, vende, troca, cede, empresta, guarda, fornece ou restitui à circulação selo falsificado destinado a controle tributário; importa, exporta, adquire, vende, expõe à venda, mantém em depósito, guarda, troca, cede, empresta, fornece, porta ou, de qualquer forma, utiliza em proveito próprio ou alheio, no exercício de atividade comercial ou industrial, produto ou mercadoria em que tenha sido aplicado selo que se destine a controle tributário, falsificado ou sem selo oficial, nos casos em que a legislação tributária determina a obrigatoriedade de sua aplicação. Nos termos do artigo 293, § 2º, do CP, o agente que suprimir, em qualquer desses papéis, quando legítimos, com o fim de torná-los novamente utilizáveis, carimbo ou sinal indicativo de sua inutilização ficará sujeito a uma pena mais branda (reclusão, de uma a quatro anos e multa). Nos termos do artigo 293, § 3º, do CP, incorre na mesma pena quem usa, depois de alterado, qualquer dos papéis a que se refere o parágrafo anterior. Nos termos do artigo 293, § 4º, do CP, quem usa ou restitui à circulação, embora recebido de boa-fé, qualquer dos papéis falsificados ou alterados, a que se referem este artigo e o seu § 2º, depois de conhecer a falsidade ou alteração, incorre na pena de detenção, de seis meses a dois anos, ou multa. Por fim, nos termos do artigo 293, § 5º, do CP, equipara-se a atividade comercial, para os fins do inciso III do § 1º, qualquer forma de comércio irregular ou clandestino, inclusive o exercido em vias, praças ou outros logradouros públicos e em residências.

2.2. Petrechos de falsificação

O artigo 294 do Código Penal criminaliza a conduta de petrechos de falsificação:

> *Art. 294 – Fabricar, adquirir, fornecer, possuir ou guardar objeto especialmente destinado à falsificação de qualquer dos papéis referidos no artigo anterior:*
>
> *Pena – reclusão, de um a três anos, e multa.*

Fabricar é manufaturar, produzir a partir de matérias-primas. **Adquirir** é comprar, adquirir, receber. **Fornecer** é abastecer, prover. **Possuir** é ter, deter. **Guardar** é ter em depósito, ter sob sua guarda.

A conduta incriminada no tipo penal misto alternativo do artigo 294 do CP, é fabricar, adquirir, fornecer, a título oneroso ou gratuito, possuir ou guardar objeto especialmente destinado à falsificação de qualquer dos papéis referidos no artigo anterior. Cuida-se de norma penal em branco, sendo complementada pelo artigo 293 do Código Penal, em que há a previsão de vários papéis públicos.

É uma situação que configuraria **mera fase de preparação do crime de falsificação de papéis públicos** e, portanto, irrelevante penal, se não houvesse sua previsão em tipo penal próprio. Alguns criticam essa previsão de punição de algo que seria mera fase de preparação de outro crime, entendendo ser uma manifestação do direito penal de autor. Cuida-se, assim, de **crime-obstáculo**.

De toda forma, cumpre observar que o objeto deve ser especialmente destinado à falsificação dos papéis mencionados no artigo 293 do Código Penal. O fato de o agente possuir um objeto que possa ser utilizado para a falsificação, mas também tenha outros fins, não configura o delito, ainda que ele cogitasse a prática do delito de falsificação.

É crime comum, podendo ser praticado por qualquer pessoa. É plurissubsistente, admitindo a tentativa. É doloso, sem exigência de elemento subjetivo especial do tipo. É formal, por não exigir resultado naturalístico (efetiva falsificação dos papéis públicos) para a sua consumação. É permanente apenas nas modalidades de possuir e guardar.

QUADRO SINÓTICO

Crime de petrechos de falsificação	
Tipo penal	Fabricar, adquirir, fornecer, possuir ou guardar objeto especialmente destinado à falsificação de qualquer dos papéis referidos no artigo anterior.
Objeto jurídico	Tutela-se a fé pública.
Sujeito ativo	Qualquer um, exceto na forma majorada, na qual o agente ativo deve ser funcionário público.
Sujeito passivo	O Estado.
Elemento subjetivo	Admite-se somente a modalidade dolosa.

Crime de petrechos de falsificação	
Consumação	Por se tratar de tipo misto alternativo, o delito se consuma quando o agente incorre em uma das condutas tipificadas.
Tentativa	Admite-se a tentativa.
Forma majorada	Nos termos do artigo 295 do CP, se o agente é funcionário público, e comete o crime prevalecendo-se do cargo, aumenta-se a pena de sexta parte.
Classificação	Trata-se de crime comum (na forma majorada é delito próprio com relação ao sujeito ativo), doloso, comissivo ou omissivo impróprio, de forma livre, instantâneo (fabricar, adquirir e fornecer) ou permanente (possuir e guardar), monossubjetivo, plurissubsistente e não transeunte.
Benefícios	A modalidade do artigo 294 do CP admite a suspensão condicional do processo e o acordo de não persecução penal.
Ação penal	A ação penal é pública incondicionada.

2.3. Forma majorada

O artigo 295 do Código Penal prevê uma causa de aumento de pena que, segundo a doutrina, se aplica aos crimes do Capítulo II do Título X (Da Falsidade de Títulos e Outros Papéis Públicos):

> *Art. 295 – Se o agente é funcionário público, e comete o crime prevalecendo-se do cargo, aumenta-se a pena de sexta parte.*

Trata-se de modalidade em que se tem um **crime próprio**, só podendo ser praticado pelo funcionário público. É, portanto, crime funcional, sendo que o agente deve praticar o crime prevalecendo-se do seu cargo, ou seja, valendo-se dele para facilitar a execução da conduta. A majorante tem como fração fixada pelo legislador a de um sexto da pena. Aplica-se, portanto, aos crimes tratados nos artigos 293 e 294 do Código Penal.

3. DA FALSIDADE DOCUMENTAL

O Capítulo III do Título X do Código Penal trata da falsidade documental. Nele, há os crimes de falsificação de selo ou sinal público, de falsificação de documento público, de falsificação de documento particular (abrangendo a falsificação de cartão), de falsidade ideológica, de falso reconhecimento de firma ou letra, de certidão ou atestado ideologicamente, falsidade material de atestado ou certidão, falsidade de atestado médico, reprodução ou alteração de selo ou peça filatélica, uso de documento falso e supressão de documento.

3.1. Falsificação de selo ou sinal público

O crime de falsificação de selo ou sinal público está previsto no artigo 296 do Código Penal:

Art. 296 – Falsificar, fabricando-os ou alterando-os:

I – selo público destinado a autenticar atos oficiais da União, de Estado ou de Município;

II – selo ou sinal atribuído por lei a entidade de direito público, ou a autoridade, ou sinal público de tabelião:

Pena – reclusão, de dois a seis anos, e multa.

§ 1º – Incorre nas mesmas penas:

I – quem faz uso do selo ou sinal falsificado;

II – quem utiliza indevidamente o selo ou sinal verdadeiro em prejuízo de outrem ou em proveito próprio ou alheio.

III – quem altera, falsifica ou faz uso indevido de marcas, logotipos, siglas ou quaisquer outros símbolos utilizados ou identificadores de órgãos ou entidades da Administração Pública.

§ 2º – Se o agente é funcionário público, e comete o crime prevalecendo-se do cargo, aumenta-se a pena de sexta parte.

A ação nuclear típica consiste no verbo **falsificar**, que significa adulterar, fazer passar por verdadeiro o que não é, fraudar. A conduta incriminada é falsificar, fabricando ou alterando, selo público destinado a autenticar atos oficiais da União, de Estado ou de Município, ou selo ou sinal atribuído por lei a entidade de direito público, ou a autoridade, ou sinal público de tabelião.

A ação nuclear típica, falsificar, pode ser praticada de uma das duas formas:

- **Fabricando**: manufaturando, produzindo a partir de matérias-primas, fazendo a cunhagem de.
- **Alterando**: modificando, transformando, produzindo a mudança de.

Eis o rol dos possíveis objetos materiais do crime:

- selo público destinado a autenticar atos oficiais da União, de Estado ou de Município;
- selo ou sinal atribuído por lei a entidade de direito público, ou a autoridade;
- sinal público de tabelião.

O crime é comum, podendo ser praticado por qualquer pessoa. Cuida-se de crime de forma livre. Além disso, admite a tentativa, por ser plurissubsistente. É doloso, sem previsão de modalidade culposa.

Forma equiparada

O parágrafo primeiro do artigo 296 prevê as modalidades equiparadas ao *caput*:

- **quem faz uso do selo ou sinal falsificado**. Pune-se, o agente que utiliza o selo ou sinal falsificado. Não pode ser ele quem falsificou o selo ou sinal, senão seu uso estará absorvido, como pós fato não punível.

- **quem utiliza indevidamente o selo ou sinal verdadeiro em prejuízo de outrem ou em proveito próprio ou alheio**. Aqui, Cezar Bitencourt entende haver a exigência de efetivo prejuízo de outrem ou proveito próprio ou alheio, classificando tal modalidade de material. Seria exigível, ainda, o elemento subjetivo especial do tipo, consistente na expressão "prejuízo de outrem ou em proveito próprio", que se traduz no *animus nocendi aut locupletandi*[5]. É a interpretação que parece mais adequada. Entretanto, Sanches Cunha defende haver apenas a exigência de elemento subjetivo especial do tipo penal[6].
- **quem altera, falsifica ou faz uso indevido de marcas, logotipos, siglas ou quaisquer outros símbolos utilizados ou identificadores de órgãos ou entidades da Administração Pública**. A modalidade abrange tanto a adulteração ou contrafação das marcas logotipos, siglas ou símbolos dos órgãos públicos quanto seu uso indevido, ou seja, de forma não permitida pela legislação.

Modalidade majorada

Há causa de aumento de pena no parágrafo único do artigo 296 do Código Penal, consistente em o agente ser funcionário público e cometer o crime prevalecendo-se do cargo. Neste caso, uma modalidade **majorada e funcional**, aumenta-se a pena de sexta parte.

QUADRO SINÓTICO

Crime de falsificação do selo ou sinal público	
Tipo penal	Falsificar, fabricando-os ou alterando-os: selo público destinado a autenticar atos oficiais da União, de Estado ou de Município; selo ou sinal atribuído por lei a entidade de direito público, ou a autoridade, ou sinal público de tabelião.
Objeto jurídico	Tutela-se a fé pública.
Sujeito ativo	Qualquer um, exceto na forma majorada, que deve ser funcionário público.
Sujeito passivo	O Estado e quem for diretamente prejudicado pelo agente.
Elemento subjetivo	Admite-se somente a modalidade dolosa.
Consumação	O delito se consuma quando o agente falsifica, fabrica ou altera o selo ou sinal público.
Tentativa	Admite-se a tentativa.
Forma majorada	Nos termos do artigo 296, § 2º, do CP, se o agente é funcionário público, e comete o crime prevalecendo-se do cargo, aumenta-se a pena de sexta parte.

5. BITENCOURT, Cezar Roberto. Op. Cit., 2020, p. 649.
6. CUNHA, Rogério Sanches. Op. Cit., 2020, p. 778.

Crime de falsificação do selo ou sinal público	
Classificação	Trata-se de crime comum (exceto na forma majorada, que é própria com relação ao sujeito ativo), doloso, comissivo ou omissivo impróprio, de forma livre, instantâneo, monossubjetivo, plurissubsistente (a depender do caso concreto, é possível que seja unissubsistente, afastando a possibilidade de tentativa) e não transeunte.
Benefícios	Admite-se o oferecimento de acordo de não persecução penal.
Ação penal	A ação penal é pública incondicionada.
Observações	Nos termos do artigo 296, § 1º, do CP, incorre nas mesmas penas do *caput* quem faz uso do selo ou sinal falsificado; quem utiliza indevidamente o selo ou sinal verdadeiro em prejuízo de outrem ou em proveito próprio ou alheio; quem altera, falsifica ou faz uso indevido de marcas, logotipos, siglas ou quaisquer outros símbolos utilizados ou identificadores de órgãos ou entidades da Administração Pública.

3.2. Falsificação de documento público

O delito de falsificação de documento público tem previsão no artigo 297 do Código Penal:

> *Art. 297 – Falsificar, no todo ou em parte, documento público, ou alterar documento público verdadeiro:*
>
> *Pena – reclusão, de dois a seis anos, e multa.*
>
> *§ 1º – Se o agente é funcionário público, e comete o crime prevalecendo-se do cargo, aumenta-se a pena de sexta parte.*
>
> *§ 2º – Para os efeitos penais, equiparam-se a documento público o emanado de entidade paraestatal, o título ao portador ou transmissível por endosso, as ações de sociedade comercial, os livros mercantis e o testamento particular.*
>
> *§ 3º Nas mesmas penas incorre quem insere ou faz inserir:*
>
> *I – na folha de pagamento ou em documento de informações que seja destinado a fazer prova perante a previdência social, pessoa que não possua a qualidade de segurado obrigatório;*
>
> *II – na Carteira de Trabalho e Previdência Social do empregado ou em documento que deva produzir efeito perante a previdência social, declaração falsa ou diversa da que deveria ter sido escrita;*
>
> *III – em documento contábil ou em qualquer outro documento relacionado com as obrigações da empresa perante a previdência social, declaração falsa ou diversa da que deveria ter constado.*
>
> *§ 4º Nas mesmas penas incorre quem omite, nos documentos mencionados no § 3º, nome do segurado e seus dados pessoais, a remuneração, a vigência do contrato de trabalho ou de prestação de serviços.*

Os núcleos do tipo são "**falsificar**" (adulterar, fazer passar por verdadeiro o que não é, fraudar) e "**alterar**" (modificar, transformar, produzir a mudança de).

A conduta típica é falsificar, no todo ou em parte, documento público, ou alterar documento público verdadeiro. Portanto, pune-se a falsificação total ou parcial do documento público, assim como a modificação de um documento público verdadeiro, autêntico.

O parágrafo segundo torna mais abrangente o tipo penal, ao incluir como seu objeto material **o documento emanado de entidade paraestatal, o título ao portador ou transmissível por endosso, as ações de sociedade comercial, os livros mercantis e o testamento particular**. São documentos que seriam, a rigor, considerados particulares. Entretanto, para fins de punição por falsificação, são equiparados pela lei a documentos públicos.

Há divergência doutrinária se a cópia autenticada de documento público consiste em objeto material do delito, ou seja, se sua contrafação configura o crime do artigo 297 do CP.

Cuida-se de crime comum, não se exigindo qualidade específica do sujeito ativo. É doloso, não havendo previsão de elemento subjetivo especial do tipo, nem de modalidade culposa. É plurissubsistente, sendo admissível a tentativa. Ademais, é formal, consumando-se sem a exigência de ocorrência de resultado naturalístico.

No caso de estelionato cometido mediante a falsificação de cheque, o enunciado 48 da Súmula do STJ define como competente o juízo do local da obtenção da vantagem ilícita (consumação do estelionato):

> *Compete ao juízo do local da obtenção da vantagem ilícita processar e julgar crime de estelionato cometido mediante falsificação de cheque.*

A súmula 62 do STJ fixava a competência da Justiça Estadual para julgar o crime de falsa anotação na CTPS, se o registro for atribuído a empresa privada:

> *Compete à Justiça Estadual processar e julgar o crime de falsa anotação na Carteira de Trabalho e Previdência Social, atribuído à empresa privada.*

Entretanto, apesar de não oficialmente cancelada, o entendimento contido na Súmula foi superado em julgamento posterior pela Terceira Seção do STJ:

> *"No julgamento do CC n. 127.706/RS (em 9/4/2014), da relatoria do Ministro Rogerio Schietti Cruz, a Terceira Seção desta Corte, por maioria, firmou o entendimento de que, no delito tipificado no art. 297, § 4º, do Código Penal, o sujeito passivo é o Estado e, eventualmente, de forma secundária, o particular, terceiro prejudicado com a omissão das informações, circunstância que atrai a competência da Justiça Federal, conforme o disposto no art. 109, IV, da Constituição Federal."*

O STJ também atribui à Justiça Estadual a competência para o julgamento de crime de falsificação de documento relacionado a estabelecimento particular de ensino, conforme a Súmula 104:

> *Compete à Justiça Estadual o processo e julgamento dos crimes de falsificação e uso de documento falso relativo a estabelecimento particular de ensino.*

O Superior Tribunal de Justiça possui entendimento consolidado, fixado no enunciado 107, que compete à Justiça Estadual julgar crime de estelionato praticado por meio de falsificação de guia de recolhimento das contribuições previdenciárias, desde que não tenha ocorrido lesão ao Instituto Nacional do Seguro Social – INSS:

> *Compete à Justiça Comum Estadual processar e julgar crime de estelionato praticado mediante falsificação das guias de recolhimento das contribuições previdenciárias, quando não ocorrente lesão à autarquia federal.*

O seguinte acórdão do Superior Tribunal de Justiça consigna que a falsidade documental, assim como a ideológica, **consuma-se no momento da falsificação**. Ademais, decidiu que a falsificação de documento emitido por junta comercial não atrai, apenas pela sua subordinação técnica ao Departamento Nacional de Registro do Comércio, a competência da Justiça Federal:

> *"(...) I – Na linha da jurisprudência desta Corte, **"os tipos penais de falsidade ideológica e falsificação documental consumam-se no momento da falsificação, sendo irrelevante o local do resultado** [...]" (CC n. 101.184/PR, Terceira Seção, Rel. Min. Assusete Magalhães, DJe de 21/6/2013). II – A competência da Justiça Federal para apuração de crimes decorre do art. 109, inciso IV, da Constituição Federal, que afirma, dentre outras coisas, que compete aos juízes federais processar e julgar "as infrações penais praticadas em detrimento de bens, serviços ou interesse da União ou de suas entidades autárquicas ou empresas públicas, excluídas as contravenções e ressalvada a competência da Justiça Militar e da Justiça Eleitoral". III – É cediço que as juntas comerciais estão subordinadas administrativamente ao ente federativo de sua jurisdição e, tecnicamente, ao Departamento Nacional de Registro do Comércio, ex vi da Lei n. 8.934/1994. IV – No caso vertente, entretanto, **não houve ofensa direta a bens, serviços ou interesses da União**, conforme art. 109, inciso IV, da Constituição Federal, razão pela qual se afasta a competência da Justiça Federal. (...)" (STJ, RHC 66784/RS, Rel. Min. Felix Fischer, Quinta Turma, DJe 01/08/2016).*

Também já decidiu o STJ ser da competência da Justiça Eleitoral a falsificação de documento público para fins eleitorais:

> *"CONFLITO DE COMPETÊNCIA. PROCESSUAL PENAL. JUÍZOS COMUM E ELEITORAL. FALSIFICAÇÃO DE TÍTULO. FINS ELEITORAIS. CANDIDATURA À VEREADORA. CAPITULAÇÃO NO CÓDIGO ELEITORAL. **A falsificação do respectivo documento público – título de eleitor – tinha fins eleitorais, crime previsto no Código Eleitoral** (arts. 348 e 353). Conflito conhecido, declarando-se a competência do **juízo eleitoral** suscitado." (STJ, CC 26105/PA, Rel. Min. José Arnaldo da Fonseca, Terceira Seção, DJ 27/08/2001).*

Forma majorada

O parágrafo primeiro do artigo 297 prevê a forma majorado crime no caso de o agente ser **funcionário público e cometer o crime prevalecendo-se do cargo**. Apena deve ser aumentada em um sexto. É modalidade própria e funcional do crime.

Formas equiparadas

O artigo 297, em seu parágrafo terceiro, prevê as formas equiparadas, trazendo condutas que também são consideradas como falsificação de documento público. Prevê o dispositivo a mesma sanção penal para quem insere ou faz inserir:

- na **folha de pagamento ou em documento de informações que seja destinado a fazer prova perante a previdência social**, pessoa que não possua a qualidade de segurado obrigatório;
- na **Carteira de Trabalho e Previdência Social do empregado ou em documento que deva produzir efeito perante a previdência social**, declaração falsa ou diversa da que deveria ter sido escrita;
- em **documento contábil ou em qualquer outro documento relacionado com as obrigações da empresa perante a previdência social**, declaração falsa ou diversa da que deveria ter constado.

Perceba que, por se tratar de condutas de inserir ou fazer inserir, a rigor estamos diante de hipóteses de **falsidade ideológica**, mas foram equiparadas à falsificação de documento público. O caso é de falsidade ideológica pois diz respeito ao conteúdo do documento, e não à adulteração ou falsificação do seu instrumento. Só são aptas a tipificar o crime em exame as condutas que tiverem potencial de produção de efeitos **perante a Previdência Social**, sob pena de configuração de outro delito.

O parágrafo quarto do artigo 297, por sua vez, prevê incorrer nas mesmas penas incorre quem **omite**, nos documentos acima elencados, nome do segurado e seus dados pessoais, a remuneração, a vigência do contrato de trabalho ou de prestação de serviços. Nesta modalidade, o crime é omissivo puro, não admitindo tentativa.

QUADRO SINÓTICO

Crime de falsificação de documento público	
Tipo penal	Falsificar, no todo ou em parte, documento público, ou alterar documento público verdadeiro.
Objeto jurídico	Tutela-se a fé pública.
Sujeito ativo	Qualquer um. Na modalidade majorada o sujeito ativo deverá ser funcionário público.
Sujeito passivo	O Estado e quem for diretamente prejudicado pelo agente.
Elemento subjetivo	Admite-se somente a modalidade dolosa.
Consumação	O delito se consuma quando o agente falsifica, no todo ou em parte, documento público, ou altera documento público verdadeiro.
Tentativa	Admite-se a tentativa.

Crime de falsificação de documento público	
Forma majorada	Nos termos do artigo 297, § 1º, do CP, se o agente é funcionário público, e comete o crime prevalecendo-se do cargo, aumenta-se a pena de sexta parte.
Jurisprudência relevante	Quando o falso se exaure no estelionato, sem mais potencialidade lesiva, é por este absorvido. (Súmula 17 do STJ).
Classificação	Trata-se de delito comum (exceto na forma majorada, quando será próprio com relação ao sujeito ativo), doloso, comissivo ou omissivo próprio, de forma livre ou vinculada (§§ 3º e 4º), instantâneo, monossubjetivo, plurissubsistente e não transeunte.
Benefícios	Admite-se o oferecimento de acordo de não persecução penal.
Ação penal	A ação penal é pública incondicionada.
Observações	Nos termos do artigo 297, § 2º, do CP, para os efeitos penais, equiparam-se a documento público o emanado de entidade paraestatal, o título ao portador ou transmissível por endosso, as ações de sociedade comercial, os livros mercantis e o testamento particular. Nos termos do artigo 297, § 3º, do CP, nas mesmas penas incorre quem insere ou faz inserir na folha de pagamento ou em documento de informações que seja destinado a fazer prova perante a previdência social, pessoa que não possua a qualidade de segurado obrigatório; na Carteira de Trabalho e Previdência Social do empregado ou em documento que deva produzir efeito perante a previdência social, declaração falsa ou diversa da que deveria ter sido escrita; em documento contábil ou em qualquer outro documento relacionado com as obrigações da empresa perante a previdência social, declaração falsa ou diversa da que deveria ter constado. Ademais, nos termos do artigo 297, § 4º, do CP, nas mesmas penas incorre quem omite, nos documentos mencionados no § 3º, nome do segurado e seus dados pessoais, a remuneração, a vigência do contrato de trabalho ou de prestação de serviços.

3.3. Falsificação de documento particular

O crime de falsificação de documento particular está previsto no artigo 298 do Código Penal:

> *Art. 298 – Falsificar, no todo ou em parte, documento particular ou alterar documento particular verdadeiro:*
>
> *Pena – reclusão, de um a cinco anos, e multa.*

O tipo penal é bem parecido com o do artigo 297, mas desta vez **o objeto material é documento particular**. Os núcleos do tipo são "**falsificar**" (adulterar, fazer passar por verdadeiro o que não é, fraudar) e "**alterar**" (modificar, transformar, produzir a mudança de).

A conduta típica é falsificar, no todo ou em parte, documento particular, ou alterar documento particular verdadeiro. Portanto, pune-se a falsificação total ou parcial do documento particular, assim como a modificação de um documento particular verdadeiro, autêntico.

O crime é comum, podendo ser praticado por qualquer pessoa. É formal, consumando-se independentemente da ocorrência de resultado naturalístico. É doloso, sem exigência de qualquer elemento subjetivo especial. Não se pune a conduta praticada por negligência, imprudência ou imperícia. O crime é plurissubsistente, admitindo a forma tentada.

Falsificação de cartão

O parágrafo único do artigo 298 estende a abrangência do *caput*, ao incluir como seu objeto material o **cartão de crédito ou débito**, dando a essa figura um *nomen iuris* diverso, o de falsificação de cartão:

> *Parágrafo único. Para fins do disposto no caput, equipara-se a documento particular o cartão de crédito ou débito.*

O cartão, ainda que não seja propriamente um documento, é a ele equiparado para fins da proteção penal por previsão expressa. Anteriormente, porém, já havia essa interpretação.

QUADRO SINÓTICO

Crime de falsificação de documento particular	
Tipo penal	Falsificar, no todo ou em parte, documento particular ou alterar documento particular verdadeiro.
Objeto jurídico	Tutela-se a fé pública.
Sujeito ativo	Qualquer um.
Sujeito passivo	O Estado e quem for diretamente prejudicado pelo agente.
Elemento subjetivo	Admite-se somente a modalidade dolosa.
Consumação	O delito se consuma quando o agente falsifica, no todo ou em parte, documento particular ou altera documento particular verdadeiro.
Tentativa	Admite-se a tentativa.
Jurisprudência relevante	Quando o falso se exaure no estelionato, sem mais potencialidade lesiva, é por este absorvido. (Súmula 17 do STJ)
Classificação	Trata-se de crime comum, doloso, comissivo ou omissivo impróprio, de forma livre, instantâneo, monossubjetivo, plurissubsistente e não transeunte.

Crime de falsificação de documento particular	
Benefícios	Admitem-se a suspensão condicional do processo e o oferecimento de acordo de não persecução penal.
Ação penal	A ação penal é pública incondicionada.
Observações	Nos termos do artigo 298, parágrafo único, para fins do disposto no caput, equipara-se a documento particular o cartão de crédito ou débito.

3.4. Falsidade ideológica

O crime de falsificação ideológica está tipificado, no Código Penal, no seu artigo 299, nos seguintes termos:

> *Art. 299 – Omitir, em documento público ou particular, declaração que dele devia constar, ou nele inserir ou fazer inserir declaração falsa ou diversa da que devia ser escrita, com o fim de prejudicar direito, criar obrigação ou alterar a verdade sobre fato juridicamente relevante:*
>
> *Pena – reclusão, de um a cinco anos, e multa, se o documento é público, e reclusão de um a três anos, e multa, se o documento é particular.*
>
> *Parágrafo único – Se o agente é funcionário público, e comete o crime prevalecendo-se do cargo, ou se a falsificação ou alteração é de assentamento de registro civil, aumenta-se a pena de sexta parte.*

As condutas centrais são "**omitir declaração**", ou seja, não declarar, deixar de fazer a declaração; "**inserir**", ou seja, gravar, introduzir, apor; e "**fazer inserir**", o agente leva outrem a inserir, faz com que outra pessoa introduza o conteúdo indevido.

As figuras típicas são:

- omitir, em documento público ou particular, declaração que dele deveria constar.
- Inserir, em documento público ou particular, declaração falsa.
- Inserir, em documento público ou particular, declaração diversa da que deveria ser escrita.
- Fazer inserir, em documento público ou particular, declaração falsa.
- Fazer inserir, em documento público ou particular, declaração diversa da que deveria ser inscrita.

Todas as modalidades exigem o **elemento subjetivo especial do injusto**, consistente no intuito do agente **de prejudicar direito, criar obrigação ou alterar a verdade sobre fato juridicamente relevante**. Basta que o agente possua tal intenção, **não** sendo necessário que a alcance, com a produção do resultado naturalístico, para a consumação do delito. O tipo, portanto, é incongruente, caracterizando um crime formal.

A conduta incriminada é a confecção de documento, seja ele público ou particular, com conteúdo que não se compatibiliza com a realidade. O agente atua de modo a inserir declaração falsa ou diferente da que deveria constar, ou a omitir informação obrigatória. Também se incrimina quem atua por intermédio de outrem, sem inserir diretamente a informação, mas fazendo com que outra pessoa insira a informação falsa ou diferente da que deveria constar.

Comete o delito a prefeita municipal que atesta a realização de asfaltamento de trinta quilômetros de rodovia, quando, de fato, apenas vinte quilômetros foram asfaltados. Também incorre nas penas desse crime o notário que, ao elaborar uma escritura pública, atesta a presença do outorgante na serventia, quando ele não compareceu, sob a escusa, apresentada por um familiar, de que estava se sentindo mal.

O crime é comum, podendo ser praticado por qualquer pessoa. É doloso, com exigência de elemento subjetivo especial, como visto. É formal, não dependendo do efetivo prejuízo a direito, da real criação de obrigação nem da eficaz alteração da verdade para sua consumação.

É crime plurissubsistente, admitindo a modalidade tentada. Não há previsão de modalidade culposa. É, ainda, crime de forma livre.

Como a falsidade tratada pelo artigo 299 do Código Penal envolve o teor, o **conteúdo do documento**, ele é, materialmente, autêntico. É como o caso de um delegado que emite cédula de registro de identidade com nome falso para um amigo. A cédula terá o papel verdadeiro, a efetiva assinatura do funcionário público responsável pelo departamento e, se passar por um exame pericial, o perito não encontrará sinais externos de falsidade. Isto porque o conteúdo é que é falso.

Observam Juarez Tavares e Rubens Casara que "o crime de falsidade ideológica (art. 299) está assentado na discrepância entre o que se afirma no texto do documento e os fatos que ele quer retratar. Há, portanto, uma alteração cognitiva da realidade empírica: afirma-se que tal fato ocorrera desse ou daquele modo, quando isso não ocorreu. Pela teoria dos atos de fala, trata-se de um ato ilocucionário assertivo, pelo qual o emissor da afirmação se compromete com a sua falsidade. Para atestar a falsidade, não será preciso se socorrer de uma perícia, basta a simples constatação da discrepância entre o teor do documento e o fato"[7].

Nesse mesmo sentido, o STJ entende dispensável a realização de exame pericial:

---

7. TAVARES, Juarez; CASARA, Rubens. Prova e verdade. 1. ed. São Paulo: Tirant lo Blanch, 2020, p. 32-33. Não é objeto dessa obra o estudo dos chamados "atos de fala", estudados pela filosofia da linguagem, por autores como John L. Austin, J. R. Searle e por Ludwig Wittgenstein, este último bastante utilizado pela teoria da ação significativa, analisada neste Manual no estudo da parte geral. De modo simples, o ato locucionário seria o de dizer, de falar, enquanto o ato ilocucionário seria o ato executado da fala, a realização do ato de dizer algo, e, por fim, o ato perlocucionário seria aquele que produz efeitos e consequências no ouvinte. Os atos de fala seriam formas de expressão de sentenças ou declarações. Assim, Tavares e Casara explicam que, para Austin, toda declaração humana é uma ação, que se manifesta, em primeiro lugar, como uma declaração (ato locucionário). Depois, essa declaração traz em si um fazer, que pode ser uma pergunta, uma advertência ou promessa (ato ilocucionário) e que normalmente se vincula a efeitos sobre outrem, os destinatários do ato. Se isso acontecer, há um ato perlocucionário. A falsidade ideológica se configuraria com o ato ilocucionário, com uma asserção em que o agente se compromete com a sua falsidade, sabe que não é verdadeiro, mas se obriga com essa assertiva.

> *(...) I – O acórdão impugnado não dissentiu da jurisprudência desta Corte, no sentido de que, sendo a acusação de falsidade ideológica, **é desnecessária a realização de perícia**, uma vez que, diferentemente do que ocorre com a falsidade documental, a alteração é no conteúdo (e não na forma) do documento (...)" (STJ, AgRg no REsp 1669729/SP, Rel. Min. Felix Fischer, Quinta Turma, DJe 29/06/2018).*

Entende-se que o preenchimento de cambial emitida em branco ou com lacunas, pelo credor de boa-fé, é lícito, o que afasta o cometimento do crime, conforme o enunciado 387 da Súmula do STF:

> *A cambial emitida ou aceita com omissões, ou em branco, pode ser completada pelo credor de boa-fé antes da cobrança ou do protesto.*

Neste sentido, o STJ já decidiu pelo afastamento do crime pelo preenchimento de nota promissória emitida em branco:

> *"RECURSO ESPECIAL. NOTA PROMISSÓRIA. EMISSÃO EM BRANCO. PREENCHIMENTO INCORRETO. MÁ-FÉ DO CREDOR. INVALIDADE. 1. É lícito emitir nota promissória em branco, para que o valor seja posteriormente preenchido pelo credor. 2. O preenchimento, entretanto, pode acarretar a nulidade do título se o credor agir de má-fé, impondo ao devedor obrigação cambial sabidamente superior à prometida. 3. **Ainda que se afaste a tese da existência de falsidade ideológica**, o título fica maculado pela quebra da boa-fé, princípio regente do direito privado e ignorado por quem preencheu a nota promissória." (STJ, REsp 598891/GO, Rel. p/ acórdão Min. Humberto Gomes de Barros, Terceira Turma, DJ 12/06/2006).*

Sobre a prescrição, o STJ já delineou ser o crime formal, não havendo modificação da contagem da prescrição por eventual produção posterior de efeitos:

> *2. A falsidade ideológica é crime formal e instantâneo, cujos efeitos podem vir a se protrair no tempo. A despeito dos efeitos que possam, ou não, vir a gerar, ela se consuma no momento em que é praticada a conduta. Precedentes.*
>
> *(RvCr 5.233/DF, Rel. Min. Reynaldo Soares da Fonseca, Terceira Seção, julgado em 13/05/2020, DJe 25/05/2020)*

O Supremo Tribunal Federal possui precedente em que considera que o documento sujeito à verificação, de forma objetiva e com confronto de seu conteúdo pela autoridade, não é apto para configuração do crime de falsidade ideológica:

> *"'HABEAS CORPUS'. FALSIDADE IDEOLOGICA A SER APURADA EM INQUERITO POLICIAL, QUE SE PRETENDE DEVA SER TRANCADO. – ESTA PRIMEIRA TURMA, AO JULGAR O HC-62874 (RTJ-115/166 E SEGS.), ENTENDEU QUE, **AINDA QUANDO SE ADMITA QUE O DOCUMENTO SUJEITO A VERIFICAÇÃO NÃO E HÁBIL PARA A CONFIGURAÇÃO DE FALSIDADE IDEOLÓGICA, ISSO SÓ OCORRERIA 'QUANDO A VERDADE, QUE O FUNCIONÁRIO ESTÁ ADSTRITO A VERIFICAR, E APURÁVEL POR MEIO DE CONFRONTO OBJETIVO E CONCOMITANTE DA AUTORIDADE, DISPENSANDO INDAGAÇÃO***

> ***COMPLEXA E FUTURA'.*** *_ COMO TAMBÉM DECIDIU ESTA CORTE, POR SUA SEGUNDA TURMA, AO JULGAR O RE CRIMINAL 93292 (RTJ 101/311 E SEGS.), 'PARA QUE SE CONFIGURE ESSE CRIME (O DE FALSIDADE IDEOLOGICA) NÃO E MISTER A OCORRENCIA DE DANO EFETIVO, BASTA QUE SE VERIFIQUE A POTENCIALIDADE DE UM EVENTO DANOSO'. - INEXISTÊNCIA, POIS, DE RAZÃO PARA O TRANCAMENTO DO INQUERITO POLICIAL. RECURSO ORDINÁRIO A QUE SE NEGA PROVIMENTO." (STF, RHC 67023/SP, Rel. Min. Moreira Alves, Primeira Turma, Julgamento em 29/11/1988).*

O Superior Tribunal de Justiça, de forma mais recente, tem decidido neste sentido, afastando o crime de falsidade ideológica se o documento estiver sujeito a posterior verificação, sem indagação complexa:

> *"(...) 1. Não há ofensa à fé pública e consequentemente não se perfaz a figura delituosa do art. 299 do Código Penal, simples requerimento de inscrição em concurso público, onde se afirma, sob as penas da lei, ser portador de diploma de Bacharel em Direito, sem que isto corresponda à realidade.* ***É que o requerimento nesta hipótese, sujeito a posterior verificação, sem indagação complexa e futura, não se presta à comprovação da condição habilitadora, ou na dicção do STF, não vale por si mesmo.*** *2. Recurso especial não conhecido." (STJ, REsp 137739/RS, Rel. Min. Fernando Gonçalves, Sexta Turma, DJ 13/10/1998).*
>
> *"(...) 3. A indicação de endereço incorreto em petição inicial para fins de alteração da competência para processar e julgar determinada ação não caracteriza o crime previsto no artigo 299 do Código Penal,* ***pois a veracidade do domicílio poderá ser objeto de verificação.*** *(...)" (STJ, RHC 70596/MS, Rel. Min. Jorge Mussi, Quinta Turma, DJe 09/09/2016).*

De igual modo, o STJ não considera configurar o crime de falsidade ideológica a declaração de pobreza para fins de gratuidade da justiça que não se coadune com a realidade:

> *"(...) 2.* ***O entendimento do Superior Tribunal de Justiça é no sentido de que a mera declaração de estado de pobreza para fins de obtenção dos benefícios da justiça gratuita não é considerada conduta típica****, diante da presunção relativa de tal documento, que comporta prova em contrário (RHC 24.606/RS, Rel. Min. Nefi Cordeiro, Sexta Turma, DJe 02/06/2015) (...)" (STJ, AgRg no RHC 43279/SP, Rel. Min. Ribeiro Dantas, Quinta Turma, DJe 19/12/2016).*

Quanto ao conflito aparente entre as normas extraídas dos artigos 299 e 304 do Código Penal, que tipificam a falsidade ideológica e o uso de documento falso, respectivamente, o STJ vinha considerando que o uso do documento era pós-fato impunível em relação ao "falsum"[8]. O conflito é solucionado, assim, pelo princípio da consunção. De forma acertada, a Sexta Turma reviu esse posicionamento, indicando

8. Julgado específico sobre falsidade ideológica e uso de documento falso: HC n. 10.447/MG, relator Ministro Vicente Leal, Sexta Turma, julgado em 28/5/2002, DJ de 1/7/2002, p. 394; julgado sobre falsificação de documento público ou particular e uso de documento falso: STJ, AgRg no RHC n. 112.730/SP, Rel. Min. Ribeiro Dantas, Quinta Turma, julgado em 3/3/2020, DJe de 10/3/2020.

que a falsidade ideológica (crime-meio) deve ser absorvida pelo uso (crime-fim), e não o contrário, destacando, por exemplo, que a falsidade pode corresponder a um delito prescrito com utilização por várias vezes, crimes que seriam absorvidos. Por isso, o correto é considerar que a falsidade ideológica é absorvida pelo crime do artigo 304:

> *"Considerar a absorção do uso do documento falso pela falsidade ideológica significa conferir prevalência ao crime-meio sobre o crime-fim, o que é, data venia, conceitualmente inadequado, além de conduzir a situações de manifesta perplexidade, como o reconhecimento da prescrição todas as vezes que um documento falso é utilizado após o decurso de alguns anos de sua confecção, a depender do caso. Nesse contexto, fica mantida a aplicação do princípio da consunção, mediante o reconhecimento de que o crime-meio - falsidade ideológica - exauriu a sua potencialidade lesiva no crime-fim - uso desse documento falso -, e não o contrário." (STJ, AgRg no AgRg no AREsp n. 2.077.019/RJ, Rel. p/ acórdão Min. Reynaldo Soares da Fonseca, Quinta Turma, j. 19/3/2024, DJe 5/4/2024)*

Por fim, a Lei n. 7.210/1984, a Lei de Execução Penal, prevê configurar o delito de falsidade ideológica a conduta de declarar ou atestar falsamente prestação de serviço para fim de instruir pedido de remição. Remição é o instituto que permite descontar da pena privativa de liberdade, em regime fechado ou semiaberto, o tempo de estudo ou de trabalho do preso. Assim, se a declaração apresentada para esse fim contiver informações incorretas, aquele que contribuir dolosamente para essa prática incorrerá nas penas do artigo 299 do CP.

Forma majorada

O parágrafo único do artigo 299 prevê uma causa de aumento de pena com patamar de aumento de um sexto.

Incide se o **agente for funcionário público e cometer o crime prevalecendo-se do cargo**. É modalidade própria, por exigir qualidade específica do sujeito ativo, e funcional, por ser seu sujeito ativo um funcionário público. É necessário que ele prevaleça das suas funções para a prática da conduta, sob pena de não se configurar a majorante.

Também incide a majorante se a falsificação ou alteração for de **assentamento de registro civil**. O maior desvalor se refere ao resultado de refere conduta, que afeta os direitos da personalidade de alguém, além de, é claro, afetar o sentimento de fé ou de confiabilidade da sociedade nos registros de nascimento dos seus membros.

QUADRO SINÓTICO

Crime de falsidade ideológica	
Tipo penal	Omitir, em documento público ou particular, declaração que dele devia constar, ou nele inserir ou fazer inserir declaração falsa ou diversa da que devia ser escrita, com o fim de prejudicar direito, criar obrigação ou alterar a verdade sobre fato juridicamente relevante.
Objeto jurídico	Tutela-se a fé pública.

Crime de falsidade ideológica	
Sujeito ativo	Qualquer um. Na forma majorada, contudo, o agente ativo deverá ser funcionário público.
Sujeito passivo	O Estado e quem for diretamente prejudicado pelo agente.
Elemento subjetivo	Admite-se somente a modalidade dolosa. Ademais, o agente deve possuir o especial fim de agir de prejudicar direito, criar obrigação ou alterar a verdade sobre fato juridicamente relevante.
Consumação	O delito se consuma quando o agente omite, em documento público ou particular, declaração que dele devia constar, ou nele insere ou faz inserir declaração falsa ou diversa da que devia ser escrita.
Tentativa	As modalidades comissivas admitem a tentativa.
Forma majorada	Nos termos do artigo 299, parágrafo único, se o agente é funcionário público, e comete o crime prevalecendo-se do cargo, ou se a falsificação ou alteração é de assentamento de registro civil, aumenta-se a pena de sexta parte.
Forma qualificada	Ainda que não se trate de forma qualificada, por ser o mesmo preceito secundário do artigo 299 do CP, a pena é de reclusão, de um a cinco anos, e multa, se o documento é público; e de um a três anos, e multa, se o documento é particular.
Jurisprudência relevante	Quando o falso se exaure no estelionato, sem mais potencialidade lesiva, é por este absorvido. (Súmula 17 do STJ).
Classificação	Trata-se de crime comum (exceto na forma majorada, quando será próprio com relação ao sujeito ativo), doloso, comissivo ou omissivo próprio, de forma livre, instantâneo, monossubjetivo, plurissubsistente e não transeunte.
Benefícios	A modalidade do *caput* admite a suspensão condicional do processo e o oferecimento de acordo de não persecução penal.
Ação penal	A ação penal é pública incondicionada.

3.5. Falso Reconhecimento de Firma ou Letra

O artigo 300 do Código Penal criminaliza o falso reconhecimento de firma ou letra, dispondo assim:

> *Art. 300 – Reconhecer, como verdadeira, no exercício de função pública, firma ou letra que o não seja:*
>
> *Pena – reclusão, de um a cinco anos, e multa, se o documento é público; e de um a três anos, e multa, se o documento é particular.*

O tipo penal de falso reconhecimento de firma ou letra é **funcional, ou seja, só pode ser praticado por quem está no exercício de função pública.** A função pública deve ser aquela que dá poderes ao agente para o reconhecimento da

PARTE ESPECIAL

veracidade ou autenticidade de firma ou letra, como o tabelião, o oficial de registro, os cônsules etc.

A conduta típica é reconhecer (atestar, admitir) como verdadeira firma ou letra que não o seja. Exige-se que o sujeito ativo esteja no exercício de função pública que lhe dê tal poder. Trata-se, portanto, de uma modalidade de falsidade ideológica praticada por funcionário público. Isso não impede que haja concurso de pessoas com particular, pois, nos termos do artigo 30 do Código Penal, a elementar se comunica aos demais agentes.

A sanção penal varia: se o documento for público, a pena será de reclusão, de um a cinco anos, e multa. Se o documento for particular, a pena será de reclusão, de uma a três anos, e multa.

É crime próprio, por exigir qualidade do sujeito ativo para sua configuração[9]. Prado, entretanto, entender ser delito de mão própria[10]. É **crime de forma livre**[11]. Entretanto, Nucci discorda, entendendo ser crime de forma vinculada, já que o agente poderia praticar apenas pelo meio previsto no tipo, que traria um procedimento específico[12].

O crime é doloso, não havendo exigência de elemento subjetivo especial do tipo. É plurissubsistente, por ser fracionável a sua conduta. Por isso, é punível o *conatus*.

QUADRO SINÓTICO

Crime de falso reconhecimento de firma ou letra	
Tipo penal	Reconhecer, como verdadeira, no exercício de função pública, firma ou letra que o não seja.
Objeto jurídico	Tutela-se a fé pública.
Sujeito ativo	Somente o funcionário público no exercício da função.
Sujeito passivo	O Estado e quem for diretamente prejudicado pelo agente.
Elemento subjetivo	É o dolo, sem exigência de elemento subjetivo especial.
Consumação	O delito se consuma quando o agente reconhece como verdadeira, no exercício de função pública, firma ou letra que o não seja.
Tentativa	Admite-se a tentativa.
Forma qualificada	Ainda que não se trate de forma qualificada, por ser o mesmo preceito secundário do artigo 300 do CP, a pena é de reclusão, de um a cinco anos, e multa, se o documento é público; e de um a três anos, e multa, se o documento é particular.

9. BITENCOURT, Cezar Roberto. Op. Cit., 2020, p. 666.
10. PRADO, Luiz Regis. Op. Cit., 2020, p. 1075.
11. BITENCOURT, Cezar Roberto. Op. Cit., 2020, p. 667.
12. NUCCI, Guilherme de Souza. Op. Cit., 2015, p. 1291.

Crime de falso reconhecimento de firma ou letra	
Classificação	Trata-se de delito próprio com relação ao sujeito ativo e comum com relação ao passivo, doloso, comissivo ou omissivo impróprio, de forma vinculada, instantâneo, monossubjetivo, plurissubsistente e não transeunte.
Benefícios	Admitem-se a suspensão condicional do processo e o oferecimento de acordo de não persecução penal.
Ação penal	A ação penal é pública incondicionada.

3.6. Certidão ou atestado ideologicamente falso

O artigo 301 do Código Penal prevê o crime de certidão ou atestado ideologicamente falso:

> *Art. 301 – Atestar ou certificar falsamente, em razão de função pública, fato ou circunstância que habilite alguém a obter cargo público, isenção de ônus ou de serviço de caráter público, ou qualquer outra vantagem:*
>
> *Pena – detenção, de dois meses a um ano.*

Atestar é afirmar ou provar oficialmente. **Certificar** é afirmar por escrito a veracidade. A conduta típica é atestar ou certificar falsamente fato ou circunstância que habilite alguém a obter cargo público, isenção de ônus ou de serviço de caráter público ou qualquer outra vantagem. Exige-se, ainda, que o agente atue **em razão de sua função pública**. É uma forma específica de falsidade ideológica, com a inserção de conteúdo falso em atestado ou certidão, com destinação de habilitação do cargo, isenção de ônus ou se serviço de serviço público ou qualquer outra vantagem.

Só pode praticar o crime o funcionário público, razão pela qual é classificado como próprio. É doloso, sem previsão de modalidade culposa. Cezar Bitencourt[13] entende indispensável o elemento subjetivo especial, que se traduz na vontade de obter vantagem. É crime de forma livre. Além disso, é plurissubsistente, já que sua conduta pode ser fracionada. Admite-se, então, a tentativa.

A doutrina diverge quanto à consumação do crime. Mirabete aponta que o crime se consuma no momento em que o agente pratica o verbo nuclear do tipo, no momento em que se encerra o atestado ou certidão. Hungria e Bitencourt seguem o mesmo raciocínio, apontando ser desnecessária a entrega ao destinatário[14]. Damásio diverge, considerando ser necessário que o documento ingresse no mundo jurídico, ou seja, entende que o crime se consuma quando o documento é entregue a terceiro[15].

13. BITENCOURT, Cezar Roberto. Tratado de direito penal, volume IV: parte especial. 4ª Ed. São Paulo: Saraiva, 2010, p. 465.
14. HUNGRIA, Nélson. Comentários ao Código Penal, vol. IX. Rio de Janeiro: Revista Forense, 1958, p. 293. BITENCOURT, Cezar Roberto. Op. Cit., 2020, p. 669.
15. JESUS, Damásio de. Direito penal, 4º volume: parte especial: Crimes contra a fé pública a crimes contra a administração pública. 17. ed. São Paulo: Saraiva, 2012, p. 105.

Falsidade material de atestado ou certidão

O parágrafo primeiro do artigo 301 prevê forma qualificada de praticar o delito:

> *§ 1º – Falsificar, no todo ou em parte, atestado ou certidão, ou alterar o teor de certidão ou de atestado verdadeiro, para prova de fato ou circunstância que habilite alguém a obter cargo público, isenção de ônus ou de serviço de caráter público, ou qualquer outra vantagem:*
>
> *Pena – detenção, de três meses a dois anos.*

Os núcleos do tipo são "**falsificar**" (adulterar, fazer passar por verdadeiro o que não é, fraudar) e "**alterar**" (modificar, transformar, produzir a mudança de).

Crime comum na figura de falsidade material de atestado ou certidão, podendo ser praticado por qualquer pessoa. Ou o agente falsifica o documento, criando um de forma ilegítima, ou ele adultera o documento verdadeiro, tornando-o ilegítimo. O documento deve ter a finalidade de provar fato ou circunstância que habilite alguém a obter cargo público, isenção de ônus ou de serviço de caráter público, ou qualquer outra vantagem. O preceito secundário traz a pena de detenção, de três meses a dois anos, com limites máximo e mínimo mais elevados do que a forma simples, do *caput*.

Crime mercenário

O artigo 301 do Código Penal, em seu parágrafo segundo, prevê a **modalidade mercenária do delito**, ou seja, a forma em que o crime é praticado com intuito de lucro:

> *§ 2º – Se o crime é praticado com o fim de lucro, aplica-se, além da pena privativa de liberdade, a de multa.*

Neste caso, além da pena privativa de liberdade, deve-se aplicar a pena de multa ao agente.

QUADRO SINÓTICO

Crime de certidão ou atestado ideologicamente falso	
Tipo penal	Atestar ou certificar falsamente, em razão de função pública, fato ou circunstância que habilite alguém a obter cargo público, isenção de ônus ou de serviço de caráter público, ou qualquer outra vantagem.
Objeto jurídico	Tutela-se a fé pública.
Sujeito ativo	Na modalidade do *caput* somente funcionário público pode ser agente ativo. Na modalidade do § 1º, qualquer um.
Sujeito passivo	O Estado e quem for diretamente prejudicado pelo agente.
Elemento subjetivo	Admite-se somente a modalidade dolosa. A modalidade do § 2º exige o especial fim de agir de se obter lucro.

Crime de certidão ou atestado ideologicamente falso	
Consumação	O delito se consuma quando o agente atesta ou certifica falsamente, em razão de função pública, fato ou circunstância que habilite alguém a obter cargo público, isenção de ônus ou de serviço de caráter público, ou qualquer outra vantagem. A efetiva obtenção de cargo público, isenção de ônus ou de serviço de caráter público, ou qualquer outra vantagem é mero exaurimento da conduta.
Tentativa	Admite-se a tentativa.
Forma qualificada	Nos termos do artigo 301, § 1º, do CP, é qualificada a conduta se o agente falsificar, no todo ou em parte, atestado ou certidão, ou alterar o teor de certidão ou de atestado verdadeiro, para prova de fato ou circunstância que habilite alguém a obter cargo público, isenção de ônus ou de serviço de caráter público, ou qualquer outra vantagem.
Classificação	A conduta tipificada no *caput* é própria com relação ao sujeito ativo. Já o crime do § 1º é comum. Ademais, é doloso, comissivo ou omissivo impróprio, de forma livre, instantâneo, monossubjetivo, plurissubsistente e não transeunte.
Benefícios	Tanto a forma do *caput* como a qualificada são de menor potencial ofensivo, de competência dos Juizados Especiais Criminais e admitem a transação, suspensão condicional do processo e acordo de não persecução penal.
Ação penal	A ação penal é pública incondicionada.
Observações	Nos termos do artigo 301, § 2º, do CP, se o crime é praticado com o fim de lucro, aplica-se, além da pena privativa de liberdade, a de multa.

3.7. Falsidade de atestado médico

O artigo 302 do Código Penal prevê o crime de falsidade de atestado médico, com os seguintes termos:

> *Art. 302 – Dar o médico, no exercício da sua profissão, atestado falso:*
>
> *Pena – detenção, de um mês a um ano.*
>
> *Parágrafo único – Se o crime é cometido com o fim de lucro, aplica-se também multa.*

A conduta incriminada é dar atestado médico falso. Dar atestado é entregar ou fornecer atestado falso, ou seja, documento médico com informações falsas. Pode-se concluir, assim, que é uma **modalidade especial do crime de falsidade ideológica**.

Só o médico, no exercício da sua profissão, pode cometer o crime, razão pela qual ele é próprio. É doloso, não exigindo elemento subjetivo especial do tipo, que, se for o de lucro, determina a cominação cumulativa da pena de multa.

É crime formal, independendo de resultado naturalístico para sua consumação. É possível o fracionamento da conduta, sendo plurissubsistente e admitindo o *conatus*.

Crime mercenário

O artigo 302 do Código Penal, em seu parágrafo segundo, prevê a **modalidade mercenária** do delito, ou seja, a forma em que o crime é praticado com intuito de lucro. Neste caso, havendo o elemento subjetivo especial do tipo, deve haver aplicação cumulativa da pena de multa.

QUADRO SINÓTICO

Crime de falsidade de atestado médico	
Tipo penal	Dar o médico, no exercício da sua profissão, atestado falso.
Objeto jurídico	Tutela-se a fé pública.
Sujeito ativo	Médico.
Sujeito passivo	O Estado e quem for diretamente prejudicado pelo agente.
Elemento subjetivo	Admite-se somente a modalidade dolosa.
Consumação	O delito se consuma quando o médico dá o atestado falso. Não é necessário que o paciente utilize o documento falso.
Tentativa	Admite-se a tentativa.
Classificação	Trata-se de crime próprio com relação ao sujeito ativo e comum com relação ao passivo, doloso, comissivo ou omissivo impróprio, de forma vinculada, instantâneo, monossubjetivo, plurissubsistente e não transeunte.
Benefícios	Trata-se de delito de menor potencial ofensivo, de competência dos Juizados Especiais Criminais e que admite a transação, suspensão condicional do processo e acordo de não persecução penal.
Ação penal	A ação penal é pública incondicionada.
Observações	Nos termos do artigo 302, parágrafo único, do CP, se o crime for cometido com o fim de lucro, aplica-se também multa.

3.8. Reprodução ou adulteração de selo ou peça filatélica

Dispõe sobre o crime de reprodução ou adulteração de selo ou peça filatélica o artigo 303 do Código Penal:

> *Art. 303 – Reproduzir ou alterar selo ou peça filatélica que tenha valor para coleção, salvo quando a reprodução ou a alteração está visivelmente anotada na face ou no verso do selo ou peça:*
>
> *Pena – detenção, de um a três anos, e multa.*
>
> *Parágrafo único – Na mesma pena incorre quem, para fins de comércio, faz uso do selo ou peça filatélica.*

O tipo penal foi **ab-rogado**, ou seja, sofreu revogação total pelo artigo 39 da Lei n. 6.538/1978:

> *Art. 39 – Reproduzir ou alterar selo ou peça filatélica de valor para coleção, salvo quando a reprodução ou a alteração estiver visivelmente anotada na face ou no verso do selo ou peça:*
>
> *Pena: detenção, até dois anos, e pagamento de três a dez dias-multa.*

Reproduzir é imitar ou repetir. **Alterar** é mudar, modificar. A conduta incriminada na legislação penal extravagante é reproduzir ou alterar selo ou peça filatélica de valor para coleção. A pena passou a ser de detenção até dois anos, sem estipulação de pena mínima, além do pagamento de 3 a 10 dias-multa.

Exclui-se o delito se a reprodução ou alteração estiver anotada, de forma visível, na face ou no verso do selo ou da peça filatélica.

Dentre os objetos materiais do crime, incluem-se: a) o selo, definido pela Lei nº 6.538/78 como estampilha postal, adesiva ou fixa, bem com a estampa produzida por meio de máquina de franquear correspondência, destinadas a comprovar o pagamento de prestação de um serviço postal; b) a peça filatélica, que seria tudo aquilo ligado ao ramo da filatelia além do selo, desde que seja objeto de coleção, com valor econômico.

O crime é comum, doloso, formal, de forma livre e plurissubsistente.

Forma equiparada

O parágrafo único do artigo 303 trazia a forma equiparada de cometer o crime, consistente no uso do selo ou peça filatélica reproduzidos ou falsificados **para o fim de comércio**. Exigia-se, portanto, elemento subjetivo especial do tipo, consistente no intuito de comércio.

Houve sua **revogação tácita** pelo artigo 39, parágrafo único, da Lei n. 6.538/1978, de seguinte teor:

> *Parágrafo único – Incorre nas mesmas penas, quem, para fins de comércio, faz uso de selo ou peça filatélica de valor para coleção, ilegalmente reproduzidos ou alterados.*

Portanto, o uso de selo ou peça reproduzidos ou alterados, para fins de comércio, continua sendo fato típico, sendo exigível, ainda, a finalidade comercial.

QUADRO SINÓTICO

Crime de reprodução ou adulteração de selo ou peça filatélica	
Tipo penal	Reproduzir ou alterar selo ou peça filatélica que tenha valor para coleção, salvo quando a reprodução ou a alteração está visivelmente anotada na face ou no verso do selo ou peça.
Objeto jurídico	Tutela-se a fé pública.
Sujeito ativo	Qualquer um.

PARTE ESPECIAL

Crime de reprodução ou adulteração de selo ou peça filatélica	
Sujeito passivo	O Estado e quem for diretamente prejudicado pelo agente.
Elemento subjetivo	Admite-se somente a modalidade dolosa.
Consumação	O delito se consuma quando o agente reproduz ou altera selo ou peça filatélica que tenha valor para coleção.
Tentativa	Admite-se a tentativa.
Classificação	Trata-se de crime comum, doloso, comissivo ou omissivo impróprio, de forma livre, instantâneo, monossubjetivo, plurissubsistente e não transeunte.
Benefícios	Admitem-se a suspensão condicional do processo e o oferecimento de acordo de não persecução penal.
Ação penal	A ação penal é pública incondicionada.
Observações	Nos termos do artigo 303, parágrafo único, do CP, na mesma pena incorre quem, para fins de comércio, faz uso do selo ou peça filatélica.

3.9. Uso de documento falso

O crime de uso de documento falso está previsto no artigo 304 do Código Penal:

> *Art. 304 – Fazer uso de qualquer dos papéis falsificados ou alterados, a que se referem os arts. 297 a 302:*
>
> *Pena – a cominada à falsificação ou à alteração.*

O uso de documento falso é classificado como **tipo remissivo**, pois faz remissão a outros tipos penais para a complementação do seu próprio tipo. A referência é feita aos artigos 297 a 302, que são alguns dos crimes previstos no Capítulo III do Título X (Da Falsidade Documental). São os crimes de falsificação de documento público, falsificação de documento particular (inclusive o de falsificação de cartão), de falsidade ideológica, de falso reconhecimento de firma ou letra, de certidão ou atestado ideologicamente falso (incluída a falsidade material de atestado ou certidão) e de falsidade de atestado médico.

O tipo penal tem como núcleo a conduta de **fazer uso**, que significa usar, utilizar. A conduta incriminada é fazer uso de qualquer dos papéis falsificados ou alterados referidos nos artigos 297 a 302 do Código Penal, que tratam dos crimes acima elencados. O delito se consuma com a efetiva utilização do documento, não exigindo que se produza nenhum efeito jurídico nem que o agente obtenha vantagem econômica. Por outro lado, não se configura o delito se o indivíduo porta o documento falso, mas não o usou nem participou de sua falsificação.

Por exemplo, se o motorista de uma transportadora for enviado ao seu destino com nota fiscal falsificada e, após ser parado por policiais, não apresenta o documento, temendo as consequências, não pratica o delito. Encontrado o documento em busca pelos agentes públicos, poderão ser responsabilizados todos os que concorreram para a sua falsificação. Não se configurou, entretanto, o delito de uso de documento falso.

Esse uso do documento falso não precisa ser espontâneo. Se a polícia pede os documentos em uma parada de fiscalização do trânsito e o agente efetivamente usa o documento falso, apresentando-o aos policiais, a conduta é típica, mesmo que eles já soubesse de antemão que o agente portava o documento contrafeito:

> *"É copiosa a jurisprudência que entende que o delito previsto no art. 304 do Código Penal consuma-se mesmo quando a carteira de habilitação falsificada é exibida ao policial por exigência deste, e não por iniciativa do agente" (STJ, AgRg no REsp n. 2.131.614/DF, Rel. Min. Ribeiro Dantas, Quinta Turma, julgado em 3/9/2024, DJe de 19/9/2024)*

Hungria advertia, com razão, que é necessário que se utilize o documento, ou seja, que o documento falso saísse da esfera pessoal do agente, iniciando uma relação qualquer com outra pessoa, com potencial de criar, extinguir ou modificar efeitos jurídicos. Não se configura, assim, se o agente ostenta títulos de crédito apenas para se vangloriar (*ad pompam*), sem o seu uso real e efetivo[16].

Tema relevante é o conflito aparente entre as normas extraídas dos artigos 299 e 304 do Código Penal, que tipificam a falsidade ideológica e o uso de documento falso, respectivamente. O STJ vinha entendendo que, se o agente comete a falsificação do documento e depois o utiliza, deveria responder apenas pelo *falsum*, com a absorção ou consunção do delito de uso de documento falso, do artigo 304[17]. Assim, se o indivíduo falsificasse materialmente um documento de identificação e, após, utilizasse o mesmo documento, seria uma nova violação ao mesmo bem jurídico. Nelson Hungria também defendia a sua absorção[18].

De forma acertada, a Sexta Turma, por maioria, reviu esse posicionamento, indicando que a falsidade ideológica (crime-meio) deve ser absorvida pelo uso (crime-fim), e não o contrário, destacando, por exemplo, que a falsidade pode corresponder a um delito já prescrito. Assim, a sua utilização, mesmo que por várias vezes, configurariam crimes que seriam absorvidos pela falsificação anterior. Por isso, o correto é considerar que a falsidade ideológica é absorvida pelo crime do artigo 304:

> *"Considerar a absorção do uso do documento falso pela falsidade ideológica significa conferir prevalência ao crime-meio sobre o crime-fim, o que é, data venia, conceitualmente inadequado, além de conduzir a situações de manifesta perplexidade, como o reconhecimento da prescrição todas as vezes que um documento falso é utilizado*

16. HUNGRIA, Nélson. Comentários ao Código Penal, vol. IX. Rio de Janeiro: Revista Forense, 1958, p. 297-298.
17. Julgado específico sobre falsidade ideológica e uso de documento falso: HC n. 10.447/MG, relator Ministro Vicente Leal, Sexta Turma, julgado em 28/5/2002, DJ de 1/7/2002, p. 394; julgado sobre falsificação de documento público ou particular e uso de documento falso: STJ, AgRg no RHC n. 112.730/SP, Rel. Min. Ribeiro Dantas, Quinta Turma, julgado em 3/3/2020, DJe de 10/3/2020.
18. HUNGRIA, Nélson. Comentários ao Código Penal, vol. IX. Rio de Janeiro: Revista Forense, 1958, p. 291 e 299.

após o decurso de alguns anos de sua confecção, a depender do caso. Nesse contexto, fica mantida a aplicação do princípio da consunção, mediante o reconhecimento de que o crime-meio - falsidade ideológica - exauriu a sua potencialidade lesiva no crime-fim - uso desse documento falso -, e não o contrário." (STJ, AgRg no AgRg no AREsp n. 2.077.019/RJ, Rel. p/ acórdão Min. Reynaldo Soares da Fonseca, Quinta Turma, j. 19/3/2024, DJe 5/4/2024).

No caso de uso de documento falso para prática de descaminho, a jurisprudência do STJ está consolidade no sentido da absorção do primeiro delito se o seu potencial lesivo se exaurir no crime contra a Administração Pública. Assim, se o sujeito falsifica uma nota fiscal para importar mercadorias sem o pagamento dos tributos devidos por sua entrada no território nacional, esse uso de documento falso foi crime-meio para a prática do descaminho. Essa nota fiscal falsificada, com data específica, serviu apenas para esse delito, sem potencial de ser utilizada para outras infrações penais. Por isso, o uso desse documento falso deve ser absorvido, conforme a jurisprudência do Tribunal Superior, mesmo que a sua pena seja mais elevada do que a do descaminho:

"Delimitada a tese jurídica para os fins do art. 543-C do CPC, nos seguintes termos: Quando o falso se exaure no descaminho, sem mais potencialidade lesiva, é por este absorvido, como crime-fim, condição que não se altera por ser menor a pena a este cominada" (STJ REsp n. 1.378.053/PR, Rel. Min. Nefi Cordeiro, Terceira Seção, julgado em 10/8/2016, DJe de 15/8/2016)

Cuida-se de crime comum, podendo ser praticado por qualquer pessoa. É crime doloso, não havendo previsão de modalidade culposa. Também não há necessidade de elemento subjetivo especial do tipo. É crime formal, consumando-se independentemente de qualquer resultado naturalístico. Constitui um crime de forma livre. Não se admite a tentativa do delito, por se tratar de crime unissubsistente. No entanto, existe posição minoritária que admite a tentativa[19].

Para a configuração do delito, o Superior Tribunal de Justiça tem decidido que o documento usado deve ter *imitatio veri*, isto é, ter potencial para enganar, como também defende a doutrina majoritária:

*"(...) II – Com efeito, a doutrina e a jurisprudência majoritariamente, entendem que para a configuração do tipo penal de uso de documento falso, **a falsificação deve ser apta para iludir, enganar, ludibriar**. (...)" (STJ, HC 384567/SP, Rel. p/ acórdão Min. Felix Fischer, Quinta Turma, DJe 15/10/2018).*

19. Não admitem a tentativa: HUNGRIA, Nélson. Op. Cit., 1958, p. 298; NORONHA, Edgard Magalhães. Op. Cit., 1978, p. 166; PRADO, Luiz Regis. Op. Cit., 2020, p. 1093; AZEVEDO, André Mauro Lacerda. Op. Cit., 2023, p. 842; CUNHA, Rogério Sanches. Op. Cit., 2020, p. 810. Admitem a tentativa: BITENCOURT, Cezar Roberto. Op. Cit., 2020, p. 677; MASSON, Cleber. Op. Cit., 2019, p. 493. ALVES, Jamil Chaim. Op. Cit., 2021, p. 1471. Entendendo que é possível a tentativa quando o delito for praticado por vários atos que integram a conduta, apesar de difícil a sua configuração: NUCCI, Guilherme de Souza. Op. Cit., 2015, p. 1260.

O Supremo Tribunal Federal entende não ser necessário o exame pericial no documento falso, se houver elementos nos autos que demonstrem que o agente fez uso de tal documento, bem como que permitam a conclusão sobre sua falsidade:

> *"(...) I – **Este Tribunal já assentou o entendimento de que, para a caracterização do delito de uso de documento falso, previsto no art. 304 do Código Penal, é despiciendo o exame pericial no documento utilizado pelo agente**, se os demais elementos de prova contidos dos autos evidenciarem a sua falsidade. Precedentes. II – No caso sob exame, o próprio paciente confessou que adquiriu os documentos falsos na Praça da Sé, em São Paulo, circunstância que foi corroborada pela prova testemunhal produzida em juízo. III – **Ambas as Turmas desta Corte já se pronunciaram no sentido de que comete o delito tipificado no art. 307 do Código Penal aquele que, conduzido perante a autoridade policial, atribui a si falsa identidade com o intuito de ocultar seus antecedentes, entendimento que foi reafirmado pelo Plenário Virtual, ao apreciar o RE 640.139/DF, Rel. Min. Dias Toffoli. IV – Habeas corpus denegado.**" (STF, HC 112176/MS, Rel. Min. Ricardo Lewandowski, Segunda Turma, Julgamento: 14/08/12)*

No mesmo sentido, o STJ já decidiu que o crime de uso de documento falso não depende exclusivamente de prova pericial, podendo ser demonstrado por outros meios de prova:

> *"(...) 2. Em relação ao crime previsto no art. 304, do CP, este Superior Tribunal de Justiça possui entendimento jurisprudencial no sentido de que, embora ausente laudo pericial atestando a falsidade documental, **o delito tipificado no mencionado dispositivo pode ser comprovado por outros elementos probatórios existentes nos autos**. Precedentes. (...)" (STJ, REsp 1688535/MG, Rel. Min. Jorge Mussi, Quinta Turma, DJe 31/08/2018).*

A Suprema Corte também já afastou a alegação de atipicidade da conduta no caso de uso de documento falso com **a finalidade de ocultar a situação irregular no país**, por não ser tal fato abrangido pelo exercício da autodefesa:

> "HABEAS CORPUS. *PENAL. USO DE DOCUMENTO FALSO. 1. ALEGADA ATIPICIDADE DA CONDUTA DE USO DESSE DOCUMENTO COM A FINALIDADE DE OCULTAR SITUAÇÃO IRREGULAR NO PAÍS. NÃO HÁ FALAR EM EXERCÍCIO DA AUTODEFESA. 2. CONDENAÇÃO POR TRÁFICO INTERNACIONAL DE ENTORPECENTE EM RAZÃO DE FATO AUTÔNOMO DAQUELES QUE ENSEJARAM A CONDENAÇÃO PELO USO DE DOCUMENTO FALSO. INEXISTÊNCIA DE* BIS IN IDEM. *IMPOSSIBILIDADE DE REEXAME DE PROVA EM* HABEAS CORPUS. *3. REITERAÇÃO DELITIVA CONSIDERADA NA PRIMEIRA E NA TERCEIRA FASE DA DOSIMETRIA DA PENA.* BIS IN IDEM *CARACTERIZADO. 1.* ***Alegação de atipicidade da conduta imputada ao Paciente. Uso de documento falso com a finalidade de ocultar situação irregular no país, que não caracteriza o exercício da autodefesa.*** *(...)" (STF, HC 111706/SP, Rel. Min. Carmen Lúcia, Segunda Turma, Julgamento: 04/02/2012).*

O STJ, no enunciado 546 da sua Súmula, já decidiu que a competência para julgar o crime de uso de documento falso é definida em virtude da autoridade, entidade ou órgão ao qual foi apresentado. Assim, conclui-se que o uso de documento falso perante a Justiça do Trabalho torna competente a Justiça Federal, enquanto a apresentação de documento falso para a Secretaria Municipal de Saúde configura crime estadual:

> *A **competência** para processar e julgar o crime de uso de documento falso é firmada em razão da **entidade ou órgão ao qual foi apresentado o documento público**, não importando a qualificação do órgão expedidor.*

Ademais, o STJ firmou o entendimento, em sua Súmula 200, de que é competente o Juízo Federal do local em que se consumou o crime de uso de documento falso, consistente em passaporte:

> *O Juízo Federal competente para processar e julgar acusado de crime de uso de passaporte falso é o do lugar onde o delito se consumou.*

O STJ também considera ser o crime formal, independendo de resultado naturalístico para a sua consumação:

> *Ademais "é pacífico o entendimento neste Superior Tribunal de Justiça de que, tratando-se de crime formal, o delito tipificado no artigo 304 do Código Penal consuma-se com a utilização ou apresentação do documento falso, não se exigindo a demonstração de efetivo prejuízo à fé pública nem a terceiros" (AgInt no AREsp 1229949/RN, Rel. Min. Maria Thereza de Assis Moura, Sexta Turma, julgado em 06/03/2018, DJe 14/03/2018). (STJ, AgRg no AREsp 656601/SC, Rel. Min. Ribeiro Dantas, Quinta Turma, DJe 31/10/2018).*

QUADRO SINÓTICO

Crime de uso de documento falso	
Tipo penal	Fazer uso de qualquer dos papéis falsificados ou alterados, a que se referem os arts. 297 a 302.
Objeto jurídico	Tutela-se a fé pública.
Sujeito ativo	Qualquer um.
Sujeito passivo	O Estado e quem for diretamente prejudicado pelo agente.
Elemento subjetivo	Admite-se somente a modalidade dolosa.
Consumação	O delito se consuma quando o agente faz uso de qualquer dos papéis falsificados ou alterados, a que se referem os arts. 297 a 302.
Tentativa	Não se admite a tentativa, conforme entendimento majoritário.
Jurisprudência relevante	Quando o falso se exaure no estelionato, sem mais potencialidade lesiva, é por este absorvido (Súmula 17 do STJ). Compete à Justiça Estadual o processo e julgamento dos crimes de falsificação e uso de documento falso relativo a estabelecimento particular de ensino (Súmula 104 do STJ).

Crime de uso de documento falso	
Classificação	Trata-se de crime comum, doloso, comissivo ou omissivo impróprio, de forma livre, instantâneo, monossubjetivo, plurissubsistente ou unissubsistente e não transeunte.
Benefícios	A pena cominada a este delito é a correspondente à falsificação. Assim a possibilidade de oferecimento de benefícios resta condicionada à modalidade de falsificação em questão.
Ação penal	A ação penal é pública incondicionada.

3.10. Supressão de documento

O crime de supressão de documento está previsto no artigo 305 do Código Penal, com os termos abaixo:

> *Art. 305 – Destruir, suprimir ou ocultar, em benefício próprio ou de outrem, ou em prejuízo alheio, documento público ou particular verdadeiro, de que não podia dispor:*
> *Pena – reclusão, de dois a seis anos, e multa, se o documento é público, e reclusão, de um a cinco anos, e multa, se o documento é particular.*

São núcleos do tipo: "**destruir**" (demolir, desmanchar, devastar), "**suprimir**" (extinguir, retirar) e "**ocultar**" (encobrir, esconder, sonegar). A conduta típica é destruir, suprimir ou ocultar documento público ou particular verdadeiro, de que não podia dispor.

O elemento subjetivo é dolo, exigindo-se, ainda, o **elemento subjetivo especial do tipo** consistente em agir em benefício próprio ou de outrem ou em prejuízo alheio. O agente não pode ter a disponibilidade do documento, caso contrário o fato será atípico.

O crime é comum, podendo ser praticado por qualquer pessoa. É formal, não dependendo de resultado naturalístico para sua consumação. É instantâneo de efeitos permanentes. Por fim, admite a tentativa por ser plurissubsistente.

QUADRO SINÓTICO

Crime de supressão de documento	
Tipo penal	Destruir, suprimir ou ocultar, em benefício próprio ou de outrem, ou em prejuízo alheio, documento público ou particular verdadeiro, de que não podia dispor.
Objeto jurídico	Tutela-se a fé pública.
Sujeito ativo	Qualquer um.
Sujeito passivo	O Estado e quem for diretamente prejudicado pelo agente.

Crime de supressão de documento	
Elemento subjetivo	Admite-se somente a modalidade dolosa.
Consumação	O delito se consuma quando o agente destrói, suprime ou oculta documento público ou particular verdadeiro, de que não podia dispor. A obtenção do benefício é mero exaurimento da conduta.
Tentativa	Admite-se a tentativa.
Forma qualificada	Ainda que não se trate de forma qualificada, por ser o mesmo preceito secundário do artigo 305 do CP, a pena é de reclusão, de dois a seis anos, e multa, se o documento é público; e de um a cinco anos, e multa, se o documento é particular.
Classificação	Trata-se de delito comum, doloso, comissivo ou omissivo impróprio, de forma livre, instantâneo (destruir e suprimir) ou permanente (ocultar), monossubjetivo, plurissubsistente e não transeunte.
Benefícios	Se o documento for público, admite-se o oferecimento de acordo de não persecução penal. Se for privado, admitem-se suspensão condicional do processo e acordo de não persecução penal.
Ação penal	A ação penal é pública incondicionada.

4. DE OUTRAS FALSIDADES

O Capítulo IV do Título X do Código Penal trata dos crimes reunidos sob a denominação "De Outras Falsidades", que são o de falsificação do sinal empregado no contraste de metal precioso ou na fiscalização alfandegária, ou para outros fins; de falsa identidade; de fraude sobre lei sobre estrangeiro e de adulteração de sinal identificador de veículo automotor.

4.1. Falsificação do sinal empregado no contraste de metal precioso ou na fiscalização alfandegária, ou para outros fins

O artigo 306 do Código Penal torna crime a falsificação de sinal empregado no contraste de metal precioso ou na fiscalização alfandegária ou para outros fins:

> *Art. 306 – Falsificar, fabricando-o ou alterando-o, marca ou sinal empregado pelo poder público no contraste de metal precioso ou na fiscalização alfandegária, ou usar marca ou sinal dessa natureza, falsificado por outrem:*
>
> *Pena – reclusão, de dois a seis anos, e multa.*
>
> *Parágrafo único – Se a marca ou sinal falsificado é o que usa a autoridade pública para o fim de fiscalização sanitária, ou para autenticar ou encerrar determinados objetos, ou comprovar o cumprimento de formalidade legal:*
>
> *Pena – reclusão ou detenção, de um a três anos, e multa.*

Os núcleos do tipo são falsificar (adulterar, fazer passar por verdadeiro o que não é, fraudar) e usar (utilizar, fazer uso de). As condutas incriminadas são:

- falsificar, fabricando ou alterando, marca ou sinal empregado pelo poder público no contraste de metal precioso ou na fiscalização alfandegária, ou
- usar marca ou sinal dessa natureza, falsificado por outrem.

A ação nuclear de falsificar pode ser praticada de uma das duas formas:

- **Fabricando**: manufaturando, produzindo a partir de matérias-primas, fazendo a cunhagem de.
- **Alterando**: modificando, transformando, produzindo a mudança de.

O crime é comum, podendo ser praticado por qualquer pessoa. É formal, não dependendo de resultado naturalístico para sua consumação.

É doloso, sendo desnecessária qualquer finalidade específica por parte do agente para sua configuração. É plurissubsistente, salvo na modalidade "usar", a qual não admite a tentativa.

Forma privilegiada

O parágrafo único do artigo 306 prevê uma **modalidade privilegiada** do delito, em que a pena passa a ser de **reclusão ou detenção**, de um a três anos, e multa. Incide essa modalidade se a marca ou sinal falsificado for o que usa a autoridade pública para o fim de fiscalização sanitária, ou para autenticar ou encerrar determinados objetos, ou comprovar o cumprimento de formalidade legal.

QUADRO SINÓTICO

Crime de falsificação do sinal empregado no contraste de metal precioso ou na fiscalização alfandegária, ou para outros fins	
Tipo penal	Falsificar, fabricando-o ou alterando-o, marca ou sinal empregado pelo poder público no contraste de metal precioso ou na fiscalização alfandegária, ou usar marca ou sinal dessa natureza, falsificado por outrem.
Objeto jurídico	Tutela-se a fé pública.
Sujeito ativo	Qualquer um.
Sujeito passivo	O Estado e quem for diretamente prejudicado pelo agente.
Elemento subjetivo	Admite-se somente a modalidade dolosa.
Consumação	O delito se consuma quando o agente falsifica marca ou sinal empregado pelo poder público no contraste de metal precioso ou na fiscalização alfandegária, ou usa marca ou sinal dessa natureza, falsificado por outrem.
Tentativa	Admite-se a tentativa.

Crime de falsificação do sinal empregado no contraste de metal precioso ou na fiscalização alfandegária, ou para outros fins	
Classificação	Trata-se de delito comum, doloso, comissivo ou omissivo impróprio, de forma livre, instantâneo, monossubjetivo, plurissubsistente (modalidade usar marca ou sinal é unissubsistente) e não transeunte.
Benefícios	A modalidade do *caput* admite o oferecimento de acordo de não persecução penal. A modalidade privilegiada do artigo 306, parágrafo único, do CP admite a suspensão condicional do processo e o oferecimento de acordo de não persecução penal.
Ação penal	A ação penal é pública incondicionada.
Observações	Nos termos do artigo 306, parágrafo único do CP há uma modalidade privilegiada de cometimento do delito ora analisado: se a marca ou sinal falsificado é o que usa a autoridade pública para o fim de fiscalização sanitária, ou para autenticar ou encerrar determinados objetos ou comprovar o cumprimento de formalidade legal.

4.2. Falsa identidade

O crime de falsa identidade tem como seus preceitos primário e secundário os seguintes:

> *Art. 307 – Atribuir-se ou atribuir a terceiro falsa identidade para obter vantagem, em proveito próprio ou alheio, ou para causar dano a outrem:*
>
> *Pena – detenção, de três meses a um ano, ou multa, se o fato não constitui elemento de crime mais grave.*

Atribuir é imputar. A conduta incriminada é atribuir-se ou atribuir a terceiro falsa identidade para obter vantagem, em proveito próprio ou alheio, ou para causar dano a outrem. Exige-se, portanto, o elemento subjetivo especial, que é a finalidade do agente de obter vantagem, para si ou para outrem, ou de causar dano a outra pessoa.

O crime é comum, não exigindo qualidade específica do sujeito ativo. É formal, não exigindo a ocorrência do resultado naturalístico para sua consumação. Cuida-se de delito de forma livre.

É subsidiário, pois há indicação expressa de que só se configura se não for elemento de crime mais grave. É plurissubsistente, admitindo a tentativa, salvo na forma oral.

Depois de controvérsia na jurisprudência, o Superior Tribunal de Justiça pacificou o entendimento de que a atribuição de falsa identidade perante a autoridade policial configura o crime do artigo 307 do Código Penal, não estando abrangida pelo exercício regular do direito de defesa. Tal entendimento está consagrado no enunciado 522:

> *A conduta de atribuir-se falsa identidade perante autoridade policial é típica, ainda que em situação de alegada autodefesa.*

O Supremo Tribunal Federal possui precedente no mesmo sentido:

> *"CONSTITUCIONAL. PENAL. CRIME DE FALSA IDENTIDADE. ARTIGO 307 DO CÓDIGO PENAL. ATRIBUIÇÃO DE FALSA INDENTIDADE PERANTE AUTORIDADE POLICIAL. ALEGAÇÃO DE AUTODEFESA. ARTIGO 5º, INCISO LXIII, DA CONSTITUIÇÃO. MATÉRIA COM REPERCUSSÃO GERAL. CONFIRMAÇÃO DA JURISPRUDÊNCIA DA CORTE NO SENTIDO DA IMPOSSIBILIDADE. TIPICIDADE DA CONDUTA CONFIGURADA.* ***O princípio constitucional da autodefesa (art. 5º, inciso LXIII, da CF/88) não alcança aquele que atribui falsa identidade perante autoridade policial com o intento de ocultar maus antecedentes****, sendo, portanto, típica a conduta praticada pelo agente (art. 307 do CP). O tema possui densidade constitucional e extrapola os limites subjetivos das partes. (STF, RE 640139 RG/DF, Rel. Min. Dias Toffoli, Tribunal Pleno, Julgamento 22/09/2011).*

O crime de falsa identidade se configura quando o agente busca se passar por outra pessoa **sem apresentação de um documento**. Quando o agente se apresenta, com identidade diversa da sua, utilizando-se de documento falso, o crime será o do artigo 304 do CP. Neste sentido:

Vejamos o crime que configura cada conduta em situações parecidas, envolvendo identificação do agente:

Conduta	Tipificação
O agente se passa por outra pessoa sem apresentação de documento.	Falsa identidade
O agente se passa por outra pessoa com apresentação de documento falso.	Uso de documento falso
O agente se passa por outra pessoa usando o documento de identificação alheio.	Artigo 308 (uso de documento de identidade alheio)

QUADRO SINÓTICO

Crime de falsa identidade	
Tipo penal	Atribuir-se ou atribuir a terceiro falsa identidade para obter vantagem, em proveito próprio ou alheio, ou para causar dano a outrem.
Objeto jurídico	Tutela-se a fé pública.
Sujeito ativo	Qualquer um.
Sujeito passivo	O Estado e quem for diretamente prejudicado pelo agente.
Elemento subjetivo	Admite-se somente a modalidade dolosa. Ademais, o agente deve ter o especial fim de agir de obter vantagem, em proveito próprio ou alheio, ou de causar dano a outrem.
Consumação	O delito se consuma quando o agente atribui para si ou para terceiro falsa identidade. A obtenção da vantagem ou causação do prejuízo são exaurimentos do crime.
Tentativa	Se, no caso concreto, for possível fracionar o *iter criminis*, admitir-se-á a tentativa.

PARTE ESPECIAL

Crime de falsa identidade	
Jurisprudência relevante	A conduta de atribuir-se falsa identidade perante autoridade policial é típica, ainda que em situação de alegada autodefesa (Súmula 522 do STJ).
Classificação	Trata-se de delito comum, doloso, comissivo ou omissivo impróprio, de forma livre, instantâneo, monossubjetivo, unissubsistente e transeunte.
Benefícios	Trata-se de delito de menor potencial ofensivo, de competência dos Juizados Especiais Criminais e que admite a transação, suspensão condicional do processo e acordo de não persecução penal.
Ação penal	A ação penal é pública incondicionada.

4.3. Uso de documento de identidade alheio

Prevê o artigo 308 do Código Penal a criminalização do uso de documento de identidade alheio:

> *Art. 308 – Usar, como próprio, passaporte, título de eleitor, caderneta de reservista ou qualquer documento de identidade alheia ou ceder a outrem, para que dele se utilize, documento dessa natureza, próprio ou de terceiro:*
>
> *Pena – detenção, de quatro meses a dois anos, e multa, se o fato não constitui elemento de crime mais grave.*

Usar é utilizar, fazer uso de. Ceder é dar, transferir a posse a alguém. As condutas incriminadas são:

- **Usar**, como próprio, passaporte, título de eleitor, caderneta de reservista ou qualquer documento de identidade alheia; **ou**
- **ceder a outrem**, para que dele se utilize, documento dessa natureza, próprio ou de terceiro.

Não há *nomen iuris* para este delito, sendo que a denominação aqui utilizada é doutrinária. O crime é comum, podendo ser praticado por qualquer pessoa. É formal, consumando-se independentemente de resultado naturalístico. É instantâneo, consumando-se em um dado instante determinado no tempo.

Se um indivíduo usa a cédula de identidade do seu irmão gêmeo, responderá por este delito, por estar usando, como próprio, documento de identidade alheio. Pode ser, por exemplo, que tenha antecedentes ou um mandado de prisão em aberto e usa o documento do seu irmão para fugir da ação das autoridades.

Vale lembrar que esta conduta pode ser um meio para a prática de outro delito, quando então poderá se configurar crime mais grave. Essa modalidade é especial em relação ao crime de falsa identidade, previsto no artigo 307 do Código Penal: caso o agente se identifique falsamente, apresentando documento de alguém com aparência física parecida, responderá pelo crime do artigo 308 do Código Penal. Caso se limite a dar nome falso como seu, deve incorrer nas penas do artigo 307 do Código.

É de forma livre e doloso. É expressamente subsidiário, como prevê o preceito secundário da norma incriminadora ("se o fato não constitui elemento de crime mais grave"). É plurissubsistente na modalidade "ceder", admitindo, neste caso, a tentativa. Na forma de "usar", a doutrina majoritária o considera unissubsistente, não sendo possível o fracionamento da conduta e, por consequência, não se reconhecimento a modalidade tentada.

QUADRO SINÓTICO

Crime de uso de documento de identidade alheio	
Tipo penal	Usar, como próprio, passaporte, título de eleitor, caderneta de reservista ou qualquer documento de identidade alheia ou ceder a outrem, para que dele se utilize, documento dessa natureza, próprio ou de terceiros.
Objeto jurídico	Tutela-se a fé pública.
Sujeito ativo	Qualquer um.
Sujeito passivo	O Estado e quem for diretamente prejudicado pelo agente.
Elemento subjetivo	Admite-se somente a modalidade dolosa.
Consumação	O delito se consuma quando o agente utiliza, como próprio, passaporte, título de eleitor, caderneta de reservista ou qualquer documento de identidade alheia ou quando ele cede a outrem, para que dele se utilize, documento dessa natureza, próprio ou de terceiros.
Tentativa	Se, no caso concreto, for possível fracionar o *iter criminis*, admitir-se-á a tentativa.
Classificação	Trata-se de delito comum, doloso, comissivo ou omissivo impróprio, de forma livre, instantâneo, monossubjetivo, plurissubsistente ou unissubsistente, expressamente subsidiário e transeunte.
Benefícios	Trata-se de delito de menor potencial ofensivo, de competência dos Juizados Especiais Criminais e que admite a transação, suspensão condicional do processo e acordo de não persecução penal.
Ação penal	A ação penal é pública incondicionada.

4.4. Fraude de lei sobre estrangeiro

O artigo 309 do Código Penal prevê o delito de fraude de lei sobre estrangeiro:

> *Art. 309 – Usar o estrangeiro, para entrar ou permanecer no território nacional, nome que não é o seu:*
>
> *Pena – detenção, de um a três anos, e multa.*
>
> *Parágrafo único – Atribuir a estrangeiro falsa qualidade para promover-lhe a entrada em território nacional:*
>
> *Pena – reclusão, de um a quatro anos, e multa.*

No ***caput***, tipifica-se a conduta do estrangeiro de usar, para entrar ou permanecer no território nacional, nome que não é seu. Cuida-se de uma forma de atribuição de falsa identidade que somente pode ser cometida pelo estrangeiro, devendo ele ter a finalidade de entrar ou permanecer no território nacional. A pena é de detenção, de um a três anos, e multa.

Nesta forma, o crime é **próprio**, pois só pode praticá-lo o estrangeiro. Nesta modalidade, não se admite a tentativa, pois a ação nuclear não pode ser fracionada. É doloso e formal. Exige-se, além do dolo, elemento subjetivo especial do tipo, consistente na finalidade de entrar ou permanecer no território nacional. O efetivo ingresso ou permanência, contudo, é prescindível para a sua consumação.

No **parágrafo único**, prevê-se outra modalidade delitiva, cujo núcleo do tipo é atribuir (imputar). Tipifica-se a ação de atribuir a um estrangeiro falsa qualidade com o fim de promover sua entrada em território nacional. Há, também, elemento subjetivo especial. Ademais, tal modalidade é classificada como comum, por não exigir nenhuma qualidade específica do sujeito ativo.

O crime é doloso na figura delitiva do parágrafo único, sem previsão de modalidade culposa. O crime é, ainda, doloso e formal. Há divergência sobre a possibilidade de tentativa. A pena é diferente daquela prevista no *caput*, por prever limite máximo mais elevado, com sanção de um a quatro anos, e por cominar reclusão, no lugar da detenção.

QUADRO SINÓTICO

Crime de fraude de lei sobre estrangeiro	
Tipo penal	Usar o estrangeiro, para entrar ou permanecer no território nacional, nome que não é o seu.
Objeto jurídico	Tutela-se a fé pública.
Sujeito ativo	Na modalidade do *caput* somente o estrangeiro pode ser sujeito ativo. A seu turno, na modalidade qualificada, qualquer um poderá ser.
Sujeito passivo	O Estado.
Elemento subjetivo	Admite-se somente a modalidade dolosa.
Consumação	O delito se consuma quando o agente usa nome que não é o seu. Sua permanência no território nacional não é relevante para a aferição da consumação. Na forma qualificada, a consumação ocorre quando o agente atribui a estrangeiro falsa qualidade. O ingresso dele em território nacional não é relevante para a aferição da consumação.
Tentativa	Se, no caso concreto, for possível fracionar o *iter criminis*, admitir-se-á a tentativa.
Forma qualificada	Nos termos do artigo 309, parágrafo único, a conduta é qualificada quando o agente atribuir a estrangeiro falsa qualidade para promover-lhe a entrada em território nacional.

Crime de fraude de lei sobre estrangeiro	
Classificação	Trata-se de crime próprio na forma do *caput* e comum na forma qualificada. Ademais, é doloso, comissivo ou omissivo impróprio, de forma vinculada, instantâneo, monossubjetivo, plurissubsistente ou unissubsistente e transeunte.
Benefícios	Tanto a forma do *caput* como a qualificada admitem a suspensão condicional do processo e o oferecimento de acordo de não persecução penal.
Ação penal	A ação penal é pública incondicionada.

4.5. Fraude de lei sobre propriedade por estrangeiro

O crime de fraude de lei sobre propriedade por estrangeiro está previsto no artigo 310 do Código Penal:

> *Art. 310 – Prestar-se a figurar como proprietário ou possuidor de ação, título ou valor pertencente a estrangeiro, nos casos em que a este é vedada por lei a propriedade ou a posse de tais bens:*
>
> *Pena – detenção, de seis meses a três anos, e multa.*

Prestar-se a figurar como proprietário ou possuidor de ação, título ou valor pertencente a estrangeiro é atuar falsamente, é agir como "laranja" ou "testa de ferro". Configura-se o crime se a conduta for praticada nos casos em que é vedada por lei ao estrangeiro a posse ou a propriedade de referidos bens, o que leva a concluir que o artigo 310 do CP é **norma penal em branco**.

Parte substancial da doutrina entende que o crime é próprio, pois só pode praticá-lo o detentor da nacionalidade brasileira. É crime de forma livre. Seu elemento subjetivo é o dolo, sem previsão de finalidade específica do agente para sua configuração. É crime instantâneo. Classifica-se como plurissubsistente, por ser fracionável a conduta e admitir a tentativa. É formal, não exigindo elemento subjetivo especial do tipo para sua configuração.

QUADRO SINÓTICO

Crime de fraude de lei sobre estrangeiro	
Tipo penal	Prestar-se a figurar como proprietário ou possuidor de ação, título ou valor pertencente a estrangeiro, nos casos em que a este é vedada por lei a propriedade ou a posse de tais bens.
Objeto jurídico	Tutela-se a fé pública.
Sujeito ativo	Qualquer um, desde que possua a nacionalidade brasileira.
Sujeito passivo	O Estado.
Elemento subjetivo	Admite-se somente a modalidade dolosa.

Crime de fraude de lei sobre estrangeiro	
Consumação	O delito se consuma quando o agente passa a figurar no lugar do possuidor ou proprietário.
Tentativa	Admite-se a tentativa.
Classificação	Trata-se de crime comum, doloso, comissivo ou omissivo impróprio, de forma livre, instantâneo, monossubjetivo, plurissubsistente e transeunte.
Benefícios	Admitem-se a suspensão condicional do processo e o oferecimento de acordo de não persecução penal.
Ação penal	A ação penal é pública incondicionada.

4.6. Adulteração de sinal de veículo automotor

O crime de adulteração de sinal de veículo automotor está tipificado no artigo 311 do Código Penal. Após várias decisões do STJ a respeito de condutas não abrangidas pelo tipo penal, como as que envolviam adulteração de placas de reboque ou semirreboque, o Congresso Nacional decidiu alterar o conteúdo da incriminação, o que foi realizado por meio da Lei n. 14.562, de 26 de abril de 2023. Considerando que a ampliação da incriminação somente produz efeitos após o início de vigência dessa lei, é importante se atentar para as mudanças realizadas:

Redação anterior	Redação atual
Art. 311 - Adulterar ou remarcar número de chassi ou qualquer sinal identificador de veículo automotor, de seu componente ou equipamento: Pena - reclusão, de três a seis anos, e multa. § 1º - Se o agente comete o crime no exercício da função pública ou em razão dela, a pena é aumentada de um terço. § 2º - Incorre nas mesmas penas o funcionário público que contribui para o licenciamento ou registro do veículo remarcado ou adulterado, fornecendo indevidamente material ou informação oficial.	Art. 311. Adulterar, remarcar ou **suprimir** número de chassi, **monobloco, motor, placa de identificação**, ou qualquer sinal identificador de veículo automotor, **elétrico, híbrido, de reboque, de semirreboque ou de suas combinações**, bem como de seus componentes ou equipamentos, **sem autorização do órgão competente:** Pena - reclusão, de três a seis anos, e multa. § 1º - Se o agente comete o crime no exercício da função pública ou em razão dela, a pena é aumentada de um terço. § 2º Incorrem nas mesmas penas do caput deste artigo: I – o funcionário público que contribui para o licenciamento ou registro do veículo remarcado ou adulterado, fornecendo indevidamente material ou informação oficial; II – aquele que adquire, recebe, transporta, oculta, mantém em depósito, fabrica, fornece, a título oneroso ou gratuito, possui ou guarda maquinismo, aparelho, instrumento ou objeto especialmente destinado à falsificação e/ou adulteração de que trata o caput deste artigo; ou

	III – aquele que adquire, recebe, transporta, conduz, oculta, mantém em depósito, desmonta, monta, remonta, vende, expõe à venda, ou de qualquer forma utiliza, em proveito próprio ou alheio, veículo automotor, elétrico, híbrido, de reboque, semirreboque ou suas combinações ou partes, com número de chassi ou monobloco, placa de identificação ou qualquer sinal identificador veicular que devesse saber estar adulterado ou remarcado. § 3º Praticar as condutas de que tratam os incisos II ou III do § 2º deste artigo no exercício de atividade comercial ou industrial: Pena - reclusão, de 4 (quatro) a 8 (oito) anos, e multa. § 4º Equipara-se a atividade comercial, para efeito do disposto no § 3º deste artigo, qualquer forma de comércio irregular ou clandestino, inclusive aquele exercido em residência.

Adulterar é falsificar, fazer passar por verdadeiro o que não é, fraudar, modificar. **Remarcar** é inserir nova marca, assinalar novamente. **Suprimir**, verbo adicionado pela Lei n. 14.562/2023, significa retirar, eliminar, tirar. A conduta incriminada era, antes do advento da nova lei, "adulterar ou remarcar número de chassi ou qualquer sinal identificar de veículo automotor, de seu componente ou equipamento". Atualmente, acrescentou-se o verbo nuclear "suprimir", além de terem sido incluídos expressamente, além do chassi, outros objetos materiais sobre os quais recaem a conduta, como reboque, semirreboque e veículos elétricos e híbridos. Cuida-se, portanto, de tipo misto alternativo.

Com a nova redação, é crime adulterar, remarcar ou suprimir **número de chassi, monobloco, motor, placa de identificação, ou qualquer sinal identificador de veículo automotor, elétrico, híbrido, de reboque, de semirreboque ou de suas combinações**, bem como de seus componentes ou equipamentos. Componente é aquilo que compõe o veículo, que faz parte de sua composição como o parabrisa, no qual se inscrevem os 8 últimos números do chassi[20]. Equipamento é aquilo que adere ao veículo, o que serve para equipá-lo, ou seja, fornecer o necessário para determinada finalidade. Exemplo de equipamento obrigatório é a lanterna de iluminação da placa traseira, de cor branca[21].

Antes da modificação legislativa, não se previam reboques nem semirreboques, mas apenas "veículo automotor". Por essa razão, o STJ já entendeu que adulteração de sinal identificador de semirreboque era formalmente atípica[22]. Agora, é claramente típica essa conduta, já que a norma abrange também os reboques e semirreboques, além de mencionar quaisquer combinações entre eles e os veículos automotores, elétricos ou híbridos.

Também passa a ser crime, indiscutivelmente, a **raspagem do chassi**. Anteriormente, haveria discussão sobre a configuração do delito, pois o agente não teria, em

20. Conforme artigo 114 do CTB, combinado com o artigo 2º, § 1º, da Resolução CONTRAN n. 24/1998.
21. Conforme artigo 1º da Resolução CONTRAN n. 14/1998.
22. STJ, RHC 98.058/MG, Rel. Min. Laurita Vaz, Sexta Turma, Julgamento em 24/09/2019.

interpretação restrita, adulterado nem remarcado[23]. Atualmente, com a inclusão do verbo nuclear "suprimir", raspar a numeração de chassi configura o delito, em razão da supressão desse sinal identificador.

A lei busca abranger todo tipo de veículo. Há os que possuem uma estrutura de chassi, com a carroceria como parte distinta, e há os que se constituem como um monobloco. O crime abrange o número de chassi, do monobloco, motor e qualquer outro sinal identificador. Além disso, fala-se em veículo automotor, elétrico ou híbrido, de modo a mencionar todas as modalidades de fonte de energia.

A doutrina, entretanto, controverte sobre a configuração do delito por meio de **modificação temporária** de algum sinal identificador, como aquela realizada por meio de aposição de fitas adesivas. Nucci defende que a falsificação grosseira, inclusive mediante uso de fita adesiva removível sobre letra constante da placa, constitui mera infração administrativa, não configurando a infração penal[24]. Luiz Regis Prado, por sua vez e acertadamente, defende que o crime ocorre quando o agente adultera ou regrava plaquetas ou adesivos que reproduzem o número de chassi, bem como quando adultera qualquer elemento contido nas placas externas, como, por exemplo, com a raspagem de parte de letras ou números, modificação com tinta ou fita adesiva, além da substituição das placas, com rompimento do lacre que integra a placa identificadora[25].

Segundo os Tribunais Superiores, o crime já se configurava anteriormente com a **alteração das placas**, consideradas sinais identificadores de veículo[26]. O artigo 115 do Código de Trânsito prevê, inclusive, que os veículos serão identificados externamente por meio de placas dianteira e traseira. Atualmente, há menção expressa a placas como objeto material da conduta incriminada. A alteração pode se dar, inclusive, por meio de colocação de **fita adesiva**, de modo a alterar, ainda que temporariamente, a identificação constante da placa, conforme jurisprudência do STF e do STJ[27].

> *"Recurso ordinário em habeas corpus. 2. Art. 311, caput, do CP. Adulteração de placa traseira do veículo com aposição de fita isolante preta. 3. As placas de um automóvel são sinais identificadores externos do veículo, obrigatórios conforme dispõe o Código de Trânsito Brasileiro. A jurisprudência do STF considera típica a adulteração de placa numerada dianteira ou traseira do veículo. 4. Reconhecimento da tipicidade da conduta atribuída ao recorrente. Recurso a que se nega provimento. (STF, RHC 116371, Rel. Min. Gilmar Mendes, Segunda Turma, julgado em 13/08/2013)*

---

23. Entendendo não haver crime na redação anterior: PRADO, Luiz Regis. Op. Cit., 2020, p. 1117; CUNHA, Rogério Sanches. Op. Cit., 2020, p. 826; MASSON, Cleber. Op. Cit., 2019, p. 523-524.
24. NUCCI, Guilherme de Souza. Op. Cit., 2015, p. 1311. No mesmo sentido, aderindo à posição de Victor Eduardo Rios Gonçalves: CAPEZ, Fernando. Op. Cit., 2013, p. 446.
25. PRADO, Luiz Regis. Op. Cit., 2020, p. 1116.
26. STF, HC 134713, Rel. Min. Rosa Weber, Primeira Turma, julgado em 16/08/2016; STF, HC 107507, Rel. Min. Rosa Weber, Primeira Turma, julgado em 15/05/2012; STJ, AgRg no REsp n. 2.009.836/MG, Rel. Des. Conv. João Batista Moreira, Quinta Turma, Julgamento em 14/2/2023; STJ, AgRg nos EDcl no REsp n. 1.922.866/PR, Rel. Min. Laurita Vaz, Sexta Turma, Julgamento em 28/11/2022.
27. STJ, AgRg no AREsp n. 2.084.719/SP, Rel. Min. Ribeiro Dantas, Quinta Turma, Julgamento em 27/9/2022; STJ, AgRg no REsp n. 1.834.864/SP, relator Ministro Sebastião Reis Júnior, Sexta Turma, Julgamento em 19/11/2019.

> *"A jurisprudência deste Superior Tribunal de Justiça firmou-se que a norma contida no art. 311 do Código Penal busca resguardar autenticidade dos sinais identificadores dos veículos automotores, sendo, pois, típica a simples conduta de alterar, com fita adesiva, a placa do automóvel, ainda que não caracterizada a finalidade específica de fraudar a fé pública." (STJ, AgRg no REsp n. 2.009.836/MG, Rel. Des. Conv. João Batista Moreira, Quinta Turma, julgado em 14/2/2023, DJe de 20/3/2023)*
>
> *"VIOLAÇÃO DO ART. 311 DO CP. ADULTERAÇÃO DE SINAL IDENTIFICADOR DE VEÍCULO AUTOMOTOR. FITA ADESIVA. CONDUTA TÍPICA. (...) A jurisprudência deste Superior Tribunal entende que a simples conduta de adulterar a placa de veículo automotor é típica, enquadrando-se no delito descrito no art. 311 do Código Penal. (STJ, AgRg no REsp n. 1.834.864/SP, Rel. Min. Sebastião Reis Júnior, Sexta Turma, julgado em 19/11/2019, DJe de 26/11/2019).*

Portanto, **a falsificação grosseira pode configurar o delito**, ainda que o agente adultere uma placa de motocicleta de modo a constar apenas números, o que deixa claro não se tratar de placa autêntica[28]. Isso porque não se deve exigir, como se pressupõe no delito de moeda falsa, por exemplo, a capacidade de enganar, traduzida na *imitativo veri*. Excepcionalmente, o delito do artigo 311 é um crime contra a fé pública que não necessita ludibriar alguém a ponto de se acreditar que o sinal identificador é autêntico, porque a mera incapacidade de agentes públicos de corretamente identificar o veículo, seja por fiscalização pessoal ou eletrônica, já enseja a violação do bem jurídico, impedindo a adequada identificação de veículos automotores no território nacional.

O STJ já decidiu não ser crime a alteração da **cor do veículo**, já que, na redação anterior do tipo penal, essa característica não estaria prevista como elemento identificador[29]. No entanto, tanto na leitura prévia à modificação legislativa quanto na atual, o artigo 311 menciona "ou qualquer sinal identificador de veículo automotor". Por isso, a discussão deveria se voltar ao fato de a cor ser ou não sinal identificador do veículo, considerando que se prevê uma cláusula de interpretação analógica. Considerando os elementos usados como paradigma, consistentes em numeração de chassi ou monobloco e placas de identificação, não parece estar abrangida a cor do veículo, cuja alteração, sem autorização, configura infração administrativa, nos termos do artigo 230, inciso VII, do Código de Trânsito.

Em interessante julgado, o STF se deparou com o uso de placas fornecidas pelo próprio Detran, ou seja, oficiais, para uso em investigação velada, mas que foram acopladas em veículo particular. Por maioria, entendeu-se não estar configurado o tipo objetivo, pois o magistrado, que recebeu licitamente as placas, utilizou efetivamente o veículo em que essas placas foram instaladas, ainda que, inicialmente, o carro estivesse em nome de terceiros O magistrado havia instalado as placas oficiais em veículo que não era de sua propriedade, mas, posteriormente, ele adquiriu o carro, razão pela qual se entendeu não haver crime, por não incidir o artigo 311 do CP no caso[30].

---

28. STJ, AgRg no HC n. 570.975/SC, Rel. Min. Antonio Saldanha Palheiro, Sexta Turma, Julgamento em 22/6/2021.
29. STJ, REsp n. 1.946.593/ES, Rel. Des. Conv. Olindo Menezes, Sexta Turma, Julgamento em 21/9/2021.
30. STF, HC 86424, Rel. p/ acórdão Min. Gilmar Mendes, Segunda Turma, julgado em 11/10/2005.

Com a modificação no tipo penal, foi inserido um **elemento normativo do tipo**. Só se configurará o delito se a adulteração, remarcação ou supressão ocorrer "sem autorização do órgão competente". Assim, caso haja autorização para alguma das condutas, o comportamento será atípico, penalmente irrelevante.

É possível o concurso material com o crime de receptação caso o agente, sabendo que o veículo é produto de crime, posteriormente adultere, remarque ou suprima sinal identificador. É o que ocorre se o agente adquire um carro roubado e, então, para evitar que o veículo seja identificado em fiscalização de trânsito ou pelos órgãos de persecução penal, troca as suas placas e modifica o seu número de chassi.

O crime é doloso, não exigindo elemento subjetivo especial do tipo. Deste modo, prescinde-se de finalidade específica de lesar a fé pública, configurando-se o delito ainda que o sujeito tenha desejado "apenas" burlar a legislação de trânsito[31]. Não há modalidade culposa. É material, por exigir alteração no mundo exterior para a sua consumação, consistente na adulteração, supressão ou remarcação. No entanto, a maioria da doutrina tem entendido se tratar de delito formal[32]. É comum, podendo ser praticado por qualquer pessoa. Sendo fracionável a conduta, é plurissubsistente e admite a tentativa.

Forma majorada

O parágrafo primeiro do artigo 311 prevê uma causa de aumento de pena de um terço. É cabível se o crime for cometido por agente **no exercício da função pública ou em razão dela**. Neste caso, o crime é próprio, havendo maior desvalor pela infração do dever funcional do agente. Dada a alteração da competência da Justiça Militar, de duvidosa constitucionalidade, pela Lei n. 13.491/2017, o STJ decidiu ser delito militar por extensão a conduta do sujeito que, participando do curso de formação de sargentos, dirigiu-se até a sede do batalhão com veículo com sinal identificador adulterado e lá o estacionou[33].

Formas equiparadas

O artigo 311 prevê incorrer nas mesmas penas o funcionário público que contribui (auxilia, ajuda) para o licenciamento ou registro do veículo remarcado ou adulterado, fornecendo (dando, entregando) indevidamente material ou informação oficial. Nesta modalidade, cuida-se de crime próprio, **funcional**, por exigir a qualidade de funcionário para a sua configuração.

Além dessa modalidade, a Lei n. 14.562/2023 acrescentou outras duas modalidades equiparadas.

---

31. No mesmo sentido: BARROS, Flávio Augusto Monteiro de. Op. Cit., 2019, p. 1379. STF, HC 108097, Rel. Rosa Weber, Primeira Turma, julgado em 15/05/2012; STJ, AgRg no HC n. 799.453/SP, Rel. Min. Reynaldo Soares da Fonseca, Quinta Turma, julgado em 28/2/2023.

32 No mesmo sentido, classificando como material: BITENCOURT, Cezar Roberto. Op. Cit., 2020, p. 695. Em sentido contrário, entendendo ser crime formal: NUCCI, Guilherme de Souza. Op. Cit., 2015, 1312; MASSON, Cleber. Op. Cit., 2019, p. 526. Classifica o crime como de mera atividade: PRADO, Luiz Regis. Op. Cit., 2020, p. 1117.

33. STJ, AgRg no AgRg no AREsp n. 1.739.737/MS, Rel. Min. Laurita Vaz, Sexta Turma, Julgamento em 7/12/2020.

A modalidade equiparada do inciso II do parágrafo 2º incrimina o que seria mero **ato preparatório** do delito de adulteração o veículo automotor. Com as mesmas penas do *caput*, o legislador decidiu punir o **crime obstáculo**. Pune-se a conduta de adquirir, receber, transportar, ocultar, manter em depósito, fabricar, fornecer, a título oneroso ou gratuito, possuir ou guardar maquinismo, aparelho, instrumento ou objeto especialmente destinado à falsificação e/ou adulteração de que trata o *caput* do artigo 311. Essa modalidade traz um tipo misto alternativo, bastando uma das condutas para a prática do delito.

O inciso III do parágrafo 2º passa a punir conduta antes não abrangida pelo tipo e muitas vezes levava ao processo pelo artigo 311: o indivíduo ser encontrado com um veículo com sinal adulterado ou remarcado, por exemplo. Anteriormente, poderia haver a **receptação**, mas não o delito do artigo 311. A partir do início de vigência da Lei n. 14.562, em 26 de abril de 2023, passa-se a punir a conduta de adquirir, receber, transportar, conduzir, ocultar, manter em depósito, desmontar, montar, remontar, vender, expor à venda ou, de qualquer forma, utilizar, em proveito próprio ou alheio, veículo automotor, elétrico, híbrido, de reboque, semirreboque ou suas combinações ou partes, com número de chassi ou monobloco, placa de identificação ou qualquer sinal identificador veicular que devesse saber estar adulterado ou remarcado.

Deste modo, pune-se o aquele que é dono de um veículo com sinal identificador adulterado, assim como se incrimina a conduta de quem adquire um reboque com as placas trocadas, ainda que nem um nem o outro tenham concorrido para a adulteração. A incriminação não mais se limita ao adulterador, mas também a quem está com o veículo que sofreu a adulteração ou remarcação de sinal identificador. Entretanto, é preciso se atentar para o fato de que essa modalidade equiparada não se refere à **supressão**, mas apenas à **adulteração** ou **remarcação**. É crime se ele deveria saber desse fato, o que, a exemplo do que ocorre na receptação, deve ser interpretado como se ele soubesse (dolo direto) ou se ele, ao menos, ele deveria saber (dolo eventual).

✓ **A dúvida é: passou a ser crime dirigir um veículo sem placas ou com placas adulteradas?**

É preciso aguardar a interpretação jurisprudencial, mas, analisando-se o novo tipo penal, a conclusão é que depende da situação. Se o veículo teve placa e ela foi adulterada, não há menção, mas é possível dizer que houve adulteração. Adulterar pode ter o sentido de modificar e retirar a placa toda é uma modificação drástica. O STJ tem adotado essa linha de entendimento, compreendendo que a adulteração pode se dar por meio de modificação, substituição, supressão ou acréscimo[34]. Como contraponto, é possível argumentar que o legislador não se referiu ao veículo com sinal "**suprimido**", razão pela qual a conduta não seria típica. A primeira posição

34. STJ, HC 344.116/RS, Rel. Min. Rogério Schietti Cruz, Sexta Turma, Julgamento em 17/03/2016; STJ, AgRg nos EDcl no REsp n. 1.897.516/SP, Rel. Min, Laurita Vaz, Sexta Turma, Julgamento em 24/8/2021.

parece mais acertada, considerando que a modificação total, consistente na supressão, é uma forma de se adulterar.

Em outra situação, se o indivíduo comprou o carro e não emplacou, não se mostra possível, nem com interpretação bem extensiva, dizer que há crime. Ele nada adulterou ou remarcou, simplesmente ainda não cumpriu a determinação da legislação de trânsito. Por isso, comete apenas infração administrativa, mas não o crime do artigo 311 do Código Penal.

Forma qualificada

Segundo o parágrafo terceiro, se o agente pratica as condutas de que tratam os incisos II ou III do § 2º deste artigo no exercício de atividade comercial ou industrial, a pena passa a ser de reclusão, de 4 a 8 anos, e multa. Cuida-se de modalidade qualificada, com novos limites mínimo e máximo, em razão da atividade econômica exercida. Desse modo, é punido com maior rigor o garagista que compra veículos com sinais identificadores suprimidos ou adulterados. A modalidade é própria, por abarcar apenas quem exerce a atividade comercial ou industrial.

O parágrafo quarto, por fim, prevê que se equipara à atividade comercial, para efeito do disposto no § 3º, qualquer forma de comércio irregular ou clandestino, inclusive aquele exercido em residência. Deste modo, a qualificadora não exige que se trate de comerciante com estabelecimento regularizado. Pode se tratar, inclusive, de um barracão que vende automóveis com números de chassi suprimidos.

QUADRO SINÓTICO

Crime de adulteração de sinal identificador de veículo automotor	
Tipo penal	Adulterar, remarcar ou suprimir número de chassi, monobloco, motor, placa de identificação, ou qualquer sinal identificador de veículo automotor, elétrico, híbrido, de reboque, de semirreboque ou de suas combinações, bem como de seus componentes ou equipamentos, sem autorização do órgão competente
Objeto jurídico	Tutela-se a fé pública.
Sujeito ativo	Qualquer um. A forma majorada exige que o sujeito ativo seja funcionário público. A forma qualificada exige que o agente exerça atividade comercial ou industrial.
Sujeito passivo	O Estado e quem for diretamente prejudicado pelo agente.
Elemento subjetivo	Admite-se somente a modalidade dolosa.
Consumação	O delito se consuma, na forma do *caput* quando o agente adultera, remarca ou suprime número de chassi, monobloco, motor, placa de identificação, ou qualquer sinal identificador de veículo automotor, elétrico, híbrido, de reboque, de semirreboque ou de suas combinações, bem como de seus componentes ou equipamentos.

Crime de adulteração de sinal identificador de veículo automotor	
Tentativa	Admite-se a tentativa.
Formas equiparadas	O parágrafo segundo prevê condutas às quais se cominam as mesmas apenas do *caput*: I – o funcionário público que contribuir para o licenciamento ou registro do veículo remarcado ou adulterado, fornecendo indevidamente material ou informação oficial (modalidade de delito próprio, exigindo qualidade específica do sujeito ativo); II – aquele que adquirir, receber, transportar, ocultar, manter em depósito, fabricar, fornecer, a título oneroso ou gratuito, possuir ou guardar maquinismo, aparelho, instrumento ou objeto especialmente destinado à falsificação e/ou adulteração de que trata o caput do artigo 311 (punição autônoma do que seria ato preparatório); III – aquele que adquirir, receber, transportar, conduzir, ocultar, manter em depósito, desmontar, montar, remontar, vender, expor à venda, ou de qualquer forma utilizar, em proveito próprio ou alheio, veículo automotor, elétrico, híbrido, de reboque, semirreboque ou suas combinações ou partes, com número de chassi ou monobloco, placa de identificação ou qualquer sinal identificador veicular que devesse saber estar adulterado ou remarcado (punição equiparada do que poderia se enquadrar como receptação).
Forma majorada	Nos termos do artigo 311, § 1º, do CP, se o agente comete o crime no exercício da função pública ou em razão dela, a pena é aumentada de um terço.
Forma qualificada	Caso o agente pratique as condutas de que tratam os incisos II ou III do § 2º do artigo 311 no exercício de atividade comercial ou industrial, a pena passa a ser de reclusão, de 4 (quatro) a 8 (oito) anos, e multa.
Classificação	Trata-se de delito comum (salvo nas modalidades em que será próprio com relação ao sujeito ativo, previstas no artigo 311, § 1º, § 2º, inciso II e § 3º), doloso, comissivo ou omissivo impróprio, de forma livre, instantâneo, monossubjetivo, plurissubsistente e não transeunte.
Benefícios	Admite-se o oferecimento de acordo de não persecução penal, salvo na modalidade qualificada (art. 311, § 3º, do CP).
Ação penal	A ação penal é pública incondicionada.
Observação	Conforme dispõe o artigo 311, § 4º, equipara-se a atividade comercial, para efeito da incidência da qualificadora, qualquer forma de comércio irregular ou clandestino, inclusive aquele exercido em residência.

5. DAS FRAUDES EM CERTAMES DE INTERESSE PÚBLICO

O último capítulo do Título X da Parte Especial foi introduzido pela Lei n. 12.550/2011. Buscou trazer a criminalização das fraudes em certames de interesse público, após vários escândalos de fraudes envolvendo concursos públicos e vestibulares, inclusive com organizações especializadas na prática. Só houve a previsão de um crime, o de fraudes em certames de interesse público.

5.1. Fraudes em certames de interesse público

O crime de fraudes em certames de interesse público está previsto no artigo 311-A do Código Penal:

> *Art. 311-A. Utilizar ou divulgar, indevidamente, com o fim de beneficiar a si ou a outrem, ou de comprometer a credibilidade do certame, conteúdo sigiloso de:*
>
> *I – concurso público;*
>
> *II – avaliação ou exame públicos;*
>
> *III – processo seletivo para ingresso no ensino superior; ou*
>
> *IV – exame ou processo seletivo previstos em lei:*
>
> *Pena – reclusão, de 1 (um) a 4 (quatro) anos, e multa.*
>
> *§ 1º Nas mesmas penas incorre quem permite ou facilita, por qualquer meio, o acesso de pessoas não autorizadas às informações mencionadas no caput.*
>
> *§ 2º Se da ação ou omissão resulta dano à administração pública:*
>
> *Pena – reclusão, de 2 (dois) a 6 (seis) anos, e multa.*
>
> *§ 3º Aumenta-se a pena de 1/3 (um terço) se o fato é cometido por funcionário público.*

Os núcleos do tipo são utilizar (usar, fazer uso de) e divulgar (propagar, difundir, transmitir). A conduta incriminada é utilizar ou divulgar conteúdo sigiloso de certame de interesse público.

Exige-se o dolo, além do **elemento subjetivo especial**, que é a finalidade do agente de beneficiar a si ou a outrem ou de comprometer a própria credibilidade do certame.

O objeto material, consistente no certame de interesse público, pode ser:

- concurso público;
- avaliação ou exames públicos;
- processo seletivo para ingresso no ensino superior ou
- exame ou processo seletivo previstos em lei.

Abrange-se, portanto, uma ampla gama de certames de interesse público. Deve-se frisar que a configuração do crime exige que o agente se utilize ou divulgue **conteúdo sigiloso**. Se ele, por exemplo, repassar informações da prova ao candidato ao lado, sem ter tido acesso a conteúdo sigiloso, não se configura a infração penal, que deixa, portanto, de comportar condutas desvaliosas, mas menos gravosas. A divulgação de conteúdo sigiloso implica a quebra da confiabilidade da instituição, enquanto a cola entre candidatos, que passam o conhecimento de um para o outro, implica expulsão do certame e, se comprometida a sua lisura, a possibilidade de responsabilização civil pelos danos causados e os custos suportados pela Administração.

O crime é doloso, com exigência de intuito especial do agente. Não há modalidade culposa. É **formal**, dispensando a obtenção da vantagem para a sua consumação, que, se ocorrer, será mero exaurimento do crime. É plurissubsistente, admitindo o *conatus*.

O Supremo Tribunal Federal já consignou, **antes da introdução do artigo 311-A no Código Penal**, que a conduta denominada de "cola eletrônica" era formalmente atípica:

> *"EMENTA: HABEAS CORPUS. "COLA ELETRÔNICA". ATIPICIDADE. TRANCAMENTO PARCIAL DA AÇÃO PENAL CONTRA O PACIENTE. O Plenário do Supremo Tribunal Federal, no julgamento do Inquérito 1145 (no qual fiquei vencido), reconheceu que a conduta designada "cola eletrônica" é penalmente atípica. O que impõe o trancamento, no ponto, da ação penal contra o paciente. Prosseguimento da ação penal, quanto a acusações de outra natureza. Ordem parcialmente concedida." (STF, HC 88697/AC, Rel. Min. Carlos Britto, Primeira Turma, Julgamento 06/02/2007).*

O Superior Tribunal de Justiça possuía entendimento semelhante:

> *"PENAL E PROCESSUAL PENAL. COLA ELETRÔNICA. CRIME DE ESTELIONATO. ATIPICIDADE. INFORMATIVO Nº 0506/2012. AGRAVO REGIMENTAL IMPROVIDO. 1. Nos termos do informativo nº 0506, Período: 4 a 17 de outubro de 2012, A **"cola eletrônica", antes do advento da Lei n. 12.550/2011, era uma conduta atípica**, não configurando o crime de estelionato. 2. Agravo regimental improvido." (STJ, AgRg no AResp 702915/DF, Rel. Min. Nefi Cordeiro, Sexta Turma, DJe 23/10/2007).*

Atualmente, a "cola eletrônica" pode ou não ser fato típico, dependendo, por exemplo, de o sujeito utilizar-se de conteúdo sigiloso. Caso contrário, não se configura o crime do artigo 311-A do CP. Outras condutas de quebra de paridade de armas entre os candidatos podem configurar violação do dever funcional do agente ou até mesmo a improbidade administrativa, mas para que haja responsabilização penal, a lei foi restritiva, exigindo a divulgação de conteúdo não disponível ao público, o que pode comportar tanto as próprias questões da prova quanto os pontos do edital que serão abordados com maior profundidade, por exemplo.

Junto com a introdução da nova figura típica, foi acrescentado ao artigo 47 do Código Penal o inciso V, trazendo uma nova modalidade de pena de interdição temporária de direitos:

> *Art. 47 – As penas de interdição temporária de direitos são:*
>
> *(...)*
>
> *V – **proibição de inscrever-se em concurso, avaliação ou exame públicos.***

Essa pena possui aplicação adequada para os casos de indivíduos condenados por fraudes em certames públicos, impedindo que voltem a delinquir e que comprometam a lisura de tais procedimentos. A sua mera inscrição no concurso, em datas próximas à do fato criminoso, pode comprometer a fé pública, trazendo a desconfiança da população sobre a probidade e transparência do processo seletivo em sentido amplo.

Modalidade equiparada

Incorre na mesma pena, de reclusão de 1 a 4 anos e multa, aquele que permite ou facilita, por qualquer meio, o acesso de pessoas não autorizadas às informações mencionadas no *caput*. Nessa modalidade, que é equiparada à conduta do *caput*, o agente permite, autoriza que alguém tenha acesso ao conteúdo sigiloso ou simplesmente facilita esse acesso. Suponha que o funcionário de uma universidade pública, querendo favorecer determinado professor, por quem nutre maior apreço, deixa à vista, por alguns momentos e de forma intencional, o conteúdo da aula que será ministrada como parte do concurso para uma vaga de docente. Sendo esse conteúdo sigiloso, a ser divulgado momentos antes de ser ministrada a aula pelos candidatos à vaga, o crime está configurado.

Modalidade qualificada

O artigo 331-A do Código Penal, em seu parágrafo segundo, prevê a modalidade qualificada do crime de fraudes em certame de interesse público. Cuida-se de crime agravado pelo resultado, configurando-se se da conduta resultar **dano à administração pública**. A pena passa a ser de reclusão, de 2 (dois) a 6 (seis) anos, e multa.

Esse dano pode ser ou não de natureza patrimonial, considerando que o intérprete não restringiu e mesmo o bem jurídico protegido não se vincula a valor econômico-financeiro. Em se tratando de tutela da Administração Pública, o dano à sua imagem pública, comprometendo a confiabilidade nos concursos públicos e na impessoalidade no trato com a coisa pública, contribui para a deterioração da própria vontade popular de fiscalização e no interesse de que os mais qualificados se submetam aos certames públicos. Claramente, não é qualquer dano à imagem, pois aquele inerente à prática da conduta típica não pode ser valorado duas vezes. É necessário que se exceda o dano que todo delito dessa natureza causa à Administração.

Caso se trate de dano patrimonial, a acusação pode pedir a condenação à reparação dos danos, comportando todos os gastos, devidamente comprovados, com a realização de outro certame de interesse público. O pedido é necessário para que o acusado possa se defender adequadamente também dessa pretensão, não sendo adequado que se realize uma instrução paralela para fins de reparação cível no processo penal. Os danos devem ser comprovados de forma conjunta com a materialidade e autoria, sob pena de desvirtuamento do processo penal e desatendimento ao dever de celeridade.

Modalidade majorada

O parágrafo terceiro do artigo 311-A prevê a causa de aumento de pena de um terço no caso de o delito ser cometido por funcionário público. Considerando se tratar de crime comum, a qualidade de funcionário público denota maior reprovabilidade, com a quebra de dever de comportamento probo diante da Administração que integra. Assim, o maior desvalor reside na reprovabilidade de a impessoalidade pública ser quebrada não por um *extraneus*, mas por um servidor seu, que possui o dever constitucional de observar esse princípio em sua atuação funcional.

QUADRO SINÓTICO

Crime de fraudes em certames de interesse público	
Tipo penal	Utilizar ou divulgar, indevidamente, com o fim de beneficiar a si ou a outrem, ou de comprometer a credibilidade do certame, conteúdo sigiloso de concurso público; avaliação ou exame públicos; processo seletivo para ingresso no ensino superior; ou exame ou processo seletivo previstos em lei.
Objeto jurídico	Tutela-se a fé pública.
Sujeito ativo	Qualquer um.
Sujeito passivo	O Estado e quem for diretamente prejudicado pelo agente.
Elemento subjetivo	Admite-se somente a modalidade dolosa. Ademais, o agente deve possuir o especial fim de agir de beneficiar a si ou a outrem ou de comprometer a credibilidade do certame.
Consumação	O delito se consuma quando o agente utiliza ou divulga, indevidamente, conteúdo sigiloso de concurso público; avaliação ou exame públicos; processo seletivo para ingresso no ensino superior; ou exame ou processo seletivo previstos em lei.
Tentativa	Admite-se a tentativa.
Forma majorada	Nos termos do artigo 311-A, § 3º, do CP, a conduta será majorada quando o fato é cometido por funcionário público.
Forma qualificada	Nos termos do artigo 311-A, § 2º, do CP, a conduta será qualificada se da ação ou omissão resulta dano à Administração Pública.
Classificação	Trata-se de delito comum, doloso, comissivo ou omissivo próprio (permitir e facilitar), instantâneo, de forma livre, monossubjetivo, plurissubsistente e transeunte ou não transeunte.
Benefícios	A modalidade do *caput* admite a suspensão condicional do processo e o oferecimento de acordo de não persecução penal. A seu turno, a forma qualificada admite somente o oferecimento do acordo de não persecução penal.
Ação penal	A ação penal é pública incondicionada.
Observações	Nos termos do artigo 311-A, § 1º, do CP, nas mesmas penas do *caput* incorre quem permite ou facilita, por qualquer meio, o acesso de pessoas não autorizadas às informações mencionadas no *caput*.

CAPÍTULO XVI

CRIMES CONTRA A ADMINISTRAÇÃO PÚBLICA

Os crimes contra a Administração Pública constituem o objeto do Título XI da Parte Especial do Código Penal. A Administração Pública, para esse efeito, abrange toda a atividade do Estado na consecução dos seus fins, que é promover o bem comum. Envolve, então, as três funções estatais, exercidas pelos Poderes Executivo, Legislativo e Judiciário, com seus órgãos e a Administração Indireta.

Uma questão que envolve todos os crimes contra a Administração Pública é a incidência ou não do princípio da insignificância, já que os crimes tratados no Título XI da Parte Especial envolvem interesse da sociedade como um todo. O Supremo Tribunal Federal já reconheceu a possibilidade de incidência do princípio da insignificância em crime contra a Administração Pública, mais especificamente no caso de peculato-furto:

> *"AÇÃO PENAL.* ***Delito de peculato-furto.*** *Apropriação, por carcereiro, de farol de milha que guarnecia motocicleta apreendida. Coisa estimada em treze reais. Res furtiva de valor insignificante. Periculosidade não considerável do agente. Circunstâncias relevantes. Crime de bagatela. Caracterização. Dano à probidade da administração. Irrelevância no caso.* ***Aplicação do princípio da insignificância. Atipicidade reconhecida.*** *Absolvição decretada. HC concedido para esse fim. Voto vencido. Verificada a objetiva insignificância jurídica do ato tido por delituoso, à luz das suas circunstâncias, deve o réu, em recurso ou* habeas corpus, *ser absolvido por atipicidade do comportamento." (STF, HC 112.388/SP, Rel. p/ acórdão Min. Cezar Peluso, Segunda Turma, Julgamento: 21/08/2012).*

Apesar de se tratar de crime grave, envolvendo o patrimônio público, parece sim possível defender tal possibilidade. Basta pensarmos no servidor público que se apropria de um lápis do trabalho e o leva para casa. Apesar de moralmente condenável, não há interesse social em se punir alguém criminalmente por tal ato.

A Segunda Turma do Supremo Tribunal Federal também tem reconhecido o princípio da insignificância , no caso de descaminho, que também é um crime contra a Administração Pública. Adota-se o limite previsto para a propositura das execuções fiscais, do artigo 20 da Lei n. 10.522/2002, com atualização promovida pelas

Portarias n. 75 e 130/2012, do Ministério da Fazenda[1]. A Primeira Turma também vinha adotando o limite de R$ 20.000,00[2], mas abriu a divergência e passou a negar a aplicação da Portaria como parâmetro para reconhecimento da insignificância[3].

Por outro lado, o Superior Tribunal de Justiça aprovou o enunciado sumular de número 599, afastando, sem exceção, a aplicação do princípio da insignificância aos crimes contra a Administração Pública:

> *O princípio da insignificância é inaplicável aos crimes contra a Administração Pública.*

Entretanto, o próprio STJ, após a elaboração da súmula acima, fixou a seguinte tese em julgamento na sistemática dos recursos repetitivos:

> *"(...) 2. Assim, a tese fixada passa a ser a seguinte: **incide o princípio da insignificância aos crimes tributários federais e de descaminho quando o débito tributário verificado não ultrapassar o limite de R$ 20.000,00 (vinte mil reais)**, a teor do disposto no art. 20 da Lei n. 10.522/2002, com as atualizações efetivadas pelas Portarias n. 75 e 130, ambas do Ministério da Fazenda. (...)" (STJ, REsp 1709029/MG, Rel. Min. Sebastião Reis Júnior, Terceira Seção, DJe 04/04/2018).*

Portanto, o próprio STJ excepcionou o entendimento sumulado pouco após a sua aprovação, já que **o crime de descaminho é um crime contra a Administração Pública**. Além disso, de modo explícito, o STJ não aplicou referido enunciado, explicando ser um caso excepcional, no recente julgado cujo trecho se transcreve a seguir:

> *"(...) 3. A despeito do teor do enunciado sumular n. 599, no sentido de que O princípio da insignificância é inaplicável aos crimes contra a administração pública, as peculiaridades do caso concreto – **réu primário, com 83 anos na época dos fatos e avaria de um cone avaliado em menos de R$ 20,00**, ou seja, menos de 3% do salário-mínimo vigente à época dos fatos – justificam a mitigação da referida súmula, haja vista que nenhum interesse social existe na onerosa intervenção estatal diante da inexpressiva lesão jurídica provocada. (...)" (STJ, RHC 85272/RS, Rel. Min. Nefi Cordeiro, Sexta Turma, DJe 23/08/2018).*

1. DOS CRIMES PRATICADOS POR FUNCIONÁRIO PÚBLICO CONTRA A ADMINISTRAÇÃO EM GERAL

O Capítulo I do Título XI da Parte Especial do Código se intitula "Dos Crimes Praticados por Funcionário Público Contra a Administração em Geral", trazendo os crimes de peculato; peculato culposo; peculato mediante erro de outrem; inserção de dados falsos em sistemas de informações; modificação ou alteração não autorizada de sistema de informações; extravio, sonegação ou inutilização de livro ou documento; emprego irregular de verbas ou rendas públicas; concussão (inclusive o excesso de exação); corrupção passiva; facilitação de contrabando ou descaminho; prevaricação;

1. STF, ARE 1448073 AgR, Rel. Min. Dias Toffoli, Segunda Turma, julgado em 25-09-2023.
2. STF, HC 121717/PR, Rel. Min. Rosa Weber, Primeira Turma, Julgamento: 03/06/2014.
3. STF, HC 163559, Rel. Min. Marco Aurélio, Primeira Turma, julgado em 11/05/2020; STF, HC 144193 AgR, Rel. Min. Alexandre de Moraes, Primeira Turma, julgado em 15/04/2020.

condescendência criminosa; advocacia administrativa; violência arbitrária; abandono de função; exercício funcional ilegalmente antecipado ou prolongado; violação de sigilo funcional; violação de sigilo de proposta de concorrência e a norma que define o conceito de funcionário público para fins penais.

Classificação: Os crimes praticados por funcionário público contra a Administração em Geral são próprios, pois só podem ser praticados por quem é funcionário público, ressalvadas as hipóteses de coautoria e participação. Isto porque a condição pessoal (de funcionário público) se comunica aos demais agentes, nos termos do artigo 30 do Código Penal. De forma mais específica, os crimes praticados por funcionário público contra a Administração em geral são chamados funcionais.

Crimes funcionais próprios: são aqueles que só podem ser praticados pelo funcionário público. Caso não haja tal qualidade do sujeito ativo, a conduta é penalmente atípica. Pode ser exemplificado com o crime de prevaricação.

Crimes funcionais impróprios: são delitos que, se não houver a qualidade de funcionário público do sujeito ativo, não se configuram, mas são penalmente relevantes em virtude da criminalização em outro dispositivo. É o caso do peculato do *caput* do artigo 312 do CP, delito funcional correspondendo, se a conduta é praticada por alguém que não é funcionário público, ao delito de apropriação indébita.

Por fim, cumpre mencionar que o Superior Tribunal de Justiça fixou jurisprudência no sentido de não se configurarem os crimes praticados por funcionário público contra a Administração em geral no caso de condutas realizadas por dirigentes do Sistema S, entidades paraestatais[4]. O fundamento é de que, não integrando as entidades paraestatais a Administração Pública, esses delitos não podem se configurar se a conduta for praticada contra elas[5].

1.1. Peculato

O crime de peculato está previsto no artigo 312 do Código Penal, nos seguintes termos:

> *Art. 312 – Apropriar-se o funcionário público de dinheiro, valor ou qualquer outro bem móvel, público ou particular, de que tem a posse em razão do cargo, ou desviá-lo, em proveito próprio ou alheio:*
>
> *Pena – reclusão, de dois a doze anos, e multa.*
>
> *§ 1º – Aplica-se a mesma pena, se o funcionário público, embora não tendo a posse do dinheiro, valor ou bem, o subtrai, ou concorre para que seja subtraído, em proveito próprio ou alheio, valendo-se de facilidade que lhe proporciona a qualidade de funcionário.*
>
> *Peculato culposo*
>
> *§ 2º – Se o funcionário concorre culposamente para o crime de outrem:*
>
> *Pena – detenção, de três meses a um ano.*

4. STJ, AgRg no RHC 153.058/PE, Rel. Min. Ribeiro Dantas, Quinta Turma, julgado em 15/02/2022, DJe 21/02/2022.
5. STJ, RHC 150.451/TO, Rel. Min. Reynaldo Soares da Fonseca, Quinta Turma, julgado em 13/12/2021, DJe 16/12/2021.

§ 3º – No caso do parágrafo anterior, a reparação do dano, se precede à sentença irrecorrível, extingue a punibilidade; se lhe é posterior, reduz de metade a pena imposta.

A análise do crime de peculato vai ser subdivida pela classificação doutrinária. O *caput* prevê as figuras denominadas de **peculato apropriação** e **peculato desvio**, sendo que ambas compõem o chamado **peculato próprio**, assim chamado porque envolve a posse do dinheiro, valor ou qualquer outro bem móvel pelo funcionário público. Há, no parágrafo primeiro, o chamado **peculato furto**, que é classificado como **peculato impróprio**, assim denominado porque não envolve a posse do dinheiro, valor ou qualquer outro bem móvel pelo funcionário público, que, entretanto, se vale da facilidade proporcionada pela função pública para subtrai-lo ou concorrer para a sua subtração. Por fim, o parágrafo segundo traz o chamado **peculato culposo**. Há, ainda, outras modalidades de peculato, a serem tratadas na análise dos artigos subsequentes ao 312.

Peculato próprio: peculato apropriação

O peculato apropriação está previsto na primeira parte do *caput* do artigo 312, com os seguintes termos: "Apropriar-se o funcionário público de dinheiro, valor ou qualquer outro bem móvel, público ou particular, de que tem a posse em razão do cargo". A apropriação, consistente no assenhoreamento ou apoderamento definitivo de qualquer bem móvel, pode ser para si ou para outrem[6].

Como no crime de apropriação indébita, a ação nuclear é apropriar-se (apoderar-se, assenhorear-se, arrogar-se a posse de) de dinheiro, valor ou qualquer outro bem móvel, público ou particular. Exige-se, para a configuração do peculato apropriação, **a anterior posse ou detenção lícita da coisa, em razão do cargo**, ou seja, o agente deve ter, anteriormente à conduta típica, a posse justa do dinheiro, do valor ou de qualquer outro bem móvel, público ou particular.

A disponibilidade jurídica exigida em alguns casos pelo STJ não é a disponibilidade de dispor do bem como lhe aprouver, mas a disponibilidade, por exemplo, do ordenador de despesas, que, se paga a si próprio diárias de forma indevida, pode responder por peculato. É a disponibilidade de alocar os recursos, mas nos termos da lei.

Deste modo, a consumação do delito se dá com **a inversão do título da posse**, isto é, o agente deixa de possuir em nome alheio (alieno domine), em razão de seu cargo, para possuir como dono (*causa dominii*). Portanto, é um elemento subjetivo, que deve ser demonstrado por um ato exterior, algo que transcenda o simples elemento anímico, a mera vontade do agente.

O delito atenta contra a função pública exercida pelo agente, além de causar dano ao patrimônio público. O crime é próprio, por exigir a qualidade de funcionário público do sujeito ativo. É, ainda, **funcional impróprio**, ou seja, caso ausente a qualidade exigida para o sujeito ativo (funcionário público), há a desclassificação para o crime de apropriação indébita.

6. BARROS, Flávio Augusto Monteiro de. Op. Cit., 2019, p. 1397.

O peculato furto tem como elemento subjetivo o dolo. É material, exigindo o resultado naturalístico, a inversão da posse, para sua consumação. É crime de forma livre, sendo, ainda, plurissubsistente, por ser fracionável sua conduta, possibilitando a tentativa. Quanto à configuração típica do peculato-apropriação, interessante o seguinte julgado do STJ:

> *"(...) 1. A figura do **peculato-apropriação** traz a elementar "apropriar-se", que significa tomar como propriedade sua ou apossar-se, ou seja, posicionar-se em relação à coisa como se fosse seu proprietário. **A expressão "posse" deve ser concebida em sentido amplo, ou seja, inclui a disponibilidade jurídica do bem**. 2. As instâncias ordinárias concluíram pela configuração da conduta prevista no art. 312 do Código Penal, porque comprovado o repasse das verbas remuneratórias pagas ao "funcionário fantasma" ao agente político, bem como a sua utilização a proveito próprio e o elemento subjetivo (dolo – nomeação de assessor pessoal visando à utilização da contraprestação pecuniária do cargo a seu proveito). 3. O agente político teve, em razão do cargo que ocupava, a posse mediata da coisa, que num primeiro momento era lícita para pagamento de serviços "prestados" ao município, que sequer foram realizados, mas que, posteriormente, passou à fruição do agente nomeante como se dele fosse. Configurada, portanto, a conduta delituosa estampada no art. 312, caput – primeira parte –, do Código Penal (peculato-apropriação). (...)" (STJ, REsp 1723969/PR, Rel. Min. Joel Ilan Paciornik, Quinta Turma, DJe 27/05/2019).*

O Superior Tribunal de Justiça já decidiu que se o crime de peculato for praticado por determinado agente público que deveria agir contra o crime, como polícia judiciária, e atua de forma oposta, no exercício de suas funções, o agravamento da pena em virtude disso não configura *bis in idem*:

> *"(...) Não há ilegalidade na dosimetria da primeira fase da pena se instâncias de origem apontam motivação idônea para a fixação das penas no patamar estabelecido. A fundamentação utilizada para aumento da pena-base, quanto ao crime de peculato, não se baseou no fato de ser o acusado agente público e, portanto, não se sustentou em elementar do tipo penal em análise. Mais do que isso, salientou-se a natureza do cargo ostentado, de delegado de polícia, incumbido da coordenação das próprias atividades de polícia judiciária, razão pela qual a conduta merece maior repressão estatal. Destacou-se que ao invés de apurar condutas delituosas, o paciente tomou para si, registrando em seu próprio nome, arma de fogo apreendida em diligência policial, ilegalmente guardada por outrem. (...)" (STJ, HC 437190/SC, Rel. Min. Maria Thereza de Assis Moura, Sexta Turma, DJe 14/08/2018).*

Vale a leitura de trecho de outro precedente do STJ, também sobre valoração na dosimetria, de forma mais grave, no caso de o agente ter *modus operandi* mais grave do que o habitual do peculato, além de ter se valido do cargo de forma mais desvaliosa:

> *"(...) 11.3 – Por sua vez, conforme exposto no acórdão recorrido, o decreto condenatório demonstrou que o modus operandi do delito revela gravidade concreta superior à ínsita aos crimes de peculato, máxime em razão da notória distorção dos fins de sua atividade enquanto agente público, que deveria ser sempre pautada pela ética, decoro e probidade. Além disso, para viabilizar o modus operandi do desvio*

> *dos recursos públicos "o réu não só deixou de proceder conforme lhe incumbia, bem como aproveitou-se da sua condição de alta autoridade pública estadual (Conselheiro do Tribunal de Contas do Estado de Roraima) para promover desvio de dinheiro público, que deixou de ser utilizado em favor do interesse público". Por fim, conforme demonstrado no acórdão ora embargado, houve concreta demonstração quanto aos prejuízos ao erário público advindos do desvio de recursos públicos advindo da prática delitiva. (...)" (EDcl na APn 327/RR, Rel. Min. Mauro Campbell Marques, Corte Especial, DJe 16/08/2019).*

Em razão da exigência do *animus rem sibi habendi*, ou seja, a intenção de se apropriar da coisa definitivamente, invertendo a natureza da posse, grande parte da doutrina e da jurisprudência entende ser atípica a conduta de apropriação temporária, chamada de **peculato de uso**. Vale ressaltar que nem toda doutrina e jurisprudência admitem a necessidade de tal elemento subjetivo especial do tipo. A **irrelevância penal do peculato de uso e a exigência da finalidade especial do agente** restaram reconhecidas no seguinte precedente do STJ:

> *"(...) II – **Para que o delito em exame se configure, é necessário que o agente se aproprie do bem com o ânimo de se apossar definitivamente dele, motivo pelo qual a simples utilização da coisa pelo funcionário público, em seu benefício ou de terceiro, mas com a intenção de devolver, não caracteriza crime**. III – Ocorre que, não há nos autos elementos que permitam inferir, de maneira inequívoca, que a suposta conduta pela qual o paciente está sendo investigado tenha sido, de fato, apenas de **peculato-uso** e não peculato-desvio. (...)" (STJ, HC 415135/RS, Rel. Min. Felix Fischer, Quinta Turma, DJe 24/05/2018).*

Vale ressaltar, por fim, que no caso de **prefeito municipal**, a conduta pode configurar o crime previsto no artigo 1º, inciso II, do Decreto-Lei n. 201/1967, que muitas vezes é chamado pela jurisprudência pelo mesmo nome acima mencionado, *peculato de uso*. Em referido delito da legislação penal extravagante, é típica a conduta de "utilizar-se, indevidamente, em proveito próprio ou alheio, de bens, rendas ou serviços públicos", sem necessidade de ânimo de assenhoreamento definitivo (*animus rem sibi habendi*).

Peculato próprio: peculato desvio

O peculato desvio corresponde à segunda parte do *caput* do artigo 312, traduzindo-se na expressão: **"ou desviá-lo, em proveito *próprio* ou alheio"**. A conduta incriminada é desviar, o funcionário público, dinheiro, valor ou qualquer outro bem móvel, público ou particular, de que tem a posse em razão do cargo, em proveito próprio ou alheio.

Desviar é dar destinação diversa, é a malversação do dinheiro, valor ou qualquer outro bem móvel de que o funcionário público tem a posse em razão do cargo. Cezar Bittencourt[7] ensina que não é necessário o *animus rem sibi habendi*, podendo

7. BITENCOURT, Cezar Roberto. Tratado de direito penal, volume V: parte especial. 4ª Ed. São Paulo: Saraiva, 2010, p. 45.

configurar-se o crime com o uso irregular do dinheiro, valor ou bem móvel, desde que haja o propósito do proveito próprio ou alheio.

O peculato desvio tem como elemento subjetivo o dolo, além de exigir o elemento subjetivo especial, representado pela expressão "em proveito próprio ou alheio". É material, exigindo o resultado naturalístico, a inversão da posse, para sua consumação. É crime de forma livre, sendo, ainda, plurissubsistente, por ser fracionável sua conduta, possibilitando a tentativa.

O STF já entendeu, em análise sumária, ser possível a capitulação como peculato-desvio da conduta de pagamento antecipado a contratante da Administração Pública, de forma ilegal, do valor total devido em virtude de aditivo contratual celebrado irregularmente, antes da execução das obras:

> *"5. O pagamento antecipado, ao arrepio da lei, da totalidade do valor de aditivo contratual celebrado irregularmente, poucos dias após a sua assinatura e antes de realizadas as obras públicas objeto do liame jurídico-administrativo, permite a formulação inicial de um juízo positivo de tipicidade do crime de peculato-desvio, previsto no art. 312, caput, segunda parte, do Código Penal, o que também autoriza o recebimento da denúncia, no ponto." (STF, Inq 3621/MA, Rel. p/ acórdão Min. Alexandre de Moraes, Primeira Turma, Julgamento em 28/03/2017).*

Sobre referida figura típica, o STJ já consignou haver sua configuração em caso de expedição de passagens aéreas a terceiros sem interesse público e às custas do erário:

> *"5. **O dolo exigido para a incidência do peculato-desvio é a consciência e a vontade definitiva de desviar a coisa (dinheiro, valor ou qualquer outra coisa móvel) pertencente ao Poder Público de sua finalidade. O elemento subjetivo especial do tipo ou do injusto é o de que que se faça o desvio em proveito próprio ou alheio.** (...) 7. Na hipótese concreta, ao formular os pedidos ao Presidente da Assembleia Legislativa, o réu tinha consciência da existência de todos os elementos objetivos e subjetivos componentes do tipo objetivo do art. 312, caput, segunda figura, do CP, e, igualmente, teve a vontade de dar às verbas públicas aplicação diversa da que lhe é determinada, em benefício de outrem e em atendimento a interesses privados. 8.* In casu, *o réu requereu a expedição das passagens de forma consciente e intencional, não tendo deixado desatentamente de cuidar de patrimônio sobre o qual tinha a posse em razão do cargo, permitindo, com isso, a prática de crime doloso por terceira pessoa, não havendo, assim, adequação típica de sua conduta ao crime de peculato culposo." (APn 629/RO, Rel. Min. Nancy Andrighi, Corte Especial, DJe 10/08/2018).*

A Corte Superior também entendeu configurado o delito por meio da conduta de tabelião de, após receber o valor de verba destinada a fundo estadual de modernização do Poder Judiciário, não o ter repassado, apropriando-se da quantia:

> *"2. O paciente, na condição de Tabelião titular do 1º Ofício de Notas de Ceará-Mirim - RN, teria se apropriado de valores públicos que deveriam ter sido repassados ao Fundo de Desenvolvimento da Justiça - FDJ, verba de natureza sui generis e tem por objetivo a dotação de recursos financeiros para o processo de modernização, manutenção e reaparelhamento do Poder Judiciário. É composto de variadas receitas, especialmente por tributos. 3. O delito tipificado no art. 2º, inciso I, da Lei n. 8.137/1990 é próprio*

e só pode ser praticado pela pessoa física indicada na lei como contribuinte. Sendo assim, a tese de crime fiscal não é plausível, pois o réu não ostenta a condição de contribuinte originário dos valores desviados, mas de responsável pelo recolhimento e repasse dos valores sob sua responsabilidade, que foram desviados em proveito próprio, subsumindo-se a sua conduta àquela prevista no art. 312 do Código Penal, na forma de peculato-desvio." (STJ, AgRg no HC n. 855.051/RN, Rel. Min. Ribeiro Dantas, Quinta Turma, julgado em 4/3/2024, DJe de 7/3/2024).

Por fim, como exemplo de configuração de peculato por desvio de verbas públicas, vale a leitura de julgado sobre caso infelizmente recorrente nos Tribunais:

"4. Sobre a individualização da conduta do recorrente, cuidou o Ministério Público Federal de especificar, inclusive separadas por tópicos, a ação de cada um dos acusados e sua contribuição na suposta empreitada criminosa, consistente no desvio de verbas públicas federais repassadas ao Estado do Maranhão para custeio do atendimento à saúde pública (figura típica do delito de peculato)." (STJ, RHC 112074/MA, Rel. Min. Ribeiro Dantas, Quinta Turma, DJe 20/08/2019).

Prado defende, com razão, tratar-se de crime de resultado, ou seja, material, ao discorrer sobre o peculato apropriação e desvio[8]. Bitencourt também entende que o crime é material, exigindo a diminuição do patrimônio público[9]. Masson entende que o peculato, em todas as modalidades, apropriação, desvio e furto, é crime material[10].

O STJ tem precedente em que considerou o crime formal, ao julgar que se configura o crime em caso de retenção, pelo Governador, de valores relativos a empréstimos consignados:

*Peculato-desvio é **crime formal** para cuja consumação não se exige que o agente público ou terceiro obtenha vantagem indevida mediante prática criminosa, bastando a destinação diversa daquela que deveria ter o dinheiro. Os aspectos formais da descrição típica da conduta estão preenchidos na medida em que é desviado dinheiro destinado ao pagamento de empréstimos consignados de servidores públicos. 2. **Configura peculato-desvio a retenção dos valores descontados da folha de pagamento dos servidores públicos que recebiam seus vencimentos já com os descontos dos valores de retenção a título de empréstimo consignado**, mas, por ordem de administrador, os repasses às instituições financeiras credoras não eram realizados. 3. Na modalidade peculato-desvio, não se discute o deslocamento de verbas públicas em razão de gestão administrativa, mas o deslocamento de dinheiro particular em posse do Estado. Assim, a consumação do crime não depende da prova do destino do dinheiro ou do benefício obtido por agente ou terceiro. (APn 814/SD, Rel. p/ acórdão Min João Otávio de Noronha, Corte Especial, DJe 04/02/2020).*

Não se configura o crime do artigo 315 do CP no caso de gestor público que retinha valores descontados das folhas de pagamentos dos servidores, em razão de

8. Curso de direito penal brasileiro: parte geral e parte especial. 18. ed. Rio de Janeiro: Forense, 2020, p. 1.129.
9. Tratado de direito penal, 5: parte especial: dos crimes contra a Administração Pública, dos crimes praticados por prefeitos. 4. ed. rev., atual. e ampl. São Paulo: Saraiva, 2010, p. 51.
10. Direito Penal: parte especial (arts. 213 a 359-H), – vol 3, 9 ed., São Paulo: Método, 2019, p. 574. Por sua vez, Rogério Sanches Cunha não se posiciona sobre a divergência: Manual de Direito Penal; parte especial (arts. 121 a 361). 12. ed. rev. ampl e atual. Salvador: Juspodivm, 2020, p. 850-852.

empréstimo consignado, como exposto no julgado acima. Trata-se de peculato-desvio, porque o dinheiro não pertencia ao Estado, mas sim às instituições financeiras. Não houve uso de verba da saúde para pagamento de diárias de servidores da área da educação, mas sim uso de verbas que não pertenciam ao Estado e que estavam apenas em sua posse temporária. O STF possui julgado no mesmo sentido[11].

Também não se configura o peculato-desvio se o servidor recebe a sua remuneração e falta várias vezes ao trabalho, de modo que a retribuição pelo trabalho se torna indevida. O fato pode configurar improbidade administrativa e tem repercussões funcionais, mas é penalmente atípico. Pode haver, entretanto, o crime de abandono de função[12]. Mesmo em se tratando de **"funcionário fantasma"**, esse é o entendimento que vem sendo adotado pelo Superior Tribunal de Justiça, de modo que, em regra, **não há tipificação da conduta**, haja vista que o funcionário recebe os valores a título próprio. Ainda que indevido o pagamento, não há crime, em regra[13].

A situação é diferente se há confecção de folhas de ponto falsificadas, ou seja, prática de *falsum* como crime-meio para receber os valores de pagamento sem o respectivo desempenho das funções, além de conluio com o agente público que nomeou para o cargo. O STJ considerou, ao julgar conduta assim praticada, ter, em tese, havido crime de peculato[14].

Quanto ao **agente público que nomeia** um indivíduo para um cargo público para que não preste os serviços, ou seja, **como "funcionário fantasma"**, configura-se o delito de peculato desvio, já que direciona verbas públicas para fins particulares sem a prestação do serviço. É o entendimento que vem sendo adotado pelos Tribunais Superiores[15]. O STJ já apreciou recurso em que se discutia a nomeação, por deputada federal, de indivíduo para exercer cargo em comissão, como secretário parlamentar, mas com efetivo trabalho na empresa de sua família. Reputou que a descrição feita na ação penal era suficiente para seu prosseguimento, dada a tipificação, em tese, como peculato-desvio[16].

Peculato impróprio: peculato furto

O parágrafo primeiro do artigo 312 traz uma modalidade equiparada, que é doutrinariamente conhecida como peculato furto. O seu tipo penal tem o seguinte teor: "Aplica-se a mesma pena, se o funcionário público, embora não tendo a posse do dinheiro,

11. STF, AP 916, Rel. Roberto Barroso, Primeira Turma, julgado em 17/05/2016, DJe-207 DIVULG 27-09-2016 PUBLIC 28-09-2016.
12. STJ, AgRg no REsp 1935035/PR, Rel. Min. Ribeiro Dantas, Quinta Turma, julgado em 10/08/2021, DJe 17/08/2021.
13. STJ, APn n. 910/DF, relator Ministro Raul Araújo, Corte Especial, julgado em 4/5/2022, DJe de 18/5/2022; STJ, AgRg no RHC n. 177.814/RO, relator Ministro Reynaldo Soares da Fonseca, Quinta Turma, julgado em 15/5/2023, DJe de 17/5/2023.
14. STJ, AgRg no AREsp n. 2.087.070/SP, relator Ministro Joel Ilan Paciornik, Quinta Turma, julgado em 7/2/2023, DJe de 14/2/2023.
15. STF, Inq 3508, Rel. Min. Alexandre de Moraes, Primeira Turma, julgado em 20/02/2018; STJ, AgRg no RHC n. 177.814/RO, Rel. Min. Reynaldo Soares da Fonseca, Quinta Turma, julgado em 15/5/2023, DJe de 17/5/2023; STJ, RHC n. 126.378/RN, relatora Ministra Laurita Vaz, Sexta Turma, julgado em 29/3/2022, DJe de 4/4/2022.
16. STJ, AgRg no HC n. 720.853/AC, relator Ministro Reynaldo Soares da Fonseca, Quinta Turma, julgado em 8/3/2022, DJe de 14/3/2022.

valor ou bem, o subtrai, ou concorre para que seja subtraído, em proveito próprio ou alheio, valendo-se de facilidade que lhe proporciona a qualidade de funcionário".

Subtrair é apropriar-se, pegar de outrem ou apoderar-se. A conduta incriminada é o funcionário público subtrair ou concorrer para que subtraiam dinheiro, valor ou bem, em proveito próprio ou alheio, **desde que ele se valha da facilidade proporcionada pela sua qualidade de funcionário público**. É essa facilidade proporcionada pela função pública que diferencia o peculato furto do crime de fruto previsto no artigo 155 do CP. Nesta modalidade, o agente não tem a posse do dinheiro, valor ou bem móvel, mas o seu cargo ou função lhe proporcionam acesso mais fácil ao objeto material.

É o caso do servidor de uma Vara Cível que, aproveitando-se do acesso mais livre às dependências do Fórum, entra na Vara Criminal e se apropria de um bem que está no depósito judicial, apreendido. Ele não tinha a posse do bem, mas se aproveitou da facilidade advinda da sua qualidade de funcionário para subtraí-lo.

O elemento subjetivo é o dolo. É necessário o desejo de **apropriação definitiva**, devido ao tipo penal exigir que a vontade e consciência de subtração seja em proveito próprio ou alheio. O desejo de se apoderar definitivamente da coisa alheia móvel é denominada de *animus rem sibi habendi*.

Peculato culposo

A forma culposa do peculato tem guarida no parágrafo segundo do artigo 312, prevendo ser punida, com pena de detenção, de três meses a um ano, a conduta de o funcionário público concorrer culposamente para o crime de outrem.

Neste caso, pune-se o funcionário público pela sua violação ao dever jurídico de cuidado, ao permitir, com sua imprudência, negligência ou imperícia, que outra pessoa se aproprie, desvie ou subtraia o dinheiro, o valor ou outra coisa móvel de quem tem a posse em razão do cargo, que pertença à Administração Pública ou esteja sob sua custódia.

Não se trata de participação no crime de terceiro. As condutas são diversas, o agente público atua com culpa, deixando de atuar com o dever objetivo de cuidado, enquanto o terceiro age com dolo, aproveitando-se da brecha ou da oportunidade gerada pelo descuido, ou tecnicamente, pela imprudência, negligência ou imperícia do funcionário.

Reparação do dano e peculato culposo: o parágrafo terceiro do artigo 312 prevê que, no caso de peculato **culposo**, a reparação do dano, se ocorre antes da sentença irrecorrível, extingue a punibilidade. Portanto, a extinção da punibilidade só ocorre se a reparação ocorrer **antes do trânsito em julgado**. Se a reparação do dano for posterior à sentença transitada em julgado, reduz de metade a pena imposta.

QUADRO SINÓTICO

Crime de peculato	
Tipo penal	Apropriar-se o funcionário público de dinheiro, valor ou qualquer outro bem móvel, público ou particular, de que tem a posse em razão do cargo, ou desviá-lo, em proveito próprio ou alheio.
Objeto jurídico	Tutela-se a Administração Pública.

Crime de peculato	
Sujeito ativo	O sujeito ativo deve ser funcionário público. O particular poderá ser sujeito quando coautor, nos termos do artigo 30 do CP.
Sujeito passivo	O Estado e quem for diretamente prejudicado pelo agente.
Elemento subjetivo	As modalidades de peculato do artigo 312, *caput,* do CP admitem somente a modalidade dolosa.
Elemento normativo	Nos termos do artigo 312, § 2º, do CP há previsão legal da modalidade culposa.
Consumação	O peculato apropriação se consuma quando o agente possuidor da coisa passa a agir como se dono fosse. A seu turno, o peculato desvio se consuma quando o agente dá à coisa fim diverso do regular. Por fim, o momento consumativo do peculato furto é quando o agente subtrai a coisa.
Tentativa	Admite-se a tentativa.
Forma majorada	Nos termos do artigo 327, § 2º, do CP, haverá aumento de pena quando o agente for ocupante de cargo em comissão ou de função de direção ou assessoramento de órgão da administração direta, sociedade de economia mista, empresa pública ou fundação instituída pelo poder público.
Jurisprudência relevante	O princípio da insignificância é inaplicável aos crimes contra a administração pública (Súmula 599 do STJ).
Classificação	Trata-se de delito próprio com relação ao sujeito ativo e comum com relação ao passivo. Ademais, é doloso ou culposo, comissivo ou omissivo impróprio, material de forma livre, instantâneo, monossubjetivo, plurissubsistente, transeunte.
Benefícios	A modalidade do *caput* admite o acordo de não persecução penal. A seu turno, a modalidade culposa é delito de menor potencial ofensivo, de competência dos Juizados Especiais Criminais e que admite a transação, suspensão condicional do processo e acordo de não persecução penal.
Ação penal	A ação penal é pública incondicionada.
Observações	Nos termos do artigo 312, § 1º, do CP, aplica-se a mesma pena do *caput*, se o funcionário público, embora não tendo a posse do dinheiro, valor ou bem, o subtrai, ou concorre para que seja subtraído, em proveito próprio ou alheio, valendo-se de facilidade que lhe proporciona a qualidade de funcionário. Nos termos do artigo 312, § 3º, do CP, no caso do peculato culposo, a reparação do dano, se precede à sentença irrecorrível, extingue a punibilidade; se lhe é posterior, reduz de metade a pena imposta. Nos termos do artigo 327 do CP, considera-se funcionário público, para os efeitos penais, quem, embora transitoriamente ou sem remuneração, exerce cargo, emprego ou função pública. Ademais, nos termos do artigo 327, § 1º, do CP, equipara-se a funcionário público quem exerce cargo, emprego ou função em entidade paraestatal, e quem trabalha para empresa prestadora de serviço contratada ou conveniada para a execução de atividade típica da Administração Pública.

1.2. Peculato mediante erro de outrem

O delito denominado peculato mediante erro de outrem se encontra no artigo 313 do Código Penal:

> *Art. 313 – Apropriar-se de dinheiro ou qualquer utilidade que, no exercício do cargo, recebeu por erro de outrem:*
> *Pena – reclusão, de um a quatro anos, e multa.*

O crime de peculato mediante o erro de outrem também é denominado **peculato-estelionato**. A ação nuclear típica é **apropriar-se** (apoderar-se, assenhorear-se, arrogar-se a posse de). A conduta incriminada é apropriar-se de dinheiro ou qualquer utilidade que recebeu, no exercício do cargo, por erro de outra pessoa. Dinheiro é a moeda corrente, enquanto utilidade é qualquer coisa com apreciação econômica.

Perceba que nesta modalidade o agente não recebeu o dinheiro ou a utilidade para sua posse ou detenção lícita, mas tal objeto material seja a suas mãos pelo erro alheio, pela incorreta percepção da realidade de outra pessoa. Seria o caso do sujeito, muito simples e sem conhecimento, vai até a Polícia Militar e deixa um envelope com o valor da fiança, em razão de cometimento de crime pelo filho. Se o policial, recebendo tal valor por erro do indivíduo, dele se apropria, configura-se o delito do artigo 313 do CP.

A consumação do delito ocorre com a inversão do título da posse, isto é, o agente recebe dinheiro ou outra utilidade, no exercício do cargo, em virtude de erro de outra pessoa, possuindo a detenção transitória em nome de outra pessoa (*alieno domine*), e decide possuir como dono (*causa dominii*). Portanto, é um elemento subjetivo, que deve ser demonstrado por um ato exterior, algo que transcenda o simples elemento anímico, a mera vontade do agente.

Tal exigência não criminaliza – e nem seria crível que o legislador o fizesse – a conduta de o funcionário público apenas receber por erro de outrem algum dinheiro ou utilidade. A conduta punível é, constatado o engano da outra pessoa, não dar a destinação legal ao dinheiro ou à utilidade, apropriando-se, tomando para si com *animus rem sibi habendi*. Em razão disso, pode-se objetar que, apesar de conhecido o delito como **peculato estelionato**, o tipo se aproxima mais ao da apropriação indébita. Havendo **erro provocado pelo funcionário público**, o crime não será o do artigo 313 do Código Penal, mas o de **estelionato**.

O crime é próprio, sendo funcional, ou seja, exigindo a qualidade de funcionário público para sua configuração, nos termos do conceito do artigo 327 do CP. É material, exigindo a efetiva inversão da posse, com a apropriação do dinheiro ou da utilidade, para sua configuração. Classifica-se como delito de forma livre. Por fim, é plurissubsistente, admitindo a tentativa.

O STJ já julgou interessante caso, não tão recente, em que houve **concurso entre peculato mediante erro de outrem e apropriação indébita**, além de comunicabilidade – por um período – da condição de funcionária pública da agente ao seu ex-marido:

"(...) Não há constrangimento ilegal na denúncia do paciente pela prática, em tese, de peculato mediante erro de outrem, pois, embora não fosse funcionário público, a condição da ex-mulher – por ser elementar do crime – foi a ele comunicada. O concurso material dos crimes de peculato e de apropriação indébita é, em princípio, neste caso específico, possível – pois os autos revelam que a conta onde foram depositados os valores indevidos permaneceu na titularidade conjunta do paciente e sua ex-esposa, funcionária pública, durante um período, e na titularidade exclusiva do paciente, durante outro período. (...)" (STJ, RHC 12506/MG, Rel. Min. Gilson Dipp, Quinta Turma, DJ 21/10/2002).

Ademais, o seguinte caso também analisou peculato mediante erro de outrem:

***PECULATO MEDIANTE ERRO DE OUTREM**. DOLO. VERIFICAÇÃO QUE IMPLICA REEXAME DO CONJUNTO PROBATÓRIO. SÚMULA N. 7 DO STJ AGRAVO REGIMENTAL DESPROVIDO. 1. A pretensão de se comprovar a existência da **apropriação dolosa de valores indevidamente depositados na conta** do recorrido demanda necessariamente a revisão das circunstâncias fáticas da causa, o que é vedado em recurso especial. (STJ, AgRg no AREsp 943426/SP, Rel. Min. Joel Paciornik, Quinta Turma, DJe 28/10/2016).*

QUADRO SINÓTICO

Crime de peculato mediante erro de outrem	
Tipo penal	Apropriar-se de dinheiro ou qualquer utilidade que, no exercício do cargo, recebeu por erro de outrem.
Objeto jurídico	Tutela-se a Administração Pública.
Sujeito ativo	Somente quem é funcionário público.
Sujeito passivo	O Estado e quem for diretamente prejudicado pelo agente.
Elemento subjetivo	Admite-se somente a modalidade dolosa.
Consumação	O delito se consuma quando o agente se apropria de dinheiro ou qualquer utilidade que, no exercício do cargo, recebeu por erro de outrem.
Tentativa	Admite-se a tentativa.
Forma majorada	Nos termos do artigo 327, § 2º, do CP, haverá aumento de pena quando o agente for ocupante de cargo em comissão ou de função de direção ou assessoramento de órgão da administração direta, sociedade de economia mista, empresa pública ou fundação instituída pelo poder público.
Classificação	Trata-se de delito próprio, doloso, comissivo ou omissivo impróprio, de forma livre, instantâneo, monossubjetivo, plurissubsistente e transeunte.
Benefícios	Admitem-se a suspensão condicional do processo e o oferecimento de acordo de não persecução penal.

Crime de peculato mediante erro de outrem	
Ação penal	A ação penal é pública incondicionada.
Observações	Nos termos do artigo 327 do CP, considera-se funcionário público, para os efeitos penais, quem, embora transitoriamente ou sem remuneração, exerce cargo, emprego ou função pública. Ademais, nos termos do artigo 327, § 1º, do CP, equipara-se a funcionário público quem exerce cargo, emprego ou função em entidade paraestatal, e quem trabalha para empresa prestadora de serviço contratada ou conveniada para a execução de atividade típica da Administração Pública.

1.3. Inserção de dados falsos em sistemas de informações

O artigo 313-A, incluído pela Lei n. 9.983/2000, passou a criminalizar a inserção de dados falsos em sistema de informações:

> *Art. 313-A. Inserir ou facilitar, o funcionário autorizado, a inserção de dados falsos, alterar ou excluir indevidamente dados corretos nos sistemas informatizados ou bancos de dados da Administração Pública com o fim de obter vantagem indevida para si ou para outrem ou para causar dano:*
>
> *Pena – reclusão, de 2 (dois) a 12 (doze) anos, e multa.*

Outra denominação do delito de inserção de dados falsos em sistema de informações é **peculato-eletrônico**. O tipo misto alternativo tem como núcleos os verbos inserir (introduzir, pôr, colocar), facilitar (tornar mais fácil, simplificar, favorecer), alterar (modificar, mudar, trocar, substituir) ou excluir (suprimir, eliminar). Basta a realização de um dos núcleos do tipo para a configuração do delito, ao mesmo tempo em que a prática de mais de um deles, no mesmo contexto fático, implica a responsabilização por crime único.

As condutas incriminadas consistem em o funcionário público autorizado:

- Inserir dados falsos
- Facilitar a inserção de dados falsos;
- Alterar indevidamente dados corretos;
- Excluir indevidamente dados corretos;

Todas as condutas se referem aos **sistemas informatizados ou bancos de dados da Administração Pública**, além de exigir que o agente atue com o escopo **de obter vantagem indevida para si ou para outrem ou de causar dano.** O crime é próprio, só podendo cometê-lo o **funcionário público autorizado**. Frise-se que não basta a qualidade de funcionário público, é necessário que ele possua autorização de acesso aos sistemas informatizados ou bancos de dados da Administração Pública para a configuração do delito. Trata-se daquele que possui usuário e senha para acesso ao sistema, qualidade exigida para a configuração do delito, ainda que só de um dos concorrentes, dada a comunicabilidade da qualidade pessoal aos demais agentes, por ser elementar do crime, conforme prevê o artigo 30 do CP.

O delito do artigo 313-A é doloso, com exigência de elemento subjetivo especial do tipo, consubstanciado na finalidade de obter vantagem para si ou para outrem ou de causar dano. É crime formal, dispensando a ocorrência do resultado naturalístico (obtenção da vantagem ou realização do dano) para sua consumação. Assim, ocorrendo prejuízo à Administração, é cabível a valoração negativa das consequências do crime, como tem decidido o STJ[17].

Classifica-se como infração de forma livre, por não prever a lei formas específicas e limitadas de se praticar o crime. O *iter criminis*, ou "caminho do crime", pode ser fracionado, possibilitando a punição pela modalidade tentada do delito. Por isso, é um crime plurissubsistente. Cuida-se de delito unissubjetivo ou monossubjetivo, já que basta uma pessoa para a sua prática.

Em processo no qual se acusava o réu, servidor do INSS, de haver inserido dados falsos nos sistemas informatizados a que tinha acesso em razão de seu cargo, com a finalidade de obter vantagem indevida para terceiros, consistente em benefícios previdenciários a que não tinham direito, o STJ decidiu que o tipo penal do artigo 313-A é especial em relação ao do artigo 171, § 3º, do Código Penal. Assim, afastou a configuração do estelionato majorada foi afastada:

> *"4. Do cotejo entre os tipos penais previstos nos arts. 171, § 3º, e 313-A do CP, colhe-se que os dois versam sobre a obtenção de vantagem indevida mediante fraude, mas um deles especifica as condições do engodo (inserção de dados falsos em sistema informatizado ou banco de dados da Administração) e circunstância de caráter pessoal de seu agente (funcionário autorizado). 5. O art. 313-A do CP é norma especial em relação ao art. 171, § 3º, do mesmo estatuto, porquanto acrescenta circunstâncias elementares à descrição típica do estelionato, as quais se comunicam a todos os coautores do delito delas cientes, nos termos do art. 30 do CP" (STJ, AgRg no AREsp n. 1.466.958/DF, Rel. Min. Rogerio Schietti Cruz, Sexta Turma, julgado em 14/3/2023, DJe de 22/3/2023)*

QUADRO SINÓTICO

Crime de inserção de dados falsos em sistema de informações	
Tipo penal	Inserir ou facilitar, o funcionário autorizado, a inserção de dados falsos, alterar ou excluir indevidamente dados corretos nos sistemas informatizados ou bancos de dados da Administração Pública com o fim de obter vantagem indevida para si ou para outrem ou para causar dano.
Objeto jurídico	Tutela-se a Administração Pública.
Sujeito ativo	Somente quem é funcionário público.

17. STJ, AgRg no HC n. 774.350/DF, Rel. Min. Joel Ilan Paciornik, Quinta Turma, julgado em 6/3/2023, DJe de 9/3/2023; AgRg no REsp n. 1.988.116/CE, Rel. Min. Rogerio Schietti Cruz, Sexta Turma, julgado em 9/8/2022, DJe de 18/8/2022.

Crime de inserção de dados falsos em sistema de informações	
Sujeito passivo	O Estado e quem for diretamente prejudicado pelo agente.
Elemento subjetivo	Admite-se somente a modalidade dolosa. Ademais, o agente deve possuir o especial fim de agir de obter vantagem indevida para si ou para outrem ou de causar dano.
Consumação	O delito se consuma quando o agente insere ou facilita a inserção de dados falsos, altera ou exclui indevidamente dados corretos nos sistemas informatizados ou bancos de dados da Administração Pública.
Tentativa	Admite-se a tentativa.
Forma majorada	Nos termos do artigo 327, § 2º, do CP, haverá aumento de pena quando o agente for ocupante de cargo em comissão ou de função de direção ou assessoramento de órgão da administração direta, sociedade de economia mista, empresa pública ou fundação instituída pelo poder público.
Classificação	Trata-se de delito próprio com relação ao sujeito ativo e comum com relação ao passivo. Ademais, é doloso, comissivo ou omissivo impróprio, formal, de forma livre, instantâneo, monossubjetivo, plurissubsistente e não transeunte.
Benefícios	Admite-se o oferecimento de acordo de não persecução penal.
Ação penal	A ação penal é pública incondicionada.
Observações	Nos termos do artigo 327 do CP, considera-se funcionário público, para os efeitos penais, quem, embora transitoriamente ou sem remuneração, exerce cargo, emprego ou função pública. Ademais, nos termos do artigo 327, § 1º, do CP, equipara-se a funcionário público quem exerce cargo, emprego ou função em entidade paraestatal, e quem trabalha para empresa prestadora de serviço contratada ou conveniada para a execução de atividade típica da Administração Pública.

1.4. Modificação ou alteração não autorizada de sistema de informações

A Lei n. 9.983/2000 também inseriu no Código Penal o delito de modificação ou alteração não autorizada de sistema de informações, com o seguinte conteúdo:

> *Art. 313-B. Modificar ou alterar, o funcionário, sistema de informações ou programa de informática sem autorização ou solicitação de autoridade competente:*
>
> *Pena – detenção, de 3 (três) meses a 2 (dois) anos, e multa.*
>
> *Parágrafo único. As penas são aumentadas de um terço até a metade se da modificação ou alteração resulta dano para a Administração Pública ou para o administrado.*

O crime de modificação ou alteração não autorizada em sistema de informações também é considerado uma modalidade de **peculato-eletrônico**, tal qual o artigo 313-A do CP. **Ao contrário do artigo 313-A, não se exige que o funcionário público seja o autorizado.**

Os núcleos do tipo penal misto alternativo são modificar (mudar, substituir) ou alterar (transfigurar, substituir). A conduta incriminada é a de o funcionário público modificar ou alterar sistema de informações ou programa de informática (*software*). O elemento normativo exige, para a configuração do crime, que o agente atue "sem autorização ou solicitação de autoridade competente".

O crime é próprio, só podendo praticá-lo o funcionário público. É formal, não dependendo de resultado naturalístico para sua consumação. Caso sobrevenha o resultado naturalístico, consistente no dano, incidirá a majorante do parágrafo único do artigo 313-B. É instantâneo, consumando-se em um dado momento no tempo. É plurissubsistente, por ser a conduta fracionável, razão pela qual admite a tentativa.

Modalidade majorada: resultado danoso

O parágrafo único do artigo 313-B prevê uma modalidade majorada em razão do resultado. Prevê-se o aumento de pena, de um terço até a metade, se da modificação ou alteração resultar dano para a Administração Pública ou para o administrado. O juiz deve estabelecer a fração de aumento em proporção com a gravidade do dano causado ao administrado, em razão de dificuldade de acesso a um serviço público, por exemplo, ou à Administração Pública, como se dificultar o acesso ao sistema de pagamentos e implicar multas e juros, suportados pelo Erário.

QUADRO SINÓTICO

Crime de modificação ou alteração não autorizada de sistema de informações	
Tipo penal	Modificar ou alterar, o funcionário, sistema de informações ou programa de informática sem autorização ou solicitação de autoridade competente.
Objeto jurídico	Tutela-se a Administração Pública.
Sujeito ativo	Somente quem é funcionário público.
Sujeito passivo	O Estado e quem for diretamente prejudicado pelo agente.
Elemento subjetivo	Admite-se somente a modalidade dolosa.
Elemento normativo	Consiste na expressão "sem autorização ou solicitação de autoridade competente".
Consumação	O delito se consuma quando o agente modifica ou altera sistema de informações ou programa de informática sem autorização ou solicitação de autoridade competente.
Tentativa	Admite-se a tentativa.
Forma majorada	Nos termos do artigo 313-B, parágrafo único, do CP, as penas são aumentadas de um terço até a metade se da modificação ou alteração resulta dano para a Administração Pública ou para o administrado. Nos termos do artigo 327, § 2º, do CP, haverá aumento de pena quando o agente for ocupante de cargo em comissão ou de função de direção ou assessoramento de órgão da administração direta, sociedade de economia mista, empresa pública ou fundação instituída pelo poder público.

Crime de modificação ou alteração não autorizada de sistema de informações	
Classificação	Trata-se de delito próprio com relação ao sujeito ativo e comum com relação ao passivo. Ademais é doloso, comissivo ou omissivo impróprio, de forma livre, instantâneo, monossubjetivo, plurissubsistente e não transeunte.
Benefícios	Admite-se o oferecimento de acordo de não persecução penal.
Ação penal	A ação penal é pública incondicionada.
Observações	Nos termos do artigo 327 do CP, considera-se funcionário público, para os efeitos penais, quem, embora transitoriamente ou sem remuneração, exerce cargo, emprego ou função pública. Ademais, nos termos do artigo 327, §,1º, do CP, equipara-se a funcionário público quem exerce cargo, emprego ou função em entidade paraestatal, e quem trabalha para empresa prestadora de serviço contratada ou conveniada para a execução de atividade típica da Administração Pública.

1.5. Extravio, sonegação ou inutilização de livro ou documento

O artigo 314 do CP prevê o crime de extravio, sonegação ou inutilização de livro ou documento:

> *Art. 314 – Extraviar livro oficial ou qualquer documento, de que tem a guarda em razão do cargo; sonegá-lo ou inutilizá-lo, total ou parcialmente:*
>
> *Pena – reclusão, de um a quatro anos, se o fato não constitui crime mais grave.*

O tipo penal, que é misto alternativo, prevê as seguintes formas de ser praticado:

- **Extraviar** (descaminhar, desviar) livro oficial ou qualquer documento, de que tem a guarda em razão do cargo;
- **Sonegar** (ocultar, esconder) livro oficial ou qualquer documento, de que tem a guarda em razão do cargo; ou
- **Inutilizar** (tornar inútil, avariar, estragar), total ou parcialmente, livro oficial ou qualquer documento, de que tem a guarda em razão do cargo.

No caso do extravio e da sonegação, há divergência se o crime é permanente (já que a consumação se prolongaria enquanto o agente não revelasse o paradeiro do que sonega ou a destinação do que foi extraviado) ou se é instantâneo (consumando-se no momento da sonegação ou do extravio).

Só pode ser objeto material do tipo o livro oficial ou qualquer documento de que o funcionário público tenha a guarda em razão do cargo, como os autos do processo desviados pelo escrivão judicial ou o bem penhorado extraviado pelo oficial de justiça.

O crime é próprio, só podendo praticá-lo o funcionário público. É doloso, sem exigência de elemento subjetivo especial do tipo. É crime de forma livre. A doutrina o classifica como plurissubsistente, salvo na modalidade de sonegar, que seria unissubsistente e, por isso, não admitiria a tentativa.

Cuida-se de **crime expressamente subsidiário**, já que seu preceito secundário traz a sanção penal que deve ser aplicada se o fato não constituir crime mais grave. Além disso, há crimes previstos em leis especiais, como o art. 321 do Decreto-Lei n. 1.001/69, o Código Penal Militar, e o art. 3º, I, da Lei n. 8.137/90, que versa sobre crimes contra a ordem tributária, econômica e contra as relações de consumo.

Se o objeto material consistir em autos judiciais ou documento de valor probante, o qual tenha sido extraviado, inutilizado, sonegado por advogado, público ou privado, ou procurador com poderes para tanto, o crime será o do art. 356 do Código Penal.

QUADRO SINÓTICO

Crime de extravio, sonegação ou inutilização de livro ou documento	
Tipo penal	Extraviar livro oficial ou qualquer documento, de que tem a guarda em razão do cargo; sonegá-lo ou inutilizá-lo, total ou parcialmente.
Objeto jurídico	Tutela-se a Administração Pública.
Sujeito ativo	Somente quem é funcionário público.
Sujeito passivo	O Estado e quem for diretamente prejudicado pelo agente.
Elemento subjetivo	Admite-se somente a modalidade dolosa.
Consumação	O delito se consuma quando o agente extravia livro oficial ou qualquer documento, de que tem a guarda em razão do cargo; o sonega ou o inutiliza, total ou parcialmente.
Tentativa	Admite-se a tentativa.
Forma majorada	Nos termos do artigo 327, § 2º, do CP, haverá aumento de pena quando o agente for ocupante de cargo em comissão ou de função de direção ou assessoramento de órgão da administração direta, sociedade de economia mista, empresa pública ou fundação instituída pelo poder público.
Classificação	Trata-se de delito próprio com relação ao sujeito ativo e comum com relação ao passivo. Ademais é doloso, comissivo (extraviar e inutilizar) ou omissivo (sonegar), de forma livre, instantâneo, monossubjetivo, plurissubsistente e transeunte.
Benefícios	Admitem-se a suspensão condicional do processo e o oferecimento de acordo de não persecução penal.
Ação penal	A ação penal é pública incondicionada.
Observações	Nos termos do artigo 327 do CP, considera-se funcionário público, para os efeitos penais, quem, embora transitoriamente ou sem remuneração, exerce cargo, emprego ou função pública. Ademais, nos termos do artigo 327, § 1º, do CP, equipara-se a funcionário público quem exerce cargo, emprego ou função em entidade paraestatal, e quem trabalha para empresa prestadora de serviço contratada ou conveniada para a execução de atividade típica da Administração Pública.

1.6. Emprego irregular de verbas ou rendas públicas

O emprego irregular de verbas ou rendas públicas é o delito tratado no artigo 315 do Estatuto Repressivo:

> *Art. 315 – Dar às verbas ou rendas públicas aplicação diversa da estabelecida em lei:*
>
> *Pena – detenção, de um a três meses, ou multa.*

A conduta incriminada é dar às verbas ou rendas públicas aplicação diversa da estabelecida em lei, ou seja, dar destinação ilícita, empregar as verbas ou rendas públicas em desacordo com a legislação. Como a norma penal em seu preceito primário prevê o termo *lei*, excluem-se os decretos e quaisquer outros atos normativos infralegais, sob pena de analogia *in malam partem*.

O sujeito ativo é o funcionário público, mas somente aquele que tem a função de gestão, que tem a atribuição de gerir as verbas ou rendas públicas. No caso do Prefeito, sua conduta possui norma especial, prevista no artigo 1º, inciso III, do Decreto-Lei n. 201/1967.

O crime é doloso, não prevendo a necessidade de elemento subjetivo especial do tipo. É plurissubsistente, sendo admissível a tentativa. Cezar Bitencourt defende que o crime é formal, não se consumando, entretanto, com a mera escrituração irregular, sendo necessária a efetiva aplicação ilegal das verbas ou rendas públicas.

Sobre a especialidade do crime previsto no Decreto-Lei n. 201/1967 no caso de aplicação ilícita de dinheiro público por prefeito, bem como a inaplicabilidade da insignificância, há o seguinte precedente do STJ:

> *"PENAL E PROCESSUAL PENAL. RECURSO ESPECIAL. PREFEITO. **DECRETO-LEI Nº 201/67**. LEI COMPLEMENTAR Nº 101/2000. DENÚNCIA. RECEBIMENTO. **Inaplicabilidade do princípio da insignificância ao presente caso porque não se pode ter como insignificante o desvio de bens públicos levado a cabo por Prefeito Municipal, que, no exercício de suas funções, deve obediência aos mandamentos legais e constitucionais, notadamente ao princípio da moralidade pública**. A realização pelo Prefeito de despesas com doações a pessoas físicas sem, contudo, lei específica que autorizasse tal ato contraria o disposto no art. 26 da LC 101/2000 e constitui, em tese, crime de responsabilidade. Recurso provido." (STJ, REsp 677159/PE, Rel. Min. José Arnaldo da Fonseca, Quinta Turma, DJ 21/03/2005).*

O crime se diferencia do crime de peculato-apropriação. Naquele delito, o agente destina verbas públicas para questões privadas, como na utilização de verbas recebidas para pagamento de taxas para abastecer o seu carro ou para o tratamento de saúde de um irmão. No emprego irregular de verbas ou rendas públicas, desatende-se a normas de direito financeiro, destinando verbas que possuem uma destinação específica para outra despesa, mas igualmente pública. Por isso, a conduta é menos grave, por se tratar de um mau gestor, e não de uma prática de vilipendiar o erário:

Emprego irregular de verbas ou rendas públicas	Art. 315 - **Dar às verbas ou rendas públicas aplicação diversa da estabelecida em lei**: Pena - detenção, de um a três meses, ou multa.
Peculato-desvio	Art. 312 - Apropriar-se o funcionário público de dinheiro, valor ou qualquer outro bem móvel, público ou particular, de que tem a posse em razão do cargo, ou **desviá-lo, em proveito próprio ou alheio**: Pena - reclusão, de dois a doze anos, e multa.

QUADRO SINÓTICO

Crime de emprego irregular de verbas ou rendas públicas	
Tipo penal	Dar às verbas ou rendas públicas aplicação diversa da estabelecida em lei.
Objeto jurídico	Tutela-se a Administração Pública.
Sujeito ativo	Somente quem é o funcionário público competente para destinar as verbas.
Sujeito passivo	O Estado e quem for diretamente prejudicado pelo agente.
Elemento subjetivo	Admite-se somente a modalidade dolosa.
Consumação	O delito se consuma quando o agente dá às verbas ou rendas públicas aplicação diversa da estabelecida em lei.
Tentativa	Admite-se a tentativa.
Forma majorada	Nos termos do artigo 327, § 2º, do CP, haverá aumento de pena quando o agente for ocupante de cargo em comissão ou de função de direção ou assessoramento de órgão da administração direta, sociedade de economia mista, empresa pública ou fundação instituída pelo poder público.
Classificação	Trata-se de delito próprio com relação ao sujeito ativo e comum com relação ao passivo. Ademais é doloso, comissivo ou omissivo impróprio, de forma livre, instantâneo, monossubjetivo, plurissubsistente e transeunte.
Benefícios	Trata-se de delito de menor potencial ofensivo, de competência dos Juizados Especiais Criminais, que admite a transação, suspensão condicional do processo e acordo de não persecução penal.
Ação penal	A ação penal é pública incondicionada.
Observações	Nos termos do artigo 327 do CP, considera-se funcionário público, para os efeitos penais, quem, embora transitoriamente ou sem remuneração, exerce cargo, emprego ou função pública. Ademais, nos termos do artigo 327, § 1º, do CP, equipara-se a funcionário público quem exerce cargo, emprego ou função em entidade paraestatal, e quem trabalha para empresa prestadora de serviço contratada ou conveniada para a execução de atividade típica da Administração Pública.

1.7. Concussão e excesso de exação

O artigo 316 do Código Penal traz o crime de concussão:

> *Art. 316 – Exigir, para si ou para outrem, direta ou indiretamente, ainda que fora da função ou antes de assumi-la, mas em razão dela, vantagem indevida:*
>
> *Pena – reclusão, de dois a doze anos, e multa.*
>
> *Excesso de Exação*
>
> *§ 1º – Se o funcionário exige tributo ou contribuição social que sabe ou deveria saber indevido, ou, quando devido, emprega na cobrança meio vexatório ou gravoso, que a lei não autoriza:*
>
> *Pena – reclusão, de 3 (três) a 8 (oito) anos, e multa.*
>
> *§ 2º – Se o funcionário desvia, em proveito próprio ou de outrem, o que recebeu indevidamente para recolher aos cofres públicos:*
>
> *Pena – reclusão, de dois a doze anos, e multa.*

A ação nuclear típica é **exigir**, que significa impor, ordenar, obrigar. A conduta incriminada é exigir, para si ou para outrem, de forma direta ou indireta, vantagem indevida. A exigência pode se dar no exercício da função ou mesmo antes de o agente exercer a função, desde que exija em razão da função que futuramente exercerá.

É necessário que a conduta do agente implique uma violência (moral), no sentido de coagir o sujeito passivo a lhe dar a vantagem indevida. De outra forma, o crime será o de corrupção passiva, que se configura com a mera solicitação. O crime traz uma modalidade de extorsão com o uso da função pública, ou seja, com um abuso de autoridade. Caso o mal prometido pelo agente não seja de sua competência, configura-se o crime de extorsão.

A pena, na forma do *caput*, era de reclusão, de 2 a 8 anos, e multa. Isso se mostrava nitidamente desproporcional com a pena da corrupção passiva, em que a conduta do agente é menos grave e a pena máxima chega aos 12 anos. Com o advento da Lei n. 13.964/2019, a pena passou a ser de 2 a 12 anos de reclusão, e multa, o que, por ser alteração mais gravosa, só se aplica aos crimes cometidos após o início de sua vigência.

Havendo **exigência do funcionário público** em relação ao particular, este último não responderá pelo crime de corrupção ativa, que só possui como núcleos do tipo as condutas de "oferecer" ou "prometer vantagem", e não de "dar a vantagem" quando ela lhe é exigida. Na verdade, o particular figura como vítima do delito de concussão.

A vantagem deve ser indevida, ou seja, ilegal, injusta, contrária ao que determina o ordenamento jurídico. A doutrina diverge se deve ser a vantagem de natureza econômica ou patrimonial, sendo que a maioria parece defender essa posição, com respaldo jurisprudencial. Entretanto, há o entendimento de que a vantagem não precisa ser de cunho financeiro-econômico para a configuração do crime, mesmo porque a lei não traz tal restrição.

A vantagem exigida deve ser para si ou para outrem, sendo que há divergência também no caso de se destinar à Administração Pública. Rogério Sanches Cunha defende que o crime também se configura se a vantagem se destinar à própria

Administração[18], enquanto Cezar Bitencourt parece concluir que, no caso de vantagem destinada ao próprio ente público, o crime seria o de excesso de exação[19].

O crime é **próprio**, só podendo ser praticado pelo funcionário público, mesmo que ainda não tenha tomado posse do cargo à época da conduta, ou mesmo esteja licenciado, desde que a razão da exigência seja a função pública. O elemento subjetivo é o dolo, sendo que o elemento subjetivo especial do injusto está presente na expressão "para si ou para outrem". Não se prevê a modalidade culposa. É formal, não se exigindo o resultado naturalístico para sua consumação.

Sua conduta é fracionável, razão pela qual é classificado como plurissubsistente e admite a forma tentada. Sobre o resultado naturalístico e o momento da consumação, há o seguinte julgado do Superior Tribunal de Justiça:

> *"(...) 3. Eventual exame acerca da existência ou não de consunção entre os crimes de cárcere privado e concussão demanda inevitável revolvimento dos fatos e das provas constantes dos autos, o que não é possível na via eleita, nos termos do que dispõe o enunciado n. 7/STJ.* ***Ademais, o crime de concussão é formal, cuja consumação se verifica com a simples exigência de vantagem indevida nos moldes em que descrito no tipo penal.*** *Já o crime de cárcere privado é material e não guarda nenhuma relação com a consumação do crime de concussão, ou seja, um não é fase necessária para a realização do outro, motivo pelo qual se cuidam de condutas autônomas. (...)" (STJ, AgRg REsp 1366683/PR, Rel. Min. Reynaldo da Fonseca, Quinta Turma, Dje 24/11/17).*

Excesso de exação

O parágrafo primeiro do artigo 316 prevê uma figura delitiva com outro *nomen iuris*, outra denominação. Cuida-se do excesso de exação, cujo tipo penal é "Se o funcionário exige tributo ou contribuição social que sabe ou deveria saber indevido, ou, quando devido, emprega na cobrança meio vexatório ou gravoso, que a lei não autoriza: Pena – reclusão, de 3 (três) a 8 (oito) anos, e multa".

O núcleo do tipo do excesso da exação também é exigir, assim como na concussão. Tem o sentido de impor, ordenar, obrigar. Há, ainda, a figura do final do tipo, em que o núcleo do tipo é empregar, ou seja, usar, utilizar, servir-se.

São, portanto, as condutas incriminadas se praticadas pelo funcionário público:

- Exigir tributo ou contribuição social que sabe ou deveria saber indevido;
- Empregar na cobrança de tributo ou contravenção social, quando devidos, meio vexatório ou gravoso, quando a lei não autoriza.

Crime próprio, pois só pode ser praticado pelo funcionário público. É doloso, exigindo, para Bitencourt[20], elemento subjetivo especial do injusto, consistente na

18. CUNHA, Rogério Sanches. Manual de direito penal: parte especial (arts. 121 ao 361). 12. ed. Salvador: Juspodivm, 2020, p. 865.
19. BITENCOURT, Cezar Roberto. Tratado de direito penal, volume V: parte especial. 4. ed. São Paulo: Saraiva, 2010, p. 95.
20. BITENCOURT, Cezar Roberto. Tratado de direito penal, volume V: parte especial. 4. ed. São Paulo: Saraiva, 2010, p. 103.

expressão "para si ou para ontem". Entretanto, Cunha, com base nos ensinos de Antonio Pagliaro e Paulo José da Costa Júnior, defende que o dolo é o genérico[21].

Se a exigência for feita por escrito, a conduta é plurissubsistente, admitindo a tentativa. No caso de cobrança por meio vexatório ou gravoso, também se pune a modalidade tentada, a depender da forma de execução.

O STJ já apreciou caso sobre titular de cartório acusado de excesso de exação, somente consignando ser necessária a instrução e não ser cabível o "trancamento" da ação penal:

> *"EXCESSO DE EXAÇÃO (...) Sendo o recorrente titular de cartório e uma vez atendidos os requisitos legais do art. 41, do CPP, o trancamento da ação penal se mostra prematuro na medida em que o dolo do agente na conduta afirmada deve ser demonstrado no curso da ação". (STJ, RHC 44492/SC, Rel. p/ acórdão Min. Moura Ribeiro, Quinta Turma, DJe 19/11/2014).*

Modalidade especial de excesso de exação

O parágrafo segundo do artigo 316 prevê a uma modalidade diversa de excesso de exação, com pena de reclusão, de dois a doze anos, e multa. Configura-se caso o funcionário desvie, em proveito próprio ou de outrem, o que recebeu indevidamente para recolher aos cofres públicos. Perceba que deveria ser uma modalidade qualificada de excesso de exação, mas, apesar de pena máxima em abstrato ser maior, possui pena mínima menor em relação à modalidade do parágrafo primeiro.

Há, neste caso, um desvio do produto recebido indevidamente, sendo que o funcionário público o extravia para si ou para outrem, ou seja, ainda há a apropriação dos valores.

QUADRO SINÓTICO

Crime de concussão	
Tipo penal	Exigir, para si ou para outrem, direta ou indiretamente, ainda que fora da função ou antes de assumi-la, mas em razão dela, vantagem indevida.
Objeto jurídico	Tutela-se a Administração Pública.
Sujeito ativo	Somente quem é funcionário público.
Sujeito passivo	O Estado e quem for diretamente prejudicado pelo agente.
Elemento subjetivo	Admite-se somente a modalidade dolosa.
Consumação	O delito se consuma quando o agente exige direta ou indiretamente, ainda que fora da função ou antes de assumi-la, mas em razão dela, vantagem indevida. Por se tratar de delito formal, não é necessário que o agente receba a vantagem indevida.
Tentativa	No caso concreto, em sendo fracionável o *iter criminis*, é possível vislumbrar a tentativa.

21. CUNHA, Rogério Sanches. Manual de direito penal: parte especial (arts. 121 ao 361). 12. ed. Salvador: Juspodivm, 2020, p. 869.

Crime de concussão	
Forma majorada	Nos termos do artigo 327, § 2º, do CP, haverá aumento de pena quando o agente for ocupante de cargo em comissão ou de função de direção ou assessoramento de órgão da administração direta, sociedade de economia mista, empresa pública ou fundação instituída pelo poder público.
Forma qualificada	Nos termos do artigo 316, § 1º, do CP, é qualificada a conduta do funcionário que exige tributo ou contribuição social que sabe ou deveria saber indevido, ou, quando devido, emprega na cobrança meio vexatório ou gravoso, que a lei não autoriza. Trata-se do excesso de exação.
Classificação	Trata-se de delito próprio com relação ao sujeito ativo e comum com relação ao passivo. Ademais é doloso, comissivo ou omissivo impróprio, formal, de forma livre, monossubjetivo, unissubsistente e transeunte.
Benefícios	Admite-se o oferecimento de acordo de não persecução penal.
Ação penal	A ação penal é pública incondicionada.
Observações	Nos termos do artigo 316, § 2º, do CP, é típica a conduta do funcionário desvia, em proveito próprio ou de outrem, o que recebeu indevidamente para recolher aos cofres públicos. Trata-se da concussão-desvio. A concussão se diferencia da extorsão na medida em que neste delito a exigência é feita mediante violência ou grave ameaça, enquanto neste a exigência indevida feita pelo funcionário público não é acompanhada de tais características.
Observações	Nos termos do artigo 327 do CP, considera-se funcionário público, para os efeitos penais, quem, embora transitoriamente ou sem remuneração, exerce cargo, emprego ou função pública. Ademais, nos termos do artigo 327, § 1º, do CP, equipara-se a funcionário público quem exerce cargo, emprego ou função em entidade paraestatal, e quem trabalha para empresa prestadora de serviço contratada ou conveniada para a execução de atividade típica da Administração Pública.

1.8. Corrupção passiva

No que a doutrina majoritária considera uma exceção ao monismo, a prática de corrupção é punida de forma diferenciada a depender da atuação do indivíduo. Há o delito comum, de corrupção ativa, previsto no artigo 333 do Código Penal, além do delito funcional, de corrupção passiva, que está previsto no artigo 317 do CP:

> *Art. 317 – Solicitar ou receber, para si ou para outrem, direta ou indiretamente, ainda que fora da função ou antes de assumi-la, mas em razão dela, vantagem indevida, ou aceitar promessa de tal vantagem:*
>
> *Pena – reclusão, de 2 (dois) a 12 (doze) anos, e multa.*
>
> *§ 1º – A pena é aumentada de um terço, se, em consequência da vantagem ou promessa, o funcionário retarda ou deixa de praticar qualquer ato de ofício ou o pratica infringindo dever funcional.*

> *§ 2º – Se o funcionário pratica, deixa de praticar ou retarda ato de ofício, com infração de dever funcional, cedendo a pedido ou influência de outrem:*
>
> *Pena – detenção, de três meses a um ano, ou multa.*

Os núcleos do tipo são solicitar (pedir, pleitear, rogar), receber (recolher, embolsar, perceber) e aceitar (aprovar, aquiescer, consentir). As condutas incriminadas são as seguintes, a serem praticadas pelo funcionário público:

- **Solicitar** vantagem indevida, para si ou para outrem, direta ou indiretamente;
- **Receber** vantagem indevida, para si ou para outrem, direta ou indiretamente;
- **Aceitar** promessa de vantagem indevida, para si ou para outrem.

Todas as condutas devem envolver a função pública. Podem ocorrer fora da função ou antes de o funcionário assumi-la, desde que seja em razão dela, por causa da função pública. Não se faz referência, no tipo da corrupção passiva, a um ato de ofício, o que quebra a simetria com o crime de corrupção ativa, em que há referência expressa, no tipo penal, a uma finalidade do sujeito ativo: "determinar o funcionário público a praticar, omitir ou retardar ato de ofício". No crime de corrupção passiva, basta o dolo, não se exigindo elemento subjetivo especial do tipo. Ademais, neste delito o ato de ofício somente é mencionado na forma majorada, prevista no § 1º do artigo 317 do CP.

Essa ausência de menção ao ato de ofício visaria a deixar o tipo penal mais amplo, almejando criminalizar tanto a corrupção do funcionário de baixo escalão, ao mercantilizar as suas funções, como grandes autoridades, inclusive chefes do Poder Executivo Federal, Estadual ou Municipal, que possuem considerável discricionariedade e amplo plexo de poderes. Desse modo, seria possível tipificar a conduta de um presidente da República que aceita vantagem para favorecer determinados setores do mercado.

De todo modo, é necessário que haja a solicitação, recebimento ou aceitação de promessa de vantagem indevida. Não há o delito se o funcionário exigir vantagem que lhe é devida, como o ressarcimento de valor a que faz jus. Precisamente por isso, o STJ afastou a configuração do delito que teria sido praticado por médico que atendia em rede credenciada pelo Sistema Único de Saúde (SUS), que exigiu o ressarcimento por uso de equipamento de sua propriedade. Após acordo com o paciente, ele havia empregado técnica cirúrgica não coberta pelo sistema público, com uso de equipamento privado, razão pela qual não se tratava de vantagem indevida. Não praticou, portanto, corrupção passiva, ainda que seja equiparado, em tal situação, a funcionário público para fins penais, na forma do artigo 327, § 1º, do Código Penal[22].

No caso de o agente solicitar ou receber vantagem indevida, o crime já se consumou. Segundo entendimento do STF, **não é necessária a posterior prática do ato de ofício para a configuração do delito:**

> *"(...) 13. Conforme a jurisprudência do STF, para a consumação do crime de corrupção passiva, basta a solicitação ou recebimento de vantagem ilícita em razão da função*

22. STJ, AgRg no HC n. 541.447/SP, Rel. Min. João Otávio de Noronha, Quinta Turma, julgado em 14/9/2021, DJe de 20/9/2021.

pública. Em consequência, ressoa ***irrelevante, para a configuração da figura típica prevista no caput do art. 317 do CP, a ulterior prática de atos de ofício****. (...)" (STF, AO 2057/RN, Rel. Min. Luiz Fux, Primeira Turma, Julgamento 02/10/2018).*

O STJ também tem entendido desnecessária a posterior prática de ato de ofício, pelo funcionário público, para a consumação do delito:

"(...) 2. Ao contrário do que ocorre no crime de corrupção ativa, ***o tipo penal de corrupção passiva não exige a comprovação de que a vantagem indevida solicitada, recebida ou aceita pelo funcionário público esteja causalmente vinculada à prática, omissão ou retardamento de 'ato de ofício'****. 3. A expressão 'ato de ofício' aparece apenas no* caput *do art. 333 do CP, como um elemento normativo do tipo de corrupção ativa, e não no* caput *do art. 317 do CP, como um elemento normativo do tipo de corrupção passiva. Ao contrário, no que se refere a este último delito, a expressão 'ato de ofício' figura apenas na majorante do art. 317, § 1.º, do CP e na modalidade privilegiada do § 2.º do mesmo dispositivo. 4. Nem a literalidade do art. 317 do CP, nem sua interpretação sistemática, nem a política criminal adotada pelo legislador parecem legitimar a ideia de que a expressão 'em razão dela', presente no tipo de corrupção passiva, deve ser lida no restrito sentido de 'ato que está dentro das competências formais do agente'. (...) (STJ, REsp 1745410/SP, Rel. p/ acórdão Laurita Vaz, Sexta Turma, DJe 23/10/2018).*

Vale mencionar que, nesse julgado, houve uma relevante discussão. No caso, funcionários de uma empresa de carga de descarga aeroportuária aceitaram promessa de vantagem indevida para possibilitar a entrada irregular de estrangeiros no país. Por se tratar de empresa concessionária de serviços públicos, são funcionários públicos por equiparação, conforme artigo 327, parágrafo único, do CP. Ocorre que a migração de indivíduos não era uma atividade relacionada com as suas funções na empresa, mas sim as atividades de carga e descarga de mercadorias. Surgiu, então, a divergência sobre a possibilidade ou não de serem punidos por corrupção passiva, considerando que a vantagem foi recebida para realizarem algo não incluído em suas funções, que seria, em suma, de escoltar um libanês por área de carga e descarga para que não passasse pelo controle de entrada no território nacional.

Aberta a divergência entre os julgadores, a posição vencedora no STJ foi a de ser desnecessário o nexo de causalidade entre a vantagem e o ato funcionário público, a fim de se otimizar a proteção da probidade administrativa. Um argumento utilizado foi de que a exigência desse nexo entre vantagem e que o ato esteja dentro das atribuições do agente levaria à distorção, de modo que, citando um voto do Min. Barroso, "o guarda de trânsito que pede dinheiro para deixar de aplicar uma multa seria punível, mas o senador que vende favores no exercício do seu mandato passaria impune"[23]. Por outro lado, houve absolvição do acusado de corrupção ativa, em decorrência da menção, nesse outro tipo penal, ao ato de ofício[24].

---

23. STF, Inq 4506, Rel. Min. Marco Aurélio, Rel. p/ acórdão: Min. Roberto Barroso, Primeira Turma, julgado em 17/04/2018.
24. STJ, REsp 1745410/SP, Rel. Min. Sebastião Reis Júnior, Rel. p/ acórdão Laurita Vaz, Sexta Turma, DJe 23/10/2018. Posição reafirmada em: STJ, EDcl no AgRg nos EDcl nos EDv nos EAREsp n. 1.301.024/SP, Rel. Min. Reynaldo Soares da Fonseca, Terceira Seção, julgado em 12/6/2019, DJe de 27/6/2019.

O Supremo Tribunal Federal, ao analisar a AP 307, conhecida como Caso Collor, exigiu na corrupção passiva um ato de ofício concreto para a configuração do delito. Na AP 470, exigiu um ato concretizável, ou seja, um ato de ofício potencial, ainda que não tenha sido efetivamente praticado[25]. No julgado em que o Ministro Barroso usou os exemplos do guarda de trânsito e do senador, a Primeira Turma do Supremo Tribunal decidiu **não ser necessária**, para a configuração do crime de corrupção passiva, **a descrição de um específico ato de ofício**, mas se referiu a **uma vinculação causal entre as vantagens indevidas e as atribuições do funcionário público**, passando este a atuar não mais em prol do interesse público, mas em favor de seus interesses pessoais[26]. A Segunda Turma também pontuou ser imprescindível o "nexo de pertinência entre as funções exercidas pelos denunciados" e a solicitação da vantagem para a configuração do delito[27].

Por outro lado, o Supremo Tribunal Federal, em julgamento realizado pelo Pleno, decidiu ser imprescindível que se aponte o ato de ofício objeto da mercancia ilícita e, além disso, que este ato de ofício esteja inserido no rol de atribuições do agente público para que se configure o crime de corrupção passiva:

> *"Conforme a jurisprudência deste Supremo Tribunal Federal,* **a perfeita subsunção da conduta ao crime de corrupção passiva exige a demonstração de que o favorecimento negociado pelo agente público encontra-se no rol das atribuições previstas para a função que exerce**. *Precedentes. No caso, a narrativa ministerial não descreve quais as atribuições conferidas ao cargo ocupado pela congressista denunciada que teriam sido objeto da negociação, nem tampouco quais os interesses o Grupo Odebrecht buscava almejar com o suposto repasse de valores em prol da parlamentar, a evidenciar a inépcia da denúncia.*
>
> *(STF, Inq 4342, Rel. Min. Edson Fachin, Tribunal Pleno, julgado em 21-11-2023)*

Prevalece **não ser necessária**, para a punição do agente corrupto, **a bilateralidade da corrupção ativa e da corrupção passiva**, não sendo imprescindível a condenação ou identificação do corruptor (o agente da corrupção ativa) para que se possa punir o agente público pelo delito de corrupção passiva:

> *"(...) 3. O Tribunal* a quo *absolveu os acusados, em razão da atipicidade da conduta, por entender que o crime de corrupção passiva, na modalidade receber vantagem indevida, é delito bilateral, que exige corruptor (particular) e corrompido (funcionário público) e, no presente caso, não há o corruptor. Ocorre que a jurisprudência desta Corte Superior é no sentido de que* ***eventual bilateralidade das condutas de corrupção passiva e ativa é apenas fático-jurídica****, não se estendendo ao plano processual, visto que a investigação de cada fato terá o seu curso, com os percalços inerentes a cada procedimento, sendo que* ***para a condenação do autor de corrupção passiva é desnecessária a identificação ou mesmo a condenação do corruptor ativo***

25. LEITE, Alaor; TEIXEIRA, Adriano; GRECO, Luís. A amplitude do tipo penal da corrupção passiva. Disponível em: https://www.jota.info/opiniao-e-analise/artigos/a-amplitude-do-tipo-penal-da-corrupcao-passiva-26122018.
26. STF, Inq 4506, Rel. Min. Marco Aurélio, Rel. p/ acórdão: Min. Roberto Barroso, Primeira Turma, julgado em 17/04/2018.
27. STF, AP 1003, Rel. Min. Edson Fachin, Rel. p/ acórdão Min. Dias Toffoli, Segunda Turma, julgado em 19/06/2018.

> *(AgRg no REsp 1613927/RS, Rel. Ministra MARIA THEREZA DE ASSIS MOURA, Sexta Turma, julgado em 20/09/2016, DJe 30/09/2016). (...)" (STJ, AgInt no AREsp 1064109/GO, Rel. Min. Reynaldo Soares da Fonseca, Quinta Turma, DJe 20/09/2017).*

No caso de fiscal de rendas, como o Auditor Fiscal da Receita Federal, por exemplo, há a previsão de um tipo específico no artigo 3º, inciso II, da Lei n. 8137/1990. Portanto, no caso de o funcionário público exercer essa função, ligada à Administração Fazendária, o crime será outro, e não o de corrupção passiva, em virtude da especialidade. Ademais, caso o agente aceite suborno para fazer afirmação falsa, ou negar ou calar a verdade como testemunha, perito, contador, tradutor ou intérprete em processo judicial, ou administrativo, inquérito policial, ou em juízo arbitral, o crime também será outro, específico, previsto no artigo 342, § 1º, do Código Penal.

Como no caso da **concussão**, existe a divergência sobre a natureza da vantagem, se apenas a econômico-financeira serve para configuração do delito. Vale registrar, também aqui, que a lei não faz tal ressalva, parecendo acertado o entendimento de que a vantagem de qualquer natureza configura o crime, desde que seja indevida, ou seja, injusta, ilícita.

O crime é próprio, por exigir qualidade pessoal do sujeito ativo, qual seja, de funcionário público. É formal nas modalidades "solicitar" e "aceitar promessa". Na modalidade "receber", é material, só se consumando com o efetivo recebimento. Entretanto, o STJ tem precedente considerando que o delito é formal em todos os seus núcleos, pois toma como resultado naturalístico o ato de ofício:

> *"O crime de corrupção passiva **é formal** e se consuma com a prática de um dos verbos nucleares previstos no art. 317 do Código Penal, isto é, solicitar ou receber vantagem indevida, ou aceitar promessa de tal vantagem, sendo, pois, **prescindível a efetiva realização do ato funcional**. Com efeito, o ato de ofício constitui mera causa de aumento de pena, prevista no § 1º, do aludido diploma." (STJ, AgRg no AREsp 1389718/RS, Rel. Min. Reynaldo Soares da Fonseca, Quinta Turma, DJe 17/12/19).*

Crime plurissubsistente, exceto se a solicitação ou a aceitação se der de forma oral, caso em que não será possível a tentativa. A infração penal é de forma livre, por não prever modo específico de sua prática.

Em exceção à teoria monista, o particular que oferecer ou prometer vantagem indevida a funcionário público, para determiná-lo a praticar, omitir ou retardar ato de ofício, responderá pelo crime de corrupção ativa (art. 333 do CP), e não em concurso de agentes pelo delito de corrupção passiva.

A corrupção pode ser classificada como **antecedente**, se a vantagem se destina à prática ou omissão futura do funcionário, ou **subsequente**, caso se refira a uma conduta já praticada. Pode, ainda, ser chamada de **própria**, se buscar a realização de um ato ilícito, indevida. De outra forma, se o ato é legítimo, a corrupção é denominada de **imprópria**.

Por fim, cumpre comparar as condutas dos crimes de concussão e corrupção passiva e suas respectivas sanções, antes e após a Lei n. 13.964/2019:

Concussão	Corrupção passiva
Exigir, para si ou para outrem, direta ou indiretamente, ainda que fora da função ou antes de assumi-la, mas em razão dela, vantagem indevida:	**Solicitar** ou receber, **para si ou para outrem, direta ou indiretamente, ainda que fora da função ou antes de assumi-la, mas em razão dela, vantagem indevida**, ou aceitar promessa de tal vantagem:
Pena – reclusão, de dois a **oito** anos, e multa. (Antes do Pacote Anticrime)	Pena – reclusão, de dois a **doze** anos, e multa.
Pena – reclusão, de 2 (dois) a **12 (doze) anos**, e multa. (**Após a Lei n. 13.964/2019**).	

Perceba que a exigência de vantagem indevida, nas mesmas circunstâncias, possuía pena menor do que a solicitação da vantagem indevida. De outro modo, é evidente que um funcionário público exigir (obrigar) alguém a dar uma vantagem indevida para si ou para terceira pessoa é mais grave que ele solicitar (pedir) referida vantagem. Deste modo, havia uma desproporção, já que uma conduta nitidamente mais grave possuía pena menos grave. Era defensável, portanto, a tese de aplicação da pena de concussão também para a corrupção passiva, considerando que a situação criada pelo legislador violava a proporcionalidade da incriminação.

Para os crimes cometidos a partir de 23 de janeiro de 2020, não há mais a desproporção apontada, possuindo os dois delitos a mesma pena. De todo modo, ainda se nota que as penas não são totalmente proporcionais, já que a pena da concussão deveria ser maior do que a da corrupção passiva, pois exigir é mais grave do que solicitar.

Sobre a corrupção, surgiu a **teoria da graxa sobre rodas** (*grease on the wheels theory*), que defende a tolerância sobre alguns atos de corrupção, a pretexto de ser possível contornar os entraves da burocracia e fazer com que as engrenagens da pesada máquina pública funcionem, promovendo um espaço da iniciativa privada para crescimento econômico.

Na via contrária, a **teoria da areia sobre as rodas** (*sand on the wheels theory*) defende que a corrupção funciona como areia nas engrenagens estatais, prejudicando o funcionamento da economia, ao gerar um ambiente de péssima instabilidade, de concorrência desleal e, por fim, de prejuízo ao crescimento econômico do país.

Por fim, **Estado Vampiro** seria aquele cujo governo é formado por sujeitos que, sob a aparente legalidade, somente visam a sugar recursos do Estado, enriquecendo-se por meio dele. O Estado Democrático de Direito se transformaria em um Estado Cleptocrático de Direito. Os órgãos estatais passariam a atuar como um vampiro, sugando os recursos por meio da exploração tributárias dos cidadãos para enriquecer um grupo de pessoas.

Sintetizando

- Enquanto o crime de corrupção ativa se refere ao ato de ofício, o delito de corrupção ativa não faz referência à prática, omissão ou retardamento do ato de ofício, razão pela qual isso é desnecessário para a consumação do delito.
- Se o funcionário público retarda ou deixa de praticar qualquer ato de ofício ou o pratica infringindo dever funcional, em razão da vantagem ou da sua promessa, incidirá a causa de aumento de pena de um terço.
- Apesar de desnecessária a prática de ato de ofício, a melhor doutrina aponta ser imprescindível que haja um nexo entre a vantagem ou promessa de vantagem e o conjunto de atribuições do funcionário público. É o entendimento adotado pelo STF, apesar da divergência aberta pelo STJ.
- Não é indispensável a bilateralidade entre a corrupção ativa e a corrupção passiva para a punição dos agentes por qualquer desses crimes. A bilateralidade pode ocorrer ou não.
- Para diferenciação com o delito de concussão, vale lembrar que o legislador utiliza, como seu núcleo do tipo, o verbo "exigir", enquanto um dos verbos nucleares da corrupção passiva é "solicitar".

Modalidade majorada

O artigo 317 traz, em seu parágrafo primeiro, forma majorada do crime de corrupção passiva. A causa de aumento de pena, de um terço, deve ser aplicada se, em consequência da vantagem ou promessa, o funcionário retarda ou deixa de praticar qualquer ato de ofício ou o pratica infringindo dever funcional. Aqui, além de o sujeito receber a vantagem ou aceitar a promessa, **ele pratica uma conduta (omissiva ou comissiva) em virtude da vantagem desejada**. Ele retarda (atrasa) a prática de ato de ofício, deixa de praticá-lo (omite-se, não faz) ou, por fim, pratica (faz) o ato de ofício, mas com infração do seu dever funcional.

Modalidade privilegiada

O parágrafo segundo prevê uma forma privilegiada da corrupção passiva, com novos limites mínimo e máximo de pena. Esta passa a ser de três meses a um ano de reclusão. Configura-se se o funcionário praticar, deixar de praticar ou retardar ato de ofício, com infração de dever funcional, **cedendo a pedido ou influência de outrem**. Perceba que, nesta modalidade, não há recebimento de vantagem indevida.

Neste caso, o agente faz um favor indevido ou cede à influência de alguém, e, assim, pratica (conduta comissiva: faz), deixa de praticar (conduta omissiva: não faz) ou retarda (conduta omissiva: ele atrasa a prática do ato, omitindo-se quando deveria agir) ato de ofício. Ato de ofício é o que deve ser praticado independentemente de provocação. A infração do dever funcional ocorre, em tese, em todos os casos, pois o agente que se omite ou retarda a prática de ato de ofício, por interesse espúrio ou por motivo que não seja o do interesse público, viola seu dever funcional. Quanto à prática do ato, por óbvio, só se configura o crime se a conduta do agente infringir seu dever funcional.

QUADRO SINÓTICO

Crime de corrupção passiva	
Tipo penal	Solicitar ou receber, para si ou para outrem, direta ou indiretamente, ainda que fora da função ou antes de assumi-la, mas em razão dela, vantagem indevida, ou aceitar promessa de tal vantagem.
Objeto jurídico	Tutela-se a Administração Pública.
Sujeito ativo	Somente quem é funcionário público.
Sujeito passivo	O Estado e quem for diretamente prejudicado pelo agente.
Elemento subjetivo	Admite-se somente a modalidade dolosa.
Consumação	O delito ora analisado possui diferentes momentos consumativos para cada um dos núcleos do tipo. O momento no qual o agente solicita vantagem indevida é quando o crime se consuma, de sorte que o recebimento da vantagem é mero exaurimento. A seu turno, na modalidade receber, a consumação é quando o agente, sem ter solicitado a vantagem ilícita, a recebe. Por fim, na última modalidade, a consumação é quando o agente aceita promessa de vantagem indevida.
Tentativa	No caso concreto, em sendo fracionável o *iter criminis*, é possível vislumbrar a tentativa.
Forma majorada	Nos termos do artigo 317, § 1º, do CP, a pena é aumentada de um terço, se, em consequência da vantagem ou promessa, o funcionário retarda ou deixa de praticar qualquer ato de ofício ou o pratica infringindo dever funcional. Nos termos do artigo 327, § 2º, do CP, haverá aumento de pena quando o agente for ocupante de cargo em comissão ou de função de direção ou assessoramento de órgão da administração direta, sociedade de economia mista, empresa pública ou fundação instituída pelo poder público.
Forma "privilegiada"	Nos termos do artigo 317, § 2º, do CP, há previsão de modalidade de corrupção passiva privilegiada se o funcionário pratica, deixa de praticar ou retarda ato de ofício, com infração de dever funcional, cedendo a pedido ou influência de outrem.
Classificação	Trata-se de delito próprio com relação ao sujeito ativo e comum com relação ao passivo. Ademais é doloso, comissivo ou omissivo impróprio, formal, de forma livre, instantâneo, monossubjetivo, plurissubsistente ou unissubsistente e transeunte.
Benefícios	A modalidade do *caput* admite o oferecimento de acordo de não persecução penal. A seu turno, a forma privilegiada do artigo 317, § 2º, do CP é crime de menor potencial ofensivo, de competência dos Juizados Especiais Criminais e que admite a transação, suspensão condicional do processo e acordo de não persecução penal.
Ação penal	A ação penal é pública incondicionada.

Crime de corrupção passiva	
Observações	Nos termos do artigo 327 do CP, considera-se funcionário público, para os efeitos penais, quem, embora transitoriamente ou sem remuneração, exerce cargo, emprego ou função pública. Ademais, nos termos do artigo 327, § 1º, do CP, equipara-se a funcionário público quem exerce cargo, emprego ou função em entidade paraestatal, e quem trabalha para empresa prestadora de serviço contratada ou conveniada para a execução de atividade típica da Administração Pública.

1.9. Facilitação de contrabando ou descaminho

O crime de facilitação de contrabando ou descaminho está previsto no artigo 318 do Código Penal:

> *Art. 318 - Facilitar, com infração de dever funcional, a prática de contrabando ou descaminho (art. 334):*
>
> *Pena - reclusão, de 3 (três) a 8 (oito) anos, e multa.*

Facilitar é tornar fácil ou mais fácil, colaborar, favorecer, desembaraçar. A conduta incriminada é facilitar a prática dos crimes de contrabando, atualmente previsto no artigo 334-A do CP, ou de descaminho, tipificado no artigo 334 do referido Código. Há o **elemento normativo do tipo**, que exige que haja a infração, a violação de dever funcional para que o crime se configura.

O crime é próprio, por só poder ser praticado pelo funcionário público. É formal, pois basta que o agente facilite, não se exigindo a efetiva prática do contrabando ou descaminho. O crime é de forma livre, de modo que a facilitação pode ocorrer de qualquer forma, desde que viole o dever que o agente tem em razão da função que exerce. Admite-se a tentativa, se a conduta for comissiva (facilitação ativa).

Como exceção à teoria monista, também chamada de unitária, no caso de facilitação de contrabando e descaminho pelo funcionário público, ele e o particular, mesmo agindo em concurso, responderão por crimes diferentes. Se o particular pratica descaminho ou contrabando e o funcionário público facilita essa prática delitiva, o primeiro responde, conforme o caso, pelo tipo do artigo 334 ou do artigo 334-A do Código Penal, enquanto o último incorre nas penas do delito do artigo 318 do Código Penal.

QUADRO SINÓTICO

Crime de facilitação de contrabando ou descaminho	
Tipo penal	Facilitar, com infração de dever funcional, a prática de contrabando ou descaminho (art. 334).
Objeto jurídico	Tutela-se a Administração Pública.

Crime de facilitação de contrabando ou descaminho	
Sujeito ativo	Somente o funcionário público que tem o dever funcional de impedir o contrabando ou descaminho.
Sujeito passivo	O Estado.
Elemento subjetivo	Admite-se somente a modalidade dolosa.
Elemento normativo	Consiste na exigência de violação de dever funcional.
Consumação	O delito se consuma quando o agente facilita a prática de contrabando ou descaminho. Não é necessário que os delitos de contrabando ou descaminho ocorram.
Tentativa	No caso concreto, em sendo fracionável o *iter criminis*, é possível vislumbrar a tentativa.
Forma majorada	Nos termos do artigo 327, § 2º, do CP, haverá aumento de pena quando o agente for ocupante de cargo em comissão ou de função de direção ou assessoramento de órgão da administração direta, sociedade de economia mista, empresa pública ou fundação instituída pelo poder público.
Classificação	Trata-se de delito próprio com relação ao sujeito ativo e comum com relação ao passivo. Ademais é doloso, comissivo ou omissivo impróprio, de forma livre, instantâneo, formal, monossubjetivo, plurissubsistente ou unissubsistente e transeunte.
Benefícios	Admite-se o oferecimento de acordo de não persecução penal.
Ação penal	A ação penal é pública incondicionada.
Observações	Nos termos do artigo 327 do CP, considera-se funcionário público, para os efeitos penais, quem, embora transitoriamente ou sem remuneração, exerce cargo, emprego ou função pública. Ademais, nos termos do artigo 327, § 1º, do CP, equipara-se a funcionário público quem exerce cargo, emprego ou função em entidade paraestatal, e quem trabalha para empresa prestadora de serviço contratada ou conveniada para a execução de atividade típica da Administração Pública.

1.10. Prevaricação

O artigo 319 do Código Penal prevê o crime de prevaricação:

> *Art. 319 – Retardar ou deixar de praticar, indevidamente, ato de ofício, ou praticá-lo contra disposição expressa de lei, para satisfazer interesse ou sentimento pessoal:*
>
> *Pena – detenção, de três meses a um ano, e multa.*

As condutas incriminadas são deixar de praticar (conduta omissiva: não fazer) ou retardar (conduta omissiva: atrasar a prática do ato, omitindo-se quando deveria agir), de forma indevida, ato de ofício, ou praticar o ato (conduta comissiva: fazer), contra disposição expressa de lei. É crime chamado de **autocorrupção própria**[28], pois o próprio funcionário público se corrompe, deixando de obedecer à lei não porque ofertaram ou prometeram uma vantagem indevida, nem mesmo por ter solicitado, mas por desejar satisfazer um interesse, ainda que econômico, ou um sentimento pessoa.

Para a configuração do crime, é indispensável que o agente pratique a conduta, comissiva ou omissiva, **para satisfazer interesse ou sentimento pessoal**. O retardamento, a omissão ou a prática devem ser realizadas indevidamente, ou seja, de forma contrária ao ordenamento jurídico. O agente prioriza seu interesse ou sentimento pessoal em detrimento do interesse público.

O interesse pessoal pode ser material ou moral, podendo ser econômico ou não[29]. Pode se tratar, por exemplo, de interesse relativo a futuros negócios que a sua família pretende, no futuro, entabular com o fiscalizado, razão pela qual o funcionário público deixa de multá-lo, ou mesmo que o fiscalizado seja alguém com quem a sua irmã queira se casar, um interesse moral de agradá-la. O sentimento pessoal se refere a um estado emocional ou afetivo, como ódio, desdém, raiva ou paixão. Qualquer sentimento que faça o agente infringir seu dever funcional serve para a tipificação da conduta, não sendo necessário que seja negativo ou menos nobre.

O ato deve ser da competência do agente. Ademais, não pode haver opção discricionária entre a prática do ato ou não ser ele praticado, ou ainda, de prática de um ato ou outro. Caso o agente faça uma opção permitida pela lei, não haverá a tipicidade.

O elemento subjetivo é o dolo, além do intuito especial do agente, consistente na satisfação de interesse ou sentimento pessoal. O crime é **formal**, pois referida satisfação de interesse ou sentimento pessoal não precisa ocorrer para que o crime se consume, bastando a prática de uma das ações nucleares pelo agente. Exige-se a qualidade de funcionário público do agente, razão pela qual é tido como **próprio**, apesar de parte da doutrina entender que é delito de mão própria[30]. Justifica-se a classificação como crime próprio por se admitir a coautoria, como no exemplo em que três fiscais, que possuem igual atribuição no setor público, concordam em não agir e não autuar um político. O êxito na não autuação do indivíduo, que poderá lhes favorecer no futuro, depende de uma abstenção conjunta, pois se um agir o objetivo não é alcançado. Todos devem responder como coautores. É crime de forma livre. Admite-se a forma tentada na forma comissiva, não sendo possível na forma omissiva.

---

28. NUCCI, Guilherme de Souza. Op. Cit., 2015, p. 1345.
29. Neste sentido: BITENCOURT, Cezar Roberto. Crimes contra a administração pública e crimes praticados por terceiros. Coleção tratado de direito penal, volume 5. 14. ed. São Paulo: Saraiva Educação, 2020, p. 139; MASSON, Cleber. Op. Cit., 2019, p. 635; PRADO, Luiz Regis. Cit.Op. Cit., 2020, p. 1163. Fala em interesse patrimonial ou extrapatrimonial: BARROS, Flávio Augusto Monteiro de. Op. Cit., 2019, p. 1425. Não admite o interesse material, baseando a sua posição na obra de Basileu Garcia: CUNHA, Rogério Sanches. Op. Cit., 2020, p. 883-884.
30. No mesmo sentido: BITENCOURT, Cezar Roberto. Op. Cit., 2020, p. 138; NUCCI, Guilherme de Souza. Op. Cit., 2015, p. 1346. PRADO, Luiz Regis. Op. Cit., 2020, p. 1161. Classificam como crime de mão própria: MASSON, Cleber. Op. Cit., 2019, p. 634; BARROS, Flávio Augusto Monteiro de. Op. Cit., 2019, p. 1424; ALVES, Jamil Chaim. Op. Cit., 2021, p. 1547. Não parece classificar em próprio ou de mão própria, apenas consignando que sujeito ativo é o funcionário público: CUNHA, Rogério Sanches. Op. Cit., 2020, p. 882.

O STJ já considerou configurar o crime a conduta de Conselheiro de Tribunal de Contas, ao deixar de encaminhar petição de recurso, evitando o trânsito em julgado de processo relacionado a prefeito com o fim de satisfazer interesse pessoal, consistente em evitar a inelegibilidade do confrade:

> *"Por fim, corrobora a materialidade do delito de prevaricação o histórico de andamento processual de fl. 84 do Apenso, segundo o qual o acusado CICERO reteve a petição de recurso por 137 (cento e trinta e sete dias), de março a setembro de 2014, sem a encaminhar ao Conselheiro Relator, a quem competia examiná-la. (...) Relembro, ademais, que* ***a prevaricação é crime formal, de mera conduta****, que se corporifica independentemente de prejuízo ou de resultado naturalístico. Dessa forma, ainda que prejuízo não houvesse ocorrido – como sustenta a defesa –, persistiria a existência do crime." (STJ, APn 830/DF, Rel. Min. Herman Benjamin, Corte Especial, DJe 02/04/2019).*

O crime de prevaricação, ainda que envolva interesse econômico, diferencia-se da corrupção passiva. Na corrupção, o funcionário público solicita vantagem indevida ou realiza mercancia com a sua função, aceitando vantagem indevida ou promessa de vantagem. Na prevaricação, não há recebimento de vantagem ou promessa de vantagem, nem o funcionário público a solicita: ele deixa de cumprir a lei, quando deveria atuar de ofício, por exemplo, na expectativa de ser beneficiado.

Suponha que o funcionário público perceba que a sua família, que vende leite, pode depender no futuro de aquisição do produto por uma cooperativa que está iniciando as suas atividades e, por isso, deixa de multá-la, ainda que, no momento, não haja nenhuma vantagem direta nem indireta. Se ele age na expectativa de futuramente vir a ser beneficiado, não com entrega de um valor, mas com expansão de negócio, sem nada ter conversado com o particular fiscalizado, o crime é de prevaricação, por não haver enquadramento típico no artigo 317 do Código Penal, que tipifica a corrupção passiva.

É interessante visualizar as principais diferenças entre os tipos penais que envolvem o funcionário deixando de cumprir suas funções adequadamente, relacionadas a algum ato de ofício:

Concussão	⇨	**Exigir vantagem**
Corrupção passiva	⇨	**Solicitar/receber vantagem** **Aceitar promessa de vantagem**
Corrupção passiva privileg.	⇨	**Ceder a pedido ou influência de outrem**
Prevaricação	⇨	**Satisfazer interesse ou sentimento pessoal**

QUADRO SINÓTICO

Crime de prevaricação	
Tipo penal	Retardar ou deixar de praticar, indevidamente, ato de ofício, ou praticá-lo contra disposição expressa de lei, para satisfazer interesse ou sentimento pessoal.
Objeto jurídico	Tutela-se a Administração Pública.
Sujeito ativo	Somente quem é funcionário público.
Sujeito passivo	O Estado e quem for diretamente prejudicado pelo agente.
Elemento subjetivo	Admite-se somente a modalidade dolosa. Quando o agente pratica ato de ofício contra disposição expressa de lei, nos moldes da segunda parte do *caput* do artigo 319 do CP, ele age com o especial fim de agir de satisfazer interesse ou sentimento pessoal.
Consumação	O delito se consuma quando o agente retarda ou deixa de praticar ato de ofício, ou quando ele o pratica contra disposição expressa de lei.
Tentativa	No caso concreto, em sendo fracionável o *iter criminis*, é possível vislumbrar a tentativa.
Forma majorada	Nos termos do artigo 327, § 2º, do CP, haverá aumento de pena quando o agente for ocupante de cargo em comissão ou de função de direção ou assessoramento de órgão da administração direta, sociedade de economia mista, empresa pública ou fundação instituída pelo poder público.
Classificação	Trata-se de delito de mão própria com relação ao sujeito ativo e comum com relação ao passivo. Ademais é doloso, comissivo ou omissivo impróprio, de forma livre, instantâneo, monossubjetivo, plurissubsistente ou unissubsistente e transeunte.
Benefícios	Trata-se de crime de menor potencial ofensivo, de competência dos Juizados Especiais Criminais e que admite a transação, suspensão condicional do processo e acordo de não persecução penal.
Ação penal	A ação penal é pública incondicionada.
Observações	Nos termos do artigo 327 do CP, considera-se funcionário público, para os efeitos penais, quem, embora transitoriamente ou sem remuneração, exerce cargo, emprego ou função pública. Ademais, nos termos do artigo 327, § 1º, do CP, equipara-se a funcionário público quem exerce cargo, emprego ou função em entidade paraestatal, e quem trabalha para empresa prestadora de serviço contratada ou conveniada para a execução de atividade típica da Administração Pública.

1.11. Prevaricação imprópria

A Lei n. 11.466/2007 incluiu no Código Penal o artigo 319-A, trazendo um novo crime denominado pela doutrina de prevaricação imprópria:

> *Art. 319-A. Deixar o Diretor de Penitenciária e/ou agente público, de cumprir seu dever de vedar ao preso o acesso a aparelho telefônico, de rádio ou similar, que permita a comunicação com outros presos ou com o ambiente externo:*
>
> *Pena: detenção, de 3 (três) meses a 1 (um) ano.*

A conduta incriminada é **deixar de cumprir** o dever de vedar ao preso o acesso a aparelho telefônico, de rádio ou similar, que permita a comunicação com outros presos ou com o ambiente externo. Podem praticá-la o Diretor de Penitenciária e o agente público. Deixar de cumprir o dever significar violá-lo, seja de forma comissiva (determinando que os subordinados não fiscalizem alimentos que entram na unidade prisional) seja de forma omissiva (ele mesmo deixando de fiscalizar o que ingressa na unidade, como no caso de não revistar os familiares que visitam determinado preso).

A **entrega do celular ao preso, pelo diretor ou agente público, configura o delito**, pois ele está deixando de vedar ao preso o acesso ao aparelho telefônico, o que é descumprimento de seu dever. Nucci também defende esse posicionamento[31].

Cuida-se crime omissivo puro, razão pela qual não admite a forma tentada. É formal, consumando-se independentemente do efetivo acesso ao preso ao aparelho telefônico, de rádio ou similar, que permita a comunicação com outros presos ou com o ambiente externo. É crime de forma livre e doloso, sem previsão de modalidade culposa nem exigência de elemento subjetivo especial do injusto.

QUADRO SINÓTICO

Crime de prevaricação imprópria	
Tipo penal	Deixar o Diretor de Penitenciária e/ou agente público, de cumprir seu dever de vedar ao preso o acesso a aparelho telefônico, de rádio ou similar, que permita a comunicação com outros presos ou com o ambiente externo.
Objeto jurídico	Tutela-se a Administração Pública.
Sujeito ativo	Somente quem é Diretor de Penitenciária ou agente público.
Sujeito passivo	O Estado e quem for diretamente prejudicado pelo agente.
Elemento subjetivo	Admite-se somente a modalidade dolosa.
Consumação	O delito se consuma quando o agente deixa de cumprir seu dever e permite que preso acesse aparelho telefônico, de rádio ou similar. Não é necessário que o detento se comunique com outros presos ou com o ambiente externo.

31. NUCCI, Guilherme de Souza. Op. Cit., 2015, p. 1349.

Crime de prevaricação imprópria	
Tentativa	Não se admite a tentativa.
Forma majorada	Nos termos do artigo 327, § 2º, do CP, haverá aumento de pena quando o agente for ocupante de cargo em comissão ou de função de direção ou assessoramento de órgão da administração direta, sociedade de economia mista, empresa pública ou fundação instituída pelo poder público.
Jurisprudência relevante	Para o reconhecimento da prática de falta disciplinar no âmbito da execução penal, é imprescindível a instauração de procedimento administrativo pelo diretor do estabelecimento prisional, assegurado o direito de defesa, a ser realizado por advogado constituído ou defensor público nomeado (Súmula 533 do STJ). A prática de falta grave interrompe a contagem do prazo para a progressão de regime de cumprimento de pena, o qual se reinicia a partir do cometimento dessa infração (Súmula 534 do STJ) A prática de falta grave não interrompe o prazo para fim de comutação de pena ou indulto. (Súmula 535 do STJ)
Classificação	Trata-se de delito de mão própria com relação ao sujeito ativo e comum com relação ao passivo. Ademais é doloso, omissivo próprio, de forma livre, instantâneo, monossubjetivo, unissubsistente e não transeunte.
Benefícios	Trata-se de crime de menor potencial ofensivo, de competência dos Juizados Especiais Criminais e que admite a transação, suspensão condicional do processo e acordo de não persecução penal.
Ação penal	A ação penal é pública incondicionada.
Observações	Nos termos do artigo 327 do CP, considera-se funcionário público, para os efeitos penais, quem, embora transitoriamente ou sem remuneração, exerce cargo, emprego ou função pública. Ademais, nos termos do artigo 327, § 1º, do CP, equipara-se a funcionário público quem exerce cargo, emprego ou função em entidade paraestatal, e quem trabalha para empresa prestadora de serviço contratada ou conveniada para a execução de atividade típica da Administração Pública.

1.12. Condescendência criminosa

O crime de condescendência criminosa está previsto no artigo 320 do Código Penal:

> *Art. 320 – Deixar o funcionário, por indulgência, de responsabilizar subordinado que cometeu infração no exercício do cargo ou, quando lhe falte competência, não levar o fato ao conhecimento da autoridade competente:*
>
> *Pena – detenção, de quinze dias a um mês, ou multa.*

A conduta incriminada é deixar o funcionário público, **por indulgência**, de responsabilizar subordinado que cometeu infração no exercício do cargo ou, se não for

PARTE ESPECIAL

isso da sua competência, não levar o fato ao conhecimento da autoridade competente. Pune-se a omissão do funcionário em cumprir seu dever de responsabilizar o subordinado infrator ou de cientificar a autoridade competente da ocorrência da infração.

O agente tolera a prática da infração sem tomar as medidas cabíveis, agindo por indulgência. O sentimento é o indulgente, que se traduz no estado emocional ou afetivo de piedade, de clemência, de compaixão ou de misericórdia. Se o motivo for outro, poderá haver a prática de outro crime, por exemplo, de corrupção passiva se o funcionário receber promessa de vantagem.

O elemento subjetivo é dolo, sendo que há doutrina que defende ser o **elemento subjetivo especial** o sentimento de indulgência, que deve mover o agente para que o crime se configura. O delito é próprio, exigindo a qualidade de funcionário público do sujeito ativo. Cuida-se de crime formal, pois não se exige resultado naturalístico para sua consumação. É, por fim, omissivo puro, razão pela qual não se admite a tentativa.

Sobre o crime em estudo, há interessante julgado do STJ:

> *"Consoante o disposto no art. 143 da Lei 8.112/90, qualquer autoridade administrativa que tiver ciência da ocorrência de infração no Serviço Público tem o dever de proceder à apuração do ilícito ou comunicar imediatamente à autoridade competente para promovê-la,* ***sob pena de incidir no delito de condescendência criminosa."*** *(AgRg no AREsp 1548430/RS, Rel. Min. Ribeiro Dantas, Quinta Turma, DJe 19/12/2019).*

QUADRO SINÓTICO

Crime de condescendência criminosa	
Tipo penal	Deixar o funcionário, por indulgência, de responsabilizar subordinado que cometeu infração no exercício do cargo ou, quando lhe falte competência, não levar o fato ao conhecimento da autoridade competente.
Objeto jurídico	Tutela-se a Administração Pública.
Sujeito ativo	Somente quem é funcionário público.
Sujeito passivo	O Estado.
Elemento subjetivo	Admite-se somente a modalidade dolosa.
Consumação	O delito se consuma quando o agente deixa de responsabilizar subordinado que cometeu infração no exercício do cargo ou, quando lhe falte competência, não leva o fato ao conhecimento da autoridade competente.
Tentativa	Não se admite a tentativa.
Forma majorada	Nos termos do artigo 327, § 2º, do CP, haverá aumento de pena quando o agente for ocupante de cargo em comissão ou de função de direção ou assessoramento de órgão da administração direta, sociedade de economia mista, empresa pública ou fundação instituída pelo poder público.

Crime de condescendência criminosa	
Classificação	Trata-se de delito próprio com relação ao sujeito ativo e comum com relação ao passivo. Ademais é doloso, omissivo próprio, de forma livre, instantâneo, monossubjetivo, unissubsistente e transeunte.
Benefícios	Trata-se de crime de menor potencial ofensivo, de competência dos Juizados Especiais Criminais e que admite a transação, suspensão condicional do processo e acordo de não persecução penal.
Ação penal	A ação penal é pública incondicionada.
Observações	Nos termos do artigo 327 do CP, considera-se funcionário público, para os efeitos penais, quem, embora transitoriamente ou sem remuneração, exerce cargo, emprego ou função pública. Ademais, nos termos do artigo 327, § 1º, do CP, equipara-se a funcionário público quem exerce cargo, emprego ou função em entidade paraestatal, e quem trabalha para empresa prestadora de serviço contratada ou conveniada para a execução de atividade típica da Administração Pública.

1.13. Advocacia administrativa

O crime de advocacia administrativa está previsto no artigo 321 do Código Penal:

> *Art. 321 – Patrocinar, direta ou indiretamente, interesse privado perante a administração pública, valendo-se da qualidade de funcionário:*
>
> *Pena – detenção, de um a três meses, ou multa.*
>
> *Parágrafo único – Se o interesse é ilegítimo:*
>
> *Pena – detenção, de três meses a um ano, além da multa.*

Patrocinar é favorecer, amparar, financiar, defender. A conduta tipificada no artigo 321 do CP é a de patrocinar, direta ou indiretamente, interesse privado perante a Administração Pública, valendo-se da qualidade de funcionário.

Note que se exige que o funcionário público **se utilize da sua função pública** para defesa do interesse privado. Não se configura o delito, portanto, se um Procurador Federal for com sua mãe, em seu horário livre, pleitear a aposentadoria dela em uma agência do INSS, sem anunciar a sua função, apenas dando sua assistência de filho à genitora idosa. O patrocínio pode ser **direto**, ou seja, realizado pelo próprio funcionário público, ou **indireto**, valendo-se de um intermediário.

Não se exige que o interesse defendido pelo funcionário público, que se vale do seu cargo, seja ilegítimo ou ilícito. Pode ocorrer de **o interesse privado ser legítimo**, ou seja, que ele defenda uma pretensão amparada pela lei. Mesmo assim o crime se configurará, pois o que se pune é o uso do cargo público para a defesa de interesse privado.

Ressalvo que não se pune o funcionário que defenda o seu próprio interesse, de forma legítima, como no caso de exigir seu direito a ter férias, mesmo que

– obviamente – ele tenha que se apresentar ao setor de pessoal com sua carteira funcional. Na realidade, **a doutrina tem exigido que haja defesa de interesse alheio**[32]. Assim também tem entendido o STJ:

> *"Conforme decidido pelos integrantes da Sexta Turma desta Casa no julgamento do REsp n. 1.770.444/DF, de minha relatoria,* ***o crime de advocacia administrativa demanda, para sua configuração, a influência do funcionário público sobre outro colega no patrocínio de interesse privado****. Sendo assim, o servidor* ***não age de ofício, mas postula perante outro funcionário público, direta ou indiretamente, interesse privado de outrem****. No caso, apenas descreveu o Ministério Público erros na fiscalização efetivada pelo próprio funcionário público competente, no exercício de suas atribuições. Não delineou a peça acusatória pedido formulado pelo auditor fiscal a outro servidor público, valendo-se da influência derivada de seu cargo, destinado a beneficiar as empresas mencionadas na inicial. Esse o quadro, não se pode tomar como típica a conduta do recorrente." (STJ, RHC 99411/RJ, Rel. Min. Antonio Saldanha Palheiro, Sexta Turma, DJe 02/08/2019).*

Assim, ele deve ser punido se ele usar a sua qualidade de funcionário público para exigir o "habite-se" no seu pai na Prefeitura, usando a sua carteira funcional da Polícia, por exemplo, para defender o direito alheio, ainda que legítimo. É que parecem ressalvar Basileu Garcia e Bitencourt, quando falam na busca de lei de punir "a intenção de advogar pretensões alheias, utilizando-se de sua qualidade e do seu poder de funcionário público"[33] ou "a atitude do funcionário que comprove o seu *animus* de 'advogar' interesses alheios, utilizando-se de sua condição e de sua influência de funcionário público para beneficiar o patrocinado, justa ou injustamente"[34].

O crime é próprio, só podendo praticá-lo o funcionário público (salvo em caso de coautoria e participação, como estudado na Parte Geral). É formal, consumando-se independentemente de resultado naturalístico. É doloso, sem exigência de que o agente persiga uma finalidade específica. Não se prevê a punição a título de culpa *stricto sensu*. É plurissubsistente, admitindo a forma tentada.

Especialidade: configura-se o crime previsto no artigo 337-G se o patrocínio se referir à instauração de licitação ou celebração de contrato, posteriormente invalidada pelo Judiciário. Se o patrocínio envolver a Administração Tributária, há o delito do artigo 3º, III, da Lei n. 8.137/1990. Por fim, no caso do ex-presidente ou ex-conselheiro do Tribunal Administrativo de Defesa Econômica, configura o crime específico, de advocacia administrativa do artigo 8º, § 3º, da Lei n. 12.529/2011, no caso de representar pessoa ou interesse alheio no período de *quarentena* de 120 dias após deixar o cargo, perante o Sistema Brasileiro de Defesa da Concorrência – SBDC.

---

32. BITENCOURT, Cezar Roberto. Crimes contra a administração pública e crimes praticados por prefeitos. Coleção tratado de direito penal volume 5. 14. ed. São Paulo: Saraiva Educação, 2020, p. 160. CUNHA, Rogério Sanches. Op. Cit., 2020, p. 892. Masson não se manifesta expressamente, mas cita Basileu Garcia, que exige que o interesse seja alheio (MASSON, Cleber. Direito Penal: Parte Especial (arts. 213 a 359-H), vol. 3. São Paulo: Método, 2019, p. 650).
33. CUNHA, Rogério Sanches. Op. Cit., 2020, p. 892.
34. BITENCOURT, Cezar Roberto. Op. Cit., 2020, p. 160.

Modalidade qualificada

O parágrafo único do artigo 321 prevê forma qualificada do crime de advocacia administrativa, cuja pena é de detenção, de três meses a um ano, além da multa. Configura-se se o interesse for ilegítimo, ou seja, aquele que afronta o ordenamento jurídico, que é ilícito, contrário à legislação em sentido amplo.

QUADRO SINÓTICO

Crime de advocacia administrativa	
Tipo penal	Patrocinar, direta ou indiretamente, interesse privado perante a administração pública, valendo-se da qualidade de funcionário.
Objeto jurídico	Tutela-se a Administração Pública.
Sujeito ativo	Somente quem é funcionário público.
Sujeito passivo	O Estado e quem for diretamente prejudicado pelo agente.
Elemento subjetivo	Admite-se somente a modalidade dolosa.
Consumação	O delito se consuma quando o agente patrocina, direta ou indiretamente, interesse privado perante a administração pública, valendo-se da qualidade de funcionário. A realização do interesse patrocinado é dispensável à consumação.
Tentativa	Admite-se a tentativa.
Forma majorada	Nos termos do artigo 327, § 2º, do CP, haverá aumento de pena quando o agente for ocupante de cargo em comissão ou de função de direção ou assessoramento de órgão da administração direta, sociedade de economia mista, empresa pública ou fundação instituída pelo poder público.
Forma qualificada	Nos termos do artigo 321, parágrafo único, do CP, a conduta é qualificada se o interesse patrocinado é ilegítimo.
Classificação	Trata-se de delito próprio com relação ao sujeito ativo e comum com relação ao passivo. Ademais é doloso, comissivo ou omissivo impróprio, de forma livre, instantâneo, monossubjetivo, plurissubsistente e transeunte.
Benefícios	Tanto a modalidade do *caput* como a qualificada são de menor potencial ofensivo, de competência dos Juizados Especiais Criminais e que admitem a transação, suspensão condicional do processo e acordo de não persecução penal.
Ação penal	A ação penal é pública incondicionada.

Crime de advocacia administrativa	
Observações	Nos termos do artigo 327 do CP, considera-se funcionário público, para os efeitos penais, quem, embora transitoriamente ou sem remuneração, exerce cargo, emprego ou função pública. Ademais, nos termos do artigo 327, § 1º, do CP, equipara-se a funcionário público quem exerce cargo, emprego ou função em entidade paraestatal, e quem trabalha para empresa prestadora de serviço contratada ou conveniada para a execução de atividade típica da Administração Pública.

1.14. Violência arbitrária

O delito de violência arbitrária está previsto no artigo 322 do Código Penal, nos seguintes termos:

> *Art. 322 – Praticar violência, no exercício de função ou a pretexto de exercê-la:*
>
> *Pena – detenção, de seis meses a três anos, além da pena correspondente à violência.*

A conduta típica é a de praticar violência, no exercício de função ou a pretexto de exercê-la. Pune-se aquele que age de forma violenta, exerce a violência. Violência, como ensina Hungria, é a *vis corporalis*, ou seja, o emprego de força física. Não integra o tipo a violência moral, o emprego de ameaça, ainda que grave[35].

A violência deve ser arbitrária, não configurando o crime a prática de violência, no exercício das funções, de forma lícita. Por exemplo, se o funcionário público que atende um cidadão for por ele agredido, não configura o delito se ele se defende. O ato é atípico, ademais, se um policial precisar usar da força física para efetuar a prisão em flagrante de um indivíduo que a ele apresentar resistência.

O preceito secundário do tipo penal traz a sanção de detenção, de seis meses a três anos, além da pena correspondente à violência. Ficará absorvida pelo tipo a prática de vias de fato. No caso de a violência configurar lesão corporal ou morte, haverá o concurso entre as penas do crime do artigo 322 do CP e a da relativa ao crime praticado em virtude do emprego da *vis corporalis*.

O crime é próprio, só podendo ser praticado pelo funcionário público. É material, pois exige o emprego da violência para sua consumação. É doloso, sem previsão de modalidade culposa nem de elemento subjetivo especial do injusto. Por ser a conduta fracionável, é classificado como plurissubsistente e admite a forma tentada.

O Supremo Tribunal Federal já decidiu que não houve a revogação do crime de violência arbitrária pela superveniência da Lei n. 4.898/1965, a lei de abuso de autoridade:

> "*EMENTA:* HABEAS CORPUS. *PENAL. CP, ART. 322. CRIME DE VIOLÊNCIA ARBITRÁRIA. REVOGAÇÃO PELA LEI N. 4.898/65. INOCORRÊNCIA. O artigo*

35. HUNGRIA, Nélson. Op. Cit., vol. IX, 1958, p. 385.

> *322 do Código Penal, que tipifica o crime de violência arbitrária,* ***não foi revogado*** *pelo artigo 3º, alínea i, da Lei n. 4.898/65 (Lei de Abuso de Autoridade). Precedentes. Recurso ordinário em* habeas corpus *não provido." (STF, RHC 95617/MG, Rel. Min. Eros Grau, Segunda Turma, Julgamento: 25/11/2008).*

O Superior Tribunal de Justiça se manifestou em igual sentido:

> *"O crime de violência arbitrária* ***não foi revogado*** *pelo disposto no artigo 3º, alínea "i", da Lei de Abuso de Autoridade. Precedentes da Suprema Corte." (STJ, HC 48083/MG, Rel. Min. Laurita Vaz, Quinta Turma, DJe 07/04/2008).*

Luiz Regis Prado, entretanto, entende que a antiga lei de abuso de autoridade revogou o crime do artigo 322 do Código Penal.[36]

Deste modo, o crime da legislação especial deve ser aplicado se não se configurar o previsto no Código Penal, o qual prevê pena mais grave e era mais específico que o da Lei de Abuso de Autoridade. Com o início da vigência da nova Lei de Abuso de Autoridade, a Lei n. 13.869/2019, verifica-se não existir, em tal diploma, um tipo penal que abranja o crime do artigo 322 do CP. Houve uma especificação dos crimes de abuso de autoridade, tornando o artigo 322 de Código Penal uma norma subsidiária, atuando como soldado de reserva, caso não configurado algum delito de abuso de autoridade.

Em havendo o STF entendido que a lei anterior não revogou o dispositivo, em uma análise inicial também não visualizo a revogação – tácita – do crime de violência arbitrária pela nova lei ordinária que trata do abuso de autoridade. É necessário, de todo modo, aguardar a posição dos Tribunais Superiores.

QUADRO SINÓTICO

Crime de violência arbitrária	
Tipo penal	Praticar violência, no exercício de função ou a pretexto de exercê-la.
Objeto jurídico	Tutela-se a Administração Pública.
Sujeito ativo	Somente quem é funcionário público.
Sujeito passivo	O Estado e quem for diretamente prejudicado pelo agente.
Elemento subjetivo	Admite-se somente a modalidade dolosa.
Consumação	O delito se consuma quando o agente pratica violência, no exercício de função ou a pretexto de exercê-la.
Tentativa	Admite-se a tentativa.
Forma majorada	Nos termos do artigo 327, § 2º, do CP, haverá aumento de pena quando o agente for ocupante de cargo em comissão ou de função de direção ou assessoramento de órgão da administração direta, sociedade de economia mista, empresa pública ou fundação instituída pelo poder público.

36. PRADO, Luiz Regis. Curso de Direito Penal Brasileiro: parte geral e parte especial. 18ª Ed. Rio de Janeiro: Forense, 2020, p. 1.172.

Crime de violência arbitrária	
Classificação	Trata-se de delito próprio com relação ao sujeito ativo e comum com relação ao passivo. Ademais é doloso, comissivo ou omissivo impróprio, de forma livre, instantâneo, monossubjetivo, plurissubsistente e não transeunte.
Benefícios	Admite-se a suspensão condicional do processo. Como o crime for cometido mediante violência, não se admite o oferecimento de acordo de não persecução penal.
Ação penal	A ação penal é pública incondicionada.
Observações	Nos termos do preceito secundário do artigo 322, parágrafo único, além da pena para o delito ora analisado, aplica-se a correspondente à violência. Nos termos do artigo 327 do CP, considera-se funcionário público, para os efeitos penais, quem, embora transitoriamente ou sem remuneração, exerce cargo, emprego ou função pública. Ademais, nos termos do artigo 327, § 1º, do CP, equipara-se a funcionário público quem exerce cargo, emprego ou função em entidade paraestatal, e quem trabalha para empresa prestadora de serviço contratada ou conveniada para a execução de atividade típica da Administração Pública.

1.15. Abandono de função

O crime de abandono de função encontra-se no artigo 323 do Código Penal:

> *Art. 323 – Abandonar cargo público, fora dos casos permitidos em lei:*
>
> *Pena – detenção, de quinze dias a um mês, ou multa.*
>
> *§ 1º – Se do fato resulta prejuízo público:*
>
> *Pena – detenção, de três meses a um ano, e multa.*
>
> *§ 2º – Se o fato ocorre em lugar compreendido na faixa de fronteira:*
>
> *Pena – detenção, de um a três anos, e multa.*

A lei denomina o crime de abandono de função pública, mas trouxe no tipo penal a conduta de **abandonar cargo público**. Por isso, a doutrina faz a pertinente observação de que o crime só se configura no caso de o funcionário público ocupar cargo público e abandoná-lo ilegalmente. O núcleo do tipo é abandonar, que significar deixar, largar, desertar. Pune-se o funcionário público que abandona o cargo de forma não permitida por lei.

O crime é próprio, por exigir a qualidade de funcionário público ocupante de cargo público. Mais que isso, é crime de **mão própria**, não admitindo a coautoria, mas apenas a participação. É formal, sendo que o prejuízo público, se ocorrer, qualifica o crime. O melhor entendimento é de que o crime seja omissivo próprio, razão pela qual não admite a tentativa, já que o abandono se traduz em deixar de cumprir as funções públicas. Há o entendimento, entretanto, de ser admissível o *conatus*.

Modalidades qualificadas

O artigo 323, em seus parágrafos, prevê formas qualificadas do crime de abandono de função. O parágrafo primeiro prevê crime qualificado pelo resultado, no caso de resultar, do abandono, **prejuízo público**. Neste caso, a pena passa a ser de detenção, de três meses a um ano, e multa. Há um maior desvalor do resultado causado à Administração Pública.

Já o parágrafo segundo prevê circunstância que torna o crime qualificado, com pena de detenção, de um a três anos, e multa. Incide se o fato ocorrer em **lugar compreendido na faixa de fronteira**. O desvalor maior reside na potencialidade de dano à Administração, dada a necessidade de funcionários públicos para fiscalizar e controlar as fronteiras do território nacional.

QUADRO SINÓTICO

Crime de abandono de função	
Tipo penal	Abandonar cargo público, fora dos casos permitidos em lei.
Objeto jurídico	Tutela-se a Administração Pública.
Sujeito ativo	Somente o funcionário público ocupante do cargo abandonado.
Sujeito passivo	O Estado.
Elemento subjetivo	Admite-se somente a modalidade dolosa.
Consumação	O delito se consuma quando o agente, além de abandonar o cargo público, gera certo risco de dano à Administração. Caso não se verifique tal risco no caso concreto, entende-se que o caso deve ser objeto somente de sanção administrativa.
Tentativa	No caso concreto, em sendo fracionável o *iter criminis*, é possível vislumbrar a tentativa.
Forma majorada	Nos termos do artigo 327, § 2º, do CP, haverá aumento de pena quando o agente for ocupante de cargo em comissão ou de função de direção ou assessoramento de órgão da administração direta, sociedade de economia mista, empresa pública ou fundação instituída pelo poder público.
Forma qualificada	Nos termos do artigo 323, § 1º, do CP, a conduta é qualificada se do fato resulta prejuízo público. Ademais, nos termos do artigo 323, § 2º, do CP, a conduta também é qualificada se o fato ocorre em lugar compreendido na faixa de fronteira.
Classificação	Trata-se de delito de mão própria com relação ao sujeito ativo e comum com relação ao passivo. Ademais é doloso, comissivo ou omissivo próprio, de forma livre, instantâneo, monossubjetivo, plurissubsistente e transeunte.

PARTE ESPECIAL

Crime de abandono de função	
Benefícios	Tanto a modalidade do *caput* como a do § 1º são de menor potencial ofensivo, de competência dos Juizados Especiais Criminais e que admitem a transação, suspensão condicional do processo e acordo de não persecução penal. A seu turno, a modalidade do § 2º admite somente a suspensão condicional do processo e o oferecimento de acordo de não persecução penal.
Ação penal	A ação penal é pública incondicionada.
Observações	Nos termos do artigo 327 do CP, considera-se funcionário público, para os efeitos penais, quem, embora transitoriamente ou sem remuneração, exerce cargo, emprego ou função pública. Ademais, nos termos do artigo 327, § 1º, do CP, equipara-se a funcionário público quem exerce cargo, emprego ou função em entidade paraestatal, e quem trabalha para empresa prestadora de serviço contratada ou conveniada para a execução de atividade típica da Administração Pública.

1.16. Exercício funcional ilegalmente antecipado ou prorrogado

O delito de exercício funcional ilegalmente antecipado ou prorrogado está previsto no artigo 324:

> *Art. 324 – Entrar no exercício de função pública antes de satisfeitas as exigências legais, ou continuar a exercê-la, sem autorização, depois de saber oficialmente que foi exonerado, removido, substituído ou suspenso:*
>
> *Pena – detenção, de quinze dias a um mês, ou multa.*

A conduta incriminada é **entrar** o funcionário público no exercício da sua função pública **antes de satisfeitas as exigências legais**. Além disso, pune-se aquele que **continuar a exercer a função pública**, **sem autorização**, depois de saber oficialmente da sua exoneração, remoção, substituição ou suspensão. Tutela-se o regular desenvolvimento das atividades da Administração Pública.

Entrar o funcionário público na função significa ingressar nela, iniciar o seu exercício. Continuar a exercer a função público significa não a interromper no caso de ter sido exonerado, removido, substituído ou suspenso, desde que já tenha havido a cientificação oficial do ato.

O crime é próprio, por exigir qualidade específica do sujeito ativo, a de funcionário público, ainda que já tenha sido exonerado ou ainda não tenha cumprido as exigências para a posse e investidura. O crime é de **mão própria**, pois só próprio funcionário público pode praticá-la, não permitindo a coautoria. É doloso, sem previsão de modalidade culposa nem de elemento subjetivo especial. É formal, não exigindo resultado naturalístico para a sua consumação. Por fim, é plurissubsistente, admitindo a tentativa.

QUADRO SINÓTICO

Crime de exercício funcional ilegalmente antecipado ou prolongado	
Tipo penal	Entrar no exercício de função pública antes de satisfeitas as exigências legais, ou continuar a exercê-la, sem autorização, depois de saber oficialmente que foi exonerado, removido, substituído ou suspenso.
Objeto jurídico	Tutela-se a Administração Pública.
Sujeito ativo	Somente quem é o funcionário público nomeado.
Sujeito passivo	O Estado.
Elemento subjetivo	Admite-se somente a modalidade dolosa.
Consumação	O delito se consuma quando o agente entra no exercício de função pública e pratica atos antes de satisfeitas as exigências legais, ou quando ele continua a exercê-la, sem autorização, depois de saber oficialmente que foi exonerado, removido, substituído ou suspenso.
Tentativa	Admite-se a tentativa.
Forma majorada	Nos termos do artigo 327, § 2º, do CP, haverá aumento de pena quando o agente for ocupante de cargo em comissão ou de função de direção ou assessoramento de órgão da administração direta, sociedade de economia mista, empresa pública ou fundação instituída pelo poder público.
Classificação	Trata-se de delito de mão própria com relação ao sujeito ativo e comum com relação ao passivo. Ademais é doloso, comissivo ou omissivo impróprio, de forma livre, instantâneo, monossubjetivo, plurissubsistente e transeunte.
Benefícios	Trata-se de delito de menor potencial ofensivo, de competência dos Juizados Especiais Criminais e que admite a transação, suspensão condicional do processo e acordo de não persecução penal.
Ação penal	A ação penal é pública incondicionada.
Observações	Nos termos do artigo 327 do CP, considera-se funcionário público, para os efeitos penais, quem, embora transitoriamente ou sem remuneração, exerce cargo, emprego ou função pública. Ademais, nos termos do artigo 327, § 1º, do CP, equipara-se a funcionário público quem exerce cargo, emprego ou função em entidade paraestatal, e quem trabalha para empresa prestadora de serviço contratada ou conveniada para a execução de atividade típica da Administração Pública.

1.17. Violação de sigilo funcional

O crime de violação de sigilo funcional está previsto no artigo 325 do Código Penal:

> *Art. 325 – Revelar fato de que tem ciência em razão do cargo e que deva permanecer em segredo, ou facilitar-lhe a revelação:*

Pena – detenção, de seis meses a dois anos, ou multa, se o fato não constitui crime mais grave.

§ 1º Nas mesmas penas deste artigo incorre quem:

I – permite ou facilita, mediante atribuição, fornecimento e empréstimo de senha ou qualquer outra forma, o acesso de pessoas não autorizadas a sistemas de informações ou banco de dados da Administração Pública;

II – se utiliza, indevidamente, do acesso restrito.

§ 2º Se da ação ou omissão resulta dano à Administração Pública ou a outrem:

Pena – reclusão, de 2 (dois) a 6 (seis) anos, e multa.

Revelar é expor, divulgar, propagar, anunciar. Facilitar é tornar fácil ou mais fácil, colaborar, favorecer, desembaraçar. Há duas figuras típicas:

- **Revelar** fato de que tem ciência em razão do cargo e que deva permanecer em segredo;
- **Facilitar a revelação** de fato de que tem ciência em razão do cargo e que deva permanecer em segredo.

De forma simples, o artigo 325 do CP prevê a punição do funcionário público que revela ou facilita a revelação de um fato sigiloso, que é de seu conhecimento em razão do seu cargo.

O crime é doloso, sem exigência de elemento subjetivo especial do tipo. Não há previsão da modalidade culposa. É próprio, por exigir que haja a qualidade do sujeito ativo de funcionário público, além de ter conhecimento, em razão da função, de fato sigiloso.

Classifica-se como crime formal, por independer do resultado naturalístico (dano ou prejuízo) para sua consumação. É instantâneo, consumando-se em um dado momento do tempo. O crime é plurissubsistente na forma escrita, admitindo a tentativa.

O crime não se configura quando as informações já são do domínio público (STJ, decisão monocrática no Inq. 554, publ. 08/10/2007).

Exemplo de julgado sobre o tema é de servidor público que, atuando no Ministério da Educação, teria divulgado informação sigilosa, atrapalhando investigação em curso:

*In concreto, ao recorrente, servidor de carreira da Controladoria-Geral da União, são imputados os crimes tipificados nos arts. 325, § 2º, do Código Penal e 10 da Lei n. 9.296/1996, quando, à época, exercia o cargo em comissão de Assessor Especial de Controle Interno do Ministério da Educação. Ainda, vê-se ter sido imputado ao réu **a prática do crime de violação do sigilo funcional qualificado**, porquanto a sua conduta resultou **dano efetivo à Administração Pública**. Indubitavelmente, não há interesse público na defesa da suposta conduta de divulgação de informações acobertadas por sigilo, que teria comprometido parcialmente a eficácia e acarretado retardamento da investigação sigilosa, denominada "Operação Sinapse". Vislumbra-se unicamente o interesse público na apuração do fato imputado, não na defesa do réu imputado, a qual não ultrapassa a esfera de interesse pessoal do agente público. (STJ, AgRg no RHC 48222/PR, Rel. Min. Ribeiro Dantas, Quinta Turma, DJe 24/02/2017).*

Modalidades equiparadas

O parágrafo primeiro do artigo 325 determina a imposição da mesma sanção penal àquele que:

> I – permite (autoriza, consente) ou facilita (torna fácil ou mais fácil, colabora, favorece, desembaraça), mediante atribuição, fornecimento e empréstimo de senha ou qualquer outra forma, o acesso de pessoas não autorizadas a sistemas de informações ou banco de dados da Administração Pública;
>
> II – se utiliza (usa), indevidamente, do acesso restrito.

Portanto, pune-se criminalmente aquele que permite ou facilita o acesso de pessoas não autorizadas aos sistemas de informações ou bancos de dados da Administração Pública, bem como o funcionário que usar o acesso restrito de forma indevida, como para interesses pessoais.

Modalidade qualificada

O parágrafo segundo do artigo 325 prevê a incidência de forma qualificada em caso de a ação ou a omissão **causar dano** à Administração Pública ou a outrem. Cuida-se de crime qualificado pelo resultado, cuja pena passa a ser de reclusão, de 2 (dois) a 6 (seis) anos, e multa. Nesta modalidade, o crime é material.

QUADRO SINÓTICO

Crime de violação de sigilo funcional	
Tipo penal	Revelar fato de que tem ciência em razão do cargo e que deva permanecer em segredo, ou facilitar-lhe a revelação.
Objeto jurídico	Tutela-se a Administração Pública.
Sujeito ativo	Somente quem é funcionário público.
Sujeito passivo	O Estado e quem for diretamente prejudicado pelo agente.
Elemento subjetivo	Admite-se somente a modalidade dolosa.
Consumação	O delito se consuma quando o agente revela fato de que tem ciência em razão do cargo e que deva permanecer em segredo, ou facilitar-lhe a revelação.
Tentativa	Admite-se a tentativa.
Forma majorada	Nos termos do artigo 327, § 2º, do CP, haverá aumento de pena quando o agente for ocupante de cargo em comissão ou de função de direção ou assessoramento de órgão da administração direta, sociedade de economia mista, empresa pública ou fundação instituída pelo poder público.
Forma qualificada	Nos termos do artigo 325, § 2º, do CP, a conduta é qualificada se dela resultar dano à Administração Pública ou a outrem.

Crime de violação de sigilo funcional	
Classificação	Trata-se de delito próprio com relação ao sujeito ativo e comum com relação ao passivo. Ademais é doloso, comissivo ou omissivo próprio, de forma livre, instantâneo, monossubjetivo, plurissubsistente e transeunte.
Benefícios	A modalidade do *caput* é delito de menor potencial ofensivo, de competência dos Juizados Especiais Criminais e que admite a transação, suspensão condicional do processo e acordo de não persecução penal. A seu turno, a modalidade qualificada admite somente o oferecimento de acordo de não persecução penal.
Ação penal	A ação penal é pública incondicionada.
Observações	Nos termos do artigo 325, § 1º, do CP, nas mesmas penas do *caput* incorre quem permite ou facilita, mediante atribuição, fornecimento e empréstimo de senha ou qualquer outra forma, o acesso de pessoas não autorizadas a sistemas de informações ou banco de dados da Administração Pública; se utiliza, indevidamente, do acesso restrito. Nos termos do artigo 327 do CP, considera-se funcionário público, para os efeitos penais, quem, embora transitoriamente ou sem remuneração, exerce cargo, emprego ou função pública. Ademais, nos termos do artigo 327, § 1º, do CP, equipara-se a funcionário público quem exerce cargo, emprego ou função em entidade paraestatal, e quem trabalha para empresa prestadora de serviço contratada ou conveniada para a execução de atividade típica da Administração Pública.

1.18. Violação de sigilo de proposta de concorrência

O crime de violação de sigilo de proposta de concorrência está formalmente inscrito no artigo 326 do Código Penal:

> *Art. 326 – Devassar o sigilo de proposta de concorrência pública, ou proporcionar a terceiro o ensejo de devassá-lo:*
>
> *Pena – Detenção, de três meses a um ano, e multa.*

Entretanto, com a superveniência da Lei n. 8.666/1993, que trata de licitação e contratos administrativos, houve sua **revogação tácita**, em virtude do que previa o seu artigo 94:

> *Art. 94. Devassar o sigilo de proposta apresentada em procedimento licitatório, ou proporcionar a terceiro o ensejo de devassá-lo:*
>
> *Pena – detenção, de 2 (dois) a 3 (três) anos, e multa.*

Desse modo, o crime passou a ser matéria da legislação penal especial, a Lei n. 8.666/1993. Entretanto, com o advento da Lei n. 14.133/2021, a Nova Lei de Licitações e Contratos Administrativos, o tipo foi reinserido no Código Penal, dessa vez **no artigo 337-J**. Assim, será analisado adiante.

QUADRO SINÓTICO

Crime de violação de sigilo de proposta de concorrência	
Tipo penal	Devassar o sigilo de proposta de concorrência pública, ou proporcionar a terceiro o ensejo de devassá-lo.
Objeto jurídico	Tutela-se a Administração Pública.
Sujeito ativo	Somente quem é funcionário público.
Sujeito passivo	O Estado e quem for diretamente prejudicado pelo agente.
Elemento subjetivo	Admite-se somente a modalidade dolosa.
Consumação	O delito se consuma quando o agente devassa o sigilo de proposta de concorrência pública ou proporciona a terceiro o ensejo de devassá-lo.
Tentativa	Admite-se a tentativa.
Classificação	Trata-se de delito próprio com relação ao sujeito ativo e comum com relação ao passivo. Ademais é doloso, comissivo ou omissivo próprio, de forma livre, instantâneo, monossubjetivo, plurissubsistente e transeunte.
Benefícios	Admite-se a possibilidade de oferta de acordo de não persecução penal.
Ação penal	A ação penal é pública incondicionada.
Observações	Entende-se que o artigo 326 do CP foi revogado pelo artigo 94 da Lei n. 8.666/1993. Contudo, a Lei n. 14.133/2021 revogou o artigo 94 da Lei n. 8.666/1993 e inseriu no CP o artigo 337-J, que possui a mesma redação do artigo 94 da Lei n. 8.666/1993. Nos termos do artigo 327 do CP, considera-se funcionário público, para os efeitos penais, quem, embora transitoriamente ou sem remuneração, exerce cargo, emprego ou função pública. Ademais, nos termos do artigo 327, § 1º, do CP, equipara-se a funcionário público quem exerce cargo, emprego ou função em entidade paraestatal, e quem trabalha para empresa prestadora de serviço contratada ou conveniada para a execução de atividade típica da Administração Pública.

1.19. Conceito de funcionário público e causa de aumento de pena

O artigo 327, *caput* e parágrafo primeiro, do Código Penal, constitui **norma penal não incriminadora, da espécie explicativa ou interpretativa**. Ou seja, é um dispositivo legal que não traz a incriminação de determinada conduta, mas sim uma explicitação de conceitos para a adequada aplicação da legislação penal. Referido dispositivo trata do conceito de funcionário público para efeitos penais, afastando a aplicação do conceito advindo do Direito Administrativo no que se refere à interpretação das leis criminais:

PARTE ESPECIAL

> *Art. 327 – Considera-se funcionário público, para os efeitos penais, quem, embora transitoriamente ou sem remuneração, exerce cargo, emprego ou função pública.*
>
> *§ 1º – Equipara-se a funcionário público quem exerce cargo, emprego ou função em entidade paraestatal, e quem trabalha para empresa prestadora de serviço contratada ou conveniada para a execução de atividade típica da Administração Pública.*

A conceituação de **funcionário público** para fins penais é bastante ampla, bastando o exercício de cargo (vínculo estatutário), emprego (vínculo com base na Consolidação das Leis do Trabalho) ou função pública (um conjunto de atribuições públicas, como as de mesário nas eleições ou de jurado). Envolve o exercício transitório (por exemplo, estagiário) ou permanente (como o delegado ou o promotor de justiça), remunerado (caso do tabelião) ou não remunerado (serviço voluntário).

Exemplo de funcionário público para fins penais é o do advogado que atua em convênio com a Defensoria Pública para a defesa de assistidos:

> *"Segundo a jurisprudência pacífica desta Corte Superior é possível considerar o defensor dativo, cujas atividades derivam de convênio realizado entre a OAB e a Defensoria Pública para realização de defesa em local não provido de atuação dessa instituição, como funcionário público, para fins penais, nos termos do art. 327 do CP." (STJ, EDcl no RHC 126207/SP, Rel. Min. Nefi Cordeiro, Sexta Turma, DJe 09/06/2020).*

O administrador de Loteria, por exemplo, já foi considerado funcionário público para fins penais em julgado do STJ[37]. Não se pode incluir no conceito o curador, nem mesmo o tutor. Apesar de exercerem um *múnus público*[38], como ocorre com o jurado, não exercem funções públicas propriamente dita, atuando na representação e na assistência dos incapazes em sua vida privada.

Ademais, o parágrafo primeiro ainda traz o **funcionário público por equiparação**, que seria todo aquele que exerce cargo, emprego ou função em entidade paraestatal e quem trabalha para empresa prestadora de serviço contratada ou conveniada para execução de atividade típica da Administração Pública, como os funcionários terceirizados que exercem suas funções na Polícia Federal, na atividade de emissão de passaportes.

Sobre entidade paraestatal, tem prevalecido que abrangem os serviços sociais autônomos (integrantes do chamado sistema S, composto por SESI, SESC, SENAC etc); as organizações sociais (OS), previstas na Lei n. 9.637/1998; as organizações da sociedade civil de interesse público (OSCIP), tratadas na Lei n. 9.790/1999; e as entidades de apoio, que são associações, cooperativas ou fundações, sem finalidade lucrativa, as quais possuem a finalidade de dar apoio ao ensino, à extensão e à pesquisa científica e projetos de desenvolvimento institucional, científico e tecnológico, como a FAPEX - Fundação de Apoio à Pesquisa e Extensão, ligada à Universidade Federal da Bahia.

37. STJ, AREsp 679651/RJ, Rel. Min. Joel Ilan Paciornik, Quinta Turma, DJe 17/09/2018.
38. GONÇALVES, Carlos Roberto. Direito Civil Brasileiro, volume 1: parte geral. 10. ed. São Paulo: Saraiva: 2012, p. 131.

É funcionário público por equiparação o médico contratado por hospital conveniado com o Sistema Único de Saúde (SUS), como têm decidido o STF[39] e o STJ[40]. Por isso, se esse profissional exige vantagem para prestar atendimento à pessoa que buscou acesso ao sistema, poderá haver responsabilização por concussão:

> *"1. O artigo 327, § 1º, do CP determina que "[e]quipara-se a funcionário público quem exerce cargo, emprego ou função em entidade paraestatal, e quem trabalha para empresa prestadora de serviço contratada ou conveniada para a execução de atividade típica da Administração Pública". 2. O paciente, médico contratado de hospital credenciado ao Sistema Único de Saúde - SUS, foi denunciado pela prática do crime de concussão, em razão de ter exigido a quantia de R$ 100,00 [cem reais] para prestar atendimento à pessoa acobertada pelo referido sistema. Daí a correta equiparação a funcionário público." (STF, HC 97710, Relator Min. Eros Grau, Segunda Turma, julgado em 02-02-2010).*

O julgado a seguir traz outro exemplo de funcionário por equiparação, por atuar em entidade paraestatal:

> *"O dirigente de entidade caracterizada como organização da sociedade civil de interesse público (OSCIP, Lei n. 9.790/1999), que presta serviços públicos mediante repasse de verbas públicas, pode ser equiparado a funcionário público, nos termos do § 1º do art. 327 do Código Penal, por se tratar de entidade paraestatal (precedentes do Supremo Tribunal Federal e Superior Tribunal de Justiça)." (STJ, HC 416672/PR, Rel. Min. Antonio Saldanha Pinheiro, Sexta Turma, DJe 11/10/2019).*

Aumento de pena

Já o parágrafo segundo do artigo 327 traz uma causa de aumento de pena aplicável a todos os crimes do Capítulo I do Título XI, ou seja, os crimes praticados por funcionário público contra a Administração em Geral:

§ 2º – A pena será aumentada da terça parte quando os autores dos crimes previstos neste Capítulo forem ocupantes de cargos em comissão ou de função de direção ou assessoramento de órgão da administração direta, sociedade de economia mista, empresa pública ou fundação instituída pelo poder público.

A majorante é de um terço da pena, incidindo se o sujeito ativo de qualquer dos crimes acima mencionados for ocupante de:

- **Cargo em comissão;**
- **Função de direção;**
- **Função de assessoramento;**

39. STF, RHC 90523, Rel. Min. Ayres Britto, Segunda Turma, julgado em 19-04-2011.
40. STJ, AgRg no HC n. 541.426/SP, Rel. Min. Jorge Mussi, Quinta Turma, julgado em 18/8/2020, DJe de 25/8/2020.

A ocupação do cargo ou função deve ocorrer em órgão da Administração direta, de sociedade de economia mista, de empresa pública ou de fundação instituída pelo Poder Público. A autarquia não foi inserida pelo legislador, em nítida falha, mas que exige lei para sua correção. Não é possível aplicar a majorante aos que ocupam cargo em comissão, função de direção ou função de assessoramento em entidades autárquicas, sob pena de se admitir analogia *in malam partem*. O Supremo Tribunal Federal já acolheu essa posição[41].

Além disso, a Suprema Corte decidiu que a causa de aumento de pena prevista no parágrafo segundo do artigo 327 incide no caso de o sujeito ativo ser governador de Estado, já que exerce função de direção da Administração Direta:

> *"(...) 1.* ***O Governador do Estado, nas hipóteses em que comete o delito de peculato, incide na causa de aumento de pena prevista no art. 327, § 2º, do Código Penal, porquanto o Chefe do Poder Executivo, consoante a Constituição Federal, exerce o cargo de direção da Administração Pública****, exegese que não configura analogia* in malam partem*, tampouco interpretação extensiva da norma penal, mas, antes, compreensiva do texto. (...) 3. As expressões "cargo em comissão" e "função de direção ou assessoramento" são distintas, incluindo-se, nesta última expressão, todos os servidores públicos a cujo cargo seja atribuída a função de chefia como dever de ofício. (...)" (STF, Inq 2606/MT, Rel. Min. Luiz Fux, Tribunal Pleno, Julgamento em 04/09/2014).*

2. DOS CRIMES PRATICADOS POR PARTICULAR CONTRA A ADMINISTRAÇÃO EM GERAL

O Capítulo II do Título XI da Parte Especial trata dos crimes praticados por particular contra a Administração em Geral, trazendo a previsão de usurpação de função pública; resistência; desobediência; desacato; tráfico de influência; corrupção ativa; descaminho; contrabando; impedimento, perturbação, perturbação ou fraude de concorrência; inutilização de edital ou de sinal; subtração ou inutilização de livro ou documento e sonegação de contribuição previdenciária.

2.1. Usurpação de função pública

O crime de usurpação de função pública está previsto no artigo 328 do Código Penal:

> *Art. 328 – Usurpar o exercício de função pública:*
>
> *Pena – detenção, de três meses a dois anos, e multa.*
>
> *Parágrafo único – Se do fato o agente aufere vantagem:*
>
> *Pena – reclusão, de dois a cinco anos, e multa.*

41. "No rol de incidência da causa especial de aumento de pena, entre os entes da Administração Pública indireta, não há menção às autarquias. Analogia para entender que os servidores ocupantes de cargos em comissão ou de função de direção ou de assessoramento das autarquias também estariam sujeitos à majorante. Pelo princípio da legalidade penal estrita, inadmissível o aproveitamento da analogia in malam partem". (STF, AO 2093, Rel. Min. Carmen Lúcia, Segunda Turma, julgado em 03-09-2019.

A ação nuclear típica é usurpar, que significa apossar-se de, tomar algo sem direito, exercício irregular. A conduta incriminada é usurpar o exercício de função pública. É necessário que o agente efetivamente pratique atos inerentes à função pública, qualquer que seja: remunerada ou não, permanente ou transitória.

O crime é comum, por não exigir qualidade específica do sujeito ativo para sua configuração. Admite-se, inclusive, que o funcionário público cometa o crime, caso usurpe função estranha à que ocupa. É doloso, sem previsão de modalidade culposa. É formal, independendo sua consumação da ocorrência de resultado naturalístico. Por fim, é plurissubsistente, já que sua conduta admite fracionamento e, por conseguinte, admite a modalidade tentada.

Há julgado inusitado sobre o tema:

> *"Se o réu se apresenta em Batalhão da Polícia Militar envergando uniforme preto assemelhado ao dos integrantes do BOPE, com a tarja de Coronel e crachá da Secretaria de Segurança Pública do Estado do Rio de Janeiro, com o intuito deliberado de comandar operação policial militar (blitz) sem possuir autoridade para tanto, sua conduta se amolda à usurpação da função de policial militar ou civil do Estado, e não à de oficial do Exército, já que o policiamento preventivo ou repressivo nas ruas cabe a tais policiais." (STJ, CC 120493/RJ, Rel. Min. Reynaldo Soares da Fonseca, Terceira Seção, DJe 22/06/2015).*

Modalidade qualificada

O parágrafo único do artigo 328 prevê forma qualificada do crime de usurpação de função pública, se houver o resultado consistente na obtenção de vantagem pelo agente. A pena passa a ser de reclusão, de dois a cinco anos, e multa.

Com relação ao detetive particular, a Lei n. 13.432/2017 dispõe que o exercício da profissão se restringe à natureza extrapenal, em que se buscam esclarecimentos de interesse privado. Ou seja, a atuação do profissional não pode abarcar a área criminal, não se confundindo com as atividades de polícia na repressão e investigação de delitos. Por isso, o detetive particular não comete o crime do artigo 328 do Código Penal, salvo se extrapolar os limites legais e participar ativamente de diligências policiais, usurpando a função pública.

QUADRO SINÓTICO

Crime de usurpação de função pública	
Tipo penal	Usurpar o exercício de função pública.
Objeto jurídico	Tutela-se a Administração Pública.
Sujeito ativo	Qualquer um.
Sujeito passivo	O Estado e quem for diretamente prejudicado pelo agente.
Elemento subjetivo	Admite-se somente a modalidade dolosa.
Consumação	O delito se consuma quando o agente executa ato da função usurpada.

Crime de usurpação de função pública	
Tentativa	Admite-se a tentativa.
Forma qualificada	Nos termos do artigo 328, parágrafo único, a conduta é qualificada se do fato o agente aufere vantagem.
Classificação	Trata-se de crime comum, doloso, de forma livre, comissivo ou omissivo impróprio, instantâneo, monossubjetivo, plurissubsistente e transeunte.
Benefícios	A modalidade do *caput* é de menor potencial ofensivo, de competência dos Juizados Especiais Criminais e que admite a transação, suspensão condicional do processo e oferecimento de acordo de não persecução penal. A seu turno, a modalidade qualificada admite o oferecimento de acordo de não persecução penal.
Ação penal	A ação penal é pública incondicionada.

2.2. Resistência

O crime de resistência está tipificado no artigo 329 do Código Penal:

> *Art. 329 – Opor-se à execução de ato legal, mediante violência ou ameaça a funcionário competente para executá-lo ou a quem lhe esteja prestando auxílio:*
>
> *Pena – detenção, de dois meses a dois anos.*
>
> *§ 1º – Se o ato, em razão da resistência, não se executa:*
>
> *Pena – reclusão, de um a três anos.*
>
> *§ 2º – As penas deste artigo são aplicáveis sem prejuízo das correspondentes à violência.*

Opor-se é contrapor-se, obstar-se, resistir. A conduta incriminada é opor-se à execução de um ato legal, mediante violência ou ameaça a funcionário competente para executá-lo ou a quem lhe esteja prestando auxílio.

Deve haver, portanto, o emprego de violência (*vis absoluta*, física) e de ameaça (*vis compulsiva*, coação moral) deve ser direcionado ao funcionário público que esteja executando o ato ou quem lhe preste auxílio.

A **resistência passiva**, por outro lado, não configura o crime em estudo, que exige a violência ou ameaça. O ato a que o agente se opõe deve ser legal, ou seja, conforme o ordenamento jurídico.

O crime é comum, por não exigir qualidade específica do sujeito ativo para sua configuração. É doloso, sem previsão de modalidade culposa. É formal, independendo sua consumação da ocorrência de resultado naturalístico. Por fim, é plurissubsistente, já que sua conduta admite fracionamento e, por conseguinte, admite a modalidade tentada.

Modalidade qualificada

O artigo 329, parágrafo primeiro, prevê a forma qualificada do crime de resistência. Configura-se caso **o ato**, em razão da resistência, **não se executar**. Ou seja, é crime qualificado pelo resultado, cuja pena passa a ser de reclusão, de um a três anos.

Concurso com violência

O parágrafo segundo do artigo 329 prevê que as penas das formas do crime de resistência são aplicáveis sem prejuízo das correspondentes à violência. A contravenção de vias de fato resta absorvida pelo crime, em razão da sua natureza de "crime-anão", de infração penal de menor gravidade. Nos outros casos, há concurso com o crime relativo ao emprego de violência, como o de lesão corporal.

QUADRO SINÓTICO

Crime de resistência	
Tipo penal	Opor-se à execução de ato legal, mediante violência ou ameaça a funcionário competente para executá-lo ou a quem lhe esteja prestando auxílio.
Objeto jurídico	Tutela-se a Administração Pública.
Sujeito ativo	Qualquer um.
Sujeito passivo	O Estado e, mediatamente, o funcionário público que exara a ordem legal ou quem lhe esteja prestando auxílio.
Elemento subjetivo	Admite-se somente a modalidade dolosa.
Consumação	O delito se consuma quando o agente se opõe à execução de ato legal, mediante violência ou ameaça a funcionário competente para executá-lo ou a quem lhe esteja prestando auxílio.
Tentativa	No caso concreto, em sendo fracionável o *iter criminis*, é possível vislumbrar a tentativa.
Forma qualificada	Nos termos do artigo 329, § 1º, do CP, a conduta é qualificada se o ato, em razão da resistência, não se executa.
Classificação	Trata-se de crime comum, doloso, comissivo ou omissivo impróprio, de forma livre, instantâneo, monossubjetivo, plurissubsistente e transeunte.
Benefícios	A modalidade do *caput* é de menor potencial ofensivo, de competência dos Juizados Especiais Criminais e que admite a transação e suspensão condicional do processo. A modalidade qualificada admite a suspensão condicional do processo. Em ambos os casos, o oferecimento de acordo de não persecução penal não será possível nos casos em que o crime for cometido mediante violência ou grave ameaça.
Ação penal	A ação penal é pública incondicionada.
Observações	Entende-se que o delito de resistência absorve o de desobediência.

PARTE ESPECIAL

2.3. Desobediência

O artigo 330 do Código Penal trata da desobediência, nos seguintes termos:

> *Art. 330 – Desobedecer a ordem legal de funcionário público:*
>
> *Pena – detenção, de quinze dias a seis meses, e multa.*

Desobedecer é não obedecer, não acatar a ordem, recusar o atendimento a um comando. A conduta incriminada é desobedecer a ordem legal de funcionário público. A ordem deve ser emitida pelo funcionário público, de forma específica para o agente, que deve ser obrigado a atender a ordem.

Se houver cominação de sanção civil ou administrativa, sem previsão de configuração do crime, o fato é atípico, segundo entendimento majoritário. Ou seja, **não se configura o delito caso exista uma sanção específica para o caso do descumprimento da ordem pelo seu destinatário**. Esse entendimento doutrinário, segundo Nilo Batista, não possuiria fundamento legislativo, sendo incidência direta do princípio da subsidiariedade, corolário da intervenção mínima. Deste modo, doutrina e jurisprudência passaram a limitar o alcance do *ius puniendi* em uma interpretação que ele reputa *contra legem*.

Desobedecer às ordens emanadas da autoridade competente de trânsito, por exemplo, já possui como consequência a sanção administrativa prevista no artigo 195 do CTB. Deste modo, não se configura o crime do artigo 330 do CP. Por outro lado, haverá crime no caso de exercício de atividade ostensiva de repressão a delitos:

> *De fato, "**a desobediência de ordem de parada dada pela autoridade de trânsito ou por seus agentes, ou mesmo por policiais ou outros agentes públicos no exercício de atividades relacionadas ao trânsito, não constitui crime de desobediência**, pois há previsão de sanção administrativa específica no art. 195 do Código de Trânsito Brasileiro, o qual não estabelece a possibilidade de cumulação de sanção penal" (HC 369.082/SC, Rel. Min. Felix Fischer, Quinta Turma, DJe 01/08/2017). 4. Na hipótese dos autos, no entanto, **a ordem de parada não se deu por parte da autoridade competente de trânsito ou de seus agentes, mas por policiais rodoviários federais no exercício de sua atividade ostensiva de repressão a delitos**. Nesse diapasão: AgRg no AREsp 1467126/PR, Rel. Min. Felix Fischer, Quinta Turma, julgado em 06/06/2019, DJe 11/06/2019. Assim, encontra-se devidamente delineada a conduta imputada ao recorrido, não havendo se falar, portanto, em atipicidade. Merece, pois, amparo a insurgência ministerial para restabelecer a condenação do recorrido pelo crime do art. 330, do Código Penal. (STJ, AgRg no REsp 1872022/MS, Rel. Min. Reynaldo Soares da Fonseca, Quinta Turma, Julgamento em 23/06/2020).*

Essa diferenciação foi confirmada com a fixação de tese pela Terceira Seção do STJ, que consignou haver crime de desobediência em caso de não atendimento à ordem de parada de agentes policiais, desde que em atividade de policiamento ostensivo:

> *"Recurso especial representativo da controvérsia provido, com a fixação a seguinte tese: A desobediência à ordem legal de parada, emanada por agentes públicos em*

contexto de policiamento ostensivo, para a prevenção e repressão de crimes, constitui conduta penalmente típica, prevista no art. 330 do Código Penal Brasileiro." (STJ, REsp 1859933/SC, Rel. Min. Antonio Saldanha Palheiro, Terceira Seção, julgado em 09/03/2022, DJe 01/04/2022).

O STF também possui jurisprudência no mesmo sentido[42]. Em 28 de abril de 2020, entretanto, houve uma decisão de Turma, por maioria, em sentido contrário, conforme noticiado no Informativo n. 975:

> *Na espécie, o paciente foi condenado à pena de 1 mês e 10 dias de detenção, em regime semiaberto, e ao pagamento de 20 dias-multa, pela prática do crime de desobediência [Código Penal (CP), art. 330 (1)]. Segundo a denúncia, ele não atendeu a ordem dada pelo oficial de justiça na ocasião do cumprimento de mandado de entrega de veículo, expedido no juízo cível. Recusou-se, na qualidade de depositário do bem, a entregar o veículo ou a indicar sua localização.*
>
> *A defesa requeria a absolvição do paciente, sob o argumento de atipicidade da conduta, e, sucessivamente, a substituição da sanção privativa de liberdade por restritiva de direitos ou a imposição de regime aberto.*
>
> *O colegiado rejeitou a alegação de que a conduta seria atípica.* ***Assentou não haver prejuízo da responsabilidade penal e ser possível a aplicação de sanções civis, criminais e processuais****.*

O precedente contraria a doutrina majoritária, a própria jurisprudência do STF e o entendimento consolidado no STJ. De todo modo, é precedente de turma, não podendo ser tido como mudança do entendimento jurisprudencial. É necessário acompanhar se o tema será enfrentado pelo Plenário.

Haverá o crime, obviamente, se a legislação expressamente o determinar, como ocorre com a Lei n. 12.016/2009, que disciplina o Mandado de Segurança:

> *Art. 26. Constitui* ***crime de desobediência****, nos termos do art. 330 do Decreto-Lei nº 2.848, de 7 de dezembro de 1940,* ***o não cumprimento das decisões proferidas em mandado de segurança****, sem prejuízo das sanções administrativas e da aplicação da Lei nº 1.079, de 10 de abril de 1950, quando cabíveis.*

O crime é comum, por não exigir qualidade específica do sujeito ativo para sua configuração. É doloso, sem previsão de modalidade culposa. É formal, independendo sua consumação da ocorrência de resultado naturalístico. Por fim, é plurissubsistente, já que sua conduta admite fracionamento e, por conseguinte, admite a modalidade tentada.

No caso de o sujeito desobedecer a uma ordem, exercendo uma função, atividade, direito, autoridade ou múnus, de que foi suspenso ou privado por ordem judicial, configura-se o crime do artigo 359 do Código Penal.

42. STF, HC 86047, Rel. Min. Sepúlveda Pertence, Primeira Turma, julgado em 04/10/2005; STF, HC 174557, Rel. Min. Cármen Lúcia, Segunda Turma, julgado em 17/12/2019.

QUADRO SINÓTICO

Crime de desobediência	
Tipo penal	Desobedecer a ordem legal de funcionário público.
Objeto jurídico	Tutela-se a Administração Pública.
Sujeito ativo	Qualquer um.
Sujeito passivo	O Estado e, mediatamente, o funcionário público que exara a ordem legal.
Elemento subjetivo	Admite-se somente a modalidade dolosa.
Consumação	O delito se consuma quando o agente desobedece a ordem legal de funcionário público.
Tentativa	No caso concreto, em sendo fracionável o *iter criminis*, é possível vislumbrar a tentativa.
Classificação	Trata-se de crime comum com relação ao sujeito ativo e próprio com relação ao passivo. Ademais, é doloso, comissivo ou omissivo próprio, de forma livre, instantâneo, monossubjetivo, plurissubsistente ou unissubsistente e transeunte.
Benefícios	Trata-se de crime de menor potencial ofensivo, de competência dos Juizados Especiais Criminais e que admite a transação, suspensão condicional do processo e oferecimento de acordo de não persecução penal.
Ação penal	A ação penal é pública incondicionada.

2.4. Desacato

O crime de desacato tem previsão no artigo 331 do Código Penal:

> *Art. 331 – Desacatar funcionário público no exercício da função ou em razão dela:*
>
> *Pena – detenção, de seis meses a dois anos, ou multa.*

Desacatar é humilhar, desprestigiar, ofender. É afrontar, menoscabar, achincalhar. A conduta incriminada é desacatar funcionário público no exercício da função ou em razão dela. Portanto, a humilhação do funcionário deve se dar no exercício da função ou em razão dela, por exemplo, chamar um delegado de funcionário corrupto, mesmo que ele esteja em restaurante. Exige-se, portanto, o chamado nexo funcional, ou seja, que a ofensa seja *propter officium*. Como já destacou o STJ, o "desacato é especial forma de injúria, caracterizado como uma ofensa à honra e ao prestígio dos órgãos que integram a Administração Pública".[43]

43. HC 379.269/MS, Rel. p/ Acórdão Min. Antonio Saldanha Palheiro, Terceira Seção, DJe 30/06/2017.

O crime é comum, por não exigir qualidade específica do sujeito ativo para sua configuração. É doloso, sem previsão de modalidade culposa. Por fim, segundo a doutrina majoritária, é plurissubsistente, já que sua conduta admite fracionamento e, por conseguinte, admite a modalidade tentada. Seria exemplo de tentativa, para a doutrina minoritária, o agente iniciar a conduta de lançamento de tomates podres contra a autoridade e ser impedido por circunstância alheias à sua vontade. Entretanto, nenhuma das correntes doutrinárias admite a modalidade tentada se for praticado verbalmente, já que o crime, quando assim praticado, é unissubsistente.

É formal, independendo sua consumação da ocorrência de resultado naturalístico. Consuma-se no momento do ultraje, da ofensa. É necessária a presença do funcionário público, sob pena de configuração subsidiária de crime contra a honra. É crime de forma livre. Não se concorda com a doutrina que entende passível de cometimento por omissão[44], pois o caso seria, no máximo, desobediência civil, atípica ou, para alguns, causa supralegal de inexigibilidade de conduta diversa.

Surgiu a discussão sobre o **controle de convencionalidade** do artigo 331 do Código Penal, já que o Pacto de São José da Costa Rica tornaria incompatível com a ordem jurídica brasileira a tipificação do crime de desacato. É de se ressaltar que há precedente da **Corte Interamericana de Direitos Humanos neste sentido**. O tema da liberdade de expressão e a honra dos que exercem funções públicas foi tratado, por exemplo, nos casos *Herrera Ulloa v. Costa Rica*, em que se destacou que as funções públicas devem se submeter a um maior escrutínio público, e *Ricardo Canese v. Paraguai*, em que, tratando-se de informações publicadas em meio a uma campanha eleitoral, a Corte decidiu que o debate público está sujeito a uma maior margem de tolerância.

A Comissão Interamericana, por sua vez, entende que deveria haver um sistema dual de proteção da honra, com uma proteção criminal da honra do cidadão comum e, no caso de funcionário público, a tutela da honra apenas no âmbito cível, limitada, ainda, ao caso de malícia (má-fé) do autor da manifestação.

Entretanto, o Superior Tribunal de Justiça, após um julgado em sentido contrário de uma de suas Turmas[45], firmou o posicionamento de que subsiste a criminalização da conduta de desacato:

> *"2.* ***A Terceira Seção do Superior Tribunal de Justiça, no julgamento do Habeas Corpus n. 379.269/MS, em 24/5/2017, firmou posicionamento no sentido da incolumidade do crime de desacato no ordenamento jurídico pátrio, nos termos do disposto no art. 331 do Código Penal. Dessarte, não há se falar em atipicidade do crime de desacato.*** *(...)" (STJ, AgRg no RHC 90034/RS, Rel. Min. Reynaldo da Fonseca, Quinta Turma, DJe 01/12/17).*

O Supremo Tribunal Federal, por sua vez, provocado a se manifestar sobre a controvérsia, vinha entendendo que o assunto era de índole infraconstitucional, não

---

44. CUNHA, Rogério Sanches. Manual de Direito Penal: Parte Especial (arts. 121 ao 361). 12. ed. Salvador: Juspodivm, 2020, 926. O autor usa como exemplo de desacato o agente não responder a um cumprimento do funcionário público.
45. "A criminalização do desacato está na contramão do humanismo, porque ressalta a preponderância do Estado – personificado em seus agentes – sobre o indivíduo." (REsp 1640084/SP, Quinta Turma, DJe 15/12/2016).

adentrando propriamente o mérito, ou entendendo pela compatibilidade[46]. Entretanto, o Tribunal voltou a enfrentar o tema, por sua composição plenária, em Sessão Virtual, de que ocorreu 12.6.2020 a 19.6.2020, fixando a seguinte tese: "**foi recepcionada pela Constituição de 1988 a norma do artigo 331 do Código Penal, que tipifica o crime de desacato**". Na oportunidade, foi dada uma **interpretação restritiva** ao dispositivo, estipulando o voto vencedor que o crime, que tutela a Administração Pública (e não a honra do servidor), deve ser praticado na presença do funcionário público[47], não abrangendo ofensas por meio de imprensa ou redes sociais.

Ademais, o relator consignou ser imprescindível um menosprezo em relação à própria função pública exercida pelo agente, além de ser necessário que o ato perturbe ou obstrua a execução das funções públicas. Disse que, na própria jurisprudência do STF, já se reconhece a atipicidade de reclamações, censuras ou críticas, ainda que veementes, à atuação funcional do funcionário, com observância do direito à liberdade de expressão.

Por fim, sobre o desacato contra mais de uma agente no mesmo contexto, o STJ decidiu haver crime único, e não concurso:

> *"Se o crime for praticado, em um mesmo contexto fático, contra vários funcionários públicos, não haverá concurso formal; vale dizer, quando uma pessoa ofende vários funcionários públicos, em um mesmo contexto fático, cometerá apenas um crime de desacato, porquanto o bem jurídico terá sido atingido uma única vez." (AgRg no RHC 136.918/SP, Rel. Min. Sebastião Reis Júnior, Rel. p/ Acórdão Min. Rogerio Schietti Cruz, julgado em 23/03/2021, DJe 14/04/2021)*

QUADRO SINÓTICO

Crime de desacato	
Tipo penal	Desacatar funcionário público no exercício da função ou em razão dela.
Objeto jurídico	Tutela-se a Administração Pública.
Sujeito ativo	Qualquer um.
Sujeito passivo	O Estado e, mediatamente, o funcionário público desacatado.
Elemento subjetivo	Admite-se a modalidade dolosa.
Consumação	O delito se consuma quando o agente incorre em comportamento que despreze, desprestigie ou importe em menoscabo à Administração Pública.
Tentativa	Ainda que de difícil visualização, no caso concreto, em sendo fracionável o *iter criminis*, é possível vislumbrar a tentativa.

46. STF, RE 1021432/ES, Rel. Min. Luiz Fux, Primeira Turma, Julgamento: 06/10/17. STF, ARE 1064572 AgR/DF, Rel. Min. Celso de Mello, Segunda Turma, Julgam.: 29/09/17.

47. Esta já era a posição de Luiz Regis Prado (Curso de Direito Penal brasileiro, 18ª Ed. Rio de Janeiro: Forense. 2020, p. 1202), que dizia, citando Heleno Fragoso, não ser necessário que o sujeito ativo e o passivo estejam frente a frente, bastando que o ofendido percebesse ou ouvisse a injúria.

Crime de desacato	
Classificação	Trata-se de delito comum com relação ao sujeito ativo e próprio com relação ao passivo. Ademais, é doloso, comissivo ou omissivo impróprio, de forma livre, instantâneo, monossubjetivo, unissubsistente e transeunte.
Benefícios	Trata-se de crime de menor potencial ofensivo, de competência dos Juizados Especiais Criminais e que admite a transação, suspensão condicional do processo e oferecimento de acordo de não persecução penal.
Ação penal	A ação penal é pública incondicionada.

2.5. Tráfico de influência

O crime de tráfico de influência está situado no artigo 332 do Código Penal:

> *Art. 332 – Solicitar, exigir, cobrar ou obter, para si ou para outrem, vantagem ou promessa de vantagem, a pretexto de influir em ato praticado por funcionário público no exercício da função:*
>
> *Pena – reclusão, de 2 (dois) a 5 (cinco) anos, e multa.*
>
> *Parágrafo único – A pena é aumentada da metade, se o agente alega ou insinua que a vantagem é também destinada ao funcionário.*

As ações nucleares do tipo misto alternativo são solicitar (pedir, pleitear, rogar), exigir (impor, obrigar), cobrar (reclamar o pagamento, fazer com que seja pago) ou obter (lograr, conseguir). A conduta incriminada é solicitar, exigir, cobrar ou obter, para si ou para outrem, vantagem ou promessa de vantagem. A justificativa usada pelo agente é que ele conseguiria influir em ato praticado por funcionário público no exercício da função. Não é preciso que ele realmente tenha a influência ou que ele realmente consiga modificar a atuação do funcionário público, basta que ele use tal pretexto para solicitação, exigência, cobrança ou recebimento de vantagem ou promessa de vantagem. Essa influência que o agente se arroga pode ser indireta, como se ele afirma que tem relação próxima de afeto com o cônjuge do funcionário público. É denominado também de *venditio fumi*, que significa **venda de fumaça**. O agente vende uma suposta influência que teria sobre um servidor público, daí a denominação de se vender apenas fumaça. Essa venda não implica vantagem necessariamente patrimonial, podendo ser, inclusive, sexual. Vale recordar que há um crime de *venditio fumi* dentre os delitos contra a Administração da Justiça. Se a venda de influência, praticada pelo agente, se referir a juiz, jurado, órgão do Ministério Público, funcionário de justiça, perito, tradutor, intérprete ou testemunha, o crime será o de **exploração de prestígio**.

Cuida-se de uma **modalidade específica de estelionato**, delito que fica afastado, caso configurado o tipo do artigo 332 do CP. Por outro lado, o estelionato é subsidiário em relação ao tráfico de influência. No *venditio fumi*, a imagem da Administração Pública fica vilipendiada, razão pela qual o delito não possui caráter meramente patrimonial, como o do artigo 171. Aquele que paga a vantagem é o enganado, apesar de sua má-fé e sua imoralidade. Pagou por nada. Há, no máximo, como aponta Hungria, crime putativo de corrupção ativa, quando o agente crê que parte do dinheiro pago chegará até o funcionário público, como suborno para sua atuação[48]. Esse entendimento já foi adotado pelo STJ, que entende não ser sujeito ativo do delito o *comprador de fumaça*[49]. Bitencourt, entretanto, defende uma relação triangular, em que há sujeito ativo, beneficiário e, ao menos em tese, o funcionário público, devendo os dois primeiros serem punidos na forma do artigo 29 do CP.[50]

É comum que a doutrina se refira a uma influência que não existe, mas esse tema merece maior detalhamento. O relevante para a configuração do delito é que essa influência não se concretize no tocante à função pública, ainda que exista em outras esferas da vida. Imagine que o funcionário público tenha um amigo muito próximo, com quem se aconselha sobre a vida pessoal e amorosa. O funcionário jamais desconfiaria que esse falso amigo usou o seu nome para fingir uma influência no departamento fiscal, vendendo algo que não foi nunca exercido. O importante é que a influência vendida, concreta, não se exerça naquele caso, sob pena de configuração de corrupção passiva privilegiada, caso o funcionário efetivamente ceda ao pedido ou à influência do amigo, ou de corrupção passiva e ativa, se o amigo oferece a vantagem enviada pelo particular e o funcionário a aceita. Configurada a corrupção, fica absorvido o delito do artigo 332 do CP[51].

O crime é comum, por não exigir qualidade específica do sujeito ativo para sua configuração. É doloso, sem previsão de modalidade culposa. É formal nas modalidades "solicitar", "exigir" e cobrar", enquanto é material na forma de "obter". Classifica-se como delito de forma livre. Por fim, é plurissubsistente, já que sua conduta admite fracionamento e, por conseguinte, admite a modalidade tentada.

Forma majorada

A pena é aumentada da metade, se o agente alega ou insinua que a vantagem é também destinada ao funcionário. Assim, se ele coloca em xeque a própria probidade do funcionário, o desvalor da sua conduta é maior, levando ao aumento da pena pela metade na terceira fase da dosimetria.

QUADRO SINÓTICO

Crime de tráfico de influência	
Tipo penal	Solicitar, exigir, cobrar ou obter, para si ou para outrem, vantagem ou promessa de vantagem, a pretexto de influir em ato praticado por funcionário público no exercício da função.
Objeto jurídico	Tutela-se a Administração Pública.

48. HUNGRIA, Nelson. Comentários ao Código Penal. Vol. IX. Rio de Janeiro: Editora Revista Forense, 1958, p. 426.
49. STJ, RHC n. 55.940/SP, relator Ministro Antonio Saldanha Palheiro, Sexta Turma, julgado em 4/9/2018, DJe de 14/9/2018.
50. BITENCOURT, Cezar Roberto. Op. Cit., 2020, p. 239-251.
51. No mesmo sentido: BITENCOURT, Cezar Roberto. Op. Cit., 2020, p. 239-251.

Crime de tráfico de influência	
Sujeito ativo	Qualquer um.
Sujeito passivo	O Estado e quem for diretamente prejudicado pelo agente.
Elemento subjetivo	Admite-se somente a modalidade dolosa.
Consumação	Por se tratar de tipo misto alternativo, o delito se consuma quando o agente incorre em qualquer um dos núcleos do tipo. Não é necessário que o agente receba a vantagem em questão.
Tentativa	Ainda que de difícil visualização, no caso concreto, em sendo fracionável o *iter criminis*, é possível vislumbrar a tentativa.
Forma majorada	Nos termos do artigo 332, parágrafo único do CP, a conduta é majorada se o agente alega ou insinua que a vantagem é também destinada ao funcionário.
Classificação	Trata-se de delito comum com relação ao sujeito ativo e próprio com relação ao passivo. Ademais, é doloso, comissivo ou omissivo impróprio, de forma livre, instantâneo, monossubjetivo, unissubsistente e transeunte.
Benefícios	Admite-se o oferecimento de acordo de não persecução penal.
Ação penal	A ação penal é pública incondicionada.
Observações	A vantagem solicitada, exigida, cobrada ou obtida pode, ou não, ser de caráter econômico.

2.6. Corrupção ativa

O crime de corrupção ativa está previsto no artigo 333 do Código Penal:

> *Art. 333 – Oferecer ou prometer vantagem indevida a funcionário público, para determiná-lo a praticar, omitir ou retardar ato de ofício:*
>
> *Pena – reclusão, de 2 (dois) a 12 (doze) anos, e multa.*
>
> *Parágrafo único – A pena é aumentada de um terço, se, em razão da vantagem ou promessa, o funcionário retarda ou omite ato de ofício, ou o pratica infringindo dever funcional.*

O crime é oferecer (dar de presente, apresentar) ou prometer (comprometer-se a dar, fazer promessa de dar) vantagem indevida a funcionário público, **para determiná-lo a**:

- Praticar ato de ofício;
- Omitir ato de ofício;
- Retardar ato de ofício.

Como exceção à teoria monista, no caso de corrupção, a prática da conduta pelo funcionário público e pelo particular, mesmo que em concurso, configura crimes

PARTE ESPECIAL

diferentes para cada um deles. Se o particular oferece a vantagem e o funcionário público a aceita, o primeiro responde por corrupção ativa, enquanto o último incorre nas penas do delito de corrupção passiva.

O crime é comum, por não exigir qualidade específica do sujeito ativo para sua configuração. É doloso, sem previsão de modalidade culposa. É formal, independendo sua consumação da ocorrência de resultado naturalístico. Considera-se plurissubsistente, já que sua conduta admite fracionamento e, por conseguinte, admite a modalidade tentada. Sua consumação ocorre em um momento determinado no tempo, sendo classificado como instantâneo.

Exige-se **elemento subjetivo especial do tipo**, consistente na finalidade específica do agente de determinar o funcionário público a praticar, retardar ou omitir ato de ofício, ou seja, de cumprir seu dever funcional. Alguns doutrinadores dizem que, neste caso, exige-se dolo específico do sujeito ativo do delito. Quanto à classificação do crime como formal, a jurisprudência do STJ foi fixada neste sentido:

> *"(...) 3. Para a configuração do crime de corrupção ativa é irrelevante a prévia solicitação ou aceitação do funcionário público, **tratando-se de delito formal**, que se consuma no momento em que o benefício indevido é prometido para que o ato de ofício seja praticado com infração de dever funcional. Doutrina. Precedentes do STJ e do STF. (...)" (STJ, HC 445469/RJ, Rel. Min. Jorge Mussi, DJe 25/05/2018).*

Vale mencionar que o intuito de lucro já é ínsito ao crime de corrupção ativa, razão pela qual não pode determinar o aumento da pena, como motivo do crime, na primeira fase da dosimetria:

> *"(...) 4. Em relação aos motivos do crime, a ganância e a intenção de obter lucro fácil constituem elementares do delito de corrupção ativa. (...)" (STJ, REsp 1648924/SP, Rel. Min. Nefi Cordeiro, Sexta Turma, DJe 01/04/2019).*

Quanto à consumação do delito e a efetiva prática do ato de ofício, vale destacar o seguinte trecho de julgado do STJ:

> *"(...) III – Para a configuração do delito de corrupção ativa, **a norma penal sequer exige que o ato de ofício tenha sido efetivamente praticado**, até porque, em se constatando que o funcionário retardou ou omitiu ato de ofício, ou o praticou infringindo dever funcional, incidirá a causa de aumento de pena prevista no parágrafo único do artigo 333 do Código Penal. (...)" (STJ, AgRg no HC 446612/PR, Rel. Min. Felix Fischer, Quinta Turma, DJe 18/09/2018).*

Vale a leitura, ainda, de trecho de julgado proferido no âmbito do Caso do Mensalão, pelo STF, a respeito do crime de corrupção passiva. Referido caso foi um marco em definições do entendimento do Supremo sobre crimes de corrupção. No caso de corrupção ativa, o STF consignou ser **necessária a menção ao ato de ofício cuja prática, retardamento ou omissão se buscaria influenciar**:

> *"(...) Os depoimentos das testemunhas de defesa não foram desconsiderados, mas sim analisados dentro de todo o conjunto de provas documentais e testemunhais dos autos,*

> *que conduziu à convicção externada, à unanimidade, por esta Corte, a respeito da prática dos crimes de corrupção ativa pelo embargante, consistentes na distribuição de milhões de reais, principalmente em espécie, aos parlamentares corrompidos, tendo em vista sua fidelidade nas votações de interesse dos corruptores. Todas as provas dos autos foram analisadas minuciosamente, evidenciando-se que o embargante foi um dos autores dos crimes de corrupção ativa, responsável pela concretização dos pagamentos de quantias milionárias a parlamentares que passaram a compor a denominada "base-aliada", tendo por finalidade determiná-los à prática de atos de ofício. O acórdão definiu, de modo claro e exaustivo, o posicionamento da Corte acerca da* ***necessidade de indicação do ato de ofício cuja prática se pretendeu influenciar mediante o pagamento de propina****. (...)" (STF, AP 470 EDj-sétimos/MG, Rel. Min. Joaquim Barbosa, Tribunal Pleno, Julgamento: 05/09/2013).*

Por fim, o STJ já julgou ser inepta a denúncia por corrupção ativa se não houver a narrativa de oferecimento de vantagem indevida a funcionário público para determiná-lo, no caso, a praticar ato de ofício com infringência de dever funcional:

> *"Não há descrição, ademais, a respeito do oferecimento de vantagem indevida por parte do recorrente a funcionário público para determiná-lo a praticar ato de ofício, que efetivamente tenha sido praticado com infringência de dever funcional, não se podendo presumir, com base nos elementos constantes dos autos, o nexo existente entre a conduta imputada e a efetiva atuação do recorrente na prática delitiva narrada na denúncia." (STJ, RHC 82611/SP, Rel. Min. Nefi Cordeiro, Sexta Turma, DJe 21/06/2019).*

Modalidade majorada

O parágrafo único do artigo 333 prevê a causa de **aumento de um terço** no caso de o funcionário retardar ou omitir ato de ofício ou praticá-lo infringindo dever funcional. Em qualquer caso, sua conduta deve ocorrer em razão da vantagem ou promessa indevida feita ao funcionário público. Pune-se de forma mais grave a conduta do agente se ele **conseguir corromper o funcionário público, obtendo o resultado pretendido**. O resultado naturalístico, portanto, faz incidir causa de aumento de pena, sendo desnecessário para a consumação da modalidade simples do crime de corrupção ativa.

QUADRO SINÓTICO

Crime de corrupção ativa	
Tipo penal	Oferecer ou prometer vantagem indevida a funcionário público, para determiná-lo a praticar, omitir ou retardar ato de ofício.
Objeto jurídico	Tutela-se a Administração Pública.
Sujeito ativo	Qualquer um.
Sujeito passivo	O Estado e, mediatamente, o funcionário público, desde que a vantagem indevida oferecida ou prometida não seja aceita.

Crime de corrupção ativa	
Elemento subjetivo	Admite-se somente a modalidade dolosa. Ademais, o agente deve ter o especial fim de agir de determinar o funcionário público a praticar, omitir ou retardar ato de ofício.
Consumação	Por se tratar de delito formal, a consumação é quando o agente oferece ou promete vantagem indevida a funcionário público. A aceitação e/ou recebimento da vantagem é mero exaurimento, podendo constituir o crime de corrupção passiva.
Tentativa	Ainda que de difícil visualização, no caso concreto, em sendo fracionável o *iter criminis*, é possível vislumbrar a tentativa.
Forma majorada	Nos termos do artigo 333, parágrafo único, do CP, a pena é majorada se, em razão da vantagem ou promessa, o funcionário retarda ou omite ato de ofício, ou o pratica infringindo dever funcional.
Jurisprudência relevante	"(...) III – Para a configuração do delito de corrupção ativa, a norma penal sequer exige que o ato de ofício tenha sido efetivamente praticado, até porque, em se constatando que o funcionário retardou ou omitiu ato de ofício, ou o praticou infringindo dever funcional, incidirá a causa de aumento de pena prevista no parágrafo único do artigo 333 do Código Penal. (...)" (STJ, AgRg no HC 446612/PR, Rel. Min. Felix Fischer, Quinta Turma, DJe 18/09/2018).
Classificação	Trata-se de delito comum com relação ao sujeito ativo e próprio com relação ao passivo. Ademais, é doloso, comissivo ou omissivo impróprio, formal, de forma livre, instantâneo, monossubjetivo, plurissubsistente ou unissubsistente e transeunte.
Benefícios	Admite-se o oferecimento de acordo de não persecução penal.
Ação penal	A ação penal é pública incondicionada.
Observações	Dar a vantagem que é exigida pelo funcionário público é conduta atípica. Ademais, o oferecimento ou promessa de vantagem ilícita deve ocorrer antes da prática do ato pelo funcionário público.

2.7. Descaminho

O artigo 334 prevê o crime de descaminho, com os seguintes termos:

> *Art. 334. Iludir, no todo ou em parte, o pagamento de direito ou imposto devido pela entrada, pela saída ou pelo consumo de mercadoria.*
>
> *Pena – reclusão, de 1 (um) a 4 (quatro) anos.*
>
> *§ 1º Incorre na mesma pena quem:*
>
> *I – pratica navegação de cabotagem, fora dos casos permitidos em lei;*
>
> *II – pratica fato assimilado, em lei especial, a descaminho;*
>
> *III – vende, expõe à venda, mantém em depósito ou, de qualquer forma, utiliza em proveito próprio ou alheio, no exercício de atividade comercial ou industrial, mercadoria de procedência estrangeira que introduziu clandestinamente no País ou*

importou fraudulentamente ou que sabe ser produto de introdução clandestina no território nacional ou de importação fraudulenta por parte de outrem;

IV – adquire, recebe ou oculta, em proveito próprio ou alheio, no exercício de atividade comercial ou industrial, mercadoria de procedência estrangeira, desacompanhada de documentação legal ou acompanhada de documentos que sabe serem falsos.

§ 2º Equipara-se às atividades comerciais, para os efeitos deste artigo, qualquer forma de comércio irregular ou clandestino de mercadorias estrangeiras, inclusive o exercido em residências.

§ 3º A pena aplica-se em dobro se o crime de descaminho é praticado em transporte aéreo, marítimo ou fluvial.

Iludir é frustrar, deixar de cumprir. O verbo correto seria elidir, mas o termo utilizado serve para a incriminação desejada. A conduta incriminada é iludir, total ou parcialmente, o pagamento de direito ou imposto devido pela entrada, pela saída ou pelo consumo de mercadoria. Pune-se o agente que deixa de pagar os valores devidos, inclusive os de imposto, que deveria ter pago por importar, exportar ou consumir mercadoria.

Existe divergência sobre a necessidade de emprego de fraude ou malícia para a caracterização do crime, sendo que há jurisprudência, inclusive do STF, entendendo que basta o não pagamento dos tributos para que a conduta se subsuma ao tipo penal.

O crime é comum, por não exigir qualidade específica do sujeito ativo para sua configuração. É doloso, sem previsão de modalidade culposa. Classifica-se como delito de forma livre. É, ainda, instantâneo, consumando-se em um momento determinado, sem prolongamento. Por fim, é plurissubsistente, já que sua conduta admite fracionamento e, por conseguinte, admite a modalidade tentada.

Formas equiparadas

O parágrafo primeiro prevê várias modalidades equiparadas, determinando a aplicação da mesma pena se o agente:

- pratica navegação de cabotagem, fora dos casos permitidos em lei (cuida-se da navegação comercial entre portos localizados no território nacional);
- pratica fato assimilado, em lei especial, a descaminho (lei penal em branco, que pode ser complementada, por exemplo, pelo artigo 39 do Decreto-Lei n. 288/1967);
- vende, expõe à venda, mantém em depósito ou, de qualquer forma, utiliza em proveito próprio ou alheio, **no exercício de atividade comercial ou industrial**, mercadoria de procedência estrangeira que introduziu clandestinamente no País ou importou fraudulentamente ou que sabe ser produto de introdução clandestina no território nacional ou de importação fraudulenta por parte de outrem;
- adquire, recebe ou oculta, em proveito próprio ou alheio, **no exercício de atividade comercial ou industrial**, mercadoria de procedência estrangeira, desacompanhada de documentação legal ou acompanhada de documentos que sabe serem falsos.

Além disso, o parágrafo segundo prevê que são equiparadas às **atividades comerciais**, para configuração das modalidades equiparadas, qualquer forma de **comércio irregular ou clandestino de mercadorias estrangeiras, inclusive o exercido em residências**. Deste modo, incluem-se os ambulantes e os camelôs nas condutas referentes ao exercício de atividade comercial.

Forma majorada

O parágrafo terceiro do artigo 334 do Código Penal prevê uma causa de aumento de pena, consistente na sua aplicação em dobro. Incide se o crime for praticado em transporte aéreo, marítimo ou fluvial. O maior desvalor da conduta seria a maior dificuldade de fiscalização, em comparação à prática do crime por meio de transporte rodoviário. Quanto ao transporte aéreo, surgiu a divergência sobre a sua incidência apenas a transporte clandestino ou também sobre o regular. Com precisão, o STJ apontou não haver distinção na norma, não cabendo ao intérprete fazê-lo. Assim, incide a majorante em ambas as espécies de voo, regular e clandestino[52]. É a mesma posição adotada pela Primeira Turma do STF[53]. A Segunda Turma, no entanto, possui julgado em sentido contrário[54].

Jurisprudência

O entendimento dos Tribunais Superiores é de que o crime de descaminho é formal, de modo que sua consumação não depende da constituição definitiva do crédito tributário, como se nota do seguinte aresto do STJ:

> *"(...) 2. "O Supremo Tribunal Federal e o Superior Tribunal de Justiça firmaram compreensão no sentido de que* ***a consumação do crime de descaminho independe da constituição definitiva do crédito tributário****, haja vista se tratar de crime formal, diversamente dos crimes tributários listados na Súmula Vinculante n. 24 do Pretório Excelso." (HC 271.650/PE, Rel. Min. Reynaldo Soares da Fonseca, julgado em 3/3/2016, DJe 9/3/2016)." (...)" (STJ, AgRg no REsp 1426834/ES, Rel. Min. Ribeiro Dantas, Quinta Turma, DJe 15/06/2018).*

Ademais, vale lembrar que, por ser formal, o descaminho não terá sua punibilidade extinta no caso do pagamento posterior do tributo elidido:

> *"(...) 2. Consoante jurisprudência pacífica desta Corte, por se tratar de crime formal,* ***é irrelevante o parcelamento e pagamento do tributo****, não se aplicando ao descaminho a extinção da punibilidade prevista na Lei Federal n. 10.684/2003. (...)" (STJ, AgRg no AREsp 1259739/SP, Rel. Min. Joel Ilan Paciornik, Quinta Turma, DJe 11/06/2019).*

52. STJ, HC n. 390.899/SP, Rel. Min. Ribeiro Dantas, Quinta Turma, DJe 28/11/2017; STJ, AgRg no REsp 1850255/SP, Rel. Min. Sebastião Reis Júnior, Sexta Turma, DJe 04/06/2020.
53. STF, HC 211207 AgR, Rel. Min. Roberto Barroso, Primeira Turma, julgado em 02/05/2022.
54. STF, HC 147725 AgR, Rel. Min. Edson Fachin, Relator p/ Acórdão Min. Gilmar Mendes, Segunda Turma, julgado em 04/10/2021.

Vale anotar que a Súmula 560 do STF é considerada **superada**, por se basear em preceitos normativos já revogados. Desde a Lei n. 6.910/1981, deixou de ter eficácia o teor do referido enunciado.

O STJ também já fixou, sob o rito dos recursos repetitivos, a seguinte tese quanto à absorção do falso pelo descaminho:

> *"Quando o falso se exaure no descaminho, sem mais potencialidade lesiva, é por este absorvido, como crime-fim, condição que não se altera por ser menor a pena a este cominada." (STJ, REsp 1.378.053-PR, Rel. Min. Nefi Cordeiro, Terceira Seção, julgado em 10/8/2016).*

Deste modo, se falsificada uma nota fiscal apenas para a entrada de mercadorias no território nacional, sem pagamento dos tributos devidos, haverá a absorção do crime de falsificação de documento pelo delito de descaminho.

Sobre a aplicação do **princípio da insignificância**, o Supremo Tribunal Federal vinha adotando o limite previsto no artigo 20 da Lei n. 10.522/2002, que assim dispõe:

> *Art. 20. Serão arquivados, sem baixa na distribuição, mediante requerimento do Procurador da Fazenda Nacional, os autos das execuções fiscais de débitos inscritos como Dívida Ativa da União pela Procuradoria-Geral da Fazenda Nacional ou por ela cobrados, de valor consolidado igual ou inferior a R$ 10.000,00 (dez mil reais).*

Referido valor foi atualizado pelas Portarias n. 75/2012 e 130/2012, ambas do Ministério da Fazenda, conforme o teor do artigo 1º da primeira e dos artigos 1º e 2º da última portaria. O próprio Poder Executivo adotou o valor de R$ 20.000,00 reais para não ajuizamento das ações fiscais, critério que a Suprema Corte adotou para definir o limite de reconhecimento do crime de bagatela no caso do descaminho e dos crimes tributários federais.

Assim, caso o valor total dos tributos elididos, ou seja, não pagos, não atinja o montante de R$ 20.000,00, a conduta será materialmente atípica, por reconhecimento da incidência do princípio da insignificância:

> *"(...) A jurisprudência desta Suprema Corte é pacífica no sentido de que o princípio da insignificância poderá ser aplicado ao delito de descaminho quando o valor sonegado for inferior ao estabelecido no art. 20 da Lei 10.522/2002, com as atualizações instituídas pelas Portarias 75/2012 e 130/2012, ambas do Ministério da Fazenda, ressalvados os casos de reincidência ou comprovada habitualidade delitiva, que impedirão a aplicação desse princípio, em razão do elevado grau de reprovabilidade da conduta do agente. "*
>
> *(STF, HC 161848 AgR-segundo, Rel. Min. Ricardo Lewandowski, Segunda Turma, Julgamento: 05/11/2019)*

Entretanto, cumpre consignar que a Primeira Turma vinha adotando o limite de R$ 20.000,00[55], mas abriu a divergência e passou a negar a aplicação da Portaria como parâmetro para reconhecimento da insignificância[56].

55. STF, HC 121717/PR, Rel. Min. Rosa Weber, Primeira Turma, Julgamento: 03/06/2014.
56. STF, HC 163559, Rel. Min. Marco Aurélio, Primeira Turma, julgado em 11/05/2020; STF, HC 144193 AgR, Rel. Min. Alexandre de Moraes, Primeira Turma, julgado em 15/04/2020.

O Superior Tribunal de Justiça, de início, havia entendido que o valor a ser adotado como limite máximo de elisão de tributos deveria ser o previsto na Lei n. 10.522/2002, o de R$ 10.000,00. As portarias, por serem atos infralegais, não eram adotadas como patamar pela Corte. Entretanto, houve a afetação do tema número 157 para revisão, em virtude de destoar o entendimento firmado no Superior Tribunal da Justiça, daquele adotado pelo Supremo Tribunal Federal. Na oportunidade, foi reformada a tese:

> *"(...)Assim,* ***a tese fixada passa a ser a seguinte: incide o princípio da insignificância aos crimes tributários federais e de descaminho quando o débito tributário verificado não ultrapassar o limite de R$ 20.000,00 (vinte mil reais)****, a teor do disposto no art. 20 da Lei n. 10.522/2002, com as atualizações efetivadas pelas Portarias n. 75 e 130, ambas do Ministério da Fazenda. (...)" (REsp 1709029/MG, Rel. Min. Sebastião Reis Júnior, Terceira Seção, DJe 04/04/2018).*

Assim, STJ e STF passaram a decidir que incide a insignificância até o limite de R$ 20.000,00 em tributos não pagos. Entretanto, vale destacar que a Primeira Turma do STF abriu novamente a divergência, decidindo que o estabelecido em portaria não se aplica ao Ministério Público[57], precedente isolado que destoa da jurisprudência consolidada.

Quanto à reiteração delitiva e a aplicação do princípio da insignificância, o Supremo Tribunal Federal tem posição pela sua incompatibilidade no caso de descaminho, ainda que o valor seja inferior ao patamar estabelecido pela sua jurisprudência:

> *"(...)* ***O delito de descaminho reiterado e figuras assemelhadas impede o reconhecimento do princípio da insignificância, ainda que o valor apurado esteja dentro dos limites fixados pela jurisprudência pacífica*** *desta Corte para fins de reconhecimento da atipicidade. Precedentes: HC 133.566, Segunda Turma, Rel. Min. Cármen Lúcia DJe de 12/05/2016, HC 130.489AgR, Primeira Turma, Rel. Min. Edson Fachin DJe de 09/05/2016, HC 133.736 AgR, Segunda Turma, Relator Min. Gilmar Mendes, DJe 18/05/2016. (...)" (HC 133958 AgR/PR, Rel. Min. Luiz Fux, Primeira Turma, Julgamento: 06/09/2016).*

O STJ vinha decidindo no mesmo sentido e inclusive fixou tese a respeito, ressalvando, no entanto, a possibilidade excepcional de aplicação de se reconhecer a atipicidade material, ainda que tenha havido reiteração delitiva, se a medida se mostrar socialmente recomendável. A Terceira Seção, por maioria, fixou a seguinte tese no Tema Repetitivo n. 1218:

> *"A reiteração da conduta delitiva obsta a aplicação do princípio da insignificância ao crime de descaminho - independentemente do valor do tributo não recolhido -, ressalvada a possibilidade de, no caso concreto, se concluir que a medida é socialmente recomendável. A contumácia pode ser aferida a partir de procedimentos penais e fiscais pendentes de definitividade, sendo inaplicável o prazo previsto no art. 64, I, do CP, incumbindo ao julgador avaliar o lapso temporal transcorrido desde o último evento delituoso à luz dos princípios da proporcionalidade e razoabilidade."*

57. STF, HC 163559, Rel. Min. Marco Aurélio, Primeira Turma, julgado em 11/05/2020.

Efeito da condenação

A Lei n. 13.804, de 10 de janeiro de 2019, alterou a Lei n. 9.503/1997, o Código de Trânsito Brasileiro (CTB), para incluir novos efeitos da condenação com relação aos **crimes de receptação, contrabando e descaminho**. Referido efeito está previsto no artigo 278-A do CTB, nos seguintes termos:

> *Art. 278-A. O condutor que se utilize de veículo para a prática do crime de receptação, descaminho, contrabando, previstos nos arts. 180, 334 e 334-A do Decreto-Lei n. 2.848, de 7 de dezembro de 1940 (Código Penal), condenado por um desses* ***crimes em decisão judicial transitada em julgado, terá cassado seu documento de habilitação ou será proibido de obter a habilitação para dirigir veículo automotor pelo prazo de 5 (cinco) anos.***
>
> *§ 1º O condutor condenado poderá requerer sua reabilitação, submetendo-se a todos os exames necessários à habilitação, na forma deste Código.*
>
> *§ 2º No caso do condutor preso em flagrante na prática dos crimes de que trata o caput deste artigo, poderá o juiz, em qualquer fase da investigação ou da ação penal, se houver necessidade para a garantia da ordem pública, como medida cautelar, de ofício, ou a requerimento do Ministério Público ou ainda mediante representação da autoridade policial, decretar, em decisão motivada, a suspensão da permissão.*

Competência

Conforme atual posicionamento do STJ, o crime de descaminho é de **competência da Justiça Federal** em todos os casos:

> *4. Em recente reexame da matéria, por ocasião do julgamento do CC 160.748/SP, a Terceira Seção desta Corte, por unanimidade, reconheceu a necessidade de restabelecimento do entendimento outrora fixado na Súmula 151/STJ,* ***dando tratamento igual ao contrabando e ao descaminho, e atribuindo à Justiça Federal a competência para o seu julgamento****. Isso porque os crimes de contrabando e descaminho tutelam prioritariamente interesses da União, que é a quem compete privativamente (arts. 21, XXII, e 22, VII, ambos da CF) definir os produtos de ingresso proibido no país, além de exercer a fiscalização aduaneira e das fronteiras, mediante atuação da Receita Federal e da Polícia Federal. De consequência, é despiciendo perquirir sobre a existência de indícios de transnacionalidade do iter criminis, seja dizer da participação do investigado na internalização da mercadoria estrangeira no país. (STJ, AgRg no CC 160673/SP, Rel. Min. Reynaldo Soares da Fonseca, Terceira Seção, DJe 19/02/2019).*

QUADRO SINÓTICO

Crime de descaminho	
Tipo penal	Iludir, no todo ou em parte, o pagamento de direito ou imposto devido pela entrada, pela saída ou pelo consumo de mercadoria.
Objeto jurídico	Tutela-se a Administração Pública.
Sujeito ativo	Qualquer um.

Crime de descaminho	
Sujeito passivo	O Estado.
Elemento subjetivo	Admite-se somente a modalidade dolosa.
Consumação	Por se tratar de delito formal, a consumação ocorre quando o produto que deveria ser tributado ingressa ou sai do território nacional.
Tentativa	No caso concreto, em sendo fracionável o *iter criminis*, é possível vislumbrar a tentativa.
Forma majorada	Nos termos do artigo 334, § 3º, do CP, há previsão de aumento de pena se o crime é praticado em transporte aéreo, marítima ou fluvial.
Jurisprudência relevante	"É entendimento sedimentado desta Corte que, nas hipóteses de descaminho, não é exigida a constituição definitiva do crédito tributário para a consumação do delito" (AgRg no REsp 1807259/SC, Rel. Min. Nefi Cordeiro, Sexta Turma, julgado em 25/06/2019, DJe 02/08/2019) "(...) tese: incide o princípio da insignificância aos crimes tributários federais e de descaminho quando o débito tributário verificado não ultrapassar o limite de R$ 20.000,00 (vinte mil reais), a teor do disposto no art. 20 da Lei n. 10.522/2002, com as atualizações efetivadas pelas Portarias n. 75 e 130, ambas do Ministério da Fazenda." (REsp 1709029/MG, Rel. Min. Sebastião Reis Júnior, Terceira Seção, julgado em 28/02/2018, DJe 04/04/2018) "O delito de uso de documento falso, cuja pena em abstrato é mais grave, pode ser absorvido pelo crime-fim de descaminho, com menor pena comparativamente cominada, desde que etapa preparatória ou executória deste, onde se exaure sua potencialidade lesiva." (REsp 1378053/PR, Rel. Min. Nefi Cordeiro, Terceira Seção, julgado em 10/08/2016, DJe 15/08/2016) A competência para o processo e julgamento por crime de contrabando ou descaminho define-se pela prevenção do juízo federal do lugar da apreensão dos bens (Súmula 151 do STJ).
Classificação	Trata-se de crime comum, doloso, comissivo ou omissivo próprio, de forma livre, formal, instantâneo, monossubjetivo, plurissubsistente ou unissubsistente e transeunte.
Benefícios	Admite-se o oferecimento de acordo de não persecução penal.
Ação penal	Admitem-se a suspensão condicional do processo e o oferecimento de acordo de não persecução penal.

Crime de descaminho	
Observações	Nos termos do artigo 334, § 1º, do CP, incorre nas mesmas penas do *caput* quem pratica navegação de cabotagem, fora dos casos permitidos em lei; pratica fato assimilado, em lei especial, a descaminho; vende, expõe à venda, mantém em depósito ou, de qualquer forma, utiliza em proveito próprio ou alheio, no exercício de atividade comercial ou industrial, mercadoria de procedência estrangeira que introduziu clandestinamente no País ou importou fraudulentamente ou que sabe ser produto de introdução clandestina no território nacional ou de importação fraudulenta por parte de outrem; ou adquire, recebe ou oculta, em proveito próprio ou alheio, no exercício de atividade comercial ou industrial, mercadoria de procedência estrangeira, desacompanhada de documentação legal ou acompanhada de documentos que sabe serem falsos. Nos termos do artigo 334, § 2º, do CP, equipara-se às atividades comerciais, para os efeitos de responsabilização penal por descaminho, qualquer forma de comércio irregular ou clandestino de mercadorias estrangeiras, inclusive o exercido em residências.

2.8. Contrabando

O crime de contrabando, antes previsto no mesmo tipo penal do descaminho, foi modificado pela Lei n. 13.008/2014, que incluiu o artigo 334-A no Código Penal para sua regulação de forma separada:

> *Art. 334-A. Importar ou exportar mercadoria proibida:*
>
> *Pena – reclusão, de 2 (dois) a 5 (cinco) anos.*
>
> *§ 1º Incorre na mesma pena quem:*
>
> *I – pratica fato assimilado, em lei especial, a contrabando;*
>
> *II – importa ou exporta clandestinamente mercadoria que dependa de registro, análise ou autorização de órgão público competente;*
>
> *III – reinsere no território nacional mercadoria brasileira destinada à exportação;*
>
> *IV – vende, expõe à venda, mantém em depósito ou, de qualquer forma, utiliza em proveito próprio ou alheio, no exercício de atividade comercial ou industrial, mercadoria proibida pela lei brasileira;*
>
> *V – adquire, recebe ou oculta, em proveito próprio ou alheio, no exercício de atividade comercial ou industrial, mercadoria proibida pela lei brasileira.*
>
> *§ 2º – Equipara-se às atividades comerciais, para os efeitos deste artigo, qualquer forma de comércio irregular ou clandestino de mercadorias estrangeiras, inclusive o exercido em residências.*
>
> *§ 3º A pena aplica-se em dobro se o crime de contrabando é praticado em transporte aéreo, marítimo ou fluvial.*

O tipo penal do contrabando tem como ações nucleares as de importar (fazer entrar no território nacional) e de exportar (tirar ou fazer sair do território nacional).

A conduta incriminada é importar ou exportar mercadoria proibida. É o caso de trazer do Paraguai, por exemplo, cigarros lá produzidos, sem autorização de venda no Brasil, ou trazer uísque do Uruguai, sem o selo brasileiro que deve acompanhar os destilados. Também ocorre o crime se for trazido da Rússia um colete à prova de balas, sem autorização, já que a importação de referido material envolve burocracia própria (STJ, RHC 62851/PR). Também podemos exemplificar com o morador de Pacaraima/RR, que atravesse a fronteira, adentrando no Brasil com galões de combustível venezuelano.

O crime é comum, por não exigir qualidade específica do sujeito ativo para sua configuração. É doloso, sem previsão de modalidade culposa. É de forma livre, além de ser instantâneo. Por fim, é plurissubsistente, já que sua conduta admite fracionamento e, por conseguinte, admite a modalidade tentada.

No caso do contrabando, tutela-se bem jurídico diverso da ordem tributária, podendo envolver a saúde pública ou a incolumidade pública. Deste modo, o que mais importa aqui não é o tributo elidido, como no caso de descaminho. Por isso, o STF já **afastou a aplicação do princípio da insignificância** no caso de contrabando de cigarros:

> *"(...) 2. Impossibilidade de incidência, no contrabando ou descaminho de cigarros, do princípio da insignificância. (...)". (STF, HC 131205/MG, Rel. Min. Carmen Lúcia, Segunda Turma, Julgamento: 06/09/2016).*

A Suprema Corte reafirmou esse posicionamento ao julgar caso de importação de arma de pressão por ação de gás comprimido, de calibre igual ou inferior a 6mm, de uso permitido. Por se exigir a autorização do Exército, considerou-se que é mercadoria submetida a uma mercadoria proibida, razão pela qual a sua importação sem a autorização exigida configura o delito de contrabando. Com esse enquadramento, reafirmou-se que o princípio da insignificância não se aplica ao crime de contrabando.[58]

O Superior Tribunal de Justiça também possuía firme posição de que o princípio da insignificância não seria aplicável ao crime de descaminho. Em se tratando de contrabando de cigarros, citava-se a tutela de outros bens jurídicos, diversos do tributo não recolhido, como a saúde, a segurança e a moralidade públicas[59].

No entanto, no que se refere a cigarros, a Terceira Seção do STJ superou o entendimento anterior, fixando tese em sentido contrário. Passou-se a admitir **o reconhecimento da bagatela no contrabando de cigarros, desde que presentes duas condições**: a) a quantidade de maços de cigarros não pode ultrapassar o número de 1.000 (um mil); b) não pode haver reiteração da conduta de contrabando pelo agente. A Corte fixou, sobre o tema, a seguinte tese:

> *""O princípio da insignificância é aplicável ao crime de contrabando de cigarros quando a quantidade apreendida não ultrapassar mil maços, seja pela diminuta reprovabilidade da conduta, seja pela necessidade de se dar efetividade à repressão*

58. STF, HC 131943, Rel. p/ Acórdão Min. Edson Fachin, Segunda Turma, julgado em 07-05-2019.
59. STJ, AgRg no HC 555086/SP, Rel. Des. Conv. Leopoldo de Arruda Raposo, Quinta Turma, DJe 18/03/2020.

> *ao contrabando de vulto, excetuada a hipótese de reiteração da conduta, circunstância apta a indicar maior reprovabilidade e periculosidade social da ação." (STJ, REsp 1.971.993, Rel. Joel Ilan Paciornik, Rel. p/ acórdão Min. Sebastião Reis Júnior, Terceira Seção, julgamento 13/09/2023)*

Em julgado anterior sobre contrabando de gasolina da Venezuela, o STJ havia afastado a tese da bagatela. A tendência, entretanto, parece ser a de reconhecer a insignificância no contrabando, desde que haja pequena quantidade e não se verifique a contumácia da conduta, seja pelo profissionalismo, seja pela reiteração na importação de mercadoria proibida ou que exigia autorização especial:

> *"(...) 1. "Cuidando-se, ao menos em tese, de delito de contrabando, não se apresenta necessário discutir o montante dos tributos iludidos com o ingresso da mercadoria em território nacional, na medida em que tal aferição é pertinente ao crime de descaminho." (AgRg no AREsp 517.207/PR, Rel. Min. Ribeiro Dantas, Quinta Turma, julgado em 15/9/2016, DJe 21/9/2016). 2. No caso, o agravante foi condenado por importar 500 litros de gasolina de procedência estrangeira (Venezuela). Nesse contexto, entende-se que a importação de gasolina se sujeita à prévia e expressa autorização da Agência Nacional de Petróleo, sendo concedida apenas aos produtores ou importadores, de modo que sua introdução, por particulares, em território nacional, é conduta proibida, caracterizando o delito de contrabando. 3.* ***Portanto, em se tratando de crime de contrabando, é inaplicável o princípio da insignificância.*** *(...)" (STJ, AgRg no AREsp 1437692/RR, Rel. Min. Joel Ilan Paciornik, Quinta Turma, DJe 25/04/2019).*

O tipo penal não se confunde com o do descaminho, com o qual dividia anteriormente o mesmo artigo 334. Com a inserção do artigo 334-A no CP, tornou-se mais relevante a diferenciação, considerando, inclusive, as diferentes penas cominadas a cada um dos delitos:

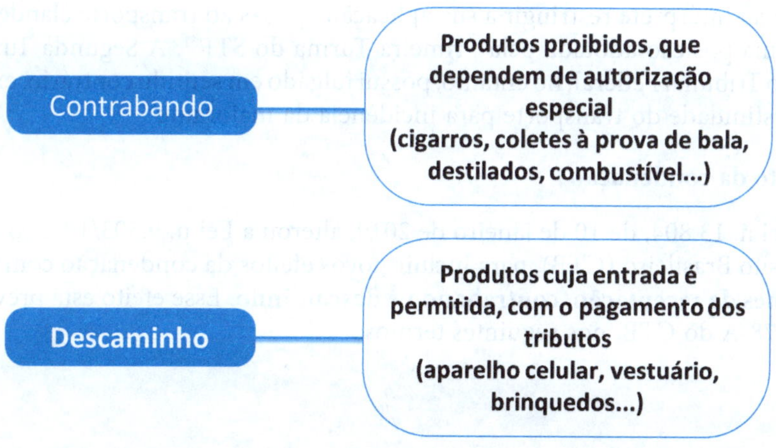

Formas equiparadas

O parágrafo primeiro do artigo 334-A prevê formas equiparadas à do *caput*, incorrendo na mesma sanção penal quem:

- pratica fato assimilado, em lei especial, a contrabando (norma penal em branco);
- importa ou exporta clandestinamente mercadoria que dependa de registro, análise ou autorização de órgão público competente;
- reinsere no território nacional mercadoria brasileira destinada à exportação;
- vende, expõe à venda, mantém em depósito ou, de qualquer forma, utiliza em proveito próprio ou alheio, **no exercício de atividade comercial ou industrial**, mercadoria proibida pela lei brasileira;
- adquire, recebe ou oculta, em proveito próprio ou alheio, **no exercício de atividade comercial ou industrial**, mercadoria proibida pela lei brasileira.

Assim como ocorre no tipo do descaminho, o parágrafo segundo prevê que são equiparadas às **atividades comerciais**, para configuração das modalidades acima elencadas, qualquer forma de **comércio irregular ou clandestino de mercadorias estrangeiras, inclusive o exercido em residências**. Deste modo, incluem-se os ambulantes e os camelôs nas condutas referentes ao exercício de atividade comercial.

Forma majorada

O parágrafo terceiro do artigo 334-A do Código Penal prevê uma causa de aumento de pena, consistente na sua aplicação **em dobro**. Incide se o contrabando for praticado em transporte aéreo, marítimo ou fluvial. O maior desvalor da conduta seria a maior dificuldade de fiscalização, em comparação à prática do crime por meio de transporte rodoviário. Deve-se adotar, no tocante ao transporte aéreo, a mesma posição fixada sobre a majorante do descaminho.

A causa de aumento de pena incide sobre o transporte clandestino e também sobre o regular. Como tem ressaltado pelo STJ, não há distinção na norma, não cabendo ao intérprete restringir a sua aplicação apenas ao transporte clandestino[60]. É a mesma posição adotada pela Primeira Turma do STF[61]. A Segunda Turma do Supremo Tribunal Federal, no entanto, possui julgado em sentido contrário, exigindo a clandestinidade do transporte para incidência da majorante[62].

Efeito da condenação

A Lei n. 13.804, de 10 de janeiro de 2019, alterou a Lei n. 9.503/1997, o Código de Trânsito Brasileiro (CTB), para incluir novos efeitos da condenação com relação aos **crimes de receptação, contrabando e descaminho**. Esse efeito está previsto no artigo 278-A do CTB, nos seguintes termos:

---

60. STJ, HC n. 390.899/SP, Rel. Min. Ribeiro Dantas, Quinta Turma, DJe 28/11/2017; STJ, AgRg no REsp 1850255/SP, Rel. Min. Sebastião Reis Júnior, Sexta Turma, DJe 04/06/2020.
61. STF, HC 211207 AgR, Rel. Min. Roberto Barroso, Primeira Turma, julgado em 02/05/2022.
62. STF, HC 147725 AgR, Rel. Min. Edson Fachin, Relator p/ Acórdão Min. Gilmar Mendes, Segunda Turma, julgado em 04/10/2021.

> *Art. 278-A. O condutor que se utilize de veículo para a prática do crime de receptação, descaminho, contrabando, previstos nos arts. 180, 334 e 334-A do Decreto-Lei nº 2.848, de 7 de dezembro de 1940 (Código Penal), condenado por um desses* ***crimes em decisão judicial transitada em julgado, terá cassado seu documento de habilitação ou será proibido de obter a habilitação para dirigir veículo automotor pelo prazo de 5 (cinco) anos.***
>
> *§ 1º O condutor condenado poderá requerer sua reabilitação, submetendo-se a todos os exames necessários à habilitação, na forma deste Código.*
>
> *§ 2º No caso do condutor preso em flagrante na prática dos crimes de que trata o caput deste artigo, poderá o juiz, em qualquer fase da investigação ou da ação penal, se houver necessidade para a garantia da ordem pública, como medida cautelar, de ofício, ou a requerimento do Ministério Público ou ainda mediante representação da autoridade policial, decretar, em decisão motivada, a suspensão da permissão.*

Competência

Conforme atual posicionamento do STJ, o crime de contrabando é de competência da **Justiça Federal** em todos os casos. De fato, há nítido interesse da União no controle da entrada de mercadorias proibidas ou que exigem autorização especial no território nacional, o que atrai a competência da Justiça Federal, nos termos do artigo 109, inciso IV, da Constituição da República:

> *4. Em recente reexame da matéria, por ocasião do julgamento do CC 160.748/SP, a Terceira Seção desta Corte, por unanimidade, reconheceu a necessidade de restabelecimento do entendimento outrora fixado na Súmula 151/STJ,* ***dando tratamento igual ao contrabando e ao descaminho, e atribuindo à Justiça Federal a competência para o seu julgamento.*** *Isso porque os crimes de contrabando e descaminho tutelam prioritariamente interesses da União, que é a quem compete privativamente (arts. 21, XXII, e 22, VII, ambos da CF) definir os produtos de ingresso proibido no país, além de exercer a fiscalização aduaneira e das fronteiras, mediante atuação da Receita Federal e da Polícia Federal. De consequência, é despiciendo perquirir sobre a existência de indícios de transnacionalidade do iter criminis, seja dizer da participação do investigado na internalização da mercadoria estrangeira no país. (STJ, AgRg no CC 160673/SP, Rel. Min. Reynaldo Soares da Fonseca, Terceira Seção, DJe 19/02/2019).*

QUADRO SINÓTICO

Crime de contrabando	
Tipo penal	Importar ou exportar mercadoria proibida.
Objeto jurídico	Tutela-se a Administração Pública.
Sujeito ativo	Qualquer um.
Sujeito passivo	O Estado.
Elemento subjetivo	Admite-se somente a modalidade dolosa.

Crime de contrabando	
Consumação	Por se tratar de delito formal, a consumação ocorre quando a mercadoria proibida ingressa ou sai do território nacional.
Tentativa	No caso concreto, em sendo fracionável o *iter criminis*, é possível vislumbrar a tentativa.
Forma majorada	Nos termos do artigo 334-A, § 3º, do CP, há aumento de pena se o crime de contrabando é praticado em transporte aéreo, marítimo ou fluvial.
Jurisprudência relevante	"O princípio da insignificância é aplicável ao crime de contrabando de cigarros quando a quantidade apreendida não ultrapassar mil maços, seja pela diminuta reprovabilidade da conduta, seja pela necessidade de se dar efetividade à repressão ao contrabando de vulto, excetuada a hipótese de reiteração da conduta, circunstância apta a indicar maior reprovabilidade e periculosidade social da ação." (STJ, REsp 1.971.993, Rel. Joel Ilan Paciornik, Rel. p/ acórdão Min. Sebastião Reis Jú-nior, Terceira Seção, julgamento: 13/09/2023) A competência para o processo e julgamento por crime de contrabando ou descaminho define-se pela prevenção do juízo federal do lugar da apreensão dos bens (Súmula 151 do STJ).
Classificação	Trata-se de delito comum, doloso, comissivo ou omissivo próprio, de forma livre, instantâneo, formal, monossubjetivo, plurissubsistente e transeunte.
Benefícios	Admite-se o oferecimento de acordo de não persecução penal.
Ação penal	A ação penal é pública incondicionada.
Observações	Nos termos do artigo 334-A, § 1º, incorre nas mesmas penas do *caput* quem pratica fato assimilado, em lei especial, a contrabando; importa ou exporta clandestinamente mercadoria que dependa de registro, análise ou autorização de órgão público competente; reinsere no território nacional mercadoria brasileira destinada à exportação; vende, expõe à venda, mantém em depósito ou, de qualquer forma, utiliza em proveito próprio ou alheio, no exercício de atividade comercial ou industrial, mercadoria proibida pela lei brasileira; adquire, recebe ou oculta, em proveito próprio ou alheio, no exercício de atividade comercial ou industrial, mercadoria proibida pela lei brasileira. Nos termos do artigo 334-A, § 2º, do CP, equipara-se às atividades comerciais, para os efeitos da responsabilização por contrabando, qualquer forma de comércio irregular ou clandestino de mercadorias estrangeiras, inclusive o exercido em residências.

2.9. Impedimento, perturbação ou fraude de concorrência

O crime de impedimento, perturbação ou fraude de concorrência está previsto no artigo 335 do Código Penal:

Art. 335 – Impedir, perturbar ou fraudar concorrência pública ou venda em hasta pública, promovida pela administração federal, estadual ou municipal, ou por entidade paraestatal; afastar ou procurar afastar concorrente ou licitante, por meio de violência, grave ameaça, fraude ou oferecimento de vantagem:

Pena – detenção, de seis meses a dois anos, ou multa, além da pena correspondente à violência.

Parágrafo único – Incorre na mesma pena quem se abstém de concorrer ou licitar, em razão da vantagem oferecida.

Impedir é impor obstáculo, obstruir, obstar. Perturbar é estorvar, embaraçar. Fraudar é empregar ardil, usar engodo. Afastar é remover, isolar, fazer sair. Procurar afastar é a forma tentada de afastar, que é equiparada pelo tipo penal.

Pune-se quem:

- impede, perturba ou frauda concorrência pública ou venda em *hasta pública*;
- busca afastar ou afasta concorrente ou licitante, por meio de violência, grave ameaça, fraude ou oferecimento de vantagem.

Ambas as condutas se referem a concorrência pública ou venda em *hasta pública*, promovida pela administração federal, estadual ou municipal, ou por entidade paraestatal. O preceito secundário do tipo penal traz a sanção de detenção, de seis meses a dois anos, ou multa, além da pena correspondente à violência. Ficará absorvida pelo tipo a prática de vias de fato. No caso de a violência configurar lesão corporal ou morte, haverá o concurso entre as penas do crime do artigo 322 do CP e a da relativa ao crime praticado em virtude do emprego da *vis corporalis*.

Com a superveniência da Lei n. 8.666/1993, **a maioria da doutrina, com razão, passou a defender a ab-rogação do artigo 335 do Código Penal**, especialmente em razão do que previam os artigos 90, 93, 95, 96 e 98 de referido diploma legal[63]. O STJ já adotou essa linha de entendimento[64]. Atualmente, com a revogação da Lei n. 8.666/1993, as condutas são incriminadas como crimes em licitações e contratos administrativos, previstos no próprio Código Penal, com a alteração promovida pela Lei n. 14.133/2021. Há quem entenda, entretanto, que houve apenas **derrogação** pela Lei n. 8.666/1993, ou seja, sua revogação parcial. Ele continuaria aplicável à *hasta pública*[65], instituto substituído no novo CPC pelo leilão judicial.

O crime é comum, por não exigir qualidade específica do sujeito ativo para sua configuração. É doloso, sem previsão de modalidade culposa. É formal, independendo

63. MASSON, Cleber. Op. Cit., 2019, p. 737-738. CAPEZ, Fernando. Curso de direito penal, volume 3, parte especial: dos crimes contra a dignidade sexual a dos crimes contra a administração pública (arts. 213 a 359-H). 11. ed. São Paulo: Saraiva, 2013, p. 614-615. NUCCI, Guilherme de Souza. Op. Cit., 2015, p. 1400-1401. PRADO, Luiz Regis. Op. Cit., 2020, p. 1225-1226. BITENCOURT, Cezar Roberto. Op. Cit., 2020, p. 295.

64. "Registra-se, ainda, a inviabilidade de processar o recorrente em relação ao crime previsto no art. 335 do Código Penal, haja vista que esta norma foi revogada pela Lei de Licitação." (STJ, RHC 111.060/MG, Rel. Min. Joel Ilan Paciornik, Quinta Turma, julgado em 01/10/2019, DJe 07/10/2019)

65. CUNHA, Rogério Sanches. Op. Cit., 2020, p. 959.

sua consumação da ocorrência de resultado naturalístico. Por fim, é plurissubsistente, admitindo a tentativa.

QUADRO SINÓTICO

Crime de impedimento, perturbação ou fraude de concorrência	
Tipo penal	Impedir, perturbar ou fraudar concorrência pública ou venda em hasta pública, promovida pela administração federal, estadual ou municipal, ou por entidade paraestatal; afastar ou procurar afastar concorrente ou licitante, por meio de violência, grave ameaça, fraude ou oferecimento de vantagem.
Objeto jurídico	Tutela-se a Administração Pública.
Sujeito ativo	Qualquer um.
Sujeito passivo	O Estado e quem for diretamente prejudicado pelo agente.
Elemento subjetivo	Admite-se somente a modalidade dolosa.
Consumação	Trata-se de tipo misto alternativo que se consuma toda vez que o agente realiza um dos núcleos do tipo, ou seja, quando o agente impede, perturba ou frauda concorrência pública ou venda em hasta pública, promovida pela administração federal, estadual ou municipal, ou por entidade paraestatal; ou afasta ou procura afastar concorrente ou licitante, por meio de violência, grave ameaça, fraude ou oferecimento de vantagem.
Tentativa	Admite-se a tentativa.
Classificação	Trata-se de delito comum, doloso, comissivo ou omissivo próprio, de forma livre, instantâneo, formal, monossubjetivo, plurissubsistente e transeunte.
Benefícios	Tendo em vista as alterações legislativas, a concessão de benefícios é condicionada à pena prevista para as condutas em seus respectivos tipos novos.
Ação penal	A ação penal é pública incondicionada.
Observações	A doutrina majoritária entendia pela ab-rogação do delito do artigo 335 do CP pelos delitos dos artigos 90, 93, 95,96 e 98, todos da Lei n. 8.666/1993. Contudo, com a edição da Lei n. 14.133/2021, tais delitos foram derrogados e inseridos no Código Penal sob o capítulo dos crimes em licitações e contratos administrativos.

2.10. Inutilização de edital ou de sinal

O crime de inutilização de edital ou de sinal está previsto no artigo 336 do Código Penal:

Art. 336 – Rasgar ou, de qualquer forma, inutilizar ou conspurcar edital afixado por ordem de funcionário público; violar ou inutilizar selo ou sinal empregado, por determinação legal ou por ordem de funcionário público, para identificar ou cerrar qualquer objeto:

Pena – detenção, de um mês a um ano, ou multa.

Os núcleos do tipo são rasgar (fazer em pedaços); inutilizar (tornar inútil, danificar); conspurcar (sujar, manchar); violar (romper, rebentar) ou, de novo, inutilizar.

São **duas as figuras típicas**:

- rasgar ou, de qualquer forma, inutilizar ou conspurcar edital fixado por ordem de funcionário público;
- violar ou inutilizar selo ou sinal empregado, por determinação legal ou por ordem de funcionário público, para identificar ou cerrar qualquer objeto.

O crime é comum, por não exigir qualidade específica do sujeito ativo para sua configuração. É doloso, sem previsão de modalidade culposa. É crime de forma livre, além de instantâneo. Por fim, é plurissubsistente, já que sua conduta admite fracionamento e, por conseguinte, admite a modalidade tentada.

QUADRO SINÓTICO

Crime de inutilização de edital ou de sinal	
Tipo penal	Rasgar ou, de qualquer forma, inutilizar ou conspurcar edital afixado por ordem de funcionário público; violar ou inutilizar selo ou sinal empregado, por determinação legal ou por ordem de funcionário público, para identificar ou cerrar qualquer objeto.
Objeto jurídico	Tutela-se a Administração Pública.
Sujeito ativo	O Estado.
Sujeito passivo	O Estado e quem for diretamente prejudicado pelo agente.
Elemento subjetivo	Admite-se somente a modalidade dolosa.
Consumação	O delito se consuma quando o agente rasga ou, de qualquer forma, inutiliza ou conspurca edital afixado por ordem de funcionário público; viola ou inutiliza selo ou sinal empregado, por determinação legal ou por ordem de funcionário público, para identificar ou cerrar qualquer objeto. Trata-se de delito de dano (não é formal).
Tentativa	Admite-se a tentativa.
Classificação	Trata-se de crime comum com relação ao sujeito ativo e próprio com relação ao passivo. Ademais, é doloso, comissivo ou omissivo impróprio, de forma livre, instantâneo, monossubjetivo, plurissubsistente e não transeunte.

Crime de inutilização de edital ou de sinal	
Benefícios	Trata-se de delito de menor potencial ofensivo, de competência dos Juizados Especiais Criminais e que admite a transação, suspensão condicional do processo e acordo de não persecução penal.
Ação penal	A ação penal é pública incondicionada.

2.11. Subtração ou inutilização de livro ou documento

O artigo 337 traz o crime de subtração ou inutilização de livro ou documento:

> *Art. 337 – Subtrair, ou inutilizar, total ou parcialmente, livro oficial, processo ou documento confiado à custódia de funcionário, em razão de ofício, ou de particular em serviço público:*
>
> *Pena – reclusão, de dois a cinco anos, se o fato não constitui crime mais grave.*

Subtrair é apropriar-se, pegar de outrem ou apoderar-se. **Inutilizar** é tornar inútil, danificar. A conduta incriminada é subtrair ou inutilizar, total ou parcialmente, livro oficial, processo ou documento confiado à custódia de funcionário, em razão de ofício, ou de particular em serviço público.

O crime é comum, por não exigir qualidade específica do sujeito ativo para sua configuração. Cuida-se de delito expressamente subsidiário, como se nota da previsão do seu preceito secundário. É doloso, sem previsão de modalidade culposa. A maioria da doutrina entende não ser necessário elemento subjetivo especial do injusto. É crime de forma livre, além de instantâneo. Por fim, é plurissubsistente, já que sua conduta admite fracionamento e, por conseguinte, admite a modalidade tentada.

QUADRO SINÓTICO

Crime de subtração ou inutilização de livro ou documento	
Tipo penal	Subtrair, ou inutilizar, total ou parcialmente, livro oficial, processo ou documento confiado à custódia de funcionário, em razão de ofício, ou de particular em serviço público.
Objeto jurídico	Tutela-se a Administração Pública.
Sujeito ativo	Qualquer um.
Sujeito passivo	O Estado e quem for diretamente prejudicado pelo agente.
Elemento subjetivo	Admite-se somente a modalidade dolosa.
Consumação	O delito se consuma quando o agente subtrai, ou inutiliza, total ou parcialmente, livro oficial, processo ou documento confiado à custódia de funcionário, em razão de ofício, ou de particular em serviço público.

Crime de subtração ou inutilização de livro ou documento	
Tentativa	Admite-se a tentativa.
Classificação	Trata-se de delito comum, doloso, comissivo ou omissivo impróprio, de forma livre, instantâneo, monossubjetivo, plurissubsistente e não transeunte.
Benefícios	Admite-se o oferecimento de acordo de não persecução penal.
Ação penal	A ação penal é pública incondicionada.

2.12. Sonegação de contribuição previdenciária

O delito de sonegação de contribuição previdenciária tem localização no artigo 337-A do Código Penal, incluído pela Lei n. 9.983/2000:

> *Art. 337-A. Suprimir ou reduzir contribuição social previdenciária e qualquer acessório, mediante as seguintes condutas:*
>
> *I – omitir de folha de pagamento da empresa ou de documento de informações previsto pela legislação previdenciária segurados empregado, empresário, trabalhador avulso ou trabalhador autônomo ou a este equiparado que lhe prestem serviços;*
>
> *II – deixar de lançar mensalmente nos títulos próprios da contabilidade da empresa as quantias descontadas dos segurados ou as devidas pelo empregador ou pelo tomador de serviços;*
>
> *III – omitir, total ou parcialmente, receitas ou lucros auferidos, remunerações pagas ou creditadas e demais fatos geradores de contribuições sociais previdenciárias:*
>
> *Pena – reclusão, de 2 (dois) a 5 (cinco) anos, e multa.*
>
> *§ 1º É extinta a punibilidade se o agente, espontaneamente, declara e confessa as contribuições, importâncias ou valores e presta as informações devidas à previdência social, na forma definida em lei ou regulamento, antes do início da ação fiscal.*
>
> *§ 2º É facultado ao juiz deixar de aplicar a pena ou aplicar somente a de multa se o agente for primário e de bons antecedentes, desde que:*
>
> *I – (VETADO)*
>
> *II – o valor das contribuições devidas, inclusive acessórios, seja igual ou inferior àquele estabelecido pela previdência social, administrativamente, como sendo o mínimo para o ajuizamento de suas execuções fiscais.*
>
> *§ 3º Se o empregador não é pessoa jurídica e sua folha de pagamento mensal não ultrapassa R$ 1.510,00 (um mil, quinhentos e dez reais), o juiz poderá reduzir a pena de um terço até a metade ou aplicar apenas a de multa.*
>
> *§ 4º O valor a que se refere o parágrafo anterior será reajustado nas mesmas datas e nos mesmos índices do reajuste dos benefícios da previdência social.*

Os núcleos do tipo são **suprimir** (eliminar, iludir o pagamento, não recolher) e **reduzir** (tornar menor, diminuir, recolher em valor inferior ao devido). A conduta incriminada é suprimir ou reduzir contribuição social previdenciária e qualquer acessório, mediante as seguintes condutas:

- omitir de folha de pagamento da empresa ou de documento de informações previsto pela legislação previdenciária segurados empregado, empresário, trabalhador avulso ou trabalhador autônomo ou a este equiparado que lhe prestem serviços;
- deixar de lançar mensalmente nos títulos próprios da contabilidade da empresa as quantias descontadas dos segurados ou as devidas pelo empregador ou pelo tomador de serviços;
- omitir, total ou parcialmente, receitas ou lucros auferidos, remunerações pagas ou creditadas e demais fatos geradores de contribuições sociais previdenciárias.

Cuida-se de delito de forma vinculada, por elencar as formas pelas quais as condutas de suprimir ou reduzir a contribuição previdenciária ou seus acessórios são típicas. O artigo 337-A, *caput*, é norma penal em branco, a ser complementada pela legislação previdenciária.

O crime é **comum**, por não exigir qualidade específica do sujeito ativo para sua configuração[66]. O STJ, inclusive, já decidiu que "Pode qualquer pessoa, particular ou agente público, inclusive prefeitos, praticar o crime do art. 337-A do Código Penal, consistente na omissão de valores na guia de recolhimento do fundo de garantia por tempo de serviço e informação à Previdência Social – GFIP"[67]. Basta que a pessoa realize a conduta, podendo ser, inclusive, o cônjuge da empresária. A doutrina majoritária, no entanto, tem compreendido que o crime é próprio, por exigir a qualidade de empresário ou que o agente ocupe uma posição técnico-administrativa ou de natureza contábil-financeira[68].

É doloso, sem previsão de modalidade culposa. É crime instantâneo. Por fim, é plurissubsistente, já que sua conduta admite fracionamento e, por conseguinte, admite a modalidade tentada. Os núcleos do tipo são "suprimir" ou "reduzir", razão pela qual se possibilita a tentativa, conquanto as formas de praticar essas condutas sejam omissivas[69]. A maioria da doutrina, contudo, vem compreendendo que o crime é material e que a tentativa não é admissível, por depender a sua consumação da constituição definitiva do crédito tributário[70].

Apesar de haver divergência da doutrina sobre a classificação do crime em relação à consumação e a ocorrência de resultado naturalístico, o STF e o STJ pacificaram o entendimento de que o **crime é material**, só se consumando após a constituição definitiva do crédito tributário:

---

66. No mesmo sentido: BITENCOURT, Cezar Roberto. Op. Cit., 2020, p. 310; MASSON, Cleber. Op. Cit., 2019, p. 752.
67. STJ, RHC n. 43.741/RJ, Rel. Min. Nefi Cordeiro, Sexta Turma, julgado em 10/3/2016, DJe de 17/3/2016.
68. PRADO, Luiz Regis. Op. Cit., 2020, p. 1232; GRECO, Rogério. Código Penal Comentado. 14ª Edição. Editora Impetus, 2020; NUCCI, Guilherme de Souza. Op. Cit., 2015, p. 1406; CUNHA, Rogério Sanches. Op. Cit., 2020, p. 971; BARROS, Flávio Augusto Monteiro de. Op. Cit., 2019, p. 1471.
69. No mesmo sentido: BITENCOURT, Cezar Roberto. Op. Cit., 2020, p. 310; PRADO, Luiz Regis. Curso de Direito Penal, 18. Ed, 2020, p. 1232.
70. BARROS, Flávio Augusto Monteiro de. Op. Cit., 2019, p. 1473; STOCCO, Rui; STOCCO, Tatiana de O. In: FRANCO, Alberto Silva; STOCCO, Rui (coord.). Op. Cit., 2007, p. 1605; MASSON, Cleber. Op. Cit., 2019, p. 759; CUNHA, Rogério Sanches. Op. Cit., 2020, p. 971. Nucci, em uma posição intermediária, classifica o crime como formal, mas não admite a tentativa, considerando-o unissubsistente (NUCCI, Guilherme de Souza. Op. Cit., 2015, p. 1408).

> *"(...) 1. Esta Corte Superior de Justiça, na esteira da jurisprudência do Supremo Tribunal Federal, pacificou o entendimento de que os crimes de sonegação e apropriação indébita previdenciária, a exemplo dos delitos previstos no artigo 1º da Lei 8.137/1990, também são materiais. 2. Por esta razão, os ilícitos em questão não se configuram enquanto não lançado definitivamente o crédito previdenciário, o que também impede o início da contagem do prazo prescricional. Precedente. (...)" (STJ, HC 324131/SP, Rel. Des. Convocado Leopoldo de Arruda Pedroso, Quinta Turma, DJe 23/09/2015).*

Por esse motivo, para a Corte Superior não seria cabível a tentativa. Considerando que a consumação do delito somente ocorre com o lançamento definitivo do crédito tributário, o STJ não tem admitido a modalidade tentada do delito. Só há duas possibilidades: ou não houve constituição definitiva e não há crime ou o crédito está definitivamente constituído e o delito já se consumou[71].

Sobre o elemento subjetivo do crime de sonegação de contribuição previdenciária, a jurisprudência do STJ firmou-se pela exigência apenas do dolo genérico, não se exigindo o dolo específico. Em outros termos, entende ser desnecessária a presença de elemento subjetivo especial do injusto para a sua configuração, bastando o dolo:

> *"Em crimes de sonegação fiscal e de apropriação indébita de contribuição previdenciária, este Superior Tribunal de Justiça pacificou a orientação no sentido de que **sua comprovação prescinde de dolo específico sendo suficiente, para a sua caracterização, a presença do dolo genérico consistente na omissão voluntária do recolhimento, no prazo legal, dos valores devidos**" (STJ, AgRg no AREsp 493.584/SP, Rel. Min. Reynaldo Soares da Fonseca, Quinta Turma, julgado em 2/6/2016, DJe 8/6/2016)*

Com relação à aplicação do princípio da insignificância, o STJ havia firmado o posicionamento de que a tipicidade material restava afastada no caso de o valor total do tributo devido ficar abaixo do limite previsto em lei para não cobrança judicial das dívidas com o INSS[72]. Entretanto, a Terceira Seção modificou esse entendimento para declarar **inadmissível o reconhecimento do princípio da insignificância ao crime de sonegação de contribuição previdenciária**:

> *(...) 1. Ambas as Turmas que compõem o Supremo Tribunal Federal entendem ser inaplicável o princípio da insignificância aos crimes de sonegação de contribuição previdenciária e apropriação indébita previdenciária, tendo em vista a elevada reprovabilidade dessas condutas, que atentam contra bem jurídico de caráter supraindividual e contribuem para agravar o quadro deficitário da Previdência Social. 2. **A Terceira Seção desta Corte Superior concluiu que não é possível a aplicação do princípio da insignificância aos crimes de apropriação indébita previdenciária e de sonegação de contribuição previdenciária, independentemente do valor do ilícito**, pois esses tipos penais protegem a própria subsistência da Previdência Social, de modo que é elevado o grau de reprovabilidade da conduta do agente que atenta contra este bem jurídico supraindividual. (...) (STJ, AgRg no REsp 1783334/PB, Rel. Min. Laurita Vaz, Sexta Turma, DJe 02/12/2019).*

PARTE ESPECIAL

71. Conforme decisão monocrática: REsp n. 1.943.948, Ministro Joel Ilan Paciornik, Dje de 27/05/2022.
72. STJ, HC 269800/SP, Rel. Min. Rogerio Schietti Cruz, Sexta Turma, DJe 02/05/16. STJ, AgRg no REsp 1609757/SP, Rel. Min. Antonio Saldanha Palheiro, Sexta Turma, DJe 08/03/2018.

O STF possui um precedente no mesmo sentido, não admitindo o reconhecimento da bagatela própria no caso de crime de sonegação de contribuição previdenciária:

> *"Agravo regimental em recurso ordinário em* habeas corpus. *2. Apropriação indébita previdenciária e sonegação de contribuição previdenciária. Condenação. 3. Reconhecimento da prescrição. Impossibilidade. Necessidade de esgotamento da via administrativa para deflagração da ação penal e início da contagem do prazo prescricional. Não ocorrência da alegada prescrição. 4.* ***Aplicação do princípio da insignificância. Impossibilidade. Elevado grau de reprovabilidade da conduta****. Precedentes. 5. Dosimetria da pena. Reprimenda aplicada de forma proporcional e suficientemente fundamentada. 6. Agravo regimental a que se nega provimento." (RHC 132706 AgR/SP, Rel. Min. Gilmar Mendes, Segunda Turma, Julgamento em 21/06/2016).*

É relevante registrar, ainda, que o Superior Tribunal de Justiça não admite o reconhecimento da continuidade delitiva entre o crime de apropriação indébita previdenciária e o de sonegação de contribuição previdenciária. O motivo, já estudado, é a exigência de os delitos sejam da mesma espécie para que se reconheça o crime continuado:

> *"I – Os delitos de apropriação indébita previdenciária e de sonegação de contribuição previdenciária, previsto nos arts. 168-A e 337-A, ambos do Código Penal, embora sejam do mesmo gênero, são de espécies diversas, porquanto os tipos penais descrevem condutas absolutamente distintas. II – Esta Corte Superior tem entendimento consolidado no sentido de que* ***é impossível o reconhecimento da continuidade delitiva entre crimes de espécies distintas****. Precedentes. Agravo regimental desprovido." (STJ, AgRg no AREsp 1172428/SP, Rel. Min. Felix Fischer, Quinta Turma, DJe 20/06/2018).*

Extinção da punibilidade e aplicação alternativa da pena de multa

O parágrafo primeiro do artigo 334-A prevê uma causa de extinção da punibilidade, no caso de o agente, de forma espontânea, declarar e confessar as contribuições, importâncias ou valores e presta as informações devidas à previdência social, na forma definida em lei ou regulamento, antes do início da ação fiscal.

O parágrafo segundo, por sua vez, prevê que o juiz pode (entende-se que deve) deixar de aplicar a pena ou aplicar somente a de multa se o agente for primário e de bons antecedentes, desde que o valor das contribuições devidas, inclusive acessórios, seja igual ou inferior àquele estabelecido pela previdência social, administrativamente, como sendo o mínimo para o ajuizamento de suas execuções fiscais[73].

73. Apesar da aparente inexistência de equiparação legal, o limite de R$ 20.000,00 também tem sido utilizado como limite administrativo para execuções fiscais, a exemplo dos demais tributos federais, como se nota da Portaria PGFN n. 681, de 3/9/2014: "Art. 1º Excepcionar o limite previsto no inciso II do art. 1º da Portaria MF nº 75, de 2012, em relação às contribuições sociais instituídas pela Lei Complementar nº 110, de 2001, para determinar o ajuizamento dos débitos consolidados de valor superior a R$ 1.000,00 (mil reais), desde que acompanhados de débitos relativos às contribuições de FGTS instituídas pela Lei nº 8.036/90, e que a soma do montante das duas espécies de débito supere R$ 20.000,00 (vinte mil reais)".

Ocorre que muitas vezes o disposto no Código Penal não chega a ser aplicado nos casos práticos, já que existe lei extravagante mais benéfica, dispondo sobre suspensão e extinção da pretensão punitiva nos casos de parcelamento e pagamento do débito tributário. As observações a seguir são bem parecidas com aquelas aplicáveis ao artigo 168-A do Código Penal.

A Lei n. 10.684/2003, que lançou o Paes ou Refis II, dispõe sobre o tema, trazendo medidas despenalizados quanto a crimes em matéria tributária. É o que prevê o seu artigo 9º:

> *Art. 9º É suspensa a pretensão punitiva do Estado, referente aos crimes previstos nos arts. 1º e 2º da Lei nº 8.137, de 27 de dezembro de 1990, e nos arts. 168A e 337A do Decreto-Lei nº 2.848, de 7 de dezembro de 1940 – Código Penal, durante o período em que a pessoa jurídica relacionada com o agente dos aludidos crimes estiver incluída no regime de parcelamento.*
>
> *§ 1º A prescrição criminal não corre durante o período de suspensão da pretensão punitiva.*
>
> *§ 2º Extingue-se a punibilidade dos crimes referidos neste artigo quando a pessoa jurídica relacionada com o agente efetuar o pagamento integral dos débitos oriundos de tributos e contribuições sociais, inclusive acessórios.*

Portanto, pela Lei n. 10.684/2003, **não há limite temporal para a suspensão da punibilidade pelo parcelamento do débito tributário, nem mesmo para a extinção da punibilidade em caso de pagamento integral dos débitos tributários.** A norma, portanto, é muito mais favorável do que o Código Penal, que traz limites e pressupostos mais rígidos para os benefícios previstos para quem pratica o crime do artigo 337-A do CP.

Além disso, o artigo 83 da Lei n. 9.430/1996 trata do mesmo tema. Apesar de ser mais antiga, os parágrafos primeiro ao quinto foram incluídos pela Lei n. 12.382/2011, a qual também renumerou o parágrafo sexto:

> *Art. 83. A representação fiscal para fins penais relativa aos crimes contra a ordem tributária previstos nos arts. 1º e 2º da Lei n. 8.137, de 27 de dezembro de 1990, e aos crimes contra a Previdência Social, previstos nos arts. 168-A e 337-A do Decreto-Lei n. 2.848, de 7 de dezembro de 1940 (Código Penal), será encaminhada ao Ministério Público depois de proferida a decisão final, na esfera administrativa, sobre a exigência fiscal do crédito tributário correspondente.*
>
> *§ 1º Na hipótese de concessão de parcelamento do crédito tributário, a representação fiscal para fins penais somente será encaminhada ao Ministério Público após a exclusão da pessoa física ou jurídica do parcelamento.*
>
> *§ 2º É suspensa a pretensão punitiva do Estado referente aos crimes previstos no* caput, *durante o período em que a pessoa física ou a pessoa jurídica relacionada com o agente dos aludidos crimes estiver incluída no parcelamento,* **desde que o pedido de parcelamento tenha sido formalizado antes do recebimento da denúncia criminal.**
>
> *§ 3º A prescrição criminal não corre durante o período de suspensão da pretensão punitiva.*
>
> *§ 4º Extingue-se a punibilidade dos crimes referidos no caput quando a pessoa física ou a pessoa jurídica relacionada com o agente efetuar o pagamento integral*

PARTE ESPECIAL

> *dos débitos oriundos de tributos, inclusive acessórios, que tiverem sido objeto de concessão de parcelamento.*
>
> *§ 5º O disposto nos §§ 1º a 4º não se aplica nas hipóteses de vedação legal de parcelamento.*
>
> *§ 6º As disposições contidas no caput do art. 34 da Lei nº 9.249, de 26 de dezembro de 1995, aplicam-se aos processos administrativos e aos inquéritos e processos em curso, desde que não recebida a denúncia pelo juiz.*

O *caput* do artigo 34 da Lei n. 9.249/1995, a que o parágrafo sexto do artigo 83 da Lei n. 12.382/2011 faz referência, tem o seguinte conteúdo:

> *Art. 34. Extingue-se a punibilidade dos crimes definidos na Lei nº 8.137, de 27 de dezembro de 1990, e na Lei nº 4.729, de 14 de julho de 1965, quando o agente promover o pagamento do tributo ou contribuição social, inclusive acessórios, antes do recebimento da denúncia.*

Portanto, a Lei n. 9.430/1996 possui dispositivos de teor semelhante aos da Lei n. 10.684/2003, mas faz referência ao artigo 34, *caput*, da Lei n. 12.382/2011, a qual determina a extinção da punibilidade no caso de pagamento antes do recebimento da denúncia. Ademais, os artigos 67 a 69 da Lei n. 11.941/2009, que trata do chamado "Refis da Crise", passaram a tratar do tema:

> *Art. 67. Na hipótese de parcelamento do crédito tributário antes do oferecimento da denúncia, essa somente poderá ser aceita na superveniência de inadimplemento da obrigação objeto da denúncia.*
>
> *Art. 68. É suspensa a pretensão punitiva do Estado, referente aos crimes previstos nos arts. 1º e 2º da Lei nº 8.137, de 27 de dezembro de 1990, e nos arts. 168-A e 337-A do Decreto-Lei nº 2.848, de 7 de dezembro de 1940 – Código Penal, limitada a suspensão aos débitos que tiverem sido objeto de concessão de parcelamento, enquanto não forem rescindidos os parcelamentos de que tratam os arts. 1º a 3º desta Lei, observado o disposto no art. 69 desta Lei.*
>
> *Parágrafo único. A prescrição criminal não corre durante o período de suspensão da pretensão punitiva.*
>
> *Art. 69. Extingue-se a punibilidade dos crimes referidos no art. 68 quando a pessoa jurídica relacionada com o agente efetuar o pagamento integral dos débitos oriundos de tributos e contribuições sociais, inclusive acessórios, que tiverem sido objeto de concessão de parcelamento.*
>
> *Parágrafo único. Na hipótese de pagamento efetuado pela pessoa física prevista no § 15 do art. 1º desta Lei, a extinção da punibilidade ocorrerá com o pagamento integral dos valores correspondentes à ação penal.*

Uma questão interessante extraída da Lei n. 11.941/2009, já verificada nas leis acima mencionadas, é a exigência de que o débito pago tenha sido objeto de concessão de parcelamento. Referida exigência passou a levantar a discussão sobre a necessidade ou não de consolidação do parcelamento para que a punibilidade fique suspensa. Ou seja, se basta que o agente ou a pessoa jurídica relacionada ao débito tributário efetue o parcelamento, com o pagamento das guias disponíveis, ou se é necessário que o Fisco aprove e consolide o parcelamento requerido pelo devedor.

Considerando toda a legislação que trata do assunto, importante analisar a sua interpretação jurisprudencial. Superior Tribunal de Justiça tem considerado que a quitação do débito referente à sonegação extingue a punibilidade, nos termos da Lei n. 10.684/2003:

> *"(...) AGRAVO REGIMENTAL. CRIME DE SONEGAÇÃO DE CONTRIBUIÇÃO PREVIDENCIÁRIA. ART. 337-A DO CÓDIGO PENAL. (...) 1. Nos termos da jurisprudência consolidada deste Superior Tribunal de Justiça, apenas o pagamento integral do tributo devido tem repercussão na condenação imposta ao Réu. Assim,* ***"Comprovado o pagamento integral dos débitos oriundos de sonegação fiscal, ainda que efetuado posteriormente ao recebimento da denúncia, mas anterior ao trânsito em julgado da sentença condenatória, extingue-se a punibilidade, independentemente de ter se iniciado a execução penal, nos termos do art. 9º, § 2º, da Lei 10.684/03."*** *(HC 123.969/CE, Rel. Min. Arnaldo Esteves Lima, Quinta Turma, julgado em 04/02/2010, DJe 08/03/2010.) (...)" (STJ, AgRg no AREsp 292390/ES, Rel. Min. Laurita Vaz, Quinta Turma, DJe 03/02/2014).*

O Supremo Tribunal Federal possui precedente no mesmo sentido, entendendo ser cabível a extinção da punibilidade no caso de pagamento integral do débito tributário, referente à contribuição previdenciária, também com base na Lei n. 10.684/2003:

> *"CRIMES DE APROPRIAÇÃO INDÉBITA PREVIDENCIÁRIA E DE SONEGAÇÃO DE CONTRIBUIÇÃO PREVIDENCIÁRIA (INCISO I DO § 1º DO ART. 168-A E INCISO III DO ART. 337-A, AMBOS DO CÓDIGO PENAL). (...) 3.1* ***A extinção da punibilidade pelo pagamento do débito tributário encontra respaldo na regra prevista no artigo 69 da Lei nº 11.941/2009, que não disciplina qualquer limite ou restrição em desfavor do agente****, merecendo, no ponto, recordar a locução do Ministro Sepúlveda Pertence no* Habeas Corpus *nº 81.929/RJ, julgado em 16 de dezembro de 2003:* ***"a nova lei tornou escancaradamente clara que a repressão penal nos crimes contra a ordem tributário é apenas uma forma reforçada de execução fiscal".*** *(...)" (STF, AP 516 ED/DF, Rel. p/ acórdão Min. Luiz Fux, Tribunal Pleno, Julgamento: 05/12/2013).*

Foi proposta, pela Procuradoria-Geral da República, a ação direta de inconstitucionalidade n. 4.273, em que se arguiu a inconstitucionalidade dos artigos 67, 68 e 69 da Lei n. 11.941/2009 e, por extensão, do artigo 9º, §§ 1º e 2º, da Lei n. 10.684/2003. Alegou-se ofensa aos objetivos fundamentais da República previstos no artigo 3º, incisos I, II, III e IV, e ao princípio da igualdade, previsto no artigo 5º, *caput*, todos da Constituição de 1988.

A primeira questão enfrentada pelo STF foi estar ou não prejudicado o pedido quanto ao artigo 68 da Lei n. 11.941/2009. A Corte entendeu que sim. Ressaltou que a nova lei limitou a suspensão da punibilidade ao parcelamento ocorrido antes do recebimento da denúncia, conforme atual redação do artigo 83 da Lei n. 9.430/1996, dada pela Lei n. 12.282/2011. Por isso, ficou prejudicada a arguição de inconstitucionalidade do artigo 68 da Lei n. 11.941/2009.

Lei n. 11.941/2009, Art. 68. É suspensa a pretensão punitiva do Estado, referente aos crimes previstos nos arts. 1º e 2º da Lei nº 8.137, de 27 de dezembro de 1990, e nos arts. 168-A e 337-A do Decreto-Lei nº 2.848, de 7 de dezembro de 1940 – Código Penal, limitada a suspensão aos débitos que tiverem sido objeto de concessão de parcelamento, enquanto não forem rescindidos os parcelamentos de que tratam os arts. 1º a 3º desta Lei, observado o disposto no art. 69 desta Lei.	Lei n. 9.430/1996, Art. 83, § 2º É suspensa a pretensão punitiva do Estado referente aos crimes previstos no caput, durante o período em que a pessoa física ou a pessoa jurídica relacionada com o agente dos aludidos crimes estiver incluída no parcelamento, desde que o pedido de parcelamento tenha sido formalizado antes do recebimento da denúncia criminal. (**Incluído pela Lei nº 12.382, de 2011**).

O STF decidiu, ainda, que essa disciplina posterior, que limita a suspensão da pretensão punitiva ao parcelamento formalizado antes do recebimento da denúncia, não abrange o pagamento, isto é, a quitação do débito tributário. Assim, subsiste o artigo 69 da Lei n. 11.941/2009, que admite a extinção da punibilidade se o pagamento ocorrer antes ou depois do recebimento da denúncia:

> *Art. 69. Extingue-se a punibilidade dos crimes referidos no art. 68 quando a pessoa jurídica relacionada com o agente efetuar o pagamento integral dos débitos oriundos de tributos e contribuições sociais, inclusive acessórios, que tiverem sido objeto de concessão de parcelamento.*

Para reforçar os argumentos do Relator, o acórdão fez referência a um julgamento da Primeira Turma, que assim consignou:

> *"O pagamento integral de débito – devidamente comprovado nos autos - empreendido pelo paciente em momento anterior ao trânsito em julgado da condenação que lhe foi imposta é causa de extinção de sua punibilidade, conforme opção político-criminal do legislador pátrio. Precedente. 4. Entendimento pessoal externado por ocasião do julgamento, em 9/5/13, da AP nº 516/DF-ED pelo Tribunal Pleno, no sentido de que a Lei nº 12.382/11, que regrou a extinção da punibilidade dos crimes tributários nas situações de parcelamento do débito tributário, não afetou o disposto no § 2º do art. 9º da Lei 10.684/03, o qual prevê a extinção da punibilidade em razão do pagamento do débito, a qualquer tempo (STF, HC 116828, Rel. Min. Dias Toffoli, Primeira Turma, julgado em 13-08-2013).*

No mérito, o Supremo Tribunal Federal concluiu que as medidas despenalizadoras em matéria tributária, em vez de frustrar os objetivos da República Federativa do Brasil, contribui para concretizar essas aspirações elencadas no artigo 3º da Constituição. Em votação unânime, o Pleno decidiu pela constitucionalidade das normas impugnadas. Destacam-se, no trecho a seguir, os pontos mais relevantes do julgamento:

> *"Como a Lei n. 12.382/2011 disciplinou, em momento superveniente, apenas a extinção da punibilidade em consequência do parcelamento, sem dispor sobre o pagamento, permanece em vigor, para a satisfação integral do crédito tributário, a regra constante do art. 69 da Lei n. 11.941/2009, impugnada na presente ação, que admite efeitos*

> *penais independentemente de o pagamento ter ocorrido antes ou depois do recebimento da denúncia. 4. Revela-se prejudicada a arguição de inconstitucionalidade em relação ao art. 68 da Lei n. 11.941/2009, na linha da firme jurisprudência deste Tribunal (...). 5. Os arts. 67 e 69 da Lei n. 11.941/2009 e o art. 9º, §§ 1º e 2º, da Lei n. 10.684/2003, questionados em face da Constituição Federal, previram medidas despenalizadoras quanto aos delitos dos arts. 1º e 2º da Lei n. 8.137/1990 e dos arts. 168-A e 337-A do Código Penal, consistentes na suspensão da pretensão punitiva estatal em consequência do parcelamento de débitos tributários de que trata a Lei n. 11.941/2009, bem assim na extinção da punibilidade do agente caso seja realizado o pagamento integral. 6. A extinção da punibilidade como decorrência da reparação integral do dano causado ao erário pela prática dos crimes contra a ordem tributária constitui opção política há muito adotada no ordenamento jurídico brasileiro, o que demonstra a prevalência do interesse do Estado na arrecadação das receitas provenientes dos tributos, para consecução dos fins a que se destinam, em detrimento da aplicação da sanção penal ao autor do crime. 7. O parcelamento e o pagamento integral dos créditos tributários, além de resultarem em incremento da arrecadação, exercendo inequívoca função reparatória do dano causado ao erário pela prática dos crimes tributários, funcionam como mecanismos de fomento da atividade econômica e, em consequência, de preservação e geração de empregos. (...) Pedido prejudicado no que diz respeito ao art. 68 da Lei n. 11.941/2009 e julgado improcedente quanto às demais disposições legais impugnadas, declarando-se constitucionais os arts. 67 e 69 da Lei n. 11.941/2009 e o art. 9º, §§ 1º e 2º, da Lei n. 10.684/2003. (STF, ADI 4273, Relator Min. Nunes Marques, Tribunal Pleno, julgado em 15-08-2023).*

Conforme decidido na ADI 4273, a Segunda Turma do Supremo Tribunal Federal consignou que, no caso de parcelamento do débito tributário, a suspensão da pretensão punitiva do Estado depende de a sua formalização ocorrer antes do recebimento da denúncia criminal. É o que prevê o artigo 83, § 2º, da Lei n. 9.430/1996, dada pela Lei n. 12.282/2011. No caso em julgamento, o agente havia praticados condutas delitivas antes e após o início de vigência da Lei n. 12.282/2011. Assim, aplicou-se o entendimento da Súmula 711 da Corte. Como a vigência foi anterior à cessação da continuidade, a lei mais gravosa incide sobre o caso, de modo que não se suspende a pretensão punitiva se o parcelamento foi formalizado após o recebimento da denúncia:

> *"1. Na sistemática introduzida pela Lei nº 12.382, de 2011, somente os pedidos de parcelamento do débito tributário, formalizados anteriormente ao recebimento da denúncia, têm o condão de suspender a ação penal. 2. De acordo com o enunciado nº 711 da Súmula do STF, a lei penal mais grave aplica-se ao crime continuado se a sua vigência é anterior à cessação da continuidade. 3. Caso em que o recorrente foi condenado por crimes cometidos, em continuidade delitiva, no período entre novembro de 2010 e novembro de 2012, de modo que a prática delitiva somente cessou quando já estava em vigor a Lei nº 12.382, de 2011, aplicável ao caso" (STF, RHC 214585 AgR, Rel. Min. André Mendonça, Segunda Turma, julgado em 07-05-2024).*

O Superior Tribunal de Justiça já vinha aplicando o mesmo entendimento quanto ao parcelamento do crédito tributário, ao consignar que a "Lei n. 12.382/11 determinará a suspensão da pretensão punitiva do Estado, desde que o parcelamento do débito tributário tenha sido formalizado antes do recebimento da denúncia"[74]. A Corte também tem exigido que haja a consolidação do parcelamento, não bastando o simples requerimento de adesão[75]. Sobre a quitação, o entendimento é o mesmo da Suprema Corte: "Conforme entendimento pacífico nesta Corte, o pagamento integral do tributo, a qualquer tempo, extingue a punibilidade quanto aos crimes contra a ordem tributária"[76].

É necessário, claramente, que o acusado demonstre, nos autos, que os débitos que foram parcelados ou quitados correspondem aos fatos pelos quais ele está sendo processado criminalmente.

Vale mencionar, ainda, que o artigo 83 da Lei n. 9.430/1996, cuja redação foi dada pela Lei n. 12.350/2010, teve sua constitucionalidade questionada em controle concentrado perante o STF. Em 10/03/2022, ao julgar a ADI 4.980, de Relatoria do Min. Nunes Marques, a Corte considerou constitucional essa norma, que exige a constituição definitiva do crédito tributário para encaminhamento da representação fiscal para fins penais em relação aos crimes de apropriação indébita previdenciária e sonegação de contribuição previdenciária:

> *"A exigência do exaurimento do processo administrativo para efeito de encaminhamento da representação fiscal ao Ministério Público é disciplina que, em vez de afrontar, privilegia os princípios da ordem constitucional brasileira e se mostra alinhada com a finalidade do direito penal enquanto ultima ratio. 6. O art. 83 da Lei n. 9.430/1996, com a redação da Lei n. 12.350/2010, apenas estabelece requisito, direcionado ao agente administrativo, quanto ao encaminhamento da representação fiscal para fins penais ao Ministério Público. Em nada modifica a natureza jurídica do crime de apropriação indébita previdenciária, tampouco trata da justa causa para os delitos contra a ordem tributária. 7. A validade da norma atacada independe da controvérsia relacionada à natureza dos delitos nela mencionados – se material ou formal –, notadamente o de apropriação indébita previdenciária. 8. Ação direta de inconstitucionalidade conhecida e, no mérito, julgada improcedente"(ADI 4980, Rel. Min. Nunes Marques, Tribunal Pleno, julgado em 10-03-2022)*

Em suma, quanto à prática delitiva ocorrida antes do advento da Lei n. 12.382/2011, o parcelamento suspendia a punibilidade se fosse formalizado antes ou após o recebimento da denúncia. Com o advento da Lei n. 12.282/2011, só há a suspensão da punibilidade, atualmente, se o parcelamento for formalizado antes do recebimento da denúncia pelo juiz.

---

74. STJ, AgRg no HC n. 439.362/SP, Rel. Min. Felix Fischer, Quinta Turma, julgado em 2/8/2018, DJe de 9/8/2018. No mesmo sentido: STJ, HC n. 620.779/RS, Rel. Min. Antonio Saldanha Palheiro, Sexta Turma, julgado em 13/12/2022, DJe de 16/12/2022. No entanto, houve julgamento, ocorrido entre os dois citados, que utilizou o trânsito em julgado como limite temporal: "A suspensão da pretensão punitiva estatal fundada no art. 68 da Lei 11.941/2009 somente é cabível se a inclusão do débito tributário em programa de parcelamento ocorrer em momento anterior ao trânsito em julgado da sentença penal condenatória" (STJ, AgRg no REsp n. 2.015.523/PR, Rel. Min. Reynaldo Soares da Fonseca, Quinta Turma, julgado em 27/9/2022, DJe de 4/10/2022).

75. STJ, RHC n. 32.851/SP, Rel. Min. Joel Ilan Paciornik, Quinta Turma, julgado em 2/8/2018, DJe de 15/8/2018; AgInt no RHC 61543/SP, Rel. Min. Ribeiro Dantas, Quinta Turma, DJe 30/05/2018.

76. STJ, AgRg no AREsp n. 1.772.918/SP, Rel. Min. Ribeiro Dantas, Quinta Turma, julgado em 3/8/2021, DJe de 10/8/2021.

Buscando consolidar o entendimento da jurisprudência, especialmente com base no entendimento do STF, é possível extrair as seguintes premissas quanto ao parcelamento e à quitação do débito tributário, conforme **regramento atual**:

Conduta do contribuinte	*Parcelamento do débito*	*Quitação do débito*
Efeito	*Suspensão da punibilidade*	*Extinção da punibilidade*
Limite temporal	*Até o recebimento da denúncia*	*A qualquer tempo*
Base legal	*Art. 83, § 2º, Lei n. 9.430/1996*	*Art. 69, Lei n. 11.941/2009*

Causa de diminuição de pena e aplicação alternativa da pena de multa

O parágrafo terceiro do artigo 337-A do Código Penal prevê que, se o empregador não for pessoa jurídica e sua folha de pagamento mensal não ultrapassa R$ 1.510,00 (um mil, quinhentos e dez reais), o juiz poderá **reduzir a pena de um terço até a metade** ou aplicar **apenas a de multa**. Entende-se que, cumpridos os requisitos, há um direito subjetivo do acusado, apesar do uso do verbo "poder" em relação à atuação do juiz. Ademais o parágrafo quarto determina que o valor mencionado seja reajustado nas mesmas datas e nos mesmos índices do reajuste dos benefícios da previdência social[77].

QUADRO SINÓTICO

Crime de sonegação de contribuição previdenciária	
Tipo penal	Suprimir ou reduzir contribuição social previdenciária e qualquer acessório, mediante as seguintes condutas: omitir de folha de pagamento da empresa ou de documento de informações previsto pela legislação previdenciária segurados empregado, empresário, trabalhador avulso ou trabalhador autônomo ou a este equiparado que lhe prestem serviços; deixar de lançar mensalmente nos títulos próprios da contabilidade da empresa as quantias descontadas dos segurados ou as devidas pelo empregador ou pelo tomador de serviços; omitir, total ou parcialmente, receitas ou lucros auferidos, remunerações pagas ou creditadas e demais fatos geradores de contribuições sociais previdenciárias.
Objeto jurídico	Tutela-se a Administração Pública.
Sujeito ativo	Há divergência sobre ser comum ou próprio.
Sujeito passivo	O Estado e, mais especificamente, o INSS.

77. Segundo a Portaria Interministerial MPS/MF n. 2, de 11 de janeiro de 2024, o valor de que trata o § 3º do art. 337-A do Código Penal é de R$ 6.873,82 (seis mil oitocentos e setenta e três reais e oitenta e dois centavos).

PARTE ESPECIAL

Crime de sonegação de contribuição previdenciária	
Elemento subjetivo	Admite-se somente a modalidade dolosa.
Consumação	Trata-se de delito material que se consuma somente com a constituição definitiva do crédito tributário.
Tentativa	Não se admite a tentativa.
Jurisprudência relevante	Não se tipifica crime material contra a ordem tributária, previsto no art. 1º, incisos I a IV, da Lei n. 8.137/1990, antes do lançamento definitivo do tributo (Súmula Vinculante 24).
Classificação	Parte da doutrina considera comum e outra parte, próprio. Ademais, é próprio com relação ao sujeito passivo, doloso, omissivo próprio, de forma livre, material, monossubjetivo, unissubsistente e transeunte.
Benefícios	Admite-se o oferecimento de acordo de não persecução penal. Nos termos do artigo 337-A, § 1º, do CP, há previsão de hipótese de extinção de punibilidade se o agente, espontaneamente, declara e confessa as contribuições, importâncias ou valores e presta as informações devidas à previdência social, na forma definida em lei ou regulamento, antes do início da ação fiscal. Discute-se, na doutrina, a possibilidade de analogia *in bonam partem* com o artigo 34, da Lei n. 9.249/1995, que permitiria a extinção da punibilidade, quando o agente promover o pagamento do tributo ou contribuição social, até o recebimento da denúncia. Destaca-se que a hipótese de extinção da punibilidade do artigo 337-A, § 1º, do CP exige que o agente tão somente declare e confesse as contribuições, mas antes da atuação do Fisco.
Benefícios	Nos termos do artigo 337-A, § 2º, do CP é facultado ao juiz deixar de aplicar a pena ou aplicar somente a de multa se o agente for primário e de bons antecedentes, desde que o valor das contribuições devidas, inclusive acessórios, seja igual ou inferior àquele estabelecido pela previdência social, administrativamente, como sendo o mínimo para o ajuizamento de suas execuções fiscais. Nos termos do artigo 337-A, § 3º, do CP, se o empregador não é pessoa jurídica e sua folha de pagamento mensal não ultrapassa R$ 1.510,00 (um mil, quinhentos e dez reais), o juiz poderá reduzir a pena de um terço até a metade ou aplicar apenas a de multa. Nos termos do artigo 337-A, § 4º, do CP, tal valor será reajustado nas mesmas datas e nos mesmos índices do reajuste dos benefícios da previdência social.
Ação penal	A ação penal é pública incondicionada.
Princípio da insignificância	STF e STJ entendem não ser aplicável, em razão da reprovabilidadeda conduta que atenta contra a Previdência Social, bem jurídico supraindividual.

Crime de sonegação de contribuição previdenciária	
ADI 4980	"A exigência do exaurimento do processo administrativo para efeito de encaminhamento da representação fiscal ao Ministério Público é disciplina que, em vez de afrontar, privilegia os princípios da ordem constitucional brasileira e se mostra alinhada com a finalidade do direito penal enquanto *ultima ratio*".
ADI 4273	**Parcelamento e suspensão da punibilidade**: quanto aos débitos constituídos antes do advento da Lei n. 12.382/2011, o parcelamento poderia ser formalizado antes ou após o recebimento da denúncia. Com o advento da Lei n. 12.282/2011, só há a suspensão da punibilidade, atualmente, se o parcelamento for formalizado antes do recebimento da denúncia pelo juiz. **Quitação e extinção da punibilidade**: "a Lei nº 12.382/11, que regrou a extinção da punibilidade dos crimes tributários nas situações de parcelamento do débito tributário, não afetou o disposto no § 2º do art. 9º da Lei 10.684/03, o qual prevê a extinção da punibilidade em razão do pagamento do débito, a qualquer tempo" (STF, HC 116828, Rel. Min. Dias Toffoli, Primeira Turma, julgado em 13-08-2013).

3. DOS CRIMES PRATICADOS POR PARTICULAR CONTRA A ADMINISTRAÇÃO PÚBLICA ESTRANGEIRA

O Capítulo II-A do Título XI da Parte Especial se denomina "Dos Crimes Praticados por Particular Contra a Administração Pública Estrangeira" e foi introduzido pela Lei n. 10.467, de 11 de junho de 2002. Compõe-se de apenas três artigos, sendo que os dois primeiros contêm os seguintes crimes: corrupção ativa em transação comercial internacional e tráfico de influência em transação comercial internacional. O último é uma norma penal não incriminadora, que traz o conceito de funcionário público estrangeiro.

3.1. Corrupção ativa em transação comercial internacional

O artigo 337-B do CP contém a norma que dispõe sobre o crime de corrupção ativa em transação comercial internacional:

> *Art. 337-B. Prometer, oferecer ou dar, direta ou indiretamente, vantagem indevida a funcionário público estrangeiro, ou a terceira pessoa, para determiná-lo a praticar, omitir ou retardar ato de ofício relacionado à transação comercial internacional:*
>
> *Pena – reclusão, de 1 (um) a 8 (oito) anos, e multa.*
>
> *Parágrafo único. A pena é aumentada de 1/3 (um terço), se, em razão da vantagem ou promessa, o funcionário público estrangeiro retarda ou omite o ato de ofício, ou o pratica infringindo dever funcional.*

Prometer é comprometer-se a dar, fazer promessa de dar. Oferecer é dar de presente, apresentar. Dar é doar, ceder. Cuida-se de forma especial do crime de corrupção ativa, aqui com um núcleo do tipo a mais (dar), além de a vantagem poder se destinar a funcionário público ou a terceira pessoa (sua esposa, seu filho, seus genitores etc.) e o ato se referir à transação comercial internacional.

A conduta incriminada é prometer, oferecer ou dar, direta ou indiretamente, vantagem indevida a funcionário público estrangeiro ou a terceira pessoa, para determiná-lo a:

- Praticar ato de ofício relacionado à transação comercial internacional;
- Omitir ato de ofício relacionado à transação comercial internacional;
- Retardar ato de ofício relacionado à transação comercial internacional.

Note que se trata de **modalidade especial do crime de corrupção ativa**, neste caso envolvendo funcionário público estrangeiro e ato de ofício relacionado à transação comercial internacional. O crime tutela a regularidade e a probidade das relações comerciais internacionais de que o Brasil seja parte. Como exceção à teoria monista, no caso de corrupção, a prática da conduta pelo funcionário público estrangeiro e pelo particular, mesmo que em concurso, configura crimes diferentes para cada um deles. Se o particular oferece a vantagem e o funcionário público estrangeiro a aceita, o primeiro responde por corrupção ativa em transação comercial internacional, enquanto o último vai responder segundo as leis do seu país.

O crime é comum, por não exigir qualidade específica do sujeito ativo para sua configuração. É doloso, sem previsão de modalidade culposa. Há a previsão de elemento subjetivo especial do tipo, consistente na finalidade de para determinar o funcionário público estrangeiro a praticar, omitir ou retardar ato de ofício relacionado à transação comercial internacional. É formal nas modalidades oferecer e prometer, independendo sua consumação da ocorrência de resultado naturalístico. Por outro lado, é material na modalidade de dar.

Considera-se plurissubsistente, já que sua conduta admite fracionamento e, por conseguinte, admite a modalidade tentada. Entretanto, se as condutas de prometer ou oferecer forem praticadas verbalmente, não é possível a tentativa. Sua consumação ocorre em um momento determinado no tempo, sendo classificado como instantâneo.

Forma majorada

A pena é aumentada de um terço, se, em razão da vantagem ou promessa, o funcionário público estrangeiro retarda ou omite o ato de ofício, ou o pratica infringindo dever funcional. O resultado, que seria mero exaurimento do crime, foi erigido a uma circunstância majorante. Assim, haverá uma maior repressão penal no caso de ocorrência do resultado naturalístico.

QUADRO SINÓTICO

Crime de corrupção ativa em transação comercial internacional	
Tipo penal	Prometer, oferecer ou dar, direta ou indiretamente, vantagem indevida a funcionário público estrangeiro, ou a terceira pessoa, para determiná-lo a praticar, omitir ou retardar ato de ofício relacionado à transação comercial internacional.
Objeto jurídico	Tutelam-se a Administração Pública e, mais especificamente, a Administração Pública estrangeira.
Sujeito ativo	Qualquer um.
Sujeito passivo	O Estado e quem for diretamente prejudicado pelo agente.
Elemento subjetivo	Admite-se somente a modalidade dolosa. Ademais, o agente deve ter o especial fim de agir de determinar a conduta do funcionário público estrangeiro, para que ele pratique, omita ou retarde ato de ofício relacionado à transação comercial internacional.
Consumação	O delito se consuma quando o agente promete, oferece ou dá, direta ou indiretamente, vantagem indevida a funcionário público estrangeiro, ou a terceira pessoa.
Tentativa	No caso concreto, em sendo fracionável o *iter criminis*, é possível vislumbrar a tentativa.
Forma majorada	Há previsão de aumento de pena se, em razão da vantagem ou promessa, o funcionário público estrangeiro retarda ou omite o ato de ofício, ou o pratica infringindo dever funcional.
Classificação	Trata-se de crime comum com relação ao sujeito ativo e próprio com relação ao passivo. Ademais, é doloso, comissivo ou omissivo impróprio, de forma livre, instantâneo, monossubjetivo, plurissubsistente ou unissubsistente e transeunte.
Benefícios	Admitem-se a suspensão condicional do processo e o oferecimento de acordo de não persecução penal.
Ação penal	A ação penal é pública incondicionada.
Observações	Nos termos do artigo 337-D do CP, considera-se funcionário público estrangeiro, para os efeitos penais, quem, ainda que transitoriamente ou sem remuneração, exerce cargo, emprego ou função pública em entidades estatais ou em representações diplomáticas de país estrangeiro. Ademais, nos termos do artigo 337-D, parágrafo único, do CP, equipara-se a funcionário público estrangeiro quem exerce cargo, emprego ou função em empresas controladas, diretamente ou indiretamente, pelo Poder Público de país estrangeiro ou em organizações públicas internacionais.

3.2. Tráfico de influência em transação comercial internacional

O crime de tráfico de influência em transação comercial internacional está tipificado no artigo 337-C do Código Penal:

> *Art. 337-C. Solicitar, exigir, cobrar ou obter, para si ou para outrem, direta ou indiretamente, vantagem ou promessa de vantagem a pretexto de influir em ato praticado por funcionário público estrangeiro no exercício de suas funções, relacionado a transação comercial internacional:*
>
> *Pena – reclusão, de 2 (dois) a 5 (cinco) anos, e multa.*
>
> *Parágrafo único. A pena é aumentada da metade, se o agente alega ou insinua que a vantagem é também destinada a funcionário estrangeiro.*

Incluído pela Lei n. 10.467, de 11 de junho de 2002, cuida-se de forma especial do crime de tráfico de influência, previsto no artigo 332 do Código Penal.

As ações nucleares do tipo misto alternativo são solicitar (pedir, pleitear, rogar), exigir (impor, obrigar), cobrar (reclamar o pagamento, fazer com que seja pago) ou obter (lograr, obter, conseguir). A conduta incriminada é solicitar, exigir, cobrar ou obter, para si ou para outrem, direta ou indiretamente, vantagem ou promessa de vantagem. A justificativa usada pelo agente é que ele conseguiria influir em ato praticado por funcionário público estrangeiro no exercício da função, relacionado à transação comercial internacional. Cuida-se de uma **modalidade próxima ao *venditio fumi* do tráfico de influência**, mas aqui voltado a funcionário público estrangeiro e ato relacionado a transação comercial internacional.

Não é preciso que ele realmente tenha a influência ou que ele realmente consiga modificar a atuação do funcionário público estrangeiro, basta que ele use tal pretexto para solicitação, exigência, cobrança ou recebimento de vantagem ou promessa de vantagem. O bem jurídico tutelado é a regularidade e a probidade das relações comerciais internacionais de que o Brasil participe.

O crime é comum, por não exigir qualidade específica do sujeito ativo para sua configuração. É doloso, sem previsão de modalidade culposa. É formal nas modalidades "solicitar", "exigir" e cobrar", enquanto é material na forma de "obter". Classifica-se como delito de forma livre. Por fim, é plurissubsistente, já que sua conduta admite fracionamento e, por conseguinte, admite a modalidade tentada.

Forma majorada

O parágrafo único determina o aumento de pena, pela metade, se o agente alega ou insinua que a vantagem é também destinada a funcionário estrangeiro. Essa majorante se faz presente devido ao maior desvalor da conduta do infrator, ao macular a honra do funcionário público de outro país.

QUADRO SINÓTICO

Crime de tráfico de influência em transação comercial internacional	
Tipo penal	Solicitar, exigir, cobrar ou obter, para si ou para outrem, direta ou indiretamente, vantagem ou promessa de vantagem a pretexto de influir em ato praticado por funcionário público estrangeiro no exercício de suas funções, relacionado a transação comercial internacional.
Objeto jurídico	Tutela-se a Administração Pública.
Sujeito ativo	Qualquer um.
Sujeito passivo	O Estado e quem for diretamente prejudicado pelo agente.
Elemento subjetivo	Admite-se somente a modalidade dolosa. O agente deve possuir o especial fim de agir de influir em ato praticado por funcionário público estrangeiro no exercício de suas funções, relacionado a transação comercial internacional.
Consumação	O delito se consuma quando o agente solicita, exige, cobra ou obtém, para si ou para outrem, direta ou indiretamente, vantagem ou promessa de vantagem.
Tentativa	No caso concreto, em sendo fracionável o *iter criminis*, é possível vislumbrar a tentativa.
Forma majorada	Nos termos do artigo 337-D, parágrafo único, do CP, há aumento de pena se o agente alega ou insinua que a vantagem é também destinada a funcionário estrangeiro.
Classificação	Trata-se de crime comum, doloso, comissivo ou omissivo impróprio, de forma livre, instantâneo, monossubjetivo, plurissubsistente ou unissubsistente e transeunte.
Benefícios	Admite-se o oferecimento de acordo de não persecução penal.
Ação penal	A ação penal é pública incondicionada.
Observações	Nos termos do artigo 337-D do CP, considera-se funcionário público estrangeiro, para os efeitos penais, quem, ainda que transitoriamente ou sem remuneração, exerce cargo, emprego ou função pública em entidades estatais ou em representações diplomáticas de país estrangeiro. Ademais, nos termos do artigo 337-D, parágrafo único, do CP, equipara-se a funcionário público estrangeiro quem exerce cargo, emprego ou função em empresas controladas, diretamente ou indiretamente, pelo Poder Público de país estrangeiro ou em organizações públicas internacionais.

3.3. Funcionário público estrangeiro

O artigo 337-D, *caput* e parágrafo único, do Código Penal, constitui **norma penal não incriminadora, da espécie explicativa ou interpretativa**. Ou seja, é um dispositivo legal que não traz a incriminação de determina conduta, mas sim uma explicitação de conceitos para a adequada aplicação da legislação penal. Referido

PARTE ESPECIAL

dispositivo trata do conceito de funcionário público estrangeiro para efeitos penais, afastando a aplicação do conceito advindo do Direito Administrativo no que se refere à interpretação das leis criminais:

> *Art. 337-D. Considera-se funcionário público estrangeiro, para os efeitos penais, quem, ainda que transitoriamente ou sem remuneração, exerce cargo, emprego ou função pública em entidades estatais ou em representações diplomáticas de país estrangeiro.*
>
> *Parágrafo único. Equipara-se a funcionário público estrangeiro quem exerce cargo, emprego ou função em empresas controladas, diretamente ou indiretamente, pelo Poder Público de país estrangeiro ou em organizações públicas internacionais.*

A conceituação de **funcionário público estrangeiro** para fins penais é bastante ampla, bastando o exercício de cargo (vínculo estatutário), emprego (vínculo trabalhista) ou função pública (um múnus público, um conjunto de atribuições, como as de mesário nas eleições ou de jurado). Envolve o exercício transitório (por exemplo, estagiário) ou permanente (como o servidor da Secretaria de Estado ou Ministério das Relações Exteriores), remunerado ou não remunerado (serviço voluntário).

Ademais, o parágrafo primeiro ainda traz o **funcionário público estrangeiro por equiparação**, que seria todo aquele que exerce cargo, emprego ou função em entidade paraestatal e quem trabalha para empresa prestadora de serviço contratada ou conveniada para execução de atividade típica da Administração Pública, como os funcionários terceirizados que exercem suas funções na aduana, na atividade de emissão de passaportes.

4. DOS CRIMES EM LICITAÇÕES E CONTRATOS ADMINISTRATIVOS

A Lei n. 14.133, de 1º de abril de 2021, a Nova Lei de Licitações e Contratos Administrativos, inseriu um novo Capítulo ao Código Penal. Cuida-se do Capítulo II-B, denominado "Dos Crimes em Licitações e Contratos Administrativos", inserido no Título XI da Parte Especial – Dos Crimes Contra a Administração Pública.

O artigo 186 da Nova Lei de Licitações e Contratos Administrativos determina expressamente a aplicação dos novos tipos penais às licitações e aos contratos regidos pela Lei n. 13.303, de 30 de junho de 2016. Esta última lei dispõe sobre o estatuto jurídico da **empresa pública, da sociedade de economia mista e de suas subsidiárias, no âmbito da União, dos Estados, do Distrito Federal e dos Municípios**. Assim, os novos crimes serão aplicáveis, por exemplo, a condutas praticadas na Petrobras ou no Banco do Brasil.

Com inserção dos crimes em licitações e contratos administrativos no Código, encerra-se a controvérsia sobre a aplicação ou não do artigo 33, § 4º, do CP. Isso porque o dispositivo se refere aos crimes contra a Administração Pública e os tipos penais não estavam inseridos dentre eles (Título XI da Parte Especial do CP), mas em legislação extravagante. Agora, fica nítido que a **progressão de regime do cumprimento da pena ficará condicionada à reparação do dano que causou, ou à devolução do produto do ilícito praticado, com os acréscimos legais**.

Além disso, **a regra específica sobre a perda do cargo** quanto a essa modalidade de crime foi **revogada** (art. 83 da Lei n. 8.666/1993), aplicando-se, a partir de agora, as normas gerais do Código Penal (art. 92, inciso I). Também **não há mais procedimento específico** para o julgamento desses crimes (arts. 100 a 108 da Lei n. 8.666/1993), que passa a seguir, em regra, o procedimento comum do Código de Processo Penal para o seu julgamento.

4.1. Contratação direta ilegal

O artigo 337-E do CP traz o tipo penal de contratação direta ilegal:

> *Art. 337-E. Admitir, possibilitar ou dar causa à contratação direta fora das hipóteses previstas em lei:*
>
> *Pena – reclusão, de 4 (quatro) a 8 (oito) anos, e multa.*

"Admitir" é aceitar, consentir, deferir, permitir. "Possibilitar" é tornar possível, ensejar, facilitar. "Dar causa a" é originar, motivar, provocar. A conduta incriminada é admitir, possibilitar ou dar causa à contratação direta fora das hipóteses previstas em lei, ou seja, **de algum modo concorrer para que haja contratação direta pelo ente de forma ilegal.** O tipo é misto alternativo, de modo que basta a prática de um dos núcleos do tipo para a configuração do delito, assim como a prática de mais de uma das condutas nucleares (admitir, possibilitar ou dar causa), no mesmo contexto, implicará a ocorrência de crime único.

Cuida-se de **norma penal em branco**, cujo complemento consiste em lei diversa (imprópria heterovitelina). Aqui há uma peculiaridade: durante dois anos após a publicação da Lei n. 14.133/2021, a Administração poderá optar por licitar ou contratar diretamente de acordo com esta Lei ou de acordo com a Lei n. 8.666/1993 (antiga Lei de Licitações e Contratos Administrativos), a Lei n. 10.520/2002 (pregão) e a Lei n. 12.462/2011 (o Regime Diferenciado de Contratações Públicas). A opção escolhida deverá ser indicada expressamente no edital ou no aviso ou instrumento de contratação direta, sendo vedada a aplicação combinada desta Lei com as citadas no referido inciso.

Logo, haverá **dois complementos possíveis** para o tipo penal do artigo 337-E, já que tanto a Lei n. 8.666/1993 quanto a Lei n. 14.133/2021 tratam do tema de dispensa e inexigibilidade de licitação. Assim, o melhor entendimento parece ser que a mais favorável deverá ser utilizada para verificar se o agente efetuou a contratação direta ilegalmente. Entretanto, com relação aos crimes cometidos anteriormente, entendo que as normas de dispensa e inexigibilidade eram os da época do crime, dado que a atualização pode demonstrar atualização de valores, com aspecto de temporalidade. Entretanto, há quem defenda que sempre se busque o complemento mais favorável ao acusado, o que pode levar à *abolitio criminis*[78]. Com o fim do prazo de 2 anos após o início de vigência da Lei n. 14.133/2021, ela será o único complemento possível para as condutas praticadas a partir de então.

78. LAGO, Natasha do; *et al*: https://www.conjur.com.br/2021-abr-05/opiniao-mudancas-penais-lei-licitacoes?utm_source=dlvr.it&utm_medium=facebook

A conduta estava incriminada no artigo 89 da Lei n. 8.666/1993:

Lei n. 8.666/1993	Código Penal (Lei n. 14.133/2021)
Art. 89. Dispensar ou inexigir licitação fora das hipóteses previstas em lei, ou deixar de observar as formalidades pertinentes à dispensa ou à inexigibilidade: Pena – detenção, de 3 (três) a 5 (cinco) anos, e multa. Parágrafo único. Na mesma pena incorre aquele que, tendo comprovadamente concorrido para a consumação da ilegalidade, beneficiou-se da dispensa ou inexigibilidade ilegal, para celebrar contrato com o Poder Público	Art. 337-E. Admitir, possibilitar ou dar causa à contratação direta fora das hipóteses previstas em lei: Pena – reclusão, de 4 (quatro) a 8 (oito) anos, e multa.

O novo tipo penal abrange as mesmas hipóteses em um tipo penal mais sucinto, tendo havido continuidade normativo-típica[79]. Ainda que não tenha havido a reprodução do parágrafo único, o artigo 29 do CP leva à punição de todos os concorrentes para a prática criminosa. Há quem defende que deixou de ser criminalizada a conduta de deixar de observar as formalidades pertinentes à dispensa ou à inexigibilidade de licitação[80]. Entretanto, se o funcionário não observou as formalidades pertinentes à dispensa ou à inexigibilidade de licitação, ele realizou a contratação direta e o fez fora das hipóteses previstas em lei. Isso porque não basta haver previsão legal de inexigibilidade ou de dispensa, é necessário que haja a observância das formalidades para que a lei permita a contratação direta, conforme prevê o artigo 72 da Lei n. 14.133/2021.

A pena, que era de detenção de 3 a 5 anos, além da multa, passou a ser de reclusão, de 4 a 8 anos, e multa. Como é mais alta a pena da nova lei, só se aplica o preceito secundário aos delitos cometidos após o início de sua vigência. A pena de reclusão permite o início de cumprimento em regime fechado e os novos limites, salvo casos específicos (como tentativa), impedem a proposta de ANPP.

Da leitura do tipo penal, não se detecta a exigência de nenhum elemento subjetivo especial, bastando a presença do dolo[81]. No entanto, a partir da leitura do tipo penal anterior, bastante próximo ao atual, **o STF e o STJ** vinham decidindo ser necessário o "**dolo específico**" para a sua caracterização, entendimento que provavelmente será mantido na vigência da nova lei:

79. "Não há manifesto constrangimento ilegal, pois esta Corte Superior já se pronunciou no sentido de que 'Não há se falar em *abolitio criminis* com relação aos crimes da Lei n. 8.666/1993, porquanto houve a continuidade típico-normativa, por meio da inserção do Capítulo II-B no Código Penal, intitulado 'Dos Crimes em Licitações e Contratos Administrativos'' (AgRg no AREsp n. 2.073.726/PA, Rel. Ministro Reynaldo Soares da Fonseca, 5ª T., DJe 27/6/2022). 4. Agravo regimental não provido" (STJ, AgRg no HC n. 707.181/SP, relator Ministro Rogerio Schietti Cruz, Sexta Turma, julgado em 23/8/2022, DJe de 31/8/2022).

80. ALVES, Jamil Chaim. Op. Cit., 2021, p. 1.622.

81. Em sentido contrário, exigindo apenas dolo, sem nenhum elemento subjetivo específico: MASSON, Cleber. Crimes em licitações e contratos administrativos. 1. ed. Rio de Janeiro: Forense; Método, 2021, p. 15.

"Para a responsabilização penal do administrador, com base no art. 89 da Lei de Licitações e Contratos, cumpre aferir se foram violados os pressupostos de dispensa ou inexigibilidade de licitação previstos nos arts. 24 e 25 do mesmo diploma, bem como se houve vontade livre e consciente de violar a competição e ***produzir resultado lesivo ao patrimônio público****. IV – No caso concreto, não ficou comprovado o dolo específico da conduta imputada à ré. V – Embargos infringentes acolhidos para absolver a embargante."*

(STF, AP 946 ED-EI, Rel. Min. Ricardo Lewandowski, Tribunal Pleno, julgado em 30/08/2018, DJe-274, 11/12/2019)

"O delito do artigo 89 da Lei 8.666/93 exige, além do dolo genérico – representado pela vontade consciente de dispensar ou inexigir licitação fora das hipóteses legais –, a configuração do especial fim de agir, consistente no ***dolo específico de causar dano ao erário****. Desnecessário o efetivo prejuízo patrimonial à administração pública."*

(STF, AP 580, Rel. Min Rosa Weber, Primeira Turma, julgado em 13/12/2016, DJe-139, 26/06/2017)

"Acerca do tema, as Turmas desta Corte Superior especializadas em Direito Penal firmaram a diretriz de que, para a configuração do crime previsto no art. 89 da Lei 8.666/1993 [dispensa ou inexigibilidade de licitação fora das hipóteses legais] exige-se a presença do ***dolo específico de causar dano ao erário*** *e a caracterização do efetivo prejuízo"*

(STJ, AgInt no AREsp 1370933/MG, Rel. Min. Napoleão Nunes Maia Filho, Primeira Turma, julgado em 11/11/2020, DJe 17/11/2020)

Ainda sobre o crime da lei anterior, mas em entendimento aplicável ao novo tipo, o STJ vinha considerando que o fracionamento da licitação poderia configurar o delito[82]. O STF e o STJ já entenderam não haver crime se o administrador age com base em parecer da procuradoria jurídica[83]. Entretanto, o STF já considerou ser típica a conduta se, apesar de se basear em parecer jurídico, houver indícios de desvio de finalidade ou conluio com o parecerista[84]. Quanto ao parecerista, o STJ já decidiu que o *erro jurídico* não configura o delito[85].

Bitencourt observava, ainda na vigência da lei anterior, que o tipo era de mão própria, pois somente o funcionário com atribuição poderia realizar uma das condutas[86]. Com o advento da nova lei, o penalista passou a defender que o crime é próprio, não admitindo a responsabilização de participantes estranhos aos quadros de funcionários públicos, por não se ter repetido a ressalva que estava no artigo 89, parágrafo único, da Lei n. 8.666/1993, que permitia a punição daqueles que

82. STJ, AgRg no HC 574.578/SP, Rel. Min. Jorge Mussi, Quinta Turma, julgado em 23/06/2020, DJe 03/08/2020.
83. STF, Inq 2482, Rel. Min. Ayres Britto, Relator(a) p/ Acórdão: Min. Luiz Fux, Tribunal Pleno, julgado em 15/09/2011. PUBLIC 17-02-2012. STJ, HC 329.227/SP, Rel. Min. Jorge Mussi, Quinta Turma, julgado em 04/10/2016, DJe 13/10/2016.
84. STF, Inq 3621, Rel. Min. Rosa Weber, Relator(a) p/ Acórdão: Min. Alexandre de Morais, Primeira Turma, julgado em 28/03/2017, DIVULG 22-06-2017, PUBLIC 23-06-2017.
85. STJ, AgRg no HC 529.211/RJ, Rel. Min. Sebastião Reis Júnior, Sexta Turma, julgado em 02/06/2020, DJe 10/06/2020
86. BITENCOURT, Cezar Roberto. Direito penal das licitações. São Paulo: Saraiva, 2012.

se beneficiassem da contratação ilegal[87]. Tem prevalecido o entendimento de que o crime é próprio[88] ou, ainda, de mão própria[89]. No entanto, atualmente, com o núcleo do tipo "possibilitar" ou "dar causa a", o melhor entendimento é de que o crime passou a ser comum, embora o verbo "admitir" ainda se vincule à ideia do funcionário responsável (modalidade de crime próprio)[90].

Eventual crime de *falsum* cometido com o fim de praticar o delito do artigo 337-E do CP deve ser considerado por ele absorvido, se sua potencialidade lesiva nele se exaurir, pelas mesmas razões expostas na Súmula 17 do STJ.

Sobre a consumação do delito, analisando a lei anterior, Bitencourt, citando também Paulo José da Costa Júnior, exigia a efetiva contratação[91]. Analisando o novo tipo penal, entretanto, compreendo que "admitir" e "possibilitar" se consumam com a mera autorização de contratação direta, enquanto "dar causa a" é modalidade que se consuma apenas com a efetiva contratação direta. O crime, assim, poderia ser material ou formal a depender da modalidade. Entretanto, considerando que o entendimento jurisprudencial exige o elemento subjetivo especial de causar prejuízo ao erário, o crime pode ser interpretado como **formal**, pois não seria necessário o prejuízo (resultado naturalístico), mas sim essa intenção. Será necessário aguardar a interpretação jurisprudencial.

O crime é doloso, sem previsão de modalidade culposa. A jurisprudência consolidada exige elemento subjetivo especial do tipo, para além do dolo. É plurissubsistente, por ser possível fracionar o *iter criminis*, possibilitando a punição pela tentativa (*conatus*). É unissubjetivo ou de concurso eventual, além de ser instantâneo, por se consumar em um momento definido. Classifica-se como crime de forma livre, não tendo a lei fixado formas vinculadas para sua prática. A ação penal é pública incondicionada.

QUADRO SINÓTICO

Crime de contratação direta ilegal	
Tipo penal	Admitir, possibilitar ou dar causa à contratação direta fora das hipóteses previstas em lei.
Objeto jurídico	Tutela-se a Administração Pública.
Sujeito ativo	Qualquer um, exceto na modalidade admitir, que exige a comissão do delito pelo funcionário público responsável.

87. BITECOURT, Cezar Roberto. Tratado de Direito Penal: Parte Especial (Arts. 337-E a 337-P e arts. 359-A a 359-R). Volume 6. 1. ed. São Paulo: SaraivaJur, 2023, p. 10-12.
88. MASSON, Cleber. Op. Cit., 2021, p. 13-14, NUCCI, Guilherme de Souza. Manual de direito penal: volume único. 20 ed., rev., atual. e ampl. Rio de Janeiro: Forense, 2024, p. 1049-1050.
89. SOUZA, Luciano Anderson de. Direito Penal, Volume 5. Parte Especial: arts. 312 a 359-R do CP. 3 ed. rev. atual. e ampl. São Paulo: Thomson Reuteurs Brasil, 2022, p. 410.
90. Em sentido contrário, defende ser sempre crime próprio: MASSON, Cleber. Op. Cit., 2021, p. 13-14.
91. BITENCOURT, Cezar Roberto. Direito penal das licitações. São Paulo: Saraiva, 2012. Interpretando a nova lei, entende se consumar com a contratação direta: MASSON, Cleber. Op. Cit., 2021, p. 15.

Crime de contratação direta ilegal	
Sujeito passivo	O Estado e quem for diretamente prejudicado pelo agente.
Elemento subjetivo	Admite-se somente a modalidade dolosa. Ademais, a tendência da jurisprudência é que se exija do agente o especial fim de agir de causar dano ao erário.
Consumação	O delito se consuma quando o agente admite, possibilita ou dá causa à contratação direta fora das hipóteses previstas em lei. A tendência é que se considere o delito ora analisado como formal, de sorte que a causação do prejuízo à Administração não é necessária.
Tentativa	Admite-se a tentativa.
Classificação	Trata-se de crime comum, comissivo ou omissivo impróprio, doloso, de forma livre, instantâneo, monossubjetivo, plurissubsistente e transeunte.
Benefícios	Não admite o oferecimento de benefícios.
Ação penal	A ação penal é pública incondicionada.
Observações	Nos termos do artigo 337-P, a pena de multa seguirá a metodologia de cálculo prevista no CP e não poderá ser inferior a 2% (dois por cento) do valor do contrato licitado ou celebrado com contratação direta.

4.2. Frustração do caráter competitivo de licitação

O artigo 337-F do CP traz o tipo penal de frustração do caráter competitivo de licitação:

> *Art. 337-F. Frustrar ou fraudar, com o intuito de obter para si ou para outrem vantagem decorrente da adjudicação do objeto da licitação, o caráter competitivo do processo licitatório:*
>
> *Pena – reclusão, de 4 (quatro) anos a 8 (oito) anos, e multa.*

"Frustrar" significa impedir, atrapalhar. "Fraudar" significar iludir, atrapalhar, burlar. A conduta incriminada no tipo objetivo é de frustrar ou fraudar o caráter competitivo do processo licitatório, ou seja, **impedir que haja um procedimento licitatório que cumpra a sua finalidade essencial**: encontrar a proposta mais vantajosa para a Administração Pública, conforme os critérios fixados no caso.

É necessário que haja dolo e, ainda, **elemento subjetivo especial** do tipo, a finalidade de obter para si ou para outrem vantagem decorrente da adjudicação do objeto da licitação. Com um elemento subjetivo expresso no tipo, deve-se concluir que o crime é **formal**. Não é necessário que o agente obtenha a vantagem para si ou para outra pessoa, bastando que aja com essa finalidade, com esse propósito.

É o caso de os licitantes fazerem um conluio entre si nas licitações de determinado Município, com conhecimento prévio das respectivas propostas e rodízio entre eles para obterem contratações pelo valor que definem previamente entre si.

Há vários núcleos do tipo, tratando-se de **tipo misto alternativo** ou de conteúdo variado. Ainda que o agente frustre e fraude o mesmo procedimento, haverá um único crime. Por outro lado, não é necessária a prática de mais de uma conduta nuclear para que o delito se configure.

Sobre a vantagem, cabíveis as considerações de Bitencourt sobre o tipo penal da lei anterior, já que se repetiram os mesmos termos. O penalista já defendia que a vantagem poderia ou não ser econômica, mas que o prejuízo alheio, em razão do bem jurídico violado, deveria ser suscetível de apreciação econômica[92]. Com razão o autor. A vantagem pode não ser economicamente apreciável, já que a lei não restringe. Pode, por exemplo, levar à liderança do licitante no mercado na localidade, com maior volume de vendas. Entretanto, a vantagem obtida deve ter o potencial de causar danos ao erário.

A conduta estava incriminada no artigo 90 da Lei n. 8.666/1993:

Lei n. 8.666/1993	Código Penal (Lei n. 14.133/2021)
Art. 90. Frustrar ou fraudar, **mediante ajuste, combinação ou qualquer outro expediente**, o caráter competitivo do **procedimento** licitatório, com o intuito de obter, para si ou para outrem, vantagem decorrente da adjudicação do objeto da licitação: Pena – detenção, de 2 (dois) a 4 (quatro) anos, e multa	Art. 337-F. Frustrar ou fraudar, com o intuito de obter para si ou para outrem vantagem decorrente da adjudicação do objeto da licitação, o caráter competitivo do **processo** licitatório: Pena – reclusão, de 4 (quatro) anos a 8 (oito) anos, e multa.

Nesse caso, o preceito primário passou simplesmente por uma reorganização, sem modificações substanciais. Houve, contudo, a supressão da expressão "mediante ajuste, combinação ou qualquer outro expediente", o que torna inaplicável o entendimento anterior, de Bitencourt, de que o crime era de concurso necessário se o meio fosse o ajuste ou a combinação[93]. Atualmente, não há a exigência de ajuste, combinação ou outro expediente similar, de modo que não se exige concurso de agentes para a sua prática.

O preceito secundário, por sua vez, se tornou mais gravoso ao réu, razão pela qual só vale para as condutas praticadas após o início de vigência da nova lei. A pena era de detenção, de 2 a 4 anos, e multa. Passou a ser de 4 a 8 anos de reclusão e multa, o que representa o **dobro da pena anterior**, além da modificação da espécie de pena para reclusão, com possibilidade de regime inicial fechado.

A consumação ocorre com a efetiva frustração do caráter competitivo do processo licitatório, razão pela qual parte da doutrina considera o crime material[94]. Entretanto, do ponto de vista da obtenção de vantagem, é mais adequado se compreender que é formal, de modo que a sua obtenção seria mero exaurimento do

92. BITENCOURT, Cezar Roberto. Direito penal das licitações. São Paulo: Saraiva, 2012.
93. BITENCOURT, Cezar Roberto. Direito penal das licitações. São Paulo: Saraiva, 2012.
94. BITENCOURT, Cezar Roberto. Direito penal das licitações. São Paulo: Saraiva, 2012. SOUZA, Luciano Anderson de. Op. Cit., 2022, p. 421.

crime[95]. Além disso, admite-se a tentativa, caso o agente busque fraudar, mas seu estratagema seja descoberto antes de finalizado o procedimento, por exemplo. O STJ, inclusive, aprovou a Súmula 645 indicando que o crime previsto no revogado artigo 90 da Lei n. 8.666/1993 era formal, prescindindo da obtenção de vantagem ou de ocorrência de prejuízo para a sua configuração:

> *O crime de fraude à licitação é formal, e sua consumação prescinde da comprovação do prejuízo ou da obtenção de vantagem.*

O crime é comum, não exigindo qualidade específica do sujeito ativo. É doloso, com exigência expressa de elemento subjetivo especial do tipo. Não há previsão de modalidade culposa. É instantâneo, de forma livre, comissivo, unissubjetivo e plurissubsistente, admitindo a modalidade tentada.

QUADRO SINÓTICO

Crime de frustração do caráter competitivo de licitação	
Tipo penal	Frustrar ou fraudar, com o intuito de obter para si ou para outrem vantagem decorrente da adjudicação do objeto da licitação, o caráter competitivo do processo licitatório.
Objeto jurídico	Tutela-se a Administração Pública.
Sujeito ativo	Qualquer um.
Sujeito passivo	O Estado e quem for diretamente prejudicado pelo agente.
Elemento subjetivo	Admite-se somente a modalidade dolosa. Ademais, o agente deve possuir o especial fim de agir de obter para si ou para outrem vantagem.
Consumação	O delito, por ser formal, se consuma quando o agente frustra ou frauda o caráter competitivo do processo licitatório. A obtenção da vantagem é mero exaurimento da conduta
Tentativa	Admite-se a tentativa.
Classificação	Trata-se de crime comum, formal, comissivo ou omissivo impróprio, doloso, de forma livre, instantâneo, monossubjetivo, plurissubsistente e transeunte.
Benefícios	Não admite o oferecimento de benefícios.
Ação penal	A ação penal é pública incondicionada.
Observações	Nos termos do artigo 337-P, a pena de multa seguirá a metodologia de cálculo prevista no CP e não poderá ser inferior a 2% (dois por cento) do valor do contrato licitado ou celebrado com contratação direta.

95. No mesmo sentido: MASSON, Cleber. Op. Cit., 2021, p. 22.

4.3. Patrocínio de contratação indevida

O artigo 337-G do CP traz o tipo penal de patrocínio da contratação indevida:

> *Art. 337-G. Patrocinar, direta ou indiretamente, interesse privado perante a Administração Pública, dando causa à instauração de licitação ou à celebração de contrato cuja invalidação vier a ser decretada pelo Poder Judiciário:*
>
> *Pena – reclusão, de 6 (seis) meses a 3 (três) anos, e multa.*

Cuida-se de **modalidade especial do crime de advocacia administrativa**, previsto no artigo 321 do CP. Além da forma especial do artigo 3º, III, da Lei n. 8.137/1990, aplicável aos crimes contra a Administração Fazendária, há o tipo do artigo 337-G, que, ao substituir o artigo 91 da Lei n. 8.666/1993, prevê uma modalidade especial aplicável se o patrocínio do agente se voltar à instauração de licitação ou à celebração de contrato cuja invalidação vier a ser decretada judicialmente. Pode-se apontar, ainda, uma outra norma especial no artigo 8º, § 3º, da Lei n. 12.529/2011.

O sujeito ativo deve ser o **funcionário público**[96], o que é da própria natureza da advocacia administrativa[97], crime essencialmente funcional. A conduta incriminada, claramente, não se refere ao advogado, mas à atividade de, valendo-se da qualidade de funcionário público, patrocinar interesse privado perante a Administração Pública no âmbito de licitação e contratos administrativos.

"Patrocinar" significa favorecer, amparar, conceder proteção a. O que se pune é o agente defender interesse privado, mas valendo-se de sua qualidade, ou seja, de suas funções, do seu cargo. O patrocínio pode ser **direto**, ou seja, realizado pelo próprio funcionário público, ou **indireto**, valendo-se de um intermediário. O interesse pode ser **legítimo ou ilegítimo**, não tendo havido restrição na lei. No caso da advocacia administrativa do artigo 321 do CP, vale lembrar que a ilegitimidade do interesse qualifica o crime, o que reforça que o legislador não restringiu a incriminação aos casos de interesse ilegítimo[98].

É necessário, nessa modalidade de advocacia administrativa, que o patrocínio **dê causa à instauração de licitação ou à celebração de contrato**. Assim, exigindo-se o resultado naturalístico para sua consumação, o crime é material[99].

Existe, ainda, a necessidade de que a licitação ou o contrato sejam **invalidados pelo Poder Judiciário**. Constitui essa exigência uma **condição objetiva de punibilidade**[100], impossibilitando o nascimento do poder de punir do Estado enquanto

96. BITENCOURT, Cezar Roberto. Direito penal das licitações. São Paulo: Saraiva, 2012.

97. Tratando do crime de advocacia administrativa e reconhecendo ser próprio: BITENCOURT, Cezar Roberto. Op. Cit., 2020, p. 158. CUNHA, Rogério Sanches. Op. Cit., 2020, p. 321. MASSON, Cleber. Op. Cit., 2019, p. 650.

98. No mesmo sentido: BITENCOURT, Cezar Roberto. Direito penal das licitações. São Paulo: Saraiva, 2012. Em sentido contrário, com relação ao tipo revogado, o autor cita as posições de Paulo José da Costa Jr. e Greco Filho.

99. No mesmo sentido: BITENCOURT, Cezar Roberto. Op. Cit., 2012; MASSON, Cleber. Op. Cit., 2021, p. 30-31..

100. No mesmo sentido: Guilherme de Souza Nucci, Leis penais e processuais penais comentadas, 3. ed., São Paulo: Revista dos Tribunais, 2008, p. 819; MASSON, Cleber. Op. Cit., 2021, p. 31. Em sentido contrário, defendendo ser elementar normativa: BITENCOURT, Cezar Roberto. Direito penal das licitações. São Paulo: Saraiva, 2012..

não houver a invalidação judicial. Na vigência da lei anterior, o STJ já decidiu não haver justa causa para a ação penal quando o Judiciário suspendeu o ato, que foi invalidado não por ele, mas pela Administração[101].

A conduta era incriminada anteriormente no artigo 91 da Lei n. 8.666/1993, tendo havido perfeita continuidade normativo-típica:

Lei n. 8.666/1993	Código Penal (Lei n. 14.133/2021)
Art. 91. Patrocinar, direta ou indiretamente, interesse privado perante a Administração, dando causa à instauração de licitação ou à celebração de contrato, cuja invalidação vier a ser decretada pelo Poder Judiciário: Pena – detenção, de 6 (seis) meses a 2 (dois) anos, e multa.	Art. 337-G. Patrocinar, direta ou indiretamente, interesse privado perante a Administração Pública, dando causa à instauração de licitação ou à celebração de contrato cuja invalidação vier a ser decretada pelo Poder Judiciário: Pena – reclusão, de 6 (seis) meses a 3 (três) anos, e multa.

Nesse caso, o preceito primário é idêntico ao da lei revogada, com exatamente os mesmos termos.

O preceito secundário traz uma sanção mais grave, ao aumentar o limite máximo da pena e a sua modalidade. Antes, além da multa, a pena era de detenção, de 6 meses a 2 anos, passando para a reclusão, de 6 meses a 3 anos. A nova sanção penal só se aplica aos casos praticados após a entrada em vigor da nova lei. Cabe, em regra, tanto o acordo de não persecução penal quanto a suspensão condicional do processo.

Não é possível a tentativa, pois se exige, para a configuração do delito, que haja a decretação da invalidade de licitação ou contrato pelo Poder Judiciário. Portanto, ou houve a invalidação posterior e a consequente punição do agente, ou não houve essa decretação judicial e não se pode punir o agente. Por isso, não se deve admitir o *conatus*. Em sentido contrário, Bitencourt entende possível a tentativa, por ser a invalidação elemento normativo do tipo penal[102].

O crime é próprio, por exigir a qualidade de funcionário público para a sua prática. É doloso, sem previsão de modalidade culposa. É material, por exigir que se dê causa à instauração da licitação ou à celebração de contrato. É de forma livre, unissubjetivo e instantâneo.

101. STJ, HC 114.717/MG, Rel. Min. Nilson Naves, Rel. p/ Acórdão Min. Maria Thereza de Assis Moura, Sexta Turma, julgado em 17/12/2009, DJe 14/06/2010.

102. Altera-se a posição adotada na primeira edição do Manual. No mesmo sentido: MASSON, Cleber. Op. Cit., 2021, p. 31; ALVES, Jamil Chaim, 2021, p. 1.631. Admitindo a tentativa, apesar de difícil a sua ocorrência: BITECOURT, Cezar Roberto. Op. Cit., 2023, p. 77-82. ; Também admite a tentativa: SOUZA, Luciano Anderson de. Op. Cit., 2022, p. 430.

QUADRO SINÓTICO

Crime de patrocínio de contratação indevida	
Tipo penal	Patrocinar, direta ou indiretamente, interesse privado perante a Administração Pública, dando causa à instauração de licitação ou à celebração de contrato cuja invalidação vier a ser decretada pelo Poder Judiciário.
Objeto jurídico	Tutela-se a Administração Pública.
Sujeito ativo	Funcionário público.
Sujeito passivo	O Estado e quem for diretamente prejudicado pelo agente.
Elemento subjetivo	Admite-se somente a modalidade dolosa.
Consumação	Por se tratar de delito material, o momento consumativo é quando a licitação é instaurada ou o contrato é celebrado. A decretação da invalidade do ato pelo Poder Judiciário é condição de procedibilidade.
Tentativa	Não se admite a tentativa.
Classificação	Trata-se de crime próprio com relação ao sujeito ativo e comum com relação ao passivo. Ademais, é doloso, comissivo ou omissivo impróprio, de forma livre, instantâneo, material, monossubjetivo, plurissubsistente e transeunte.
Benefícios	Admitem-se a suspensão condicional do processo e o oferecimento de acordo de não persecução penal.
Ação penal	A ação penal é pública incondicionada.
Observações	Nos termos do artigo 337-P, a pena de multa seguirá a metodologia de cálculo prevista no CP e não poderá ser inferior a 2% (dois por cento) do valor do contrato licitado ou celebrado com contratação direta.

4.4. Modificação ou pagamento irregular em contrato administrativo

O artigo 337-H do CP traz o tipo penal de modificação ou pagamento irregular em contrato administrativo:

> *Art. 337-H. Admitir, possibilitar ou dar causa a qualquer modificação ou vantagem, inclusive prorrogação contratual, em favor do contratado, durante a execução dos contratos celebrados com a Administração Pública, sem autorização em lei, no edital da licitação ou nos respectivos instrumentos contratuais, ou, ainda, pagar fatura com preterição da ordem cronológica de sua exigibilidade:*
>
> *Pena – reclusão, de 4 (quatro) anos a 8 (oito) anos, e multa.*

A **primeira figura** incriminada é a de **modificação irregular de contrato administrativo**. "Admitir" é aceitar, consentir, deferir, permitir. "Possibilitar" é tornar possível, ensejar, facilitar. "Dar causa a" é originar, motivar, provocar. A conduta incriminada é concorrer para qualquer modificação ou vantagem, inclusive prorrogação contratual, em favor do contratado, durante a execução dos contratos celebrados com a Administração Pública.

Essa figura delitiva exige o **elemento normativo do tipo**, consistente na seguinte expressão: "sem autorização em lei, no edital da licitação ou nos respectivos instrumentos contratuais". Se a conduta for permitida pela lei, pelo edital ou pelo contrato, obviamente será penalmente atípica.

O tipo penal se contenta com a modificação ou vantagem obtida de forma ilegal, mas Bitencourt já defendia que seria necessária, em qualquer hipótese, a vantagem para o contratado, razão pela qual todas as modalidades seriam, para ele, classificadas como casos de crime material[103].

A **segunda figura** incriminada é a de **pagamento irregular de contrato administrativo**. Pagar é entregar a quantia devida. A conduta incriminada é pagar fatura com preterição da ordem cronológica de sua exigibilidade, ou seja, favorecer determinado contratado pela Administração, violando a impessoalidade. Ao exigir o efetivo pagamento, deve ser considerado crime material.

Essa figura, de pagamento irregular, configura uma norma penal em branco, que, durante dois anos a partir da vigência da Lei n. 14.133/2021, parece ser passível de complementação pela Lei n. 8.666/1993 ou pela Lei n. 14.133/2021. Com o fim desse período, será complementada pelo artigo 141 da Lei n. 14.133/2021, que prevê as regras sobre a ordem cronológica de pagamento pela Administração.

Os núcleos da primeira figura (admitir, possibilitar ou dar causa) formam, **apenas entre si**, um **tipo misto alternativo**, de modo que a prática de mais de uma conduta enseja a configuração de crime único. Entretanto, a combinação de uma dessas condutas com a segunda figura, de pagamento irregular, implica **concurso de crimes**, dada a diferenciação dos objetivos a que se referem os respectivos núcleos do tipo.

A conduta era incriminada anteriormente no artigo 92 da Lei n. 8.666/1993, tendo havido continuidade normativo-típica:

Lei n. 8.666/1993	Código Penal (Lei n. 14.133/2021)
Art. 92. Admitir, possibilitar ou dar causa a qualquer modificação ou vantagem, inclusive prorrogação contratual, em favor do adjudicatário, durante a execução dos contratos celebrados com o Poder Público, sem autorização em lei, **no ato convocatório da licitação** ou nos respectivos instrumentos contratuais, ou, ainda, pagar fatura com preterição da ordem cronológica de sua exigibilidade, **observado o disposto no art. 121 desta Lei**: Pena – detenção, de dois a quatro anos, e multa. Parágrafo único. Incide na mesma pena o contratado que, tendo comprovadamente concorrido para a consumação da ilegalidade, obtém vantagem indevida ou se beneficia, injustamente, das modificações ou prorrogações contratuais.	Art. 337-H. Admitir, possibilitar ou dar causa a qualquer modificação ou vantagem, inclusive prorrogação contratual, em favor do contratado, durante a execução dos contratos celebrados com a Administração Pública, sem autorização em lei, **no edital da licitação** ou nos respectivos instrumentos contratuais, ou, ainda, pagar fatura com preterição da ordem cronológica de sua exigibilidade: Pena – reclusão, de 4 (quatro) anos a 8 (oito) anos, e multa.

103. BITENCOURT, Cezar Roberto. Direito penal das licitações. São Paulo: Saraiva, 2012. No mesmo sentido: SOUZA, Luciano Anderson de. Op. Cit., 2022, p. 436..

O novo tipo penal abrange as mesmas hipóteses. Foi excluída a referência ao artigo 121 da Lei n. 8.666/1993, que fazia referência à aplicação daquela lei a licitações e contratos anteriores à sua vigência. A expressão "no ato convocatório da licitação" foi trocada por "no edital da licitação", o que não modifica o seu conteúdo. Ademais, ainda que não tenha havido a reprodução do parágrafo único, o artigo 29 do CP leva à punição de todos os concorrentes para a prática criminosa.

O preceito secundário foi modificado, com a pena de detenção modificada para reclusão, além de a pena passar a ser de 4 a 8 anos, além da multa, o que representa o **dobro** da sanção anterior. Em regra, não cabe ANPP.

Bitencourt defendia, na vigência da lei anterior, que o tipo era próprio em todas as hipóteses, só podendo ser praticado pelo funcionário público, enquanto o parágrafo único (extinto na nova lei) se referia à participação do particular[104]. Entretanto, em relação aos núcleos do tipo "possibilitar" ou "dar causa a" da figura de **modificação irregular**, o melhor entendimento parece ser de que o crime é comum, ainda que o núcleo "admitir" se vincule à ideia do funcionário público que tem o poder de admitir a modificação contratual (modalidade de crime próprio). Quanto à figura do **pagamento irregular**, o crime é próprio.

O crime é doloso, sem exigência de elemento subjetivo especial do tipo. O crime é, ainda, unissubjetivo, de forma livre, instantâneo e plurissubsistente.

QUADRO SINÓTICO

Crime de modificação ou pagamento irregular em contrato administrativo	
Tipo penal	Admitir, possibilitar ou dar causa a qualquer modificação ou vantagem, inclusive prorrogação contratual, em favor do contratado, durante a execução dos contratos celebrados com a Administração Pública, sem autorização em lei, no edital da licitação ou nos respectivos instrumentos contratuais, ou, ainda, pagar fatura com preterição da ordem cronológica de sua exigibilidade.
Objeto jurídico	Tutela-se a Administração Pública.
Sujeito ativo	Qualquer um, exceto na modalidade admitir, na qual o agente deve ser funcionário público.
Sujeito passivo	O Estado e quem for diretamente prejudicado pelo agente.
Elemento subjetivo	Admite-se somente a modalidade dolosa.
Elemento normativo	O elemento normativo consiste na expressão "sem autorização em lei, no edital da licitação ou nos respectivos instrumentos contratuais".
Consumação	Por se tratar de tipo misto cumulativo, diferentes são os momentos consumativos. Verifica-se a consumação quando o agente admite, possibilita ou dá causa a modificação ou vantagem durante a execução dos contratos. Há também o entendimento de que o delito só se consuma quando o contratado aufere vantagem. Nesta hipótese o delito será material. O outro momento consumativo possível é quando o agente paga fatura preterindo da ordem cronológica de sua exigibilidade

104. BITENCOURT, Cezar Roberto. Direito penal das licitações. São Paulo: Saraiva, 2012.

Crime de modificação ou pagamento irregular em contrato administrativo	
Tentativa	No caso concreto, em sendo fracionável o *iter criminis*, é possível vislumbrar a tentativa.
Classificação	Trata-se de delito comum ou próprio, comissivo ou omissivo impróprio, doloso, de forma livre, instantâneo, material (a depender do entendimento adotado), monossubjetivo, plurissubsistente e transeunte.
Benefícios	Não se admite o oferecimento de benefícios.
Ação penal	A ação penal é pública incondicionada.
Observações	Nos termos do artigo 337-P, a pena de multa seguirá a metodologia de cálculo prevista no CP e não poderá ser inferior a 2% (dois por cento) do valor do contrato licitado ou celebrado com contratação direta.

4.5. Perturbação de processo licitatório

O artigo 337-I do CP traz o tipo penal de perturbação de processo licitatório:

> *Art. 337-I. Impedir, perturbar ou fraudar a realização de qualquer ato de processo licitatório:*
>
> *Pena – detenção, de 6 (seis) meses a 3 (três) anos, e multa.*

"Impedir" é impor obstáculo, obstruir, obstar. "Perturbar" é estorvar, embaraçar. "Fraudar" é empregar ardil, usar engodo. A conduta incriminada é atrapalhar a realização de qualquer ato de processo licitatório. Qualquer pessoa pode praticar o crime, inclusive o funcionário público.

O tipo penal é extremamente amplo, de modo que qualquer conduta apta a impedir, perturbar ou fraudar a realização do ato referente à licitação já configurará o crime. Cuida-se de tipo misto alternativo.

Exigindo-se o efetivo impedimento, perturbação ou fraude, o crime deve ser considerado **material,** consumando-se quando atingido um desses resultados. Bitencourt, na análise do tipo similar da lei revogada, defendia que o delito seria de mera conduta na modalidade de perturbar, de modo que, quanto a esse núcleo do tipo, a tentativa seria de difícil configuração[105]. Para Souza, não é possível a tentativa na modalidade de "perturbar", hipótese em que o crime se classifica como formal, sendo cabível quanto nas outras modalidades[106].

A conduta era incriminada anteriormente no artigo 93 da Lei n. 8.666/1993, com mudança, no preceito primário, apenas do termo *procedimento* para a palavra *processo*:

105. BITENCOURT, Cezar Roberto. Direito penal das licitações. São Paulo: Saraiva, 2012.

106. SOUZA, Luciano Anderson de. Op. Cit., 2022, p. 430.

Lei n. 8.666/1993	Código Penal (Lei n. 14.133/2021)
Art. 93. Impedir, perturbar ou fraudar a realização de qualquer ato de **procedimento** licitatório: Pena – detenção, de 6 (seis) meses a 2 (dois) anos, e multa.	Art. 337-I. Impedir, perturbar ou fraudar a realização de qualquer ato de **processo** licitatório: Pena – detenção, de 6 (seis) meses a 3 (três) anos, e multa.

O preceito secundário manteve a pena de detenção, o que é uma das exceções no caso da Lei n. 14.133/2021. Entretanto, o limite máximo passou de 2 anos de detenção para 3 anos de detenção, mantido o limite mínimo de 6 meses e a cominação cumulativa da pena de multa. Por isso, só se aplica a sanção penal do artigo 337-I às condutas praticadas após o início da vigência da Lei que o inseriu ao Código Penal.

O crime é comum, por não exigir qualidade específica do sujeito ativo para sua configuração. É doloso, sem previsão de modalidade culposa. É instantâneo, comissivo, unissubjetivo e de forma livre.

QUADRO SINÓTICO

Crime de perturbação de processo licitatório	
Tipo penal	Impedir, perturbar ou fraudar a realização de qualquer ato de processo licitatório.
Objeto jurídico	Tutela-se a Administração Pública.
Sujeito ativo	Qualquer um.
Sujeito passivo	O Estado e quem for diretamente prejudicado pelo agente.
Elemento subjetivo	Admite-se somente a modalidade dolosa.
Consumação	O delito se consuma quando a realização do ato do processo licitatório é efetivamente impedida, perturbada ou fraudada.
Tentativa	No caso concreto, em sendo fracionável o *iter criminis*, é possível vislumbrar a tentativa.
Classificação	Trata-se de crime comum, doloso, comissivo ou omissivo impróprio, material, de forma livre, instantâneo, monossubjetivo, plurissubsistente e transeunte.
Benefícios	Admitem-se a suspensão condicional do processo e o oferecimento de acordo de não persecução penal, desde que o delito não seja cometido mediante violência ou grave ameaça.
Ação penal	A ação penal é pública incondicionada.
Observações	Nos termos do artigo 337-P, a pena de multa seguirá a metodologia de cálculo prevista no CP e não poderá ser inferior a 2% (dois por cento) do valor do contrato licitado ou celebrado com contratação direta.

4.6. Violação de sigilo em licitação

O artigo 337-J do CP prevê o crime de violação de sigilo em licitação:

> *Art. 337-J. Devassar o sigilo de proposta apresentada em processo licitatório ou proporcionar a terceiro o ensejo de devassá-lo:*
> *Pena – detenção, de 2 (dois) anos a 3 (três) anos, e multa.*

O tipo penal, misto alternativo, prevê as condutas de "devassar" (fazer conhecer, perscrutar, corromper) e de "proporcionar" (dar a oportunidade de, propiciar, oferecer). A conduta incriminada é de quebrar o sigilo ou propiciar que um terceiro o quebre.

A conduta pode ser praticada por qualquer pessoa, funcionário público ou não.

A Lei n. 14.133/2021 prevê, em seu artigo 13, parágrafo único, inciso I, o diferimento da publicidade do conteúdo das propostas até a respectiva abertura, o que visa, obviamente, a manter o caráter competitivo do processo. Esse sigilo se aplica ao modo de disputa fechado, nos termos do artigo 56, II, da referida lei. Como a antiga lei, a de n. 8.666/1993, será aplicável, concomitantemente como a nova, por dois anos, vale recordar que, nesta última o assunto é regulado pelo artigo 3º, § 3º.

A conduta era incriminada anteriormente no artigo 94 da Lei n. 8.666/1993, com mudança, no preceito primário, apenas do termo *procedimento* para a palavra *processo*:

Lei n. 8.666/1993	Código Penal (Lei n. 14.133/2021)
Art. 94. Devassar o sigilo de proposta apresentada em **procedimento** licitatório, ou proporcionar a terceiro o ensejo de devassá-lo: Pena – detenção, de 2 (dois) a 3 (três) anos, e multa.	Art. 337-J. Devassar o sigilo de proposta apresentada em **processo** licitatório ou proporcionar a terceiro o ensejo de devassá-lo: Pena – detenção, de 2 (dois) anos a 3 (três) anos, e multa.

O preceito secundário manteve a pena de detenção, o que é uma das exceções no caso da Lei n. 14.133/2021, bem como o mesmo *quantum* de pena privativa de liberdade, que é de 2 a 3 anos, além da multa.

Se considerado o resultado como o prejuízo para a Administração, o crime é sempre formal, por não o exigir[107]. Entretanto, Bitencourt considera o crime material na modalidade de devassar, por exigir a quebra do sigilo, e formal na modalidade de proporcionar a terceiro o ensejo de devassá-lo, por não exigir, nessa modalidade, o efetivo conhecimento do conteúdo sigiloso pelo terceiro[108].

O crime é comum, unissubjetivo e plurissubsistente, admitindo a tentativa. É, ainda, comissivo, instantâneo e doloso, sem previsão de modalidade culposa nem exigência de elemento subjetivo especial.

PARTE ESPECIAL

107. No mesmo sentido: SOUZA, Luciano Anderson de. Op. Cit., 2022, p. 451.
108. BITENCOURT, Cezar Roberto. Direito penal das licitações. São Paulo: Saraiva, 2012.

QUADRO SINÓTICO

Crime de violação de sigilo em licitação	
Tipo penal	Devassar o sigilo de proposta apresentada em processo licitatório ou proporcionar a terceiro o ensejo de devassá-lo.
Objeto jurídico	Tutela-se a Administração Pública.
Sujeito ativo	Qualquer um.
Sujeito passivo	O Estado e quem for diretamente prejudicado pelo agente.
Elemento subjetivo	Admite-se somente a modalidade dolosa.
Consumação	O delito se consuma quando o agente devassa o sigilo de proposta apresentada em processo licitatório ou proporciona a terceiro o ensejo de devassá-lo. Há, contudo, o entendimento de que o delito é material na conduta devassar.
Tentativa	No caso concreto, em sendo fracionável o *iter criminis*, é possível vislumbrar a tentativa.
Classificação	Trata-se de delito comum, comissivo ou omissivo impróprio, doloso, formal ou material, instantâneo, de forma livre, monossubjetivo, plurissubsistente e transeunte.
Benefícios	Admite-se o oferecimento de acordo de não persecução penal.
Ação penal	A ação penal é pública incondicionada.
Observações	Nos termos do artigo 337-P, a pena de multa seguirá a metodologia de cálculo prevista no CP e não poderá ser inferior a 2% (dois por cento) do valor do contrato licitado ou celebrado com contratação direta.

4.7. Afastamento de licitante

O artigo 337-K do CP traz o tipo penal de afastamento de licitante:

> *Art. 337-K. Afastar ou tentar afastar licitante por meio de violência, grave ameaça, fraude ou oferecimento de vantagem de qualquer tipo:*
>
> *Pena – reclusão, de 3 (três) anos a 5 (cinco) anos, e multa, além da pena correspondente à violência.*
>
> *Parágrafo único. Incorre na mesma pena quem se abstém ou desiste de licitar em razão de vantagem oferecida.*

O tipo penal possui dois núcleos, que equiparam a forma tentada e a consumada, o que leva à classificação do delito como de atentado ou de mero empreendimento. O núcleo do tipo é "afastar", o que significa remover, impedir a participação. A conduta incriminada é afastar ou tentar afastar o licitante, o que pode ocorrer por qualquer um dos seguintes meios:

- **Violência**: cuida-se da força física, a *vis absoluta*;
- **Grave ameaça**: é a promessa de um mal grave, a *vis compulsiva* ou *vis relativa*;
- **Fraude**: é o engodo, o artifício apto a afastar o licitante, por induzi-lo a erro;
- **Oferecimento de vantagem de qualquer tipo**: é o suborno ou a corrupção do particular, com qualquer vantagem (econômica, sexual, etc.) para que não participe da licitação.

O parágrafo único traz uma **modalidade equiparada**, ao determinar a punição de quem se abstém ou desiste de licitar, em razão da **vantagem oferecida**. Assim, se o particular se corromper, aceitando a vantagem para se afastar da licitação, será punido com as mesmas penas de quem lhe ofereceu essa vantagem, que pode ser de qualquer natureza. Por outro lado, caso o particular sofra violência ou grave ameaça ou, ainda, seja induzido a erro pela fraude do agente, ele será vítima do delito, não podendo ser punido por isso.

Anteriormente, a conduta possuía previsão no artigo 95 da Lei n. 8.666/1993, tendo havido a troca, no preceito primário, da expressão **procurar afastar** por **tentar afastar**, mais apropriada tecnicamente:

Lei n. 8.666/1993	Código Penal (Lei n. 14.133/2021)
Art. 95. Afastar ou **procurar** afastar licitante, por meio de violência, grave ameaça, fraude ou oferecimento de vantagem de qualquer tipo: Pena – detenção, de 2 (dois) a 4 (quatro) anos, e multa, além da pena correspondente à violência. Parágrafo único. Incorre na mesma pena quem se abstém ou desiste de licitar, em razão da vantagem oferecida.	Art. 337-K. Afastar ou **tentar** afastar licitante por meio de violência, grave ameaça, fraude ou oferecimento de vantagem de qualquer tipo: Pena – reclusão, de 3 (três) anos a 5 (cinco) anos, e multa, além da pena correspondente à violência. Parágrafo único. Incorre na mesma pena quem se abstém ou desiste de licitar em razão de vantagem oferecida.

O preceito secundário sofreu alteração, já que a pena passou de detenção para reclusão. Além disso, os seus limites passaram de 2 a 4 anos para 3 a 5 anos. Comina-se, cumulativamente, pena de multa. No caso de violência, a pena correspondente também deve ser aplicada, o que deve ser interpretado como determinação de cúmulo material (o concurso pode ser material ou formal impróprio). As vias de fato devem ser absorvidas, havendo o cúmulo de penas no caso de lesão corporal.

Classifica-se o crime como comum, por não exigir nenhuma qualidade específica do sujeito ativo. Além disso, é formal, instantâneo, comissivo e unissubjetivo. A conduta é fracionável, sendo considerado, por Bitencourt, plurissubsistente[109]. Entretanto, vale recordar que a tentativa foi equiparada à forma consumada, de modo que não há como se falar em *conatus*[110].

109. BITENCOURT, Cezar Roberto. Direito penal das licitações. São Paulo: Saraiva, 2012.
110. No mesmo sentido: SOUZA, Luciano Anderson de. Op. Cit., 2022, p. 458.

QUADRO SINÓTICO

Crime de afastamento de licitante	
Tipo penal	Afastar ou tentar afastar licitante por meio de violência, grave ameaça, fraude ou oferecimento de vantagem de qualquer tipo.
Objeto jurídico	Tutela-se a Administração Pública.
Sujeito ativo	Qualquer um.
Sujeito passivo	O Estado e quem for diretamente prejudicado pelo agente.
Elemento subjetivo	Admite-se somente a modalidade dolosa.
Consumação	O delito se consuma quando o agente, se valendo de violência, grave ameaça, fraude ou oferta de vantagem de qualquer tipo, tenta afastar licitante.
Tentativa	Como o *caput* equipara a tentativa à forma consumada, não há que se falar em tentativa.
Classificação	Trata-se de delito comum, doloso, comissivo ou omissivo impróprio, formal, instantâneo, de forma livre, monossubjetivo, plurissubsistente e não transeunte.
Benefícios	Admite-se o oferecimento de acordo de não persecução penal somente nas hipóteses nas quais o delito é cometido sem violência ou grave ameaça.
Ação penal	A ação penal é pública incondicionada.
Observações	Nos termos do artigo 337-K do CP, incorre na mesma pena quem se abstém ou desiste de licitar em razão de vantagem oferecida. Nos termos do artigo 337-P, a pena de multa seguirá a metodologia de cálculo prevista no CP e não poderá ser inferior a 2% (dois por cento) do valor do contrato licitado ou celebrado com contratação direta.

4.8. Fraude em licitação ou contrato administrativo

O artigo 337-L do CP tipifica a fraude em licitação ou contrato administrativo:

> *Art. 337-L. Fraudar, em prejuízo da Administração Pública, licitação ou contrato dela decorrente, mediante:*
>
> *I – entrega de mercadoria ou prestação de serviços com qualidade ou em quantidade diversas das previstas no edital ou nos instrumentos contratuais;*
>
> *II – fornecimento, como verdadeira ou perfeita, de mercadoria falsificada, deteriorada, inservível para consumo ou com prazo de validade vencido;*
>
> *III – entrega de uma mercadoria por outra;*
>
> *IV – alteração da substância, qualidade ou quantidade da mercadoria ou do serviço fornecido;*
>
> *V – qualquer meio fraudulento que torne injustamente mais onerosa para a Administração Pública a proposta ou a execução do contrato:*
>
> *Pena – reclusão, de 4 (quatro) anos a 8 (oito) anos, e multa.*

"**Fraudar**" significar iludir, atrapalhar, burlar. A fraude deve ocorrer **em prejuízo da Administração Pública, licitação ou contrato dela decorrente**. Além disso, o tipo penal é de **forma vinculada**, de modo que haverá crime se a fraude ocorrer mediante uma das seguintes condutas:

- **entrega de mercadoria ou prestação de serviços com qualidade ou em quantidade diversas das previstas no edital ou nos instrumentos contratuais;**

  Essa modalidade de prática do delito substituiu uma previsão bem diferente da Lei n. 8.666/1993: "elevando arbitrariamente os preços". Configura-se se o contratante modificar a qualidade ou quantidade da mercadoria ou serviço, de modo a fraudar a licitação ou contratação. Pode-se antever alguma dificuldade para se considerar a qualidade diferenciada, o que pode determinar a realização de perícia[111]. Caso não tenha havido elevação arbitrária de preços, é possível cogitar de *abolitio criminis*, desde que o caso não se enquadre em alguma outra hipótese.

- **fornecimento, como verdadeira ou perfeita, de mercadoria falsificada, deteriorada, inservível para consumo ou com prazo de validade vencido;**

  O fornecimento de mercadoria falsificada ou deteriorada, como se fosse verdadeira ou perfeita, já estava previsto na lei anterior. Entretanto, é *novatio legis* incriminadora quanto ao fornecimento de mercadoria inservível para o consumo ou com prazo de validade vencido, salvo se a conduta se inserisse em outro incido da lei antiga.

- **entrega de uma mercadoria por outra;**

  A entrega de uma mercadoria (divisórias de compensado, p. ex.) por outra (muretas de divisão de atendimento) já estava prevista na lei anterior, tendo havido continuidade normativo-típica.

- **alteração da substância, qualidade ou quantidade da mercadoria ou do serviço fornecido;**

  A alteração de substância, qualidade ou quantidade já era prevista na lei. A novidade, que só vale para condutas praticadas após o início de vigência da nova lei, é a inclusão do objeto "serviços", já que antes essas alterações só poderiam se referir a "mercadorias".

- **qualquer meio fraudulento que torne injustamente mais onerosa para a Administração Pública a proposta ou a execução do contrato:**

  Essa modalidade, residual, prevê que a fraude pode ser cometida, ainda, por qualquer meio fraudulento (um pleonasmo, já que o agente deve fraudar) que torna injustamente (elemento normativo) a proposta ou execução do contrato mais onerosa para a Administração. A conduta era prevista na lei antiga, com termos bem similares.

Anteriormente, a conduta possuía previsão no artigo 96 da Lei n. 8.666/1993, com tipo penal alterado, como analisado acima:

---

111. LAGO, Natasha do; *et al*: https://www.conjur.com.br/2021-abr-05/opiniao-mudancas-penais-lei-licitacoes?utm_source=dlvr.it&utm_medium=facebook

Lei n. 8.666/1993	Código Penal (Lei n. 14.133/2021)
Art. 96. Fraudar, em prejuízo da Fazenda Pública, licitação instaurada **para aquisição ou venda de bens ou mercadorias**, ou contrato dela decorrente: I – **elevando arbitrariamente os preços**; II – vendendo, como verdadeira ou perfeita, mercadoria falsificada ou deteriorada;	Art. 337-L. Fraudar, em prejuízo da Administração Pública, licitação ou contrato dela decorrente, mediante: I – **entrega de mercadoria ou prestação de serviços com qualidade ou em quantidade diversas das previstas no edital ou nos instrumentos contratuais**; II – fornecimento, como verdadeira ou perfeita, de mercadoria falsificada, deteriorada, **inservível para consumo ou com prazo de validade vencido**;
III – entregando uma mercadoria por outra; IV – alterando substância, qualidade ou quantidade da mercadoria fornecida; V – tornando, por qualquer modo, injustamente, mais onerosa a proposta ou a execução do contrato: Pena – detenção, de 3 (três) a 6 (seis) anos, e multa.	III – entrega de uma mercadoria por outra; IV – alteração da substância, qualidade ou quantidade da mercadoria ou **do serviço fornecido**; V – qualquer meio fraudulento que torne injustamente mais onerosa para a Administração Pública a proposta ou a execução do contrato: Pena – reclusão, de 4 (quatro) anos a 8 (oito) anos, e multa.

O preceito secundário sofreu alteração, já que a pena passou de detenção para reclusão. Além disso, a pena passou de 3 a 6 anos para 4 a 8 anos, vedando, em regra, o ANPP, que pode ser cabível, por exemplo, no caso de tentativa. Foi mantida a cominação cumulativa da pena de multa.

Analisando a lei revogada, o STF e o STJ firmaram o entendimento de que o tipo penal não se aplica a licitações e contratos relativos a obras e serviços, mas apenas a bens e mercadorias[112]. Entretanto, o novo tipo penal eliminou do *caput* a expressão "para aquisição ou venda de bens ou mercadorias". Além disso, o inciso IV se refere expressamente a serviço, de modo que a **jurisprudência deve ser superada** quanto a condutas praticadas após o início de vigência da Lei n. 14.133/2021[113].

O crime é comum, podendo ser praticado por qualquer pessoa. É doloso, sem necessidade de elemento subjetivo especial para sua configuração e sem previsão de modalidade culposa. Por exigir a fraude, em prejuízo da Administração, por uma das condutas mencionados, é classificado como material, admitindo a forma tentada, o *conatus*. É instantâneo, unissubjetivo e plurissubsistente.

112. STF, AP 991 QO, Relator(a): Min. Edson Fachin, Segunda Turma, julgado em 28/11/2017, DJe-289 15/12/2017; STJ, HC 485.791/SP, Rel. Min. Reynaldo Soares da Fonseca, Quinta Turma, julgado em 07/05/2019, DJe 20/05/2019.

113. No mesmo sentido: SOUZA, Luciano Anderson de. Op. Cit., 2022, p. 463.

QUADRO SINÓTICO

Crime de fraude em licitação ou contrato administrativo	
Tipo penal	Fraudar, em prejuízo da Administração Pública, licitação ou contrato dela decorrente, mediante: entrega de mercadoria ou prestação de serviços com qualidade ou em quantidade diversas das previstas no edital ou nos instrumentos contratuais; fornecimento, como verdadeira ou perfeita, de mercadoria falsificada, deteriorada, inservível para consumo ou com prazo de validade vencido; entrega de uma mercadoria por outra; alteração da substância, qualidade ou quantidade da mercadoria ou do serviço fornecido; qualquer meio fraudulento que torne injustamente mais onerosa para a Administração Pública a proposta ou a execução do contrato.
Objeto jurídico	Tutela-se a Administração Pública.
Sujeito ativo	Qualquer um.
Sujeito passivo	O Estado.
Elemento subjetivo	Admite-se somente a modalidade dolosa.
Elemento normativo	Consiste na expressão "injustamente", do artigo 337-L, inciso V, do CP.
Consumação	O delito se consuma quando ocorre a efetiva fraude à Administração Pública.
Tentativa	Admite-se a tentativa.
Classificação	Trata-se de delito comum, doloso, comissivo ou omissivo impróprio, material, instantâneo, de forma vinculada, monossubjetivo, plurissubsistente e não transeunte.
Benefícios	Não se admite o oferecimento de benefícios.
Ação penal	A ação penal é pública incondicionada.
Observações	Nos termos do artigo 337-P, a pena de multa seguirá a metodologia de cálculo prevista no CP e não poderá ser inferior a 2% (dois por cento) do valor do contrato licitado ou celebrado com contratação direta.

4.9. Contratação inidônea

O artigo 337-M do CP incrimina a contratação inidônea:

> *Art. 337-M. Admitir à licitação empresa ou profissional declarado inidôneo:*
>
> *Pena – reclusão, de 1 (um) ano a 3 (três) anos, e multa.*
>
> *§ 1º Celebrar contrato com empresa ou profissional declarado inidôneo:*
>
> *Pena – reclusão, de 3 (três) anos a 6 (seis) anos, e multa.*
>
> *§ 2º Incide na mesma pena do* caput *deste artigo aquele que, declarado inidôneo, venha a participar de licitação e, na mesma pena do § 1º deste artigo, aquele que, declarado inidôneo, venha a contratar com a Administração Pública.*

O *caput* incrimina a conduta de **admitir à licitação** empresa ou profissional declarado inidôneo. "Admitir" significa admitir, consentir na participação. O mero fato de uma pessoa, seja física ou jurídica, ter sido admitida no processo licitatório já coloca em xeque a probidade e a confiabilidade do processo licitatória, razão pela qual se incrimina essa conduta. A admissão à licitação é realizada por quem tem a competência de decidir quem pode participar da licitação, ou seja, é modalidade caracterizadora de crime próprio, que só pode ser praticada por funcionário público.

O parágrafo segundo equipara à figura do *caput* a conduta do particular que, mesmo declarado inidôneo, **venha a participar da licitação**. Essa figura, portanto, é de crime comum.

O parágrafo primeiro, por sua vez, prevê **forma qualificada do delito**, com a previsão da conduta de **celebrar contrato** com empresa ou profissional declarado inidôneo. "Celebrar contrato" significa contratar, entabular negócio jurídico. A conduta incriminada é considerada mais grave do que admitir à licitação a empresa (pessoa jurídica) ou o profissional declarado inidôneo, pois aqui se tipifica a celebração do contrato, ou seja, um passo a mais na violação do bem jurídico, consistente na regularidade e na probidade nos procedimentos de contratação com a Administração. No caso de ter havido a anterior admissão à licitação, a contratação deve absorver aquela conduta. Essa modalidade só pode ser praticada por funcionário público, que celebra o contrato em nome da Administração.

O parágrafo segundo, por sua vez, equipara ao crime qualificado a conduta do particular que, mesmo declarado inidôneo, **venha a contratar** com a Administração Pública. É modalidade, portanto, classificada como crime comum.

Tanto a **forma simples quanto a qualificada** consistem em **normas penais em branco**, já que dependem da definição da declaração de inidoneidade. Nos dois anos posteriores à vigência da Lei n. 14.133/2021 (art. 156, inciso IV e § 5º e 6º), poderão ser usadas como complemento tanto os seus próprios dispositivos quanto os da Lei n. 8.666/1993 (arts. 97, parágrafo único, e 87, inciso IV), já que a Administração poderá optar por qualquer um dos dois regimes.

As condutas descritas eram incriminadas pelo artigo 97 da Lei n. 8.666/1993, de modo que houve continuidade normativo-típica:

Lei n. 8.666/1993	Código Penal (Lei n. 14.133/2021)
Art. 97. Admitir à licitação ou celebrar contrato com empresa ou profissional declarado inidôneo: Pena – detenção, de 6 (seis) meses a 2 (dois) anos, e multa. Parágrafo único. Incide na mesma pena aquele que, declarado inidôneo, venha a licitar ou a contratar com a Administração.	Art. 337-M. Admitir à licitação empresa ou profissional declarado inidôneo: Pena – reclusão, de 1 (um) ano a 3 (três) anos, e multa. § 1º Celebrar contrato com empresa ou profissional declarado inidôneo: Pena – reclusão, de 3 (três) anos a 6 (seis) anos, e multa. § 2º Incide na mesma pena do caput deste artigo aquele que, declarado inidôneo, venha a participar de licitação e, na mesma pena do § 1º deste artigo, aquele que, declarado inidôneo, venha a contratar com a Administração Pública.

O tipo penal foi transcrito, mas com separação das figuras e especificação das sanções. A pena era de detenção, de 6 meses a 2 anos, e multa para todos os casos. Atualmente, foi mantida a pena de multa e a detenção foi modificada para reclusão. O *quantum* de pena foi modificado a depender do caso: em se tratando de admitir ou participar da licitação, a pena passa a ser de 1 a 3 anos; caso a conduta seja de celebrar o contrato ou contratar, a pena passa a ser de 3 a 6 anos.

Como as penas são mais gravosas, só se aplicam aos crimes praticados após o início de vigência da Lei n. 14.133/2021, em razão do princípio da irretroatividade.

Como visto acima, o crime é próprio nas previsões do *caput* e do parágrafo primeiro, enquanto o parágrafo segundo traz modalidade em que se classifica o crime como comum. É doloso, sem exigência de elemento subjetivo do tipo, além de não ter sido prevista a forma culposa. É formal, instantâneo, comissivo, de forma livre, unissubjetivo e plurissubsistente, admitindo, portanto, a modalidade tentada.

QUADRO SINÓTICO

Crime de contratação inidônea	
Tipo penal	Admitir à licitação empresa ou profissional declarado inidôneo.
Objeto jurídico	Tutela-se a Administração Pública.
Sujeito ativo	Somente o funcionário público. A seu turno, a modalidade equiparada do artigo 337-M, § 2º, do CP somente pode ter a empresa ou profissional declarado inidôneo como sujeito ativo.
Sujeito passivo	O Estado e quem for diretamente prejudicado pelo agente.
Elemento subjetivo	Admite-se somente a modalidade dolosa.
Elemento normativo	Consiste na expressão "indevidamente".
Consumação	O delito do *caput* se consuma quando a empresa ou profissional declarado inidôneo é admitido à licitação. A forma qualificada se consuma quando esta empresa ou profissional declarado inidôneo celebra o contrato.
Tentativa	Admite-se a tentativa.
Forma qualificada	Nos termos do artigo 337-M, § 1º, do CP, é qualificada a conduta quando o agente celebra contrato com empresa ou profissional declarado inidôneo.
Classificação	O delito é próprio quanto ao sujeito ativo. Ademais, é doloso, comissivo ou omissivo impróprio, instantâneo, de forma livre, monossubjetivo, plurissubsistente e transeunte.
Benefícios	A modalidade do *caput* admite a suspensão condicional do processo e o oferecimento de acordo de não persecução penal. A seu turno, a modalidade qualificada admite somente o oferecimento de acordo de não persecução penal.

Crime de contratação inidônea	
Ação penal	A ação penal é pública incondicionada.
Observações	Nos termos do artigo 337-M, § 2º, do CP, Incide na mesma pena do caput deste artigo aquele que, declarado inidôneo, venha a participar de licitação e, na mesma pena do § 1º deste artigo, aquele que, declarado inidôneo, venha a contratar com a Administração Pública. Nos termos do artigo 337-P, a pena de multa seguirá a metodologia de cálculo prevista no CP e não poderá ser inferior a 2% (dois por cento) do valor do contrato licitado ou celebrado com contratação direta.

4.10. Impedimento indevido

O artigo 337-N do CP traz o tipo penal de impedimento indevido:

> *Art. 337-N. Obstar, impedir ou dificultar injustamente a inscrição de qualquer interessado nos registros cadastrais ou promover indevidamente a alteração, a suspensão ou o cancelamento de registro do inscrito:*
>
> *Pena – reclusão, de 6 (seis) meses a 2 (dois) anos, e multa.*

"Obstar" é opor-se, servir de obstáculo. "Impedir" é impor obstáculo, obstruir. "Dificultar" é tornar trabalhoso, estorvar. A conduta incriminada, **na primeira figura**, é obstar, impedir ou dificultar injustamente a inscrição de qualquer interessado nos registros cadastrais. Exige-se, para a tipificação da conduta, o elemento normativo "injustamente", de modo que se o obstáculo imposto, por exemplo, possuir fundamento legal, a conduta nem sequer será típica.

A **segunda figura** tem como núcleo do tipo a conduta de "promover" (por em execução, gerar, provocar). A conduta incriminada é promover indevidamente a alteração, suspensão ou o cancelamento de registro de pessoa já inscrita. Há o elemento normativo do tipo "indevidamente", de forma que se o cancelamento, por exemplo, for devido, conforme as regras aplicáveis, a conduta será atípica.

O **registro cadastral** é um dos procedimentos auxiliares da licitação, arrolado no artigo 78, inciso V, da Lei n. 14.133/1993. Sobre a sua utilização, a lei prevê, em seu artigo 87, que "os órgãos e entidades da Administração Pública deverão utilizar o sistema de registro cadastral unificado disponível no Portal Nacional de Contratações Públicas (PNCP), para efeito de cadastro unificado de licitantes, na forma disposta em regulamento".

O tipo penal estava previsto no artigo 98 da Lei n. 8.666/1993, com o mesmo preceito primário, de modo que houve continuidade normativo-típica:

Lei n. 8.666/1993	Código Penal (Lei n. 14.133/2021)
Art. 98. Obstar, impedir ou dificultar, injustamente, a inscrição de qualquer interessado nos registros cadastrais ou promover indevidamente a alteração, suspensão ou cancelamento de registro do inscrito: Pena – detenção, de 6 (seis) meses a 2 (dois) anos, e multa.	Art. 337-N. Obstar, impedir ou dificultar injustamente a inscrição de qualquer interessado nos registros cadastrais ou promover indevidamente a alteração, a suspensão ou o cancelamento de registro do inscrito: Pena – reclusão, de 6 (seis) meses a 2 (dois) anos, e multa.

O preceito secundário possui os mesmos limites mínimo e máximo: de 6 meses a 2 anos. Entretanto, a modalidade de pena privativa de liberdade foi alterada de detenção para reclusão, com manutenção da cominação cumulativa da pena de multa.

A melhor interpretação parece ser a de que o crime é próprio, exigindo a qualidade de funcionário público[114]. Caso o particular tente praticar alguma das condutas descritas, será possível a responsabilização pelo crime de afastamento de licitante, caso sua conduta se amolde ao que prevê o artigo 337-K do CP.

Nas modalidades de "obstar" e "impedir", é necessário que a inscrição não ocorra para a consumação do delito, razão pela qual o crime é material. Na modalidade de "dificultar", não é imprescindível tal resultado, de modo que o crime é formal. Na figura de promover, o crime também é material, consumando-se com a efetiva alteração, suspensão ou cancelamento do registro. Em todas as modalidades, é cabível a tentativa[115].

O crime é unissubjetivo, instantâneo (dificultar ou promover) ou permanente (obstar ou impedir), a depender do caso, e de forma livre. É doloso, sem previsão de modalidade culposa.

QUADRO SINÓTICO

Crime de impedimento indevido	
Tipo penal	Obstar, impedir ou dificultar injustamente a inscrição de qualquer interessado nos registros cadastrais ou promover indevidamente a alteração, a suspensão ou o cancelamento de registro do inscrito.
Objeto jurídico	Tutela-se a Administração Pública.
Sujeito ativo	Somente quem é funcionário público.
Sujeito passivo	O Estado e quem for diretamente prejudicado pelo agente.
Elemento subjetivo	Admite-se somente a modalidade dolosa.
Elemento normativo	Consiste na expressão "indevidamente".
Consumação	Nas modalidades obstar e impedir o delito se consuma quando a inscrição nos registros cadastrais não ocorre. Na modalidade dificultar, quando o autor realiza a conduta do núcleo do tipo. Por fim, na modalidade promover indevidamente a alteração, a suspensão ou o cancelamento de registro do inscrito, o delito se consuma quando o agente altera, suspende ou cancela o registro de inscrito.
Tentativa	No caso concreto, em sendo fracionável o *iter criminis*, é possível vislumbrar a tentativa.

114. No mesmo sentido: BITENCOURT, Cezar Roberto. Direito penal das licitações. São Paulo: Saraiva, 2012.

115. No mesmo sentido: MASSON, Cleber. Op. Cit., 2021, p. 97-98. Em sentido contrário, não admitindo a tentativa na modalidade "dificultar": BITENCOURT, Cezar Roberto. Direito penal das licitações. São Paulo: Saraiva, 2012.

Crime de impedimento indevido	
Classificação	Trata-se de delito próprio, doloso, comissivo ou omissivo impróprio, instantâneo (dificultar e promover) ou permanente (obstar e impedir), material (obstar, impedir e promover) ou formal (dificultar), de forma livre, monossubjetivo, plurissubsistente e não transeunte.
Benefícios	Trata-se de delito de menor potencial ofensivo, de competência dos Juizados Especiais Criminais e que admite a transação, suspensão condicional do processo e acordo de não persecução penal.
Ação penal	A ação penal é pública incondicionada.
Observações	Nos termos do artigo 337-P, a pena de multa seguirá a metodologia de cálculo prevista no CP e não poderá ser inferior a 2% (dois por cento) do valor do contrato licitado ou celebrado com contratação direta.

4.11. Omissão grave de dado ou de informação por projetista

O artigo 337-O do CP incrimina a omissão grave de dado ou de informação por projetista:

> *Art. 337-O. Omitir, modificar ou entregar à Administração Pública levantamento cadastral ou condição de contorno em relevante dissonância com a realidade, em frustração ao caráter competitivo da licitação ou em detrimento da seleção da proposta mais vantajosa para a Administração Pública, em contratação para a elaboração de projeto básico, projeto executivo ou anteprojeto, em diálogo competitivo ou em procedimento de manifestação de interesse:*
>
> *Pena – reclusão, de 6 (seis) meses a 3 (três) anos, e multa.*
>
> *§ 1º Consideram-se condição de contorno as informações e os levantamentos suficientes e necessários para a definição da solução de projeto e dos respectivos preços pelo licitante, incluídos sondagens, topografia, estudos de demanda, condições ambientais e demais elementos ambientais impactantes, considerados requisitos mínimos ou obrigatórios em normas técnicas que orientam a elaboração de projetos.*
>
> *§ 2º Se o crime é praticado com o fim de obter benefício, direto ou indireto, próprio ou de outrem, aplica-se em dobro a pena prevista no caput deste artigo.*

Esse tipo penal não encontra correspondência na antiga Lei de Licitações e Contratos Administrativos, de modo que constitui uma *novatio legis incriminadora*.

São núcleos do tipo: "omitir" (deixar de fazer, ocultar); "modificar" (alterar, adulterar) e "entregar" (passar às mãos de, dar). Apesar da nomenclatura legal (omissão grave), apenas um dos núcleos do tipo misto alternativo é efetivamente caracterizador de crime omissivo puro (omitir).

A conduta incriminada é omitir, modificar ou entregar à Administração **levantamento cadastral ou condição de entorno** nas seguintes condições:

- **em relevante dissonância com a realidade** (projeto que não se adéqua à real necessidade);

- **em frustração ao caráter competitivo da licitação** (projeto, por exemplo, feito sob medida para determinado contratante);
- **ou em detrimento da seleção da proposta mais vantajosa para a Administração Pública** (projeto que busque evitar a seleção da proposta mais vantajosa, frustrando a finalidade da licitação).

Essas condutas, para a configuração do delito, devem ocorrer em:

- contratação para a elaboração de projeto básico, projeto executivo ou anteprojeto;
- diálogo competitivo ou
- procedimento de manifestação de interesse.

A contratação para a elaboração de projeto básico, projeto executivo ou anteprojeto; o diálogo competitivo e o procedimento de manifestação de interesse são todos previstos na Lei n. 14.133/2021 (artigo 6º, incisos XXIV, XXV e XXVI; artigo 6º, inciso XLII e artigo 81, respectivamente). Por isso, cuida-se de **norma penal em branco**. Durante o período de 2 anos após o início de vigência da Lei n. 14.133/2021, dada a possibilidade de utilização dos dois regimes, é possível usar o complemento da Lei n. 8.666/1993, que só prevê, entretanto, os seguintes institutos: projeto básico (art. 6º, IX) e projeto executivo (art. 6º, inciso X).

O **levantamento cadastral** é a pesquisa ou investigação, culminando na coleta de dados de interesse para edificação, reforma ou avaliação de um imóvel ou obra. Busca levantar os dados de situação do imóvel, como as suas medidas, os imóveis confrontantes e as estruturas aparentes, por exemplo.

Já a **condição de entorno** é definida pelo parágrafo primeiro, que consiste em autêntica norma interpretativa contextual. Segundo o dispositivo, consideram-se condição de contorno as informações e os levantamentos suficientes e necessários para a definição da solução de projeto e dos respectivos preços pelo licitante, incluídos sondagens, topografia, estudos de demanda, condições ambientais e demais elementos ambientais impactantes, considerados requisitos mínimos ou obrigatórios em normas técnicas que orientam a elaboração de projetos.

A Administração, antes de proceder à licitação de obras, por exemplo, pode contratar a elaboração de um projeto básico, que será utilizado para seleção das melhores propostas para construção de edifícios. Por exemplo, o INSS contrata uma empresa para elaboração de um projeto básico e, posteriormente, realiza licitação para cada prédio que quer construir, de modo que será contratada uma pessoa jurídica diversa para a execução da obra. Se o projeto básico for inexato, cada procedimento licitatório ensejará problemas na sua execução, como no caso de não se ter previsto a construção de rampas de acesso em prédios em desnível com a calçada.

Apesar de o *nomen iuris* se referir ao projetista, é possível interpretar que o verbo "entregar" expressa conduta que pode ser praticada por qualquer pessoa[116], desde

116. LAGO, Natasha do; *et al*: https://www.conjur.com.br/2021-abr-05/opiniao-mudancas-penais-lei-licitacoes?utm_source=dlvr.it&utm_medium=facebook. Em sentido contrário, defendendo ser crime próprio: MASSON, Cleber.

que, obviamente, acompanhada do dolo, com conhecimento da irregularidade. Realmente, a interpretação deve ser de que o crime é comum, podendo ser praticado pelo projetista ou pelo próprio licitante ou contratado.

Por não se exigir dano ao erário, pode-se classificar o delito como formal. O crime admite tentativa, exceto na modalidade de "omitir", por ser omissivo próprio ou puro. É instantâneo, unissubjetivo e de forma livre.

Modalidade majorada

O parágrafo segundo prevê modalidade do crime que pode ser interpretada como majorada ou qualificada. A melhor posição considera se tratar de causa de aumento de pena. Incide no caso de o crime ser praticado **com o fim de obter benefício, direto ou indireto, próprio ou de outrem**, aplicando-se em dobro a pena prevista no caput deste artigo. Claramente, basta a finalidade específica, não se exigindo a efetiva obtenção do benefício. Como prevê a lei, o benefício pode ser próprio ou alheio, inclusive favorecer que a empresa de um familiar vença a licitação da execução da obra sobre a qual o agente elabora o projeto básico.

QUADRO SINÓTICO

Crime de omissão grave de dado ou de informação por projetista	
Tipo penal	Omitir, modificar ou entregar à Administração Pública levantamento cadastral ou condição de contorno em relevante dissonância com a realidade, em frustração ao caráter competitivo da licitação ou em detrimento da seleção da proposta mais vantajosa para a Administração Pública, em contratação para a elaboração de projeto básico, projeto executivo ou anteprojeto, em diálogo competitivo ou em procedimento de manifestação de interesse.
Objeto jurídico	Tutela-se a Administração Pública.
Sujeito ativo	Qualquer um.
Sujeito passivo	O Estado e quem for diretamente prejudicado pelo agente.
Elemento subjetivo	Admite-se somente a modalidade dolosa.
Consumação	O delito se consuma quando o agente omite, modifica ou entrega à Administração Pública levantamento cadastral ou condição de contorno em relevante dissonância com a realidade.
Tentativa	Admite-se a tentativa, exceto na modalidade omissiva própria (omitir).
Forma majorada	Nos termos do artigo 337-O, § 2º, do CP, há aumento de pena se o crime é praticado com o fim de obter benefício, direto ou indireto, próprio ou de outrem.

Op. Cit., 2021, p. 104.

Crime de omissão grave de dado ou de informação por projetista	
Classificação	Trata-se de delito comum, doloso, comissivo ou omissivo próprio, formal, instantâneo, de forma livre, monossubjetivo, plurissubsistente ou unissubsistente (omitir) e não transeunte.
Benefícios	Admitem-se a suspensão condicional do processo e o oferecimento de acordo de não persecução penal.
Ação penal	A ação penal é pública incondicionada.
Observações	Nos termos do artigo 337-O, § 1º, do CP, consideram-se condição de contorno as informações e os levantamentos suficientes e necessários para a definição da solução de projeto e dos respectivos preços pelo licitante, incluídos sondagens, topografia, estudos de demanda, condições ambientais e demais elementos ambientais impactantes, considerados requisitos mínimos ou obrigatórios em normas técnicas que orientam a elaboração de projetos. Nos termos do artigo 337-P, a pena de multa seguirá a metodologia de cálculo prevista no CP e não poderá ser inferior a 2% (dois por cento) do valor do contrato licitado ou celebrado com contratação direta.

4.12. Regras sobre a pena de multa

O artigo 337-P do CP traz **regra específica** sobre a aplicação da pena de multa em todos os delitos previstos no Capítulo II-B, ou seja, aos crimes em licitações e contratos administrativos:

> *Art. 337-P. A pena de multa cominada aos crimes previstos neste Capítulo seguirá a metodologia de cálculo prevista neste Código e não poderá ser inferior a 2% (dois por cento) do valor do contrato licitado ou celebrado com contratação direta.*

Vale recordar, de início, que a anterior Lei de Licitações e Contratos Administrativos, a revogada Lei n. 8.666/1993, já **representava uma exceção** ao sistema de multas previsto no Código Penal:

> *Art. 99. A pena de multa cominada nos arts. 89 a 98 desta Lei consiste no pagamento de quantia fixada na sentença e calculada em índices percentuais, cuja base corresponderá ao valor da vantagem efetivamente obtida ou potencialmente auferível pelo agente.*
>
> *§ 1º Os índices a que se refere este artigo não poderão ser inferiores a 2% (dois por cento), nem superiores a 5% (cinco por cento) do valor do contrato licitado ou celebrado com dispensa ou inexigibilidade de licitação.*
>
> *§ 2º O produto da arrecadação da multa reverterá, conforme o caso, à Fazenda Federal, Distrital, Estadual ou Municipal.*

PARTE ESPECIAL

Portanto, a multa penal já era calculada de forma específica para os crimes licitatórios. Atualmente, haverá uma nova forma de se estipular essa pena, que parte da metodologia de cálculo prevista como regra geral no Código, mas possui um piso mínimo, fixado em 2% (dois por cento) do valor do contrato licitado ou celebrado com contratação direta. O método pode ser resumido no seguinte esquema:

O método não parece ser o melhor. O juiz vai calcular o número de dias-multa de acordo com o critério trifásico, entre 10 e 360, conforme o artigo 49, *caput*, do CP. Vai analisar, então, o valor de cada-dia multa, cujo valor vai de um trigésimo (1/30) do salário-mínimo (menor valor de dia de salário do trabalhador) até 5 vezes o salário-mínimo. A ideia é que cada dia-multa equivalha a um dia de trabalho do agente, razão pela qual deve ser considerada a situação econômica do réu (art. 60, *caput*, do CP). Se for ineficaz, apesar de aplicada ao máximo, pode ser aumentada até o triplo (art. 60, § 1º, do CP).

Após todo esse cálculo, o juiz terá o número de dias multa (critério trifásico de dosimetria) e o valor de cada dia-multa (pela situação financeira do acusado), de modo que bastará multiplicar o número de dias-multa pelo valor para ter o valor total da pena de multa. Entretanto, no caso dos crimes em licitações e contratos administrativos, **deverá verificar se o valor total vai atingir o mínimo de 2% do valor do contrato** licitado ou celebrado com contratação direta. Caso o valor seja inferior, a pena de multa será de 2% do valor do contrato, que é o piso mínimo estabelecido pelo legislador. [117]

Por fim, neste caso a multa deve ser destinada ao Fundo Penitenciário, como determina o artigo 49 do Código Penal, considerando a revogação da Lei n. 8.666/1993, que determinava que o seu valor reverteria à Fazenda Pública.

---

117. No mesmo sentido: ALVES, Jamil Chaim. Op. Cit., 2021, p. 1.621.Cleber Masson, por outro lado, defende que essa trava de baixa, como denomina o limite mínimo do valor da pena de multa, somente se aplica nos concursos diretamente celebrados, ou seja, sem prévia licitação (MASSON, Cleber. Crimes em licitações e contratos administrativos. 1. ed. Rio de Janeiro: Forense; Método, 2021, p. 6). Entretanto, não é a melhor interpretação, haja vista que a lei menciona contrato licitado ou celebrado com contratação direta. Ao se prever *contrato licitado* no dispositivo, parece clara a aplicação desse valor mínimo de multa também aos casos em que houve licitação.

5. DOS CRIMES CONTRA A ADMINISTRAÇÃO DA JUSTIÇA

O Capítulo III do Título XI da Parte Especial (Dos Crimes Contra a Administração Pública) trata do tema: "Dos Crimes Contra a Administração da Justiça". Nele, estão incluídos os crimes reingresso de estrangeiro expulso; denunciação caluniosa; comunicação falsa de crime ou contravenção; autoacusação falsa; falso testemunho ou falsa perícia; corrupção ativa de testemunha, servidor ou auxiliar da justiça; coação no curso do processo; exercício arbitrário das próprias razões; modalidade especial de exercício arbitrário das próprias razões; fraude processual; favorecimento pessoal; favorecimento real; exercício arbitrário ou abuso de poder; fuga de pessoa presa ou submetida a medida de segurança; evasão mediante violência contra a pessoa; arrebatamento de preso; motim de presos; patrocínio infiel (incluído o patrocínio simultâneo ou tergiversação); sonegação de papel ou objeto de valor probatório; exploração de prestígio; violência ou fraude em arrematação judicial e desobediência a decisão judicial sobre perda ou suspensão de direito.

São crimes que tutelam a Administração Pública, mas mais especificamente o funcionamento do Poder Judiciário. Entretanto, não tutelam apenas a atividade jurisdicional, mas a **Justiça como um todo**, como aquelas funções relacionadas à Justiça, mas administrativas. É o caso da expulsão do estrangeiro por ato do Ministério da Justiça, ato não revestido de natureza judicial, mas ligado à ideia de Justiça.

5.1. Reingresso de estrangeiro expulso

O crime de reingresso de estrangeiro expulso está previsto no artigo 338 do Código Penal:

> *Art. 338 – Reingressar no território nacional o estrangeiro que dele foi expulso:*
>
> *Pena – reclusão, de um a quatro anos, sem prejuízo de nova expulsão após o cumprimento da pena.*

Reingressar é entrar novamente, é ingressar de novo. A conduta tipificada é a de o estrangeiro retornar ao território nacional após já ter sido expulso. Obviamente, exige-se que o estrangeiro tenha consciência de que houve sua regular expulsão e não é permitido seu retorno, por não ter havido revogação da decisão.

Diverge a doutrina sobre configurar o crime a entrada no território jurídico ou por extensão, ou se apenas se satisfaz o tipo com o ingresso no território físico. Mirabete defende a primeira posição, que, ao que parece, é a posição também de Cezar Bitencourt[118]. Já Damásio de Jesus defende a segunda posição.

O crime é **de mão própria**, só podendo ser praticado pelo estrangeiro expulso do território nacional e não admitindo a coautoria, apenas a participação. O crime é doloso, sem previsão de modalidade culposa. A maioria entende ser crime material.

118. BITENCOURT, Cezar Roberto. Tratado de direito penal, volume V: parte especial. 4ª Ed. São Paulo: Saraiva, 2010, p. 299.

É instantâneo, consumando-se em um dado instante no tempo, mas alguns entendem ser crime permanente. Por ser sua conduta fracionável, de acordo com a maioria é plurissubsistente e admite a forma tentada.

O Superior Tribunal de Justiça, por meio da sua Primeira Seção, já decidiu que não cabe ao magistrado analisar a justiça da decisão da expulsão para o fim de tipificação do crime previsto no artigo 338 do Código Penal:

> *"(...) 1.* ***Não cabe ao magistrado avaliar se o decreto de expulsão do paciente do território nacional foi justo ou não, para caracterização de eventual tipificação do crime previsto no art. 338 do Código Penal.*** *" (STJ, HC 290849/DF, Rel. Min. Benedito Gonçalves, Primeira Seção, DJe 02/06/2014).*

QUADRO SINÓTICO

Crime de reingresso de estrangeiro expulso	
Tipo penal	Reingressar no território nacional o estrangeiro que dele foi expulso.
Objeto jurídico	Tutelam-se a Administração Pública e, mais especificamente, a administração da justiça.
Sujeito ativo	Somente o estrangeiro expulso do território nacional.
Sujeito passivo	O Estado.
Elemento subjetivo	Admite-se somente a modalidade dolosa.
Consumação	O delito se consuma quando o agente reingressa no território nacional.
Tentativa	Admite-se a tentativa.
Classificação	Trata-se de delito próprio, doloso, comissivo ou omissivo impróprio, permanente, de forma livre, monossubjetivo, plurissubsistente e transeunte.
Benefícios	Admitem-se a suspensão condicional do processo e o acordo de não persecução penal.
Ação penal	A ação penal é pública incondicionada.
Observações	Conforme o preceito secundário do tipo, ao agente será imputada a pena, sem prejuízo de nova expulsão após seu cumprimento.

5.2. Denunciação caluniosa

A denunciação caluniosa foi objeto de duas mudanças legislativas relevantes. Houve a aprovação do crime de denunciação caluniosa eleitoral, introduzido no Código Eleitoral pela Lei n. 13.834, de 4 de junho de 2019. Na sequência, a Lei n.

14.110, de 18 de dezembro de 2020, alterou o artigo 339 do Código Penal, que trata do crime de denunciação caluniosa "comum", que se analisará abaixo.

O delito de denunciação caluniosa já estava previsto no artigo 339 do Código Penal, que possuía a seguinte estrutura:

> *Art. 339. Dar causa à instauração de investigação policial, de processo judicial, instauração de investigação administrativa, inquérito civil ou ação de improbidade administrativa contra alguém, imputando-lhe crime de que o sabe inocente:*
>
> *Pena – reclusão, de dois a oito anos, e multa.*
>
> *§ 1º – A pena é aumentada de sexta parte, se o agente se serve de anonimato ou de nome suposto.*
>
> *§ 2º – A pena é diminuída de metade, se a imputação é de prática de contravenção.*

Com a superveniência da Lei n. 14.110, de 18 de dezembro de 2020, apenas o *caput* do artigo 339 do Código Penal teve sua redação alterada, com ampliação do seu âmbito de incriminação. O tipo simples ficou com o seguinte conteúdo:

> *Art. 339. Dar causa à instauração de inquérito policial, de procedimento investigatório criminal, de processo judicial, de processo administrativo disciplinar, de inquérito civil ou de ação de improbidade administrativa contra alguém, imputando-lhe crime, infração ético-disciplinar ou ato ímprobo de que o sabe inocente:*

Vejamos as principais alterações:

Tipo penal	Antes	Depois
Dar causa à instauração de	Investigação policial	**Inquérito policial, procedimento investigatório criminal**
	Processo judicial	Processo judicial
	Investigação administrativa	**Processo administrativo disciplinar**
	Inquérito civil	Inquérito civil
	Ação de improbidade administrativa	Ação de improbidade administrativa
Imputando-lhe	Crime de que o sabe inocente	Crime, **infração ético-disciplinar ou ato ímprobo** de que o sabe inocente

A conduta nuclear foi mantida, consistindo em "dar causa a", que significa motivar, provocar, ocasionar. Entretanto, houve a alteração do teor do tipo penal, de modo a abarcar condutas antes não previstas, de modo que se trata de *lex gravior* ou *novatio legis in pejus*. Em princípio, não parece ter havido *abolitio criminis*, mas isso será analisado com mais profundidade.

A conduta incriminada era dar causa à instauração de investigação policial, instauração de investigação administrativa, inquérito civil ou ação de improbidade administrativa contra alguém, imputando-lhe crime de que o sabe inocente.

Atualmente, a redação foi alterada, tendo havido a troca da expressão "investigação policial" pelos termos mais específicos: "inquérito policial" (IP) e "procedimento investigatório criminal" (PIC). Além disso, foi excluído o termo "investigação administrativa", com a inserção do termo "processo administrativo disciplinar".

Sobre a troca da expressão genérica **"investigação policial"** por suas espécies, consistentes no inquérito policial, via de regra a cargo da polícia judiciária, e no procedimento investigatório criminal, que é utilizado pelo Ministério Público em sua atividade investigativa. Vale lembrar que, no julgamento do Recurso Extraordinário n. 593727, o STF reconheceu o poder de investigação do MP.

Deve-se destacar, entretanto, que, no caso de investigação pela polícia, o tipo não exigia a instauração do inquérito, mas se contentava com o início da investigação policial em virtude da falsa imputação do crime a alguém. Atualmente, exige-se mais, pois é necessária a efetiva instauração do inquérito ou do procedimento investigatório.

Quanto ao termo **"investigação administrativa"**, parece ter havido a troca por um termo menos amplo, já que "procedimento administrativo disciplinar" tem um significado mais restrito. Como infelizmente é comum na área jurídica, as expressões muitas vezes são usadas sem uniformidade de sentido, o que pode levar a confusões terminológicas. De todo modo, a Controladoria-Geral da União (CGU), por exemplo, define que a investigação preliminar é "procedimento sigiloso, instaurado pelo Órgão Central e pelas unidades setoriais, com objetivo de coletar elementos para verificar o cabimento da instauração de sindicância ou processo administrativo disciplinar" (Portaria 335 – CGU, art. 4º, inciso I).

Se for tomada a concepção da CGU como base, a conclusão será de que o tipo anterior já se contentava com a investigação preliminar, que é uma investigação administrativa. O tipo atual, entretanto, exige que se dê causa à instauração do procedimento administrativo disciplinar. Ainda que isso mereça maior discussão e possa trazer conclusões diferentes a depender da definição dos termos, a lei pode ter deixado mais restrita, nesse ponto específico, a conduta tipificada. Em caso de o agente saber que aquele a quem acusa de crime é inocente, pode-se concluir que é exigido, atualmente, o procedimento administrativo disciplinar, não bastando a investigação preliminar.

Além disso, é necessário que se acuse alguém que se saiba inocente de ter praticado **crime, infração ético-disciplinar ou ato ímprobo**. Anteriormente, a lei só mencionava crime. Há *novatio legis* incriminadora, portanto, no caso da infração ético disciplinar que não configure, ao mesmo tempo, um crime.

No caso de improbidade administrativa, antes **havia** duas situações:

a) Se o ato ímprobo também era crime, era possível que o agente respondesse pelo artigo 339 do CP. Por isso, mesmo quando a lei só mencionava a imputação de crime a alguém que sabia inocente, já previa a instauração de ação de improbidade administrativa. Isso porque é possível que um mesmo fato configure crime e ato de improbidade administrativa.

b) Caso o ato ímprobo não configurasse crime, haveria a possibilidade de responsabilização penal pela infração prevista no artigo 19 da Lei n. 8.429/1992, com sanção penal menor. Atualmente, a imputação de ato de improbidade a alguém que se sabe inocente configura o crime do artigo 339 do CP, desde que haja a instauração de inquérito civil, de procedimento administrativo disciplinar ou de ação de improbidade administrativa.

✓ **Então, surge a dúvida: foi revogado, tacitamente, o artigo 19 da Lei n. 8.429/1992?**

1) É possível sustentar que o artigo 339 do CP regulou a matéria e decidiu exigir a efetiva instauração de inquérito civil, processo administrativo disciplinar ou ação de improbidade administrativa para a consumação do crime. Deste modo, não bastaria a representação por ato ímprobo contra alguém sabidamente inocente, seria necessário um resultado material para que o crime se consume. Ao regular a notícia falsa de ato ímprobo agora no Código Penal, o legislador passou a tratar da matéria de forma diferente, revogando tacitamente o artigo 19 da Lei de Improbidade Administrativa (LIA). Caso não haja a instauração, o crime é tentado. É o que parece ser o melhor entendimento[119].

2) Entretanto, é possível sustentar que o artigo 19 da Lei n. 8.429/1992 não foi expressamente revogado pela Lei n. 14.110/2020[120], o que demonstra que o legislador não teve essa intenção declarada. Obviamente, isso não impediria a revogação tácita. Alguns doutrinadores pareciam equiparar "representar" a "dar causa à instauração", como Bitencourt, mas os termos não parecem sinônimos, já que "representar" traz uma conduta formal, basta a apresentação da notícia, enquanto "dar causa à instauração" demonstra uma conduta material, que exige resultado naturalístico consistente no início de um procedimento ou de uma ação. Para essa posição, o artigo 19 da Lei n. 8.429/1992, com o advento da Lei n. 14.110/2020, passou a ter natureza subsidiária:

- Caso a representação por ato de improbidade contra alguém que se sabe inocente leve à instauração de inquérito civil, procedimento administrativo disciplinar ou ação de improbidade administrativa, haverá o crime do artigo 339 do CP;
- Caso a representação por ato de improbidade não leve à instauração de procedimento ou de ação, haverá o soldado de reserva, o crime subsidiário previsto no artigo 19 da Lei n. 8.429/1992.

No caso de ação penal privada ou pública condicionada à representação, quem pode praticar o crime é a vítima, que apresenta queixa ou representação, ou seu representante legal, conforme o caso.

Quanto ao sujeito ativo, o crime é comum, de modo que autoridades que atuam na área criminal também podem praticar o delito, como delegados, promotores,

119. No mesmo sentido: ALVES, Jamil Chaim. Op. Cit., 2021, p. 1671-1672.

120. Faz essa ressalva, mas sob o argumento de que a representação por improbidade que não configure crime poderia configurar o delito da Lei n. 8.429/1992, parecendo se tratar de ausência de atualização após a Lei n. 14.110/2020: TORON, Alberto Zacharias. Capítulo III. Crimes contra a Administração da Justiça. In: In: Acácio Miranda da Silva; et al. Coordenadores Maurício Shaun Jalil e Vicente Greco Filho. Código penal comentado: doutrina e jurisprudência. 6. ed. Barueri: Manole, 2023, p. 1020.

procuradores e até mesmo magistrados. No entanto, existe o delito previsto no artigo 30 da Lei n. 13.869/2019, a Lei de Abuso de Autoridade, que criminaliza a conduta de "dar início ou proceder à persecução penal, civil ou administrativa sem justa causa fundamentada ou contra quem sabe inocente", com a pena de detenção, de 1 a 4 anos, e multa, **pena inferior** à prevista no Código Penal[121]. Cumpre ressaltar que o delito de abuso de autoridade exige elemento subjetivo especial do tipo, consistente na "finalidade específica de prejudicar outrem ou beneficiar a si mesmo ou a terceiro, ou, ainda, por mero capricho ou satisfação pessoal", nos termos do artigo 1º, § 1º, da lei. Assim, torna-se remota a possibilidade de autoridade pública que atua na persecução penal responder pelo delito do artigo 339 do CP[122].

O crime é classificado como instantâneo, por se consumar em um dado instante do tempo. É doloso, sem previsão de modalidade culposa. É crime de ação penal pública.

Por ser sua conduta fracionável, classifica-se como plurissubsistente e **admite a tentativa** (*conatus*). Imagine que alguém envie uma *notitia criminis* falsa ao Ministério Público, procurando prejudicar um inimigo seu por uma discussão em uma partida de futebol. Entretanto, o membro Ministério Público já havia sido advertido sobre essa possibilidade e, ao receber as informações, percebe que se trata de mais uma perseguição pessoal com base falsa e arquiva a informação. Houve, então, modalidade tentada, pois o crime se consuma somente com a efetiva instauração do procedimento.

Além disso, era e continua sendo, após a alteração, um **crime material**. É o que se extrai do seguinte julgado do STJ, que consigna ser necessária a instauração de um dos procedimentos elencados no artigo 339 do CP ou a deflagração de investigação para a configuração do crime correlato:

> *"(...) 1. Para a configuração do crime previsto no artigo 339 do Código Penal, é necessário que a denúncia falsa dê ensejo à deflagração de uma investigação, seja ela policial ou administrativa, ou de um processo judicial, inquérito civil ou ação de improbidade administrativa contra a pessoa alvo da imputação. 2. Na espécie, constatando-se que a acusação formulada pelo paciente não deu ensejo à instauração de auto de apuração de ato infracional contra o adolescente indicado como partícipe do crime de roubo objeto de investigação policial em curso, impõe-se o reconhecimento da atipicidade da conduta. Precedentes. (...)" (STJ, HC 428355/SP, Rel. Min. Jorge Mussi, Quinta Turma, DJe 01/08/2018).*

Como se depreende do tipo penal, é necessária, para a configuração do tipo penal, a ciência de que o sujeito não cometeu o delito (ou ato ímprobo ou infração ético-disciplinar) que se lhe imputa:

121. Considerando que é mais grave a conduta praticada pelo agente público e, por isso, que a pena do abuso de autoridade deve ser aplicável ao particular, se o artigo 30 da Lei de Abuso de Autoridade não for considerada inconstitucional: TORON, Alberto Zacharias. Op. Cit., 2023, p. 1022.
122. Neste sentido: CUNHA, Rogério Sanches. Op. Cit., 2020, p. 990.

Consoante a jurisprudência desta Corte Superior, "para caracterização do crime de denunciação caluniosa é imprescindível que o sujeito ativo saiba que a imputação do crime é objetivamente falsa ou que tenha certeza de que a vítima é inocente." (RHC 106.998/MA, Rel. Min. Rogerio Schietti Cruz, Sexta Turma, julgado em 21/2/2019, DJe 12/3/2019). (STJ, AgRg no HC 501188/RO, Rel. Min. Ribeiro Dantas, DJe 02/03/2020).

Forma majorada

O parágrafo primeiro do artigo 339 prevê majorante de sexta parte da pena, caso o agente se sirva de anonimato ou de nome suposto. Há um maior desvalor pelo fato de o agente prejudicar a Administração Pública sem sequer se identificar, dificultando a averiguação da falsidade de sua declaração e a autoria do delito efetivamente cometido (denunciação caluniosa).

Forma minorada

O artigo 339, em seu parágrafo segundo, traz uma minorante da pena. Determina a diminuição da pena pela metade, no caso de a imputação ser de prática de contravenção. Portanto, caso se trate de uma infração penal de menor gravidade, definida pelo legislador como contravenção penal, haverá uma causa de diminuição de pena. Vale lembrar que a diferença entre crime e contravenção não é ontológica, ou seja, a natureza jurídica é a mesma. A diferença decorre de um juízo axiológico do legislador, ou seja, de infrações de maior e de menor gravidade.

Denunciação caluniosa eleitoral: distinção

Antes do advento da Lei n. 14.110/2020, a matéria de denunciação caluniosa já havia sido alterada pela Lei n. 13.834/2019, que introduziu o artigo 326-A ao Código Eleitoral:

> *Art. 326-A. Dar causa à instauração de investigação policial, de processo judicial, de investigação administrativa, de inquérito civil ou ação de improbidade administrativa, atribuindo a alguém a prática de crime ou ato infracional de que o sabe inocente, com finalidade eleitoral:*
>
> *Pena – reclusão, de 2 (dois) a 8 (oito) anos, e multa.*
>
> *§ 1º A pena é aumentada de sexta parte, se o agente se serve do anonimato ou de nome suposto.*
>
> *§ 2º A pena é diminuída de metade, se a imputação é de prática de contravenção.*
>
> *§ 3º Incorrerá nas mesmas penas deste artigo quem, comprovadamente ciente da inocência do denunciado e com finalidade eleitoral, divulga ou propala, por qualquer meio ou forma, o ato ou fato que lhe foi falsamente atribuído.*

A conduta incriminada já era prevista no artigo 339 do CP, mesmo antes da atual redação dada pela Lei n. 14.110/2020. Entretanto, antes não se previa a denunciação caluniosa como crime na legislação eleitoral.

Com a inclusão de um tipo específico no Código Eleitoral, que exige a finalidade eleitoral, o crime cometido nessas circunstâncias passa a conter os dois requisitos para a configuração de crime da **competência da Justiça Eleitoral**: a) previsão do tipo penal na legislação eleitoral; 2) finalidade eleitoral do agente (STJ, CC 127.101/RS, Rel. Min. Rogerio Schietti Cruz, Terceira Seção, julgamento: 11/02/2015).

Portanto, se antes o delito de denunciação caluniosa, mesmo com finalidade eleitoral, era julgado pela Justiça Comum Federal, com a alteração legislativa passa a ser da competência da Justiça Eleitoral. De resto, não há grandes modificações com relação à abrangência da incriminação.

Assim como no CP, prevê-se o aumento de pena de um sexto se o agente se serve de anonimato ou de nome suposto, tratando-se de forma majorada. Há, ainda, a causa de diminuição de pena se o fato configura contravenção penal. Esse crime também é de ação penal pública, conforme prevê o artigo 355 do Código Eleitoral.

Há, entretanto, mais uma novidade. Houve **derrubada do veto** do Presidente da República ao parágrafo terceiro do novo artigo 326-A do Código Eleitoral. Trata-se da figura conhecida como **divulgação de "fake news" eleitoral**, como diz o termo estrangeiro para divulgação de mentiras com finalidade eleitoral.

Muitas vezes, com os meios de comunicação em massa, não se apura a origem de uma mentira transferida diversas vezes. É o caso de mensagens de grupos de WhatsApp ou Telegram enviadas várias vezes de pessoa para pessoa. O Código Penal não tipifica a divulgação como forma equiparada de denunciação caluniosa, que é crime contra a Administração da Justiça, mas apenas no crime de calúnia (art. 138, § 1º, do CP), que é crime contra a honra.

A denunciação caluniosa eleitoral traz, portanto, uma forma equiparada, que consiste na divulgação de notícias falsas com finalidade eleitoral, conduta infelizmente muito utilizada no Brasil. Pune-se com a mesma pena da forma simples "quem, comprovadamente ciente da inocência do denunciado e com finalidade eleitoral, divulga ou propala, por qualquer meio ou forma, o ato ou fato que lhe foi falsamente atribuído". **Não se exige resultado naturalístico nessa modalidade**, ou seja, o agente será punido mesmo que ele não provoque a instauração de inquérito policial, mas apenas divulgue a denunciação caluniosa praticada por um terceiro.

Dada a posição topográfica no artigo 326-A (a forma equiparada vem depois de todos os demais dispositivos), deve-se aplicar tanto a forma majorada quanto a causa de diminuição de pena. Portanto, aquilo que poderia configurar, no Código Penal, um crime contra a honra, será tipificado como crime de denunciação caluniosa no caso de finalidade eleitoral, como um candidato que espalha algo falso contra o seu adversário.

É importante ressaltar a diferença do crime de denunciação caluniosa e da calúnia: Se alguém fica sabendo de uma denunciação caluniosa por crime de estupro contra o seu vizinho e, apesar de saber que ele é inocente, espalha no bairro por maldade, teremos o crime de calúnia, pois a denunciação caluniosa do Código Penal exige a provocação da atuação da autoridade (como com a instauração de inquérito). Entretanto, se um candidato descobre que o seu adversário foi vítima de denunciação caluniosa por concussão e, apesar de saber que ele é inocente, aproveita-se disso para espalhar a informação e ganhar parcela do seu eleitorado (**finalidade eleitoral**), incorrerá no crime de denunciação caluniosa eleitoral, já que o Código Eleitoral traz a conduta de divulgar ou propalar como forma equiparada (art. 326-A, § 3º).

Mais uma questão importante: no caso do Código Eleitoral, a previsão de imputação falsa se circunscreve ao crime ou contravenção penal, enquanto o Código Penal, alterado pela Lei n. 14.110/2020, dispõe sobre imputação falsa de crime, ato ímprobo ou infração ético-disciplinar. Só há crime eleitoral no caso de imputação de crime ou ato infracional, nas outras condutas resta a tipificação do Código Penal. Ato infracional é a conduta descrita como crime ou contravenção penal, quando cometida por criança ou adolescente, nos termos do artigo 103 da ECA.

Em suma, o Código Penal prevê imputação, a alguém sabidamente inocente, de crime, ato ímprobo ou infração ético-disciplinar. O Código Eleitoral menciona a imputação, a quem se sabe inocente, de crime ou ato infracional. Deste modo, ainda que haja finalidade eleitoral, a imputação falsa de ato ímprobo ou de infração ético-disciplinar não será considerada crime eleitoral, por ausência de previsão na legislação eleitoral. Se atingida a Justiça Eleitoral, o crime será de competência da Justiça Comum Federal. Se, por exemplo, houver a instauração de processo administrativo na esfera estadual e não se considerar atingida a Justiça Eleitoral, apesar de finalidade eleitoreira, a competência seria de Justiça Comum Estadual.

QUADRO SINÓTICO

Crime de denunciação caluniosa	
Tipo penal	Dar causa à instauração de inquérito policial, de procedimento investigatório criminal, de processo judicial, de processo administrativo disciplinar, de inquérito civil ou de ação de improbidade administrativa contra alguém, imputando-lhe crime, infração ético-disciplinar ou ato ímprobo de que o sabe inocente.
Objeto jurídico	Tutelam-se a Administração Pública e, mais especificamente, a administração da justiça.
Sujeito ativo	Qualquer um.
Sujeito passivo	O Estado e quem for diretamente prejudicado pelo agente.
Elemento subjetivo	Como há no tipo a expressão "que sabe inocente", admite-se somente o dolo direto.
Consumação	Por se tratar de crime material, o delito se consuma com a instauração do inquérito policial, do procedimento investigatório criminal, do processo judicial, do processo administrativo disciplinar, do inquérito civil ou da ação de improbidade administrativa.
Tentativa	Admite-se a tentativa.
Forma majorada	Nos termos do artigo 339, § 1º, do CP, há previsão de aumento de pena se o agente se serve de anonimato ou de nome suposto.

Crime de denunciação caluniosa	
Classificação	Trata-se de delito comum, instantâneo, material, de forma livre, monossubjetivo, plurissubsistente e não transeunte.
Benefícios	Admite-se o oferecimento de acordo de não persecução penal.
Ação penal	A ação penal é pública incondicionada.
Observações	Nos termos do artigo 339, § 2º, do CP, há previsão de conduta minorada se a imputação é de prática de contravenção.

5.3. Comunicação falsa de crime ou contravenção

O artigo 340 traz o crime de comunicação falsa de crime ou contravenção:

> *Art. 340 – Provocar a ação de autoridade, comunicando-lhe a ocorrência de crime ou de contravenção que sabe não se ter verificado:*
> *Pena – detenção, de um a seis meses, ou multa.*

Provocar é impelir, incitar, causar, ocasionar. A conduta típica é provocar a ação de autoridade, comunicando-lhe a ocorrência de crime ou de contravenção que sabe não ter se verificado. Configura-se o crime com a prática de qualquer diligência para elucidação da infração penal, não sendo necessária a instauração do inquérito criminal.

A conduta incriminada no artigo 340 do CP é diferente daquela tipificada no artigo 339 do CP, que trata da denunciação caluniosa. Na comunicação falsa de crime ou contravenção, o agente comunica a ocorrência de uma **infração penal que sabe não ter ocorrido**. Já na denunciação caluniosa, o sujeito ativo comunica **a prática de um crime (ato ímprobo ou infração ético-disciplinar) por determinada pessoa, sabendo que ela é inocente**.

A doutrina majoritária aponta não haver crime no caso de comunicação a um policial, dado que a expressão autoridade não pode ser objeto de analogia, pois seria em prejuízo do réu. Assim, a ação de autoridade seria, por exemplo, a do delegado de polícia ou do promotor de justiça.

Hungria aponta que, no caso de falsa comunicação para fraude em seguro, o agente responderá apenas pelo crime do artigo 171, § 2º, V, do CP. Além disso, o penalista adverte, com razão, que não se configura o crime do artigo 340 do Código Penal se a comunicação for de fato típico estruturalmente diferente, como comunicar roubo ao invés de furto. Por outro lado, haverá o crime se o agente comunica um furto familiar ocorrido, mas o atribui a pessoa estranha e não identificada[123]. Entretanto, vale apontar o entendimento de Sanches Cunha, que configurar esse delito a comunicação de infração penal essencialmente diversa daquela verdadeiramente ocorrida. Assim, essa modificação nos fatos configura, em sua visão, o crime de comunicação falsa de crime ou contravenção[124].

123. HUNGRIA, Nélson. Op. Cit., vol. IX, 1958, p. 467-468.
124. CUNHA, Rogério Sanches. Op. Cit., 997.

O crime é instantâneo, consumando-se em determinado momento temporal. É doloso, sem previsão de punição a título de culpa em sentido estrito. Classifica-se como material, por ser necessária a modificação do mundo exterior para sua consumação, ou seja, o início das providências pela autoridade. Por ser a conduta fracionável, é possível a tentativa, sendo o crime plurissubsistente.

Vale a leitura de interessante precedente do STJ sobre o delito de comunicação falsa de crime, envolvendo atletas que vieram ao Brasil participar dos Jogos Olímpicos:

> *"(...) 2.* ***O delito inserto no artigo 340 do Código Penal se configura com a provocação da autoridade competente pela persecução penal a realizar alguma diligência destinada a apurar a prática de crime ou contravenção, comunicando por qualquer meio a ocorrência de infração penal que sabe não ter ocorrido, tratando-se de crime de forma livre****. 3. No caso, resta incontroverso nos autos que a instauração do inquérito policial ocorreu exclusivamente em razão da ação do recorrido, atleta estrangeiro participante das Olimpíadas de 2016 no Rio de Janeiro, que provocou a atuação da Delegacia Especial de Atendimento ao Turista - DEAT ao comunicar a ocorrência do falso delito de roubo qualificado através da imprensa. 4. Ainda que se requisite a comunicação direta à autoridade da falsa ocorrência do delito, na espécie houve a reiteração da falsa comunicação delitiva em depoimento prestado pelo recorrido diretamente aos policiais, demonstrando-se a princípio o enquadramento típico da conduta, que teve como consequência a indevida continuidade da persecução penal. (...)" (STJ, REsp 1727501/RJ, Rel. Min. Maria Thereza de Assis Moura, Sexta Turma, DJe 16/08/2018).*

QUADRO SINÓTICO

Crime de comunicação falsa de crime ou contravenção	
Tipo penal	Provocar a ação de autoridade, comunicando-lhe a ocorrência de crime ou de contravenção que sabe não se ter verificado.
Objeto jurídico	Tutelam-se a Administração Pública e, mais especificamente, a administração da justiça.
Sujeito ativo	Qualquer um.
Sujeito passivo	O Estado.
Elemento subjetivo	Admite-se somente a modalidade dolosa.
Consumação	O delito se consuma quando o a autoridade atua diante da comunicação de crime que lhe foi feita.
Tentativa	Admite-se a tentativa.
Classificação	Trata-se de delito comum, comissivo ou omissivo impróprio, doloso, instantâneo, de forma livre, material, monossubjetivo, plurissubsistente e transeunte.
Benefícios	Trata-se de delito de menor potencial ofensivo, de competência dos Juizados Especiais Criminais e que admite a transação, suspensão condicional do processo e oferecimento de acordo de não persecução penal.
Ação penal	A ação penal é pública incondicionada.

5.4. Autoacusação falsa

A autoacusação falsa encontra previsão no artigo 341 do Código Penal:

> *Art. 341 – Acusar-se, perante a autoridade, de crime inexistente ou praticado por outrem:*
>
> *Pena – detenção, de três meses a dois anos, ou multa*

Acusar-se é atribuir uma infração a si mesmo, é apresentar-se como responsável. Tipifica-se a ação de se acusar, perante a autoridade, de crime inexistente ou praticado por outrem. O agente comunica que cometeu um crime que não ocorreu ou se arroga a autoria de crime cometido por outra pessoa.

O crime é comum, podendo ser praticado por qualquer pessoa. É **formal**, de modo que não precisa de resultado naturalístico (prática de algum ato pela autoridade) para a sua consumação. É instantâneo, consumando-se em um dado momento do tempo, sem prolongamento da fase de consumação.

Existe controvérsia entre os penalistas sobre a ocorrência de concurso material de crimes no caso de a autoacusação falsa for feita para a ocorrência do estelionato, na modalidade de fraude para recebimento de indenização ou valor de seguro (artigo 171, §2º, V, do CP). Parte entende que, por ser crime-meio, deve ser absorvido pelo crime-fim, com incidência do princípio da consunção. A outra corrente defende que os dois crimes tutelam bens jurídicos diversos, razão pela qual devem ser aplicadas as penas de ambos.

O crime é doloso, sendo que há divergência sobre a necessidade de finalidade específica por parte do agente. Parte da doutrina entende ser necessário o elemento subjetivo especial do tipo, consistente no intuito de provocar a ação inútil da autoridade, com base na afirmação do agente de que ele mesmo praticou o crime. Por ser fracionável a conduta, o crime é classificado como plurissubsistente e admite a tentativa.

QUADRO SINÓTICO

Crime de autoacusação falsa	
Tipo penal	Acusar-se, perante a autoridade, de crime inexistente ou praticado por outrem.
Objeto jurídico	Tutelam-se a Administração Pública e, mais especificamente, a administração da justiça.
Sujeito ativo	Qualquer um.
Sujeito passivo	O Estado.
Elemento subjetivo	Admite-se somente a modalidade dolosa.
Consumação	O delito se consuma quando o agente se acusa perante a autoridade. Trata-se de delito formal que não exige qualquer ação por parte da autoridade para que se verifique a consumação.

Crime de autoacusação falsa	
Tentativa	Admite-se a tentativa.
Classificação	Trata-se de delito comum, doloso, comissivo ou omissivo impróprio, instantâneo, de forma livre, monossubjetivo plurissubsistente ou monossubsistente e transeunte.
Benefícios	Trata-se de delito de menor potencial ofensivo, de competência dos Juizados Especiais Criminais e que admite a transação, suspensão condicional do processo e oferecimento de acordo de não persecução penal.
Ação penal	A ação penal é pública incondicionada.

5.5. Falso testemunho ou falsa perícia

O artigo 342 do CP dispõe sobre o crime de falso testemunho ou falsa perícia:

> *Art. 342. Fazer afirmação falsa, ou negar ou calar a verdade como testemunha, perito, contador, tradutor ou intérprete em processo judicial, ou administrativo, inquérito policial, ou em juízo arbitral:*
>
> *Pena – reclusão, de 2 (dois) a 4 (quatro) anos, e multa.*
>
> *§ 1º As penas aumentam-se de um sexto a um terço, se o crime é praticado mediante suborno ou se cometido com o fim de obter prova destinada a produzir efeito em processo penal, ou em processo civil em que for parte entidade da administração pública direta ou indireta.*
>
> *§ 2º O fato deixa de ser punível se, antes da sentença no processo em que ocorreu o ilícito, o agente se retrata ou declara a verdade.*

Trata-se de crime de tipo misto alternativo, cujas condutas incriminadas, a serem praticadas por testemunha, perito, contador, tradutor ou intérprete, são:

- **fazer afirmação falsa**: é declarar que aconteceu o que não aconteceu ou afirmar algo diverso ou diferente da realidade.
- **negar a verdade**: é negar algo que é verdadeiro, não reconhecer algo que efetivamente é verdade.
- **calar a verdade**: é ficar em silêncio ou omitir-se a respeito daquilo que é a realidade, da qual tem ciência. Trata-se da chamada reticência.

Testemunha é a pessoa chamada a depor sobre fatos de que tenha conhecimento. Perito é o profissional que é chamado a contribuir com especial conhecimento técnico, auxiliando a averiguar fatos, pessoas e coisas. Tradutor é o funcionário chamado a traduzir documentos escritos em idioma estrangeiro. Intérprete é o indivíduo convocado a realizar a tradução simultânea da comunicação realizada por alguém, réu, vítima ou testemunha, em ato judicial, por se tratar de idioma estrangeiro ou pessoa com deficiência.

A falsidade pode ocorrer em **processo judicial** (instaurado no âmbito do Poder Judiciário, presidido por um juiz, para exercício da jurisdição), ou **administrativo** (procedimento instaurado no âmbito da Administração Pública), **inquérito policial** (procedimento de investigação criminal, a cargo da polícia judiciária) ou em **juízo arbitral** (aquele instaurado por meio da arbitragem, método de resolução de conflitos que depende da convenção de arbitragem, ou seja, decisão das próprias partes de submeter a controvérsia à apreciação de um árbitro ou uma turma de árbitros). O delito se consuma mesmo se o depoimento for prestado perante juízo incompetente.

Não se preveem, contudo, o termo circunstanciado, utilizado para as infrações penais de menor potencial ofensivo, nem o procedimento investigatório criminal, instaurado no âmbito do Ministério Público, sendo discutível se eles se enquadram no conceito de processo administrativo[125]. Parece necessária, entretanto, a sua inclusão pelo legislador.

Se a falsidade declarada pela testemunha se referir a algum dado de sua qualificação, pode responder pelo delito de falsa identidade, mas não de falso testemunho, que se circunscreve aos fatos relevantes para o deslinde da causa[126]. Também não haverá o delito do artigo 342 se a testemunha emitir a sua opinião, somente sendo possível a configuração do delito quanto se referir aos fatos de que teria conhecimento[127].

É imprescindível, ainda, a potencialidade lesiva da conduta praticada, apta a influenciar o julgador em relação ao seu convencimento no processo ou o curso das investigações no inquérito. Por essa razão, o depoimento falso deve recair sobre **fato relevante** para o deslinde da causa para que se configure o crime. Para Hungria e Noronha, o depoimento falso em processo posteriormente anulado não se tipificada, dada a impossibilidade de influir no julgamento da causa. Igual seria o caso de o depoimento ser anulado por motivo diverso de sua falsidade[128]. No entanto, parece não haver razão, considerando que basta o potencial de influenciar o convencimento do julgador, e não que o juiz seja efetivamente induzido a erro, para a consumação do delito[129].

Claus Roxin classifica o crime de falso testemunho como **crime de expressão**, por se referir a um processo interno ocorrido na mente do autor. O agente recebe uma informação e a interpreta, processa, praticando então a conduta típica. Ele toma ciência de determinados fatos e, então, depõe de forma diversa. O crime não está na contradição entre o que o agente disse e a realidade (concepção objetiva), pois o agente pode ter percebido a realidade de forma diversa. A contradição que leva à configuração do crime de falso testemunho é a que ocorre entre a convicção

125. Defende a inclusão por interpretação extensiva: MASSON, Cleber. Op. Cit., 2019, p. 804.

126. No mesmo sentido: JESUS, Damásio E. de. Op. Cit., 2012, p. 348. Em sentido contrário: HUNGRIA, Nélson. Op. Cit., vol. IX, 1958, p. 475; MASSON, Cleber. Op. Cit., 2019, p. 805.

127. No mesmo sentido: NUCCI, Guilherme de Souza. Op. Cit., 2015, p. 1436-1437. No entanto, Hungria defendia ser possível a configuração do falso testemunho quanto à qualificação, especialmente se a testemunha mentisse sobre ser ascendente da parte (Op. Cit., vol. IX, 1958, p. 475).

128. HUNGRIA, Nélson. Op. Cit., vol. IX, 1958, p. 483; NORONHA, Edgard Magalhães. Op. Cit., 1978, p. 381. No mesmo sentido: BARROS, Flávio Augusto Monteiro de. Op. Cit., 2019, p. 1491; CUNHA, Rogério Sanches. Op. Cit., 2020, p. 1007; CAPEZ, Fernando. Op. Cit., 2013, p.689.

129. PRADO, Luiz Regis. Op. Cit., 2020, p. 1266.

íntima da testemunha e a sua manifestação ou entre o seu conhecimento dos fatos e sua atitude de calar-se (concepção subjetiva)[130].

A doutrina brasileira também alberga a teoria subjetiva, considerando que a declaração é falsa quando diverge do que o agente sabe, isto é, da sua experiência advinda de sua percepção do fato que ocorreu[131]. Citando Francesco Carrara, Hungria observava que "o critério de falsidade do testemunho não depende da relação entre o *dito* e a *realidade*, mas da relação entre o dito e o *estado de consciência* da testemunha"132. Inclusive, pode-se recordar que a testemunha que, por esquecimento, depõe de forma inexata em relação aos fatos ocorridos pratica fato atípico, considerando não haver modalidade culposa do delito de falso testemunho[133].

A prova oral é uma das provas dependentes da memória e, por isso, é suscetível de falhas, pelo próprio funcionalmente regular da mente humana, em reconstruir os fatos ocorridos com precisão. Por isso, ela pode ser sugestionada com perguntas indutivas, incluir falsas memórias e se perder quanto maior for o tempo entre o contato com o fato e o depoimento sobre ele. Essa espécie de prova tem recebido atenção de pesquisadores da psicologia e da neurociência, que advertem sobre a sua falibilidade e incompletude[134].

Deve-se ter cautela, portanto, na análise da tipicidade subjetiva do crime de falso testemunho. Ausente modalidade culposa, exige-se o dolo, que somente está presente se o indivíduo deseja prestar depoimento que destoa do que sabe ou, ao menos, assume o risco de narrar algo de que não está certo, afirmando-o com segurança. Além disso, do ponto de vista de tipicidade objetiva, exige-se, ainda, que o depoimento efetivamente destoe do fato narrado, não havendo crime se o agente intenta mentir em juízo, mas, ao final, o seu depoimento, por falha de memória, coincide com o fato ocorrido. Nesta hipótese, há crime impossível.

Quanto à figura delitiva da falsa perícia, o delito se consuma com a apresentação do laudo no processo judicial, ou administrativo, inquérito policial, ou em juízo arbitral, submetendo-o à apreciação de quem de direito. Não se configura o crime em caso de erro profissional. A falibilidade da própria ciência não acarreta, claramente, a responsabilização penal. Além da elaboração errônea do laudo, exige-se a consciência a respeito disso, dada a inexistência de modalidade culposa. É preciso que o agente atue com dolo direto ou eventual de realizar uma análise técnica divorciada da realidade ou do estado atual de desenvolvimento de sua área de atuação.

Trata-se de **crime de mão própria**, razão pela qual não se admite a coautoria, pois só a própria testemunha ou o próprio perito pode praticá-lo. Entretanto, o crime

130. ROXIN, Claus. Op. Cit., 1997, p. 317-318.

131. PRADO, Luiz Regis. Op. Cit., 2020, p. 1264; NUCCI, Guilherme de Souza. Op. Cit., 2015, p. 1436-1437; CAPEZ, Fernando. Op. Cit. 2013, p. 682-683; JESUS, Damásio Evangelista de. Op. Cit., 2012, p. 348; MASSON, Cleber. Op. Cit., 2019, p. 804.

132. HUNGRIA, Nélson. Op. Cit., vol. IX, 1958, p. 473.

133. BARROS, Flávio Augusto Monteiro de. Op. Cit., 2019, p. 1491.

134. STEIN, Lilian Milnitsky; FEIX, Leandro da Fonte; ROHENKOHL, Gustavo. Avanços metodológicos no estudo das falsas memórias: Construção e normatização do procedimento de palavras associadas. Psicologia: Reflexão e Crítica, v. 19, p. 166-176, 2006; GESU, Cristina di. Prova penal e falsas memórias. 4 ed. Porto Alegre: Livraria do Advogado, 2024; HUNGRIA, Nélson. Op. Cit., vol. IX, 1958, p. 477-481.

em estudo é o que admite a **excepcionalíssima coautoria em crime de mão própria**, no caso de falsa perícia, se forem dois os peritos e eles assinarem conjuntamente o laudo falso sobre a perícia por eles realizada.

É perfeitamente possível a participação no crime de falso testemunho ou falsa perícia, tanto na modalidade de participação moral, quanto de auxílio. O legislador criou figura autônoma para a participação mediante suborno no delito do artigo 342 do Código Penal, ao prever essa conduta no artigo seguinte. No entanto, isso não impede a punição das demais formas de participação, em razão do artigo 29 do Código Penal, nas penas do delito de falso testemunho ou falsa perícia. Em sentido contrário, Damásio de Jesus defendia a impossibilidade de coautoria e de participação[135].

A conduta do advogado que instrui a testemunha a mentir seria, então, de participação no crime de falso testemunho, segundo a doutrina e a jurisprudência majoritárias. Deve-se consignar, entretanto, que o Supremo Tribunal Federal já decidiu ser possível a coautoria em caso de advogado que induziu testemunha a mentir em processo trabalhista[136]

Existe divergência doutrinária sobre a necessidade de que a testemunha tenha prestado o **compromisso** para a configuração do crime. O compromisso se mostra desnecessário, por ser uma advertência direcionada a reforçar no depoente o seu dever[137]. Não deve ser tido como constitutivo do dever de não fazer afirmação falsa, negar ou calar a verdade. Tanto o STJ quanto o STF possuem precedentes em que se consigna não ser pressuposto do delito o compromisso de a testemunha dizer a verdade, feito no início do seu depoimento:

> *"É assente nesta Corte que o falso testemunho (art. 342, § 1º, do Código Penal) é crime formal, cuja consumação ocorre com a afirmação falsa sobre fato juridicamente relevante, e prescinde do compromisso, do grau de influência no convencimento do julgador e do devido aferimento de vantagem ilícita (STJ, HC n. 150.509/MG, relator Ministro Rogerio Schietti Cruz, Sexta Turma, julgado em 21/6/2022, DJe de 27/6/2022)*
>
> *"Quem não é obrigado pela lei a depor como testemunha, mas que se dispõe a fazê-lo e é advertido pelo Juiz, mesmo sem ter prestado compromisso pode ficar sujeito as penas do crime de falso testemunho. Precedente: HC n. 66.511-0, 1a Turma. "Habeas corpus" conhecido, mas indeferido"(STF, HC 69358, Rel. Min. Paulo Brossard, Segunda Turma, julgado em 30-03-1993).*

A doutrina diverge se o **informante** pode praticar o crime previsto no artigo 342 do Código Penal. Noronha defende a sua possibilidade, já que o juiz pode utilizar o seu depoimento para formar a sua convicção[138].Como o tipo penal se refere à tes-

135. Em posição atualmente minoritária, mas, que, à época, observava ser majoritária: JESUS, Damásio Evangelista de. Op. Cit., 2012, p. 343-347.
136. STF, RHC 81327/SP, Rel. Min. Ellen Gracie, Primeira Turma, Julgamento em 11/12/2001.
137. PRADO, Luiz Regis. Op. Cit., 2020, p. 1266. Analisa a divergência: NUCCI, Guilherme de Souza. Op. Cit., 2015, p. 1438-1439.
138. NORONHA, Edgard Magalhães. Op. Cit., 1978, p. 379. No mesmo sentido: CAPEZ, Fernando. Op. Cit., 2013, p. 676; ; MASSON, Cleber. Op. Cit., 2019, p. 809; JESUS, Damásio E. de. Op. Cit., 2012, p. 342-343.

temunha, o melhor entendimento é não incluir nem o informante nem a vítima[139]. O posicionamento do STJ é de que não se admite a analogia in malam partem para se incluir o informante no conceito de testemunha:

> *"**Se o próprio legislador, em clara hipótese de interpretação autêntica, definiu ele mesmo o conceito de testemunha** (art. 415 do Código de Processo Civil/1973 e art. 288 do Código Civil), **não cabe ao julgador se afastar dessa definição, para nela inserir aqueles a que a Lei vedou figurarem como testemunhas**, mormente em se tratando de verificação de abrangência de norma incriminadora, em cuja interpretação é vedada a analogia in malam partem." (STJ, REsp 1549417/MG, Rel. Min. Sebastião Reis Júnior, Sexta Turma, DJe 08/09/2016).*

O STF já decidiu que o declarante pode ser equiparado à testemunha, mas, nos votos proferidos, percebe-se a ressalva de que não havia impedimento ou vedação à oitiva da pessoa como testemunha, tendo sido apenas ouvida como declarante (HC 83254/PE, Rel. p/ acórdão Min. Joaquim Barbosa, Primeira Turma, Julgamento em 23/09/2003).

No caso de o falso testemunho ocorrer em processo trabalhista, a competência para julgamento do crime é da Justiça Federal, nos termos da Súmula 165 do STJ:

> *Compete à Justiça Federal processar e julgar crime de falso testemunho cometido no processo trabalhista.*

O STJ já decidiu que o crime de falso testemunho é de natureza formal, não exigindo resultado naturalístico para sua consumação. Ademais, considerando que se configura com o encerramento do depoimento, consignou ser dispensável a instauração de inquérito policial ou outro procedimento de investigação:

> *"III – Nessa ordem de ideias e considerando que **o crime de falso testemunho é de natureza formal, consumando-se no momento da afirmação falsa a respeito de fato juridicamente relevante**, **aperfeiçoando-se quando encerrado o depoimento**, a cópia integral dos autos no qual foi constatada a suposta prática criminosa fornece elementos suficientes para a persecução penal, **dispensando, de consequência, a instauração de qualquer procedimento investigativo prévio**, notadamente o inquérito." (STJ, RHC 82027/SC, Rel. Min. Felix Fischer, Quinta Turma, DJe 09/05/2018).*

No mesmo sentido:

> *"É pacífico o entendimento de que o crime de falso testemunho é formal, consumando-se no momento em que é feita a afirmação falsa sobre fato juridicamente relevante, razão pela qual **não é necessária a prolação de sentença condenatória no processo em que o depoimento foi prestado para que o delito se configure**, exatamente como na espécie. Doutrina. Jurisprudência." (STJ, AgRg no RHC 122081/MG, Rel. Min. Jorge Mussi, Quinta Turma, DJe 05/03/2020).*

139. NUCCI, Guilherme de Souza. Op. Cit., 2015, p. 1438-1440. Hungria diferenciava: não cometem crimes os vedados a depor, mas se sujeiam ao delito de violação de segredo profissional. Já os familiares, se deporem, sujeitam-se às penas do crime (HUNGRIA, Nélson. Op. Cit., vol. IX, 1958, p. 482).

Também há precedente do Supremo Tribunal Federal, reconhecendo a natureza formal do crime em tela:

> *"3. Quanto ao desvalor da afirmação tida como falsa no deslinde da causa em que se deu o depoimento do paciente, é firme o entendimento deste Supremo Tribunal de que "o crime de falso testemunho é de natureza formal e se consuma com a simples prestação do depoimento falso, sendo de todo irrelevante se influiu ou não no desfecho do processo" (HC nº 73.976, Rel. Min. Carlos Velloso)." (HC 81951/SP, Rel. Min. Ellen Gracie, Primeira Turma, Julgamento: 10/02/2004).*

Deve-se lembrar que o crime de falso testemunho não alcança o investigado ou o acusado, que não é obrigado a produzir provas contra si mesmo, conforme o princípio da não autoincriminação, chamado de *nemo tenetur se detegere*. Por essa razão, o Superior Tribunal de Justiça entende, com acerto, que a conduta da testemunha é atípica quando muda seu depoimento, prestado perante a autoridade policial, com o intuito de evitar a responsabilização por crime, que no caso do precedente era o de posse de drogas para consumo próprio:

> *"(...) Como bem demonstrado na decisão agravada, é cediço que a jurisprudência desta Corte tem se direcionado no sentido de reconhecer* ***a atipicidade da conduta, em casos semelhantes ao dos autos, por considerar manifesta a ilegalidade quando o réu é acusado de falso testemunho por modificar o depoimento prestado na fase policial****, com o intuito de se eximir do crime previsto no art. 28 da Lei n. 11.343/06, qual seja, posse de drogas para consumo pessoal. (...)" (AgRg no HC 351788/SC, Rel. Min. Joel Ilan Paciornik, Quinta Turma, DJe 17/10/2017).*

Se a testemunha mente no inquérito, ao depor para a autoridade policial, na fase do judicium accusacionis, perante o juiz togado, e na fase do judicium causae, perante os jurados, comete crime único, por se relacionar ao mesmo processo. Não se tem crime continuado nem concurso material, como já advertia Nelson Hungria[140]. Por outro lado, eventual crime contra a honra, que atinge bem jurídico diverso da administração da justiça, não é absorvido pelo crime de falso testemunho.

O crime é instantâneo, consumando-se em um instante determinado no tempo. O local da consumação é o local do depoimento prestado, o que, em se tratando de carta precatória, corresponde ao juízo deprecado141. É doloso, sem previsão de forma culposa. É formal, não exigindo que efetivamente influencie o resultado da prestação jurisdicional, bastando a potencialidade.

Quanto à tentativa, existe divergência. O crime é plurissubsistente na modalidade de falsa perícia, admitindo a tentativa. Há crime tentado se o perito assina o

140. HUNGRIA, Nélson. Op. Cit., vol. IX, 1958, p. 483; JESUS, Damásio E. de. Op. Cit., 2012, p. 350; CAPEZ, Fernando. Op. Cit., 2013, p. 689; MASSON, Cleber. Op. Cit., 2019, p. 803.

141. STJ, CC n. 30.309/PR, Rel. Min. Gilson Dipp, Terceira Seção, julgado em 28/11/2001, DJ de 11/3/2002, p. 163. JESUS, Damásio E. de. Op. Cit., 2012, p. 351. Hungria defendia a competência do juízo deprecante, com base na lição de Manzini (HUNGRIA, Nélson. Op. Cit., vol. IX, 1958, p. 476), entendimento também defendido em: MASSON, Cleber. Op. Cit., 2019, p. 820-820.

laudo e, após remetê-lo à autoridade judicial, é extraviado. Por outro lado, quanto ao falso testemunho, o entendimento que prevalece é o da impossibilidade do *conatus*[142]. Luiz Regis Prado, por sua vez, defende que é possível a tentativa, como no caso de a testemunha começar a mentir e, ao ser supreendida por contraditarem o seu depoimento, declarar a verdade a partir das perguntas realizadas pelo juiz[143].

Não há impedimento a que o processo penal pelo crime de falso testemunho seja instaurado antes de sentenciado o processo no qual ocorreu o delito. Poderá sobrevir, no entanto, a retratação, que implicará a extinção da punibilidade, razão pela qual se deve aguardar a sentença do processo em que houve o testemunho ou foi apresentado o laudo pericial para se prolatar sentença sobre o crime do artigo 342 do CP[144].

Caso o falso testemunho ou a falsa perícia forem praticados perante comissão parlamentar de inquérito, também se aplica a pena prevista no artigo 342 do Código Penal. Isto porque há previsão específica no artigo 4º, inciso II, da Lei n. 1.579/1952, que prevê constituir crime "fazer afirmação falsa, ou negar ou calar a verdade como testemunha, perito, tradutor ou intérprete, perante a Comissão Parlamentar de Inquérito", com remissão ao preceito secundário do crime de falso testemunho.

Modalidades majoradas

Há a previsão de causa de aumento de pena, de um sexto a um terço, no artigo 342, parágrafo primeiro, do Código Penal. O crime será majorado quando praticado mediante **suborno** ou se cometido com o fim de obter prova destinada a produzir efeito em **processo penal**, ou em **processo civil em que for parte entidade da administração pública** direta ou indireta:

a) Praticado mediante suborno: ocorre quando oferecem, dão ou prometem vantagem para que a testemunha, o perito, o tradutor, o intérprete ou o contador falseiem os fatos. O corruptor responde pelo artigo 343 do Código Penal, enquanto o corrompido pratica o delito do artigo 342, com incidência da majorante de um sexto a um terço.

   É importante destacar uma exceção ao monismo adotado pelo Código Penal, segundo a doutrina majoritária, quanto ao concurso de pessoas. Em se tratando de falsa perícia, se o agente que receber suborno para efetuar a falsa perícia for o perito oficial, ele responderá pelo crime funcional do artigo 317 do Código Penal, isto é, por corrupção passiva. Com a efetiva realização da

142. NORONHA, Edgard Magalhães. Op. Cit., 1978, p. 383; NUCCI, Guilherme de Souza. Op. Cit., 2015, p. 1443-1444;; MASSON, Cleber. Op. Cit., 2019, p. 815.

143. PRADO, Luiz Regis. Op. Cit., 2020, p. 1268-1269. No mesmo sentido: JESUS, Damásio E. de. Op. Cit., 2012, p. 350.

144. No mesmo sentido: PRADO, Luiz Regis. Op. Cit., 2020, p. 1270; JESUS, Damásio E. de. Op. Cit., 2012, p. 354; CAPEZ, Fernando. Op. Cit., 2013, p. 691. A condição de punibilidade é resolutiva, e não suspensiva: HUNGRIA, Nélson. Op. Cit., vol. IX, 1958, p. 486. Nucci e Hungria defendem que o processo criminal pelo falso testemunho pode se iniciar, mas deve aguardar a sentença daquele em que ocorreu o ilícito para o julgamento do delito (NUCCI, Guilherme de Souza. Op. Cit., 2015, p. 1447).

falsa perícia mediante suborno, o perito que for funcionário público deve responder por corrupção passiva majorada, por ter praticado o ato de ofício infringindo dever funcional, nos termos do artigo 317, § 1º, do Código. Aquele que o suborna, por sua vez, responde pelo crime do artigo 333 do Código Penal[145]:

Perito oficial recebe suborno e realiza a perícia com falsidade	Artigo 317, § 1º, do CP
Perito nomeado recebe suborno e realiza a perícia com falsidade	Artigo 342, § 1º, do CP
Subornar perito oficial para realização de laudo falso	Artigo 333 do CP
Subornar perito nomeado para realização de laudo falso	Artigo 343 do CP

Uma dúvida que surge é se a testemunha recebe o valor do suborno e presta o depoimento conforme se lembra dos fatos, sem falseá-los, de modo a enganar o seu corruptor. Da parte da testemunha, o delito exige que ela deponha falsamente. Se ela recebe o suborno e não presta falso testemunho, não há crime[146]. Lado outro, o mero oferecimento da vantagem à testemunha com a finalidade de que ela falseie a verdade já configura o crime do artigo 343 do Código Penal.

b) Praticado com a finalidade de obter prova destinada a produzir efeito em processo penal: trata-se de hipótese em que se trará prejuízo à persecução penal do Estado, possibilitando a impunidade do responsável ou a punição de inocente, motivo pelo qual há maior gravidade no falseamento dos fatos. A majorante se refere a um elemento subjetivo especial do injusto, não sendo necessário que, de fato, se produza efeito no processo penal para imposição do aumento de pena.

c) Praticado com o fim de obter prova destinada a produzir efeito em processo civil em que seja parte Administração Pública direta ou indireta. A Administração Pública direta abrange a União, os Estados, o Distrito Federal e os Municípios. A Administração Pública indireta é composta pelas autarquias, fundações públicas, empresas públicas e sociedades de economia mista. Assim, a majorante abrange, mas não se limita às hipóteses denominadas de Fazenda Pública em juízo. A maior gravidade se funda no interesse público, por envolver pretensões e, muitas vezes, verbas e bens públicos.

Retratação

O parágrafo segundo do artigo 342 do Código Penal determina que **o fato deixa de ser punível** se, antes da sentença no processo em que ocorreu o ilícito, o agente se retrata ou declara a verdade. Trata-se da **retratação**, que é a causa de **extinção da**

145. PRADO, Luiz Regis. Op. Cit., 2020, p. 1269 e 1273; HUNGRIA, Nélson. Op. Cit., vol. IX, 1958, p. 485; JESUS, Damásio E. de. Op. Cit., 2012, p. 352; ; MASSON, Cleber. Op. Cit., 2019, p. 817.

146. NORONHA, Edgard Magalhães. Op. Cit., 1978, p. 384.

punibilidade consistente no ato do agente de retirar totalmente o que disse anteriormente. Exige-se a sua voluntariedade, não sendo necessária a espontaneidade.

Em se tratando de crime de falso testemunho ou falsa perícia, **a retratação pode ser oferecida** até a sentença de primeira instância, mas não do processo penal em que o sujeito é acusado do próprio crime de falsa perícia ou falso testemunho. O termo final do prazo é ser proferida **sentença, de primeiro grau, no processo em cujo curso o acusado prestou falso testemunho ou elaborou falsa perícia**[147].

O Código Penal prevê que a retratação do falso testemunho ou da falsa perícia tem como consequência a **extinção da punibilidade do fato**. Ora, se o fato deixa de ser punido, esta causa de extinção da punibilidade **se estende aos demais agentes, coautores ou partícipes**[148]. O STJ adotou essa posição, consignando que "a retratação de um dos acusados, tendo em vista a redação do art. 342, § 2º, do Código Penal, estende-se aos demais co-réus ou partícipes"[149].

QUADRO SINÓTICO

Crime de falso testemunho ou falsa perícia	
Tipo penal	Fazer afirmação falsa, ou negar ou calar a verdade como testemunha, perito, contador, tradutor ou intérprete em processo judicial, ou administrativo, inquérito policial, ou em juízo arbitral.
Objeto jurídico	Tutelam-se a Administração Pública e, mais especificamente, a administração da justiça.
Sujeito ativo	Somente a testemunha, o perito, o contador, o tradutor ou o intérprete. O advogado que instrui o agente é partícipe, não coautor.
Sujeito passivo	O Estado e quem for diretamente prejudicado pelo agente.
Elemento subjetivo	Admite-se somente a modalidade dolosa.
Consumação	O delito se consuma quando a autoridade responsável encerra o ato, no qual o agente prestou o falso testemunho.
Tentativa	Não se admite a tentativa quanto ao falso testemunho, admitindo-se no caso de falsa perícia.

147. No mesmo sentido: HUNGRIA, Nélson. Op. Cit., vol. IX, 1958, p. 486-487; NORONHA, Edgard Magalhães. Op. Cit., 1978, p. 385. PRADO, Luiz Regis. Op. Cit., 2020, p. 1270; NUCCI, Guilherme de Souza. Op. Cit., 2015, p. 1446; JESUS, Damásio E. de. Op. Cit., 2012, p. 352; ; MASSON, Cleber. Op. Cit., 2019, p. 819. É também o entendimento jurisprudencial: STJ,AgRg no REsp n. 1.777.791/TO, Rel. Min. Antonio Saldanha Palheiro, Sexta Turma, julgado em 28/11/2022, DJe de 30/11/2022. Em sentido contrário, defendendo ser possível até o julgamento do recurso na instância superior e, no júri, mesmo após a pronúncia, desde que antes da sentença de mérito: CUNHA, Rogério Sanches. Op. Cit., 2020, p. 1011.

148. CUNHA, Rogério Sanches. Op. Cit., 2020, p. 1011-1012. Em sentido contrário, entendendo ser incomunicável: HUNGRIA, Nélson. Op. Cit., vol. IX, 1958, p. 487; ; MASSON, Cleber. Op. Cit., 2019, p. 819.

149. STJ, HC n. 36.287/SP, Rel. Min. Felix Fischer, Quinta Turma, julgado em 17/5/2005, DJ de 20/6/2005.

Crime de falso testemunho ou falsa perícia	
Forma majorada	Nos termos do artigo 342, § 1º, do CP, há previsão de aumento de pena se o crime é praticado mediante suborno ou se cometido com o fim de obter prova destinada a produzir efeito em processo penal, ou em processo civil em que for parte entidade da administração pública direta ou indireta.
Jurisprudência relevante	Compete à Justiça Federal processar e julgar crime de falso testemunho cometido no processo trabalhista. (Súmula 165 do STJ)
Classificação	Trata-se de delito de mão própria, doloso, formal, comissivo ou omissivo próprio (calar a verdade), instantâneo, de forma livre, monossubjetivo, monossubsistente e não transeunte.
Benefícios	Admite-se o oferecimento de acordo de não persecução penal.
Ação penal	A ação penal é pública incondicionada.
Observações	Nos termos do artigo 342, § 2º, do CP há possibilidade de retratação se, antes da sentença no processo em que ocorreu o ilícito, o agente se retrata ou declara a verdade. O fato deixa de ser punível.

5.6. Corrupção ativa de testemunha ou perito

O artigo 343 do CP traz delito sem *nomen juris*, denominado pela doutrinade crime de **corrupção ativa de testemunha, servidor ou auxiliar da Justiça**:. Trata-se de hipótese de participação moral no crime de falso testemunho ou falsa perícia, tipificado no artigo 342, mas que o legislador resolveu dar tipificação autônoma. Ocorre com a entrega, o oferecimento ou a promessa de dinheiro ou outra vantagem com a finalidade da prática do delito do artigo 342:

> *Art. 343. Dar, oferecer ou prometer dinheiro ou qualquer outra vantagem a testemunha, perito, contador, tradutor ou intérprete, para fazer afirmação falsa, negar ou calar a verdade em depoimento, perícia, cálculos, tradução ou interpretação:*
>
> *Pena – reclusão, de três a quatro anos, e multa.*
>
> *Majorante*
>
> *Parágrafo único. As penas aumentam-se de um sexto a um terço, se o crime é cometido com o fim de obter prova destinada a produzir efeito em processo penal ou em processo civil em que for parte entidade da administração pública direta ou indireta.*

As ações nucleares são dar (ceder, alienar gratuitamente, transferir); oferecer (dar de presente, apresentar) ou prometer (comprometer-se a dar, fazer promessa de dar). A conduta incriminada é dar, oferecer ou prometer dinheiro ou qualquer outra vantagem a testemunha, perito, contador, tradutor ou intérprete.Testemunha é a pessoa chamada a depor sobre fatos de que tenha conhecimento. Perito é o profissional que é chamado a contribuir com especial conhecimento técnico, auxiliando a averiguar fatos, pessoas e coisas. Tradutor é o funcionário chamado a traduzir documentos escritos em idioma estrangeiro. Intérprete é o indivíduo convocado a realizar a tradução simultânea da comunicação realizada por alguém, réu, vítima ou testemunha, em ato judicial, por se tratar de idioma estrangeiro ou pessoa com deficiência.

Connfigura-se delito do artigo 343 do Código Penal se o perito, contador, tradutor ou intérprete for nomeado. Em se tratando de perito, contador ou intérprete oficial, isto é, com vínculo funcional com a Administração Pública, o crime será o de corrupção ativa, previsto no artigo 333 do Código Penal, enquanto a conduta do funcionário público tipificará a corrupção passiva, prevista no artigo 317 do Código Penal[150];

Dar, oferecer ou prometer dinheiro ou qualquer outra vantagem a testemunha, para fazer afirmação falsa, negar ou calar a verdade em depoimento.	Art. 343 do CP
Dar, oferecer ou prometer dinheiro ou qualquer outra vantagem a perito, contador, tradutor ou intérprete **nomeado**, para fazer afirmação falsa, negar ou calar a verdade em perícia, cálculos, tradução ou interpretação.	Art. 343 do CP
Oferecer ou prometer dinheiro ou qualquer outra vantagem a perito, contador, tradutor ou intérprete **oficial**, para fazer afirmação falsa, negar ou calar a verdade em perícia, cálculos, tradução ou interpretação.	Art. 333 do CP

Exige-se que o agente tenha como finalidade que o sujeito,testemunha, perito, contador, tradutor ou intérprete, faça afirmação falsa, negue ou cale a verdade em depoimento, perícia, cálculos, tradução ou interpretação. Cuida-se de **elemento subjetivo especial do tipo**. Não é necessário que efetivamente a testemunha, o perito, o contador, o tradutor ou intérprete faça o que agente almejava, o delito se consuma com o mero ato de dar, oferecer ou prometer dinheiro ou qualquer outra vantagem.

É possível o concurso de agentes, como no caso de alguém influenciar o advogado, como seu cliente, para que ele ofereça a vantagem ao perito nomeado para ofertar laudo falso, discrepante da realidade. Configura-se, neste exemplo, a participação no crime do artigo 343 do Código Penal[151]. Se o perito nomeado aceita o valor e elabora a perícia falsa, responde pelo crime do artigo 342, § 1º, do Código Penal, em exceção ao monismo adotado como regra, segundo o qual todos os que concorrem para o resultado delitivo respondem pelo mesmo tipo penal.

O sujeito ativo se utiliza do suborno, dando, oferecendo ou prometendo dinheiro, ou mesmo de qualquer vantagem, inclusive a de cunho sexual, com a finalidade de influenciar na atuação de alguém como auxiliar da justiça. O seu objetivo, que não precisa ser alcançado, é adulterar a prova produzida no processo ou obter um cálculo adulterado a ser realizado pelo contador. Caso o sujeito ativo empregue violência

150. HUNGRIA, Nélson. Op. Cit., vol. IX, 1958, p. 488. PRADO, Luiz Regis. Op. Cit., 2020, p. 1272; JESUS, Damásio E. de. Op. Cit., 2012, p. 356; CAPEZ, Fernando. Op. Cit., 2013, p. 694; MASSON, Cleber. Op. Cit., 2019, p. 824. Modifica-se a posição anterior, que parecia compatível com a de Nucci, de que o artigo 343 é uma modalidade especial de corrupção ativa (NUCCI, Guilherme de Souza. Op. Cit., 2015, p. 1436-1444), para adotar a majoritária.

151. No mesmo sentido: CAPEZ, Fernando. Op. Cit., 2013, p. 694.

ou grave ameaça, configura-se o crime de coação no curso do processo, tipificado no artigo 344 do Código Penal.

O crime é, portanto, formal ou, em outros termos, de tendência interna transcendente de resultado cortado. Por ser plurissubsistente, a tentativa é possível, mas de difícil configuração. Seria o caso de o agente enviar ao perito nomeado pelo juiz uma mensagem escrita com promessa de vantagem, mas ela é extraviada e chega às autoridades públicas. O agente pode responder, neste caso, pela modalidade tentada.

O que se pune por meio do tipo do artigo 343 do Código Penal é que o agente dê, ofereça ou prometa dinheiro ou qualquer outra vantagem, ou seja, suborne alguém para que esta pessoa pratique o crime de falso testemunho. Se o subornado for servidor público, como um perito oficial, e receba a vantagem ou aceite a promessa de receber, responderá por corrupção passiva. Caso não seja, a sua punição dependerá de efetivamente falsear a verdade. Se a testemunha recebe o valor e presta o depoimento de forma sincera, sem fazer afirmação falsa, negar ou calar a verdade, não há configuração de crime[152].

O crime é comum, podendo ser praticado por qualquer pessoa. Cuida-se de crime doloso, com exigência de finalidade especial do tipo, consistente no intuito de obter do terceiro uma afirmação falsa, consistente em que ele faça afirmação falsa, negue ou cale a verdade. É formal, não dependendo de resultado naturalístico, isto é, da efetiva prática do falso testemunho ou falsa perícia pelo terceiro, para a sua consumação. É instantâneo, consumando-se em um instante determinado no tempo. Por ser sua conduta fracionável, é plurissubsistente, admitindo a tentativa. Só não se admite a tentativa se a oferta ou promessa forem praticadas na forma verbal[153].

O Superior Tribunal de Justiça já decidiu que a mãe e representante legal da vítima, menor de idade, não pode ser a pessoa que recebe a doação, o oferecimento ou a promessa de dinheiro ou vantagem a que se refere o artigo 343 do Código Penal. Por não poder ser considerada testemunha, o oferecimento de vantagem a ele não configura o crime em estudo:

> *"A **mãe e representante legal da vítima menor de idade não tem legitimidade ativa** para cometer o injusto do art. 342 do Código Penal e, por consequência, não pode figurar como objeto do delito do art. 343 do mesmo estatuto, por não se inserir no conceito de testemunha previsto nos dispositivos." (STJ, REsp 1549417/MG, Rel. Min. Sebastião Reis Júnior, Sexta Turma, DJe 08/09/2016).*

O STJ, em acórdão mais recente, também analisou o caso de configuração do crime do artigo 343 do CP, concluindo ser devida a condenação se o indivíduo ofereceu dinheiro para que a testemunha mudasse o depoimento dado perante a autoridade policial, ao ser convocada para depor em juízo:

> *"Inviável a absolvição pelo crime de corrupção ativa de testemunha porque, conforme se extrai da prova oral analisada pelas instâncias ordinárias, a vítima, depois de prestar declarações como testemunha na delegacia de polícia, foi procurada pelo*

152. BARROS, Flávio Augusto Monteiro de. Op. Cit., 2019, p. 1496-1497.

153. NORONHA, Edgard Magalhães. Op. Cit., 1978, p. 386; CAPEZ, Fernando. Op. Cit., 2013, p. 695.

*acusado que, de posse de cópia do depoimento, **exibiu-lhe dinheiro, oferecendo-lhe a vantagem para que mudasse sua versão caso fosse chamada a depor em juízo**, visando assim obter prova destinada a produzir efeito em processo criminal." (STJ, AgRg no AREsp 1141970/SC, Rel. Min. Jorge Mussi, Quinta Turma, DJe 02/03/2018).*

Modalidades majoradas

Incide a causa de aumento de pena, de um sexto a um terço, conforme prevê o parágrafo único do artigo 343, nos seguintes casos:

a) Se o crime for praticado com a finalidade de obter prova destinada a produzir efeito em **processo penal**: trata-se de hipótese em que se trará prejuízo à persecução penal do Estado, possibilitando a impunidade do responsável ou a punição de inocente, motivo pelo qual há maior gravidade no falseamento dos fatos. A majorante se refere a um elemento subjetivo especial do injusto, não sendo necessário que, de fato, se produza efeito no processo penal para imposição do aumento de pena.

b) Se o crime for praticado com o fim de obter prova destinada a produzir efeito em **processo civil em que seja parte Administração Pública direta ou indireta**. A Administração Pública direta abrange a União, os Estados, o Distrito Federal e os Municípios. A Administração Pública indireta é composta pelas autarquias, fundações públicas, empresas públicas e sociedades de economia mista. Assim, a majorante abrange, mas não se limita às hipóteses denominadas de Fazenda Pública em juízo. A maior gravidade se funda no interesse público, por envolver pretensões e, muitas vezes, verbas e bens públicos.

QUADRO SINÓTICO

Crime de corrupção ativa de testemunha ou perito	
Tipo penal	Dar, oferecer ou prometer dinheiro ou qualquer outra vantagem a testemunha, perito, contador, tradutor ou intérprete, para fazer afirmação falsa, negar ou calar a verdade em depoimento, perícia, cálculos, tradução ou interpretação
Objeto jurídico	Tutelam-se a Administração Pública e, mais especificamente, a administração da justiça.
Sujeito ativo	Qualquer um.
Sujeito passivo	O Estado e quem for diretamente prejudicado pelo agente.
Elemento subjetivo	Admite-se somente a modalidade dolosa. Ademais, o agente deve ter o especial fim de agir de que a testemunha, perito, contador, tradutor ou intérprete faça afirmação falsa, negue ou cale a verdade.
Consumação	O delito se consuma quando o agente dá, oferece ou promete dinheiro ou qualquer outra vantagem. Trata-se de delito formal que dispensa que o agente efetivamente preste o falso testemunho.

Crime de corrupção ativa de testemunha ou perito	
Tentativa	Admite-se a tentativa, salvo na forma verbal de oferecimento ou promessa.
Forma majorada	Nos termos do artigo 343, parágrafo único, do CP, há previsão de aumento de pena se o crime é cometido com o fim de obter prova destinada a produzir efeito em processo penal ou em processo civil em que for parte entidade da administração pública direta ou indireta.
Classificação	Trata-se de delito comum, doloso, comissivo ou omissivo impróprio, instantâneo, de forma livre, monossubjetivo, plurissubsistente ou monossubsistente e transeunte.
Benefícios	Admite-se o oferecimento de acordo de não persecução penal.
Ação penal	A ação penal é pública incondicionada.
Diferenciação	Configura-se o crime do artigo 333 do Código Penal, e não o do artigo 343 do Código Penal, se o agente oferecer ou prometer dinheiro ou outra vantagem indevida a perito oficial, a contador oficial, tradutor oficial ou intérprete oficial.

5.7. Coação no curso do processo

O crime de coação no curso do processo está tipificado no artigo 344 do Código Penal:

> *Art. 344 – Usar de violência ou grave ameaça, com o fim de favorecer interesse próprio ou alheio, contra autoridade, parte, ou qualquer outra pessoa que funciona ou é chamada a intervir em processo judicial, policial ou administrativo, ou em juízo arbitral:*
>
> *Pena – reclusão, de um a quatro anos, e multa, além da pena correspondente à violência.*
>
> *Parágrafo único. A pena aumenta-se de 1/3 (um terço) até a metade se o processo envolver crime contra a dignidade sexual.*

A conduta incriminada é usar (utilizar, empregar) de violência (*vis absoluta*, coação física) ou grave ameaça (*vis compulsiva*, coação moral) contra autoridade, parte, ou qualquer outra pessoa que funciona ou é chamada a intervir em processo judicial, policial ou administrativo, ou em juízo arbitral. É necessário, ainda, que o emprego de violência ou grave ameaça tenha o fim de favorecer interesse próprio ou alheio.

O crime é comum, podendo ser praticado por qualquer pessoa. É formal, pois se consuma independentemente da ocorrência do resultado naturalístico. É doloso, exigindo o elemento subjetivo especial do injusto, consistente no favorecimento de interesse próprio ou de outrem. É instantâneo, consumando-se em um dado instante do tempo. É plurissubsistente, admitindo a tentativa, já que a conduta é fracionável.

O preceito secundário do artigo 344 prevê a sanção penal de reclusão, de um a quatro anos, e multa, **além da pena correspondente à violência**. Parte da doutrina entende que há concurso material entre os crimes, enquanto alguns penalistas defendem que a lei se refere à aplicação da regra do cúmulo material, não à modalidade de concurso de crimes.

Quanto à soma das penas referentes ao crime de coação no curso do processo e ao relativo à violência, há o interessante julgado do STJ:

> *"(...) 4. A determinação contida no preceito secundário do art. 344 do CP ("reclusão, de um a quatro anos, e multa, além da pena correspondente à violência") refere-se tão-somente à incidência da* ***regra do cúmulo material entre os crimes, é dizer, se reconhecida a prática do crime de coação no curso do processo, existindo violência, o juiz, por expressão da vontade do legislador, deverá somar sua pena ao do delito resultante daquela violência****. 5. No caso, o paciente agrediu com pedaço de madeira e foice a vítima, visando a coagi-la, porquanto testemunha de acusação em processo no qual responde por homicídio. 6. Embora elementar do delito do art. 344 do Código Penal, não haveria como o resultado advindo da violência se exaurir tão-somente no tipo penal em questão, isto é, ser por ele absorvido, de modo que, a depender das consequências da conduta violenta, como resposta penal, o somatório das penas. Na hipótese em questão, a violência empregada causou lesões de natureza gravíssima, crime pelo qual restou corretamente condenado em segundo grau. (...)" (STJ, HC 388983/SP, Rel. Min. Ribeiro Dantas, Quinta Turma, DJe 27/09/2017).*

O Superior Tribunal de Justiça já decidiu não ser cabível a substituição da pena privativa de liberdade por restritiva de direitos no caso do crime de **coação no curso do processo**, por envolver violência ou grave ameaça:

> *"(...) Não há que se falar em substituição da pena privativa de liberdade por restritiva de direitos, haja vista que a violência ou grave ameaça é elemento do tipo do crime de coação no curso do processo (art. 344 do CP), pelo qual os acusados foram condenados, não se verificando o cumprimento do requisito exigido pelo artigo 44 do Código Penal. (...)" (STJ, AgRg no AREsp 1031908/DF, Rel. Min. Jorge Mussi, Quinta Turma, DJe 07/03/2018).*

Vale conhecer julgado sobre coação no curso do processo, praticada por guarda municipal e que determinou o seu afastamento de suas funções:

> *"No caso em tela, as medidas cautelares diversas da prisão foram decretadas porque o paciente, "na condição também de Guarda Municipal desta urbe, na obrigação funcional de praticar atos de ofício – comunicar responsável sobre o ocorrido, qualificar as testemunhas – pois sabia que um crime contra a vida ocorreu, devendo de tudo realizar como agente de segurança pública para sua elucidação, há indícios que assim não o fez, além de que teria coagido testemunha no curso da investigação criminal, no interior de uma Delegacia de Polícia"." (STJ, HC 538273/SP, Rel. Min. Antonio Saldanha Palheiro, Sexta Turma, DJe 10/02/2020).*

Vale lembrar, ainda, que a Lei n. 14.321/2022 incluiu, na Lei n, 13.869/2019, a Lei de Abuso de Autoridade, o artigo 15-A, que prevê um novo tipo penal, o de violência institucional. Esse novo delito busca tutelar a vítima e a testemunha de delitos violentos de constrangimentos durante a investigação e o trâmite do processo penal. Enquanto o delito de coação no curso do processo visa a proteger essas pessoas de violência ou grave ameaça, especialmente vinda de algum interessado no resultado do processo, o crime de violência institucional busca protege-las da violência das próprias autoridades envolvidas na persecução penal, como juiz, membro do Ministério Público e delegado:

> *Violência Institucional*
>
> *Art. 15-A. Submeter a vítima de infração penal ou a testemunha de crimes violentos a procedimentos desnecessários, repetitivos ou invasivos, que a leve a reviver, sem estrita necessidade:*
>
> *I - a situação de violência; ou*
>
> *II - outras situações potencialmente geradoras de sofrimento ou estigmatização:*
>
> *Pena - detenção, de 3 (três) meses a 1 (um) ano, e multa.*
>
> *§ 1º Se o agente público permitir que terceiro intimide a vítima de crimes violentos, gerando indevida revitimização, aplica-se a pena aumentada de 2/3 (dois terços).*
>
> *§ 2º Se o agente público intimidar a vítima de crimes violentos, gerando indevida revitimização, aplica-se a pena em dobro.*

Veda-se que a vítima seja submetida a procedimentos desnecessários, repetitivos ou invasivos, levando-a a reviver a situação de violência ou outras situações potencialmente geradoras de sofrimento e estigmatização. No parágrafo primeiro, pune-se a leniência da autoridade, ao permitir que terceiro, com um advogado atuante na causa, intimide a vítima de delitos violentos, em situação de revitimização. Nessa modalidade majorada, a pena deve ser aumentada de dois terços. Já o parágrafo segundo traz outra majorante, de aplicação da pena em dobro, se o próprio agente público intimidar a vítima de delitos violentos, gerando revitimização.

Vale lembrar que todo delito de abuso de autoridade exige elemento subjetivo especial do tipo, conforme previsão do artigo 1º, § 1º, da Lei n. 13.869/2019. Assim, a configuração de qualquer delito de abuso de autoridade se configura se a conduta for praticada com a finalidade específica de prejudicar outrem ou beneficiar a si mesmo ou a terceiro, ou, ainda, por mero capricho ou satisfação pessoal.

Modalidade majorada

A forma majorada foi inserida pela Lei n. 14.245/2021, conhecida como Lei Mariana Ferrer, que inseriu normas no Código de Processo Penal e na Lei n. 9.099/1995 para proteção das vítimas, especialmente em caso de crimes contra a dignidade sexual. Essa lei trouxe a causa de aumento de pena de um terço no caso de a coação ocorrer em processo por crime contra a dignidade sexual, dada a maior possibilidade de *revitimização* nesses casos.

QUADRO SINÓTICO

Crime de coação no curso do processo	
Tipo penal	Usar de violência ou grave ameaça, com o fim de favorecer interesse próprio ou alheio, contra autoridade, parte, ou qualquer outra pessoa que funciona ou é chamada a intervir em processo judicial, policial ou administrativo, ou em juízo arbitral.

Crime de coação no curso do processo	
Objeto jurídico	Tutelam-se a Administração Pública e, mais especificamente, a administração da justiça.
Sujeito ativo	Qualquer um.
Sujeito passivo	O Estado e quem for diretamente prejudicado pelo agente.
Elemento subjetivo	Admite-se somente a modalidade dolosa. Ademais, o agente deve ter o especial fim de agir de favorecer interesse próprio ou alheio, contra autoridade, parte, ou qualquer outra pessoa que funciona ou é chamada a intervir em processo judicial, policial ou administrativo, ou em juízo arbitral.
Consumação	O delito se consuma quando o agente, efetivamente, emprega violência ou grave ameaça para realizar o fim descrito no *caput.*
Tentativa	Admite-se a tentativa.
Forma majorada	A pena aumenta-se de 1/3 (um terço) até a metade se o processo envolver crime contra a dignidade sexual
Classificação	Trata-se de delito comum, doloso, comissivo ou omissivo impróprio, formal, instantâneo, de forma livre, monossubjetivo, plurissubsistente e transeunte.
Benefícios	Admite-se a suspensão condicional do processo.
Ação penal	A ação penal é pública incondicionada.

5.8. Exercício arbitrário das próprias razões

O artigo 345 do Código Penal trata do crime de exercício arbitrário das próprias razões:

> *Art. 345 – Fazer justiça pelas próprias mãos, para satisfazer pretensão, embora legítima, salvo quando a lei o permite:*
>
> *Pena – detenção, de quinze dias a um mês, ou multa, além da pena correspondente à violência.*
>
> *Parágrafo único – Se não há emprego de violência, somente se procede mediante queixa.*

A conduta incriminada é fazer justiça pelas próprias mãos, para satisfazer pretensão, embora legítima, salvo quando a lei o permite. O tipo prevê que se configura o crime nos casos em que a lei não permite que o indivíduo faça justiça pelas próprias mãos, hipóteses em que a lei faculta que se aja em defesa de seu direito, como nos casos legais de permitida **retenção dos bens**, como o Código Civil, em seu artigo 578, permite para que haja indenização por benfeitorias necessárias, e na **legítima defesa, causa excludente da ilicitude**.

Fazer justiça pelas próprias mãos é defender a sua pretensão por via transversa, que não a legal. Cuida-se de crime de forma livre, possibilitando diversas formas de execução, de defesa da pretensão, mesmo que seja legítima. Assim, há exercício arbitrário das próprias razões se alguém, ao invés de promover ação judicial, buscar receber dívida ameaçando o devedor ou, aproveitando-se de sua distração, pega algo que havia entregado em comodato.

Existe divergência sobre a necessidade do resultado naturalístico do crime para a consumação do delito, sendo que a maior parte da doutrina entende necessária a satisfação da pretensão, classificando o crime como material. É a opinião de Mirabete, Fragoso e Hungria[154]. Por outro lado, alguns doutrinadores defendem que o crime é formal, não dependendo de resultado naturalístico para sua consumação. É a opinião de Prado, que o classifica como delito de tendência interna transcendente[155].

O crime é comum, podendo ser praticado por qualquer pessoa. É doloso, exigindo o elemento subjetivo especial do injusto, consistente na satisfação de sua pretensão. É instantâneo, consumando-se em um dado instante do tempo. É plurissubsistente, admitindo a tentativa, já que a conduta é fracionável.

Com relação à natureza da pretensão, surgiu a discussão sobre ser possível que o agente busque o **pagamento de serviço sexual prestado**, ou seja, o valor de um programa. Deste modo, no caso levado a julgamento, controvertia-se sobre a tipificação da conduta do agente que cobrava a remuneração pelo serviço sexual – roubou ou exercício arbitrário das próprias razões. O STJ decidiu ser o caso de configuração de artigo 345 do Código Penal:

> *"(...) 2. **Não mais se sustenta, à luz de uma visão secular do Direito Penal, o entendimento do Tribunal de origem, de que a natureza do serviço de natureza sexual não permite caracterizar o exercício arbitrário das próprias razões, ao argumento de que o compromisso assumido pela vítima com a ré – de remunerar-lhe por serviço de natureza sexual – não seria passível de cobrança judicial**. 3. A figura típica em apreço relaciona-se com uma atividade que padece de inegável componente moral relacionado aos "bons costumes", o que já reclama uma releitura do tema, mercê da mutação desses costumes na sociedade hodierna e da necessária separação entre a Moral e o Direito. 4. Não se pode negar proteção jurídica àquelas (e àqueles) que oferecem serviços de cunho sexual em troca de remuneração, desde que, evidentemente, essa troca de interesses não envolva incapazes, menores de 18 anos e pessoas de algum modo vulneráveis e desde que o ato sexual seja decorrente de livre disposição da vontade dos participantes e não implique violência (não consentida) ou grave ameaça. 5. Acertada a solução dada pelo Juiz sentenciante, ao **afastar o crime de roubo – cujo elemento subjetivo não se compatibiliza com a situação versada nos autos – e entender presente o crime de exercício arbitrário das próprias razões**, ante o descumprimento do acordo verbal de pagamento, pelo cliente, dos préstimos sexuais da paciente. (...)" (STJ, HC 211888/TO, Rel. Min. Rogério Schietti Cruz, Sexta Turma, DJe 07/06/2016).*

154. HUNGRIA, Nélson. Op. Cit., vol. IX, 1958, p. 492.
155. PRADO, Luiz Regis. Op. Cit., 2020, p. 1282.

QUADRO SINÓTICO

Crime de exercício arbitrário das próprias razões	
Tipo penal	Fazer justiça pelas próprias mãos, para satisfazer pretensão, embora legítima, salvo quando a lei o permite.
Objeto jurídico	Tutelam-se a Administração Pública e, mais especificamente, a administração da justiça.
Sujeito ativo	Qualquer um.
Sujeito passivo	O Estado e quem for diretamente prejudicado pelo agente.
Elemento subjetivo	Admite-se a modalidade dolosa.
Consumação	O delito se consuma quando o agente satisfaz sua pretensão.
Tentativa	Admite-se a tentativa.
Classificação	Trata-se de crime comum, doloso, comissivo ou omissivo impróprio, instantâneo, de forma livre, monossubjetivo, plurissubsistente e transeunte.
Benefícios	Trata-se de delito de menor potencial ofensivo, de competência dos Juizados Especiais Criminais e que admite transação, suspensão condicional do processo e acordo de não persecução penal, desde que o delito não seja cometido mediante violência ou grave ameaça.
Ação penal	A ação penal é pública incondicionada, exceto quando não há emprego de violência, quando será ação penal privada condicionada a queixa, nos termos do artigo 345, parágrafo único.

5.9. Exercício arbitrário das próprias razões: modalidade especial

O artigo 346 traz um crime que configura uma modalidade especial do crime de exercício arbitrário das próprias razões:

> *Art. 346 – Tirar, suprimir, destruir ou danificar coisa própria, que se acha em poder de terceiro por determinação judicial ou convenção:*
>
> *Pena – detenção, de seis meses a dois anos, e multa.*

São núcleos do tipo tirar (apanhar, arrancar, remover); suprimir (sonegar, abolir, eliminar), destruir (aniquilar, exterminar) ou danificar (deteriorar, estragar, romper). Cuida-se de tipo penal sem denominação legal, ou seja, *nomen iuris*. A doutrina costuma denominá-lo de **modalidade especial de exercício arbitrário das próprias razões**.

Só pode ser o sujeito ativo aquele que é o proprietário da coisa, o que faz com o que crime seja classificado como próprio. É material, pois só se consuma com o resultado naturalístico. É instantâneo, consumando-se em um instante determinado no tempo. Seu elemento subjetivo é o dolo, não havendo previsão de modalidade culposa. É plurissubsistente, admitindo o *conatus*.

Imagine que o carro de alguém foi penhorado, por dívida decorrente de negócio firmado com outrem, e que o credor seja nomeado depositário. Caso o proprietário destrua o veículo, que se encontra na posse do depositário por determinação judicial, cometerá o crime do artigo 346 do Código Penal.

QUADRO SINÓTICO

Crime de exercício arbitrário das próprias razões – modalidade especial	
Tipo penal	Tirar, suprimir, destruir ou danificar coisa própria, que se acha em poder de terceiro por determinação judicial ou convenção.
Objeto jurídico	Tutelam-se a Administração Pública e, mais especificamente, a administração da justiça.
Sujeito ativo	Somente o proprietário da coisa que se acha em poder de terceiro por determinação judicial ou convenção.
Sujeito passivo	O Estado e quem for diretamente prejudicado pelo agente.
Elemento subjetivo	Admite-se somente a modalidade dolosa.
Consumação	O delito se consuma quando o agente tira, suprime, destrói ou danifica a coisa própria.
Tentativa	Admite-se a tentativa.
Classificação	Trata-se de crime próprio com relação ao sujeito ativo, doloso, comissivo ou omissivo impróprio, instantâneo, de forma livre, monossubjetivo, plurissubsistente e transeunte.
Benefícios	Trata-se de delito de menor potencial ofensivo, de competência dos Juizados Especiais Criminais e que admite transação, suspensão condicional do processo e acordo de não persecução penal, desde que o delito não seja cometido mediante violência ou grave ameaça.
Ação penal	A ação penal é pública incondicionada.

5.10. Fraude processual

O crime de fraude processual está previsto no artigo 347, que tem o seguinte teor:

> *Art. 347 – Inovar artificiosamente, na pendência de processo civil ou administrativo, o estado de lugar, de coisa ou de pessoa, com o fim de induzir a erro o juiz ou o perito:*
>
> *Pena – detenção, de três meses a dois anos, e multa.*
>
> *Parágrafo único – Se a inovação se destina a produzir efeito em processo penal, ainda que não iniciado, as penas aplicam-se em dobro.*

Inovar é modificar, alterar, mudar, variar. A conduta incriminada é inovar artificiosamente, **na pendência de processo civil ou administrativo**, o estado de lugar, de coisa ou de pessoa, com o fim de induzir a erro o juiz ou o perito.

Pune-se o sujeito que busca se utilizar de fraude, ardil ou engodo para modificar o estado de lugar, de coisa ou de pessoa. Ele tenta enganar o juiz ou o perito por meio de uma alteração do estado de um dos objetos materiais previstos no tipo, com uso de ardil, artifício. A modificação de estado deve ser de lugar, coisa ou pessoa, sendo vedada a inclusão de algum outro objeto por analogia.

Nesta modalidade, prevista no *caput* do artigo 347, exige-se que a conduta ocorra na pendência de processo civil ou administrativo. Portanto, o início do procedimento antes da ação do agente é condição para a configuração do tipo penal.

O crime é comum, podendo ser praticado por qualquer pessoa. É doloso, exigindo o elemento subjetivo especial do injusto, consistente no intuito de induzir o juiz ou o perito a erro. É instantâneo, consumando-se em um dado instante do tempo. É plurissubsistente, admitindo a tentativa, já que a conduta é fracionável.

Por fim, importante mencionar que o artigo 158-C do Código de Processo Penal, incluído pela Lei n. 13.964/2019 (Pacote Anticrime), prevê uma forma específica de tipificação do crime de fraude processual, ao dispor sobre a cadeia de custódia da prova. A custódia da prova trata do regramento da preservação da prova obtida pela polícia, demonstrando que não houve a sua corrupção ou alteração desde a coleta da prova até a sua apreciação judicial. O artigo 158-C, § 2º, traz a seguinte determinação:

> *§ 2º É proibida a entrada em locais isolados bem como a remoção de quaisquer vestígios de locais de crime antes da liberação por parte do perito responsável, sendo* ***tipificada como fraude processual a sua realização****.*

Forma majorada

O parágrafo único traz forma majorada do crime de fraude processual, determinando a aplicação da pena em dobro. Incide a majorante no caso de a inovação ocorrer para produzir efeito em processo penal.

Nesta modalidade, não prevê a lei que a conduta deve ocorrer na pendência de processo penal, mas **para produzir efeito no processo penal**. Por isso, o Superior Tribunal de Justiça já entendeu se caracterizar referida modalidade de crime ainda que não haja procedimento criminal instaurado:

> *"(...) III –* ***Para a caracterização do delito de fraude processual, especificamente em relação à conduta descrita no parágrafo único do art. 347 do CP, é despicienda a existência de um procedimento previamente instaurado****, diferentemente da conduta prevista no* caput *do mesmo preceito de regência, o qual veda a inovação artificiosa "na pendência de processo civil ou administrativo [...] com o fim de induzir a erro o juiz ou o perito". (Precedentes). (...)" (STJ, RHC 53491/PE, Rel. Min. Felix Fischer, Quinta Turma, DJe 27/11/2005).*

PARTE ESPECIAL

QUADRO SINÓTICO

Crime de fraude processual	
Tipo penal	Inovar artificiosamente, na pendência de processo civil ou administrativo, o estado de lugar, de coisa ou de pessoa, com o fim de induzir a erro o juiz ou o perito.
Objeto jurídico	Tutelam-se a Administração Pública e, mais especificamente, a administração da justiça.
Sujeito ativo	Qualquer um.
Sujeito passivo	O Estado e quem for diretamente prejudicado pelo agente.
Elemento subjetivo	Admite-se somente a modalidade dolosa. Ademais, o agente deve ter o especial fim de agir de induzir a erro o juiz ou o perito.
Consumação	O delito se consuma com a inovação artificiosa, desde que já iniciado o processo civil ou administrativo.
Tentativa	Admite-se a tentativa.
Forma majorada	Nos termos do artigo 347, parágrafo único, do CP, há previsão de aumento de pena se a inovação se destina a produzir efeito em processo penal, ainda que não iniciado.
Classificação	Trata-se de crime comum, doloso, comissivo ou omissivo impróprio, instantâneo, de forma livre, monossubjetivo, plurissubsistente e transeunte.
Benefícios	A modalidade do *caput* é delito de menor potencial ofensivo, de competência dos Juizados Especiais Criminais e que admite a transação, suspensão condicional do processo e acordo de não persecução penal.
Ação penal	A ação penal é pública incondicionada.

5.11. Favorecimento pessoal

O delito de favorecimento pessoal está previsto no artigo 348 do Código Penal:

> *Art. 348 – Auxiliar a subtrair-se à ação de autoridade pública autor de crime a que é cominada pena de reclusão:*
>
> *Pena – detenção, de um a seis meses, e multa.*
>
> *§ 1º – Se ao crime não é cominada pena de reclusão:*
>
> *Pena – detenção, de quinze dias a três meses, e multa.*
>
> *§ 2º – Se quem presta o auxílio é ascendente, descendente, cônjuge ou irmão do criminoso, fica isento de pena.*

Auxiliar é amparar, ajudar, assistir. A conduta incriminada é ajudar o autor de crime punido com reclusão a subtrair-se da ação de autoridade pública. Pune-se aquele que praticou crime, com previsão de pena de reclusão, e que busca se furtar da resposta do Estado, querendo sair impune do que fez.

A conduta do agente deve ocorrer após a consumação do crime ou, se o delito for tentado, após o fim da prática dos atos executórios. Ademais, não pode ter havido acordo prévio, para a prática do fato delitivo, entre o agente e o sujeito que vai ajudá-lo. Caso contrário, tem-se um caso de concurso de pessoas, respondendo o agente que auxilia uma outra pessoa a se furtar da ação da autoridade pela participação no crime cometido por ela.

Vale lembrar, no caso, o favorecimento deve se voltar diretamente ao agente, a fim de que ele consiga evitar a ação da autoridade pública, ou seja, sair impune em relação ao que ele fez. Caso o auxílio seja **destinado a tornar seguro o proveito do crime**, o crime será o de **favorecimento real**, ou seja, aquele que se volta diretamente da coisa, desde que, como consigna a lei, não se configure o crime de receptação. Caso se configure o crime de receptação, afasta-se a regra do favorecimento real, que é subsidiário em relação àquele.

O crime é comum, podendo ser praticado por qualquer pessoa. É doloso, não havendo previsão de forma culposa nem de exigência de elemento subjetivo especial do injusto. É formal, consumando-se independentemente da ocorrência de resultado naturalístico. É instantâneo, consumando-se em um dado instante do tempo. É plurissubsistente, admitindo a tentativa, já que a conduta é fracionável.

O STJ já decidiu que o auxílio para que criminoso receba atendimento médico não configura o crime:

> *"(...) 1.* ***A conduta descrita denúncia não se amolda ao tipo penal descrito no artigo 348 do Código Penal: o auxílio prestado pelo paciente ao suposto assaltante não objetivava sua fuga, mas sim para que recebesse atendimento médico****; 2. Ordem concedida para trancar a ação penal movida em desfavor do paciente, pelo crime previsto no artigo 348 do Código Penal." (STJ, HC 46209/BA, Rel. Min. Hélio Quaglia Barbosa, Sexta Turma, DJ 26/06/2006).*

Modalidade privilegiada

O parágrafo primeiro do artigo 348 prevê modalidade do crime cuja pena é menor, consistente em detenção, de quinze dias a três meses, e multa. Configura-se caso o crime praticado pelo indivíduo que é auxiliado pelo sujeito ativo não tiver cominação de pena de reclusão. Deste modo, é essa modalidade do crime que se configura se o agente assistir alguém que praticou crime punido com detenção a fugir da polícia, por exemplo, para não ser preso em flagrante.

É de se notar que nem a modalidade simples nem a majorada se referem ao auxílio a autor de **contravenção penal**, razão pela qual se o sujeito ativo ajuda um contraventor a se subtrair da ação da autoridade, sua conduta **não** se subsome ao artigo 348 do CP.

Isenção de pena

O artigo 348, em seu parágrafo segundo, prevê uma causa de exclusão da punibilidade ou uma hipótese de **isenção pessoal de pena**. Neste caso, o direito de punir do Estado não chega a nascer, pois já existe uma norma que impede a punibilidade *ab*

PARTE ESPECIAL

ovo, ou seja, desde o início. Prevê a norma que, se quem presta o auxílio é **ascendente, descendente, cônjuge ou irmão do criminoso**, fica isento de pena. Como se trata de norma que limita o poder de punir do Estado, pode-se incluir no rol o companheiro ou companheira, pois equiparados, pela ordem constitucional, ao cônjuge.

QUADRO SINÓTICO

Crime de favorecimento pessoal	
Tipo penal	Auxiliar a subtrair-se à ação de autoridade pública autor de crime a que é cominada pena de reclusão.
Objeto jurídico	Tutelam-se a Administração Pública e, mais especificamente, a administração da justiça.
Sujeito ativo	Qualquer um.
Sujeito passivo	O Estado.
Elemento subjetivo	Admite-se somente a modalidade dolosa.
Consumação	O delito se consuma quando o agente presta auxílio ao autor de crime a que é cominada pena de reclusão, para que ele se subtraia à ação de autoridade pública.
Tentativa	Admite-se a tentativa.
Classificação	Trata-se de crime comum, doloso, comissivo ou omissivo impróprio, formal, de forma livre, instantâneo, monossubjetivo, plurissubsistente e transeunte.
Benefícios	Tanto a modalidade do *caput*, como a privilegiada são delitos de menor potencial ofensivo, de competência dos Juizados Especiais Criminais e que admite a transação, suspensão condicional do processo e acordo de não persecução penal.
Ação penal	A ação penal é pública incondicionada.
Observações	Nos termos do artigo 348, § 1º, do CP, é privilegiada a conduta do agente que presta auxílio ao autor de crime a que **não** é cominada pena de reclusão, para que ele se subtraia à ação de autoridade pública. Ademais, nos termos do artigo 348, § 2º, do CP, se quem presta o auxílio é ascendente, descendente, cônjuge ou irmão do criminoso, fica isento de pena.

5.12. Favorecimento real

O artigo 349, por sua vez, trata do favorecimento real:

> *Art. 349 – Prestar a criminoso, fora dos casos de coautoria ou de receptação, auxílio destinado a tornar seguro o proveito do crime:*
>
> *Pena – detenção, de um a seis meses, e multa.*

Prestar auxílio é ajudar, amparar, assistir. A conduta incriminada é prestar auxílio a criminoso, destinado a tornar seguro o proveito do crime, desde que não seja caso de coautoria ou de receptação. Enquanto no artigo 348 se pune o favorecimento pessoal, consistente na busca do sujeito de se livrar impune do que fez, no artigo 349 do CP se criminaliza a conduta de se garantir o proveito do crime. Ou seja, neste caso o auxílio se volta à coisa, ao proveito do crime, razão pela qual se denomina o crime de favorecimento real.

A conduta do agente deve ocorrer após a consumação do crime ou, se o delito for tentado, após o fim da prática dos atos executórios. Ademais, não pode ter havido **acordo prévio, para a prática criminosa**, entre o agente e o sujeito que vai ajudá-lo. Caso contrário, tem-se um caso de concurso de pessoas, respondendo o agente que auxilia uma outra pessoa a tornar seguro o proveito do crime pela participação no crime cometido por ela.

Também não pode ser o caso de **receptação**, o que torna o crime de favorecimento real subsidiário em relação àquele. Só se configura o crime em tela se a conduta do agente, ao buscar assegurar o proveito do crime, não se amoldar ao tipo penal da receptação, em qualquer de suas modalidades.

A lei fala em proveito do crime, que não pode ser entendido de modo a abarcar a contravenção penal, sob pena de analogia *in malam partem*.

O crime é comum, podendo ser praticado por qualquer pessoa. É doloso, não havendo previsão de forma culposa. Além do dolo, exige-se o elemento subjetivo especial do tipo, que consiste na finalidade específica do agente de tornar seguro o proveito do crime.

É formal, consumando-se independentemente da ocorrência de resultado naturalístico. É instantâneo, consumando-se em um dado instante do tempo. É plurissubsistente, admitindo a tentativa, já que a conduta é fracionável.

O STJ já consignou ser da natureza do crime de favorecimento real a punição autônoma de atos que buscam garantir ou levar ao proveito do resultado de outra infração penal, sendo, portanto, **crime acessório**:

> *"(...) IV- **É próprio** da lavagem de dinheiro, como também da receptação (Código Penal, art. 180) e **do favorecimento real** (Código Penal, art. 349), **que estejam consubstanciados em atos que garantam ou levem ao proveito do resultado do crime anterior, mas recebam punição autônoma.** (...)" (STJ, APn 458/SP, Rel. p/ acórdão Gilson Dipp, Corte Especial, DJe 18/12/2009).*

QUADRO SINÓTICO

Crime de favorecimento real	
Tipo penal	Prestar a criminoso, fora dos casos de coautoria ou de receptação, auxílio destinado a tornar seguro o proveito do crime.
Objeto jurídico	Tutelam-se a Administração Pública e, mais especificamente, a administração da justiça.

Crime de favorecimento real	
Sujeito ativo	Qualquer um.
Sujeito passivo	O Estado.
Elemento subjetivo	Admite-se somente a modalidade dolosa.
Consumação	O delito se consuma quando o agente auxilia o criminoso a tornar seguro o proveito do crime.
Tentativa	Admite-se a tentativa.
Classificação	Trata-se de crime comum, doloso, formal, comissivo ou omissivo impróprio, de forma livre, instantâneo, monossubjetivo, plurissubsistente e transeunte.
Benefícios	Trata-se de crime de menor potencial ofensivo, de competência dos Juizados Especiais Criminais e que admite a transação, suspensão condicional do processo e acordo de não persecução penal.
Ação penal	A ação penal é pública incondicionada.

5.13. Introdução de aparelho telefônico móvel ou similar em estabelecimento prisional

O artigo 349-A, incluído pela Lei n. 12.012/2009, passou a criminalizar a introdução de aparelho telefônico móvel ou similar em estabelecimento prisional:

> *Art. 349-A. Ingressar, promover, intermediar, auxiliar ou facilitar a entrada de aparelho telefônico de comunicação móvel, de rádio ou similar, sem autorização legal, em estabelecimento prisional.*
>
> *Pena: detenção, de 3 (três) meses a 1 (um) ano.*

De início, cumpre registrar que o crime do artigo 349-A foi introduzido no Código Penal sem *nomen iuris*, ou seja, sem denominação legal. Foi a doutrina que passou a chamá-lo de delito de introdução de aparelho telefônico móvel ou similar em estabelecimento prisional ou entrada na prisão de aparelho telefônico móvel ou similar, com suas variações.

O tipo penal, que é misto alternativo, ingressar (adentrar, entrar, penetrar), promover (causar, provocar, realizar), intermediar (interceder, interferir, mediar), auxiliar (ajudar, assistir, amparar) ou facilitar (tornar fácil ou mais fácil, simplificar). A conduta incriminada é ingressar, promover, intermediar, auxiliar ou facilitar a entrada de aparelho telefônico de comunicação móvel, de rádio ou similar em estabelecimento prisional, desde que não haja autorização legal.

No caso de o **Diretor de Penitenciário ou agente público** deixar de cumprir seu dever de vedar ao preso o **acesso a aparelho telefônico**, de rádio ou similar, o crime será o do artigo **319-A do Código Penal**. Se o preso utilizar o aparelho celular dentro do estabelecimento prisional, haverá a prática de falta grave, com perda de parte dos dias remidos, regressão de regime e outras consequências para a execução da sua pena.

O crime é comum, podendo ser praticado por qualquer pessoa. É doloso, não havendo previsão de forma culposa nem de exigência de elemento subjetivo especial do injusto. É **formal**, consumando-se independentemente da ocorrência de resultado naturalístico, consistente no acesso, pelo preso, ao aparelho[156]. É instantâneo, consumando-se em um dado instante do tempo. É plurissubsistente, admitindo a tentativa, conforme entendimento majoritário.

QUADRO SINÓTICO

Crime de introdução de aparelho telefônico móvel ou similar em estabelecimento prisional	
Tipo penal	Ingressar, promover, intermediar, auxiliar ou facilitar a entrada de aparelho telefônico de comunicação móvel, de rádio ou similar, sem autorização legal, em estabelecimento prisional.
Objeto jurídico	Tutelam-se a Administração Pública e, mais especificamente, a administração da justiça.
Sujeito ativo	Qualquer um, exceto o Diretor de Penitenciária ou agente público, sob risco de subsunção da conduta à hipótese incriminadora do artigo 319-A do CP.
Sujeito passivo	O Estado.
Elemento subjetivo	Admite-se somente a modalidade dolosa.
Consumação	Trata-se de tipo misto alternativo, de sorte que a consumação é quando o agente realiza a conduta correspondente a um dos núcleos do tipo. Destaca-se que não é necessário que a entrada efetivamente ocorra, porquanto o delito é formal.
Tentativa	Admite-se a tentativa.
Jurisprudência relevante	Para o reconhecimento da prática de falta disciplinar no âmbito da execução penal, é imprescindível a instauração de procedimento administrativo pelo diretor do estabelecimento prisional, assegurado o direito de defesa, a ser realizado por advogado constituído ou defensor público nomeado. (Súmula 533 do STJ) A prática de falta grave interrompe a contagem do prazo para a progressão de regime de cumprimento de pena, o qual se reinicia a partir do cometimento dessa infração. (Súmula 534 do STJ) A prática de falta grave não interrompe o prazo para fim de comutação de pena ou indulto. (Súmula 535 do STJ)
Classificação	Trata-se de crime comum, doloso, comissivo (ingressar, promover, intermediar, auxiliar e facilitar) ou omissivo próprio (facilitar), formal, de forma livre, instantâneo, monossubjetivo, monossubsistente e não transeunte.

156. BITENCOURT, Cezar Roberto. Crimes contra a administração pública e crimes praticados por prefeitos. Coleção tratado de direito penal volume 5. 14. ed. São Paulo: Saraiva Educação, 2020, p. 423. MASSON, Cleber. Direito Penal. Parte especial (arts. 213 a 359-H). 9. ed. São Paulo: Método, 2019, p. 871. No mesmo sentido, ao dizer que o crime se consuma com a omissão de dever, sendo dispensável o efetivo acesso ao preso ao aparelho: CUNHA, Rogério Sanches. Manual de direito penal: parte especial (arts. 121 ao 361). 12. ed. Salvador: Juspodivm, 220, p. 888.

Crime de introdução de aparelho telefônico móvel ou similar em estabelecimento prisional	
Benefícios	Trata-se de crime de menor potencial ofensivo, de competência dos Juizados Especiais Criminais e que admite a transação, suspensão condicional do processo e acordo de não persecução penal.
Ação penal	A ação penal é pública incondicionada.

5.14. Exercício arbitrário ou abuso de poder

O exercício arbitrário ou abuso de poder estava previsto no artigo 350 do Código Penal:

> *Art. 350 – Ordenar ou executar medida privativa de liberdade individual, sem as formalidades legais ou com abuso de poder:*
>
> *Pena – detenção, de um mês a um ano.*
>
> *Revogação tácita (majoritário) pela Lei 4.898/65 – Abuso de Autoridade.*
>
> *Parágrafo único – Na mesma pena incorre o funcionário que:*
>
> *I – ilegalmente recebe e recolhe alguém a prisão, ou a estabelecimento destinado a execução de pena privativa de liberdade ou de medida de segurança;*
>
> *II – prolonga a execução de pena ou de medida de segurança, deixando de expedir em tempo oportuno ou de executar imediatamente a ordem de liberdade;*
>
> *III – submete pessoa que está sob sua guarda ou custódia a vexame ou a constrangimento não autorizado em lei;*
>
> *IV – efetua, com abuso de poder, qualquer diligência.*

Esse tipo penal foi **revogado pela Lei de Abuso de Autoridade**. A legislação só pode ser aplicada se, tratando-se de conduta tipificada na nova lei, a sua aplicação se revelar, no caso, mais benéfica ao agente, em atenção ao princípio da continuidade normativo-típica e retroatividade da lei penal mais benigna. É possível a situação, já que, por exemplo, no caso de prisão manifestamente ilegal não relaxada, a pena passou a ser de a 1 a 4 anos de reclusão, além de multa, nos termos do artigo 9º da Lei n. 13.869/2019. Por isso, foram mantidos os comentários abaixo.

A conduta típica é ordenar (dar a ordem, mandar) ou executar (pôr em prática, efetivar) medida privativa de liberdade individual, sem as formalidades legais ou com abuso de poder.

Seria o caso da autoridade que prende alguém em flagrante, sem haver o suporte fático, ou seja, sem que no caso concreto tenham sido preenchidos os requisitos legais para a decretação da prisão em flagrante. Também haveria abuso de poder no caso de alguém que prende um indivíduo para satisfação de interesse pessoal, por simples desentendimento, aproveitando-se da sua condição de autoridade.

Apesar de haver divergências, pode-se conceber o crime como comum, já que qualquer pessoa pode prender alguém em flagrante delito; doloso, não havendo previsão de forma culposa nem de exigência de elemento subjetivo especial do injusto; formal, consumando-se independentemente da ocorrência de resultado naturalístico;

instantâneo, consumando-se em um dado instante do tempo e plurissubsistente, admitindo a tentativa, por ser fracionável a conduta.

Forma equiparada

O parágrafo primeiro previa formas equiparadas de cometer o crime, que só poderiam ser praticadas pelo funcionário público:

- ilegalmente recebe e recolhe alguém a prisão, ou a estabelecimento destinado a execução de pena privativa de liberdade ou de medida de segurança;
- prolonga a execução de pena ou de medida de segurança, deixando de expedir em tempo oportuno ou de executar imediatamente a ordem de liberdade;
- submete pessoa que está sob sua guarda ou custódia a vexame ou a constrangimento não autorizado em lei;
- efetua, com abuso de poder, qualquer diligência (por exemplo, busca e apreensão na residência da vítima, sem mandado judicial e sem existir alguma exceção legal à exigência de ordem judicial).

Revogação

Quanto à coexistência do crime previsto no artigo 350 do CP e os delitos previstos na Antiga Lei de Abuso de Autoridade, a Lei n. 4.898/1965, a doutrina majoritária defende ter havido a revogação do crime de exercício arbitrário ou abuso de poder. Entretanto, o Superior Tribunal de Justiça decidiu o seguinte:

> *"(...) 1.* ***A Lei n.º 4.898/65 não trouxe dispositivo expresso para revogar o crime de abuso de poder insculpido no Código Penal****. Assim, nos termos do art. 2.º, §§ 1.º e 2.º, da Lei de Introdução ao Código Civil, aquilo que não for contrário ou incompatível com a lei nova, permanece em pleno vigor, como é o caso do inciso IV do parágrafo único do art. 350 do Código Penal. (...)" (STJ, HC 65499/SP, Rel. Min. Laurita Vaz, Quinta Turma, DJe 28/04/2018).*

A controvérsia chegou ao fim com o início da vigência da nova Lei de Abuso de Autoridade, a Lei 13.869/2019, com *vacatio legis* de 120 dias, que prevê, em seu artigo 44:

> *Art. 44. Revogam-se a Lei nº 4.898, de 9 de dezembro de 1965, e o § 2º do art. 150 e o* ***art. 350****, ambos do Decreto-Lei nº 2.848, de 7 de dezembro de 1940 (Código Penal).*

5.15. Fuga de pessoa presa ou submetida a medida de segurança

O crime de fuga de pessoa presa ou submetida a medida de segurança tem seu tipo penal no artigo 351 do Estatuto Repressivo:

> *Art. 351 – Promover ou facilitar a fuga de pessoa legalmente presa ou submetida a medida de segurança detentiva:*
>
> *Pena – detenção, de seis meses a dois anos.*
>
> *§ 1º – Se o crime é praticado a mão armada, ou por mais de uma pessoa, ou mediante arrombamento, a pena é de reclusão, de dois a seis anos.*

> *§ 2º – Se há emprego de violência contra pessoa, aplica-se também a pena correspondente à violência.*
>
> *§ 3º – A pena é de reclusão, de um a quatro anos, se o crime é praticado por pessoa sob cuja custódia ou guarda está o preso ou o internado.*
>
> *§ 4º – No caso de culpa do funcionário incumbido da custódia ou guarda, aplica-se a pena de detenção, de três meses a um ano, ou multa.*

As ações nucleares são promover (causar, provocar, realizar) e facilitar (tornar fácil ou mais fácil, simplificar), sendo o tipo penal misto alternativo. A conduta incriminada é promover ou facilitar a fuga de alguém legalmente preso ou submetido a medida de segurança detentiva.

A medida de segurança detentiva é a internação em estabelecimento para tratamento psiquiátrico. A prisão abrange o cumprimento das penas de prisão simples, reclusão e detenção, bem como de presos em flagrante ou por prisão processual.

O crime é comum, podendo ser praticado por qualquer pessoa. É doloso, não havendo previsão de forma culposa nem de exigência de elemento subjetivo especial do injusto. É material, consumando-se com a fuga do preso ou internado. É instantâneo, consumando-se em um dado instante do tempo. É plurissubsistente, admitindo a tentativa, já que a conduta é fracionável.

Como o tipo penal menciona a promoção ou a facilitação de fuga de pessoa presa ou em cumprimento de medida de segurança consistente em internação, esse rol não pode ser estendido pelo intérprete, pois haveria uma analogia em norma penal incriminadora, violando o princípio da legalidade. Neste sentido, o STJ já decidiu não configurar o crime de fuga de pessoa presa ou submetida a medida de segurança:

> *"(...) 2. A expressão "pessoa legalmente presa ou submetida a medida de segurança detentiva", contida no caput do art. 351 do Código Penal,* ***não abrange os menores internados em razão do cumprimento de medida socioeducativa decorrente da prática de ato infracional****. 3. Conforme a lição de Guilherme Nucci, "o fato é atípico quando se tratar de fuga de menor infrator, pois não se pode considerá-lo preso ou submetido a medida de segurança" (NUCCI, Guilherme de Souza. Manual de Direito Penal. 13ª ed. rev., atual. e ampl. Rio de Janeiro: Forense, 2017, p. 1196). 4. Forçoso reconhecer a impossibilidade de aplicação da lei incriminadora à hipótese por ela não abrangida, por caracterizar analogia* in malam partem, *o que não se admite em razão do princípio da estrita legalidade que rege o sistema penal pátrio. Por certo, não compete ao magistrado, sobrepondo-se ao legislador, ampliar o sentido da norma e o objeto material do crime, por entender que o tipo penal deveria ter previsto conduta assemelhada, de modo a prejudicar o réu. Precedentes. (...)" (STJ, RHC 86991/SE, Rel. Min. Ribeiro Dantas, Quinta Turma, DJe 18/10/2017).*

Modalidade qualificada

O parágrafo primeiro do artigo 351 do Código Penal traz uma forma qualificada do crime, com pena de reclusão, de dois a seis anos. Configura-se caso o crime seja praticado a mão armada, ou por mais de uma pessoa, ou mediante arrombamento. A posição mais acertada é a que defende que arma não pode ser concebida apenas como arma própria, por ser termo amplo. Assim, pode ser arma branca, arma de fogo e até mesmo arma imprópria, como um espeto de churrasco ou uma tesoura de salão de cabeleireiro. O crime ser praticado por mais de uma pessoa traz a controvérsia doutrinária sobre serem contados apenas os coautores ou também partícipes. Por fim, o arrombamento é a destruição ou deslocamento de obstáculo, consiste na violência empregada contra a coisa.

Emprego de violência

O artigo 351, em seu parágrafo primeiro, prevê a aplicação também da pena correspondência à violência, caso esta seja praticada contra a pessoa. A doutrina converge no ponto em que se deve adotar o sistema do cúmulo material, sendo que alguns falam em concurso material e outros, em concurso formal impróprio. O STJ já decidiu o seguinte:

> *"(...) 1. É certo que a disposição do parágrafo 2º do artigo 351 do Código Penal* ***caracteriza concurso material ex vi legis, a determinar que o Juiz, para além da pena prevista para o ilícito de promoção ou facilitação de fuga de pessoa presa, imponha, em cúmulo material, as penas correspondentes à violência contra pessoa, empregada como meio de execução daquele delito****. (...)" (STJ, HC 33515/SP, Rel. Min. Hamilton Carvalhido, Sexta Turma, DJ 01/08/2005).*

Modalidade qualificada

O parágrafo terceiro do artigo 351 traz mais uma modalidade qualificada, com pena de reclusão, de um a quatro anos. Configura-se caso o crime seja praticado por pessoa sob cuja custódia ou guarda está o preso ou o internado. É o caso de o próprio diretor do hospital em que o sujeito cumpre a medida de segurança promover sua fuga, assim como do carcereiro que facilita a fuga do preso sob seus cuidados.

Modalidade culposa

O parágrafo quarto do artigo 351 traz a forma culposa. Neste caso, o crime é próprio, sendo funcional, ou seja, só pode ser praticado pelo funcionário público. Incide no caso de culpa do funcionário incumbido da custódia ou guarda, que promove ou facilita a fuga do preso ou do internado por negligência, imprudência ou imperícia. A pena é a de detenção, de três meses a um ano, ou multa.

QUADRO SINÓTICO

Crime de fuga de pessoa presa ou submetida a medida de segurança	
Tipo penal	Promover ou facilitar a fuga de pessoa legalmente presa ou submetida a medida de segurança detentiva.
Objeto jurídico	Tutelam-se a Administração Pública e, mais especificamente, a administração da justiça.
Sujeito ativo	Qualquer um.
Sujeito passivo	O Estado.

Crime de fuga de pessoa presa ou submetida a medida de segurança	
Elemento subjetivo	Admite-se a modalidade dolosa.
Elemento normativo	Nos termos do artigo 351, § 4º, do CP há previsão de modalidade culposa quando o sujeito ativo é funcionário incumbido da custódia ou guarda.
Consumação	O delito se consuma com a efetiva fuga do preso ou do internado.
Tentativa	Admite-se a tentativa.
Forma qualificada	Nos termos do artigo 351, § 1º, do CP, a conduta é qualificada se o crime é praticado a mão armada, ou por mais de uma pessoa, ou mediante arrombamento. Nos termos do artigo 351, § 3º, do CP, a conduta é qualificada se o crime é praticado por pessoa sob cuja custódia ou guarda está o preso ou o internado.
Jurisprudência relevante	Compete à Justiça Comum Estadual processar e julgar o policial militar por crime de promover ou facilitar a fuga de preso de estabelecimento penal. (Súmula 75 do STJ)
Classificação	Trata-se de crime comum, doloso ou culposo (§ 4º), comissivo (promover e facilitar) ou omissivo próprio (facilitar) ou omissivo impróprio, material, de forma livre, instantâneo, monossubjetivo, monossubsistente e transeunte.
Benefícios	A modalidade do *caput* e culposa são de menor potencial ofensivo, de competência dos Juizados Especiais Criminais e admitem a transação, suspensão condicional do processo e oferecimento de acordo de não persecução penal. Para a modalidade qualificada do artigo 351, § 1º, do CP, admite-se o oferecimento de acordo de não persecução penal, caso o delito não seja cometido mediante violência ou grave ameaça. A seu turno, a modalidade qualificada do artigo 351, § 3º, do CP, Admitem-se a suspensão condicional do processo e o oferecimento de acordo de não persecução penal.
Ação penal	A ação penal é pública incondicionada.
Observações	Nos termos do artigo 351, § 2º, do CP, se há emprego de violência contra pessoa, aplica-se também a pena correspondente à violência.

5.16. Evasão mediante violência contra a pessoa

O artigo 352 do CP traz o delito de evasão mediante violência contra a pessoa?

> *Art. 352 – Evadir-se ou tentar evadir-se o preso ou o indivíduo submetido a medida de segurança detentiva, usando de violência contra a pessoa:*
>
> *Pena – detenção, de três meses a um ano, além da pena correspondente à violência.*

Evadir é escapar, fugir. A conduta incriminada é a de o preso ou o internado (por medida de segurança detentiva) evadir-se ou tentar evadir-se, usando de violência contra a pessoa. O crime é de forma vinculada, sendo praticado por meio de violência contra a pessoa, ou seja, utilização ou emprego de coação física contra alguém.

O tipo penal equipara a forma tentada e a forma consumada do delito, ao trazer como condutas típicas as de "evadir-se" ou "tentar evadir-se". Por isso, é classificado como **crime de atentado ou de empreendimento**.

Cuida-se de delito próprio, pois só pode praticá-lo o preso ou o sujeito internado para tratamento psiquiátrico, por imposição de medida de segurança. É, ainda, crime de mão própria, não admitindo a coautoria. É doloso, não havendo previsão de forma culposa nem de exigência de elemento subjetivo especial do injusto. É material, consumando-se com o emprego da violência física e o ato destinado à fuga, ainda que esta não se concretize. É instantâneo, consumando-se em um dado instante do tempo.

No caso de o indivíduo cometer dano à cela para sua fuga, não se configura o crime do artigo 352 do CP, que exige violência contra a pessoa. Ademais, o STJ considera que não se configura sequer o crime de dano:

> *"PENAL. RECURSO ESPECIAL. DANO. FUGA DE PRESO. I – Na linha de precedentes desta Corte, não configura crime de dano se a ação do preso foi realizada exclusivamente para a consecução de fuga.* ***A evasão por parte de preso só está prevista como crime na hipótese de violência contra a pessoa (art. 352, do CP).*** *II – A evasão, com ou sem danos materiais, ganha relevância, basicamente, em sede de execução da pena. Recurso desprovido." (STJ, REsp 867353/PR, Rel. Min. Felix Fischer, Quinta Turma, DJe 27/08/2007).*

QUADRO SINÓTICO

Crime de evasão mediante violência contra a pessoa	
Tipo penal	Evadir-se ou tentar evadir-se o preso ou o indivíduo submetido a medida de segurança detentiva, usando de violência contra a pessoa.
Objeto jurídico	Tutelam-se a Administração Pública e, mais especificamente, a administração da justiça.
Sujeito ativo	Somente o preso ou o indivíduo submetido a medida de segurança.
Sujeito passivo	O Estado e quem for diretamente prejudicado pelo agente.
Elemento subjetivo	Admite-se somente a modalidade dolosa.
Consumação	O delito se consuma quando o agente exerce violência para se evadir ou tentar se evadir.
Tentativa	Como, dentre os núcleos do tipo, já está o verbo tentar, não há que se falar em hipótese de tentativa.

Crime de evasão mediante violência contra a pessoa	
Classificação	Trata-se de crime próprio com relação ao sujeito ativo, doloso, comissivo ou omissivo impróprio, material, instantâneo, de forma livre, monossubjetivo, plurissubsistente e transeunte.
Benefícios	A princípio, trata-se de delito de menor potencial ofensivo, de competência dos Juizados Especiais Criminais e que admite a transação e a suspenção condicional do processo. Neste ponto, deve-se levar em conta a disposição do preceito secundário do tipo, segundo o qual haverá ainda a pena relativa à violência.
Ação penal	A ação penal é pública incondicionada.

5.17. Arrebatamento de preso

O delito de arrebatamento de preso está previsto no artigo 353 do CP:

> *Art. 353 – Arrebatar preso, a fim de maltratá-lo, do poder de quem o tenha sob custódia ou guarda:*
>
> *Pena – reclusão, de um a quatro anos, além da pena correspondente à violência.*

Arrebatar é arrancar, tomar, retirar **com violência**. A conduta incriminada é arrebatar preso do poder de quem o tenha sob custódia ou guarda, com o escopo de maltratá-lo. É necessário que o preso seja levado por meio de violência, sob pena de não se configurar o crime do artigo 353 do CP. Os maus tratos consistem no tratamento agressivo, abrangendo a humilhação e a agressão física.

O crime é comum, podendo ser praticado por qualquer pessoa. É doloso, não havendo previsão de forma culposa. Há o **elemento subjetivo especial** do injusto, que se consubstancia na finalidade do agente de maltratar o preso.

É delito formal, dispensando-se, para sua consumação, a ocorrência de resultado naturalístico (maus tratos do preso). É instantâneo, consumando-se em um dado instante do tempo. É plurissubsistente, admitindo a tentativa, conforme entendimento majoritário. O preceito secundário prevê a aplicação da pena correspondente à violência pela regra do cúmulo material, além da pena do arrebatamento de preso, de reclusão, de um a quatro anos.

QUADRO SINÓTICO

Crime de arrebatamento de preso	
Tipo penal	Arrebatar preso, a fim de maltratá-lo, do poder de quem o tenha sob custódia ou guarda.
Objeto jurídico	Tutelam-se a Administração Pública e, mais especificamente, a administração da justiça.
Sujeito ativo	Qualquer um.
Sujeito passivo	O Estado e o preso arrebatado.

Crime de arrebatamento de preso	
Elemento subjetivo	Admite-se somente a modalidade dolosa. Ademais, o agente deve possuir o especial fim de agir de maltratar o preso.
Consumação	O delito se consuma com o arrebatamento, despicienda a ocorrência dos maus tratos.
Tentativa	Admite-se a tentativa.
Classificação	Trata-se de delito comum com relação ao sujeito ativo e próprio com relação ao passivo. Ademais, é doloso, comissivo ou omissivo impróprio, instantâneo, de forma livre, formal, monossubjetivo, plurissubsistente e transeunte.
Benefícios	Admitem-se a suspensão condicional do processo e o oferecimento de acordo de não persecução penal, desde que não seja cometido mediante violência ou grave ameaça.
Ação penal	A ação penal é pública incondicionada.

5.18. Motim de presos

O crime de motim de presos está previsto no artigo 354 do CP, com o seguinte teor:

> *Art. 354 – Amotinarem-se presos, perturbando a ordem ou disciplina da prisão:*
>
> *Pena – detenção, de seis meses a dois anos, além da pena correspondente à violência.*

Amotinar-se é rebelar, é insurgir-se. É realizar o motim, que é a revolta contra a direção do estabelecimento prisional. Cuida-se de crime de forma livre, sendo necessário, entretanto, que haja a perturbação da ordem ou da disciplina da unidade prisional para sua configuração.

Cuida-se de **crime de concurso necessário**, sendo que há doutrinadores que entendem que deve haver o número mínimo de três (Damásio de Jesus[157]) e os que defendem o mínimo de quatro presos (Mirabete), enquanto outros não fixam número mínimo, por não haver tal exigência na lei (Bitencourt e Sanches Cunha[158]).

O crime é próprio, só podendo praticá-lo o preso. É doloso, não havendo previsão de forma culposa nem de exigência de elemento subjetivo especial do injusto. É material, consumando-se com a efetiva desordem ou quebra da disciplina da prisão. É instantâneo, consumando-se em um dado instante do tempo. É plurissubsistente, admitindo a tentativa, conforme entendimento majoritário.

157. JESUS, Damásio de. Op. Cit., 2012, p. 415.

158. BITENCOURT, Cezar Roberto. Op.Cit., 2020, p. 450-451. O penalista apenas indica que dois ou três presos são insuficientes para caracterizar o amotinamento.. CUNHA, Rogério Sanches. Op. Cit., 2020, p. 1049.

QUADRO SINÓTICO

Crime de motim de presos	
Tipo penal	Amotinarem-se presos, perturbando a ordem ou disciplina da prisão.
Objeto jurídico	Tutelam-se a Administração Pública e, mais especificamente, a administração da justiça.
Sujeito ativo	Somente os presos.
Sujeito passivo	O Estado e quem for diretamente prejudicado pelos agentes.
Elemento subjetivo	Admite-se somente a modalidade dolosa.
Consumação	O delito se consuma quando a ordem ou disciplina da prisão é perturbada mediante o motim.
Tentativa	Admite-se a tentativa.
Classificação	Trata-se de delito próprio com relação ao sujeito ativo, doloso, comissivo ou omissivo impróprio, de forma livre, permanente, plurissubjetivo, plurissubsistente e transeunte ou não transeunte.
Benefícios	A princípio, trata-se de delito de menor potencial ofensivo, de competência dos Juizados Especiais Criminais e que admite a transação, a suspenção condicional do processo e o acordo de não persecução penal, exceto quando o delito for cometido mediante violência ou grave ameaça. Neste ponto, deve-se levar em conta a disposição do preceito secundário do tipo, segundo o qual haverá ainda a pena relativa à violência.
Ação penal	A ação penal é pública incondicionada.

5.19. Patrocínio infiel

O delito de patrocínio infiel tem previsão no artigo 355 do Código Penal:

> *Art. 355 – Trair, na qualidade de advogado ou procurador, o dever profissional, prejudicando interesse, cujo patrocínio, em juízo, lhe é confiado:*
>
> *Pena – detenção, de seis meses a três anos, e multa.*

Trair é atraiçoar, enganar, ludibriar. A conduta incriminada é **o sujeito, como advogado ou procurador, trair o seu dever profissional, prejudicando interesse cujo patrocínio em juízo lhe é confiado**. Ou seja, o advogado ou procurador age de forma desleal em relação ao interesse cuja defesa em juízo era seu encargo.

O crime é próprio, exigindo a qualidade de advogado ou procurador para o sujeito ativo. É doloso, não havendo previsão de forma culposa nem de exigência de elemento subjetivo especial do injusto. É material, exigindo resultado naturalístico para sua consumação. É instantâneo, consumando-se em um dado instante do tempo. É plurissubsistente, admitindo a tentativa, conforme entendimento majoritário.

QUADRO SINÓTICO

Crime de patrocínio infiel	
Tipo penal	Trair, na qualidade de advogado ou procurador, o dever profissional, prejudicando interesse, cujo patrocínio, em juízo, lhe é confiado.
Objeto jurídico	Tutelam-se a Administração Pública e, mais especificamente, a administração da justiça.
Sujeito ativo	Somente o advogado ou o procurador.
Sujeito passivo	O Estado e quem for diretamente prejudicado pelos agentes.
Elemento subjetivo	Admite-se somente a modalidade dolosa.
Consumação	O delito se consuma quando o interesse da vítima é prejudicado pela traição do agente.
Tentativa	Admite-se a tentativa.
Classificação	Trata-se de delito próprio, doloso, comissivo ou omissivo impróprio, material (patrocínio infiel) ou formal (tergiversação), instantâneo, de forma livre, monossubjetivo, plurissubsistente e transeunte.
Benefícios	Admitem-se a suspensão condicional do processo e o oferecimento de acordo de não persecução penal.
Ação penal	A ação penal é pública incondicionada.
Observações	Nos termos do artigo 355, parágrafo único, do CP, incorre na pena deste artigo o advogado ou procurador judicial que defende na mesma causa, simultânea ou sucessivamente, partes contrárias. Trata-se da tergiversação.

5.20. Patrocínio simultâneo ou tergiversação

O parágrafo único do artigo 355 prevê outra forma do crime, com *nomen iuris* próprio, chamado pela lei de patrocínio simultâneo ou tergiversação. Prevê a lei incorrer na pena deste artigo o advogado ou procurador judicial que defende na mesma causa, simultânea ou sucessivamente, partes contrárias:

> *Patrocínio Simultâneo ou Tergiversação*
>
> *Parágrafo único – Incorre na pena deste artigo o advogado ou procurador judicial que defende na mesma causa, simultânea ou sucessivamente, partes contrárias.*

São duas as figuras previstas no tipo penal:

- Defender na mesma causa, simultaneamente, partes contrárias. É o **patrocínio simultâneo**, que pode ocorrer inclusive por meio de outra pessoa (um sócio, por exemplo, do escritório de advocacia);

- Defender, na mesma causa, sucessivamente, partes contrárias. Cuida-se da **tergiversação**. O agente abandona o seu cliente e, em sequência, passa a defender a parte contrária, seja diretamente ou também por meio de interposta pessoa.

O crime também é próprio, instantâneo, plurissubsistente e doloso. Entretanto, nesta modalidade é formal, consumando-se independentemente de resultado naturalístico.

5.21. Sonegação de papel ou objeto de valor probatório

O crime de sonegação de papel ou objeto de valor probatório está previsto no artigo 356 do Código Penal, com a seguinte previsão:

> Art. 356 – *Inutilizar, total ou parcialmente, ou deixar de restituir autos, documento ou objeto de valor probatório, que recebeu na qualidade de advogado ou procurador:*
>
> *Pena – detenção, de seis meses a três anos, e multa.*

Inutilizar é quebrar, avariar, estragar. Deixar de restituir é não devolver, não entregar de volta. A conduta incriminada pode se cindir em **duas figuras**:

- Inutilizar, total ou parcialmente, autor, documento ou objeto de valor probatório, que recebeu na qualidade de advogado ou procurador;
- Deixar de restituir autor, documento ou objeto de valor probatório, que recebeu na qualidade de advogado ou procurador.

O crime é próprio, pois se exige, para ser sujeito ativo, a qualidade de advogado ou procurador. É doloso, não havendo previsão de forma culposa nem de exigência de elemento subjetivo especial do injusto. É instantâneo, consumando-se em um dado instante do tempo. É plurissubsistente apenas na modalidade de "inutilizar", admitindo a tentativa, conforme entendimento majoritário.

QUADRO SINÓTICO

Crime de sonegação de papel ou objeto de valor probatório	
Tipo penal	Inutilizar, total ou parcialmente, ou deixar de restituir autos, documento ou objeto de valor probatório, que recebeu na qualidade de advogado ou procurador.
Objeto jurídico	Tutelam-se a Administração Pública e, mais especificamente, a administração da justiça.
Sujeito ativo	Somente o advogado ou o procurador.
Sujeito passivo	O Estado e quem for diretamente prejudicado pelo agente.

Crime de sonegação de papel ou objeto de valor probatório	
Elemento subjetivo	Admite-se somente a modalidade dolosa.
Consumação	O delito se consuma quando o agente realiza conduta que inutiliza o objeto fazendo com que ele perca seu valor probatório ou quando, após regular intimação, deixa de restituí-lo ao processo.
Tentativa	Admite-se a tentativa.
Classificação	Trata-se de crime próprio, doloso, comissivo (inutilizar) ou omissivo próprio (deixa de restituir), instantâneo (inutilizar) ou permanente (deixar de restituir), de forma livre, monossubjetivo e plurissubsistente ou monossubsistente.
Benefícios	Admitem-se a suspensão condicional do processo e o oferecimento de acordo de não persecução penal.
Ação penal	A ação penal é pública incondicionada.

5.22. Exploração de prestígio

O delito de exploração de prestígio está localizado, no Código Penal, no seu artigo 357:

> *Art. 357 – Solicitar ou receber dinheiro ou qualquer outra utilidade, a pretexto de influir em juiz, jurado, órgão do Ministério Público, funcionário de justiça, perito, tradutor, intérprete ou testemunha:*
>
> *Pena – reclusão, de um a cinco anos, e multa.*
>
> *Parágrafo único – As penas aumentam-se de um terço, se o agente alega ou insinua que o dinheiro ou utilidade também se destina a qualquer das pessoas referidas neste artigo.*

Solicitar é pedir, pleitear, rogar. Receber é ganhar, obter, arrecadar, embolsar. A conduta incriminada é explorar prestígio que se arroga ter sobre juiz, jurado, membro do Ministério Público, funcionário da Justiça, perito, tradutor, intérprete ou testemunha.

O tipo penal é solicitar ou receber dinheiro ou qualquer outra utilidade, a pretexto de influir, de influenciar em **magistrado, jurado, órgão do Ministério Público, serventuário ou auxiliar da Justiça**.

Cuida-se de hipótese de ***venditio fumi***, crime cuja denominação se refere a uma venda de fumaça, de uma influência que o agente diz ter, mas específica em razão de o funcionário público sobre o qual o agente alegar ter influência trabalhar no **Sistema de Justiça**. Diferencia-se, portanto, do crime de tráfico de influência, que é genérico, podendo recair sobre qualquer servidor público, sendo o crime de exploração de prestígio uma norma penal especial, cujo especializante é que a influência recairia sobre pessoa que exerce alguma função na prestação jurisdicional, em sentido amplo, envolvendo o juiz, o tradutor, o perito e o promotor de justiça, por exemplo. Neste sentido:

> *"Na linha da jurisprudência desta Corte, "o crime de exploração de prestígio é, por assim dizer, uma 'subespécie' do crime previsto no art. 332 do Código Penal (tráfico de influência). É a exploração de prestígio, a venda de influência, a ser exercida especificamente sobre pessoas que possuem destacada importância no desfecho de processo judicial." (STJ, PExt no RHC 55940/SP, Rel. Min. Antonio Saldanha Palheiro, Sexta Turma, DJe 04/02/2019).*

A comparação dos dois tipos penais é destacada no seguinte esquema:

Tráfico de influência ⇒	**Solicitar, exigir, cobrar ou obter, para si ou para outrem, vantagem ou promessa de vantagem, a pretexto de influir em ato praticado por funcionário público no exercício da função**
Exploração de prestígio ⇒	**Solicitar ou receber dinheiro ou qualquer outra utilidade, a pretexto de influir em juiz, jurado, órgão do Ministério Público, funcionário de justiça, perito, tradutor, intérprete ou testemunha**

Vale ressaltar, ainda, que na exploração de prestígio, crime contra a Administração da Justiça, há a majorante de **um terço** se o agente alega ou insinua que o dinheiro ou utilidade também se destina ao juiz, jurado, órgão do Ministério Público, funcionário de justiça, perito, tradutor, intérprete ou testemunha. No crime de tráfico de influência, se o agente alega ou insinua que a vantagem é também destinada ao funcionário, a causa de aumento de pena, prevista no parágrafo único do artigo 332, é de **metade**.

No mesmo julgado acima mencionado, o STJ consignou que, se o sujeito compra a influência dita, sua conduta não se amolda ao tipo penal, sendo o caso não de agir como "vendedor de fumaça", mas como "comprador de fumaça". Ainda que haja divergência doutrinária, adotou-se a posição de que, conquanto atue de forma imoral, quem acredita na *venditio fumi* e paga pela suposta influência não comete crime. Como no estelionato, a torpeza bilateral não afasta o delito, mas só responde criminalmente aquele que solicita ou recebe o dinheiro:

> *Na hipótese, a denúncia não se desincumbiu de descrever nenhum comportamento típico do ora recorrente, comportamento esse conhecido como o de "vendedor da fumaça" (venditio fumi), sob o qual poderia exercer a influência jactante, caracterizadora da exploração de prestígio. Ao revés, a incoativa descreve, amiúde, a conduta do recorrente como a de um "comprador de fumaça" (STJ, PExt no RHC 55940/SP, Rel. Min. Antonio Saldanha Palheiro, Sexta Turma, DJe 04/02/2019).*

O crime é comum, podendo ser praticado por qualquer pessoa. É doloso, não havendo previsão de forma culposa nem de exigência de elemento subjetivo especial do injusto. É formal na modalidade de "solicitar", sendo material no caso de o agente "receber". É instantâneo, consumando-se em um dado instante do tempo. É plurissubsistente, admitindo a tentativa, conforme entendimento majoritário, salvo se a modalidade for a solicitar na forma verbal.

QUADRO SINÓTICO

Crime de exploração de prestígio	
Tipo penal	Solicitar ou receber dinheiro ou qualquer outra utilidade, a pretexto de influir em juiz, jurado, órgão do Ministério Público, funcionário de justiça, perito, tradutor, intérprete ou testemunha.
Objeto jurídico	Tutelam-se a Administração Pública e, mais especificamente, a administração da justiça.
Sujeito ativo	Qualquer um.
Sujeito passivo	O Estado e quem for diretamente prejudicado pelo agente.
Elemento subjetivo	Admite-se somente a modalidade dolosa.
Consumação	O delito se consuma na modalidade solicitar quando o agente incorre na conduta descrita no núcleo do tipo. A seu turno, na modalidade receber, quando o agente efetivamente recebe dinheiro ou outra utilidade.
Tentativa	Admite-se a tentativa.
Forma majorada	Nos termos do artigo 357, parágrafo único, do CP, há previsão de aumento de pena se o agente alega ou insinua que o dinheiro ou utilidade também se destina a qualquer das pessoas referidas neste artigo.
Classificação	Trata-se de crime comum, doloso, comissivo ou omissivo impróprio, instantâneo, material (receber) ou formal (solicitar), de forma livre, monossubjetivo, plurissubsistente ou monossubsistente (solicitar verbalmente) e transeunte
Benefícios	Admitem-se a suspensão condicional do processo e o oferecimento de acordo de não persecução penal.
Ação penal	A ação penal é pública incondicionada.

5.23. Violência ou fraude em arrematação judicial

O crime do artigo 358 do Código Penal é o de violência ou fraude em arrematação judicial, de seguinte conteúdo:

> *Art. 358 – Impedir, perturbar ou fraudar arrematação judicial; afastar ou procurar afastar concorrente ou licitante, por meio de violência, grave ameaça, fraude ou oferecimento de vantagem:*
>
> *Pena – detenção, de dois meses a um ano, ou multa, além da pena correspondente à violência.*

PARTE ESPECIAL

Impedir é impossibilitar, obstar, frustrar. Perturbar é atrapalhar, importunar, desordenar. Fraudar é burlar, trapacear, manipular. Afastar é afugentar, expulsar, deslocar, remover.

As condutas incriminadas podem ser divididas em duas partes:

- Impedir, perturbar ou fraudar arrematação judicial. Esta modalidade se classifica como crime material. É plurissubsistente, admitindo a tentativa, conforme entendimento majoritário.
- Afastar ou procurar afastar concorrente ou licitante, **por meio de violência, grave ameaça, fraude ou oferecimento de vantagem**. A vantagem pode ser de qualquer natureza. Nesta modalidade, o legislador equiparou a forma tentada à consumada. O crime é formal, consumando-se independentemente de resultado naturalístico.

A doutrina aponta que este crime, previsto no artigo 358 do CP, se restringe à arrematação judicial realizada pelo particular, por ordem judicial. Em caso de arrematação promovida pelo Poder Público, com a revogação tática do artigo 335 do CP e expressa da Lei n. 8.666/1993, pode haver a configuração de algum dos crimes em licitações e contratos administrativos, inseridos no próprio Código Penal pela Lei n. 14.133/2021. Assim, o crime de violência ou fraude em arrematação judicial passou a ter aplicação bastante restrita.

O crime é comum, podendo ser praticado por qualquer pessoa. É doloso, não havendo previsão de forma culposa nem de exigência de elemento subjetivo especial do injusto. É instantâneo, consumando-se em um dado instante do tempo.

O preceito secundário prevê a aplicação da pena correspondente à violência pela regra do cúmulo material, além da pena do delito de violência ou fraude em arrematação judicial, que é de detenção, de dois meses a um ano, ou multa.

QUADRO SINÓTICO

Crime de violência ou fraude em arrematação judicial	
Tipo penal	Impedir, perturbar ou fraudar arrematação judicial; afastar ou procurar afastar concorrente ou licitante, por meio de violência, grave ameaça, fraude ou oferecimento de vantagem.
Objeto jurídico	Tutelam-se a Administração Pública e, mais especificamente, a administração da justiça.
Sujeito ativo	Qualquer um.
Sujeito passivo	O Estado e quem for diretamente prejudicado pelo agente.
Elemento subjetivo	Admite-se somente a modalidade dolosa.
Consumação	O delito se consuma quando o agente incorre nas condutas descritas nos núcleos do tipo, ou quando ele se vale de violência, grave ameaça, fraude ou oferecimento de vantagem.
Tentativa	Admite-se a tentativa.

Crime de violência ou fraude em arrematação judicial	
Classificação	Trata-se de delito comum, doloso, comissivo ou omissivo impróprio, instantâneo, de forma livre, monossubjetivo, plurissubsistente e transeunte.
Benefícios	A princípio, trata-se de delito de menor potencial ofensivo, de competência dos Juizados Especiais Criminais e que admite a transação, a suspenção condicional do processo e o acordo de não persecução penal, exceto quando o delito for cometido mediante violência ou grave ameaça. Neste ponto, deve-se levar em conta a disposição do preceito secundário do tipo, segundo o qual haverá ainda a pena relativa à violência.
Ação penal	A ação penal é pública incondicionada.

5.24. Desobediência a decisão judicial sobre perda ou suspensão de direito

O crime de desobediência a decisão judicial sobre perda ou suspensão de direito tem previsão no artigo 359 do Código Penal:

> *Art. 359 – Exercer função, atividade, direito, autoridade ou múnus, de que foi suspenso ou privado por decisão judicial:*
>
> *Pena – detenção, de três meses a dois anos, ou multa.*

Exercer é praticar, realizar. A conduta incriminada é exercer função, atividade, direito, autoridade ou múnus, contrariando decisão judicial que suspendeu ou privou o agente de exercê-los.

O crime é **próprio**, segundo a maioria da doutrina, por exigir a condição do sujeito ativo de ter sido privado ou suspenso, por decisão judicial, do exercício de função, atividade, direito, autoridade ou múnus. É doloso, não havendo previsão de forma culposa nem de exigência de elemento subjetivo especial do injusto.

É formal, consumando-se independentemente da ocorrência de resultado naturalístico. É instantâneo, consumando-se em um dado instante do tempo. É plurissubsistente, admitindo a tentativa, conforme entendimento majoritário.

O Supremo Tribunal Federal já decidiu que deve ser **de natureza criminal** a decisão judicial que suspende ou priva o agente do exercício de função, atividade, direito, autoridade:

> *"1. AÇÃO PENAL. Crime de desobediência a decisão judicial sobre perda ou suspensão de direito. Atipicidade. Caracterização. Suposta desobediência a decisão de natureza civil. Proibição de atuar em nome de sociedade. Delito preordenado a reprimir efeitos extrapenais. Inteligência do art. 359 do Código Penal. Precedente. O crime definido no art. 359 do Código Penal pressupõe decisão judiciária de natureza penal, e não, civil. (...)" (HC 88572/RS, Rel. Min. Cezar Peluso, Segunda Turma, Julgamento: 08/08/2006).*

Apesar de hoje existir crime específico para o caso de descumprimento de medidas protetivas determinadas por violência doméstica e familiar contra a mulher, antes da previsão desta figura delitiva o STJ já consignou não configurar o crime do artigo 359 do CP o descumprimento de medida protetiva:

> *"(...) 2. A jurisprudência desta Corte Superior de Justiça está pacificada no sentido de que o descumprimento de medidas protetivas estabelecidas na Lei Maria da Penha não caracteriza a prática dos delitos previstos nos arts. 330 e 359 do Código Penal, em atenção ao princípio da* ultima ratio, *tendo em vista a existência de cominação específica nas hipóteses em que a conduta for praticada no âmbito doméstico e familiar, nos termos do art. 313, III, do Código de Processo Penal. Precedentes. (...)" (STJ, HC 305409/RS, Rel. Min. Ribeiro Dantas, Quinta Turma, DJe 15/04/2016).*

QUADRO SINÓTICO

Crime de desobediência a decisão judicial sobre perda ou suspensão de direito	
Tipo penal	Exercer função, atividade, direito, autoridade ou múnus, de que foi suspenso ou privado por decisão judicial.
Objeto jurídico	Tutelam-se a Administração Pública e, mais especificamente, a administração da justiça.
Sujeito ativo	Quem teve sua função, atividade, direito, autoridade ou múnus suspenso ou privado por decisão judicial.
Sujeito passivo	O Estado.
Elemento subjetivo	Admite-se somente a modalidade dolosa.
Consumação	O delito se consuma quando o agente exerce sua função, atividade, direito, autoridade ou múnus suspenso ou privado por decisão judicial.
Tentativa	Admite-se a tentativa.
Classificação	Trata-se de delito próprio, doloso, comissivo ou omissivo impróprio, formal, instantâneo, de forma livre, monossubjetivo, plurissubsistente e transeunte.
Benefícios	Trata-se de crime de menor potencial ofensivo, de competência dos Juizados Especiais Criminais e que admite a transação, suspensão condicional do processo e acordo de não persecução penal.
Ação penal	A ação penal é pública incondicionada.

6. DOS CRIMES CONTRA AS FINANÇAS PÚBLICAS

O último capítulo da Parte Especial do Código Penal é o IV, "Dos Crimes Contra as Finanças Públicas", que encerra o Título XI, sobre os crimes contra a Administração Pública. Foi incluído pela Lei n. 10.028/2000. Trata dos últimos crimes previstos no Título XI da Parte Especial do Código, que são: contratação de operação de crédito; inscrição de despesas não empenhadas em restos a pagar; assunção de obrigação no último ano do mandato ou legislatura; ordenação de despesa não autorizada;

prestação de garantia graciosa; não cancelamento de restos a pagar; aumento de despesa total com pessoal no último ano do mandato ou legislatura e oferta pública ou colocação de títulos no mercado.

O Direito Financeiro envolve a regulação das receitas públicas, das despesas públicas e do próprio orçamento pública. Esses tipos penais preveem violações a normas de Direito Financeiro, que limitam a utilização das verbas públicas, especialmente no que se refere à execução da despesa, com seu empenho, liquidação e pagamento. Foram inseridos após a introdução do sistema de responsabilidade e equilíbrio financeiro, entre receitas e despesas públicas, por meio da Lei Complementar n. 101/2000, a Lei de Responsabilidade Fiscal.

Essa lei estabelece normas de finanças públicas voltadas para a responsabilidade na gestão fiscal, as quais obrigam a União, os Estados, o Distrito Federal e os Municípios. Segundo o seu artigo 1, § 1º, a responsabilidade na gestão fiscal pressupõe a ação planejada e transparente, em que se previnem riscos e corrigem desvios capazes de afetar o equilíbrio das contas públicas, mediante o cumprimento de metas de resultados entre receitas e despesas e a obediência a limites e condições no que tange a renúncia de receita, geração de despesas com pessoal, da seguridade social e outras, dívidas consolidada e mobiliária, operações de crédito, inclusive por antecipação de receita, concessão de garantia e inscrição em Restos a Pagar. As disposições da Lei Complementar n. 101/2000, assim como aquelas previstas na Lei n. 4.320/1964, que traz normas gerais de Direito Financeiro, serão utilizadas como complemento para aplicação e compreensão dos crimes contra as finanças públicas.

6.1. Contratação de operação de crédito

O crime de contratação de operação de crédito está previsto no artigo 359-A do CP:

> *Art. 359-A. Ordenar, autorizar ou realizar operação de crédito, interno ou externo, sem prévia autorização legislativa:*
>
> *Pena – reclusão, de 1 (um) a 2 (dois) anos.*
>
> *Parágrafo único. Incide na mesma pena quem ordena, autoriza ou realiza operação de crédito, interno ou externo:*
>
> *I – com inobservância de limite, condição ou montante estabelecido em lei ou em resolução do Senado Federal;*
>
> *II – quando o montante da dívida consolidada ultrapassa o limite máximo autorizado por lei.*

Os núcleos do tipo são ordenar (dar a ordem, mandar, determinar), autorizar (permitir, assentir, aprovar) e realizar (fazer, efetivar, efetuar). A conduta incriminada é ordenar, autorizar ou realizar operação de crédito, que pode ser interno ou externo, sem prévia autorização legislativa. O crime, portanto, é a de contratação de operação de crédito sem que a lei permita.

A **operação de crédito** está definida na Lei Complementar n. 101/2000, em seu artigo 29, *caput*, inciso III, e § 1º:

> *III – operação de crédito: compromisso financeiro assumido em razão de mútuo, abertura de crédito, emissão e aceite de título, aquisição financiada de bens, recebimento antecipado de valores provenientes da venda a termo de bens e serviços, arrendamento mercantil e outras operações assemelhadas, inclusive com o uso de derivativos financeiros;*
> *(...)*
> *§ 1º Equipara-se a operação de crédito a assunção, o reconhecimento ou a confissão de dívidas pelo ente da Federação, sem prejuízo do cumprimento das exigências dos arts. 15 e 16.*

A operação de crédito pode ser celebrada **no âmbito nacional ou com entidade estrangeira**.

Na modalidade "realizar", o crime é material, enquanto se trata de delito formal quanto às condutas de "ordenar" ou "autorizar"[159]. Tutelam-se a regularidade, a moralidade e a probidade que se exigem na gestão das finanças públicas[160]. O tipo é misto alternativo, de modo que a autorização e a posterior realização da operação de crédito sejam condutas praticadas, eventualmente, pelo mesmo agente não implicaram em concurso de delitos, e sim crime único. Na prática, no entanto, há a autorização por um agente público e a realização da operação por outro, dada a divisão de funções institucionais.

Integra o tipo penal um elemento normativo do tipo, consistente na expressão "sem autorização legislativa". Caso haja autorização prevista por lei orçamentária, a conduta não é sequer típica. Na realidade, toda operação de crédito deve estar autorizada previamente nas leis orçamentárias ou, ao menos, ter sido autorizada por lei específica. Sem essa autorização, o agente viola normas de direito financeiro e, atuando dolosamente, pode ser penalmente responsabilizado, nos termos do artigo 359-A do Código Penal.

O crime também é classificado como próprio, só podendo ser praticado pelo funcionário público com atribuição para ordenar, autorizar ou realizar operação de crédito. Em todas as modalidades, é possível a tentativa, apesar de haver divergência doutrinária. O crime é instantâneo, consumando-se em um dado momento do tempo. O crime é doloso, sem previsão de forma.

Formas equiparadas: Incide na mesma pena quem ordena, autoriza ou realiza operação de crédito, interno ou externo:

- **com inobservância de limite, condição ou montante estabelecido em lei ou em resolução do Senado Federal**. A lei ou resolução do Senado Federal autorizou a contratação da operação de crédito, mas o agente a extrapola.

---

159. No mesmo sentido: PRADO, Luiz Regis. Curso de direito penal brasileiro: parte geral e parte especial. 18. ed. Rio de Janeiro: Forense, 2020, p. 1333. Bitencourt somente se refere à classificação de crime material na conduta de "realizar", mas não admite a consumação com a mera conduta de "ordenar" ou "autorizar", defendendo que, nesses casos, a consumação do delito exige a efetiva abertura de crédito (BITENCOURT, Cezar Roberto. Op. Cit, 2020, p. 486-489.

160. JALIL, Mauxício Schaun; GRECO FILHO, Vicente, Capítulo IV Dos Crimes contra as Finanças Públicas. In: Acácio Miranda da Silva; et al. Coordenadores Maurício Shaun Jalil e Vicente Greco Filho. Código penal comentado: doutrina e jurisprudência. 6. ed. Barueri: Manole, 2023, p. 1070.

- **quando o montante da dívida consolidada ultrapassa o limite máximo autorizado por lei.** Cuida-se de operação também autorizada, mas por lei. Nesse caso, o agente ultrapassa o limite não da autorização, mas do montante da dívida consolidada.

Têm-se normas penais em branco, já que se torna necessário recorrer à autorização legislativa ou à resolução do Senado para a consulta dos limites, condições ou montantes para operação de crédito, bem como a consulta à lei para verificar o limite máximo da dívida consolidada.

Dívida consolidada ou fundada, nos termos do artigo 29, I, da LC n. 101/2000, é o montante total, apurado sem duplicidade, das obrigações financeiras do ente da Federação, assumidas em virtude de leis, contratos, convênios ou tratados e da realização de operações de crédito, para amortização em prazo superior a doze meses. Segundo o artigo 29, §§ 2º e 3º, incluem-se na dívida consolidada a relativa à emissão de títulos de responsabilidade do Banco Central do Brasil e as operações de crédito de prazo inferior a doze meses cujas receitas tenham constado do orçamento. Além disso, o artigo 30, § 7º, determina que os precatórios judiciais não pagos durante a execução do orçamento em que houverem sido incluídos integram a dívida consolidada, para fins de aplicação dos limites.

Existe divergência se a operação de crédito ultrapassar o limite previsto em lei em pequeno montante, quantia que seria desprezível. Bitencourt defende não haver antijuridicidade material[161], enquanto Vicente Greco Filho e Maurício Schaun Jalil defendem que há sim delito. A extrapolação do limite, ainda que ínfima, violaria a moralidade pública, além da princípio da legalidade[162]. Vale lembrar que a jurisprudência do STJ não tem admitido a aplicação do princípio da insignificância nos crimes contra a Administração Pública, como indica o enunciado da Súmula n. 599.

Especialidade: se o agente for prefeito, o crime será o do artigo 1º, inciso XX, do Decreto-Lei n. 201/1967. Se a conduta for praticada pelo Presidente da República, configura-se o *crime de responsabilidade* do artigo 10, item 9, da Lei n. 1.079/1950, infração de natureza político-administrativa.

QUADRO SINÓTICO

Crime de contratação de operação de crédito	
Tipo penal	Ordenar, autorizar ou realizar operação de crédito, interno ou externo, sem prévia autorização legislativa.
Objeto jurídico	Tutelam-se a Administração Pública e, mais especificamente, as finanças públicas.

161. BITENCOURT, Cezar Roberto. Op. Cit., 2020, p. 489-490.

162. JALIL, Mauxício Schaun; GRECO FILHO, Vicente, Capítulo IV Dos Crimes contra as Finanças Públicas. In: Acácio Miranda da Silva; et al. Coordenadores Maurício Shaun Jalil e Vicente Greco Filho. Código penal comentado: doutrina e jurisprudência. 6. ed. Barueri: Manole, 2023, p. 1072.

Crime de contratação de operação de crédito	
Sujeito ativo	Somente o funcionário público competente.
Sujeito passivo	O Estado.
Elemento subjetivo	Admite-se somente a modalidade dolosa.
Consumação	O delito se consuma quando o agente ordena, autoriza ou realiza operação de crédito sem prévia autorização legislativa.
Tentativa	Admite-se a tentativa.
Classificação	Trata-se de crime próprio, doloso, comissivo ou omissivo impróprio, material (realizar) ou formal (ordenar ou autorizar), de forma vinculada, instantâneo, monossubjetivo, plurissubsistente e não transeunte.
Benefícios	Trata-se de crime de menor potencial ofensivo, de competência dos Juizados Especiais Criminais e que admite a transação, suspensão condicional do processo e acordo de não persecução penal.
Ação penal	A ação penal é pública incondicionada.
Observações	Nos termos do artigo 359-A do CP, incide na mesma pena quem ordena, autoriza ou realiza operação de crédito, interno ou externo com inobservância de limite, condição ou montante estabelecido em lei ou em resolução do Senado Federal; ou quando o montante da dívida consolidada ultrapassa o limite máximo autorizado por lei.

6.2. Inscrição de despesas não empenhadas em restos a pagar

O artigo 359-B do Código Penal trata do delito de inscrição de despesas não empenhadas em restos a pagar:

> *Art. 359-B. Ordenar ou autorizar a inscrição em restos a pagar, de despesa que não tenha sido previamente empenhada ou que exceda limite estabelecido em lei:*
>
> *Pena – detenção, de 6 (seis) meses a 2 (dois) anos.*

São ações nucleares típicas ordenar (dar a ordem, mandar, determinar) e autorizar (permitir, assentir, aprovar). A conduta incriminada é a de ordenar ou autorizar a inscrição em restos a pagar de despesa que não tenha sido previamente empenhada (não houve o empenho da despesa) **ou** que exceda limite estabelecido em lei (houve o empenho, mas a inscrição é de valor superior ao limite fixado na lei).

A definição de **restos a pagar** está no artigo 36 da Lei n. 4.320/1964:

> *Art. 36. Consideram-se Restos a Pagar as despesas empenhadas mas não pagas até o dia 31 de dezembro distinguindo-se as processadas das não processadas.*
>
> *Parágrafo único. Os empenhos que sorvem a conta de créditos com vigência plurienal, que não tenham sido liquidados, só serão computados como Restos a Pagar no último ano de vigência do crédito.*

Por sua vez, empenho tem definição no artigo 58 de referido diploma legal, consistindo na primeira fase do processamento da despesa pública. É o ato que deve ser praticado pelo ordenador de despesa, a autoridade competente. É necessário que haja o empenho para que se realize a despesa pública, consistindo, de forma simples, na reserva do valor que será pago quando da entrega do produto ou prestação do serviço para a Administração Pública:

> *Art. 58. O empenho de despesa é o ato emanado de autoridade competente que cria para o Estado obrigação de pagamento pendente ou não de implemento de condição.*

A Lei de Responsabilidade Fiscal, em seu artigo 42, proíbe a inscrição de restos a pagar nos seguintes casos:

> *Art. 42. É vedado ao titular de Poder ou órgão referido no art. 20, nos últimos dois quadrimestres do seu mandato, contrair obrigação de despesa que não possa ser cumprida integralmente dentro dele, ou que tenha parcelas a serem pagas no exercício seguinte sem que haja suficiente disponibilidade de caixa para este efeito.*

A possibilidade de tentativa é controvertida na doutrina. Bitencourt entende possível, discordando de Damásio de Jesus, em razão de a conduta ser fracionável: a consumação ocorreria quando há a execução da ordem ou autorização, com a efetiva inscrição de despesa em restos a pagar. No entanto, a tentativa seria de difícil comprovação[163]. Vicente Greco Filho e Maurício Schaun Jalil defendem não ser possível a tentativa, considerando que se trataride crime de mera conduta, consumando-se com a prática do ato de odernar ou autorizar[164]. Entende-se cabível a tentativa, excepcionalmente, mas pela possibilidade de a autorização ou ordem não chegarem ao destinário, quando emitidas na forma escrita.

O crime é próprio, só podendo ser praticado por agente público com atribuição de ordenar ou promover a inscrição em restos a pagar. É doloso, sem exigência de elemento subjetivo especial do tipo. É crime comissivo, formal, unissubjetivo e de perigo abstrato. Praticado na forma verbal, é unissubsistente, mas se torna plurissubsistente, admitindo a forma tentada, se a ordem ou autorização forem emitidas por escrito.

QUADRO SINÓTICO

Crime de inserção de despesas não empenhadas em restos a pagar	
Tipo penal	Ordenar ou autorizar a inscrição em restos a pagar, de despesa que não tenha sido previamente empenhada ou que exceda limite estabelecido em lei.
Objeto jurídico	Tutelam-se a Administração Pública e, mais especificamente, as finanças públicas.
Sujeito ativo	Somente o funcionário público competente para ordenar ou autorizar a inscrição em restos a pagar.

163. BITENCOURT, Cezar Roberto. Op. Cit., 2020, p. 496-497.

164. JALIL, Mauxício Schaun; GRECO FILHO, Vicente, Op. Cit., 2023, p. 1072.

Crime de inserção de despesas não empenhadas em restos a pagar	
Sujeito passivo	O Estado.
Elemento subjetivo	Admite-se somente a modalidade dolosa.
Consumação	O delito se consuma quando o agente ordena ou autoriza a inscrição em restos a pagar, de despesa que não tenha sido previamente empenhada ou que exceda limite estabelecido em lei.
Tentativa	A possibilidade da tentativa é discutida pela doutrina. Considera-se possível, se praticado na forma escrita.
Classificação	Trata-se de crime próprio, doloso, comissivo ou omissivo impróprio, de forma vinculada, instantâneo, monossubjetivo, plurissubsistente (na forma escrita) e não transeunte (também na forma escrita).
Benefícios	Trata-se de crime de menor potencial ofensivo, de competência dos Juizados Especiais Criminais e que admite a transação, suspensão condicional do processo e acordo de não persecução penal.
Ação penal	A ação penal é pública incondicionada.

6.3. Assunção de obrigação no último ano de mandato ou legislatura

O crime de assunção de obrigação no último ano de mandato ou legislatura está tipificado no artigo 359-C do Código Penal:

> *Art. 359-C. Ordenar ou autorizar a assunção de obrigação, nos dois últimos quadrimestres do último ano do mandato ou legislatura, cuja despesa não possa ser paga no mesmo exercício financeiro ou, caso reste parcela a ser paga no exercício seguinte, que não tenha contrapartida suficiente de disponibilidade de caixa:*
>
> *Pena – reclusão, de 1 (um) a 4 (quatro) anos.*

Os núcleos do tipo são ordenar (dar a ordem, mandar, determinar), autorizar (permitir, assentir, aprovar). As condutas incriminadas são:

- ordenar ou autorizar a assunção de obrigação, **nos dois últimos quadrimestres do último ano de mandato ou legislatura**, cuja despesa não possa ser paga no mesmo exercício financeiro,
- caso reste parcela a ser paga no exercício seguinte, **nos últimos dois últimos quadrimestres do último ano de mandato ou legislatura**, não haja contrapartida suficiente de disponibilidade de caixa.

Mandato é o exercício das prerrogativas e o cumprimento das obrigações de cargos específicos por um período de tempo determinado por lei. O Presidente da República, por exemplo, tem seu mandato definido no artigo 82 da Constituição da República, como um período de 4 anos a contar do dia 5 de janeiro do ano seguinte ao de sua eleição. Governadores e Prefeitos também possuem mandato por 4 anos, conforme artigos 28 e 29, inciso I, da Constituição. A **legislatura** se refere ao período de exercício de mandato no Poder Legislativo, correspondendo a 4 anos. Assim, os senadores possuem mandato por duas legislaturas, enquando os deputados federais e estaduais, por apenas uma, conforme se extrai dos artigos 27, § 1º, e 44 a 46 da Constituição.

A Lei de Responsabilidade Fiscal, em seu artigo 42, proíbe a inscrição de restos a pagar dos mesmos casos previstos no artigo 359-C do CP, de modo que a legislação penal foi utilizada para reforçar um dever, imposto pelo Direito Financeiro, ao agente público responsável pela gestão do orçamento:

> *Art. 42. É vedado ao titular de Poder ou órgão referido no art. 20, nos últimos dois quadrimestres do seu mandato, contrair obrigação de despesa que não possa ser cumprida integralmente dentro dele, ou que tenha parcelas a serem pagas no exercício seguinte sem que haja suficiente disponibilidade de caixa para este efeito.*

O Superior Tribunal de Justiça decidiu ser imprescindível a indicação de quais foram as obrigações assumidas nos dois últimos quadrimestres do último ano do mandato ou legislatura. Consignou a Corte que "a condenação pelo art. 359-C do Código Penal deve especificar despesas contraídas nos dois últimos quadrimestres do mandato, que não puderam ser pagas no mesmo exercício financeiro ou no exercício seguinte. Essa análise não pode ser global, considerando a iliquidez total do caixa, sob pena de prejudicar a ampla defesa"[165] Não bastaria, assim, a indicação do déficit das contas do ente federativo, com fundamento em conclusões de tribunal de contas, sem pormenorizar as condutas do indivíduo e as obrigações assumidas[166].

O crime é próprio, exigindo a qualidade do sujeito ativo de detentor de mandato eletivo[167]. Há controvérsia sobre a admissibilidade da forma tentada. O delito se classifica como doloso, sem previsão de modalidade culposa. Seu tipo é misto alternativo, bastando uma das condutas previstas para a sua configuração, ao mesmo tempo em que a realização de ambos os núcleos do tipo, no mesmo contexto, permitem a responsabilização por um único delito. É delito unissubjetivo e de perigo abstrato.

Considerando que o crime é de mera conduta, Vicente Greco Filho e Maurício Schaun Jalil defendem não ser admissível o *conatus*[168]. Bitencourt discorda, entendendo ser possível, por entender que o delito apenas se consuma com o efetivo cumprimento da ordem ou autorização[169]. A melhor leitura do dispositivo indica que é sim cabível a tentativa, ainda que excepcionalmente. Se a autorização ou ordem, na forma escrita, não chegarem ao destinário, o agente pode responder pela modalidade tentada. Não se extrai um crime de mera conduta da leitura do tipo penal, pois o resultado, *assunção de obrigação, está descrito na norma incriminadora. Ele é, todavia, desnecessário para a consumação do delito. Exige-se a efetiva ordem ou*

165. STJ, AgRg no AREsp n. 2.546.659/GO, Rel.Min. Sebastião Reis Júnior, Sexta Turma, julgado em 14/5/2024, DJe de 24/5/2024.

166. STJ, RHC n. 164.653/SP, Rel. Min. Sebastião Reis Júnior, Sexta Turma, julgado em 21/6/2022, DJe de 27/6/2022.

167. Assim já decidiu o STJ: "O delito do art. 359-C, do Código Penal é próprio ou especial, só podendo ser cometido por agentes públicos titulares de mandato ou legislatura (STJ, AREsp n. 1.415.425/AP, Rel. Min. Joel Ilan Paciornik, Quinta Turma, julgado em 19/9/2019, DJe de 24/9/2019).

168. JALIL, Mauxício Schaun; GRECO FILHO, Vicente, Op. Cit., 2023, p. 1075.

169. BITENCOURT, Cezar Roberto. Op. Cit., 2020, p. 505.

autorização, o que implica que o servidor responsável por executá-la deve ter recebido a orientação do agente público competente para tanto. A efetiva assunção da obrigação é mero exaurimento, que pode ser considerado, pelo juiz, para dosimetria da pena.

QUADRO SINÓTICO

Crime de assunção de obrigação no último ano do mandato ou legislatura	
Tipo penal	Ordenar ou autorizar a assunção de obrigação, nos dois últimos quadrimestres do último ano do mandato ou legislatura, cuja despesa não possa ser paga no mesmo exercício financeiro ou, caso reste parcela a ser paga no exercício seguinte, que não tenha contrapartida suficiente de disponibilidade de caixa.
Objeto jurídico	Tutelam-se a Administração Pública e, mais especificamente, as finanças públicas.
Sujeito ativo	Somente o funcionário público competente para ordenar ou autorizar a assunção de obrigação.
Sujeito passivo	O Estado.
Elemento subjetivo	Admite-se somente a modalidade dolosa.
Consumação	O delito se consuma quando o agente ordena ou autoriza a assunção de obrigação, nos dois últimos quadrimestres do último ano do mandato ou legislatura, cuja despesa não possa ser paga no mesmo exercício financeiro ou, caso reste parcela a ser paga no exercício seguinte, que não tenha contrapartida suficiente de disponibilidade de caixa.
Tentativa	Há divergência na doutrina sobre a possibilidade de tentativa. Entende-se possível, desde que a conduta não tenha sido praticada verbalmente.
Classificação	Trata-se de crime próprio, doloso, comissivo ou omissivo impróprio, de forma vinculada, instantâneo, monossubjetivo e, caso não praticado verbalmente, plurissubsistente e não transeunte.
Benefícios	Admitem-se a suspensão condicional do processo e o oferecimento de acordo de não persecução penal.
Ação penal	A ação penal é pública incondicionada.

6.4. Ordenação de despesa não autorizada

O artigo 359-D do Código Penal prevê o crime de ordenação de despesa não autorizada:

> *Art. 359-D. Ordenar despesa não autorizada por lei:*
> *Pena – reclusão, de 1 (um) a 4 (quatro) anos*

O núcleo do tipo é ordenar (dar a ordem, mandar, determinar). A conduta tipificada é ordenar despesa não autorizada por lei. Ou seja, é punida a conduta de determinar **a realização de despesa pública sem que haja autorização orçamentária**. As finanças públicas são submetidas a nítido controle, razão pela qual o gasto público sem autorização legal configura o crime previsto no artigo 359-D do Código Penal.

Também controverte a doutrina sobre a admissibilidade do *conatus* em relação a este crime. Ao classificar o delito como de mera conduta, Vicente Greco Filho e Maurício Schaun Jalil entendem que não é possível a tentativa[170]. Bitencourt defende que o delito se consuma com a execução da ordem, razão pela qual a tentativa seria possível, quando a ordem não é executada por circunstâncias alheias à vontade do agente[171]. Entende-se que o tipo penal comporta a tentativa, considerando que a ordem, por escrito, pode ser interceptada e não chegar ao destinatário.

O crime é próprio. Só pode praticá-lo o funcionário público com poder de ordenar despesa. A Lei de Responsabilidade Fiscal, Lei Complementar n. 101/2000, trata de despesas vedadas nos seus artigos 15 a 17 e 18 a 24.

Sanches Cunha defende que, excepcionalmente, pode haver o reconhecimento do estado de necessidade, afastando-se a ilicitude do fato, como em situação de calamidade. É possível também que, mesmo que não autorizada por Lei, a despesa venha a ser plenamente justificada em momento futuro, inexistindo lesão ao bem jurídico tutelado, situação em que não haveria que se falar no cometimento do crime previsto no art. 359-D, do Código Penal[172]. O tipo não exige o prejuízo. No entanto, essa leitura parece realmente mais consentânea com a teleologia da norma, considerando-se que o tipo visa a tutelar as finanças públicas.

QUADRO SINÓTICO

Crime de ordenação de despesa não autorizada	
Tipo penal	Ordenar despesa não autorizada por lei.
Objeto jurídico	Tutelam-se a Administração Pública e, mais especificamente, as finanças públicas.
Sujeito ativo	Somente o funcionário público competente para ordenar despesa.
Sujeito passivo	O Estado.
Elemento subjetivo	Admite-se somente a modalidade dolosa.
Consumação	O delito se consuma quando o agente ordena despesa não autorizada por lei.

170. JALIL, Mauxício Schaun; GRECO FILHO, Vicente, Op. Cit., 2023, p. 1076.

171. BITENCOURT, Cezar Roberto. Op. Cit., 2020, p. 531.

172. CUNHA, Rogério Sanches. Op. Cit., 2020, p. 1074.

Tentativa	Há divergência na doutrina sobre a possibilidade de tentativa. O melhor entendimento é de que se admite na forma escrita, pois a ordem pode ser interceptada, sem chegar ao destinatário.
Classificação	Trata-se de crime próprio, de forma vinculada, instantâneo, monossubjetivo e, caso realizada na forma escrita, plurissubsistente e não transeunte.
Benefícios	Admitem-se a suspensão condicional do processo e o oferecimento de acordo de não persecução penal.
Ação penal	A ação penal é pública incondicionada.

6.5. Prestação de garantia graciosa

O artigo 359-E do Código Penal trata do crime de prestação de garantia graciosa:

> *Art. 359-E. Prestar garantia em operação de crédito sem que tenha sido constituída contragarantia em valor igual ou superior ao valor da garantia prestada, na forma da lei:*
>
> *Pena – detenção, de 3 (três) meses a 1 (um) ano.*

Prestar garantia é conceder a garantia, dar garantia. A conduta punível é a de prestar garantia em operação de crédito sem que tenha sido constituída contragarantia em valor igual ou superior ao valor da garantia prestada, na forma da lei. O artigo 40 da Lei Complementar n. 101/2000 trata da **prestação de garantia pelos entes públicos**:

> *Art. 40. Os entes poderão conceder garantia em operações de crédito internas ou externas, **observados o disposto neste artigo, as normas do art. 32 e, no caso da União, também os limites e as condições estabelecidos pelo Senado Federal**.*
>
> *§ 1º **A garantia estará condicionada ao oferecimento de contragarantia, em valor igual ou superior ao da garantia a ser concedida, e à adimplência da entidade que a pleitear relativamente a suas obrigações junto ao garantidor e às entidades por este controladas, observado o seguinte**:*
>
> *I – não será exigida contragarantia de órgãos e entidades do próprio ente;*
>
> *II – a contragarantia exigida pela União a Estado ou Município, ou pelos Estados aos Municípios, poderá consistir na vinculação de receitas tributárias diretamente arrecadadas e provenientes de transferências constitucionais, com outorga de poderes ao garantidor para retê-las e empregar o respectivo valor na liquidação da dívida vencida.*
>
> *§ 2º No caso de operação de crédito junto a organismo financeiro internacional, ou a instituição federal de crédito e fomento para o repasse de recursos externos, a União só prestará garantia a ente que atenda, além do disposto no § 1º, as exigências legais para o recebimento de transferências voluntárias.*
>
> *§ 3º (VETADO)*
>
> *§ 4º (VETADO)*
>
> *§ 5º É nula a garantia concedida acima dos limites fixados pelo Senado Federal.*

§ 6º É vedado às entidades da administração indireta, inclusive suas empresas controladas e subsidiárias, conceder garantia, ainda que com recursos de fundos.

§ 7º O disposto no § 6º não se aplica à concessão de garantia por:

I – empresa controlada a subsidiária ou controlada sua, nem à prestação de contragarantia nas mesmas condições;

II – instituição financeira a empresa nacional, nos termos da lei.

§ 8º Excetua-se do disposto neste artigo a garantia prestada:

I – por instituições financeiras estatais, que se submeterão às normas aplicáveis às instituições financeiras privadas, de acordo com a legislação pertinente;

II – pela União, na forma de lei federal, a empresas de natureza financeira por ela controladas, direta e indiretamente, quanto às operações de seguro de crédito à exportação.

§ 9º Quando honrarem dívida de outro ente, em razão de garantia prestada, a União e os Estados poderão condicionar as transferências constitucionais ao ressarcimento daquele pagamento.

§ 10. O ente da Federação cuja dívida tiver sido honrada pela União ou por Estado, em decorrência de garantia prestada em operação de crédito, terá suspenso o acesso a novos créditos ou financiamentos até a total liquidação da mencionada dívida.

Assim, caso o ente preste garantia em operação de crédito, deve ser instituída contragarantia. Essa contragarantia deve ser fornecida em valor igual ou superior ao da garantia a ser concedida. Caso ocorra a inadimplência quanto pagamento de parcelas oriundas de contratos de operações garantidas por um ente público, ele deverá adimplir as parcelas não pagas. Nesse caso, o ente público deve executar as con-tragarantias oferecidas, para evitar o prejuízo ao erário.

Dada essa exigência, a realização da operação sem a contragarantia retira essa segurança das contas públicas, possibilitando que o ente público responda por dívida que garantiu e não obtenha o devido ressarcimento, o que, claramente, prejudica as finanças públicas.

Por só poder ser sujeito ativo o agente público com autoridade e poder decisório, o crime é próprio. Também há controvérsia sobre a possibilidade da tentativa. Entretanto, o tipo penal admite sim essa possibilidade, ainda que de difícil configuração.

QUADRO SINÓTICO

Crime de prestação de garantia graciosa	
Tipo penal	Prestar garantia em operação de crédito sem que tenha sido constituída contragarantia em valor igual ou superior ao valor da garantia prestada, na forma da lei.
Objeto jurídico	Tutelam-se a Administração Pública e, mais especificamente, as finanças públicas.
Sujeito ativo	Somente o funcionário público competente.

Crime de prestação de garantia graciosa	
Sujeito passivo	O Estado.
Elemento subjetivo	Admite-se somente a modalidade dolosa.
Consumação	O delito se consuma quando o agente presta garantia em operação de crédito sem que tenha sido constituída contragarantia em valor igual ou superior ao valor da garantia prestada, na forma da lei.
Tentativa	Há divergência na doutrina sobre a possibilidade de tentativa.
Classificação	Trata-se de crime próprio, de forma vinculada, instantâneo, monossubjetivo, plurissubsistente e não transeunte.
Benefícios	Trata-se de crime de menor potencial ofensivo, de competência dos Juizados Especiais Criminais e que admite a transação, suspensão condicional do processo e acordo de não persecução penal.
Ação penal	A ação penal é pública incondicionada.

6.6. Não cancelamento de restos a pagar

A conduta de não cancelamento de restos a pagar tem seu tipo penal no artigo 359-F do Código Penal:

> *Art. 359-F. Deixar de ordenar, de autorizar ou de promover o cancelamento do montante de restos a pagar inscrito em valor superior ao permitido em lei:*
>
> *Pena – detenção, de 6 (seis) meses a 2 (dois) anos.*

Os núcleos do tipo são deixar de ordenar (não dar a ordem, não mandar, não determinar), deixar de autorizar (não permitir, não assentir, não aprovar) e deixar de promover (não causar, não provocar, não realizar). Cuida-se de tipo penal omissivo.

Só pode ser sujeito ativo aquele funcionário público que tem atribuição para ordenar, autorizar ou promover o cancelamento do montante de restos a pagar. Como se trata de **crime omissivo próprio**, não se admite o *conatus*.

Os restos a pagar, segundo o artigo 36 da Lei n. 4.320/1964, "as despesas empenhadas mas não pagas até o dia 31 de dezembro distinguindo-se as processadas das não processadas". Os restos a pagar, excluído o serviço da dívida, inclui a dívida flutuante, nos termos do artigo 92 de referida lei. Incluem-se, nos restos a pagar, as despesas processadas e não processadas.

O que se pune no artigo 359-F do Código Penal é o comportamento do agente que deixa de cancelar, dos restos a pagar, valor que superar o permitido por lei, seja por meio de omissão de ordenação, seja de omissão de autorização ou até mesmo de omissão de promoção.

QUADRO SINÓTICO

Crime de não cancelamento de restos a pagar	
Tipo penal	Deixar de ordenar, de autorizar ou de promover o cancelamento do montante de restos a pagar inscrito em valor superior ao permitido em lei.
Objeto jurídico	Tutelam-se a Administração Pública e, mais especificamente, as finanças públicas.
Sujeito ativo	Somente o funcionário público competente para ordenar, de autorizar ou de promover o cancelamento do montante de restos a pagar inscrito em valor superior ao permitido em lei.
Sujeito passivo	O Estado.
Elemento subjetivo	Admite-se somente a modalidade dolosa.
Consumação	O delito se consuma quando o agente deixa de ordenar, de autorizar ou de promover o cancelamento do montante de restos a pagar inscrito em valor superior ao permitido em lei.
Tentativa	Não admite a tentativa.
Classificação	Trata-se de delito próprio, doloso, omissivo próprio, de forma vinculada, instantâneo, monossubjetivo, monossubsistente e não transeunte.
Benefícios	Trata-se de crime de menor potencial ofensivo, de competência dos Juizados Especiais Criminais e que admite a transação, suspensão condicional do processo e acordo de não persecução penal.
Ação penal	A ação penal é pública incondicionada.

6.7. Aumento de despesa total com pessoal no último ano do mandato ou legislatura

O artigo 359-G do CP trata do aumento de despesa total com pessoal no último ano de mandato ou legislatura:

> *Art. 359-G. Ordenar, autorizar ou executar ato que acarrete aumento de despesa total com pessoal, nos cento e oitenta dias anteriores ao final do mandato ou da legislatura:*
> *Pena – reclusão, de 1 (um) a 4 (quatro) anos.*

A conduta típica é ordenar (dar a ordem, mandar, determinar), autorizar (permitir, assentir, aprovar) ou executar (realizar, fazer, efetivar, concretizar) ato que acarrete aumento de despesa total com pessoal nos 180 dias anteriores ao final do mandato ou da legislatura.

PARTE ESPECIAL

A tipificação visa a dar efetividade à proibição de aumento de despesa total com pessoal no último quadrimestre do ano final do mandato ou do último ano da legislatura. Prevê o parágrafo único do artigo 21 da Lei Complementar n. 101/2000:

> *Parágrafo único. Também é nulo de pleno direito o ato de que resulte aumento da despesa com pessoal expedido nos cento e oitenta dias anteriores ao final do mandato do titular do respectivo Poder ou órgão referido no art. 20.*

A ideia é **evitar o uso da máquina pública como forma de influenciar o processo eleitoral**, utilizando-se da própria Administração Pública a favor de projeto pessoal de cunho político. Só pode ser sujeito ativo a autoridade com mandato eletivo, razão pela qual o crime é considerado próprio. O crime é doloso, sem previsão de forma culposa. Existe divergência sobre a possibilidade da tentativa e a necessidade de resultado naturalístico para consumação nos casos de "ordenar" e "autorizar". Parece sim ser possível, como no caso de ordem emitida, por escrito, e interceptada. Na modalidade de "executar", a doutrina parece convergir para a natureza de crime material, sendo admissível o *conatus*.

QUADRO SINÓTICO

Crime de aumento de despesa total com pessoal no último ano do mandato ou legislatura	
Tipo penal	Ordenar, autorizar ou executar ato que acarrete aumento de despesa total com pessoal, nos cento e oitenta dias anteriores ao final do mandato ou da legislatura.
Objeto jurídico	Tutelam-se a Administração Pública e, mais especificamente, as finanças públicas.
Sujeito ativo	Somente o funcionário público competente para ordenar, autorizar ou executar ato que acarrete aumento de despesa total com pessoal.
Sujeito passivo	O Estado.
Elemento subjetivo	Admite-se somente a modalidade dolosa.
Consumação	O delito se consuma quando o agente ordena, autoriza ou executa ato que acarrete aumento de despesa total com pessoal, nos cento e oitenta dias anteriores ao final do mandato ou da legislatura.
Tentativa	A tendência é de que se admita a tentativa.
Classificação	Trata-se de delito próprio, doloso, comissivo ou omissivo impróprio, de forma vinculada, instantâneo, monossubjetivo, plurissubsistente e não transeunte.
Benefícios	Admitem-se a suspensão condicional do processo e o oferecimento de acordo de não persecução penal.
Ação penal	A ação penal é pública incondicionada.

6.8. Oferta pública ou colocação de títulos no mercado

A oferta pública ou colocação de títulos no mercado tem previsão no artigo 359-H do Código Penal:

> *Art. 359-H. Ordenar, autorizar ou promover a oferta pública ou a colocação no mercado financeiro de títulos da dívida pública sem que tenham sido criados por lei ou sem que estejam registrados em sistema centralizado de liquidação e de custódia:*
>
> *Pena – reclusão, de 1 (um) a 4 (quatro) anos.*

Os núcleos do tipo consistem em ordenar (dar a ordem, mandar, determinar), autorizar (permitir, assentir, aprovar) e promover (causar, provocar, realizar). A conduta incriminada é ordenar, autorizar ou promover a oferta pública ou a colocação no mercado financeiro de título da dívida pública nos seguintes casos:

- sem que tenham sido criados por lei;
- sem que estejam registrados em sistema centralizado de liquidação e custódia.

O crime é **próprio**, por exigir a qualidade do sujeito ativo de ser o agente público com poder de ordenar, autorizar ou promover oferta pública ou colocação no mercado de títulos da dívida pública. É doloso, sem previsão de modalidade culposa. Existe divergência sobre a possibilidade da tentativa e a necessidade de resultado naturalístico para consumação nos casos de "ordenar" e "autorizar". Na modalidade de "promover", a doutrina parece convergir para a natureza de crime material, sendo admissível o *conatus*.

QUADRO SINÓTICO

Crime de oferta pública ou colocação de títulos no mercado	
Tipo penal	Ordenar, autorizar ou promover a oferta pública ou a colocação no mercado financeiro de títulos da dívida pública sem que tenham sido criados por lei ou sem que estejam registrados em sistema centralizado de liquidação e de custódia.
Objeto jurídico	Tutelam-se a Administração Pública e, mais especificamente, as finanças públicas.
Sujeito ativo	Somente o funcionário público competente para ordenar, autorizar ou promover a oferta pública ou a colocação no mercado financeiro de títulos da dívida pública.
Sujeito passivo	O Estado.
Elemento subjetivo	Admite-se somente a modalidade dolosa.
Consumação	O delito se consuma quando o agente ordena, autoriza ou promove a oferta pública ou a colocação no mercado financeiro de títulos da dívida pública sem que tenham sido criados por lei ou sem que estejam registrados em sistema centralizado de liquidação e de custódia.

Crime de oferta pública ou colocação de títulos no mercado	
Tentativa	Admite-se a tentativa na modalidade promover.
Classificação	Trata-se de delito próprio, doloso, comissivo ou omissivo impróprio, de forma vinculada, material (promover), instantâneo, monossubjetivo, plurissubsistente e não transeunte.
Benefícios	Admitem-se a suspensão condicional do processo e o oferecimento de acordo de não persecução penal.
Ação penal	A ação penal é pública incondicionada.

CAPÍTULO XVII

CRIMES CONTRA O ESTADO DEMOCRÁTICO DE DIREITO

A Lei n. 14.197, de 1º de setembro de 2021, acrescentou o Título XII na Parte Especial do Código Penal, relativo aos crimes contra o Estado Democrático de Direito, além de revogar a antiga Lei de Segurança Nacional, a Lei n. 7.170/1983 e o art. 39 da Lei das Contravenções Penais, referente à contravenção penal de associação secreta. Além disso, passou a prever modalidade equiparada do delito previsto no artigo 286 do Código Penal, denominado de incitação ao crime. Quanto à vigência dessa lei, o seu artigo 5º previu um período de *vacatio legis* de 90 dias.

Já havia discussões sobre a recepção ou não da antiga Lei de Segurança Nacional pela Constituição da República de 1988, em razão de seu matiz autoritário. Com a nova lei, deixa-se de tutelar a chamada "segurança nacional" para, de forma mais adequada, indicar como bem jurídico o Estado Democrático de Direito. Essa mudança sinaliza, muito além da alteração de terminologia, o abandono da *doutrina da segurança nacional*, cujas origens remontam, na lição de Nilo Batista e Rafael Borges, às lutas anticoloniais tardias, como a guerra, contra a França, pela independência da Argélia, além da busca de aniquilação do comunismo[1].

Assim, a nova lei rompe com a *doutrina da segurança nacional*, o que implicava a adoção pela lei de uma determinada concepção ideológica, por meio da qual se buscava a punição dos ditos *subversivos*. Passa, então, a tutelar o Estado Democrático de Direito, de valor apartidário e de interesse de toda a sociedade brasileira, inclusive do pensamento minoritário. A lei deixa de adotar a ideia do dissidente político como *inimigo interno*, aquele que pode ser o vizinho a colocar em risco a segurança nacional, para tutelar a democracia e as instituições democráticas. A *doutrina da segurança nacional*, advinda da Escola Superior de Guerra e baseada em uma estratégia militar, tinha como abordagem a do *confronto* entre os detentores do poder na ditadura militar e aqueles que se opunham ao regime, os seus inimigos[2].

A ideia de Estado Democrático de Direito não é de fácil conceituação. Trata-se, como adverte José Afonso da Silva, mais do que a reunião formal dos princípios característicos

---

1. BATISTA, Nilo; BORGES, Rafael. Crimes contra o estado democrático de direito. 1. ed. Rio de Janeiro: Revan, 2023, p. 25-37.
2. PANOEIRO, José Maria C.; SOUZA, Artur B. Gueiros. SILVA FILHO, Título XII Dos Crimes Contra o Estado Democrático de Direito. In: Acácio Miranda da Silva; et al. Coordenadores Maurício Shaun Jalil e Vicente Greco Filho. Código penal comentado: doutrina e jurisprudência. 6. ed. Barueri: Manole, 2023, p. 1084.

do Estado de Direito e do Estado Democrático, pois revela um *componente revolucionário*, consistente na abertura de perspectiva de realização social profunda por meio da prática dos direitos sociais, do exercício da cidadania e dos instrumentos voltados a um Estado de justiça social, com fundamento na dignidade da pessoa humana. Como Estado de Direito, caracteriza-se pela submissão de todos à lei, pela divisão de poderes ou de funções e pela garantia de direitos fundamentais. Como Estado Democrático, funda-se no princípio da soberania popular, que exige a participação efetiva e operante do povo na gestão da coisa pública e no destino do país[3].

O Poder Legislativo decidiu tratar do tema no próprio Código Penal, no Título XII da Parte Especial, e não mais como legislação penal extravagante. Em conjunto com os crimes licitatórios, também incorporados ao Código, representam uma *tendência de codificação* da legislação penal brasileira. Foram inseridos quatro capítulos com os crimes contra o Estado Democrático de Direito, que preveem os crimes contra a soberania nacional; contra as instituições democráticas; contra o funcionamento das instituições democráticas no processo eleitoral e contra o funcionamento dos serviços essenciais. Um quinto capítulo passou a tratar das disposições comuns.

Houve veto presidencial ao artigo 359-O, que preveria o crime de comunicação enganosa em massa; ao artigo 359-Q, com a previsão de ação penal privada subsidiária nos crimes contra o funcionamento das instituições democráticas no processo eleitoral; ao artigo 359-S, com o delito de atentado ao direito de manifestação; e ao artigo 359-U, que previa majorantes aplicáveis aos delitos previstos no Capítulo XII.

O crime de comunicação enganosa em massa se relacionava à conduta de disseminar fatos que sabe inverídicos, e que sejam capazes de comprometer a higidez do processo eleitoral. De todo modo, a Lei n. 13.834, de 4 de junho de 2019, criminaliza a denunciação caluniosa eleitoral, consistente na conduta de dar causa à instauração de investigação policial, de processo judicial, de investigação administrativa, de inquérito civil ou ação de improbidade administrativa, atribuindo a alguém a prática de crime ou ato infracional de que o sabe inocente, desde que atue com finalidade eleitoral. Cuida-se de conduta que já era incriminada no Código Penal, em termos não muito diferentes, mas que então passou a ter tutela específica na área eleitoral, dada a maior potencialidade lesiva no campo das eleições.

Além disso, o parágrafo terceiro do artigo 326-A do Código Eleitoral, inserido pela mesma lei, criminaliza as chamadas *fake news* eleitorais. A conduta típica é a de o agente, comprovadamente ciente da inocência do denunciado e com finalidade eleitoral, divulgar ou propalar, por qualquer meio ou forma, o ato ou fato que lhe foi falsamente atribuído. Também se trata de incriminação relacionada a notícias falsas, mas de modo mais nítido, pois não é necessário que se tenha dado causa à atuação estatal, à movimentação da máquina pública, bastando a divulgação das informações inverídicas.

Em regra, a competência para julgamento dos crimes contra o Estado Democrático de Direito será da Justiça Comum Federal, conforme previsão expressa do artigo

3. SILVA, José Afonso da. Curso de direito constitucional positivo. 28 ed. rev. e atual. São Paulo: Malheiros, 2007, p. 112-120.

109, inciso IV, da Constituição da República, que trata da competência dos juízos federais de primeiro grau. A definição de crimes políticos varia na doutrina, mas tem prevalecido que são aqueles que se voltam contra a ordem jurídico-constitucional, a própria existência do Estado Democrático de Direito[4]. Por isso, os delitos contra o Estado Democrático de Direito correspondem aos denominados de *crimes políticos* no dispositivo constitucional:

> *Art. 109. Aos juízes federais compete processar e julgar:*
>
> *(...)*
>
> *IV - os crimes políticos e as infrações penais praticadas em detrimento de bens, serviços ou interesse da União ou de suas entidades autárquicas ou empresas públicas, excluídas as contravenções e ressalvada a competência da Justiça Militar e da Justiça Eleitoral;*

O artigo 2º da antiga Lei de Segurança Nacional previa que, quando o fato também estivesse previsto como crime no Código Penal, no Código Penal Militar ou em leis especiais, levar-se-iam em conta, para a aplicação da lei, a motivação e os objetivos do agente e a lesão, real ou potencial, a integridade territorial e a soberania nacional; o regime representativo e democrático, a Federação e o Estado de Direito; e a pessoa dos chefes dos Poderes da União. Ainda que não haja dispositivo semelhante, deve-se considerar que, estando os crimes inseridos no Código Penal, é a motivação do agente que vai determinar qual norma será aplicável. O mesmo se pode concluir sobre fatos também tipificados no Código Penal Militar, que será afastado quando o agente agir com a finalidade de vilipendiar o Estado Democrático de Direito.

Em se tratando de crime político, a Constituição previu, portanto, a competência da Justiça Federal. A razão recai no fato de que esses delitos, como definidos atualmente, com a disciplina da Lei n. 14.197/2021, são praticados contra o próprio Estado Democrático de Direito, a conformação do Estado Nacional. Assim, há interesse de todos os entes federativos, inclusive da União, em sua prevenção e persecução no âmbito criminal. Da sentença proferida no julgamento desses crimes, cabe recurso ordinário constitucional, de competência do Supremo Tribunal Federal. A relevância dessas delitos para a manutenção da ordem político-constitucional levou o constituinte a definir a competência da Suprema Corte para apreciar eventual recurso, conhecendo de *matéria jurídica* e *fático-probatória*, nos termos do artigo 102, inciso II, alínea "b", da Constituição da República:

> *Art. 102. Compete ao Supremo Tribunal Federal, precipuamente, a guarda da Constituição, cabendo-lhe:*
>
> *(...)*
>
> *II - julgar, em recurso ordinário:*
>
> *(...)*
>
> *b) o crime político;*

4. PANOEIRO, José Maria C.; SOUZA, Artur B. Gueiros. SILVA FILHO, Título XII Dos Crimes Contra o Estado Democrático de Direito. In: Acácio Miranda da Silva; et al. Coordenadores Maurício Shaun Jalil e Vicente Greco Filho. Código penal comentado: doutrina e jurisprudência. 6. ed. Barueri: Manole, 2023, p. 1090.

Há vários crimes da legislação revogada que foram tipificados no novo Título XII do Código Penal, havendo continuidade normativo-típica, e não *abolitio criminis*. Por outro lado, há delitos que não foram previstos na nova lei, o que pode acarretar a descriminalização, como no caso da figura de facilitação culposa, prevista no artigo 14 da Lei n. 7.170/1983. Pode haver, ainda, o seu enquadramento em delitos previstos em outros Títulos do Código, como no cometimento de infrações contra a honra de Chefes de Poderes da União, agora tipificados, invariavelmente, por meio das disposições dos crimes contra a honra.

O delito previsto no artigo 19 da Lei n. 7.170/1983 incriminava a conduta de apoderar-se ou exercer o controle de aeronave, embarcação ou veículo de transporte coletivo, com emprego de violência ou grave ameaça à tripulação ou a passageiro. Esse tipo de conduta poderá se enquadrar, com a revogação dessa lei, no tipo penal previsto no artigo 2º, § 1º, IV, da Lei n. 13.260/2016. Caso não se amolde como ato de terrorismo, restará a tipificação do sequestro ou cárcere privado ou da extorsão mediante sequestro, a depender do caso.

Por fim, é importante ressaltar que a condenação por crimes políticos não gera reincidência, nos termos do artigo 64, inciso II, do Código Penal. Os crimes políticos, para essa finalidade, devem ser compreendidos como os delitos atualmente tratados como crimes contra o Estado Democrático de Direito. No entanto, há divergência, de modo que alguns doutrinadores compreendem que essa categoria se referiria a condenações advindas do estrangeiro, em contexto não democrático, situação em que a Constituições veda a extradição[5].

1. DOS CRIMES CONTRA A SOBERANIA NACIONAL

O Capítulo I do Título XII da Parte Especial do Código Penal possui a denominação "Dos Crimes Contra a Soberania Nacional". Protege, portanto, o Estado Democrático do Direito em sua soberania. Para conceituar a **soberania**[6], é importante relembrar que, sob a ótica da ciência política, o Estado é conceituado como aquele poder soberano, exercido sobre delimitado território, para consecução dos seus fins. Esse poder é considerado uno, indivisível e indelegável, pertencente ao povo, do qual emana. A soberania é, desse modo, característica essencial do Estado, elemento imprescindível à sua existência.

No direito positivo brasileiro, a soberania é considerada princípio fundamental da República Federativa do Brasil, conforme dispõe o artigo 1º, inciso I, da Constituição. Esse dispositivo demonstra a importância do elemento na configuração do Estado Democrático de Direito. Em uma análise etimológica, soberania deriva do latim *soberanus*, em que o afixo *super* dá a ideia de superioridade em relação a outras estruturas. Está ligado, ainda, ao termo *suma potestas*, o supremo poder exercido

5. Seria a posição de Rogério Cunha e Ricardo Silvares (BATISTA, Nilo; BORGES, Rafael. Op. Cit., 2023, p. 54).
6. A conceituação aqui utilizada foi retirada do artigo: NASCIMENTO, Arthur Ramos do; AVELAR, Michael Procopio Ribeiro Alves. Soberania Nacional, Soberania Comunitária e o fenômeno do BRICS: o (futuro) papel do Estado nos contornos atuais da globalização e frente às tendências do direito internacional contemporâneo. REVISTA JURÍDICA UNIGRAN, v. 16, p. 69-88, 2015.

pelos novos Estados após a Reforma e a paz de Westfália[7]. Por isso, a soberania é entendida muitas vezes como um poder superior a todos os outros em sua seara, o qual não conhece restrições de ordem político-administrativa. Nenhum outro poder poderia tolher sua total liberdade em suas decisões internas, na definição dos rumos do povo e do território a ela sujeitos.

Historicamente o autor de um dos conceitos mais difundidos de soberania, o francês Jean Bodin, definiu-a como o poder absoluto e perpétuo de uma República, erigindo-a a posição de fundamento principal de toda República[8]. Essa definição foi confrontada posteriormente por Rousseau, que engendrou a ideia de soberania popular. Como exercício da vontade geral, e não do monarca, sua titularidade pertenceria ao povo, afirmando o autor que: "Como a natureza confere a cada homem um poder absoluto sobre todos os seus membros, o pacto social confere ao corpo político um poder absoluto sobre todos os seus e é esse mesmo poder que, dirigido pela vontade geral, recebe, como já disse, o nome de soberania"[9].

Ainda que o conceito de soberania tenha se transformado, especialmente com o reconhecimento de organismos internacionais e dos direitos humanos, é esse poder hegemônico do Estado sobre o seu próprio território que se tutela por meios dos crimes dos artigos 359-I e 359-J. O Estado Democrático de Direito é o bem jurídico protegido, na perspectiva de seu poder exclusivo e hegemônico, ameaçado por tentativa de desmembramento do território ou por alguma forma de colaboração com governo ou grupo estrangeiro. Assim, pode-se indicar que o bem jurídico é a soberania em sua faceta externa[10].

1.1. Atentado à soberania

O artigo 359-I do Código Penal prevê o crime de atentado à soberania:

> *Art. 359-I. Negociar com governo ou grupo estrangeiro, ou seus agentes, com o fim de provocar atos típicos de guerra contra o País ou invadi-lo:*
>
> *Pena – reclusão, de 3 (três) a 8 (oito) anos.*
>
> *§ 1º Aumenta-se a pena de metade até o dobro, se declarada guerra em decorrência das condutas previstas no caput deste artigo.*
>
> *§ 2º Se o agente participa de operação bélica com o fim de submeter o território nacional, ou parte dele, ao domínio ou à soberania de outro país:*
>
> *Pena – reclusão, de 4 (quatro) a 12 (doze) anos.*

O núcleo do tipo é negociar, que significa entabular uma negociação, fazer um acordo ou um trato, transacionar, compactuar. A negociação deve envolver governo

7. MOREIRA, Felipe Kern. O conceito de soberania em face da globalização. Âmbito Jurídico, Rio Grande, I, n. 2, ago. 2001. Disponível em: <http://www.ambito-juridico.com.br/site/index.php?n_link=revista_artigos_leitura&artigo_id=2086>. Acesso em 07 set. 2013.
8. BODIN, Jean. Les Six Livres de La Republique. Édition e Présentation de Gérard Mairet. Paris: Librairie Générale Française, 1993, p. 111.
9. ROUSSEAU, Jean-Jacques. O Contrato Social ou Princípios do Direito Político. Tradução: Ciro Mioranza. São Paulo: Escala Educacional, 2006, p. 40.
10. PANOEIRO, José Maria C.; SOUZA, Artur B. Gueiros. SILVA FILHO, Ob, Cit., 2023, p. 1090.

estrangeiro, ou seja, órgãos oficiais de outro Estado, ou grupo estrangeiro, que pode não deter o poder, como as FARC ou o Taliban, antes da tomada do poder no Afeganistão. Essa negociação pode ocorrer por meio de agentes do governo ou grupo estrangeiro.

Além disso, exige-se uma finalidade específica, a de provocar atos típicos de guerra contra o País ou invadi-lo. Trata-se de **elemento subjetivo especial**. Como tipo incongruente, não é necessário, para a consumação, que haja efetivamente a prática de atos de guerra contra a República Federativa do Brasil nem que o seu território seja realmente invadido. Basta que esse seja o móvel do agente, o seu fim de agir. Classifica-se, assim, como delito de intenção.

Sobre os atos típicos de guerra, Nilo Batista e Rafael Borges observam que atrelar essa ideia à luta armada entre Estados seria uma concepção ultrapassada. A derrubada de conexão com a rede mundial de computadores, inviabilizando a vigilância digital das fronteiras nacionais, teria maior potencial lesivo do que o lançamento de bombas aéreas[11]. Não se trata, assim, apenas da finalidade de emprego de armas e instrumentos bélicos, mas todo recurso que vise à invasão do país ou à prática de atos que caracterizem guerra. Os atos típicos de guerra, assim, são os que se relacionam "ao contexto de disputas geopolíticas relevantes, que envolvam soberania, controle de território e serviços essenciais"[12].

O tipo penal estava previsto no artigo 8º da Lei n. 7.170/1983, com preceito primário compatível, de modo que houve continuidade normativo-típica. Houve substancial diminuição da pena máxima abstratamente cominada, configurando-se norma penal mais benéfica, com consequente retroatividade a fatos ocorridos antes de sua vigência. Quanto à modalidade qualificada prevista no parágrafo segundo, há correspondência com o artigo 9º da lei revogada. Não houve, quanto a essa modalidade, interrupção na criminalização, razão pela qual não houve *abolitio criminis*:

Lei n. 7.170/1983	Código Penal (Lei n. 14.197/2021)
Art. 8º – Entrar em entendimento ou negociação com governo ou grupo estrangeiro, ou seus agentes, para provocar guerra ou atos de hostilidade contra o Brasil. Pena: reclusão, de 3 a 15 anos. Parágrafo único – Ocorrendo a guerra ou sendo desencadeados os atos de hostilidade, a pena aumenta-se até o dobro.	Art. 359-I. Negociar com governo ou grupo estrangeiro, ou seus agentes, com o fim de provocar atos típicos de guerra contra o País ou invadi-lo: Pena – reclusão, de 3 (três) a 8 (oito) anos. § 1º Aumenta-se a pena de metade até o dobro, se declarada guerra em decorrência das condutas previstas no caput deste artigo.
Art. 9º - Tentar submeter o território nacional, ou parte dele, ao domínio ou à soberania de outro país. Pena: reclusão, de 4 a 20 anos. Parágrafo único - Se do fato resulta lesão corporal grave, a pena aumenta-se até um terço; se resulta morte aumenta-se até a metade.	§ 2º Se o agente participa de operação bélica com o fim de submeter o território nacional, ou parte dele, ao domínio ou à soberania de outro país: Pena – reclusão, de 4 (quatro) a 12 (doze) anos.

11. BATISTA, Nilo; BORGES, Rafael. Op. Cit., 2023, p. 59.
12. BATISTA, Nilo; BORGES, Rafael. Op. Cit., 2023, p. 59.

Um delito cujo âmbito de incriminação se aproxima do previsto no artigo 359-I do Código Penal é o previsto no artigo 141 do Código Penal Militar, denominado de "Entendimento para gerar conflito ou divergência com o Brasil", cujo tipo consiste em "entrar em entendimento com país estrangeiro, ou organização nêle existente, para gerar conflito ou divergência de caráter internacional entre o Brasil e qualquer outro país, ou para lhes perturbar as relações diplomáticas". Uma parte da doutrina defende que o delito do Código Penal Militar já havia sido revogado pela Lei de Segurança Nacional, a Lei n. 7.170/1983, em razão do disposto em seu artigo 8º. Outra corrente firmou-se no sentido de que os tipos penias coexistiam, de modo que a Lei de Segurança Nacional seria aplicada apenas aos civis[13]. Atualmente, apesar do argumento da especialidade, pode-se concluir que o dispositivo do CPM foi revogado, havendo total regulação do tema por lei posterior, que se aplica tanto a civis quanto a militares. A opção do legislador parece ter sido a de concentrar os delitos contra o Estado Democrático de Direito em tipos penais específicos, previstos no Código Penal, aplicáveis tanto a civis quanto a militares.

Forma majorada

Incidirá a causa de aumento de pena, de metade até o dobro, prevista no parágrafo primeiro do artigo 359-I do CP, no caso de **resultado naturalístico**, consistente na declaração de guerra. Assim, havendo declaração de guerra em virtude da contribuição do sujeito ativo, que negociou com governo ou grupo estrangeiro, diretamente ou por meio de seus agentes, o crime será majorado. O critério de aumento da pena deve se relacionar à contribuição que o agente prestou para culminar com a declaração de guerra, se crucial ou pouco relevante.

Forma qualificada

O artigo 359-I, em seu parágrafo segundo, prevê uma modalidade qualificada do delito. Incide se o agente participar de operação bélica com o fim de submeter o território nacional, ou parte dele, ao domínio ou à soberania de outro país. Participar, que é o núcleo do tipo, significa tomar parte, associar-se a. Operação bélica é a atividade de agressão armada, uma atividade de guerra. A conduta incriminada é a de pegar em armas com o intento de entregar o território nacional, total ou parcialmente, a outro país, para nele exercer o domínio ou a soberania, que é o poder hegemônico que o Estado possui sobre o território de sua propriedade.

Exige-se, como no *caput*, um **elemento subjetivo especial**, consistente em submeter o território nacional, integral ou parcialmente, ao domínio ou à soberania de outro país. Não é necessária a obtenção desse resultado naturalístico para a consumação do delito, tratando-se de um tipo incongruente. No entanto, esta modalidade criminosa é de perigo concreto, exigindo que se coloque em risco a soberania externa da República. É cabível a tentativa, caso o agente tente tomar parte de uma operação de guerra, mas não obtenha êxito por circunstâncias alheias à sua vontade.

13. PANOEIRO, José Maria C.; SOUZA, Artur B. Gueiros. SILVA FILHO, Ob, Cit., 2023, p. 1094.

QUADRO SINÓTICO

Crime de atentado à soberania	
Tipo penal	Negociar com governo ou grupo estrangeiro, ou seus agentes, com o fim de provocar atos típicos de guerra contra o País ou invadi-lo.
Objeto jurídico	Tutela-se a soberania nacional.
Sujeito ativo	Qualquer um.
Sujeito passivo	O Estado.
Elemento subjetivo	Admite-se somente a modalidade dolosa, de sorte que o agente deve ter o especial fim de agir de provocar atos típicos de guerra contra o País ou invadi-lo.
Consumação	O delito se consuma quando o agente negocia com governo ou grupo estrangeiro, ou seus agentes.
Tentativa	Admite-se a tentativa.
Forma majorada	Nos termos do artigo 359-I do CP, há previsão de aumento de pena se declarada guerra em decorrência das condutas previstas no *caput* do artigo.
Forma qualificada	Nos termos do artigo 359-I do CP, a conduta é qualificada se o agente participa de operação bélica com o fim de submeter o território nacional, ou parte dele, ao domínio ou à soberania de outro país.
Classificação	Trata-se de delito comum, doloso, comissivo ou omissivo impróprio, instantâneo, incongruente, de forma livre, monossubjetivo, plurissubsistente e transeunte.
Benefícios	A princípio, o delito do *caput* admite o oferecimento de acordo de não persecução penal.
Ação penal	A ação penal é pública incondicionada.
Observações	Nos termos do artigo 359-T do CP, não constitui o crime ora analisado a manifestação crítica aos poderes constitucionais nem a atividade jornalística ou a reivindicação de direitos e garantias constitucionais por meio de passeatas, de reuniões, de greves, de aglomerações ou de qualquer outra forma de manifestação política com propósitos sociais.

1.2. Atentado à integridade nacional

O crime de atentado à integridade nacional está previsto no artigo 359-J do Código Penal:

> *Art. 359-J. Praticar violência ou grave ameaça com a finalidade de desmembrar parte do território nacional para constituir país independente:*
>
> *Pena – reclusão, de 2 (dois) a 6 (seis) anos, além da pena correspondente à violência.*

Praticar significa levar a efeito, realizar. A conduta incriminada é praticar violência ou grave ameaça com a finalidade de desmembrar parte do território nacional para constituir país independente. São, portanto, formas de execução do crime a **violência** (*vis corporalis*) e a **grave ameaça** (*vis compulsiva*). A violência é a força física. A grave ameaça, por sua vez, é a promessa de um mal, que pode se voltar contra a pessoa ou contra um familiar.

O tipo exige uma finalidade de segundo grau. O agente deve possuir o fim de desmembrar território nacional, desmembramento que deve ter por objetivo a constituição de país independente. É o crime do separatismo por meio de violência ou grave ameaça. É possível, todavia, que licitamente se crie um movimento *Pomeranos Livres*, no Espírito Santo, buscando a constituição de um país independente, desde que não haja emprego de violência ou grave ameaça.

Claramente, cuida-se de crime formal, não se exigindo o efetivo desmembramento do território para a punição do agente. Basta que haja o **elemento subjetivo especial** a guiar a sua conduta. De todo modo, é cabível a tentativa, em razão da exigência de violência ou grave ameaça. O agente tenta mobilizar forças para desmembrar o território, mas é impedido antes de conseguir que efetivamente utilizem de força física ou de grave ameaça. Por isso, o delito deve ser classificado como plurissubsistente, apesar de se admitir ser difícil a configuração do *conatus*[14]. O atentado à integridade nacional pode ser classificado, ainda, como delito comum, doloso e comissivo.

O território nacional abrange o espaço físico, o subsolo e o espaço aéreo correspondente. Inclui os corpos d'água internos, como rios e lagos, e o mar territorial brasileiro. A expressão "território nacional" constitui um elemento normativo do tipo, exigindo conhecimentos jurídicos sobre o espaço sujeito à soberania nacional.

A pena é de reclusão, de 2 a 6 anos, além da pena correspondente à violência. Assim, praticada lesão corporal, deve haver o cúmulo material de penas. A ameaça e as vias de fato, por sua vez, devem ser absorvidas pelo delito.

O tipo penal estava previsto no artigo 11 da Lei n. 7.170/1983, com preceito primário compatível, de modo que houve continuidade normativo-típica. A pena abstratamente cominada foi reduzida à metade, razão pela qual deve retroagir a atos praticados antes da vigência da lei, por ser mais benéfica. Entretanto, houve parcial *abolitio criminis* caso a conduta praticada não envolver violência ou grave ameaça, meio de execução que passou a ser exigido para a configuração do delito, e não o era. O âmbito de incriminação ficou mais reduzido, apenas configurando-se o delito se o agente empregar força física ou grave ameaça para a finalidade de reduzir o território nacional, desmembrando-o:

Lei n. 7.170/1983	Código Penal (Lei n. 14.197/2021)
Art. 11 – Tentar desmembrar parte do território nacional para constituir país independente. Pena: reclusão, de 4 a 12 anos.	Art. 359-J. Praticar violência ou grave ameaça com a finalidade de desmembrar parte do território nacional para constituir país independente: Pena – reclusão, de 2 (dois) a 6 (seis) anos, além da pena correspondente à violência.

14. No mesmo sentido: PANOEIRO, José Maria C.; SOUZA, Artur B. Gueiros. SILVA FILHO, Ob, Cit., 2023, p. 1100-1101.

Caso o objetivo do agente não seja a constituição de país independente, pode haver a configuração do delito previsto no artigo 359-I, § 2º, do CP, delito que se configura se o agente participa de operação bélica com o elemento subjetivo especial do tipo consistente no fim de submeter parte ou todo o território nacional à soberania de outro país.

Um tipo penal com conteúdo próximo ao previsto no artigo 359-J do Código Penal é o que se extrai do artigo 142, inciso II, do Código Penal Militar. Parte da doutrina defende ter havido a sua revogação ainda na vigência da antiga Lei de Segurança Nacional, em razão do disposto em seu artigo 11, já que não seria possível cometê-lo sem se atentar contra a soberania e, assim, contra a segurança externa. O artigo 28 do Código Penal Militar, previa que os crimes contra a segurança externa do país ou contra as instituições militares, definidos no Código, excluiriam os da mesma natureza definidos em outras leis[15]. Pode-se questionar se prevalece a regra da especialidade ou se, por tratar igualmente da soberania externa, a Lei n. 7.170/1983, a Lei de Segurança Nacional, revogou o dispositivo da lei militar ao disciplinar de forma abrangente o tema. De fato, atualmente parece mais convincente que o artigo 359-J aplica-se tanto a civis quanto a militares, de igual modo, que atendem contra a soberania nacional na forma prevista em seu preceito primário.

QUADRO SINÓTICO

Crime de atentado à integridade nacional	
Tipo penal	Praticar violência ou grave ameaça com a finalidade de desmembrar parte do território nacional para constituir país independente.
Objeto jurídico	Tutela-se a soberania nacional.
Sujeito ativo	Qualquer um.
Sujeito passivo	O Estado.
Elemento subjetivo	Admite-se somente a modalidade dolosa, de sorte que o agente deve ter o especial fim de agir de desmembrar parte do território nacional para constituir país independente.
Consumação	O delito se consuma quando o agente pratica a violência ou grave ameaça com a finalidade específica do tipo.
Tentativa	Admite-se a tentativa.
Classificação	Trata-se de delito comum, doloso, comissivo ou omissivo impróprio, instantâneo, de forma livre, formal, monossubjetivo, plurissubsistente e não transeunte.
Benefícios	Não se admite o oferecimento de benefícios.
Ação penal	A ação penal é pública incondicionada.

15. PANOEIRO, José Maria C.; SOUZA, Artur B. Gueiros. SILVA FILHO, Ob, Cit., 2023, p. 1098-1099.

Crime de atentado à integridade nacional	
Observações	Nos termos do artigo 359-T do CP, não constitui o crime ora analisado a manifestação crítica aos poderes constitucionais nem a atividade jornalística ou a reivindicação de direitos e garantias constitucionais por meio de passeatas, de reuniões, de greves, de aglomerações ou de qualquer outra forma de manifestação política com propósitos sociais.

1.3. Espionagem

O último delito do Capítulo I, relativo aos crimes contra a soberania nacional, é o de espionagem. Seu tipo está previsto no artigo 359-K do Código Penal:

> *Art. 359-K. Entregar a governo estrangeiro, a seus agentes, ou a organização criminosa estrangeira, em desacordo com determinação legal ou regulamentar, documento ou informação classificados como secretos ou ultrassecretos nos termos da lei, cuja revelação possa colocar em perigo a preservação da ordem constitucional ou a soberania nacional:*
>
> *Pena – reclusão, de 3 (três) a 12 (doze) anos.*
>
> *§ 1º Incorre na mesma pena quem presta auxílio a espião, conhecendo essa circunstância, para subtraí-lo à ação da autoridade pública.*
>
> *§ 2º Se o documento, dado ou informação é transmitido ou revelado com violação do dever de sigilo:*
>
> *Pena – reclusão, de 6 (seis) a 15 (quinze) anos.*
>
> *§ 3º Facilitar a prática de qualquer dos crimes previstos neste artigo mediante atribuição, fornecimento ou empréstimo de senha, ou de qualquer outra forma de acesso de pessoas não autorizadas a sistemas de informações:*
>
> *Pena – detenção, de 1 (um) a 4 (quatro) anos.*
>
> *§ 4º Não constitui crime a comunicação, a entrega ou a publicação de informações ou de documentos com o fim de expor a prática de crime ou a violação de direitos humanos.*

O núcleo do tipo é **entregar**, que significa dar, doar, fazer chegar a outrem, passar às mãos de, conceder. Essa entrega pode se dar a **governo estrangeiro, a seus agentes ou a organização criminosa estrangeira**, ou seja, a um organismo estatal ou ilícito, que não seja nacional. Essa entrega não precisa ocorrer fisicamente, podendo se dar por meio da rede mundial de computadores. A conduta nuclear de entregar pode se traduzir no envio de mensagem eletrônica, a um governo estrangeiro, com documentos classificados como secretos[16].

Além disso, como elemento normativo do tipo, é necessário que a entrega ocorra em desacordo com determinação legal ou regulamentar para que o delito se configure. O artigo 359-K do Código constitui uma **lei penal em branco**, de modo que qualquer lei que discipline o acesso à informação, como a Lei n. 12.527/2011, conhecida como Lei de Acesso à Informação, pode permitir a entrega do documento.

16. No mesmo sentido: BATISTA, Nilo; BORGES, Rafael. Op. Cit., 2023, p. 69.

O objeto material do delito é o documento ou informação classificados como secretos ou ultrassecretos nos termos da lei, cuja revelação possa colocar em perigo a preservação da ordem constitucional ou a soberania nacional. A classificação do documento ou da informação como **secreto ou ultrassecreto** é realizada nos termos da Lei n. 12.527/2011. Por isso, o artigo 359-K tem mais uma faceta a reforçar a sua natureza de **lei penal em branco**, por depender de complemento normativo para a compreensão do seu objeto material, aquele sobre o qual recai da conduta da entrega.

Ademais, não basta que o documento seja secreto ou ultrassecreto. É necessário que haja **potencialidade de colocar em perigo a preservação da ordem constitucional**, com o livre exercício dos poderes e manutenção da ordem jurídica vigente, **ou da soberania**, que é o poder hegemônico exercido pelo Estado sobre o seu território. Caso a autoridade classifique documento sem essa potencialidade como secreto, como uma despesa escandalosa feita por ele em um jantar ou o procedimento disciplinar de determinado servidor, por razões pessoais, o crime não se configura pela ausência de potencialidade do dano mencionado. Classifica-se a espionagem, portanto, como crime de perigo concreto, tornando-se atípica a conduta que não represente perigo concreto à soberania[17].

O crime se consuma com a efetiva entrega do documento ou da informação, sendo possível a tentativa se isso não ocorrer por circunstâncias alheias à vontade do agente. Enquanto a lei anterior se contentava com a obtenção de informações sensíveis para responsabilização penal, atualmente exige-se, ao menos, a tentativa de entrega. Trata-se, assim, de delito plurissubsistente. É, ainda, crime doloso, instantâneo e material.

O tipo penal estava previsto no artigo 8º da Lei n. 7.170/1983, com preceito primário compatível, de modo que houve parcial continuidade normativo-típica. Há atos que deixaram de ter incriminação, como a atividade aerofotográfica, se não se configurar um dado sigiloso:

Lei n. 7.170/1983	Código Penal (Lei n. 14.197/2021)
Art. 13 – Comunicar, entregar ou permitir a comunicação ou a entrega, a governo ou grupo estrangeiro, ou a organização ou grupo de existência ilegal, de dados, documentos ou cópias de documentos, planos, códigos, cifras ou assuntos que, no interesse do Estado brasileiro, são classificados como sigilosos. Pena: reclusão, de 3 a 15 anos.	Art. 359-K. Entregar a governo estrangeiro, a seus agentes, ou a organização criminosa estrangeira, em desacordo com determinação legal ou regulamentar, documento ou informação classificados como secretos ou ultrassecretos nos termos da lei, cuja revelação possa colocar em perigo a preservação da ordem constitucional ou a soberania nacional:

17. BATISTA, Nilo; BORGES, Rafael. Op. Cit., 2023, p. 72.

Lei n. 7.170/1983	Código Penal (Lei n. 14.197/2021)
Parágrafo único – Incorre na mesma pena quem: I – com o objetivo de realizar os atos previstos neste artigo, mantém serviço de espionagem ou dele participa; II – com o mesmo objetivo, realiza atividade aerofotográfica ou de sensoreamento remoto, em qualquer parte do território nacional; III – oculta ou presta auxílio a espião, sabendo-o tal, para subtraí-lo à ação da autoridade pública; IV – obtém ou revela, para fim de espionagem, desenhos, projetos, fotografias, notícias ou informações a respeito de técnicas, de tecnologias, de componentes, de equipamentos, de instalações ou de sistemas de processamento automatizado de dados, em uso ou em desenvolvimento no País, que, reputados essenciais para a sua defesa, segurança ou economia, devem permanecer em segredo.	Pena – reclusão, de 3 (três) a 12 (doze) anos. § 1º Incorre na mesma pena quem presta auxílio a espião, conhecendo essa circunstância, para subtraí-lo à ação da autoridade pública. § 2º Se o documento, dado ou informação é transmitido ou revelado com violação do dever de sigilo: Pena – reclusão, de 6 (seis) a 15 (quinze) anos. § 3º Facilitar a prática de qualquer dos crimes previstos neste artigo mediante atribuição, fornecimento ou empréstimo de senha, ou de qualquer outra forma de acesso de pessoas não autorizadas a sistemas de informações: Pena – detenção, de 1 (um) a 4 (quatro) anos. § 4º Não constitui crime a comunicação, a entrega ou a publicação de informações ou de documentos com o fim de expor a prática de crime ou a violação de direitos humanos.

Forma equiparada

O parágrafo primeiro do artigo 359-K prevê incorrer na mesma pena quem presta auxílio a espião, conhecendo essa circunstância, para subtraí-lo à ação da autoridade pública. É uma modalidade especial de favorecimento pessoal, previsto no artigo 348 do Código Penal. Essa figura específica é mais grave, em virtude de não envolver um criminoso comum, mas um espião, alguém que pode colocar em risco a defesa nacional. Não é necessário que o espião consiga se subtrair à persecução penal ou ao poder de polícia, basta que haja a finalidade de auxiliá-lo nestas circunstâncias[18].

Nilo Batista e Rafael Borges defendem que o auxílio mencionado pelo dispositivo penal se restringe à colaboração de ordem material, não abrangendo conselhos, instruções ou outras contribuições de caráter psíquico[19]. De fato, essa interpretação vai ao encontro da concepção jurídico-penal do termo *auxílio*, estudado pela doutrina especialmente no tema do concurso de pessoas. Sobre a necessidade de o espião já ter praticado delito quando do favorecimento, existe controvérsia doutrinária[20]. Pode-se deduzir do dispositivo a necessidade de prática de espionagem, haja vista que trata o indivíduo auxiliado como *espião*, o que implica haver praticado atos de espionagem ou, ao menos, estar praticando atos executórios de espionagem quando do favorecimento.

18. Em sentido contrário, exigindo, ao menos de forma provisória ou por breve intervalo de tempo, que o agente se isente da ação da autoridade: PANOEIRO, José Maria C.; SOUZA, Artur B. Gueiros. SILVA FILHO, Ob, Cit., 2023, p. 1104-1105.

19. BATISTA, Nilo; BORGES, Rafael. Op. Cit., 2023, p. 75.

20. PANOEIRO, José Maria C.; SOUZA, Artur B. Gueiros. SILVA FILHO, Ob, Cit., 2023, p. 1102-1103. Os autores defendem que basta que o indivíduo se qualifique como espião.

Forma qualificada

O parágrafo segundo prevê modalidade qualificada, com pena de reclusão de 6 a 15 anos, para o caso de o documento, dado ou informação for transmitido ou revelado com violação do dever de sigilo. Há uma quebra de dever de sigilo, o que torna o crime próprio e faz com o desvalor da conduta seja maior, por envolver a quebra de confiança. É uma modalidade especial de crime de violação de sigilo funcional, tipificado no artigo 325 do Código Penal, por envolver a espionagem. Com relação à modalidade simples, o legislador incluiu, como objeto material, o *dado* sigiloso. Dada a abrangência da expressão *informação*, não parece haver objeto mais abrangente do que a modalidade do *caput*.

Forma privilegiada

Há uma forma privilegiada, com novos limites mínimo e máximo de pena abstratamente cominados, mais baixos, no parágrafo terceiro. A pena passa a ser de 1 a 4 anos para uma modalidade que poderia ser incriminada por meio do concurso de agentes, mormente como participação. É a conduta de facilitar a prática de qualquer dos crimes previstos neste artigo mediante atribuição, fornecimento ou empréstimo de senha, ou de qualquer outra forma de acesso de pessoas não autorizadas a sistemas de informações. O crime é próprio, por ter o agente alguma ingerência no acesso ao sistema, como o poder de fornecer senhas ou a mera detenção de usuário e senha para o seu próprio acesso.

O crime deve ser lido como próprio, por envolver a atribuição, fornecimento ou empréstimo de senha. Por outro lado, não parece razoável a aplicação de pena muito menor a esse agente, que poderia responder pelo delito nos termos do artigo 29 do Código, na medida de sua culpabilidade. Isso porque, ainda que ele não realize atos típicos de espionagem, ele contribui e o faz mediante violação de seu dever funcional, possibilitando o acesso por uso de senha, o que demonstra uma quebra maior da proteção de documentos ou dados sigilosos de relevância para o Estado.

Não incriminação

O parágrafo quarto do artigo 359-K exclui da incriminação a comunicação, a entrega ou a publicação de informações ou de documentos com o fim de expor a prática de crime ou a violação de direitos humanos. É necessário que haja um elemento subjetivo especial, mas não para a caracterização do delito, e sim para que a conduta seja lícita. Trata-se, assim, de causa excludente da ilicitude[21]. É o caso de o sujeito fornecer documentos à Corte ou à Comissão Interamericana de Direitos Humanos ou mesmo ao Tribunal Penal Internacional, como forma de noticiar violação de direitos humanos ou mesmo crimes de lesa-humanidade. Direitos humanos devem abranger, para fins de aplicação desse dispositivo, os direitos fundamentais elencados na Constituição da República e os previstos em tratados e convenções internacionais.

21. BATISTA, Nilo; BORGES, Rafael. Op. Cit., 2023, p. 81. Em análise mais detida, modifica-se a posição da edição anterior, que se referia à atipicidade da conduta, para se aderir à posição defendida pelos penalistas em sua recente monografia.

QUADRO SINÓTICO

Crime de espionagem	
Tipo penal	Entregar a governo estrangeiro, a seus agentes, ou a organização criminosa estrangeira, em desacordo com determinação legal ou regulamentar, documento ou informação classificados como secretos ou ultrassecretos nos termos da lei, cuja revelação possa colocar em perigo a preservação da ordem constitucional ou a soberania nacional.
Objeto jurídico	Tutela-se a soberania nacional.
Sujeito ativo	Qualquer um.
Sujeito passivo	O Estado.
Elemento subjetivo	Admite-se somente a modalidade dolosa.
Consumação	O delito se consuma quando o agente entrega a governo estrangeiro, a seus agentes, ou a organização criminosa estrangeira, em desacordo com determinação legal ou regulamentar, documento ou informação classificados como secretos ou ultrassecretos nos termos da lei, cuja revelação possa colocar em perigo a preservação da ordem constitucional ou a soberania nacional.
Tentativa	Admite-se a tentativa.
Forma equiparada	Nos termos do artigo 359-K, § 1º, do CP, incorre na mesma pena do caput quem presta auxílio a espião, conhecendo essa circunstância, para subtraí-lo à ação da autoridade pública. Essa modalidade consiste em crime formal, consumando-se com a mera conduta de auxílio, desde que presente o elemento subjetivo especial do tipo.
Forma qualificada	Nos termos do artigo 359-K, § 2º, do CP, a conduta é qualificada se o documento, dado ou informação é transmitido ou revelado com violação do dever de sigilo.
Forma privilegiada	Há previsão, no parágrafo terceiro, de modalidade privilegiada quando o agente facilitar a prática de qualquer dos crimes previstos no artigo 359-K mediante atribuição, fornecimento ou empréstimo de senha, ou de qualquer outra forma de acesso de pessoas não autorizadas a sistemas de informações.
Classificação	Trata-se de delito comum, doloso, comissivo ou omissivo impróprio, instantâneo, de forma livre, monossubjetivo, plurissubsistente e transeunte.
Benefícios	A princípio, a forma privilegiada admite a suspensão condicional do processo e o acordo de não persecução penal.
Ação penal	A ação penal é pública incondicionada.
Observações	Nos termos do artigo 359-K, § 4º, do CP, não constitui crime a comunicação, a entrega ou a publicação de informações ou de documentos com o fim de expor a prática de crime ou a violação de direitos humanos. Nos termos do artigo 359-T do CP, não constitui o crime ora analisado a manifestação crítica aos poderes constitucionais nem a atividade jornalística ou a reivindicação de direitos e garantias constitucionais por meio de passeatas, de reuniões, de greves, de aglomerações ou de qualquer outra forma de manifestação política com propósitos sociais.

2. DOS CRIMES CONTRA AS INSTITUIÇÕES DEMOCRÁTICAS

O Capítulo II do Título XII traz os crimes contra as instituições democráticas. São crimes muito graves que visam a combater o esfacelamento do Estado Democrático de Direito no âmbito interno, enquanto os crimes contra a soberania nacional o protegem de ataques externos, inclusive com colaboração de nacionais ou residentes no Brasil. São previstos dois crimes, cujos âmbitos de incriminação se tocam: o de abolição violenta do Estado Democrático de Direito e o de golpe de Estado.

Por se tratar de crimes que tutelam o mesmo bem jurídico, discussão interessante é se, no mesmo contexto, pode haver a configuração de ambos ou se, caracterizada uma só conduta contra as instituições democráticas, haverá conflito aparente de normas, com efetiva aplicação de apenas uma. Como um delito se volta contra qualquer dos poderes constitucionais, ou seja, o Executivo, o Legislativo e o Judiciário, e o segundo, o de golpe de Estado, é praticado contra o governo, compreendido como a Administração Pública no âmbito do Poder Executivo, parece possível o concurso de delitos, desde que haja condutas diversas, caracterizadoras de ambos os tipos penais. Assim, seria possível o concurso material, por meio de pluralidade de condutas, de modo que a conduta única configura apenas um dos delitos, por se voltarem contra o mesmo bem jurídico[22].

2.1. Abolição violenta do Estado Democrático de Direito

O crime de abolição violenta do Estado Democrático de Direito está previsto no artigo 359-L do Código:

> *Art. 359-L. Tentar, com emprego de violência ou grave ameaça, abolir o Estado Democrático de Direito, impedindo ou restringindo o exercício dos poderes constitucionais:*
>
> *Pena – reclusão, de 4 (quatro) a 8 (oito) anos, além da pena correspondente à violência.*

Cuida-se de crime cujo núcleo do tipo traz uma locução verbal, "tentar abolir", que demonstra uma forma tentada, o *conatus*. Como se percebe, **não há previsão da forma consumada** da conduta, já que, caso o agente conseguisse obter o seu intento, a ordem jurídica estaria abolida e a previsão seria inócua. Além de demonstrar uma possibilidade que o Estado não deve admitir, a incriminação da conduta de conseguir abolir o Estado Democrático de Direito seria fantasiosa, pois, com a sua abolição violenta, outra ordem jurídica surgiria.

Qualquer pessoa pode praticar o delito previsto no artigo 359-L do Código Penal, razão pela qual se classifica como crime comum. É possível que seja praticado por aqueles que ocupam cargos públicos, inclusive pelo cargo de Presidente da República. Seria a hipótese do chamado autogolpe, quando o ocupante legítimo da chefia de Estado ou de governo obtém apoio militar e, por meio de força física ou grave ameaça, esvazia os outros poderes constitucionais, como o Legislativo e o Judiciário, e passa a deter poderes extraordinários.

---

22. Em sentido diverso, defendendo o concurso formal de infrações: BATISTA, Nilo; BORGES, Rafael. Op. Cit., 2023, p. 100-101.

Só há um núcleo, de modo que o tipo penal deve ser classificado como de ação simples. O que se preveem são duas formas de praticá-lo: mediante **impedimento ou restrição do exercício dos poderes constitucionais**. Impedir é conseguir que o poder não seja exercido, tornar impraticável, obstruir, interromper. Restringir é impor obstáculos, tornar difícil o exercício, torná-lo mais custoso.

É necessário que a tentativa de abolição seja praticada mediante emprego de *violência* ou *grave ameaça*. A violência consiste na força física. A grave ameaça, por sua vez, consiste em atemorizar com promessa de mal injusto e grave, como, por exemplo, mediante uso de explosivos ou porte ostensivo de armas. Não se puniu, assim, a publicidade "subversiva", aquela que almejaria a derrubada do Estado Democrático de Direito e a implantação de uma ditadura. Essa conduta, no entanto, pode configurar, a depender do caso, a figura delitiva de incitação ao crime, conforme previsão do artigo 286, parágrafo único, do Código Penal.

A expressão referente a exercício de poderes constitucionais é ampla, abrangendo todos os poderes reconhecidos na Constituição da República, como o legislativo, executivo e judicial. A tripartição de funções, com raízes em Aristóteles, Locke e Montesquieu, associou-se ao próprio conceito de Estado de Direito. Por essa razão, Paulo Bonavides entender possuir o *status* de direito fundamental do homem[23]. O obstáculo ao exercício de qualquer dos poderes tem o potencial de retirar ou ameaçar, no Estado brasileiro, a sua característica de *Democrático de Direito*.

Não se deve olvidar da necessidade de idoneidade mínima da ação praticada quanto a inviabilizar o funcionamento do Estado Democrático de Direito, classificando-o como delito de perigo concreto. A demonstração do risco ao funcionamento às instituições pode ser extraída da exigência de impedimento ou restrição sobre o exercício dos poderes constitucionais. Com esse óbice total ou parcial, a ordem constitucional democrática é colocada em risco, possibilitando a punição do agente.

Pode-se apontar a ausência de taxatividade quanto às condutas que se amoldam ao preceito primário da norma penal incriminadora, questionando-se o que seria tentar abolir o Estado Democrático de Direito[24]. Entretanto, apesar de efetiva necessidade de que a lei penal seja precisa, não parece que o tipo penal padeça desse mal. Não se faz referença apenas a "tentar abolir o Estado Democrático de Direito", mas se definem o meio utilizado, consistente na violência ou grave ameaça, e a forma de realizar essa tentativa de abolição: pelo impedimento ou pela restrição do exercício dos poderes constitucionais. Da leitura integral, parece clara a conduta incriminada: é imprescindível que o agente faça ameaça grave, séria, ou efetivamente busque empregar força física. O mero discurso de busca pacífica de alterar a arquitetura constitucional das instituições atuais é claramente atípico.

Há quem defenda que o delito de abolição violenta do Estado Democrático de Direito também tutela a ordem jurídico-constitucional de outros países[25]. Não parece ser o caso. Os crimes contra o Estado Democrático de Direito parecem

23. BONAVIDES, P. Curso de Direito Constitucional. 12.ed. rev. e atual. São Paulo: Malheiros Editores, 2002.
24. PANOEIRO, José Maria C.; SOUZA, Artur B. Gueiros. SILVA FILHO, Ob, Cit., 2023, p. 1106-1107.
25. PANOEIRO, José Maria C.; SOUZA, Artur B. Gueiros. SILVA FILHO, Ob, Cit., 2023, p. 1105.

tutelar apenas as instituições da República Federativa do Brasil, quando realizada a interpretação sistemática, considerando a totalidade do Título XII da Parte Especial e mesmo a histórica substituição da antiga Lei de Segurança Nacional. Nada obsta que se configurem crimes diversos, como o terrorismo, por meio de atos violentos, cometidos no território nacional, contra instituições estrangeiras.

O tipo penal estava previsto no artigo 17, da Lei n. 7.170/1983, com preceito primário compatível, de modo que houve continuidade normativo-típica:

Lei n. 7.170/1983	Código Penal (Lei n. 14.197/2021)
Art. 17 – Tentar mudar, com emprego de violência ou grave ameaça, a ordem, o regime vigente ou o Estado de Direito. Pena: reclusão, de 3 a 15 anos. Parágrafo único – Se do fato resulta lesão corporal grave, a pena aumenta-se até a metade; se resulta morte, aumenta-se até o dobro.	Art. 359-L. Tentar, com emprego de violência ou grave ameaça, abolir o Estado Democrático de Direito, impedindo ou restringindo o exercício dos poderes constitucionais: Pena – reclusão, de 4 (quatro) a 8 (oito) anos, além da pena correspondente à violência.

O legislador lhe deu pena mínima mais elevada, mas diminuiu a pena máxima abstratamente cominada, dando menor margem de individualização da pena pelo juiz. Com isso, diminui-se o espectro de individualização, mas, por outro lado, dá-se maior previsibilidade à sanção estatal prevista se o agente tentar abolir o Estado Democrático de Direito mediante emprego de violência ou grave ameaça.

QUADRO SINÓTICO

Crime de abolição violenta do Estado Democrático de Direito	
Tipo penal	Tentar, com emprego de violência ou grave ameaça, abolir o Estado Democrático de Direito, impedindo ou restringindo o exercício dos poderes constitucionais.
Objeto jurídico	Tutela-se o funcionamento das instituições democráticas no processo eleitoral.
Sujeito ativo	Qualquer um.
Sujeito passivo	O Estado.
Elemento subjetivo	Admite-se somente a modalidade dolosa.
Consumação	Não há previsão de forma consumada.
Tentativa	O delito em si é a forma tentada, ocorrendo quando o agente tenta, com emprego de violência ou grave ameaça, abolir o Estado Democrático de Direito, impedindo ou restringindo o exercício dos poderes constitucionais.
Classificação	Trata-se de delito comum, doloso, comissivo ou omissivo impróprio, de forma livre, monossubjetivo, plurissubsistente e transeunte.
Benefícios	Não se admite o oferecimento de benefícios.

Crime de abolição violenta do Estado Democrático de Direito	
Ação penal	A ação penal é pública incondicionada.
Observações	Nos termos do artigo 359-T do CP, não constitui o crime ora analisado a manifestação crítica aos poderes constitucionais nem a atividade jornalística ou a reivindicação de direitos e garantias constitucionais por meio de passeatas, de reuniões, de greves, de aglomerações ou de qualquer outra forma de manifestação política com propósitos sociais.

2.2. Golpe de Estado

O crime de golpe de estado está inserido no artigo 359-M do Código Penal:

> *Art. 359-M. Tentar depor, por meio de violência ou grave ameaça, o governo legitimamente constituído:*
>
> *Pena – reclusão, de 4 (quatro) a 12 (doze) anos, além da pena correspondente à violência.*

Mais uma vez, o núcleo do tipo traz uma locução verbal, "tentar depor", que demonstra uma forma tentada, modalidade de *conatus*. Nota-se, como no caso do artigo 359-L, **não haver previsão da forma consumada** da conduta, já que, caso o agente conseguisse obter o seu intento, a ordem jurídica estaria abolida, de certa forma, e a previsão seria inócua, ineficaz.

O tipo penal incrimina a tentativa de deposição do governo legitimamente constituído, o que deve ser compreendido como o Poder Executivo[26], especialmente os altos cargos ocupados por meio de mandato eletivo e escolha direta do seu chefe. É a tentativa de retirar do poder o Chefe do Executivo e os seus Ministros, derrubando o governo que foi lá instituído por meio do voto.

A conduta somente será criminosa se o agente se valer de violência ou grave ameaça, isto é, da *vis absoluta* ou da *vis compulsiva*. Será necessário o uso da força física ou da promessa de mal grave, de modo a coagir os seus ocupantes, para que se configure o delito. A manifestação pública, a articulação política nos moldes constitucionais e mesmo o processo de *impeachment*, claramente, não configuram o delito, por serem formas legítimas de buscar a deposição de um governo, ainda que legitimamente eleito.

Como o artigo 359-L já incrimina a abolição violenta do Estado Democrático de Direito, protegendo o livre exercício do Executivo, Legislativo e Judiciário, o tipo penal do artigo 359-L deve ser reservado a **proteger a formação democrática, tanto diretamente eleita quanto a de escolha política do mandatário, do governo que foi constituído de forma legítima**, em regra por via do voto, mas excepcionalmente

PARTE ESPECIAL

26. Também defendem que o delito se volta contra o Executivo, e não Judiciário ou Legislativo, com base nas referências da Constituição ao termo "governo": BATISTA, Nilo; BORGES, Rafael. Op. Cit., 2023, p. 95-97. Os autores, no entanto, incluem também os governos estaduais como objeto de proteção do tipo penal.

pela sucessão constitucional dos eleitos e até mesmo eleição indireta. Protege a formação política governamental, formada pelo alto escalão do Executivo, que deve governar até o fim do mandato ou a sua deposição legítima, pelos meios previstos na Constituição da República.

O tipo penal estava previsto no artigo 18, da Lei n. 7.170/1983, com preceito primário compatível, de modo que houve continuidade normativo-típica. De todo modo, há uma zona cinzenta entre os artigos 17 e 18 da antiga Lei de Segurança Nacional e os artigos 359-L e 359-M do Código Penal, de modo que, somados uns e outros, as condutas continuaram incriminadas sem solução de continuidade, ou seja, sem interrupção na incriminação. Há, portanto, continuidade normativo-típica:

Lei n. 7.170/1983	Código Penal (Lei n. 14.197/2021)
Art. 18 – Tentar impedir, com emprego de violência ou grave ameaça, o livre exercício de qualquer dos Poderes da União ou dos Estados. Pena: reclusão, de 2 a 6 anos.	Art. 359-M. Tentar depor, por meio de violência ou grave ameaça, o governo legitimamente constituído: Pena – reclusão, de 4 (quatro) a 12 (doze) anos, além da pena correspondente à violência.

O crime é comum, podendo ser cometido por qualquer pessoa. Além disso, é doloso, formal e de perigo concreto. O perigo concreto exige que haja idoneidade mínima da atuação, de modo que o governo legitimamente eleito tenha sofrido risco quanto à sua subsistência. É comissivo, mas é possível que seja praticado por omissão se houver o dever de garantidor, nos termos do artigo 13, § 2º, do Código Penal, constituindo delito omissivo impróprio ou comissivo por omissão.

QUADRO SINÓTICO

Crime de golpe de Estado	
Tipo penal	Tentar depor, por meio de violência ou grave ameaça, o governo legitimamente constituído.
Objeto jurídico	Tutela-se o funcionamento das instituições democráticas no processo eleitoral.
Sujeito ativo	Qualquer um.
Sujeito passivo	O Estado.
Elemento subjetivo	Admite-se somente a modalidade dolosa.
Consumação	A consumação não é tratada pela lei penal.
Tentativa	O delito em si existe somente na modalidade tentada, que ocorre quando o agente utiliza violência ou grave ameaça para tentar depor o governo legitimamente constituído.
Classificação	Delito comum, doloso, de ação simples, comissivo ou omissivo impróprio, de forma livre, monossubjetivo, plurissubsistente e não transeunte.

Crime de golpe de Estado	
Benefícios	Não se admite o oferecimento de benefícios.
Ação penal	A ação penal é pública incondicionada.
Observações	Nos termos do artigo 359-T do CP, não constitui o crime ora analisado a manifestação crítica aos poderes constitucionais nem a atividade jornalística ou a reivindicação de direitos e garantias constitucionais por meio de passeatas, de reuniões, de greves, de aglomerações ou de qualquer outra forma de manifestação política com propósitos sociais.

3. DOS CRIMES CONTRA O FUNCIONAMENTO DAS INSTITUIÇÕES DEMOCRÁTICAS NO PROCESSO ELEITORAL

O Capítulo III do Título XII traz os crimes contra o funcionamento das instituições democráticas no processo eleitoral. Como o próprio nome diz, o Estado Democrático de Direito se assenta não apenas no império da lei, como decorrência de manifestação da vontade popular, mas também na exigência de eleições periódicas, por meio do sufrágio universal, para escolha dos ocupantes dos cargos públicos de natureza política. Por isso, os crimes de interrupção do processo eleitoral e de violência política visam a proteger esse aspecto importante do Estado Democrático do Direito, essencial para a preservação de suas características.

3.1. Interrupção do processo eleitoral

O crime de interrupção do processo eleitoral foi inserido no novo artigo 359-N do Código Penal:

> *Art. 359-N. Impedir ou perturbar a eleição ou a aferição de seu resultado, mediante violação indevida de mecanismos de segurança do sistema eletrônico de votação estabelecido pela Justiça Eleitoral:*
>
> *Pena – reclusão, de 3 (três) a 6 (seis) anos, e multa.*

Impedir significa estorvar, obstruir, dificultar o curso de. **Perturbar** é estorvar, embaraçar, criar problemas para a realização. O tipo é, portanto, misto alternativo. A conduta incriminada é impedir ou perturbar **a eleição ou a aferição de seu resultado**, ou seja, a contagem (eletrônica) dos votos. A conduta deve ser praticada **mediante violação indevida de mecanismos de segurança** do sistema eletrônico de votação estabelecido pela Justiça Eleitoral.

Atualmente, o sistema eletrônico de votação consiste na utilização de urnas eletrônicas. A urna eletrônica é um microcomputador de uso específico para eleições, com autonomia de energia e com recursos de segurança. Ela possui dois terminais, o do mesário, em que o eleitor é identificado e autorizado a votar; e o do eleitor, que registra apenas numericamente o voto. Como **mecanismos de segurança** podem ser listados a **assinatura digital**, técnica de criptografia para garantia da integridade dos dados; e o

resumo digital, técnica criptográfica que funciona como dígito verificador, de modo que pode ser calculado por meio de algoritmo público, a reforçar a segurança do sistema.

Cuida-se de crime doloso, instantâneo e plurissubsistente, admitindo, portanto, a tentativa. Consuma-se com o efetivo impedimento da eleição ou da aferição do resultado ou com a sua efetiva perturbação. Em conjunto com diversos delitos do Código Eleitoral, busca tutelar o exercício do sufrágio, preservando-se, assim, a soberania popular, exercida por meio das instituições democráticas. O crime do artigo 359-N é de perigo abstrato, configurando-se independentemente de demonstração de efetivo risco à eleição e à apuração de seu resultado.

Considerando que o tipo penal tutela o regime democrático, que é o regime vigente, a conduta se amoldava ao artigo 17 da antiga Lei de Segurança Nacional. Ele incriminava a conduta de tentar mudar, com emprego de violência ou grave ameaça, a ordem, o regime vigente ou o Estado de Direito. Caso não houvesse essa subsunção, a conduta poderia configurar crime eleitoral. No caso de incriminação de fato anterior, a superveniência da Lei n. 14.197/2021 implica continuidade normativo-típica. Não há total similitude, sendo necessário analisar caso a caso se há enquadramento da conduta praticada anteriormente no novo tipo penal.

Trata-se de modalidade especial do delito previsto no artigo 154-A do Código Penal, denominado de invasão de dispositivo informático. Na realidade, a invasão é meio para que o agente busque a perturbação ou impedimento da eleição ou apuração do resultado, no tipo penal do artigo 359-N. Quanto à conduta incriminada no artigo 72 da Lei n. 9.504/1997, surgiu a dúvida sobre a sua revogação pela Lei n. 14.197/2021[27]. De fato, o legislador criou um problema, pois, apesar de o artigo 72 da Lei n. 9.504/1997 punir atos que seriam preparatórios aos previstos no artigo 359-N do Código Penal, prevê uma pena superior, de cinco a dez anos de reclusão. Assim, a melhor interpretação sistemática é a de que houve efetiva revogação total (ab-rogação) do dispositivo previsto em lei anterior, tornando a punição menos abrangente e com sanção menos rígida.

QUADRO SINÓTICO

Crime de interrupção do processo eleitoral	
Tipo penal	Impedir ou perturbar a eleição ou a aferição de seu resultado, mediante violação indevida de mecanismos de segurança do sistema eletrônico de votação estabelecido pela Justiça Eleitoral.
Objeto jurídico	Tutela-se o funcionamento das instituições democráticas no processo eleitoral.
Sujeito ativo	Qualquer um.
Sujeito passivo	O Estado.
Elemento subjetivo	Admite-se somente a modalidade dolosa.

27. PANOEIRO, José Maria C.; SOUZA, Artur B. Gueiros. SILVA FILHO, Ob, Cit., 2023, p. 1117.

Crime de interrupção do processo eleitoral	
Consumação	O delito se consuma quando o agente impede ou perturba a eleição ou a aferição de seu resultado, mediante violação indevida de mecanismos de segurança do sistema eletrônico de votação estabelecido pela Justiça Eleitoral.
Tentativa	Admite-se a tentativa.
Classificação	Trata-se de delito comum, doloso, comissivo ou omissivo impróprio, instantâneo, de forma livre, monossubjetivo, plurissubsistente e não transeunte.
Benefícios	Em princípio, é possível o oferecimento de acordo de não persecução penal.
Ação penal	A ação penal é pública incondicionada.
Observações	Nos termos do artigo 359-T do CP, não constitui o crime ora analisado a manifestação crítica aos poderes constitucionais nem a atividade jornalística ou a reivindicação de direitos e garantias constitucionais por meio de passeatas, de reuniões, de greves, de aglomerações ou de qualquer outra forma de manifestação política com propósitos sociais.

3.2. Violência Política

O crime de violência política é tipificado no artigo 359-P do Código:

> *Art. 359-P. Restringir, impedir ou dificultar, com emprego de violência física, sexual ou psicológica, o exercício de direitos políticos a qualquer pessoa em razão de seu sexo, raça, cor, etnia, religião ou procedência nacional:*
>
> *Pena – reclusão, de 3 (três) a 6 (seis) anos, e multa, além da pena correspondente à violência.*

O tipo é misto alternativo, possuindo dois núcleos: restringir e dificultar. Restringir significa impor restrição, delimitar, reduzir o acesso a. Impedir significa estorvar, obstruir, dificultar o curso de. Dificultar consiste em obstaculizar, é complicar, estorvar, tornar difícil. Essas condutas devem ser praticadas pelos seguintes meios de execução: violência física, sexual ou psicológica:

- **Violência física** é o emprego de força física, é a *vis absoluta,* aquela violência que atinge a integridade física ou a saúde da vítima;
- **Violência sexual**, utilizando-se do conceito do artigo 7º da Lei n. 11.340/2006, como interpretação sistemática, é qualquer conduta que constranja a vítima a presenciar, a manter ou a participar de relação sexual não desejada, mediante intimidação, ameaça, coação ou uso da força; que a induza a comercializar ou a utilizar, de qualquer modo, a sua sexualidade, que a impeça de usar qualquer método contraceptivo ou que a force ao matrimônio, à gravidez, ao aborto

ou à prostituição, mediante coação, chantagem, suborno ou manipulação; ou que limite ou anule o exercício de seus direitos sexuais e reprodutivos;

- **Violência psicológica**, também em interpretação sistemática com o 7º da Lei n. 11.340/2006, é qualquer conduta que cause à vítima dano emocional e diminuição da autoestima ou que lhe prejudique e perturbe o pleno desenvolvimento ou que vise degradar ou controlar suas ações, comportamentos, crenças e decisões, mediante ameaça, constrangimento, humilhação, manipulação, isolamento, vigilância constante, perseguição contumaz, insulto, chantagem, violação de sua intimidade, ridicularização, exploração e limitação do direito de ir e vir ou qualquer outro meio que lhe cause prejuízo à saúde psicológica e à autodeterminação.

O restringir, impedir ou dificultar tem como objeto material o exercício de direitos políticos, que envolvem a capacidade de votar e de ser votado. Os **direitos políticos positivos** se relacionam à possibilidade de participar do sufrágio universal, por meio do voto[28]. Também são seus instrumentos, além do voto, o plebiscito, o referendo e a iniciativa popular. Os direitos políticos positivos abrangem a **capacidade ativa**, de alistamento e voto, e a **capacidade passiva**, de concorrer a um cargo público, ou seja, de ser votado.

A motivação do agente deve envolver o sexo, raça, cor, etnia, religião ou procedência nacional da vítima. Sua conduta claramente atinge o Estado Democrático de Direito, que se funda na soberania popular e no sufrágio universal. Caso ele alcance o seu intento, está em vias de promover, por exemplo, uma espécie de voto censitário, limitando as pessoas a participarem da votação por seu grupo social, ou mesmo impedindo que busquem concorrer e ocupar cargos públicos, favorecendo maiorias sociais (não necessariamente numéricas).

O crime se consuma com a restrição, o impedimento ou o estorvo, não sendo necessário que efetivamente se impeça o exercício do direito, salvo, claramente, na modalidade de *impedir*. Portanto, o ato que efetivamente dificulte o exercício de direitos políticos é apto à configuração do delito, em sua forma consumada. É admitida a modalidade tentada, o *conatus*. Cuida-se de crime doloso, material, comissivo e instantâneo.

A conduta já era tipificada, de forma genérica, no artigo 297 do Código Eleitoral, que previa a conduta de impedir ou embaraçar o exercício do sufrágio, com previsão de pena de detenção de até seis meses e pagamento de 60 a 100 dias-multa. A partir do início de vigência da Lei n. 14.197/2021, haverá a convivência harmônica entre os dispositivos, considerando que o crime do artigo 359-P prevê uma finalidade específica, relacionada a sexo, raça, cor, etnia, religião ou procedência nacional, enquanto o crime eleitoral se contenta com o dolo para a sua configuração. Especificamente quanto à mulher, havia o tipo penal do artigo 326-B, no Código Eleitoral, que foi revogado pela Lei n. 14.197/2021, ao disciplinar o tema de forma mais ampla no artigo 359-P do Código Penal, com pena mais rígida que a prevista naquele dispositivo: reclusão, de um a quatro anos, além de multa.

28. Os direitos políticos negativos envolvem a limitação da participação do indivíduo na vida pública. Abrangem as inexigibilidades, a perda e a suspensão dos direitos políticos. Por isso, não foram listados como objeto do tipo penal em estudo, já que o tipo penal busca proteger o livre exercício dos direitos políticos.

QUADRO SINÓTICO

Crime de violência política	
Tipo penal	Restringir, impedir ou dificultar, com emprego de violência física, sexual ou psicológica, o exercício de direitos políticos a qualquer pessoa em razão de seu sexo, raça, cor, etnia, religião ou procedência nacional.
Objeto jurídico	Tutela-se o funcionamento das instituições democráticas no processo eleitoral.
Sujeito ativo	Qualquer um.
Sujeito passivo	O Estado e quem for diretamente prejudicado pelo agente.
Elemento subjetivo	Admite-se somente a modalidade dolosa.
Consumação	O delito se consuma quando o agente restringe, impede ou dificulta, com emprego de violência física, sexual ou psicológica, o exercício de direitos políticos a qualquer pessoa em razão de seu sexo, raça, cor, etnia, religião ou procedência nacional. Destaca-se que somente a modalidade impedir exige a frustração do direito.
Tentativa	Admite-se a tentativa.
Classificação	Crime comum, doloso, material, comissivo ou omissivo impróprio, instantâneo, de forma livre, monossubjetivo, plurissubsistente e não transeunte.
Benefícios	Não se admite o oferecimento de benefícios.
Ação penal	A ação penal é pública incondicionada.
Observações	Nos termos do artigo 359-T do CP, não constitui o crime ora analisado a manifestação crítica aos poderes constitucionais nem a atividade jornalística ou a reivindicação de direitos e garantias constitucionais por meio de passeatas, de reuniões, de greves, de aglomerações ou de qualquer outra forma de manifestação política com propósitos sociais.

4. DOS CRIMES CONTRA O FUNCIONAMENTO DOS SERVIÇOS ESSENCIAIS

O capítulo dos crimes contra o funcionamento dos serviços essenciais, numerado como IV no Título XII, conta com apenas um tipo penal, o de sabotagem. A conduta poderia se amoldar em um crime contra a incolumidade pública, especialmente um dos crimes contra a segurança dos meios de comunicação e transporte e outros serviços públicos, mas aqui há uma finalidade específica, pois a conduta se volta contra a existência do Estado Democrático de Direito.

4.1. Sabotagem

O artigo 359-R traz o tipo penal de sabotagem:

> *Art. 359-R. Destruir ou inutilizar meios de comunicação ao público, estabelecimentos, instalações ou serviços destinados à defesa nacional, com o fim de abolir o Estado Democrático de Direito:*
> *Pena – reclusão, de 2 (dois) a 8 (oito) anos.*

O tipo é **misto alternativo**, prevendo dois núcleos do tipo, destruir e inutilizar. Destruir é demolir, devastar, extinguir, pôr no chão. Inutilizar significa tornar inútil, estragar, deixar imprestável. Quem destrói retira a própria natureza do objeto material, enquanto a inutilização lhe retira a utilidade, ainda que o objeto que sofreu a conduta continue existindo enquanto tal.

Meios de comunicação envolvem todos os meios de disseminação de informações e obtenção de dados, como telefonia, rádio, televisão, internet e jornais impressos. **Estabelecimentos** são o local de exercício de um serviço público, o edifício onde se instalou o órgão ou pessoa jurídica. A **instalação** é qualquer local de funcionamento do serviço, ainda que transitório, como um acampamento militar. **Serviço** é o próprio desempenho da atividade, compreende os atos relacionados à ação estatal como um todo.

Os meios de comunicação, estabelecimentos, instalações e serviços devem se destinar à **defesa nacional**, ou seja, a atividade estatal de defesa do seu território, de sua soberania e dos interesses nacionais, especialmente contra ameaças externas. A defesa nacional se traduz no conjunto de medidas e ações estatais, especialmente de conotação militar, para defesa da soberania e tudo o que dela decorre, como a proteção das fronteiras e a neutralização de agressões de outros países.

Exige-se um **elemento subjetivo especial**, que inclusive diferencia esse tipo em relação aos crimes contra a incolumidade pública, consistente na **finalidade de abolir o Estado Democrático de Direito**. Não se exige que o agente obtenha esse resultado, mesmo porque a abolição do Estado levaria à impossibilidade de punição, com o fim da ordem jurídica vigente. Basta, portanto, que o agente tenha esse fim, razão pela qual o crime deve ser classificado como formal.

Os núcleos do tipo são os mesmos previstos no artigo 163 do Código Penal, que tipifica o crime de dano. Portanto, o crime do artigo 359-K é uma modalidade qualificada do crime de dano, com denominação específica[29]. Sua principal diferenciação é o especial fim de agir do agente, isto é, o elemento subjetivo especial do tipo. Além disso, o seu objeto também é mais restrito, por se voltar contra *meios de comunicação ao público, estabelecimentos, instalações ou serviços destinados à defesa nacional.*

O crime é material, consumando-se com a efetiva destruição ou inutilização de um dos objetos materiais que se amoldem à descrição típica. A tentativa é possível, tratando-se de delito plurissubsistente. Ainda que a potencialidade lesiva geralmente demande a reunião de indivíduos, o crime é unissubjetivo. Classifica-se, ainda, como crime comum, doloso, material e instantâneo.

O tipo penal estava previsto no artigo 15, da Lei n. 7.170/1983, com preceito primário compatível, de modo que houve continuidade normativo-típica, exceto quanto à punição de atos preparatórios. No estudo do *iter criminis*, a doutrina aponta que a responsabilização penal na fase dos atos preparatórios exige previsão legal específica,

29. BATISTA, Nilo; BORGES, Rafael. Op. Cit., 2023, p. 110.

que deixou de existir com o advento da Lei n. 14.197/2021. Só serão puníveis os atos preparatórios caso se amoldem ao artigo 5º da Lei n. 13.260/2016, a Lei Antiterrorismo. Além disso, a sabotagem exige finalidade específica, elemento subjetivo especial. Ausente esse motivo, a incriminação será por meio de outro tipo penal, comum ou militar:

Lei n. 7.170/1983	**Código Penal (Lei n. 14.197/2021)**
Art. 15 – Praticar sabotagem contra instalações militares, meios de comunicações, meios e vias de transporte, estaleiros, portos, aeroportos, fábricas, usinas, barragem, depósitos e outras instalações congêneres. Pena: reclusão, de 3 a 10 anos. § 1º – Se do fato resulta: a) lesão corporal grave, a pena aumenta-se até a metade; b) dano, destruição ou neutralização de meios de defesa ou de segurança; paralisação, total ou parcial, de atividade ou serviços públicos reputados essenciais para a defesa, a segurança ou a economia do País, a pena aumenta-se até o dobro; c) morte, a pena aumenta-se até o triplo. § 2º – Punem-se os atos preparatórios de sabotagem com a pena deste artigo reduzida de dois terços, se o fato não constitui crime mais grave.	Art. 359-R. Destruir ou inutilizar meios de comunicação ao público, estabelecimentos, instalações ou serviços destinados à defesa nacional, com o fim de abolir o Estado Democrático de Direito: Pena – reclusão, de 2 (dois) a 8 (oito) anos.

Apesar do mesmo *nomen iuris*, o tipo penal do artigo 359-R tem conteúdo bastante distinto com a figura da parte final do artigo 202 do Código Penal. Este último delito, denominado também de sabotagem, configura-se se o agente danificar o estabelecimento industrial, comercial ou agrícola, ou as coisas nele existentes, ou delas dispor, com o intuito de impedir ou embaraçar o curso normal do trabalho. A finalidade é muito diversa, enquanto no delito contra a organização do trabalho, do artigo 202 do Código, o agente busca impedir ou embaraçar o curso normal do trabalho, no crime do artigo 359-R, ele busca abolir o Estado Democrático de Direito.

O crime de interrupção ou perturbação de serviço telegráfico, telefônico, informático, telemático ou de informação de utilidade pública, previsto no artigo 266 do Código Penal, volta-se à criminalização de interrupção ou perturbação de serviços de comunicação. No entanto, é delito previsto em norma geral em relação à do artigo 359-R do Código. Este último dispositivo exige finalidade específica, consistente no elemento subjetivo especial do tipo, elemento especializante que o difere do delito contra a incolumidade pública.

Além disso, o crime de *sabotagem* do artigo 359-R do Código Penal não se confunde com o tipificado no artigo 288 do Código Penal Militar, denominado de *interrupção ou perturbação de serviço ou meio de comunicação*. No delito militar, não se exige o elemento subjetivo especial do tipo previsto no artigo 359-R, que consiste na finalidade de abolir o Estado Democrático de Direito. Ademais, o seu tipo penal é misto alternativo, com núcleos diferentes: interromper, perturbar ou dificultar, quando se refere a serviço telegráfico, telefônico, telemétrico, de televisão, telepercepção, sinalização, ou outro meio de comunicação militar, além de impedir ou dificultar, quando menciona a sua instalação em lugar sujeito à administração militar.

Por fim, o tipo penal do terrorismo tem como uma das formas de ser praticado a *sabotagem de meio de comunicação*, conforme prevê o artigo 2º, § 1º, inciso IV, da Lei n. 13.260/2016. Para que se configurem os atos de terrorismo, o agente deve atuar por razões de xenofobia, discriminação ou preconceito de raça, cor, etnia e religião. Além disso, deve possuir a finalidade de provocar terror social ou generalizado, diferenciando-se, portanto, do fim de abolir o Estado Democrático de Direito, exigido no artigo 359-R do Código Penal. Como o agente deve atuar por uma das razões descritas acima e com o fim específico de provocar terror social ou generalizado, há quem defenda que o crime de terrorismo exige *dupla motivação subjetiva*[30].

QUADRO SINÓTICO

Crime de sabotagem	
Tipo penal	Destruir ou inutilizar meios de comunicação ao público, estabelecimentos, instalações ou serviços destinados à defesa nacional, com o fim de abolir o Estado Democrático de Direito
Objeto jurídico	Tutela-se o funcionamento dos serviços essenciais.
Sujeito ativo	Qualquer um.
Sujeito passivo	O Estado.
Elemento subjetivo	Admite-se somente a modalidade dolosa, de sorte que o agente deve possuir o especial fim de agir de abolir o Estado Democrático de Direito.
Consumação	O delito se consuma quando o agente destrói ou inutiliza meios de comunicação ao público, estabelecimentos, instalações ou serviços destinados à defesa nacional.
Tentativa	Admite-se a tentativa.
Classificação	Trata-se de delito comum, doloso, comissivo ou omissivo impróprio, instantâneo, de forma livre, monossubjetivo, plurissubsistente e não transeunte.
Benefícios	A princípio, se admite o oferecimento de acordo de não persecução penal.
Ação penal	A ação penal é pública incondicionada.
Observações	Nos termos do artigo 359-T do CP, não constitui o crime ora analisado a manifestação crítica aos poderes constitucionais nem a atividade jornalística ou a reivindicação de direitos e garantias constitucionais por meio de passeatas, de reuniões, de greves, de aglomerações ou de qualquer outra forma de manifestação política com propósitos sociais.

30. PANOEIRO, José Maria C.; SOUZA, Artur B. Gueiros. SILVA FILHO, Ob, Cit., 2023, p. 1120.

5. DISPOSIÇÕES COMUNS

O artigo 379-T do Código Penal traz disposição aplicável a todo o Título XII, ou seja, aos crimes contra o Estado Democrático de Direito:

> *Art. 359-T. Não constitui crime previsto neste Título a manifestação crítica aos poderes constitucionais nem a atividade jornalística ou a reivindicação de direitos e garantias constitucionais por meio de passeatas, de reuniões, de greves, de aglomerações ou de qualquer outra forma de manifestação política com propósitos sociais.*

De início, a norma deve ser tida como **interpretativa,** já que o conteúdo que exclui do âmbito da incriminação já não poderia sê-lo[31]. Em primeiro lugar, porque a manifestação crítica não está abrangida pelos tipos penais a que se relaciona. Em segundo lugar, porque, ainda que houvesse incriminação de manifestações críticas, de atividade jornalística ou de reivindicação de direitos e garantias, a disposição legislativa que trouxesse esse conteúdo seria claramente inconstitucional.

Portanto, como norma genérica, melhor seria que estivesse alocada na Parte Geral do Código Penal, já que, ainda que óbvia, pode servir de importante alerta aos intérpretes da legislação penal. A manifestação crítica aos poderes públicas e aos seus eventuais ocupantes; a **liberdade de expressão**, especialmente em sua faceta de disseminação de notícias e do direito de informar e ser informado; e até mesmo a reinvindicação de direitos e garantias estão na base do Estado Democrático de Direito, de modo que, excluído um deles, a própria natureza do Estado estaria em xeque.

O uso da força estatal deve ser efetiva e rigidamente contido no que se refere à liberdade de expressão, sob pena de esfacelamento do regime democrático, com o controle sobre as ideias e pensamentos que circulam no meio social. Lado outro, se não houver atuação estatal firme quando a violência buscar silenciar vozes indesejadas, por ação de forças majoritárias ou não, a omissão das autoridades públicas significará a outra vertente da violação, o estímulo velado à padronização do pensamento e à inibição da dissidência política.

O Estado deve combater a violência que busque calar o opositor político, sob pena de se impedir a circulação de ideias. Deve, claramente, punir ofensas à honra, ameaças às autoridades públicas e emprego de força física para impor pontos de vista. O que se deve exigir é a estrita legalidade da tutela penal das liberdades públicas, de modo a não tornar o Direito Penal, maior símbolo da intervenção do Estado nos direitos dos indivíduos, uma ferramenta a serviço de interesses político-partidários.

O tema se torna muito mais sensível na era das **mídias sociais**, em que as informações se disseminam com facilidade e não há um filtro editorial mínimo para que uma informação alcance milhares de pessoas. Aliado a isso, surge uma era de crise democrática, em que os interesses sociais parecem não ser satisfeitos com o processo de tomada de decisões por meio do consenso, o que torna mais provável a adesão popular a arroubos autoritários, a partir de líderes populistas. Por isso,

31. Em uma concepção diversa, Batista e Borges defendem se tratar de mais do que uma excludente de ilicitude, consistindo na positivação do "direito democrático de resistência", : BATISTA, Nilo; BORGES, Rafael. Op. Cit., 2023, p. 116

a tutela penal no campo da liberdade de expressão deve ser comedida e sempre controlada, voltada especialmente a impedir que se silenciem vozes dissidentes, nunca o contrário.

O monopólio do uso da força pelo Estado possui limite na lei, formada a partir da aquiescência dos cidadãos, e pela opinião pública, representada pelo conjunto das visões de mundo de cada um dos componentes da sociedade. Tanto a lei como a opinião pública só podem ser produzidas de forma adequada se baseadas em informações verdadeiras, acesso livre a fatos e dados e livre expressão do pensamento. Obviamente, não se excluem da tutela da lei penal a honra alheia e a liberdade individual, de modo que são incriminadas a disseminação de informações falsas sobre alguém ou ameaças à integridade física de autoridades. O que não pode ser objeto de repressão penal é a manifestação crítica sobre atos políticos.

Um Estado com controle dos meios de comunicação e sem livre expressão das ideias não possui liberdades públicas. De fato, o controle das informações torna a população facilmente manipulável, destruindo a dissidência, indispensável ao processo civilizatório e à consolidação da democracia. A possibilidade de se reescreverem as notícias passadas, como na distopia de Orwell, em sua obra 1986, tornou-se parcialmente verdadeira com as mídias sociais.

A nova crise, ainda sem solução, não pode, contudo, entregar as chaves da mídia ao poder público, invertendo-se os papéis. A liberdade de expressão não subsiste em um regime de controle público das ideias, pois a mídia possui o importante papel de fiscalizar aqueles que ocupam posições de poder na sociedade. Ainda que a disseminação de notícias falsas possa destruir reputações e causar danos ao processo democrático, a censura prévia implica a contenção da crítica às autoridades e a aniquilação dos oponentes. Sem a livre difusão do pensamento, não há formação do consenso político. Assim, a tutela penal sobre a livre circulação de ideias não convive com uma sociedade cujas decisões são tomadas com base no consenso. Não se pode asfixiar a democracia para salvá-la.

REFERÊNCIAS BIBLIOGRÁFICAS

ALFLEN, Pablo Rodrigo. Apresentação. In: JAKOBS, Günther. Proteção de bens jurídicos? Sobre a legitimação do Direito Penal. Tradução, apresentação e notas de Pablo Rodrigo Alflen. 2. ed. Porto Alegre: CDS Editora, 2021.

ALLER, Germán. Estudio preliminar. In: BINDING, Karl. La culpabilidad en derecho penal. Buenos Aires: Editorial B de F, 2009.

ALSCHULER, Albert. Plea Bargaining and its history. Columbia Law Review. Vol. 79, January 1979, n. 1, p. 1-43.

ALTOÉ, Rafael. Política Criminal e Direitos Fundamentais. Novas tendências penais, força normativa e o horizonte das liberdades individuais na pós-modernidade. Belo Horizonte: Editora D'Plácido, 2017.

ALVES, Jamil Chaim. Manual de direito penal – Parte Geral e Parte Especial. 2. ed. rev. atual. e ampl. Salvador: Editora Juspodivm, 2021.

ANDRADE, Pedro Dojas Mello. Crimes Omissivos Impróprios: Critérios de Imputação Objetiva. 1ª ed. São Paulo: Quartier Latin, 2023.

ARAGÃO, Antonio Moniz Sodré. As tres escolas penaes. Classica, anthropológica e crítica (estudo comparativo). Quarta edição desenvolvida e actualisada. Rio de Janeiro: Editora Freitas Bastos, 1938.

ASÚA, Luis Jimenez de. Tratado de derecho penal. Tomo I. Concepto del derecho penal y de la criminologia, historia y legislación penal comparada. 4. Edición, actualizada. Buenos Aires: Editorial Losada, 1964.

ASÚA, Luis Jimenez de. Tratado de derecho penal. Tomo II. Filosofía y ley penal. 4. Edición, actualizada. Buenos Aires: Editorial Losada, 1964.

AVELAR, Michael Procopio Ribeiro Alves. A jurisdição constitucional e o direito penal: a proporcionalidade no controle de constitucionalidade das leis penais. In: NASCIMENTO, A. R.; VIEIRA, I. P. P. (org.). Democracia e Constituição: reflexões para o debate jurídico no século XXI. São Paulo: Editora Liber Ars, 2020.

AVELAR, Michael Procopio Ribeiro Alves; BOTTINI, Pierpaolo Cruz. Cegueira deliberada: a imputação dolosa sem conhecimento. In: Revista de Direito Penal Econômico e Compliance. São Paulo: Revista dos Tribunais, n. 4, out./dez. 2020.

ÁVILA, Humberto. Teoria da Indeterminação no Direito: Entre a Indeterminação Aparente e a Determinação Latente. 2 ed. São Paulo: Editora JusPodivm, 2023.

ÁVILA, Humberto. Teoria dos princípios: da definição à aplicação dos princípios jurídicos. 14. ed. São Paulo: Malheiros, 2014.

BADARÓ, Gustavo Henrique; BOTTINI, Pierpaolo Cruz. 4. ed. rev., atual. e ampl. São Paulo, Thomsom Reuters Brasil, 2019.

BARATTA, Alessandro. Criminologia crítica e crítica do direito penal: introdução à sociologia do direito penal. Tradução Juarez Cirino dos Santos. 6. ed. Rio de Janeiro: Editora Revan, 2011.

BARRETO, Alessandro Gonçalves; KUFA, Karina, SILVA, Marcelo Mesquita. Cibercrimes e seus reflexos no Direito brasileiro. 2. ed. rev. atual. e ampl. São Paulo: Editora Juspodivm, 2021.

BARROS, Flávio Augusto Monteiro de. Manual de direito penal: partes geral e especial. Salvador: Editora Juspodivm, 2019.

BATISTA, Nilo. Concurso de agentes: uma investigação sobre os problemas da autoria e da participação no direito penal brasileiro. 5. ed. Rio de Janeiro: Lumen Juris, 2020.

BATISTA, Nilo. Introdução Crítica ao Direito Penal Brasileiro. 12. ed. Rio de Janeiro: Revan, 2011.

BATISTA, Nilo; BORGES, Rafael. Crimes contra o estado democrático de direito. 1. ed. Rio de Janeiro: Revan, 2023.

BECCARIA, Cesare Bonesana, Marchesi di. Dos delitos e das penas. Tradução de Deocleciano Torrieri Guimarães. São Paulo: Rideel, 2003.

BELING, Ernst von. Esquema de Derecho Penal. La doctrina del delito-tipo. Buenos Aires, Libreria del foro, 2002.

BINDING, Karl. La culpabilidad en derecho penal. Buenos Aires: Editorial B de F, 2009.

BIRNBAUM, Johann Michael Franz. Sobre la necesidad de uma lesión de derechos para el concepto de delito. Trad. José Luis Guzmán Dalbora. Montevideo: Editorial B de F, 2018.

BITENCOURT, Cezar Roberto. Crimes contra a administração pública e crimes praticados por prefeitos. Coleção tratado de direito penal volume 5. 14. ed. São Paulo: Saraiva Educação, 2020.

BITENCOURT, Cezar Roberto. Crimes contra a dignidade sexual até crimes contra a fé pública. Colação Tratado de direito penal, volume 4. 14. ed. São Paulo: Saraiva, 2020.

BITENCOURT, Cezar Roberto. Direito penal das licitações. São Paulo: Saraiva, 2012.

BITENCOURT, Cezar Roberto. Parte especial: crimes contra a pessoa. Coleção Tratado de direito penal, volume 2. 20. ed. São Paulo: Saraiva Educação, 2020.

BITENCOURT, Cezar Roberto. Parte Especial: crimes contra o patrimônio até crimes contra o sentimento religioso e o respeito aos mortos. Coleção Tratado de direito penal, volume 3. 16. ed. São Paulo: Saraiva, 2020.

BITENCOURT, Cezar Roberto. Parte geral. Coleção Tratado de direito penal, volume 1. 26. ed. São Paulo: Saraiva Educação, 2020.

BITENCOURT, Cezar Roberto. Tratado de direito penal 2, parte especial: dos crimes contra a pessoa. São Paulo: Saraiva, 2009.

BITENCOURT, Cezar Roberto. Tratado de Direito Penal: parte geral, volume 1. 10. ed. São Paulo: Saraiva, 2009.

BITENCOURT, Cezar Roberto. Tratado de direito penal, volume IV: parte especial. 4 ed. São Paulo: Saraiva, 2010.

BITENCOURT, Cezar Roberto. Tratado de direito penal, volume V: parte especial. 4. ed. São Paulo: Saraiva, 2010.

BITECOURT, Cezar Roberto. Tratado de Direito Penal: Parte Especial (Arts. 337-E a 337-P e arts. 359-A a 359-R). Volume 6. 1. ed. São Paulo: SaraivaJur, 2023.

BLANCO CORDERO, Isidoro. El delito de blanqueo de capitales. 4. ed. Navarra: Arazandi, 2015.

BOBBIO, Norberto. Teoria do ordenamento jurídico. Tradução de Ari Marcelo Solo; prefácio de Celso Lafer, apresentação de Tércio Sampaio Ferraz Júnior. 2. ed. São Paulo: EDIPRO, 2014.

BODIN, Jean. Les Six Livres de La Republique. Édition e Présentation de Gérard Mairet. Paris: Librairie Générale Française, 1993.

BONAVIDES, P. Curso de Direito Constitucional. 12.ed. rev. e atual. São Paulo: Malheiros Editores, 2002.

BOTTINI, Pierpaolo Cruz. Crimes de omissão imprópria. 1. ed. São Paulo: Marcial Pons, 2018.

BRAITHWAITE, John. Restorative Justice and Responsive Regulation. Oxford: Oxford University Press, 2002.

BRANDÃO, Cláudio. Teoria jurídica do crime. 6. ed. Belo Horizonte, São Paulo: D'Plácido, 2020.

BRANDÃO, Cláudio. Tipicidade penal. (O tempo e a norma). 2. ed. Coimbra: Almedina, 2020.

CAMARGO, Antonio Luis Chaves. Imputação objetiva e direito penal brasileiro. São Paulo: Cultural Paulista, 2002.

CAMARGO, Beatriz Corrêa. A teoria do concurso de pessoas: uma investigação analítico-estrutural a partir da controvérsia sobre o conceito de instigação. 1. ed. São Paulo: Marcial Pons, 2018.

CAPEZ, Fernando. Curso de Direito Penal, volume 1, parte geral: (Arts. 1º a 120), 17ª edição, São Paulo: Saraiva, 2013.

CAPEZ, Fernando. Curso de direito penal, volume 2, parte especial. 13. ed. São Paulo: Saraiva, 2013.

CAPEZ, Fernando. Curso de direito penal, volume 3, parte especial: dos crimes contra a dignidade sexual a dos crimes contra a administração pública (arts. 213 a 359-H). 11. ed. São Paulo: Saraiva, 2013.

CARNELUTTI, Francesco. As misérias do processo penal. Tradução de Antônio Roberto Hildebrandi. 3. ed. 6. tir. Leme/SP: EDIJUR, 2020.

CARRARA, Francesco. Programa do Curso de Direito Criminal. Parte Geral. Volume I. Tradução de José Luiz V. de A. Franceschini e J. R. Prestes Barra. São Paulo: Saraiva, 1956.

CARVALHO, Américo A. Taipa de. Sucessão de Leis Penais. Coimbra: Coimbra Editora, 2008.

CAVALCANTE, Márcio André Lopes, Comentários à Lei 14.188/2021: crime de violência psicológica, nova qualificadora para lesão corporal por razões da condição do sexo feminino e programa Sinal Vermelho. Disponível em: https://www.dizerodireito.com.br/2021/07/comentarios-lei-141882021-crime-de.html.

CAVALI, Marcelo Costenaro. Manipulação do Mercado de Capitais: Fundamento e Limites da Repressão Administrativa. São Paulo: Quartier Latin, 2018.

CINTRA, Antônio Carlos de Araújo; GRINOVER, Ada Pellegrini; DINAMARCO; Cândido Rangel. Teoria Geral do Processo. 22. ed. São Paulo: Malheiros, 2006.

COSTA JÚNIOR, Paulo José da. O crime aberrante. Belo Horizonte: Editora Del Rey, 1996.

CUNHA, Rogério Sanches. Manual de Direito Penal: parte especial (arts. 121 ao 361). 12. ed. rev., atual. e ampl. – Salvador: Juspodivm, 2020.

CUNHA, Rogério Sanches. Manual de direito penal: parte geral (arts. 1° ao 120). 8. ed. Salvador: JusPODIVM, 2020.

CUNHA, Rogério Sanches. Violência psicológica contra a mulher: comentários à Lei n. 14.188/2021. Disponível em: https://meusitejuridico.editorajuspodivm.com.br/2021/07/29/comentarios-lei-n-14-1882021/.

DEL-CAMPO, Eduardo Roberto Alcântara. Medicina legal. 4. ed. São Paulo: Saraiva, 2007.

DELMANTO, Celso; DELMANTO, Roberto; DELMANTO JÚNIOR, Roberto; DELMANTO, Fábio M. de Almeida. Código penal comentado. 8. ed. São Paulo: Saraiva, 2011.

DOTTI, René Ariel. Curso de direito penal. Parte geral. Com a colaboração de Alexandre Knopfholz e Gustavo Britta Scandelari. 7. ed. rev. atual. e ampl. São Paulo: Thomson Reuters Brasil, 2020.

EISELE, Andreas. Direito penal: teoria do delito. Salvador: Editora Juspodivm, 2018.

ESTELLITA, Heloísa; LEITE, Alaor (Organização e Introdução). Veículos autônomos e direito penal. 1. ed. São Paulo: Marcial Pons, 2019.

ESTELLITA, Heloisa. Responsabilidade penal de dirigentes de empresas por omissão: estudo sobre a responsabilidade omissiva imprópria de dirigentes de sociedades anônimas, limitadas e encarregados de cumprimento por crimes praticados por membros da empresa. 1. ed. São Paulo: Marcial Pons, 2017.

FERRAJOLI, p. Luigi. Diritto e ragione. Teoria del garantismo penale. 11. ed. Bari: Editori Laterza, 2018.

FEUERBACH, Paul Johann Anselm Ritter von. Tratado de derecho penal común vigente en Alemania. Traducción al castellano de la 14ª edicción alemana por Engenio Raúl Zaffaroni e Irma Hagemeier. Buenos Aires: Hammurabi, 2022.

FISCHER, Douglas. Garantismo penal integral (e não o garantismo hiperbólico monocular) e o princípio da proporcionalidade: breves anotações de compreensão e aproximação dos seus ideais. Revista de Doutrina da 4ª Região, Porto Alegre, n. 28, mar. 2009. Disponível em: https://revistadoutrina.trf4.jus.br/artigos/edicao028/douglas_fischer.html. Acesso em: 29 jun. 2020.

FOLLAND, Aanna. The Harm Principle and the Nature of Harm. Utilitas, 34(2), 139-153. Cambridge: Cambridge Press, 2022. doi:10.1017/S0953820821000352.

FRANCO, Alberto Silva; STOCCO, Rui. Código Penal e sua interpretação: doutrina e jurisprudência. 8. ed. rev. atual. e ampl. São Paulo: Editora Revista dos Tribunais, 2007.

FRANK, Reinhard. Derecho Penal. Sobre la estructura del concepto de culpabilidade. Buenos Aires: B de F, 2011.

GAROFALO, Raffaele. La criminologia. Estudio sobre el delito y la teoria de la represión. Traducción por Pedro Dorado Montero. Buenos Aires: Editorial B de F, 2014.

GIMBERNAT ORDEIG, Enrique. Autor y cómplice em derecho penal. Buenos Aires: Editorial B de F: 2012.

GIMBERNAT ORDEIG, Enrique. Imputação objetiva no Direito penal. Organização, traduções e apresentação de Pablo Rodrigo Alflen. Porto Alegre: CDS Editora, 2019.

GOLDSCHMIDT, James. Problemas Jurídicos y Políticos del Proceso Penal, Buenos Aires: Editorial B de F, 2016.

GOMES, Enéas Xavier. Dolo sem vontade psicológica: perspectivas de aplicação no Brasil. Belo Horizonte: D'Plácido, 2017.

GOMES, Luiz Flávio; MOLINA, Antonio García-Pablos de. Direito Penal, Parte Geral, Volume 2. 2. ed. São Paulo: Editora Revista dos Tribunais, 2009.

GOMES, Luiz Flávio. Erro de tipo e erro de proibição. 5. ed. São Paulo: Editora Revista dos Tribunais, 2001.

GOMES, Mariângela Gama de Magalhães (org.). Estudos sobre direito penal e direitos humanos. 1. ed. Belo Horizonte, São Paulo: Editora D'Plácido, 2021.

GOMES, Mariângela Gama de Magalhães. Direito penal e direitos humanos: análise crítica da jurisprudência punitivista da Corte Interamericana de Direitos Humanos. Coleção Ciência Criminal Contemporânea. Vol. 11. Coordenação: Cláudio Brandão. Belo Horizonte: Editora D'Plácido, 2018.

GONÇALVES, Carlos Roberto. Direito Civil Brasileiro, volume 1: parte geral. 10. ed. São Paulo: Saraiva: 2012.

GONÇALVES, Victor Eduardo Rios. Curso de Direito Penal. Parte Geral. 7. ed. São Paulo : Saraiva Jur, 2023.

GONÇALVES, Victor Eduardo Rios. Curso de Direito Penal. V. 2. 8. ed. São Paulo : Saraiva Jur, 2024.

GRAU, Eros. Por que tenho medo de juízes: (a interpretação/aplicação do direito e os princípios). 7. ed. São Paulo: Malheiros, 2016.

GRECO, Luis. Dolo sem vontade, in: Silva Dias e outros (coords.), Liber Amicorum de José de Sousa e Brito, Coimbra, Almedina, 2009.

GRECO, Luís. Problemas de causalidade e imputação objetiva nos crimes omissivos impróprios. 1. ed. São Paulo: Marcial Pons, 2018.

GRECO, Luis. Um panorama da teoria da imputação objetiva. 3. ed. São Paulo: Editora Revista dos Tribunais, 2013.

GRECO, Luís; TEIXEIRA, Adriano. Autoria como domínio do fato. In: Greco, Luis; et al. Autoria como domínio do fato: estudos introdutórios sobre o concurso de pessoas no direito penal brasileiro. São Paulo: Marcial Pons, 2014, p. 52. P. 70.

GRECO, Rogério. Código Penal Comentado. 11. ed. Niterói: Impetus, 2017.

GRECO, Rogério. Código Penal Comentado. 14ª Edição. Editora Impetus, 2020.

GRECO, Rogério. Curso de Direito Penal: parte especial. 10. ed. Rio de Janeiro: Impetus, 2014.

GRECO, Rogério. Curso de Direito Penal: parte especial. Vol. II. 6. ed. Niterói: Impetus, 2009.

HASSEMER, Winfried. Características e Crises do Direito Penal Moderno. Artigo traduzido e disponível em: http://www.mpsp.mp.br/portal/page/portal/documentacao_e_divulgacao/doc_biblioteca/bibli_servicos_produtos/bibli_boletim/bibli_bol_2006/SRC%2008_54.pdf.

HASSEMER, Winfried. Direito Penal. Fundamentos, Estrutura, Política. Organização e revisão de Carlos Eduardo de Oliveira Vasconcelos. Tradução: Adriana Backman Meirelles et. al. Porto Alegre: Sérgio Antonio Fabris Ed., 2008.

HEGEL, Georg Wilhelm Friedrich. Princípios da Filosofia do Direito. Tradução de Orlando Vitorino. 1. ed. São Paulo: Martins Fontes, 1997.

HILGERNDORF, Eric; VALERIUS, Brian. Trad. Orlandino Gleizer. 1. Ed. São Paulo: Marcial Pons, 2019.

HUNGRIA, Nélson. Comentários ao Código Penal, vol. 1, Tomo 1°. 3. ed. Rio de Janeiro: Revista Forense, 1955.

HUNGRIA, Nelson. Comentários ao Código Penal, Volume I, Tomo I. 4. ed. Editora Forense: Rio de Janeiro, 1958.

HUNGRIA, Nelson. Comentários ao Código Penal, Volume VIII. 4. ed. Editora Forense: Rio de Janeiro, 1959.

HUNGRIA, Nélson. Comentários ao Código Penal. Vol. I, Tomo 2º. 3. ed. Rio de Janeiro: Revista Forense, 1955.

HUNGRIA, Nelson. Comentários ao Código Penal. Vol. VII. 2. ed. Rio de Janeiro: Revista Forense, 1958.

HUNGRIA, Nelson. Comentários ao Código Penal. Volume V. Rio de Janeiro: Editora Forense, 1958.

HUNGRIA, Nelson. Comentários ao Código Penal. Volume VI. Rio de Janeiro: Editora Forense, 1945.

JAKOBS, Günther. Derecho Penal. Parte General. Fundamentos y teoría de la imputación. Traducción: Joaquin Cuello Contreras, Jose Luis Serrano Gonzalez de Murillo. 2ª edición corregida. Madrid: Marcial Ponts, 1997.

JAKOBS, Günther. Tratado de direito penal. Teoria do Injusto Penal e Culpabilidade. MOREIRA, Luiz (org.). MENDES, Gercélia B de O.; CARVALHO, G. de (trad.). Belo Horizonte: Del Rey, 2008.

JAKOBS, Günther; CANCIO MELIÁ, Manuel. Organização e tradução de André Luís Callegari e Nereu José Giacomolli. 6. ed. Porto Alegre: Livraria do Advogado Editora, 2018.

JAPIASSÚ, Carlos Eduardo Adriano; FERREIRA, Ana Lúcia Tavares. Superpopulação Carcerária e Direitos Humanos in Revista Brasileira de Ciências Criminais, vol. 164/2020, p. 161-199, fev. 2020.

JESCHECK, Hans-Heinrich; WEIGEND, Thomas. Tratado de direito penal. Parte General. Granada: Comares Ed., 2002.

JESUS, Damásio de. Direito Penal, volume 1: parte geral. 32. ed. São Paulo: Saraiva, 2011.

JESUS, Damásio de. Parte especial: crimes contra a pessoa a crimes contra o patrimônio – arts. 121 a 183 do CP. Direito penal vol. 2. 36. ed. Atualização de André Estefam. São Paulo: Saraiva Educação, 2020.

JESUS, Damásio de. Teoria do domínio do fato no concurso de pessoas. 3. ed. São Paulo: Saraiva, 2002.

JUNQUEIRA, Gustavo et al. Lei Anticrime. São Paulo: Saraiva Educação, 2020, p. 30.

KANT, Emmanuel. Doutrina do direito. Tradução de Edson Bini. São Paulo: Ícone, 1993.

KANT, Emmanuel. Doutrina do direito. Tradução de Edson Bini. São Paulo: Ícone, 1993.

LAGO, Natasha do; et al: https://www.conjur.com.br/2021-abr-05/opiniao-mudancas-penais-lei-licitacoes?utm_source=dlvr.it&utm_medium=facebook

LANGER, Maximo. Rethinking Plea Bargaining: The Practice and Reform of Prosecutorial Adjudication. In: American Criminal Procedure, 33 American Journal of Criminal Law, 2006, p. 242.

LEAL, Fernando; JORDÃO, Eduardo. Quando a tradução também importa: problemas linguísticos de direito comparado. In: Direitos Fundamentais & Justiça. Ano 8, n. 29, out./dez. 2014.

LIMA, Renato Brasileiro de. Legislação penal especial comentada: volume único. 8. ed. rev. atual. e ampl. Salvador: Juspodivm, 2020.

LIMA, Renato Brasileiro de. Manual de processo penal: volume único. 8. ed. Salvador: Editora Juspodivm, 2020.

LIMA, Renato Brasileiro de. Pacote Anticrime: Comentários à Lei nº 13.964/16 – Artigo por Artigo. Salvador: Juspodivm, 2020.

LISZT, Franz von. Tratado de Direito Penal Allemão. Tradução de José Hygino Duarte Pereira. Tomo I. Rio de Janeiro: F. Briguiet & C. Editores, 1899.

LOPES JR., Aury. Direito Processual Penal. 11ª edição. São Paulo: Saraiva, 2014.

LUCCHESI, Guilherme Brenner. Punindo da culpa como dolo: o uso da cegueira deliberada no Brasil. 1. ed. São Paulo: Marcial Pons, 2018.

LUHMANN, Niklas. El derecho como sistema social. In: Teoría de sistemas y derecho penal: fundamentos y posibilidad de aplicación. Perú-Lima: ARA Ed., 2007, p. 99-120.

LUNARDI, Fabrício Castagna; REZENDE, Luiz Otávio. Curso de Sentença Penal: técnica, prática e desenvolvimento de habilidades. 3. ed. Salvador: Juspodivm, 2019.

MACKIE, J. L. The Cement of the Universe: a study of causation. Oxford: Claredon Paperbacks, 1980.

MARTINELLI, João Paulo Orsini; BEM; Leonardo Schimitt de. Direito penal parte geral: lições fundamentais. 7. ed. Belo Horizonte, São Paulo: D'Plácido, 2022.

MARX, Karl; ENGELS, Friedrich. Manifesto do Partido Comunista. São Paulo: Companhia das Letras, 2018.

MASSON, Cleber. Código Penal Comentado. 8ª. ed. Rio de Janeiro: Forense; São Paulo: MÉTODO, 2020.

MASSON, Cleber. Crimes em licitações.e contratos administrativos. 1. ed. Rio de Janeiro: Forense; Método, 2021.

MASSON, Cleber. Direito Penal. Parte especial (arts. 213 a 359-H). 9. ed. São Paulo: Método, 2019.

MASSON, Cleber. Direito Penal: parte especial (arts. 121 a 212). Vol. 2. 12. ed. São Paulo: MÉTODO, 2019.

MASSON, Cleber. Direito penal: parte geral (arts. 1° a 120) – vol. 1. 13. ed. São Paulo: Método, 2019.

MAXIMILIANO, Carlos. Hermenêutica e interpretação do direito. 20. ed. Rio de Janeiro: Forense, 2011.

MAYER, Max Ersnt. Derecho penal. Parte General. Trad. Sergio Politoff Lifschitz. Buenos Aires: Ed. B de F, 2007.

MELLO, Celso Antônio Bandeira de. O conteúdo jurídico do princípio da igualdade. 3. ed. São Paulo: Malheiros, 2017.

MELO, Igor de; ORNELAS, Alex Rosa. O crime de violência psicológica e a Lei Maria da Penha. Disponível em: https://www.conjur.com.br/2021-ago-05/igor-melo-violencia-psicologica-lei-maria-penha.

MENDES, Gilmar Ferreia; COELHO, Inocêncio Mártires; BRANCO, Paulo Gustavo Gonez. Curso de direito constitucional. 4. ed. rev. e atual. São Paulo: Saraiva, 2009.

MERKEL, Adolf. Derecho penal. Parte general. Trad. Pedro Dorado Montero. Buenos Aires: Ed. B de F, 2019.

MEZGER, Edmund. Derecho Penal. Libro de Estudio. Parte General. Santiago: Ediciones Olejnik, 2019.

MIRABETE, Julio Fabbrini; FABBRINI, Renato N. Manual de Direito Penal. 32. ed. São Paulo: Atlas, 2016.

MISSE, Michel. O inquérito policial no Brasil: resultados gerais de uma pesquisa. In: DILEMAS. Revista de Estudos de Conflito e Controle Social. Vol. 3, n. 7. Jan/Fev/Mar, 2010, p. 35-50.

MONTANER FERNÁNDEZ, Raquel. Gestión empresarial y atribuición de responsabilidad penal: a propósito de la gestión medioambiental. Barcelona: Atelier, 2008.

MOREIRA, Felipe Kern. O conceito de soberania em face da globalização. Âmbito Jurídico, Rio Grande, I, n. 2, ago. 2001. Disponível em: <http://www.ambito-juridico.com.br/site/index.php?n_link=revista_artigos_leitura&artigo_id=2086>. Acesso em 07 set. 2013.

MOURA, Grégore Moreira de. Do princípio da coculpabilidade no direito penal. Belo Horizonte: D'Plácido, 2020.

NASCIMENTO, Arthur Ramos do; AVELAR, Michael Procopio Ribeiro Alves. Soberania Nacional, Soberania Comunitária e o fenômeno do BRICS: o (futuro) papel do Estado nos contornos atuais da globalização e frente às tendências do direito internacional contemporâneo. Revista Jurídica Unigran, v. 16, 2015.

NORONHA, Edgard Magalhães. Direito Penal, vol. 2. 12. ed. São Paulo: Saraiva, 1976.

NORONHA, Edgard Magalhães. Direito Penal, vol. 4. 10. ed. São Paulo: Saraiva, 1978.

NUCCI, Guilherme de Souza. Código Penal Comentado. 13. ed. São Paulo: Revista dos Tribunais, 2013.

NUCCI, Guilherme de Souza. Código Penal Comentado. 15. ed. Rio de Janeiro: Forense, 2015.

NUCCI, Guilherme de Souza. Individualização de pena. 7. ed. rev., atual. e ampl. Rio de Janeiro: Forense, 2015.

NUCCI, Guilherme de Souza. Manual de direito penal: volume único. 20 ed., rev., atual. e ampl. Rio de Janeiro: Forense, 2024.

OLIVÉ, Juan Carlos Ferré; et al. Direito penal brasileiro: parte geral: princípios fundamentais e sistema. 2. ed. São Paulo: Saraiva, 2017.

OLIVEIRA, Eugênio Pacelli. Curso de Processual Penal. 11ª edição. São Paulo: Saraiva, 2014.

OLIVEIRA, Rafael Serra. Consenso no processo penal: uma alternativa para a crise do sistema criminal. São Paulo: Almedina, 2015.

PACHUNAKIS, E. B. Teoria Geral do Direito e Marxismo. Tradução Silvio Donizete Chagas. São Paulo: Editora Acadêmica, 1998.

PASTOR, Daniel R. La deriva neopunitivista de organismos y activistas como causa del desprestigio actual de los derechos humanos. Nueva doctrina penal: NDP, [Buenos Aires], n. 1, p. 73-114, 2005. ISSN 1850-9118.

PEÑARANDA RAMOS, Enrique ***et al***. Um novo sistema do direito penal. Considerações sobre a teoria da imputação objetiva de Günther Jakobs. Trad. André Luis Callegari e Nereu José Giacomolli. Porto Alegre: Livraria do Advogado, 2013.

PIERANGELI, José Henrique. Manual de Direito Penal Brasileiro: parte especial (arts. 121 a 234). São Paulo: Editora Revista dos Tribunais, 2005.

PRADO, Luiz Regis. Curso de direito penal brasileiro: parte geral e parte especial. 18. ed. Rio de Janeiro: Forense, 2020.

PUPPE, Ingeborg. Estudos sobre imputação objetiva e subjetiva no Direito Penal. Organização: Beatriz Corrêa Camargo e Wagner Marteleto Filho; Tradução: Luís Greco, Beatriz Corrêa Camargo, Wagner Marteleto Filho e Luiz Henrique Carvalheiro Rossetto. 1. ed. São Paulo: Marcial Pons, 2019, p. 117.

PUPPE, Ingeborg. La distinción entre dolo e imprudencia. Comentario al § 15 del Código Penal alemán. 1. ed. Trad. Marcelo A. Sincinatti. Buenos Aires: Hammurabi, 2009.

REALE JÚNIOR, Miguel. Fundamentos de direito penal. 5. ed. Rio de Janeiro: Forense.

REALE JÚNIOR, Miguel. Teoria do Delito. São Paulo: Revista dos Tribunais, 1998.

REZEK, Francisco. Direito internacional público: curso elementar. 12. ed. São Paulo: Saraiva, 2010.

ROBBINS, Ira P. The Ostrich Instruction: deliberate ignorance as a criminal mens rea. Journal of Criminal Law and Criminology, v. 81, n. 2, 1990, p. 231-234. Disponível em: [https://papers.ssrn.com/sol3/papers.cfm?abstract_id=2784406]. Acesso em: 23.05.2020.

ROUSSEAU, Jean-Jacques. O Contrato Social ou Princípios do Direito Político. Tradução: Ciro Mioranza. São Paulo: Escala Educacional, 2006.

ROXIN, Claus. A proteção de bens jurídicos como função do Direito Penal. Porto Alegre: Livraria do advogado, 2018.

ROXIN, Claus. Derecho Penal. Parte General, Tomo I. Fundamentos. La estrutura de la teoria del delito. Traducción de Diego-Manuel Luzón Peña (Director); Miguel Días y García Conlledo; Javier de Vicente Remesal. Traducción de la 2ª edición alemana. Madrid: Thomson Reuters, 1997.

ROXIN, Claus. Derecho Penal. Parte General. Tomo II. Especiales formas de aparición del delito. Traducción de Diego-Manuel Luzón Peña (Director); José Manuel Paredes Castañon; Miguel Días y García Conlledo; Javier de Vicente Remesal. Traducción de la 1. ed. alemana. Madrid: Thomsom Reuters, 2014.

ROXIN, Claus. Estudos de direito penal. Trad. Luis Greco. 2. ed. Rio de Janeiro: Renovar, 2008.

ROXIN, Claus; GRECO, Luís. Direito Penal: parte geral. Tomo I. Fundamentos: a estrutura do crime. São Paulo: Marcial Pons, 2024.

SALVADOR NETTO, Alamiro Velludo. Responsabilidade penal da pessoa jurídica. 2. ed. São Paulo: Thomson Reuters Brasil, 2020.

SANDEL, Michael. O que é fazer a coisa certa. Tradução da 15ª edição: Heloísa Matias e Maria Alice Máximo. Rio de Janeiro: Civilização Brasileira, 2014.

SANTOS, Juarez Cirino dos. Direito Penal: parte geral. 9. ed. São Paulo: Tirant lo Blanch, 2020.

SANZ MULAS, Nieves. Delitos culturalmente motivados. Tradução: Bruno Henrique Castelo Branco Arena. 1. ed. Porto Alegre: CDS Editora, 2023.

SILVA SÁNCHEZ, Jesús María Silva. La expansión del Derecho penal. 3. ed. Madrid: Edisofer S.L., 2011.

SILVA, José Afonso. Curso de direito constitucional positivo. 28. ed. São Paulo: Malheiros, 2007.

SILVA FILHO, Acácio Miranda da Silva; et al. Coordenadores Maurício Shaun Jalil e Vicente Greco Filho. Código penal comentado: doutrina e jurisprudência. 6. ed. Barueri: Manole, 2023.

SIQUEIRA, Flavia. O princípio da confiança no Direito Penal. Belo Horizonte: Editora D'Plácido, 2016.

SOUZA, Luciano Anderson de. Direito Penal: volume 2, parte especial: arts. 121 a 154-A do CP. 3 ed. rev. atual. e ampl. São Paulo: Thomson Reuters Brasil, 2022.

SOUZA, Luciano Anderson de. Direito Penal, Volume 5. Parte Especial: arts. 312 a 359-R do CP. 3 ed. rev. atual. e ampl. São Paulo: Thomson Reuteurs Brasil, 2022.

SYDOW, Spencer Toth. Direito penal informático. 3. ed. rev. e atual. Salvador: Juspodivm, 2022.

TAVARES, Juarez. Direito Penal da Negligência: uma contribuição a teoria do crime culposo. São Paulo: RT, 1985.

TAVARES, Juarez. Fundamentos de teoria do delito. 2. ed. São Paulo: Tirant lo Blanch, 2020.

TAVARES, Juarez. Teoria do crime culposo. Rio de Janeiro: Lumen Juris, 2009.

TAVARES, Juarez; CASARA, Rubens. Prova e verdade. 1. ed. São Paulo: Tirant lo Blanch, 2020.

TULKENS, Françoise. The paradoxical relationship between criminal law and human rights. Journal of International Criminal Justice, vol. 9, n. 3, July 2011, p. 579-589.

TULKENS, Françoise; KERCHOVE, M. van de. La Justice pénale. Justice imposée, justice participative, justice consensuelle ou justice négociée? In: Revue de Droit Pénal et de Criminologie. RDPC, n. 5, 1996, p. 445-494.

VANZOLINI, Patrícia. In: JUNQUEIRA Gustavo et al. Lei anticrime comentada: artigo por artigo. São Paulo: Saraiva Educação, 2020.

VASCONCELLOS, Vinicius Gomes de. Colaboração premiada. 3. ed. São Paulo: Thomson Reuteurs Brasil, 2020, p. 36-41.

VIVES ANTÓN, Tomás S. Fundamentos del sistema penal. Acción significativa y derechos constitucionales. 2. ed. Valencia: Tirant lo Blanch, 2011.

VIVES ANTÓN, Tomás S.; et al. Acción significativa, comisión por omissión y dogmática penal. Valencia: Tirant lo Blanch, 2017.

WELZEL, Hans. Derecho penal alemán. Parte general. Santiago: Editorial Jurídica de Chile, 2014.

WELZEL, Hans. O Novo Sistema Jurídico-Penal. Tradução de Luiz Regis Prado. 4. ed. São Paulo: Editora Revista dos Tribunais, 2015.

CASTILHO, Ela Wiecko Volkmer de. Considerações sobre a interpretação jurídico-penal em matéria de escravidão. Revista de Estudos Avançados, v. 14, n. 38, p. 51-65, jan./abr. 2000.

WUNDERLICH, Alexandre. Colaboração premiada: o direito à impugnação de cláusulas e decisões judiciais atinentes aos acordos. In: BOTTINI, Pierpaolo Cruz; MOURA, Maria Thereza de Assis. Colaboração premiada. São Paulo: Editora Revista dos Tribunais, 2017, p. 20-21.

ZAFFARONI, Eugenio Raúl. Tratado de Derecho Penal, Parte General I. 1ª ed. 5ª reimp. Buenos Aires: Editora Ediar, 2014.

ZAFFARONI, Eugenio Raúl. Tratado de Derecho Penal, Parte General III. Buenos Aires: Editora Ediar, 2009.

ZAFFARONI, Eugenio Raúl; Batista, Nilo; ALAGIA, Alejandro; SLOKAR, Alejandro. Direito Penal Brasileiro, volume 1, 4. ed. Rio de Janeiro: Revan, 2011, 3ª reimp., 2017.

ZAFFARONI, Eugenio Raúl; PIERANGELI, José Henrique. Manual de direito penal brasileiro, parte geral. 13. ed. rev. e atual. São Paulo: Thomson Reuters Brasil, 2019.

ZAFFARONI, Eugenio Raúl; PIERANGELI, José Henrique. Manual de direito penal brasileiro, parte geral. 14. ed. rev. e atual. São Paulo: Thomson Reuters Brasil, 2020.

EDITORA JusPODIVM
www.editorajuspodivm.com.br

Dizer o Direito
www.dizerodireito.com.br

edelbra
Impressão e Acabamento
E-mail: edelbra@edelbra.com.br
Fone/Fax: (54) 3520-5000
Impresso em Sistema CTP

DIZ3796